LAROUSSE DE POCHE

PRÉCIS DE GRAMMAIRE

NOUVELLE ÉDITION

WASHINGTON SQUARE PRESS
PUBLISHED BY POCKET BOOKS NEW YORK

A Washington Square Press Publication of
POCKET BOOKS, a Simon & Schuster division of
GULF & WESTERN CORPORATION
1230 Avenue of the Americas, New York, N.Y. 10020

Copyright © 1979 by Librairie Larousse

Published by arrangement with Librairie Larousse

ISBN: 0-671-43484-5

First Washington Square Press printing of this revised edition
January, 1982

10 9 8 7 6 5 4 3 2 1

WASHINGTON SQUARE PRESS, WSP and colophon are
trademarks of Simon & Schuster.

Printed in the U.S.A.

LAROUSSE DE POCHE

ABRÉVIATIONS

Abrév.	Abréviation	Ling.	Linguistique
Absol.	Absolument	Litt.	Littérature
Abusiv.	Abusivement	Liturg.	Liturgie
Adj.	Adjectif	Loc. adv.	Locution adverbiale
Admin.	Administration	Loc. conj.	Locution conjonctive
Adv.	Adverbe	Loc. lat.	Locution latine
Agr.	Agriculture	Loc. prép.	Locution prépositive
Alg.	Algèbre	Maçonn.	Maçonnerie
All.	Allemand	Majusc.	Majuscule
Anat.	Anatomie	Mar.	Marine
Anc.	Ancien, anciennement	Math.	Mathématiques
Angl.	Anglais	Méc.	Mécanique
Antiq.	Antiquité	Méd.	Médecine
Ar.	Arabe	Météor.	Météorologie
Archit.	Architecture	Mil.	Militaire
Arg.	Argot	Minér.	Minéralogie
Arr.	Arrondissement	Mus.	Musique
Art.	Article	Myth.	Mythologie
Astr.	Astronomie	Néol.	Néologisme
Auj.	Aujourd'hui	N.	Nom
Autref.	Autrefois	N. f.	Nom féminin
Auxil.	Auxiliaire	N. m.	Nom masculin
Blas.	Blason	Num.	Numéral
Bot.	Botanique	Onomat.	Onomatopée
Bx-arts	Beaux-arts	Par exagér.	Par exagération
Ch. de f.	Chemin de fer	Par ext.	Par extension
Chim.	Chimie	Par oppos.	Par opposition
Chir.	Chirurgie	Part. hist.	Partie historique
Comm.	Commerce	Part. pass.	Participe passé
Cond.	Conditionnel	Partic.	Particulièrement
Conj.	Conjugaison ou conjonction	Peint.	Peinture
Contr.	Contraire	Péjor.	Péjoratif, péjorativement
Cuis.	Cuisine	Pers.	Personne
Dém.	Démonstratif	Peu. us.	Peu usité
Dét.	Déterminatif	Philos.	Philosophie
Dimin.	Diminutif	Phot.	Photographie
Dr.	Droit	Phys.	Physique
Electr.	Électricité	Pl(ur).	Pluriel
Esp.	Espagnol	Pop.	Populaire
Ex.	Exemple	Poss.	Possessif
Fam.	Familier	Pr(on).	Pronom, pronominal
Fig.	Figuré	Préf.	Préfixe
Fin.	Finances	Prép.	Préposition
Fr.	Français	Prés.	Présent
Fut.	Futur	Psychanal.	Psychanalyse
Géogr.	Géographie	Rel.	Relatif
Géom.	Géométrie	Sing.	Singulier
Gramm.	Grammaire	Spécial.	Spécialement
Hist. nat.	Histoire naturelle	Subj.	Subjonctif
Impers.	Impersonnel	Substantiv.	Substantivement
Ind.	Indicatif	Suff.	Suffixe
Indéf.	Indéfini	Syn.	Synonyme
Inf.	Infinitif	T.	Terme
Interj.	Interjection	Théol.	Théologie
Inv.	Invariable	Trav. publ.	Travaux publics
Iron.	Ironique	V.	Verbe, vers, voir ou ville
Irr.	Irrégulier	V. i.	Verbe intransitif
Ital.	Italien	V. pr.	Verbe pronominal
Jard.	Jardinage	v. t.	Verbe transitif
Jurid.	Juridique	Zool.	Zoologie

L'astérisque (*) placé après une forme d'adjectif indique qu'en ajoutant le suffixe -ment à cette forme on obtient l'adverbe correspondant, avec le sens: d'une manière, etc.

Conjugaisons et prononciations :
V. précis de grammaire.

LANGUE FRANÇAISE

- **a** n. m. La première lettre de l'alphabet, et la première des voyelles.

à prép. Marque un rapport de direction, de but ou d'attribution ; de situation ; d'instrument ; de manière, d'origine.

abaissement n. m. Action d'abaisser ; état de ce qui est abaissé. *Fig.* Humiliation. Amoindrissement.

abaisser v. t. Faire descendre. Mettre plus bas. Diminuer, réduire.

abandon n. m. Délaissement : *abandon d'un navire.* Renonciation : *abandon d'un droit. Fig.* Laisser-aller. À *l'abandon* loc. Sans soin.

abandonner v. t. Quitter, délaisser. Confier : *abandonner un soin à quelqu'un.* V. pr. Se livrer : *s'abandonner à la joie.* Se décourager.

abaque n. m. Graphique permettant de résoudre de nombreux calculs. *Hist.* Planchette rectangulaire munie de boules, utilisée autref. pour calculer.

abasourdir [abazurdir] v. t. Étourdir par un grand bruit. *Fig.* et *fam.* Stupéfier : *votre lettre m'a abasourdi.*

abâtardir v. t. Faire dégénérer.

abâtardissement n. m. Dégénération.

abat-jour n. m. invar. Réflecteur de lampe. Fenêtre oblique. Visière.

abats n. m. pl. Parties des animaux de boucherie (pieds, rognons, cœur, poumons, foie, etc.) qui ne sont pas considérées comme des viandes.

abattage n. m. Action d'abattre. *Fig.* et *fam.* Verte semonce, réprimande. *Fam. Avoir de l'abattage,* avoir de l'entrain, du brio.

abattant n. m. Partie d'un secrétaire que l'on peut lever ou abaisser et sur laquelle on écrit.

abattement n. m. Accablement. Somme d'argent déduite d'un compte, en particulier pour le calcul des impôts.

abattis n. m. Choses abattues ou tuées. Pl. Abats de volaille.

abattoir n. m. Établissement où l'on tue les animaux destinés à la boucherie et à la charcuterie.

abattre v. t. (conj. 48) Renverser, démolir. Tuer : *abattre un bœuf. Fig.* Affaiblir. Décourager : *le malheur l'abat.* Expédier : *abattre sa besogne.* Étaler : *abattre son jeu.* V. pr. Tomber. Se précipiter sur.

abbatial e, **aux** [abasjal, o] adj. Relatif à l'abbé, à l'abbesse, à l'abbaye.

abattu, e adj. Découragé, triste et affaibli.

abbaye [abei] n. f. Monastère gouverné par un abbé ou une abbesse.

abbé n. m. Supérieur d'une abbaye. Titre donné à un ecclésiastique.

abbesse n. f. Supérieure d'un monastère de religieuses.

a b c n. m. Petit livre contenant l'alphabet. *Fig.* Rudiments d'un art.

abcès n. m. Amas de pus. *Crever l'abcès,* résoudre brutalement et sans ménagement une situation confuse.

abdication n. f. Action d'abdiquer.

abdiquer v. t. Renoncer au pouvoir, à l'essentiel.

abdomen [abdɔmɛn] n. m. Région inférieure du tronc de l'homme. Partie postérieure du corps des insectes.

abdominal, e, **aux** adj. Qui appartient, qui se rapporte à l'abdomen.

abeille n. f. Insecte hyménoptère produisant le miel et la cire.

aberrant, e adj. Qui va contre la logique ou la vérité. Qui s'écarte du type normal.

aberration n. f. *Optiq.* Dispersion des rayons lumineux. *Fig.* Erreur de jugement absurde : *par quelle aberration avez-vous pu faire cela?*

abêtir v. t. Rendre stupide.

abêtissement n. m. Action d'abêtir. État de celui qui est abêti.

abîme n. m. Gouffre très profond. *Fig.* Ce qui est impénétrable. Différence énorme.

abîmer v. t. Endommager : *le transport a abîmé le colis.* V. pr. S'enfoncer (dans les flots) ; ou se plonger (dans les réflexions).

ab intestat [abɛ̃tɛsta] loc. adv. Sans avoir fait de testament.

abject, e [abʒɛkt] adj. Bas, vil, méprisable.

abjection n. f. Avilissement.

abjuration n. f. Action d'abjurer.

abjurer v. t. Renoncer solennellement à une religion. *Fig.* Renoncer à une opinion, à une doctrine, etc.

ablatif n. m. Cas des langues à déclinaison, indiquant l'origine, l'instrument, etc.

ablation n. f. *Chir.* Action de retrancher.

ablette n. f. Petit poisson d'eau douce à écailles argentées.

ablution n. f. Purification religieuse qui consiste à se laver. *Fam.* Action de se laver : *faire ses ablutions.*

abnégation n. f. Renoncement.

aboiement n. m. Cri du chien.

abois n. m. pl. Dernières extrémités où le cerf est réduit. *Fig. Être aux abois*, être dans une situation désespérée.

abolir v. tr. Supprimer, annuler.

abolition n. f. Suppression.

abolitionnisme n. m. Ensemble des arguments de ceux qui réclament l'abolition d'une loi (anc. sur l'esclavage, auj. sur la peine de mort).

abominable* adj. Détestable, odieux.

abomination n. f. Horreur.

abominer v. t. Avoir en horreur.

abondamment adv. Avec abondance.

abondance n. f. Grande quantité ; grandes ressources. *Fig.* Richesse. *Parler d'abondance,* s'exprimer avec une grande facilité.

abondant, e adj. Qui abonde. *Fig.* Riche en quelque chose.

abonder v. i. Être, avoir en abondance. *Abonder dans le sens de quelqu'un,* se ranger à son avis.

abonné, e adj. et n. Qui a pris un abonnement : *abonné à une revue, l'abonné d'une revue.*

abonnement n. m. Convention entre un fournisseur (commerçant ou service public) et un client, pour la fourniture régulière d'un produit ou l'usage habituel d'un service.

abonner v. tr. Prendre un abonnement pour quelqu'un. V. pr. Prendre un abonnement pour soi.

abord n. m. Accès : *port d'abord facile.* Accueil : *abord aimable.* Pl. Environs.

abordable adj. Accessible. *Fig.* Accueillant : *personne abordable.*

abordage n. m. Assaut donné à un vaisseau. Choc de deux navires.

aborder v. i. Prendre terre : *aborder dans une île.* V. t. *Fig.* Accoster : *aborder en passant.* Entreprendre : *aborder un sujet.* V. pr. Se heurter (navires). S'accoster.

aborigène n. Membre d'une population qui habite depuis ses origines le pays où elle vit.

abortif, ive adj. Qui fait avorter.

aboucher v. t. Joindre bout à bout. *Fig.* Réunir. V. pr. Entrer en rapport : *s'aboucher avec quelqu'un.*

aboulie n. f. Absence maladive de volonté.

aboulique adj. et n. Privé complètement de volonté.

aboutir v. i. Toucher par un bout, arriver à : *ce pré aboutit à la route. Fig.* Avoir pour résultat : *aboutir à la ruine.* Réussir : *ses démarches ont abouti.*

aboutissement n. m. Action d'abréger.

aboyer v. i. [abwaje] (conj. 2) Crier, en parlant du chien.

abracadabrant, e adj. Bizarre. *Fam.* Farfelu.

abrasif, ive adj. et n. m. Se dit, dans l'industrie, de toute substance dure, capable d'user et de polir par frottement.

abrasion n. f. Action d'user par frottement, d'enlever par grattage.

abrégé n. m. Réduction. Ouvrage résumé : *abrégé d'histoire. En abrégé* loc. adv. En raccourci.

abrègement n. m. Action d'abréger.

abréger v. t. (conj. 1 et 5) Raccourcir.

abreuver v. t. Faire boire (bestiaux). Arroser. *Fig.* Accabler : *abreuver d'injures.* V. pr. Boire.

abreuvoir n. m. Lieu où l'on mène boire les bestiaux.

abréviation n. f. Action d'abréger. Mot abrégé.

abri n. m. Lieu où l'on peut se mettre à couvert. *Fig.* Refuge. *À l'abri de* loc. adv. À couvert, hors d'atteinte de.

abricot n. m. Fruit à noyau, jaune-orangé.

abricotier n. m. Arbre de 4 à 6 m de hauteur, produisant l'*abricot*, cultivé dans le sud de la France.

abriter v. t. Mettre à l'abri.

abrogation n. f. Annulation (loi, décret).

abroger v. t. (conj. 1) Annuler, abolir (loi, décret).

abrupt, e adj. Escarpé, *Fig.* Rude.

abruti, e adj. et n. Stupide, imbécile.

abrutir v. t. Rendre stupide.

abrutissement n. m. Dégradation de l'intelligence : *tomber dans l'abrutissement.*

abscisse [apsis] n. f. L'une des coordonnées qui fixent un point dans un plan.

absence n. f. Éloignement. Défaut de présence. Manque. *Fig.* Distraction.

absent, e adj. Hors de sa demeure ; non présent. *Fig.* Distrait.

absentéisme n. m. Absence fréquente et non motivée du lieu de travail.

absenter (s') v. pr. S'éloigner momentanément.

abside n. f. Extrémité d'une église, située derrière le chœur.

absinthe n. f. Plante aromatique, contenant une essence toxique. Liqueur alcoolique aromatisée avec cette plante. (En France, la fabrication en est interdite.)

absolu*, e adj. Complet, souverain : *vérité absolue, monarque absolu.* Impérieux : *un ton absolu.*

absolution n. f. Grâce, pardon.

absolutisme n. m. Théorie ou pratique d'une autorité absolue.

absolutiste adj. Relatif à l'absolutisme. N. Partisan de l'absolutisme.

absorber v. t. S'imbiber de, boire, faire disparaître. Boire, manger. *Fig.* Dissiper entièrement. Occuper fortement. V. pr. Être absorbé. *Fig.* Se plonger.

absorption n. f. Action d'absorber.

absoudre v. t. (conj. 53) Remettre les péchés. Acquitter. Pardonner, excuser.

absoute n. f. Prières après l'office des morts.

abstenir (s') v. pr. (conj. 16) S'empêcher de faire une chose, d'en user. Pratiquer l'abstinence. Ne pas se prononcer sur.

abstention n. f. Action de s'abstenir, de ne pas prendre part à un vote.

abstentionniste n. Qui s'abstient (vote, discussion).

abstinence n. f. Action de s'abstenir de certains aliments. Diète, jeûne.

abstinent, e adj. Sobre.

abstraction n. f. Action de séparer par la pensée : *faire abstraction de.* Idée générale considérée en dehors du sujet dont elle dépend : VERTU, SAVOIR, PESANTEUR *sont des abstractions.* Idée confuse.

abstraire v. t. (conj. 73) Faire abstraction. V. pr. S'absorber.

abstrait, e* adj. Se dit d'une qualité considérée en dehors du sujet : RONDEUR, BONTÉ *sont des termes abstraits.* Difficile à saisir, obscur. *Art abstrait,* art qui ne s'attache pas à représenter la réalité sensible.

absurde* adj. Contraire à la raison. N. m. Ce qui est contraire au bon sens. *Raisonnement par l'absurde,* démonstration qui consiste à établir une proposition en prouvant l'absurdité de la proposition contraire.

absurdité n. f. Caractère de ce qui est absurde ; stupidité.

abus n. m. Usage mauvais, excessif ou injuste : *abus de sa force.* Injustice, désordre, excès. *Abus de confiance,* action de tromper la confiance de quelqu'un.

abuser v. t. Tromper. V. i. User mal : *abuser de ses droits.* V. pr. Se tromper.

abusif, ive* adj. Où il y a de l'abus. Contraire aux règles, aux lois, à la justice.

abyssal, e, aux adj. De très grande profondeur sous-marine.

abysse n. m. Grande profondeur océanique.

abyssin, e adj. et n. De l'Abyssinie.

acabit [akabi] n. m. *Fam.* et péjor. Nature, caractère, espèce : *des gens du même acabit.*

acacia n. m. Arbre à fleurs jaunes odorantes, réunies en petites sphères, cultivé dans le midi de la France où il fleurit en hiver et où il est vendu sous le nom de mimosa.

académicien n. m. Membre d'une académie : *fauteuil d'académicien.*

académie n. f. Société de gens de lettres, de savants ou d'artistes. Division universitaire en France. Figure dessinée d'après un modèle nu.

académique* adj. Propre à une académie. Péjor. Qui suit étroitement les règles traditionnelles.

acajou n. m. Arbre d'Amérique, au bois rougeâtre.

acanthe n. f. Plante épineuse, à feuilles larges et découpées. Ornement d'architecture des chapiteaux corinthiens.

acariâtre adj. D'humeur difficile.

accablant, e adj. Difficile à supporter : *chaleur accablante.*

accablement n. m. Abattement.

accabler v. t. Faire succomber sous le poids. *Fig.* Surcharger. Combler : *accabler d'honneurs.* Épuiser : *accablé de fatigue.* Humilier, écraser.

accalmie n. f. Calme momentané du vent, de la mer.

accaparement n. m. Action d'accaparer : *accaparement de denrées.*

accaparer v. t. Amasser une denrée quelconque pour faire hausser les prix. *Fig.* Prendre pour soi au détriment des autres.

accapareur, euse n. Qui accapare.

accéder v. i. (conj. 5) Avoir accès dans un lieu, arriver, parvenir. *Fig.* Consentir.

accélérateur, trice adj. Qui accélère. N. m. Mécanisme qui accélère.

accélération n. f. Augmentation de vitesse. Action d'accélérer.

accéléré n. m. Au cinéma, artifice permettant de rendre les mouvements beaucoup plus rapides sur l'écran que dans la réalité.

accélérer v. t. (conj. 5) Accroître la vitesse : *accélérer le pas.* Hâter : *accélérer un travail.*

accent n. m. Élévation de la voix sur une syllabe : *accent tonique.* Prononciation particulière : *accent gascon.* Intonation : *accent plaintif.* Signe sur une voyelle : *accent aigu, grave, circonflexe.*

accentuation n. f. Action ou manière d'accentuer : *accentuation vicieuse.*

accentué, e adj. Qui porte un accent. *Fig.* Marqué : *traits accentués.*

accentuer v. t. Marquer d'un accent. Prononcer avec l'accent tonique. Exprimer avec intensité.

acceptable adj. Qui peut être accepté.

acceptation n. f. Action d'accepter.

accepter v. t. Agréer. Consentir à : *accepter la lutte. Accepter une lettre de change,* s'engager à la payer.

acception n. f. Sens dans lequel un mot est employé : *Chaque terme a une ou plusieurs acceptions;* ainsi, l'adjectif CHER a deux acceptions : « *tendrement aimé* » et « *d'un prix élevé* ».

accès n. m. Abord : *côte de facile accès.* Facilité d'approcher : *avoir accès auprès de. Accès de colère,* violente colère. *Accès de fièvre,* élévation de la température de l'organisme.

accessible adj. D'accès facile. Sensible.

accession n. f. Action de parvenir à : *Favoriser l'accession à la propriété.*

accessit [aksɛsit] n. et m. Distinction pour ceux qui ont approché du prix.

accessoire* adj. et n. m. Qui accompagne le principal ou l'essentiel. N. m. Objet servant au théâtre. Pièce, outil, objet qui ne font pas partie d'une marchine, d'un instrument, mais qui servent à son fonctionnement : *Les accessoires d'automobile sont la manivelle, le cric, etc.*

accident n. m. Événement fortuit, souvent fâcheux.

accidenté, e adj. Varié dans ses aspects, mouvementé. *Fig.* Agité. Inégal. Adj. et n. Victime d'un accident.

accidentel, elle* adj. Qui arrive par accident, par hasard.

accidenter v. t. Rendre accidenté.

acclamation n. f. Action d'acclamer. Cri de joie, d'admiration. *Par acclamation* loc. adv. Sans vote.

acclamer v. t. Saluer par des cris de joie, etc.

acclimatation n. f. Action d'acclimater : *jardin d'acclimatation.*

acclimater v. t. Accoutumer à un climat. *Fig.* Introduire peu à peu dans l'usage : *Acclimater une mode.* V. pr. S'adapter à un milieu différent.

accointances n. f. pl. Fréquentation.

accointer (s') v. pr. *Fam.* et péjor. Se lier intimement : *s'accointer avec un escroc.*

accolade n. f. Marque d'amitié entre hommes, qui consiste à se tenir mutuellement entre les bras et, en particulier, geste de celui qui remet officiellement une décoration à un autre. Signe graphique utilisé pour réunir plusieurs lignes.

accoler v. t. Réunir étroitement. Lier la vigne à l'échalas.

accommodant, e adj. Complaisant, de caractère facile.

accommodateur adj. m. Relatif à l'accommodation.

accommodation n. f. Action de s'accommoder. Adaptation de l'œil aux diverses distances de vision.

accommodement n. m. Arrangement.

accommoder v. t. Rendre commode, propre à. Concilier, arranger. Apprêter (un mets). V. pr. Être satisfait de.

accompagnateur, trice n. Personne qui accompagne un chanteur ou un instrumentiste à l'aide d'un instrument ou de la voix. Personne qui accompagne un groupe de touristes.

accompagnement n. m. Action d'accompagner. Accessoires. *Mus.* Partie secondaire qui soutient la partie principale.

accompagner v. t. Aller de compagnie : *accompagner un ami.* Escorter : *accompagner un convoi.* Ajouter : *accompagner ses mots d'un geste. Mus.* Exécuter l'accompagnement.

accompli, e adj. Réalisé : *vœu accompli.* Révolu : *vingt ans accomplis.* Parfait : *un homme accompli.*

accomplir v. t. Achever. Exécuter.

accomplissement n. m. Achèvement. Réalisation.

accord n. m. Conformité de sentiment. Harmonie : *accord entre le geste et la parole.* Concordance : *l'accord du participe. Mus.* Harmonie de sons. *D'accord* loc. adv. *Fam.* J'y consens, j'en conviens.

accordage n. m. Action d'accorder un instrument.

accordéon n. m. Instrument de musique populaire portatif, dont le son est produit par des languettes de métal mises en vibration par un soufflet, et muni de touches.

accordéoniste n. Joueur d'accordéon.

accorder v. t. Mettre d'accord : *accorder deux adversaires.* Octroyer : *accorder un délai.* Consentir, admettre. Mettre en concordance : *accorder un adjectif. Mus.* Mettre au même ton les cordes d'un instrument ou divers instruments ensemble.

accordeur n. m. Celui qui accorde les instruments de musique.

accorte adj. f. Gracieuse, avenante.

accostage n. m. Action d'accoster.

accoster v. t. Aborder quelqu'un. *Mar.* S'approcher très près.

accotement n. m. Partie latérale d'une route, entre la chaussée et le fossé.

accoter v. t. Appuyer d'un côté.

accouchée n. f. Femme qui vient de mettre un enfant au monde.

accouchement n. m. Action d'accoucher.

accoucher v. i. Enfanter. V. t. Aider une femme à accoucher.

accoucheur, euse n. et adj. Qui fait les accouchements.

accouder (s') v. pr. S'appuyer sur le coude : *accoudé sur une table.*

accoudoir n. m. Appui pour le coude.

accouplement n. m. Action d'accoupler ou de s'accoupler.

accoupler v. t. Unir deux à deux : *accoupler deux bœufs, deux mots, deux machines.* Unir le mâle et la femelle : *accoupler des pigeons.* V. pr. S'unir pour la reproduction (pour les animaux).

accourir v. i. (conj. 21, auxil. *avoir* ou *être*). Venir en hâte.

accoutrement n. m. Habillement bizarre, ridicule.

accoutrer (s') v. pr. S'habiller bizarrement.

accoutumance n. f. Habitude.

accoutumé, e adj. Ordinaire, habituel.

accoutumer v. t. Faire prendre une habitude. V. pr. S'habituer.

accréditer v. t. Faire reconnaître officiellement : *accréditer un ambassadeur.* Propager : *accréditer un bruit.* Faire ouvrir un crédit à : *accréditer quelqu'un auprès d'une banque.* V. pr. Devenir sûr.

accroc [akro] n. m. Déchirure. *Fig.* Difficulté, embarras : *accroc imprévu.*

accrochage n. m. Action d'accrocher : *l'accrochage d'un tableau.* Action de s'accrocher : *l'accrochage de deux voitures. Mil.* Combat de faible importance. *Fam.* Querelle.

accroche-cœur n. m. Petite mèche de cheveux aplatie en boucle sur la tempe ou sur le front.

accrocher v. t. Suspendre à un crochet, à un clou. Retenir par quelque chose de pointu. Heurter un véhicule : *accrocher une voiture. Fig.* et *fam.* Obtenir par ruse. V. pr. Se cramponner ; ne pas céder. Se disputer.

accroire v. t. Faire, en faire accroire à quelqu'un, lui faire croire ce qui n'est pas, abuser de sa confiance.

accroissement n. m. Action de croître. Augmentation.

accroître v. t. (conj. 60) Augmenter : *accroître sa fortune.* V. pr. Augmenter.

accroupir (s') v. pr. S'asseoir sur les talons. *Être accroupi,* être assis sur les talons.

accroupissement n. m. Position d'une personne accroupie.

accu n. m. Abrév. d'ACCUMULATEUR.

accueil n. m. Action, manière d'accueillir. *Centre d'accueil,* lieu où l'on reçoit les indigents, les isolés, les réfugiés.

accueillant, e adj. Qui fait bon accueil : *caractère accueillant.*

accueillir v. t. (conj. 12) Recevoir bien ou mal. Agréer.

acculer v. t. Pousser dans un endroit sans issue. *Fig.* Mettre dans l'impossibilité de surmonter une difficulté.

accumulateur n. m. Appareil emmagasinant l'énergie pour la restituer par la suite.

accumulation n. f. Action d'accumuler. Entassement. *Chauffage par accumulation,* chauffage au moyen d'un appareil qui emmagasine la chaleur pour la restituer ensuite.

accumuler v. t. Réunir en grande quantité (au pr. et au fig.) : *accumuler des marchandises, des témoignages.*

accusateur, trice n. et adj. Qui accuse : *indice accusateur.*

accusatif n. m. Cas des déclinaisons grecque, latine, etc., marquant le complément d'objet ou le complément introduit par certaines prépositions.

accusation n. f. Action de déférer en justice. Imputation, reproche. *Acte d'accusation,* exposé des faits imputés à un accusé.

accusé, e n. Personne donnée comme coupable d'un délit ou d'un crime. N. m. *Accusé de réception,* avis informant qu'une chose a été reçue par son destinataire. Adj. Accentué : *traits accusés.*

accuser v. t. Imputer à quelqu'un une faute plus ou moins grave : *accuser quelqu'un de lâcheté.* Avouer : *accuser ses fautes.* Dénoncer : *les apparences l'accusent.* Fig. Laisser paraître : *ses traits accusent son âge.* Bz-arts. Faire ressortir

acerbe adj. Sévère, mordant : *une critique acerbe.*

acéré, e adj. Très aigu. Fig. Mordant, blessant.

acétate n. m. Sel de l'acide acétique.

acétique adj. Se dit de l'acide auquel le vinaigre doit sa saveur.

acétone n. f. Liquide incolore, d'odeur éthérée, volatil, inflammable, très utilisé comme solvant.

acétylène n. m. Gaz hydrocarburé que l'on obtient en traitant le carbure de calcium par l'eau.

achalandé, e adj. Qui a des clients (sens vieilli). Fourni en marchandises : *un épicier bien achalandé* (syn. APPROVISIONNÉ).

acharné, e adj. Qui s'attache violemment à une action, à une idée : *joueur acharné.* Qui dénote de l'acharnement, furieux : *combat acharné.*

acharnement n. m. Action de s'acharner. Ardeur opiniâtre.

acharner (s') v. pr. Poursuivre opiniâtrement : *s'acharner contre quelqu'un.* S'obstiner : *s'acharner au travail.*

achat n. m. Action d'acheter. Objet acheté.

acheminement n. m. Action d'acheminer : *l'acheminement des colis postaux.*

acheminer v. t. Diriger vers un lieu, vers un but. Envoyer.

acheter v. t. (conj. 4) Acquérir à prix d'argent. Fig. Obtenir : *acheter au prix de son sang.* Corrompre : *acheter un juge.*

acheteur, euse n. Personne qui achète.

achevé, e adj. Accompli dans son genre : *c'est un ridicule achevé.*

achèvement n. m. Action d'achever. État de ce qui est achevé.

achever v. t. (conj. 5) Finir : *achever un tableau.* Donner le coup de grâce : *achever un blessé.* Fig. : *un malheur l'a achevé.*

achoppement n. m. Pierre d'achoppement, ce qui cause de l'embarras ou de la difficulté.

achopper v. i. Heurter du pied contre quelque chose. Être arrêté par une difficulté, un obstacle.

achromatique adj. Se dit d'un système optique qui laisse passer la lumière blanche sans la décomposer.

acide adj. Qui a une saveur piquante. N. m. Chim. Composé hydrogéné qui peut former des sels avec les bases.

acidifier v. t. Convertir en acide. Rendre plus acide.

acidité n. f. Saveur acide.

acidulé, e adj. Légèrement acide.

acier n. m. Fer combiné avec une faible quantité de carbone. Fig. D'acier, se dit de ce qui a une force, une résistance exceptionnelle : *des muscles d'acier.*

aciérage n. m. Opération qui donne à un métal la dureté de l'acier.

aciérer v. t. (conj. 5) Convertir du fer en acier.

aciérie n. f. Usine où l'on fabrique l'acier : *les aciéries de Lorraine.*

acné n. f. Maladie de la peau, caractérisée par des boutons, principalement sur la face : *acné juvénile.*

acolyte n. m. Aide et compagnon habituel de quelqu'un auquel il est subordonné, son complice (souvent péjor.).

acompte n. m. Paiement partiel à valoir sur une somme due : *demander un acompte sur son salaire.*

aconit [akɔnit] n. m. Plante vénéneuse, de la famille des renonculacées.

acoquiner (s') v. pr. [à, avec] Péjor. Avoir de mauvaises fréquentations ; prendre pour complice.

à-côté n. m. Ce qui est accessoire, secondaire : *les à-côtés de la question.*

à-coup n. m. Mouvement brusque, un temps d'arrêt subit : *avancer par à-coups.* Fig. Incident fâcheux.

acoustique adj. Relatif aux sons. N. f. Théorie des sons. Propagation du son dans un local.

acquéreur n. m. Personne qui acquiert (un bien immobilier).

acquérir v. tr. (conj. 13) Devenir possesseur par achat : *acquérir un pré.* Obtenir : *acquérir de l'autorité, une preuve ; qualité acquise.* Être acquis à quelqu'un, lui être dévoué.

acquêt n. m. Dr. Acquisition. Bien acquis à titre onéreux pendant le mariage.

acquiescement n. m. Consentement.

acquiescer [akjese] v. i. (conj. 1) Consentir, dire oui : *acquiescer à un désir, acquiescer d'un signe de tête.*

acquis, e adj. Se dit de ce qui a été obtenu une fois pour toutes. *Caractères acquis*, caractères dont l'individu était dépourvu à sa naissance et que les circonstances de sa vie ont fait apparaître en lui. N. m. Savoir, expérience.

acquisition n. f. Action d'acquérir. Chose acquise.

acquit n. m. Reconnaissance écrite d'un paiement. Pour acquit, mots qu'on écrit au verso d'un chèque pour certifier qu'il a été payé. Fig. Par acquit de conscience, pour sa tranquillité.

acquittement n. m. Renvoi d'un accusé reconnu non coupable. Action de payer ce qu'on doit ; remboursement.

acquitter v. t. Payer ce qu'on doit. Constater le paiement de. Rendre quitte d'une obligation. Déclarer non coupable. V. pr. Fig. Remplir un devoir.

âcre adj. Piquant, irritant au goût, à l'odorat. Fig. Mordant.

âcreté n. f. Qualité de ce qui est âcre (au pr. et au fig.).

acrimonie n. f. Disposition à la mauvaise humeur ; ton mordant.

acrimonieux, euse adj. Qui a de l'acrimonie.

acrobate n. Danseur, danseuse de corde. Par ext. Clown, jongleur, équilibriste, trapéziste.

acrobatie n. f. Exercice de l'acrobate. Exercice difficile (aviation).

acrobatique adj. D'acrobate.

acropole n. f. Partie la plus haute d'une cité grecque, formant une citadelle.

acrostiche n. m. Poésie dont les premières lettres de chaque vers, lues verticalement, forment le nom voulu.

acte n. m. Manifestation, réalisation de la volonté, considérée dans ses conséquences, ou dans son but : *Passer des paroles aux actes. Faire acte de,* donner une preuve concrète de. Écrit, texte constatant un fait, indiquant une convention passée entre plusieurs personnes : *les actes de l'état civil. Demander acte,* faire constater. *Donner acte,* reconnaître légalement ou ouvertement que le fait existe, qu'on est informé. *Prendre acte,* déclarer que l'on se prévaudra par la suite du fait qui a été constaté.

acte n. m. Partie d'une pièce de théâtre entre deux levers de rideau.

acteur, trice n. Personne qui joue un rôle dans une pièce, un film. Artiste dramatique. Protagoniste.

actif, ive* adj. Qui agit. Vif, laborieux. *Forme active,* forme du verbe transitif ou intransitif, qui présente l'action comme faite par le sujet. *Population active,* ensemble des personnes qui exercent une activité professionnelle. N. m. *Comm.* Ce qu'on possède, par opposition à *passif* (on y doit).

actinie n. f. Animal marin fixé aux rochers littoraux. (Nom usuel : *anémone de mer.*)

action n. f. Manifestation d'une énergie : *l'action du feu.* Mouvement, occupation : *mettre en action.* Chose que l'on fait : *une bonne action.* Événement : *l'action d'une tragédie.* Poursuite en justice. Part dans une société commerciale : *action nominative.*

actionnaire n. Personne qui a des actions dans une entreprise commerciale.

actionner v. t. Intenter une action en justice. Mettre en mouvement.

activer v. t. Presser, accélérer. Donner de l'activité à. V. pr. S'agiter.

activisme n. m. Attitude politique de ceux qui visent à l'action directe en faveur d'un parti ou d'une doctrine politique.

activiste n. et adj. Membre actif d'un parti, d'un groupement.

activité n. f. Puissance d'agir. Promptitude. *En activité,* en service (soldat, fonctionnaire).

actuaire n. m. Spécialiste qui fait des calculs statistiques pour les assurances.

actualisation n. f. Action d'actualiser.

actualiser v. t. Rendre actuel. Adapter au monde présent.

actualité n. f. Qualité de ce qui convient au moment présent. Ensemble des événements actuels. *Pl.* Journal cinématographique.

actuel, elle* adj. Présent : *le cas actuel.*

acuité n. f. Qualité de ce qui est aigu, pointu. *Fig.* Intensité.

acupuncteur ou **acuponcteur** n. m. Spécialiste de l'acupuncture.

acupuncture ou **acuponcture** n. f. Traitement médical d'origine chinoise, qui consiste à introduire de très fines aiguilles en métal en certains points du corps.

adage n. m. Sentence, de portée pratique, empruntée au droit.

adagio [adadʒjo] adv. (mot ital.). *Mus.* Lentement. N. m. Morceau exécuté dans ce tempo.

adaptation n. f. Action d'adapter, de s'adapter.

adapter v. t. Appliquer : *adapter un cadre.* Conformer à : *adapter les moyens au but.* Modifier en vue d'un usage différent : *adapter un roman au cinéma.*

addenda [adɛda] n. m. inv. Ce qu'on ajoute à un ouvrage pour le compléter.

additif n. m. Petite addition faite à un texte écrit (terme jurid.) : *on a voté un additif au budget.*

addition n. f. Action d'ajouter une chose à une autre; ce qui est ajouté. Première des quatre opérations fondamentales de l'arithmétique, qui réunit en une seule deux ou plusieurs grandeurs de même nature. Note des dépenses faites au café, au restaurant, etc.

additionnel, elle adj. Qui s'ajoute.

additionner v. t. Ajouter. Faire l'addition de plusieurs quantités, de plusieurs nombres.

adduction n. f. Action d'amener : *adduction d'eau potable.*

adénoïde adj. En forme de tissu glandulaire. *Végétations adénoïdes,* hypertrophie des glandes du larynx.

adepte n. Partisan d'une doctrine, d'une secte, etc. Personne initiée à une science.

adéquat, e [adekwa, -kwat] adj. Qui convient exactement : *une réponse adéquate.*

adhérence n. f. État de ce qui adhère.

adhérent, e adj. Fortement attaché, qui colle à quelque chose : *des pneus très adhérents à la route.* N. et adj. Membre d'une organisation, d'un parti.

adhérer v. i. (conj. 5) Tenir fortement à une chose : *la peau adhère au muscle. Fig.* Partager une idée, une opinion. S'inscrire à une association, à un parti.

adhésif, ive adj. et n. m. Se dit d'une bande de toile, de papier, etc., enduite d'un produit qui colle sans être préalablement mouillé : *pansement adhésif.*

adhésion n. f. Union, jonction. *Fig.* Consentement, approbation.

adieu interj. et n. m. Formule de salut employée quand on quitte quelqu'un pour un temps assez long, sinon définitivement.

adipeux, euse adj. Qui a les caractères de la graisse.

adjacent, e adj. Attenant, contigu.

adjectif n. m. Mot qui qualifie ou détermine le substantif auquel il est joint.

adjectif, ive* adj. Qui a la fonction de l'adjectif.

adjoindre v. t. (conj. 55) Associer une personne ou une chose à une autre.

adjoint, e n. et adj. Personne associée à une autre pour l'aider dans ses fonctions. Conseiller municipal qui remplace le maire.

adjonction n. f. Action d'adjoindre.

adjudant n. m. Sous-officier d'un grade intermédiaire entre celui de sergent-chef et celui d'adjudant-chef. *Adjudant-chef,* sous-officier le plus élevé en grade.

adjudicataire n. Personne à qui une chose est attribuée dans une adjudication.

adjudication n. f. Action d'adjuger. Vente de biens ou marché de fournitures, de travaux, faits au plus offrant.

adjuger v. t. (conj. 1) Attribuer par jugement. Donner des travaux ou vendre par adjudication publique. Attribuer : *adjuger un prix.*

adjuration n. f. Action d'adjurer; formule d'exorcisme. Prière instante.

adjurer v. t. Ordonner au nom de Dieu. Supplier avec instance.

adjuvant e adj. et n. Qui aide l'action d'un autre (médicament).

admettre v. t. (conj. 49) Recevoir, agréer : *admis au concours.* Estimer vrai : *admettre un fait.* Accueillir favorablement. Comporter : *cela n'admet pas de discussion.*

administrateur, trice n. Personne qui administre, régit, dirige.

administratif, ive adj. Qui tient ou a rapport à l'administration.

administration n. f. Action d'administrer les affaires publiques ou privées, de régir des biens. Service public destiné à satisfaire les besoins de la collectivité (parfois avec une majusc.) : *l'Administration des douanes.* Ensemble des services de l'État (avec une majusc. et sans compl.) : *faire carrière dans l'Administration. Administration légale,* régime selon lequel sont régis les biens d'un mineur. *Conseil d'administration,* corps des administrateurs d'une société.

administrer v. t. Gouverner, diriger. Conférer : *administrer les sacrements.* Faire prendre : *administrer une purge.* Appliquer : *administrer une correction. Administrer une preuve,* la produire en justice.

admirable adj. Digne d'admiration.

admirateur, trice n. Personne qui admire.

admiratif, ive adj. Qui marque de l'admiration.

admiration n. f. Action d'admirer. Enthousiasme.

admirer v. t. Considérer avec un étonnement mêlé de plaisir, d'enthousiasme. *Iron.* Trouver étrange, excessif.

admissibilité n. f. Qualité de ce qui est admissible. Fait d'être admissible à une fonction, à un concours.

admissible adj. et n. Qui peut être admis. Valable. Qui a subi avec succès les premières épreuves d'un examen et est admis à subir les suivantes.

admission n. f. Action de laisser entrer, de laisser passer, etc. : *une demande d'admission.* Fait d'être reçu définitivement à un examen ou à un concours. Entrée des gaz dans le cylindre d'un moteur : *soupape d'admission.*

admonestation n. f. Réprimande.

admonester v. tr. Réprimander.

adolescence n. f. Âge de la vie qui suit l'enfance, compris entre quatorze et vingt ans environ chez le garçon, douze et dix-huit ans chez la fille.

adolescent, e n. et adj. Qui est dans l'adolescence.

adonis [adɔnis] n. m. Jeune homme très beau. (V. *Part. hist.*)

adonner (s') v. pr. Se livrer à : *s'adonner à un vice.*

adopter v. tr. Prendre légalement pour fils ou pour fille. *Fig.* Choisir, préférer. Se rallier à. Approuver, sanctionner.

adoptif, ive adj. Qui a été adopté. Qui a adopté quelqu'un comme enfant : *famille adoptive.*

adoption n. f. Action d'adopter.

adorable adj. Dont le charme, ou l'agrément, est extrême. Ravissant.

adorateur, trice Personne qui adore.

adoration n. f. Action d'adorer. Affection, amour extrême.

adorer v. t. Rendre à la divinité le culte qui lui est dû. Aimer avec passion : *adorer ses enfants.*

adosser v. t. Appuyer contre.

adoubement n. m. Action d'adouber. Ensemble des défenses de corps, différent de l'armure, porté par l'homme de guerre au Moyen Âge.

adouber v. t. Remettre solennellement au nouveau chevalier les pièces de son armement.

adoucir v. t. Rendre plus doux : *adoucir la température.* Polir : *adoucir une glace.* Éliminer de l'eau certains sels. *Fig.* Rendre supportable : *adoucir un chagrin.*

adoucissant, e adj. et n. m. Qui adoucit, qui calme la douleur ou l'irritation.

adoucissement n. m. Action d'adoucir. *Fig.* Soulagement.

adoucisseur n. m. Appareil servant à adoucir l'eau.

ad patres [adpatrɛs] loc. lat. *Envoyer «ad patres»,* tuer.

adrénaline n. f. Substance vaso-constrictive, extraite des capsules surrénales.

adresse n. f. Indication du domicile de quelqu'un : *libeller une adresse.* Écrit présenté par une assemblée. *À l'adresse de quelqu'un,* à son intention. Habileté dans les mouvements du corps. Finesse de l'esprit : *il avait l'adresse de ne heurter personne.*

adresser v. t. Envoyer directement. *Adresser la parole à quelqu'un,* lui parler. V. pr. *S'adresser à quelqu'un,* lui parler; avoir recours à lui.

adroit, e adj. Qui a de la dextérité : *adroit de ses mains. Fig.* Rusé.

adulateur, trice adj. et n. Flatteur.

adulation n. f. Flatterie servile.

aduler v. t. Flatter bassement.

adulte adj. et n. Parvenu au terme de sa croissance. N. Par opposition aux enfants, aux jeunes gens, personne de plus de vingt ans.

adultération n. f. Action d'adultérer.

adultère adj. et n. Qui viole la foi conjugale. N. m. Acte qui consiste, pour un des époux, à entretenir des relations sexuelles en dehors du mariage.

adultérer v. t. (conj. 5) Falsifier, altérer.

adultérin, e adj. Né de l'adultère.

ad valorem loc. lat. Selon la valeur.

advenir v. i. (Ce verbe n'est usité qu'aux 3ᵐˢ pers. et à l'infin.; conj. 4) Arriver par accident. *Advienne que pourra* loc. Quelles que soient les conséquences de notre résolution.

adventice adj. Qui vient accidentellement : *circonstances adventices.* Se dit des plantes qui croissent sur un terrain cultivé sans y avoir été semées.

adventif, ive adj. *Bot.* Se dit d'un organe végétal qui se forme en un point anormal de la plante : *racine adventive.*

adverbe n. m. *Gramm.* Mot invariable dont la fonction est de modifier le sens d'un verbe, d'un adjectif ou d'un autre adverbe.

adverbial, e*, aux adj. Qui tient de l'adverbe : *locution adverbiale.*

adversaire n. Celui, celle contre qui on a à combattre, à lutter. Concurrent, rival.

adverse adj. Contraire. *Partie adverse,* contre qui l'on plaide.

adversité n. f. Infortune.

aède n. m. Poète grec ancien.

aération n. f. Action d'aérer.

aéré, e adj. Qui est au grand air, où l'air circule : *une maison bien aérée.*

aérer v. t. Donner de l'air.

aérien, enne adj. Relatif à l'aviation, aux avions. Relatif à l'air; qui se trouve dans l'air : *câble aérien.* N. m. Appareil collecteur d'ondes radio-électriques.

aéro-club n. m. Centre de formation et d'entraînement de pilotes.

aérodrome n. m. Terrain spécialement aménagé pour le décollage et l'atterrissage des avions.

aérodynamique adj. Qui a trait à la résistance de l'air. *Fam.* Se dit d'une carrosserie bien profilée. N. f. Science qui étudie les phénomènes accompagnant tout mouvement relatif entre un corps et l'air qui le baigne.

aérofrein n. m. Sur un avion, volet augmentant le freinage par la résistance de l'air.

aérogare n. f. Partie d'un aéroport réservée à la réception des voyageurs et des marchandises. À l'intérieur des grandes villes, lieu de départ et d'arrivée des autocars assurant la liaison avec l'aérodrome.

aérolithe ou **aérolite** n. m. Syn. vieilli de MÉTÉORITE.

aéronaute n. Qui pratique la navigation aérienne.

aéronautique adj. Relatif à l'aviation. N. f. Science de la locomotion et de la technique aériennes.

aéronaval, e, als adj. Relatif à la fois à l'aviation et à la marine.

aéronef n. m. Nom collectif de tous les appareils d'aviation (langue admin.).

aérophagie n. f. Déglutition d'air.

aéroplane n. m. Anc. nom de l'*avion.*

aéroport n. m. Ensemble, en un lieu, des installations permettant le trafic aérien.

aéroporté adj. Transporté par avion.

aéropostal adj. Relatif à la poste aérienne.

aérosol n. m. Dispersion, en particules très fines, d'un liquide ou d'une solution dans l'air.

aérostat n. m. Appareil rempli d'un gaz plus léger que l'air, et qui peut ainsi s'élever dans l'atmosphère.

aérostation n. f. Art de construire et de diriger les aérostats.

aérostatique adj. Relatif à l'aérostation. N. f. Étude des lois de l'équilibre de l'air.

aérostier n. m. Celui qui manœuvre un aérostat.

aérotrain n. m. (marque déposée). Véhicule à coussins d'air glissant à grande vitesse sur une voie spéciale.

affabilité n. f. Aménité, courtoisie.

affable adj. Qui a de l'affabilité.

affabulation n. f. *Péjor.* Récit inventé de toutes pièces.

affabuler v. t. Présenter des faits de manière fantaisiste ou même mensongère.

affadir v. t. Rendre fade. *Fig.* Rendre sans vigueur; affaiblir : *affadir un récit.*

affadissement n. m. Action d'affadir.

affaiblir v. t. Rendre plus faible.

affaiblissement n. m. Diminution de la force, de l'intensité.

affaire n. f. Ce qui est à faire. Occupation. Transaction commerciale. Procès. Combat : *l'affaire a été chaude. Duel : une affaire d'honneur. Avoir affaire à quelqu'un,* avoir besoin de lui parler ou être en rapport avec lui. *J'en fais mon affaire,* il me convient. *Se tirer d'affaire,* se procurer une position honorable, sortir d'un mauvais pas. *Affaires étrangères,* tout ce qui concerne la politique extérieure.

affairé, e adj. Qui a ou paraît avoir beaucoup à faire.

affairement n. m. État d'une personne affairée.

affairer (s') v. pr. S'empresser, s'agiter : *s'affairer auprès d'un malade.*

affairisme n. m. Utilisation de relations politiques pour favoriser ses propres affaires commerciales ou industrielles.

affairiste n. *Péjor.* Homme d'affaires sans scrupules.

affaissement n. m. État de ce qui est affaissé. *Fig.* Accablement.

affaisser v. t. Abaisser, enfoncer, courber. *Fig.* Accabler.

affaler v. t. *Mar.* Faire descendre. V. pr. Se laisser tomber.

affamer v. t. Faire souffrir de la faim; priver de vivres.

affameur, euse n. et adj. Qui affame.

affectation n. f. Attribution : *affectation d'une somme.* Manque de naturel.

affecté, e adj. Non naturel. Exagéré.

affecter v. t. Destiner à un usage : *affecter des fonds.* Faire ostentation de : *affecter l'indifférence.* Prendre une forme : *affecter une forme ronde.* Toucher, émouvoir. V. pr. Être ému : *s'affecter d'un rien.*

affectif, ive adj. Qui relève du sentiment et non de la raison : *une réaction purement affective.*

affection n. f. Attachement, amitié tendre : *affection filiale. Méd.* État maladif : *affection nerveuse.*

affectionner v. t. Aimer.

affectivité n. f. Caractère ou ensemble des phénomènes affectifs.

affectueux, euse* adj. Plein d'affection : *un enfant affectueux.*

afférent, e adj. Qui revient à chacun : *part afférente. Anat.* Qui apporte un liquide à un organe : *vaisseaux afférents.*

affermage n. m. Action d'affermer.

affermer v. t. Donner ou prendre à ferme, à bail : *affermer une propriété.*

affermir v. t. Rendre ferme.

affermissement n. m. Action d'affermir. État de la chose affermie.

afféterie n. f. Manières recherchées ou prétentieuses dans l'attitude et le langage.

affichage n. m. Action d'afficher.

affiche n. f. Avis officiel, publicitaire, etc., placardé dans un lieu public. *Tenir l'affiche* (en parlant d'un spectacle), être joué longtemps.

afficher v. t. Poser une affiche. *Fig.* Rendre public : *afficher une liaison.* Faire parade de. V. pr. Se faire remarquer.

affichette n. f. Petite affiche.

afficheur n. m. Celui qui pose les affiches.

affichiste n. Artiste spécialisé dans la conception et la réalisation des affiches.

affilée (d') loc. adv. Sans s'arrêter, sans discontinuer.

affiler v. t. Donner du fil à, aiguiser.

affiliation n. f. Inscription à une association, à un parti, à un organisme de sécurité sociale.

affilier (s') v. pr. Se joindre comme adhérent : *s'affilier à un parti.*

affinage n. m. Action d'affiner ; son résultat.

affiner v. t. Rendre plus fin, plus pur : *affiner de l'or, affiner l'esprit. Affiner un fromage,* le mûrir.

affineur n. m. Qui affine les métaux.

affinité n. f. Conformité, rapport, sympathie : *affinité des goûts ; affinité entre la musique et la poésie. Chim.* Tendance des corps à se combiner.

affirmatif, ive* adj. Qui affirme. *Affirmative* n. f. Proposition qui affirme.

affirmation n. f. Action d'affirmer.

affirmer v. t. Assurer, soutenir.

affleurement n. m. Action d'affleurer.

affleurer v. t. et i. *Affleurer quelque chose ou à quelque chose,* être ou arriver au même niveau.

affliction n. f. Chagrin vif, peine.

affliger v. t. (conj. 1) Causer de l'affliction : *affliger un enfant.* Désoler : *la peste affligea le pays.*

affluence n. f. Grand nombre de personnes se rassemblant en un même lieu : *les heures d'affluence.*

affluent, e n. et adj. Cours d'eau qui se jette dans un autre.

affluer v. i. Couler vers : *le sang afflue au cœur.* Aboutir au même point. Arriver en grand nombre.

afflux n. m. Abondance plus grande des liquides dans une partie du corps : *afflux du sang.* Arrivée d'un grand nombre de personnes, de choses, en un même endroit : *afflux de touristes.*

affolement n. m. État d'une personne affolée.

affoler v. t. Troubler complètement, bouleverser.

affouage n. m. Droit de prendre du bois dans les forêts d'une commune.

affouiller v. tr. Creuser, dégrader : *l'eau affouille les berges.*

affranchi, e n. Esclave libéré. *Fam.* Qui est libéré de tout préjugé moral, de tout scrupule.

affranchir v. t. Rendre libre : *affranchir un esclave.* Exempter d'une charge : *affranchir une propriété.* Payer le port d'un envoi en mettant un timbre ou une marque postale : *affranchir une lettre.* Délivrer : *affranchir de la misère.*

affranchissement n. m. Action d'affranchir. Acquittement du port.

affres n. f. pl. Angoisse.

affrètement n. m. Louage d'un navire, d'un avion, d'un car.

affréter v. t. (conj. 5) Prendre en location un navire, un avion, un car pour un voyage et un temps indéterminés.

affréteur n. m. Celui qui loue un navire, un avion, un car, par opposition au *fréteur (ou armateur),* qui le donne à bail.

affreux, euse* adj. Qui cause de l'effroi. Repoussant, méchant.

affriander v. tr. Rendre friand. Attirer par un appât (au pr. et au fig.).

affriolant, e adj. Appétissant, séduisant.

affrioler v. tr. Attirer, allécher.

affront n. m. Injure publique, offense : *subir un affront.*

affronter v. t. Attaquer de front, s'exposer avec courage : *affronter l'ennemi. Fig. : affronter la mort.* V. pr. S'opposer : *théories qui s'affrontent.*

affubler v. tr. Habiller d'une manière bizarre, ridicule.

affût n. m. Support d'un canon. Endroit où l'on se poste pour attendre le gibier. *Être à l'affût,* épier.

affûtage n. m. Action d'affûter.

affûter v. tr. Aiguiser un outil.

affûteur n. m. Celui qui aiguise les outils.

afghan, e adj. et n. De l'Afghânistân.

afin que ou **de** loc. conj. ou prép. qui marque l'intention, le but.

africain, e adj. et n. De l'Afrique.

agacement n. m. Sensation irritante.

agacer v. t. (conj. 1) Causer de l'irritation. Tourmenter ; taquiner.

agacerie n. f. Petites manières pour attirer l'attention.

agapes n. f. pl. *Fam.* Repas, festin.

agar-agar n. m. Sorte de glu extraite d'une algue marine des Indes.

agaric n. m. Nom de divers champignons à chapeau et à lamelles.

agate n. f. Variété de quartz calcédoine, de couleurs vives et variées.

age n. m. Timon de charrue.

âge n. m. Durée ordinaire de la vie. Degré d'âge : *à l'âge de vingt ans, âge mûr, du même âge.* Vieillesse : *mûri par l'âge.* Nombre d'années requis : *dispense d'âge.* Époque : *le Moyen Âge, l'âge de la pierre taillée. Troisième âge,* période qui suit l'âge adulte, où cessent les activités professionnelles.

âgé, e adj. Qui a tel âge. Vieux.

agence n. f. Entreprise administrée par un ou des agents. Bureaux d'une telle entreprise.

agencement n. m. Arrangement.

agencer v. t. (conj. 1) Ajuster, arranger.

agenda [aʒɛ̃da] n. m. Carnet pour inscrire jour par jour ce qu'on doit faire.

agenouillement n. m. Action de s'agenouiller.

agenouiller (s') v. pr. Se mettre à genoux.

agent n. m. Tout ce qui agit : *la lumière et la chaleur sont des agents de la nature.* Personne chargée d'une mission par une société, un gouvernement, un particulier : *agent de change, agent immobilier* (syn. COURTIER). Fonctionnaire de police d'une grande ville (syn. GARDIEN DE LA PAIX).

agglomérat n. m. Agrégation naturelle de substances minérales.

agglomération n. f. Action d'agglomérer. État de ce qui est aggloméré. Ensemble formé par une ville et sa banlieue.

aggloméré n. m. Briquette de combustible en poudre agglomérée.

agglomérer v. t. (conj. 5) Réunir en une masse compacte des éléments divers ; mettre quelque chose en un tas compact.

agglutinant, e adj. Se dit des langues qui procèdent par agglutination : *le hongrois est agglutinant.*

agglutination n. f. Action d'agglutiner. *Ling.* Formation de mots par adjonction d'éléments ayant une existence indépendante.

agglutiner v. t. Coller fortement une chose à une autre (surtout au passif).

aggravation n. f. Action d'aggraver ; le fait de s'aggraver.

aggraver v. t. Rendre plus grave, plus pénible. Augmenter. V. pr. Empirer.

agile* adj. Léger, dispos, souple.

agilité n. f. Légèreté, souplesse.

agio n. m. Ensemble des frais retenus par la banque pour les opérations bancaires.

agiotage n. m. Spéculation de mauvais aloi sur les fonds publics, les changes, les valeurs mobilières quelconques.

agioter v. i. Se livrer à l'agiotage.

agioteur, euse n. Personne qui pratique l'agiotage.

agir v. i. Faire quelque action : *il est tard pour agir.* Produire un effet : *le feu agit sur les métaux.* Se comporter : *agir honnêtement.* Intervenir : *agir auprès de.* Impers. *Il s'agit,* il est question.

agissements n. m. pl. Action coupable commise pour parvenir à des fins blâmables.

agitateur, trice n. Personne qui cherche à soulever les passions pour causer des troubles sociaux. N. m. Baguette de verre servant à remuer les liquides dans les manipulations chimiques.

agitation n. f. Mouvement irrégulier ou désordonné de quelque chose ou de quelqu'un. Trouble profond qui s'extériorise.

agiter v. t. Ébranler, secouer en divers sens. *Fig.* Troubler : *agité par l'inquiétude.* Exciter. Discuter : *agiter une question.*

agneau n. m. Petit de la brebis. *Fig.* Personne douce. Fém. *Agnelle.*

agnelet n. m. Petit agneau.

agnosticisme [agnɔstism] n. m. Doctrine qui déclare l'absolu inconnaissable.

agnostique [agnɔstik] adj. et n. Relatif à l'agnosticisme. Qui en est partisan.

agonie n. f. Dernière lutte contre la mort. Fin : *l'agonie d'un monde.*

agonir v. t. (seulem. à l'inf. et au part. passé *agoni*). Accabler : *agonir d'injures.*

agoniser v. intr. Être à l'agonie.

agora n. f. Dans l'Antiquité grecque, place publique d'une ville.

agoraphobie n. f. Peur morbide en traversant une place, une rue.

agrafe n. f. Crochet de métal qui joint les bords d'un vêtement. Crampon pour divers usages.

agrafer v. t. Attacher avec une agrafe : *agrafer un manteau.*

agrafeuse n. f. Machine à poser des agrafes.

agraire adj. Relatif aux terres.

agrandir v. t. Rendre plus grand, élargir dans toutes ses dimensions. V. pr. Devenir plus grand ; accroître son domaine, ses possessions.

agrandissement n. m. Accroissement, augmentation. *Phot.* Épreuve agrandie obtenue en partant d'un cliché plus petit.

agrandisseur n. m. Appareil pour les agrandissements photographiques.

agréable* adj. Qui plaît.

agréé n. m. Homme de loi admis par un tribunal de commerce pour représenter les parties devant lui.

agréer v. t. Recevoir favorablement : *agréer une demande.*

agrégat n. m. Assemblage.

agrégation n. f. Concours qui pemet aux candidats reçus d'être professeurs dans l'enseignement secondaire ou, en droit, en médecine et en pharmacie, d'enseigner en faculté. Assemblage de parties homogènes.

agrégé, e n. et adj. Reçu à un concours d'agrégation.

agréger v. t. (conj. 1 et 5) Réunir en un tout des parties sans liaison naturelle. *Agréger quelqu'un,* l'admettre dans un groupe constitué.

agrément n. m. Approbation, consentement : *donner son agrément.* Qualité par laquelle on plaît. Plaisir. *Arts d'agrément,* la musique, la peinture, la danse, l'escrime, etc.

agrémenter v. tr. Orner.

agrès n. m. pl. Tout ce qui sert à la manœuvre d'un navire. Appareils de gymnastique.

agresseur n. m. Celui qui attaque le premier.

agressif, ive* adj. Qui a un caractère d'agression : *ton agressif.*

agression n. f. Attaque brutale et soudaine, non provoquée.

agressivité n. f. Tendance à attaquer.

agreste adj. Rustique.

agricole adj. Adonné à l'agriculture. Relatif à l'agriculture.

agriculteur n. m. Celui qui cultive la terre.

agriculture n. f. Culture du sol.

agripper v. tr. Saisir avidement.

agronome n. m. Celui qui enseigne ou pratique la science de l'agriculture.

agronomie n. f. Science de l'agriculture.

agronomique adj. Relatif à la science de l'agriculture : *institut agronomique.*

agrumes n. m. pl. Nom collectif des oranges, citrons, pamplemousses, etc.

aguerrir v. t. Accoutumer à la guerre. *Fig.* Habituer à des choses pénibles, endurcir.

aguets n. m. pl. Surveillance attentive : *être aux aguets.*

aguicher v. t. Exciter par des coquetteries, des taquineries.

ah ! interj. qui marque les impressions vives (joie, douleur, etc.).

ahurir v. t. Troubler, étourdir.

ahurissant, e adj. Étonnant, stupéfiant.

ahurissement n. m. État d'une personne ahurie. Stupéfaction.

aide n. f. Secours, assistance. N. m. et f. Personne qui aide : *un aide bénévole. Aide de camp*, officier attaché à la personne d'un chef d'État, d'un général, etc.

aide-mémoire n. m. invar. Abrégé de faits, de formules.

aider v. t. Secourir, assister. V. i. Prêter son concours à, contribuer à.

aïe! interj. de douleur.

aïeul, e n. Le grand-père, la grand-mère. Pl. des *aïeuls, aïeules.* N. m. pl. *Les aïeux,* les ancêtres.

aigle n. m. Oiseau rapace de grande taille. *Fig. Ce n'est pas un aigle,* il n'est pas très intelligent. N. f. Aigle femelle. Drapeau surmonté d'un aigle : *les aigles romaines.*

aiglefin ou **églefin** n. m. Sorte de petite morue.

aiglon n. m. Petit de l'aigle.

aigre* adj. Acide, piquant : *vin aigre. Fig.* Criard, aigu : *voix aigre.* Revêche : *femme aigre.*

aigre-doux, ce adj. Où se mêlent les sensations de doux et d'aigre : *des cerises aigres-douces ; des mots aigres-doux.*

aigrefin n. m. Individu qui vit d'escroqueries (syn. ESCROC).

aigrelet, ette adj. Un peu aigre.

aigrette n. f. Faisceau de plumes qui orne la tête de certains oiseaux. Panache. Bouquet de diamants. *Zool.* Oiseau proche du héron.

aigreur n. f. État de ce qui est aigre. Sensation désagréable causée par des aliments mal digérés : *aigreurs d'estomac. Fig.* Amertume, animosité : *parler avec aigreur.*

aigrir v. t. Rendre aigre. *Fig.* Irriter. V. i. Devenir aigre. V. pr. Devenir aigre, ou, au *fig.,* irritable.

aigu, ë adj. Terminé en pointe. *Fig.* Clair et perçant. Vif et cuisant. *Maladie aiguë,* à marche rapide.

aigue-marine n. f. Variété de béryl vert de mer.

aiguière n. f. Vase à anse et à bec.

aiguillage n. m. Ensemble de rails mobiles, destiné à faire passer les véhicules ferroviaires d'une voie sur une autre. Manœuvre de cet appareil. *Fig.* Orientation.

aiguille n. f. Petite tige d'acier pointue, percée d'un trou, qui sert pour coudre : *aiguille à tapisserie.* Petite tige de métal, etc., pour divers usages : *aiguille à tricoter ; l'aiguille aimantée de la boussole.* Feuille étroite des conifères. Portion de rail mobile, pour changement de voie (v. AIGUILLER).

aiguillée n. f. Longueur de fil enfilée dans l'aiguille.

aiguiller v. t. Manœuvrer les aiguilles des rails pour changer la voie. *Fig.* Orienter : *aiguiller des recherches.*

aiguillette n. f. Cordon ferré par les deux bouts. Ornement militaire. *Cuis.* Morceau de chair coupé mince et en long.

aiguilleur n. m. Celui qui manœuvre les aiguilles sur une voie ferrée.

aiguillon n. m. Bâton ferré pour piquer les bœufs. Dard d'insectes. Piquant du rosier. *Fig.* Stimulant.

aiguillonner v. t. Piquer avec l'aiguillon. *Fig.* Stimuler, exciter.

aiguiser [egize ou eguize] v. t. Rendre aigu, tranchant. Exciter : *aiguiser l'appétit.*

aiguisoir n. m. Outil à aiguiser.

ail [aj] n. m. Plante dont le bulbe ou «gousse», à odeur forte, est utilisé comme condiment. Pl. des *aulx* ou **ails.**

aile n. f. Organe du vol chez les oiseaux, etc. Plan d'un avion. Garde-boue d'auto. *Ailes d'un moulin,* ses châssis garnis de toiles. *Ailes d'un bâtiment,* ses côtés. *Ailes d'une armée,* ses flancs. *Ailes du nez,* parois extérieures des narines. *Fig. Avoir des ailes,* aller vite.

ailé, e adj. Qui a des ailes.

aileron n. m. Extrémité de l'aile. Nageoire : *aileron de requin.*

ailette n. f. Désigne divers objets qui ont la forme d'une petite aile : *bombe à ailettes ; radiateurs à ailettes.*

ailier n. m. Dans certains sports d'équipe, joueur placé à l'extrémité de la ligne d'attaque.

ailleurs adv. En un autre lieu. *D'ailleurs* loc. adv. D'un autre lieu. De plus. *Par ailleurs* loc. adv. En outre.

ailloli n. m. V. AÏOLI.

aimable* adj. Affable, poli, gentil, obligeant.

aimant n. m. Barreau ou aiguille d'acier qui attire le fer et quelques autres métaux.

aimantation n. f. Action d'aimanter.

aimanter v. tr. Communiquer à un corps la propriété de l'aimant.

aimer v. t. Avoir de l'amour, de l'affection, de l'attachement, du goût, du penchant pour quelqu'un ou quelque chose.

aine n. f. Partie du corps entre le haut de la cuisse et le bas-ventre.

aîné, e adj. et n. Né le premier : *fils aîné.* Plus âgé qu'un autre : *je suis son aîné de trois ans.*

aînesse n. f. Priorité d'âge entre frères et sœurs.

ainsi adv. De cette façon. Conj. De même, donc. *Ainsi que* loc. conj. Comme. *Ainsi soit-il,* formule qui finit les prières chrétiennes (syn. AMEN).

aïoli ou **ailloli** n. m. Sauce forte à base d'ail.

air n. m. Fluide gazeux qui forme l'atmosphère. Vent. *Prendre l'air,* se promener ; en parlant d'un avion, s'envoler. Pl. L'atmosphère.

air n. m. Manière, façon. Expression des traits : *air triste.* Ressemblance : *air de parenté. Avoir l'air,* paraître. *Prendre des airs,* affecter des manières au-dessus de son état.

air n. m. Toute mélodie vocale ou instrumentale, mais plus spécialement susceptible d'être chantée.

airain n. m. Anc. nom d'un alliage à base de cuivre, proche du bronze. *Cœur d'airain,* dur et impitoyable.

aire n. f. Lieu où l'on bat le grain. *Géom.* Mesure d'une surface limitée. Nid des oiseaux de proie. Surface de terrain : *aire d'atterrissage ; aire de lancement.*

airelle n. f. Genre d'arbrisseaux à baies acides, rafraîchissantes.

aisance n. f. Facilité qui se montre dans les actions, les manières, le langage. Fortune suffisante : *vivre dans l'aisance. Lieux, cabinets d'aisances*, destinés aux besoins naturels.

aise n. f. Absence de gêne, commodité. *À l'aise, à son aise* loc. adv. Sans peine, sans se gêner. Pl. Commodités de la vie : *aimer ses aises.*

aise adj. Content : être bien aise.

aisé, e adj. Facile. Fortuné.

aisselle n. f. Cavité au-dessous de la jonction du bras avec l'épaule.

ajonc n. m. Arbrisseau à feuilles épineuses et à fleurs jaunes.

ajourer v. t. Pratiquer des ouvertures, des jours : *ajourer une étoffe.*

ajournement n. m. Remise d'une affaire, d'un procès à un autre jour.

ajourner v. t. Renvoyer à un autre jour : *ajourner une cause.*

ajout [azu] n. m. Ce qu'on ajoute, notamment à un texte.

ajouter v. t. Joindre une chose à une autre : *ajouter du sel.* Dire en plus, en outre. *Ajouter foi,* croire.

ajustage n. m. Action d'ajuster les pièces d'une machine.

ajustement n. m. Action d'ajuster.

ajuster v. t. Rendre juste : *ajuster une balance.* Adapter : *ajuster un couvercle.* Mettre en état de fonctionner. Viser : *ajuster un lièvre.* Arranger, disposer avec soin : *ajuster sa cravate.*

ajusteur n. m. Ouvrier qui réalise des pièces mécaniques.

alaise ou **alèse** n. f. Toile que l'on place entre le drap et le matelas afin de protéger ce dernier.

alambic n. m. Appareil pour distiller.

alambiqué, e adj. Se dit de quelqu'un (de son esprit ou de son style) qui pousse la subtilité jusqu'à devenir obscur. Contourné, compliqué.

alanguir v. t. Rendre languissant.

alanguissement n. m. État de langueur.

alarmant, e adj. Qui effraie, inquiète : *l'état alarmant du blessé.*

alarme n. f. Signal qui prévient d'un danger très proche. Inquiétude causée par l'approche d'un danger.

alarmer v. t. Donner l'alarme. Causer de l'inquiétude, de la frayeur.

alarmiste n. et adj. Qui répand des nouvelles propres à inquiéter.

albâtre n. m. Pierre blanche et translucide, dont on fait des objets d'art (vases, etc.).

albatros n. m. Gros oiseau palmipède des mers australes.

albinisme n. m. Anomalie caractérisée par la blancheur de la peau et des cheveux et la rougeur des yeux.

albinos [albinos] n. et adj. Affecté d'albinisme.

album [albɔm] n. m. Registre, cahier, recueil destiné à recevoir des collections de timbres, de cartes postales, des photographies, etc., ou livre comprenant un grand nombre d'illustrations : *des albums de dessins.*

albumen [albymɛn] n. m. Blanc d'œuf. Partie de la graine entourant l'embryon.

albumine n. f. Substance organique azotée contenue notamment dans le blanc d'œuf.

albuminoïde adj. Qui ressemble à l'albumine. N. m. Substance azotée.

albuminurie n. f. Présence d'albumine dans les urines.

alcali n. m. *Chim.* Substance dont les propriétés chimiques sont analogues à celles de la soude et de la potasse. *Alcali volatil,* ammoniaque.

alcalin, e adj. Relatif aux alcalis : *sel alcalin.*

alcalinité n. f. État alcalin.

alcaloïde n. m. Substance organique rappelant les alcalis par ses propriétés (*morphine, nicotine*).

alchimie n. f. Recherche de la transmutation des métaux en or à l'aide de la pierre philosophale.

alchimiste n. m. Celui qui s'occupait d'alchimie.

alcool [alkɔl] n. m. Liquide obtenu par la distillation du vin et d'autres boissons ou liquides fermentés. Nom donné à toute boisson à base de ce liquide : *prendre un verre d'alcool.*

alcoolique adj. Qui contient de l'alcool : *liqueur alcoolique.* N. Personne atteinte d'alcoolisme.

alcoolisation n. f. Production, addition d'alcool dans les liquides.

alcoolisé, e adj. Qui contient de l'alcool : *une bière fortement alcoolisée.*

alcoolisme n. m. Abus de la consommation d'alcool (syn. ÉTHYLISME).

alcoomètre n. m. Aéromètre pour mesurer la quantité d'alcool contenue dans un liquide.

alcôve n. f. Enfoncement dans le mur d'une chambre, où sont installés un ou plusieurs lits. Lieu des rapports amoureux : *des histoires d'alcôve.*

aléa n. m. Événement qui dépend du hasard : éventualité presque toujours défavorable : *les aléas du métier* (syn. RISQUE).

aléatoire adj. Hasardeux.

alêne n. f. Poinçon de cordonnier.

alentour adv. Aux environs.

alentours n. m. pl. Environs.

alerte n. f. Menace d'un danger qui survient soudainement. Signal qui avertit d'un danger imminent, en particulier pendant la guerre. *Alerte!* interj. Avertit d'un danger imminent.

alerte adj. Prompt dans ses mouvements, agile, vif.

alerter v. t. Donner l'alerte. Avertir de se tenir prêt.

alésage n. m. Action d'aléser. Diamètre intérieur d'un cylindre.

alèse n. f. V. ALAISE.

aléser v. t. Régulariser l'intérieur d'un tube : *aléser un cylindre.*

alevin [alvɛ̃] n. m. Jeune poisson qui sert à repeupler les étangs ou les rivières.

alevinage n. m. Art de propager l'alevin ou d'aleviner un étang.

aleviner v. t. Peupler un étang.

alexandrin n. m. Vers français de douze syllabes.

alezan, e adj. Se dit d'u cheval dont la robe est fauve. N. m. Cheval de cette couleur.

alfa n. m. Plante herbacée d'Afrique du Nord, utilisée en sparterie.

algarade n. f. Discussion vive et inattendue, dispute : *avoir une algarade*.

algèbre n. f. Science du calcul des grandeurs représentées par des lettres affectées du signe + ou du signe −.

algébrique adj. Qui est propre à l'algèbre.

algérien, enne adj. et n. D'Algérie.

algue n. f. Plante aquatique.

alias [aljas] adv. (mot lat.) Autrement dit.

alibi n. m. Preuve, qu'une personne fait valoir en justice, de sa présence en un lieu autre que celui du délit ou du crime au moment où celui-ci a eu lieu. Excuse quelconque.

alidate n. f. Règle graduée portant un instrument de visée et permettant de mesurer les angles verticaux.

aliénable adj. Se dit de ce qui peut être aliéné.

aliénation n. f. Action d'aliéner : *aliénation d'un domaine*. État de celui qui est soumis aveuglément à la société. Perte de la raison, folie.

aliéné, e n. et adj. Malade mental dont l'état nécessite l'internement : *asile d'aliénés* (syn. usuel FOU).

aliéner v. t. (conj. 5) Céder à un autre la propriété d'une chose. Rendre hostile à... V. pr. Éloigner de soi : *s'aliéner les sympathies*.

alignement n. m. Action d'aligner. Situation de plusieurs objets sur une ligne : *alignement de maisons*.

aligner v. t. Ranger sur une ligne. *Fig.* Adapter, régler : *aligner sa conduite sur celle des autres*.

aliment n. m. Tout ce qui nourrit. Ce qui sert à fortifier, à développer quelque chose : *un aliment de l'esprit*.

alimentaire adj. Qui sert à l'alimentation : *des produits alimentaires*. Qui sert à l'assistance, à l'entretien : *pension alimentaire*.

alimentation n. f. Action de se nourrir. Approvisionnement d'une arme à feu en munitions.

alimenter v. t. Nourrir. Ravitailler. Entretenir.

alinéa n. m. Ligne d'un texte écrite ou imprimée en retrait par rapport aux autres lignes pour annoncer le commencement d'un paragraphe ; le passage lui-même compris entre deux retraits.

alise n. f. Fruit rouge de l'alisier, aigrelet, mais d'un goût agréable.

alisier n. m. Genre d'arbres, de la famille des rosacées.

alitement n. m. Séjour forcé au lit. Mise au lit d'un malade.

aliter v. t. Forcer à garder le lit.

alizé n. m. et adj. Se dit des vents réguliers qui soufflent de l'est à l'ouest entre les tropiques.

allaitement n. m. Action d'allaiter.

allaiter v. t. Nourrir de son lait.

allant n. m. *Fam.* Entrain, ardeur.

alléchant, e adj. Appétissant. Attrayant.

allécher v. t. (conj. 5). Attirer par un appât.

allée n. f. Passage étroit. Chemin bordé d'arbres. *Allées et venues*, trajets effectués en tous sens par une ou plusieurs personnes.

allégation n. f. Action d'alléguer. Affirmation, assertion, dire.

allège n. f. Embarcation servant au chargement ou au déchargement des navires. Petit mur d'appui sous la baie d'une fenêtre.

allégeance [aleʒɑ̃s] n. f. Obligation de fidélité et d'obéissance envers une nation, un souverain.

allégement n. m. Diminution de poids, de charge.

alléger v. t. (conj. 1 et 5) Rendre plus léger : *alléger des impôts*.

allégorie n. f. Expression d'une idée par une image, un tableau, un être vivant qui en est le symbole : *l'allégorie de la justice est représentée par une femme tenant en ses mains une balance*.

allégorique adj. Qui appartient à l'allégorie : *figure allégorique*.

allègre adj. Gai, vif.

allégrement adv. D'une façon allègre.

allégresse n. f. Grande joie.

allégro adv. *Mus.* Vivement et gaiement. N. m. Mouvement dans ce tempo : *des allégros*.

alléguer v. t. (conj. 5) Mettre en avant, prétexter.

alléluia [aleluja] n. m. Mot hébreu qui signifie *louez Dieu* et marque l'allégresse.

allemand, e adj. et n. D'Allemagne.

aller v. i. (conj. 6) Se mouvoir d'un lieu dans un autre : *aller au pas*. Conduire : *ce chemin va au village*. Marcher, avancer : *le travail ne va pas*. S'ajuster : *cet habit va mal*. Être sur le point de : *je vais sortir*. Se porter : *comment vas-tu ? Se laisser aller*, s'abandonner. Impers. *Il y va de*, il s'agit de.

aller n. m. Action d'aller : *billet d'aller et retour*.

allergie n. f. État d'un individu qui, sensibilisé à une substance, y réagit ultérieurement d'une façon exagérée.

allergique adj. Relatif à l'allergie. *Fig.* Qui possède un caractère incompatible avec : *être allergique à la vie moderne*.

alliacé, e adj. Qui rappelle l'ail ; *goût alliacé*.

alliage n. m. Produit métallique résultant de la combinaison de plusieurs métaux ou de l'incorporation d'un élément à un métal. *Fig.* Mélange qui altère la pureté d'une chose.

alliance n. f. Union contractée entre plusieurs États. Accord entre des personnes ou des choses. Union par le mariage ; parenté qui en résulte. Anneau symbolisant le mariage et que les époux passent à leur doigt.

allié, e n. Uni par un pacte, un traité d'alliance. Uni par un lien de parenté indirecte résultant d'un mariage.

allier v. t. Mêler, combiner, unir. V. pr. S'unir par le mariage. S'associer : *s'allier à (ou avec) l'Angleterre*.

alligator n. m. Crocodile d'Amérique.

allitération n. f. Répétition de lettres, de syllabes.

allocataire n. Personne qui perçoit une allocation.

allocation n. f. Aide en argent ou en nature fournie à des personnes par un organisme officiel.

allocution n. f. Discours de peu d'étendue.

allonge n. f. Pièce pour allonger. Crochet pour suspendre la viande.

allongé, e adj. *Mine, figure allongée*, qui exprime la déconvenue.

allongement n. m. Augmentation de longueur, de durée : *l'allongement des jours.*

allonger v. t. (conj. 1) Rendre plus long. Porter : *allonger un coup à quelqu'un.*

allotropie n. f. Propriété qu'ont certains corps de se présenter sous plusieurs formes avec des propriétés différentes.

allouer v. t. Accorder un crédit, une indemnité, etc.

allumage n. m. Action d'allumer. Dispositif qui enflamme le mélange gazeux dans un moteur à explosion.

allumer v. t. Produire, communiquer le feu, et par suite la lumière. Mettre en état de fonctionnement un appareil de chauffage, de radio, etc. *Fig.* Susciter : *allumer la discorde.*

allumette n. f. Brin de bois ou de carton imprégné à son extrémité d'une matière inflammable.

allumeur n. m. Dispositif pour provoquer la déflagration d'une charge explosive.

allumeuse n. f. *Fam.* Femme aguichante.

allure n. f. Façon de marcher. Vitesse d'une personne ou d'une voiture. *Fig.* Manière de se conduire : *allures cavalières. Avoir de l'allure*, avoir de l'élégance et de la distinction. Tournure : *cela prend une mauvaise allure.*

allusif, ive adj. Qui contient une allusion : *phrase allusive.*

allusion [alyzjɔ̃] n. f. Mot, phrase qui évoque une personne, une chose, etc., sans la nommer : *allusion claire.*

alluvial, e, aux adj. Produit par des alluvions : *plaine alluviale.*

alluvions n. f. pl. Dépôt laissé par un cours d'eau.

alluvionnaire adj. Qui est contenu dans des alluvions.

almanach [almana] n. m. Calendrier avec indications astronomiques, recettes pratiques, etc.

aloès n. m. Genre de plantes liliacées, à feuilles épaisses. Résine d'aloès.

aloi n. m. *De bon, de mauvais aloi*, qui a une bonne ou mauvaise qualité : *une plaisanterie de mauvais aloi* (syn. DE MAUVAIS GOÛT).

alors adv. En ce temps-là. En ce cas-là. *Jusqu'alors* loc. adv. Jusqu'à ce moment-là. *Alors que* loc. conj. Quand bien même. Lorsque.

alose [aloz] n. f. Poisson de mer et d'eau douce, de la famille des harengs.

alouette n. f. Petit oiseau des champs, à plumage gris tacheté.

alourdir v. t. Rendre lourd.

alourdissement n. m. État de celui qui ou de ce qui est alourdi.

aloyau [alwajo] n. m. Pièce de bœuf coupée le long des reins.

alpaga n. m. Lama de l'Amérique du Sud.

alpage n. m. Pâturage élevé.

alpestre adj. Des Alpes : *site alpestre.*

alpha [alfa] n. m. Première lettre de l'alphabet grec.

alphabet n. m. Liste de toutes les lettres d'une langue. Petit livre qui contient les éléments de la lecture.

alphabétique* adj. Qui suit l'ordre de l'alphabet.

alphabétisation n. f. Action d'alphabétiser.

alphabétiser v. t. Enseigner à un groupe social analphabète la lecture et l'écriture.

alpin, e adj. Qui vit, qui croît sur les Alpes. Relatif aux Alpes, aux montagnes.

alpinisme n. m. Sport consistant à faire des ascensions en montagne.

alpiniste n. Qui pratique l'alpinisme.

alsacien, enne adj. et n. De l'Alsace.

altérable adj. Qui peut être altéré.

altération n. f. Changement en mal. Falsification : *altération des monnaies.*

altercation n. f. Vif débat.

altérer v. t. (conj. 5) Changer en mal. Falsifier : *altérer la vérité.* Exciter la soif.

alternance n. f. Succession régulière : *l'alternance des saisons.*

alternateur n. m. Générateur de courant électrique alternatif.

alternatif, ive* adj. Qui se répète à intervalles réguliers. Qui change périodiquement de sens, en parlant d'un courant électrique.

alternative n. f. Succession de choses qui reviennent tout à tour. *Fig.* Choix entre deux possibilités : *je me trouve dans la cruelle alternative de refuser ou d'accepter.*

alterner v. i. Se succéder régulièrement. V. t. Varier la culture.

altesse n. f. Titre d'honneur donné aux princes et aux princesses. Qui a ce titre.

altier, ère adj. Fier, hautain.

altimètre n. m. Appareil pour mesurer l'altitude.

altitude n. f. Élévation d'un lieu au-dessus du niveau de la mer.

alto n. m. Nom de la plus grave des voix de femmes (syn. CONTRALTO). Instrument à cordes intermédiaire entre le violon et le violoncelle.

altruisme n. m. Amour d'autrui.

altruiste n. et adj. Qui professe l'altruisme. Généreux. ANT. *Égoïste.*

alumine n. f. Oxyde d'aluminium.

aluminium [alyminjɔm] n. m. Métal blanc, léger, ductible et malléable, s'altérant peu à l'air.

alun [alœ̃] n. m. Sulfate double d'alumine et de potasse. Sel analogue.

alunir v. i. Arriver sur la Lune (terme condamné par l'Académie française).

alunissage n. m. Action d'alunir.

alvéolaire adj. Des alvéoles.

alvéole n. m. ou f. Cellule d'abeille. *Anat.* Cavité où la dent est enchâssée.

amabilité n. f. Politesse affable et prévenante, courtoisie.

amadou n. m. Substance spongieuse provenant de l'amadouvier du chêne et préparée pour prendre feu aisément.

amadouer v. t. Flatter, calmer par des amabilités adroites.

amadouvier n. m. Champignon vivant sur les troncs des arbres feuillus.

amaigrir v. tr. Rendre maigre. V. pr. Devenir maigre.

amaigrissement n. m. Diminution du volume du corps.

amalgame n. m. Alliage du mercure avec un autre métal. *Fig.* Mélange bizarre : *amalgame de théories.*

amalgamer v. tr. Faire un amalgame (au pr. et au *fig.*).

aman [aman] n. m. En pays musulman, octroi de la vie sauve à un ennemi vaincu. *Demander l'aman*, demander pardon en faisant sa soumission.

amande n. f. Fruit de l'amandier. Graine contenue dans un noyau.

amandier n. m. Arbre de la famille des rosacées, produisant l'amande.

amant n. m. Celui qui a des relations intimes avec une femme à qui il n'est pas marié.

amarante n. f. Herbe annuelle, qui donne en automne une fleur d'un pourpre velouté. N. m. Couleur rouge pourpre. Adj. inv. Qui est de cette couleur.

amarrage n. m. *Mar.* Action d'amarrer. Position de ce qui est amarré.

amarre n. f. Câble pour amarrer.

amarrer v. t. Fixer. *Mar.* Retenir au moyen d'une amarre.

amaryllis [amarilis] n. f. Plante bulbeuse, à belles fleurs d'odeur suave.

amas n. m. Monceau, tas. Concentration d'étoiles, de galaxies.

amasser v. t. Réunir, entasser plusieurs choses ensemble. Thésauriser.

amateur n. m. et adj. Qui a du goût, du penchant pour. *Fig.* Qui cultive la poésie, les arts, un sport, etc., sans en faire profession. Qui manque de zèle, dilettante.

amateurisme n. m. Qualité d'un sportif non professionnel. Dilettantisme.

amazone n. f. Femme d'un caractère mâle et guerrier. Femme qui monte à cheval. *Monter en amazone*, monter un cheval en mettant les deux jambes du même côté.

ambages n. f. pl. *Sans ambages*, franchement.

ambassade n. f. Fonctions d'ambassadeur. Hôtel et bureaux de l'ambassadeur.

ambassadeur n. m. Représentant d'un État auprès d'une puissance étrangère.

ambassadrice n. f. Femme d'ambassadeur. Représentante d'un État auprès d'une puissance étrangère.

ambiance n. f. Atmosphère qui existe autour d'une personne; réaction d'ensemble d'une assemblée. Humeur gaie, entrain joyeux : *cette soirée manquait d'ambiance.*

ambiant, e adj. Qui entoure : *l'air ambiant.*

ambidextre n. et adj. Qui se sert également bien des deux mains.

ambigu, ë adj. Dont le sens est équivoque : *réponse ambiguë.*

ambiguïté [ăbigüite] n. f. Défaut de ce qui est ambigu.

ambitieux, euse* adj. et n. Qui a ou qui dénote de l'ambition.

ambition n. f. Désir de gloire, de fortune, etc. Désir, dessein (en bonne part).

ambitionner v. t. Désirer vivement.

amble n. m. Allure d'un quadrupède qui se déplace en levant en même temps les deux jambes du même côté.

ambon n. m. *Archit.* Chaire.

ambre n. m. *Ambre jaune*, résine fossile. *Ambre gris*, substance musquée produite dans l'intestin du cachalot. Couleur jaune doré.

ambré, e adj. Qui a le parfum de l'ambre gris. Qui a la couleur de l'ambre jaune : *teint ambré.*

ambrer v. tr. Parfumer d'ambre gris.

ambroisie n. f. *Myth.* Nourriture des dieux. *Fig.* Mets exquis.

ambulance n. f. Voiture destinée au transport des malades ou des blessés dans les hôpitaux ou les cliniques.

ambulancier, ère n. Personne attachée au service d'une ambulance.

ambulant, e adj. Qui va d'un lieu à un autre. N. m. Employé des postes qui effectue le tri dans un wagon-poste (dit *bureau ambulant*).

ambulatoire adj. *Méd.* Qui n'interrompt pas l'activité normale.

âme n. f. Sur le plan religieux, principe d'existence, de pensée, de vie (souvent opposé au *corps*). Qualités morales, bonnes ou mauvaises : *âme noble*. Habitant : *ville de vingt mille âmes*. Agent principal : *l'âme d'un complot*. Chanter avec âme, avec expression. *Rendre l'âme*, expirer.

améliorable adj. Qui peut être amélioré : *situation améliorable.*

amélioration n. f. Changement, transformation en mieux.

améliorer v. t. Rendre meilleur.

amen [amɛn] n. m. invar. Mot hébreu signifiant *ainsi soit-il. Dire, répondre amen*, consentir à une chose.

aménagement n. m. Action d'aménager. Son résultat.

aménager v. t. (conj. 1) Disposer avec ordre.

amende n. f. Peine pécuniaire. *Faire amende honorable*, avouer ses torts.

amendement n. m. Modification qu'une assemblée législative apporte à un projet de loi. Ce qu'on incorpore au sol pour le fertiliser.

amender v. t. Améliorer. Modifier : *amender un projet de loi.*

amener v. t. (conj. 5) Conduire en menant. *Fig.* Introduire : *amener une mode.* Préparer, occasionner : *amener un incident.* Mar. *Amener les voiles*, les baisser.

aménité n. f. *Sans aménité*, avec rudesse.

amenuiser v. tr. Rendre plus menu.

amer, ère* adj. Qui a une saveur rude et désagréable. Cruel, douloureux.

amer [amɛr] n. m. *Mar.* Tout objet fixe et très visible (tour, moulin, etc.) situé sur la côte et servant de point de repère.

américain, e adj. et n. D'Amérique.

américanisation n. f. Action d'américaniser.

américaniser v. t. Donner le caractère américain.

américanisme n. m. Manière d'être des Américains.

amerrir v. i. Se poser à la surface de l'eau (hydravion, cabine spatiale, etc.).

amerrissage n. m. Action d'amerrir.

amertume n. f. Tristesse, peine. Aigreur. Saveur amère.

améthyste n. f. Pierre fine de couleur violette.

ameublement n. m. Ensemble des meubles d'un appartement, etc.

ameublir v. t. Rendre une terre plus meuble.

ameublissement n. m. Action d'ameublir.

ameuter v. t. Assembler des chiens en meute. *Par ext.* Attrouper, soulever : *ameuter la foule.*

ami, e n. Personne avec qui on est lié d'une affection réciproque. *Fig.* Partisan. Adj. Qui a de l'amitié, du goût pour. Allié : *peuple ami.* Propice : *main amie.*

amiable adj. Se dit de quelque chose qui concilie des intérêts opposés, sans intervention de la justice : *arrangement amiable. A l'amiable* loc. adv. Par consentement mutuel.

amiante n. m. Matériau filamenteux qui résiste à l'action du feu.

amibe n. f. Animal unicellulaire des eaux et de la terre humide, se déplaçant par pseudopodes.

amical, e, aux adj. Inspiré par l'amitié : *conseils amicaux.*

amicale n. f. Groupement de membres d'une même profession, de personnes pratiquant le même sport, etc.

amidon n. m. Fécule extraite de certaines céréales.

amidonnage n. m. Action d'amidonner.

amidonner v. t. Enduire d'amidon.

amincir v. t. Rendre plus mince.

amincissement n. m. Action d'amincir.

amiral n. m. Officier général dans la marine de guerre.

amirauté n. f. Corps des amiraux. Commandement suprême de la marine. Siège du commandement naval.

amitié n. f. Attachement mutuel. Plaisir, bon office : *faites-moi l'amitié de.* Pl. Marques d'amitié.

ammoniac n. m. Gaz à l'odeur très piquante, formé d'azote et d'hydrogène combinés (NH3).

ammoniacal, e, aux adj. *Chim.* Relatif à l'ammoniac.

ammoniaque n. f. Solution aqueuse de gaz ammoniac, également appelée *alcali volatil.*

ammonite n. f. Genre de coquilles fossiles, caractéristiques de l'ère secondaire.

amnésie n. f. Diminution ou perte de la mémoire.

amnésique adj. et n. Qui est atteint d'amnésie.

amnistie [amnisti] n. f. Acte du pouvoir législatif qui efface un fait punissable, arrête les poursuites et anéantit les condamnations. Pardon général.

amnistier v. t. Accorder une amnistie. Pardonner.

amodier v. t. Affermer une terre, une exploitation.

amoindrir v. t. Rendre moindre.

amoindrissement n. m. Diminution.

amollir v. t. Rendre mou : *le feu amollit la cire. Fig.* Affaiblir.

amollissement n. m. Action d'amollir. Mollesse.

amonceler v. t. (conj. 3) Accumuler, entasser.

amoncellement n. m. Entassement.

amont n. m. Partie d'un cours d'eau qui, par rapport à une autre, est plus proche de la source. *En amont de* loc. prép. Plus près de la source, par rapport à un lieu : *en amont de Paris.*

amoral, e, aux adj. Qui n'a pas la notion des prescriptions de la morale.

amorçage n. m. Action d'amorcer.

amorce n. f. Appât pour le poisson. Petite masse d'explosif dont la détonation enflamme la masse d'une cartouche. Début : *amorce d'une route. Fig.* Ce qui attire.

amorcer v. t. (conj. 1) Garnir d'une amorce. Commencer : *amorcer un travail. Fig.* Attirer par un appât.

amorphe [amɔrf] adj. Sans forme régulière.

amortir v. tr. Rendre moins violent. Rembourser une dette par annuités.

amortissement n. m. Extinction graduelle d'une rente, d'une dette, etc. Affaiblissement : *amortissement d'un bruit.*

amortisseur n. m. Dispositif qui amortit les choses, les sons, etc.

amour n. m. Affection vive pour quelqu'un, passion. Attachement : *amour de la patrie.* Goût passionné : *amour des arts.*

amouracher (s') v. pr. S'éprendre d'un fol amour.

amourette n. f. Amour passager. Nom de diverses fleurs des champs.

amoureux, euse adj. Qui aime avec amour. N. Amant, ante.

amour-propre n. m. Opinion avantageuse de soi. Sentiment qu'on a de sa dignité.

amovible adj. Qui peut être changé de place ; qui peut être déplacé.

ampère n. m. Unité de mesure d'intensité des courants électriques.

ampère-heure n. m. Unité de mesure de quantité d'électricité.

ampèremètre n. m. Appareil destiné à mesurer l'intensité d'un courant.

amphibie [ɑ̃fibi] adj. Qui peut vivre dans l'air et dans l'eau.

amphibologie [ɑ̃fibɔlɔʒi] n. f. Ambiguïté, sens équivoque.

amphibologique adj. Équivoque.

amphigouri n. m. Langage ou écrit embrouillé, inintelligible.

amphigourique adj. Embrouillé, inintelligible.

amphithéâtre n. m. Salle garnie de gradins, où un professeur fait son cours. Chez les Romains, vaste enceinte, avec gradins, pour les fêtes publiques.

amphore n. f. Vase antique, de forme ovoïde et à deux anses.

ample adj. Large, vaste. *Fig.* Abondant : *ample matière.*

ampleur n. f. Qualité de ce qui est ample.

ampli n. m. *Fam.* Amplificateur.

ampliation n. f. *Dr.* Double authentique d'un acte officiel.

amplificateur, trice adj. Qui amplifie, exagère.

amplificateur n. m. Appareil qui augmente la puissance des signaux électriques.

amplification n. f. Développement d'un sujet énoncé. Grossissement du volume apparent des objets. *Fig.* Exagération.

amplifier v. t. Accroître le volume, l'étendue de : *amplifier un son.* Exagérer, grossir.

amplitude n. f. Étendue considérable : *l'amplitude d'une catastrophe.* Distance entre deux points extrêmes.

ampoule n. f. Partie en verre d'une lampe électrique, et souvent la lampe elle-même : *changer une ampoule.* Petit tube de verre contenant un médicament liquide ; ce contenu lui-même. Petite boursouflure bénigne de l'épiderme, consécutive à un frottement prolongé.

ampoulé, e adj. Boursouflé, emphatique.

amputation n. f. Action de couper un membre.

amputé, e n. Personne à qui l'on a retranché un membre.

amputer v. t. *Chir.* Couper un membre, un organe, etc.

amulette n. f. Objet que l'on porte sur soi et auquel on attribue un effet protecteur.

amusant, e adj. Propre à amuser.

amusement n. m. Action d'amuser, de s'amuser. Ce qui amuse.

amuser v. t. Divertir. Récréer.

amusette n. f. Petit amusement.

amuseur, euse n. Qui amuse.

amygdale n. f. *Anat.* Glande en amande, de chaque côté de la gorge.

amylacé, e adj. De la nature de l'amidon : *substance amylacée.*

an n. m. Temps que met la Terre pour faire sa révolution autour du Soleil. Mesure de l'âge : *il a douze ans. Bon an, mal an,* d'une manière habituelle, que l'année soit bonne ou mauvaise. *Le jour de l'an,* le 1ᵉʳ janvier.

ana n. m. inv. Recueil de bons mots.

anachorète [anakɔrɛt] n. m. Religieux qui vit dans la solitude.

anachronique adj. Entaché d'anachronisme.

anachronisme n. m. Événement qui n'est pas remis à sa date, qui est placé à une époque différente de celle où il a eu lieu. Ce qui manifeste un retard par rapport à l'époque actuelle.

anacoluthe n. f. Tournure de phrase qui consiste à changer brusquement une construction, la phrase ne s'achevant pas comme son début le laisserait supposer.

anaérobie adj. Se dit d'organismes vivant dans un milieu privé d'air.

anaglyphe n. m. Réunion sur une même feuille de deux dessins ou de deux photographies de couleurs différentes, qui, observés avec un binocle bicolore, donnent la sensation du relief.

anagramme n. f. Mot formé par la transposition des lettres d'un autre mot, comme GARE, RAGE.

anal, e, aux adj. Relatif à l'anus.

analgésique adj. Qui supprime la douleur.

analogie n. f. Rapport, similitude partielle d'une chose avec une autre.

analogique* adj. Qui tient de l'analogie : *raisonnement analogique.*

analogue adj. Qui a de l'analogie avec autre chose.

analphabète adj. et n. Qui ne sait ni lire ni écrire.

analphabétisme n. m. État d'analphabète.

analysable adj. Qu'on peut analyser.

analyse n. f. Décomposition d'un corps, d'un tout en ses principes constituants. Résumé d'un texte, d'un discours. *Gramm.* Décomposition du discours en ses éléments (contr. SYNTHÈSE).

analyser v. t. Faire une analyse.

analyste n. Spécialiste de psychanalyse.

analytique* adj. Qui procède par analyse : *méthode analytique.*

ananas n. m. Plante de la famille des broméliacées. Fruit de l'ananas.

anaphylaxie n. f. Intolérance de l'organisme à l'égard d'une substance.

anarchie n. f. Système politique et social suivant lequel l'individu doit être émancipé de toute tutelle gouvernementale. État d'un peuple qui, virtuellement ou en fait, n'a plus de gouvernement. *Par ext.* Désordre, confusion.

anarchique* adj. Qui tient de l'anarchie : *situation anarchique.*

anarchiste adj. et n. Partisan de l'anarchie. Rebelle à toute autorité.

anastigmat adj. m. Dépourvu d'astigmatisme (on dit aussi ANASTIGMATIQUE). N. m. Objectif dépourvu d'astigmatisme.

anathématiser v. t. Frapper d'anathème, excommunier.

anathème n. m. Condamnation publique qui réprouve un acte, une opinion sur le plan moral. Chez les catholiques, sentence qui rejette de l'Église.

anatomie n. f. Étude de la structure des êtres organisés. Action de disséquer. Conformation du corps : *une belle anatomie.*

anatomique adj. Qui appartient à l'anatomie.

anatoxine n. f. Toxine rendue inoffensive et immunisante.

ancestral, e, aux adj. Relatif aux ancêtres, aux siècles écoulés.

ancêtre n. Ascendant plus éloigné que le père, et souvent au plur., l'ensemble de ceux de qui l'on descend, ou ceux qui ont vécu avant nous (syn. AÏEUL).

anche n. f. Languette vibrante de certains instruments à vent.

anchois n. m. Petit poisson de mer.

ancien, enne* adj. Qui existe depuis longtemps, antique, vieux. Qui a existé autrefois. Qui n'est plus en fonction. N. Personne qui a appartenu à une grande école : *les anciens de Polytechnique.* N. m. (avec une majusc.) Personnage ou écrivain de l'Antiquité grecque ou romaine.

ancienneté n. f. État de ce qui est vieux, ancien. Temps passé dans un grade, une fonction, à compter du jour de la nomination.

ancillaire adj. Relatif aux servantes.

ancolie n. f. Plante cultivée pour ses fleurs à cinq éperons et de couleurs variées.

ancrage n. m. Lieu pour ancrer.

ancre n. f. Pièce en acier à deux ou plusieurs becs, suspendue à un câble ou à une chaîne pour fixer un navire. Pièce d'horlogerie qui régularise le mouvement du balancier. Barre métallique empêchant l'écartement des murs.

ancrer v. i. Jeter l'ancre. V. t. Attacher avec une ancre. *Fig.* Consolider, affermir.

andalou, se adj. et n. De l'Andalousie.

andante adv. *Mus.* Indication de mouvement modéré. N. m. Morceau de sonate ou de symphonie, d'allure modérée.

andantino adv. et n. m. Plus vif que l'andante.

andouille n. f. Boyau de porc rempli de tripes ou de chair de l'animal. *Pop.* Personne niaise, imbécile.

andouiller n. m. Petite corne ou bois du cerf, du daim, du chevreuil.

andouillette n. f. Petite andouille.

andrinople n. f. Étoffe de coton bon marché, généralement rouge.

androgyne [ādrɔʒin] n. m. et adj. Qui tient des deux sexes.

âne n. m. Animal domestique voisin du cheval, mais plus petit et pourvu de longues oreilles. *Fig.* Homme ignorant ou entêté. *En dos d'âne*, présentant une arête médiane et deux versants opposés. *Pont aux ânes*, difficulté qui n'arrête que les ignorants.

anéantir v. t. Détruire entièrement, réduire à néant. *Par ext.* Plonger dans l'abattement. Accabler de fatigue.

anéantissement n. m. Action d'anéantir. *Par ext.* Accablement.

anecdote n. f. Bref récit d'un fait curieux, ou peu connu, destiné à illustrer un détail et qui ne touche pas à l'essentiel.

anecdotique adj. Qui tient de l'anecdote : *chronique anecdotique.*

anémie n. f. État maladif causé par une diminution des globules rouges dans le sang.

anémier v. t. Causer l'anémie.

anémique adj. Causé par l'anémie. Atteint par l'anémie.

anémomètre n. m. *Météor.* Instrument qui sert à déterminer la direction et la vitesse du vent.

anémone n. f. *Bot.* Genre de renonculacées. *Zool. Anémone de mer*, nom usuel de l'actinie.

ânerie n. f. *Fam.* Grande ignorance. Faute grossière.

ânesse n. f. Femelle de l'âne.

anesthésie n. f. Privation, complète ou non, de la faculté de sentir.

anesthésier v. t. Endormir avec un anesthésique.

anesthésique adj. Qui produit l'anesthésie. N. m. : *un anesthésique.*

anévrisme n. m. Poche formée par les parois distendues d'une artère.

anfractuosité n. f. Cavité.

ange n. m. Créature céleste, dans diverses religions. *Fig.* Personne très bonne, très douce ou très belle. *Être aux anges*, dans le ravissement.

angélique* adj. Très bon, très pur.

angélique n. f. *Bot.* Plante ombellifère très odorante.

angelot n. m. Petit ange.

angélus [āʒelys] n. m. Son de la cloche des églises qui se fait entendre le matin, à midi et le soir, pour indiquer aux chrétiens l'heure d'une prière commençant par ce mot.

angevin, e adj. et n. D'Angleterre... De l'Anjou.

angine n. f. Inflammation de la gorge : *angine diphtérique. Angine de poitrine*, affection cardiaque.

angiome [āʒjom] n. m. Tumeur des vaisseaux.

angiosperme n. f. Plante phanérogame dont les graines sont enfermées dans un fruit.

anglais, e adj. et n. D'Angleterre. N. m. La langue anglaise. N. f. Écriture penchée à droite. N. f. Boucles de cheveux en spirale.

angle n. m. Coin, encoignure. *Math.* Figure formée par deux demi-droites, ou côtés, ou par deux demi-plans, ou *faces*, qui se coupent. *Sous l'angle de*, du point de vue de.

anglican, e adj. Relatif à l'anglicanisme. N. Personne qui le professe.

anglicanisme n. m. Forme de protestantisme qui est la religion officielle de l'Angleterre.

angliciser v. t. Donner un air, un accent anglais. V. pr. Se façonner aux usages anglais : *s'angliciser dans sa toilette.*

anglicisme n. m. Locution propre à la langue anglaise. Emprunt à l'anglais.

anglo-arabe adj. et n. m. Cheval issu d'un croisement de pur-sang anglais et arabe.

anglomanie n. f. Imitation outrée des usages anglais.

anglo-normand, e n. Dialecte parlé des deux côtés de la Manche, après la conquête de l'Angleterre par les Normands.

anglophile adj. et n. Partisan des Anglais.

anglophilie n. f. Sympathie pour les Anglais.

anglophobe adj. et n. Qui a de l'aversion pour les Anglais.

anglophobie n. f. Aversion pour les Anglais.

anglophone adj. et n. Qui parle anglais.

anglo-saxon, onne adj. et n. Relatif aux Anglo-Saxons. (V. *Part. hist.*)

angoisse n. f. Sentiment de grande inquiétude qui s'accompagne d'un malaise physique (syn. PEUR, ÉPOUVANTE, ANXIÉTÉ).

angoisser v. t. Causer de l'angoisse.

angora n. et adj. Chat, lapin aux poils longs et soyeux.

anguille n. f. Poisson d'eau douce ou de mer, en forme de serpent, à peau visqueuse. *Il y a anguille sous roche*, il se trame quelque intrigue.

angulaire adj. Qui a un ou plusieurs angles. *Pierre angulaire*, pierre qui fait l'angle d'un bâtiment et, au *fig.*, base, soutien essentiel.

anguleux, euse adj. Qui présente un ou plusieurs angles aigus. *Visage anguleux*, dont les traits sont fortement marqués.

anhydre adj. *Chim.* Qui ne contient pas d'eau.

anhydride n. m. *Chim.* Corps qui donne naissance à un acide en se combinant avec l'eau.

anicroche n. f. *Fam.* Obstacle, ennui, difficulté qui arrête.

ânier, ère n. Personne qui conduit des ânes.

aniline n. f. Substance chimique extraite de la houille, très utilisée dans l'industrie des colorants.

animal n. m. Être organisé, doué de mouvement et de sensibilité. *Fig.* Personne grossière, brutale.

animal, e, aux adj. Qui appartient à l'animal. Propre à l'animal.

animalcule n. m. Animal très petit.

animalier n. m. et adj. Peintre ou sculpteur d'animaux.

animateur, trice n. Qui donne de l'entrain, du mouvement, à une réunion, à un spectacle.

animation n. f. Vivacité, mouvement : *l'animation des villes.* Technique cinématographique donnant l'apparence du mouvement à des dessins, des poupées.

animé, e adj. Doué de vie. Plein d'animation : *discours animé.*

animer v. t. Donner la vie. *Fig.* Exciter, encourager. Donner de la force, de la vigueur à.

animisme n. m. Doctrine d'après laquelle tout objet de la nature renferme un esprit invisible qui le gouverne.

animosité [animozite] n. f. Vive disposition malveillante envers quelqu'un. Emportement où perce la malveillance.

anis [ani ou anis] n. m. Plante ombellifère odorante.

aniser v. t. Parfumer à l'anis.

anisette n. f. Liqueur composée avec de l'anis.

ankylose n. f. Diminution plus ou moins complète de la liberté de mouvement d'une articulation.

ankyloser v. tr. Provoquer un engourdissement : *avoir la main ankylosée.* V. pr. Être gagné par l'engourdissement.

annales n. f. pl. Ouvrage qui rapporte les événements année par année. Histoire.

annaliste n. m. Auteur d'annales.

annamite adj. et n. De l'Annam.

anneau n. m. Cercle en métal, en bois, qui sert à attacher, à retenir un objet. Bague. *Fig.* Dont la forme rappelle un anneau.

année n. f. Durée conventionnelle voisine de la période de révolution de la Terre autour du Soleil. Période de douze mois : *il y a bien des années que je ne vous ai rencontré. Année civile,* année qui commence le 1er janvier à 0 heure et se termine le 31 décembre à 24 heures. *Année de lumière,* unité de longueur équivalant à la distance parcourue en un an par la lumière dans le vide, soit $9,461 \times 10^{12}$ km. *Année scolaire,* temps qui s'écoule entre l'ouverture des classes et les vacances d'été.

annelé, e adj. *Zool.* Disposé en anneaux.

annélides n. f. pl. Embranchement d'animaux renfermant les vers annelés, formés d'une suite de segments sans pattes, ayant tous la même constitution (ex. : *le lombric*.)

annexe adj. Qui est relié à une chose principale. N. f. : *une annexe.*

annexer v. t. Joindre, réunir. Rattacher.

annexion n. f. Action d'annexer.

annihilation n. f. Action d'annihiler.

annihiler v. t. Réduire à rien, détruire : *annihiler un effort.*

anniversaire adj. Qui rappelle le souvenir d'un événement arrivé à pareil jour une ou plusieurs années auparavant. N. m. Retour annuel d'un jour marqué par un événement : *fêter l'anniversaire d'une victoire, d'une naissance.*

annonce n. f. Avis d'un fait quelconque. Avis donné au public.

annoncer v. t. (conj. 1) Faire savoir. *Annoncer quelqu'un,* faire savoir qu'il est arrivé et demande à être reçu. Présager.

annonceur n. m. Personne qui fait insérer une annonce dans un journal ou qui paie une émission publicitaire.

Annonciation n. f. Message de l'ange Gabriel à la Vierge Marie pour lui annoncer qu'elle sera la mère du Messie (prend une majusc.).

annotateur, trice n. Personne qui annote un texte.

annotation n. f. Note sur un texte.

annoter v. t. Mettre des notes.

annuaire n. m. Ouvrage publié chaque année, donnant la liste des membres d'une profession, des abonnés à un service, etc. : *annuaire du téléphone.*

annuel, elle adj. Qui dure un an. Qui revient chaque année.

annuité n. f. Somme payée annuellement.

annulaire adj. En forme d'anneau. N. m. Quatrième doigt de la main.

annulation n. f. Action d'annuler.

annuler v. t. Rendre, déclarer nul.

anoblir v. t. Accorder un titre de noblesse.

anoblissement n. m. Action d'anoblir.

anode n. f. Électrode (chargée positivement) d'arrivée du courant dans un voltamètre ou un tube à gaz raréfié.

anodin, e adj. Bénin, inoffensif, insignifiant.

anomalie n. f. Ce qui s'écarte de la normale, de l'habitude, de ce qui est admis en général (syn. BIZARRERIE).

ânon n. m. Petit âne.

ânonnement n. m. Action d'ânonner.

ânonner v. i. Réciter, lire avec peine et en hésitant.

anonymat n. m. État de ce qui est anonyme : *garder l'anonymat.*

anonyme adj. Qui est sans nom d'auteur : *lettre anonyme.* N. Personne qui ne donne pas son nom.

anophèle n. m. Moustique dont la piqûre propage le paludisme.

anorak n. m. Veste de sport imperméable et à capuchon.

anormal, e, **aux** adj. Contraire à l'ordre habituel des choses, à la généralité, à la régularité. Déséquilibré, fou.

anse n. f. Partie courbée en arc, par laquelle on prend un vase, un panier. Petite baie littorale.

antagonisme n. m. Rivalité, lutte.

antagoniste n. et adj. Adversaire, ennemi. Opposé : *ressort antagoniste.*

antan (d') loc. adv. D'autrefois, de jadis : *oublions les querelles d'antan.*

antarctique adj. Se dit des régions polaires australes.

antécédent, e adj. Qui précède. N. m. *Gramm.* Mot que remplace le pronom relatif. N. m. pl. Faits qui appartiennent à la vie passée de quelqu'un : *de bons antécédents.*

Antéchrist n. m. Imposteur qui, suivant l'Apocalypse, doit venir quelque temps avant la fin du monde pour essayer d'établir une religion opposée à celle de Jésus-Christ.

antédiluvien, enne adj. Qui a précédé le déluge. *Fam.* et péjor. Très ancien, démodé : *une voiture antédiluvienne.*

antenne n. f. Conducteur métallique permettant d'émettre et de recevoir les ondes radioélectriques. *Avoir des antennes dans un lieu,* y avoir des sources de renseignements. Organe allongé, mobile, situé sur la tête des insectes et des crustacés, siège du toucher et, parfois, de l'odorat. Petite unité avancée d'un grand service : *antenne chirurgicale.*

antérieur, e adj. Qui précède.

antériorité n. f. Priorité de temps, de date : *l'antériorité d'un brevet.*

anthère n. f. *Bot.* Petit sac de l'étamine qui renferme le pollen.

anthéridie n. f. *Bot.* Cellule mère des anthérozoïdes dans différents groupes de végétaux.

anthérozoïde n. m. Gamète mâle chez les végétaux.

anthologie n. f. Recueil de morceaux choisis d'œuvres littéraires ou musicales.

anthracite n. m. Variété de houille dégageant beaucoup de chaleur. Adj. inv. D'un gris foncé, presque noir.

anthrax n. m. Tumeur inflammatoire de la peau, qui résulte de la réunion de plusieurs furoncles.

anthropoïde n. m. et adj. Singe qui ressemble à l'homme.

anthropologie n. f. Étude de l'homme envisagé dans la série animale. Étude des croyances et des institutions conçues comme fondement des structures sociales.

anthropologiste ou **anthropologue** n. Spécialiste en anthropologie.

anthropométrie n. f. Technique de mesure des différentes parties du corps humain.

anthropométrique adj. De l'anthropométrie : *fiche anthropométrique.*

anthropomorphe adj. Qui a la forme, l'apparence humaine.

anthropomorphisme n. m. Représentation de Dieu sous les traits d'un être humain. Tendance à attribuer aux animaux les sentiments humains, des pensées humaines.

anthropophage n. et adj. Qui mange de la chair humaine.

anthropophagie n. f. Fait de manger parfois de la chair humaine.

anti, préfixe signif. *contraire, opposé à.*

antiaérien, enne adj. Qui combat les attaques d'avions ou d'engins aériens.

antialcoolique adj. Qui combat l'abus de l'alcool : *ligue antialcoolique.*

antibiotique n. m. Substance chimique qui empêche le développement ou la multiplication de certains microbes.

antichambre n. f. Vestibule, salle d'attente, à l'entrée d'un appartement, d'un bureau. *Faire antichambre,* attendre avant d'être reçu.

antichar adj. Destiné à attaquer ou à arrêter les chars.

anticipation n. f. Action de faire une chose d'avance : *anticipation d'un paiement. Roman d'anticipation,* roman dont l'action se passe dans un monde futur. *Par anticipation,* par avance.

anticiper v. t. Exécuter avant le temps fixé. V. i. Entamer avant le moment prévu. *N'anticipons pas,* ne devançons pas le temps.

anticlérical, e, aux adj. et n. Qui est opposé au clergé.

anticléricalisme n. m. Opposition à l'influence du clergé dans les affaires publiques.

anticlinal n. m. *Géol.* Pli en voûte.

anticoagulant e adj. et n. m. Qui empêche la coagulation du sang.

anticorps n. m. Substance défensive engendrée par l'organisme à la suite de l'introduction dans celui-ci d'un antigène, et concourant au mécanisme de l'immunité.

anticonceptionnel, elle adj. Qui empêche la fécondation, contraceptif.

anticonformisme n. m. Opposition aux usages établis.

anticyclone n. m. Centre de hautes pressions atmosphériques.

antidater v. t. *Antidater une lettre, un acte,* lui mettre une date antérieure à celle de sa rédaction.

antidote n. m. Médicament destiné à combattre les effets d'un poison. Remède contre une douleur morale, un ennui.

antienne n. f. Refrain chanté avant et après un psaume. Répétition continuelle et lassante de la même chose.

antigel n. m. Produit qu'on incorpore à l'eau pour l'empêcher de geler.

antigène n. m. Substance de nature protéique (bactérie, tissu greffé, etc.) qui, pénétrant dans l'organisme, suscite la fabrication par celui-ci d'anticorps.

antillais adj. et n. Des Antilles.

antilope n. f. Genre de mammifères ruminants, comme la gazelle.

antimilitarisme n. m. Opposition à l'esprit et aux institutions militaires.

antimilitariste adj. et n. Partisan de l'antimilitarisme.

antimoine n. m. Métal d'un blanc bleuâtre, cassant, qui n'est ni ductile ni malléable.

antinomie n. f. Contradiction entre deux lois, deux principes de philosophie.

antinomique adj. Qui forme antinomie.

antipathie n. f. Aversion, répugnance instinctive.

antipathique adj. Qui inspire de l'aversion, de la répugnance.

antiphrase n. f. Manière de s'exprimer qui consiste à donner à une personne ou à une chose le contraire du nom qui lui convient, ou à employer une phrase dans un sens contraire au sens véritable.

antipode n. m. Lieu de la Terre diamétralement opposé à un autre lieu. *Être à l'antipode de, aux antipodes de,* être à l'opposé de, être très loin de.

antipyrine n. f. Poudre blanche, alcaline, employée comme fébrifuge.

antiquaille n. f. Vieillerie.

antiquaire n. Marchand d'objets anciens.

antique adj. Qui appartient à une époque très ancienne. Très vieux, passé de mode.

antiquité n. f. Caractère de ce qui est très ancien. Temps très ancien. Période de l'histoire correspondant aux plus anciennes civilisations (avec une majusc.) : *l'Antiquité classique.* Pl. Objets d'art de l'Antiquité. Objets plus ou moins anciens.

antirabique adj. Se dit d'un remède contre la rage.

antirouille n. m. Substance qui préserve de la rouille ou l'enlève.

antiscorbutique adj. Propre à guérir le scorbut.

antisémite n. Hostile aux Juifs.

antisémitisme n. m. Attitude d'hostilité systématique à l'égard des Juifs.

antisepsie n. f. Ensemble des méthodes qui préservent contre l'infection, en détruisant les microbes.

antiseptique adj. Se dit de ce qui a pour effet d'empêcher l'infection.

antithèse n. f. Opposition entre deux mots ou expressions traduisant des idées contraires : *la nature est GRANDE dans les PETITES choses.*

antitoxine n. f. Substance qui détruit ou annihile les toxines.

antivol n. m. Dispositif pour empêcher le vol d'un véhicule.

antonyme n. m. Mot qui a un sens opposé à celui d'un autre.

antre n. m. Excavation naturelle qui peut servir d'abri aux hommes et aux animaux.

anurie n. f. Arrêt de la sécrétion rénale.

anus [anys] n. m. Orifice du rectum.

anxiété n. f. Grande inquiétude.

anxieux, euse* adj. Soucieux, inquiet.

aoriste n. m. Temps de la conjugaison grecque qui indique un passé.

aorte n. f. Artère qui naît de la base du ventricule gauche du cœur et qui est le tronc commun des artères portant le sang oxygéné dans toutes les parties du corps.

aortite n. f. Inflammation de l'aorte.

août [u] n. m. Huitième mois de l'année.

aoûtat [auta] n. m. Larve du trombidion, dont la piqûre entraîne de vives démangeaisons.

apache n. m. Bandit de grande ville. (Vx.)

apaisement n. m. Action d'apaiser. État de ce qui est apaisé.

apaiser v. t. Adoucir, calmer.

apanage n. m. Portion du domaine que les souverains assignaient à leurs fils, à leurs frères, mais qui revenait à la Couronne à la mort de ceux-ci. *Fig.* Lot. Ce qui appartient en propre à quelqu'un ou à quelque chose : *la raison est l'apanage de l'homme.*

aparté n. m. Ce qu'un acteur dit à part soi sur la scène, et qui est censé n'être entendu que du seul spectateur. Paroles échangées à l'écart, dans une réunion, dans un petit groupe.

apartheid [apartɛd] n. m. En Afrique du Sud, ségrégation systématique des gens de couleur, qui sont séparés des Blancs en toutes circonstances.

apathie n. f. Insensibilité, indolence, mollesse, nonchalance.

apathique adj. Indolent.

apatride n. Personne sans nationalité.

apercevoir v. t. (conj. 29) Voir subitement. Découvrir, voir à une certaine distance. *S'apercevoir de, que.* V. pr. Remarquer.

aperçu n. m. Vue d'ensemble, exposé sommaire.

apéritif, ive adj. Qui stimule l'appétit. N. m. Boisson alcoolisée que l'on prend avant le repas.

apesanteur n. f. État dans lequel les effets de la pesanteur sont annihilés.

apétale adj. Qui n'a pas de pétales.

à-peu-près n. m. Approximation.

apeuré, e adj. Effrayé.

aphasie n. f. Trouble du langage, dû à une lésion du cerveau.

aphasique n. Atteint d'aphasie.

aphélie n. m. Point de l'orbite d'une planète le plus éloigné du Soleil.

aphone adj. Sans voix.

aphonie n. f. Extinction de voix.

aphorisme n. m. Pensée énoncée en peu de mots : *tel père, tel fils.*

aphrodisiaque n. m. et adj. Se dit de substances qui produisent ou sont censées produire le désir sexuel.

aphte [aft] n. m. Ulcération superficielle des muqueuses.

aphteux, euse adj. *Fièvre aphteuse,* maladie épidémique des bestiaux.

api n. m. *Pomme d'api,* sorte de petite pomme.

à-pic n. m. inv. Paroi verticale présentant une dénivellation importante.

apiculteur, trice n. Personne qui élève des abeilles.

apiculture n. f. Art d'élever les abeilles.

apitoiement n. m. Compassion.

apitoyer v. t. Exciter la pitié. V. pr. Compatir : *s'apitoyer sur quelqu'un.*

aplanir v. t. Rendre uni. *Fig.* Faire disparaître ce qui fait obstacle : *aplanir les difficultés.*

aplat n. m. Teinte unie, dans une peinture, une gravure, un imprimé.

aplatir v. t. Rendre plat. V. pr. *Fig.* S'abaisser.

aplatissement n. m. Action d'aplatir. État de ce qui est aplati.

aplomb [aplɔ̃] n. m. Direction verticale. Équilibre : *perdre l'aplomb. Fig.* Assurance hardie : *parler avec aplomb. D'aplomb* loc. adv. Perpendiculairement. Solidement en équilibre.

apocalypse n. f. Événement épouvantable, catastrophe comparables à la fin du monde : *un paysage d'apocalypse.*

apocalyptique adj. Obscur, trop allégorique : *style apocalyptique.* Épouvantable.

apocope n. f. *Gramm.* Retranchement d'une lettre, d'une ou de plusieurs syllabes à la fin d'un mot : *les abréviations « ciné », « métro », « moto » sont des exemples d'apocope.*

apocryphe adj. et n. m. Se dit d'un texte qui n'est pas authentique, qui est douteux, suspect.

apode adj. Sans pieds, sans pattes.

apogée n. m. Point de l'orbite d'un astre où il se trouve à sa plus grande distance de la Terre, par opposition à *périgée. Fig.* Le plus haut degré d'élévation.

apologétique adj. Qui contient une apologie : *discours apologétique.*

apologie n. f. Défense, justification d'une personne; d'une chose.

apologiste n. Qui fait l'apologie de quelqu'un, de quelque chose.

apologue n. m. Court récit moralisateur.

apophtegme n. m. Parole, sentence mémorable.

apophyse n. f. Excroissance naturelle de la surface d'un os.

apoplectique n. et adj. Prédisposé à l'apoplexie : *tempérament apoplectique.*

apoplexie n. f. Arrêt brutal du fonctionnement d'un organe ou de l'organisme tout entier.

apostasie n. f. *Péjor.* Renonciation publique à une religion, à une doctrine ou à un parti.

apostasier v. t. et i. Faire acte d'apostasie.

apostat adj. et n. Qui a apostasié.

aposter v. t. Placer un observateur.

a posteriori [apɔsterjɔri] loc. adv. et adj. inv. En se fondant sur l'expérience, sur les faits constatés (contr. A PRIORI).

apostille n. f. Addition faite en marge d'un acte juridique.

apostiller v. t. Mettre une apostille.

apostolat n. m. Mission d'un apôtre ou d'un propagandiste.

apostolique adj. D'apôtre. Qui émane du Saint-Siège.

apostrophe n. f. Brusque, soudaine interpellation. Signe (') qui marque la suppression des voyelles *a, e, i.*

apostropher v. t. *Fam.* Adresser vivement la parole à quelqu'un pour lui dire quelque chose de désagréable.

apothème n. m. *Géom.* Segment issu du centre d'un polygone régulier et perpendiculaire à un de ses côtés.

apothéose n. f. Déification d'un héros, dans l'Antiquité. *Fig.* Honneurs extrordinaires. Dernière partie, et la plus brillante, d'une manifestation.

apothicaire n. m. Se disait autrefois pour PHARMACIEN. *Compte d'apothicaire,* où les prix sont exagérés.

apôtre n. m. Chacun des douze disciples de Jésus-Christ. Qui se voue à la propagation d'une doctrine. *Faire le bon apôtre,* contrefaire l'homme de bien.

apparaître v. i. (conj. 58) Devenir visible. Se montrer tout à coup. Se présenter sous tel aspect.

apparat [apara] n. m. Pompe, faste dans la mise et le maintien d'une personne ou le décor d'une cérémonie.

appareil n. m. Groupe de pièces disposées pour fonctionner ensemble; dispositif : *appareil photographique.* Ensemble d'organes qui assurent une fonction du corps : *appareil digestif.* Téléphone : *qui est à l'appareil?* Avion : *l'appareil a décollé.* Ensemble des organismes constituant un syndicat, un parti, etc. *Dans le plus simple appareil,* nu. *Constr.* Disposition des pierres d'une construction.

appareillage n. m. *Mar.* Action d'appareiller. Ensemble des appareils employés dans les installations électriques.

appareiller v. t. Mettre ensemble des choses pareilles. V. i. *Mar.* Se disposer à partir. Partir.

apparemment [aparamã] adv. D'après les apparences.

apparence n. f. Aspect extérieur qui répond plus ou moins à la réalité : *il ne faut pas se fier aux apparences. Sauver les apparences,* ne rien montrer qui puisse nuire à sa propre réputation. *En apparence,* à en juger par l'extérieur. *Selon toute apparence,* d'après ce que l'on sait.

apparent, e adj. Visible. Dont l'aspect est trompeur.

apparenté, e adj. Allié par le mariage, un accord électoral, etc., ou par des traits communs.

apparentement n. m. État de celui qui est apparenté politiquement. Alliance électorale permise entre plusieurs listes par certains systèmes électoraux.

apparenter (s') v. pr. S'allier par mariage à une famille. Avoir des traits communs avec quelque chose.

apparier v. t. Unir par paire, par couple.

appariteur n. m. Huissier d'une faculté.

apparition n. f. Manifestation subite. Séjour bref : *ne faire qu'une apparition.* Spectre, vision.

appartement n. m. Logement composé de plusieurs pièces.

appartenance n. f. Fait d'appartenir : *l'appartenance à un parti.*

appartenir v. i. (conj. 16) Être de droit à quelqu'un. Être propre à : *la gaieté appartient à l'enfance.* Faire partie de : *appartenir à un groupe.*

appas n. m. pl. Attraits, charmes.

appât n. m. Pâture placée dans un piège ou fixée à un hameçon. *Fig.* Tout ce qui attire.

appâter v. t. Attirer avec un appât. Donner la pâture à la volaille.

appauvrir v. t. Rendre pauvre.

appauvrissement n. m. État de pauvreté où l'on tombe peu à peu.

appeau n. m. Sifflet imitant le cri des animaux pour les attirer.

appel n. m. Action d'inviter à venir. Action d'appeler les conscrits sous les drapeaux : *devancer l'appel.* Recours à un juge, à un tribunal supérieur : *faire appel d'un jugement.*

appelant, e n. et adj. Qui appelle d'un jugement. N. m. *Chass.* Oiseau captif qui attire les autres.

appeler v. t. (conj. 3) Inviter à venir par la voix, le geste. Convoquer : *appeler les réserves.* Citer en justice. Désigner par un nom : *appeler un enfant Louis. Fig.* Destiner à : *appeler à un poste. Fig.* Recours à, s'en remettre à : *j'en appelle à votre discrétion.* V. pr. Avoir comme nom : *il s'appelle André.*

appellation n. f. Dénomination de l'origine d'un produit : *appellation d'origine contrôlée.*

appendice n. m. Supplément à la fin d'un ouvrage. Prolongement d'une partie principale. *Anat.* Diverticule creux, abouché au cæcum.

appendicite n. f. Inflammation de l'appendice du cæcum.

appentis [apãti] n. m. Petit toit à une seule pente. Petit bâtiment adossé contre un grand.

appert (il) [ilapɛr] v. impers. (de l'ancien v. apparoir). *Dr.* Il ressort avec évidence (que).

appesantir v. t. Rendre pesant, alourdir. V. pr. *Fig.* Insister sur.

appesantissement n. m. Action de s'appesantir.

appétissant, e adj. Qui excite l'appétit ou, au *fig.,* le désir.

appétit n. m. Désir de manger.

applaudir v. t. Battre des mains en signe d'approbation. V. i. Approuver, louer : *j'applaudis à tout ce que vous dites.* V. pr. Se féliciter, se réjouir.

applaudissement n. m. Battement de mains en signe d'approbation, d'enthousiasme.

applicable adj. Qui doit ou peut être appliqué.

application n. f. Pose : *l'application de papier peint sur un mur. Fig.* Mise en pratique d'une doctrine, d'un précepte : *l'application des décisions prises.* Attention soutenue : *travailler avec application.*

applique n. f. Objet fixé au mur d'une manière permanente, en particulier pour servir à l'éclairage de la pièce.

appliqué, e adj. Attentif à son travail, studieux.

appliquer v. t. Mettre une chose sur une autre. Donner : *appliquer un coup. Fig.* Diriger avec attention : *appliquer l'oreille.* Mettre en pratique. Faire servir, adapter à. V. pr. Mettre toute son attention : *s'appliquer à bien faire.* Être adapté : *cette réflexion s'applique bien à la situation.*

appoint n. m. *Donner, faire l'appoint,* compléter une somme donnée en billets avec de la menue monnaie. Aide, concours, contribution.

appointements n. m. pl. Salaire fixe.

appointer v. t. Donner des appointements : *appointer un employé.*

appointer v. t. Tailler en pointe.

appontement n. m. Construction pour le chargement et le déchargement des navires.

apponter v. i. Se poser sur la piste d'un porte-avions.

apport n. m. Ce qu'apporte un époux, un associé, etc., dans la communauté.

apporter v. t. Porter à quelqu'un. Fournir. *Fig.* Alléguer, indiquer : *apporter des raisons.* Employer : *apporter des soins.*

apposer v. t. Appliquer, mettre.

apposition n. f. Action d'apposer. *Gramm.* Mot ou groupe de mots qui, placé à côté d'un nom ou d'un pronom, lui sert d'épithète en le précisant (ex. : *Paris, capitale de la France*).

appréciable adj. Assez important : *progrès appréciable.*

appréciation n. f. Action d'apprécier. Évaluation, jugement.

apprécier v. t. Évaluer, priser. Faire cas de.

appréhender v. t. Saisir : *appréhender un voleur.* Craindre : *appréhender la mort.*

appréhension n. f. Crainte vague.

apprendre v. t. (conj. 50) Acquérir des connaissances, une habitude. Informer, être informé : *apprendre une nouvelle.* Enseigner.

apprenti, e n. Qui apprend un métier, une profession. *Fig.* Personne peu habile, peu exercée.

apprentissage n. m. État d'apprenti. Le temps passé à apprendre un métier. *Fig.* Premiers essais.

apprêt [apre] n. m. Manière d'apprêter les étoffes, les cuirs, etc. Matière qui sert à l'apprêt. Assaisonnement : *apprêt des viandes. Fig.* Affectation. Pl. Préparatifs.

apprêté, e adj. Qui a de l'apprêt. Affecté : *style apprêté.*

apprêter v. t. Préparer. Accommoder : *apprêter un mets.*

apprivoiser v. t. Rendre un animal moins farouche. *Fig.* Rendre une personne plus sociable. V. pr. Se familiariser.

approbateur, trice adj. et n. Qui approuve.

approbatif, ive adj. Qui marque l'approbation : *geste approbatif.*

approbation n. f. Action d'approuver.

approchant, e adj. Voisin, presque semblable. Approximatif.

approche n. f. Action d'approcher, de s'approcher. Pl. Abords, accès.

approcher v. t. Mettre près de quelqu'un ou de quelque chose : *approcher une chaise.* S'avancer auprès de, aborder : *c'est un homme qu'on ne peut approcher.* V. i. Être

près d'atteindre : *approcher du but.* Avancer. Être imminent. V. pr. Se mettre près : *s'approcher du feu. Fig.* Avoir du rapport, de la ressemblance.

approfondir v. t. Rendre plus profond. *Fig.* Examiner à fond.

approfondissement n. m. Action d'approfondir (au pr. et au *fig.*).

appropriation n. f. Action de rendre propre à. Action de s'approprier.

approprier v. t. Rendre propre à une destination. *Fig.* Conformer. V. pr. S'attribuer : *s'approprier un objet.*

approuver v. t. Agréer une chose. Juger bon, louable.

approvisionnement n. m. Action de munir de provisions. Provisions.

approvisionner v. tr. Munir de provisions.

approximatif, ive adj. Fait par approximation.

approximation n. f. Estimation, évaluation par à-peu-près.

appui n. m. Soutien, support.

appuyer v. t. (conj. 2) Soutenir par un appui. Appliquer (au *pr.* et au *fig.*). V. i. Peser plus ou moins fortement sur : *appuyer sur une pédale.* Insister avec force : *appuyer sur une circonstance.* V. pr. Se fonder sur : *s'appuyer sur un texte.*

âpre adj. Rude au goût, au toucher. *Fig.* Violent : *ton âpre.* Avide : *âpre au gain.*

après prép. À la suite. Adv. Ensuite. *D'après* loc. prép. Selon.

après-demain adv. Le second jour après celui où l'on est.

après-midi n. m. ou f. inv. Partie du jour depuis midi jusqu'au soir.

après-ski n. m. Chaussure que l'on met aux sports d'hiver.

après-vente adj. inv. Se dit d'un service spécial d'une entreprise, assurant la mise en marche, l'entretien et la réparation d'une chose que cette entreprise a vendue.

âpreté n. f. État de ce qui est âpre. *Fig.* Sévérité, rudesse.

a priori loc. adv. En se fondant sur les principes avant toute expérience. Au premier abord : *a priori, je ne vois pas d'inconvénient.*

à-propos n. m. Ce qui vient en temps et lieu convenables. Pièce de circonstance.

apte adj. Propre à.

aptère adj. Sans ailes.

aptitude n. f. Disposition naturelle.

apurement n. m. Vérification définitive d'un compte.

apurer v. t. Vérifier un compte.

aquafortiste [akwafɔrtist] n. m. Graveur à l'eau forte.

aquarelle [akwarɛl] n. f. Peinture exécutée avec des couleurs délayées dans l'eau.

aquarelliste n. Peintre à l'aquarelle.

aquarium [akwarjɔm] n. m. Réservoir où l'on entretient des plantes et des animaux d'eau douce ou d'eau salée.

aquatique [akwatik] adj. Qui croît, qui vit dans l'eau : *plante aquatique.*

aqueduc [akdyk] n. m. Canal qui capte l'eau potable et la conduit d'un lieu à un autre.

aqueux, euse [akø, -øz] adj. Qui contient de l'eau : *légumes trop aqueux.* Qui est de la nature de l'eau.

aquifère [akɥifɛr] adj. Qui porte, qui contient de l'eau : *terrains aquifères*.

aquilin, e [akilɛ̃] adj. En bec d'aigle.

aquilon [akilɔ̃] n. m. Vent du nord.

ara n. m. Perroquet d'Amérique.

arabe n. Musulman de race sémitique. Adj. Qui a trait, qui est propre aux musulmans : *la langue arabe*.

arabesque n. f. Peint. et sculpt. Ornement caractérisé par un entrelacement de feuillages, de lettres et de figures de fantaisie. Ensemble de lignes sinueuses entrelacées : *la fumée décrit dans le ciel des arabesques* (syn. VOLUTE).

arabisant, e n. Celui qui étudie l'arabe.

arable adj. Labourable.

arachide n. f. Plante oléagineuse dont la graine est la *cacahuète*.

arachnéen, enne [arakneɛ̃, ɛn] adj. Propre à l'araignée. Qui a la finesse de la toile d'araignée.

arachnides [araknid] n. m. pl. Classe d'animaux articulés, comprenant les araignées, scorpions, etc.

araignée n. f. Animal articulé à huit pattes. Crochet de fer à plusieurs branches. Filet ténu, à mailles carrées, pour la pêche. En boucherie, morceau de bœuf utilisé en biftecks. *Araignée de mer*, nom usuel du crabe maïa, très épineux.

araire n. m. Charrue sans avant-train.

arasement n. m. Action d'araser.

araser v. t. Mettre de niveau les assises d'une construction. Réduire l'épaisseur d'une pièce à emboîter.

aratoire adj. Qui concerne le labourage.

arbalète n. f. Arc d'acier monté sur un fût et se bandant avec un ressort.

arbalétrier n. m. Soldat armé d'une arbalète. Pièces de bois ou de métal qui soutiennent un toit.

arbitrage n. m. Action d'arbitrer. Règlement d'un litige par un arbitre. Sentence ainsi rendue. Opération de Bourse qui consiste à tirer profit des différences de cours existant au même moment sur plusieurs marchés.

arbitraire* adj. Qui dépend de la seule volonté. Despotique : *pouvoir arbitraire*. N. m. Despotisme.

arbitral, e*, aux adj. D'arbitre : *sentence arbitrale*.

arbitre n. m. Celui qui est choisi pour régler un différend, pour veiller à la régularité d'épreuves sportives. Celui qui dispose du sort des autres et règle à son gré leur activité. *Libre arbitre*, faculté qu'a la volonté de se déterminer librement.

arbitrer v. t. Juger comme arbitre.

arborer v. t. Hisser, déployer (drapeau, etc.). Porter avec ostentation : *arborer ses décorations*.

arborescent, e [arbɔrɛsɑ̃, -ɑ̃t] adj. Qui ressemble à un arbre : *fougères arborescentes*.

arboretum [arbɔretɔm] n. m. Plantation d'arbres de nombreuses espèces sur un même terrain, en vue de leur étude botanique.

arboriculture n. f. Culture des arbres fruitiers.

arborisation n. f. Dessin naturel représentant des ramifications.

arbouse n. f. Fruit de l'arbousier.

arbousier n. m. Arbrisseau du Midi.

arbre n. m. Végétal ligneux dont la tige, ou *tronc*, fixée au sol par ses *racines*, est nue à la base et chargée de *branches* et de *feuilles* à son sommet. *Méc.* Axe de bois ou de métal, servant à transmettre le mouvement dans les machines : *arbre d'un moulin*. *Arbre généalogique*, tableau montrant, par ses ramifications, la filiation dans une famille.

arbrisseau n. m. Petit arbre qui se ramifie dès sa base.

arbuste n. m. Plante ligneuse plus petite que l'arbrisseau.

arbustif, ive adj. Relatif à l'arbuste ; composé d'arbustes.

arc n. m. Arme servant à lancer des flèches. *Géom.* Portion de courbe : *arc de cercle*. *Archit.* Courbe fermant une baie : *arc ogival*. *Arc de triomphe*, monument formant un grand portique cintré.

arcade n. f. Ensemble de piliers ou de colonnes laissant entre eux une ouverture dont la partie supérieure est en forme d'arc. *Arcade sourcilière*, proéminence située à la base de l'os frontal et au-dessus de chaque orbite.

arcane n. m. Opération mystérieuse des alchimistes. *Fig.* Chose mystérieuse, secret : *les arcanes d'une science*.

arcature n. f. Suite de petites arcades, réelles ou simulées.

arc-boutant n. m. Pilier qui se termine en demi-arc, et qui sert à soutenir un mur, une voûte.

arc-bouter v. t. Soutenir par un arc-boutant. V. pr. S'appuyer.

arceau n. m. Partie cintrée d'une voûte. Petite arche.

arc-en-ciel n. m. Phénomène météorologique en forme d'arc lumineux, présentant les sept couleurs du spectre.

archaïque [arkaik] adj. Qui n'est plus en usage. Se dit d'un art, d'un style primitif.

archaïsme n. m. Mot, tour de phrase sorti de l'usage. Imitation de la manière des Anciens.

archange [arkɑ̃ʒ] n. m. Ange d'un ordre supérieur : *l'archange Gabriel*.

arche n. f. Voûte en arc : *arche de pont*. *L'arche de Noé*, grand bateau que Noé, sur l'ordre de Yahvé, construisit pour échapper au déluge avec sa famille et avec toutes sortes d'animaux.

archéologie [arkeɔlɔʒi] n. f. Étude des civilisations passées grâce aux monuments et objets qui en subsistent.

archéologique adj. Relatif à l'archéologie : *fouilles archéologiques*.

archéologue n. Qui s'occupe d'archéologie.

archer n. m. Soldat armé d'un arc.

archet n. m. Baguette de bois dur le long de laquelle est tendue une mèche de crins qui, par frottement, met en vibration les cordes d'un instrument de musique (violon, etc.). Appareil sonore des sauterelles.

archevêché n. m. Étendue de la juridiction d'un archevêque. Sa résidence.

archevêque n. m. Premier évêque d'une province ecclésiastique comprenant plusieurs diocèses.

archi, préfixe exprimant un degré extrême.

archidiacre n. m. Vicaire général chargé par l'évêque de l'administration d'une partie du diocèse.

archiduc n. m. Titre des princes de la maison d'Autriche.

archiduché n. m. Nom parfois donné au domaine d'un archiduc.

archiduchesse n. f. Princesse de la maison d'Autriche. Femme d'un archiduc.

archiépiscopal, e [arkiepiskɔpal] adj. Relatif à l'archevêque.

archipel n. m. Groupe d'îles.

archiprêtre n. m. Titre qui donne aux curés de certaines églises une prééminence honorifique.

architecte n. m. Personne diplômée d'une grande école, qui conçoit et réalise des édifices.

architectural, e, aux adj. Qui appartient à l'architecture.

architecture n. f. Art de bâtir et d'orner les édifices. *Fig.* Forme, structure : *architecture du corps humain.*

architrave n. f. Partie de l'entablement qui porte immédiatement sur les chapiteaux des colonnes.

archives n. f. pl. Anciens titres, chartes, manuscrits et autres documents importants. Lieu où on les garde.

archiviste n. Garde des archives.

archivolte n. f. Ensemble des voussures concentriques d'un portail.

archonte [arkɔ̃t] n. m. Magistrat qui était chargé, dans diverses cités grecques, des plus hautes fonctions.

arçon n. m. Armature de la selle. *Vider les arçons,* tomber de cheval. Rameau de vigne courbé en arc.

arctique adj. Se dit des régions entourant le pôle Nord.

ardemment [ardamã] adv. Avec ardeur.

ardent, e adj. En feu, brûlant. *Fig.* Violent, plein d'ardeur.

ardeur n. f. Chaleur extrême. *Fig.* Activité, vivacité, fougue.

ardillon n. m. Pointe de métal d'une boucle, pour arrêter la courroie.

ardoise n. f. Roche schisteuse grise, bleutée ou mauve, qui se divise en plaques et sert à couvrir les maisons, à faire des crayons, etc.

ardoisé, e adj. Qui a la couleur de l'ardoise.

ardoisière n. f. Carrière d'ardoise.

ardu, e adj. Escarpé. *Fig.* Difficile.

are n. m. Unité agraire (100 m²).

aréique adj. *Géogr.* Privé d'écoulement régulier des eaux.

arène n. f. Espace sablé, au centre d'un amphithéâtre. Sable formé de gros éléments. *Fig.* Combat mené pour défendre ses idées, ses positions : *arène politique.* Pl. Amphithéâtre antique. Endroit aménagé pour les courses de taureaux.

arénicole adj. Qui vit dans le sable.

aréole n. f. Cercle rougeâtre qui entoure un point inflammatoire. Cercle pigmenté qui entoure le mamelon du sein.

aréomètre n. m. Instrument qui sert à déterminer la densité des liquides.

aréopage n. m. Ancien tribunal d'Athènes (avec une majusc.). *Fig.* Réunion de gens compétents.

arête n. f. Os mince et pointu qui se trouve chez presque tous les poissons. Angle saillant.

arêtier n. m. Pièce de charpente, qui forme l'encoignure d'un comble.

argent n. m. Métal blanc, brillant, inaltérable à l'air. Toute sorte de monnaie. *Fig.* Richesse.

argentan n. m. Alliage de cuivre, de nickel et de zinc, imitant l'argent.

argenter v. t. Couvrir d'un dépôt d'argent. Donner l'éclat de l'argent.

argenterie n. f. Vaisselle et autres ustensiles d'argent.

argentier n. m. Anc. surintendant des Finances. Meuble propre à contenir de l'argenterie.

argentifère adj. Qui renferme de l'argent.

argentin, e adj. Qui a le son clair de l'argent : *tintement argentin.* Adj. et n. De la république Argentine.

argenture n. f. Couche d'argent appliquée sur un corps : *argenture des glaces.* Action d'argenter.

argile n. f. Roche sédimentaire tendre, absorbant l'eau et devenant alors une pâte imperméable.

argileux, euse adj. Qui tient de l'argile : *terre argileuse.*

argon n. m. Gaz sans activité chimique, entrant dans la composition de l'air.

argonaute n. m. Mollusque céphalopode.

argot n. m. Vocabulaire particulier à un groupe, à une profession, à une classe sociale : *argot sportif, scolaire.*

argotique adj. De la nature de l'argot : *tournure argotique.*

argousin n. m. Surveillant des forçats, garde-chiourmes. (Vx.)

arguer v. t. [argue] v. i. Alléguer, prétexter : *arguer de sa bonne foi.* (Dans toute la conjugaison, on fait entendre l'*u* du radical.)

argument n. m. Raisonnement destiné à soutenir une assertion : *un argument valable.* Brève exposition d'un sujet qui va être traité.

argumentation n. f. Action, art d'argumenter.

argumenter v. i. Présenter des arguments.

argus [argys] n. m. Surveillant attentif, espion. Espèce de papillon. Sorte de faisan.

argutie [argysi] n. f. Finesse excessive qui dissimule le vide d'un raisonnement.

aria n. m. Difficulté qui cause du souci.

aria n. f. Air, mélodie.

aride adj. Sec, stérile : *sol aride.*

aridité n. f. Sécheresse, stérilité : *aridité d'une terre, du cœur.*

ariette n. f. Air de musique légère.

aristocrate n. et adj. Partisan, membre de l'aristocratie.

aristocratie n. f. Classe des nobles. Gouvernement des nobles.

aristocratique* adj. De l'aristocratie.

aristotélicien, enne adj. et n. Partisan de la doctrine d'Aristote.

arithméticien, enne n. Qui sait, qui pratique l'arithmétique.

arithmétique n. f. Science des nombres. Art de calculer. Adj. Fondé sur la science des nombres.

arlequin n. m. Personnage comique, au vêtement formé de pièces de diverses couleurs.

arlequinade n. f. Bouffonnerie d'arlequin.

armagnac n. m. Eau-de-vie de l'Armagnac.

armateur n. m. Celui qui équipe des navires pour les exploiter commercialement.

armature n. f. Assemblage, dispositif qui maintient ensemble ou renforce les différentes parties d'un tout. Ferraillage de béton armé. Ce qui sert de base, de soutien à une organisation quelconque : *l'armature d'un parti politique. Mus.* Ensemble des altérations (dièse, bémol) placées à la clef sur la portée.

arme n. f. Instrument qui sert à attaquer ou à défendre. Les différents corps de l'armée : *changer d'arme.* Pl. Métier militaire. Escrime : *faire des armes.* Emblèmes figurés sur l'écu. *Passer par les armes,* fusiller.

armé, e adj. Muni d'armes. Pourvu d'une armature de métal : *béton armé.*

armée n. f. Forces militaires d'un pays ou d'un groupe de pays; subdivision de ces forces : *l'armée de l'air.* Grande unité militaire : *général d'armée. Fig.* Grande quantité : *une armée de serviteurs.*

armement n. m. Action d'armer. Ensemble des armes dont est équipé un matériel militaire : *l'armement d'un char, d'un bombardier.*

arménien, enne adj. et n. D'Arménie.

armer v. t. Pourvoir d'armes. Lever des troupes. Équiper un navire. Tendre le ressort d'une arme à feu. Renforcer, fortifier.

armistice n. m. Interruption momentanée des hostilités après accord entre belligérants (syn. TRÊVE).

armoire n. f. Grand meuble servant à ranger les objets domestiques, en particulier le linge.

armoiries n. f. Pl. Signes, devises et ornements de l'écu d'une ville, d'une famille.

armoise n. f. Plante composée aromatique.

armorial, e n. m. Recueil d'armoiries.

armoricain, e adj. et n. De l'Armorique.

armure n. f. Ensemble de défenses métalliques (cuirasse, casque, etc.) qui protégeait l'homme de guerre de la fin du Moyen Âge au XVIIᵉ s. Mode d'entrelacements des fils d'un tissu.

armurerie n. f. Magasin, atelier, activité de l'armurier.

armurier n. m. Fabricant ou marchand d'armes. Personne chargée de l'entretien des armes.

arnica n. f. *Bot.* Genre de composées employées en médecine.

aromate n. m. Toute substance d'origine végétale qui répand une odeur agréable.

aromatique adj. Qui dégage un parfum.

aromatiser v. t. Parfumer avec une substance aromatique.

arôme n. m. Odeur agréable qui se dégage d'une fleur, du vin, etc.

arpège n. m. Accord dont on fait entendre les notes successivement.

arpent n. m. Ancienne mesure agraire.

arpentage n. m. Action d'arpenter.

arpenter v. t. Mesurer la superficie des terres. *Fig.* Parcourir à grands pas : *arpenter une salle.*

arpenteur n. m. Professionnel chargé d'effectuer des relèvements de terrains et des calculs de surface.

arpète n. *Pop.* Jeune apprenti(e).

arquebuse n. f. Ancienne arme à feu.

arquebusier n. m. Soldat armé d'une arquebuse. Anc. armurier.

arquer v. t. Courber en arc. V. i. Fléchir, se courber.

arrachage n. m. Action d'arracher : *arrachage des betteraves.*

arrachement n. m. Séparation brutale et douloureuse (au pr. et au *fig.*).

arrache-pied (d') loc. adv. Avec acharnement. Sans interruption.

arracher v. t. Détacher avec effort. *Fig.* Obtenir avec peine : *arracher un mot.* Détacher : *arracher à l'oisiveté.*

arraisonnage n. m. *Mar.* Action d'arraisonner.

arraisonner v. t. Contrôler la nationalité, la cargaison, la destination, etc., d'un navire, d'un avion.

arrangeant, e adj. Facile en affaires.

arrangement n. m. Action d'arranger. Conciliation.

arranger v. t. (conj. 1) Mettre en ordre. Terminer à l'amiable : *Cela m'arrange,* me convient. V. pr. Terminer à l'amiable un différend.

arrérages n. m. pl. Ce qui est dû, échu d'un revenu quelconque.

arrestation n. f. Action de se saisir de quelqu'un par autorité de justice ou de police : *arrestation arbitraire.* État de celui qui est arrêté : *mise en arrestation.*

arrêt n. m. Action d'arrêter ou de s'arrêter : *arrêt brusque.* Cessation, interruption : *arrêt de travail.* Décision d'une cour de justice souveraine : *arrêt de la Cour de cassation. Fig.* Saisie d'une personne ou de ses biens. *Maison d'arrêt,* prison. *Mandat d'arrêt,* ordre d'arrêter quelqu'un. Station où s'arrête régulièrement un véhicule de transport en commun : *un arrêt d'autobus.* Pl. Punition infligée à un officier ou à un sous-officier : *être aux arrêts.*

arrêté n. m. Décision écrite d'une autorité administrative.

arrêter v. t. Empêcher d'avancer : *arrêter un cheval.* Interrompre le fonctionnement de : *arrêter une montre.* Appréhender, emprisonner. Fixer : *arrêter un plan.* Déterminer. Interrompre : *arrêter une dispute.* V. i. S'immobiliser au moment où il détecte le gibier (pour un chien de chasse).

arrêtoir n. m. Taquet d'arrêt dans un mécanisme. Petite digue qui arrête l'eau d'un ruisseau de rue.

arrhes n. f. pl. Argent versé à l'avance pour assurer l'exécution d'un marché.

arriération n. f. Insuffisance du développement intellectuel ou psychique.

arrière adv. et adj. inv. Qui est situé dans la partie postérieure : *roues arrière.* Avoir vent arrière, recevoir le vent en poupe. Interj. Au loin : *arrière les médisants!* En arrière loc. adv. À une certaine distance derrière; en retard : *rester en arrière. Fig.* Vers le passé : *regarder en arrière.* N. m. Partie postérieure d'un navire, d'un véhicule.

arriéré, e adj. Qui est en retard (au *pr.* et au *fig.*). N. m. Ce qui reste dû.

arrière-bouche n. f. Le fond de la bouche.

arrière-boutique n. f. Pièce de plain-pied derrière la boutique.

arrière-garde n. f. Corps de troupes qui ferme la marche.

arrière-goût n. m. Goût désagréable que laisse un mets, une boisson, un médicament.

arrière-grand-mère n. f. Mère du grand-père ou de la grand-mère. Bisaïeule.

arrière-grand-père n. m. Père du grand-père ou de la grand-mère. Bisaïeul.

arrière-neveu n. m. Le fils du neveu ou de la nièce. Pl. Descendants.

arrière-pays n. m. Partie d'un pays située à distance du bord de la mer ou de l'océan.

arrière-pensée n. f. Pensée, intention cachée, alors qu'on en manifeste une autre.

arrière-petit-fils n. m. **arrière-petite-fille** n. f. Le fils, la fille du petit-fils ou de la petite-fille.

arrière-petits-enfants n. m. pl. Enfants du petit-fils, de la petite-fille.

arrière-plan n. m. Ce qui, dans la perspective, est le plus éloigné de l'œil du spectateur. Fig., dans une situation, reste dans l'ombre, ou a une importance secondaire.

arrière-saison n. f. Fin de l'automne.

arrière-train n. m. Partie d'un véhicule portée par les roues de derrière. Train postérieur d'un quadrupède.

arrimage n. m. Action d'arrimer.

arrimer v. t. Fixer solidement le chargement d'un navire, d'un véhicule ou d'un avion.

arrimeur n. m. Celui qui arrime.

arrivage n. m. Arrivée de marchandises, de matériel, par un moyen de transport quelconque. Ces marchandises elles-mêmes.

arrivée n. f. Action d'arriver. Moment précis de cette action.

arriver v. i. Parvenir dans un lieu : *arriver chez soi*. Atteindre à : *je n'y arrive pas*. Venir : *la nuit arrive*. V. impers. *Il arrive que* (et le subj.), il est possible, il se peut que : *il arrive que le moteur ne veuille pas partir*.

arriviste n. Personne qui veut réussir à tout prix.

arrogamment adv. Avec arrogance.

arrogance n. f. Morgue, manières hautaines, méprisantes.

arrogant, e adj. Qui manifeste un orgueil blessant à l'égard des autres.

arroger (s') v. pr. (conj. 1) S'attribuer illégitimement : *les droits qu'elles se sont arrogés*.

arrondir v. t. Rendre rond. *Fig. Arrondir son bien*, l'augmenter.

arrondissement n. m. Subdivision administrative d'une ville ou d'un département.

arrosage n. m. Action d'arroser.

arroser v. t. Humecter par irrigation ou par aspersion. Couler à travers : *la Seine arrose Paris. Fam.* Fêter un événement en offrant à boire.

arroseur, euse n. Personne préposée à l'arrosage. N. f. Machine à arroser.

arrosoir n. m. Ustensile pour arroser.

arrow-root [arorut] n. m. Fécule comestible, tirée de diverses racines.

arsenal n. m. Fabrique d'armes et de munitions de guerre. (Vx.) Centre de construction et de réparation des navires de guerre. Grande quantité d'armes. *Fig.* Tout ce qui fournit des moyens d'attaque ou de défense : *l'arsenal des lois.*

arséniate n. m. *Chim.* Sel de l'acide arsénique.

arsenic n. m. Métalloïde solide d'un gris métallique.

arsénieux, arsénique adj. m. Nom de deux acides de l'arsenic.

arsouille n. et adj. *Pop.* Voyou et débauché.

art n. m. Manière de faire quelque chose selon les règles. Moyen par lequel on réussit ; habileté. Expression d'un idéal de beauté correspondant à un type de civilisation déterminé. Ensemble des œuvres artistiques d'un pays, d'une époque : *l'art italien.*

artère n. f. Vaisseau qui conduit le sang du cœur vers la périphérie et les organes. *Fig.* Grande voie de communication.

artériel, elle adj. Qui appartient aux artères : *le sang artériel.*

artériole n. f. Petite artère.

artériosclérose n. f. Durcissement des artères.

artérite n. f. Inflammation des artères.

artésien, enne adj. et n. De l'Artois. *Puits artésien*, puits qui donne une eau jaillissante.

arthrite n. f. Inflammation d'une articulation.

arthritique adj. Relatif à l'arthritisme. Adj. et n. Atteint d'arthritisme.

arthritisme n. m. Ensemble de troubles très variés selon leur siège et selon leur nature, tels que la goutte, le rhumatisme chronique, l'obésité, etc. (terme devenu désuet).

arthropodes n. m. pl. Embranchement du règne animal, comprenant les insectes, arachnides, crustacés, etc.

artichaut n. m. Plante potagère.

article n. m. Division d'un traité, d'une loi, d'un contrat, etc. Tout objet de commerce : *article de mercerie. Faire l'article*, faire valoir une chose. Terme qui se place devant les noms et indique leur valeur définie ou indéfinie, et souvent leur nombre ou leur genre. *A l'article de la mort*, au dernier moment de la vie.

articulaire adj. Relatif aux articulations : *rhumatisme articulaire.*

articulation n. f. Prononciation : *articulation nette. Anat.* Jointure par laquelle deux ou plusieurs os se meuvent les uns par rapport aux autres. Disposition ordonnée et dépendante des diverses parties d'un raisonnement, d'un discours.

articulé, e adj. Qui a une ou plusieurs articulations.

articuler v. t. Émettre distinctement des sons à l'aide des organes de la parole. Prononcer en détachant les mots, les syllabes. Assembler par des jointures permettant un certain jeu. V. pr. Être lié l'un à l'autre ; être en rapport ou dépendre de. Se joindre l'un à l'autre en gardant la mobilité : *le tibia s'articule sur le fémur.*

artifice n. m. Subtilité, ruse, en vue de tromper. *Feu d'artifice*, suite de tirs faits à l'aide de produits destinés à exploser avec des effets lumineux et sonores.

artificiel, elle* adj. Produit par le travail de l'homme (contr. NATUREL) : *fleur artificielle.* Factice.

artificier n. m. Celui qui tire les feux d'artifice. Spécialiste chargé de la manipulation des explosifs.

artificieux, euse* adj. Rusé.

artillerie n. f. Partie de l'armée spécialisée dans le service des canons. Le corps des artilleurs.

artilleur n. m. Militaire appartenant à l'artillerie.

artisan, e n. Personne qui exerce une activité manuelle pour son propre compte. Auteur, responsable de : *artisan de la paix.*

artisanal, e, aux adj. Qui est propre aux artisans.

artisanat n. m. Condition sociale, état d'artisan.

artiste n. Personne qui exerce un des beaux-arts. Personne qui interprète une œuvre musicale, théâtrale, etc. Personne qui exerce un métier avec goût. Adj. Qui a le goût des arts, le sentiment du beau.

artistement adv. Avec art.

artistique* adj. Relatif aux arts. Fait avec le souci du beau.

arum [arɔm] n. m. Plante ornementale.

aryen, enne adj. Qui concerne les Aryens.

arythmie n. f. Irrégularité et inégalité des contractions du cœur. Absence de rythme en général.

as n. m. Carte à jouer marquée d'un seul symbole. Dé marqué d'un seul point. *Fam.* Personne qui excelle en quelque chose.

ascendance n. f. Ensemble des générations précédentes.

ascendant, e adj. Qui va en montant, et, au *fig.,* en progressant. N. m. *Fig.* Autorité, influence : *prendre de l'ascendant.* Pl. *Dr.* Les parents dont on descend.

ascenseur n. m. Appareil installé dans un immeuble et permettant de transporter des personnes dans une cabine qui se déplace verticalement.

ascension n. f. Action de monter, de s'élever. Élévation miraculeuse de Jésus-Christ au ciel. Fête qui la commémore.

ascensionnel, elle adj. Qui tend à faire monter : *force ascensionnelle.*

ascète [asɛt] n. Personne qui tend à la perfection morale ou spirituelle en pratiquant le renoncement et en s'imposant des mortifications.

ascétique adj. Relatif à l'ascétisme.

ascétisme n. m. Façon de vivre de l'ascète.

ascidie [asidi] n. f. Animal marin fixé aux rochers.

asepsie n. f. Ensemble de moyens permettant de protéger l'organisme contre l'infection microbienne, surtout en chirurgie.

aseptique adj. Qui ne contient pas de germe infectieux.

aseptiser v. t. Rendre aseptique.

asexué, e adj. Sans sexe.

asiatique adj. et n. De l'Asie.

asile n. m. Lieu de refuge : *asile de nuit. Fig.* Protection, retraite. *Péjor.* Établissement hospitalier où l'on soigne les malades mentaux.

aspect [aspɛ] n. m. Apparence d'un objet. *Fig.* Face d'une affaire.

asperge n. f. Plante potagère, de la famille des liliacées.

asperger v. t. (conj. 1). Arroser légèrement.

aspérité n. f. Rugosité. *Fig.* Rudesse.

aspersion n. f. Action d'asperger.

asphalte [asfalt] n. m. Bitume qui sert au revêtement des trottoirs, des chaussées, etc.

asphalter v. t. Couvrir d'asphalte.

asphodèle n. m. Plante liliacée.

asphyxie n. f. Arrêt ou ralentissement de la respiration. *Fig.* Arrêt lent, paralysie.

asphyxier v. t. Causer l'asphyxie, étouffer.

aspic n. m. Sorte de vipère. Viande ou poisson en gelée. *Bot.* Grande lavande.

aspirant n. m. Élève officier de la marine militaire. Premier grade des officiers subalternes.

aspirateur n. m. Appareil qui a pour rôle d'absorber les poussières ou les vapeurs diverses.

aspiration n. f. Action d'aspirer en faisant le vide. *Gramm.* Action de prononcer un son en l'accompagnant d'un souffle. *Fig.* Mouvement vers un idéal : *avoir des aspirations élevées.*

aspiré, e adj. Se dit d'un phénomène qui est accompagné d'une aspiration : *l'« h » aspiré ne marque en français que l'absence de liaison.*

aspirer v. t. Aspirer *l'air,* le faire pénétrer dans les poumons. Élever l'eau par le vide. Émettre un son avec un souffle. V. i. Prétendre : *aspirer aux honneurs.*

aspirine n. f. Médicament utilisé très couramment, notamment contre les maux de tête.

assagir v. t. Rendre sage.

assaillir v. t. (conj. 11) Attaquer vivement. Importuner : *assaillir de questions.*

assainir v. t. Rendre sain.

assainissement n. m. Action d'assainir. Son résultat.

assaisonnement n. m. Action, manière d'assaisonner. Condiment.

assaisonner v. t. Accommoder un mets. *Fig.* Donner un agrément piquant à...

assassin n. m. Meurtrier. Adj. Qui tue. *Fig.* Provocant (regard).

assassinat n. m. Meurtre.

assassiner v. t. Tuer. *Fig.* Fatiguer, importuner à l'excès.

assaut n. m. Attaque vive, violente, à plusieurs : *Donner, livrer assaut à une forteresse* (attaquer). *La foule prit d'assaut les guichets. Fig.* Faire assaut de, rivaliser.

assèchement n. m. Action d'assécher : *l'assèchement d'un marais.*

assécher v. t. (conj. 5) Priver d'eau. Mettre à sec.

assemblage n. m. Action d'assembler. Réunion de plusieurs choses.

assemblée n. f. Réunion de personnes.

assembler v. t. Mettre ensemble. Unir, grouper, emboîter.

assener v. t. (conj. 5) Porter avec violence : *assener un coup.*

assentiment n. m. Consentement.

asseoir v. t. (conj. 38) Mettre sur un siège. Poser sur quelque chose de solide. *Fig.* Établir : *asseoir une théorie.*

assermenté, e adj. Qui a prêté serment devant une autorité.
assertion n. f. Proposition avancée qui est donnée comme vraie.
asservir v. t. Réduire à l'esclavage.
asservissement n. m. Servitude. Action de mettre un mécanisme sous la dépendance d'un asservisseur.
asservisseur n. m. et adj. Organe régulateur qui, actionné par des appareils commandés, réagit sur le circuit de commande en vue d'imposer à l'ensemble certaines conditions.
assesseur n. m. Juge adjoint.
assez adv. En quantité suffisante. Moyennement.
assidu, e adj. Qui montre de l'assiduité.
assiduité n. f. Application; présence fréquente à un poste.
assidûment adv. Avec assiduité.
assiéger v. t. (conj. 1 et 5) Faire le siège d'une place. Fig. Harceler : assiéger de questions.
assiette n. f. Manière d'être assis, placé. Position stable d'un corps. Pièce de vaisselle. Son contenu. Assiette anglaise, assortiment de viandes froides. L'assiette au beurre, avec ses avantages : source de profits. Fam. N'être pas dans son assiette, être mal à son aise.
assiettée n. f. Contenu d'une assiette.
assignat n. m. Papier-monnaie sous la Révolution française.
assignation n. f. Citation à comparaître devant une autorité judiciaire.
assigner v. t. Appeler quelqu'un en justice. Affecter des fonds à un paiement. Fig. Affecter, donner. Être assigné à résidence, être contraint à résider en un endroit déterminé.
assimilation n. f. Action d'assimiler.
assimiler v. t. Rendre semblable. Établir une comparaison. Incorporer à l'organisme : assimiler un aliment.
assis, e adj. Qui est sur son séant. Situé. Fig. Bien établi.
assise n. f. Dans une construction, rangée de pierres posées horizontalement. Base qui donne la solidité à un ensemble.
assises n. f. pl. Cour d'assises, tribunal qui juge les crimes. Congrès, notamment des partis politiques.
assistance n. f. Action d'assister, de secourir. Auditoire : assistance choisie. Assistance publique, administration chargée de gérer les établissements hospitaliers publics. Assistance technique, aide apportée à un pays en voie de développement.
assistant, e adj. et n. Qui assiste, qui aide. Assistante sociale, personne employée pour remplir un rôle d'assistance auprès des individus défavorisés, dans le domaine moral, médical ou matériel. Pl. Personnes assemblées dans un même lieu.
assister v. i. Être présent. V. t. Secourir, aider. Seconder.
association n. f. Action d'associer. Union de personnes, de choses.
associé, e adj. et n. Lié par des intérêts communs avec une ou plusieurs personnes.
associer v. t. Faire entrer en participation, en communauté. Réunir, joindre.
assoiffé, e adj. Qui a soif : être assoiffé. Fig. Avide.

assolement n. m. Action d'assoler.
assoler v. t. Alterner les cultures.
assombrir v. t. Rendre sombre.
assommant, e adj. Fam. Fatigant, ennuyeux à l'excès.
assommer v. t. Tuer avec un corps pesant. Battre avec excès. Fig. Accabler. Importuner à l'excès.
assommoir n. m. Tout instrument qui sert à assommer. Pop. Débit de boissons de bas étage. (Vx.)
assomption n. f. Élévation de la Sainte Vierge au ciel. Jour où l'Église catholique en célèbre la fête (avec une majusc.)
assonance n. f. Répétition, à la fin de deux vers, de la même voyelle accentuée.
assortiment n. m. Assemblage complet de choses, de marchandises du même genre.
assortir v. t. Réunir des personnes, des choses qui se conviennent. Approvisionner de choses assorties.
assoupir v. t. Endormir à demi.
assoupissement n. m. État d'une personne assoupie. Fig. Nonchalance.
assouplir v. t. Rendre souple.
assouplissement n. m. Action d'assouplir (au pr. et au fig.).
assourdir v. t. Rendre comme sourd. Rendre moins éclatant.
assourdissement n. m. Action d'assourdir. Son résultat.
assouvir v. t. Rassasier pleinement.
assouvissement n. m. Action d'assouvir. Contentement.
assujettir v. t. Soumettre, asservir. Astreindre. Fixer.
assujettissement n. m. Action d'assujettir. Fig. Contrainte, sujétion.
assumer v. t. Se charger de. Prendre sur soi. V. pr. S'accepter tel qu'on est.
assurance n. f. Confiance : parler avec assurance. Garantie, gage : donner une assurance sérieuse. Promesse formelle : assurance de fidélité. Compagnie d'assurance, société qui, moyennant le paiement d'une prime, garantit contre certains risques.
assuré, e adj. Ferme, hardi : maintien assuré. Certain : gain assuré. N. Personne garantie par un contrat d'assurance.
assurément adv. Certainement.
assurer v. t. Affirmer : je vous assure que c'est vrai. Rendre sûr : assurer quelqu'un de son amitié. Être responsable de : assurer une permanence. Assurer un alpiniste, le prémunir des chutes par une corde. Garantir par une assurance. V. pr. Agir pour avoir une certitude : s'assurer de la moralité du témoin. Se protéger par une assurance : s'assurer contre le vol.
assureur n. m. Qui assure contre des risques.
assyrien, enne adj. et n. D'Assyrie.
assyriologue n. Qui étudie l'Orient ancien.
aster [aster] n. m. Plante aux fleurs décoratives.
astérie n. f. Étoile de mer.
astérisque n. m. Signe typographique en forme d'étoile (*).
astéroïde n. m. Petite planète.
asthénie n. f. Diminution des forces, d'origine nerveuse ou psychique.
asthénique adj. et n. Atteint d'asthénie.

asthmatique adj. De la nature de l'asthme. Adj. et n. Affecté d'un asthme.

asthme [asm] n. m. Maladie caractérisée par des accès de suffocation.

asticot n. m. Larve de la mouche à viande.

asticoter v. t. *Fam.* Harceler.

astigmate adj. Affecté d'astigmatisme.

astigmatisme n. m. Trouble visuel dû à une inégalité de courbure du cristallin.

astiquer v. t. Frotter, polir.

astrakan n. m. Fourrure d'agneau frisé.

astral, e, aux adj. Des astres.

astre n. m. Corps céleste naturel.

astreindre v. t. (conj. 55) Obliger ou assujettir à.

astringence n. f. Qualité de ce qui est astringent.

astringent, e adj. et n. m. *Méd.* Qui resserre les tissus.

astrolabe n. m. Instrument servant à mesurer la hauteur d'un astre au-dessus de l'horizon.

astrologie n. f. Art divinatoire fondé sur la croyance de l'influence des astres sur la destinée humaine.

astrologue n. Qui s'adonne à l'astrologie.

astronaute n. Pilote ou passager d'un engin spatial.

astronautique n. f. Science qui a pour objet l'étude et la réalisation de la navigation interplanétaire.

astronef n. m. Véhicule conçu pour la navigation interplanétaire.

astronome n. Personne qui étudie l'astronomie.

astronomie n. f. Étude des astres.

astronomique* adj. Qui concerne l'astronomie. *Fig.* Très grand, exagéré.

astuce n. f. Ruse. Finesse maligne.

astucieux, euse* adj. Qui a de l'astuce.

asymétrie n. f. Défaut de symétrie.

asymétrique adj. Sans symétrie.

atavique adj. Relatif à l'atavisme.

atavisme n. m. Réapparition de certains caractères venus d'un ancêtre, et qui ne s'étaient pas manifestés dans les générations intermédiaires.

atelier n. m. Lieu où travaillent des ouvriers, des artistes, etc.

atermoiement n. m. Faux-fuyant, tergiversation (surtout au plur.).

atermoyer v. (conj. 2) Différer, remettre à plus tard.

athée n. et adj. Qui nie l'existence de toute divinité.

athéisme n. m. Opinion des athées.

athlète n. Personne qui pratique l'athlétisme. N. m. Homme robuste, bien musclé.

athlétique adj. Qui est propre aux athlètes.

athlétisme n. m. Ensemble des sports individuels (course, saut, lancer, etc.) auxquels se livrent les athlètes.

atlantique adj. Relatif à l'océan Atlantique : *littoral atlantique.*

atlas n. m. Recueil de cartes géographiques. Première vertèbre du cou.

atmosphère n. f. Couche gazeuse qui enveloppe le globe terrestre ou un astre quelconque. Air que l'on peut respirer en un lieu : *l'atmosphère surchauffée du bureau.* Milieu dans lequel on est : *vivre dans une atmosphère d'hostilité.* Unité de pression.

atmosphérique adj. Relatif à l'atmosphère : *pression atmosphérique.*

atoll n. m. Île constituée de récifs coralliens.

atome n. m. Élément d'une molécule. *Fig.* Corps très petit.

atomique adj. Relatif aux atomes. Qui utilise l'énergie provenant de la désintégration des noyaux d'atomes ; qui s'y rapporte.

atomiseur n. m. Appareil qui sert à projeter un liquide sous forme de fines particules.

atomiste n. et adj. Savant qui étudie les phénomènes atomiques.

atonal, e, aux adj. *Mus.* Qui est écrit suivant les règles de l'atonalité.

atonalité n. f. *Mus.* Système moderne d'écriture musicale étranger aux règles tonales de l'harmonie.

atone adj. Qui dénote un manque d'énergie : *regard atone. Gramm.* Se dit d'une voyelle ou d'une syllabe qui n'a pas d'accentuation.

atonie n. f. Manque de vitalité.

atours n. m. pl. Toute la parure féminine.

atout n. m. Dans les jeux de cartes, couleur choisie ou déterminée qui l'emporte sur les autres couleurs ; carte de cette couleur. Chance de réussir : *son atout, c'est son énergie.*

âtre n. m. Partie de la cheminée où l'on fait le feu.

atroce* adj. Très cruel. Horrible à supporter : *douleur atroce.*

atrocité n. f. Action atroce, cruelle.

atrophie n. f. Dépérissement d'un organe.

atrophier (s') v. pr. Perdre de sa force.

atropine n. f. Alcaloïde de la belladone, dilatant la pupille.

attabler (s') v. pr. Se mettre à table.

attache n. f. Ce qui attache, lien, courroie, etc. Endroit où est fixé un muscle. Poignet, cheville : *attaches fines.* Port d'attache, port où un navire est immatriculé par la douane. Pl. Rapports, relations.

attaché n. m. Membre du personnel d'une ambassade, d'une légation.

attachement n. m. Sentiment d'affection, de sympathie pour quelqu'un ou pour quelque chose.

attacher v. t. Fixer, lier à quelque chose, au moyen d'une corde, d'une chaîne, etc. : *attacher un cheval à un poteau. Fig.* Lier : *attacher quelqu'un à son service.* Attribuer : *attacher de l'importance.* V. pr. S'appliquer : *s'attacher à l'étude.*

attaque n. f. Action d'attaquer, agression. *Fig.* Accès subit d'un mal.

attaquer v. t. (conj. 1a) Assaillir. *Fig.* Provoquer. Intenter une action judiciaire. Ronger : *la rouille attaque le fer.*

attarder (s') v. pr. Se mettre en retard. Rester longtemps. S'appesantir sur.

atteindre v. t. (conj. 55) Toucher : *atteindre d'une flèche.* Parvenir à : *atteindre le but.*

atteint, e adj. Touché par une maladie.

atteinte n. f. Portée : *hors d'atteinte.* Dommage, préjudice. Attaque, crise.

attelage n. m. Action ou manière d'atteler. Bêtes attelées.

atteler v. t. (conj. 3) Attacher des animaux de trait à une voiture.

attelle n. f. Partie en bois du collier des chevaux, où les traits sont attachés. Éclisse pour fractures.

attenant, e adj. Contigu.

attendre v. t. Rester dans un lieu jusqu'à ce qu'arrive quelqu'un, quelque chose : *attendre le train*. V. i. Différer : *il faut attendre*. V. pr. Compter sur, prévoir.

attendrir v. t. Rendre tendre. *Fig.* Émouvoir : *attendrir les cœurs*.

attendrissement n. m. Émotion. Mouvement de tendresse, de compassion.

attendrisseur n. m. Appareil de boucherie pour attendrir la viande.

attendu prép. Vu, eu égard. *Attendu que* loc. conj. Vu que, puisque.

attentat n. m. Attaque criminelle ou illégale commise à l'égard de personnes, de biens, de droits, de sentiments collectifs reconnus par la loi.

attente n. f. Temps pendant lequel on attend. Espérance, prévision. *Contre toute attente*, contrairement aux prévisions.

attenter v. i. Commettre une tentative criminelle : *attenter à la vie de quelqu'un*.

attentif, ive* adj. Dont toutes les facultés sont en éveil. Qui est prévenant.

attention n. f. Action de concentrer son esprit sur un sujet déterminé. Pl. *Fig.* Sollicitude ; égards. Interj. *Attention !*, prenez garde !

attentionné, e adj. Prévenant.

attentiste n. Qui pratique une politique d'attente.

atténuant, e adj. Qui atténue. *Circonstances atténuantes*, qui diminuent la gravité d'un délit, etc.

atténuation n. f. Action d'atténuer.

atténuer v. t. Diminuer : *atténuer la gravité d'un acte*.

atterrer v. t. Accabler, consterner.

atterrir v. i. Prendre contact avec le sol.

atterrissage n. m. Action d'atterrir.

atterrissement n. m. Amas de terres, de sables, apportés par les eaux.

attestation n. f. Affirmation verbale ou écrite, certificat, témoignage.

attester v. t. Certifier, assurer la vérité ou la réalité d'une chose. Prendre à témoin.

attifer (s') v. pr. S'habiller de manière bizarre.

attique adj. Qui se rapporte aux anciens Athéniens.

attirail n. m. *Fam.* Ensemble d'objets divers et encombrants, mais souvent nécessaires à un usage précis : *un attirail de voyage*.

attirer v. t. Tirer à soi : *l'aimant attire le fer. Fig.* Appeler sur soi : *attirer l'attention*. Faire venir. Causer, occasionner.

attiser v. t. Rapprocher les tisons, activer le feu. *Fig.* Exciter, allumer.

attitré, e adj. Chargé en titre d'une fonction : *dépositaire attitré*.

attitude n. f. Façon de se tenir. Manifestation extérieure de sentiments.

attouchement n. m. Action de toucher.

attractif, ive adj. Qui attire.

attraction n. f. Action d'attirer. Pl. Plaisirs, distractions.

attrait n. m. Ce qui attire : *l'attrait des plaisirs*. Penchant, inclination : *suivre son attrait*. Pl. Charmes.

attrape n. f. Tromperie faite par plaisanterie. Objet destiné à tromper par amusement.

attrape-mouches n. m. inv. Piège à mouches.

attrape-nigaud n. m. Ruse grossière.

attraper v. t. Prendre à un piège. Saisir : *attraper au vol. Fig.* Tromper. Atteindre : *attraper une place*.

attrayant, e adj. Qui attire agréablement : *manières attrayantes*.

attribuer v. t. Accorder, décerner. Supposer, prêter : *il lui attribue des arrière-pensées*. Imputer : *attribuer au hasard*.

attribut n. m. Ce qui est propre à un être. Emblème distinctif, symbole : *les attributs de la justice. Gramm.* Terme de proposition ou de phrase (adj., n., pron. inf., proposition, etc.) exprimant une manière d'être attribuée au sujet ou à l'objet par l'intermédiaire d'un verbe.

attribution n. f. Action d'attribuer. Ce qui est attribué. *Gramm. Complément d'attribution*, complément indiquant en faveur (ou au détriment) de qui ou de quoi un acte est accompli (ex. : *donner un livre à Paul*). Pl. Fonction, compétence : *cela dépasse mes attributions*.

attrister v. t. Rendre triste, affliger.

attroupement n. m. Rassemblement : *disperser un attroupement*.

attrouper (s') v. pr. Se rassembler en groupe.

au, aux art. contractés, pour *à le, à les*.

aubade n. f. Concert donné à l'aube sous les fenêtres de quelqu'un.

aubaine n. f. Profit inespéré.

aube n. f. Première lueur du jour. Vêtement blanc liturgique.

aube n. f. Palette d'une roue, d'une turbine.

aubépine n. f. Arbrisseau épineux de la famille des rosacées.

auberge n. f. Petit hôtel et restaurant de campagne.

aubergine n. f. Fruit d'une plante solanacée comestible.

aubergiste n. Personne qui tient une auberge.

aubier n. m. Bois tendre entre l'écorce et le cœur d'un arbre.

auburn [obœrn] adj. inv. D'un brun rouge.

aucun, e adj. ou pron. indéf. Pas un.

aucunement adv. Nullement, point.

audace n. f. Grande hardiesse.

audacieux, euse* n. et adj. Qui a de l'audace.

au-delà adv. Plus loin. N. m. Dans les conceptions religieuses, la vie future, l'autre monde. *Au-delà de*, loc. prép. De l'autre côté de : *au-delà des mers. Fig.* Plus loin que : *il va au-delà de ses forces*.

au-dessous adv. À un point inférieur.

au-dessus adv. À un point supérieur.

au-devant adv. À la rencontre.

audience n. f. Fait d'être lu ou écouté favorablement, avec intérêt ou attention. Entretien accordé par un supérieur, une personne en place, etc., à celui ou à ceux qui l'ont demandé : *solliciter une audience*. Séance d'un tribunal.

audiovisuel, elle adj. et n. m. Se dit de ce qui appartient aux méthodes d'information ou d'enseignement qui utilisent la présentation d'images, de films et d'enregistrements sonores.

auditeur, trice n. et adj. Qui écoute un discours, une lecture, etc. Fonctionnaire de la Cour des comptes, du Conseil d'État.

auditif, ive adj. Qui concerne l'audition.

audition n. f. Action d'entendre. Séance musicale que donne un artiste.

auditoire n. m. Ensemble des personnes qui assistent à un cours, à une conférence.

auditorium [oditɔrjɔm] n. m. Salle réservée à l'audition d'œuvres musicales ou théâtrales, pour les émissions radiophoniques, etc.

auge n. f. Récipient où mangent et boivent les bestiaux, etc. Récipient à l'usage des maçons. Godet d'une roue hydraulique.

augmentation n. f. Accroissement. Élévation d'un salaire.

augmenter v. t. Accroître. Donner un traitement, un salaire plus élevé : *augmenter un employé.* V. i. Devenir plus grand, plus considérable : *les prix ont augmenté.*

augure n. m. Présage : *événement de bon augure.*

augurer v. t. Présager, conjecturer.

auguste adj. Majestueux, imposant. N. m. Type de clown.

aujourd'hui adv. Dans le jour où l'on est. Dans le temps présent.

auine [o] ou **aune** n. m. Arbre de la famille des bétulacées.

aulx [o] n. Un des pluriels de *ail.*

aumône n. f. Don fait aux pauvres.

aumônier n. m. Prêtre attaché à un établissement, etc.

aumônière n. f. Bourse portée à la ceinture.

aune n. f. Anc. mesure de longueur.

aune V. AULNE.

aunée n. f. Plante à fleurs jaunes. (Famille des composées.)

auparavant adv. Indique qu'un fait se situe dans le temps avant un autre (syn. AVANT, D'ABORD.)

auprès adv. Proche. *Auprès de* loc. prép. Près de. En comparaison.

auquel pr. rel. V. LEQUEL.

auréole n. f. Cercle lumineux dont les peintres entourent la tête des saints. *Fig.* Gloire, prestige.

auréoler v. t. Orner d'une auréole.

auriculaire adj. Relatif à l'oreille. Qui a entendu de ses propres oreilles : *témoin auriculaire.* N. m. Le petit doigt de la main.

aurifère adj. Qui renferme de l'or.

aurifier v. t. Obturer une dent creuse avec de l'or.

aurige n. m. Dans l'Antiquité, conducteur de char.

aurochs [ɔrɔk] n. m. Espèce de bœuf sauvage aujourd'hui éteinte.

aurore n. f. Lumière qui précède le lever du soleil. *Fig.* Commencement. *Aurore boréale* ou *polaire,* phénomène lumineux se produisant parfois dans le ciel des régions polaires.

auscultation n. f. Action d'ausculter.

ausculter v. t. Écouter les bruits produits par un organisme, avec ou sans intermédiaire d'un appareil (stéthoscope), afin d'établir un diagnostic.

auspices n. m. pl. Protection : *sous les auspices de. Sous d'heureux auspices,* avec espoir de succès.

aussi adv. Pareillement. De plus, en outre. De même. C'est pourquoi. *Aussi bien que* loc. conj. De même que.

aussitôt adv. Au moment même. *Aussitôt que* loc. conj. Dès que.

austère* adj. Rigoureux, sévère.

austérité n. f. Rigueur. Sévérité.

austral, e, als ou **aux** adj. Se dit de tout ce qui concerne la partie sud de la Terre.

australien, enne adj. et n. De l'Australie.

autan n. m. Vent chaud en Aquitaine.

autant adv. marquant égalité de quantité. Loc. conj. *Autant que,* dans la proportion ou de la même manière que ; *d'autant que,* vu que. Loc. adv. *D'autant,* dans la même proportion ; *pour autant,* pour cela ; *d'autant plus, d'autant moins* expriment l'augmentation ou la diminution de la proportion.

autarcie n. f. Régime économique d'un pays qui cherche à se suffire à lui-même.

autel n. m. Table où l'on célèbre la messe. *Le trône et l'autel,* la monarchie et l'Église.

auteur n. m. Qui cause une chose. Inventeur. Écrivain.

authenticité n. f. Qualité de ce qui est authentique.

authentifier v. t. Affirmer l'authenticité de quelque chose.

authentique* adj. Revêtu des formes légales requises : *acte authentique.* Sincère, vrai.

auto n. f. *Fam.* Automobile.

autobiographie n. f. Histoire de la vie de quelqu'un écrite par lui-même.

autobus n. m. Grand véhicule automobile de transport en commun urbain.

autocar n. m. Grand véhicule automobile de transport collectif, routier ou touristique.

autochenille n. f. Automobile montée sur chenilles à l'arrière, et munie de roues à l'avant.

autochtone [ɔtɔktɔn] adj. et n. Originaire du pays qu'il habite (syn. ABORIGÈNE, INDIGÈNE).

autoclave n. m. et adj. Récipient métallique à parois épaisses et à fermeture hermétique, pour opérer la cuisson ou la stérilisation par la vapeur sous pression.

autocrate n. m. Souverain absolu.

autocratie [ɔtɔkrasi] n. f. Système politique où le chef de l'État dispose d'un pouvoir absolu dont il use à sa guise. Despotisme.

autocratique* adj. Qui a le caractère de l'autocratie.

autodafé n. m. Supplice du feu qu'ordonnait l'Inquisition.

autodétermination n. f. Action de décider par soi-même.

autodidacte adj. et n. Qui s'est instruit lui-même, sans professeur.

autogène adj. *Soudure autogène,* soudure de deux pièces d'un même métal par fusion.

autogéré, e adj. Soumis à l'autogestion.

autogestion n. f. Gestion d'une entreprise par un comité de travailleurs.

autographe adj. et n. Écrit de la main de l'auteur.

automate n. m. Machine qui imite le mouvement du corps animal.

automatique* adj. Qui s'exécute sans la participation de la volonté : *geste automatique.*

automatisation n. f. Exécution automatique de tâches industrielles, administratives ou scientifiques sans intervention humaine intermédiaire.

automatisme n. m. Caractère de ce qui est automatique, machinal.

automitrailleuse n. f. Véhicule blindé, rapide, à roues, armé de mitrailleuses et de canons.

automnal, e, aux adj. D'automne.

automne [oton] n. m. Saison de l'année (23 septembre au 21 décembre).

automobile adj. Qui se meut de soi-même. N. f. Voiture actionnée par un moteur.

automobiliste n. Conducteur d'automobile.

automoteur, trice adj. Qui se meut de soi-même : *voiture automotrice.*

autonome adj. Qui possède l'autonomie.

autonomie n. f. Liberté pour un pays de se gouverner par ses propres lois.

autoportrait n. m. Portrait d'un artiste par lui-même.

autopropulsion n. f. Caractère d'engins qui se propulsent par leurs propres moyens.

autopsie n. f. *Méd.* Ouverture et examen d'un cadavre.

autorail n. m. Voiture automotrice sur rails, pour les voyageurs.

autorisation n. f. Action d'autoriser. Écrit constatant l'autorisation.

autoriser v. t. Donner pouvoir. Accorder la permission. V. pr. S'appuyer sur, prétexter.

autoritaire n. et adj. Qui use avec rigueur de son autorité.

autoritarisme n. m. Caractère, système autoritaire.

autorité n. f. Puissance légitime. Influence morale : *homme de grande autorité.* Auteur, opinion dont on s'autorise. *D'autorité,* sans consulter personne, sans ménagement. Pl. Représentants du pouvoir.

autoroute n. f. Route à deux chaussées séparées, aménagée sans croisement à niveau pour une circulation rapide.

auto-stop n. m. Pratique consistant à arrêter un automobiliste pour obtenir de lui d'être transporté gratuitement.

auto-stoppeur, euse n. Qui pratique l'auto-stop.

autosuggestion n. f. Suggestion que l'on exerce sur soi-même.

autour adv. Dans l'espace environnant. Marque aussi le voisinage. *Fam.* Environ. *Tout autour* loc. adv. De tous côtés.

autour n. m. Oiseau de proie.

autre adj. indéf. Distinct, différent, second. Loc. adv. *Autre part,* ailleurs. *D'autre part,* en outre. *De temps à autre,* parfois. Pron. indéf. : *un autre, les autres.*

autrefois adv. Anciennement.

autrement adv. D'une autre façon. Sinon.

autrichien, enne adj. et n. D'Autriche.

autruche n. f. Grand oiseau coureur.

autrui pron. indéf. Les autres, le prochain : *le bien d'autrui.*

auvent n. m. Petit toit en saillie.

auvergnat, e adj. et n. D'Auvergne.

auxiliaire* adj. et n. m. Qui aide. *Gramm.* Se dit des verbes qui servent à former les temps composés des verbes actifs et pronominaux, et les temps simples et composés des verbes passifs.

avachir (s') v. pr. *Fam.* Se déformer. *Fig.* Perdre son énergie.

avachissement n. m. Action de s'avachir; le fait d'être avachi.

aval n. m. Garantie donnée sur un effet de commerce par un tiers.

aval n. m. Le côté vers lequel descend un cours d'eau. *En aval de* loc. prép. En descendant vers l'embouchure; au-dessous de : *Nantes est en aval de Tours.*

avalanche n. f. Masse de neige qui se détache et dévale sur le versant d'une montagne.

avaler v. t. Faire descendre par le gosier. *Fig.* et *fam.* Croire sottement. Supporter : *avaler un affront.*

avaliser v. t. Revêtir d'un aval. Approuver.

à-valoir n. m. inv. Paiement partiel anticipé, fourni en déduction d'une plus forte somme qui est due.

avance n. f. Espace parcouru avant quelqu'un. Action de marcher en avant : *l'avance d'une armée.* Paiement anticipé : *verser une avance.* Pl. Demandes faites en vue de nouer ou de renouer des relations. Loc. adv. *D'avance, par avance,* par anticipation ; *en avance,* avant l'heure.

avancé, e adj. Mis en avant : *poste avancé.* Énoncé, affirmé : *prouver les faits avancés.* Presque terminé : *ouvrage très avancé.* Qui devance les autres dans la voie du progrès, etc. : *civilisation avancée.* Qui exprime des idées sociales hardies. Près de se gâter : *viande avancée.*

avancement n. m. Action d'avancer. Progrès, succès, élévation en grade.

avancer v. t. (conj. 1) Porter en avant : *avancer la tête.* Payer par anticipation. *Fig.* Hâter : *avancer son départ.* Mettre en avant : *avancer une idée.* V. i. Aller en avant. Aller trop vite : *la montre avance.* Sortir de l'alignement : *mur qui avance.* Faire des progrès. Approcher du terme.

avanie n. f. Affront public.

avant prép. ou adv. Marque une priorité de temps, d'ordre ou de lieu. *En avant* loc. adv. Au-delà du lieu où l'on est. *Mettre en avant,* alléguer.

avant n. m. Partie antérieure. Dans certains sports d'équipe, joueur qui fait partie de la ligne d'attaque.

avantage n. m. Ce qui est profitable. Ce qui donne quelque supériorité. Succès, victoire.

avantager v. t. (conj. 1) Favoriser.

avantageux, euse* adj. Qui produit des avantages. Qui procure un profit; bon marché. Présomptueux.

avant-bras n. m. inv. Partie du bras qui va du coude au poignet.

avant-corps n. m. inv. Partie d'une construction en saillie.

avant-coureur adj. Qui annonce un événement prochain : *signes avant-coureurs.*

avant-dernier, ère adj. et n. Qui est avant le dernier.

avant-garde n. f. Première ligne d'une armée, d'une flotte, etc. Ce qui précède son époque par ses audaces. Pl. *des avant-gardes.*

avant-goût n. m. Première impression. Aperçu.

avant-hier loc. adv. Deux jours avant.

avant-port n. m. Rade qui précède l'entrée de certains ports.

avant-poste n. m. Poste placé en avant.

avant-projet n. m. Rédaction préparatoire d'un projet.

avant-propos n. m. inv. Préface, introduction en tête d'un livre.

avant-scène n. f. Partie antérieure de la scène d'un théâtre. Loge près de la scène.

avant-train n. m. Roues de devant et timon d'une voiture. Train antérieur d'un quadrupède.

avant-veille n. f. Le jour qui est avant la veille.

avare* adj. et n. Qui aime accumuler l'argent et craint de le dépenser.

avarice n. f. Attachement excessif à l'argent.

avaricieux, euse* adj. Qui lésine.

avarie n. f. Dommage survenu à un navire, à un véhicule, ou à leur cargaison.

avarier v. t. Endommager, gâter (marchandises).

avatar n. m. Dans l'Inde, incarnation d'un dieu. *Par anal.* Métamorphose, nouvel état de quelqu'un.

ave [ave] ou **ave Maria** n. m. inv. Prière catholique à la Vierge.

avec prép. En même temps que. En compagnie de. Au moyen de. Envers. Malgré, sauf. *D'avec* marque un rapport de séparation.

aven [avɛn] n. m. Gouffre.

avenant n. m. Acte par lequel on modifie les termes d'un contrat en vigueur.

avenant, e adj. Qui plaît par sa gentillesse, sa grâce. *À l'avenant* loc. adv. En harmonie ; comme cela se présente : *le reste à l'avenant.*

avènement n. m. Venue, arrivée : *l'avènement du Christ.* Élévation à une dignité : *avènement au trône.*

avenir n. m. Temps futur. *Fig.* Situation future. Postérité. *À l'avenir* loc. adv. Désormais.

avent n. m. Temps fixé par l'Église catholique pour se préparer à Noël.

aventure n. f. Événement inopiné, fortuit, surprenant. Entreprise extraordinaire. *Dire la bonne aventure,* prédire l'avenir. Loc. adv. *À l'aventure,* sans dessein arrêté ; *par aventure, d'aventure,* par hasard.

aventurer v. t. Hasarder, risquer.

aventureux, euse* adj. Qui s'expose, se hasarde. Abandonné au hasard.

aventurier, ère n. Qui court les aventures. Qui vit d'intrigues.

aventurisme n. m. Tendance à prendre des décisions hâtives et irréfléchies.

avenu, e adj. *Nul et non avenu,* considéré comme n'ayant jamais existé.

avenue n. f. Large voie, en général plantée d'arbres. Ce qui conduit à un but.

avéré, e adj. Reconnu vrai : *fait avéré.*

avérer (s') v. pr. (conj. 5) Se révéler, apparaître tel en réalité.

avers n. m. Côté face d'une monnaie.

averse n. f. Pluie subite, abondante.

aversion n. f. Vive antipathie.

averti, e adj. Instruit, avisé.

avertir v. t. Informer, prévenir.

avertissement n. m. Appel à la prudence. Remontrance. Sorte de préface. Avis adressé aux contribuables.

avertisseur adj. et n. m. Qui avertit.

aveu n. m. Déclaration verbale ou écrite par laquelle on reconnaît avoir fait ou dit quelque chose. Déclaration. *De l'aveu de,* au témoignage de. *Homme sans aveu,* dont personne ne garantit l'honorabilité.

aveuglant, e adj. Qui éblouit.

aveugle adj. et n. Privé de la vue. *Fig.* Qui manque de jugement : *être aveugle sur ses défauts. Archit.* Se dit d'une ouverture murée, ou de ce qui est dépourvu d'ouverture : *façade aveugle.*

aveuglement n. m. Manque de discernement. Obstination stupide.

aveuglément adv. Sans discernement.

aveugle-né, e n. et adj. Aveugle de naissance.

aveugler v. t. Priver de la vue. *Fig.* Éblouir. Ôter l'usage de la raison : *la colère l'aveugle.* Boucher une ouverture.

aveuglette (à l') loc. adv. À tâtons, sans y voir. *Fig.* Au hasard.

aviateur, trice n. Personne qui pilote un avion.

aviation n. f. Navigation aérienne en avion.

aviculteur n. m. Éleveur d'oiseaux, de volailles.

aviculture n. f. Élevage d'oiseaux, de volailles.

avide* adj. Qui a un désir immodéré de. Cupide, insatiable. Vorace.

avidité n. f. Désir ardent et insatiable. Convoitise. Gloutonnerie.

avilir v. t. Déprécier. Rendre vil.

avilissant, e adj. Qui avilit.

avilissement n. m. État d'une personne, d'une chose avilie.

aviné, e adj. En état d'ivresse.

avion n. m. Appareil de navigation aérienne mû par un moteur à hélice ou à réaction.

aviron n. m. Rame d'embarcation.

avis n. m. Opinion, sentiment. Conseil, avertissement : *avis au public, au lecteur.*

avisé, e adj. Qui a un jugement réfléchi et agit en conséquence ; habile : *esprit avisé.* V. pr. Avoir tout à coup l'idée de : *s'aviser de sortir.*

aviser v. t. Apercevoir brusquement : *aviser un ami dans la rue.*

aviser v. t. Avertir d'un fait précis : *aviser quelqu'un de payer une amende.* V. i. Réfléchir pour prendre une décision : *il faut aviser à ne pas se laisser prendre.*

aviso n. m. Petit bâtiment de guerre servant à l'escorte des convois navals.

avitaminose n. f. Maladie produite par le manque de vitamines.

aviver v. t. Rendre plus ardent, plus éclatant. Envenimer, irriter : *aviver une douleur.*

avocat n. m. Qui fait profession de plaider en justice. *Fig.* Intercesseur : *se faire l'avocat de quelqu'un auprès de...* Avocat général, membre du ministère public, remplaçant les procureurs généraux en certains cas.

avocat n. m. Fruit de l'avocatier.

avocatier n. m. Arbre d'Amérique dont le fruit est l'avocat.

avoine n. f. Graminacée dont le grain sert à la nourriture des chevaux.

avoir v. t. (v. tableau des conjugaisons). Posséder : *avoir un livre.* Éprouver : *avoir faim.* Être d'une dimension de. *Avoir à,* devoir. *Impers. Il y a,* il est, il existe.

V. auxil. Se construit avec le part. pass. du verbe pour exprimer l'action accompli.

avoir n. m. Ce qu'on possède. Partie d'un compte où l'on porte les sommes dues. (Contr. DOIT.)

avoisiner v. t. Être voisin de.

avortement n. m. Action d'avorter. (Syn. INTERRUPTION DE GROSSESSE.) *Fig.* Insuccès.

avorter v. i. Expulser un fœtus avant terme. Rester sans résultat appréciable; ne pas réussir.

avorton n. m. Plante ou animal venu avant terme. Tout être chétif, mal fait.

avoué n. m. Officier ministériel qui représentait les plaideurs devant certains tribunaux.

avouer v. t. Reconnaître que l'on a dit ou fait quelque chose de mal. Reconnaître comme vrai.

avril n. m. Quatrième mois de l'année. *Poisson d'avril,* farce du 1er avril.

axe n. m. Principal diamètre d'un corps. Pièce sur laquelle s'articulent d'autres piè-

ces animées d'un mouvement circulaire : *axe d'une roue.*

axiome n. m. Vérité évidente par elle-même. Proposition admise par tout le monde.

axonge n. f. Saindoux.

ayant droit n. m. Qui a des droits à quelque chose. Pl. des *ayants droit.*

azalée n. f. Plante à fleurs de couleurs variées, sans parfum.

azimut [azimyt] n. m. Angle du plan vertical d'un astre avec le plan méridien du lieu. *Fam. Dans tous les azimuts,* dans toutes les directions.

azotate n. m. *Chim.* Syn. de NITRATE.

azote n. m. *Chim.* Gaz simple (N), incolore, inodore et insipide.

azoté, e adj. *Chim.* Qui contient de l'azote.

azotique adj. *Chim.* Syn. de NITRIQUE.

azur n. m. Couleur bleu clair du ciel, des flots. Le ciel.

azuré, e adj. De couleur azur.

azyme adj. *Pain azyme,* pain sans levain.

B

b n. m. Deuxième lettre de l'alphabet; la première des consonnes.

baba n. m. Gâteau imbibé de rhum.

baba adj. inv. *Fam. En être baba,* en être très étonné.

babeurre n. m. Résidu liquide de la fabrication du beurre.

babil [babil] n. m. Bavardage enfantin.

babillage n. m. Babil.

babillard, e adj. et n. Qui babille.

babiller v. i. Bavarder d'une manière futile, enfantine.

babines n. f. pl. Lèvres pendantes de certains animaux (chien, singe, etc.).

babiole n. f. *Fam.* Bagatelle, chose de peu de valeur.

bâbord n. m. Côté gauche d'un navire, quand on regarde vers l'avant.

babouche n. f. Chaussure orientale en cuir de couleur, sans quartier ni talon.

babouin n. m. Gros singe cynocéphale d'Afrique.

baby [bebi] n. m. Syn. angl. de BÉBÉ.

babylonien, enne adj. et n. De Babylone ou de Babylonie.

bac n. m. Bateau long et plat qui sert à traverser un cours d'eau. Cuve, récipient. *Fam.* Baccalauréat.

baccalauréat n. m. Premier grade universitaire.

baccara n. m. Jeu de cartes.

baccarat n. m. Cristal de la manufacture de Baccarat.

bacchanale [bakanal] n. f. Orgie. Pl. Fêtes antiques en l'honneur de Bacchus.

bacchante [bakat] n. f. Prêtresse de Bacchus.

bâche n. f. Grosse toile pour abriter les chargements des voitures, etc.

bachelier, ère n. Qui a été reçu au baccalauréat.

bâcher v. t. Couvrir d'une bâche.

bachique adj. Relatif au vin, à l'ivresse.

bachot n. m. Petit bateau.

bachot n. m. *Fam.* Baccalauréat.

bacillaire adj. *Méd.* Se dit des maladies produites par un bacille.

bacille [basil] n. m. Organisme microscopique en forme de bâtonnet.

bâcler v. t. Faire à la hâte et sans précaution : *bâcler un travail.*

bactéricide adj. Se dit des substances qui détruisent les bactéries.

bactérie n. f. Syn. de MICROBE.

bactérien, enne adj. Relatif aux bactéries : *maladie bactérienne.*

bactériologie n. f. Partie de la microbiologie qui s'occupe des bactéries.

bactériologiste n. Spécialiste qui s'occupe de bactériologie.

bactériophage n. m. Virus qui détruit activement certaines bactéries.

badaud n. m. Personne qui s'attarde à regarder le spectacle de la rue.

badauder v. i. Faire le badaud.

badauderie n. f. Caractère, action, discours de badaud.

baderne n. f. *Fam.* et péjor. Homme (souvent militaire) âgé et d'esprit borné.

badge n. m. Insigne des scouts attestant la qualification dans une spécialité.

badiane n. f. Arbuste d'Asie dont le fruit est appelé *anis étoilé.*

badigeon n. m. Enduit à la chaux dont on revêt les murs extérieurs des maisons.

badigeonnage n. m. Action de badigeonner.

badigeonner v. t. Peindre un mur avec du badigeon. Enduire : *badigeonner de teinture d'iode.*

badin, e adj. et n. Qui aime à jouer, à rire, qui plaisante agréablement.

badinage n. m. Action de badiner.

badine n. f. Canne mince et flexible.

badiner v. i. Plaisanter avec enjouement. *Ne pas badiner sur une chose,* être très strict sur ce point.

badinerie n. f. Railler avec pitié, ridiculiser.

bafouer v. t. Railler sans pitié, ridiculiser.

bafouillage n. m. *Fam.* Action de bafouiller.

bafouiller v. i. Parler d'une manière inintelligible, bredouiller.

bafouilleur, euse n. *Fam.* Qui bafouille.

bâfrer v. t. et i. *Pop.* Manger avidement.

bagage n. m. Objets qu'on emporte avec soi en voyage. *Fig.* Ensemble des connaissances acquises : *son bagage littéraire est nul. Fig. et fam.* Plier bagage, s'enfuir, mourir.

bagagiste n. m. Employé chargé, dans un hôtel, une gare, un aéroport, de porter les bagages.

bagarre n. f. Dispute, querelle accompagnée de coups.

bagatelle n. f. Chose de peu de prix et peu nécessaire. *Fig.* Chose frivole.

bagnard n. m. Forçat.

bagne n. m. Lieu où étaient détenus les condamnés aux travaux forcés.

bagnole n. f. *Fam.* Automobile.

bagou ou bagout n. m. *Fam.* Grande facilité de parole : *avoir du bagou.*

bague n. f. Anneau que l'on met au doigt. Objet, pièce ayant la forme d'un anneau et destiné à des usages divers.

baguenauder (se) v. pr. *Fam.* Flâner.

baguer v. t. Garnir d'une bague.

baguette n. f. Bâton fort menu, plus ou moins long et flexible. *Baguette de pain,* pain long et étroit d'environ 250 g.

bah! interj. qui marque l'étonnement, le doute, l'insouciance.

bahut n. m. Coffre de bois. Petit buffet de forme basse. *Arg.* Lycée, collège.

bai, e adj. Se dit d'un cheval dont la robe est brunâtre, avec crins et extrémités noirs.

baie n. f. Échancrure d'un littoral.

baie n. f. Nom général donné aux fruits charnus à pépins (raisin, groseille, melon).

baie n. f. Ouverture de porte, de fenêtre.

baignade n. f. Action de se baigner. Endroit où l'on se baigne.

baigner v. t. Mettre dans un bain. *Fig.* Arroser, mouiller. Traverser de ses eaux : *la Seine baigne Paris.* V. i. Être entièrement plongé : *des cerises baignant dans l'alcool.*

baigneur, euse n. Qui se baigne.

baignoire n. f. Cuve dans laquelle on se baigne. Loge de théâtre.

bail [baj] n. m. Contrat de louage pour un temps donné. Pl. des *baux.*

bâillement n. m. Action de bâiller.

bâiller v. i. Ouvrir largement la bouche, avec une contraction instinctive des muscles de la face. *Par ext.* Être entrouvert.

bailleur, eresse n. Qui donne à bail. *Bailleur de fonds,* celui qui fournit de l'argent.

bailli n. m. Officier qui rendait la justice au nom du roi, du seigneur.

bailliage n. m. Juridiction d'un bailli.

bâillon n. m. Bandeau ou objet qu'on met sur ou dans la bouche pour empêcher de crier.

bâillonnement n. m. Action de bâillonner.

bâillonner v. t. Mettre un bâillon. *Fig.* Réduire au silence.

bain n. m. Eau ou autre liquide dans lequel on se baigne. Immersion du corps. Liquide dans lequel on plonge une substance : *bain de paraffine.* Pl. Établissement de bains. Eaux thermales ou minérales : *les bains de Luchon.*

bain-marie n. m. Eau bouillante dans laquelle on met un récipient contenant ce qu'on veut faire chauffer.

baïonnette n. f. Petite épée qui s'adapte au bout du fusil.

baisemain n. m. Geste de politesse qui consiste à baiser la main d'une dame.

baiser v. t. Action de baiser.

baisse n. f. Décroissance : *baisse d'un fleuve.* Diminution de prix. *Jouer à la baisse,* spéculer sur la baisse des valeurs.

baisser v. t. Abaisser : *baisser un store.* Diminuer de hauteur : *baisser le ton. Baisser pavillon,* céder. V. i. Aller en diminuant : *la température baisse.* Perdre son prix. S'affaiblir.

bajoue n. f. Partie de la tête d'un animal depuis l'œil jusqu'à la mâchoire. *Fam.* Joue humaine pendante.

Bakélite n. f. (nom déposé). Matière plastique artificielle.

bal n. m. Réunion, local où l'on danse. Pl. des *bals.*

balade n. f. *Fam.* Promenade.

balader (se) v. pr. *Fam.* Se promener.

baladeuse n. f. Lampe mobile.

baladin, e n. Farceur de place publique. Bateleur.

balafon n. m. Instrument de musique à percussion, de l'Afrique noire.

balafre n. f. Longue blessure au visage. La cicatrice qui en reste.

balafrer v. t. Faire une balafre.

balai n. m. Brosse munie d'un long manche, et dont on se sert pour nettoyer. Frottoir en charbon qui, dans les moteurs électriques, assure le contact entre une partie fixe et une pièce mobile. *Manche à balai,* levier qui actionne les ailerons et le gouvernail de profondeur de l'avion. *Fig.* Donner un coup de balai, se débarrasser de personnes gênantes.

balance n. f. Instrument pour peser : *la balance est l'emblème de la justice.* Filet pour les écrevisses. *Comm.* Équilibre entre le débit et le crédit.

balancement n. m. Mouvement alternatif d'un corps en sens opposés, autour de son centre d'équilibre.

balancer v. t. (conj. 1) Mouvoir tantôt d'un côté, tantôt de l'autre. *Fig.* Peser, examiner. Établir la différence entre le débit et le crédit. Compenser : *balancer les pertes. Fam.* Se débarrasser de quelqu'un, de quelque chose. V. i. Être indécis, hésiter. V. pr. Jouer sur une balançoire. Se dandiner. *Pop. S'en balancer,* s'en moquer.

balancier n. m. Pièce dont le balancement règle un mouvement : *balancier d'horloge.*

Long bâton des danseurs de corde, qui leur sert à tenir l'équilibre.

balançoire n. f. Siège suspendu entre deux cordes et sur lequel on se balance. Bascule.

balayage n. m. Action de balayer.

balayer [baleje] v. t. (conj. 2) Nettoyer avec un balai. *Fig.* Chasser, disperser.

balayette n. f. Petit balai.

balayeur, euse n. Personne qui balaie.

balayeuse n. f. Machine pour balayer.

balayures n. f. pl. Ordures balayées.

balbutiement n. m. Action de balbutier.

balbutier [balbysje] v. i. Articuler imparfaitement, avec difficulté. V. t. Prononcer en balbutiant.

balcon n. m. Plate-forme en saillie sur une façade. Dans les salles de spectacle, première galerie au-dessus de l'orchestre.

baldaquin n. m. Tenture dressée au-dessus d'un trône, d'une cataphalque, d'un lit, etc.

baleine n. f. Mammifère marin, le plus grand des animaux actuels. Lamelle flexible servant à divers usages.

baleiné, e adj. Garni de baleines.

baleinier n. m. Navire utilisé pour capturer les baleines.

baleinière n. f. Embarcation légère pour la chasse de la baleine au harpon. Canot des grands navires.

balisage n. m. Action de baliser.

balise n. f. Marque, objet (bouée, poteau, etc.) signalant en mer un chenal, des écueils, et indiquant sur terre le tracé d'une piste d'aviation, d'une route, d'un canal, etc.

baliser v. t. Mettre des balises.

balistique adj. Relatif à l'art de lancer des projectiles. *Missile balistique*, missile soumis aux seules forces de gravitation. N. f. Étude des mouvements des projectiles.

baliveau n. m. Arbre réservé dans la coupe d'un bois taillis.

baliverne n. f. Propos qu'il ne faut pas prendre au sérieux. Bagatelle.

balkanique adj. Des Balkans.

ballade n. f. Poème narratif en strophes qui met en œuvre une légende populaire ou une tradition historique.

ballant, e adj. Qui pend et oscille. N. m. Mouvement d'oscillation.

ballast n. m. Pierres concassées, maintenant les traverses d'une voie ferrée ; remblai ainsi formé. Compartiment dont le remplissage permet au sous-marin de plonger.

balle n. f. Petite sphère qui rebondit et qui sert à certains jeux : *balle de tennis*. Projectile des armes à feu : *balle de fusil*. Gros paquet de marchandises. *Prendre la balle au bond*, saisir l'occasion.

balle n. f. Enveloppe du grain.

ballerine n. f. Danseuse classique.

ballet n. m. Danse figurée, représentant un sujet. *Corps de ballet*, troupe de danseurs.

ballon n. m. Grosse balle faite d'une vessie gonflée d'air et recouverte de cuir, que l'on utilise dans divers sports. Jouet d'enfant fait d'une sphère de caoutchouc gonflée de gaz. Sommet arrondi (dans les Vosges). Vase sphérique destiné à contenir un liquide. Appareil rempli d'un gaz plus léger que l'air et qui peut ainsi s'élever dans l'atmosphère. *Fig. Ballon d'essai*, nouvelle qu'on lance pour tâter l'opinion.

ballonné, e adj. Gonflé, distendu.

ballonnement n. m. Distension du ventre par des gaz.

ballonnet n. m. Petit ballon.

ballon-sonde n. m. Ballon sans pilote, muni d'appareils enregistreurs, pour observations météorologiques.

ballot n. m. Paquet de marchandises. *Fam.* Lourdaud, sot.

ballottage n. m. Résultat négatif obtenu dans une élection lorsque aucun des candidats n'a réuni la majorité requise, et obligeant à procéder à un nouveau scrutin.

ballottement n. m. Mouvement de ce qui ballotte.

ballotter v. t. Agiter en tous sens. V. i. Remuer.

ballottine n. f. Sorte de galantine.

balluchon ou **baluchon** n. m. *Fam.* Petit ballot.

balnéaire adj. Relatif aux bains de mer.

balourd, e adj. et n. Maladroit et stupide.

balourdise n. f. Caractère du balourd. Grosse maladresse, en paroles ou en actes.

balsa n. m. Bois très léger.

balsamine n. f. Plante dont le fruit, à sa maturité, éclate si on le touche.

balsamique n. m. et adj. Qui a les propriétés du baume.

balte adj. et n. De la Baltique.

balustrade n. f. Rampe de pierre ou de bois soutenue par des petits piliers.

bambin, e n. *Fam.* Petit enfant.

bambochard, e adj. et n. Bambocheur.

bambocher v. i. *Fam.* Mener une vie peu sérieuse, où domine la bonne chère ; faire la noce.

bambocheur, euse adj. et n. Qui a l'habitude de bambocher.

bambou n. m. Roseau arborescent des pays chauds. Canne de ce roseau.

ban n. m. Proclamation officielle et publique d'un événement : *publier les bans de mariage*. Roulement de tambour et sonnerie de clairon, précédant ou clôturant certaines cérémonies militaires. *Rupture de ban*, délit qui consiste, pour un banni ou un interdit de séjour, à retourner sur le territoire dont il est banni. *Être en rupture de ban avec*, avoir brisé avec les contraintes imposées par son milieu social.

banal, e, aux adj. Vx. À l'usage de tous : *fours banaux*.

banal, e*, als** adj. Sans originalité : *propos banals*.

banaliser v. t. Rendre banal. Supprimer les caractères distinctifs.

banalité n. f. Caractère de ce qui est banal.

banane n. f. Fruit du bananier.

bananier n. m. Plante tropicale à fruit alimentaire. Bateau transportant des bananes.

banc n. m. Siège étroit et long. *Mar.* Élévation du fond de la mer ou d'un cours d'eau. Troupe nombreuse de poissons : *banc de harengs*. Couche ou assise géologique : *banc d'argile*.

bancaire adj. Relatif à la banque.

bancal, e*, als** adj. Qui a les jambes tortues.

bandage n. m. Action d'assujettir avec des bandes. Arrangement de bandes à des fins médicales. Cercle de métal, de caoutchouc entourant la jante d'une roue. Appareil pour contenir les hernies.

bandagiste n. Personne qui fait ou vend des bandages herniaires.

bande n. f. Lien plat qui sert à bander. Lanière de linge pour envelopper certaines parties du corps. Ornement plus long que large : *bande de velours*. Rebord élastique d'un tapis de billard. *Mar.* Inclinaison transversale d'un navire : *donner de la bande.*

bande n. f. Troupe, compagnie.

bandeau n. m. Bande pour ceindre le front, la tête, ou couvrir les yeux.

bandelette n. f. Petite bande.

bander v. t. Lier avec une bande. *Bander les yeux*, les couvrir d'un bandeau. Tendre : *bander l'arc.*

banderille n. f. Dard orné de rubans que les toreros plantent sur le garrot des taureaux.

banderole n. f. Longue bande d'étoffe, attachée au haut d'une hampe ou à des montants, qui sert d'ornement ou porte une inscription.

bandit n. m. Individu qui se livre, seul ou en bande, à des attaques à main armée.

banditisme n. m. Condition, mœurs de bandit : *réprimer le banditisme.*

bandoulière n. f. Bande de cuir ou d'étoffe portée en diagonale sur la poitrine pour soutenir un objet.

banjo n. m. Sorte de guitare.

banlieue n. f. Ensemble des agglomérations qui environnent un centre urbain et participent à son activité.

banne n. f. Panier d'osier. Bâche tendue pour garantir les marchandises ou les clients des intempéries.

banni, e adj. et n. Proscrit, exilé. *Fig.* Écarté, repoussé.

bannière n. f. Enseigne, pavillon, étendard. *Fam.* Se battre la croix et la bannière, c'est d'une incroyable difficulté.

bannir v. t. Condamner à l'exil. Chasser. *Fig.* Éloigner, repousser.

bannissement n. m. Exil.

banque n. f. Entreprise spécialisée dans le commerce de l'argent ; siège de cette entreprise. À certains jeux, fonds d'argent qu'a devant lui celui qui tient le jeu.

banqueroute n. f. Faillite, krach. Échec total d'une entreprise.

banquet n. m. Grand repas ; festin.

banqueter v. i. (conj. 4) Prendre part à un banquet. Faire bonne chère.

banquette n. f. Siège rembourré spécialisée dans le occupe toute la largeur d'une automobile, la longueur d'un compartiment de chemin de fer. Replat sur un versant.

banquier, ère n. Qui possède ou dirige une banque. Celui qui tient le jeu contre tous les autres joueurs.

banquise n. f. Ensemble des glaces formées, dans les régions polaires, par la congélation de l'eau de mer.

baobab n. m. Arbre des régions tropicales, à tronc énorme.

baptême [batɛm] n. m. Le premier des sacrements de la plupart des Églises chrétiennes. *Baptême de l'air*, premier vol que l'on fait en avion. *Baptême d'une cloche, d'un navire*, etc., cérémonie solennelle pour

les bénir. *Nom de baptême*, prénom qu'on reçoit au baptême.

baptiser v. t. Conférer le baptême. Bénir (une cloche, un navire, etc.). Donner un nom. *Fam. Baptiser du vin*, y mettre de l'eau.

baptismal, e, aux adj. Relatif au baptême : *fonts baptismaux.*

baptistère n. m. Chapelle d'une église où l'on baptise.

baquet n. m. Petit cuvier de bois.

bar n. m. Poisson de mer estimé.

bar n. m. Débit de boissons où l'on consomme généralement debout.

bar n. m. Unité de mesure de pression.

baragouin n. m. *Fam.* Langage inintelligible.

baragouiner v. t. et i. *Fam.* Parler mal une langue.

baraque n. f. Construction légère et provisoire, généralement en bois. *Fig.* Maison mal bâtie ou mal tenue.

baraqué, e adj. *Fam. Pop.* De forte carrure.

baraquement n. m. Ensemble de constructions provisoires destinées à abriter des soldats, des réfugiés, etc.

baratin n. m. *Pop.* Boniment.

baratiner v. i. *Pop.* Raconter des boniments.

baratte n. f. Récipient où l'on bat la crème pour en extraire le beurre.

baratter v. pr. Agiter la crème dans la baratte.

barbant, e adj. *Fam.* Ennuyeux.

barbare* adj. et n. Chez les Grecs et les Romains, tout étranger. Peu civilisé, sauvage : *peuples barbares*. Par ext. Cruel, inhumain. Inculte, grossier.

barbarie n. f. Manque de civilisation. Cruauté, inhumanité.

barbarisme n. m. Faute de langage qui consiste à employer des mots inexistants ou déformés.

barbe n. f. Poil du menton et des joues. Longs poils de certains animaux. Filaments de certains végétaux. Bavure d'un papier mal coupé, d'un métal. Filament implanté de chaque côté d'une plume d'oiseau. *Rire dans sa barbe*, intérieurement. *À la barbe de quelqu'un*, en sa présence.

barbeau n. m. Poisson de rivière à la bouche garnie de barbillons.

barbe-de-capucin n. f. Chicorée sauvage.

barbelé, e adj. et n. m. *Fil de fer barbelé*, fil de fer muni de pointes, utilisé comme clôture ou comme moyen de défense.

barber v. t. *Fam.* Ennuyer, lasser.

barbet, ette n. et adj. Chien d'arrêt qui convient surtout à la chasse au canard.

barbiche n. f. Touffe de barbe au menton.

barbier n. m. Celui dont la profession était de faire la barbe.

barbillon n. m. Filament qui pend à la bouche de certains poissons.

barbiturique n. m. Médicament hypnotique et sédatif nerveux.

barbon n. m. *Péjor.* Homme d'un âge plus que mûr.

barbotage n. m. Action de barboter dans l'eau. Passage d'un gaz à travers un liquide.

barboter v. i. Fouiller avec le bec dans l'eau ou dans la boue. Marcher dans une eau bourbeuse. *Arg.* Voler.

barboteuse n. f. Vêtement d'enfant.

barbouillage ou **barbouillis** n. m. Action d'appliquer grossièrement une peinture ; son résultat. Écriture illisible.

barbouiller v. t. Peindre grossièrement. Salir, tacher. *Fam. Barbouiller du papier,* écrire maladroitement.

barbouilleur, euse n. Personne qui barbouille.

barbu, e adj. et n. Qui a de la barbe.

barbue n. f. Poisson de mer analogue au turbot.

barcarolle n. f. Chanson de gondolier vénitien.

barda n. m. *Fam.* Équipement que porte un soldat. Bagage lourd et encombrant.

barde n. m. Poète et chanteur, chez les Celtes. Poète héroïque et lyrique.

barde n. f. Tranche de lard dont on enveloppe un rôti.

bardé, e adj. Couvert de lames de fer. Entouré de tranches de lard.

bardeau n. m. Planchette en forme de tuile, pour couvrir les toitures.

barder v. t. Couvrir d'une armure. Envelopper de tranches de lard.

barder v. impers. *Pop.* Prendre une tournure violente.

barème n. m. Répertoire, table de calculs tout faits ; table ou répertoire des tarifs.

baril [bari ou baril] n. m. Petit tonneau ; son contenu.

barillet n. m. Petit baril. Boîte cylindrique contenant le grand ressort d'une montre, d'une pendule. Pièce cylindrique du revolver recevant les cartouches.

bariolage n. m. *Fam.* Assemblage disparate de couleurs.

bariolé, e adj. Bigarré bizarrement.

barioler v. t. Peindre de couleurs vives qui ne s'harmonisent pas ensemble.

barman [barman] n. m. Serveur dans un bar. Pl. des *barmen* ou barmans.

baromètre n. m. Instrument servant à mesurer la pression de l'air.

barométrique adj. Relatif au baromètre.

baron, onne n. Titre de noblesse au-dessous de celui de vicomte.

baroque adj. Irrégulier, bizarre. N. m. et adj. Style architectural qui s'est développé en Europe et en Amérique latine aux XVIᵉ et XVIIᵉ s.

barouf n. m. *Pop. Faire du barouf,* faire du vacarme.

barque n. f. Petit bateau.

barquette n. f. Pâtisserie en forme de barque.

barrage n. m. Obstacle disposé pour barrer un passage. Construction au moyen de laquelle on coupe un cours d'eau. *Tir de barrage,* tir destiné à stopper une attaque.

barre n. f. Longue et étroite pièce de bois, de fer, etc. Trait de plume. Barrière qui, dans un tribunal, sépare les magistrats du public : *appeler un témoin à la barre. Mar.* Tige fixée à la mèche du gouvernail. Déferlement violent qui se produit près de certaines côtes lorsque la houle se brise sur les hauts-fonds. Pl. Jeu de course.

barreau n. m. Petite barre. *Fig.* Espace réservé aux avocats dans un prétoire. Leur ordre, leur profession.

barrer v. t. Fermer avec une barre. Obstruer. Biffer, rayer d'un trait de plume.

barrette n. f. Bonnet des ecclésiastiques. Pince pour tenir les cheveux. Petit rectangle de ruban fixé à l'uniforme et remplaçant une décoration.

barreur n. m. Celui qui tient la barre du gouvernail dans une embarcation.

barricade n. f. Retranchement fait dans une rue, avec des voitures, des pavés, etc. : *dresser une barricade.*

barricader v. t. Fermer au moyen de barricades. *Barricader une porte,* en défendre solidement l'entrée.

barrière n. f. Assemblage de pièces de bois fermant un passage. Obstacle.

barrique n. f. Tonneau de 200 à 250 litres de capacité, qui sert au transport des liquides. Son contenu.

barrir v. i. Crier, en parlant de l'éléphant.

barrissement n. m. Cri de l'éléphant.

baryton n. m. Voix entre le ténor et la basse. Celui qui a cette voix. Instrument de musique.

baryum n. m. Métal alcalino-terreux.

bas, basse* adj. Peu élevé. Inférieur : *basse Loire. Fig.* Vil, abject : *sentiments bas.* Modique : *bas salaire.* Trivial : *mot bas. Avoir la vue basse,* ne voir que de près. *Bas âge,* première enfance. *A voix basse,* sans vibration des cordes vocales. *Mer basse,* mer dont le niveau a baissé.

bas adv. Doucement, sans bruit. *Mettre bas les armes,* renoncer à la lutte. *Mettre bas,* faire des petits, en parlant des animaux. *Ce malade est bien bas,* près de mourir. *A bas!* loc. interj. Cri d'improbation. *En bas, par en bas* loc. adv. Du côté le plus bas.

bas n. m. Partie basse, inférieure. Pièce du vêtement féminin destinée à couvrir la jambe et le pied.

basalte n. m. Roche volcanique compacte, noire, à cassure mate.

basaltique adj. Formé de basalte.

basane n. f. Peau de mouton tannée. Peau souple qui recouvrait en partie les pantalons de cavalerie. *Fig.* et *fam.* La cavalerie.

basané, e adj. Hâlé, bronzé : *teint basané.*

bas-bleu n. m. Femme pédante, à prétentions littéraires.

bas-côté n. m. Nef latérale d'une église. Voie latérale réservée aux piétons : *le bas-côté d'une route.*

bascule n. f. Balance pour gros objets. *A bascule,* se dit d'une pièce d'appareil faite pour pivoter dans un plan vertical, ou d'un siège qu'on peut basculer d'avant en arrière : *un fauteuil à bascule.*

basculer v. i. Faire un mouvement qui déséquilibre et entraîne la chute. Culbuter, tomber.

base n. f. Socle sur lequel un corps est installé ; partie inférieure d'un corps par laquelle il repose sur autre chose. Droite ou plan d'une figure géométrique sur lesquels tombe la perpendiculaire mesurant la hauteur de cette figure : *la base d'un triangle.* Ce qui à l'origine, le principe fondamental sur lequel tout repose. *A base de,* dont le principal composant est. Lieu de concentration de troupes et de moyens matériels pour conduire des opérations militaires. Corps chimique capable de neutraliser un acide en se combinant à lui.

baser v. t. Appuyer, fonder. *Mil.* Unité basée à, qui a son point d'attache à. V. pr. Se fonder : *se baser sur l'expérience.*

bas-fond n. m. Endroit de la mer ou d'une rivière où l'eau est peu profonde. Terrain bas et enfoncé. Pl. *Fig.* Milieu d'une population ayant mauvaise réputation. Quartier malfamé d'une ville.

basilic n. m. Plante aromatique.

basilique n. f. Chez les Romains, édifice où l'on rendait la justice et où s'assemblaient les marchands, les banquiers, etc. Ancienne église chrétienne. Titre de quelques églises.

basique adj. *Chim.* Se dit des sels qui contiennent un excès de base.

basket-ball [basketbol] n. m. Sport où deux équipes cherchent à marquer des points en lançant le ballon dans le panier adverse.

basoche n. f. Corps et juridiction des anciens clercs de procureur.

basque n. f. Partie d'un vêtement qui, partant de la taille, recouvre les hanches. *Être toujours aux basques de quelqu'un,* le suivre partout.

basque adj. Qui se rapporte aux Basques. N. m. La langue des Basques.

bas-relief n. m. Sculpture qui se détache avec une faible saillie sur un fond uni.

basse n. f. *Mus.* Voix ou instrument qui fait entendre les sons les plus graves.

basse-cour n. f. Partie d'une maison, d'une ferme, où l'on élève la volaille. Ensemble des animaux qui y vivent.

bassesse n. f. Caractère de ce qui est bas, vil. Action basse, vile.

basset n. et adj. Chien courant à jambes courtes.

bassin n. m. Récipient large, profond. Son contenu. Plateau de balance. Pièce d'eau dans un jardin. Partie d'un port constituée par des quais et des digues, et où les bateaux stationnent pour charger et décharger. *Bassin d'un fleuve,* tout le pays arrosé par ce fleuve et ses affluents. Ceinture osseuse, qui termine le tronc des animaux vertébrés. *Min.* Gisement étendu ou groupe de gisements.

bassine n. f. Récipient circulaire en métal : *bassine à confitures.*

bassiner v. t. Chauffer avec une bassinoire. Humecter, arroser légèrement. *Pop.* Ennuyer.

bassinet n. m. Petit bassin ; cuvette.

bassinoire n. f. Bassin de métal à couvercle troué, qui servait à chauffer un lit.

basson n. m. Instrument à anche qui forme dans l'orchestre la basse du quatuor des instruments en bois.

bastide n. f. Maison de campagne dans le Midi. Ville de plan régulier, fondée au Moyen Âge dans le Midi.

bastille n. f. Autref., ouvrage détaché de fortification. Château fort. Ancienne prison d'État de Paris. (V. *Part. hist.*)

bastingage n. m. *Mar.* Bord de navire qui dépasse le pont.

bastion n. m. Fortification faisant partie d'un système de défense. Ce qui forme le centre de résistance inébranlable d'un parti, etc.

bastonnade n. f. Volée de coups de bâton.

bastringue n. m. *Pop.* Désordre bruyant. Bal populaire.

bas-ventre n. m. Partie inférieure du ventre.

bât n. m. Dispositif arrimé sur une bête de somme pour y attacher des charges. *Voilà où le bât blesse,* c'est le point faible, celui où l'on peut atteindre quelqu'un, le vexer.

bataclan n. m. *Fam.* Attirail embarrassant.

bataille n. f. Combat entre deux armées. *Fig.* Combat quelconque ; querelle, discussion.

batailler v. i. Contester, se disputer.

batailleur, euse adj. et n. Qui aime à batailler.

bataillon n. m. Unité militaire comprenant plusieurs compagnies.

bâtard, e adj. et n. Né de parents non légitimement mariés. Qui n'est pas de race pure : *chien bâtard.* Se dit d'une chose qui tient de deux genres différents ou opposés : *un compromis bâtard.* N. m. Pain court de 300 g environ. N. f. Écriture qui tient de la ronde et de l'anglaise.

batardeau n. m. Digue provisoire.

bâtardise n. f. État de bâtard.

bâté adj. *Ane bâté,* personne très ignorante.

bateau n. m. Nom donné aux embarcations de toutes dimensions. *Pop. Monter un bateau,* faire croire une histoire inventée.

batée n. f. Cuvette utilisée pour laver les sables aurifères.

bateleur, euse n. Personne qui, sur une estrade en plein air, amuse le public par ses tours d'adresse. (Vx.)

batelier, ère n. Personne qui conduit un bateau sur un cours d'eau.

batellerie n. f. Industrie du transport par péniches. Ensemble des transports fluviaux.

bâter v. t. Mettre un bât.

bat-flanc n. m. inv. Pièce de bois pour séparer dans les écuries deux chevaux l'un de l'autre.

bathymétrie n. f. Mesure de la profondeur des mers et des lacs.

bathyscaphe n. m. Appareil autonome de plongée, permettant d'explorer le fond de la mer.

bâti n. m. Assemblage de plusieurs pièces de menuiserie ou de charpente. Assemblage à grands points des pièces d'un vêtement. Gros fil qui sert à ce travail.

batifoler v. i. *Fam.* Folâtrer.

bâtiment n. m. Toute construction d'une certaine importance servant d'abri ou de logement. Navire de grandes dimensions.

bâtir v. t. Édifier, construire. Assembler, faufiler les parties d'un vêtement. *Fig.* Établir.

bâtisse n. f. Construction sans caractère particulier : *détruire les vieilles bâtisses.*

bâtisseur n. m. Celui qui bâtit. Fondateur.

batiste n. f. Toile de lin très fine.

bâton n. m. Long morceau de bois rond et mince. Marque de certaines dignités. Objet de forme cylindrique : *bâton de réglisse.* Se dit des barres que font les débutants en écriture. *Fig. À bâtons rompus,* d'une manière discontinue, sans suite. *Mettre des bâtons dans les roues,* susciter des obstacles. *Mener une vie de bâton de chaise,* une vie désordonnée.

bâtonner v. t. Donner des coups de bâton.

bâtonnet n. m. Petit bâton.

bâtonnier n. m. Chef de l'ordre des avocats près une cour ou un tribunal.

batraciens n. m. pl. Classe de vertébrés dont le type est la *grenouille*.

battage n. m. Action de battre les blés. *Fam.* Publicité tapageuse.

battant n. m. Pièce métallique suspendue à l'intérieur d'une cloche, dont elle vient frapper la paroi. Vantail de porte, de fenêtre. Personne combative.

battant, e adj. *Pluie battante,* qui tombe avec violence. *Fig. Tambour battant,* rondement, rapidement.

batte n. f. Outil pour aplanir ou écraser. Bâton servant à renvoyer la balle (base-ball, cricket, etc.).

battement n. m. Choc répété d'un corps contre un autre, provoquant un bruit rythmé, ou simple mouvement alternatif : *battement des mains.* Intervalle de temps dont on peut disposer entre deux actions. *Les battements du cœur,* les pulsations.

batterie n. f. Groupement de plusieurs accumulateurs électriques, de piles, etc. Unité d'artillerie. Moyens habiles pour réussir. Ensemble des instruments de percussion dans un orchestre. *Batterie de cuisine,* ensemble des ustensiles de métal d'une cuisine.

batteur n. m. Celui qui, dans un orchestre de jazz, tient la batterie. Appareil ménager destiné à faire des mélanges.

batteuse n. f. Machine à égrener les céréales.

battoir n. m. Palette pour battre le linge.

battre v. t. (conj. 48) Frapper, donner des coups. Agiter fortement : *battre des œufs.* Vaincre : *battre l'ennemi.* Amincir, réduire en feuille un métal. Parcourir en explorant. Loc. div. *Battre le pavé,* aller et venir. *Battre des mains,* applaudir. *Battre monnaie,* fabriquer de la monnaie et, au *fig.* chercher à se procurer de l'argent. *Battre les cartes,* les mêler. *Battre en retraite,* se retirer en bon ordre. *Battre la campagne,* divaguer. V. i. Produire des mouvements répétés : *son cœur bat.*

battu, e adj. Foulé, durci : *sol battu.* Fréquenté : *chemin battu. Fig.* Vulgaire, banal. *Yeux battus,* fatigués.

battue n. f. Chasse qu'on pratique en faisant battre les bois par des rabatteurs.

baudet n. m. Âne.

baudrier n. m. Bande de cuir ou d'étoffe qui se porte en bandoulière et soutient une arme.

baudruche n. f. Pellicule fabriquée avec l'intestin du bœuf, du mouton.

bauge n. f. Lieu fangeux où le sanglier se vautre pendant le jour. Lieu où gîtent divers animaux. Tout endroit sordide.

baume n. m. Résine odoriférante, qui coule de certains arbres. Médicament balsamique. *Mettre du baume au cœur,* consoler.

bauxite n. f. Minerai d'aluminium.

bavard, e adj. et n. Qui parle beaucoup, qui aime à parler. Indiscret.

bavardage n. m. Action de bavarder.

bavarder v. i. Parler abondamment de choses oiseuses. Parler indiscrètement.

bave n. f. Salive ou écume qui coule de la bouche des hommes ou de la gueule des animaux. *Fig.* Propos ou écrits haineux, venimeux.

baver v. i. Jeter de la bave.

bavette n. f. Partie inférieure de l'aloyau, près de la tranche grasse. *Fam. Tailler une bavette,* bavarder.

baveux, euse adj. Qui bave. Qui est empâté : *lettre baveuse.* Se dit d'une omelette peu cuite et moelleuse.

bavoir n. m. Pièce de lingerie protégeant la poitrine des bébés.

bavure n. f. Tache autour d'une lettre imprimée. *Fam. Sans bavure,* d'une manière nette.

bayer v. i. (conj. 2) *Bayer aux corneilles,* regarder niaisement en l'air.

bazar n. m. Marché couvert en Orient. Endroit couvert où l'on vend toute espèce d'objets.

bazarder v. t. *Pop.* Vendre à bas prix.

B. C. G. n. m. (sigle servant à désigner le vaccin *bilié de Calmette et Guérin*) [nom déposé]. Vaccin contre la tuberculose.

béant, e adj. Largement ouvert.

béat, e* adj. et n. Calme et sans inquiétude. Qui exprime le contentement de soi : *sourire béat.*

béatification n. f. Acte par lequel le pape béatifie.

béatifier v. t. Mettre au nombre des bienheureux.

béatitude n. f. Satisfaction sans bornes, grand bonheur que rien ne vient troubler.

beau (bel devant une voyelle), **belle*** adj. Qui plaît à l'œil ou à l'esprit. Pur, calme, agréable. Noble, élevé : *belle âme.* Grand : *une belle peur. Le beau sexe,* les femmes. *Bel esprit,* homme lettré, affecté, prétentieux. (Pl. des *beaux esprits.*) Un beau jour, un beau matin..., inopinément. *L'échapper belle,* échapper à un danger. N. *Faire le beau, la belle,* se pavaner. N. m. Ce qui est excellent : *aimer le beau.* Adv. En vain : *avoir beau faire.* N. f. Partie décisive au jeu. *Fam.* Évasion. *De plus belle* loc. adv. De plus en plus.

beaucoup adv. Un grand nombre, une quantité considérable. D'une manière considérable. Un grand nombre de personnes.

beau-fils n. m. Celui dont on a épousé le père ou la mère.

beau-frère n. m. Mari de la sœur ou de la belle-sœur. Frère du mari ou de la femme.

beaujolais n. m. Vin du Beaujolais.

beau-père n. m. Père de la femme par rapport au mari, ou du mari par rapport à la femme, ou second mari de la mère par rapport aux enfants de celle-ci.

beaupré n. m. Mât placé obliquement sur l'avant d'un navire.

beauté n. f. Caractère de ce qui est beau. Femme très belle.

beaux-arts n. m. pl. Nom donné aux arts plastiques. (On leur a adjoint parfois la musique, la poésie, etc.)

beaux-parents n. m. pl. Père et mère de la femme par rapport au mari, ou du mari par rapport à la femme.

bébé n. m. Tout petit enfant.

bec n. m. Bouche cornée et saillante des oiseaux. Objet ayant la forme d'un bec d'oiseau. Pointe de terre au confluent de deux cours d'eau. *Fam.* Bouche. *Clouer le bec à quelqu'un*, le réduire au silence.

bécane n. f. *Fam.* Bicyclette.

bécarre n. m. Signe musical qui annule l'effet du dièse ou du bémol.

bécasse n. f. Oiseau échassier à long bec. *Fam.* Femme peu intelligente.

bécassine n. f. Petit échassier.

bec-de-cane n. m. Serrure comportant uniquement un pêne demi-tour. Poignée de porte, en forme de bec.

bec-de-lièvre n. m. Difformité congénitale de la lèvre supérieure, fendue comme celle du lièvre.

béchamel adj. et n. f. Sauce blanche faite avec de la crème.

bêche n. f. Lame d'acier large et plate, pourvue d'un long manche, et qui sert à retourner la terre.

bêcher v. t. Retourner la terre avec une bêche. *Fig.* Dire du mal de.

bécot n. m. *Fam.* Petit baiser.

bécoter v. t. Donner des bécots.

becquée n. f. Ce qu'un oiseau prend dans son bec.

becqueter v. t. (conj. 4) En parlant des oiseaux, piquer avec le bec, pour manger.

bedaine n. f. *Fam.* Gros ventre.

bédane n. m. Ciseau en acier fondu et trempé, étroit et plus épais que large.

bedeau n. m. Employé laïque d'une église.

bedon n. m. *Fam.* Ventre rebondi.

bedonnant, e adj. *Fam.* Qui a du ventre.

bedonner v. i. *Fam.* Prendre du ventre.

bédouin, e adj. et n. Qui se rapporte aux Bédouins.

bée adj. f. *Rester bouche bée*, être frappé d'un grand étonnement.

beffroi n. m. Tour ou clocher d'où l'on sonnait l'alarme.

bégaiement n. m. Le fait de bégayer.

bégayer [begeje] v. i. (conj. 2) Articuler mal les mots, les prononcer avec peine. V. t. Balbutier : *bégayer une excuse*.

bégonia n. m. Plante cultivée pour son feuillage et ses fleurs décoratifs.

bègue adj. et n. Qui bégaie.

bégueule adj. et n. f. *Fam.* Se dit d'une femme qui pousse la pudeur jusqu'à l'excès.

bégueulerie n. f. *Fam.* Manière d'être d'une bégueule.

béguin n. m. Coiffe à capuchon, que portaient les béguines. Bonnet de petit enfant. *Fam.* Passion amoureuse passagère. Personne qui en est l'objet.

béguinage n. m. Couvent de béguines.

béguine n. f. Femme pieuse des Pays-Bas ou de Belgique, qui, sans prononcer de vœux, vit dans une sorte de couvent.

beige adj. Couleur gris jaunâtre.

beignet n. m. Pâte frite renfermant ordinairement une substance alimentaire (fruit, légume, etc.).

béjaune n. m. Jeune ignorant.

bel canto [bɛlkãto] n. m. Façon de chanter où l'on s'attache surtout à la beauté du son et à la virtuosité.

bêlement n. m. Cri des moutons et des chèvres.

bêler v. t. Crier, en parlant des moutons.

belette n. f. Petit mammifère carnassier du genre putois.

beige adj. et n. De Belgique.

bélier n. m. Mâle de la brebis. Anc. machine de guerre pour battre ou renverser les murailles.

belière n. f. Sonnette suspendue au cou du bélier. Anneau mobile de suspension, en général. Lanière tenant le sabre au ceinturon.

belladone n. f. Plante dont on extrait l'atropine.

bellâtre n. et adj. Homme physiquement beau, mais niais et fat.

belle-fille n. f. Femme du fils. Celle dont on a épousé le père ou la mère.

belle-mère n. f. Mère du mari ou de la femme. Par rapport aux enfants, celle qui a épousé leur père. (On dit aussi *fam.* BELLE-MAMAN.)

belles-lettres n. f. pl. Étude et ouvrages littéraires considérés comme une source de plaisirs de l'esprit.

belle-sœur n. f. Celle dont on a épousé le frère ou la sœur.

bellicisme n. m. Attitude ou opinion des bellicistes.

belliciste adj. et n. Qui préconise l'emploi de la force dans les relations internationales.

belligérance n. f. État, qualité de belligérant.

belligérant, e adj. et n. Qui fait la guerre : *nations belligérantes*.

belliqueux, **euse** adj. Guerrier, martial. Qui aime la guerre.

belluaire n. m. Gladiateur qui combattait des bêtes féroces.

belon n. f. Variété d'huître plate et ronde, à chair brune.

belote n. f. Jeu de cartes.

belvédère n. m. Pavillon au sommet d'un édifice d'où l'on peut voir au loin.

bémol n. m. *Mus.* Signe qui baisse la note d'un demi-ton.

bénédictin, e n. Religieux, religieuse de l'ordre de Saint-Benoît.

bénédiction n. f. Acte religieux qui appelle la protection de Dieu sur quelqu'un ou sur quelque chose. *C'est une bénédiction*, c'est un événement heureux.

bénéfice n. m. Gain, profit. Avantage, privilège. Dignité ecclésiastique avec revenu. *Sous bénéfice d'inventaire*, après vérification.

bénéficiaire adj. et n. Celui, celle qui bénéficie de quelque chose.

bénéficier v. i. Profiter d'un avantage ; tirer bénéfice de : *bénéficier des circonstances atténuantes*.

bénéfique adj. Favorable, bienfaisant.

benêt adj. et n. m. Niais, nigaud.

bénévole* adj. Qui fait une chose gratuitement. Fait à titre gracieux.

bengali adj. et n. Du Bengale. N. m. Petit oiseau originaire de ce pays.

bénin, **igne*** adj. Qui est sans conséquences graves : *une maladie bénigne*.

béni-oui-oui n. Personne toujours disposée à approuver, sans esprit critique.

bénir v. t. (conj. 7) Appeler les bénédictions du ciel sur... Remercier, glorifier. (*Bénir* a deux part. pass. : *béni*, e et *bénit*, e. Ce dernier ne se dit que pour les choses consacrées : *eau bénite*.)

bénisseur, euse n. et adj. *Fam.* Personne qui prodigue les approbations.

bénitier n. m. Récipient à eau bénite.

benjamin, e n. Le plus jeune des enfants d'une famille (contr. AÎNÉ).

benjoin [bɛ̃ʒwɛ̃] n. m. Résine parfumée, utilisée en médecine.

benne n. f. Wagonnet employé pour transporter le charbon dans les mines ; cage métallique qui sert à remonter le charbon à la surface. Caisse basculante montée sur un camion.

benzène [bɛ̃zɛn] n. m. Produit extrait des goudrons de houille.

benzine n. f. Nom commercial d'un mélange d'hydrocarbures provenant d'un traitement du benzol.

benzol n. m. Mélange de benzène et de toluène, extrait des goudrons de houille.

béquille n. f. Bâton surmonté d'une petite traverse, utilisé par les infirmes pour s'appuyer. Support pour maintenir à l'arrêt un véhicule à deux roues.

bercail n. m. (sans pluriel). Bergerie. *Fig.* Le sein de l'Église. Famille, maison paternelle.

berceau n. m. Lit d'un tout jeune enfant. *Fig.* Première enfance : *dès le berceau. Jard.* Treillage en voûte. Voûte cylindrique. Ciseau de graveur. *Mécan.* Support d'un moteur.

bercement n. m. Action de bercer.

bercer v. t. (conj. 1) Balancer pour endormir. Apaiser. Tromper par des promesses illusoires.

berceuse adj. Qui berce, engourdit les sens. N. f. Chanson pour endormir les enfants.

béret n. m. Coiffure sans bord, ronde et plate.

bergamote n. f. Espèce d'orange dont on extrait une essence.

berge n. f. Bord d'une rivière, d'un canal.

berge n. f. *Pop.* Année : *avoir cinquante berges.*

berger, ère n. Personne qui garde les moutons. *Étoile du berger,* nom donné à la planète Vénus. N. m. Race de chiens employés à la garde des troupeaux.

bergère n. f. Fauteuil large et profond, garni d'un coussin.

bergerie n. f. Lieu où l'on enferme les moutons. *Fig.* Poésie pastorale.

bergeronnette n. f. Oiseau passereau noir et blanc.

béribéri n. m. Maladie due à l'absence de vitamine B₁ dans les aliments.

berline n. f. Voiture hippomobile, à quatre roues. Automobile carrossée en conduite intérieure, à quatre portes.

berlingot n. m. Bonbon de sucre cuit. Emballage de forme similaire à ce bonbon pour la vente de certains liquides, notamment du lait.

berlue n. f. *Avoir la berlue,* avoir un trouble momentané de la vue ; au *fig.,* s'imaginer faussement quelque chose.

bernard-l'ermite n. m. Nom usuel du pagure.

berne n. f. *Pavillon en berne,* pavillon hissé à mi-hauteur du mât et incomplètement déployé, en signe de deuil.

berner v. t. Tromper quelqu'un en lui faisant croire des choses fausses.

bernique n. f. Nom usuel de la *patelle.*

bernique! *Fam.* Interj. qui exprime un espoir déçu.

bernois, e adj. et n. De Berne.

berrichon, onne adj. et n. Du Berry.

béryl n. m. Silicate naturel d'aluminium et de béryllium.

besace n. f. Long sac ouvert au milieu et fermé aux deux bouts, qui se portait à l'épaule.

besogne n. f. Travail, ouvrage. *Aller vite en besogne,* travailler vite, brûler les étapes.

besogner v. i. Travailler avec peine pour un profit dérisoire.

besogneux, euse adj. et n. Qui est dans la gêne, le besoin.

besoin n. m. Manque d'une chose nécessaire. Indigence : *être dans le besoin. Au besoin* loc. adv. En cas de nécessité, s'il le faut. Pl. Nécessités naturelles. Choses nécessaires à l'existence : *avoir peu de besoins.*

bestiaire n. m. Gladiateur qui combattait les bêtes féroces au cirque. Recueil ayant trait aux animaux.

bestial, e*, aux adj. Qui fait ressembler l'homme à la bête.

bestialité n. f. Caractère de l'homme qui cède aux instincts de la bête. Rapports sexuels d'une personne avec un animal.

bestiaux n. m. pl. Gros animaux domestiques élevés en troupeaux. (Sert de plur. à *bétail.*)

bestiole n. f. Petite bête.

best-seller [bɛstsɛlœr] n. m. Livre qui a obtenu un grand succès de librairie. Pl. des *best-sellers.*

bêta n. m. Deuxième lettre de l'alphabet grec, correspondant au *b.*

bêta, asse n. et adj. *Fam.* Personne sotte.

bétail n. m. Nom collectif des animaux de pâture dans une ferme.

bête n. f. Tout être vivant autre que l'homme. Personne sotte ou stupide. *Bête à bon Dieu,* coccinelle. *Bête de somme,* qui porte les fardeaux ; *de trait,* qui les tire. *Fig. Bête noire,* personne qu'on déteste le plus.

bête* adj. Sot, stupide.

bêtifier v. i. *Fam.* Parler d'une manière niaise.

bêtise n. f. Manque d'intelligence. Action ou propos bête. Chose sans valeur.

béton n. m. Mélange de ciment, d'eau, de gravier et de sable employé dans les constructions. *Béton armé,* renfermant une armature métallique.

bétonner v. t. Construire avec du béton.

bétonnière n. f. Machine à béton.

bette ou blette n. f. Plante voisine de la betterave.

betterave n. f. Plante cultivée dont la racine épaisse sert, suivant les espèces, de fourrage ou d'aliment.

betteravier, ère adj. Relatif à la betterave : *culture betteravière.*

beuglement n. m. Cri du bœuf, de la vache et du taureau.

beugler v. i. Pousser des beuglements. *Fig.* Jeter de grands cris. V. t. *Pop.* Chanter très fort.

beurre n. m. Substance grasse et onctueuse, extraite du lait. Substance grasse extraite de divers végétaux : *beurre de cacao.*

beurré n. m. Sorte de poire fondante.

beurrer v. t. Couvrir de beurre.

beurrier n. m. Récipient pour servir le beurre.

beuverie n. f. Partie de plaisir où l'on boit beaucoup.

bévue n. f. Méprise, erreur grossière.

bézef adv. *Pop.* Beaucoup : *il n'y en a pas bézef.*

bi ou **bis**, préfixe indiquant la répétition.

biais n. m. Moyen indirect, détourné de résoudre une difficulté, d'atteindre un but. *En biais, de biais* loc. adv. Obliquement ; au *fig.*, d'une façon indirecte.

biais, e adj. Qui est de biais.

biaiser v. i. Être de biais, aller de biais. *Fig.* User de biais.

bibelot n. m. Petit objet décoratif.

biberon n. m. Petite bouteille munie d'une tétine, qui sert à l'allaitement des nourrissons.

bible n. f. Recueil des livres de l'Écriture sainte.

bibliobus n. m. Bibliothèque itinérante, installée dans un véhicule automobile.

bibliographe n. Spécialiste de la documentation fournie par les livres.

bibliographie n. f. Ensemble des livres écrits sur une question ou sur un auteur.

bibliophile n. Amateur de livres rares et précieux.

bibliophilie n. f. Amour des livres.

bibliothécaire n. Préposé à la garde d'une bibliothèque.

bibliothèque n. f. Meuble, salle ou édifice destinés à recevoir une collection de livres. Collection de livres.

biblique adj. Relatif à la Bible.

bicarbonate n. m. Carbonate acide, et en particulier sel de sodium.

bicéphale adj. et n. Qui a deux têtes.

biceps [bisɛps] n. m. Muscle long dont le rôle est de fléchir l'avant-bras sur le bras (symbole de la force physique dans quelques expressions).

biche n. f. Femelle du cerf.

bichon, onne n. Petit chien ou petite chienne à poil long.

bichonner v. t. Entourer de petits soins. V. pr. Faire sa toilette avec recherche et coquetterie.

bicoque n. f. Maison de peu de valeur ou mal tenue.

bicorne N. m. Chapeau à deux pointes.

bicyclette n. f. Véhicule à deux roues d'égal diamètre.

bidet n. m. Petit cheval de selle. Cuvette oblongue, pour la toilette intime.

bidoche n. f. *Pop.* Viande.

bidon n. m. Récipient de fer-blanc pour toutes sortes de liquides. Gourde individuelle des militaires. Adj. inv. *Fam.* De peu de valeur, faux, truqué : *des élections bidon.*

bidonner (se) v. pr. *Pop.* Rire d'une manière débridée.

bidonville n. m. Agglomération de baraquements à proximité d'une ville, où s'entasse une population déshéritée.

bief [bjɛf] n. m. Canal de dérivation qui conduit les eaux au moulin. Espace qui sépare deux écluses d'un canal.

bielle n. f. Pièce d'une machine, qui communique un mouvement.

bien n. m. Ce qui est conforme au devoir. Ce qui est agréable, avantageux ou utile. Richesse : *abondance de biens ne nuit pas.* Propriété : *un bien de famille. Le bien public,* ce qui est utile à tous. Adv. Conformément au devoir : *bien agir.* Beaucoup, très : *bien fort ; pensez-y bien.* Loc. conj. *Bien que, quoique ; si bien que,* de sorte que. *Eh bien!* interj. qui marque l'interrogation, l'étonnement.

bien-aimé, e adj. et n. Chéri tendrement.

bien-être n. m. Situation agréable du corps, d'esprit et de fortune.

bienfaisance n. f. Inclination à faire le bien. Action de faire du bien à quelqu'un : *œuvre de bienfaisance.*

bienfaisant, e adj. Qui aime à faire, fait du bien. Qui apporte du soulagement ; qui a une influence salutaire.

bienfait n. m. Bien que l'on fait, service, faveur. Avantage.

bienfaiteur, trice n. Personne qui, par son argent ou son action, apporte un soulagement à autrui.

bien-fondé n. m. Conformité au droit : *le bien-fondé d'une demande.*

bien-fonds n. m. Bien immobilier (terre, maison, immeuble). Pl. des *biens-fonds.*

bienheureux, euse adj. Extrêmement heureux. N. Qui jouit de la félicité éternelle.

biennal, e, aux adj. Qui dure deux ans. Qui se fait tous les deux ans.

bienséance n. f. Ce qui est conforme aux usages, à la manière habituelle de se conduire ; savoir-vivre.

bienséant, e adj. Conforme aux usages de la société, au savoir-vivre.

bientôt adv. Dans un proche futur.

bienveillance n. f. Disposition favorable envers quelqu'un.

bienveillant, e adj. Qui marque de la bienveillance : *air bienveillant.*

bienvenu, e adj. et n. Qui est accueilli avec plaisir, qui arrive à propos : *soyez le bienvenu.* N. f. Heureuse arrivée : *souhaiter la bienvenue à quelqu'un.*

bière n. f. Boisson fermentée, faite avec de l'orge et du houblon.

bière n. f. Cercueil.

biffer v. t. Rayer ce qui est écrit.

bifteck n. m. Tranche de bœuf.

bifurcation n. f. Endroit où une chose se divise en deux.

bifurquer v. t. Diviser en deux, à la façon d'une fourche. V. i. Quitter une voie pour une autre : *le train bifurque ici.*

bigame adj. et n. Marié à deux personnes simultanément.

bigamie n. f. État de bigame.

bigarré, e adj. Qui a des couleurs ou des dessins variés : *fleur bigarrée.*

bigarreau n. m. Cerise rouge et blanc, à chair très ferme et sucrée.

bigarrer v. t. Diversifier par des couleurs ou des dessins variés.

bigarrure n. f. Variété de couleurs ou de dessins. *Fig.* Mélange.

bigleux, euse adj. et n. *Fam.* Qui louche.

bigorne n. f. Enclume à deux pointes.

bigorneau n. m. Petit coquillage comestible.

bigorner v. t. Forger, façonner sur la bigorne. **V. pr.** *Pop.* Echanger des coups ; se heurter en subissant des dommages.

bigot, e* n. et adj. Qui est étroitement attaché aux pratiques extérieures du culte.

bigoterie n. f. Dévotion exagérée.

bigoudi n. m. Petit rouleau autour duquel les femmes enroulent leurs cheveux pour les faire onduler.

bigre ! interj. *Fam.* Marque l'étonnement.

bigrement adv. *Fam.* Beaucoup, très.

bihebdomadaire adj. Qui paraît deux fois par semaine.

bijou n. m. Joyau, petit ouvrage d'une matière ou d'un travail précieux. Chose particulièrement élégante, achevée. Pl. des *bijoux*.

bijouterie n. f. Art, commerce ou magasin de celui qui fait ou vend des bijoux.

bijoutier, ère n. Qui fait ou vend des bijoux.

bilan n. m. Balance de l'actif et du passif d'une maison de commerce. Résultat d'une opération quelconque : *le bilan d'une campagne publicitaire. Déposer son bilan*, se déclarer en faillite.

bilatéral, e*, aux adj. Qui a deux côtés, deux faces. Qui concerne les deux côtés : *stationnement bilatéral. Dr.* Qui engage les deux parties.

bilboquet n. m. Jouet formé d'une boule percée s'enfilant sur'une tige.

bile n. f. Liquide amer, jaune verdâtre, sécrété par le foie. *Fig.* Colère. Inquiétude : *se faire de la bile.*

biliaire adj. Relatif à la bile.

bilieux, euse adj. Qui abonde en bile. *Fig.* Irascible, acariâtre.

bilingue adj. Qui est en deux langues. Adj. et n. Qui parle deux langues.

bilinguisme [bilε̃gµism] n. m. Qualité d'un individu ou d'une population bilingue.

billard n. m. Table couverte d'un tapis et entourée de bandes élastiques, sur laquelle on joue au billard. Jeu consistant à pousser des boules d'ivoire avec une queue sur cette table. *Fam.* Table d'opération chirurgicale.

bille n. f. Petite boule de pierre, d'ivoire, etc. *Méc.* Sphère d'acier pour roulements. *Fam.* Reprendre sa bille, se retirer d'une affaire. *Bille de bois*, tronçon découpé dans le tronc.

billet n. m. Petite lettre, missive. Carte, billetin : *billet de théâtre, de loterie.* Imprimé pour annoncer un mariage, un décès, etc. *Billet de logement*, écrit qui donne à un militaire le droit de loger chez un particulier. *Billet à ordre*, engagement de payer une somme à telle personne ou à *son ordre*, c'est-à-dire à telle autre à qui la première aura transmis le billet. *Billet de banque* ou *billet*, monnaie en papier.

billevesée [bilvəze] n. f. Paroles vaines, ridicules, fausses.

billion n. m. Un million de millions.

billot n. m. Tronc de bois gros et court sur lequel on coupe de la viande, du bois. Pièce de bois sur laquelle on tranchait la tête des condamnés. Masse de bois qui supporte une enclume.

bimbeloterie n. f. Fabrication ou commerce de bibelots.

bimensuel, elle* adj. Qui a lieu deux fois par mois : *revue bimensuelle.*

bimestriel, elle* adj. Qui a lieu tous les deux mois.

bimétallisme n. m. Système monétaire établi sur un double étalon.

bimoteur adj. et n. Mû par deux moteurs.

binage n. m. Action de biner.

binaire adj. Se dit d'un système de numérotation qui a 2 pour base.

biner v. t. Ameublir le sol avec la binette. Donner une seconde façon aux terres.

binette n. f. Outil de jardinier. *Pop.* Visage.

biniou n. m. Cornemuse bretonne.

binocle n. m. Lorgnon maintenu sur le nez par la pression d'un ressort.

binoculaire adj. Qui se fait par les deux yeux : *vision binoculaire.*

binôme n. m. Expression algébrique formée par la somme ou la différence de deux termes ou monômes.

biochimie n. f. Chimie biologique.

biodégradable adj. Se dit d'un produit industriel qui, laissé à l'abandon, est détruit par les bactéries ou d'autres agents biologiques.

biographe n. Auteur de biographies.

biographie n. f. Histoire de la vie d'un personnage.

biographique adj. Relatif à la biographie : *notes biographiques.*

biologie n. f. Science de la vie des corps organisés.

biologique adj. Relatif à la biologie.

biologiste n. Spécialiste en biologie.

biopsie n. f. Etude d'un fragment de tissu prélevé sur un être vivant pour établir un diagnostic.

biparti, e ou **bipartite** adj. Constitué de deux parties ou ensembles : *un gouvernement biparti.*

bipartition n. f. Division en deux parties : *la bipartition d'une graine.*

bipède adj. et n. Qui a deux pieds.

biplan n. m. Avion à deux plans parallèles réunis par des montants.

bipolaire adj. Qui a deux pôles.

bique n. f. *Fam.* Chèvre.

biquet n. m. Petit d'une bique.

biquette n. f. Chevrette.

bis, e [bi, biz] adj. Gris-brun. *Pain bis*, pain de couleur grise contenant du son.

bis [bis] adv. Pour la seconde fois. Interj. Cri par lequel on demande la répétition d'un passage, d'un morceau de chant, etc.

bisaïeul, e [bizajœl] n. Père, mère de l'aïeul ou de l'aïeule. Pl. des *bisaïeuls, eules.*

bisannuel, elle adj. Qui revient tous les deux ans. *Bot.* Qui ne fleurit ni fructifie et ne meurt qu'au bout de deux ans (carotte, betterave, etc.).

bisbille n. f. *Fam.* Petite querelle.

biscornu, e adj. D'une forme irrégulière. *Fig.* Bizarre : *idées biscornues.*

biscotte n. f. Tranche de pain de mie séchée au four.

biscuit n. m. Pâtisserie sèche faite de farine, d'œufs et de sucre. Galette très dure, destinée à être conservée très longtemps, utilisée autrefois dans l'armée. Ouvrage de porcelaine ayant l'aspect d'un marbre blanc très fin.

biscuiter v. t. Amener la porcelaine à l'état de biscuit.

biscuiterie n. f. Fabrique de biscuits.

bise n. f. Vent glacial.

bise n. f. *Fam.* Baiser.

biseau n. m. Bord taillé obliquement.

biseautage n. m. Action de biseauter.

biseauter v. t. Tailler en biseau. Marquer les cartes pour tricher.

bismuth [bismyt] n. m. Métal blanc tirant sur le jaune, utilisé en médecine.

bison n. m. Bœuf sauvage à garrot relevé en bosse.

bisontin, e adj. et n. De Besançon.

bisque n. f. Potage fait d'un coulis d'écrevisses, de quenelles, etc. *Fam.* Dépit.

bisquer v. i. *Fam.* Éprouver du dépit.

bisser v. t. Répéter ou faire répéter par des acclamations.

bissextile adj. Se dit de l'année de 366 jours, qui revient tous les quatre ans.

bissexué, e ou **bissexuel, elle** adj. Se dit d'un être vivant qui possède à la fois les deux sortes d'organes génitaux : mâles et femelles (syn. HERMAPHRODITE).

bistouri n. m. Petit couteau chirurgical pour pratiquer des incisions dans les chairs.

bistre n. m. Couleur d'un brun noirâtre. Adj. inv. Qui est de couleur bistre.

bistrot ou **bistro** n. m. *Fam.* Débit de boissons ou restaurant modeste (syn. CAFÉ).

bisulfite n. m. Sel de l'acide sulfureux.

bitte n. f. Billot de bois ou de fonte pour l'amarrage des bateaux.

bitume n. m. Mélange d'hydrocarbures dont on se sert pour le revêtement des chaussées et des trottoirs, etc. (syn. usuel ASPHALTE).

bitumer v. t. Enduire de bitume.

bitumineux, euse adj. Qui contient du bitume.

bivalve adj. et n. m. *Hist. nat.* À deux valves : *mollusque bivalve.*

bivouac n. m. Campement temporaire en plein air. Lieu de campement.

bivouaquer v. i. Camper en plein air.

bizarre adj. Excentrique, inquiétant.

bizarrerie n. f. Caractère de ce qui est bizarre. Extravagance.

bizut ou **bizuth** [bizy] n. m. *Arg.* Élève de première année dans une grande école.

blackbouler v. t. *Fam.* Refuser à un examen. Évincer par un vote.

blafard, e adj. D'un blanc terne.

blague n. f. Petit sac de poche pour le tabac. *Fam.* Mensonge, hâblerie. Plaisanterie : *prendre à la blague.*

blaguer v. i. Dire des blagues. V. t. *Fam.* Railler.

blagueur, euse adj. et n. *Fam.* Qui dit des blagues.

blaireau n. m. Mammifère plantigrade carnassier, gris et noir avec des parties blanches sur la tête, long de 75 cm, court sur pattes. Brosse de poils fins pour se savonner la barbe.

blâme n. m. Désapprobation. Réprimande.

blâmer v. t. Désapprouver. Réprimander.

blanc, blanche adj. Qui est de la couleur du lait, de la neige. Innocent, pur : *blanc comme neige.* Arme blanche, tranchante ou pointue. *Vers blancs,* sans rimes. *Papier blanc,* non écrit. *Nuit blanche,* passée sans dormir. *Donner carte blanche,* donner plein pouvoir. N. Personne de race blanche : *les Blancs ont peuplé l'Europe.* (Prend une majusc.) N. m. La couleur blanche. Espace vide dans une page : *remplir des blancs.*

blanc-bec n. m. Jeune homme sans expérience.

blanchâtre adj. Tirant sur le blanc.

blanche n. f. *Mus.* Note qui vaut la moitié de la ronde, ou deux noires, ou quatre croches.

blancheur n. f. Qualité de ce qui est blanc : *la blancheur du lis.*

blanchiment n. m. Action de blanchir.

blanchir v. t. Rendre blanc. Rendre propre : *blanchir le linge. Cuis.* Passer à l'eau bouillante : *blanchir des choux.* Fig. Disculper : *revenir blanchi.* V. i. Devenir blanc.

blanchissage n. m. Action de blanchir le linge.

blanchisserie n. f. Lieu où l'on blanchit du linge, etc.

blanchisseur, euse n. Dont la profession est le blanchissage du linge.

blanc-seing [blɑ̃sɛ̃] n. m. Feuille blanche au bas de laquelle on a apposé sa signature, et que l'on confie à quelqu'un pour qu'il la remplisse comme il l'entend.

blanquette n. f. Ragoût de viande blanche. Sorte de vin blanc mousseux : *la blanquette de Limoux.*

blasé, e adj. Dégoûté de tout.

blaser v. t. Rendre indifférent.

blason n. m. Ensemble des armoiries ou des signes qui composent un écu armorial. Science des armoiries.

blasonner v. t. Peindre ou interpréter des armoiries.

blasphémateur, trice n. Qui blasphème.

blasphématoire adj. Qui contient des blasphèmes.

blasphème n. m. Parole qui outrage la divinité, la religion. Parole outrageante en général.

blasphémer v. t. et i. (conj. 5) Tenir des propos injurieux ou insultants contre quelqu'un ou quelque chose. Maudire.

blatte n. f. Insecte nocturne orthoptère, appelé aussi *cafard, cancrelat.*

blé n. m. Plante herbacée annuelle, dont la graine fournit la farine utilisée pour la fabrication du pain ou des pâtes alimentaires. *Blé noir,* sarrasin. *Arg.* Argent. *Manger son blé en herbe,* dépenser d'avance son revenu.

bled [blɛd] n. m. En Afrique du Nord, l'intérieur des terres. *Pop.* Petit village ; la campagne : *habiter un petit bled perdu.*

blême adj. Très pâle.

blêmir v. i. Devenir blême.

blende n. f. Sulfure naturel de zinc.

bléser v. i. (conj. 5) Substituer, en parlant, une consonne faible à une consonne forte, comme *zerbe* pour *gerbe, pizon* pour *pigeon.*

blésois, e ou **blaisois, e** adj. et n. De Blois.

blesser v. t. Donner un coup qui fait plaie, fracture ou contusion. Faire du mal. Affecter désagréablement : *cette musique blesse l'oreille.* Fig. Choquer, offenser : *vos paroles m'ont blessé.*

blessure n. f. Plaie, contusion. *Fig.* Ce qui blesse, afflige.

blet, ette adj. Trop mûr.

blettir v. i. Devenir blet.

bleu, e adj. De la couleur du ciel sans nuages. *Colère bleue,* violente colère. *Fam. En être, en rester bleu,* être stupéfait. N. m. La couleur bleue. Marque sur la chair après un coup. *Fam. Un bleu,* un jeune soldat. Vêtement de travail en toile bleue. *Bleu d'Auvergne,* fromage à moisissures.

bleuâtre adj. Qui tire sur le bleu.

bleuet n. m. Plante à fleurs bleues.

bleuir v. t. Rendre bleu. V. i. Devenir bleu.

bleuté, e adj. Légèrement bleu.

blindage n. m. Action de blinder. Cuirasse d'acier : *blindage de navire, de coffre-fort.*

blindé, e adj. Recouvert d'un blindage. N. m. Véhicule de combat recouvert d'un blindage.

blinder v. t. Garnir de blindages.

blizzard n. m. Vent glacial avec tempête de neige.

bloc n. m. Masse pesante : *bloc de fer.* Coalition : *bloc politique.* Loc. adv. *En bloc,* en gros. *A bloc,* à fond : *serrer à bloc.*

blocage n. m. Débris de moellons, de briques.

blocage n. m. Action de bloquer.

blockhaus [blɔkos] n. m. inv. Fortin muni de blindages, établi pour défendre un point particulier.

bloc-notes n. m. Paquet de feuillets détachables pour prendre des notes.

blocus [blɔkys] n. m. Encerclement.

blond, e adj. D'une couleur intermédiaire entre le doré et le châtain clair. N. Qui est blond. N. m. La couleur blonde.

blondasse adj. et n. D'un blond fade.

blondeur n. f. Qualité de ce qui est blond.

blondin, e adj. et n. Blond.

blondir v. i. Devenir blond.

bloquer v. t. Faire le blocus d'une place, d'une ville. Arrêter, immobiliser. *Maçonn.* Remplir les vides de blocage et de mortier, etc. Arrêter en bloquant les freins : *bloquer un train.* Serrer à fond : *bloquer les freins.* Empêcher la sortie, l'usage : *bloquer les crédits.*

blottir (se) v. pr. Se pelotonner.

blouse n. f. Vêtement de dessus, en toile ou en cotonnade, large et flottant. Corsage léger : *blouse de soie.*

blouser v. t. *Fam.* Tromper, induire en erreur.

blouson n. m. Vêtement de sport, s'arrêtant aux hanches.

blue-jean [bludʒin] n. m. ou **jean** [dʒin] n. m. Pantalon collant en toile.

blues [bluz] n. m. Complainte du folklore noir américain.

bluette n. f. Petit ouvrage littéraire sans prétention.

bluff [blœf] n. m. Parole, action propres à donner le change, à leurrer.

bluffer v. t. Faire du bluff.

bluffeur, euse n. et adj. Qui bluffe.

blutage n. m. Action de bluter.

bluter v. t. Tamiser la farine.

blutoir n. m. Grand tamis.

boa n. m. Serpent d'Amérique, atteignant plusieurs mètres de long. *Fig.* Longue écharpe de plumes que les femmes portaient autour du cou.

bobard n. m. *Fam.* Nouvelle mensongère.

bobèche n. f. Disque de verre ou de métal, adapté à un bougeoir, pour empêcher la bougie de couler.

bobinage n. m. Action de bobiner.

bobine n. f. Cylindre de bois, de métal, etc., sur lequel on enroule du fil, de la soie, etc. *Pop.* Visage : *une drôle de bobine. Electr.* Cylindre creux autour duquel est enroulé un fil métallique isolé, que peut parcourir un courant électrique.

bobiner v. t. Enrouler en bobine.

bobo n. m. Petite douleur, petite blessure (langage enfantin) : *avoir bobo* (= avoir mal).

bocage n. m. Type de paysage où les champs sont clos par des haies.

bocager, ère adj. Relatif au bocage.

bocal n. m. Vase de verre, de faïence, etc., à large ouverture. Pl. des *bocaux.*

boche n. et adj. *Pop.* et *péjor.* Allemand.

bock n. m. Verre à bière contenant environ un quart de litre ; son contenu. (On parle auj. plutôt d'un *demi.*) Récipient muni d'un tube et d'une canule pour injections.

bœuf [bœf, au pl. bø] n. m. Terme collectif désignant les animaux de l'espèce bovine. Mâle adulte de cette espèce que l'on a châtré. Sa chair. *Fig.* Personne vigoureuse.

bogie ou **boggie** [bɔʒi] n. m. Chariot à deux essieux, sur lequel, dans les courbes, pivote le châssis d'un wagon.

bogue n. f. Enveloppe de la châtaigne armée de piquants.

bohème n. Personne qui vit au jour le jour, d'une façon désordonnée. N. f. L'ensemble des bohèmes.

bohémien, enne adj. et n. De la Bohème. N. Nomade, homme ou femme, que l'on croyait originaire de la Bohème. (Syn. GITAN, TSIGANE.)

boire v. t. (conj. 70) Absorber un liquide. *Absol.* S'enivrer. N. m. Ce qu'on boit : *le boire et le manger.*

bois n. m. Substance compacte de l'intérieur des arbres, constituant le tronc, les branches et les racines. Lieu planté d'arbres : *à l'ombre d'un bois.* Objet de bois : *bois sculpté.* Hampe d'un drapeau, bâton d'une lance. Cornes caduques du cerf, du daim, etc.

boisage n. m. Revêtement de bois : *boisage d'un puits.*

boisé, e adj. Garni d'arbres.

boiser v. t. Exécuter un boisage. Garnir d'arbres.

boiserie n. f. Menuiserie recouvrant des murs intérieurs.

boisseau n. m. Anc. mesure de capacité pour les matières sèches (12,5 litres) : *un boisseau de pommes.* Son contenu. Au Canada, mesure de capacité équivalant à 8 gallons. *Fig. Mettre la lumière sous le boisseau,* cacher la vérité (Evangile).

boisson n. f. Ce qu'on boit : *boisson sucrée.* Habitude de boire : *adonné à la boisson. Pris de boisson,* ivre.

boîte n. f. Coffret de bois, de carton ou de métal. Son contenu. Nom de divers récipients : *boîte aux lettres, boîte à graisse. Arg.* Collège, atelier ou magasin.

boiter v. i. Marcher en inclinant le corps d'un côté plus que de l'autre (syn. CLAUDIQUER).

boiterie n. f. Claudication.

boiteux, euse adj. et n. Qui boite.

boîtier n. m. Boîte métallique renfermant le mouvement d'une montre.

bol n. m. Récipient demi-sphérique. Son contenu : *un bol de cidre.*

bol n. m. Grosse pilule. *Bol alimentaire,* masse formée par les aliments, correspondant à une déglutition.

bolchevik ou **bolchevique** adj. et n. S'est dit des membres du parti de Lénine, qui prit le pouvoir en Russie en 1917.

bolchevisme n. m. Syn. anc. de COMMUNISME.

boléro n. m. Danse espagnole ; air sur lequel elle s'exécute. Veste courte sans manches et s'arrêtant à la taille.

bolet n. m. Syn. de CÈPE.

bolide n. m. Personne, véhicule qui va très vite.

bolivien, enne adj. et n. De Bolivie.

bombance n. f. Grande chère, ripaille : *faire bombance.*

bombarde n. f. Machine de guerre qui servait à lancer de grosses pierres.

bombardement n. m. Action de bombarder.

bombarder v. t. Lancer des bombes. Nommer brusquement à un emploi quelqu'un qui n'y semblait ni destiné ni préparé : *on l'a bombardé préfet.*

bombardier n. m. Avion de bombardement. Membre d'équipage de cet avion, chargé de larguer des bombes.

bombe n. f. Projectile plein d'explosif et muni d'un dispositif qui le fait éclater. Tout projectile explosif. Récipient contenant un liquide sous pression (insecticide, etc.), destiné à être vaporisé. *Bombe nucléaire,* bombe dont la puissance explosive utilise l'énergie nucléaire. *Bombe volcanique,* morceau de lave projeté par un volcan, qui se solidifie dans l'air. *Arriver comme une bombe,* à l'improviste. *Bombe glacée,* glace moulée.

bombe n. f. *Pop.* Faire la bombe, mener une vie de plaisirs.

bombé, e adj. Convexe.

bombement n. m. Convexité, renflement : *le bombement d'un couvercle.*

bomber v. t. Renfler, rendre convexe. V. i. Devenir convexe.

bombyx n. m. Genre de papillons dont l'espèce la plus connue a pour chenille le ver à soie.

bon, bonne adj. Qui a de la bienveillance, de l'indulgence, est humain, sensible, charitable : *un bon père.* Qui est habile, expert : *bon ouvrier.* Qui a les qualités convenables : *bon outil.* Ingénieux, spirituel, fin : *bon mot.* Heureux. Avantageux, favorable : *bonne affaire. Fam. Bon !,* exclamation de doute, de surprise, d'incrédulité. *C'est bon,* cela suffit. N. m. Ce qui est bon : *dans cette affaire, il y a du bon et du mauvais.*

bon n. m. Billet qui autorise à toucher de l'argent, des objets, etc.

bonapartiste n. Partisan des Bonaparte.

bonasse adj. D'une bonté, d'une simplicité excessives.

bonbon n. m. Sucrerie que l'on suce.

bonbonne n. f. Grande bouteille à large ventre, souvent protégée par de l'osier.

bonbonnière n. f. Boîte à bonbons. *Fam.* Petit appartement ravissant.

bond n. m. Rejaillissement d'un corps élastique. Saut subit. *Prendre la balle au bond,* profiter de l'occasion. *Faire faux bond,* manquer à un engagement.

bonde n. f. Trou dans qui obture l'ouverture située à la partie basse d'un réservoir, d'un étang, d'un bassin. Trou rond dans un tonneau, permettant de le remplir ; bouchon qui ferme ce trou. Pièce métallique scellée à l'orifice d'écoulement d'un évier ou d'un appareil sanitaire.

bondé, e adj. Rempli autant qu'il est possible : *un train bondé.*

bondir v. i. Faire un ou plusieurs sauts. *Bondir de joie,* tressaillir de joie. *Fig. Faire bondir quelqu'un,* susciter en lui l'indignation, la colère.

bonheur n. m. État de pleine et entière satisfaction. Circonstance favorable qui amène le succès, la réussite d'une entreprise, etc. *Par bonheur,* loc. adv. Par chance.

bonhomie n. f. Bonté du cœur. Simplicité des manières.

bonhomme n. m. *Fam.* Homme. Une personne quelconque. *Un petit bonhomme,* un petit garçon. Figure dessinée grossièrement. Adj. Qui dénote de la bonhomie.

boni n. m. Bénéfice fait en économisant sur la dépense (terme commercial).

bonification n. f. Amélioration. Rabais, remise. Avantage.

bonifier v. t. Rendre meilleur.

boniment n. m. *Fam.* et *péjor.* Propos habiles destinés à convaincre le passant. Propos destiné à tromper.

bonjour n. m. Formule de salutation.

bonne n. f. Domestique. *Bonne à tout faire,* femme chargée de tous les travaux du ménage.

bonnement adv. *Tout bonnement* loc. adv. Tout simplement.

bonnet n. m. Coiffure masculine ou féminine, en général souple et sans rebord : *un bonnet de fourrure. Bonnet de nuit,* celui que l'on mettait naguère pour se coucher ; au *fig.,* personne qui engendre la mélancolie. *Bonnet phrygien,* bonnet porté dans l'Antiquité en Asie et adopté par la Révolution française. *Gros bonnet,* personnage important. *Opiner du bonnet,* se ranger à l'opinion d'autrui. *Avoir la tête près du bonnet,* s'emporter facilement. *Prendre sous son bonnet,* prendre l'initiative d'une responsabilité.

bonneteau n. m. Jeu de hasard (prohibé).

bonneterie n. f. Industrie et commerce des articles d'habillement en tissus à mailles (bas, tricots, etc.). Ces articles eux-mêmes.

bonnetier, ère n. Fabricant, marchand de bonneterie.

bonnette n. f. *Mar.* Petite voile supplémentaire. *Phot.* Lentille adaptable à un objectif.

bonniche n. f. Syn. pop. et péjor. de BONNE.

bonsoir n. m. Formule de salutation.

bonté n. f. Qualité de ce qui est bon. Penchant à être bon. Bienveillance, douceur : *parler avec bonté.* Pl. Actes de bienveillance.

bonus [bɔnys] n. m. Diminution des tarifs offerte par des compagnies d'assurances à certains clients qui ne provoquent pas d'accidents. (Contr. MALUS.)

bonze, bonzesse n. Religieux bouddhiste.

boomerang [bumrãg] n. m. Arme de jet des aborigènes d'Australie, faite d'une lame de bois courbée, capable par ricochet de revenir vers son point de départ.

boqueteau n. m. Petit bois.

borax n. m. Chim. Borate de soude.

borborygme n. m. Bruit produit par les gaz dans l'abdomen.

bord n. m. Extrémité d'une surface. Orifice : bord d'un puits. Rivage, côte. Côté d'un navire. Le navire même : monter à bord. Être du bord de quelqu'un, de son parti.

bordage n. m. Revêtement des membrures du navire.

bordeaux n. m. Vin récolté dans la région de Bordeaux. Adj. inv. Rouge violacé.

bordée n. f. Ensemble des marins affectés à une activité. Ensemble des canons qui étaient situés sur un des côtés du navire. Décharge simultanée de tous ces canons. Fig. : une bordée d'injures. Mar. Portion de route que parcourt un navire sans virer de bord. Tirer une bordée, louvoyer ; au fig., faire une escapade à terre, en parlant des marins.

bordel n. m. Pop. Maison de prostitution. Pop. Grand désordre.

bordelais, e adj. et n. De Bordeaux.

bordelaise n. f. Futaille employée dans le commerce des vins de Bordeaux. Bouteille spéciale pour le vin de Bordeaux.

border v. t. Mettre un bord, un bordage. Entourer ; disposer le long de : border de fleurs. Côtoyer. Border un lit, replier les draps, les couvertures sous le matelas.

bordereau n. m. État récapitulatif d'un compte, d'un document, etc.

bordure n. f. Ce qui borde, sert d'ornement. Pierres bordant le trottoir.

bore n. m. Chim. Corps simple, solide, cristallisable et noirâtre.

boréal, e, aux adj. Du nord. Aurore boréale, v. AURORE.

borgne adj. et n. Qui ne voit que d'un œil. Fig. Malfamé : hôtel borgne.

borique adj. m. Se dit d'un acide oxygéné dérivé du bore.

boriqué, e adj. Qui contient de l'acide borique : eau boriquée.

bornage n. m. Limitation d'une terre par des bornes. Cabotage.

borne n. f. Pierre ou marque destinée à indiquer un repère, à réserver un emplacement, à barrer un passage, etc. Pop. Kilomètre. Ce qui forme la limite d'un pouvoir, d'une époque, etc. (le plus souvent au plur.). Pièce conductrice solidaire d'un appareil électrique et permettant de le relier aux circuits extérieurs.

borné, e adj. De peu d'étendue, limité. Fig. Peu intelligent.

borne-fontaine n. f. Petite fontaine en forme de borne.

borner v. t. Mettre des bornes. Limiter. Fig. Modérer.

bosquet n. m. Petit bois.

bossage n. m. Saillie en pierre sur un mur.

bosse n. f. Déformation anormale du dos ou de la poitrine. Protubérance naturelle chez certains animaux : les bosses du chameau. Enflure : se faire une bosse en tombant. Élévation arrondie sur une surface. Fam. Avoir la bosse des mathématiques, de la musique, etc., être doué pour cette discipline.

bosselage n. m. Travail en relief.

bosseler v. t. (conj. 3) Travailler en bosse la vaisselle en métal, etc. Déformer par des bosses.

bossellement n. m. Action de bosseler. Son résultat.

bosser v. i. Pop. Travailler.

bossette n. f. Ornement en saillie.

bossoir n. m. Appareil de levage situé à l'avant d'un navire et servant à la manœuvre des ancres. Avant d'un navire.

bossu, e n. et adj. Se dit d'une personne qui a une déformation de la colonne vertébrale provoquant une bosse. Fam. Rire comme un bossu, rire aux éclats.

bot, e adj. Se dit d'une difformité du pied, de la main : pied bot.

botanique n. f. Science des végétaux. Adj. Relatif à cette science.

botaniste n. Spécialiste de botanique.

botte n. f. Assemblage de choses de même nature liées ensemble : botte d'oignons. Coup de fleuret ou d'épée. Chaussure qui enferme le pied et la jambe.

botteler v. t. Chausser de bottes (surtout au passif). Fam. Donner un coup de pied. Pop. Convenir : cela me botte.

bottier n. m. Cordonnier qui fait des chaussures sur mesure.

bottillon n. m. Petite botte.

bottine n. f. Chaussure montante.

botulisme n. m. Intoxication grave par des conserves avariées.

boubou n. m. Grand vêtement ample des Noirs d'Afrique.

bouc n. m. Mâle de la chèvre. Fig. Bouc émissaire, celui sur qui on fait retomber les responsabilités.

boucan n. m. Fam. Vacarme.

boucanier n. m. Autref. Pirate.

bouchage n. m. Action de boucher.

bouche n. f. Orifice du visage humain, qui reçoit les aliments et donne passage à la voix. S'applique à certains animaux (cheval, etc.) Ouverture : la bouche d'un four. Faire venir l'eau à la bouche, exciter le désir. Faire la petite bouche, le difficile, le dégoûté. Bouche à feu, pièces d'artillerie. Pl. Embouchure d'un fleuve à bras multiples : les bouches du Nil.

bouché, e adj. Fermé, obstrué. Fig. Sans intelligence. Temps bouché, temps couvert.

bouche-à-bouche n. m. inv. Méthode de respiration artificielle.

bouchée n. f. Quantité d'aliments qui entre dans la bouche en une seule fois. Petit vol-au-vent : bouchée au jambon. Bonbon de chocolat fourré. Fig. Ne faire qu'une bouchée de, vaincre facilement.

boucher v. t. Fermer une ouverture. Barrer, obstruer.

boucher, ère n. Commerçant (e) qui vend au détail la chair des bœufs, des veaux, des moutons ou des chevaux. N. m. Celui qui tue les animaux dans les abattoirs. Homme sanguinaire.

boucherie n. f. Lieu où se vend la viande. Commerce du boucher. *Fig.* Carnage, massacre.

bouche-trou n. m. Qui ne sert qu'à combler une place vide, à figurer.

bouchon n. m. Ce qui sert à boucher. Morceau de liège, de verre ou de plastique préparé pour boucher une bouteille, un flacon. Flotteur d'une ligne de pêche. Embouteillage momentané de la circulation. Poignée de paille.

bouchonner v. t. Frotter, essuyer un cheval avec un bouchon de paille.

boucle n. f. Anneau ou rectangle de métal, muni d'une pointe, d'une agrafe, pour fixer le bout d'une ceinture, etc. Tout ce qui a la forme d'un anneau : *des boucles d'oreilles.* Spirale de cheveux frisés. Grande courbe d'un cours d'eau : *les boucles de la Seine.*

boucler v. t. Serrer avec une boucle. Mettre en boucle. *Fam.* Enfermer, encercler. *Pop. La boucler,* se taire. V. i. Former des boucles : *cheveux qui bouclent.*

bouclette n. f. Petite boucle.

bouclier n. m. Plaque de métal, de cuir, etc., pour se protéger contre les coups de l'ennemi. *Fig.* Défenseur, appui. *Levée de boucliers,* protestation unanime contre un projet, une mesure.

bouddhique adj. Relatif au bouddhisme.

bouddhisme n. m. Religion fondée par le Bouddha.

bouddhiste n. Adepte du bouddhisme.

bouder v. i. Manifester de la mauvaise humeur par son attitude, son silence. V. t. *Bouder quelqu'un,* montrer de la mauvaise humeur contre lui.

bouderie n. f. Action de bouder.

boudeur, euse adj. et n. Qui a l'habitude de bouder.

boudin n. m. Boyau rempli de sang et de graisse de porc assaisonnés. Spirale d'acier : *ressort à boudin.* Moulure demi-cylindrique. Saillie interne de la jante des roues sur rails.

boudiné, e adj. Habillé de vêtements trop étroits. ‖ En forme de boudin, gros.

boudoir n. m. Petit salon de dame.

boue n. f. Terre ou poussière détrempée d'eau. *Fig.* Traîner quelqu'un dans la boue, répandre les calomnies sur son compte.

bouée n. f. Corsp flottant, destiné à signaler un écueil, etc., ou à indiquer un passage. *Bouée de sauvetage,* appareil flottant que l'on jette à une personne tombée à l'eau.

boueux, euse adj. Plein de boue.

bouffarde n. f. *Pop.* Grosse pipe.

bouffée n. f. Souffle rapide et passager : *bouffée de chaleur. Fig.* Accès brusque, fugitif : *bouffée de colère.*

bouffer v. i. Gonfler : *faire bouffer ses cheveux.* V. t. *Pop.* Manger.

bouffi, e adj. Boursouflé, gonflé. *Fig. Bouffi d'orgueil,* que l'orgueil rend ridicule.

bouffir v. t. et i. Enfler, devenir enflé : *visage qui bouffit.*

bouffissure n. f. Enflure.

bouffon, onne adj. Plaisant, facétieux ; qui prête au gros rire. N. m. Personnage de farce. Personnage grotesque que les rois entretenaient auprès d'eux pour les divertir.

bouffonner v. i. Faire le bouffon.

bouffonnerie n. f. Ce qui fait rire par son caractère grotesque.

bouge n. m. Taudis. Mauvais lieu.

bougeoir n. m. Petit support de bougie.

bougeotte n. f. *Avoir la bougeotte,* ne pas tenir en place ; fièvre de déplacement.

bouger v. i. (conj. 1) Se mouvoir. V. t. *Fam.* Déplacer.

bougie n. f. Chandelle de cire, de paraffine, à mèche tressée. *Chir.* Sonde. *Autom.* Organe d'allumage d'un moteur.

bougon, onne n. et adj. Qui bougonne.

bougonner v. i. Prononcer entre ses dents des paroles de protestation.

bougre, esse n. *Fam.* Individu.

bougrement adv. *Fam.* Extrêmement, étrangement.

boui-boui n. m. *Pop.* Restaurant misérable.

bouillabaisse n. f. Mets provençal, composé de poissons cuits dans de l'eau ou du vin blanc avec assaisonnements.

bouilleur n. m. Distillateur d'eau-de-vie. *Bouilleur de cru,* propriétaire qui distille les produits de sa récolte.

bouilli n. m. Viande cuite dans l'eau pour faire du bouillon.

bouillie n. f. Aliment composé de lait et de farine bouillis ensemble. Pâte liquide.

bouillir v. i. (conj. 24) Être en ébullition. Être brûlant. *Fig.* Être excité, enflammé.

bouilloire n. f. Récipient en métal, pour faire bouillir de l'eau.

bouillon n. m. Potage qu'on obtient en faisant bouillir dans l'eau de la viande, des légumes ou des herbes. Bulle à la surface d'un liquide bouillant : *cuire à gros bouillons. Fam. Boire un bouillon,* subir une perte. Pl. Exemplaires invendus de livres ou de journaux. Plis bouffants d'une étoffe.

bouillonnement n. m. État d'un liquide qui bouillonne. *Fig.* Agitation, effervescence.

bouillonner v. i. S'élever en bouillons. *Fig.* Être en effervescence, s'agiter. V. t. Faire des bouillons, des plis à : *bouillonner une jupe.*

bouillotte n. f. Récipient que l'on remplit d'eau bouillante pour se chauffer.

boulanger, ère n. Personne qui fait et vend du pain.

boulanger v. i. (conj. 1) Faire du pain.

boulangerie n. f. Fabrication du pain. Magasin du boulanger.

boule n. f. Corps sphérique. *Pop.* Tête. *Pop. Se mettre en boule,* se mettre en colère. Pl. Jeu de boules.

bouleau n. m. Arbre des pays froids, à écorce blanche.

bouledogue n. m. Race de chiens d'agrément, à nez aplati.

bouler v. i. Rouler comme une boule. *Pop. Envoyer bouler,* repousser.

boulet n. m. Projectile sphérique dont on chargeait les canons. Aggloméré de charbon, de forme ovoïde. Poids qu'on attachait aux pieds de certains condamnés. *Fam.* Personne à charge, obligation pénible.

boulette n. f. Petite boule de pain, de papier, de chair hachée, etc. *Fig.* et *fam.* Bévue.

boulevard n. m. Large voie de circulation urbaine.

bouleversement n. m. Trouble violent, grand désordre.

bouleverser v. t. Mettre en grand désordre. Agiter violemment, ruiner, abattre. *Fig.* Troubler violemment.

boulier n. m. Appareil formé de tringles sur lesquelles sont fixées des boules et qui sert à compter.

boulimie n. f. Faim insatiable.

boulon n. m. Ensemble constitué par une vis et par l'écrou qui s'y adapte.

boulonner v. t. Fixer par des boulons. V. i. *Pop.* Travailler beaucoup.

boulot, otte adj. et n. *Fam.* Gros, gras et rond. N. m. *Pop.* Travail.

boulotter v. t. *Pop.* Manger.

bouquet n. m. Assemblage de fleurs ou d'herbes aromatiques. *Bouquet d'arbres,* très petit bois. *Fig.* Parfum agréable du vin. Pièce qui termine un feu d'artifice. Grosse crevette rose. *Fam. C'est le bouquet,* c'est le comble du désagrément.

bouquetière n. f. Marchande de fleurs.

bouquetin n. m. Chèvre sauvage des Alpes et des Pyrénées.

bouquin n. m. Vieux bouc. Lièvre. *Fam.* Livre.

bouquiner v. i. et t. Chercher des livres d'occasion. Lire un livre.

bouquiniste n. Personne qui fait le commerce des livres d'occasion.

bourbe n. f. Amas de boue.

bourbeux, euse adj. Plein de bourbe.

bourbier n. m. Lieu creux plein de boue. Situation difficile. Infamie.

bourbillon n. m. Pus épais et blanc, au centre d'un furoncle.

bourde n. f. *Fam.* Erreur grossière, bévue.

bourdon n. m. Bâton de pèlerin.

bourdon n. m. Genre d'insectes hyménoptères, à corps gros et velu. Grosse cloche : *sonner le bourdon. Faux bourdon,* mâle des abeilles. *Pop. Avoir le bourdon,* avoir des idées tristes.

bourdonnement n. m. Bruit sourd de certains insectes. Murmure sourd, rumeur. Bruit continuel dans les oreilles.

bourdonner v. i. Faire entendre un bourdonnement. V. t. *Littér.* Chanter ou dire à voix basse.

bourg [bur] n. m. Gros village.

bourgade n. f. Petit bourg.

bourgeois, e* n. Habitant d'une ville. *Vx.* Personne qui appartient à la classe moyenne ou dirigeante. Adj. Propre aux bourgeois : *préjugés bourgeois.* Commun. Conformiste. *Cuisine bourgeoise,* simple et bonne. N. f. *Pop.* Femme, épouse.

bourgeoisie n. f. Qualité de bourgeois. Classe moyenne ou dirigeante.

bourgeon n. m. Bouton des branches des arbres. Nouveau jet de la vigne.

bourgeonnement n. m. Développement des bourgeons.

bourgeonner v. i. Pousser des bourgeons. *Fig.* Avoir des boutons.

bourgeron n. m. Courte blouse. (Vx.).

bourgmestre [burgmɛstr] n. m. Nom donné au maire dans certains pays.

bourguignon, onne adj. et n. De Bourgogne.

bourlinguer v. i. *Pop.* Mener une vie de voyages et d'aventures.

bourrache n. f. Plante à larges fleurs utilisées en médecine.

bourrade n. f. Coup brusque. Tape amicale.

bourrage n. m. Action de bourrer. Matière qui sert à bourrer. *Fig. Bourrage de crâne,* action de persuader par une propagande intensive et mensongère.

bourrasque n. f. Coup de vent violent.

bourre n. f. Amas de poils, déchets de tissus, qui servent à garnir, à boucher des trous, etc. Dans les cartouches de chasse et les dispositifs de mine, tampon servant à caler la charge explosive.

bourreau n. .m. Celui qui met à mort les condamnés à la peine capitale. *Fig.* Homme cruel. *Bourreau de travail,* personne qui travaille beaucoup.

bourrée n. f. Danse d'Auvergne.

bourrelé, e adj. *Bourrelé de remords,* torturé par les remords.

bourrelet n. m. Bande de feutre, de papier, de caoutchouc, etc., qui sert à obturer un joint ou à amortir un choc. *Bourrelet de chair,* renflement adipeux.

bourrelier n. m. Ouvrier, marchand spécialiste dans divers articles de cuir (harnachements, sacs, etc.).

bourrellerie n. f. État et commerce du bourrelier.

bourrer v. t. Garnir de bourre. Faire manger beaucoup. Surcharger. *Bourrer quelqu'un de coups,* le frapper avec violence. V. pr. *Fam.* Manger avec excès.

bourriche n. f. Panier pour envoyer du gibier, des huîtres ; son contenu.

bourricot n. m. Petit âne.

bourrique n. f. Âne, ânesse. *Fam.* Personne stupide, ignorante.

bourru, e adj. et n. Inégal, rude. *Fig.* D'humeur brusque et chagrine.

bourse n. f. Petit sac à argent. *Fig.* L'argent qu'on y met. Pension accordée pour des études : *bourse de licence.* Lieu, édifice où se font les opérations financières sur les valeurs publiques. Marché de ces valeurs. (Avec une majusc.)

boursicoter v. i. Faire de petites opérations à la Bourse.

boursier, ère n. adj. et n. Qui spécule à la Bourse. N. Étudiant(e), élève bénéficiant d'une bourse.

boursouflement n. m. État de ce qui est boursouflé.

boursoufler v. t. Distendre, gonfler.

boursouflure n. f. Enflure.

bousculade n. f. Poussée brusque ou désordonnée.

bousculer v. t. Mettre sens dessous dessous : *bousculer les meubles.* Pousser en tous sens : *être bousculé par la foule. Fig.* et *fam.* Presser.

bouse n. f. Fiente de bœuf, de vache.

bousier n. m. Nom vulgaire de divers insectes coléoptères coprophages.

bousiller v. t. *Fam.* Exécuter avec négligence. *Pop.* Endommager gravement.

bousilleur, euse n. *Fam.* Mauvais ouvrier.

boussole n. f. Cadran dont l'aiguille, aimantée, se tourne toujours vers le nord. *Fam. Perdre la boussole,* la tête.

boustifaille n. f. *Pop.* Aliments, mangeaille.

bout n. m. Extrémité : *bout d'un bâton.* Fin : *voir le bout d'un travail.* Fragment : *bout de papier.* Très petite quantité. *Pousser à bout,* faire perdre patience. *Être à bout,* ne savoir que devenir. *Venir à bout de,* réussir à. *A tout bout de champ,* à tout propos. *Bout à bout,* l'un ajouté à l'autre. *A bout portant,* de tout près. *Au bout du compte,* en définitive.

boutade n. f. Caprice brusque. Mot d'esprit, vif et original.

boute-en-train n. m. inv. Qui met les autres en gaieté.

bouteille n. f. Récipient à goulot étroit, pour les liquides ; son contenu. *C'est la bouteille à l'encre,* c'est très embrouillé, très difficile à comprendre.

bouteur n. m. V. BULLDOZER.

boutique n. f. Lieu d'étalage et de vente au détail.

boutiquier, ère n. Petit marchand.

boutoir n. m. Groin du sanglier. *Coup de boutoir,* choc violent et, au *fig.,* propos brusque et blessant.

bouton n. m. Pousse, bourgeon à fleurs. Papule sur la peau. Petite pièce en corne, en bois, etc., pour attacher les vêtements. Ce qui a la forme d'un bouton : *bouton de fleuret, de porte.*

bouton-d'or n. m. Renoncule jaune.

boutonner v. i. *Bot.* Pousser des boutons. V. t. Fixer avec des boutons.

boutonneux, euse adj. Qui a des boutons sur la peau.

boutonnière n. f. Fente faite à un vêtement pour passer le bouton.

bouts-rimés n. m. pl. Vers faits sur des rimes imposées.

bouturage n. m. Multiplication des végétaux par bouture.

bouture n. f. Fragment d'un végétal, détaché artificiellement ou naturellement, susceptible de s'enraciner.

bouturer v. i. Pousser des drageons. V. t. Reproduire par boutures.

bouvier, ère n. Personne qui conduit et soigne les bœufs.

bouvillon n. m. Jeune bœuf.

bouvreuil n. m. Passereau à ailes noires, à dos gris et ventre rose.

bovin, e adj. De l'espèce du bœuf.

bow-window [bowindo] n. m. Fenêtre en saillie sur une façade.

box n. m. Loge d'écurie, de garage. Pl. des *boxes.*

box-calf n. m. Veau tanné au chrome.

boxe n. f. Art, action de boxer.

boxer v. i. Se battre à coups de poing, d'après les règles de la boxe. V. t. Frapper : *boxer quelqu'un.*

boxer [bɔksɛr] n. m. Chien de garde, voisin du dogue allemand et du bouledogue.

boxeur n. m. Celui qui se livre à la boxe.

boy [bɔj] n. m. Domestique indigène dans les pays tropicaux.

boyau [bwajo] n. m. Intestin d'un animal. Conduit de cuir, de caoutchouc, etc. : *boyau de pompe.* Corde de boyau : *boyaux de raquette.* Tranchée en zigzag, reliant les ouvrages des assiégeants.

boycottage ou **boycott** n. m. Cessation volontaire de toutes relations avec un individu, une entreprise, une nation.

boycotter [bɔjkɔte] v. t. Pratiquer le boycottage, mettre en quarantaine.

brabançon, onne adj. et n. Du Brabant.

bracelet n. m. Ornement de bras.

bracelet-montre n. m. Montre portée au poignet.

brachial, e, aux [brakjal, -o] adj. Relatif au bras.

brachycéphale [brakisefal] adj. et n. Dont le crâne est presque aussi large que long.

braconnage n. m. Action de braconner : *se livrer au braconnage.*

braconner v. i. Chasser (ou pêcher) soit en des temps défendus, soit avec des engins prohibés, soit sans permis, soit en des endroits réservés.

braconnier, ère n. Personne qui braconne.

brader v. t. Vendre à vil prix pour se débarrasser.

braderie n. f. Liquidation de marchandises à bas prix par les commerçants.

braguette n. f. Ouverture sur le devant et en haut d'un pantalon.

brahmane n. m. Membre de la caste sacerdotale, la première des castes hindoues.

brahmanisme n. m. Religion des brahmanes.

brai n. m. Résidu de la distillation de la houille ou du pétrole.

braies n. f. pl. Sorte de pantalon des Gaulois.

braillard, e adj. et n. Qui braille.

braille n. m. Écriture à l'usage des aveugles.

braillement n. m. Action de brailler.

brailler v. t. et i. Crier, chanter mal et fort.

braiment n. m. Cri prolongé de l'âne.

braire v. i. Crier, en parlant de l'âne.

braise n. f. Charbons ardents ; bois réduit en charbons, ardents ou éteints.

braiser v. t. Faire cuire à feu doux, sans évaporation : *bœuf braisé.*

bramer v. i. Crier en parlant du cerf, du daim.

brancard n. m. Civière pour porter des malades, des blessés, etc. Chacune des deux prolonges entre lesquelles on attelle le cheval.

brancarder v. t. Transporter sur un brancard.

brancardier n. m. Homme chargé de transporter les blessés sur un brancard.

branchage n. m. Toutes les branches d'un arbre. Amas de branches.

branche n. f. Ramification des tiges ligneuses d'un arbre ou d'un arbuste. *Par ext.* Division : *branche d'un fleuve.* Fig. Ramification : *branche d'un art.*

branchement n. m. Tuyau secondaire aboutissant au tuyau principal.

brancher v. i. Percher sur des branches d'arbre. V. t. Mettre en communication les deux branches d'une conduite, d'une canalisation, d'un circuit, etc. Mettre en relation avec une installation afin d'assurer le fonctionnement : *brancher un poste de télévision.*

branchette n. f. Petite branche.

branchies n. f. pl. Organes respiratoires des poissons.

branchu, e adj. Qui a beaucoup de branches.

brandade n. f. Préparation de morue à la provençale.

brandebourg n. m. Passementerie, galon à dessins variés.

brandir v. t. Élever avant de frapper : *brandir le sabre.* Agiter en l'air : *brandir une lettre.*

brandon n. m. Flambeau de paille tortillée. Corps enflammé qui s'élève d'un incendie. *Fig. Brandon de discorde,* personne ou chose provoquant la discorde.

branle n. m. Mouvement d'oscillation d'un corps, surtout d'une cloche. *Mettre en branle, donner le branle à,* donner une impulsion à une masse, mettre quelqu'un en mouvement.

branle-bas n. m. inv. Préparatifs de combat à bord d'un vaisseau. *Fig.* Grande agitation.

branler v. i. Manquer d'équilibre, être animé d'un mouvement d'oscillation : *la chaise branle.* Branler dans le manche, être en mauvaise posture. V. t. *Branler la tête,* la faire aller de haut en bas (syn. HOCHER).

braque n. m. Chien de chasse à poils ras. Adj. *Fam.* Écervelé, détraqué.

braquer v. t. Diriger vers, en visant : *braquer une arme. Autom.* Orienter les roues directrices d'une voiture pour virer. *Fig.* Menacer d'une arme à feu. V. i. Tourner : *une voiture qui braque bien.*

bras n. m. Chacun des deux membres supérieurs, de l'épaule au coude. Partie du membre antérieur du cheval, entre le genou et l'épaule. Support latéral d'un siège. Tige qui transmet un mouvement : *bras de levier.* Partie d'un fleuve, d'une mer. Loc. fig. *Couper bras et jambes,* décourager. *Avoir quelqu'un sur les bras,* l'avoir à sa charge. *Avoir le bras long,* avoir de l'influence. *A tour de bras,* avec force. *A bras-le-corps,* par le milieu du corps. *A bras raccourcis,* avec violence.

braser v. t. Souder deux morceaux de métal, grâce à un métal plus fusible.

brasero [brasero ou brazéro] n. m. Bassine remplie de braise, de charbon allumé.

brasier n. m. Feu incandescent. Grand incendie.

brassage n. m. Action de brasser.

brassard n. m. Bande d'étoffe, ruban porté au bras comme insigne.

brasse n. f. Mesure marine d'environ 1,60 m (petite brasse). Nage à plat sur le ventre avec détente des bras et des jambes.

brassée n. f. Ce que peuvent contenir les deux bras. Mouvement simultané des bras du nageur.

brasser v. t. Préparer la bière en opérant le mélange du malt avec l'eau. Agiter longuement des matières pour en activer le mélange. *Brasser des affaires,* en traiter beaucoup.

brasserie n. f. Lieu où l'on brasse la bière. Débit de bière avec restauration rapide.

brasseur, euse n. Qui fait de la bière et la vend en gros. *Brasseur d'affaires,* homme qui est occupé de nombreuses affaires.

brassière n. f. Première chemise à manches du nourrisson.

bravache n. m. Fanfaron, faux brave. Adj. : *air bravache.*

bravade n. f. Action ou parole de défi, forfanterie : *de vaines bravades.*

brave adj. et n. m. Vaillant, courageux. Honnête, bon (placé avant le nom).

braver v. t. Défier, affronter.

bravo! interj. Très bien! N. m. Approbation, applaudissement.

bravoure n. f. Vaillance, intrépidité.

brebis n. f. Femelle du bélier.

brèche n. f. Ouverture faite dans un mur. Brisure au tranchant d'une lame. *Fig.* Tort, dommage. *Être sur la brèche,* lutter, agir. *Battre en brèche,* attaquer vivement.

bréchet n. m. Sternum des oiseaux.

bredouillage ou **bredouillement** n. m. Action de bredouiller.

bredouille adj. Se dit d'un chasseur, d'un pêcheur qui n'a rien pris, de quelqu'un qui a échoué.

bredouiller v. i. et t. Parler de manière peu distincte.

bredouilleur, euse adj. et n. Qui bredouille.

bref, ève adj. Court. Brusque, impératif : *ton bref.* N. f. Syllabe brève. Adv. Enfin, en un mot : *bref, je ne veux pas.*

bref n. m. Lettre pastorale du pape.

brelan n. m. Réunion de trois cartes de même valeur.

breloque n. f. Petit bijou attaché à un bracelet ou à une chaîne de montre.

brème n. f. Poisson d'eau douce.

brésilien, enne adj. et n. Du Brésil.

bressan, e adj. et n. De la Bresse.

bretelle n. f. Courroie pour porter un fardeau, un fusil. Raccordement entre deux grands itinéraires routiers. Pl. Bandes de tissu, élastique ou non, pour tenir le pantalon, etc.

breton, onne adj. et n. De Bretagne.

bretonnant, e adj. Parlant breton.

breuvage n. m. Boisson.

brevet n. m. Diplôme délivré par l'État et conférant certains droits.

breveter v. t. (conj. 4) Munir d'un brevet. Protéger par un brevet : *breveter une invention.*

bréviaire n. m. Livre contenant les prières que les prêtres doivent lire chaque jour.

bribes n. f. pl. Fragments épars : *des bribes de souvenirs.* Petits morceaux.

bric-à-brac n. m. inv. Marchandises diverses d'occasion, vieux objets à vendre.

brick n. m. Petit navire à voiles.

bricolage n. m. Travail que l'on fait chez soi et qui évite un recours à une personne de métier.

bricole n. f. Partie du harnais qui s'attache au poitrail. Chose sans importance.

bricoler v. i. *Fam.* S'occuper chez soi à de petits travaux manuels. V. t. Réparer.

bricoleur, euse n. Personne qui fait du bricolage.

bride n. f. Partie du harnais du cheval qui sert à conduire celui-ci. Boutonnière en points de chaînette. Lien de fer unissant deux pièces. Loc. fig. *Lâcher la bride,* céder. *Tenir la bride haute,* se montrer sévère. *A bride abattue,* très vite.

brider v. t. Mettre la bride à. Ficeler une volaille. *Fig.* Réprimer.

bridge n. m. Jeu de cartes.

bridge n. m. Appareil de prothèse dentaire.

brie n. m. Fromage à pâte molle.

brièvement adv. En très peu de mots.

brièveté n. m. Courte durée. Concision : *brièveté de style.*

brigade n. f. Unité militaire rassemblant plusieurs formations d'importance diverse.

brigadier n. m. Militaire détenteur du grade le moins élevé dans la cavalerie, l'artillerie. Chef d'une brigade de gendarmerie. *Fam.* Général de brigade.

brigand n. m. Homme qui vole et pille à main armée. *Fig.* Vaurien, bandit.

brigandage n. m. Acte de brigand.

brigue n. f. Intrigue. Cabale. Faction. (Vx.)

briguer v. t. *Briguer un honneur,* le rechercher avec ardeur, avec empressement.

brillamment adv. Avec éclat.

brillant, e adj. Qui brille. *Fig.* Somptueux. Illustre. Séduisant : *orateur brillant.* Florissant : *santé brillante.* N. m. Éclat : *le brillant de l'or.* Diamant taillé à facettes.

brillantine n. f. Huile parfumée pour les cheveux.

briller v. i. Avoir de l'éclat, luire. *Fig.* Paraître avec éclat.

brimade n. f. Épreuve imposée aux nouveaux par les anciens élèves. Mesure vexatoire et inutile.

brimborion n. m. Chose sans valeur.

brimer v. t. Faire subir des brimades.

brin n. m. Première pousse d'une graine, première tige flexible, petit bout : *un brin d'herbe.* Partie partie d'une chose longue et mince : *un brin de paille. Fam. Un brin de,* un peu de. *Un beau brin de fille,* une fille grande et bien faite.

brindille n. f. Branche menue.

bringuebaler, brinquebaler ou **brimbaler** v. t. Transporter en balançant, en secouant. V. i. Être animé d'un mouvement de va-et-vient.

brio n. m. Entrain, vivacité.

brioche n. f. Sorte de pâtisserie.

brique n. f. Élément de construction à base d'argile, moulé mécaniquement et cuit au four. Ce qui en a la forme : *une brique de savon. Arg.* Un million (d'anciens francs). Adj. inv. et n. m. Rougeâtre.

briquet n. m. Petit appareil qui sert à donner du feu : *briquet à gaz.*

briqueter v. t. (conj. 4) Garnir de briques. Imiter la brique.

briqueterie n. f. Lieu où se fait la brique.

briquette n. f. Brique faite de tourbe ou de poussière de charbon.

bris [bri] n. m. Fracture d'une porte, d'une glace, etc. : *bris de clôture.*

brisant n. m. Rocher à fleur d'eau.

brise n. f. Petit vent frais et doux.

brisé, e adj. Formé de pièces qui se replient. Formé de droites ou de plans qui se coupent.

brisées n. f. pl. Branches rompues marquant l'endroit où une bête a passé. *Fig. Aller sur les brisées de quelqu'un,* entrer en concurrence avec lui.

brise-glace n. m. inv. Navire construit pour briser la glace qui obstrue un chenal, un port, etc.

brise-jet n. m. inv. Petit tuyau adapté à un robinet pour atténuer la violence du jet.

brise-lames n. m. inv. Digue, en avant d'un port, pour le protéger de la mer par mauvais temps.

briser v. t. Rompre, mettre en pièces. *Fig.* Fatiguer : *brisé de fatigue.* Détruire, supprimer : *briser une résistance.* V. i. Heurter contre un obstacle (vagues). Rompre avec quelqu'un.

brise-tout n. inv. *Fam.* Qui brise tout par maladresse.

briseur, euse n. Personne qui brise, entrave : *briseur de grève.*

bristol n. m. Carton fin. Carte de visite.

brisure n. f. Fente, fêlure dans un objet brisé. Endroit où un objet formé de deux parties est articulé : *la brisure d'un volet.*

britannique adj. et n. De Grande-Bretagne.

broc [bro] n. m. Grand récipient à anse et à bec.

brocante n. f. Commerce, industrie du brocanteur.

brocanter v. i. et t. Acheter, vendre, échanger des objets d'occasion.

brocanteur, euse n. Qui brocante.

brocard n. m. Chevreuil mâle. Raillerie offensante.

brocart n. m. Étoffe brochée.

brocatelle n. f. Étoffe imitant le brocart. Marbre de plusieurs couleurs.

brochage n. m. Action de brocher.

broche n. f. Tige de fer pour faire rôtir la viande. Tige recevant les bobines des métiers à tisser. Tige d'une serrure, pénétrant dans le trou d'une clef. Bijou de femme, muni d'une épingle.

brocher v. t. Passer de l'or, de la soie, etc., dans une étoffe. Coudre les cahiers d'un livre.

brochet n. m. Poisson d'eau douce.

brochette n. f. Petite broche pour enfiler et faire cuire des petits oiseaux, etc.

brocheur, euse n. Qui broche.

brochure n. f. Action de brocher. Ouvrage broché, peu volumineux.

brodequin n. m. Grosse chaussure très solide, qui monte au-dessus de la cheville.

broder v. t. Faire des dessins en relief sur une étoffe. *Fig.* Embellir.

broderie n. f. Ouvrage du brodeur. *Fig.* Amplification, détails ajoutés.

brodeur, euse n. et adj. Qui brode.

brome n. m. *Chim.* Corps simple, liquide, rouge foncé, bouillant vers 60° C.

bromure n. m. Combinaison du brome avec un corps simple.

bronche n. f. Chacun des deux conduits par lesquels l'air s'introduit dans les poumons.

broncher v. i. Faire un faux pas en parlant d'un cheval. *Fig.* Hésiter, se tromper.

bronchiole n. f. Ramification terminale des bronches.

bronchite n. f. Inflammation des bronches.

broncho-pneumonie [brɔko-] n. f. Inflammation des bronches et du poumon.

bronzage n. m. Action de bronzer. Hâle.

bronze n. m. Alliage de cuivre et d'étain. Statue, médaille de bronze. *Age du bronze,* période de diffusion du bronze, succédant à l'âge du cuivre.

bronzé, e adj. Qui a la couleur du bronze. Basané : *teint bronzé.*

bronzer v. t. Donner l'aspect ou la couleur du bronze. Brunir la peau : *le soleil bronze la peau.*

brosse n. f. Ustensile de nettoyage à filaments souples fixés sur une monture : *brosse à habits, à dents.* Sorte de pinceau pour étaler les couleurs.

brosser v. t. Nettoyer avec une brosse. V. pr. *Fam.* Se passer de quelque chose sur quoi l'on comptait.

brosserie n. f. Fabrique, commerce de brosses.

brou n. m. Enveloppe verte des fruits à écale. *Brou de noix,* couleur brune tirée de l'enveloppe des noix.

brouette n. f. Petit tombereau à une roue et à deux brancards.

brouettée n. f. Contenu d'une brouette.

brouetter v. t. Transporter avec une brouette : *brouetter du sable.*

brouhaha n. m. *Fam.* Bruit de voix confus et tumultueux.

brouillage n. m. Action de troubler une émission radiophonique.

brouillamini n. m. *Fig.* Confusion.

brouillard n. m. Amas de gouttelettes d'eau en suspension dans l'air et formant un nuage près du sol, limitant la visibilité.

brouillard n. m. Livre de commerce sur lequel on inscrit les opérations à mesure qu'elles se font.

brouillasser v. i. *Fam.* Se transformer en pluie fine, en parlant du brouillard.

brouille n. f. Désaccord dont les causes sont peu importantes. Mésentente.

brouiller v. t. Mêler, troubler, agiter. Troubler une émission radiophonique. *Fig.* Embrouiller, mettre de la désunion : *brouiller des amis.* V. pr. Se couvrir de nuages (temps, ciel).

brouillerie n. f. Syn. de BROUILLE.

brouillon, onne adj. et n. Qui met le désordre dans les affaires; qui manque de clarté dans les idées. N. m. Première forme d'un écrit.

broussaille n. f. Épines, ronces entremêlées. *Cheveux, barbe en broussaille,* en désordre, mal peignés.

broussailleux, euse adj. Couvert de broussailles.

brousse n. f. Étendue couverte de buissons et de petits arbres, qui est la végétation habituelle des régions tropicales sèches.

brouter v. t. Paître l'herbe, les jeunes pousses : *chèvre qui broute.*

broutille n. f. Objet sans importance.

broyage n. m. Action de broyer.

broyer [brwaje] v. t. (conj. 2) Écraser, réduire en poudre : *broyer du sucre. Broyer du noir,* avoir des idées sombres.

broyeur, euse n. et adj. Qui broie.

brrr ! interj. qui marque une sensation de froid, etc.

bru n. f. Femme du fils, belle-fille.

brugnon n. m. Pêche à peau lisse.

bruine n. f. Pluie fine et froide.

bruiner v. impers. Tomber, en parlant de la bruine.

bruire v. i. et défect. Émettre des rumeurs confuses. (Ne s'emploie que dans : *bruit, bruissent, bruissait, bruissaient, bruissant.*)

bruissement n. m. Bruit faible et confus : *le bruissement des feuilles.*

bruit n. m. Mélange confus de sons. *Fig.* Nouvelle : *un bruit qui court.* Éclat : *nouvelle qui fait grand bruit.*

bruitage n. m. Reconstitution artificielle, au théâtre, etc., des bruits qui accompagnent l'action.

bruiter v. i. Produire le bruitage.

bruiteur n. m. Spécialiste du bruitage.

brûlage n. m. Action de brûler.

brûlé n. m. Odeur répandue par une chose brûlée : *sentir le brûlé.*

brûle-gueule n. m. inv. *Pop.* Pipe à tuyau très court.

brûle-parfum n. m. inv. Vase dans lequel on fait brûler des parfums.

brûle-pourpoint (à) loc. adv. Sans transition ni ménagement.

brûler v. t. Consumer par le feu. Causer une douleur vive par le contact du feu, d'un objet très chaud. Dessécher : *brûlé par le soleil.* Employer comme combustible et pour l'éclairage : *brûler du pétrole. Fig. Brûler une étape,* passer outre, sans s'y arrêter. V.i. Être consumé, être très chaud : *brûler de fièvre. Fig.* Être enflammé d'un violent désir : *brûler d'amour.*

brûleur, euse n. Incendiaire. N. m. Appareil où se produit la combustion du gaz, de l'alcool, du mazout.

brûloir n. m. Ustensile pour torréfier le café.

brûlot n. m. Petit navire rempli de matières inflammables et employé aux XVIIe et XVIIIe s. pour incendier les vaisseaux ennemis. Journal se livrant à de vives polémiques.

brûlure n. f. Lésion produite par le feu, etc. : *panser une brûlure.*

brumaire n. m. Deuxième mois du calendrier républicain (23 octobre-21 novembre).

brume n. f. Brouillard léger.

brumeux, euse adj. Couvert de brume : *paysage brumeux.*

brun, e adj. et n. D'une couleur tirant sur le noir. Qui a les cheveux bruns. N. m. Couleur brune.

brunâtre adj. Tirant sur le brun.

brunette n. f. Jeune femme brune.

brunir v. t. Rendre brun. Polir un métal. V. i. Devenir brun.

brunissage n. m. Action de brunir.

brunisseur, euse n. Qui brunit.

brusque* adj. Prompt, subit. Vif. Rude, incivil : *parler d'un ton brusque.*

brusquer v. t. Traiter avec rudesse, sans ménagement. Hâter, précipiter : *brusquer une affaire.*

brusquerie n. f. Action ou paroles brusques.

brut, e [bryt] adj. Non façonné : *produit brut.* Non raffiné : *sucre brut.* Sans éducation, sans culture. Champagne *brut,* champagne très sec. *Poids brut,* emballage non défalqué. N. m. Pétrole non raffiné. Adv. Sans défalcation : *cela pèse brut 2 tonnes.*

brutal, e, aux adj. et n. Qui se comporte d'une manière grossière et violente : *un homme brutal.* Direct, sans ménagement : *une franchise brutale.*

brutaliser v. t. Traiter de façon brutale.

brutalité n. f. Caractère de ce qui est brutal. Action ou parole brutale.

brute n. f. Homme qui se laisse aller à ses instincts cruels et grossiers, sans être retenu ni par la raison ni par le sentiment.

bruyamment adv. Avec grand bruit.

bruyant, e adj. Qui fait du bruit.

bruyère n. f. Plante à petites fleurs violettes ou roses, qui pousse sur les sols siliceux.

buanderie n. f. Lieu où se fait la lessive.

bubon n. m. Ganglion enflammé.

bubonique adj. Qui tient du bubon, qui présente des bubons : *peste bubonique.*

buccal, e, aux adj. De la bouche.

bûche n. f. Morceau de bois de chauffage. *Fig.* Personne stupide.

bûcher n. m. Lieu où l'on serre le bois à brûler. Amas de bois sur lequel on brûlait les personnes condamnées au supplice du feu.

bûcher v. t. et i. *Fam.* Travailler, étudier sans relâche.

bûcheron, onne n. Personne qui est employée à l'abattage du bois en forêt.

bûchette n. f. Menu morceau de bois.

bûcheur, euse n. *Fam.* Travailleur.

bucolique adj. Relatif à la vie des bergers ou à la poésie pastorale. N. f. Poésie pastorale.

budget n. m. État de prévision des recettes et des dépenses d'un État, d'un département, etc. *Par ext.* Recettes ou dépenses d'un particulier.

budgétaire adj. Du budget.

buée n. f. Dépôt de fines gouttelettes qui se forme sur une surface par condensation.

buffet n. m. Armoire pour renfermer la vaisselle, etc. Table où sont dressés des mets, des vins, etc. Restaurant de gare. Menuiserie de l'orgue.

buffle n. m. Mammifère ruminant, très voisin du bœuf.

bugle n. m. Nom collectif des instruments à vent en cuivre de la famille des *saxhorns.*

buis n. m. Arbuste toujours vert, à bois dur. Outil de cordonnier.

buisson n. m. Touffe d'arbrisseaux sauvages et rameux. Petit taillis d'arbres. Plat disposé en pyramide : *servir un buisson d'écrevisses.*

buissonneux, euse adj. Couvert de buissons : *terrains buissonneux.*

buissonnière adj. f. *Faire l'école buissonnière*, se promener au lieu d'aller en classe.

bulbe n. m. Oignon de plante. *Anat.* Partie renflée, globuleuse. *Bulbe rachidien*, partie supérieure de la moelle épinière.

bulbeux, euse adj. *Bot.* Formé d'un bulbe. *Anat.* Pourvu d'un bulbe.

bulgare adj. et n. De la Bulgarie.

bulldozer [buldozœur] ou **bouteur** n. m. Engin à chenilles pour aplanir le sol.

bulle n. f. Globule d'air à la surface d'un liquide. Petite ampoule sur la peau. Décret du pape scellé de plomb. Dans une bande dessinée, élément graphique qui sort de la bouche d'un personnage et qui indique ses paroles. N. et adj. m. *Papier bulle*, papier jaunâtre pour les paquets, etc.

bulletin n. m. Billet de vote. Publication officielle : *bulletin des lois.* Rapport succinct sur : *bulletin scolaire.* Reçu : *bulletin de bagages.*

bungalow [bœ̃galo] n. m. Petite maison de campagne, de construction légère.

buraliste n. Personne préposée à un bureau de paiement, de recette, etc. Tenancier d'un bureau de tabac. Adj. : *recette buraliste.*

bure n. f. Étoffe faite de grosse laine brune.

bureau n. m. Table, munie ou non de tiroirs, pour écrire. Endroit où s'expédient les affaires : *bureau d'avocat.* Organisme dirigeant d'une assemblée. Établissement public : *bureau de poste.*

bureaucrate n. Personne employée dans les bureaux d'une administration.

bureaucratie n. f. Pouvoir, influence abusive des bureaux.

bureaucratique adj. Relatif à la bureaucratie : *esprit bureaucratique.*

burette n. f. Petit vase à goulot. Boîte de métal munie d'un tube effilé, pour graisser.

burin n. m. Ciseau à métaux. Instrument d'acier pour graver. Gravure exécutée avec cet outil.

buriner v. t. Travailler au burin, graver. Marquer de rides profondes : *les soucis ont buriné son visage.*

burlesque adj. D'un comique extravagant : *poésie, situation burlesque.* N. m. Le genre burlesque.

burnous n. m. Grand manteau des Arabes, en laine et à capuchon.

bus n. m. *Fam.* Syn. de AUTOBUS.

buse n. f. Genre d'oiseaux rapaces, voisins des faucons. *Fig.* Ignorant et sot : *c'est une buse.*

buse n. f. Canal qui amène l'eau d'un bief sur la roue du moulin. Tuyau : *buse d'aération, d'échappement.*

busqué, e adj. D'une courbure convexe : *Condé avait le nez busqué.*

buste n. m. Partie supérieure du corps humain. Portrait de buste.

but [byt ou by] n. m. Point visé : *toucher le but.* Terme qu'on s'efforce d'atteindre : *dépasser son but.* Fin qu'on se propose. Endroit où l'on cherche à lancer le ballon : *envoyer la balle dans le but.* Point gagné : *marquer un but.* De but en blanc loc. adv. Brusquement.

butane n. m. Gaz combustible qu'on vend liquéfié en bouteilles métalliques.

butée n. f. Massif de pierres aux deux extrémités d'un pont.

buter v. i. Venir s'appuyer contre quelque chose. Se heurter le pied contre un obstacle. V. pr. S'obstiner.

butin n. m. Ce qu'on enlève à l'ennemi. Ce que l'on amasse, ce que l'on prend pour son profit.

butiner v. i. Recueillir le suc des fleurs, en parlant des abeilles.

butoir n. m. Obstacle artificiel placé à l'extrémité d'une voie ferrée. (Syn. HEURTOIR.)

butor n. m. Genre d'oiseaux échassiers, à voix retentissante. *Fig.* Personne grossière.

butte n. f. Petite colline, tertre : *butte de tir.* *Fig.* Être en butte à, être exposé à (des plaisanteries, etc.).

butter v. t. Entourer de terre exhaussée (pommes de terre, etc.).

buvard adj. m. *Papier buvard,* papier non collé, propre à absorber l'encre fraîche. N. m. Cahier, sous-main contenant du papier buvard.

buvetier, ère n. Personne qui tient une buvette.

buvette n. f. Petit débit de boissons dans un théâtre, une gare, etc.

buveur, euse n. Qui boit. Qui aime boire du vin, etc.

byzantin, e adj. et n. De Byzance. *Discussions byzantines,* discussions oiseuses.

C

c n. m. Troisième lettre de l'alphabet et la deuxième des consonnes. C, chiffre romain, vaut 100.

ça pr. dém. *Fam.* Contraction de *cela.*

çà. *Çà et là* loc. adv. De côté et d'autre.

çà ! interj. Marque l'encouragement, l'exhortation. *Ah ! çà* loc. interj. Marque la surprise.

cabale n. f. Chez les juifs, interprétation mystique de la Bible. Science occulte qui prétend faire communiquer avec les esprits. Menées secrètes, intrigue.

cabaliste n. Savant versé dans la cabale juive.

cabalistique adj. Relatif à la cabale ou à la magie. Mystérieux : *signes cabalistiques.*

caban n. m. Manteau court de marin.

cabane n. f. Hutte, baraque, bicoque. Petite loge pour les animaux.

cabanon n. m. Petite cabane. Cellule pour certains déments.

cabaret n. m. Établissement où l'on présente un spectacle et où l'on sert des consommations. *Autref.* Petit débit de boissons, café.

cabaretier, ère n. Personne qui tenait un cabaret.

cabas n. m. Panier plat en paille, ou sac en étoffe sans fermeture.

cabestan n. m. Treuil à axe vertical, utilisé dans les manœuvres exigeant de gros efforts.

cabillaud ou **cabillau** n. m. Nom usuel de l'églefin, appliqué souvent aussi à la morue fraîche.

cabine n. f. Petite chambre à bord d'un navire. Local réservé dans un avion au pilote, dans un vaisseau spatial aux astronautes, etc. Petit local réservé à divers usages : *cabine de bain. Cabine téléphonique,* affectée à l'usage du téléphone.

cabinet n. m. Petite chambre. Bureau : *cabinet de travail.* Étude de notaire, bureau d'avocat, d'homme d'affaires. *Cabinet dentaire,* locaux et installations où un dentiste soigne sa clientèle. Ensemble des ministres d'un État : *conseil de cabinet.* Collection scientifique. Pl. Toilettes, W.-C.

câble n. m. Gros cordage. Faisceau de fils métalliques sous enveloppes isolantes : *câble sous-marin.* Télégramme envoyé par câble.

câbler v. t. Tordre plusieurs cordes ensemble pour en faire un câble. Envoyer un message par câble.

câblogramme n. m. Télégramme transmis par câble sous-marin.

cabochard, e adj. et n. Entêté.

caboche n. f. *Fam.* et *péjor.* Tête (dure, résistante). Clou à tête large et ronde.

cabochon n. m. Pierre fine ou de fantaisie qui a été polie et ne comporte pas de facettes.

cabosser v. t. Déformer par des bosses.

cabot n. m. *Fam.* et *péjor.* Chien. Syn. de CABOTIN.

cabotage n. m. Navigation marchande côtière.

caboteur adj. et n. m. Bâtiment effectuant une navigation de cabotage.

cabotin, e n. et adj. *Fam.* Mauvais acteur. Personne qui cherche à se faire remarquer.

cabotinage n. m. Attitude pleine de suffisance, goût de l'ostentation.

caboulot n. m. *Pop.* Café borgne.

cabrer (se) v. pr. Se dresser sur les pattes de derrière, en parlant des chevaux. *Fig.* Se révolter.

cabri n. m. Chevreau.

cabriole n. f. Saut agile que l'on fait en se retournant sur soi-même.

cabrioler v. i. Faire des cabrioles.

cabriolet n. m. Voiture à cheval, à deux roues, munie d'une capote. Automobile décapotable.

caca n. m. Dans le langage enfantin, excrément.

cacahouète ou **cacahuète** n. f. Fruit de l'arachide.

cacao n. m. Graine de cacaoyer, d'où l'on extrait des matières grasses (*beurre de cacao*) et la poudre de cacao, qui sert à faire le chocolat.

cacaoyer n. m. Arbre d'origine américaine.

cachalot n. m. Grand mammifère cétacé des mers chaudes.

cache n. f. Lieu secret pour cacher. N. m. Papier noir découpé pour limiter l'impression de certaines parties d'un cliché photographique.

cache-cache n. m. Jeu d'enfants.

cachemire n. m. Tissu fin en poil de chèvre du Cachemire.

cache-nez n. m. inv. Longue écharpe de laine protégeant du froid le cou et le bas du visage.

cache-pot n. m. inv. Enveloppe qui sert à dissimuler un pot de fleurs en terre cuite.

cacher v. t. Mettre dans un lieu secret. Couvrir, voiler. *Fig.* Dissimuler.

cachet n. m. Petit sceau gravé; son empreinte : *un cachet de cire.* Enveloppe de pain azyme contenant une poudre médicamenteuse. *Fig.* Marque caractéristique : *un cachet d'élégance.*

cacheter v. t. (conj. 4) Fermer une enveloppe en la collant.

cachette n. f. Petite cache. *En cachette*, loc. adv. À la dérobée.

cachot n. m. Cellule étroite, obscure. Prison en général.

cachotterie n. f. *Fam.* Mystère sur des choses de peu d'importance.

cachottier, ère adj. et n. Qui se plaît aux cachotteries.

cachou n. m. Substance extraite d'un acacia de l'Inde et vendue en pastilles aromatiques.

cacophonie n. f. Mélange de sons discordants.

cacophonique adj. Discordant.

cactus n. m. Genre de plantes grasses et épineuses.

c.-à-d. Abrév. pour *c'est-à-dire.*

cadastral, e, aux adj. Relatif au cadastre.

cadastre n. m. Registre public qui porte le relevé détaillé des propriétés foncières d'une commune.

cadavéreux, euse adj. Qui rappelle un cadavre : *aspect cadavéreux.*

cadavérique adj. Qui est propre au cadavre : *rigidité cadavérique.*

cadavre n. m. Corps d'un homme ou d'un animal mort.

cadeau n. m. Présent, don.

cadenas n. m. Petite serrure mobile.

cadenasser v. t. Fermer avec un cadenas.

cadence n. f. Répétition de sons ou de mouvements qui se succèdent de façon régulière ou mesurée. Rythme du travail d'un ouvrier.

cadencé, e adj. Soumis à une cadence : *pas cadencé.*

cadencer v. t. (conj. 1) Donner de l'harmonie et du rythme à.

cadet, ette adj. et n. Puîné, ou plus particul., enfant le second. N. m. Le plus jeune.

cadmium [kadmjɔm] n. m. Métal mou, blanc bleuâtre, utilisé pour certains alliages.

cadrage n. m. Visée destinée à mettre le sujet correctement en place sur la photo ou le film.

cadran n. m. Surface portant les chiffres des heures, etc., et sur laquelle courent des aiguilles : *cadran d'une horloge.*

cadre n. m. Bordure de bois, de bronze, etc., qui entoure une glace, un tableau, etc. Châssis en général. *Fig.* Ce qui borne l'action : *sortir du cadre tracé.* Pl. Ensemble des gradés d'une troupe militaire. Ensemble des chefs de service.

cadrer v. i. Avoir du rapport, concorder : *ceci cadre avec mon plan.* V. t. Effectuer le cadrage (de l'image photographique) : *bien cadrer le sujet principal.*

cadreur n. m. V. CAMERAMAN.

caduc, uque adj. Vieux, cassé, faible. Sujet à tomber : *feuillage caduc. Fig.* Périmé : *legs caduc.*

caducée n. m. Baguette surmontée de deux ailes et entourée de deux serpents, attribut de Mercure. Faisceau de baguettes autour duquel s'enroule le serpent d'Épidaure, attribut du corps médical.

caducité n. f. État de ce qui est caduc.

cæcum [sekɔm] n. m. Partie du gros intestin faisant suite à l'intestin grêle.

cafard, e n. adj. et n. *Fam.* Dénonciateur.

cafard n. m. Nom vulgaire de la blatte. *Fam.* Idées noires.

cafarder v. i. et t. *Fam.* Dénoncer hypocritement.

café n. m. Fruit du caféier. Infusion faite avec ce fruit torréfié. Lieu public où l'on prend du café, des boissons diverses.

café-concert n. m. Music-hall où le public buvait, fumait, en écoutant des chansons, des saynètes.

caféier n. m. Arbuste qui produit le café.

caféine n. f. Alcaloïde extrait du café.

cafetan n. m. Robe des Orientaux.

cafetier n. m. Celui qui tient un café.

cafetière n. f. Appareil ménager qui sert à faire ou à verser le café.

cafouiller v. i. *Pop.* Agir, fonctionner de façon désordonnée : *moteur qui cafouille.*

cage n. f. Loge grillée pour enfermer des oiseaux, des animaux, etc. Espace recevant un escalier, un ascenseur. *Cage d'extraction*, charpente du puits d'une mine où circulent les bennes, pour remonter le charbon.

cageot n. m. Emballage léger, fait de lattes de bois, pour transporter volaille, fruits, etc.

cagneux, euse n et adj. Qui a les jambes déformées (genoux rapprochés, pieds écartés).

cagnotte n. f. Boîte contenant une somme d'argent accumulée par les joueurs, les membres d'une association ; cette somme elle-même.

cagoule n. f. Manteau de moine, sans manches et surmonté d'un capuchon. Capuchon recouvrant le visage et percé à l'endroit des yeux.

cahier n. m. Assemblage de feuilles de papier. *Cahier des charges*, conditions imposées à un adjudicataire.

cahin-caha loc. adv. *Fam.* Tant bien que mal : *l'affaire va cahin-caha.*

cahot n. m. Secousse causée à un véhicule par l'inégalité du sol.

cahotement n. m. Action de cahoter.

cahoter v. i. Éprouver des cahots. V. t. Secouer. *Fam.* Ballotter.

cahoteux, euse adj. Qui provoque des cahots : *chemin cahoteux.*

cahute n. f. Petite hutte.

caïd [kaïd] n. m. En Afrique du Nord, notable. *Fam.* Homme énergique. Chef de bande.

caillasse n. f. *Fam.* Cailloux, pierres.

caille n. f. Genre de gallinacés, voisin des perdrix : *grasse comme une caille.*

caillé n. m. Lait caillé.

caillebotis n. m. Treillis de lattes placé sur le sol.

cailler v. t. Figer, coaguler.

caillette n. f. Dernière poche de l'estomac des ruminants.

caillot n. m. Petite masse de liquide coagulé. (Se dit surtout du sang.)

caillou n. m. Petite pierre.

caillouteux, euse adj. Rempli de cailloux.

cailloutis n. m. Amas de cailloux.

caïman [kaïmã] n. m. Espèce de crocodile d'Amérique.

caisse n. f. Coffre de bois, à usages divers. Meuble où un commerçant range sa recette ; la recette elle-même. Comptoir d'un magasin où sont payés les achats ; guichet d'une administration où se font les paiements. Corps d'une voiture. Établissement qui reçoit des fonds pour les administrer : *caisse d'épargne*. Instrument à percussion formé de peaux tendues sur un cylindre creux. *Grosse caisse*, sorte de gros tambour.

caissette n. f. Petite caisse.

caissier, ère n. Personne qui tient la caisse d'un établissement.

caisson n. m. Chariot pour transporter les munitions. (Vx.) Grande caisse pour établir des fondations sous l'eau. Compartiment de plafond.

cajoler v. t. Flatter, caresser.

cajolerie n. f. Action de cajoler. Pl. Paroles et manières caressantes, flatteuses.

cajoleur, euse adj. et n. Qui cajole.

cake [kek] n. m. Gâteau à base de farine, de beurre et d'œufs, auquel on incorpore des raisins de Corinthe et des fruits confits.

cal n. m. Durillon. Cicatrice d'un os fracturé. Pl. des *cals*.

calage n. m. Action de caler, d'étayer.

calamine n. f. Silicate naturel de zinc. *Autom.* Dépôt charbonneux dans les cylindres d'un moteur à explosion.

calamité n. f. Grand malheur public.

calamiteux, euse adj. Qui a le caractère d'une calamité.

calandre n. f. Machine pour lisser et lustrer les étoffes, glacer les papiers.

calanque n. f. Petite crique en Méditerranée.

calcaire adj. Qui contient de la chaux. N. m. Roche calcaire.

calcédoine [kalsedwan] n. f. Silice translucide cristallisée, très utilisée en joaillerie dans l'Antiquité.

calcification n. f. Apport et fixation des sels de calcium dans les tissus organiques.

calciner v. t. Brûler en ne laissant subsister que des résidus calcaires. *Fam.* Syn. de CARBONISER.

calcium [kalsjɔm] n. m. Métal qui joue un rôle important dans l'organisme humain.

calcul n. m. Opération que l'on fait pour trouver le résultat de la combinaison de plusieurs nombres. Art de résoudre les problèmes de l'arithmétique. *Fig.* Mesures, combinaisons, projets. *Méd.* Concrétion pierreuse : *calculs biliaires*.

calculateur, trice adj. et n. Qui sait calculer (au pr. et au *fig.*). N. m. Machine utilisée en informatique. N. f. Machine qui effectue des opérations arithmétiques.

calculer v. t. Faire une opération de calcul. *Fig.* Régler, combiner : *calculer son coup*.

cale n. f. Objet qu'on place sous un autre pour le mettre d'aplomb.

cale n. f. Partie la plus basse dans l'intérieur d'un navire. Chantier ou bassin (*cale sèche*) où l'on construit ou répare un navire.

calé, e adj. *Fam.* Instruit, fort : *calé en histoire*. *Pop.* Difficile, compliqué.

calebasse n. f. Courge qui, vidée et séchée, peut servir de récipient.

calèche n. f. Voiture à cheval, découverte, à quatre roues, munie à l'arrière d'une capote à soufflet.

caleçon n. m. Sous-vêtement masculin en forme de culotte, à jambes courtes, parfois longues.

calembour n. m. Jeu de mots fondé sur une similitude de sons.

calembredaine n. f. Vain propos.

calendrier n. m. Tableau des jours, des mois, des saisons, des fêtes de l'année.

calepin n. m. Carnet pour notes.

caler v. t. Assujettir avec des cales.

caler v. t. *Caler la voile*, la baisser.

caler v. i. Céder, reculer. S'arrêter brusquement (moteur).

calfat n. m. Celui qui calfate.

calfatage n. m. Action de calfater.

calfater v. t. Garnir d'étoupe, de poix, les fentes de la coque d'un bateau.

calfeutrage ou **calfeutrement** n. m. Action de calfeutrer.

calfeutrer v. t. Boucher les fentes d'une porte, etc. V. pr. Se tenir enfermé chez soi.

calibrage n. m. Action de calibrer.

calibre n. m. Diamètre d'un cylindre creux. Modèle servant à vérifier le diamètre des armes à feu, des projectiles. Pièce servant de mesure, d'étalon. *Fam. Être du même calibre*, se valoir.

calibrer v. t. Mesurer le calibre d'une arme à feu.

calice n. m. Enveloppe extérieure des fleurs. Coupe, vase à boire, chez les Anciens. Vase sacré, dans lequel on verse le vin à la messe.

calicot n. m. Toile de coton.

calife n. m. Titre que prirent les successeurs de Mahomet.

califourchon (à) loc. adv. Jambe d'un côté, jambe de l'autre : *s'asseoir à califourchon sur une chaise* (syn. À CHEVAL).

câlin, e adj. et n. Doux et caressant.

câliner v. t. Caresser doucement.

câlinerie n. f. Action de câliner ; manières câlines.

calisson n. m. Petit gâteau d'amandes pilées.

calleux, euse adj. Qui présente des callosités.

calligraphie n. f. Belle écriture.

calligraphier v. t. et i. Écrire avec soin et élégance.

callosité n. f. Épaississement et durcissement de l'épiderme.

calmant, e adj. et n. m. Qui calme la douleur : *prendre un calmant*.

calmar n. m. Mollusque marin voisin de la seiche.

calme* adj. Tranquille. N. m. Absence d'agitation. Tranquillité.

calmer v. t. Apaiser, atténuer.

calomniateur, trice n. et adj. Qui calomnie : *n'écoutez pas les calomniateurs*.

calomnie n. f. Accusation mensongère.

calomnier v. t. Attaquer en usant de calomnies. Dénigrer faussement.

calomnieux, euse adj. Qui contient des calomnies : *lettre calomnieuse*.

calorie n. f. Unité de quantité de chaleur.

calorifère n. m. Appareil destiné à chauffer une maison, un édifice, etc.

calorifique adj. Qui donne de la chaleur.

calorifuge n. m. et adj. Substance qui empêche la déperdition de chaleur : *l'amiante est un calorifuge*.

calorifuger v. t. Recouvrir d'un calorifuge.

calorimètre n. m. Instrument pour mesurer les quantités de chaleur.

calorimétrie n. f. Mesure de la chaleur.

calorimétrique adj. Relatif à la calorimétrie : *échelle calorimétrique.*

calot n. m. Coiffure militaire souple.

calotin n. m. *Péjor.* Homme d'église ; partisan des prêtres.

calotte n. f. Petit bonnet rond, ne couvrant que le sommet du crâne. *Péjor.* Le clergé. *Par anal.* Petit dôme. *Calotte des cieux,* le ciel. *Fam.* Tape donnée sur la joue, la tête.

calotter v. t. *Fam.* Gifler.

calque n. m. Dessin obtenu en appliquant un papier transparent sur le dessin à reproduire. *Fig.* Imitation, reproduction sans originalité.

calquer v. t. Syn. de DÉCALQUER. *Fig.* Imiter servilement.

calumet n. m. Pipe à long tuyau des Indiens de l'Amérique du Nord.

calvados n. m. Eau-de-vie de cidre.

calvaire n. m. Croix érigée dans un lieu public et commémorant la Passion du Christ. Longue suite de souffrances physiques ou morales.

calvinisme n. m. Doctrine de Calvin.

calviniste adj. et n. Qui se réclame de la doctrine de Calvin.

calvitie [kalvisi] n. f. État d'une tête chauve.

camarade n. Compagnon de travail, d'étude, de chambre. Appellation usitée entre membres des partis de gauche et des syndicats.

camaraderie n. f. Familiarité qui existe entre camarades. Solidarité entre personnes ayant des intérêts communs.

camard, e adj. et n. Qui a le nez plat et comme écrasé. *Fam. La camarde,* la mort.

cambouis n. m. Graisse noircie par le frottement des roues, des organes d'une machine.

cambrer v. t. Courber en arc. V. pr. Se redresser en bombant la poitrine.

cambriolage n. m. Vol commis par quelqu'un qui s'est introduit dans un local fermé.

cambrioler v. t. Dévaliser (un local), en parlant d'une personne qui s'y est introduite clandestinement.

cambrioleur, euse n. Personne qui cambriole.

cambrure n. f. Courbure en arc. Pièce de milieu, dans la semelle d'une chaussure.

cambuse n. f. *Mar.* Magasin à vivres dans un navire. Cantine de chantier. *Pop.* Maison mal tenue.

came n. f. Dent ou saillie pour transmettre et transformer le mouvement d'une machine, d'une serrure, etc.

came n. f. *Pop.* Drogue.

camé, e n. *Pop.* Celui, celle qui se drogue constamment.

camée n. m. Pierre fine sculptée en relief, portée comme bijou.

caméléon n. m. Sorte de reptile de couleur changeante. *Fig.* Qui change d'opinion et de conduite.

camélia n. m. Arbrisseau à belles fleurs, originaire d'Asie.

camelot n. m. Marchand ambulant qui vend, sur la voie publique, des articles de peu de valeur. Crieur de journaux.

camelote n. f. *Fam.* Marchandise, produit de mauvaise qualité.

camembert n. m. Fromage à pâte molle, fabriqué en Normandie.

caméra n. f. Appareil de prise de vues cinématographiques.

cameraman [kameraman] ou **cadreur** n. m. Opérateur chargé de manier la caméra.

camion n. m. Véhicule automobile destiné à transporter de grosses charges.

camion-citerne n. m. Camion conçu pour le transport des liquides en vrac.

camionnage n. m. Transport par camion. Prix de ce transport.

camionnette n. f. Petit camion.

camionneur n. m. Celui qui conduit un camion.

camisole n. f. *Camisole de force,* blouse emprisonnant les bras le long du corps, que l'on passe parfois aux malades mentaux pour les immobiliser au cours des crises.

camomille n. f. Plante odoriférante vivace, à fleurs jaunes. Sa fleur, utilisée pour faire des infusions.

camouflage n. m. Art de dissimuler du matériel de guerre ou des troupes à l'observation ennemie.

camoufler v. t. Maquiller, déguiser de manière à rendre méconnaissable ou inapparent.

camouflet n. m. *Fam.* Affront, humiliation, vexation.

camp n. m. Lieu où s'établit une formation militaire. Cette formation. *Camp retranché,* place entourée de forts. *Fig. En camp volant,* sans être définitivement installé. *Lever le camp,* s'en aller.

campagnard, e adj. et n. Qui vit à la campagne ; rustique : *les mœurs campagnardes.*

campagne n. f. Les champs en général, par oppos. à la ville : *vivre à la campagne.* Les campagnards : *les mœurs de la campagne. Fig.* Le temps que durent une expédition militaire ou certains travaux : *campagne de publicité. Battre la campagne,* divaguer.

campagnol n. m. Petit mammifère rongeur.

campanile n. m. Tour servant de clocher.

campanule n. f. Plante à fleurs en clochette, répandue dans les bois.

campement n. m. Action de camper. Le lieu où l'on campe. Troupe campée : *campement de bohémiens.*

camper v. i. Établir un camp militaire. S'installer de façon provisoire. Vivre sous la tente. V. t. Installer dans un camp. Tracer, construire avec sûreté : *camper un portrait, un dessin, un récit.* V. pr. Se tenir dans une attitude fière, provocante : *venir se camper devant quelqu'un.*

campeur, euse n. Personne qui fait du camping.

camphre n. m. Substance aromatique, cristallisée, tirée du camphrier.

camphré, e adj. Qui contient du camphre.

camphrier n. m. Laurier du Japon, dont on extrait le camphre.

camping [kāpiŋ] n. m. Activité sportive ou touristique consistant à vivre sous la tente ou dans une remorque. Terrain aménagé pour camper.

camus, e adj. Court et plat, en parlant du nez. Qui a le nez court et plat.

canadien, enne adj. et n. Du Canada.

canadienne n. f. Sorte de canot. Veste doublée de fourrure.

canaille n. f. Individu méprisable, sans moralité. Enfant espiègle : *petite canaille!* Pègre, racaille. Adj. Cyniquement vulgaire : *un air canaille.*

canaillerie n. f. Caractère, acte de canaille.

canal n. m. Conduit artificiel pour l'eau, le gaz, etc. Voie navigable creusée par l'homme. Mer resserrée entre deux rivages. *Par le canal de* loc. prép. Par l'intermédiaire de.

canalisable adj. Susceptible d'être canalisé : *fleuve canalisable.*

canalisation n. f. Action de canaliser. Réseau de canaux, de conduits.

canaliser v. t. Rendre navigable. Sillonner de canaux. *Fig.* Orienter dans une direction : *canaliser des spectateurs.*

canapé n. m. Long siège à dossier.

canard n. m. Oiseau aquatique palmipède. *Fig. et fam.* Journal. Fausse nouvelle. Sucre trempé dans le café, l'eau-de-vie, etc.

canarder v. t. Tirer, d'un lieu abrité.

canardière n. f. Mare établie pour des canards.

canari n. m. Serin jaune.

canasta n. f. Jeu de cartes.

cancan n. m. Commérage, médisance. Sorte de danse excentrique.

cancaner v. i. Tenir, colporter des propos malveillants.

cancanier, ère adj. et n. Qui cancane.

cancer n. m. Tumeur maligne formée par la multiplication désordonnée de cellules d'un tissu ou d'un organe.

cancéreux, euse adj. De la nature du cancer. N. Atteint d'un cancer.

cancérigène adj. Se dit de ce qui peut provoquer l'apparition d'un cancer.

cancre n. m. Élève paresseux.

cancrelat n. m. Blatte, cafard.

candélabre n. m. Grand chandelier à plusieurs branches. Appareil d'éclairage public ; torchère.

candeur n. f. Ingénuité, naïveté.

candi adj. m. *Sucre candi,* purifié et cristallisé.

candidat, e n. Personne qui aspire à un emploi, une fonction, un titre.

candidature n. f. Qualité de candidat.

candide* adj. et n. Qui a de la candeur. Qui marque la candeur.

candir (se) v. pr. Se cristalliser (sucre).

cane n. f. Femelle du canard.

caner v. i. *Pop.* Avoir peur, reculer, céder.

caneton n. m. Jeune canard.

canette n. f. Petite cane. Bouteille en verre épais : *canette de bière.* Petit cylindre sur lequel est enroulé le fil dans la navette ou le fil d'une machine à coudre.

canevas n. m. Grosse toile claire pour faire la tapisserie. *Fig.* Plan d'un ouvrage littéraire ; esquisse.

caniche n. m. Variété de chien barbet.

caniculaire adj. Relatif à la canicule.

canicule n. f. Période très chaude de l'été; chaleur accablante de l'atmosphère.

canif n. m. Petit couteau de poche à lame pliante.

canin, e adj. Qui tient du chien.

canine n. f. Dent pointue située entre les incisives et les prémolaires.

caniveau n. m. Rigole destinée à l'écoulement des eaux le long d'une chaussée, généralement au bord des trottoirs.

cannage n. m. Action de canner.

canne n. f. Nom vulgaire de plusieurs grands roseaux. *Canne à sucre,* roseau dont on tire le sucre. Bâton pour s'appuyer en marchant. *Canne blanche,* canne d'aveugle. *Canne à pêche,* bâton flexible, souvent en bambou, au bout duquel on fixe une ligne.

cannelé, e [kanle] **adj.** Orné de cannelures.

cannelle n. f. Robinet qu'on met à un tonneau.

cannelle n. f. Écorce odoriférante d'un laurier des Indes.

cannelure n. f. Rainure creuse, strie.

canner v. t. Garnir le fond ou le dossier d'un siège en entrelaçant des lanières de rotin.

cannibale adj. et n. Anthropophage. **Adj.** Se dit d'un animal qui dévore ceux de son espèce.

cannibalisme n. m. Pour un homme ou un animal, habitude de manger ses semblables.

canoë n. m. Pirogue légère.

canon n. m. Pièce d'artillerie. Tube d'une arme à feu : *canon de fusil.* Partie forée d'une clef.

canon n. m. Règle religieuse. Ensemble des livres bibliques considérés comme inspirés par Dieu. Partie essentielle de la messe. Principe servant de règle : *les canons de la bienséance. Mus.* Composition à plusieurs voix qui chantent chacune, et l'une après l'autre, la même ligne mélodique.

cañon [kaɲɔn] **ou canyon** [kanjɔ̃] **n. m.** Gorge profonde, creusée par un cours d'eau.

canonial, e, aux adj. Réglé par les canons de l'Église. Conforme à la règle.

canonique adj. Conforme aux canons de l'Église. *Âge canonique,* âge respectable (d'après l'âge de quarante ans, imposé aux servantes des ecclésiastiques). *Droit canonique* ou *droit canon,* droit ecclésiastique.

canonisation n. f. Action de canoniser.

canoniser v. t. Inscrire au nombre des saints.

canonnade n. f. Suite de coups de canon.

canonner v. t. Attaquer à coups de canon (syn. BOMBARDER).

canonnier n. m. Militaire spécialisé dans le service des canons.

canonnière n. f. Bâtiment léger armé de canons et employé sur les fleuves ou près des côtes.

canot n. m. Petite embarcation non pontée : *canot de sauvetage.*

canotage n. m. Action de canoter.

canoter v. i. Manœuvrer un canot à l'aide de rames; faire une promenade en canot.

canotier n. m. Chapeau de paille à calotte plate et à bords plats.

cantaloup n. m. Melon à grosses côtes.

cantate n. f. Morceau de musique religieuse ou profane, à une ou plusieurs voix avec accompagnement d'orchestre.

cantatrice n. f. Chanteuse professionnelle de talent.

cantine n. f. Lieu où l'on sert à boire et à manger aux personnes d'une collectivité. Coffre de voyage, spécial. à l'usage des militaires.

cantinier, ère n. Personne qui tient une cantine.

cantique n. m. Chant religieux.

canton n. m. En France, subdivision d'un arrondissement. En Suisse, chacun des États qui composent la Confédération.

cantonade n. f. À la cantonade, en s'adressant à un personnage que l'on suppose dans les coulisses. Parler, crier à la cantonade, en semblant ne s'adresser à personne précisément.

cantonal, e, aux adj. Relatif au canton.

cantonnement n. m. Lieu où la troupe cantonne : rejoindre son cantonnement.

cantonner v. t. Répartir des troupes dans plusieurs quartiers d'une localité. V. i. S'installer. V. pr. Se renfermer, se maintenir dans : se cantonner dans son rôle.

cantonnier n. m. Ouvrier chargé de l'entretien des routes.

canular n. m. Fam. Mystification, blague.

canule n. f. Petit tuyau qui s'adapte au bout d'une seringue ou d'un tube à injection.

caoutchouc [kautʃu] n. m. Substance élastique obtenue par le traitement du latex de diverses plantes tropicales.

caoutchouter v. t. Enduire de caoutchouc.

cap n. m. Usité, au sens de tête, dans l'expression de pied en cap, des pieds à la tête. || Pointe de terre qui s'avance en mer : le cap Gris-Nez. Mettre le cap sur, naviguer vers.

capable adj. Qui peut faire une chose, atteindre tel ou tel résultat : enfant capable de lire. Habile, expert : ouvrier capable. Investi de droits légaux.

capacité n. f. Contenance : mesures de capacité. Aptitude d'une personne dans tel ou tel domaine (syn. COMPÉTENCE). Droit légal : capacité de tester.

caparaçon n. m. Housse d'ornement des chevaux dans les cérémonies.

caparaçonner v. t. Couvrir d'un caparaçon.

cape n. f. Manteau sans manches. Rire sous cape, en cachette. Être à la cape, mettre dehors le moins de voiles possible.

capeline n. f. Chapeau de femme à grands bords souples.

capharnaüm [kafarnaɔm] n. m. Fam. Lieu où s'entassent des objets sans ordre.

capillaire [kapilɛr] adj. Relatif aux cheveux. Fin comme un cheveu. Vaisseaux capillaires, ramifications des artères et des veines. N. m. Sorte de fougère.

capillarité n. f. Phénomène physique constitué par la tendance d'un liquide à s'élever vers le haut d'un tube capillaire.

capilotade n. f. Ragoût fait de restes de viande. Fig. Mettre en capilotade, mettre en pièces.

capitaine n. m. Officier d'un grade intermédiaire entre ceux de lieutenant et de commandant, qui est à la tête d'une compagnie, d'un escadron. Chef d'une troupe. Commandant d'un navire, d'un port, d'un avion.

capital, e, aux adj. Essentiel, fondamental : point capital. Peine capitale, syn. de PEINE DE MORT. Lettre capitale, majuscule. N. f. Ville principale d'un État. Lettre majuscule.

capital n. m. Ensemble de biens possédés, par oppos. aux revenus qu'ils peuvent produire. Valeur de ces biens. Entité qui désigne à la fois l'ensemble des moyens de production et ceux qui les possèdent. Pl. Ensemble des fonds disponibles ou en circulation.

capitalisation n. f. Action de capitaliser ou, au fig., d'amasser.

capitaliser v. t. Convertir en capital. V. i. Amasser de l'argent.

capitalisme n. m. Système de production dont les fondements sont l'entreprise privée et la liberté du marché.

capitaliste n. et adj. Qui a des capitaux. Bailleur de fonds.

capiteux, euse adj. Vin capiteux, qui monte à la tête. Parfum capiteux, enivrant.

capitonnage n. m. Action de capitonner. Ouvrage capitonné.

capitonner v. t. Rembourrer en faisant des piqûres qui traversent l'étoffe de place en place : un fauteuil capitonné.

capitulation n. f. Convention pour la reddition d'une place. Fig. Abandon d'une armée, d'une opinion, d'une attitude.

capituler v. i. Cesser toute résistance, se reconnaître vaincu, soit militairement, soit dans une discussion, etc.

caporal n. m. Militaire du grade le moins élevé dans l'infanterie. Tabac à fumer.

capot n. m. Couverture métallique du moteur d'une automobile.

capot adj. inv. Qui n'a fait aucune levée aux cartes.

capotage n. m. Culbute d'un véhicule.

capote n. f. Couverture amovible dont sont munies les voitures dites décapotables. Manteau militaire.

capoter v. i. Se renverser (auto).

câpre n. f. Bouton à fleur du câprier, qui sert de condiment.

caprice n. m. Décision subite et irréfléchie (syn. FANTAISIE, LUBIE). Variations soudaines dans le cours des choses, leur forme, leur mouvement (surtout au plur.) : les caprices de la mode.

capricieux, euse* n. et adj. Qui a des caprices : enfant capricieux.

câprier n. m. Plante dont la fleur en bouton est la câpre.

capsule n. f. Enveloppe sèche qui renferme les semences et les graines. Enveloppe de cuivre contenant une amorce : capsule pour carabine. Enveloppe de certains médicaments. Coiffe métallique d'une bouteille. Capsule spatiale, véhicule à bord duquel les cosmonautes effectuent leurs voyages dans l'espace.

captation n. f. Endroit, manœuvres répréhensibles pour s'emparer d'une succession ou pour arracher une libéralité à quelqu'un : captation d'héritage.

capter v. t. Chercher à gagner par artifice ou par fraude : capter la confiance de quelqu'un. Intercepter et canaliser des eaux. Recevoir une émission : capter un message radiophonique.

captieux, euse* adj. Qui cherche à tromper, à induire en erreur; spécieux.

captif, ive adj. et n. Prisonnier. *Ballon captif,* ballon retenu par un câble.

captiver v. t. Retenir l'attention, l'intérêt ; charmer, passionner.

captivité n. f. État de prisonnier ; privation de liberté.

capture n. f. Action de capturer.

capturer v. t. S'emparer de.

capuche n. f. Sorte de capuchon.

capuchon n. m. Partie d'un vêtement, en forme de bonnet, qui se rabat sur la tête ou se rejette en arrière. Le vêtement lui-même. Étui de protection d'un stylo.

capucin n. m. Religieux d'une branche de l'ordre de Saint-François.

capucine n. f. Plante ornementale.

caque n. f. Baril où l'on conserve les harengs salés ou fumés.

caquet n. m. Gloussement de la poule. *Fig.* Babil importun. *Fam. Rabattre le caquet à quelqu'un,* l'amener à se taire ou à parler avec plus de modestie.

caquetage n. m. Action de caqueter.

caqueter [kakte] v. i. (conj. 4) Glousser (poule). *Fig.* Babiller.

car conj. Marque la preuve, la raison de la proposition précédente.

car n. m. Abrév. d'AUTOCAR.

carabin n. m. *Fam.* Étudiant en médecine.

carabine n. f. Fusil court, léger.

carabiné, e adj. *Fam.* Violent, excessif.

carabinier n. m. Soldat armé d'une carabine. En Italie, gendarme ; en Espagne, douanier.

caraco n. m. *Anc.* Blouse droite, flottant par-dessus la ceinture ou la jupe.

caracoler v. i. Sauter avec légèreté de divers côtés (cheval).

caractère n. m. Signe dont on se sert dans l'écriture. Pièce coulée dont l'empreinte forme le signe d'imprimerie. Trait distinctif. Apparence, air : *caractère d'authenticité.* Expression personnelle, originalité : *physionomie sans caractère.* Fermeté : *montrer du caractère.* Personne considérée dans son individualité : *peindre des caractères.*

caractériel, elle n. Enfant à l'intelligence normale, mais socialement inadapté et présentant des troubles du caractère.

caractériser v. t. Déterminer avec précision : *caractériser un siècle.* V. pr. Avoir pour signe distinctif.

caractéristique adj. Qui caractérise. N. f. Marque distinctive, trait particulier.

carafe n. f. Bouteille à base large ; son contenu : *carafe d'eau.*

carafon n. m. Petite carafe.

carambolage n. m. *Fam.* Série de chocs, surtout entre véhicules.

caramboler v. i. Au billard, toucher avec une bille les deux autres. V. t. *Fam.* Pour un véhicule automobile, faire un carambolage.

carambouilleur n. m. Escroc qui revend au comptant une marchandise sans l'avoir payée.

caramel n. m. Sucre fondu. Bonbon.

caraméliser v. t. Transformer en caramel. Recouvrir de caramel.

carapace n. f. Enveloppe dure protégeant le corps de certains animaux. *Fig.* Protection, cuirasse.

carapater (se) v. pr. *Pop.* S'en aller au plus vite.

carat n. m. Unité de poids (2 dg) utilisée dans le commerce des diamants et des pierres précieuses.

caravane n. f. Troupe de voyageurs réunis pour franchir un désert, une contrée peu sûre, etc. Remorque de camping.

caravanier n. m. Conducteur des bêtes de somme, dans une caravane. Celui qui utilise une caravane de camping.

caravansérail n. m. En Orient, abri réservé aux caravanes.

caravelle n. f. Navire des XVe et XVIe s., rapide et de petit tonnage.

carbochimie n. f. Chimie industrielle des produits tirés de la houille.

carbonate n. m. *Chim.* Sel ou ester de l'acide carbonique : *carbonate de sodium.*

carbone n. m. *Chim.* Corps simple que l'on trouve dans la nature, soit cristallisé, soit amorphe. *Papier carbone,* papier utilisé pour exécuter des doubles, notamment à la machine à écrire.

carbonifère adj. Qui contient du charbon : *terrain carbonifère.*

carbonique adj. Se dit d'un gaz résultant de la combinaison du carbone avec l'oxygène.

carboniser v. t. Réduire en charbon.

carburant, e adj. Qui contient un hydrocarbure. N. m. Combustible des moteurs à explosion.

carburateur n. m. Organe d'un moteur à explosion préparant le mélange d'essence et d'air.

carburation n. f. Mélange de l'air aux vapeurs d'un liquide combustible (ordinairement l'essence), pour former un mélange détonant, dans un moteur à explosion.

carbure n. m. *Chim.* Combinaison du carbone avec un autre corps simple.

carcan n. m. *Autref.,* collier de fer pour attacher un criminel au poteau d'exposition. Cette peine. Contrainte, sujétion.

carcasse n. f. Charpente osseuse d'un animal. *Fam.* Le corps humain. Armature : *carcasse d'abat-jour.*

carcéral, e, aux adj. Des prisons.

cardage n. m. Action de carder.

cardan n. m. Mécanisme utilisé pour faire tourner les roues d'une automobile.

carde n. f. Machine pour carder.

carder v. t. Peigner la laine.

cardeur, euse n. Qui carde. N. f. Machine à carder.

cardiaque adj. Relatif au cœur. N. Qui a une maladie de cœur.

cardinal, e, aux adj. *Points cardinaux,* l'est, le sud, l'ouest et le nord. *Nombre cardinal,* qui exprime la quantité : *un, deux, trois, quatre,* etc.

cardinal n. m. Chacun des prélats du Sacré Collège qui élisent le pape. Genre d'oiseaux à plumage rouge.

cardinalat n. m. Dignité de cardinal.

carême n. m. Pour les catholiques et les orthodoxes, temps de pénitence allant du mercredi des Cendres au jour de Pâques.

carence n. f. Absence, manque de quelque chose. *Par ext.* Action de se dérober, de manquer à un engagement.

carène n. f. Partie immergée de la coque d'un navire.

caréné, e adj. Qui a une forme fuselée pour réduire la résistance de l'air.

caréner v. t. (conj. 5) Nettoyer ou réparer la carène.

caresse n. f. Attouchement tendre.

caresser v. t. Faire des caresses. Effleurer agréablement. *Fig.* Entretenir avec complaisance (des espérances, etc.).

cargaison n. f. Ensemble des marchandises transportées par un navire, un avion.

cargo n. m. Navire pour le transport des marchandises.

carguer v. t. Serrer les voiles.

cariatide n. f. v. CARYATIDE.

caribou n. m. Renne du Canada.

caricatural, e, aux adj. Grotesque.

caricature n. f. Portrait outré accentuant les défauts et les tares. *Fig. et fam.* Personne ridicule.

caricaturer v. t. Faire la caricature de quelqu'un.

caricaturiste n. Personne qui fait des caricatures.

carie n. f. Maladie de la dent, détruisant ses parties dures. Maladie du blé.

carier v. t. Gâter par l'effet de la carie.

carillon n. m. Réunion de cloches accordées à différents tons. Sonnerie de ces cloches. *Par ext.* Sonnerie vive et précipitée.

carillonner v. i. Sonner le carillon. Agiter vivement une sonnette à une porte. V. t. Annoncer à grand bruit.

cariste n. m. Conducteur de chariots automoteurs de manutention.

carlingue n. f. Grosse pièce de bois servant à consolider la carène du navire. Partie de l'avion pour le pilote et les passagers.

carmagnole n. f. Veste courte en usage pendant la Révolution. Sorte de ronde révolutionnaire dansée en 1793. Chanson qui accompagne cette danse.

carmélite n. f. Religieuse du Carmel.

carmin n. m. Couleur d'un rouge vif.

carminé, e adj. Qui est d'un rouge tirant sur le carmin.

carnage n. m. Massacre, tuerie.

carnassier, ère adj. et n. Animal qui se repait généralement de chair crue.

carnassière n. f. Sac pour le gibier.

carnation n. f. Teint, coloration des chairs. *Peint.* Coloris des chairs.

carnaval n. m. Temps destiné aux divertissements, du jour des Rois ou Épiphanie au mercredi des Cendres. Ces divertissements. Pl. des *carnavals*.

carnavalesque adj. Du carnaval.

carne n. f. *Pop.* Mauvaise viande.

carné, e adj. Composé de viande : *régime carné.*

carnet n. m. Petit livre de notes. Assemblage de tickets, de timbres, etc.

carnier n. m. Syn. de CARNASSIÈRE.

carnivore adj. et n. Qui se nourrit de chair (par oppos. à *végétarien*).

carolingien, enne adj. Relatif à la dynastie des Carolingiens.

caroncule n. f. Organe charnu rougeâtre.

carotide n. f. Chacune des artères qui conduisent le sang du cœur à la tête.

carotte n. f. Plante potagère, dont la racine est rouge et comestible. Enseigne des bureaux de tabac. *Min.* Échantillon cylindrique de terrain retiré du sol par un outil spécial appelé *carottier.*

carotter v. t. *Fam.* Soutirer quelque chose par tromperie.

carotteur, euse n. *Fam.* Personne qui carotte. (On dit aussi CAROTTIER, ÈRE.)

carpe n. f. Poisson d'eau douce.

carpe n. m. Partie du squelette de la main entre l'avant-bras et le métacarpe.

carpette n. f. Tapis de petites dimensions.

carquois n. m. Étui à flèches.

carre n. f. Épaisseur d'un objet plat, coupé à angle droit : *la carre d'une planche.*

carré, e adj. Qui a la forme d'un carré. *Fig.* Franc, décidé.

carré n. m. Quadrilatère plan à côtés égaux et à angles droits. Sur un navire, salle de repas des officiers. Troupe faisant front sur quatre faces. (Vx.) Produit d'un nombre multiplié par lui-même : *élever un nombre au carré.*

carreau n. m. Élément de pavement plat, en terre cuite, en pierre, etc. Verre de fenêtre. Aux cartes, couleur marquée par des carrés rouges. *Rester sur le carreau,* être tué sur place, assommé. *Fam. Se tenir à carreau,* être sur ses gardes.

carrefour n. m. Lieu où se croisent plusieurs chemins ou rues.

carrelage n. m. Action de carreler. Sol recouvert de carreaux.

carreler v. t. (conj. 3) Paver en carreaux : *cuisine carrelée.*

carreleur n. m. Ouvrier qui pose des carrelages.

carrément adv. Franchement, sans détours.

carrer (se) v. pr. Se mettre à l'aise : *se carrer dans un fauteuil.*

carrier n. m. Ouvrier qui extrait la pierre.

carrière n. f. Profession : *carrière libérale. Absol.* La carrière diplomatique. *Donner carrière,* donner libre cours à (sa colère, sa verve, etc.).

carrière n. f. Terrain d'où l'on extrait les matériaux minéraux propres à la construction.

carriole n. f. Petite charrette.

carrossable adj. Que les voitures peuvent parcourir : *route carrossable.*

carrosse n. m. Voiture de luxe. *Rouler carrosse,* être riche.

carrosser v. t. Munir d'une carrosserie : *carrosser une auto.*

carrosserie n. f. Industrie du carrossier. Caisse d'une voiture.

carrossier n. m. Celui qui fabrique ou répare des carrosseries.

carrousel [karuzɛl] n. m. Exercice de parade pour cavaliers.

carrure n. f. Largeur du buste d'une épaule à l'autre.

cartable n. m. Sac d'écolier.

carte n. f. Carton mince. Petit carton fin, portant des figures et servant à jouer. Billet d'identité permettant d'exercer certains droits : *carte d'électeur.* Liste des mets dans un restaurant : *manger à la carte.* Représentation géographique : *carte murale. Tirer les cartes,* prédire l'avenir par les cartes. Le *dessous des cartes,* le secret d'une affaire. *Donner carte blanche,* pleins pouvoirs. *Jouer cartes sur table,* ne rien dissimuler.

cartel n. m. Pendule murale. Entente entre des groupements professionnels, politiques, etc., en vue d'une action concertée.

carte-lettre n. f. Carte se fermant au moyen de bords gommés.

carter [kartɛr] n. m. Enveloppe rigide protégeant des pièces de machine.

cartésianisme n. m. Philosophie de Descartes.

cartésien, enne adj. Relatif à la doctrine de Descartes.

cartilage n. m. Tissu résistant et élastique non ossifié.

cartilagineux, euse adj. De la nature du cartilage : *tissu cartilagineux.*

cartographe n. Personne qui dresse les cartes de géographie, de géologie, etc.

cartographique adj. Relatif à la cartographie.

cartomancie n. f. Art prétendu de prédire l'avenir par les cartes.

cartomancien, enne n. Personne qui pratique la cartomancie.

carton n. m. Feuille rigide, plus ou moins épaisse, faite de pâte à papier. Boîte en carton. Portefeuille de dessin.

cartonnage n. m. Fabrication des objets en carton. Ouvrage en carton.

cartonner v. t. Garnir, couvrir de carton.

cartonnerie n. f. Fabrique de carton.

cartonnier, ère n. Personne qui fabrique des objets en carton. N. m. Casier garni de cartons.

carton-pâte n. m. Carton fait de déchets de papier additionnés de colle, et servant à fabriquer des objets par moulage.

cartouche n. m. Ornement en forme de carte à demi déroulée, destiné à recevoir une inscription.

cartouche n. f. Ensemble constitué par la douille ou l'étui qui contient la charge de poudre, et le projectile.

cartoucherie n. f. Fabrique de cartouches.

cartouchière n. f. Sac à cartouches.

caryatide ou **cariatide** n. f. Statue-colonne en forme de figurine féminine.

cas n. m. Événement fortuit : *un cas curieux.* Circonstance, situation. *Cas de conscience,* où la conscience est engagée. *Faire cas,* estimer. Loc. adv. *En ce cas,* alors. *En tout cas,* quoi qu'il arrive.

cas n. m. Dans les langues qui connaissent des déclinaisons, chacune des formes d'un substantif, d'un adjectif, d'un participe ou d'un pronom qui correspondent à des fonctions déterminées dans la phrase.

casanier, ère Qui aime à rester chez soi. Adj. : *goûts casaniers.*

casaque n. f. Blouse à manches très larges, serrée à la taille. Veste de jockey. *Fig. Tourner casaque,* changer de parti, d'opinion.

cascade n. f. Chute d'eau.

cascader v. i. Tomber en cascade.

cascadeur n. m. Au cinéma, artiste spécialisé dans les scènes dangereuses.

cascatelle n. f. Petite cascade.

case n. f. Habitation primitive. Compartiment d'un meuble. Carré d'échiquier, de damier, etc.

caséine n. f. Substance du lait qui, par sa coagulation, donne le fromage.

casemate n. f. Petit ouvrage fortifié, en général souterrain.

caser v. t. Placer judicieusement, ou au prix d'un certain effort. *Fig.* Procurer un emploi.

caserne n. f. Bâtiment affecté au logement des soldats. La troupe casernée. *Péjor.* Bâtiment vaste et austère.

casernement n. m. Ensemble des constructions d'une caserne.

caserner v. t. Établir en caserne.

cash [kaʃ] adv. Comptant.

casier n. m. Meuble garni de cases. Nasse : *casier à homards. Casier judiciaire,* relevé des condamnations encourues par une personne.

casino n. m. Établissement de jeu, de réunion, etc., dans les stations balnéaires.

casque n. m. Coiffure qui protège la tête.

casqué, e adj. Coiffé d'un casque.

casquette n. f. Coiffure à visière.

cassant, e adj. Peu flexible, qui se casse facilement. *Fig.* Raide, tranchant : *ton cassant.*

cassation n. f. Annulation d'une décision administrative ou d'un jugement. *Cour de cassation,* cour suprême de justice. Peine militaire par laquelle un gradé est déchu de son grade.

casse n. f. Action de casser. Objets cassés : *payer la casse.*

casse n. f. Boîte à compartiments pour les caractères d'imprimerie. Nom de divers récipients industriels.

casse n. f. Fruit du cassier ; pulpe noire (laxative) qu'il renferme.

cassé, e adj. *Fig.* Vieux, infirme. Tremblant, hésitant : *avoir la voix cassée.*

casse-cou n. m. inv. Individu téméraire. *Crier casse-cou à quelqu'un,* l'avertir d'un danger.

casse-croûte n. m. inv. Repas sommaire.

casse-noisettes n. m. inv. **casse-noix,** n. m. inv. Instrument pour casser des noix, des noisettes.

casse-pieds n. m. inv. *Fam.* Importun.

casser v. t. Briser, rompre. *Fig.* Annuler : *casser un arrêt.* Affaiblir fortement. Priver de son grade. *Pop. À tout casser,* sans frein ; tout au plus. *Casser la tête,* assourdir. V. pr. *Se casser la tête,* se tourmenter.

casserole n. f. Ustensile de cuisine à fond plat et à manche, pour la cuisson.

casse-tête n. m. inv. Massue. Travail ou jeu qui fatigue beaucoup l'esprit, qui présente des difficultés presque insolubles.

cassette n. f. Petit coffre. Étui contenant une bande magnétique préenregistrée ou non, un film cinématographique, etc.

casseur, euse n. Personne qui casse : *casseur de pierres.* Personne qui casse, détériore exprès, se livre à des déprédations.

cassier n. m. Arbre des Antilles qui produit la casse.

cassis [kasis] n. m. Groseillier à fruits noirs. Liqueur de cassis.

cassis [kasi] n. m. Rigole en travers d'une route.

cassolette n. f. Petit récipient pour hors-d'œuvre. Brûle-parfum.

cassonade n. f. Sucre de canne brut.

cassoulet n. m. Ragoût languedocien.

cassure n. f. Endroit où un objet est cassé.

castagnettes n. f. pl. Double pièce de buis ou d'ivoire qu'on s'attache aux doigts et qu'on fait résonner.

caste n. f. Division hiérarchique de la société : *orgueil de caste.*

castor n. m. Genre de mammifères rongeurs, qui font des digues sur les cours d'eau.

castrer v. t. Priver un animal mâle de ses glandes génitales (syn. CHÂTRER).

casuel n. m. Ensemble de gains variables s'ajoutant au gain régulier des ecclésiastiques.

casuistique n. f. Partie de la théologie traitant des cas de conscience. *Par ext.* Subtilité excessive.

cataclysme n. m. Vaste bouleversement destructeur, causé par un cyclone, une guerre, etc.

catacombes n. f. pl. Cimetières souterrains où les premiers chrétiens tenaient leurs réunions.

catadioptre n. m. Petit appareil réfléchissant la lumière, employé en signalisation routière.

catafalque n. m. Estrade sur laquelle on place un cercueil.

catalan, e adj. et n. De Catalogne.

catalepsie n. f. État d'une personne qui perd momentanément toute sensibilité et toute faculté de mouvement.

catalogue n. m. Liste par ordre.

cataloguer v. t. Inscrire par ordre.

catalyse n. f. Action accélératrice qu'exercent certains corps sur des réactions chimiques, sans être eux-mêmes modifiés.

cataplasme n. m. Bouillie médicinale épaisse qu'on applique sur la peau pour combattre une inflammation.

catapulte n. f. *Antiq.* Machine de guerre pour lancer des pierres. Appareil pour le lancement des avions sur un navire de guerre.

cataracte n. f. Chute d'eau. Opacité du cristallin : *opération de la cataracte.*

catarrhe n. m. Inflammation aiguë ou chronique des muqueuses.

catastrophe n. f. Événement subit qui cause un bouleversement, des destructions, des victimes.

catch [katʃ] n. m. Lutte où les concurrents peuvent pratiquer presque toutes les prises.

catcheur, euse n. Personne qui pratique le catch.

catéchiser v. t. Enseigner le catéchisme. *Par ext.* Prêcher, endoctriner.

catéchisme n. m. Instruction religieuse élémentaire, donnée principalement à des enfants. Principes fondamentaux d'une religion, d'une doctrine, d'une science.

catéchumène [katekymεn] n. Personne qui se prépare au baptême.

catégorie n. f. Ensemble de personnes ou de choses présentant des caractères distinctifs communs.

catégorique* adj. Clair, précis, sans ambages : *réponse catégorique.*

caténaire adj. et n. f. Se dit du système de suspension du câble électrique servant à l'alimentation des locomotives électriques.

cathare n. et adj. Adepte d'une secte du Moyen Âge, répandue dans le midi de la France (syn. ALBIGEOIS).

catharisme n. m. Doctrine des cathares.

cathédrale n. f. Église épiscopale.

cathode n. f. Électrode de sortie du courant dans un électrolyseur, ou électrode qui est la source primaire d'électrons dans un tube électronique.

cathodique adj. Qui émane de la cathode.

catholicisme n. m. Religion des chrétiens qui reconnaissent l'autorité du pape.

catholicité n. f. Doctrine de l'Église catholique. Ensemble des catholiques.

catholique adj. et n. Qui professe la religion catholique. *Fam.* Conforme à la règle : *ceci n'est pas très catholique.*

catimini (en) loc. adv. *Fam.* En cachette.

cauchemar n. m. Rêve pénible avec sensation d'angoisse. *Fam.* Chose ou personne qui importune beaucoup, qui tourmente.

caudal, e, aux adj. De la queue : *nageoire caudale.*

causal, e adj. *Gramm.* Qui exprime la cause.

causalité n. f. Rapport qui unit la cause à son effet.

cause n. f. Ce qui fait qu'une chose est, ce qui la produit : *les causes d'un accident.* Motif, raison : *la cause de ma conduite.* Intérêt, parti : *la cause de la justice. À cause de* loc. prép. En raison de.

causer v. t. Être cause de.

causer v. i. S'entretenir familièrement : *causer avec* [et non pas à] *un ami.*

causerie n. f. Action de causer. Conversation familière.

causette n. f. *Fam.* Petite causerie.

causeur, euse adj. et n. Qui aime à causer : *agréable causeur.*

causeuse n. f. Canapé pour deux personnes.

causse n. m. Nom donné aux plateaux calcaires du sud de la France.

causticité n. f. Qualité de ce qui est caustique. Caractère mordant.

caustique adj. et n. m. Corrosif. *Fig.* Mordant, satirique.

cauteleux, euse* adj. *Péjor.* Fin, rusé.

cautérisation n. f. Action de cautériser.

cautériser v. t. Brûler superficiellement (médecine).

caution [kosjɔ] n. f. Garantie morale constituée par l'appui d'une personnalité. Engagement de payer une somme donnée pour garantir l'exécution d'une obligation : cette somme elle-même. *Sujet à caution,* suspect.

cautionnement n. m. Garantie.

cautionner v. t. Se porter garant pour une autre personne (au *pr.* et au *fig.*).

cavalcade n. f. Course tumultueuse d'une troupe de cavaliers ou d'une troupe quelconque.

cavalcader v. i. Courir en troupe désordonnée.

cavale n. f. *Poét.* Jument. *Pop.* Évasion. *Être en cavale,* pour un délinquant, s'être évadé.

cavalerie n. f. Troupes à cheval.

cavalier n. m. Homme à cheval. Soldat de cavalerie. Homme qui accompagne une dame, par exemple à la danse (fém. CAVALIÈRE). Pièce du jeu d'échecs.

cavalier, ère* adj. Destiné aux cavaliers. Un peu trop libre ; un peu hautain.

cave adj. Creux. (Vx.) *Veines caves*, celles qui déversent dans le cœur le sang veineux. N. f. Lieu souterrain où l'on conserve le vin, etc. Le vin même : *avoir une bonne cave*. Cabaret installé dans le sous-sol d'un immeuble. Fonds d'argent au jeu.

caveau n. m. Petite cave. Sépulture.

caverne n. f. Excavation profonde. Retraite de malfaiteurs. Cavité dans un organe malade (poumon, etc.).

caverneux, euse adj. Plein de cavernes. *Fig.* Voix *caverneuse*, sourde, grave.

caviar n. m. Œufs d'esturgeon.

cavité n. f. Creux, vide dans un corps.

ce pr. dém. ; **ce, cet** adj. dém. m. sing. ; **cette** f. sing. ; **ces** pl. des deux genres. Marquent la personne ou la chose qu'on désigne.

ceci pr. dém. Cette chose-ci.

cécité n. f. Infirmité de l'aveugle.

céder v. t. (conj. 5) Laisser, abandonner. Vendre : *céder son magasin*. V. i. Fléchir, se soumettre : *céder à la force*. Plier, s'affaisser : *la branche céda sous le poids*.

cédille n. f. Signe graphique qui, placé sous le c, devant *a, o, u*, indique le son *s*, comme dans *façade*.

cédrat n. m. Fruit du cédratier.

cédratier n. m. Espèce de citronnier.

cèdre n. m. Arbre conifère à branches étalées : *les cèdres du Liban*.

ceindre v. t. (conj. 55) Entourer, environner. Coiffer : *ceindre la couronne*.

ceinture n. f. Bande de cuir, d'étoffe, etc., mise autour de la taille. Taille : *serré à la ceinture*. Ce qui entoure : *ceinture de forts*. Bande métallique : *ceinture d'obus*.

ceinturer v. t. Entourer. *Ceinturer quelqu'un*, le saisir par le milieu du corps en vue de le maîtriser.

ceinturon n. m. Ceinture portée sur l'uniforme. Ceinture large en cuir.

cela pr. dém. Cette chose-là.

célébrant n. m. Prêtre qui officie.

célébration n. f. Action de célébrer.

célèbre adj. Fameux, renommé.

célébrer v. t. (conj. 5) Exalter, louer avec éclat. Fêter. Accomplir solennellement : *célébrer la messe*.

célébrité n. f. Grande réputation. Personnage célèbre.

celer v. t. (conj. 3) Cacher. Taire, dissimuler.

céleri n. m. Plante comestible.

célérité n. f. Promptitude dans l'exécution.

céleste adj. Qui appartient, qui est relatif au ciel. Divin.

célibat [seliba] n. m. État d'une personne non mariée : *le célibat des prêtres*.

célibataire adj. et n. Qui vit dans le célibat : *vieux célibataire*.

celle, celles pr. dém. f. V. CELUI.

cellier n. m. Lieu bas et frais où l'on entrepose le vin et les provisions.

cellulaire adj. Formé de cellules. *Fourgon cellulaire*, voiture qui sert à transporter les prisonniers.

cellule n. f. Petite chambre d'un religieux. Cachot isolé. Alvéole des abeilles. *Biol.* Élé-

ment constitutif de tout être vivant. Groupement de militants communistes.

Celluloïd n. m. (nom déposé). Matière plastique très inflammable : *col en Celluloïd*.

cellulose n. f. Substance organique formant la membrane des cellules végétales.

celui, celle pr. dém. ; pl. **ceux, celles**. Se disent des personnes et des choses ; **celui-ci, celle-ci**, etc., servent à représenter ce qui est le plus proche ; **celui-là, celle-là**, etc., ce qui est le plus éloigné.

cément n. m. Substance osseuse qui recouvre l'ivoire de la racine des dents.

cémenter v. t. Modifier la composition d'un métal en lui incorporant, à haute température, un autre corps (carbone, généralement).

cénacle n. m. Salle à manger où Jésus réunit ses disciples pour la Cène. *Fig.* Réunion de littérateurs, etc.

cendre n. f. Résidu de toute combustion. Pl. Restes des morts. *Réduire en cendres*, brûler complètement.

cendré, e adj. Couleur de cendre.

cendrée n. f. Petit plomb de chasse. Piste de mâchefer (sports).

cendrier n. m. Partie d'un foyer où tombe la cendre. Petit plateau pour les cendres de tabac.

cendrillon n. f. *Fam.* Femme à qui l'on réserve les besognes rebutantes.

cène n. f. Dernier repas de Jésus-Christ avec ses apôtres, la veille de sa Passion (en ce sens prend une majusc.). Communion sous les deux espèces, chez les protestants.

cénobite n. m. Moine qui vit en communauté. Personne menant une vie austère.

cénotaphe n. m. Monument élevé à la mémoire d'un mort.

cens [sâs] n. m. Dénombrement des citoyens chez les Romains. Montant de l'impôt que l'on doit payer pour être électeur dans certains pays.

censé, e adj. Supposé, considéré comme : *nul n'est censé ignorer la loi*.

censément adv. Par supposition.

censeur n. m. *Antiq.* Magistrat romain. Fonctionnaire chargé de la discipline dans un lycée. Membre d'une commission de censure. Personne qui critique avec malveillance.

censure n. f. Examen qu'un gouvernement fait faire des livres, journaux, films, etc., avant d'en autoriser la diffusion ; organisme chargé de cet examen.

censurer v. t. Blâmer vivement. Interdire la publication. *Psychanal.* Refouler.

cent adj. num. Dix fois dix.

centaine n. f. Groupe de cent unités.

centaure n. m. Être moitié homme, moitié cheval, que la légende faisait vivre en Thessalie.

centenaire adj. et n. Qui a cent ans ou plus. N. m. Centième anniversaire d'un événement mémorable.

centésimal, e, aux adj. Divisé en cent parties : *échelle centésimale*.

centi, préfixe indiquant la division d'une grandeur par cent : *centiare* (centième d'un are), *centigramme, centilitre*, etc.

centième adj. ord. de cent. Qui occupe le rang marqué par le numéro *cent*. N. m. La centième partie.

centigrade adj. Centième partie du grade (*cgr*), unité d'angle.

centime n. m. Centième partie du franc.

centimètre n. m. Centième partie du mètre. Ruban divisé en centimètres, servant de mesure.

central, e, aux, adj. Qui est au centre.

central n. m. Organisme répartiteur : *central téléphonique*.

centrale n. f. Usine génératrice d'électricité ou d'énergie en général. Confédération nationale de syndicats.

centralisateur, trice adj. et n. Qui centralise : *organe centralisateur*.

centralisation n. f. Action de centraliser : *centralisation administrative*.

centraliser v. t. Réunir dans un centre commun d'action, d'autorité.

centre n. m. Point situé à égale distance de tous les points d'une circonférence, d'une sphère. *Par anal.* Point également éloigné des extrémités d'une étendue : *centre d'un tableau*. Localité caractérisée par l'importance de sa population et son activité : *un centre industriel*. Ensemble des membres d'une assemblée politique qui siègent entre la droite et la gauche.

centrer v. t. Fixer l'axe central d'une pièce, déterminer son centre. Orienter. V. t. et i. Au football, lancer le ballon de l'aile vers l'axe du terrain.

centrifuge adj. Qui tend à éloigner du centre : *force centrifuge*.

centripète adj. Qui tend à rapprocher du centre.

centuple n. m. et adj. Qui vaut cent fois autant. *Au centuple* loc. adv. Cent fois plus, beaucoup plus.

centupler v. t. Multiplier par cent.

cep [sɛp] n. m. Pied de vigne.

cépage n. m. Plant de vigne.

cèpe n. m. Champignon comestible (syn. BOLET).

cependant adv. Néanmoins, toutefois.

céphalopodes n. m. pl. Classe de mollusques dont la tête porte des tentacules munis de ventouses (pieuvre, seiche, etc.).

céramique adj. Qui concerne la fabrication des vases de terre cuite. N. f. Art de fabriquer des poteries.

céramiste adj. et n. Qui fabrique de la céramique.

cerbère n. m. Gardien sévère, intraitable.

cerceau n. m. Cercle de bois ou de fer propre à divers usages : *cerceau de tonneau*. Jeu d'enfants.

cerclage n. m. Action de cercler.

cercle n. m. Surface plane limitée par une circonférence. La circonférence elle-même : *tracer un cercle*. Réunion, assemblée, association. Lieu où elle se tient. *Fig.* Sphère, étendue, limites : *cercle d'influence*. Cercle vicieux, raisonnement où l'on donne comme preuve ce qu'il faudrait prouver.

cercler v. t. Garnir de cercles.

cercueil n. m. Caisse allongée où l'on enferme le corps d'un mort (syn. BIÈRE).

céréale adj. et n. f. Nom donné à diverses plantes dont les grains (blé, maïs, etc.), surtout réduits en farine, servent à la nourriture de l'homme et des animaux domestiques.

cérébral, e, aux adj. Qui appartient au cerveau. Qui le concerne.

cérébro-spinal, e, aux adj. Du cerveau et de la moelle épinière.

cérémonial n. m. Ensemble des règles qui président aux cérémonies. Règles qui fixent le déroulement d'une cérémonie, ou règles de politesse. Pl. des *cérémonials*.

cérémonie n. f. Acte plus ou moins solennel, par lequel on célèbre un culte religieux ou une fête profane. Politesse excessive. *Sans cérémonie*, en toute simplicité.

cérémonieux, euse adj. Qui fait des cérémonies. Fait avec cérémonie.

cerf [sɛr] n. m. Mammifère ruminant à la tête garnie de bois.

cerfeuil n. m. Plante aromatique.

cerf-volant [sɛrvɔlɑ̃] n. m. Jouet d'enfant. Autre nom du *lucane*.

cerise n. f. Fruit du cerisier. Adj. De la couleur de la cerise.

cerisier n. m. Genre de rosacées produisant la cerise.

cerne n. m. Zone d'un gris bleuâtre qui entoure parfois les yeux. Auréole. Couche concentrique d'un arbre coupé en travers.

cerner v. t. Entourer, encercler. Boucler. *Cerner un problème*, en distinguer l'étendue.

certain, e adj. Sûr, assuré : *chose certaine*. Qui n'a aucun doute : *être certain de*. N. m. Chose certaine.

certain, e adj. indéf. Avec ou sans l'article indéfini, se dit d'une personne ou d'une chose qu'on ne veut pas préciser : *un certain temps*. Avec l'article indéfini, marque une appréciation mitigée : *faire preuve d'une certaine timidité*. Pron. indéf. pl. Un nombre indéterminé de personnes : *certains l'affirment*.

certes adv. Assurément, bien sûr.

certificat n. m. Écrit qui atteste un fait. *Par ext.* Garantie. Assurance.

certifier v. t. Donner, assurer comme certain.

certitude n. f. Qualité de ce qui est certain. Conviction absolue, ferme.

cérumen [serymɛn] n. m. Matière jaune et épaisse qui se forme dans l'oreille.

céruse n. f. Carbonate de plomb.

cerveau n. m. Centre nerveux situé dans le crâne, et qui est l'organe essentiel de la pensée. Ensemble des facultés mentales (syn. ESPRIT). Organisme qui coordonne les activités d'un service ; centre intellectuel : *l'état-major est le cerveau des opérations militaires*.

cervelas n. m. Saucisse cuite, grosse et courte.

cervelet n. m. Centre nerveux situé sous le cerveau en arrière du bulbe rachidien.

cervelle n. f. Substance du cerveau. *Fig.* Jugement, raison : *il n'a pas de cervelle*.

cervical, e, aux adj. Qui appartient au cou.

cervidés n. m. pl. Famille de ruminants ayant pour type le *cerf*.

ces adj. dém. V. CE.

césar n. m. Nom que conservèrent les empereurs romains successeurs de Jules César.

césarienne n. f. Opération chirurgicale qui se pratique lorsque l'accouchement est impossible par les voies naturelles.

cessation n. f. Arrêt, fin.

cesse n. f. Répit, trêve. *Sans cesse* loc. adv. Sans discontinuer.

cesser v. t. Mettre fin à : *cesser le travail.* V. i. Prendre fin : *l'orage a cessé.* S'arrêter : *cesser de parler.*

cession n. f. Action de céder : *la cession d'un droit.*

c'est-à-dire loc. conj. Annonce une explication, une rectification. (Abrév. C.-À-D.)

césure n. f. Repos ménagé à l'intérieur d'un vers après une syllabe accentuée.

cet, cette adj. dém. V. CE.

cétacés n. m. pl. Ordre de grands mammifères marins (baleines, etc.).

cétoine n. f. Insecte vert doré.

ceux, celles pr. dém. V. CELUI.

cévenol, e adj. et n. Des Cévennes.

chacal n. m. Mammifère carnassier qui se nourrit principalement de cadavres. Pl. des *chacals.*

chacun, e pron. indéf. sing. Chaque personne ou chaque chose. Tout le monde : *chacun sait cela.*

chafouin, e adj. et n. Sournois et rusé.

chagrin, e adj. Triste, mélancolique. N. m. Peine, affliction. Cuir grenu, utilisé en reliure.

chagriner v. t. Attrister ; contrarier.

châh ou **shâh** n. m. Titre porté par les souverains d'Iran.

chahut n. m. Vacarme, généralement accompagné de désordre, fait par des élèves. Tapage.

chahuter v. i. Faire du chahut. V. t. *Fam.* Bousculer. Accueillir par un chahut : *chahuter un professeur.*

chai n. m. Lieu où sont emmagasinés des vins ou des eaux-de-vie en fûts.

chaîne n. f. Lien composé d'anneaux passés les uns dans les autres : *chaîne d'une ancre.* Pile verticale en pierre de taille servant à consolider un mur : *chaîne d'encoignure.* Série de choses qui se suivent : *chaîne de montagnes.* Suite non interrompue de personnes qui se passent quelque chose : *faire la chaîne.* Fils tendus entre lesquels passe la trame. Ensemble d'établissements commerciaux faisant partie de la même organisation : *chaîne d'hôtels.* Ensemble d'émetteurs de radiodiffusion ou de télévision diffusant simultanément le même programme. *Fig.* Captivité, servitude, dépendance : *briser ses chaînes.* Enchaînement : *la chaîne des idées.*

chaînette n. f. Petite chaîne.

chaînon n. m. Anneau de chaîne. Partie d'une chaîne de montagnes.

chair n. f. Substance musculaire de l'homme et des animaux : *la chair et les os.* Fig. Nature humaine ; l'instinct sexuel : *la chair est faible.* Pulpe des fruits : *la chair du melon.*

chaire n. f. Tribune, estrade d'où un prédicateur, un professeur parle à l'auditoire. *La chaire de saint Pierre,* le siège apostolique. Fonction de professeur : *chaire de philosophie.*

chaise n. f. Siège à dossier, sans bras. *Chaise longue,* chaise le plus souvent pliante en toile sur laquelle on peut s'allonger.

chaisier, ière n. Qui fabrique des chaises. N. f. Préposée à la location des chaises, dans un jardin public.

chaland n. m. Bateau à fond plat.

chaland n. m. Acheteur, client (vieilli).

chalcographie [kalkɔgrafi] n. f. Gravure sur cuivre et sur d'autres métaux.

chaldéen, enne [kaldeɛ̃, -ɛn] adj. et n. De Chaldée.

châle n. m. Grande pièce de laine, de soie, couvrant les épaules.

chalet n. m. Petite maison de bois, surtout en montagne.

chaleur n. f. Qualité de ce qui est chaud. Cause quelconque qui a pour effet d'élever la température. Température élevée. *Fig.* Ardeur des sentiments ; vivacité : *défendre avec chaleur la cause d'un ami. Être en chaleur,* désirer l'accouplement, en parlant d'une femelle.

chaleureux, euse* adj. Qui manifeste de la chaleur : *un chaleureux accueil.*

châlit n. m. Bois de lit.

challenge [ʃalã3] n. m. Épreuve sportive où est mis en jeu un titre de champion.

chaloir v. i. *Peu m'en chaut,* peu m'importe. (Vx.)

chaloupe n. f. Grand et fort canot.

chalumeau n. m. Tuyau de paille, de roseau. Flûte champêtre. Appareil produisant une flamme très chaude pour fondre des métaux en vue de leur assemblage par soudage ou de leur découpage.

chalut n. m. Sorte de filet de pêche.

chalutier n. m. Bateau spécialement équipé pour la pêche au chalut.

chamade n. f. Signal annonçant autref. la capitulation des assiégés. *Fig. Son cœur bat la chamade,* il est très ému.

chamailler (se) v. pr. Se quereller.

chamaillerie n. f. Querelle bruyante.

chamarrer v. t. Surcharger d'ornements.

chamarrure n. f. Ornements de mauvais goût. *Fig. : la chamarrure de son style.*

chambard n. m. *Pop.* Vacarme.

chambardement n. m. *Pop.* Action de chambarder.

chambarder v. t. *Pop.* Renverser, bouleverser de fond en comble.

chambranle n. m. Encadrement de porte, de fenêtre, etc.

chambre n. f. Pièce d'une maison où l'on couche : *chambre à deux lits. Garder la chambre,* ne pas sortir. Lieu où se réunissent certaines assemblées : *la Chambre des députés.* Ensemble des membres de ces assemblées.

chambrée n. f. L'ensemble des soldats logeant dans une même pièce.

chambrer v. t. *Chambrer une bouteille de vin,* la faire séjourner dans la pièce où elle sera consommée, pour l'amener à la température ambiante.

chameau n. m. Mammifère ruminant d'Asie, qui a deux bosses sur le dos. Nom usuel du dromadaire. Personne méchante et acariâtre.

chamelier n. m. Celui qui soigne et conduit les chameaux.

chamelle n. f. Femelle du chameau.

chamois n. m. Ruminant à cornes lisses et recourbées, vivant dans les hautes montagnes et très agile. Sa peau préparée. Adj. inv. Jaune clair.

champ n. m. Étendue de terre labourable. Au plur., la campagne en général. *Fig.* Perspective, sujet, matière : *le champ des hypothèses. Champ de courses,* hippodrome. *Champ de tir,* terrain pour exercices de tir. Fond sur lequel on représente quelque chose : *décor rouge sur champ bleu. A tout bout de champ,* à tout propos. *À travers champs,* hors des routes.

champagne n. m. Vin blanc mousseux que l'on prépare en Champagne. N. f. *Fine champagne,* eau-de-vie de qualité supérieure.

champagniser v. t. Préparer à la manière du champagne.

champenois, e adj. et n. De la Champagne.

champêtre adj. Relatif aux champs.

champignon n. m. Genre de végétaux sans fleurs et sans chlorophylle : *les moisissures, les bolets, les truffes sont des champignons. Fam.* Pédale d'accélérateur.

champignonnière n. f. Endroit où l'on cultive les champignons.

champion n. m. Vainqueur d'une épreuve sportive. Personne qui défend une cause avec ardeur.

championnat n. m. Épreuve sportive.

chance n. f. Bonne fortune, sort favorable. Pl. Probabilités.

chanceler v. i. (conj. **3**) Vaciller sur ses pieds, sur sa base. *Fig.* Être ébranlé, compromis.

chancelier n. m. Dignitaire qui a la garde du sceau ou qui occupe un poste honorifique élevé dans certains corps. En Allemagne, chef du gouvernement. *Chancelier de l'Échiquier,* en Grande-Bretagne, ministre des Finances.

chancelière n. f. Femme du chancelier.

chancellerie n. f. Ministère de la Justice. Services dépendant d'un chancelier.

chanceux, euse adj. *Fam.* Qui a de la chance.

chancre n. m. Nom vulgaire des ulcères. Maladie des arbres. *Fig.* Cause de destruction progressive.

chandail n. m. Tricot de laine couvrant le torse.

chandelier n. m. Support pour une ou plusieurs chandelles ou bougies.

chandelle n. f. Flambeau de suif.

chanfrein n. m. Partie de la tête d'un animal, des oreilles aux naseaux. Surface oblique obtenue lorsque l'on abat l'arête d'une pierre, d'une pièce de bois, etc.

chanfreiner v. t. Tailler en chanfrein.

change n. m. Troc d'une chose contre une autre. Vente ou échange des monnaies. Taux auquel on fait cette opération. *Fig. Donner le change,* tromper. *Lettre de change,* effet de commerce qui contient l'ordre de payer à une époque dite, à telle ou telle personne, une certaine somme.

changement n. m. Action de changer. Son résultat : *aimer le changement.*

changer v. t. (conj. **1**) Céder une chose pour une autre. Remplacer une personne ou une chose par une autre. Convertir, transformer. Modifier. *Changer un bébé, un malade,* leur mettre du linge propre. V. i. Passer d'un état à un autre : *le temps change.* V. pr. *Fam.* Mettre d'autres vêtements.

changeur, euse n. Personne qui se livre aux opérations de change. N. m. Mécanisme permettant de remplacer une chose par une autre : *changeur de disques.*

chanoine n. m. Dignitaire ecclésiastique.

chanoinesse n. f. Religieuse de certaines communautés.

chanson n. f. Chant. Pièce de vers divisée en couplets et destinée à être chantée. *Chanson de geste,* poème épique du Moyen Age. Pl. *Fig.* Sornettes, discours frivoles.

chansonnette n. f. Petite chanson.

chansonnier, ère n. Artiste qui chante ou qui dit des couplets satiriques ou humoristiques de sa composition.

chant n. m. Suite de sons modulés émis par la voix. Mélodie. Chacune des divisions d'un poème : *poème en dix chants.*

chant n. m. Côté étroit d'un objet : *poser une brique de chant.*

chantage n. m. Extorsion d'argent ou d'avantages par la menace de révélations compromettantes.

chanter v. i. et t. Former avec la voix des sons musicaux. *Faire chanter,* pratiquer le chantage. V. t. Célébrer, louer : *chanter les mérites de quelqu'un.*

chanterelle n. f. Corde d'un violon qui a le son le plus aigu.

chanterelle n. f. Genre de champignons comestibles.

chanteur, euse n. Qui chante souvent ou par métier. *Fig. Maître chanteur,* celui qui se livre au chantage.

chantier n. m. Lieu où sont accumulés des matériaux de construction, des combustibles, etc. Édifice en cours de construction : *le chantier d'un immeuble. Fam.* Lieu en désordre. Lieu où l'on construit les navires. *En chantier,* en cours de réalisation.

chantonner v. t. et i. Chanter à mi-voix.

chantourner v. t. Découper une pièce de bois ou de métal suivant un profil donné.

chantre n. m. Celui qui entonne, au chœur, les chants liturgiques. Laudateur : *le chantre du régime.*

chanvre n. m. Plante fournissant une excellente fibre textile. *Chanvre indien,* chanvre dont on tire le hachisch.

chaos [kao] n. m. Confusion générale des éléments avant la création du monde. Grand désordre. Entassement de blocs rocheux.

chaotique adj. Qui tient du chaos.

chaparder v. t. *Fam.* Voler, marauder.

chape n. f. Grande cape liturgique. Ce qui recouvre certains objets : *la chape d'un pneu.*

chapeau n. m. Coiffure de forme variable.

chapelain n. m. Prêtre desservant une chapelle privée.

chapelet n. m. Objet de piété formé de grains enfilés qu'on fait glisser entre ses doigts en priant. *Fig.* Série.

chapelier, ère n. et adj. Qui fait ou vend des chapeaux d'homme.

chapelle n. f. Petite église. Toute partie d'une église ayant un autel.

chapellerie n. f. Industrie, commerce ou boutique de chapelier.

chapelure n. f. Croûte de pain râpée.

chaperon n. m. Personne qui chaperonne.

chaperonner v. t. Accompagner, surveiller, protéger une personne jeune.

chapiteau n. m. Tête d'une colonne couronnant le fût et supportant l'entablement. Tente de cirque.

chapitre n. m. Division d'un livre. Conseil de religieux, de chanoines ; lieu où il s'assemble. Assemblée.

chapitrer v. t. Réprimander.

chapon n. m. Coq châtré et engraissé.

chaque adj. indéf. Toute chose ou personne considérée individuellement.

char n. m. *Antiq.* Voiture à deux roues pour les combats, les jeux, etc. *Char de combat*, véhicule blindé sur chenilles.

charabia n. m. Langage inintelligible.

charade n. f. Sorte d'énigme.

charançon n. m. Petit coléoptère qui ronge les grains.

charbon n. m. Combustible solide de couleur noire, d'origine végétale. Houille. *Fam. Être sur des charbons ardents*, être très impatient. *Méd.* Maladie infectieuse.

charbonnage n. m. Exploitation d'une houillère.

charbonner v. t. Réduire en charbon. Écrire, dessiner avec du charbon. V. i. Se réduire en charbon par combustion incomplète.

charbonnier, **ère** n. Personne qui fait du charbon de bois. Personne qui vend du charbon. *La foi du charbonnier*, une foi naïve, aveugle.

charcuter v. t. Couper maladroitement de la viande. *Fam.* Pratiquer maladroitement une opération chirurgicale.

charcuterie n. f. Commerce, boutique ou marchandises du charcutier.

charcutier, **ère** n. Personne qui prépare ou vend de la chair de porc.

chardon n. m. Plante épineuse.

chardonneret n. m. Genre de passereaux chanteurs, à plumage coloré.

charge n. f. Faix, fardeau. Ce que peut porter, supporter un homme, un cheval, un camion, etc. *Fig.* Impôt : *charges fiscales.* Caricature. Fonctions publiques : *occuper de hautes charges.* Mission, mandat : *avoir charge de vendre un bien.* Présomption, preuve de culpabilité. Attaque impétueuse : *charge de cavalerie.* Poudre, projectiles, etc., que l'on met dans une arme à feu. Quantité d'électricité contenue dans un appareil. *Être à la charge de quelqu'un*, subsister grâce à lui. *A charge de revanche*, à condition qu'on rende la pareille. Pl. Frais qui s'ajoutent au loyer ; obligation onéreuse : *charges de famille.*

chargé, **e** adj. *Fig.* Comblé : *chargé d'honneurs.* N. M. *Chargé d'affaires*, diplomate représentant momentanément son gouvernement à l'étranger.

chargement n. m. Action de charger. Charge d'une voiture, d'un camion, d'un navire.

charger v. t. (conj. 1) Mettre une charge sur : *charger d'impôts.* Déposer contre : *charger un accusé.* Donner un ordre, une commission : *charger quelqu'un d'un achat.* Attaquer avec impétuosité : *charger l'ennemi.* Mettre dans... arme à feu de poudre, des projec... l. pr. *Se charger de quelque chose*, en a... er le soin, la respon-

sabilité. *Se charger de quelqu'un*, s'occuper de lui.

chargeur n. m. Celui qui charge. Dispositif pour charger une arme.

chariot n. m. Voiture pour les fardeaux. Organe d'une machine à écrire qui porte le rouleau.

charisme [karism] n. m. Grand prestige d'une personnalité exceptionnelle. Don spirituel exceptionnel, dans l'Église.

charitable adj. Qui pratique la charité.

charité n. f. Vertu qui porte à faire ou à souhaiter du bien aux autres. Aumône : *faire la charité ; actes de charité.*

charivari n. m. Tapage.

charlatan n. m. Mauvais médecin. *Fig.* Imposteur qui exploite la crédulité publique.

charlatanesque adj. Digne d'un charlatan.

charlatanisme n. m. Agissements de charlatan.

charmant, **e** adj. Qui est très agréable. *Prince charmant*, personnage séduisant.

charme n. m. Enchantement magique. Attrait. *Les charmes d'une femme*, ce qui la rend physiquement attirante. *Fam. Faire du charme*, chercher à séduire.

charme n. m. Arbre à bois dur.

charmer v. t. Charmer un charme, fasciner. *Fig.* Enchanter, causer une grande satisfaction : *charmer un auditoire.*

charmeur, **euse** n. Personne qui fascine. Adj. *Fig.* Qui exerce un attrait.

charmille n. f. Plants de petits charmes. Allée plantée de charmes.

charnel, **elle** adj. Qui a trait aux plaisirs des sens : *désirs charnels.*

charnier n. m. Dépôt d'ossements humains. Entassement de cadavres.

charnière n. f. Articulation formée de deux pièces métalliques unies par un axe commun (syn. GOND). *A la charnière de*, au point de jonction, de transition.

charnu, **e** adj. Bien fourni de chair.

charogne n. f. Cadavre d'une bête en décomposition.

charpente n. f. Assemblage de pièces de bois ou de béton armé, destiné à soutenir une construction. Par ext. Ossature. *Fig.* Structure d'un ouvrage littéraire.

charpenter v. t. Tailler, équarrir. *Fig.* Disposer le plan de : *roman bien charpenté.*

charpentier n. m. Ouvrier qui fait la charpente.

charpie n. f. Débris déchiquetés d'un linge. *En charpie*, en menus morceaux, déchiqueté.

charretée n. f. Contenu d'une charrette.

charretier, **ère** n. m. Qui conduit une charrette.

charrette n. f. Voiture à deux roues.

charrier v. t. Transporter dans une charrette. Emporter dans son cours (fleuve). *Pop.* Exagérer.

charroi n. m. Transport par chariot.

charron n. m. Celui qui fait des charrettes.

charrue n. f. Instrument pour labourer la terre.

charte n. f. Ancien titre concédant un privilège. Lois constitutionnelles d'un État. *Par ext.* Loi, règle fondamentale.

chartiste n. Élève de l'École des chartes.

chartreuse n. f. Couvent de religieux de l'ordre de Saint-Bruno.

chas [ʃa] n. m. Trou d'une aiguille.

chasse n. f. Terrain réservé pour chasser : *chasse gardée*. Gibier pris ou tué en chassant. Chasseurs, chiens, équipage de la chasse. Poursuite : *donner la chasse*. *Chasse d'eau*, appareil produisant un rapide écoulement d'eau. Corps de l'aviation destiné à poursuivre les avions ennemis.

châsse n. f. Coffre où l'on conserve les reliques d'un saint. Monture d'une pièce.

chassé-croisé n. m. Sorte de pas de danse. Par ext. Mouvement par lequel deux personnes se croisent.

chasselas n. m. Variété de raisin.

chasse-mouches n. m. inv. Petit balais pour chasser les mouches.

chasse-neige n. m. inv. Appareil servant à déblayer la neige sur les routes ou les voies ferrées.

chasser v. t. Mettre dehors avec violence. Pousser, enfoncer : *chasser un clou*. Ecarter ce qui importune. Dissiper : *chasser les soucis*. Poursuivre un gibier. V. i. Déraper.

chasseur, euse n. Personne qui chasse. N. m. Nom donné aux soldats de certains corps d'infanterie et de cavalerie. Appareil de l'aviation de chasse. Domestique en livrée qui, dans les hôtels, les restaurants, fait les courses.

chassie n. f. Substance gluante et jaunâtre qui s'accumule sur le bord des paupières.

chassieux, euse adj. Qui a de la chassie.

châssis n. m. Encadrement en bois, en fer, pour enchâsser, contenir. Cadre supportant la caisse d'un véhicule, l'affût de certains canons, etc. : *châssis d'auto*. Abri vitré : *culture sous châssis*.

chaste* adj. Qui évite toute impureté d'âme et de corps, dans la pensée, la pudeur. Innocent.

chasteté n. f. Vertu des personnes chastes.

chasuble n. f. [ʃazybl] n. f. Vêtement que le prêtre revêt par-dessus l'aube pour célébrer la messe.

chat n. m. Genre de mammifères, dont une espèce est domestiquée et chasse les souris. *Il n'y a pas un chat*, il n'y a personne. *Avoir un chat dans la gorge*, être enroué.

châtaigne n. f. Fruit du châtaignier.

châtaigneraie n. f. Lieu planté de châtaigniers.

châtaignier n. m. Grand arbre qui produit les châtaignes.

châtain, e adj. De la couleur de la châtaigne : *cheveux châtains*.

château n. m. Demeure féodale, fortifiée. Habitation royale ou seigneuriale. Grande et belle maison de campagne.

chateaubriand ou **châteaubriant** n. m. Bifteck très épais, taillé dans le filet de bœuf.

châtelain, e n. Propriétaire d'un château.

chat-huant [h asp.] n. m. Hulotte, espèce de chouette.

châtier v. t. Punir, corriger. Fig. Polir : *châtier son style*.

chatière n. f. Ouverture au bas d'une porte, pour laisser passer les chats.

châtiment n. m. Peine sévère.

chatoiement n. m. Reflet brillant et changeant : *chatoiement d'un rubis*.

chaton n. m. Petit chat. Bourgeon duveteux de certains arbres (noisetier, saule, etc.).

Partie centrale d'une bague dans laquelle une pierre précieuse est enchâssée.

chatouillement n. m. Action de chatouiller. Sensation qui en résulte.

chatouiller v. t. Causer, par des attouchements légers et répétés, un tressaillement qui provoque ordinairement le rire. Fig. Flatter agréablement : *chatouiller la vanité*.

chatouilleux, euse adj. Sensible au chatouillement. Fig. Susceptible.

chatoyer [ʃatwaje] v. i. (conj. 2) Jeter des reflets changeant selon l'éclairage : *étoffe qui chatoie*.

châtrer v. t. Faire l'ablation d'un organe nécessaire à la reproduction : *le bœuf est châtré, le taureau ne l'est pas*.

chatte n. f. Femelle du chat.

chatterie n. f. Caresse insinuante. Friandise délicate : *aimer les chatteries*.

chatterton [ʃatɛrtɔn] n. m. Ruban adhésif pour isoler les fils électriques.

chaud, e* adj. Qui a ou donne de la chaleur : *climat chaud*. Fig. Vif, animé : *chaude dispute*. Récent : *nouvelle toute chaude*. *Pleurer à chaudes larmes*, pleurer abondamment. Adv. : *servez chaud*.

chaudière n. f. Grand récipient métallique. Son contenu : *une chaudière de sucre*. *Chaudière à vapeur*, appareil qui produit de la vapeur.

chaudron n. m. Petite chaudière.

chaudronnerie n. f. Profession du chaudronnier.

chaudronnier, ère n. Personne qui fait, vend ou répare des objets en tôle ou en cuivre rivés, emboutis ou estampés.

chauffage n. m. Ce qui sert à chauffer. Action, manière de chauffer.

chauffe n. f. Action de chauffer.

chauffe-eau n. m. inv. Appareil de production d'eau chaude.

chauffe-bain n. m. Appareil pour la production instantanée d'eau chaude pour le bain.

chauffe-plats n. m. inv. Réchaud pour tenir les plats au chaud.

chauffer v. t. Rendre chaud. Fig. Presser, mener vivement : *chauffer une affaire*. V. i. Devenir chaud : *le bain chauffe*. Avoir ses feux allumés (machine à vapeur). Fig. *Ça chauffe*, la dispute devient vive.

chaufferette n. f. Appareil pour chauffer les pieds.

chaufferie n. f. Chambre de chauffe d'une usine, d'un navire, etc.

chauffeur n. m. Celui qui entretient le feu d'une forge, d'une machine à vapeur. Conducteur professionnel d'automobile, d'autobus.

chaufournier n. m. Ouvrier responsable d'un four à chaux.

chauler v. t. Amender un sol avec de la chaux. Enduire le tronc d'un arbre de lait de chaux.

chaume n. m. Tige des graminées. Ce qu'il en reste dans les champs après la moisson. Toiture de paille.

chaumière n. f. Maison rustique couverte de chaume.

chaussée n. f. Partie de la voie publique aménagée pour la circulation. Long écueil sous-marin.

chausse-pied n. m. Lame incurvée facilitant l'entrée du pied dans la chaussure.

chausser v. t. Mettre des chaussures. V. t. et i. Aller au pied.

chausse-trape n. f. Piège fait d'un trou camouflé, pour y prendre les animaux sauvages. *Fig.* Ruse pour piéger quelqu'un.

chaussette n. f. Bas qui ne monte qu'à mi-jambe.

chausson n. m. Chaussure d'appartement à talon bas. Soulier plat de danse. Pâtisserie fourrée de marmelade.

chaussure n. f. Tout ce que l'on met au pied pour se chausser.

chauve adj. Sans cheveux. Pelé.

chauve-souris n. f. Mammifère à ailes membraneuses, ressemblant à une souris.

chauvin, e adj. Patriote fanatique.

chauvinisme n. m. Patriotisme outré.

chaux n. f. Oxyde de calcium obtenu par calcination de pierres calcaires.

chavirement n. m. Action de chavirer. *Fig.* Bouleversement.

chavirer v. i. Se renverser sens dessus dessous. V. t. Renverser, culbuter.

chéchia n. f. Coiffure en drap rouge de certaines populations d'Afrique.

cheddite n. f. Explosif puissant.

chef n. m. Tête (vx) : *opiner du chef.* Personne qui détient une autorité, qui dirige. Fondateur. *Fig.* Point essentiel, capital : *chef d'accusation.*

chef-d'œuvre [ʃedœvr] n. m. Ouvrage que tout aspirant à la maîtrise devait soumettre à un jury. Travail parfait.

chefferie n. f. Organisme politique de l'Afrique noire.

chef-lieu n. m. Ville principale d'une division administrative.

cheikh n. m. Chef de tribu arabe.

chelem [ʃlɛm] n. m. Au whist, au bridge, réunion de toutes les levées dans un camp.

chemin n. m. Voie, terrain préparé pour aller d'un lieu à un autre. Voie de communication quelconque, itinéraire. *Chemin battu,* chemin fréquenté et, au fig., routine. *Chemin de fer,* dont la voie est formée par deux lignes parallèles de rails d'acier. *Fig.* Voie qui conduit à un but : *le chemin de la fortune.* Faire son *chemin,* réussir, parvenir, s'enrichir.

chemineau n. m. Mendiant vagabond.

cheminée n. f. Foyer dans lequel on fait du feu. Partie de la cheminée qui fait saillie dans la chambre. Conduit par où passe la fumée et qui s'élève au-dessus du toit.

cheminement n. m. Action de faire du chemin. Évolution, progression.

cheminer v. i. Aller, marcher. Progresser régulièrement.

cheminot n. m. Employé de chemin de fer.

chemise n. f. Vêtement de tissu léger ne couvrant que le buste, comportant un col et un boutonnage. *Chemise de nuit,* vêtement de nuit porté par les femmes. Feuille repliée de papier fort ou de carton, dans laquelle on range des papiers. Enveloppe, revêtement : *chemise de moteur.*

chemiserie n. f. Fabrique, magasin de chemises.

chemisette n. f. Chemise d'homme ou corsage de femme à manches courtes.

chemisier, ère Personne qui fait ou vend des chemises. N. m. Blouse de femme.

chenal n. m. Passage, naturel ou artificiel, ouvert entre des rochers, des îles, des bancs, et accessible aux navires.

chenapan n. m. Vaurien, voyou.

chêne n. m. Arbre à bois dur dont le fruit est le gland.

chéneau n. m. Conduit placé à la base d'un toit, pour recevoir les eaux de pluie.

chenet [ʃənɛ] n. m. Ustensile pour supporter le bois dans le foyer.

chenil [ʃənil] n. m. Lieu où on élève, où on dresse, où on loge des chiens.

chenille n. f. Larve de papillon. Passement de soie velouté. *Autom.* Bande métallique articulée, qui équipe les véhicules destinés à circuler en tous terrains.

chenu, e adj. Blanchi par l'âge.

cheptel n. m. Ensemble des animaux (*cheptel vif*) et du matériel (*cheptel mort*) d'une exploitation agricole.

chèque n. m. Bon de paiement sur un compte bancaire.

chéquier n. m. Carnet de chèques.

cher, ère* adj. Tendrement aimé : *un être cher.* D'un prix élevé : *un bijou cher.* Précieux : *le temps est cher.* Adv. Vendre trop *cher,* à haut prix.

chercher v. t. S'efforcer de trouver une chose. S'efforcer de, en général.

chercheur, euse adj. et n. Qui cherche. Qui se consacre à la recherche scientifique.

chère n. f. Qualité des mets : *aimer la bonne chère.*

chérif n. m. Descendant de Mahomet. Prince arabe.

chérir v. t. Aimer tendrement.

cherté n. f. Haut prix : *cherté de la vie.*

chérubin n. m. Une des catégories d'anges. *Fig.* Charmant enfant.

chétif, ive* adj. De faible constitution. Maigre, faible.

cheval n. m. Quadrupède qui sert à l'homme de monture et de bête de trait. *Fig.* Homme fort et courageux. *A cheval,* à califourchon, de chaque côté de, et, au *fig.,* ferme, inflexible : *à cheval sur la discipline.*

chevaleresque* adj. Qui a le caractère généreux de l'ancienne chevalerie.

chevalerie n. f. Qualité, rang de chevalier. L'institution elle-même. *Ordre de chevalerie,* au Moyen Âge, corps religieux, militaire et hospitalier chargé de la défense des lieux saints. Auj., distinction honorifique. Ordre créé par un souverain.

chevalet n. m. Support en bois sur lequel le peintre pose le tableau qu'il exécute. Tréteau qui servait à la torture.

chevalier n. m. Citoyen romain du second ordre. Noble admis dans l'ordre de la chevalerie. Membre d'un ordre militaire. Noble du rang inférieur à celui de baron. Auj., premier grade dans certains ordres honorifiques : *chevalier de la Légion d'honneur.*

chevalière n. f. Bague à large chaton.

chevalin, e adj. Relatif au cheval.

cheval-vapeur n. m. Unité de puissance (symb. : ch) équivalant à 75 kilogrammètres par seconde, soit, approximativement, 736 watts.

chevauchée n. f. Tournée à cheval.

chevauchement n. m. Action de chevaucher : *chevauchement de deux ardoises.*

chevaucher v. i. Aller à cheval. Se recouvrir partiellement (tuiles, lignes d'écriture, etc.). V. t. Être à califourchon sur.

chevelu, e adj. Qui a de longs cheveux. *Cuir chevelu,* la peau du crâne.

chevelure n. f. L'ensemble des cheveux. Trainée de feu d'une comète.

chevet n. m. Tête du lit : *s'asseoir au chevet d'un malade. Livre de chevet,* livre favori. Extrémité d'une nef d'église.

cheveu n. m. Poil de la tête, chez les humains.

cheville n. f. Morceau de bois ou de métal, pour boucher un trou, faire un assemblage, pour tendre les cordes d'un instrument de musique, etc. Saillie des os de l'articulation du pied. *Cheville ouvrière,* principal agent, mobile d'une affaire.

cheviller v. t. Assembler avec des chevilles. Remplir de mots inutiles.

cheviotte n. f. Laine d'agneau d'Écosse. Étoffe de cette laine.

chèvre n. f. Mammifère de l'ordre des ruminants, à menton garni d'une barbe. Appareil pour élever les fardeaux.

chevreau n. m. Petit de la chèvre. Sa peau.

chèvrefeuille n. m. Arbrisseau grimpant à fleurs odoriférantes.

chevrette n. f. Petite chèvre. Femelle du chevreuil.

chevreuil n. m. Mammifère ruminant des forêts.

chevrier, ère n. Gardeur, gardeuse de chèvres.

chevron n. m. Pièce de bois qui soutient les lattes sur la pente d'un toit.

chevronné, e adj. *Fam.* Qui a fait ses preuves dans un métier, une activité.

chevrotain n. m. Mammifère ruminant, sans cornes, d'Asie et d'Afrique.

chevrotement n. m. Tremblement de la voix.

chevroter v. i. Chanter, parler d'une voix tremblotante.

chevrotine n. f. Gros plomb de chasse.

chewing-gum [/wingom] n. m. Gomme parfumée que l'on mâche.

chez prép. Dans la maison de : *chez moi.* Dans le pays de : *chez les Turcs.* Du temps de : *chez les Romains.*

chic n. m. *Fam.* Allure élégante. Adj. inv. (en genre) Élégant : *des robes chics.*

chicane n. f. Querelle de mauvaise foi, portant sur des détails. Série d'obstacles disposés sur une route de façon à imposer un parcours en zigzag.

chicaner v. i. et t. Contester sans motif. Faire des reproches mal fondés.

chicanerie n. f. Syn. de CHICANE.

chicaneur, euse ou **chicanier, ère** adj. et n. Qui aime à chicaner.

chiche* adj. Mesquin. Parcimonieux. *Pois chiche,* légumineuse comestible.

chiche ! interj. Exprime le défi.

chichi n. m. *Pop.* Manières très affectées : *faire du chichi, des chichis.*

chicorée n. f. Sorte de salade. Poudre de racine de chicorée torréfiée que l'on mélange au café.

chicot n. m. Ce qui reste d'un arbre rompu. *Fam.* Reste d'une dent cassée.

chien, enne n. Mammifère carnivore, le plus souvent domestiqué pour la chasse, la garde, etc. Pièce d'une arme à feu, qui, autref., portait le silex. *Entre chien et loup,* à la tombée du jour.

chiendent n. m. Nom commun à deux graminacées, nuisibles aux cultures. *Fig.* et *fam.* Difficulté.

chiffe n. f. *Fig.* Homme sans caractère.

chiffon n. m. Vieux morceau d'étoffe. *Papier chiffon,* papier de luxe.

chiffonner v. t. Froisser. *Fig.* Contrarier.

chiffonnier, ère n. m. Marchand de vieux chiffons, de vieux objets. N. m. Petit meuble à tiroirs.

chiffre n. m. Chacun des caractères qui représentent les nombres. Montant, valeur d'une chose : *chiffre d'affaires.* Initiales d'un nom entrelacées. Écriture secrète.

chiffrer v. i. Calculer, écrire avec des chiffres. V. t. Numéroter. Transcrire en une écriture secrète.

chignole n. f. Perceuse portative.

chignon n. m. Cheveux de derrière la tête relevés sur la nuque.

chimère n. f. Monstre fabuleux. Projet séduisant, mais irréalisable ; idée vaine.

chimérique adj. Qui se complaît dans les chimères. Sans fondement ; illusoire, utopique.

chimie n. f. Science qui étudie la nature et les propriétés des corps simples, l'action de ces corps les uns sur les autres et les combinaisons dues à cette action.

chimique* adj. De la chimie.

chimiste n. Personne qui s'occupe de chimie. Adj. : *ingénieur chimiste.*

chimpanzé n. m. Singe anthropoïde des forêts équatoriales d'Afrique et d'Indonésie.

chinchilla n. m. Rongeur du Pérou, à fourrure estimée. Sa fourrure.

chiné, e adj. Qui est de plusieurs couleurs.

chiner v. t. *Fam.* Railler, critiquer.

chineur, euse n. *Fam.* Moqueur. *Pop.* Brocanteur.

chinois, e adj. et n. De la Chine. *Fig.* Compliqué, bizarre. N. m. Langue parlée en Chine.

chinoiserie n. f. Bibelot de Chine. Pl. Formalités compliquées.

chiot n. m. Jeune chien.

chiourme n. f. Ensemble des forçats d'un bagne.

chiper v. t. *Fam.* Dérober.

chipie n. f. *Pop.* Femme acariâtre.

chipoter v. i. Discuter sur des vétilles. V. t. *Fam.* Discuter mesquinement sur quelque chose, contester sur de menues dépenses.

chique n. f. Petit insecte qui se loge sous la peau. Morceau de tabac que l'on mâche.

chiquenaude n. f. Coup donné avec un doigt replié contre le pouce et brusquement détendu.

chiquer v. i. Mâcher du tabac.

chiromancie [kiromãsi] n. f. Art de prédire l'avenir d'après les lignes de la main.

chiromancien, enne n. Personne qui pratique la chiromancie.

chiropractie [kirɔprakti] ou **chiropraxie** [kirɔpraksi] n. f. Traitement de certaines maladies par manipulations des vertèbres.

chirurgical, e*, aux adj. Relatif à la chirurgie.

chirurgie n. f. Partie de l'art médical qui comporte l'intervention de la main nue ou armée d'instruments.

chirurgien n. m. Médecin qui exerce la chirurgie.

chitine [kitin] n. f. Substance organique constituant la carapace des animaux articulés.

chiure n. f. Excrément de mouche.

chlorate n. m. Sel de l'acide chlorique.

chlore n. m. Corps simple de couleur verdâtre, d'une odeur suffocante.

chloré, e adj. Qui contient du chlore.

chlorhydrique adj. m. *Acide chlorhydrique*, combinaison de chlore et d'hydrogène.

chloroforme n. m. Liquide incolore, d'une odeur éthérée, longtemps utilisé comme anesthésique.

chloroformer v. t. Endormir au chloroforme. *Fig.* : *chloroformer l'opinion.*

chlorophylle [klɔrɔfil] n. f. Pigment vert des végétaux.

chlorure [klɔryr] n. m. Combinaison du chlore avec un corps simple ou composé.

choc n. m. Heurt brusque d'un corps dur contre un autre. Rencontre et combat. *Fig.* Coup, ébranlement soudain.

chocolat n. m. Aliment composé de cacao et de sucre. Cette substance délayée dans de l'eau ou du lait. Adj. inv. Sa couleur : *des rubans chocolat.*

chocolatier, ère n. et adj. Qui fabrique, vend du chocolat.

chœur [kœr] n. m. Réunion de personnes exécutant des danses et des chants. Musiciens qui chantent ensemble. Composition musicale à plusieurs parties. Partie de l'église où l'on chante l'office. *Enfant de chœur*, enfant employé au service du culte. *En chœur* loc. adv. Ensemble.

choir v. i. (conj. 44) Tomber.

choisi, e adj. De première qualité. Distingué : *langage choisi.*

choisir v. t. Prendre de préférence.

choix n. m. Action, faculté, pouvoir de choisir.

choléra [kɔlera] n. m. Maladie épidémique intestinale.

cholérique adj. Relatif au choléra.

cholestérol [kɔlesterɔl] n. m. Alcool d'origine exclusivement animale présent dans la bile, le sang et tous les tissus.

chômage n. m. Situation d'une personne, d'une entreprise qui manque de travail.

chômer v. i. Manquer de travail. *Fêtes chômées*, jours où l'on ne travaille pas.

chômeur, euse n. Qui est involontairement en chômage.

chope n. f. Grand gobelet à bière.

chopine n. f. Anc. mesure valant environ un demi-litre.

choquer v. t. Donner un choc, heurter. *Fig.* Offenser, contrarier.

choral, e [kɔral] adj. Qui appartient au chœur. N. m. Chant religieux. Pl. des *chorals.*

chorégraphie [kɔregrafi] n f. Art d'écrire, de diriger, d'ordonner des ballets, des danses.

choriste [kɔrist] n. Personne qui chante dans les chœurs.

chorus [kɔrys] n. m. *Faire chorus*, répéter avec d'autres.

chose n. f. Tout ce qui est, sauf les êtres animés. Action, événement, fait, idée : *savez-vous la chose ?* Le réel, par opposition à l'apparence. *La chose publique*, l'État.

chou n. m. Genre de crucifères comestibles. (Pl. des *choux.*) Chou-fleur, variété de chou dont les fleurs naissantes sont comestibles. Touffe en rubans. Pâtisserie soufflée et légère : *chou à la crème. Mon chou*, mot de tendresse.

chouan n. m. Nom donné aux paysans du Maine, de Bretagne et de Normandie qui s'insurgèrent contre la République pendant la Révolution.

chouannerie n. f. Insurrection, guerre des chouans.

choucas [ʃuka] n. m. Petite corneille.

chouchou, chouchoute n. Celui, celle que l'on préfère.

chouchouter v. t. Choyer.

choucroute n. f. Mets fait avec des choux hachés et fermentés.

chouette n. f. Nom vulgaire de certains oiseaux rapaces nocturnes, sans aigrette.

chou-navet, chou-rave n. m. Sortes de chou à racine comestible.

choyer [ʃwaje] v. t. (conj. 10) Entourer de tendresse, d'attention.

chrême [krɛm] n. m. Huile consacrée utilisée pour les onctions sacramentelles.

chrétien, enne* adj. et n. Qui est baptisé et professe la religion du Christ.

chrétienté n. f. Ensemble des pays ou des peuples chrétiens.

christ [krist] n. m. Représentation de Jésus-Christ attaché sur la croix.

christianiser v. t. Convertir au christianisme. Évangéliser.

christianisme n. m. Religion chrétienne.

chromatique [krɔ-] adj. Relatif aux couleurs. *Mus.* Se dit d'une série de sons procédant par demi-tons.

chrome [krom] n. m. Corps simple métallique, dont les sels sont remarquables par leur belle coloration.

chromer v. t. Recouvrir de chrome.

chromolithographie, par abrév. **chromo** n. f. Impression lithographique en plusieurs couleurs. Épreuve ainsi obtenue.

chronique* [krɔnik] adj. *Méd.* Se dit des maladies qui évoluent lentement et se prolongent.

chronique [krɔnik] n. f. Histoire où les faits sont enregistrés dans l'ordre des temps. Article de journal, où se trouvent les faits, les nouvelles du jour, les bruits de la ville : *chronique politique, mondaine, judiciaire.* Ensemble des bruits qui circulent : *chronique scandaleuse.*

chroniqueur, euse n. Auteur de chroniques : *chroniqueur théâtral.*

chronographe [krɔ-] n. m. Montre de précision, permettant de mesurer des intervalles de temps.

chronologie [krɔ-] n. f. Science qui vise à établir les dates des faits historiques. Ordre de succession des événements.

chronologique* adj. Relatif à la chronologie : *ordre chronologique.*

chronomètre [krɔ-] n. m. Montre de précision.

chronométrer v. t. Mesurer exactement une durée à l'aide d'un chronomètre, d'une montre.

chrysalide [krizalid] n. f. État d'un insecte renfermé dans sa coque avant de devenir papillon.

chrysanthème [krizātεm] n. m. *Bot.* Genre de composées à belles fleurs d'arrière-saison.

chuchotement n. m. Action de chuchoter.

chuchoter v. i. et t. Parler, dire à voix basse, indistinctement (syn. MURMURER).

chuchoterie n. f. *Fam.* Entretien de personnes qui chuchotent.

chuchoteur, euse adj. et n. Qui chuchote.

chuintant, e adj. et n. f. Se dit de certaines consonnes fricatives [ʃ] et [ʒ] qui se prononcent comme les sifflantes, mais avec les lèvres poussées en avant.

chuintement n. m. Action de chuinter.

chuinter v. i. Crier, en parlant de la chouette. Faire entendre un son chuintant.

chut! interj. Silence!

chute n. f. Action de tomber. Masse d'eau qui tombe d'une certaine hauteur : *les chutes du Niagara. Fig.* Renversement, ruine. Echec : *la chute du gouvernement.* Chute du jour, moment où la nuit arrive. *Chute des reins,* le bas du dos.

chuter v. i. *Fam.* Tomber.

chyle [ʃil] n. m. Liquide blanchâtre contenu dans l'intestin grêle, résultant de la digestion des aliments, et porté dans le sang par les vaisseaux chylifères.

chyme [ʃim] n. m. Bouillie résultant de la digestion gastrique des aliments.

ci adv. de lieu, employé pour *ici.* Se joint souvent aux substantifs précédés de *ce, cette, ces,* et aux pronoms démonstratifs *celui, celle, ceux,* pour désigner un objet ou un moment présent. Loc. adv. *Par-ci, par-là, de-ci, de-là,* de côté et d'autre. *Ci-après,* après ce passage-ci. *Ci-contre,* en regard. *Ci-dessous,* dans l'endroit qui est ici dessous. *Ci-dessus,* plus haut. *Ci-gît,* ici est enterré. *Ci-devant,* avant ce temps-ci et n., noble, à l'époque de la Révolution.

cible n. f. Planche servant de but : *tir à la cible. Fig.* But, objectif.

ciboire n. m. Vase contenant les hosties consacrées.

ciboule n. f. Plante dont les feuilles sont un condiment.

ciboulette n. f. Plante de la même famille que la ciboule, servant de condiment.

cicatrice n. f. Trace d'une plaie, d'une blessure : *être balafré de cicatrices.*

cicatrisation n. f. Phénomène par lequel une plaie se ferme.

cicatriser v. t. Fermer, dessécher, en parlant d'une blessure. *Fig.* Guérir.

cicérone n. m. Guide.

cidre n. m. Boisson faite avec le jus fermenté des pommes.

ciel n. m. Espace dans lequel se meuvent les astres. Partie de l'espace au-dessus de nos têtes. Air, atmosphère. Séjour des justes après leur mort. *Fig.* Dieu, la Providence. *À ciel ouvert,* en plein jour, à découvert. Interj. de surprise, de douleur : *ô ciel!* — *Cieux* est le pluriel ordinaire de *ciel.* Mais on dit : *des ciels de lit, des ciels de tableau.*

cierge n. m. Grande chandelle de cire, à l'usage des églises. Plante grasse d'Amérique.

cigale n. f. Genre d'insectes hémiptères des pays chauds.

cigare n. m. Petit rouleau de feuilles de tabac, que l'on fume.

cigarette n. f. Tabac roulé dans du papier très fin : *un paquet de cigarettes.*

cigogne n. f. Oiseau échassier migrateur.

ciguë [sigy] n. f. Plante vénéneuse.

cil n. m. Poil des paupières.

ciliaire adj. Relatif aux cils.

cilice n. m. Chemise de crin.

ciller [sije] v. i. Fermer rapidement les paupières.

cimaise ou **cymaise** n. f. Moulure de boiserie à hauteur d'appui, sur laquelle repose la première rangée des toiles dans une exposition, et où le tableau est le mieux en vue.

cime n. f. Sommet d'une montagne, d'un arbre. *Fig.* Degré le plus élevé.

ciment n. m. Poudre qui, additionnée de sable et d'eau, forme un mortier durcissant au séchage et liant les matériaux de construction. *Fig.* Ce qui unit.

cimenter v. t. Lier avec du ciment. *Fig.* Affermir : *cimenter une alliance.*

cimentier n. m. Celui qui fabrique du ciment ou qui l'emploie.

cimeterre n. m. Sabre oriental recourbé.

cimetière n. m. Lieu de sépulture.

cinéaste n. Auteur ou réalisateur de films.

ciné-club n. m. Association pour la diffusion de la culture cinématographique.

cinéma n. m. Art de réaliser des films, dont les images, mobiles, sont projetées sur un écran. Salle destinée à la projection des films.

Cinémascope n. m. (nom déposé). Procédé cinématographique de projection sur un large écran.

cinémathèque n. f. Endroit où l'on conserve et projette les films.

cinématique n. f. Partie de la mécanique qui traite des mouvements.

cinématographe n. m. Appareil pour projeter sur un écran des vues animées. Syn. anc. de CINÉMA.

cinématographier v. t. Syn. de FILMER.

cinématographique adj. Relatif au cinéma.

cinéraire n. f. Plante ornementale. Adj. *Urne cinéraire,* qui renferme les cendres d'un corps incinéré.

cinghalais, e ou **cingalais, e** De Ceylan.

cinglant, e adj. Qui cingle. *Fig.* Rude, sévère : *une cinglante leçon.*

cingler v. t. et i. Naviguer vers.

cingler v. t. Frapper d'un coup vif avec un objet mince et flexible.

cinq adj. num. Quatre plus un. Cinquième. N. m. Le chiffre cinq.

cinquantaine n. f. Nombre de cinquante ou environ.

cinquante adj. num. Cinq fois dix.

cinquantenaire n. m. Anniversaire au bout de cinquante ans.

cinquantième adj. num. ord. de *cinquante*. N. Qui occupe la cinquantième place. Cinquantième partie d'un tout.

cinquième adj. num. ord. de *cinq* : *cinquième jour*. N. m. Cinquième partie d'un tout. N. f. Dans l'enseignement du second degré, deuxième année du premier cycle.

cintrage n. m. Action de cintrer.

cintre n. m. *Archit.* Courbure concave et continue d'une voûte ou d'un arc. Arcade de bois sur laquelle on bâtit les voûtes en pierre. *Plein cintre*, cintre dont la courbe est un demi-cercle. Support incurvé sur lequel on place les vêtements. Partie supérieure de la scène d'un théâtre.

cintrer v. t. Courber en cintre. Serrer un vêtement à la hauteur de la taille.

cirage n. m. Action de cirer. Produit à base de cire, destiné à l'entretien du cuir.

circoncire v. t. Pratiquer la circoncision.

circoncision n. f. Opération rituelle ou chirurgicale consistant à sectionner le prépuce.

circonférence n. f. Ligne courbe fermée, dont tous les points sont à égale distance d'un point appelé centre.

circonflexe adj. Se dit d'un signe d'accentuation ( ).

circonlocution n. f. Périphrase.

circonscription n. f. Ce qui limite l'étendue d'un corps. Division territoriale.

circonscrire v. t. (conj. 65) Entourer d'une ligne qui marque la limite. Délimiter.

circonspect, e [sirkɔspɛ, sirkɔspɛkt] adj. Discret, retenu.

circonspection n. f. Qualité de ce qui est circonspect.

circonstance n. f. Un des faits particuliers d'un événement. Conjoncture, situation : *une circonstance critique*.

circonstancié, e adj. Détaillé.

circonstanciel, elle adj. Qui dépend des circonstances. *Gramm. Complément circonstanciel*, celui qui exprime les circonstances dans lesquelles s'accomplit l'action (lieu, temps, cause, but, etc.).

circonvenir v. t. (conj. 16) Séduire par des manœuvres habiles.

circonvolution n. f. Enroulement.

circuit n. m. Pourtour, limite extérieure. Mouvement circulaire. Se dit d'un trajet plus ou moins circulaire : *circuit automobile*. Suite de conducteurs électriques : *couper, fermer le circuit*.

circulaire* adj. Qui a la forme d'un cercle. Qui décrit un cercle : *geste circulaire*. N. f. Lettre adressée à plusieurs personnes pour le même objet.

circulation n. f. Mouvement de ce qui circule : *circulation du sang*. Transmission, propagation. Action de se mouvoir en usant des voies de communication : *circulation interdite*.

circulatoire adj. Relatif à la circulation du sang.

circuler v. i. Se mouvoir de façon à revenir au point de départ. Aller et venir. Passer de main en main. *Fig.* Se propager, se répandre : *nouvelle qui circule*.

cire n. f. Substance molle et jaunâtre sécrétée par les abeilles. Substance malléable d'origine végétale. Composition pour cacheter les lettres, les bouteilles.

ciré, e adj. *Toile cirée*, toile recouverte d'une composition qui la rend imperméable.

ciré, n. m. Vêtement imperméable.

cirer v. t. Enduire de cire. Étendre du cirage sur les chaussures et les frotter pour les faire briller.

cireur, euse n. Personne qui cire. N. f. Appareil électrique à cirer les parquets.

cireux, euse adj. De la couleur de la cire.

cirque n. m. Lieu destiné aux jeux publics; chez les Romains. Enceinte circulaire pour spectacles équestres et acrobatiques. Espace semi-circulaire en haute montagne.

cirrhose n. f. Maladie du foie.

cirrus [sirys] n. m. Nuage en forme de filaments ou de boucles de cheveux.

cisaillement n. m. Action de cisailler.

cisailler v. t. Couper avec des cisailles.

cisailles n. f. pl. Gros ciseaux pour couper des plaques de métal, etc.

ciseau n. m. Lame d'acier trempé, dont l'une des extrémités est taillée en biseau, pour travailler le bois, le fer, la pierre. Pl. Instrument de acier à deux branches mobiles, tranchantes intérieurement.

ciseler v. t. (conj. 3) Travailler au ciselet : *ciseler du bronze. Fig.* Travailler finement.

ciselet n. m. Petit ciseau des orfèvres.

ciseleur n. m. Artiste qui cisèle.

ciselure n. f. Travail du ciseleur.

ciste n. m. (gr. *kisthos*). Arbrisseau méditerranéen à fleurs blanches ou roses.

cistercien, enne adj. et n. Qui appartient à l'ordre de Cîteaux.

citadelle n. f. Partie fortifiée de certaines villes.

citadin, e n. Habitant d'une ville.

citation n. f. Passage cité d'un auteur. *Dr.* Sommation à comparaître devant la justice. Mise à l'ordre du jour d'un militaire ou d'un citoyen pour une action d'éclat.

cité n. f. Syn. de VILLE. Partie la plus ancienne de certaines villes : *la Cité de Londres* (prend une majusc. en ce sens).

citer v. t. Désigner avec précision. Reproduire exactement ce qui a été dit ou écrit : *citer un vers de Rimbaud. Dr.* Appeler à comparaître en justice.

citerne n. f. Réservoir d'eau de pluie.

cithare n. f. Sorte de lyre.

citoyen, enne n. Dans l'Antiquité, personne qui jouissait du droit de cité. Membre d'un État considéré du point de vue de ses droits politiques. *Fam.* Individu suspect ou bizarre.

citrate n. m. *Chim.* Sel de l'acide citrique.

citrique adj. Se dit d'un acide qu'on extrait du citron.

citron n. m. Fruit d'un jaune pâle et plein d'un jus acide. Adj. inv. Jaune pâle.

citronnade n. f. Boisson à base d'eau sucrée et de jus de citron.

citronnelle n. f. Nom donné à des plantes qui sentent le citron.

citronnier n. m. *Bot.* Arbre qui produit le citron.

citrouille n. f. Nom de certaines courges, à fruits très gros.

civet n. m. Ragoût de lièvre ou d'autre gibier.

civette n. f. Mammifère carnassier, produisant une matière grasse parfumée. Parfum produit par la civette.

civière n. f. Brancards réunis par une toile, servant au transport des blessés, des malades.

civil, e* adj. Qui concerne les citoyens. Se dit par opposition à *militaire* et à *ecclésiastique. Guerre civile,* entre citoyens. *Mariage civil,* à la mairie. *Liste civile,* somme annuelle allouée au chef de l'État. N. m. Qui n'est ni soldat ni prêtre. *Dr.* Ce qui concerne seulement les affaires, les intérêts en litige.

civilisateur, trice adj. et n. Qui civilise.

civilisation n. f. Action de civiliser. État de ce qui est civilisé.

civiliser v. t. Amener à un plus grand développement économique, culturel. *Fam.* Rendre qqn plus raffiné dans ses manières.

civilité n. f. Respect des bienséances (syn. COURTOISIE, POLITESSE). Pl. Paroles de politesse, compliments d'usage.

civique adj. Qui concerne le citoyen.

civisme n. m. Dévouement à l'intérêt public : *faire acte de civisme.*

clabaudage n. m. Médisance, criaillerie importune et sans raison.

clabauder v. i. Aboyer fortement ou mal à propos. Tenir des propos médisants.

clac ! interj. V. CLIC.

clafoutis n. m. Gâteau fait d'une pâte où sont incorporés des fruits.

claie n. f. Treillis d'osier ou de fil métallique. Clôture de lattes jointives ou à claire-voie.

clair, e* adj. Lumineux, éclatant. Qui reçoit beaucoup de jour : *logement clair.* Net, distinct : *son clair.* Transparent, limpide : *eau claire.* Peu foncé. Peu serré : *toile claire. Fig.* Facilement intelligible : *langage clair.* Evident, manifeste, certain. Adverbialem. D'une manière claire, distincte : *voir clair* et, *au fig., y voir clair.*

clair n. m. Clarté : *le clair de lune. Tirer une affaire au clair,* l'élucider.

clairet adj. et n. m. Vin rouge léger.

claire-voie n. f. Clôture formée d'éléments espacés laissant passer le jour. *A claire-voie,* loc. adv. Dont les éléments sont espacés, laissent passer la lumière.

clairière n. f. Endroit dégarni d'arbres dans une forêt.

clair-obscur n. m. Mélange de clarté et d'ombre dans un tableau, une gravure.

clairon n. m. Trompette à son aigu et perçant. Soldat qui claironne.

claironner v. i. et t. Annoncer à grand fracas.

clairsemé, e adj. Peu serré. *Fig.* Rare.

clairvoyance n. f. Lucidité, perspicacité.

clairvoyant, e adj. Qui voit clair. Avisé, perspicace.

clamer v. t. Crier, manifester avec véhémence.

clameur n. f. Grands cris de mécontentement.

clan n. m. Groupe de personnes constituant une catégorie à part. Dans certaines sociétés, groupement de familles qui constitue une division de la tribu : *clan totémique.*

clandestin, e* adj. Fait en secret.

clandestinité n. f. Caractère de ce qui est clandestin. État d'une personne qui mène une existence clandestine.

clapet n. m. Partie mobile d'une soupape.

clapier n. m. Cabane à lapins.

clapotement ou **clapotis** n. m. Agitation légère des vagues qui s'entrechoquent.

clapoter v. i. Produire un clapotis.

claque n. f. Coup donné avec le plat de la main. Spectateurs payés pour applaudir.

claquement n. m. Bruit de ce qui claque.

claquemurer (se) v. pr. ou **être claquemuré** v. passif. *Fam.* S'enfermer chez soi.

claquer v. i. Produire un bruit sec : *faire claquer son fouet.* Pop. Mourir. V. t. Donner une claque. *Fam.* Fatiguer.

claquettes n. f. pl. Style de danse d'origine américaine.

clarification n. f. Action de clarifier.

clarifier v. t. Rendre clair. Purifier.

clarine n. f. Sonnette, clochette.

clarinette n. f. Instrument à vent, à clefs.

clarinettiste n. Artiste qui joue de la clarinette.

clarté n. f. Lumière. Transparence. *Fig.* Caractère de ce qui est clair, intelligible.

classe n. f. Catégorie dans laquelle on range les êtres : *classe sociale.* Contingent militaire, comprenant les conscrits d'une année. Élèves instruits par un même maître. Leçon : *faire la classe.* Salle des leçons : *classe sombre.* École, étude en général. *Fig.* Ensemble des élèves. *Hist. nat.* Grande division d'un règne, qui se subdivise en *ordres.*

classement n. m. Action de classer. État de ce qui est classé.

classer v. t. Ranger par classes. *Classer une affaire,* la juger réglée.

classeur n. m. Portefeuille, meuble où l'on classe des papiers.

classicisme n. m. Caractère de ce qui est classique. Doctrine littéraire et artistique fondée sur le respect de la tradition classique.

classification n. f. Classement.

classifier v. t. Classer.

classique adj. Conforme aux règles tracées par les Anciens : *peinture classique. Langues classiques,* le grec et le latin. N. m. Auteur, ouvrage qui peut servir de modèle : *classiques grecs.* Partisan du genre classique : *les classiques et les romantiques.*

claudication n. f. Action de boiter.

clause n. f. Disposition particulière contenue dans un acte, un contrat.

claustral, e, aux adj. Relatif au cloître.

claustration n. f. Action d'enfermer dans un cloître, un lieu clos.

claustrophobie n. f. Crainte morbide des espaces clos.

clavecin n. m. *Mus.* Instrument à clavier et à cordes.

clavette n. f. Cheville servant à assembler deux pièces.

clavicule n. f. Os long de l'épaule, qui joint le sternum à l'omoplate.

clavier n. m. Rangée des touches d'un piano, d'une machine à écrire, etc.

clayonnage n. m. Claie de branches.

clef ou **clé** n. f. Petite pièce métallique pour ouvrir et fermer une serrure. *Fig.* Ce qui permet de comprendre, de résoudre un problème : *la clef du mystère. Méc.* Outil pour ouvrir ou fermer, serrer ou desserrer des écrous, etc. : *clef anglaise. Mus.* Signe qui indique l'intonation : *clef de sol.* Pièces mobiles qui bouchent et ouvrent les trous d'un instrument de musique à vent. *Archit. Clef de voûte,* pierre en forme de coin, qui occupe la partie centrale d'une voûte ou d'un arceau. *Sports.* Prise de lutte, de judo. *Fig.* Principe, base.

clématite n. f. Genre de renonculacées.

clémence n. f. Vertu qui consiste à pardonner : *user de clémence.*

clément, e adj. Qui a de la clémence.

clenche n. f. Pièce du loquet qui s'engage dans le mentonnet.

cleptomane n. Personne qui a la manie de voler.

cleptomanie n. f. Manie du vol.

clerc [klɛr] n. m. Aspirant ecclésiastique. *Par ext.* Savant, lettré. Employé d'une étude de notaire, d'avoué, etc.

clergé n. m. Ensemble des prêtres d'un culte, d'une paroisse, d'un pays.

clérical, e, aux adj. et n. Qui appartient au clergé. Dévoué au clergé.

cléricalisme n. m. Doctrine qui prétend soumettre la société civile à l'Église.

clic ! interj. Onomatopée exprimant un claquement sec : *clic ! clac !*

clichage n. m. Action de clicher.

cliché n. m. Plaque métallique ou pellicule permettant d'obtenir des épreuves typographiques ou photographiques (syn. NÉGATIF). *Fig. et fam.* Lieu commun, banalité ressassée, image usée.

clicher v. t. Faire un cliché.

clicherie n. f. Atelier de clichage.

client, e n. Personne qui reçoit de quelqu'un, contre paiement, des fournitures commerciales ou des services : *les clients d'un magasin* (syn. ACHETEUR).

clientèle n. f. Ensemble des clients.

clignement n. m. Action de cligner.

cligner v. t. et i. Fermer les yeux à demi. *Cligner de l'œil,* faire un signe de l'œil à quelqu'un.

clignotant n. m. *Autom.* Avertisseur lumineux.

clignotement n. m. Action de clignoter.

clignoter v. i. Remuer les paupières rapidement. S'allumer et s'éteindre par intermittence.

climat n. m. Ensemble des circonstances atmosphériques auxquelles est soumise une région. *Fig.* Ambiance.

climatique adj. Relatif au climat.

climatisation n. f. Ensemble des moyens permettant de maintenir l'atmosphère d'une salle, d'un avion, à une pression, à un degré d'humidité et à une température donnés.

climatiser v. t. Assurer la climatisation.

climatologie n. f. Science qui décrit les climats, les explique et les classe par zones.

clin n. m. *Clin d'œil,* battement de paupières. *En un clin d'œil* loc. adv. En un temps très court.

clinicien adj. et n. m. Médecin qui étudie les maladies par l'observation directe des malades.

clinique adj. Qui se fait près du lit des malades. N. f. Établissement privé où l'on opère, soigne des malades.

clinquant, e adj. Qui a plus d'éclat extérieur que de valeur : *phrases clinquantes.* N. m. Ornement brillant, mais de médiocre valeur.

clique n. f. Groupe méprisable de gens intrigants. *Mil.* Ensemble des tambours et des clairons d'une musique militaire.

cliques n. f. pl. *Fam. Prendre ses cliques et ses claques,* s'en aller.

cliquet n. m. Petit levier qui interdit le retour en arrière d'une roue dentée.

cliqueter v. i. (conj. 4) Produire un bruit d'entrechoquement.

cliquetis n. m. Ensemble des bruits produits par de menus chocs : *le cliquetis d'une machine à écrire.*

clisse n. f. Claie pour égoutter les fromages. Enveloppe d'osier, de jonc, pour bouteilles.

clitoris [klitɔris] n. m. *Anat.* Petit organe érectile de la vulve.

clivage n. m. Action de cliver. Distinction, répartition selon certains niveaux : *le clivage des couches sociales.*

cliver v. t. Fendre un minéral suivant la direction de ses couches.

cloaque n. m. Égout pour les eaux, les immondices. Lieu malpropre et infect.

clochard, e n. *Fam.* Vagabond.

cloche n. f. Instrument de métal, dont on tire des sons au moyen d'un battant. Couvercle en verre pour protéger des aliments, des plantes. Chapeau à bords rabattus. *Cloche à plongeur,* récipient en forme de cloche pour travailler sous l'eau.

cloche-pied (à) loc. adv. Sur un pied.

clocher n. m. Tour qui contient les cloches d'une église. *Querelles de clocher,* querelles qui n'ont qu'un intérêt local.

clocher v. i. *Fam.* Aller de travers, ne pas fonctionner.

clocheton n. m. Petit clocher. Ornement au-dessus d'un édifice, etc.

clochette n. f. Petite cloche. Nom de diverses fleurs en forme de cloche.

cloison n. f. Séparation légère dans un bâtiment. Membrane de séparation.

cloisonné, e adj. et n. m. Se dit des émaux dans lesquels les motifs sont circonscrits par de minces cloisons retenant la matière vitrifiée.

cloisonner v. t. Séparer par des cloisons matérielles ou morales.

cloître n. m. Galerie couverte encadrant la cour d'un monastère. *Par ext.* Le monastère lui-même.

cloîtrer v. t. Enfermer dans un cloître. *Par ext.* Tenir enfermé.

clopin-clopant loc. adv. *Fam.* En marchant avec peine.

clopiner v. i. *Fam.* Marcher avec peine.

cloporte n. m. Petit animal crustacé, qui vit sous les pierres. (Ordre des isopodes.)

cloque n. f. Maladie des feuilles. Enflure locale de la peau.

cloquer v. i. Former des cloques, des boursouflures.

clore v. t. (conj. 76) Fermer, boucher. Entourer. *Par ext.* Terminer : *clore la discussion.*

clos n. m. Terrain cultivé et fermé de murs, etc. *Spécial.* Vignoble.

clôture n. f. Enceinte de murailles, de haies, etc. : *mur de clôture.* Action de fermer, de clore ; fermeture. *Séance de clôture,* dernière séance. Partie d'un monastère où ne peuvent pénétrer les personnes étrangères.

clôturer v. t. Fermer par une clôture.

clou n. m. Tige métallique, pointue à un bout, aplatie à l'autre, et servant à fixer ou à suspendre. *Fam.* Attraction principale : *clou d'une exposition.* Furoncle. *Pop.* Mont-de-piété : *mettre au clou.*

clouer v. t. Fixer avec des clous. *Fig.* Fixer, immobiliser : *clouer sur place.*

clouter v. t. Garnir de clous. *Passage clouté,* double rangée de clous à large tête plantés en travers d'une chaussée pour y marquer un passage destiné en priorité aux piétons.

clown [klun] n. m. Bouffon de cirque.

clownerie n. f. Facétie de clown.

club [klœb] n. m. Société politique. Cercle où l'on se réunit pour jouer, lire, etc. Canne de golf.

coagulation n. f. État d'un liquide coagulé. Action de se coaguler.

coaguler v. t. Figer en parlant d'un liquide ; lui donner une certaine consistance.

coaliser (se) v. pr. Se liguer.

coalition n. f. Ligue de puissances. Association de partis, de personnes.

coassement n. m. Cri de la grenouille.

coasser v. i. Crier (grenouille).

cobalt n. m. Métal blanc rougeâtre, dur et cassant.

cobaye [kɔbaj] n. m. Cochon d'Inde.

cobra n. m. Serpent du genre naja.

coca n. m. Arbuste du Pérou. N. f. Substance extraite des feuilles de cette plante.

cocagne n. f. *Mât de cocagne,* mât élevé, lisse et glissant, au sommet duquel sont suspendus des objets qu'il faut décrocher.

cocaïne n. f. Alcaloïde extrait des feuilles de coca, anesthésique local.

cocaïnomane n. Personne qui se drogue à la cocaïne.

cocarde n. f. Insigne distinctif qu'on porte à la coiffure. Nœud de rubans.

cocardier, ère adj. et n. *Fam.* Qui aime l'armée, l'uniforme, le panache.

cocasse adj. *Fam.* Plaisant, ridicule.

coccinelle [kɔksinɛl] n. f. Genre d'insectes coléoptères, dits *bêtes à bon Dieu.*

coccyx [kɔksis] n. m. Petit os à l'extrémité du sacrum.

coche n. m. Grande diligence pour le transport des voyageurs et des marchandises. Bateau qui était remorqué par des chevaux. *Fam.* Rater, louper le coche, perdre une bonne occasion.

coche n. f. Entaille ; marque sur un objet.

cochenille n. f. Genre d'insectes hémiptères, originaires du Mexique. Matière écarlate qu'ils fournissent.

cocher n. m. Conducteur d'une voiture hippomobile.

cocher v. t. Marquer d'une coche.

cochère adj. f. *Porte cochère,* grande porte à deux battants destinée aux voitures.

cochon n. m. Mammifère domestique qui fournit le lard, le saindoux, etc. Chair de cet animal ; mets préparé avec cette chair. *Fig.* Homme malpropre ; homme grossier. (Dans ce sens, le fém. COCHONNE est usité.). *Fam.* Pornographique. *Cochon d'Inde,* cobaye, petit rongeur. *Fig.* Sujet d'expérience.

cochonner v. t. Exécuter salement : *cochonner un travail.*

cochonnerie n. f. *Fam.* Saleté. Objet de mauvaise qualité.

cochonnet n. m. Petit cochon. Boule servant de but, au jeu de boules.

cockpit [kɔkpit] n. m. *Mar.* Réduit du barreur sur certains yachts. Dans un avion, emplacement du pilote.

cocktail [kɔktɛl] n. m. Boisson obtenue en mélangeant des alcools, des sirops. Réception en fin de journée. *Cocktail Molotov,* bouteille explosive à base d'essence.

coco n. m. Fruit du cocotier. (On dit aussi *noix de coco.*) Boisson à base de réglisse et de citron.

coco n. m. *Fam.* et péjor. Individu.

cocon n. m. Enveloppe soyeuse de certaines chrysalides, dont le ver à soie.

cocorico n. m. Onomatopée imitant le chant du coq.

cocotier n. m. Palmier des régions tropicales, dont le fruit est la noix de coco.

cocotte n. f. Casserole en fonte. Fièvre aphteuse. *Fam.* Femme de mœurs légères.

cocotte n. f. Poule, dans le langage enfantin.

cocu n. m. *Fam.* Mari trompé.

code n. m. Recueil de lois, de règlements. *Code de la route,* ensemble de la législation concernant la circulation routière. Système convenu par lequel on transcrit un message : *code secret.*

codétenu, e n. Personne détenue avec une autre dans un même lieu.

codex n. m. Anc. nom de la *pharmacopée.*

codicille [kɔdisil] n. m. Addition faite à un testament.

codification n. f. Action de codifier.

codifier v. t. Rassembler en un corps de législation des lois éparses.

coefficient n. m. Nombre fixant la valeur de chacune des épreuves d'un examen. Facteur, pourcentage.

coercitif, ive adj. Qui contraint.

coercition [kɔɛrsisjɔ̃] n. f. Contrainte.

cœur n. m. Muscle creux de forme ovoïde, qui est situé au milieu du thorax et qui est le principal organe de la circulation du sang. Poitrine. Estomac : *avoir mal au cœur.* Une des quatre couleurs du jeu de cartes ordinaire : *as de cœur.* *Fig.* Partie centrale d'un pays. Partie intérieure : *le cœur d'un arbre.* Siège des sentiments, de l'amour. Affection, courage, zèle, ardeur. Fierté d'âme. Chose qui a la forme du cœur : *cœur à la crème.* *Par cœur,* de mémoire, et très fidèlement. *À cœur ouvert,* franchement. *De bon cœur,* volontiers. *De tout cœur,* avec zèle.

coexistence n. f. *Coexistence pacifique,* principe qui permet à deux États d'entretenir des relations pacifiques, malgré leurs systèmes politiques différents.

coffrage n. m. Planches destinées à contenir du ciment frais jusqu'à son durcissement.

coffre n. m. Meuble propre à ranger toute sorte d'objets. *Fam.* Poitrine.

coffre-fort n. m. Coffre d'acier à serrure de sûreté. Pl. des *coffres-forts*.

coffrer v. t. *Fam.* Mettre en prison.

coffret n. m. Petit coffre.

cogestion n. f. Administration exercée avec une ou plusieurs personnes.

cognac n. m. Eau-de-vie fabriquée dans la région de Cognac.

cognassier n. m. Genre de rosacées, qui donne le coing.

cognée n. f. Hache à long manche. *Jeter le manche après la cognée*, se laisser décourager.

cogner v. t. et i. Frapper fortement. Frapper, heurter : *cogner à la porte.*

cohabitation n. f. État de personnes qui habitent ensemble.

cohabiter v. i. Habiter ensemble.

cohérence n. f. Union des divers éléments d'un corps. Liaison d'un ensemble d'idées, de faits, formant un tout logique.

cohérent, e adj. Qui se compose de parties unies, harmonisées entre elles ; logique.

cohésion n. f. Adhérence entre les molécules des corps. *Fig.* Liaison, union.

cohorte n. f. Subdivision de la légion romaine. Troupe de personnes.

cohue n. f. Foule confuse. Bousculade.

coi, coite adj. *Se tenir coi, rester coi*, rester calme, tranquille, silencieux.

coiffe n. f. Coiffure uniforme que portent les femmes de certaines contrées les jours de fête.

coiffé, e adj. Dont les cheveux sont arrangés. *Fig.* Entiché : *coiffé de quelqu'un. Être né coiffé*, avoir de la chance.

coiffer v. t. Couvrir la tête. Arranger les cheveux de. *Coiffer sainte Catherine*, dépasser vingt-cinq ans sans être mariée.

coiffeur, euse n. Personne qui arrange les cheveux. N. f. Table de toilette.

coiffure n. f. Ce qui sert à couvrir la tête. Manière ou art de disposer les cheveux.

coin n. m. Angle formé par deux plans qui se coupent. Endroit où une rue est coupée par une autre. Commissures des lèvres, des paupières. *Du coin de l'œil*, sans avoir l'air de regarder. Petit espace de terrain. Lieu retiré. Instrument de fer en angle : *enfoncer un coin*. Morceau d'acier trempé gravé en creux, pour frapper monnaies et médailles. *Fig.* Empreinte, caractère : *marqué au coin de l'intelligence.*

coincement n. m. État d'une pièce de machine coincée.

coincer v. t. (conj. 1) Assujettir avec des coins. *Fam.* Immobiliser : *être coincé par un camion.*

coïncidence [kɔɛsidãs] n. f. État de deux figures géométriques qui se superposent. Rencontre fortuite, concours de circonstances.

coïncident, e adj. Qui coïncide.

coïncider v. i. *Géom.* S'ajuster, se superposer. *Fig.* Arriver en même temps : *faits qui coïncident.*

coing n. m. Fruit du cognassier.

coït [kɔit] n. m. Accouplement du mâle et de la femelle.

coke n. m. Combustible provenant de la distillation de la houille.

cokerie n. f. Usine qui fabrique du coke destiné à l'industrie, aux hauts fourneaux.

col n. m. Partie de vêtement qui entoure le cou. *Fam. Col blanc*, employé de bureau. Partie rétrécie : *col de bouteille*. Partie déprimée d'une crête montagneuse.

colchique n. m. Genre de liliacées.

coléoptères n. m. pl. Ordre d'insectes munis de quatre ailes, dont les deux supérieures (*élytres*) sont dures et impropres au vol.

colère n. f. Vif mécontentement accompagné de réactions agressives violentes.

coléreux, euse ou **colérique** adj. Enclin à la colère.

colibacille [kɔlibasil] n. m. Bactérie de l'intestin.

colibri n. m. Minuscule oiseau d'Amérique (syn. OISEAU-MOUCHE).

colifichet n. m. Petit objet de fantaisie.

colimaçon (en) loc. adv. En spirale.

colin n. m. Poisson marin appelé aussi *lieu*. Nom donné sur les marchés à la *merluche*.

colin-maillard n. m. Jeu où l'un des joueurs a les yeux bandés et poursuit les autres à tâtons.

colique n. f. Vive douleur abdominale.

colis n. m. Paquet : *colis postal.*

collaborateur, trice n. Personne qui collabore.

collaboration n. f. Action de collaborer.

collaborer v. i. Travailler avec, coopérer : *collaborer à un journal.*

collage n. m. Action de coller. Composition artistique faite de diverses matières, et principalement de papier collé.

collant, e adj. Qui colle (au pr. et au *fig.*).

collant n. m. Sous-vêtement féminin.

collatéral, e, aux n. et adj. Parent hors de la ligne directe. *Géogr. Points collatéraux*, points situés à égale distance de deux points cardinaux.

collation n. f. Action, pouvoir de conférer un bénéfice ecclésiastique, un titre universitaire, etc. Confrontation d'un texte et de sa copie.

collation n. f. Léger repas.

collationner v. t. Comparer deux écrits.

colle n. f. Matière gluante que l'on étend entre deux objets pour les faire adhérer. *Fig. et fam.* Question embarrassante : *poser une colle à quelqu'un.*

collecte n. f. Sorte de quête.

collecteur n. m. Qui perçoit les cotisations. Adj. et n. m. *Égout collecteur*, qui reçoit les eaux de plusieurs autres.

collectif, ive adj. Formé de plusieurs. Fait par plusieurs.

collection n. f. Réunion d'objets de même nature.

collectionner v. t. Réunir en collection : *collectionner des timbres.*

collectionneur, euse n. Personne qui collectionne.

collectivisme n. m. Système qui veut la mise en commun, au profit de tous, des moyens de production.

collectiviste adj. Du collectivisme. N. Partisan du collectivisme.

collectivité n. f. Ensemble des êtres qui forment une société.

collège n. m. Corps de personnes revêtues de la même dignité. Ensemble des électeurs. Établissement d'enseignement secondaire.

collégial, e, aux adj. Qui est exercé par un organe collectif, un conseil : *direction collégiale*. Qui appartient à un chapitre de chanoines.

collégien, enne n. Élève d'un collège.

collègue n. Personne qui remplit la même fonction qu'une autre.

coller v. t. Enduire de colle. Fixer avec de la colle : *coller une affiche*. Appliquer fortement : *coller son front aux vitres. Fam.* Réduire au silence. Refuser à un examen. V. i. S'appliquer exactement sur. *Pop.* Ça colle, ça va.

collerette n. f. Petit collet en linge fin.

collet n. m. Partie du vêtement qui entoure le cou. Nœud coulant pour prendre le gibier. *Collet monté*, prude jusqu'à l'affectation.

colleter (se) v. pr. (conj. 4) En venir aux mains, se battre.

colleur, euse n. Personne qui colle : *colleur d'affiches*.

collier n. m. Parure, ornement autour du cou. Cercle de métal ou de cuir au cou d'un animal. *Coup de collier*, grand effort.

collimateur n. m. Appareil de visée pour le tir.

colline n. f. *Géogr.* Hauteur de forme arrondie.

collision n. f. Choc de deux corps : *une collision de trains*. Combat, rivalité, opposition.

collodion n. m. Solution de coton-poudre dans l'éther.

colloïdal, e, aux adj. De la nature ou de l'aspect de la colle ou gélatine.

colloque n. m. Entretien.

collusion n. f. Entente secrète en vue de tromper quelqu'un.

collyre n. m. Remède pour les yeux.

colmatage n. m. Action de colmater.

colmater v. t. Boucher, fermer (un orifice, une fente). *Mil.* Rétablir un front continu après une percée de l'ennemi.

colombe n. f. *Poét.* Pigeon. Partisan de la paix.

colombier n. m. Bâtiment où l'on élève des pigeons.

colombophile adj. et n. Qui élève des pigeons voyageurs.

colombophilie n. f. Science de l'élevage des pigeons voyageurs.

colon n. m. Habitant d'une colonie. *Fam.* Enfant d'une colonie de vacances.

côlon n. m. *Anat.* Partie du gros intestin, qui fait suite au cæcum.

colonel n. m. Officier qui commande un régiment.

colonial, e, aux adj. et n. Relatif aux colonies. N. Habitant des colonies.

colonialisme n. m. Expansion coloniale.

colonie n. f. Territoire occupé et administré par une nation en dehors de ses frontières, et demeurant sous la dépendance étroite de la métropole. Réunion de personnes, ou même d'animaux, vivant en commun : *colonie de vacances; colonie de castors*.

colonisateur, trice adj. et n. Qui colonise : *pays colonisateur*.

colonisation n. f. Action de coloniser, son résultat.

coloniser v. t. Peupler de colons. Transformer un pays en un territoire dépendant d'une métropole.

colonnade n. f. Rangée de colonnes.

colonne n. f. Pilier cylindrique, avec base et chapiteau. *Fig:* Appui, soutien : *les colonnes de l'État*. Monument commémoratif en forme de colonne : *la colonne Vendôme*. Portion d'une page divisée de haut en bas. *Colonne vertébrale*, l'épine dorsale. Alignement de personnes les unes derrière les autres, et spécial. d'une troupe en marche.

colonnette n. f. Petite colonne.

colophane n. f. Résine jaune solide.

coloquinte n. f. Concombre fort amer.

coloration n. f. Action de colorer. État d'un corps coloré.

colorer v. t. Donner de la couleur. *Fig.* Donner une belle apparence à.

coloriage n. m. Action de colorier.

colorier v. t. Appliquer des couleurs sur.

coloris [kɔlɔri] n. m. Effet des couleurs. Nuance de la couleur.

coloriste n. Peintre qui s'exprime par la couleur plutôt que par le dessin.

colossal, e, aux adj. De dimension démesurée. *Fig.* Très ample.

colosse n. m. Statue d'une grandeur extraordinaire. Homme très grand, très fort.

colportage n. m. Profession de colporteur. Action de colporter.

colporter v. t. Faire le métier de colporteur. *Fig.* Ébruiter, répandre.

colporteur, euse n. Marchand ambulant. *Fig.* Propagateur : *colporteur de fausses nouvelles*.

coltiner v. t. Porter de pesants fardeaux.

columbarium [kɔlɔbarjɔm] n. m. Bâtiment où sont conservées les cendres des personnes incinérées.

colza n. m. Espèce de chou dont la graine est oléagineuse : *huile de colza*.

coma n. m. Sommeil profond, état morbide voisin de la mort.

comateux, euse adj. Qui tient du coma : *état comateux*. Adj. et n. Qui est plongé dans le coma.

combat n. m. Action de combattre. Lutte.

combatif, ive adj. et n. Agressif.

combativité n. f. Agressivité.

combattant n. m. Celui qui prend part à un combat.

combattre v. t. (conj. 48) Se battre contre. Lutter contre.

combe n. f. Petite vallée aux flancs abrupts.

combien adv. Quelle quantité. Quel nombre. Quel prix. À quel point.

combinaison n. f. Action de combiner : *combinaison de chiffres*. Son résultat. *Fig.* Mesures pour le succès d'une entreprise : *combinaison hasardeuse*. Sous-vêtement féminin. Vêtement de travail d'une seule pièce réunissant veste et pantalon.

combinat n. m. En U.R.S.S., groupement, dans une même région, de plusieurs établissements industriels complémentaires.

combine n. f. *Pop.* Moyen habile pour arriver à ses fins.

combiner v. t. Joindre. Coordonner, disposer dans un certain ordre : *combiner des efforts.* Calculer, disposer. *Chim.* Unir divers corps.

comble n. m. Faîte d'un bâtiment : *loger sous les combles. Fig.* Le dernier degré. Ce qui dépasse la mesure. *De fond en comble* loc. adv. Entièrement.

comble adj. Rempli entièrement : *salle comble. La mesure est comble,* il est impossible d'en supporter davantage.

comblement n. m. Action de combler.

combler v. t. Remplir par-dessus les bords : *combler une mesure.* Remplir un vide, un creux. Satisfaire pleinement. Donner à profusion.

combustibilité n. f. Propriété caractéristique des corps combustibles.

combustible adj. Qui a la propriété de brûler. N. m. Toute matière capable de se consumer, notamment pour fournir du chauffage. *Phys.* Matière capable de fournir de l'énergie par fission ou fusion nucléaire.

combustion [kɔ̃bystjɔ̃] n. f. Action de brûler.

comédie n. f. Pièce de théâtre qui excite le rire par la peinture des mœurs, des ridicules. Feinte, dissimulation : *jouer la comédie.*

comédien, enne n. Qui joue la comédie. *Fig.* Hypocrite.

comestible adj. Propre à la nourriture de l'homme. N. m. Aliment.

comète n. f. Astre du système solaire d'aspect diffus, accompagné d'une traînée de lumière.

comice n. m. *Comice agricole,* association formée par des exploitants agricoles pour favoriser le développement de l'agriculture.

comique adj. Qui appartient à la comédie. Plaisant, ridicule : *situation comique.* N. m. Ce qui provoque le rire ; caractère amusant. Acteur, auteur comique.

comité n. m. Réunion de personnes déléguées par une assemblée, etc.

commandant n. m. Officier dont le grade est situé entre celui de capitaine et celui de lieutenant-colonel. Officier qui commande une place de guerre. Officier qui commande un bâtiment. *Commandant de bord,* chef de l'équipage d'un avion civil.

commande n. f. Demande de marchandises. Organe de transmission. *De commande* loc. adv. Imposé ou feint : *sourire de commande.*

commandement n. m. Action de commander. Ordre. Pouvoir de celui qui commande. Loi, précepte.

commander v. t. Ordonner. Avoir autorité sur. Dominer par sa position : *fort qui commande une vallée. Comm.* Faire une commande. *Fig.* Inspirer, imposer : *commander le respect.* V. i. Exercer l'autorité sur. Maîtriser : *commander à ses passions.*

commandeur n. m. Grade dans un ordre de chevalerie.

commanditaire n. et adj. Bailleur de fonds.

commandite n. f. Société commerciale entre associés, les uns la gérant, les autres étant les bailleurs de fonds. Fonds versés par chacun des associés.

commanditer v. t. Avancer des fonds à une entreprise commerciale.

commando n. m. Petite formation militaire chargée de missions spéciales.

comme adv. De même que, autant que. Tel que : *un homme comme lui.* Presque, en quelque façon : *il est comme mort.* En qualité de : *agir comme délégué.* Combien, à quel point : *comme il est bon!* De quelle manière : *comme il parle! Tout comme,* pareil. *Comme tout,* au plus haut point : *il est gentil comme tout.* Conj. Puisque. Au moment où : *comme il entrait.* De la façon que.

commémoratif, ive adj. Qui commémore : *fête commémorative.*

commémoration n. f. Cérémonie qui commémore un événement important.

commémorer v. t. Rappeler au souvenir : *commémorer une date.*

commencement n. m. Début.

commencer v. t. (conj. 1) Entreprendre, attaquer, entamer. V. i. Se mettre à : *commencer à* (ou *d'*) *écrire.* Débuter : *le spectacle commence.*

commensal, e, aux n. Qui mange à la même table, qui vit auprès de.

comment adv. De quelle manière, par quel moyen. Pourquoi. Interj. de surprise : *comment! vous voilà?*

commentaire n. m. Remarque sur un texte. *Fig.* Interprétation.

commentateur, trice n. Qui fait des commentaires.

commenter v. t. Faire des commentaires sur : *commenter un texte.*

commérage n. m. *Fam.* Bavardage indiscret.

commerçant, e adj. et n. Qui fait du commerce par profession.

commerce n. m. Achat et vente de marchandises. Ensemble des commerçants. Relations, fréquentation : *personne de commerce agréable. Tribunal de commerce,* tribunal de commerçants pour juger les contestations commerciales. *Chambre de commerce,* assemblée consultative de notables commerçants.

commercer v. i. Faire le commerce.

commercial, e*, aux adj. Relatif au commerce : *entreprise commerciale.*

commerciale n. f. Voiture automobile pouvant se transformer en camionnette légère.

commercialiser v. t. Répandre dans le commerce.

commère n. f. *Fam.* Femme curieuse, bavarde.

commettre v. t. (conj. 49) Faire un acte répréhensible : *commettre une erreur.* V. pr. Entrer en rapport avec des gens méprisables, les fréquenter : *se commettre avec des fripons.*

comminatoire adj. Qui menace.

commis n. m. Employé dans un bureau, dans une maison de commerce. *Commis voyageur,* placier, représentant.

commisération n. f. Compassion.

commissaire n. m. Celui qui est chargé de fonctions temporaires. *Commissaire de police,* magistrat veillant au bon ordre, à la sécurité publique. *Commissaire-priseur,* celui qui dirige les enchères dans les ventes publiques.

commissariat n. m. Fonctions de commissaire. Bureau d'un commissaire.

commission n. f. Groupe de personnes chargées d'étudier une question, de régler une affaire. Charge qu'une personne donne à une autre de faire quelque chose à sa place. Pourcentage ou rétribution que touche un commissionnaire. Son activité.

commissionnaire n. Personne qui vend et achète pour le compte d'autrui, moyennant remise. Personne chargée d'une commission pour quelqu'un.

commissionner v. t. Donner à quelqu'un commission de vendre ou d'acheter.

commissure n. f. *Commissure des lèvres*, point de jonction des lèvres.

commode adj. D'un usage facile : *un outil commode*. D'un caractère facile. N. f. Meuble à tiroirs.

commodément adv. Confortablement.

commodité n. f. Chose, situation commode. Pl. Aises, agréments.

commotion n. f. Secousse, ébranlement. *Fig.* Emotion violente.

commotionner v. t. Frapper d'une commotion ; perturber.

commuer v. t. Changer une peine en une autre moins forte.

commun, e adj. Qui est pour plusieurs ou pour tous : *puits commun*. Général, universel : *sens commun*. Vulgaire : *manières communes*. *En commun*, avec d'autres. *Gramm. Nom commun*, qui convient à tous les êtres d'une même espèce. N. m. Le plus grand nombre : *le commun des hommes*. Pl. Bâtiments consacrés au service, dans une grande maison.

communal, e, aux adj. De la commune : *école communale*. N. m. pl. Biens d'une commune.

communard, e n. et adj. Partisan de la Commune de Paris, en 1871.

communauté n. f. Etat de ce qui est commun : *communauté d'idées*. Société religieuse soumise à une règle, couvent. *Dr.* Régime matrimonial dans lequel tout ou partie des biens des époux sont communs.

commune n. f. Division territoriale administrée par un maire.

communément adv. Ordinairement.

communicant, e adj. Qui communique.

communicatif, ive adj. Qui se communique, se gagne facilement. Expansif.

communication n. f. Action de communiquer. Avis, renseignement. Moyen de jonction. Conversation téléphonique.

communier v. i. Recevoir la communion. *Fig.* Être en communauté d'esprit.

communion n. f. Union dans une même foi. Réception du sacrement de l'eucharistie.

communiqué n. m. Avis officiel.

communiquer v. t. Transmettre. V. i. Être en relation.

communisme n. m. Doctrine qui préconise la nationalisation des moyens de production et la répartition, par l'Etat, des biens de consommation.

communiste adj. et n. Partisan du communisme.

commutateur n. m. Appareil pour établir ou interrompre le courant électrique dans un circuit.

commutation n. f. Changement. Réduction d'une sanction pénale.

compacité n. f. Qualité de ce qui est compact.

compact, e adj. Dont toutes les parties sont resserrées, formant une masse épaisse. Dense, serré.

compagne n. f. Femme qui vit en compagnie d'une autre personne. Épouse.

compagnie n. f. Assemblée, société de personnes. Société industrielle ou commerciale : *compagnie d'assurances*. Troupe d'infanterie commandée par un capitaine. Bande d'animaux de même espèce : *compagnie de perdreaux*. *Fausser compagnie à quelqu'un*, le quitter brusquement, d'une manière furtive.

compagnon n. m. Celui qui accompagne quelqu'un ou qui vit en sa compagnie. Ouvrier qui travaille pour un entrepreneur. Membre d'une association de compagnonnage.

compagnonnage n. m. Association d'ouvriers du même corps de métier, régie par des conventions spéciales.

comparable adj. Qui peut être comparé.

comparaison n. f. Action de comparer. Parallèle. *Degrés de comparaison*, le positif, le comparatif et le superlatif.

comparaître v. i. (conj. 58) Se présenter devant un juge.

comparatif, ive adj. Qui marque comparaison. Qui met en comparaison. N. m. Second degré d'intensité dans les adjectifs : MEILLEUR est le comparatif de BON.

comparer v. t. Établir le rapport qui existe entre des personnes ou des objets. Mettre en parallèle. Confronter : *comparer des signatures*.

comparse n. Acteur muet au théâtre. Personnage dont le rôle est insignifiant.

compartiment n. m. Chacune des divisions d'une chose cloisonnée. Division d'une voiture de chemin de fer.

comparution n. f. Action de comparaître en justice.

compas n. m. Instrument à deux branches mobiles pour tracer des circonférences. *Mar.* Boussole marine.

compassé, e adj. Affecté, guindé.

compassion n. f. Action de compatir.

compatibilité n. f. Qualité, état de choses compatibles.

compatible adj. Qui peut s'accorder.

compatir v. i. Prendre part aux maux d'autrui : *compatir à un deuil*.

compatriote n. Du même pays.

compensateur, trice adj. Qui compense, qui dédommage.

compensation n. f. Action de compenser. Dédommagement.

compenser v. t. Contrebalancer. Dédommager.

compère n. m. Toute personne qui est complice d'une autre pour faire une supercherie.

compère-loriot n. m. Nom vulgaire de l'orgelet.

compétence n. f. Droit de juger une affaire. Aptitude.

compétent, e adj. Capable, apte.

compétiteur, trice n. Concurrent, adversaire, rival.

compétitif, ive adj. Susceptible de supporter la concurrence avec d'autres : *prix compétitif*.

compétition n. f. Recherche simultanée par plusieurs personnes d'un même avantage, d'un même résultat. Épreuve sportive.

compilateur, trice n. Qui compile.

compilation n. f. Péjor. Œuvre sans originalité, composée d'emprunts.

compiler v. t. Péjor. Emprunter à divers auteurs ou documents la matière, les idées d'un ouvrage (syn. COPIER, PLAGIER).

complainte n. f. Chanson populaire sur un sujet triste ou pieux.

complaire (se) v. pr. (conj. 71) Trouver du plaisir, de l'agrément dans tel ou tel état : il se complaît dans son ignorance.

complaisance n. f. Désir d'être agréable. Sentiment de satisfaction que l'on a par indulgence : se regarder avec complaisance.

complément n. m. Ce qui complète. Gramm. Mot complétant le sens d'un autre mot : complément direct, circonstanciel.

complémentaire adj. Qui complète.

complet, ète adj. Plein. Entier, achevé. N. m. Vêtement d'homme dont le veston, le gilet et le pantalon sont faits du même tissu.

compléter v. t. (conj. 5) Rendre complet.

complexe adj. Qui contient plusieurs éléments ou parties. N. m. Ensemble d'industries concourant à une production : complexe pétro-chimique.

complexe n. m. Fam. Sentiment d'infériorité, conduite timide, inhibée : avoir des complexes, être sans complexes.

complexion n. f. Constitution physique de quelqu'un.

complexité n. f. État de ce qui est complexe.

complication n. f. État de ce qui est compliqué.

complice adj. et n. Qui participe au délit, au crime d'un autre. Adj. Fig. Qui favorise : nuit complice.

complicité n. f. Participation à un crime, un délit. Fig. Connivence, entente.

compliment n. m. Paroles obligeantes. Éloges, félicitations. Discours à l'occasion d'une fête : compliment en vers. Pl. Hommages : adresser ses compliments.

complimenter v. t. Adresser des compliments. Faire des civilités.

complimenteur, euse adj. et n. Qui abuse des compliments.

compliqué, e adj. Composé d'un grand nombre de pièces. Difficile à comprendre.

compliquer v. t. Embrouiller, rendre difficile à comprendre.

complot n. m. Conjuration, conspiration, machination.

comploter v. t. Former un complot.

comportement n. m. Manière de se comporter, de se conduire ; ensemble des réactions d'un individu, conduite.

comporter v. t. Permettre, souffrir : votre conduite ne comporte pas d'excuse. Comprendre, contenir : cette règle comporte des exceptions. V. pr..Se conduire.

composé, e adj. Formé de plusieurs parties. Se dit des temps d'un verbe qui se conjuguent avec un auxiliaire. Fig. Qui affecte la gravité. N. m. Tout formé de plusieurs parties. N. f. pl. Famille de plantes dont les fleurs, petites et nombreuses, sont réunies en capitules serrés ressemblant parfois à des fleurs simples, telles que la pâquerette, le bleuet et le pissenlit. (On dit aussi COMPOSACÉES.)

composer v. t. Former un tout de plusieurs parties. Faire. Créer. Impr. Assembler des caractères. Fig. Arranger, disposer : composer un bouquet. V. i. Faire un devoir donné en classe. Fig. Transiger : composer avec son devoir.

compositeur, trice n. Personne qui compose de la musique. Typographe qui assemble les caractères.

composition n. f. Action de composer un tout. Manière dont les parties forment le tout. Assemblage des caractères typographiques. Art d'assembler les sons musicaux. Exercice scolaire en vue d'un classement. Fig. Accommodement.

compost n. m. Mélange de terre, de chaux, etc., qui sert d'engrais.

composteur n. m. Appareil à lettres ou à chiffres interchangeables, servant à marquer, à numéroter, à dater.

compote n. f. Fruits cuits avec du sucre. Fam. En compote, meurtri.

compotier n. m. Plat pour compotes, fruits, etc.

compréhensible adj. Concevable, intelligible.

compréhensif, ive adj. Bienveillant, dévoué.

compréhension n. f. Faculté ou action de comprendre. Bienveillance.

comprendre v. t. (conj. 50) Contenir. Fig. Saisir par l'esprit. Connaître. Se représenter.

compresse n. f. Linge pour le pansement des plaies, etc.

compresseur adj. et n. m. Qui comprime. Rouleau compresseur, rouleau de pierre, de fonte, pour aplanir le sol.

compressible adj. Qui peut être comprimé : fluide compressible.

compression n. f. Action de comprimer. Fig. Contrainte.

comprimé n. m. Pastille pharmaceutique.

comprimer v. t. Presser un corps de manière à en réduire le volume. Fig. Empêcher de se manifester.

compromettre v. t. (conj. 49) Exposer, mettre en péril. Nuire à la réputation de.

compromis n. m. Accommodement. Transaction.

compromission n. f. Action de compromettre quelqu'un ou soi-même.

comptabilité n. f. Technique des comptes. Service chargé des comptes.

comptable [kôtabl] adj. Chargé des comptes. Porté au compte. N. Personne qui tient les comptes.

comptant adj. m. Compté, payé sur l'heure et en espèces. Vendre au comptant, moyennant paiement immédiat. Adv. En espèces et sur-le-champ.

compte [kôt] n. m. Calcul, nombre. État de ce qui est dû. Fig. Profit, avantage. Rendre compte de, expliquer, justifier. Tenir compte de, prendre en considération. Compte courant, état par doit et avoir des opérations entre deux personnes. Loc. adv. À bon compte, à bon marché. Au bout du compte, en fin de compte, tout compte fait, tout bien considéré.

compte-gouttes n. m. et adj. inv. Petit appareil pour compter les gouttes.

compter v. t. Dénombrer, faire le compte de : *compter de l'argent*. Mettre au nombre de. Payer, donner : *compter une somme à quelqu'un*. V. i. Être compté, faire nombre : *cela ne compte pas*. Se proposer : *je compte partir*. *Compter sur*, avoir confiance en.

compteur n. m. Appareil de mesure.

comptine [kɔ̃tin] n. f. Chanson que chantent les enfants pour désigner celui à qui sera attribué un rôle particulier dans un jeu.

comptoir [kɔ̃twar] n. m. Table longue sur laquelle les marchands étalent ou débitent leurs marchandises. Agence de commerce d'une nation en pays étranger.

compulser v. t. Rechercher dans des registres, des papiers, etc.

comte, esse n. Titre de noblesse entre ceux de marquis et de vicomte.

comté n. m. Domaine d'un comte.

concasser v. t. Broyer une matière en fragments grossiers.

concasseur n. et adj. m. Appareil servant à concasser.

concave adj. Creux.

concavité n. f. État de ce qui est concave.

concéder v. t. (conj. 5) Accorder, octroyer.

concentration n. f. Action de concentrer. Son résultat. Application, tension d'esprit. *Camp de concentration*, lieu où sont rassemblés des détenus politiques, des suspects, des civils de populations ennemies.

concentrationnaire adj. Qui se rapporte aux camps de concentration.

concentré, e adj. Dont on a retiré la partie aqueuse : *lait concentré*. Se dit de quelqu'un très absorbé dans ses réflexions.

concentrer v. t. Réunir en un centre. Rassembler sur un même point. V. pr. Réfléchir profondément.

concentrique adj. Ayant un même centre : *courbes concentriques*.

concept [kɔ̃sɛpt] n. m. Idée d'un objet conçu par l'esprit.

conception n. f. Action de concevoir. Faculté de comprendre : *conception lente*. Action par laquelle un enfant est conçu.

concerner v. t. Avoir rapport à.

concert [kɔ̃sɛr] n. m. Harmonie de voix, d'instruments. Séance musicale : *concert classique. Par ext.* Manifestation bruyante : *concert d'injures. De concert (avec)* loc. adv. et prép. En accord parfait (avec) : *agir de concert*.

concertation n. f. Action de se concerter.

concerter v. t. Préparer en commun l'exécution d'un dessein. V. pr. Se mettre d'accord pour agir ensemble.

concerto n. m. *Mus.* Morceau pour un instrument avec accompagnement d'orchestre.

concession n. f. Privilège, droit que l'on obtient de l'État en vue d'une exploitation. Terrain de sépulture, vendu ou loué. Abandon de ses droits, de ses prétentions.

concessionnaire n. et adj. Qui a obtenu une concession.

concevoir v. t. (conj. 29) Devenir enceinte. *Fig.* Imaginer : *concevoir un plan*.

concierge n. Gardien d'une maison.

conciergerie n. f. Fonctions et demeure d'un concierge. Prison attenante au Palais de Justice, à Paris.

concile n. m. Assemblée d'évêques et de théologiens décidant de questions doctrinales.

conciliabule n. m. Conférence secrète.

conciliant, e adj. Porté à la conciliation.

conciliateur, trice n. et adj. Qui concilie, aime à concilier.

conciliation n. f. Action de concilier.

concilier v. t. Mettre d'accord. Disposer en sa faveur : *se concilier l'affection*.

concis, e adj. Bref, laconique.

concision n. f. Qualité de ce qui est concis : *concision du style*.

concitoyen, enne n. Qui est du même pays, de la même ville.

conclave n. m. Assemblée des cardinaux réunis pour élire un pape.

conclure v. t. (conj. 62) Régler, terminer : *conclure un marché*. Tirer la conséquence de : *j'en conclus que*. V. i. *Conclure à une chose*, se prononcer pour elle.

conclusion n. f. Action de conclure. Partie terminale (contr. INTRODUCTION). Conséquence d'un argument.

concombre n. m. Genre de cucurbitacées. Son fruit.

concomitance n. f. Coexistence ou évolution simultanée de deux faits (syn. SIMULTANÉITÉ).

concomitant, e adj. Qui accompagne, qui se produit en même temps.

concordance n. f. Convenance, accord. *Gramm.* Accord des temps entre eux.

concordant, e adj. Qui s'accorde, qui convergent : *témoignages concordants*.

concordat n. m. Traité entre le pape et un souverain sur les affaires religieuses. Accommodements entre un failli et ses créanciers.

concordataire adj. Relatif au concordat. Qui a obtenu un concordat.

concorde n. f. Bonne entente entre des personnes.

concorder v. i. (conj. 21) Être en conformité avec autre chose : *tous les témoignages concordent*.

concourir v. i. (conj. 21) Tendre ensemble au même but, aider à : *concourir au succès d'une affaire*. Participer à un examen, un concours, une compétition.

concours n. m. Rencontre, coïncidence : *concours de circonstances*. Action de coopérer : *offrir son concours*. Examen permettant un classement des candidats à une place, une entrée dans une grande école, etc.

concret, ète* adj. Qui exprime quelque chose de réel. Se dit de ce qui peut être perçu par les sens. (Contr. ABSTRAIT.) N. m. Qualité de ce qui est concret.

concrétion [kɔ̃kresjɔ̃] n. f. *Géol.* Agglomération de particules arrivant à former un corps solide. *Méd.* Syn. de CALCUL.

concrétiser v. t. Rendre concret.

concubin, e n. Personne qui vit en concubinage.

concubinage n. m. État d'un homme et d'une femme qui vivent ensemble sans être mariés.

concupiscence n. f. Attrait pour les plaisirs sensuels (surtout langue relig.).

concurremment adv. Conjointement.

concurrence n. f. Compétition. Rivalité. *Jusqu'à concurrence de* loc. adv. Jusqu'à la somme de.

concurrencer v. t. (conj. 1) Faire concurrence à.

concurrent, e n. Compétiteur, rival.

concussion n. f. Malversation, exaction commise par un agent public.

condamnation n. f. Jugement qui condamne. La peine infligée. *Fig.* Blâme, désapprobation.

condamner [kɔ̃dane] v. t. Prononcer une peine. *Fig.* Désapprouver. Déclarer perdu un malade. Barrer, murer : *condamner une porte.* Astreindre : *condamner à la chambre, au lit.*

condensateur n. m. *Phys.* Appareil servant à emmagasiner une charge électrique. *Opt.* Lentille servant à éclairer un objet dont on veut former une image.

condensation n. f. Action de condenser. Son effet.

condenser v. t. Rendre plus dense. Liquéfier une vapeur. Exprimer avec concision : *condenser sa pensée.*

condenseur n. m. Appareil servant à condenser une vapeur.

condescendance n. f. *Péjor.* Attitude d'une personne qui accorde quelque chose en faisant sentir sa supériorité.

condescendre v. i. *Péjor. Condescendre à quelque chose,* y consentir en donnant l'impression de faire une faveur.

condiment n. m. Assaisonnement.

condisciple n. Compagnon, compagne d'étude.

condition n. f. Rang social : *humble condition.* Etat : *en bonne condition.* Circonstances : *dans ces conditions...* Base fondamentale ; qualité nécessaire : *l'air est une condition de la vie.* Convention dont dépend l'exécution d'un marché. *Acheter à condition,* sous réserve de pouvoir rendre. *A condition que* loc. conj. Pourvu que.

conditionné, e adj. Qui a subi un conditionnement : *produits conditionnés. Air conditionné,* air auquel on a donné une température et un degré hygrométrique déterminés.

conditionnel, elle* adj. Soumis à certaines conditions. N. m. *Gramm.* Temps du verbe, qui exprime une action subordonnée à une condition.

conditionnement n. m. Action de conditionner (soie, etc.). Emballage de présentation d'une marchandise.

conditionner v. t. Être la condition d'un fait : *son acceptation conditionna la mienne.* Climatiser. Etablir chez un être vivant un comportement nouveau. Ramener la soie, la laine, par dessiccation, à leur poids réel.

condoléances n. f. pl. Témoignage de regrets, de sympathie, à la douleur d'autrui.

condor n. m. Grand vautour des Andes.

conducteur, trice n. et adj. Qui conduit. N. m. Tout corps capable de transmettre la chaleur, l'électricité.

conductibilité n. f. Propriété de transmettre la chaleur, l'électricité.

conduire v. t. (conj. 64) Guider, mener. Accompagner. Diriger, commander. *Absol.* Mener à. Diriger une voiture. V. pr. Se comporter d'une certaine manière.

conduit n. m. Canal, tuyau.

conduite n. f. Action de conduire, de diriger. Action d'accompagner : *faire la conduite.* Commandement, direction : *conduite d'une armée.* Disposition, arrangement. Manière de se conduire : *bonne conduite.* Tuyau.

cône n. m. Solide engendré par une droite mobile qui se déplace en passant par un point fixe et en s'appuyant constamment sur une courbe fixe. Fruit des conifères ; inflorescence du houblon.

confection n. f. Action de confectionner. Fabrication en série de pièces d'habillement.

confectionner v. t. Faire, fabriquer.

confectionneur, euse n. Entrepreneur de confection ; ouvrier qui confectionne.

confédération n. f. Union de plusieurs Etats qui se soumettent à un pouvoir général. Ligue, association.

confédérer v. t. (conj. 5) Réunir en confédération.

conférence n. f. Réunion de personnes qui discutent d'un sujet commun. Réunion de diplomates. Causerie faite en public.

conférencier, ère n. Personne qui fait des conférences.

conférer v. t. (conj. 5) Comparer : *conférer des textes.* Donner, accorder : *conférer un titre.* V. i. S'entretenir d'une affaire : *conférer avec son avocat.*

confesser v. t. Déclarer (ses péchés) en confession. Recevoir la confession. Avouer. Proclamer.

confesseur n. m. Prêtre qui confesse.

confession n. f. Aveu de ses péchés à un prêtre pour en obtenir le pardon. Aveu. Appartenance à telle ou telle religion.

confessionnal n. m. Sorte d'isoloir où le prêtre catholique entend le pénitent.

confessionnel, elle adj. Relatif à la foi religieuse.

confiance n. f. Action de se confier, de s'en remettre à ; sentiment qu'on peut compter sur : *avoir confiance en quelqu'un. Fig.* Assurance, hardiesse : *parler avec confiance.*

confiant, e adj. Qui a confiance.

confidence n. f. Communication d'un secret. Secret confié.

confident, e n. Personne à qui l'on confie ses plus secrètes pensées.

confidentiel, elle* adj. Secret.

confier v. t. Remettre au soin, à la fidélité, à l'habileté de quelqu'un : *confier une mission.* Dire en confidence : *confier un secret.* V. pr. Donner sa confiance à. Faire des confidences.

configuration n. f. Forme extérieure.

confiner v. i. Être très proche de : *cet acte confine à la folie.* Reléguer. *Air confiné,* air qui ne se renouvelle pas.

confins n. m. pl. Limites extrêmes d'un pays, d'un territoire.

confire v. t. (conj. 67) Mettre des fruits dans du sucre, des légumes dans du vinaigre, etc.

confirmation n. f. Action de confirmer. Assurance expresse et nouvelle. Sacrement de l'Eglise catholique.

confirmer v. t. Affermir, fortifier. Garantir l'exactitude de. Chez les catholiques, conférer le sacrement de confirmation.

confiscation n. f. Action de confisquer.

confiserie n. f. Art, commerce du confiseur. Sa boutique. Sa marchandise.

confiseur, euse n. Personne qui fait et vend des sucreries, etc.

confisquer v. t. Saisir au profit du fisc. *Fam.* Prendre, ôter : *confisquer un livre.*

confit, e adj. Conservé dans du sucre, de la graisse, du vinaigre, etc. *Fig. Confit de, en dévotion,* d'une dévotion excessive. N. m. Viande conservée dans la graisse.

confiture n. f. Fruits cuits longuement avec du sucre.

conflagration n. f. Bouleversement politique et, surtout, conflit international.

conflit n. m. Choc, combat. Lutte, antagonisme : *conflit d'intérêts.*

confluence n. f. Action de confluer.

confluent n. m. Point de jonction de deux cours d'eau.

confluer v. i. Se réunir, en parlant de deux cours d'eau.

confondre v. t. Mêler sans ordre. Réunir en un seul tout. Ne pas distinguer : *ne pas confondre deux mots.* Frapper de stupeur : Convaincre de fausseté : *confondre un menteur.* V. pr. *Se confondre en politesses, en excuses,* les multiplier.

conformation n. f. Manière dont un corps est conformé.

conforme adj. Qui a la même forme. Qui convient, qui s'accorde.

conformé, e adj. *Bien, mal conformé,* se dit d'un enfant né sans ou avec des déficiences physiques.

conformément adv. En conformité.

conformer v. t. Mettre d'accord avec : *conformer sa conduite à ses paroles.* V. pr. S'accommoder. Respecter : *se conformer au programme.*

conformisme n. m. Respect étroit des usages établis, de la morale en usage.

conformité n. f. État de ce qui présente un accord complet, une adaptation totale. Concordance, accord.

confort n. m. Ensemble des commodités que procure le bien-être matériel.

confortable* adj. Qui procure le confort.

confrère n. m. Membre d'un même corps, d'une même profession.

confrérie n. f. Association.

confrontation n. f. Action de confronter, de comparer.

confronter v. t. Mettre des personnes en présence, pour comparer leurs dires. Comparer : *confronter des écritures.*

confucianisme n. m. Doctrine de Confucius.

confus, e adj. Mêlé, embrouillé, désordonné. *Fig.* Obscur. Honteux.

confusément adv. D'une manière confuse.

confusion n. f. État de ce qui est confus. Réunion de choses disparates. Manque de clarté. Action de confondre, de mêler. Action de prendre une chose pour une autre. Désordre. *Fig.* Embarras.

congé n. m. Autorisation donnée à quelqu'un de cesser son travail ; période de cette cessation. Courtes vacances. *Congés payés,* période de vacances payées que la loi accorde à tous les salariés. *Prendre congé,* faire ses adieux à. *Donner congé à un locataire,* lui signifier qu'il devra quitter les lieux.

congédiement n. m. Renvoi.

congédier v. t. Renvoyer : *congédier un serviteur.*

congélation n. f. Action de congeler.

congeler v. t. (conj. 3) Transformer un liquide en solide par le froid. Refroidir pour conserver : *viandes congelées.*

congénère adj. et n. Qui est du même genre, de la même espèce.

congénital, e, aux adj. De naissance.

congère n. f. Amas de neige entassée par le vent.

congestion n. f. Afflux anormal de sang dans une partie du corps : *congestion cérébrale, pulmonaire.*

congestionner v. t. Produire une congestion dans : *la chaleur congestionne.*

conglomérat n. m. Roche formée de débris roulés et agglomérés. *Écon.* Association d'entreprises aux activités souvent fort diverses.

congratulations n. f. pl. Félicitations.

congratuler v. t. Féliciter.

congre n. m. Poisson de mer.

congréganiste adj. et n. Qui fait partie d'une congrégation.

congrégation n. f. Association de personnes ecclésiastiques ou laïques, unies par un lien religieux.

congrès n. m. Réunion de gens qui délibèrent : *congrès médical.* Assemblée de souverains, d'ambassadeurs. Dans certains pays, Sénat et Chambre des députés réunis.

congressiste n. Membre d'un congrès.

congru, e adj. *Portion congrue,* ressources à peine suffisantes pour vivre.

conifères n. f. pl. Classe d'arbres dont les fruits sont en forme de cône (sapin, pin, if, etc.).

conique adj. En forme de cône.

conjectural, e*, aux adj. Fondé sur des conjectures.

conjecture n. f. Simple supposition, qui n'a encore reçu aucune confirmation (syn. HYPOTHÈSE).

conjecturer v. t. Supposer.

conjoint, e* adj. Uni. N. m. L'un des époux, par rapport à l'autre.

conjonctif, ive adj. Qui sert à unir des parties organiques. *Locution conjonctive,* celle qui joue le rôle d'une conjonction, comme *afin que, bien que, parce que,* etc.

conjonction n. f. Union, liaison. *Gramm.* Mot invariable, qui sert à lier les mots ou les propositions.

conjonctive n. f. Muqueuse de l'intérieur des paupières.

conjonctivite n. f. Inflammation de la conjonctive.

conjoncture n. f. Concours de circonstances. Occasion.

conjugaison n. f. Réunion, rapprochement. *Gramm.* Manière de conjuguer un verbe.

conjugal, e*, aux adj. Qui concerne l'union entre les époux.

conjugué, e adj. Uni pour un même travail, une même opération.

conjuguer v. t. Réunir. *Gramm. Conjuguer un verbe,* en énumérer toutes les formes dans un ordre déterminé.

conjuration n. f. Conspiration, complot. Exorcisme, sortilège. Pl. Prières, supplications.

conjuré, e adj. et n. Qui prend part à une conjuration, un complot.

conjurer v. t. Prier avec instance : *conjurer de venir*. Exorciser. *Fig.* Détourner par habileté : *conjurer un malheur*.

connaissance n. f. Idée, notion. Relation de société, de familiarité. Personnes qui ont ces relations. Faculté de sentir, de recevoir des impressions. Pl. Savoir, instruction. Habileté, expérience.

connaissement n. m. Déclaration des marchandises chargées sur un navire.

connaisseur, euse n. et adj. Qui se connaît à quelque chose.

connaître v. t. (conj. 58) Avoir l'idée, la notion d'une personne ou d'une chose. Entretenir des relations avec quelqu'un. Savoir. Avoir une grande pratique de : *connaître le monde*. V. i. *Dr.* Être compétent pour juger : *connaître d'une affaire*. V. pr. *S'y connaître, se connaître en*, avoir de la compétence dans tel domaine.

connexe adj. Lié, uni.

connexion n. f. Liaison, union.

connivence n. f. Complicité.

connu, e adj. Bien su, clair, certain. Découvert, exploré. Dont le nom est répandu. N. m. Ce que l'on sait.

conque n. f. Genre de mollusques marins acéphales. Leur grande coquille bivalve. Cavité de l'oreille.

conquérant, e adj. et n. Qui fait ou qui a fait des conquêtes.

conquérir v. t. (conj. 13) Acquérir par les armes. *Fig.* Gagner, captiver : *conquérir le public.*

conquête n. f. Action de conquérir. La chose conquise.

consacré, e adj. Qui a reçu la consécration religieuse. Habituel, ratifié : *expression consacrée.*

consacrer v. t. Dédier à Dieu, aux dieux. Faire, à la messe, la consécration du pain et du vin. Sanctionner, autoriser : *consacrer un usage. Fig.* Employer : *consacrer son temps à.*

consanguin, e adj. Parent du côté paternel : *frère consanguin.*

consanguinité [kɔsɑ̃gyinite] n. f. Parenté du côté du père.

consciemment adv. D'une façon consciente.

conscience n. f. Connaissance, notion : *avoir conscience de son droit*. Sentiment intérieur de la moralité, du devoir : *obéir à sa conscience*. Moralité, intégrité. *Fig. Liberté de conscience*, liberté en matière religieuse. *Par acquit de conscience*, pour n'avoir rien à se reprocher.

consciencieux, euse adj. Qui a la conscience délicate ; qui remplit avec soin tous ses devoirs. Fait avec soin.

conscient, e adj. Qui a la conscience, la notion de : *conscient de son tort.*

conscription n. f. Système de recrutement militaire fondé sur l'appel annuel des jeunes gens d'un même âge.

conscrit n. m. Recrue appelée suivant le système de la conscription.

consécration n. f. Action de consacrer : *la consécration de l'usage*. Action par laquelle le prêtre consacre le pain et le vin, à la messe.

consécutif, ive adj. Qui se suit dans le temps. *Consécutif à*, qui suit, résulte de.

conseil n. m. Avis : *demander conseil*. Volonté : *les conseils de la Providence*. Personne dont on prend avis. Avocat d'un accusé, d'un plaideur. Assemblée de personnes délibérant : *conseil économique, conseil de discipline. Conseil des ministres*, réunion des ministres sous la présidence du chef de l'Etat. *Conseil d'Etat*, juridiction suprême en matière de décrets et de lois. *Conseil municipal*, celui qui gère les affaires de la commune.

conseiller v. t. Donner un conseil à.

conseiller, ère n. Personne qui donne des conseils. Membre d'un conseil.

conseilleur, euse n. Péjor. Personne qui prodigue les conseils. *Les conseilleurs ne sont pas les payeurs*, il faut se méfier des conseillers, qui n'ont rien à craindre de ce qui peut arriver à la suite de leurs conseils.

consentement n. m. Assentiment.

consentir v. i. (conj. 15) Accepter qu'une chose ait lieu ; approuver : *consentir à un arrangement*. V. t. *Dr.* Autoriser : *consentir une vente.*

conséquemment adv. D'une manière conséquente. Par conséquent.

conséquence n. f. Conclusion tirée d'un raisonnement, d'un fait. Suite : *les conséquences d'une chose. Fig.* Importance : *tirer à conséquence.*

conséquent, e adj. Qui agit avec logique. *Par conséquent* loc. conj. Donc.

conservateur, trice adj. et n. Qui conserve. Partisan d'un système qui veut la continuation de l'ordre social établi. N. m. Titre de certains fonctionnaires. Appareil frigorifique.

conservation n. f. Action de conserver. État de ce qui est conservé. Fonction d'un conservateur.

conservatisme n. m. État d'esprit de ceux qui sont hostiles aux innovations politiques et sociales.

conservatoire n. m. Nom de certaines écoles : *conservatoire de musique.*

conserve n. f. Aliment conservé, et spécial. aliment conservé en boîte métallique stérilisée.

conserver v. t. Maintenir en bon état. Garder avec soin. Ne pas perdre.

conserverie n. f. Fabrique de conserves.

considérable adj. Grand, important.

considérant n. m. Motif qui précède le dispositif d'une loi, d'un arrêt.

considération n. f. Examen attentif. Raison. Égards, estime.

considérer v. t. (conj. 5) Regarder attentivement. Examiner, peser. Regarder comme.

consignation n. f. Action de faire un dépôt entre les mains d'un officier public, d'un négociant.

consigne n. f. Instruction formelle. Punition par privation de sortie au militaire, à un écolier. Bureau d'une gare où l'on met en dépôt ses bagages. Somme correspondant à un objet consigné par un commerçant.

consigner v. t. Mettre en dépôt. Enregistrer. Relater, inscrire : *consigner des faits*. Empêcher de sortir : *consigner un élève*. Mettre à la consigne. Facturer un emballage, une bouteille, etc., en s'engageant à reprendre et à rembourser.

consistance n. f. État d'un liquide qui prend de la solidité. État résistant. *Fig.* Fermeté, solidité, réalité : *bruit sans consistance.*

consistant, e adj. Qui a de la consistance, de la solidité. *Fig.* Ferme.

consister v. i. Être composé de : *l'héritage consiste en terres.* Résider en : *le bonheur consiste dans la vertu. Consister à,* avoir pour nature de.

consistoire n. m. Assemblée de cardinaux présidée par le pape. Assemblée de rabbins ou de pasteurs.

consolateur, trice adj. et n. Qui console.

consolation n. f. Soulagement apporté à une affliction. Compensation, dédommagement : *prix de consolation.*

console n. f. Support fixé à ou appuyé contre un mur.

consoler v. t. Soulager, adoucir l'affliction de quelqu'un. Apaiser. V. pr. Mettre fin à ses regrets.

consolidation n. f. Action de consolider.

consolider v. t. Affermir, fortifier.

consommateur, trice n. Personne qui achète un produit pour son usage. Personne qui boit ou mange dans un café, un restaurant.

consommation n. f. Action de consommer. Boisson ou nourriture prise dans un café.

consommé, e adj. Habile, expérimenté : *artiste consommé.* N. m. Bouillon riche en sucs de viande.

consommer v. t. Faire usage de quelque chose comme aliment. Employer, user pour son fonctionnement : *une voiture qui consomme beaucoup d'essence. Absol.* Prendre une boisson dans un café.

consonance n. f. Accord de sons agréables à l'oreille. Uniformité de son dans la terminaison des mots.

consonne n. f. Son que les organes de la parole produisent par le passage du souffle à travers la gorge et la bouche. Nom donné aux lettres qui transcrivent ces bruits.

consort adj. *Prince consort,* mari non couronné d'une reine, dans certains pays. N. m. pl. *Péjor. Et consorts,* ceux et celles qui appartiennent à la même catégorie.

consortium [kɔsɔrsjɔm] n. m. Groupement d'entreprises, en vue d'opérations communes.

conspirateur, trice n. Personne qui complote.

conspiration n. f. Complot, cabale.

conspirer v. i. Comploter.

conspuer v. t. Manifester bruyamment son hostilité, son mépris contre.

constamment adv. Sans cesse.

constance n. f. Permanence. Persévérance. Répétition d'un phénomène.

constant, e adj. Qui a de la constance. Certain, indubitable.

constat [kɔsta] n. m. Procès-verbal dressé par un huissier ou par un agent de la force publique. *Constat amiable,* document dressé pour les assurances par les parties en cause dans un accident n'ayant causé que des dégâts matériels.

constatation n. f. Action de constater. Ce qui est constaté.

constater v. t. Consigner dans un écrit : *constater un décès.* Prendre connaissance de l'existence d'un fait : *constater la disparition de son portefeuille.*

constellation n. f. Groupe d'étoiles.

consteller [kɔstle] v. t. Couvrir d'étoiles. Couvrir : *consteller de diamants.*

consternation n. f. Profond abattement. Stupeur douloureuse.

consterner v. t. Jeter dans l'abattement, dans la stupeur.

constipation n. f. Difficulté d'aller à la selle.

constiper v. t. Causer la constipation.

constituer v. t. Former un tout en rassemblant divers éléments. Être l'élément essentiel, la base d'une chose. V. pr. *Se constituer prisonnier,* se livrer à la justice.

constitutif, ive adj. Qui constitue.

constitution n. f. Établissement : *constitution d'une rente.* Composition : *constitution chimique.* Complexion : *constitution robuste.* Loi fondamentale d'une nation (souvent avec une majusc.).

constitutionnel, elle* adj. Soumis à une constitution. Conforme à la Constitution.

constricteur adj. et n. m. Muscle qui resserre certains canaux ou orifices. *Boa constricteur,* boa ainsi nommé à cause de sa façon de serrer, dans ses replis, les animaux qu'il veut étouffer.

constructeur, trice n. et adj. Personne qui construit, réalise des constructions.

construction n. f. Action, art de construire. Disposition des parties d'une bâtisse. Bâtisse. *Gramm.* Disposition des mots dans la phrase.

construire v. t. (conj. 64) Bâtir. Faire, tracer. *Gramm.* Disposer les mots d'une phrase.

consul n. m. Nom des trois premiers magistrats de la République française, de l'an VIII à l'Empire. Agent chargé de protéger ses compatriotes à l'étranger.

consulaire adj. Qui appartient au consul, à la justice commerciale.

consulat n. m. Charge de consul. Sa résidence. Gouvernement consulaire établi en France par la constitution de l'an VIII.

consultant, e adj. et n. Se dit de la personne qui, en droit ou en médecine, donne des consultations.

consultatif, ive adj. Institué pour donner son avis, sans pouvoir décider : *comité consultatif.*

consultation n. f. Action de consulter. Visite d'un client à un médecin ou à un spécialiste. Examen d'un malade par un médecin à son cabinet.

consulter v. t. Prendre avis, conseil de. Chercher des renseignements dans. V. i. Recevoir des malades.

consumer v. t. Détruire : *consumer par le feu. Fig.* Épuiser, miner. V. pr. Dépérir.

contact n. m. État des corps qui se touchent. *Fig.* Fréquentation, relation. Verres, lentilles de contact, verres correcteurs de la vue qui s'appliquent directement sur la cornée.

contacter v. t. Entrer en relation avec quelqu'un.

contagieux, euse adj. Qui se communique par contagion (au *pr.* et au *fig.*). Adj. et n. Qui peut transmettre une maladie.

contagion n. f. Transmission d'une maladie par contact direct ou indirect. Transmission d'un état affectif.

container [kɔ̀tɛnɛr] ou **conteneur** n. m. Caisse métallique pour le transport de marchandises.

contamination n. f. Transmission d'une maladie contagieuse.

contaminer v. t. Infecter de germes microbiens, de virus, d'un mal quelconque. Fig. Corrompre.

conte n. m. Récit, assez court, d'aventures imaginaires.

contemplateur, trice adj. et n. Qui contemple.

contemplatif, ive adj. et n. Qui se plaît dans la contemplation.

contemplation n. f. Action de contempler. Méditation profonde.

contempler v. t. Considérer attentivement : contempler le paysage.

contemporain, e adj. et n. Du même temps. Du temps actuel.

contempteur n. Personne qui méprise, dénigre (littér.).

contenance n. f. Capacité. Étendue. Attitude. Fig. Faire bonne contenance, montrer de la fermeté. Perdre contenance, se troubler.

contenant, e adj. Qui contient. N. m. Ce qui contient.

conteneur n. m. V. CONTAINER.

contenir v. t. (conj. 16) Comprendre dans son étendue, dans sa capacité. Retenir dans de certaines bornes : contenir sa colère. Renfermer : contenir dans les limites. V. pr. Maîtriser ses sentiments.

content, e adj. Qui est satisfait. Qui exprime la joie : un air content.

contentement n. m. Action de contenter.

contenter v. t. Rendre content. Satisfaire. Apaiser, calmer. V. pr. Être satisfait.

contentieux, euse adj. Litigieux. N. m. Affaires contentieuses en général. Bureau qui s'en occupe.

contention n. f. Intense concentration d'esprit.

contenu, n. m. Ce qui est à l'intérieur d'un récipient. Fig. Substance, sens : le contenu d'une lettre.

conter v. t. Faire le récit de : conter des histoires à des enfants.

contestataire adj. et n. Qui conteste la société.

contestation n. f. Objection. Désaccord. Refus global des structures dans lesquelles on vit.

conteste (sans) loc. adv. De l'avis unanime.

contester v. t. Ne pas admettre : contester un fait. V. i. Contredire, discuter.

conteur, euse n. Auteur de contes. Qui aime à conter.

contexte n. m. Ensemble du texte auquel appartient un mot, une expression, une phrase.

contexture n. f. Liaison des parties qui forment un tout (syn. COMPOSITION, STRUCTURE).

contigu, ë adj. Qui touche à. Voisin.

contiguïté [kɔ̃tiguité] n. f. État de deux choses qui se touchent.

continence n. f. Abstention de toute activité sexuelle : vivre dans la continence.

continent, e adj. Chaste.

continent n. m. Vaste étendue de terre qu'on peut parcourir sans traverser la mer. Spécial. La France continentale pour les Corses.

continental, e, aux adj. Du continent.

contingences n. f. pl. Événements qui peuvent se produire ou non, qui échappent à toute prévision.

contingent, e adj. Qui peut se produire ou non. N. m. Quantité que chacun doit fournir ou recevoir. Classe de recrutement.

contingentement n. m. Limitation de l'importation ou de l'exportation d'un produit.

contingenter v. t. Fixer un contingent.

continu, e adj. Non interrompu.

continuateur, trice n. Personne qui continue.

continuation n. f. Action de continuer. Son effet. Prolongement.

continuel, elle adj. Qui dure ou se renouvelle constamment : bruit continuel.

continuer v. t. Poursuivre ce qui est commencé. Prolonger. N. i. Ne pas cesser. Continuer à, continuer de, persister à, ne pas cesser de.

continuité n. f. Suite non interrompue. Prolongement : continuité de l'effort.

contondant, e adj. Qui meurtrit sans couper : instrument contondant.

contorsion n. f. Torsion violente des muscles des membres. Grimace, attitude forcée.

contour n. m. Ligne qui marque le tour d'un corps. Limite plus ou moins circulaire : le contour d'une ville.

contourner v. t. Tracer le contour de. Faire le tour de.

contraceptif, ive adj. Se dit de méthodes, de produits permettant l'infécondité. N. m. Ce qui rend inféconde une personne.

contraception n. f. Infécondité volontaire obtenue par des méthodes anticonceptionnelles.

contractant, e adj. et n. Dr. Qui passe contrat : les parties contractantes.

contracté, e adj. Tendu, crispé. Gramm. Se dit de deux éléments réunis en un seul : au (à le), aux (à les), du (de le), des (de les).

contracter v. t. Réduire en un moindre volume : contracter un liquide par le froid. Acquérir : contracter une habitude. S'engager : contracter un bail. Gagner une maladie : contracter une bronchite. Contracter des dettes, s'endetter.

contractile adj. Susceptible de contraction : organe contractile.

contraction n. f. Diminution de volume par resserrement. Réponse mécanique d'un muscle à une excitation, selon laquelle il se raccourcit en se gonflant. Gramm. Réduction de deux syllabes, de deux voyelles, en une, comme du pour de le.

contractuel, elle adj. Stipulé par contrat. N. Agent public non fonctionnaire.

contradicteur n. m. Personne qui contredit.

contradiction n. f. Action de contredire, de se contredire. Paroles, actes contradictoires. Fig. Opposition.

contradictoire adj. Qui implique une contradiction : réunion contradictoire.

contraindre v. t. (conj. 55) Forcer, obliger à. Gêner.

contraint, e adj. Forcé. Gêné. Peu naturel : *air contraint*.

contrainte n. f. Action de contraindre. Son résultat. Gêne, retenue : *vivre dans la contrainte*. Fig. Difficultés, entraves.

contraire* adj. Opposé. Non conforme à. Fig. Nuisible : *le vin lui est contraire*. N. m. L'opposé : *c'est tout le contraire! Au contraire* loc. adv. Tout autrement.

contralto n. m. La plus grave des voix de femme.

contrarier v. t. S'opposer, faire obstacle à. Causer du dépit à. Opposer pour faire un contraste.

contrariété n. f. Ennui, mécontentement. Obstacle, empêchement.

contraste n. m. Opposition d'effets, de sentiments, etc. : *contraste de couleurs, d'ombre et de lumière, d'opinions*.

contraster v. i. Être en contraste.

contrat n. m. Acte officiel qui constate une convention entre deux ou plusieurs personnes.

contravention n. f. Infraction à toute sorte de règles. Procès-verbal de cette infraction.

contre, prép. qui marque opposition, rencontre, choc : *se heurter contre un mur*; proximité : *tout contre sa maison*; échange : *donner contre argent comptant*. N. m. L'opposé : *le pour et le contre. Par contre* loc. adv. En revanche.

contre-amiral n. m. Premier grade des officiers généraux de la marine. Pl. des *contre-amiraux*.

contre-attaque n. f. Passage de la défensive à l'offensive.

contrebalancer v. t. (conj. 1) Équilibrer. Compenser.

contrebande n. f. Introduction, vente clandestine de marchandises. Ces marchandises mêmes.

contrebandier, ère n. Personne qui fait de la contrebande.

contrebas (en) loc. adv. À un niveau inférieur.

contrebasse n. f. Le plus grand et le plus grave des instruments de musique à archet.

contrecarrer v. t. S'opposer directement à : *contrecarrer un projet*.

contrecœur (à) loc. adv. Avec répugnance, malgré soi.

contrecoup n. m. Répercussion d'un choc. Événement qui est la suite d'un autre.

contredire v. t. (conj. 68) Dire le contraire. Être en opposition. V. pr. Émettre des affirmations incompatibles.

contrée n. f. Étendue de pays prise dans son ensemble : *une riche contrée*.

contre-écrou n. m. Écrou serré sur un autre pour éviter le desserrage de celui-ci.

contre-espionnage n. m. Organisation chargée de déceler et de réprimer l'activité des espions.

contre-expertise n. f. Expertise qui en contrôle une autre.

contrefaçon n. f. Action de contrefaire. Ouvrage contrefait.

contrefacteur n. m. Celui qui est coupable de contrefaçon.

contrefaire v. t. (conj. 72) Reproduire en imitant frauduleusement. Imiter les autres pour les tourner en ridicule. Feindre : *contrefaire la piété*. Déguiser : *contrefaire sa voix*.

contrefait, e adj. Imité par contrefaçon : *sceau contrefait*. Difforme.

contrefort n. m. Pilier servant d'appui à un mur. Pièce de cuir renforçant l'arrière d'une chaussure. Pl. Montagnes moins élevées qui font suite au massif principal.

contre-indication n. f. Méd. Circonstance particulière qui s'oppose à l'emploi d'un médicament.

contre-indiquer v. t. Écarter comme dangereux pour la santé de quelqu'un. Présenter comme peu favorable, étant donné les circonstances.

contre-jour n. m. inv. Lumière qui éclaire un objet du côté opposé à celui par lequel on le regarde. *A contre-jour* loc. adv. Dans un sens opposé au jour.

contremaître, esse n. Personne qui dirige les ouvriers dans un atelier, etc.

contre-manifestation n. f. Manifestation qui s'oppose à une autre.

contremarque n. f. Ticket remis à un spectateur qui quitte la salle un instant, pour lui permettre de rentrer.

contre-mesure n. f. Disposition prise pour s'opposer à une action, à un événement, ou pour les prévenir.

contre-offensive n. f. Opération d'ensemble répondant à une offensive de l'ennemi.

contrepartie n. f. Ce que l'on donne en échange d'autre chose. Compensation, dédommagement. Opinion contraire. Loc. adv. *En contrepartie*, en revanche.

contre-pente n. f. Versant d'une hauteur cachée aux vues de l'ennemi.

contre-performance n. f. Échec subi par quelqu'un dont on attendait la victoire, le succès.

contre-pied (à) loc. adv. À rebours.

contre-plaqué n. m. Bois en plaques formées de feuilles collées ensemble.

contrepoids n. m. Poids qui équilibre totalement ou en partie un autre poids ou une force. Balancier d'un équilibriste.

contrepoint n. m. Technique musicale consistant à combiner plusieurs lignes mélodiques.

contrepoison n. m. Remède contre le poison. Antidote.

contreprojet n. m. Projet contraire.

contrer v. t. et i. Au bridge, parier que l'équipe adverse ne fera pas le nombre de levées annoncé. V. t. Fam. S'opposer efficacement à quelqu'un.

contre-révolution n. f. Mouvement réactionnaire tendant à détruire les résultats d'une révolution précédente.

contrescarpe n. f. Fortif. Pente du mur extérieur du fossé.

contresens n. m. Interprétation inexacte d'un mot, d'une phrase (syn. ABSURDITÉ, NON-SENS).

contresigner v. t. Signer après celui dont l'acte émane.

contretemps n. m. Événement fâcheux, imprévu. Mus. Action d'attaquer le son sur le temps faible de la mesure ou sur la partie faible du temps. *A contretemps* loc. adv. Mal à propos.

contretype n. m. Copie d'une photographie; copie positive d'un film, tirée à partir d'un autre positif.

contre-valeur n. f. Valeur donnée en échange d'une autre.

contrevenir v. i. (conj. **16**) Agir contrairement à : *contrevenir à un règlement.*

contrevent n. m. Volet placé à l'extérieur d'une fenêtre.

contrevérité n. f. Mensonge.

contribuable n. Personne qui paye des contributions.

contribuer v. i. Payer sa part d'une dépense, d'une charge : *contribuer aux dépenses du ménage.* Aider à l'exécution de : *contribuer au succès.*

contribution n. f. La part de chacun dans une dépense, une charge commune. Charge imposée à une communauté. Impôt. *Fig. Mettre à contribution,* avoir recours à.

contrit, e adj. Qui a un grand regret de ses fautes. *Par ext.* Mortifié.

contrition n. f. Regret d'une faute qu'on a commise (terme relig.) [syn. REPENTIR].

contrôle n. m. Vérification attentive et minutieuse de la régularité d'un acte, de la validité d'une pièce (syn. SURVEILLANCE). Bureau chargé de ce genre de vérifications. Maîtrise de sa propre conduite. État nominatif des personnes qui appartiennent à un corps.

contrôler v. t. Vérifier. Avoir sous sa domination, sous sa surveillance. V. pr. Avoir la maîtrise de soi.

contrôleur, euse n. Personne qui contrôle.

contrordre n. m. Annulation d'un ordre.

controuvé, e adj. Inventé de toutes pièces, mensonger.

controverse n. f. Débat, contestation.

controversé, e adj. Contesté, discuté : *une explication très controversée.*

contumace n. f. Refus d'un accusé de comparaître devant un tribunal.

contusion n. f. Meurtrissure.

contusionner v. t. Meurtrir.

convaincre v. t. (conj. **47**) Persuader. Apporter des preuves de la culpabilité d'une personne : *l'accusé a été convaincu de participation au meurtre.*

convaincu, e adj. Profondément persuadé. Qui dénote la conviction.

convalescence n. f. Retour progressif à la santé.

convalescent, e adj. et n. Qui revient à la santé après une maladie.

convection n. f. Mouvement d'un fluide sous l'influence de différences de température.

convenable* adj. Qui convient à, cadre avec. Opportun, à propos. Proportionné : *prix convenable.* Bienséant : *ce mot n'est pas convenable.*

convenance n. f. Qualité de ce qui convient. Commodité, utilité. Pl. Bienséance, décence : *blesser les convenances.*

convenir v. t. ind. (conj. **16**) Être d'accord. Avouer : *convenir de sa faute.* Être à la convenance, plaire, agréer : *cet emploi m'au-*

rait convenu. V. impers. Être à propos : *il convient d'attendre.*

convention n. f. Accord, pacte.

conventionné, e adj. Lié par une convention à un organisme de Sécurité sociale.

conventionnel, elle adj. Qui résulte d'une convention. Banal. *Mil.* Syn. de CLASSIQUE : *armes conventionnelles* (par oppos. à *armes nucléaires*). N. m. Membre de la Convention nationale.

conventuel, elle adj. Relatif au couvent.

convergence n. f. Direction commune vers un même point. *Fig.* Tendance vers un résultat commun.

convergent, e adj. Qui converge.

converger v. i. (conj. **1**) Tendre vers le même point et, au *fig,* vers le même but.

conversation n. f. Entretien familier.

converser v. i. S'entretenir avec.

conversion n. f. Action d'adhérer ou de faire adhérer à une religion. Changement d'opinion. Changement d'une chose, d'une valeur en une autre : *la conversion des métaux en or.*

convertibilité n. f. Propriété de ce qui est convertible.

convertible adj. Qui peut être converti, transformé.

convertir v. t. Changer une chose en une autre. *Fig.* Faire changer de résolution, de parti, de religion.

convertisseur n. m. Cornue métallique, où se transforme la fonte en acier. Transformateur électrique.

convexe adj. Bombé (contr. CONCAVE).

convexité n. f. Rondeur, courbure d'un corps.

conviction n. f. Croyance ferme.

convier v. t. Inviter à un repas, etc. Engager.

convive n. Personne qui prend part à un repas.

convocation n. f. Action de convoquer.

convoi n. m. Cortège funèbre qui accompagne un mort. Groupe de navires, de véhicules, de personnes se dirigeant vers un même point. Suite de voitures de chemins de fer entraînées par une seule machine [syn. TRAIN].

convoiter v. t. Désirer ardemment.

convoitise n. f. Désir ardent.

convoler v. i. *Iron.* Se marier.

convoquer v. t. Appeler, inviter à se réunir : *convoquer des amis.*

convoyer v. t. (conj. **2**) Escorter pour protéger.

convoyeur n. m. et adj. Qui accompagne, escorte pour protéger ou surveiller.

convulsé, e adj. Crispé d'une manière convulsive : *visage contusé.*

convulsif, ive* adj. Caractérisé par des convulsions : *toux convulsive.*

convulsion n. f. Contraction violente des muscles, des membres. *Fig.* Troubles : *convulsions politiques.*

coopérant n. m. Jeune volontaire qui effectue un service civil dans certains pays étrangers pendant la durée de ses obligations militaires.

coopérateur, trice n. Membre d'une coopérative.

coopératif, ive adj. Fondé sur la coopération. N. f. Groupement pratiquant la coopération.

coopération n. f. Action de coopérer.

coopérer v. i. (conj. 5) Participer à une œuvre commune : *coopérer à la rédaction d'un dictionnaire.*

coordination n. f. Action de coordonner. État des choses coordonnées.

coordonnées n. f. pl. *Math.* Éléments servant à déterminer la position d'un point sur une surface ou dans l'espace. *Fam.* Adresse et numéro de téléphone d'une personne.

coordonner v. t. Disposer, combiner dans l'ordre voulu.

copain, copine n. *Fam.* Camarade.

copeau n. m. Parcelle de bois enlevée avec un instrument tranchant, un rabot.

copie n. f. Reproduction d'un texte écrit ou d'une œuvre d'art. Devoir d'élève.

copier v. t. Reproduire un écrit, un tableau. Reproduire servilement. *Fig.* Imiter.

copieur, euse n. Élève qui copie frauduleusement son devoir.

copieux, euse* adj. Abondant.

copine n. f. Féminin de COPAIN.

copiste n. Qui copie.

copropriétaire n. Qui possède avec d'autres une maison, une terre, etc.

copropriété n. f. Propriété commune.

copte n. Chrétien d'Égypte et d'Éthiopie. Adj. Relatif aux coptes.

copulation n. f. Accouplement d'un mâle et d'une femelle.

coq n. m. Mâle de la poule. *Par ext.* Mâle du faisan, du héron, etc.

coq n. m. Cuisinier à bord d'un navire.

coq-à-l'âne n. m. inv. Propos sans suite, ni liaison.

coque n. f. Enveloppe solide et dure de l'œuf et de certains fruits. Carcasse d'un navire, d'un avion.

coquelicot n. m. Pavot des champs.

coqueluche n. f. Maladie caractérisée par une toux convulsive. *Fam.* Personne qui est l'objet d'un engouement passager du public.

coquet, ette adj. et n. Qui cherche à plaire. Qui a un aspect plaisant : *un appartement coquet.* Assez considérable : *une somme coquette.*

coquetier n. m. Marchand d'œufs et de volailles. Petit godet creux pour manger les œufs à la coque.

coquetterie n. f. Goût de la parure. Désir de plaire.

coquillage n. m. Mollusque à coquille. La coquille même.

coquille n. f. Enveloppe dure qui couvre certains mollusques. *Fig. Rentrer dans sa coquille,* fuir la société. Coque vide des œufs et des noix. Partie de la garde d'une épée, pour protéger la main. *Impr.* Faute matérielle dans une composition typographique.

coquin, e n. Personne vile, sans honneur ni probité. (Vx.) Adj. et n. *Fam.* Espiègle.

coquinerie n. f. Espièglerie.

cor n. m. Instrument à vent, contourné en spirale. Celui qui en joue. *À cor et à cri* loc. adv. À grand fracas.

cor n. m. Durillon sur un orteil.

corail [kɔraj] n. m. Sorte de polypier dont le support calcaire, blanc, rouge ou noir, sert à fabriquer des bijoux : *un collier de corail.* Pl. des *coraux.*

corallien, enne adj. Formé de coraux.

corbeau n. m. Grand oiseau carnassier au plumage noir. *Archit.* Pierre ou pièce de bois en saillie pour soutenir une poutre. *Fam.* Personne qui se livre au chantage par lettres anonymes.

corbeille n. f. Panier en général sans anse. Parterre circulaire ou ovale couvert de fleurs.

corbillard n. m. Voiture pour le transport des morts.

cordage n. m. Corde de manœuvre.

corde n. f. Assemblage de fils de chanvre, de crin ou d'autres matières textiles, tordus ensemble. Fil de boyau ou de laiton pour instruments de musique, etc. : *corde de violon, de raquette.* Fil de la chaîne ou de la trame d'une étoffe : *étoffe usée jusqu'à la corde.* Câble tendu sur lequel dansent certains bateleurs. *Géom.* Ligne droite qui aboutit aux deux extrémités d'un arc de cercle. *Fig.* Supplice de la potence.

cordeau n. m. Petite corde qu'on tend pour tracer un alignement. Mèche d'une mine.

cordée n. f. Groupe d'alpinistes reliés par une corde : *premier de cordée.*

cordelette n. f. Petite corde.

cordelière n. f. Corde torsadée servant de ceinture. Petite tresse de couleur servant de cravate.

corder v. t. Tordre en forme de corde. Attacher avec des cordes.

cordial, e*, aux adj. Réconfortant. *Fig.* Affectueux. N. m. Potion fortifiante.

cordialité n. f. Sentiment affectueux.

cordon n. m. Chacun des torons d'un câble. Corde au moyen de laquelle le concierge ouvrait la porte d'une maison. Large ruban servant d'insigne à une décoration : *le grand cordon de la Légion d'honneur.* Suite de postes garnis de troupes.

cordon-bleu n. m. Cuisinière très habile.

cordonnerie n. f. Métier, commerce, boutique de cordonnier.

cordonnet n. m. Mince cordon employé en broderie.

cordonnier, ère n. Personne qui répare des chaussures.

coreligionnaire n. Qui professe la même religion.

coriace adj. Dur comme du cuir.

cormoran n. m. Genre d'oiseaux palmipèdes marins.

cornac n. m. Qui soigne et conduit un éléphant.

corne n. f. Partie dure et conique qui se forme sur la tête de certains ruminants. Matière constituant la corne : *peigne de corne.* Partie dure du pied de certains animaux. Chausse-pied en corne. Trompe faite, à l'origine, avec une corne d'animal. Pli d'une feuille de papier. Pointe charnue sur la tête des limaçons, etc.

corné, e adj. Qui a la consistance de la corne.

corned-beef [kɔrndbif] n. m. Conserve de viande de bœuf salée.

cornée n. f. Partie antérieure, transparente, du globe oculaire.

corneille n. f. Genre de passereaux voisins des corbeaux.

cornélien, enne adj. À la manière de Corneille : *héros cornélien.*

cornemuse n. f. Instrument champêtre à vent, composé d'une outre et de tuyaux.

corner v. i. Sonner d'une corne, d'une trompe. V. t. Plier en corne. *Corner une nouvelle*, la répandre à grand bruit.

corner [kɔrnɛr] n. m. Au football, action d'un joueur qui envoie le ballon derrière la ligne des buts de son équipe.

cornet n. m. Petite trompe rustique. Instrument pour entendre : *cornet acoustique.* Papier en forme de cône : *cornet de bonbons.* Gobelet de cuir pour agiter les dés, au jeu. *Cornet à pistons*, instrument de musique, en cuivre, à pistons. Celui qui en joue.

cornette n. f. Anc. coiffure de certaines religieuses.

corniche n. f. *Archit.* Ornement qui couronne un entablement.

cornichon n. m. Variété de concombre à petits fruits. *Fig.* et pop. Niais, sot.

cornouiller n. m. Arbre à bois très dur et à fruits rouges.

cornue n. f. *Chim.* Vase à col étroit et courbé, pour la distillation.

corollaire n. m. Conséquence nécessaire et évidente.

corolle n. f. Ensemble des pétales d'une fleur.

coron n. m. Groupe d'habitations ouvrières en pays minier.

corozo n. m. Ivoire végétal.

corporatif, ive adj. Relatif à une corporation : *intérêts corporatifs.*

corporation n. f. Association de gens de même profession.

corporel, elle* adj. Relatif au corps humain.

corps n. m. Toute substance, organique ou inorganique : *corps minéral.* Partie matérielle d'un être animé. Partie importante d'une chose : *corps d'un ouvrage.* Cadavre. *Corps d'armée*, grande unité militaire. Corporation : *esprit de corps. Corps à corps* n. m. Combat où l'on frappe directement l'adversaire ; mêlée.

corpulence n. f. Grandeur et grosseur du corps humain.

corpulent, e adj. Grand et gros.

corpusculaire adj. Relatif aux corpuscules.

corpuscule n. m. Très petit corps.

correct, e* adj. Conforme aux règles, aux convenances.

correcteur, trice n. Personne qui corrige les épreuves d'imprimerie, les copies d'examens.

correctif adj. Fait pour corriger, redresser. N. m. Ce qui corrige.

correction n. f. Action de corriger. Réprimande, peine : *infliger une correction.* Qualité de ce qui est correct.

correctionnel, elle* adj. Relatif aux délits. *Tribunal correctionnel*, qui juge les délits.

corrélatif, ive* adj. Se dit de choses qui sont en corrélation. N. m. *Gramm.* Ensemble de deux termes appartenant à deux membres de phrase différents et qui les unit.

corrélation n. f. Rapport réciproque.

correspondance n. f. Rapport de conformité. Concordance d'horaires entre deux modes de transport. Échange de lettres. Les lettres mêmes.

correspondant, e adj. Se dit des choses qui ont du rapport entre elles. N. m. Personne qui a la charge d'un jeune homme éloigné de sa famille. Personne qui correspond avec un corps savant.

correspondre v. i. (conj. 46) Entretenir une correspondance. Être en communication. Être en rapport de proportion, de conformité, de ressemblance, de symétrie.

corrida n. f. Course de taureaux.

corridor n. m. Passage qui relie les pièces d'un même étage.

corrigé n. m. Modèle de devoir.

corriger v. t. (conj. 1) Rectifier. Supprimer les fautes. Châtier. Tempérer, adoucir.

corroborer v. t. Confirmer.

corroder v. t. Ronger, attaquer.

corrompre v. t. (conj. 46) Gâter, décomposer. Altérer, dénaturer. Dépraver, pervertir. Soudoyer : *corrompre un fonctionnaire.*

corrosif, ive adj. et n. m. Qui corrode.

corrosion n. f. Action, effet des substances corrosives.

corroyer [kɔrwaje] v. t. (conj. 2) Apprêter le cuir.

corroyeur n. m. Ouvrier qui apprête le cuir.

corrupteur, trice adj. et n. Qui corrompt, aux divers sens du mot.

corruption n. f. Action de corrompre, son résultat (au pr. et au *fig.*). Crime du fonctionnaire qui trafique de son autorité, ou de ceux qui cherchent à le corrompre.

corsage n. m. Partie du vêtement féminin recouvrant le buste.

corsaire n. m. Capitaine, marin d'un navire qui, avec l'autorisation d'un gouvernement, chassait et tentait de capturer des navires d'autres nationalités ; le navire lui-même.

corse adj. et n. De la Corse.

corselet n. m. Vêtement féminin lacé pardevant, sur le corsage. Partie du thorax de certains insectes.

corser v. t. Donner de la vigueur, de l'intérêt. V. pr. Se compliquer.

corset n. m. Sous-vêtement baleiné qui enserre et maintient le ventre.

cortège n. m. Suite de personnes, accompagnement.

corvée n. f. Travail gratuit qui était dû par le paysan à son seigneur. Travaux d'entretien, de cuisine auxquels sont astreints les soldats. *Fig.* Travail pénible.

corvette n. f. Navire armé pour la lutte anti-sous-marine.

coryphée [kɔrife] n. m. Chef de chœur, dans le théâtre grec.

coryza n. m. *Méd.* Rhume de cerveau.

cosaque n. m. Soldat d'un corps de cavalerie russe.

cosinus [kɔsinys] n. m. *Géom.* Sinus du complément d'un angle.

cosmétique adj. et n. m. Qui concerne les produits de beauté.

cosmique adj. Relatif à l'univers.

cosmogonie n. f. Théorie visant à expliquer la formation de l'univers.

cosmographe n. m. Spécialiste de cosmographie.

cosmographie n. f. Partie de l'astronomie consacrée à la description de l'univers.

cosmologie n. f. Branche de l'astronomie qui étudie la structure et l'évolution de l'Univers considéré dans son ensemble.

cosmonaute n. Membre de l'équipage d'un engin spatial (syn. ASTRONAUTE).

cosmopolite n. Qui regarde l'univers comme sa patrie. *Fig.* Qui aime vivre dans divers pays.

cosmopolitisme n. m. Manière de vivre des cosmopolites.

cosse n. f. Enveloppe de certains légumes : *cosse de pois, de haricot.*

cossu, e adj. Riche, aisé.

costume n. m. Manière de se vêtir. Vêtement. Habit de déguisement.

costumé, e adj. Déguisé. *Bal costumé,* où les danseurs sont travestis.

costumer v. t. Travestir, déguiser : *costumer un acteur.*

costumier, ère n. Qui fait, vend ou loue des costumes.

cote n. f. Part que chacun doit payer d'une dépense, d'un impôt. Marque pour classer une pièce : *cote d'inventaire.* Altitude signalée sur une carte. Indication des valeurs négociées sur le marché public. Chiffre indiquant le niveau d'un cours d'eau. *Cote mal taillée,* compromis.

côte n. f. Os des parties latérales de la poitrine, depuis l'épine dorsale jusqu'au sternum. Protubérance saillante et longitudinale : *velours à côtes.* Nervure médiane des feuilles, des fruits. Montée : *une côte rude.* Relief formé par un talus en pente raide et un plateau doucement incliné. Rivage : *côte escarpée. Côte à côte* loc. adv. L'un à côté de l'autre.

coté, e adj. Caractérisé par l'emploi de cotes : *croquis très coté.* Apprécié, estimé : *un restaurant très coté.*

côté n. m. Partie latérale. Partie, endroit : *de quel côté allez-vous? Géom.* Chaque ligne formant le contour d'une figure. Opinion, parti : *je me range de son côté. Mettre de côté,* en réserve. *Laisser de côté,* abandonner. *A côté,* auprès. *De côté,* de biais, obliquement.

coteau n. m. Versant d'une colline. La colline elle-même.

côtelé, e adj. Qui est à côtes (tissu).

côtelette n. f. Côte de mouton, de veau, de porc, etc.

coter v. t. Numéroter, marquer le prix de. *Fig.* Apprécier, estimer.

coterie n. f. Groupe restreint de personnes qui se soutiennent mutuellement.

cothurne n. m. Chaussure à haute semelle des acteurs tragiques de l'Antiquité.

côtier, ère adj. Qui se fait le long des côtes : *navigation côtière.*

cotillon n. m. Jupon de paysannes. (Vx.) *Accessoires de cotillon,* objets divers (confettis, serpentins, etc.) utilisés parfois dans les fêtes.

cotisation n. f. Quote-part.

cotiser v. i. Payer sa quote-part. V. pr. Collecter de l'argent entre soi en vue d'une dépense commune.

coton n. m. Duvet soyeux des graines du cotonnier. Fil ou tissu fait de cette matière.

cotonnade n. f. Étoffe de coton.

cotonneux, euse adj. Recouvert de duvet. Spongieux : *fruit cotonneux.*

cotonnier n. m. Arbuste qui produit le coton.

cotonnier, ère adj. Relatif au coton.

côtoyer [kotwaje] v. t. (conj. 2) Aller le long de : *côtoyer un fleuve.*

cottage [kɔtedʒ ou kɔtaʒ] n. m. Petite maison de campagne.

cotte n. f. Jupe de paysanne. Vêtement de travail. *Cotte de mailles,* vêtement formant armure, et fait de petits anneaux de fer.

cotylédon n. m. Lobe charnu ou foliacé qui s'insère sur l'axe de la plantule, dans la graine.

cou n. m. Partie du corps qui joint la tête aux épaules. *Tordre le cou,* tuer.

couac n. m. Son faux et discordant.

couard, e adj. et n. Poltron, lâche.

couardise n. f. Lâcheté, poltronnerie.

couchage n. m. Action de coucher. *Sac de couchage,* sac de duvet des campeurs.

couchant adj. m. *Chien couchant,* qui se couche en arrêtant le gibier. *Soleil couchant,* soleil prêt à disparaître à l'horizon. N. m. Ouest, occident.

couche n. f. Lit. Linge dont on enveloppe les nourrissons. Planche de terreau, de fumier : *semer sur couche.* Substance appliquée sur une autre : *couche de vernis.* Disposition par lit : *couche de fruits. Géol.* Chaque lit composant un terrain. Catégorie : *couches sociales.* Pl. État d'une femme qui accouche : *une femme en couches.*

coucher v. t. Mettre au lit. Étendre de tout son long : *coucher un blessé. Fig.* Inscrire. *Coucher en joue,* viser. Incliner. V. i. Passer la nuit : *coucher en route.* V. pr. *Fig.* Descendre sous l'horizon : *le soleil se couche.*

coucher n. m. Action de se coucher.

couchette n. f. Lit ou banquette de repos sur un bateau ou dans un train.

coucheur, euse n. *Mauvais coucheur,* homme difficile à vivre.

couci-couça loc. adv. *Fam.* Ni bien ni mal, pas très bien.

coucou n. m. Genre d'oiseaux grimpeurs. Primevère officinale. Pendule de bois.

coude n. m. Partie extérieure du bras, à l'endroit où il se plie. Angle d'un mur, d'un chemin, etc.

coudée n. f. Anc. mesure (distance du coude au bout des doigts). *Fig. Avoir les coudées franches,* avoir entière liberté d'agir.

cou-de-pied n. m. Partie supérieure du pied.

couder v. t. Plier en forme de coude.

coudoiement n. m. Action de coudoyer.

coudoyer v. t. (conj. 2) Heurter du coude. Passer auprès : *coudoyer beaucoup de gens.*

coudre v. t. (conj. 52) Joindre avec une aiguille et du fil.

coudrier n. m. Noisetier.

couenne n. f. Peau du porc raclée.

couette n. f. Édredon de plume. Mèche de cheveux en forme de queue, retenue par un lien.

couffin n. m. Cabas en paille tressée.

coulage n. m. Action de couler dans un moule un métal en fusion ou du béton. *Fig.* Gaspillage.

coulant, e adj. Qui coule. *Fig.* Accommodant, facile. Aisé, naturel : *style coulant. Nœud coulant*, qui se serre et se desserre à volonté.

coulée n. f. Action de verser en moule. Matière en fusion. Ecoulement d'une masse pâteuse : *coulée de boue.*

couler v. i. Suivre sa pente, en parlant d'un liquide, d'un cours d'eau. S'échapper, se répandre : *le sang coulait.* Laisser échapper : *ce vase coule.* Fuir, passer, en parlant du temps. S'engloutir, être submergé : *couler bas. Fig.* Découler, se produire sans effort : *couler de source.* V. t. Jeter en moule : *couler une statue.* Submerger : *couler un navire.* Détériorer un organe en mouvement par manque de graissage : *couler une bielle.*

couleur n. f. Impression que produit sur l'œil la lumière diffusée par les corps. Matière colorante : *couleurs d'aquarelle.* Teint du visage : *haut en couleur.* Ce qui n'est ni blanc ni noir : *linge de couleur. Fig.* Apparence : *sous couleur de.* Couleur locale, détails caractérisant une époque, un pays. Chacune des quatre marques du jeu de cartes : cœur, carreau, trèfle, pique. *Homme de couleur*, qui n'est pas de race blanche. Pl. Le drapeau.

couleuvre n. f. Genre de serpents non venimeux. *Avaler des couleuvres*, recevoir des affronts sans protester.

coulis n. m. Jus extrait des viandes, des légumes, etc., après une cuisson lente. Adj. *Vent coulis*, qui se glisse à travers une fente.

coulisse n. f. Rainure dans laquelle glisse une pièce mobile. Partie du théâtre, derrière la scène. *Fig.* Ce qui est secret, loin du public : *les coulisses de la politique.*

coulisseau n. m. Pièce qui se meut dans une coulisse.

coulisser v. t. Garnir de coulisses. V. i. Glisser sur des coulisses.

couloir n. m. Passage de dégagement d'un appartement, d'une voiture de chemin de fer, etc.

coulomb n. m. Unité de mesure de quantité d'électricité.

coup n. m. Atteinte, choc donné ou reçu. Blessure : *percé de coups.* Décharge d'une arme à feu : *coup de fusil.* Son de certains corps frappés : *coup de cloche.* Mouvement rapide et momentané pour faire fonctionner un instrument : *se donner un coup de peigne.* Choc moral qui atteint vivement. Action violente, acte décisif : *méditer un mauvais coup.* Syn. de FOIS (dans quelques expressions) : *du premier coup; d'un seul coup.* Bruit produit par un choc, une vibration : *coup de sonnette.* Ce qu'on boit en une fois. *Manquer son coup*, échouer. *Coup de tête*, action inspirée par le caprice, le dépit ou le désespoir. *Coup d'Etat*, abus d'autorité. Loc. adv. *Sur le coup*, tout de suite. *Tout à coup*, soudainement. *Tout d'un coup*, en une seule fois. *Coup sur coup*, sans interruption.

coupable adj. et n. Qui a commis une faute. Adj. Qui est digne d'un châtiment : *une pensée coupable.*

coupage n. m. Mélange de vin ou d'alcool avec de l'eau ou avec un vin ou un alcool différent.

coup-de-poing n. m. Arme de silex grossièrement taillée. *Coup-de-poing américain*,

arme de main faite d'une main de fer percée de trous pour les doigts.

coupe n. f. Verre à boire, plus large que profond. Trophée attribué au vainqueur ou à l'équipe victorieuse d'une épreuve sportive. La compétition elle-même.

coupe n. f. Action de couper. Etendue de bois destinée à être coupée. Action, manière de tailler une étoffe. *Archit.* Représentation graphique d'un édifice coupé. Art de tailler les pierres. Action de séparer en deux paquets un jeu de cartes. *Etre sous la coupe de quelqu'un*, sous sa dépendance.

coupé n. m. Voiture fermée, à quatre roues, généralement à deux places.

coupe-circuit n. m. inv. Appareil destiné à couper un circuit électrique lorsque l'intensité y dépasse une certaine valeur.

coupe-file n. m. inv. Carte officielle permettant de passer par priorité.

coupe-gorge n. m. inv. Endroit où l'on risque de se faire attaquer par des malfaiteurs.

coupelle n. f. Petit creuset.

coupe-papier n. m. inv. Couteau pour couper le papier.

couper v. t. Diviser, séparer avec un instrument tranchant. Rompre, interrompre : *couper un récit.* Couper les vivres, supprimer les subsides à quelqu'un. Tailler : *couper un vêtement.* Châtrer : *couper un chien.* Affaiblir un liquide en le mêlant avec de l'eau, etc. Prendre avec un atout une carte de son adversaire. V. i. Etre bien tranchant. Faire deux fois d'un jeu de cartes. V. pr. *Fam.* Se contredire.

couperet n. m. Couteau ou hachoir de cuisine ou de boucherie. Lame de la guillotine.

couperose n. f. *Méd.* Coloration rouge du visage.

couperosé, e adj. Atteint de couperose.

coupeur, euse n. Ouvrier, ouvrière qui coupe les vêtements.

couplage n. m. Assemblage.

couple n. m. Ensemble formé par deux personnes unies par le mariage, la volonté, le sentiment. Le mâle et la femelle, en parlant des animaux. *Méc.* Système de forces égales, parallèles, mais de sens contraires.

coupler v. t. Attacher deux à deux.

couplet n. m. Strophe d'une chanson.

coupole n. f. Dôme, voûte de base circulaire.

coupon n. m. Reste d'une pièce d'étoffe. Billet attestant un droit. Titre d'intérêt joint à une valeur mobilière : *détacher des coupons.*

coupure n. f. Incision : *une coupure nette. Fig.* Billet de banque. Suppression d'un passage dans un ouvrage destiné à l'impression, dans un film, etc. Interruption d'un courant électrique.

cour n. f. Espace clos de murs ou de bâtiments. Nom des tribunaux supérieurs : *cour d'appel.* Ensemble des magistrats de chacun de ces tribunaux : *une décision de la cour.* Résidence d'un souverain. Son conseil, son entourage : *la cour de Londres. Faire la cour à quelqu'un*, tenter de gagner ses faveurs.

courage n. m. Fermeté en face du péril; hardiesse, audace. *Fig.* Dureté de cœur.

courageux, euse* adj. et n. Qui a du courage. Qui travaille durement.

couramment adv. Facilement, rapidement. Ordinairement.

courant, e adj. Qui est en cours, qui s'écoule au moment où l'on parle : *mois courant.* Habituel, usuel, quotidien : *langage courant; dépenses courantes. Affaires courantes,* ordinaires. *Compte courant,* compte ouvert dans un établissement bancaire et où sont indiquées les sommes versées et dues.

courant n. m. Mouvement de l'eau ou de l'air dans une même direction. *Courant électrique,* électricité qui se propage dans un conducteur. Mots dans lequel on se trouve. *Être au courant de,* être renseigné. *Mettre au courant,* renseigner.

courbature n. f. Douleur dans les membres.

courbaturer v. t. Donner, causer une courbature.

courbe adj. En forme d'arc : *ligne courbe.* N. f. Ligne courbe.

courber v. t. Rendre courbe. Baisser. Plier, fléchir.

courbette n. f. *Fam.* Salut obséquieux. *Faire des courbettes devant quelqu'un,* lui prodiguer des marques exagérées de déférence.

courbure n. f. État d'une chose courbée : *la courbure d'un arc.*

coureur, euse n. Sportif, sportive qui pratique la course. Personne qui recherche les aventures amoureuses.

courge n. f. Plante potagère à gros fruits comestibles.

courir v. i. (conj. 21) Aller, se mouvoir rapidement. Prendre part à une épreuve de course. *Fig.* S'écouler. Circuler, se propager : *le bruit court que.* V. t. Poursuivre à la course : *courir un lièvre.* Parcourir : *courir les champs.* Fréquenter, rechercher : *courir les bals.* Être exposé à : *courir un danger.*

couronne n. f. Guirlande de fleurs, de feuilles, qui entoure la tête. Diadème, marque de la souveraineté. Marque de noblesse. *Géom.* Surface entre deux circonférences concentriques. Ouvrage fortifié semi-circulaire. La partie visible d'une dent. Monnaie d'or, d'argent, de divers pays. *Fig.* Souverain : *les droits de la couronne.*

couronnement n. m. Action de couronner; cérémonie d'accession au trône. Partie supérieure d'un édifice, d'un meuble, etc. *Fig.* Achèvement : *le couronnement d'une carrière.*

couronner v. t. Mettre une couronne sur la tête. Élire comme souverain. V. pr. Se blesser au genou (cheval).

courrier n. m. Transport des lettres, des journaux, etc. : *le courrier du matin.* Totalité des lettres que l'on écrit ou que l'on reçoit. Homme qui était chargé de porter les dépêches.

courriériste n. m. Chroniqueur.

courroie n. f. Bande de cuir, de tissu, etc., servant de moyen de transmission.

courroucer v. t. (conj. 1) Mettre en colère.

courroux n. m. Vive colère (littér.).

cours n. m. Mouvement des eaux. Mouvement des astres. Longueur d'un fleuve, d'une rivière. Promenade plantée d'arbres. *Voyage au long cours,* voyage dans les pays lointains. *Fig.* Enchaînement des choses. Durée : *le cours des jours.* Établissement d'enseignement privé. Traité spécial : *cours d'algèbre.* Circulation, valeur, crédit. Prix actuel d'une marchandise, d'un titre : *cours des métaux.*

course n. f. Action de courir. Allure de ce qui court : *course rapide.* Trajet fait par. Marche, progression de ce qui est en mouvement. Mouvement rectiligne : *course d'un piston.* Épreuve de vitesse. Déplacement de courte durée pour faire quelque chose : *faire une course dans le quartier.* Pl. Turf : *jouer aux courses.*

coursier n. m. Syn. poétique de CHEVAL. Employé qui fait des courses en ville.

coursive n. f. Passage étroit dans le sens de la longueur du navire, d'un avion.

court, e adj. De peu de longueur. Bref. *Vue courte,* qui ne voit pas de loin et, au *fig.,* esprit borné. *Être à court d'argent,* en avoir peu. Adv. Brusquement. *Demeurer court,* oublier ce qu'on voulait dire. *Couper court,* abréger.

court [kur] n. m. Terrain de tennis.

courtage n. m. Opération du courtier. Prime qui lui est due.

courtaud, e adj. et n. Qui est de petite taille et assez gros.

court-bouillon n. m. Bouillon épicé, pour faire cuire du poisson.

court-circuit n. m. *Électr.* Mise en contact de deux conducteurs dont les potentiels sont différents. Accident qui en résulte.

courtepointe n. f. Couverture de lit piquée.

courtier, ère n. Professionnel qui joue un rôle d'intermédiaire dans une opération commerciale.

courtilière n. f. Insecte voisin du grillon.

courtisan n. m. Homme de cour. Celui qui flatte par intérêt.

courtisane n. f. *Litt.* Prostituée d'un rang social élevé. (Vx.)

courtiser v. t. Faire sa cour à. Flatter par bassesse ou par intérêt.

courtois, e* adj. Civil, affable.

courtoisie n. f. Civilité, politesse.

couru, e adj. Recherché.

couscous [kuskus] n. m. Spécialité culinaire d'Afrique du Nord, préparée avec la semoule de blé dur.

cousin, e n. Personne née ou descendant de l'oncle ou de la tante d'une autre. *Cousins germains,* les enfants de frères ou de sœurs.

cousin n. m. Moustique de nos régions.

coussin n. m. Sorte d'oreiller pour s'appuyer, s'asseoir, poser ses pieds.

coussinet n. m. Petit coussin. Pièce de fonte maintenant les rails des voies ferrées.

coût n. m. Ce qu'une chose coûte.

couteau n. m. Instrument tranchant, composé d'une lame et d'un manche. Arête supportant le fléau d'une balance. Coquillage qui ressemble à un manche de couteau.

coutelas n. m. Grand couteau.

coutelier n. m. Personne qui fabrique, vend des couteaux, etc.

coutellerie n. f. Art, atelier, commerce ou marchandise du coutelier.

coûter v. i. Être acheté au prix de. *Fig.* Être pénible : *aveu qui coûte; il m'en coûte de refuser.* V. t. Occasionner : *les efforts que ce travail m'a coûtés. Coûte que coûte* loc. adv. À tout prix.

coûteux, euse* adj. Qui coûte cher.

coutil [kuti] n. m. Toile croisée et serrée.

coutume n. f. Habitude, usage.

coutumier, ère adj. Qui a coutume de faire une chose. Ce que l'on fait d'habitude.

couture n. f. Art ou action de coudre. Assemblage de deux choses cousues. Cicatrice. *A plate couture* loc. adv. Complètement.

couturé, e adj. Marqué de cicatrices : *un visage couturé.*

couturier n. m. Directeur d'une maison de couture.

couturière n. f. Professionnelle qui exécute des vêtements féminins.

couvaison n. f. Temps pendant lequel un oiseau couve ses œufs.

couvée n. f. Ensemble des œufs qu'un oiseau couve en même temps. Les petits qui en proviennent.

couvent n. m. Maison de religieux, de religieuses ; ceux qui l'habitent.

couver v. t. Se tenir sur ses œufs pour les faire éclore. Fig. Préparer, méditer : *couver un dessein.* Avoir à l'état latent : *couver une maladie. Couver des yeux,* regarder avec affection ou convoitise. V. i. Subsister à l'état presque latent : *le feu couve sous la cendre.*

couvercle n. m. Ce qui sert à couvrir.

couvert n. m. Ce qui couvre, protège. Logement : *le vivre et le couvert.* Ce dont on couvre une table à manger : *mettre le couvert.* Cuiller, couteau et fourchette. *A couvert* loc. adv. À l'abri.

couvert, e adj. Muni d'un couvercle ou d'un toit. Chargé de : *couvert de médailles.* Vêtu. Qui garde sa coiffure sur sa tête : *rester couvert.* Nuageux (temps).

couverture n. f. Tissu quelconque servant à couvrir. Toiture. Enveloppe de protection : *une couverture de livre.* Valeurs servant à la garantie d'une opération financière ou commerciale.

couveuse n. f. Femelle qui couve. Appareil pour l'incubation artificielle. Appareil où l'on maintient les bébés nés prématurément.

couvre-chef n. m. Fam. Bonnet, chapeau.

couvre-feu n. m. Signal qui indique l'obligation de rentrer chez soi et d'éteindre les lumières. Heure de ce signal.

couvre-lit n. m. Couverture de lit.

couvre-pieds ou **couvre-pied** n. m. Couverture de lit, faite de deux tissus superposés, garnis intérieurement de duvet, etc.

couvreur n. et adj. m. Ouvrier, entrepreneur qui couvre les maisons ou en répare les toits.

couvrir v. t. (conj. 10) Mettre une chose sur une autre pour la cacher, la conserver, l'orner, etc. : *couvrir de feuilles. Fig.* Combler, accabler : *couvrir d'opprobre.* Vêtir. Défendre, protéger, garantir : *couvrir une armée.* Cacher, dissimuler : *couvrir ses projets.* Excuser : *couvrir une faute.* Effacer, réparer. Compenser : *couvrir les dépenses par les recettes.* S'accoupler à (en parlant d'un animal mâle).

cow-boy [kawbɔj ou kobɔj] n. m. Gardien de troupeaux en Amérique. Pl. des *cow-boys.*

coxalgie n. f. Arthrite tuberculeuse de la hanche.

crabe n. m. Genre de crustacés marins comestibles.

crac ! interj. exprimant le bruit d'une chose qui craque.

crachat n. m. Matière que l'on crache.

crachement n. m. Action de cracher.

cracher v. t. Lancer hors de la bouche. Dire avec colère : *cracher des injures.* V. i. Éclabousser : *plume qui crache. Fig.* Tout craché, très ressemblant.

crachoir n. m. Récipient pour cracher. *Tenir le crachoir,* parler longuement.

crachoter v. i. Cracher souvent et à petits coups.

cracking [krakiŋ] ou **craquage** n. m. Procédé de raffinage du pétrole.

craie n. f. Roche calcaire, d'origine marine. Bâtonnet de cette substance pour écrire au tableau noir.

craindre v. t. (conj. 55) Redouter : *je crains qu'il ne parle.* Être sensible à : *craindre le froid.* Respecter ; obéir à.

crainte n. f. Peur.

craintif, ive* adj. Qui craint, timide.

cramoisi, e adj. Rouge foncé.

crampe n. f. Contraction douloureuse de certains muscles.

crampon n. m. Pièce de métal recourbée, pour lier, retenir ou saisir fortement. Crochet fixé à une semelle. *Fam.* Importun.

cramponner v. t. Attacher avec un crampon. *Fam.* et fig. Importuner.

cran n. m. Entaille dans un corps dur, pour accrocher ou arrêter. *Fig.* Degré : *monter, baisser d'un cran. Fam.* Fermeté, courage, audace : *avoir du cran.*

crâne* adj. Fier et décidé.

crâne n. m. Boîte osseuse contenant le cerveau.

crâner v. i. Péjor. Faire l'important.

crânerie n. f. Fam. Bravoure, fierté un peu ostentatoire.

crânien, enne adj. Relatif au crâne.

crapaud n. m. Genre de batraciens à formes lourdes et trapues, à peau verruqueuse. Petit fauteuil bas. Petit piano à queue.

crapule n. f. Individu sans moralité.

crapuleux, euse* adj. Plein de bassesse, de débauche. *Crime crapuleux,* crime dont le mobile est le vol.

craquage n. m. V. CRACKING.

craque n. f. Fam. Mensonge.

craqueler v. t. (conj. 3) Fendiller.

craquelure n. f. Fendillement.

craquement n. m. Bruit sec que fait un corps qui craque.

craquer v. i. Produire un bruit sec en éclatant, en se déchirant, etc. Éclater, se déchirer, etc., sous la pression, l'effort. *Fam.* Être ébranlé. *Fam.* S'effondrer nerveusement.

crasse n. f. Saleté qui s'amasse sur la peau, le linge, etc. Mauvais tour : *faire une crasse.* Pl. Scories d'un métal en fusion. Adj. *Ignorance crasse,* ignorance grossière.

crasseux, euse adj. Couvert de crasse.

cratère n. m. Coupe à deux anses des Anciens. Ouverture d'un volcan.

cravache n. f. Baguette flexible avec laquelle un cavalier stimule son cheval.

cravacher v. t. Frapper avec la cravache.

cravate n. f. Bande d'étoffe qui se noue autour du cou sous le col de la chemise.

cravater v. t. Mettre une cravate à. *Pop.* Arrêter.

crawl [krol] n. m. Sorte de nage rapide : *le crawl est appelé « nage libre » en compétition.*

crayeux, euse adj. De craie.

crayon [krɛjɔ̃] n. m. Bâtonnet de bois renfermant une mine de graphite et servant à écrire. *Fig.* Dessin au crayon. *Crayon à bille, stylo à bille.*

crayonner v. t. Dessiner avec un crayon. *Fig.* Décrire rapidement. Esquisser.

créance n. f. Droit qu'une personne a d'exiger de quelqu'un une chose, généralement une somme d'argent. Action de croire à la véracité de quelque chose. *Lettre de créance,* lettre que remet un diplomate au chef du gouvernement étranger auprès duquel il est accrédité.

créancier, ère n. À qui l'on doit.

créateur, trice n. et adj. Qui crée. Inventeur. *Absol. Le Créateur,* Dieu.

création n. f. Action de créer. Ensemble du monde créé, êtres vivants et choses. Œuvre créée. *Théâtr.* Fait de jouer le premier un rôle, de monter une pièce pour la première fois.

créature n. f. Tout être créé. L'homme, par opposition à Dieu. Personne méprisable : *cette créature la ruine. Péjor.* Protégé : *les créatures du ministre.*

crécelle n. f. Moulinet de bois très bruyant. *Fig.* Personne bavarde.

crécerelle n. f. Oiseau voisin du faucon.

crèche n. f. Mangeoire pour bestiaux. Représentation de l'étable où naquit Jésus-Christ. Établissement organisé pour la garde des tout jeunes enfants dont la mère travaille hors de son domicile.

crédence n. f. Meuble de salle à manger servant de desserte.

crédibilité n. f. Vraisemblance. Capacité de susciter la confiance.

crédit n. m. Considération, estime dont jouissent une personne ou ses actes du fait qu'ils paraissent dignes de confiance : *perdre tout crédit.* Délai pour le paiement : *un long crédit.* Prêt consenti par une banque. *A crédit* loc. adv. Sans paiement immédiat.

créditer v. t. Inscrire au compte de quelqu'un ce qu'on lui doit.

créditeur n. et adj. m. Qui a des sommes portées à son crédit.

crédule adj. Qui croit facilement.

crédulité n. f. Facilité à croire.

créer v. t. Tirer du néant. Engendrer. *Fig.* Inventer : *créer un mot.* Fonder, constituer : *créer une banque.* Susciter : *créer des ennuis à quelqu'un. Créer un rôle,* faire une création.

crémaillère n. f. Pièce de métal, à crans, qu'on fixe à la cheminée pour suspendre les marmites, chaudrons, etc. *Pendre la crémaillère,* fêter par un repas ou par une réception son installation dans un nouveau logement. *Méc.* Pièce munie de crans, servant à supporter, arrêter, etc.

crémation n. f. Action de brûler les cadavres (syn. INCINÉRATION).

crématoire adj. *Four crématoire,* four spécial destiné à l'incinération des cadavres.

crème n. f. Matière grasse du lait, avec laquelle on fait le beurre. Mets fait de lait,

d'œufs et de sucre. Liqueur : *crème de cassis. Fig.* Le meilleur de...

crémerie n. f. Boutique où l'on vend du lait, du beurre, des fromages.

crémeux, euse adj. Qui contient beaucoup de crème.

crémier, ère n. Personne qui vend de la crème, du lait, du fromage, etc.

crémone n. f. Double verrou pour fermer les fenêtres.

créneau n. m. Maçonnerie dentelée au sommet d'une tour, d'une citadelle. Ouverture dans une muraille.

créneler v. t. (conj. 3) Faire des créneaux, des dents.

créole adj. et n. Personne de race blanche, née dans les plus anciennes colonies européennes. *Accent créole,* accent des créoles (prononçant à peine les r).

créosote n. f. Liquide incolore, antiseptique et caustique, extrait du goudron.

crêpage n. m. Action de crêper.

crêpe n. m. Étoffe claire de soie crue, de laine fine. Morceau noir de cette étoffe, porté en signe de deuil. Caoutchouc brut.

crêpe n. f. Galette légère, de blé ou de sarrasin, cuite à la poêle.

crêpelé, e ou **crêpelu, e** adj. Ondulé.

crêper v. t. *Crêper les cheveux,* les apprêter avec le peigne de façon à les faire bouffer. *V. pr. Se crêper le chignon,* en venir aux mains, s'empoigner par les cheveux (en parlant des femmes).

crépi n. m. Enduit ou couche de plâtre, de ciment qu'on applique sur un mur.

crépine n. f. Tôle perforée servant de filtre à l'ouverture d'un tuyau.

crépir v. t. Enduire d'un crépi.

crépissage n. m. Action de crépir.

crépitement n. m. Action de crépiter.

crépiter v. i. Pétiller. Faire entendre une série de bruits secs : *le feu crépite.*

crépu, e adj. Court et frisé.

crépusculaire adj. Qui appartient au crépuscule : *clarté crépusculaire.*

crépuscule n. m. Fin du jour. Tombée de la nuit. *Fig.* Période de déclin.

cresson [krɛsɔ̃ ou krɔsɔ̃] n. m. Plante herbacée comestible, qui croît dans l'eau douce.

cressonnière n. f. Bassin où l'on fait croître le cresson.

Crésyl n. m. (nom déposé). Désinfectant.

crête n. f. Excroissance cutanée dont sont pourvus certains animaux (oiseaux, batraciens). *Crête d'un mur, d'une montagne, d'une vague,* la ligne du sommet.

crétin, e adj. et n. *Fam.* Idiot, imbécile. Atteint de crétinisme.

crétinisme n. m. État de certains individus dont le développement physique et intellectuel est incomplet.

cretonne n. f. Tissu d'ameublement en coton imprimé.

creusage ou **creusement** n. m. Action de creuser : *creusement d'un puits.*

creuser v. t. Rendre creux. Faire une cavité. *Fig.* Approfondir : *creuser un problème.* Donner de l'appétit : *le grand air creuse. V. pr. Se creuser le cerveau, l'esprit, la tête,* faire un effort de réflexion.

creuset n. m. Récipient pour faire fondre certaines substances.

creux, euse adj. Qui a une cavité intérieure : *projectile creux. Fig.* Vide, vain, chimérique : *raisonnement creux. Avoir le ventre creux,* avoir faim. N. m. Cavité. Partie concave : *le creux de la main.*

crevaison n. f. Éclatement ou déchirure d'un objet gonflé (se dit surtout d'un pneu).

crevasse n. f. Fente, déchirure. Gerçure qui survient à la peau.

crevasser v. t. Faire des crevasses.

crève-cœur n. m. inv. Peine profonde, souvent mêlée de compassion.

crever v. t. (conj. 5) Faire éclater. Percer : *crever un ballon. Fig.' Crever les yeux,* être évident. *Fam.* Fatiguer, épuiser. V. i. Éclater : *pneu qui crève.* Mourir, en parlant des animaux. Avoir une crevaison. *Crever d'orgueil, de jalousie,* en être rempli.

crevette n. f. Petit crustacé marin.

cri n. m. Son perçant émis par la voix. Mots prononcés en criant. Voix propre à chaque animal. Bruit aigu. *À cor et à cri,* à grand fracas. *Fam. Dernier cri,* la dernière mode.

criailler v. i. Crier beaucoup.

criaillerie n. f. Cris discordants.

criard, e adj. et n. Qui crie sans cesse. Adj. Qui rend un son aigre. *Couleurs criardes,* qui choquent la vue.

criblage n. m. Action de cribler.

crible n. m. Récipient à fond plat perforé, destiné à trier des graines, du gravier, etc. *Passer au crible,* examiner avec soin.

cribler v. t. Passer au crible. *Fig.* Meurtrir : *cribler de coups.* Accabler : *être criblé de dettes.*

cric [krik] n. m. Machine pour soulever les fardeaux, les autos, etc.

cricket [krikɛt] n. m. Jeu de balle anglais qui se joue avec des battes de bois.

cricri n. m. Nom vulgaire du grillon.

criée n. f. Vente aux enchères publiques.

crier v. i. Jeter un ou plusieurs cris : *crier de joie.* Forcer sa voix : *crier en chantant.* Gronder, se plaindre hautement : *crier contre le vice. Fig. Injustice criante,* révoltante. V. t. Dire d'une voix forte ; annoncer.

crieur, euse n. Qui crie. *Crieur de journaux,* qui les vend sur la voie publique.

crime n. m. En droit, infraction la plus grave. Homicide volontaire. Acte très blâmable en général : *n'en faites-pas un crime !*

criminalité n. f. Ensemble des crimes.

criminel, elle adj. Coupable d'un crime. Relatif au crime. Contraire aux lois. N. Auteur d'un crime.

crin n. m. Poil long et rude : *crin de cheval. Fig. À tous crins,* très énergique.

crincrin n. m. *Fam.* Mauvais violon.

crinière n. f. Tout le crin du cou d'un cheval, d'un lion. Chevelure abondante.

crinoline n. f. Jupon bouffant maintenu par des baleines.

crique n. f. Petite baie naturelle.

criquet n. m. Sorte de sauterelle.

crise n. f. Manifestation aiguë d'un trouble physique ou moral : *crise de foie.* Période difficile. Dépression économique. Pénurie.

crispation n. f. Contraction : *crispation musculaire. Fam.* Vif agacement.

crisper v. t. Causer des contractions. *Fig. et fam.* Agacer.

crissement n. m. Bruit aigu : *crissement de pneus.*

crisser v. i. Faire entendre un bruit aigu en frottant les dents les unes sur les autres.

cristal n. m. Substance minérale affectant naturellement la forme d'un polyèdre régulier. Verre blanc très pur et très limpide. Objet de cristal.

cristallerie n. f. Art de fabriquer des cristaux. Lieu où on les fabrique.

cristallin, e adj. De la nature du cristal. Clair et transparent : *eau cristalline.* N. m. Lentille de l'œil.

cristallisable adj. Susceptible de se cristalliser.

cristallisation n. f. Action de cristalliser, de se cristalliser.

cristalliser v. t. Changer en cristaux. V. i. et v. pr. Se former en cristaux.

cristallographie n. f. Science des cristaux et des lois qui président à leur formation.

critère n. m. Ce qui permet de juger, de distinguer le vrai du faux.

critiquable adj. Qui peut être critiqué.

critique adj. Qui est amené par une crise. Dangereux, inquiétant : *moment critique.* Qui critique : *esprit critique.* N. m. Qui étudie, apprécie les ouvrages d'art et d'esprit : *critique musical.* Censeur : *critique sévère.* N. f. Art d'expliquer, de juger des ouvrages littéraires ou artistiques. Blâme : *critique injuste.*

critiquer v. t. Faire ressortir les défauts des personnes, des choses.

croassement n. m. Cri du corbeau.

croasser v. i. Pousser des croassements.

croate adj. et n. De la Croatie.

croc [kro] n. m. Sorte de grappin. Perche armée d'un crochet. Chacune des quatre canines des mammifères carnassiers.

croc-en-jambe [krɔkãʒãb] ou **croche-pied** n. m. Manière de faire tomber quelqu'un en passant le pied entre ses jambes.

croche n. f. *Mus.* Note qui vaut la moitié d'une noire.

crochet n. m. Petit croc. Fer recourbé pour ouvrir une serrure. *Typogr.* Sorte de parenthèse [ ]. Aiguille à pointe recourbée : *ouvrage au crochet.* Dent à venin des serpents. *Aux crochets de quelqu'un,* à ses dépens.

crocheter v. t. (conj. 4) Ouvrir une serrure avec un crochet.

crochu, e adj. Recourbé et terminé en pointe.

crocodile n. m. Reptile amphibie, africain et indien. *Fig. Larmes de crocodile,* larmes hypocrites.

crocus [krɔkys] n. m. Plante à fleurs jaunes.

croire v. t. (conj. 66) Tenir pour vrai. Regarder comme : *croire habile.* V. i. Tenir pour certaine l'existence de : *ne croire ni à Dieu ni à diable.* Avoir confiance en : *croire en quelqu'un.* Avoir la foi.

croisade n. f. Expédition des chrétiens en Terre sainte. *Fig.* Vive campagne pour ou contre quelqu'un ou quelque chose.

croisé n. m. Celui qui s'engageait dans une croisade.

croisé, e adj. En croix. Qui se croise : *fils croisés. Rimes croisées,* alternées. N. f.

Fenêtre. Point où deux choses se croisent : *la croisée des routes.*

croisement n. m. Action de croiser. Endroit où deux voies se rencontrent : *croisement de routes.* Mélange de deux races d'animaux. Entrelacement de fils d'un tissu.

croiser v. t. Disposer en croix : *croiser ses jambes.* Couper en travers : *routes qui se croisent.* Mêler par l'accouplement des races d'animaux. V. i. *Mar.* Surveiller une certaine étendue de mer.

croiseur n. m. Navire de guerre destiné aux missions d'escorte, de reconnaissance, etc.

croisière n. f. Voyage touristique ou mission militaire accomplis par un navire.

croisillon n. m. Traverse d'une croix, d'une croisée. Transept.

croissance n. f. Développement progressif d'un corps organisé. Développement de l'économie.

croissant n. m. Forme échancrée de la Lune. Petite pâtisserie en forme de croissant. Symbole des musulmans, et en particulier des Turcs.

croître v. i. (conj. 60) Devenir plus grand. Augmenter : *la chaleur croît.* Naître. Se développer.

croix n. f. Anc. instrument de supplice, formé de deux pièces de bois croisées. Figure représentant la croix de Jésus-Christ. *Par ext.* Le christianisme. Insigne de divers ordres. *Croix rouge,* croix indiquant la neutralité des ambulances en temps de guerre. *Fig.* Peine, affliction.

cromlech [krɔmlɛk] n. m. Monument mégalithique formé de pierres disposées en cercle.

croquant n. m. Paysan, rustre. (Vx.)

croque-mitaine n. m. Épouvantail.

croque-monsieur n. m. inv. Sandwich chaud composé de deux tranches de pain de mie grillées garnies de fromage et de jambon.

croque-mort n. m. *Pop.* Employé des pompes funèbres. Pl. des *croque-morts.*

croquer v. i. Produire un bruit sec quand les dents broient un aliment. V. t. Manger des choses croquantes : *croquer des amandes. Fig.* Dessiner rapidement.

croquet n. m. Sorte de jeu de boules.

croquette n. f. Boulette de pâte, de hachis, etc., frite.

croquis n. m. Esquisse, dessin rapide.

crosne [kron] n. m. Plante à tubercule comestible.

crosse n. f. Bâton pastoral d'évêque. Partie recourbée : *la crosse de l'aorte.* Partie postérieure d'un fusil, d'un pistolet, qu'on épaule ou qu'on tient en main.

crotte n. f. Excrément. Bonbon de chocolat.

crotté, e adj. Sali de boue.

crottin n. m. Excrément de cheval.

crouler v. i. Tomber en s'affaissant, s'effondrer. *Par exagér.* Être ébranlé. *Fig.* Être détruit, renversé.

croup [krup] n. m. Laryngite diphtérique.

croupe n. f. Partie postérieure de certains animaux, qui va des reins à l'origine de la queue. *En croupe* loc. adv. Derrière un cavalier. Colline.

croupetons (à) loc. adv. Dans la position d'une personne accroupie.

croupier n. m. Dans les maisons de jeux, celui qui reçoit les mises et distribue les gains.

croupion n. m. Extrémité inférieure de l'épine dorsale, surtout d'un oiseau.

croupir v. i. Se corrompre, devenir fétide par la stagnation. *Fig.* Rester dans un état méprisable, honteux.

croustade n. f. Croûte de pâte, garnie de viande, de poisson, etc.

croustillant, e adj. Qui croque sous la dent. *Fig.* Grivois, piquant.

croustiller v. i. Croquer sous la dent.

croûte n. f. Partie extérieure du pain, durcie par la cuisson. *Casser la croûte,* prendre un léger repas. Pâte cuite d'un pâté. Tout ce qui se durcit sur quelque chose : *la croûte terrestre.* Plaque formée sur la peau par le sang séché. *Fig.* Mauvais tableau.

croûton n. m. Extrémité d'un pain long. Petit morceau de pain frit.

croyance n. f. Action de croire. Opinion, doctrine. Foi religieuse.

croyant, e adj. et n. Qui a la foi religieuse.

cru n. m. Terroir spécialisé dans la production d'un vin ; vin provenant de ce terroir. *Fig. De son cru,* qu'on a inventé soi-même.

cru, e adj. Qui n'est pas cuit. *Fig.* Non adouci. Choquant, libre.

cruauté n. f. Plaisir que l'on éprouve à faire souffrir ou à voir souffrir. Dureté.

cruche n. f. Vase à anse, à large ventre. *Pop.* Personne stupide.

cruchon n. m. Petite cruche.

crucial, e, aux adj. Fait en croix. *Fig.* Décisif : *expérience cruciale.*

crucifères n. f. pl. Famille de plantes dont la fleur est formée de quatre pétales en croix. (On dit aussi CRUCIFÉRACÉES.)

crucifiement n. m. Action de crucifier.

crucifier v. t. Faire périr sur une croix.

crucifix [krysifi] n. m. Objet de dévotion représentant Jésus-Christ en croix.

crucifixion n. f. Action de crucifier.

crudité n. f. État de ce qui est cru (au pr. et au fig.). *Fig.* Expression trop libre. Pl. Fruits, légumes crus.

crue n. f. Gonflement d'un cours d'eau.

cruel, elle* adj. Qui aime à faire souffrir. Sanguinaire. Inhumain.

crûment adv. D'une manière crue.

crustacés n. m. pl. Classe d'animaux articulés, à respiration branchiale, à carapace (langouste, crabe, etc.).

crypte n. f. Chapelle souterraine.

cryptogame adj. et n. f. Se dit des plantes pluricellulaires (champignons, fougères, etc.) sans fleurs.

cryptogramme n. m. Texte rédigé en caractères secrets.

cryptographie n. f. Technique d'écriture compréhensible des seuls initiés.

cubage n. m. Action de cuber. Volume.

cube n. m. Corps solide, à six faces carrées égales. *Arithm.* Produit de trois nombres égaux. Adj. Se dit d'une mesure appliquée à évaluer un volume : *mètre cube.*

cuber v. t. Évaluer un volume en mètres cubes, décimètres cubes, etc. V. i. Avoir un volume de.

cubique adj. En forme de cube.

cubisme n. m. École moderne d'art, apparue vers 1906, dont les déformations représentent notamment les objets sous des formes géométriques.

cubitus [kybitys] n. m. Le plus gros des deux os de l'avant-bras.

cueillette n. f. Action de cueillir des fruits.

cueillir v. t. (conj. 12) Détacher de leurs tiges des fruits, des fleurs. *Fam.* Prendre. Arrêter.

cuiller ou **cuillère** [kɥijɛr] n. f. Ustensile de table servant à manger les aliments liquides.

cuillerée [kɥijre ou kɥijere] n. f. Contenu d'une cuillère.

cuir n. m. Peau épaisse de certains animaux. Peau tannée, corroyée, etc. *Fig.* Faute de liaison dans la prononciation.

cuirasse n. f. Armure qui recouvrait le dos et la poitrine. Blindage.

cuirassé n. m. Navire de guerre blindé.

cuirassement n. m. Action de cuirasser. Revêtement métallique.

cuirasser v. t. Revêtir d'une cuirasse. V. pr. Devenir insensible.

cuirassier n. m. Soldat de cavalerie, jadis porteur d'une cuirasse.

cuire v. t. (conj. 64) Préparer les aliments par le feu. Calciner du plâtre, de la brique, etc. V. i. Devenir cuit : *la viande cuit.* Par *exagér.* Éprouver une chaleur excessive.

cuisant, e adj. Âpre, aigu : *douleur cuisante.* *Fig.* Blessant : *remarque cuisante.*

cuisine n. f. Pièce destinée à la préparation des aliments. Art d'apprêter les aliments. Ces aliments mêmes. *Fam.* Manœuvre louche.

cuisiner v. i. Faire la cuisine. V. t. *Fig.* Interroger habilement : *cuisiner un accusé.*

cuisinier, ère n. Qui fait la cuisine. N. f. Appareil destiné à la cuisson des aliments et muni d'un four.

cuisse n. f. Partie du corps, de la hanche au genou.

cuisseau n. m. Morceau du veau, du dessous de la queue au rognon.

cuisson n. f. Action de faire cuire.

cuissot n. m. Cuisse de gros gibier.

cuistre n. m. *Fam.* Pédant, ridicule.

cuistrerie n. f. Pédantisme.

cuite n. f. *Pop.* Prendre une cuite, s'enivrer.

cuivrage n. m. Action de cuivrer.

cuivre n. m. Métal de couleur rouge-brun. Instrument de musique à vent, en cuivre.

cuivrer v. t. Recouvrir de cuivre. Donner une teinte de cuivre.

cul [ky] n. m. *Pop.* Derrière, fondement de l'homme et de divers animaux. Le fond de certaines choses.

culasse n. f. Le fond du canon d'une arme à feu. Partie supérieure d'un moteur d'auto.

culbute n. f. Saut où l'on fait passer les pieds au-dessus de la tête. *Fig.* Ruine, renversement : *faire la culbute.*

culbuter v. t. Renverser violemment. *Fig.* Vaincre. V. i. Tomber à la renverse.

culbuteur adj. et n. m. Dispositif pour faire basculer un récipient.

cul-de-jatte [kydʒat] n. m. Celui qui est privé de ses membres inférieurs.

cul-de-lampe n. m. Vignette à la fin d'un chapitre.

cul-de-sac n. m. Rue sans issue ; voie en impasse.

culée n. f. Massif de maçonnerie soutenant la poussée de la voûte des dernières arches d'un pont.

culinaire adj. Relatif à la cuisine.

culminant, e adj. Se dit de la partie la plus élevée d'une chose. *Fig.* Le plus haut degré possible.

culminer v. t. Atteindre son point le plus élevé.

culot n. m. Fond métallique d'une cartouche, d'un creuset. Résidu au fond d'une pipe. *Pop.* Audace, effronterie : *avoir du culot.*

culotte n. f. Vêtement d'homme qui va de la ceinture aux genoux. Sous-vêtement féminin. *Cuis.* Partie de la cuisse du bœuf.

culotter v. t. Mettre une culotte. Noircir une pipe par l'usage.

culpabilité n. f. État d'une personne coupable.

culte n. m. Hommage que l'on rend à Dieu. Religion. *Fig.* Vénération.

cultivateur, trice adj. et n. Qui cultive la terre.

cultiver v. t. Travailler la terre pour qu'elle produise. Faire pousser, soigner spécialement. *Fig.* S'adonner à. Former, développer, instruire. Entretenir des relations assidues avec.

cultuel, elle adj. Du culte.

culture n. f. Action de cultiver. Terrain que l'on cultive. Instruction. Civilisation.

culturel, elle adj. Relatif à la culture intellectuelle.

cumin n. m. Ombellifère aromatique.

cumul [kymyl] n. m. Action de cumuler.

cumuler v. t. Réunir plusieurs choses. Exercer plusieurs emplois.

cumulus [kymylys] n. m. Gros nuage à contours nets.

cupide adj. Avide.

cupidité n. f. Convoitise en général.

cuprifère adj. Qui contient du cuivre.

curable adj. Qui peut se guérir.

curaçao [kyraso] n. m. Liqueur d'écorces d'orange.

curage n. m. Action de curer.

curare n. m. Poison végétal dont les Indiens d'Amérique enduisent leurs flèches.

curatelle n. f. Fonction de curateur.

curateur, trice n. Personne commise par la loi pour l'administration des biens d'un incapable.

curatif, ive adj. Relatif à la guérison d'une maladie : *méthode curative.*

cure n. f. Soin, souci. (Ne s'emploie que dans l'expression *n'avoir cure de.*) Traitement médical.

cure n. f. Résidence d'un curé.

curé n. m. Prêtre catholique chargé de la direction d'une paroisse.

cure-dent n. m. Instrument pour curer les dents.

curée n. f. Partie de la bête que l'on donne à la meute. Cette distribution même. *Fig.* Ruée vers les places, les honneurs, etc.

curer v. t. Nettoyer.

curetage n. m. *Chir.* Action de nettoyer avec une curette des tissus malades.

curette n. f. Outil pour nettoyer divers instruments. Grattoir de chirurgien.

curieux, euse* adj. Qui est avide de voir, de connaître, d'apprendre. Indiscret : *enfant trop curieux.* Propre à exciter l'attention : *objet curieux.* N. Personne curieuse. N. m. Côté singulier : *le curieux de l'affaire.*

curiosité n. f. Désir de voir, de connaître, d'apprendre. Pl. Choses rares : *amateur de curiosités.*

curiste n. Personne qui fait une cure thermale.

curriculum vitae [kyrikylɔmvite] n. m. Résumé de la vie, de la carrière d'un candidat.

curseur n. m. Pointe qui coulisse au milieu d'une règle, d'un compas.

cursif, ive* adj. et n. Se dit d'une écriture courante et rapide.

curvimètre n. m. Instrument mesurant la longueur des lignes courbes.

cutané, e adj. *Méd.* Relatif à la peau.

cuticule n. f. Petite peau très mince.

cuve n. f. Grand réservoir pour la fermentation du raisin. Récipient pour différents usages.

cuveau n. m. Petite cuve.

cuvée n. f. Le contenu d'une cuve.

cuver v. i. Fermenter dans la cuve. V. t. *Fig. Cuver son vin,* dormir après avoir trop bu.

cuvette n. f. Récipient large, peu profond, pour la toilette, etc. Dépression de terrain fermée de tous côtés.

cyanhydrique adj. Se dit d'un acide, poison violent.

cyanose n. f. Coloration bleuâtre de la peau, lors de certaines maladies.

cyanure n. m. Nom général des sels de l'acide cyanhydrique, dont certains sont des poisons violents.

cybernétique n. f. Science qui étudie les mécanismes de communication et de contrôle dans les machines et chez les êtres vivants.

cycle n. m. Série de phénomènes qui se poursuivent dans un ordre déterminé. Nom générique des appareils de locomotion tels que *bicyclette, cyclomoteur,* etc.

cyclique adj. Relatif à un cycle.

cyclisme n. m. Sport cycliste.

cycliste n. Qui pratique le sport vélocipédique. Adj. Relatif à ce sport.

cycloïde n. f. *Géom.* Courbe engendrée par un point situé sur une circonférence qui roule sur une droite.

cyclomoteur n. m. Bicyclette munie d'un moteur d'une cylindrée inférieure à 50 cm³.

cyclone n. m. Ouragan qui se déplace en tournoyant rapidement. Centre de basses pressions atmosphériques.

cyclopéen, enne adj. Se dit de monuments anciens, vastes et massifs, formés de pierres juxtaposées. Colossal, gigantesque.

cyclotron n. m. Accélérateur de particules électrisées, permettant d'obtenir des désintégrations d'atomes.

cygne n. m. Gros oiseau palmipède aquatique à cou long et flexible.

cylindre n. m. *Math.* Solide limité par une surface cylindrique et deux plans parallèles. *Méc.* Pièce dans laquelle se meut le piston d'un moteur. *Trav. publ.* Rouleau pesant pour aplanir les routes.

cylindrée n. f. Capacité des cylindres d'un moteur à explosion.

cylindrique adj. De la forme d'un cylindre.

cymbale n. f. Instrument de percussion formé de deux plateaux de cuivre.

cynégétique adj. Qui concerne la chasse. N. f. L'art de la chasse.

cynique* adj. et n. Se dit de quelqu'un qui brave les principes moraux, les convenances.

cynisme n. m. Attitude d'une personne cynique.

cyprès [siprɛ] n. m. Arbre conifère résineux.

cystite n. f. Inflammation de la vessie.

cytise n. m. Arbuste dont les fleurs jaunes forment des grappes.

cytologie n. f. Partie de la biologie qui étudie la cellule.

D

d n. m. Quatrième lettre de l'alphabet. D, chiffre romain, valant 500. *Système D,* art de se tirer d'embarras sans scrupules.

dactylo n. Personne sachant dactylographier un texte.

dactylographie n. f. Technique d'utilisation de la machine à écrire.

dactylographier v. t. Écrire à la machine.

dada n. m. Cheval, dans le langage des enfants. *Fig.* et *fam.* Idée fixe.

dadais n. m. Jeune homme niais.

dague n. f. Épée à lame courte.

dahlia n. m. Plante à fleurs ornementales.

daigner v. i. Vouloir bien, condescendre à.

daim [dɛ̃] n. m. Animal de la famille des cervidés, caractérisé par le bois palmé et la robe tachetée. Peau de daim chamoisée.

dais n. m. Tenture dressée au-dessus d'un autel, d'un trône.

dallage n. m. Action de daller. Revêtement de dalles.

dalle n. f. Plaque de pierre, de ciment, etc., pour paver le sol, faire des revêtements.

daller v. t. Paver de dalles.

daltonien, enne adj. et n. Affecté de daltonisme.

daltonisme n. m. Imperfection de la vision entraînant le plus souvent la confusion entre le rouge et le vert.

damasquinage n. m. Art de damasquiner un objet.

damasquiner v. t. Incruster de petits filets d'or ou d'argent dans du fer ou de l'acier.

damassé, e adj. et n. m. Se dit d'une étoffe dont le tissage forme des dessins ornementaux.

dame n. f. Femme mariée, par oppos. à *demoiselle*. Femme en général. Titre donné, à diverses époques, aux femmes de haut rang. Figure du jeu de cartes. Pièce du jeu d'échecs (syn. REINE). *Jeu de dames*, jeu qui se joue à deux avec des pions sur un damier.

dame! interj. qui a une valeur de conclusion : *«Il n'est pas content? — Dame!»* (syn. BIEN SÛR, PARBLEU).

dame-jeanne n. f. Grosse bouteille.

damer v. t. Doubler un pion au jeu de dames. *Fig. Damer le pion à quelqu'un*, l'emporter sur lui.

damier n. m. Surface, divisée en cases blanches et noires, pour jouer au jeu de dames. Toute surface quadrillée.

damnable [danabl] adj. Qui peut attirer la damnation. Qui mérite réprobation.

damnation [danasjɔ̃] n. f. Condamnation aux peines éternelles.

damner [dane] v. t. Condamner à la damnation. Causer la damnation de. *Fig. Faire damner*, tourmenter.

dancing [dɑ̃siŋ] n. m. Salle de danse ; bal public.

dandinement n. m. Balancement.

dandiner (se) v. pr. Balancer gauchement son corps.

dandy n. m. Homme qui affecte une suprême élégance. (Vx.)

danger n. m. Péril : *en danger de mort*. Risque, inconvénient, écueil.

dangereux, euse* adj. Qui offre du danger : *tournant dangereux*.

danois, e adj. et n. Du Danemark.

dans prép. Marque des rapports de lieu, de temps, d'état.

dansant, e adj. Où l'on danse : *soirée dansante*. Qui invite à la danse : *musique dansante*.

danse n. f. Suite de pas et de mouvements rythmés, exécutés le plus souvent sur un air de musique. *Fig. et fam. Action : entrer dans la (ou en) danse*.

danser v. i. Mouvoir le corps en cadence. Exécuter des mouvements rapides. *Fig. Ne savoir sur quel pied danser*, ne savoir que décider. V. t. Exécuter une danse : *danser la polka*.

danseur, euse n. Qui danse. Qui aime à danser. Qui fait profession de danser.

dard n. m. Hampe de bois armée d'une pointe de fer. Langue du serpent. Aiguillon de certains insectes. *Fig.* Trait acéré.

darder v. t. Lancer vivement des rayons (Soleil), un regard.

dare-dare loc. adv. *Fam.* En toute hâte.

darse n. f. *Mar.* Bassin dans un port.

dartre n. f. Croûte ou irritation de la peau.

datation n. f. Action de déterminer la date, d'indiquer le moment précis d'un événement.

date n. f. Indication du jour et de l'année. Chiffre qui l'indique.

dater v. t. Mettre la date. V. i. Remonter à : *cela date de loin*.

datif n. m. Dans les langues à déclinaison, cas marquant l'attribution, la destination.

datte n. f. Fruit du dattier.

dattier n. m. Espèce de palmier dont le fruit est la datte.

daube n. f. Manière de faire cuire certaines viandes à l'étouffée.

dauber v. t. et i. *Dauber quelqu'un ou sur quelqu'un*, le railler.

dauphin n. m. Genre de cétacés vivant en troupes.

dauphin n. m. *Hist.* Fils aîné du roi de France. Successeur prévu de quelqu'un.

daurade n. f. Genre de poissons de la Méditerranée.

davantage adv. Plus. Plus longtemps.

D. D. T. n. m. Insecticide puissant.

de prép. Marque le point de départ, l'origine : *de Paris* ; l'extraction : *charbon de terre* ; la séparation : *éloigné de sa mère* ; l'objet, la matière : *table de bois* ; les qualités : *homme de génie*. Avec : *saluer de la main*. Pendant : *voyager de nuit*. Par : *aimé de tous*. Explétif : *ville de Paris*. Particule qui précède beaucoup de noms nobles.

dé n. m. Étui de métal, pour protéger le doigt qui pousse l'aiguille.

dé n. m. Petit cube, à faces marquées de un à six points, pour jouer. Petit cube quelconque.

déambulatoire n. m. Galerie qui tourne autour du chœur d'une église.

déambuler v. i. Se promener.

débâcle n. f. Rupture des glaces. Fuite désordonnée d'une troupe. Faillite.

déballage n. m. Action de déballer. Étalage de marchandises à bas prix.

déballer v. t. Extraire d'une malle, d'une caisse : *déballer des livres*.

débandade n. f. Action de se disperser en désordre. *A la débandade*, sans ordre.

débander v. t. Ôter une bande, un bandage. Détendre : *débander un arc*. V. pr. Se disperser : *armée qui se débande*.

débaptiser [debatize] v. t. Changer le nom.

débarbouillage n. m. Action de débarbouiller.

débarbouiller v. t. Laver le visage.

débarcadère n. m. Quai, môle ou jetée pour le débarquement des marchandises, des voyageurs.

débardeur n. m. Ouvrier employé au chargement et au déchargement des bateaux. Tricot sans manches.

débarquement n. m. Action de débarquer.

débarquer v. t. Enlever d'un navire, d'un bateau, d'un wagon. *Fig. Fam.* Se débarrasser de : *débarquer un associé*. V. i. Descendre à terre. *Fam.* Arriver à l'improviste.

débarras n. m. Délivrance de ce qui embarrassait : *bon débarras!* Lieu où l'on met des objets encombrants.

débarrasser v. t. Enlever ce qui embarrasse. *Fig.* Tirer d'embarras. V. pr. Se défaire de.

débat [deba] n. m. Action de discuter une question entre plusieurs. Pl. Discussions au sein d'une assemblée : *les débats parlementaires*. Phase d'un procès durant l'audience : *suivre les débats*.

débattre v. t. (conj. 48) Discuter. V. pr. Faire des efforts pour résister ou pour se dégager.

débauchage n. m. Licenciement.

débauche n. f. Dérèglement des plaisirs sensuels : *mener une vie de débauche. Une débauche de,* une grande abondance.

débaucher v. t. Détourner un ouvrier de l'entreprise où il travaille. Congédier les ouvriers d'une entreprise.

débile* adj. Faible. *Débile mental,* ou *débile* n., sujet arriéré.

débilité n. f. *Débilité mentale,* insuffisance de développement intellectuel.

débiliter v. t. Affaiblir.

débit [debi] n. m. Action de débiter : *marchandise de débit facile.* Compte de ce qui est dû au commerçant. Endroit où l'on vend au détail : *débit de tabac.* Quantité de liquide, de gaz, d'électricité, etc., fournie par une source quelconque en un temps donné. *Fig.* Manière de parler, de lire : *débit monotone.*

débitant, e n. Personne qui vend au détail.

débiter v. t. Découper en morceaux, réduire en planches : *débiter un bœuf, un hêtre.* Produire, fournir une certaine quantité de choses dans un temps donné. Vendre au détail : *débiter du vin, du tabac.* Énoncer avec monotonie, exprimer de manière continue : *débiter son rôle ; débiter des sottises.*

débiter v. t. Porter un article ou une somme au débit d'un compte.

débiteur, trice n. Personne qui doit. Adj. En débit : *un compte débiteur.*

déblai n. m. Enlèvement de terres pour niveler ou baisser le sol. Pl. Les terres elles-mêmes : *enlever des déblais.*

déblaiement n. m. Action de déblayer.

déblatérer v. i. (conj. 5) *Fam.* Parler avec violence ; dénigrer : *déblatérer contre quelqu'un, contre quelque chose.*

déblayer v. t. (conj. 2) Débarrasser de ce qui encombre.

débloquer v. t. Remettre en mouvement, en circulation. Rendre des crédits utilisables. *V. i. Pop.* Dire des sottises.

déboires n. m. pl. Déceptions, échecs.

déboisement n. m. Action de déboiser.

déboiser v. t. Arracher les arbres d'un terrain.

déboîtement n. m. Déplacement d'un os hors de son articulation.

déboîter v. t. Sortir de sa place un objet encastré dans un autre. V. i. Sortir d'une file (voiture).

débonnaire adj. Bon jusqu'à la faiblesse.

débordant, e adj. Qui ne peut se contenir : *un enthousiasme débordant.*

débordement n. m. Action d'une rivière qui sort de son lit. Excès, débauche. Profusion : *débordement d'injures.*

déborder v. i. Dépasser les bords, se répandre par-dessus bord. Envahir. V. t. Ôter la bordure. Dépasser le bord. *Être débordé,* être surchargé de travail.

débouché n. m. Issue d'un défilé, d'une route, etc. Possibilité de vente pour les marchandises. Carrière ouverte à quelqu'un.

déboucher v. t. Ôter ce qui bouche. V. i. Sortir d'un lieu resserré. Se jeter dans, en parlant d'un fleuve, d'une rivière, etc.

déboucler v. t. Défaire la boucle.

débouler v. i. Rouler de haut en bas. Partir à l'improviste devant le chasseur : *lapin qui déboule.*

déboulonner v. t. Démonter ce qui était boulonné. *Fig.* Détruire le prestige de quelqu'un, le rétrograder.

débourrage n. m. Nettoyage des cardes. Enlèvement de la bourre de laine.

débourrer v. t. Enlever ce qui bourre : *débourrer une pipe qui s'est éteinte.*

débours* n. m. Argent avancé : *rentrer dans ses débours.*

déboursement n. m. Action de débourser.

débourser v. t. Tirer de sa bourse. Payer.

déboussoler v. t. *Fam.* Désorienter quelqu'un, lui faire perdre la tête.

debout adv. Verticalement, sur les pieds. Hors du lit, levé. Encore existant. *Mar.* Vent *debout,* contraire à la direction que l'on veut suivre. Interj. *Debout!* levez-vous!

débouter v. t. Rejeter une demande en justice.

déboutonner v. t. Ouvrir en faisant sortir les boutons de leurs boutonnières. V. pr. *Fam.* Parler à cœur ouvert.

débraillé, e adj. Dont les vêtements sont en désordre. Libre, sans retenue. N. m. Mise trop négligée.

débrancher v. t. Détacher un appareil du circuit électrique.

débrayage n. m. Action de débrayer.

débrayer [debreje] v. t. (conj. 2) Supprimer la liaison entre le moteur et l'arbre que celui-ci entraîne. V. i. *Fig.* Cesser le travail, se mettre en grève.

débrider v. t. Ôter la bride à une bête de somme. *Chir.* Inciser les brides ou les tissus qui étranglent un organe, une plaie.

débris n. m. Fragment d'une chose brisée. Pl. Restes.

débrouillard, e adj. et n. *Fam.* Qui sait se débrouiller.

débrouiller v. t. Démêler ; remettre en ordre. *Fig.* Éclaircir : *débrouiller une intrigue.* V. pr. *Fam.* Se tirer d'affaire.

débroussailler v. t. Débarrasser des broussailles.

débucher v. i. Sortir du bois, en parlant du gros gibier.

débusquer v. t. Chasser d'un poste avantageux : *débusquer l'ennemi.*

début n. m. Commencement. *Fig.* Pl. Premiers pas dans une carrière : *faire ses débuts au théâtre.*

débuter v. i. Commencer à occuper un poste, à jouer un rôle, à agir : *débuter dans un métier.* Avoir son point de départ : *la symphonie débute par un allégro.*

déca préf. qui indique la multiplication par dix dans les mesures : *déca litre, déca-gramme,* etc.

deçà prép. De ce côté-ci. *Deçà delà* loc. adv. De côté et d'autre. *En deçà,* loc. adv. En arrière. *Fig.* En retrait.

décacheter v. t. (conj. 4) Ouvrir ce qui est cacheté.

décade n. f. Période de dix jours dans le calendrier républicain.

décadence n. f. Déclin, acheminement vers la ruine. Relâchement.

décadent, e adj. Qui est en décadence.

décaféiné, e adj. Sans caféine.

décaisser v. t. Retirer d'une caisse (une somme).

décalage n. m. Action de décaler.

décalcification n. f. Diminution de la quantité de calcium contenue dans l'organisme.

décalcomanie n. f. Procédé permettant de reporter des images coloriées sur la porcelaine, le verre, le papier, etc.

décaler v. t. Enlever les cales. Déplacer, dans l'espace ou dans le temps.

décalitre n. m. Mesure de capacité valant 10 litres.

décalogue n. m. Les dix commandements de Dieu, donnés, selon la Bible, à Moïse.

décalotter v. i. Dégager le gland en tirant le prépuce vers le bas de la verge.

décalquage ou **décalque** n. m. Action de décalquer. Image ainsi obtenue.

décalquer v. t. Reporter le calque d'un dessin, d'un tableau.

décamètre n. m. Mesure de longueur de dix mètres.

décamper v. i. *Fam.* Se retirer précipitamment.

décan n. m. Partie d'un signe du zodiaque, utilisée en astrologie.

décantation n. f. Action de décanter ou le fait de se décanter.

décanter v. t. Clarifier, épurer un liquide. *Fig. Décanter ses idées,* y mettre de l'ordre.

décapage n. m. Action de décaper.

décaper v. t. Débarrasser une surface d'une couche de peinture, d'enduit qui y adhère fortement.

décapitation n. f. Action de décapiter.

décapiter v. t. Trancher la tête.

décapotable adj. *Voiture décapotable,* ou *décapotable* n. f., voiture dont la capote peut être enlevée ou repliée.

décapoter v. t. Replier une partie du toit mobile de certaines automobiles.

décapsuler v. t. Ôter la capsule de.

décapsuleur n. m. Instrument pour décapsuler.

décarcasser (se) v. pr. Se donner du mal.

décasyllabe ou **décasyllabique** adj. Qui a dix syllabes (vers).

décatir v. t. Ôter l'apprêt d'une étoffe. V. pr. Perdre sa fraîcheur.

décavé, e adj. et n. Qui a tout perdu au jeu. Qui a perdu sa fortune.

décéder v. i. (conj. **5**) Mourir de mort naturelle, en parlant de l'homme.

décelable adj. Qui peut être décelé.

déceler [desle] v. t. (conj. **3**) Parvenir à distinguer d'après des indices ; découvrir, remarquer : *déceler des traces de poison.*

décélération n. f. Réduction de la vitesse d'un mobile.

décembre n. m. Douzième mois de l'année.

décemment adv. Avec décence.

décence n. f. Respect des bonnes mœurs ; respect des convenances.

décennal, e, aux adj. Qui dure dix ans. Qui revient tous les dix ans.

décennie n. f. Période de dix ans.

décent, e adj. Conforme à la décence.

décentralisation n. f. Action de décentraliser.

décentraliser v. t. Donner une certaine autonomie aux différentes régions d'un État.

décentrer v. t. Déplacer le centre.

déception n. f. Fait d'être trompé dans ses espérances.

décerner v. t. Attribuer : *décerner un prix,* et, au *fig., décerner la palme à.*

décès n. m. Mort d'une personne.

décevant, e adj. Qui déçoit.

décevoir v. t. Tromper quelqu'un dans son attente, ne pas répondre à un espoir.

déchaînement n. m. Emportement extrême : *déchaînement de colère.*

déchaîner v. t. Détacher de la chaîne. *Fig.* Donner libre cours, soulever.

déchanter v. i. Être amené, par une déception, à rabattre de ses espérances.

décharge n. f. Projectiles tirés par une ou plusieurs armes à feu. *Phys.* Perte de charge d'un corps électrisé. Lieu où l'on jette les ordures. Acte par lequel on tient quitte d'une obligation : *signer une décharge. Témoin à décharge,* celui qui témoigne en faveur de l'accusé.

déchargement n. m. Action de décharger un navire, un bateau, etc.

décharger v. t. (conj. **1**) Ôter la charge, le chargement. *Fig. Soulager : décharger sa conscience.* Faire partir une arme à feu.

décharné, e adj. Très maigre.

déchaussement n. m. Mise à nu du collet d'une dent.

déchausser v. t. Ôter à quelqu'un sa chaussure. Dépouiller par le pied ou la base : *déchausser un arbre, une dent.*

déchéance n. f. Action de déchoir ou de faire déchoir. Chute, disgrâce.

déchet n. m. Partie inutilisable d'une matière. Résidu.

déchiffrement n. m. Action de déchiffrer.

déchiffrer v. t. Rétablir en clair un texte chiffré : *déchiffrer une dépêche.* Lire ce qui est mal écrit. *Fig.* Démêler ce qui est obscur : *déchiffrer un caractère.* Lire et exécuter de la musique à première vue.

déchiffreur, euse n. Qui déchiffre.

déchiqueter v. t. (conj. **4**) Couper par tailles : *déchiqueter une peau.* Découper maladroitement.

déchirement n. m. Action de déchirer. *Fig. Déchirement de cœur,* vive douleur morale.

déchirant, e adj. Qui cause une émotion forte : *cris déchirants.*

déchirer v. t. Rompre, mettre en pièces. *Fig.* Causer une vive sensation : *déchirer les oreilles.* Tourmenter : *déchirer le cœur.*

déchirure n. f. Rupture faite en déchirant. Division violente des tissus.

déchoir v. i. (conj. **43**) Tomber : *déchoir de son rang.* Être affaibli par l'âge et, au *fig.,* diminuer, faiblir.

décidé*, e adj. Résolu, ferme : *air décidé.*

décider v. t. Fixer. Arrêter, décréter. Amener, déterminer à : *décider quelqu'un à partir.* V. t. ou i. Prendre parti. Prendre la résolution de : *il a décidé de rester.*

décilitre n. m. Dixième partie du litre.

décimal, e, aux adj. Fondé sur le groupement des unités par dizaine. *Numération décimale,* système de numération qui utilise dix chiffres. N. f. Un des chiffres placés à droite de la virgule dans un nombre décimal.

décime n. m. Sous l'Ancien Régime, impôt perçu sur le clergé.

décimer v. t. Faire périr une personne sur dix. (Vx.) *Fig.* Faire périr un grand nombre de personnes.

décimètre n. m. Dixième partie du mètre. Règle divisée en centimètres et millimètres.

décintrer v. t. Ôter les cintres.

décisif, ive adj. Qui décide : *bataille décisive*. Tranchant.

décision n. f. Action de décider. Résolution : *montrer de la décision*.

déclamation n. f. Action ou art de déclamer. Discours pompeux : *de longues déclamations*.

déclamatoire* adj. *Péjor.* Emphatique, pompeux : *style déclamatoire*.

déclamer v. t. Réciter avec solennité.

déclaration n. f. Action de déclarer. Aveu, confession. Aveu d'amour.

déclarer v. t. Désigner, dénoncer. Proclamer : *déclarer ses intentions*. Signifier par un acte formel : *déclarer la guerre*. Faire connaître l'existence de. V. pr. Se manifester : *maladie qui se déclare*. Prendre parti : *se déclarer pour quelqu'un*.

déclassé, e adj. et n. Déchu de sa position sociale, de son état.

déclassement n. m. Action de déclasser.

déclasser v. t. Déranger des objets classés.

déclenchement n. m. Action de déclencher.

déclencher v. t. Mettre en mouvement. Commencer brusquement : *déclencher une grève*.

déclic n. m. Pièce destinée à déclencher un mécanisme. Bruit sec que fait un mécanisme qui se déclenche.

déclin n. m. Action de décliner.

déclinable adj. Qui peut être décliné.

déclinaison n. f. *Gramm.* Dans les langues à flexion, modification des désinences, suivant les genres, les nombres et les cas. *Astr.* Distance d'un astre à l'équateur céleste. Angle que l'aiguille aimantée fait avec le méridien géographique.

décliner v. i. Pencher, être incliné. Perdre de sa vigueur : *décliner avec l'âge*. V. t. Écarter, refuser : *décliner un honneur*. Dire, énoncer : *décliner son nom*. *Gramm.* Faire varier dans sa désinence suivant les genres, nombres et cas.

déclivité n. f. État de ce qui est en pente.

décloisonner v. t. Enlever les obstacles qui isolent certaines activités les unes des autres.

déclouer v. t. Défaire ce qui était cloué.

décocher v. t. Lancer avec un arc. *Décocher un regard*, jeter un regard vif, hostile.

décoction n. f. Action de faire bouillir des plantes dans un liquide. Le produit qui en résulte.

décoder v. t. Rétablir en langage clair un message codé.

décoiffer v. t. Défaire la coiffure ; déranger les cheveux.

décolérer v. i. Cesser d'être en colère (ne s'emploie que négativement).

décollage n. m. Action de décoller (v. i.) : *le décollage d'un avion ; le décollage d'une économie*.

décollement n. m. Action de décoller, de se décoller ; état qui en résulte : *décollement de la rétine*.

décoller v. t. Détacher ce qui était collé. V. i. Quitter le sol (avion). Sortir du sous-développement.

décolletage n. m. Action de décolleter une robe. *Techn.* Fabrication de pièces diverses

(vis, etc.) tournées à partir de barres métalliques.

décolleté n. m. Partie de la gorge et des épaules laissée à nu par un corsage, une robe.

décolleter v. t. Découvrir le cou, la gorge, les épaules. Échancrer le haut d'un vêtement.

décolonisation n. f. Passage du régime colonial à l'indépendance.

décoloration n. f. Perte de la couleur.

décolorer v. t. Altérer, effacer la couleur.

décombres n. m. pl. Débris d'un édifice écroulé.

décommander v. t. Annuler une commande, une invitation : *décommander un dîner*.

décomposer v. t. Séparer en ses éléments : *décomposer l'eau*. Corrompre : *viande décomposée*.

décomposition n. f. Séparation d'un corps en ses éléments. Putréfaction. Altération. Dérangement de l'aspect habituel : *décomposition des traits*.

décompression n. f. Action de décomprimer.

décomprimer v. t. Faire cesser ou diminuer la compression.

décompte n. m. Décomposition d'une somme en ses éléments de détail. Déduction sur un compte.

décompter v. t. Retrancher une somme d'un compte.

déconcerter v. t. Troubler profondément. (Syn. DÉCONTENANCER, DÉROUTER, SURPRENDRE.)

déconfit, e adj. Interdit, décontenancé : *mine déconfite*.

déconfiture n. f. État désastreux des finances, de l'autorité. Ruine. Échec total.

décongeler v. t. (conj. 3) Ramener un corps congelé à son état ordinaire.

déconseiller v. t. Conseiller de ne pas faire.

déconsidération n. f. Discrédit.

déconsidérer v. t. (conj. 5) Faire perdre la considération, l'estime.

décontenancer v. t. (conj. 1) Jeter dans un grand embarras.

décontracté, e adj. *Fam.* Détendu.

déconvenue n. f. Sentiment de quelqu'un dont l'attente a été déçue. Déception.

décor n. m. Ce qui sert à décorer. *Par ext.* Apparences. Décoration de théâtre.

décorateur, trice n. Qui confectionne des décors ou se charge de la décoration d'appartements, etc.

décoratif, ive* adj. Relatif, propre à la décoration : *arts décoratifs*. *Fam.* Qui a une belle prestance.

décoration n. f. Embellissement, ornement. Art du décorateur. Insigne d'une distinction honorifique.

décorer v. t. Orner, parer. *Fig.* Rendre plus beau, plus éclatant. Conférer un titre, une décoration.

décorticage n. m. Action de décortiquer.

décortiquer v. t. Enlever l'écorce.

décorum [dekɔrɔm] n. m. inv. Convenances : *garder le décorum*. Étiquette.

découcher v. i. Coucher hors de chez soi.

découdre v. t. (conj. 52) Défaire ce qui était cousu. Déchirer par une blessure. V. i. *En découdre*, en venir aux mains.

découler v. i. Être une conséquence de. Résulter.

découpage n. m. Action de découper.

découper v. t. Couper en morceaux réguliers : *découper une volaille*. Tailler en suivant les contours d'un dessin. Échancrer. V. pr. Se détacher en silhouette sur un fond.

découplé, e adj. *Bien découplé*, qui a un corps harmonieusement proportionné.

découpure n. f. Objet découpé. Entaille faite à un objet découpé. *Géogr.* Accident dans le contour des côtes.

découragement n. m. Perte de courage; abattement moral.

décourager v. t. (conj. 1) Abattre le courage. Ôter l'envie de : *son échec l'a découragé d'écrire*.

découronner v. t. Priver de la couronne.

décousu, e adj. *Récit, œuvre littéraire décousus*, dont les parties sont mal liées.

découvert n. m. Prêt à court terme accordé par une banque au titulaire d'un compte courant. *Être à découvert*, avoir fait une avance sans garantie. *A découvert*, sans que rien protège.

découverte n. f. Action de découvrir ce qui était inconnu, ignoré. *A la découverte*, dans le but d'explorer, de découvrir.

découvrir v. t. (conj. 10) Ôter ce qui couvrait. Trouver ce qui était inconnu, caché : *découvrir un trésor, un secret*. Commencer à apercevoir. Faire une découverte. V. pr. S'éclaircir (temps). Ôter son chapeau.

décrassage n. m. Action de décrasser.

décrasser v. t. Débarrasser de la crasse.

décrépit, e adj. Affaibli, cassé par l'âge.

décrépitude n. f. Sénilité (vieilli). Décadence.

décret n. m. Décision du pouvoir exécutif. *Décret-loi*, acte de l'exécutif ayant la valeur d'une loi.

décréter v. t. (conj. 5) Ordonner par un décret. Déclarer avec autorité.

décrier v. t. Déprécier. Calomnier. (Vx.)

décrire v. t. (conj. 65) Représenter par un développement détaillé oral ou écrit. *Géom.* Tracer.

décrocher v. t. Détacher un objet accroché. *Fig.* Atteindre, obtenir.

décroiser v. t. Défaire ce qui était croisé : *décroiser les bras*.

décroissance n. f. Action de décroître.

décroître v. i. (conj. 60) Diminuer progressivement.

décrottage n. m. Action de décrotter.

décrotter v. t. Ôter la boue.

décrottoir n. m. Lame de fer pour ôter la boue des chaussures.

décrue n. f. Baisse du niveau des eaux, après une crue.

décrypter v. t. Déchiffrer un texte écrit en caractères secrets dont on ne connaît pas la clef.

déculotter v. t. Ôter la culotte, le pantalon.

décuple n. m. et adj. Dix fois aussi grand : *somme décuple*.

décupler v. t. Multiplier par dix. *Fig.* Augmenter sensiblement.

dédaigner v. t. Traiter ou regarder avec dédain. Négliger.

dédaigneux, euse* adj. Qui a du dédain. Qui marque du dédain.

dédain n. m. Mépris : *air de dédain*.

dédale n. m. Labyrinthe, lieu où l'on s'égare. *Fig.* Chose obscure, embrouillée : *le dédale de la procédure*.

dedans adv. Dans l'intérieur. Loc. adv. *Là-dedans*, dans ce lieu; *en dedans, au-dedans*, à l'intérieur. *Fam. Mettre dedans*, tromper. N. m. Partie intérieure d'une chose : *les dedans d'un édifice*.

dédicace n. f. Consécration d'une église. Formule inscrite par un auteur en tête d'un livre, en hommage à la personne à qui il offre ou dédie ce livre.

dédicacer v. t. Pourvoir d'une dédicace : *dédicacer un livre*.

dédicatoire adj. Qui contient la dédicace. Qui relève de la dédicace.

dédier v. t. Consacrer au culte. Faire hommage d'un livre à quelqu'un par le moyen d'une formule imprimée.

dédire (se) (conj. 68) Dire le contraire de ce qu'on a affirmé précédemment. Se rétracter.

dédit n. m. Action de se dédire. Refus d'exécuter les clauses d'un contrat. Somme à payer en cas de dédit.

dédommagement n. m. Réparation d'un dommage. Compensation.

dédommager v. t. (conj. 1) Réparer un dommage. Donner une compensation.

dédorer v. t. Ôter la dorure.

dédouaner v. t. Faire sortir de la douane en acquittant les droits. V. pr. *Fam. Agir de façon à faire oublier un passé répréhensible.*

dédoublement n. m. Action de dédoubler, de diviser en deux.

dédoubler v. t. Partager en deux. V. pr. Perdre l'unité de sa personnalité.

déductif, ive adj. Qui déduit.

déduction n. f. Soustraction. Conséquence tirée d'un raisonnement, conclusion.

déduire v. t. (conj. 64) Soustraire d'une somme. Tirer une conséquence, conclure.

déesse n. f. Divinité féminine.

défaillance n. f. Défaut momentané d'énergie, de force. Évanouissement.

défaillir v. i. (conj. 11) Faire défaut. Perdre ses forces physiques ou morales.

défaire v. t. (conj. 72) Changer ou détruire ce qui est fait. Délivrer, débarrasser : *se défaire d'un importun*. *Fig.* Affaiblir, amaigrir. Vaincre : *l'ennemi fut complètement défait*.

défait, e adj. Pâle, amaigri.

défaite n. f. Bataille perdue. Échec.

défaitisme n. m. Manque de confiance dans la victoire.

défaitiste adj. et n. Qui manque de confiance en soi, qui estime une défaite inévitable.

défalcation n. f. Déduction.

défalquer v. t. Déduire.

défausser v. pr. Se débarrasser de cartes jugées inutiles.

défaut n. m. Manque. Imperfection physique ou morale. *Procéd.* Refus de comparaître en justice. Point faible : *le défaut de la cuirasse*. *Faire défaut*, manquer. *Être en défaut*, commettre une faute. *A défaut de* loc. prép. Faute de.

défaveur n. f. Perte de la faveur.

défavorable* adj. Non favorable.

défavoriser v. t. Désavantager. Handicaper.

défécation n. f. Expulsion des matières fécales.

défectif, ive adj. *Gramm.* Se dit d'un verbe qui n'a pas tous ses temps, tous ses modes ni toutes ses personnes.

défection n. f. Action d'abandonner une cause, un parti, etc.

défectueux, euse* adj. Imparfait.

défectuosité n. f. Défaut, imperfection.

défendeur, eresse n. Qui se défend en justice.

défendre v. t. Protéger, soutenir. Garantir : *défendre du froid.* Interdire. Plaider en faveur. V. pr. Résister à une agression. Se justifier. Nier. *A son corps défendant, à* contrecœur.

défense n. f. Action de défendre. Résistance. Moyens de justification d'un accusé. La partie qui se défend en justice. Dent saillante de l'éléphant, du sanglier, etc.

défenseur n. m. Celui qui assure la défense, la protection de.

défensif, ive* adj. Fait pour la défense. N. f. État de défense.

déféquer v. t. Opérer la défécation.

déférence n. f. Respect, égards.

déférent, e adj. Qui porte dehors : *canal déférent.* Respectueux : *ton déférent.*

déférer v. t. (conj. 5) *Dr.* Faire comparaître un accusé devant la juridiction compétente. *Déférer à l'avis, au désir de quelqu'un,* s'y ranger, y céder par égard pour cette personne.

déferler v. t. *Mar.* Déployer les voiles. V. i. Se dit des vagues qui se brisent avec violence.

défi n. m. Provocation. *Mettre quelqu'un au défi,* le provoquer.

défiance n. f. Crainte d'être trompé.

défiant, e adj. Soupçonneux.

déficient, e adj. Insuffisant.

déficit [défisit] n. m. Ce qui manque aux recettes pour équilibrer les dépenses, les frais.

déficitaire adj. En déficit.

défier v. t. Provoquer. *Fig.* Braver, affronter : *défier la mort.* V. pr. Se méfier.

défigurer v. t. Rendre méconnaissable. *Fig.* Altérer.

défilé n. m. Passage étroit, resserré. Toute marche de personnes, de voitures disposées en colonne; en file. Cortège.

défilement n. m. *Mil.* Art de se soustraire aux vues de l'ennemi.

défiler v. t. Défaire ce qui est enfilé. V. i. Marcher en colonnes, par files. Se succéder régulièrement. V. pr. Partir discrètement, se dérober, s'esquiver.

défini, e adj. Expliqué, déterminé. *Gramm.* Article défini, celui qui ne s'emploie qu'avec un nom désignant un objet individuellement déterminé.

définir v. t. Donner la définition de. Indiquer de manière précise. *Définir quelqu'un,* analyser son caractère.

définitif, ive* adj. Qui termine; sur quoi on ne peut revenir. *En définitive* loc. adv. Après tout.

définition n. f. Explication du sens d'un mot. En télévision, nombre de lignes subdivisant une image à transmettre.

déflagration n. f. Violente explosion.

déflagrer v. i. S'enflammer en explosant.

déflation n. f. Réduction systématique du volume de la monnaie circulant dans un pays. (Contr. INFLATION.) *Géogr.* Dans les régions désertiques, enlèvement de matériaux meubles par le vent.

déflecteur n. m. Volet mobile fixé à l'encadrement de la glace des portières d'automobiles, servant à orienter l'air.

défleurir v. i. Perdre ses fleurs. V. t. Faire tomber les fleurs d'une tige.

défloraison n. f. Chute naturelle des fleurs.

déflorer v. t. Enlever à quelque chose sa fraîcheur, sa nouveauté. *Déflorer une jeune fille,* lui faire perdre sa virginité.

défoliant adj. et n. m. Se dit d'un produit chimique provoquant la chute des feuilles.

défonçage ou **défoncement** n. m. Action de défoncer.

défoncer v. t. (conj. 1) Ôter le fond de. Effondrer. Labourer profondément. V. pr. *Pop.* Se droguer.

déformation n. f. Altération de la forme d'une chose.

déformer v. t. Altérer la forme. Travestir : *déformer la vérité.*

défoulement n. m. *Fam.* Fait de se défouler.

défouler (se) v. pr. *Fam.* Se laisser aller à des débordements affectifs; exprimer librement ce qu'on pense.

défraîchir v. t. Enlever la fraîcheur.

défrayer v. t. (conj. 2) Payer les frais de quelqu'un. *Défrayer la chronique,* faire beaucoup parler de soi.

défrichement ou **défrichage** n. m. Action de défricher.

défricher v. t. Rendre propre à la culture. *Fig.* Éclaircir, débrouiller.

défricheur n. m. Celui qui défriche.

défriser v. t. Défaire la frisure de.

défroque n. f. *Péjor.* Vêtement usagé, démodé ou ridicule.

défroquer (se) v. pr. Quitter l'état ecclésiastique ou monastique.

défunt, e adj. et n. Qui est mort.

dégagé, e adj. Libre, aisé.

dégagement n. m. Action de dégager. Sortie : *couloir de dégagement.*

dégager v. t. (conj. 1) Retirer ce qui avait été donné comme gage, et, au *fig.,* délivrer, libérer. Faire sortir d'une position critique. Débarrasser des obstacles : *dégager le passage.* Produire une émanation : *dégager une odeur.* V. pr. Se rendre libre.

dégaine n. f. *Fam.* Attitude, démarche ridicule.

dégainer v. t. Tirer une épée du fourreau, un poignard de sa gaine.

dégarnir v. t. Ôter ce qui garnit. Vider.

dégât n. m. Dommage, destruction.

dégauchir v. t. Aplanir la surface d'une pierre, d'une charpente.

dégazer v. t. Débarrasser les citernes d'un pétrolier de tous les gaz qui y subsistent après déchargement.

dégel n. m. Fonte naturelle de la glace, de la neige.

dégeler v. t. (conj. 3) Faire fondre ce qui était gelé. V. i. Cesser d'être gelé.

dégénérer v. i. (conj. **5**) Perdre les qualités de sa race, de son espèce. Se transformer en (une chose plus mauvaise).

dégénérescence n. f. Affaiblissement grave des qualités physiques ou mentales.

dingandé, e [deʒɛ̃gɑ̃de] adj. et n. Qui est comme disloqué dans ses mouvements, sa démarche.

dégivrer v. t. Ôter le givre qui s'est formé sur un pare-brise, une aile d'avion, dans un réfrigérateur.

déglacer v. t. (conj. **1**) Faire fondre la glace. Dissoudre le jus caramélisé au fond d'une casserole.

déglinguer [deglɛ̃ge] v. t. Fam. Disloquer, désarticuler.

déglutir v. t. Avaler, ingurgiter.

déglutition n. f. Action de déglutir.

dégommer v. t. Destituer. Limoger.

dégonflement n. m. Action de dégonfler.

dégonfler v. t. Ôter le gonflement. V. pr. *Fam.* Perdre son courage au moment d'agir.

dégorgement n. m. Écoulement. Évacuation.

dégorger v. i (conj. **1**) Se répandre, se déverser : *un égout qui dégorge dans la mer. Cuis.* Faire dégorger des concombres, etc. : leur faire rendre l'eau.

dégouliner v. i. *Fam.* Couler goutte à goutte.

dégourdi, e adj. et n. Adroit, avisé.

dégourdir v. t. Tirer un membre de l'engourdissement. *Dégourdir un liquide,* le faire tiédir. *Fig.* Déniaiser.

dégourdissement n. m. Action de dégourdir. Son résultat.

dégoût n. m. Manque d'appétit, répugnance. *Fig.* Aversion.

dégoûtant, e adj. et n. Qui inspire de la répugnance, de l'aversion.

dégoûté, e adj. et n. Délicat, difficile.

dégoûter v. t. Ôter l'appétit, faire perdre le goût. Inspirer de la répugnance ; détourner de : *dégoûter de l'étude.* Déplaire, ennuyer.

dégoutter v. i. Tomber goutte à goutte.

dégradant, e adj. Qui dégrade, avilit.

dégradation n. f. Destitution d'un grade. *Dégradation civique,* peine qui enlève au citoyen ses droits politiques, certains droits civils, etc. Dégât. *Peint.* Changement insensible : *dégradation des couleurs. Fig.* État de ce qui empire.

dégrader v. t. Destituer quelqu'un de son grade. *Fig.* Avilir. *Par ext.* Endommager, détériorer. *Peint.* Affaiblir insensiblement les couleurs.

dégrafer v. t. Détacher une chose qui est agrafée : *dégrafer une robe.*

dégraissage n. m. Action de dégraisser.

dégraisser v. t. Ôter l'excédent de graisse.

degré n. m. Chaque marche d'un escalier. Division : *degré du thermomètre. Fig.* Situation considérée par rapport à une série d'autres : *degré hiérarchique.* Niveau. *Géom.* Chacune des 360 parties de la circonférence. *Par degrés* loc. adv. Progressivement.

dégressif, ive adj. Qui va en diminuant : *impôt dégressif.*

dégrèvement n. m. Action de dégrever : *solliciter un dégrèvement.*

dégrever v. t. (conj. **5**) Décharger d'un impôt.

dégringolade n. f. *Fam.* Action de dégringoler. Son résultat.

dégringoler v. i. *Fam.* Rouler précipitamment du haut en bas. *Fig.* Déchoir rapidement. V. t. Descendre vite : *dégringoler l'escalier.*

dégrisement n. m. Action de dégriser.

dégriser v. t. Faire passer l'ivresse. Faire perdre les illusions. V. pr. Cesser d'être ivre.

dégrossir v. t. Faire une première ébauche. Rendre moins grossier.

dégrossissage n. m. Action de dégrossir.

déguenillé, e adj. et n. Dont les vêtements sont en lambeaux.

déguerpir v. i. Quitter rapidement un lieu par force ou par crainte.

déguisement n. m. État d'une personne déguisée. Ce qui sert à déguiser. *Fig.* Dissimulation : *parler sans déguisement.*

déguiser v. t. Modifier la manière d'être, le costume, de façon à rendre méconnaissable. *Fig.* Changer, dénaturer : *déguiser son écriture.* Cacher sous des apparences trompeuses.

dégustateur, trice adj. et n. Qui déguste les vins, les liqueurs.

dégustation n. f. Action de déguster.

déguster v. t. Goûter une boisson, un aliment pour en apprécier la qualité. Savourer.

déhanchement n. m. Action de se déhancher. Manière de marcher, molle et abandonnée.

déhancher (se) v. pr. Se dandiner avec affectation.

déharnacher v. t. Ôter le harnais.

dehors adv. Hors d'un lieu. N. m. La partie extérieure. Pl. *Fig.* Apparences : *dehors trompeurs.* Loc. adv. *Au-dehors,* à l'extérieur ; *du* (ou *de*) *dehors,* hors de la partie intérieure.

déification n. f. Action de déifier.

déifier v. t. Élever à la hauteur d'un dieu. Diviniser.

déisme n. m. Croyance à l'existence d'un dieu, mais sans admettre une révélation.

déiste n. Qui professe le déisme.

déité n. f. Divinité mythique.

déjà adv. Dès ce moment ; auparavant.

déjection n. f. Excrément. Pl. Matières rejetées par un volcan en éruption.

déjeter v. t. (conj. **4**) Courber, gauchir.

déjeuner n. m. Repas du matin (*petit déjeuner*) ou de midi. Tasse et soucoupe pour le petit déjeuner. *Déjeuner de soleil,* chose agréable, mais qui dure peu.

déjeuner v. i. Prendre le repas du matin ou de midi.

déjouer v. t. Faire échouer : *déjouer un complot, une ruse.*

déjuger (se) [conj. **1**] v. pr. Revenir sur un jugement, sur son opinion ; changer sa décision.

de jure [deʒyre] loc. adv. De droit : *reconnaître un gouvernement « de jure ».* (S'oppose à *de facto.*)

delà prép. Ne s'emploie que dans la loc. *deci, delà,* par endroits. Loc. adv. *Par-delà,* de l'autre côté ; *au-delà,* plus loin que ce lieulà. *Au-delà de* loc. prép. Plus loin que, et, au fig., au-dessus de : *au-delà de mes moyens.* N. m. *L'au-delà,* l'autre monde, la vie future.

délabrement n. m. État de ruine. *Fig.* Dépérissement : *délabrement de la santé.*

délabrer v. t. Mettre en mauvais état. *Fig.* Détériorer ; mettre à mal.

délacer v. t. (conj. 1) Défaire le lacet d'un corset, d'un soulier, etc.

délai n. m. Temps accordé pour faire une chose : *obtenir un délai.* Remise, retardement. *Sans délai,* immédiatement.

délaissement n. m. Action de délaisser.

délaisser v. t. Abandonner. Laisser sans secours. *Dr.* Abandonner un bien, un droit, une action engagée.

délassement n. m. Ce qui délasse.

délasser v. t. Reposer.

délateur, trice n. Personne qui dénonce.

délation n. f. Dénonciation secrète.

délaver v. t. Décolorer par l'action de l'eau : *un tissu tout délavé.*

délayage n. m. Action de délayer. Substance délayée.

délayer [deleje] v. t. (conj. 2) Diluer dans un liquide. *Délayer une idée,* l'exprimer trop longuement.

deleatur [deleatyr] n. m. inv. Signe de correction typographique, indiquant une suppression à effectuer.

délectable adj. Qui délecte.

délectation n. f. Plaisir raffiné.

délecter (se) v. pr. Prendre un vif plaisir.

délégation n. f. Action de déléguer. Groupe de personnes mandatées.

délégué, e n. Représentant.

déléguer v. t. (conj. 5) Envoyer quelqu'un avec pouvoir d'agir. Transmettre par délégation : *déléguer des droits.*

délester v. t. Ôter le lest. Suspendre provisoirement le courant électrique.

délétère adj. Qui attaque la santé, la vie. *Fig.* Qui corrompt.

délibératif, ive adj. *Voix délibérative,* droit de suffrage dans une délibération.

délibération n. f. Action de délibérer. *Fig.* Examen, discussion.

délibéré, **e** adj. Aisé, libre, déterminé. *De propos délibéré,* à dessein, exprès. N. m. Délibération à huis clos entre juges.

délibérer v. i. (conj. 5) Examiner, consulter ensemble. Peser, examiner. V. t. Mettre en délibération.

délicat, e adj. Agréable, plaisant, exquis. Fait ou dit avec soin, légèreté, ingéniosité. Fin, délié, ténu : *ouvrage délicat.* Frêle, faible. Embarrassant : *cas délicat.* Fin : *goût délicat.* Très sensible : *conscience délicate.* N. Personne difficile.

délicatesse n. f. Qualité de ce qui est délicat : *agir avec délicatesse.*

délice n. m. Très vif plaisir. N. f. pl. Plaisir extrême, raffiné.

délicieux, euse adj. Extrêmement agréable : *goût délicieux.*

délictueux, euse adj. Qui a le caractère du délit : *fait délictueux.*

délié, e adj. Grêle, mince, menu. *Fig.* Subtil, pénétrant. N. m. Partie fine des lettres d'écriture.

délier v. t. Défaire ce qui est lié. *Fig.* Dégager : *délier d'un engagement.*

délimitation n. f. Action de délimiter.

délimiter v. t. Fixer des limites.

délinquant, e n. Personne qui a commis un délit : *punir un délinquant.*

déliquescence n. f. Propriété des corps qui sont déliquescents. *Fig.* Décadence.

déliquescent, e adj. Qui a la propriété d'attirer l'humidité de l'air. *Fig.* En décadence.

délirant, e adj. Qui est en délire (au pr. et au fig.). Qui fait délirer. *Fig.* et *fam.* Enivrant, délicieux.

délire n. m. Trouble mental caractérisé par la confusion des idées, sans rapport avec la réalité. Exaltation, enthousiasme extrême : *une foule en délire.*

délirer v. i. Avoir le délire.

delirium tremens [delirjɔmtremɛs] n. m. Délire avec agitation et tremblement.

délit [deli] n. m. Violation de la loi, celle surtout qui est punie de peines correctionnelles : *délit de chasse. Le corps du délit,* ce qui sert à le constater. *Prendre en flagrant délit,* sur le fait.

déliter v. t. Couper une pierre suivant le sens des stratifications.

délivrance n. f. Action de délivrer.

délivrer v. t. Mettre en liberté. Débarrasser de. Livrer, remettre : *délivrer un reçu.*

déloger v. i. (conj. 1) Sortir d'un logement. Quitter un lieu. V. t. *Fam.* Faire quitter une place.

déloyal [delwajal], **e**, **aux** adj. Malhonnête.

déloyauté n. f. Manque de loyauté. Perfidie.

delta n. m. Espace compris entre les bras d'un fleuve qui se divise près de son embouchure : *le delta du Nil.*

déluge n. m. Le débordement universel des eaux, d'après la Bible. Très grande inondation. Pluie torrentielle. *Fig.* Grande quantité : *un déluge d'injures.*

déluré, e adj. Vif, dégourdi.

démagogie n. f. Politique qui flatte la multitude.

démagogique adj. Propre à la démagogie : *discours démagogique.*

démagogue n. m. Qui fait de la démagogie.

démailler v. t. Défaire les mailles.

demain adv. Le jour qui suit immédiatement celui où l'on est.

demande n. f. Action de demander ; écrit qui l'exprime. Chose qu'on désire obtenir. *Écon.* Somme des produits ou des services demandés : *l'offre et la demande.*

demander v. t. Solliciter quelque chose de quelqu'un. Exprimer le désir, le besoin. Avoir besoin de : *la terre demande de la pluie.* Exiger. S'enquérir de : *demander sa route. Ne pas demander mieux (que de),* consentir volontiers (à).

demandeur, eresse n. *Dr.* Qui forme une demande en justice.

démangeaison n. f. Picotement de la peau. *Fig.* Grande envie.

démanger v. i. (conj. 1) Causer une démangeaison.

démantèlement n. m. Action de démanteler.

démanteler v. t. Démolir les murailles de. *Fig.* Désorganiser.

démantibuler v. t. *Fam.* Démolir un assemblage. (Syn. DISLOQUER.) V. pr. Se détériorer.

démaquiller v. t. Enlever le maquillage.

démarcation n. f. Limite qui sépare deux régions, deux zones. Ce qui sépare, ce qui distingue des choses abstraites : *la démarcation des pouvoirs.*

démarche n. f. Manière de marcher. Méthode : *une démarche intellectuelle.* Tentative faite auprès de quelqu'un pour obtenir quelque chose.

démarcheur, euse n. Vendeur, vendeuse qui sollicite la clientèle à domicile.

démarquage n. m. Plagiat.

démarquer v. t. Ôter la marque de. Solder. Imiter une œuvre littéraire, un dessin, en les modifiant un peu. Libérer un partenaire du marquage adverse.

démarrage n. m. Action de démarrer.

démarrer v. t. *Mar.* Détacher les amarres d'un bâtiment. V. i. Partir : *auto qui démarre. Fig.* et pop. Quitter une place, un lieu : *il ne démarre plus d'ici.*

démarreur n. m. Appareil servant à la mise en marche d'un moteur.

démasclage n. m. Enlèvement du liège sur un chêne-liège.

démasquer v. t. Enlever le masque. *Fig. Démasquer quelqu'un,* le faire connaître tel qu'il est. *Démasquer ses batteries,* faire voir ses projets.

démâter v. t. Enlever les mâts. V. i. Perdre sa mâture.

démêlé n. m. Querelle, discussion. Ennui : *des démêlés avec la justice.*

démêler v. t. Séparer ce qui est mêlé. *Fig.* Débrouiller, éclaircir. Discerner : *démêler une intrigue, le vrai du faux.*

démêloir n. m. Peigne à dents espacées.

démembrement n. m. Partage, division.

démembrer v. t. Partager en détachant les parties constitutives : *démembrer une phrase en propositions* (syn. DIVISER); *démembrer un domaine.*

déménagement n. m. Action de déménager.

déménager v. t. Transporter des meubles d'une maison dans une autre. V. i. Changer de logement. *Fam.* Déraisonner.

déménageur n. m. Celui qui fait les déménagements des autres.

démence n. f. *Méd.* Trouble mental grave, caractérisé par une détérioration des fonctions intellectuelles. Conduite dépourvue de raison.

démener (se) v. pr. (conj. 5) S'agiter vivement.

dément, e adj. et n. Atteint de démence.

démenti n. m. Déclaration qui affirme l'inexactitude d'une nouvelle.

démentiel [demãsjɛl], **elle** adj. Qui caractérise la démence.

démentir v. t. (conj. 15) Contredire par ses paroles. Nier l'existence d'un fait. V. pr. Cesser.

démérite n. m. Action de démériter.

démériter v. i. Agir de manière à perdre l'affection, l'estime, à encourir le blâme.

démesuré, e adj. Excessif.

démettre v. t. (conj. 49) Déboîter : *sa chute lui a démis une épaule.* V. pr. Renoncer à une fonction.

demeurant (au) loc. adv. Au reste, tout bien pesé : *au demeurant, c'est un bon garçon.*

demeure n. f. Domicile, lieu où l'on habite. Habitation. *À demeure* loc. adv. D'une manière stable. *Mettre quelqu'un en demeure,* l'obliger à remplir son engagement. *Se mettre en demeure,* se préparer à.

demeurer v. i. Rester, s'arrêter. Habiter : *demeurer à Paris. Fig.* Rester, persister : *cela demeure imprécis.*

demi, e adj. Qui est l'exacte moitié d'un tout. N. m. Moitié d'une unité. Verre de bière, de la valeur théorique d'un demi-litre. N. f. Demi-unité. Signif. aussi *demi-heure.*

demi-cercle n. m. La moitié d'un cercle.

demi-fond n. m. inv. Course de moyenne distance (800 m et 1 500 m).

demi-frère n. m. Frère par le père ou la mère seulement.

demi-gros n. m. inv. Commerce qui tient le milieu entre le gros et le détail.

demi-heure n. f. Moitié d'une heure.

démilitariser v. t. Interdire toute installation militaire dans une région. Ôter le caractère militaire.

demi-mal n. m. Inconvénient moins grave que celui qu'on redoutait.

demi-mesure n. f. Moyen insuffisant et peu efficace.

demi-mot (à) loc. adv. Sans qu'il soit nécessaire de tout dire.

déminer v. t. Retirer les mines.

déminéralisation n. f. Élimination excessive des sels minéraux.

déminéraliser v. t. Faire perdre les sels minéraux à (l'organisme).

demi-pensionnaire n. Élève qui prend le repas de midi dans l'établissement scolaire.

demi-saison n. f. Automne ou printemps.

demi-sœur n. f. Sœur par le père ou la mère seulement.

demi-solde n. f. Appointements réduits d'un militaire qui n'est plus en activité. N. m. inv. Officier en demi-solde.

démission n. f. Acte par lequel on se démet d'une charge, d'un emploi.

démissionnaire adj. et n. Qui a donné sa démission : *officier démissionnaire.*

démissionner v. i. Donner sa démission.

demi-teinte n. f. Teinte entre le clair et le foncé.

demi-ton n. m. *Mus.* Intervalle qui est la moitié d'un ton.

demi-tour n. m. Moitié d'un tour. *Faire demi-tour,* revenir sur ses pas.

démobilisation n. f. Action de démobiliser.

démobiliser v. t. Renvoyer dans leur foyer les soldats mobilisés.

démocrate adj. et n. Attaché aux principes de la démocratie.

démocratie n. f. Forme de gouvernement dans laquelle l'autorité émane du peuple.

démocratique* adj. Qui appartient à la démocratie : *parti démocratique.*

démocratisation n. f. Action de démocratiser.

démocratiser v. t. Rendre démocratique, populaire : *démocratiser les sports.*

démoder (se) v. pr. Cesser d'être à la mode.

démographie n. f. Étude statistique des populations.

démographique adj. Relatif à la démographie.

demoiselle n. f. Personne du sexe féminin et qui n'est pas mariée. *Demoiselle d'honneur*, jeune fille qui accompagne la mariée. Nom vulgaire de la libellule.

démolir v. t. Abattre, détruire.

démolisseur, euse n. Personne qui démolit. *Fig.* Destructeur.

démolition n. f. Action de démolir une construction. Pl. Matériaux qui en proviennent.

démon n. m. Dans la religion chrétienne, puissance du mal. Personne malfaisante ou insupportable.

démonétisation n. f. Action de démonétiser.

démonétisé, e adj. Se dit d'une monnaie qui n'a plus cours.

démoniaque adj. Digne d'un démon. N. Personne qui agit avec une méchanceté perverse.

démonstrateur, trice n. Personne qui vend des produits dont elle explique l'usage.

démonstratif, ive adj. Qui démontre. Qui fait des démonstrations d'amitié, de zèle. Adj. et n. m. *Gramm.* Se dit des adjectifs et des pronoms qui servent à montrer, à préciser l'être ou la chose dont il est question.

démonstration n. f. Raisonnement par lequel on établit la vérité d'une proposition. Leçon donnée en s'aidant d'un objet matériel. Marque : *démonstration d'amitié.*

démontable adj. Qui se démonte.

démontage n. m. Action de démonter.

démonter v. t. Jeter à bas de sa monture. Mettre à pied. Désassembler les parties d'un tout. *Fig.* Déconcerter, troubler. *Mer démontée*, très agitée.

démontrer v. t. Prouver.

démoralisateur, trice adj. et n. Qui démoralise : *propagande démoralisatrice.*

démoralisation n. f. Action de démoraliser. Découragement.

démoraliser v. t. Corrompre, rendre immoral. Décourager, désorienter.

démordre (de) v. i. (conj. 46) *Ne pas démordre d'une opinion, d'un jugement*, etc., ne pas vouloir y renoncer.

démouler v. t. Retirer d'un moule.

démunir v. t. Priver de ce qu'on possédait. V. pr. Se dessaisir.

dénationaliser v. t. Restituer aux intérêts privés une entreprise, une industrie jusquelà nationalisée.

dénaturé, e adj. Dont la morale va à l'encontre des lois naturelles. *Parents dénaturés*, qui n'ont pas l'affection naturelle des parents à l'égard de leurs enfants.

dénaturer v. t. *Dénaturer un produit*, y incorporer une substance qui le rende impropre à la consommation humaine. Changer la nature, le goût d'une chose. Interpréter tendancieusement.

dénégation n. f. Action de dénier.

déni n. m. *Déni de justice*, refus illégal de rendre la justice.

déniaiser v. t. Rendre moins niais ou moins naïf.

dénicher v. t. Ôter du nid. *Fig.* Découvrir : *dénicher un livre rare.*

denier n. m. Anc. monnaie française, douzième partie d'un sou. *Denier du culte*, offrande des catholiques pour l'entretien du clergé. Unité servant à apprécier la finesse d'une fibre textile : *des bas de trente deniers*. Pl. *Deniers publics*, revenus de l'État.

dénier v. t. Nier. Refuser ; ne plus accorder.

dénigrement n. m. Action de dénigrer.

dénigrer v. t. Discréditer, décrier : *les envieux ne cessent de tout dénigrer.*

déniveler v. t. Détruire le nivellement.

dénivellation n. f. Action de déniveler. Son résultat. Différence de niveau.

dénombrement n. m. Recensement.

dénombrer v. t. Compter, recenser.

dénominateur n. m. Terme d'une fraction, qui marque en combien de parties égales on suppose l'unité divisée.

dénominatif, ive adj. et n. m. *Gramm.* Se dit de toute forme dérivée d'un nom.

dénomination n. f. Désignation d'une personne ou d'une chose par un nom.

dénommer v. t. Indiquer, nommer.

dénoncer v. t. (conj. 1) Désigner comme coupable à une autorité. Indiquer, révéler. Stigmatiser. *Dénoncer un traité*, l'annuler.

dénonciateur, trice n. et adj. Qui dénonce à la justice, à l'autorité.

dénonciation n. f. Accusation, délation.

dénoter v. t. Indiquer, marquer.

dénouement n. m. *Fig.* Ce qui termine : *un heureux dénouement*. Solution d'une affaire.

dénouer v. t. Défaire un nœud. *Fig.* Résoudre une difficulté. Mener à sa conclusion : *dénouer une crise politique.*

denrée n. f. Marchandise destinée à la consommation : *denrée périssable.*

dense adj. Compact, lourd. *Fig.* Concis.

densimètre n. m. Instrument de mesure de la densité des liquides.

densité n. f. Qualité de ce qui est dense. Rapport de la masse d'un certain volume d'un corps à celle du même volume d'eau.

dent n. f. Organe dur implanté dans la mâchoire et permettant de mastiquer les aliments. *Dents de lait*, les dents du premier âge. *Dents de sagesse*, les quatre dernières. Découpure saillante : *dent d'une roue.*

dentaire adj. Relatif aux dents ou au dentiste : *carie dentaire ; cabinet dentaire.*

dental, e adj. Se dit des consonnes (*d, t*) qui se prononcent en claquant la langue contre les dents.

dentelé, e adj. Taillé en forme de dents. N. M. Nom de divers muscles.

denteler v. t. (conj. 3) Découper, créneler.

dentelle n. f. Tissu léger et à jour, fait avec du fil, de la soie, etc.

dentellière n. f. Femme qui fait de la dentelle.

denteure n. f. Découpure en forme de dent faite au bord d'une chose : *les dentelures d'un timbre-poste.*

denter v. t. Munir de dents.

dentier n. m. Appareil formé de dents artificielles.

dentifrice n. m. et adj. Produit pour nettoyer les dents.

dentiste n. Spécialiste des soins dentaires.

dentition n. f. Formation et sortie naturelle des dents.

denture n. f. Ensemble des dents.

dénudation n. f. État de ce qui est dénudé.

dénuder v. t. Mettre à nu.

dénuement n. m. Manque des choses nécessaires : *être dans le dénuement.*

dénué, e adj. Dépourvu, privé de.

dénutrition n. f. État d'un tissu vivant dont l'alimentation ou l'assimilation est déficitaire.

déontologie n. f. Ensemble des devoirs qui s'imposent dans l'exercice d'une profession.

dépannage n. m. Action de dépanner.

dépanner v. t. Remettre en état de marche une machine arrêtée à la suite d'une panne. *Fam.* Tirer d'embarras.

dépanneur n. m. Ouvrier qui dépanne.

dépanneuse n. f. Voiture équipée pour dépanner.

dépaqueter v. t. (conj. 4) Défaire un paquet.

dépareiller v. t. Ôter l'une des choses qui allaient ensemble. Rendre incomplète une collection.

déparer v. t. Priver de ce qui pare. Nuire au bon effet de : *déparer une collection.*

départ n. m. Action de partir. Action de séparer : *le départ des taxes.*

départager v. t. (conj. 1) Faire cesser l'égalité entre deux personnes, deux groupes, quand ils ont des avis opposés ou des mérites égaux.

département n. m. Circonscription administrative locale de la France, dirigée par un préfet et par un conseil général. Branche spécialisée d'une administration ou d'une entreprise.

départemental, e, aux adj. Relatif au département.

départir v. t. (conj. 22) Attribuer en partage. V. pr. Abandonner, renoncer à.

dépassé adj. Périmé, désuet.

dépassement n. m. Action de dépasser : *dépassement de crédits.*

dépasser v. t. Aller au-delà. Devancer. Doubler. Sortir de l'alignement. *Fig.* Excéder : *le succès dépasse mes espérances. Fam.* Étonner : *cette nouvelle me dépasse.*

dépavage n. m. Action de dépaver.

dépaver v. t. Ôter les pavés.

dépayser v. t. Faire changer de pays, de milieu. *Fig.* Dérouter : *être tout dépaysé.*

dépècement ou **dépeçage** n. m. Action de dépecer : *le dépècement d'un bœuf.*

dépecer v. t. (conj. 1 et 5) Mettre en pièces; couper en morceaux.

dépêche n. f. Lettre concernant les affaires publiques. Communication rapide, transmise le plus souvent par le télégraphe (syn. TÉLÉGRAMME).

dépêcher v. t. Envoyer en hâte : *dépêcher un messager.* V. pr. Se hâter.

dépeigner v. t. Défaire la coiffure.

dépeindre v. t. (conj. 55) Décrire, représenter.

dépenaillé, e adj. En lambeaux.

dépendance n. f. Action de dépendre de : *être sous la dépendance de quelqu'un.* Chose qui dépend d'une autre. Pl. Tout ce qui dépend d'une maison, d'un héritage.

dépendre v. t. (conj. 46) Détacher ce qui était pendu : *dépendre une enseigne.*

dépendre (de) v. i. (conj. 46) Être sous l'autorité de : *dépendre d'un patron.* Faire partie de. Résulter : *l'effet dépend de la cause.*

dépens n. m. pl. Frais de justice. *Aux dépens* de loc. prép. À la charge de; au *fig.,* au détriment de.

dépense n. f. Emploi qu'on fait de son argent pour payer. Usage qu'on fait d'une chose : *une dépense de forces.*

dépenser v. tr. Employer de l'argent à. *Fig.* Consommer, prodiguer.

dépensier, ère adj. et n. Qui aime la dépense : *femme dépensière.*

déperdition n. f. Perte, diminution.

dépérir v. i. S'affaiblir : *sa santé dépérit.*

dépérissement n. m. État de ce qui dépérit.

dépêtrer v. Tirer d'embarras. V. pr. Se libérer, se débarrasser : *se dépêtrer d'un procès.*

dépeuplement n. m. Le fait de se dépeupler; état qui en résulte.

dépeupler v. t. Dégarnir d'habitants. Dégarnir, dépouiller.

déphaser v. t. *Fig.* Faire perdre contact avec la réalité : *ces événements l'ont déphasé.*

dépister v. t. *Chass.* Découvrir le gibier en suivant sa piste. *Fig.* Découvrir : *dépister un voleur, une fraude.*

dépit n. m. Contrariété, blessure d'amour-propre causée par une déception. *En dépit* de loc. prép. Malgré.

dépiter v. t. Causer du dépit.

déplacé, e adj. Inconvenant.

déplacement n. m. Action de déplacer, de se déplacer. Volume d'eau déplacé par un navire.

déplacer v. t. (conj. 1) Changer une chose de place. Changer un fonctionnaire de résidence. *Fig.* Donner une autre direction. Avoir un déplacement de : *déplacer 500 tonneaux.*

déplafonnement n. m. Suppression de la limite supérieure d'un crédit, d'une cotisation.

déplaire v. i. (conj. 71) Ne pas plaire, être désagréable. Causer de l'antipathie, du dégoût. *Ne vous en déplaise,* quoi que vous en pensiez. V. pr. Ne pas se trouver bien où l'on est.

déplaisir n. m. Amertume, contrariété.

déplanter v. t. Arracher pour replanter ailleurs : *déplanter des choux.*

dépliant n. m. Carte ou prospectus qui se déplie en plusieurs volets.

déplier v. t. Étendre une chose qui était pliée.

déplisser v. t. Défaire les plis.

déploiement n. m. Action de déployer. Son résultat.

déplorable* adj. Affligeant, navrant. Regrettable. Blâmable.

déplorer v. t. *Déplorer une chose,* exprimer de vifs regrets à son propos. Regretter. *Fam.* Trouver mauvais.

déployer v. t. (conj. 2) *Déployer une chose,* l'étendre largement (syn. DÉPLIER, ÉTALER, OUVRIR). *Déployer du zèle,* etc., en manifester beaucoup. *Déployer sa force,* en faire étalage. *Rire à gorge déployée,* rire aux éclats.

déplumé, e adj. *Fam. Un crâne déplumé,* chauve.

dépoétiser v. t. Ôter le caractère poétique de.

dépolir v. t. Ôter l'éclat, le poli.

déportation n. f. Internement dans un camp de concentration.

déportements n. m. pl. Écarts de conduite.

déporter v. t. Condamner à la déportation. Dévier de sa direction (une auto, un avion).

déposant, e adj. et n. Qui fait une déposition devant le juge. Qui dépose de l'argent dans une caisse.

dépose n. f. Action d'enlever ce qui était posé : *dépose de rideaux.*

déposer v. t. Poser une chose que l'on portait. Mettre en dépôt : *déposer des fonds.* Donner en garantie : *déposer des titres. Fig.* Destituer. *Déposer son bilan,* faire faillite. V. i. Faire une déposition en justice.

dépositaire n. Personne qui reçoit un dépôt.

déposition n. f. Action de déposer un souverain. Déclaration d'un témoin en justice.

déposséder v. t. (conj. **5**) Ôter la possession : *déposséder un propriétaire.*

dépôt n. m. Action de déposer. Chose déposée : *dépôt de titres.* Matières solides qu'abandonne un liquide au repos : *dépôt alluvionnaire.* Lieu où l'on dépose, où l'on gare, etc. Partie d'un régiment qui reste dans la garnison. *Mandat de dépôt,* ordre du juge d'instruction pour faire incarcérer un prévenu.

dépoter v. t. Ôter une plante d'un pot pour la replanter. Transplanter. Transvaser.

dépotoir n. m. Endroit où l'on jette, où l'on rassemble ce qu'on met au rebut.

dépouille n. f. Peau que rejettent certains animaux, tels que le serpent, le ver à soie, etc. Ce qui est pris, ravi : *les dépouilles de l'ennemi. Dépouille mortelle,* cadavre.

dépouillement n. m. Action de dépouiller. Examen d'un compte, etc. : *le dépouillement d'un scrutin.*

dépouiller v. t. Arracher, enlever la peau d'un animal : *dépouiller un lièvre.* Dénuder : *dépouiller un arbre de son écorce.* Dépouiller quelqu'un, quelque chose, lui ôter ses vêtements, ses biens (syn. DÉVALISER). Faire le relevé d'un compte, d'un inventaire, etc. Compter les votes d'un scrutin. *Fig.* Priver : *dépouiller quelqu'un de ses droits.* Se défaire de : *dépouiller toute honte.*

dépourvu, e adj. Privé. *Au dépourvu* loc. adv. À l'improviste.

dépoussiérage n. m. Enlèvement mécanique des poussières.

dépravation n. f. *Fig.* Corruption des mœurs. Avilissement.

dépraver v. t. Pervertir, corrompre.

dépréciation n. f. Action de déprécier. Son résultat : *dépréciation des monnaies.*

déprécier v. t. Diminuer la valeur; rabaisser.

déprédation n. f. Pillage avec dégâts. Dommage matériel causé aux biens d'autrui. Malversation, gaspillage.

déprendre (se) v. pr. (conj. **50**) Se détacher (de).

dépression n. f. Enfoncement. Région où la pression atmosphérique est faible. *Fig.* Abattement, découragement.

déprimer v. t. Affaiblir physiquement ou moralement.

depuis prép. À partir de, en parlant du temps, du lieu, de l'ordre, du prix. Adv. À partir de ce moment. *Depuis que* loc. conj. Depuis le temps que.

dépuratif, ive adj. et n. m. Qui purifie l'organisme.

députation n. f. Envoi de députés. Ces députés eux-mêmes : *recevoir une députation.* Fonction de député.

député n. m. Personne élue pour siéger dans une assemblée délibérante : *députés de la majorité. Chambre des députés,* ancien nom de l'Assemblée nationale. V. *Part. hist.*

députer v. t. Déléguer.

déraciné, e adj. et n. Qui a rompu les liens qui l'attachaient à son pays d'origine.

déraciner v. t. Arracher de terre un arbre, une plante avec ses racines. *Fig.* Extirper. Arracher à son pays.

déraillement n. m. Action de dérailler (au pr. et au *fig.*).

dérailler v. i. Sortir des rails. *Fig.* et *fam.* Déraisonner, divaguer.

déraison n. f. Manque de raison.

déraisonnable* adj. Qui manque de raison : *projet déraisonnable.*

déraisonner v. i. Tenir des propos dénués de bon sens.

dérangement n. m. Action de déranger et état de ce qui est dérangé. Perturbation : *ligne téléphonique en dérangement.*

déranger v. t. (conj. **1**) Déplacer ce qui était rangé. Troubler le fonctionnement de. Interrompre le sommeil ou l'occupation de.

dérapage n. m. Action d'une ancre, d'une roue, etc., qui dérape.

déraper v. i. En raison d'une adhérence insuffisante, glisser en s'écartant de sa voie normale : *une voiture qui dérape dans un virage* (syn. GLISSER).

dératé, e n. *Courir comme un dératé,* très vite.

dératiser v. t. Débarrasser des rats.

déréglé, e adj. Irrégulier. *Fig.* Contraire à la morale : *vie déréglée.*

dérèglement n. m. Désordre.

dérégler v. t. (conj. **5**) Troubler le fonctionnement de : *la panne d'électricité a déréglé les pendules.*

dérider v. t. Faire disparaître les rides. *Fig.* Égayer, réjouir.

dérision n. f. Moquerie dédaigneuse.

dérisoire adj. Ridicule. Insignifiant : *prix dérisoire.*

dérivatif n. m. Occupation qui détourne l'esprit vers d'autres pensées.

dérivation n. f. Action de dériver, de détourner de son cours. Formation d'un mot par adjonction d'un suffixe à un autre mot ou à un radical. *Électr.* Communication au moyen d'un second conducteur entre deux points d'un circuit fermé.

dérive n. f. Déplacement non contrôlé d'un véhicule. *Être, aller à la dérive,* pour une personne, se laisser aller; pour une entreprise, ne plus être dirigée. Aileron vertical immergé pour réduire la dérivation d'un navire. Gouvernail de direction d'un avion.

dérivé n. m. Mot qui dérive d'un autre. Corps obtenu par la transformation d'un autre : *un dérivé de l'azote.*

dériver v. t. Détourner de son cours. V. i. *Mar.* S'écarter de sa route. Être détourné de son cours. *Fig.* Venir, provenir.

dériveur n. m. Bateau à dérive.

dermatologie n. f. Étude des maladies de la peau.

dermatologiste ou **dermatologue** n. Médecin spécialisé en dermatologie.

dermatose n. f. Maladie de la peau.

derme n. m. *Anat.* Tissu qui constitue la couche profonde de la peau.

dernier, ère adj. et n. Qui vient après tous les autres. Le plus vil. Extrême. Qui précède : *l'an dernier.*

dernièrement adv. Depuis peu.

dernier-né, dernière-née n. Le dernier enfant d'une famille.

dérobade n. f. Action de se dérober.

dérobée (à la) loc. adv. En cachette.

dérober v. t. Prendre furtivement le bien d'autrui. *Fig.* Soustraire à. Cacher. V. pr. *Fig.* Se soustraire. Faire défection. En parlant d'un cheval, quitter brusquement la direction que lui imposait son cavalier.

dérogation n. f. Action de déroger.

déroger v. i. (conj. 1) S'écarter de ce qui est établi par une loi, une convention, etc. Porter atteinte à sa dignité.

dérouiller v. t. Enlever la rouille. V. pr. *Se dérouiller les jambes,* les dégourdir.

déroulement n. m. Action de dérouler. Son résultat. *Fig.* Enchaînement de faits.

dérouler v. t. Étendre ce qui était enroulé. Étaler sous le regard. V. pr. Avoir lieu, s'écouler.

déroute n. f. Fuite désordonnée d'une troupe vaincue. Grave échec. Désastre.

dérouter v. t. Détourner ; écarter de sa route. Faire perdre la trace : *dérouter la police. Fig.* Déconcerter.

derrick [dɛrik] n. m. Charpente en métal supportant l'appareil de forage d'un puits de pétrole.

derrière prép. En arrière de, après, à la suite de. Adv. De l'autre côté. *Sens devant derrière* loc. adv. En mettant le devant à la place du derrière. N. m. Partie postérieure d'un objet. Partie inférieure et postérieure du corps de l'homme.

derviche n. m. Religieux musulman.

des art. contracté pour *de les.*

dès prép. de temps ou de lieu. Depuis. À partir de. *Dès lors* loc. adv. En conséquence. *Dès lors que* loc. conj. Dès l'instant où. *Dès que* loc. conj. Aussitôt que ; puisque.

désabonner (se) v. pr. Faire cesser son abonnement.

désabusé, e adj. Qui a perdu ses illusions.

désabuser v. t. Tirer d'erreur.

désaccord n. m. Manque d'accord dans les sons. *Fig.* Mésintelligence.

désaccorder v. t. Détruire l'accord des sons, etc. *Fig.* Jeter le désaccord.

désaccoutumer v. t. Déshabituer. V. pr. Perdre l'habitude de.

désaffectation n. f. Action de désaffecter : *désaffectation d'une église.*

désaffecter v. t. Changer la destination première d'un édifice public, d'un local.

désaffection n. f. Diminution de l'intérêt porté à quelqu'un ou à quelque chose.

désagréable* adj. Qui déplaît.

désagrégation n. f. Séparation des parties d'un corps. *Fig.* Décomposition.

désagréger v. t. (conj. 1 et 5) Produire la désagrégation.

désagrément n. m. Sujet de déplaisir.

désaltérer v. t. (conj. 5) Apaiser la soif. V. pr. Boire.

désamorcer v. t. (conj. 1) Ôter l'amorce. *Fig. Désamorcer un conflit,* l'apaiser.

désappointement n. m. Déception, dépit.

désappointer v. t. Tromper l'attente, les espérances de quelqu'un ; décevoir.

désapprendre v. t. (conj. 50) Oublier ce qu'on avait appris.

désapprobateur, trice adj. et n. Qui désapprouve.

désapprobation n. f. Action de désapprouver.

désapprouver v. t. Ne pas approuver ; blâmer : *désapprouver une démarche.*

désarçonner v. t. Faire tomber de cheval. *Fig.* et *fam.* Déconcerter.

désargenté, e adj. Qui a perdu son argenture. *Fam.* Qui se trouve démuni d'argent liquide.

désarmement n. m. Action de désarmer ; réduction des forces militaires.

désarmer v. t. Enlever à quelqu'un ses armes, son armure. Dégarnir une forteresse, etc. *Fig.* Priver de. Apaiser, calmer : *désarmer le courroux. Désarmer un navire,* le dégarnir de son armement, de son équipage, etc. V. i. Réduire ses forces militaires.

désarroi n. m. Désordre, confusion.

désarticuler v. t. Faire sortir de l'articulation. V. pr. Mouvoir ses articulations à l'excès.

désassorti, e adj. Qui n'est plus assorti.

désastre n. m. Calamité, malheur.

désastreux, euse* adj. Funeste. *Fam.* Bien regrettable.

désavantage n. m. Infériorité. Préjudice : *cela tourne à son désavantage.*

désavantager v. t. (conj. 1) Faire subir un désavantage à.

désavantageux, euse* adj. Qui cause du désavantage (syn. DÉFAVORABLE).

désaveu n. m. Rétractation d'un aveu. Dénégation ; refus de reconnaître comme sien : *désaveu de paternité.*

désavouer v. t. Nier avoir dit ou fait une chose. Déclarer qu'on n'a pas autorisé quelqu'un à agir comme il l'a fait. Désapprouver.

désaxer v. t. Éloigner de l'axe. *Fig.* Rompre l'équilibre intellectuel et moral.

descellement n. m. Action de desceller. Son effet.

desceller v. t. Arracher une chose scellée : *desceller une pierre.*

descendance n. f. Filiation, postérité : *une nombreuse descendance.*

descendant, e n. Issu de : *une descendante des Bourbons.* Pl. Descendance.

descendre v. i. (conj. 46) Aller de haut en bas. S'étendre vers le bas. Baisser de niveau : *la rivière descend.* Passer de l'aigu au grave : *descendre d'un ton. Fig.* En venir à, s'abaisser à. Déchoir. *Descendre de,* tirer son origine de. V. t. Mettre ou porter plus bas. Parcourir de haut en bas.

descente n. f. Action de descendre. Chemin par lequel on descend. Débarquement, coup de main sur une côte. *Descente de police,* irruption de policiers pour faire un contrôle. Tuyau d'écoulement pour les eaux. *Chir.* Hernie. *Descente de lit,* tapis, fourrure au pied d'un lit.

descriptif, ive adj. Qui a pour objet de décrire.

description n. f. Action de décrire ; développement qui décrit.

désemparé, e adj. Hors d'état de manœuvrer (avion, bateau). *Être désemparé,* être déconcerté.

désemparer v. i. *Sans désemparer,* sans interruption, avec persévérance.

désemplir v. i. *Ne pas désemplir,* être toujours plein.

désenchantement n. m. Cessation de l'enchantement. *Fig.* Désillusion.

désenchanter v. t. Rompre l'enchantement. *Fig.* Désillusionner.

désenclaver v. t. Rompre l'isolement d'une région.

désenfler v. i. Cesser d'être enflé.

désennuyer v. t. (conj. 2) Dissiper l'ennui.

désensablement n. m. Action de désensabler.

désensabler v. t. Dégager du sable.

désensorceler v. t. (conj. 3) Délivrer de l'ensorcellement.

désentortiller v. t. Démêler ce qui était entortillé.

déséquilibrer v. t. Faire perdre l'équilibre (au pr. et au fig.).

désert, e adj. Inhabité. Peu fréquenté. N. m. Lieu, pays aride et inhabité. Grande solitude. *Prêcher dans le désert,* parler en vain.

déserter v. t. et i. Abandonner un lieu où l'on devrait rester. Quitter l'armée sans permission ou se soustraire à ses obligations militaires.

déserteur n. m. Militaire qui déserte. *Fig.* Celui qui abandonne un parti, une cause.

désertion n. f. Action de déserter.

désertique adj. Du désert.

désespéré*, e adj. et n. Plongé dans le désespoir. Dont on désespère. Qui marque le désespoir : *cri désespéré.*

désespérer v. i. (conj. 5) Cesser d'espérer. *Désespérer de,* ne plus rien attendre de. V. t. Mettre au désespoir : *désespérer les siens.* Chagriner, contrarier vivement. Décourager.

désespoir n. m. Perte de l'espérance. Cruelle affliction. *Par ext.* Vif regret. Ce qui désole. Ce qui désespère : *être le désespoir de ses amis. En désespoir de cause,* après avoir épuisé tous les autres moyens.

déshabillé n. m. Tenue légère que l'on porte chez soi. *En déshabillé,* négligemment habillé.

déshabiller v. t. Ôter à quelqu'un ses habits. V. pr. Enlever ses vêtements.

déshabituer v. t. Faire perdre une habitude : *déshabituer de mentir.*

désherber v. t. Enlever l'herbe.

déshérence n. f. Absence d'héritiers.

déshérité, e n. Personne dépourvue de dons naturels ou de biens matériels.

déshériter v. t. Priver quelqu'un de sa succession.

déshonnête adj. Contraire à la bienséance, à la pudeur. (Vx.)

déshonneur n. m. Perte de l'honneur.

déshonorer v. t. Priver de l'honneur ; avilir. *Par ext.* Faire du tort à. Endommager.

déshydrater v. t. Priver d'eau.

desiderata [deziderata] n. m. pl. Ce dont on regrette l'absence.

design [dizajn] n. m. Discipline visant à une harmonisation de l'environnement humain.

désignation n. f. Action de désigner.

designer [dizajnœr] n. m. Spécialiste du design.

désigner v. t. Indiquer par une marque distinctive. Fixer. Choisir : *désigner un successeur.* Dénommer.

désillusion n. f. Perte de l'illusion.

désillusionner v. t. Ôter l'illusion.

désinence n. f. *Gramm.* Terminaison des mots : *la désinence* ER *de l'infinitif.*

désinfectant, e adj. et n. m. Se dit des substances ou agents physiques propres à désinfecter.

désinfecter v. t. Détruire les germes microbiens de l'air, d'un appartement, d'une plaie, etc.

désinfection n. f. Action de désinfecter. Son résultat.

désintégration n. f. Action de désintégrer. Transformation du noyau d'un atome radioactif.

désintégrer v. t. Défaire l'intégrité d'un tout : *les rivalités ont désintégré l'équipe ; désintégrer l'atome.*

désintéressé, e adj. Qui n'agit pas par intérêt.

désintéressement n. m. Oubli, sacrifice de son propre intérêt.

désintéresser v. t. Satisfaire les intérêts de ; dédommager. V. pr. *Se désintéresser de,* ne plus prendre d'intérêt à.

désintoxiquer v. t. Délivrer d'une intoxication.

désinvolte adj. D'allure dégagée. Impertinent.

désinvolture n. f. Effronterie, insolence, sans-gêne.

désir n. m. Action de désirer : *modérer, assouvir ses désirs.* Chose désirée.

désirable adj. Qui mérite d'être désiré.

désirer v. t. Souhaiter, convoiter. *Laisser à désirer,* être défectueux, inachevé. *Se faire désirer,* se faire attendre.

désireux, euse adj. Qui désire.

désistement n. m. Renoncement.

désister (se) [sədeziste] v. pr. Retirer sa candidature avant des élections.

désobéir v. i. Ne pas obéir.

désobéissance n. f. Action de désobéir : *punir une désobéissance.*

désobliger v. t. (conj. 1) Causer de la peine, de la contrariété. Blesser.

désodoriser v. t. Enlever l'odeur.

désœuvré, e [dezœvre] adj. et n. Qui n'a rien à faire ; qui ne sait pas s'occuper.

désœuvrement n. m. État d'une personne désœuvrée : *vivre dans le désœuvrement.*

désolation n. f. Extrême affliction : *plongé dans la désolation.*

désoler v. t. Causer une grande affliction.

désolidariser (se) v. pr. Cesser d'être solidaire.

désopilant, e adj. Qui fait rire.

désordonné, e adj. Qui est en désordre. Qui manque d'ordre : *un enfant très désordonné.* Déréglé.

désordre n. m. Manque d'ordre, d'organisation (syn. fam. PAGAILLE). Agitation qui trouble le fonctionnement des institutions, d'un organisme (syn. TUMULTE, CHAHUT, ÉMEUTE).

désorganisation n. f. Action de désorganiser. Désordre.

désorganiser v. t. Détruire l'organisation. Jeter la confusion dans.

désorienter v. t. Faire perdre à quelqu'un son chemin, la direction qu'il doit suivre. *Fig.* Déconcerter.

désormais adv. Dorénavant.

désosser v. t. *Désosser une viande,* en retirer les os. *Fam. Désosser un texte,* l'analyser minutieusement.

despote n. m. Souverain absolu. *Fig.* Personne autoritaire.

despotique* adj. Arbitraire, tyrannique.

despotisme n. m. Pouvoir absolu et arbitraire.

desquamation n. f. Enlèvement, chute des écailles. *Méd.* Exfoliation de l'épiderme sous forme d'écailles.

desquamer v. t. Détacher des squames ou écailles.

desquels, desquelles. V. LEQUEL.

dessaisir v. t. Déposséder d'un droit.

dessaisissement n. m. Action de dessaisir, de se dessaisir.

dessaler v. t. Rendre moins salé. *Fig. et fam.* Dégourdir.

dessangler v. t. Défaire les sangles.

dessèchement n. m. Action de dessécher. État d'une chose desséchée.

dessécher v. t. (conj. 5) Rendre sec. Mettre à sec. Amaigrir. *Fig.* Épuiser. Rendre sec, froid, insensible : *dessécher le cœur.*

dessein [desɛ̃] n. m. Projet, résolution. Volonté, décision. Intention. *A dessein* loc. adv. Exprès.

desseller v. t. Ôter la selle à.

desserrage n. m. Action de desserrer.

desserrer v. t. Relâcher ce qui est serré. *Ne pas desserrer les dents,* ne pas dire un mot.

dessert n. m. Le dernier service d'un repas.

desserte n. f. Petite table sur laquelle on dépose les plats qu'on ôte de la table. Fait d'assurer les transports d'une localité. Service assuré par un prêtre.

dessertir v. t. Enlever de sa monture une pierre fine.

desservant n. m. Prêtre qui dessert une paroisse.

desservir v. t. (conj. 14) Enlever les plats de dessus la table. Assurer un service régulier de transport : *l'île est desservie par deux bateaux chaque jour.* S'acquitter du service d'une église. *Fig.* Nuire.

dessiccation n. f. Action de dessécher : *dessiccation des fruits.*

dessiller v. t. Ouvrir les paupières. *Fig. Dessiller les yeux,* désabuser.

dessin n. m. Représentation sur une surface de la forme des objets. L'art qui enseigne les procédés du dessin.

dessinateur, trice n. Personne qui sait dessiner, qui en fait profession.

dessiner v. t. Reproduire la forme des objets. Faire ressortir : *robe qui dessine les formes.* Représenter, figurer. *Fig.* Tracer : *dessiner un caractère.* V. pr. *Fig.* Se préciser, prendre tournure.

dessoûler ou **dessouler** (Acad.) v. t. Faire cesser l'ivresse. V. i. Cesser d'être ivre (emploi surtout à la forme négative).

dessous adv. Adverbe de lieu servant à marquer la situation d'un objet placé sous un autre. Prép. : *sortir de dessous terre.* Loc. adv. : *Au-dessous,* plus bas ; *par-dessous, dessous ; là-dessous,* sous cela ; *ci-dessous, ci-après,* plus bas ; *en dessous,* dans la partie située sous une autre. *Au-dessous de* loc. prép. Plus bas que.

dessous n. m. Partie inférieure d'une chose. *Avoir le dessous,* être inférieur dans une lutte. Pl. Lingerie de femme. *Fig.* Côté secret : *les dessous de la politique.*

dessous-de-plat n. m. inv. Support sur lequel on pose les plats pour protéger la nappe.

dessous-de-table n. m. inv. Somme que l'acheteur donne secrètement au vendeur en plus du prix officiel.

dessus adv. Adverbe de lieu marquant la situation d'une chose qui est sur une autre. Loc. adv. : *Là-dessus,* sur cela ; *en dessus, par-dessus, au-dessus, ci-dessus,* sur, plus haut. *Au-dessus de* loc. prép. Plus haut que ; supérieur à : *être au-dessus de.*

dessus n. m. Partie supérieure d'une chose. *Avoir le dessus,* vaincre. *Le dessus du panier,* ce qu'il y a de mieux ; l'étage immédiatement supérieur.

dessus-de-lit n. m. inv. Syn. de COUVRE-LIT.

destin n. m. Puissance surnaturelle qui fixerait le cours des événements. Sort réservé à quelque chose ou à quelqu'un. Fatalité. Avenir.

destinataire n. Personne à qui s'adresse un envoi.

destination n. f. Emploi prévu pour une chose : *la destination d'un édifice.* Point vers lequel on s'achemine ou on achemine un objet.

destinée n. f. Volonté souveraine qui règle d'avance tout ce qui doit être. Sort assigné à chaque être. Vie.

destiner v. t. Assigner, fixer une destination à une personne, à une chose.

destituer v. t. Révoquer.

destitution n. f. Révocation.

destrier n. m. Cheval de bataille. (Vx.)

destroyer [dɛstrwaje ou dɛstrɔjœr] n. m. Croiseur rapide.

destructeur, trice adj. et n. Qui détruit.

destructif, ive adj. Propre à détruire.

destruction n. f. Action de détruire.

désuet, ète adj. Tombé en désuétude.

désuétude n. f. Cessation, abandon progressif d'une loi, d'une coutume.

désunion n. f. Désaccord, mésentente.

désunir v. t. Séparer ce qui était uni. Disjoindre. *Fig.* Rompre la bonne intelligence.

détachage n. m. Action de détacher.

détachant, e adj. et n. m. Produit servant à enlever les taches.

détachement n. m. État de celui qui est détaché d'une passion, d'un sentiment : *détachement des biens de la terre.* Troupe détachée d'un corps.

détacher v. t. Ôter les taches.

détacher v. t. Délier de ce qui attachait. Éloigner, séparer : *détacher les bras du corps.* Écarter, détourner : *détacher quelqu'un d'une habitude.* Déléguer, dépêcher : *détacher une estafette.* Affecter provisoirement un fonctionnaire à un autre service. *Peint.* Faire ressortir les contours des objets.

détail n. m. Vente par petites quantités. Enumération : *détail des frais.* Récit circonstancié : *le détail d'un procès.* Représentation partielle d'une œuvre d'art. *En détail* loc. adv. D'une façon circonstanciée.

détaillant, e adj. et n. Qui vend au détail.

détailler v. t. Vendre par éléments : *détailler les verres d'un service.* Énumérer ; raconter en détail.

détaler v. i. *Fam.* Décamper en hâte.

détartrer v. t. Enlever le tartre.

détaxe n. f. Suppression d'une taxe.

détaxer v. t. Supprimer, réduire une taxe.

détecter v. t. Découvrir un phénomène, un objet caché.

détecteur n. m. Nom de divers appareils servant à détecter les gaz, des ondes radioélectriques, etc.

détective n. m. Policier privé.

déteindre v. t. (conj. 55) Faire perdre la couleur à. V. i. Perdre sa couleur.

dételer v. t. (conj. 3) Détacher des animaux attelés. V. i. *Fam.* Arrêter de travailler.

détendre v. t. Relâcher ce qui était tendu. *Fig.* Faire cesser la tension de ; calmer. Diminuer la pression de.

détenir v. t. Garder en sa possession. Tenir en prison.

détente n. f. Pièce du mécanisme d'une arme à feu sur laquelle le doigt pour faire partir le coup. *Fig. et fam. Être dur à la détente,* donner difficilement son argent. Diminution de la pression d'un gaz par augmentation de son volume. Délassement, repos. Diminution de la tension entre États.

détenteur, trice adj. et n. Qui détient, de droit ou non, une chose.

détention n. f. Action de détenir : *détention d'armes prohibées.* Action de garder quelqu'un en prison ; état d'une personne détenue. *Détention criminelle,* peine privative de liberté, subie en France dans une maison centrale pourvue d'un quartier spécial. *Détention préventive,* subie avant le jugement.

détenu, e adj. et n. Qui est en prison : *visiter un détenu.*

détergent, e adj. et n. m. Syn. de DÉTERSIF.

détérioration n. f. Action de détériorer. Son résultat.

détériorer v. t. Dégrader, abîmer.

déterminatif, ive adj. Qui détermine.

détermination n. f. Action de déterminer. Acte de la volonté qui décide. Caractère résolu.

déterminé, e adj. Précis. Décidé, résolu.

déterminer v. t. Indiquer avec précision. Inspirer une résolution. Préciser le sens d'un mot. Causer : *déterminer une catastrophe.*

déterminisme n. m. Système philosophique d'après lequel nos actes sont régis par des lois rigoureuses.

déterministe adj. Relatif au déterminisme. N. Qui est partisan du déterminisme.

déterrer v. t. Tirer de terre. *Fig.* Découvrir ce qui est caché.

détersif, ive adj. et n. m. Qui sert à nettoyer (syn. DÉTERGENT).

détestable* adj. Qu'on doit détester. Très mauvais.

détester v. t. Avoir une aversion très vive pour (syn. AVOIR EN HORREUR, EXÉCRER).

détonant, e adj. Qui produit une détonation : *mélange détonant.*

détonateur n. m. Dispositif qui provoque l'explosion d'un engin.

détonation n. f. Bruit d'explosion.

détoner v. i. Exploser avec un bruit violent.

détonner v. i. *Mus.* Sortir du ton. *Fig.* Contraster, choquer.

détordre v. t. (conj. 46) Supprimer la torsion.

détour n. m. Trajet sinueux. *Sans détour,* en toute franchise.

détourné, e adj. Qui ne va pas directement au but : *voies détournées* : *moyens d'agir indirects).*

détournement n. m. Malversation. Enlèvement, rapt. Séduction d'un mineur, d'une mineure par un adulte.

détourner v. t. Changer la direction de. Écarter, éloigner de. Tourner d'un autre côté : *détourner la tête.* Soustraire frauduleusement. Dissuader.

détracteur, trice n. et adj. Qui cherche à rabaisser le mérite, la valeur.

détraquement n. m. Action de détraquer.

détraquer v. t. Déranger le mécanisme : *détraquer un mécanisme. Fig. et fam.* Troubler.

détrempe n. f. Procédé de peinture à l'aide de couleurs délayées dans de l'eau additionnée de colle liquide.

détremper v. t. Amollir ou délayer dans un liquide.

détremper v. t. Faire perdre sa trempe à l'acier.

détresse n. f. Misère, infortune. Angoisse, affliction. Danger.

détriment n. m. Dommage, préjudice.

détritus [detritys] n. m. Résidu, débris.

détroit n. m. Bras de mer resserré entre deux terres.

détromper v. t. Tirer d'erreur.

détrôner v. t. Chasser du trône. Éclipser.

détrousser v. t. Dévaliser.

détruire v. t. (conj. 64) Exterminer. Démolir. Ravager. *Fig.* Réduire à néant : *détruire une légende.*

dette n. f. Ce qu'on doit. *La dette publique,* engagements à la charge d'un État. *Fig.* Obligation morale.

deuil n. m. Douleur causée par la mort d'un être cher. Signes extérieurs de deuil ; vêtements généralement noirs. Temps pendant lequel on les porte. *Fig.* Faire son deuil d'une chose, se résigner à en être privé.

deux adj. num. Un plus un. Deuxième. N. m. Chiffre qui représente ce nombre.

deuxième* adj. num. ord. et n. Qui occupe le second rang. N. m. Étage au-dessus du premier.

deux-pièces n. m. inv. Costume de bain composé d'un soutien-gorge et d'un slip.

deux-points n. m. Signe de ponctuation figuré par deux points (:).

deux-roues n. m. inv. Terme générique désignant les bicyclettes, les scooters, les cyclomoteurs, les vélomoteurs et les motocyclettes.

dévaler v. t. et i. Descendre rapidement.

dévaliser v. t. Voler à quelqu'un ses vêtements, son argent. Cambrioler, piller.

dévaloriser v. t. Déprécier.

dévaluation n. f. Diminution de valeur.

dévaluer v. t. Diminuer la valeur d'une monnaie.

devancement n. m. Action de devancer.

devancer v. t. (conj. 1) Précéder dans l'espace ou le temps. *Fig.* Surpasser : *devancer des rivaux.*

devancier, ère n. Prédécesseur.

devant prép. En face de, en avant de. En présence de : *devant le tribunal.* Adv. En avant. N. m. Partie antérieure : *le devant d'une maison. Prendre les devants,* agir avant quelqu'un pour l'empêcher d'agir. *Au-devant de* loc. prép. À la rencontre. *Par-devant* loc. adv. En présence de.

devanture n. f. Partie formant le devant d'une boutique, d'un magasin (syn. VITRINE).

dévastateur, trice adj. et n. Qui dévaste.

dévastation n. f. Action de dévaster.

dévaster v. t. Ravager, ruiner, piller.

déveine n. f. *Fam.* Mauvaise chance.

développement n. m. Action de développer. Son résultat. Croissance : *développement rapide. Fig.* Extension : *développement des sciences.* Exposition détaillée : *développement d'un plan.* Espace que parcourt une bicyclette pendant un tour du pédalier. *Phot.* Action de développer une pellicule sensible.

développer v. t. Ôter l'enveloppe de. Dérouler, déployer. Donner de l'accroissement, de la force : *développer la corps. Fig.* Exposer en détail. *Phot.* Faire apparaître, à l'aide d'un révélateur, l'image latente.

devenir v. intr. (conj. 16) Passer d'un état à un autre. Avoir tel ou tel sort : *que deviendrai-je ?*

dévergondage n. m. Conduite relâchée. *Fig.* Écarts extrêmes : *dévergondage d'imagination.*

dévergonder (se) v. pr. Adopter une conduite relâchée, licencieuse.

déverrouiller v. t. Tirer le verrou.

devers *Par-devers* loc. prép. En présence de : *par-devers le juge.* En la possession de : *retenir les documents par-devers soi.*

dévers n. m. Relèvement du bord extérieur d'une route dans les virages.

déversement n. m. Action de déverser ou le fait de se déverser.

déverser v. i. Verser, répandre en abondance : *déverser de l'eau; déverser sa rancune.*

déversoir n. m. Endroit par où s'épanche l'eau d'un canal, d'un étang.

dévêtir v. t. (conj. 20) Déshabiller.

déviation n. f. Itinéraire détourné.

déviationnisme n. m. Attitude d'une personne, d'un groupe qui s'écarte de la doctrine de son parti politique.

dévidage n. m. Action de dévider.

dévider v. t. Défaire ce qui était enroulé (syn. DÉROULER, DÉBOBINER).

dévidoir n. m. Instrument pour dévider.

dévier v. i. Se détourner, s'écarter de (au pr. et au *fig.*). V. t. Écarter de sa direction.

devin, devineresse n. Qui prétend découvrir les choses cachées et prédire l'avenir.

deviner v. t. Prédire ce qui doit arriver. Juger par conjecture. Pénétrer la pensée, etc., de : *deviner un homme.* Débrouiller, expliquer.

devinette n. f. Ce que l'on donne à deviner. Jeu où il faut deviner.

devis n. m. Évaluation détaillée, faite par un entrepreneur, du coût des travaux à exécuter.

dévisager v. t. (conj. 1) Regarder avec insistance.

devise n. f. Formule qu'on se donne comme règle de conduite ou qui suggère un idéal. Monnaie étrangère.

deviser v. i. S'entretenir familièrement avec quelqu'un.

dévisser v. t. Ôter les vis. V. i. Faire une chute (alpiniste).

dévoiler v. tr. Ôter le voile de. *Fig.* Découvrir : *dévoiler un secret.*

devoir v. t. (conj. 30) Être tenu de payer. *Fig.* Être obligé, tenu à. Être redevable de. Suivi d'un infinitif, indique la nécessité, la possibilité, l'intention, le futur : *l'enfant doit obéir; il doit venir; il doit téléphoner; il doit partir demain.*

devoir n. m. Ce à quoi on est obligé. Nécessité. *Se mettre en devoir de,* se préparer à. Exercice donné à des élèves. Pl. Hommages, marques de civilité. *Derniers devoirs,* honneurs funèbres.

dévolu, e adj. Échu par droit. N. m. *Jeter son dévolu sur,* projeter de s'emparer de, fixer son choix sur.

dévolution n. f. *Dr.* Attribution à certaines personnes de biens confisqués à d'autres. Attribution d'une succession ou d'une tutelle.

dévorer v. t. Manger en déchirant sa proie (bêtes féroces). Manger avidement. Consumer, détruire : *le feu a dévoré la forêt. Dévorer un livre,* le lire avidement. *Dévorer des yeux,* regarder avec avidité, passion.

dévot, e* n. et adj. Pieux, attaché aux pratiques religieuses. Qui marque la dévotion.

dévotion n. f. Zèle dans la pratique religieuse. Pratique religieuse. *Être à la dévotion de quelqu'un,* lui être entièrement dévoué.

dévouement n. m. Attitude d'une personne qui se dévoue, qui est dévouée (syn. ABNÉGATION, SACRIFICE).

dévouer (se) v. pr. Faire abnégation de soi-même, se sacrifier. Se consacrer.

dévoyé, e n. Débauché, perverti : *un jeune dévoyé.*

dévoyer [devwaje] v. t. (conj. 2) Détourner du droit chemin.

dextérité n. f. Adresse. Habileté.

dextrine n. f. Matière gommeuse extraite de l'amidon.

dia ! interj. Cri des charretiers pour faire aller leurs chevaux à gauche.

diabète n. m. Nom des maladies se manifestant par une abondante élimination d'urine.

diabétique adj. Relatif au diabète. N. Atteint du diabète.

diable n. m. Démon, esprit malin. *Pauvre diable*, misérable. *Bon diable*, bon garçon. *Fam. Du diable, de tous les diables*, renforce l'idée du nom précédent : *j'ai une faim de tous les diables*. *Avoir le diable au corps*, être emporté par ses passions. *C'est là le diable*, ce qu'il y a de fâcheux, de difficile. Chariot à deux roues basses, servant au transport des lourds fardeaux. Interj. marquant l'impatience, la désapprobation, la surprise. Loc. adv. *En diable*, fort. *Au diable vauvert*, très loin.

diablement adv. *Fam.* Excessivement.

diablerie n. f. Espièglerie, malice.

diablesse n. f. *Fam.* Femme exubérante.

diablotin n. m. Petit diable. *Fig.* Enfant vif et espiègle.

diabolique* adj. Qui vient du diable. Très méchant. Pernicieux : *invention diabolique*.

diaconesse n. f. Chez les protestants, dame de charité.

diacre n. m. Celui qui a reçu l'ordre immédiatement inférieur à la prêtrise.

diadème n. m. Bandeau royal et, au *fig.*, la royauté. Riche ornement de tête pour les femmes.

diagnostic n. m. Identification d'une maladie d'après ses symptômes.

diagnostiquer v. t. Identifier une maladie d'après les symptômes.

diagonal, e, aux adj. Se dit d'une droite qui joint deux sommets non consécutifs d'un polygone. N. f. Cette droite. *En diagonale*, obliquement.

diagramme n. m. Courbe représentant les variations d'un phénomène.

dialectal, e*, aux adj. Relatif au dialecte.

dialecte n. m. Variété régionale d'une langue.

dialectique adj. Du ressort de la dialectique. N. f. Art de raisonner.

dialogue n. m. Conversation entre deux ou plusieurs personnes. Discussion visant à trouver un terrain d'accord. Ensemble de paroles échangées entre les acteurs d'une pièce de théâtre ou d'un film.

dialoguer v. i. S'entretenir, converser. V. t. Mettre en dialogue.

diamant n. m. Pierre précieuse composée de carbone pur cristallisé.

diamantaire n. Personne qui travaille ou vend des diamants.

diamanté, e adj. Garni d'une pointe de diamant.

diamantifère adj. Qui contient du diamant : *terrain diamantifère*.

diamétralement adv. Totalement, absolument.

diamètre n. m. Droite qui, passant par le centre d'une circonférence, joint deux points de celle-ci.

diane n. f. Batterie de tambour ou sonnerie de clairon à l'aube.

diantre ! interj. employée pour *diable !*

diapason n. m. Étendue des sons qu'une voix ou un instrument peut parcourir. Petit ins-

trument d'acier qui donne le *la*. Niveau : *se mettre au diapason de*.

diaphane adj. Translucide.

diaphragme n. m. Muscle mince, qui sépare la poitrine de l'abdomen. *Phot.* Dispositif permettant de régler l'ouverture d'un objectif d'appareil photographique selon la quantité de lumière qu'on veut admettre.

diapositive n. f. Image positive sur support transparent pour la projection.

diaprer v. t. Parer de couleurs variées.

diarrhée n. f. Selles plus liquides, plus fréquentes qu'à l'ordinaire (syn. fam. COLIQUE).

diastase n. f. Ferment soluble ; enzyme.

diastole n. f. Mouvement de dilatation du cœur et des artères.

diatribe n. f. Critique violente. Pamphlet.

dichotomie [dikɔtɔmi] n. f. *Bot.* Division d'un organe en deux parties égales. Partage illicite d'honoraires entre médecins.

dicotylédones n. f. pl. *Bot.* Groupe de plantes munies de deux cotylédons.

dictateur n. m. Magistrat nommé, à Rome, dans les circonstances critiques avec un pouvoir illimité. Despote, tyran. Celui qui, après s'être emparé du pouvoir, l'exerce sans contrôle.

dictatorial, e, aux adj. Relatif à la dictature : *pouvoir dictatorial*.

dictature n. f. Régime politique où tous les pouvoirs sont réunis entre les mains d'une seule personne ou d'un groupe restreint.

dictée n. f. Action de dicter. Exercice scolaire servant à apprendre l'orthographe.

dicter v. t. Dire ou lire des mots qu'un autre écrit au fur et à mesure. *Fig.* Suggérer, inspirer. Imposer.

diction n. f. Manière de dire ses vers, etc.

dictionnaire n. m. Recueil des mots d'une langue rangés par ordre alphabétique et suivis de leur définition ou de leur traduction dans une autre langue.

dicton n. m. Sentence passée en proverbe.

didactique* adj. Qui a pour but d'instruire.

dièdre n. m. et adj. Figure formée par deux plans qui se coupent.

dièse n. m. *Mus.* Signe qui hausse d'un demi-ton une note. Adj. Se dit de la note ainsi diésée.

diesel [djezl] n. m. Moteur à combustion interne, consommant des huiles lourdes.

diète n. f. *Méd.* Suppression de la totalité ou d'une partie des aliments. Régime.

diète n. f. Assemblée politique dans certains pays.

diététique adj. *Méd.* Qui concerne la diète alimentaire. N. f. Hygiène alimentaire.

dieu n. m. Être suprême, créateur de l'univers, selon les religions monothéistes, et partic. le christianisme (avec une majusc.). Divinité, idole (dans ce sens s'écrit sans majusc. et fait au fém. *déesse*). *Fig.* Personne, chose qu'on affectionne, qu'on vénère. *Dieu merci*, heureusement.

diffamateur, trice adj. et n. Qui diffame par des paroles ou des écrits.

diffamation n. f. Action de diffamer.

diffamatoire adj. Se dit des écrits, des discours qui tendent à diffamer.

diffamer v. t. Chercher à perdre de réputation : *diffamer quelqu'un dans la presse*.

différemment adv. D'une manière différente.

différence n. f. Ce qui distingue, ce qui sépare des êtres ou des choses qui diffèrent. *Math.* Résultat d'une soustraction : *2 est la différence de 5 et de 3.*

différencier v. t. Établir une différence.

différend n. m. Désaccord, conflit.

différent, e adj. Qui diffère. Non semblable, non identique. Pl. Divers : *différentes personnes.*

différentiel, elle adj. *Math.* Qui procède par différences infiniment petites. N. m. Dans un véhicule automobile, mécanisme qui permet aux roues motrices de tourner à des vitesses différentes l'une de l'autre dans les virages.

différer v. t. (conj. 5) Remettre à un autre temps. V. i. Être différent. N'être pas du même avis.

difficile* adj. Qui ne se fait pas facilement. Pénible : *débuts difficiles. Fig.* Peu accommodant.

difficulté n. f. Caractère de ce qui est difficile. Empêchement, obstacle. Objection : *soulever une difficulté. Faire des difficultés,* ne pas accepter facilement quelque chose.

difficultueux, euse adj. Plein de difficultés.

difforme adj. De forme irrégulière, laid, hideux.

difformité n. f. Anomalie dans la forme et les proportions.

diffraction n. f. Déviation de la lumière en rasant les bords d'un corps opaque.

diffus, e adj. Répandu en tous sens : *une lumière diffuse.* Ce qui manque de netteté, de concentration. Prolixe, verbeux.

diffuser v. t. Répandre. Propager.

diffuseur n. m. Appareil pour diffuser le son, la lumière, etc.

diffusion n. f. Action de répandre, de propager.

digérer v. t. (conj. 5) Faire la digestion. *Fig.* Mûrir par la réflexion : *digérer ses lectures. Fam.* Supporter patiemment : *digérer un affront.*

digestible adj. Qui peut être digéré.

digestif, ive adj. et n. m. Qui facilite la digestion. *Appareil digestif,* les organes de la digestion.

digestion n. f. Transformation des aliments dans l'appareil digestif.

digital, e, aux adj. Relatif aux doigts.

digitale n. f. Plante à fleurs en forme de doigt de gant.

digitaline n. f. Produit toxique, utilisé en médecine pour ralentir le rythme du cœur.

digne* adj. Qui mérite, qui est mérité (en bonne et en mauv. part). Bon, honnête, honorable. Qui a un air de gravité, de retenue : *parler d'un ton digne.*

dignitaire n. m. Personnage revêtu d'une fonction éminente.

dignité n. f. Attitude d'une personne digne (syn. NOBLESSE, RETENUE). Respect dû à une personne, à une chose. Fonction éminente (syn. HONNEURS).

digression n. f. Partie d'un discours étranger au sujet.

digue n. f. Chaussée pour contenir des eaux. *Fig.* Obstacle.

dilapidation n. f. Action de dilapider.

dilapider v. t. Dépenser à tort et à travers. Gaspiller. Détourner à son profit.

dilatable adj. Qui peut se dilater.

dilatation n. f. Action de dilater ou de se dilater. *Physiq.* Augmentation du volume d'un corps sous l'action de la chaleur. *Fig.* Expansion.

dilater v. t. Augmenter le volume d'un corps en élevant sa température. *Fig.* Épanouir : *la joie dilate le cœur.*

dilatoire adj. *Dr.* Qui diffère, retarde.

dilemme n. m. Obligation de choisir entre deux partis contradictoires possibles et présentant tous deux des inconvénients (syn. ALTERNATIVE).

dilettante n. Personne qui s'occupe d'une chose en amateur.

dilettantisme n. m. Syn. de AMATEURISME.

diligemment adv. Avec diligence.

diligence n. f. Promptitude dans l'exécution. Empressement, zèle. Anc. voiture publique pour voyageurs.

diligent, e adj. Qui agit avec zèle et promptitude.

diluer v. t. Délayer, étendre.

dilution n. f. Action de délayer.

diluvien, enne adj. Relatif au déluge. Très abondant (pluie).

dimanche n. m. Premier jour de la semaine, consacré au repos.

dîme n. f. Dixième partie des récoltes, qu'on payait à l'Église ou aux seigneurs.

dimension n. f. Étendue mesurable d'un corps dans tel ou tel sens. Importance de quelque chose.

diminuer v. t. Amoindrir. V. i. Devenir moindre.

diminutif n. m. Mot dérivé d'un autre et comportant une nuance de petitesse, d'atténuation, d'affection : MAISONNETTE *est un diminutif de* MAISON.

diminution n. f. Amoindrissement. Rabais.

dinar n. m. Unité monétaire de l'Algérie, de l'Iraq, de la Jordanie, de la Tunisie et de la Yougoslavie.

dinde n. f. Femelle du dindon.

dindon n. m. Gros oiseau de basse-cour.

dindonneau n. m. Petit dindon.

dîner v. i. Prendre le repas du soir.

dîner n. m. Repas du soir.

dînette n. f. Petit dîner d'enfants. Petit repas familier.

dingo n. m. Chien sauvage d'Australie. *Arg.* N. et adj. Fou.

dinosauriens ou **dinosaures** n. m. pl. Ordre de reptiles fossiles.

diocèse n. m. Circonscription territoriale religieuse administrée par un évêque ou un archevêque.

dioptrie n. f. *Phys.* Unité de vergence des lentilles.

dioptrique n. f. et adj. Partie de la physique qui étudie la réfraction.

diorama n. m. Tableau de grande dimension et que l'on soumet à divers jeux d'éclairage.

diphtérie n. f. Maladie contagieuse, caractérisée par la production de fausses membranes dans la gorge.

diphtérique adj. Relatif à la diphtérie.

diphtongue n. f. Voyelle unique qui change de timbre au cours de son émission.

diplodocus n. m. Genre de reptiles dinosauriens longs de 25 m, fossiles.

diplomate n. Personne officiellement chargée de représenter son pays. Adj. Qui est habile dans la négociation.

diplomatie n. f. Science des intérêts, des rapports internationaux. *Fig.* Habileté dans les négociations. Corps, carrière diplomatique.

diplomatique* adj. Relatif à la diplomatie. *Corps diplomatique*, ensemble des représentants des puissances étrangères.

diplomatique n. f. Science qui s'occupe de l'étude des diplômes, chartes, etc.

diplôme n. m. Titre délivré par un jury, une autorité pour faire foi des aptitudes ou des mérites de quelqu'un : *un diplôme d'ingénieur.*

diplômé, e adj. et n. Se dit d'une personne titulaire d'un diplôme.

diptyque n. m. Œuvre d'art composée de deux panneaux, fixes ou mobiles.

dire v. t. (conj. **68**) Exprimer au moyen de la parole et, *par ext.*, par écrit. Réciter, raconter : *dire sa leçon, une histoire.* Ordonner : *je vous dis de vous taire.* Prédire : *dire la bonne aventure.* Célébrer : *dire la messe.* Objecter, critiquer : *trouver à dire.*

dire n. m. Propos tenu par quelqu'un : *au dire des Anciens.*

direct, e* adj. Droit, sans détour. Immédiat : *lien direct.* Qui a lieu de père en fils : *descendant direct.* Complément direct, complément introduit directement sans l'intermédiaire d'une préposition. N. m. En boxe, coup droit. *En direct*, qui est diffusé sur les ondes en même temps que se passe l'action (contr. EN DIFFÉRÉ).

directeur, trice n. Personne qui dirige, administre : *un directeur d'école.* Adj. Qui sert à diriger : *idée directrice.*

direction n. f. Action de diriger. Conduite, administration. Fonction de directeur ; son bureau. Orientation. Mécanisme permettant de diriger un véhicule.

directive n. f. Instruction, ordre (surtout au pl.)

directoire n. m. Conseil chargé d'une direction publique.

directorial, e, aux adj. Se dit de ce qui concerne un directeur.

directrice n. f. *Math.* Courbe sur laquelle s'appuie constamment une courbe mobile, ou *génératrice*, engendrant une surface.

dirigeable n. m. Aéronef plus léger que l'air et muni d'hélices propulsives.

diriger v. t. (conj. **1**) Conduire, mener, guider. Commander : *diriger une équipe.*

dirigisme n. m. Remplacement de l'initiative privée par celle de l'État en matière économique.

dirimant, e adj. *Dr.* Qui annule.

discernement n. m. Action de discerner. Faculté de juger sainement.

discerner [discerne] v. t. Reconnaître distinctement. *Fig.* Faire la distinction.

disciple n. m. Personne qui reçoit un enseignement. Personne qui adhère à une doctrine.

disciplinaire adj. Relatif à la discipline.

discipline n. f. Ensemble des règlements qui régissent certains corps comme l'Église, l'ar-

mée, les écoles, en vue d'y assurer le bon ordre. Soumission à un règlement. Instrument de pénitence. Matière d'enseignement.

discipliner v. t. Soumettre à une discipline.

discontinu, e adj. Qui offre des interruptions : *effort discontinu.*

discontinuer v. i. *Sans discontinuer*, sans un moment d'interruption.

discontinuité n. f. Absence de continuité.

disconvenir v. t. ind. (conj. **16**) *Ne pas disconvenir de*, ne pas le contester.

discordance n. f. Caractère de ce qui est discordant.

discordant, e adj. Qui manque de justesse, d'harmonie, d'accord.

discorde n. f. Dissension, division entre deux ou plusieurs personnes.

discothèque n. f. Collection de disques. Établissement public où l'on écoute des disques, où l'on danse.

discoureur, euse n. Grand parleur.

discourir v. i. (conj. **21**) Parler abondamment sur un sujet.

discours n. m. Développement oral sur un sujet déterminé, fait devant un auditoire. Paroles échangées, conversation. *Gramm. Parties du discours*, les neuf catégories grammaticales dans lesquelles on range les mots.

discourtois, e adj. Non courtois.

discrédit n. m. Perte d'influence, de considération.

discréditer v. t. Faire tomber en discrédit.

discret, ète* adj. Réservé dans ses paroles et dans ses actions. Qui sait garder un secret.

discrétion n. f. Retenue judicieuse dans les paroles, les actions. Qualité consistant à garder les secrets. *A discrétion* loc. adv. À volonté.

discrétionnaire adj. *Pouvoir discrétionnaire*, pouvoir absolu, entièrement dépendant de celui qui le détient.

discrimination n. f. Faculté, action de discerner, de distinguer. *Discrimination raciale*, syn. de SÉGRÉGATION.

discriminatoire adj. Qui tend à distinguer un groupe humain des autres.

disculpation n. f. Justification.

disculper v. t. Justifier.

discursif, ive adj. Qui repose sur le raisonnement.

discussion n. f. Débat contradictoire. Échange de propos vifs. *Fam.* Conversation.

discutable adj. Qui peut être discuté.

discuter v. t. Examiner une question. V. i. [de]. Échanger des idées, des arguments sur un sujet. *Absol.* Exprimer une opinion différente de celle de son interlocuteur.

disert [dizèr] e adj. Qui parle aisément.

disette n. f. Manque de choses nécessaires, et partic. de vivres (syn. PÉNURIE).

diseur, euse n. *Diseur, diseuse de bonne aventure*, personne qui prédit l'avenir.

disgrâce n. f. État d'une personne qui a perdu la faveur dont elle jouissait.

disgracié, e adj. Peu favorisé dans l'ordre des qualités physiques (syn. DIFFORME, LAID).

disgracier v. t. Mettre quelqu'un en disgrâce.

disgracieux, euse adj. Qui manque de grâce : *une démarche disgracieuse.*

disjoindre v. t. Séparer des choses jointes.

disjoncteur n. m. Interrupteur automatique de courant électrique.

disjonction n. f. Séparation.

dislocation n. f. Ecartement de choses contiguës. Dispersion : *la dislocation d'un cortège.*

disloquer v. t. Disperser. Démettre, déboîter les os d'un membre, une articulation.

disparaître v. i. (conj. 58) Cesser d'être visible, de paraître. Se retirer vivement. Venir à manquer subitement. Ne plus être, ne plus exister.

disparate adj. Qui contraste désagréablement. N. f. Manque de conformité, d'unité, d'harmonie.

disparité n. f. Manque d'harmonie, d'égalité.

disparition n. f. Action de disparaître. Son résultat.

dispendieux, euse adj. Très coûteux.

dispensaire n. m. Etablissement de soins médicaux, de dépistage, de petite chirurgie, où l'hospitalisation ne dépasse pas la journée.

dispensateur, trice n. Qui distribue.

dispense n. f. Exemption de la règle générale : *dispense d'âge.*

dispenser v. t. Répandre : *dispenser des bienfaits. Dispenser de,* exempter d'une obligation.

disperser v. t. Répandre, jeter çà et là. Dissiper, mettre en fuite. V. pr. S'en aller : *la foule se disperse.*

dispersion n. f. Action de disperser. Son résultat. *Phys.* Dispersion de la lumière, décomposition d'un faisceau de lumière blanche en radiations de diverses couleurs.

disponibilité n. f. Etat de ce qui est disponible. Etat d'un fonctionnaire provisoirement écarté de sa fonction. Pl. Fonds disponibles.

disponible adj. Dont on peut disposer.

dispos, e adj. En bonnes dispositions de santé, de force.

disposé, e adj. *Fig.* Bien ou mal intentionné à l'égard de.

disposer v. t. Arranger, mettre dans un certain ordre. Préparer, engager à : *essayez de le disposer à signer ce contrat.* V. i. **[de].** Faire ce qu'on veut de quelqu'un : *disposer de ses amis. Absol. Vous pouvez disposer,* vous êtes libre de partir. V. pr. *Se disposer à,* se préparer à.

dispositif n. m. Ensemble de pièces constituant un mécanisme. Ensemble de mesures constituant un plan : *dispositif de combat.*

disposition n. f. Arrangement, distribution. Pouboir de disposer : *avoir la libre disposition de ses biens. Fig.* Penchant, inclination : *disposition au travail.* Pl. Aptitudes d'une personne. *Prendre des dispositions,* prendre des mesures. Points que règle un contrat : *dispositions testamentaires.*

disproportion n. f. Défaut de proportion, de convenance.

disproportionné, e adj. Qui manque de proportion, de convenance.

dispute n. f. Discussion vive, altercation.

disputer v. t. Contester. Lutter pour être vainqueur. V. pr. *Fam.* Se quereller.

disquaire n. m. Marchand de disques.

disqualification n. f. Action de disqualifier. Son résultat.

disqualifier v. t. Mettre hors de concours pour faute ou fraude : *disqualifier un boxeur.* V. pr. Perdre son crédit.

disque n. m. Objet plat et circulaire. Cercle : *le disque du soleil.* Plaque mobile qui indique, par sa couleur, si la voie d'un chemin de fer est libre ou non. Plaque circulaire de matière plastique, pour la reproduction des sons.

dissection n. f. Action de disséquer.

dissemblable adj. Non semblable.

dissemblance n. f. Manque de ressemblance.

dissémination n. f. Dispersion.

disséminer v. t. Éparpiller.

dissension n. f. Opposition violente de sentiments, d'intérêts ; discorde.

dissentiment n. m. Opposition d'avis, de sentiments (syn. CONFLIT, DÉSACCORD).

disséquer v. t. *Disséquer un cadavre, une souris, etc.,* les découper en vue de les étudier. *Fig.* Analyser minutieusement.

dissertation n. f. Exercice scolaire consistant à développer méthodiquement ses idées sur une question.

disserter v. i. Faire un exposé oral ou écrit, parler longuement sur un sujet. Discourir.

dissidence n. f. Rébellion. Révolte, sécession. Scission. Groupe de dissidents.

dissident, e adj. et n. Qui se sépare de l'opinion de la majorité (syn. REBELLE).

dissimulateur, trice n. et adj. Qui dissimule.

dissimulation n. f. Action de dissimuler. Duplicité.

dissimuler v. t. Ne pas laisser paraître ses sentiments, ses intentions. Cacher.

dissipateur, trice n. et adj. Qui dissipe son bien.

dissipation n. f. Action de dissiper. Inattention. Indiscipline. Débauche.

dissiper v. t. Faire disparaître. Faire cesser : *dissiper une inquiétude.* Dépenser follement : *dissiper sa fortune. Fig. Dissiper quelqu'un,* le porter à l'indiscipline, à l'inattention. *Se dissiper* v. pr., ou *être dissipé* v. passif, être agité, turbulent, inattentif.

dissociation n. f. Action de dissocier.

dissocier v. t. Séparer des éléments associés.

dissolu, e adj. Déréglé. Corrompu.

dissolution n. f. Action de dissoudre. Solution visqueuse de caoutchouc, servant à réparer les chambres à air. *Fig.* Rupture : *dissolution d'un mariage.* Retrait de pouvoirs : *dissolution d'une assemblée délibérante.* Dérèglement : *dissolution des mœurs.*

dissonance n. f. Rencontre peu harmonieuse de plusieurs sons (contr. CONSONANCE).

dissonant, e adj. Qui manque d'harmonie.

dissoudre v. t. (conj. 53) Faire fondre dans un liquide. *Fig.* Mettre légalement fin à : *dissoudre une assemblée.* Annuler : *dissoudre un mariage.* V. pr. Se mélanger au liquide où baigne le corps en question.

dissuader v. t. Détourner quelqu'un d'une résolution.

dissuasion n. f. Action de dissuader.

dissymétrie n. f. Défaut de symétrie.

dissymétrique adj. Sans symétrie.

distance n. f. Intervalle qui sépare deux points. *Fig.* Différence. *Tenir à distance,* ne pas laisser approcher.

distancer v. t. Devancer, surpasser. Disqualifier un coureur, un cheval qui participent à une course.

distant, e adj. Éloigné, écarté. *Fig.* Froid, réservé.

distendre v. t. (conj. 46) Tendre exagérément, au point de provoquer un relâchement du tissu organique, de la matière : *muscle distendu.*

distension n. f. Tension excessive.

distillateur n. m. Celui qui distille. Fabricant d'eau-de-vie, de liqueurs, etc.

distillation n. f. Action de distiller.

distiller [distile] v. t. Extraire les produits les plus volatils d'un corps composé en les vaporisant, puis en condensant par refroidissement des vapeurs et en les recueillant goutte à goutte. *Fig.* Répandre : *distiller l'ennui.*

distillerie n. f. Lieu où l'on distille. Métier de distillateur.

distinct, e [distɛ̃ ou distɛ̃kt] adj. Différent. Séparé. *Fig.* Clair, net.

distinctif, ive adj. Qui distingue.

distinction n. f. Action de distinguer. Division, séparation. Différence : *distinction entre le bien et le mal.* Marque d'honneur. Élégance.

distingué, e adj. Remarquable, éminent. De bon ton, élégant.

distinguer v. t. Discerner par les sens, par l'esprit. Séparer, établir la différence. Caractériser.

distique n. m. Ensemble de deux vers.

distorsion n. f. Torsion. Déformation.

distraction n. f. Manque d'attention. Chose faite par inadvertance. Ce qui amuse, délasse l'esprit.

distraire v. t. (conj. 73) Séparer une partie d'un tout. Détourner à son profit. *Fig.* Détourner l'esprit d'une application. Divertir.

distrait, e adj. Peu attentif.

distribuer v. t. Répartir, partager. Diviser, disposer. Donner au hasard.

distributeur, trice n. Personne qui distribue. N. m. Appareil servant à distribuer.

distribution n. f. Action de distribuer. Disposition : *distribution d'une maison.* Action d'amener, de répartir : *distribution d'électricité.* Service d'un facteur.

district [distrik ou distrikt] n. m. Étendue de juridiction.

dit, e adj. Convenu. Surnommé. N. m. Maxime.

dithyrambe n. m. Louanges enthousiastes.

dithyrambique adj. Très élogieux.

diurétique adj. et n. m. Qui fait uriner.

diurne adj. Se dit de ce qui se fait le jour (contr. NOCTURNE). Se dit des animaux et des plantes qui se montrent ou ne s'épanouissent qu'au grand jour.

divagation n. f. Action de divaguer.

divaguer v. i. Déraisonner, délirer.

divan n. m. Canapé sans bras ni dossier.

divergence n. f. Action de diverger.

divergent, e adj. Qui diverge.

diverger v. i. (conj. 1) S'écarter l'un de l'autre, en parlant des rayons, des lignes. *Fig.* Être en désaccord.

divers, e adj. Qui présente des caractères différents (surtout au pl.). Différent, varié. Pl. Plusieurs : *divers écrivains.*

diversification n. f. Action de diversifier.

diversifier v. t. Varier, changer.

diversion n. f. Action qui détourne l'attention : *faire une attaque de diversion. Cette promenade sera une diversion.*

diversité n. f. Variété. Différence.

divertir v. t. Amuser, récréer.

divertissement n. m. Récréation amusante. Intermède de danse et de chant, dans une pièce de théâtre.

dividende n. m. Nombre à diviser. Portion de bénéfice qui revient à chaque actionnaire.

divin, e adj. Propre à Dieu. Qui lui est dû : *culte divin. Fig.* Sublime : *musique divine.* N. m. Ce qui est divin.

divinateur, trice adj. et n. Qui a la faculté de deviner. Pénétrant.

divination n. f. Art de deviner.

divinatoire adj. Qui a trait à la divination.

divinisation n. f. Action de diviniser.

diviniser v. t. Mettre au rang des dieux. Vouer une sorte de culte à.

divinité n. f. Nature divine : *la divinité de Jésus-Christ.* Être auquel on attribue une nature divine : *les divinités de l'Olympe.*

diviser v. t. Séparer en plusieurs parties. Partager. *Math.* Faire une division. *Fig.* Désunir : *diviser les familles.*

diviseur n. et adj. Nombre par lequel on en divise un autre.

divisible adj. Qui peut être divisé.

division n. f. Action de diviser. Partie d'un tout divisé. Opération par laquelle on partage une quantité en un certain nombre de parties égales. *Mil.* Grande unité réunissant sous les ordres d'un général des unités de toutes armes. *Admin.* Réunion de plusieurs bureaux : *chef de division. Fig.* Désunion, discorde.

divisionnaire n. m. Général de division.

divorce n. m. Rupture légale du mariage. *Fig.* Opposition grave, divergence.

divorcer v. i. Rompre un mariage par divorce.

divulgation n. f. Action de divulguer.

divulguer v. t. Rendre public.

dix [dis devant une pause ; diz devant une voyelle ou un « h » muet ; di devant une consonne ou un « h » aspiré] adj. num. Neuf plus un. Dixième. N. m. Le dixième jour du mois.

dix-huit adj. num. Dix et huit. Dix-huitième. N. m. Le dix-huitième jour du mois.

dix-huitième* adj. num. ord. et n. Qui vient après le dix-septième. N. m. La dix-huitième partie.

dixième* adj. num. ord. et n. Qui vient après le neuvième. N. m. La dixième partie.

dix-neuf adj. num. Dix et neuf. Dix-neuvième. N. m. Le dix-neuvième jour du mois.

dix-neuvième* adj. num. ord. et n. Qui vient après le dix-huitième. N. m. La dix-neuvième partie.

dix-sept adj. num. Dix et sept. Dix-septième. N. m. Le dix-septième jour du mois.

dix-septième* adj. num. ord. et n. Qui vient après le seizième. N. m. La dix-septième partie.

dizaine n. f. Groupe de dix unités. Dix environ.

do n. m. inv. Note de musique (syn. UT).

docile* adj. Facile à instruire, à conduire. Maniable.

docilité n. f. Disposition à obéir.

dock n. m. Bassin entouré de quais pour le déchargement des navires. Magasin d'entrepôt. *Dock flottant*, bassin de radoub mobile.

docker [dɔkɛr] n. m. Ouvrier employé au chargement et au déchargement des navires.

docte* adj. Savant.

docteur n. m. Personne qui, pourvue du doctorat, exerce la médecine (syn. MÉDECIN). Personne qui a obtenu l'un des plus hauts grades de l'enseignement supérieur : *docteur ès lettres*.

doctoral, e*, aux adj. De docteur. *Péjor.* Suffisant, pédantesque.

doctorat n. m. Grade de docteur.

doctoresse n. f. Femme qui est docteur en médecine. (On lui substitue souvent le masc.)

doctrinal, e, aux adj. Relatif à la doctrine.

doctrine n. f. Ensemble des opinions d'une école littéraire ou philosophique, ou des dogmes d'une religion. Ensemble d'opinions : *une saine doctrine*.

document n. m. Écrit servant de preuve ou de titre. Objet quelconque servant de preuve.

documentaire adj. Qui a le caractère d'un document. Appuyé sur des documents. N. m. Film établi d'après les documents pris dans la réalité.

documentation n. f. Action de rechercher des documents. Ensemble de documents relatifs à une question.

documenter v. t. Fournir des documents. Appuyer sur des documents.

dodécaphonisme n. m. Musique fondée sur l'emploi systématique de la série des douze sons de la gamme chromatique.

dodeliner v. i. *Dodeliner de la tête*, balancer la tête doucement.

dodo n. m. Lit, dans le langage des enfants : *aller au dodo*. Somme : *faire dodo* (= dormir).

dodu, e adj. *Fam.* Bien en chair, potelé.

doge n. m. Chef élu des anciennes républiques de Gênes et de Venise.

dogmatique* adj. Relatif au dogme. *Fig.* Tranchant, décisif : *ton dogmatique*. N. f. Ensemble des dogmes.

dogmatiser v. i. *Péjor.* Émettre des affirmations tranchantes.

dogmatisme n. m. Attitude de quelqu'un qui affirme d'une manière catégorique ou qui admet sans discussion certaines idées considérées comme valables une fois pour toutes.

dogme n. m. Point fondamental d'une doctrine qu'il n'est pas permis de mettre en doute. Ensemble de ces points fondamentaux.

dogue n. m. Chien de garde à grosse tête, à museau aplati.

doigt [dwa] n. m. Chacune des parties mobiles qui terminent les mains et les pieds de l'homme et de quelques animaux. *Être à deux doigts de*, être sur le point de. *Savoir sur le bout du doigt*, parfaitement. *Se mettre le doigt dans l'œil*, s'abuser grossièrement.

doigté n. m. Manière de placer les doigts pour jouer d'un instrument de musique. Adresse, savoir-faire, tact.

doigtier n. m. Fourreau de protection pour un doigt.

doit n. m. Partie d'un compte établissant ce qu'une personne doit.

doléances n. f. pl. Plaintes, réclamations.

dolent, e adj. Triste, plaintif.

dolichocéphale [dɔlikosefal] adj. et n. Dont le crâne est allongé.

doline n. f. Cuvette circulaire, dans les régions calcaires.

dollar n. m. Unité monétaire principale de divers pays, notamment des États-Unis et du Canada.

dolomie n. f. Roche calcaire.

dolman n. m. Veste militaire à brandebourgs.

dolmen [dɔlmɛn] n. m. Monument mégalithique formé d'une grande pierre plate posée horizontalement sur d'autres pierres dressées verticalement.

domaine n. m. Propriété foncière d'une certaine étendue. *Domaine public, domaine de l'État* ou, absol., *le Domaine*, les biens de l'État, l'administration de ces biens. Champ d'activité d'une personne ; secteur embrassé par un art, une technique, etc.

domanial, e, aux adj. Qui appartient au domaine public.

dôme n. m. Voûte demi-sphérique, qui surmonte un édifice. Nom donné, en Italie, à certaines églises cathédrales.

domestication n. f. Action de domestiquer.

domesticité n. f. État de domestique. Ensemble des domestiques d'une maison.

domestique adj. Qui concerne la maison, la famille. Se dit d'un animal apprivoisé (contr. SAUVAGE). N. Qui est professionnellement au service d'une famille, d'une maison.

domestiquer v. t. Apprivoiser. Asservir.

domicile n. m. Maison, demeure. *Élire domicile*, se fixer. *À domicile* loc. adv. À la demeure même de la personne.

domiciliaire adj. Relatif au domicile. *Visite domiciliaire*, faite au domicile par autorité de justice.

domicilier v. t. *Se faire domicilier à tel endroit*, se faire reconnaître comme son domicile légal. *Être domicilié à*, avoir son domicile à.

dominant, e adj. Qui domine. N. f. Partie, trait caractéristique.

dominateur, trice adj. et n. Qui domine.

domination n. f. Autorité souveraine. Joug, tyrannie. Emprise, influence.

dominer v. i. Être maître de. L'emporter sur. V. t. Être maître de : *dominer ses faibles*. Par ext. Être au-dessus de (par la position occupée). Maîtriser.

dominicain, e n. Religieux, religieuse de l'ordre de Saint-Dominique.

dominicain, e adj. De la république Dominicaine.

dominical, e, aux adj. Relatif au dimanche : *repos dominical*.

domino n. m. Vêtement flottant avec capuchon, porté dans les bals masqués. Pl. Jeu de société consistant à assembler selon des règles des petits rectangles marqués d'un certain nombre de points. Sing. Chacun de ces rectangles.

dommage n. m. Perte, dégât, préjudice. Chose malheureuse, regrettable. Pl. *Dr. Dommages et intérêts* ou *dommages-intérêts*, indemnité due pour un préjudice.

dommageable adj. Préjudiciable.

dompter [dõte ou dõpte] v. t. Dresser un animal sauvage. Discipliner, dominer, maîtriser.

dompteur, euse n. Personne qui dompte.

don n. m. Action de donner. Chose donnée, cadeau, présent. Qualité naturelle : *avoir le don des affaires.*

donataire n. Personne qui reçoit un don.

donateur, trice n. Personne qui fait un don.

donation n. f. Acte qui constate le don. Fondation.

donc [dõk ou dõ] conj. Indique la conséquence, la conclusion de la proposition avancée : *je pense, donc je suis.* Renforce une interrogation, une injonction : *qu'as-tu donc ? viens donc!*

dondon n. f. *Fam.* Femme ou fille qui a beaucoup d'embonpoint.

donjon n. m. Grosse tour isolée ou attenante à un château fort.

donne n. f. Distribution des cartes au jeu.

donné, e adj. Déterminé : *en un point donné. A un moment donné,* soudain. *Etant donné (que)* loc. prép. (et conj.). Attendu (que).

donnée n. f. Point incontestable ou admis comme tel : *données chronologiques.* Idée fondamentale qui sert de point de départ. Ensemble de circonstances qui conditionnent tel ou tel événement. *Math.* Pl. Quantités connues citées dans l'énoncé, et constituant les bases d'un problème.

donner v. t. Faire don : *donner son bien.* Causer : *donner de la peine.* Communiquer : *donner une maladie.* Attribuer : *donner tort.* Manifester : *donner signe de vie.* Garantir : *donner pour bon.* Fixer : *donner des lois.* Livrer : *donner un assaut.* Appliquer : *donner un soufflet.* Signifier : *donner congé.* Administrer : *donner un remède.* Procurer : *donner du travail.* Causer : *donner la mort.* V. i. Se livrer à : *donner dans le vice.* Rapporter : *la terre donne bien.* Tomber : *donner dans le piège.* Avoir vue : *donner sur la rue.* Heurter : *donner de la tête contre un mur.* V. pr. Se donner pour, se faire passer pour.

donneur, euse n. Qui donne, aime à donner. Joueur qui distribue les cartes. *Pop.* Dénonciateur.

dont pr. relatif des deux genres et des deux nombres, mis pour de qui, duquel, de quoi, etc.

dopage ou **doping** [dopiŋ] n. m. Emploi d'excitants par un concurrent d'une épreuve sportive.

doper v. t. Administrer un excitant à un cheval de course, à un sportif.

dorade n. f. V. DAURADE.

dorénavant adv. A partir de maintenant.

dorer v. t. Recouvrir d'une couche d'or. Couvrir une pièce de pâtisserie d'une légère couche de jaune d'œuf.

doreur, euse n. et adj. Personne dont le métier est de dorer.

dorique adj. *Ordre dorique,* ordre le plus simple de l'architecture grecque anc.

dorloter v. t. Entourer de petits soins.

dormeur, euse n. et adj. Personne en train de dormir, ou qui aime dormir.

dormir v. i. (conj. 17) Reposer dans le sommeil. Par anal. Demeurer sans mouvement. *Laisser dormir une affaire,* la négliger.

dorsal, e, aux adj. Qui appartient à la région du dos.

dortoir n. m. Salle commune où sont les lits, dans un internat, une communauté, etc.

dorure n. f. Art, action de dorer. Revêtement doré.

doryphore n. m. Insecte qui ravage les plants de pommes de terre.

dos n. m. Partie du corps des vertébrés qui va des épaules au bassin. Face opposée à celle qui apparaît comme l'endroit, face bombée : *le dos d'une lettre* (syn. VERSO) ; *le dos de la main* (syn. REVERS). Partie opposée au tranchant. *Avoir bon dos,* supporter sans mauvaise humeur les railleries ; être un prétexte commode.

dosage n. m. Action de doser.

dose n. f. Quantité d'un médicament prise en une fois. Quantité de chaque élément qui entre dans un composé. *Fig.* Quantité : *une forte dose de naïveté.*

doser v. t. Déterminer une dose.

dossard [dosar] n. m. Étoffe portant un numéro, que les concurrents d'une épreuve sportive mettent sur leur maillot.

dossier n. m. Partie d'un siège contre laquelle s'appuie le dos. Ensemble de documents concernant quelqu'un ou quelque chose.

dot [dɔt] n. f. Argent ou biens qu'une femme apporte en se mariant.

dotal, e, aux adj. Relatif à la dot.

dotation n. f. Ce qui est attribué comme fonds, comme biens d'équipement à une personne ou à une collectivité.

doter v. t. Donner une dot. Assigner un revenu à une communauté. *Fig.* Favoriser.

douairière *Fam.* Femme âgée distinguée.

douane n. f. Administration qui perçoit les droits imposés sur les marchandises exportées ou importées. Siège de cette administration.

douanier n. m. Agent de la douane.

douanier, ère adj. Qui concerne la douane.

doublage n. m. Action de doubler. *Cin.* Enregistrement de paroles traduisant celles d'un film étranger.

double adj. Qui vaut, pèse, contient deux fois plus. Fait de deux choses identiques : *étoffe double.* Fait en deux exemplaires. *Fig.* Qui a de la duplicité. *Faire double emploi,* être superflu, inutile. *A double sens,* qui a deux significations. N. m. Quantité prise deux fois. Reproduction, copie : *un double au carbone.*

doublé n. m. Orfèvrerie faite d'un métal ordinaire recouvert d'une mince plaque de métal précieux.

doublement n. m. Action de doubler.

doublement adv. Pour deux raisons, en deux manières.

doubler v. t. Multiplier par deux. Mettre en double. Garnir d'une doublure. Dépasser un véhicule. *Doubler le pas,* marcher plus vite.

Doubler une classe, la recommencer. *Doubler un film*, y enregistrer des paroles traduisant celles de l'original. *Mar. Doubler un cap*, le franchir. V. i. Devenir double.

doublet n. m. Mot qui a la même étymologie qu'un autre, mais un sens différent.

doublure n. f. Étoffe dont un vêtement est doublé. Acteur qui en remplace un autre.

douceâtre adj. D'une douceur fade.

doucement adv. D'une manière douce. À voix basse : *parler doucement. Se porter tout doucement*, ni bien ni mal. Interj. engageant à la modération.

doucereux, euse* adj. D'une douceur fade. *Fig.* D'une douceur affectée.

doucettement adv. *Fam.* Sans se presser.

douceur n. f. Qualité de ce qui est doux, agréable. *Fig.* Mansuétude, indulgence. Tranquillité. Pl. Friandises.

douche n. f. Jet d'eau dirigé sur le corps par hygiène. *Fam.* Ce qui met brusquement fin à un état d'exaltation, à l'espoir, etc. (syn. DÉCEPTION).

doucher v. t. Donner une douche.

doué, e adj. Qui a des dons naturels.

douer v. t. *Douer quelqu'un*, le pourvoir, le doter, en général d'une qualité.

douille n. f. Étui contenant la charge de poudre d'une cartouche. Pièce dans laquelle se fixe le culot d'une lampe électrique.

douillet, ette* adj. et n. Doux, moelleux. *Fig.* D'une sensibilité excessive.

douleur n. f. Souffrance physique ou morale.

douloureux, euse* adj. Qui cause de la douleur. Qui exprime la douleur.

doute n. m. Incertitude, irrésolution. Soupçon. Scrupule. Appréhension. Scepticisme : *le doute scientifique. Sans doute* loc. adv. Probablement.

douter v. t. ou t. ind. Être dans l'incertitude sur la réalité d'un fait : *je doute qu'il vienne.* Ne pas avoir confiance en. *À n'en pas douter*, assurément. V. pr. Soupçonner.

douteux, euse* adj. Mal connu. Incertain. Équivoque : *individu douteux.*

douve n. f. Planche courbée qui entre dans la construction des tonneaux. Fossé plein d'eau. Ver parasite du foie de plusieurs mammifères (homme, mouton, bœuf).

doux, douce adj. D'une saveur agréable. *Par ext.* Qui produit une impression agréable sur les sens : *voix douce.* Qui est facile, peu pénible : *vie douce. Fig.* Bon, affable, indulgent, paisible. Tendre, bienveillant. *Eau douce*, qui ne contient pas de sel. Adv. *Filer doux*, être soumis.

douzaine n. f. Douze objets de même espèce. Douze environ.

douze adj. num. Dix et deux. Douzième. N. m. Le douzième jour du mois.

douzième* adj. num. ord. et n. Qui vient après le onzième. N. m. La douzième partie.

doyen [dwajɛ̃], **enne** n. Personne qui est la plus âgée, ou la plus ancienne, dans un corps, une compagnie. Anc. administrateur d'une faculté.

draconien, enne adj. Très sévère.

dragage n. m. Action ou manière de draguer les rivières.

dragée n. f. Amande recouverte de sucre durci. *Fam. Tenir la dragée haute à*

quelqu'un, lui faire payer cher ce qu'il désire.

drageon n. m. Rejeton né d'une racine.

dragon n. m. Monstre fabuleux. Soldat de la cavalerie de ligne. *Fam.* Personne autoritaire à l'excès.

dragonne n. f. Courroie reliant le poignet à la garde d'une épée, d'un sabre.

drague n. f. Appareil servant à retirer, du fond de l'eau, du sable, du gravier.

draguer v. t. Curer avec la drague. *Fam.* Chercher à aborder quelqu'un, en espérant obtenir de lui quelque aventure galante.

dragueur, euse n. Celui, celle qui drague.

drain n. m. Conduit souterrain pour épuiser l'eau dans les terres trop humides. *Méd.* Tube placé dans certaines plaies pour écouler le pus, les humeurs.

drainage n. m. Action de drainer.

drainer v. t. Dessécher un sol humide au moyen de drains. Mettre un drain dans une plaie. *Fig.* Attirer à soi.

dramatique* adj. Relatif au théâtre. Qui s'occupe de théâtre. *Par ext.* Très émouvant. Dangereux.

dramatiser v. t. Exagérer la gravité d'un événement.

dramaturge n. Auteur de drames.

dramaturgie n. f. Art de composer des pièces de théâtre.

drame n. m. Pièce de théâtre représentant une action violente ou douloureuse, et ton moins élevé que la tragédie. Événement ou suite d'événements ayant un caractère violent ou simplement grave. *Fig.* Catastrophe.

drap n. m. Étoffe de laine : *du drap anglais.* Grande pièce de linge, que l'on met sur le matelas d'un lit.

drapeau n. m. Pièce d'étoffe attachée à une hampe, portant les couleurs d'une nation, d'un parti, etc. *Fig. Être sous les drapeaux*, au service militaire.

draper v. t. Couvrir d'une draperie. Disposer en plis harmonieux.

draperie n. f. Tissu tendu dont les plis sont disposés dans une intention décorative. Ensemble des tissus de laine. Industrie du drap.

drapier n. et adj. m. Marchand, fabricant de drap.

dressage n. m. Action de dresser.

dresser v. t. Lever, tenir droit. Monter, construire, garnir : *dresser un lit, un buffet.* Aplanir, dégauchir : *dresser une surface.* Établir, rédiger : *dresser un acte.* Former, éduquer : *dresser un enfant.* Apprivoiser, dompter : *dresser des animaux de cirque. Dresser l'oreille*, écouter.

dressoir n. m. Étagère à vaisselle.

dribbler v. t. et i. À divers sports, conduire le ballon par petits coups successifs en évitant les adversaires.

drille n. m. *Joyeux drille*, homme jovial.

drisse n. f. Cordage qui sert à hisser une voile.

drogue n. f. Nom donné aux stupéfiants. *Péjor.* Médicament médiocre ou qui n'inspire pas confiance.

drogué, e n. Personne intoxiquée par l'usage de la drogue.

droguer (se) v. pr. Prendre avec excès des médicaments ou des stupéfiants.

droguerie n. f. Commerce du droguiste.

droguiste n. Commerçant (e) qui vend des produits d'hygiène, de toilette, de ménage.

droit n. m. Ensemble des lois qui régissent les rapports des hommes constituant une même société. Science de l'étude de ces règles : *étudier le droit*. Pouvoir d'agir ou d'exiger reconnu par les règles sociales. Justice. Impôts, taxes : *droit d'entrée*. *Droits civils*, ceux qui sont garantis par le Code civil à tout citoyen. *Droit des gens* ou *droit international*, droit qui règle les rapports entre peuples. *Droit canon* ou *canonique*, droit ecclésiastique. *A bon droit*, avec raison. *A qui de droit*, à la personne compétente.

droit, e adj. Qui n'est pas courbe. Vertical. *Angle droit*, angle dont les côtés sont perpendiculaires. Se dit de ce qui est placé, chez l'homme et chez les animaux, du côté opposé à celui du cœur. *Fig.* Qui ne dévie pas du devoir, de la raison, etc. : *esprit droit*. Juste, sincère, sain ; judicieux. *Droit chemin*, voie de la vertu, de l'honneur. Adv. Directement. N. f. Le côté droit. La main droite. Partie d'une assemblée délibérante, formée d'éléments conservateurs. *Géom.* Ligne droite. *A droite* loc. adv. A main droite.

droitier, ère n. et adj. Se dit d'une personne qui se sert surtout de sa main droite.

droiture n. f. Qualité d'une personne loyale : *agir avec droiture*.

drolatique adj. Plaisant, récréatif.

drôle* adj. Plaisant, gai, amusant. Bizarre : *drôle d'aventure*. N. m. Mauvais sujet. Homme singulier et plaisant.

drôlerie n. f. Qualité de ce qui est drôle. Parole, acte drôle.

drôlesse n. f. Femme peu scrupuleuse.

dromadaire n. m. Sorte de chameau à une bosse.

dru, e adj. Épais, serré, touffu. Adv. En grande quantité : *tomber dru*.

drugstore [drœgstɔr] n. m. Magasin qui vend des produits pharmaceutiques, des articles de bazar, des produits alimentaires, etc.

druide n. m. Prêtre celte.

druidique adj. Relatif aux druides.

drupe n. f. Fruit charnu à noyau.

du art. contracté pour *de le*.

dû n. m. Ce qui est dû à quelqu'un.

dualisme n. m. Tout système religieux ou philosophique qui admet deux principes.

dualiste adj. De la nature du dualisme. N. m. Partisan du dualisme.

dualité n. f. Caractère de ce qui est double en soi.

dubitatif, ive adj. Qui exprime le doute.

duc n. m. Souverain d'un duché. Titre de noblesse, le plus élevé après celui de prince. Grand oiseau du genre chouette.

ducal, e, aux adj. De duc.

ducat n. m. Ancienne monnaie.

duché n. m. Terre, seigneurie à laquelle le titre de duc est attaché.

duchesse n. f. Femme d'un duc, ou qui possède un duché. Variété de poire.

ductile adj. Qui peut être étiré, allongé sans se rompre.

duègne n. f. Gouvernante chargée, en Espagne, de veiller sur une jeune personne. *Péjor.* Vieille femme revêche.

duel n. m. Combat entre deux adversaires.

duelliste n. m. Personne qui se bat en duel.

duettiste n. Artiste qui chante ou qui joue un duo avec un autre.

dulcinée n. f. *Fam.* Femme aimée.

dûment adv. Selon les formes prescrites. Convenablement.

dumping [dœmpiŋ] n. m. Méthode qui consiste à vendre des produits moins cher à l'étranger que sur le marché national.

dune n. f. Amas de sable que les vents accumulent sur les côtes, dans les déserts, etc.

dunette n. f. Partie élevée à l'arrière d'un navire.

duo n. m. Morceau de musique pour deux voix ou deux instruments. *Fig.* Propos entre deux personnes.

duodécimal, e, aux adj. Qui se compte, se divise par douze.

duodénum [dyɔdenɔm] n. m. Portion de l'intestin grêle, qui succède à l'estomac.

dupe n. f. et adj. Personne trompée.

duper v. t. Tromper.

duperie n. f. Tromperie.

dupeur, euse Celui, celle qui dupe.

duplex n. m. Appartement comprenant deux niveaux reliés par un escalier intérieur.

duplicata n. m. inv. Double, copie d'une facture, d'une lettre, d'un certificat, etc.

duplicateur n. m. Machine servant à reproduire un document à un grand nombre d'exemplaires.

duplicité n. f. État de ce qui est double. *Fig.* Fausseté.

duquel pr. rel. V. LEQUEL.

dur, e* adj. Ferme, solide, difficile à entamer. *Avoir l'oreille dure*, entendre difficilement. *Homme, cœur dur*, inhumain, insensible. *Vie dure*, vie pénible. *Paroles dures*, sévères. Adv. Durement, énergiquement. N. f. *Coucher sur la dure*, sur la terre nue, sur les planches.

durable* adj. De nature à durer.

Duralumin n. m. (nom déposé). Alliage léger d'aluminium.

durant prép. Pendant.

durcir v. t. Rendre dur. V. i. Devenir dur.

durcissement n. m. Action de durcir.

durée n. f. Action de durer, de persister. Espace de temps que dure une chose. Temps en général.

durer v. i. Continuer d'être. Exister longtemps. *Se conserver* : *vin qui dure*. Se prolonger. Paraître long : *ça dure!*

dureté n. f. Qualité de ce qui est dur. *Fig.* Défaut de sensibilité.

durillon n. m. Petite callosité.

duvet n. m. Plume légère qui garnit le dessous du corps des oiseaux. Premières plumes des oiseaux nouvellement éclos. Premier poil qui vient au menton, aux joues. Espèce de coton sur certains fruits. Sac de couchage fourré de duvet.

duveteux, euse adj. Couvert de duvet.

dynamique adj. Relatif à la force. N. f. Partie de la mécanique, qui étudie les forces et les mouvements. *Dynamique de groupe*, ensemble des procédés qui ont pour but de mieux connaître le comportement d'un groupe humain.

dynamisme n. m. Caractère dynamique ; force qui pousse à l'action : *le dynamisme d'une théorie.* Caractère d'une personne dynamique.

dynamitage n. m. Action de faire sauter au moyen de la dynamite.

dynamite n. f. Substance explosive à base de nitroglycérine.

dynamiter v. t. Faire sauter au moyen de la dynamite.

dynamiteur, euse n. Auteur d'attaques à la dynamite.

dynamo n. f. Machine qui transforme l'énergie mécanique en énergie électrique.

dynamomètre n. m. Instrument mesurant l'intensité des forces.

dynastie n. f. Suite de souverains issus du même sang.

dynastique adj. Qui concerne la dynastie.

dysenterie n. f. Diarrhée douloureuse et sanguinolente.

dysentérique adj. Qui a rapport à la dysenterie. N. Atteint de dysenterie.

dyslexie [dislcksi] Trouble consistant en une difficulté à lire et à comprendre ce qu'on lit.

dyspepsie n. f. *Méd.* Digestion difficile et douloureuse.

E

e n. m. Cinquième lettre de l'alphabet et la seconde des voyelles.

eau n. f. Liquide transparent, insipide, inodore. Masse de ce liquide (mer, lac, rivière) : *promenade sur l'eau.* Pluie. Liquide obtenu par distillation ou infusion : *eau de Cologne.* Sécrétion liquide du corps : *des cloques pleines d'eau.* Limpidité des pierres précieuses : *diamant de belle eau.* Eaux mères, eaux dans lesquelles s'est opérée une cristallisation : *les eaux mères des marais salants.* Les eaux, eaux thermales. *Eaux et forêts,* administration chargée de tout ce qui concerne les cours d'eau, étangs et forêts de l'État. *Les eaux territoriales,* zone de mer bordant les côtes d'un pays et qui est soumise à sa juridiction.

eau-de-vie n. f. Liqueur alcoolique extraite du vin, du marc, du cidre, etc.

eau-forte n. f. Estampe obtenue au moyen d'une plaque gravée à l'acide.

eaux-vannes n. f. pl. Liquide contenu dans les fosses d'aisances.

ébahir v. t. Jeter dans la surprise, la stupéfaction.

ébahissement n. m. *Fam.* Étonnement. Admiration mêlée de surprise.

ébarber v. t. Enlever les barbes d'une plume, d'une feuille, les aspérités d'une plaque de métal.

ébats n. m. pl. Mouvements folâtres.

ébattre (s') v. pr. (conj. 48) Se divertir en se donnant du mouvement.

ébaubi, e adj. *Fam.* Surpris.

ébauchage n. m. Action, manière d'ébaucher.

ébauche n. f. Œuvre dont la réalisation n'est que commencée dans les grandes lignes, la forme générale : *l'ébauche d'un projet.* Commencement d'une action : *l'ébauche d'un sourire.*

ébaucher v. t. Dessiner, tracer l'ébauche de. Par *ext.* Commencer, esquisser.

ébauchoir n. m. Outil de sculpteur. Outil de charpentier.

ébène n. f. Bois noir, dur et pesant.

ébénier n. m. Arbre d'Afrique qui fournit le bois d'ébène. *Faux ébénier,* cytise.

ébéniste n. m. Ouvrier qui fait ou répare les meubles.

ébénisterie n. f. Commerce, art de l'ébéniste. Travail d'ébéniste.

éberlué, e adj. Stupéfait, étonné.

éblouir v. t. Troubler la vue par un trop grand éclat. *Fig.* Surprendre par quelque chose de brillant. Rendre fier, aveugler : *le succès l'a ébloui.*

éblouissement n. m. Trouble de la vue, causé par l'impression subite d'une trop vive lumière. Trouble visuel dû à un malaise : *avoir des éblouissements. Fig.* Trouble de l'esprit.

ébonite n. f. Caoutchouc durci utilisé pour ses propriétés isolantes.

éborgner v. t. Rendre borgne.

éboueur n. m. Employé chargé d'enlever les ordures ménagères.

ébouillanter v. t. Tremper dans l'eau bouillante. Arroser d'eau bouillante.

éboulement n. m. Chute de ce qui s'écroule. Matériaux éboulés.

ébouler v. t. Faire écrouler. V. i. ou pr. Tomber en s'écroulant.

éboulis n. m. Matières éboulées.

ébouriffant, e adj. *Fam.* Extraordinaire.

ébouriffer v. t. Embrouiller, mettre en désordre les cheveux. *Fig.* Surprendre, ahurir : *en rester ébouriffé.*

ébranchage n. m. Action d'ébrancher.

ébrancher v. t. Dépouiller de ses branches : *ébrancher un arbre.*

ébranchoir n. m. Sorte de serpe qui sert à tailler les arbres.

ébranlement n. m. Action d'ébranler. État de ce qui est ébranlé. *Fig.* Menace d'effondrement. Secousse morale.

ébranler v. t. Mettre en branle. Diminuer la solidité par des secousses. *Fig.* Rendre moins solide : *ébranler une conviction.* Troubler, émouvoir.

ébraser v. t. Élargir progressivement de dehors en dedans la baie d'une porte, etc.

ébrécher v. t. (conj. 5) Faire une brèche dans un objet.

ébriété n. f. Ivresse.

ébrouer (s') v. pr. Souffler bruyamment, en parlant du cheval. S'agiter, se secouer.

ébruiter v. t. Divulguer, répandre.

ébullition n. f. Mouvement, état d'un liquide qui bout. *Fig.* Effervescence.

éburnéen, enne adj. Qui ressemble à l'ivoire.

écaillage n. m. Action d'enlever les écailles. Action d'ouvrir les huîtres. Défaut des vernis qui s'écaillent.

écaille n. f. Plaque cornée, qui recouvre le corps des poissons et des reptiles. Carapace de tortue : *peigne d'écaille.* Valve d'une coquille bivalve : *écaille d'huître.* Se dit des lames qui protègent certains organes végétaux. Ce qui se détache en plaques. Motif d'ornementation, en architecture.

écailler v. t. Enlever les écailles. V. pr. Se détacher en écailles.

écailler, ère n. Qui ouvre ou qui vend des huîtres.

écale n. f. Enveloppe coriace de quelques fruits et légumes (noix, pois).

écaler v. t. Ôter l'écale de.

écarlate n. f. Couleur d'un rouge vif. Étoffe de cette couleur. Adj. Qui est de cette couleur.

écarquiller v. t. Écarter. Ouvrir tout grand : *écarquiller les yeux.*

écart n. m. Action de s'écarter de son chemin. *Faire un écart,* se jeter brusquement de côté (cheval). Cartes écartées à certains jeux. Variation, différence : *écarts de température. Fig.* Action de sortir de la bonne voie : *écart de jeunesse.* Digression. *A l'écart,* à part.

écarté n. m. Jeu de cartes.

écartèlement n. m. Supplice par lequel on écartelait un condamné.

écarteler v. t. (conj. 3) Faire tirer en sens inverse, par des chevaux, les quatre membres d'un condamné. *Fig.* Partager, tirailler.

écartement n. m. Action d'écarter. État de ce qui est écarté.

écarter v. t. Éloigner. Séparer : *écarter les bras.* Tenir à distance, disperser : *écarter la foule.* Faire dévier : *écarter du chemin.* Détourner : *écarter un soupçon.* Rejeter une ou plusieurs cartes de son jeu pour en prendre de nouvelles.

ecchymose [ekimoz] n. f. Épanchement formé par l'infiltration du sang dans l'épaisseur de la peau, à la suite d'un coup.

ecclésiastique adj. Qui concerne l'Église, le clergé. N. m. Membre du clergé.

écervelé e adj. et n. Sans cervelle, sans jugement, étourdi.

échafaud n. m. Plate-forme destinée à l'exécution des condamnés à mort. La guillotine. Peine de mort.

échafaudage n. m. Construction provisoire en bois ou en métal, permettant de bâtir ou de réparer des maisons, des monuments, etc. *Fig.* Amas d'objets entassés. Ce qui sert à établir, à fonder : *un échafaudage d'idées.*

échafauder v. i. Dresser un échafaudage. V. t. Amonceler. *Fig.* Combiner : *échafauder des projets.*

échalas n. m. Pieu pour soutenir la vigne ou d'autres plantes. *Fig.* et *fam.* Personne grande et maigre.

échalasser v. t. Soutenir avec des échalas.

échalote n. f. Plante potagère voisine de l'oignon, utilisée comme condiment.

échancrer v. t. Creuser, tailler en dedans : *échancrer le col d'une robe.*

échancrure n. f. Partie échancrée.

échange n. m. Troc d'une chose pour une autre. Acte réciproque : *un échange de bons procédés.*

échanger v. t. (conj. 1) Faire un échange. *Fig.* S'adresser, s'envoyer mutuellement : *échanger des compliments.*

échangeur n. m. Appareil dans lequel deux fluides échangent de la chaleur. Dispositif de raccordement entre une autoroute et une ou plusieurs routes ordinaires ou autres autoroutes.

échanson n. m. Officier qui servait à boire à un grand personnage. *Par ext.* Personne qui verse à boire.

échantillon n. m. Morceau d'une étoffe. Petite quantité d'un produit destiné à en faire connaître la qualité. Spécimen : *échantillon d'écriture.* Fraction représentative d'une population ou d'un ensemble statistique. *Fig.* Aperçu, exemple : *donner un échantillon de son talent.*

échantillonnage n. m. Action d'échantillonner. Série d'échantillons.

échantillonner v. t. Préparer des échantillons. Prélever des échantillons. Choisir les personnes qui seront interrogées au cours d'une enquête par sondage.

échappatoire n. f. Moyen adroit de se tirer d'embarras.

échappée n. f. Escapade, fuite. Action de distancer son adversaire à la course. Court instant : *échappée de beau temps.* Espace libre, mais resserré, par lequel la vue peut plonger au loin.

échappement n. m. Système d'évacuation des gaz brûlés dans un moteur : *le tuyau d'échappement d'une voiture.* Mécanisme qui régularise le mouvement d'une horloge.

échapper v. i. S'évader, fuir. Se soustraire à : *échapper à la vue.* N'être pas perçu ou remarqué : *échapper aux sens. L'échapper belle,* se tirer heureusement d'un mauvais pas. V. t. *Fam.* Laisser tomber des mains. V. pr. S'enfuir.

écharde n. f. Petit fragment d'un corps entré dans la chair.

écharpe n. f. Bande d'étoffe qui se porte sur les épaules ou autour du cou. Large bande de tissu portée en travers de la poitrine ou à la ceinture, en certaines circonstances solennelles : *le maire ceint de son écharpe.* Bandage pour soutenir un bras blessé. *En écharpe* loc. adv. De biais ; en bandoulière.

écharper v. t. Tailler en pièces. Balafrer ; entailler.

échasse n. f. Chacun des deux bâtons munis d'un cale-pied servant à marcher à une certaine hauteur au-dessus du sol.

échassiers n. m. pl. Ordre d'oiseaux à jambes hautes et à long bec.

échauder v. t. Laver à l'eau bouillante : *échauder un tonneau.* Passer à l'eau chaude une bête tuée, pour la dépouiller facilement. Brûler avec un liquide chaud. *Chat échaudé craint l'eau froide,* on craint même l'apparence d'un mal dont on a souffert. *Fig.* Faire subir un dommage à. Faire payer trop cher.

échauffement n. m. Action d'échauffer, de s'échauffer. Légère inflammation. *Fig.* Surexcitation, effervescence.

échauffer v. t. Donner de la chaleur, causer un excès de chaleur. V. pr. *Fig.* S'exciter, s'animer : *la discussion s'échauffe.*

échauffourée n. f. Bagarre.

échéance n. f. Terme de paiement d'un billet, d'une dette, etc. Délai entre la date d'un engagement et son exigibilité : *emprunter à longue échéance.*

échéant, e adj. Qui échoit. *Le cas échéant,* si le cas se présente.

échec n. m. Au jeu des échecs, situation du roi ou de la reine se trouvant sur une case battue par une pièce adverse. Insuccès, revers. *Mettre quelqu'un en échec,* menacer une pièce aux échecs, et, au *fig.,* entraver son action. *Faire échec,* empêcher de réussir : *faire échec à des pourparlers.* Pl. Jeu opposant deux adversaires sur un échiquier avec seize pièces pour chacun.

échelle n. f. Appareil composé de deux montants reliés entre eux par des barreaux. Ligne divisée en parties égales pour mesurer des distances sur une carte, un plan. Série de divisions sur un instrument de mesure : *échelle thermométrique. Fig.* Moyen de comparaison ou d'évaluation. Série, suite progressive ou comparée d'êtres ou de choses. Succession des sons dans la gamme. *Échelle sociale,* hiérarchie des diverses conditions.

échelon n. m. Chacun des barreaux de l'échelle. *Fig.* Chacun des degrés d'une série progressive ou continue. Moyen de s'élever.

échelonnement n. m. Action d'échelonner : *échelonnement d'échéances.*

échelonner v. t. Disposer par échelons, de distance en distance. Répartir sur un laps de temps : *échelonner un travail.*

échenillage n. m. Action d'écheniller.

écheniller v. t. Ôter les chenilles des arbres.

écheveau n. m. Petit faisceau de fil.

échevelé, e adj. Qui a les cheveux en désordre; ébouriffé, hirsute. *Fig.* Effréné, frénétique : *danse échevelée.*

échevin n. m. Adjoint du bourgmestre, en Belgique et aux Pays-Bas.

échine n. f. Nom vulgaire de la colonne vertébrale. *Fig. Avoir l'échine souple,* savoir se plier à toutes les complaisances.

échiner v. t. Rompre l'échine. V. pr. Peiner.

échiquier n. m. Plateau carré, divisé en 64 cases, pour jouer aux échecs. Disposition d'objets en carrés égaux et continus.

écho [eko] n. m. Répétition d'un son réfléchi par un obstacle. Son ainsi répercuté. Surface qui réfléchit les sons. Lieu où se produit l'écho. Onde électromagnétique émise par un radar, qui lui revient après réflexion sur un obstacle. *Fig. Se faire l'écho de,* répéter, propager. N. m. pl. Rubrique de journal sur les petites nouvelles qui circulent.

échoir v. i. (conj. 45) Être dévolu par le sort : *le gros lot lui échut.* Arriver à échéance.

échoppe n. f. Petite boutique.

échotier [ekɔtje] n. m. Rédacteur chargé des échos dans un journal.

échouage n. m. Situation d'un vaisseau échoué. Endroit où un bateau peut échouer sans danger.

échouer v. i. *Mar.* Donner sur un écueil, un banc de sable ou un bas-fond. *Fig.* Ne pas réussir. V. t. Pousser sur un bas-fond, etc.

éclabousser v. t. Faire jaillir de la boue. *Fig.* Rejaillir. *Fig.* Contrecoup (au pr. et au *fig.*) : *les éclaboussures d'un scandale.*

éclaboussure n. f. Boue, matière quelconque qui a rejailli.

éclair n. m. Éclat subit et passager de lumière produit par la foudre. Lueur; manifestation rapide et passagère. *Passer comme l'éclair,* très vite. Gâteau allongé, à la crème.

éclairage n. m. Action, moyen, manière d'éclairer.

éclaircie n. f. Espace clair dans un ciel brumeux. Espace découvert dans un bois.

éclaircir v. t. Rendre clair; moins foncé. Rendre moins épais, moins serré : *éclaircir un bois. Fig.* Rendre intelligible : *éclaircir une question.*

éclairé, e adj. *Fig.* Qui a beaucoup de connaissances, d'expérience.

éclairement n. m. Clarté. Action d'éclairer.

éclairer v. t. Répandre de la lumière sur (au pr. et au *fig.*). Mettre en lumière, en évidence. Montrer le chemin : *éclairer une troupe. Fig.* Guider, instruire : *éclairer les esprits.* V. i. Étinceler, jeter une lueur.

éclaireur n. m. Soldat, navire envoyé en reconnaissance pour renseigner une troupe, une flotte en marche. N. m. et f. Adolescent faisant partie d'un groupe de scouts.

éclat n. m. Fragment détaché d'un corps dur. Vive lueur : *éclat du soleil.* Qualité d'une couleur vive : *éclat des coloris.* Bruit soudain et violent : *éclat de voix.* Scandale : *faire un éclat.* Action de briller. Qualité de ce qui brille.

éclatant, e adj. Qui a de l'éclat, qui brille. *Fig.* Célèbre, magnifique, manifeste.

éclatement n. m. Action d'éclater.

éclater v. i. Se rompre ou se fendre soudainement : *conduite qui éclate.* Produire un bruit subit et violent. *Fig.* Se manifester avec soudaineté : *scandale qui éclate. Éclater de rire,* rire bruyamment. Donner libre cours à sa colère, s'emporter. Briller, se manifester avec éclat : *sa joie éclate.*

éclectique adj. Qui prend de divers côtés ce qui lui convient. Formé d'éléments empruntés à divers systèmes : *goût éclectique.*

éclectisme n. m. Méthode qui choisit dans les divers systèmes les opinions qui paraissent toucher de plus près à la vérité.

éclipse n. f. Disparition totale ou partielle d'un astre, par l'interposition d'un autre. *Fig.* Disparition momentanée, défaillance.

éclipser v. t. Intercepter la lumière d'un astre. Cacher, rendre invisible. *Fig.* Surpasser, effacer : *éclipser un rival.* V. pr. Disparaître furtivement.

écliptique n. f. *Astr.* Grand cercle de la sphère céleste décrit en un an par le Soleil dans son mouvement propre apparent, ou par la Terre dans son mouvement réel de révolution autour du Soleil.

éclisse n. f. Éclat de bois en forme de coin. Plaque de bois ou de carton pour maintenir un os fracturé. Rond d'osier pour égoutter le fromage. Plaque d'acier pour unir des rails bout à bout.

éclisser v. t. Mettre des éclisses à.

éclopé, e adj. et n. Boiteux, estropié.

éclore v. i. (conj. 77) Sortir de l'œuf. S'ouvrir, fleurir. *Par ext.* Paraître : *un projet près d'éclore.*

éclosion n. f. Action d'éclore. Épanouissement. *Fig.* Manifestation, apparition.

écluse n. f. Ouvrage en maçonnerie muni de portes ou de vannes, pour retenir ou lâcher les eaux d'une rivière ou d'un canal. *Fig.* Tout ce qui arrête.

écluser v. t. Faire passer un bateau d'un bief dans un autre. *Pop.* Boire.

éclusier, ère adj. Relatif à l'écluse. N. Personne qui manœuvre l'écluse.

écobuage n. m. Procédé archaïque de culture, consistant à enlever les mottes avec les herbes et les racines, à brûler le tout, puis à fertiliser le sol avec les cendres.

écobuer v. t. Pratiquer l'écobuage.

écœurement n. m. Action d'écœurer. État d'une personne écœurée.

écœurer v. t. Soulever le cœur, dégoûter. *Fig.* Causer de la répulsion, de l'indignation, du découragement.

école n. f. Établissement où se donne un enseignement collectif. Tous les élèves qui le fréquentent. Travail dans cet établissement, enseignement qui y est donné. *Par ext.* Ensemble des adeptes d'un maître : *l'école de Raphaël. À l'école de,* sous la direction de, en tirant profit de l'expérience en matière de. *Fig.* Source d'enseignement, discipline : *être à bonne école. Faire école,* trouver des imitateurs.

écolier, ère n. Qui va à l'école. *Fig.* Novice.

écologie n. f. Partie de la biologie qui étudie les rapports des êtres vivants avec le milieu naturel. Défense du milieu naturel, protection de l'environnement.

écologique adj. De l'écologie.

écologiste n. Spécialiste d'écologie. Défenseur de la nature.

éconduire v. t. (conj. 64) Congédier. Refuser de recevoir.

économat n. m. Charge d'économe. Bureau de l'économe. *Par ext.* Nom donné à certains magasins commerciaux : *les économats de la S. N. C. F.*

économe n. Personne chargée des dépenses d'un établissement hospitalier ou scolaire, d'une communauté. Adj. Qui dépense judicieusement, avec mesure. *Fig.* Peu généreux, avare : *il est économe de ses forces.*

économie n. f. Ordre dans la dépense. Vertu qui porte à régler sagement la dépense : *vivre avec économie.* Ce qui est épargné : *une économie de temps.* Ensemble des activités d'une collectivité humaine, relatives à la production et à la consommation des richesses. *Économie politique,* science qui étudie les mécanismes réglant la production, la répartition et la consommation des richesses. Harmonie des différentes parties d'un ensemble : *l'économie d'une pièce de théâtre, d'un projet. Fig.* Sobriété, simplicité. Pl. Argent épargné.

économique* adj. Relatif à l'économie. Qui diminue la dépense.

économiser v. t. Épargner.

économiste n. Spécialiste d'économie politique.

écope n. f. Pelle en bois pour vider l'eau d'une embarcation.

écoper v. t. Vider l'eau avec une écope. V. i. *Pop.* Recevoir des reproches, des coups, etc.

écorce n. f. Partie extérieure et superficielle qui recouvre la tige d'une plante. Enveloppe de certains fruits. Croûte extérieure. *Fig.* Apparence.

écorcer v. t. (conj. 1) Enlever l'écorce de.

écorché n. m. *Bx-arts.* Homme ou animal représenté dépouillé de sa peau, pour rendre visibles les muscles, les veines et les articulations.

écorcher v. t. Dépouiller de sa peau. Entamer la peau, érafler. Entamer l'écorce, la surface de. *Fig.* Affecter désagréablement : *écorcher les oreilles.* Parler mal.

écorchure n. f. Plaie superficielle, éraflure.

écorner v. t. Rompre les cornes. Briser les angles. *Fig.* Écorner sa fortune, en dissiper une partie.

écornifleur, euse n. Parasite.

écossais, e adj. et n. D'Écosse.

écosser v. t. Dépouiller de sa cosse.

écot [eko] n. m. Tronc d'arbre imparfaitement élagué. Quote-part dans une dépense commune : *payer son écot.*

écoulement n. m. Mouvement d'un liquide qui s'écoule. *Par anal.* Mouvement continu de personnes qui sortent d'un endroit. Débouché, vente des marchandises.

écouler v. t. Vendre des marchandises. V. pr. Couler hors de. Se retirer d'un endroit d'une manière continue : *la foule s'écoule. Fig.* Passer : *temps qui s'écoule.*

écourter v. t. Rogner.

écoute n. f. Endroit d'où l'on peut écouter : *poste d'écoute.* Pl. *Être aux écoutes,* être aux aguets. *Table d'écoute,* dispositif permettant de surveiller des communications téléphoniques. *Heure de grande écoute,* moment de la journée où les auditeurs de la radio ou de la télévision sont le plus nombreux.

écoute n. f. *Mar.* Cordage servant à fixer une voile et à régler son orientation.

écouter v. t. Prêter l'oreille pour entendre. Tenir compte de : *écouter un conseil.* Accueillir, exaucer : *écouter une demande.* Céder, obéir : *n'écouter que sa passion.* V. pr. S'occuper trop de sa santé.

écouteur n. m. Élément d'un récepteur téléphonique ou radiophonique qu'on applique à l'oreille.

écoutille n. f. Trappe pratiquée dans le pont d'un navire.

écouvillon n. m. Linge attaché à un bâton, pour nettoyer les corps creux. Brosse à long manche pour nettoyer les canons des armes à feu.

écrabouiller v. t. *Fam.* Écraser.

écran n. m. Dispositif qui arrête les rayons lumineux, la chaleur, le son, qui empêche de voir ou qui protège : Tableau blanc pour projeter des images : *écran de cinéma. Les vedettes de l'écran,* de cinéma. *Le petit écran,* la télévision. En photographie, filtre.

écrasement n. m. Action d'écraser.

écraser v. t. Aplatir et briser par compression. *Fig.* Surcharger : *écraser d'impôts.* Abattre, accabler. Anéantir (un ennemi). Humilier : *écraser (quelqu'un) par sa richesse.*

écrémage n. m. Action d'écrémer.

écrémer v. t. (conj. 5) Séparer la crème du lait. *Fig.* Prendre ce qu'il y a de meilleur dans une chose.

écrémeuse n. f. Machine pour séparer la crème du lait.

écrêter v. t. Enlever la crête. Rencontrer le sommet d'un ouvrage, en parlant d'un projectile.

écrevisse n. f. Crustacé comestible d'eau douce : *buisson d'écrevisses.*

écrier (s') v. pr. Prononcer en criant quelques paroles.

écrin n. m. Boîte ou coffret destinés à ranger des bijoux ou de l'argenterie.

écrire v. t. (conj. 65) Figurer sa pensée au moyen de signes convenus. Rédiger, composer : *écrire une lettre.* Orthographier : *comment écrire ce mot ?* Correspondre par lettre : *écrire à ses amis. Fig.* Imprimer, marquer.

écrit n. m. Toute chose écrite. Acte, convention écrite. Pl. Ouvrages de l'esprit : *écrits philosophiques.*

écriteau n. m. Inscription en grosses lettres sur papier ou sur bois.

écritoire n. f. Petit coffret contenant ce qu'il faut pour écrire.

écriture n. f. Art de représenter la pensée par des signes de convention. Manière particulière d'écrire : *une écriture penchée.* Style d'un écrivain : *livre d'une écriture recherchée. L'Écriture sainte,* la Bible. Pl. Comptes, correspondance d'un commerçant.

écrivain n. m. Auteur de livres.

écrivassier, ère n. *Fam.* Personne qui écrit beaucoup et mal.

écrou n. m. Pièce de métal ou de bois percée en spirale pour le logement du filet d'une vis.

écrou n. m. Acte par lequel le directeur d'une prison reçoit un prisonnier. *Levée d'écrou,* mise en liberté d'un prisonnier.

écrouelles n. f. pl. Inflammation et abcès atteignant surtout les ganglions lymphatiques du cou.

écrouer v. t. Emprisonner. Inscrire sur le registre d'une prison.

écrouir v. t. Battre un métal à froid pour le rendre plus dense et plus élastique.

écrouissage n. m. Action d'écrouir.

écroulement n. m. Éboulement d'un mur, etc. *Fig.* Chute, ruine complète.

écrouler (s') v. pr. Tomber avec fracas. *Fig.* Périr, s'anéantir.

écru, e adj. Non préparé. *Soie écrue,* qui n'a point été passée à l'eau bouillante. *Fil écru,* qui n'a point été lavé. *Toile écrue,* non blanchie.

ectoplasme n. m. Forme visible qui émanerait d'un médium en transes.

écu n. m. Ancien bouclier oblong ou quadrangulaire. Ancienne monnaie d'argent.

écueil [ekœj] n. m. Rocher à fleur d'eau. *Fig.* Obstacle, danger.

écuelle n. f. Petit récipient rond et creux. Son contenu.

éculé, e adj. Se dit d'une chaussure dont le talon est déformé, usé. *Fig.* Usé, dépassé, banal : *un raisonnement éculé, une plaisanterie éculée.*

écumant, e adj. Qui écume. *Fig.* Plein de rage, furieux

écume n. f. Mousse blanchâtre qui se forme sur un liquide agité ou échauffé. Bave de quelques animaux. Sueur du cheval. *Fig.* Partie vile et méprisable d'une population : *l'écume des grandes villes. Écume de mer,* substance minérale, légère et poreuse dont on fait des pipes.

écumer v. t. Enlever l'écume. *Fig. Écumer les mers,* se livrer à la piraterie. V. i. Se couvrir d'écume. *Fig.* Être furieux.

écumeux, euse adj. Couvert d'écume.

écumoire n. f. Grande cuiller plate, percée de trous, pour écumer.

écureuil n. m. Petit rongeur à poil roux, à queue touffue.

écurie n. f. Bâtiment destiné à loger des chevaux, des ânes, des mulets. Ensemble des chevaux de course appartenant à un même propriétaire : *une écurie célèbre.* Ensemble des coureurs qui représentent une même marque dans une course automobile ou cycliste.

écusson n. m. Emblème ou motif décoratif portant des armoiries, une devise, etc. Petit morceau de drap cousu à un vêtement militaire et indiquant l'arme, le numéro du corps de troupe. Partie du thorax des insectes. Plaque d'écorce, munie d'un bouton, ou œil, et destinée à la greffe.

écussonnage n. m. Action d'écussonner ou de greffer en écusson.

écuyer [ekɥije] n. m. Celui qui accompagnait un chevalier et portait son écu. Titre des jeunes nobles non encore armés chevaliers. Professeur d'équitation. Qui fait des exercices sur un cheval.

écuyère n. f. Femme qui monte à cheval. Femme qui fait des exercices d'équitation dans un cirque.

eczéma n. m. Maladie de peau.

eczémateux, euse adj. Relatif à l'eczéma. N. Qui a de l'eczéma.

edelweiss [edεlvεs] n. m. Immortelle des neiges, plante alpine.

éden [edεn] n. m. Paradis terrestre, d'après la Genèse (avec une majuscule en ce sens). *Fig.* Lieu de délices.

édénique adj. Relatif à l'Éden.

édenté, e adj. et n. Qui n'a plus de dents. N. m. pl. Ordre de mammifères sans dents incisives.

édicter v. t. Publier sous la forme d'un édit.

édicule n. m. Petit édifice élevé sur la voie publique.

édifiant, e adj. Qui porte à la vertu, à la piété : *lecture édifiante.*

édification n. f. Action de bâtir. *Fig.* Sentiments de piété, de vertu, qu'on inspire par l'exemple.

édifice n. m. Bâtiment considérable. *Fig.* Ensemble : *édifice social.*

édifier v. t. Construire. *Fig.* Combiner, établir. Porter à la piété, à la vertu par l'exemple. Instruire, renseigner : *édifier sur ses intentions.*

édile n. m. Magistrat romain chargé des édifices publics. *Auj.* Magistrat municipal d'une grande ville.

édit n. m. Loi, ordonnance.

éditer v. t. Publier.

éditeur, trice adj. et n. Qui édite.

édition n. f. Impression et publication d'un ouvrage littéraire, scientifique, artistique.

Chaque tirage d'une œuvre, d'un journal : *la quatrième édition d'un livre.* Texte d'une œuvre correspondant à tel ou tel tirage : *ce passage manque dans l'édition de 1975.* Industrie et commerce du livre en général : *une grande maison d'édition.*

éditorial n. m. Article de fond reflétant les vues de la direction d'un journal. Pl. *éditoriaux.*

éditorialiste n. Personne qui écrit l'éditorial d'un journal.

édredon n. m. Couvre-pied de duvet fin.

éducable adj. Apte à être éduqué.

éducateur, trice n. Personne qui se consacre à l'éducation des enfants.

éducatif, ive adj. Qui concerne l'éducation : *système éducatif.*

éducation n. f. Action de développer les facultés physiques, intellectuelles et morales. Formation aux usages, aux bonnes manières. *Éducation nationale,* ensemble des services de l'enseignement public.

édulcorer v. t. Sucrer pour rendre moins amer. *Fig.* Atténuer : *édulcorer un pamphlet.*

éduquer v. t. Donner des principes, des habitudes ; former l'esprit.

effacement n. m. Action d'effacer, de s'effacer. Suppression.

effacer v. t. (conj. 1) Faire disparaître en frottant, grattant, etc. Rayer, biffer, raturer. *Fig.* Faire oublier : *effacer une faute.* Dérober aux regards. Éclipser, surpasser. V. pr. Tourner le corps un peu de côté, pour tenir moins de place. *Fig.* Se tenir à l'écart. S'incliner devant quelqu'un.

effarant, e adj. Incroyable, stupéfiant : *une histoire effarante.*

effarement n. m. Trouble, frayeur.

effarer v. t. Faire très peur. Affoler.

effaroucher v. t. Rendre farouche, effrayer.

effectif, ive adj. Qui existe de fait. N. m. Nombre réel de soldats, d'individus : *effectif réduit.*

effectuer v. t. Mettre à exécution.

efféminé, e adj. et n. Qui tient de la femme, des personnes délicates. Adj. Qui n'est pas viril.

effervescence n. f. Dégagement d'un gaz à travers un liquide. Agitation extrême, émotion vive : *foule en effervescence.*

effervescent, e adj. Qui est en effervescence (au *pr.* et au *fig.*).

effet n. m. Résultat d'une cause. Acte d'un agent. Réalisation, exécution. Impression : *effet d'un discours.* Action de frapper les yeux : *faire de l'effet.* Comm. Effet de commerce, titre à ordre, papier négociable. Pl. Meubles, vêtements. *En effet* loc. adv. Réellement.

effeuiller v. t. Ôter les feuilles. Arracher les pétales de.

efficace* adj. Qui produit l'effet désiré.

efficacité n. f. Caractère de ce qui est efficace : *efficacité d'un remède.*

efficient, e adj. Qui obtient de bons résultats.

effigie n. f. Représentation, image d'une personne sur une monnaie, une médaille.

effilé, e adj. Mince et allongé. N. m. Frange de fil ou de soie.

effiler v. t. Défaire un tissu fil à fil.

effilochage n. m. Action d'effilocher.

effilocher v. t. Déchiqueter, réduire en bourre, en ouate. V. pr. S'effiler par usure.

efflanqué, e adj. Se dit d'un cheval, d'une personne, très maigres.

effleurement n. m. Action d'effleurer.

effleurer v. tr. Toucher à peine. *Fig.* Examiner superficiellement : *effleurer une question.*

efflorescence n. f. Transformation des sels qui se résolvent en matière pulvérulente.

effluve n. m. Émanation d'origine animale ou végétale.

effondré, e adj. Se dit d'une personne complètement abattue moralement.

effondrement n. m. Action de s'effondrer. *Fig.* Destruction. Anéantissement.

effondrer (s') v. pr. Céder sous une charge. Subir une baisse soudaine : *les cours de la Bourse se sont effondrés.* Disparaître dans une catastrophe : *l'Empire s'est effondré à Waterloo.* Tomber par terre. Défaillir ; cesser de résister.

efforcer (s') v. pr. (conj. 1) Tendre de toutes ses forces à : *s'efforcer de vaincre.*

effort n. m. Action énergique du corps ou de l'esprit : *effort de mémoire.* Acte pénible : *ouvrage qui exige de longs efforts.* Douleur, produite par une tension trop forte des muscles : *se donner un effort.* Hernie.

effraction n. f. Bris de clôture fait dans l'intention de voler.

effranger v. t. (conj. 1) Effiler sur les bords.

effrayer [efreje] v. t. (conj. 2) Remplir de frayeur : *ce bruit a effrayé tout le monde.* Rebuter, décourager.

effréné, e adj. Sans frein, sans retenue.

effritement n. m. Action d'effriter.

effriter v. t. Rendre friable. Réduire en poussière. V. pr. Tomber en poussière. *Fig.* Se désagréger.

effroi n. m. Grande frayeur.

effronté*, e n. et adj. Hardi, impudent. Adj. Qui marque de l'effronterie.

effronterie n. f. Impudence.

effroyable* adj. Qui cause de l'effroi. Épouvantable. *Par ext.* Horrible. Excessif, incroyable.

effusion n. f. Action de répandre ou de se répandre. *Fig.* Épanchement.

égailler (s') v. pr. Se disperser.

égal, e*, aux adj. Semblable, le même en nature, en quantité, en qualité. Qui ne varie pas : *température égale.* Constant, ferme. Dont l'humeur ne varie pas. N. Qui est de même rang : *vivre avec ses égaux.*

égaler v. t. Être égal à. Rendre égal. Mettre sur le même rang. Atteindre, rivaliser avec : *rien n'égale sa beauté.*

égalisation n. f. Action d'égaliser.

égaliser v. t. Rendre égal ou uni.

égalitaire adj. Qui a pour but l'égalité civile, politique et sociale.

égalité n. f. État de ce qui est égal ; de ce qui est plan, uni ou uniforme.

égard n. m. Action de prendre en considération quelque chose : *à cet égard, à certains égards,* etc. *Avoir égard à,* prendre en considération. Pl. Marque de considération, de déférence : *montrer des égards.* Loc. prép. *Eu égard à,* en considération de. *A l'égard de,* relativement à.

égarement n. m. Action de perdre son chemin. Action de perdre un objet. *Fig.* Erreur. Dérèglement : *égarements de jeunesse.* Grand trouble.

égarer v. t. Mettre hors du droit chemin (au pr. et au *fig.*). Troubler. Laisser ou faire errer : *égarer les esprits.* Perdre momentanément : *égarer ses clés.*

égayer [egɛje] (conj. 2) Rendre gai, réjouir. Rendre plus agréable à lire, à voir, etc.

égérie n. f. Conseillère secrète de quelqu'un. Inspiratrice.

égide n. f. Ce qui protège : *se mettre sous l'égide de quelqu'un.*

églantier n. m. Rosier sauvage.

églantine n. f. Fleur de l'églantier.

églefin n. m. Poisson de la mer du Nord.

église n. f. Société religieuse fondée par Jésus-Christ (s'écrit en ce sens avec une majuscule). Toute communauté de croyants. Édifice où se réunissent les croyants. *Homme d'église,* ecclésiastique.

églogue n. f. Petit poème pastoral.

égoïne n. f. Petite scie à main.

égoïsme n. m. Attachement excessif qu'une personne porte à elle-même, à ses intérêts, aux dépens de ceux des autres.

égoïste adj. et n. Qui rapporte tout à soi. Entaché d'égoïsme.

égorgement n. m. Action d'égorger.

égorger v. t. (conj. 1) Couper la gorge. Tuer, massacrer. *Fig.* Tourmenter, ruiner. Faire payer trop cher.

égorgeur n. m. Qui égorge.

égosiller (s') v. pr. Crier fort et longtemps.

égotisme n. m. Sentiment exagéré de sa personnalité, vanité excessive.

égout n. m. Conduit souterrain pour l'écoulement des eaux sales. *Tout à l'égout,* système de canalisation qui conduit les vidanges des maisons directement dans les égouts. *Fig.* Lieu corrompu.

égoutier n. m. Qui est chargé du nettoyage et de l'entretien des égouts.

égoutter v. t. Laisser une chose perdre le liquide qu'elle contient : *égoutter des fromages, du linge.*

égouttoir n. m. Treillis sur lequel on fait égoutter la vaisselle, les bouteilles, etc.

égratigner v. t. Déchirer légèrement la peau. Blesser légèrement. *Fig.* Critiquer légèrement : *égratigner un auteur.*

égratignure n. f. Blessure superficielle. *Fig.* Blessure légère d'amour-propre.

égrener v. t. (conj. 5) Détacher le grain de l'épi, de la grappe, etc. *Egrener un chapelet,* en faire passer tous les grains entre les doigts. V. pr. Tomber en grains. Se détacher à distance les uns des autres : *les passants s'égrenaient le long de l'avenue.*

égrillard, e adj. D'une gaieté grivoise.

égruger v. t. (conj. 1) Réduire en poudre : *égruger du sucre.*

égueulé, e adj. *Cratère égueulé,* dont la couronne a été entamée par une violente éruption volcanique.

égyptien, enne adj. et n. D'Égypte.

égyptologie n. f. Étude relative à l'ancienne Égypte.

égyptologue n. Spécialiste d'égyptologie.

eh ! interj. Exclamation de surprise.

éhonté, e adj. et n. Impudent, cynique.

éjaculer v. t. Émettre du sperme.

éjectable adj. Qui peut être éjecté : *siège éjectable.*

éjecter v. t. Rejeter brusquement au-dehors. *Fam.* Éjecter quelqu'un, l'expulser.

éjecteur n. et adj. m. Engin propre à rejeter un fluide. Pièce d'une arme à feu rejetant les étuis vides des cartouches.

éjection n. f. Évacuation, projection. Rejet d'une cartouche par l'éjecteur.

élaboration n. f. Action d'élaborer.

élaborer v. t. Préparer par un long travail (au pr. et au fig.). Rendre assimilable : *élaborer les aliments.*

élagage n. m. Action d'élaguer.

élaguer v. t. Dépouiller un arbre des branches inutiles. *Fig.* Retrancher les parties inutiles.

élan n. m. Action de s'élancer. Ardeur impétueuse : *élan du cœur.*

élan n. m. Mammifère ruminant des régions boréales.

élancé, e adj. Mince, svelte : *taille élancée.*

élancement n. m. Action de s'élancer. Impression de douleur aiguë et passagère. *Fig.* Mouvement de l'âme.

élancer (s') v. pr. (conj. 1) Se jeter impétueusement.

élargir v. t. Rendre plus large. Mettre en liberté : *élargir un détenu. Fig.* Rendre plus large : *élargir l'esprit.*

élargissement n. m. Augmentation de largeur. Mise en liberté.

élasticité n. f. Propriété qu'ont certains corps comprimés ou tendus de reprendre leur forme après la compression ou l'extension subie. *Fig.* Souplesse, mobilité.

élastique* adj. Qui a de l'élasticité. Fait avec une matière élastique. Dont on peut étendre le sens à son gré : *règlement élastique.* N. m. Caoutchouc. Lien en caoutchouc.

eldorado n. m. Pays chimérique regorgeant d'or. *Par ext.* Lieu enchanteur.

électeur, trice n. Personne qui a le droit de prendre part à une élection.

électif, ive adj. Qui est nommé ou qui se donne par élection.

élection n. f. Choix fait par la voie des suffrages. *Élection de domicile,* choix d'un domicile légal. *Terre d'élection,* celle qui a été choisie entre toutes.

électoral, e, aux adj. Relatif aux élections : *collège électoral.*

électorat n. m. Droit d'être électeur. Ensemble des électeurs d'un pays, d'un parti. Dignité des princes électeurs de l'Empire germanique. Pays soumis à leur juridiction.

électricien, enne n. et adj. Qui s'occupe d'électricité : *ouvrier électricien.*

électricité n. f. Nom donné à une des formes de l'énergie qui manifeste son action par des phénomènes d'attraction ou de répulsion, des phénomènes physiologiques, mécaniques, chimiques, magnétiques, calorifiques ou lumineux.

électrification n. f. Action d'électrifier.

électrifier v. t. Doter d'un réseau électrique.

électrique* adj. Relatif à l'électricité. *Fig.* Qui se transmet rapidement.

électrisable adj. Qui peut être électrisé.

électrisation n. f. Action d'électriser. État de ce qui est électrisé.

électriser v. t. Développer sur un corps des charges électriques. *Fig.* Enflammer, enthousiasmer.

électro-aimant n. m. Appareil destiné à produire un champ magnétique grâce à des bobines à noyau de fer parcourues par un courant électrique.

électrocardiogramme n. m. Enregistrement graphique des courants électriques produits par les contractions du cœur.

électrochimie n. f. Technique des applications de l'énergie électrique à la chimie industrielle.

électrochoc n. m. Procédé de traitement psychiatrique par le passage d'un courant électrique à travers la boîte crânienne.

électrocuter v. t. Tuer par l'électricité.

électrocution n. f. Mort produite par l'électricité.

électrode n. f. Dans un voltamètre ou un tube à gaz raréfié, l'une quelconque des extrémités du conducteur fixé aux pôles d'un générateur électrique.

électrodynamique n. f. Partie de la physique qui traite de l'action dynamique des courants électriques. Adj. : *machine électrodynamique.*

électrogène adj. Qui produit de l'électricité. *Groupe électrogène,* ensemble d'un moteur et d'un système magnéto ou dynamo-électrique.

électrolyse n. f. Décomposition chimique de certaines substances en fusion ou en solution par le passage d'un courant électrique.

électrolyser v. t. Décomposer par l'électricité : *électrolyser un sel.*

électrolyte n. m. Corps soumis à l'électrolyse.

électrolytique adj. Qui s'effectue par l'électrolyse.

électromagnétisme n. m. Partie de l'électricité qui étudie les propriétés magnétiques des courants électriques.

électrométallurgie n. f. Extraction et affinage des métaux par des procédés électriques.

électron n. m. Corpuscule très petit, chargé d'électricité négative, l'un des éléments constitutifs de l'atome.

électronique adj. Relatif aux électrons. N. f. Science qui étudie les phénomènes où sont mis en jeu des électrons libres. Technique dérivant de cette science.

électrophone n. m. Appareil reproduisant les sons enregistrés sur un disque, par les procédés électromécaniques.

électroscope n. m. Instrument propre à déceler la présence et à déterminer l'espèce d'électricité dont un corps est chargé.

électrostatique adj. Relatif à l'électricité statique. N. f. Partie de la physique qui étudie l'électricité en équilibre sur les corps.

électrotechnique adj. Relatif à la technique de l'électricité.

électrothérapie n. f. Traitement des maladies par l'électricité.

élégamment adv. Avec élégance.

élégance n. f. Qualité de ce qui est élégant, aux divers sens.

élégant, e adj. Qui se distingue par la grâce, l'aisance, l'agrément de la forme, de la parure, etc. Se dit d'une manière d'agir qui séduit par sa simplicité, sa netteté, sa courtoisie : *un procédé peu élégant, un raisonnement élégant.*

élégiaque adj. Propre à l'élégie. N. m. Poète qui a fait des élégies.

élégie n. f. Petit poème lyrique, généralement mélancolique ou triste.

élément n. m. Corps simple ou indécomposable, comme l'argent, l'azote. Principe constitutif d'un objet matériel. *Les quatre éléments,* l'air, le feu, la terre et l'eau. *Fig.* Objet concourant à la formation d'un tout : *les éléments du bonheur.* La société, l'endroit, etc., où un être est fait pour vivre : *se sentir dans son élément.* N. m. pl. Principes fondamentaux : *éléments de physique; il en est aux éléments.* L'ensemble des forces naturelles : *lutter contre les éléments déchaînés.*

élémentaire adj. Qui constitue un élément. Peu compliqué. Qui renferme les éléments de : *un manuel élémentaire.*

éléphant n. m. Le plus gros des mammifères terrestres, caractérisé par son nez développé en trompe, ses incisives supérieures développées en défenses et sa peau épaisse et rugueuse.

éléphanteau n. m. Jeune éléphant.

éléphantesque adj. Énorme.

éléphantiasis [elefãtjazis] n. f. Maladie consistant en un épaississement de la peau et entraînant une déformation de la région atteinte.

élevage n. m. Action d'élever les animaux domestiques.

élévateur adj. m. Qui sert à élever : *muscle élévateur.* N. m. Appareil pour soulever : *élévateur de grains.*

élévation n. f. Action d'élever. État de ce qui est élevé; éminence; hauteur. Moment de la messe où le prêtre élève l'hostie et le calice. Hausse, augmentation. Dessin de face d'une machine, d'un édifice. *Fig.* Distinction, noblesse.

élévatoire adj. Qui sert à élever des fardeaux, des liquides : *appareil élévatoire.*

élève n. Qui reçoit les leçons d'un maître; disciple, écolier. Candidat à une fonction ou à un grade : *élève officier.*

élever v. t. (conj. 5) Exhausser. Porter de bas en haut : *élever un fardeau.* Faire monter. *Par ext.* Construire, ériger : *élever un monument. Fig.* Porter en haut, vers : *élever aux honneurs.* Faire naître, susciter, dresser contre : *élever des doutes.* Faire l'éducation de ; former, habituer : *élever des enfants, des animaux.* Hausser. *Élever la voix,* prendre la parole, parler avec assurance. V. pr. Atteindre une certaine hauteur, une certaine quantité : *la facture s'élève à mille francs. S'élever contre,* s'opposer vigoureusement à.

éleveur n. m. Qui élève des chevaux, des bestiaux.

elfe [ɛlf] n. m. Génie de la mythologie scandinave.

élider v. t. *Gramm.* Faire une élision.

éligibilité n. f. Conditions exigées pour être élu : *contester l'éligibilité d'un candidat.*

éligible adj. et n. Qui peut être élu.

élimer v. t. User : *élimer ses habits.*

élimination n. f. Action d'éliminer.

éliminatoire adj. Qui élimine. N. f. En sports, épreuve qui écarte les moins bons pour d'autres épreuves ultérieures.

éliminer v. t. Mettre dehors, écarter. Faire sortir de l'organisme.

élire v. t. (conj. 69) Nommer par la voie des suffrages.

élision n. f. Suppression de la voyelle finale d'un mot devant la voyelle ou l'h muet initiaux du mot suivant.

élite n. f. Ce qu'il y a de meilleur, de plus distingué.

élixir n. m. Préparation à base d'alcool, à laquelle on attribuait des propriétés magiques.

elle pron. pers. f. de la 3ᵉ pers., féminin de *lui*. (Pl. *elles*.) *D'elle-même*, spontanément.

ellipse n. f. *Géom.* Courbe plane fermée dont chaque point est tel que la somme de ses distances à deux points fixes appelés *foyers* est constante. *Gramm.* Figure par laquelle on supprime un ou plusieurs mots qui ne sont pas indispensables.

ellipsoïdal, e, aux adj. Qui a la forme d'une ellipse ou d'un ellipsoïde.

ellipsoïde n. m. Solide engendré par la révolution d'une ellipse autour de l'un de ses axes.

elliptique* adj. *Géom.* Relatif à l'ellipse. En forme d'ellipse. *Gramm.* Qui renferme une ellipse.

élocution n. f. Manière de s'exprimer.

éloge n. m. Louange. Discours à la louange de quelqu'un ; panégyrique.

élogieux, euse* adj. Rempli de louanges. Qui donne des louanges.

éloigné, e adj. Qui est loin. Relatif à une époque passée depuis longtemps, ou encore à venir.

éloignement n. m. Action d'éloigner, de s'éloigner. Absence, séparation. Grande distance entre deux choses ou deux êtres. Le fait d'être éloigné dans le passé.

éloigner v. t. Mettre loin de. Accroître la distance apparente. Accroître l'espace de temps du moment présent. Écarter de soi.

élongation n. f. Allongement accidentel d'un membre ou d'un nerf.

éloquemment adv. Avec éloquence.

éloquence n. f. Art ou action de bien dire, d'émouvoir, de persuader. *Fig.* Ce qui touche, persuade. Ce qui est expressif, significatif : *l'éloquence des statistiques.*

éloquent, e adj. Qui a de l'éloquence. Qui est dit avec éloquence.

élu, e n. Toute personne choisie par élection. *Théol.* Prédestiné par Dieu.

élucider v. t. Expliquer ce qui est obscur.

élucubration n. f. Divagation : *écouter les élucubrations de quelqu'un.*

éluder v. t. Éviter avec adresse. Se soustraire à : *éluder une question.*

élytre n. m. Aile extérieure coriace de certains insectes.

émacié, e adj. Très maigre.

émail n. m. Vernis opaque ou transparent que l'on applique par fusion sur la faïence, les métaux, etc. Ouvrage émaillé. Matière dure qui revêt les dents. Pl. des *émaux*.

émaillage n. m. Action d'émailler.

émailler v. t. Recouvrir d'émail. Donner une couleur plus brillante à. *Fig.* Parsemer : *un texte émaillé de fautes d'orthographe.*

émailleur, euse n. Ouvrier, ouvrière qui applique l'émail.

émanation n. f. Senteur ou exhalaison qui se dégage d'un corps. *Fig.* Ce qui dérive ou procède de quelqu'un ou de quelque chose.

émancipation n. f. Action d'émanciper. Son résultat : *émancipation d'esclaves.*

émanciper v. t. Mettre hors de tutelle : *émanciper un enfant. Fig.* Affranchir de quelque entrave. V. pr. S'affranchir des contraintes sociales ou morales, acquérir une vie indépendante.

émaner v. i. Se dégager. *Fig.* Découler de. Provenir de.

émarger v. t. (conj. 1) Couper les marges. Apposer sa signature pour prouver qu'on a eu connaissance d'un document ou qu'on a été présent à une assemblée. V. i. Toucher un traitement, une indemnité ou une subvention : *émarger au budget.*

émasculer v. t. Châtrer. *Fig.* Affaiblir, enlever toute force.

emballage n. m. Action d'emballer. Ce qui sert à emballer (papier, toile, caisse).

emballement n. m. *Fam.* Action de s'emballer, de se laisser emporter.

emballer v. t. Mettre en balle, en caisse. *Fam.* Enthousiasmer : *cette musique l'a emballé.* V. pr. Se dit d'un cheval qui s'emporte et, *par ext.,* d'une personne qui se laisse emporter par la colère, l'enthousiasme, etc.

emballeur, euse n. Celui, celle dont la profession est d'emballer.

embarcadère n. m. Cale ou jetée pour l'embarquement ou le débarquement.

embarcation n. f. Petit bateau non ponté.

embardée n. f. Écart brusque que fait un véhicule.

embargo n. m. Défense faite provisoirement à un navire de quitter un port. Interdiction de circuler, confiscation : *lever l'embargo.*

embarquement n. m. Action d'embarquer ou de s'embarquer.

embarquer v. t. Mettre dans une barque, dans un navire. *Fig.* Engager, entraîner : *embarquer quelqu'un dans une affaire.* V. i. En parlant des vagues, pénétrer dans un navire par-dessus bord. V. pr. Monter dans un navire, dans une voiture, un wagon.

embarras n. m. Action d'embarrasser. Son résultat. Confusion, embrouillement : *embarras de voitures. Par ext.* Situation pénible. Pénurie d'argent : *être dans l'embarras. Fig.* Ensemble de soucis. Irrésolution. Trouble, confusion : *montrer de l'embarras. Faire de l'embarras, des embarras,* affecter de grands airs, faire des manières. *Embarras gastrique,* petite obstruction de l'estomac.

embarrasser v. t. Entraver, obstruer : *embarrasser la rue.* Gêner les mouvements. *Fig.* Causer une entrave, une gêne à. Jeter dans l'hésitation, l'incertitude, déconcerter.

embauchage n. m. ou **embauche** n. f. Action d'embaucher.

embaucher v. t. Engager des salariés. *Fam.* Décider (une personne) à participer à (une chose).

embauchoir n. m. Instrument qu'on introduit dans des chaussures pour en conserver la forme.

embaumement n. m. Action d'embaumer. Conservation artificielle des cadavres.

embaumer v. t. Remplir d'une odeur suave. Remplir un corps mort d'aromates pour en empêcher la corruption. V. i. Exhaler une odeur suave.

embaumeur n. m. Celui qui fait métier d'embaumer les corps.

embellir v. t. Rendre plus beau. *Embellir une histoire,* l'orner aux dépens de la vérité. V. i. Devenir beau ou plus beau.

embellissement n. m. Action d'embellir. Ce qui embellit.

emberlificoter v. t. *Fam.* Faire tomber dans un piège. Rendre inextricable.

embêtant, e adj. *Fam.* Ennuyeux.

embêtement n. m. *Pop.* Ennui. Contrariété.

embêter v. t. *Pop.* Ennuyer. Importuner.

emblaver v. t. Semer une terre en blé.

emblavure n. f. Terre ensemencée de blé, ou d'une autre plante.

emblée (d') loc. adv. Du premier coup.

emblématique adj. Symbolique.

emblème n. m. Figure symbolique, souvent accompagnée d'une devise. Symbole : *la chouette est l'emblème de la sagesse.* Attribut destiné à représenter une collectivité, un personnage, une corporation.

embobiner v. t. *Fam.* Enjôler, séduire.

emboîtage n. m. Action d'emboîter. Son résultat. Cartonnage pour protéger un livre.

emboîtement n. m. Position de deux choses qui s'emboîtent.

emboîter v. t. Enchâsser, mettre une chose dans une autre. *Emboîter le pas,* marcher derrière et, au *fig.,* se modeler sur quelqu'un.

embolie n. f. Obstruction d'un vaisseau par un caillot de sang.

embonpoint n. m. État d'une personne un peu grosse : *prendre de l'embonpoint.*

embouche n. f. Prairie fertile, où les bestiaux s'engraissent.

embouché, e adj. *Mal embouché,* qui a un langage grossier, trivial.

emboucher v. t. Mettre à sa bouche un instrument à vent, afin d'en jouer.

embouchure n. f. Entrée d'un fleuve dans la mer, dans un lac. Pièce qu'on adapte à un instrument de musique à vent pour en jouer.

embouquer v. i. Entrer dans une passe étroite (bateau).

embourber v. t. Engager dans un bourbier. *Fig.* Engager quelqu'un dans une mauvaise affaire.

embourgeoiser (s') v. pr. Prendre des habitudes bourgeoises.

embout n. m. Garniture au bout d'une canne, d'un parapluie.

embouteillage n. m. Action d'embouteiller. *Fig.* Encombrement de la voie publique.

embouteiller v. t. Mettre en bouteille. *Fig.* Bloquer (la voie publique) par un afflux de personnes ou de véhicules.

emboutir v. t. Travailler à froid, à l'aide d'une presse, pour obtenir une forme donnée. *Fig.* Heurter violemment : *emboutir la portière d'une voiture.*

emboutissage n. m. Action d'emboutir les métaux.

embranchement n. m. Division du tronc d'un arbre en branches. Réunion de chemins, de voies de chemin de fer. Division d'une science, d'une série, d'un règne de la nature, etc.

embrancher v. t. Raccorder (deux voies). *Fig.* Retirer à (quelque chose).

embrasement n. m. Vaste incendie. Grande illumination.

embraser v. t. Mettre en feu. Éclairer d'une lueur rougeoyante. *Fig.* Livrer à la discorde, à la guerre. Emplir de passion, d'exaltation.

embrassade n. f. Embrassement.

embrasse n. f. Cordon ou bande qui sert à retenir un rideau.

embrassement n. m. Action d'embrasser, de s'embrasser.

embrasser v. t. Serrer dans ses bras. Donner un baiser. *Fig.* Environner, ceindre. Contenir, renfermer. Adopter, choisir : *embrasser une carrière.* Entreprendre : *qui trop embrasse mal étreint.*

embrasure n. f. Ouverture d'une porte, d'une fenêtre. Espace compris entre les montants d'une fenêtre, d'une porte.

embrayage [ãbrɛjaʒ] n. m. Action d'embrayer. Mécanisme d'embrayage.

embrayer v. t. (conj. 2) Établir la communication entre le moteur d'une machine et les organes qu'il commande.

embrigader v. t. Réunir sous une direction commune. Faire entrer dans une organisation disciplinée.

embrocher v. t. Mettre en broche. Percer de part en part.

embrouillamini n. m. *Fam.* Grande confusion, désordre.

embrouillement n. m. Action d'embrouiller. *Fig.* Embarras, confusion.

embrouiller v. t. Mettre en désordre, mêler. *Fig.* Mettre de la confusion, de l'obscurité. V. pr. Perdre le fil de ses idées. S'embarrasser.

embroussaillé, e adj. Embarrassé de broussailles. *Fig.* Très mêlé.

embrumer v. t. Envelopper de brumes. *Fig.* Attrister.

embruns n. m. pl. Pluie fine soulevée par le vent au-dessus des vagues.

embryogénie n. f. Série des transformations que subit l'individu depuis l'état d'œuf ou de spore jusqu'à l'état adulte.

embryologie n. f. Étude du développement des embryons.

embryon n. m. Organisme en voie de développement, depuis l'œuf fécondé jusqu'à la réalisation d'une forme capable de vie autonome. *Fig.* État de ce qui est inachevé, rudimentaire.

embryonnaire adj. Relatif à l'embryon. *Fig.* Rudimentaire. En germe.

embûche n. f. Piège.

embuer v. t. Couvrir d'une buée.

embuscade n. f. Dispositif mis en place pour surprendre l'ennemi : *tomber dans une embuscade.*

embusqué n. et adj. m. Celui qui, pendant une guerre, se fait installer dans un poste sans danger.

embusquer v. t. Mettre en embuscade.

éméché, e adj. *Fam.* Légèrement ivre.

émeraude n. f. Pierre précieuse de couleur verte.

émergent, e adj. Qui émerge. *Phys.* Qui sort d'un milieu après l'avoir traversé : *rayons émergents.*

émerger v. i. (conj. 1) Se montrer au-dessus de l'eau. Sortir d'une masse compacte. Commencer à apparaître.

émeri n. m. Pierre très dure, réduite en poudre, pour polir, user les métaux. *Papier (d')émeri, toile (d')émeri,* papier, toile enduits d'émeri et servant à polir.

émérite adj. Expérimenté, distingué.

émersion n. f. Action d'émerger. Réapparition d'un astre éclipsé.

émerveillement n. m. État de celui qui est émerveillé.

émerveiller v. t. Étonner, inspirer une vive admiration.

émétique adj. et n. m. Qui fait vomir.

émetteur, trice n. et adj. Qui émet : *un poste émetteur.*

émettre v. t. (conj. 49) Produire au-dehors : *émettre un son.* Mettre en circulation : *émettre des monnaies.* Exprimer. Formuler : *émettre une hypothèse. Émettre un message,* le diffuser par radio. V. i. Faire une émission de radio ou de télévision.

émeute n. f. Soulèvement populaire.

émeutier, ère n. et adj. Qui participe ou incite à l'émeute.

émiettement n. m. Action d'émietter.

émietter v. t. Réduire en miettes.

émigrant, e n. Personne qui émigre.

émigration n. f. Action d'émigrer. Personnes émigrées. *Spécial.* Sortie de France des nobles pendant la Révolution.

émigré, e n. et adj. Qui a émigré. Noble qui avait quitté la France pendant la Révolution.

émigrer v. i. Quitter son pays pour aller s'établir ailleurs.

émincé n. m. Viande coupée très mince.

émincer v. t. (conj. 1) Couper par tranches minces.

éminemment adv. Au plus haut point.

éminence n. f. Élévation de terrain. *Par ext.* Saillie quelconque. *Fig.* Supériorité, excellence. Titre des cardinaux.

éminent, e adj. Élevé, qui domine, fait saillie. Supérieur : *esprit éminent.*

émir n. m. Nom donné aux descendants de Mahomet. Titre des gouverneurs de l'Empire turc, des souverains musulmans.

émirat n. m. État gouverné par un émir.

émissaire n. m. Agent chargé d'une mission. Canal qui sert à vider un lac, un bassin, etc. Adj. Qui sert à porter au-dehors : *canal émissaire. Bouc émissaire,* innocent sur lequel on fait retomber les torts des autres.

émission n. f. Action d'émettre, de livrer à la circulation : *émission de billets, d'ondes. Émission de voix,* production d'un son articulé. Programme émis par la radio ou la télévision.

emmagasinage n. m. Action d'emmagasiner.

emmagasiner [ãmagazine] Mettre en magasin. *Fig.* Recevoir, accumuler en soi.

emmaillotement n. m. Manière ou action d'emmailloter.

emmailloter v. t. Envelopper dans des langes. Envelopper comme dans un maillot.

emmanchement n. m. Action d'emmancher.

emmancher v. t. Mettre un manche à. V. pr. *Fig. et fam.* Commencer, bien ou mal.

emmanchure n. f. Ouverture d'un vêtement où se fixe la manche.

emmêlement n. m. Embrouillement.

emmêler v. t. Brouiller, enchevêtrer.

emménagement n. m. Action d'emménager.

emménager v. i. (conj. 1) Transporter ses meubles dans un nouveau logement.

emmener v. t. (conj. 5) Mener d'un lieu dans un autre.

emmitoufler v. t. Envelopper de fourrures, de vêtements chauds.

emmurer v. t. Enfermer dans un réduit muré hermétiquement.

émoi n. m. Trouble, émotion.

émollient, e n. et adj. Qui amollit.

émoluments n. m. pl. Rétribution pour un emploi.

émondage n. m. Action d'émonder.

émonder v. t. Couper les branches inutiles.

émondeur, euse n. Personne qui émonde.

émondoir n. m. Outil pour émonder.

émotif, ive adj. Relatif à l'émotion. Adj. et n. Qui est enclin à éprouver les émotions.

émotion n. f. Réaction affective sous l'effet d'une situation inattendue.

émotivité n. f. Disposition à s'émouvoir.

émoudre v. t. (conj. 51) Aiguiser sur la meule.

émoulu, e adj. Aiguisé. *Frais émoulu de,* qui n'a pas encore perdu la forme reçue, nouvellement sorti de.

émousser v. t. Rendre moins tranchant. *Fig.* Rendre moins vif. Atténuer.

émoustiller v. t. *Fam.* Exciter à la gaieté. Exciter les sens de.

émouvoir v. t. (conj. 31) Causer un trouble de l'âme : *sa peine m'a ému.* V. pr. Se troubler. S'inquiéter.

empaillage n. m. Action d'empailler.

empailler v. t. Garnir, envelopper de paille. Remplir de paille la peau d'un animal mort, pour lui garder sa forme.

empailleur, euse n. Personne qui empaille les sièges. Naturaliste.

empaler v. t. Enfoncer par le fondement du supplicié un pieu, ou *pal,* qui traverse les entrailles. Traverser de part en part un corps vivant.

empan n. m. Espace de l'extrémité du pouce à celle du petit doigt écartés.

empanacher v. t. Orner d'un panache.

empaquetage n. m. Action d'empaqueter.

empaqueter v. t. (conj. 4) Mettre en paquet.

emparer (s') v. pr. Se saisir de, se rendre maître de : *s'emparer d'une ville.*

empâtement n. m. État de ce qui est empâté. *Peint.* Épaisseur donnée par des touches superposées.

empâter v. t. Remplir de pâte. Rendre pâteux. Alourdir : *l'âge empâte les traits.* V. pr. Devenir gras. S'épaissir.

empattement n. m. Épaisseur de maçonnerie qui sert de pied à un mur. Distance entre les essieux d'une voiture.

empaumer v. t. *Fam. Se faire empaumer,* se laisser duper.

empêchement n. m. Obstacle.
empêcher v. t. Apporter de l'opposition. V. pr. S'abstenir de.
empêcheur n. m. Fam. Empêcheur de danser en rond, celui qui se chagrine du plaisir que certains prennent.
empeigne n. f. Le dessus du soulier.
empennage n. m. Garniture de plumes d'une flèche. Plans disposés à l'arrière d'un avion, pour assurer la stabilité.
empenné, e adj. Garni de plumes (flèche).
empereur n. m. Chef, souverain d'un empire. (Le fém. est IMPÉRATRICE.)
empesage n. m. Action d'empeser.
empesé, e adj. Fig. Raide, guindé. Peu naturel.
empeser v. t. (conj. 5) Apprêter avec de l'empois.
empester v. t. Incommoder par une odeur désagréable.
empêtrer v. t. Lier, embarrasser dans des liens. Fig. Gêner, embarrasser. V. pr. Se mettre dans une situation d'où l'on ne peut se tirer qu'à grand-peine.
emphase n. f. Exagération pompeuse dans le ton, le choix des mots : parler avec emphase.
emphatique* adj. Qui dénote l'emphase : ton emphatique. Qui s'exprime avec emphase.
emphysème n. m. Méd. Gonflement produit par l'introduction de l'air dans le tissu cellulaire. Dilatation excessive des alvéoles pulmonaires.
emphytéotique adj. Se dit d'un bail à longue durée.
empiècement n. m. Pièce rapportée dans le haut d'une chemise, d'un corsage, etc.
empierrement n. m. Action d'empierrer une route. Lit de pierres cassées dont on recouvre les routes.
empierrer v. t. Couvrir de pierres.
empiètement n. m. Action d'empiéter.
empiéter v. t. et i. (conj. 5) S'approprier une partie de la place occupée par autrui. Fig. S'arroger des droits qu'on n'a pas.
empiffrer v. t. Pop. Bourrer de nourriture. V. pr. : s'empiffrer de pain.
empilement n. m. Action d'empiler.
empiler v. t. Mettre en pile. Pop. Voler.
empire n. m. Commandement, autorité : un empire despotique. Souverain pouvoir. Nation, pays qui a pour souverain un empereur. Ensemble de pays gouvernés par une même autorité : empire colonial. Fig. Influence, prestige. Style Empire, ornementation dans le style du premier Empire, imité de l'antique.
empirer v. t. Rendre pire. V. i. Devenir pire : la maladie empire.
empirique* adj. Qui s'appuie sur l'expérience et non sur une théorie.
empirisme n. m. Usage exclusif de l'expérience.
emplacement n. m. Place destinée à un usage. Place où se trouvait autre chose avant.
emplâtre n. m. Remède qui adhère à la peau sur laquelle on l'applique.
emplette n. f. Achat : faire ses emplettes.
emplir v. t. Rendre plein. Fig. Combler : emplir d'aise.

emploi n. m. Usage qu'on fait d'une chose. Manière de l'employer : l'emploi d'une somme. Charge, fonction : emploi lucratif. Travail salarié : offre d'emploi, demande d'emploi, crise de l'emploi. Genre de rôles joués par un acteur. Occupation. Double emploi, répétition inutile.
employé, e n. Salarié occupant un emploi, notamment un emploi de bureau. Employé de maison, nom donné aux domestiques.
employer v. t. (conj. 2) Faire usage : employer un mot. Faire travailler au service d'un employeur.
employeur, euse n. Personne qui fait travailler à son service du personnel qu'elle rétribue.
emplumer v. t. Garnir de plumes.
empocher v. t. Fam. Mettre dans sa poche, recevoir une somme d'argent.
empoigne n. f. Foire d'empoigne, là où on peut se saisir de ce qui tombe à portée de la main.
empoigner v. t. Prendre et serrer avec la main. Fam. Se saisir de quelqu'un. Fig. Émouvoir. V. pr. En venir aux mains. Se livrer à une violente discussion.
empois n. m. Colle d'amidon.
empoisonnement n. m. Action d'empoisonner. État d'une personne empoisonnée. Fig. et fam. Ennui.
empoisonner v. t. Faire mourir par le poison. Rendre toxique par du poison. Incommoder par la puanteur. Fig. Remplir d'amertume, de dégoût : empoisonner la vie. Corrompre l'esprit, les mœurs. Fam. Ennuyer.
empoisonneur, euse n. et adj. Qui empoisonne (au pr. et au fig.).
empoissonnement n. m. Action d'empoissonner.
empoissonner v. t. Peupler de poissons un étang, une rivière.
emporté, e adj. Violent, irritable.
emportement n. m. Mouvement violent, causé par une passion : les emportements de la colère.
emporte-pièce n. m. inv. Instrument en acier dur, pour trouer ou découper. Fig. A l'emporte-pièce, d'une manière franche, incisive, acerbe.
emporter v. t. Enlever, ôter d'un lieu. Enlever de vive force : emporter une place. Faire disparaître, causer la mort : la fièvre l'emporta. Arracher. Entraîner : les passions l'emportent. Obtenir par préférence : emporter l'avantage. L'emporter, avoir la supériorité. V. pr. Se laisser aller à la colère. Ne plus obéir à la bride, en parlant du cheval.
empoté, e adj. et n. Pop. et fig. Maladroit, gauche, lourdaud.
empoter v. t. Mettre en pot.
empourprer v. t. Colorer de pourpre.
empreindre v. t. (conj. 55) Imprimer, marquer. Fig. Marquer d'un caractère visible : son visage était empreint de tristesse.
empreinte n. f. Figure, marque, trace en creux ou en relief. Fig. Marque : l'empreinte de l'éducation. Empreintes digitales, marques laissées par les sillons de la peau des doigts.
empressé, e adj. et n. Qui se hâte. Qui montre une civilité attentive.
empressement n. m. Zèle, ardeur.

empresser (s') v. pr. Montrer de l'ardeur, du zèle à l'égard de quelqu'un. Se hâter.

emprise n. f. Influence, ascendant.

emprisonnement n. m. Action d'emprisonner. Peine de prison.

emprisonner v. t. Mettre en prison. Empêcher de sortir, enfermer.

emprunt n. m. Action d'emprunter. *D'emprunt*, emprunté, supposé : *un nom d'emprunt*.

emprunté, e adj. Embarrassé, contraint. Factice, artificiel. Supposé.

emprunter v. t. Obtenir à titre de prêt : *emprunter de l'argent. Fig.* Recevoir de. S'aider de. Se parer de : *emprunter les apparences du bien.* Tirer de. *Fam.* Prendre, suivre : *quelle route avez-vous empruntée?*

emprunteur, euse n. et adj. Qui emprunte.

empuantir v. t. Infecter d'une odeur nauséabonde.

empuantissement n. m. Action d'empuantir. Son résultat.

ému, e adj. Se dit d'une personne en proie à de l'émotion : *apparaître très ému.*

émulation n. f. Sentiment qui pousse à égaler ou à surpasser quelqu'un.

émule n. et adj. Qui cherche à égaler, à surpasser autrui.

émulsion n. f. Particules très fines d'un liquide en suspension dans un autre liquide : *une émulsion d'huile dans de l'eau.* Préparation sensible à la lumière qui couvre les films et les plaques photographiques.

émulsionner v. t. Faire une émulsion.

en prép. qui a à peu près les sens de *dans*. Elle indique le lieu, le temps, la situation, l'état, la manière d'être, etc.

en pron. pers. 3e pers. De lui, d'elle, d'eux, d'elles, de là, de cela, à cause de cela, etc. : *soyez-en certain, vous en aurez.*

énarque n. m. *Fam.* Élève ou ancien élève de l'École nationale d'administration.

encablure n. f. *Mar.* Longueur d'environ 200 m.

encadrement n. m. Action d'encadrer. Ce qui encadre. Bordure. Ensemble des cadres d'une troupe, d'un groupe.

encadrer v. t. Mettre dans un cadre. Par ext. Envelopper, isoler. *Fig.* Entourer, faire ressortir. *Mil.* Faire appuyer par des éléments expérimentés : *encadrer des recrues.* Pourvoir de cadres.

encadreur n. m. Celui qui fait des cadres.

encager v. t. (conj. 1) Mettre en cage.

encaisse n. f. Argent, valeurs en caisse.

encaissé, e adj. Qui a les bords escarpés. Resserré : *chemin encaissé.*

encaissement n. m. Action de mettre en caisse de l'argent, des valeurs. État d'une rivière, d'une route encaissée.

encaisser v. t. Mettre en caisse. *Encaisser de l'argent*, le recevoir, le toucher en paiement d'une marchandise, d'un service. *Fam.* Supporter, recevoir des coups.

encaisseur n. m. Celui qui encaisse de l'argent.

encan n. m. Vente aux enchères.

encanailler (s') v. pr. Fréquenter la canaille. S'avilir.

encart [ăkar] n. m. Feuille volante, carte insérée dans un cahier, une revue, un livre : *un encart publicitaire.*

encarter v. t. Insérer entre les pages d'un livre, d'une revue, etc. Fixer sur une carte : *encarter des boutons.*

en-cas n. m. inv. Repas léger que l'on sert dans des circonstances imprévues.

encastrement n. m. Action d'encastrer. Entaille dans une pièce de bois, de fer, destinée à en recevoir une autre.

encastrer v. t. Ajuster très exactement dans un creux, un intervalle.

encaustique n. f. Préparation de cire et d'essence de térébenthine pour faire briller les meubles, les parquets.

encaustiquer v. t. Enduire d'encaustique.

enceindre v. t. (conj. **55**) Entourer, enfermer.

enceinte n. f. Circuit; ce qui entoure. Espace clos, salle : *l'enceinte du tribunal.* Remparts. *Enceinte acoustique*, ensemble de plusieurs haut-parleurs, complémentaires d'une chaîne de haute fidélité.

enceinte adj. f. Se dit d'une femme en état de grossesse.

encens [ăsă] n. m. Espèce de résine aromatique dont l'odeur s'exhale surtout par la combustion.

encensement n. m. Action d'encenser.

encenser v. t. Agiter l'encensoir devant : *encenser un autel. Fig.* Honorer d'un respect religieux. Flatter : *encenser les puissants.*

encenseur n. m. Louangeur, flatteur.

encensoir n. m. Cassolette suspendue pour brûler l'encens.

encéphale n.·m. Ensemble des organes de la boîte crânienne.

encéphalite n. f. Inflammation de l'encéphale.

encerclement n. m. Action d'encercler.

encercler v. t. Entourer. Enfermer dans un réseau, cerner. *Encercler une armée, une ville,* l'entourer de troupes pour l'isoler complètement.

enchaînement n. m. Action d'enchaîner. Réunion d'objets, etc., formant une chaîne. *Fig.* Liaison.

enchaîner v. t. Lier avec une chaîne. *Fig.* Assujettir : *enchaîner les cœurs.* Coordonner : *enchaîner les idées.* Reprendre rapidement la suite d'un dialogue.

enchantement n. m. Charme, sortilège : *croire aux enchantements.* Chose merveilleuse, surprenante. *Fig.* Sorte d'ivresse du cœur ou des sens.

enchanter v. t. Charmer par des opérations magiques. *Fig.* Émerveiller par sa beauté, son charme.

enchanteur, eresse n. et adj. Qui se livre à des enchantements. *Fig.* Qui charme.

enchâsser v. t. Placer dans une châsse. Fixer dans un métal, etc. : *enchâsser un diamant. Fig.* Intercaler.

enchère n. f. Offre d'un prix supérieur à celui qu'un autre a offert.

enchérir v. t. Mettre une enchère sur. Rendre plus cher. V. i. Devenir plus cher : *le vin enchérit. Enchérir sur*, dépasser par son offre. *Fig.* Dépasser, aller plus loin.

enchérissement n. m. Hausse de prix.

enchérisseur n. m. Personne qui met une enchère.

enchevêtrement n. m. État de choses qui sont mêlées les unes dans les autres.

enchevêtrer (s') v. pr. S'engager les unes dans les autres, en parlant des choses : *des phrases qui s'enchevêtrent*. S'embrouiller, s'embarrasser : *s'enchevêtrer dans un long raisonnement*.

enchifrené, e adj. Enrhumé.

enclave n. f. Terrain ou territoire enclavé dans un autre.

enclavement n. m. Action d'enclaver.

enclaver v. t. Enfermer, enclore dans un autre, en parlant d'un territoire. *Techn.* Engager une pièce dans une autre.

enclin, e adj. Porté naturellement à.

enclore v. t. (conj. 78) Enfermer de murs, de haies, etc. Former une clôture.

enclos n. m. Espace fermé par une clôture. Petit domaine clos de murs.

enclume n. f. Masse d'acier sur laquelle on forge les métaux. Osselet de l'oreille interne.

encoche n. f. Entaille.

encocher v. t. Faire une encoche à.

encoignure [akɔɲyr] n. f. Angle intérieur formé par deux murs. Petit meuble propre à y être placé.

encollage n. m. Action d'encoller. Préparation pour encoler.

encoller v. t. Appliquer un apprêt de colle, de gomme, etc.

encolure n. f. Partie du corps du cheval qui s'étend depuis la tête jusqu'aux épaules et au poitrail. Dégagement d'un habit autour du cou. Mesure du cou. Partie du vêtement qui soutient le col.

encombrant, e adj. Qui encombre. *Fig.* Ennuyeux, gênant.

encombre (sans) loc. adv. Sans rencontrer d'obstacle.

encombrement n. m. Affluence de personnes, amas de matériaux, objets qui encombrent, obstruent.

encombrer v. t. Obstruer, embarrasser par la multitude des objets. Occuper en trop grand nombre : *encombrer une salle*.

encontre (à l') loc. prép. En opposition avec : *il agit à l'encontre de ses intérêts*.

encorbellement n. m. *Archit.* Construction en saillie.

encorder (s') v. pr. S'attacher les uns aux autres avec une corde, en parlant des alpinistes.

encore adv. Jusqu'à présent. De nouveau : *essayer encore*. Davantage, de plus ; et même : *non seulement... mais encore. Encore !*, exclamation qui marque l'étonnement, l'impatience. (En poésie, on peut écrire *encor*.)

encourageant, e adj. Qui encourage.

encouragement n. m. Action d'encourager. Ce qui encourage.

encourager v. t. (conj. 1) Donner du courage à. Inciter, déterminer : *encourager à partir*. Favoriser, stimuler : *encourager l'industrie*.

encourir v. t. (conj. 21) Attirer sur soi, mériter : *encourir un reproche*.

encrage n. m. Action d'encrer les rouleaux d'une presse d'imprimerie.

encrassement n. m. Action d'encrasser ou le fait de s'encrasser.

encrasser v. t. Rendre crasseux. V. pr. Devenir crasseux.

encre n. f. Liquide coloré, dont on se sert pour écrire ou pour imprimer. *Encre de*

Chine, composition employée pour les dessins.

encrer v. t. Enduire d'encre.

encrier n. m. Récipient destiné à contenir de l'encre.

encroûtement n. m. *Fig.* Diminution de la vie intellectuelle.

encroûter v. t. Recouvrir d'une croûte. V. pr. Se couvrir d'une espèce de croûte. *Fig.* Devenir impénétrable à des idées, à des opinions nouvelles.

encyclique n. f. et adj. Lettre solennelle adressée par le pape au clergé d'une nation ou aux catholiques du monde entier.

encyclopédie n. f. Ensemble complet des connaissances. Ouvrage où l'on traite méthodiquement de toutes les sciences et de tous les arts.

encyclopédique adj. Qui appartient à l'encyclopédie. D'une érudition universelle : *esprit encyclopédique*.

encyclopédiste n. m. Auteur d'une encyclopédie. Collaborateur de l'*Encyclopédie* de Diderot.

endémique adj. Se dit d'une maladie permanente dans une contrée déterminée : *le choléra était endémique dans l'Inde*. *Fig.* Qui sévit constamment : *chômage endémique*.

endettement n. m. Action de s'endetter.

endetter v. t. Charger de dettes. V. pr. Faire des dettes.

endeuiller v. t. Plonger dans le deuil, la tristesse.

endiablé, e adj. Infernal, turbulent : *enfant endiablé*. Ardent, impétueux : *une danse endiablée*.

endiguer v. t. Contenir par des digues.

endimancher v. t. Revêtir d'habits de fête, d'habits des dimanches. *Être endimanché*, avoir l'air emprunté dans des vêtements plus soignés que d'habitude.

endive n. f. Espèce de chicorée.

endocarde n. m. Membrane tapissant les cavités du cœur.

endocardite n. f. Inflammation de l'endocarde.

endocarpe n. m. *Bot.* Partie la plus interne du fruit.

endocrine adj. f. Se dit des glandes à sécrétion interne.

endoctriner v. t. Gagner à ses idées, à ses opinions.

endogamie n. f. Obligation, pour un individu, de se marier à l'intérieur de son groupe (contr. EXOGAMIE).

endolorir v. t. Rendre douloureux.

endommager v. t. (conj. 1) Causer du dommage. Abîmer, détériorer.

endormir v. t. (conj. 17) Faire dormir. *Fig.* Ennuyer, : *ce discours endort l'assistance*. Bercer de vaines espérances. Amuser pour tromper : *endormir la vigilance*. Calmer, apaiser : *endormir la douleur*. Engourdir. Pratiquer l'anesthésie générale. V. pr. Se laisser aller au sommeil. *Fig.* Rester inactif. Manquer de vigilance.

endos [ado] ou **endossement** n. m. Mention, signée sur le dos ou au dos d'un effet de commerce, d'un chèque, en transfère la propriété à une autre personne.

endoscope n. m. *Méd.* Appareil destiné à éclairer, pour la rendre visible, une cavité du corps.

endosmose n. f. *Phys.* Courant qui s'établit du dehors au-dedans entre deux liquides de densités différentes à travers une cloison membraneuse.

endosser v. t. Se couvrir le dos de : *endosser une cuirasse. Fig.* Assumer la responsabilité de. *Endosser un billet, une lettre de change,* mettre sa signature au dos.

endosseur n. m. Personne qui a endossé une lettre de change, un chèque, etc.

endroit n. m. Lieu, place. Localité qu'on habite. Passage d'un discours, d'un livre. Côté par lequel on doit regarder une chose : *l'endroit d'un tissu. A l'endroit,* du bon côté. *A l'endroit de,* à l'égard de.

enduire v. t. (conj. 64) Couvrir d'un enduit.

enduit n. m. Revêtement que l'on étend par couches minces sur une surface.

endurance n. f. Aptitude à résister aux fatigues, à la souffrance.

endurant, e adj. Qui est dur à la fatigue, à la souffrance.

endurci, e adj. *Fig.* Qui a une longue habitude de : *pécheur endurci.* Invétéré. Insensible, impitoyable.

endurcir v. t. Rendre dur. Rendre résistant. *le travail endurcit le corps. Fig.* Rendre insensible : *endurcir le cœur.* V. pr. Devenir insensible. S'accoutumer.

endurcissement n. m. Action de s'endurcir. Son résultat.

endurer v. t. Souffrir, supporter ce qui est dur, pénible, désagréable : *endurer le froid.*

énergétique adj. Relatif à l'énergie.

énergie n. f. *Phys.* Faculté que possède un système de corps de fournir du travail mécanique ou son équivalent. *Énergie cinétique,* énergie que possède un corps en vertu de sa vitesse. *Sources d'énergie,* le charbon, l'électricité, le pétrole, le gaz naturel et celles qui sont fournies par les marées, l'atome, la chaleur solaire. Force physique ou morale. Vertu, efficacité. Fermeté, détermination, courage : *il a supporté cette épreuve avec beaucoup d'énergie.*

énergique* adj. Qui a de l'énergie. Vif, vigoureux : *une énergique protestation.*

énergumène n. Individu exalté, excessif ou bizarre dans son comportement.

énervant, e adj. Agaçant, exaspérant, insupportable : *un enfant énervant.*

énervement n. m. État d'une personne surexcitée, incapable de se maîtriser totalement.

énerver v. t. Provoquer l'irritation. Agacer : *ses cris m'énervent.*

enfance n. f. Période de la vie depuis la naissance jusqu'à la douzième année environ. Les enfants. Commencement, origine. *C'est l'enfance de l'art,* c'est extrêmement simple à faire. *Retomber en enfance,* avoir des facultés mentales affaiblies par l'âge.

enfant n. Garçon, fille dans l'enfance. Fils ou fille, quel que soit l'âge : *père de trois enfants.* Descendant : *les enfants d'Adam.* Qui est originaire de, qui appartient à la population de : *un enfant de Paris. Enfant légitime,* né de parents unis par le mariage.

Enfant naturel, né hors du mariage. *Faire l'enfant,* s'amuser à des choses puériles.

enfantement n. m. Action d'enfanter. Accouchement. *Fig.* Production, création.

enfanter v. t. Donner le jour à un enfant. *Fig.* Produire, créer.

enfantillage n. m. Paroles, actes qui, par leur manque de sérieux, ne conviendraient qu'à un enfant.

enfantin, e adj. Qui a le caractère de l'enfance. Simple à comprendre, à faire, à résoudre : *un problème enfantin.*

enfariné, e adj. Couvert de farine.

enfer n. m. Lieu destiné au supplice des damnés, selon la religion chrétienne. *Fig.* Lieu de souffrance, cause de tourment : *sa vie est un enfer.* Lieu de désordre et de confusion : *cette maison est un enfer. Feu d'enfer,* feu très violent. Pl. *Les enfers,* séjour des âmes après la mort, dans la mythologie.

enfermer v. t. Mettre en un lieu fermé. Mettre dans un hôpital psychiatrique, dans une prison, etc. Mettre sous clef : *enfermer des papiers.* Contenir, comprendre. V. pr. S'isoler chez soi. *S'enfermer dans son silence,* s'y tenir résolument.

enferrer (s') v. pr. Se jeter sur l'épée de son adversaire. *Fig.* Se prendre à ses propres mensonges. S'engager dans une voie sans issue.

enfiévrer v. t. (conj. 5) Mettre en état de fièvre. *Fig.* Passionner, enflammer.

enfilade n. f. Ensemble de choses disposées les unes à la file des autres : *chambres en enfilade.*

enfiler v. t. Passer un fil dans le trou d'une aiguille, d'une perle, etc. Percer de part en part. *Fig. Enfiler un chemin,* s'y engager.

enfin adv. Bref, en un mot, à la fin.

enflammé, e adj. Qui est dans un état inflammatoire : *une plaie enflammée. Fig.* Rempli d'ardeur.

enfler v. t. Gonfler en remplissant d'air, de gaz, etc. Augmenter le volume de. *Fig.* Grossir, donner de l'extension à. Rendre emphatique : *enfler le ton.* Exagérer : *enfler un récit.* V. i. Devenir enflé.

enflure n. f. Gonflement, bouffissure. *Fig.* Orgueil, emphase : *l'enflure du style.*

enfoncement n. m. Action d'enfoncer. Partie d'une façade. *Archit.* Profondeur des fondations.

enfoncer v. t. (conj. 1) Pousser, mettre au fond. Briser, en poussant, en pesant : *enfoncer une porte. Par ext.* Mettre en déroute : *enfoncer l'ennemi.* V. i. Aller au fond, couler. Céder à la pression : *le sol enfonce sous les pas.* V. pr. S'engager profondément : *s'enfoncer dans l'eau.* Disparaître. *Fig.* En venir à une situation pire.

enfouir v. t. Mettre, enfoncer en terre. Mettre en un lieu secret. *Fig.* Dissimuler.

enfouissement n. m. Action d'enfouir.

enfourcher v. t. Monter à califourchon : *enfourcher un cheval.* Percer avec une fourche.

enfournage ou **enfournement** n. m. Action d'enfourner.

enfourner v. t. Mettre dans le four. *Fam.* Manger gloutonnement.

enfreindre v. t. (conj. 55) Transgresser, violer.

enfuir (s') v. pr. (conj. 18) Fuir de. *Fig.* Passer rapidement. S'éloigner, disparaître : *les jours s'enfuient.*

enfumage n. m. Action d'enfumer.

enfumer v. t. Emplir de fumée. Noircir par la fumée. Incommoder par la fumée.

engagé n. m. Soldat qui a contracté un engagement volontaire. Adj. Se dit d'un écrivain, d'un artiste qui prend position en matière politique et qui traduit ses opinions dans son œuvre.

engageant, e adj. Insinuant, attirant.

engagement n. m. Action d'engager, de mettre en gage. Promesse par laquelle on s'engage : *faire honneur à ses engagements.* Enrôlement volontaire d'un soldat. Combat court : *l'engagement devient général.*

engager v. t. (conj. 1) Mettre en gage. Lier par une promesse : *engager sa parole.* Attacher à son service : *engager un domestique.* Enrôler. Inviter, exhorter : *engager à sortir.* Commencer, entamer : *engager une partie.* Faire entrer dans : *engager un obus dans la culasse.* Exhorter, inciter : *engager à travailler.* Faire entrer, investir : *engager des capitaux.* V. pr. S'enrôler. Prendre part à. Pénétrer, s'enfoncer : *s'engager dans un bois.* Promettre. Prendre nettement position sur les problèmes politiques et sociaux de son époque.

engainer v. t. Mettre dans une gaine.

engeance [ɑ̃ʒɑ̃s] n. f. Catégorie de personnes jugées méprisables.

engelure n. f. Inflammation, crevasses causées par le froid.

engendrer v. t. Donner l'existence. *Fig.* Produire, avoir pour effet.

engin n. m. Instrument. Matériel de guerre : *un engin blindé.* Projectile autopropulsé ou téléguidé : *des engins sol-sol.*

engineering [ɛndʒiniriɳ] n. m. (mot angl.) Ensemble des plans et des études qui déterminent les conditions les meilleures pour la réalisation d'un projet industriel (syn. français INGÉNIERIE).

englober v. t. Réunir en un tout. Contenir.

engloutir v. t. Avaler gloutonnement. *Fig.* Absorber, faire disparaître.

engloutissement n. m. Action d'engloutir.

engluer v. t. Enduire de glu, de matière gluante. Prendre à la glu.

engoncer v. t. (conj. 1) Faire paraître le cou enfoncé dans les épaules, en parlant d'un habit.

engorgement n. m. Embarras dans un conduit, sur une voie de circulation. *Méd.* Obstruction d'un organe.

engorger v. t. (conj. 1) Obstruer.

engouement [ɑ̃gumɑ̃] n. m. Admiration exagérée, emballement.

engouer (s') v. pr. Se passionner exagérément pour.

engouffrer v. t. Jeter en grande quantité dans un trou. *Fig.* Dévorer, engloutir. V. pr. Se dit des eaux, du vent, qui entrent avec violence en quelque endroit. *Par ext.* Se précipiter dans : *s'engouffrer dans le métro.*

engourdir v. t. Rendre gourd : *le froid l'a engourdi. Fig.* Rendre paresseux, endormir : *engourdir l'esprit.*

engourdissement n. m. Paralysie momentanée d'une partie du corps. *Fig.* Torpeur.

engrais n. m. Fumier et matières végétales ou chimiques propres à fertiliser les terres. *A l'engrais,* se dit d'un animal que l'on engraisse.

engraissement n. m. Action d'engraisser. Son résultat.

engraisser v. t. Faire devenir gras : *engraisser des canards.* Fertiliser par l'engrais. V. i. Prendre de l'embonpoint.

engranger v. t. (conj. 1) Mettre en grange.

engrenage n. m. *Méc.* Disposition de roues dentées se commandant les unes les autres. *Fig.* Concours de circonstances se compliquant mutuellement : *être pris dans un engrenage.*

engrener v. t. et i. (conj. 5) Emplir de grain une batteuse de céréales. *Méc.* Mettre deux roues dentées en liaison.

engueulade n. f. *Pop.* Action d'engueuler, de s'engueuler.

engueuler v. t. *Pop.* Accabler de reproches, d'injures.

enguirlander v. t. Entourer de guirlandes. *Fam.* Injurier.

enhardir [ɑ̃ardir] v. t. Rendre hardi. V. pr. Devenir hardi. Se permettre de, aller jusqu'à : *s'enhardir à plonger.*

énigmatique adj. Qui tient de l'énigme. Difficile à comprendre.

énigme n. f. Jeu d'esprit où l'on donne à deviner une chose en la décrivant en termes obscurs. Chose difficile à définir, à connaître à fond, à comprendre.

enivrement n. m. Action de s'enivrer. Ivresse. *Fig.* Exaltation : *l'enivrement de la gloire.*

enivrer [ɑ̃nivre] v. t. Rendre ivre. *Fig.* Troubler, exalter. V. pr. Se rendre ivre.

enjambée n. f. Action d'enjamber. Espace qu'on enjambe.

enjambement n. m. Rejet au vers suivant d'un ou de plusieurs mots qui complètent le sens du premier.

enjamber v. t. Franchir d'une enjambée. V. i. Aller à grands pas. Empiéter. Produire l'enjambement.

enjeu n. m. Somme d'argent que l'on risque dans un jeu, un pari et qui doit revenir au gagnant. *Fig.* Ce qu'on risque de gagner ou de perdre dans une entreprise.

enjoindre v. t. (conj. 55) Ordonner, commander expressément.

enjôler v. t. Séduire par des cajoleries, par de belles paroles.

enjôleur, euse n. et adj. Qui enjôle.

enjolivement n. m. Ce qui enjolive.

enjoliver v. t. Rendre joli ou plus joli par des ornements. *Enjoliver un récit,* l'enrichir par des détails plus ou moins exacts.

enjoliveur n. m. Garniture servant d'ornement à une voiture.

enjolivure n. f. Petit enjolivement.

enjoué, e adj. Gai, souriant.

enjouement [ɑ̃ʒumɑ̃] n. m. Gaieté vive, bonne humeur.

enkyster (s') v. pr. S'envelopper d'un kyste : *tumeur qui s'enkyste.*

enlacement n. m. Embrassement, étreinte. État de ce qui est enlacé.

enlacer v. t. (conj. 1) 1) Étreindre, serrer : *enlacer dans ses bras.* Enserrer avec un lien. V. pr. Se prendre mutuellement dans les bras.

enlaidir v. t. Rendre laid. V. i. Devenir laid : *il a enlaidi.*

enlaidissement n. m. Action d'enlaidir. Son résultat.

enlèvement n. m. Action d'enlever, d'emporter. Rapt.

enlever v. t. (conj. 3) Lever, retirer : *enlever le couvert.* Ravir, prendre par force : *enlever un enfant.* Faire disparaître : *enlever une tache.* Obtenir sans peine : *enlever un vote.* Fig. Exécuter rapidement, brillamment : *enlever un morceau de musique, une affaire.* Conquérir par surprise : *enlever une position. La maladie l'a enlevé,* l'a fait mourir.

enlisement n. m. Action de s'enliser.

enliser (s') v. pr. S'enfoncer dans le sable, la vase, la boue, etc. Fig. Se laisser de plus en plus prendre dans une situation inextricable : *s'enliser dans la guerre.*

enluminer v. t. Colorier, orner d'enluminures. Fig. Colorer vivement. Parer avec affectation : *enluminer son style.*

enlumineur, euse n. Artiste qui fait des enluminures.

enluminure n. f. Art d'enluminer. Illustration ou ornementation en couleurs d'un manuscrit : *une enluminure du Moyen Âge.*

enneigement n. m. État d'un endroit couvert de neige : *épaisseur de la couche de neige qui s'y trouve.*

enneiger v. t. Couvrir de neige.

ennemi, e n. et adj. Qui hait quelqu'un, qui cherche à lui nuire. Qui a de l'aversion : *ennemi du bruit.* N. m. Pays avec lequel on est en guerre.

ennoblir v. t. Donner de la noblesse, de la dignité morale.

ennoblissement n. m. Action d'ennoblir.

ennui n. m. Lassitude morale produite par le désœuvrement, le manque d'intérêt, etc. Ce qui est regrettable, fâcheux. Pl. Difficultés, inquiétude, souci.

ennuyer [ãnɥije] v. t. (conj. 2) Importuner, contrarier. Lasser, rebuter par manque d'intérêt, monotonie, etc. : *ce livre m'ennuie.* V. pr. Éprouver de l'ennui, de la lassitude.

ennuyeux, euse adj. Qui ennuie.

énoncé, e n. m. Chose énoncée. Action d'énoncer. Texte exact qui exprime un jugement, qui formule un problème, qui pose une question, qui expose un résultat : *l'énoncé d'un problème, d'un théorème.*

énoncer v. t. (conj. 1) Exprimer par paroles ou par écrit : *énoncer un axiome.*

énonciation n. f. Action, manière d'énoncer.

enorgueillir [ãnɔrgœjir] v. tr. Rendre orgueilleux. V. pr. Tirer vanité.

énorme adj. Démesuré, excessif.

énormément adv. Excessivement.

énormité n. f. Caractère de ce qui dépasse toute mesure, extrême gravité : *l'énormité d'un crime.* Fig. Chose extravagante. Balourdise.

enquérir (s') v. pr. (conj. 13) S'informer : *s'enquérir d'un ami.*

enquête n. f. Réunion de témoignages pour élucider une question : *diriger une enquête.* Recherches ordonnées par une autorité quelconque : *le tribunal ordonne une enquête.*

enquêter v. i. Faire, conduire une enquête.

enquêteur, euse n. et adj. Qui enquête.

enracinement n. m. Action d'enraciner, de s'enraciner.

enraciner v. t. Faire prendre racine à : *enraciner un arbre.* V. pr. Prendre racine. Se fixer : *les préjugés s'enracinent facilement.*

enragé, e adj. Qui a la rage. Fig. Emporté. Excessif, violent : *joueur enragé.*

enrager v. i. Avoir la rage. Fig. Être furieux : *il enrage d'attendre.* Faire enrager quelqu'un, le taquiner, le tourmenter.

enrayage n. m. Arrêt accidentel d'une arme à feu.

enrayer [ãrɛje] v. t. (conj. 2) Entraver le mouvement des roues d'une voiture ou de tout autre mécanisme. Fig. Arrêter, suspendre l'action de : *enrayer une maladie.* V. pr. En parlant d'une arme à feu ou de tout autre mécanisme, cesser de fonctionner soudain.

enrégimenter v. t. Incorporer dans un régiment, et, au fig., dans un parti, un groupe.

enregistrement n. m. Action d'enregistrer. Administration, bureaux où l'on enregistre certains actes. Gravure des sons sur un support matériel (disque, bande magnétique, film).

enregistrer v. t. Porter sur un registre; transcrire un jugement, un acte dans les registres publics, pour en assurer l'authenticité : *enregistrer un contrat.* Par ext. Consigner certains faits par écrit et, au fig., dans sa mémoire. Constater de manière objective. Faire noter le dépôt de : *enregistrer des bagages.* Fixer un phénomène physique sur un support matériel : *enregistrer la voix.* Interpréter pour un enregistrement : *enregistrer un disque.*

enregistreur adj. et n. Qui enregistre. Adj. Se dit d'un appareil qui inscrit automatiquement une mesure, un phénomène physique : *thermomètre enregistreur.*

enrhumer v. t. Causer un rhume. V. pr. Contracter un rhume.

enrichir v. t. Rendre riche. Par ext. Augmenter, développer, doter : *enrichir un musée.* Garnir d'un ornement précieux : *enrichir de diamants.* Fig. Orner : *enrichir son esprit.*

enrichissement n. m. Action d'enrichir, de s'enrichir.

enrobage n. m. Action d'enrober.

enrober v. t. Recouvrir d'une enveloppe protectrice : *enrober de sucre un médicament.* Fig. Déguiser, envelopper : *enrober un reproche.*

enrôlement n. m. Action d'enrôler ou de s'enrôler.

enrôler v. t. Faire s'engager dans l'armée. Fig. Faire entrer dans un parti, un groupe. V. pr. Se faire inscrire ou admettre dans un groupe. S'engager.

enrouement n. m. État, maladie de celui qui est enroué.

enrouer v. t. Rendre la voix rauque. V. pr. Être pris d'enrouement.

enroulement n. m. Action d'enrouler. Ornement en spirale.

enrouler v. t. Rouler une chose sur elle-même ou autour d'une autre.

enrubanner v. t. Orner de rubans.

ensablement n. m. Formation naturelle d'un amas de sable.

ensabler v. t. Couvrir, engorger de sable. Faire échouer sur le sable. Engager un véhicule dans le sable.

ensacher v. t. Mettre en sac.

ensanglanter v. t. Souiller, couvrir de sang. *Par ext.* Se dit de ce qui fait couler le sang : *ce souverain a ensanglanté l'Europe.* Souiller, déshonorer par l'effusion de sang.

enseignant, e adj. et n. Qui donne l'enseignement. *Le corps enseignant,* l'ensemble des instituteurs, des professeurs, etc.

enseigne n. f. Marque distinctive (écriteau, dessin, emblème) placée sur la façade d'une maison de commerce pour attirer l'attention du public. Drapeau, étendard : *marcher enseignes déployées.* A telle enseigne que, la preuve en est que, à tel point. N. m. *Autref.* Officier porte-drapeau. *Auj. Enseigne de vaisseau,* officier de marine à un (2ᵉ classe) ou deux galons (1ʳᵉ classe).

enseignement n. m. Action, art d'enseigner. Profession de celui qui enseigne. Instruction. Leçon donnée par les faits, l'expérience : *les enseignements de l'âge.*

enseigner v. t. Instruire : *enseigner des enfants.* Apprendre à autrui, professer : *enseigner la grammaire à son fils.*

ensemble adv. L'un avec l'autre, en même temps. N. m. Réunion de personnes, de choses qui forment un tout. Unité, harmonie : *avec ensemble, mouvements d'ensemble.* Costume féminin composé de pièces assorties. *Grand ensemble,* groupe d'habitations neuves constituant une véritable agglomération. *Vue d'ensemble,* vue générale. *Math.* Notion première qui généralise la notion de « collection » ou de rassemblement d'objets, appelés *éléments* de l'ensemble : *ensemble fini, ensemble ordonné,* etc.

ensemblier n. m. Artiste qui combine des ensembles décoratifs.

ensemencement n. m. Action d'ensemencer.

ensemencer v. t. (conj. 1) Répandre la semence sur ou dans.

enserrer v. t. Serrer étroitement. Enfermer, contenir dans des limites étroites.

ensevelir v. t. Envelopper un corps mort dans un linceul. *Par ext.* Enterrer. *Fig.* Engloutir. Cacher.

ensevelissement n. m. Action d'ensevelir; funérailles.

ensilage n. m. Action d'ensiler.

ensiler v. t. Mettre dans un silo.

ensoleillé, e adj. Exposé au soleil.

ensoleillement n. m. État de ce qui est ensoleillé. Temps pendant lequel un lieu est ensoleillé.

ensommeillé, e adj. Appesanti par le sommeil (au pr. et au *fig.*).

ensorceler v. t. (conj. 3) Jeter un sort sur. *Fig.* Séduire, captiver.

ensorceleur, euse adj. et n. Qui ensorcelle.

ensorcellement n. m. Action d'ensorceler. Son résultat. *Fig.* Séduction.

ensuite adv. Après, à la suite.

ensuivre (s') v. pr. (conj. 56) Suivre, être la conséquence. V. impers. Résulter.

entablement n. m. Couronnement mouluré d'un édifice, d'un meuble, d'une porte, d'une fenêtre.

entacher v. t. Souiller moralement. *Acte entaché de nullité,* qui n'est pas fait dans les formes.

entaille n. f. Large coupure dans le bois, la pierre, les chairs, etc. Blessure par instrument tranchant.

entailler v. t. Faire une entaille.

entame n. f. Premier morceau que l'on coupe d'un pain, d'un rôti, etc.

entamer v. t. Couper le premier morceau. Faire une légère incision. *Fig.* Commencer. Porter atteinte à : *entamer la réputation de quelqu'un.*

entartrer v. t. Encrasser de tartre.

entassement n. m. Action d'entasser. Amas : *entassement de débris.*

entasser v. t. Mettre en tas ; accumuler, amonceler. *Fig.* Réunir en quantité. V. pr. Se réunir en grand nombre dans un lieu trop étroit : *les voyageurs s'entassent dans le métro.*

ente n. f. Ancien nom de la *greffe.* Arbre greffé. *Prune d'ente,* variété de prune.

entendement n. m. Faculté de comprendre : *cela dépasse l'entendement.*

entendre v. t. (conj. 46) Percevoir par le sens de l'ouïe. Écouter : *ne vouloir rien entendre.* Recevoir le témoignage : *entendre un témoin.* Exaucer : *entendre une prière.* Assister à l'audition de. *Fig.* Comprendre : *entendre à demi-mot.* Vouloir dire : *qu'entend-il par là?* Prendre bien, ne pas se fâcher : *entendre la plaisanterie.* Vouloir : *j'entends qu'on obéisse.* Donner à entendre, laisser croire. *Entendre raison,* acquiescer à ce qui est juste. V. pr. Se comprendre, se mettre d'accord : *ils s'entendent bien.* Se connaître, à être habile en : *s'entendre à la musique.* Se comprendre : *nos prix s'entendent tous frais compris. Cela s'entend,* c'est bien naturel, cela va de soi.

entendu, e adj. Convenu, décidé. Intelligent, habile, capable. Bien entendu, assurément.

entente n. f. Accord : *parvenir à une entente.* Bonne intelligence : *entente entre deux amis.* Convention, accord entre sociétés, groupements, États : *politique d'entente.* Interprétation : *mot à double entente.*

enter v. t. Greffer une ente sur.

entériner v. t. *Dr.* Ratifier un acte par un jugement. Rendre valable, définitif.

entérite n. f. Inflammation des intestins.

enterrement n. m. Action de mettre en terre. Inhumation, funérailles. Convoi funèbre. Frais de sépulture.

enterrer v. t. Enfouir. Engloutir sous les décombres. Inhumer. Survivre à : *vieillard qui enterre ses héritiers. Fig.* Jeter l'oubli sur : *enterrer une question, un projet de loi.* V. pr. Se retirer du monde.

en-tête n. m. Ce qui est imprimé, écrit ou gravé en tête d'une lettre, d'un écrit.

entêté, e adj. Opiniâtre, têtu.

entêtement n. m. *Fig.* Obstination.

entêter v. t. En parlant d'odeurs, de vapeurs, faire mal à la tête, étourdir : *l'odeur du lis entête.* V. pr. S'obstiner.

enthousiasme n. m. Admiration passionnée. Grande démonstration de joie : *accueillir avec enthousiasme.*

enthousiasmer v. t. Remplir d'admiration ; inspirer de l'enthousiasme. V. pr. Se passionner pour.

enthousiaste n. et adj. Qui ressent ou témoigne de l'enthousiasme.

entichement n. m. Engouement.

enticher (s') v. pr. Se prendre d'un attachement passager, excessif pour : *s'enticher d'une femme, d'un livre.*

entier, ère* adj. Complet, sans restriction. *Fig.* Absolu : *esprit entier.* Sans modification : *la question reste entière.* Qui n'a pas été castré : *un cheval entier.* N. m. Nombre qui ne contient que des unités entières. Totalité : *lisez-le dans son entier. En entier,* complètement.

entité n. f. *Philos.* Ce qui constitue l'essence d'un être. Chose considérée comme une individualité : *entité supranationale.*

entoilage n. m. Action d'entoiler. Fixer de la toile sur ou sous.

entoiler v. t. Fixer sur une toile.

entomologie n. f. Partie de la zoologie qui traite des insectes.

entomologiste n. Spécialiste d'entomologie.

entonner v. t. Verser un liquide dans un tonneau. Ingurgiter.

entonner v. t. Commencer un air pour donner le ton. Commencer un chant.

entonnoir n. m. Ustensile en forme de cône, servant à transvaser un liquide. Cavité en forme d'entonnoir, formée notamment par une explosion.

entorse n. f. Distension brutale des ligaments d'une articulation. *Fig.* Atteinte, altération : *entorse à la vérité.*

entortillement n. m. Action de s'entortiller ou d'entortiller. Son effet. *Fig.* Embarras, obscurité du style.

entortiller v. t. Envelopper en tortillant. *Fig.* Exprimer d'une manière embarrassée : *entortiller ses pensées. Fam.* Séduire : *entortiller un naïf.*

entour (à l') loc. adv. Dans les environs : *il n'y a personne à l'entour.*

entourage n. m. Tout ce qui entoure pour orner. *Fig.* Les personnes qui vivent auprès de quelqu'un.

entourer v. t. Disposer autour. Être placé autour de : *la clôture qui entoure le pré. Fig.* Combler : *entourer quelqu'un de soins, de prévenances.* V. pr. Mettre autour de soi : *s'entourer de mystère, de précautions.*

entournure n. f. Echancrure d'une manche à l'aisselle. *Fam.* Être gêné aux entournures, être dans une situation gênante, mal à l'aise.

entracte n. m. Intervalle entre les actes d'une pièce de théâtre. Intermède.

entraide n. f. Aide mutuelle.

entraider (s') v. pr. S'aider mutuellement.

entrailles n. f. pl. Intestins, boyaux. *Par ext.* Partie intérieure et profonde : *les entrailles de la terre.* Sensibilité : *homme sans entrailles.*

entrain n. m. Vivacité joyeuse. Bonne humeur entraînante : *travailler avec entrain.*

entraînement n. m. Action d'entraîner (au pr. et au *fig.*). Préparation à un sport, à une compétition.

entraîner v. t. Traîner avec soi. Mettre en mouvement : *la locomotive entraîne le train.* Emmener de force. Conduire avec soi : *il l'entraîna vers la sortie.* Préparer à un sport, à un exercice. *Fig.* Attirer par une pression morale : *entraîner quelqu'un dans une action.* Stimuler, exalter : *la musique entraîne les danseurs.* Avoir pour conséquence : *ce choix entraîne bien des difficultés.*

entraîneur n. m. Celui qui entraîne des chevaux, des sportifs.

entraîneuse n. f. Jeune femme employée dans un établissement de nuit pour inciter les clients à danser et à consommer.

entrave n. f. Lien fixé aux pieds d'un animal pour l'empêcher de s'enfuir. *Fig.* Obstacle, empêchement.

entraver v. t. Mettre des entraves à.

entre prép. Marque la place ou le temps intermédiaire, ou un rapport de relation.

entrebâillement n. m. Légère ouverture laissée par un objet entrebâillé.

entrebâiller v. t. Entrouvrir légèrement.

entrechat n. m. Saut léger, pendant lequel le danseur fait un ou plusieurs battements de pieds.

entrechoquer (s') v. pr. Se choquer l'un l'autre : *des verres qui s'entrechoquent.*

entrecôte n. f. Morceau de viande coupé entre deux côtes.

entrecouper v. t. Interrompre par des intervalles. V. pr. *Lignes, dessins qui s'entrecoupent,* qui se coupent mutuellement.

entrecroisement n. m. Disposition de choses qui s'entrecroisent.

entrecroiser v. t. Croiser en divers sens.

entre-déchirer (s') v. pr. Se déchirer mutuellement.

entre-deux n. m. inv. Partie située au milieu de deux choses.

entre-deux-guerres n. f. ou m. inv. Période située entre la Première et la Seconde Guerre mondiale.

entrée n. f. Action d'entrer. Accès : *entrée gratuite.* Endroit par où l'on entre. Ouverture de certains objets. Vestibule d'un appartement. *Fig.* Début : *à l'entrée de l'hiver.* Premiers mets servis dans un repas.

entrefaites n. f. *Sur ces entrefaites,* dans cet intervalle, à ce moment.

entrefilet n. m. Petit article de journal : *un entrefilet venimeux.*

entregent n. m. Habileté, adresse à se conduire : *avoir de l'entregent.*

entrejambe n. m. Partie de la culotte ou du pantalon située entre les jambes.

entrelacement n. m. Etat de plusieurs choses entrelacées.

entrelacer v. t. (conj. 1) Enlacer l'un dans l'autre.

entrelacs [ãtrəla] n. m. Ornement composé de motifs entrelacés formant une suite continue.

entrelarder v. t. Piquer une viande de lard. *Fig. et fam.* Parsemer de.

entremêler v. t. Mêler plusieurs choses à d'autres.

entremets n. m. Plat sucré que l'on sert après le fromage et avant les fruits.

entremetteur, euse n. Personne qui sert d'intermédiaire, de médiateur. N. f. Péjor. Femme qui sert d'intermédiaire dans une intrigue galante.

entremettre (s') v. pr. (conj. 49) S'employer dans une affaire concernant autrui. S'interposer.

entremise n. f. Action de s'entremettre. Bons offices, médiation : offrir son entremise. Par l'entremise de loc. prép. Par l'intermédiaire de.

entrepont n. m. Espace compris entre les deux ponts d'un bateau.

entreposer v. t. Déposer momentanément des marchandises dans un lieu.

entrepôt n. m. Lieu où l'on met des marchandises en dépôt.

entreprenant, e adj. Hardi à entreprendre. Par ext. Hardi auprès des femmes.

entreprendre v. t. (conj. 50) Commencer à exécuter, à faire : entreprendre des travaux. Fam. Tenter de convaincre, de persuader : entreprendre quelqu'un.

entrepreneur, euse n. Qui entreprend à forfait un ouvrage. Chef d'une entreprise, et en particulier d'une entreprise spécialisée dans la construction ou les travaux publics.

entreprise n. f. Action d'entreprendre ; ce qui est entrepris. Ce qu'on s'est chargé de faire à forfait : l'entreprise d'un pont. Service public : entreprise de messageries. Unité économique de production : une entreprise privée.

entrer v. i. Passer du dehors au dedans. Passer dans une situation, un emploi, etc. : entrer dans la magistrature. Fig. S'engager dans : entrer dans un complot. Être contenu : médicament où il entre du fer. Entrer en matière, commencer. V. t. Fam. Introduire : entrer du tabac en fraude.

entresol n. m. Étage situé entre le rez-de-chaussée et le premier étage.

entre-temps adv. Dans l'intervalle, pendant ce temps-là.

entretenir v. t. (conj. 16) Tenir en bon état. Pourvoir des choses nécessaires. Entretenir quelqu'un de, causer avec lui sur. V. pr. Converser.

entretien n. m. Action d'entretenir. Dépense pour entretenir quelque chose. Ce qui est nécessaire pour la subsistance, l'habillement, etc. Conversation.

entretoise n. f. Pièce de bois, de fer, qui en relie d'autres.

entretuer (s') v. pr. Se tuer l'un l'autre : adversaires qui s'entre-tuent.

entrevoir v. t. (conj. 36) Ne faire qu'apercevoir. Connaître, prévoir confusément : entrevoir la vérité, un malheur.

entrevue n. f. Rencontre concertée.

entrouvrir v. t. (conj. 10) Ouvrir en écartant : entrouvrir les rideaux d'une fenêtre. Ouvrir un peu : entrouvrir une fenêtre.

énucléer v. t. Extirper un organe.

énumération n. f. Dénombrement.

énumérer v. t. (conj. 5) Énoncer successivement.

envahir v. tr. Entrer violemment dans. Par ext. Se répandre dans, sur.

envahissement n. m. Action d'envahir.

envahisseur n. et adj. m. Qui envahit : peuple envahisseur.

envasement n. m. État de ce qui est envasé : l'envasement d'un canal.

envaser v. t. Remplir de vase.

enveloppe n. f. Ce qui sert à envelopper. Membrane enveloppant un organe. Papier plié qui enveloppe une lettre. Fig. Ce qui cache, apparence : enveloppe trompeuse.

enveloppement n. m. Action d'envelopper ou de s'envelopper.

envelopper v. t. Couvrir, entourer exactement une chose avec une autre. Fig. Cacher, déguiser. Entourer, cerner.

envenimer v. t. Infecter. Fig. Aggraver, exaspérer.

envergure n. f. Largeur de la voilure d'un navire. Étendue des ailes déployées d'un oiseau, d'un avion. Fig. Ampleur, puissance : un poète d'envergure.

envers prép. À l'égard de. Envers et contre tous, en dépit de tous.

envers n. m. L'opposé de l'endroit. Le contraire. Aspect généralement caché d'une chose : l'envers du décor. À l'envers loc. adv. Du mauvais côté ; sens dessus dessous, dans le sens contraire.

envi (à l') loc. adv. Avec émulation, à qui mieux mieux.

enviable adj. Qui est digne d'envie.

envie n. f. Sentiment de convoitise à la vue du bonheur d'autrui. Désir, souhait : j'ai envie de dormir. Tache naturelle sur la peau. Petit filet de peau autour des ongles.

envier v. t. Éprouver de l'envie. Souhaiter pour soi.

envieux, euse adj. et n. Qui envie.

environ adv. À peu près.

environnement n. m. Ce qui entoure. Ensemble des éléments naturels et artificiels où se déroule la vie humaine.

environner v. t. Entourer : la ville est environnée de montagnes. Fig. Être autour de : les dangers qui l'environnent. V. pr. Réunir autour de soi.

environs n. m. pl. Alentours.

envisager v. t. (conj. 1) Examiner, considérer en esprit. Avoir en vue, projeter.

envoi n. m. Action d'envoyer. Chose envoyée : envoi postal. Vers placés à la fin d'une pièce de poésie, pour en faire hommage à quelqu'un. Dr. Envoi en possession, autorisation d'entrer en possession d'un héritage. Coup d'envoi, dans plusieurs sports, coup marquant le début d'une partie.

envol n. m. Action de s'envoler.

envolée n. f. Mouvement oratoire : une envolée lyrique.

envoler (s') v. pr. Prendre son vol. S'enfuir. Fig. Disparaître.

envoûtement n. m. Opération magique par laquelle on pratiquait sur une petite figurine en cire, symbolisant la personne à qui l'on voulait nuire, des blessures dont elle était censée souffrir elle-même. Fig. Action de subjuguer ; domination mystérieuse.

envoûter v. t. Pratiquer un envoûtement. Ensorceler. Fasciner. Subjuguer.

envoyé n. m. Ambassadeur ; messager.

envoyer [ãvwaje] v. t. (conj. 6) Faire aller. Expédier. Déléguer. Lancer. Fig. Envoyer promener, congédier avec rudesse.

envoyeur, euse n. Personne qui envoie.

enzyme n. f. *Chim.* Substance organique soluble, provoquant ou accélérant une réaction.

éolienne n. f. Moteur actionné par le vent.

épagneul, e n. et adj. Chien d'arrêt à long poil et à oreilles pendantes.

épais, aisse adj. Qui a de l'épaisseur. Dense, serré : *encre épaisse, herbe épaisse.* Opaque : *nuit épaisse. Fig.* Grossier, lourd, pesant : *esprit épais.* Adv. D'une manière serrée : *semer épais.*

épaisseur n. f. Hauteur d'un solide. État de ce qui est dense.

épaissir v. t. Rendre plus épais, plus dense. V. i. et pr. Devenir plus épais, plus large, plus gros.

épaississement n. m. Action d'épaissir, le fait de s'épaissir. Son résultat.

épanchement n. m. Écoulement. *Méd.* Accumulation liquide ou gazeuse : *épanchement de sang. Fig.* Effusion.

épancher v. t. Confier librement ses sentiments : *épancher son cœur.* V. pr. Parler avec une entière confiance. *Méd.* S'extravaser.

épandage n. m. Action d'épandre. *Champs d'épandage,* terrains destinés à l'épuration des eaux d'égout par filtration dans le sol.

épandre v. t. (conj. 46) Jeter çà et là, éparpiller. *Épandre un engrais,* l'étendre sur le sol en le dispersant.

épanouir v. t. Faire ouvrir (les fleurs). *Fig.* Rendre ouvert, joyeux : *le bonheur épanouit les cœurs.* V. pr. S'ouvrir. *Fig.* Se détendre ; devenir radieux.

épanouissement n. m. Action de s'épanouir. *Fig.* Manifestation de joie.

épargnant, e adj. et n. Qui épargne, qui économise.

épargne n. f. Action d'épargner. Économie. Pl. Somme économisée. *Caisse d'épargne,* établissement public qui reçoit en dépôt des sommes portant intérêts.

épargner v. t. Ménager, amasser par économie. *Fig.* User avec ménagement de. Traiter avec ménagement : *épargner les vaincus.* Éviter : *épargner des ennuis.*

éparpillement n. m. Action d'éparpiller. État de ce qui est éparpillé.

éparpiller v. t. Disperser de tous côtés.

épars [epar], e adj. Répandu, en désordre.

épatant, e adj. *Pop.* Admirable, surprenant.

épaté, e adj. Court, et gros (nez).

épatement n. m. État de ce qui est épaté. *Fam.* Stupéfaction.

épater v. t. *Fam.* Étonner, stupéfier.

épaule n. f. Partie la plus élevée du membre supérieur chez l'homme, de la patte de devant chez les quadrupèdes. *Fig. Donner un coup d'épaule,* venir en aide. *Par-dessus l'épaule,* avec négligence, avec dédain.

épaulement n. m. Rempart protecteur contre le feu de l'ennemi. Mur de soutènement.

épauler v. t. Appuyer contre l'épaule : *épauler son fusil. Fig.* Appuyer, aider : *épauler un ami.*

épaulette n. f. Patte garnie de franges, que les militaires portent sur l'épaule.

épave n. f. Chose égarée, abandonnée. Débris rejeté par la mer. Tout débris : *épaves d'une fortune. Fig.* Personne réduite à un état extrême de misère.

épée n. f. Arme faite d'une longue lame d'acier que l'on porte au côté.

épeire n. f. Sorte d'araignée.

épeler [eple] v. t. (conj. 3) Décomposer un mot et en nommer successivement les lettres.

éperdu*, e adj. Égaré par une vive émotion : *éperdu de joie.* Extrême.

éperon n. m. Pointe de métal que l'on s'attache au talon pour piquer le cheval. Ergot des coqs, des chiens, etc. Partie saillante de la proue d'un navire, d'un contrefort montagneux, d'une fortification.

éperonné, e adj. Qui a des éperons. Muni d'un éperon.

éperonner v. t. Piquer avec l'éperon. *Fig.* Exciter, stimuler.

épervier n. m. Oiseau rapace diurne. Espèce de filet rond garni de plombs : *pêche à l'épervier.*

éphèbe n. m. Adolescent dans la Grèce antique.

éphémère adj. Qui ne dure qu'un jour. *Fig.* De courte durée : *gloire éphémère.* N. m. Genre d'insectes qui ne vivent qu'un temps.

éphéméride n. f. Livre qui contient les événements accomplis dans un même jour, à différentes époques. Calendrier dont on retire chaque jour une feuille. N. f. pl. Tables astronomiques donnant pour chaque jour la position des planètes.

épi n. m. Tête d'une tige de blé et en général de toutes les graminées, contenant les graines groupées autour de l'axe : *des épis de blé.* Fleurs disposées en épi le long d'une tige. Groupe de cheveux, de poils, qui poussent en sens contraire des autres. Ouvrage établi au bord d'une rivière pour diriger le cours de l'eau, sur le rivage de la mer pour maintenir le sable ou les galets.

épice n. f. Substance aromatique pour l'assaisonnement des mets.

épicé, e adj. Qui est fortement assaisonné.

épicéa n. m. Genre de conifères voisins des sapins.

épicer v. t. (conj. 1) Assaisonner avec des épices.

épicerie n. f. Ensemble de denrées de consommation courante (épices, sucre, café, etc.). Commerce de l'épicier. Boutique de l'épicier.

épicier, ère n. Commerçant vendant en gros ou au détail des comestibles, des épices, du sucre, du café, etc.

épicurien, enne adj. et n. Relatif à Épicure. Voluptueux, sensuel.

épicurisme n. m. Doctrine des épicuriens.

épidémie n. f. Maladie qui, dans une localité, un pays, atteint un grand nombre d'individus.

épidémique adj. Qui tient de l'épidémie. *Fig.* Qui se répand à la façon d'une épidémie.

épiderme n. m. Membrane formant la zone externe de la peau. Pellicule qui recouvre les feuilles ainsi que les tiges et les racines jeunes.

épier v. t. Observer secrètement. Chercher à découvrir. Guetter : *épier l'occasion.*

épieu n. m. Long bâton garni de fer.

épigastre n. m. Partie supérieure de l'abdomen.

épiglotte n. f. Cartilage qui ferme la glotte pendant la déglutition.

épigrammatique adj. Qui tient de l'épigramme.

épigramme n. f. Petite pièce de vers qui se termine par un trait satirique.

épigraphe n. f. Inscription sur un édifice. Citation placée en tête d'un livre ou d'un chapitre.

épigraphie n. f. Science qui a pour objet l'étude des inscriptions anciennes.

épilation n. f. Action d'épiler.

épilatoire adj. Qui sert à épiler.

épilepsie n. f. Affection caractérisée par une perte de connaissance et des convulsions.

épileptiforme adj. Qui ressemble à l'épilepsie : *crise épileptiforme.*

épileptique adj. Qui appartient à l'épilepsie. *Fig.* Furieux, désordonné. N. Personne sujette à l'épilepsie.

épiler v. t. Arracher, faire tomber les poils.

épilogue n. m. Conclusion d'un ouvrage littéraire. *Par ext.* Ce qui termine quelque chose.

épiloguer [sur] v. t. ind. Faire des commentaires sur un fait, un événement.

épinard n. m. Plante potagère à feuilles vertes comestibles.

épine n. f. Excroissance dure, et pointue qui naît sur certains végétaux ou certains animaux : *les épines d'un oursin.* Arbrisseau épineux : *une haie, d'épines. Anat.* Éminence osseuse allongée. *Épine dorsale,* colonne vertébrale. *Fig.* Ennuis, inquiétudes : *être sur des épines.*

épinette n. f. Petit clavecin.

épineux, euse adj. Couvert d'épines. *Fig.* Plein de difficultés. Délicat.

épine-vinette n. f. Arbrisseau épineux à fruit rouge et acide.

épingle n. f. Petite tige métallique, pointue à une extrémité et terminée à l'autre par une tête. Bijou en forme d'épingle, avec une tête ornée. *Tirer son épingle du jeu,* se tirer adroitement d'affaire. *Tiré à quatre épingles,* qui prend un soin minutieux de sa toilette.

épingler v. t. Attacher, fixer avec des épingles. *Fam.* Arrêter, faire prisonnier.

épinière adj. V. MOELLE.

épinoche n. f. Petit poisson portant de fortes épines.

épiphyse n. f. Extrémité d'un os long.

épique adj. Qui retrace en vers les actions héroïques. Qui est propre à l'épopée. Digne de l'épopée. *Fam.* Extraordinaire et mémorable.

épiscopal, e, aux adj. Qui est propre à l'évêque.

épiscopat n. m. Dignité d'évêque. Ensemble des évêques. Temps pendant lequel un évêque a occupé son siège.

épisode [epizɔd] n. m. Action incidente liée à l'action principale dans un poème, un roman, etc. Division d'une action dramatique : *un film à épisodes.* Incident appartenant à une série d'événements.

épisodique adj. Accessoire. Se dit de faits qui se produisent de temps à autre.

épisser v. t. Assembler deux bouts de corde en entrelaçant les fils qui les composent.

épissure n. f. Réunion de deux bouts de cordage, de câble électrique, par l'entrelacement de leurs fils.

épistolaire adj. Relatif à la correspondance : *style épistolaire.*

épitaphe n. f. Inscription sur un tombeau.

épithalame n. m. Poème composé à l'occasion d'un mariage.

épithélial, e, aux adj. Relatif à l'épithélium.

épithélium [epiteljɔm] n. m. *Méd.* Tissu formé de cellules juxtaposées recouvrant les surfaces extérieures et intérieures du corps.

épithète n. f. Adjectif (ou son équivalent) accolé au nom qu'il complète. *Par ext.* Qualification : *épithète injurieuse.*

épitoge n. f. Pièce d'étoffe que portent sur l'épaule gauche les professeurs, les avocats, etc., en robe.

épître n. f. Lettre en vers. Chacune des lettres écrites aux premiers chrétiens par les apôtres.

épizootie [epizɔɔti ou epizɔɔsi] n. f. Maladie qui atteint un grand nombre d'animaux dans une même région.

éploré, e adj. En pleurs ; désolé.

épluchage n. m. Action d'éplucher.

éplucher v. t. Enlever d'un fruit, d'un légume, etc., les parties non comestibles. *Fig.* Examiner minutieusement : *éplucher un compte.*

épluchure n. f. Déchets enlevés en épluchant : *épluchures de fruits.*

épointer v. t. Casser ou user la pointe d'un outil.

éponge n. f. Animal marin dont le squelette forme un tissu fibreux et poreux. Squelette de cet animal, qui sert à divers usages ménagers. Corps synthétique qui absorbe l'eau et qui sert aux mêmes usages. *Fig. Passer l'éponge,* pardonner.

éponger v. t. (conj. 1) Absorber avec une éponge.

éponyme adj. Qui donne son nom : *Athéna est la déesse éponyme d'Athènes.*

épopée n. f. Poème de longue haleine sur un sujet héroïque. *Fig.* Suite d'actions héroïques.

époque n. f. Moment déterminé dans le temps : *à l'époque des vendanges.* Date où un fait remarquable s'est passé. *Faire époque,* laisser un souvenir durable.

épouiller v. t. Ôter les poux.

époumoner (s') v. pr. Se fatiguer à force de parler, de crier.

épouse n. f. V. ÉPOUX.

épouser v. t. Prendre en mariage. *Fig.* S'attacher vivement à. *Épouser la forme de,* prendre la forme de.

époussetage n. m. Action d'épousseter : *l'époussetage d'un meuble.*

épousseter v. t. (conj. 4) Ôter la poussière.

épouvantable* adj. Qui cause de l'épouvante : *bruit épouvantable.* Affreux, mauvais : *un temps épouvantable.*

épouvantail n. m. Mannequin mis dans les champs pour effrayer les oiseaux. *Fig.* Objet de terreur.

épouvante n. f. Terreur grande et soudaine ; effroi : *semer l'épouvante.*

épouvanter v. t. Jeter dans l'épouvante, effrayer.

époux, épouse n. Celui, celle que le mariage unit. Pl. m. Mari et femme.

éprendre (s') v. pr. (conj. 50) Être pris de passion pour.

épreuve n. f. Action d'éprouver. Expérience, essai : *faire l'épreuve d'un pont.* Malheur : *supporter des épreuves. A l'épreuve de,* en état de résister à : *A toute épreuve,* capable de résister à tout. *Grav.* Chacun des exemplaires tirés sur une planche gravée. Composition ou interrogation, à un examen : *les épreuves écrites.* Compétition sportive : *des épreuves d'athlétisme.* Texte imprimé pour la correction. Photo obtenue par tirage d'un cliché.

éprouver v. t. Essayer, vérifier les qualités, la valeur de : *éprouver un pont, l'honnêteté de quelqu'un.* Ressentir : *éprouver de la joie.* Subir, supporter : *éprouver des difficultés.*

épuisant, e adj. Qui fatigue au dernier point.

épuisement n. m. Action d'épuiser : *épuisement des eaux d'une mine. Fig.* Déperdition de force : *mourir d'épuisement.* Diminution considérable : *l'épuisement des stocks.*

épuiser v. t. Tarir, mettre à sec. Utiliser en totalité : *épuiser ses munitions.* Rendre stérile : *épuiser une terre.* Affaiblir, abattre : *épuiser la patience.* Traiter à fond : *épuiser un sujet.*

épuisette n. f. Petit filet de pêche monté sur une armature métallique et muni d'un manche.

épuration n. f. Action d'épurer; son effet : *épuration du sang. Fig.* Action de purifier : *l'épuration des mœurs.*

épure n. f. Dessin au trait, qui représente, sur un ou plusieurs plans, l'ensemble d'une figure. Dessin achevé, par opposition à *croquis.*

épurer v. t. Rendre pur ou plus pur : *épurer l'huile. Fig. : épurer le goût.* Rejeter hors d'une collectivité les éléments indésirables : *épurer une administration.*

équarrir v. t. Rendre carré. Tailler à angle droit. Écorcher, dépecer des animaux pour en tirer la peau, la graisse, les os, etc.

équarrissage n. m. Action d'équarrir.

équarrisseur n. m. Boucher spécialisé dans le dépeçage des animaux.

équarrissoir n. m. Poinçon utilisé en menuiserie pour élargir les trous.

équateur [ekwatœr] n. m. Grand cercle imaginaire tracé autour de la Terre à égale distance des deux pôles ; région terrestre qui avoisine cette ligne.

équation [ekwasjɔ̃] n. f. *Alg.* Formule d'égalité entre des grandeurs qui dépendent les unes des autres.

équatorial, e, aux adj. De l'équateur. N. m. Lunette mobile pour observer le mouvement des astres.

équerre n. f. Instrument pour tracer des angles droits ou tirer des perpendiculaires. Ce qui est à angle droit. Pièce de fer plat en forme de T ou de L pour consolider des assemblages. Instrument d'arpentage.

équestre adj. Relatif à l'équitation. Qui représente un personnage à cheval : *statue équestre.*

équidés [ekɥide ou ekide] n. m. pl. Famille de mammifères ongulés, comprenant le cheval, le zèbre, l'âne.

équidistance n. f. Qualité de ce qui est équidistant.

équidistant, e adj. Qui est situé à distance égale de points déterminés.

équilatéral, e, aux adj. Dont les côtés sont égaux : *triangle équilatéral.*

équilibre n. m. État de repos d'un corps sollicité par des forces qui s'annulent. *Fig.* Juste combinaison de forces, d'éléments.

équilibrer v. t. Mettre en équilibre. *Fig.* Harmoniser. Mettre en balance.

équilibriste n. Dont le métier est de faire des tours d'adresse, d'équilibre.

équille n. f. Poisson de mer long et mince.

équinoxe n. m. Temps de l'année où les jours sont égaux aux nuits.

équinoxial, e, aux adj. De l'équinoxe.

équipage n. m. Personnel nécessaire à la manœuvre et au service d'un navire ou d'un avion. Ensemble des gens qui accompagnent quelqu'un et des ornements qui donnent du faste à son déplacement : *l'équipage d'un prince.*

équipe n. f. Groupe de personnes travaillant ensemble ou dans un but commun. Groupe de joueurs associés, en nombre déterminé, en vue de disputer des compétitions sportives.

équipée n. f. Folle entreprise.

équipement n. m. Action d'équiper. Tout ce qui sert à équiper. Effets distribués aux hommes de troupe. Armement d'un vaisseau. Ensemble du matériel industriel d'une entreprise, de l'infrastructure d'une nation, d'une région, d'une ville.

équiper v. t. Munir du nécessaire en vue d'une activité déterminée.

équipier, ère n. Personne qui fait partie d'une équipe sportive.

équitable* adj. Juste.

équitation n. f. Art de monter à cheval.

équité n. f. Esprit de justice.

équivalence n. f. Qualité de ce qui est équivalent.

équivalent, e adj. Qui a la même valeur. Qui a le même sens. N. m. Objet de même utilité qu'un autre.

équivaloir v. i. (conj. 34) Être de valeur, de prix égal.

équivoque adj. Qui a un double sens. *Fig.* Suspect, d'une sincérité douteuse : *vertu équivoque.* N. f. Sens incertain : *sa conduite prête à équivoque.* Confusion de mots, de choses. Mot, phrase à double sens. Jeu de mots : *grossière équivoque.*

érable n. m. Arbre à bois léger et solide.

érafler v. t. Écorcher légèrement.

éraflure n. f. Écorchure légère.

éraillé, e adj. Rauque : *voix éraillée.*

ère n. f. Point de départ de chaque chronologie particulière. *Fig.* Époque remarquable : *ère des grandes découvertes. Ère géologique,* chacune des grandes divisions de l'histoire de la Terre.

érectile adj. Qui peut se dresser.

érection n. f. Action d'élever, de construire : *l'érection d'un monument.* État de gonflement de certains tissus organiques.

éreintant, e adj. *Fam.* Qui éreinte ; qui brise de fatigue : *travail éreintant.*

éreintement n. m. Action d'éreinter. *Fig.* Critique vive, malveillante.

éreinter v. t. Briser de fatigue. *Fam.* Rouer de coups. Critiquer vivement et avec malveillance : *éreinter une pièce.*

érésipèle n. m. V. ÉRYSIPÈLE.

éréthisme n. m. *Méd.* Accroissement morbide de l'activité d'un organe.

erg n. m. *Mécan.* Unité de mesure de travail.

ergot n. m. Pointe cornée située derrière le pied du coq, du chien. *Monter sur ses ergots,* être agressif. Maladie des graminées : *l'ergot du seigle.* Saillie à une pièce de bois ou de fer.

ergoter v. i. *Fam.* Chicaner, critiquer des détails.

ergoteur, euse adj. et n. Qui ergote.

ériger v. t. (conj. 1) Dresser à la verticale et maintenir ainsi sur une base solide. Établir une institution. Élever à une condition supérieure. V. pr. S'attribuer un droit, se poser en : *s'ériger en censeur.*

ermitage n. m. Habitation d'un ermite.

ermite n. m. Solitaire qui vit dans un lieu désert pour prier, méditer. *Fig.* Personne qui vit loin du monde.

éroder v. t. Ronger (une roche, etc.).

érosif, ive adj. Qui produit l'érosion.

érosion n. f. Dégradation produite par ce qui érode, ce qui ronge : *l'érosion des roches par les eaux.*

érotique adj. Relatif à l'amour : *la poésie érotique.* Qui évoque l'amour charnel.

errant, e adj. Nomade ; sans demeure fixe. *Chevalier errant,* chevalier qui voyageait pour chercher des aventures et redresser les torts.

errata n. m. inv. Liste des fautes survenues dans l'impression d'un ouvrage.

erratique adj. *Méd.* Intermittent : *pouls erratique. Géol.* Roche, bloc erratique, transporté loin de son gisement naturel.

errements n. m. pl. Procédés habituels : *suivre ses errements.* Se prend parfois, abusiv., en mauvaise part.

errer v. i. Aller çà et là à l'aventure. *Fig.* Se tromper.

erreur n. f. Opinion fausse. Fausse doctrine. Faute. Méprise : *faire une erreur de calcul.* Pl. Dérèglements.

erroné, e adj. Entaché d'erreur.

ersatz n. m. inv. Produit de remplacement ; succédané.

érubescent, e adj. Qui rougit.

éructation n. f. Action d'éructer.

éructer v. t. Rejeter par la bouche et avec bruit les gaz de l'estomac.

érudit, e adj. et n. Qui possède une grande érudition. Adj. Qui est une source d'érudition : *un livre érudit.*

érudition n. f. Connaissance approfondie et complète dans une branche du savoir.

éruptif, ive adj. Qui s'accompagne d'éruption. *Roche éruptive,* roche d'origine interne.

éruption n. f. Émission violente, sortie soudaine et bruyante : *éruption volcanique.* Apparition de boutons, de taches, de rougeurs, à la surface de la peau.

érysipèle n. m. Maladie infectieuse, caractérisée par l'inflammation de la peau.

ès [ès] prép. Vieux mot qui signifie *en les, en matière de* (devant un pl.).

esbroufe n. f. *Fam.* Étalage de grands airs. *Vol à l'esbroufe,* vol qui se pratique en bousculant.

esbroufer v. t. *Fam.* Étonner par de grands airs.

escabeau n. m. Petit escalier portatif.

escadre n. f. Réunion importante de navires de guerre ou d'avions de combat.

escadrille n. f. Petite escadre de bâtiments légers. Groupe d'avions.

escadron n. m. Unité de la cavalerie, de l'armée blindée ou de la gendarmerie, analogue à la compagnie.

escalade n. f. Action de gravir en s'élevant.

escalader v. t. Gravir avec effort : *escalader un pic montagneux.*

escale n. f. Lieu de relâche et de ravitaillement pour les bateaux. Action de s'arrêter pour se ravitailler ou pour débarquer ou embarquer des passagers.

escalier n. m. Suite de marches pour monter et descendre.

escalope n. f. Petite tranche de viande, surtout de veau.

escamotable adj. *Meuble escamotable,* lit ou table que l'on peut rabattre contre un mur ou dans un placard.

escamotage n. m. Action d'escamoter. *Fig.* Vol détourné et subtil.

escamoter v. tr. Faire disparaître subtilement.

escamoteur, euse n. Qui escamote.

escampette n. f. *Fam. Prendre la poudre d'escampette,* s'enfuir.

escapade n. f. Action de s'échapper.

escarbille n. f. Fragment de houille incomplètement brûlé.

escarboucle n. f. Ancien nom du grenat de couleur rouge.

escarcelle n. f. Grande bourse pendue à la ceinture, en usage au Moyen Âge.

escargot n. m. Nom vulgaire des mollusques nommés aussi limaçons.

escargotière n. f. Lieu où l'on élève des escargots. Plat sur lequel on les cuit.

escarmouche n. f. Léger engagement entre éléments avancés de deux armées. *Fig.* Petite lutte quelconque.

escarpe n. f. Talus intérieur du fossé d'un ouvrage fortifié.

escarpe n. m. Bandit.

escarpé, e adj. Qui a une pente raide ; abrupt : *rocher escarpé.*

escarpement n. m. Pente raide d'un versant.

escarpin n. m. Soulier découvert, à semelle très mince.

escarpolette n. f. Balançoire.

escarre n. f. Croûte noirâtre sur la peau, les plaies, etc.

esche [ès] n. f. Appât de pêcheur.

escient (à bon) loc. adv. Sciemment.

esclaffer (s') v. pr. Éclater de rire.

esclandre n. m. Action qui fait scandale.

esclavage n. m. État, condition d'esclave. *Fig.* Assujettissement.

esclavagiste n. et adj. Partisan de l'esclavage.

esclave adj. et n. Qui est sous la puissance absolue d'un maître. Qui vit dans la dépendance d'un autre. Qui n'a pas un moment de liberté. *Fig.* Qui subit la domination de quelque chose : *esclave de sa parole.*

escogriffe n. m. *Fam.* Homme de grande taille et mal fait.

escompte n. m. Prime payée à un débiteur qui acquitte sa dette avant l'échéance. Action d'escompter un effet de commerce.

escompter v. t. Payer un effet avant l'échéance, moyennant escompte. *Fig.* Compter sur, jouir d'avance de.

escompteur adj. Qui escompte.

escorte n. f. Formation militaire terrestre, aérienne ou navale chargée d'escorter : *avion, bâtiment, escadron d'escorte.* Suite de personnes qui accompagnent.

escorter v. t. Accompagner.

escouade n. f. *Autref.* Petit groupe de soldats commandé par un caporal ou un brigadier. *Auj.* Petit groupe, troupe quelconque : *une escouade d'ouvriers.*

escrime n. f. Art de manier l'épée, le fleuret, le sabre.

escrimer (s') v. pr. Faire des efforts, lutter : *s'escrimer contre un obstacle.*

escrimeur, euse n. Personne qui connaît ou pratique l'escrime.

escroc [εskro] n. m. Voleur qui use de moyens frauduleux.

escroquer v. t. Dérober. S'emparer de quelque chose par ruse, par fourberie. Tromper pour voler.

escroquerie n. f. Action d'escroquer.

escroqueur, euse n. Qui escroque.

ésotérique adj. Se dit d'une doctrine secrète, réservée aux seuls initiés.

espace n. m. Étendue indéfinie qui contient et entoure tous les objets. Étendue limitée, intervalle d'un point à un autre : *un grand, un petit espace.* Étendue de l'univers hors de l'atmosphère terrestre : *la conquête de l'espace.* Intervalle de temps : *dans l'espace d'un an.*

espacement n. m. Distance entre deux corps, entre deux mots écrits.

espacer v. t. (conj. 1) Ranger plusieurs choses en laissant de l'espace entre elles. Séparer par un intervalle de temps : *espacer ses visites.*

espadrille n. f. Chaussure à empeigne de toile et semelle de corde.

espagnol, e adj. et n. D'Espagne.

espagnolette n. f. Tige de fer à poignée pour fermer une fenêtre.

espalier n. m. Rangée d'arbres fruitiers appuyés à un mur, à un treillage.

espèce n. f. Personne ou chose que l'on ne peut définir avec précision et que l'on assimile à une autre sorte : *une espèce de marchand, de comédie.* Groupe d'individus animaux ou végétaux ayant un aspect semblable, un habitat particulier, féconds entre eux. Pl. Monnaie ayant cours légal : *payer en espèces.*

espérance n. f. Attente d'un bien qu'on désire. Objet de cette attente. L'une des trois vertus théologales. Pl. Héritage possible.

espérantiste adj. Qui a trait à l'espéranto. N. Personne qui pratique cette langue.

espéranto n. m. Langue internationale à grammaire très simple.

espérer v. t. (conj. 5) Avoir de l'espérance. Souhaiter. V. i. Mettre sa confiance en : *espérer en Dieu.*

espiègle n. et adj. Vif, éveillé.

espièglerie n. f. Action d'espiègle.

espion, onne n. Agent chargé de recueillir des renseignements confidentiels à l'étranger, en pays ennemi. *Par ext.* Qui épie, observe autrui.

espionnage n. m. Métier d'espion.

espionner v. t. Épier les actions, les paroles d'autrui.

esplanade n. f. Terrain plat, uni et découvert, au-devant de fortifications ou d'un édifice : *l'esplanade des Invalides.*

espoir n. m. Espérance. État d'attente confiante. *Fig.* Personne en qui l'on met un espoir.

esprit n. m. Principe immatériel, âme : *soumettre le corps à l'esprit.* Être imaginaire, comme les revenants : *croire aux esprits.* Faculté de comprendre, de connaître : *cultiver son esprit.* Intelligence : *avoir l'esprit vif.* Jugement : *avoir l'esprit large.* Dispositions, aptitudes : *l'esprit d'invention.* Humour : *avoir de l'esprit.* Personne douée d'une intelligence supérieure : *les grands esprits forment les grandes nations.* *Chim.* La partie la plus volatile des corps soumis à la distillation.

esquif n. m. Canot léger.

esquille n. f. Petit fragment d'un os.

esquinter v. t. *Fam.* Détériorer. Abîmer.

esquisse n. f. Premier trait rapide d'un dessin. Ébauche d'un ouvrage de peinture. Premier plan d'une œuvre.

esquisser v. t. Faire une esquisse. *Fig.* Commencer : *esquisser un geste.*

esquiver v. t. Éviter adroitement. V. pr. Se retirer sans être aperçu.

essai n. m. Épreuve, première expérience qu'on fait d'une chose. Analyse rapide d'un produit chimique. Titre de certains ouvrages où l'on ne traite pas à fond une matière : *essai de morale.*

essaim [ese] n. m. Groupe d'abeilles vivant ensemble. Multitude, foule.

essaimage [esεmaj] n. m. Multiplication des colonies d'abeilles par l'émigration d'une partie de la population.

essaimer v. i. Quitter la ruche pour former une colonie nouvelle. *Fig.* Se disperser.

essarter v. t. Arracher les bois et les broussailles. Défricher.

essarts n. m. pl. Lieux essartés.

essayage n. m. Action d'essayer.

essayer [eseje] v. t. (conj. 2) Faire l'essai de : *essayer un habit.* Examiner le titre d'un métal précieux. V. intr. *Essayer de,* tenter.

essayiste n. Auteur d'essais littéraires.

esse n. f. Crochet de fer, en S.

essence n. f. Ce qui constitue la nature d'un être, d'une chose.

essence n. f. Liquide pétrolier léger, utilisé comme carburant. Huile aromatique, obtenue par la distillation. Espèce, en parlant des arbres.

essentiel, elle adj. Qui est de l'essence d'une chose : *la raison est essentielle à l'homme.* Nécessaire. N. m. Le point capital.

esseulé, e adj. Resté seul.

essieu n. m. Pièce de fer qui passe dans le moyeu des roues : *graisser les essieux.*

essor n. m. Action d'un oiseau qui prend son vol. *Fig.* Élan, progrès.

essorage n. m. Action d'essorer.

essorer v. t. Extraire l'eau dont est imprégnée une matière.

essoreuse n. f. Appareil pour essorer.

essoriller v. t. Couper les oreilles.

essoufflement n. m. État de celui qui est essoufflé.

essouffler v. t. Mettre presque hors d'haleine : *l'effort l'a essoufflé.*

essuie-glace n. m. Appareil destiné à nettoyer la glace d'un pare-brise de voiture brouillé par la pluie.

essuie-mains n. m. inv. Linge pour s'essuyer les mains.

essuyage n. m. Action d'essuyer.

essuyer [esµije] v. t. (conj. 2) Ôter, en frottant, l'eau, la sueur, l'humidité, la poussière, etc. *Fig.* Subir, souffrir : *essuyer un affront.*

est [ɛst] n. m. Levant, orient, côté de l'horizon où le soleil se lève.

estacade n. f. Barrage de pieux plantés dans un port, une rivière, etc.

estafette n. f. Courrier qui portait les dépêches.

estafilade n. f. Grande coupure.

estaminet n. m. Cabaret. (Vx.)

estampage n. m. Action d'estamper.

estampe n. f. Image gravée : *collectionneur d'estampes.* Outil pour estamper.

estamper v. t. Imprimer en relief, sur du métal, du cuir, du carton. *Pop.* Soutirer de l'argent.

estampeur n. m. Ouvrier qui estampe. *Fam.* Escroc.

estampillage n. m. Action d'estampiller.

estampille n. f. Empreinte appliquée sur des brevets, des lettres, des livres, etc., pour attester l'authenticité, la propriété, la provenance.

estampiller v. t. Marquer d'une estampille.

ester v. i. *Dr.* Intenter, suivre une action en justice.

esthète n. m. Personne qui aime le beau.

esthéticienne n. f. Spécialiste en soins de beauté.

esthétique* adj. Relatif au beau : *le sens esthétique. Chirurgie esthétique* ou *correctrice,* celle qui rend leur aspect normal aux altérations non pathologiques. N. f. Science qui traite des règles du beau.

estimable adj. Digne d'estime.

estimatif, ive adj. Qui contient une estimation d'expert.

estimation n. f. Action d'estimer, évaluation.

estime n. f. Cas que l'on fait d'une personne. *Mar.* Calcul approximatif de la position d'un navire.

estimer v. t. Faire cas de. Évaluer. Être d'avis, penser. Juger, regarder comme : *estimer utile.*

estival, e, aux adj. Relatif à l'été.

estivant, e n. Personne qui passe ses vacances d'été à la mer, à la campagne, etc.

estoc [ɛstɔk] n. m. Épée longue et étroite. (Vx.) *Frapper d'estoc et de taille,* de la

pointe et du tranchant et, au *fig.,* à tort et à travers.

estocade n. f. Coup d'estoc.

estomac [ɛstɔma] n. m. Partie du tube digestif renflée en poche et située sous le diaphragme, où les aliments sont brassés plusieurs heures. Partie du corps qui correspond à l'estomac : *recevoir un coup dans l'estomac. Fam. Avoir l'estomac dans les talons,* être affamé.

estomaquer v. t. *Fam.* Causer une surprise vive et désagréable.

estompe n. f. Peau, papier, roulés en pointe, pour estomper un dessin.

estomper v. t. Étendre avec une estompe le crayon sur le papier. *Par ext.* Couvrir d'une ombre légèrement dégradée. V. pr. S'effacer : *souvenirs qui s'estompent.*

estourbir v. t. *Pop.* Assommer, tuer.

estrade n. f. Petit plancher surélevé pour y placer les sièges, une table.

estragon n. m. Plante aromatique.

estropier v. t. Priver de l'usage d'un ou de plusieurs membres : *un mendiant estropié.* Altérer dans la prononciation ou l'orthographe.

estuaire n. m. Large embouchure d'un fleuve.

esturgeon n. m. Grand poisson qui fournit le caviar.

et conj. de coordination.

étable n. f. Lieu couvert destiné au logement des bestiaux.

établi n. m. Table de travail des menuisiers, des serruriers, etc.

établir v. t. Rendre stable ; fixer, installer, fonder, instituer, disposer. Prouver, démontrer.

établissement n. m. Action d'établir, d'installer, d'asseoir sur quelque chose de stable. Ce qui est établi. Exploitation commerciale ou industrielle.

étage n. m. Ensemble de pièces situées de plain-pied entre deux planchers. *Par ext.* Chacune des parties superposées d'un ensemble : *les étages géologiques. De bas étage,* de qualité médiocre.

étagement n. m. Disposition de ce qui est étagé.

étager v. t. (conj. 1) Disposer par étages.

étagère n. f. Meuble formé de tablettes superposées.

étai n. m. Grosse pièce de bois pour soutenir un mur, un édifice, etc. Gros cordage pour soutenir le mât d'un navire.

étain n. m. Métal blanc, relativement léger et très malléable.

étal n. m. Table sur laquelle se débite la viande de boucherie. (Pl. *étaux* ou *étals.*)

étalage n. m. Ensemble des marchandises exposées. *Fig.* Ostentation : *faire étalage de richesses.*

étalagiste adj. et n. Qui dispose un étalage.

étale adj. *Mer étale,* qui ne monte ni ne baisse.

étalement n. m. Action d'étaler.

étaler v. t. Exposer pour la vente. Étendre sur une surface. Déployer : *étaler une carte.* Répartir dans le temps : *il faut étaler les périodes de vacances. Fig.* Exposer avec ostentation : *étaler son luxe. Fam.* Faire tomber. *Étaler son jeu,* montrer toutes ses cartes. V. pr. *Fam.* S'étendre de tout son long.

étalon n. m. Modèle servant à définir une unité d'une grandeur. Norme en général.

étalon n. m. Cheval entier, spécialement destiné à la reproduction.

étalonnage ou **étalonnement** n. m. Action d'étalonner.

étalonner v. t. Vérifier, par comparaison avec un étalon, l'exactitude des indications d'un instrument.

étamage n. m. Action d'étamer.

étambot n. m. *Mar.* Pièce de bois ou de métal formant la limite arrière de la carène.

étamer v. t. Appliquer sur un métal oxydable une couche mince d'étain.

étameur n. m. Ouvrier qui étame.

étamine n. f. Petite étoffe mince, non croisée. Tissu pour tamis.

étamine n. f. *Bot.* Organe sexuel mâle des végétaux à fleurs.

étanche adj. Qui retient l'eau ; qui ne la laisse ni sortir ni entrer.

étanchéité n. f. Qualité de ce qui est étanche.

étanchement n. m. Action d'étancher.

étancher v. t. Arrêter l'écoulement d'un liquide. *Fig.* Apaiser : *étancher la soif.*

étang n. m. Étendue d'eau peu profonde.

étape n. f. Lieu où s'arrêtent des troupes en marche, une équipe de coureurs cyclistes, etc. Distance d'un de ces lieux à l'autre. *Brûler l'étape,* ne pas s'y arrêter.

état n. m. Manière d'être, situation d'une personne ou d'une chose : *état de santé ; bâtiment en mauvais état.* Liste énumérative, inventaire, compte : *état du personnel, des dépenses.* Condition sociale, profession : *état militaire.* Nation ou groupe de nations) organisée, soumise à un gouvernement et à des lois communes : *être utile à l'État* (dans ce cas, prend une majuscule). *Affaire d'État,* affaire importante. *État d'âme,* disposition particulière des facultés mentales. *État civil,* condition des individus en ce qui touche les relations de famille, la naissance, le mariage, le décès, etc. *Être en état de,* être capable de. *Être hors d'état de,* être dans l'incapacité de. *Faire état de,* tenir compte de ; s'appuyer sur ; citer. *Tenir en état,* conserver, réparer. N. m. pl. *États généraux,* sous l'Ancien Régime, assemblées convoquées par le roi de France pour traiter des affaires importantes concernant l'État.

étatique adj. Relatif à l'État.

étatisation n. f. Action d'étatiser.

étatiser v. t. Faire administrer par l'État.

étatisme n. m. Système politique dans lequel l'État intervient directement dans le domaine économique.

étatiste adj. Relatif à l'étatisme. Adj. et n. Partisan de l'étatisme.

état-major n. m. Corps d'officiers, d'où émane la direction d'une armée, d'une division, d'un régiment, etc. Lieu où se réunit l'état-major. *Fig.* Personnages principaux d'un groupe.

étau n. m. Instrument pour maintenir, serrer fortement les objets qu'on veut limer, buriner, etc.

étayer v. t. (conj. 2) Soutenir avec des étais. *Fig.* Soutenir, appuyer : *étayer un raisonnement.*

et cetera, et cætera ou etc. [etsetera] loc. adv. S'ajoute à une énumération pour indiquer qu'elle est incomplète.

été n. m. Saison qui commence au solstice de juin (21 ou 22) et finit à l'équinoxe de septembre (22 ou 23).

éteignoir n. m. Petit instrument pour éteindre la bougie.

éteindre v. t. (conj. 55) Faire cesser de brûler, de briller : *éteindre le feu.* Interrompre le fonctionnement d'un poste de radio, de télévision, etc. Calmer (la soif). Annuler en payant (une dette).

étendard n. m. Drapeau.

étendre v. t. (conj. 46) Donner plus de surface, de volume. Porter plus loin : *étendre sa domination.* Répandre, appliquer : *étendre de la paille, de la couleur.* Déployer en long et en large : *étendre du linge.* Coucher : *étendre un malade.* Ajouter de l'eau à : *étendre du lait.*

étendue n. f. Dimension en superficie : *une étendue d'eau.* Durée : *étendue de la vie.* Développement, ampleur : *l'étendue d'un désastre.*

éternel, elle adj. Sans commencement ni fin. Qui n'aura pas de fin. *Fig.* Qui semble ne devoir jamais finir : *reconnaissance éternelle ; regrets éternels.* N. m. *l'Éternel,* Dieu.

éterniser v. t. Faire durer très longtemps : *éterniser un procès.*

éternité n. f. Durée sans commencement ni fin. La vie future. Un temps fort long. *De toute éternité,* de temps immémorial.

éternuement n. m. Mouvement subit des muscles expirateurs chassant l'air par le nez.

éternuer v. i. Faire un éternuement.

étêter v. t. Tailler la tête d'un arbre. Ôter la tête d'un clou, etc.

éther [etɛr] n. m. *Chim.* Liquide très volatil, provenant de la combinaison d'un acide avec l'alcool, utilisé comme anesthésique.

éthéré, e adj. Qui a l'odeur de l'éther. Qui a quelque chose de léger, d'aérien, de très pur.

éthéromane adj. et n. Toxicomane à l'éther.

éthique n. f. Doctrine du bonheur des hommes et des moyens d'accès à cette fin. Adj. Qui concerne la morale.

ethnie n. f. Groupement dont l'unité repose sur une structure familiale, économique et sociale commune, sur une langue et une culture communes.

ethnique adj. Relatif à l'ethnie : *influences ethniques.*

ethnographe n. Spécialiste d'ethnographie.

ethnographie n. f. Branche des sciences humaines qui a pour objet l'étude descriptive des ethnies.

ethnographique adj. Relatif à l'ethnographie.

ethnologie n. f. Étude scientifique des ethnies.

ethnologique adj. Relatif à l'ethnologie.

ethnologue n. Spécialiste d'ethnologie.

éthylène n. m. Gaz incolore, obtenu en déshydratant l'alcool éthylique par l'acide sulfurique.

éthylique adj. Se dit des dérivés de l'éthylène : *alcool éthylique*.

étiage n. m. Débit le plus faible d'un cours d'eau.

étinceler v. i. (conj. 3) Jeter des étincelles, briller. Jeter un vif éclat : *yeux qui étincellent*.

étincelle n. f. Parcelle incandescente, qui se détache d'un corps enflammé. *Étincelle électrique*, phénomène lumineux et crépitant, dû à une décharge brusque et se produisant lorsqu'on rapproche deux corps électrisés à des potentiels différents. *Fig.* Brillant éclat.

étincellement n. m. État de ce qui étincelle.

étiolement n. m. Dépérissement des plantes qui ne reçoivent pas l'action de l'air et de la lumière. *Fig.* Affaiblissement (au pr. et au *fig.*).

étioler v. t. Causer l'étiolement. V. pr. Devenir chétif.

étiologie n. f. Science des causes. Partie de la médecine qui recherche les causes des maladies.

étique adj. Maigre, décharné.

étiquetage n. m. Action d'étiqueter.

étiqueter v. t. (conj. 4) Marquer d'une étiquette. Classer quelqu'un.

étiquette n. f. Petit écriteau placé sur les objets pour en indiquer le contenu, le prix, etc. Cérémonial : *respecter l'étiquette*.

étirage n. m. Action d'étirer.

étirer v. t. Etendre, allonger.

étoffe n. f. Tissu de laine, de fil, de coton, de soie, etc. Valeur personnelle : *avoir de l'étoffe*.

étoffer v. t. Garnir d'étoffe. *Fig.* Développer : *étoffer un roman*.

étoile n. f. Astre doué d'un éclat propre. Influence attribuée aux astres sur le sort des hommes ; destinée : *être né sous une bonne étoile*. Objet, ornement qui a la forme ou l'éclat d'une étoile. Carrefour à plus de quatre branches rayonnantes. Artiste célèbre au théâtre, au cinéma. Insigne de grade des officiers généraux. Sur un panneau, dans un guide, signe unique ou multiple qui caractérise la catégorie ou la qualité d'un restaurant, d'un hôtel, d'un site touristique.

étoiler v. t. Semer d'étoiles. Fêler en forme d'étoile : *étoiler un carreau*.

étole n. f. Ornement sacerdotal, formé d'une large bande élargie en palette à chaque extrémité.

étonnamment adv. D'une manière étonnante.

étonnant, e adj. Qui étonne.

étonnement n. m. Forte surprise.

étonner v. t. Surprendre par quelque chose de singulier, d'inattendu. V. pr. Être surpris : *ne s'étonner de rien ; un air étonné*.

étouffée (à l') loc. adv. Mode de cuisson des viandes ou des légumes avec peu ou pas de liquide.

étouffement n. m. Grande difficulté de respirer. Action de faire périr par asphyxie.

étouffer v. t. Faire perdre la respiration. Faire périr par asphyxie. Eteindre en interceptant l'air : *étouffer un feu*. *Fig.* Empêcher de se manifester : *étouffer ses sanglots*. Assourdir : *étouffer un bruit*. V. i. Respirer avec peine.

étouffoir n. m. Mécanisme pour arrêter les vibrations des cordes du piano. *Fig.* Salle où l'on manque d'air.

étoupe n. f. Rebut de la filasse.

étoupille n. f. Mèche inflammable qui sert à la mise à feu d'une charge de poudre.

étourderie n. f. Caractère, action d'étourdi.

étourdi, e n. et adj. Qui agit sans réflexion. *A l'étourdie* loc. adv. Etourdiment.

étourdir v. t. Faire perdre l'usage des sens. Fatiguer, importuner : *bruit qui étourdit*.

étourdissement n. m. État de trouble, de vertige.

étourneau n. m. Oiseau de l'ordre des passereaux. *Fig.* Jeune étourdi.

étrange* adj. Contraire à l'usage. Extraordinaire, bizarre.

étranger, ère n. et adj. Qui est d'une autre nation. Qui n'appartient pas à une famille. Adj. Qui est en dehors : *détail étranger au sujet*. Qui ignore : *étranger à un art*. *Méd.* *Corps étranger*, qui n'appartient pas à l'organisme où il se trouve. N. m. Pays, peuple étranger.

étrangeté n. f. Caractère de ce qui est étrange. Chose étrange.

étranglé, e adj. Resserré, rétréci. *Voix étranglée*, à demi étouffée.

étranglement n. m. Action d'étrangler. Resserrement.

étrangler v. t. Faire perdre la respiration en serrant le gosier. Serrer le gosier : *col qui étrangle*. *Fig.* Empêcher : *étrangler une affaire*.

étrangleur, euse n. Personne qui étrangle.

étrave n. f. Prolongement de la quille formant l'avant du navire.

être v. i. (v. tableau des conjugaisons). Sert : 1° à lier l'attribut, le compl. de lieu, de manière, etc., au sujet : *la neige est blanche ; il est sans ressources ; il est à Paris* ; 2° d'auxiliaire dans les temps composés des verbes passifs, pronominaux, et de certains verbes neutres : *nous sommes venus ; je me suis promené* ; 3° de syn. de ALLER aux temps composés : *j'ai été à Rome*. Exister : *je pense donc je suis*. Être de, marque l'origine, la participation, la condition, etc. *Être pour*, être partisan de. *N'être plus*, avoir cessé de vivre. *Y être*, être chez soi ; comprendre.

être n. m. Tout ce qui est. Existence. Personne, individu. *L'Être suprême*, Dieu.

étreindre v. t. (conj. 55) Serrer fortement en liant. Serrer dans ses bras. *Fig.* Rendre plus étroit, resserrer. Oppresser.

étreinte n. f. Action d'étreindre.

étrenne n. f. Présent fait à l'occasion du jour de l'an, etc. Premier usage d'une chose : *avoir l'étrenne de quelque chose*.

étrenner v. t. Faire usage d'une chose pour la première fois : *étrenner une robe*. V. i. Être le premier à subir un inconvénient.

êtres n. m. pl. Disposition des diverses parties d'une habitation. (Vx.)

étrier n. m. Sorte d'anneau en métal suspendu de chaque côté de la selle et sur lequel le cavalier appuie le pied. Petite échelle des alpinistes.

étrille n. f. Instrument de fer pour le pansage des chevaux. Crabe comestible.

étriller v. t. Frotter avec l'étrille. *Fig.* Battre : *étriller ses ennemis.* Rançonner.

étriper v. t. Retirer les tripes de.

étriqué, e adj. Qui manque d'ampleur : *un vêlement étriqué.* Mesquin, d'esprit étroit.

étrivière n. f. Courroie suspendant l'étrier à la selle.

étroit*, e adj. Qui a peu de largeur. *Fig.* Borné : *esprit étroit. Fig.* Strict, rigoureux : *étroite obligation.* Intime : *étroite amitié. A l'étroit* loc. adv. Trop serré. Pauvrement.

étroitesse n. f. Défaut de ce qui est étroit (au *pr.* et au *fig.*).

étrusque adj. et n. D'Étrurie.

étude n. f. Application d'esprit pour apprendre. *Par ext.* Travail préparatoire : *étude d'un projet.* Ouvrage où s'expriment les résultats d'une recherche : *une étude sur les insectes.* Salle de travail. Bureau d'un notaire, d'un commissaire-priseur, etc. Clientèle de ces derniers : *vendre son étude.* Morceau de musique composé pour vaincre une difficulté. Instruction classique : *faire ses études.* Morceaux de dessin, de peinture, pour l'étude.

étudiant, e n. Personne qui fréquente les cours d'une université.

étudier v. t. Chercher à acquérir la connaissance de, apprendre : *étudier une leçon.* Préparer, méditer. Observer avec soin.

étui n. m. Sorte de boîte qui sert à contenir un objet : *étui à lunettes.*

étuve n. f. Salle de bains chauffée pour provoquer la transpiration. Petit four pour faire sécher diverses substances, pour désinfecter, etc.

étuver v. t. Cuire à l'étouffée. Sécher ou chauffer dans une étuve.

étymologie n. f. Origine d'un mot.

étymologique* adj. Relatif à l'étymologie : *sens étymologique.*

étymologiste n. Spécialiste de l'étymologie.

eucalyptus [ekaliptys] n. m. Arbre d'Australie qui facilite l'assèchement des marais.

eucharistie [ekaristi] n. f. Sacrement qui, suivant la doctrine catholique, contient le corps, le sang, l'âme et la divinité de Jésus-Christ, sous les espèces du pain et du vin.

eucharistique adj. De l'eucharistie.

eugénisme n. m. Étude des conditions les plus favorables à la reproduction humaine.

euh ! interj. qui marque l'étonnement, l'impatience, le doute.

eunuque n. m. Homme castré, jadis préposé à la garde d'un sérail.

euphémisme n. m. Adoucissement d'une expression trop crue, trop choquante.

euphonie n. f. Suite harmonieuse des voyelles et des consonnes.

euphonique n. f. *Gramm.* Qui produit l'euphonie.

euphorbe n. f. Plante à latex blanc, employée en médecine.

eurasien, enne adj. et n. Métis d'Européen et d'Asiatique.

européen, enne adj. et n. De l'Europe.

euthanasie n. f. Abrègement de la vie d'un malade pour ne pas le faire souffrir.

eux pr. pers. m., pl. de *lui.*

évacuation n. f. Action d'évacuer.

évacuer v. t. Faire sortir de l'organisme les matières nuisibles ou trop abondantes. Faire sortir d'un endroit : *évacuer la population d'une ville.*

évader (s') v. pr. S'échapper furtivement d'un lieu où on était enfermé.

évaluation n. f. Estimation.

évaluer v. t. Apprécier, fixer la valeur de : *évaluer une quantité.*

évangélique* adj. De l'Évangile. Conforme à l'Évangile. N. Qui appartient à la religion réformée.

évangélisateur, trice n. Personne qui évangélise.

évangélisation n. f. Action d'évangéliser.

évangéliser v. t. Prêcher l'Évangile à.

évangéliste n. m. Chacun des quatre écrivains qui ont mis par écrit l'Évangile de Jésus : Matthieu, Marc, Luc et Jean.

évangile n. m. Doctrine de Jésus-Christ. Livre qui la contient. (Dans ce sens et les suiv., prend une majuscule.) Partie des Évangiles lue ou chantée à la messe.

évanouir (s') v. pr. Disparaître, se dissiper. Perdre connaissance.

évanouissement n. m. Action de disparaître. Perte de connaissance, défaillance.

évaporation n. f. Transformation lente d'un liquide en vapeur.

évaporer v. Produire l'évaporation de : *évaporer un liquide,*

évasement n. m. Élargissement.

évaser v. t. Élargir une ouverture.

évasif, ive* adj. Qui n'est pas catégorique.

évasion n. f. Action de s'évader.

évêché n. m. Territoire soumis à un évêque. Siège, palais épiscopal.

éveil n. m. Action d'éveiller ou de s'éveiller : *éveil des sens. Donner l'éveil,* inciter à se mettre sur ses gardes. *En éveil,* sur ses gardes.

éveillé, e adj. Vif, alerte.

éveiller v. t. Tirer du sommeil. *Fig.* Exciter, stimuler, provoquer.

événement n. m. Ce qui arrive, incident remarquable : *quels sont les événements ?*

évent n. m. Ouverture par laquelle certains cétacés rejettent de la vapeur d'eau.

éventail n. m. Sorte d'écran portatif, qu'on déploie pour agiter l'air.

éventaire n. m. Étalage de marchandises, à l'extérieur d'une boutique. Plateau que portent devant eux certains marchands ambulants.

éventer v. t. Exposer au vent. Donner du vent, de l'air à. Altérer par l'exposition à l'air : *éventer du vin. Fig.* Flairer, découvrir : *éventer un piège.*

éventration n. f. Action d'éventrer.

éventrer v. t. Ouvrir le ventre. *Par anal.* Défoncer, ouvrir largement.

éventualité n. f. Caractère de ce qui est éventuel. Fait qui peut se réaliser.

éventuel, elle* adj. Qui dépend d'un événement incertain.

évêque n. m. Prêtre qui a reçu la consécration épiscopale et qui est chargé d'un diocèse.

évertuer (s') v. pr. Faire des efforts.

éviction n. f. *Dr.* Dépossession.

évidement n. m. Action d'évider. État de ce qui est évidé.

évidemment [evidamã] adv. D'une manière évidente ; certainement.

évidence n. f. Caractère de ce qui est évident : *se rendre à l'évidence*.

évident, e adj. Qui s'impose immédiatement à l'esprit par son caractère de certitude ; manifeste, indiscutable.

évider v. t. Creuser intérieurement, tailler à jour, découper. Echancrer.

évier n. m. Table de pierre taillée en bassin et percée d'un trou, sur laquelle on lave la vaisselle.

évincement n. m. Action d'évincer.

évincer v. t. (conj. 1) Déposséder, écarter : *évincer un rival*.

éviter v. t. Echapper ou chercher à échapper à. S'abstenir de.

évocateur, trice adj. Qui évoque.

évocation n. f. Action d'évoquer.

évocatoire adj. Qui évoque.

évolué, e adj. Qui a atteint un certain degré avancé de civilisation.

évoluer v. i. Exécuter des évolutions. Passer par des phases progressives : *science qui évolue*.

évolutif, ive adj. Qui est susceptible d'évoluer, ou qui produit l'évolution.

évolution n. f. Mouvement, manœuvres de troupes, d'un navire, etc. Série de transformations successives. *Biol.* Théorie de la transformation des espèces.

évolutionnisme n. m. Ensemble des théories explicatives du mécanisme de l'évolution des êtres vivants.

évolutionniste n. et adj. Partisan de l'évolution.

évoquer v. t. Appeler, faire apparaître par des sortilèges. Rappeler au souvenir.

ex, préf. qui, suivi d'un trait d'union, marque ce qu'une personne a cessé d'être : *un ex-ministre*.

exacerbation n. f. Redoublement d'intensité d'un mal.

exact [egzakt ou egza], **e** adj. Conforme à la vérité. Rigoureux : *solution exacte*. Qui respecte l'horaire, ponctuel : *employé exact. Les sciences exactes*, les mathématiques, la physique, etc., par opposition aux *sciences humaines*.

exaction n. f. Action de faire payer plus qu'il n'est dû, ou ce qui n'est pas dû. Pl. Abus de pouvoir, violences.

exactitude n. f. Qualité de ce qui est exact, aux divers sens.

ex aequo [egzeko] loc. adv. et n. m. inv. Sur le même rang : *élèves ex aequo à une composition ; deux ex aequo*.

exagération n. f. Action d'exagérer.

exagérer v. t. (conj. 5) Dépasser la mesure, amplifier : *exagérer des mérites*.

exaltation n. f. Action d'exalter, aux divers sens. Etat d'une personne exaltée.

exalté, e adj. et n. Pris d'une sorte de délire : *c'est un exalté*.

exalter v. t. Porter très haut, célébrer, glorifier : *exalter des hauts faits*. Exciter, surexciter : *exalter l'imagination*.

examen [egzamɛ̃] n. m. Recherche, investigation réfléchie. Epreuve subie par un candidat. *Libre examen*, droit pour tout homme de ne croire que ce que sa raison peut contrôler.

examinateur, trice n. et adj. Qui est chargé d'examiner les candidats.

examiner v. t. Faire l'examen de. Interroger un candidat. Regarder attentivement.

exaspération n. f. Etat de qui est exaspéré. Extrême aggravation.

exaspérer v. t. (conj. 5) Irriter extrêmement.

exaucer v. t. (conj. 1) Accueillir favorablement, satisfaire.

excavation n. f. Action de creuser. Trou creusé dans la terre.

excédent n. m. Ce qui excède.

excéder v. t. (conj. 5) Dépasser. *Fig.* Importuner.

excellemment adv. D'une manière excellente. Par excellence.

excellence n. f. Qualité de ce qui est excellent. Titre honorifique des ambassadeurs, ministres, etc. *Par excellence* loc. adv. Au plus haut point.

excellent, e adj. Qui est à un degré éminent dans son genre. Très bon.

exceller v. i. Être supérieur dans son genre.

excentrer v. t. *Méc.* Déplacer l'axe d'une pièce qu'on veut tourner.

excentricité n. f. Etat de ce qui est situé loin du centre. Bizarrerie de caractère. Acte révélant cette bizarrerie.

excentrique* adj. Se dit de cercles qui n'ont pas le même centre, quoique renfermés les uns dans les autres. Qui est situé loin du centre : *quartier excentrique. Fig.* En opposition avec les usages reçus : *caractère excentrique.* N. Personne excentrique. N. m. *Méc.* Disque excentré, calé sur un arbre tournant, et utilisé pour la commande de certains mouvements.

excepté prép. et adj. Hormis, à la réserve de : *tous, excepté loi*.

excepter v. t. Exclure du nombre de.

exception n. f. Action d'excepter. Ce qui est excepté, hors de la règle commune. *A l'exception de* loc. prép. Excepté.

exceptionnel, elle* adj. Qui forme exception. Qui n'est pas ordinaire.

excès [ɛksɛ] n. m. Différence en plus d'une quantité sur une autre. Ce qui dépasse la mesure normale. Pl. Actes qui dépassent la mesure : *se livrer à des excès*.

excessif, ive* adj. Qui excède la mesure. Qui pousse les choses à l'excès.

exciper v. i. *Dr.* Alléguer une excuse : *exciper de sa bonne foi*.

excipient n. m. Substance à laquelle on incorpore un médicament.

exciser v. t. Enlever en coupant.

excision n. f. Action d'exciser.

excitabilité n. f. Faculté qu'ont les corps vivants d'entrer en action sous l'influence d'une cause stimulante.

excitable adj. Qui peut être excité.

excitateur, trice adj. Qui excite.

excitation n. f. Action d'exciter. Activité anormale, excessive.

exciter v. tr. Mettre en action ; provoquer, faire naître : *exciter la colère*. Activer l'action de. Stimuler, pousser : *exciter des combattants*.

exclamatif, ive adj. Qui marque l'exclamation.

exclamation n. f. Cri de joie, de surprise, d'indignation, etc. *Point d'exclamation*, point (!), placé après une exclamation.

exclamer (s') v. pr. Se récrier.

exclure v. t. (conj. 62) Écarter, rejeter de. *Fig.* Rejeter, repousser comme incompatible.

exclusif, ive adj. Qui appartient, par privilège spécial, à une ou plusieurs personnes. Qui rejette tout ce qui est contraire à ses opinions : *un homme exclusif.*

exclusion n. f. Action d'exclure. *À l'exclusion de,* à l'exception de.

exclusivement adv. En excluant, non compris : *jusqu'à lui exclusivement.*

exclusivisme n. m. Esprit exclusif.

exclusivité n. f. Possession sans partage. Droit exclusif de publier un article, de vendre un livre, de projeter un film.

excommunication n. f. Censure ecclésiastique, qui retranche de la communion des fidèles.

excommunier v. t. Retrancher de la communion de l'Église.

excoriation n. f. Légère écorchure.

excorier v. t. Écorcher légèrement la peau.

excrément n. m. Matière évacuée naturellement du corps de l'homme ou des animaux (matières fécales, urine).

excrémentiel, elle adj. De l'excrément.

excréter v. t. (conj. 5) Éliminer par l'organisme.

excréteur, trice ou **excrétoire** adj. Qui sert à excréter.

excrétion n. f. Action d'excréter.

excroissance n. f. Tumeur.

excursion n. f. Voyage d'agrément ou d'étude fait dans une région.

excursionniste Personne qui fait une excursion.

excusable adj. Qui peut être excusé.

excuse n. f. Raison alléguée pour se disculper, ou pour disculper autrui. Pl. Témoignage de regrets.

excuser v. t. Disculper quelqu'un d'une faute. Pardonner : *je vous excuse de ce retard.* Servir d'excuse. V. pr. Alléguer des raisons pour se justifier.

exécrable adj. Qui excite l'horreur. Très mauvais : *goût exécrable.*

exécration n. f. Sentiment d'horreur extrême : *crime qui suscite l'exécration.* Aversion.

exécrer v. t. Avoir en horreur, détester.

exécutant, e n. Personne qui joue un morceau de musique.

exécuter v. t. Donner suite à, effectuer. Faire : *exécuter un travail.* Jouer : *exécuter une sonate. Exécuter un condamné,* le mettre à mort. *Exécuter un débiteur,* saisir ses biens. V. pr. Se résoudre à agir.

exécuteur, trice n. *Exécuteur testamentaire,* celui que le testateur a chargé de l'exécution de son testament. *Exécuteur des hautes œuvres,* le bourreau.

exécutif, ive adj. Qui est chargé d'exécuter les lois. N. m. Le pouvoir exécutif.

exécution n. f. Action d'exécuter. Manière d'interpréter une œuvre d'art. *Exécution capitale,* mise à mort d'un condamné.

exégèse n. f. Explication grammaticale, historique, juridique d'un texte.

exemplaire adj. Qui peut servir d'exemple, de leçon. N. m. Objet formé d'après un type commun, en parlant d'un livre, de gravures, etc.

exemple n. m. Ce qui peut servir de modèle. Ce qui peut servir de leçon, d'avertissement. Texte, passage cité à l'appui de. *Par exemple* loc. adv. Pour en citer des exemples. Interj. Exprime la surprise.

exempt [εgzã], e adj. Non assujetti à une charge. Garanti, préservé.

exempter [εgzãte] v. t. Rendre exempt, affranchir d'une charge.

exemption [εgzãpsjɔ̃] n. f. Dispense.

exercer v. t. (conj. 1) Dresser, former : *exercer des soldats.* Développer par la pratique : *exercer sa mémoire.* Mettre à l'épreuve : *exercer la patience.* Mettre en pratique : *exercer la médecine.* Remplir : *exercer des fonctions.* Agir en vertu de, faire valoir : *exercer une autorité.* V. pr. Se former par l'exercice.

exercice n. m. Action d'exercer, de s'exercer : *l'exercice de la médecine.* Action d'exercer quelqu'un ou de s'exercer au maniement des armes. Travaux intellectuels : *exercice de traduction. Entrer en exercice,* entrer en fonctions. *Fin.* Période d'exécution d'un budget.

exergue n. m. Partie d'une médaille portant une inscription, la date, etc.

exfoliation n. f. Action d'exfolier.

exfolier v. t. Enlever par lames minces.

exhalaison n. f. Gaz, vapeur, odeur qui s'exhale d'un corps.

exhalation n. f. Action d'exhaler.

exhaler v. t. Pousser hors de soi, répandre des vapeurs, des odeurs. *Fig.* Émettre.

exhaussement n. m. Élévation.

exhausser v. t. Élever plus haut.

exhaustif, ive adj. Qui épuise un sujet.

exhiber v. t. Présenter : *exhiber un passeport. Fig.* Faire étalage de.

exhibition n. f. Action d'exhiber. Réunion de personnes, d'objets, pouvant intéresser le public. Action de faire un étalage impudent.

exhortation n. f. Encouragement.

exhorter v. t. Exciter, encourager, porter à : *exhorter à la patience.*

exhumation n. f. Action d'exhumer.

exhumer v. t. Tirer de la sépulture, déterrer. *Fig.* Tirer de l'oubli.

exigeant, e adj. Difficile à contenter.

exigence n. f. Caractère de celui qui est exigeant. Besoin, nécessité.

exiger v. t. (conj. 1) Demander, réclamer en vertu d'un droit ou par force : *exiger son dû.* Nécessiter : *exiger des soins.*

exigibilité n. f. Qualité de ce qui est exigible : *exigibilité d'une dette.*

exigible adj. Qui peut être exigé.

exigu, ë adj. Fort petit, très étroit.

exiguïté n. f. Petitesse, étroitesse.

exil n. m. Expatriation volontaire ou forcée. Lieu où réside l'exilé.

exilé, e n. Personne condamnée à l'exil, ou qui vit dans l'exil.

exiler v. t. Envoyer en exil, proscrire. *Par ext.* Éloigner d'un lieu.

existence n. f. État de ce qui existe. Manière de vivre.

existentialisme n. m. Doctrine philosophique d'après laquelle l'homme se définit lui-même en agissant.

existentialiste adj. Relatif à l'existentialisme. Adj. et n. Partisan de cette doctrine.

exister v. i. Être actuellement en vie, vivre. Être en réalité, durer, subsister : *une nation ne peut exister sans lois.* Être important, compter : *cet échec n'existait pas pour lui.*

exode n. m. Émigration en masse.

exogamie n. f. Règle contraignant un individu à choisir son conjoint en dehors du groupe auquel il appartient.

exogamique adj. Relatif à l'exogamie.

exonération n. f. Action d'exonérer.

exonérer v. t. (conj. 5) Dispenser d'une charge.

exorbitant, e adj. Excessif, sortant des bornes : *prix exorbitant.*

exorciser v. t. Conjurer, chasser les démons par des prières.

exorciseur n. m. Personne qui exorcise.

exorcisme n. m. Cérémonie au cours de laquelle on exorcise.

exorde n. m. Début d'un discours.

exotique adj. Qui n'est pas sur son sol naturel. Étranger.

exotisme n. m. Caractère de ce qui est exotique.

expansible adj. Capable d'expansion.

expansif, ive adj. Qui peut se dilater. *Fig.* Qui aime à communiquer ses sentiments.

expansion n. f. Développement. Épanchement, effusion : *avoir de l'expansion.*

expansionnisme n. m. Attitude politique visant à l'expansion d'un pays au-delà de ses limites actuelles.

expatriation n. f. Action d'expatrier ou de s'expatrier.

expatrier v. t. Obliger à quitter sa patrie.

expectative n. f. Attente.

expectorant, e adj. Qui facilite l'expectoration. N. m. : *un expectorant.*

expectoration n. f. Crachement.

expectorer v. t. Cracher.

expédient n. m. Moyen de résoudre momentanément une difficulté, de se tirer d'embarras : *user d'expédients. Vivre d'expédients,* vivre de moyens indélicats.

expédier v. t. Envoyer : *expédier une lettre.* Congédier : *expédier un importun.* Faire, dire rapidement : *expédier un travail.*

expéditeur, trice n. Personne qui fait acheminer un envoi par un service.

expéditif, ive* adj. Qui fait, expédie promptement. Qui permet de faire vite les choses : *moyen expéditif.*

expédition n. f. Action d'expédier. Chose expédiée. Entreprise militaire faite hors du pays. Entreprise d'exploration. *Dr.* Copie d'un acte.

expéditionnaire n. Expéditeur de marchandises. Employé chargé, dans les administrations, de recopier les états. Adj. Chargé d'une expédition militaire : *corps expéditionnaire.*

expérience n. f. Essai, épreuve. Connaissance acquise par la pratique, par l'observation. *Partic.* Essais, opérations pour démontrer ou vérifier une chose. Fait de provoquer un phénomène pour l'observer.

expérimental, e*, aux adj. Fondé sur l'expérience : *méthode expérimentale.*

expérimentateur, trice adj. et n. Qui fait des expériences.

expérimentation n. f. Action d'expérimenter : *méthode d'expérimentation.*

expérimenté, e adj. Instruit par l'expérience : *un médecin expérimenté.*

expérimenter v. t. Éprouver par des expériences : *expérimenter un procédé.*

expert, e* adj. Versé dans la connaissance par la pratique. N. m. Personne apte à juger de quelque chose, connaisseur. Celui que nomme le juge, ou que choisissent les parties, pour examiner, vérifier un compte, donner son avis dans une affaire.

expertise n. f. Visite et opération des experts. Rapport des experts.

expertiser v. t. Faire l'expertise de.

expiation n. f. Action par laquelle on expie. Châtiment.

expiatoire adj. Qui sert à expier.

expier v. t. Réparer un crime, une faute, par un châtiment, une peine.

expiration n. f. Action de chasser hors de la poitrine l'air aspiré. Fin : *l'expiration d'un délai.*

expirer v. t. Expulser de la poitrine par une contraction. V. j. Mourir. Arriver à son terme : *le bail expire dans un an.*

explétif, ive* adj. et n. m. Se dit d'une expression, d'un mot superflu, mais qui sert parfois à donner plus de force à la phrase.

explicable adj. Qu'on peut expliquer.

explicatif, ive adj. Qui explique.

explication n. f. Action d'expliquer, de s'expliquer ; commentaire, justification, discussion. *Avoir une explication avec quelqu'un,* lui demander compte de sa conduite.

explicite* adj. Clair, formel.

expliquer v. t. Développer, éclaircir. Commenter. Faire connaître, rendre raison de. V. pr. Donner à quelqu'un une explication de sa conduite.

exploit n. m. Action mémorable. Acte judiciaire signifié par huissier.

exploitable adj. Qui peut être exploité, cultivé.

exploitant n. m. Personne qui met en valeur un bien productif de richesse : *les exploitants agricoles.* Personne qui s'occupe de la gestion d'une salle de cinéma.

exploitation n. f. Action de mettre en valeur des biens, des bois, des mines, des usines, des fonds de commerce. Affaire qu'on exploite. Action d'abuser à son profit : *exploitation de la crédulité publique.* Utilisation : *l'exploitation d'un succès.*

exploité, e adj. et n. Se dit d'une personne dont on tire un profit abusif (contr. EXPLOITEUR).

exploiter v. t. Mettre en œuvre ; faire valoir. *Fig.* Tirer profit abusivement de.

exploiteur, euse n. Personne qui tire abusivement profit du travail d'autrui.

explorateur, trice n. Qui explore.

exploration n. f. Action d'explorer.

explorer v. t. Visiter, aller à la découverte. *Fig.* Etudier, scruter.

exploser v. i. Faire explosion.

explosible adj. Qui peut exploser.

explosif, ive adj. Qui accompagne ou qui produit l'explosion. Critique, tendu : *situation explosive.* N. m. Corps susceptible de faire explosion.

explosion n. f. Action d'éclater violemment. Manifestation soudaine : *explosion de colère.*

exportateur, trice n. et adj. Qui exporte.
exportation n. f. Action d'exporter. Ce que l'on exporte.
exporter v. t. Transporter et vendre à l'étranger des produits nationaux.
exposant, e n. Qui expose. N. m. Signe qui indique à quelle puissance est élevée une quantité.
exposé n. m. Développement explicatif : *exposé du fait.*
exposer v. t. Mettre en vue. Placer dans un lieu d'exposition : *exposer des tableaux.* Orienter : *maison exposée au midi.* Expliquer : *exposer un système.* Soumettre à l'action de : *exposer à l'air.* Mettre en péril : *exposer sa vie.*
exposition n. f. Action d'exposer : *exposition de marchandises.* Orientation : *exposition agréable.* Produits des arts ou de l'industrie exposés : *exposition universelle.* Récit : *exposition d'un fait.*
exprès [eksprɛ], **esse** adj. Précis, formel : *défense expresse.* Adv. A dessein : *perdre exprès au jeu.*
express adj. et n. m. À grande vitesse : *train express.*
expressément adv. D'une façon nette.
expressif, ive* adj. Qui exprime bien la pensée, le sentiment. Qui a beaucoup d'expression : *regards expressifs.*
expression n. f. Action d'exprimer. Phrase, mot. Manifestation d'un sentiment : *expression de la douleur.*
expressionnisme n. m. Forme d'art qui s'attache à l'intensité de l'expression.
expressionniste adj. et n. Relatif à l'expressionnisme.
exprimer v. t. Extraire le suc, le jus en pressant : *exprimer le jus d'un citron.* Manifester sa pensée, ses impressions par le geste ou par la parole : *exprimer sa douleur par des larmes.* V. pr. Se faire comprendre par la parole : *s'exprimer avec élégance.*
expropriation n. f. Dépossession.
exproprier v. t. Déposséder moyennant indemnité.
expulser v. t. Chasser quelqu'un d'un lieu. Evacuer, rejeter.
expulsion n. f. Action d'expulser.
expurger v. t. (conj. 1) Retrancher d'un livre ce qui est contraire à la morale, à la foi.
exquis, e adj. Qui a un goût délicieux : *plat exquis.* Qui produit une impression délicate : *un travail exquis.*
exsangue adj. Qui a perdu son sang.
extase n. f. Etat d'une personne qui se trouve comme transportée hors du monde extérieur. Vive admiration, plaisir extrême causé par une personne ou par une chose.
extasier (s') v. pr. Manifester son admiration.
extatique* adj. Causé par l'extase.
extenseur adj. Qui sert à étendre : *muscle extenseur.* N. m. Appareil de gymnastique.
extensibilité n. f. Propriété des corps extensibles.
extensible adj. Qui peut s'étendre, s'allonger.
extensif, ive* adj. Qui produit l'extension : *force extensive. Culture extensive,* culture s'étendant sur de vastes superficies.

extension n. f. Action d'étendre. Accroissement d'étendue. *Fig.* Élargissement du sens d'un mot.
exténuant, e adj. Qui exténue, épuise.
exténuer v. tr. Affaiblir à l'extrême.
extérieur, e* adj. Qui est au-dehors. Relatif aux pays étrangers : *commerce extérieur.* N. m. Ce qui est au-dehors : *extérieur d'une maison.* Dehors, maintien, apparence : *extérieur modeste.* Pays étrangers : *nouvelles de l'extérieur.*
extériorisation n. f. Action d'extérioriser.
extérioriser v. t. Imaginer en dehors de soi ce qu'on sent en dedans. Manifester par son comportement : *extérioriser ses sentiments.*
exterminateur, trice adj. Qui extermine.
extermination n. f. Action d'exterminer ; anéantissement.
exterminer v. t. Anéantir, massacrer.
externat n. m. Maison d'éducation qui n'admet que des externes.
externe adj. Qui vient du dehors ou qui est pour le dehors : *médicament à usage externe.* N. Elève qui suit les cours d'une école sans y coucher et sans y prendre ses repas.
exterritorialité n. f. Immunité qui exempte certaines personnes de la juridiction d'un Etat.
extincteur, trice n. m. et adj. Qui sert à éteindre les incendies.
extinction n. f. Action d'éteindre. Perte, affaiblissement : *l'extinction de la voix. Fig.* Cessation : *extinction d'une dette.*
extirpation n. f. Action d'extirper.
extirper v. t. Arracher avec la racine. *Fig.* Anéantir, détruire.
extorquer v. t. Obtenir par force, menace.
extorsion n. f. Crime qui consiste à arracher quelque chose à quelqu'un par force ou par menace.
extra, préf. marquant le superlatif : *extrafin,* ou l'extériorité : *extra-parlementaire.*
extra n. m. inv. Ce qu'on fait en dehors de ses habitudes. Personne qui fait un service supplémentaire. Adj. inv. Supérieur : *des fruits extra.*
extraction n. f. Action d'extraire. Opération qui a pour objet de trouver la racine d'un nombre. *Fig.* Origine : *homme de basse extraction.*
extrader v. t. Livrer un coupable à un gouvernement étranger.
extradition n. f. Action d'extrader.
extrados [ekstrado] n. m. Surface extérieure, supérieure, d'un arc, d'une voûte, d'une aile d'avion.
extraire v. t. (conj. 73) Tirer hors de. Séparer de : *extraire l'alcool du vin.* Faire sortir : *extraire de prison.* Faire un extrait.
extrait n. m. Substance extraite : *extrait de viande.* Passage tiré d'un livre. Abrégé d'un ouvrage. Copie d'un acte : *un extrait de naissance.*
extralucide adj. Qui possède le don de voir ce qui est caché au commun des hommes, par télépathie, par voyance, par divination, etc.
extraordinaire adj. En dehors de l'usage, de la règle ordinaire. Singulier, bizarre : *idées extraordinaires.* Imprévu : *dépenses extraordinaires.* Prodigieux.
extrapolation n. f. Action d'extrapoler. Extension, généralisation.

extrapoler v. t. Prolonger une courbe de valeur au-delà de la portion pour laquelle on a des données précises. Généraliser à partir de quelques éléments.

extravagance n. f. Caractère de ce qui est extravagant.

extravagant, e adj. et n. Hors du sens commun ; bizarre, singulier.

extrême* adj. Qui est tout à fait au bout : *extrême limite*. Très intense : *chaleur extrême*. N. m. Ce qui est au bout ; dernière limite : *passer d'un extrême à l'autre*. Le contraire : *les extrêmes se touchent. A l'extrême*, au-delà de toute mesure.

extrême-onction n. f. Anc. dénomination du sacrement des malades.

extrémisme n. m. Tendance à recourir à des moyens extrêmes, violents, dans la lutte politique.

extrémiste adj. et n. Favorable aux idées extrêmes en politique.

extrémité n. f. Le bout, la fin. Le dernier moment de la vie : *être à la dernière extrémité*. Pl. Actes de violence. Les pieds et les mains : *avoir les extrémités gelées*.

exubérance n. f. Surabondance. Vivacité excessive.

exubérant, e adj. Surabondant. Excessif dans ses expressions.

exultation n. f. Action d'exulter.

exulter v. i. Déborder de joie.

exutoire n. m. Moyen de se débarrasser de quelque chose qui gêne.

ex-voto n. m. inv. Se dit des tableaux ou objets qu'on suspend dans les chapelles à la suite d'un vœu.

F

f n. m. Sixième lettre de l'alphabet et la quatrième consonne.

fa n. m. *Mus*. Quatrième note de la gamme. Signe qui la représente.

fable n. f. Récit imaginaire. Nouvelle mensongère. Récit allégorique d'où l'on tire une moralité.

fabliau n. m. Court récit en vers.

fabricant n. m. Celui qui fabrique.

fabrication n. f. Action ou manière de fabriquer : *défaut de fabrication*.

fabrique n. f. Etablissement industriel où sont transformées des matières premières en vue de créer des produits destinés à la consommation.

fabriquer v. t. Transformer les matières premières en objets utilisables. *Fig*. Faire, inventer : *fabriquer un faux*.

fabulation n. f. Fait de substituer à la réalité vécue une aventure imaginaire.

fabuler v. i. Construire des fabulations.

fabuleux, euse* adj. Feint, imaginaire. Extraordinaire : *gain fabuleux*.

fabuliste n. m. Auteur de fables.

façade n. f. Partie antérieure d'un édifice. *Fig*. Extérieur, apparence.

face n. f. Visage. Côté d'une pièce de monnaie qui représente une tête. Partie antérieure du corps, d'une chose. *Fig*. Aspect, tournure : *l'affaire change de face. Géom*. Chacune des surfaces planes qui limitent un solide. *En face*, en présence de. *Regarder en face*, fixement.

face-à-main n. m. Binocle à manche.

facétie [fasesi] n. f. Plaisanterie un peu grosse.

facétieux, euse* adj. et n. Porté à la facétie. Qui marque de la facétie.

facette n. f. Petite face.

fâcher v. t. Chagriner, irriter.

fâcherie n. f. Brouille.

fâcheux, euse* adj. Qui fâche : *fâcheuse nouvelle*.

facial, e, aux adj. De la face : *nerf facial*.

faciès [fasjɛs] n. m. Aspect caractéristique du visage.

facile* adj. Aisé : *travail facile*. Qui paraît fait sans peine. *Fig*. Accommodant : *caractère facile*.

facilité n. f. Qualité d'une chose facile à faire. Disposition à faire sans peiner : *facilité à parler. Fig*. Complaisance. Pl. Commodités : *facilités de transport*.

faciliter v. t. Rendre facile.

façon n. f. Manière : *il s'habille d'une façon bizarre*. Main-d'œuvre : *payer tant pour la façon. Façon de penser*, opinion d'une personne. *Sans façon*, sans cérémonie. Pl. Politesses affectées. Manière d'agir, de se comporter : *des façons vulgaires*.

faconde n. f. Facilité à parler.

façonnage n. m. Action de façonner.

façonner v. t. Travailler, donner une forme. Former.

façonnier, ère n. et adj. Qui travaille à façon.

fac-similé n. m. Copie, reproduction.

facteur n. m. Employé de la poste chargé de distribuer le courrier à domicile. (On dit auj. PRÉPOSÉ, E.) Fabricant d'instruments de musique : *facteur d'orgues, de piano*. Chacun des nombres qui forment un produit. Elément qui influe : *facteur humain*.

factice adj. Artificiel. Qui n'est pas naturel : *gaieté factice*.

factieux, euse n. et adj. Séditieux.

faction n. f. Service de surveillance dont est chargée une personne : *être de faction*. Ensemble de personnes cherchant à prendre le pouvoir à l'intérieur d'un groupe.

factionnaire n. m. Sentinelle.

factotum [faktɔtɔm] n. m. Personnage qui s'occupe un peu de tout dans une maison.

facture n. f. Note détaillée de marchandises vendues.

facture n. f. Qualité de l'exécution.

facturer v. t. Dresser une facture.

facultatif, ive* adj. Non obligatoire.

faculté n. f. Puissance, physique ou morale. Pouvoir d'agir. Vertu, propriété : *l'aimant a la faculté d'attirer le fer. Fig.* Pouvoir : *faculté de parler.* Autref., dans une université, section d'enseignement supérieur : *la faculté de droit.* Pl. Aptitudes.

fadaise n. f. Niaiserie.

fadasse adj. Très fade.

fade adj. Insipide, sans saveur.

fadeur n. f. Insipidité. Niaiserie.

fading [fadiŋ] n. m. Disparition momentanée des signaux radio-électriques.

fagot n. m. Faisceau de menu bois, de branchages. *Sentir le fagot,* être soupçonné d'hérésie. *De derrière les fagots,* de choix.

fagoter v. t. Mettre en fagots. *Fig.* Arranger, habiller sans goût.

faiblard, arde adj. Très faible.

faible* adj. Sans force, sans solidité : *enfant faible, cordage faible.* Sans caractère : *esprit faible.* Médiocre : *de faible valeur.* N. m. Homme sans force : *abuser des faibles.* Goût : *avoir un faible pour une chose.* Défaut : passion dominante : *le jeu est son faible.*

faiblesse n. f. Manque de force. Evanouissement. *Fig.* Manque de fermeté. Trop grande indulgence : *avoir de la faiblesse pour.*

faiblir v. i. Perdre de ses forces.

faïence [fajɑ̃s] n. f. Poterie de terre vernissée ou émaillée.

faïencerie n. f. Fabrique ou commerce de faïence. Ensemble des objets de faïence.

faille n. f. Cassure des couches géologiques. *Fig.* Point faible, défaut : *il y a une faille dans votre raisonnement.* Soie noire à gros grains.

faillible adj. Qui peut se tromper.

faillir v. i. (conj. 25) Céder, commettre une faute ; manquer à : *faillir à son devoir.* Suivi d'un infinitif, signifie «être sur le point de» : *j'ai failli tomber.*

faillite n. f. Etat d'un commerçant qui cesse ses paiements et être admis au bénéfice de la liquidation judiciaire. *Fig.* Echec : *la faillite d'un projet.*

faim n. f. Besoin de manger. Famine. *Fig.* Désir : *faim de gloire.*

faine n. f. Fruit du hêtre.

fainéant, e n. et adj. Paresseux.

fainéanter v. i. Ne rien faire.

fainéantise n. f. Paresse.

faire v. t. (conj. 72) Créer, former. Mettre au monde. Fabriquer, composer. Opérer : *faire un miracle.* Pratiquer : *faire son devoir.* S'occuper : *n'avoir rien à faire.* Exercer : *faire un métier.* Contrefaire : *faire le mort.* Former, instruire. Egaler : *deux et deux font quatre.* Causer : *cela m'a fait du bien.* Faire son chemin, parvenir. *C'en est fait,* c'est fini. V. impers. : *il fait nuit, il fait beau.* V. i. Produire un certain effet : *le gris fait bien avec le rouge.* Agir. V. pr. Devenir : *se faire vieux.* S'améliorer : *ce vin se fait.* S'habituer : *se faire à la fatigue.* Embrasser une carrière : *se faire prêtre.*

faire-part n. m. inv. Lettre, avis, annonçant une naissance, un mariage, un décès.

faisable adj. Qui peut être fait.

faisan [fəzɑ̃] n. m. Genre de gallinacés à chair estimée et à beau plumage.

faisander v. t. Faire subir au gibier, avant consommation, un commencement de décomposition.

faisane n. f. Femelle du faisan.

faisceau n. m. Réunion de choses liées ensemble. Assemblage d'armes qui se soutiennent entre elles : *former les faisceaux. Faisceau lumineux,* ensemble de rayons lumineux. *Fig.* Ensemble cohérent de choses qui concourent à un même résultat : *faisceau de preuves.* Pl. Verges liées autour d'une hache que portait le licteur romain.

faiseur, euse n. Personne qui fait ou fabrique. Intrigant, hâbleur.

fait n. m. Action, chose faite : *nier un fait.* Evénement : *un fait singulier.* Ce qui convient : *ceci n'est pas mon fait. Hauts faits,* exploits. *Faits divers,* rubrique sous laquelle les journaux publient les accidents, menus scandales, etc. *Voies de fait,* actes de violence. *Prendre fait et cause pour quelqu'un,* se ranger de son parti. *De fait,* opposé à de droit. *Tout à fait,* entièrement.

faîtage n. m. Arête d'un toit.

faîte n. m. Comble d'un édifice. Sommet, cime : *faîte d'un arbre.*

fait-tout n. m. inv. Récipient pour divers usages de cuisine.

faix [fɛ] n. m. Charge, fardeau.

fakir n. m. Ascète de l'Inde. Personne qui exécute en public des exercices exigeant une grande maîtrise du corps.

falaise n. f. Terres, roches escarpées bordant la mer ou une vallée.

fallacieux, euse* adj. Destiné à tromper.

falloir v. impers. (conj. 42) Etre obligatoire. Etre convenable, utile. Etre nécessaire : *il faut du repos pour... S'en falloir,* manquer.

falot n. m. Lanterne portative.

falot, e adj. Terne, effacé.

falsificateur, trice n. et adj. Qui falsifie.

falsification n. f. Action de falsifier.

falsifier v. t. Altérer, changer, pour tromper. Contrefaire.

famé, e adj. Qui a telle ou telle réputation : *bien, mal famé.*

famélique adj. et n. Tourmenté par la faim.

fameux, euse* adj. Renommé, célèbre. Grand, extraordinaire : *fameux imbécile.* Excellent : *un vin fameux.*

familial, e, aux adj. Qui concerne la famille.

familiariser v. t. Rendre familier. Accoutumer, habituer à.

familiarité n. f. Grande intimité. Pl. Façons familières. Privautés.

familier, ère* adj. Qui vit dans l'intimité de quelqu'un. Qui a des manières libres. Connu, habituel. *Terme familier,* terme de la conversation courante, peu usité dans la langue écrite d'une certaine tenue. N. m. Celui qui fréquente habituellement une personne, une maison.

famille n. f. Le père, la mère et les enfants vivant sous le même toit. Enfants : *avoir de la famille.* Groupe d'animaux, de végétaux, de minéraux analogues. Mots issus d'une racine commune.

famine n. f. Manque presque total de produits alimentaires dans une région.

fanal n. m. Feu allumé la nuit, sur les côtes. Grosse lanterne.

fanatique* adj. Emporté, passionné à l'excès pour une religion, pour une opinion, pour quelqu'un ou quelque chose.

fanatiser v. t. Rendre fanatique.

fanatisme n. m. Passion aveugle qui pousse à des excès en faveur d'une religion, d'un parti.

fane n. f. Feuille sèche.

faner v. t. Retourner l'herbe fauchée pour la sécher. Flétrir, ternir. V. pr. Perdre son éclat.

faneur, euse n. Qui fane l'herbe fauchée. N. f. Machine à faner.

fanfare n. f. Orchestre composé d'instruments de cuivre. Musique militaire à base de trompettes et de clairons.

fanfaron, onne n. et adj. Vantard.

fanfaronnade n. f. Vantardise.

fanfreluche n. f. Ornement de la toilette féminine (dentelle, rubans, etc.).

fange n. f. Boue, bourbe.

fangeux, euse adj. Plein de fange.

fanion n. m. Petit drapeau.

fanon n. m. Pli de peau sous le cou des bœufs. Lame cornée que la baleine a dans la bouche.

fantaisie n. f. Imagination. Idée libre, capricieuse. Caprice, goût particulier : *vivre à sa fantaisie.* Originalité.

fantaisiste adj. Qui n'agit qu'à sa guise. Peu sérieux. Capricieux. N. m. Artiste de music-hall qui chante ou raconte des histoires.

fantasmagorie n. f. Effets troublants, visions fantastiques, produits artificiellement sur une scène ou décrits dans un livre.

fantasmagorique adj. Se dit d'une chose qui semble surnaturelle.

fantasmatique adj. Relatif au fantasme.

fantasme [tatasm] n. m. Image faisant partie d'un rêve ou d'une hallucination. (On écrit parfois PHANTASME.)

fantasque adj. et n. Sujet à des caprices : *humeur fantasque.*

fantassin n. m. Soldat d'infanterie.

fantastique* adj. Créé par la fantaisie, l'imagination : *vision fantastique.* Incroyable, extravagant. N. m. Le genre fantastique.

fantoche n. m. Marionnette articulée. *Fig.* Individu peu sérieux.

fantôme n. m. Spectre, apparition. *Fig.* Apparence sans réalité : *c'est un fantôme de roi.*

faon [fãã] n. m. Petit de la biche. Jeune chevreuil.

farad n. m. *Phys.* Unité de mesure de capacité électrique.

faramineux, euse adj. *Pop.* Étonnant.

farandole n. f. Danse provençale que les danseurs exécutent en se tenant en file.

faraud, e adj. *Fam.* Fanfaron, fat.

farce n. f. Viandes hachées et épicées, qu'on met dans l'intérieur d'une volaille, d'un légume. Pièce de théâtre d'un comique bouffon. Grosse plaisanterie : *faire une farce.*

farceur, euse n. Personne qui dit ou fait des farces. *Par ext.* Peu sérieux.

farcir v. t. Remplir de farce. *Fig.* Bourrer, surcharger : *farcir de citations.*

fard [far] n. m. Composition qui sert à donner au teint plus d'éclat. *Fig.* Dissimulation : *parler sans fard.*

fardeau n. m. Charge pesante. *Fig.* Ce qui pèse : *le fardeau des ans.*

farder v. t. Mettre du fard. *Fig.* Donner un faux éclat. Déguiser : *farder sa pensée.*

farfadet n. m. Espèce de lutin.

farfelu, e adj. Fantasque, extravagant.

farfouiller v. i. *Fam.* Fouiller avec désordre.

faribole n. f. *Fam.* Propos frivole.

farine n. f. Poudre résultant du broyage des grains de différentes céréales.

farineux, euse adj. Se dit de certaines choses qui ont l'aspect, le goût de la farine. N. m. Légume farineux.

farouche* adj. Sauvage. Qui n'est point apprivoisé : *bêtes farouches.* *Par ext.* Peu sociable. Cruel, barbare.

fart [fart] n. m. Corps gras dont on enduit les skis.

fascicule n. m. Cahier d'un ouvrage publié par fragments.

fascinant, e ou **fascinateur, trice** adj. Qui fascine.

fascination n. f. Action de fasciner. *Fig.* Attrait irrésistible.

fascine n. f. Fagot pour combler un fossé, empêcher un éboulement.

fasciner v. t. Maîtriser, attirer à soi par le regard : *le serpent fascine sa proie.* Charmer, éblouir.

fascisme [fa∫ism] n. m. Régime autoritaire établi en Italie de 1922 à 1945, fondé par Mussolini. *Par ext.* Dictature.

fasciste [fa∫ist] n. Partisan du fascisme.

faste n. m. Déploiement de magnificence, de luxe. *Jour faste,* jour heureux.

fastidieux, euse* adj. Ennuyeux.

fastueux, euse* adj. Qui étale un grand luxe : *équipage fastueux.*

fat [fat, au plur. fa] adj. et n. m. Suffisant, prétentieux. Plat personnage.

fatal, e*, als adj. Fixé par le sort. Funeste : *ambition fatale.* Qui achève, qui tue : *le coup fatal.*

fatalisme n. m. Doctrine qui considère tous les événements comme fixés à l'avance.

fataliste adj. Qui s'abandonne sans réaction aux événements. Résigné.

fatalité n. f. Destinée inévitable. Conjoncture fâcheuse.

fatidique adj. Marqué par le destin. Inexorable.

fatigant, e adj. Qui fatigue. Importun, ennuyeux.

fatigue n. f. Sensation pénible causée par le travail, l'effort. Tout effort pénible.

fatiguer v. t. Causer de la fatigue, de la lassitude. Importuner : *fatiguer de sollicitations.* V. i. Supporter un effort : *poutre qui fatigue.*

fatras [fatra] n. m. Amas confus.

fatuité n. f. Caractère du fat. Sotte suffisance.

faubourg n. m. Partie d'une ville située à la périphérie. Nom donné à d'anciens quartiers extérieurs : *le faubourg Saint-Antoine.*

faubourien, enne adj. De faubourg.

fauchage n. m. ou **fauchaison** n. f. Action de faucher.

faucher v. t. Couper à la faux. *Fig.* Abattre. *Pop.* Voler.

faucheur, euse n. Qui fauche. N. f. Machine pour faucher.

faucheux n. m. Araignée des champs.

faucille n. f. Petite faux de forme semicirculaire, pour couper les herbes.

faucon n. m. Oiseau rapace, qu'on dressait autrefois pour la chasse.

fauconnerie n. f. Art de dresser les oiseaux de proie pour la chasse.

faufiler v. t. Coudre provisoirement à longs points. V. pr. S'introduire adroitement quelque part.

faune n. m. Divinité champêtre, chez les Romains. N. f. Ensemble des animaux d'une région. *Péjor.* Personne qu'on rencontre dans tel ou tel milieu.

faussaire n. Celui, celle qui commet un faux. *Fig.* Qui déguise la vérité.

fausser v. t. Dénaturer : *fausser la vérité.* Interpréter faussement : *fausser la loi.* Rendre faux : *fausser le jugement.* Tordre, déformer : *fausser un rouage.*

fausset n. m. *Voix de fausset,* voix d'homme très aiguë.

fausset n. m. Cheville de bois pour boucher le trou d'un tonneau.

fausseté n. f. Caractère de ce qui est faux : *fausseté d'un acte.* Duplicité.

faute n. f. Manquement au devoir, à la morale. Manquement aux règles : *faute de grammaire, d'orthographe, d'impression.* Maladresse : *faire une faute au jeu.* Faire *faute,* manquer. *Faute de* loc. prép. Par l'absence de. *Sans faute* loc. adv. A coup sûr.

fauter v. i. *Fam.* Se laisser séduire, en parlant d'une fille, d'une femme.

fauteuil n. m. Siège à dossier et à bras.

fauteur, trice n. Personne qui favorise, excite à : *fauteur de désordres.*

fautif, ive adj. Coupable, qui est en faute. Qui contient des fautes.

fauve adj. Couleur qui tire sur le roux : *pelage fauve.* Bêtes *fauves,* quadrupèdes sauvages qui vivent dans les bois. N. m. Couleur fauve. Bête féroce : *dompter des fauves.*

fauvette n. f. Oiseau chanteur, de plumage fauve.

fauvisme n. m. Tendance commune à certains peintres du commencement du XXᵉ s., qui cernent souvent le contour des objets d'un trait noir.

faux [fo] n. f. Lame d'acier recourbée fixée à un long manche et qui sert à faucher.

faux, fausse adj. Contraire à la vérité : *faux bruit.* Dépourvu de rectitude : *esprit faux.* De mesure inexacte : *poids, vers faux.* Sans justesse : *voix fausse.* Imité, postiche : *fausses dents.* Simulé : *faux tiroir.* Equivoque : *fausse situation.* Qui n'est pas ce qu'il semble être : *faux savant, faux dévot.* N. m. Ce qui est contraire à la vérité : *distinguer le vrai du faux.* Imitation sans valeur. Imitation, altération d'un acte, d'une signature : *faux en matière civile. Fig. S'inscrire en faux,* nier. Adv. D'une manière fausse : *chanter faux. A faux,* à tort ; sans appui : *solive qui porte à faux.*

faux-fuyant n. m. Moyen détourné, échappatoire. (Pl. *faux-fuyants.*)

faux-monnayeur n. m. Qui fabrique de la fausse monnaie.

faveur n. f. Bienveillance, protection : *la faveur des grands.* Marque de bienveillance ; privilège : *solliciter une faveur.* Ruban de spie très étroit. *En faveur de,* au profit de. *A la faveur de,* au moyen de.

favorable* adj. Propice, indulgent.

favori, ite adj. Préféré : *auteur favori.* N. m. Celui qui jouit de la faveur de quelqu'un. Touffe de barbe sur la joue. N. f. Maîtresse de roi.

favoriser v. t. Traiter favorablement. Accorder une préférence. Contribuer au développement de : *favoriser le commerce.* Aider : *la nuit a favorisé sa fuite.*

favoritisme n. m. Tendance à accorder des faveurs injustes ou illégales.

fayot n. m. *Pop.* Haricot sec. *Fam.* Militaire qui fait du zèle.

fébrifuge adj. Qui guérit la fièvre.

fébrile* adj. Qui a la fièvre. *Fig.* Qui excite : *impatience fébrile.* Nerveux, excité.

fébrilité n. f. Fièvre, agitation.

fécal, e, aux adj. *Matières fécales,* excréments.

fécond, e adj. Fertile, productif. *Fig.* Qui produit beaucoup : *un artiste fécond.* Riche : *une journée féconde en événements.*

fécondation n. f. Union de deux cellules sexuelles, mâle et femelle.

féconder v. t. Rendre un être vivant femelle en mesure de reproduire l'espèce en lui apportant l'élément mâle qui lui est nécessaire.

fécondité n. f. Aptitude à la reproduction. Fertilité : *la fécondité d'une terre. Fig.* Caractère de celui qui produit beaucoup : *la fécondité d'un auteur.*

fécule n. f. Substance farineuse, abondante dans certains tubercules (pomme de terre, manioc, igname).

féculent n. m. Légume qui contient de la fécule (pomme de terre, etc.).

fédéral, e, aux adj. Relatif à une fédération.

fédéralisme n. m. Système politique dans lequel plusieurs Etats indépendants abandonnent chacun une part de leur souveraineté au profit d'une autorité supérieure.

fédéraliste, fédératif, ive adj. Relatif au fédéralisme.

fédération n. f. Association de plusieurs pays en un seul Etat. *Par ext.* Association professionnelle, corporative ou sportive.

fédérer v. t. Former en fédération.

fée n. f. Etre féminin imaginaire, doué de pouvoirs surnaturels : *conte de fées. Fig.* Femme remarquable par sa grâce, son esprit, sa beauté.

féerie n. f. Spectacle d'une merveilleuse beauté, ou qui fait intervenir le merveilleux.

féerique adj. Magique, merveilleux.

feindre v. t. (conj. 55) Simuler pour tromper : *feindre la colère. Feindre de,* faire semblant de.

feinte n. f. Artifice : *parler sans feinte. Sports.* Coup, geste simulé qui trompe l'adversaire.

feinter v. i. Faire une feinte.

fêler v. t. Fendre légèrement (un vase).

félicitation n. f. Compliment.

félicité n. f. Bonheur suprême.

féliciter v. t. Complimenter.

félin, e adj. Qui tient du chat. *Fig.* D'une douceur perfide. Souple, gracieux : *grâce féline.* N. m. Carnassier de la famille du tigre, du chat, etc.

fellah n. m. Paysan égyptien.

félon, onne adj. Traître.

félonie n. f. Trahison.

fêlure n. f. Fente légère.

femelle n. f. Animal du sexe féminin. Adj. Du sexe féminin : *hérisson femelle.* Se dit d'une pièce en creux qui peut en recevoir une autre : *prise femelle.*

féminin, e adj. Qui appartient aux femmes : *grâce féminine. Rime féminine,* terminée par une syllabe muette. N. m. *Gramm.* Genre féminin.

féminiser v. t. Rendre féminin.

féminisme n. m. Doctrine, mouvement d'opinion qui a pour objet de donner à la femme les mêmes droits qu'à l'homme dans la société.

féministe n. et adj. Partisan du féminisme.

féminité n. f. Caractère distinctif de la femme. Grâce, douceur féminines.

femme [fam] n. f. Personne du sexe féminin. Compagne de l'homme. Celle qui est ou qui a été mariée.

femmelette n. f. Femme faible, délicate. *Fig.* Homme sans énergie.

fémoral, e, aux adj. Relatif au fémur ou aux régions voisines : *artère fémorale.*

fémur n. m. Os de la cuisse.

fenaison n. f. Récolte des foins.

fendiller v. t. Produire de petites fentes. V. pr. Se couvrir de petites fentes.

fendre v. t. (conj. 46) Séparer dans le sens de la longueur : *fendre du bois.* Crevasser : *la sécheresse fend la terre. Par ext.* Traverser : *fendre l'air. Fig. Fendre le cœur,* affliger. *Pop.* Se *fendre,* payer.

fenêtre n. f. Ouverture dans un mur pour donner du jour et de l'air. Cadre vitré de fenêtre. *Fig. Jeter par les fenêtres,* dissiper follement.

fenouil [fənuj] n. m. Ombellifère aromatique.

fente n. f. Petite ouverture en long.

féodal, e, aux adj. Relatif aux fiefs, à la féodalité : *château féodal.*

féodalité n. f. Régime social du Moyen Âge, fondé sur le fief.

fer n. m. Métal d'un gris bleuâtre. Pointe en fer d'une pique, d'une lance, etc. Épée. Demi-cercle de fer dont on garnit la corne des pieds des chevaux. Se dit de plusieurs instruments et outils de fer : *fer à friser, à repasser,* etc. *Âge du fer,* période préhistorique où l'homme commença à utiliser le fer pour son outillage. Pl. Chaînes : *mettre aux fers. Fig.* Captivité.

fer-blanc n. m. Tôle mince, recouverte d'étain.

ferblanterie n. m. Travail du fer-blanc; objets de fer-blanc.

ferblantier n. m. Personne qui fabrique ou vend des objets en fer-blanc.

férié, e adj. Se dit d'un jour de repos considéré comme une fête religieuse ou civile.

férir (sans coup) loc. Sans avoir à combattre : *triompher sans coup férir.*

fermage n. m. Loyer d'une ferme, d'une terre.

ferme* adj. Solide. Stable, fixe : *ferme sur ses jambes.* Compact : *chair ferme. Fig.* Assuré : *ton ferme.* Inébranlable : *ferme dans ses résolutions.* Définitif : *achat ferme. Terre ferme,* continent. Adv. Avec assurance : *tenir ferme.* Interj. *Ferme!* Courage!

ferme n. f. Maison d'habitation située sur une exploitation agricole. Domaine agricole. Contrat par lequel on loue un bien rural : *prendre à ferme. Domaine affermé.*

ferme n. f. Assemblage de pièces portant le faitage d'un comble.

fermé, e adj. Insensible, inaccessible à : *fermé à l'amour.* Où il est difficile de s'introduire : *société fermée.*

ferment n. m. Agent de la fermentation. *Fig.* Ce qui excite : *ferment de discorde.*

fermentation n. f. Transformation de certaines substances organiques, souvent accompagnée de dégagements gazeux : *fermentation du fumier. Fig.* Effervescence.

fermenter v. t. Être en fermentation.

fermer v. t. Boucher une ouverture. Enclore : *fermer un jardin.* Empêcher l'accès. Clore : *fermer une discussion.* Rapprocher deux parties écartées. *Fermer la marche,* marcher le dernier. *Fermer boutique,* cesser son commerce. V. i. Se *fermer* : *la porte ferme mal.*

fermeté n. f. État de ce qui est ferme. *Fig.* Constance, courage. Détermination, résolution.

fermette n. f. Petite ferme.

fermeture n. f. Ce qui sert à fermer. Action, moment de fermer. *Fermeture à glissière,* fermeture par crémaillères cousues sur ruban.

fermier, ère n. Personne qui loue une ferme et l'exploite. Propriétaire d'une ferme, qui l'habite et l'exploite. *Fermier général,* celui qui prenait à ferme un impôt, sous l'Ancien Régime.

fermoir n. m. Agrafe pour tenir fermé un livre, un collier, un sac, etc.

féroce* adj. Sauvage et sanguinaire. Cruel. Impitoyable.

férocité n. f. Naturel féroce. Inhumanité.

ferraillage n. m. Ensemble des fers d'une construction en béton armé.

ferraille n. f. Débris de fer.

ferrailler v. i. Se battre au sabre ou à l'épée.

ferrailleur n. m. Marchand de ferraille.

ferré, e adj. Garni de fer : *bâton ferré. Voie ferrée,* voie de chemin de fer. *Fig. Être ferré sur un sujet,* le connaître à fond.

ferrer v. t. Garnir de fer. Mettre des fers à un cheval. *Ferrer à glace,* avec des fers cramponnés. *Ferrer un poisson,* donner une légère secousse à l'hameçon pour accrocher le poisson.

ferreux adj. m. Qui contient du fer.

ferronnerie n. f. Travail artistique du fer, de la fonte; ouvrages ainsi réalisés. Serrurerie d'art.

ferronnier, ère n. et adj. Qui fabrique de la ferronnerie ou en fait le commerce.

ferronnière n. f. Sorte de diadème.

ferroviaire adj. Du chemin de fer.

ferrugineux, euse adj. Qui contient du fer ou l'un de ses composés : *eaux ferrugineuses.*

ferrure n. f. Garniture de fer. Fers d'un cheval.

ferry-boat [fɛribot] n. m. Navire spécialement aménagé pour le transport des voitures et des wagons de chemin de fer. (Pl. *ferry-boats.*)

fertile* adj. Qui produit beaucoup : *sol fertile.*

fertilisation n. f. Action de fertiliser.

fertiliser v. t. Rendre fertile.

fertilité n. f. Qualité d'une terre qui produit beaucoup. *Fig.* Aptitude à créer.

féru, e adj. Passionné d'une science, d'une idée, etc. : *être féru d'art.*

férule n. f. Palette dont on frappait les mains des écoliers en faute. *Fig.* Autorité. *Être sous la férule de quelqu'un,* être sous la dépendance étroite.

fervent, e adj. Rempli de ferveur. *Fig.* Ardent : *disciple fervent.*

ferveur n. f. Zèle ardent : *prier avec ferveur.*

fesse n. f. Chacune des deux parties charnues postérieures de l'homme et de certains animaux.

fessée n. f. Correction sur les fesses.

fesser v. t. Donner la fessée.

fessier adj. Des fesses : *muscles fessiers.* N. m. Les fesses.

festin n. m. Repas somptueux.

festival n. m. Série de représentations artistiques consacrées à un genre donné : *un festival de cinéma.*

festivités n. f. pl. Ensemble de manifestations, de réjouissances officielles.

feston n. m. Guirlande de fleurs, de feuilles. Ornement en festons.

festonner v. t. Orner de festons.

festoyer [fɛstwaje] v. i. (conj. 2) Faire bombance.

fête n. f. Solennité publique, accompagnée de réjouissances, destinée à marquer ou à commémorer un fait important : *la fête de Noël.* Manifestations joyeuses au sein d'un groupe, d'une famille pour célébrer un événement. Réjouissance en général : *un jour de fête.* Faire fête, bien accueillir. Faire la fête, s'amuser.

fêter v. t. Célébrer une fête.

fétiche n. m. Objet auquel certains attribuent le pouvoir d'apporter la chance, le bonheur, etc., à celui qui le possède.

fétichisme n. m. Croyances, pratiques des peuplades qui rendent un culte à des fétiches. Attachement morbide et exclusif à certaines catégories d'objets auxquels le malade attribue un sens sexuel.

fétichiste adj. Qui concerne le fétichisme. Adj. et n. Qui le pratique.

fétide adj. D'odeur répugnante.

fétidité n. f. Odeur fétide.

fétu n. m. Brin de paille.

feu n. m. Chaleur et lumière produites par une combustion : *feu de bois.* Incendie. Décharge d'arme à poudre : *faire feu. Coup de feu,* décharge d'une arme à feu. *Feu d'artifice,* ensemble de pièces d'artifice. *Faire long feu,* ne pas avoir de succès. *Ne pas faire long feu,* ne pas durer longtemps. *Feu!,* commandement de tirer. Phare. Fanal de position sur un navire. Lampe d'un véhicule : *feux arrière. Fig.* Sensation de chaleur : *avoir les joues en feu.* Irritation : *le feu du rasoir.*

Ardeur des sentiments, enthousiasme, fougue, passion : *parler avec feu. Avoir le feu sacré,* témoigner d'un zèle très vif. *Être tout feu, tout flamme,* s'emballer, s'enthousiasmer. *Être sans feu ni lieu,* sans domicile.

feu, e adj. Défunt : *la feue reine; feu la reine.*

feuillage n. m. Feuilles d'un arbre. Branches chargées de feuilles.

feuille n. f. Partie terminale des végétaux, mince et plate, ordinairement verte : *feuilles persistantes. Par ext.* Pétale : *feuille de rose. Fig.* Chose plate et mince : *feuille d'or.* Morceau de papier d'une certaine grandeur. Journal : *cette feuille a cessé de paraître.*

feuillée n. f. Feuillage. Pl. Latrines des troupes en campagne.

feuillet n. m. Partie d'une feuille de papier pliée plusieurs fois sur elle-même : *un bloc de cent feuillets.* Page d'un livre, d'un cahier.

feuilleter v. t. (conj. 4) Tourner les feuillets : *feuilleter un livre,* et, *par ext.,* lire à la hâte. Préparer la pâte de façon qu'elle lève en formant des feuilles.

feuilleton n. m. Œuvre romanesque paraissant par fragments dans un journal, lue ou diffusée à la radio ou à la télévision.

feuilletoniste n. Auteur de romans-feuilletons.

feuillu, e adj. Qui a des feuilles.

feutrage n. m. Action de transformer en feutre une matière textile, la garnir de feutre.

feutre n. m. Étoffe de laine, de poils foulés. Chapeau de feutre. Crayon dont la pointe est en feutre.

feutrer v. t. Mettre en feutre du poil, de la laine. Garnir de feutre. *Fig. Pas feutrés,* silencieux. V. i. Prendre l'apparence du feutre.

fève n. f. Légumineuse à graine comestible.

février n. m. Second mois de l'année.

fez [fɛz] n. m. Coiffure tronconique en laine portée dans certains pays d'Orient.

fi ! interj. qui marque le dégoût, le mépris. *Faire fi de,* mépriser.

fiable adj. Se dit d'une machine, d'un dispositif doués de fiabilité.

fiacre n. m. Voiture de louage tirée par un cheval.

fiancé, e n. Qui a fait promesse de mariage.

fiancer (se) v. pr. (conj. 1) S'engager à épouser quelqu'un.

fiasco n. m. inv. Four complet.

fibranne n. f. Laine artificielle à fibres courtes.

fibre n. f. Filament délié d'origine végétale, animale ou minérale : *fibre musculaire, textile. Fig.* Disposition à s'émouvoir : *fibre sensible.*

fibreux, euse adj. Qui a des fibres.

fibrille n. f. Petite fibre.

fibrine n. f. Matière albuminoïde qui se forme dans le sang pour le coaguler.

fibrome n. m. Tumeur fibreuse.

ficeler v. t. (conj. 2) Attacher avec une ficelle : *ficeler un paquet. Fam.* Mal habiller.

ficelle n. f. Très petite corde. *Fig.* Ruse de métier : *connaître toutes les ficelles. Tirer les* *ficelles*, faire agir les autres sans se montrer. Pain très mince.

fiche n. f. Feuillet isolé, pour inscrire des notes à classer ensuite. Pièce métallique s'adaptant à une autre et utilisée en électricité pour établir un contact.

ficher v. t. Enfoncer par la pointe : *ficher un pieu en terre*. Porter des renseignements sur des fiches. *Fam.* Mettre, jeter : *ficher à la porte. Il n'a rien fichu de la journée*, il n'a rien fait. V. pr. *Fam.* Se moquer de.

fichier n. m. Collection de fiches. Boîte, meuble à fiches.

fichtre! interj. *Fam.* Marque l'étonnement, l'admiration.

fichu, e adj. *Pop.* Mal fait, mauvais : *un fichu repas*. Détruit, perdu : *sa voiture est fichue*. Être *fichu de*, être capable de, en mesure de.

fichu n. m. Pointe d'étoffe, de dentelle, dont les femmes s'entourent les épaules.

fictif, ive* adj. Imaginaire, qui n'a rien de réel : *personnage fictif*. Qui n'existe que par convention : *valeur fictive*.

fiction n. f. Création de l'imagination.

fidèle* adj. Qui remplit ses engagements. Constant, attaché à, loyal. Exact : *historien fidèle, témoignage fidèle*. Sûr : *reproduction fidèle, mémoire fidèle*. N. m. pl. *Les fidèles*, ceux qui pratiquent une religion.

fidélité n. f. Qualité de ce qui est fidèle. Exactitude. Loyauté. *Phys.* Qualité d'un instrument de mesure (balance, thermomètre). Qualité d'un électrophone, d'un magnétophone, d'un poste de radio qui reproduit le son sans altération : *chaîne haute fidélité*.

fiduciaire* adj. Se dit de valeurs fictives, fondées sur la confiance accordée à celui qui les émet. *Monnaie fiduciaire*, billets de banque.

fief n. m. Domaine qu'un vassal tenait d'un seigneur, à charge de redevance et en prêtant foi et hommage. *Fig.* Possession exclusive : *fief électoral*.

fieffé, e adj. Donné en fief. *Fam.* Qui a atteint le dernier degré d'un vice, d'un défaut : *ivrogne fieffé*.

fiel n. m. Bile. *Fig.* Amertume.

fielleux, euse* adj. Amer : *propos fielleux.*

fiente n. f. Excrément d'animaux.

fier v. pr. Mettre sa confiance en : *à qui se fier?*

fier [fjɛr], **fière*** adj. et n. Altier, arrogant. Noble, élevé : *âme fière*. Audacieux, intrépide. *Fam.* Fameux : *un fier coquin*. N. : *faire le fier*.

fier-à-bras n. m. Fanfaron.

fierté n. f. Caractère de ce qui est fier.

fièvre n. f. Élévation morbide de la température du corps. *Fig.* Agitation, passion : *fièvre politique*.

fiévreux, euse* adj. et n. Qui a la fièvre. Qui la cause. *Fig.* Tourmenté, agité.

fifre n. m. Petite flûte d'un ton aigu. Celui qui en joue.

figer v. t. (conj. 1) Congeler, épaissir par le froid. *Fig.* Immobiliser : *il resta figé de peur*.

fignolage n. m. Action de fignoler.

fignoler v. t. Arranger minutieusement.

figue n. f. Fruit du figuier. *Fig. Mi-figue, mi-raisin*, mitigé.

figuier n. m. Arbre méditerranéen, dont le fruit est comestible.

figurant, e n. Personnage muet, dans une pièce. *Fig.* Personne dont le rôle est tout décoratif : *n'être qu'un figurant*.

figuratif, ive* adj. Qui figure, symbolise. Qui représente des êtres, des objets qui existent dans la nature : *peinture figurative*.

figuration n. f. Action de représenter quelque chose sous une forme visible. Figurants d'un théâtre.

figure n. f. Forme visible d'un corps, dessin. Visage. *Fig.* Air, contenance. Symbole, allégorie. *Géom.* Ensemble de points, lignes, surfaces. Modification dans l'emploi ou le sens des mots : *figure de rhétorique*. Mouvement d'une danse.

figuré, e adj. *Sens figuré*, signification détournée du sens propre : *la lecture NOURRIT l'esprit*. N. m. Sens figuré : *au propre et au figuré*.

figurer v. t. Représenter. V. i. Se trouver dans : *figurer sur une liste*. Jouer le rôle d'un figurant : *figurer dans un film*. V. pr. S'imaginer.

figurine n. f. Statuette de petite dimension, en terre cuite, en bronze, etc.

fil n. m. Petit brin de matières textiles. Métal étiré : *fil de fer*. Veine d'une pierre. Tranchant d'un instrument : *le fil d'un rasoir*. Conducteur électrique filiforme : *fil de terre*. Passer au fil de l'épée, tuer à l'arme blanche. Ficelle : *les fils des marionnettes*. *Fig.* Moyen secret d'action : *le fil d'une conspiration. Fil à plomb*, fil ou ficelle lestés pour matérialiser la verticale. *Fil de la Vierge*, filandre. *Fig.* Suite : *le fil de son discours*. Cours : *le fil de la vie*. *Donner du fil à retordre*, susciter des embarras. *De fil en aiguille*, à propos en propos.

filament n. m. Petite fibre, petit fil. *Électr.* Fil conducteur à l'intérieur d'une ampoule électrique.

filamenteux, euse adj. Fibreux.

filandre n. f. Fil d'araignée flottant.

filandreux, euse adj. Rempli de fibres résistantes : *viande filandreuse*. *Fig.* Enchevêtré, confus et long : *explications filandreuses*.

filasse n. f. Amas de filaments de chanvre, de lin, etc. Adj. inv. *Des cheveux filasse*, d'un blond pâle, presque blanc.

filateur n. m. Exploitant d'une filature.

filature n. f. Établissement où l'on file un textile : *filature de coton*. *Fig.* Action de suivre un individu pour le surveiller.

file n. f. Rangée : *file de voitures*. *A la file*, l'un après l'autre. *En file indienne*, l'un derrière l'autre.

filé n. m. Fil destiné au tissage.

filer v. t. Mettre en fil : *filer la laine*. Sécréter un fil : *l'araignée file sa toile*. *Fig.* Suivre en épiant : *filer un voleur*. *Filer deux, trois nœuds*, etc., marcher à la vitesse de deux, trois, etc., milles à l'heure. V. i. Couler lentement. Avoir une flamme qui fume : *lampe qui file*. *Fam.* Aller vite, s'en aller. *Fig. Filer doux*, se montrer docile.

filet n. m. Tissu à claire-voie, pour la pêche, la chasse. Résille pour retenir les cheveux. Sac à provisions fait de mailles. Réseau de ficelle ou de cordelette servant dans les sports (volley-ball, tennis, etc.) ou contenant les bagages dans un train. Dentelle de lin. *Bouch.* Partie charnue du dos du bœuf, etc. *Faux filet*, partie moins estimée de l'échine du bœuf. *Techn.* Saillie en spirale d'une vis. Très petite quantité : *filet de vinaigre.*

filetage n. m. Action de fileter.

fileter v. t. (conj. 4) Faire un filet de vis, d'écrou.

fileur, euse n. et adj. Qui file.

filial, e*, aux adj. Du fils : *amour filial.* N. f. Entreprise contrôlée par une autre entreprise.

filiation n. f. Descendance (au *pr.* et au *fig.*).

filière n. f. Instrument d'acier pour étirer en fils des métaux, pour fileter en vis. Organe par lequel certains insectes produisent leur fil. *Fig.* Suite de formalités, d'emplois qui se succèdent ordinairement de la même façon : *filière administrative.*

filiforme adj. Délié comme un fil.

filigrane n. m. Ouvrage d'orfèvrerie à jour. Dessin que l'on aperçoit par transparence sur certains papiers.

filin n. m. *Mar.* Cordage végétal ou métallique.

fille n. f. Enfant du sexe féminin, par rapport aux parents. Femme non mariée : *rester fille.* Servante : *fille d'auberge.* Femme de mauvaise conduite.

fillette n. f. Petite fille.

filleul, e n. Celui, celle dont on est parrain ou marraine.

film n. m. Bande sensible pelliculaire, utilisée en photographie et en cinématographie. Œuvre cinématographique. *Fig.* Déroulement continu : *suivre le film des événements.*

filmer v. t. Enregistrer sur un film cinématographique.

filmologie n. f. Étude sociologique du cinéma.

filon n. m. Couche d'un minéral contenue entre des couches de nature différente. *Fig.* Veine, source. *Fam.* Bonne chance ; situation agréable ou lucrative.

filou n. m. Voleur adroit. Fripon.

filouter v. t. Voler avec adresse. V. i. Tricher, tromper.

filouterie n. f. Action de filou.

fils [fis] n. m. Enfant mâle par rapport à ses parents. Terme d'amitié : *mon fils.* Descendant : *les fils des Gaulois. Le Fils de l'Homme,* Jésus-Christ.

filtrage n. m. Action de filtrer.

filtre n. m. Corps poreux ou appareil à travers lequel on passe un liquide ou un gaz pour le purifier. Appareil éliminant les parasites de la radio. Ecran coloré placé devant un objectif pour intercepter certains rayons du spectre.

filtrer v. t. Faire passer un liquide à travers un filtre. V. i. Pénétrer : *l'eau filtre à travers les terres. Fig.* Passer subrepticement : *laisser filtrer une nouvelle.*

fin n. f. Bout, extrémité. Terme : *toucher à sa fin.* But : *en venir à ses fins. Fin de non-recevoir,* refus. *A la fin* loc. adv. Enfin.

fin, fine* adj. Délié et menu : *écriture fine.* Elancé : *taille fine.* Précieux : *pierres fines. Fig.* Excellent : *vin fin.* Délicat : *goût fin.* Pur : *or fin.* Rusé, ingénieux : *fin renard.*

Le fin fond, l'endroit le plus reculé. *Le fin du fin,* ce qu'il y a de plus subtil.

final, e*, als adj. Qui finit, termine. *Cause finale,* fin pour laquelle une chose est faite. N. f. Dernière syllabe ou lettre d'un mot. Epreuve décisive d'une lutte sportive. En musique, syn. de TONIQUE.

final ou **finale** n. m. *Mus.* Morceau d'ensemble qui termine une symphonie, une sonate.

finaliste n. Celui, celle qui participe à une épreuve sportive décisive.

finalité n. f. Caractère de ce qui a un but, une fin.

finance n. f. Profession du financier. Ensemble des financiers. Pl. Trésor de l'Etat.

financer v. i. (conj. 1) *Fam.* Fournir de l'argent. V. t. Fournir des fonds, des capitaux à : *financer une entreprise.*

financier, ère adj. Relatif aux finances : *système financier.* N. m. Celui qui s'occupe d'opérations financières.

finasser v. i. User de finasseries.

finasserie n. f. Finesse mêlée de ruse.

finassier, ère n. Qui finasse.

finaud, e n. et adj. Fin, rusé, sous un air de simplicité.

finesse n. f. Qualité de ce qui est fin. Délicatesse, subtilité. *Fig.* Pénétration, aptitude à saisir des rapports délicats : *finesse de l'esprit.* Subtilité des sens : *finesse de l'ouïe.*

fini, e adj. Limité, achevé, terminé. *Fig.* Achevé : *coquin fini.* N. m. Perfection : *le fini d'un ouvrage.* Ce qui a des bornes : *le fini et l'infini.*

finir v. t. Limiter. Mettre fin à. Achever : *finir un livre.* Mettre la dernière main : *ouvrage fini.* V. i. Se terminer : *finir en pointe.* Avoir une certaine fin : *cet enfant finira mal.* Arriver à son terme : *son bail finit.* Mourir. *En finir,* prendre un parti. *En finir avec,* se débarrasser de.

finissage n. m. Derniers soins donnés à un ouvrage.

finlandais, e ou **finnois, e** adj. et n. De Finlande.

fiole n. f. Petit flacon de verre.

fioriture n. f. Ornement accessoire.

firmament n. m. Voûte du ciel.

firme n. f. Entreprise industrielle ou commerciale.

fisc n. m. Administration chargée de calculer et de percevoir les impôts.

fiscal, e, aux adj. Relatif au fisc.

fiscalité n. f. Système des lois relatives au fisc, à la perception des impôts.

fissile adj. Se dit d'un élément chimique susceptible de subir une fission.

fission n. f. Eclatement d'un noyau d'atome lourd, libérant une énorme quantité d'énergie.

fissure n. f. Petite crevasse.

fissurer v. t. Crevasser, fendre.

fiston n. m. *Fam.* Fils.

fistule n. f. Canal qui fait communiquer anormalement un organe avec l'extérieur ou avec un autre organe.

fixage n. m. Action de fixer : *fixage des rails.* Opération qui rend inaltérable à la lumière l'image photographique.

fixateur, trice adj. Qui fixe. N. m. Vaporisateur pour fixer un dessin. Substance qui rend une image photographique inaltérable.

fixatif, ive adj. Qui sert à fixer. N. m. Vernis pour fixer les dessins.

fixation n. f. Action de fixer, d'établir.

fixe* adj. Qui ne se meut pas : *point fixe.* Qui reste arrêté en un point : *regard fixe.* Invariable. Idée fixe, idée qui obsède l'esprit. N. m. La partie invariable d'un salaire. *Fixe!* commandement pour imposer aux soldats l'immobilité sous les armes.

fixer v. t. Rendre fixe, stable. Rendre inaltérable. Soumettre au fixage. Diriger : *fixer les yeux.* Regarder fixement : *fixer quelqu'un.* Fig. Arrêter : *fixer son choix.* Etablir, préciser : *fixer une date.* Attirer, captiver : *fixer l'attention.* V. pr. S'établir.

fixité n. f. Qualité de ce qui est fixe : *fixité du regard.* Stabilité.

fjord [fjɔr] n. m. Vallée d'origine glaciaire envahie par la mer.

flac! interj. Onomatopée du bruit de l'eau qui tombe, d'une tape, etc.

flacon n. m. Petite bouteille. Son contenu.

flagellation n. f. Supplice du fouet.

flageller v. t. Fouetter.

flageoler v. i. Trembler (jambes).

flageolet n. m. Instrument de musique à vent. Espèce de haricot.

flagorner v. t. Flatter bassement.

flagornerie n. f. Basse flatterie.

flagorneur, euse n. Qui flagorne.

flagrant, e adj. Qui se commet manifestement sous les yeux. Evident, incontestable : *inégalité flagrante. En flagrant délit,* sur le fait.

flair n. m. Odorat d'un animal. Fig. Perspicacité.

flairer v. t. Sentir. Fig. Pressentir. Deviner. Soupçonner : *flairer un piège.*

flamand, e adj. et n. De Flandre.

flamant n. m. Oiseau échassier dont le dessous des ailes est couleur de flamme.

flambage n. m. Action, manière de flamber.

flambant, e adj. Qui flambe. *Flambant neuf,* entièrement neuf : *des souliers flambant neufs.*

flambeau n. m. Torche, chandelle. Chandelier. Fig. Lumière.

flambée n. f. Feu clair, vif.

flamber v. t. Passer à la flamme : *flamber une volaille.* V. i. Brûler avec flamme. Pop. Dépenser beaucoup. Etre flambé, être ruiné.

flamboiement n. m. Eclat flamboyant.

flamboyant n. m. Style gothique, aux contours ondoyants.

flamboyer [flɑ̃bwɔje] v. i. (conj. 2) Jeter une flamme brillante.

flamenco [flamenko], ca [-ka] adj. et n. Se dit de la musique, de la danse et du chant populaire andalou.

flamingant, e adj. Qui parle le flamand.

flamme n. f. Apparence lumineuse et légère qui se dégage des matières en combustion. Supplice du feu : *livrer aux flammes.* Petit drapeau triangulaire. Fig. Ardeur. Amour.

flammèche n. f. Parcelle enflammée.

flan n. m. Sorte de tarte. Disque de métal utilisé en imprimerie pour recevoir une empreinte.

flanc [flɑ̃] n. m. Partie de l'homme, de l'animal, depuis les côtes jusqu'aux hanches. Le sein d'une mère. Côté d'une chose : *flancs d'une montagne.* Partie latérale d'une troupe rangée. Fig. Prêter le flanc à, donner prise à. Fam. Tirer au flanc, rechercher toutes les occasions de se soustraire à une corvée, une obligation, un travail.

flancher v. i. Pop. Céder, faiblir.

flanelle n. f. Tissu léger en laine ou en coton.

flâner v. i. Se promener sans but. Perdre son temps.

flânerie n. f. Action de flâner.

flâneur, euse n. Qui flâne.

flanquer v. t. Défendre par des ouvrages de fortification latéraux. Mil. Appuyer, soutenir une troupe. Etre placé à côté de : *flanqué de ses deux enfants.*

flanquer v. t. Fam. Lancer, jeter. Appliquer rudement : *flanquer un soufflet. Flanquer à la porte,* congédier brusquement.

flaque n. f. Petite mare.

flash [flaʃ] n. m. Eclair pour prise de vue photographique. Dispositif dont on équipe un appareil photographique pour prendre des photos au flash. Information radiophonique transmise en priorité ou très brièvement.

flasque adj. Mou, sans force. N. m. Plaque latérale de l'affût d'un canon. Plaque latérale d'une roue.

flatter v. t. Caresser de la main : *flatter un cheval.* Affecter agréablement : *la musique flatte l'oreille.* Louer dans une intention intéressée. Embellir, avantager : *ce portrait la flatte.* Se flatter de, se vanter.

flatterie n. f. Louange intéressée.

flatteur, euse* n. et adj. Qui flatte.

flatulence n. f. Accumulation de gaz dans l'estomac ou l'intestin.

flatuosité n. f. Gaz intestinaux.

fléau [fleo] n. m. Instrument pour battre le blé, formé de deux bâtons liés par un bout. Tige horizontale d'une balance, aux extrémités de laquelle sont suspendus ou fixés les plateaux. Fig. Calamité publique : *la guerre est un fléau.* Imprécation.

flèche n. f. Trait qu'on lance avec l'arc ou l'arbalète. Représentation schématique d'une flèche, utilisée en général pour indiquer une direction, pour attirer l'attention sur un détail, etc. Pointe d'un clocher. Partir en flèche, très rapidement. Prix qui montent en flèche, qui subissent une hausse rapide.

fléchette n. f. Petite flèche.

fléchir v. t. Ployer, courber : *fléchir le genou.* Fig. Faire céder, attendrir : *fléchir ses juges.* V. i. Se ployer, se courber.

fléchissement n. m. Action de fléchir. Son résultat.

flegmatique* adj. Froid, impassible.

flegme n. m. Calme imperturbable, sangfroid.

flétrir v. t. Ôter la fraîcheur. Fig. Déshonorer, affaiblir, corrompre. Blâmer : *flétrir le vice, l'injustice.*

flétrissure n. f. Déshonneur.

fleur n. f. Partie d'un végétal qui contient les organes reproducteurs. Eclat, fraîcheur : *fleur du teint.* Partie la plus fine : *fleur de farine.* Ornement du discours : *fleurs de rhétorique.* Temps où une chose est dans son éclat : *la fleur de la jeunesse. À fleur de*, à ras.

fleurer v. i. Répandre une odeur : *cela fleure bon.*

fleuret n. m. Sorte d'épée d'entraînement sans tranchant et sans pointe.

fleurette n. f. Petite fleur. *Fig.* Propos galant : *conter fleurette.*

fleurir v. i. (conj. 7) Produire des fleurs, s'épanouir. Avoir de la fraîcheur. *Fig.* Prospérer : *le commerce fleurit.* V. t. Orner de fleurs : *fleurir une chambre.*

fleuriste n. et adj. Qui cultive ou vend des fleurs. Qui fait des fleurs artificielles.

fleuron n. m. *Archit.* Ornement en forme de fleur. *Fig.* Ce qu'on a de mieux.

fleuve n. m. Grand cours d'eau qui aboutit, le plus souvent, à la mer.

flexibilité n. f. Souplesse.

flexible adj. Souple (au pr. et au *fig.*).

flexion n. f. Action de fléchir : *flexion du genou. Linguist.* Ensemble des modifications que subit un mot dans sa terminaison selon le rôle qu'il joue dans la phrase.

flibustier n. m. Pirate des mers américaines aux XVIIe et XVIIIe s. *Par ext.* Filou, individu qui vit d'expédients.

flirt [flœrt] n. m. Action de flirter. Personne avec qui l'on flirte.

flirter v. i. Entretenir des rapports sentimentaux.

flocon n. m. Touffe, amas léger de soie, de laine, etc. Petite masse légère : *flocon de neige.* Pl. Grains décortiqués (céréales).

floconneux, euse adj. En flocons.

floculation n. f. Précipitation d'une solution en flocons.

flonflon n. m. Refrain de chanson de vaudeville et musique qui s'y rapporte.

floraison n. f. Épanouissement de la fleur.

floral, e, aux adj. Relatif à la fleur.

floralies n. f. pl. Exposition horticole consacrée aux fleurs.

flore n. f. Ensemble des plantes d'une région. Livre qui en contient la description et permet la détermination des espèces.

floréal n. m. Huitième mois de l'année républicaine commençant le 20 ou 21 avril.

florilège n. m. Recueil de poésies.

florin n. m. Unité monétaire des Pays-Bas.

florissant, e adj. Prospère. En pleine santé.

flot [flo] n. m. Eau agitée, vague : *les flots de la mer.* Marée montante : *l'heure du flot.* Liquide répandu : *flot de sang. Être à flot,* flotter. *Fig.* Se remettre à *flot,* rétablir ses affaires. Pl. *Fig.* Grande quantité.

flottage n. m. Transport du bois en le laissant dériver sur un cours d'eau.

flottaison n. f. Ligne de *flottaison,* endroit où la surface de l'eau atteint la coque d'un navire.

flottant, e adj. Qui flotte : *corps flottant.* Ample, ondoyant : *robe flottante. Fig.* Irrésolu. Instable : *monnaie flottante.*

flotte n. f. Nombreux bâtiments naviguant ensemble. Forces navales ou aériennes d'un pays ou d'une compagnie.

flottement n. m. Etat d'un objet qui flotte. *Fig.* Hésitation.

flotter v. i. Rester en équilibre à la surface d'un liquide. Ondoyer : *ses cheveux flottant*

au *vent.* Être lâche : *rênes qui flottent. Fig.* Être indécis, irrésolu.

flotteur n. m. Corps léger flottant sur l'eau : *le flotteur d'une ligne.*

flottille n. f. Petite flotte.

flou, e adj. Fondu, vaporeux. Qui manque de netteté. Se dit d'un vêtement qui n'est pas ajusté. *Fig.* Incertain, vague. N. m. Défaut de netteté.

flouer v. t. *Fam.* Escroquer.

fluctuation n. f. Oscillation d'un liquide. *Fig.* Variations : *fluctuations des prix.*

fluet, ette adj. Mince et délicat.

fluide adj. Dont les molécules ont peu d'adhésion : *corps fluide.* Qui coule, s'écoule aisément : *encre fluide, circulation fluide, style fluide.* N. m. Corps fluide. *Fluide magnétique,* énergie mystérieuse qui permettrait à certains individus d'agir à distance.

fluidité n. f. Etat fluide.

fluor n. m. *Chim.* Gaz jaune-vert, à réactions énergiques.

fluorescence n. f. Sorte de phosphorescence.

fluorescent, e adj. Doué de fluorescence.

flûte n. f. Instrument de musique à vent, formé d'un tube percé de plusieurs trous. Celui qui en joue. Petit pain long. Verre long pour le champagne.

flûter v. i. Jouer de la flûte.

flûtiste n. Joueur, joueuse de flûte.

fluvial, e, aux adj. Relatif aux fleuves.

flux [fly] n. m. Mouvement de la mer vers le rivage : *le flux et le reflux.* Grande abondance : *flux de paroles.* Ecoulement : *un flux de sang. Flux lumineux,* quantité de lumière transportée par un faisceau lumineux.

fluxion n. f. Gonflement douloureux, causé par un afflux de liquide dans certaines parties du corps. *Fluxion de poitrine,* pneumonie.

foc n. m. *Mar.* Voile triangulaire à l'avant d'un bateau.

focal, e, aux adj. Relatif à un foyer optique. *Distance focale,* distance du foyer principal à la surface réfléchissante ou réfringente.

foehn ou **föhn** [føn] n. m. Vent du sud, chaud et très sec, dans le Jura et les Alpes suisses.

fœtal, e, aux adj. Relatif au fœtus.

fœtus [fetys] n. m. Produit de la conception non arrivé à terme. Embryon humain de plus de trois mois.

foi n. f. Fidélité, loyauté. Confiance : *un témoin digne de foi.* Croyance aux dogmes ; la religion elle-même : *avoir la foi, mourir pour sa foi. Faire foi,* prouver. *Profession de foi,* déclaration de ses opinions. *Bonne foi,* franchise. *Mauvaise foi,* manque de franchise, malhonnêteté.

foie n. m. Viscère de couleur rougeâtre sécrétant la bile.

foin n. m. Herbe fauchée et séchée. Poils garnissant le fond d'un artichaut.

foirail n. m. Champ de foire.

foire n. f. Grand marché public à époques fixes : *le champ de foire.* Fête populaire à date fixe : *la foire du Trône.* Exposition commerciale périodique : *la foire de Lyon. Fam.* Tumulte, confusion.

foirer v. i. *Pop.* Avoir la diarrhée. *Fig.* Avoir peur. Rater : *fusée qui foire.* Ne plus prendre (en parlant d'une vis).

fois n. f. Joint à un nom de nombre, marque la quantité : *deux fois par an* ; la multiplication : *deux fois trois font six*. *Une fois*, à une certaine époque. *Une fois que*, dès que. *A la fois*, ensemble.

foison (à) [afwazõ] loc. adv. Abondamment.

foisonnement n. m. Abondance.

foisonner v. i. Abonder. Pulluler. Augmenter de volume.

fol, folle* n. et adj. V. FOU.

folâtre adj. Gai, enjoué.

folâtrer v. i. Jouer, badiner.

folichon, onne adj. *Fam.* Folâtre. Drôle.

folie n. f. Aliénation d'esprit, démence : *folie des grandeurs*. Extravagance : *dire des folies*. Écart de conduite : *folies de jeunesse*. Dépenses excessives : *faire des folies*. *A la folie*, éperdument.

folio n. m. Feuillet d'un livre. Le numéro de chaque page d'un livre, de chaque feuillet d'un manuscrit.

foliole n. f. Chacun des éléments d'une feuille composée.

folioter v. t. Numéroter des feuillets.

folklore n. m. Traditions, légendes, croyances, usages populaires d'un pays.

follicule n. m. Fruit sec, s'ouvrant par une seule fente. *Anat.* Organe en forme de sac : *follicule pileux*.

folliculine n. f. Hormone sécrétée par l'ovaire.

fomenter v. t. Susciter, entretenir, exciter : *fomenter des troubles*.

foncé, e adj. Chargé, sombre (couleurs) : *bleu foncé*.

foncer v. t. (conj. 1) Creuser : *foncer un puits*. Rendre plus foncé : *foncer une teinte*. V. i. Charger à fond : *foncer sur l'ennemi*.

foncier, ère* adj. Qui concerne un fonds de terre : *propriété foncière, impôt, propriétaire foncier*. Fig. Qui forme le fond : *qualités foncières*. N. m. Impôt foncier.

fonction n. f. Exercice d'un emploi. Rôle, utilité. *Faire fonction de*, remplacer quelqu'un ou quelque chose. Activité propre à un appareil, à un ensemble : *la fonction digestive*. Fig. : *la fonction publique*. *Chim.* Ensemble de propriétés appartenant à un groupe de corps : *fonction acide*. *Math.* Dépendance entre deux quantités. *Gramm.* Rôle d'un mot dans une proposition : *fonction de sujet*. *Être fonction de*, dépendre de. *En fonction de* loc. prép. En suivant les variations de.

fonctionnaire n. Agent d'une administration publique dépendant juridiquement de l'État.

fonctionnel, elle adj. Relatif aux fonctions organiques ou mathématiques. Qui répond à une fonction déterminée : *architecture fonctionnelle*.

fonctionnement n. m. Manière dont une chose fonctionne.

fonctionner v. i. Remplir ses fonctions, être en état de marche.

fond [fõ] n. m. La partie la plus basse : *le fond d'un puits* ; *fond de la mer*. Ce qui reste au fond : *le fond du verre*. Partie la plus éloignée de l'entrée, la plus retirée d'un pays : *le fond d'une boutique, d'une province*. Champ d'un tableau, d'un tissu sur lequel se détache le sujet, le dessin. Fig. La partie

essentielle : *le fond d'une question*. Les idées, par opposition au style. Ce sur quoi on peut s'appuyer : *faire fond sur une chose*. *Le fin fond*, la partie la plus reculée. Loc. adv. : *à fond*, complètement : *au fond, dans le fond, en réalité* ; *de fond en comble*, entièrement.

fondamental, e*, aux adj. Qui sert de fondement. Par ext. Principal.

fondant, e adj. Se dit d'un fruit juteux, d'un mets qui fond rapidement dans la bouche. N. m. Sorte de bonbon.

fondateur, trice n. Qui a fondé.

fondation n. f. Action d'asseoir les fondements d'un édifice. Fig. Action de fonder, de créer.

fondé, e adj. Établi solidement, motivé. Autorisé : *être fondé à*. N. m. *Fondé de pouvoir*, qui est légalement chargé d'une chose.

fondement n. m. Maçonnerie servant de base à un édifice. Fig. Appui, base. Cause, motif : *bruit sans fondement*.

fonder v. t. Établir les fondements d'une construction. Créer, instituer : *fonder un collège*. Fig. Appuyer de raisons, de preuves : *fonder son opinion sur*.

fonderie n. f. Usine où l'on fond les métaux. Art du fondeur.

fondeur n. et adj. m. Celui qui fond les métaux.

fondre v. t. (conj. 46) Amener par la chaleur un solide à l'état liquide : *le platine est difficile à fondre*. Dissoudre dans un liquide : *fondre du sucre dans l'eau*. Couler : *fondre une cloche*. Mêler, unir : *fondre les couleurs*. V. i. Devenir liquide. Se dissoudre, et, au fig., se réduire, s'abattre sur. Fam. Maigrir.

fondrière n. f. Terrain marécageux. Passage bourbeux d'une route.

fonds [fõ] n. m. Le sol d'une terre, d'un champ : *cultiver un fonds*. Somme d'argent. Capital. Ressources. Établissement de commerce. *Fonds publics*, rentes d'État.

fondue n. f. Mets composé de fromage fondu et de vin blanc.

fongueux, euse adj. Qui ressemble à un champignon ou à une éponge.

fontaine n. f. Eau vive qui sort de terre. Édifice public qui distribue l'eau.

fontanelle n. f. Séparation entre certains os du crâne avant leur ossification complète.

fonte n. f. Action de fondre ou de se fondre : *la fonte des neiges*. Produit immédiat du traitement des minerais de fer par le charbon : *la fonte est peu malléable*. Produit d'une fusion. Fig. L'art du fondeur : *fonte d'une statue*.

fonte n. f. Poche de chaque côté de l'arçon d'une selle.

fonts [fõ] n. m. pl. *Fonts baptismaux*, bassin d'eau pour baptiser.

football [futbal] n. m. Jeu de ballon d'origine anglaise.

for n. m. *For intérieur*, la conscience.

forage n. m. Action de forer. Ensemble des techniques permettant de creuser un puits parfois très profondément.

forain, e adj. Qui a rapport aux foires, aux marchés : *fête foraine*. *Marchand forain*, ou *forain* n. m., commerçant qui vend sur les foires, les marchés.

foraminifères n. m. pl Sous-classe de protozoaires marins dent la cellule est entourée d'une capsule calcaire perforée de minuscules orifices.

forçat n. m. Condamné aux travaux forcés.

force n. f. Vigueur physique, énergie vitale. Puissance capable de produire un effet : *forces naturelles.* Violence : *céder à la force.* Puissance : *force d'un Etat.* Solidité. Puissance d'impulsion : *force d'une machine.* Energie, fermeté : *force d'âme. Cas de force majeure,* impossibilité de remplir une obligation. *Force de frappe,* ensemble des moyens militaires modernes destinés à donner un coup décisif à l'ennemi. *A toute force* loc. adv. A tout prix. *A force de* loc. prép. Par l'action incessante de. Adj. iny. Beaucoup : *force gens.* Pl. Troupes d'un Etat : *réduire ses forces.*

forcement n. m. Action de forcer : *le forcement d'une serrure.*

forcément adv. Par force.

forcené, e n. et adj. Hors de soi, furieux. Adj. Acharné : *une résistance forcenée.*

forceps [fɔrsɛps] n. m. Instrument de chirurgie employé pour les accouchements difficiles.

forcer v. t. (conj. 1) Contraindre. Briser : *forcer une porte.* Fausser : *forcer une serrure.* Obtenir, prendre par force : *forcer une ville.* Enfreindre : *forcer la consigne.* Surmonter : *forcer les obstacles.* Exagérer : *forcer le ton.* Hâter la maturation : *forcer des petits pois.* V. i. Faire effort. V. pr. Se contraindre.

forcerie n. f. Serre pour cultures forcées.

forcir v. i. *Fam.* Devenir plus fort, grossir.

forclos, e adj. Se dit d'une personne qui a laissé passer son droit.

forclusion n. f. Déchéance d'un droit, le délai étant expiré.

forer v. t. Percer, creuser.

forestier, ère adj. Qui concerne les forêts : *école forestière.* N. et adj. m. Employé dans l'administration forestière : *garde forestier.*

foret n. m. Instrument pour percer.

forêt n. f. Grande étendue de terrain plantée d'arbres. *Fig.* Grand nombre : *une forêt de mâts.*

forfaire v. i. (usité à l'inf. prés., au prés. de l'ind. sing. et aux temps composés). Faire quelque chose contre : *forfaire à ses engagements.*

forfait n. m. Crime abominable.

forfait n. m. Marché par lequel on s'oblige à faire ou à fournir quelque chose pour un prix fixé d'avance.

forfait n. m. Somme à payer par le propriétaire d'un cheval en cas d'inexécution d'un engagement dans une course. *Déclarer forfait,* se retirer de la compétition.

forfaitaire adj. A forfait.

forfaiture n. f. Crime d'un fonctionnaire dans l'exercice de ses fonctions.

forfanterie n. f. Hâblerie.

forge n. f. Établissement industriel où l'on transforme la fonte en acier et où l'on martèle ce métal à chaud pour lui donner différentes formes. Atelier du serrurier, du maréchal-ferrant.

forger v. t. (conj. 1) Travailler un métal à chaud, au marteau, pour lui donner une forme bien définie. *Fig.* : Inventer : *forger une nouvelle.* Imaginer. Former : *forger un caractère.*

forgeron n. m. Celui qui travaille le fer au marteau et à la forge.

formaliser (se) v. pr. S'offenser.

formalisme n. m. Respect excessif des formes, des règlements, de l'étiquette : *formalisme administratif.*

formaliste adj. et n. Attaché aux formes.

formalité n. f. Condition nécessaire à la validité d'un acte. Règle convenue, imposée.

format n. m. Dimensions.

formation n. f. Action de former, de se former. Puberté. Education. Roches qui constituent le sous-sol : *formations tertiaires.* Ensemble des éléments qui constituent un corps de troupes ou disposition qu'il peut prendre sur le terrain : *formation de combat.*

forme n. f. Configuration extérieure, apparence. Conduite conforme aux règles. Caractère d'un régime : *forme républicaine.* Formalité judiciaire : *vice de forme.* Moule : *forme pour chapeaux. En forme,* en bon état physique.

formel, elle* adj. Exprès. Précis, positif : *recevoir un ordre formel.* Qui ne concerne que l'apparence : *politesse formelle.*

former v. t. Donner une certaine forme. Organiser, établir. Façonner : *former l'esprit.* Constituer. Concevoir : *former un projet.*

formidable* adj. Redoutable. Très grand.

formique adj. m. Se dit d'un acide qui existe dans le corps des fourmis.

formol n. m. Antiseptique.

formulaire n. m. Recueil de formules : *formulaire pharmaceutique.* Questionnaire.

formule n. f. Forme d'après laquelle les actes doivent être rédigés. Façon de s'exprimer : *formule de politesse.* Résultat algébrique applicable à divers cas. *Chim.* Expression symbolique figurant la constitution d'un corps.

formuler v. t. Rédiger : *formuler une ordonnance.* Enoncer, émettre.

fornication n. f. *Relig.* Péché de luxure.

forniquer v. i. Commettre le péché de fornication.

fors [fɔr] prép. Hors, excepté (vx) : *tout est perdu, fors l'honneur.*

forsythia [fɔrsisja] n. m. Arbrisseau à fleurs jaunes.

fort, e* adj. Robuste, vigoureux, solide. Fortifié : *ville forte.* Considérable : *forte somme.* Qui impressionne vivement le goût : *café fort.* Qui sait beaucoup : *fort en histoire. Se faire fort de,* s'engager à. Fort adv. Beaucoup. *De plus en plus fort,* en augmentant toujours. N. m. Forteresse. Homme puissant. *Fig.* Ce en quoi une personne excelle : *l'algèbre n'est pas son fort.*

forteresse n. f. Lieu fortifié.

fortification n. f. Art de fortifier. Ouvrages fortifiés.

fortifier v. t. Donner plus de force. Entourer de fortifications. *Fig.* Affermir.

fortin n. m. Petit fort.

fortiori (a) [afɔrsjɔri] loc. adv. A plus forte raison.

fortuit, e* Qui arrive par hasard. Imprévu : *cas fortuit.*

fortune n. f. Hasard, chance : *la fortune des armes.* Sort : *s'attacher à la fortune de* *quelqu'un.* Bonheur, heureuse chance. *Revers de fortune,* malheur, accident. *Bonnes fortunes,* aventures galantes. Richesses : *acquérir de la fortune.* Faire fortune, s'enrichir.

fortuné, e adj. Heureux : *peuple fortuné.* Pourvu de richesses : *une famille fortunée.*

forum [fɔrɔm] n. m. Place où le peuple, à Rome, discutait des affaires publiques. Marché. *Fig.* Lieu où se traitent les affaires publiques.

fosse n. f. Trou plus ou moins profond dans la terre. *Fosse d'aisances,* qui reçoit les matières fécales. *Anat.* Cavité : *fosses nasales.*

fossé n. m. Fosse prolongée pour clore un espace, défendre une place, écouler des eaux. *Fig.* Obstacle profond. Divergence.

fossette n. f. Petite cavité que quelques personnes ont naturellement au menton ou qui se forme sur la joue quand elles rient.

fossile n. m. et adj. Débris ou empreintes de plantes ou d'animaux ensevelis dans les couches terrestres anciennes. *Fig.* et *iron.* Personnes à idées arriérées ; chose surannée.

fossiliser (se) v. pr. Devenir fossile.

fossoyeur [foswajœr] n. m. Qui creuse les fosses pour les morts.

fou ou **fol, folle*** n. et adj. Qui a perdu la raison : *Charles VI mourut fou.* Qui fait ou dit des extravagances. Contraire à la raison. Excessif : *dépenser un argent fou.* Fou de, engoué de : *fou rire,* rire dont on n'est pas le maître. *Herbes folles,* qui croissent sans culture. N. m. Bouffon des princes. Pièce des échecs.

fouace n. f. Galette épaisse, cuite au four ou sous la cendre.

fouailler v. tr. Fouetter. *Fig.* Cingler de mots blessants.

foucade n. f. Élan, emportement capricieux et passager.

foudre n. f. Décharge électrique aérienne, accompagnée de tonnerre et d'éclairs. *Fig.* Coup soudain, vigoureux, irrésistible. *Coup de foudre,* amour subit et violent.

foudre n. m. Tonneau d'une grande capacité.

foudroiement n. m. Action de foudroyer.

foudroyant, e adj. Soudain et violent : *un succès foudroyant ; un poison foudroyant.*

foudroyer [fudrwaje] v. t. (conj. 2) Frapper de la foudre. *Par ext.,* tuer soudainement. *Fig.* Atterrer. V. i. Lancer la foudre.

fouet n. m. Corde, lanière, attachée à un manche, pour conduire et exciter les animaux. Correction avec un fouet ou des verges. *Coup de fouet,* douleur soudaine. *De plein fouet,* perpendiculairement à la ligne de l'obstacle.

fouetter v. t. Donner des coups de fouet. Donner le fouet : *fouetter un enfant.* Battre : *fouetter la crème.*

fougère n. f. Plante cryptogame à feuilles très découpées.

fougue n. f. Ardeur, impétuosité.

fougueux, euse* adj. Impétueux.

fouille n. f. Action de fouiller, d'explorer : *les fouilles de Pompéi.* Inspection minutieuse : *la fouille des bagages.*

fouiller v. t. Creuser pour chercher : *fouiller la terre.* Faire des recherches : *fouiller une bibliothèque.* Explorer, visiter : *fouiller les poches. Fig.* Examiner avec soin. V. i. Chercher en remuant des objets : *fouiller dans une armoire.*

fouilleur, euse n. Qui fouille.

fouillis [fuji] n. m. Désordre, confusion.

fouinard, e adj. et n. *Fam.* Qui se plaît à chercher au hasard où indiscrètement.

fouine n. f. Petit mammifère du genre martre. Fourche à deux ou trois pointes. *Fig.* Personne rusée.

fouiner v. i. Se mêler des affaires d'autrui. Fureter.

fouir v. t. Creuser.

fouisseur, euse adj. et n. Se dit d'un animal qui creuse la terre, comme la taupe, le blaireau, le lapin, certains oiseaux et insectes.

foulage n. m. Action de fouler.

foulant, e adj. *Pompe foulante,* qui élève l'eau au moyen de la pression exercée sur le liquide.

foulard [fular] n. m. Carré de soie ou de tissu léger porté sur la tête ou autour du cou.

foule n. f. Multitude de personnes : *il y avait foule dans le métro.* Masse humaine en général : *fuir la foule.* Masse, tas : *une foule d'idées. En foule,* en grand nombre.

foulée n. f. Trace qu'une bête laisse sur l'herbe. Distance couverte par un coureur entre deux appuis des pieds au sol. *Être dans la foulée de quelqu'un,* le suivre de très près.

fouler v. t. Presser, écraser : *fouler le raisin.* Endommager par pression : *donner une entorse.* Marcher sur : *fouler le sol.* Exercer une forte pression sur un matériau en vue de le transformer : *fouler le papier, le cuir, le tissu.* Fouler aux pieds, mépriser. *Fam.* Ne pas se fouler, ne pas se donner beaucoup de peine.

foulon n. et adj. m. Ouvrier qui foule les draps. *Terre à foulon,* argile qui absorbe les graisses.

foulure n. f. Légère entorse.

four n. m. Ouvrage de maçonnerie rond et voûté pour cuire le pain, etc. Nom général de tous les appareils utilisés pour la cuisson de divers produits en espace clos : *four électrique, four à chaux. Petit four,* petite pâtisserie. *Fig.* et *fam.* Insuccès, échec.

fourbe n. et adj. Trompeur. Perfide.

fourberie n. f. Ruse, tromperie. Habitude de tromper.

fourbir v. t. Nettoyer (armes).

fourbissage n. m. Nettoyage d'objets en métal.

fourbu, e adj. Harassé.

fourche n. f. Instrument agricole composé d'un long manche terminé par de longues dents. Endroit où un chemin, un arbre se divise en plusieurs branches.

fourcher v. i. Se séparer en deux ou plusieurs branches. *Fig. La langue lui a fourché,* il a dit un mot pour un autre.

fourchette n. f. Ustensile de table servant à piquer la nourriture. *Fig. Belle fourchette,* fort mangeur.

fourchu, e adj. En forme de fourche. *Pied fourchu,* pied divisé en deux, des ruminants.

fourgon n. m. Véhicule long et couvert, utilisé pour le transport des marchandises, des bagages. *Fourgon mortuaire,* voiture transportant le cercueil dans un enterrement.

fourgonner v. i. *Fam.* Fouiller.

fourgonnette n. f. Petite voiture commerciale à carrosserie tôlée, s'ouvrant par l'arrière.

fourmi n. f. Insecte hyménoptère vivant sous terre en société. *Avoir des fourmis* (fam.), éprouver des picotements nombreux.

fourmilier n. m. Zool. Mammifère édenté qui se nourrit de fourmis.

fourmilière n. f. Habitation des fourmis. Ensemble des fourmis qui l'habitent. *Fig.* Lieu très peuplé.

fourmillement n. m. Action de fourmiller. Sensation de picotement.

fourmiller v. i. S'agiter en grand nombre. Abonder. Pulluler. Eprouver du fourmillement.

fournaise n. f. Feu très ardent. *Par ext.* Lieu très chaud.

fourneau n. m. Appareil pour contenir du feu : *fourneau de cuisine*. Haut *fourneau*, fourneau pour traiter le minerai de fer.

fournée n. f. Quantité de pain qu'on fait cuire à la fois. *Fig.* Ensemble de choses faites en même temps ou de personnes appelées à subir un même sort.

fournil [furni] n. m. Pièce d'une boulangerie où se trouve le four à pain.

fourniment n. m. Equipement d'un soldat.

fournir v. t. Pourvoir, approvisionner : *fournir de vivres*. Livrer : *fournir du pain*. Accomplir : *fournir un travail.* V. i. Donner, procurer.

fournisseur n. m. Marchand auquel on a l'habitude d'acheter.

fourniture n. f. Provision fournie. Ce qui est fourni par certains artisans en confectionnant un objet. Equipement particulier : *les fournitures scolaires.*

fourrage n. m. Herbe, paille, foin pour la nourriture et l'entretien des bestiaux.

fourrager v. i. (conj. 1) *Fam.* Fouiller sans précaution, mettre du désordre dans : *fourrager dans un tiroir.*

fourragère adj. f. Se dit des plantes employées comme fourrage. N. f. Ornement de l'uniforme militaire.

fourré, e adj. Doublé de fourrure : *manteau fourré.* Bonbon fourré, rempli de confiture, de crème. N. m. Endroit très épais d'un bois.

fourreau n. m. Gaine, étui. Vêtement féminin qui moule le corps.

fourrer v. t. Garnir de fourrure : *col fourré. Fam.* Mettre parmi, mettre dans : *fourrer une lettre dans un tiroir.* Enfermer : *fourrer en prison.* V. pr. S'introduire. *Ne plus savoir où se fourrer,* être plein de honte, confus.

fourreur, euse n. Professionnel qui confectionne les vêtements de fourrure. Marchand de fourrures.

fourrier n. m. et adj. Sous-officier chargé de distribuer les vivres, etc.

fourrière n. f. Dépôt des choses ou animaux saisis par autorité de justice.

fourrure n. f. Peau d'animal préparée et garnie de son poil. Vêtement en fourrure garni de fourrure. Peau d'animal touffue.

fourvoyer [furwaje] v. t. (conj. 2) Egarer : *fourvoyer des voyageurs. Fig.* Tromper. V. pr. Se tromper.

foutre v. t. *Pop.* Jeter violemment : *foutre quelqu'un par terre. Pop.* Faire, travailler : *ne rien foutre de la journée.* V. pr. *Pop.* Se

foutre de, s'en foutre, ne faire aucun cas de quelqu'un, de quelque chose.

foutu, e adj. *Fam.* Se dit de ce qui échoue : *une affaire foutue.*

fox-terrier ou **fox** n. m. Chien propre à chasser les animaux qui habitent un terrier.

foyer [fwaje] n. m. Lieu où l'on fait le feu ; le feu même : *éteindre un foyer.* Point d'où partent ou convergent des rayons lumineux : *foyer d'une lentille. Par ext.* Maison, famille : *trouver son foyer désert.* Salon d'un théâtre où le public se réunit durant les entractes. Siège principal d'une maladie. *Fig.* Centre actif : *foyer de rébellion.* Pl. Pays natal : *rentrer dans ses foyers.*

frac n. m. Habit noir de cérémonie, serré à la taille et à basques étroites.

fracas n. m. Bruit violent. Tumulte.

fracassant, e adj. Qui fait grand bruit.

fracasser v. t. Briser avec bruit. Mettre en pièces.

fraction n. f. Action de briser. Portion, partie : *une fraction de l'assemblée.* Nombre exprimant une ou plusieurs parties égales de l'unité : *fraction décimale.*

fractionnaire adj. Math. Qui a la forme d'une fraction. *Nombre fractionnaire,* composé d'un nombre entier et d'une fraction.

fractionnel, elle adj. Qui vise à la désunion, au fractionnement d'un parti : *des menées fractionnelles.*

fractionner v. t. Réduire en parties. Diviser par fractions.

fracture n. f. Rupture d'un os, d'une serrure, etc.

fracturer v. t. Briser, forcer.

fragile adj. Qui se brise facilement : *verre fragile. Fig.* Faible : *nature fragile.*

fragilité n. f. Facilité à casser, à se détériorer : *la fragilité du verre. Fig.* Instabilité. Facilité à succomber.

fragment n. m. Morceau d'un objet brisé, rompu. Morceau d'un livre, d'un discours.

fragmentaire* adj. Incomplet, partiel, en morceaux.

fragmentation n. f. Division.

fragmenter v. t. Partager en fragments : *fragmenter un récit.*

frai n. m. Action de frayer. Temps où a lieu la ponte des poissons et batraciens. Ces œufs mêmes. Petits poissons pour peupler : *mettre du frai dans un étang.*

fraîchement adv. Au frais. *Fig.* Récemment : *fraîchement arrivé. Fam.* Sans cordialité : *recevoir fraîchement.*

fraîcheur n. f. Qualité de ce qui est frais, non terni, non altéré, etc. Brillant, éclat (des fleurs, du teint).

fraîchir v. i. Devenir frais.

frais, fraîche adj. Légèrement froid : *brise fraîche.* Qui n'est pas terni, qui a l'éclat de la jeunesse. Pas fatigué : *troupes fraîches.* N. m. Froid agréable : *prendre le frais.* Adv. *Boire frais.*

frais n. m. pl. Dépenses occasionnées par quelque chose : *faire de grands frais. Faux frais,* petites dépenses imprévues. *Faire ses frais,* retirer d'une entreprise ce qu'a coûté. *Fig.* Déployer : *se mettre en frais de coquetterie. A peu de frais,* sans peine, sans grosse dépense.

fraisage n. m. Action de fraiser.

fraise n. f. Fruit du fraisier. Tache de la peau, imitant une fraise.

fraise n. f. Membrane des intestins du veau, de l'agneau, etc. Collet plissé. Chair rouge sous le bec du dindon.

fraise n. f. Outil en forme de cône strié, servant à fraiser.

fraiser v. t. Plisser en fraise. Évaser l'orifice d'un trou. Travailler, entailler les métaux.

fraiseur, euse n. Ouvrier, ouvrière qui travaille sur une fraiseuse. N. f. Machine à fraiser les métaux, les matières plastiques.

fraisier n. m. Plante rampante à fleurs blanches, qui produit la fraise.

framboise n. f. Fruit du framboisier, formé d'une agglomération de petites drupes.

framboisier n. m. Arbrisseau produisant la framboise.

franc n. m. Unité monétaire en France, en Belgique et en Suisse.

franc, franche* adj. Libre, exempt de charges : ville franche ; franc de port. Loyal : langage franc. Net, précis. Pur, sans mélange. Complet : assigner à huit jours francs. Ouvert, sincère. Net, déclaré : une franche hostilité ; une franche canaille. Adv. Franchement.

français, aine adj. et n. De France. N. m. La langue française.

franchir v. t. Sauter. Traverser : franchir les Alpes. Fig. Surmonter.

franchise n. f. Exemption. Fig. Sincérité : parler avec franchise. Gratuité : franchise postale.

franchissement n. m. Action de franchir.

francisation n. f. Action de franciser.

franciscain, aine n. et adj. Religieux, religieuse de l'ordre de Saint-François-d'Assise.

franciser v. t. Donner le caractère français. Donner une terminaison ou une forme française à un mot étranger.

francisque n. f. Hache de guerre chez les Francs.

franc-maçon n. m. Membre d'une société de franc-maçonnerie.

franc-maçonnerie n. f. Société secrète répandue dans divers pays.

franco adv. Sans frais : expédition franco.

franco. Élément tiré du mot français, qui entre en composition avec d'autres noms : franco-anglais.

francophile adj. et n. Ami de la France, des Français.

francophobe adj. et n. Qui déteste la France.

francophone adj. et n. Qui parle le français.

francophonie n. f. Collectivité constituée par les peuples parlant le français.

franc-parler n. m. Franchise de langage : avoir son franc-parler.

franc-tireur n. m. Soldat qui ne fait pas partie de l'armée régulière. Fig. Celui qui mène une action indépendante, sans se soucier des lois ou des usages d'un groupe.

frange n. f. Passementerie composée de fils qui pendent en garniture. Objet découpé comme une frange.

franger v. t. (conj. 1) Garnir de franges.

frangipane n. f. Pâte d'amandes. Pâtisserie garnie de cette pâte.

franquette (à la bonne) loc. adv. Franchement, sans façon.

franquiste adj. Relatif au gouvernement de Franco, en Espagne. N. et adj. Partisan d'un retour à ce système de gouvernement.

frappe n. f. Action, façon de frapper.

frapper v. t. Donner un ou des coups. Blesser. Donner une empreinte à : frapper de la monnaie. Atteindre par une décision juridique administrative : frapper d'un impôt. Tomber sur : la lumière frappe les objets. Faire impression : frapper les yeux. Refroidir : frapper du champagne. V. pr. Fam. S'émouvoir.

frappeur, euse adj. et n. Qui frappe. Esprit frappeur, esprit qui, d'après les spirites, se manifesterait par des coups dans les murs ou sur les meubles.

frasque n. f. Extravagance. Écart de conduite.

fraternel, elle* adj. Propre à des frères et sœurs ou à des personnes unies comme des frères : amitié fraternelle.

fraterniser v. i. Faire acte de fraternité, de concorde.

fraternité n. f. Lien de parenté entre frères et sœurs. Fig. Lien de solidarité et d'amitié.

fratricide adj. Relatif au meurtre d'un frère, d'une sœur. N. m. Ce meurtre. N. Qui commet ce crime.

fraude n. f. Tromperie, acte de mauvaise foi. Tromperie envers le fisc. En fraude, frauduleusement.

frauder v. t. Frustrer par fraude : frauder l'État. V. i. Commettre des fraudes : frauder dans son examen.

fraudeur, euse n. et adj. Qui fraude.

frauduleux, euse* adj. Qui commet une fraude. Entaché de fraude.

frayer [frɛje] v. t. (conj. 2) Tracer : frayer un sentier. Frayer la voie, préparer la voie. V. i. Se reproduire (poissons). Fig. Avoir des relations suivies : voisins qui ne frayent pas.

frayeur [frɛjœr] n. f. Grande peur.

fredaine n. f. Folie de jeunesse.

fredonnement n. m. Bourdonnement.

fredonner v. t. et i. Chanter à mi-voix, sans ouvrir la bouche.

frégate n. f. Ancien bâtiment à voiles. Bâtiment d'escorte anti-sous-marin. Oiseau palmipède des mers tropicales, à ailes immenses.

frein [frɛ̃] n. m. Appareil au moyen duquel on peut ralentir ou arrêter le mouvement d'une machine, d'une voiture, etc. Mors du cheval. Fig. Ce qui retient : le frein de la loi. Ronger son frein, supporter impatiemment une contrainte.

freinage n. m. Action de freiner.

freiner v. t. ou i. Serrer le frein. Fig. Retenir, modérer : freiner son enthousiasme.

frelater v. t. Falsifier une substance en y mêlant des substances étrangères : frelater du vin. Altérer la pureté de, falsifier : une société frelatée.

frêle adj. Fragile. Fig. Faible.

frelon n. m. Grosse guêpe.

freluquet n. m. Jeune homme de petite taille, de peu d'importance.

frémir v. i. Trembler de crainte, de colère, d'horreur. En parlant d'un liquide, être près de bouillir.

frémissement n. m. Émotion accompagnée de tremblement. Agitation. Bruissement.

frêne n. m. Arbre à bois blanc et dur, résistant.

frénésie n. f. Délire furieux. *Fig.* Emportement, passion, fureur : *jouer avec frénésie.*

frénétique* adj. et n. Impétueux. Exalté. Déchaîné. Passionné.

fréquemment adv. Souvent.

fréquence n. f. Répétition fréquente : *la fréquence d'un acte.* Nombre de périodes complètes en une seconde.

fréquent, e adj. Qui arrive souvent.

fréquentation n. f. Action de fréquenter. Relations. Usage fréquent : *fréquentation des cinémas.*

fréquenter v. t. Visiter souvent. Aller souvent dans un lieu : *fréquenter les théâtres.*

frère n. m. Né du même père et de la même mère, ou seulement de l'un des deux. *Fig.* Se dit de tous les hommes comme issus du même père. Nom que se donnent entre eux les religieux, les francs-maçons. *Frères jumeaux,* nés ensemble. *Frères de lait,* l'enfant de la nourrice et le nourrisson. *Faux frère,* traître.

fresque n. f. Art de peindre avec des couleurs détrempées dans de l'eau de chaux. Peinture murale ainsi exécutée. *Fig.* Vaste composition littéraire évoquant toute une époque.

fressure n. f. Le cœur, la rate, le foie et les poumons d'un animal.

fret [frε] n. m. Prix d'un transport de marchandises par air, par mer ou par route.

fréter v. t. (conj. 5) Donner un navire en location. Louer un véhicule quelconque.

fréteur n. m. Qui donne un navire en location.

frétillement n. m. Mouvement de ce qui frétille.

frétiller v. i. S'agiter par des mouvements vifs et courts. S'agiter de manière vive et gaie.

fretin n. m. Tout petits poissons. *Fig.* Objet, personne sans valeur : *du menu fretin.*

frette n. f. Cercle de fer qui entoure un morceau de bois pour l'empêcher de se fendre. Cercle renforçant un canon.

fretter v. t. Garnir d'une frette.

freudisme n. m. Méthode qui explique et traite les névroses par l'analyse des rêves, du subconscient.

friabilité n. f. Nature friable.

friable adj. Qui peut être réduit en poudre : *terre friable.*

friand, e adj. Qui aime les morceaux délicats. Gourmand de : *friand de miel.* N. m. Pâté fait d'un feuilleté garni d'un hachis.

friandise n. f. Chose délicate à manger ; bonbons, sucreries.

fric n. m. *Pop.* Argent.

fricandeau n. m. Morceau de viande lardé.

fricassée n. f. Viande coupée en morceaux et cuite dans une sauce.

fricasser v. t. Accommoder, faire revenir dans une sauce.

fric-frac n. m. *Pop.* Cambriolage.

friche n. f. Terrain non cultivé. *En friche* loc. adv. et adj. Se dit d'une chose dont on ne s'est pas occupé depuis longtemps. Inculte.

fricot n. m. *Fam.* Ragoût.

fricoter v. t. *Fam.* Accommoder en ragoût, cuisiner. V. t. et i. Manigancer une affaire louche, tramer.

friction n. f. Frottement. *Par ext.* Frottement sec ou humide sur une partie du corps. *Méc.* Frottement. *Fig.* Désaccord.

frictionner v. t. Faire des frictions.

frigide adj. Se dit d'une femme incapable de plaisir sexuel.

frigidité n. f. État de ce qui est froid. Absence de désir ou de plaisir sexuel chez la femme.

frigo n. m. *Fam.* Réfrigérateur.

frigorifier v. t. Conserver par le froid.

frigorifique adj. Qui assure la conservation par le froid. N. m. Local destiné à cet emploi.

frileux, euse* adj. et n. Sensible au froid.

frimaire n. m. Mois du calendrier républicain, commençant les 21, 22 ou 23 novembre.

frimas n. m. Brouillard froid et épais, qui se glace en tombant.

frime n. f. *Pop.* Feinte, fausse apparence. Chose peu sérieuse.

frimousse n. f. *Fam.* Figure avenante. Minois.

fringale n. f. Faim subite.

fringant, e adj. Vif, alerte, élégant.

friper v. t. Chiffonner, froisser.

friperie n. f. Vêtements, meubles usés. Commerce qu'on en fait.

fripier, ère n. et adj. Qui vend de vieux habits, etc.

fripon, onne n. et adj. Fourbe, escroc. Espiègle, éveillé.

friponnerie n. f. Action de fripon.

frire v. t. (conj. 79) Faire cuire dans le beurre ou l'huile bouillants. V. i. Cuire dans la poêle.

frise n. f. *Archit.* Partie de l'entablement entre l'architrave et la corniche : *les frises du Parthénon.* Décoration de forme allongée, en relief, dans une pièce, une salle, etc. *Frise de théâtre,* rideau étroit, fixé su cintre. *Cheval de frise,* grosse pièce de bois ou de métal hérissée de pointes.

friser v. t. Mettre en boucles. Être près d'atteindre : *friser la quarantaine.* Echapper de peu : *friser la mort.* V. i. Se mettre en boucles : *ses cheveux frisent naturellement.*

frisette n. f. Petite boucle de cheveux frisés.

frisotter v. t. Friser légèrement.

frisquet, ette adj. et adv. *Fam.* Légèrement froid : *il fait frisquet.*

frisson n. m. Sensation de froid, avec tremblement. *Fig.* Saisissement de la peur ou d'émotion.

frissonnement n. m. Léger frisson. Bruissement.

frissonner v. i. Avoir le frisson. *Par ext.* S'agiter : *les feuilles frissonnent. Fig.* Être fortement ému : *frissonner d'horreur.*

frisure n. f. Façon de friser ; frisette.

frit, e adj. Cuit dans la friture.

frite n. f. Pomme de terre frite.

friture n. f. Action de frire. Corps gras servant à frire. Poisson frit : *friture de goujons.*

frivole* adj. Vain, léger, futile : *caractère frivole.*

frivolité n. f. Caractère de ce qui est frivole. Sorte de dentelle.

froc n. m. Vêtement de moine. *Jeter le froc aux orties*, quitter les ordres.

froid, e* adj. Privé de chaleur. Qui communique le froid ou n'en garantit pas. Refroidi : *viandes froides*. *Fig.* Flegmatique. Sérieux, posé, réservé : *homme froid*. *A froid* loc. adv. Sans chauffer ; au *fig.*, sans passion.

froid n. m. Basse température. Absence de chaleur. Sensation que fait éprouver l'absence de chaleur. *Fig.* Indifférence. Gêne, contrainte. Légère brouille : *il y a un froid entre eux*. *Jeter un froid*, faire naître la gêne, la contrainte.

froideur n. f. État de ce qui est froid (au pr. et au *fig.*).

froidure n. f. Froid. L'hiver.

froissement n. m. Action de froisser.

froisser v. t. Meurtrir par une pression violente : *froisser un membre*. Chiffonner : *froisser du drap*. *Fig.* Offenser, choquer : *froisser les opinions de quelqu'un*.

frôlement n. m. Action de frôler.

frôler v. t. Toucher légèrement, s'approcher de très près.

fromage n. m. Produit de la fermentation du lait caillé.

fromager, ère n. et adj. Qui fait, vend des fromages.

fromagerie n. f. Endroit où l'on fait, vend les fromages.

froment n. m. Autre nom du blé.

fronce n. f. Petite ondulation de l'étoffe, obtenue par le resserrement d'un fil coulissé.

froncer v. t. (conj. 1) Resserrer (sourcils). Rider (front). Resserrer par des fronces, orner de fronces : *froncer une robe*.

frondaison n. f. Époque où paraissent les feuilles. Feuillage.

fronde n. f. Instrument fait d'un morceau de cuir et de deux bouts de corde pour lancer des pierres.

fronder v. t. Blâmer, critiquer : *fronder le pouvoir*.

frondeur, euse adj. et n. Qui aime à critiquer, à contredire, à railler : *un esprit frondeur*.

front n. m. Partie supérieure du visage : *un front haut*. La tête : *courber le front*. Le devant : *le front d'un bataillon*. Partie supérieure et antérieure : *le front d'une montagne*. Ligne de bataille. *De front* loc. adv. Par-devant, sans ménagement : *heurter de front*.

frontal, e, aux adj. Du front.

frontalier, ère adj. et n. Voisin d'une frontière.

frontière n. f. Limite qui sépare deux États. Toute sorte de limite ; bornes : *les frontières de la vie et de la mort*. Adj. *Ville frontière*, située à la frontière entre deux pays.

frontispice n. f. Face principale d'un monument : *le frontispice du Panthéon*. Page du titre complet d'un livre. Gravure en regard du titre.

fronton n. m. Ornement triangulaire d'architecture : *fronton d'un temple*. Mur contre lequel on lance la balle à la pelote basque.

frottement n. m. Action de deux corps qui frottent l'un contre l'autre : *le frottement engendre la chaleur*.

frotter v. t. Passer, en appuyant, un corps sur un autre. Frictionner. Astiquer : *frotter les cuivres*. V. i. Produire un frottement. V. pr. S'attaquer. *Se frotter à*, se mettre en rapport avec.

frottoir n. m. Objet, ustensile sur lequel on frotte ou avec lequel on frotte : *frottoir à allumettes*.

frottis [frɔti] n. m. Couche légère de peinture. Couche mince et transparente de sang, de pus, etc., en vue d'un examen microscopique.

frou-frou n. m. Bruit du froissement des feuilles, des étoffes. (Pl. *frous-frous*.)

fructidor n. m. Douzième mois de l'année républicaine, commençant le 18 ou le 19 août.

fructification n. f. Formation du fruit.

fructifier v. i. Produire des fruits. *Fig.* Avoir des résultats heureux, profitables : *cette somme a fructifié*.

fructueux, euse* adj. Profitable, fécond.

frugal, e*, aux adj. Sobre. Très simple : *vie frugale*.

frugalité n. f. Sobriété.

fruit n. m. Production végétale qui succède à la fleur. *Fig.* Effet, résultat : *le fruit de l'expérience*. Fruit de mer, coquillage. Pl. Les productions : *les fruits de la terre*. Biens matériels, aliments.

fruit n. m. Inclinaison donnée au côté extérieur d'un mur.

fruité, e adj. Qui a le goût du fruit : *vin fruité*.

fruiterie n. f. Lieu où l'on conserve les fruits. Commerce du fruitier.

fruitier, ère adj. Qui porte des fruits. N. Qui vend des fruits, des légumes.

frusques n. f. pl. *Pop.* Vieux effets.

fruste adj. Usé : *médaille fruste*. *Fig.* Mal dégrossi, inculte : *un homme fruste*.

frustration n. f. Action de frustrer. État de l'individu dont une tendance ou un besoin fondamental n'a pu être satisfait et s'est trouvé refoulé.

frustrer v. t. Priver quelqu'un de ce qu'il attend : *frustrer d'un héritage*. Décevoir, tromper : *être frustré dans son attente*.

fuchsia [fyksja ou fyʃja] n. m. Plante ornementale à fleurs rouges pendantes.

fuchsine [fyksin] n. f. Matière colorante rouge tirée de l'aniline.

fugace adj. Fugitif : *parfum fugace*.

fugacité n. f. Caractère fugace.

fugitif, ive* n. et adj. Qui fuit, est en fuite. Qui passe : *ombre fugitive*.

fugue n. f. *Mus.* Morceau où différentes parties répètent le même motif. Disparition d'un individu de son milieu familial, de sa résidence habituelle : *faire une fugue*.

fuir v. i. (conj. 18) S'éloigner rapidement pour échapper. S'éloigner, s'écouler. Laisser échapper : *ce tonneau fuit*. V. t. Éviter : *fuir le danger*.

fuite n. f. Action de fuir. Échappement d'un liquide, d'un gaz. Fissure par laquelle il s'échappe : *déceler une fuite*. Divulgation clandestine de renseignements ou de documents : *il y a eu des fuites administratives*.

fulgurant, e adj. Qui lance des éclairs, ou qui brille comme l'éclair : *des yeux fulgu-*

rants. Intense ; rapide. Qui frappe vivement l'esprit, l'imagination : *une découverte fulgurante.*

fuligineux, euse adj. De la couleur de la suie.

fulminer v. i. Faire explosion.

fumage n. m. Action de fumer des aliments. Action de fumer la terre.

fume-cigare, fume-cigarette n. m. inv. Petit tube qui sert à fumer cigare ou cigarette.

fumée n. f. Mélange de gaz, de vapeur d'eau, qui se dégage des corps en combustion. *Fig.* Choses vaines : *la fumée de la gloire.* Pl. *Fig.* Ivresse : *fumées du vin.*

fumer v. i. Jeter de la fumée. Exhaler des vapeurs. *Fig.* Eprouver du dépit, de la colère. V. t. Exposer à la fumée : *fumer des jambons.* Brûler du tabac, etc., en aspirant la fumée.

fumer v. t. Amender, engraisser avec du fumier : *fumer une terre.*

fumerie n. f. Lieu où l'on fume de l'opium.

fumerolle n. f. Emission gazeuse d'un volcan pendant une période d'inactivité.

fumet [fymε] n. m. Odeur des viandes cuites, des vins, du gibier.

fumeur, euse n. Qui fume.

fumeux, euse adj. Qui répand de la fumée. *Fig.* Nébuleux, confus : *idées fumeuses.*

fumier n. m. Litière des bestiaux, mêlée avec leurs déjections. Engrais qu'on en tire. *Fig.* Objet méprisable.

fumigateur n. m. Appareil pour fumigations.

fumigation n. f. Application thérapeutique d'une fumée, d'une vapeur.

fumigène adj. Qui produit de la fumée : *des bombes fumigènes.*

fumiste n. et adj. m. Qui entretient les cheminées, les appareils de chauffage. *Pop.* Mystificateur.

fumisterie n. f. Profession du fumiste. *Pop.* Mystification. Plaisanterie.

fumoir n. m. Pièce réservée aux fumeurs, dans certaines maisons, dans certains locaux.

fumure n. f. Ensemble des fumiers et engrais appliqués à une culture.

funambule n. m. Equilibriste qui marche sur une corde.

funambulesque adj. *Fig.* Bizarre.

funèbre adj. Relatif aux funérailles : *chant funèbre. Fig.* Lugubre.

funérailles n. f. pl. Cérémonies qui marquent l'enterrement d'une personne.

funéraire adj. Qui concerne les funérailles.

funeste adj. Malheureux, sinistre. Fatal.

funiculaire n. m. Chemin de fer à traction par câble ou à crémaillère pour les fortes pentes.

fur n. m. *Au fur et à mesure,* successivement et proportionnellement.

furet n. m. Petit mammifère carnivore dressé pour la chasse au lapin. *Fig.* Personne curieuse. Jeu de société.

fureter v. i. (conj. 4) *Fig.* Fouiller, chercher pour découvrir des choses cachées ou des secrets.

fureteur, euse n. *Fig.* Qui cherche partout. Curieux.

fureur n. f. Colère extrême. Passion démesurée : *fureur du jeu. Fig.* Violence : *la fureur des vents.*

furibond, e n. et adj. Furieux : *regards furibonds.*

furie n. f. Déchaînement de fureur : *entrer en furie. Fig.* Femme emportée. Ardeur, impétuosité.

furieux, euse* adj. et n. En fureur. *Fig.* Impétueux : *vent furieux.*

furoncle n. m. Inflammation du tissu cellulaire sous-cutané et qu'on appelle aussi *clou.*

furonculose n. f. Eruption de furoncles.

furtif, ive* adj. Qui se fait à la dérobée : *regards furtifs.*

fusain n. m. Arbrisseau à bois dur. Charbon fin pour dessiner. Dessin exécuté à l'aide de ce charbon.

fuseau n. m. Petit instrument de bois pour filer, pour faire la dentelle, etc. Pantalon de sport dont les jambes vont en se rétrécissant vers le bas. *Fuseau horaire,* chacune des vingt-quatre portions idéales de la sphère terrestre, imaginée pour la définition et l'unification du temps légal à l'intérieur des divers Etats.

fusée n. f. Pièce de feu d'artifice qui s'élève dans les airs. Terme générique souvent employé improprement pour désigner l'ensemble constitué par le moteur-fusée et l'engin qu'il véhicule (projectile, satellite, véhicule spatial, etc.). *Fusée à étages,* fusée à grande portée, équipée de plusieurs moteurs largués automatiquement. Chacune des extrémités d'un essieu. *Mus.* Trait qui unit deux notes séparées.

fuselage n. m. Charpente d'avion.

fuselé, e adj. Taillé, affiné en fuseau : *colonne fuselée ; doigt fuselé.*

fusement n. m. Action de fuser.

fuser v. i. Brûler sans détoner (poudre). *Par ext.* Se faire entendre subitement et bruyamment : *des rires fusèrent de tous côtés.*

fusibilité n. f. Qualité de ce qui est fusible : *fusibilité du métal.*

fusible adj. Qui peut être fondu. N. m. Fil d'alliage spécial employé dans les coupe-circuit.

fusiforme adj. En forme de fuseau.

fusil [fyzi] n. m. Arme à feu portative à tube métallique monté sur un fût en bois. *Fig.* Le tireur lui-même : *c'est un bon fusil.* Baguette d'acier pour affiler les couteaux. *Fig.* Changer son fusil d'épaule, changer d'opinion. *Fusil mitrailleur,* arme collective à tir automatique.

fusillade n. f. Décharge simultanée de fusils. Echange de coups de feu.

fusiller v. t. Tuer à coups de fusil. Passer par les armes.

fusion n. f. Passage d'un corps solide à l'état liquide sous l'action de la chaleur. *Fig.* Alliance, réunion : *la fusion des partis.*

fusionnement n. m. Fusion, union.

fusionner v. t. Opérer une fusion. V. i. S'unir par fusion. S'associer.

fustiger v. t. (conj. 1) Battre, fouetter. Châtier.

fût [fy] n. m. Portion de la tige d'un arbre, sans rameaux. Bois d'une arme à feu. Tonneau. *Archit.* Partie cylindrique de la colonne.

futaie n. f. Forêt dont on exploite les arbres quand ils sont parvenus à une grande dimension. Forêt de très grands arbres.
futaille n. f. Tonneau.
futé, e adj. *Fam.* Fin, rusé.
futile* adj. Sans importance. Frivole.
futilité n. f. Frivolité. Inanité. Bagatelle.
futur, e adj. Qui sera dans un temps à venir : *vie future.* N. Celui, celle qu'on doit épouser bientôt. N. m. Avenir. *Gramm.* Temps du verbe, qui indique qu'une chose sera ou se fera : *futur simple, futur antérieur.*

futurisme n. m. Mouvement artistique et littéraire, né en Italie vers 1910.
futuriste adj. et n. Qui appartient au futurisme. *Adj.* Se dit de quelque chose qui évoque les caractères futurs de l'évolution technique : *un décor futuriste.*
fuyant [fyijã] e adj. Qui fuit. Qui disparaît. *Par ext.* Qui paraît s'éloigner : *horizon fuyant.* Qui décline rapidement : *jour fuyant.* Qui s'incline en arrière : *front fuyant. Fig.* Qui se dérobe à : *regard fuyant.*
fuyard, e adj. et n. Qui s'enfuit.

G

g n. m. Septième lettre de l'alphabet et cinquième des consonnes : *le G est doux devant* E, I, Y; *dur dans les autres cas.*
gabardine n. f. Étoffe de laine croisée. Manteau imperméable fait de cette étoffe.
gabarit [gabari] n. m. Toute dimension ou forme réglementaire. *Ch. de fer.* Arceau sous lequel on fait passer les wagons chargés, pour vérifier leurs dimensions. *Fam.* Dimension, stature : *un homme d'un gabarit respectable.*
gabegie n. f. Gestion frauduleuse ou désordonnée.
gabelle n. f. Ancien impôt sur le sel.
gabier n. m. Matelot autrefois préposé au service de la mâture.
gabion n. m. *Mil.* Panier de branchages rempli de terre et qui servait de protection dans la guerre des tranchées.
gable n. m. *Archit.* Fronton triangulaire.
gâchage n. m. Action de gâcher.
gâche n. f. Pièce métallique où s'engage le pêne d'une serrure, pour maintenir une porte fermée.
gâcher v. t. Délayer du plâtre, du ciment. *Fig.* Faire sans soin. *Gâcher le métier,* travailler à trop bon marché.
gâchette n. f. Pièce d'une arme à feu solidaire de la détente, qui déclenche la percussion. Pièce de la serrure qui arrête le pêne.
gâcheur n. et adj. m. Qui gâche, gaspille.
gâchis n. m. Mortier. Saleté causée par un liquide. *Fig.* Résultat de la confusion, du désordre, de la mauvaise organisation : *gâchis politique.*
gadget [gadʒɛt] n. m. Petit objet pratique, amusant par son caractère de nouveauté.
gadoue n. f. Engrais d'ordures. *Fam.* Terre détrempée, boue.
gaffe n. f. *Mar.* Perche à croc, servant à accrocher, aborder, etc. *Fig.* et *fam.* Maladresse, impair : *faire une gaffe.*
gaffer v. t. Accrocher avec une gaffe. V. i. *Fam.* Faire une gaffe.
gaffeur, seuse n. Personne qui commet facilement des gaffes.
gag n. m. Au cinéma, effet comique jouant sur la surprise.
gage n. m. Ce qui garantit le paiement d'un emprunt, d'une dette : *mettre un objet en*

gage. Punition dans certains jeux de société. Tout ce qui représente une garantie, une caution : *n'exiger d'autre gage qu'une promesse.* Témoignage, preuve : *gage d'amitié.* Pl. Salaire des domestiques.
gager v. t. (conj. 1) Garantir par un gage. Parier. Donner des gages à un domestique. Saisir en garantie d'une dette : *meubles gagés.*
gageure [gaʒyr] n. f. Action, opinion qui semble impossible ou incroyable : *c'est une gageure!* Pari impossible : *tenir une gageure.*
gagne-pain n. m. inv. Travail ou instrument de travail qui sert à gagner sa vie.
gagne-petit n. m. inv. Qui a un petit métier ou qui gagne peu.
gagner v. t. Faire un gain. *Gagner sa vie,* gagner de quoi subsister. Remporter : *gagner une victoire.* Obtenir du hasard : *gagner le gros lot.* Mériter : *il l'a bien gagné.* Corrompre : *gagner un témoin.* Atteindre : *gagner la rive.* V. i. S'améliorer : *le vin gagne en bouteille.* Réussir par hasard : *gagner à la loterie.* Croître en estime : *gagner à être connu.* S'étendre : *le feu gagne.* Être acquis : *il nous est gagné.* V. pr. Se contracter : *la rougeole se gagne facilement.*
gai, gaie* adj. Qui a de la gaieté. Qui inspire la joie. Un peu ivre.
gaieté [gete] n. f. Joie, belle humeur. Disposition à rire. *De gaieté de cœur* loc. adv. Volontairement, sans être contraint.
gaillard n. m. Partie extrême du pont supérieur d'un navire.
gaillard, e* adj. Vif, plein d'entrain. Dispos : *frais et gaillard.* Égrillard, léger, grivois : *propos gaillards.* N. Homme plein de vigueur et d'entrain : *un solide gaillard. Fam.* Individu malin, peu scrupuleux.
gaillardise n. f. Gaieté un peu vive. Gauloiserie, grivoiserie.
gain n. m. Profit : *l'appât du gain.* Avantage, succès : *le gain d'une bataille. Gain de cause,* avantage obtenu dans un procès, une discussion.
gaine n. f. Toute espèce d'étui. Enveloppe qui protège un organe. Sous-vêtement féminin qui enserre le bassin.
gainer v. t. Mouler comme une gaine.

gala n. m. Grande fête. Fête officielle. Repas d'apparat.

galalithe n. f. Matière plastique préparée à partir de la caséine.

galamment adv. De manière galante.

galant, e ad. Empressé auprès des dames. De bonne compagnie. Qui a trait aux relations sentimentales ou amoureuses : *des propos galants*. N. m. *Iron.* Amoureux, soupirant.

galanterie n. f. Politesse empressée auprès des dames.

galantine n. f. Mets composé de viande hachée cuite dans une gelée.

galaxie n. f. *Astron.* Autre nom de la Voie lactée. Système stellaire analogue à celui auquel appartient le soleil.

galbe n. m. Contour, profil.

galber v. t. Profiler.

gale n. f. Affection parasitaire de la peau. *Fam.* Personne méchante.

galéjade n. f. Plaisanterie.

galène n. f. Sulfure naturel de plomb.

galère n. f. Ancien navire à voiles et à la rame. Peine des criminels condamnés à ramer sur les galères.

galerie n. f. Pièce longue et couverte. Corridor. Balcon couvert. Salle d'exposition où se fait le commerce de tableaux et d'objets d'art, etc. Balcon d'un théâtre. L'assistance, le public qu'on prend à témoin. *Pour la galerie*, pour faire illusion; pour se faire valoir aux yeux des autres. Couloir souterrain : *galerie de mine.*

galérien n. m. Forçat condamné aux galères.

galet [galɛ] n. m. Caillou poli par le frottement des eaux. Petite roulette aux pieds des meubles.

galetas n. m. Logement misérable sous les combles.

galette n. f. Gâteau plat. Crêpe de farine de sarrasin. *Pop.* Argent.

galeux, euse n. et adj. Qui a la gale. *Brebis galeuse*, personne méprisée et rejetée par un groupe.

galiléen, enne adj. et n. De Galilée.

galimatias n. m. Discours embrouillé.

galion n. m. Anc. navire de transport.

galle n. f. Excroissance sur certains végétaux à la suite de piqûres d'insectes. *Noix de galle*, galle du chêne.

gallican, e adj. Relatif à l'Église de France : *les libertés gallicanes.*

gallicanisme n. m. Doctrine préconisant une certaine indépendance de l'Eglise française à l'égard du Saint-Siège.

gallicisme n. m. Façon de parler propre à la langue française.

gallinacés n. m. pl. Ordre d'oiseaux ayant pour types les coqs, les perdrix, etc.

gallois, e adj. et n. Du pays de Galles.

gallon n. m. Mesure anglo-saxonne de capacité.

gallo-romain, e adj. et n. Qui appartient aux Gaulois et aux Romains.

galoche n. f. Chaussure à semelle de bois. *Menton en galoche*, pointu et long.

galon n. m. Ruban épais. *Milit.* Signe distinctif des grades.

galop [galo] n. m. La plus rapide des allures du cheval : *prendre le galop.*

galopade n. f. Course au galop.

galoper v. i. Aller au galop. *Par anal.* Marcher très vite.

galopin n. m. Gamin effronté.

galvanisation n. f. Action de galvaniser.

galvaniser v. t. Electriser. Plonger le fer dans un bain d'oxyde de zinc pour le protéger de l'oxydation. *Fig.* Animer passagèrement : *galvaniser la résistance.*

galvano n. m. Cliché d'imprimerie obtenu par galvanoplastie.

galvanomètre n. m. Instrument pour mesurer l'intensité des courants.

galvanoplastie n. f. Opération qui permet, par électrolyse, d'obtenir un dépôt de métal sur un objet.

galvauder v. t. Gâter, gâcher. *Fig.* Mal employer : *galvauder son talent.*

gambade n. f. Bon vif.

gambader v. i. Faire des bonds.

gamelle n. f. Ecuelle métallique des soldats.

gamète n. m. Cellule reproductrice, mâle ou femelle, des organismes animaux et végétaux.

gamin, e n. et adj. Enfant des rues. Enfant, en général.

gaminerie n. f. Action, parole de gamin : *dire des gamineries.*

gamma n. m. Troisième lettre de l'alphabet grec.

gamme n. f. *Mus.* Série de sons conjoints, ascendants ou descendants, disposés à intervalles convenus, suivant les modes auxquels cette série appartient. *Fig.* Classement gradué : *gamme de couleurs.*

gammé, e adj. *Croix gammée*, croix dont les quatre branches sont coudées à angle droit : *la croix gammée était l'emblème du parti national-socialiste allemand.*

ganache n. f. Rebord postérieur de la mâchoire inférieure du cheval. *Fig. et fam.* Personne incapable.

gandin n. m. Jeune homme qui a un soin excessif de son élégance.

gang [gãg] n. m. Bande organisée de malfaiteurs.

ganglion n. m. *Anat.* Renflement que présentent les vaisseaux lymphatiques et certains nerfs.

ganglionnaire adj. Des ganglions.

gangrène n. f. Infection locale des tissus, qui aboutit à la nécrose d'une région du corps. *Fig.* Corruption.

gangrener v. t. (conj. 5) Causer la gangrène. *Fig.* Corrompre.

gangster n. m. Membre d'un gang. Malfaiteur.

gangue n. f. Partie terreuse enveloppant un minéral.

ganse n. f. Cordonnet de soie, d'or, etc., employé dans l'industrie du costume, de l'ameublement, etc.

gant n. m. Pièce du vêtement qui couvre la main et chaque doigt séparément. *Fig. Prendre des gants*, ménager. *Jeter le gant*, défier. *Relever le gant*, accepter le défi. *Aller comme un gant*, convenir parfaitement.

gantelet n. m. Gant couvert de lames de fer, qui faisait partie de l'armure. Morceau de cuir protégeant la main dans un travail.

ganter v. t. Mettre des gants à. V. i. Avoir comme pointure en gants.

ganterie n. f. Magasin du gantier.

gantier, ère n. Qui vend des gants.

garage n. m. Lieu couvert pour abriter les véhicules. Entreprise de réparation et d'entretien d'automobiles. *Voie de garage,* voie secondaire, où l'on gare des wagons de chemin de fer.

garagiste n. m. Exploitant ou employé d'un garage d'automobiles.

garance n. f. Plante dont les racines donnent une teinture rouge. Adj. inv. et n. f. Cette couleur.

garant, e n. et adj. Qui répond de : *se porter garant d'un ami.* N. m. Garantie.

garantie n. f. Engagement par lequel on se porte garant : *vente avec garantie.* Gage, caution : *donner des garanties.*

garantir v. t. Se porter garant de. Affirmer. Protéger : *garantir du froid.*

garce n. f. Pop. Femme ou fille désagréable.

garçon n. m. Enfant mâle. Célibataire : *rester garçon.* Serveur de café, de restaurant. Ouvrier, employé : *garçon boucher.*

garçonne n. f. Fille ou femme qui prend des allures de garçon.

garçonnet n. m. Jeune garçon.

garçonnière adj. f. Se dit d'une fille qui prend les allures d'un garçon. N. f. Appartement convenant à un homme seul.

garde n. f. Surveillance : *faire bonne garde.* Troupe d'élite chargée de la sécurité d'un souverain, d'une personnalité importante. Soldats qui occupent un poste, qui exercent une surveillance. Faction : *monter la garde.* Armur. Rebord entre la poignée et la lame d'une arme blanche. Posture de combat : *tomber en garde.* Feuillet blanc ou de couleur au commencement et à la fin d'un livre. *Garde républicaine,* garde municipale de Paris. *Garde mobile,* gendarmerie veillant à la sécurité du territoire. *Fig.* Prendre garde, faire attention. *Être sur ses gardes,* se méfier.

garde n. m. Surveillant, homme qui fait partie d'une garde. *Garde des sceaux,* ministre de la Justice. *Garde champêtre,* officier de police, préposé à la garde des propriétés rurales.

garde n. f. Infirmière.

garde-à-vous n. m. inv. Position prise sur un commandement militaire prescrivant l'immobilité dans une attitude tendue, talons serrés, bras le long du corps. *Par ext.* Posture pleine de raideur qu'on prend par déférence, humilité, etc.

garde-barrière n. Personne préposée à la surveillance d'un passage à niveau.

garde-boue n. m. inv. Plaque recourbée recouvrant en partie les roues d'un véhicule pour garantir de la boue.

garde-chasse n. m. Agent qui veille à la conservation du gibier.

garde-chiourme n. m. Autref., surveillant de forçats.

garde-côte n. et adj. Petit bateau chargé de la surveillance des côtes.

garde-feu n. m. inv. Grille, plaque mise devant la cheminée.

garde-fou n. m. Balustrade ou barrière au bord des quais, des ponts, terrasses, etc.

garde-malade n. Qui garde les malades.

garde-manger n. m. inv. Petite armoire garnie de toile métallique, pour conserver les aliments.

garde-meuble n. m. Lieu où l'on entrepose les meubles.

gardénia n. m. Plante ornementale à belles fleurs.

garde-pêche n. m. Préposé à la police de la pêche. N. m. inv. Bateau chargé de ce service.

garder v. t. Conserver : *garder un dépôt.* Surveiller : *garder un enfant, garder les moutons.* Soigner : *garder un malade.* Protéger : *Dieu vous garde.* Ne pas révéler : *garder un secret.* Rester dans : *garder la chambre.* Respecter, observer : *garder le silence.* V. pr. Éviter : *gardez-vous de mentir.* Se préserver : *se garder du froid.*

garderie n. f. Dans une école, une usine, etc., local où sont gardés les enfants en bas âge en dehors des heures de classe.

garde-robe n. f. Placard, armoire où l'on range les vêtements, le linge. Tous les vêtements d'une personne : *riche garde-robe.*

gardeur, euse n. et adj. Qui garde.

gardian n. m. Gardien de taureaux ou de chevaux en Camargue.

gardien, enne n. Personne qui a pour fonction de garder : *gardien de prison.* Conservateur : *gardien des traditions. Gardien de but,* au football, joueur chargé de défendre le but. *Gardien de la paix,* agent de police. Adj. Qui protège : *ange gardien.*

gardiennage n. m. Emploi, service du gardien.

gardon n. m. Petit poisson d'eau douce.

gare n. f. Lieu de départ et d'arrivée des trains : *gare de marchandises.* Lieu où se garent les bateaux.

gare ! interj. pour avertir de prendre garde à soi.

garenne n. f. Lieu où vivent les lapins sauvages. Endroit d'une rivière où la pêche est réservée. N. m. Lapin de garenne.

garer v. t. Faire entrer dans une gare, un garage. Mettre dans un abri. V. pr. *Fam.* Ranger sa voiture. Se mettre à l'abri.

gargariser (se) v. pr. Se rincer la bouche et l'arrière-bouche avec un liquide. *Fam.* Se délecter d'une chose.

gargarisme n. m. Liquide préparé pour se gargariser.

gargote n. f. Restaurant à bas prix. Lieu où la cuisine est médiocre.

gargotier, ère n. Qui tient une gargote. Mauvais cuisinier.

gargouille n. f. Gouttière saillante en forme d'animal fantastique dont la gueule éjecte les eaux de pluie à distance des murs. Tuyau pour l'écoulement des eaux.

gargouillement n. m. Bruit d'un liquide ou d'un gaz dans la gorge, l'estomac ou dans une canalisation.

gargouiller v. i. Produire un gargouillement.

gargouillis n. m. Gargouillement.

gargoulette n. f. Vase poreux pour rafraîchir l'eau.

garnement n. m. Vaurien.

garni, e adj. Meublé : *chambre garnie.* N. m. Maison, chambre qui se loue meublée : *habiter en garni.*

garnir v. t. Fournir du nécessaire. Orner : *garnir un chapeau.* Remplir.

garnison n. f. Troupes établies dans une ville. Cette ville : *changer de garnison*.

garnissage n. m. Action de garnir.

garniture n. f. Ce qui garnit : *garniture de robe*. Assortiment : *garniture de boutons*. Caoutchouc, cuir, métal qui entoure une chose.

garrigue ou **garigue** n. f. Terrain aride, broussailleux dans le Midi.

garrot n. m. Partie du corps du cheval au-dessus de l'épaule et terminant l'encolure. Bâtonnet passé dans une corde pour la serrer. Lien servant à la compression d'une artère.

garrotte n. f. Supplice par strangulation, en Espagne : *condamner à la garrotte*.

garrotter v. t. Lier fortement.

gars [ga] n. m. Fam. Jeune homme.

gascon adj. et n. De la Gascogne. *Par ext*. Fanfaron, hâbleur.

gasconnade n. f. Fanfaronnade.

gasconner v. i. Parler avec l'accent gascon. Dire des gasconnades.

gas-oil ou **gasoil** [gazoil ou gazwal] n. m. Liquide pétrolier jaune clair, légèrement visqueux, utilisé comme carburant et comme combustible.

gaspillage n. m. Action de gaspiller.

gaspiller v. t. Dépenser, dissiper follement : *gaspiller sa fortune*. Gâcher : *gaspiller son talent*.

gaspilleur, euse adj. et n. Qui gaspille.

gastéropodes n. m. pl. Classe de mollusques (limace, escargot) qui rampent sur un large pied musculeux ventral.

gastralgie n. f. Névralgie d'estomac.

gastrique adj. Relatif à l'estomac.

gastrite n. f. Irritation d'estomac.

gastro-entérite n. f. Inflammation de l'estomac et des intestins.

gastronome n. Personne qui sait apprécier la bonne chère.

gastronomie n. f. Art de faire bonne chère, amour de la bonne chère.

gâté, e adj. Détérioré : *fruit gâté*. Fig. Favorisé par le sort. Enfant gâté, mal élevé.

gâteau n. m. Pâtisserie. Matière solide, qui affecte la forme d'un gâteau : *gâteau de miel*. Adj. Fam. Trop indulgent. Fam. *Partager le gâteau, avoir une part du gâteau*, partager le profit d'une affaire.

gâter v. t. Endommager, détériorer. Putréfier. Fig. Faire tort, nuire à. *Gâter le métier*, travailler, vendre à trop bas prix. Traiter avec trop de douceur, de bonté : *gâter un enfant*.

gâterie n. f. Action de gâter. Indulgence excessive. Petits présents, friandises.

gâte-sauce n. m. inv. Mauvais cuisinier. Marmiton.

gâteux, euse adj. et n. Fam. Personne à l'intelligence affaiblie par l'âge ou la maladie.

gâtine n. f. Terre imperméable, marécageuse et stérile.

gâtisme n. m. Affaiblissement mental, dû à l'âge ou à la maladie.

gauche adj. Dévié, oblique : *surface gauche*. Qui est situé du côté du cœur. Qui correspond à ce côté pour le spectateur : *l'aile gauche d'un monument*. Fig. Embarrassé : *attitude gauche*. N. f. La main gauche, le côté gauche. Partie d'une assemblée, à gauche du président. Ensemble des personnes et des groupements politiques partisans d'un changement, par opposition aux conservateurs hostiles aux innovations. *L'extrême gauche*, ceux qui soutiennent les idées politiques jugées les plus révolutionnaires.

gauchement adv. Maladroitement.

gaucher, ère n. et adj. Qui se sert surtout de la main gauche.

gaucherie n. f. Allure embarrassée ; maladresse.

gauchir v. i. Se contourner, perdre sa forme : *planche gauchie*. V. t. Rendre gauche : *l'humidité a gauchi cette planche*.

gauchisant, e adj. Dont les sympathies politiques vont à la gauche.

gauchisme n. m. Attitude de ceux qui, à l'extrême gauche, préconisent des actions immédiates et radicales.

gauchissement n. m. Déviation d'une surface plane.

gauchiste adj. Relatif au gauchisme. N. Partisan du gauchisme.

gaucho [goʃo ou gautʃo] n. m. Gardien de troupeaux dans les pampas argentines.

gaudriole n. f. Propos gai, libre.

gaufrage n. m. Action de gaufrer.

gaufre n. f. Rayon de miel. Pâtisserie cuite entre deux fers quadrillés.

gaufrer v. t. Imprimer à chaud des figures sur des étoffes, du cuir.

gaufrette n. f. Petite gaufre.

gaufrier n. m. Fer creux et quadrillé pour cuire des gaufres.

gaufrure n. f. Empreinte gaufrée.

gaulage n. m. Action de gauler.

gaule n. f. Longue perche. Canne à pêche.

gauler v. t. Faire tomber les fruits avec une gaule : *gauler un noyer, des noix*.

gaullisme n. m. Doctrine se réclamant du général de Gaulle.

gaullois, e adj. De la Gaule. D'une gaieté un peu libre. N. Natif de la Gaule.

gaulois, e adj. De la Gaule. D'une gaieté un peu libre. N. Natif de la Gaule.

gauloiserie n. f. Plaisanterie un peu libre.

gausser (se) v. pr. Se moquer ouvertement.

gavage n. m. Action de gaver.

gave n. m. Torrent pyrénéen.

gaver v. t. Bourrer de nourriture des volailles, etc. Gorger : *gaver un enfant*. Fig. : *gaver de leçons*. V. pr. Manger énormément.

gaz [gaz] n. m. inv. Tout fluide aériforme. Un des trois états de la matière, caractérisé par la compressibilité et l'expansibilité. *Le gaz*, ou *gaz de ville*, gaz utilisé principalement pour le chauffage.

gaze n. f. Étoffe transparente. Bande d'étoffe légère stérilisée pour pansements.

gazé, e adj. et n. Qui a été intoxiqué par des gaz asphyxiants.

gazéifier v. t. Faire passer à l'état gazeux. Faire dissoudre du gaz carbonique dans un liquide.

gazéiforme adj. À l'état de gaz.

gazelle n. f. Sorte d'antilope.

gazer v. t. Soumettre à l'action d'un gaz. Arg. Aller vite.

gazette n. f. Journal.

gazeux, euse adj. De la nature du gaz : *fluide gazeux. Eau gazeuse*, qui contient du gaz carbonique.

gazier n. m. Employé d'une entreprise de distribution du gaz.

gazogène n. m. Appareil produisant un gaz combustible.

gazomètre n. m. Réservoir à gaz.

gazon n. m. Herbe courte et menue. La terre qui en est couverte.

gazonner v. t. Revêtir de gazon.

gazouillement n. m. Action de gazouiller. *Fig.* Léger murmure.

gazouiller v. intr. Faire entendre un mumure continu (oiseaux, bébés, etc.).

gazouillis n. m. Léger gazouillement.

geai [ʒɛ] n. m. Passereau au plumage bigarré et qui peut apprendre à parler.

géant, e n. et adj. Se dit d'une personne, d'un animal, d'un végétal, etc., qui excède la stature ordinaire.

géhenne [ʒeɛn] n. f. Enfer, dans la Bible.

geignard, e adj. *Fam.* Qui geint souvent.

geindre [ʒɛ̃dr] v. i. (conj. 55) Gémir. *Fam.* Se plaindre souvent.

gel n. m. Gelée des eaux. Temps où il gèle. Substance colloïdale.

gélatine n. f. *Chim.* Substance à l'aspect de gelée, tirée des os des animaux.

gélatineux, euse adj. De la nature de la gélatine : *aspect gélatineux.*

gelée n. f. Abaissement de la température au-dessous de zéro. Suc de viande solidifié. Jus solidifié de fruits cuits avec du sucre. *Gelée blanche*, givre.

geler v. t. (conj. 3) Transformer en glace. Durcir par le froid : *le froid gèle le sol.* Blesser par l'action du froid : *le froid lui a gelé les pieds. Être gelé*, souffrir du froid, être transi. V. i. Avoir extrêmement froid. Se congeler. V. impers. : *il gèle.*

gélif, ive adj. Se dit des pierres, des arbres qui se fendent par la gelée.

gelinotte n. f. Poule des bois, gallinacé sauvage.

gélule n. f. Forme médicamenteuse constituée par une petite capsule de gélatine facile à ingérer.

gelure n. f. Résultat de l'action des basses températures sur les tissus vivants.

géminé, e adj. Groupé deux par deux : *colonnes géminées.*

gémir v. i. Exprimer sa peine par des sons plaintifs : *blessé qui gémit.* Souffrir : *gémir sous le joug.* Se dit aussi des choses : *le vent gémit.*

gémissement n. m. Lamentation. Son qui ressemble à une plainte.

gemme n. f. et adj. Pierre précieuse. Suc résineux du pin. *Sel gemme*, sel fossile.

gemmer v. i. Bourgeonner. V. t. Inciser des pins pour avoir la résine.

gencive n. f. Tissu qui entoure les dents à leur base.

gendarme n. m. Sous-officier de carrière de la gendarmerie. *Fam.* Femme à l'air autoritaire. Défaut d'une pierre précieuse. *Pop.* Hareng saur.

gendarmer (se) v. pr. S'emporter, protester contre : *se gendarmer contre le fisc.*

gendarmerie n. f. Force militaire qui maintient la sûreté publique. Caserne, bureaux administratifs des gendarmes.

gendre n. m. Époux de la fille par rapport aux parents de celle-ci.

gène n. m. Facteur héréditaire existant dans le chromosome.

gêne n. f. État pénible : *éprouver de la gêne.* Manque d'argent : *vivre dans la gêne. Sans gêne*, sans s'occuper d'autrui.

gêné, e adj. Mal à l'aise. *Fig.* Embarrassé. Sans argent.

généalogie n. f. Suite, dénombrement des ancêtres de quelqu'un. Science qui recherche l'origine et la filiation des familles.

généalogique adj. Relatif à la généalogie. *Arbre généalogique*, filiation d'une famille.

généalogiste n. Qui dresse les généalogies.

gêner v. t. Contraindre, serrer, incommoder. *Fig.* Entraver. *Être gêné*, manquer d'argent. V. pr. S'imposer une gêne.

général, e, aux adj. Universel : *consentement général.* Vague : *parler en termes généraux.* Se dit d'un administrateur dont l'autorité s'exerce sur plusieurs fonctionnaires : *inspecteur général. Répétition générale*, ou *générale* n. f., dernière répétition avant la représentation d'une pièce de théâtre. *D'une manière générale*, ordinairement. *En général* loc. adv. Le plus souvent.

général n. m. Officier qui commande une brigade, une division, un corps d'armée, une armée. Supérieur de certains ordres religieux : *le général des jésuites.*

générale n. f. Femme du général. Batterie-sonnerie pour rassembler les troupes : *battre la générale.*

généralisation n. f. Action de généraliser.

généraliser v. t. Rendre général, applicable à un ensemble de personnes, de choses : *généraliser une méthode. Absol.* Conclure du particulier au général : *vous généralisez trop.*

généralissime n. m. Général en chef.

généraliste n. Médecin qui exerce la médecine générale, non spécialisée.

généralité n. f. Qualité de ce qui est général. Le plus grand nombre : *la généralité des cas.* Pl. Discours sans rapport direct au sujet : *s'en tenir aux généralités.*

générateur, trice adj. Qui engendre. N. m. Chaudière à vapeur. *Générateur électrique*, ou *génératrice* n. f., tout système capable de fournir de l'énergie électrique à un circuit. N. f. *Géom.* Ligne qui engendre une surface.

génération n. f. Reproduction des êtres organisés. Filiation de père à fils : *de génération en génération.* Postérité. Ensemble de personnes ayant à peu près le même âge. Ensemble de ceux qui vivent dans le même temps.

généreux, euse adj. Qui donne largement. D'un naturel noble. Courageux. *Fig.* Fertile, Fort, de bonne qualité : *un vin généreux.*

générique adj. Du genre. *Terme générique*, mot qui convient à toute une catégorie ou genre. N. m. Début d'un film, donnant le titre, les noms du producteur, du metteur en scène, des acteurs, etc.

générosité n. f. Qualité de celui qui est généreux. Largesse, prodigalité. Magnanimité. Pl. Dons, bienfaits.

genèse n. f. Ensemble des faits ou éléments qui ont concouru à la formation de quelque chose : *la genèse d'un livre.* Création du monde. Origine. Premier livre de la Bible.

genêt n. m. Arbuste à fleurs blanches ou jaunes : *balai de genêt.*

génétique n. f. Science de l'hérédité fondée sur la théorie des gènes. Adj. Qui concerne l'objet de cette science. *Maladies génétiques,* maladies transmises héréditairement par suite d'anomalies dans le nombre ou la forme des chromosomes.

gêneur, euse n. Importun, fâcheux.

genevois, e adj. et n. De Genève.

genévrier n. m. Arbuste à feuilles aromatiques.

génial, e*, aux adj. Qui a du génie : *poète génial.* De génie : *idée géniale.*

génie n. m. Esprit, démon qui, selon les Anciens, présidait à la vie de chacun. Puissance créatrice : *homme de génie.* Talent, goût : *le génie des affaires.* Caractère distinctif : *le génie d'une langue.* Art de fortifier, d'attaquer et de défendre des places fortes. Corps de troupes affecté à cet art : *officier du génie. Génie civil,* art des constructions.

genièvre n. m. Genévrier. Sa graine, aromatique. Liqueur alcoolique qu'on en fait.

génisse n. f. Jeune vache qui n'a pas encore vêlé.

génital, e, aux adj. Relatif à la reproduction sexuée des animaux et de l'homme.

géniteur, trice adj. et n. Personne qui engendre, père ou mère. N. m. Animal mâle destiné à la reproduction.

génitif n. m. Un des cas des langues à déclinaison, marquant la dépendance, l'appartenance.

génocide n. m. Extermination d'un groupe ethnique ou social.

génois, e adj. et n. De Gênes.

genou n. m. *Anat.* Union de la jambe à la cuisse. *Méc.* Joint articulé. *Fig. Être à genoux devant quelqu'un,* être en adoration devant lui.

genouillère n. f. Enveloppe pour garantir le genou.

genre n. m. Ensemble de traits caractéristiques communs à un groupe de choses ou d'êtres animés : *le genre humain.* Sorte, manière : *genre de vie.* Manières : *avoir mauvais genre.* Ton, style d'une œuvre littéraire ou picturale : *le genre sublime. Hist. nat.* Catégorie d'êtres, composée d'espèces : *le loup est une espèce du genre chien.* Gramm. Forme des reçoivent les mots pour indiquer le sexe (masculin, féminin, neutre).

gens [ʒɑ̃] n. pl. Personnes : *les gens de bien.* Catégorie de personnes : *gens d'église. Gens de robe,* magistrats, avocats. *Gens de lettres,* écrivains. Domestiques. *Gens de maison,* même sens. *Droit des gens,* droit international. *(Gramm.* Avec un adj., celui-ci se met au f. s'il précède immédiatement *gens,* au m. s'il le suit : *les vieilles gens, les gens âgés.)*

gens [ʒɛs] n. f. À Rome, groupe composé de plusieurs familles portant le même nom.

gentiane [ʒãsjan] n. f. Plante des pays tempérés, apéritive et tonique. Boisson faite avec cette racine.

gentil n. m. Pour les Hébreux, étranger. Pour les chrétiens, païen.

gentil [ʒɑ̃ti], **ille** adj. Joli, gracieux, agréable. Aimable.

gentilhomme [ʒɑ̃tijɔm] n. m. Homme noble. (Pl. *gentilshommes* [ʒɑ̃tizɔm].)

gentilhommière n. f. Habitation assez importante à la campagne, de caractère ancien.

gentillesse n. f. Grâce et douceur de l'aspect, des manières. Amabilité, complaisance, bienveillance.

gentillet, ette adj. Assez gentil.

gentiment adv. Avec gentillesse.

gentleman [dʒɛntləman] n. m. Homme distingué de parfaite éducation. (Pl. *gentlemen.*)

genfry [dʒɛntri] n. f. En Angleterre, ensemble des nobles ayant droit à des armoiries, mais non titrés.

génuflexion n. f. Action de fléchir le genou en signe de respect, de soumission. *Fig.* Obséquiosité.

géode n. f. Pierre creuse, tapissée intérieurement de cristaux.

géodésie n. f. Science qui a pour but la mesure de la Terre et l'étude de ses formes.

géographe n. Spécialiste de géographie.

géographie n. f. Science qui a pour objet la description de la surface de la Terre, des groupes humains qui l'occupent et de sa mise en valeur. Ouvrage qui traite d'un sujet géographique.

géographique* adj. Relatif à la géographie : *revue géographique.*

geôle [ʒol] n. f. Prison.

geôlier, ère n. Gardien d'une prison.

géologie n. f. Science qui a pour objet la description des matériaux constituant le globe terrestre, l'étude des transformations actuelles et passées subies par la Terre, ainsi que l'étude des fossiles.

géologique* adj. De la géologie.

géologue n. Spécialiste de géologie.

géomancie n. f. Divination qui s'opère en jetant de la terre, de la poussière sur une table et en étudiant les figures ainsi formées.

géomètre n. m. Celui qui s'occupe de géométrie. Spécialiste des opérations de levés de terrain.

géométrie n. f. Discipline mathématique ayant pour objet l'étude rigoureuse de l'espace et des formes (figures et corps) qu'on peut y imaginer. Traité de géométrie.

géométrique* adj. De la géométrie. Régulier : *plan géométrique.*

géophysique n. f. Étude de la structure d'ensemble du globe terrestre et des mouvements qui l'affectent.

géorgien, enne adj. et n. De la Géorgie.

géosynclinal n. m. Vaste fosse de l'écorce terrestre en voie d'affaissement progressif.

géotropisme n. m. Propriété que possèdent certains organes végétaux (racines, tiges, etc.) de prendre une direction verticale.

gérance n. f. Fonction de gérant.

géranium [ʒeranjɔm] n. m. Plante ornementale à fleurs rouges ou roses.

gérant, e n. Mandataire placé à la tête d'une entreprise commerciale.

gerbe n. f. Botte de blé, etc., coupé et lié. *Fig.* Ensemble de choses en faisceau : *gerbe de fleurs.*

gerber v. t. Mettre en gerbes. Entasser des tonneaux. V. i. Imiter la forme d'une gerbe.

gerboise n. f. Genre de mammifères rongeurs et sauteurs, habitant l'Afrique.

gercer v. t. (conj. 1) Faire de petites crevasses. V. i. : *la peau gerce à l'air sec.*

gerçure n. f. Petite fente de la peau.

gérer v. t. (conj. 5) Administrer, régir pour autrui : *gérer une propriété, un magasin.* Administrer ses propres affaires : *gérer sa fortune.*

germain, e adj. Se dit des cousins issus de frères. Adj. et n. De Germanie.

germanique adj. Relatif à la Germanie. Relatif à la civilisation allemande.

germanisation n. f. Action de germaniser.

germaniser v. t. Rendre allemand. Imposer la domination allemande à.

germe n. m. Stade simple et primitif d'où dérive tout être vivant (œuf, jeune embryon, plantule, spore, etc.). *Fig.* Principe, source : *le germe d'une invention, de la fièvre typhoïde.*

germer v. i. Se dit des semences qui commencent à pousser. *Fig.* Se montrer, apparaître : *une idée qui germe.*

germinal n. m. Mois du calendrier républicain (21 mars-19 avril).

germinatif, ive adj. Relatif à la germination : *pouvoir germinatif.*

germination n. f. Action de germer.

gérondif n. m. Participe présent précédé de « en » : *en mangeant.*

gérontologie n. f. Étude des phénomènes de vieillissement chez l'homme.

gésier n. m. Troisième poche épaisse et musculeuse de l'appareil digestif des oiseaux.

gésir v. i. (conj. 26) Être couché : *il gisait sur le sol.* Se trouver. *Ci-gît,* ici repose (formule d'épitaphe).

gestation n. f. État d'une femelle de mammifère qui porte son fruit. Durée de cet état. *Fig.* Temps d'élaboration d'un ouvrage de l'esprit : *la gestation d'un poème.*

geste n. m. Mouvement du corps, de la main, des bras.

geste n. f. Haut fait, action d'éclat. *Faits et gestes,* conduite. *Chanson de geste,* poème épique du Moyen Âge.

gesticulation n. f. Gestes nombreux.

gesticuler v. i. Faire beaucoup de gestes.

gestion n. f. Action de gérer, administration : *gestion habile.*

gestionnaire adj. Relatif à une gestion. Adj. et n. Qui est chargé d'une gestion.

geyser [zεzr] n. m. Source jaillissante d'eau chaude.

ghetto [gεto] n. m. Autref., quartier juif d'une ville. Milieu renfermé sur lui-même.

gibbon n. m. Singe à bras très longs.

gibbosité n. f. Bosse dorsale.

gibecière n. f. Sacoche portée en bandoulière, à l'usage des chasseurs, des pêcheurs.

gibelotte n. f. Fricassée de lapin, etc., au vin blanc.

giberne n. f. Autref., boîte à cartouches des soldats.

gibet n. m. Potence.

gibier n. m. Nom générique des animaux que l'on chasse : *gibier d'eau.*

giboulée n. f. Pluie soudaine accompagnée de grêle.

giboyeux, euse adj. Abondant en gibier : *plaine giboyeuse.*

gibus n. et adj. m. Chapeau haut de forme à ressorts.

gicler v. i. Jaillir en éclaboussant : *le sang giclait de sa blessure.*

gicleur n. m. Vaporisateur d'un carburateur d'auto.

gifle n. f. Coup avec la main ouverte, sur la joue.

gifler v. t. Donner une gifle.

gigantesque adj. De géant. Énorme.

gigantisme n. m. Développement anormal du corps ou de certaines de ses parties.

gigogne adj. *Table gigogne,* meuble formé de plusieurs petites tables qui s'emboîtent les unes dans les autres.

gigolo [zigɔlo] *Fam.* Jeune homme entretenu par une femme plus âgée que lui.

gigot n. m. Cuisse de mouton, d'agneau ou de chevreuil. Partie bouffante d'une manche de robe.

gigoter v. i. *Fam.* Remuer sans cesse les jambes, ou tout le corps.

gigue [zig] n. f. Cuisse de chevreuil. *Pop.* Jambe. *Mus.* Air de danse vif et gai.

gilet n. m. Vêtement court et sans manches. Sous-vêtement chaud qui se porte sur la peau.

gin [dʒin] n. m. (mot angl.) Eau-de-vie de grain anglaise.

gingembre n. m. Plante aromatique.

gingivite n. f. Inflammation des gencives.

girafe n. f. Mammifère ruminant d'Afrique, de taille élevée, au cou long et rigide.

girandole n. f. Chandelier à plusieurs branches.

giration n. f. Mouvement giratoire.

giratoire adj. Tournant. *Sens giratoire,* sens obligatoire dans lequel doivent tourner les véhicules autour d'un obstacle.

girofle n. m. *Clou de girofle,* bouton desséché du giroflier.

giroflée n. f. Genre de crucifères. Sa fleur.

giroflier n. m. Plante malaise, qui donne le clou de girofle.

girolle n. f. Champignon comestible du genre chanterelle.

giron n. m. Partie qui s'étend de la ceinture aux genoux, quand on est assis. *Fig.* Le sein, le milieu.

girouette n. f. Plaque légère, mobile autour d'un axe vertical, pour indiquer la direction du vent. *Fig.* Personne qui change souvent d'opinion.

gisant, e adj. Couché, étendu. N. m. Effigie funéraire couchée.

gisement n. m. Disposition des couches d'une roche dans le sol. Accumulation naturelle d'une substance minérale ou fossile.

gît. V. GÉSIR.

gitan, e n. Bohémien, bohémienne.

gîte n. m. Lieu où l'on demeure, où l'on couche ordinairement : *rentrer à son gîte.* Lieu où le lièvre se retire. Gisement de minéraux. *Gîte à la noix,* morceau de la cuisse du bœuf. N. f. Inclinaison transversale d'un navire : *donner de la gîte.*

gîter v. i. Demeurer, coucher. *Mar.* Donner de la bande : *voilier qui gîte.*

givrage n. m. Dépôt de givre sur un avion en vol.

givre n. m. Condensation du brouillard en minces couches de glace sur les arbres, les buissons, etc.

givré, e adj. Couvert de givre.

glabre adj. Sans poils, sans barbe.

glaçage n. m. Action de glacer.

glace n. f. Eau congelée. Crème sucrée, aromatisée et congelée : *glace au café*. Lame de verre poli, dont on fait des miroirs. *Fig.* Froideur, contrainte : *rompre la glace*.

glacé, e adj. Durci par le froid : *terre glacée*. Très froid : *mains glacées*. Lustré. Brillant, lisse : *papier glacé*. *Fig.* Indifférent, hostile : *un visage glacé*.

glacer v. t. (conj. 1) Solidifier un liquide par le froid. Abaisser beaucoup la température de. Causer une impression de froid : *le vent m'a glacé*. *Fig.* Rendre indifférent, insensible, intimider : *son aspect me glace*. Couvrir d'une croûte de sucre : *glacer des marrons*. Lustrer : *glacer une étoffe*.

glaciaire adj. Relatif aux glaciers.

glacial, e, als adj. Très froid.

glacier n. m. Amas de glace sur les montagnes et dans les régions de basse latitude, animé de mouvements lents. Marchand de glaces ou de sorbets.

glacière n. f. Lieu, appareil où l'on conserve de la glace. *Fig.* Lieu très froid.

glacis [glasi] n. m. Talus d'une faible pente. *Peint.* Couleur claire et transparente, appliquée sur une couleur sèche.

glaçon n. m. Morceau de glace. *Fig.* et *fam.* Personne très froide.

gladiateur n. m. Celui qui combattait, chez les Romains, dans les jeux du cirque.

glaïeul [glajœl] n. m. *Bot.* Plante à fleurs ornementales disposées en épis.

glaire n. f. Matière blanchâtre sécrétée par les muqueuses. Blanc de l'œuf cru.

glaireux, euse adj. De la nature de la glaire.

glaise n. f. Terre argileuse dont on fait les tuiles et la poterie.

glaiseux, euse adj. De la nature de la glaise : *sol glaiseux*.

glaive n. m. Épée tranchante.

gland [glã] n. m. Fruit du chêne. Passementerie en forme de gland.

glande n. f. Organe dont la fonction est de produire une sécrétion. Ganglion lymphatique enflammé et tuméfié.

glandée n. f. Récolte de glands.

glandulaire adj. Qui se rapporte aux glandes : *troubles glandulaires*.

glane n. f. Poignée d'épis glanés.

glaner v. t. Ramasser les épis qui traînent sur le sol après la moisson. *Fig.* Prendre çà et là ce qui a été laissé par d'autres.

glaneur, euse n. Qui glane.

glanure n. f. Ce que l'on glane.

glapir v. i. Crier (renards, petits chiens). *Fig.* Crier d'une voix aigre.

glapissement n. m. Cri des renards et des petits chiens.

glas [glɑ] n. m. Tintement d'une cloche pour la mort ou les obsèques de quelqu'un. *Sonner le glas de quelque chose*, annoncer sa fin.

glauque adj. Vert tirant sur le bleu.

glèbe n. f. Terre cultivée (littér.).

glissade n. f. Action de glisser.

glissant, e adj. Sur quoi l'on glisse facilement : *sol glissant*.

glissé n. m. Pas de danse.

glissement n. m. Action de glisser. Mouvement de ce qui glisse.

glisser v. i. Se déplacer, volontairement ou non, d'un mouvement continu sur une surface lisse : *l'échelle a glissé*. Avancer doucement : *glisser sur l'eau*. *Fig.* Effleurer, passer : *glisser sur les détails*. Échapper : *glisser des mains*. V. t. Couler, introduire : *glisser une lettre à la poste*. V. pr. S'introduire.

glissière n. f. Pièce métallique rainurée guidant une autre pièce mobile.

global, e*, aux adj. En bloc : *prix global*.

globe n. m. Corps sphérique : *globe de l'œil*. *Le globe terrestre*, la Terre.

globe-trotter [glɔbtrɔtœr] n. m. Voyageur qui parcourt le monde. (Pl. *globe-trotters*.)

globulaire adj. En forme de globe.

globule n. m. Nom donné aux cellules du sang et de la lymphe : *globules rouges, globules blancs*.

globuleux, euse adj. Composé de globules. En forme de globule.

gloire n. f. Renommée éclatante : *chercher la gloire*. Hommage : *gloire au vainqueur*. Éclat, splendeur. *Peint.* Auréole.

gloria n. m. Prière de louange dans l'Église catholique.

gloriette n. f. Pavillon de verdure.

glorieux, euse* adj. Qui s'est acquis de la gloire. Qui procure de la gloire.

glorification n. f. Action de glorifier.

glorifier v. t. Honorer, rendre gloire. Louer : *glorifier Dieu*. V. pr. Se faire gloire.

gloriole n. f. Vanité. Ostentation.

glose n. f. Explication d'un texte obscur.

gloser v. i. Faire des commentaires critiques : *gloser sur les lois*. V. t. *Gloser un texte*, l'éclaircir par un commentaire, le traduire.

glossaire n. m. Dictionnaire de mots vieillis ou peu connus.

glotte n. f. Orifice du larynx, circonscrit par les deux cordes vocales inférieures.

glouglou n. m. Bruit d'un liquide s'échappant d'une bouteille. Cri du dindon.

glouglouter v. i. Crier (dindon).

gloussement n. m. Cri de la poule qui glousse.

glousser v. i. Se dit de la poule qui appelle ses petits. *Fam.* Rire à petits cris.

glouton, onne* adj. et n. Qui mange avec avidité. N. m. Mammifère carnivore des pays froids.

gloutonnerie n. f. Vice du glouton.

glu n. f. Matière visqueuse et tenace, qui sert à prendre les oiseaux. *Fig.* Ce qui retient captif.

gluant, e adj. Visqueux et collant.

gluau n. m. Branchette engluée pour prendre les oiseaux.

glucide n. m. Nom générique des hydrates de carbone.

glucose n. m. ou f. Sucre contenu dans certains fruits (raisin) et entrant dans la composition de presque tous les glucides.

gluten [glytɛn] n. m. Matière visqueuse azotée de la farine des céréales.

glycémie n. f. Présence et taux du glucose dans le sang.

glycérine n. f. Liquide incolore, sirupeux, extrait des corps gras.

glycine n. f. Plante grimpante aux longues grappes de fleurs mauves.

glycogène n. m. Glucide complexe, forme de réserve de glucose dans le foie et les muscles.

glyptique n. f. Art de graver les pierres fines.

gnangnan [nãnã] n. et adj. inv. *Fam.* Mou, lent, geignard.

gneiss [gnɛs] n. m. Roche de feldspath, mica et quartz.

gnocchi [nɔki] n. m. pl. Plat italien fait de farine ou de semoule, œufs, fromage, et gratiné au four.

gnome [gnom] n. m. Petit génie qui habite, selon certaines croyances, le sein de la Terre et garde ses richesses. Homme petit et difforme.

gnomon [gnɔmɔ̃] n. m. Cadran solaire.

gnosticisme [gnɔstisism] n. m. Système de philosophie religieuse dont les adeptes prétendent avoir une connaissance complète de la nature de Dieu.

gnostique n. et adj. Partisan du gnosticisme.

go (tout de) loc. adv. *Fam.* Sans difficulté; sans préparation, sans façon.

goal [gol] n. m. Gardien de but, au football, au polo, etc.

gobelet n. m. Récipient pour boire, de forme évasée, sans pied ni anse.

gobe-mouches n. m. inv. Oiseau passereau qui capture les insectes au vol. *Fig.* Niais qui croit tout.

gober v. t. Avaler sans mâcher. *Fig.* Croire sottement. V. pr. *Fam.* Être fat.

goberger (se) v. pr. (conj. 1) *Fam.* Faire bonne chère, manger beaucoup.

gobeur, euse n. Qui gobe. Crédule.

godelureau n. m. Jeune homme qui fait l'élégant, l'intéressant. Freluquet.

goder v. i. Faire des faux plis : *une robe qui gode.*

godet n. m. Petit vase à boire sans pied ni anse. Petit récipient servant à divers usages. *Jupe à godets*, à gros plis souples et ronds.

godiche n. et adj. Benêt, maladroit.

godille n. f. Aviron placé à l'arrière d'un canot : *avancer à la godille.* Suite de virages rapprochés effectués par le skieur le long de la ligne de pente.

godiller v. i. Faire avancer une embarcation à la godille.

godillot n. m. *Fam.* Grosse chaussure.

godron n. m. Ornement renflé en forme d'olive. Pli rond, tuyau.

goéland n. m. Grande mouette.

goélette n. f. Petit bâtiment rapide à deux mâts.

goémon n. m. Varech.

gogo n. m. *Fam.* Facile à duper, crédule.

gogo (à) loc. adv. *Fam.* A souhait. Abondamment : *avoir tout à gogo.*

goguenard, e adj. et n. Moqueur. Narquois.

goguenardise n. f. Raillerie, moquerie.

goguette n. f. *Fam.* Être en goguette, être de bonne humeur et un peu ivre.

goinfre n. m. Qui mange avidement.

goinfrer (se) v. pr. *Fam.* Manger avec avidité, se gaver de.

goinfrerie n. f. Défaut du goinfre.

goitre n. m. Hypertrophie de la glande thyroïde, produisant une grosseur à la base du cou.

goitreux, euse adj. De la nature du goitre. N. Qui a un goitre.

golf n. m. Sport qui consiste à placer une balle dans une série de trous répartis sur un vaste terrain.

golfe n. m. Partie de mer qui s'enfonce dans les terres.

gommage n. m. Action de gommer.

gomme n. f. Substance mucilagineuse végétale : *gomme arabique. Gomme élastique*, caoutchouc. *Gomme à effacer*, petit bloc de caoutchouc servant à effacer le crayon, l'encre.

gommer v. tr. Enduire de gomme. Effacer avec une gomme. Atténuer, faire disparaître.

gommier n. m. Nom donné à divers arbres producteurs de gomme.

gond [gɔ̃] n. m. Pièce sur laquelle pivote un battant de porte ou de fenêtre. *Fam. Sortir de ses gonds*, s'emporter.

gondolage n. m. Gonflement, bombement, gauchissement.

gondole n. f. Long bateau plat, à rames, en usage à Venise.

gondoler v. i. et v. pr. Se gonfler, se bomber : *bois qui (se) gondole.* V. pr. *Fam.* Se tordre de rire.

gondolier n. m. Batelier qui conduit une gondole.

gonflé, e adj. Rempli : *gonflé d'air.* Accablé : *cœur gonflé de chagrin.*

gonflement n. m. Action de gonfler. État de ce qui est gonflé.

gonfler v. t. Distendre, faire enfler : *gonfler un ballon.* Grossir : *la pluie gonfle les torrents. Fig.* Remplir : *gonfler d'orgueil.* V. i. Devenir enflé : *le bois gonfle à l'eau.* V. pr. Devenir enflé. *Fig.* S'enorgueillir.

gonfleur n. m. Appareil pour gonfler.

gong [gɔ̃g] n. m. Disque de métal que l'on fait résonner en le frappant.

goniomètre n. m. Instrument pour mesurer les angles sur le terrain.

goniométrie n. f. Méthode de navigation ou d'atterrissage utilisant le goniomètre.

goret n. m. Jeune cochon. *Fam.* Petit garçon malpropre.

gorge n. f. Partie antérieure du cou : *couper la gorge à.* Gosier : *crier à pleine gorge.* Poitrine d'une femme. Cannelure d'une poulie. Vallée étroite et profonde. *Fortif.* Espace entre les extrémités d'un bastion. *Techn.* Moulure concave. *Faire des gorges chaudes*, se moquer. *Rendre gorge*, vomir, et, au *fig.*, restituer.

gorge-de-pigeon n. m. et adj. inv. Couleur à reflets changeants.

gorgée n. f. Ce qu'on peut boire en une seule fois : *gorgée de vin.*

gorger v. t. (conj. 1) Gaver : *gorger une oie. Fig.* Combler : *gorger de biens.*

gorgonzola n. m. Fromage italien.

gorille n. m. Grand singe anthropoïde de l'Afrique équatoriale.

gosier n. m. Partie inférieure du cou par où les aliments passent. Canal qui réunit le pharynx au larynx. *Crier, chanter à plein gosier*, à tue-tête.

gosse n. *Pop.* Jeune garçon, jeune fille.

gothique adj. Relatif aux Goths. Se dit d'un genre d'architecture appelé aussi *ogival*. N. m. Architecture gothique. N. f. Ecriture employée à partir du XIIe s.

gouache n. f. Peinture à l'eau où les couleurs sont opaques. Tableau peint selon cette technique.

gouaille n. f. Attitude moqueuse et insolente.

gouailler v. t. et i. *Fam.* Railler de façon vulgaire.

gouaillerie n. f. *Fam.* Raillerie.

gouailleur, euse adj. et n. *Fam.* D'un esprit railleur : *ton gouailleur.*

goudron n. m. Substance sombre et visqueuse, obtenue par distillation du bois, de la houille.

goudronnage n. m. Action de goudronner. Son résultat.

goudronner v. t. Enduire de goudron.

gouffre n. m. Abîme, trou très profond. Tourbillon d'eau. *Fig.* Ce qui engloutit comme un gouffre : *ce procès est un véritable gouffre.*

gouge n. f. Ciseau de menuisier, de sculpteur, etc., à lame creuse.

goujat n. m. Homme grossier, mal élevé.

goujaterie n. f. Grossièreté.

goujon n. m. Cheville de fer.

goujon n. m. Petit poisson de rivière.

goule n. f. Démon femelle qui, selon les superstitions orientales, dévore les cadavres dans les cimetières.

goulée n. f. *Fam.* Grosse gorgée.

goulet n. m. Entrée d'un port, d'une rade : *le goulet de Brest.* Tout passage étroit.

goulot n. m. Col étroit d'un vase, d'une bouteille.

goulu, e n. et adj. Qui mange avec avidité. Glouton, goinfre.

goulûment adv. De façon goulue.

goum n. m. Formation militaire supplétive, recrutée parmi les autochtones de certains pays de l'ancienne Afrique française, en particulier au Maroc.

goupil n. m. Anc. nom du *renard.*

goupille n. f. Cheville de métal.

goupiller v. Fixer avec des goupilles. *Fam.* Arranger.

goupillon n. m. Aspersoir pour répandre de l'eau bénite. Brosse à manche pour nettoyer les bouteilles.

gourbi n. m. *Fam.* Local mal tenu. Habitation misérable.

gourd [gur], e adj. Engourdi par le froid.

gourde n. f. Récipient protégé par une enveloppe et servant à transporter la boisson. N. f. et adj. *Fam.* Se dit d'une personne maladroite, stupide, gauche.

gourdin n. m. Gros bâton court.

gourer (se) v. pr. *Pop.* Se tromper.

gourmand, e n. et adj. Qui aime bien et beaucoup manger. *Bot.* Branche gourmande, ou gourmand n. m., rameau inutile.

gourmander v. t. Réprimander vivement : *gourmander un enfant.*

gourmandise n. f. Défaut du gourmand. Friandise : *aimez les gourmandises.*

gourme n. f. Ecoulement nasal chez les animaux. *Méd.* Eruption squameuse parti-

culière aux enfants. *Fig. Jeter sa gourme*, faire des folies de jeunesse.

gourmé, e adj. Qui affecte un maintien grave : *un air gourmé.*

gourmet n. m. Qui se connaît en vins, en bonne chère.

gourmette n. f. Chaînette du mors d'un cheval. Chaîne de montre, bracelet dont les mailles sont aplaties.

gousse n. f. Fruit sec, souvent allongé, à plusieurs graines et s'ouvrant par deux valves : *gousse de pois.* Partie d'une tête d'ail ou d'échalote.

gousset n. m. Petite poche du gilet.

goût n. m. Sens par lequel on discerne les saveurs : *la langue et le palais sont le siège du goût.* Saveur : *goût exquis.* Désir de manger quelque chose : *n'avoir goût à rien.* *Fig.* Sentiment du beau. Prédilection : *goût pour la peinture.* Grâce, élégance : *mis avec goût.* Manière de voir, de faire d'une époque : *le goût du XVIIIe siècle.*

goûter v. t. Discerner par le goût : *goûter les mets.* *Fig.* Approuver : *goûter un projet.* Aimer : *goûter la musique.* Eprouver, jouir de : *goûter le repos.* V. i. Manger en petite quantité. *Absol.* Manger le goûter.

goûter n. m. Collation dans l'après-midi : *un goûter copieux.*

goutte n. f. Très petite quantité de liquide, qui se détache sous une forme sphérique : *une goutte d'eau.* Très petite quantité de boisson : *boire une goutte de vin.* N. f. Médicament liquide : *des gouttes pour les yeux.* Ne... goutte loc. adv. Aucunement : *ne voir goutte.*

goutte n. f. Affection caractérisée par des troubles articulaires.

goutte-à-goutte n. m. inv. Appareil médical permettant de régler le débit des injections lentes ou perfusions. La perfusion elle-même.

gouttelette n. f. Petite goutte.

goutter v. i. Laisser tomber des gouttes : *toit qui goutte.*

goutteux, euse n. et adj. Atteint de la goutte. Relatif à la goutte.

gouttière n. f. Petit canal qui reçoit les eaux du toit. *Chir.* Appareil pour soutenir un membre malade ou fracturé.

gouvernable adj. Qui peut être gouverné.

gouvernail n. m. Appareil à l'arrière d'un navire, d'un avion, d'un ballon et qui sert à le gouverner.

gouvernant, e adj. Qui gouverne. N. f. Femme chargée de l'éducation d'un enfant. Femme qui a soin du ménage d'un homme seul. N. m. pl. Ceux qui gouvernent un Etat : *changer de gouvernants.*

gouverne n. f. *Pour ma (ta, sa, notre, votre, leur) gouverne*, pour servir de règle de conduite (comme rappel à l'ordre, dans le style de la conversation). Pl. Ensemble des organes qui permettent de diriger un avion.

gouvernement n. m. Action de gouverner. Constitution politique : *gouvernement républicain.* Ceux qui gouvernent un Etat. Fonction de gouverneur.

gouvernemental, e, aux adj. Du gouvernement.

gouverner v. t. Exercer l'autorité politique sur : *gouverner un pays.* Conduire, diriger, commander. Maîtriser, dominer. Diriger un bateau. V. i. Obéir au gouvernail : *ce bateau ne gouverne pas.*

gouverneur n. m. Autref., haut fonctionnaire chargé de gouverner une colonie, une province, etc.

grabat n. m. Mauvais lit.

grabataire adj. et n. Se dit d'un malade qui ne peut plus quitter le lit.

grabuge n. m. *Fam.* Bruit, querelle.

grâce n. f. Faveur : *accorder une grâce. Faire grâce,* pardonner. Remise de peine : *droit de grâce.* Remerciement : *je vous rends grâces.* Aide que Dieu accorde en vue du salut. Agrément, attrait : *danser avec grâce. Actions de grâces,* remerciements. *De bonne grâce,* sans répugnance. *Coup de grâce,* qui achève de tuer et, au *fig.,* de ruiner. *Grâce!* cri par lequel on demande d'être épargné, *De grâce,* formule de supplication. Pl. Prière après le repas : *dire les grâces. Divinités* mythologiques.

gracier v. t. Faire grâce, remettre la peine.

gracieuseté n. f. Manière aimable. *Faire des gracieusetés,* des amabilités.

gracieux, se* adj. Qui a de la grâce : *pose gracieuse.* Aimable : *accueil gracieux.* Gratuit : *à titre gracieux.*

gracile adj. Grêle, menu, délié.

gracilité n. f. Minceur délicate.

gradation n. f. Progression par degrés successifs.

grade n. m. Degré d'une hiérarchie. *Géom.* Unité de mesure des angles géométriques et des arcs de cercle.

gradé adj. et n. m. Militaire d'un grade inférieur à celui d'officier.

gradin n. m. Marche d'amphithéâtre.

graduation n. f. Division par degrés.

gradué, e adj. Divisé en degrés : *échelle graduée.* Qui va progressivement.

graduel, elle* adj. Qui va par degrés : *développement graduel, diminution graduelle.*

graduer v. t. Diviser en degrés : *verre gradué. Fig.* Augmenter par degrés : *savoir graduer son effort.*

graffiti n. m. pl. Inscriptions, dessins griffonnés sur un mur.

graillon n. m. Mauvaise odeur de graisse brûlée.

grain n. m. Tout fruit ou semence qui ne présente qu'un petit volume : *grain de raisin; grain de blé, de riz.* Petit corps sphérique : *les grains d'un chapelet.* Petite parcelle : *grain de sable.* Aspérités d'une surface : *le grain d'un cuir, d'une pierre.* Averse soudaine. *Grain de beauté,* petite tache brune sur la peau. *Un grain de,* une petite quantité de. N. m. pl. Les céréales.

graine n. f. Semence. Œufs de vers à soie. *Fam. Monter en graine,* grandir. *Mauvaise graine,* mauvais sujet. *Fam. Prendre de la graine,* prendre modèle.

graineterie n. f. Commerce du grainetier.

grainetier, ère n. et adj. Qui vend les graines.

graissage n. m. Action de graisser un moteur, un mécanisme.

graisse n. f. Substance lipidique onctueuse qui se trouve dans les organismes animaux. Corps gras d'origine végétale (huiles) ou minérale (vaseline, etc.).

graisser v. t. Enduire de graisse, lubrifier : *graisser une machine.* Tacher de graisse.

graisseur, euse adj. Qui graisse. N. m. Appareil pour graisser.

graisseux, euse adj. De la nature de la graisse. Taché de graisse.

graminacées ou **graminées** n. f. pl. Famille des monocotylédones, dont la tige est un chaume (blé, orge, avoine, etc.).

grammaire n. f. Science des règles du langage. Ensemble de ces règles. Livre qui les contient.

grammairien, enne n. Qui s'occupe de grammaire, qui l'enseigne.

grammatical, e*, aux adj. Relatif à la grammaire.

gramme n. m. Unité de masse du système C.G.S., valant un millième de kilogramme (g).

grand, e* adj. De taille élevée. De dimensions étendues. Important. Qui excelle par la fortune, le talent : *grand seigneur, grand poète. Mar. Grand mât,* mât principal. N. Personne adulte : *utile aux petits et aux grands.* Personnage de haute naissance ou élevé en dignité : *les grands d'Espagne.* Ce qui est noble, sublime. *En grand,* sans rien ménager : *faire les choses en grand.*

grand-chose n. inv. S'emploie avec négation dans le sens de pas beaucoup, pas cher, pas bon : *cela ne vaut pas grand-chose. Fam. Un, une, des pas grand-chose,* des gens de peu.

grand-croix n. f. inv. Principal grade dans les ordres de chevalerie. N. m. Dignitaire décoré de la grand-croix.

grand-duc n. m. Titre de quelques princes.

grand-duché n. m. Pays gouverné par un grand-duc.

grandement adv. Généreusement. Beaucoup : *se tromper grandement.*

grandeur n. f. Étendue en hauteur, longueur, largeur. Ce qui peut être augmenté ou diminué. *Fig.* Noblesse, élévation : *grandeur d'âme.* Autorité, puissance : *la grandeur et la décadence des Romains.* Dignités : *avoir la folie des grandeurs.*

grandiloquence n. f. Éloquence emphatique, affectée.

grandiloquent, e adj. Pompeux.

grandiose* adj. D'une grandeur imposante : *un spectacle grandiose.*

grandir v. i. Devenir grand ou plus grand. V. t. Faire paraître plus grand. *Fig.* Amplifier, élever.

grandissime adj. *Fam.* Très grand.

grand-livre n. m. Registre dans lequel sont réunis tous les comptes ouverts dans la comptabilité d'une entreprise.

grand-mère n. f. Mère du père ou de la mère.

grand-messe n. f. Messe chantée.

grand-oncle n. m. Le frère du grand-père ou de la grand-mère.

grands-parents n. m. pl. Le grand-père, la grand-mère, l'aïeul, l'aïeule, le grand-oncle, la grand-tante.

grand-père n. m. Père du père ou de la mère.

grand-tante n. f. Sœur du grand-père ou de la grand-mère.

grange n. f. Bâtiment rural, qui sert à abriter la paille, le foin, les récoltes.

granite ou **granit** [granit] n. m. Roche cristalline formée essentiellement de quartz, de feldspath et de mica.

granité, e adj. Qui présente des grains comme le granit. N. m. Etoffe de laine à gros grains.

graniter v. tr. Peindre en imitant le granit.

granitique adj. De la nature du granit.

granulaire adj. Qui se compose de petits grains : *roche granulaire.*

granulation n. f. Agglomération en petits grains.

granule n. m. Petit grain.

granulé, e adj. et n. Qui se présente sous forme de petits grains.

granuleux, euse adj. Divisé en grains : *aspect granuleux.*

graphie n. f. Manière d'écrire un mot.

graphique* adj. Relatif au dessin ou à l'écriture. N. m. Tracé linéaire. Dessin appliqué aux sciences. Courbe représentant les variations d'une grandeur.

graphisme n. m. Manière de tracer un trait, de dessiner.

graphite n. m. Plombagine.

graphologie n. f. Art de reconnaître le caractère par l'écriture.

graphologue n. m. et adj. Qui s'occupe de graphologie.

grappe n. f. Groupe de fleurs ou de fruits poussant sur une tige commune (raisin, groseille, etc.).

grappillage n. m. Action de grappiller.

grappiller v. t. ou i. Recueillir ici et là des restes épars. Prendre de petites quantités.

grappin n. m. Petite ancre à plusieurs pointes. Crochet d'abordage. Crochet permettant de saisir des objets ou des matériaux pesants. *Fig. et fam. Jeter, mettre le grappin sur,* se rendre maître de, accaparer.

gras, grasse* adj. De la nature de la graisse ou qui en contient : *corps gras.* Qui a beaucoup de graisse : *porc gras.* Sali de graisse. *Terre grasse,* argileuse et fertile. *Plantes grasses,* à feuilles épaisses et charnues. *Faire la grasse matinée,* se lever tard. N. m. Partie grasse d'une viande. *Faire gras,* manger de la viande. *Gras de la jambe,* mollet.

gras-double n. m. Membrane comestible de l'estomac du bœuf.

grasseyement n. m. Action de grasseyer.

grasseyer v. i. (conj. 2) Prononcer les r du fond de la gorge.

grassouillet, ette adj. Potelé.

gratification n. f. Somme d'argent accordée à quelqu'un en plus de ses rémunérations habituelles.

gratifier v. t. Accorder une faveur, une récompense.

gratin n. m. Partie de certains mets attachée au fond du poêlon. Mets recouvert de fromage râpé et cuit. *Pop.* Société choisie.

gratiner v. t. Accommoder au gratin.

gratis [gratis] adv. Sans payer.

gratitude n. f. Reconnaissance.

grattage n. m. Action de gratter.

gratte n. f. Outil pour sarcler. *Fam.* Petits profits illégitimes.

gratte-ciel n. m. inv. Immeuble ayant un très grand nombre d'étages.

gratte-papier n. m. inv. *Fam. et péjor.* Petit employé de bureau.

gratter v. t. Racler avec les ongles. Racler, frotter. Effacer au grattoir. V. i. Heurter doucement : *gratter à la porte.* V. t. et i. *Fam.* Faire un petit bénéfice.

grattoir n. m. Outil pour gratter. Canif à large lame pour gratter l'encre sur le papier.

gratuit [gratui], **e*** adj. Qu'on fait ou donne gratis. *Fig.* Sans motif.

gratuité n. f. Caractère de ce qui est gratuit : *gratuité de l'enseignement.*

gravats n. m. pl. Débris provenant d'une démolition.

grave* adj. *Fig.* Sérieux, austère : *homme grave.* Important. Dangereux : *maladie grave. Mus.* Bas : *ton grave.*

graveleux, euse adj. Mêlé de gravier. *Fig.* Licencieux : *histoires graveleuses.*

gravelle n. f. Maladie produite par de fins graviers, dans les reins, dans la vessie.

graver v. t. Tracer une figure, des caractères sur une matière dure. *Fig.* Empreindre, imprimer : *graver dans sa mémoire.*

graveur n. m. Artiste, ouvrier qui fait des gravures.

gravier n. m. Gros sable, mêlé de cailloux.

gravir v. t. et i. Monter avec effort. *Fig.* Franchir péniblement.

gravitation n. f. Force en vertu de laquelle tous les corps s'attirent en raison directe de leur masse et en raison inverse du carré de leur distance.

gravité n. f. Attraction terrestre exercée sur les corps. Caractère d'un bas son. *Phys. Centre de gravité,* point d'application de la résultante des actions de la pesanteur sur toutes les parties d'un corps. *Fig.* Qualité de celui, de ce qui est grave, sérieux.

graviter v. i. Tendre vers un point central, en vertu de la gravitation. *Fig.* Evoluer autour ou dans les environs.

gravure n. f. Art de graver : *gravure sur bois.* Ouvrage du graveur. Image, estampe.

gré n. m. Volonté, caprice : *agir à son gré. Savoir bon gré, mauvais gré à,* être satisfait ou mécontent de. *De gré à gré,* à l'amiable. *De gré ou de force,* bon gré mal gré, volontairement ou par contrainte.

grec, grecque adj. et n. De la Grèce.

gréciser v. t. Donner la forme grecque à un mot, à un nom.

gréco-romain, e adj. Commun aux Grecs et aux Romains.

grecque n. f. Ornement de lignes revenant sur elles-mêmes à angle droit.

gredin, e n. Crapule, canaille.

gréement n. m. Ensemble des éléments qui servent à la manœuvre des voiles d'un navire.

gréer v. t. Garnir un bâtiment, un mât de voiles, poulies, cordages.

greffage n. m. Action ou manière de greffer. Son résultat.

greffe n. m. Lieu où sont déposées les minutes des jugements, où se font les déclarations de procédure.

greffe n. f. Œil, branche ou bourgeon, détachés d'une plante et insérés sur une autre appelée *sujet.* (Syn. GREFFON.) L'opération elle-même. Opération chirurgicale qui consiste à transférer sur un individu des parties de tissu ou d'organes prélevées sur lui-même ou sur un autre individu.

greffer v. t. Faire une greffe.

greffier n. m. Fonctionnaire public qui tient un greffe.

greffoir n. m. Couteau pour greffer les plantes.

greffon n. m. Pousse végétale ou fragment de tissu animal que l'on destine à être greffé.

grégaire adj. Qui vit en troupe. Propre à la foule. *Instinct grégaire*, qui pousse les animaux, les hommes à s'assembler.

grège adj. Se dit de la soie telle qu'on l'a tirée du cocon. Couleur qui tient du beige et du gris à la fois.

grégorien, enne adj. *Rite grégorien*, réforme liturgique introduite par le pape Grégoire Ier. *Chant grégorien*, plain-chant de l'office catholique, réglé par le pape Grégoire Ier. *Calendrier grégorien*, le calendrier julien réformé par Grégoire XIII.

grêle adj. Long et menu : *jambes grêles*. Aigu et faible : *voix grêle. Intestin grêle*, portion étroite de l'intestin.

grêle n. f. Pluie congelée en grains. *Fig.* Abondance : *grêle de pierres*.

grêlé, e adj. Abîmé par la grêle. Marqué de la petite vérole.

grêler v. impers. Se dit quand il tombe de la grêle.

grêlon n. m. Grain de grêle.

grelot n. m. Boule métallique, creuse, contenant un morceau de métal qui la fait résonner.

grelotter v. i. Trembler très fort : *grelotter de peur, de froid.*

grenache n. m. Cépage du Midi. Vin fait avec ce raisin.

grenade n. f. Fruit comestible du grenadier. Projectile léger, explosif ou incendiaire, lancé à la main ou à l'aide d'un fusil.

grenadier n. m. Arbuste qui porte les grenades.

grenadier n. m. Soldat qui lance les grenades. Soldat d'élite. (Vx.)

grenadine n. f. Sirop de jus de grenade.

grenaille n. f. Métal en grains : *grenaille de plomb.* Rebut de graine.

grenat n. m. Pierre précieuse d'une couleur rouge de grenade. Adj. inv. D'un rouge sombre : *rubans grenat.*

grené, e adj. Qui présente à l'œil ou au toucher de nombreux grains rapprochés.

grènetis n. m. Tour de petits grains au bord des médailles, des monnaies.

grenier n. m. Partie d'un bâtiment, destinée à serrer les grains, fourrages, etc. Étage d'une maison, sous le comble. *Fig.* Pays fertile, surtout en blé.

grenouille n. f. Batracien sauteur et nageur, à peau lisse, verte ou rousse, vivant dans les marais.

grenouillère n. f. Lieu marécageux rempli de grenouilles.

grenu, e adj. Qui a beaucoup de grains. Couvert de saillies arrondies : *cuir grenu.*

grès n. m. Roche formée de grains de quartz agglomérés : *pavés en grès.* Vase, etc., en grès. *Grès flambés*, poterie de grès vitrifiées et coloriées au feu.

gréseux, euse adj. De la nature du grès : *roche gréseuse.*

grésil [grezil] n. m. Grêle blanche, dure et menue.

grésillement n. m. Cri du grillon. Action de grésiller.

grésiller v. i. Produire un crépitement rapide et assez faible.

grève n. f. Plage de sable le long de la mer ou d'une rivière. Suspension collective et concertée du travail par un ensemble de salariés pour faire aboutir leurs revendications : *faire grève. Grève de la faim*, refus de toute nourriture en signe de protestation.

grever v. t. (conj. 5) Soumettre à de lourdes charges.

gréviste n. et adj. Qui se met, qui est en grève.

gribouillage ou **gribouillis** n. m. Écriture illisible ; dessin informe.

gribouille n. m. Type populaire de naïf.

gribouiller v. t. et i. *Fam.* Peindre, dessiner, écrire d'une manière confuse.

gribouilleur, euse n. Qui gribouille.

grief n. m. Plainte : *formuler ses griefs. Faire grief de quelque chose à quelqu'un*, le lui reprocher.

grièvement adv. Gravement.

griffe n. f. Ongle crochu et pointu de certains animaux. *Fig. Montrer, rentrer ses griffes*, se montrer menaçant, conciliant. Empreinte, reproduction d'une signature, d'un signe : *apposer sa griffe. Fig.* Marque personnelle d'un artiste.

griffer v. t. Saisir avec les griffes. Égratigner : *griffer le visage.*

griffon n. m. Animal fabuleux. Chien d'arrêt, à poil long et rude.

griffonnage n. m. Action de griffonner. Écriture peu lisible.

griffonner v. t. Écrire peu lisiblement. Dessiner à la hâte.

griffure n. f. Coup de griffe, égratignure.

grignoter v. tr. Manger très peu. Manger quelque chose en la mangeant petit à petit.

grigou adj. et n. *Pop.* Avare, ladre.

gri-gri n. m. Amulette.

gril [gril ou gri] n. m. Ustensile de cuisine pour faire cuire à feu vif. *Fig. et fam. Être sur le gril*, être anxieux.

grillade n. f. Viande grillée.

grillage n. m. Treillis ou clôture de fil de fer.

grillager v. t. (conj. 1) Munir de grillage.

grille n. f. Assemblage de barreaux fermant une ouverture ou séparant des parties d'un édifice. Châssis métallique, qui soutient le charbon dans un fourneau.

grille-pain n. m. inv. Appareil pour griller les tranches de pain.

griller v. tr. Faire cuire sur le gril : *griller un bifteck.* Dessécher par un excès de chaleur ou de froid. V. i. Exposer à une grande chaleur.

grillon n. m. Insecte sauteur, qui fait entendre un bruit aigu.

grill-room [grilrum] n. m. Salle de restaurant où l'on prépare les grillades devant les clients.

grimace n. f. Contorsion du visage, faite par jeu ou pour exprimer le dégoût, la douleur, le dépit, etc. Pl. Mines affectées.

grimacer v. i. (conj. 1) Faire des grimaces. Faire des faux plis. *Fig.* Faire des façons.

grimacier, ère n. et adj. Qui fait des grimaces : *fillette grimacière.*

grimer v. tr. Maquiller (théâtre et cinéma).

grimoire n. m. Livre des magiciens. *Fig.* Livre obscur, indéchiffrable.

grimper v. i. Monter en s'agrippant. Monter sur quelque chose. V. t. Monter avec effort.

grimpette n. f. *Fam.* Raidillon.

grimpeur, euse adj. Qui grimpe. N. m. Cycliste doué pour la montée des côtes. N. m. pl. Ordre d'oiseaux qui grimpent (pic, perroquet, etc.).

grincement n. m. Action de grincer.

grincer v. i. (conj. 1) Produire un bruit strident. *Grincer des dents,* les frotter avec bruit les unes contre les autres, par rage ou douleur.

grincheux, euse adj. et n. Maussade, hargneux, revêche.

gringalet n. m. Petit homme chétif.

griotte n. f. Variété de cerise aigre.

grippage ou **grippement** n. m. Adhérence de deux surfaces métalliques frottant l'une contre l'autre, par manque de lubrification.

grippe n. f. Maladie contagieuse due à un virus. *Fig.* Antipathie : *prendre quelqu'un en grippe.*

grippé, e adj. n. Atteint de la grippe.

gripper v. i. Adhérer fortement par défaut de lubrification. Mal fonctionner.

grippe-sou n. m. *Fam.* Avare sordide.

gris, e adj. D'une couleur formée de blanc et de noir. *Temps gris,* couvert et froid. *Fig.* Sombre, triste. A moitié ivre. N. m. Couleur grise.

grisaille n. f. Jeu de tons gris sur gris. Atmosphère triste et monotone.

grisâtre adj. Qui tire sur le gris. *Fig.* Terne et triste.

grisé n. m. Teinte grise.

griser v. t. Rendre à moitié ivre. Étourdir. *Fig.* Exalter.

griserie n. f. Demi-ivresse. *Fig.* Exaltation : *la griserie du succès.*

grisonner v. i. Commencer à devenir gris. Commencer à avoir les cheveux gris.

grisou n. m. Gaz inflammable et explosif qui se dégage des mines de houille.

grive n. f. Oiseau du genre merle, au plumage mêlé de blanc et de brun.

grivèlerie n. f. Délit commis par celui qui ne paie pas une note d'hôtel, de restaurant, etc.

grivois, e adj. Gaulois, graveleux.

grivoiserie n. f. Action ou parole grivoise.

grog n. m. Boisson composée de rhum et d'eau chaude sucrée.

groggy [grogi] adj. Étourdi, assommé par un choc physique ou moral.

grognard n. m. Soldat de la vieille garde, sous l'Empire.

grognement n. m. Cri des pourceaux. *Fig.* Murmure de mécontentement.

grogner v. i. Crier, en parlant du cochon. *Fig.* Bougonner, grommeler.

grognon, onne n. et adj. Qui a l'habitude de grogner.

groin n. m. Museau du cochon et du sanglier. *Fig.* et *fam.* Visage bestial.

grommeler v. i. (conj. 3) Émettre des paroles indistinctes entre ses dents.

grondement n. m. Bruit sourd et prolongé.

gronder v. i. Produire un bruit sourd et menaçant : *l'orage gronde.* V. t. Réprimander.

gronderie n. f. Réprimande.

grondeur, euse adj. Qui gronde : *voix grondeuse.*

groom [grum] n. m. Jeune domestique en livrée, dans certains hôtels, restaurants, etc.

gros, grosse adj. Volumineux. Épais, grossier : *gros drap.* Enflé. *Fig.* Important : *grosse somme.* Jouer gros jeu, risquer beaucoup. Violent : *grosse fièvre. Fam. Gros bonnet,* personnage influent. *Avoir le cœur gros,* avoir du chagrin. Enceinte : *une femme grosse.* N. m. Le principal de : *le gros de l'armée.* Vente ou achat par grandes quantités : *commerce de gros.* Adv. Beaucoup : *gagner gros.* En gros, par grande quantité.

groseille n. f. Petit fruit, rouge ou blanc, qui vient par grappes. *Groseille à maquereau,* variété de grosse groseille.

groseillier n. m. Arbrisseau qui porte les groseilles.

grosse n. f. Douze douzaines : *grosse de boutons.* Expédition d'un contrat, d'un jugement, etc. Cet acte lui-même.

grossesse n. f. État d'une femme enceinte. Durée de cet état.

grosseur n. f. Volume, dimension en général. Enflure.

grossier, ère adj. Épais, non fin : *drap grossier.* Commun : *nourriture grossière.* Non délicatement fait : *travail grossier. Fig.* Rude, impoli : *peuple grossier.* Choquant : *erreur grossière.*

grossièreté n. f. Caractère grossier. Parole ou action grossière.

grossir v. t. Rendre gros. Faire paraître gros : *la loupe grossit les objets.* Exagérer : *grossir un incident.* V. i. Devenir ou paraître plus gros, plus important.

grossissant, e adj. Qui augmente les dimensions apparentes : *verres grossissants.*

grossissement n. m. Action de grossir : *le grossissement d'une loupe.* Son résultat.

grossiste n. m. Marchand en gros.

grosso modo loc. lat. Sommairement.

grotesque adj. Ridicule, extravagant.

grotte n. f. Caverne, excavation naturelle.

grouillement n. m. Mouvement et bruit de ce qui grouille.

grouiller v. i. Fourmiller, pulluler : *grouiller de vers.* Être plein d'une masse confuse et en mouvement. V. pr. *Pop.* Se hâter.

groupage n. m. Action de grouper des colis ayant une même destination.

groupe n. m. Ensemble de personnes ou de choses assemblées : *un groupe de curieux.* Ensemble de personnes ayant les mêmes opinions : *groupe politique. Groupe sanguin,* ensemble d'individus entre lesquels le sang peut être transfusé.

groupement n. m. Action de grouper. État de choses groupées.

grouper v. t. Mettre en groupe.

groupuscule n. m. *Fam.* Petit groupe : *un groupuscule gauchiste.*

gruau n. m. Grains de céréales dépouillés de l'enveloppe par mouture incomplète.

grue n. f. Gros oiseau échassier. *Fig.* Faire *le pied de grue*, attendre longtemps. *Mécan.* Machine pour soulever de lourds fardeaux.

gruger v. t. (conj. 1) Tromper, duper.

grume n. f. Ecorce laissée sur le bois coupé : *bois en grume.*

grumeau n. m. Petite portion de matière agglutinée.

grumeleux, euse adj. Qui contient des grumeaux. Qui présente des granulations.

grutier n. m. Conducteur d'une grue.

gruyère [gryjɛr] n. m. Fromage de lait de vache, à caillé cuit et pressé.

guano [gwano] n. m. Engrais composé d'excréments d'oiseaux de mer.

gué n. m. Endroit d'une rivière où l'on peut passer sans danger.

guelte n. f. Pourcentage accordé à un vendeur de magasin sur ses ventes.

guenille n. f. Vêtement en lambeaux.

guenon n. f. Femelle du singe. *Par ext.* Femme très laide.

guépard n. m. Mammifère carnassier d'Afrique et d'Asie.

guêpe n. f. Genre d'insectes hyménoptères à aiguillon. *Taille de guêpe*, très fine.

guêpier n. m. Nid de guêpes. *Fig.* Position difficile : *sortir d'un guêpier.*

guère adv. Avec la négation, peu : *il n'est guère actif.*

guéridon n. m. Table à pied central.

guérilla [gerija] n. f. Guerre de harcèlement, d'embuscade, menée par des partisans.

guérillero [gerijero] n. m. Combattant de guérilla. (Pl. *guérilleros.*)

guérir v. t. Délivrer d'un mal. V. i. Recouvrer la santé.

guérison n. f. Suppression d'un mal.

guérissable adj. Qu'on peut guérir.

guérisseur, euse n. Personne qui prétend guérir en dehors de l'exercice légal de la médecine.

guérite n. f. Abri d'une sentinelle.

guerre n. f. Lutte armée et organisée entre Etats, peuples. Lutte quelconque. *De guerre lasse*, par résignation.

guerrier, ère adj. Relatif à la guerre. Qui aime la guerre : *nation guerrière.* N. m. *Litt.* Soldat.

guerroyer [gɛrwaje] v. i. (conj. 2) Faire la guerre.

guet [gɛ] n. m. Action de guetter. Autrefois, troupe de police nocturne.

guet-apens [gɛtapɑ̃] n. m. Embûche. *Fig.* Dessein prémédité de nuire.

guêtre n. f. Pièce du vêtement, couvrant le bas de la jambe.

guetter v. t. Epier. *Fig.* Attendre pour profiter de : *guetter l'occasion.*

guetteur n. m. Personne qui a une mission d'alerte ou de surveillance.

gueulard, e n. et adj. *Pop.* Qui a l'habitude de parler haut, fort. Gourmand. N. m. Ouverture supérieure d'un haut fourneau.

gueule n. f. Bouche des animaux. *Pop.* Bouche, visage. *Fam.* Aspect, forme : *dessin qui a de la gueule.* Ouverture béante.

gueule-de-loup n. f. Syn. de MUFLIER.

gueuler v. i. *Pop.* Parler beaucoup et fort haut, crier.

gueuleton n. m. *Pop.* Repas copieux.

gueuse n. f. Masse de fonte coulée.

gueux, euse n. et adj. Indigent, réduit à mendier. Coquin, fripon.

gui n. m. Genre de plante parasite vivant sur certains arbres.

guibolle n. f. *Pop.* Jambe.

guiche n. f. Mèche de cheveux en accroche-cœur.

guichet n. m. Petite ouverture dans une porte, un mur. Ouverture par laquelle le public communique avec les employés d'une administration : *faire la queue au guichet.*

guichetier, ère n. Employé auquel s'adresse le public, au guichet.

guidage n. m. Action de diriger le mouvement d'un mobile au moyen d'un dispositif approprié.

guide n. m. Qui accompagne pour montrer le chemin : *guide montagnard. Fig.* Qui donne des conseils : *guide éclairé.* Ouvrage contenant des renseignements classés sur tel ou tel sujet.

guide n. f. Lanière de cuir attachée au mors d'un cheval pour le diriger.

guider v. t. Accompagner pour montrer le chemin. Diriger la marche de : *guider un cheval. Fig.* Montrer la voie à. Mener, faire agir : *il est guidé par l'intérêt.*

guidon n. m. Saillie, sur le canon d'une arme à feu, pour donner la ligne de mire. Barre à poignées commandant la roue directrice des véhicules à deux roues.

guigne n. f. Cerise douce à longue queue. *Pop.* Malchance.

guigner v. i. Regarder du coin de l'œil. V. t. Regarder à la dérobée. *Fig.* et *fam.* Convoiter.

guignol n. m. Sorte de marionnette.

guignolet n. m. Liqueur de guignes.

guignon n. m. Malchance.

guilledou n. m. *Fam.* Courir le guilledou, chercher des aventures galantes.

guillemet n. m. Crochet double qui se met au début («) et à la fin (») d'une citation.

guilleret, ette adj. Vif et gai.

guillochage ou **guillochis** n. m. Ornement des traits entrecroisés et gravés en creux, avec symétrie.

guillocher v. t. Orner d'un guillochis.

guillotine n. f. Instrument pour décapiter les condamnés à mort. Peine de mort. *Fenêtre à guillotine*, à châssis glissant verticalement.

guillotiner v. t. Trancher la tête par la guillotine.

guimauve n. f. Plante de la famille des malvacées. Confiserie molle et très sucrée qui, en fait, ne contient pas de guimauve.

guimbarde n. f. Languette d'acier dont on tire des sons en la faisant vibrer. *Pop.* Vieille voiture.

guimpe n. f. Toile qui encadre le visage de certaines religieuses et retombe sur le cou et la poitrine. Chemisette en tissu léger qui se porte avec des robes très décolletées.

guindé, e adj. Qui manque de naturel; ampoulé, emphatique : *personnage, style guindé.*

guinée n. f. Anc. monnaie anglaise qui valait 21 shillings.

guingois (de) loc. adv. De travers.

guinguette n. f. Cabaret de banlieue.

guipure n. f. Sorte de dentelle.

guirlande n. f. Cordon ornemental de verdure, de fleurs, etc.

guise n. f. Manière, façon : *vivre à sa guise.* *En guise de,* en place de.

guitare n. f. Instrument de musique à cordes pincées et à caisse plate.

guitariste n. m. Joueur de guitare.

gustatif, ive adj. Relatif au goût.

gustation n. f. Action de goûter. Perception des saveurs.

gutta-percha [gytapɛrka] n. f. Substance gommeuse élastique qui a beaucoup d'analogie avec le caoutchouc.

guttural, e, aux adj. Qui appartient au gosier. Qui vient de la gorge : *une voix gutturale.* N. f. et adj. Qui se prononce du gosier (comme *g, k, q*).

gymnase n. m. Établissement aménagé pour l'athlétisme et la gymnastique. Lycée, en Allemagne, en Suisse.

gymnaste n. m. Sportif qui exécute des exercices de gymnastique.

gymnastique adj. Relatif aux exercices du corps. *Pas gymnastique,* pas de course cadencé. N. f. Art d'exercer, de fortifier le corps : *faire de la gymnastique.* Ensemble d'exercices propres à assouplir certaines facultés intellectuelles : *gymnastique de la mémoire.*

gymnique n. f. Science des exercices du corps propres aux athlètes.

gymnospermes n. f. pl. Sous-embranchement des phanérogames. Sing. : *le pin est une gymnosperme.*

gynécée [ʒinese] n. m. Appartement des femmes, chez les Grecs de l'Antiquité. *Bot.* Pistil.

gynécologie n. f. Partie de la médecine qui étudie l'organisme de la femme et les maladies qui lui sont propres.

gynécologue n. Médecin spécialiste de gynécologie.

gypaète [ʒipaɛt] n. m. Très grand rapace diurne qui se nourrit surtout de cadavres.

gypse n. m. Pierre à plâtre.

gypseux, euse adj. Qui est de la nature du gypse.

gyroscope n. m. Appareil qui, animé d'un mouvement de rotation autour d'un de ses axes, peut être déplacé d'une manière quelconque sans que la direction de son axe de rotation soit modifiée. Dispositif pour assurer la stabilité d'une torpille, d'un avion, d'un sous-marin.

L'astérisque (*) devant un mot indique que l'h initial est aspiré.

h n. m. Huitième lettre de l'alphabet : H *muet,* H *aspiré.* *Heure* H, heure fixée à l'avance pour une opération quelconque.

***ha!** interj. marquant la surprise, le soulagement, le rire.

habile* adj. Qui a ou qui dénote de l'aptitude pour, de l'adresse, de l'expérience en : *ouvrier habile.*

habileté n. f. Qualité de celui qui est habile. Adresse.

habilitation n. f. Action d'habiliter.

habilité n. f. *Dr.* Aptitude légale.

habiliter v. tr. Donner l'habilité à.

habillage n. m. Action d'habiller. Action de mettre une enveloppe protectrice, de recouvrir, d'arranger. Disposition d'un texte autour d'une illustration.

habillement n. m. Action d'habiller. Costume : *riche habillement.* Profession du vêtement : *le syndicat de l'habillement.*

habiller v. t. Vêtir. Pourvoir d'habits. Préparer une volaille, un gibier, etc., pour les faire cuire. Entourer une illustration avec du texte. V. pr. Se vêtir. Se mettre en tenue de soirée.

habilleur, euse n. Personne qui aide les acteurs à s'habiller.

habit n. m. Vêtement masculin de cérémonie. Pl. Ensemble des pièces d'un vêtement. Vêtement religieux : *prendre l'habit.*

habitable adj. Qui peut être habité.

habitacle n. m. Partie d'un avion, d'un engin spatial, réservée à l'équipage. *Mar.* Boîte renfermant la boussole.

habitant, e n. Personne qui habite en un lieu.

habitat n. m. Lieu habité par une plante, un animal : *habitat forestier.* Groupement humain correspondant à un genre de vie particulier : *habitat rural.* Ensemble des conditions relatives à l'habitation : *amélioration de l'habitat.*

habitation n. f. Action d'habiter. Lieu où l'on habite. Maison.

habiter v. t. et i. Demeurer : *habiter une maison ; habiter à la campagne.*

habitude n. f. Manière d'être, coutume : *contracter de bonnes habitudes. D'habitude* loc. adv. Ordinairement.

habitué, e n. Personne qui fréquente habituellement : *habitués d'un café.*

habituel, elle* adj. Passé en habitude.

habituer v. t. Faire prendre l'habitude de, accoutumer à. V. pr. Prendre l'habitude de, se familiariser avec.

***hâbleur** n. f. Vanterie, exagération.

***hâbleur, euse** n. et adj. Vantard.

***hachage** ou **hachement** n. m. Action de hacher. Son résultat.

***hache** n. f. Instrument tranchant muni d'un manche pour fendre, couper le bois, etc.

***hacher** v. t. Couper en petits morceaux. *Fig.* Séparer les syllabes : *hacher ses mots.* Faire de petites phrases très courtes : *style haché.*

*hachette n. f. Petite hache.

*hachich ou haschisch n. m. Produit stupéfiant tiré du chanvre indien.

*hachis [aʃi] n. m. Mets de viande hachée.

*hachoir n. m. Table pour hacher les viandes. couperet pour hacher.

*hachure n. f. Traits dans le dessin et la gravure pour en indiquer les ombres.

*hachurer v. t. Marquer de hachures.

hacienda [asjɛnda] n. f. En Amérique du Sud, habitation avec exploitation agricole.

*haddock [adɔk] n. m. Nom anglais de l'églefin, poisson de la famille des morues qui se mange fumé.

*hagard, e adj. Farouche, effaré.

hagiographie [aʒjɔgrafi] n. f. Science qui traite de la vie des saints.

*haie n. f. Clôture d'épines, de branchages. Haie vive, haie d'épines ou d'autres plantes qui ont pris racine. Rangée de choses ou de personnes : faire la haie; une haie de soldats.

*haillon n. m. Vêtement en loques.

*haine n. f. Vive inimitié. Vive répugnance : avoir en haine les procès.

haineux, euse adj. Porté à la haine. Inspiré par la haine.

*haïr v. t. (conj. 7) Vouloir du mal à quelqu'un, abhorrer, exécrer. Avoir de la répugnance pour une chose : haïr les compliments.

*haïssable adj. Qui mérite la haine.

haïtien, enne adj. et n. De l'île d'Haïti.

*halage n. m. Action de haler un bateau. Chemin de halage, chemin réservé pour les haleurs le long des cours d'eau.

*hâle n. m. Brunissement de la peau par le soleil ou par l'air de la mer ou de la montagne.

*hâlé, e adj. Bruni.

haleine n. f. Air qui sort des poumons. Faculté de respirer : perdre haleine. Reprendre haleine, s'arrêter pour se reposer. Ouvrage de longue haleine, qui demande un long temps. Tenir quelqu'un en haleine, retenir son attention, tenir en suspens.

*haler v. t. Faire effort en tirant sur : haler un câble, une barque à terre.

*hâler v. t. Brunir le teint, en parlant de l'action du soleil et du grand air : enfant qui hâle vite.

*halètement n. m. Respiration forte et saccadée; bruit qui en résulte.

*haletant, e adj. Essoufflé, hors d'haleine.

*haleter v. i. (conj. 4) Respirer avec gêne ou à un rythme précipité : haleter après une course.

*haleur, euse n. Celui, celle qui hale un bateau.

*hall [ol] n. m. Grande salle où l'on a d'abord accès, dans les édifices publics ou les maisons particulières.

hallali n. m. Cri ou fanfare qui annonce la prise prochaine de l'animal poursuivi par les chasseurs et donc sa mort.

*halle n. f. Grand bâtiment servant au commerce en gros d'une marchandise : la halle aux vins. Pl. Bâtiment, place publique généralement couverte, où se tient le principal marché des denrées alimentaires d'une ville.

*hallebarde n. f. Arme dont le fer, monté sur une longue hampe, est pointu d'un côté et tranchant de l'autre (XIVe-XVIIe s.).

*hallebardier n. m. Soldat armé de la hallebarde.

*hallier n. m. Groupe de buissons touffus.

hallucinant, e adj. Extraordinaire, qui frappe de saisissement : une ressemblance hallucinante.

hallucination n. f. Perception, sensation éprouvée par une personne alors que l'objet ou le phénomène n'existe pas ; interprétation erronée d'une sensation : être victime d'une hallucination.

hallucinatoire adj. Qui tient de l'hallucination.

halluciner v. t. Produire une hallucination : halluciné par la peur.

*halo n. m. Cercle lumineux, qui entoure quelquefois le Soleil et la Lune. Zone circulaire, blanche ou colorée, diffuse autour d'une source lumineuse : le halo des réverbères. Fig. Un halo de gloire, une réputation brillante.

*halte n. f. Moment d'arrêt pendant une marche : faire halte. Petite station. Lieu établi pour l'arrêt d'une marche, d'un train, d'un car. Halte! interj. pour commander de s'arrêter. Fig. Halte-là!, arrêtez, cessez, en voilà assez!

haltère n. m. Instrument de gymnastique formé de deux poids réunis par une tige : faire des haltères.

haltérophilie n. f. Sport des poids et haltères.

*hamac [amak] n. m. Rectangle de toile ou de filet suspendu, qui sert de lit.

*hameau n. m. Réunion d'habitations rurales, dépendant d'un centre communal.

hameçon n. m. Petit crochet de fer fixé à une ligne pour prendre du poisson. Fig. et fam. Piège, appât.

*hammam [amam] n. m. Établissement de bains, en Orient.

*hampe n. f. Long manche de bois sur lequel sont fixés un drapeau, une palette, le fer d'une lance, etc. Bot. Axe florifère.

*hamster [amstɛr] n. m. Petit mammifère rongeur, au pelage jaune ocre clair, au ventre blanc.

*han n. m. Cri sourd d'un bûcheron qui frappe un coup.

*hanap n. m. Ancien vase à boire, utilisé au Moyen Âge.

*hanche n. f. Anat. Région qui correspond à la jonction du membre inférieur et du tronc.

*handball [ãdbal] n. m. Sport d'équipe qui se joue avec un ballon rond et uniquement avec les mains.

*handicap n. m. Course où l'on avantage certains chevaux pour égaliser les chances. Fig. Désavantage, infirmité.

*handicapé, e adj. et n. Se dit d'une personne diminuée physiquement par suite d'une maladie, d'une déficience sensorielle ou motrice, ou mentalement.

*handicaper v. t. Équilibrer les chances des concurrents dans un handicap. Fig. Désavantager : la timidité handicape.

*hangar n. m. Grand abri ouvert ou fermé, servant à divers usages : hangar d'aviation.

*hanneton n. m. Insecte coléoptère commun en Europe.

*hanse n. f. Association commerciale entre certaines villes de l'Europe septentrionale au Moyen Age.

hanséatique adj. De la Hanse : villes hanséatiques.

*hanter v. t. Fréquenter, visiter souvent. Maison hantée, visitée par des revenants. Obséder : hanté par un souvenir.

*hantise n. f. Obsession, idée fixe : la hantise de la mort.

*happening [apaniŋ] n. m. Spectacle d'origine américaine qui exige la participation active du public.

*happer v. t. Saisir brusquement avec la gueule, le bec. Attraper brusquement avec violence : le chat happe la souris; happer quelqu'un par le bras.

*hara-kiri n. m. Suicide japonais qui consiste à s'ouvrir le ventre.

*harangue n. f. Discours prononcé devant une assemblée nombreuse. Discours quelconque, de caractère ennuyeux.

*haranguer v. t. Adresser une harangue : haranguer la foule.

*harangueur, euse n. Personne qui harangue.

*haras [ara] n. m. Établissement où l'on entretient des étalons et des juments, en vue de la reproduction et de l'amélioration de la race.

*harassant, e adj. Très fatigant.

*harassement n. m. Fatigue extrême.

*harasser v. t. Fatiguer à l'excès.

*harcèlement n. m. Action de harceler.

*harceler v. t. (conj. 3) Fatiguer par des attaques réitérées. Fig. Importuner : harceler de reproches.

*harde n. f. Troupe de bêtes sauvages : harde de cerfs.

*hardes n. f. pl. Ensemble de vêtements usagés (en mauv. part).

*hardi, e adj. Qui agit avec audace : capitaine hardi. Effronté. Conçu, exécuté avec audace : projet hardi.

*hardiesse n. f. Courage, assurance. Insolence, effronterie.

*harem [arɛm] n. m. Appartement des femmes chez les musulmans. Ensemble des femmes du harem.

*hareng [arã] n. m. Poisson des mers tempérées. Hareng saur, hareng fumé.

*harengère n. f. Marchande de poisson. Fig. et fam. Femme grossière.

*hargne n. f. Mauvaise humeur qui se manifeste par une attitude méchante, agressive et des paroles dures.

*hargneux, euse adj. D'humeur difficile.

*haricot n. m. Plante légumineuse et sa graine. Haricot de mouton, ragoût fait avec du mouton, des navets et des pommes de terre.

*haridelle n. f. Mauvais cheval maigre.

harmonica n. m. Petit instrument de musique populaire dont le son est produit par de petites lames que l'on met en vibration en soufflant et en aspirant.

harmonie n. f. Ensemble de sons agréables ; science de la formation et de l'enchaînement des accords. Harmonie imitative, choix de mots dont les sons imitent quelque chose de l'objet que ces mots représentent. Fig. Accord entre les parties d'un tout. Accord entre personnes. Orchestre composé uniquement d'instruments à vent.

harmonieux, euse* adj. Qui est plein d'harmonie : musique harmonieuse. Fig. Dont les parties forment un ensemble bien proportionné.

harmonique* adj. Relatif à l'harmonie. Sons harmoniques, sons accessoires surajoutés au principal.

harmoniser v. t. Mettre en harmonie, en accord : harmoniser des intérêts opposés. Mus. Composer une harmonie sur.

harmonium [armɔnjɔm] n. m. Instrument de musique à anche libre, à soufflerie et à clavier.

*harnachement n. m. Action de harnacher. Ensemble des harnais. Accoutrement pesant ou ridicule.

*harnacher v. t. Mettre le harnais à. Fig. Accoutrer ridiculement.

*harnais n. m. Ensemble des pièces composant l'équipement d'un cheval de trait ou de selle.

*haro n. m. Crier haro sur, s'élever contre.

*harpe n. f. Instrument de musique, de forme triangulaire, à cordes inégales, que l'on pince des deux mains.

*harpie n. f. Monstre fabuleux. Fig. Femme très méchante. Zool. Espèce d'aigle.

*harpiste n. Joueur, joueuse de harpe.

*harpon n. m. Instrument muni de fers recourbés et acérés, dont on se sert pour la pêche des gros poissons.

*harponnage ou harponnement n. m. Action de harponner.

*harponner v. t. Accrocher avec le harpon. Fig. Saisir, arrêter.

*harponneur n. m. Matelot qui lance le harpon.

*hasard [azar] n. m. Concours imprévu d'événements : un hasard heureux. Chance, fortune, sort : favorisé par le hasard. Jeu de hasard, où le hasard seul décide. Au hasard, à l'aventure. A tout hasard, quoi qu'il arrive. Par hasard, fortuitement. Pl. Fig. Risques, périls.

*hasarder v. t. Aventurer, risquer : hasarder sa vie. Tenter témérairement : hasarder une démarche, une opinion. V. pr. S'exposer à un risque.

*hasardeux, euse adj. Risqué. ⁓

*haschisch. V. HACHICH.

*hase n. f. Femelle du lièvre.

*hâte n. f. Empressement, diligence, précipitation. En hâte, à la hâte loc. adv. Promptement, avec précipitation.

*hâter v. t. Presser, accélérer. Faire dépêcher : hâter quelqu'un. V. pr. Aller plus vite. Ne pas perdre de temps.

hâtif, ive adj. Précoce : fleurs hâtives. Fait à la hâte : travail hâtif.

*hauban n. m. Cordage servant à étayer un mât, un poteau, etc.

*haubaner v. t. Fixer au moyen de haubans : haubaner un mât.

*haubert n. m. Chemise de mailles des combattants au Moyen Age.

*hausse n. f. Ce qui sert à hausser. Appareil pour le pointage des armes à feu. Augmentation de prix.

*haussement n. m. Action de hausser. *Haussement d'épaules,* mouvement des épaules, pour marquer le mépris, l'impatience.

*hausser v. t. Rendre plus haut : *hausser un mur.* Rendre plus fort ou plus aigu : *hausser la voix; hausser le ton. Hausser les épaules,* les lever en signe de mépris, etc.

*haut, e adj. Elevé : haute montagne. D'altitude supérieure : *la haute Ardèche.* Fig. Relevé : *aller la tête haute.* Fort, éclatant : *à haute voix. La haute mer,* la pleine mer. *Jeter les hauts cris,* se plaindre bruyamment. N. m. Sommet, faîte : *le haut d'un arbre.* Hauteur, élévation : *maison de vingt mètres de haut. Tomber de son haut,* de toute sa hauteur et, au *fig.,* être surpris. *Traiter de haut,* avec mépris. *En haut, là-haut* loc. adv. Dans un lieu plus élevé.

hautain, e adj. Fier, arrogant.

*hautbois n. m. Instrument de musique à vent à anche. Celui qui en joue.

*hautboïste [obsist] n. Joueur de hautbois.

*haut-de-chausses n. m. Partie du vêtement masculin, du XVᵉ s. à la fin du XVIIᵉ s., qui couvrait le corps de la ceinture aux genoux.

*haut-de-forme n. m. Chapeau masculin de cérémonie, à calotte haute et cylindrique.

*hautement adv. Ouvertement, nettement : *approuver hautement.*

*hauteur n. f. Dimension d'un objet de la base au sommet : *hauteur d'un arbre.* Altitude : *hauteur d'une montagne.* Colline, éminence : *une ligne de hauteurs. Hauteur du son,* degré d'acuité ou de gravité. *Hauteur d'un triangle,* perpendiculaire abaissée du sommet à la base. Fig. Élévation : *hauteur d'âme.* Fierté, arrogance : *parler avec hauteur. Fam. Être à la hauteur,* avoir les plus grandes capacités. *Être à la hauteur de,* être capable d'un emploi, d'une fonction, d'une situation importante ou délicate; être au niveau de : *le débat a été à la hauteur du sujet traité.*

*haut-fond n. m. Endroit de la mer ou d'un cours d'eau où l'eau est très peu profonde.

*haut-le-cœur n. m. inv. Nausée, envie de vomir. Dégoût.

*haut-le-corps n. m. inv. Brusque mouvement du corps, marquant surtout la surprise, ou une vive répulsion, une forte indignation.

*haut-parleur n. m. Appareil destiné à transformer les courants électriques d'un récepteur de radio, d'un électrophone, en ondes sonores.

*haut-relief n. m. Sculpture où les figures se détachent presque complètement du fond.

*hauturier, ère adj. Mar. Relatif à la haute mer : *navigation hauturière.*

*havage n. m. Abattage des roches par entailles parallèles aux couches.

*havane n. m. Tabac ou cigare de La Havane. Adj. inv. Couleur marron clair : *toile havane.*

*hâve adj. Pâle, maigre.

*haveneau n. m. Filet pour pêcher la crevette.

*haveur n. m. Ouvrier occupé au havage. N. f. Machine pour le havage : *une haveuse pneumatique.*

*havre n. m. Mar. Petit port très à l'abri. Refuge contre l'adversaire : *un havre de paix.*

*havresac n. m. Anc. Sac suspendu par des courroies derrière le dos, et contenant l'équipement d'un militaire.

*hé! interj. qui sert à appeler, à exprimer la surprise, le regret et, répétée, l'adhésion ou le contentement.

*heaume [om] n. m. Casque enveloppant la tête et le visage, que portaient les hommes d'armes au Moyen Age.

hebdomadaire* adj. De chaque semaine : *un travail hebdomadaire.* Adj. et n. m. Se dit d'une publication qui paraît chaque semaine : *un journal hebdomadaire ou un hebdomadaire.*

hébergement n. m. Action d'héberger, de loger.

héberger v. t. (conj. 1) Recevoir, loger : *héberger un hôte.*

hébétement n. m. État d'une personne hébétée.

hébéter v. t. (conj. 5) Faire perdre toute intelligence, toute volonté de réaction; ahurir.

hébétude n. f. Engourdissement des facultés intellectuelles.

hébraïque adj. Relatif aux Hébreux.

hébraïsant, e n. et adj. Adonné à l'étude de l'hébreu.

hébreu n. m. Langue sémitique parlée autrefois par les Hébreux et actuellement en Israël. Fig. Chose inintelligible : *c'était de l'hébreu pour lui.*

hécatombe n. f. Sacrifice solennel de cent bœufs chez les Anciens. Massacre, tuerie.

hectare n. m. Mesure de superficie (100 ares, 10 000 m²).

hectogramme n. m. Masse de 100 grammes.

hectolitre n. m. Volume de 100 litres.

hectomètre n. m. Longueur de 100 mètres.

hectométrique adj. Relatif à l'hectomètre.

hédonisme n. m. Philos. Doctrine qui fait du plaisir immédiat le but de la vie.

hégémonie n. f. Suprématie d'une ville, d'une classe sociale, d'une nation, d'un Etat.

hégire n. f. Point de départ de la chronologie chez les musulmans, qui commence en 622 de l'ère chrétienne, date à laquelle Mahomet s'enfuit de La Mecque.

*hein! interj. Fam. Marque l'interrogation ou la surprise.

hélas! interj. de plainte, de regret.

*héler v. t. (conj. 5) Appeler de loin pour faire venir : *héler un taxi.*

hélianthe n. m. Plante herbacée annuelle, cultivée surtout pour ses graines et appelée communément *tournesol* ou *soleil.*

hélice n. f. Géom. Ligne obtenue en enroulant une ligne droite sur un cylindre de révolution. Appareil formé de pales fixées sur un axe, et dont la rotation sert à la propulsion, à la traction, etc. : *les bateaux, les avions possèdent des hélices.*

hélicoïdal, e, aux adj. En hélice.

hélicoptère n. m. Appareil d'aviation capable de s'élever au moyen de pales horizontales.

héliogravure n. f. Procédé de photogravure en creux.

héliothérapie n. f. Traitement des maladies par la lumière solaire.

héliotrope n. m. Plante ornementale à fleurs odorantes. Nom donné aux plantes dont la fleur se tourne vers le soleil, comme l'hélianthe.

héliotropisme n. m. Orientation des plantes en direction des rayons solaires.

héliporté, e adj. Transporté par hélicoptère : *troupes héliportées*. Qui se fait à l'aide d'hélicoptères : *opérations héliportées*.

hélium [eljɔm] n. m. Gaz léger qui existe en petite quantité dans l'air.

hélix n. m. Repli qui forme le tour du pavillon de l'oreille externe. Nom scientifique de l'escargot.

hellène adj. et n. Qui appartient à la Grèce ancienne.

hellénique adj. Relatif à la Grèce.

helléniser v. t. Donner le caractère grec.

hellénisme n. m. Expression particulière à la langue grecque. Civilisation grecque.

helléniste n. Spécialiste de la langue et de la littérature grecques.

helminthe n. m. Nom des vers parasites en général.

helvétique adj. et n. Relatif à la Suisse.

*hem ! interj. pour attirer l'attention, pour exprimer un doute.

hématie [emati] n. f. Globule rouge du sang.

hématite n. f. Oxyde ferrique naturel de couleur rouge ou brune.

hématologie n. f. Science qui étudie le sang. Partie de la médecine qui s'occupe des maladies du sang et des organes de l'hématopoïèse.

hématome n. m. Épanchement de sang dans les tissus ou sous la peau, consécutif à une rupture de vaisseaux sanguins.

hématopoïèse n. f. Formation des globules du sang, qui a lieu principalement dans la moelle rouge des os.

hématurie n. f. Émission de sang dans l'urine.

hémicycle n. m. Tout espace disposé en demi-cercle. Amphithéâtre demi-circulaire.

hémiplégie n. f. Paralysie ne frappant que la moitié du corps.

hémiplégique adj. Relatif à l'hémiplégie.

hémiptère adj. et n. m. Insecte à élytres courts (parfois sans ailes) et à suçoir (*cigale, puceron*).

hémisphère n. m. Moitié d'une sphère, et en particulier moitié du globe terrestre : *l'hémisphère Nord* et *l'hémisphère Sud*. Moitié du cerveau : *les hémisphères cérébraux*.

hémisphérique adj. En demi-sphère.

hémistiche n. m. Chacune des deux parties de l'alexandrin ou d'un vers quelconque coupé par la césure.

hémoglobine n. f. Pigment des globules rouges du sang.

hémolyse n. f. Rupture des globules rouges du sang.

hémophilie n. f. Maladie hémorragique, due à un trouble de la coagulation du sang.

hémoptysie n. f. Crachement de sang.

hémorragie n. f. Perte de sang.

hémorragique adj. Relatif à l'hémorragie.

hémorroïdes n. f. pl. Varices des veines de l'anus et du rectum.

hémostase n. f. Arrêt d'une hémorragie.

hémostatique adj. et n. m. Propre à arrêter les hémorragies.

*henné n. m. Plante dont les feuilles fournissent une teinture rouge pour les cheveux de femmes.

*hennin n. m. Coiffure féminine, haute et conique, portée au Moyen Âge.

*hennir v. i. Crier, en parlant du cheval.

hépatique adj. et n. Relatif au foie. N. f. pl. *Bot.* Classe de mousses.

heptagone n. m. et adj. Polygone à sept côtés.

héraldique adj. Relatif au blason. N. f. Science des règles de composition des armoiries.

héraldiste n. Spécialiste en héraldique.

*héraut n. m. Au Moyen Âge, officier public dont la fonction était de signifier les déclarations de guerre, de porter les messages, etc.

herbacé, e adj. Qui a l'aspect, la nature de l'herbe : *plante herbacée*.

herbage n. m. Prairie naturelle qui sert au pâturage des bestiaux.

herbager, ère n. Éleveur qui engraisse les bestiaux destinés à la consommation.

herbe n. f. Plante dont la tige verte et molle meurt chaque année. *Fines herbes*, herbes employées comme assaisonnement. *Mauvaises herbes*, plantes parasites nuisibles à la croissance des plantes cultivées. Gazon : *se reposer sur l'herbe*. *En herbe*, non encore mûr, et, au *fig.*, en espérance. *Fig. Couper l'herbe sous le pied de quelqu'un*, le supplanter, le devancer.

herbeux, euse adj. Où il croît de l'herbe.

herbier n. m. Collection de plantes desséchées et pressées entre des feuilles de papier, utilisée pour les études botaniques. Agglomération de plantes ou d'algues dans les étangs, les cours d'eau ou la mer.

herbivore n. m. et adj. Qui se nourrit d'herbe : *les ruminants sont tous des herbivores.*

herborisation n. f. Action d'herboriser.

herboriser v. i. Recueillir des plantes pour les étudier.

herboriste n. Commerçant qui vendait des plantes médicinales.

herboristerie n. f. Commerce, boutique de l'herboriste.

herbu, e adj. Couvert d'herbe.

hercule n. m. Homme très robuste.

herculéen, enne adj. Digne d'Hercule : *travail herculéen.*

*hère n. m. *Pauvre hère*, homme misérable qui inspire la pitié.

héréditaire* adj. Qui se transmet par succession. Qui se communique des parents aux enfants : *maladie héréditaire.*

hérédité n. f. Mode de transmission des droits en vertu des liens du sang. *Biol.* Transmission des caractères normaux ou pathologiques d'une génération aux suivantes : *la génétique étudie les modalités de l'hérédité*. Caractères particuliers à un milieu géographique ou social et qui resteraient permanents à travers des générations : *une hérédité paysanne.*

hérésiarque n. m. Chef d'une secte hérétique. Auteur d'une hérésie.

hérésie n. f. Doctrine condamnée par une église. *Fig.* Opinion en opposition avec les opinions admises par le plus grand nombre.

hérétique adj. Qui tient de l'hérésie. N. Qui professe une hérésie.

*__hérissement__ n. m. État de ce qui est hérissé.

*__hérisser__ v. t. Dresser ses cheveux, son poil. Garnir de pointes : *hérisser de clous.* Fig. : *hérisser d'obstacles.* V. pr. S'indigner, se mettre en défense.

*__hérisson__ n. m. Mammifère insectivore au corps couvert de piquants.

héritage n. m. Action d'hériter. Biens transmis par succession. Domaine, maison : *cultiver son héritage.* Fig. Ce qu'on tient de ses parents, de ses ancêtres.

hériter v. i. Recueillir une succession : *hériter d'une maison.* V. t. Recevoir par héritage : *hériter une maison de ses parents.*

héritier, ère n. Qui hérite ou doit hériter.

hermaphrodisme n. m. Juxtaposition, chez un même individu, des organes reproducteurs des deux sexes.

hermaphrodite n. m. et adj. Se dit d'un être humain, d'un animal, d'une plante où sont réunis les organes reproducteurs des deux sexes.

hermétique* adj. Se dit d'une fermeture parfaite. Fig. Difficile à comprendre.

hermétisme n. m. Qualité de ce qui est difficile à comprendre.

hermine n. f. Petit mammifère carnivore dont la fourrure, blanche l'hiver, est fauve l'été : *un col d'hermine.* Bande de fourrure de cet animal, faisant partie du costume de cérémonie des magistrats et des professeurs.

herminette n. f. Hache de charpentier, à tranchant recourbé.

*__herniaire__ adj. Relatif aux hernies : *bandage herniaire.*

*__hernie__ n. f. Sortie d'un organe ou d'une partie d'organe hors de la cavité où il se trouve normalement. Tuméfaction formée par cet organe sous la peau.

héroï-comique adj. Se dit de poèmes parodiques qui traitent sur le ton de l'épopée un thème trivial ou ridicule.

héroïne n. f. Femme remarquable par son courage, la grandeur de ses sentiments, etc. Fig. Femme qui joue le principal rôle dans une action fictive ou réelle.

héroïne n. f. Chim. Produit stupéfiant dérivé de la morphine.

héroïnomane n. Malade intoxiqué par l'héroïne.

héroïque* adj. Qui se conduit en héros. Qui dénote de l'héroïsme. Fig. D'une efficacité dangereuse : *remède héroïque.*

héroïsme n. m. Ce qui est propre au héros. Qualité de ce qui est héroïque.

*__héron__ n. m. Oiseau échassier à long bec, au cou long et grêle.

*__héros__ [ero] n. m. Myth. Demi-dieu. Personnage légendaire à qui l'on attribue des qualités et des exploits (surtout guerriers) extraordinaires. Celui qui se distingue par des actions éclatantes, par sa grandeur d'âme. Fig. Celui qui joue le principal rôle dans une action fictive ou réelle.

herpès [erpɛs] n. m. Éruption vésiculeuse.

*__hersage__ n. m. Action de herser.

*__herse__ n. f. Instrument d'agriculture qui a plusieurs rangs de dents. Grille armée de pointes qu'on abaissait pour fermer l'accès d'une place forte.

*__herser__ v. t. Passer la herse sur un sol.

hertzien, enne adj. Phys. Relatif aux ondes radio-électriques découvertes par Hertz, et à leur propagation.

hésitation n. f. Action d'hésiter.

hésiter v. i. Être indécis : *hésiter devant un danger.* Ne pas trouver facilement ce qu'on veut dire : *il hésitait dans ses réponses.*

hétaïre [etair] n. f. Dans l'Antiquité, courtisane grecque d'un rang élevé.

hétéroclite adj. Qui s'écarte des règles ordinaires. Fait de pièces et de morceaux, qui présente un mélange d'éléments inattendus : *ensemble hétéroclite.*

hétérodoxe adj. et n. Contraire à la doctrine orthodoxe. Qui ne se conforme pas à l'opinion habituellement reçue dans un milieu donné : *des idées hétérodoxes.*

hétérodoxie n. f. Caractère de ce qui est hétérodoxe.

hétérodyne adj. et n. f. Appareil permettant de produire des oscillations de haute fréquence, utilisé pour l'ajustage et la mise au point des récepteurs radiophoniques.

hétérogène adj. De nature différente. Fig. Dissemblable, disparate.

hétérogénéité n. f. Caractère de ce qui est hétérogène.

hétérosexuel, elle adj et n. Se dit de celui ou celle qui éprouve une attirance sexuelle pour le sexe opposé.

*__hêtraie__ n. f. Lieu planté de hêtres.

*__hêtre__ n. m. Grand arbre à écorce lisse.

*__heu!__ interj. qui marque l'étonnement, le doute.

heure n. f. Vingt-quatrième partie du jour. Unité de mesure du temps valant 3 600 secondes, soit 60 minutes : *l'heure légale.* Moment déterminé du jour : *l'heure du dîner.* L'instant, le moment : *sa dernière heure est venue.* Mesure de la distance évaluée d'après le temps passé à la parcourir : *je suis à une heure de Paris.* Unité de travail et de salaire : *être payé à l'heure.* Fig. et fam. Passer un mauvais quart d'heure, traverser un moment critique. Loc. adv. : *Tout à l'heure,* dans un moment ; *à cette heure,* en ce moment ; *à toute heure,* continuellement ; *de bonne heure,* tôt ; *sur l'heure,* à l'instant ; *à la bonne heure,* soit, c'est bien.

heureux, euse* adj. Qui jouit du bonheur. Que le sort favorise : *joueur heureux.* Qui donne ou qui marque le bonheur. Qui présage le succès : *heureux augure.* Qui manifeste une grande originalité, une parfaite justesse : *répartie heureuse.* N. Personne heureuse.

*__heurt__ [er] n. m. Choc, cahot. Fig. Opposition, contraste, désaccord.

*__heurté, e__ adj. Fig. Qui contraste. Style heurté, qui offre des oppositions.

*__heurter__ v. t. Choquer rudement. Fig. Contrarier. V. i. Entrer violemment en contact avec. *Heurter à la porte :* frapper à la porte. V. pr. Fig. Rencontrer un obstacle : *se heurter à un refus.*

*__heurtoir__ n. m. Marteau pour frapper à une porte. Ch. de f. Butoir.

hévéa n. m. Arbre cultivé dans les régions tropicales pour son latex, dont on tire le caoutchouc.

hexagonal, e, aux adj. À six côtés.

hexagone n. m. et adj. Polygone qui a six côtés.

hexamètre n. m. et adj. Se dit d'un vers grec ou latin de six pieds.

hiatus [jatys] n. m. Rencontre sans élision de deux voyelles, à la fin d'un mot et au commencement du suivant. *Fig.* Manque de continuité. Lacune.

hibernal, e, aux adj. Qui a lieu en hiver.

hibernation n. f. Engourdissement hibernal de certains animaux. Traitement de certaines affections par le froid : *hibernation artificielle.*

hiberner v. i. Passer l'hiver dans l'engourdissement, en parlant de certains animaux.

*****hibou** n. m. Oiseau de proie nocturne.

*****hic** n. m. *Fam.* Nœud de la question, difficulté : *voilà le hic.*

hidalgo n. m. Noble espagnol.

*****hideur** n. f. Laideur extrême.

*****hideux, euse*** adj. Horrible à voir. Ignoble, repoussant.

*****hie** n. f. Instrument employé par les paveurs pour enfoncer les pavés.

hier adv. Désigne le jour précédant celui où l'on est. Dans un passé récent, il y a peu de temps.

*****hiérarchie** n. f. Ordre et subordination des rangs, des pouvoirs, des dignités. Classification d'éléments quelconques en série croissante ou décroissante : *la hiérarchie des salaires.*

*****hiérarchique*** adj. Conforme à la hiérarchie : *voie hiérarchique.*

*****hiérarchiser** v. t. Régler, d'après un ordre hiérarchique.

hiératique* adj. Qui a une majesté, une raideur solennelle imposée par un rite : *attitude, geste hiératique. Ecriture hiératique,* réservée aux choses sacrées chez les anciens Egyptiens.

hiéroglyphe [jeroglif] n. m. Signe de l'écriture des anciens Egyptiens. *Fig.* Ecriture illisible, grimoire.

hiéroglyphique adj. Qui appartient aux hiéroglyphes.

hilarant, e adj. Qui provoque le rire. *Chim. Gaz hilarant,* anc. nom de l'oxyde azoteux, employé comme anesthésique général.

hilare adj. Qui montre une joie béate, un état de grand contentement, de grande gaieté.

hilarité n. f. Explosion de rire.

*****hile** n. m. *Anat.* Région déprimée par laquelle les vaisseaux sanguins et autres conduits pénètrent dans un viscère : *hile du foie.*

hindou, e adj. et n. Relatif à l'hindouisme.

hindouisme n. m. Religion propre à l'Inde, à laquelle est liée une organisation sociale reposant sur une division en castes héréditaires.

hippique adj. Relatif aux chevaux.

hippisme n. m. Sport hippique.

hippocampe n. m. Genre de poissons de mer dont la tête rappelle celle d'un cheval.

hippodrome n. m. Champ de courses.

hippogriffe n. m. Animal fabuleux ailé, moitié cheval, moitié griffon.

hippomobile adj. Mû par un ou plusieurs chevaux : *voiture hippomobile.*

hippophagique adj. *Boucherie hippophagique,* qui vend de la viande de cheval.

hippopotame n. m. Très gros mammifère, herbivore non ruminant, qui vit dans les fleuves d'Afrique. *Fam.* Personne énorme.

hirondelle n. f. Oiseau passereau migrateur, à dos noir et ventre blanc, à queue échancrée et longues ailes, strictement insectivore.

hirsute adj. Touffu, hérissé. *Fig.* Grossier, bourru.

hispanique adj. De l'Espagne.

hispanisant, e n. Spécialiste d'études hispaniques.

hispano-américain, aine adj. et n. De l'Amérique de langue espagnole.

*****hisser** v. t. Hausser, élever avec effort.

histoire n. f. Récit cherchant à reconstituer le déroulement des événements de la vie d'un peuple, d'un individu, d'une discipline, etc. : *l'histoire de France, l'histoire de Louis XIV, l'histoire de l'art.* Science des faits et des événements du passé, considérés dans leur déroulement et étudiés selon une méthode rigoureuse. Description des êtres : *histoire naturelle des plantes.* Récit d'événements réels ou imaginaires. Récit mensonger. Suite, succession d'événements : *c'est toute une histoire.* Incident, contretemps : *je ne veux pas d'histoires.* Pl. *Fam.* Façons, actes inutiles ou affectés : *faire des histoires.*

histologie n. f. Etude descriptive des tissus animaux et végétaux et des cellules qui les constituent.

historicité n. f. Caractère historique : *l'historicité d'un récit.*

historié, e adj. Se dit de livres anciens ornés de figurines, de vignettes.

historien, enne n. Spécialiste des études historiques ; personne qui écrit l'histoire.

historiette n. f. Anecdote ; petit récit : *historiette piquante.*

historiographe n. m. Écrivain chargé officiellement d'écrire l'histoire de son temps, d'un souverain.

historique* adj. Qui appartient à l'histoire : *faits historiques.* N. m. Narration, exposé : *faire un historique.*

histrion n. m. *Antiq.* Acteur bouffon, chez les Romains. *Fig.* Personnage ridicule qui se donne en spectacle.

hitlérien, enne adj. Relatif à la doctrine de Hitler.

hit parade [itparad] n. m. Palmarès de chansons, de films suivant l'ordre croissant ou décroissant de leur popularité.

hiver n. m. La plus froide des quatre saisons de l'année (21 ou 22 déc. - 20 ou 21 mars, dans l'hémisphère Nord).

hivernage n. m. Saison d'hiver. Saison des pluies, dans les régions tropicales. Labour donné avant l'hiver.

hivernal, e, aux adj. De l'hiver. N. f. Ascension ou course hivernale en haute montagne.

hiverner v. i. Passer à l'abri la mauvaise saison. V. t. Donner aux terres un hivernage.

*****ho !** interj. qui sert à appeler, à témoigner l'étonnement, l'admiration, etc.

*****hobby** [ɔbi] n. m. Passe-temps favori, violon d'Ingres.

*hobereau n. m. Petit faucon. *Fig.* Gentilhomme campagnard.

*hochement n. m. Action de hocher.

*hochequeue n. m. Bergeronnette.

*hocher v. t. Secouer. Agiter. *Hocher la tête*, la remuer pour exprimer le doute, l'incertitude, la désapprobation ou l'approbation.

*hochet n. m. Jouet qui fait un léger bruit quand on l'agite et qu'on donne au très jeune enfant.

*hockey [ɔkɛ] n. m. Jeu de balle pratiqué avec une crosse de bois et dont les règles rappellent celles du football.

*hola ! interj. dont on se sert pour appeler, pour arrêter, etc. N. m. *Mettre le holà*, rétablir l'ordre.

*holding [ɔldiŋ] n. m. Société contrôlant un groupe de sociétés de même nature.

*hold-up [ɔldœp] n. m. inv. Attaque à main armée, organisée en vue de dévaliser une banque, un convoi, etc.

*hollandais, e adj. et n. De la Hollande.

*hollande n. m. Fromage de Hollande, généralement en forme de boule. N. f. Toile très fine. Sorte de pomme de terre.

holocauste n. m. Sacrifice religieux où la victime était consumée par le feu. La victime ainsi sacrifiée. *Fig.* Offrande, sacrifice.

*homard n. m. Genre de crustacés à chair très appréciée.

*home [om] m. (angl.). Le chez-soi, la famille, la vie intime. Refuge, centre d'accueil : *un home d'enfants*.

homélie n. f. Prédication faite au cours de la messe. Discours moralisateur *(péjor.).*

homéopathe adj. et n. Se dit de qui est partisan de l'homéopathie, ou du médecin qui la pratique.

homéopathie n. f. Système thérapeutique qui consiste à traiter les maladies par des doses très faibles de substances qui déterminent, à fortes doses, des symptômes analogues à ceux que l'on combat.

homéopathique adj. Relatif à l'homéopathie.

homérique adj. Relatif à Homère. Qui est à la fois héroïque et comique : *un voyage homérique*.

homicide n. et adj. Meurtrier d'un être humain.

homicide n. m. Action d'une personne qui en tue une autre.

hominiens n. m. pl. Sous-ordre des primates, comprenant l'homme et ses ancêtres quaternaires.

hommage n. m. Devoir que le vassal était tenu de rendre au seigneur. Marque de respect. Don respectueux : *faire hommage d'un livre*. Pl. Devoirs de civilité : *présenter ses hommages*.

hommasse adj. f. Se dit d'une femme dont l'aspect, la voix, les manières tiennent de l'homme.

homme n. m. Terme générique désignant l'espèce humaine, douée de langage et de raison ; membre de cette espèce : *l'évolution de l'homme*. Être humain du sexe masculin : *hommes et femmes*. Qui est parvenu à l'âge viril : *l'enfant devient homme*. L'être humain considéré du point de vue moral : *un brave homme*. Soldat : *armée de dix mille hommes*. *Homme de paille*, prête-nom. *Homme de lettres*, écrivain. *Homme de loi*, magistrat, avocat, etc. *Homme d'affaires*, agent d'affaires.

homme-grenouille n. m. Plongeur muni d'un scaphandre autonome qui lui permet d'accomplir certains travaux sous l'eau.

homme-sandwich n. m. Personne payée pour promener un panneau publicitaire sur son dos et sa poitrine.

homogène adj. Formé d'éléments de même nature ou très unis. *Fig.* Qui a une grande unité, une communauté de sentiments : *groupe homogène*.

homogénéiser v. t. Rendre homogène.

homogénéité n. f. Qualité de ce qui est homogène.

homologation n. f. Approbation : *l'homologation d'un concordat*.

homologue adj. *Géom.* Se dit des éléments qui se correspondent dans des figures semblables. *Chim.* Se dit de corps organiques remplissant les mêmes fonctions.

homologuer v. t. Approuver. Enregistrer. Autoriser d'une manière officielle, administrative. Reconnaître conforme à certaines normes : *homologuer un record*.

homonyme n. et adj. *Gramm.* Se dit des mots qui se prononcent de même, sans avoir la même signification, comme SAINT, CEINT, SEING, SEIN. N. m. Celui qui porte le même nom qu'un autre.

homonymie n. f. Qualité de ce qui est homonyme.

homophone adj. Qui a le même son.

homosexualité n. f. Caractère des homosexuels.

homosexuel, elle adj. et n. Qui éprouve une attirance sexuelle pour des personnes de son sexe.

homuncule ou homoncule n. m. Petit homme. Petit être sans corps que les sorciers prétendaient fabriquer.

*hongre n. et adj. m. Se dit d'un cheval châtré.

*hongrois, e adj. et n. De la Hongrie.

honnête* adj. Conforme à la probité : *caissier honnête*. Conforme à l'honneur, à la politesse : *vivre en honnête homme*. Convenable : *récompense honnête*.

honnêteté n. f. Probité : *honnêteté en affaires*. Bienveillance, obligeance : *l'honnêteté d'un procédé*.

honneur n. m. Sentiment de notre dignité morale. Probité, vertu : *homme d'honneur*. Réputation : *attaquer l'honneur de quelqu'un*. Estime, respect : *rendre honneur*. Pudeur, chasteté. *Fig.* Celui, ce dont on est fier : *faire honneur à son pays*. *Faire honneur à sa signature*, remplir ses engagements. *Parole d'honneur*, promesse faite sur l'honneur. *Dame d'honneur*, attachée au service d'une princesse. *Garçon, demoiselle d'honneur*, qui assistent les mariés. *Légion d'honneur*, ordre national français, pour récompenser les services militaires et civils. Pl. *Charges, dignités* : *aspirer aux honneurs*. *Honneurs funèbres*, funérailles.

*honnir v. t. Couvrir de honte. (Vx.) *Être honni de quelqu'un*, en être méprisé, détesté.

honorabilité n. f. Qualité de ce qui est honorable.

honorable* adj. Qui fait honneur : *action honorable*. Digne d'être honoré : *caractère honorable*. Convenable, **suffisant** : *fortune honorable*.

honoraire adj. Qui conserve le titre honorifique d'une fonction **qu'il** n'exerce plus : *conseiller honoraire*. Qui porte un titre sans fonctions : *membre honoraire*. N. m. pl. Rétribution des professions libérales : *honoraires d'un médecin*.

honorariat n. m. Dignité honoraire.

honorer v. t. Rendre honneur. Faire honneur : *honorer son pays*. Accorder comme une distinction : *honorer une réunion de sa présence*. Remplir ses engagements : *honorer sa signature, une dette*. Payer : *honorer un chèque*.

honorifique adj. Qui procure seulement des honneurs : *fonctions honorifiques*.

*honte n. f. Sentiment pénible, venant d'une faute commise ou de la crainte du déshonneur : *rougir de honte*. Humiliation, déshonneur : *essuyer la honte d'un refus*. Chose déshonorante qui soulève l'indignation : *c'est une honte*. Avoir perdu toute honte, être insensible au déshonneur. *Faire honte à*, être un sujet de honte pour. Faire honte à, reprocher. *Fausse honte*, honte non justifiable.

honteux, euse adj. Qui éprouve de la honte : *honteux de sa conduite*. Qui cause de la honte : *conduite honteuse*.

*hop! interj. qui sert à stimuler.

hôpital n. m. Etablissement où l'on soigne les malades.

*hoquet n. m. Contraction brusque du diaphragme, accompagnée d'un bruit particulier dû au passage de l'air dans la glotte.

*hoqueter [okte] v. i. (conj. 4) Avoir le hoquet. Etre secoué comme par le hoquet.

horaire adj. Relatif aux heures. N. m. Tableau indiquant les heures de départ, d'arrivée des trains, des autocars, etc. Répartition des heures de travail.

*horde n. f. Peuplade errante. Troupe indisciplinée : *horde de brigands*.

*horion n. m. Coup violent.

horizon n. m. Ligne circulaire dont l'observateur est le centre et où le ciel et la terre semblent se joindre. Partie du ciel, de la terre que borne cette ligne. *Fig*. Etendue d'une action, d'une activité : *l'horizon de l'esprit*. Perspective de l'avenir : *l'horizon politique*.

horizontal, e*, aux adj. Parallèle à l'horizon. Perpendiculaire à la verticale. N. f. Ligne horizontale.

horizontalité n. f. Caractère de ce qui est horizontal.

horloge n. f. Appareil qui marque les heures : *horloge électrique*.

horloger, ère adj. De l'horlogerie. N. m. Professionnel qui fait, vend ou répare les horloges et les montres.

horlogerie n. f. L'art de l'horloger. Son magasin, sa fabrique.

hormis prép. Excepté, sauf.

hormone n. f. Sécrétion de glandes endocrines.

horoscope n. m. Prédictions tirées de l'état du ciel à la naissance et reposant sur l'étude des influences astrales qui correspondraient à cet état.

horreur n. f. Effroi : *pâlir d'horreur*. Répulsion : *l'horreur du mal*. Ce qui cause ces impressions : *l'horreur d'un crime*. Action, parole grossière ou répréhensible : *dire des horreurs*. *Fam*. Personne très sale, très laide.

horrible* adj. Qui fait horreur : *crime horrible*. Très mauvais : *temps horrible*.

horrifier v. t. Frapper d'horreur.

horrifique adj. Qui cause de l'horreur.

horripilant, e adj. Qui horripile.

horripilation n. f. Frisson causé par l'effroi, la répulsion, etc.

horripiler v. t. Hérisser le poil. *Fig*. Agacer, impatienter.

*hors prép. Au-delà de : *hors rang*. Sauf, excepté : *tous les genres sont bons, hors le genre ennuyeux*. Etre hors de soi, violemment agité. *Mettre hors la loi*, priver de la protection des lois. *Hors ligne*, exceptionnel. Etre hors de combat, ne plus pouvoir combattre.

*hors-d'œuvre n. m. inv. Mets servis au début d'un repas. *Fig*. Accessoire.

hors-jeu n. m. inv. Au football et au rugby, position irrégulière d'un joueur par rapport aux autres, l'empêchant de passer à l'action.

*hors-la-loi n. m. inv. Individu qui vit en marge de la société, qui se met volontairement en dehors des lois par ses délits.

*hors-texte n. m. inv. Gravure, planche tirée à part dans un livre.

hortensia n. m. Plante à fleurs en boules bleues ou roses.

horticole adj. Relatif à la culture des jardins.

horticulteur n. m. Professionnel qui s'occupe d'horticulture.

horticulture n. f. Art de cultiver les jardins.

hortillonnage n. m. Terrain marécageux pour les cultures maraîchères dans le Nord.

hospice n. m. Maison d'assistance, où l'on reçoit les orphelins, les infirmes, les vieillards, etc.

hospitalier, ère* adj. Relatif aux hôpitaux, aux hospices : *les services hospitaliers*. Qui exerce l'hospitalité, qui accueille volontiers : *un peuple hospitalier; une maison hospitalière*. N. et adj. Membre de certains ordres religieux.

hospitalisation n. f. Admission et séjour dans un hôpital.

hospitaliser v. t. Admettre dans un hôpital : *hospitaliser un malade*.

hospitalité n. f. Logement gratuit, accordé par libéralité ou par politesse : *donner l'hospitalité*.

hostie n. f. Pain mince, sans levain, que le prêtre consacre à la messe.

hostile adj. Ennemi, opposé : *se montrer hostile au progrès*.

hostilité n. f. Disposition ou attitude hostile, inimitié : *manifester de l'hostilité à quelqu'un*. Pl. Actes de guerre : *ouvrir les hostilités*.

hot dog n. m. Petit pain fourré d'une saucisse chaude. (Pl. *hot dogs*.)

hôte, hôtesse n. Qui donne l'hospitalité : *remercier ses hôtes de leur accueil*. Personne qui tient un hôtel, une auberge ou un cabaret. Qui reçoit l'hospitalité : *les tou-*

*ristes, hôtes de passage dans notre ville. Table d'hôte, où l'on mange à heure fixe. Hôtesse de l'air, jeune femme qui veille au confort des passagers des avions. Hôtesse d'accueil, ou simplem. hôtesse, jeune femme chargée d'accueillir les visiteurs dans certains organismes ou manifestations publiques, expositions, foires, etc.

hôtel n. m. Maison meublée où l'on peut loger (en voyage ou comme résidence provisoire) : descendre à l'hôtel. Edifice destiné à un service public. Hôtel de ville, siège de l'autorité municipale. Hôtel particulier, ou simplem. hôtel, immeuble entièrement occupé par un riche particulier et sa famille. Maître d'hôtel, chef du service de la table dans une grande maison, un restaurant.

hôtel-Dieu n. m. Principal hôpital, dans quelques villes.

hôtelier, ère adj. Qui concerne l'hôtellerie : industrie hôtelière. N. Personne qui tient un hôtel.

hôtellerie n. f. Hôtel ou restaurant élégant, situé à la campagne ou d'allure rustique. Ensemble de la profession hôtelière : l'hôtellerie française.

*hotte n. f. Panier d'osier, long et large, porté sur le dos : hotte de chiffonnier. Construction, de forme évasée, qui termine le bas d'une cheminée. Dispositif destiné à recueillir les vapeurs dans une cuisine.

*hottée n. f. Contenu de la hotte.

*hou ! interj. Qui sert à faire peur ou à faire honte.

*houblon n. m. Plante grimpante dont les cônes servent à aromatiser la bière.

*houblonnière n. f. Champs de houblon.

*houe n. f. Sorte de pioche à fer large et recourbé, pour remuer la terre.

*houille n. f. Charbon fossile renfermant une grande quantité de carbone. Houille blanche, chutes d'eau utilisées comme force motrice.

*houiller, ère adj. Qui renferme de la houille : terrain houiller. Relatif à la houille : industrie houillère.

*houillère n. f. Mine de houille.

*houle n. f. Mouvement ondulatoire de la mer.

*houlette n. f. Bâton de berger muni d'une plaque pour lancer des mottes aux animaux qui s'écartent.

*houleux, euse adj. Agité par la houle. Fig. Mouvement : assemblée houleuse.

*houppe n. f. Touffe de brins de laine, de soie, de duvet. Touffe de cheveux, de plumes sur la tête.

*houppelande n. f. Ample manteau en usage autrefois.

*houppette n. f. Petite houppe.

*hourdis ou *hourdage n. m. Maçonnage grossier. Couche de plâtre sur un lattis.

*hourra n. m. Acclamation : des hourras enthousiastes.

*hourvari n. m. Cri des chasseurs pour rappeler les chiens. Tumulte.

*houspiller v. t. Malmener.

*housse n. f. Enveloppe d'étoffe : mettre des housses aux fauteuils.

*houx [u] n. m. Arbuste toujours vert, aux feuilles luisantes et armées de piquants.

hovercraft n. m. Véhicule se déplaçant sur l'eau à l'aide d'un coussin d'air.

*hublot n. m. Fenêtre ronde dans la paroi d'un navire ou d'un avion.

*huche n. f. Coffre de bois pour pétrir la pâte ou conserver le pain.

*hue ! Terme dont on se sert pour faire avancer les chevaux.

*huée n. f. Action de huer. Fig. Cris d'hostilité, de réprobation, de moquerie : les huées de la foule.

*huer v. t. Accueillir par des huées. V. i. Crier (hibou).

*huguenot, e n. et adj. Surnom donné pendant les guerres de Religion aux calvinistes par les catholiques.

huilage n. m. Action d'huiler.

huile n. f. Liquide gras qu'on extrait de diverses substances végétales ou animales et qui sert à l'alimentation et à des usages industriels. Huile minérale, pétrole. Peinture à l'huile, avec des couleurs délayées à l'huile. Fig. Jeter de l'huile sur le feu, envenimer une querelle. Faire tache d'huile, augmenter peu à peu. Fam. Personnage important.

huiler v. t. Frotter, imprégner d'huile : huiler des rouages ; papier huilé.

huilerie n. f. Fabrique d'huile.

huileux, euse adj. De la nature de l'huile. Gras : peau huileuse.

huilier n. m. Accessoire de table contenant les burettes d'huile et de vinaigre, etc. N. et adj. m. Fabricant ou marchand d'huile.

huis [ui] n. m. Porte. (Vx.) À huis clos, le public n'étant pas admis.

huisserie n. f. Bâti en bois encadrant une porte.

huissier n. m. Celui qui a la charge, chez un souverain, un haut personnage, une administration, d'annoncer, d'introduire, etc. Celui qui fait le service des séances d'une assemblée, etc. Officier ministériel chargé de signifier les actes de justice, de mettre à exécution les jugements, etc.

*huit [ui ; ui devant une consonne] adj. num. Sept plus un. Huitième : Charles huit. N. m. inv. : le huit du mois ; huit de carreau.

*huitaine n. f. Espace de huit jours : remettre à huitaine. Série de huit objets.

*huitième adj. num. ord. et n. Dont le rang est marqué par le nombre huit. N. f. Classe élémentaire des lycées et collèges. N. m. La huitième partie.

*huitièmement adv. En huitième lieu.

huître n. f. Genre de mollusques à double coquille, dont la chair, comestible, est très appréciée. Huître perlière, celle qui fournit les perles.

*hulotte n. f. Chat-huant.

*hum ! [em] interj. Marque le doute, l'impatience.

humain, e adj. De l'homme : corps humain. Le genre humain, l'ensemble des hommes. Bienfaisant, secourable : se montrer humain. Qui possède les qualités ou les défauts communs à la plupart des hommes : c'est une réaction humaine. Respect humain, contrainte qu'exerce sur nous la peur du qu'en-dira-t-on. N. m. pl. Poét. Les humains, les hommes.

humaniser v. t. Mettre à la portée de l'homme : *humaniser la ville*. Rendre plus acceptable, plus agréable, plus humain : *humaniser les conditions de travail*.

humanisme n. m. Doctrine des humanistes de la Renaissance. Ensemble des tendances intellectuelles et philosophiques qui ont pour objet le développement des qualités essentielles de l'homme.

humaniste n. m. et adj. Philosophe qui fonde son système sur l'homme, sa situation et sa destinée dans l'univers. Homme versé dans la connaissance des langues et des littératures anciennes.

humanitaire adj. Qui intéresse l'humanité. N. et adj. Qui s'occupe des intérêts de l'humanité.

humanitarisme n. m. Doctrine, comportement prétendant à l'amour de l'humanité.

humanité n. f. Nature humaine. Genre humain : *un bienfaiteur de l'humanité*. Bonté, bienveillance : *traiter avec humanité*. N. f. pl. Étude de la langue et de la littérature grecques et latines : *faire ses humanités*.

humanoïde adj. et n. m. À forme humaine. Dans le langage de la science-fiction, se dit d'un être ressemblant à l'homme.

humble* adj. Qui s'abaisse volontairement. Qui marque l'humilité : *humble requête*. Fig. Qui a peu d'éclat, d'importance : *humble condition*.

humectage n. m. Action d'humecter.

humecter v. t. Rendre humide, mouiller légèrement.

*humer v. t. Avaler en aspirant : *humer un œuf*. Respirer, aspirer, sentir.

huméral, e, aux adj. De l'humérus.

humérus [ymerys] n. m. L'os du bras, depuis l'épaule jusqu'au coude.

humeur n. f. Substance fluide d'un corps organisé (sang, bile, pus, etc.).

humeur n. f. Disposition de l'esprit naturelle ou accidentelle : *humeur enjouée*.

humide adj. Chargé de liquide ou de vapeur : *temps humide*. *Yeux humides*, pleins de larmes. N. m. Ce qui est humide.

humidification n. f. Action d'humidifier.

humidifier v. t. Rendre humide.

humidité n. f. État de ce qui est humide.

humiliation n. f. Action d'humilier ou état d'une personne humiliée. Affront : *subir une humiliation*.

humilier v. t. Abaisser, mortifier. Rendre confus : *humilier un menteur*.

humilité n. f. Vertu qui résulte du sentiment de notre faiblesse. Absence totale d'orgueil. Déférence.

humoriste n. et adj. Qui a de l'humour : *un écrivain humoriste*. Auteur de dessins, d'écrits comiques ou satiriques.

humoristique* adj. Qui tient de l'humour : *dessins humoristiques*.

humour n. m. Ironie qui se dissimule sous une apparente impassibilité.

humus [ymys] n. m. Terre noirâtre par suite de la décomposition partielle de déchets végétaux et animaux.

*hune n. f. Plate-forme en saillie autour d'un mât de navire.

*hunier n. m. Voile carrée d'un mât de hune.

*huppe n. f. Touffe de plumes que certains oiseaux ont sur la tête. Genre d'oiseaux passereaux huppés.

*huppé, e adj. Qui a une huppe. *Fam.* De haut rang : *personnage huppé*.

*hure n. f. Tête coupée de sanglier, de saumon, de brochet, etc.

*hurlement n. m. Cri prolongé du loup et du chien. Cri aigu et prolongé : *des hurlements d'effroi*.

*hurler v. i. Faire entendre des hurlements. Chanter, parler fort et mal.

hurluberlu n. m. Étourdi, écervelé.

*hussard n. m. Soldat de cavalerie légère.

*hussarde n. f. Danse d'origine hongroise. *À la hussarde* loc. adv. D'une manière cavalière.

*hutte n. f. Petite cabane grossière faite de branchages, etc.

hyacinthe n. f. Pierre précieuse d'un jaune tirant sur le rouge.

hybridation n. f. Production d'hybrides par croisement.

hybride n. m. et adj. Se dit d'un animal ou d'un végétal résultant du croisement de deux espèces différentes. *Fig.* D'une nature composite, mal définie. Se dit d'un mot tiré de deux langues, comme *automobile*.

hydratation n. f. *Chim.* Fixation d'eau sur un corps.

hydrate n. m. Combinaison de l'eau avec une substance. *Hydrates de carbone*, autre nom des glucides.

hydraté, e adj. Combiné avec l'eau.

hydraulicien n. m. Ingénieur spécialiste d'hydraulique.

hydraulique n. f. Science et technique qui traitent des lois régissant l'écoulement des liquides et des problèmes posés par l'utilisation de l'eau. Adj. Relatif à l'eau, qui fonctionne à l'aide d'un liquide quelconque : *frein hydraulique*.

hydravion n. m. Avion muni de flotteurs ou d'une coque étanche pour pouvoir se poser sur l'eau et à décoller.

hydre n. f. Animal invertébré vivant en eau douce. *Myth.* Monstre à sept têtes tué par Hercule.

hydrique, suffixe qui désigne les acides formés par la combinaison d'hydrogène et d'un corps simple : *acide chlorhydrique*. Adj. Relatif à l'eau : *diète hydrique*.

hydrocarbure n. m. Combinaison chimique de carbone et d'hydrogène : *le pétrole est formé d'un mélange de divers hydrocarbures*.

hydrocéphale adj. Atteint d'hydrocéphalie ou hydropisie de la tête.

hydrocution n. f. Perte de connaissance due à l'immersion d'une personne dans l'eau froide et qui la fait couler à pic.

hydrodynamique n. f. Étude des lois régissant le mouvement des liquides, ainsi que les résistances qu'ils opposent aux corps qui se meuvent par rapport à eux.

hydro-électrique adj. Qui concerne la production d'électricité par l'action d'une force hydraulique : *barrage hydro-électrique*.

hydrogène n. m. Corps simple gazeux, qui entre dans la composition de l'eau : *l'hydrogène est 14 fois plus léger que l'air*.

hydrogéner v. t. (conj. 5) Combiner avec l'hydrogène.

hydroglisseur n. m. Bateau à fond plat, propulsé par une hélice aérienne ou par un moteur à réaction.

hydrographie n. f. Science qui étudie l'élément liquide de la Terre. Topographie maritime. Ensemble des eaux d'une région. Étude du régime des eaux d'une région.

hydrolyse n. f. *Chim.* Dédoublement de la molécule de certains composés organiques par action de l'eau.

hydromel n. m. Boisson faite d'eau et de miel : *les Gaulois buvaient de l'hydromel.*

hydrométrie n. f. Science qui comprend l'étude de tout ce qui se rapporte à l'eau.

hydrominéral, e, aux adj. Relatif aux eaux minérales : *station hydrominérale.*

hydrophile adj. Qui absorbe l'eau : *coton hydrophile.* N. m. Genre de coléoptères des eaux stagnantes.

hydrophobie n. f. Horreur de l'eau.

hydropique n. et adj. Personne atteinte d'hydropisie.

hydropisie n. f. Épanchement de sérosité dans une partie du corps.

hydrosphère n. f. Partie liquide de la croûte terrestre (par oppos. à *atmosphère* et à *lithosphère*).

hydrostatique n. f. Étude des conditions d'équilibre des liquides et de la répartition des pressions qu'ils transmettent.

hydrothérapie n. f. Traitement des malades par l'eau, froide ou chaude.

hydrothérapique adj. Relatif à l'hydrothérapie : *massages hydrothérapiques.*

hyène n. f. Mammifère carnassier d'Asie et d'Afrique.

hygiène n. f. Partie de la médecine qui traite des milieux où l'homme est amené à vivre. Ensemble des règles relatives à la conservation de la santé.

hygiénique adj. Relatif à l'hygiène.

hygiéniste n. Spécialiste d'hygiène.

hygromètre n. m. Instrument qui mesure l'humidité de l'air.

hygrométrie n. f. Partie de la météorologie qui étudie l'humidité de l'atmosphère.

hygroscope n. m. Instrument indiquant le degré d'humidité de l'air.

hymen [imɛn] n. m. *Poét.* Mariage. Membrane qui, chez la femme vierge, rétrécit l'orifice du vagin.

hyménoptères n. m. pl. Ordre d'insectes aux ailes membraneuses (abeilles, fourmis, etc.).

hymne n. m. *Antiq.* Poème en l'honneur des dieux, des héros. Chant national. N. f. Cantique latin, poème religieux de la liturgie.

hyperbole n. f. Figure de rhétorique, qui consiste à exagérer l'expression. *Math.* Ensemble des points d'un plan dont la différence des distances à deux points fixes, appelés *foyers*, est constante.

hyperbolique* adj. Qui tient de l'hyperbole, exagéré : *louanges hyperboliques. Géom.* En forme d'hyperbole.

hypermétrope adj. et n. Atteint d'hypermétropie.

hypermétropie n. f. Anomalie de la vision, due à un défaut de convergence du cristallin, et dans laquelle l'image se forme en arrière de la rétine.

hypersensible adj. Très sensible.

hypertension n. f. Tension artérielle excessive.

hypertrophie n. f. Accroissement anormal des tissus d'un organe. *Fig.* Développement excessif : *hypertrophie d'un sentiment.*

hypertrophier v. t. Produire l'hypertrophie.

hypnose n. f. Sommeil provoqué par des moyens artificiels (chimiques ou psychologiques).

hypnotique adj. Relatif à l'hypnose. N. m. et adj. Médicament qui provoque le sommeil.

hypnotiser v. t. Endormir par les procédés de l'hypnotisme. V. pr. *Fig.* Concentrer son attention.

hypnotiseur n. m. Qui hypnotise.

hypnotisme n. m. Ensemble des phénomènes de l'hypnose. Science traitant des phénomènes.

hypocondriaque adj. Atteint d'hypocondrie. *Fig.* Triste, inquiet.

hypocondrie n. f. Affection nerveuse, qui rend morose.

hypocrisie n. f. Vice qui consiste à affecter une piété, une vertu, des sentiments, qu'on n'a pas.

hypocrite* n. et adj. Qui a de l'hypocrisie : *un enfant hypocrite.* Adj. Qui marque l'hypocrisie : *air hypocrite.*

hypoderme n. m. Partie profonde de la peau, sous le derme, riche en tissus adipeux.

hypogastre n. m. Bas du ventre.

hypogée n. m. Construction souterraine destinée à recevoir des sépultures.

hypophyse n. f. Glande endocrine située dans la boîte crânienne sous le cerveau.

hypostyle adj. *Archit.* Se dit de la grande salle des temples égyptiens, dont le plafond est supporté par des colonnes.

hypotension n. f. Tension artérielle insuffisante.

hypoténuse n. f. Côté opposé à l'angle droit dans un triangle rectangle.

hypothalamus [ipɔtalamys] n. m. Région de l'encéphale située à la base du cerveau et au-dessus de l'hypophyse.

hypothécaire* adj. Relatif à l'hypothèque : *caisse hypothécaire.*

hypothèque n. f. Droit accordé à un créancier sur un bien, sans que le propriétaire en soit dépossédé : *prendre une hypothèque sur un immeuble.*

hypothéquer v. t. (conj. 5) Soumettre à une hypothèque. Garantir par une hypothèque. *Fig.* Engager, lier : *hypothéquer l'avenir.*

hypothèse n. f. Supposition.

hypothétique* adj. Fondé sur une hypothèse. Douteux, incertain.

hypsométrie n. f. Science de la mesure et de la représentation du relief.

hystérie n. f. Névrose caractérisée par des troubles divers de la sensibilité.

hystérique* adj. Relatif à l'hystérie. N. et adj. Atteint d'hystérie.

i n. m. Neuvième lettre et troisième voyelle de l'alphabet. *Droit comme un I,* très droit. *Mettre les points sur les i,* s'expliquer clairement, sans ménagement.

iambe [jãb] n. m. Pied de vers ancien composé d'une brève et d'une longue. Pièce satirique en vers de douze syllabes, alternant avec des vers de huit : *les ïambes d'André Chénier.*

ibérique adj. et n. De l'Ibérie. Qui se rapporte à l'Espagne et au Portugal : *la péninsule ibérique.*

ibidem adv. Au même endroit. (On écrit par abréviation : *ibid.*)

ibis [ibis] n. m. Oiseau échassier.

iceberg [isbεrg ou ajsbεrg] n. m. Masse de glace flottante détachée d'un glacier polaire.

ichtyologie [iktjɔlɔʒi] n. f. Partie de l'histoire naturelle qui traite des poissons.

ici adv. En ce lieu-ci. *Par ext.* Au moment présent : *d'ici à demain.* Ici-bas, dans ce bas monde.

icône n. f. Dans l'Église orientale, peinture sur bois du Christ, de la Vierge ou des saints.

iconoclaste n. et adj. *Fam.* Personne qui est sans respect pour les traditions.

iconographie n. f. Étude des sujets représentés par des œuvres d'art. Ensemble d'illustrations relatives à un sujet donné.

ictère n. m. Jaunisse.

ictus [iktys] n. m. Affection subite qui frappe le malade comme un coup.

idéal, e², aux adj. Qui n'existe que dans l'imagination. Qui possède la suprême perfection : *beauté idéale.* N. m. Perfection conçue par l'esprit. Ce à quoi l'on aspire. (Pl. *idéals* ou *idéaux.*)

idéalisation n. f. Action d'idéaliser.

idéaliser v. t. Donner un caractère idéal ; revêtir de toutes les perfections.

idéalisme n. m. Doctrine philosophique qui nie la réalité individuelle des choses, n'admet que l'idée. Poursuite de l'idéal dans les œuvres d'art.

idéaliste n. et adj. Partisan de l'idéalisme. Qui poursuit un idéal parfois chimérique.

idée n. f. Représentation d'une chose dans l'esprit : *l'idée du beau.* Manière de voir : *idées politiques.* Intention : *changer d'idée.* Conception de l'esprit, *fam.,* l'esprit même qui conçoit. Imagination. Visions chimériques. *Idée fixe,* pensée dominante, obsession.

idem adv. lat. Le même. (Abrév. *id.*)

identification n. f. Action d'identifier.

identifier v. t. Déclarer identique : *identifier deux genres.* Établir l'identité : *identifier un criminel.* V. pr. Devenir identique. Se pénétrer des sentiments d'un autre : *l'actrice s'est identifiée avec son personnage.*

identique² adj. Qui ne fait qu'un avec : *ce sont deux figures identiques.* Tout à fait semblable.

identité n. f. Caractère de ce qui est identique. Ensemble des caractères, des circonstances qui font qu'une personne est bien telle personne déterminée : *pièce d'identité.*

idéogramme n. m. Signe exprimant l'idée d'un mot et non sa prononciation : *les hiéroglyphes sont des idéogrammes.*

idéographie n. f. Représentation des idées dans l'écriture par des signes figurant les objets.

idéographique adj. Relatif à l'idéographie : *écriture idéographique.*

idéologie n. f. Système d'idées qui constitue une doctrine. Ensemble des idées, des croyances, des doctrines propres à une époque, une société ou une classe sociale : *l'idéologie bourgeoise ; l'idéologie révolutionnaire. Péjor.* Doctrine préconisant un idéal irréalisable.

idéologique² adj. Relatif à l'idéologie.

idéologue n. Personne qui s'attache de manière systématique à une doctrine philosophique ou sociale.

ides n. f. pl. Quinzième jour des mois de mars, mai, juillet et octobre, treizième des autres mois, dans le calendrier romain : *César fut assassiné aux ides de mars.*

idiomatique adj. Relatif aux idiomes.

idiome n. m. Langue particulière à une nation.

idiosyncrasie n. f. Réaction individuelle, propre à chaque homme.

idiot, e² n. et adj. Stupide, dépourvu d'intelligence : *air idiot.*

idiotie n. f. Arrêt de développement mental. Absence d'intelligence.

idiotisme n. m. Tournure propre à un idiome et qui ne peut être traduite littéralement dans un autre.

idoine adj. Propre à, convenable.

idolâtre adj. et n. Qui adore les idoles. Qui aime avec excès.

idolâtrer v. t. Aimer avec passion.

idolâtrie n. f. Adoration des idoles. *Fig.* Amour passionné.

idolâtrique adj. De l'idolâtrie.

idole n. f. Représentation d'une divinité sous une forme matérielle (statue, image, etc.) qui est adorée comme s'il s'agissait du dieu lui-même : *culte des idoles. Fig.* Personne que l'on aime avec une sorte de culte : *idole du peuple.*

idylle [idil] n. f. Petit poème du genre bucolique ou pastoral. *Fig.* Amour tendre et naïf : *l'idylle de deux enfants.*

idyllique adj. Qui a un caractère idéal et naïf : *description idyllique.*

if n. m. Genre d'arbres conifères toujours verts, à petits fruits rouge vif.

igloo [iglu] n. m. Hutte de neige qui sert d'habitation à certains Esquimaux.

igname [iɲam] n. f. Plante cultivée dans les régions tropicales pour ses tubercules riches en amidon.

ignare adj. Très ignorant.

igné, e [igne] adj. Produit par l'action du feu : *roches ignées.*

ignifuge adj. et n. m. Propre à rendre ininflammable : *peinture ignifuge.*

ignifuger [ignifyʒe ou iɲifyʒe] v. t. (conj. 1) Rendre ininflammable.

ignition n. f. État des corps en combustion : *charbon en ignition.*

ignoble* adj. Bas, vil, infâme : *conduite ignoble; un bouge ignoble.*

ignominie n. f. Infamie. Grand déshonneur.

ignominieux, euse* adj. Qui cause de l'ignominie : *mort ignominieuse.*

ignorance n. f. Défaut de connaissances.

ignorant, e n. et adj. Dépourvu de savoir.

ignorer [inɔre] v. t. Ne pas savoir. Ne pas connaître par expérience. Ne pas pratiquer.

iguane [igwan] n. m. Genre de reptiles sauriens de grande taille.

il, ils pron. pers. masc. 3ᵉ pers.

île n. f. Terre entourée d'eau de tous côtés.

iliaque adj. Des flancs. *Os iliaque,* os de la hanche.

illégal, e, aux adj. Contraire à la loi : *ordonnance illégale.*

illégalité n. f. Acte illégal.

illégitime adj. Qui ne remplit pas les conditions requises par la loi. *Par ext.* Qui n'est pas fondé, justifié.

illégitimité n. f. Défaut de légitimité : *l'illégitimité d'un décret.*

illettré adj. et n. Personne qui ne sait ni lire ni écrire.

illicite* adj. Interdit par la loi.

illico adv. Sur-le-champ.

illimité, e adj. Sans limites.

illisible* adj. Non lisible : *écriture illisible.* De lecture insupportable.

illogique* adj. Contraire à la logique. Sans esprit de suite.

illogisme n. m. Caractère de ce qui est illogique.

illumination n. f. Action d'illuminer. Lumières décoratives. *Fig.* Lumière soudaine dans l'esprit.

illuminé, e n. Membre de certaines sectes religieuses qui se prétendaient éclairées, inspirées directement par Dieu. *Par ext.* Visionnaire.

illuminer v. t. Éclairer. Orner d'illuminations : *illuminer sa maison. Fig.* Éclairer l'esprit, l'âme.

illusion n. f. Erreur des sens, de l'esprit, qui fait prendre l'apparence pour la réalité : *le mirage est une illusion de la vue.* Pensée chimérique. *Faire illusion,* tromper. *Se faire illusion,* s'abuser.

illusionner v. t. Produire de l'illusion, tromper : *s'illusionner sur sa valeur.*

illusionniste n. Prestidigitateur.

illusoire* adj. Trompeur.

illustrateur n. m. Qui dessine des illustrations d'ouvrages.

illustration n. f. Action d'illustrer, de rendre clairs des exemples, des explications. Photographie, gravure, dessin ornant un livre; ensemble des images illustrant un texte, une revue, etc.

illustre* adj. Bien en vue, manifeste. *Par ext.* Éclatant, célèbre : *écrivain illustre.*

illustré, e adj. Orné de gravures : *livre illustré.*

illustrer v. t. Rendre illustre. Orner un texte de gravures. Éclaircir un texte : *illustrer de commentaires.*

îlot n. m. Petite île. Groupe de maisons dans une ville : *îlot insalubre.*

ilote n. m. Esclave chez les Spartiates.

image n. f. Représentation d'une personne ou d'une chose par la peinture, la sculpture, le dessin, la photographie, etc. Reproduction visuelle d'un objet par un miroir, un instrument d'optique. Représentation des personnes, des objets dans l'esprit : *cette image me poursuit.* Ressemblance; ce qui imite, reproduit : *cet enfant est l'image de son père.* Symbole, figure : *l'image de la guerre.* Métaphore : *langage rempli d'images.*

imager v. t. (conj. 1) Revêtir d'images, de métaphores.

imagerie n. f. Fabrique, commerce d'images : *l'imagerie d'Épinal.* Ensemble d'images représentant des faits, des personnages, etc., de même origine, de même inspiration : *l'imagerie populaire.*

imagier n. Personne qui fait ou enlumine des images.

imaginaire adj. Non réel. Fictif.

imaginatif, ive adj. Qui imagine aisément : *esprit imaginatif.*

imagination n. f. Faculté de se représenter les objets par la pensée. Faculté d'inventer.

imaginer v. t. Se représenter dans l'esprit. Inventer : *Torricelli imagina le baromètre.* Penser, croire sans fondement : *s'imaginer qu'on est malade.*

iman n. m. Ministre de la religion musulmane. Titre de certains souverains arabes.

imbattable adj. Qui ne peut être vaincu.

imbécile* adj. et n. Faible d'esprit. Sot, stupide.

imbécillité n. f. Faiblesse d'esprit. Sottise : *dire des imbécillités.*

imberbe adj. Sans barbe.

imbiber v. t. Mouiller, pénétrer d'un liquide : *imbiber d'eau une éponge.*

imbrication n. f. État de choses imbriquées : *imbrication des écailles de poisson.*

imbriquer v. t. Disposer comme les tuiles, les ardoises d'un toit. V. pr. Être lié, mêlé d'une manière étroite.

imbroglio [ɛ̃brɔljo] n. m. Confusion, embrouillement.

imbu, e adj. Rempli, pénétré (au *fig.* seulement) : *imbu de préjugés.*

imbuvable adj. Qui ne peut se boire. Fig. mauvais à boire.

imitateur, trice n. et adj. Qui imite.

imitatif, ive adj. De la nature de l'imitation : *harmonie imitative.*

imitation n. f. Action d'imiter. Objet produit en imitant. *Péjor.* Contrefaçon. Matière qui en simule une plus riche : *bronze d'imitation.*

imiter v. t. Faire ou s'efforcer de faire ce que fait une personne, un animal : *imiter ses camarades.* Reproduire l'aspect : *imiter une signature.* Prendre pour modèle : *imiter ses ancêtres.* Contrefaire : *le cuivre doré imite l'or.*

immaculé, e adj. Sans tache. *Fig.* Sans souillure morale : *innocence immaculée.* Immaculée Conception, celle de la Vierge Marie qui, d'après un dogme catholique, fut exempte du péché originel.

immanent, e adj. Qui existe, réside en soi-même : *justice immanente.* Qui se manifeste de soi-même.

immangeable [ɛ̃mɑ̃ʒabl] adj. Qui ne peut être mangé : *un rôti immangeable.*

immanquable [ĕmãkabl] adj. Qui ne peut manquer d'arriver : *un accident immanquable.*

immanquablement adv. Infailliblement : *se tromper immanquablement.*

immatériel, elle adj. Sans consistance matérielle : *apparence immatérielle.*

immatriculation n. f. Action d'immatriculer. Etat de ce qui est immatriculé : *immatriculation d'un soldat, d'une automobile.*

immatriculer v. t. Enregistrer.

immaturité n. f. Etat de ce qui n'est pas mûr (au pr. et au *fig.*).

immédiat, e* adj. Qui est ou se fait, ou qui agit sans intermédiaire. Instantané : *soulagement immédiat.*

immémorial, e, aux adj. Qui remonte à une époque très ancienne : *de temps immémorial.*

immense adj. Presque sans bornes, sans mesure : *la mer immense.* Très considérable : *une immense fortune.*

immensément adv. D'une manière immense.

immensité n. f. Grandeur infinie. Vaste étendue : *l'immensité des mers.*

immerger v. t. (conj. 1) Plonger dans un liquide.

immérité, e adj. Non mérité : *reproches immérités.*

immersion n. f. Action d'immerger.

immeuble n. m. Grand bâtiment urbain de plusieurs étages. Adj. *Dr.* Biens *immeubles,* biens qui ne peuvent être déplacés, comme les terrains.

immigrant, n. et adj. Qui vient s'installer dans un pays étranger au sien.

immigration n. f. Action d'immigrer.

immigrer v. i. Venir dans un pays pour s'y fixer.

imminence n. f. Qualité de ce qui est imminent : *l'imminence du danger.*

imminent, e adj. Qui est près de se produire, qui va avoir lieu dans très peu de temps. Qui menace.

immiscer (s') v. pr. (conj. 1) Se mêler : *s'immiscer dans les affaires d'autrui.*

immixtion n. f. Action de s'ingérer dans les affaires d'autrui.

immobile adj. Qui ne se meut pas : *rester immobile.* Fig. Ferme, inébranlable.

immobilier, ère adj. Qui est relatif aux immeubles. Société *immobilière,* celle qui s'occupe de la construction et de la vente d'immeubles. N. m. Commerce d'immeubles ; vente et location de maisons ou d'appartements : *travailler dans l'immobilier.*

immobilisation n. f. Action d'immobiliser. *Dr.* Action de la loi en vertu de laquelle des biens meubles sont déclarés immeubles.

immobiliser v. t. Rendre immobile. Priver des moyens d'agir.

immobilité n. f. Etat de ce qui ne se meut point, qui est stationnaire.

immodéré*, e adj. Excessif.

immodeste* adj. Sans modestie, sans pudeur : *tenue immodeste.*

immodestie n. f. Manque de modestie, de bienséance, de pudeur.

immolation n. f. Action d'immoler.

immoler v. t. Offrir en sacrifice. Tuer, massacrer. Fig. Sacrifier.

immonde adj. Sale, impur. Fig. Ignoble, dégoûtant.

immondice n. f. Ordure, saleté.

immoral, e, aux adj. Contraire à la morale.

immoralité n. f. Manque de moralité. Chose immorale.

immortaliser v. t. Rendre immortel.

immortalité n. f. Qualité, état de ce qui est immortel : *l'immortalité de l'âme.* Vie perpétuelle dans le souvenir des hommes : *aspirer à l'immortalité.*

immortel, elle* adj. Non sujet à la mort. *Par ext.* Qui dure très longtemps : *haine immortelle.* Fig. Qui vivra perpétuellement dans la mémoire : *chef-d'œuvre immortel.* N. m. Fam. Membre de l'Académie française. N. f. Nom de certaines plantes dont les fleurs persistent longtemps sans se faner.

immotivé, e adj. Qui n'est pas motivé : *accusation immotivée.*

immuable* adj. Non sujet à changer.

immunisation n. f. Action d'immuniser.

immuniser v. t. Rendre réfractaire à une maladie. Fig. Soustraire à une influence nocive.

immunité n. f. Exemption d'impôts, de devoirs, etc. Résistance naturelle ou acquise d'un organisme vivant à un agent infectieux (microbes) ou toxique (venins, etc.). Privilège attribué à certaines personnes : *immunité parlementaire.*

immutabilité ou **immuabilité** n. f. Qualité de ce qui est immuable : *l'immutabilité des traditions.*

impact n. m. *Point d'impact,* endroit où un projectile touche l'objectif ou un obstacle. Effet de surprise, de choc, produit par quelque chose. Influence exercée par une chose : *l'impact de la publicité sur le public.*

impair, e adj. Nombre non divisible exactement par deux. Exprimé par un nombre impair. N. m. Fam. Maladresse : *commettre un impair.*

impalpable adj. Si fin, si ténu qu'on ne le sent pas au toucher : *poudre impalpable.*

impardonnable adj. Qui ne mérite point de pardon : *erreur impardonnable.*

imparfait, e* adj. Incomplet, non achevé. Qui a des défauts : *ouvrage imparfait.* N. m. Ce qui est incomplet, inachevé. Gramm. Temps du verbe exprimant une action qui a duré ou s'est répétée dans le passé : *je le* VOYAIS *tous les jours.*

impartial, e* adj. Qui ne sacrifie pas la justice, la vérité à des considérations particulières ; équitable ; objectif.

impartialité n. f. Caractère impartial : *juger avec impartialité.*

impartir v. t. Accorder : *impartir un délai.*

impasse n. f. Voie sans issue. Fig. Situation sans issue : *être dans une impasse.*

impassibilité n. f. Qualité de qui est impassible.

impassible* adj. Qui est insensible. Qui garde un calme imperturbable.

impatiemment [ɛpasjamã] adv. Avec impatience.

impatience n. f. Manque de patience.

impatient, e adj. Qui manque de patience. N. f. Genre de balsamine.

impatienter v. t. Faire perdre patience : *bruit qui impatiente.*

impavide adj. Sans peur. Intrépide.

impayable adj. *Fam.* Ridicule ou comique : *aventure impayable.*

impayé, e adj. Non payé : *traite impayée.*

impeccable adj. Sans défaut, irréprochable.

impedimenta [ε̃pedimε̃ta] n. m. pl. Obstacle retardant la marche d'une affaire.

impénétrable adj. Qui ne peut être pénétré : *cuirasse impénétrable. Fig.* Inexplicable : *mystère impénétrable.* Dont on ne peut deviner les sentiments : *personne impénétrable.*

impénitent, e adj. Qui est endurci dans le péché. *Fam.* Qui persiste dans ses errements : *buveur impénitent.*

impératif, ive* adj. Qui a le caractère du commandement : *ton impératif.* N. m. et adj. *Gramm.* Mode de temps du verbe exprimant le commandement, l'exhortation, la prière.

impératrice n. f. Femme d'un empereur. Souveraine d'un empire.

imperceptible* adj. Qu'on peut à grand-peine percevoir : *progrès imperceptible.*

imperfectible adj. Non perfectible.

imperfection n. f. État de ce qui n'est pas parfait. Défaut, erreur : *les imperfections d'un travail.*

impérial, e*, aux adj. Qui appartient à un empereur ou à un empire. N. f. Étage supérieur d'un wagon, d'un autobus, d'un autocar. Barbiche sous la lèvre inférieure.

impérialisme n. m. Visées d'expansion d'un État dans le domaine territorial, maritime ou économique. Politique d'un État qui tend à mettre certaines populations ou certains États sous sa dépendance politique ou économique.

impérialiste adj. et n. Favorable à la politique d'expansion nationale.

impérieux, euse* adj. Qui commande en maître. *Fig.* Pressant, irrésistible : *nécessité impérieuse.*

impérissable* adj. Qui ne saurait périr : *gloire impérissable.*

impéritie [ε̃perisi] n. f. Incapacité.

imperméabilisation n. f. Action d'imperméabiliser.

imperméabiliser v. t. Rendre imperméable : *tissu imperméabilisé.*

imperméabilité n. f. Qualité de ce qui est imperméable.

imperméable adj. Qui ne laisse pas passer l'eau. N. m. Vêtement qui protège de la pluie.

impersonnel, elle* adj. Qui n'a pas de personnalité. Qui manque d'originalité. *Gramm.* Se dit d'un verbe qui ne se conjugue qu'à la 3e pers. du sing., comme *il pleut, il neige.* Modes impersonnels, l'infinitif et le participe.

impertinemment adv. Avec impertinence : *répondre impertinemment.*

impertinence n. f. Manière irrespectueuse de parler, d'agir. Parole, action offensante.

impertinent, e adj. et n. Qui ne convient pas, déplacé. Qui témoigne de l'irrespect. Insolent.

imperturbabilité n. f. Caractère de ce qui est imperturbable.

imperturbable* adj. Que rien ne peut troubler : *calme imperturbable.*

impétigo n. m. *Méd.* Éruption cutanée, pustuleuse.

impétrant, e n. Qui obtient un titre, un diplôme, une charge, etc.

impétueux, euse* adj. Violent, rapide : *vent impétueux. Fig.* Vif, emporté, fougueux.

impétuosité n. f. Caractère de ce qui est impétueux : *l'impétuosité de la jeunesse.*

impie n. et adj. Qui méprise la religion. Adj. Contraire à la religion.

impiété n. f. Mépris pour les choses de la religion. Action, discours impie. Mépris de ce qui mérite d'être respecté.

impitoyable* adj. Sans pitié.

implacable* adj. Qui ne peut être apaisé.

implantation n. f. Action d'implanter.

implanter v. t. Insérer, fixer dans. *Fig.* Établir : *implanter un usage.* V. pr. S'établir, se fixer.

implication n. f. Action d'impliquer. État d'une personne impliquée dans une affaire judiciaire. Ce qui est impliqué, contenu dans quelque chose : *les implications politiques d'un choix idéologique.*

implicite* adj. Contenu dans une proposition, dans un fait, sans être exprimé : *condition implicite.*

impliquer v. t. Engager, envelopper : *impliquer quelqu'un dans une accusation.* Renfermer, contenir, supposer : *cela implique notre consentement.*

implorer v. t. Demander humblement : *implorer une grâce.*

implosion n. f. Irruption brutale d'un fluide dans une enceinte qui se trouve à une pression nettement moindre que la pression du milieu extérieur.

impluvium [ε̃plyvjɔm] n. m. Dans l'atrium des maisons romaines, espace ouvert aux eaux de pluie, qui tombaient dans un bassin.

impoli*, e n. et adj. Qui manque de politesse : *visiteur impoli.*

impolitesse n. f. Manque de politesse. Action, parole impolie.

impondérable adj. et n. Qui ne produit aucun effet sur la balance : *fluide impondérable.* N. m. *Fig.* Circonstance difficile à évaluer, à prévoir : *les impondérables de la politique.*

impopulaire adj. Qui n'est pas conforme aux désirs, aux intérêts d'une partie importante de la population.

impopularité n. f. Manque de popularité.

importable adj. Qu'il est possible d'importer : *marchandises importables.*

importance n. f. Caractère de ce qui est important. Autorité, crédit. Suffisance, grands airs : *airs d'importance. D'importance,* considérable.

important, e adj. Qui importe, est de conséquence : *avis important.* Qui a de l'influence, du crédit. Qui a de la suffisance. N. m. L'essentiel. Homme vain : *faire l'important.*

importateur, trice n. et adj. Qui fait le commerce d'importation.

importation n. f. Action d'importer.

importer v. t. Introduire dans un pays des produits étrangers pour les commercialiser.

importer v. i. (Ne s'emploie qu'à l'infinitif et aux troisièmes pers.) Être d'importance, de conséquence. V. impers. *Il importe que,* il convient. *Qu'importe ?* De quel intérêt peut être ? *N'importe, peu importe*, cela n'est pas important.

importun, e n. et adj. Fâcheux, incommode : *conseil importun*. Se dit d'une personne qui ennuie ou gêne par ses demandes, ses assiduités, etc. : *éloigner un importun*.

importuner v. t. Fatiguer, incommoder : *importuner de questions*.

importunité n. f. Action d'importuner. Assiduité importune.

imposable adj. Qui peut être imposé, soumis à l'impôt : *revenu imposable*.

imposant, e adj. Qui impose, commande le respect : *cérémonie imposante*. Très considérable, important.

imposé, e adj. Soumis à l'impôt.

imposer v. t. *Imposer les mains*, dans la liturgie, mettre les mains sur quelqu'un pour le bénir. Charger, frapper d'un impôt : *imposer des contribuables*. Mettre un impôt sur : *imposer le sucre*. Obliger à quelque chose : *imposer de dures conditions. Imposer silence*, faire taire. V. i. Inspirer du respect : *sa fermeté impose. En imposer*, inspirer le respect, la crainte, etc. V. pr. S'obliger à. Se faire accepter par une sorte de contrainte.

imposition n. f. Action d'imposer : *imposition des mains*. Contribution, impôt : *échapper à l'imposition*. Mise en place des pages de composition typographique dans les formes.

impossibilité n. f. Le fait de n'être pas possible.

impossible adj. Qui ne peut être, qui ne peut se faire. *Par ext.* Très difficile. *Fam.* Bizarre, extravagant. Non supportable. N. m. Ce qui est presque impossible : *tenter l'impossible. Par impossible* loc. adv. Au cas très peu probable.

imposte n. f. *Archit.* Pierre en saillie, sur laquelle repose le cintre d'une arcade. *Menuis.* Partie supérieure d'une porte, d'une croisée.

imposteur n. m. Qui trompe par de fausses apparences, par des mensonges.

imposture n. f. Tromperie de celui qui cherche à se faire passer pour ce qu'il n'est pas.

impôt n. m. Contribution exigée par l'État.

impotent, e n. et adj. Privé de l'usage d'un membre. Qui se meut difficilement : *vieillard impotent*.

impraticable adj. Irréalisable : *projet impraticable. Chemin impraticable*, très difficile à parcourir.

imprécation n. f. Malédiction, souhait de malheur : *proférer des imprécations*.

imprécatoire adj. Qui maudit.

imprécis, e adj. Sans précision, vague.

imprécision n. f. Manque de précision : *rester dans l'imprécision*.

imprégnation n. f. Action d'imprégner. Son résultat.

imprégner v. t. (conj. 5) Faire pénétrer une substance dans un corps : *imprégner d'huile un chiffon. Fig.* Être imprégné de, être imbu, être pénétré de : *être imprégné par une culture*.

imprenable adj. Qui ne peut être pris : *citadelle imprenable*.

imprésario n. m. Celui qui s'occupe des engagements d'un artiste (chanteur, comédien, etc.), qui organise des spectacles. (Pl. *imprésarios*.)

imprescriptible adj. *Dr.* Non susceptible de prescription. Qui ne peut devenir caduc : *les droits imprescriptibles de la dignité humaine*.

impression n. f. Empreinte : *l'impression d'un cachet*. Action d'imprimer : *l'impression d'un livre*. Effet produit sur les organes par une action extérieure : *impression de froid. Fig.* Effet produit sur une pellicule photographique. Effet produit sur le cœur, l'esprit : *ressentir une vive impression*.

impressionnabilité n. f. Caractère impressionnable.

impressionnable adj. Qui ressent vivement des impressions.

impressionner v. t. Produire une impression matérielle. *Fig.* Émouvoir.

impressionnisme n. m. Tendance artistique qui consiste à traduire l'impression ressentie et non à représenter objectivement la réalité.

impressionniste n. m. et adj. Artiste qui fait de l'impressionnisme.

imprévisible adj. Qui ne peut être prévu : *événement imprévisible*.

imprévoyance n. f. Défaut de prévoyance.

imprévoyant, e adj. Sans prévoyance.

imprévu, e adj. Non prévu. Inattendu. N. m. Ce qui n'est pas prévu.

imprimatur n. m. Permission d'imprimer donnée par l'autorité ecclésiastique.

imprimé n. m. Livre, papier imprimé.

imprimer v. t. Faire une empreinte : *imprimer ses pas dans la neige*. Appliquer par la pression des couleurs, des dessins, un texte typographique : *imprimer des indiennes, une lithographie*. Communiquer : *imprimer un mouvement de rotation. Fig.* Faire impression sur l'esprit, le cœur : *imprimer le respect*.

imprimerie n. f. Art d'imprimer. Établissement où l'on imprime.

imprimeur n. et adj. m. Personne qui dirige une imprimerie. Technicien qui procède au tirage du papier dans une imprimerie.

improbabilité n. f. Qualité de ce qui est improbable. Chose improbable.

improbable adj. Qui n'a pas de chances de se réaliser.

improductif, ive* adj. Qui ne produit point : *terres improductives*.

impromptu adv. Sur-le-champ, sans préparation : *parler impromptu*. Adj. Fait sur-le-champ : *festin impromptu*. N. m. Petite pièce de vers improvisée. Petite pièce musicale de forme libre : *les impromptus pour piano de Schubert*.

imprononçable adj. Très difficile à prononcer.

impropre* adj. Qui ne convient pas, n'est pas exact : *terme impropre*.

impropriété n. f. Qualité de ce qui est impropre : *impropriété d'une locution*.

improvisateur, trice n. Qui improvise.

improvisation n. f. Action d'improviser : *l'improvisation d'un discours*.

improviser v. t. et i. Faire sans préparation : *improviser des vers, un dîner*.

improviste (à l') loc. adv. D'une façon inattendue : *arriver à l'improviste.*

imprudemment adv. Avec imprudence.

imprudence n. f. Manque de prudence. Action contraire à la prudence : *commettre une imprudence.*

imprudent, e n. et adj. Non prudent : *enfant imprudent.*

impubère adj. Qui n'a pas encore atteint l'âge de la puberté.

impudemment adv. Avec impudence : *mentir impudemment.*

impudence n. f. Effronterie. Insolence poussée jusqu'au cynisme. Action, parole impudente.

impudent, e n. et adj. Sans pudeur.

impudeur n. f. Manque de pudeur. Impudence extrême.

impudicité n. f. Acte ou parole impudique.

impudique* n. et adj. Qui blesse la pudeur, la chasteté.

impuissance n. f. Manque de force, de puissance : *être frappé d'impuissance.* État physiologique de celui qui ne peut accomplir l'acte sexuel.

impuissant, e adj. Qui manque du pouvoir, de la force nécessaire pour. Qui est incapable d'accomplir l'acte sexuel.

impulser v. t. Pousser quelque chose dans un certain sens.

impulsif, ive* adj. et n. Qui donne l'impulsion : *force impulsive.* Fig. Qui agit sans volonté réfléchie : *les impulsifs sont souvent irresponsables.*

impulsion n. f. Mouvement communiqué : *donner l'impulsion.* Fig. Force qui pousse à agir : *sous l'impulsion de la colère.*

impunément adv. Avec impunité.

impuni, e adj. Non puni : *crime demeuré impuni ; ce vice impuni, la lecture.*

impunité n. f. Le fait de n'être pas puni.

impur, e* adj. Non pur, mélangé : *plomb impur.* Fig. Impudique, immoral : *désirs impurs.*

impureté n. f. État de ce qui est impur. Ce qui altère la pureté d'une substance. Fig. Souillure morale. Parole, action impudique.

imputable adj. Qui peut être imputé.

imputation n. f. Action d'imputer. Inculpation, souvent sans preuves.

imputer v. t. Attribuer. Faire entrer dans le compte de : *imputer une dépense sur un chapitre du budget.*

imputrescibilité n. f. Qualité de ce qui est imputrescible.

imputrescible adj. Qui ne peut se putréfier.

inabordable adj. Où l'on ne peut aborder : *rivage inabordable.* Fig. D'un prix excessif.

inacceptable adj. Qu'on ne peut accepter : *proposition inacceptable.*

inaccessible adj. D'accès impossible : *cime inaccessible.* Fig. Que l'intelligence ne peut atteindre. Insensible : *être inaccessible à la pitié.*

inaccomplissement n. m. Manque d'accomplissement.

inaccoutumé, e adj. Non habitué à. Non habituel.

inachevé, e adj. Non achevé.

inachèvement n. m. État de ce qui n'est pas achevé.

inactif, ive adj. Sans mouvement, sans activité. Qui ne travaille pas. Non efficace : *médicament inactif.*

inaction n. f. Manque ou abstention de mouvement, de travail.

inactivité n. f. Manque d'activité. État de repos, d'inaction.

inadapté, e adj. Qui n'est pas adapté : *des méthodes de travail inadaptées à la vie moderne. Enfance inadaptée,* ensemble des enfants présentant des difficultés physiques ou intellectuelles.

inadmissible adj. Qu'on ne saurait admettre : *prétention inadmissible.* Impardonnable.

inadvertance n. f. Défaut d'attention. Action faite par inattention.

inaliénable adj. Qui ne peut s'aliéner, se vendre.

inaltérabilité n. f. Qualité de ce qui est inaltérable.

inaltérable adj. Qui ne peut être altéré : *l'or est inaltérable.* Fig. : *amitié inaltérable.*

inaltéré, e adj. Non altéré.

inamical, e, aux adj. Non amical.

inamovibilité n. f. Caractère inamovible.

inamovible adj. Qui ne peut être destitué. Dont on ne peut être destitué : *fonction inamovible.*

inanimé, e adj. Qui n'a jamais eu ou qui n'a plus de vie. Sans vie ou qui paraît tel : *corps inanimé ; tomber inanimé.*

inanité n. f. Inutilité, vanité.

inanition n. f. Épuisement par défaut de nourriture : *tomber d'inanition.*

inapaisable adj. Qui ne peut être apaisé : *une colère inapaisable.*

inapaisé, e adj. Non apaisé.

inaperçu, e adj. Non aperçu, qui échappe à l'attention : *passer inaperçu.*

inapparent, e adj. Non apparent.

inapplicable adj. Qui ne peut être appliqué : *une loi inapplicable.*

inapplication n. f. Manque d'application.

inappliqué, e adj. Qui manque d'application, de soin, d'attention : *écolier inappliqué.*

inappréciable adj. Qui ne peut être évalué : *différence inappréciable.* Fig. Qu'on ne saurait trop estimer : *talent, faveur inappréciable.*

inapte adj. Qui manque d'aptitude : *inapte aux affaires.*

inaptitude n. f. Manque d'aptitude, incapacité totale : *l'inaptitude au travail.*

inarticulé, e adj. Non articulé.

inassouvi, e adj. Non assouvi.

inattaquable adj. Qu'on ne peut attaquer : *argument inattaquable.*

inattendu, e adj. Non attendu. Qui surprend : *visite inattendue.*

inattentif, ive adj. Non attentif.

inattention n. f. Manque d'attention.

inaudible adj. Qui ne peut être perçu par l'ouïe : *vibrations inaudibles.*

inaugural, e, aux adj. Relatif à l'inauguration, au début de quelque chose.

inauguration n. f. Action d'inaugurer. Cérémonie à cet effet : *discours d'inauguration.*

inaugurer v. t. Consacrer par une cérémonie : *inaugurer une statue.* Marquer un début : *événement qui inaugure une ère de troubles.*

inavouable adj. Non avouable.

inavoué, e adj. Non avoué.

incalculable adj. Non calculable : *le nombre des étoiles est incalculable.* Fig. Dont on ne peut apprécier l'importance : *suites incalculables d'un événement.*

incandescence n. f. État d'un corps devenu lumineux sous l'effet d'une température élevée. Fig. Effervescence.

incandescent, e adj. Qui est en incandescence. Fig. En effervescence.

incantation n. f. Chant, formule auxquels on attribue le pouvoir d'agir sur les éléments, les esprits, etc.

incantatoire adj. Relatif à l'incantation : *formule incantatoire.*

incapable n. et adj. Qui n'est pas en état de faire une chose : *incapable de gouverner.* Qui manque de capacité. Dr. Celui que la loi prive de l'exercice de certains droits.

incapacité n. f. Manque de capacité. Dr. État d'une personne que la loi prive de certains droits.

incarcération n. f. Action d'incarcérer. Son résultat : *l'incarcération d'un condamné.*

incarcérer v. t. (conj. 5) Mettre en prison.

incarnat, e adj. Qui est d'une couleur rouge chair. N. m. Cette couleur.

incarnation n. f. Action de s'incarner. Fig. Manifestation extérieure, visible : *être l'incarnation du mal.*

incarner v. i. Donner une forme matérielle à ; être l'image vivante de : *magistrat qui incarne la justice. Ongle incarné,* qui entre dans la chair.

incartade n. f. Écart de conduite. Folie, extravagance.

incassable adj. Solide, résistant.

incendiaire n. Auteur volontaire d'un incendie. Adj. Destiné à causer un incendie. Fig. Séditieux : *écrit incendiaire.*

incendie n. m. Grand feu qui se propage en causant des ravages.

incendier v. t. Brûler, mettre le feu.

incertain, e adj. Douteux : *succès incertain.* Variable : *temps incertain.* Qui n'est pas fixé. N. m. Ce qui est incertain.

incertitude n. f. État d'une personne incertaine : *être dans l'incertitude.* Défaut de certitude : *l'incertitude d'une nouvelle.* Variabilité : *incertitude du temps.* Pl. Hésitations.

incessamment adv. Sans délai : *venez me voir incessamment.* Sans cesse.

incessant, e adj. Qui ne cesse pas.

incessibilité n. f. Dr. Qualité de ce qui est incessible.

incessible adj. Qui ne peut être cédé.

inceste n. m. Rapport sexuel entre proches parents.

incestueux, euse* adj. et n. Relatif à l'inceste. Coupable d'inceste. Issu d'un inceste : *un enfant incestueux.*

inchoatif, ive [ɛ̃kɔatif] adj. Se dit d'un verbe exprimant un commencement d'action (*vieillir, s'endormir,* etc.).

incidemment adv. D'une manière incidente. Par hasard.

incidence n. f. Direction selon laquelle une ligne, un corps, en rencontre un autre. Fig.

Répercussion : *les incidences de la hausse du pétrole.*

incident, e adj. Qui tombe sur une surface réfléchissante ou réfringente : *rayon incident.* Fig. Accessoire, occasionnel : *remarque incidente.* Qui survient au cours d'un fait principal, d'une affaire, etc. N. m. Événement de peu d'importance qui survient au cours d'un fait principal.

incinération n. f. Action d'incinérer.

incinérer v. t. Réduire en cendres : *incinérer un cadavre.*

inciser v. t. Fendre avec un instrument tranchant.

incisif, ive adj. Fig. Mordant, pénétrant : *style incisif ; critique incisive.* N. f. Chacune des dents de devant.

incision n. f. Coupure allongée.

incitation n. f. Action d'inciter.

inciter v. t. Pousser à : *inciter à la révolte.*

inclassable adj. Qu'on ne peut pas classer.

inclémence n. f. Manque de clémence. Fig. Rigueur : *inclémence des saisons.*

inclinaison n. f. État de ce qui est incliné. Pente : *l'inclinaison d'un mur. Inclinaison magnétique,* angle que forme une aiguille aimantée avec le plan horizontal.

inclination n. f. Action d'incliner. Penchant, tendance naturelle : *mauvaise inclination.* Sympathie, amour : *mariage d'inclination.*

incliner v. t. Pencher : *incliner la tête.* V. i. Pencher : *ce mur incline.* Fig. Avoir du penchant : *incliner à la paix.* V. pr. Se pencher. Saluer respectueusement.

inclure v. t. (conj. 62) Renfermer, insérer : *inclure une note dans une lettre.*

inclus, e adj. Enfermé, contenu. *Ci-inclus,* v. JOINT.

inclusivement adv. Y compris.

incoercible adj. Qu'on ne peut comprimer, contenir.

incognito [ɛ̃kɔɲito] adv. Sans être connu. Sous un nom supposé : *voyager incognito.* N. m. *Garder l'incognito.*

incohérence n. f. Manque de cohérence : *l'incohérence d'une phrase.*

incohérent, e adj. Qui manque de cohérence : *assemblage incohérent.* Fig. Qui manque de suite, de logique : *mots incohérents.*

incolore adj. Sans couleur.

incomber v. i. Revenir obligatoirement à : *cette tâche lui incombe.*

incombustibilité n. f. Qualité de ce qui est incombustible.

incombustible adj. Qui ne peut être brûlé.

incommensurable adj. Géom. Se dit de deux grandeurs sans mesure commune. Immense : *espace incommensurable.*

incommodant, e adj. Qui gêne : *odeur incommodante.*

incommode adj. Qui cause de la gêne : *position incommode.* Dont on ne peut se servir avec facilité : *outil incommode.* Qui cause du malaise, de l'ennui. Fâcheux : *voisin incommode.*

incommodément adv. Avec incommodité.

incommoder v. t. Gêner.

incommodité n. f. Manque de commodité, embarras, gêne. Indisposition. Infirmité.

incomparable* adj. À qui ou à quoi rien ne peut être comparé.

incompatibilité n. f. Impossibilité de s'accorder : *incompatibilité d'humeur*.

incompatible* adj. Qui n'est pas compatible, ne peut s'accorder, s'unir : *caractères incompatibles*.

incompétence n. f. Manque de compétence ; manque de connaissances suffisantes.

incompétent, e adj. Qui n'a pas qualité pour apprécier : *tribunal incompétent*. Qui n'a pas les connaissances voulues pour décider ou parler de quelque chose : *un critique incompétent*.

incomplet, ète* adj. Non complet.

incompréhensible adj. Qu'on ne peut comprendre ou expliquer. Bizarre.

incompréhension n. f. Incapacité de comprendre, d'être compris : *une incompréhension mutuelle*.

incompressible adj. Dont le volume ne peut être réduit par la pression.

incompris, e adj. et n. Non compris. Non apprécié à sa juste valeur.

inconcevable* adj. Qu'on ne peut concevoir, comprendre. Surprenant, extraordinaire.

inconciliable adj. Que l'on ne peut concilier (se dit des choses qui s'excluent mutuellement).

inconditionnel*, elle adj. Impératif, absolu. Qui n'admet aucune condition. Adj. et n. Qui se soumet sans discussion aux décisions d'un homme, d'un parti.

inconduite n. f. Mauvaise conduite.

inconfort n. m. Manque de confort.

inconfortable* adj. Qui n'est pas confortable.

incongru, e adj. Contraire à la bienséance : *bruit incongru*.

incongruité n. f. Action ou parole contraire à la bienséance.

inconnaissable adj. Qui ne peut être connu.

inconnu, e adj. et n. Non connu. Qui n'a pas de notoriété : *artiste inconnu*. Non encore éprouvé : *sensations inconnues*. N. Personne inconnue. N. m. Chose qu'on ignore. N. f. *Math.* Quantité cherchée dans la solution d'un problème.

inconsciemment adv. D'une manière inconsciente. Sans s'en rendre compte.

inconscience n. f. Perte momentanée de la conscience. Caractère des phénomènes psychiques qui échappent à la conscience. Absence de jugement, légèreté extrême.

inconscient, e adj. et n. Dont on n'a pas conscience : *acte inconscient*. N. m. *L'inconscient*, ensemble de phénomènes psychologiques qui échappent à la conscience.

inconséquence n. f. Défaut de lien dans les idées, dans les actions. Chose dite ou faite sans réflexion.

inconséquent, e adj. Dont on ne calcule pas les suites : *démarches inconséquentes*. Qui parle, agit à la légère : *un jeune homme inconséquent*.

inconsidéré*, e adj. Irréfléchi. Fait ou dit sans réflexion.

inconsistance n. f. Manque de consistance. *Fig.* Manque de logique, de fermeté.

inconsistant, e adj. Qui manque de solidité (au *pr.* et au *fig.*) : *une personne inconsistante* ; *un raisonnement inconsistant*.

inconsolable adj. Qui ne peut se consoler.

inconstance n. f. Facilité à changer d'opinion, de résolution, de conduite : *inconstance dans l'effort*. Instabilité, mobilité : *l'inconstance de la fortune*.

inconstant, e n. et adj. Sujet à changer, variable : *inconstant dans ses amitiés*.

inconstitutionnel*, elle adj. Contraire à la constitution.

incontestable* adj. Qui ne peut être mis en doute, indéniable.

incontesté, e adj. Qui n'est pas contesté, discuté : *droit incontesté*.

incontinence n. f. Manque de modération, de chasteté. *Méd.* Emission involontaire d'urine, de matières fécales, etc.

incontinent, e adj. Sans modération dans ses propos, sa conduite. Adv. Aussitôt. (Vx.)

incontrôlable adj. Non contrôlable.

inconvenance n. f. Caractère de ce qui est inconvenant. Action ou parole inconvenante.

inconvenant, e adj. Qui blesse les convenances : *propos inconvenants*.

inconvénient n. m. Ce qui est fâcheux, nuisible dans une action ou une situation donnée. Conséquence fâcheuse.

inconvertible adj. Qui ne peut être changé, remplacé : *monnaie inconvertible*. Immuable.

incorporation n. f. Action d'incorporer : *incorporation de recrues*.

incorporel, elle adj. Qui n'a point de corps : *Dieu est incorporel*.

incorporer v. t. Faire entrer dans un tout. Mêler intimement : *incorporer du beurre à la pâte*. Faire entrer dans un corps de troupes.

incorrect, e* adj. Non correct.

incorrection n. f. Manquement aux règles de la correction, de la bienséance. Manquement aux règles de la langue, du style.

incorrigible* adj. Qu'on ne peut corriger : *paresseux incorrigible*.

incorruptibilité n. f. Qualité de ce qui ne peut se corrompre. Caractère incorruptible : *l'incorruptibilité d'un juge*.

incorruptible adj. Qui ne se corrompt pas. Incapable de se laisser corrompre, intègre : *un fonctionnaire incorruptible*.

incrédule adj. et n. Qui ne croit pas, se refuse à croire. Libre penseur.

incrédulité n. f. Répugnance à croire. Manque de foi, de croyance.

increvable adj. Qui ne peut être crevé : *un pneu increvable*. *Pop.* Infatigable : *cheval increvable*.

incrimination n. f. Accusation.

incriminer v. t. Accuser d'un crime. Suspecter, mettre en cause : *incriminer un acte*.

incroyable* adj. Impossible ou difficile à croire. Extraordinaire. N. Nom donné aux jeunes élégants sous le Directoire.

incroyant, e n. et adj. Qui n'a pas de foi religieuse.

incrustation n. f. Action d'incruster. Ouvrage incrusté. Dépôt que laisse une eau calcaire.

incruster v. t. Appliquer une substance sur une surface pour y former des dessins. V. pr. *Fam.* Faire des visites longues et indésirables.

incubateur adj. et n. m. Couveuse.

incubation n. f. Action de couver. *Incubation artificielle*, action de faire éclore des œufs par des procédés artificiels. *Méd.* Temps pendant lequel couve une maladie.

incube n. m. et adj. Démon masculin censé posséder une femme pendant son sommeil.

incuber v. t. Opérer l'incubation de.

inculpation n. f. Accusation officielle d'un délit ou d'un crime.

inculpé, e n. Accusé : *interroger l'inculpé.*

inculper v. t. Accuser officiellement quelqu'un d'un crime ou d'un délit.

inculquer v. t. Imprimer une chose dans l'esprit de quelqu'un : *inculquer un préjugé.*

inculte adj. Non cultivé. *Fig.* Peu soigné : *barbe inculte.* Sans culture : *esprit inculte.*

incunable adj. et n. m. Se dit des ouvrages datant de l'origine de l'imprimerie.

incurable* adj. Inguérissable.

incurie n. f. Grande négligence.

incursion n. f. Invasion en pays ennemi. Arrivée soudaine dans un lieu.

incurvation n. f. Action d'incurver; état qui en résulte.

incurver v. t. Courber de dehors en dedans.

indécemment adv. De façon indécente.

indécence n. f. Action, parole indécente : *se conduire avec indécence.*

indécent, e adj. Contraire à la décence, à la bienséance : *tenue indécente.*

indéchiffrable adj. Qu'on ne peut lire, déchiffrer. *Fig.* Inexplicable.

indéchirable adj. Qui ne peut être déchiré.

indécis, e adj. Irrésolu : *homme indécis.* Douteux, incertain : *victoire indécise.* Vague : *formes indécises.* N. m. Ce qui n'est pas précis : *rester dans l'indécis.*

indécision n. f. Caractère d'une personne indécise. Caractère de ce qui est imprécis.

indéclinable adj. *Gramm.* Qui ne se décline pas.

indécomposable adj. Qu'on ne peut décomposer.

indécrottable adj. Qu'on ne peut décrotter. *Fig.* Incorrigible, impossible à améliorer : *un esprit indécrottable.*

indéfectible* adj. Qui ne peut défaillir ou cesser : *avoir des partisans indéfectibles.*

indéfendable adj. Qui ne saurait être défendu : *théorie indéfendable.*

indéfini, e adj. Qu'on ne peut délimiter, définir. Indéterminé. Vague : *sensation indéfinie.* Articles indéfinis, les art. UN, UNE, DES. *Adjectifs indéfinis,* ceux comme AUCUN, AUTRE, CERTAIN, CHAQUE, MAINT, MÊME, NUL, PLUSIEURS, QUEL, QUELCONQUE, QUELQUE, TEL, TOUT. *Pronoms indéfinis,* tels que ON, CHACUN, PERSONNE, QUICONQUE, QUELQU'UN, RIEN, AUTRUI, L'UN, L'AUTRE, L'UN ET L'AUTRE.

indéfinissable adj. Qu'on ne saurait définir. Qu'on ne peut expliquer : *trouble indéfinissable.*

indéformable adj. Qui ne peut être déformé.

indéfrisable adj. et n. f. Se dit d'une ondulation de cheveux permanente.

indélébile adj. Ineffaçable. Que le temps ne détruit pas : *souvenirs indélébiles.*

indélicat, e* adj. Non délicat. Grossier. Incorrect.

indélicatesse n. f. Manque de délicatesse. Acte, procédé indélicat.

indémaillable adj. Dont les mailles ne peuvent se défaire.

indemne adj. Qui n'a pas éprouvé de dommage : *sortir indemne d'un accident.*

indemnisation n. f. Dédommagement.

indemniser v. t. Dédommager des frais, des pertes.

indemnité n. f. Somme allouée pour dédommager d'un préjudice. Allocation accordée en compensation de certains frais : *indemnité de déplacement.* Emoluments : *indemnité parlementaire.*

indémontrable adj. Qu'on ne peut démontrer : *les postulats sont indémontrables.*

indéniable adj. Qu'on ne peut dénier : *preuve indéniable.*

indentation n. f. Échancrure comparable à celles que produisent les dents dans un objet que l'on mord.

indépendamment adv. D'une façon indépendante. Outre : *indépendamment de cela.*

indépendance n. f. Situation d'une personne, d'une collectivité, d'un pays qui ne sont pas soumis à une autre autorité. Caractère indépendant.

indépendant, e adj. et n. Qui ne dépend de personne. Ennemi de la contrainte : *esprit indépendant.* Se dit d'une chose sans rapport avec une autre.

indéracinable adj. Non déracinable.

indescriptible adj. Qu'on ne peut être décrit.

indésirable adj. et n. Dont on ne souhaite pas la présence.

indestructible* adj. Qui ne peut être détruit. Très durable.

indéterminable adj. Qui ne peut être déterminé, précisé.

indétermination n. f. Caractère de ce qui est indéterminé. Manque de décision, de résolution.

indéterminé, e adj. Qui n'est pas déterminé, précisé, fixé.

index n. m. Doigt le plus proche du pouce. Table alphabétique à la fin d'un livre. Aiguille mobile d'un cadran. *Fig. Mettre à l'index,* exclure.

indexation n. f. Action d'indexer.

indexer v. t. Rattacher les variations d'une valeur à celle d'un élément de référence déterminé : *indexer une retraite sur le coût de la vie.*

indicateur, trice adj. Qui indique, fait connaître : *poteau indicateur.* N. m. Livre qui sert de guide : *l'indicateur des rues de Paris.* Individu qui renseigne la police.

indicatif, ive adj. Qui indique, annonce. N. m. *Gramm.* Celui des cinq modes du verbe qui présente l'état, l'action comme une réalité. Musique, bruitage annonçant telle ou telle émission radiophonique régulière.

indication n. f. Action qui indique. Renseignement : *fausse indication.*

indice n. m. Signe apparent et probable qu'une chose existe. Chiffre indiquant les variations d'une quantité. *L'indice des prix,* rapport moyen entre les prix.

indicible* adj. Qu'on ne saurait dire.

indien, enne adj. et n. De l'Inde. Indigène de l'Amérique. N. f. Toile de coton peinte ou imprimée.

indifféremment adv. Avec indifférence. Sans faire de différence.

indifférence n. f. État de ce qui est indifférent. État d'une personne indifférente. Froideur, insensibilité.

indifférencié, e adj. Se dit d'une chose dans laquelle aucune différence n'a été faite : *un ensemble indifférencié.*

indifférent, e adj. Qui ne présente aucun motif de préférence. Dont on ne se soucie point : *cela m'est indifférent.* Sans intérêt : *choses indifférentes.* Que rien ne touche, n'émeut : *homme indifférent.* N. Personne indifférente.

indifférer v. t. Fam. Être indifférent à : *cela m'indiffère.*

indigence n. f. Grande pauvreté. Manque de : *indigence d'idées.*

indigène n. et adj. Originaire du pays : *plante indigène.* Autochtone.

indigent, e n. et adj. Très pauvre : *secours aux indigents.*

indigeste adj. Difficile à digérer. *Fig.* Mal digéré, confus : *savoir indigeste.*

indigestion n. f. Indisposition provenant d'une mauvaise digestion. *Fig.* Satiété extrême, qui va jusqu'au dégoût.

indignation n. f. Sentiment de colère ou de révolte qu'excite un outrage, une action injuste.

indigne* adj. Qui n'est pas digne de : *indigne de vivre.* Qui révolte, inspire la colère, le mépris : *conduite indigne.* Méchant, odieux.

indigner v. t. Exciter, provoquer la colère, la révolte de. V. pr. Éprouver de l'indignation : *s'indigner avec raison.*

indignité n. f. Caractère d'une personne, d'une chose indigne. Action indigne, odieuse. Outrage, affront.

indigo n. m. Colorant bleu.

indiquer v. t. Montrer, désigner. Faire connaître à quelqu'un ce qu'il cherche : *indiquer une rue.* Être l'indice de : *cela indique du talent.* Esquisser légèrement.

indirect, e* adj. Qui ne conduit pas directement au but, détourné : *chemin indirect.* *Fig.* : *critique indirecte. Gramm.* Complément indirect, mot qui est rattaché à celui dont il dépend par une préposition.

indiscernable adj. et n. m. Qu'on ne peut discerner.

indiscipline n. f. Manque de discipline; désobéissance : *faire preuve d'indiscipline.*

indiscipliné, e adj. Rebelle à toute discipline.

indiscret, ète* adj. Qui manque de retenue, de réserve : *question indiscrète.* Qui ne sait pas garder un secret. Qui révèle ce qu'on devrait taire : *parole indiscrète.*

indiscrétion n. m. Manque de retenue, de mesure. Action indiscrète. Révélation d'un secret : *commettre une indiscrétion.*

indiscutable* adj. Non discutable.

indiscuté, e adj. Qui n'est pas mis en discussion.

indispensable* adj. Dont on ne peut se passer : *outil indispensable.* N. m. Le nécessaire : *faire l'indispensable.*

indisponible n. et. Dont on ne peut pas disposer. Qui est occupé.

indisposer v. t. Altérer légèrement la santé. *Fig.* Prévenir contre : *on l'a indisposé contre moi.*

indisposition n. f. Malaise léger.

indissociable adj. Qui ne peut être séparé en plusieurs *éléments.*

indissoluble* adj. Qui ne peut être délié, défait : *lien indissoluble.*

indistinct, e* adj. Confus, perçu confusément : *voix indistincte.*

individu n. m. Tout être formant une unité distincte dans son espèce. Personne considérée isolément, par rapport à une collectivité. *Fam.* Homme quelconque ou méprisable : *renvoyez cet individu!*

individualisation n. f. Action d'individualiser. Son résultat.

individualiser v. t. Considérer, présenter isolément, individuellement.

individualisme n. m. Tendance à ne songer qu'à soi. Système qui tend à faire prévaloir les droits de l'individu sur ceux de la société.

individualiste adj. et n. Partisan de l'individualisme. Qui se rapporte à l'individualisme. Égoïste.

individualité n. f. Ce qui constitue l'individu. Originalité d'une personne ou d'une chose. Individu isolé.

individuel, elle* adj. Qui appartient à l'individu : *caractère individuel.* Qui concerne une seule personne. Fait par une seule personne.

indivis n. [ĕdivi], e adj. Non divisé : possédé par plusieurs : *succession indivise.* Qui possède en commun avec d'autres. *Par indivis,* en commun.

indivisément adv. Par indivis.

indivisibilité n. f. Caractère, qualité de ce qui ne peut être divisé.

indivisible* adj. Non divisible.

indivision n. f. Possession par indivis : *nul n'est tenu à l'indivision.*

indocile adj. Qui ne se laisse pas diriger, conduire : *un enfant indocile.*

indocilité n. f. Caractère indocile.

indo-européen, enne adj. Se dit des langues parlées en Europe et en Asie et qui auraient une origine commune.

indolemment [ĕdolamā] adv. Avec indolence.

indolence n. f. Nonchalance, indifférence : *vivre dans l'indolence.*

indolent, e adj. Qui évite de se donner de la peine. Qui fait preuve de mollesse, d'apathie.

indolore adj. Qui ne cause aucune douleur : *tumeur indolore.*

indomptable* adj. Qu'on ne peut maîtriser : *caractère indomptable.*

indompté [ĕdɔ̃te], e adj. Non encore dompté : *cheval indompté.* *Fig.* Qu'on ne peut maîtriser : *orgueil indompté.*

in-douze [ĕduz] n. m. et adj. inv. Format d'un livre dont les feuilles sont pliées en 24 pages. Livre de ce format.

indu, e adj. Contre la règle ou l'usage, la raison : *rentrer à une heure indue.* Qui n'est point dû : *somme indue.*

indubitable* adj. Certain, assuré.

inducteur, trice adj. *Phys.* Qui induit : *courant inducteur.* N. m. Aimant ou électro-aimant destiné à fournir le champ magnétique créateur de l'induction.

inductif, ive adj. Qui procède par induction : *méthode inductive.*

induction n. f. Raisonnement qui va du particulier au général, des faits à la loi. *Electr.* Production d'un courant dans un circuit, sous l'influence d'un aimant ou d'un autre courant.

induire v. t. (conj. 64) Amener à, pousser à : *induire en tentation. Induire en erreur, tromper à dessein.* Conclure : *de là j'induis que... Electr.* Produire une induction.

induit n. m. *Electr.* Organe d'une machine électrique dans lequel se produisent des courants induits. Adj. *Courant induit,* produit sous l'influence d'une induction.

indulgence n. f. Facilité à pardonner. *Théol.* Rémission des peines dues aux péchés : *indulgence plénière.*

indulgent, e adj. Porté à excuser, à pardonner : *se montrer indulgent.*

indûment adv. De manière indue.

induration n. f. *Méd.* Durcissement anormal d'un tissu. Partie indurée.

industrialisation n. f. Action d'industrialiser ; son résultat.

industrialiser v. t. Exploiter sous une forme industrielle : *industrialiser l'agriculture.* Equiper en usines, en industries : *industrialiser un pays.*

industrie n. f. Ensemble des activités, des métiers qui produisent des richesses par la mise en œuvre des matières premières, par l'exploitation des mines, des sources d'énergie. *Industrie légère,* celle qui transforme les produits de l'*industrie lourde,* issus des matières premières.

industriel, elle* adj. Qui concerne l'industrie : *richesse industrielle ; centre industriel.* N. m. Celui qui se livre à l'industrie : *un gros industriel.*

industrieux, euse* adj. Adroit, habile, actif.

inébranlable* adj. Qui ne peut être ébranlé. *Fig.* Qui ne se laisse pas abattre : *un courage inébranlable.*

inédit, e adj. et n. m. Non publié. Nouveau.

ineffable* adj. Indicible, inexprimable : *une joie ineffable.*

ineffaçable adj. Qui ne peut être effacé : *impression ineffaçable.*

inefficace* adj. Sans efficacité.

inégal, e*, aux adj. Non égal. Non uni ; raboteux : *terrain inégal.* Non régulier : *mouvement inégal. Fig.* Qui a des hauts et des bas : *style inégal.* Changeant, bizarre : *humeur inégale.*

inégalité n. f. Caractère de ce qui n'est pas égal, pas uni. Caractère de ce qui est variable, irrégulier : *inégalité du pouls. Math.* Expression dans laquelle on compare deux quantités inégales, séparées par le signe > (plus grand que) ou < (plus petit que).

inélégance n. f. Manque d'élégance.

inélégant, e adj. Sans élégance.

inéligible adj. Qui n'a pas les qualités requises pour être élu.

inéluctable* adj. Qu'on ne peut éviter : *malheur inéluctable.*

inemployé, e adj. Non employé.

inénarrable adj. Dont le récit est à peine croyable : *aventure inénarrable.*

inepte adj. Sot, stupide.

ineptie [inɛpsi] n. f. Absurdité, sottise.

inépuisable* adj. Qu'on ne peut épuiser. *Fig. : bonté inépuisable.*

inéquation n. f. Inégalité entre deux expressions algébriques contenant des variables et qui n'est satisfaite que pour certaines valeurs de ces variables.

inéquitable adj. Non équitable.

inerte adj. Sans mouvement propre : *masse inerte. Fig.* Sans activité.

inertie [inɛrsi] n. f. Etat de ce qui est inerte. *Fig.* Manque d'activité, d'énergie : *tirer quelqu'un de son inertie. Force d'inertie,* résistance que les corps opposent au mouvement, et qui résulte de leur masse. *Fig.* Résistance passive, non-obéissance.

inespéré, e adj. Inattendu.

inesthétique adj. Qui n'est pas esthétique.

inestimable adj. Qu'on ne saurait trop estimer : *trésor inestimable.*

inévitable* adj. Qu'on ne peut éviter.

inexact, e* adj. Non exact ; faux : *calcul inexact.* Non ponctuel.

inexactitude n. f. Manque de ponctualité. Faute, erreur : *inexactitudes comptables.*

inexcusable* adj. Qui ne peut être excusé.

inexécutable adj. Qui ne peut être exécuté : *ordre inexécutable.*

inexécution n. f. Manque d'exécution.

inexistant, e adj. Qui n'existe pas. Sans valeur : *un travail inexistant.*

inexorable* adj. Qu'on ne peut fléchir : *demeurer inexorable. Fig.* Trop sévère.

inexpérience n. f. Manque d'expérience.

inexpérimenté, e adj. Sans expérience : *ouvrier inexpérimenté.* Dont on n'a pas fait l'expérience : *procédé inexpérimenté.*

inexpiable adj. Qui ne peut être expié : *crime inexpiable.*

inexplicable* adj. Non explicable. Bizarre, étrange.

inexpliqué, e adj. Qui n'a pas reçu d'explication satisfaisante.

inexploité, e adj. Non exploité.

inexploré, e adj. Que l'on n'a pas encore exploré.

inexplosible adj. Qui ne peut faire explosion.

inexpressif, ive adj. Dépourvu d'expression.

inexprimable* adj. Qui ne peut être exprimé.

inexprimé, e adj. Qui n'a pas été exprimé.

inexpugnable [inɛkspygnabl] adj. Qui ne peut être forcé, pris d'assaut : *forteresse inexpugnable. Fig.* Qui résiste à toute attaque : *vertu inexpugnable.*

inextensible adj. Qui ne peut être allongé : *fil inextensible.*

in extenso [inɛkstɛzo] loc. lat. En entier.

inextinguible adj. Qu'on ne peut éteindre. *Fig.* Qu'on ne peut arrêter : *rire inextinguible.*

in extremis [inɛkstremis] loc. lat. Au dernier moment, à la dernière limite : *sauvé « in extremis ».*

inextricable* adj. Très embrouillé. Qui ne peut être démêlé.

infaillibilité n. f. Impossibilité de se tromper : *l'infaillibilité du pape.*

infaillible* adj. Assuré, certain. Qui ne peut se tromper : *juge infaillible.* Qui ne peut manquer de se produire : *succès infaillible.*

infaisable adj. Qui ne peut être fait.

infamant, e adj. Qui rend infâme : *peine infamante.*

infâme adj. Avilissant, honteux : *acte infâme.* Par ext. Sale, malpropre : *infâme taudis.*

infamie n. f. Grand déshonneur. Action vile. Pl. Propos injurieux ; calomnies : *écrire des infamies.*

infant, e n. Titre des enfants des rois d'Espagne et de Portugal.

infanterie n. f. Ensemble des troupes combattant à pied.

infanticide n. m. Meurtre d'un enfant nouveau-né. N. et adj. Coupable du meurtre d'un nouveau-né.

infantile adj. Relatif à l'enfant en bas âge : *maladies infantiles.*

infantilisme n. m. Persistance anormale des caractères de l'enfance.

infarctus [ɛ̃farktys] n. m. Méd. Accident dû à l'oblitération d'un vaisseau.

infatigable* adj. Que rien ne fatigue.

infatuation n. f. Satisfaction excessive et ridicule que l'on a de soi.

infatué adj. Qui a une très bonne opinion de soi : *être infatué de soi-même.*

infécond, e adj. Stérile.

infécondité n. f. Stérilité.

infect, e adj. Qui exhale de mauvaises odeurs. Fig. Répugnant. Fam. Très mauvais : *repas infect.*

infecter v. t. Gâter, corrompre. Contaminer : *plaie infectée.* Fig. Corrompre. V. i. Avoir une odeur repoussante.

infectieux, euse adj. Qui produit l'infection. Qui en résulte : *maladie infectieuse.*

infection n. f. Altération produite dans l'organisme par certains parasites. Grande puanteur.

inféoder (s') v. pr. Se donner entièrement à : *s'inféoder à un parti.*

inférer v. t. Conclure. Déduire.

inférieur, e* adj. Placé au-dessous : *mâchoire inférieure.* Fig. Moindre en dignité, en mérite, en organisation : *rang inférieur ; animal inférieur.* N. Subordonné.

infériorité n. f. Désavantage dans le rang, la force, le mérite, etc.

infernal, e*, aux adj. De l'enfer. Fig. Qui annonce beaucoup de méchanceté, de noirceur : *ruse infernale.* Désordonné, violent : *tapage infernal.* Machine infernale, engin explosif.

infertile adj. Non fertile.

infertilité n. f. Stérilité.

infester v. t. Envahir (animaux ou plantes nuisibles) : *les moustiques infestent la région.*

infidèle* adj. Déloyal : *infidèle à ses promesses.* Inexact, mensonger : *récit infidèle.* N. Celui qui ne pratique pas la religion considérée comme vraie : *convertir les infidèles.*

infidélité n. f. Manque de fidélité.

infiltration n. f. Passage lent d'un liquide à travers les interstices, les pores d'un corps solide.

infiltrer (s') v. pr. Passer à travers les pores d'un corps solide. Fig. Pénétrer, s'insinuer : *s'infiltrer chez l'ennemi.*

infime adj. Très petit.

infini*, e adj. Sans limites : *l'univers est infini.* Très grand : *temps infini.* N. m. Ce qui est sans limites. À l'infini loc. adv. Sans fin.

infinité n. f. Qualité de ce qui est infini. Un très grand nombre.

infinitésimal, e, aux adj. Excessivement petit : *quantité infinitésimale.*

infinitif, ive adj. De la nature de l'infinitif. N. m. Mode du verbe qui exprime l'état ou l'action d'une manière indéterminée.

infirme n. et adj. Qui n'a pas le libre usage de tous ses membres.

infirmer v. t. Déclarer nul : *infirmer un acte.* Fig. Affaiblir : *infirmer un témoignage.*

infirmerie n. f. Lieu destiné aux malades dans les communautés, les casernes, les collèges, etc.

infirmier, ère n. Personne diplômée qui donne les soins prescrits par le médecin.

infirmité n. f. Affection particulière qui atteint d'une manière chronique quelque partie du corps.

inflammable adj. Qui s'enflamme facilement.

inflammation n. f. Action par laquelle une matière combustible s'enflamme. Méd. Irritation et tuméfaction.

inflammatoire adj. Qui tient de l'inflammation : *fièvre inflammatoire.*

inflation n. f. Émission exagérée de papier-monnaie provoquant une forte hausse des prix. Fig. Exagération.

infléchir v. t. Courber, incliner. V. pr. Se courber, dévier.

inflexibilité n. f. Caractère de ce qui est inflexible.

inflexible* adj. Qu'on ne peut fléchir, courber, émouvoir. Fig. : *caractère inflexible.*

inflexion n. f. Action de plier, d'incliner : *inflexion du corps. Inflexion de voix,* changement de ton.

infliger v. t. (conj. 1) Imposer une peine, une privation, etc.

inflorescence n. f. Disposition générale des fleurs sur la tige.

influençable adj. Qu'on peut influencer : *esprit facilement influençable.*

influence n. f. Action d'une chose sur une autre. Fig. Ascendant, autorité.

influencer v. t. (conj. 1) Exercer une influence sur : *influencer un juge, des jeunes gens.*

influent, e adj. Qui a de l'influence, de l'autorité, du prestige.

influer v. i. Exercer une action : *le climat influe sur la santé.*

influx [ɛ̃fly] n. m. Phénomène de nature électrique par lequel l'excitation d'une fibre nerveuse se propage dans le nerf.

in-folio [ɛ̃fɔljo] n. m. et adj. inv. Format d'un livre où la feuille n'est pliée qu'en deux et forme quatre pages. Livre de ce format.

informateur, trice n. Qui donne des renseignements.

information n. f. Renseignement. Nouvelle donnée par un journal, la radio, la télévision. Instruction d'un procès criminel.

informatique n. f. Science et technique du traitement automatique de l'information.

informe adj. Sans forme nette. De formes disgracieuses. Imparfait, incomplet.

informé n. m. Information juridique : *jusqu'à plus ample informé.*

informer v. t. Avertir, renseigner, instruire. V. i. Faire une information judiciaire : *informer contre quelqu'un.* V. pr. Se renseigner.

infortune n. f. Revers, adversité. Pl. Événements malheureux.

infortuné, e n. et adj. Malheureux.

infraction n. f. Violation d'une loi, d'un ordre, etc.

infranchissable adj. Qu'on ne peut franchir.

infrarouge n. et adj. Se dit des radiations obscures moins réfrangibles que le rouge.

infrason n. f. Vibration de fréquence inférieure aux fréquences audibles.

infrastructure n. f. Ensemble des travaux relatifs à tout ouvrage (route, voie ferrée, etc.) nécessitant des fondations. Base matérielle d'une société (situation géographique, économique, etc.).

infroissable adj. Qui ne peut être froissé.

infructueux, euse* adj. Sans profit. Sans résultats : *efforts infructueux.*

infus, e adj. Science infuse, science que l'on possède sans l'avoir acquise par l'étude ou par l'expérience.

infuser v. t. Faire macérer dans un liquide chaud : *infuser du thé. Fig.* Faire pénétrer dans, communiquer : *infuser une ardeur nouvelle.*

infusible adj. Non fusible.

infusion n. f. Action d'infuser. Son résultat : *infusion de tilleul.*

infusoires n. m. pl. Animaux microscopiques vivant dans les liquides.

ingambe [ɛ̃gãb] adj. *Fam.* Alerte, dispos.

ingénier (s') v. pr. Chercher le moyen de, s'efforcer de : *s'ingénier à résoudre un problème.*

ingénierie n. f. Ensemble des études faites pour déterminer le meilleur mode de réalisation d'un projet industriel (syn. ENGINEERING).

ingénieur n. m. Personne apte à élaborer, organiser ou diriger des plans, des recherches ou des travaux techniques.

ingénieux, euse* adj. Fertile en ressources : *enfant ingénieux.* Qui témoigne de l'adresse : *machine ingénieuse.*

ingéniosité n. f. Habileté, adresse.

ingénu*, e adj. D'une innocence franche. Simple, naïf : *air ingénu.* N. Personne ingénue. N. f. Rôle de jeune fille naïve, au théâtre, au cinéma.

ingénuité n. f. Franchise, simplicité, naïveté. Parole, action ingénue.

ingérence n. f. Action de s'ingérer.

ingérer v. t. (conj. 5) Introduire dans l'estomac : *ingérer les aliments.* V. pr. S'introduire : *s'ingérer dans une affaire.* Se mêler d'une chose sans en avoir le droit.

ingestion n. f. Action d'ingérer.

ingrat, e* n. et adj. D'un aspect désagréable : *figure ingrate.* Non reconnaissant : *fils ingrat. Fig.* Stérile : *sol ingrat.* Qui ne fournit rien à l'esprit : *sujet ingrat. Âge ingrat,* début de l'adolescence.

ingratitude n. f. Manque de reconnaissance.

ingrédient n. m. Ce qui entre dans la composition d'un mélange.

inguérissable adj. Non guérissable.

inguinal, e, aux adj. De l'aine.

ingurgiter v. t. Faire descendre dans son gosier. *Fam.* Avaler gloutonnement et en quantité.

inhabile* adj. Sans habileté.

inhabileté n. f. Manque d'habileté.

inhabilité n. f. *Dr.* Incapacité légale : *inhabilité à tester.*

inhabitable adj. Non habitable.

inhabité, e adj. Non habité.

inhalateur n. m. Appareil pour inhalations.

inhalation n. f. Absorption par les voies respiratoires d'un gaz, d'une vapeur ou d'un aérosol.

inhérent, e adj. Lié nécessairement.

inhibition n. f. Phénomène nerveux qui arrête l'activité d'une partie de l'organisme, du psychisme.

inhospitalier, ère adj. Non hospitalier : *une côte inhospitalière.*

inhumain, e* adj. Barbare, cruel.

inhumanité n. f. Cruauté, barbarie.

inhumation n. f. Action d'inhumer.

inhumer v. t. Mettre en terre un corps humain, avec certaines cérémonies.

inimaginable adj. Qui dépasse l'imagination.

inimitable adj. Qui ne peut être imité.

inimitié n. f. Antipathie, hostilité.

ininflammable adj. Non inflammable : *liquide ininflammable.*

inintelligence n. f. Manque d'intelligence.

inintelligent, e adj. Sans intelligence : *élève inintelligent.*

inintelligible adj. Qu'on ne peut comprendre : *langage inintelligible.*

ininterrompu, e adj. Qui n'est point interrompu : *série ininterrompue.*

inique* adj. Injuste à l'excès.

iniquité n. f. Caractère de ce qui est inique. Action inique.

initial, e*, aux adj. Qui est au commencement : *lettre initiale.* N. f. Première lettre d'un mot, d'un nom.

initiateur, trice n. Personne qui initie.

initiation n. f. Action d'initier.

initiative n. f. Action de celui qui propose ou fait le premier une chose. Qualité de celui qui est porté à agir, à entreprendre.

initié, e adj. et n. Au courant de certaines pratiques ou de certains secrets.

initier v. t. Admettre à la participation de mystères religieux, des pratiques secrètes d'une association. *Par ext.* Donner les premiers rudiments d'une science, d'un métier.

injecté, e adj. Coloré par l'afflux du sang : *yeux injectés.*

injecter v. t. Introduire un liquide dans une cavité.

injecteur n. m. Appareil servant à injecter : *injecteur de vapeur.*

injection n. f. Action d'injecter. Liquide qu'on injecte.

injonction n. f. Ordre formel.

injouable adj. Non jouable : *pièce injouable.*

injure n. f. Offense, insulte.

injurier v. t. Offenser par des injures.

injurieux, euse* adj. Outrageant, offensant : *soupçon injurieux.*

injuste* adj. Sans justice. Contraire à la justice : *injuste sentence.*

injustice n. f. Manque de justice. Acte contraire à la justice.

injustifiable adj. Non justifiable.

injustifié, e adj. Non justifié.

inlassable* adj. Infatigable.

inné, e adj. Que nous apportons en naissant : *penchants innés.*

innervation n. f. Distribution des nerfs : *l'innervation de la main.*

innerver v. t. *Anat.* Fournir en éléments nerveux.

innocemment adv. Avec innocence.

innocence n. f. Caractère innocent. Candeur, pureté, naïveté.

innocent, e adj. Qui n'est pas coupable. Qui ignore le mal. Sans malice. Bénin, inoffensif : *remède innocent.* N. Personne non coupable. Personne naïve.

innocenter v. t. Déclarer innocent.

innocuité n. f. Qualité de ce qui n'est pas nuisible.

innombrable* adj. Qui ne peut se compter : *fautes innombrables.*

innommable adj. Qui ne peut être nommé. *Fig.* Vil, bas.

innovateur, trice adj. Qui innove.

innovation n. f. Action d'innover. Nouveauté : *heureuse innovation.*

innover v. t. et i. Introduire du nouveau dans : *innover une fabrication.*

inobservable adj. Qui ne peut être observé : *règlement inobservable.*

inobservation n. f. Inexécution d'un engagement : *constater l'inobservation d'un contrat.*

inoccupé, e adj. Sans occupation. Non habité : *logement inoccupé.*

in-octavo adj. inv. Se dit d'une feuille d'impression pliée en 8 feuillets, ou 16 pages. N. m. inv. Livre de ce format.

inoculable adj. Qui peut être inoculé.

inoculation n. f. Introduction dans l'organisme d'un germe, d'un virus.

inoculer v. t. Communiquer par inoculation. *Fig.* Transmettre par contagion morale : *inoculer sa haine.*

inodore adj. Sans odeur.

inoffensif, ive* adj. Incapable de nuire : *animal inoffensif.*

inondable adj. Qui peut être inondé.

inondation n. f. Débordement d'une rivière, d'un lac, etc.

inonder v. t. Couvrir d'eau : *inonder un terrain. Par ext.* Tremper, mouiller beaucoup : *inonder une plantation. Fig.* Envahir : *inonder le marché.*

inopérable adj. Qui ne peut être opéré : *maladie inopérable.*

inopérant, e adj. Sans effet.

inopiné*, e adj. Imprévu.

inopportun, e adj. Qui n'est pas opportun, à propos : *avis inopportun.*

inopportunité n. f. Caractère de ce qui n'est pas opportun.

inorganique adj. Se dit des corps dépourvus de vie (minéraux).

inorganisé, e adj. et n. Qui n'est pas organisé, qui n'appartient pas à un parti, à un syndicat.

inoubliable adj. Que l'on ne peut oublier : *injure inoubliable.*

inouï [inwi], **e** adj. Tel qu'on n'a jamais entendu rien de pareil. Étrange, extraordinaire : *cruauté inouïe; richesses inouïes.*

inoxydable adj. Qui résiste à l'oxydation.

inqualifiable adj. Que l'on ne peut qualifier, indigne : *inqualifiable agression.*

in-quarto [ɛ̃kwarto ou inkwarto] adj. inv. Se dit d'une feuille d'impression pliée en 4 feuillets ou 8 pages. N. m. inv. Livre de ce format.

inquiet, ète adj. et n. Agité par la crainte, l'incertitude. Qui marque l'agitation : *sommeil inquiet.*

inquiéter v. t. (conj. 5) Rendre inquiet : *cette nouvelle m'inquiète.*

inquiétude n. f. Trouble, appréhension.

inquisiteur n. m. Juge de l'Inquisition. Adj. Scrutateur : *regard inquisiteur.*

inquisition n. f. Recherche, enquête arbitraire. Autrefois, tribunal ecclésiastique chargé de réprimer l'hérésie.

inquisitorial, e, aux adj. Se dit de tout acte arbitraire : *mesure inquisitoriale.*

insaisissable adj. Qui ne peut être saisi : *biens insaisissables.* Imperceptible : *nuance insaisissable.*

insalubre adj. Malsain.

insalubrité n. f. État de ce qui est insalubre : *l'insalubrité des villes.*

insanité n. f. Parole, action déraisonnable, contraire au bon sens.

insatiable* adj. Qui ne peut être rassasié, assouvi. Qui est avide.

insatisfait, e adj. et n. Qui n'est pas satisfait.

inscription n. f. Action d'inscrire. Caractères gravés sur la pierre, etc. Action d'inscrire son nom sur un registre : *prendre ses inscriptions à l'université. Inscription maritime,* institution chargée du recensement des marins.

inscrire v. t. Écrire, noter : *inscrire une dépense. Géom.* Tracer une figure dans l'intérieur d'une autre. V. pr. Écrire son nom sur. *S'inscrire en faux,* soutenir qu'une chose est fausse.

insecte n. m. Petit animal invertébré à six pattes, respirant par des trachées et subissant des métamorphoses.

insecticide adj. et n. m. Qui détruit les insectes : *poudre insecticide.*

insectivore adj. Qui se nourrit d'insectes : *oiseau insectivore.*

insécurité n. f. Manque de sécurité.

in-seize adj. inv. Se dit d'une feuille d'impression pliée en 16 feuillets ou 32 pages. N. m. inv. Livre de ce format.

insémination n. f. Procédé de fécondation artificielle.

inséminer v. t. Procéder à l'insémination artificielle.

insensé, e n. et adj. Qui a perdu le sens, la raison. Extravagant, fou.

insensibilisation n. f. Abolition de la sensibilité. Anesthésie.

insensibiliser v. t. Rendre insensible : *insensibiliser un malade.*

insensibilité n. f. Défaut de sensibilité physique ou morale.

insensible* adj. Qui n'éprouve pas les sensations habituelles : *être insensible au froid,* à *la chaleur.* Dépourvu de sensibilité morale : *insensible aux remords.* Imperceptible : *pente insensible.*

inséparable* adj. Intimement uni (personnes). Qui ne peut être séparé (choses). N. : *deux inséparables.*

insérer v. t. (conj. 5) Introduire, placer parmi d'autres : *insérer une note.*

insertion n. f. Action d'insérer : *insertion d'une annonce.* Attache d'une partie sur une autre : *insertion des feuilles sur la tige.*

insidieux, euse* adj. Qui tend un piège : *question insidieuse.* Qui trompe : *maladie insidieuse.*

insigne adj. Signalé, remarquable : *faveur insigne.* N. m. Marque distinctive de grades, de dignités, de l'appartenance à un groupement.

insignifiance n. f. Caractère de ce qui est insignifiant.

insignifiant, e adj. Qui ne signifie rien. Sans importance. Sans valeur.

insinuant, e adj. Habile à insinuer.

insinuation n. f. Manière habile de faire accepter son point de vue, sans l'exprimer formellement. Chose ainsi suggérée : *une insinuation calomnieuse.*

insinuer v. t. Faire pénétrer dans l'esprit : *insinuer une calomnie.* V. pr. S'introduire avec adresse : *s'insinuer dans les bonnes grâces de quelqu'un.*

insipide* adj. Sans saveur : *potage insipide.* *Fig.* Sans agrément : *style insipide.*

insipidité n. f. Caractère insipide.

insistance n. f. Action d'insister.

insistant, e adj. Qui insiste.

insister v. i. Persévérer à demander. Appuyer : *insister sur un point.*

insociable adj. Peu sociable.

insolation n. f. Exposition aux rayons du soleil. État pathologique provoqué par l'exposition à un soleil ardent.

insolemment adv. Avec insolence.

insolence n. f. Effronterie. Manque de respect.

insolent, e adj. et n. Effronté, impertinent. Arrogant.

insolite adj. Contraire à l'usage. Bizarre.

insolubilité n. f. Non-solubilité.

insoluble adj. Qui ne peut être dissous. *Fig.* Qu'on ne peut résoudre : *problème insoluble.*

insolvabilité n. f. Impossibilité de payer.

insolvable adj. Qui n'a pas de quoi payer : *débiteur insolvable.*

insomniaque adj. Relatif à l'insomnie. Adj. et n. Qui est atteint d'insomnie. (On dit quelquefois INSOMNIEUX.)

insomnie n. f. Impossibilité de dormir.

insondable adj. Non sondable : *puits insondable.* *Fig.* Impénétrable.

insonore adj. Qui n'émet, ne répercute pas de son.

insonorisation n. f. Action d'insonoriser.

insonoriser v. t. Rendre insonore : *insonoriser un local.*

insouciance n. f. Caractère insouciant : *insouciance d'enfant.*

insouciant, e adj. Qui ne se soucie, ne s'affecte de rien.

insoucieux, euse adj. Qui n'a pas de souci de : *insoucieux du lendemain.*

insoumis, e adj. Non soumis. N. Soldat qui ne répond pas à une convocation régulière de l'autorité militaire. Rebelle.

insoumission n. f. Refus de soumission. État du soldat insoumis.

insoupçonnable adj. Au-dessus de tout soupçon.

insoutenable adj. Qu'on ne peut soutenir. Qu'on ne peut supporter. Faux.

inspecter v. t. Examiner : *inspecter la côte.* Surveiller : *inspecter des postes de vente.*

inspecteur, trice n. Agent chargé de fonctions de surveillance et de contrôle.

inspection n. f. Action d'inspecter. Fonction d'inspecteur.

inspirateur, trice adj. et n. Qui inspire.

inspiration n. f. Aspiration pulmonaire. Conseil, suggestion : *agir sous l'inspiration de quelqu'un, de quelque chose.* Enthousiasme créateur : *inspiration de génie.*

inspiré, e adj. Sous l'influence d'une inspiration : *poète inspiré.*

inspirer v. t. Faire entrer de l'air dans les poumons. Faire naître une pensée, un sentiment : *inspirer de la pitié.* Provoquer l'enthousiasme poétique. V. pr. Prendre son inspiration : *s'inspirer des Anciens.*

instabilité n. f. Défaut de stabilité, de la permanence.

instable adj. Qui manque de stabilité. *Fig.* Sans suite dans les idées.

installation n. f. Action d'installer; son résultat. Ensemble des appareils nécessitant une installation : *installation électrique.*

installer v. t. Mettre en possession d'une dignité, d'un emploi. Placer, établir : *installer une machine.* V. pr. S'établir : *s'installer à Paris.*

instamment adv. Avec instance.

instance n. f. Sollicitation pressante. Insistance : *prier avec instance.* Procédure ayant pour objet de saisir un tribunal d'une contestation. Juridiction. *Tribunal d'instance,* celui qui connaît des contestations en matière civile.

instant n. m. Moment très court. *À l'instant,* à l'heure même. *Dans un instant,* bientôt. *À chaque instant,* continuellement.

instant, e adj. Pressant, insistant : *prières instantes.*

instantané*, e adj. Qui ne dure qu'un instant. Qui se produit soudainement. N. m. Temps de pose très bref en photographie. Image ainsi obtenue.

instar (à l') de loc. prép. À la manière, à l'imitation de.

instaurer v. t. Établir, fonder.

instigateur, trice n. Personne qui incite, qui pousse à faire une chose : *l'instigateur d'un complot.*

instigation n. f. Incitation : *agir à l'instigation de quelqu'un.*

instillation n. f. Action d'instiller.

instiller v. t. Verser goutte à goutte.

instinct [*ēstē*] n. m. Impulsion, mouvement naturel vers, impulsion intérieure. Penchant. *Par instinct, d'instinct,* par une sorte d'inspiration, inconsciemment.

instinctif, ive* adj. Qui naît de l'instinct : *geste instinctif.*

instituer v. t. Établir, fonder. Établir en charge, en fonction. Nommer un héritier par testament.

institut n. m. Société savante ou littéraire. Réunion des cinq Académies. (En ce sens, prend une majuscule.) Etablissement de recherches scientifiques ou d'enseignement supérieur : *l'institut Pasteur.* Nom adopté par certains établissements commerciaux : *institut de beauté.*

instituteur, trice n. Personne chargée d'instruire les enfants dans l'enseignement du premier degré.

institution n. f. Action d'instituer. Chose instituée. Maison d'éducation.

instructeur adj. et n. m. Chargé de l'instruction : *sergent instructeur.*

instructif, ive adj. Qui instruit.

instruction n. f. Action d'instruire. Éducation, enseignement : *instruction primaire.* Savoir : *avoir de l'instruction. Instruction judiciaire,* procédure qui met une affaire en état d'être jugée. *Juge d'instruction,* juge qui instruit une cause. Pl. Ordres, explications, renseignements : *laisser des instructions.*

instruire v. t. (conj. 64) Former l'esprit de quelqu'un par des leçons, des connaissances. Informer : *instruisez-moi de ce qui se passe. Instruire une affaire,* la mettre en état d'être jugée.

instrument n. m. Outil, machine, appareil servant à un travail. Appareil musical : *instrument à vent.* Fig. Ce qui permet d'atteindre à un résultat : *servir d'instrument à la vengeance de quelqu'un.*

instrumental, e, aux adj. Qui sert d'instrument. Exécuté par les instruments : *musique instrumentale.*

instrumentation n. f. Partie instrumentale d'un morceau de musique.

instrumenter v. i. Faire des contrats, des procès-verbaux et autres actes publics. *Mus.* Orchestrer : *partition bien instrumentée.*

instrumentiste n. Musicien, musicienne qui joue d'un instrument.

insu n. m. Ignorance d'une chose. *À l'insu de* loc. prép. Sans qu'on le sache.

insubmersible adj. Qui ne peut s'enfoncer complètement dans l'eau.

insubordination n. f. Désobéissance.

insuccès n. m. Echec.

insuffisamment adv. D'une manière insuffisante.

insuffisance n. f. Manque de suffisance. Incapacité.

insuffisant, e adj. Qui ne suffit pas. Dont les résultats ne suffisent pas.

insuffler v. t. Introduire en soufflant. Gonfler en soufflant : *insuffler un ballon.* Fig. Donner, inspirer : *insuffler du courage.*

insulaire n. Habitant d'une île. Adj. Qui peuple une île.

insularité n. f. État d'un pays formant une île ou composé d'îles.

insuline n. f. Substance sécrétée par le pancréas et utilisée pour traiter le diabète.

insulte n. f. Outrage en actes ou en paroles.

insulter v. t. Attaquer par des paroles blessantes. V. i. *[à]* Fig. Braver avec insolence.

insulteur n. m. Auteur d'une insulte.

insupportable adj. Intolérable.

insurger (s') v. pr. (conj. 1) Se soulever contre une autorité : *le peuple s'insurgea contre le gouvernement.*

insurmontable adj. Non surmontable.

insurrection n. f. Soulèvement en armes contre le pouvoir établi.

insurrectionnel, elle adj. Qui tient de l'insurrection.

intact, e adj. À quoi l'on n'a pas touché. Qui n'a souffert aucune atteinte.

intaille n. f. Pierre gravée en creux.

intangible adj. Qui ne peut être touché.

intarissable adj. Qui ne peut être tari. *Fig.* Qui abonde en paroles.

intégral, e, aux adj. Entier, complet.

intégrale n. f. Edition complète des œuvres d'un écrivain, d'un musicien.

intégralité n. f. Etat d'une chose intégrale : *l'intégralité d'une somme.*

intégrant, e adj. *Partie intégrante,* qui fait partie d'un tout.

intégration n. f. Groupement en un tout : *intégration industrielle.*

intègre adj. D'une probité absolue.

intégrer v. t. (conj. 5) Assembler en un tout : *idées intégrées en système.* Faire entrer dans un ensemble, un groupe plus vaste.

intégrisme n. m. Disposition d'esprit de certains catholiques qui répugnent à s'adapter aux conditions de la société moderne.

intégrité n. f. Etat d'une chose complète, sans altération. *Fig.* Vertu d'une personne intègre : *intégrité d'un magistrat.*

intellect n. m. Intelligence.

intellectuel, elle adj. Du ressort de l'intelligence : *vérité intellectuelle.* N. Personne qui s'occupe des choses de l'esprit.

intelligemment adv. Avec intelligence.

intelligence n. f. Faculté de connaître, de comprendre : *intelligence vive.* Adresse, habileté. Connaissance approfondie. Action de comprendre : *pour l'intelligence de ce qui va suivre.* Accord de sentiments : *bonne intelligence.* Entente secrète : *avoir des intelligences dans la place.*

intelligent, e adj. Doué d'intelligence : *un enfant intelligent.* Qui indique l'intelligence : *regard intelligent.*

intelligibilité n. f. Etat d'une chose intelligible.

intelligible adj. Qui peut être compris : *voix intelligible.*

intempérance n. f. Manque de modération. *Fig.* Excès en tout genre.

intempérant, e adj. Qui fait preuve d'intempérance.

intempérie n. f. Mauvais temps.

intempestif, ive adj. À contretemps.

intenable adj. Où l'on ne peut tenir, résister.

intendance n. f. Fonction d'intendant. Administration d'un intendant. Administration qui pourvoit aux besoins de l'armée : *servir dans l'intendance.*

intendant, e n. Qui est chargé de régir des biens, une maison, l'administration financière d'un lycée. *Intendant militaire,* qui pourvoit aux besoins de l'armée.

intense adj. Très vif : *froid intense.*

intensément adv. D'une manière intense.

intensif, ive adj. Qui donne un grand rendement : *culture intensive.* Qui met en œuvre des moyens importants.

intensifier v. t. Rendre plus fort, plus actif : *intensifier un effort.*

intensité n. f. Degré d'activité, de puissance : *intensité d'un feu.* Quantité d'électricité que débite un courant en une seconde.

intenter v. t. Entreprendre contre quelqu'un : *intenter un procès.*

intention n. f. Dessein : *intention de nuire.* Désir, volonté.

intentionné, e adj. Qui a une intention : *bien, mal intentionné.*

intentionnel, elle* adj. Qui est fait avec intention : *erreur intentionnelle.*

interaction n. f. Influence réciproque.

interallié, e adj. Entre alliés.

interarmes adj. inv. Commun à plusieurs armes de l'armée de terre : *école interarmes.*

intercalaire adj. Inséré, ajouté : *feuillet intercalaire.*

intercalation n. f. Action d'intercaler. Son résultat.

intercaler v. Ajouter au milieu : *intercaler un mot dans un texte.*

intercéder v. i. (conj. 5) Intervenir en faveur de quelqu'un.

intercepter v. t. Arrêter au passage. S'emparer par surprise de quelque chose.

interception n. f. Interruption du cours direct d'une chose : *interception de la lumière.* Attaque, par avions de chasse ou par missiles, d'appareils adverses.

intercesseur n. m. Qui intercède.

intercession n. f. Action d'intercéder.

interchangeable adj. Se dit des choses qui peuvent être mises à la place les unes des autres.

intercontinental, e, aux adj. Entre deux continents : *lignes intercontinentales.*

intercostal, e, aux adj. Entre les côtes.

interdépendance n. f. Dépendance mutuelle.

interdiction n. f. Défense, prohibition.

interdire v. t. (conj. 68) Défendre quelque chose. Priver du droit d'exercer une fonction : *interdire un prêtre.* Ôter à quelqu'un la libre disposition de ses biens.

interdit n. m. Sentence interdisant l'emploi de quelque chose, excluant une personne d'un groupe : *jeter l'interdit contre quelqu'un.*

interdit, e adj. Sous le coup d'une interdiction : *interdit de séjour à Paris. Fig.* Confus, troublé.

intéressé, e adj. Qui a un intérêt à une chose : *intéressé dans une affaire.* Trop attaché à ses intérêts. N. Personne qui a intérêt à.

intéressement n. m. Participation aux bénéfices, à la prospérité d'une entreprise.

intéresser v. t. Donner une part financière, un intérêt sur les bénéfices : *intéresser un employé dans l'entreprise.* Captiver l'esprit, l'attention : *sujet qui intéresse.* Importer : *cela ne m'intéresse pas.* Concerner spécialement. Inspirer de la bienveillance.

intérêt n. m. Part que l'on prend à une chose : *suivre un événement avec intérêt.* Désir de gain : *seul l'intérêt le guide.* Droit à un gain éventuel : *avoir un intérêt dans une affaire.* Bénéfice tiré de l'argent prêté : *intérêts à 9 p. 100.* Affection, sollicitude : *montrer de l'intérêt à quelqu'un.* Ce qui intéresse : *roman plein d'intérêt. Dommages*

et intérêts, somme allouée en réparation d'un préjudice.

interférence n. f. *Phys.* Combinaison de mouvements vibratoires. *Fig.* Conjonction : *les interférences du politique et du social.*

intérieur, e* adj. Qui est au-dedans : *cour intérieure. Fig.* Relatif à l'âme : *sentiment intérieur.* N. m. La partie intérieure, le dedans. Partie centrale d'un pays. Domicile privé : *intérieur coquet.* Vie de famille : *homme d'intérieur.* Ministère de l'Intérieur, qui gère les affaires intérieures d'un pays, la police.

intérim [éterim] n. m. Temps pendant lequel une fonction est remplie par un autre que par le titulaire. Par *intérim,* provisoirement.

intérimaire adj. Qui a lieu par intérim : *fonctions intérimaires.* N. Personne qui fait l'intérim : *licencier des intérimaires.*

interjection n. f. Mot qui sert à exprimer un sentiment violent, une émotion, un ordre, comme *ah!, hélas!, chut!*

interligne n. m. Espace entre deux lignes écrites.

interligner v. t. Séparer par des interlignes : *texte interligné deux points.* Écrire dans les interlignes.

interlocuteur, trice n. Personne conversant avec une autre, en pourparlers avec une autre.

interlope adj. Se dit d'un navire qui trafique en fraude. *Fig.* De réputation douteuse : *milieu interlope.*

interloquer v. t. Embarrasser. Surprendre.

interlude n. m. Divertissement dramatique, musical ou filmé entre deux parties d'un spectacle, d'une émission de télévision, etc.

intermède n. m. Divertissement entre deux parties d'une représentation théâtrale. Temps intermédiaire.

intermédiaire adj. Qui est entre deux : *corps intermédiaire.* N. m. Entremise : *par mon intermédiaire.* Personne, chose interposée : *servir d'intermédiaire.*

interminable* adj. Trop long.

intermittence n. f. Caractère intermittent. *Par intermittence,* par moments.

intermittent, e adj. Qui s'arrête et reprend par intervalles.

internat n. m. École où les élèves sont nourris et logés. Situation d'un élève interne. Ensemble des internes. *Méd.* Fonction d'interne dans un hôpital.

international, e*, aux adj. Qui a lieu entre nations : *droit international.* N. Sportif, sportive qui prend part à des épreuves internationales. N. f. Association générale de travailleurs de divers pays pour la défense de leurs droits.

internationalisme n. m. Caractère international. Doctrine de ceux qui préconisent l'alliance internationale des classes ouvrières.

internationaliste n. Partisan de l'internationalisme.

interne adj. Qui est au-dedans : *maladie interne.* N. Élève logé et nourri dans l'établissement. Étudiant en médecine admis, après concours, à seconder un chef de service dans un hôpital.

internement n. m. Action d'interner.

interner v. t. Enfermer dans un asile. Imposer, fixer une résidence à quelqu'un, avec défense d'en sortir.

interocéanique adj. Réunissant deux océans : *canal interocéanique.*

interpellateur, trice n. Personne qui interpelle : *répondre à un interpellateur.*

interpellation n. f. Action d'interpeller. Demande d'explication adressée par un parlementaire à un ministre.

interpeller v. t. Adresser la parole pour demander quelque chose. Sommer quelqu'un de répondre, lui demander de s'expliquer sur un fait.

interphone n. m. (marque déposée). Installation téléphonique permettant la conversation entre plusieurs interlocuteurs.

interplanétaire adj. Relatif à l'espace qui se trouve entre les planètes.

interpolation n. f. Action d'interpoler. Ce qui a été interpolé.

interpoler v. t. Introduire dans un ouvrage des passages qui ne sont pas dans l'original. *Math.* Assigner à une quantité une valeur intermédiaire entre deux valeurs directement calculées ou observées.

interposer v. t. Placer entre. V. pr. Intervenir : *s'interposer dans une querelle.*

interposition n. f. Situation d'un corps entre deux autres. *Fig.* Intervention d'une autorité supérieure.

interprétateur, trice et **interprétatif, ive** adj. Qui explique.

interprétation n. f. Action d'interpréter. Façon dont une œuvre dramatique ou musicale est jouée. Traduction, commentaire critique.

interprète n. Personne qui traduit une conversation. Personne qui fait connaître les intentions d'autrui. Musicien qui exécute une œuvre.

interpréter v. t. (conj. 5) Expliquer ce qui est obscur : *interpréter un rêve.* Donner à une chose telle ou telle signification : *interpréter une loi.* Prendre en bonne ou mauvaise part : *mal interpréter une intention.* Traduire, rendre : *le graveur a su interpréter les œuvres du peintre.*

interrègne n. m. Intervalle pendant lequel un État est sans chef.

interrogateur, trice adj. et n. Qui interroge. Examinateur.

interrogatif, ive adj. Qui marque l'interrogation.

interrogation n. f. Question, demande. *Point d'interrogation*, signe de ponctuation qui marque l'interrogation (?).

interrogatoire n. m. Questions qu'on adresse à un accusé : *subir un interrogatoire.*

interroger v. t. (conj. 1) Adresser des questions : *interroger un inculpé.* Questionner un candidat dans un examen. *Fig.* Consulter, examiner : *interroger l'histoire, la tradition.*

interrompre v. t. (conj. 46) Rompre la continuité : *interrompre un courant.* Couper la parole.

interrupteur, trice adj. et n. Qui interrompt. N. m. Appareil pour interrompre ou rétablir un courant électrique.

interruption n. f. Action d'interrompre. État de ce qui est interrompu. Paroles prononcées pour interrompre.

intersection n. f. *Géom.* Lieu des points où deux lignes, deux plans, deux solides se coupent.

intersidéral, e, aux adj. *Astron.* Se dit de ce qui est situé entre les astres.

interstellaire adj. *Astr.* Situé entre les étoiles : *espace interstellaire.*

interstice n. m. Petit intervalle entre les parties d'un tout.

interstitiel, elle adj. Qui est dans les interstices.

intertropical, e, aux adj. Qui est situé entre les tropiques.

interurbain, e adj. Qui relie des villes.

intervalle n. m. Distance d'un lieu à un autre. Espace de temps entre deux époques, deux dates. *Mus.* Distance qui sépare deux sons. *Par intervalles*, de temps à autre.

intervenir v. i. (conj. 16) Prendre part volontairement. Interposer son autorité : *intervenir dans une querelle.* Se produire, avoir lieu : *un jugement est intervenu.*

intervention n. f. Action d'intervenir : *intervention d'un député.* *Méd.* Traitement, opération : *intervention chirurgicale.*

interversion n. f. Renversement de l'ordre habituel.

intervertir v. t. Renverser ou déplacer l'ordre habituel : *intervertir les rôles.*

interview [ɛ̃tɛrvju] n. f. Entretien avec une personne pour l'interroger sur ses actes, ses idées, etc.

interviewer [ɛ̃tɛrvjuve] v. t. Soumettre à une interview.

intestat [ɛ̃tɛsta] adj. et n. *Dr.* Qui n'a pas fait de testament : *mourir intestat.*

intestin n. m. *Anat.* Viscère abdominal allant de l'estomac à l'anus et où s'achève la digestion.

intestin, e adj. Qui se passe dans un corps social, intérieur : *divisions intestines.*

intestinal, e, aux adj. De l'intestin.

intimation n. f. Sommation.

intime* adj. Intérieur et profond. Sans cérémonie : *un dîner intime.* Qui existe au fond de l'âme : *conviction intime.* Pour qui l'on a une grande affection : *ami intime.* Qui est tout à fait privé : *la vie intime d'une personne.* N. Un familier.

intimer v. t. Signifier avec autorité : *intimer un ordre.* Appeler en justice.

intimidant, e adj. Qui intimide : *regard intimidant.*

intimidation n. f. Action d'intimider. Son résultat.

intimider v. t. Inspirer de la gêne, de l'appréhension.

intimité n. f. Caractère, liaison intime. Vie privée : *dans l'intimité, c'est un homme charmant.*

intitulé n. m. Titre d'un livre, d'une loi, etc.

intituler v. t. Donner un titre. V. pr. Se donner le titre de : *s'intituler baron.*

intolérable* adj. Qu'on ne saurait supporter, tolérer : *douleur intolérable.*

intolérance n. f. Attitude agressive à l'égard de ceux dont les opinions, les croyances diffèrent. *Méd.* Impossibilité, pour un organisme, de supporter certaines substances habituellement non toxiques.

intolérant, e n. et adj. Qui manque de tolérance (politique, religion).

intonation n. f. Ton varié de la voix que l'on prend en parlant, en lisant.

intouchable n. et adj. Dans l'Inde, paria que l'on ne pouvait toucher sans souillure. *Fam.* Qui ne peut être l'objet d'aucune critique, d'aucune sanction.

intoxication n. f. Empoisonnement.

intoxiquer v. t. Empoisonner, imprégner de substances toxiques. *Fig.* Influencer les esprits de façon insidieuse pour les rendre sensibles à certains thèmes de propagande.

intraduisible adj. Qu'on ne peut traduire.

intraitable adj. Qui ne se laisse pas manier, convaincre, facilement.

intra-muros loc. lat. Dans les murs, dans l'intérieur de la ville.

intramusculaire adj. Qui est ou se fait dans un muscle : *piqûre intramusculaire.*

intransigeance n. f. Caractère intransigeant.

intransigeant, e n. et adj. Qui ne fait aucune concession : *esprit intransigeant.*

intransitif, ive* adj. et n. m. *Gramm.* Se dit des verbes qui n'admettent pas de complément d'objet. Adj. Qui est propre à ces verbes.

intransportable adj. Qui ne peut être transporté.

intraveineux, euse adj. Qui est ou se fait dans les veines : *piqûre intraveineuse.*

intrépide* adj. Qui méprise le danger. *Fam.* Décidé, tenace.

intrépidité n. f. Courage, fermeté inébranlable dans le péril.

intrigant, e n. et adj. Qui se mêle d'intrigues : *esprit intrigant.*

intrigue n. f. Machination secrète pour nuire ou obtenir un avantage. Suite d'incidents formant la trame d'une pièce de théâtre, d'un roman.

intriguer v. i. Se livrer à des intrigues : *intriguer pour s'élever.* V. t. Exciter vivement la curiosité : *cela m'intrigue.*

intrinsèque* adj. Qui est au-dedans de. Inhérent, essentiel : *mérite intrinsèque. Valeur intrinsèque,* celle des objets par eux-mêmes.

introducteur, trice n. Personne qui introduit.

introduction n. f. Action d'introduire. Texte explicatif placé en tête d'un ouvrage. *Lettre d'introduction,* lettre qui facilite à une personne l'accès auprès d'une autre.

introduire v. t. (conj. 64) Faire entrer : *introduire un visiteur.* Faire entrer une chose dans une autre. *Fig.* Faire adopter : *introduire une mode.* V. pr. Entrer, pénétrer.

intronisation n. f. Action d'introniser : *l'intronisation d'un prince.*

introniser v. t. Mettre solennellement en ses fonctions un dignitaire. *Fig.* Faire régner, établir : *introniser une mode.*

introspection n. f. Analyse de la conscience, de ses sentiments, de ses mobiles par le sujet lui-même.

introuvable adj. Qu'on ne peut trouver.

intrus, e n. et adj. Qui s'introduit quelque part sans avoir qualité pour y être admis.

intrusion n. f. Action de s'introduire sans droit, sans invitation.

intuitif, ive* adj. Que l'on a par intuition.

intuition n. f. Connaissance directe, immédiate, sans intervention du raisonnement. Pressentiment.

intumescence n. f. Gonflement.

intumescent, e adj. Qui gonfle.

inusable adj. Qui ne peut s'user.

inusité, e adj. Qui n'est pas usité.

inutile* adj. Qui ne sert à rien.

inutilisable adj. Qu'il est impossible d'utiliser.

inutiliser v. t. Ne pas se servir de.

inutilité n. f. Manque d'utilité. Pl. Choses inutiles.

invalidation n. f. Action d'invalider.

invalide* adj. et n. Non valide, infirme. Adj. *Fig.* Qui n'a pas les conditions requises par la loi : *acte invalide.*

invalider v. t. Déclarer invalide, non valable. Annuler.

invalidité n. f. Manque de validité. État d'une personne dont la capacité de travail est réduite d'une façon importante.

invar n. m. (marque déposée). Acier au nickel, peu sensible aux changements de température.

invariabilité n. f. État de ce qui est invariable : *l'invariabilité des saisons.*

invariable* adj. Qui ne change point.

invasion n. f. Interruption armée faite dans un pays. *Par ext.* Occupation générale d'un endroit : *une invasion de sauterelles. Fig.* Diffusion soudaine : *invasion des idées nouvelles.*

invective n. f. Parole amère et violente.

invectiver v. i. Dire des invectives : *invectiver contre quelqu'un.* V. t. Accabler d'invectives : *invectiver quelqu'un.*

invendable adj. Non vendable.

invendu, e adj. Non vendu. N. m. Marchandise qui n'a pas été vendue : *solder les invendus.*

inventaire n. m. Liste complète et détaillée des biens d'une personne, d'une succession. Évaluation des marchandises en magasin et des valeurs d'un commerçant.

inventer v. t. Trouver, créer quelque chose de nouveau. Imaginer, donner comme réel : *inventer un mensonge.*

inventeur, trice n. Personne qui a découvert ou inventé quelque chose.

inventif, ive adj. Qui a le talent d'inventer : *esprit inventif.*

invention n. f. Faculté, action d'inventer. Fiction : *invention des poètes.* Mensonge. Découverte de reliques : *invention de la vraie Croix.*

inventorier v. t. Faire l'inventaire de.

inverse* adj. Qui est opposé exactement à la direction, à la fonction actuelle ou habituelle : *venir en sens inverse.* N. m. Le contraire : *soutenir l'inverse.*

inverser v. t. Renverser la direction, changer la position relative de deux choses : *inverser les rôles.*

inverseur adj. et n. m. Appareil inversant le courant électrique.

inversion n. f. *Gramm.* Construction où l'on donne aux mots un autre ordre que l'ordre direct. *Inversion sexuelle,* attirance sexuelle pour les personnes de son sexe.

invertébré, e adj. et n. Se dit des animaux sans colonne vertébrale, comme les insectes, les crustacés, les mollusques, etc.

inverti, e n. Qui a une attirance sexuelle pour les personnes de son sexe.

invertir v. t. Renverser symétriquement.

investigateur, **trice** n. et adj. Qui fait des recherches sur.

investigation n. f. Recherche attentive et suivie.

investir v. t. Mettre en possession d'un pouvoir, d'une autorité. Environner de troupes une place. *Fig. Investir quelqu'un de sa confiance*, se fier entièrement à lui.

investir v. t. Placer des fonds.

investissement n. f. Placement de fonds.

investiture n. f. Mise en possession d'un fief, d'une dignité, d'un pouvoir quelconque. Acte par lequel un parti politique désigne un candidat à une fonction électorale.

invétéré, e adj. Fortifié par le temps, enraciné : *habitude invétérée*.

invincible* adj. Qu'on ne saurait vaincre : *un ennemi invincible*.

inviolabilité n. f. Qualité de ce qui est inviolable.

inviolable* adj. Qu'on ne doit jamais enfreindre : *serment inviolable*. Qui est légalement à l'abri de toute poursuite.

invisibilité n. f. État de ce qui est invisible.

invisible* adj. Qui échappe à la vue. Qui se cache.

invitation n. f. Action d'inviter. Son résultat.

invite n. f. Manière adroite, plus ou moins directe, d'amener quelqu'un à faire quelque chose : *répondre à une invite*.

inviter v. t. Convier, prier de venir, d'assister à : *inviter à dîner*. Ordonner : *inviter quelqu'un à se taire*. Fig. Engager : *inviter à la rêverie*. V. pr. *Fam*. Venir sans avoir été invité.

invivable adj. *Fam*. Avec qui on ne peut vivre.

invocateur adj. et n. m. Qui invoque.

invocation n. f. Action d'invoquer.

involontaire* adj. Non volontaire.

involution n. f. *Biol*. Régression d'un organe.

invoquer v. t. Appeler à son secours. *Fig*. En appeler à : *invoquer un témoignage*.

invraisemblable* adj. Non vraisemblable. *Fam*. Bizarre, extraordinaire.

invraisemblance n. f. Manque de vraisemblance : *récit plein d'invraisemblances*.

invulnérable* adj. Qui ne peut être blessé.

iode n. m. Corps simple employé en médecine comme antiseptique sous forme de solution alcoolique : *la teinture d'iode*.

iodé, e adj. Qui contient de l'iode.

ion n. m. Particule chargée électriquement et formée d'un atome ou d'un groupe d'atomes ayant gagné ou perdu un ou plusieurs électrons.

ionien, **enne** adj. et n. De l'Ionie.

ionisation n. f. Production d'ions dans un gaz ou dans un électrolyte.

iota n. m. Lettre grecque équivalant à notre i. *Fig. Il n'y manque pas un iota*, il n'y manque rien.

ipso facto loc. lat. Par le fait même.

irakien ou **iraqien**, **enne** adj. et n. De l'Irak.

iranien, **enne** adj. et n. De l'Iran.

irascibilité n. f. Irritabilité.

irascible adj. Prompt à se fâcher.

iridium [iridjom] n. m. Métal blanc, très dur, contenu dans certains minerais de platine.

iris [iris] n. m. Membrane circulaire qui donne sa couleur à l'œil. Plante à fleurs ornementales et odorantes.

irisation n. f. Propriété dont jouissent certains corps de disperser la lumière en rayons colorés comme l'arc-en-ciel. Reflets ainsi produits.

iriser v. t. Donner les couleurs de l'arc-en-ciel.

irlandais, e adj. et n. De l'Irlande.

ironie n. f. Raillerie qui consiste à dire le contraire de ce qu'on veut faire entendre. *Fig*. Opposition, contraste qui ressemble à une insulte : *ironie du sort*.

ironique adj. Où il y a de l'ironie. Qui emploie l'ironie.

ironiser v. i. Faire de l'ironie.

ironiste n. Personne qui s'exprime avec ironie.

irradiation n. f. Émission de rayons lumineux. *Phys*. Rayonnement des astres. Exposition à un rayonnement radio-actif, à la lumière ou à d'autres formes de radiations.

irradier v. i., ou **irradier (s')** v. pr. Se propager en rayonnant : *les rayons d'un foyer lumineux irradient de tous côtés*. V. t. Exposer à certaines radiations.

irraisonné, e adj. Non raisonné.

irrationnel, **elle** adj. Contraire à la raison.

irréalisable adj. Non réalisable.

irréalité n. f. Caractère irréel.

irrecevabilité n. f. Qualité de ce qui n'est pas recevable.

irrecevable adj. Non acceptable.

irréconciliable adj. Qui ne peut se réconcilier : *ennemis irréconciliables*.

irrécouvrable adj. Non recouvrable : *créance irrécouvrable*.

irrécusable adj. Non récusable.

irréductible adj. Qui ne peut être réduit : *place irréductible*. Inflexible.

irréel, **elle** adj. Non réel.

irréfléchi, e adj. Qui ne réfléchit pas. Qui n'est point réfléchi.

irréflexion n. f. Manque de réflexion, étourderie.

irréfragable adj. Qu'on ne peut récuser, contredire : *autorité irréfragable*.

irréfutable* adj. Non réfutable.

irrégularité n. f. Manque de régularité. Chose, action irrégulière.

irrégulier, **ère*** adj. Qui n'est pas régulier : *polygone irrégulier*. Qui agit de façon capricieuse : *employé irrégulier*. Non conforme aux règles.

irréligieux, **euse** adj. Qui ne professe pas de religion. Contraire à la religion.

irréligion n. f. Absence de foi religieuse.

irrémédiable* adj. A quoi on ne peut remédier.

irrémissible* adj. Qui ne mérite pas de pardon : *faute irrémissible*.

irremplaçable adj. Non remplaçable.

irréparable* adj. Non réparable.

irréprochable* adj. Qui ne mérite point de reproche.

irrésistible* adj. À qui ou à quoi l'on ne peut résister : *force irrésistible.*

irrésolu*, e adj. Qui n'a pas reçu de solution. Qui se décide difficilement à agir.

irrésolution n. f. Incertitude.

irrespectueux, euse* adj. Non respectueux.

irrespirable adj. Non respirable.

irresponsabilité n. f. Manque de responsabilité.

irresponsable* adj. Non responsable.

irrétrécissable adj. Qui ne peut se rétrécir : *laine irrétrécissable.*

irrévérence n. f. Manque de respect. Parole, action irrévérencieuse.

irrévérencieux, euse* adj. Irrespectueux : *propos irrévérencieux.*

irréversible adj. Qui ne peut revenir en arrière, en sens inverse : *la marche de l'histoire est irréversible.*

irrévocable* adj. Non révocable.

irrigable adj. Qui peut être irrigué.

irrigation n. f. Technique qui consiste, dans les régions sèches, à amener de l'eau par des procédés divers.

irriguer v. Faire parvenir l'eau, un liquide organique dans.

irritabilité n. f. Caractère irritable.

irritable adj. Qui s'irrite aisément.

irritant, e adj. Qui met en colère : *reproches irritants.* Qui détermine une irritation : *sels irritants.*

irritation n. f. État d'une personne en colère. Action de ce qui irrite les organes, les nerfs, etc. Son résultat.

irriter v. t. Mettre en colère. Rendre plus vif : *irriter un désir.* Causer de la douleur, de l'inflammation dans un organe : *frottement qui irrite.*

irruption n. f. Entrée soudaine et violente.

isabelle adj. inv. D'une couleur café au lait. N. m. Couleur isabelle.

isard [izar] n. m. Chamois des Pyrénées.

isba [isba] n. f. Habitation en bois du nord de l'Europe et de l'Asie.

islam n. m. Religion musulmane. Le monde musulman, la civilisation musulmane (avec une majuscule).

islamique adj. De l'Islam.

islamisme n. m. Doctrine de l'Islam.

islandais, e adj. et n. De l'Islande.

isobare adj. *Phys.* D'égale pression atmosphérique : *lignes isobares.* N. f. Chacune de ces lignes.

isocèle adj. *Géom.* À deux côtés égaux : *triangle isocèle.*

isochrone adj. De durée égale.

isochronisme n. m. Qualité de ce qui est isochrone.

isolant, e adj. Qui isole. N. m. Matériau qui empêche la propagation des bruits, qui ne conduit pas la chaleur, l'électricité.

isolateur, trice adj. Se dit des substances ayant la propriété d'isoler. N. m. Appareil servant à isoler un corps électrisé.

isolation n. f. Action de réaliser un isolement thermique, électrique ou acoustique.

isolationnisme n. m. Politique d'un pays qui s'isole des pays voisins.

isolationniste n. et adj. Partisan de l'isolationnisme.

isolé*, e adj. Séparé. Peu fréquenté. Individuel, pris à part ; *un cas isolé.*

isolement n. m. État d'une personne isolée. Séparation entre un corps électrisé et les corps conducteurs environnants.

isoler v. t. Séparer des objets environnants. Mettre à l'écart des autres hommes. *Fig.* Considérer à part : *isoler une phrase de son contexte. Chim.* Dégager de ses combinaisons : *isoler un métal.* Séparer un corps électrisé de ceux qui pourraient lui enlever son électricité : *isoler un câble.*

isoloir n. m. Cabine où l'électeur rédige son bulletin de vote.

isomère adj. Qui a même composition chimique et même masse moléculaire, mais dont la structure atomique et les propriétés diffèrent.

isomorphe adj. *Chim.* Dont les molécules sont formées des mêmes atomes, mais différemment disposés.

isotherme adj. Se dit des endroits qui ont la même température moyenne : *lignes isothermes.* N. f. Chacune de ces lignes.

isotope adj. Se dit d'éléments chimiquement identiques, mais de masses atomiques différentes.

israélien, enne adj. et n. De l'État d'Israël.

israélite adj. et n. Qui appartient à la religion juive.

issu, e adj. Sorti, né de : *cousins issus de germains. Fig.* Qui provient, résulte de : *des guerres sont issus tant de maux!*

issue n. f. Lieu par où l'on sort. *Fig.* Moyen de sortir d'embarras : *se ménager une issue.* Événement final, résultat. *A l'issue de,* loc. prép. Au sortir de.

isthme [ism] n. m. Langue de terre resserrée entre deux mers et réunissant deux terres : *l'isthme de Suez.*

italianisant, e n. Qui s'occupe de langue et de littérature italiennes.

italianiser v. t. Rendre italien.

italianisme n. m. Manière de parler propre à la langue italienne.

italien, enne adj. et n. De l'Italie.

italique adj. et n. m. De l'Italie antique. Adj. et n. f. Caractère d'imprimerie penché.

item adv. En outre, de plus. (S'emploie dans les comptes, les énumérations.) N. m. Article de compte.

itératif, ive* adj. Fait ou répété plusieurs fois.

itinéraire n. m. Route à suivre : *tracer un itinéraire.*

itinérant, e adj. Qui se déplace : *exposition itinérante.*

ivoire n. m. Substance osseuse, qui constitue les défenses ou dents de l'éléphant, etc. Objet sculpté en ivoire.

ivraie n. f. Graminée sauvage qui se mélange parfois aux céréales et y cause des ravages. *Fig.* Chose mauvaise mêlée aux bonnes, et qui leur nuit : *séparer le bon grain de l'ivraie.*

ivre adj. Qui a le cerveau troublé par l'action du vin, de l'alcool. *Fig.* Egaré, exalté par les passions : *ivre de joie. Ivre mort,* ivre au point d'avoir perdu toute connaissance.

ivresse n. f. État d'une personne ivre. *Fig.* Transport : *l'ivresse de la joie.* Enthousiasme : *l'ivresse poétique.*

ivrogne n. m. et adj. Qui s'enivre souvent.

ivrognerie n. f. Habitude de s'enivrer, ivresse.

ivrognesse n. f. Femme qui a l'habitude de s'enivrer.

J

J n. m. Dixième lettre de l'alphabet et la septième des consonnes. *Le jour J*, le jour tenu secret où doit se produire un fait extraordinaire.

jabot n. m. Renflement de l'œsophage des oiseaux, qui est la première poche digestive. Ornement de dentelle ou de lingerie qui garnissait le plastron de la chemise masculine.

jaboter v. i. et t. Piailler, chanter, en parlant des oiseaux. *Fam.* Bavarder.

jacasser v. i. Crier, en parlant de la pie. *Fam.* Bavarder, parler avec volubilité.

jacasserie n. f. *Fam.* Bavardage. Babillage.

jachère n. f. État d'une terre labourable qu'on laisse reposer. Cette terre elle-même.

jacinthe n. f. Plante à fleurs ornementales.

jacobin n. m. Démocrate intransigeant (du nom du club des Jacobins pendant la Révolution). Adj. Démocrate, révolutionnaire.

jacobinisme n. m. Doctrine des jacobins. Opinion démocratique avancée.

jacquard n. m. Métier à tisser.

jacquerie n. f. Soulèvement de la paysannerie, dans l'histoire de France.

jacquet n. m. Jeu que l'on joue avec des pions et des dés, sur une tablette divisée en quatre compartiments.

jactance n. f. Action, habitude de se vanter.

jade n. m. Pierre dure de couleur verdâtre : *les jades de Chine.*

jadis [ʒadis] adv. Autrefois, dans le passé.

jaguar n. m. Mammifère carnassier de l'Amérique du Sud, voisin de la panthère.

jaillir v. i. Sortir impétueusement (liquides, lumière) : *source qui jaillit.*

jaillissement n. m. Action de jaillir.

jais n. m. Variété de lignite d'un noir brillant. Couleur noire : *des yeux de jais.*

jalon n. m. Piquet servant à établir des alignements, à marquer des distances. *Fig.* Indications préliminaires, points de repère : *poser les jalons d'un travail.*

jalonnement n. m. Action de jalonner.

jalonner v. i. Planter des jalons pour indiquer un tracé. V. t. Planter des jalons.

jalouser v. i. Être jaloux de.

jalousie n. f. Chagrin, dépit de voir un autre posséder un bien qu'on voudrait pour soi. Crainte que la personne aimée ne s'attache à une autre. Persienne formée d'une série de planchettes enfilées sur des chaînettes et dont l'angle peut être modifié.

jaloux, ouse adj. et n. Qui a de la jalousie; envieux. Très attaché à : *jaloux de sa liberté.* Tourmenté par la crainte de l'infidélité.

jamais adv. En un temps quelconque : *si jamais vous venez...* En aucun temps (avec

ne...) : *cela ne s'est jamais vu. À jamais, pour jamais,* loc. adv. Toujours.

jambage n. m. Trait vertical ou légèrement incliné d'un *m*, d'un *n*, etc. Montant vertical d'une baie de porte ou de croisée.

jambe n. f. Membre inférieur de l'homme dans son ensemble, y compris la cuisse et le genou. En anatomie, partie comprise seulement entre le genou et le pied. *Prendre ses jambes à son cou,* fuir.

jambière n. f. Pièce de vêtement protégeant la jambe. Bande de toile pour envelopper les jambes des chevaux.

jambon n. m. Cuisse ou épaule, salée ou fumée, du porc ou du sanglier.

jambonneau n. m. Partie de la patte du porc située au-dessous de l'articulation du genou.

janissaire n. m. Soldat d'un ancien corps d'infanterie turque.

jansénisme n. m. Doctrine attribuée à Jansénius sur la grâce et la prédestination.

janséniste adv. et n. Relatif au jansénisme; partisan du jansénisme.

jante n. f. Gorge circulaire dans laquelle se fixe le bandage d'une roue.

janvier n. m. Premier mois de l'année.

japon n. m. Papier du Japon.

japonais, e adj. et n. Du Japon. Langue parlée au Japon.

jappement n. m. Aboiement.

japper v. i. Aboyer, en parlant des petits chiens.

jaquemart n. m. Figure de métal représentant un homme, qui frappe les heures avec un marteau sur la cloche d'une horloge. Jouet d'enfant, formé de deux personnages frappant sur une enclume.

jaquette n. f. Vêtement d'homme à longs pans arrondis. Vêtement de femme ajusté à la taille. Chemise de protection d'un livre.

jardin n. m. Lieu, ordinairement clos, où l'on cultive des fleurs, des légumes, des arbres, etc. *Fig.* Pays fertile. Côté gauche de la scène d'un théâtre pour les spectateurs.

jardinage n. m. Art de cultiver les jardins.

jardiner v. i. Faire du jardinage.

jardinet n. m. Petit jardin.

jardinier, ère n. Personne dont le métier est de cultiver les jardins. Adj. Relatif aux jardins : *plante jardinière.* N. f. Meuble qui supporte une caisse à fleurs. Mets composé de différents légumes.

jargon n. m. Langage formé d'éléments disparates, de mots altérés; tout langage incompréhensible. Langage particulier à une profession, à un milieu (distinct de l'argot) : *le jargon des médecins.*

jargonner v. i. *Fam.* Parler un jargon.

jarre n. f. Grand vase de grès dans lequel on conserve des liquides, des salaisons.

jarret n. m. Partie de la jambe derrière le genou, chez l'homme. Endroit où se plie la jambe de derrière des quadrupèdes.

jarretelle n. f. Bande de tissu élastique servant à maintenir les bas tendus.

jarretière n. f. Lien de caoutchouc servant à fixer les bas en les entourant au-dessus ou au-dessous du genou. Ordre de chevalerie, en Angleterre.

jars [ʒar] n. m. Mâle de l'oie.

jaser v. i. Babiller. Critiquer, médire. Trahir un secret.

jaseur, euse n. Qui aime à jaser; babillard.

jasmin n. m. Plante à fleurs odoriférantes. Leur parfum.

jaspe n. m. Pierre dure et colorée, employée en bijouterie.

jatte n. f. Vase rond et sans rebord. Son contenu.

jauge n. f. Capacité totale ou partielle d'un navire de commerce. Evaluation de cette capacité. Règle graduée servant à mesurer la capacité d'un réservoir, d'un récipient. Capacité que doit avoir un récipient destiné à mesurer une liqueur ou des grains. Tranchée où l'on dispose de jeunes plants côte à côte.

jaugeage n. m. Action de jauger.

jauger v. t. (conj. 1) Mesurer la capacité d'un tonneau, d'un navire, etc. *Fig.* Apprécier la valeur de quelqu'un. V. i. Avoir une capacité de.

jaunâtre adj. Qui tire sur le jaune.

jaune adj. Qui est d'une couleur placée, dans le spectre solaire, entre le vert et l'orangé, et qui est celle de l'or, du citron, du soufre, etc. N. m. Couleur jaune. *Jaune d'œuf*, partie centrale de l'œuf des oiseaux. N. Personne de race jaune. Adv. *Rire jaune*, rire avec contrainte.

jaunir v. t. Teindre en jaune, rendre jaune. V. i. Devenir jaune : *dans l'ictère, la peau jaunit.*

jaunisse n. f. Coloration jaune de la peau, due à la présence de pigments biliaires dans le sang et les tissus (syn. ICTÈRE).

jaunissement n. m. Action de jaunir.

java n. f. Danse populaire à trois temps.

javanais, e adj. et n. De Java. N. m. Langue du groupe indonésien.

javanais n. m. Forme d'argot qui consiste à intercaler dans les mots le groupe -av-, de manière à les rendre incompréhensibles pour les non-initiés (ainsi, « bonjour » devient « bavonjavour »).

Javel (eau de) n. f. Mélange d'hypochlorite et de chlorure de potassium, utilisé comme détersif et décolorant.

javelle n. f. Petit tas de céréale coupée, qu'on laisse sur le champ jusqu'à ce qu'on le lie en gerbe.

javellisation n. f. Addition d'eau de Javel pour assainir l'eau.

javelliser v. t. Stériliser l'eau.

javelot n. m. Petite lance. Instrument de lancer, en forme de lance, employé en athlétisme.

jazz [dʒaz] n. m. Musique d'origine négro-américaine, caractérisée par son rythme.

je pron. pers. de la 1ʳᵉ pers. du sing. des deux genres.

jean [dʒin] n. m. Variante pour *blue-jean*.

jeannette n. f. Petite croix d'or ou suspendue au cou. Petite planche utilisée pour le repassage des manches ou autres pièces.

Jeep n. f. (nom déposé). Voiture de liaison utilisée à l'origine dans l'armée américaine.

je ne sais quoi pron. indéfini ou **je-ne-sais-quoi** n. m. inv. Ce qu'on ne saurait répéter, expliquer.

jérémiades n. f. pl. *Fam.* Plaintes importunes.

jerrican [dʒerikan] ou **jerricane** n. m. Bidon de 20 litres, à poignées, pour y loger de l'essence, du gas-oil.

jersey n. m. Tissu à mailles, réalisé sur un métier.

jésuite n. m. Membre de la Compagnie de Jésus. *Péjor.* Personne hypocrite, astucieuse. Adj. Relatif aux jésuites, à leur caractère.

jésuitique* adj. *Péjor.* Hypocrite.

jésuitisme n. m. Système moral et religieux des jésuites. *Péjor.* Hypocrisie, astuce.

Jésus n. m. Représentation du Christ enfant. Adj. inv. Format de papier (56 × 72 cm).

jet n. m. Action de jeter, de lancer. Mouvement imprimé à un corps en le jetant. Emission d'un fluide : *jet de vapeur.* Coulée de matière en fusion dans le moule. Jaillissement : *jet d'eau.* Traverse intérieure d'une fenêtre, curviligne à l'extérieur, facilitant l'écoulement de l'eau. *Bot.* Poussée d'un végétal, droite et vigoureuse. *Fig. Premier jet*, esquisse.

jet [dʒɛt] n. m. Avion à réaction.

jeté n. m. Saut lancé, exécuté d'une jambe sur l'autre, en chorégraphie.

jetée n. f. Construction formant une avancée dans la mer pour protéger un port contre les vagues.

jeter v. t. (conj. 4) Lancer : *jeter une pierre.* Pousser avec violence : *jeter sur un écueil.* Lancer hors de soi, émettre : *jeter un cri.* Se débarrasser : *jeter des fruits gâtés.* Renverser : *jeter par terre.* *Fig.* Bourgeonner : *la vigne commence à jeter.* Construire, établir : *jeter des fondements, un pont.*

jeton n. m. Petite pièce ronde et plate, pour marquer ou payer au jeu. *Fig. Faux comme un jeton, faux jeton*, hypocrite.

jeu [ʒø] n. m. Action de jouer ; récréation, divertissement : *se livrer aux jeux de son âge.* Ce qui sert à jouer : *acheter un jeu de dames.* Amusement soumis à des règles : *jeu de barres.* Divertissement intéressé où l'on risque de l'argent : *une dette de jeu.* Ensemble des cartes d'un joueur : *avoir un beau jeu.* Divertissement public composé d'exercices sportifs : *les jeux Olympiques.* Manière de toucher des instruments de musique : *cette pianiste a un jeu agréable.* Manière dont un acteur interprète un rôle. Facilité de se mouvoir : *donner du jeu à une porte.* Manque de serrage de deux pièces en contact : *cet axe a du jeu.* Fonctionnement régulier : *le jeu d'une pompe.* Avoir beau jeu, être dans des conditions favorables. Cela n'est pas de jeu, ce n'est pas conforme aux règles, à ce qui était convenu. Ce n'est qu'un jeu pour lui, il le fait facilement. Faire le jeu de quelqu'un, l'avantager involontairement. Jeu d'enfant, chose très facile. *Jouer gros jeu*, risquer beaucoup. *Se faire un jeu de*, le faire facilement.

jeudi n. m. Cinquième jour de la semaine.

jeun (à) [aʒœ] loc. adv. Sans avoir rien mangé ni bu depuis le réveil.

jeune [ʒœn] adj. Qui n'est pas avancé en âge : *jeune homme*. Qui n'a point l'esprit mûri ; crédule : *il sera donc toujours jeune ?* Qui appartient à la jeunesse : *jeune expérience*. N. m. Jeune homme, personne jeune. Animal non encore adulte.

jeûne [ʒøn] n. m. Abstinence d'aliments ; temps qu'elle dure. *Fig.* Privation.

jeûner v. i. S'abstenir de manger ou manger très peu, par nécessité ou pour satisfaire à une obligation religieuse : *jeûner pendant le carême.*

jeunesse n. f. Période de la vie située entre l'enfance et l'âge mûr : *l'éclat de la jeunesse.* État, conduite d'une personne jeune. Ensemble des personnes jeunes. Caractère d'une chose nouvellement créée : *la jeunesse du monde. Fig.* Energie, vigueur, fraîcheur : *jeunesse du cœur.*

jeunet, ette adj. *Fam.* Très jeune.

jeûneur, euse n. Personne qui jeûne.

jiu-jitsu [ʒjyʒitsy] n. m. Méthode de lutte japonaise qui est à la fois un système d'entraînement physique et un art de se défendre sans arme.

joaillerie n. f. Art, commerce du joaillier. Articles vendus par le joaillier.

joaillier, ère n. Personne qui travaille et monte les pierres précieuses sur des métaux précieux pour en faire des bijoux ; personne qui vend ces bijoux.

jobard n. et adj. m. *Fam.* Naïf, facile à duper.

jobarderie ou **jobardise** n. f. Crédulité, naïveté. Paroles d'un jobard.

jockey n. m. Professionnel dont le métier est de monter les chevaux de course.

jocrisse n. m. Benêt qui se laisse facilement duper.

joie n. f. Sentiment de grande satisfaction ; vif sentiment de plaisir. Ce qui est la cause d'un grand plaisir. *S'en donner à cœur joie*, jouir pleinement de quelque chose. *Feu de joie*, feu dans les réjouissances publiques. Pl. Plaisirs, jouissances : *les joies du monde.*

joindre v. t. (conj. 55) Unir, faire adhérer : *joindre les mains.* Réunir en un tout. Etre contigu à. Ajouter : *joindre à un envoi.* Joindre les deux bouts, arriver péniblement à boucler son budget. V. i. Etre amené en contact : *ces fenêtres ne joignent pas bien.* V. pr. S'unir, s'associer. Se retrouver, prendre contact : *nous pouvons nous joindre par téléphone.*

joint, e adj. Uni, lié, qui adhère : *sauter à pieds joints. Ci-joint*, ajouté, réuni à ceci. (*Gramm.* Ci-inclus, ci-joint sont invariables quand ils précèdent le nom.)

joint n. m. Articulation de deux os. Espace entre deux pierres contiguës, dans une maçonnerie. Dispositif assurant une fermeture à l'articulation de deux pièces ; pièce de faible épaisseur placée entre deux surfaces serrées l'une contre l'autre pour assurer l'étanchéité : *le joint du robinet ; un joint de caoutchouc. Fig.* et *fam.* Point délicat, moyen subtil de réussite : *trouver le joint.*

joint n. m. Cigarette faite de hachich, de marijuana, etc., et que plusieurs fumeurs se passent de l'un à l'autre.

jointif, ive adj. Uni par les bords.

jointoyer [ʒwɛtwaje] v. t. (conj. 2) Remplir les joints d'une maçonnerie avec du mortier.

jointure n. f. Joint. Articulation.

joli, e adj. Agréable à voir : *joli bébé. Par ext.* Considérable : *joli revenu.* Amusant : *un joli tour.*

joliesse n. f. Qualité de ce qui est joli. Gentillesse.

joliment adv. D'une manière agréable, spirituelle. *Iron.* Très mal, sévèrement : *se faire joliment recevoir. Fam.* Beaucoup.

jonc [ʒɔ̃] n. m. Plante aquatique à tiges droites et flexibles. Canne faite d'un jonc d'Inde. Bague sans chaton, dont le cercle est partout de même grosseur.

jonchée n. f. Quantité d'objets qui jonchent le sol : *une jonchée de feuilles.*

joncher v. t. Couvrir le sol, répandre çà et là : *des feuilles jonchent le sol. Par anal.* Etre épars sur : *table jonchée de papiers ; suivre une route jonchée d'obstacles.*

jonchets n. m. pl. Bâtonnets d'ivoire, de bois, d'os, etc., jetés en tas et qu'il faut, dans un jeu, recueillir un à un, sans faire remuer les autres.

jonction n. f. Réunion, union : *point de jonction.*

jongler v. i. Lancer en l'air, les uns après les autres, divers objets que l'on relance à mesure qu'on les reçoit. Faire des tours d'adresse. Manier avec dextérité. *Fig. Jongler avec les difficultés*, les surmonter avec une grande facilité.

jonglerie n. f. Tour d'adresse. *Fig.* Tromperie.

jongleur n. m. Au Moyen Âge, ménestrel. Auj., personne qui jongle avec adresse (au fém., *jongleuse*, en ce sens).

jonque n. f. Bateau à voiles, en usage dans tout l'Extrême-Orient.

jonquille n. f. Plante du genre narcisse. Sa fleur. N. m. et adj. inv. Couleur blanc et jaune : *des rideaux jonquille.*

jouable adj. Qui peut être joué.

joubarbe n. f. Plante grasse herbacée.

joue n. f. Partie latérale du visage, de la tête d'un animal. *Mettre en joue*, viser avec une arme à feu.

jouer v. i. Se divertir : *jouer aux barres.* Tirer des sons d'un instrument de musique : *jouer du violon.* Ne plus joindre exactement : *boiserie qui a joué. Jouer de malheur*, échouer plusieurs fois de suite. *Jouer sur les mots*, user de mots à double sens. Tromper : *vous m'avez joué.* V. t. Faire une partie de jeu. Mettre comme enjeu. Jeter : *jouer une carte.* Exécuter : *jouer une valse. Fig.* Exposer, hasarder : *jouer sa vie.* Représenter un personnage : *jouer un rôle.* Représenter une pièce de théâtre : *jouer la tragédie.* Tromper : *jouer quelqu'un.* Simuler, feindre. V. pr. *Se jouer de*, se moquer de : *fraudeur qui se joue des lois.*

jouet n. m. Objet destiné à amuser un enfant. *Fig.* Personne, chose dont on se joue : *être le jouet d'une femme.* Ce qui est abandonné à l'action d'une force : *être le jouet du destin.*

joueur, euse n. Qui joue, qui folâtre. Qui a la passion du jeu. Qui joue d'un instrument. Qui pratique un sport : *un joueur de tennis.* Adj. Qui aime à s'amuser.

joufflu, e adj. À grosses joues.

joug [ʒu] n. m. Pièce de bois servant à atteler des bœufs. Pique placée horizontalement, sous laquelle les Romains faisaient passer les ennemis vaincus. *Fig.* Sujétion, contrainte.

jouir v. i. Tirer un vif plaisir de. Se réjouir. Avoir la possession avantageuse de : *jouir d'une bonne santé.*

jouissance n. f. Libre usage, possession d'une chose. Plaisir.

jouisseur, euse n. Qui ne cherche qu'à se procurer des jouissances.

joujou n. m. *Fam.* Petit jouet d'enfant. *Faire joujou,* jouer. (Pl. *joujoux.*)

joule n. m. *Phys.* Unité de mesure de travail, d'énergie ou de quantité de chaleur.

jour n. m. Clarté, lumière du soleil : *le jour brille à peine.* Temps pendant lequel le soleil éclaire l'horizon. Espace de temps réglé par la rotation de la Terre : *l'année dure trois cent soixante-cinq jours un quart.* Espace de vingt-quatre heures. Époque : *de nos jours.* Vie : *compter les jours de quelqu'un.* Manière dont les objets sont éclairés : *faux jour.* Ouverture : *les jours d'une façade. Se faire jour,* passer à travers. *A jour,* au courant. *Vivre au jour le jour,* jouir du présent, sans se soucier de l'avenir. *Un beau jour,* à une certaine époque passée ou future.

journal n. m. Publication quotidienne ou périodique, qui donne des nouvelles, relate les événements d'actualité, etc. Bulletin d'information transmis par la radio, la télévision. Direction et bureaux d'un journal. Relation au jour le jour des faits intéressant la vie d'une personne.

journalier, ère adj. Qui se fait chaque jour. N. m. Qui travaille à la journée.

journalisme n. m. Profession du journaliste. Ensemble des journaux.

journaliste n. Personne qui fait profession d'écrire dans un journal.

journée n. f. Espace de temps qui s'écoule depuis le lever jusqu'au coucher du soleil. Travail qu'on fait pendant un jour. Salaire de ce travail. Chemin que l'on parcourt en un jour. Jour marqué par quelque événement : *la journée de Valmy.*

journellement adv. Chaque jour. D'une façon continue.

joute n. f. Combat à cheval, d'homme à homme, avec la lance. Toute sorte de lutte. *Fig.* Lutte, rivalité quelconque : *joute oratoire.*

jouteur n. m. Lutteur. *Fig.* Personne qui rivalise pour obtenir un succès : *un rude jouteur.*

jouvence n. f. Jeunesse. (Vx.)

jouvenceau n. m. *Fam.* Adolescent.

jouvencelle n. f. Jeune fille. (Vx.)

jouxter v. t. Être contigu : *sa propriété jouxte la nôtre.*

jovial, e*, aux adj. Gai, joyeux.

jovialité n. f. Humeur joviale.

joyau [ʒwajo] n. m. Objet de matière précieuse qui sert à la parure.

joyeux [ʒwaje], **euse*** adj. Qui a de la joie, qui l'inspire : *mine joyeuse.*

jubé n. m. Tribune en forme de galerie entre la nef et le chœur d'une église.

jubilaire adj. Relatif au jubilé.

jubilation n. f. *Fam.* Grande joie.

jubilé n. m. Chez les catholiques, indulgence plénière et générale, accordée par le pape en certaines occasions. *Par ext.* Cinquantième anniversaire.

jubiler v. i. *Fam.* Éprouver une joie vive.

jucher v. i. Se dit des oiseaux qui se mettent sur une branche, sur une perche pour dormir. *Fig.* Loger très haut. V. t. Placer très haut. V. pr. Se percher.

juchoir n. m. Perche ou bâton pour faire jucher les volailles.

judaïque adj. Des juifs.

judaïsme n. m. Religion des juifs.

judas n. m. Petite ouverture pratiquée dans une porte pour observer. Traître.

judiciaire* adj. Relatif à la justice : *débats judiciaires.* Fait par autorité de justice : *vente judiciaire.*

judicieux, euse* adj. Qui a le jugement bon. Qui annonce un jugement sain : *remarque judicieuse.*

judo n. m. Forme moderne du jiu-jitsu.

judoka n. Personne qui pratique le judo.

juge n. m. Magistrat chargé de rendre la justice. Personne prise pour arbitre.

jugement n. m. Faculté de l'entendement qui compare et qui juge. Discernement, appréciation. Opinion, sentiment : *je m'en rapporte à votre jugement.* Faculté de bien juger : *faire preuve de jugement.* Action de juger. Décision, sentence d'un tribunal : *rendre un jugement.*

jugeote n. f. *Fam.* Intelligence, bon sens.

jugé n. m. *Au jugé,* d'après une estimation rapide : *tirer au jugé.*

juger v. t. (conj. 1) Décider une affaire en qualité de juge ou d'arbitre. Porter une appréciation sur. Énoncer une opinion sur : *juger un livre.* Être d'avis : *juger nécessaire.* V. i. *Juger de,* décider de, avoir telle ou telle opinion sur.

jugulaire adj. Qui concerne la gorge : *veine jugulaire.* N. f. Grosse veine du cou. Courroie qui passe sous le menton et maintient le casque.

juguler v. t. Arrêter l'évolution : *juguler un mal, une révolte.*

juif, ive adj. et n. Qui appartient au peuple d'Israël. Qui pratique la religion judaïque.

juillet n. m. Septième mois de l'année.

juin n. m. Sixième mois de l'année.

juke-box [dʒykbɔks] n. m. Appareil automatique permettant d'écouter un disque de son choix en introduisant une pièce de monnaie. (Pl. *juke-boxes.*)

julienne n. f. Potage de plusieurs sortes d'herbes et de légumes.

jumeau, elle adj. et n. Se dit de deux ou de plusieurs enfants nés d'un seul accouchement, ou de deux objets semblables.

jumelage n. m. Action de jumeler. Association de deux villes de pays différents, destinée à susciter des échanges culturels.

jumelé, e adj. Disposé par couples : *fenêtres, roues jumelées.*

jumeler v. t. (conj. 3) Accoupler : *jumeler des poutres. Fig.* Joindre par des liens culturels : *jumeler deux villes.*

jumelles n. f. pl. Ensemble de deux pièces semblables qui entrent dans la composition d'une machine. Double lorgnette (s'emploie aussi au singulier).

jument n. f. Femelle du cheval.

jumping [dʒœmpiŋ] n. m. Compétition hippique consistant surtout en sauts d'obstacles.

jungle [ʒɛgl ou ʒɔgl] n. f. Dans les pays de mousson très arrosés, vaste espace couvert d'arbres, de hautes herbes.

junior adj. et n. Cadet. Se dit des sportifs les plus jeunes : *épreuves pour juniors.*

junte [ʒɔt ou ʒœt] n. f. Nom donné, en Amérique du Sud, aux gouvernements installés par un soulèvement militaire.

jupe n. f. Vêtement féminin qui descend de la ceinture à mi-jambes, selon une longueur variable avec la mode.

jupon n. m. Jupe de dessous.

jurassien, enne adj. et n. Du Jura.

jurassique adj. Se dit des terrains secondaires dont le Jura est en partie formé. N. m. Le terrain jurassique.

juré, e adj. Qui a prêté serment : *traducteur juré.* Ennemi juré, adversaire implacable et irréconciliable. N. m. Citoyen faisant partie d'un jury de cour d'assises.

jurement n. m. Blasphème.

jurer v. t. Prendre à témoin une autorité sacrée. Promettre par serment : *jurer une amitié éternelle.* Affirmer comme par serment : *on jurerait son portrait.* V. i. Blasphémer, prononcer des jurons. *Fig.* Produire une discordance, une disparate choquante : *le vert jure avec le bleu.*

juridiction n. f. Pouvoir de juger. Territoire où s'exerce ce pouvoir.

juridique adj. Fait en justice. Dans les formes judiciaires.

jurisconsulte n. m. Qui est versé dans la science des lois. (Vx.)

jurisprudence n. f. Ensemble des décisions prises par les tribunaux sur une question de droit. *Faire jurisprudence,* faire autorité.

juriste n. Personne qui pratique le droit : *consulter un juriste.*

juron n. m. Exclamation grossière ou blasphématoire marquant le dépit, la colère.

jury n. m. Ensemble des citoyens qui, à chaque session, peuvent être choisis comme jurés : *dresser la liste du jury.* Commission chargée d'un examen particulier : *jury du baccalauréat.*

jus [ʒy] n. m. Suc tiré d'une chose : *jus de citron. Jus de viande.*

jusant n. m. Marée descendante.

jusque prép. Marque la limite atteinte ou à atteindre. *Jusqu'à ce que,* loc. conj. Jusqu'au moment où.

justaucorps [ʒystokɔr] n. m. Pourpoint serré à la taille, muni de basques et de manches, en usage au XVIIᵉ s.

juste adj. Qui juge et agit selon l'équité. Conforme à l'équité : *sentence juste.* Qui a de la justesse et du bon sens : *pensée juste.* Fondé, légitime : *juste orgueil.* Qui apprécie bien : *coup d'œil juste.* Exact. Qui est trop étroit : *habit juste.* N. m. L'homme qui observe les lois morales ou religieuses. Ce qui est juste : *notion du juste et de l'injuste.* Adv. Avec justesse : *chanter juste.* Loc. adv. *Au juste,* exactement. *Fam. Comme de juste,* comme cela se doit.

juste-milieu n. m. Conduite également éloignée de deux extrêmes contraires.

justesse n. f. Qualité de ce qui est juste, exact, tel qu'il doit être : *justesse de la voix, d'une expression.*

justice n. f. Caractère de ce qui est juste. Vertu qui inspire le respect absolu du droit des autres. Bon droit : *avoir la justice de son côté.* Ensemble des tribunaux, des magistrats : *la justice française.* Faire justice à, réparer le tort fait. *Se faire justice,* se venger; se punir soi-même. *Les bois de justice,* la charpente de l'échafaud.

justiciable adj. et n. Qui relève de certains juges ou tribunaux.

justicier n. et adj. m. Qui fait régner la justice.

justicier v. t. Punir d'une peine corporelle en exécution de sentence.

justifiable adj. Qu'on peut justifier.

justificatif, ive adj. Qui sert à justifier : *mémoire justificatif.*

justification n. f. Action de justifier, de se justifier. Preuve.

justifier v. t. Prouver l'innocence. *Fig.* Légitimer : *justifier une ambition.* V. i. *Justifier de,* donner la preuve de.

jute n. m. Textile grossier servant à faire de la toile à sac.

juter v. i. *Fam.* Rendre du jus.

juteux, euse adj. Qui a du jus : *fruit juteux.*

juvénile adj. Qui appartient à la jeunesse : *ardeur juvénile.*

juxtaposer v. t. Poser à côté d'une autre chose : *couleurs harmonieusement juxtaposées.*

juxtaposition n. f. Action de juxtaposer; état des objets juxtaposés.

k n. m. Onzième lettre de l'alphabet et la huitième des consonnes.

kabyle adj. et n. De Kabylie.

kaki adj. Se dit d'une couleur brun jaunâtre.

kaléidoscope n. m. Cylindre opaque contenant des miroirs angulaires et des fragments de verre coloré qui donnent des images symétriques et variables à l'infini.

kangourou n. m. Grand mammifère marsupial sauteur d'Australie.

kaolin n. m. Argile réfractaire blanche, qui entre dans la composition de la porcelaine.

kapok n. m. Bourre très légère du fruit d'un arbre de l'Inde.

karaté n. m. Méthode de combat d'origine japonaise, ne faisant appel qu'à des moyens naturels.

karstique [karstik] adj. *Relief karstique,* relief particulier aux régions dans lesquelles les roches calcaires forment d'épaisses assises.

kart [kart] n. m. Petit véhicule automobile de compétition, à embrayage automatique, sans boîte de vitesses, ni carrosserie, ni suspension.

karting [kartiŋ] n. m. Sport pratiqué avec le kart.

kayak n. m. Canot en peau ou en caoutchouc, mû à la pagaie.

képi n. m. Coiffure militaire rigide, à visière, adoptée aussi par certaines administrations (douanes, police).

kératine n. f. Substance essentielle des cheveux, poils, laines, ongles, cornes, plumes, etc.

kératite n. f. Inflammation de la cornée de l'œil.

kermès n. m. Espèce de chêne méditerranéen.

kermesse n. f. Foire annuelle. Grande fête publique en plein air : *kermesse de charité.*

khan n. m. Titre princier turco-mongol.

khédive n. m. Titre porté par le vice-roi d'Égypte de 1867 à 1914.

khmer, khmère [kmɛr] adj. Relatif aux Khmers, peuple du Cambodge : *art khmer.*

khôl n. m. Substance noirâtre dont les Orientales fardent leurs sourcils et leurs paupières.

kibboutz [kibuts] n. m. Ferme collective en Israël. (Pl. *kibboutzim.*)

kidnapper v. t. Enlever une personne pour s'en servir comme otage ou en tirer une rançon.

kilo, préfixe qui placé devant l'unité métrique la multiplie par mille. N. m. Abréviation pour *kilogramme.*

kilogramme n. m. Unité de mesure de masse.

kilomètre n. m. Unité pratique de distance valant 1 000 m.

kilométrer v. t. (conj. 5) Marquer les distances kilométriques.

kilométrique adj. Relatif au kilomètre : *borne kilométrique.*

kilowatt n. m. Unité de puissance égale à 1 000 watts.

kilt [kilt] n. m. Jupe courte des Écossais.

kimono [kimɔno] n. m. Ample tunique portée au Japon par les personnes des deux sexes.

kinésithérapeute n. Praticien exerçant professionnellement le massage thérapeutique et la kinésithérapie.

kinésithérapie n. f. *Méd.* Mobilisation du rachis, des membres en vue de leur rendre souplesse et force.

kiosque n. m. Pavillon ouvert de tous côtés, qui décore les terrasses ou les jardins. Abri établi pour la vente des journaux, des fleurs, sur la voie publique. Superstructure servant de passerelle sur un sous-marin.

kirsch [kirʃ] n. m. Eau-de-vie de cerise.

Klaxon [klaksɔn] n. m. (marque déposée). Avertisseur sonore pour automobile.

klaxonner v. i. Se servir d'un avertisseur sonore d'automobile.

kleptomane n. Personne atteinte de kleptomanie.

kleptomanie n. f. Manie qui pousse certaines personnes à voler.

knock-out [nɔkawt] n. m. inv. Mise hors de combat de l'adversaire à la boxe.

knout [knut] n. m. Supplice du fouet, en Russie. Le fouet lui-même.

kola n. m. Plante d'Afrique. N. f. La noix du kola, qui est un tonique.

kolkhoze n. m. En U.R.S.S., coopérative paysanne qui a la propriété collective des moyens de production.

kolkhozien, enne n. et adj. Habitant d'un kolkhoze.

konzern [kɔntsɛrn] n. m. Entente formée par plusieurs entreprises économiques, sans constituer une fusion complète.

kopeck [kɔpɛk] n. m. Unité monétaire divisionnaire de l'U.R.S.S., valant 1/100 de rouble.

koulak [kulak] n. m. En U.R.S.S., avant la collectivisation des terres, paysan riche.

krach [krak] n. m. Débâcle financière.

krypton n. m. Gaz rare de l'atmosphère.

kummel n. m. Liqueur alcoolique aromatisée avec du cumin.

kyrielle n. f. Longue suite : *une kyrielle d'injures.*

kyste n. m. Petite tumeur.

L

l n. m. Douzième lettre de l'alphabet et la neuvième des consonnes. L, chiffre romain, vaut *cinquante.*

la art. f. sing. ou pron. f. sing. V. LE.

la n. m. Sixième note de la gamme.

là adv. En cet endroit, en cette situation (par opposition, etc.), à l'endroit où l'on est). Se met à la suite des pronoms démonstratifs et des substantifs, pour préciser : *cet homme-là.* Se met aussi avant quelques adverbes de lieu : *là-dessus, là-bas. Par-ci, par-là,* de côté et d'autre, de temps en temps.

label n. m. Marque de garantie.

labeur n. m. Travail pénible et long.

labiacées n. f. pl. Famille de plantes dont la corolle présente deux lobes en forme de lèvres (thym, etc.).

labial, e, aux adj. Relatif aux lèvres. Qui se prononce avec les lèvres : *consonne labiale.*

laborantin, e n. Assistant(e) de laboratoire.

laboratoire n. m. Local aménagé pour faire des recherches ou des préparations scientifiques, des essais industriels, des travaux photographiques, etc.

laborieux, euse* adj. Qui travaille beaucoup : *homme laborieux.* Long et difficile : *recherches laborieuses.*

labour n. m. Façon donnée aux terres en les labourant. Terre labourée.

labourable adj. Propre à être labouré.

labourer v. t. Ouvrir et retourner la terre avec la charrue, la bêche, etc. Creuser des sillons dans. *Fig.* Sillonner, écorcher profondément en maints endroits : *la balle lui a labouré le visage.*

laboureur n. m. Celui qui laboure.

labyrinthe n. m. Édifice composé d'un grand nombre de pièces disposées de telle manière qu'on n'en trouvait que très difficilement l'issue. *Fig.* Complication inextricable. *Anat.* L'oreille interne.

lac n. m. Grande étendue d'eau entourée de terres. V. LACS.

laçage n. m. Action ou manière de lacer.

lacédémonien, enne adj. et n. De Lacédémone ou Sparte.

lacer v. t. (conj. 1) Serrer avec un lacet.

lacération n. f. Action de lacérer.

lacérer v. t. (conj. 5) Déchirer pour mettre hors d'usage. Mettre en pièces.

lacet n. m. Cordon passé dans des œillets, pour serrer les chaussures. Série de tournants très marqués : *route en lacet.* Filet avec lequel on prend du gibier : *tendre des lacets.*

lâchage n. m. Action de lâcher.

lâche* adj. Qui n'est pas tendu, pas serré : *corde lâche.* Poltron, qui manque de courage. Languissant, sans nerf : *style lâche.* Vil et méprisable : *action lâche.* N. m. Homme sans courage, méprisable.

lâcher v. t. Détendre, desserrer : *lâcher un lien.* Laisser échapper : *lâcher sa proie.* Faire partir : *lâcher un coup de fusil. Fig. Lâcher pied,* s'enfuir. *Lâcher prise,* laisser aller ce qu'on tient. N. m. Action de laisser aller : *lâcher de pigeons.*

lâcheté n. f. Manque de courage. Action basse, indigne : *commettre une lâcheté.*

lâcheur, euse n. *Fam.* Qui délaisse brusquement ses camarades, ses amis.

lacis [lasi] n. m. Réseau de fils croisés.

laconique* adj. Concis, bref, à la manière du style des habitants de la Laconie.

laconisme n. m. Façon de parler laconique, brève.

lacrymal, e, aux adj. Qui concerne les larmes.

lacrymogène adj. Qui fait pleurer : *gaz lacrymogène.*

lacs [la] n. m. Syn. anc. de COLLET (chasse).

lactation n. f. Sécrétion du lait.

lacté, e adj. Qui ressemble au lait : *suc lacté.* Qui consiste en lait : *régime lacté. Astr. Voie lactée,* bande blanchâtre dans le ciel, due à une multitude d'étoiles.

lactescence n. f. Aspect laiteux.

lactescent, e adj. Qui contient un suc laiteux. Qui est blanc laiteux.

lactifère adj. *Anat.* Qui conduit le lait : *vaisseau lactifère.*

lactique adj. Se dit d'un acide qui se trouve dans le petit-lait.

lactose n. m. Sucre contenu dans le lait.

lacunaire adj. Qui présente des lacunes.

lacune n. f. Espace vide dans l'intérieur d'un corps. Interruption dans un texte : *les lacunes d'un manuscrit ancien. Fig.* Ce qui manque à une chose.

lacustre adj. Qui vit sur les bords ou dans les eaux d'un lac : *plante lacustre.*

lad [lad] n. m. Garçon d'écurie de course.

ladre n. et adj. Lépreux. (Vx.) Atteint de ladrerie (en parlant du porc). *Fig.* D'une avarice sordide.

ladrerie n. f. Hôpital où l'on recevait les lépreux. Maladie du porc. *Fam.* Avarice sordide.

lagon n. m. Étendue d'eau à l'intérieur d'un atoll.

lagune n. f. Étendue d'eau de mer retenue derrière un cordon littoral.

lai n. m. Petit poème du Moyen Âge, narratif ou lyrique.

lai, e n. et adj. Frère lai, frère servant. *Sœur laie,* converse.

laïc n. et adj. V. LAÏQUE.

laïcisation n. f. Action de laïciser.

laïciser v. t. Donner un caractère laïque. Ôter tout caractère religieux.

laïcité n. f. Caractère laïque. Système qui exclut les Églises de l'exercice du pouvoir politique ou administratif, et en partic. de l'enseignement.

laid, e* adj. Désagréable à la vue. *Fig.* Contraire à la bienséance, au devoir : *il est laid de mentir.*

laideron n. f. ou m. Fille ou femme laide.

laideur n. f. État de ce qui est laid.

laie n. f. Femelle du sanglier.

laie n. f. Sentier rectiligne en forêt.

lainage n. m. Marchandise, étoffe de laine. Vêtement de laine. Toison des moutons.

laine n. f. Poil épais, doux et frisé, de quelques animaux. Vêtement de laine : *s'habiller de laine.*

laineux, euse adj. Fourni de laine. Qui rappelle la laine : *poil laineux.*

lainier, ère adj. Relatif à la laine : *industrie lainière.* N. Marchand de laine. Ouvrier en laine.

laïque ou laïc, ïque n. et adj. Ni ecclésiastique ni religieux : *habit laïque ; école laïque.*

laisse n. f. Lanière pour mener un chien : *tenir un chien en laisse.*

laisse n. f. Ligne atteinte par la mer sur une plage : *laisse de haute mer.*

laisser v. t. Tenir d'une façon lâche : *laisser la bride sur le cou.* Permettre : *laissez-moi parler.* Ne pas emmener, ne pas emporter : *laisser son fils à la maison.* Oublier : *laisser ses gants.* Confier : *je vous laisse ce soin.* Quitter en mourant : *laisser une fortune.* Léguer : *laisser un don.* Perdre : *laisser sa vie.* Réserver : *laissons cela pour demain.* Céder : *laisser à bas prix. Laisser voir,* montrer. *Laisser faire,* permettre.

laisser-aller n. m. inv. Négligence dans la tenue, dans les manières.

laissez-passer n. m. inv. Permis de circuler.

lait n. m. Liquide blanc d'une saveur douce, fourni par les femelles des mammifères. Tout ce qui ressemble au lait : *lait d'amande. Petit-lait,* sérosité qui se sépare du lait quand il se caille.

laitage n. m. Le lait et tout ce qui se fait avec le lait.

laitance ou **laite** n. f. Substance blanche et molle propre aux poissons mâles et qui sert à féconder les œufs.

laité, e adj. Qui a de la laitance.

laiterie n. f. Lieu destiné à recevoir le lait, à faire le beurre et le fromage.

laiteron n. m. Herbe à latex blanc.

laiteux, euse adj. Relatif au lait. D'aspect analogue à celui du lait.

laitier, ière adj. et n. Qui vend du lait. Qui donne beaucoup de lait : *vache laitière.* N. f. Vache laitière. N. m. Scories de haut fourneau.

laiton n. m. Alliage de cuivre et de zinc.

laitue n. f. Plante potagère qui se mange surtout en salade.

laïus [lajys] n. m. *Arg. d'école.* Discours.

lama n. m. Prêtre bouddhiste chez les Tibétains. *Grand lama* ou *dalaï-lama,* titre porté par le chef suprême du bouddhisme tibétain.

lama n. m. Genre de mammifères ruminants des Andes.

lamaïsme n. m. Forme tibétaine du bouddhisme.

lamantin n. m. Mammifère cétacé herbivore des fleuves d'Afrique et d'Amérique.

lamaserie n. f. Couvent des lamas.

lambeau n. m. Morceau de chair, d'étoffe, arraché. *Fig.* fragment, partie : *les lambeaux d'un empire.*

lambin, e adj. et n. Qui agit avec lenteur : *enfant lambin.*

lambiner v. i. *Fam.* Agir lentement, perdre son temps.

lambourde n. f. Pièce de bois de charpente, surtout pour soutenir un parquet. Branche à fruits.

lambrequin n. m. Découpures environnant un ciel de lit, une marquise, etc.

lambris n. m. Revêtement de menuiserie, de marbre, de stuc, etc., sur les murs d'appartement. Enduit de plâtre sur des lattes dans un grenier.

lambrissage n. m. Ensemble des lambris.

lambrisser v. t. Revêtir de lambris.

lame n. f. Morceau de métal ou de verre, de bois, plat et très mince : *les lames du parquet.* Fer d'un couteau, d'une épée, d'un canif, d'un instrument tranchant. Vague de la mer. *Fig. Une fine lame,* un escrimeur réputé.

lamé, e adj. Se dit d'un tissu orné de fils de métal aplatis en forme de lame.

lamellaire adj. Se dit d'une cassure qui présente des lamelles.

lamelle n. f. Petite lame : *découper en lamelles.*

lamentable* adj. Qui porte à la pitié. Mauvais.

lamentation n. f. Plainte, gémissement : *les lamentations de Jérémie.*

lamenter (se) v. pr. Se plaindre.

laminage n. m. Action de laminer.

laminaire n. f. Longue algue brune.

laminer v. t. Réduire les métaux en feuilles ou lames minces.

lamineur n. m. Ouvrier qui lamine.

laminoir n. m. Machine formée de deux cylindres d'acier, tournant en sens inverse, aplatissant ou profilant le lingot chauffé.

lampadaire n. m. Support vertical portant un appareil d'éclairage.

lampe n. f. Appareil producteur de lumière : *lampe à huile, à gaz, électrique.* Petit récipient contenant de l'alcool, de l'essence, et qui sert de réchaud. Tube à vide servant, en radio, à émettre, amplifier ou redresser les courants oscillants.

lampée n. f. *Pop.* Grande gorgée de liquide : *une lampée de vin.*

lamper v. t. *Pop.* Boire avidement, à grands traits.

lampion n. m. Récipient dans lequel on met une matière combustible avec une mèche pour les illuminations. Lanterne vénitienne.

lampiste n. Personne chargée de l'entretien du matériel d'éclairage. *Fam.* Subalterne sur qui l'on fait retomber les responsabilités.

lampisterie n. f. Lieu où l'on garde et répare les lampes.

lamproie n. f. Genre de poissons de forme cylindrique.

lance n. f. Arme offensive à long manche et à fer pointu. Soldat armé d'une lance. Tube métallique à l'extrémité d'un tuyau de pompe, et servant à diriger le jet.

lance-bombes, lance-fusées, lance-grenades, lance-pierres, lance-torpilles n. m. inv. Appareils pour lancer les bombes, les fusées, les grenades, les pierres, les torpilles.

lancement n. m. Action de lancer. Action de faire connaître, de produire : *le lancement d'un journal.*

lancéolé, e adj. En forme de lance : *feuille lancéolée.*

lancer v. t. (conj. 1) Jeter : *lancer des pierres.* Appliquer : *lancer un coup de pied.* Pousser vivement sur, vers. *Mar.* Mettre à l'eau : *lancer un bateau. Fig.* Envoyer vivement, émettre, publier, promulguer. Mettre en action : *lancer un moteur.* Mettre à la mode : *lancer un artiste.* Faire sortir le gibier : *lancer un cerf.* V. pr. Entreprendre, s'engager dans une action.

lancette n. f. Petit instrument de chirurgie formé par une lame à deux tranchants.

lanceur, euse n. Qui lance. *Fig.* Qui met en train : *lanceur d'affaires.*

lancier n. m. Cavalier qui était armé d'une lance.

lancinant, e adj. Qui se fait sentir par élancements aigus : *douleur lancinante. Fig.* Qui obsède, tourmente : *un souvenir lancinant.*

lanciner v. i. Se faire sentir par élancements aigus : *abcès qui lancine.*

landais, e adj. et n. Des Landes.

landau n. m. Voiture hippomobile à quatre roues et à double capotage mobile. Voiture d'enfant. (Pl. *landaus.*)

lande n. f. Étendue de terre inculte, couverte de fougères, genêts, bruyères, etc.

landgrave n. m. Titre de quelques princes d'Allemagne, jadis.

langage n. m. Emploi de la parole pour exprimer les idées : *langage articulé*. Tout moyen de communiquer la pensée. Manière de parler suivant son état, sa profession : *le langage administratif*. Voix, cri, chant : *le langage des bêtes*.

lange n. m. Morceau d'étoffe qui sert à emmailloter un bébé.

langer v. t. Entourer de langes.

langoureux, euse* adj. Qui marque de la langueur : *une pose langoureuse*.

langouste n. f. Genre de crustacés comestibles, à chair savoureuse.

langoustine n. f. Sorte de petit homard.

langue n. f. Corps charnu, mobile, situé dans la bouche et servant à la dégustation, à la déglutition et à la parole. Ensemble des unités du langage parlé ou écrit propre à une communauté : *la langue anglaise*. Règles du langage : *respecter la langue*. Manière particulière de s'exprimer : *la langue des poètes*. *Langue de terre*, péninsule étroite.

languette n. f. Petite langue. Objet en forme de petite langue. Lame mobile vibrante d'un instrument à anche.

langueur n. f. Sorte d'abattement moral, apathie.

languir v. i. Être dans un état d'affaiblissement physique ou d'abattement moral : *il ne fait que languir*. Dépérir, s'étioler : *cet arbre languit*. Traîner en longueur : *l'affaire languit*.

lanière n. f. Courroie étroite.

lansquenet n. m. Fantassin allemand mercenaire des XVe et XVIe siècles.

lanterne n. f. Ustensile transparent dans lequel on met une lumière à l'abri. *Lanterne vénitienne*, lanterne en papier colorié et translucide. *Lanterne magique*, instrument d'optique pour projeter des images. *Archit.* Tourelle ouverte sur un dôme.

lanterneau ou **lanternon** n. m. Petite lanterne.

lanterner v. i. Flâner, perdre son temps. V. t. Tenir en suspens par de vaines promesses.

laotien [laɔsjɛ̃], **enne** adj. et n. Du Laos.

lapalissade n. f. Réflexion d'une banalité et d'une évidence proches de la niaiserie.

lapement n. m. Action de laper.

laper v. t. et i. Boire avec la langue : *le chien lape l'eau*.

lapereau n. m. Jeune lapin.

lapidaire n. m. Qui concerne les pierres précieuses. Adj. Concis (style).

lapidation n. f. Action de lapider.

lapider v. t. Attaquer, tuer à coups de pierre.

lapin, e n. Mammifère rongeur. *Fam. Poser un lapin*, ne pas venir à un rendez-vous.

lapis [lapis] ou **lapis-lazuli** n. m. Pierre de couleur bleu azur.

laps [laps] n. m. *Laps de temps*, espace de temps.

lapsus [lapsys] n. m. Faute, erreur : *lapsus linguae* (en paroles) ; *lapsus calami* (par écrit).

laquage n. m. Action de laquer.

laquais n. m. Valet en livrée. *Fig.* Homme d'un caractère servile.

laque n. f. Résine rouge-brun de certains arbres de l'Inde. Matière employée en pein-

ture. Produit qui, vaporisé sur la chevelure, la maintient en place. N. m. Objet laqué.

laquer v. t. Couvrir de laque.

larbin n. m. *Fam.* Domestique, valet.

larcin n. m. Petit vol : *commettre un larcin*.

lard [lar] n. m. Graisse qui se trouve sous la peau épaisse de certains animaux (en partic. du porc) : *du lard fumé*.

larder v. t. Piquer une viande de lardons. *Fig.* Percer : *larder de coups d'épée*. Poursuivre de traits piquants : *larder d'épigrammes*.

lardoire n. f. Brochette pour larder.

lardon n. m. Petit morceau de lard. *Pop.* Enfant.

lare n. m. et adj. *Antiq.* Nom des dieux protecteurs du foyer domestique romain.

largage n. m. Action de larguer.

large* adj. Qui a de l'étendue dans le sens opposé à la longueur. Étendu en général. Ample. *Fig.* Généreux : *homme large*. Considérable : *larges concessions*. N. m. Largeur : *un mètre de large*. *Fig. Prendre le large*, s'enfuir. *Au large* loc. adv. Spacieusement ; ordre de s'éloigner.

largesse n. f. Libéralité, générosité.

largeur n. f. Étendue dans le sens perpendiculaire à la longueur. *Fig.* Ampleur : *largeur de vues*.

largue adj. *Mar.* Non tendu. *Vent largue*, oblique par rapport à la route du navire.

larguer v. t. *Mar.* Lâcher, laisser tomber. *Fig.* Abandonner.

larme n. f. Liquide salé sécrété par diverses glandes de l'œil. Petite quantité : *une larme de vin*.

larmier n. m. Moulure disposée en saillie au sommet d'un ensemble décoratif.

larmoiement n. m. Écoulement involontaire de larmes.

larmoyant, e adj. Qui fond en larmes. Qui excite les larmes : *ton larmoyant*.

larmoyer [larmwaje] v. i. (conj. 2) Pleurnicher, verser des larmes.

larron n. m. Voleur. (Vx.)

larvaire adj. Relatif à la larve.

larve n. f. Premier état des insectes, crustacés ou batraciens, à leur sortie de l'œuf.

larvé, e adj. Se dit d'une maladie qui se présente sous une forme anormale.

laryngé, e et **laryngien, enne** adj. Du larynx.

laryngite n. f. Inflammation du larynx.

laryngologiste n. m. Spécialiste de la gorge.

laryngoscope n. m. Appareil pour observer le larynx.

laryngotomie n. f. Ouverture chirurgicale du larynx.

larynx n. m. Partie supérieure de la trachée-artère, où se produit la voix.

las [la], **lasse** adj. Fatigué. Ennuyé : *air las*.

lascar n. m. *Fam.* Individu rusé.

lascif [lasif], **ive*** adj. Enclin à la luxure : *nature lascive*. Qui y excite : *lectures lascives*.

lasciveté n. f. Penchant à la luxure.

laser [lazɛr] n. m. Source de lumière cohérente pouvant émettre des éclairs très brefs et très intenses.

lasser v. t. Fatiguer.

lassitude n. f. Fatigue. *Fig.* Dégoût.

lasso n. m. Longue lanière de cuir, terminée par un nœud coulant et qui sert à capturer des animaux.

latent, e adj. Non apparent.

latéral, e*, aux adj. Situé sur le côté.

latérite n. f. Sol rougeâtre des régions tropicales.

latex n. m. Suc végétal d'aspect laiteux : *le latex de l'hévéa donne le caoutchouc.*

latin, e adj. Du Latium ou de ses habitants. Relatif à la langue des anciens Romains. *Nations latines,* celles dont la langue vient du latin. *Mar. Voile latine,* en forme de triangle. N. m. La langue latine. *Fig. Y perdre son latin,* ne rien comprendre à une chose.

latiniser v. t. Donner une forme latine à un mot.

latinisme n. m. Tour de phrase propre au latin.

latiniste n. Spécialiste du latin.

latinité n. f. Civilisation des peuples latins.

latitude n. f. Lieu considéré par rapport à sa distance de l'équateur. *Fig.* Liberté d'agir : *avoir toute latitude.*

latrines n. f. pl. Lieux d'aisances.

latte n. f. Pièce de bois, longue et mince. Sabre droit de cavalerie.

lattis n. m. Ouvrage en lattes.

laudanum [lodanɔm] n. m. Médicament à base d'opium.

laudatif, ive adj. Qui loue.

lauréat, ate adj. et n. Qui a remporté un prix, une récompense dans un concours.

laurier n. m. Arbre aux feuilles toujours vertes. *Fig.* Gloire : *chargé de lauriers.*

lavable adj. Qui peut être lavé.

lavabo n. m. Cuvette murale à eau courante. Endroit où se trouve cette cuvette.

lavage n. m. Action de laver.

lavallière n. f. Cravate à large nœud.

lavande n. f. Plante aromatique.

lavandière n. f. Femme qui lave le linge à la main.

lavasse n. f. *Fam.* Café, boisson trop étendus d'eau.

lavatory n. m. Cabinets de toilette publics. (Pl. *lavatories.*)

lave n. f. Matière visqueuse émise par un volcan.

lavé, e adj. Étendu d'eau, délayé.

lavement n. m. Action de laver. Injection d'un liquide dans le gros intestin.

laver v. t. Nettoyer avec un liquide. *Fig.* Purifier. Justifier : *laver d'une accusation.* V. pr. Se nettoyer avec de l'eau. *Fig.* Se justifier de.

laverie n. f. Établissement équipé de machines à laver pour traiter séparément le linge de chaque client.

lavette n. f. Morceau de linge avec lequel on lave la vaisselle. *Fam.* Homme sans énergie.

laveur, euse n. Qui lave.

lavis [lavi] n. m. Coloriage d'un dessin avec une couleur délayée dans de l'eau.

lavoir n. m. Lieu public destiné au lavage du linge.

laxatif, ive adj. et n. m. Purgatif léger.

layette [lɛjɛt] n. f. Vêtements d'un nouveau-né.

layon [lɛjɔ̃] n. m. Sentier pratiqué dans les tirés.

le, la, les, art. servant à déterminer les noms. *Pr. pers.* servant à désigner les personnes et les choses.

lé n. m. Largeur d'une étoffe (syn. LAIZE).

leader [lidœr] n. m. Chef d'un parti politique. Article de fond dans un journal.

lèche n. f. *Fam.* Faire de la lèche, flatter bassement.

léché, e adj. Trop fini. *Ours mal léché,* personne mal élevée.

lécher v. t. (conj. 5) Passer la langue sur quelque chose : *lécher un plat.* Effleurer : *léché par les flammes.* Finir avec trop de soin : *un tableau trop léché.*

leçon n. f. Enseignement donné par un professeur, un maître. Ce qu'un élève doit apprendre. Avertissement : *cela lui donnera une bonne leçon.*

lecteur, trice n. Celui, celle qui lit.

lecture n. f. Action de lire. Chose qu'on lit : *lecture édifiante.*

légal, e*, aux adj. Conforme à la loi.

légalisation n. f. Action de légaliser.

légaliser v. t. Certifier l'authenticité d'un acte : *signature légalisée.* Rendre légal.

légalité n. f. Caractère légal.

légat n. m. Ambassadeur du pape.

légataire n. A qui l'on fait un legs.

légation n. f. Mission, poste diplomatique tenant lieu d'ambassade. Bâtiment où loge cette mission.

légendaire adj. De la nature des légendes.

légende n. f. Récit à caractère merveilleux où l'histoire est défigurée par la tradition. Explication jointe à un dessin, à une carte.

léger, ère* adj. Qui ne pèse guère. Qu'on remue aisément : *terre légère.* Facile à digérer. Qui a peu de force : *vin léger.* Frugal : *repas léger.* Dispos : *se sentir léger.* Vif, agile : *danse légère.* Délicat : *touche légère. Fig.* Aisé à supporter : *peines légères.* Un peu osé : *anecdote légère.* Peu grave : *blessure légère.* De la loc. adv. *Légèrement*; inconsidérément : *agir à la légère.*

légèreté n. f. Qualité de ce qui est léger. *Fig.* Irréflexion.

légiférer v. i. (conj. 5) Faire des lois.

légion n. f. Importante formation militaire romaine. Corps de gendarmerie d'une région militaire. *Par ext.* Grand nombre d'êtres vivants. *Légion étrangère,* troupe de volontaires étrangers au service de la France. *Légion d'honneur,* ordre honorifique français.

légionnaire n. m. Soldat d'une légion romaine. Militaire de la Légion étrangère.

législateur, trice n. et adj. Qui donne des lois. *Fig.* Qui trace des règles. N. m. Membre d'un corps législatif.

législatif, ive adj. Qui fait les lois. Relatif à la loi : *pouvoir législatif.*

législation n. f. Action de légiférer. Ensemble des lois : *législation française.*

législature n. f. Mandat d'une assemblée législative. Sa durée.

légiste n. m. Qui étudie les lois. Adj. *Médecin légiste,* médecin chargé d'expertises légales.

légitimation n. f. Action de légitimer.

légitime* adj. Qui a les qualités requises par la loi : *union légitime.* Juste : *demande légitime.*

légitimer v. t. Reconnaître pour légitime. Justifier. Conférer par le mariage la légitimité à un enfant naturel.

légitimiste n. et adj. Qui défend le principe de la dynastie légitime.

légitimité n. f. Qualité de ce qui est fondé en justice, en équité. Légalité.

legs [lɛ ou lɛg] n. m. Don par testament.

léguer v. t. (conj. 5) Donner par testament. *Fig.* Transmettre : *léguer son nom.*

légume n. m. Végétal employé comme aliment : *légumes verts. Par ext.* Plante potagère. N. f. *Pop.* Personnage influent.

légumier n. m. Plat pour légumes.

légumineuses n. f. pl. Ordre de plantes à fleurs, caractérisées par leur fruit en gousse (pois, fève, haricot, etc.).

leitmotiv [lajtmɔtiv] n. m. *Par ext.* Motif musical conducteur. Formule qui revient sans cesse dans un discours, une œuvre littéraire, etc. (Pl. *leitmotive.*)

lendemain n. m. Jour qui suit celui où l'on est, ou celui dont on parle. *Par ext.* Suite, temps futur.

lénifier v. t. Adoucir.

léninisme n. m. Doctrine de Lénine.

lénitif, ive adj. et n. m. Calmant.

lent, e* adj. Qui n'agit pas avec promptitude ; qui tarde.

lente n. f. Œuf de pou.

lenteur n. f. Manque de célérité, de vivacité.

lentille n. f. Genre de légumineuses alimentaires. Verre taillé en forme de lentille, servant dans les instruments d'optique. Pl. Taches de rousseur sur la peau.

lentisque n. m. Espèce de pistachier.

léonin, e adj. Du lion. *Fig.* Se dit d'un partage où une personne se réserve la plus grosse part.

léopard n. m. Panthère africaine.

lépidoptères n. m. pl. Ordre d'insectes comprenant les papillons.

lèpre n. f. Maladie qui couvre la peau de pustules et d'écailles. *Fig.* Vice qui s'étend comme la lèpre.

lépreux, euse n. Qui a la lèpre.

léproserie n. f. Hôpital pour les lépreux.

lequel, laquelle, pl. lesquels, lesquelles pr. rel. et interrog. Qui, que, dont. Quel. Se contracte avec à, de pour donner *auquel, duquel, auxquels, auxquelles, desquels, desquelles.*

lèse-majesté n. f. Attentat à la majesté souveraine.

léser v. t. (conj. 5) Faire tort : *léser l'État.*

lésiner v. i. Agir avec trop d'économie.

lésinerie n. f. Avarice.

lésion n. f. Perturbation apportée dans un organe (plaie, contusion, tumeur, etc.).

lessivage n. m. Action de lessiver.

lessive n. f. Produit commercial pour le nettoyage. Action de passer le linge dans la lessive. Linge qui doit être lavé ou qui vient d'être lavé.

lessiver v. t. Passer à la lessive.

lessiveuse n. f. Appareil pour lessiver le linge.

lest [lɛst] n. m. Matière pesante assurant la stabilité d'un navire, d'un ballon. *Jeter du lest,* faire des concessions.

lestage n. m. Action de lester.

leste* adj. Léger, agile. *Fig.* Prompt et décidé. Libre : *propos leste.*

lester v. t. Charger de lest.

léthargie n. f. Suspension apparente de la vie, sommeil maladif. *Fig.* Nonchalance extrême.

léthargique adj. De la léthargie.

lettre n. f. Caractère de l'alphabet. Sens étroit et littéral : *préférer l'esprit à la lettre.* Épître, missive. *A la lettre,* ponctuellement, littéralement. *Belles-lettres,* la littérature.

lettré, e adj. et n. Qui est instruit dans les belles-lettres.

lettrine n. f. Lettre ornée, placée au commencement d'un chapitre ou d'un paragraphe, et occupant la hauteur de plusieurs lignes du texte.

leucémie n. f. Maladie caractérisée par une multiplication des globules blancs.

leucocyte n. m. Globule blanc du sang.

leur adj. poss. D'eux, d'elles, qui appartient à eux, à elles. Pron. pers. de la 3e pers. A eux, à elles. *Le leur, la leur, les leurs* pr. poss. La chose, les choses d'eux, d'elles. N. m. *Le leur,* ce qui est à eux, à elles. N. m. pl. *Les leurs,* leurs parents, leurs amis.

leurre [lœr] n. m. Appât. *Fig.* Ce qui sert à attirer, à tromper.

leurrer v. t. Attirer par quelque espérance trompeuse. Se faire des illusions.

levage n. m. Action de lever.

levain n. m. Substance (levure, pâte fermentée, etc.) propre à produire la fermentation de la pâte à pain. *Fig.* Germe.

levant n. m. Est, orient.

levantin, ine adj. et n. Originaire des pays du Levant, de la Méditerranée orientale.

levé n. m. Établissement d'un plan.

levée n. f. Action de lever, d'enlever. Action de recueillir. Perception : *levée des impôts.* Action de retirer les lettres d'une boîte postale. Enrôlement : *levée de troupes.* Cartes prises au jeu par une carte supérieure. Digue bordant une rivière. *Levée de boucliers,* protestation massive.

lever v. t. (conj. 5) Hausser : *lever les bras.* Redresser : *lever la tête.* Relever : *lever un pont-levis.* Ôter : *lever les scellés.* Couper une partie sur un tout. *Fig.* Enrôler : *lever une armée.* Percevoir : *lever des impôts.* Dessiner : *lever un plan.* Faire partir (gibier). *Lever le siège,* mettre fin au siège, et, au *fig.* s'en aller. *Lever la séance,* la clore. V. i. Commencer à pousser : *les blés lèvent.* Commencer à fermenter : *la pâte lève.* V. pr. Se mettre debout, sortir du lit. Apparaître sur l'horizon : *le soleil se lève.*

lever n. m. Le moment où l'on se lève. Moment où un astre se lève. Syn. de LEVÉE.

levier n. m. Barre propre à soulever les fardeaux. *Fig.* Moyen d'action.

lévite n. m. Chez les Israélites, ministre du culte, de la tribu de Lévi.

levraut n. m. Jeune lièvre.

lèvre n. f. Partie charnue de la bouche, qui couvre les dents. Pl. Bords d'une plaie. *Bot.* Lobes de certaines fleurs.

levrette n. f. Femelle du lévrier. Variété petite du lévrier d'Italie.

lévrier n. m. Chien à hautes pattes, propre à la chasse au lièvre.

levure n. f. Nom donné aux champignons provoquant la fermentation.

lexicographe n. Auteur de dictionnaire.

lexicographie n. f. Science du lexicographe.

lexicologie n. f. Étude des ensembles formés par les mots du lexique.

lexique n. m. Ensemble des mots formant la langue d'un écrivain, etc. Dictionnaire abrégé.

lez ou **lès** [lɛ] prép. Près de dans certains noms géographiques : *Villeneuve-lès-Avignon.*

lézard n. m. Genre de reptiles sauriens. *Faire le lézard,* se chauffer paresseusement au soleil.

lézarde n. f. Crevasse dans un mur.

lézarder v. t. Crevasser.

liaison n. f. Action de lier. Union de plusieurs corps. *Mil.* Relations entre deux troupes voisines : *agent de liaison.* Ingrédients pour lier, épaissir les sauces. Action de joindre, en lisant, la dernière lettre d'un mot au mot suivant. Union, enchaînement : *liaison dans les idées.* Attachement, union amoureuse : *rompre une vieille liaison.*

liane n. f. Longue plante grimpante.

liant, e adj. Souple, flexible. *Fig.* Souple, doux, sociable : *caractère liant.* N. m. Elasticité : *le liant de l'acier. Fig.* Affabilité : *montrer du liant.*

liard n. m. Anc. monnaie. *Fig.* Très petite somme.

lias [ljɑs] n. m. Nom du jurassique inférieur.

liasse n. f. Paquet de papiers, de billets de banque réunis, tenus ensemble.

libanais, e adj. et n. Du Liban.

libation n. f. Vin que les Anciens répandaient en l'honneur des dieux. Action de boire : *amples libations.*

libelle n. m. Petit écrit diffamatoire.

libellé n. m. Termes dans lesquels est rédigé un texte officiel.

libeller [libɛle] v. t. Rédiger dans les formes légales.

libellule n. f. Insecte à quatre ailes membraneuses.

libérable adj. Qui peut être libéré.

libéral, e*, aux adj. Qui aime à donner. Favorable à la liberté : *idées libérales. Arts libéraux, professions libérales,* arts d'ordre intellectuel. N. m. Partisan de la liberté individuelle en matière politique et économique.

libéralisme n. m. Doctrine des partisans de la libre entreprise.

libéralité n. f. Penchant à donner. Don : *faire des libéralités.*

libérateur, trice adj. Qui libère.

libération n. f. Action de libérer.

libératoire adj. Qui libère.

libérer v. t. (conj. 5) Décharger d'une obligation. Mettre en liberté : *libérer un prisonnier.*

libertaire n. et adj. Partisan de la liberté absolue, anarchiste.

liberté n. f. Pouvoir d'agir ou de ne pas agir, de choisir. État opposé à la captivité : *mettre en liberté ;* à la contrainte : *parler en toute liberté. En liberté* loc. adv. Librement. Pl. Immunités, franchises. Manières d'agir hardies : *prendre des libertés.*

libertin, e n. et adj. *Autref.* Incrédule en matière religieuse. Qui s'adonne sans retenue aux plaisirs charnels.

libertinage n. m. Dérèglement des mœurs.

libidineux, euse adj. Lascif.

libido n. f. Pour la psychanalyse, énergie fondamentale de l'être vivant, qui se manifeste par la sexualité.

libraire n. Commerçant qui vend des livres.

librairie n. f. Commerce des livres. Magasin où l'on vend des livres.

libre* adj. Qui a le pouvoir d'agir ou de ne pas agir. Qui jouit de la liberté politique. Non entravé, indépendant. *Libre de* (avec un nom), affranchi, exempt de : *libre de préjugés ;* maître de (avec un verbe) : *vous êtes libre de refuser.* Impers. *Libre à tous de...,* il vous est permis de... *Libre penseur,* qui, en matière de religion, n'admet d'autre autorité que la raison.

libre-échange n. m. Commerce sans prohibitions ni droits de douane.

libre-échangiste n. et adj. Partisan du libre-échange. (Pl. *libre-échangistes.*)

libre-service n. m. Magasin où le client se sert lui-même.

librettiste n. m. Auteur d'un livret d'opéra.

lice n. f. Champ clos pour des exercices en plein air. *Fig. Entrer en lice,* entreprendre une lutte, une discussion.

lice n. f. Femelle du chien de chasse.

lice n. f. Pièces du métier à tisser qui font ouvrir la chaîne pour y introduire la trame.

licence n. f. Liberté trop grande, contraire au respect, aux bienséances. *Licence poétique, grammaticale,* liberté prise par un écrivain avec les règles de la poésie, de la grammaire. Grade universitaire.

licencié, e n. et adj. Qui a une licence.

licenciement n. m. Renvoi.

licencier v. t. Priver des employés, des ouvriers, etc., de leur emploi.

licencieux, euse* adj. Contraire à la décence, à la pudeur.

lichen [likɛn] n. m. Association d'une algue et d'un champignon vivant sur les pierres.

licitation n. f. *Dr.* Vente par enchère, faite par les copropriétaires d'un bien indivis.

licite* adj. Permis par la loi.

liciter v. t. Vendre par licitation.

licorne n. f. Animal fabuleux, à corps de cheval, avec une corne.

licou ou **licol** n. m. Lien que l'on met au cou des bêtes.

licteur n. m. Officier qui marchait devant les principaux magistrats de l'anc. Rome.

lie n. f. Dépôt qui se forme dans un liquide et qui tombe au fond du récipient. *Fig. La lie du peuple,* la plus vile populace.

lied [lid] n. m. En Allemagne, ballade, romance. (Pl. *lieder.*)

lie-de-vin adj. inv. Mauve.

liège n. m. Tissu épais et léger de l'écorce du chêne-liège.

lien n. m. Ce qui sert à lier. Chaînes d'un prisonnier : *briser ses liens.*

lier v. t. Attacher : *lier une gerbe.* Joindre. Epaissir : *lier une sauce.* Contracter : *lier amitié.* Entrer en : *lier conversation.* Unir.

lierre n. m. Plante grimpante à feuilles toujours vertes.

liesse n. f. Joie, réjouissance collective.

lieu n. m. Endroit, séjour, pays : *un lieu charmant. Fig.* Place, rang : *chacun en son lieu. Avoir lieu*, arriver, s'accomplir. *Il y a lieu de*, il est opportun de. *Avoir lieu de*, avoir des raisons pour. *Tenir lieu de*, remplacer. *Donner lieu*, fournir l'occasion. Pl. *Lieux communs*, idées générales. *Au lieu de* loc. prép. En place de. *Au lieu que* loc. conj. Tandis que.

lieu-dit n. m. Lieu qui porte un nom particulier. (Pl. *lieux-dits*.)

lieue n. f. Anc. unité pour la mesure des distances (env. 4 km).

lieur, lieuse n. Qui lie des gerbes de blé, etc.

lieuse n. f. Dispositif d'une moissonneuse, pour lier les gerbes.

lieutenant n. m. Qui est le premier après le chef et le remplace. Officier au-dessous du capitaine.

lieutenant-colonel n. m. Officier dont le grade est supérieur à celui de commandant.

lièvre n. m. Mammifère rongeur, très rapide à la course.

liftier n. m. Garçon chargé de la manœuvre d'un ascenseur.

ligament n. m. Faisceau fibreux qui unit les os des organes.

ligature n. f. Action de serrer un lien, une bande, etc., autour d'une partie du corps. Attache de corde, de fil de fer, etc., pour réunir deux pièces séparées.

ligaturer v. t. Serrer, lier.

lige adj. *Féod.* Etroitement obligé envers son seigneur. *Homme lige*, qui devait sans condition à un autre, à un parti, etc.

lignage n. m. Nombre de lignes imprimées.

ligne n. f. Limite d'une surface ou intersection de deux surfaces. Trait, contour : *les lignes d'un dessin.* Rangée de mots. Fil de crin ou de soie, avec hameçon, pour pêcher : *ligne de fond.* Service de transport, de communication entre deux points : *ligne télégraphique.* Disposition d'une armée prête à combattre. Formation de vaisseaux de guerre. Retranchement. *Fig.* Règle : *ligne de conduite.* Ordre, rang : *en première ligne.* Descendants : *ligne directe.*

lignée n. f. Descendance.

ligneux, euse adj. De la nature du bois : *tige ligneuse.*

lignifier (se) v. pr. Se changer en bois.

lignite n. m. Charbon fossile.

ligoter v. t. Attacher solidement.

ligue n. f. Union formée entre plusieurs princes. Confédération de plusieurs Etats. Association fondée avec un but quelconque.

liguer v. t. Unir dans une ligue.

ligueur, euse n. et adj. Partisan de la Ligue sous Henri III et Henri IV.

lilas n. m. Arbuste à fleurs en grappe. Couleur qui tient du bleu et du rose. Adj. : *robe lilas.*

lilliputien [lilipysjɛ̃], **enne** adj. et n. Très petit.

limace n. f. Mollusque gastéropode sans coquille extérieure.

limaçon n. m. Mollusque à coquille enroulée. *Anat.* Partie de l'oreille en forme de coquille.

limage n. m. Action de limer.

limaille n. f. Parcelles de métal limé.

limande n. f. Genre de poissons plats.

limbe n. m. Bord extérieur et gradué du cercle d'un instrument de mesure. *Bot.* Partie élargie de la feuille. Partie étalée d'un pétale ou d'un sépale. Pl. *Théol.* Séjour des âmes des enfants morts sans baptême. *Fig.* Etat vague, incertain.

lime n. f. Outil d'acier, portant des entailles, pour travailler les métaux, etc.

limer v. t. Travailler avec la lime. *Fig.* Retoucher, polir.

limier n. m. Chien de chasse. *Fig.* Policier.

liminaire adj. Qui se trouve au début d'un livre, d'un discours, d'un débat.

limitatif, ive* adj. Qui limite.

limitation n. f. Restriction.

limite n. f. Ligne de séparation ; frontière. Ligne qui marque la fin d'une étendue : *limites de la mer. Fig.* Borne : *passer les limites.*

limiter v. t. Borner. Restreindre.

limitrophe adj. Qui est immédiatement voisin d'un pays, d'une région, etc.

limogeage n. m. Action de limoger.

limoger v. t. *Limoger quelqu'un*, le priver de son emploi, par révocation, mise à la retraite, etc.

limon n. m. Sol léger er fertile. Alluvion : *le limon du Nil.*

limon n. m. Sorte de citron.

limon n. m. Chacune des deux branches de la limonière. *Archit.* Pièce qui supporte les marches d'un escalier.

limonade n. f. Boisson acidulée composée de citron, de sucre et d'eau.

limonadier, ère n. Commerçant en boissons au détail.

limoneux, euse adj. Plein de boue.

limonière n. f. Brancard de voiture.

limousin, e adj. et n. De Limoges ou du Limousin.

limousine n. f. Anc. carrosserie automobile où seules les places arrière sont closes.

limpide adj. Clair, transparent.

limpidité n. f. Clarté, transparence.

lin n. m. Plante à fibres textiles. Toile faite avec les fibres du lin.

linceul [lɛ̃sœl] n. m. Toile dans laquelle on ensevelit les morts. *Par ext.* Ce qui couvre : *linceul de neige.*

linéaire adj. Relatif aux lignes. Fait de lignes régulières : *dessin linéaire.*

linéament n. m. Trait, ligne. Lignes essentielles du visage. Esquisse, ébauche.

linge n. m. Tissu de coton, de Nylon, etc., servant aux divers usages de toilette, d'hygiène, de ménage, etc.

linger, ère n. et adj. Qui vend du linge, qui travaille le linge. N. f. Qui a soin du linge dans un établissement, un collège, etc.

lingerie n. f. Commerce du linge. Lieu où l'on serre le linge. Linge en général.

lingot n. m. Morceau de métal solidifié après fusion : *lingot d'or.*

lingual [lɛ̃gwal], **e, aux** adj. Relatif à la langue : *muscles linguaux.* Consonne articulée avec la langue (d, l, l, n, r).

linguiste [lɛ̃gɥist] n. Spécialiste de linguistique.

linguistique n. f. Science du langage humain.

linier, ère adj. Du lin : *industrie linière.* N. f. Champ de lin.

liniment n. m. Médicament onctueux pour frictions.

linoléum [linɔleɔm] n. m. Revêtement imperméable, en toile de jute enduite d'huile de lin, de résine et de liège en poudre.

linon n. m. Batiste fine.

linotte n. f. Sorte de passereau à plumage gris. *Fam. Tête de linotte,* étourdi.

Linotype n. f. (nom déposé) Machine à composer et à fondre les caractères d'imprimerie par lignes entières.

linteau n. m. Traverse au-dessus d'une porte ou d'une fenêtre.

lion, lionne n. Mammifère carnassier au pelage fauve, à crinière fournie chez le mâle. Un signe du zodiaque.

lionceau n. m. Petit du lion.

lipide n. m. Nom générique des corps gras.

lippe n. f. Lèvre inférieure grosse.

lippu, e adj. A grosses lèvres.

liquéfaction n. f. Transformation d'un gaz en liquide.

liquéfiable adj. Qu'on peut liquéfier.

liquéfier v. t. Rendre liquide.

liqueur n. f. Boisson à base d'alcool.

liquidateur n. et adj. m. Qui liquide un compte. Qui liquide une affaire.

liquidation n. f. Opération qui a pour objet de régler des comptes. Solde de marchandises. *Dr. Liquidation judiciaire,* dénomination ancienne du *règlement judiciaire. Fam.* Meurtre.

liquide adj. Se dit des corps qui coulent sous l'action de la pesanteur. *Argent liquide,* que l'on peut utiliser immédiatement. N. f. Consonne pouvant se combiner avec d'autres. N. m. Tout ce qui est à l'état liquide. Boisson, aliment liquide.

liquider v. t. Régler, fixer : *liquider un compte, une affaire.* Vendre des marchandises à bas prix : *liquider ses stocks.*

liquoreux, euse [likorø] adj. Se dit des vins doux et contenant un assez fort degré d'alcool.

lire n. f. Unité monétaire italienne.

lire v. t. (conj. **69**) Parcourir des yeux l'assemblage des signes graphiques d'un texte pour en comprendre le sens : *lire le grec, le chinois; enfant qui sait lire couramment.* Prononcer à haute voix un texte écrit. Interpréter d'après des signes : *lire dans les lignes de la main; lire dans les yeux.*

lis ou **lys** n. m. Plante ornementale à fleurs blanches et odorantes. Sa fleur. *Fleur de lis,* emblème héraldique de la royauté en France.

liséré n. m. Ruban étroit, dont on borde une étoffe. Bordure.

lisérer v. t. (conj. **5**) Border d'un liséré.

liseron n. m. Plante grimpante appelée aussi *volubilis.*

liseur, euse n. Personne qui aime lire. N. f. Petit coupe-papier. Couvre-livre mobile. Petit vêtement féminin d'intérieur.

lisibilité n. f. Qualité de ce qui est lisible.

lisible* adj. Aisé à lire. Qui peut être lu sans fatigue.

lisière n. f. Bord extrême d'une pièce de tissu, d'un terrain : *à la lisière d'un bois* (syn. LIMITE).

lissage n. m. Action de lisser.

lisse adj. Uni et poli : *peau lisse.*

lisse n. f. Syn. de LICE, dans l'industrie textile.

lisser v. t. Rendre lisse : *lisser ses cheveux.*

lissoir n. m. Instrument pour lisser.

liste n. f. Suite de noms, de signes numériques, etc. Enumération importante. *Liste civile,* somme allouée annuellement à un chef d'Etat.

lit n. m. Meuble sur lequel on se couche. Tout lieu où l'on peut se coucher : *lit de gazon. Par ext.* Mariage : *enfant du second lit. Fig.* Couche de matière ou d'objets quelconques : *lit de sable.* Canal naturel dans lequel coule une rivière.

litanies n. f. pl. Suite de courtes invocations à Dieu, à la Vierge, aux saints. Au *sing.,* ennuyeuse énumération : *litanie de réclamations.*

literie n. f. Ce qui compose un lit.

lithiase n. f. *Méd.* Formation de calculs dans les voies biliaires ou urinaires.

lithium [litjɔm] n. m. Métal alcalin très léger.

lithographie n. f. Reproduction des dessins tracés sur une pierre calcaire. Gravure imprimée par ce procédé.

lithosphère n. f. Partie solide de l'écorce terrestre.

litière n. f. Paille sur laquelle se couchent les chevaux, les bœufs, etc. Sorte de lit couvert porté à l'aide de brancards.

litige n. m. Contestation en justice. Différend. Discussion : *point de litige.*

litigieux, euse adj. Qui est ou peut être l'objet d'un litige.

litote n. f. Procédé qui consiste à dire moins pour faire entendre plus, comme *pas mal* pour *bien.*

litre n. m. Unité de mesure de volume pour les liquides et matières sèches, équivalant à 1 décimètre cube. Bouteille contenant un litre. Contenu du litre.

littéraire* adj. Relatif aux belles-lettres : *journal littéraire.*

littéral, e*, aux adj. Qui est selon le sens strict des mots : *traduction littérale.*

littérature n. f. Ensemble des productions littéraires d'un pays, d'une époque : *la littérature latine.* Carrière des lettres.

littoral, e, aux adj. Du bord de la mer : *montagnes littorales.* N. m. Etendue de pays qui borde la mer.

lituanien, enne adj. et n. De la Lituanie.

liturgie n. f. Ordre des cérémonies religieuses et des prières.

liturgique adj. De la liturgie.

livarot n. m. Fromage fermenté à pâte molle, produit dans la région de Livarot.

livide adj. Extrêmement pâle (syn. BLAFARD, BLÊME.).

lividité n. f. Etat de ce qui est livide : *lividité cadavérique.*

living-room [livigrum] n. m. Pièce de séjour dans un appartement. (Pl. *living-rooms.*)

livrable adj. Qui peut être livré.

livraison n. f. Action de livrer une chose vendue. Partie d'un ouvrage livré périodiquement aux souscripteurs, au fur et à mesure de son impression.

livre n. m. Feuilles imprimées et réunies en un volume. Ouvrage en prose ou en vers de quelque étendue : *livre d'histoire.* Registre sur lequel un commerçant inscrit ses opérations. Division d'un ouvrage : *histoire en douze livres. A livre ouvert,* sans préparation, à la première lecture : *traduire à livre ouvert.*

livre n. f. Unité monétaire de divers États, dont la Grande-Bretagne *(livre sterling).* Anc. unité de poids, de valeur variable. Demikilogramme.

livrée n. f. Costume particulier que portent les domestiques masculins d'une grande maison. *Véner.* Pelage, plumage.

livrer v. t. Mettre en la possession de : *livrer une commande.* Engager : *livrer bataille.* Abandonner : *livrer au pillage.* Remettre : *livrer un coupable à la justice.* V. pr. S'adonner : *se livrer à l'étude.*

livresque adj. Qui provient uniquement de la lecture et de l'étude dans les livres : *science livresque.*

livret n. m. Petit livre. Carnet : *livret de caisse d'épargne.* Paroles d'un opéra.

livreur, euse n. et adj. Employé qui porte chez l'acheteur la marchandise vendue : *garçon livreur.*

lobe n. m. *Anat.* Partie arrondie d'un organe : *lobe du cerveau; lobe de l'oreille. Bot.* Division profonde, arrondie, des feuilles ou des fleurs.

lobé, e adj. *Bot.* Divisé en lobes.

lobule n. m. Petit lobe.

local, e*, aux adj. Qui est particulier à un lieu : *mœurs locales. Couleur locale,* reproduction exacte des usages, des costumes, des caractères, etc., d'un pays ou d'une époque. N. m. Lieu, partie d'un bâtiment qui a une destination déterminée : *local commercial.*

localisation n. f. Action de localiser.

localiser v. t. Fixer ou limiter dans un lieu. Déterminer la place de : *localiser une maladie.*

localité n. f. Petite ville, bourg, village.

locataire n. Personne qui habite dans le logement qu'elle loue.

locatif, ive adj. Qui concerne la location. N. m. Cas qui, dans certaines langues à déclinaison, exprime le lieu.

location n. f. Action de donner ou de prendre à loyer : *location d'un logement.* Prix du loyer.

loch [lɔk] n. m. Instrument pour mesurer la vitesse apparente d'un navire.

loche n. f. Petit poisson de rivière à corps allongé. Petite limace.

lock-out [lɔkawt] n. m. inv. Fermeture d'une entreprise par la direction, afin de faire pression sur le personnel qui menace de faire la grève.

locomoteur, trice adj. Relatif à la marche.

locomotion n. f. Action de se transporter d'un lieu dans un autre.

locomotive n. f. Machine à vapeur, électrique ou à combustion interne, montée sur roues et remorquant des wagons sur les voies ferrées.

locomotrice n. f. Machine de moyenne puissance pour tirer des wagons.

locution n. f. Expression, façon de parler. *Gramm.* Groupe de mots qui équivaut à un seul mot : *locution adverbiale, conjonctive.*

lœss [løs] n. m. Sorte de limon très fertile.

lof n. m. *Mar.* Côté d'un navire qui se trouve frappé par le vent.

logarithme n. m. Nombre d'une progression arithmétique, correspondant à un autre d'une progression géométrique, les deux progressions remplissant des conditions déterminées.

logarithmique adj. Des logarithmes.

loge n. f. Logement de concierge. Sorte de petits compartiments au pourtour d'une salle de spectacle. Pièce où s'habillent les acteurs et les actrices. Galerie à arcades : *les loges du Vatican.* Réunion de francs-maçons ; lieu où ils s'assemblent. *Fam. Être aux premières loges,* être le témoin bien placé d'un événement.

logeable adj. Où l'on peut loger.

logement n. m. Lieu où l'on habite.

loger v. i. (conj. 1) Habiter : *loger à l'hôtel. Loger à la belle étoile,* coucher en plein air. V. t. Donner un logement, permanent ou passager. *Par ext.* Caser, placer : *loger ses livres.* Faire pénétrer dans : *loger une balle.*

logeur, euse n. Personne qui loue des chambres meublées.

logicien, enne n. Personne qui étudie la logique ou qui raisonne avec méthode.

logique n. f. Science qui apprend à raisonner juste. Disposition à raisonner juste. Raisonnement, méthode.

logique* adj. Conforme à la logique.

logis n. m. Maison, habitation, logement.

logistique n. f. Ensemble des problèmes militaires relatifs aux transports et à l'approvisionnement.

loi n. f. Règle. Acte de l'autorité souveraine, qui règle, ordonne, permet ou défend : *promulguer une loi.* Conditions nécessaires dérivant de la nature des choses : *les lois de la pesanteur. Loi martiale,* qui autorise l'emploi de la force armée dans certains cas. *Sans foi ni loi,* sans principes de religion ou de justice.

loin adv. À une grande distance dans l'espace : *arme qui porte loin,* ou dans le temps : *remonter bien loin. De loin en loin,* à de grands intervalles. *Loin de,* à une grande distance ; dans des intentions fort éloignées : *je suis loin de penser ou vouloir.*

lointain, e adj. Éloigné : *pays lointain, époque lointaine.* N. m. Lieu éloigné : *dans le lointain.*

loir n. m. Petit rongeur hibernant d'octobre à avril. *Dormir comme un loir,* dormir profondément.

loisible adj. Permis : *il vous est loisible de partir.*

loisir n. m. Temps dont on dispose : *j'ai tout le loisir de répondre; avoir des loisirs. À loisir,* à son aise.

lombago. V. LUMBAGO.

lombaire adj. Qui appartient aux lombes : *douleurs lombaires.*

lombes n. m. pl. Régions symétriques en arrière de l'abdomen, de chaque côté de la colonne vertébrale.

lombric [lɔ̃brik] n. m. Ver de terre.

londonien, enne adj. De Londres.

long, longue* adj. Qui a une certaine dimension de l'une à l'autre de ses extrémités. Qui a des dimensions considérables. Qui s'étend à une certaine distance. Qui dure longtemps : *long voyage.* N. m. Longueur : *dix mètres de long*. N. f. Syllabe ou voyelle longue. Loc. : *De long en large*, en tous sens; *le long de*, en côtoyant; *à la longue*, avec le temps.

longanimité n. f. Grande patience.

long-courrier adj. et n. m. Qui fait des voyages sur les longues distances : *avion long-courrier*.

longe n. f. Courroie pour attacher ou pour conduire un cheval.

longe n. f. Moitié de l'échine d'un veau (de l'épaule à la queue).

longer v. t. (conj. 1) S'étendre, marcher le long de.

longeron n. m. Pièce maîtresse de l'ossature d'une machine ou d'un ouvrage métallique.

longévité n. f. Longue vie. Durée de la vie.

longitude n. f. Angle que fait le plan méridien d'un point à la surface du globe avec un plan méridien d'origine.

longitudinal, e*, aux adj. En longueur.

longtemps adv. Pendant un long espace de temps.

longuement adv. Pendant un long moment. Longtemps.

longuet, ette adj. *Fam.* Qui dure un peu trop longtemps.

longueur n. f. Dimension d'un objet d'une extrémité à l'autre. Durée du temps : *la longueur des jours augmente*. Unité qui sépare les concurrents dans une course à l'arrivée (longueur d'un cheval, d'un canot, etc.). Lenteur : *les longueurs de la justice*. Tirer en longueur, faire durer, durer longtemps.

longue-vue n. f. Lunette d'approche.

looping [lupiŋ] n. m. Exercice de voltige aérienne consistant à faire une boucle dans un plan vertical.

lopin n. m. Morceau : *lopin de terre*.

loquace adj. Qui parle beaucoup.

loquacité [lɔkwasite] n. f. Habitude de parler beaucoup.

loque n. f. Lambeau d'une étoffe. Être sans énergie, veule.

loquet n. m. Lame métallique qui s'abaisse sur une pièce fixée au chambranle d'une porte et la ferme.

loqueteau n. m. Petit loquet.

loqueteux, euse adj. Vêtu de loques.

lord [lɔr] n. m. Titre, en Angleterre, des pairs du royaume et des membres de la Chambre haute.

lord-maire n. m. Premier magistrat de plusieurs grandes villes britanniques.

lorgner v. t. Regarder du coin de l'œil. Regarder avec une lorgnette. *Fig.* Convoiter : *lorgner une bonne place*.

lorgnette n. f. Petite lunette d'approche portative.

lorgnon n. m. Lunettes maintenues sur le nez par un ressort.

loriot n. m. *Zool.* Genre de passereaux. V. COMPÈRE-LORIOT.

lorrain, e adj. et n. De Lorraine.

lors adv. Loc. adv. : *Pour lors*, en ce cas; *dès lors*, dès ce temps-là, par conséquent; *dès lors que*, puisque; *lors de*, au moment de : *lors de son arrivée; lors même que*, même si.

lorsque conj. Quand.

losange n. m. Parallélogramme dont les quatre côtés sont égaux.

lot [lo] n. m. Portion qui revient à chaque personne dans un partage. Ce qui revient, dans une loterie, à chaque gagnant : *gagner le gros lot. Fig.* Ce qui échoit à chacun par le sort : *la misère est son lot. Comm.* Une certaine quantité de choses, d'objets assortis : *un lot de chaussures*.

loterie n. f. Jeu de hasard, où, après distribution de billets numérotés, un tirage au sort désigne les billets qui ont droit à un lot, un prix, etc. *Fig.* Chose de hasard : *la vie est une loterie*.

loti, e adj. *Fig.* Partagé, favorisé : *être mal loti dans un partage*.

lotion [lɔsjɔ̃] n. f. Eau de toilette parfumée et légèrement alcoolisée, utilisée pour les soins de l'épiderme ou de la chevelure.

lotir v. t. Partager par lots. Mettre en possession d'un lot. Trier.

lotissement n. m. Partage en lots.

loto n. m. Jeu de hasard qui se joue avec des cartons numérotés et des numéros. *Loto national*, jeu de hasard consistant à trouver une combinaison de 6, 5, 4 ou 3 nombres sur 49.

lotte ou **lote** n. f. Sorte de poisson comestible.

lotus [lɔtys] n. m. *Bot.* Nénuphar blanc d'Egypte.

louable* adj. Digne de louanges.

louage n. m. *Contrat de louage*, par lequel on donne en location des choses (terres, objets).

louange n. f. Action de louer. Paroles par lesquelles on joue : *couvrir de louanges*.

louche adj. Equivoque, suspect : *conduite louche*.

louche n. f. Instrument à long manche pour servir la soupe, les potages, etc.

loucher v. i. Être atteint d'un défaut de parallélisme dans les yeux. *Fig.* et *fam.* Regarder avec envie.

loucheur, euse n. Personne qui louche.

louer v. t. Donner des éloges : *louer un poète*. Célébrer, glorifier : *louer Dieu. Se louer de*, se montrer satisfait de.

louer v. t. Donner ou prendre à loyer : *louer une maison*. Retenir une place dans un train, un théâtre, etc.

loueur, euse n. Qui donne à louage.

loufoque adj. et n. *Fam.* Un peu fou, bizarre.

louis n. m. Ancienne monnaie d'or française de 20 francs.

loulou n. m. Petit chien à long poil.

loup [lu] n. m. Mammifère carnivore de la famille des canidés. *Fam.* Ce qui est mauvais, mal venu dans un travail. Demi-masque de velours ou de satin noir. *Tête-de-loup*, brosse ronde sur un long manche. *Marcher à pas de loup*, sans bruit, pour surprendre. *Froid de loup*, très rigoureux. *Loup de mer*, vieux marin. *Entre chien et loup*, à la nuit tombante.

loup-cervier n. m. Autre nom du *lynx*.

loupe n. f. Lentille de verre biconvexe. Kyste sébacé de la peau. *Bot.* Excroissance sur le tronc de certains arbres.

louper v. t. *Pop.* Mal exécuter. Manquer.

loup-garou n. m. Être légendaire qui commettait des méfaits la nuit sous la forme d'un loup.

lourd, e* adj. Pesant, difficile à porter : *lourd fardeau.* Qui manque d'élégance.

lourdaud, e adj. et n. Personne lente et maladroite.

lourdeur n. f. Caractère de ce qui est lourd.

loustic n. m. *Fam.* Plaisantin.

loutre n. f. Mammifère carnassier qui se nourrit de poissons. Sa fourrure.

louve n. f. Femelle du loup.

louveteau n. m. Petit loup. Jeune scout.

louveterie n. f. Chasse au loup.

louvetier n. m. Officier qui commandait les équipages de la chasse au loup.

louvoyer [luvwaje] v. i. (conj. **2**) Naviguer contre le vent tantôt sur un bord, tantôt sur l'autre. *Fig.* Prendre des détours pour atteindre un but.

lover (se) v. pr. S'enrouler.

loyal [lwajal], **e*, aux** adj. Sincère, franc. Fidèle et dévoué : *serviteur loyal.*

loyalisme n. m. Fidélité au régime établi : *loyalisme républicain.*

loyaliste adj. et n. Qui a des sentiments de loyalisme.

loyauté n. f. Honnêteté, droiture.

loyer n. m. Prix auquel on loue une maison, une terre, etc.

lubie n. f. Caprice.

lubricité n. f. Penchant à la luxure.

lubrifiant, e adj. et n. m. Qui lubrifie.

lubrification n. f. Action de lubrifier.

lubrifier v. t. Huiler, graisser.

lubrique adj. Qui marque un penchant effréné pour les plaisirs sexuels.

lucane n. m. Cerf-volant (coléoptère).

lucarne n. f. Ouverture dans le toit d'une maison.

lucide* adj. Qui voit, comprend ou exprime clairement les choses.

lucidité n. f. Qualité de celui ou de ce qui est lucide.

luciole n. f. Genre de coléoptères lumineux.

lucratif, ive* adj. Qui rapporte de l'argent ; qui procure un profit.

ludion n. m. Figurine qui, suspendue à une sphère creuse, descend ou remonte dans un vase rempli d'eau.

ludique adj. Relatif au jeu.

luette n. f. Appendice charnu et contractile à l'entrée du gosier.

lueur n. f. Clarté faible ou éphémère. *Fig.* Clarté qui éclaire l'esprit. Faible apparence : *une lueur de raison.*

luge n. f. Petit traîneau.

lugubre* adj. Funèbre. Qui exprime ou inspire le deuil, la tristesse.

lui pron. pers. de la 3e pers. du sing. des deux genres.

luire v. i. (conj. **63**) Briller. Avoir des reflets lumineux. *Fig.* Apparaître, se manifester avec éclat.

lumbago [lɔ̃bago] ou **lombago** n. m. Douleur violente dans la région des reins, due à une atteinte des articulations des vertèbres.

lumen [lymɛn] n. m. Unité de mesure de flux lumineux.

lumière n. f. Ce qui éclaire les objets et les rend visibles. Source d'éclairage. Jour, clarté du soleil. Ce qui brille, ce qui éclaire l'esprit. Intelligence, savoir : *la lumière de la raison.* Personne d'un savoir éminent. *Voir la lumière,* naître.

lumignon n. m. Bout de la mèche d'une bougie allumée. Petite lumière.

luminaire n. m. Ensemble des appareils d'éclairage.

luminescence n. f. Émission de rayons lumineux sans chaleur.

luminescent, e adj. *Éclairage luminescent,* obtenu avec des tubes fluorescents.

lumineux, euse* adj. Qui émet de la lumière : *corps lumineux. Fig.* Clair : *esprit lumineux.* Idée lumineuse, qui vient à propos.

luminosité n. f. Qualité de ce qui est lumineux.

lunaire adj. De la Lune : *clarté lunaire.*

lunaison n. f. Temps compris entre deux nouvelles lunes consécutives.

lunatique adj. et n. Fantasque.

lunch [lœ̃ʃ] n. m. (mot angl.). Repas léger au cours d'une réception. (Pl. *lunchs* ou *lunches.*)

lundi n. m. Deuxième jour de la semaine.

lune n. f. Corps céleste tournant autour de la Terre et recevant la lumière du Soleil, qu'il reflète sur la Terre (avec une majuscule en ce sens). *Clair de lune,* clarté que la Lune envoie à la Terre. *Lune de miel,* premier mois de mariage. *Demander la lune,* demander l'impossible.

luné, e adj. En forme de croissant. *Fam.* Disposé : *être bien, mal luné.*

lunetier n. et adj. m. Fabricant, marchand de lunettes.

lunette n. f. Instrument d'optique pour voir plus distinctement. Ouverture et siège de la cuvette des w.-c. N. f. pl. Paire de verres enchâssés dans une monture faite de manière à être placée sur le nez devant les yeux.

lunetterie n. f. Art ou commerce de lunetier.

lunule n. f. Figure en forme de croissant. Tache blanche à la base de l'ongle, chez l'homme.

lupin n. m. Plante fourragère.

lupus [lypys] n. m. Affection de la peau du visage.

lurette n. f. *Fam. Il y a belle lurette,* il y a bien longtemps.

luron, onne n. *Fam.* Personne joyeuse, hardie et sans souci.

lustrage n. m. Action de lustrer.

lustral, e, aux adj. Qui purifie.

lustre n. m. Brillant, poli. Appareil d'éclairage suspendu au plafond. *Fig.* Éclat, relief.

lustre n. m. Espace de cinq ans. (Vx.)

lustrer v. t. Rendre brillant.

lustrine n. f. Étoffe de coton qui sert de doublure.

luth [lyt] n. m. Instrument de musique à cordes.

luthéranisme n. m. Doctrine de Luther.

lutherie n. f. Profession du luthier.

luthérien, enne n. Adepte de Luther. Adj. : *religion luthérienne.*

luthier n. m. Fabricant d'instruments de musique à cordes.

lutin n. m. Esprit follet. Enfant espiègle.

lutiner v. t. Taquiner une femme par des privautés.

lutrin n. m. Pupitre qui sert, à l'Église, à porter les livres durant l'office.

lutte n. f. Combat corps à corps. *Fig.* Guerre, combat. Conflit : *une lutte d'influences. De haute lutte,* par la force.

lutter v. i. Combattre corps à corps. Se disputer une victoire. *Fig.* Faire effort pour vaincre un obstacle, atteindre un résultat : *lutter contre la tempête.*

lutteur, euse n. Qui lutte.

lux [lyks] n. m. Unité d'éclairement.

luxation n. f. Déboîtement d'un os.

luxe n. m. Somptuosité excessive, faste. *Fig.* Profusion : *un luxe de détails.*

luxer v. t. Déboîter un os.

luxueux, euse* adj. Plein de luxe.

luxure n. f. Vice qui porte à se complaire dans les plaisirs sexuels.

luxuriance n. f. État de ce qui est luxuriant : *luxuriance du feuillage.*

luxuriant, e adj. Qui pousse avec abondance.

luxurieux, euse adj. Adonné à la luxure. Qui la dénote.

luzerne n. f. Plante fourragère cultivée en prairies artificielles.

lycée n. m. Établissement d'enseignement du second degré.

lycéen, enne n. Élève d'un lycée.

lymphangite n. f. Inflammation des vaisseaux lymphatiques.

lymphatique adj. Relatif à la lymphe. *Vaisseaux lymphatiques,* où circule la lymphe. Adj. et n. Qui présente du lymphatisme : *tempérament lymphatique.*

lymphatisme n. m. Tempérament caractérisé par la blancheur de la peau, la mollesse des muscles, etc.

lymphe n. f. Liquide jaunâtre ou incolore, formé de plasma et de globules blancs.

lynchage n. m. Exécution par la foule.

lyncher v. t. Exécuter sommairement.

lynx n. m. Genre de mammifères carnassiers. *Yeux de lynx,* très perçants.

lyonnais, e adj. et n. De Lyon.

lyre n. f. Anc. instrument de musique à cordes.

lyrique adj. Qui est plein d'enthousiasme, d'inspiration. *Poésie lyrique,* qui exprime des sentiments personnels. *Artiste lyrique,* acteur, actrice qui chante sur scène.

lyrisme n. m. Expression poétique ou exaltée de sentiments personnels, d'émotions. Exaltation.

m n. m. Treizième lettre de l'alphabet et la dixième des consonnes. M, chiffre romain, vaut *mille.*

ma adj. poss. fém. V. MON.

macabre adj. Funèbre, sinistre.

macadam [makadam] n. m. Revêtement des routes formé de pierres concassées, mêlées de sable et agglomérées au moyen d'un rouleau compresseur.

macadamiser v. t. Recouvrir de macadam.

macaque n. m. Genre de singes. *Fig.* Homme très laid.

macareux n. m. Genre d'oiseaux palmipèdes voisins des pingouins.

macaron n. m. Pâtisserie croquante, ronde, à base de pâte d'amande.

macaroni n. m. Pâte alimentaire moulée en tubes creux et longs.

macédoine n. f. Mets composé de toutes sortes de fruits ou de légumes coupés en morceaux. Amas de choses disparates.

macédonien, enne adj. et n. De Macédoine.

macération n. f. Opération consistant à faire tremper un corps dans un liquide pour en extraire les produits solubles, ou un produit alimentaire pour le conserver ou le parfumer.

macérer v. t. (conj. 5) Faire tremper une substance dans un liquide.

machaon [maka3] n. m. Genre de papillons.

mâche n. f. Plante que l'on mange en salade.

mâchefer n. m. Résidu provenant de la combustion de charbon produisant des cendres à demi fusibles.

mâcher v. t. Broyer avec les dents. Couper en déchirant les fibres. *Mâcher la besogne,* la préparer.

machiavélique [makjavelik] adj. Qui tient du machiavélisme ; perfide, sans scrupule.

machiavélisme n. m. Conduite artificieuse et perfide.

mâchicoulis n. m. Créneau vertical d'une fortification médiévale.

machin, e n. *Pop.* Nom par lequel on désigne une personne, une chose que l'on ne peut pas ou ne veut pas désigner autrement.

machinal, e*, aux adj. Se dit des mouvements naturels où la volonté n'a point de part : *acte machinal.*

machinateur n. m. Celui qui trame quelque machination.

machination n. f. Intrigues, menées secrètes pour faire réussir un complot, un mauvais dessein.

machine n. f. Appareil combiné pour produire certains effets. Ensemble des organes du corps de l'homme ou d'un animal. *Fig.* Homme qui obéit à l'impulsion d'autrui : *l'esclave n'est qu'une machine.*

machine-outil n. f. Machine destinée à façonner la matière et mettant en œuvre un outillage mû mécaniquement.

machiner v. t. Former combiner : *machiner une conspiration.*

machinerie n. f. Machines employées à un travail. Endroit où sont les machines : *la machinerie d'un navire.*

machinisme n. m. Emploi *généralisé* de machines substituées à la main-d'œuvre : *le machinisme a transformé l'industrie moderne.*

machiniste n. m. Conducteur d'autobus, de métro. Celui qui, dans un théâtre, exécute les changements de décors.

mâchoire n. f. Os de la face portant les dents. Pièce dont on peut rapprocher les parties pour saisir, maintenir.

mâchonnement n. m. Action de mâchonner.

mâchonner v. t. Mâcher difficilement. Articuler d'une manière indistincte : *mâchonner des injures.*

mâchure n. f. Ecrasement par contusion : *les mâchures d'une poire.*

macle n. f. Interpénétration de deux cristaux de même nature.

maçon n. m. Ouvrier qui exécute tous les travaux de construction en pierres, moellons, briques, etc.

maçonnage n. m. Ouvrage de maçon.

maçonner v. t. Construire en maçonnerie. Revêtir d'une maçonnerie.

maçonnerie n. f. Ouvrage du maçon : *la maçonnerie d'une maison.* Abrév. de franc-maçonnerie.

maçonnique adj. Qui appartient à la franc-maçonnerie : *loge maçonnique.*

macramé n. m. Dentelle assez lourde, faite de ficelle tressée et nouée.

macreuse n. f. Canard des régions boréales. Viande maigre qu'on trouve sur l'os à moelle de l'épaule du bœuf.

macrocéphale adj. Qui a une grosse tête.

macrobiotique adj. et n. f. Se dit d'une cuisine végétarienne utilisant les céréales, les légumes et les fruits.

macule n. f. Tache, souillure.

maculer v. t. Tacher : *maculer d'encre.*

madame n. f. Titre donné autrefois aux dames de qualité et aujourd'hui à toute femme mariée. La maîtresse de maison : *Madame est servie.* (Pl. *mesdames.*)

madeleine n. f. Gâteau fait de sucre, d'œufs, de farine, etc.

mademoiselle n. f. Titre donné aux jeunes filles non mariées.

madère n. f. Vin de l'île de Madère.

madone n. f. Image de la Vierge.

madras [madras] n. m. Etoffe légère de soie et de coton. Foulard.

madré, e adj. et n. Rusé, matois.

madrépores n. m. pl. Polypes formant des récifs coralliens ou des atolls.

madrier n. m. Planche épaisse employée dans diverses constructions.

madrigal n. m. Petite pièce de vers fine, tendre ou galante.

madrilène adj. et n. De Madrid.

maestria [maestrija] n. f. Beauté d'exécution, maîtrise : *morceau enlevé avec maestria.*

maestro n. m. Titre donné à un musicien célèbre.

maffia ou **mafia** n. f. Association secrète de malfaiteurs.

mafflu, e adj. et n. *Fam.* Joufflu.

magasin n. m. Lieu préparé pour recevoir des marchandises, des provision. Boutique : *magasin d'épicerie.* Dans une arme à répétition, réserve de cartouches.

magasinage n. m. Séjour d'une marchandise en magasin : *droits de magasinage.*

magasinier n. m. Employé chargé d'assurer la distribution d'objets et de tenir des états de stocks.

magazine n. m. Périodique, généralement illustré.

magdalénien, enne adj. et n. m. Se dit de la dernière période du paléolithique.

mage n. m. Celui qui est versé dans les sciences occultes.

magicien, enne n. Qui pratique la magie. *Fig.* Qui produit des choses étonnantes : *magicien de la couleur.*

magie n. f. Art supposé de produire, par des procédés mystérieux, secrets, des phénomènes inexplicables. *Fig.* Puissance de séduction : *la magie du style.*

magique* adj. Qui tient de la magie : *pouvoir magique.* Fig. Merveilleux.

magistère n. m. Autorité intellectuelle, doctrinale.

magistral, e* aux adj. Qui tient du maître, imposant, remarquable : *ton magistral.* Décisif : *magistrale correction.*

magistrat n. m. Officier civil, revêtu d'une autorité judiciaire ou administrative.

magistrature n. f. Dignité, charge du magistrat. Durée de cette charge. Corps des magistrats.

magma n. m. Masse pâteuse.

magnanerie n. f. Bâtiment destiné à l'élevage des vers à soie.

magnanime* adj. Qui a l'âme généreuse. Noble, élevé : *pensée magnanime.*

magnanimité n. f. Grandeur d'âme, générosité.

magnat [magna] n. m. Personnage important de l'industrie, de la finance, de la presse.

magnésie n. f. Oxyde de magnésium.

magnésite n. f. Silicate naturel de magnésium, dit *écume de mer.*

magnésium [manezjom] n. m. Métal solide, très léger, blanc d'argent, pouvant brûler à l'air avec une flamme éblouissante.

magnétique* adj. Qui appartient à l'aimant ou possède ses propriétés : *fer magnétique.* Qui appartient au magnétisme animal. *Fig.* Qui a une influence puissante et mystérieuse : *regard magnétique.*

magnétiser v. t. Communiquer les propriétés de l'aimant. Soumettre une personne à une influence magnétique (syn. FASCINER, HYPNOTISER).

magnétiseur, euse n. Personne qui fait des passes à distance sur un sujet pour le guérir.

magnétisme n. m. Tout ce qui regarde les propriétés de l'aimant. Partie de la physique dans laquelle on étudie les propriétés des aimants. Attraction exercée par une personne sur une autre.

magnéto [maneto] n. f. Génératrice de courant électrique.

magnétophone n. m. Appareil d'enregistrement des sons par aimantation d'un ruban (bande).

magnétoscope n. m. Appareil d'enregistrement des images et du son de la télévision.

magnificat [manifikat] n. m. inv. Cantique de la Vierge.

magnificence n. f. Qualité de ce qui est magnifique. Faste, luxe. Générosité, somptuosité.

magnifier v. t. Glorifier.

magnifique* adj. Qui a de l'éclat, de la beauté : *palais magnifique.* Très beau en son genre : *temps magnifique.* Glorieux : *titre magnifique.*

magnitude n. f. Éclat d'une étoile.

magnolia [maɲɔlja] n. m. Arbre à belles et grandes fleurs à odeur suave.

magnum [magnɔm] n. m. Grosse bouteille contenant environ 1,6 litre.

magot n. m. Singe sans queue, du genre macaque. *Fig.* Homme très laid. Figure orientale grotesque de porcelaine.

magot n. m. *Fam.* Argent caché.

maharaja ou **maharadjah** n. m. Titre donné aux princes de l'Inde.

mahométan, e adj. et n. Syn. anc. de MUSULMAN, E.

mai n. m. Cinquième mois de l'année.

maie n. f. Anc. meuble rustique qui servait à pétrir et à conserver le pain.

maigre* adj. Qui est mal en chair ; qui a peu de graisse : *poulet maigre.* Qui ne contient ni viande ni graisse : *soupe maigre.* Peu abondant, peu fertile, pauvre en agréments, en ressources. N. m. Chair sans graisse. Aliments maigres.

maigrelet, ette adj. *Fam.* Un peu maigre.

maigreur n. f. État d'un corps maigre. *Fig.* Manque d'ampleur, etc.

maigrichon, onne ou **maigriot, otte** adj. et n. *Fam.* Un peu trop maigre.

maigrir v. i. Devenir maigre. V. t. Faire, paraître maigre : *le noir maigrit.*

mail n. m. Promenade publique, dans certaines villes.

maillage n. m. Disposition en réseau : *le maillage des voies de communication.*

maille n. f. Chacune des petite boucles carrées ou en losange dont l'ensemble forme un réseau. Tissu de bouclettes de fer dont on faisait les armures au Moyen Âge. Chaînon d'une chaîne.

maille n. f. Anc. monnaie de cuivre de très petite valeur. *Avoir maille à partir,* se disputer, avoir un démêlé.

maillechort n. m. Alliage inoxydable de zinc, cuivre et nickel, imitant l'argent.

mailler v. t. Faire avec des mailles : *mailler un filet.*

maillet n. m. Marteau de bois.

mailloche n. f. Gros maillet de bois.

maillon n. m. Petite maille. Anneau d'une chaîne.

maillot n. m. Lange dont on enveloppe un enfant. Vêtement souple épousant la forme du corps : *un maillot de bain.*

main n. f. Partie du corps humain, du poignet à l'extrémité des doigts. Objet qui saisit comme une main. *Fig.* Action, travail. *Forcer la main,* contraindre. *En venir aux mains,* en arriver au combat, se battre. *Faire main basse,* piller, voler. *N'y pas aller de main morte,* frapper rudement. *Avoir la haute main sur,* commander. *De main de maître,* avec habileté. *Coup de main,* entreprise hardie ; aide apportée à quelqu'un. *En un tour de main,* en un instant. *De longue main,* depuis longtemps.

main-d'œuvre n. f. Travail de l'ouvrier. Ensemble des ouvriers nécessaires pour l'exécution d'un travail donné.

main-forte n. f. Assistance donnée à quelqu'un : *prêter main-forte.*

mainmise n. f. Saisie.

mainmorte n. f. Droit dont jouissaient les seigneurs et qui leur permettait de recueillir les biens de leurs serfs décédés.

maint [mɛ̃], e adj. Un grand nombre de : *à maintes reprises.* Plus d'un : *mainte caresse.*

maintenant adv. A présent.

maintenir v. t. Tenir fixe, en état de stabilité. *Fig.* Faire subsister. Affirmer avec persévérance.

maintien n. m. Action de maintenir, de faire durer. Contenance, attitude.

maire n. m. Premier officier municipal d'une ville, d'une commune.

mairie n. f. Edifice où sont les bureaux du maire.

mais conj. Sert à marquer l'opposition ou la différence entre deux idées, la restriction, l'objection, la suprise, une simple transition, etc. Adv. *Litt. N'en pouvoir mais,* être accablé de fatigue ; ne pouvoir rien à quelque chose.

maïs [mais] n. m. Graminée à grains comestibles.

maison n. f. Édifice, logement où l'on habite. Ce qui a rapport aux affaires domestiques ; ménage : *une maison bien tenue.* Personnel attaché au service d'une famille : *une nombreuse maison.* Etablissement commercial.

maisonnée n. f. Les gens d'une famille vivant ensemble.

maisonnette n. f. Petite maison.

maître n. m. Qui commande, gouverne. Qui a des serviteurs, des ouvriers. Celui qui enseigne. Personne d'un savoir, d'un art supérieur : *s'inspirer des maîtres.* Titre donné aux avocats, avoués, notaires, aux officiers ministériels. Titre que prenait autrefois un ouvrier reçu dans un corps de métier. Adj. Habile, énergique.

maîtresse n. f. A presque toutes les acceptions de *maître.* Femme qui a des relations sexuelles avec un homme hors du mariage. Adj. Principale : *poutre maîtresse. Maîtresse femme,* femme qui agit avec énergie et compétence.

maîtrisable adj. Que l'on peut maîtriser.

maîtrise n. f. Domination incontestée. Domination de soi. Ecole où l'on forme les enfants à la musique sacrée. Grade universitaire de l'enseignement supérieur. *Agent de maîtrise,* agent qui surveille et dirige l'exécution des travaux effectués par les ouvriers.

maîtriser v. t. Gouverner en maître. Dompter : *maîtriser un animal ; maîtriser ses passions.*

majesté n. f. Grandeur suprême. Air de grandeur : *allure pleine de majesté.* Titre particulier des empereurs et des rois : *Sa Majesté* (en abrégé S. M.).

majestueux, euse* adj. Qui a de la majesté : *démarche majestueuse.*

majeur, e adj. Plus grand par le nombre, l'étendue, etc. : *la majeure partie. Fig.* D'une grande importance : *affaire majeure.* Qui a l'âge de la majorité : *fille majeure.* Irrésistible : *force majeure.* N. m. Le doigt du milieu.

major n. m. Officier chargé de l'administration d'un corps de troupes. Autref., médecin militaire. Adj. inv. Supérieur par le rang : *sergent-major.*

majoration n. f. Augmentation de prix.

majordome n. m. Chef des domestiques d'une grande maison.

majorer v. t. Augmenter un prix.

majorette n. f. Jeune fille en uniforme qui parade dans les fêtes.

majoritaire adj. et n. Qui appartient à la majorité. Adj. Se dit d'un système de vote où la majorité l'emporte.

majorité n. f. Âge à partir duquel on est, selon la loi, responsable de ses actes. Le plus grand nombre : *la majorité des hommes.* Regroupement qui l'emporte par le nombre dans une assemblée.

majuscule n. f. et adj. Lettre plus grande que les autres et de forme différente.

mal n. m. Ce qui est contraire au bien, à l'ordre matériel, moral : *les maux de la guerre.* Ce qui est contraire au devoir, à la vérité : *le bien et le mal.* Peine, travail : *on a trop de mal ici. Mal de mer,* malaise provoqué par les oscillations des bateaux. *Mal du pays,* nostalgie.

mal, e adj. Mauvais, funeste : *Bon an, mal an; bon gré, mal gré.*

mal adv. Autrement qu'il ne faudrait. *Se trouver mal,* tomber en défaillance. *Être mal avec quelqu'un,* être brouillé avec lui. *Au plus mal,* très malade. D'une manière mauvaise. *Fam. N'être pas mal,* être bien de sa personne. *Fam. Pas mal,* beaucoup.

malachite [malakit] n. f. Carbonate de cuivre.

malade adj. et n. Dont la santé est altérée. Qui est en fâcheux état : *industrie malade.*

maladie n. f. Altération dans la santé : *maladie endémique.* Passion excessive, manie : *il a la maladie de la vitesse.*

maladif, ive* adj. Sujet à être malade : *tempérament maladif.* Qui a le caractère d'une maladie.

maladresse n. f. Manque d'adresse.

maladroit, e* adj. et n. Qui manque d'adresse : *démarche maladroite.*

malaga n. m. Vin, raisin des environs de Malaga.

malais, e adj. et n. De Malaisie.

malaise n. m. Sensation d'un trouble physiologique : *éprouver un malaise.* Fig. État d'inquiétude, de trouble : *le malaise social.*

malaisé, e* adj. Difficile, pénible.

malandrin n. m. Vagabond, voleur. (Vx.)

malappris, e adj. et n. Grossier.

malaria n. f. Anc. nom du *paludisme.*

malavisé, e adj. et n. Imprudent.

malaxage n. m. Action de malaxer.

malaxer v. t. Pétrir pour ramollir : *malaxer du beurre.*

malaxeur n. m. Appareil pour malaxer.

malbâti, e adj. et n. Mal fait (personne).

malchance n. f. Mauvaise chance.

malchanceux, euse adj. et n. En butte à la malchance.

maldonne n. f. Erreur dans la distribution des cartes.

mâle adj. Du sexe masculin. *Fig.* Qui annonce la force : *visage mâle.* Énergique :

style mâle. Fleur mâle, qui ne porte que des étamines. Partie d'un instrument entrant dans un autre. N. m. : *le mâle et la femelle.*

malédiction n. f. Action de maudire. Paroles par lesquelles on maudit. *Fig.* Malheur, fatalité.

maléfice n. m. Sortilège au moyen duquel on prétend nuire.

maléfique adj. Qui a une influence surnaturelle et maligne.

malencontreux, euse* adj. Fâcheux.

mal-en-point loc. adj. En mauvais état.

malentendu n. m. Parole, action mal interprétée ou mal comprise.

malfaçon n. f. Défaut, défectuosité de fabrication.

malfaisant, e adj. Qui se plaît à nuire : *esprit malfaisant.* Nuisible : *animaux malfaisants.*

malfaiteur n. m. Personne qui a commis des vols, des crimes (syn. BANDIT).

malfamé, e adj. De mauvaise réputation : *maison malfamée.*

malformation n. f. Vice de conformation apparu dès la naissance.

malgache adj. et n. De Madagascar.

malgré prép. Contre le gré de. En dépit de : *malgré la pluie.*

malhabile* adj. Qui manque d'habileté.

malheur n. m. Mauvaise fortune : *triompher du malheur.* Accident fâcheux. Mauvaise chance : *porter malheur. Jouer de malheur,* avoir mauvaise chance.

malheureux, euse* adj. Non heureux : *un enfant malheureux.* Qui est dans le malheur : *situation malheureuse.* Qui annonce le malheur : *un air malheureux.*

malhonnête* adj. et n. Qui n'a ni probité ni honneur. Qui manque à la correction ou à la décence : *enfant, livre malhonnête.*

malhonnêteté n. f. Manque de probité. Impolitesse.

malice n. f. Penchant à dire ou à faire de petites méchancetés piquantes, des taquineries.

malicieux, euse* adj. et n. Qui a de la malice : *enfant malicieux.*

malignité n. f. Caractère de ce qui est mauvais. Méchanceté.

malin, igne* adj. Malicieux : *un enfant malin.* Qui décèle une malice railleuse : *un sourire malin.* Habile : *il est trop malin pour agir ainsi. L'esprit malin,* le démon. *Tumeur maligne,* tumeur généralement cancéreuse. N. m. Rusé, astucieux : *c'est un malin.*

malingre adj. Chétif, faible.

malintentionné, e adj. et n. Qui a de mauvaises intentions.

malle n. f. Coffre de voyage.

malléabilité n. f. Qualité de ce qui est malléable.

malléable adj. Susceptible d'être réduit en feuilles minces : *l'or est malléable. Fig.* Souple : *esprit malléable.*

malle-poste n. f. Voiture qui faisait le service des dépêches.

mallette n. f. Petite valise.

malmener v. t. (conj. 4) Traiter brutalement.

malotru, e n. Grossier, mal élevé.

malouin, e adj. et n. De Saint-Malo.

malpropre* adj. et n. Qui manque de propreté. *Fig.* Indécent, immoral. Malhonnête : *conduite malpropre.*

malpropreté n. f. Manque de propreté. Indécence. Malhonnêteté.

malsain, e adj. Se dit d'une personne porteuse d'éléments morbides. Nuisible à la santé : *marécage malsain. Fig.* Dangereux pour la morale : *doctrine malsaine.*

malséant, e adj. Contraire à la bienséance : *propos malséant.*

malsonnant, e adj. Qui choque la bienséance.

malt [malt] n. m. Orge germée.

malterie n. f. Fabrique de malt.

malthusianisme n. m. Restriction volontaire des naissances.

maltraiter v. t. Traiter durement.

malveillance n. f. Mauvais vouloir. Dessein de nuire.

malveillant, e adj. et n. Qui veut du mal à. Adj. Inspiré par la malveillance.

malvenu, e adj. Dont les prétentions ne sont pas fondées : *malvenu à réclamer.*

malversation n. f. Détournement d'argent dans l'exercice d'une charge publique.

malvoisie n. f. Vin doux grec.

maman n. f. Mère (mot enfantin).

mamelle n. f. Organe de la sécrétion du lait chez les mammifères.

mamelon n. m. Bout de la mamelle. Petite colline de forme arrondie.

mamelonné, e adj. Qui présente une succession de mamelons.

mammaire adj. Relatif aux mamelles.

mammifère adj. Qui a des mamelles. N. m. pl. Classe de vertébrés, possédant des mamelles.

mammouth [mamut] n. m. Éléphant fossile de l'époque quaternaire.

manager [manedʒər ou manadʒɛr] n. m. Qui dirige une entreprise, qui gère les intérêts d'un champion professionnel, etc.

manant n. m. Autref., vilain, roturier. Auj., homme grossier.

mancenillier n. m. Grand arbre d'Amérique, au suc vénéneux.

manche n. m. Partie d'un outil, d'un instrument, par laquelle on le tient.

manche n. f. Partie du vêtement qui couvre le bras. Au jeu, une des parties liées que l'on est convenu de jouer. *Pop. Faire la manche,* mendier.

mancheron n. m. Poignée de charrue.

manchette n. f. Bande au poignet d'une chemise. Note ou addition marginale. Titre de journal en gros caractères.

manchon n. m. Rouleau de fourrure dans lequel on met les mains pour les protéger du froid. Pièce cylindrique creuse servant à divers usages.

manchot, e adj. et n. Privé ou estropié d'une main ou d'un bras. N. m. Oiseau palmipède de l'Antarctique.

mandant n. m. Celui qui, par un mandat, donne pouvoir à un autre.

mandarin n. m. Anc. haut fonctionnaire chinois. *Péjor.* Personnage important et influent.

mandarinat n. m. Dignité de mandarin. Autorité intellectuelle arbitraire.

mandarine n. f. Fruit à l'aspect d'une petite orange, au jus doux et parfumé.

mandat n. m. Pouvoir qu'une personne donne à une autre pour agir en son nom : *s'acquitter de son mandat.* Ordre de payer. Formule permettant le transfert d'une somme par la poste. Fonctions déléguées par le peuple, par une classe de personnes. Ordre : *mandat d'arrêt.*

mandataire n. Qui a mandat pour agir au nom d'une autre.

mandat-carte n. m. Mandat postal transmis sous forme de carte postale et généralement payable à domicile.

mandatement n. m. Action de mandater.

mandater v. t. Établir un mandat de paiement. Donner à quelqu'un le pouvoir d'agir en son nom.

mandchou, e adj. et n. De la Mandchourie.

mander v. t. Donner l'ordre de venir. (Vx.)

mandibule n. f. Mâchoire inférieure.

mandoline n. f. Instrument de musique à cordes, de la famille du luth.

mandragore n. f. Plante dont la racine rappelle parfois la forme d'un corps humain et qui était utilisée en sorcellerie.

mandrin n. m. Appareil servant à tenir sur une machine-outil soit une pièce à travailler, soit un outil. Outil pour percer, emboutir une pièce, etc.

manécanterie n. f. École de chant attachée à une paroisse.

manège n. m. Lieu où l'on apprend l'équitation. Installation qui sert à communiquer le mouvement à un plateau portant des animaux ou des véhicules simulés (chevaux, lions) : *un manège de chevaux de bois.* Conduite adroite, rusée.

mânes n. m. pl. Chez les Romains, âmes des morts.

manette n. f. Levier, clef ou poignée qu'on manœuvre à la main.

manganèse n. m. Métal grisâtre, employé pour la fabrication d'aciers spéciaux.

mangeable adj. Qu'on peut manger.

mangeaille n. f. *Fam.* Nourriture.

mangeoire n. f. Auge où mangent les animaux.

manger v. t. (conj. 1) Mâcher et avaler. Consommer, absorber. Dissiper : *manger son bien. Manger des yeux,* regarder avidement. Prendre ses repas : *manger au restaurant.* N. m. Ce qu'on mange : *le boire et le manger.*

mange-tout n. et adj. inv. Haricot ou pois dont la cosse se mange avec le grain.

mangeur, euse n. Qui mange.

mangouste n. f. Mammifère carnassier, destructeur des reptiles.

mangue n. f. Fruit comestible du *manguier,* arbre d'Amérique.

maniabilité n. f. Qualité de ce qui est maniable : *maniabilité d'un avion.*

maniable adj. Aisé à manier. *Fig.* Souple : *caractère maniable.*

maniaque adj. et n. Possédé d'une manie.

manie n. f. Goût, habitude bizarre, ridicule, qui provoque l'irritation ou la moquerie. Trouble mental caractérisé par l'exubérance et l'agitation.

maniement n. m. Action de manier.

manier v. t. Prendre, toucher avec la main : *manier une étoffe*. Gérer, conduire : *manier des fonds*. Se servir de : *manier la plume*.

manière n. f. Façon d'être ou de faire une chose : *manière de voir*. Façon d'agir habituelle. Sorte, apparence : *une manière de bel esprit*. Affectation. Pl. Façons habituelles : *manières distinguées*. Aisance et politesse dans la tenue : *acquérir des manières. Fam.* Manque de simplicité : *faire des manières. De manière que* loc. conj. De sorte que. *De manière à* loc. prép. De façon à.

maniéré, e adj. Affecté dans ses manières. Précieux.

maniérisme n. m. Forme d'art pratiquée à la fin du XVIᵉ et au XVIIᵉ s., aux effets raffinés.

manieur n. m. *Manieur d'argent, de fonds,* homme d'affaires.

manifestant, e n. Qui prend part à une manifestation.

manifestation n. f. Action de manifester. Expression publique d'un sentiment, d'une opinion politique.

manifeste* adj. Évident : *erreur manifeste*.

manifeste n. m. Déclaration écrite par laquelle un parti, un groupe de personnes, etc., définit ses vues.

manifester v. t. Rendre manifeste ; faire connaître. V. i. Faire une démonstration collective publique.

manigance n. f. Manœuvre secrète.

manigancer v. t. *Fam.* Tramer secrètement.

manille n. f. Jeu de cartes.

manille n. f. Anneau servant à relier deux tronçons de chaîne.

manillon n. m. L'as de chaque couleur, au jeu de manille.

manioc n. m. Plante exotique, dont la racine fournit une fécule avec laquelle on fait le tapioca.

manipulateur, trice n. Personne qui effectue des manipulations.

manipulation n. f. Action de manipuler.

manipuler v. t. Arranger, mêler, pétrir, etc., avec la main : *manipuler des colis. Fig.* Tripoter.

manitou n. m. *Fam.* Grand Manitou, personnage puissant.

manivelle n. f. Levier coudé à angle droit, à l'aide duquel on imprime un mouvement rotatif à un arbre sur lequel il est placé.

manne n. f. Nourriture miraculeuse que, selon la Bible, Dieu envoya aux Israélites dans le désert.

manne n. f. Panier à deux anses.

mannequin n. m. Figure de bois à l'usage des peintres, des sculpteurs, etc. *Fig.* Homme sans caractère. Forme humaine en bois ou en grillage, sur laquelle les tailleurs, les couturières essayent les vêtements. Jeune femme qui, dans une maison de couture, est chargée de présenter les modèles.

manœuvre n. f. Manière de régler le jeu d'un appareil : *manœuvre d'une pompe*. Exercice que l'on fait faire aux soldats : *grandes manœuvres*. Art de gouverner un navire. *Mar.* Cordage du bord. *Fig.* Moyens employés pour arriver à la fin voulue ; intrigue : *manœuvres frauduleuses*. N. m. Ouvrier exécutant des travaux manuels pour lesquels aucune qualification n'est exigée.

manœuvrer v. t. Faire fonctionner ; mettre en mouvement. Manier, diriger. V. i. Exécuter des exercices d'instruction militaire. *Fig.* Intriguer.

manœuvrier n. m. Qui entend bien la manœuvre : *général bon manœuvrier*. Polémiste, politicien habile.

manoir n. m. Petit château servant de résidence de campagne.

manomètre n. m. Appareil servant à mesurer la pression d'un fluide.

manque n. m. Défaut, absence de quelque chose. *Manque de,* faute de.

manquement n. m. Action de manquer à un devoir, à une loi, etc. : *manquement à la discipline*.

manquer v. i. Faire défaut : *les vivres manquaient*. Etre absent : *plusieurs élèves manquent aujourd'hui* ; et impers., être en moins : *il manque dix élèves. Le pied lui a manqué,* il a failli tomber. Ne pas avoir : *manquer d'argent. Ne pas manquer de,* ne pas omettre, être sûr de. Faire défaut à, se soustraire à ; ne pas respecter : *manquer à son devoir. Sans manquer,* sans faute. V. t. Ne pas réussir : *manquer une affaire.* Laisser échapper : *manquer une occasion.* Ne pas atteindre : *manquer un lièvre.* Mal exécuter, rater : *manquer un travail.*

mansarde [mãsard] n. f. Petite chambre située sous un comble, dont un mur est en pente.

mansardé, e adj. En mansarde.

mansuétude [mãsyetyd] n. f. Douceur, indulgence : *parler avec mansuétude*.

mante n. f. Vêtement de femme, ample et sans manches. *Mante religieuse,* insecte orthoptère carnassier.

manteau n. m. Vêtement de dessus ample. Partie de la cheminée, en saillie sur l'âtre. *Fig.* Ce qui couvre : *manteau de lierre. Sous le manteau,* clandestinement.

mantelet n. m. Manteau court.

mantille n. f. Longue écharpe de dentelle que les femmes portent sur la tête.

manucure n. Personne qui fait les soins des mains.

manuel, elle* adj. Qui se fait avec la main : *travail manuel.* N. m. Petit livre renfermant les notions essentielles d'un art, d'une science.

manufacture n. m. Vaste établissement industriel.

manufacturer v. t. Fabriquer en usine.

manufacturier, ère adj. Relatif à une manufacture.

manuscrit, e adj. Écrit à la main. N. m. Ouvrage écrit à la main. Texte original d'un ouvrage destiné à l'impression.

manutention n. f. Action de manipuler les marchandises, de les emmagasiner, de les emballer pour l'expédition ou la vente.

manutentionnaire n. Personne chargée de la manutention.

manutentionner v. t. Confectionner, manier des marchandises.

maoïsme n. m. Doctrine qui s'inspire de la pensée de Mao-tsö-tong.

maoïste adj. et n. Qui se réclame du maoïsme.

mappemonde n. f. Carte plane représentant les deux hémisphères du globe terrestre.

maquereau n. m. Poisson de mer aux vives couleurs et à chair estimée.

maquette n. f. Modèle réduit d'une maison, d'un décor, d'une machine, etc. Présentation, avant exécution finale, d'un imprimé, d'une mise en page.

maquignon n. m. Marchand de chevaux. Agent d'affaires peu scrupuleux.

maquignonnage n. m. Procédés indélicats employés dans les négociations, dans les affaires. *Fig.* Manœuvres louches.

maquillage n. m. Action de maquiller.

maquiller v. t. Farder le visage. *Fig.* Altérer : *maquiller la vérité.*

maquis [maki] n. m. Terrain broussailleux des régions méditerranéennes. Lieu où se regroupaient les résistants pendant la Seconde Guerre mondiale.

maquisard n. m. Résistant du maquis.

marabout n. m. Saint religieux musulman. Cafetière à large ventre. Genre d'oiseaux échassiers.

maraîcher, ère adj. Relatif à la culture des légumes. N. Qui se livre à la culture maraîchère.

marais n. m. Région où s'accumulent les eaux stagnantes. *Marais salants,* terrains où l'on fait évaporer l'eau de la mer pour recueillir le sel.

marasme n. m. Arrêt de l'activité commerciale, industrielle et économique.

marasquin n. m. Liqueur faite avec une sorte de cerise.

marâtre n. f. Mère qui traite ses enfants avec méchanceté.

maraudage n. m. ou **maraude** n. f. Action de marauder.

marauder v. i. Commettre un petit larcin.

maraudeur, euse n. Qui maraude.

marbre n. m. Calcaire à grain fin, compact et dur. Objet de marbre.

marbrer v. t. Faire, sur la peau, des marques longues et étroites.

marbrerie n. f. Art du marbrier.

marbrier, ère adj. Relatif au marbre, à son industrie. N. m. Ouvrier qui travaille le marbre.

marbrure n. f. Imitation des veines que l'on voit dans le marbre.

marc [mar] n. m. Résidu des fruits pressés pour en extraire le jus : *marc de raisin.* Résidu d'une substance que l'on fait infuser, bouillir, etc. : *marc de café.* Eau-de-vie faite avec le marc de raisin.

marcassin n. m. Jeune sanglier.

marchand, e n. Qui fait profession d'acheter et de vendre. Adj. Relatif au commerce : *valeur marchande. Marine marchande,* ensemble des bâtiments de commerce.

marchandage n. m. Action de marchander.

marchander v. t. Tâcher d'obtenir à meilleur marché : *marchander du drap.* Accorder à regret : *marchander les éloges.*

marchandeur, euse n. Qui marchande.

marchandise n. f. Ce qui se vend et s'achète : *marchandise de luxe.*

marche n. f. Action de marcher. Façon de marcher. Distance d'un lieu à un autre : *village situé à une heure de marche.* Chacune des surfaces planes sur lesquelles on pose le pied pour monter ou pour descendre un

escalier. Mouvement qu'exécute un corps d'armée pour se déplacer : *marche forcée.* Mouvement régulier, réglé, d'un corps, d'un mécanisme. Cortège, défilé : *marche triomphale.* Musique destinée à régler le pas : *jouer une marche. Fig.* Cours, développement : *la marche d'une affaire.*

marche n. f. Autref., province frontière d'un empire.

marché n. m. Lieu public où l'on vend certaines marchandises : *marché couvert.* Réunion de marchands rassemblés pour vendre. Ville où se fait le principal commerce de certains objets. Objets qu'on achète : *faire son marché.* Convention d'achat et de vente : *rompre un marché. Par-dessus le marché,* en outre. *A meilleur marché,* moins cher.

marchepied n. m. Marche servant à faciliter la montée dans une voiture. *Fig.* Moyen de s'élever.

marcher v. i. Changer de place en déplaçant ses pieds, avancer : *marcher vite.* Fonctionner : *montre qui marche.* Prospérer : *affaire qui marche.* Tendre progressivement : *marcher à sa ruine. Fam.* Consentir. Croire naïvement.

marcheur, euse n. Personne qui aime la marche à pied.

marcotte n. f. Branche tenant encore à la plante mère, que l'on enterre pour qu'elle prenne racine.

mardi n. m. Troisième jour de la semaine. *Mardi gras,* dernier jour du carnaval.

mare n. f. Etendue d'eau stagnante. Flaque : *une mare de sang.*

marécage n. m. Terrain humide couvert de marais.

marécageux, euse adj. Plein de marécages : *sol marécageux.*

maréchal n. m. Syn. de MARÉCHAL-FERRANT. *Maréchal de France,* titre de la dignité conférée à certains généraux. *Maréchal des logis,* sous-officier de cavalerie, d'artillerie ou du train. (Pl. *maréchaux.*)

maréchalat n. m. Dignité de maréchal de France.

maréchale n. f. Femme d'un maréchal.

maréchal-ferrant ou **maréchal** n. m. Artisan dont le métier est de ferrer les chevaux.

maréchaussée n. f. Corps de cavaliers chargés jadis de veiller à la sûreté publique. (Vx.) *Fam.* Gendarmerie.

marée n. f. Mouvement périodique des eaux de la mer : *marée montante, descendante.* Toute espèce de poisson de mer frais. *Fig.* Masse considérable : *une marée humaine.*

marelle n. f. Jeu d'enfants qui poussent à cloche-pied un palet dans les cases d'une figure tracée sur le sol.

marémoteur, trice adj. Qui utilise la force des marées : *usine marémotrice.*

marengo [marɛ̃go] adj. inv. Se dit d'une manière d'accommoder un poulet, du veau, dans l'huile avec les champignons.

mareyeur, euse n. Marchand de poisson en gros.

margarine n. f. Substance grasse comestible, préparée à partir d'huiles et de graisses végétales.

marge n. f. Bord, bordure : *la marge d'un fossé.* Espace blanc autour d'une page imprimée ou écrite : *laisser une marge. Fig.* Latitude : *avoir de la marge. En marge de,* à l'écart de.

margelle n. f. Rebord d'un puits.

marger v. t. (conj. 1) Placer correctement sur la presse la feuille à imprimer. Pourvoir d'une marge.

marginal, e, aux adj. Qui est écrit en marge : *notes marginales.* N. et adj. Personne qui ne s'intègre pas à la société, qui vit en marge.

margoulin [margulɛ̃] n. m. *Pop.* Individu peu scrupuleux dans les affaires.

margrave n. m. Chef de province frontière dans l'Empire germanique.

marguerite n. f. *Bot.* Nom vulgaire de diverses composées (pâquerettes, etc.).

marguillier n. m. Administrateur des biens d'une paroisse.

mari n. m. Homme uni à une femme par le mariage.

mariable adj. En âge d'être marié.

mariage n. m. Union légale de l'homme et de la femme. Célébration des noces. Un des sept sacrements catholiques. *Fig.* Réunion, association.

marié, e n. Personne mariée.

marier v. t. Unir par le lien conjugal. Donner un époux ou une épouse à : *marier sa fille. Fig.* Joindre, unir. Assortir : *marier les couleurs.*

marieur, euse adj. Qui aime à marier, à faciliter des mariages.

marigot n. m. Dans les pays tropicaux, bras de rivière qui se perd dans des lieux bas facilement inondables.

marin, e adj. Qui appartient à la mer : *plante marine.* Qui sert à la navigation sur mer. Qui aime la mer. N. m. Homme employé au service des navires.

marinade n. f. Saumure propre à conserver et à aromatiser la viande.

marine n. f. Art de la navigation sur mer. Service des marins : *entrer dans la marine.* Administration maritime. Ensemble des navires d'un pays : *marine militaire, marchande.* Tableau qui représente une scène maritime : *peintre de marine.*

mariner v. t. et i. Tremper dans une marinade.

marines [marinz] n. m. pl. Fusiliers marins des armées britanniques et américaines.

marinier, ère adj. Qui appartient à la marine. N. m. Celui qui conduit des bateaux sur les rivières. N. f. Blouse.

marionnette n. f. Poupée articulée qu'on fait mouvoir à l'aide de fils. *Fig.* Personne sans caractère.

marital, e*, aux adj. Du mari : *droits maritaux.*

maritime adj. Relatif à la mer, fait par mer; qui est près de la mer.

marivaudage n. m. Langage raffiné et précieux comme celui des personnages de Marivaux.

marivauder v. i. Donner un style raffiné, compliqué à l'expression de ses sentiments (généralement amoureux).

marjolaine n. f. Plante aromatique. (Syn. ORIGAN.)

mark n. m. inv. Unité monétaire de l'Allemagne et de la Finlande.

marketing [marketiŋ] n. m. Ensemble des nombreuses techniques offertes aux entreprises modernes pour promouvoir la diffusion massive de leurs produits.

marmaille n. f. *Fam.* Troupe de petits enfants.

marmelade n. f. Compote de fruits écrasés et cuits avec du sucre.

marmite n. f. Récipient où l'on fait cuire les aliments. Son contenu. *Fam.* Gros obus.

marmitée n. f. Contenu d'une marmite : *une marmitée d'eau.*

marmiton n. m. Jeune apprenti de cuisine.

marmonner v. t. Marmotter.

marmoréen, enne adj. De marbre : *blancheur marmoréenne.*

marmot n. m. Petit garçon. *Fam. Croquer le marmot,* attendre longtemps.

marmotte n. f. Mammifère rongeur des Alpes qui hiberne plusieurs mois. Malle, boîte à échantillons.

marmottement n. m. Mouvement des lèvres de celui qui marmotte.

marmotter v. t. et i. Murmurer confusément entre ses dents.

marmotteur, euse n. Qui marmotte.

marmouset n. m. Chenet de fonte. *Fam.* Enfant.

marnage n. m. Action de marner.

marne n. f. Terre calcaire mêlée d'argile, qui sert d'amendement.

marner v. t. Ajouter de la marne.

marneux, euse adj. De la nature de la marne : *sol marneux.*

marocain, e adj. et n. Du Maroc.

maroilles [marwal] n. m. Fromage fermenté.

maronite n. m. Catholique de rite syrien.

maroquin n. m. Cuir de chèvre tanné. *Fam.* Portefeuille ministériel.

maroquiner v. t. Apprêter comme le maroquin : *maroquiner du veau.*

maroquinerie n. f. Fabrication et commerce des articles de cuir.

maroquinier n. et adj. m. Qui fabrique ou vend des objets en cuir.

marotte n. f. Sceptre surmonté d'une tête grotesque garnie de grelots, attribut de la Folie. Tête en bois ou en carton pour modistes, coiffeurs. *Fig.* et *fam.* Idée fixe.

marouflage n. m. Action de maroufler.

maroufler v. t. Coller la toile d'un tableau sur une autre toile.

marquage n. m. Action de marquer.

marque n. f. Signe sur un objet, qui le fait reconnaître : *marque de fabrique.* Trace que laisse sur le corps une lésion : *marques de coups.* Empreinte : *marques de pas.* Insigne, attribut distinctif. Jeton, fiche dont on se sert au jeu. *Fig.* Le trait distinctif : *la marque de l'auteur.* Signe, indice, témoignage.

marquer v. t. Mettre une marque : *marquer du linge.* Indiquer. *Fig.* Être le signe de : *voilà qui marque de la méchanceté.* Fixer, assigner : *marquer un jour pour... Signaler.* V. i. Se distinguer.

marqueter v. t. (conj. 4) Marquer de taches. Former de pièces de marqueterie.

marqueterie n. f. Ouvrage d'ébénisterie composé de feuilles de différents bois précieux, de nacre, de marbre, etc., plaqués sur un assemblage et formant des dessins variés.

marqueur, euse n. Qui marque. N. m. Crayon-feutre épais.

marquis n. m. Titre de noblesse entre celui de duc et celui de comte.

marquisat n. m. Titre de marquis. Terre qui comportait ce titre.

marquise n. f. Femme d'un marquis. Auvent vitré placé au-dessus d'une porte pour la protéger de la pluie.

marquoir n. m. Instrument pour marquer.

marraine n. f. Femme qui tient un enfant sur les fonts baptismaux, ou qui donne un nom à quelque chose : la marraine d'un navire.

marrant e, adj. Pop. Drôle, amusant.

marre adv. Pop. En avoir marre, en avoir assez ; être excédé

marrer (se) v. pr. Pop. Se tordre de rire.

marri, e adj. Fâché, attristé. (Vx.)

marron n. m. Grosse châtaigne. Marrons glacés, châtaignes confites dans du sucre. Tirer les marrons du feu, courir des risques dont un autre profite. Pop. Coup. Adj. Rouge-brun.

marron, onne adj. et n. Se disait d'un esclave qui s'était enfui. (Vx.) Fig. Qui exerce une profession sans titre : médecin marron.

marronnier n. m. Châtaignier qui produit le marron. Marronnier d'Inde, grand arbre ornemental.

mars n. m. Troisième mois de l'année.

marseillais, e adj. et n. De Marseille. La Marseillaise, hymne national français.

marsouin n. m. Genre de mammifères cétacés. Fam. Soldat de l'infanterie de marine.

marsupiaux n. m. pl. Genre de mammifères, caractérisés par une poche ventrale destinée à recevoir leurs petits après la naissance (kangourou, sarigue, etc.).

marteau n. m. Outil d'acier, à manche en bois, propre à cogner, à forger. Un des osselets de l'oreille. Heurtoir d'une porte. Sphère métallique que lancent les athlètes. Marteau pneumatique, outil de percussion fonctionnant à l'air comprimé.

marteau adj. Être marteau (pop.), être un peu fou.

marteau-pilon n. m. Gros marteau de forge fonctionnant mécaniquement.

martelage n. m. Opération consistant à battre les métaux pour leur donner l'ébauche de leur forme définitive. Marque faite avec le marteau aux arbres qui doivent être abattus ou réservés.

martèlement n. m. Action de marteler.

marteler v. t. (conj. 3) Frapper à coups de marteau. Détacher les syllabes : marteler sa diction.

martial [marsjal], e*, aux adj. Belliqueux : air martial. Cour martiale, tribunal militaire d'exception.

martien, enne n. et adj. De la planète Mars.

martinet n. m. Espèce d'hirondelle. Sorte de fouet formé de plusieurs brins. Gros marteau d'usine, à vapeur ou hydraulique.

martingale n. f. Demi-ceinture placée à la taille, dans le dos d'un vêtement. Système de jeu qui prétend assurer un bénéfice certain par une augmentation progressive de la mise.

martin-pêcheur n. m. Passereau au plumage brillant et métallique.

martre n. f. Petit mammifère carnassier.

martyr, e adj. et n. Qui souffre, qui meurt pour ses croyances religieuses, politiques. Qui souffre beaucoup.

martyre n. m. Tourments, mort, endurés pour la foi. Fig. Grande douleur.

martyriser v. t. Faire souffrir le martyre. Fig. Faire souffrir beaucoup.

marxisme n. m. Analyse critique de la société capitaliste, fait par Marx et Engels.

marxiste n. Partisan du marxisme. Adj. Qui a trait au marxisme.

mas [mas] n. m. Maison de campagne, ferme dans le midi de la France.

mascarade n. f. Troupe de gens masqués. Mise en scène trompeuse, hypocrite.

mascaret n. m. Surélévation brusque des eaux, qui se produit dans certains estuaires à l'arrivée du flot et qui forme une vague déferlante.

mascaron n. m. Figure grotesque employée en décoration.

mascotte n. f. Fam. Fétiche, porte-bonheur.

masculin, e adj. Qui appartient au mâle. Gramm. Nom du genre masculin, nom qui désigne un être mâle ou tout objet regardé comme tel. Rime masculine, qui ne finit pas par un e muet ou une syllabe muette. N. m. Le genre masculin.

masculiniser v. t. Donner des manières mâles, masculines à.

masculinité n. f. Caractère masculin.

masochisme n. m. Attitude d'une personne qui trouve de la satisfaction dans sa propre souffrance.

masque n. m. Objet (pièce de tissu, forme de carton, etc.) dont on se couvre le visage, soit pour le cacher, soit pour le protéger. Appareil de protection contre les produits toxiques : masque à gaz. Appareil d'anesthésie. Personne masquée. Moulage pris sur le visage de quelqu'un. Fig. Physionomie, figure, apparence. Apparence trompeuse : prendre un masque.

masquer v. t. Déguiser à l'aide d'un masque. Mettre un masque. Fig. Cacher : masquer une fenêtre.

massacrant, e adj. Maussade, insupportable : humeur massacrante.

massacre n. m. Mise à mort de personnes sans défense : le massacre de la Saint-Barthélemy. Grande tuerie de bêtes. Exécution maladroite. Jeu de massacre, jeu forain qui consiste à renverser avec des balles des poupées à bascule.

massacrer v. t. Tuer sauvagement et en masse : massacrer des populations civiles. Abîmer par une mauvaise exécution. Gâter un travail : massacrer un portrait.

massage n. m. Action de masser.

masse n. f. Amas de parties qui font corps ensemble : masse de pierres. Corps solide, compact : masse de plomb. Quantité de matière : masse d'air. La classe ouvrière, le peuple. Grand groupe humain (surtout au pl.) : les masses paysannes. Une masse de, une grande quantité de. La culture de masse, qui s'adresse au plus grand nombre. En masse, en grand nombre.

masse n. f. Gros marteau. Bâton orné, insigne des massiers.

massepain n. m. Gâteau, biscuit à base de pâte d'amandes.

masser v. t. Pétrir avec la main une partie du corps.

masser v. t. Disposer en masse, réunir : *masser des troupes*. V. pr. Se réunir en foule.

masseur, euse n. Personne habilitée à faire des massages.

massicot n. m. Machine à rogner le papier.

massier n. m. Huissier qui porte une masse dans les cérémonies.

massier, ère n. Dans un atelier de peinture ou de sculpture, élève qui recueille les cotisations et pourvoit aux dépenses communes de l'atelier.

massif, ive* adj. Épais, pesant : *corps massif*. Ni creux ni plaqué : *or massif*. N. m. Construction pleine et solide. Bosquet, groupe de fleurs. Ensemble de hauteurs : *le massif du Mont-Blanc*.

massue n. f. Bâton noueux plus gros à un bout qu'à l'autre : *la massue d'Hercule. Fig. Coup de massue*, événement imprévu et accablant.

mastic n. m. Résine du lentisque. Composition pâteuse pour boucher des trous, pour fixer les vitres.

masticage n. m. Bouchage au mastic.

masticateur, trice adj. Qui intervient dans la mastication. N. m. Ustensile servant à broyer les aliments.

mastication n. f. Action de mâcher.

mastiquer v. t. Coller avec du mastic : *mastiquer des carreaux*.

mastiquer v. t. Mâcher.

mastoc n. m. Lourd, épais.

mastodonte n. m. Genre de grands mammifères fossiles voisins de l'éléphant. *Fig.* et *fam.* Personne ou chose énorme.

mastoïdien, enne adj. Se dit d'une éminence de l'os temporal.

mastoïdite n. f. Inflammation de l'os mastoïdien.

mastroquet n. m. *Pop.* Marchand de vin au détail.

masturbation n. f. Action de masturber.

masturber v. t. Procurer avec la main des jouissances sexuelles.

masure n. f. Vieille maison délabrée.

mat [mat] n. m. Aux échecs, position du roi qui ne peut se soustraire à l'échec. Adj. : *être mat*.

mat [mat], e adj. Sans éclat, sans poli. Sans résonance : *bruit mat*.

mât [ma] n. m. Longue pièce de bois qui porte la voile d'un navire.

matador n. m. Celui qui, dans les courses de taureaux, est chargé de tuer l'animal.

matamore n. m. Faux brave.

match n. m. Épreuve sportive disputée entre deux concurrents ou deux équipes. (Pl. *matches* ou *matchs*.)

matelas n. m. Grand coussin piqué qui garnit un lit.

matelasser v. t. Garnir à la façon d'un matelas : *porte matelassée*.

matelassier, ère n. Qui fait, répare, carde les matelas.

matelot n. m. Homme de l'équipage d'un navire qui participe à sa manœuvre.

matelote n. f. Mets de poisson accommodé au vin et aux oignons.

mater v. t. Faire mat aux échecs. *Fig.* Soumettre, dompter : *mater l'opposition*.

mâter v. t. Garnir de mâts.

matérialisation n. f. Action de matérialiser : *la matérialisation d'une idée*.

matérialiser v. t. Rendre matériel. Considérer comme matériel.

matérialisme n. m. Position philosophique qui considère la matière comme la seule réalité et qui nie l'existence de l'âme, de l'au-delà et de Dieu. Manière de vivre de ceux qui ne pensent qu'aux satisfactions du corps.

matérialiste adj. et n. Partisan du matérialisme.

matérialité n. f. Qualité de ce qui est matière ou matériel.

matériau n. m. Matière entrant dans la construction.

matériaux n. m. pl. Toutes matières qui entrent dans la construction des bâtiments, des voies de communication, etc. *Fig.* Documents réunis pour la composition d'un ouvrage d'esprit.

matériel, elle* adj. Formé de matière. De la matière : *force matérielle. Par ext.* Où domine la matière ; lourd, massif. *Fig.* Qui concerne les nécessités de la vie quotidienne. Exclusivement attaché à l'argent, aux plaisirs. N. m. Ce qui sert à une exploitation, à un service public, etc. : *matériel de chemin de fer*.

maternel, elle* adj. Propre à une mère : *tendresse maternelle*. Du côté de la mère : *parents maternels*. Langue *maternelle*, du pays où l'on est né. N. f. École pour les enfants de quatre à six ans.

maternité n. f. Qualité de mère. Établissement hospitalier où s'effectuent les accouchements.

mathématicien, enne n. Personne qui étudie ou enseigne les mathématiques.

mathématique* adj. Relatif aux mathématiques. *Fig.* Rigoureux : *précision mathématique*. N. f. pl. Science qui étudie les propriétés des êtres abstraits (nombres, figures géométriques, etc.), ainsi que les relations qui s'établissent entre eux.

matière n. f. Substance qui constitue les corps. Choses matérielles, concrètes : *mépriser la matière*. Ce dont une chose est faite : *la matière d'une statue*. Choses physiques. *Matières premières*, qui n'ont encore subi aucun travail. *Fig.* Sujet d'un écrit, d'un discours : *entrer en matière. En matière de*, sous le rapport de. *Être, donner matière à*, être l'occasion, la cause de.

matin n. m. Temps entre minuit et midi. Partie du jour entre le lever du soleil et midi. Adv. De bonne heure : *se lever matin*.

mâtin n. m. Gros chien de garde. *Fam.* Personne espiègle ou hardie. Interj. Exclamation d'étonnement.

matinal, e*, aux ou **als** adj. Qui se lève tôt. Qui a lieu, se fait le matin.

mâtiné, e adj. Qui n'est pas de race pure : *épagneul mâtiné de dogue*.

matinée n. f. Temps depuis le point du jour jusqu'à midi. Spectacle qui a lieu dans l'après-midi.

matines n. f. pl. Partie de l'office divin chantée avant le lever du jour.

matois, e adj. et n. Rusé, fin.

matou n. m. *Fam.* Chat mâle.

matraquage n. m. Action de frapper à coups de matraque un groupe de personnes : *matraquage de manifestants.*

matraque n. f. Instrument contondant, fait d'un cylindre de caoutchouc armé de fer.

matrice n. f. Viscère où se fait le développement de l'embryon et du fœtus chez les mammifères. Moule en creux ou en relief servant à reproduire des objets par estampage. Registre d'après lequel sont établis les rôles des contributions.

matricule n. f. et adj. Registre, rôle où sont inscrits ceux qui entrent dans un hôpital, une prison, un régiment, etc. N. m. Numéro d'inscription sur ce registre.

matrimonial, e*, aux adj. Du mariage.

matrone n. f. *Antiq.* Dame romaine. *Péjor.* Grosse femme d'âge mûr, aux manières vulgaires.

maturation n. f. Action de mûrir.

mâture n. f. Les mâts d'un navire.

maturité n. f. État de ce qui est mûr. *Fig.* État de ce qui est parvenu à son complet développement. Circonspection que donne l'âge : *agir avec maturité.* Période de la vie comprise entre la jeunesse et la vieillesse.

maudire v. t. (se conj. comme *finir*, sauf au part. passé.) Prononcer une malédiction contre quelqu'un ou quelque chose. Détester, s'emporter contre.

maudit, e adj. et n. Frappé d'une malédiction. Rejeté par la société : *artiste maudit.* *Par exagér.* Très mauvais : *maudit métier.*

maugréer v. i. Pester, s'emporter : *maugréer contre un fâcheux.*

maure adj. et n. De l'ancienne Mauritanie.

mauresque adj. Propre aux Maures.

mausolée n. m. Monument funéraire.

maussade* adj. Mécontent, renfrogné. Désagréable : *temps maussade.*

mauvais, e adj. Qui n'est pas bon : *mauvais pain.* Méchant : *mauvaise femme.* Médiocre : *mauvais poète.* Funeste : *mauvais présage.* Dangereux : *mauvais pour la santé.* Inopportun : *arriver au mauvais moment.* Médisant : *une mauvaise langue.* Malicieux, mordant : *avoir la dent mauvaise.* Mauvaise tête, personne indisciplinée. *Mauvais sujet,* d'une mauvaise conduite. N. m. Ce qui est mauvais.

mauve n. f. Herbe à fleurs d'un violet pâle. Adj. De la couleur des fleurs de mauve. N. m. La couleur mauve.

mauviette n. f. *Fam.* Personne chétive, délicate.

maxillaire [maksilɛr] adj. Des mâchoires. N. m. Os des mâchoires.

maximal, e, aux adj. Se dit de ce qui est au plus haut degré : *température maximale.*

maxime n. f. Proposition générale énoncée sous la forme d'un précepte.

maximum [maksimɔm] n. m. Le plus haut degré qu'une chose puisse atteindre : *maximum des prix. Au maximum,* au plus haut degré. (Pl. *maximums.*)

mayonnaise n. f. Sauce froide de jaune d'œuf et d'huile battus ensemble.

mazagran n. m. Récipient haut et épais pour servir le café.

mazdéisme n. m. Religion des anciens Iraniens.

mazette ! interj. Exclamation d'étonnement.

mazout [mazut] n. m. Résidu combustible de la distillation des pétroles bruts.

mazurka [mazyrka] n. f. Danse d'origine polonaise. Air de cette danse.

me pr. pers. de la 1re pers. du sing. Moi, à moi.

mea-culpa [meakylpa] n. m. inv. Aveu d'une faute, d'une erreur.

méandre n. m. Sinuosité d'un fleuve : *les méandres de la Seine. Fig.* Détour, ruse.

méat n. m. *Anat.* Orifice d'un conduit.

mécanicien, enne n. Personne qui construit, qui conduit, qui entretient ou qui répare une machine, une locomotive, etc.

mécanique* adj. Relatif aux lois du mouvement et de l'équilibre. Mis en mouvement par une machine, un mécanisme : *escalier mécanique.* Machinal : *opération mécanique.* N. f. Branche des mathématiques qui traite du mouvement et de l'équilibre des forces et des machines. Combinaison d'organes d'une machine.

mécaniser v. t. Rendre mécanique. Introduire l'emploi de machines : *mécaniser l'agriculture.*

mécanisme n. m. Combinaison d'organes disposés pour la production d'un fonctionnement d'ensemble ; ce fonctionnement lui-même : *le mécanisme d'une montre.* Maniement d'un instrument. Ensemble de structures qui assurent une fonction : *les mécanismes du langage, du raisonnement.*

mécanographie n. f. Utilisation des machines (comptables, à cartes ou à bandes perforées, duplicateurs, etc.) pour l'exécution du travail de bureau.

mécanothérapie n. f. Réadaptation musculaire au moyen d'appareils mécaniques.

mécénat n. m. Protection accordée aux lettres, aux sciences et aux beaux-arts.

mécène n. m. Personnage riche, protecteur des artistes et des savants.

méchamment adv. Avec méchanceté.

méchanceté n. f. Penchant à faire le mal. Action, parole méchante.

méchant, e adj. Porté au mal : *homme méchant.* Exprimant la méchanceté : *regard méchant.* Qui ne vaut rien (avant le nom) : *méchant poète.* Désagréable : *méchante affaire.* Maussade : *de méchante humeur.* N. Personne méchante.

mèche n. f. Tresse de coton, de fil, imprégnée de combustible et placée dans une lampe, une bougie, etc. Corde préparée pour mettre le feu à une mine. Bouquet de cheveux. Extrémité de la vrille, du vilebrequin, du tire-bouchon, etc. *Éventer la mèche,* découvrir un complot. *Vendre la mèche,* livrer un secret. *Être de mèche,* être d'accord.

méchoui n. m. Chez les Arabes, rôti de mouton, de gazelle ou de chameau.

mécompte n. m. Déception, désillusion.

méconnaissable adj. Malaisé à reconnaître, très changé : *visage méconnaissable.*

méconnaissance n. f. Action de méconnaître.

méconnaître v. t. (conj. 58) Ne pas estimer une chose à sa juste valeur : *méconnaître l'importance d'une découverte.*

méconnu, e adj. et n. Qui n'est pas apprécié selon son mérite : *un écrivain méconnu.*

mécontent, e adj. et n. Qui n'est pas satisfait.

mécontentement n. m. Manque de contentement, de satisfaction.

mécontenter v. t. Contrarier.

mécréant, e adj. et n. Qui n'a aucune religion, athée.

médaille n. f. Pièce de métal frappée en mémoire d'une action glorieuse ou en l'honneur d'un personnage illustre. Pièce de métal donnée en prix. Pièce de métal représentant un sujet de dévotion. *Fig. Le revers de la médaille,* le mauvais côté d'une chose.

médaillé, e adj. et n. Qui a reçu une médaille.

médaillier n. m. Collection de médailles. Meuble qui les renferme.

médaillon n. m. Bijou de forme circulaire où l'on place un portrait, des cheveux, etc. Basrelief circulaire.

médecin n. m. Qui exerce la médecine. S'emploie adjectiv. au f. : *femme médecin.*

médecine n. f. Science qui a pour but la conservation et le rétablissement de la santé : *docteur en médecine.* Profession de médecin : *l'exercice de la médecine. Médecine légale,* qui étudie les problèmes médicaux posés par la loi.

média n. m. Technique de diffusion de la culture de masse, telle que la radio, la télévision, la presse.

médian, e adj. Placé au milieu. N. f. Dans un triangle, droite qui joint au sommet du triangle au milieu du côté opposé.

médiat adj. Qui ne touche à une chose que par un intermédiaire.

médiateur, trice n. Qui s'entremet pour amener un accord. N. f. Perpendiculaire élevée sur le milieu d'un segment de droite. N. m. En France, personne nommée par le gouvernement pour résoudre les conflits entre l'Administration et les citoyens.

médiation n. f. Entremise destinée à produire un accord, un arbitrage.

médical, e*, aux adj. De la médecine.

médicament n. m. Substance employée pour combattre une maladie. Remède.

médicamenteux, euse adj. Qui a la vertu d'un médicament : *substance médicamenteuse.*

médication n. f. Emploi de médicaments, d'agents thérapeutiques pour combattre une maladie déterminée.

médicinal, e, aux adj. Qui sert de remède : *plante médicinale.*

médico-légal, e, aux adj. Relatif à la médecine légale.

médiéval, e, aux adj. Du Moyen Âge.

médiéviste n. Spécialiste qui s'occupe de la littérature, de l'histoire, de la civilisation du Moyen Âge.

médiocre* adj. De qualité moyenne. Modeste, insuffisant : *une situation·médiocre.* Faible : *un élève médiocre.* N. m. Ce qui est médiocre.

médiocrité n. f. État, qualité de ce qui est médiocre. Insuffisance d'esprit : *homme d'une grande médiocrité.*

médire v. i. (conj. **68**, et v. la note) Relever, souligner les défauts, les erreurs de quelqu'un dans l'intention de lui nuire.

médisance [medizãs] n. f. Action de médire. Paroles ou personnes qui médisent.

médisant, e adj. et n. Qui médit.

méditatif, ive adj. et n. Porté à la méditation. Penseur, rêveur. Qui annonce la méditation : *air méditatif.*

méditation n. f. Réflexion profonde. Écrit sur un sujet philosophique ou religieux.

méditer v. t. Soumettre à des réflexions, à un examen. Projeter, combiner : *méditer une évasion.* V. i. Se livrer à la réflexion. Faire une méditation pieuse.

méditerranéen, enne adj. et n. De la Méditerranée.

médium [medjɔm] n. m. Personne réputée douée du pouvoir de communiquer avec les esprits. *Mus.* Étendue vocale entre le grave et l'aigu.

médius [medjys] n. m. Le doigt du milieu de la main.

médoc [medɔk] n. m. Vin du Médoc.

médullaire adj. De la moelle.

méduse n. f. *Zool.* Animal marin à corps gélatineux.

méduser v. t. *Fam.* Frapper de stupeur.

meeting [mitiŋ] n. m. Réunion de caractère politique, syndicaliste, sportif.

méfait n. m. Mauvaise action. Dégâts : *les méfaits de la grêle.*

méfiance n. f. Disposition à soupçonner le mal chez les autres.

méfiant, e adj. et n. Qui se méfie.

méfier (se) v. pr. Ne pas se fier. Se tenir sur ses gardes.

mégalithique adj. Se dit des constructions préhistoriques faites de gros blocs de pierre (menhirs, etc.).

mégalomane n. et adj. Affecté de mégalomanie.

mégalomanie n. f. Délire des grandeurs.

mégaphone n. m. Amplificateur de son; porte-voix.

mégarde (par) loc. adv. Par défaut d'attention, par erreur : *il est entré par mégarde.*

mégatonne n. f. Unité servant à évaluer la puissance d'un projectile nucléaire et qui vaut 1 000 kilotonnes.

mégère n. f. Femme emportée et très désagréable.

mégisserie n. f. Industrie qui a pour objet le traitement des peaux et du cuir.

mégissier n. m. Spécialiste qui apprête les cuirs et les peaux.

mégot n. m. *Pop. Fam.* Ce qui reste d'un cigare ou d'une cigarette quand on a fini de les fumer.

méhari n. m. Dromadaire domestique de selle. (Pl. *méharis* ou *méhara.*)

meilleur, e adj. Qui vaut mieux. N. m. *Le meilleur,* ce qui est préférable.

méjuger (se) v. pr. Se tromper dans un jugement.

mélancolie n. f. Dépression physique et morale. Tristesse vague : *douce mélancolie.*

mélancolique* adj. Qui est dans une sombre tristesse. Qui inspire la mélancolie.

mélange n. m. Action de mêler. Résultat de plusieurs choses mêlées ensemble. Croisement de races.

mélanger v. t. (conj. 1) Faire un mélange : *mélanger des couleurs.* Mettre en désordre : *mélanger des fiches.*

mélangeur n. m. Appareil pour mélanger.

mélasse n. f. Matière sirupeuse, résidu du raffinage du sucre.

mêlé, e adj. *Société mêlée, monde mêlé,* où il se trouve des personnes de diverses classes sociales.

mêlée n. f. Combat acharné corps à corps. Rixe entre plusieurs individus. Conflit : *la mêlée des intérêts.*

mêler v. t. Mélanger : *mêler de l'eau avec du vin.* Emmêler, embrouiller. Joindre : *mêler l'agréable à l'utile. Fig.* Comprendre dans : *mêler quelqu'un dans une accusation.* V. pr. Se confondre, se joindre : *se mêler au cortège. Fig.* Prendre soin : *se mêler d'une affaire.* S'ingérer mal à propos : *de quoi vous mêlez-vous ?*

mélèze n. m. Conifère à aiguilles caduques, qui croît en haute montagne.

méli-mélo n. m. *Fam.* Mélange confus et désordonné.

mélinite n. f. Explosif très puissant formé d'acide picrique.

mélisse n. f. Labiacée aromatique.

mélo n. m. Abrév. de MÉLODRAME.

mélodie n. f. Suite de sons qui flattent l'oreille. *Fig.* Ce qui flatte l'oreille.

mélodieux, euse* adj. Plein de mélodie : *chant mélodieux.*

mélodique adj. Relatif à la mélodie.

mélodramatique adj. Qui tient du mélodrame.

mélodrame n. m. Drame populaire à émotions violentes et péripéties imprévues.

mélomane n. et adj. Qui aime la musique, sans pour autant nécessairement la pratiquer.

melon n. m. Plante du genre concombre. Fruit de cette plante. Chapeau d'homme, rond et bombé. *Melon d'eau,* pastèque.

mélopée n. f. Chant monotone, long récitatif sur la même mélodie : *une mélopée funèbre.*

membrane n. f. Tissu mince, souple, destiné à former, à envelopper ou à tapisser des organes, ou certaines parties des végétaux.

membraneux, euse adj. De la nature des membranes : *tissu membraneux.*

membre n. m. Chacune des quatre parties articulées du tronc de l'homme ou des animaux. *Gramm.* Chaque division de la phrase, de la période. *Math.* Chacune des expressions d'une équation ou d'une inégalité. *Fig.* Personne, pays, etc., faisant partie d'un ensemble organisé : *les divers membres d'une famille ; les Etats membres de l'O. N. U.*

membrure n. f. Ensemble des membres du corps humain. Grosse charpente d'un navire.

même adj. Qui exprime identité ou parité. Placé immédiatement après les noms ou les pronoms, marque plus expressément la personne, l'objet dont on parle : *ces plantes mêmes; moi-même. A même,* sans intermédiaire, sans interposition de... *A même de,* en état de; libre de. *De même,* de la même manière. *De même que,* ainsi que. *Tout de même,* néanmoins, malgré cela.

mémento [memtn̄] n. m. Agenda où l'on inscrit les rendez-vous, les adresses, les numéros de téléphone, etc. Ouvrage où sont résumées les parties essentielles d'une question.

mémoire n. f. Faculté de se souvenir, en général. Souvenir : *j'ai perdu la mémoire de ce fait.* Dans un ordinateur, dispositif qui enregistre et restitue l'information nécessaire à l'exécution d'un programme. Réputation qui reste après la mort : *laisser une mémoire honorée. Pour mémoire,* terme indiquant en comptabilité qu'un article mentionné n'est pas porté en ligne de compte.

mémoire n. m. État de sommes dues. Exposé des faits et moyens relatifs à un procès. Dissertation scientifique ou littéraire : *présenter un mémoire à l'Académie.* Pl. Recueil des travaux d'une société savante. Relation écrite d'événements dont on a été le témoin (en ce sens, prend une majuscule).

mémorable* adj. Digne de mémoire.

mémorandum [memɔrãdɔm] n. m. Note diplomatique contenant l'exposé d'une question. (Pl. *mémorandums.*)

mémorial n. m. Récit de faits mémorables (prend une majuscule) : *le Mémorial de Sainte-Hélène.* Monument commémoratif.

mémorialiste n. m. Auteur de Mémoires historiques ou littéraires.

mémoriser v. t. Fixer méthodiquement, par répétitions systématiques, dans la mémoire.

menace n. f. Parole, geste marquant l'intention de nuire. Signe qui fait craindre une chose : *menace d'orage.*

menacer v. t. (conj.) Faire des menaces : *menacer quelqu'un du fouet.* Faire craindre : *la récolte menace d'être insuffisante.* Mettre en danger : *menacer la vie de quelqu'un.*

ménage n. m. Conduite, entretien de la maison, travaux domestiques : *les soins du ménage.* Mobilier et ustensiles domestiques. Famille. Mari et femme : *un jeune ménage. Faire bon ménage,* s'accorder. *Femme de ménage,* femme qui vient aider aux soins du ménage.

ménagement n. m. Mesure, prudence. Précaution : *traiter sans ménagement.*

ménager v. t. (conj. 1) Régler, disposer : *ménager une négociation.* Procurer, amener : *ménager une entrevue.* Réserver : *ménager une sortie.* Employer avec ménagement : *ménager son argent, ses paroles, sa voix.* Ne pas accabler : *ménager un adversaire.* Traiter avec égards, avec circonspection. V. pr. Prendre soin de sa santé.

ménager, ère adj. Relatif au ménage : *une école ménagère.* N. f. Femme qui s'occupe de son ménage.

ménagerie n. f. Collection d'animaux sauvages ou rares, servant pour l'étude ou pour la curiosité.

mendiant, e n. Qui mendie ; indigent.

mendicité n. f. Action de mendier. Condition de celui qui mendie.

mendier v. t. Demander l'aumône : *mendier son pain. Fig.* Rechercher avec empressement et bassesse : *mendier des approbations.*

meneau n. m. Montant qui divise les fenêtres verticalement ou horizontalement.

menées n. f. pl. Manœuvres secrètes et malveillantes pour faire réussir un projet : *les menées d'un intrigant.*

mener v. t. Conduire : *mener un enfant, mener quelqu'un en prison.* Transporter : *mener des marchandises.* Servir de communication : *tous les chemins mènent à Rome.* Traiter : *mener rudement.* Suivre, tenir : *mener une vie déréglée.* Diriger : *mener son affaire.*

ménestrel n. m. Au Moyen Âge, poète ou musicien ambulant.

ménétrier n. m. Dans les campagnes, musicien ambulant qui faisait danser.

meneur, euse n. Personne qui dirige, entraîne les autres dans une entreprise. *Un meneur d'hommes,* celui qui sait diriger les hommes.

menhir n. m. Monument mégalithique placé debout.

méninge n. f. Chacune des trois membranes enveloppant les centres nerveux. *Fam.* Cerveau, esprit : *ne pas se fatiguer les méninges.*

méningé, e adj. Des méninges.

méningite n. f. Maladie causée par l'inflammation des méninges.

ménisque n. m. Lentille de verre convexe d'un côté et concave de l'autre : *ménisque divergent, convergent.* Surface courbe à l'extrémité d'une colonne de liquide contenue dans un tube. *Anat.* Lame de cartilage située entre les os, dans certaines articulations : *les ménisques du genou.*

ménopause [menɔpoz] n. f. Arrêt de la menstruation chez la femme.

menotte n. f. *Fam.* Petite main. Pl. Liens dont on entoure les poignets des prisonniers : *passer les menottes à quelqu'un.*

mensonge n. m. Parole contraire à la vérité.

mensonger, ère adj. Faux, trompeur.

menstruation n. f. Écoulement périodique de sang, observé chaque mois chez la femme, de la puberté à la ménopause.

menstruel, elle adj. Qui se rapporte à la menstruation.

menstrues [mãstry] n. f. pl. Flux périodique, chez la femme, de liquide sanglant.

mensualité n. f. Somme versée chaque mois.

mensuel, elle* adj. Qu'on fait tous les mois : *rapport mensuel.* Qui paraît chaque mois : *revue mensuelle.*

mensuration n. f. Ensemble des dimensions caractéristiques du corps humain, chez un individu ; les mesures ainsi obtenues.

mental, e*, aux adj. Qui se fait en esprit : *calcul mental. Restriction mentale,* réserve tacite. *Aliénation mentale,* trouble de l'esprit.

mentalité n. f. État d'esprit. Conduite, comportement.

menterie n. f. *Fam.* Mensonge.

menteur, euse n. et adj. Qui ment.

menthe [mãt] n. f. Plante odorante, utilisée en cuisine, en infusion ou pour aromatiser les liqueurs.

menthol [mɛ̃- ou mãtɔl] n. m. Alcool extrait de l'essence de menthe.

mentholé, e adj. Qui contient du menthol : *vaseline mentholée.*

mention [mãsjɔ̃] n. f. Action de nommer, de citer : *faire mention de quelqu'un.* Appréciation élogieuse donnée à certains examens.

mentionner v. t. Citer, signaler.

mentir v. i. (conj. **15**) Affirmer le faux ou nier le vrai.

menton n. m. Partie saillante du visage, formée par le maxillaire inférieur.

mentonnet n. m. Pièce de fer qui reçoit la clenche du loquet. Cliquet.

mentonnière n. f. Bande d'étoffe ou de cuir, passant sous le menton, pour attacher certaines coiffures.

mentor [mɛ̃tɔr] n. m. Conseiller sage et expérimenté d'un jeune homme.

menu, e adj. Mince, petit : *menues branches.* De peu d'importance. *Menus plaisirs,* dépenses de fantaisie. N. m. Liste des mets qui doivent composer un repas. Adv. En petits morceaux : *hacher menu.*

menuet n. m. Ancienne danse française, en vogue au XVIIIe s.

menuiserie n. f. Métier, ouvrage, atelier du menuisier.

menuisier n. m. Artisan qui fait des meubles et autres ouvrages en bois.

méphitique adj. D'odeur répugnante.

méplat n. m. Chacun des plans d'une surface.

méprendre (se) v. pr. (conj. **50**) Prendre une personne ou une chose pour une autre. Se fourvoyer. *A s'y méprendre,* au point de se tromper.

mépris n. m. Action de mépriser aux divers sens. Dédain : *le mépris du danger. Au mépris de,* sans égard à.

méprisable adj. Digne de mépris.

méprise n. f. Erreur de celui qui se méprend.

mépriser v. t. Considérer comme indigne de considération, d'estime, etc. Ne pas craindre, ne pas redouter : *mépriser le danger.* Négliger.

mer n. f. Vaste étendue d'eau salée couvrant près des trois quarts du globe. Portion définie de cette étendue : *la mer Méditerranée.* Vaste superficie : *une mer de sable. Par exagér.* Grande quantité d'eau ou d'un liquide quelconque.

mercanti n. m. Commerçant peu honnête.

mercantile adj. Commercial. Qui a la passion du gain.

mercantilisme n. m. Esprit commercial étroit et âpre au gain.

mercenaire n. m. et adj. Soldat qui sert à prix d'argent un gouvernement étranger : *corps de mercenaires.*

mercerie n. f. Commerce, marchandises, boutique du mercier.

merci n. f. Miséricorde, pitié, grâce : *demander merci. Sans merci,* sans pitié. *A la merci de quelqu'un,* à sa discrétion. N. m. Remerciement. Interjection employée pour remercier.

mercier, ère n. Personne qui vend les articles relatifs aux travaux de couture (fil, boutons, rubans, etc.).

mercredi n. m. Le quatrième jour de la semaine.

mercure n. m. Métal liquide, d'un blanc d'argent, nommé aussi *vif-argent.*

mercuriale n. f. Prix courant des denrées sur un marché. Remontrance, réprimande.

mercuriel, elle adj. Qui contient du mercure : *pommade mercurielle.*

merde n. f. *Triv.* Excrément de l'homme et de quelques animaux. *Pop.* Interjection.

mère n. f. Femme qui a mis au monde un ou plusieurs enfants. Femelle d'animaux : *la mère nourrit ses petits. Par ext.* Qui donne des soins maternels. Qui fournit la subsistance. *Fig.* Source, cause, origine. Lieu de première origine. Supérieure d'un couvent : *mère abbesse. La maison mère,* établissement dont dépendent les succursales. *Langue mère,* langue dont l'évolution a donné naissance à de nouveaux idiomes.

méridien n. m. Demi-grand cercle imaginaire de la surface terrestre ou de la sphère céleste limité aux pôles, le demi-grand cercle qui le complète étant l'*anti-méridien. Méridien origine,* méridien convenu, par rapport auquel on calcule la longitude.

méridional, e, aux adj. Qui est au midi. Propre aux peuples du Midi. N. Personne du Midi.

meringue n. f. Pâtisserie légère à base de sucre et de blanc d'œuf battu.

meringuer v. t. Recouvrir d'une pâte de meringue.

mérinos [merinos] n. m. Mouton de race espagnole. Étoffe faite de sa laine. Adj. : *laine mérinos.*

merisier n. m. Cerisier sauvage.

méritant, e adj. Qui a du mérite.

mérite n. m. Ce qui rend digne de récompense, d'estime : *un homme de mérite.* Qualité estimable d'une chose, d'une personne : *mérite d'un ouvrage.*

mériter v. t. Être digne de ou passible de : *mériter des éloges, une punition.* Avoir droit à : *cela mérite une réponse.* Avoir besoin de : *cela mérite confirmation.* V. i. *Bien mériter de la patrie,* s'illustrer en la servant.

méritoire* adj. Louable.

merlan n. m. Poisson de mer à chair tendre et légère.

merle n. m. Oiseau à plumage noir, voisin de la grive. *Fig. Merle blanc,* personne ou objet introuvable.

merlin n. m. Massue à long manche pour assommer les bœufs.

merluche n. f. Poisson de mer vendu sous le nom de *colin.* Morue sèche, non salée.

mérovingien, enne adj. et n. De la dynastie des Mérovingiens.

merveille n. f. Chose qui excite l'admiration : *une merveille de beauté.* Promettre monts et merveilles, faire des promesses exagérées. *A merveille* loc. adv. D'une manière qui approche la perfection.

merveilleux, euse* adj. Admirable, surprenant : *adresse merveilleuse.* Étonnant : *appétit merveilleux.* N. m. Ce qui excite l'admiration ou la surprise. Intervention d'êtres surnaturels dans un poème. N. f. Femme élégante et excentrique, sous le Directoire.

mes adj. poss. Pl. de MON, MA.

mésalliance n. f. Mariage avec une personne d'une condition considérée comme inférieure.

mésallier v. t. Marier à une personne de naissance ou de condition inférieure.

mésange n. f. Genre de petits passereaux insectivores.

mésaventure n. f. Aventure fâcheuse.

mescaline [meskalin] n. f. Alcaloïde extrait du peyotl, qui donne des hallucinations visuelles intenses.

mesdames, mesdemoiselles n. f. pl. Pl. de MADAME, MADEMOISELLE.

mésentente n. f. Mauvais rapports entre deux ou plusieurs personnes.

mésestimer [mezɛstime] v. t. Apprécier une personne, une chose au-dessous de sa valeur. V. pr. Se déprécier.

mésintelligence n. f. Manque d'accord, d'entente : *époux vivant en mésintelligence.*

mésolithique adj. et n. m. Se dit de la période préhistorique succédant au paléolithique.

mesquin, e* adj. Qui manque de grandeur, de noblesse, de générosité : *un procédé mesquin.*

mesquinerie n. f. Caractère de ce qui est mesquin. Bassesse.

mess [mɛs] n. m. inv. Salle où les officiers, les sous-officiers d'un corps ou d'une garnison prennent leurs repas.

message n. m. Communication, nouvelle, transmise à quelqu'un. *Message publicitaire,* à la télévision, bref film publicitaire. Contenu de ce qui est transmis : *un écrivain à message.*

messager, ère n. Personne chargée de transmettre un message.

messagerie n. f. Transport des marchandises, des colis, par chemin de fer et surtout par bateau.

messe n. f. Chez les catholiques, office religieux comportant une liturgie de la parole suivie de la célébration eucharistique proprement dite. Composition musicale pour une grand-messe. *Fam. Messes basses,* entretien particulier entre deux personnes.

messianique adj. Relatif au messianisme.

messianisme n. m. Croyance à un Messie ; attente d'un Messie.

messidor n. m. Dixième mois du calendrier républicain en France (du 19 juin au 18 juillet).

Messie n. m. Envoyé divin chargé d'établir sur Terre le royaume de Dieu (Jésus pour les chrétiens). *Être attendu comme le Messie,* avec une grande impatience.

messieurs n. m. pl. Pl. de MONSIEUR.

mesurable adj. Que l'on peut mesurer.

mesure n. f. Évaluation d'une quantité faite d'après son rapport avec une autre de même espèce : *la mesure du temps.* Unité servant à cette évaluation : *se servir de fausses mesures.* Dimension évaluée. Quantité d'objets, déterminée par l'évaluation de leur volume : *acheter trois mesures de vin.* Quantité de syllabes exigée par la versification. *Mus.* Division de la durée d'un air en parties égales : *battre la mesure. Fig.* Précaution : *prendre des mesures infaillibles.* Borne : *cela passe toute mesure.* Modération : *manquer de mesure. Être en mesure de,* en état de. Loc. div. : *outre mesure,* avec excès ; *à mesure, au fur et à mesure,* successivement et à proportion ; *à mesure que,* à proportion, en même temps que.

mesurer v. t. Évaluer par rapport à une unité : *mesurer un terrain.* Avoir comme mesure : *cet arbre mesure dix mètres.* Régler avec modération : *mesurer ses paroles.* Proportionner. Donner avec parcimonie : *mesurer les encouragements. Se mesurer avec quelqu'un*, lutter avec lui.

métabolisme n. m. Ensemble des transformations chimiques et physiques subies par les aliments dans un organisme vivant.

métacarpe n. m. Partie de la main entre les doigts et le poignet.

métacarpien adj. Du métacarpe.

métairie n. f. Domaine rural exploité en métayage. *Par ext.* Petit domaine rural.

métal n. m. Corps simple doué d'un éclat particulier, conduisant bien, en général, la chaleur et l'électricité, et qui possède en outre la propriété de donner des oxydes.

métallifère adj. Qui renferme un métal.

métallique adj. Fait en métal : *une construction métallique*. Qui a l'apparence du métal ; qui rappelle le métal : *un bruit métallique*.

métallisation n. f. Action de métalliser.

métalliser v. t. Donner un éclat métallique. Couvrir d'une couche de métal.

métallo n. m. *Fam.* Ouvrier métallurgiste.

métallographie n. f. Étude au microscope de la structure des métaux et des alliages.

métalloïde n. m. Corps simple non métallique.

métallurgie n. f. Ensemble des procédés et des techniques d'extraction et de traitement des métaux à partir de leurs minerais.

métallurgique adj. Qui a rapport à la métallurgie : *industrie métallurgique*.

métallurgiste n. m. Qui s'occupe de métallurgie. Qui travaille les métaux.

métamorphique adj. Se dit des roches qui résultent de la transformation de roches préexistantes.

métamorphisme n. m. Modification physique et chimique d'une roche sous l'effet de la température et de la pression internes.

métamorphose n. f. Transformation anatomique et physiologique de certains animaux : *les métamorphoses des insectes. Fig.* Changement complet.

métamorphoser v. t. Transformer. *Fig.* Changer : *la fortune l'a métamorphosé*.

métaphore n. f. Procédé par lequel on transporte la signification propre d'un mot à une autre signification qui ne lui convient qu'en vertu d'une comparaison sous-entendue, comme dans : *les LUMIÈRES de l'esprit* ; *la FLEUR des ans* ; *une PLUIE de balles*.

métaphorique* adj. Qui tient de la métaphore : *style métaphorique*.

métaphysique n. f. Recherche philosophique des causes et des principes premiers. Adj. Qui relève de cet ordre de réflexion.

métapsychique* adj. Qui concerne des phénomènes psychologiques non encore reconnus scientifiquement (télépathie, etc.).

métastase n. f. Apparition, en un point de l'organisme, d'un phénomène pathologique déjà présent ailleurs : *métastase cancéreuse*.

métatarse n. m. Partie du pied entre le tarse et les orteils.

métathèse n. f. *Ling.* Interversion d'une lettre dans un mot, comme BERLOQUE pour BRELOQUE.

métayage [metɛjaʒ] n. m. Forme de bail, où l'exploitant et le propriétaire d'un domaine rural se partagent les produits.

métayer, ère n. Qui exploite un domaine rural en métayage.

métempsycose n. f. Transmigration des âmes d'un corps dans un autre.

météore n. m. Phénomène lumineux qui résulte de l'entrée dans l'atmosphère terrestre d'une particule solide venant de l'espace. *Fig.* Qui brille d'un éclat vif et passager.

météorisme n. m. Enflure de l'abdomen chez les ruminants, due à des gaz.

météorite n. f. Objet solide provenant de l'espace et qui atteint la surface de la Terre.

météorologie n. f. Étude des phénomènes atmosphériques, notamment en vue de la prévision du temps.

météorologique adj. Qui concerne la météorologie.

météorologiste ou **météorologue** n. m. Spécialiste de météorologie.

métèque n. m. *Péjor.* Étranger établi dans un autre pays que le sien.

méthane n. m. Hydrocarbure gazeux incolore, qui constitue le grisou.

méthode n. f. Manière de dire, de faire, d'enseigner une chose, suivant certains principes et avec un certain ordre : *procéder avec méthode. Par ext.* Manière d'agir, habitude. *Philos.* Marche rationnelle de l'esprit pour arriver à la vérité. Ouvrage qui contient les éléments d'une science, d'un art, etc. : *méthode de piano*.

méthodique* adj. Qui a de la méthode, de l'ordre. Où il y a de la méthode : *classement méthodique*.

méthodisme n. m. Doctrine des méthodistes, secte anglicane très austère.

méthodiste n. Membre de l'Église qui professe le méthodisme.

méthodologie n. f. Partie d'une science qui étudie les méthodes auxquelles elle a recours.

méthyle n. m. Premier terme de la série des radicaux des carbures gras.

méthylène n. m. Nom commercial de l'alcool méthylique ou esprit de bois. *Bleu de méthylène*, colorant.

méthylique adj. *Chim.* Dérivé du méthane : *alcool méthylique*.

méticuleux, euse* adj. Qui s'inquiète de minuties : *soins méticuleux*.

métier n. m. Tout travail dont on tire ses moyens d'existence : *exercer un métier manuel, intellectuel*. Expérience acquise, grande habileté technique : *avoir du métier*. *Faire métier de*, faire profession de. Machine pour la confection des tissus.

métis [metis], **isse** adj. et n. Issu de races différentes. Mélangé : *toile métisse*.

métissage n. m. Croisement de races.

métisser v. t. Croiser, mêler.

métonymie n. f. Procédé stylistique par lequel on exprime l'effet par la cause, le tout par la partie, le contenu par le contenant, etc. (*une* VOILE ; *un bateau*, etc.).

métrage n. m. Mesurage au mètre. *Court métrage*, film long de 300 à 600 m. *Long métrage*, film de plus de 2 500 m.

mètre n. m. Unité de mesure de longueur (symb. : m). Objet servant à mesurer et ayant la longueur d'un mètre. *Mètre carré*, unité de mesure de superficie équivalant à un carré d'un mètre de côté. *Mètre cube*, unité de mesure de volume équivalant à un cube d'un mètre de côté. Dans la prosodie grecque et latine, groupe de syllabes comprenant deux temps marqués. Forme rythmique d'une poésie.

métré n. m. Action de mesurer au mètre : *le métré d'un travail*. Relevé méthodique des éléments d'un devis.

métrer v. t. (conj. 5) Mesurer au mètre : *métrer une construction, une maçonnerie*.

métreur n. et adj. m. Employé d'un architecte, d'un entrepreneur, chargé de faire le métré des constructions en cours.

métrique adj. Relatif au mètre. *Système métrique*, système des poids et mesures ayant pour base le mètre. *Quintal métrique*, poids de cent kilogrammes. *Tonne métrique*, poids de mille kilogrammes. Relatif au mètre ou à la mesure du vers.

métrique n. f. Science de la versification.

métro n. m. Abrév. de MÉTROPOLITAIN, chemin de fer en grande partie souterrain qui dessert les quartiers d'une grande ville.

métrologie n. f. Science des mesures.

métromanie n. f. Manie de faire des vers.

métronome n. m. Instrument pour indiquer les divers degrés de vitesse du mouvement musical.

métropole n. f. Capitale politique ou économique d'un pays, d'une région. Pays considéré relativement à des territoires extérieurs qui dépendent de lui.

métropolitain, e adj. Qui a le caractère d'une métropole. Qui appartient à la capitale. Archiépiscopal. *Chemin de fer métropolitain*, v. MÉTRO. N. m. Archevêque.

métropolite n. m. Dignitaire de l'Église orthodoxe, entre l'évêque et le patriarche.

mets [mɛ] n. m. Tout aliment apprêté pour les repas.

mettable adj. Que l'on peut mettre : *cet habit n'est pas mettable*.

metteur n. m. *Metteur en œuvre*, ouvrier qui sertit les pierres précieuses. *Metteur en scène*, celui qui règle une représentation de théâtre, un film cinématographique, etc. *Metteur en pages*, celui qui dispose la composition typographique, les titres, les illustrations, etc., dans le format d'une page.

mettre v. t. (conj. 49) Placer, introduire : *mettre la clef dans la serrure*. Disposer : *mettre de niveau*. Établir, installer, Ajouter : *mettre un manche à quelque chose*. Porter : *mettre un habit*. Placer : *mettre son argent à la banque*. Fig. Supposer : *mettez que je n'aie rien dit*. *Mettre au fait*, instruire. *Mettre à même, commencer à*. *Y mettre du sien*, faire des concessions.

meuble adj. Qui peut être déplacé : *biens meubles* (par opposition à *immeubles*). Friable : *terre meuble*. N. m. Objet mobile servant à l'usage ou à la décoration d'une maison.

meublé, e adj. Garni de meubles. N. m. Appartement loué avec le mobilier : *habiter en meublé*.

meubler v. t. Garnir de meubles. Fig. Orner : *meubler l'esprit*.

meuglement n. m. Beuglement.

meugler v. i. Beugler.

meule n. f. Corps solide, cylindrique et plat, pour broyer et aiguiser. Tas de foin, de blé,

etc., de forme généralement conique. Tas de bois, recouvert de gazon, que l'on carbonise en plein air. *Meule de fromage*, grand fromage en forme de meule de moulin. Couche à champignons.

meulière n. f. Roche employée en construction.

meunerie n. f. Industrie qui broie le grain de céréale pour en extraire la farine.

meunier, ère n. Exploitant(e) d'un moulin à blé.

meurtre n. m. Homicide volontaire.

meurtrier, ère n. Personne qui a commis un meurtre. Adj. Qui cause la mort de beaucoup de personnes : *épidémie meurtrière*. Fig. Dangereux.

meurtrière n. f. Fente dans les murailles des ouvrages fortifiés, et destinée au tir.

meurtrir v. t. Faire une meurtrissure. Endommager des fruits par un choc. Fig. Blesser, endolorir.

meurtrissure n. f. Contusion qui produit une tache bleuâtre. Tache sur les fruits.

meute n. f. Troupe de chiens courants dressés pour la chasse. Fig. Troupe acharnée contre quelqu'un : *meute de créanciers*.

mévente n. f. Vente à perte, ou difficile : *la mévente du vin*.

mexicain, e adj. et n. Du Mexique.

mezzanine [mɛdzanin] n. f. Étage compris entre le parterre et le balcon d'un théâtre. Fenêtre d'entresol.

mi n. m. Note de musique, troisième degré de la gamme de do.

mi, mot invariable qui, joint au suivant par un trait d'union, signifie *à moitié, à demi*.

miaou n. m. Cri du chat.

miasme n. m. Émanation provenant de substances en décomposition.

miaulement n. m. Cri du chat.

miauler v. i. Faire des miaulements.

mica n. m. Substance minérale brillante, feuilletée, écailleuse.

mi-carême n. f. Le jeudi de la troisième semaine du carême.

micaschiste n. m. Roche feuilletée, composée de mica et de quartz.

miche n. f. Gros pain rond.

micheline n. f. Voiture de chemin de fer automotrice, sur pneus et servant autrefois au transport des voyageurs.

mi-chemin (à) loc. adv. Vers le milieu du chemin : *déjeuner à mi-chemin*.

micmac n. m. Fam. Intrigue. Désordre.

micocoulier n. m. Arbre du Midi, dont le bois sert à faire des manches d'outils, des cannes.

mi-corps (à) loc. adv. Jusqu'au milieu du corps.

mi-côte (à) loc. adv. À moitié de la côte : *s'arrêter à mi-côte*.

micr, micro, préf. exprimant l'idée de petitesse. Préfixe indiquant, dans le système métrique, la division d'une grandeur par un million.

micro n. m. Abrév. de MICROPHONE.

microbe n. m. Terme du langage courant désignant les bactéries, les virus et un certain nombre de protozoaires, etc., responsables des maladies infectieuses ou non.

microbien, enne adj. Qui a rapport aux microbes.

microbiologie n. f. Science qui étudie les microbes.

microfiche n. f. Photographie reproduisant sous un volume très réduit un document d'archives.

microfilm n. m. Film composé d'une série de documents photographiques aux dimensions très réduites.

microfilmer v. t. Enregistrer des documents sur microfilm.

micrométrie n. f. Mesure des dimensions extrêmement petites.

micron n. m. Millionième partie du mètre.

micro-organisme n. m. Organisme microscopique, végétal ou animal.

microphone n. m. Appareil qui, transformant les vibrations sonores en oscillations électriques, permet d'enregistrer ou de transmettre les sons.

microphotographie n. f. Photographie des préparations microscopiques.

microscope n. m. Instrument d'optique formé de plusieurs lentilles, qui permet de voir des objets très petits.

microscopique adj. Qui se fait au microscope : *étude microscopique.* Qui ne peut être vu qu'avec le microscope : *animalcules microscopiques.* Très petit.

microsillon n. m. Rainure très fine permettant d'obtenir des disques à longue durée d'audition. Ce disque lui-même.

midi n. m. Milieu du jour. Un des points cardinaux. Exposition d'un lieu qui est en face de ce point : *un appartement au midi.* Ensemble des pays méridionaux (dans ce sens, prend une majuscule) : *habiter le Midi. Chercher midi à quatorze heures,* compliquer, chercher des difficultés où il n'y en a pas.

midinette n. f. *Fam.* À Paris, surnom des jeunes ouvrières de la couture et de la mode.

mie n. f. Partie intérieure du pain.

mie n. f. *Fam.* Abrév. du mot AMIE.

miel n. m. Substance sucrée et parfumée, produite par certains insectes, et surtout les abeilles, à partir du nectar des fleurs. *Fig.* Douceur : *des paroles de miel.*

mielleux, euse* adj. De miel. *Fig.* Doucereux : *paroles mielleuses.*

mien, enne adj. poss. Qui est à moi : *un mien parent.* Pron. poss. (avec *le, la, les*) : *c'est votre opinion, ce n'est pas la mienne.* N. m. *Le mien,* ce qui m'appartient. *Les miens,* ma famille, mes proches.

miette n. f. Petite partie qui tombe du pain coupé. Débris, fragment. *Mettre en miettes,* casser, briser sans réparation possible.

mieux adv. D'une manière meilleure, plus convenable. Plus, davantage. N. m. État meilleur : *le mieux est l'ennemi du bien. Adjectiv.* Meilleur : *il n'y a rien de mieux.*

mièvre* adj. D'une gentillesse prétentieuse, affectée et fade.

mièvrerie n. f. Caractère de ce qui est mièvre. Action mièvre.

mignard, e* adj. Mignon, gentil. D'une délicatesse affectée.

mignarder v. t. Traiter délicatement.

mignardise n. f. Afféterie, grâce affectée. Variété de petit œillet.

mignon, onne adj. Délicat, gentil : *bouche mignonne. Péché mignon,* léger péché auquel on s'abandonne volontiers. N. Terme de tendresse. N. m. Favori : *les mignons d'Henri III.* (Vx.)

migraine n. f. Douleur qui n'affecte qu'un côté de la tête : *avoir la migraine.*

migraineux, euse adj. Relatif à la migraine. Adj. et n. Atteint de migraine.

migrant, e n. Personne qui effectue une migration.

migrateur, trice adj. Qui effectue des migrations : *oiseaux migrateurs.*

migration n. f. Déplacement en masse d'un peuple, d'un pays dans un autre. Voyage de certains animaux à des époques périodiques : *la migration des hirondelles.*

migratoire adj. Relatif aux migrations : *un mouvement migratoire.*

mihrab n. m. Niche placée au fond d'une mosquée, indiquant la direction de La Mecque.

mi-jambe (à) loc. adv. À la hauteur du mollet : *avoir de l'eau à mi-jambe.*

mijaurée n. f. Femme qui a de petites manières affectées : *faire la mijaurée.*

mijoter v. t. Faire cuire lentement. *Fig.* Préparer de longue main : *mijoter un complot.* Bouillir lentement.

mikado n. m. Palais impérial japonais. Empereur du Japon.

mil n. m. V. MILLET.

milan n. m. Genre d'oiseaux rapaces.

milanais, e adj. et n. De Milan.

mildiou n. m. Maladie parasitaire de la vigne, causée par un champignon.

mile [majl] n. m. Mesure de longueur anglosaxonne valant 1 609 m.

milice n. f. En général, troupe non permanente de soldats citoyens. Police auxiliaire, dans certains pays.

milicien n. m. Soldat de la milice. Policier, dans certains régimes.

milieu n. m. Centre : *le milieu d'une table.* Endroit éloigné des bords : *s'avancer au milieu de la foule.* Endroit à peu près également éloigné d'un commencement et d'une fin : *le milieu d'un volume.* Lieu dans lequel on se meut. Sphère intellectuelle, morale ou sociale : *être sorti de son milieu.* Le monde de la pègre : *les gens du milieu. Au milieu de,* loc. prép. Parmi.

militaire* adj. Qui concerne la guerre : *art militaire.* Qui aime la guerre : *peuple militaire. Heure militaire,* précise. N. m. Soldat.

militant, e adj. et n. Qui lutte, qui combat pour le triomphe d'une idée, d'une cause, d'un parti, etc.

militantisme n. m. Attitude du militant.

militarisation n. f. Organisation militaire.

militariser v. t. Donner une organisation militaire.

militarisme n. m. Système politique qui s'appuie sur l'armée.

militer v. i. Avoir une activité politique ou religieuse très active. *Fig.* Agir, influer pour ou contre : *cette raison milite contre vous.*

mille [mil] adj. num. inv. Dix fois cent. Nombre indéterminé, mais considérable : *courir mille dangers.* N. m. inv. Nombre composé de mille unités. Chiffre représentant des mille. Quantité de mille objets : *un mille d'épingles*.

mille [mil] n. m. Mesure itinéraire des Romains (mille pas). Mesure variable suivant les pays. *Mille marin*, longueur de 1 852 m.

mille-feuille n. m. Gâteau de pâte feuilletée.

millénaire adj. Qui contient mille. N. m. Dix siècles ou mille ans.

mille-pattes n. m. inv. Scolopendre.

millésime [millezim] n. m. Année gravée sur les monnaies. Année de la récolte du raisin ayant servi à faire un vin.

millet [mijɛ] ou **mil** [mil] n. m. Graine servant de nourriture aux oiseaux.

milli [mili], préf. indiquant la division d'une grandeur par mille.

milliard n. m. Mille millions.

milliardaire n. et adj. Riche d'un ou de plusieurs milliards. Très riche.

millibar [milibar] n. m. Unité de mesure de pression atmosphérique équivalant à un millième de bar.

millième [miljɛm] adj. num. ord. et n. Qui occupe un rang marqué par le nombre mille. N. m. Partie d'un tout divisé en mille parties égales.

millier [milje] n. m. Mille : *un millier d'épingles. Par ext.* Un très grand nombre : *des milliers d'hommes*.

milligramme [miligram] n. m. Millième partie du gramme.

millimètre [milimɛtr] n. m. Millième partie du mètre.

million [miljɔ̃] n. m. Mille fois mille. Mille fois mille francs.

millionième adj. num. ord. et n. m. Chaque partie d'un tout divisé en un million de parties.

millionnaire n. et adj. Riche d'un ou de plusieurs millions. Très riche.

milord [milɔr] n. m. Titre donné quelquefois sur le continent aux lords. (Vx.)

mime n. m. Acteur qui joue dans les pièces sans paroles, où l'intrigue est évoquée par de simples gestes.

mimer v. t. et i. Représenter par gestes, sans paroles : *mimer une scène*. Imiter, contrefaire.

mimétisme n. m. Ressemblance que prennent certains êtres vivants, soit avec le milieu où ils vivent, soit avec les espèces mieux protégées.

mimique n. f. Art d'imiter, d'exprimer par gestes : *une mimique expressive*.

mimodrame n. m. Drame mimé, sans texte.

mimosa n. m. Variété d'acacia à fleurs jaunes odorantes.

minable adj. et n. D'une pauvreté, d'une médiocrité pitoyable.

minaret n. m. Tour d'une mosquée.

minauder v. t. Prendre des manières affectées pour paraître plus agréable.

minauderie n. f. Attitude affectée. Simagrées.

minaudier, ère n. et adj. Qui minaude : *fillette minaudière*.

mince adj. Qui a peu d'épaisseur : *étoffe mince*. Grêle, peu épais de taille : *jeune fille mince. Fig.* De peu d'importance, de peu de valeur.

minceur n. f. Qualité de ce qui est mince : *minceur de taille*.

mine n. f. L'air, l'extérieur de quelqu'un. Expression des traits : *mine joyeuse*. Apparence : *avoir bonne mine. Faire mine de*, faire semblant de, paraître. Pl. Jeux de physionomie, simagrées : *faire des mines*.

mine n. f. Gisement d'un minerai, d'une roche utile : *des mines de fer, de charbon*. Cavité creusée dans le sol et installation souterraine établie pour l'extraction du minerai. Fonds très riche, ressource importante : *ces archives sont une mine de renseignements. Mine de plomb*, petit bâton d'une matière utilisée pour la fabrication des crayons.

mine n. f. Engin explosif que l'on enfouit dans le sol ou que l'on pose en mer, retenu au fond par un lest, ou flottant.

miner v. t. Poser des mines : *miner un rocher*. Creuser lentement : *l'eau mine la pierre. Fig.* Consumer peu à peu : *le chagrin le mine*.

minerai n. m. Roche contenant sous forme combinée un métal que l'on peut isoler par des procédés industriels : *minerai de fer, de cuivre*, etc.

minéral n. m. Tout corps inorganique et solide, constituant les roches de l'écorce terrestre. (Pl. *minéraux*.)

minéral, e aux adj. Qui appartient aux minéraux. *Eaux minérales*, qui contiennent des minéraux en dissolution.

minéralisation n. f. Transformation d'un métal en minerai par sa combinaison avec un autre corps.

minéraliser v. t. Modifier l'eau par addition de substances minérales.

minéralogie n. f. Science qui traite des minéraux.

minéralogique adj. Qui concerne la minéralogie : *collection minéralogique*.

minéralogiste n. Spécialiste de minéralogie.

minet, ette n. *Fam.* Chat, chatte. *Fam.* Jeune homme, jeune fille à la mode.

minette n. f. Minerai de fer phosphoreux de Lorraine.

mineur adj. et n. Qui travaille dans les mines.

mineur, e adj. Moindre, plus petit. Adj. et n. Qui n'a pas atteint l'âge de la majorité.

miniature n. f. Peinture de petites dimensions, faite avec des couleurs fines, et servant d'illustration ou de petit tableau. *En miniature*, en tout petit.

miniaturiser v. t. *Technol.* Donner à un élément d'un ensemble les plus petites dimensions possibles.

miniaturiste adj. et n. Peintre de miniatures.

minier, ère adj. Relatif aux mines.

minijupe n. f. Jupe très courte.

minima (à) loc. adv. *Appel à minima*, interjeté par le ministère public contre une peine trop légère.

minimal, e, aux adj. Se dit de ce qui atteint son minimum : *intensité minimale*.

minime adj. Très petit : *somme minime*. N. Jeune sportif de treize à quinze ans.

minimiser v. t. Réduire au minimum.

minimum [minimɔm] n. m. Le plus petit degré auquel une chose puisse être réduite ; la plus petite quantité nécessaire à. Adj. : *déterminer la valeur minimum*. (REM. L'Académie des sciences recommande de ne pas utiliser *minimum* comme adjectif et d'employer dans ce cas MINIMAL, E, AUX.) *Au minimum* loc. adv. Pour le moins. (Pl. *minima* ou *minimums*.)

ministère n. m. Fonction de ministre. Temps pendant lequel on l'exerce. Ensemble des ministres. Département d'un ministre : *le ministère du Travail*. Bureaux d'un ministre. Charge remplie par le prêtre, le pasteur : *le prêtre exerce son ministère dans une paroisse*.

ministériel, elle* adj. Du ministère. Qui est partisan du gouvernement : *les journaux ministériels*. *Officiers ministériels*, avoués, notaires, huissiers, commissaires-priseurs, etc.

ministre n. m. Homme d'État qui dirige un grand service public. Pasteur : *ministre du culte*. *Ministre plénipotentiaire*, envoyé de rang inférieur à l'ambassadeur.

minium [minjɔm] n. m. Oxyde rouge de plomb qui, délayé dans l'huile, fournit une peinture rouge vif antirouille.

minois n. m. *Fam.* Visage gracieux d'enfant ou de jeune fille.

minoritaire adj. De la minorité.

minorité n. f. État d'une personne mineure. Temps pendant lequel on est mineur : *la minorité d'un roi*. Le petit nombre, dans une assemblée ou un pays (par oppos. à *majorité*).

minoterie n. f. Établissement où l'on prépare les farines destinées au commerce.

minotier n. m. Exploitant d'une minoterie.

minuit n. m. Moment correspondant au milieu de la nuit et marqué par la vingt-quatrième heure de la journée.

minuscule adj. Tout petit. N. f. Petite lettre (par oppos. à *majuscule*).

minus habens [minysabɛs] n. inv. *Fam.* Personne peu intelligente, légèrement débile.

minute n. f. Soixantième partie d'une heure. Soixantième partie de chaque degré d'un cercle. *Fig.* Petit espace de temps. *Minute!* interj. Attendez!

minute n. f. Original d'une lettre, d'un acte notarié, d'un jugement.

minuter v. t. Fixer d'une manière précise la durée d'un discours, d'une cérémonie, etc.

minuterie n. f. Appareil électrique à mouvement d'horlogerie, que l'on déclenche pour l'éclairage et qui s'éteint automatiquement après un temps déterminé.

minutie [minysi] n. f. Soin des menus détails.

minutieux [minysjø], **euse*** adj. Qui s'attache aux détails : *examen minutieux*.

mioche n. *Fam.* Jeune enfant.

mi-parti, e adj. Partagé en deux parties égales.

mirabelle n. f. Petite prune jaune.

miracle n. m. Fait extraordinaire qui échappe à la raison de l'homme et, de ce fait, perçu comme une intervention divine. Chose extraordinaire : *c'est un vrai miracle*.

miraculé, e adj. et n. Qui a été l'objet d'un miracle.

miraculeux, euse* adj. Qui tient du miracle : *apparition miraculeuse*.

mirador n. m. Poste de guet surélevé.

mirage n. m. Illusion d'optique consistant à apercevoir, dans les pays chauds, une image renversée d'objets en réalité très éloignés, qui semblent se refléter sur une nappe d'eau. *Fig.* Illusion trompeuse.

mire n. f. Règle graduée pour le nivellement. À la télévision, image géométrique permettant la mise au point. *Ligne de mire*, ligne droite, déterminée par l'œil du tireur et le guidon d'une arme à feu. *Point de mire*, but visé; au *fig.* personne vers laquelle se dirigent les regards, les convoitises.

mirer v. t. Examiner un œuf à contre-jour, pour voir s'il est sain.

mirifique adj. *Fam.* Étonnant.

mirliton n. m. Flûte de roseau ou de carton garnie de baudruche à ses extrémités.

mirobolant, e adj. *Fam.* Merveilleux.

miroir n. m. Surface ou verre polis qui réfléchissent la lumière et donnent l'image des objets placés en face. *Fig.* Ce qui représente une chose. Ce qui donne l'image d'une chose dans sa plus pure expression : *le visage est le miroir de l'âme*.

miroitant, e adj. Qui miroite : *la surface miroitante des eaux*.

miroitement n. m. État miroitant : *le miroitement du soleil*.

miroiter v. i. Jeter des reflets ondoyants. *Faire miroiter*, montrer pour séduire : *faire miroiter un brillant avenir*.

miroiterie n. f. Commerce, atelier de miroitier.

miroitier, ère n. Personne qui vend des miroirs, des glaces.

miroton n. m. Ragoût de viande accommodé aux oignons.

misaine [mizɛn] n. f. *Mar.* Mât de misaine, mât entre le beaupré et le grand mât. Basse voile de ce mât.

misanthrope adj. et n. Qui fuit la société des hommes. Qui est d'une humeur agressive et solitaire.

misanthropie n. f. Haine des hommes. Dégoût de la société.

misanthropique adj. De misanthrope : *air misanthropique*.

mise n. f. Action de mettre : *mise en vente*. Somme d'argent que l'on risque dans un jeu, dans une affaire, etc. *Mise de fonds*, capital engagé dans une entreprise. *Mise à prix*, fixation du prix minimum dans une vente aux enchères. Manière de s'habiller : *mise élégante*. *Ne pas être de mise*, se dit de propos, d'attitudes contraires aux habitudes, aux bienséances. *Mise en scène*, réalisation scénique ou cinématographique d'une œuvre. *Mise à pied*, privation d'emploi et de salaire pendant un temps limité.

miser v. t. et i. Mettre comme enjeu une somme d'argent. *Miser sur les deux tableaux*, se ménager un intérêt quel que soit le vainqueur.

misérable* adj. Digne de pitié. Très pauvre. Triste : *une fin misérable*. Très faible : *un misérable salaire*. Vil, méprisable. N. Personne vile, méprisable.

misère n. f. Grande pauvreté. *Fig.* Chose ennuyeuse. Faiblesse : *la misère humaine*. Pl. Calamités : *les misères de la vie*. *Fam.* Choses peu importantes : *se fâcher pour des* *misères.* Taquinerie : *faire des misères à quelqu'un.*

miséreux, euse adj. et n. Personne sans ressources : *asile pour miséreux.*

miséricorde n. f. Pitié qui pousse à pardonner à un vaincu, un coupable : *demander miséricorde.* Pardon : *à tout péché miséricorde.*

miséricordieux, euse* adj. Enclin au pardon.

misogyne [mizɔʒin] adj. Qui manifeste une hostilité à l'égard des femmes.

mysogynie n. f. Aversion pour les femmes.

miss n. f. Mot anglais équivalent au français mademoiselle. Reine de beauté : *miss Europe.* (Pl. *miss* ou *misses.*)

missel n. m. Livre qui contient les prières de la messe.

missile n. m. Projectile autopropulsé et guidé sur tout ou partie de sa trajectoire.

mission n. f. Pouvoir donné à un délégué d'aller faire une chose. Fonction temporaire et déterminée : *mission diplomatique.* Ensemble de personnes faisant partie d'un groupe, d'une organisation chargés d'une activité déterminée : *une mission scientifique.* Apostolat en pays non chrétien. Poste où vivent des missionnaires. But que l'on se propose : *se donner pour mission de soigner et de guérir.*

missionnaire n. Religieux, religieuse envoyés en des pays non chrétiens.

missive adj. et n. f. Lettre.

mistelle n. f. Moût de raisin muté à l'alcool.

mistral n. m. Vent froid du nord, dans le sud-est de la France.

mitaine n. f. Gant de laine ne couvrant que la première phalange des doigts.

mite n. f. Insecte dont la larve ronge les vêtements de laine, les fourrures, etc.

mité, e adj. Attaqué par les mites.

mi-temps [mitɑ̃] n. f. Chacune des deux périodes d'égale durée que comportent certains jeux d'équipe comme le football, le rugby, etc. Temps d'arrêt qui sépare ces deux périodes. Moitié du temps de travail habituel : *travailler à mi-temps.*

miteux, euse adj. Fam. Pitoyable.

mitigé [mitiʒe], e adj. Qui n'a pas l'intensité requise : *un accueil mitigé.* Fam. Mélangé : *des éloges mitigés.*

mitonner v. t. Faire cuire longtemps et doucement.

mitoyen [mitwajɛ̃], enne adj. Qui est entre deux choses et leur est commune. Qui sépare deux propriétés.

mitoyenneté n. f. État de ce qui est mitoyen : *la mitoyenneté d'un fossé.*

mitraillage n. m. Action de mitrailler.

mitraille n. f. Ferraille dont on chargeait les canons, les obus.

mitrailler v. t. Tirer sur quelqu'un avec des mitraillettes ou des mitrailleuses. Fam. Photographier ou filmer sans arrêt.

mitraillette n. f. Arme à tir automatique portative.

mitrailleur n. m. Servant d'une mitrailleuse. Adj. *Fusil mitrailleur,* arme qui peut tirer par rafales.

mitrailleuse n. f. Arme à feu automatique, à tir rapide, montée sur un affût.

mitre n. f. Coiffure des prélats, lorsqu'ils officient en habits pontificaux. Appareil en terre cuite ou en tôle au sommet d'une cheminée.

mitré, e adj. Qui porte la mitre.

mitron n. m. Garçon boulanger ou pâtissier.

mi-voix (à) loc. adv. En émettant un faible son de voix : *parler à mi-voix.*

mixité n. f. Caractère d'un enseignement mixte, d'une activité également partagée entre les hommes et les femmes, les garçons et les filles.

mixte adj. Formé d'éléments différents. Qui participe de deux choses : *le drame est un genre mixte entre la tragédie et la comédie. Ecole mixte, classe mixte,* où sont admis des garçons et des filles.

mixtion n. f. Action de mélanger.

mixture n. f. Boisson dont les composants sont nombreux et le goût désagréable.

mnémotechnie n. f. Art de développer la mémoire par des exercices appropriés.

mnémotechnique adj. De la mnémotechnie.

mobile adj. Qui se meut. Qui peut être mû : *pont mobile. Fêtes mobiles,* dont la date change chaque année. Fig. Changeant : *esprit mobile.* N. m. Corps en mouvement. Par ext. Force motrice. Soldat de l'ancienne garde mobile. Fig. Cause qui fait agir : *l'intérêt est le mobile de ses actions.*

mobilier, ère adj. Qui tient de la nature du meuble : *effets mobiliers.* N. m. Les meubles : *changer son mobilier.*

mobilisable adj. Qui peut être mobilisé : *classe mobilisable.*

mobilisation n. f. Action de mobiliser : *décréter la mobilisation.*

mobiliser v. t. Mettre sur le pied de guerre les forces militaires d'un pays. Mettre en état d'alerte, développer les activités d'un parti, d'un syndicat. Fam. Faire appel aux services de quelqu'un.

mobilité n. f. Facilité à se mouvoir. Facilité à changer d'expression. Inconstance, instabilité.

mocassin n. m. Chaussure basse sans lacets.

moche adj. Fam. Laid, mauvais.

modal, e, aux adj. Gramm. Relatif aux modes.

modalité n. f. Circonstance qui accompagne un fait.

mode n. f. Usage passager. Manière, coutume. *A la mode,* suivant le goût du moment. Confection, commerce du vêtement féminin : *travailler dans la mode.*

mode n. m. Manière d'être. Forme, méthode : *mode de gouvernement.* Gramm. Forme verbale qui indique la manière dont l'action est présentée (indicatif, conditionnel, impératif, subjonctif, infinitif, participe). Mus. Manière d'être d'un ton : *le mode majeur et le mode mineur.*

modelage n. m. Action de modeler des figures en relief.

modèle n. m. Ce qui sert d'objet d'imitation : *modèle d'écriture.* Personne ou objet d'après lesquels travaillent les artistes. Pièce originale d'une collection de couture. Objet industriel qui sera reproduit en série. Fig. Propre à être imité : *un modèle de courage.* Adj. Parfait en son genre : *un élève modèle.*

modelé n. m. Relief des formes en sculpture, en peinture.

modeler v. t. (conj. 3) *Bx-arts*. Pétrir de la terre, de la cire, etc., pour obtenir une forme : *de la pâte à modeler*. Donner une forme, un relief particuliers. *Fig.* Conformer, régler : *modeler sa conduite sur celle de son frère*.

modeleur n. et adj. Qui modèle une statue, un bas-relief, etc. Qui fait des modèles pour le moulage des pièces coulées.

modéliste n. Personne qui fabrique des modèles réduits. Personne qui crée des modèles dans la couture.

modérateur, trice n. Qui modère. N. m. *Phys.* Substance qui, comme le graphite ou l'eau lourde, ralentit les neutrons dans une pile atomique.

modération n. f. Qualité qui éloigne de tout excès : *parler avec modération*. Adoucissement : *modération d'une peine*.

modéré*, e adj. Médiocre en intensité ou en quantité : *feu modéré*. Qui n'est point exagéré : *prix modéré*. Qui a de la modération : *modéré dans ses désirs*. Qui, en politique, professe des opinions modérées. N. Personne modérée en politique.

modérer v. t. (conj. 5) Tempérer, diminuer, adoucir, contenir : *modérer sa vitesse, sa colère*.

moderne adj. Qui appartient à l'âge actuel : *histoire moderne*. Qui est de son temps, conforme aux évolutions récentes : *le confort moderne*. N. m. Ce qui est moderne : *l'antique et le moderne*. Homme de notre époque, par opposition aux Anciens.

modernisation n. f. Action de moderniser ; son résultat.

moderniser v. t. Organiser en adaptant aux techniques présentes ; rajeunir en fonction des goûts actuels : *moderniser une usine*.

modernisme n. m. Caractère, goût de ce qui est moderne.

moderniste n. et adj. Partisan de ce qui est moderne.

modernité n. f. Caractère de ce qui est moderne.

modern style n. m. et adj. inv. Nom donné vers 1900 à une formule d'art décoratif caractérisée par la profusion des ornements.

modeste* adj. Qui pense ou parle de soi sans orgueil : *savant modeste*. Qui est l'indice de cette absence d'orgueil : *un air modeste*. Modéré : *modeste dans ses prétentions*. Simple, sans éclat.

modestie n. f. Réserve, pudeur.

modicité n. f. Caractère de ce qui est modique.

modification n. f. Action de modifier. Changement, transformation.

modifier v. t. Changer la forme, la qualité, etc. : *modifier une loi*. *Gramm.* Déterminer le sens de : *l'adverbe modifie le verbe, l'adjectif ou l'adverbe*.

modique* adj. De peu d'importance : *un prix modique*.

modiste n. f. Femme qui crée, exécute ou vend des chapeaux de femme.

modulation n. f. Inflexion variée de la voix. *Mus.* Passage d'un ton dans un autre. *Émission par modulation de fréquence*, émission

radiophonique obtenue par variation de la fréquence d'une oscillation électrique.

module n. m. *Archit.* Unité de convention pour régler les proportions des parties d'un édifice. Unité de mesure pour les eaux courantes. Élément qui compose un vaisseau spatial et qui peut s'en détacher.

moduler v. t. Exécuter avec des inflexions variées : *moduler un chant*. *Fig.* Adapter d'une manière souple aux circonstances. V. i. *Mus.* Passer d'un ton à un autre.

modus vivendi [mɔdysvivẽdi] n. m. inv. Accommodement, transaction.

moelle [mwal] n. f. Tissu riche en graisses, situé à l'intérieur des os. *Moelle épinière*, partie du système cérébro-spinal contenue dans le canal vertébral. *Fig.* Ce qu'il y a de plus substantiel : *extraire la moelle d'un auteur*. *Bot.* Substance spongieuse dans l'intérieur d'un arbre.

moelleux [mwalø], **euse*** adj. Doux : *un lit moelleux*. N. m. Caractère de ce qui est moelleux : *le moelleux d'un coussin*.

moellon [mwalɔ̃] n. m. Pierre de construction de petites dimensions.

mœurs [mœrs ; ou plus souvent mœr] n. f. Habitudes ou pratiques morales d'un individu, d'un groupe, d'un peuple. Habitudes particulières aux animaux.

mofette n. f. Émanation de gaz carbonique, le plus souvent dans les régions volcaniques et dans les mines de houille.

mohair [mɔɛr] n. m. Poil de chèvre angora, dont on fait des laines à tricoter.

moi pron. de la 1re pers. sing. des deux genres. N. m. Ce qui constitue l'individualité.

moignon [mwaɲɔ̃] n. m. Ce qui reste d'un membre coupé. *Par ext.* Membre rudimentaire. Ce qui reste d'une grosse branche cassée.

moindre* adj. Plus petit. Très peu important : *le moindre bruit*.

moine n. m. Membre d'un ordre religieux masculin à vœux solennels.

moineau n. m. Petit oiseau passereau, très commun dans les lieux habités.

moins adv. Adverbe de comparaison qui marque l'infériorité. Prép. Avec soustraction de : *15 moins 8 égale 7*. Loc. : *le moins*, au moindre degré, aussi peu que possible. *C'est bien le moins*, c'est la moindre chose. *Au moins, du moins, à tout le moins*, en tout cas, avant tout. *A moins que* loc. conj. Si ce n'est que.

moins-value n. f. Diminution de valeur.

moire n. f. Étoffe à reflet changeant et ondulé. Ce reflet lui-même.

moirer v. t. Donner une apparence chatoyante : *moirer un ruban*.

mois n. m. Chacune des douze divisions de l'année solaire. Espace de temps qui s'écoule depuis une date quelconque d'un mois jusqu'à la date correspondante du suivant. Prix convenu pour un mois de travail, de fonctions : *toucher son mois*.

moïse [mɔiz] n. m. Corbeille servant de couchette aux nouveau-nés.

moisi n. m. Ce qui est moisi.

moisir v. i. Se couvrir d'une mousse verdâtre qui marque un début de corruption : *les* *confitures moisissent. Moisir quelque part,* y rester longtemps.

moisissure n. f. Mousse qui se développe à la surface des substances organiques en décomposition.

moisson n. f. Récolte des grains. Temps où elle se fait. Ce qui est récolté ou à récolter : *rentrer la moisson. Fig.* Grande quantité de.

moissonner v. t. Faire la moisson. *Fig.* Recueillir : *moissonner les succès.*

moissonneur, euse n. Qui fait la moisson. N. f. Machine à moissonner.

moite adj. Légèrement humide.

moiteur n. f. Légère humidité.

moitié n. f. Une des deux parties égales d'un tout. Une bonne partie : *la moitié du temps. Fam.* Femme à l'égard de son mari : *il voyage avec sa moitié.*

moka n. m. Variété de café très parfumé. Gâteau fourré d'une crème au beurre parfumée au café ou au chocolat.

mol, olle* adj. V. MOU.

molaire n. f. Chacune des grosses dents qui servent à broyer.

môle n. m. Ouvrage en maçonnerie destiné à protéger l'entrée d'un port.

moléculaire adj. De la molécule.

molécule n. f. Particule formée d'atomes, qui représente la plus petite quantité d'un corps pur pouvant exister.

moleskine n. f. Toile recouverte d'un enduit et imitant le cuir.

molester v. t. Brutaliser.

molette n. f. Partie de l'éperon en forme de roue étoilée, qui sert à piquer le cheval. *Clef à molette,* clef dont une roulette actionne la mâchoire mobile. Roue striée qui frotte sur la pierre à briquet.

mollasse adj. Mou, flasque. *Fig.* Sans énergie : *caractère mollasse.*

mollesse n. f. État de ce qui est mou. *Fig.* Faiblesse, manque de fermeté : *mollesse de caractère.* Vie voluptueuse.

mollet n. m. Saillie des muscles de la partie postérieure de la jambe.

mollet adj. m. *Œuf mollet,* œuf cuit de telle façon que le blanc soit coagulé, le jaune restant liquide.

molletière n. f. Bande de cuir, de toile, que l'on enroule autour de la jambe.

molleton n. m. Tissu épais de laine ou de coton, moelleux et chaud.

molletonné, e adj. Garni de molleton.

mollir v. i. Devenir mou.

mollusques n. m. pl. Embranchement du règne animal, comprenant des animaux à corps mou, sans vertèbres, comme le colimaçon, l'huître, etc.

molosse n. m. Gros chien de garde.

molybdène n. m. Métal blanc, cassant et peu fusible.

môme n. *Pop.* Enfant.

moment n. m. Un certain temps. *Un petit moment,* un temps assez court. *Un bon moment,* un temps assez long. Occasion, circonstance : *le moment favorable.* Temps présent : *la mode du moment. Du moment que* loc. conj. Étant donné que, puisque.

momentané*, e adj. Qui ne dure qu'un moment : *effort momentané.*

momeries n. f. pl. *Litt.* Affectation hypocrite, outrée, d'un sentiment qu'on n'éprouve pas.

momie n. f. Cadavre embaumé : *les momies égyptiennes. Fig.* et *fam.* Personne sèche et maigre.

momifier v. t. Convertir en momie : *momifier un cadavre.*

mon adj. poss. masc. sing. ; **ma** fém. sing. ; **mes** pl. des deux genres. Adjectifs qui déterminent le nom et marquent une idée de possession.

monacal, e*, aux adj. Qui a rapport au genre de vie des moines.

monarchie n. f. Gouvernement d'un État par un seul chef, appelé roi ou empereur. *Monarchie absolue,* sans contrôle. *Monarchie constitutionnelle,* celle où l'autorité du souverain est limitée par une constitution.

monarchique* adj. De la monarchie.

monarchisme n. m. Système des partisans de la monarchie.

monarchiste n. et adj. Partisan de la monarchie.

monarque n. m. Chef d'une monarchie.

monastère n. m. Édifice habité par des moines ou des moniales.

monastique* adj. Relatif aux moines.

monceau n. m. Amas, tas : *monceau de pierres. Fig.* Grande quantité de.

mondain, e adj. Attaché aux plaisirs du monde. Propre aux mondains ; vain, futile : *parure mondaine.* N. Personne mondaine.

mondanité n. f. Caractère mondain. Goût pour les choses mondaines. Pl. Usages propres aux gens d'une courtoisie raffinée.

monde n. m. Ensemble de tout ce qui existe. Terre, séjour de l'homme : *les cinq parties du monde.* Grand continent : *Colomb découvrit un monde.* Planète : *la pluralité des mondes.* Genre humain. Gens : *se moquer du monde.* Société : *vivre dans le monde.* Vie séculière : *quitter le monde pour le cloître.* Venir au monde, naître. Mettre au monde, donner naissance. *Le grand monde,* la haute société. *Homme, femme du monde,* qui connaît les usages de la courtoisie.

monder v. t. Nettoyer, séparer des impuretés : *orge mondé.*

mondial, e*, aux adj. Du monde entier.

monégasque adj. et n. De Monaco.

monétaire adj. De la monnaie.

mongol, e adj. et n., **mongolique** adj. De Mongolie.

mongolien, enne adj. et n. Atteint de mongolisme.

mongolisme n. m. Déformation congénitale du visage avec déficience intellectuelle.

moniale n. f. Membre d'un ordre religieux féminin à vœux solennels.

moniteur, trice n. Personne chargée de l'enseignement et de la pratique de certains sports, de certaines disciplines ; personne servant à l'encadrement de groupes d'enfants.

monnaie n. f. Pièces de métal ou billets émis par un État pour servir aux échanges. *Monnaie fiduciaire,* billets de banque. Équivalent de la valeur d'une pièce de monnaie ou d'un billet de banque en pièces ou en billets de moindre valeur : *attendre sa monnaie. Petite monnaie,* ensemble de petites pièces de monnaie d'appoint. *Rendre à quelqu'un la monnaie de sa pièce,* lui rendre le mal qu'il vous a fait.

monnayage n. m. Fabrication de la monnaie.

monnayer [monɛje] v. t. (conj. **2**) Convertir un métal en monnaie. *Fam.* Faire argent de : *monnayer son talent.*

mono-, préf. signifiant *seul.*

monochrome adj. D'une seule couleur : *impression monochrome.*

monocle n. m. Verre correcteur que l'on maintient sous l'arcade de l'œil.

monocorde adj. Monotone : *ton monocorde.*

monocotylédones n. f. pl. Classe des plantes qui, comme le lys, n'ont qu'un seul cotylédon.

monoculture n. f. Utilisation du sol pour une seule culture.

monogame adj. Qui pratique la monogamie.

monogamie n. f. Système dans lequel l'homme ne peut épouser à la fois qu'une seule femme, et la femme un seul homme.

monogramme n. m. Signe formé de la lettre initiale ou de plusieurs lettres entrelacées d'un nom.

monographie n. f. Étude sur un point spécial d'histoire, de science, sur un personnage, une région, etc.

monolithe n. m. et adj. Fait d'un seul bloc de pierre.

monolithique adj. Se dit de ce qui forme un ensemble rigide, inébranlable : *un système monolithique.*

monologue n. m. Scène de théâtre où un personnage est seul et se parle à lui-même. Discours d'une personne qui se parle à elle-même.

monologuer v. i. Parler seul ou pour soi-même.

monôme n. m. Expression algébrique dans laquelle n'entrent ni le signe + ni le signe —. *Fig.* Défilé d'étudiants qui manifestent en une longue colonne.

monophasé adj. m. Se dit du courant électrique alternatif simple, ne nécessitant que deux fils pour sa distribution.

monoplan n. m. Avion à un seul plan de sustentation.

monopole n. m. Privilège exclusif de fabriquer ou de vendre certaines choses, d'occuper certaines charges, etc. *Fig.* Possession exclusive.

monopoliser v. t. Réduire en monopole. Réserver pour son profit personnel, accaparer pour son seul usage.

monopolistique ou **monopoliste** adj. Relatif à un monopole.

monosyllabe n. m. et adj. Mot qui n'a qu'une syllabe.

monosyllabique adj. Qui n'a qu'une seule syllabe : *mot monosyllabique.* Qui ne contient que des monosyllabes.

monothéisme n. m. Doctrine qui n'admet qu'un seul Dieu.

monothéiste adj. Relatif au monothéisme. N. Qui en est partisan.

monotone* adj. Qui est sur le même ton : *chant monotone. Fig.* Uniforme : *style monotone.*

monotonie n. f. Uniformité ennuyeuse dans le ton, la voix, etc.

Monotype n. f. (nom déposé). Machine à composer, qui fond des caractères isolés.

monovalent adj. m. *Chim.* Syn. de UNIVALENT.

monseigneur n. m. Titre d'honneur donné aux princes, aux évêques. (Pl. *messeigneurs, nosseigneurs.*)

monsieur [məsjø] n. m. Titre donné, par civilité, à tout homme à qui l'on parle ou à qui l'on écrit. Nom que les domestiques donnent à leur maître. (Pl. *messieurs.*)

monstre n. m. Être présentant une malformation importante. Être fantastique qui figure dans la mythologie ou la légende. *Par ext.* Personne d'une laideur repoussante : *épouser un monstre.* Objet, animal énorme : *monstre marin. Fig.* Personne dénaturée : *monstre de cruauté.* Chose qu'on se représente comme terrible. *Les monstres sacrés,* les grandes vedettes du cinéma ou de la scène. Adj. D'une grandeur, d'une force extraordinaire : *une publicité monstre.*

monstrueux, euse* adj. D'une conformation contre nature : *un enfant monstrueux. Fig.* Prodigieux, excessif. Horrible : *crime monstrueux.*

monstruosité n. f. Caractère de ce qui est monstrueux. Chose monstrueuse : *dire des monstruosités.*

mont n. m. Grande élévation naturelle au-dessus du sol. *Promettre monts et merveilles (fig.),* faire des promesses exagérées.

montage n. m. Action d'assembler les pièces d'un mécanisme pour le mettre en état de fonctionner. Assemblage des diverses séquences d'un film en une bande définitive.

montagnard, e n. et adj. Qui habite un pays de montagnes.

montagne n. f. Élévation du sol, naturelle et considérable. *Fig.* Amoncellement : *montagne de livres. Fig.* Grande difficulté.

montagneux, euse adj. Où il y a des montagnes : *pays montagneux.*

montant n. m. Pièce posée verticalement ou servant de soutien. Chacune des deux pièces tenant les échelons d'une échelle. Total d'un compte : *le montant des dépenses.*

montant, e adj. Qui monte : *chemin montant.*

mont-de-piété n. m. Établissement public qui prête de l'argent à intérêt, moyennant la mise en gage d'un objet mobilier.

monte n. f. Manière de monter à cheval. Accouplement (animaux domestiques).

monte-charge n. m. inv. Appareil servant à monter des fardeaux d'un étage à l'autre.

montée n. f. Action de monter. Chemin montant, rampe, pente : *dure montée.*

monte-plats n. m. inv. Petit monte-charge, entre une cuisine et une salle à manger.

monter v. i. (Se conj. avec l'auxil. *être,* sauf quand il signifie «atteindre un niveau, un prix, etc., plus élevé».) Se porter dans un lieu plus élevé : *monter sur un arbre.* S'accroître en hauteur : *le fleuve monte.* Se placer dans, sur : *monter à cheval, en voiture. Fig.* S'élever : *monter en grade.* Augmenter de prix : *le blé monte.* Atteindre : *les frais montent* à. V. t. Gravir : *monter l'escalier.* Être monté sur : *monter un cheval.* Transporter en haut. Fournir du nécessaire : *monter sa maison.* Ajuster : *monter une* *machine, une affaire.* Exciter : *monter la tête.* V. pr. Se fournir : *se monter en linge. Se monter la tête,* s'exciter soi-même, s'exalter.

monteur, euse n. Spécialiste du montage des pièces d'un ensemble.

montgolfière n. f. Aérostat gonflé à l'air chaud.

monticule n. m. Petit mont.

montoir n. m. Grosse pierre servant à monter à cheval.

montrable adj. Qu'on peut montrer.

montre n. f. Instrument portatif qui sert à indiquer l'heure. *Faire montre de,* faire preuve de : *faire montre de courage.*

montrer v. t. Faire voir : *montrer ses bijoux.* Manifester : *montrer du courage.* Prouver, démontrer.

montreur, euse n. Qui montre au public.

montueux, euse adj. Inégal, coupé de collines : *terrain montueux.*

monture n. f. Animal (cheval, âne) sur lequel on monte. Garniture d'un objet, d'un outil, d'un appareil, qui en maintient les diverses parties : *la monture des lunettes ; la monture en or d'une bague.*

monument n. m. Ouvrage d'architecture ou de sculpture pour perpétuer un souvenir. Grand ouvrage d'architecture. *Fig.* Œuvre dont l'importance et les dimensions sont considérables.

monumental, e, aux adj. Qui a les proportions d'un monument. Grandiose.

moquer (se) v. pr. Faire de quelqu'un ou de quelque chose un objet de plaisanterie : *se moque de ses meilleurs amis.* Ne faire aucun cas : *se moquer des réprimandes.*

moquerie n. f. Action, geste, parole par lesquels on s'amuse aux dépens de quelqu'un.

moquette n. f. Étoffe épaisse dont on recouvre uniformément les parquets d'un appartement.

moqueur, euse* n. et adj. Qui a l'habitude de se moquer. Qui marque la moquerie : *sourire moqueur.*

moraine n. f. Débris arrachés à la montagne et entraînés par un glacier.

moral, e*, aux adj. Qui concerne les règles de conduite en usage dans une société déterminée. Se dit de ce qui est considéré comme bien par une société. Intellectuel, spirituel (par oppos. à *physique, matériel*) : *les facultés morales.* N. m. Ensemble de ces facultés. État d'esprit : *avoir bon moral.*

morale n. f. Ensemble des règles à suivre pour faire le bien et éviter le mal. Réprimande, reproche : *faire la morale à un enfant.* Conclusion morale : *la morale d'une fable.*

moralisateur, trice adj. Propre à moraliser : *discours moralisateur.*

moraliser v. t. Rendre moral. Faire la morale à : *moraliser un enfant.*

moraliste n. et adj. Qui écrit sur la morale, sur les mœurs.

moralité n. f. Rapport de la conduite avec la morale : *moralité des actions.* Mœurs : *homme sans moralité.* Réflexion morale. Sens moral d'une fable. Au Moyen Âge, œuvre dramatique édifiante.

morasse n. f. Dernière épreuve d'une page de journal avant l'impression.

moratoire* adj. Maladif. En proie à un déséquilibre maladif.

moratoire n. m. Décision légale qui suspend provisoirement l'exécution de certaines obligations.

morbide* adj. Maladif. En proie à un déséquilibre maladif.

morbidité n. f. Caractère de ce qui est morbide. Pourcentage des malades par rapport au chiffre de la population.

morbleu! interj. Juron ancien qui marque l'impatience, la colère.

morceau n. m. Partie séparée d'un tout : *morceau de bois.* Fragment d'une œuvre.

morceler v. t. (conj. 3) Diviser en morceaux.

morcellement n. m. Action de morceler : *le morcellement d'un parc.*

mordant, e adj. Qui mord. Qui entame en rongeant. Incisif, pénétrant (son). *Fig.* Caustique, satirique. N. m. Vernis pour fixer l'or. Composition pour fixer la teinture sur les étoffes. *Fig.* Causticité.

mordicus [mɔrdikys] adv. Avec ténacité : *soutenir mordicus une opinion.*

mordiller v. t. Mordre légèrement.

mordorer v. t. Donner une teinte brune à reflets dorés.

mordre v. t. (conj. 46) Saisir, blesser avec les dents. Entamer : *la lime mord l'acier.* V. i. : *mordre dans son pain.* *Méc.* Engrener : *pignon qui mord.* *Mordre à,* comprendre. *Mordre sur,* dépasser le bord.

morfil n. m. Bavure au tranchant d'une lame d'acier aiguisée à la meule.

morfondre (se) v. pr. S'ennuyer à attendre longuement. Être morfondu v. passif. Être atterré par une déception cruelle, par une blessure d'amour-propre.

morganatique* adj. Se dit du mariage entre un prince et une femme de rang inférieur.

morgue n. f. Attitude hautaine et méprisante.

morgue n. f. Lieu où l'on dépose les cadavres non identifiés.

moribond, e adj. et n. Qui est près de mourir.

moricaud, e adj. et n. Qui a la peau très brune.

morigéner v. t. (conj. 5) Réprimander, gronder : *morigéner un enfant.*

morille [mɔrij] n. f. Genre de champignons comestibles.

morion n. m. Sorte de casque du XVIe s.

mormon, one adj. Relatif au mormonisme, secte religieuse américaine. N. Partisan du mormonisme.

morne adj. Triste, désolé. Sombre, en parlant du temps. Sans éclat.

morne n. m. Aux Antilles, petite montagne de forme arrondie.

mornifle n. f. *Pop.* Revers de main donné sur la face.

morose adj. Maussade, renfrogné.

morosité n. f. Caractère de ce qui est morose.

morphine n. f. Alcaloïde tiré de l'opium.

morphinisme n. m. Intoxication par la morphine.

morphinomane adj. et n. Atteint de morphinomanie.

morphinomanie n. f. Habitude morbide de l'usage de la morphine.

morphologie n. f. Étude de la forme extérieure des êtres. Histoire de la forme des mots.

morphologique* adj. Relatif à la morphologie : *étude morphologique*.

mors [mɔr] n. m. Barre métallique passée dans la bouche du cheval, et maintenue par la bride. *Fig. Prendre le mors aux dents*, s'emporter.

morse n. m. Mammifère marin des régions arctiques.

morse n. m. Système de télégraphie utilisant un alphabet par points et par traits.

morsure n. f. Action de mordre. Plaie, marque faite en mordant.

mort [mɔr] n. f. Cessation de la vie : *mort violente*. Peine capitale : *condamné à mort*. Grande douleur, grande peine : *avoir la mort dans l'âme*. Absence de vie, immobilité. Cessation, disparition : *la mort d'un empire*. Cause de ruine : *la mort du commerce*. Squelette personnifiant la mort.

mort, e adj. Privé de vie. Sans animation : *ville morte*. Sans ardeur. *Eau morte*, stagnante. *Nature morte*, peinture d'objets non animés. *Temps mort*, moment où il n'y a pas d'action. N. Personne morte, cadavre. *Faire le mort*, ne pas manifester sa présence.

mortadelle n. f. Gros saucisson italien.

mortaise n. f. Entaille pratiquée dans l'épaisseur d'une pièce, pour recevoir le tenon d'une autre pièce.

mortalité n. f. Condition de ce qui est sujet à la mort. Quantité d'individus qui meurent : *tables de mortalité*.

mort-aux-rats n. f. inv. Appât empoisonné, destiné à détruire les rats.

morte-eau n. f. Marée faible.

mortel, elle adj. Sujet à la mort : *nous sommes mortels*. Qui cause la mort : *maladie mortelle*. Acharné : *un ennemi mortel*. N. Être humain : *heureux mortel*.

mortellement adv. À mort. *Fig.* Extrêmement : *mortellement ennuyeux*.

morte-saison n. f. Temps pendant lequel, dans certaines professions, on a moins de travail qu'à l'ordinaire.

mortier n. m. Mélange de chaux, de sable et d'eau pour unir les pierres. Vase où l'on pile les drogues. Canon à tir courbe, servant à lancer des bombes.

mortifiant, e adj. Qui mortifie.

mortification n. f. Action de mortifier. Humiliation : *cruelle mortification*. *Méd.* État des chairs mortes, gangrenées.

mortifier v. t. Infliger à son corps des traitements pénibles par pénitence. *Fig. Mortifier quelqu'un*, le blesser en l'humiliant.

mort-né, e adj. Mort en venant au monde. *Fig.* Qui échoue dès le début : *projet mort-né*. N. m. Enfant mort-né. (Pl. *mortnés, mort-nées*.)

mortuaire adj. Relatif aux décès, aux cérémonies funèbres.

morue n. f. Gros poisson dont le foie fournit une huile fortifiante.

morutier n. et adj. m. Se dit des navires qui font la pêche de la morue.

morve n. f. Maladie contagieuse des chevaux. Humeur visqueuse, qui découle des narines.

morveux, euse adj. Qui est atteint de la morve. Qui a la morve au nez : *enfant morveux*. N. *Fam.* Garçon, fille sans expérience et prétentieux.

mosaïque n. f. Assemblage décoratif de petits cubes ou fragments multicolores scellés dans le ciment. *Fig.* Ouvrage d'esprit, composé de morceaux variés.

moscovite adj. et n. De Moscou, et, *par ext.,* de Russie.

mosquée n. f. Édifice culturel propre à l'islâm.

mot n. m. Son ou réunion de sons correspondant à une idée. Caractère ou ensemble de caractères qui figurent un mot : *un mot illisible*. Parole vide de sens : *se payer de mots*. Ce qu'on dit. Ce qu'on écrit brièvement : *dire un mot à l'oreille*. Sentence, parole mémorable : *beau mot. Grand mot*, expression pompeuse. *Fin mot*, sens caché d'une chose ; point suprême. *Au bas mot*, en évaluant au plus bas. *Mot d'ordre*, consigne impérieuse. *Mot à mot*, sans rien changer. *Mot-à-mot* n. m. Traduction mot à mot.

motard n. m. *Fam.* Motocycliste de la police.

motet n. m. Morceau de musique religieuse vocale.

moteur, trice adj. Qui produit ou transmet un mouvement. N. m. *Méc.* Tout ce qui, en mécanique, imprime un mouvement, comme l'eau, l'air, la vapeur, etc. Appareil servant à transformer en énergie mécanique d'autres formes d'énergie : *moteur à explosion. Fig.* Instigateur, cause. N. m. Véhicule servant de tracteur à d'autres voitures.

motif n. m. Ce qui porte à faire une chose. Raison : *se fâcher sans motif. Bx-arts.* Sujet de composition. *Mus.* Phrase musicale qui se reproduit dans un morceau.

motion n. f. Proposition : *voter une motion*.

motiver v. t. Exposer les motifs d'une décision, d'une opinion, etc. Servir de motif à, justifier : *motiver une mesure*.

moto n. f. Abrév. fam. de MOTOCYCLETTE.

motocross [mɔtɔkrɔs] n. m. Course à motocyclette sur un terrain très accidenté.

motoculteur n. m. Appareil agricole léger, faisant des labours superficiels.

motocycle n. m. Cycle mû par un moteur (il existe trois groupes de motocycles : le *cyclomoteur*, le *vélomoteur* et la *motocyclette*).

motocyclette n. f. Véhicule à deux roues, actionné par un moteur dont la cylindrée est supérieure à 125 cm³.

motocycliste n. Personne qui conduit une motocyclette.

motopompe n. f. Pompe à moteur.

motorisation n. f. Action de motoriser ; son résultat : *la motorisation de l'agriculture*.

motorisé, e adj. Se dit d'une troupe munie de véhicules de transport : *régiment motorisé*.

motoriser v. t. Munir de véhicules à moteur : *motoriser une armée*.

motrice n. f. Véhicule servant de tracteur pour d'autres voitures.

motricité n. f. Ensemble des mouvements qui peuvent, chez un homme ou un animal, être faits sous le contrôle de la volonté ou se produire inconsciemment.

motte n. f. Petite masse de terre compacte. *Motte de beurre,* masse de beurre destinée à être vendue au détail.

motus! [mɔtys] interj. Silence!

mou ou **mol, molle*** adj. Qui cède facilement au toucher : *cire molle.* Chaud et humide : *temps mou. Fig.* Sans vivacité : *un garçon mou.*

mou n. m. Poumon des animaux de boucherie : *acheter du mou pour son chat.*

moucharabieh n. m. Grillage en bois d'une fenêtre, en pays d'islâm.

mouchard, e n. *Fam.* Délateur.

moucharder v. t. et i. Dénoncer.

mouche n. f. Insecte diptère. *Fine mouche,* personne rusée. *Prendre la mouche,* se fâcher. Petite rondelle de taffetas noir que les dames se collaient sur le visage. Bouton de cuir à la pointe d'un fleuret. Centre d'une cible.

moucher v. t. Débarrasser les narines des sécrétions nasales. Enlever la partie carbonisée d'une mèche. *Fam.* Réprimander.

moucheron n. m. Petite mouche.

moucheter v. t. (conj. 4) Faire de petites taches rondes sur une étoffe. *Moucheter une arme,* en garnir la pointe d'une mouche.

moucheture n. f. Tache naturelle sur le corps de certains animaux. Ornement d'une étoffe mouchetée.

mouchoir n. m. Linge pour se moucher. Pièce d'étoffe servant à divers usages : *mouchoir de cou.*

moudre v. t. (conj. 51) Réduire en poudre avec un moulin.

moue n. f. Grimace de déplaisir.

mouette n. f. Petit oiseau de mer palmipède.

mouffette n. f. Petit mammifère carnassier d'Amérique : *la fourrure de la mouffette s'appelle sconse.*

moufle n. f. Gant fourré, où le pouce seul est isolé des autres doigts. Assemblage de poulies pour élever des fardeaux.

moufle n. m. *Chim.* Récipient de terre pour chauffer les corps sans que la flamme soit en contact direct avec eux.

mouflon n. m. Sorte de grand mouton sauvage.

mouillage n. m. Action de mouiller. Action d'ajouter de l'eau aux boissons dans une intention frauduleuse. Plan d'eau favorable au stationnement des navires.

mouiller v. t. Rendre humide, humecter. Étendre d'eau : *mouiller du vin.* Ajouter à un mets des liquides, pour composer une sauce. *Mar. Mouiller l'ancre,* la jeter dans la mer pour qu'elle s'attache au fond. *Mouiller une mine,* la poser dans la mer. V. pr. *Fam.* Se compromettre.

mouillette n. f. Languette de pain qu'on trempe dans l'œuf à la coque.

mouilleur n. m. Appareil servant au mouillage des ancres. *Mouilleur de mines,* navire spécialisé dans la pose des mines. Appareil pour mouiller les étiquettes, des timbres-poste.

mouillure n. f. Action de mouiller. État de ce qui est mouillé. Trace d'humidité.

moujik [muʒik] n. m. Paysan russe.

moulage n. m. Action de verser dans des moules des métaux en fusion. Action de prendre d'un objet une empreinte destinée à servir de moule. Cette empreinte et sa reproduction.

moulage n. m. Action de moudre.

moule n. m. Objet creusé pour donner une forme à une matière fondue.

moule n. f. Mollusque lamellibranche comestible.

moulé, e adj. *Fig.* Bien fait, bien proportionné. *Lettre moulée,* imprimée.

mouler v. t. Prendre l'empreinte ; exécuter un moule sur. Suivre exactement les contours de ; s'ajuster à : *vêtement qui moule le corps.* V. pr. *Fig.* Se modeler sur.

mouleur n. et adj. m. Qui moule.

moulin n. m. Machine à moudre le grain, à pulvériser certaines matières, etc. Bâtiment où cette machine est installée. *Moulin à café, à poivre,* petit moulin pour moudre le café, le poivre.

moulinage n. m. Action de filer et de tordre mécaniquement la soie.

mouliner v. t. Faire subir le moulinage (soie). Ronger le bois (vers).

moulinet n. m. Tourniquet. Figure du quadrille. *Faire le moulinet,* faire mouvoir rapidement autour de soi une épée, un bâton, etc. Bobine fixée au manche d'une canne à pêche et sur laquelle s'enroule la ligne.

moulu, e adj. Réduit en poudre. *Fig.* Rompu de fatigue.

moulure n. f. Partie plus ou moins saillante, servant d'ornement.

mourant, e adj. Qui se meurt. Qui annonce qu'on est près de mourir : *voix mourante.* En train de disparaître. *Fig.* Languissant : *regard mourant.* N. Personne qui se meurt.

mourir v. i. (conj. 19) Cesser de vivre. Souffrir beaucoup : *mourir de faim, de peur.* Perdre son activité : *laisser mourir le feu.* S'affaiblir graduellement. Disparaître. V. pr. Être près de mourir : *le malade se meurt.*

mouron n. m. Petite plante à fleurs rouges ou bleues.

mousquet n. m. Arme à feu portative, plus lourde que l'arquebuse.

mousquetaire n. m. Autref., soldat armé d'un mousquet. Gentilhomme d'une compagnie à cheval de la maison du roi.

mousqueton n. m. Fusil court. Crochet maintenu fermé par un ressort.

moussaillon n. m. *Fam.* Petit mousse.

mousse n. f. Écume à la surface de certains liquides. Nom de divers entremets : *mousse au chocolat.*

mousse n. f. Plante cryptogame, caractérisée par un développement en touffes ou en tapis, et qui n'a ni racines ni sève circulante.

mousse adj. Qui n'est pas aigu ou tranchant : *lame mousse.*

mousseline n. f. Tissu serré, souple, léger et transparent. Adj. Très fin.

mousser v. i. Produire de la mousse. *Faire mousser quelqu'un,* le vanter.

mousseron n. m. Petit champignon comestible.

mousseux, euse adj. Qui produit de la mousse : *vin mousseux.*

mousson n. f. Dans l'Asie du Sud-Est, vents qui soufflent alternativement vers la mer ou vers la terre pendant plusieurs mois.

moussu, e adj. Couvert de mousse.

moustache n. f. Partie de la barbe au-dessus de la lèvre supérieure. Poils de la gueule de certains animaux : *moustache du chat.*

moustachu, e adj. Qui a de la moustache ou une forte moustache.

moustiquaire n. f. Rideau de mousseline pour se préserver des moustiques.

moustique n. m. Petit insecte diptère piqueur et suceur de sang.

moût n. m. Jus de raisin ou de pomme qui n'a pas encore fermenté.

moutard n. m. *Pop.* Petit garçon.

moutarde n. f. Plante crucifère qui fournit le condiment du même nom. La graine de cette plante : *farine de moutarde. Fig.* La moutarde lui monte au nez, il commence à se fâcher.

moutardier n. m. Petit pot dans lequel on sert la moutarde. Celui qui fait ou vend de la moutarde.

mouton n. m. Genre de mammifères ruminants dont la toison fournit la laine. Viande de cet animal. Peau de mouton préparée : *reliure en mouton. Fig.* Personne douce et traitable. *Techn.* Masse de fer qu'on élève et qu'on laisse retomber sur des pieux pour les enfoncer. Petite vague brisante.

moutonnement n. m. Action de moutonner : *le moutonnement des flots.*

moutonner v. t. Friser comme la laine d'un mouton. V. i. Commencer à s'agiter, à blanchir (mer).

moutonneux, euse adj. Qui moutonne : *mer moutonneuse.*

moutonnier, ère adj. Qui fait ce qu'il voit faire, à la manière des moutons.

mouture n. f. Opération consistant à moudre le grain dans une meunerie. *Péjor.* Reprise d'un sujet déjà traité et que l'on présente d'une manière différente.

mouvant, e adj. Dont le fond n'est pas stable : *sable mouvant ; terre mouvante. Fig.* Instable : *situation mouvante.*

mouvement n. m. Déplacement d'un corps : *le mouvement des astres.* Manière de se mouvoir : *mouvements gracieux.* Circulation, agitation : *le mouvement de la foule.* Fluctuation : *mouvement des valeurs.* Animation, vivacité : *composition pleine de mouvement. Fig.* Agitation : *les esprits sont en mouvement.* Sentiment intérieur : *mouvement de pitié.* Inspiration : *de son propre mouvement. Mus.* Vitesse de la mesure : *accélérer le mouvement.* Ensemble des pièces motrices d'un appareil : *mouvement de montre.*

mouvementé, e adj. Accidenté. Qui a du mouvement, de l'animation.

mouvoir v. t. (conj. 31) Mettre en mouvement. *Fig.* Exciter, pousser : *mû par l'intérêt.* V. pr. Être en mouvement.

moyen [mwajɛ̃], enne* adj. Qui est entre deux extrémités ou entre deux choses de nature différente : *de moyenne taille.* Ordinaire, commun : *esprits moyens ; le Français moyen.* Calculé en moyenne : *température moyenne.*

moyen [mwajɛ̃] n. m. Ce qui sert pour parvenir à une fin. Pouvoir d'agir. Entremise : *par le moyen de quelqu'un.* Pl. Ressources : *vivre selon ses moyens.* Facultés naturelles.

Moyen Âge n. m. Période de l'histoire qui va du début du Vᵉ s. au milieu ou à la fin du XVᵉ s.

moyenâgeux adj. Du Moyen Âge.

moyennant prép. Au moyen de ; à la condition de : *moyennant cette somme.*

moyenne n. f. Chose, quantité qui tient le milieu entre plusieurs autres. Nombre indiquant le quotient d'une somme par le nombre de ses parties. *En moyenne,* en compensant des différences opposées.

moyennement adv. Ni peu ni beaucoup : *moyennement intelligent.* En moyenne.

moyeu [mwajø] n. m. Partie centrale d'une roue.

mozarabe adj. et n. Se dit des chrétiens d'Espagne qui conservèrent leur religion sous la domination musulmane.

mucilage n. m. Substance visqueuse de certains végétaux. Solution de gomme dans l'eau, utilisée en pharmacie.

mucosité n. f. Substance épaisse sécrétée par les muqueuses du nez.

mucus [mykys] n. m. Sécrétion gluante contenant des protides, produite par les muqueuses.

mue n. f. Changement dans le plumage, le poil, la peau chez les animaux à certaines époques. Temps de ce changement. Changement dans le timbre de la voix humaine à la puberté. Cage à claire-voie pour une poule et ses poussins.

muer v. i. Se dit des animaux qui perdent leur peau, leur poil ou leur plumage, ou des jeunes gens dont la voix change à la puberté. V. pr. Se transformer : *sympathie qui se mue en amitié.*

muet, ette adj. Qui n'a pas l'usage de la parole. Qui ne peut proférer aucune parole : *muet de terreur.* Qui ne se manifeste point par des cris ou des paroles : *douleur muette. Gramm.* « E » muet, voyelle, consonne, syllabe muette, qu'on ne prononce que peu ou pas. « H » muet, qui n'est pas aspiré. N. Personne privée de la parole : *les muets du sérail.*

muezzin [muɛdzɛ̃] n. m. Fonctionnaire qui annonce du haut d'un minaret les cinq prières quotidiennes de l'islâm.

mufle n. m. Extrémité du museau de certains mammifères. *Fam.* Homme grossier et brutal : *se conduire en mufle.*

muflerie n. f. Manque de délicatesse.

muflier n. m. Gueule-de-loup (plante).

mufti ou **muphti** n. m. Interprète autorisé de la loi musulmane.

muge ou **mulet** n. m. Genre de poissons dont la chair est très estimée.

mugir v. i. Crier en parlant des bovidés. *Fig.* Pousser des cris semblables à ceux du bœuf. Retentir : *le vent mugit.*

mugissement n. m. Cri sourd et prolongé du bœuf, de la vache. *Fig.* Son qui ressemble à ces cris : *le mugissement des flots.*

muguet n. m. Plante à petites fleurs blanches d'une odeur douce. *Méd.* Maladie des muqueuses, surtout chez le nouveau-né.

muid [mɥi] n. m. Anc. mesure de capacité pour les grains et les liquides.

mulâtre, esse n. et adj. Personne née d'un Noir et d'une Blanche, ou d'une Noire et d'un Blanc.

mule n. f. Pantoufle laissant le talon découvert. Chaussure blanche du pape.

mule n. f. Produit femelle de l'accouplement de l'âne et de la jument ou du cheval et de l'ânesse. *Têtu comme une mule*, très têtu.

mulet n. m. Produit d'un âne et d'une jument. Muge (poisson).

muletier n. m. Conducteur de mulets. Adj. *Chemin muletier*, praticable seulement par des mulets.

mulot n. m. Petit rat des champs.

multicolore adj. Qui a plusieurs couleurs : *vêtement multicolore*.

multiforme adj. Qui a ou prend plusieurs formes.

multinational, e, aux adj. Qui concerne plusieurs nations. *Société multinationale* (ou *multinationale* n. f.), groupe industriel, commercial ou financier dont les activités se répartissent entre plusieurs États.

multipare adj. et n. f. Qui met bas plusieurs petits à la fois. Femme qui a eu plusieurs enfants.

multiple adj. Nombreux. Non simple. N. m. Nombre qui en contient un autre plusieurs fois exactement.

multiplicande n. m. Nombre à multiplier par un autre.

multiplicateur n. m. Nombre par lequel on multiplie un autre.

multiplicatif, ive adj. Qui multiplie.

multiplication n. f. Augmentation en nombre. Opération qui a pour but, étant donné deux nombres, l'un appelé *multiplicande*, l'autre *multiplicateur*, d'en obtenir un troisième appelé *produit*, qui soit formé avec le multiplicande comme le multiplicateur est formé avec l'unité (ex. : $8 \times 7 = 56$). *Table de multiplication* ou de *Pythagore*, tableau donnant les produits l'un par l'autre des dix premiers nombres.

multiplicité n. f. Grand nombre.

multiplier v. t. Augmenter une quantité, un nombre. Faire une multiplication. V. pr. *Fig.* Donner l'impression, à force d'activité, d'être en plusieurs lieux à la fois.

multipolaire adj. Qui a plusieurs pôles.

multirisques adj. inv. *Assurance multirisques*, assurance couvrant simultanément plusieurs risques, comme le vol et l'incendie.

multitubulaire adj. Se dit de chaudières dans lesquelles la surface de chauffe est faite d'un grand nombre de tubes.

multitude n. f. Un grand nombre de. La masse importante des gens (syn. FOULE, MASSE).

municipal, e, aux adj. Relatif à l'administration des communes : *conseil municipal*. Qui appartient à la commune : *stade municipal*.

municipalité n. f. Ensemble du maire et des conseillers municipaux. Territoire soumis à une organisation municipale.

munificence n. f. Grande libéralité.

munificent, e adj. Très généreux.

munir v. t. Pourvoir, approvisionner. V. pr. : *se munir d'argent*.

munitions n. f. pl. Projectiles pour armes à feu.

muqueux, euse adj. Relatif aux mucosités : *sécrétion muqueuse*. N. f. pl. Membranes tapissant une cavité du corps humain.

mur n. m. Ouvrage de maçonnerie pour enclore un espace ou le diviser. Objet qui forme une enceinte ou une séparation. N. m. pl. Enceinte d'une ville fortifiée : *forcer les murs de la cité*.

mûr, e adj. Se dit des fruits ayant atteint tout leur développement. *Fig. Esprit mûr*, réfléchi. *Projet mûr*, bien médité. *Abcès mûr*, près de crever.

murage n. m. Action de murer.

muraille n. f. Mur épais.

mural, e, aux adj. Qui croît sur les murs : *plante murale*. Fixé au mur : *carte murale*.

mûre n. f. Fruit du mûrier ou de la ronce.

murène n. f. Poisson de la Méditerranée, très vorace.

murer v. t. Entourer de murs. Boucher par un mur : *murer une porte*.

murex n. m. Mollusque à coquille hérissée de pointes, d'où les Anciens tiraient la pourpre.

mûrier n. m. Arbre dont la feuille nourrit le ver à soie.

mûrir v. t. Rendre mûr. *Fig.* Rendre sage, expérimenté. Méditer : *mûrir un projet*. V. i. Devenir mûr. *Fig.* Venir à son plein développement.

murmure n. m. Bruit sourd et confus : *un murmure de voix ; le murmure des eaux. Fig.* Plaintes de gens mécontents.

murmurer v. i. Faire entendre un murmure. V. t. Dire à voix basse.

musaraigne [myzarεɲ] n. f. Petit animal carnassier de la grosseur d'une souris.

musarder v. i. Perdre son temps, s'amuser à des riens.

musardise n. f. Action de musarder.

musc n. m. Substance très odorante utilisée en parfumerie et produite par certains mammifères.

muscade n. f. Fruit du muscadier. Petite boule dont se servent pour leurs tours les escamoteurs.

muscadet n. m. Vin blanc sec et léger de la région nantaise.

muscadier n. m. Arbrisseau qui fournit la muscade.

muscadin n. m. Nom donné après le 9-Thermidor (1794) aux élégants de la réaction antijacobine.

muscat n. m. Raisin à saveur musquée. Vin qu'on en extrait.

muscle n. m. Organe fibreux dont les contractions produisent les mouvements des animaux et des hommes.

musclé, e adj. Dont les muscles sont bien développés : *un corps bien musclé*.

muscler v. t. Développer les muscles.

musculaire adj. Relatif aux muscles.

musculation n. f. Ensemble d'exercices visant à développer la musculature.

musculature n. f. Ensemble des muscles du corps humain, d'une statue.

musculeux, euse adj. Qui est de la nature des muscles.

muse n. f. Chacune des neuf déesses de la mythologie, qui présidaient aux arts libéraux. *Par ext.* Poésie : *cultiver les muses*.

museau n. m. Partie saillante de la face de certains animaux.

musée n. m. Grande collection d'objets d'art, de science : *musée de peinture*.

museler v. t. (conj. 3) Mettre une muselière. *Fig.* Réduire au silence : *museler la presse.*

muselière n. f. Appareil pour empêcher les animaux de mordre.

muser v. intr. Perdre son temps à des riens.

musette n. f. Instrument de musique champêtre. Sac en toile servant à divers usages. *Bal musette,* où l'on dansait au son de la musette et aujourd'hui de l'accordéon.

muséum [myseɔm] n. m. Musée.

musical, e*, aux adj. Relatif à la musique. Où l'on fait de la musique : *soirée musicale.*

musicalité n. f. En parlant d'un récepteur radiophonique, syn. de FIDÉLITÉ.

music-hall [myzikol] n. m. Spectacle de variétés avec chants et attractions. Théâtre qui présente ce spectacle.

musicien, enne n. Qui sait l'art de la musique. Dont la profession est de composer ou d'exécuter de la musique.

musicologie n. f. Discipline qui consiste à faire des recherches sur l'histoire de la musique.

musique n. f. Art de combiner les sons d'une manière agréable à l'oreille. Théorie de cet art. *Musique vocale,* écrite pour les voix. *Musique instrumentale,* écrite pour des instruments. *Musique de chambre,* écrite pour un petit nombre d'instruments. *Musique légère,* enjouée, sans prétention.

musqué, e adj. Qui rappelle l'odeur du musc ou le goût du muscat : *poires musquées.*

mustang n. m. Cheval sauvage de l'Amérique du Sud.

musulman, e adj. Qui concerne l'islamisme. N. Qui professe cette religion.

mutant n. m. Animal ou végétal qui présente des caractères nouveaux par rapport à ses ascendants.

mutation n. f. Remplacement d'une personne par une autre : *mutation de personnel.* Modification brusque et héréditaire apparaissant chez les êtres vivants, et qui est à l'origine d'une nouvelle variété.

muter v. t. Changer d'affectation.

mutilation n. f. Action de mutiler.

mutilé, e n. et adj. Personne qui a subi une amputation.

mutiler v. t. Retrancher une ou plusieurs parties du corps. Détériorer, détruire partiellement : *mutiler un monument.* Faire des restaurations maladroites.

mutin, e adj. Espiègle, malicieux : *air mutin.*

mutin n. m. Insoumis, révolté : *châtier des mutins.*

mutiner v. t. Pousser à la révolte. V. pr. Se révolter : *l'armée se mutina.*

mutinerie n. f. Action de se mutiner. Allure vive et piquante.

mutisme n. m. État de celui qui est muet. Attitude de quelqu'un qui garde obstinément le silence.

mutité n. f. Impossibilité pathologique de parler.

mutualiste adj. Relatif à la mutualité : *une société mutualiste.* N. Membre d'une société mutualiste.

mutualité n. f. Système de solidarité par l'entraide mutuelle. Ensemble de sociétés de secours mutuels, de prévoyance, etc.

mutuel, elle* adj. Réciproque. *Assurance mutuelle,* société dont les membres s'assurent réciproquement contre certaines éventualités. N. f. Société mutualiste.

mycélium [miseljɔm] n. m. Appareil végétatif des champignons, formé de filaments ramifiés.

mycénien, enne adj. et n. De Mycènes. *Art mycénien,* art qui s'est développé dans le monde achéen durant le II* millénaire av. J.-C.

mycologie n. f. Partie de la botanique relative aux champignons.

mycose n. f. Affection de la peau provoquée par des champignons microscopiques.

mygale n. f. Sorte d'araignée.

myocarde n. m. Partie musculaire du cœur.

myologie n. f. Partie de l'anatomie qui traite des muscles.

myope adj. et n. Qui ne voit que de très près.

myopie n. f. Anomalie de la vision qui ne permet de voir que de très près.

myosotis [mjozɔtis] n. m. Plante à petites fleurs bleues ou rosées.

myriade n. f. Grand nombre.

myriapodes n. m. pl. Classe d'animaux articulés ou arthropodes communément appelés *mille-pattes.*

myrrhe n. f. Gomme odorante.

myrte n. m. Arbrisseau à fleurs blanches, à feuillage toujours vert.

myrtille n. f. Variété d'airelle.

mystère n. m. Ensemble de doctrines ou de pratiques religieuses que doivent seuls connaître les initiés : *les mystères d'Éleusis.* Dogme ou fait religieux inaccessible à la raison : *le mystère de la Trinité.* Secret : *les mystères de la politique.* Discrétion : *parler avec mystère.* Pièce de théâtre du Moyen Âge, à sujet religieux.

mystérieux, euse* adj. Qui contient quelque mystère. Qui fait un secret de choses n'en valant pas la peine.

mysticisme n. m. Doctrine religieuse, d'après laquelle la perfection consiste en une contemplation qui unit l'homme à la divinité.

mysticité n. f. Caractère mystique.

mystificateur, trice adj. et n. Qui mystifie.

mystification n. f. Action de mystifier. Chose vaine, trompeuse.

mystifier v. t. Abuser de la crédulité de.

mystique* adj. Qui a une signification cachée; figuré, allégorique. Relatif au mysticisme : *les auteurs mystiques.* N. Personne en proie à des idées mystiques. N. f. Croyance qui se forme autour d'une idée, d'un sentiment, d'une personne : *la mystique humanitaire.*

mythe n. m. Récit populaire ou littéraire mettant en scène des êtres surhumains, et dans lequel sont transposés des événements historiques, réels ou souhaités. Chose fabuleuse ou rare.

mythique adj. Qui relève du mythe.

mythologie n. f. Histoire fabuleuse des dieux, des demi-dieux et des héros de l'Antiquité. Science des mythes.

mythologique adj. Relatif à la mythologie : *récit mythologique.*

mythologue n. Savant en mythologie.

mythomane adj. et n. Qui fait de la mythomanie.

mythomanie n. f. Tendance pathologique à élaborer des mensonges.

mytiliculture n. f. Élevage des moules.

myxomatose n. f. Maladie infectieuse du lapin : *la myxomatose apparut en France en 1952.*

N

n n. m. Quatorzième lettre de l'alphabet et la onzième des consonnes.

nabab n. m. Prince de l'Inde musulmane. *Par ext.* Homme très opulent.

nabot, e n. Personne très petite.

nacelle n. f. Panier d'un ballon, où prennent place des aéronautes.

nacre n. f. Substance dure, irisée, qui forme le revêtement intérieur de certaines coquilles.

nacrer v. t. Donner l'éclat de la nacre à un objet.

nadir n. m. Le point de la voûte céleste qui se trouve sur la verticale de l'observateur et directement sous ses pieds. (Le point opposé est le *zénith*.)

nævus [nevys] n. m. Tache naturelle de la peau, de couleur noire ou rose. (Pl. *nævi*.)

nage n. f. Action de nager. *A la nage,* en nageant. *Fig.* Être en nage, être trempé de sueur. *Mar.* Action de ramer.

nageoire n. f. Organe locomoteur des animaux aquatiques.

nager v. i. (conj. 1) Se soutenir et avancer sur l'eau par certains mouvements. Flotter : *le bois nage sur l'eau. Mar.* Ramer. V. t. Pratiquer une forme de natation : *nager le crawl.*

nageur, euse n. Personne qui sait nager. *Maître nageur,* professeur de natation. *Nageur de combat,* nageur équipé d'un appareil lui permettant, sous l'eau, une action directe contre un objectif ennemi.

naguère adv. Il y a quelque temps.

naïade n. f. Divinité féminine des fontaines, des rivières.

naïf, ïve* adj. Naturel, ingénu, sans artifice : *grâce naïve.* Qui retrace la vérité, la nature : *style naïf.* Crédule : *réponse naïve. Art naïf,* art populaire pratiqué par les autodidactes. N. Personne naïve. N. m. Ce qui est naïf.

nain, naine n. et adj. De taille très inférieure à la moyenne.

naissance n. f. Venue au monde : *la naissance d'un enfant.* Origine par le sang : *naissance illustre.* Endroit où commence une chose : *la naissance d'un fleuve.* Commencement : *naissance du jour.*

naître v. i. (conj. **59**) Venir au monde. Commencer à pousser : *les fleurs naissent au printemps. Fig.* Commencer : *voir naître une industrie.* Provenir.

naïveté n. f. Ingénuité : *naïveté d'enfant.* Simplicité naturelle. Crédulité. Propos naïfs : *il lui échappe des naïvetés.*

naja n. m. Serpent d'Asie et d'Afrique, dit aussi *serpent à lunettes.* (Syn. COBRA.)

nanan n. m. Chose exquise.

nandou n. m. Grand oiseau coureur de l'Amérique du Sud.

nanisme n. m. Infirmité des nains.

nantir v. t. Donner en gage pour garantir une dette, un prêt. Munir : *nantir d'argent.*

nantissement n. m. Gage.

napalm n. m. Produit incendiaire à base d'essence sous forme de gelée.

naphta [nafta] n. m. Essence non raffinée.

naphtaline n. f. Hydrocarbure retiré du goudron de houille.

naphte n. m. Pétrole brut.

napoléon n. m. Anc. pièce de 20 F à l'effigie de Napoléon.

napoléonien, enne adj. De Napoléon. N. m. Partisan de Napoléon.

napolitain, e adj. et n. De Naples.

nappe n. f. Linge dont on couvre la table pour les repas. *Fig.* Vaste étendue d'eau.

napperon n. m. Petite nappe.

narcisse n. m. Genre de plantes bulbeuses, à fleurs blanches ou jaunes. *Fig.* Homme amoureux de lui-même.

narcissisme n. m. Amour morbide de sa propre personne.

narcotique n. m. et adj. Qui engourdit les sens.

nard n. m. Genre de graminacées.

narguer v. t. Railler, braver avec insolence : *narguer l'ennemi.*

narguilé ou **narghilé** n. m. Pipe orientale à long tuyau flexible, dans laquelle la fumée traverse un flacon rempli d'eau parfumée.

narine n. f. Chacune des deux ouvertures du nez. Aile du nez.

narquois, e* adj. Malicieux, rusé. Qui exprime la ruse et la moquerie.

narrateur, trice n. Qui narre.

narratif, ive adj. De la narration.

narration n. f. Récit, exposé d'une suite de faits. Exercice scolaire de rédaction.

narrer v. tr. Exposer, raconter : *narrer une bataille.*

narthex n. m. Sorte de porche qui précède la nef dans certaines églises.

narval n. m. Mammifère cétacé des mers arctiques, atteignant 4 m de long et appelé *licorne de mer* à cause de la longue dent (2 à 3 m) que porte le mâle.

nasal, e, aux adj. Du nez : *fosses nasales.* N. f. Lettre nasalisée.

nasaliser v. t. Prononcer avec un son nasal : *lettre nasalisée.*

naseau n. m. Ouverture des narines chez certains animaux.

nasillard, e adj. Qui nasille : *voix nasillarde.*

nasillement n. m. Action de nasiller.

nasiller v. i. Parler du nez.

nasse n. f. Panier pour prendre du poisson.

natal, e, als adj. Relatif au pays, au temps où l'on est né.

natalité n. f. Rapport entre le nombre des naissances et la population.

natation n. f. Action de nager.

natatoire adj. Qui concerne la natation.

natif, ive adj. Né dans un lieu déterminé : *natif de Paris. Fig.* Naturel, de naissance : *vertu native. Or, cuivre natif,* qu'on trouve dans la nature, non combiné. N. Personne née dans un pays déterminé.

nation n. f. Réunion d'hommes habitant un même territoire, ayant une origine, des traditions communes, des mœurs semblables et le plus souvent une même langue.

national, e*, aux adj. D'une nation. N. m. pl. Citoyens d'une nation.

nationalisation n. f. Action de nationaliser.

nationaliser v. tr. Rendre national. Faire passer sous le contrôle de l'État, de la collectivité.

nationalisme n. m. Doctrine qui se réclame essentiellement de la tradition et des aspirations exclusivement nationales.

nationaliste adj. Relatif au nationalisme. N. Partisan du nationalisme.

nationalité n. f. Groupement d'individus de même origine. Qualité qui définit le rattachement d'une personne ou d'une chose à un État : *reconnaître la nationalité d'un navire.*

national-socialisme n. m. Doctrine fondée par Hitler, unissant les tendances raciales et militaristes à certaines réalisations sociales.

nativité n. f. Fête de la naissance de Jésus-Christ, de la Vierge et de quelques saints. *Absol.* Noël (avec une majuscule).

natte n. f. Tresse de paille, de jonc. Cheveux tressés en natte.

natter v. t. Tresser en natte.

naturalisation n. f. Action de naturaliser.

naturaliser v. t. Accorder à un étranger la condition de citoyen d'un pays. Acclimater un animal, une plante. Empailler : *naturaliser des oiseaux.*

naturalisme n. m. Caractère de ce qui est naturel. École littéraire qui vise à reproduire fidèlement la réalité.

naturaliste n. Personne qui s'adonne aux sciences naturelles. Empailleur. Partisan du naturalisme en littérature.

nature n. f. Ensemble de ce qui existe : *les trois règnes de la nature.* Le monde physique : *les spectacles de la nature.* Condition propre, essence des êtres : *nature divine.* Ensemble des caractères particuliers, des dispositions qui distinguent un individu : *une nature indolente.* Objets réels : *payer en nature.* Modèle naturel : *peindre d'après nature. Nature morte,* représentation de choses inanimées.

naturel, elle* adj. Relatif, conforme à la nature : *loi naturelle.* Qui tient de la nature : *dons naturels.* Conforme à l'usage, à la raison : *il est naturel que.* Sans recherche : *langage naturel.* Non falsifié : *vin naturel.* Né hors mariage. *Histoire naturelle,* science qui a pour objet la description et la classification des animaux, des végétaux et des minéraux. *Mort naturelle,* mort qui résulte d'une

maladie ou de l'âge. N. m. Caractère, tendances qui appartiennent à un individu, qui le distinguent : *le naturel de l'homme.* Absence d'affectation, dans les sentiments, les manières : *sa diction manque de naturel.* N. m. pl. Habitants originaires d'un pays. *Au naturel,* avec vérité : *peindre quelqu'un au naturel.*

naturisme n. m. Doctrine hygiénique et sportive préconisant une vie proche de la nature. Syn. de NUDISME.

naturiste adj. Relatif au naturisme. N. Partisan du naturisme.

naufrage n. m. Perte d'un navire sur mer. *Fig.* Ruine complète.

naufrager v. i. (conj. 1) Faire naufrage : *naufrager près du port.*

naufrageur, euse adj. et n. Habitant des côtes qui, par de faux signaux, provoquait des naufrages.

naumachie [noma∫i] n. f. Spectacle d'un combat naval, chez les Romains.

nauséabond, e adj. Qui cause des nausées.

nausée [noze] n. f. Envie de vomir. *Fig.* Dégoût ; répugnance morale.

nauséeux, euse adj. Qui donne des nausées.

nautique adj. De la navigation : *art nautique ; des joutes nautiques.*

nautisme n. m. Ensemble des sports nautiques.

nautonier n. m. Celui qui conduit un navire, une barque. (Vx.) *Le nautonier des Enfers,* Charon.

naval, e, als adj. Qui concerne la marine, les vaisseaux de guerre : *combat naval.*

navarin n. m. Ragoût de mouton.

navet n. m. Plante potagère à racine comestible. *Fam.* Œuvre artistique sans valeur.

navette n. f. Instrument de tisserand servant à faire courir le fil sur le métier. Véhicule effectuant des trajets répétés. *Faire la navette,* aller et venir alternativement.

navigabilité n. f. État d'une eau navigable. État d'un bateau pouvant tenir la mer.

navigable adj. Où l'on peut naviguer.

navigant, e adj. et n. Se dit du personnel qui fait partie de l'équipage d'un avion.

navigateur n. m. Membre de l'équipage d'un navire ou d'un avion, chargé de déterminer la route à suivre.

navigation n. f. Action de naviguer. Art du navigateur : *étudier la navigation.*

naviguer v. i. Voyager sur mer, dans les airs. Diriger un navire ou un avion.

navire n. m. Bâtiment de mer d'assez fort tonnage.

navrant, e adj. Qui cause une vive affliction : *spectacle navrant.*

navrer v. t. Causer une extrême affliction : *cette mort m'a navré.*

nazi adj. et n. Membre du parti national socialiste allemand.

nazisme n. m. Doctrine et politique du parti des nazis.

ne adv. de négation.

né, e adj. De naissance : *aveugle-né. Bien né,* d'une famille honorable. *Né pour,* qui a des aptitudes spéciales pour.

néanmoins conj. Toutefois, pourtant.

néant n. m. Rien, ce qui n'existe point.

nébuleuse n. f. Masse lumineuse diffuse observée dans l'espace.

nébuleux, euse adj. Obscurci par les nuages : *ciel nébuleux. Fig.* Peu clair.

nébulosité n. f. Nuage léger. Manque de clarté.

nécessaire adj. Dont on a absolument besoin : *la respiration est nécessaire à la vie.* Inévitable. Qui ne peut pas ne pas être. Très utile : *se rendre nécessaire.* N. m. Ce qui est indispensable pour les besoins de la vie : *manquer du nécessaire.* Ce qui est essentiel, important. Boîte qui renferme des objets utiles.

nécessité n. f. Caractère de ce dont on ne peut se passer : *l'eau est de première nécessité.* Contrainte : *obéir par nécessité.*

nécessiter v. t. Rendre nécessaire. Impliquer forcément.

nécessiteux, euse adj. Qui manque du nécessaire, indigent.

nécrologie n. f. Liste des personnes mortes dans un certain espace de temps.

nécrologique adj. De la nécrologie.

nécromancie n. f. Art prétendu d'évoquer les morts.

nécromancien, enne n. Qui pratique la nécromancie.

nécropole n. f. Souterrain destiné aux sépultures dans l'Antiquité. Cimetière de grande ville.

nécrose n. f. Mortification du tissu d'un organisme vivant.

nécroser v. t. Produire la nécrose.

nectaire n. m. Organe glanduleux de certaines fleurs qui distille le nectar.

nectar n. m. Breuvage des dieux de la mythologie. Boisson délicieuse. *Bot.* Liquide sucré que sécrètent les nectaires.

néerlandais, e adj. et n. Des Pays-Bas.

nef n. f. Partie d'une église, du portail au chœur.

néfaste adj. Fatal, funeste, nuisible.

nèfle n. f. Fruit du néflier.

néflier n. m. Arbrisseau donnant un fruit comestible.

négateur, trice n. et adj. Qui nie.

négatif, ive adj. Qui marque la négation, le refus. *Électricité négative,* celle qui est obtenue en frottant un morceau de résine avec de la laine. N. m. *Photo.* Épreuve négative où les noirs du modèle sont remplacés par des blancs et les blancs par des noirs. N. f. Proposition qui nie.

négation n. f. Action de nier. *Gramm.* Mot qui sert à nier (ne, non, etc.).

négative n. f. *Répondre par la négative,* répondre par non à une question, à une demande.

négligé n. m. Absence d'apprêt, de recherche. Sorte de déshabillé porté dans l'intimité.

négligeable adj. Peu important.

négligemment [négliʒamã] adv. Avec négligence. Avec indifférence : *répondre négligemment.*

négligence n. f. Défaut de soin, d'application : *accuser quelqu'un de négligence.*

négligent, e n. et adj. Qui montre de la négligence. Fait avec négligence.

négliger v. t. (conj. 1) Ne pas avoir soin : *négliger ses devoirs.* Ne pas cultiver : *négliger ses talents.* Ne pas tenir compte : *négliger les avis.* Omettre, laisser de côté :

négliger les décimales. V. pr. Ne pas prendre soin de sa personne, de sa mise.

négoce n. m. Commerce important.

négociable adj. Qui peut se négocier.

négociant n. m. Commerçant en gros ou demi-gros.

négociateur, trice n. Qui négocie une affaire auprès d'un souverain, d'un État. Qui s'entremet pour une affaire.

négociation n. f. Action de mener à bonne fin les affaires. L'affaire même qu'on traite. Action de vendre ou de transmettre des effets de commerce. Pourparlers entre deux ou plusieurs partenaires qui veulent traiter d'une affaire.

négocier v. t. Traiter une affaire. Monnayer : *négocier une lettre de change.*

nègre, négresse n. Qui appartient à la race noire. Esclave noir. N. m. *Fam.* Collaborateur occulte et rétribué d'un écrivain. *Travailler comme un nègre,* sans relâche. *Petit nègre,* français rudimentaire. Adj. De la race noire : *art nègre.*

négrier n. et adj. m. Se disait de celui qui faisait la traite des esclaves noirs, du bâtiment qui servait à ce commerce.

négrillon, onne n. Petit nègre, petite négresse.

négritude n. f. Condition des personnes de race noire ; caractères propres à cette race.

négro-africain, e adj. et n. Relatif aux Noirs d'Afrique : *les langues négro-africaines.*

négroïde adj. Du type de la race nègre.

neige n. f. Eau congelée qui tombe en flocons blancs. *Neige carbonique,* gaz carbonique solidifié.

neiger v. impers. (conj. 1) Se dit de la neige qui tombe.

neigeux, euse adj. Couvert de neige.

nenni [nɛni] adv. *Fam.* Non.

nénuphar n. m. Plante aquatique aux larges feuilles flottantes.

néo, préf. signifiant *nouveau.*

néo-calédonien, enne adj. et n. De la Nouvelle-Calédonie.

néolithique adj. Se dit de la période préhistorique où l'homme polit la pierre.

néologisme n. m. Mot de création récente.

néon n. m. Gaz rare de l'atmosphère employé dans l'éclairage par tubes luminescents.

néophyte [neofit] n. Nouveau converti. *Par ext.* Personne qui a nouvellement opté pour une doctrine : *ardeur de néophyte.*

néoplasme n. m. Tumeur pathologique.

néo-zélandais, e adj. et n. De la Nouvelle-Zélande.

néphrétique adj. Se dit des maladies de reins : *coliques néphrétiques.*

néphrite n. f. Inflammation du rein.

néphrologie n. f. Étude des reins et de leurs maladies.

népotisme n. m. Avantages abusifs accordés par un personnage important à sa famille.

nerf [nɛr] n. m. Chacun des organes, ayant la forme d'un cordon blanchâtre, qui servent de conducteurs à la sensibilité et au mouvement. *Fam.* Tendon des muscles : *se fouler un nerf. Moteur principal : l'argent est le nerf de la guerre.* Force, vigueur : *il a du nerf. Attaque de nerfs,* spasmes nerveux.

nerver v. t. Garnir de nerfs : *nerver le dos d'une reliure.*

nerveux, euse* adj. Relatif aux nerfs : *affection nerveuse.* Qui a les nerfs irritables : *personne nerveuse.* Vigoureux : *homme nerveux. Fig.* Ferme, concis : *style nerveux; éloquence nerveuse.*

nervosité n. f. Irritabilité.

nervure n. f. Saillie des nerfs au dos d'un livre. Moulure sur les arêtes d'une voûte, etc. Filet saillant sur la surface des feuilles, sur l'aile des insectes.

net [nɛt], **nette*** adj. Propre, sans souillure : *assiette nette.* Clair, transparent. Bien marqué : *cassure nette.* Qui conçoit clairement : *idées nettes.* Qui ne donne lieu à aucun doute : *situation nette.* Revenu, *bénéfice net,* en défalquant les charges, les frais. *Prix net,* sans déduction. *Poids net,* poids propre d'un objet, déduction faite de l'enveloppe. N. m. *Mettre au net,* faire une copie correcte. Adv. Tout d'un coup : *question tranchée net.* Franchement : *refuser net ou tout net.*

netteté n. f. Qualité de ce qui est net : *la netteté d'une réponse.*

nettoyage ou **nettoiement** n. m. Action de nettoyer.

nettoyer [nɛtwaje] v. t. (conj. 2) Rendre net, propre : *nettoyer une chambre.*

nettoyeur, euse n. Celui, celle qui nettoie.

neuf [nœf] adj. num. Nombre qui suit huit dans la série des nombres entiers. Neuvième : *Louis neuf.* N. m. Chiffre représentant le nombre 9. Neuvième jour : *le neuf mars.* Carte marquée de neuf points : *neuf de pique.*

neuf [nœf], **neuve** adj. Qui n'a pas ou presque pas servi : *une plume neuve.* Fait depuis peu : *maison neuve. Fig.* Qui n'a pas encore été dit : *sujet neuf.* Inexpérimenté : *une âme neuve.* A neuf, comme neuf. N. m. Ce qui est neuf, nouveau.

neurasthénie n. f. Maladie mentale marquée surtout par une tristesse profonde.

neurasthénique adj. Relatif à la neurasthénie. N. Qui en est atteint.

neuroleptique adj. et n. m. Se dit de certaines substances ayant un effet sédatif sur le système nerveux.

neurologie n. f. Science qui traite du système nerveux. Spécialité médicale qui s'occupe des maladies du système nerveux.

neurologiste ou **neurologue** n. Spécialiste en neurologie.

neurone n. m. Cellule nerveuse.

neurovégétatif, ive adj. Se dit du système nerveux qui règle la vie végétative.

neutralisation n. f. Action de neutraliser.

neutraliser v. t. *Chim.* Rendre neutre : *neutraliser un acide. Fig.* Empêcher une personne d'agir, une chose de produire son effet : *neutraliser un projet.* Déclarer neutre (territoire, ville, etc).

neutralisme n. m. Doctrine impliquant le refus de s'intégrer à l'un des grands blocs politiques et idéologiques du monde.

neutraliste adj. Relatif au neutralisme. N. et adj. Partisan du neutralisme.

neutralité n. f. État de celui qui reste neutre. État d'une puissance neutre dans une guerre : *la neutralité suisse.*

neutre adj. Qui ne prend point parti entre des puissances belligérantes, entre des personnes opposées. N. pl. *Les neutres,* les nations neutres. *Chim.* Ni acide ni alcalin. *Phys.* Qui ne présente aucun phénomène électrique. Dans certaines langues, se dit d'un genre qui n'est ni masculin ni féminin.

neutron n. m. Particule électriquement neutre.

neuvaine n. f. Acte de dévotion prolongé pendant neuf jours.

neuvième adj. num. ord. N. Qui occupe le rang marqué par le nombre neuf. N. m. La neuvième partie d'un tout.

neuvièmement adv. En neuvième lieu.

névé n. m. Masse de neige durcie, à l'origine d'un glacier.

neveu [nəvø] n. m. Fils du frère ou de la sœur.

névralgie n. f. Douleur vive, sur le trajet des nerfs.

névralgique adj. Relatif à la névralgie.

névrite n. f. Lésion inflammatoire des nerfs.

névropathe adj. et n. Qui souffre des nerfs.

névropathie n. f. Troubles nerveux.

névrose n. f. Maladie caractérisée par des troubles nerveux et par des troubles psychiques.

névrosé, e adj. Atteint de névrose.

newton [nœtɔ̃] n. m. Unité de mesure de force.

nez [ne] n. m. Partie saillante du visage, entre la bouche et le front, organe de l'odorat. *Par ext.* Odorat et, au *fig.,* sagacité, prévoyance : *avoir le nez fin.* Avant d'un navire. Avancée rocheuse, cap. *Pied de nez,* geste de moquerie, fait en appuyant sur le bout de son nez le pouce d'une main, les doigts écartés.

ni, conj. exprimant la négation.

niais, e* adj. Simple, sot : *réponse niaise.* N. : *c'est un niais.*

niaiserie n. f. Caractère du niais. Chose niaise, bagatelle : *s'occuper de niaiseries.*

niche n. f. Enfoncement pratiqué dans un mur pour y placer une statue, etc. Cabane pour chien de garde.

niche n. f. Malice, espièglerie.

nichée n. f. Les oiseaux d'une même couvée, encore au nid.

nicher v. i. Faire son nid. V. t. Se loger, se placer : *qui vous a niché là?*

nickel n. m. Métal blanc grisâtre, brillant, à cassure fibreuse.

nickelage n. m. Action de nickeler.

nickeler v. t. (conj. 3) Couvrir d'une couche de nickel.

nicotine n. f. Alcaloïde du tabac.

nid [ni] n. m. Petit abri que se font les oiseaux, certains insectes et poissons, pour pondre leurs œufs, les couver et élever leurs petits. Habitation de certains animaux : *nid de rats.* Habitation, logement. Repaire. *Nid d'abeilles,* alvéoles d'un gâteau de miel et, au *fig.,* ce qui rappelle leur forme.

nidifier v. i. Construire son nid.

nièce n. f. Fille du frère ou de la sœur.

niellage n. m. Action de nieller.

nielle n. m. Ornement gravé en creux sur un ouvrage d'orfèvrerie et rempli d'émail noir.

nielle n. f. Plante parasite commune dans les champs de céréales. Maladie des céréales.

nieller v. t. Orner de nielles.

nieller v. t. Gâter par la nielle.

nielleur n. et adj. m. Graveur de nielles.

niellure n. f. Art du nielleur.

nier v. t. Dire qu'une chose n'existe pas, n'est pas vraie. Déclarer qu'on n'a pas, qu'on ne doit pas : *nier une dette.*

nigaud, e n. et adj. *Fam.* Sot, niais.

nihilisme n. m. Négation de toute existence, de toute croyance. Doctrine qui nie toute vérité morale et sociale.

nihiliste adj. et n. Partisan du nihilisme.

nimbe n. m. Cercle autour de la tête des images du Christ, des saints.

nimber v. t. Orner d'un nimbe.

nimbus [nɛbys] n. m. Large nuage gris. (Vx.)

nipper v. t. *Fam.* Fournir de nippes.

nippes n. f. pl. *Fam.* Vêtements usés.

nippon, e adj. et n. Japonais.

nique n. f. Geste de mépris ou de moquerie : *faire la nique.*

nirvâna n. m. Dernière étape de la contemplation, dans le bouddhisme.

nitouche n. f. *Sainte nitouche*, personne hypocrite qui affecte l'innocence.

nitrate n. m. Sel de l'acide nitrique.

nitre n. m. Salpêtre.

nitreux, euse adj. Qui contient du nitre : *sol nitreux.*

nitrique adj. *Acide nitrique*, composé oxygéné dérivé de l'azote.

nitroglycérine n. f. Éther nitrique de la glycérine, explosif violent.

nival, e, aux adj. Relatif à la neige; dû à la neige.

niveau n. m. Instrument pour vérifier les lignes et plans horizontaux. État d'un plan horizontal : *objets de niveau.* Élévation d'un point, d'une droite ou d'un plan au-dessus d'une surface horizontale. *Fig.* Situation d'une chose par rapport à une autre : *niveau économique.* Égalité de rang, de mérite.

niveler v. t. (conj. 3) Mesurer au niveau. Rendre horizontal, plan : *niveler un terrain.* *Fig.* Rendre égal.

nivellement n. m. Action de niveler, de mesurer avec des niveaux. Aplanissement dû à l'érosion.

nivernais, e adj. et n. De Nevers, du Nivernais.

nivôse n. m. Quatrième mois de l'année républicaine (21, 22 ou 23 décembre-19, 20 ou 21 janvier).

nobiliaire adj. De la noblesse.

noble* adj. et n. Se dit d'une personne appartenant à la noblesse. Adj. Se dit de ce qui est supérieur au commun : *une âme noble.*

noblesse n. f. Classe d'hommes qui, par leur naissance ou une concession du souverain, jouissent de certains privilèges ou possèdent des titres qui les distinguent des autres citoyens. *Fig.* Élévation : *noblesse de cœur.*

noce n. f. Mariage et réjouissances qui l'accompagnent : *aller à la noce.* Tous ceux qui s'y trouvent. *Fig. et fam.* Faire la noce, mener une vie déréglée.

noceur, euse adj. et n. *Fam.* Qui mène une vie de débauche.

nocif, ive adj. Nuisible.

nocivité n. f. Caractère nocif.

noctambule n. et adj. Qui se promène, qui se divertit la nuit.

nocturne* adj. Qui arrive pendant la nuit : *apparition nocturne.* Qui veille la nuit et dort le jour : *oiseau nocturne.* N. m. Morceau musical d'un caractère tendre et mélancolique. N. f. Ouverture en soirée de certains magasins.

nodosité n. f. Nœud, renflement.

nodule n. m. Petit nœud. Concrétion arrondie.

noël n. m. Fête de la nativité du Christ. Cantique de Noël. *Père Noël*, personnage légendaire qui est censé distribuer des cadeaux aux enfants sages pendant la nuit de Noël.

nœud [nø] n. m. Enlacement serré de ruban, de fil, de corde, etc. : *faire un nœud.* Ornement en forme de nœud : *nœud de ruban.* Excroissance dure d'un arbre : *les nœuds du sapin.* Point de la tige où s'insère une feuille. *Fig.* Attachement, lien moral : *les nœuds de l'amitié.* Difficulté : *le nœud de la question.* Unité de mesure de vitesse pour la navigation.

noir, e adj. Se dit de la couleur la plus obscure et des objets qui ont cette couleur : *encre noire.* D'une couleur foncée : *pain noir.* Sombre, obscur : *nuit noire.* *Fig.* Triste, sombre : *humeur noire.* Atroce, odieux : *âmes noires.* Bête noire, personne détestée. N. m. Homme de race noire. Couleur noire : *noir de jais.* Couleur très foncée. Vêtement de deuil : *être en noir.* Broyer du noir, s'attrister.

noirâtre adj. Qui tire sur le noir.

noiraud, e adj. Qui a les cheveux noirs et le teint brun.

noirceur n. f. État de ce qui est noir. Tache noire. *Fig.* Perfidie, méchanceté : *noirceur de l'âme.* Action ou parole méchante.

noircir v. t. Rendre noir. Diffamer : *noircir la réputation.* V. i. et pr. Devenir noir : *le bois noircit.*

noircissement n. m. Action de noircir.

noircissure n. f. Tache noire.

noire n. f. *Mus.* Note qui vaut la moitié d'une blanche.

noise n. f. Dispute, querelle : *chercher noise à quelqu'un.*

noisetier n. m. Arbre qui donne la noisette.

noisette n. f. Fruit du noisetier. Morceau de la grosseur d'une noisette : *une noisette de beurre.* Adj. inv. D'un gris roux : *des yeux noisette.*

noix n. f. Fruit du noyer. Se dit aussi d'autres fruits : *noix de coco ; noix muscade.*

noliser v. t. *Mar.* Affréter, louer.

nom n. m. Mot qui sert à désigner une personne, une chose. *Nom commun*, qui convient à tous les êtres de la même espèce. *Nom propre*, nom particulier d'un être. *Nom de baptême*, prénom. *De nom*, par le nom seulement. *Au nom de*, de la part de, en considération de.

nomade adj. et n. Qui n'a point d'habitation fixe.

nomadisme n. m. Genre de vie nomade.

nombre n. m. Unité, réunion de plusieurs unités ou fraction d'unité. Collection de personnes ou de choses. Majorité : *le pouvoir du nombre l'emporte en démocratie.* Nombre *rond*, nombre auquel on réduit un compte pour le simplifier. *Litt.* Harmonie qui résulte d'un arrangement des mots. *Gramm.* Propriété des mots de représenter, par leur forme, l'idée d'unité ou de pluralité : *il y a deux nombres : le singulier et le pluriel.*

nombreux, euse adj. En grand nombre : *nombreuse armée.*

nombril [nɔ̃bri] n. m. Cicatrice du cordon ombilical, au milieu du ventre.

nomenclature n. f. Ensemble des termes techniques d'une science ou d'un art. Catalogue des éléments d'un ensemble.

nominal, e*, aux adj. Qui sert à nommer ; relatif au nom. Qui n'existe que de nom : *chef nominal. Valeur nominale,* inscrite sur une monnaie, un effet de commerce, etc.

nominatif n. m. Dans les langues à déclinaisons, cas qui désigne le sujet.

nominatif, ive* adj. Qui contient des noms : *état nominatif des employés.* Se dit d'un titre, d'une valeur qui porte le nom du propriétaire, par opposition aux titres « au porteur ».

nomination n. f. Action de nommer à un emploi.

nommément adv. En désignant par le nom ; en particulier.

nommer v. t. Donner un nom : *nommer un enfant.* Désigner par le nom même : *nommer un objet.* Choisir, désigner, élire : *nommer un maire.* Instituer en qualité de : *nommer quelqu'un son héritier.*

non adv. Exprime l'idée de négation et s'oppose à *oui* : *il dit oui, moi non.* Se joint quelquefois à un adjectif, à un nom : *non solvable, non-réussite.* N. m. Refus net : *répondre par un non.*

non-activité n. f. État d'un officier, d'un fonctionnaire qui n'exerce pas son emploi.

non-agression n. f. Intention ou fait de ne pas attaquer : *pacte de non-agression.*

non-aligné, e n. Qui pratique le nonalignement. Adj. : *un État non aligné.*

non-alignement n. m. Attitude des pays qui se refusent à suivre la politique d'un des grands blocs d'États antagonistes.

nonagénaire n. et adj. Âgé de quatre-vingt-dix ans.

nonante adj. num. Quatre-vingt-dix. (Vx.)

non-assistance n. f. Abstention volontaire de porter assistance à quelqu'un.

non-belligérance n. f. État d'un pays qui, sans déclarer sa neutralité dans un conflit, décide de ne pas y prendre part provisoirement.

nonce n. m. Ambassadeur du pape.

nonchalamment adv. Avec nonchalance : *parler nonchalamment.*

nonchalance n. f. Caractère nonchalant. Parole, action nonchalante.

nonchalant, e adj. et n. Qui manque d'ardeur, de zèle : *une façon de parler nonchalante.* Qui agit, parle avec mollesse, indolence : *un enfant nonchalant.*

nonciature n. f. Fonctions de nonce. Palais du nonce.

non-combattant n. et adj. m. Se dit de la partie du personnel militaire qui ne prend pas un part effective au combat.

non-conformisme n. m. Tendance à ne pas se conformer aux usages établis.

non-conformiste n. En Angleterre, protestant qui ne suit pas la religion anglicane. Personne qui ne se conforme pas aux usages, aux traditions. Adj. : *attitude non conformiste.*

non-engagé, e n. Qui pratique le nonengagement. Adj. : *les pays non engagés.*

non-engagement n. m. Attitude de celui qui reste libre à l'égard de toute position politique.

non-exécution n. f. Défaut d'exécution : *la non-exécution d'une obligation.*

non-existence n. f. Inexistence.

non-lieu n. m. *Dr.* Déclaration, ordonnance constatant qu'il n'y a pas lieu de poursuivre un prévenu.

nonne n. f. *Péjor.* Religieuse.

nonobstant [nɔnɔpstɑ̃] prép. Malgré : *nonobstant les remontrances.* Adv. Cependant.

non-paiement n. m. Défaut de paiement.

non-réussite n. f. Échec.

non-sens n. m. inv. Absurdité.

non-valeur n. f. Se dit d'un fonds qui ne rapporte rien, d'une créance non recouvrable, etc., et, au *fig.,* d'une personne inutile.

non-violence n. f. Forme d'action politique caractérisée par l'absence de toute violence.

non-violent, e n. Partisan de la nonviolence. Adj. : *manifestation non violente.*

nord n. m. Un des points cardinaux vers lequel se tourne l'aiguille aimantée. Partie du globe terrestre ou région situés vers ce point. *Fam. Perdre le nord,* ne plus savoir où l'on en est.

nord-est [nɔrɛst ou nɔrdɛst] n. m. Point de l'horizon, entre le nord et l'est.

nordique adj. Se dit de la langue ou de la littérature des peuples du nord de l'Europe.

nord-ouest [nɔrwɛst ou nɔrdwɛst] n. m. Point de l'horizon entre le nord et l'ouest.

noria n. f. Chaîne sans fin munie de godets, qui, entraînée par un tambour, permet de tirer de l'eau d'une manière continue.

normal, e*, aux adj. Ordinaire, régulier : *état normal.* N. f. Perpendiculaire.

normalien, enne n. Élève d'une école normale primaire ou supérieure.

normalisation n. f. Assujettissement à des normes, des types, des règles techniques. Retour à une situation normale.

normaliser v. t. Soumettre à une normalisation.

normalité n. f. Caractère de ce qui est normal, courant : *la normalité d'un comportement.*

normand, e adj. et n. De la Normandie. *Réponse de Normand,* réponse ambiguë.

normatif, ive adj. Dont on dégage des règles ou des préceptes : *logique normative.*

norme n. f. Principe, règle. Type, modèle.

nos adj. poss., pl. de *notre.*

nostalgie n. f. Mal du pays. Mélancolie.

nostalgique adj. Relatif à la nostalgie.

nota ou **nota bene** [nɔtabene] n. m. inv. Note mise dans la marge ou au bas d'un écrit.

notabilité n. f. Personne qui occupe un rang élevé dans un domaine quelconque.

notable* adj. Qui mérite une mention spéciale ; important. Qui occupe un rang important : *un notable commerçant.* N. m. Personne considérable par ses fonctions, sa fortune, etc.

notaire n. m. Officier public qui reçoit et rédige les actes, contrats, pour les rendre authentiques.

notairesse n. f. Femme d'un notaire.

notamment adv. Spécialement.

notarial, e, aux adj. Du notaire.

notariat n. m. Charge de notaire. L'ensemble des notaires.

notarié, e adj. Passé devant notaire.

notation n. f. Action d'indiquer, de représenter par des signes convenus : *notation musicale ; notation chimique.* Action de noter.

note n. f. Marque pour se rappeler quelque chose. Observation écrite : *note à consulter.* Commentaire, sommaire : *mettre des notes à un livre.* Détail d'un compte à acquitter. Chiffre exprimant la valeur d'un travail : *avoir de bonnes notes. Note diplomatique,* communication par un gouvernement à son représentant près d'un Etat. *Mus.* Caractère figurant un son et sa durée. Ce son luimême. *Être dans la note,* faire ce qui convient.

noter v. t. Faire une marque sur; prendre note de : *noter un vers au passage.* Remarquer : *notez bien que.* Écrire de la musique avec des notes : *noter un air.*

notice n. f. Ecrit succinct sur un sujet : *notice historique.*

notification n. f. Action de notifier.

notifier v. t. Faire savoir : *notifier un acte.*

notion n. f. Idée d'une chose.

notoire* adj. Connu de tous.

notoriété n. f. Etat de ce qui est notoire.

notre adj. poss. Qui nous concerne, qui est à nous. (Pl. *nos.*)

nôtre pron. poss. Qui est à nous. N. m. pl. *Les nôtres,* nos parents. Ceux de notre parti, de notre société, etc.

notule n. f. Petite annotation.

nouba n. f. Musique des anciens tirailleurs algériens. *Pop.* Débauche.

noué, e adj. Contracté par l'émotion.

nouer v. t. Lier avec un nœud. Faire un nœud à : *nouer une ficelle.* Fig. Former : *nouer une intrigue.* V. i. Croître après la fécondation (fruits).

noueux, euse adj. Qui a beaucoup de nœuds : *bâton noueux.*

nougat n. m. Confiserie faite d'amandes et de caramel ou de miel.

nouille n. f. Pâte alimentaire à base de semoule de blé dur et coupée en lanières. *Fam.* Personne sans énergie.

nourrice n. f. Femme allaitant un enfant, qu'il soit à elle ou non. Femme qui garde un petit enfant. Petit réservoir d'essence auxiliaire (auto).

nourricier, ère adj. Qui sert à la nutrition : *suc nourricier.*

nourrir v. t. Servir à la nutrition : *le sang nourrit le corps.* Fournir les aliments à : *la terre nourrit l'homme.* Allaiter : *nourrir un enfant. Fig.* Former : *la lecture nourrit l'esprit.* Entretenir : *nourrir l'espoir.*

nourrissant, e adj. Qui nourrit beaucoup : *viande très nourrissante.*

nourrisseur n. m. Celui qui engraisse du bétail.

nourrisson n. m. Enfant qui tète.

nourriture n. f. Action de nourrir, d'allaiter un enfant. Substances dont on se nourrit. *Fig.* Ce qui forme, développe : *les études sont la nourriture de l'esprit.*

nous pron. pers. de la 1re pers. du pl. des deux genres.

nouveau ou **nouvel** (devant une voyelle ou un *h* muet), **elle*** adj. Qui n'existe que depuis peu de temps : *livre nouveau.* Qui succède à d'autres choses analogues : *saison nouvelle.* Novice, inexpérimenté. *Le Nouveau Monde,* l'Amérique. N. m. Ce qui est récent : *le nouveau plaît toujours.* Chose surprenante : *voilà du nouveau.* Adv. Récemment : *enfant nouveau-né.* Loc. adv. : *de nouveau,* une fois de plus ; *à nouveau,* en recommençant une première tentative.

nouveau-né, e adj. Enfant nouvellement né : *enfants nouveau-nés, fille nouveau-née.*

nouveauté n. f. Qualité de ce qui est nouveau. Chose nouvelle : *aimer les nouveautés.* Livre nouvellement publié. Pl. Etoffe d'un genre, d'un dessin nouveau.

nouvelle n. f. Premier avis d'une chose, d'un événement. Renseignement sur la santé, la situation de quelqu'un. Composition littéraire plus courte que le roman.

nouvelliste n. Rédacteur de nouvelles.

nova n. f. Etoile qui, augmentant brusquement d'éclat, semble constituer une étoile nouvelle.

novateur, trice n. Qui innove.

novembre n. m. Onzième mois de l'année.

novice n. Futur religieux qui, avant de s'engager par des vœux, s'initie à la vie qu'il va mener. Adj. Nouveau, inexpérimenté : *être novice en affaires.*

noviciat n. m. Etat de novice. Temps qu'il dure. *Fig.* Apprentissage.

noyade n. f. Action de noyer ou de se noyer.

noyau [nwajo] n. m. Partie dure qui renferme l'amande dans certains fruits. Partie centrale du globe terrestre. Partie centrale d'une cellule. *Fig.* Premiers éléments d'un groupe : *un noyau de peuplement.*

noyautage n. m. Action de noyauter.

noyauter v. tr. Former des noyaux de propagande politique.

noyer [nwaje] v. t. (conj. 2) Asphyxier par immersion : *noyer un chien. Fig.* Faire disparaître : *noyer son chagrin dans le vin.* V. pr. Périr dans l'eau. *Fig.* Se perdre : *se noyer dans des digressions.*

noyer n. m. Arbre qui porte les noix. Bois de cet arbre : *noyer ciré.*

nu, e adj. Non vêtu. Non garni : *des murs nus. Fig.* Sans recherche : *la vérité nue.*

nu n. m. *Bx-arts.* Représentation d'un corps dépouillé de tout vêtement. *A nu* loc. adv. A découvert (au pr. et au *fig.*) : *montrer son cœur à nu.*

nuage n. m. Amas de fines gouttelettes d'eau suspendues dans l'air. Ce qui empêche de voir : *nuage de poussière.* Ce qui obscurcit, qui trouble : *bonheur sans nuage.*

nuageux, euse adj. Couvert de nuages. Obscur : *projet nuageux.*

nuance n. f. Degré d'une couleur. *Fig.* Différence légère : *nuance d'opinion. Mus.* Degré d'un son.

nuancer v. t. (conj. 1) Faire passer d'une nuance dans une autre. Varier : *nuancer sa pensée.*

nubile adj. En âge de se marier.

nubilité n. f. Âge de se marier.

nucléaire adj. Relatif au noyau, et spécialement au noyau de l'atome : *physique nucléaire. Armes nucléaires,* toutes celles qui utilisent l'énergie nucléaire. N. m. Ensemble des industries qui concourent à la mise en œuvre de l'énergie nucléaire.

nudisme n. m.. Doctrine qui conseille de vivre en plein air dans un état de nudité complète.

nudiste adj. et n. Qui pratique le nudisme.

nudité n. f. État d'une personne, d'une chose nue. État d'un objet dépourvu d'ornements.

nue n. f. Nuage (employé surtout au pluriel, dans quelques expressions) : *ballon perdu dans les nues. Porter aux nues,* exalter, louer excessivement. *Tomber des nues,* être extrêmement surpris.

nuée n. f. Gros nuage : *nuée chargée de grêle.* Fig. Multitude : *nuée d'oiseaux.*

nue-propriété n. f. Bien dont une autre personne a l'usufruit.

nuire v. i. [à] (conj. 63) Faire du tort ; faire obstacle.

nuisance n. f. Élément de la vie urbaine ou de l'industrie qui provoque de l'inconfort, de la gêne.

nuisible adj. Qui nuit, nocif.

nuit n. f. Temps qui s'écoule entre le coucher et le lever du soleil. Obscurité : *il fait nuit. La nuit des temps,* les temps très reculés. *Nuit blanche,* nuit passée sans dormir.

nuitamment adv. De nuit.

nuitée n. f. L'espace d'une nuit.

nul, nulle* adj. Aucun, pas un. Sans mérite, sans valeur : *un homme nul.* Qui n'a pas d'effet légal : *arrêt nul.* Sans résultat : *match nul.* Pron. indéf. Personne : *nul n'est censé ignorer la loi.*

nullité n. f. Caractère de ce qui est nul, sans valeur. Personne sans mérite : *c'est une nullité.*

numéraire n. m. Toute monnaie ayant un cours légal.

numéral, e, aux adj. Qui désigne un nombre : *adjectif numéral.*

numérateur n. m. Terme d'une fraction qui indique combien elle contient de parties de l'unité.

numération n. f. Façon d'énoncer et d'écrire les nombres : *numération décimale.*

numérique* adj. Des nombres, du nombre : *supériorité numérique.*

numéro n. m. Chiffre, nombre qui indique la place d'un objet parmi d'autres objets. Billet portant un numéro et qui donne droit au tirage d'une loterie. Livraison d'un périodique, etc. Partie du programme d'un spectacle.

numérotage n. m. Action de numéroter.

numéroter v. t. Mettre un numéro.

numéroteur adj. et n. m. Instrument pour imprimer des numéros.

numismate n. Collectionneur de monnaies et médailles.

numismatique n. f. Histoire des monnaies et médailles.

nu-propriétaire n. Qui n'a que la nue-propriété.

nuptial [nypsjal] **, e, aux** adj. Relatif aux noces.

nuptialité n. f. Nombre proportionnel des mariages dans un pays.

nuque n. f. Partie postérieure du cou au-dessous de l'occiput.

nurse [nœrs] n. f. Bonne d'enfant.

nutritif, ive adj. Qui nourrit. De la nutrition : *appareil nutritif.*

nutrition n. f. Assimilation de la nourriture : *troubles de la nutrition.*

Nylon (n. déposé) n. m. Fibre textile synthétique : *bas en Nylon.*

nymphe n. f. Dans la mythologie grecque, divinité subalterne des fleuves, des fontaines, des bois, des montagnes. Fig. Jeune fille gracieuse. Zool. Chrysalide.

nymphéa n. m. Nénuphar blanc.

nymphose n. f. État de nymphe chez les insectes.

o n. m. Quinzième lettre et quatrième voyelle de l'alphabet.

ô, interj. qui marque l'admiration, l'étonnement, la joie, la douleur, la prière, etc., ou sert à apostropher : à marquer le vocatif : *ô mon Dieu !*

oasis [oazis] n. f. Îlot de verdure dans un désert. *Fig.* Lieu qui offre un repos physique ou moral.

obédience n. f. Soumission à une autorité.

obéir v. i. Se soumettre à la volonté d'un autre : *le soldat obéit à ses chefs.* Céder à : *obéir à la force.*

obéissance n. f. Action ou habitude d'obéir. Soumission : *exiger l'obéissance.*

obéissant, e adj. Qui obéit.

obélisque n. m. Monument égyptien quadrangulaire, en forme d'aiguille.

obérer v. t. (conj. 5) Endetter fortement.

obèse adj. et n. Affecté d'obésité.

obésité n. f. Excès d'embonpoint.

objecter v. t. Répondre en opposant une difficulté à ce qui a été proposé.

objecteur n. m. Qui objecte. *Objecteur de conscience,* celui qui refuse d'accomplir le service militaire obligatoire pour des raisons de conscience morale ou religieuse.

objectif, ive* adj. Relatif à l'objet ; qui est dans l'objet. Impartial : *décision objective.* N. m. Système optique d'une lunette, d'un appareil photographique, destiné à être tourné vers le sujet qu'on veut voir ou photographier. Terrain à conquérir. *Fig.* But à atteindre.

objection n. f. Ce qu'on oppose à une proposition.

objectiver v. t. Rendre objectif.

objectivité n. f. Qualité de ce qui est objectif : *l'objectivité d'un arbitre.*

objet n. m. Chose qui s'offre à la vue, affecte les sens : *objet affreux.* Chose quelconque : *objets de première nécessité. Fig.* Ce qui occupe l'esprit : *l'objet de ses études.* Matière propre : *l'objet de la science.*

objurgation n. f. Paroles vives par lesquelles on essaie de dissuader une personne.

oblat, e n. Personne qui se lie à une communauté religieuse tout en restant dans le monde.

oblation n. f. Offrande à Dieu.

obligataire n. Propriétaire d'obligations.

obligation n. f. Ce qui nous oblige; devoir qui s'impose à nous. Motif de reconnaissance : *avoir de grandes obligations à.* Titre représentant un prêt de capitaux donnant droit à intérêt.

obligatoire* adj. Qui a la force d'obliger : *service obligatoire.*

obligé, e adj. Nécessaire : *conséquence obligée.* Redevable : *je vous suis obligé.* N. : *je suis votre obligé.*

obligeamment [ɔbliʒamã] adv. Avec obligeance.

obligeance n. f. Disposition à obliger; caractère obligeant.

obligeant, e adj. Qui aime à obliger. Aimable : *paroles obligeantes.*

obliger v. t. (conj. **1**) Imposer l'obligation de. Lier quelqu'un par un acte : *son contrat l'oblige à cela.* Rendre service : *obliger ses amis.*

oblique* adj. Incliné par rapport à la perpendiculaire. *Fig.* Sans franchise : *un regard oblique.* Anat. Se dit de **différents** muscles. N. f. Ligne oblique.

obliquer v. i. Aller en oblique.

obliquité [ɔblikɥite] n. f. Inclinaison d'une ligne, d'une surface sur une autre : *l'obliquité d'un plan, d'une rue.*

oblitération n. f. Action d'oblitérer : *l'oblitération d'une artère.*

oblitérer v. t. (conj. **5**) Effacer, user peu à peu : *oblitérer une inscription.* Couvrir d'une empreinte, d'une marque : *oblitérer un timbre. Méd.* Obstruer : *veine oblitérée.*

oblong, ongue adj. Plus long que large : *cuvette oblongue.*

obnubiler v. t. Obséder : *être obnubilé par une passion politique.*

obole n. f. Petite somme.

obscène adj. Qui blesse la pudeur.

obscénité n. f. Parole, image, action obscène.

obscur, e adj. Sombre : *cave obscure. Fig.* Caché, sans éclat : *vie obscure.* Peu clair : *style obscur.*

obscurantisme n. m. État d'esprit réfractaire à la raison, au progrès.

obscurantiste n. Partisan de l'obscurantisme.

obscurcir v. t. Rendre obscur. *Fig.* Rendre inintelligible : *obscurcir le style.*

obscurcissement n. m. Affaiblissement de la lumière.

obscurément adv. Avec obscurité.

obscurité n. f. Caractère, état de ce qui est obscur (au pr. et au *fig.*).

obsédant, e adj. Qui obsède, importune : *une insistance obsédante.*

obsédé, e adj. et n. Qui est la proie d'une obsession, d'une idée fixe.

obséder v. t. (conj. **5**) Importuner par des assiduités excessives : *être obsédé par des solliciteurs. Fig.* Tourmenter, occuper l'esprit : *cette idée m'obsède.*

obsèques n. f. pl. Funérailles.

obséquieux euse* adj. Qui porte à l'excès le respect, les égards.

obséquiosité n. f. Caractère obséquieux : *parler avec obséquiosité.*

observable adj. Qui peut s'observer.

observance n. f. Pratique, exécution d'une règle. La règle elle-même.

observateur, trice n. Qui observe une règle, une loi morale, etc. Qui observe les phénomènes, les événements : *observateur de la nature.* Personne qui regarde : *assister en simple observateur.* Qui observe les positions de l'ennemi. Adj. Qui sait observer.

observation n. f. Action d'observer. Action de se conformer à une règle. Objection, réprimande.

observatoire n. m. Établissement pour les observations astronomiques. Lieu d'où l'on observe, d'où l'on surveille.

observer v. t. Suivre les prescriptions d'une règle. Considérer avec attention : *observer le cours des astres.* Epier : *on vous observe.* Remarquer : *observez que.* V. pr. Être circonspect : *s'observer beaucoup.* S'épier réciproquement.

obsession n. f. Action d'obséder. État de celui qui est obsédé. Ce qui obsède.

obsidienne n. f. Verre naturel d'origine éruptive.

obstacle n. m. Ce qui empêche, arrête. Chacune des différentes difficultés qu'on accumule sur la piste pour les courses de chevaux.

obstétrique n. f. Art des accouchements.

obstination n. f. Entêtement.

obstiné*, e adj. et n. Opiniâtre, entêté. *Fig.* Assidu : *travail obstiné.*

obstiner (s') v. pr. S'attacher avec ténacité : *s'obstiner dans un refus.*

obstructif, ive adj. Qui cause une obstruction.

obstruction n. f. *Méd.* Engorgement d'un vaisseau. Tactique d'une minorité qui, dans une assemblée, entrave la marche des travaux.

obstruer v. t. Boucher par un obstacle.

obtempérer v. i. (conj. **1**) Obéir : *obtempérer aux ordres.*

obtenir v. t. (conj. **16**) Recevoir ce qu'on désire.

obtention n. f. Action d'obtenir.

obturateur, trice adj. Qui sert à obturer. N. m. Dispositif mécanique qui sert à obturer.

obturation n. f. Action d'obturer.

obturer v. t. Boucher. Fermer.

obtus, e adj. *Géom. Angle obtus,* plus grand qu'un angle droit. *Fig. Esprit obtus,* peu pénétrant, lourd.

obus [ɔby] n. m. Projectile creux, rempli d'une substance explosive.

obusier n. m. Pièce d'artillerie servant aux tirs plongeants.

obvier v. i. Prévenir, faire obstacle à.

oc, particule du dialecte provençal exprimant l'affirmation. N. m. *Langue d'oc,* langue parlée au sud d'une ligne allant de Poitiers à Grenoble.

ocarina n. m. Instrument de musique à vent.

occasion n. f. Rencontre, circonstance de temps, de lieu, d'affaires qui se présente à propos : *occasion favorable.* Cause, sujet : *occasion de procès. D'occasion* loc. adj. Se dit des choses qui se vendent bon marché, généralement parce qu'elles ne sont pas neuves.

occasionnel, elle adj. Dû au hasard : *rencontre occasionnelle.*

occasionner v. t. Causer, provoquer.

occident n. m. Ouest, couchant.

occidental, e, aux adj. Qui est à l'Occident : *pays occidental.* Qui habite l'Occident. N. m. pl. Peuples qui habitent l'Occident.

occipital, e, aux adj. De l'occiput. N. m. Os postérieur du crâne.

occiput [ɔksipyt] n. m. Partie inférieure et postérieure de la tête.

occire [ɔksir] v. t. (conj. 69) Tuer. (Vx.)

occitan [ɔksitɑ̃], **e** [-an] adj. Se dit des dialectes de langue d'oc, et plus spécialement de l'ancien provençal.

occlusif, ive adj. Qui produit une occlusion.

occlusion n. f. Fermeture. *Méd.* Oblitération : *occlusion intestinale.*

occultation n. f. Passage d'un astre derrière un autre aux yeux d'un observateur terrestre.

occulte adj. Caché : *cause occulte. Sciences occultes,* l'alchimie, la magie, la nécromancie, l'astrologie, etc.

occulter [ɔkylte] v. t. Protéger de la lumière : *occulter une chambre.*

occultisme n. m. Sciences occultes.

occultiste adj. et n. Qui pratique l'occultisme ; qui ressortit à l'occultisme.

occupant, e adj. et n. Qui occupe un lieu, un pays : *les forces occupantes.*

occupation n. f. Action de s'occuper. Travail, affaire dont on est occupé. Action de s'établir en maître dans un pays.

occuper v. t. Remplir un espace, un temps. Habiter : *occuper un logis.* S'emparer de : *occuper une ville.* Exercer : *occuper un emploi.* Consacrer : *occuper ses loisirs à.* Donner à travailler : *occuper des ouvriers.* V. pr. Travailler : *s'occuper de chimie.*

occurrence n. f. Rencontre, circonstance fortuite : *agir selon l'occurrence.*

océan n. m. Vaste étendue d'un seul tenant, que forme l'eau marine recouvrant le globe : *les océans et les mers couvrent les sept dixièmes de la Terre. Fig.* Vaste étendue en général : *un océan de verdure.*

océanide n. f. Nymphe de la mer.

océanien, enne adj. De l'Océanie.

océanique adj. De l'Océan.

océanographie n. f. Science qui a pour objet l'étude de la vie dans les océans et du milieu physique qu'ils constituent.

ocelle n. m. Œil simple des insectes. Tache ronde sur les ailes d'un insecte, d'un oiseau.

ocellé, e adj. En forme d'œil. Qui porte des ocelles : *ailes ocellées.*

ocelot n. m. Mammifère carnassier de l'Amérique du Sud.

ocre n. f. Argile jaune ou rouge.

ocreux, euse adj. De la nature de l'ocre : *terre ocreuse.*

octaèdre n. m. Solide à huit faces.

octane n. m. Hydrocarbure existant dans l'essence de pétrole.

octave n. f. Huitaine suivant une fête. Stance de huit vers. *Mus.* Intervalle de huit degrés.

octobre n. m. Dixième mois de l'année.

octogénaire n. et adj. Qui a quatre-vingts ans.

octogonal, e, aux adj. En octogone.

octogone adj. Qui a huit angles et par suite huit côtés. N. m. Polygone qui a huit angles.

octosyllabe ou **octosyllabique** adj. Qui a huit syllabes.

octosyllabe n. m. Vers de huit pieds.

octroi n. m. Concession d'une grâce, d'une faveur. Droit que payaient certaines denrées à leur entrée en ville. Administration percevant ce droit.

octroyer [ɔktrwaje] v. t. (conj. 2) Concéder, accorder : *octroyer une charte.*

oculaire adj. De l'œil : *nerf oculaire. Fig. Témoin oculaire,* qui a vu de ses propres yeux. N. m. Système, dans un instrument d'optique, devant lequel se place l'œil.

oculiste n. et adj. Médecin qui traite les maladies des yeux. (Syn. OPHTALMOLOGISTE.)

odalisque n. f. Femme d'un harem.

ode n. f. Chez les Anciens, tout poème destiné à être mis en musique. Aujourd'hui, poème lyrique, divisé en strophes semblables entre elles.

odeur n. f. Émanation qui affecte l'odorat. *Fig.* Sensation produite sur l'odorat. *Mourir en odeur de sainteté,* mourir en état de perfection chrétienne.

odieux, euse* adj. Qui excite la haine, l'indignation. *Par exagér.* Très désagréable.

odontalgie n. f. Mal de dents.

odontalgique adj. et n. m. Relatif à l'odontalgie : *baume odontalgique.*

odontologie n. f. Partie de l'anatomie qui traite des dents.

odorant, e adj. Qui a une odeur.

odorat n. m. Celui des cinq sens qui perçoit les odeurs : *avoir l'odorat très fin.*

odoriférant, e adj. Qui sent bon.

odyssée n. f. *Fig.* Voyage aventureux. Suite d'événements variés.

œcuménique [ekymenik] adj. Se dit du concile auquel sont convoqués tous les évêques.

œcuménisme n. m. Tendance à l'union de toutes les Églises chrétiennes.

œdème [edɛm] n. m. Gonflement pathologique du tissu sous-cutané ou d'autres organes (poumon, glotte) par infiltration de liquide séreux.

Œdipe [edip] (**complexe d'**), attachement sexuel qui lie tout enfant à son parent du sexe opposé.

œil [œj] n. m. Organe de la vue. Regard, perception opérée par l'œil : *voir une chose de ses propres yeux.* Attention : *avoir l'œil à tout.* Trou rond : *les yeux du pain, du fromage.* Petite ouverture ronde. Relief d'un caractère d'imprimerie. Bouton, bourgeon végétal. *Coup d'œil,* regard. *A l'œil,* gratuitement. (Œil fait au pl. YEUX, sauf dans les composés : *œil-de-bœuf,* fenêtre ronde ; *œil-de-perdrix,* cor ; *œil-de-chat, œil-de-serpent,* pierres précieuses, où il fait ŒILS.)

œillade n. f. Coup d'œil furtif.

œillère n. f. Petit vase pour baigner l'œil. Volet de cuir qui garantit l'œil du cheval et l'empêche de voir de côté.

œillet n. m. Plante à fleurs odorantes. La fleur même. Trou de forme circulaire, destiné à recevoir un lacet, un cordage.

œnologie [enɔlɔʒi] n. f. Science du vin.

œsophage [ezɔfaʒ] n. m. Canal qui conduit les aliments dans l'estomac.

œuf [œf, plur. ø] n. m. Corps organique, qui se forme chez les femelles de plusieurs classes d'animaux et qui renferme un germe d'un animal de la même espèce. *Absol.* Œuf de volaille, de poule : *des œufs durs.* Objet en forme d'œuf.

œuvre n. f. Travail, tâche. Résultat du travail, de l'action. *Mettre en œuvre,* employer, recourir à. *Œuvres vives,* carène immergée d'un navire. N. m. Ensemble de tous les ouvrages d'un artiste : *l'œuvre gravé de Dürer. Le grand œuvre,* la pierre philosophale. *Gros œuvre,* fondements d'un bâtiment. *En sous-œuvre,* dans les fondations.

œuvrer v. t. Produire.

offense n. f. Injure : *oublier les offenses.* Faute, péché.

offenser v. t. Faire offense à : *offenser quelqu'un.* Être blessant, injurieux pour : *offenser le goût. Offenser Dieu,* pécher.

offenseur n. m. Qui offense.

offensif, ive* adj. Qui sert à attaquer : *arme offensive.* N. f. Action d'attaquer : *prendre l'offensive.*

offertoire n. m. Commencement de la célébration eucharistique.

office n. m. Tâche, fonction : *office de secrétaire.* Charge civile. Ensemble des prières et des cérémonies liturgiques : *l'office des morts. D'office,* en vertu de sa charge. *Bons offices,* service, assistance : *recourir aux bons offices de quelqu'un.* N. f. Pièce où se dispose ce qui sert au service de la salle à manger.

officialiser v. t. Rendre officiel.

officialité n. f. Tribunal ecclésiastique.

officiant n. et adj. m. Celui qui célèbre un office religieux.

officiel, elle* adj. Qui émane du gouvernement de l'autorité : *texte officiel.* N. m. Qui représente l'autorité : *le cortège des officiels.*

officier v. i. Célébrer un office religieux.

officier n. m. Celui qui a un office, une charge : *officier de justice.* Militaire de grade au moins égal à celui de sous-lieutenant. *Officiers ministériels,* notaires, avoués, huis-

siers, etc. Titre honorifique : *officier de la Légion d'honneur.*

officieux, euse* adj. Non officiel.

officinal, e aux adj. En usage en pharmacie : *plantes officinales.*

officine n. f. Pharmacie. *Péjor.* Endroit où se trame quelque chose.

offrande n. f. Don offert à Dieu. Don quelconque.

offre n. f. Action d'offrir : *l'offre et la demande.* La chose offerte.

offrir v. t. (conj. 8) Présenter un don : *offrir un bouquet.* Proposer : *offrir ses services.* Présenter à la vue : *offrir un bel aspect.*

offset [ɔfsɛt] n. m. inv. Impression au moyen d'un rouleau de caoutchouc passant sur les caractères encrés de la forme dont il reporte l'encre sur le papier.

offusquer v. t. Choquer : *s'offusquer d'une parole.*

ogival, e, aux adj. En ogive.

ogive n. f. Arc en voûte formé par deux courbes qui se coupent en formant un angle. Ce qui présente la forme d'une ogive : *ogive d'obus.*

ogre, esse n. Dans les contes de fées, géant qui mange les enfants.

oh ! interj. de surprise.

ohé ! interj. qui sert à appeler.

ohm n. m. Unité de mesure de résistance électrique.

oïdium [ɔidjɔm] n. m. Maladie de la vigne produite par un champignon microscopique.

oie [wa] n. f. Oiseau palmipède domestique. *Fam.* Personne sotte.

oignon [ɔɲɔ̃] n. m. Plante potagère à racine bulbeuse. Bulbe de certaines plantes : *oignon de tulipe.* Callosité aux pieds. Grosse montre bombée. *En rang d'oignons* loc. adv. Sur une seule ligne.

oïl [ɔil] adv. (anc. forme de oui). *Langue d'oïl,* langue de l'on parlait au nord d'une ligne Poitiers-Grenoble.

oindre [wɛ̃dr] v. t. (conj. 81) Frotter d'huile ou d'une substance grasse. *Liturg.* Consacrer avec les saintes huiles.

oint [wɛ̃] adj. et n. m. Qui a été consacré.

oiseau n. m. Vertébré ovipare couvert de plumes, dont les membres postérieurs servent à la marche et dont les membres antérieurs, ou ailes, servent au vol. *Fam.* et *iron.* Individu : *un drôle d'oiseau.* Auge pour le mortier. *A vol d'oiseau,* en ligne droite.

oiseau-mouche n. m. Sorte de colibri.

oiselet n. m. Petit oiseau.

oiseleur n. m. Qui prend et élève des oiseaux.

oiselier n. m. Qui élève et vend des oiseaux.

oisellerie n. f. Lieu où l'on élève, où l'on vend des oiseaux.

oiseux, euse* adj. Inutile : *mots oiseux.*

oisif, ive* n. et adj. Inoccupé, désœuvré : *vivre en oisif.*

oisillon n. m. Petit oiseau.

oisiveté n. f. État d'une personne oisive.

oison n. m. Petit de l'oie.

okoumé n. m. Bois d'ébénisterie d'Afrique, utilisé en contre-plaqué.

oléagineux, euse adj. De la nature de l'huile : *liquide oléagineux.* Dont on tire de l'huile : *plante oléagineuse.*

oléine n. f. Un des principes des huiles et des graisses.

oléoduc n. m. Syn. de PIPE-LINE.

olfactif, ive adj. Qui appartient à l'odorat : *sens olfactif.*

olfaction n. f. Fonction par laquelle les odeurs sont perçues.

olibrius n. m. Bravache, fanfaron.

olifant n. m. Petit cor d'ivoire des anciens chevaliers.

oligarchie n. f. Gouvernement exercé par quelques familles.

olivaie ou **oliveraie** n. f. Plantation d'oliviers.

olivâtre adj. De couleur olive.

olive n. f. Fruit à noyau dont on tire l'huile d'olive. Objet en forme d'olive. Adj. inv. Jaune verdâtre.

olivette n. f. Syn. d'OLIVAIE.

olivier n. m. Arbre méditerranéen qui fournit l'olive.

olographe adj. Se dit d'un testament écrit en entier de la main du testateur.

olympiade n. f. Espace de quatre ans qui s'écoulait entre deux célébrations successives des jeux Olympiques.

olympien, enne adj. De l'Olympe. *Fig.* Noble, majestueux : *air olympien.*

olympique adj. *Bot.* Inflorescence en parasol.

ombelle n. f. *Bot.* Inflorescence en parasol.

ombellifères n. f. pl. Famille de plantes dicotylédones, à fleurs en ombelles (fenouil, cerfeuil, ciguë).

ombilic n. m. Nombril. Point central.

ombilical, e, aux adj. De l'ombilic.

omble n. m. Poisson d'eau douce voisin du saumon, à chair délicate.

ombrage n. m. Branchages feuillus qui donnent de l'ombre : *dormir sous l'ombrage. Fig.* Inquiétude née de la jalousie : *porter ombrage à quelqu'un.*

ombrager v. t. (conj. 1) Donner de l'ombre.

ombrageux, euse adj. Méfiant, susceptible : *esprit ombrageux.*

ombre n. f. Obscurité produite par un corps qui intercepte la lumière : *l'ombre d'un arbre.* Ténèbres : *les ombres de la nuit. Fig.* Apparence : *l'ombre d'un doute.* Chez les Anciens, mort, fantôme : *le séjour des ombres. Ombre chinoise,* projection d'une silhouette sur un écran.

ombrelle n. f. Petit parasol.

ombrer v. t. Donner de l'ombre.

ombreux, euse adj. Qui donne de l'ombre.

oméga n. m. Dernière lettre de l'alphabet grec (o long). *Fig. L'alpha et l'oméga,* le commencement et la fin.

omelette n. f. Œufs battus ensemble et cuits dans une poêle.

omettre v. t. (conj. 49) S'abstenir de faire ou de dire ; négliger : *omettre une formalité.*

omicron [ɔmikrɔn] n. m. Quinzième lettre de l'alphabet grec (o bref).

omission n. f. Action d'omettre. La chose omise.

omnibus [ɔmnibys] n. m. Voiture publique, qui parcourait divers quartiers d'une ville. Train qui dessert toutes les stations d'un parcours.

omnipotence n. f. Toute-puissance.

omnipotent, e adj. Tout-puissant.

omniscient, e adj. Qui sait tout.

omnivore adj. Qui se nourrit d'animaux et de végétaux.

omoplate n. f. Os plat de l'épaule. *Par ext.* Le plat de l'épaule.

on, pron. indéf. masc. sing. désignant d'une manière vague une ou plusieurs personnes.

onagre n. m. Mammifère de l'Inde, intermédiaire entre le cheval et l'âne.

onanisme n. m. Plaisir sexuel qu'un individu se donne seul.

once n. f. Douzième de la livre chez les Romains. En France, seizième de l'ancienne livre (30,50 g). Mesure anglaise de poids valant 28,35 g. *Fig. et fam.* Petite quantité.

oncle n. m. Frère du père ou de la mère.

onction n. f. Action d'oindre. Cérémonie qui consiste à appliquer de l'huile sainte sur une personne pour la consacrer. *Fig.* Douceur : *parler avec onction.*

onctueux, euse* adj. Propre à oindre : *liquide onctueux. Fig.* Plein d'onction.

onctuosité n. f. Qualité de ce qui est onctueux.

onde n. f. Ondulation de l'eau. Eau en général. *Phys.* Ligne ou surface atteinte à un instant donné par un ébranlement ou par une vibration qui se propage dans l'espace. *Longueur d'onde,* distance entre deux points consécutifs de même phase d'un mouvement ondulatoire qui se propage en ligne droite.

ondé, e adj. Marqué d'ondes, de dessins onduleux. Disposé en lignes onduleuses.

ondée n. f. Grosse pluie passagère.

on-dit n. m. inv. Nouvelle qui passe de bouche en bouche.

ondoiement n. m. Mouvement d'ondulation. Baptême administré en cas d'urgence et sans cérémonie.

ondoyer [ɔdwaje] v. i. (conj. 2) Flotter par ondes : *ses cheveux ondoyaient au vent.* V. t. Baptiser sans les cérémonies de l'Eglise.

ondulation n. f. Mouvement d'un fluide qui s'abaisse ou s'élève alternativement. Mouvement qui imite celui de las ondes. Action d'onduler. Frisure à larges plis.

ondulatoire adj. Sous forme d'ondulation : *mouvement ondulatoire.*

onduler v. i. Avoir un mouvement d'ondulation. V. t. Rendre ondulé.

onduleux, euse adj. Ondulé.

onéreux, euse adj. Qui occasionne des dépenses, des frais.

ongle n. m. Partie cornée qui couvre le dessus des doigts. *Payer rubis sur l'ongle,* complètement, exactement.

onglée n. f. Engourdissement douloureux au bout des doigts, causé par le froid.

onglet n. m. Bande de papier sur laquelle on colle la planche hors texte d'un livre.

onguent [ɔgã] n. m. Médicament composé de divers corps gras.

ongulé, e adj. *Zool.* Dont le pied est terminé par un ou plusieurs ongles ou sabots.

onirique adj. Relatif au rêve : *délire onirique.*

oniromancie n. f. Divination par les songes.

onomastique adj. Relatif aux noms propres. N. f. Etude des noms propres.

onomatopée n. f. Mot dont le son imite celui de l'objet qu'il représente : *tic tac; glouglou,* etc.

ontogenèse n. f. *Biol.* Développement de l'individu depuis la fécondation.

ontologie n. f. *Philos.* Connaissance de l'être, en général.

onyx n. m. Agate fine à raies parallèles et concentriques.

onze adj. num. Nombre qui suit dix dans la suite des entiers naturels. Onzième : *Louis onze.* N. m. : *le onze du mois.* Chiffre représentant le nombre onze.

onzième* adj. ord. Qui vient après le dixième. N. m. La onzième partie.

oosphère n. f. Gamète femelle correspondant dans le règne végétal à l'ovule des animaux.

opacifier v. t. Rendre opaque.

opacité n. f. État de ce qui est opaque : *l'opacité d'un corps.*

opale n. f. Pierre fine à reflets irisés, d'un blanc laiteux.

opalescence n. f. Reflet opalin.

opalescent, e adj. Qui prend une teinte d'opale : *liquide opalescent.*

opalin, e adj. Qui a l'aspect de l'opale.

opaque adj. Qui ne se laisse pas traverser par la lumière : *corps opaque.*

opéra n. m. Ouvrage dramatique dans lequel les paroles sont chantées et accompagnées par l'orchestre. Théâtre où on le joue.

opérable adj. Qu'on peut opérer.

opéra-comique n. m. Pièce dans laquelle le chant alterne avec le dialogue parlé.

opérateur n. m. Personne qui fait des opérations de chirurgie, de physique, etc. Personne qui fait fonctionner des appareils.

opération n. f. Action d'opérer. Combinaison pour obtenir un résultat : *opération financière.* Intervention chirurgicale. Manœuvre, combat, etc. : *opérations militaires. Opération d'arithmétique,* opération qui permet d'obtenir le groupement, la comparaison de plusieurs nombres.

opérationnel, elle adj. Qui permet d'effectuer de la meilleure manière certaines opérations. Relatif aux opérations militaires.

opératoire adj. Relatif aux opérations chirurgicales.

opercule n. m. *Hist. nat.* Nom donné à divers organes servant de couvercle.

opérer v. t. (conj. 5) Faire, effectuer. Soumettre à une opération chirurgicale : *opérer une tumeur.* Produire un effet : *le remède opère.*

opérette n. f. Pièce légère mêlée de musique.

ophicléide n. m. Instrument de cuivre à vent et à clefs.

ophidiens n. m. pl. Ordre de reptiles.

ophtalmie n. f. Affection inflammatoire de l'œil.

ophtalmique adj. Des yeux.

ophtalmologie n. f. Spécialité médicale relative aux maladies des yeux.

ophtalmoscopie n. f. Examen de l'intérieur de l'œil.

opiacé, e adj. Qui contient de l'opium.

opiner v. i. Donner son avis. *Opiner du bonnet,* acquiescer sans dire mot, par un signe.

opiniâtre* adj. Tenace, obstiné, entêté.

opiniâtrer (s') v. pr. S'obstiner fortement.

opiniâtreté n. f. Obstination, acharnement.

opinion n. f. Jugement que l'on porte, idée : *avoir mauvaise opinion de quelqu'un. L'opinion publique,* ce que pense le public. *Sondage d'opinion,* enquête effectuée auprès d'un petit groupe de personnes, considérées comme représentatives de l'opinion publique tout entière.

opiomane n. Adonné à l'opium.

opium [ɔpjɔm] n. m. Suc de pavot qui a une propriété narcotique.

opoponax ou **opoponax** n. m. Genre d'ombellifères employé en pharmacie.

opossum [ɔpɔsɔm] n. m. Mammifère d'Amérique, de l'ordre des marsupiaux, recherché pour sa fourrure.

oppidum [ɔpidɔm] n. m. (mot lat.). *Antiq.* Fortification romaine située en un lieu élevé.

opportun, e adj. Qui est, arrive à propos : *secours opportun.*

opportunément adv. Avec opportunité.

opportunisme n. m. Attitude de ceux qui préfèrent temporiser pour arriver plus sûrement au but en profitant des circonstances opportunes.

opportuniste adj. et n. Partisan de l'opportunisme.

opportunité n. f. Qualité de ce qui est opportun.

opposable adj. Qui peut s'opposer.

opposant, e adj. et n. Qui est membre de l'opposition.

opposé, e adj. Placé vis-à-vis. Contraire : *intérêts opposés.* N. m. Chose contraire : *le bien est l'opposé du mal.*

opposer v. t. Placer de manière à faire obstacle : *opposer une digue aux flots.* Mettre vis-à-vis : *opposer deux ornements.* Mettre en parallèle, en contraste : *opposer deux théories.* Objecter : *opposer de bonnes raisons.* V. pr. Être contraire, faire obstacle.

opposite n. m. Usité seulement dans la loc. adv. *à l'opposite,* vis-à-vis.

opposition n. f. Position vis-à-vis. Contraste : *opposition de couleurs.* Obstacle légal mis à une chose : *faire opposition à un jugement.* Effort pour faire obstacle à un gouvernement. Ensemble des adversaires d'un gouvernement.

oppresser v. t. Causer de l'oppression : *oppressé par l'asthme.* Tourmenter : *ce souvenir m'oppresse.*

oppresseur n. m. Qui opprime.

oppressif, ive adj. Qui tend à opprimer.

oppression n. f. Gêne dans la respiration. Action de faire violence par abus d'autorité : *l'oppression d'un peuple.*

opprimer v. t. Accabler par abus d'autorité : *un peuple opprimé.*

opprobre n. m. Ignominie, honte, abjection : *vivre dans l'opprobre.*

optatif, ive adj. Qui exprime le souhait. N. m. Mode du verbe, en grec ancien.

opter v. i. Choisir : *opter pour un emploi.*

opticien n. m. Fabricant ou marchand d'instruments d'optique.

optimal, e, aux adj. Se dit de l'état le plus favorable.

optimisme n. m. Système de ceux qui prétendent que tout est pour le mieux dans le monde. Tendance à voir tout en bien.

optimiste adj. et n. Partisan de l'optimisme.

optimum [ɔptimɔm] n. m. L'état le plus favorable d'une chose.

option n. f. Faculté d'opter. Droit de préférence pour un achat.

optique adj. Relatif à la vue : *nerf optique.* N. f. Partie de la physique qui traite des propriétés de la lumière et de la vision.

opulence n. f. Grande richesse.

opulent, e adj. Très riche.

opuntia [ɔpɔsja] n. m. Plante grasse à rameaux épineux et aplatis, appelée usuellement *cactus.*

opuscule n. m. Petit ouvrage de science ou de littérature.

or n. m. Métal précieux d'une couleur jaune et brillante. Monnaie d'or : *être payé en or.* Espèces monnayées, richesse : *la soif de l'or.* Fil d'or ou de métal doré, dont on fait des broderies : *galons d'or.* Couleur de l'or : *l'or des moissons.*

or, conj. marquant une transition d'une idée à une autre.

oracle n. m. *Antiq.* Réponse faite par les dieux aux questions des hommes. La divinité consultée. Personne de grande autorité en une matière.

orage n. m. Perturbation atmosphérique violente. Lutte tumultueuse : *les orages de la Révolution. Fig.* Agitation : *les orages de la vie, du cœur.*

orageux, euse* adj. De l'orage : *temps orageux. Fig.* Agité, violent : *vie, discussion orageuse.*

oraison n. f. Prière : *les oraisons de la messe. Oraison funèbre,* discours en l'honneur d'un personnage décédé.

oral, e*, aux adj. De vive voix.

orange n. f. Fruit de l'oranger. Adj. et n. m. inv. Sa couleur : *des rubans orange.*

orangé, e adj. De la couleur de l'orange.

orangeade n. f. Jus d'orange.

oranger n. m. Arbre qui produit les oranges.

orangeraie n. f. Plantation d'orangers.

orangerie n. f. Serre où l'on met les orangers en hiver.

orang-outan [ɔrãutã] n. m. Grand singe anthropomorphe de Sumatra et de Bornéo.

orateur n. m. Celui qui prononce un discours. Homme éloquent.

oratoire adj. De l'orateur : *art oratoire.* N. m. Petite chapelle.

oratorien n. m. Membre de la congrégation de l'Oratoire.

oratorio n. m. Sorte de drame lyrique sur un sujet religieux.

oratrice n. f. Fém. peu usité de *orateur.*

orbe n. m. Surface circonscrite par l'orbite d'un corps céleste.

orbiculaire* adj. Rond : *mouvement orbiculaire. Anat.* Se dit des muscles à fibres circulaires qui ferment certains orifices.

orbitaire adj. De l'orbite de l'œil.

orbital, e, aux adj. Relatif à l'orbite : *vol orbital.*

orbite n. f. Courbe décrite par une planète autour du soleil ou par un satellite autour de sa planète. Cavité de l'œil. *Mise sur orbite,* ensemble des' opérations qui ont pour but de placer un satellite artificiel sur une orbite déterminée.

orchestral, e, aux adj. De l'orchestre.

orchestration n. f. Art d'orchestrer.

orchestre [ɔrkɛstr] n. m. *Antiq. gr.* Partie du théâtre entre la scène et les spectateurs où évoluait le chœur. Au théâtre, espace entre la scène et le public et où se placent les instrumentistes. Ensemble de ces instrumentistes. Places au rez-de-chaussée d'une salle de spectacle. Ensemble des musiciens jouant des morceaux de concert.

orchestrer v. t. Combiner pour l'orchestre les diverses parties d'une composition musicale.

orchidacées n. f. pl. Famille de plantes à belles fleurs de formes parfois bizarres.

orchidée [ɔrkide] n. f. Plante de la famille des orchidacées.

ordinaire* adj. Qui se fait, qui a lieu habituellement : *événement très ordinaire.* Habituel : *langage ordinaire.* Vulgaire, médiocre : *esprit ordinaire.* N. m. Ce qui se fait habituellement. Ce que l'on mange de coutume : *un bon ordinaire.* Groupe de soldats nourris en commun.

ordinal, e, aux adj. Se dit des adjectifs numéraux marquant l'ordre.

ordinateur n. m. Calculateur permettant d'effectuer des ensembles complexes d'opérations mathématiques ou logiques.

ordination n. f. Cérémonie par laquelle l'évêque confère le diaconat et la prêtrise.

ordonnance n. f. Arrangement, disposition. Loi, règlement : *ordonnance de police.* Prescription médicale : *rédiger une ordonnance. Officier d'ordonnance,* sorte d'aide de camp. N. f. ou m. Naguère, soldat à la disposition d'un officier.

ordonnancement n. m. Action d'ordonnancer un paiement.

ordonnancer v. t. (conj. **1**) Déclarer bon à payer.

ordonnateur, trice adj. et n. Qui ordonne; qui dispose : *l'ordonnateur d'un banquet.*

ordonnée, e adj. Qui a de l'ordre.

ordonnée n. f. Une des coordonnées d'un point, l'autre étant l'*abcisse.*

ordonner v. t. Mettre en ordre. Conférer les ordres : *ordonner un prêtre.* Commander : *ordonner un mouvement.*

ordre n. m. Arrangement méthodique : *ordre chronologique;* mettre en ordre des papiers. Commandement : *recevoir un ordre.* Règle naturelle : *faire rentrer dans l'ordre.* Tranquillité sociale : *troubler l'ordre.* Catégorie : *ordre d'idées; de premier ordre.* Groupe de plantes, d'animaux, entre la classe et la famille : *l'ordre des orthoptères.* Corps social : *l'ordre de la noblesse.* Institut religieux : *ordre monastique.* Compagnie d'honneur : *l'ordre de la Légion d'honneur.* Sacrement qui confère le pouvoir d'exercer les fonctions ecclésiastiques. Endossement d'un effet de commerce : *billet à ordre. Mot d'ordre,* consigne donnée, résolution. *Ordre du jour,* question dont on doit s'occuper dans une assemblée; ordre général adressé aux troupes : *porter à l'ordre du jour. Passer à l'ordre du jour,* ne pas discuter une autre question. *Archit.* Disposition des parties d'un édifice : *ordre dorique.*

ordure n. f. Immondice, balayure. *Fig.* Grossièreté, obscénité.

ordurier, ère adj. Qui contient, dit ou écrit des obscénités.

orée n. f. Borne, lisière : *à l'orée du bois.*

oreille n. f. Organe de l'ouïe. Partie externe de cet organe placée de chaque côté de la tête. *Par ext.* Ouïe : *avoir l'oreille fine.* Justesse de l'ouïe : *avoir de l'oreille.* Objet qui a quelque ressemblance avec l'oreille : *écrou à oreilles. Prêter, dresser l'oreille,* être attentif. *Se faire tirer l'oreille,* céder avec peine.

oreiller n. m. Coussin pour soutenir la tête quand on est couché.

oreillette n. f. Chacune des deux cavités supérieures du cœur.

oreillons n. m. pl. Gonflement, inflammation des glandes parotides.

ores, adv. *D'ores et déjà.* Dès maintenant.

orfèvre n. m. Celui qui fait ou vend des ouvrages d'or et d'argent. *Être orfèvre en la matière,* être expert.

orfèvrerie n. f. Art, ouvrage, commerce de l'orfèvre.

orfraie n. f. Rapace diurne.

organdi n. m. Mousseline légère.

organe n. m. Partie d'un corps vivant qui remplit une fonction nécessaire ou utile à la vie : *l'œil est l'organe de la vue.* La voix : *avoir un bel organe.* Pièce d'une machine servant à transmettre un mouvement ou à le guider. *Fig.* Ce qui sert de moyen d'expression, journal : *organe politique.*

organigramme n. m. Graphique de la structure hiérarchique d'une organisation sociale, d'une entreprise, etc.

organique* adj. Relatif aux organes ou aux corps organisés : *la vie organique. Chimie organique,* partie de la chimie qui comprend l'étude du carbone et de ses dérivés.

organisateur, trice, n. et adj. Qui organise.

organisation n. f. Structure des parties d'un corps vivant. Manière dont un État, une administration sont constitués.

organiser v. t. Disposer pour fonctionner : *organiser un ministère; organiser la défense.*

organisme n. m. Ensemble des organes qui constituent un être vivant. *Fig.* Ensemble disposé pour fonctionner : *organisme politique.*

organiste n. Musicien qui joue de l'orgue.

orge n. f. Genre de graminacées dont la graine est utilisée en brasserie et pour l'alimentation des animaux.

orgeat [ɔrʒa] n. m. Boisson faite avec du sirop d'amandes.

orgelet n. m. Petite tumeur inflammatoire au bord des paupières.

orgiaque adj. Qui tient de l'orgie.

orgie n. f. Débauche.

orgue [ɔrg] n. m. (masc. au sing. ainsi qu'au pl. s'il désigne plusieurs instruments ; fém. au pl. quand il désigne un seul instrument). Instrument de musique à clavier, à vent et à tuyaux, principalement en usage dans les églises. *Orgue de Barbarie,* orgue mécanique à manivelle. *Mus. Point d'orgue,* repos plus ou moins long sur une note quelconque.

orgueil [ɔrgœj] n. m. Estime excessive de soi. Sentiment de sa dignité personnelle : *un légitime orgueil.*

orgueilleux, euse* adj. et n. Qui a de l'orgueil, qui le manifeste.

orient n. m. L'un des points cardinaux, où le soleil se lève. Éclat d'une perle. *L'Orient,* les pays à l'est de l'Europe. *L'Extrême-Orient,* la Chine, les États de l'Indochine, le Japon, la Corée. *Le Proche-Orient,* la Turquie, la Jordanie, l'État d'Israël, l'Egypte, le Liban et la Syrie. *Le Moyen-Orient,* l'Afghanistan, l'Irak, l'Iran, l'Arabie Saoudite. Loge de province, dans la franc-maçonnerie.

orientable adj. Que l'on peut orienter : *phare orientable.*

oriental, e, aux adj. De l'Orient. N. Habitant d'un pays d'Orient.

orientalisme n. m. Étude des choses de l'Orient.

orientaliste n. Spécialiste des langues et des civilisation orientales.

orientation n. f. Action d'orienter, de s'orienter. Position d'un objet par rapport aux points cardinaux.

orienter v. t. Disposer par rapport aux points cardinaux : *orienter une maison. Fig.* Guider, diriger : *orienter vers une carrière.* V. pr. Reconnaître les points cardinaux du lieu où l'on est. Savoir se diriger.

orifice n. m. Ouverture, trou.

oriflamme n. f. Anciennement, bannière des rois de France.

originaire* adj. Qui vient de : *plante originaire d'Afrique.*

original, e*, aux adj. Primitif, qui sert de modèle. Nouveau : *une pensée originale.* Qui a sa marque propre : *un talent original.* Singulier, bizarre : *caractère original.* N. m. Texte primitif : *l'original d'un traité.* Modèle que l'on copie. N. Personne singulière, excentrique.

originalité n. f. Caractère original. Bizarrerie : *affecter l'originalité.*

origine n. f. Commencement, début : *l'origine du monde.* Cause : *l'origine d'une maladie.* Provenance : *d'origine anglaise.*

originel, elle* adj. Qui remonte à l'origine : *le péché originel.*

orignal n. m. Élan du Canada.

orin n. m. *Mar.* Filin fixé sur un objet immergé (ancre, grappin, mine) et tenu à la surface par une bouée.

oripeau n. m. Paillette de cuivre qui de loin a l'éclat de l'or. Étoffe, broderie de faux or ou de faux argent. Clinquant.

orme n. m. Arbre à bois fibreux et solide.

ormeau n. m. Jeune orme.

orne n. m. Variété de frêne.

ornemaniste n. et adj. Sculpteur ou peintre en ornements.

ornement n. m. Tout ce qui orne. Ce qui embellit.

ornemental, e, aux adj. Qui concerne les ornements. Qui sert à l'ornement.

ornementation n. f. Art de disposer les ornements : *l'ornementation d'une façade.*

ornementer v. t. Orner.

orner v. t. Parer, décorer. *Fig.* Donner de l'éclat à. Enrichir.

ornière n. f. Trace creusée dans le sol par les roues des voitures. *Fig.* Routine.

ornithologie n. f. Partie de la zoologie qui traite des oiseaux.

ornithologiste ou **ornithologue** n. Spécialiste d'ornithologie.

ornithorynque n. m. Genre de mammifères de l'Australie, à bec de canard.

orogénie n. f. Étude de la formation des montagnes.

orogénique adj. *Mouvements orogéniques*, mouvements de l'écorce terrestre qui donnent naissance aux montagnes.

orographie n. f. Étude du relief terrestre.

orographique adj. Relatif à l'orographie : *carte orographique.*

oronge n. f. Champignon comestible d'un rouge doré. *Fausse oronge*, champignon vénéneux.

orpailleur n. m. Homme qui recherche les paillettes d'or dans certains cours d'eau.

orphelin [ɔrfəlɛ̃], e n. et adj. Enfant qui a perdu son père et sa mère ou l'un d'eux.

orphelinat n. m. Etablissement où l'on élève les orphelins.

orphéon n. m. Société chorale.

orphéoniste n. Membre d'un orphéon.

orphique adj. D'Orphée.

orteil n. m. Doigt du pied.

orthodoxe adj. Conforme au dogme, à la doctrine d'une religion. Qui professe l'orthodoxie. Conforme à la vérité. *Eglises orthodoxes.* Eglises chrétiennes orientales.

orthodoxie n. f. Qualité de ce qui est orthodoxe.

orthodromie n. f. Route de plus courte distance joignant deux points de la surface de la Terre.

orthogonal, e*, aux adj. À angle droit.

orthographe n. f. Art d'écrire correctement les mots. Manière quelconque dont on écrit certains mots : *orthographe vicieuse.*

orthographier v. t. Ecrire suivant les règles.

orthographique adj. Relatif à l'orthographe : *signe orthographique.*

orthopédie n. f. Art de prévenir ou de corriger les difformités du corps.

orthopédique adj. Relatif à l'orthopédie : *appareil orthopédique.*

orthopédiste adj. Qui pratique l'orthopédie : *médecin orthopédiste.*

orthophoniste n. Personne spécialisée dans la rééducation du langage.

orthoptères n. m. pl. Ordre d'insectes pourvus de quatre ailes, dont les deux inférieures sont pliées en long (criquet, sauterelle, libellule, etc.).

ortie [ɔrti] n. f. Genre d'herbes couvertes de poils irritants.

ortolan n. m. Espèce de passereau d'Europe à la chair délicate.

orvet n. m. Petit reptile sans pattes, proche des lézards, appelé aussi *serpent de verre.*

orviétan n. m. Drogue de charlatan.

os [ɔs, pl. o] n. m. Partie dure et solide de la charpente du corps de l'homme et des animaux vertébrés. *Fig. En chair et en os,* en personne.

oscillation [ɔsilasjɔ̃] n. f. Mouvement d'un corps qui va et vient de part et d'autre de sa position d'équilibre : *les oscillations du pendule. Fig.* Fluctuation, changement.

oscillatoire adj. De la nature de l'oscillation : *mouvement oscillatoire.*

osciller [ɔsile] v. i. Exécuter des oscillations. *Fig.* Varier, hésiter.

oscillographe n. m. *Oscillographe cathodique*, appareil qui permet d'étudier les phénomènes oscillants de haute fréquence.

osculateur, trice adj. *Géom.* Se dit de lignes ou surfaces se touchant étroitement.

osé, e adj. Hardi, audacieux. Grivois.

oseille n. f. Espèce d'herbes comestibles d'un goût acide.

oser v. t. Avoir la hardiesse, le courage de : *oser se plaindre.*

oseraie n. f. Lieu planté d'osiers.

osier n. m. Espèce de saule dont les rameaux flexibles se tressent.

osmose n. f. Echange de certains de leurs constituants entre deux solutions séparées par une membrane.

ossature n. f. L'ensemble des os d'un animal. *Fig.* Armature.

osselet n. m. Petit os en général.

ossements n. m. pl. Os décharnés.

osseux, euse adj. De la nature de l'os. À gros os : *corps osseux.*

ossification n. f. Transformation d'un tissu cartilagineux en tissu osseux.

ossifier v. t. Changer en os certaines parties cartilagineuses.

ossuaire n. m. Amas d'ossements.

ostéite n. f. Inflammation des os.

ostensible* adj. Apparent.

ostensoir n. m. Pièce d'orfèvrerie dans laquelle est exposée l'hostie consacrée.

ostentation n. f. Affectation qu'on apporte à faire parade d'un avantage : *ostentation de richesse.*

ostéologie n. f. Étude des os.

ostéoplastie n. f. *Chir.* Restauration osseuse.

ostracisme n. m. Exclusion, proscription.

ostréicole adj. Relatif à l'ostréiculture.

ostréiculteur n. m. Qui se livre à l'ostréiculture.

ostréiculture n. f. Élevage des huîtres.

otage n. m. Personne, ville, etc., qui est livrée comme garantie de promesses, de conventions.

otalgie n. f. Douleur d'oreille.

otarie n. f. Mammifère proche du phoque.

ôter v. t. Tirer une personne, une chose de la place où elle est : *ôter un objet de la table.* Se dépouiller de : *ôter son manteau.* Retrancher : *ôter deux de quatre. Fig.* Retirer : *ôter son emploi à quelqu'un.* V. pr. Se retirer : *ôte-toi de là !*

otite n. f. Inflammation de l'oreille.

oto-rhino-laryngologie n. f. Étude des maladies des oreilles, du nez et de la gorge.

ottoman, e adj. et n. Turc. (Vx.)

ou conj. marquant l'alternative : *vaincre ou mourir ;* ou indiquant l'identité : *Saigon ou Ville-Hô Chi Minh.*

où adv. En quel endroit : *où est-il ?* À quoi : *où cela mènera-t-il ?* Auquel, sur lequel : *le rang où je suis. Là où,* au lieu dans lequel. *D'où,* de quel endroit. *Par où,* par quel endroit.

ouailles [waj] n. f. pl. Les chrétiens par rapport à leur pasteur.

ouate n. f. Bourre, filasse ou coton placés comme doublure entre deux étoffes. Coton cardé pour pansements. (On dit de *l'ouate* ou de *la ouate.*)

ouater v. t. Garnir d'ouate.

ouatine n. f. Etoffe ouatée.

oubli n. m. Perte du souvenir. Négligence fâcheuse : *réparer un oubli.*

oublier v. t. Perdre le souvenir : *oublier une date.* Laisser par inadvertance : *oublier ses gants.* Laisser passer : *oublier l'heure.* Omettre, négliger, manquer : *oublier son devoir.* Ne pas tenir compte, laisser de côté : *oublier sa grandeur, oublier sa rancune.* V. pr. Manquer à ce que l'on doit aux autres ou à soi-même. Négliger ses intérêts.

oubliettes n. f. pl. Cachots souterrains où l'on jetait les prisonniers dont on voulait se débarrasser.

oublieux, euse adj. Qui oublie.

oued n. m. Cours d'eau temporaire, en Afrique du Nord.

ouest n. m. Partie de l'horizon où le soleil se couche ; couchant, occident. Pays situé de ce côté.

ouf! interj. marquant le soulagement.

oui, particule affirmative, opposée à *non.*

oui-dire n. m. inv. Ce qu'on sait pour l'avoir entendu dire.

ouïe n. f. Sens par lequel on perçoit les sons.

ouïes n. f. pl. Branchies des poissons. Ouvertures à la table supérieure d'un violon.

ouïr v. t. (N'est usité qu'à l'infin. prés., au p. passé : *ouï, e,* et aux temps composés.) Entendre : *j'ai ouï dire que...*

ouistiti n. m. Nom de divers petits singes d'Amérique.

ouragan n. m. Tempête violente.

ourdir v. t. Disposer sur l'ourdissoir les fils de la chaîne d'une étoffe. *Fig.* Tramer, machiner : *ourdir une conspiration.*

ourdissage n. m. Action d'ourdir.

ourler v. t. Faire un ourlet.

ourlet n. m. Repli cousu au bord d'une étoffe.

ours [urs] n. m. Grand mammifère carnivore, au corps lourd, à fourrure épaisse. *Fig.* Homme qui fuit la société : *vivre comme un ours.*

ourse n. f. Femelle de l'ours.

oursin n. m. Animal marin à test globuleux, couvert de piquants.

ourson n. m. Petit d'un ours.

oust! ou **ouste!** interj. *Pop.* S'emploie pour chasser ou activer.

outarde n. f. Genre d'oiseaux échassiers à chair savoureuse.

outil [uti] n. m. Instrument manuel de travail : *outil de coupe.*

outillage n. m. Assortiment d'outils. Ensemble des machines d'un établissement industriel.

outiller v. t. Munir d'outils. *Fig.* Fournir du nécessaire : *laboratoire bien outillé.*

outrage n. m. Injure, offense.

outrager v. t. (conj. 1) Faire outrage. *Fig.* Porter atteinte : *outrager la morale.*

outrance n. f. Excès, exagération.

outrancier, ère adj. Excessif.

outre n. f. Sac en peau de bouc pour contenir des liquides.

outre prép. Au-delà de. De plus. *Outre mesure,* à l'excès. Adv. Plus loin : *passer outre. Outre que,* sans compter que.

outré, e adj. Exagéré : *paroles outrées.* Indigné : *j'en suis outré.*

outrecuidance n. f. Présomption, confiance excessive en soi-même.

outrecuidant, e adj. Présomptueux, impertinent, arrogant.

outremer n. m. Pierre fine d'un bleu profond. Couleur qu'on en tire.

outre-mer loc. adv. Au-delà des mers.

outrepasser v. t. Aller au-delà : *outrepasser ses pouvoirs.*

outrer v. t. Exagérer. Offenser gravement.

outre-tombe adv. Au-delà de la tombe, de la mort : *mémoires d'outre-tombe.*

outsider [awtsajdœr] n. m. Concurrent qui n'a que peu de chances de gagner dans une course.

ouvert, e* adj. Qui n'est pas fermé. Non fortifié : *ville ouverte.* Franc, sincère : *caractère ouvert.* Intelligent, vif : *esprit ouvert. Sports.* Dont le résultat est incertain : *compétition très ouverte. A bras ouverts,* cordialement : *recevoir un ami à bras ouverts.*

ouverture n. f. Action d'ouvrir. Fente, trou, orifice : *faire une ouverture. Fig.* Préface instrumentale d'un opéra. Commencement : *ouverture de la séance.* Propositions : *faire des ouvertures de paix.*

ouvrable adj. *Jour ouvrable,* jour de la semaine non férié.

ouvrage n. m. Travail. Production de l'ouvrier, de l'artiste, de l'écrivain, de l'ingénieur : *ouvrage de longue haleine.* Fortification. *Ouvrage d'art,* pont, tunnel, etc.

ouvrager v. t. Ouvrer, travailler avec minutie.

ouvrer v. t. Travailler, façonner.

ouvreur, euse n. Qui ouvre. N. f. Placeuse dans un théâtre, un cinéma.

ouvrier, ère n. Qui travaille de ses mains pour gagner sa vie. Adj. Qui travaille : *classe ouvrière.* N. f. Abeille neutre chez les abeilles, etc.

ouvrir v. t. (conj. 10) Défaire la fermeture : *ouvrir une armoire.* Ecarter : *ouvrir les paupières.* Percer : *ouvrir une route, un canal.* Commencer : *ouvrir une liste, le bal.* V. i. Etre ouvert : *magasin qui ouvre le dimanche.* Donner accès : *cette porte ouvre sur le jardin.* V. pr. Commencer : *l'année s'ouvre sur une catastrophe.* S'épanouir : *s'ouvrir à la vie.* Découvrir sa pensée : *s'ouvrir à un ami.*

ouvroir n. m. Etablissement de bienfaisance où l'on procurait à des femmes pauvres des travaux de lingerie.

ovaire n. m. Glande génitale femelle où se forment les ovules. *Bot.* Partie inférieure du pistil, renfermant les semences.

ovale adj. Courbe fermée et allongée comme l'ellipse. N. m. *Géom.* Figure ovale : *tracer un ovale.*

ovaliser v. t. Rendre ovale : *cylindre d'auto ovalisé par l'usure.*

ovarien, enne adj. De l'ovaire.

ovation n. f. Chez les Romains, triomphe de second ordre. *Par ext.* Acclamations, honneurs : *faire une ovation à.*

ove n. m. Ornement en forme d'œuf.

oviducte n. m. Conduit par où l'œuf sort du corps de l'animal.

ovin, e adj. Qui concerne les moutons.

ovinés n. m. pl. Sous-famille des bovidés (moutons, chèvres, bouquetins).

ovipare n. et adj. Qui se reproduit par des œufs.

ovoïde adj. En forme d'œuf : *corps ovoïde.*

ovulation n. f. Production des ovules.

ovule n. m. Germe de l'œuf ou du fœtus. Petit solide de forme ovale, contenant un médicament.

oxhydrique adj. Se dit d'un mélange d'hydrogène et d'oxygène dont la combustion dégage une très grande quantité de chaleur.

oxydation n. f. Action d'oxyder.

oxyde n. m. Composé résultant de la combinaison d'un élément chimique avec l'oxygène.

oxyder v. t. Convertir en oxyde.

oxygénation n. f. Action d'oxygéner.

oxygène n. m. Corps simple, formant la partie respirable de l'air.

oxygéner v. t. (conj. 5) Combiner avec l'oxygène.

oxyure n. f. Vers parasite de l'intestin.

oyat n. m. Plante utilisée pour la fixation du sable des dunes.

ozone n. m. Oxygène condensé sous l'action de l'électricité, servant à stériliser les eaux.

P

p n. m. Seizième lettre de l'alphabet et douzième des consonnes.

pacage n. m. Pâturage.

pacha n. m. Ancien titre honorifique dans certains pays musulmans.

pachyderme [paʃidɛrm] adj. et n. Se dit d'animaux à peau épaisse (éléphant, rhinocéros, hippopotame).

pacificateur, trice n. adj. Qui pacifie.

pacification n. f. Rétablissement de la paix, de l'ordre public.

pacifier v. t. Rétablir la paix, le calme.

pacifique* adj. Qui aime la paix. Qui tend à la paix. Qui se passe dans la paix : *règne pacifique.*

pacifisme n. m. Doctrine pacifiste.

pacifiste n. et adj. Partisan de la paix entre les Etats.

pacotille n. f. Marchandises de qualité inférieure, de peu de valeur.

pacte n. m. Convention, accord.

pactiser v. i. Faire un pacte. *Fig.* Transiger : *pactiser avec sa conscience.*

pactole n. m. Source de richesses.

paddock n. m. *Turf.* Enceinte où les chevaux sont promenés en main.

paddy [padi] n. m. Riz non décortiqué.

paella [paɛla] n. f. Mets espagnol composé de riz, de viande, de poissons, de crustacés, de légumes divers.

paf! interj. indiquant le bruit d'un coup.

pagaie n. f. Rame courte que l'on manie sans l'appuyer à l'embarcation.

pagaille ou **pagaye** n. f. *Fam.* Désordre.

paganisme n. m. Pour les chrétiens, toute religion polythéiste ou fétichiste, ou absence de religion.

pagayer [pagɛje] v. i. (conj. 2) Se servir de la pagaie. V. t. Conduire à la pagaie.

pagayeur, euse n. Celui, celle qui pagaye.

page n. f. Côté d'un feuillet de papier. Ce qui est tracé, imprimé sur la page : *copier une page. Fig.* Œuvre littéraire ou musicale : *les plus belles pages de Rimbaud. Fam.* A la page, au courant.

page n. m. Jeune noble au service d'un prince, d'un seigneur.

pagination n. f. Série des numéros des pages d'un livre.

paginer v. t. Numéroter les pages.

pagne n. m. Morceau d'étoffe tombant de la ceinture et qui sert de vêtement à certains peuples.

pagode n. f. En Extrême-Orient, temple, chapelle.

pagure n. m. Crustacé dont le nom usuel est *bernard-l'ermite.*

paidologie n. f. V. PÉDOLOGIE.

paie ou **paye** [pɛj] n. f. Solde ou salaire. Action de payer : *jour de paie.*

paiement ou **payement** [pɛmã] n. m. Action de payer. Somme payée.

païen, enne adj. et n. Se dit des peuples non chrétiens. *Fam.* Impie.

paillard, e n. et adj. *Fam.* Qui aime les plaisirs sensuels.

paillardise n. f. Caractère, acte, parole de paillard.

paillasse n. f. Sac rempli de paille, servant de matelas. N. m. Bouffon de foire.

paillasson n. m. Natte de paille ou de jonc.

paille n. f. Tige des graminacées dépouillée de son grain. Défaut dans un objet de métal, une pierre fine, etc. *Homme de paille,* prête-nom. *Paille de fer,* fins copeaux de fer. Adj. inv. Qui a la couleur jaune de la paille.

pailler n. m. Cour, grenier où l'on met les pailles.

pailleté, e adj. Couvert de paillettes.

pailleter v. t. (conj. 4) Couvrir de paillettes : *robe pailletée d'or.*

paillette n. f. Parcelle d'or mêlée au sable de certains cours d'eau. Lame mince de métal ou de verre qu'on applique sur une étoffe : *habit à paillettes.*

paillis n. m. Couche de paille ou de fumier pailleux pour préserver certains fruits.

paillon n. m. Enveloppe de paille pour bouteilles.

paillote n. f. Dans les pays tropicaux, hutte de paille.

pain n. m. Aliment fait de farine pétrie, fermentée et cuite au four. Nourriture en général : *gagner son pain. Pain d'épices,* fait de farine de seigle, d'épices et de miel. *Pain à cacheter,* rondelle de pâte cuite qui servait à cacheter les lettres. Matière à laquelle on donne, par moulage, une forme déterminée : *pain de savon.*

pair n. m. Autrefois, grand vassal du roi : *les douze pairs de Charlemagne.* Membre de la

Chambre haute de 1815 à 1848. Aujourd'hui, membre de la Chambre des lords en Grande-Bretagne.

pair, paire adj. Exactement divisible par deux : *nombre pair.* N. m. Egal d'une personne : *être jugé par ses pairs.* Taux nominal ou de remboursement d'une valeur. *Être au pair dans une maison,* être logé et nourri en échange de certains services, mais sans percevoir de salaire.

paire n. f. Couple de personnes, d'animaux, d'objets. Objet composé de deux parties : *une paire de ciseaux.*

pairesse n. f. Femme d'un pair.

pairie n. f. Titre de pair.

paisible* adj. Tranquille, pacifique, calme : *mener une vie paisible.*

paître v. t. (conj. 74) Mener au pâturage : *paître des moutons.* (Vx.) Manger en broutant : *paître l'herbe. Pop. Envoyer paître,* congédier brutalement.

paix n. f. Etat d'un pays qui n'est pas en guerre. Traité qui maintient ou ramène cet état : *signer la paix.* Calme, silence : *la paix des champs.* Réconciliation : *faire la paix.* Tranquillité de l'âme : *en paix avec sa conscience.* Interj. pour commander le silence, le calme.

pal n. m. Pieu aiguisé. Bande verticale du blason.

palabre n. m. ou f. Conférence avec un chef noir. (Vx.) *Fig.* Longue discussion.

palabrer v. i. Tenir des palabres.

palace n. m. Hôtel de grand luxe.

paladin n. m. Seigneur de la suite de Charlemagne.

palafitte n. m. Construction lacustre préhistorique sur pilotis.

palais n. m. Résidence d'un roi, d'un grand personnage. Maison magnifique. Lieu où siègent les tribunaux : *palais de justice.*

palais n. m. *Anat.* Partie supérieure du dedans de la bouche. *Fig.* Sens du goût : *palais délicat.*

palan n. m. Appareil de levage.

palanquin n. m. En Inde, guérite posée sur le dos d'un éléphant. Chaise à porteurs.

palatal, e, aux adj. *Gramm.* Qui se prononce dans la région du palais.

palatin e adj. Titre donné à celui qui avait une charge dans le palais d'un prince. Du Palatinat.

pale n. f. Partie d'un aviron qui entre dans l'eau. Branche d'une hélice. Petite vanne.

pâle adj. adj. Décoloré, blême : *joues pâles.* Faible, sans éclat : *un bleu pâle.*

palefrenier n. m. Homme qui panse et soigne les chevaux.

paléographe n. et adj. Spécialisé dans la paléographie.

paléographie n. f. Science qui permet de déchiffrer les écriture anciennes.

paléolithique adj. et n. m. Se dit de la première époque de la préhistoire, caractérisée par l'industrie de la pierre taillée.

paléontologie n. f. Science qui traite des fossiles.

paléontologiste n. et adj. Spécialiste de paléontologie.

palestinien, enne adj. et n. De la Palestine.

palestre n. f. *Antiq. gr.* Lieu public pour les exercices du corps.

palet n. m. Disque qu'on jette le plus près possible d'un but.

paletot n. m. Vêtement porté par-dessus les autres.

palette n. f. Instrument large, aplati, servant à divers usages. Aube d'une roue de moulin ou de bateau. Plaque de bois, de faïence, percée d'un trou pour le pouce et sur laquelle les peintres étalent leurs couleurs. Ensemble de couleurs habituellement utilisées par un artiste peintre. Partie d'un mouton, d'un porc, comprenant l'omoplate et la chair qui la recouvre.

palétuvier n. m. Nom de divers arbres tropicaux des littoraux.

pâleur n. f. Etat de ce qui est pâle.

palier n. m. Espace plan dans un escalier ou une montée. Portion horizontale d'une route, d'une voie ferrée. Etape, tranche : *dégrèvement par paliers.* Pièce d'une machine, qui supporte un arbre de transmission.

palimpseste n. m. Manuscrit sur parchemin dont on a effacé l'écriture pour y écrire de nouveau.

palindrome n. m. Mot, vers, phrase, qu'on peut lire dans les deux sens. (Ex. : *Laval. Esope reste ici et se repose.*)

pâlir v. i. Devenir pâle : *pâlir de colère.* S'affaiblir : *couleur qui pâlit.*

palis n. m. Pieu enfoncé en terre.

palissade n. f. Barrière de pieux.

palissader v. t. Entourer de palissades.

palissandre n. m. Bois exotique brun foncé à reflet violacé, employé en ébénisterie.

palladium [palladjom] n. m. Métal blanc très ductile et très dur.

palliatif, ive adj. et n. m. Qui n'a qu'une efficacité incomplète, momentanée : *l'emprunt n'est jamais qu'un palliatif.*

pallier v. t. Atténuer : *pallier une faute.* V. i. Remédier à quelque chose : *pallier à un inconvénient.* (Cette construction est généralement déconseillée.)

palmaire adj. Relatif à la paume de la main.

palmarès [palmarɛs] n. m. Liste de lauréats.

palme n. f. Feuille de palmier. Palmier : *vin de palme.* Signe de victoire : *remporter la palme.* Nageoire en caoutchouc qui s'adapte au pied. *Palmes académiques,* distinction honorifique spécialement réservée aux membres de l'enseignement.

palmé, e adj. *Bot.* Semblable à une main ouverte : *feuille palmée. Zool.* Dont les doigts sont réunis par une membrane (grenouille, canard, etc.).

palmer [palmɛr] n. m. Instrument pour mesurer de faibles épaisseurs.

palmeraie n. f. Lieu planté de palmiers.

palmette n. f. Ornement en forme de palme. Forme des arbres fruitiers en espalier.

palmier n. m. Famille de plantes monocotylédones, portant un bouquet de longues feuilles à l'extrémité d'un stipe plus ou moins élevé (*dattiers, cocotiers,* etc.).

palmipèdes n. m. pl. Ordre d'oiseaux aux pieds palmés (oie, canard, etc.).

palmiste n. m. Palmier à bourgeon comestible appelé *chou-palmiste.*

palois, e adj. et n. De Pau.

palombe n. f. Espèce de pigeon.

palonnier n. m. Pièce de bois ou de fer reliée à une voiture sans brancards et à laquelle on attache les traits des chevaux. Dispositif de transmission (autos, avions).

pâlot, otte adj. Un peu pâle.

palourde n. f. Nom vulgaire de plusieurs mollusques comestibles.

palpable adj. Qu'on peut palper. *Fig.* Clair, évident : *vérité palpable*.

palpation n. f. Action de palper.

palpe n. f. Appendice buccal des arthropodes.

palpébral, e, aux adj. Des paupières.

palper v. t. Toucher avec la main dans un dessein d'examen. *Fam.* Toucher, recevoir de l'argent.

palpitant, e adj. Qui palpite. *Fig.* Très intéressant : *roman palpitant.*

palpitation n. f. Mouvement violent et déréglé du cœur.

palpiter v. i. Battre (se dit du cœur). Frémir convulsivement (se dit de la chair d'un être qui vient d'être tué). *Fig.* Être vivement ému : *palpiter d'impatience.*

palplanche n. f. Madrier pointu qu'on enfonce pour former un barrage, une clôture. Planche pour boiser une mine.

paltoquet n. m. Homme grossier. (Vx.)

paludéen, enne adj. Des marais.

paludier n. et adj. m. Qui travaille dans les marais salants.

paludisme n. m. Fièvre qui se contracte dans les régions chaudes et marécageuses.

pâmer (se) v. pr. Défaillir par l'effet d'une émotion vive.

pâmoison n. f. Défaillance.

pampa n. f. Vaste région herbeuse de l'Amérique du Sud.

pamphlet [pãflɛ] n. m. Petit écrit satirique et violent : *pamphlet politique.*

pamphlétaire n. m. Auteur de pamphlets.

pamplemousse n. m. Agrume à peau jaune et à jus acidulé, plus gros que l'orange.

pampre n. m. Rameau de vigne chargé de feuilles.

pan n. m. Partie tombante d'un vêtement, d'une tenture. Face d'un ouvrage de maçonnerie. Face d'un corps polyédrique : *écrou à six pans. Pan coupé*, surface qui remplace l'angle à la rencontre de deux murs.

pan ! interj. Onomatopée qui marque un coup soudain.

panacée n. f. Remède universel.

panache n. m. Plumes flottantes dont on orne un casque, un dais, etc. Tout ce qui ondoie comme ces plumes : *panache de fumée. Fig.* et *fam.* Ce qui a de l'éclat, du brio : *aimer le panache.*

panacher v. t. Orner d'un panache. Orner de couleurs variées : *tulipe panachée.* Mélanger : *glace panachée.*

panade n. f. Soupe faite d'eau, de pain et de beurre. *Pop.* Misère : *être dans la panade.*

panama n. m. Chapeau très souple, tressé avec la feuille d'un arbuste de l'Amérique centrale.

panard, e adj. Se dit d'un cheval qui a les pieds tournés en dehors. *Pop.* Pied.

panaris [panari] n. m. Inflammation phlegmoneuse du doigt.

pancarte n. f. Annonce, affiche collée sur un carton, donnant des avis, des renseignements.

panchromatique adj. *Photo.* Sensible à toutes les couleurs.

pancréas [pãkreas] n. m. Glande qui déverse dans l'intestin un suc digestif qui agit sur les graisses.

pancréatique adj. Du pancréas : *suc pancréatique.*

pandémie [pãdemi] n. f. Extension d'une maladie contagieuse à tout un continent, voire à tout le globe terrestre.

panégyrique n. m. Eloge.

panégyriste n. m. Celui qui fait un éloge.

paner v. t. Couvrir de pain râpé.

panetière n. f. Meuble où l'on met le pain.

paneton n. m. Petit panier où les boulangers mettent la pâte nécessaire pour un pain.

pangermanisme n. m. Système qui tend à l'union des populations d'origine allemande.

pangermaniste adj. Relatif au pangermanisme. N. Partisan de ce système.

pangolin n. m. Mammifère édenté d'Afrique et d'Asie, couvert d'écailles.

panhellénisme n. m. Système politique qui tendait à réunir tous les peuples de race grecque.

panier n. m. Objet d'osier, de jonc, etc., pour transporter ou serrer des provisions, etc. Ce qu'il contient : *panier de fruits.* Autrefois, jupon bouffant garni de cercles de baleine : *robe à paniers. Panier percé*, personne dépensière. *Le dessus du panier*, le meilleur.

panifiable adj. Qui peut être panifié : *céréales panifiables.*

panification n. f. Conversion des matières farineuses en pain.

panifier v. t. Transformer en pain.

panique adj. *Terreur panique*, subite et sans fondement. N. f. Effroi subit et violent.

panne n. f. Velours à poil long.

panne n. f. Arrêt de fonctionnement d'un mécanisme : *tomber en panne. Mettre en panne*, placer la voile de façon à arrêter la marche du bateau.

panne n. f. Graisse englobant les rognons du porc.

panneau n. m. Surface pleine et unie encadrée et ornée de moulures. Nappe ou filet qu'on tend à demeure pour prendre certaines bêtes. Plaque de bois, de métal, portant une indication. *Fig.* Piège : *tomber dans le panneau.*

panneton n. m. Partie d'une clef, qui fait mouvoir les pênes.

panonceau n. m. Écusson à la porte des officiers ministériels, de certains établissements (hôtels), etc.

panoplie n. f. Collection d'armes disposées sur un panneau. Déguisements pour enfants présentés sur un carton fort. Série de moyens d'action dont on dispose : *la panoplie nucléaire de la France.*

panorama n. m. Vaste étendue de pays qu'on voit d'une hauteur.

panoramique adj. Qui permet de découvrir une vaste région : *vue panoramique.*

pansage n. m. Action de panser un animal.

panse n. f. Le premier estomac des ruminants. *Fam.* Ventre. Partie renflée d'un objet : *panse d'une bouteille.*

pansement n. m. Action de panser une plaie.

panser v. t. Appliquer sur une plaie les remèdes nécessaires à. Brosser, étriller, etc., un animal domestique.

pansu, e adj. À gros ventre.

pantagruélique adj. Enorme (appétit).

pantalon n. m. Vêtement qui va de la ceinture aux pieds.

pantalonnade n. f. Farce burlesque.

pantelant, e adj. Haletant, qui respire avec peine.

panthéisme n. m. Théorie de l'unité de la substance, identifiant Dieu et le monde.

panthéiste adj. Relatif au panthéisme.

panthéon n. m. Temple que les Grecs et les Romains consacraient à tous leurs dieux. Ensemble de tous les dieux d'un pays.

panthère n. f. Grand mammifère carnassier d'Asie.

pantière n. f. Filet tendu verticalement pour prendre les oiseaux. Carnier de chasseur.

pantin n. m. Figure burlesque dont on fait mouvoir les membres par des fils. Fig. Homme qui gesticule ridiculement, ou qui change sans cesse d'opinion.

pantographe n. m. Instrument pour copier les dessins en les agrandissant ou en les réduisant.

pantois, e adj. Fam. Stupéfait, interdit, penaud : rester pantois.

pantomime n. f. Pièce où les acteurs s'expriment par gestes.

pantoufle n. f. Chaussure d'intérieur.

paon [pā] n. m. Genre d'oiseaux gallinacés au splendide plumage. Espèce de papillon. Fig. Personne vaine, orgueilleuse.

paonne [pan] n. f. Femelle du paon.

papa n. m. Père dans le langage des enfants.

papal, e, aux adj. Du pape.

papauté n. f. Dignité de pape. Administration d'un pape.

pape n. m. Le chef de l'Église catholique romaine élu par les cardinaux.

papelard, e adj. et n. Hypocrite.

paperasse n. f. Papier sans valeur.

paperasserie n. f. Amas d'écritures inutiles.

papeterie n. f. Fabrique. Commerce du papier, des articles de bureau.

papetier, ère n. et adj. Qui fabrique ou vend du papier, des articles de bureau.

papier n. m. Feuille sèche et mince, faite de substances végétales réduites en pâte, pour écrire, imprimer, envelopper, etc. Ecrit ou imprimé. Papier carbone, imprégné d'un produit pour reproduire l'écriture par pression. Papier de verre, papier enduit de poudre de verre, servant au polissage. Effet de commerce ou valeur : refuser le papier d'un commerçant. Article de journal. Pl. Passeport, pièce d'identité : papiers en règle.

papier-monnaie n. m. Papier créé pour tenir lieu d'argent.

papilionacées n. f. pl. Famille de plantes dont les corolles sont composées de cinq pétales (pois, haricot, trèfle).

papille [papij] n. f. Petite élevure sur la peau, les muqueuses, etc.

papillon n. m. Nom usuel des insectes lépidoptères aux ailes couvertes de fines écailles souvent colorées. Très petite affiche.

papillonner v. i. Voltiger.

papillotage n. m. Mouvement continuel des paupières.

papillote n. f. Papier roulé pour friser les cheveux, pour envelopper un bonbon, etc.

papilloter v. i. Clignoter (yeux).

papisme n. m. Nom donné au catholicisme par les protestants anglais.

papiste n. Partisan du papisme.

papotage n. m. Fam. Bavardage futile.

papoter v. i. Fam. Dire des riens.

paprika n. m, Piment rouge en poudre.

papule n. f. Elevure sur la peau.

papyrus [papirys] n. m. Sorte de jonc. Feuille faite de son écorce, qui servait de papier aux Anciens. Le manuscrit lui-même.

pâque n. f. Fête annuelle des Juifs, en mémoire de leur sortie d'Egypte.

paquebot n. m. Navire de commerce aménagé pour le transport des passagers.

pâquerette n. f. Sorte de marguerite.

Pâques n. m. Fête annuelle de l'Église chrétienne, en mémoire de la résurrection de Jésus-Christ : Pâques est arrivé.

paquet n. m. Réunion de choses enveloppées ou attachées ensemble. Colis.

paquetage n. m. Effets du soldat disposés réglementairement dans la chambrée.

par prép. A travers : par les champs. Indique la cause, la manière : affaibli par la maladie ; prendre par la peur. De par loc. prép. Par l'ordre de. Formes diverses loc. adv. : par-ci, par-là, par-devant, etc. Par conséquent, en conséquence.

parabole n. f. Comparaison développée dans un récit et sous laquelle se cache quelque vérité, un enseignement : les paraboles de l'Evangile. Géom. Ligne courbe, dont chacun des points est équidistant d'un point fixe appelé foyer et d'une droite fixe appelée directrice. Courbe que décrit un projectile.

parabolique adj. Relatif à la parabole : sens parabolique. En parabole : ligne parabolique.

parachèvement n. m. Achèvement complet.

parachever v. t. (conj. 5) Finir parfaitement : parachever l'ouvrage.

parachutage n. m. Action de lancer par parachute : parachutage de vivres.

parachute n. m. Appareil destiné à ralentir la vitesse d'un corps qui tombe de très haut.

parachuter v. t. Lancer par parachute.

parachutiste n. Personne qui fait des sauts en parachute.

parade n. f. Revue des troupes. Étalage, ostentation : faire parade de ses talents. Manière de parer un coup. Scène burlesque jouée à l'entrée d'un théâtre forain pour attirer le public. De parade, pour l'ornement, plus que pour l'utilité.

parader v. i. Manœuvrer : troupes qui paradent. Se pavaner.

paradigme n. m. Exemple, modèle : les paradigmes des conjugaisons.

paradis n. m. Lieu de délices où Dieu plaça Adam et Ève : le paradis terrestre. Séjour des âmes des hommes méritants, après leur mort : le paradis de Mahomet. Fig. Endroit enchanteur. Galerie supérieure d'un théâtre.

paradisiaque adj. Qui évoque le paradis.

paradisier n. m. Oiseau d'Océanie au beau plumage, appelé aussi oiseau de paradis.

paradoxal, e*, aux adj. Porté au paradoxe. Singulier, bizarre.

paradoxe n. m. Opinion contraire à l'opinion commune : *abuser du paradoxe.*

parafe n. m. V. PARAPHE.

paraffine n. f. Substance solide blanche, tirée des schistes bitumineux, des huiles lourdes de pétrole : *bougie de paraffine.*

paraffiner v. t. Enduire de paraffine.

parafoudre n. m. Instrument pour protéger les appareils électriques contre la foudre.

parages n. m. pl. *Mar.* Voisinage : *parages dangereux. Par ext.* Endroit : *que faites-vous en ces parages ?*

paragraphe n. m. Subdivision des parties d'un texte, etc. Signe (§) qui l'indique parfois.

paragrêle adj. inv. Se dit d'un dispositif qui a pour effet de résoudre la grêle en pluie : *fusée paragrêle.*

paraître v. i. (conj. 58) S'offrir à la vue : *l'aurore parut.* Sembler : *il paraît souffrant.* Être publié : *ce livre a paru.* Exister. Fig. Briller : *chercher à paraître.* Se manifeste. V. impers. *Il paraît que,* il semble que. *Il y paraît,* on le voit bien.

parallaxe n. f. *Photo.* Décalage entre l'axe optique du viseur et celui de l'objectif, qui fausse le cadrage à faible distance.

parallèle* adj. Se dit de deux lignes ou de deux surfaces également distantes l'une de l'autre sur toute leur longueur ou leur surface. N. f. Ligne parallèle à une autre. N. m. Cercle parallèle à l'équateur. Fig. Comparaison : *parallèle entre deux écrivains.*

parallélépipède n. m. Polyèdre à six faces qui sont des parallélogrammes, les faces opposées étant égales et parallèles entre elles.

parallélisme n. m. État de deux lignes, de deux plans parallèles.

parallélogramme n. m. Quadrilatère à côtés opposés parallèles.

paralogisme n. m. Faux raisonnement.

paralyser v. t. Frapper de paralysie. *Fig.* Arrêter, neutraliser : *paralyser les transports ; paralyser toute initiative.*

paralysie n. f. Privation entière ou partielle du mouvement volontaire. Impossibilité d'agir.

paralytique adj. et n. Atteint de paralysie.

paramètre n. m. Grandeur mesurable permettant de présenter de façon plus simple les caractéristiques principales d'un ensemble statistique.

parangon n. m. Modèle.

paranoïaque adj. et n. Maniaque orgueilleux et susceptible.

parapet n. m. Mur à hauteur d'appui, pour servir de garde-fou, d'abri contre les tirs ennemis, etc.

paraphe ou **parafe** n. m. Trait soulignant une signature. Signature abrégée.

parapher ou **parafer** v. t. Marquer de son paraphe.

paraphrase n. f. Explication ou traduction plus étendue que le texte. *Par ext.* Discours, écrit long et diffus.

paraphraser v. t. Développer par paraphrase. Traduire en amplifiant.

parapluie n. m. Instrument qui se déploie pour servir d'abri individuel en cas de pluie.

parasitaire adj. Relatif aux parasites : *affection parasitaire.*

parasite n. m. Qui s'est fait une habitude de manger chez autrui ou qui vit aux dépens d'autrui. Animal, plante qui vit aux dépens d'un autre animal, d'une autre plante. N. m. pl. Perturbations d'origine atmosphérique ou industrielle, qui troublent la réception des signaux radio-électriques.

parasiter v. t. Envahir un végétal ou un animal pour s'en nourrir.

parasitisme n. m. État de parasite.

parasol [parasol] n. m. Grande ombrelle dont le manche est maintenu fixe, pour abriter du soleil.

parasympathique adj. et n. m. Se dit d'un des deux systèmes nerveux neurovégétatifs, antagoniste de l'orthosympathique.

paratonnerre n. m. Appareil destiné à préserver les bâtiments de la foudre.

paratyphoïde n. f. Maladie voisine de la typhoïde, mais moins grave.

paravent n. m. Écran mobile.

parbleu ! interj. Sorte de juron exprimant souvent l'approbation.

parc n. m. Enclos boisé, d'une certaine étendue, pour la promenade, la chasse etc. Pâtis où l'on met les bœufs à l'engrais. Clôture où l'on enferme les moutons. Endroit où l'on peut garer les autos. Entrepôt de matériel militaire. *Parc à huîtres,* bassin pour l'élevage des huîtres. *Parc national,* région où la faune et la flore sont protégées.

parcage n. m. Action de parquer.

parcellaire adj. Établi par parcelles.

parcelle n. f. Petite partie d'une chose : *une parcelle de terrain.*

parcellement n. m. Division par parcelles.

parceller v. tr. Diviser en parcelles : *parceller un héritage.*

parce que loc. conj. Pour la raison que.

parchemin n. m. Peau préparée pour écrire. Pl. Fig. Titres de noblesse.

parcheminé, e adj. Qui a l'aspect du parchemin : *peau parcheminée.*

parcimonie n. f. Épargne minutieuse.

parcimonieux, euse* adj. Qui use de parcimonie.

parcmètre n. m. Appareil mesurant le temps de stationnement autorisé.

parcourir v. t. (conj. 21) Suivre, visiter dans toute son étendue ou dans tous les sens : *parcourir une route.* Fig. Examiner rapidement : *parcourir un livre.*

parcours n. m. Chemin que suit un véhicule, une eau courante, etc. Trajet : *effectuer un parcours.*

pardessus n. m. Vêtement qu'on porte pardessus les autres.

pardi ! pardieu ! interj. Jurons familiers.

pardon n. m. Rémission d'une faute, d'une offense : *obtenir un pardon.* Formule de politesse quand on dérange quelqu'un. Pèlerinage breton : *le pardon d'Auray.*

pardonnable adj. Que l'on peut pardonner : *faute pardonnable.*

pardonner v. t. Renoncer à punir ; excuser : *pardonner une offense.* Voir sans dépit, sans jalousie : *on ne lui pardonne pas ses succès.* V. i. Accorder le pardon. Faire grâce : *pardonner à ses ennemis. Pardonnez-moi,* formule de civilité, pour s'excuser.

pare-boue n. m. inv. Garde-boue.

pare-brise n. m. inv. Glace devant le conducteur d'une automobile, d'une locomotive, etc.

pare-chocs n. m. inv. Ressort de protection à l'avant et à l'arrière d'un véhicule.

pare-feu n. m. inv. Appareil destiné à empêcher la propagation des incendies. Dans une forêt, espace dégarni de végétation pour entraver la progression des incendies.

parégorique adj. *Elixir parégorique*, produit qui sert à calmer les douleurs intestinales.

pareil, eille* adj. Égal, équivalent. Semblable, identique. N. personne ou chose égale : *n'avoir pas son pareil*. Personne du même rang. : *fréquenter ses pareils*. N. f. *Rendre la pareille*, rendre un traitement pareil à celui qu'on a reçu.

parement n. m. Etoffe, brodée ou galonnée, mise comme ornement : *parement d'autel, d'habit*. Côté d'une pierre ou d'un mur, qui paraît au-dehors.

parenchyme [parãʃim] n. m. Tissu spongieux de divers organes vivants.

parent, e n. Personne de la même famille. N. m. pl. Le père et la mère.

parental, e, aux adj. Qui concerne le père ou la mère considérés comme un tout : *l'autorité parentale*.

parenté n. f. Lien entre parents par le sang ou par alliance. Ensemble des parents.

parenthèse n. f. Phrase accessoire formant un sens à part. Signe qui indique cette intercalation ( ) : *ouvrir, fermer la parenthèse*. *Fig. et fam.* Digression : *ouvrir une parenthèse*. *Par parenthèse*, incidemment.

paréo n. m. Sorte de pagne porté à Tahiti par les deux sexes.

parer v. t. Orner : *parer un autel*. Préparer : *parer une volaille*. *Mar.* Tenir prêt : *parer une ancre*. Détourner, éviter : *parer un coup*. V. i. Remédier à : *parer à un défaut*. V. pr. Se glorifier de : *se parer d'innocence*.

paresse n. f. Répugnance au travail, à l'effort. *Fig.* Lenteur.

paresser v. i. S'abandonner à la paresse.

paresseux, euse* adj. Qui montre de la paresse. N. Qui répugne au travail. N. m. Mammifère édenté de l'Amérique du Sud, aux mouvements très lents.

parfaire v. tr. Achever, compléter.

parfait, aite* adj. Sans défaut, excellent : *bonheur parfait, vin parfait*. Accompli, complet : *calme parfait*. N. m. Crème glacée : *parfait au café*.

parfois adv. Quelquefois.

parfum [parfœ̃] n. m. Odeur agréable. Composition ayant cette odeur : *acheter des parfums*. *Fig.* Ce qui éveille un doux souvenir : *parfum de poésie*.

parfumer v. t. Remplir, imprégner de parfum : *parfumer son mouchoir*.

parfumerie n. f. Commerce, industrie du parfumeur.

parfumeur, euse n. et adj. Qui fabrique ou vend des parfums.

pari n. m. Action de parier. Chose, somme pariée. *Pari mutuel*, pari légal sur les champs de courses.

paria n. m. Nom donné dans l'Inde aux individus privés des droits religieux ou sociaux. *Par ext.* Homme dédaigné des autres hommes.

pariade n. f. Accouplement des oiseaux.

parier v. t. S'engager à payer une certaine somme que gagnera celui qui aura raison. *Par ext.* Affirmer : *je parie son succès*.

pariétaire n. f. Plante qui pousse sur les murailles.

pariétal, e, aux adj. Se dit des os formant les côtés et la voûte du crâne. *Peinture pariétale*, figure gravée ou peinte sur les parois et les voûtes des grottes préhistoriques.

parieur, euse n. Qui parie.

parisien, enne adj. et n. De Paris.

paritaire adj. Se dit des commissions d'arbitrage où patrons et employés sont également représentés.

parité n. f. Égalité parfaite. Comparaison prouvant une chose par une autre semblable : *établir une parité*. État de ce qui est pair.

parjure n. m. Faux serment : *commettre un parjure*. N. et adj. Coupable de parjure : *punir un parjure*.

parjurer (se) v. pr. Commettre un parjure.

parking [parkiŋ] n. m. Endroit où l'on peut garer un véhicule. (On dit aussi PARC et PARCAGE.)

parlant, e adj. Doué de la parole. Adj. Expressif, ressemblant : *portrait parlant*. Accompagné de paroles : *cinéma parlant*.

parlement n. m. Assemblée exerçant le pouvoir législatif (en ce sens prend une majuscule). Sous l'Ancien Régime, premier corps de justice du royaume.

parlementaire* adj. Du Parlement. Qui comprend un Parlement : *constitution parlementaire*. N. m. Officier délégué à l'ennemi pour faire ou écouter les propositions. Membre d'un Parlement.

parlementarisme n. m. Régime dans lequel les ministres sont responsables devant le Parlement.

parlementer v. i. Entrer en pourparlers avec un adversaire. Discuter.

parler v. i. Exprimer sa pensée par la parole. Prononcer des mots : *le perroquet parle*. S'exprimer : *parler par gestes*. Traiter, discourir : *parler de tout*. V. t. User d'une langue : *parler anglais*. Traiter : *parler affaires*. N. m. Action, manière de parler : *un parler affecté*. Dialecte, langue propre à une région.

parleur, euse n. *Beau parleur*, celui qui s'exprime d'une manière agréable, séduisante.

parloir n. m. Salle où, dans certains établissements, on reçoit les visiteurs.

parlote n. f. *Fam.* Bavardage.

parmesan n. m. Fromage fabriqué aux environs de Parme, avec du lait écrémé et du safran.

parmi prép. Au milieu, au nombre de.

parnassien, enne adj. Qui appartient au Parnasse. Adj. et n. Se dit d'une école poétique française du XIXᵉ s.

parodie n. f. Travestissement burlesque d'un poème, d'un ouvrage sérieux. *Fig.* Contrefaçon : *une parodie de justice*.

parodier v. t. Faire de la parodie : *parodier une tragédie*. *Fig.* Imiter, contrefaire.

parodiste n. Auteur de parodies.

parodonte n. m. Ensemble des tissus de soutien de la dent.

paroi n. f. Muraille. Surface verticale d'un versant rocheux. Surface intérieure : *les parois d'un tuyau.*

paroisse n. f. Territoire soumis à la juridiction spirituelle d'un curé.

paroissial, e, aux adj. De la paroisse.

paroissien, enne n. Habitant d'une paroisse. *Fam.* Individu : *drôle de paroissien.* N. m. Livre de messe.

parole n. f. Faculté de parler. Ton de voix : *avoir la parole douce.* Mot prononcé, phrase : *une parole mémorable.* Promesse : *donner sa parole. Sur parole,* sur une promesse formelle : *croire sur parole; être prisonnier sur parole.* Pl. Mots d'une chanson : *la musique et les paroles.*

parolier, ère n. Auteur des paroles d'une chanson.

paronyme n. m. Mot qui est proche d'un autre par sa forme, son orthographe, sa sonorité, comme *collision* et *collusion.*

parotide n. f. et adj. Glande salivaire située au-dessous de l'oreille.

paroxysme n. m. Extrême intensité : *être au paroxysme de la colère.*

parpaillot, e n. Sobriquet donné jadis aux calvinistes.

parpaing [parpɛ̃] n. m. Pierre de taille qui traverse l'épaisseur d'un mur. Bloc de ciment de l'épaisseur d'un mur.

parquer v. t. Mettre dans un parc : *parquer des bœufs.* Garer une auto dans un endroit réservé. *Fig.* Enfermer. V. i. Être au parc : *les moutons parquent.*

parquet n. m. Enceinte réservée d'un tribunal. Magistrats du ministère public; local qui leur est affecté. Enceinte d'une Bourse, où se tiennent les agents de change; compagnie formée par ces agents de change. Lames de bois assemblées qui forment le sol d'une habitation.

parquetage n. m. Action de parqueter.

parqueter v. t. (conj. 4) Couvrir d'un parquet.

parqueteur n. et adj. m. Qui pose un parquet.

parrain n. m. Qui tient un enfant sur les fonts du baptême; qui présente quelqu'un dans un cercle, une société, etc.

parrainage n. m. Qualité de parrain.

parricide n. Qui tue son père, sa mère ou tout autre ascendant légitime. N. m. Le crime même.

parsemer v. t. (conj. 5) Répandre çà et là : *parsemer un chemin de fleurs.* Être répandu sur.

part n. f. Portion d'un tout divisé entre plusieurs personnes : *faire des parts égales. Avoir part,* participer, profiter d'un chose. *Prendre part,* s'intéresser à, collaborer. *Faire part,* communiquer, informer. *Prendre en bonne, en mauvaise part,* interpréter bien ou mal. *A part,* séparément : *étudier à part chaque question;* excepté : *à part sa nonchalance, c'est un bon garçon. De la part de,* au nom de.

partage n. m. Action de diviser en portions : *faire un partage d'une succession.* Portion de la chose partagée : *avoir en partage.*

partageable adj. Qui peut se partager.

partager v. t. (conj. 1) Diviser en parts : *partager un gâteau.* Posséder avec d'autres : *partager le pouvoir. Fig.* Prendre part à. *Partager une opinion,* être du même avis. Séparer : *les avis sont partagés.*

partance (en) loc. adj. En instance de départ : *avion en partance pour Rio.*

partant n. m. Qui part : *les partants d'une course.* Conj. ou adv. Par conséquent : *plus d'argent, partant plus d'amis.*

partenaire n. Personne avec qui l'on est associé au jeu, dans une affaire.

parterre n. m. Partie d'un jardin ornée de gazon, de fleurs. Partie du théâtre derrière les fauteuils d'orchestre.

parthénogenèse n. f. Reproduction, chez les espèces sexuées, sans intervention du gamète mâle.

parti n. m. Détermination, résolution : *prendre un parti.* Profit, avantage : *tirer parti de. Faire un mauvais parti à quelqu'un,* le maltraiter. Union de personnes contre d'autres : *le parti révolutionnaire.* Troupes qui effectuent une mission autonome : *un parti de francs-tireurs. Esprit de parti,* aveuglement en ce qui concerne une opinion. *Parti pris,* opinion préconçue. *Prendre son parti,* se résigner.

partial [parsjal], **e***, **aux** adj. Qui prend parti.

partialité n. f. Préférence injuste.

participation n. f. Action de participer : *participation à une loterie.* Système dans lequel les employés d'une entreprise sont associés à ses profits et, éventuellement, à sa gestion.

participe n. m. Forme verbale non personnelle qui tient du verbe et de l'adjectif. *Participe présent* (toujours terminé en *-ant*), forme qui marque un état ou une action simultanés à l'état ou l'action marqués par la proposition principale. *Participe passé,* sert à réaliser les temps composés de l'actif et tous les temps du passif.

participer v. i. Avoir part. Prendre part à : *participer à une opération.* Tenir de : *le mulet participe de l'âne et du cheval.*

participial, e, aux adj. Du participe : *forme participiale.*

particulariser v. t. Faire connaître en détail. Restreindre à un seul cas.

particularisme n. m. Tendance d'une région à conserver ses caractères particuliers.

particulariste adj. Attaché aux intérêts particuliers de sa région.

particularité n. f. Circonstance particulière; caractère spécial.

particule n. f. Petite partie, parcelle. Petit mot qui ne peut s'employer seul : *particule négative, affirmative.* Préposition ou syllabe (*de, du, des, le, la,* etc.) qui précède un nom propre et qui peut être un signe de noblesse.

particulier, ère* adj. Propre à certaines personnes, à certaines choses. Opposé à général : *l'intérêt particulier.* Spécial : *talent particulier.* Privé : *audience particulière.* Séparé : *chambre particulière.* Bizarre : *caractère particulier.* N. Personne privée : *un simple particulier. En particulier,* à part.

partie n. f. Portion, part. *Mus.* Chacune des mélodies formant une harmonie. Totalité des coups qu'il faut jouer pour gagner : *partie* *de cartes. Fig.* Divertissement en commun : *partie de chasse. Dr.* Adversaires dans un procès : *renvoyer les parties dos à dos. Prendre à partie,* s'attaquer à. *En partie,* non entièrement.

partiel, elle* [parsjɛl] adj. En partie. N. m. Examen universitaire périodique.

partir v. i. (conj. 22) S'en aller : *partir pour Paris.* Prendre le départ : *partir au signal.* Commencer : *les nerfs partent du cerveau. Fig.* Émaner, provenir : *cela part d'un bon cœur. A partir de,* à dater de.

partisan, e adj. Qui témoigne d'un esprit de parti : *querelles partisanes. Être partisan de, être* en faveur de. N. m. Celui qui prend fait et cause pour quelqu'un ou quelque chose. Combattant non rattaché à l'armée régulière.

partitif, ive adj. Se dit d'un mot qui désigne une partie d'un tout.

partition n. f. Ensemble des parties formant une composition musicale. Partage.

partout adv. En tout lieu.

parturition n. f. Accouchement. Mise bas des animaux.

parure n. f. Ornement.

parution n. f. Publication.

parvenir v. i. (conj. 16) Arriver : *parvenir à un lieu. Fig.* S'élever.

parvenu, e n. Personne arrivée à une condition très supérieure à sa condition première, sans avoir acquis les manières de sa nouvelle position.

parvis [parvi] n. m. Place devant le portail principal d'une église.

pas n. m. Mouvement des pieds pour se déplacer. *Fig.* Marche en avant, progrès. Trace du pied sur le sol. Manière de marcher : *pas lourd.* Allure la plus lente du cheval : *passer du pas à la course.* Longueur d'un pas : *à vingt pas de distance.* Distance qui sépare deux spires consécutives d'une hélice ou deux filets consécutifs d'une vis. Seuil de porte, marche. Préséance : *avoir le pas sur.* Détroit : *le pas de Calais. Pas à pas,* lentement. *Pas de clerc,* imprudence. *Faire un faux pas,* trébucher.

pas, adv. de négation s'employant en général avec *ne* : *je ne veux pas.*

pascal, e, als ou **aux** adj. Qui concerne la pâque des Juifs ou la fête de Pâques des chrétiens : *temps pascal.*

pas-de-porte n. m. inv. Somme que paie un commerçant afin d'obtenir la jouissance d'un local.

passable* adj. Supportable, acceptable.

passade n. f. Caprice passager. Brève liaison avec une femme.

passage n. m. Action de passer. Lieu par où l'on passe : *ôtez-vous de mon passage.* Le moment où l'on passe : *attendre au passage.* Traversée, voyage sur mer. Droit payé pour une traversée. Droit de passer sur la propriété d'autrui. *Passage à niveau,* endroit où une voie ferrée croise une route à son niveau. Galerie couverte où ne passent que les piétons. *Fig.* Transition : *le passage de l'opulence à la misère.* Endroit d'un ouvrage : *un passage de Bossuet.*

passager, ère* adj. Qui passe : *hôte passager.* De peu de durée : *beauté passagère.* N. Voyageur d'un navire, d'un avion.

passant, e adj. Où il passe beaucoup de monde : *rue passante.* N. Personne qui passe : *scandaliser les passants.*

passation n. f. *Dr.* Action de passer un acte : *la passation d'un contrat.*

passavant n. m. *Admin.* Permis de circulation donné aux denrées qui ont acquitté les droits, ou qui en sont exemptées.

passe n. f. Action de passer : *la passe des cailles.* Mise que les joueurs doivent faire à chaque nouveau coup. Mouvement de la main que font les magnétiseurs pour endormir leur sujet. *Mar.* Passage entre deux hauts-fonds : *passe difficile. En passe,* en état de : *en passe de réussir. Mot de passe,* mot conventionnel pour se faire reconnaître ou admettre.

passé, e adj. D'un temps déjà écoulé : *les événements passés.* N. m. Temps écoulé : *songer au passé.* Ce qui a été fait ou dit autrefois. *Gramm.* Temps du verbe, représentant l'action dans un temps écoulé.

passé prép. Après : *passé dix heures.*

passe-droit n. m. Faveur accordée contre le droit, contre l'usage.

passement n. m. Tissu plat et étroit de fil d'or, de dentelle, dont on orne des meubles, des tentures, etc.

passementerie n. f. Commerce, industrie du passementier.

passementier, ère n. et adj. Qui fabrique ou vend des passements.

passe-montagne n. m. Bonnet dont la partie inférieure se rabat sur la nuque et les oreilles.

passe-partout n. m. inv. Clef qui peut ouvrir plusieurs serrures. Cadre dont le fond se soulève pour recevoir des dessins, des photos, etc.

passe-passe n. m. inv. *Tour de passe-passe,* tour d'adresse des prestidigitateurs. *Fig.* Tromperie adroite.

passepoil n. m. Liséré bordant la couture de certains uniformes.

passeport n. m. Certificat permettant l'entrée, ainsi que la circulation des personnes dans un pays étranger.

passer v. i. Aller d'un lieu à un autre. Traverser : *passer par un chemin.* Devenir : *passer capitaine.* Disparaître : *beauté qui passe.* Transmettre : *passer à un successeur.* V. t. Traverser : *passer la rivière.* Transmettre : *passez-moi le sel.* Introduire : *passer un lacet, de la contrebande.* Filtrer, tamiser : *passer un liquide.* Dépasser, devancer : *passer le but, un concurrent.* Employer : *passer son temps.* Subir : *passer un examen.* Omettre : *passer un fait.* Pardonner : *passer une faute.* Excéder : *passer les forces. Passer pour,* être considéré comme. *En passer par,* se résigner. *Passer sur,* ne pas tenir compte. *Passer par les armes,* fusiller. *En passant,* incidemment. V. pr. Avoir lieu : *la scène se passe à Rome.* S'écouler : *le temps se passe.* S'abstenir : *se passer de vin.*

passereau n. m. Petit oiseau. Pl. Ordre d'oiseaux comprenant les moineaux, merles, alouettes, etc.

passerelle n. f. Petit pont léger. Partie la plus élevée de la superstructure d'un navire.

passerose n. f. Rose trémière.

passe-temps n. m. Distraction, amusement.

passeur, euse n. Personne qui conduit un bac pour traverser un cours d'eau.

passible adj. Qui doit subir, a mérité : *passible d'une peine.*

passif, ive* adj. Qui subit l'action sans agir : *jouer un rôle passif. Gramm.* Forme passive, forme que prend le verbe quand il exprime une action subie par le sujet ; *être aimé ; être averti.* N. m. Ensemble des dettes, charges et obligations : *avoir un lourd passif.* La forme de conjugaison des verbes passifs.

passion n. f. Souffrances de Jésus avant sa mort (en ce sens, prend une majuscule). Mouvement, agitation de l'âme en général. Désir très vif : *passion des tableaux.* Objet de cette affection. *Partic.* Vif amour.

passionnant, e adj. Propre à intéresser vivement : *discussion passionnante.*

passionné, e adj. et n. Rempli de passion ; épris d'un vif amour : *passionné pour la gloire.* Inspiré par la passion.

passionnel, elle adj. Qui concerne les passions : *drame passionnel.*

passionnément adv. Avec passion.

passionner v. t. Inspirer de la passion. Intéresser vivement : *roman qui passionne le lecteur.* V. pr. Mettre de l'enthousiasme dans : *se passionner pour l'étude.*

passivité n. f. Nature de ce qui est passif.

passoire n. f. Ustensile percé de trous pour passer, filtrer.

pastel n. m. Bâtonnet de poudre agglomérée, pigmentée de diverses couleurs. Dessin en couleurs exécuté avec des crayons de pastel. Plante autrefois cultivée pour ses feuilles, qui donnent une couleur bleue.

pastelliste n. Artiste qui fait du pastel.

pastèque n. f. Melon d'eau.

pasteur n. et adj. m. Qui garde des troupeaux. Ministre du culte protestant.

pasteurisation n. f. Action de pasteuriser.

pasteuriser v. t. Chauffer entre 75°C et 85°C la bière, le vin, le lait, etc., pour tuer les germes de fermentation.

pastiche n. m. Œuvre littéraire ou artistique, où l'on a imité la manière d'un auteur, d'un peintre, etc.

pasticher v. t. Imiter le style.

pasticheur, euse n. Celui, celle qui pastiche.

pastille n. f. Bonbon de sucre, de chocolat, etc. Préparation analogue, additionnée d'un médicament.

pastoral, e, aux adj. Propre aux bergers. Champêtre : *vie pastorale.* Qui peint les mœurs champêtres : *poésie pastorale. Fig.* Propre au clergé, aux évêques : *tournée pastorale.* N. f. Pièce de théâtre dont les personnages sont des bergers, des bergères. Poésie pastorale.

pastourelle n. f. Jeune bergère. Genre lyrique au Moyen Âge.

pat [pat] adj. m. Se dit du roi, aux échecs, qui ne peut être déplacé sans être en échec.

patachon n. m. *Fam. Vie de patachon,* de débauche.

patapouf n. m. *Pop.* Homme gros et lourd.

pataquès n. m. Faute qui consiste à prononcer une lettre pour une autre, à faire de fausses liaisons.

patate n. f. Genre de plantes tropicales à tubercule comestible. *Fam.* Pomme de terre.

patati, patata, onomatopée employée pour rendre des bavardages, des bruits confus.

patratras ! interj. Onomatopée du bruit d'un corps qui tombe.

pataud, e n. et adj. Jeune chien ou chienne à grosses pattes. Personne lourde, lente.

patauger v. i. (conj. 1) Piétiner dans une matière détrempée : *patauger dans la boue. Fig.* S'embarrasser dans un raisonnement.

patchouli n. m. Plante aromatique. Parfum de cette plante.

patchwork [pat/work] n. m. (mot angl.) Ouvrage fait de morceaux disparates : *une couverture en patchwork.*

pâte n. f. Farine détrempée et pétrie ; amalgame de matières broyées : *pâte d'amandes, de papier.* Confiserie : *pâte de fruits. Fig.* et *fam.* Constitution, caractère : *une bonne pâte d'homme.*

pâté n. m. Pâtisserie qui renferme des viandes ou du poisson. Viande cuite mise en terrine. Goutte d'encre tombée sur le papier. *Pâté de maisons,* groupe de maisons.

pâtée n. f. Pâte pour engraisser la volaille. Mélange pâteux.

patelin, e n. et adj. Doucereux, enjôleur.

patelin n. m. *Fam.* Petit pays, village.

patelle n. f. Mollusque comestible à coquille conique.

patène n. f. Vase sacré qui sert à recevoir l'hostie.

patenôtre n. f. *Fam.* Prière quelconque.

patent, e adj. Evident, manifeste : *vérité patente. Lettres patentes,* scellées du sceau de l'Etat.

patentable adj. Sujet à patente.

patente n. f. Certificat délivré à un navire qui part. Contribution annuelle que payaient les commerçants, les industriels.

patenter v. t. Soumettre à la patente : *commerçant patenté.* Délivrer une patente.

Pater [patɛr] n. m. inv. Oraison dominicale.

patère n. f. Crochet pour soutenir des rideaux, accrocher des vêtements.

paternalisme n. m. Caractère paternel imprimé par un patron à une institution sociale.

paternaliste adj. Qui a les caractères du paternalisme.

paterne adj. Doucereux : *ton paterne.*

paternel, elle* adj. Du père. Du côté du père : *grand-mère paternelle.*

paternité n. f. Etat, qualité de père, d'auteur, de créateur.

pâteux, euse* adj. Trop épais : *encre pâteuse. Fig.* Lent, embarrassé.

pathétique* adj. Qui émeut.

pathogène adj. Qui provoque les maladies : *microbe pathogène.*

pathologie n. f. Etude des maladies.

pathologique* adj. Relatif à la pathologie.

pathos [patos] n. m. *Fam.* Emphase.

patibulaire adj. *Air patibulaire,* air d'un homme inquiétant.

patiemment [pasjamã] adv. Avec patience.

patience n. f. Résignation : *la patience lui échappe.* Prendre patience, attendro sans s'irriter. Persévérance, constance : *travailler avec patience.* Jeux. Combinaison de cartes dans un ordre déterminé. Interj. exprimant la résignation, la menace.

patient, e adj. Qui a de la patience. Dit ou fait avec patience. N. Qui subit une opération chirurgicale, un traitement médical.

patienter v. i. Prendre patience.

patin n. m. Semelle garnie d'une lame de fer, servant pour glisser sur la glace. Élément de frein. *Patins à roulettes,* jouets pour rouler sur un sol uni.

patinage n, m. Action de patiner. Glissement d'un organe entraîné par défaut d'adhérence.

patine n. f. Sorte de vert-de-gris qui se forme sur le bronze. Coloration que prennent avec le temps certains objets.

patiner v. i. Glisser avec des patins. Se dit d'un véhicule à traction mécanique dont les roues tournent sans qu'il avance. V. tr. Produire une patine.

patinette n. f. V. TROTTINETTE.

patineur, euse n. Celui, celle qui patine.

patinoire n. f. Lieu préparé pour le patinage.

patio [patjo] n. m. (mot esp.). Cour intérieure d'une maison.

pâtir v. i. Souffrir. Languir.

pâtis n. m. Friche où l'on met paître les bestiaux.

pâtisserie n. f. Pâte travaillée, cuite au four et garnie de façons diverses. Profession, boutique du pâtissier.

pâtissier, ère n. et adj. Qui fait ou vend de la pâtisserie.

patois n. m. Parler local.

patoiser v. i. Parler patois.

patouiller v. i. *Fam.* Patauger.

patraque adj. Se dit d'une personne un peu malade.

pâtre n. m. Celui qui garde les troupeaux.

patriarcal, e*, aux adj. De patriarche.

patriarcat n. m. Dignité de patriarche.

patriarche n. m. Chef de famille, dans l'Ancien Testament. *Fig.* Vieillard respectable, Titre de quelques évêques et des chefs de l'Église grecque.

patricien, enne n. et adj. Se disait des citoyens nobles romains.

patrie n. f. Pays où l'on est né, dont on est citoyen. *Mère patrie,* État dont dépend un territoire.

patrimoine n. m. Bien qui vient du père ou de la mère. *Fig.* Ce qui est considéré comme l'héritage commun.

patrimonial, e, aux adj. Que l'on a pour patrimoine.

patriote n. Qui aime sa patrie.

patriotique* adj. Qui exprime le patriotisme : *poésie patriotique.*

patriotisme n. m. Amour de la patrie.

patrologie n. f. Étude de la vie et des œuvres des Pères de l'Église.

patron, onne n. Protecteur, protectrice. Saint, sainte dont on porte le nom, à qui une église est dédiée, etc. Chef d'entreprise industrielle, commerciale. Celui qui commande une embarcation de pêche.

patron n. m. Modèle d'après lequel on fabrique un objet.

patronage n. m. Protection accordée par un homme puissant à un inférieur. Association de bienfaisance.

patronal, e, aux adj. Qui concerne le patron, les patrons.

patronat n. m. Ensemble des employeurs.

patronner v. t. Recommander : *patronner une candidature.*

patronnesse n. et adj. f. Dame qui dirige une œuvre de bienfaisance. (Vx.)

patronymique adj. *Nom patronymique,* nom de famille.

patrouille n. f. *Mil.* Petit détachement de recherche ou de surveillance.

patrouiller v. i. Aller en patrouille.

patrouilleur n. m. Militaire, navire chargé d'une surveillance.

patte n. f. Pied et jambe des animaux. *Fam.* Main ou pied d'homme. Bande d'étoffe pour maintenir bord à bord les deux côtés d'un vêtement. Clou à bout plat servant à fixer une glace, une armoire. *Coup de patte,* trait malicieux, critique.

patte-d'oie n. f. Point de réunion de plusieurs routes. Rides à l'angle extérieur de l'œil.

pattu, e adj. À grosses pattes. Qui a des plumes sur les pattes.

pâturage n. m. Lieu où les bestiaux pâturent : *un gras pâturage.*

pâture n. f. Nourriture des animaux. Fourrage. Pâturage : *bœuf mis en pâture. Fam.* Nourriture de l'homme.

pâturer v. i. Prendre la pâture.

paturon n. m. Bas de la jambe du cheval entre le boulet et le sabot.

paulownia [polɔnja] n. m. Arbre originaire d'Extrême-Orient, à fleurs mauves odorantes.

paume n. f. Creux de la main. Jeu où l'on renvoie une balle avec une raquette. (Vx.)

paumelle n. f. Penture autour de laquelle tourne une porte.

paumer v. t. *Pop.* Perdre.

paupérisme n. m. État permanent d'indigence dans une contrée.

paupière n. f. Voile membraneux au-devant du globe oculaire.

paupiette n. f. Tranche de viande roulée et farcie.

pause n. f. Suspension momentanée d'une action : *faire la pause. Mus.* Silence équivalant à une mesure.

pauser v. i. Faire une pause.

pauvre* adj. Dépourvu ou mal pourvu du nécessaire : *une famille pauvre.* Qui marque cet état : *un habit pauvre.* Sans ressources : *contrée pauvre.* Mauvais, médiocre : *un bien pauvre roman.* À plaindre, qui fait pitié : *le pauvre homme !* N. m. Indigent : *le droit des pauvres.*

pauvresse n. f. Femme dans la misère.

pauvret, ette adj. Diminutif de *pauvre,* terme de commisération, d'affection.

pauvreté n. f. État de celui qui est pauvre ; indigence.

pavage n. m. Travail du paveur.

pavane n. f. Danse lente et majestueuse.

pavaner (se) v. pr. Marcher d'une manière fière, superbe, comme un paon.

pavé n. m. Bloc de pierre dure dont on revêt le sol des rues. Partie pavée d'une rue. *Fig.* La voie publique. *Être sur le pavé,* sans domicile, sans emploi. *Tenir le haut du pavé,* être au premier rang dans un groupe, une société, etc.

pavement n. m. Pavage de luxe.

paver v. t. Couvrir le sol de pavés.

paveur n. et adj. m. Ouvrier qui pave.

pavillon n. m. Petite maison : *pavillon de chasse*. Partie extérieure de l'oreille. Extrémité évasée d'un instrument à vent. Drapeau, dans la marine : *battre pavillon français. Abaisser, amener le pavillon*, le rentrer pour se rendre. *Fig. Baisser pavillon*, céder.

pavois n. m. Autref., grand bouclier. *Elever sur le pavois*, mettre en honneur. *Mar.* Bordage cloué au-dessus du plat-bord. *Grand pavois*, ensemble de tous les pavillons d'un navire hissés en signe de fête.

pavoisement n. m. Action de pavoiser.

pavoiser v. t. Garnir de pavillons, de drapeaux : *pavoiser un monument*.

pavot n. m. Plante dont on extrait l'opium.

payable adj. Qui doit être payé.

payant, e adj. Qui paye. Que l'on paye, où l'on paye : *entrée payante*.

paye n. f. V. PAIE.

payement n. m. V. PAIEMENT.

payer [pɛje] v. t. (conj. 2) Donner l'argent dû à : *payer ses ouvriers*. Acquitter une dette, un droit, un impôt. Récompenser : *payer un service*. Expier : *payer son crime*. V. i. *Fam.* Procurer un certain bénéfice : *commerce qui paie*.

payeur, euse n. et adj. Qui paye. Dont l'emploi est de payer.

pays [pɛi] n. m. Territoire d'une nation : *le beau pays de France*. Région, contrée : *pays chauds*. Patrie, lieu de naissance : *quitter son pays. Mal du pays*, nostalgie. *Fam.* Compatriote. (Dans ce sens, le fém. est *payse*.)

paysage n. m. Étendue de pays qui présente une vue d'ensemble. Tableau représentant un site champêtre.

paysagiste n. m. et adj. Artiste qui peint des paysages.

paysan, anne n. Homme, femme de la campagne.

paysannat n. m. Ensemble des agriculteurs d'une région, d'un État.

paysannerie n. f. Ensemble des paysans.

payse n. f. V. PAYS.

péage n. m. Droit payé pour passer sur un pont, une route, une autoroute, etc.

péagiste n. Employé qui perçoit le péage sur une autoroute.

peau n. f. Membrane qui recouvre le corps de l'homme et de beaucoup d'animaux. Cuir de l'animal. Enveloppe des fruits : *peau d'orange, de banane*. Pellicule légère qui se forme sur certaines substances, comme le lait bouilli.

peausserie n. f. Commerce, industrie du peaussier.

peaussier n. et adj. m. Qui prépare les peaux, ou qui en fait le commerce.

pécari n. m. Cochon sauvage de l'Amérique du Sud. Sa peau.

peccadille n. f. Faute légère.

pechblende [pɛʃblɛ̃d] n. f. Minerai dont on extrait l'uranium et le radium.

pêche n. f. Fruit du pêcher.

pêche n. f. Art, action de pêcher. Poisson pêché : *bien vendre sa pêche*.

péché n. m. Transgression de la loi divine : *péché véniel, mortel*.

pécher v. i. (conj. 5) Commettre un péché. *Fig.* Faillir, manquer : *pécher par ignorance*.

pêcher n. m. Arbre dont le fruit est la pêche : *pêchers de plein vent*.

pêcher v. t. Prendre à la pêche : *pêcher du poisson*.

pêcherie n. f. Lieu où l'on pêche.

pêcheur, eresse n. et adj. Qui commet des péchés.

pêcheur, euse n. Personne qui pêche.

pécore n. *Fam.* Personne stupide.

pectine n. f. *Chim.* Substance qui existe dans les fruits.

pectoral, e, aux adj. De la poitrine : *muscles pectoraux*. Bon pour la poitrine : *pâte pectorale*. N. m. Partie de l'armure romaine qui protégeait la poitrine.

pécule n. m. Economie. Somme prélevée sur le produit du travail des condamnés ou des prisonniers et qui leur est remise à leur libération.

pécuniaire* adj. Relatif à l'argent.

pédagogie n. f. Art d'instruire et d'élever les enfants. Méthode d'enseignement.

pédagogique adj. Relatif à la pédagogie : *musée pédagogique*.

pédagogue n. Personne chargée d'instruire les enfants. Spécialiste de pédagogie.

pédale n. f. Levier que l'on actionne avec le pied : *pédale de cycle, de piano. Fam.* Cyclisme : *fervent de la pédale*.

pédaler v. i. Actionner une pédale. Se promener à bicyclette.

pédalier n. m. *Mus.* Clavier de pédales. Ensemble des pédales et du grand pignon d'un cycle.

pédant, e n. Personne qui affecte de paraître savante. Adj. : *air pédant*.

pédanterie n. f. Manières de pédant. Érudition affectée.

pédantesque* adj. De pédant.

pédantisme n. m. Pédanterie.

pédestre* adj. Qui se fait à pied.

pédiatre n. m. Spécialiste des maladies d'enfants.

pédiatrie n. f. Médecine infantile.

pédicule n. m. Ensemble des artères, veines, conduits qui se rendent, groupés, à un organe : *le pédicule pulmonaire*.

pédicure n. Spécialiste des soins externes du pied.

pedigree [pedigri ou pedigre] n. m. Généalogie d'un animal de race.

pédologie [pedɔlɛʒi] ou **paidologie** n. f. Science qui étudie l'enfant.

pédologie n. f. Science qui a pour objet l'étude des sols.

pédoncule n. m. Queue d'une fleur ou d'un fruit.

pègre n. f. Ensemble des voleurs.

peignage n. m. Action de peigner.

peigne n. m. Instrument denté qui sert à démêler ou maintenir les cheveux. Instrument pour apprêter la laine, le chanvre, etc. Genre de mollusques.

peigné n. m. Étoffe tissée uniquement avec des fibres longues.

peignée n. f. *Fam.* Action de battre ou de se battre.

peigner v. t. Démêler, coiffer les cheveux avec le peigne. Apprêter avec des peignes les matières textiles.

peigneur, euse n. et adj. Qui peigne. N. f. Machine à peigner.

peignoir n. m. Blouse revêtue pour se faire coiffer. Vêtement ample, en tissu éponge, que l'on met en sortant du bain.

peindre v. t. (conj. 55) Représenter un être, un objet, une scène par des couleurs : *peindre un paysage.* Couvrir de couleurs : *peindre un mur.* Décrire : *peindre un milieu social.*

peine n. f. Punition. Souffrance : *les peines du cœur.* Travail, fatigue : *se donner beaucoup de peine.* Difficulté : *réussir avec peine. A peine,* depuis peu. Presque pas. *A grande-peine,* malaisément. *Faire de la peine,* causer du chagrin.

peiner v. t. Affliger : *peiner ses parents.* V. i. Éprouver du déplaisir ou de la fatigue : *peiner à la tâche.*

peintre n. m. Artiste qui fait des tableaux. Professionnel qui peint les murs, les plafonds : *peintre en bâtiments.*

peinture n. f. Art de peindre. Ouvrage de peintre : *peinture historique.* Revêtement de matière colorante. Cette matière elle-même : *peinture craquelée. Fig.* Description : *peinture de mœurs.*

peinturer v. t. Enduire de couleur : *peinturer une palissade.*

peinturlurer v. t. Peindre de couleurs criardes, barbouiller.

péjoratif, ive* adj. *Gramm.* Qui comporte une idée défavorable.

pékin ou **péquin** n. m. *Fam.* Civil, pour un militaire.

pékiné, e adj. et n. m. Se dit d'un tissu présentant des rayures brillantes et mates.

pékinois, e adj. De Pékin. N. m. Petit chien à face aplatie et à poil long.

pelade n. f. Maladie qui fait tomber par places les poils et les cheveux.

pelage n. m. Poil d'un animal.

pélagique adj. Relatif à la mer : *faune pélagique.*

pelé, e adj. Dont les poils, les cheveux sont tombés. Dont on a enlevé la peau : *fruits pelés. Fig.* Sans végétation : *campagne pelée.*

pêle-mêle n. m. inv. Mélange confus. Adv. Sans ordre : *des livres, des papiers jetés pêle-mêle.*

peler v. t. (conj. 3) Ôter le poil, la peau : *peler un fruit.* V. i. Perdre la peau, l'épiderme : *ses mains ont pelé.*

pèlerin, e n. Personne qui accomplit un pèlerinage. N. m. Criquet migrateur.

pèlerinage n. m. Voyage fait par dévotion : *pèlerinage en Terre sainte.* But de ce voyage : *La Mecque est le pèlerinage de l'islam.*

pèlerine n. f. Cape courte à capuchon.

pélican n. m. Oiseau palmipède à large bec garni d'une poche extensible.

pelisse n. f. Manteau doublé et garni de fourrure.

pellagre n. f. Maladie infectieuse à manifestations cutanées.

pelle n. f. Instrument plat, à manche, pour divers usages. Partie plane d'un aviron. *Fam. Ramasser une pelle,* tomber, et, au *fig.,* échouer.

pelletée n. f. Contenu d'une pelle. *Fig.* Tas.

pelleter v. t. (conj. 4) Déplacer à l'aide d'une pelle.

pelleterie n. f. Art de préparer les peaux. Commerce de fourrures.

pelleteur n. m. ou **pelleteuse** n. f. Engin automoteur qui puise dans un tas pour évacuer ses matériaux.

pelletier, ère adj. et n. Qui fait ou vend des fourrures.

pellicule n. f. Peau très mince. Lamelle de peau qui tombe, notamment du cuir chevelu. Bande de film sensible utilisée en photographie, cinématographie.

pelotage n. m. Action de peloter.

pelotari n. m. Joueur de pelote basque.

pelote n. f. Boule de fil roulé sur lui-même. Boule faite d'une substance quelconque. *Arg. Faire sa pelote,* amasser des profits. Petit coussinet sur lequel on fiche des aiguilles, des épingles. *Pelote basque,* balle au mur, jeu national des Basques.

peloter v. t. Mettre en pelote : *peloter de la ficelle. Pop.* Caresser sensuellement.

peloteur, euse n. et adj. Qui pelote.

peloton n. m. Petite boule de fil, etc. Groupe de concurrents dans une course. *Mil.* Unité élémentaire de l'escadron.

pelotonnement n. m. Action de pelotonner.

pelotonner v. tr. Mettre en peloton. V. pr. Se mettre en boule.

pelouse [pəluz ou pluz] n. f. Terrain couvert d'une herbe épaisse et courte.

peluche n. f. Étoffe, sorte de velours à poil long.

pelucher v. i. Se couvrir de poils détachés du tissu.

pelucheux, euse adj. Qui peluche.

pelure n. f. Peau des fruits, légumes, etc. : *pelure d'oignon.*

pelvien, enne adj. *Anat.* Du bassin.

pénal, e, aux adj. Qui assujettit à une peine : *loi pénale.*

pénalisation n. f. Sanction qui désavantage un sportif qui a fait une faute contre le règlement.

pénaliser v. t. Frapper d'une pénalisation.

pénalité n. f. Peine, et, plus spécialement, sanction applicable aux délits d'ordre fiscal.

penalty [penalti] n. m. Au football, sanction prise contre une équipe pour une faute commise par un de ses membres. (Pl. *penaltys.*)

pénates n. m. pl. Dieux domestiques des Romains et des Étrusques. *Fig.* Demeure : *regagner ses pénates.* Adj. : *dieux pénates.*

penaud, e adj. Embarrassé, honteux : *rester tout penaud.*

penchant n. m. Pente : *le penchant d'une colline.* Inclination du tempérament : *penchant à la colère.*

pencher v. t. Incliner : *pencher la tête.* V. i. Être hors d'aplomb : *ce mur penche. Fig.* Incliner : *pencher vers sa ruine.* Être enclin : *pencher vers l'indulgence.*

pendable adj. Qui mérite la pendaison. *Tour pendable,* méchant tour.

pendage n. m. Inclinaison d'une couche du sol.

pendaison n. f. Étranglement par suspension à une corde. Action de pendre : *pendaison de crémaillère.*

pendant, e adj. Qui pend. *Fig.* Non jugé : *cause encore pendante.*

pendant n. m. Objet symétrique : *un tableau et son pendant. Fig.* Semblable : *l'un est le pendant de l'autre. Pendants d'oreilles,* boucles d'oreilles.

pendant prép. Durant. *Pendant que,* tandis que.

pendard, e n. *Fam.* Vaurien, fripon. (Vx.)

pendeloque n. f. Ornement pendant.

pendentif n. m. Ornement qui pend à une voûte. Bijou en sautoir.

penderie n. f. Endroit où l'on pend les vêtements.

pendiller v. i. Être suspendu et osciller un peu.

pendre v. t. (conj. 46) Fixer en haut, la partie inférieure restant libre. Faire mourir par la pendaison : *pendre un assassin.* V. i. Être suspendu : *les fruits pendent aux arbres.* Tomber trop bas : *vos cheveux pendent.*

pendu, e n. Personne qui s'est ou que l'on a pendue.

pendulaire adj. Du pendule : *mouvement pendulaire.*

pendule n. m. Corps soumis à l'action de la pesanteur et mobile autour d'un point fixe. N. f. Horloge d'appartement dont un pendule règle le mouvement.

pendulette n. f. Petite pendule.

pêne n. m. Pièce d'une serrure qui entre dans la gâche.

pénéplaine n. f. Étendue relativement plate, résultat final du cycle d'érosion.

pénétrable adj. Que l'on peut pénétrer.

pénétrant, e adj. Qui pénètre (au *pr.* et au *fig.*) : *projectile, esprit pénétrant.*

pénétration n. f. Action de pénétrer. *Fig.* Action de comprendre, de deviner ; sagacité.

pénétré, e adj. Convaincu : *ton pénétré.* Imbu : *pénétré de respect.*

pénétrer v. t. (conj. 5) Percer, entrer : *l'arme a pénétré les chairs.* Découvrir : *pénétrer un secret.* V. i. Entrer avec effort. Parvenir : *pénétrer au fond d'un bois.* V. pr. Se mêler, se combiner. Remplir son esprit : *se pénétrer de son devoir.*

pénible* adj. Qui fatigue : *travail pénible.* Qui afflige : *nouvelle pénible.*

péniche n. f. Grand chaland.

pénicilline [penisilin] n. f. Antibiotique.

péninsulaire adj. De la péninsule.

péninsule n. f. Presqu'île.

pénis [penis] n. m. Organe d'accouplement mâle.

pénitence n. f. Peine imposée par esprit de religion : *faire pénitence.* Punition : *mettre un enfant en pénitence.*

pénitencier n. m. Prison.

pénitent, e n. Personne que le prêtre entend en confession. N. m. Membre de confréries laïques, qui porte une cagoule dans les cérémonies.

pénitentiaire adj. Qui concerne les pénitenciers.

penne n. f. Plume longue des oiseaux.

penné, e adj. *Bot.* Se dit des feuilles et des folioles disposées comme les barbes d'une plume.

pennon n. m. Anc. bannière triangulaire.

penny [pɛni] n. m. Unité monétaire divisionnaire anglaise, centième de la livre sterling.

(Pl. *pence* [pɛns].) Pièce de cette valeur. (Pl. *pennies* [peniz].)

pénombre n. f. État d'une surface incomplètement éclairée. Demi-jour.

pensant, e adj. Qui pense, qui est capable de penser. *Bien, mal pensant,* qui a, qui n'a pas des opinions conformes à l'ordre établi.

pensée n. f. Action, faculté de penser. Idée : *pensée ingénieuse.* Esprit : *il me vient à la pensée.* Souvenir : *la pensée des absents.* Opinion : *dire sa pensée.* Rêverie : *s'enfoncer dans des pensées lugubres.* Plante à fleurs de couleurs variées.

penser v. i. Former des idées dans l'esprit. Réfléchir : *parler sans penser.* Raisonner : *penser juste.* Se souvenir : *penser aux absents.* Songer, avoir en vue : *penser à partir.* V. t. Avoir dans l'esprit : *dire ce que l'on pense.* Croire : *qu'en pensez-vous ?*

penseur, euse n. adj. Qui a des idées profondes. Méditatif, pensif.

pensif, ive* adj. Absorbé dans ses pensées.

pension n. f. Ce que l'on paie pour être logé, nourri : *la pension d'un localaire.* Lieu où l'on est logé et nourri. Maison d'éducation. Les élèves qu'elle renferme. Revenu annuel accordé aux services, aux talents, aux personnes âgées, etc. : *pension civile.*

pensionnaire n. Celui, celle qui paie pension. Interne dans un collège.

pensionnat n. m. Maison d'éducation qui reçoit des internes.

pensionner v. t. Faire une pension à : *pensionner un artiste.*

pensum [pɛsɔm] n. m. Travail imposé à un écolier en punition. (Pl. *pensums.*)

pentagonal, e, aux adj. À cinq côtés.

pentagone [pɛtagɔn] n. m. et adj. Figure à cinq angles et cinq côtés.

pente n. f. Inclinaison. *Fig.* Penchant : *suivre la pente du plaisir. Rupture de pente,* ligne d'un versant où s'effectue un brusque changement de pente.

Pentecôte n. f. Chez les Juifs, fête en mémoire du Jour où Dieu remit à Moïse les tables de la loi. Fête chrétienne, cinquante jours après Pâques, en mémoire de la descente du Saint-Esprit sur les apôtres.

Penthotal n. m. Nom déposé d'une spécialité pharmaceutique à base de barbiturique, utilisée en psychiatrie.

penture n. f. Bande de fer sur une porte, un volet, pour la soutenir sur le gond.

pénultième [penyltjɛm] n. f. et adj. Avantdernière syllabe d'un mot, d'un vers.

pénurie n. f. Extrême disette : *pénurie d'argent.* Manque.

pépie n. f. Pellicule qui vient au bout de la langue des oiseaux dans certaines maladies. *Fam. Avoir la pépie,* avoir très soif.

pépiement n. m. Action de pépier.

pépier v. i. Crier (se dit des petits oiseaux).

pépin n. m. Graine de certains fruits : *pépins d'une pomme. Fam.* Parapluie. *Pop.* Ennui imprévu.

pépinière n. f. Plants de jeunes arbres destinés à être transplantés. Lieu où on les cultive.

pépiniériste n. Qui cultive une pépinière.

pépite n. f. Masse de métal natif et principalement d'or.

péplum [peplɔm] n. m. Tunique de femme dans l'Antiquité grecque.

pepsine n. f. Principe actif du suc gastrique.

perçage n. m. Action de percer.

percale n. f. Tissu de coton très fin.

percaline n. f. Toile de coton, légère et lustrée.

perçant, e adj. Qui pénètre profondément : *froid perçant.* Vif : *yeux perçants; esprit perçant.* Aigu : *voix perçante.*

perce n. f. Outil pour percer. *En perce,* se dit d'un tonneau percé pour en tirer le contenu.

percée n. f. Ouverture. Trouée à travers des obstacles, etc.

percement n. m. Action de percer.

perce-neige n. f. inv. Plante dont les fleurs blanches s'épanouissent à la fin de l'hiver, quand le sol est encore recouvert de neige.

perce-oreille n. m. Insecte muni de pinces dures et aiguës. (Pl. *perce-oreilles.*)

percepteur n. m. Fonctionnaire chargé de recouvrer les contributions.

perceptible adj. Qui peut être saisi par les sens : *voix à peine perceptible.*

perception n. f. Recouvrement des impositions. Emploi de percepteur. Action, faculté de percevoir par les sens.

percer v. t. (conj. 1) Faire un trou dans : *percer un mur.* Blesser avec une arme aiguë : *percer la poitrine.* Pratiquer une ouverture dans : *percer une porte, une rue.* Traverser : *la pluie a percé ses vêtements; percer la foule; percer les ténèbres.* Fig. Découvrir : *percer un mystère.* V. i. Crever : *abcès qui perce.* Se manifester : *la haine perce dans ses écrits.* Se faire connaître : *auteur qui perce.*

perceur, euse adj. et n. Qui perce. N. f. Machine à percer.

percevable adj. Qui peut être perçu.

percevoir v. t. (conj. 29) Recouvrer : *percevoir une taxe.* Saisir : *percevoir un son.*

perche n. f. Poisson d'eau douce à deux nageoires dorsales (la première, épineuse).

perche n. f. Bâton long et mince. *Fam.* Personne très grande et mince.

percher v. i. ou **se percher** v. pr. Se poser sur une branche. *Fam.* Loger, habiter. V. t. *Fam.* Placer un endroit élevé.

percheron, onne adj. et n. Du Perche. Cheval de trait originaire du Perche.

perchoir n. m. Bâton où perchent les volailles.

perclus, e adj. Privé de la faculté de se mouvoir.

perçoir n. m. Outil pour percer.

percolateur n. m. Grande cafetière pour fabriquer du café noir en grande quantité.

percussion n. f. Coup, choc d'un corps contre un autre. *Arme à percussion,* arme où la charge est enflammée par le choc sur une capsule détonante. *Mus.* Instruments de percussion, ceux dont on joue en les frappant (tambour, cymbales, etc.).

percutant, e adj. Qui produit une percussion. *Fig.* Qui produit un choc, qui entraîne l'adhésion : *un argument percutant. Projectiles percutants,* qui éclatent par percussion.

percuter v. t. Frapper. *Méd.* Explorer par percussion ou tapotement.

percuteur n. m. Mécanisme qui, dans une arme à feu, frappe l'amorce.

perdition n. f. Etat d'un navire en danger de périr. Ruine morale.

perdre v. t. (conj. 46) Cesser d'avoir : *perdre sa place; perdre la raison.* Avoir le désavantage : *perdre la partie, une bataille.* Corrompre. Ne pas profiter de : *perdre son temps.* Abandonner : *perdre une habitude.* Être séparé par la mort : *perdre son père.* Egarer. V. i. Avoir moins de valeur. Faire une perte : *perdre dans une vente.* V. pr. S'égarer. Disparaître : *coutume qui se perd. Fig.* Se débaucher : *jeune homme qui se perd.* Cesser d'être en vogue : *cette mode se perd. Je m'y perds,* je n'y comprends plus rien.

perdreau n. m. Perdrix de l'année.

perdrix n. f. Nom usuel de divers genres d'oiseaux gallinacés très recherchés comme gibier.

perdu, e adj. Absorbé, plongé dans : *être perdu dans ses réflexions, dans sa douleur.* Dont le cas est désespéré : *malade perdu. Peine perdue,* peine inutile.

père n. m. Qui a un ou plusieurs enfants. *Nos pères,* nos ancêtres. Chef d'une suite de descendants : *Abraham, le père des croyants.* Créateur : *Corneille est le père de la tragédie française.* Appellation d'un homme âgé et des prêtres : *le père Untel.*

pérégrination n. f. Voyage lointain.

péremption n. f. *Dr.* Etat de ce qui est périmé.

péremptoire* adj. Relatif à la péremption. Décisif : *argument péremptoire.*

pérenne adj. Se dit d'une rivière dont l'écoulement n'est pas arrêté par une saison sèche.

pérennité n. f. Caractère de ce qui dure toujours.

péréquation n. f. Répartition des charges au prorata des possibilités : *la péréquation de l'impôt.* Adaptation au coût de la vie : *péréquation des retraites.*

perfectibilité n. f. Qualité de ce qui est perfectible.

perfectible adj. Qui peut être perfectionné ou se perfectionner.

perfection n. f. Qualité, état de ce qui est parfait. *A la perfection,* parfaitement.

perfectionnement n. m. Action de perfectionner; son résultat.

perfectionner v. t. Rapprocher de la perfection.

perfide* adj. Qui trahit sa parole. Où il y a de la perfidie : *propos perfides.*

perfidie n. f. Déloyauté.

perforation n. f. Percement.

perforatrice n. f. Machine servant à établir les cartes perforées. Outil rotatif pour creuser des trous de mine.

perforer v. t. Traverser en faisant un trou.

performance n. f. Résultat sportif.

perfusion n. f. Introduction lente d'une substance médicamenteuse ou de sang dans un organisme.

pergola n. f. Tonnelle ou galerie de plantes grimpantes, supportées par un assemblage de colonnes et de poutrelles.

péricarde n. m. Membrane qui enveloppe le cœur.

péricarpe n. m. Enveloppe de la graine, des semences.

péricliter v. i. Décliner, être en péril : *entreprise qui périclite.*

péridot [perido] n. m. Pierre précieuse vert jaunâtre.

périgée n. m. Point de l'orbite d'une planète où elle est le plus rapprochée de la Terre (point opposé : *apogée*).

périgourdin, e adj. et n. Du Périgord.

péril [peril] n. m. Danger, risque. *Au péril de*, au risque de. *A ses risques et périls*, en étant responsable de tout. *Il n'y a pas péril en la demeure*, il n'y a pas de danger à attendre dans t'immédiat.

périlleux, euse* adj. Où il y a du péril : *entreprise périlleuse. Saut périlleux*, cabriole qu'un acrobate exécute en l'air.

périmer (se) [saperime] v. pr. ou **être périmé** v. passif. Perdre sa valeur, passé un certain délai.

périmètre n. m. Contour.

périnée n. m. *Anat.* Partie inférieure du petit bassin, chez l'être humain.

période n. f. Phase, espace de temps, division : *les grandes périodes de l'histoire.* Temps qu'une planète met pour accomplir sa révolution ou pour revenir dans la même situation. Chacune des grandes divisions des ères géologiques. *Méd.* Phase d'une maladie : *période d'invasion.* Phrase composée de plusieurs propositions harmonieusement enchaînées.

périodicité n. f. Caractère de ce qui est périodique : *périodicité des comètes.*

périodique* adj. Qui revient à des temps réguliers. Qui paraît à époque fixe. N. m. Journal, revue qui paraît à des époques déterminées.

périoste n. m. Membrane qui couvre les os.

péripétie [peripesi] n. f. Changement subit dans la situation du héros d'un poème, d'un roman. Circonstance particulière d'un fait général, qui amène quelque changement, qui émeut ou saisit : *les péripéties d'une guerre.*

périphérie n. f. Contour d'une figure curviligne.

périphérique adj. De la périphérie.

périphrase n. f. Tour de phrase équivalent d'un mot simple : LA VILLE LUMIÈRE pour PARIS.

périple n. m. Voyage de circumnavigation. Randonnée, voyage circulaire.

périr v. i. Prendre fin. Mourir de mort violente. Faire naufrage. Tomber en ruine, en décadence : *les plus grands empires ont péri. Fig.* Etre excédé : *périr d'ennui.*

périscope n. m. Instrument d'optique permettant de voir par-dessus un obstacle. Tube coulissant équipé d'un système optique permettant à un sous-marin en plongée d'observer à la surface.

périssable adj. Sujet à périr : *la beauté est un bien périssable.*

périssoire n. f. Embarcation étroite se manœuvrant à la pagaie.

péristaltique adj. Se dit du mouvement de contraction du tube digestif.

péristyle n. m. Ensemble de colonnes décorant la façade d'un monument.

péritoine n. m. Membrane qui tapisse l'abdomen.

péritonite n. f. Inflammation du péritoine.

perle n. f. Corps brillant, nacré et rond, qui se forme dans l'intérieur de certains mollusques bivalves. Petite boule de verre, de

métal, etc., percée d'un trou : *perles d'acier, de jais.* Ornement d'architecture en forme de perle. *Fig.* Personne ou chose parfaite : *c'est la perle des cuisinières; c'est une perle.* Erreur ridicule.

perlé, e adj. Qui rappelle l'éclat de la perle : *dents perlées. Grève perlée*, ralentissement concerté dans le travail.

perler v. t. Faire à la perfection : *perler un ouvrage.* V. i. Suinter sous forme de gouttelettes : *front où perle la sueur.*

perlier, ère adj. Qui renferme, qui produit des perles : *huîtres perlières.*

permanence n. f. Caractère de ce qui est permanent. Service permanent. Lieu où il se tient : *permanence électorale. En permanence*, sans interruption.

permanent, e adj. Qui dure sans arrêt, sans changement : *spectacle permanent; ondulation permanente.* N. m. Membre d'un groupement, rémunéré pour se consacrer à son administration. N. f. Traitement donné aux cheveux pour les onduler de façon durable.

permanganate n. m. Sel d'un acide dérivé du manganèse.

perméabilité n. f. Propriété des corps perméables.

perméable adj. Se dit des corps qui se laissent traverser par d'autres corps : *les roches calcaires sont perméables à l'eau.*

permettre v. t. (conj. 49) Donner liberté, pouvoir de faire, de dire, d'employer. Donner le moyen, le loisir de.

permis n. m. Permission écrite : *permis de chasse, de conduire.*

permission n. f. Autorisation. Congé de courte durée accordé à un militaire.

permissionnaire n. m. Militaire qui possède une permission écrite de s'absenter.

permutation n. f. Échange. Transposition.

permuter v. t. et i. Échanger : *permuter des emplois.*

pernicieux, euse* adj. Très nuisible.

péroné n. m. Os long de la jambe.

péronnelle n. f. *Fam.* Femme, fille sotte.

péroraison n. f. Conclusion d'un discours.

pérorer v. i. Discourir longuement.

peroxyde n. m. Oxyde à grande proportion d'oxygène.

perpendiculaire* adj. Qui fait un angle droit avec : *droite perpendiculaire à une autre.* N. f. Ligne perpendiculaire.

perpétration n. f. Accomplissement : *la perpétration d'un crime.*

perpétrer v. t. (conj. 5) Commettre : *perpétrer un assassinat.*

perpétuel, elle* adj. Continuel : *mouvement perpétuel.* Qui dure toute la vie. Très fréquent, habituel : *combats perpétuels.*

perpétuer v. t. Faire durer longtemps : *perpétuer un souvenir.*

perpétuité n. f. Durée perpétuelle. *À perpétuité*, pour toujours, pour toute la vie.

perplexe adj. Embarrassé, indécis.

perplexité n. f. Embarras.

perquisition n. f. Recherche ordonnée par la justice.

perquisitionner v. i. Faire une perquisition.

perron n. m. Escalier en saillie devant une porte d'entrée.

perroquet n. m. Oiseau qui peut répéter des sons articulés. *Fig.* Personne qui parle sans réfléchir. *Mar.* Mât, voile, vergue, qui se grée au-dessus d'un mât de hune.

perruche n. f. Femelle du perroquet. Sorte de petit perroquet à longue queue pointue.

perruque n. f. Coiffure de faux cheveux.

perruquier n. m. Coiffeur. (Vx.)

pers [pɛr], e adj. Couleur intermédiaire entre le vert et le bleu : *yeux pers.*

perse, persan, e adj. et n. De la Perse.

persécuter v. t. Torturer, martyriser. Importuner.

persécuteur, trice n. et adj. Qui persécute.

persécution n. f. Poursuite contre une catégorie de personnes pour les éliminer.

persévérance n. f. Qualité de qui persévère. Fermeté, constance.

persévérer v. i. (conj. 4) Persister dans les mêmes conditions : *persévérer dans le mal.* Durer, continuer : *la fièvre persévère.*

persienne n. f. Châssis de bois à lames en abat-jour, et qui s'ouvre comme un contrevent.

persiflage n. m. Moquerie.

persifler v. t. Se moquer par des paroles ironiques.

persifleur, euse n. Qui persifle.

persil [pɛrsi] n. m. Plante potagère.

persillé, e adj. Auquel on a ajouté du persil.

persistance n. f. Action de persister. Caractère de ce qui est persistant.

persistant, e adj. Qui persiste. Qui dure : *fièvre persistante. Bot.* Qui subsiste pendant toutes les saisons : *arbre à feuilles persistantes.*

persister v. i. Demeurer inébranlable : *persister dans un dessein.* Continuer : *le mieux persiste.*

personnage n. m. Personne considérable, illustre. Personne quelconque : *un triste personnage.* Personne mise en action dans une œuvre littéraire. Rôle scénique : *les personnages de Corneille.*

personnalisation n. f. Adaptation d'un produit, d'un logement, etc., aux besoins et aux goûts d'un individu.

personnaliser v. t. Donner un caractère original à un objet fabriqué en série.

personnalité n. f. Individualité consciente : *respecter la personnalité humaine.* Caractère propre à chaque personne : *dépouiller toute personnalité.* Personne ayant une certaine notoriété.

personne n. f. Homme ou femme : *compartiment pour six personnes.* L'être, le corps de quelqu'un : *content de sa personne.* En personne, soi-même. *Personne civile, morale, juridique,* groupement qui a une existence légale. *Gramm.* Forme du verbe qui distingue celui qui parle, à qui l'on parle, de qui l'on parle. Pron. indéf. Quelqu'un, aucun : *personne ne le vit.*

personnel, elle* adj. De la personne : *intérêts personnels.* Égoïste : *enfant très personnel.* Relatif aux personnes grammaticales : *pronom personnel, mode personnel.* N. m. Ensemble des personnes attachées à un service : *nombreux personnel.*

personnification n. f. Action de personnifier. Type achevé.

personnifier v. t. Attribuer à une chose, à un être abstrait les sentiments, le langage d'une personne.

perspective n. f. Art de représenter les objets selon les différences d'aspect que l'éloignement et la position y apportent. Aspect que présentent les objets vus de loin : *une riante perspective. Fig.* Espérance ou crainte d'une chose probable : *la perspective d'une grande fortune.* En perspective, dans l'avenir.

perspicace adj. Pénétrant : *un esprit perspicace.*

perspicacité n. f. Pénétration d'esprit.

persuader v. t. Porter à croire, à faire : *on nous persuade aisément ce qui nous plaît.* V. pr. Croire, s'imaginer : *ils se sont persuadé qu'on les trompait.*

persuasif, ive* adj. Qui persuade.

persuasion n. f. Action de persuader. État de l'esprit persuadé.

perte n. f. Privation de ce dont on jouissait : *la perte de la vue.* Mort : *la perte d'une mère.* Ruine : *vouloir la perte de ses ennemis.* Dommage : *éprouver des pertes à la Bourse.* Insuccès : *perte d'une bataille.* Mauvais emploi : *perte de temps.* Disparition d'un cours d'eau dans le sous-sol.

pertinemment [pɛrtinamã] adv. Avec justesse : *savoir pertinemment qu'on a tort.*

pertinence n. f. Qualité de ce qui est pertinent.

pertinent, e adj. Qui s'applique tout à fait à la question : *réponse pertinente.*

pertuis n. m. Détroit.

perturbateur, trice n. et adj. Qui perturbe, cause du désordre.

perturbation n. f. Trouble, désordre.

perturber v. t. Troubler : *perturber le trafic.*

péruvien, enne adj. et n. Du Pérou.

pervenche n. f. Plante à fleurs bleu mauve. Adj. inv. : *bleu pervenche.*

pervers, e adj. Tourné au mal, vicieux. Qui marque la perversité.

perversion n. f. Changement en mal : *la perversion des mœurs. Méd.* Altération : *les perversions du goût.* Anomalie sexuelle.

perversité n. f. Caractère de ce qui est pervers. Action perverse.

pervertir v. t. Porter au mal. Troubler : *pervertir le goût.* Dénaturer : *pervertir un texte.*

pesage n. m. Action de peser. Endroit de l'hippodrome où l'on pèse les jockeys.

pesamment adv. D'une manière lourde. Sans grâce, sans élégance.

pesant, e adj. Lourd : *pesant fardeau.* Lent, pénible : *marche pesante. Fig.* : *style pesant.* N. m. *Fig. Valoir son pesant d'or,* être parfait (souvent iron.).

pesanteur n. f. Force qui attire les corps vers le centre de la Terre. État de ce qui est pesant : *pesanteur d'un fardeau.* Malaise : *pesanteur d'estomac. Fig.* Manque de vivacité : *pesanteur de style.*

pèse-alcool n. m. inv. Alcoomètre.

pèse-bébé n. m. Balance pour peser les jeunes enfants.

pesée n. f. Action de peser. Ce qu'on a pesé en une fois. Effort fait sur un levier.

pèse-lettre n. m. Petit appareil pour peser les lettres.

peser v. t. (conj. 4) Déterminer le poids de : *peser un pain. Fig.* Examiner attentivement : *peser ses paroles.* V. i. Avoir un certain poids : *le platine pèse plus que l'or.* Appuyer fortement : *peser sur un levier. Fig.* Être à charge : *toute obligation pèse.*

peseta n. f. Unité monétaire de l'Espagne.

peson n. m. Instrument pour peser : *peson à ressort.*

pessimisme n. m. Opinion de ceux qui pensent que tout va au plus mal.

pessimiste adj. Qui pense que tout va mal.

peste n. f. Maladie infectieuse et contagieuse transmise du rat à l'homme par morsure ou par l'intermédiaire de puces. *Fig.* Personne, chose pernicieuse. Exclamation. Imprécation familière.

pester v. i. Manifester en paroles sa mauvaise humeur.

pesteux, euse adj. De la peste.

pesticide adj. et n. m. Se dit de tout produit destiné à lutter contre les parasites animaux et végétaux des cultures.

pestiféré, e adj. et n. Atteint de la peste.

pestilence n. f. Odeur infecte.

pestilentiel, elle adj. Qui répand une puanteur insoutenable.

pet [pɛ] n. m. Gaz qui sort du fondement avec bruit.

pétale n. m. *Bot.* Chacune des pièces de la corolle.

pétanque n. f. Jeu de boules, originaire du midi de la France.

pétarade n. f. Suite de pets que fait un cheval en ruant. Suite de détonations : *la pétarade d'un feu d'artifice, d'un moteur.*

pétarader v. i. Produire des pétarades.

pétard n. m. Engin explosif destiné à détruire un obstacle. Pièce d'artifice qui éclate avec bruit.

pétaudière n. f. *Fam.* Assemblée confuse.

péter v. i. (conj. 5) Faire un pet. Faire un bruit subit et éclatant. *Fam.* Se briser.

pète-sec adj. et n. m. inv. Autoritaire et cassant.

péteux, euse n. *Fam.* Poltron, lâche.

pétillant, e adj. Qui pétille : *feu, esprit, regard pétillant.*

pétillement n. m. Action de pétiller : *le pétillement du bois vert.*

pétiller v. i. Éclater avec un petit bruit sec, réitéré. *Fig.* Briller d'un vif éclat : *des yeux qui pétillent.* Jaillir avec éclat.

pétiole [pesjɔl] n. m. *Bot.* Queue de la feuille.

petiot, ote adj. *Fam.* Tout petit.

petit, e* adj. De faibles dimensions : *petit jardin.* Très jeune : *quand j'étais petit. Fig.* De peu d'importance, de peu de valeur : *petit capital.* Qui manque de noblesse, de générosité. Terme d'affection ou de dédain : *mon petit ami.* Jeune enfant, jeune animal : *une chienne et ses petits.* N. m. pl. Les faibles, les pauvres, les humbles : *la mort n'épargne ni les petits ni les grands.*

petite-fille n. f. Fille du fils ou de la fille, par rapport à l'aïeul et à l'aïeule.

petitement adv. Chichement, mesquinement : *vivre petitement.* À l'étroit : *être logé petitement.*

petitesse n. f. Faible étendue, faible volume. Modicité : *petitesse d'un revenu. Fig.* Bassesse : *petitesse d'esprit.*

petit-fils n. m. Fils du fils ou de la fille, par rapport à l'aïeul et à l'aïeule.

pétition n. f. Écrit adressé à une autorité pour formuler une plainte, une demande.

pétitionnaire n. Demandeur.

pétitionner v. i. Adresser une pétition.

petit-lait n. m. Liquide qui se sépare du lait caillé.

petit-neveu n. m., **petite-nièce** n. f. Fils, fille du neveu, de la nièce.

petits-enfants n. m. pl. Les enfants du fils ou de la fille.

pétoire n. f. *Fam.* Mauvais fusil.

peton n. m. *Fam.* Petit pied.

pétrel n. m. Genre d'oiseaux de mer.

pétri, e adj. Mis en pâte. *Fig.* Rempli : *pétri d'orgueil.*

pétrification n. f. Action de pétrifier; son résultat.

pétrifier v. t. Changer en pierre. *Fig.* Stupéfier, rendre immobile : *une apparition qui pétrifie.*

pétrin n. m. Coffre dans lequel on pétrit le pain. *Fam. Mettre dans le pétrin,* dans l'embarras.

pétrir v. t. Malaxer de la farine avec de l'eau et en faire de la pâte. *Fig.* Former, façonner.

pétrissage n. m. Action de pétrir.

pétrochimie n. f. Science et industrie des produits chimiques dérivés du pétrole.

pétrographie n. f. Étude des roches.

pétrole n. m. Huile minérale naturelle combustible.

pétroleuse n. f. Nom donné à des femmes qui, pendant la Commune de 1871, auraient utilisé du pétrole pour hâter les incendies.

pétrolier, ère adj. Relatif au pétrole : *industrie pétrolière.* N. m. Navire transporteur de pétrole. Technicien du pétrole.

pétrolifère adj. Qui produit du pétrole.

pétulance n. f. Impétuosité.

pétulant, e adj. Vif, impétueux.

pétunia n. m. Plante ornementale.

peu adv. Pas beaucoup. Pas longtemps. N. m. Petite quantité.

peuplade n. f. Société humaine incomplètement organisée.

peuple n. m. Multitude d'hommes formant une nation : *le peuple français.* Partie la plus nombreuse et la moins riche d'un pays : *homme du peuple.*

peuplement n. m. Action de peupler : *le peuplement de la Sibérie.* État de ce qui est peuplé : *un peuplement dense.*

peupler v. t. Établir des hommes, des animaux, des végétaux dans un endroit où ils n'existaient pas.

peuplier n. m. Arbre élancé, dont le bois est facile à travailler.

peur n. f. Sentiment d'inquiétude, en présence ou à la pensée du danger. *Avoir peur,* craindre. *De peur de, de peur que,* dans la crainte de, dans la crainte que.

peureux, euse* adj. et n. Qui a souvent peur. Lâche, poltron.

peut-être loc. adv. Marque la possibilité, le doute : *il viendra peut-être.*

phagocyte n. m. *Anat.* Globule blanc.

phagocytose n. f. Fonction des phagocytes, qui absorbent des microbes.

phalange n. f. Corps de troupes : *les phalanges républicaines.* Groupement armé. Chacun des petits os qui composent les doigts et les orteils.

phalangette n. f. Dernière phalange des doigts.

phalangine n. f. Seconde phalange.

phalanstère n. m. Dans le système de Fourier, communauté de travailleurs.

phalène n. m. ou f. Papillon nocturne.

phallocrate n. m. *Péjor.* Défenseur de la phallocratie.

phallocratie n. f. *Fam.* et péjor. Oppression de la femme par l'homme.

phalloïde adj. *Amanite phalloïde,* champignon mortel.

phallus [falys] n. m. Membre viril.

phanérogame adj. Se dit des plantes dont les organes de reproduction sont apparents.

phantasme n. m. V. FANTASME.

pharamineux, euse adj. *Fam.* Prodigieux.

pharaon n. m. Titre des anciens rois d'Égypte.

phare n. m. Tour élevée, portant un puissant foyer de lumière pour guider les navires pendant la nuit. Puissant projecteur de lumière placé à l'avant d'un véhicule. *Fig.* Celui, ce qui éclaire, guide.

pharisien n. m. Membre d'une secte juive qui affectait de se distinguer par sa sainteté extérieure. *Fig.* Hypocrite.

pharmaceutique adj. Qui a rapport à la pharmacie.

pharmacie n. f. Science ayant pour objet de préparer les médicaments. Profession de pharmacien. Laboratoire, boutique du pharmacien.

pharmacien, enne n. Qui exerce la pharmacie.

pharmacologie n. f. Science des médicaments et de leur emploi.

pharmacopée n. f. Recueil des recettes ou formules médicales.

pharyngien, enne adj. Du pharynx.

pharyngite n. f. Inflammation du pharynx.

pharynx n. m. Gosier, arrière-gorge.

phase n. f. Apparence variable d'une planète : *phases de la Lune. Fig.* Se dit des changements successifs : *phases d'un combat.*

phénicien, enne adj. et n. De la Phénicie.

phénique adj. *Acide phénique,* syn. de PHÉNOL.

phénix [feniks] n. m. Oiseau mythologique qui, une fois brûlé, renaissait de ses cendres. *Fig.* Personne ou chose unique.

phénol n. m. Composé dérivé du benzène.

phénoménal, e, aux adj. Qui tient du phénomène. *Fam.* Prodigieux.

phénomène n. m. Fait scientifique observable. Ce qui est perçu par les sens ou par la conscience. Chose ou être extraordinaire.

philanthrope n. Personne animée du souci d'améliorer le sort des autres.

philanthropie n. f. Qualité du philanthrope. Charité, bienfaisance.

philatélie n. f. Goût de collectionner les timbres-poste.

philatéliste n. Collectionneur de timbres-poste.

philharmonique adj. *Mus.* Se dit de certaines associations de concerts : *société philharmonique.*

philippique n. f. Discours violent, dirigé contre une personnalité.

philistin n. m. Personne à l'esprit vulgaire et étroit.

philodendron n. m. Plante de plein air ou d'appartement, aux feuilles digitées.

philologie n. f. Étude d'une langue d'après les documents écrits qui nous la font connaître. Étude des textes et de leur transmission.

philologique adj. De la philologie.

philologue n. Scientifique qui étudie la philologie.

philosophale adj. f. *Pierre philosophale,* pierre qui, d'après les alchimistes, changeait les métaux en or.

philosophe n. et adj. Personne qui étudie la philosophie. Penseur qui raisonne dans l'abstraction. Personne sage et sereine : *vivre en philosophe.* Calme, résigné.

philosopher v. i. Raisonner sur des matières philosophiques. Raisonner subtilement.

philosophie n. f. Étude rationnelle de la pensée humaine. Système particulier à un philosophe célèbre, à une école, à une époque : *la philosophie d'Aristote.* Sagesse de celui qui sait supporter avec fermeté les accidents de la vie.

philosophique* adj. De la philosophie.

philtre n. m. Breuvage propre à inspirer l'amour.

phlébite n. f. Inflammation d'une veine.

phlébotomie n. f. Saignée.

phlegmon n. m. Inflammation purulente du tissu cellulaire sous-cutané.

phlox [flɔks] n. m. Plante ornementale à fleurs en large épi.

phobie n. f. Peur irraisonnée.

phocéen, enne adj. et n. De Phocée, auj. Marseille.

pholade [fɔlad] n. f. Mollusque bivalve qui creuse des cavités dans les rochers.

phonation n. f. Phénomènes concourant à la production de la voix.

phonème n. m. Élément sonore du langage.

phonétique adj. Qui exprime le son : *écriture phonétique.* N. f. *Gramm.* Étude des sons.

phonographe n. m. Appareil qui reproduit les sons par un simple procédé mécanique.

phonolite ou **phonolithe** n. f. Roche volcanique qui se délite en dalles sonores à la percussion.

phoque n. m. Genre de mammifères des régions polaires.

phosphate n. m. Sel de l'acide phosphorique : *les phosphates sont de précieux engrais.*

phosphaté, e adj. Qui contient du phosphate.

phosphène n. m. Sensation lumineuse résultant de la compression de l'œil.

phosphore n. m. Corps simple, inflammable, lumineux dans l'obscurité.

phosphoré, e adj. Qui contient du phosphore.

phosphorescence n. f. Propriété des corps lumineux dans l'obscurité.

phosphorescent, e adj. Doué de phosphorescence.

photo n. f. *Fam.* Photographie.

photocopie n. f. Procédé de reproduction par le développement instantané d'un négatif photographique. Le document ainsi obtenu.

photo-électrique adj. Qui produit de l'électricité sous l'action de la lumière.

photogénique adj. Qui impressionne bien la plaque photographique : *le bleu est très photogénique*. Qui fait un bel effet sur une photographie (en parlant des personnes).

photographe n. Personne qui pratique la photographie.

photographie n. f. Art de fixer sur une surface sensible à la lumière les images obtenues à l'aide d'une chambre noire.

photographier v. t. Reproduire par la photographie. *Fig.* Décrire avec une parfaite exactitude.

photographique* adj. Relatif à la photographie.

photograveur n. et adj. m. Ouvrier en photogravure.

photogravure n. f. Procédé photographique, donnant des planches gravées pour la typographie.

photolithographie n. f. Impression lithographique par des méthodes photographiques.

photomécanique adj. Se dit des procédés d'impression dans lesquels le cliché typographique a été obtenu par photographie.

photomètre n. m. Instrument qui mesure l'intensité de la lumière.

photométrie n. f. Mesure des intensités lumineuses.

photon n. m. Particule d'énergie lumineuse.

photosynthèse n. f. Synthèse d'un corps chimique, de substances organiques (glucides), à l'aide de l'énergie lumineuse, par les végétaux chlorophylliens.

phototype n. m. Cliché photographique négatif.

phototypie n. f. Procédé d'impression à l'encre grasse sur gélatine bichromatée et insolée.

phrase n. f. Assemblage de mots présentant un sens complet. *Faire des phrases*, parler d'une manière prétentieuse. *Phrase musicale*, suite régulière de sons.

phraséologie n. f. Discours pompeux.

phraseur, euse n. Qui aime à faire des phrases.

phréatique [freatik] adj. *Nappe phréatique*, nappe d'eau située à l'intérieur du sol et alimentant des sources.

phrénique adj. Du diaphragme.

phtisie [ftizi] n. f. Tuberculose pulmonaire. (Vx.)

phylloxéra ou **phylloxera** n. m. Genre d'insectes hémiptères, dont une espèce s'attaque à la vigne.

physicien, enne n. Personne compétente en physique.

physico-chimique adj. Relatif à la physique et à la chimie.

physiocrate n. et adj. Partisan de la physiocratie.

physiocratie n. f. Doctrine des économistes du XVIII* s. qui considéraient l'agriculture comme la seule source de la richesse.

physiologie n. f. Science qui traite de la vie et des fonctions organiques.

physiologique* adj. Relatif à la physiologie.

physiologiste n. Personne qui fait des études et des recherches sur la physiologie.

physionomie n. f. Ensemble des traits du visage. Caractère spécial des traits d'une personne. *Fig.* Caractère, aspect : *chaque peuple a sa physionomie*.

physionomiste n. et adj. Habile à juger d'après la physionomie.

physique* adj. Matériel : *le monde physique*. Qui a rapport à la matière : *loi physique*. N. f. Science qui a pour objet l'étude des propriétés des corps et des lois qui tendent à modifier leur état ou leur mouvement sans modifier leur nature. N. m. Physionomie : *un physique agréable*. Ensemble des organes d'un être vivant : *le physique et le moral*.

phytotron n. m. Laboratoire équipé pour l'étude des conditions physiques et chimiques dans lesquelles les plantes se développent.

pi n. m. Lettre de l'alphabet grec.

piaffement n. m. Action de piaffer.

piaffer v. i. Frapper la terre avec les pieds de devant, en parlant d'un cheval. *Fig.* S'agiter vivement : *piaffer d'impatience*.

piailler v. i. Se dit des oiseaux qui poussent des cris aigus et, *fam.*, des personnes qui les imitent.

piailleur, euse adj. *Fam.* Qui piaille.

pianiste n. Personne qui sait jouer du piano.

piano n. m. Instrument de musique, à clavier et à cordes.

pianoter v. i. *Fam.* S'amuser au piano ; en jouer sans habileté.

piastre n. f. Unité monétaire de divers pays.

piaule n. f. *Pop.* Chambre.

piaulement n. m. Action de piauler.

piauler v. i. Crier, en parlant des petits poulets.

pic n. m. Instrument de fer courbé, pointu et à long manche, pour creuser la terre. Montagne élevée, isolée et pointue : *le pic du Midi*. *A pic*, perpendiculairement : *couler à pic. Fam.* A propos : *cela tombe à pic*.

pic n. m. Genre d'oiseaux grimpeurs.

picador [pikadɔr] n. m. Cavalier qui, dans une corrida, attaque le taureau avec la pique.

picaillon n. m. Anc. petite monnaie de cuivre. Pl. *Pop.* Argent.

picaresque adj. Se disait des œuvres littéraires où l'on décrivait les mœurs des gueux, des truands.

pichenette n. f. Chiquenaude.

pichet n. m. Petit broc : *un pichet de vin*.

pickpocket [pikpɔkɛt] n. m. Voleur à la tire.

pick-up [pikœp] n. m. inv. Transformateur électrique des vibrations phonographiques.

picorer v. i. Chercher sa nourriture (oiseaux, abeilles). V. t. Prendre de-ci de-là.

picotage n. m. Action de picoter.

picotement n. m. Sensation de piqûre légère sur la peau et les muqueuses.

picoter v. t. Marquer de petits points. Causer des picotements : *la fumée picote les yeux*. Becqueter : *picoter des feuilles*.

picotin n. m. Mesure d'avoine.

picrate n. m. Sel de l'acide picrique. *Pop.* Vin.

picrique adj. m. *Chim.* Se dit d'un acide obtenu par action de l'acide nitrique sur le phénol.

pictural, e, aux adj. Qui concerne la peinture.

pie n. f. Genre d'oiseaux passereaux à plumage blanc et noir. *Fam.* Personne bavarde : *jaser comme une pie.* Adj. inv. De poil ou de plumage blanc et noir : *cheval pie.*

pie adj. Pieux : *faire œuvre pie.*

pièce n. f. Partie, élément d'un tout. Portion, fragment : *pièce de terre; mettre en pièces.* Quantité d'une matière formant un tout : *pièce de drap.* Morceau employé pour réparer : *mettre une pièce à un manteau.* Objet séparé : *une pièce de gibier.* Chambre, élément d'un logement : *appartement de quatre pièces.* Monnaie : *une pièce d'or.* Pourboire : *donner la pièce.* Ouvrage dramatique : *une pièce gaie.* Document : *pièces justificatives; pièces à conviction.*

piécette n. f. Petite monnaie.

pied n. m. Extrémité de la jambe, qui sert pour marcher. *Pied du lit,* partie opposée au chevet. Partie inférieure : *pied d'une montagne.* Arbre, plante : *un pied de vigne,* Ancienne mesure. *Lâcher pied,* reculer. *A pied,* en marchant. *De pied ferme,* résolu, prêt à résister.

pied-à-terre n. m. inv. Logement qu'on n'occupe qu'en passant.

pied-bot n. m. Personne qui a un pied contrefait, difforme.

pied-de-biche n. m. Petit levier à tête fendue, qui sert à arracher les clous.

pied-droit ou **piédroit** n. m. Partie du jambage d'une porte ou d'une fenêtre. Mur vertical, pilier soutenant une voûte, une arcade.

piédestal n. m. Support isolé, avec base et corniche : *piédestal de statue.*

pied-noir n. m. *Fam.* Habitant de l'Algérie d'origine européenne.

piège n. m. Engin pour attirer ou prendre les animaux. *Fig.* Embûche.

piégeage n. m. Chasse au piège.

piéger v. t. Prendre au piège. Dissimuler un engin explosif sur un terrain, sur une route, etc.

pie-grièche n. f. Sorte de passereau. *Fig.* Femme acariâtre.

piéride n. f. Papillon à ailes blanches.

pierraille n. f. Amas de pierres.

pierre n. f. Corps minéral, dur et solide : *pierre à chaux.* Caillou : *lancer une pierre.* Concrétion dans le rein, la vessie : *opérer quelqu'un de la pierre.* Concrétion dure dans un fruit. *Pierre de taille,* gros bloc de pierre de construction.

pierreries n. f. pl. Pierres fines.

pierreux, euse adj. Plein de pierres.

pierrier n. m. Machine de guerre qui lançait des pierres.

pierrot n. m. Personne déguisée en Pierrot. *Fam.* Moineau.

piété n. f. Dévotion. *Piété filiale,* amour pour ses parents.

piéter v. i. (conj. **5**) Se dit du gibier à plume qui marche rapidement au lieu de voler.

piétinement n. m. Action de piétiner.

piétiner v. t. Fouler avec les pieds : *piétiner le sol.* V. i. Remuer vivement les pieds : *piétiner de rage.*

piéton n. m. Celui qui va à pied.

piétonnier, ère adj. Réservé à la circulation des piétons : *voie piétonnière.*

piètre adj. Médiocre, sans valeur.

pieu n. m. Pièce de bois pointue que l'on enfonce dans le sol. *Pop.* Lit.

pieuvre n. f. Autre nom du poulpe.

pieux, euse adj. Qui a de la piété : *âme pieuse.* Qui marque la piété : *fondation pieuse.* Qui marque un sentiment tendre et respectueux : *pieux souvenir.*

pif n. m. *Pop.* Nez.

pige n. f. Rémunération d'un journaliste payé à l'article.

pigeon n. m. Oiseau dont plusieurs espèces sont domestiquées. *Pigeon voyageur,* pigeon dressé à porter des messages au loin.

pigeonne n. f. Femelle du pigeon.

pigeonneau n. m. Jeune pigeon.

pigeonnier n. m. Petit bâtiment destiné aux pigeons domestiques.

pigment n. m. Substance colorante.

pigmentaire adj. Relatif au pigment.

pigmentation n. f. Formation de pigment.

pignocher v. i. Manger sans appétit.

pignon n. m. Partie supérieure et triangulaire d'un mur. *Avoir pignon sur rue,* avoir une situation bien établie. La plus petite des roues dentées dans un couple d'engrenages cylindriques.

pignon n. m. Graine comestible du pin parasol.

pilage n. m. Action de piler.

pilastre n. m. Pilier encastré.

pile n. f. Amas : *pile de bois.* Massif de maçonnerie formant pilier : *pile de pont.* *Fam.* Volée de coups : *donner une pile.* Appareil transformant en courant électrique l'énergie développée dans une réaction chimique.

pile n. f. Côté d'une pièce de monnaie où est indiquée la valeur : *jouer à pile ou face.*

piler v. t. Broyer avec le pilon.

pileux, euse adj. Relatif aux poils : *système pileux.*

pilier n. m. Massif de maçonnerie ou colonne servant de support. *Fig.* Soutien, défenseur : *pilier de la réaction.* *Fam.* Habitué d'un lieu : *pilier de cabaret.*

pillage n. m. Action de piller. Dégât qui en résulte.

pillard, e adj. et n. Qui se livre au pillage.

piller v. t. Dépouiller, voler : *piller un château.* S'approprier par plagiat : *piller un auteur.*

pilleur euse n. et adj. Qui pille.

pilon n. m. Instrument pour piler. *Mettre un ouvrage au pilon,* en détruire l'édition. Partie inférieure d'une cuisse de volaille cuite. Jambe de bois.

pilonnage n. m. Action de pilonner.

pilonner v. t. Battre avec le pilon. *Mil.* Écraser un objectif avec des projectiles.

pilori n. m. Poteau où l'on attachait les condamnés. *Fig.* Clouer au pilori, accabler du mépris public.

pilosité n. f. Revêtement pileux.

pilotage n. m. Action de piloter.

pilote n. m. Guide d'un bateau, conducteur d'un avion, etc. *Poisson pilote,* poisson qui semble servir de guide aux requins.

piloter v. t. Conduire un navire, un avion, une auto.

pilotin n. m. Élève officier de la marine marchande.

pilotis n. m. Ensemble de pieux plantés dans un sol meuble : *village sur pilotis.*

pilou n. m. Tissu de coton pelucheux.

pilule n. f. Médicament en forme de petite boule. *Fam.* Médicament anticonceptionnel. *Fam. Avaler la pilule,* croire un mensonge.

pimbêche n. et adj. f. Femme d'une prétention déplaisante.

piment n. m. Plante dont le fruit, de saveur très piquante, est employé comme condiment.

pimenter v. t. Assaisonner de piment : *pimenter une sauce. Fig.* Rendre piquant, très libre : *pimenter un récit.*

pimpant, e adj. D'une élégance riante.

pimprenelle n. f. Plante des prés humides.

pin n. m. Genre de conifères, à feuillage toujours vert.

pinacle n. m. Sommet d'un édifice. Situation élevée.

pinacothèque n. f. Musée de peinture.

pinailler v. i. *Fam.* Ergoter ; agir avec une minutie excessive.

pinailleur, euse adj. et n. *Fam.* Qui pinaille.

pinard [pinar] n. m. *Pop.* Vin.

pinasse n. f. Embarcation de pêche à fond plat.

pince n. f. Sorte de tenailles, de formes variées. Pli à une étoffe, terminé en pointe. Extrémité des grosses pattes des écrevisses, des homards, des crabes.

pincé, e adj. Qui affecte le dédain ou une froideur hautaine. *Lèvres pincées,* minces et serrées.

pinceau n. m. Instrument fait de poils attachés à une hampe, pour étendre les couleurs, de la colle, etc. *Fig.* Manière de peindre : *pinceau hardi.* Faisceau lumineux.

pincée n. f. Ce qu'on peut prendre avec deux ou trois doigts : *pincée de tabac.*

pincement n. m. Action de pincer. Suppression des bourgeons à l'extrémité des rameaux.

pince-monseigneur n. f. Levier court à bouts plats.

pincer v. t. (conj. 1) Serrer avec les doigts, avec une pince, etc. Rapprocher en serrant. Serrer étroitement : *pincer l'oreille. Fam.* Saisir, surprendre : *pincer un voleur. Mus.* Faire vibrer avec les doigts : *pincer de la harpe.*

pince-sans-rire n. inv. Qui raille à froid, sans en avoir l'air.

pincettes n. f. pl. Longues pinces pour arranger un feu.

pinçon n. m. Marque qui reste sur la peau pincée.

pineau n. m. Vin de liqueur des Charentes.

pinède n. f. Bois de pins.

pingouin n. m. Oiseau palmipède, à ailes très courtes, des régions arctiques.

Ping-Pong [piŋpɔ̃g] n. m. (nom déposé). Tennis de table.

pingre n. m. et adj. *Fam.* Avare.

pingrerie n. f. Avarice sordide.

pinnule n. f. Petite plaque de cuivre, à l'extrémité d'une alidade, percée d'une fente pour viser.

pinot n. m. Cépage rouge des grands bourgognes.

pinson n. m. Passereau chanteur.

pintade n. f. Genre de gallinacés.

pinter v. i. *Pop.* Boire beaucoup.

pin-up [pinœp] n. f. inv. Jeune femme au physique agréable.

piochage n. m. Action de piocher. Travail fait avec la pioche.

pioche n. f. Outil formé d'un manche et d'un fer, pour creuser la terre.

piocher v. t. Creuser avec une pioche. *Fam.* Travailler avec ardeur.

piocheur, euse adj. et n. Qui pioche.

piolet n. m. Bâton d'alpiniste, ferré à un bout et muni à l'autre d'un pic et d'une panne.

pion n. m. Chacune des huit petites pièces du jeu d'échecs. Pièce du jeu de dames. *Fam.* Surveillant d'un établissement d'enseignement.

pioncer v. i. *Arg.* Dormir.

pionnier n. m. Défricheur de contrées incultes. Celui qui prépare la voie : *les pionniers du progrès.*

pipe n. f. Anc. mesure de capacité pour les liquides. Appareil formé d'un fourneau et d'un tuyau pour fumer le tabac. Tuyau, conduit. *Pop.* Casser sa pipe, mourir.

pipeau n. m. Flûte rudimentaire.

pipée n. f. Sorte de chasse dans laquelle on imite le cri de la chouette ou d'autres cris, pour attirer les oiseaux dans les pièges : *prendre à la pipée.*

pipelet, ette n. *Fam.* Concierge.

pipe-line [piplin] n. m. Tuyau de transport à longue distance pour le pétrole ou le gaz naturel.

piper v. t. Pratiquer la pipée. *Fig.* Tromper. (Vx.) *Piper les dés, les cartes,* les truquer pour tricher.

piperade [piperad] n. f. Spécialité basquaise composée de tomates, de piments cuits et d'œufs battus en omelette.

piper-cub [pipœrkœb] n. m. *Mil.* Avion d'observation très léger.

pipette n. f. Tube utilisé pour prélever un liquide par un orifice.

pipi n. m. *Fam.* Urine. *Faire pipi,* uriner, dans le langage enfantin.

pipistrelle n. f. Petite chauve-souris.

piquage n. m. Couture à la machine.

piquant, e adj. Qui pique. Très vif : *froid piquant. Fig.* Mordant, satirique : *mots piquants.* N. m. Aiguillon, épine. Ce qu'il y a de curieux.

pique n. f. Arme formée d'une hampe terminée par une pointe de fer. Parole blessante. N. m. Une des couleurs, aux cartes.

piqué n. m. Étoffe formée de deux tissus piqués ensemble.

piqué, e adj. Attaqué par les insectes : *piqué des vers.* Altéré par un microbe : *vin piqué. Fam.* Un peu fou. N. m. Vol d'un avion en descente verticale.

pique-assiette n. m. Parasite.

pique-feu n. m. inv. Tisonnier.

pique-nique n. m. Repas champêtre.

pique-niqueur, euse n. Celui, celle qui pique-nique.

piquer v. t. Percer avec une pointe. Faire une couture. Larder de la viande : *veau piqué*. Mordre, en parlant des serpents et des insectes. Ronger : *les vers piquent le bois*. Eveiller, intéresser : *piquer la curiosité*. Irritor. *Mus.* Détacher une note. V. pr. Avoir des prétentions à : *se piquer d'esprit*.

piquet n. m. Petit pieu : *piquet de tente*. Punition qui oblige un écolier à se tenir debout et immobile, dos tourné. Troupe disponible dans son casernement : *piquet d'incendie*. Jeu de cartes.

piquetage n. m. Action de piqueter.

piqueter v. t. (conj. 4) Marquer un alignement avec des piquets. Tacheter de petits points.

piquette n. f. Vin aigrelet.

piqueur, euse adj. Qui possède un appareil propre à piquer : *insecte piqueur*.

piqueur ou piqueux n. m. Valet qui s'occupe des chevaux. Valet de chiens, suivant à cheval la bête que poursuit la meute.

piqueur n. m. Surveillant des maçons et d'autres ouvriers.

piqûre n. f. Petite blessure faite par un instrument aigu ou par certains insectes : *piqûre de guêpes*. *Fig.* Petite blessure morale. Points et arrière-points faits symétriquement sur une *étoffe*. *Méd.* Injection.

piranha [piraɲa] n. m. Poisson des eaux douces d'Amazonie, célèbre par sa voracité.

pirate n. m. Celui qui sillonnait les mers pour se livrer au brigandage. Bâtiment de pirate. *Fig.* Quiconque s'enrichit en pillant. *Pirate de l'air*, personne qui, par menace, détourne un avion en vol de sa destination normale. Adj. *Emetteur pirate*, poste d'émission de radio non autorisé.

piraterie n. f. Métier de pirate.

pire adj. Plus mauvais, plus nuisible. N. m. Ce qui est le plus mauvais.

piriforme adj. En forme de poire.

pirogue n. f. Barque faite d'un tronc d'arbre creusé ou d'écorces cousues.

piroguier n. m. Conducteur de pirogue.

pirouette n. f. Tour entier qu'on fait sur la pointe d'un seul pied. *Fig.* Changement brusque d'opinion.

pirouetter v. i. Faire une pirouette, tourner sur place.

pis [pi] n. m. Mamelle de la vache, de la brebis, de la chèvre, etc.

pis [pi] adv. Plus mal : *pis que jamais*. Adj. Plus mauvais, pire. N. m. Le plus grand mal.

pis-aller [pizale] n. m. inv. Chose à laquelle on se résout faute de mieux.

pisciculture n. f. Art d'élever les poissons.

pisciforme adj. En forme de poisson.

piscine n. f. Grand bassin pour la natation.

pisé n. m. Maçonnerie de terre.

pissat n. m. Urine (animaux).

pisse n. f. Urine.

pissenlit n. m. Plante à feuilles dentelées qui se mange en salade.

pisser v. t. et i. *Fam.* Uriner.

pisseux, euse adj. Imprégné d'urine. Qui a l'apparence de l'urine.

pissotière n. f. *Pop.* Urinoir.

pistache n. f. Fruit du pistachier.

pistachier n. m. Arbre dont le fruit sert en confiserie.

piste n. f. Trace que laisse un animal, une personne après son passage : *être sur la piste de*. Terrain sur lequel courent les chevaux, les cyclistes : *piste cavalière*. Chemin rudimentaire, sommairement aménagé. Bande de terrain d'un aérodrome sur laquelle les avions décollent ou atterrissent.

pistil [pistil] n. m. Organe femelle des végétaux.

pistole n. f. Ancienne monnaie.

pistolet n. m. Arme à feu de petite dimension qui se tire d'une main. Règle à courbes variées, dont se servent les dessinateurs. Pulvérisateur de peintures. *Fam.* Homme bizarre : *un drôle de pistolet*.

piston n. m. Cylindre mobile qui se déplace en frottant dans le corps d'une pompe ou dans le cylindre d'un moteur. Bouton à ressort. Mécanisme de certains instruments de musique à vent. *Fam.* Recommandation, protection : *avoir du piston*.

pistonner v. t. *Fam.* Recommander.

pitance n. f. Subsistance journalière.

pitchpin [pit∫pɛ̃] n. m. Pin résineux de l'Amérique du Nord.

piteux, euse adj. Digne de compassion. Déconfit, triste : *mine piteuse*.

pithécanthrope n. m. Sorte de primate fossile.

pitié n. f. Sentiment de compassion pour autrui. Compassion méprisante : *mieux vaut faire envie que pitié*.

piton n. m. Anneau muni d'une queue à vis. Pointe d'une montagne élevée.

pitoyable* [pitwajabl] adj. Naturellement enclin à la pitié. Qui excite la pitié.

pitre n. m. Bouffon : *faire le pitre*.

pitrerie n. f. Action de pitre.

pittoresque adj. Qui frappe l'attention par sa beauté : *site pittoresque*. En peinture et en littérature, piquant, original.

pituite n. f. Vomissement glaireux.

pivert n. m. Oiseau à plumage jaune et vert, du genre des pics.

pivoine n. f. Plante ornementale à grosses fleurs rouges.

pivot n. m. Pièce arrondie qui s'enfonce dans une autre et sur laquelle tourne un corps solide. *Fig.* Base, soutien : *la vanité est le pivot de nos actions*.

pivotant, e adj. Se dit des racines qui s'enfoncent perpendiculairement en terre.

pivoter v. i. Tourner sur un pivot.

pizza [pidza] n. f. Tarte garnie de tomates, d'anchois, de fromage, etc.

pizzeria [pitzerja] n. f. Restaurant italien où l'on sert des pizzas.

placage n. m. Feuille de bois de faible épaisseur, obtenue par tranchage ou par déroulement. Application d'une feuille mince d'une matière riche (métal ou bois) sur une autre de valeur moindre.

placard n. m. Armoire pratiquée dans un mur. Affiche, avis. Epreuve d'imprimerie en colonnes espacées.

placarder v. t. Afficher.

place n. f. Endroit occupé. Dignité, emploi : *perdre sa place*. Rang obtenu dans un concours, un examen. Espace découvert d'une ville, entouré de constructions. Ville : *une*

place forte. Comm. Les négociants, les banquiers d'une ville : *la place de Paris.*

placement n. m. Action de placer. Action de disposer d'un capital en numéraire de manière qu'il rapporte des intérêts.

placenta [plasɛta] n. m. Masse qui fait partie des enveloppes de l'embryon chez les mammifères. *Bot.* Partie qui attache la graine.

placer v. t. (conj. 1) Etablir, mettre en un lieu : *placer un meuble.* *Fig.* Assigner un rang. Procurer un emploi. Vendre pour le compte d'autrui : *placer des marchandises. Placer de l'argent,* le faire valoir.

placer [plasɛr] n. m. Gisement alluvial d'or.

placette n. f. Petite place d'une ville.

placeur, euse n. Qui place au spectacle.

placide* adj. Calme, paisible.

placidité n. f. Caractère de ce qui est placide.

placier n. m. Représentant de commerce.

plafond n. m. Surface plane qui forme la partie supérieure d'un lieu couvert. Peinture ornant un plafond. Altitude maximale que peut atteindre un aéronef. Altitude de la base des nuages les plus bas. Limite chiffrée d'un crédit, du pouvoir d'émission d'une banque, etc.

plafonnage n. m. Action de plafonner.

plafonnement n. m. Etat de ce qui atteint son maximum : *le plafonnement des prix.*

plafonner v. t. Garnir d'un plafond. V. i. Atteindre son plafond (avions), son maximum.

plafonnier n. m. Appareil d'éclairage placé au plafond.

plage n. f. Rivage de mer plat et découvert. Pont uni, à l'avant ou à l'arrière de certains navires de guerre.

plagiaire n. m. Qui pille les ouvrages d'autrui.

plagiat n. m. Action du plagiaire.

plagier v. t. Copier, imiter un auteur ou son œuvre sans avouer ses emprunts.

plagiste n. Personne chargée de la gestion des divers services sur une plage.

plaid [plɛd] n. m. Couverture à carreaux des Ecossais.

plaider v. i. Contester en justice. Défendre sa cause ou celle d'une partie devant les juges. Témoigner, parler en faveur de : *son passé plaide pour lui.* V. t. Défendre en justice : *plaider une cause.*

plaideur, euse n. Qui plaide.

plaidoirie n. f. Art ou action de plaider.

plaidoyer [plɛdwaje] n. m. Discours prononcé par un avocat. Défense d'une cause.

plaie n. f. Déchirure des chairs. *Fig.* Peine, affliction : *plaie du cœur.* Fléau : *les dix plaies d'Egypte.*

plaignant, e n. et adj. Qui porte plainte en justice.

plain, e adj. Uni, plat. *De plain-pied,* au même niveau.

plain-chant n. m. Chant grégorien.

plaindre v. t. (conj. 55) Témoigner de la compassion : *plaindre les malheureux.* Déplorer, regretter. V. pr. Se lamenter. Témoigner son mécontentement : *se plaindre de quelqu'un.*

plaine n. f. Etendue de pays plat.

plainte n. f. Gémissement, lamentation : *pousser des plaintes.* Blâme, reproche. Décla-

ration en justice pour se plaindre : *déposer une plainte.*

plaintif, ive* adj. Qui a l'accent de la plainte. Gémissant.

plaire v. i. (conj. 71) Etre agréable, avoir du charme. V. impers. Etre conforme au désir de. *S'il vous plaît,* formule de politesse.

plaisamment adv. D'une manière plaisante.

plaisance n. f. Plaisir : *bateau de plaisance.*

plaisancier n. m. Celui qui pratique la navigation de plaisance.

plaisant, e adj. Amusant : *conte plaisant.* Agréable : *site plaisant.* N. m. Celui qui cherche à s'amuser : *un mauvais plaisant.* Le côté amusant d'une chose.

plaisanter v. i. Dire ou faire une chose pour s'amuser. Ne pas parler sérieusement : *je dis cela pour plaisanter.* V. t. Railler sans méchanceté : *plaisanter un ami.*

plaisanterie n. f. Chose dite ou faite pour plaisanter. Bagatelle, chose très facile : *c'est une plaisanterie pour lui de faire cela.*

plaisantin n. m. Celui qui aime trop faire le plaisant.

plaisir n. m. Joie, contentement : *les plaisirs de l'esprit.* Divertissement : *lieu de plaisirs.* Volonté arbitraire : *c'est son bon plaisir.*

plan, e adj. Plat, uni : *surface plane.*

plan n. m. Surface plane. Représentation d'un objet par sa projection : *le plan d'une ville, d'une maison; lever d'un plan.* Eloignement relatif des diverses parties d'un tableau : *mettre au premier plan.* Elément d'un film tourné en une seule fois. Projet : *les plans d'une entreprise. Laisser en plan,* en suspens.

planage n. m. Action de planer.

planche n. f. Pièce de bois longue, large et peu épaisse. Large feuille de métal. Bois ou métal gravé; estampe tirée d'après cette gravure : *une planche en taille-douce.* Surface ensemencée de terre dans un jardin : *planche de salade.* Pl. Le théâtre.

planchéier v. t. Mettre un plancher.

plancher n. m. Assemblage de planches sur solives formant les étages d'une maison.

planchette n. f. Petite planche.

plancton [plãktɔ̃] n. m. Animaux microscopiques en suspension dans les eaux.

plane n. f. Outil tranchant à deux poignées.

planer v. t. Polir à la plane.

planer v. i. Se dit d'un oiseau qui se soutient en l'air sur les ailes étendues, sans remuer. *Fig.* Etre au-dessus de, suspendu sur. Voir de haut, dominer.

planétaire adj. Des planètes. Relatif à toute notre planète; mondial : *une guerre planétaire.*

planétarium [planetarjɔm] n. m. Installation représentant les mouvements des corps célestes sur une voûte.

planète n. f. Astre sans lumière propre, qui tourne autour du Soleil.

planeur n. m. Avion sans moteur qui évolue dans les airs en utilisant les courants atmosphériques.

planificateur, trice adj. et n. Qui s'occupe de planification.

planification n. f. Science qui a pour objet l'établissement de programmes économiques.

planifier v. t. Organiser, diriger suivant un plan déterminé : *économie planifiée.*

planimétrie n. f. Détermination de la projection horizontale d'un terrain sans tenir compte de l'altitude et de ses variations.

planisphère n. m. Carte où les deux moitiés du globe céleste ou terrestre sont représentées en plan.

planning [planiŋ] n. m. Plan de travail détaillé.

plant n. m. Jeune végétal nouvellement planté : *plants de laitue.*

plantage n. m. Action de planter.

plantain n. m. Plante dont la semence sert à la nourriture des oiseaux.

plantaire adj. De la plante du pied.

plantation n. f. Action de planter. Ensemble de végétaux plantés. Lieu où on les a plantés. Dans les pays tropicaux, exploitation rurale.

plante n. f. Nom général des végétaux. *Plante du pied,* face intérieure du pied de l'homme et des animaux.

planter v. t. Mettre une plante en terre pour qu'elle prenne racine. Enfoncer en terre : *planter une borne.* Garnir de végétaux. Fixer en enfonçant. Dresser : *planter une échelle contre un mur.* Arborer : *planter un drapeau. Planter là quelqu'un,* l'abandonner brusquement.

planteur n. m. Propriétaire d'une plantation dans les pays tropicaux.

plantigrade n. m. et adj. Qui marche sur la plante des pieds.

plantoir n. m. Outil pour planter.

planton n. m. Soldat sans armes assurant des liaisons de service : *être de planton.*

plantule n. f. Embryon d'une plante, contenu dans la graine.

plantureux, euse* adj. Abondant, copieux : *repas plantureux.* Fertile.

plaque n. f. Feuille de métal : *une plaque de cuivre.* Feuille de métal gravée, portée comme insigne. (Vx.) Tablette, feuille large et peu épaisse, mais rigide : *une plaque de marbre.* Insigne des grades supérieurs de certains ordres.

plaqué n. m. Métal recouvert d'une lame mince d'or ou d'argent.

plaquer v. t. Appliquer une chose mince sur une autre. Fig. Appliquer ; émettre : *plaquer des accords. Fam.* Abandonner.

plaquette n. f. Petit volume mince. Petite plaque métallique gravée en l'honneur de quelqu'un, en souvenir de quelque chose.

plasma n. m. Partie liquide de divers tissus organiques, particulièrement du sang.

plastic n. m. Sorte d'explosif.

plasticité n. f. Qualité de ce qui est plastique.

plastifier v. t. Recouvrir d'une pellicule de matière plastique transparente.

plastiquage ou **plasticage** n. m. Action de plastiquer.

plastique adj. Propre à être modelé : *argile plastique. Arts plastiques,* les arts du dessin, la peinture et même l'architecture. *Chirurgie plastique,* ensemble des interventions destinées à restaurer les formes normales en cas d'accident, de malformation, etc. *Matière plastique,* matière synthétique susceptible d'être modelée ou moulée. (On dit aussi PLASTIQUE n. m.) N. f. Art de modeler une matière molle telle que l'argile ou la cire.

Sculpture. Ensemble des formes d'une personne : *une belle plastique.*

plastiquer v. t. Détruire au moyen de plastic.

plastiqueur n. m. Auteur d'un attentat au plastic.

plastron n. m. Pièce de devant de la cuirasse. Pièce rembourrée, dont les maîtres d'armes se couvrent la poitrine. Emplècement appliqué sur le devant d'un corsage ou d'une chemise d'homme.

plastronner v. i. *Fig.* Faire le fier.

plat, e* adj. Plan, uni, sans relief : *pays plat.* Sans élégance, sans attrait : *style plat.* N. m. Partie plate d'une chose : *plat de sabre.* Pièce de vaisselle plus grande que l'assiette. Son contenu.

platane n. m. Arbre ornemental à larges feuilles et à écorce mince.

plat-bord n. m. Bordage épais du pourtour d'un navire.

plateau n. m. Large plat. Bassin de balance. Surface peu accidentée, mais dominant les régions voisines : *le plateau de Lannemezan.* Scène d'un théâtre.

plate-bande n. f. Espace de terre destiné à recevoir des fleurs.

platée n. f. Contenu d'un plat.

plate-forme n. f. Surface en terrasse. Partie d'un autobus où les voyageurs sont debout. *Fig.* Base : *une plate-forme électorale.*

platine n. f. Plaque sur laquelle sont fixées les pièces d'un mécanisme : *platine de montre, d'électrophone.* Ensemble de ces pièces.

platine n. m. Métal précieux, blanc, très dense et inoxydable.

platiner v. t. Recouvrir de platine, donner la teinte du platine.

platitude n. f. Caractère de ce qui est plat. Ce qui est plat. *Fig.* Fadaise : *débiter des platitudes.*

platonique adj. Purement idéal : *amour platonique.* Sans effet réel : *protestation platonique.*

platonisme n. m. Système philosophique de Platon. Amour platonique.

plâtrage n. m. Action de plâtrer.

plâtras [plɑtrɑ] n. m. Débris de plâtre.

plâtre n. m. Matériau formé de gypse calciné et réduit en poudre. Tout ouvrage moulé en plâtre. Statue de plâtre. Pl. Légers ouvrages en plâtre. Murs neufs : *essuyer les plâtres.*

plâtrer v. t. Couvrir de plâtre.

plâtreux, euse adj. Mêlé de plâtre.

plâtrier n. m. Ouvrier qui utilise le plâtre dans le bâtiment.

plâtrière n. f. Four à plâtre.

plausible adj. Qui peut être approuvé, admis : *excuse plausible.*

play-boy [plɛbɔj] n. m. Homme élégant, au physique avantageux, qui recherche les succès féminins. (Pl. *play-boys.*)

plèbe n. f. A Rome, foule des citoyens non patriciens. Auj., bas peuple.

plébéien, enne adj. De la plèbe.

plébiscitaire adj. Du plébiscite.

plébiscite n. m. Vote du peuple, par oui ou par non, sur une question.

plébisciter v. t. Ratifier par un plébiscite. Elire à une forte majorité.

plein, e* adj. Tout à fait rempli. Sans cavités ni lacunes : *mur plein.* Qui abonde en : *plein de fautes.* Entier, complet : *pleins pouvoirs.* Rond, gras : *visage plein. En plein jour, en pleine rue,* dans le jour, dans la rue. N. m. Espace complètement occupé par la matière. Marée haute. Le plus gros trait des lettres dans l'écriture.

plein-emploi ou **plein emploi** [plɛnã-plwa] n. m. Situation réalisée lorsque la totalité de la main-d'œuvre disponible d'un pays a la possibilité de trouver un emploi.

plein-vent n. m. et adj. inv. Se dit d'arbres plantés loin des murs.

plénier, ère adj. Entier, complet : *indulgence plénière.*

plénipotentiaire n. m. et adj. Agent diplomatique, muni de pleins pouvoirs.

plénitude n. f. Abondance.

pléonasme n. m. Emploi simultané de termes ayant le même sens (ex. : *monter en haut*).

pléonastique adj. Qui tient du pléonasme.

plésiosaure [plezjozɔr] n. m. Genre de grands reptiles fossiles.

pléthore n. f. Surabondance.

pléthorique adj. Surabondant.

pleur n. m. Larme : *répandre des pleurs.*

pleural, e, aux adj. De la plèvre.

pleurard, e n. et adj. Qui pleure souvent. Adj. Plaintif.

pleurer v. i. Répandre des larmes. V. t. S'affliger d'une perte, regretter.

pleurésie n. f. Inflammation de la plèvre.

pleurétique adj. et n. Atteint de pleurésie. Adj. Relatif à la pleurésie.

pleureur, euse n. Qui a l'habitude de pleurer. N. f. Femme qu'on payait pour pleurer aux funérailles. Adj. À branches tombantes : *saule pleureur.*

pleurite n. f. Pleurésie sèche.

pleurnicher v. i. Affecter de pleurer. Pleurer sans raison.

pleurnicherie n. f. Action de pleurnicher.

pleurnicheur, euse adj. et n. Qui pleurniche : *enfant pleurnicheur.*

pleutre [plɛtr] n. m. et adj. Homme vil, lâche.

pleutrerie n. f. Action vile, lâche.

pleuvoir v. impers. (conj. 41) Tomber, en parlant de la pluie. V. i. Tomber.

plèvre n. f. Membrane séreuse qui tapisse le thorax et les poumons.

Plexiglas [plɛksiglas] (nom déposé) n. m. Résine synthétique ayant la transparence du verre.

plexus [plɛksys] n. m. Réseau de filets nerveux, musculaires, vasculaires, etc.

pli n. m. Endroit où sont pliés du linge, une étoffe, du papier, etc. Enveloppe de lettre. Lettre : *pli chargé.* Ride : *les plis du front.* Au jeu de cartes, levée. Ondulation des couches de terrain. Fig. Habitude : *un bon, un mauvais pli. Cela ne fera pas un pli,* ne souffrira aucune difficulté.

pliable adj. Aisé à plier.

pliage n. m. Action, manière de plier.

pliant, e adj. Facile à plier. N. m. Siège qui se plie.

plie n. f. Genre de poissons plats.

plier v. t. Mettre en double : *plier du linge.* Courber, fléchir : *plier les genoux. Fig.* Assujettir : *plier à la discipline.* V. i. Se

courber : *le roseau plie.* S'affaisser. *Fig.* Se soumettre. Céder.

plinthe n. f. *Archit.* Base plate et carrée d'une colonne. Planche clouée à la base des murs.

plissage n. m. Action de plisser.

plissé n. m. Travail fait en plissant : *les plissés d'une jupe.*

plissement n. m. Pli d'un terrain.

plisser v. t. Faire des plis réguliers : *plisser une jupe ; plisser le front.* V. i. Avoir des plis.

pliure n. f. Action ou manière de plier les feuilles d'un livre.

ploiement [plwamã] n. m. Action de ployer.

plomb [plɔ̃] n. m. Métal dense, d'un gris bleuâtre. Projectile de plomb pour armes à feu. Petit sceau de plomb, que l'on fixe aux attaches d'un colis : *les plombs sont utilisés par les douanes.* Fil de plomb servant de fusible électrique.

plombage n. m. Action de plomber, de garnir de plomb.

plombagine n. f. Mine de crayon.

plombé, e adj. Garni de plomb : *canne plombée.* Couleur de plomb : *teint plombé.*

plomber v. t. Attacher, appliquer du plomb à. Attacher un sceau de plomb à des colis, à la porte d'un wagon. V. pr. Prendre une couleur de plomb.

plomberie n. f. Métier, ouvrage du plombier.

plombier n. et adj. m. Ouvrier qui monte les canalisations d'eau et de gaz.

plombières n. f. Espèce de glace aux fruits confits.

plonge n. f. Lavage de la vaisselle (pour un grand nombre). Lieu équipé pour cela.

plongeant, e adj. Dirigé de haut en bas : *vue plongeante ; tir plongeant.*

plongée n. f., Action de plonger. Point de vue de haut en bas.

plongeoir n. m. Plate-forme, tremplin d'où l'on plonge.

plongeon n. m. Action de plonger.

plongeon n. m. Genre d'oiseaux palmipèdes.

plonger v. t. (conj. 1) Immerger dans un liquide : *plonger dans l'eau.* Enfoncer : *plonger un poignard dans le cœur.* V. i. *Être plongé dans le sommeil,* dormir profondément. S'enfoncer. Disparaître. Voir de haut : *la vue plonge dans la vallée.* V. pr. S'adonner entièrement : *se plonger dans l'étude.*

plongeur, euse n. Qui pratique le plongeon. Laveur de vaisselle dans un restaurant.

plot [plo] n. m. Prise de contact métallique sur certaines lignes électriques.

ploutocrate n. m. Celui qui tire sa puissance de sa richesse.

ploutocratie n. f. Gouvernement exercé par les riches.

ployable adj. Qui peut se ployer.

ployer [plwaje] v. t. (conj. 2) Courber : *ployer une branche.* V. i. Faire céder : *ployer sous le joug.*

pluie n. f. Eau qui tombe du ciel par gouttes. Ce qui tombe en abondance. *Ennuyeux comme la pluie,* très ennuyeux. *Faire la pluie et le beau temps,* être influent.

plumage n. m. Plumes de l'oiseau.

plume n. f. Tige garnie de duvet, qui couvre le corps des oiseaux. Plume d'oiseau qui servait pour écrire. Morceau de métal taillé en forme de bec, et qui, adapté au porte-plume, sert à écrire, etc. Style, débit d'un écrivain : *avoir la plume facile.*

plumeau n. m. Ustensile de ménage, fait de plumes attachées et servant à épousseter.

plumer v. t. Arracher les plumes. *Fam.* Tirer de l'argent de quelqu'un.

plumet n. m. Bouquet de plumes qui orne un casque.

plumier n. m. Boîte pour mettre porte-plume, crayon, etc.

plumitif n. m. *Fam.* Écrivain médiocre.

plupart (la) n. f. La plus grande partie.

plural, e, aux adj. Qui contient ou qui vaut plusieurs unités : *vote plural.*

pluralisme n. m. Multiplicité ; ce qui n'est pas unique : *pluralisme scolaire.*

pluralité n. f. Le fait d'être plusieurs. Pluriel.

pluriel, elle adj. Qui marque la pluralité. N. m. Nombre pluriel.

plus adv. En plus grande quantité, à un degré supérieur. En outre, en sus : *je donne ceci, plus cela.* Avec la négation, marque cessation ou limitation : *il ne travaille plus ; il n'a plus que sa retraite. Le plus,* superlatif relatif : *le plus adroit.* N. m. Le maximum : *le plus que vous pouvez espérer. D'autant plus,* à plus forte raison. *Sans plus,* sans rien ajouter.

plusieurs adj. et pron. indéf. Un nombre indéterminé.

plus-que-parfait n. m. Temps du verbe qui exprime une action passée antérieure à une autre passée elle aussi (ex. : *j'avais fini mon travail quand vous êtes arrivé*).

plus-value n. f. Augmentation de valeur, de rendement, du prix accordé, etc.

plutonium [plytɔnjɔm] n. m. Métal obtenu dans les piles à uranium et parfois employé dans les bombes atomiques.

plutôt adv. Marque la préférence.

pluvial, e, aux adj. De la pluie.

pluvier n. m. Oiseau échassier.

pluvieux, euse adj. Abondant en pluie. Qui amène la pluie : *vent pluvieux.*

pluviomètre n. m. Instrument pour mesurer la pluie tombée.

pluviôse n. m. Cinquième mois du calendrier républicain (du 20, 21 ou 22 janvier au 19, 20 ou 21 février).

pluviosité n. f. Quantité de pluie tombée en un lieu déterminé pendant un temps donné.

pneu n. m. *Fam.* Pneumatique.

pneumatique adj. Qui fonctionne à l'aide de l'air comprimé : *marteau pneumatique.* N. m. Bandage de roue contenant de l'air sous pression. Correspondance transmise par tube. N. f. Science qui étudie les gaz.

pneumocoque n. m. Bactérie produisant la pneumonie.

pneumonie n. f. Inflammation du poumon produite par un microbe.

pneumothorax n. m. Méthode de traitement de la tuberculose pulmonaire, par introduction d'air dans la plèvre.

pochade n. f. Peinture exécutée en quelques coups de pinceau. *Litt.* Œuvre rapidement écrite.

poche n. f. Espèce de petit sac cousu aux vêtements. Sac pour le blé, l'avoine, etc. Cavité d'un abcès, d'une tumeur. Grande quantité de fluide contenue dans une cavité souterraine : *poche de gaz. Argent de poche,* somme destinée aux petites dépenses personnelles. *De poche,* de dimensions réduites : *livre de poche.*

pochée n. f. Contenu d'une poche.

pocher v. t. Faire une meurtrissure avec enflure : *pocher l'œil à quelqu'un. Pocher des œufs,* les faire cuire entiers, sans coquille, dans un liquide.

pochette n. f. Petite poche. Petit mouchoir. Enveloppe servant à l'emballage.

pochoir n. m. Feuille de carton ou de métal portant des découpures à travers lesquelles se posent les couleurs.

podagre n. Qui a la goutte aux pieds.

podium [pɔdjɔm] n. m. Estrade qui permet d'être en vue du public.

poêle [pwal] n. m. Drap dont on couvre un cercueil, et dont certaines personnes tiennent les cordons.

poêle [pwal] n. m. Appareil de chauffage.

poêle [pwal] n. f. Casserole peu profonde, en métal, à long manche, pour frire.

poêlée n. f. Contenu d'une poêle.

poêlon n. m. Petite poêle.

poème n. m. Ouvrage en vers assez étendu. Ouvrage en prose, de caractère poétique.

poésie [pɔezi] n. f. Art de faire des vers. Élévation dans les idées, dans le style : *ouvrage plein de poésie.* Genre poétique : *poésie lyrique. Fig.* Ce qui parle à l'imagination, au cœur : *la poésie de la mer, d'une vieille estampe.* Pièce de vers.

poète n. m. Celui qui fait des vers. Personne qui a l'inspiration poétique.

poétesse n. f. Femme poète.

poétique adj. De la poésie : *style poétique.* Propre à inspirer les poètes : *légende poétique.* N. f. Système poétique d'un écrivain.

poétiser v. Rendre poétique.

pogrom n. m. Dans la Russie tsariste, mouvement populaire contre les Juifs.

poids [pwa] n. m. Qualité d'un corps pesant. Résultante de l'action de la pesanteur sur un corps. Morceau de métal d'un poids déterminé, servant à peser d'autres corps. Corps pesant suspendu aux chaînes d'une horloge, pour lui donner le mouvement. *Poids spécifique* ou *volumique d'un corps,* quotient du poids d'un corps par son volume. *Fig.* Force, importance : *donner du poids à un argument.* Ce qui fatigue : *le poids des affaires. Poids lourd,* véhicule automobile conçu pour le transport de gros tonnages.

poignant, e adj. Qui cause une impression pénible.

poignard n. m. Arme courte, pointue et tranchante.

poignarder v. t. Frapper avec un poignard.

poigne n. f. La force du poignet. Énergie : *homme à poigne.*

poignée [pwaɲe] n. f. Ce que la main peut tenir : *poignée de sel.* Partie d'un objet par où on le tient : *poignée de sabre. Fig.* Petit nombre : *une poignée de soldats.*

poignet n. m. Partie du bras qui joint la main à l'avant-bras.

poil n. m. Production filiforme sur la peau des animaux et de l'homme. Couleur des animaux. Partie velue des étoffes. *Bot.* Filament. *Fam. À poil,* nu.

poilu, e adj. Couvert de poils. N. m. Surnom du soldat français pendant la Première Guerre mondiale.

poinçon n. m. Outil de fer aigu, pour percer ou graver. Morceau d'acier gravé pour frapper des monnaies et des médailles. Marque qu'on applique sur les ouvrages d'or et d'argent pour en garantir le titre. Pièce de charpente verticale d'un comble.

poinçonnage ou **poinçonnement** n. m. Action de poinçonner.

poinçonner v. t. Marquer au poinçon.

poindre v. i. (conj. 80) Commencer à apparaître : *le jour va poindre.*

poing [pwε] n. m. Main fermée : *recevoir, donner un coup de poing.*

point [pwε] n. m. Piqûre dans une étoffe : *coudre à petits points.* Nom de divers ouvrages d'aiguilles : *point d'Alençon.* Très petite marque ronde sur un i, sur un j. Signe de ponctuation : *point final, deux-points, point-virgule, points d'interrogation, d'exclamation, de suspension.* Valeur des cartes, au jeu. Position d'un navire marquée sur le carte : *faire le point.* Note : *mériter un bon point.* Endroit déterminé : *point de départ.* Division. Degré de température, etc. : *point d'ébullition.* Perfection : *mettre au point.* Question, sujet : *point litigieux. Point de vue,* endroit d'où l'on voit le mieux, et *au fig.,* manière d'envisager une chose. *Point du jour,* aube. *Point de côté,* douleur au côté. *Point d'honneur,* question d'honneur. Loc. adv. : *à point,* à propos ; *à point nommé,* à l'instant fixé.

point adv. Pas : *je n'en veux point.*

pointage n. m. Action de pointer.

pointe n. f. Bout aigu, piquant : *pointe d'aiguille.* Petit clou mince. Extrémité amincie : *une pointe de rocher.* Outil de graveur : *pointe sèche.* Extrémité : *pointe du pied. Fig.* Petite quantité : *une pointe d'ironie.*

pointeau n. m. Petit poinçon. Tige mobile obturant un orifice.

pointer [pwεtεr] n. m. Chien d'arrêt.

pointer v. t. Marquer d'un point. Vérifier, contrôler. À la pétanque, lancer sa boule aussi près que possible du cochonnet. Effectuer le pointage d'une arme : *pointer un canon.* Dresser en pointe : *pointer les oreilles.* V. i. Se dresser : *clocher qui pointe.* Commencer à pousser : *blé qui pointe.* Enregistrer son heure d'arrivée ou de départ sur un enregistreur de temps.

pointeur n. m. Celui qui pointe.

pointillé n. m. Ligne de points.

pointiller v. i. Contester sur des minuties. V. t. Tracer des points.

pointilleux, euse adj. Qui aime à contester, exigeant.

pointu, e adj. Qui se termine en pointe.

pointure n. f. Dimension de chaussures, de gants, etc.

poire n. f. Fruit du poirier.

poiré n. m. Boisson faite de jus de poires fermenté.

poireau n. m. Plante potagère.

poirier n. m. Arbre dont le fruit est la poire. Bois de cet arbre.

pois n. m. Genre de plantes grimpantes, dont le fruit, contenu dans une cosse, est comestible. Ce fruit lui-même.

poison n. m. Substance qui détruit ou altère les fonctions vitales. Boisson ou aliment de très mauvaise qualité ou pernicieux : *l'alcool est un poison. Fig.* Ce qui est pernicieux pour l'âme ou l'esprit.

poisser v. t. Salir avec une matière gluante.

poisseux, euse adj. Qui poisse.

poisson n. m. Animal aquatique, à corps fuselé couvert d'écailles, de l'embranchement des vertébrés.

poissonnerie n. f. Lieu où l'on vend le poisson.

poissonneux, euse adj. Qui abonde en poisson : *étang poissonneux.*

poissonnier, ère n. Commerçant qui vend du poisson. N. f. Ustensile pour faire cuire le poisson.

poitrail n. m. Devant du corps du cheval. Partie du harnais du cheval.

poitrinaire adj. et n. Tuberculeux. (Vx.)

poitrine n. f. Partie du tronc, entre le cou et l'abdomen. Poumons. Seins d'une femme.

poivrade n. f. Sauce poivrée.

poivre n. m. Graine âcre et aromatique, fruit du poivrier. *Fam.* Poivre et sel, gris.

poivrer v. t. Assaisonner de poivre.

poivrier n. m. Plante tropicale qui produit le poivre. Vase pour le poivre.

poivrière n. f. Plantation de poivriers. Ustensile de table pour le poivre. Guérite de maçonnerie, à l'angle d'un bastion.

poivron n. m. Fruit du piment.

poivrot n. m. *Pop.* Ivrogne.

poix [pwa] n. f. Substance résineuse, agglutinante, tirée de la résine.

poker [pɔkεr] n. m. Jeu de cartes, d'origine américaine. *Poker d'as,* jeu de dés.

polaire adj. Qui avoisine les pôles. *Cercle polaire,* parallèle qui délimite la zone glaciale. Qui a pour objet l'Arctique ou l'Antarctique : *expédition polaire. Electr.* Relatif aux pôles d'un aimant et d'une pile.

polarisation n. f. Propriété particulière que présente un rayon lumineux réfléchi ou réfracté dans certaines conditions.

polariser v. t. Causer la polarisation. Concentrer sur soi l'attention.

polarité n. f. Propriété qu'a un corps de présenter deux pôles opposés.

polder [pɔldεr] n. m. Dans les Pays-Bas, région basse conquise sur la mer.

pôle n. m. Chacune des deux extrémités de l'axe imaginaire autour duquel la sphère céleste semble tourner ; les deux extrémités de l'axe de la Terre. *Phys.* Point d'un générateur d'électricité servant de départ *(pôle positif)* ou d'arrivée *(pôle négatif)* au courant. *Pôles magnétiques,* extrémités d'un aimant.

polémique n. f. Discussion, débat : *polémique littéraire.* Adj. Relatif à la polémique.

polémiste n. Personne qui fait de la polémique.

poli*, e adj. Uni, lisse : *marbre poli.* Courtois, qui observe les convenances sociales.

police n. f. Ensemble des règlements qui maintiennent l'ordre et la sécurité publics. Administration chargée de les maintenir. *Tribunal de police,* tribunal qui ne connaît que des contraventions.

police n. f. Contrat d'assurance.

polichinelle n. m. Personnage comique des théâtres de marionnettes, à deux bosses. Homme qui change souvent d'opinion. *Secret de polichinelle*, ce que tout le monde sait et que l'on voudrait garder secret.

policier, ère adj. Qui se rapporte à la police. N. m. Agent de police.

poliment adv. De façon polie.

poliomyélite n. f. Maladie de la moelle épinière.

polir v. t. Rendre uni, lisse, luisant : *polir le fer*. Corriger, mettre la dernière main à : *polir un discours*.

polissage n. m. Action de polir.

polisseur, euse n. Professionnel qui polit.

polissoir n. m. Instrument pour polir.

polisson, onne n. Enfant espiègle. Adj. Trop libre.

polissonnerie n. f. Action, parole de polisson.

polissure n. f. Action de polir.

politesse n. f. Manière d'agir ou de parler conforme à la bienséance. *Brûler la politesse*, quitter brusquement.

politicien, enne n. Personne qui est engagée dans la politique.

politique n. f. Techniques de gouvernement d'un Etat. Affaires qui intéressent l'Etat; manière de les conduire : *politique extérieure*. Manière prudente, habile d'agir.

politique* adj. Relatif au gouvernement des Etats. Qui s'occupe des affaires de l'Etat.

politisation n. f. Action de politiser; son résultat : *la politisation des syndicats*.

politiser v. t. Donner un caractère politique à quelque chose.

polka n. f. Danse d'origine polonaise. Air sur lequel on l'exécute.

pollen [pɔlɛn] n. m. Poussière fécondante des fleurs.

pollinisation n. f. Fécondation d'une fleur par le pollen.

polluer v. t. Souiller.

pollueur, euse n. Celui, celle qui contribue à accroître la pollution.

pollution n. f. Action de souiller, de rendre malsain : *la pollution atmosphérique*.

polo n. m. Jeu de balle, qui se joue à cheval avec un maillet. Chemise de sport en tricot avec col rabattu.

polonais, e adj. et n. De la Pologne.

poltron, onne adj. et n. Sujet à la peur; sans courage.

poltronnerie n. f. Manque de courage.

polychrome adj. De diverses couleurs.

polycopie n. f. Reproduction en plusieurs exemplaires d'un texte écrit avec une encre spéciale.

polycopié n. m. Texte, cours polycopié.

polycopier v. t. Reproduire par polycopie.

polyculture n. f. Système d'exploitation du sol, qui consiste à obtenir plusieurs sortes de produits.

polyèdre adj. et n. m. Solide à plusieurs faces.

polyédrique adj. Qui a plusieurs faces.

polygame n. Marié à plusieurs femmes.

polygamie n. f. Etat de polygame.

polyglotte adj. et n. Qui parle plusieurs langues.

polygonal adj. Qui a plusieurs angles.

polygone n. m. Surface plane, limitée par des lignes droites. Champ de tir.

polygraphe n. Auteur qui traite toutes sortes de sujets.

polymérisation n. f. Union de plusieurs molécules identiques pour former une nouvelle molécule plus grosse.

polymorphe adj. Qui affecte diverses formes.

polynôme n. m. Expression algébrique composée de plusieurs termes séparés par les signes plus (+) ou moins (−).

polype n. m. Nom usuel des cœlentérés. Poulpe. Tumeur fibreuse, sur une muqueuse.

polyphasé, e adj. Qui comporte plusieurs phases : *courant polyphasé*.

polyphonie n. f. Art d'écrire musicalement à plusieurs parties.

polypier n. m. Squelette calcaire des madrépores, sécrété par chaque polype et séparant les individus d'une même colonie.

polysyllabe ou **polysyllabique** adj. et n. m. De plusieurs syllabes.

polytechnicien, enne n. Elève ou ancien, ancienne élève de l'Ecole polytechnique.

polytechnique adj. Qui concerne plusieurs arts, plusieurs sciences. *Ecole polytechnique*, établissement militaire d'enseignement supérieur scientifique.

polythéisme n. m. Religion qui admet la pluralité des dieux.

polythéiste n. et adj. Qui professe le polythéisme.

polyvalent, e adj. Qui a plusieurs fonctions différentes.

pommade n. f. Corps gras et parfumé ou médicamenteux, pour l'entretien de la chevelure ou pour un traitement externe.

pommader v. t. Enduire de pommade.

pomme n. f. Fruit du pommier. *Pomme d'arrosoir*, renflement percé de trous qui termine le tuyau d'un arrosoir. *Pomme de terre*, tubercule comestible. *Pomme de pin*, fruit du pin.

pommé, e adj. Arrondi comme une pomme.

pommeau n. m. Petite boule au bout de la poignée d'une épée, d'un pistolet.

pommeler (se) v. pr. (conj. 3) Se couvrir de nuages floconneux en parlant du ciel.

pommer v. i. Se former en pomme (choux, laitues, etc.).

pommette n. f. Partie saillante de la joue, sous l'œil : *avoir les pommettes rouges*.

pommier n. m. Arbre qui produit la pomme.

pomologie n. f. Etude des fruits à pépins.

pompage n. m. Action de pomper : *station de pompage*.

pompe n. f. Cortège solennel. Gloire, éclat. *Service des pompes funèbres*, service assurant le transport des corps et la décoration de la demeure mortuaire et des édifices culturels.

pompe n. f. Machine propre à élever ou à refouler un liquide, un gaz : *pompe aspirante, refoulante, à incendie*.

pomper v. t. Puiser avec une pompe. *Fig.* Attirer. *Pop.* Boire.

pompeux, euse* adj. Où il y a de la pompe.

pompier n. m. Membre d'un corps organisé pour combattre les incendies. Adj. *Fam.* Banal, emphatique, conventionnel : *style pompier*.

pompiste n. Préposé au fonctionnement d'un appareil de distribution de carburant.

pompon n. m. Petite houppe dont on orne certains vêtements, des coiffures.

pomponner v. t. Parer avec une certaine recherche.

ponant n. m. Occident. (Vx.)

ponçage n. m. Action de poncer.

ponce n. f. Roche très poreuse, dite aussi *pierre ponce.*

ponceau n. m. Petit pont.

ponceau n. m. Coquelicot. Adj. inv. Rouge coquelicot : *ruban ponceau.*

poncer v. t. (conj. 1) Polir avec une substance abrasive.

ponceuse n. f. Machine à polir.

poncho [pɔ̃ʃo ou pɔntʃo] n. m. Vêtement de l'Amérique du Sud, fait d'une couverture ayant un trou au milieu pour y passer la tête.

poncif n. m. Œuvre banale.

ponction n. f. Percement d'une cavité remplie de pus ou de liquide.

ponctualité n. f. Qualité de ce qui est ponctuel.

ponctuation n. f. Art, manière de ponctuer : *signes de ponctuation.*

ponctué, e adj. Relatif à la ponctuation. Composé d'une suite de points. Semé de taches en forme de points.

ponctuel, elle* adj. Qui fait ce qu'il doit faire au juste moment.

ponctuer v. t. Marquer de points. Mettre la ponctuation : *ponctuer une phrase.*

pondaison n. f. Époque de la ponte.

pondérable adj. Qui peut être pesé.

pondération n. f. Équilibre. Caractère serein, juste.

pondérer v. t. (conj. 5) Équilibrer.

pondéreux, euse adj. Se dit des marchandises très lourdes.

pondoir n. m. Panier où les poules viennent pondre.

pondre v. t. (conj. 46) Faire des œufs.

poney [pɔnɛ] n. m. Race de chevaux nains.

pongé n. m. Étoffe légère de laine et de bourre de soie.

pont n. m. Construction faisant communiquer deux points séparés par un cours d'eau, une voie de communication, une dépression de terrain. *Mar.* Plancher d'un navire. Essieu arrière d'une automobile. *Faire le pont,* chômer un jour ouvrable entre deux jours fériés. *Ponts et chaussées,* corps d'ingénieurs chargés de tous les travaux qui se rapportent aux voies de communication.

ponte n. m. Celui qui, à certains jeux, joue contre le banquier. *Fam.* Homme important.

ponte n. f. Action de pondre. Temps où les oiseaux pondent. Quantité d'œufs pondus.

ponté, e adj. Muni d'un ou de plusieurs ponts : *barque pontée.*

pontet n. m. Dans une arme à feu portative, demi-cercle de métal qui protège la détente contre les chocs, etc.

pontife n. m. Dignitaire ecclésiastique. *Souverain pontife,* le pape. *Fam.* Personne qui se donne des airs d'importance.

pontifical, e, aux adj. Du pape.

pontificat n. m. Dignité de pontife, du pape. Exercice du pouvoir papal.

pontifier v. i. Agir, parler avec solennité.

pont-l'évêque n. m. inv. Fromage à pâte molle.

pont-levis n. m. Pont qu'on peut lever au-dessus d'un fossé.

ponton n. m. Vieux vaisseau rasé, servant de caserne ou de prison. Cale flottante, servant de station pour les bateaux de voyageurs.

pontonnier n. m. Militaire du génie employé à la construction des ponts.

pool [pull] n. m. Groupement ou syndicat de producteurs.

pop [pɔp] adj. inv. et n. m. ou f. Forme musicale d'origine anglo-américaine dérivant du rock : *écouter de la musique pop.*

pope n. m. Prêtre du rite oriental.

popeline n. f. Tissu serré formant des côtes dans le sens de la chaîne.

popote n. f. *Fam.* Cuisine. Réunion de personnes (surtout à l'armée) qui mangent en commun. Adj. *Fam.* Terre à terre.

populace n. f. *Péjor.* Le bas peuple.

populacier, ère adj. Qui appartient à la populace.

populaire* adj. Relatif au peuple : *expression populaire.* Favorable au peuple. Qui jouit de la faveur du peuple.

populariser v. t. Rendre populaire.

popularité n. f. Faveur dont quelqu'un jouit auprès du peuple, du public.

population n. f. Ensemble des habitants d'un pays. Ensemble d'êtres d'une catégorie particulière : *la population scolaire.*

populeux, euse adj. Très peuplé.

porc [pɔr] n. m. Cochon. Sa chair. *Fig.* Homme sale, grossier.

porcelaine n. f. Poterie blanche, imperméable, translucide. Coquillage très poli.

porcelainier, ère adj. Relatif à la porcelaine. N. m. Fabricant de porcelaine.

porcelet n. m. Jeune porc.

porc-épic [pɔrkepik] n. m. Genre de mammifères rongeurs au corps armé de piquants.

porche n. m. Lieu couvert à l'entrée d'un édifice.

porcher, ère n. Qui garde les porcs.

porcherie n. f. Étable pour les porcs.

porcin, e adj. Relatif au porc.

pore n. m. Interstice qui sépare les molécules des corps. Très petite ouverture à la surface de la peau.

poreux, euse adj. Qui a des pores.

porion n. m. Contremaître, dans les mines de houille.

pornographie n. f. Représentation complaisante d'actes sexuels en matière littéraire ou artistique.

pornographique adj. Relatif à la pornographie.

porosité n. f. État de ce qui est poreux.

porphyre n. m. Roche éruptive très dure, à grands cristaux.

porridge [pɔridʒ] n. m. Bouillie de flocons d'avoine.

port n. m. Abri naturel ou artificiel d'une côte, où mouillent les navires. Ville bâtie auprès d'un port : *habiter un port de mer. Fig.* Refuge.

port n. m. Action de porter. Prix payé pour faire porter. Manière de porter le corps, maintien habituel. *Port d'armes,* action ou droit de porter des armes. *Port en lourd,* poids total que peut charger un navire.

portable adj. Qu'on peut porter.

portage n. m. Transport à dos d'homme.

portail n. m. Entrée monumentale d'une église, d'un édifice.

portance n. f. Force perpendiculaire à la direction de la vitesse qui assure la sustentation d'un avion.

portant n. m. Anse métallique d'un coffre, d'une malle. Montant qui soutient les décors et l'éclairage d'une scène de théâtre.

portant, e adj. Qui est dans tel ou tel état de santé : *mal portant. A bout portant,* de très près.

portatif, ive adj. Aisé à porter.

porte n. f. Ouverture pour entrer et sortir. Ce qui clôt cette ouverture : *porte de fer. Mettre à la porte,* chasser. Pl. Gorge, défilé.

porte-à-faux n. m. inv. Partie d'ouvrage non soutenue par un appui.

porte-à-porte n. m. Technique de démarchage direct.

porte-avions n. m. inv. Navire transporteur d'avions de combat.

porte-bagages n. m. inv. Appareil pour fixer des bagages sur une bicyclette.

porte-bonheur n. m. inv. Objet considéré comme portant bonheur à son propriétaire.

porte-bouteilles n. m. inv. Ustensile pour égoutter les bouteilles.

porte-cartes n. m. inv. Portefeuille pour cartes de visite, d'identité, etc.

porte-cigarettes n. m. inv. Etui pour cigarettes.

porte-clefs n. m. inv. Anneau à clefs.

porte-couteau n. m. Support de la lame du couteau, dans un service de table.

porte-documents n. m. inv. Serviette plate s'ouvrant sur les trois quarts de son pourtour.

porte-drapeau n. m. inv. Celui qui porte le drapeau.

portée n. f. Totalité des petits qu'une femelle met bas en une seule fois. Distance à laquelle une arme peut lancer un projectile. Endroit jusqu'où la main, la vue, la voix, l'ouïe peuvent arriver. *Fig.* Etendue, capacité de l'esprit : *c'est hors de ma portée.* Force, valeur, importance. Distance entre les points d'appui d'une pièce qui n'est soutenue que par quelques-unes de ses parties. Ensemble de cinq lignes parallèles pour écrire la musique.

portefaix n. m. Homme dont le métier est de porter des fardeaux.

porte-fenêtre n. f. Ouverture qui descend jusqu'au niveau du sol et sert de porte et de fenêtre.

portefeuille n. m. Enveloppe en cuir, en matière plastique, munie de poches, se fermant comme un livre et où l'on met des papiers, des billets de banque, etc. *Fig.* Fonction de ministre. Effets publics ou de commerce.

porte-greffe n. m. inv. Sujet sur lequel on fixe le greffon.

portemanteau n. m. Barre fixée à la muraille et munie de patères, etc. Chacune des deux potences sur lesquelles on hisse les embarcations à bord d'un navire.

porte-mine n. m. Tube de métal contenant une mine de crayon.

porte-monnaie n. m. inv. Bourse à fermoir pour l'argent de poche.

porte-parapluies n. m. inv. Ustensile pour recevoir les parapluies.

porte-parole n. m. inv. Personne qui parle au nom des autres.

porte-plume n. m. inv. Petite tige à laquelle s'adaptent les plumes métalliques.

porter v. t. Soutenir un poids, une charge : *porter un fardeau.* Transporter : *porter d'un lieu à un autre.* Avoir sur soi : *porter une montre.* Etre vêtu de : *porter le deuil.* Tenir : *porter la tête haute.* Diriger : *porter ses yeux sur.* Rapporter : *somme portant intérêt.* Causer : *porter malheur.* Supporter : *porter le poids d'une faute.* V. i. Reposer : *poutre qui porte à faux.* Atteindre : *cette arme porte loin.* Avoir pour objet : *sur quoi porte ce projet?* Etre en gestation : *la chatte porte huit semaines.* V. pr. Se transporter : *se porter au-devant de quelqu'un.* Se présenter : *se porter candidat.* Se trouver en bonne ou en mauvaise santé : *je me porte bien.*

porteur, euse n. Dont le métier est de porter : *porteur d'eau.* N. m. Celui qui est chargé de remettre : *donnez la réponse au porteur.* Détenteur d'une valeur mobilière.

porte-voix n. m. inv. Instrument en forme de tronc de cône, pour parler au loin.

portier, ère n. Qui ouvre, ferme et garde la porte d'une maison. N. f. Ouverture d'un véhicule pour y entrer et en sortir : *bien fermer la portière.* Rideau de porte.

portillon n. m. Petite porte.

portion [pɔrsjɔ̃] n. f. Partie d'un tout : *portion d'héritage.* Quantité de nourriture servie à quelqu'un : *manger à la portion.*

portique n. m. Galerie à voûte soutenue par des colonnes. Poutre horizontale à laquelle on accroche les agrès de gymnastique.

porto n. m. Vin renommé du Portugal.

portrait n. m. Image d'une personne reproduite par la peinture, le dessin, la photographie, etc. Grande ressemblance. *Fig.* Description du caractère d'une personne. *Portrait robot,* dessin du visage d'un individu effectué d'après la description de divers témoins.

portraitiste n. Peintre spécialiste du portrait.

Port-Salut n. m. (nom déposé). Sorte de fromage.

portuaire adj. Relatif à un port.

portugais, e adj. et n. Du Portugal. N. f. Sorte d'huître.

portulan n. m. Carte marine de la fin du Moyen Age et de la Renaissance, indiquant la position des ports sur les côtes.

pose n. f. Action de poser : *pose de la première pierre.* Attitude : *une pose indolente.* Affectation, morgue : *soyez sans pose.* Temps d'exposition (photographie).

posé*, e adj. Grave, sérieux : *homme posé.*

poser v. t. Placer, mettre : *poser un livre sur la table.* Installer : *poser des rideaux.* Etablir : *poser les fondements.* Inscrire : *poser des chiffres.* Mettre en valeur : *le succès le pose.* Adresser : *poser une question.* V. i. Prendre une attitude : *poser pour un portrait.* Viser à l'effet par son attitude prétentieuse. V. pr. Se donner pour : *se poser en justicier.*

poseur, euse n. et adj. Qui pose : *poseur de parquets. Fig.* Affecté, prétentieux.

positif, ive adj. Certain, constant : *fait positif.* Qui ne s'attache qu'aux choses réelles, pratiques : *esprit positif. Math.* Se dit des quantités affectées du signe +. N. m. *Gramm.* Terme constitué par un adjectif seul, et qui ne contient pas l'idée de comparaison.

position n. f. Situation d'une chose : *la position d'un navire échoué.* Orientation. Attitude : *position du corps.* Terrain occupé par les troupes. *Fig.* Emploi, situation dans le monde : *avoir une position avantageuse.*

positivisme n. m. Système de philosophie fondé par Auguste Comte et qui n'admet que les vérités constatées par l'observation.

positiviste adj. et n. Qui professe le positivisme.

positon n. m. Électron de charge positive.

posologie [pozɔlɔʒi] n. f. Etude des doses auxquelles on emploie les médicaments.

possédé, e adj. *Fig.* Entièrement dominé : *possédé de la passion du jeu.* N. Démoniaque. Personne violente.

posséder v. t. (conj. 5) Avoir et pouvoir disposer de quelque chose : *posséder la fortune.* Connaître parfaitement : *posséder les mathématiques.*

possesseur n. m. Personne à qui appartient une chose.

possessif, ive adj. et n. Se dit des mots qui expriment la possession : *adjectif, pronom possessif* (MON, MA, LE MIEN, etc.).

possession n. f. Jouissance d'un bien; action de posséder. Chose possédée : *possession légitime.* Etat d'une personne dont le démon dirigerait les actes.

possibilité n. f. Qualité de ce qui est possible.

possible adj. Qui peut être, qui peut se faire : *le moins de fautes possible.* N. m. Ce que l'on peut : *faire son possible.*

postal, e, aux adj. Qui concerne la poste.

postdater v. t. Mettre une date postérieure à la date réelle.

poste n. f. Autref., relais de chevaux pour le service des voyageurs. Administration transportant les lettres, les télégrammes, etc. Bureau où s'effectuent les opérations postales. Courrier, voiture qui les porte. Bureau où on les dépose.

poste n. m. Lieu où des gens, particulièrement des soldats, sont placés pour garder, surveiller ou combattre : *mourir à son poste.* Corps de garde. Soldats qui y sont placés. *Mar.* Logement : *poste des aspirants.* Emploi, fonction : *occuper un poste élevé.* Appareil de téléphone, de radio, de télévision, etc.

poster v. tr. Placer dans un poste : *poster des sentinelles.* Mettre à la poste : *poster son courrier.*

poster [pɔstœr] n. m. Affiche représentant le portrait photographique d'une personnalité.

postérieur, e adj. Qui vient après : *fait postérieur.* Placé derrière : *partie postérieure du cou.* N. m. *Fam.* Le derrière de l'être humain : *tomber sur le postérieur.*

posteriori (a) [aposterjori] loc. adv. D'après les faits observés. *Méthode « a posteriori »,* méthode expérimentale.

postériorité n. f. Etat d'une chose postérieure à une autre.

postérité n. f. Descendance. Les générations futures.

posthume adj. Né après la mort de son père. Publié après le décès de l'auteur.

postiche adj. Fait et ajouté après coup. Qui remplace artificiellement la nature : *cheveux postiches.* N. m. Faux cheveux.

postier, ère n. Employé de la poste.

postillon n. m. Autref., conducteur de la poste aux chevaux. Celui qui monte un des chevaux de devant d'un attelage. *Fam.* Parcelle de salive lancée en parlant.

postillonner v. i. *Fam.* Projeter des postillons en parlant.

post-scriptum [pɔstskriptɔm] n. m. inv. Ce qu'on ajoute à une lettre après la signature (en abrégé *P. S.*).

post-synchroniser v. t. Enregistrer le son sur un film postérieurement à la prise de vues.

postulant, e n. Personne qui sollicite un emploi.

postulat [pɔstyla] n. m. Principe dont l'admission est nécessaire pour établir une démonstration.

postuler v. t. Solliciter un emploi.

posture n. f. Attitude, maintien. *Fig.* Situation : *être en bonne posture.*

pot n. m. Vase de terre ou de métal : *pot à fleurs.* Marmite de cuisine; son contenu. *Fam.* Boisson quelconque; *prendre un pot dans un café.* A la fortune du pot, sans cérémonie. *Pot pourri,* ragoût de plusieurs sortes de viandes et, au *fig.,* chanson sur différents airs; production littéraire de divers morceaux. *Pot de chambre,* vase de nuit.

potable adj. Propre à être bu : *eau potable. Fam.* Dont on peut se contenter : *un roman potable.*

potache n. m. *Fam.* Lycéen, collégien.

potage n. m. Bouillon dans lequel on a mis des légumes, de la viande.

potager n. m. Jardin pour la culture des légumes.

potasse n. f. Hydroxyde de potassium.

potassique adj. Se dit des dérivés du potassium.

potassium n. m. Corps simple, basique, extrait de la potasse.

pot-au-feu [potofø] n. m. inv. Mets composé de viande bouillie dans l'eau avec des légumes. Viande avec laquelle on prépare ce mets. Récipient dans lequel on le fait cuire. Adj. inv. Terre à terre. Qui ne se plaît que chez soi : *femme pot-au-feu.*

pot-de-vin n. m. Somme offerte à quelqu'un pour gagner son influence.

poteau n. m. Pièce de charpente fixée verticalement : *poteau télégraphique.* Point de départ ou d'arrivée d'une course de chevaux.

potée n. f. Ce que contient un pot. Plat composé de légumes, de lard, de viande, etc.

potelé, e adj. Gras, arrondi.

potence n. f. Instrument qui sert au supplice de la pendaison. Ce supplice. *Gibier de potence,* mauvais sujet.

potentat n. m. Souverain absolu. *Fig.* Supérieur qui se donne des airs d'autorité.

potentiel, elle adj. Qui n'est qu'en puissance : *énergie potentielle. Gramm.* Qui n'exprime que la possibilité d'action. N. m.

Phys. Différence de niveau électrique entre deux conducteurs.

poterie n. f. Vaisselle de terre. Lieu où elle se fabrique. Art du potier. Tuyaux en terre cuite pour cheminées, canalisations.

poterne n. f. Porte de fortifications, donnant sur le fossé.

potiche n. f. Vase de porcelaine ou de verre décoré.

potier n. m. Celui qui fabrique ou vend de la poterie.

potin n. m. *Fam.* Tapage. Commérage.

potiner v. i. Faire des commérages.

potinier, ère adj. *Fam.* Cancanier.

potion [pasjɔ̃] n. f. Médicament que l'on boit.

potiron n. m. Espèce de courge aux très gros fruits orangés.

pou n. m. Genre d'insectes parasites, vivant sur le corps de l'homme et de plusieurs animaux. (Pl. *poux.*)

pouah! interj. exprimant le dégoût.

poubelle n. f. Boîte à ordures.

pouce n. m. Le plus gros et le plus court des doigts de la main. Gros orteil. Anc. mesure de longueur.

poudingue n. m. Agglomérat de cailloux arrondis réunis par un ciment naturel.

poudrage n. m. Action de poudrer.

poudre n. f. Substance pulvérisée : *sucre en poudre.* Composition médicale, desséchée et broyée : *poudre vermifuge.* Substance explosive solide pouvant être utilisée au lancement d'un projectile par une arme à feu ou à la propulsion d'un engin. *Jeter de la poudre aux yeux,* chercher à éblouir par des discours, des manières. *Mettre le feu aux poudres,* faire éclater une grave affaire. *N'avoir pas inventé la poudre,* être peu intelligent.

poudrer v. t. Couvrir de poudre.

poudrerie n. f. Fabrique de poudre.

poudreux, euse adj. Couvert de poussière. N. f. Instrument servant aux pulvérisations.

poudrier n. m. Boîte à poudre de riz.

poudrière n. f. Magasin à poudre. (Vx.)

poudroiement [pudrwamɑ̃] n. m. Caractère de ce qui poudroie.

poudroyer [pudrwaje] v. i. (conj. 2) S'élever en poussière ; être couvert de poussière.

pouf! interj. exprimant le bruit de la chute ou d'une explosion. N. m. Gros tabouret capitonné.

pouffer v. i. Éclater de rire.

pouillerie n. f. *Pop.* Extrême pauvreté. Lieu malpropre.

pouilleux, euse n. et adj. Qui a des poux. Personne misérable.

poulailler n. m. Bâtiment où on loge les poules. Galerie supérieure d'un théâtre.

poulain n. m. Jeune cheval de moins de trente mois.

poulaine n. f. *Souliers à la poulaine,* à pointe recourbée (XIVᵉ-XVᵉ s.).

poularde n. f. Jeune poule grasse.

poule n. f. Femelle du coq. Femelle de divers oiseaux : *poule faisane. Poule d'eau,* oiseau aquatique. *Fig. Poule mouillée,* personne peureuse. *Avoir la chair de poule,* avoir le frisson, trembler de peur.

poulet n. m. Petit d'une poule. *Fig.* Billet galant. (Vx.)

poulette n. f. Jeune poule. *Fam.* Jeune femme, jeune fille. *Sauce poulette,* sauce faite avec du beurre, un jaune d'œuf et un peu de vinaigre.

pouliche n. f. Jument non adulte.

poulie n. f. Roue tournant sur un axe, et dont le tour, creusé d'une gorge, reçoit une corde pour élever les fardeaux.

poulinière n. et adj. f. Se dit d'une jument destinée à la reproduction.

poulpe n. m. Grand mollusque céphalopode à longs tentacules.

pouls [pu] n. m. Battement des artères. *Prendre le pouls,* compter le nombre de pulsations. *Fig. Tâter le pouls à quelqu'un,* sonder ses dispositions.

poumon n. m. Viscère contenu dans le thorax et qui est le principal organe de la respiration.

poupard, e n. Enfant gras et joufflu.

poupe n. f. L'arrière d'un vaisseau.

poupée n. f. Petite figure humaine de matière plastique, de carton, de bois, etc., servant de jouet. Mannequin des modistes et des tailleurs. *Fam.* Linge qui enveloppe un doigt malade. *Fig.* Personne insignifiante et très parée.

poupin, e adj. Se dit d'un visage bien rempli et coloré.

poupon n. m. Bébé.

pouponner v. i. *Fam.* Soigner un bébé.

pouponnière n. f. Établissement où l'on élève des nourrissons.

pour prép. Au profit de : *plaider pour les pauvres.* A la place de : *parler pour un autre.* A destination de : *partir pour Paris.* Destiné à : *ceci est pour vous.* Au lieu de : *prendre une chose pour une autre.* En faveur de : *avoir le droit pour soi.* Afin de : *pour s'instruire.* Envers : *l'amour d'une mère pour ses enfants.* Comme : *laisser pour mort.* De nature à : *ce n'est pas pour déplaire.* A cause de : *punir pour une faute.* Pendant : *pour deux ans.* Quant à : *pour moi, je n'y crois pas.* Loc. conj. : *pour que, afin que ; pour peu que, si peu que.* N. m. : *le pour et le contre.*

pourboire n. m. Gratification donnée par un client à un employé.

pourceau n. m. Porc, cochon.

pourcentage n. m. Intérêt, commission, etc., sur cent unités.

pourchasser v. t. Poursuivre.

pourfendeur n. m. Fanfaron.

pourfendre v. t. (conj. 9) Fendre en deux d'un coup de sabre. *Fig.* Attaquer.

pourlécher (se) v. pr. (conj. 5) Passer sa langue sur ses lèvres.

pourparlers n. m. pl. Conférence, entretien.

pourpoint n. m. Ancien vêtement d'homme.

pourpre n. f. Couleur rouge, que les Anciens extrayaient d'un coquillage. Étoffe teinte en pourpre. *Fig.* Dignité souveraine dont la pourpre était la marque. Dignité de cardinal : *revêtir la pourpre.* N. m. Rouge foncé tirant sur le violet. Adj. Rouge foncé : *pourpre de colère.*

pourpré, e adj. De couleur pourpre.

pourquoi conj. et adv. Pour quelle raison : *se fâcher sans savoir pourquoi.* Interrogativement : *pourquoi partez-vous ?* N. m. inv. Cause, raison : *nous ne savons le pourquoi de rien.* Question : *répondre à tous les pourquoi.*

pourri, e adj. Gâté, corrompu : *viande pourrie. Temps pourri,* temps humide et malsain.

pourrir v. i. Se gâter par la décomposition : *fruits qui pourrissent. Fig.* Rester longtemps : *pourrir en prison.* V. t. Corrompre : *l'eau pourrit le bois.*

pourriture n. f. État d'un corps en décomposition. Ce qui est pourri.

poursuite n. f. Action de poursuivre. Procédure pour se faire rendre justice : *entamer des poursuites.*

poursuivre v. t. (conj. 56) Courir vivement pour atteindre : *poursuivre l'ennemi. Fig.* Harceler : *poursuivre quelqu'un de ses assiduités.* Continuer ce que l'on a commencé : *poursuivre une entreprise.* Agir en justice contre quelqu'un : *poursuivre un débiteur.* Tourmenter : *le remords poursuit le coupable.*

pourtant adv. Cependant.

pourtour n. m. Tour, circuit.

pourvoi n. m. Attaque devant une juridiction supérieure de la décision d'un tribunal. *Pourvoi en grâce,* demande au chef de l'État de remise de peine.

pourvoir v. i. (conj. 37) Fournir ce qui est nécessaire : *pourvoir aux besoins de quelqu'un.* V. t. Munir, garnir. Établir par mariage ou par emploi : *bien pourvoir ses enfants.* V. pr. Se munir : *se pourvoir d'argent. Dr.* Former un pourvoi.

pourvoyeur [purvwajœr], **euse** n. Fournisseur.

pourvu que loc. conj. À condition que.

pousse n. f. Développement des graines et bourgeons des végétaux. Jeune branche : *pousse de sapin.* Développement, croissance : *la poussée des dents.*

pousse-café n. m. inv. *Fam.* Petit verre d'alcool après le café.

poussée n. f. Action de pousser. Son résultat. *Méd.* Manifestation brusque d'un mal : *poussée de fièvre.*

pousse-pousse n. m. inv. En Extrême-Orient, voiture légère à deux roues, traînée par un coureur.

pousser v. t. Déplacer avec effort : *pousser une voiture.* Avancer : *pousser jusqu'à un endroit.* Porter : *pousser un coup d'épée.* Travailler, perfectionner : *pousser un dessin.* Étendre : *trop pousser une raillerie.* Faire agir : *l'intérêt le pousse.* Emettre : *pousser des cris.* V. i. Naître, se développer : *les fleurs poussent; la barbe pousse.* V. pr. Avancer, progresser : *se pousser dans le monde.*

poussette n. f. Voiture d'enfant.

poussier n. m. Poussière de charbon.

poussière n. f. Terre ou autre matière réduite en poudre fine. *Fig.* Restes mortels.

poussiéreux, euse adj. Couvert de poussière.

poussif, ive n. et adj. Maladivement essoufflé.

poussin n. m. Petit poulet.

poussoir n. m. Bouton qu'on pousse pour actionner un mécanisme.

poutre n. f. Grosse pièce de charpente. Barre de fer profilée.

poutrelle n. f. Petite poutre.

pouvoir v. t. (conj. 35) Avoir la faculté, le moyen, l'autorité, être en état de : *le travail*

peut mener à tout. V. impers. Être possible : *il peut arriver que...*

pouvoir n. m. Autorité, puissance : *parvenir au pouvoir.* Crédit, influence : *avoir du pouvoir.* Mandat, procuration : *donner un pouvoir par-devant notaire.* Ensemble de personnes investies d'une autorité : *pouvoir législatif.* Pl. Droit d'exercer certaines fonctions : *les pouvoirs d'un ambassadeur. Pouvoirs publics,* ensemble des autorités qui détiennent le pouvoir dans l'État. *Séparation des pouvoirs,* principe de droit public selon lequel les pouvoirs législatif, exécutif (ou gouvernemental) et judiciaire ne doivent pas empiéter les uns sur les autres.

praesidium [prezidjɔm] n. m. Nom donné en U.R.S.S. à la présidence du Conseil suprême des Soviets.

pragmatique adj. Qui tend à l'action ; pratique.

pragmatisme n. m. Doctrine qui prend comme critère de la vérité la valeur pratique.

praire n. f. Mollusque bivalve comestible, dont la coquille porte de fortes côtes.

prairial n. m. Neuvième mois de l'année républicaine (20 mai - 18 juin).

prairie n. f. Terre qui produit de l'herbe ou du foin. *Prairie artificielle,* terre où l'on a semé du trèfle, du sainfoin, de la luzerne, etc.

praline n. f. Amande pralinée.

praliner v. t. Faire rissoler dans le sucre.

praticable adj. Qu'on peut pratiquer. Où l'on peut passer. N. m. et adj. Se dit, au théâtre, des décors, accessoires, qui sont réels et non simplement peints.

praticien, enne n. Médecin généraliste qui exerce.

pratiquant, e adj. et n. Qui observe les prescriptions religieuses.

pratique adj. Qui ne s'en tient pas à la théorie. Qui est commode, profitable. N. f. Application des règles et principes d'un art ou d'une science (s'oppose à *théorie).* Exécution, application : *mettre en pratique.* Usages, coutumes : *pratiques superstitieuses.* Pl. Exercices religieux : *pratiques de piété.*

pratiquer v. t. Mettre en pratique, exercer : *pratiquer la vertu, la médecine.* Exécuter : *pratiquer un trou dans le mur.*

pré n. m. Petite prairie.

préalable adj. Qui doit être fait, dit, examiné d'abord. *Au préalable,* auparavant.

préambule n. m. Avant-propos. *Fig.* Ce qui précède, préliminaire.

préau n. m. Cour de prison. Partie couverte de la cour d'une école.

préavis n. m. Avis préalable.

prébende n. f. Revenu attaché à un titre ecclésiastique.

précaire adj. Qui n'offre aucune garantie de durée : *gouvernement précaire.*

précarité n. f. Caractère précaire.

précaution n. f. Ce qu'on fait par prévoyance : *prenez vos précautions.* Circonspection, prudence : *user de précautions.*

précautionner (se) v. pr. Se prémunir.

précautionneux, euse adj. Qui prend des précautions.

précédemment adv. Auparavant.

précédent, e adj. Qui est immédiatement

avant : *le jour précédent.* N. m. Fait, exemple antérieur : *s'appuyer sur un précédent.*

précéder v. t. (conj. **5**). Marcher devant. Être placé avant ou immédiatement avant : *l'exemple qui précède.*

précepte n. m. Commandement. Règle.

précepteur, trice n. Qui est chargé de l'éducation d'un enfant.

préceptorat n. m. Fonction de précepteur.

prêche n. m. Sermon d'un ministre protestant.

prêcher v. t. Annoncer la parole de Dieu sous forme de sermon : *prêcher la foi.* Exhorter par des sermons. Recommander : *prêcher l'économie.* V. i. *Prêcher d'exemple,* faire soi-même ce que l'on conseille aux autres.

prêcheur, euse n. et adj. Qui aime à sermonner, à faire la leçon.

prêchi-prêcha n. m. inv. *Fam.* Rabâchage.

précieux, euse* adj. De grand prix : *meubles précieux.* Très utile : *temps précieux. Fig.* Affecté, recherché. N. m. Genre précieux. N. f. Femme affectée et ridicule : *Molière a raillé les Précieuses.*

préciosité n. f. Affectation.

précipice n. m. Endroit profond et escarpé ; gouffre.

précipitamment adv. Avec précipitation.

précipitation n. f. Phénomène par lequel un corps se sépare du liquide où il était dissous. Chute de pluie, de neige, de grêle. Extrême vitesse. Trop grand empressement.

précipité n. m. *Chim.* Dépôt qui se forme dans un liquide où s'opère une précipitation.

précipiter v. t. Jeter d'un lieu élevé : *précipiter dans un ravin.* Accélérer : *précipiter sa marche. Chim.* Séparer un solide du liquide où il est dissous. V. pr. Se jeter. S'élancer. Se produire de plus en plus rapidement : *les événements se précipitent.*

précis, e adj. Bien déterminé, exact : *heure précise.* Net et formel : *ordre précis.* Concis : *style précis.* N. m. Abrégé.

précisément adv. Avec précision. Exactement, justement.

préciser v. t. Déterminer d'une manière précise : *préciser un fait.*

précision n. f. Qualité de ce qui est précis. Exactitude rigoureuse.

précité, e adj. Cité précédemment.

précoce* adj. Mûr avant la saison : *fruit précoce.* Développé avant le temps normal.

précocité n. f. Qualité de ce qui est précoce : *précocité d'esprit.*

précolombien, enne adj. Se dit, pour l'Amérique, de l'époque antérieure à la venue de Colomb : *art précolombien.*

préconçu, e adj. Né dans l'esprit sans examen : *idée préconçue.*

préconiser v. t. Vanter, recommander.

précurseur adj. Qui annonce : *signes précurseurs.* N. m. Qui vient avant quelqu'un, en annonce la venue.

prédateur, trice adj. Qui vit de proies : *animal prédateur.*

prédécesseur n. m. Celui qui a précédé quelqu'un dans une charge, etc.

prédestination n. f. Doctrine suivant laquelle Dieu a déterminé tous les membres au bonheur éternel, et qui est interprétée selon le rôle attribué à la grâce et à la volonté humaine. Détermination immuable de l'avenir.

prédestiner v. t. Destiner de toute éternité au salut. Fixer, décider, préparer, réserver d'avance.

prédicateur, trice n. Personne qui prêche.

prédication n. f. Action de prêcher ; sermon, exhortation.

prédiction n. f. Action de prédire. Chose prédite.

prédilection n. f. Préférence.

prédire v. t. (conj. **68**) Annoncer d'avance ce qui doit arriver.

prédisposer v. t. Disposer d'avance.

prédisposition n. f. Aptitude, disposition naturelle.

prédominance n. f. Caractère prédominant.

prédominer v. i. Avoir le plus d'ascendant, d'influence. Prévaloir.

prééminence n. f. Supériorité.

prééminent, e adj. Supérieur.

préemption n. f. Droit préférentiel d'achat.

préétablir v. t. Établir d'avance.

préexistence n. f. Existence antérieure.

préexister v. i. Exister avant.

préfabriqué, e adj. Se dit d'une maison dont les éléments s'assemblent sur place.

préface n. f. Discours préliminaire en tête d'un livre.

préfacer v. t. (conj. **1**) Faire une préface : *préfacer un livre.*

préfectoral, e, aux adj. Du préfet.

préfecture n. f. Circonscription administrative d'un préfet, qui correspond à un département. Fonction de préfet, sa durée. Hôtel et bureaux du préfet. Ville où réside un préfet.

préférable adj. Qui mérite d'être préféré.

préférence n. f. Action de préférer. Pl. Marques particulières d'affection ou d'honneur qu'on accorde à quelqu'un.

préférentiel, elle adj. De préférence.

préférer v. t. (conj. **5**) Aimer ou estimer mieux.

préfet n. m. Administrateur civil d'un département. *Préfet de police,* haut fonctionnaire responsable de la police dans certaines grandes villes.

préfète n. f. *Fam.* Femme du préfet.

préfigurer v. t. Figurer, représenter, annoncer par avance.

préfixe n. m. et adj. *Gramm.* Particule qui se place au commencement d'un mot pour en modifier le sens.

préfixer v. t. Fixer d'avance.

préhenseur adj. m. Qui sert à la préhension : *organes préhenseurs.*

préhensile adj. Capable de préhension.

préhension n. f. Action de saisir, de prendre.

préhistoire n. f. Reconstitution scientifique des conditions de vie et de la civilisation de l'homme depuis son origine jusqu'à l'apparition des premiers documents écrits.

préhistorien, enne n. Spécialiste de la préhistoire.

préhistorique adj. Qui a précédé les temps dits historiques.

préjudice n. m. Tort, dommage.

préjudiciable adj. Qui porte préjudice à quelque chose ou à quelqu'un.

préjudiciel, elle adj. *Question préjudicielle,* qui se juge avant la principale.

préjudicier v. i. Porter préjudice.

préjugé n. m. Opinion qu'on se fait par avance ou sans examen.

préjuger v. t. Juger d'avance, sans examen.

prélasser (se) v. pr. Prendre une attitude de nonchalance.

prélat n. m. Dignitaire ecclésiastique.

prêle n. f. Genre de cryptogames.

prélèvement n. m. Action de prélever. Matière prélevée.

prélever v. t. (conj. 5) Lever préalablement une certaine portion sur un total : *prélever un pourcentage sur la recette.* Prendre une certaine quantité d'une chose en vue de l'examiner, de l'analyser : *prélever du sang à un malade.*

préliminaire adj. Qui précède : *discours préliminaire.* N. m. pl. Ce qui précède et prépare : *préliminaires de la paix.*

prélude n. m. Introduction à une œuvre musicale. Pièce musicale, généralement courte et de forme libre : *les préludes de Chopin.* Fig. Ce qui fait présager : *les frissons sont le prélude de la fièvre.*

préluder v. i. Essayer sa voix, un instrument. Improviser sur le piano, sur l'orgue, etc. Commencer par une chose, pour en venir à une autre.

prématuré*, e adj. Fait avant le temps convenable : *entreprise prématurée.* Qui vient avant le temps ordinaire : *vieillesse prématurée.* N. Enfant né viable avant terme.

préméditation n. f. Action de préméditer. Résolution prise d'avance : *agir avec préméditation.*

préméditer v. t. Décider d'avance, après réflexion : *préméditer un crime.*

prémices n. f. pl. Premiers produits de la terre ou du bétail. Fig. Premiers effets, commencements : *les prémices d'un talent, d'une révolution.*

premier, ère* adj. Qui précède les autres : *le premier homme; le premier jour.* Le meilleur, le plus remarquable : *le premier savant de cette époque.* Élémentaire : *premières connaissances. Matières premières,* productions naturelles qui n'ont pas encore été traitées. *Nombre premier,* divisible seulement par lui-même ou par l'unité. N. m. Étage immédiatement au-dessus du rez-de-chaussée ou de l'entresol. N. *Jeune premier, jeune première,* acteurs qui jouent les amoureux. N. f. Première représentation d'une pièce. Place de première classe.

premier-né n. m. Premier enfant qui naît dans une famille. N. f. : *une premier-née* ou *une première-née.*

prémisse n. f. Chacune des deux premières propositions d'un syllogisme.

prémonition n. f. Sentiment qu'un événement, généralement malheureux, va se produire.

prémonitoire adj. Qui annonce l'imminence d'un danger.

prémunir v. t. Garantir : *prémunir quelqu'un contre le danger.* V. pr. Prendre des précautions.

prénatal, e, als adj. Qui précède la naissance.

prendre v. t. (conj. 50) Saisir, tenir : *prendre un livre.* S'emparer de : *prendre une ville.* Chercher : *j'irai vous prendre.* Se munir de : *prendre un chapeau.* Surprendre : *je t'y prends!* Accepter, emporter : *prenez ce qu'on vous offre.* Manger, boire : *prendre une collation.* Demander, exiger comme prix : *prendre cher.* Extraire : *prendre un exemple dans un livre.* Soutenir : *prendre les intérêts de quelqu'un.* V. i. S'enraciner : *cet arbre prend.* Geler : *la rivière a pris.* Se cailler : *le lait prend.* Fig. Réussir : *ce livre a pris.* V. pr. *S'y prendre bien* (ou *mal*), être plus ou moins adroit. *S'en prendre à quelqu'un,* lui faire des reproches.

preneur, euse n. Personne qui prend à bail. Personne qui offre d'acheter : *trouver preneur.*

prénom n. m. Nom joint au patronyme et qui distingue les personnes d'un même groupe familial entre elles.

prénommé, e n. et adj. Qui a pour prénom.

prénuptial, e, aux adj. Qui précède le mariage.

préoccupation n. f. Inquiétude, souci : *les préoccupations matérielles.*

préoccuper v. t. Occuper fortement l'esprit, inquiéter. V. pr. S'inquiéter.

préparateur, trice n. *Préparateur en pharmacie,* personne qui aide le pharmacien dans son officine.

préparatif n. m. Apprêt : *préparatifs de guerre; faire ses préparatifs.*

préparation n. f. Action de préparer, de se préparer. Fabrication : *préparation d'un remède.* Chose préparée : *une préparation chimique.*

préparatoire adj. Qui prépare : *école, cours préparatoire.*

préparer v. t. Apprêter : *préparer le dîner.* Mettre en état. Disposer, mettre dans une disposition favorable : *préparer les esprits.* Amener progressivement : *préparer à une mauvaise nouvelle.* Méditer : *préparer un discours.* Étudier, apprendre les matières de : *préparer un examen.* Faire étudier : *préparer un élève.* Ménager, réserver : *préparer une surprise.* V. pr. Se disposer à, se mettre en état de faire, de subir : *se préparer à partir.*

prépondérance n. f. Supériorité d'autorité, d'influence, etc.

prépondérant, e adj. Qui a plus de poids, d'importance.

préposé, e n. Personne chargée d'un service.

préposer v. t. Commettre à la garde, à la direction de : *préposer quelqu'un à la vente.*

préposition n. f. Mot invariable qui en unit d'autres en exprimant le rapport qu'ils ont entre eux (à, de, par, en, chez, sur, etc.).

prépuce n. m. Repli de peau qui recouvre le gland de la verge.

prérogative n. f. Privilège exclusif.

près adv. A une faible distance. En un temps prochain. *De près,* d'un lieu peu éloigné. *Au ras : rasé de près.* Prép. A proximité de. Délégué auprès de : *notre ambassadeur près le Saint-Siège.* Près de loc. prép. Dans le voisinage de; sur le point de : *près de finir;* presque : *ils étaient près de deux cents.*

présage n. m. Signe par lequel on croit pouvoir connaître l'avenir.

présager v. t. (conj. 1) Annoncer, faire prévoir.

pré-salé n. m. Mouton engraissé dans des prés voisins de la mer. Viande de ce mouton.

presbyte n. et adj. Qui ne voit bien que de loin.

presbytère n. m. Habitation du curé.

presbytie [prɛsbisi] n. f. État du presbyte.

prescience n. f. Perception à l'avance de ce qui doit se produire.

prescriptible adj. Dr. Sujet à prescription.

prescription n. f. Ordre formel et détaillé. Ordonnance, précepte. Ordonnance de médecin. Dr. Délai au bout duquel l'action publique ne peut plus être entreprise contre un criminel ou un délinquant, le temps légalement prévu ayant expiré.

prescrire v. t. (conj. 65) Ordonner : prescrire un calmant. Dr. Acquérir ou se libérer par prescription. V. pr. Se perdre par prescription.

préséance [preseãs] n. f. Droit d'avoir une place honorifique qu'un autre ou de le précéder.

présence [prezãs] n. f. Fait, pour une personne, une chose, de se trouver dans un lieu : faire acte de présence. Présence d'esprit, promptitude à dire ou à faire ce qu'il faut. En présence, loc. adv. En vue, en face l'un de l'autre : armées en présence. En présence de, loc. prép. En face de.

présent n. m. Don, cadeau.

présent, e adj. Qui est dans le lieu dont on parle dans le temps actuel : être présent à une réunion. Que l'on tient, que l'on montre : le présent ouvrage. La présente, cette lettre-ci. N. m. Le temps actuel : ne songer qu'au présent. Gramm. Temps du verbe qui indique l'action au moment actuel.

présentable adj. Que l'on peut présenter.

présentation n. f. Action de présenter.

présentement adv. Actuellement.

présenter v. t. Tendre, offrir : présenter un bouquet. Introduire : présenter quelqu'un dans un cercle. Montrer : présenter un bel aspect. Offrir : présenter des ressources. V. pr. Paraître devant quelqu'un. Apparaître : une difficulté se présente.

présentoir n. m. Dispositif mettant en valeur un produit pour l'étalage.

préservateur, trice adj. et **préservatif, ive** adj. Qui préserve. N. m. Contraceptif masculin.

préservation n. f. Action de préserver : la préservation des récoltes.

préserver v. t. Garantir d'un mal ; mettre à l'abri de : préserver de la contagion, du froid.

présidence n. f. Fonction de président. Temps pendant lequel on l'exerce. Bureau d'un président.

président n. m. Celui qui préside une assemblée. Premier magistrat de certaines républiques.

présidente n. f. Celle qui préside. Femme d'un président.

présidentiel, elle adj. Qui concerne le président, la présidence.

présider v. t. Être à la tête de, diriger : présider une assemblée. V. i. Présider à, diriger : présider aux préparatifs.

présomptif, ive adj. Désigné d'avance : héritier présomptif.

présomption n. f. Action de présumer. Jugement fondé sur de simples indices. Opinion trop favorable de soi-même.

présomptueux, euse n. et adj. Qui a une opinion trop favorable de soi. Adj. Qui marque la présomption : paroles présomptueuses.

presque adv. Environ, à peu près. (La voyelle e ne s'élide que dans presqu'île.)

presqu'île n. f. Portion de terre entourée d'eau à l'exception d'un seul endroit, par lequel elle communique avec le continent.

pressage n. m. Action de presser.

pressant, e adj. Qui insiste vivement : un créancier pressant. Urgent ; qui ne souffre pas d'être différé.

presse n. f. Multitude de personnes réunies dans un même endroit : il y a presse pour écouter ce chanteur. Nécessité de se hâter : moment de presse. Toute machine destinée à comprimer les objets. Livre sous presse, à l'impression. Les journaux, les journalistes : la liberté de la presse. Fig. Avoir bonne, mauvaise presse, se dit de quelqu'un à qui l'opinion est favorable ou défavorable.

pressé, e adj. Comprimé : citron pressé. Urgent : commission pressée. Qui a hâte : être pressé. Attaqué, tourmenté : pressé par l'ennemi, la soif.

presse-citron n. m. inv. Appareil pour extraire le jus des citrons.

pressentiment n. m. Sentiment vague de ce qui doit arriver.

pressentir v. t. Avoir un pressentiment. Entrevoir : laisser pressentir la fin. Tâcher de pénétrer les sentiments de quelqu'un.

presse-papiers n. m. inv. Objet pour maintenir des papiers sur la table.

presse-purée n. m. inv. Ustensile pour réduire les légumes en purée.

presser v. t. Peser sur, serrer avec plus ou moins de force. Resserrer. Poursuivre sans relâche : presser l'ennemi. Hâter : presser son départ. V. i. Ne souffrir aucun délai : affaire qui presse. V. pr. Se hâter. Venir en grand nombre : la foule se pressait au théâtre.

pressing [prɛsiŋ] n. m. Repassage à la vapeur. Boutique où s'exécute ce travail.

pression n. f. Action de presser. Fig. Influence qui contraint. Pression artérielle, poussée produite par le sang sur la paroi des artères. Pression atmosphérique, pression que l'air exerce au niveau du sol.

pressoir n. m. Machine pour presser le raisin, les pommes, les graines oléagineuses, etc. Lieu où se trouve cette machine.

pressurage n. m. Action de pressurer.

pressurer v. t. Soumettre à l'action du pressoir. Fig. Épuiser par les impôts : pressurer un peuple. Extorquer de l'argent.

prestance n. f. Maintien imposant.

prestation n. f. Action de prêter : prestation de capitaux. Action de se produire en public pour un chanteur, un sportif, etc. Impôt communal affecté à l'entretien des chemins vicinaux. Allocation versée à quelqu'un en vertu d'une législation sociale. Prestation de serment, action de prêter serment.

preste* adj. Adroit, agile, leste.

prestesse n. f. Agilité, vivacité.

prestidigitateur n. m. Illusionniste qui fait des tours de prestidigitation.

prestidigitation n. f. Art de produire des illusions par l'adresse des mains, par des moyens optiques ou mécaniques.

prestige n. m. Séduction, attrait merveilleux : *le prestige de la gloire.* Éclat, crédit, influence, ascendant : *le prestige d'un grand nom.*

prestigieux, euse adj. Qui a du prestige ou de l'éclat.

présumable [zy] adj. Qu'on peut présumer.

présumé, e [zy] adj. Cru par supposition : *présumé innocent.*

présumer [prezyme] v. t. Conjecturer, présupposer. V. i. Se faire illusion sur ses capacités : *présumer de son talent.*

présupposer v. t. Supposer, admettre préalablement.

présure [prezyr] n. f. Enzyme du suc gastrique, sécrété par les jeunes ruminants, et qui sert à faire cailler le lait.

prêt n. m. Action de prêter. Chose, somme prêtée. Solde des sous-officiers et soldats.

prêt, e adj. Disposé à, en état de, décidé à : *prêt à partir.*

pretantaine n. f. *Courir la pretantaine,* être d'humeur vagabonde.

prêté n. m. *Fam. C'est un prêté pour un rendu,* se dit pour marquer la réciprocité dans l'échange de services ou pour souligner une riposte, etc.

prétendant, e n. Qui aspire à. N. m. Prince qui prétend avoir des droits à un trône. Qui aspire à la main d'une femme.

prétendre v. t. (conj. 46) Réclamer, vouloir, exiger : *que prétendez-vous faire ?* Affirmer : *je prétends que c'est vrai.* V. i. Aspirer à : *prétendre aux honneurs, à la main d'une jeune fille.*

prétendu*, e adj. Supposé : *un prétendu médecin.*

prête-nom n. m. Celui qui figure dans un contrat à la place du véritable contractant.

prétentieux, euse* adj. Qui a des prétentions, de la prétention. Vaniteux.

prétention n. f. Volonté, désir ambitieux, exigence : *il n'a pas la prétention de vous surpasser.* Vanité excessive.

prêter v. t. Céder pour un temps. Fournir : *prêter secours.* Attribuer : *prêter un sentiment à quelqu'un. Prêter la main,* aider. *Prêter l'oreille,* écouter. *Prêter serment,* jurer. *Prêter le flanc,* donner prise. V. i. [à] Fournir matière : *prêter à la critique.* V. pr. Consentir, se plier à : *se prêter à un arrangement.*

prêteur, euse adj. et n. Qui prête.

préteur n. m. Magistrat qui rendait la justice à Rome.

prétexte n. m. Raison apparente pour cacher le vrai motif : *chercher le prétexte d'un refus. Sous prétexte,* en prétendant que.

prétexter v. t. Alléguer pour prétexte.

prétoire n. m. Tribunal du préteur romain. *Auj.* Salle d'audience d'un tribunal.

prêtre n. m. Ministre d'un culte. Celui qui a reçu le sacrement de l'ordre.

prêtresse n. f. *Antiq.* Femme attachée au culte d'une divinité païenne.

prêtrise n. f. Degré du sacrement de l'ordre qui confère le sacerdoce.

preuve n. f. Ce qui démontre la vérité d'une chose. Marque, témoignage : *preuve d'affection.* Vérification de l'exactitude d'un calcul. *Faire preuve de,* montrer. *Faire ses preuves,* manifester sa valeur.

preux n. et adj. Vaillant. (Vx.)

prévaloir v. i. (conj. 34) Avoir, remporter l'avantage : *son opinion a prévalu; faire prévaloir ses idées.* V. pr. S'enorgueillir.

prévaricateur, trice n. et adj. Qui prévarique : *juge prévaricateur.*

prévarication n. f. Action de prévariquer.

prévariquer v. i. Manquer, par intérêt ou mauvaise foi, aux devoirs de sa charge.

prévenance n. f. Manière obligeante de prévenir les désirs de quelqu'un. Attentions délicates.

prévenant, e adj. Obligeant. Qui donne une impression favorable : *air prévenant.*

prévenir v. t. (conj. 16) v. t. Informer, avertir : *je vous préviens de mon départ.* Aller audevant de quelque chose pour l'empêcher, le détourner : *prévenir un malheur.* Satisfaire par avance : *prévenir les désirs de quelqu'un.*

préventif, ive* adj. Qui prévient, empêche. *Détention préventive,* appliquée avant tout jugement.

prévention n. f. Opinion, favorable ou défavorable, formée sans examen. Partialité. Préjugé, opinion défavorable : *être l'objet d'une certaine prévention.* État d'un individu poursuivi en justice. Temps qu'un prévenu passe en prison avant d'être jugé. *Prévention routière,* ensemble des mesures prises par un organisme spécial pour éviter les accidents de la route.

préventorium [prevãtɔrjɔm] n. m. Établissement où l'on soigne préventivement les malades atteints de tuberculose non contagieuse.

prévenu, e adj. Devancé. Informé. Influencé. Disposé : *être prévenu contre quelqu'un.* Accusé : *prévenu de vol.* N. Personne qui doit répondre d'une infraction devant la justice pénale.

prévision n. f. Action de prévoir; conjecture; ce que l'on prévoit : *les prévisions météorologiques.*

prévoir v. t. (conj. 37) Concevoir par avance : *prévoir un événement.* Organiser par avance ; prendre les précautions nécessaires : *tout a été prévu.*

prévôt n. m. Nom de divers magistrats sous l'Ancien Régime : *prévôt des marchands.* Officier de gendarmerie dans les prévôtés.

prévôtal, e, aux adj. Qui concerne le prévôt.

prévôté n. f. Fonction, juridiction de prévôt. Détachement de gendarmerie affecté à une grande unité militaire.

prévoyance [prevwajãs] n. f. Faculté, action de prévoir, de prendre des précautions pour l'avenir.

prévoyant, e adj. Qui montre de la prévoyance : *des soins prévoyants.*

prie-Dieu n. m. inv. Chaise basse sur laquelle on s'agenouille pour prier.

prier v. t. (Prend deux i de suite aux deux 1res pers. du plur. de l'imparf. de l'indic. et du prés. du subj. : *Nous priions, vous priiez. Que nous priions, que vous priiez.*) S'adresser à Dieu, à un dieu, à un saint. Demander instamment, supplier : *je vous prie de me* rendre ce service. Demander, inviter : je l'ai prié à dîner ; je l'ai prié de venir. Je vous prie, je vous en prie, formules de politesse ou exprimant un ordre. Se faire prier, résister aux instances, se laisser longuement solliciter. V. i. Intercéder auprès de Dieu ; se recueillir : prier pour les morts.

prière n. f. Supplication adressée à la Divinité. Demande instante. Injonction polie.

prieur, e n. et adj. Supérieur, supérieure de certaines communautés religieuses.

prieuré n. m. Communauté gouvernée par un prieur, une prieure.

primaire adj. Du premier degré : enseignement primaire. Géol. Se dit des plus anciens terrains sédimentaires. Secteur primaire, ou le primaire n. m., ensemble des activités économiques productrices de matières premières. Péjor. Qui a peu de culture ; simpliste : cette explication est un peu primaire.

primat n. m. Titre honorifique porté par le titulaire de certains sièges épiscopaux : le primat de Hongrie. Priorité, supériorité : affirmer le primat de l'intelligence.

primates n. m. pl. Ordre de mammifères constituant le groupe animal le plus organisé, qui comprend les lémuriens, les singes et l'homme.

primauté n. f. Prééminence, premier rang.

prime n. f. Somme donnée pour prix d'une assurance. Récompense donnée par l'État pour l'encouragement du commerce, de l'agriculture, etc. Cadeau offert au client éventuel pour l'engager à acheter un produit. Somme allouée à un salarié en plus de son salaire, soit pour le rembourser de certains frais, soit pour l'intéresser au rendement : prime de fin d'année. Faire prime, être très recherché : l'or fait prime sur le marché des monnaies.

prime adj. Premier : de prime abord ; prime jeunesse. Se dit, en algèbre, en géométrie, d'une lettre affectée d'un accent : « b' » s'énonce « b prime ». N. f. Première des heures canoniales. Première position en escrime.

primer v. t. Donner une récompense à l'issue d'un concours : une vache qui a été primée au concours agricole. Surpasser, l'emporter sur. V. i. Tenir le premier rang : chez lui, l'intelligence prime.

primerose n. f. Rose trémière.

primesautier [primsotje], **ère** adj. Qui agit de premier mouvement.

primeur n. f. Début, nouveauté. Fruit, légume obtenu avant l'époque normale de sa maturité.

primevère n. f. Plante des prés et des bois, dont les fleurs apparaissent avec le printemps.

primipare [primipar] adj. et n. f. Qui enfante, qui met bas pour la première fois.

primitif, ive adj. Qui appartient au premier état des choses : forme primitive. Qui en a la simplicité, rudimentaire : des mœurs primitives ; une installation primitive. Couleurs primitives, les sept couleurs conventionnelles du spectre solaire. Adj. et n. Se dit des sociétés humaines restées à l'écart de la civilisation moderne. Peintre ou sculpteur qui a précédé la Renaissance : les primitifs italiens.

primo adv. Premièrement.

primordial, e, aux adj. Qui existe depuis l'origine. Principal, fondamental : un rôle primordial.

prince n. m. Celui qui possède une souveraineté, ou qui appartient à une famille souveraine. Roi, empereur : Charlemagne fut un grand prince. Fig. Le premier par son mérite, sa situation.

princeps [prɛ̃sɛps] adj. Édition princeps, la première édition d'un ouvrage.

princesse n. f. Fille ou femme d'un prince. Souveraine d'un pays.

princier, ère adj. De prince. Somptueux.

principal, e, aux adj. Le plus considérable, le plus important. Qui est en première ligne, au premier rang. N. m. Ce qu'il y a de plus important. Capital d'une dette : principal et intérêts. Chef d'un collège. N. f. Gramm. Proposition principale, celle dont toutes les autres dépendent et qui ne dépend d'aucune autre.

principauté n. f. Petit État indépendant dont le chef a le titre de prince : la principauté de Monaco.

principe n. m. Début, origine. Première cause, raison : le travail est le principe de toute richesse. Éléments, matière essentielle : le principe de la chaleur. Opinion, manière de voir : fidèle à ses principes. Loi : principe d'Archimède. Pl. Premières règles d'une science, d'un art, etc. Règles de morale : avoir des principes. En principe loc. adv. En théorie, normalement, selon les prévisions : je viendrai en principe demain.

printanier, ère adj. Relatif au printemps.

printemps n. m. La première saison de l'année (21 mars-21 juin). Température douce du printemps. Fig. Premier temps, jeunesse. Année : avoir seize printemps.

priori (a) loc. adv. D'après un principe antérieur à l'expérience.

priorité n. f. Antériorité : priorité de date. Droit établi par les règlements : avoir la priorité sur la route. Importance préférentielle accordée à quelque chose : cette question a eu la priorité dans la discussion.

prise n. f. Action de prendre. Chose, personne prise. Facilité de saisir : n'avoir pas de prise. Pincée : prise de tabac. Coagulation, solidification : la prise du ciment. Dérivation : prise de vapeur, de courant, d'eau, de terre. Engrenage : prise directe. Prise de corps, arrestation. Prise de possession, entrée en possession d'un emploi, d'un héritage. Prise de vue, enregistrement sur film. Donner prise, s'exposer. Être aux prises avec, en lutte contre.

priser v. t. Évaluer. Faire cas de.

priser v. t. Aspirer par le nez : priser du tabac.

prismatique adj. En forme de prisme.

prisme n. m. Math. Polyèdre ayant deux faces (ou bases) parallèles et formées par des polygones, et dont les faces latérales sont des parallélogrammes. Phys. Solide en forme de prisme triangulaire, en verre blanc ou en cristal, qui sert à dévier et à décomposer les rayons lumineux.

prison n. f. Lieu où l'on enferme les personnes frappées d'une peine privative de liberté ou en instance de jugement. Peine de prison : *six mois de prison*.

prisonnier, ère n. Personne qui est détenue en prison. *Prisonnier de guerre*, militaire pris au combat. Adj. Se dit de quelqu'un dont la liberté morale est entravée : *il est prisonnier de ses préjugés*.

privatif, ive adj. Qui prive : *peine privative de liberté*. Gramm. Se dit des préfixes marquant l'absence, la privation : *a, in*, etc.

privation n. f. Le fait d'être privé, se priver de. Absence de.

privauté n. f. Familiarité excessive.

privé, e adj. Sans fonctions publiques ; non public. Intérieur, intime : *la vie privée*. Qui n'est pas géré par l'État : *secteur privé*. N. m. Vie intime.

priver v. t. Déposséder, ôter la jouissance de : *priver un homme de ses droits civils* ; *priver un enfant de dessert*. V. pr. S'abstenir de : *se priver de vin*. S'imposer des privations.

privilège n. m. Avantage personnel, exclusif. Droit : *les privilèges de l'âge*.

privilégié, e adj. et n. Qui jouit d'un privilège de fortune, de naissance.

prix [pri] n. m. Valeur vénale d'une chose : *objet de grand prix*. Récompense : *prix d'honneur*. Personne qui a obtenu un prix : *un prix de Rome*. À tout prix, coûte que coûte.

probabilité n. f. Vraisemblance. *Calcul des probabilités*, ensemble de règles permettant d'établir le pourcentage des chances de réalisation d'un événement.

probable* adj. Vraisemblable. Possible.

probant, e adj. Convaincant, concluant.

probatoire adj. Propre à éprouver quelqu'un.

probe adj. Très honnête.

probité n. f. Grande honnêteté.

problématique adj. Douteux. Hasardeux, incertain.

problème n. m. Question à résoudre par des procédés scientifiques : *problème d'algèbre*. Ce qui est difficile à expliquer : *ses ressources sont un problème*.

procédé n. m. Méthode qui permet d'obtenir un certain résultat : *un procédé de fabrication*. Conduite, manière d'agir. Rondelle de cuir des queues de billard.

procéder v. i. Agir, opérer : *procéder avec ordre*. Agir en justice. Provenir, prendre son origine.

procédure n. f. Formes des instructions judiciaires : *le code de procédure civile*. Actes judiciaires : *entamer la procédure de divorce*.

procédurier, ère adj. Qui connaît bien la procédure, qui s'y complaît.

procès n. m. Querelle, litige portés devant un tribunal. *Faire le procès de quelqu'un*, le critiquer de façon systématique, en énumérant ses griefs.

procession n. f. Marche solennelle, d'un caractère religieux, accompagnée de chants et de prières. *Fam*. Longue suite de personnes.

processionnaire adj. et n. f. Se dit de certaines chenilles qui vont par bandes nombreuses.

processus (prɔsɛsys) n. m. Marche, développement.

procès-verbal n. m. Acte d'un officier de justice constatant un fait.

prochain n. m. Ensemble des hommes, humanité, par rapport à un homme.

prochain, e* adj. Proche dans l'espace ou dans le temps : *nous nous arrêterons au prochain village*. Qui suit immédiatement : *la semaine prochaine*. *La prochaine fois*, la première fois que tel ou tel événement se produira.

proche adj. Qui est près, en parlant de l'espace : *deux maisons proches l'une de l'autre* ; du temps : *l'heure est proche* ; des relations de parenté : *proche parent*. N. m. pl. Parents : *mes proches*.

proclamation n. f. Action de proclamer : *la proclamation d'un résultat*. Publication solennelle.

proclamer v. t. Publier à haute voix, avec solennité. Divulguer, révéler.

proconsul n. m. Ancien magistrat romain.

procréation n. f. Action de procréer.

procréer v. t. Donner la vie à, par la fécondation de la femme par l'homme.

procuration n. f. Pouvoir qu'une personne donne à une autre pour agir en son nom.

procurer v. t. Faire obtenir : *procurer une place à quelqu'un*. V. pr. Acquérir.

procureur n. m. *Procureur général*, magistrat qui exerce les fonctions du ministère public près la Cour de cassation, etc. *Procureur de la République*, magistrat qui exerce les fonctions du ministère public près certains tribunaux.

prodigalité n. f. Caractère du prodigue. Pl. Dépenses folles.

prodige n. m. Ce qui semble en contradiction avec les lois de la nature. Chose surprenante. N. et adj. Personne exceptionnellement douée : *c'est un enfant prodige*.

prodigieux, euse* adj. Extraordinaire.

prodigue adj. Qui fait des dépenses excessives, inconsidérées. *Fig. Etre prodigue de son temps*, ne pas ménager son temps.

prodiguer v. t. Dépenser en prodigue. Donner sans mesure : *prodiguer les éloges*. Ne pas ménager : *prodiguer ses soins*.

prodrome n. m. *Méd*. Etat d'indisposition qui précède une maladie. *Par ext*. Fait qui présage quelque événement.

producteur, trice n. et adj. Qui produit, crée quelque chose. N. Personne qui permet, par ses capitaux, la réalisation du film.

productif, ive adj. Qui produit ou rapporte : *productif d'intérêt*.

production n. f. Action de produire. Produit : *les productions du sol*.

productivité n. f. Faculté de produire.

produire v. t. (conj. 64) Engendrer, porter : *les arbres produisent les fruits*. Rapporter. Occasionner. Présenter : *produire des titres*. Donner naissance. Créer : *l'art produit des merveilles*. V. pr. Se montrer, se faire connaître au public. Arriver, survenir : *il s'est produit un grand malheur*.

produit n. m. Ce qui est de la terre ou est le résultat du travail humain : *les produits du sol* ; *un produit manufacturé*. Résultat, bénéfice : *le produit de la récolte*. Résultat de la multiplication.

proéminence n. f. Bosse, saillie.

proéminent, e adj. Saillant.

profanateur, trice n. et adj. Qui profane.

profanation n. f. Action de profaner. Violation.

profane adj. Etranger à la religion : *histoire profane*. Personne qui n'est pas initiée à quelque chose, qui l'ignore ; incompétent : *être profane en la matière*.

profaner v. t. Traiter avec mépris des choses saintes. *Fig.* Avilir. Faire un usage indigne : *profaner son talent*.

proférer v. t. (conj 5) Prononcer : *proférer des injures*.

professer v. t. Déclarer hautement : *professer une opinion*. Enseigner : *professer l'histoire*.

professeur n. m. Personne qui enseigne une science, un art.

profession n. f. Déclaration publique : *profession de foi. Faire profession de*, se vanter de. Etat, métier, emploi : *exercer une profession. De profession*, par état. Acte par lequel un religieux, une religieuse prononce ses vœux.

professionnel, elle* adj. Relatif à une profession : *enseignement professionnel*. N. Personne qui fait une chose par métier.

professoral, e, aux adj. Relatif au professeur.

professorat n. m. Fonction de professeur.

profil n. m. Traits du visage d'une personne vu de côté. *Archit.* Représentation d'un bâtiment selon une coupe qui en montre l'intérieur. Aspect extérieur d'une chose : *le profil d'une voiture*. Description des traits caractéristiques d'une chose, d'une catégorie de personnes : *le profil type du jeune cadre*.

profiler v. t. Représenter en profil. Donner un profil déterminé à quelque chose. V. pr. Se présenter de profil.

profit n. m. Gain, bénéfice. Avantage, utilité. *Comm. Profits et pertes*, gains ou déficits imprévus.

profitable* adj. Avantageux, utile.

profiter v. i. Tirer un avantage, une utilité : *profiter des circonstances*. Progresser : *profiter en sagesse*. Grandir, grossir : *enfant qui profite*.

profiteur, euse adj. et n. Qui tire profit de tout : *les profiteurs de guerre*.

profond, e adj. Qui a de la profondeur : *puits profond. Fig.* Grand, extrême : *profonde douleur*. Obscur : *profond mystère*. Très pénétrant : *esprit profond*.

profondément adv. À une grande profondeur. Extrêmement : *profondément ému*.

profondeur n. f. Distance de l'entrée jusqu'au fond : *profondeur d'un trou, d'une boîte. Fig.* Pénétration d'esprit : *profondeur de vues*.

profusion [profyzjɔ̃] n. f. Grande abondance.

progéniture n. f. Enfants.

prognathe [prognat] adj. Qui a les os maxillaires proéminents.

prognathisme n. m. État d'une face prognathe.

programmateur, trice n. Qui établit un programme de cinéma, de radio, etc.

programmateur n. m. Appareil commandant l'exécution d'une suite d'opérations correspondant à une programme.

programmation n. f. Établissement d'un programme.

programme n. m. Écrit ou imprimé donnant les détails d'une cérémonie, d'un spectacle : *acheter le programme*. Matière d'un cours, d'un examen, etc. *Fig.* Projets, objectifs : *un programme politique*. Ensemble des instructions nécessaires à l'exécution des opérations demandées à un calculateur, à un appareillage automatique.

programmer v. t. Fractionner le problème confié à l'ordinateur en instructions codifiées. Etablir le programme d'un cinéma, de la radio.

programmeur, euse n. Spécialiste chargé de la préparation d'un programme imposé à un ordinateur.

progrès n. m. Mouvement en avant : *les progrès d'une inondation*. Augmentation, développement en bien ou en mal : *les progrès d'un écolier, d'une maladie*. Développement de la civilisation.

progresser v. i. Faire des progrès, aller de l'avant : *armée qui progresse*.

progressif, ive* adj. Qui avance par degrés : *marche progressive*. Qui suit une progression : *impôt progressif*.

progression n. f. Avance. Marche ininterrompue : *la progression des idées*. Accroissement. *Math.* Suite de nombres tels que chacun d'eux est égal au précédent, augmenté ou diminué (progression arithmétique) d'un nombre constant appelé raison, ou multiplié ou divisé (progression géométrique) par ce nombre constant.

progressiste n. et adj. Partisan du progrès. Qui a des idées politiques ou sociales avancées.

prohiber v. t. Interdire.

prohibitif, ive adj. Qui défend, interdit : *une loi prohibitive*. Excessif : *des prix prohibitifs*.

prohibition n. f. Interdiction d'user ou d'importer certains produits, en particulier l'alcool.

prohibitionniste n. et adj. Partisan d'une prohibition.

proie n. f. Ce que l'animal carnassier chasse ou enlève pour manger : *tigre emportant sa proie*. Ce dont on s'empare avec violence, le butin. *Fig.* Victime : *être la proie des flammes. En proie à*, victime de, sujet à. *Oiseau de proie*, oiseau carnassier.

projecteur n. m. Appareil pour projeter un faisceau lumineux. Appareil destiné à projeter des films, des photos.

projectile n. m. Tout corps lancé avec force dans l'espace (balle, obus, roquette, missile, grenade, etc.).

projection n. f. Action de lancer. Lumière, image projetée sur un écran. Représentation plane d'un corps, suivant certaines règles géométriques.

projectionniste n. m. Professionnel chargé de la projection des films.

projet n. m. Ce qu'on a l'intention de faire : *un projet hardi*. Ébauche, première rédaction d'un texte : *un projet de contrat*. Etude, avec dessin et devis, d'une construction à réaliser.

projeter v. t. (conj. 4) Avoir l'intention, former le dessein de. Lancer, porter en avant, jeter avec force : *la force de l'explosion nous a projetés contre le mur.* Emettre : projeter de la lumière. Projeter un film, le faire apparaître sur l'écran grâce à un dispositif lumineux spécial.

prolétaire n. Qui n'a pour vivre que le produit de son travail (manuel).

prolétariat n. m. Classe des prolétaires.

prolétarien, enne adj. Relatif au prolétariat.

prolifération n. f. Multiplication d'une cellule par division. Rapide augmentation en nombre : *la prolifération des armes nucléaires.*

proliférer v. i. Se multiplier rapidement.

prolifique adj. Qui a la vertu d'engendrer; qui se multiplie rapidement : *les lapins sont très prolifiques.*

prolixe adj. Diffus, trop long, bavard : *un écrivain prolixe.*

prolixité n. f. Défaut de celui qui est prolixe.

prologue n. m. Morceau qui sert de prélude à une pièce de théâtre. Avant-propos. *Fig.* Préliminaire.

prolongation n. f. Action de prolonger; délai accordé.

prolongement n. m. Extension, continuation. *Fig.* Conséquence, suite : *les prolongements d'une affaire.*

prolonger v. t. (conj. 1) Accroître la longueur, la durée.

promenade n. f. Action de se promener. Lieu où l'on se promène.

promener v. t. (conj. 5) Conduire en divers lieux pour un motif quelconque. *Fig.* Porter, diriger de côté et d'autre : *promener ses regards, son ennui.* V. pr. Aller d'un endroit à un autre pour se distraire, se délasser.

promeneur, euse n. Qui se promène.

promenoir n. m. Lieu couvert, destiné à la promenade. Partie d'une salle de spectacle, etc., où l'on peut circuler ou rester debout.

promesse n. f. Assurance donnée de faire quelque chose.

prometteur, euse adj. Plein de promesses.

promettre v. t. (conj. 49) S'engager à faire, à donner : *promettre de payer.* *Fig.* Annoncer, prédire : *le temps promet la pluie.* V. i. Donner des espérances : *enfant qui promet.* V. pr. Prendre une ferme résolution : *se promettre de travailler.* Espérer.

promis, e n. Fiancé, fiancée. (Vx.)

promiscuité n. f. Proximité désagréable de personnes; rapprochement déplaisant.

promontoire n. m. Cap élevé.

promoteur, trice n. Qui donne la première impulsion. Homme d'affaires qui assure la construction et le financement d'immeubles : *promoteur immobilier.*

promotion n. f. Elévation à un grade, à une dignité. Ensemble des élèves entrés la même année dans une grande école ou de personnes promues en même temps : *une promotion d'officiers.* Accession à un niveau de vie supérieur : *promotion ouvrière, sociale. Promotion des ventes,* technique d'information et de publicité propre à accroître les ventes d'un produit.

promotionnel, elle adj. Relatif à la promotion des ventes.

promouvoir v. t. (Usité à l'infinitif, aux temps composés et au passif : *être promu.*) Elever à quelque dignité. Mettre en œuvre, en action : *promouvoir une politique de progrès social.*

prompt [prɔ̃], **e**° adj. Qui ne tarde pas : *prompte guérison.* Qui va, agit vite : *esprit prompt.* Actif, diligent.

promptitude n. f. Caractère de ce qui est prompt; diligence, célérité. Faculté de saisir rapidement.

promulgation n. f. Publication.

promulguer v. t. Publier officiellement.

prôner v. t. Vanter, louer, recommander : *prôner la vertu.*

pronom n. m. Mot qui tient la place du nom. Il y a six sortes de pronoms : *personnels, possessifs, démonstratifs, relatifs, interrogatifs, indéfinis.*

pronominal, e°, **aux** adj. Qui appartient au pronom. *Verbe pronominal,* verbe qui se conjugue avec deux pronoms de la même personne : *il se flatte; nous nous avançons.*

prononcer v. t. (conj. 1) Articuler, proférer : *prononcer les mots, un discours.* Déclarer avec autorité : *prononcer un arrêt.* V. i. Déclarer : *le tribunal a prononcé.* V. pr. Manifester sa pensée.

prononciation n. f. Façon de prononcer.

pronostic n. m. Prévision, supposition.

pronostiquer v. t. Prévoir, annoncer.

propagande n. f. Action concertée, organisée en vue de répandre une opinion, une religion, une doctrine.

propagandiste n. et adj. Qui fait de la propagande.

propagateur, trice n. et adj. Qui propage.

propagation n. f. Multiplication des êtres : *propagation du genre humain.* *Fig.* Extension, développement : *la propagation des idées.* *Phys.* Transmission du son, de la lumière, des ondes électriques.

propager v. t. (conj. 1) Multiplier. Répandre quelque chose dans le public : *propager une nouvelle.* V. pr. Se répandre, s'étendre : *l'incendie se propage.*

propane n. m. Hydrocarbure gazeux employé comme combustible.

propension n. f. Tendance naturelle. Penchant : *propension au bien.*

prophète, étesse n. Qui prédit par inspiration divine. *Absol. Le Prophète,* Mahomet. *Fig.* Qui annonce l'avenir par conjecture : *prophète de malheur.*

prophétie [profesi] n. f. Prédiction.

prophétique° adj. Qui appartient au prophète.

prophétiser v. t. Prédire l'avenir par inspiration divine. *Par ext.* Prévoir.

prophylactique adj. Relatif à la prophylaxie.

prophylaxie n. f. Ensemble des moyens propres à garantir contre les maladies.

propice adj. Favorable.

propitiatoire [propisjatwar] adj. Qui rend propice.

proportion n. f. Rapport des parties entre elles et avec leur tout. Dimension : *ouvrage de grandes proportions.* Etendue : *les proportions d'une catastrophe.* *Math.* Egalité de deux rapports.

proportionné, e adj. Dont les proportions sont harmonieuses : *corps bien proportionné.*

proportionnel, elle* [prɔpɔrsjɔnɛl] adj. En proportion avec d'autres quantités.

proportionner v. t. Mettre en exacte proportion : *proportionner ses dépenses à ses ressources.*

propos n. m. Résolution, dessein : *ferme propos.* Discours tenu dans la conversation : *propos de table. A propos* loc. adv. Opportunément. *A propos de* loc. prép. A l'occasion de.

proposer v. t. Présenter, soumettre à l'examen : *proposer un avis, un candidat.* V. pr. S'offrir : *se proposer pour un emploi.* Avoir le dessein : *se proposer de sortir.*

proposition n. f. Action de proposer. Ce qu'on propose : *proposition de paix. Gramm.* Unité constitutive d'un énoncé formant une partie de la phrase ou la phrase entière.

propre* adj. Qui appartient exclusivement à : *caractère propre.* De la personne même : *de sa propre main.* Sans changement : *propres paroles.* Convenable, apte : *propre à un travail.* Qui n'est point sali, taché. Honnête. N. m. Ce qui est propre à : *le propre de l'homme. En propre,* en propriété particulière.

propret, ette adj. Simple et propre.

propreté n. f. Qualité de ce qui est net, exempt de saleté.

propriétaire n. Personne à qui une chose appartient. Personne qui possède un immeuble occupé par des locataires.

propriété n. f. Possession en propre, exclusive. Chose possédée. Immeuble, bien-fonds : *une propriété plantée d'arbres.* Caractère propre : *les propriétés d'un corps. Gramm.* Convenance exacte d'une expression.

propulser [prɔpylse] v. t. Faire avancer ; pousser en avant.

propulseur n. et adj. m. Qui imprime le mouvement dans une machine.

propulsion n. f. Mouvement qui pousse en avant : *la propulsion d'un bateau.*

propylée n. m. Porche monumental, en avant d'un temple grec.

propylène n. m. Sorte d'hydrocarbure.

prorata n. m. inv. Part proportionnelle. *Au prorata,* en proportion.

prorogation n. f. Action de proroger.

proroger v. t. (conj. 5) Reporter à une date ultérieure : *proroger une échéance, un délai. Proroger une assemblée,* suspendre ses séances et en remettre la continuation à un autre jour.

prosaïque* adj. Qui tient de la prose. Qui manque de noblesse, d'idéal ; banal, commun, terre à terre.

prosaïsme n. m. Manque de poésie. *Fig.* Banalité, platitude : *le prosaïsme de certaines vies.*

prosateur n. m. Celui qui écrit en prose.

proscenium [prɔsɛnjɔm] n. m. Partie du théâtre ancien qui comprenait ce que nous appelons la *scène* et l'*avant-scène.*

proscription n. f. Mesure violente contre les personnes ; bannissement illégal. *Fig.* Abolition : *la proscription d'un usage.*

proscrire v. t. Bannir, exclure. *Fig.* Rejeter, prohiber, abolir.

proscrit, e n. Frappé de proscription. Adj. Défendu, aboli.

prose n. f. Manière de s'exprimer non assujettie, comme la poésie, à une mesure et à un rythme réguliers. Hymne latine à vers rimés, mais non prosodiques.

prosélyte [prɔzelit] n. Nouveau converti. *Fig.* Nouvel adepte.

prosélytisme n. m. Zèle à faire des prosélytes.

prosodie [prɔzɔdi] n. f. Ensemble des règles relatives à la métrique. Ensemble des phénomènes linguistiques mélodiques (intonation, accents, etc.).

prosodique adj. De la prosodie.

prospecter v. t. Rechercher les gîtes minéraux d'un terrain. *Par ext.* Etudier les possibilités d'extension d'une clientèle.

prospecteur n. m. Qui prospecte.

prospection n. f. Action de prospecter.

prospective n. f. Science ayant pour objet l'étude des causes qui accélèrent l'évolution du monde moderne, et de leurs conséquences.

prospectus [prɔspɛktys] n. m. Imprimé diffusé à des fins publicitaires.

prospère adj. Heureux, favorisé par le succès, florissant : *maison prospère.*

prospérer v. i. (conj. 5) Avoir du succès. Devenir florissant.

prospérité n. f. Etat prospère.

prostate n. f. Corps glandulaire propre au sexe masculin, qui est situé au niveau de la partie initiale de l'urètre.

prosternation n. f. ou **prosternement** n. m. Action de se prosterner. Etat d'une personne prosternée.

prosterner v. t. Etendre à terre, en signe d'adoration, de respect. V. pr. Se coucher, se courber jusqu'à terre. *Fig.* Donner des marques de respect très humble.

prostituée n. f. Femme qui se prostitue.

prostituer v. t. Livrer aux plaisirs sexuels d'autrui contre de l'argent. *Fig.* Avilir : *prostituer son talent.*

prostitution n. f. Action de se prostituer. *Fig.* Action d'avilir, de dégrader.

prostration n. f. Etat de profond abattement.

prostré, e adj. Abattu, sans force.

protagoniste n. m. Acteur chargé du rôle principal. *Par ext.* Personne qui joue le rôle principal dans une affaire.

prote n. m. Chef d'un atelier de composition typographique.

protecteur, trice adj. et n. Qui protège. Qui convient à un protecteur : *air protecteur.*

protection n. f. Action de protéger ; ce qui protège. *Protection civile,* ensemble des mesures destinées à protéger la population en cas de danger général.

protectionnisme n. m. Système douanier destiné à protéger un pays de la concurrence étrangère.

protectionniste adj. Relatif au protectionnisme. N. m. Partisan du protectionnisme.

protectorat n. m. Système juridique qui place un Etat sous la dépendance d'un autre, en ce qui concerne ses relations extérieures ; cet Etat lui-même.

protée n. m. Homme qui change souvent de manières, d'opinions. (V. *part. hist.*)

protéger v. t. (conj. 5) Couvrir, garantir. Prendre la défense de. Appuyer, patronner. Favoriser, favoriser.

protéiforme adj. Qui change de forme.

protéine n. f. Classe de macromolécules organiques azotées qui entrent pour une forte proportion dans la constitution des êtres vivants.

protestant, e adj. et n. Qui appartient à la religion réformée.

protestantisme n. m. Ensemble des doctrines religieuses et des Églises issues de la Réforme.

protestataire adj. et n. Qui proteste.

protestation n. f. Action de protester.

protester v. i. S'élever contre, réclamer. Donner l'assurance formelle de : *protester de son innocence.*

protêt [prɔtɛ] n. m. Acte constatant le refus d'acceptation ou de paiement d'une traite, d'un chèque, etc.

prothèse n. f. Remplacement partiel ou total d'un organe ou d'un membre : *prothèse dentaire.*

protides n. m. pl. Nom générique des substances organiques azotées : acides aminés, polypeptides, protéines, protéides.

protocolaire adj. Conforme au protocole.

protocole n. m. Formulaire pour dresser des actes publics. Procès-verbal diplomatique. Étiquette des cérémonies officielles : *observer le protocole.*

protohistoire n. f. Époque de l'histoire de l'humanité, comprise entre la préhistoire et les premiers documents écrits.

proton n. m. Noyau de l'atome d'hydrogène, corpuscule chargé d'électricité positive.

protoplasme n. m. Substance qui constitue la cellule vivante.

prototype n. m. Modèle original d'un objet destiné à être reproduit en série : *un prototype d'avion.*

protoxyde n. m. Oxyde le moins oxygéné d'un élément.

protozoaires n. m. pl. Embranchement du règne animal comprenant les êtres unicellulaires.

protubérance n. f. Saillie, bosse, excroissance.

protubérant, e adj. Saillant.

proue n. f. Avant d'un navire.

prouesse n. f. Exploit, vaillance : *faire des prouesses. Fam.* Succès, exploit quelconque.

prouvable adj. Qu'on peut prouver.

prouver v. t. Établir indéniablement la vérité. Témoigner.

provenance n. f. Origine.

provençal, e, aux adj. et n. De Provence.

provende n. f. Provision de vivres. Mélange de grains et de fourrages pour bestiaux.

provenir v. t. (conj. 16) Venir de. *Fig.* Résulter de.

proverbe n. m. Maxime brève traduisant une vérité générale traditionnelle.

proverbial, e*, aux adj. Qui tient du proverbe : *expression proverbiale.* Cité comme type, comme modèle.

providence n. f. Suprême sagesse divine : *s'en remettre à la Providence* (avec une majuscule dans ce sens). *Fig.* Personne qui veille, qui protège : *vous êtes ma providence.*

providentiel, elle* adj. Amené, suscité par la Providence. Inespéré, inattendu : *des secours providentiels.*

provigner v. t. Marcotter la vigne. V. i. Se multiplier par marcottes.

province n. f. Division territoriale. État, pays. Toute la France, en dehors de la capitale : *se fixer en province.* Les habitants des départements : *la province envahit Paris.*

provincial, e, aux adj. Qui est de la province. Qui tient de la province : *accent provincial.* N. Personne de la province.

provincialisme n. m. Manière de s'exprimer propre à une province.

proviseur n. m. Directeur d'un lycée de garçons.

provision n. f. Ensemble des choses nécessaires ou utiles, mises en réserve : *faire provision de bois pour l'hiver.* Couverture, en termes de banque : *chèque sans provision.* Somme versée à titre d'acompte : *verser une provision.* Pl. Produits alimentaires, produits d'entretien, etc., achetés : *faire ses provisions.*

provisionnel, elle adj. Qui se fait par provision dans l'attente du règlement définitif : *versement provisionnel.*

provisoire* adj. Temporaire. Prononcé en attendant : *jugement provisoire.* N. m. Ce qui est provisoire : *souvent le provisoire dure longtemps.*

provocant, e adj. Qui provoque.

provocateur, trice n. et adj. Qui provoque. Personne qui incite à la violence, à l'émeute, aux troubles.

provocation n. f. Défi. Incitation.

provoquer v. t. Inciter, exciter. Défier. Agir de manière à s'attirer des représailles : *provoquer un adversaire.* Susciter, causer : *provoquer l'hilarité.*

proximité n. f. Voisinage. *À proximité de,* près de.

prude n. f. et adj. Qui affecte une pudeur outrée ou hypocrite.

prudemment adv. Avec prudence.

prudence n. f. Vertu qui fait prévoir et éviter les fautes et les dangers.

prudent, e adj. Qui a de la prudence : *conseiller prudent.* Conforme à la prudence : *réponse prudente.*

pruderie n. f. Affectation de vertu.

prud'homme n. m. Membre d'un tribunal électif composé de patrons et de salariés pour juger les différends professionnels.

prudhommesque adj. Sentencieux, banal.

prune n. f. Fruit du prunier.

pruneau n. m. Prune séchée.

prunelle n. f. Petite prune sauvage.

prunelle n. f. Pupille de l'œil.

prunellier n. m. Prunier sauvage.

prunier n. m. Arbre dont le fruit, la prune, est comestible et savoureux.

prurigo n. m. Affection cutanée caractérisée par des démangeaisons.

prurit [pryrit] n. m. Vive démangeaison.

prussien, enne adj. et n. De Prusse.

prussique adj. *Acide prussique,* acide résultant d'une combinaison de cyanogène et d'hydrogène, poison violent.

prytanée n. m. Établissement militaire d'enseignement du second degré.

psalmiste n. m. Auteur de psaumes.

psalmodier v. t. et i. Réciter des psaumes sans inflexion de voix. *Fig.* Débiter d'une manière monotone : *psalmodier sa leçon.*

psaume n. m. Chant sacré, cantique, poème religieux de la liturgie chrétienne et juive.

psautier n. m. Recueil de psaumes.
pseudo, préf. qui signifie *faux. Fam.* Abrév. de *pseudonyme.*
pseudonyme n. m. Nom choisi par un auteur, un artiste, etc., pour cacher son identité.
psitt! interj. Sifflement d'appel.
psychanalyse [psikanaliz] n. f. Investigation psychologique ayant pour but de ramener à la conscience les sentiments obscurs ou refoulés dans l'inconscient.
psyché [psi̯ʃe] n. f. Grande glace mobile.
psychédélique adj. Relatif au psychédélisme.
psychédélisme n. m. État de rêve éveillé provoqué par certains hallucinogènes.
psychiatre [psikjatr] n. Médecin spécialiste des maladies mentales.
psychiatrie n. f. Etude et traitement des maladies mentales.
psychiatrique adj. Qui concerne la psychiatrie : *un traitement psychiatrique.*
psychique [psiʃik] adj. Qui concerne les états de conscience, la vie mentale.
psychologie [psikɔlɔʒi] n. f. Etude scientifique de la vie mentale. Connaissance intuitive des sentiments d'autrui : *manquer de psychologie.* Analyse des sentiments, des états de conscience.
psychologique adj. Qui concerne la psychologie. Qui s'attache à l'étude des sentiments.
psychologue n. Qui s'occupe de psychologie. Adj. Fin, perspicace.
psychose [psikoz] n. f. Maladie mentale en général, à l'exception de la névrose.
psychosomatique [psikɔsɔmatik] adj. Qui concerne à la fois le corps et l'esprit : *maladie psychosomatique.*
psychothérapie n. f. Traitement par des méthodes psychologiques.
ptôse n. f. Descente des organes, due au relâchement des muscles ou des ligaments.
puant, e adj. Qui exhale une odeur fétide. *Fam.* Qui est d'une fatuité insupportable.
puanteur n. f. Mauvaise odeur.
pubère n. et adj. Qui a atteint l'âge de puberté.
puberté n. f. Passage de l'enfance à l'adolescence. Ensemble des transformations corporelles et psychiques qui ont lieu durant cette période.
pubis [pybis] n. m. Partie inférieure du bas-ventre, formant une éminence triangulaire.
public, ique* adj. Relatif à tout un groupe, une collectivité, un peuple : *l'opinion publique.* Accessible à tous : *réunion publique.* Connu de tous : *bruit public.* Qui relève de l'Etat, de l'Administration d'un pays : *les affaires publiques.* N. m. Les gens, la population : *entrée interdite au public.* Ensemble des gens qui lisent, vont au spectacle : *conquérir le public.*
publication n. f. Action de publier. Ouvrage publié.
publiciste n. Journaliste.
publicitaire adj. Relatif à la publicité ou à la réclame : *panneau publicitaire.*
publicité n. f. Etat de ce qui est public : *publicité des débats judiciaires.* Annonce, réclame : *faire de la publicité dans la presse.* Méthodes pour faire connaître un produit au public. Métier de ceux qui pratiquent ou

étudient ces méthodes : *travailler dans la publicité.*
publier v. t. Rendre public. Annoncer officiellement : *publier une loi.* Divulguer : *publier une nouvelle.* Vanter, célébrer : *publier le génie de quelqu'un.* Editer : *publier un roman.*
puce n. f. Insecte sauteur, parasite de l'homme et des bêtes. *Avoir la puce à l'oreille,* être sur le qui-vive. Adj. inv. De la couleur de la puce : *une robe puce.*
puceau [pyso] n. m. et adj., **pucelle** [pysel] n. f. et adj. *Fam.* Garçon, fille vierge.
puceron n. m. Nom de divers insectes hémiptères qui vivent sur les plantes.
pudding [pudiŋ] ou **pouding** n. m. Gâteau anglais composé de farine, de graisse et de raisins secs.
puddlage n. m. Action de puddler.
puddler v. t. Affiner la fonte pour la transformer en acier.
pudeur n. f. Discrétion, retenue qui interdit ce qui peut blesser la décence, la délicatesse. Réserve, discrétion.
pudibond, e adj. D'une pudeur excessive.
pudibonderie n. f. Affectation de pudeur exagérée.
pudicité n. f. Caractère pudique.
pudique* adj. Qui a de la pudeur.
puer v. i. Exhaler une odeur fétide. V. t. Exhaler désagréablement l'odeur de : *puer l'ail.*
puéricultrice n. f. Femme spécialisée dans les soins des tout-petits.
puériculture n. f. Ensemble des connaissances et des techniques nécessaires aux soins des tout-petits.
puéril, e* adj. Qui ne convient qu'à un enfant, déplacé pour un adulte : *propos puérils.*
puérilité n. f. Caractère puéril. Acte, parole puérils, enfantillage.
puerpéral [pчɛrperal] **e, aux** adj. Propre aux femmes en couches : *fièvre puerpérale.*
pugilat n. m. Bagarre à coups de poing.
pugiliste n. m. Boxeur.
puîné, e adj. Né après, par rapport à un autre : *frère puîné.*
puis adv. Ensuite, après. *Et puis,* après cela ; d'ailleurs, au reste.
puisage n. m. Action de puiser.
puisard n. m. Espèce de puits pour recevoir les eaux de pluie et les eaux usées.
puisatier n. et adj. m. Qui creuse des puits.
puisement n. m. Action de puiser.
puiser v. t. Prendre du liquide dans un puits, dans un vase, etc. *Fig.* Prendre : *puiser dans la bourse d'un ami. Fig.* Emprunter : *puiser aux meilleurs auteurs.*
puisque conj. Comme, attendu que.
puissamment adv. Fortement. Extrêmement : *il a été puissamment aidé.*
puissance n. f. Autorité : *puissance maritale.* Pouvoir : *ce n'est pas en ma puissance.* Domination : *la puissance de Rome.* Force, influence : *puissance militaire.* Etat : *les grandes puissances. Phys.* Force. *Math.* Nombre de fois qu'un nombre est multiplié par lui-même : *le cube est la troisième puissance.*
puissant, e adj. Qui a de la puissance. N. m. Personne riche, haut placée, influente.

puits [pųi] n. m. Trou profond foré dans le sol pour tirer de l'eau, exploiter une mine, extraire du pétrole. *Fig. Puits de science*, homme très savant.

pull-over [pylɔver] n. m. Tricot, avec ou sans manches, qu'on enfile par la tête.

pullulation n. f. Multiplication rapide et abondante.

pulluler v. i. Se multiplier beaucoup et vite. *Fig.* Se répandre avec profusion.

pulmonaire adj. Du poumon.

pulpe n. f. Substance charnue des fruits, des légumes. *Pulpe dentaire*, tissu conjonctif de la cavité dentaire.

pulpeux, euse adj. Formé de pulpe. Qui a le moelleux, l'aspect de la pulpe.

pulsation n. f. Battement répété. Battement du pouls : *compter les pulsations*.

pulvérisateur n. m. Instrument pour projeter un liquide en fines gouttelettes.

pulvérisation n. f. Action de pulvériser. Son résultat.

pulvériser v. t. Réduire en poudre, en menus morceaux. *Fig.* Détruire, anéantir. Projeter un liquide en fines gouttelettes.

pulvérulent, e adj. À l'état de poussière, de poudre très fine.

puma n. m. Mammifère carnassier de l'Amérique du Sud.

punaise n. f. Insecte plat et puant. Petit clou à tête large, à pointe courte et très fine.

punch [pɔ̃ʃ] n. m. Boisson alcoolisée à base de rhum, accompagnée de citron et de sirop de sucre.

punch [pœnʃ] n. m. Qualité du boxeur dont les coups sont décisifs : *avoir du punch. Fig. Fam.* Efficacité, dynamisme.

punique adj. Qui concerne les Carthaginois.

punir v. t. Infliger une peine, un châtiment. *Être puni de sa confiance*, en être mal récompensé.

punissable adj. Qui mérite une punition.

punition n. f. Action de punir. Peine infligée.

pupillaire adj. *Anat.* De la pupille.

pupille [pypil] n. Orphelin mineur placé sous l'autorité d'un tuteur. *Pupille de l'État*, enfant placé sous la tutelle de l'État.

pupille n. f. Orifice central de l'iris de l'œil, derrière lequel se trouve le cristallin.

pupitre n. m. Petit meuble pour poser un livre, de la musique, etc. Organe d'un ordinateur qui réunit les commandes manuelles de fonctionnement.

pur, e adj. Sans mélange : *vin pur.* Non altéré, ni vicié : *air pur. Fig. : intention pure.* Exempt : *pur de tout crime.* Que rien ne trouble : *joie pure, ciel pur. En pure perte*, sans résultat.

purée n. f. Bouillie de légumes cuits, écrasés et passés.

purement adv. D'une manière pure : *parler purement. Purement et simplement*, sans réserve ni condition.

pureté n. f. Qualité de ce qui est pur.

purgatif, ive adj. et n. m. Qui purge.

purgatoire n. m. Lieu où les âmes des morts achèvent d'expier leurs péchés, selon la théologie catholique.

purge n. f. Action de purger. *Méd.* Remède laxatif. *Fig.* Élimination des individus

jugés politiquement indésirables : *les purges staliniennes.*

purger v. t. (conj. 1) Dégager de tout mélange, purifier. Délivrer, affranchir : *purger une mer des pirates. Méd.* Traiter par un purgatif. *Dr.* Lever une hypothèque. *Purger une peine*, une condamnation, la subir.

purgeur n. m. Appareil permettant d'évacuer l'excès d'air ou d'eau dans une installation.

purificateur, trice adj. Qui purifie.

purification n. f. Action de purifier ; son effet.

purifier v. t. Rendre pur. Assainir. *Fig.* Débarrasser de souillures morales.

purin n. m. Liquide s'écoulant du fumier et servant d'engrais.

purisme n. m. Souci excessif de la pureté du langage.

puriste adj. et n. Qui recherche avec affectation la pureté du langage.

puritain, e n. Membre d'une secte de presbytériens très rigides. *Fig.* Sévère, rigide.

puritanisme n. m. Secte, doctrine des puritains. Rigorisme.

purpurin, e adj. Qui approche de la couleur pourpre.

pur-sang n. m. inv. Cheval de race pure.

purulence n. f. Production de pus.

purulent, e adj. Qui a l'aspect du pus. Qui produit du pus : *plaie purulente.*

pus [py] n. m. Liquide jaunâtre qui se forme aux points d'infection de l'organisme.

pusillanime [pyzilanim] adj. Timide jusqu'à la lâcheté.

pusillanimité n. f. Manque de courage

pustule n. f. Petite tumeur inflammatoire suppurante.

pustuleux, euse adj. Couvert de pustules.

putain [pytɛ̃] n. f. *Pop.* Prostituée.

putatif, ive adj. Qui est supposé avoir une existence légale. *Enfant putatif*, supposé le fils de.

putois n. m. Petit mammifère carnassier, à forte odeur

putréfaction n. f. Décomposition des corps organisés après la mort. État de ce qui est putréfié.

putréfier v. t. Corrompre, pourrir. Faire pourrir. V. pr. Se décomposer.

putrescible adj. Sujet à pourrir.

putride adj. Produit par la putréfaction. Qui présente de la putréfaction.

putridité n. f. État de ce qui est putride.

putsch [putʃ] n. m. Soulèvement d'un groupe politique armé.

puy [pųi] n. m. En Auvergne, sommet d'une montagne.

puzzle [pœzl] n. m. Jeu de patience, composé d'une infinité de fragments découpés qu'il faut assembler.

pygmée n. m. Homme de très petite taille.

pyjama n. m. Vêtement de nuit ou d'intérieur, ample et léger, composé d'une veste et d'un pantalon.

pylône n. m. Tour ou pilier placés de chaque côté d'une entrée monumentale. Poteau en ciment ou support métallique destiné à porter des câbles électriques aériens, des antennes, etc.

pylore n. m. Orifice intérieur de l'estomac, débouchant dans le duodénum.

pyramidal, e, aux adj. En forme de pyramide.

pyramide n. f. Solide qui a pour base un polygone et pour faces latérales des triangles réunis en un point appelé *sommet*. Grand monument ayant la forme d'une pyramide : *les pyramides d'Égypte*. Entassement d'objets, ou objet ayant une base large et un sommet pointu.

pyrèthre n. m. Plante composée dont les fleurs fournissent une poudre insecticide.

pyrite n. f. Sulfure naturel de fer ou de cuivre.

pyrogravure n. f. Décoration du bois à l'aide d'une pointe métallique portée au rouge vif.

pyromane n. Incendiaire maniaque.

pyromanie n. f. Impulsion irrésistible poussant à allumer des incendies.

pyrotechnie n. f. Préparation et emploi des matières explosives et des produits pour feux d'artifice.

pyrotechnique adj. Relatif à la pyrotechnie.

pythagoricien, enne n. Partisan de la doctrine de Pythagore. Adj. Relatif à cette doctrine.

pythagorisme n. m. Doctrine de Pythagore.

pythie n. f. Prêtresse de l'oracle d'Apollon, à Delphes : *la pythie rendait ses oracles sur un trépied*.

pythique adj. *Jeux Pythiques*, jeux célébrés à Delphes, en l'honneur d'Apollon.

python n. m. Serpent géant qui étouffe ses proies dans ses anneaux

pythonisse n. f. Femme douée du don de prophétie.

Q

q n. m. Dix-septième lettre de l'alphabet et la treizième des consonnes. **Q. G.,** abrév. de *quartier général*.

quadragénaire [kwadraʒenɛr] adj. et n. Âgé de quarante ans.

quadrangulaire [kwadrãgylɛr] adj. Qui a quatre angles

quadrant [ka- ou kwadrã] n. m. Quart de la circonférence.

quadrature [kwadratyr] n. f. *Géom.* Réduction d'une figure quelconque en un carré équivalent : *la quadrature du cercle est un problème insoluble. Astr.* Situation de deux astres éloignés l'un de l'autre d'un quart de cercle.

quadriennal [kadrijɛnal] **e, aux** adj. Qui dure quatre ans ou revient tous les quatre ans.

quadrige [kadriʒ] n. m. Char antique attelé de quatre chevaux de front.

quadrilatéral, e, aux adj. Qui a quatre côtés.

quadrilatère [kwadrilatɛr] adj. À quatre côtés. N. m. *Géom.* Polygone à quatre côtés. *Mil.* Position appuyée sur quatre points fortifiés.

quadrillage n. m. Disposition en carrés contigus. Implantation régulière d'unités militaires pour contrôler une région, une ville, etc.

quadrille n. m. Groupe de quatre cavaliers effectuant une figure de carrousel, ou de quatre danseurs faisant une figure de danse; cette danse elle-même.

quadriller v. t. Diviser au moyen d'un quadrillage : *quadriller du papier*. Couvrir de lignes droites se coupant de façon à former des carrés. Procéder à un quadrillage militaire ou policier.

quadripartite adj. Constitué par quatre partis ou parties.

quadrisyllabique adj. Composé de quatre syllabes.

quadrumane [kwadryman] adj. et n. *Zool.* Qui a quatre mains : *certains singes sont des quadrumanes.*

quadrupèdes [kwadrypɛd] n. m. et adj. Qui a quatre pieds.

quadruple [kwadrypl ou kadrypl] adj. Qui vaut quatre fois autant. Au nombre de quatre. N. m. Nombre quatre fois aussi grand.

quadrupler v. t. Multiplier par quatre. V. i. Être multiplié par quatre : *la production a quadruplé en cinq ans.*

quai n. m. Construction le long d'un cours d'eau pour empêcher les débordements. Rivage d'un port où l'on décharge les marchandises. Trottoir ou plate-forme, dans les gares, le long des voies.

quaker [kwɛkœr] n. m. Membre d'une secte religieuse, répandue en Angleterre et aux États-Unis. (Fém. *quakeresse*.)

qualifiable adj. Qui peut être qualifié facilement.

qualificatif, ive adj. Qui qualifie : *adjectifs qualificatifs.* N. m. Mot qui exprime la qualité, la manière d'être : *un qualificatif aimable.*

qualification n. f. Attribution d'une qualité ou d'un titre. Valeur d'un ouvrier suivant sa formation et ses aptitudes. Conditions requises pour participer à une épreuve sportive.

qualifié, e adj. Qui a la qualité nécessaire pour : *être qualifié pour critiquer.* À qui, à quoi l'on attribue une qualité, une spécialisation : *ouvrier qualifié. Vol qualifié,* avec circonstances aggravantes.

qualifier v. t. Caractériser par l'attribution d'une qualité : *mot qu'on peut qualifier de bas.* V. pr. Passer avec succès des épreuves préliminaires : *cet athlète s'est qualifié pour la finale.*

qualitatif, ive adj. Relatif à la qualité, à la nature des choses.

qualité n. f. Manière d'être, bonne ou mauvaise, d'une chose : *la qualité d'une étoffe, d'une terre.* Supériorité, excellence en quelque chose : *préférer la qualité à la quantité.* Aptitude, disposition heureuse : *cet enfant a des qualités.* Condition sociale, civile, juridique, etc. : *qualité de citoyen, de maire, de légataire. Homme de qualité,* homme de naissance noble. (Vx.) *En qualité de,* comme, à titre de : *en qualité de volontaire.*

quand [kã] adv. À quelle époque : *quand partez-vous?* Conj. Lorsque : *quand vous serez vieux.* Encore que, quoique, alors que : *quand vous me haïriez.*

quant à loc. prép. À l'égard de.

quanta n. m. pl. *Phys.* V. QUANTUM.

quant-à-soi n. m. Réserve, attitude distante : *rester sur son quant-à-soi.*

quantième n. m. *Quantième du mois,* numéro d'ordre de chaque jour du mois.

quantitatif, ive adj. Relatif à la quantité.

quantité n. f. Qualité de ce qui peut être mesuré, augmenté ou diminué. Un certain nombre. Un grand nombre : *quantité de gens disent.* Durée de prononciation d'une lettre, d'une syllabe.

quantum [kwãtɔm] n. m. Quantité afférente à chacun dans une répartition. Quantité déterminée : *le tribunal fixera le quantum des dommages-intérêts. Phys.* Quantité minimale d'énergie pouvant être émise, propagée ou absorbée. (Dans ce sens, le plur. est *quanta.*)

quarantaine n. f. Nombre de quarante ou environ. Âge de quarante ans. Séjour plus ou moins long que doivent faire, dans un lieu isolé, les personnes et les marchandises venant d'un pays frappé d'une maladie infectieuse. *Fig.* Isolement : *mettre un écolier en quarantaine.*

quarante adj. num. Quatre fois dix. Quarantième : *page quarante.* N. m. Le nombre quarante. *Les Quarante,* les quarante membres de l'Académie française.

quarantième adj. num. ord. et n. Qui occupe un rang marqué par le nombre quarante. N. m. La quarantième partie d'un tout.

quart [kar] n. m. La quatrième partie d'une unité. *Mar.* Service de veille à bord, de quatre heures consécutives. Petit gobelet de fer-blanc, contenant environ un quart de litre. Quart d'une heure. Quantité correspondant à 250 gr : *un quart de beurre;* ou à un quart de litre : *donnez-moi un quart Vichy. Arch. Quart-de-rond,* moulure qui a 90°.

quartaut n. m. Petit fût de contenance variable (57 à 137 litres).

quarte n. f. Série de quatre cartes de la même couleur. *Mus.* Intervalle comprenant quatre degrés de l'échelle diatonique.

quarteron, onne n. Métis de blancs et de mulâtres. N. m. Le quart d'un cent ou vingt-cinq. *Péjor.* Petit nombre.

quartette [kwartɛt] n. m. Petit quatuor.

quartier n. m. Quart : *quartier de pomme.* Gros fragment : *quartier de roche.* Division administrative d'un ville : *quartier commerçant.* Phase croissante (*premier quartier*) ou décroissante (*dernier quartier*) de la lune. Degré de descendance : *quartiers de noblesse.* Bande de cuir au talon d'une chaussure. Grâce de la vie : *faire quartier aux vaincus.*

Casernement ou cantonnement militaire : *quartiers d'hiver. Quartier général,* emplacement de l'état-major, des dirigeants, des chefs, etc. *Avoir quartier libre,* être autorisé à sortir de la caserne.

quartier-maître n. m. *Mar.* Grade le moins élevé dans l'armée de mer.

quarto [kwarto] adv. Quatrièmement.

quartz kwarts) n. m. Silice cristallisée.

quartzeux, euse [kwatzrøz] adj. De quartz.

quasi [kazi] n. m. Partie de la cuisse du veau, du bœuf.

quasi, quasiment [ka-] adv. Presque.

quater [kwatɛr] adv. Pour la quatrième fois.

quaternaire [kwatɛrnɛr] adj. Relatif au nombre quatre. Divisible par quatre. Se dit de l'ère géologique actuelle. N. m. Période géologique actuelle.

quatorze adj. num. Dix et quatre. Quatorzième : *Louis quatorze.* N. m. Nombre quatorze.

quatorzième adj. num. ord. et n. Qui occupe un rang marqué par le nombre quatorze. N. m. Quatorzième partie d'un tout.

quatrain n. m. Strophe ou petit poème de quatre vers.

quatre adj. num. Deux fois deux. Quatrième : *Henri quatre. Fig. Se tenir à quatre,* faire un grand effort sur soi-même pour ne pas éclater. *Se mettre en quatre,* s'efforcer. N. m. Nombre quatre. Quatrième jour. Chiffre qui exprime le nombre quatre.

quatre-quarts n. m. inv. Gâteau où entrent 4 parties égales de farine, sucre, beurre, œufs.

quatre-saisons n. f. inv. *Marchand(e) des quatre-saisons,* personne qui vend des fruits et des légumes dans une voiture à bras installée dans la rue.

quatre-vingtième adj. num. ord. et n. Qui occupe un rang marqué par le nombre quatre-vingts. N. m. Quatre-vingtième partie.

quatre-vingts (**quatre-vingt,** quand ce mot est suivi d'un autre nombre) adj. num. Quatre fois vingt : *quatre-vingts ans.*

quatrième* adj. num. ord. Qui occupe un rang marqué par le nombre quatre. N. Qui occupe le quatrième rang. N. m. Quatrième étage. À certains jeux, quatre cartes qui se suivent dans une même couleur : *une quatrième au roi* (à partir du roi).

quatuor [kwatyɔr] n. m. Morceau de musique à quatre parties. Ensemble de quatre instruments ou de quatre musiciens.

que pr. rel. Lequel, laquelle, etc. : *la leçon que j'étudie.* Pr. interrog. Quelle chose : *que dit-il?*

que conj. Sert à unir deux membres de phrase pour marquer que le second est subordonné au premier : *je veux que vous veniez.* Marque le souhait, l'imprécation : *que je meure si...; qu'il parte à l'instant,* etc. S'emploie pour : *pourquoi, si ce n'est, comme, quand, puisque, si.* Sert de corrélatif à *tel, quel, même,* et aux comparatifs. Loc. adv. *Ne... que,* seulement. Adv. Combien : *que c'est bon!*

quel, quelle adj. S'emploie dans les phrases interrogatives : *quelle heure est-il?* ou exclamatives : *quel malheur! Quel que,* de quelque nature que ; si grand que.

quelconque adj. indéf. Quel qu'il soit. Médiocre : *livre quelconque.*

quelque adj. indéf. Un ou plusieurs : *quelques livres, quelque indiscret.* Petit : *il a quelque mérite.* Adv. Environ : *il y a quelque cinquante ans.* Si : *quelque habiles que vous soyez.*

quelquefois adv. Parfois.

quelqu'un, e pr. indéf. Un entre plusieurs : *quelqu'un de vos parents.* Une personne : *quelqu'un m'a dit.* Une personne importante : *se croire quelqu'un.* (Pl. *quelques-uns, quelques-unes.*)

quémander v. t. et i. Mendier, solliciter avec importunité.

quémandeur, euse adj. et n. Qui quémande ; solliciteur importun.

qu'en-dira-t-on n. m. inv. L'opinion du public : *se moquer du qu'en-dira-t-on.*

quenelle n. f. Poisson ou volaille haché fin, incorporé à de la farine, lié à l'œuf et formant un petit rouleau.

quenotte n. f. *Fam.* Dent d'enfant.

quenouille n. f. Baguette entourée de chanvre, de lin, de soie, de laine, destinés à être filés.

querelle n. f. Contestation, dispute, rixe, démêlé : *chercher querelle.* Discussion, débat : *une querelle littéraire.*

quereller (se) v. pr. Se disputer.

querelleur, euse adj. et n. Disputeur.

quérir ou **querir** v. t. (Usité à l'inf., après les verbes *aller, venir, envoyer.*) Chercher pour apporter ou amener.

questeur [kɛstœr] n. m. Magistrat romain chargé des questions financières. Celui qui dirige l'administration intérieure d'une assemblée.

question n. f. Demande, interrogation : *question indiscrète.* Point à discuter : *question philosophique.* Torture appliquée jadis à un accusé pour le faire avouer. *En question,* discuté.

questionnaire n. m. Liste de questions auxquelles on doit répondre par écrit.

questionner v. t. Interroger.

questionneur, euse adj. et n. Qui questionne beaucoup.

questure [kɛstyr ou kɥɛstyr] n. f. Charge de questeur ; durée de ses fonctions. Bureau du questeur.

quête n. f. Action de demander des aumônes, en général dans un but charitable : *faire la quête ;* somme recueillie. A la recherche de, recherche : *en quête de.*

quêter v. t. Chercher, rechercher. V. i. Solliciter des aumônes.

quêteur, euse adj. et n. Qui quête.

quetsche [kwɛtʃ] n. f. Grosse prune violette.

queue n. f. Appendice terminal du tronc de quelques animaux : *queue de chien, de poisson.* Pédoncule de fleur, de fruit. Appendice de divers objets : *queue de poêle.* Partie d'un vêtement qui traîne : *queue d'une robe.* Bâton servant à jouer au billard. *A la queue leu leu,* l'un derrière l'autre. Suite de personnes qui attendent : *faire la queue.*

queue-d'aronde n. f. Sorte de tenon.

queue-de-morue n. f. Large pinceau plat.

queue-de-rat n. f. Petite lime ronde.

queuter v. i. Au billard, au croquet, pousser sa boule en jouant.

queux n. m. *Maître queux,* cuisinier.

qui pr. rel. Lequel, laquelle. Celui qui, quiconque : *aimez qui vous aime.* Pr. interrog. Quelle personne : *qui est là ? Qui... qui..., l'un..., l'autre. Qui que ce soit,* n'importe qui.

quia (à) [a kɥja] loc. adv. *Être à quia,* sans savoir que répondre ; sans le sou.

quiche n. f. Flan lorrain au lard.

quiconque pr. indéf. Toute personne qui. N'importe qui.

quidam [kɥidam] n. m. Personne dont on ignore ou dont on ne dit point le nom.

quiétisme [kɥjetism] n. m. Doctrine mystique professant l'efficacité de l'amour pur de Dieu et l'inaction de l'âme.

quiétiste n. et adj. Partisan du quiétisme.

quiétude [kɥjetyd ou kjetyd] n. f. Tranquillité de l'esprit. Repos intérieur.

quignon n. m. Gros morceau de pain.

quille [kij] n. f. *Mar.* Partie inférieure axiale de la coque d'un navire et sur laquelle s'appuie toute la charpente.

quille n. f. Morceau de bois long et cylindrique que l'on s'exerce à renverser avec des boules.

quillon n. m. Bras de la garde d'une épée, d'une baïonnette.

quincaillerie n. f. Ustensiles ménagers en fer-blanc, fer, cuivre, etc. Commerce de ces objets. Boutique où il se fait.

quincaillier, e n. Marchand ou fabricant de quincaillerie.

quinconce n. m. Assemblage d'objets disposés par cinq : quatre en losange ou carré et un au milieu. Plantation disposée de cette façon.

quinine n. f. Substance amère, contenue dans l'écorce du quinquina.

quinquagénaire [kɛ̃kwaʒenɛr] n. et adj. Âgé de cinquante ans.

quinquennal, e, aux [kɛ̃kɛnal] adj. Qui a lieu de cinq en cinq ans. D'une durée de cinq ans : *plan quinquennal.*

quinquet n. m. Lampe à huile à double courant d'air.

quinquina n. m. Arbre dont on extrait la quinine. Vin apéritif fait à partir de son écorce.

quintal n. m. Unité de mesure de masse, correspondant à 100 kilogrammes. (Pl. *quintaux.*)

quinte n. f. *Mus.* Intervalle de cinq notes consécutives. Série de cinq cartes se suivant. *Quinte de toux,* accès de toux violent et prolongé.

quintessence n. f. Ce qui résume l'essentiel, le meilleur d'une idée, d'une pensée.

quintette n. f. *Mus.* Composition musicale à cinq portées. Ensemble de cinq instruments ou de cinq voix.

quinteux, euse adj. Sujet à des quintes : *humeur quinteuse.*

quinto adv. Cinquièmement.

quintuple [kɛ̃typl] adj. Cinq fois plus grand. N. m. Nombre quintuple.

quintupler v. t. Multiplier par cinq. V. i. Devenir quintuple : *son bien a quintuplé.*

quinzaine n. f. Quinze ou environ. Deux semaines.

quinze adj. num. Trois fois cinq. Quinzième : *Louis quinze.* N. m. Le nombre quinze.

quinzième adj. num. ord. et n. Qui occupe un rang marqué par le nombre quinze. N. m. Quinzième partie d'un tout.

quiproquo n. m. Méprise qui fait prendre une personne, une chose pour une autre.

quittance n. f. Ecrit sur lequel un créancier déclare un débiteur quitte envers lui.

quitte adj. Libéré d'une dette pécuniaire. *Fig.* Délivré, débarrassé d'une obligation morale, sociale. *En être quitte pour, n'avoir à subir que l'inconvénient de. Quitte à, sauf à. Tenir quitte,* dispenser.

quitter v. t. Se séparer de quelqu'un. Laisser. Abandonner un lieu, une activité : *il a quitté Paris.* Ôter : *quitter ses vêtements.* *Fig.* Renoncer à une profession : *quitter le théâtre.*

quitus [kitys] n. m. Arrêté d'un compte qui atteste que la gestion en est exacte : *donner quitus à des administrateurs.*

qui vive ? loc. interj. Cri d'une sentinelle à l'approche de quelqu'un. N. m. *Être, se tenir sur le qui-vive,* être sur ses gardes, attentif.

quoi pr. rel. ou interr. Lequel, laquelle. Quelle chose : *à quoi pensez-vous ? Quoi que, quelle que soit la chose que : quoi que vous fassiez. Quoi qu'il en soit,* en tout état de cause. Interj. marquant l'étonnement.

quoique conj. Encore que, bien que.

quolibet n. m. Propos ironique, plaisanterie à l'adresse de quelqu'un.

quorum [kwɔrɔm] n. m. Nombre de votants nécessaire dans une assemblée pour qu'un vote soit valable.

quote-part [kwɔtpar] n. f. Part que chacun doit payer ou recevoir, dans une répartition. (Pl. *quotes-parts.*)

quotidien, enne adj. Journalier. N. m. Journal qui paraît tous les jours.

quotient [kɔsjɑ̃] n. m. Résultat de la division.

quotité [kɔtite] n. f. Somme à laquelle monte chaque quote-part.

R

r n. m. Dix-huitième lettre de l'alphabet et la quatorzième des consonnes.

rabâchage n. m. *Fam.* Défaut ou discours du rabâcheur.

rabâcher v. t. et i. *Fam.* Redire fastidieusement les mêmes choses.

rabâcheur, euse n. Personne qui rabâche.

rabais n. m. Diminution de prix, de valeur.

rabaisser v. t. Mettre plus bas. Diminuer : *rabaisser les prix.* Déprécier : *rabaisser le mérite ; rabaisser ses rivaux.*

rabane n. f. Tissu de fibre de raphia.

rabat n. m. Partie d'une chose qui peut se replier. Morceau d'étoffe blanche, noire ou bleue, que portent au cou les magistrats, les avocats, les rabbins, etc.

rabat-joie n. et adj. inv. *Fam.* Personne qui vient troubler la joie, le plaisir des autres.

rabattage n. m. Action de rabattre le gibier.

rabattement n. m. *Géom.* Rotation par laquelle on rabat une figure sur un des plans de projection.

rabatteur n. m. Celui qui rabat le gibier vers les chasseurs.

rabattre v. t. (conj. **48**) Rabaisser ce qui s'élève. Aplatir : *rabattre un pli.* Retrancher du prix d'une chose. Rassembler le gibier à l'endroit où sont les chasseurs. *Fig.* Abaisser : *rabattre l'orgueil.* V. i. Diminuer de : *rabattre de ses prétentions. En rabattre,* diminuer les prétentions, la valeur, etc. V. pr. *Fig.* Changer brusquement de propos : *se rabattre sur la politique.*

rabbin n. m. Chef spirituel d'une communauté israélite.

rabbinique adj. Relatif aux rabbins : *des écoles rabbiniques.*

rabelaisien, enne adj. Qui rappelle la verve licencieuse de Rabelais.

rabibocher v. t. *Fig.* et *fam.* Réconcilier.

rabiot n. m. *Fam.* Ensemble des vivres qui restent après une première distribution (syn. *surplus*). Temps de service actif supplémentaire qu'effectue un militaire par mesure disciplinaire.

rabique adj. De la rage : *virus rabique*

râble n. m. Partie de certains quadrupèdes, du bas des épaules à la queue.

râblé, e adj. Qui a le râble épais.

rabot n. m. Outil de menuisier, servant à dresser et à aplanir le bois.

rabotage n. m. Action de raboter.

raboter v. t. Aplanir avec un rabot.

raboteur n. m. Ouvrier qui rabote.

raboteuse n. f. Machine-outil de grandes dimensions, servant à usiner des surfaces parallèles.

raboteux, euse adj. Couvert d'aspérités. Inégal : *chemin raboteux. Fig.* Rude, inégal : *style raboteux.*

rabougri, e adj. Petit, chétif : *arbuste rabougri ; un enfant rabougri.*

rabouter ou **raboutir** v. t. Assembler deux pièces bout à bout.

rabrouer v. t. Traiter avec rudesse : *rabrouer un insolent.*

racaille n. f. Rebut de la société.

raccommodable adj. Qui peut être raccommodé : *un accroc raccommodable.*

raccommodage n. m. Action de raccommoder. Son résultat.

raccommodement n. m. Réconciliation.

raccommoder v. t. Remettre en état. Par ext. Rajuster, corriger. *Fig.* Réconcilier.

raccommodeur, euse n. Personne qui raccommode.

raccord n. m. Accord, ajustement de deux

parties d'un ouvrage. Pièce métallique unissant deux tuyaux.

raccordement n. m. Action de faire des raccords. Voie reliant deux voies ferrées distinctes.

raccorder v. t. Joindre par un raccord. Servir de raccord.

raccourci, e adj. À bras raccourcis, avec une grande violence. En raccourci, en abrégé, en petit. N. Représentation en perspective. Chemin plus court.

raccourcir v. t. Rendre plus court : raccourcir une canne. V. i. Devenir plus court : robe qui a raccourci au lavage.

raccourcissement n. m. Action de raccourcir. Son résultat.

raccroc [rakro] n. m. Coup inattendu et heureux, principalement au billard. Par raccroc, grâce à un heureux hasard.

raccrocher v. t. Accrocher de nouveau. Fig. Attraper par hasard. Arrêter au passage. V. i. Se cramponner.

race n. f. Ensemble des ascendants et des descendants d'une famille, d'un peuple : la race d'Abraham. Groupe d'individus dont les caractères biologiques sont constants et se conservent par la génération : race blanche, race jaune. Cheval de race, ligne lignée.

racé, e adj. De bonne race : chien racé.

rachat n. m. Action de racheter. Action de libérer, en payant une rançon : rachat de captifs. Action d'éteindre une obligation par le paiement d'une somme.

rachetable adj. Qu'on a le droit de racheter.

racheter v. t. (conj. 4) Acheter ce qu'on a vendu : racheter un objet. Acheter de nouveau. Délivrer à prix d'argent : racheter des captifs. Se libérer à prix d'argent de : racheter une rente. Fig. Compenser : racheter ses défauts. Obtenir le pardon : racheter ses péchés.

rachidien, enne adj. Relatif au rachis.

rachis [ra∫is] n. m. Colonne vertébrale ou épine dorsale.

rachitique adj. Affecté dè rachitisme.

rachitisme n. m. Maladie de la croissance et de l'ossification, due à un déficit en vitamine D.

racial, e, aux adj. Relatif à la race : ségrégation raciale.

racine n. f. Partie de la plante par laquelle elle tient à la terre. Base d'un objet enfouie dans le sol. Partie par laquelle un organe est implanté dans un tissu : racine des dents. Fig. Principe, commencement : couper le mal dans ses racines. Lien, attache : avoir des racines dans un pays. Prendre racine, s'implanter quelque part. Gramm. Élément primitif d'un mot, qui a donné naissance à d'autres mots. Math. Racine carrée, cubique, quatrième d'un nombre, nombre qui, élevé au carré, au cube, à la quatrième puissance, reproduit le nombre composé.

racisme n. m. Préjugé qui affirme la supériorité d'une race (généralement celle à laquelle on appartient) sur toutes les autres, considérées comme inférieures.

racket [rakεt] n. m. Extorsion d'argent par intimidation et violence.

racketteur [rakεtœr] n. m. Malfaiteur extorquant des fonds par l'intimidation et la violence.

raclage n. m. Action de racler.

racle ou **raclette** n. f. Racloir.

raclée n. f. Fam. Volée de coups.

racler v. t. Enlever, gratter les parties de la superficie d'un corps. Frotter rudement. Racler du violon, en jouer mal.

raclette n. f. ou **racloir** n. m. Outil pour racler.

raclure n. f. Ce qu'on enlève en raclant.

racolage n. m. Action de racoler.

racoler v. t. Fam. Attirer quelqu'un par des moyens plus ou moins honnêtes (syn. recruter). En parlant d'un homme ou d'une femme, attirer ou accoster un passant en vue de se prostituer.

racoleur, euse n. Personne qui racole.

racontar n. m. Fam. Bavardage, cancans.

raconter v. t. Faire un récit, narrer.

racornir v. t. Rendre coriace. V. pr. Devenir maigre et sec. Fig. Devenir dur, insensible : un cœur sec et racorni.

racornissement n. m. État de ce qui est racorni.

radar n. m. Dispositif permettant de déterminer la position et la distance d'un obstacle (avion, navire, etc.) par réflexion sur celui-ci d'ondes radio-électriques très courtes.

rade n. f. Grand bassin naturel ou artificiel où les navires peuvent se mettre à l'abri.

radeau n. m. Assemblage de pièces de bois flottant sur l'eau.

radial, e, aux adj. Relatif au radius.

radian n. m. Math. Unité légale de mesure des angles géométriques et des arcs de cercle.

radiateur n. m. Dispositif à grande surface de rayonnement pour chauffer : radiateur d'appartement ; ou pour refroidir : radiateur d'automobile.

radiation n. f. Action de radier, de rayer. Enlever d'une liste. Rayonnement de lumière ou de chaleur.

radical, e*, aux adj. Qui appartient à la racine. Fig. Relatif au principe, à l'essence de : défaut radical. Complet : guérison radicale. En France, se dit du parti du centre-gauche. N. m. Gramm. Partie invariable d'un mot, par opposition à la terminaison. Chim. Substance qui se comporte comme un corps simple dans les combinaisons. Math. Signe √ indiquant une extraction de racine. Membre du parti du centre-gauche dans les pays anglo-saxons, partisan de réformes profondes de la société.

radicalisme n. m. Système des radicaux en politique.

radicelle n. f. Racine secondaire, très petite.

radier n. m. Revêtement qui protège une construction contre les eaux. Construction sur laquelle sont établies les écluses, les piles d'un pont, etc.

radier v. t. Rayer sur un registre, sur une liste.

radiesthésie n. f. Faculté que posséderaient certaines personnes de capter les radiations émises par différents corps.

radieux, euse adj. Rayonnant.

radin, e adj. et n. Fam. Avare.

radio n. f. Abr. de RADIOTÉLÉGRAPHIE ou de RADIOTÉLÉPHONIE.

radio-actif, ive ou **radioactif, ive** adj. Doué de radio-activité.

radio-activité ou **radioactivité** n. f. Propriété de certains éléments chimiques (uranium, radium, etc.) de désintégrer leurs noyaux atomiques en émettant des particules, des électrons et des ondes électromagnétiques.

radiodiffuser v. t. Transmettre par radio.

radio-électricité ou **radioélectricité** n. f. Phénomènes dus aux ondes hertziennes.

radiographie n. f. Photographie par les rayons X.

radiographier v. t. Photographier aux rayons X.

radiologie n. f. Application médicale de radiations diverses.

radiologue n. Médecin spécialiste de radiologie.

radiophare n. m. Poste d'émission radiophonique pour guider les avions, les navires.

radiophonie n. f. Procédé de transmission de sons utilisant des ondes électromagnétiques.

radioreportage n. m. Reportage radiophonique.

radioscopie n. f. Examen sur un écran d'un organe traversé par les rayons X.

radiotélégraphie n. f., **radiotéléphonie** n. f. Télégraphie, téléphonie sans fil.

radiotélévisé, e adj. Transmis à la fois par la radiodiffusion et par la télévision.

radiothérapie n. f. Méthode de traitement par les rayons X.

radis n. m. Espèce de petite rave.

radium [radjom] n. m. Métal d'une radioactivité considérable.

radiumthérapie n. f. Thérapeutique fondée sur l'emploi du radium.

radius [radjys] n. m. Le plus court des deux os de l'avant-bras.

radotage n. m. Action de radoter. Discours ennuyeux.

radoter v. i. Tenir des propos dénués de sens. Se répéter sans cesse.

radoteur, euse adj. et n. Qui radote.

radoub [radu] n. m. Réparation de la coque d'un navire.

radouber v. t. Mar. Faire des réparations à : radouber un vaisseau, un filet.

radoucir v. t. Rendre plus doux. Fig. Apaiser. V. pr. Devenir plus doux.

radoucissement n. m. Action d'adoucir ou de se radoucir.

rafale n. f. Coup de vent violent. Succession rapide de décharges d'armes automatiques ou de pièces d'artillerie.

raffermir v. t. Rendre plus ferme et, au fig., plus stable : raffermir le courage.

raffermissement n. m. Action de raffermir.

raffinage n. m. Action de raffiner le sucre, le pétrole, etc.

raffiné, e adj. Fin, délicat : goût raffiné. Subtil : un supplice raffiné. N. Personne d'un goût délicat.

raffinement n. m. Action de raffiner. Recherche : raffinement de luxe.

raffiner v. t. Rendre plus fin, plus pur : raffiner du sucre. V. i. [sur]. Chercher des subtilités : raffiner sur une question.

raffinerie n. f. Lieu où l'on raffine le sucre, le pétrole, etc.

raffineur, euse adj. et n. Qui s'occupe de raffinage.

raffoler v. i. [de] Fam. Aimer à l'excès; être passionné pour : raffoler de la danse.

raffut n. m. Fam. Tapage, vacarme.

rafiot n. m. Fam. Petit bateau, mauvaise embarcation qui ne tient pas la mer.

rafistolage n. m. Fam. Réparation de fortune.

rafistoler v. t. Fam. Raccommoder.

rafle n. f. Action de rafler. Arrestation massive et imprévue : être pris dans une rafle.

rafler v. t. Fam. Emporter tout rapidement : les voleurs ont tout raflé.

rafraîchir v. t. Rendre frais. Réparer, remettre en état : rafraîchir des peintures. Rogner, couper le bout : rafraîchir les cheveux. Fig. Rafraîchir la mémoire, aider à se rappeler. V. pr. Devenir plus frais. Boire un peu.

rafraîchissement n. m. Ce qui rafraîchit. Pl. Boissons fraîches, fruits, mets, etc., servis dans une fête.

ragaillardir v. t. Fam. Redonner de la gaieté, de la force ; ranimer.

rage n. f. Maladie virulente, transmise des animaux à l'homme. Douleur violente : rage de dents. Fig. Colère : écumer de rage. Fig. Passion, manie : avoir la rage d'écrire. Faire rage, se déchaîner.

rageant, e adj. Qui fait rager.

rager v. i. (conj. 1) Être violemment irrité. Être furieux.

rageur, euse* adj. et n. Fam. Sujet à des colères violentes. Fait avec rage : geste rageur.

raglan n. m. Pardessus de coupe spéciale, sans couture sur l'épaule.

ragot n. m. Fam. Commérage malveillant.

ragoût n. m. Plat de viande, de légumes ou de poisson, coupés en morceaux et cuits dans une sauce : un ragoût de veau, de mouton.

rahat-loukoum n. m. Confiserie orientale, faite de pâté sucrée et parfumée.

rai n. m. Rayon. (Vx.)

raid [red] p. m. Incursion rapide en territoire ennemi. Epreuve montrant l'endurance de ceux qui l'accomplissent : effectuer un raid d'aviation.

raide* adj. Rigide, difficile à plier : jambe raide. Abrupt : escalier raide. Sans souplesse : attitude raide. Fig. Ferme, inflexible : caractère raide. Adv. Tout d'un coup : tomber raide.

raideur n. f. État de ce qui est raide. Rapidité d'une pente : la raideur d'un escalier. Défaut de souplesse : sauter avec raideur. Fig. Fermeté : un caractère d'une raideur inflexible.

raidillon n. m. Chemin en pente raide.

raidir v. t. Rendre raide, tendre avec force. V. i. et pr. Devenir raide. Fig. Tenir ferme : se raidir contre le sort.

raidissement n. m. Action de raidir.

raie n. f. Trait de plume, de crayon, de pinceau, etc. Ligne peu profonde. Séparation des cheveux. Entre-deux des sillons d'un champ.

raie n. f. Poisson de mer plat et comestible.

raifort n. m. Plante crucifère, cultivée pour sa racine qu'on emploie comme assaisonnement.

rail [ruj] n. m. Barre d'acier servant à supporter et à guider les roues d'un train. Transport par voie ferrée : *le rail et la route.*

railler [ruje] v. t. Tourner en dérision, se moquer de. V. i. Badiner, ne pas parler sérieusement. V. pr. Se moquer de.

raillerie n. f. Action de railler. Plaisanterie moqueuse. *Entendre la raillerie,* la supporter.

railleur, euse adj. et n. Porté à la raillerie. Adj. Moqueur : *ton railleur.*

rainer v. t. Faire une rainure : *rainer une planche.*

rainette n. f. Grenouille verte.

rainure n. f. Entaille en long.

raisin n. m. Fruit de la vigne. Format de papier (environ 0,65 m sur 0,50 m).

raison n. f. Faculté de connaître, de juger. Faculté intellectuelle, règle de nos actions : *se laisser guider par la raison.* Argument : *raison convaincante.* Cause, motif : *avoir ses raisons pour.* Satisfaction, réparation : *demander raison.* Age de raison, où l'on commence à avoir conscience de ses actes. *Mariage de raison,* de convenance et non d'amour. *Raison sociale,* nom adopté par une société commerciale.

raisonnable* adj. Doué de raison. Conforme à la raison. Convenable.

raisonnement n. m. Faculté, manière de raisonner : *raisonnement bien fondé.* Observation, objection.

raisonner v. i. Se servir de sa raison pour connaître, pour juger : *raisonner juste.* Alléguer des raisons, répliquer : *enfant qui raisonne.* V. t. Appliquer le raisonnement à. Chercher à faire entendre raison à : *raisonner un malade.*

raisonneur, euse n. et adj. Qui raisonne. Discuteur.

rajah n. m. Prince de l'Inde.

rajeunir v. t. Rendre jeune. Faire paraître jeune : *cette coiffure vous rajeunit.* Attribuer un âge moindre à. V. i. Redevenir jeune. V. pr. Se dire plus jeune qu'on ne l'est.

rajeunissement n. m. Action de rajeunir. État de ce qui est rajeuni.

rajouter v. t. Ajouter par surcroît.

rajustement n. m. Action de rajuster : *rajustement des salaires.*

rajuster ou **réajuster** v. t. Ajuster de nouveau. Remettre en bon état. *Fig.* Modifier, relever : *rajuster les prix.*

râle n. m. Genre d'oiseaux échassiers.

râle ou **râlement** n. m. Action de râler. Bruit fait en râlant.

ralenti n. m. Mouvement ralenti. *Au ralenti,* à une vitesse inférieure à la normale.

ralentir v. t. Rendre plus lent. V. i. Aller plus lentement.

ralentissement n. m. Diminution de mouvement, de vitesse. *Fig.* Diminution d'énergie.

râler v. i. Rendre un son enroué par la difficulté de la respiration : *blessé qui râle.* *Fam.* Grogner, protester.

ralliement n. m. Action de rallier ou de se rallier. *Point de ralliement,* endroit où les troupes, des groupes de personnes doivent se réunir.

rallier v. t. Rassembler ceux qui étaient dispersés : *rallier ses troupes.* Ramener à

une cause, à une opinion : *rallier les partis.* Rejoindre : *rallier son poste.*

rallonge n. f. Ce qui rallonge. Planche qui augmente la surface d'une table à coulisses. Supplément.

rallongement n. m. Employé souvent au sens de ALLONGEMENT.

rallonger [ralɔ̃ʒe] v. t. (conj. 1) Rendre plus long en ajoutant quelque chose.

rallumer v. t. Allumer de nouveau. *Fig.* Donner une nouvelle ardeur : *rallumer la guerre.*

rallye [rali] n. m. (mot angl.). Compétition sportive où les concurrents doivent rallier un point déterminé après certaines épreuves : *rallye automobile.*

ramadan n. m. Mois de l'année musulmane consacré au jeûne.

ramage n. m. Représentation de branchages sur une étoffe : *velours à ramages.* Chant des petits oiseaux.

ramager v. i. (conj. 1) Chanter (en parlant des oiseaux).

ramassage n. m. Action de ramasser. *Ramassage scolaire,* organisation du transport par autocar des enfants dont les domiciles sont éloignés des écoles.

ramassé, e adj. Trapu.

ramasse-miettes n. m. inv. Plateau ou appareil pour ramasser les miettes sur la table.

ramasser v. t. Rassembler ce qui est épars : *ramasser du bois mort.* Relever ce qui est à terre.

ramasseur, euse n. Personne qui ramasse, qui collectionne toutes sortes de choses.

ramassis n. m. Ensemble confus de choses de peu de valeur ; réunion de personnes peu estimables.

rambarde n. f. *Mar.* Garde-corps placé autour des passerelles.

rame n. f. Branche d'arbre servant de tuteur aux plantes grimpantes.

rame n. f. Pièce de bois aplatie à un bout et servant à manœuvrer une embarcation.

rame n. f. Réunion de cinq cents feuilles de papier ou vingt mains. Train de voitures, de wagons.

rameau n. m. Petit branche d'arbre. Subdivision d'une artère, d'une veine, d'un nerf, d'un objet qui se partage.

ramée n. f. Branches coupées avec leurs feuilles vertes. (Vx.)

ramener v. t. (conj. 5) Amener de nouveau.

ramer v. t. Soutenir des plantes grimpantes avec des rames.

ramer v. i. Faire avancer une embarcation au moyen de la rame.

ramette n. f. Rame de papier à lettres.

rameur, euse n. Personne qui rame.

ramier n. m. Pigeon sauvage.

ramification n. f. Division en rameaux. *Fig.* Subdivision.

ramifier v. t. Diviser en rameaux. V. pr. Se diviser en plusieurs branches.

ramilles n. f. pl. Petits rameaux.

ramollir v. t. Rendre mou. *Fig.* Être ramolli, devenir gâteux.

ramollissement n. m. État de ce qui est ramolli. *Méd.* Altération de certains organes qui se ramollissent : *ramollissement cérébral.* *Fam.* État de quasi-imbécillité.

ramonage n. m. Action de ramoner.

ramoner v. t. Nettoyer l'intérieur d'une cheminée.

ramoneur n. m. Personne dont le métier est de ramoner.

rampant, e adj. Qui rampe. *Fig.* Humble, bassement soumis : *caractère rampant. Archit.* Qui va en pente : *arc rampant.* N. m. *Fam.* Membre du personnel au sol dans l'aviation.

rampe n. f. Pente, portion inclinée d'une rue, d'une route, d'une voie de chemin de fer. Rangée de lumières sur le devant de la scène d'un théâtre, dans la devanture d'un magasin, etc. *Rampe d'escalier,* balustrade à hauteur d'appui et servant de main courante. *Rampe de lancement,* plan incliné pour le lancement des avions catapultés, de certains projectiles autopropulsés, missiles, etc.

rampement n. m. Action de ramper.

ramper v. i. Se traîner sur le ventre : *le serpent rampe.* S'étendre sur terre ou s'attacher à un corps, comme le lierre, la vigne, etc. *Fig.* Être bassement soumis.

ramure n. f. Ensemble des branches d'un arbre. Bois d'un cerf, etc.

rancart n. m. *Fam. Mettre, jeter au rancart,* se débarrasser d'une chose dont on ne se sert plus (syn. METTRE AU REBUT). *Pop.* Rendez-vous.

rance adj. Se dit d'un corps gras qui a contracté une odeur forte et une saveur âcre. N. m. Cette odeur et cette saveur.

ranch n. m. Ferme de la prairie américaine. (Pl. des *ranches.*)

rancir v. i. Devenir rance.

rancissement n. m. ou **rancissure** n. f. Action de rancir.

rancœur n. f. Rancune, ressentiment.

rançon n. f. Ce qu'on donne pour la délivrance d'un captif. *Fig.* Prix, inconvénient.

rançonner v. t. Exiger de quelqu'un par la contrainte une somme d'argent, une chose qui n'est pas due.

rancune n. f. Ressentiment tenace.

rancunier, ère, adj. Sujet à la rancune : *caractère rancunier.*

randonnée n. f. Promenade assez longue et ininterrompue : *faire une randonnée à bicyclette.*

randonneur, euse n. Celui, celle qui fait des excursions à pied.

rang n. m. Disposition de choses, de personnes sur une même ligne. Place qui convient à chaque personne ou à chaque chose : *garder son rang.* Classe de la société. *Se mettre sur les rangs,* parmi les prétendants à une chose.

rangé, e adj. *Fig.* Qui a de l'ordre, de la conduite. *Bataille rangée,* entre deux armées régulièrement disposées en face l'une de l'autre.

rangée n. f. Suite d'objets disposés sur une même ligne : *rangée d'arbres.*

rangement n. m. Action de ranger.

ranger v. t. (conj. 1) Mettre en. rang, en ordre. Classer. Mettre de côté : *ranger une voiture.* V. pr. S'écarter pour faire place. Se placer dans un certain ordre, en parlant des personnes : *se ranger autour d'une table. Fig.* Prendre une conduite plus réglée. *Se ranger*

à *un avis,* l'adopter. *Se ranger du côté de,* rejoindre le parti de.

ranger [randʒər] n. m. Soldat d'un corps de choc de l'armée de terre américaine. Membre d'une des branches du scoutisme.

ranimation n. f. V. RÉANIMATION.

ranimer ou **réanimer** v. t. Rendre la vie, la force, la vigueur.

rapace adj. De proie (oiseau). *Fig.* Avide : *usurier rapace.* N. m. pl. Oiseaux de proie (aigle, vautour, etc.).

rapacité n. f. Avidité, cupidité.

rapatrié, e adj. et n. Renvoyé dans sa patrie : *un convoi de rapatriés.*

rapatriement n. m. Action de rapatrier.

rapatrier v. t. Ramener dans sa patrie.

râpe n. f. Ustensile de cuisine pour réduire en poudre certaines substances. Lime à grosses entailles, pour menuisiers, etc.

râpé adj. Usé jusqu'à la corde.

râper v. t. Mettre en poudre avec une râpe. User à la râpe : *râper du bois.*

rapetassage n. m. *Fam.* Raccommodage.

rapetasser v. t. *Fam.* Raccommoder grossièrement : *rapetasser des bottes.*

rapetissement n. m. Action ou effet de rapetisser.

rapetisser v. t. Rendre plus petit. V. i. Devenir plus petit.

râpeux, euse adj. Rude comme une râpe.

raphia [rafja] n. m. Palmier à fibre très solide. Cette fibre elle-même.

rapide* adj. Qui parcourt beaucoup d'espace en peu de temps. Qui s'accomplit avec rapidité. Très incliné : *pente rapide.*

rapide n. m. Partie d'un fleuve où, par suite de dénivellation, le courant est très fort. Train à vitesse aussi accélérée que possible.

rapidité n. f. Caractère de ce qui est rapide ; célérité, vitesse.

rapiècement ou **rapiéçage** n. m. Action de rapiécer.

rapiécer v. t. (conj. 5) Réparer des vêtements, du linge, en y cousant des pièces.

rapière n. f. Épée à longue lame (XVᵉ-XVIIIᵉ s.).

rapin n. m. Peintre sans talent.

rapine n. f. Action de ravir. Chose ravie, pillage : *vivre de rapines.*

rappareiller v. t. Remettre avec son pareil : *rappareiller des tableaux.*

rapparier v. t. Reconstituer une paire.

rappel n. m. Action de rappeler. Autref., batterie de tambour. Paiement d'une portion d'appointements ou d'arrérages restée en suspens.

rappelé, e adj. et n. Convoqué de nouveau sous les drapeaux.

rappeler v. t. (conj. 3) Appeler de nouveau, spécialem. au téléphone. Appeler pour faire revenir. Faire revenir d'un pays étranger : *rappeler un ambassadeur. Rappeler un acteur,* le faire revenir sur la scène en applaudissant. *Rappeler quelqu'un à l'ordre,* le réprimander pour s'être écarté d'une règle. Faire revenir à la mémoire : *rappeler un souvenir.* V. pr. Se souvenir : *se rappeler une chose* (et non *d'une chose*); *je me le rappelle* (et non *je m'en rappelle*).

rappliquer v. t. i. *Pop.* Revenir.

rapport n. m. Revenu, produit : *rapport d'une terre; terre en plein rapport.* Compte rendu : *rapport fidèle.* Cancan ; médisance : *faire des rapports.* Témoignage d'experts devant un tribunal. Analogie : *rapports de caractère.* Relations : *entretenir de bons rapports. Math.* Quotient de deux grandeurs divisées l'une par l'autre. *Maison de rapport,* immeuble loué. *Par rapport à,* en proportion de.

rapporter v. t. Apporter de nouveau. Apporter de voyage : *rapporter des souvenirs.* Rajouter : *rapporter un morceau à une planche.* Donner comme produit : *terre qui rapporte.* Raconter : *rapporter des faits.* Redire par malice, intérêt ou indiscrétion : *enfant qui rapporte tout.* Annuler : *rapporter un décret.* Apporter le gibier tué (chiens). V. pr. Se rapporter à, avoir rapport à, se rattacher à. *S'en rapporter à quelqu'un,* s'en remettre à sa décision, lui faire confiance.

rapporteur, euse adj. et n. Personne qui a l'habitude de dénoncer.

rapporteur n. et adj. m. Qui est chargé de faire un rapport : *rapporteur du budget.* N. m. *Math.* Demi-cercle gradué servant à mesurer les angles.

rapprendre ou **réapprendre** v. t. Apprendre à nouveau.

rapprochement n. m. Action de rapprocher. Réconciliation. Comparaison : *rapprochement de textes.*

rapprocher v. t. Approcher de nouveau ; mettre, faire venir plus près. Disposer à la confiance, à l'union : *le besoin rapproche les hommes.* Réconcilier. Comparer : *rapprocher un fait d'un autre.*

rapt [rapt] n. m. Enlèvement par violence.

raquette n. f. Instrument formé d'un cadre ovale, garni de boyaux, terminé par un manche et dont on se sert pour jouer au tennis. Plaque de bois munie d'un manche, pour jouer au Ping-Pong. Large semelle pour marcher sur la neige molle.

rare* adj. Qui n'est pas commun, qu'on ne voit pas souvent : *un timbre rare.* Clairsemé : *cheveux rares.* De grande valeur : *un rare mérite.*

raréfaction n. f. Action de raréfier.

raréfier v. t. Rendre rare. Rendre moins dense : *air raréfié.* V. pr. Devenir rare.

rareté n. f. Qualité de ce qui est rare. Objet curieux : *rechercher les raretés.*

rarissime adj. Très rare.

ras [ra], **e** adj. Coupé jusqu'à la racine. Très court : *poils ras. Rase campagne,* pays plat et découvert. *Fig.* Faire table rase, négliger tout ce qui précède. *Au ras de,* au niveau de.

rasade [razad] n. f. Contenu d'un verre plein jusqu'au bord : *boire une rasade de vin.*

rasant, e adj. Qui rase : *tir rasant. Fam.* Ennuyeux : *livre rasant.*

rascasse n. f. Poisson méditerranéen, un des ingrédients de la bouillabaisse.

rase-mottes n. m. inv. *Vol en rase-mottes,* vol effectué très près du sol.

raser [raze] v. t. Couper ras le poil. Abattre à ras de terre : *raser un édifice.* Passer tout près. *Fam.* Importuner, ennuyer. V. pr. Couper sa barbe. *Offen.*

raseur, euse n. Personne ennuyeuse.

rasoir n. m. Instrument à tranchant très affilé, pour couper la barbe. Adj. *Pop.* Ennuyeux : *film rasoir.*

rassasiement n. m. Etat de satiété.

rassasier [rasazje] v. t. Apaiser la faim. *Fig.* Satisfaire pleinement.

rassemblement n. m. Action de rassembler. Attroupement : *interdire les rassemblements.* Sonnerie pour rassembler une troupe.

rassembler v. t. Réunir, mettre ensemble. Mettre en ordre. *Fig.* Réunir, concentrer : *rassembler ses forces. Rassembler un cheval,* le tenir prêt à un mouvement.

rasséréner v. t. (conj. 5) Rendre serein : *le ciel s'est rasséréné. Fig.* Rendre la sérénité, le calme.

rassis, e adj. *Pain rassis,* qui n'est plus frais. *Fig. Esprit rassis,* calme, posé.

rassortiment ou **réassortiment** n. m. Action de rassortir.

rassortir ou **réassortir** v. t. Assortir de nouveau.

rassurant, e adj. Propre à rassurer : *nouvelle, figure rassurante.*

rassurer v. t. Rendre la confiance, la tranquillité : *rassurer un enfant.*

rastaquouère n. m. *Fam.* Etranger menant grand train, et dont on ne connaît pas les moyens d'existence.

rat n. m. Genre de mammifères rongeurs. Elève de la classe de danse de l'Opéra. *Rat d'hôtel,* filou qui dévalise les hôtels.

ratafia n. m. Liqueur d'eau-de-vie et de fruits.

ratatiner (se) v. pr. *Fam.* Se déformer sous l'effet de l'âge ou de la maladie.

ratatouille n. f. *Fam.* Ragoût peu appétissant. *Ratatouille niçoise,* mélange d'aubergines, de courgettes, de poivrons et de tomates cuits dans de l'huile d'olive.

rate n. f. Viscère situé à gauche dans l'abdomen. *Fig.* et *fam. Dilater la rate,* faire rire.

rate n. f. Femelle du rat.

raté, e n. Personne qui n'a pas réussi dans sa vie, dans une carrière. N. m. Légère détonation qui se produit à l'échappement d'un moteur à explosion lorsque l'allumage est défectueux.

râteau n. m. Instrument de jardinage muni de dents.

râtelage n. m. Action de râteler.

râteler v. t. (conj. 3) Ramasser avec le râteau.

râtelier n. m. Assemblage à claire-voie de barres de bois, placé horizontalement audessus de la mangeoire et qui sert à mettre le fourrage qu'on donne aux animaux. *Fam.* Dentier.

rater v. i. Ne pas faire partir le coup, en parlant d'une arme à feu. *Fig.* Echouer. V. t. Manquer : *rater un train, un rendez-vous.*

ratier n. m. Chien dressé pour la chasse aux rats.

ratière n. f. Petit piège à rats.

ratification n. f. Action de ratifier : *la ratification d'un traité.* Acte qui ratifie.

ratifier v. t. Confirmer ce qui a été promis. Confirmer un engagement international.

ratine n. f. Etoffe de laine croisée dont le poil est ras en dehors et frisé.

ratiociner [rasjosine] v. i. *Péjor.* Raisonner d'une façon subtile et pédantesque.

ration n. f. *Ration alimentaire,* quantité d'aliments qu'un individu normal doit absorber pour se maintenir en bonne santé. Dans l'armée, portion quotidienne.

rationalisation n. f. Méthode d'organisation de la production, tendant à améliorer le rendement.

rationaliser v. t. Rendre rationnel.

rationalisme n. m. Philosophie fondée sur la raison : *le rationalisme cartésien.*

rationaliste adj. Relatif au rationalisme.

rationalité n. f. Qualité de ce qui est rationnel.

rationnel, elle* adj. Fondé sur la seule raison. Conforme à la raison. Déduit par le raisonnement.

rationnement n. m. Action de rationner.

rationner v. t. Mettre à la ration : *rationner un malade.* Distribuer par rations.

ratissage n. m. Action de ratisser.

ratisser v. t. Nettoyer avec un râteau. Fouiller méthodiquement pour rechercher des malfaiteurs, des soldats ennemis.

raton n. m. Petit rat. *Raton laveur,* mammifère carnassier d'Amérique.

rattachement n. m. Action de rattacher : *le rattachement de Nice à la France.* Son résultat.

rattacher v. t. Attacher de nouveau. Faire dépendre une chose d'une autre : *établir un lien entre : rattacher une commune à un département.*

rattrapage n. m. Action de rattraper.

rattraper v. t. Attraper de nouveau. Rejoindre : *je le rattraperai bientôt.* Regagner : *rattraper une perte.*

rature n. f. Trait passé sur ce qu'on a écrit pour le rayer.

raturer v. t. Effacer par des ratures.

rauque adj. Rude, âpre : *ton rauque.*

ravage n. m. Violent dommage, grand dégât : *les ravages de la guerre. Fig.* Désordre : *les ravages du jeu.*

ravager v. t. (conj. 1) Endommager gravement par une action violente. Détruire. Dévaster.

ravageur n. m. Celui qui ravage.

ravalement n. m. Nettoyage et remise en état d'un mur de façade. Crépi ou enduit que l'on fait à un mur.

ravaler v. t. Avaler de nouveau. Faire le ravalement d'une construction : *ravaler un mur.* Déprécier : *ravaler le mérite d'autrui.* V. pr. S'abaisser, s'avilir : *se ravaler au rang des bêtes.*

ravaleur n. m. Ouvrier qui fait le ravalement des immeubles.

ravaudage n. m. Raccommodage.

ravauder v. t. Raccommoder.

rave n. f. Plante potagère, voisine du navet.

ravier n. m. Petit plat dans lequel on sert des hors-d'œuvre.

ravigote n. f. Sauce relevée à l'échalote.

ravigoter v. t. *Fam.* Redonner de la vigueur.

ravin n. m. Lit creusé par une ravine.

ravine n. f. Torrent. Rigole creusée par les eaux du ruissellement.

ravinement n. m. Action de raviner.

raviner v. t. Creuser des ravins dans : *l'orage ravine le sol.*

ravioli n. m. pl. Petits carrés de pâte farcis de viande hachée.

ravir v. t. Enlever de force : *ravir le bien d'autrui. Fig.* Faire perdre : *ravir l'honneur.* Enchanter : *ce chant me ravit.*

raviser (se) v. pr. Changer d'avis.

ravissant, e adj. Qui charme l'esprit, les sens : *beauté ravissante.*

ravissement n. m. Enchantement : *être dans le ravissement.*

ravisseur, euse n. et adj. Qui ravit.

ravitaillement n. m. Action de ravitailler.

ravitailler v. t. Munir de vivres et de munitions : *ravitailler des troupes.*

raviver v. t. Rendre plus vif : *raviver le feu. Fig.* Ranimer : *raviver le zèle.*

ravoir v. t. (N'est usité qu'à l'infinitif.) Avoir de nouveau.

rayage n. m. Action de rayer.

rayer v. t. (conj. 2) Faire des raies, détériorer par des raies : *rayer une glace.* Effacer, raturer : *rayer un mot.* Exclure : *rayer quelqu'un de la liste des candidats.*

ray-grass n. m. Ivraie vivace, utilisée pour la constitution des pelouses.

rayon [rɛjɔ̃] n. m. Trajectoire suivie par la lumière : *rayon de soleil. Fig.* Lueur : *rayon d'espoir.* Ligne partant, avec d'autres, d'un centre : *rayon d'une roue.* Ligne menée d'un centre à la circonférence. Tablette de bibliothèque, d'armoire. *Rayon d'action,* distance maximale à laquelle un mobile (avion, char, etc.) peut s'éloigner de son point de ravitaillement.

rayonnage n. m. Ensemble des rayons d'une armoire, d'une bibliothèque.

rayonne n. f. Soie artificielle.

rayonnement n. m. Action de rayonner : *rayonnement spirituel.*

rayonner v. i. Se déplacer à partir d'un point donné dans diverses directions. Faire sentir au loin son influence. Montrer l'expression du bonheur : *visage qui rayonne.*

rayure n. f. Action de rayer. Façon dont une chose est rayée : *les rayures d'une étoffe.* Rainure intérieure, généralement hélicoïdale, du canon d'une arme à feu.

raz ou **ras** [rɑ] n. m. Courant de mer violent dans un passage étroit. *Raz de marée,* soulèvement soudain des eaux de la mer.

razzia [razja] n. f. (mot arabe). Incursion faite en territoire ennemi pour piller.

razzier v. t. Exécuter une razzia sur. Piller.

re, ré, préfixe qui marque réitération, réciprocité, retour à un ancien état.

ré n. m. Seconde note de la gamme d'*ut.*

réabonnement n. m. Action de réabonner, de se réabonner.

réabonner v. t. Abonner de nouveau.

réabsorber v. t. Absorber de nouveau.

réacteur n. m. Propulseur aérien utilisant l'air comme comburant, et fonctionnant par réaction directe sans entraîner d'hélice. *Réacteur nucléaire,* source d'énergie utilisant la fission.

réactif, ive adj. Qui réagit. N. m. Substance employée en chimie, en vue des réactions qu'elle produit.

réaction n. f. Action en retour. *Fig.* Tout ce qui agit en sens opposé : *réaction politique. Polit.* Parti qui s'oppose au progrès et veut faire revivre le passé. *Phys.* et *chim.* Phénomène qui se produit entre les corps agissant les uns sur les autres. Comportement d'un être vivant qui se manifeste en présence d'un stimulus. *Moteur à réaction*, moteur éjectant un flux de gaz à très grande vitesse. *Avion à réaction*, avion propulsé par un moteur à réaction.

réactionnaire adj. et n. *Péjor.* Qui s'oppose à toute évolution politique et sociale. (Abrév. fam. RÉAC.)

réadmettre v. t. (conj. 49) Admettre de nouveau.

réaffirmer v. t. Affirmer de nouveau.

réagir v. i. Se dit d'un corps qui agit sur un autre dont il a éprouvé l'action. Agir en retour. Lutter contre, résister.

réajuster. V. RAJUSTER.

réalisable adj. Qui peut se réaliser.

réalisateur, trice adj. et n. Qui réalise. N. Auteur d'un film. Personne aui assume la direction et le montage d'une émission de radio, de télévision.

réalisation n. f. Action de réaliser; son résultat. Transformation de valeurs diverses (actions, stocks, etc.) en espèces.

réaliser v. t. Rendre réel et effectif : *réaliser ses promesses. Réaliser sa fortune*, la convertir en espèces. *Fam.* Se rendre compte de quelque chose.

réalisme n. m. Disposition à voir les choses comme elles sont et à agir en conséquence. *Littér.* et *Bx-arts.* Tendance à représenter la nature et la vie telles qu'elles sont.

réaliste n. et adj. Partisan du réalisme.

réalité n. f. Existence effective : *la réalité du monde.* Chose réelle. *En réalité*, réellement.

réanimation ou **ranimation** n. f. Procédé manuel ou mécanique et médicamenteux pour rétablir les fonctions vitales.

réapparaître v. i. (conj. 58) Apparaître de nouveau.

réapparition n. f. Action de réapparaître.

réapprendre v. t. V. RAPPRENDRE.

réapprovisionner v. t. Approvisionner de nouveau : *réapprovisionner une armée en munitions, en vivres.*

réarmement n. m. Action de réarmer.

réarmer v. t. Armer de nouveau.

réassortiment n. m. V. RASSORTIMENT.

réassortir v. t. V. RASSORTIR.

réassurance n. f. Opération par laquelle un assureur, ayant assuré un client, se couvre d'une partie du risque en se faisant assurer lui-même par un autre assureur.

réassurer v. t. Faire une réassurance.

rébarbatif, ive adj. Dur, rebutant.

rebâtir v. t. Bâtir de nouveau.

rebattre v. t. Battre de nouveau : *rebattre les cartes. Rebattre les oreilles* (et non *rabattre*), répéter à satiété.

rebelle n. et adj. Qui refuse d'obéir à l'autorité. Qui résiste, indocile. Adj. Qui ne cède pas aux remèdes : *maladie rebelle.*

rebeller (se) v. pr. Refuser d'obéir à l'autorité légitime. *Fig.* Se révolter.

rébellion n. f. Refus d'obéissance aux ordres d'une autorité. Ensemble des rebelles.

rebiffer (se) v. pr. *Fam.* Regimber.

reboisement n. m. Action de reboiser.

reboiser v. t. Planter de nouveau en bois un terrain déboisé.

rebond n. m. Action de rebondir.

rebondi, e adj. Arrondi par embonpoint.

rebondir v. i. Faire un ou plusieurs bonds après avoir touché un obstacle. *Fig.* Se ranimer après un arrêt passager.

rebondissement n. m. Action de rebondir. *Fig.* Reprise de l'activité après un arrêt passager.

rebord n. m. Bord en saillie : *le rebord d'une fenêtre.* Bord replié : *le rebord d'un manteau.*

reboucher v. t. Boucher de nouveau.

rebours n. m. Contre-poil, et, au *fig.*, contre-pied, le contraire de ce qu'il faut. *A rebours*, à contre-poil, à contresens, *Au rebours de*, contrairement à. *Compte à rebours*, dans les techniques spatiales, horaire des opérations de lancement qui précèdent la mise à feu.

rebouteux, euse n. Personne qui fait métier de guérir les fractures, foulures, douleurs, etc. (Cette activité est interdite par la loi.)

reboutonner v. t. Boutonner de nouveau.

rebroussement n. m. Action de rebrousser.

rebrousser v. t. Relever en sens contraire du sens naturel les cheveux, le poil. *Rebrousser chemin*, retourner en arrière.

rebuffade n. f. Mauvais accueil ; refus brutal : *essuyer une rebuffade.*

rébus [rebys] n. m. Jeu d'esprit qui consiste à exprimer des mots ou des phrases par des dessins ou des signes dont le nom offre de l'analogie avec ce qu'on veut faire entendre, comme *G a* (*j'ai grand appétit* : *g* grand *a* petit).

rebut n. m. Chose dédaignée, rejetée : *mettre au rebut. Fig.* Déchet : *rebut de l'humanité.* Sans valeur : *marchandise de rebut.*

rebuter v. t. Rejeter. Décourager, lasser. V. i. Choquer, répugner.

récalcitrant, e adj. et n. Qui résiste avec opiniâtreté.

recaler v. t. *Fam.* Refuser à un examen.

récapitulatif, ive adj. Qui récapitule.

récapitulation n. f. Action de récapituler.

récapituler v. t. Résumer, redire.

recel, recèlement n. m. Action de receler.

receler v. t. (conj. 3) Garder et cacher une chose volée par un autre : *receler des bijoux.* Soustraire à la justice : *receler un meurtrier.* Renfermer : *sol qui recèle du pétrole.*

receleur, euse n. Personne qui recèle.

récemment adv. Depuis peu.

recensement n. m. Action de recenser ; son résultat : *recensement quinquennal.*

recenser v. t. Faire le dénombrement de la population, etc., d'un État, des suffrages dans un vote, etc.

recenseur n. m. Celui qui recense.

récent, e adj. Nouveau, nouvellement fait ou arrivé.

recepage n. m. Action de receper.

receper v. t. (conj. 5) Couper un jeune arbre près de terre.

récépissé n. m. Reçu.

réceptacle n. m. Lieu où sont rassemblées des choses de provenances diverses.

récepteur, trice adj. Qui reçoit. N. m. Appareil recevant un courant, un signal.

réceptif, ive adj. Susceptible de recevoir des impressions, de contracter certaines maladies.

réception n. f. Action de recevoir. Accueil : *faire bonne réception à quelqu'un.* Action de recevoir des visites avec cérémonial. Action d'admettre : *réception d'un candidat.* Vérification que subit un ouvrage avant d'être agréé : *réception d'un pont.*

réceptionnaire n. et adj. Chargé de la réception des marchandises livrées par un fournisseur.

réceptivité n. f. Aptitude à recevoir des impressions, à contracter des maladies.

récessif, ive adj. Qui subsiste à l'état latent.

récession n. f. Action de revenir en arrière ; recul : *récession économique.*

recette n. f. Ce qui est reçu en argent : *les recettes et les dépenses.* Recouvrement : *garçon de recette.* Bureau d'un receveur des impôts. Formule de composition : *recette de cuisine ; une recette pour dormir.*

recevabilité n. f. Caractère de ce qui est recevable.

recevable adj. Qui peut être admis.

receveur, euse n. Personne chargée du recouvrement des recettes publiques. Employé qui perçoit la recette dans les voitures publiques. Administrateur d'un bureau de poste.

recevoir v. t. (conj. 29) Accepter ce qui est donné, ce qui est dû : *recevoir de l'argent.* Accueillir : *recevoir un ami.* Admettre : *recevoir un candidat.* Subir : *recevoir un châtiment.* Prendre : *recevoir une forme.* V. i. Avoir des visites, donner des repas, des soirées : *recevoir beaucoup.*

réchampir v. t. Peint. Détacher une figure sur un fond en accusant les contours.

rechange (de) loc. adj. Qui peut remplacer un objet, une pièce, momentanément ou définitivement hors d'usage : *roue de rechange.*

rechaper v. t. Réparer un pneu en rapportant à chaud sur une enveloppe usée une nouvelle couche de caoutchouc.

réchapper v. i. [à, de]. Echapper par chance à : *réchapper d'un massacre.* Sortir indemne, vivant : *il a réchappé à une maladie grave.*

rechargement n. m. Action de recharger.

recharger v. t. (conj. 1) Charger de nouveau : *recharger son fusil.* Empierrer de nouveau une route.

réchaud n. m. Petit fourneau portatif.

réchauffage n. m. Réchauffement.

réchauffé n. m. Chose réchauffée. Fig. Ce qui est vieux, connu, mais que l'on donne comme neuf : *ce livre ne contient que du réchauffé.*

réchauffement n. m. Action de réchauffer.

réchauffer v. t. Chauffer de nouveau. Fig. Ranimer, raviver.

rechausser v. t. Chausser de nouveau. Remettre de la terre au pied d'un arbre.

rêche adj. Rude au toucher. Apre au goût : *vin rêche.*

recherche n. f. Action de rechercher. Affectation, raffinement : *recherche dans le style.* Travail scientifique, d'érudition.

recherché, e adj. Peu commun, rare. Qui manque de naturel : *style recherché.*

rechercher v. t. Chercher de nouveau. Chercher avec soin : *rechercher la cause d'un phénomène.* Poursuivre juridiquement, faire une enquête. Tâcher d'obtenir. Poursuivre avec affectation.

rechigné, e adj. Maussade.

rechigner v. i. Prendre un air maussade, montrer de la répugnance.

rechute n. f. Retour d'une maladie : *faire une rechute.* Fig. Nouvelle faute.

rechuter v. i. Retomber malade.

récidive n. f. Le fait de commettre un crime, un délit pour lequel on a déjà été condamné. Réapparition d'une maladie.

récidiver v. i. Faire une récidive. Recommencer, réapparaître : *maladie qui récidive.*

récidiviste n. et adj. Qui récidive.

récif n. m. Chaîne de rochers à fleur d'eau.

récipiendaire n. m. Celui que l'on reçoit dans une compagnie.

récipient n. m. Vase pour recevoir, contenir un liquide, un fluide.

réciprocité n. f. Etat et caractère de ce qui est réciproque.

réciproque* adj. Qui a lieu entre deux personnes, deux choses agissant l'une sur l'autre ; mutuel : *amitié réciproque.* N. f. La pareille : *rendre la réciproque.*

récit n. m. Relation, narration d'un fait.

récital n. m. Audition d'un seul artiste, jouant sur un seul instrument. (Pl. *récitals.*)

récitant, e n. et adj. Qui récite ; qui commente l'action sur scène. N. Qui chante les récitatifs.

récitatif n. m. Sorte de chant déclamé non assujetti à la mesure.

récitation n. f. Action de réciter. Texte à apprendre par cœur.

réciter v. t. Dire par cœur. Raconter.

réclamation n. f. Action de réclamer.

réclame n. f. Toute sorte de publicité par voie d'affiche, de prospectus, etc. : *faire de la réclame.* Produit en réclame, produit vendu à prix réduit.

réclamer v. t. Demander avec instance. Implorer : *réclamer du secours.* Revendiquer : *réclamer un droit.* Fig. Demander, avoir besoin de : *réclamer des soins.* V. i. Protester, s'élever contre : *réclamer contre une injustice.*

reclassement n. m. Action de reclasser.

reclasser v. t. Classer de nouveau. Donner un nouvel emploi.

reclus, e adj. et n. Renfermé étroitement. Qui ne fréquente point le monde : *vivre comme un reclus.*

réclusion n. f. Dr. Peine afflictive et infamante, consistant dans la privation de la liberté avec assujettissement au travail.

recoiffer v. t. Coiffer de nouveau, réparer le désordre d'une coiffure.

recoin n. m. Coin caché, secret.

récolement n. m. Action de récoler. Vérification : *récolement des bons de sortie.*

récoler v. t. Dr. Lire à des témoins leurs dépositions, pour voir s'ils y persistent. Vérifier par un nouvel examen.

recollage ou **recollement** n. m. Action de recoller.

recoller v. t. Coller de nouveau.

récoltant adj. et n. Qui récolte.

récolte n. f. Action de recueillir les produits de la terre. Ces produits eux-mêmes : *une riche récolte.* Fig. Ce qu'on recueille, en général : *récolte de renseignements.*

récolter v. t. Faire une récolte : *récolter du blé.* Fig. Recueillir : *récolter la laine.*

recommandable adj. Qu'on peut recommander ; estimable.

recommandation n. f. Action de recommander. Conseil : *recommandation paternelle*. Considération, estime. Engagement que prend la poste (moyennant une taxe spéciale) de remettre une lettre, un paquet en main propre.

recommander v. t. Charger quelqu'un de faire une chose. Exhorter à. Signaler aux bons soins de : *recommander un candidat*. Envoyer une lettre, un paquet sous recommandation.

recommencement n. m. Action de recommencer.

recommencer v. t. et v. i. [à ou de] (conj. 1) Commencer de nouveau.

récompense n. f. Ce qui est donné à quelqu'un ou reçu par lui, pour une bonne action, un service rendu, un mérite particulier. *Iron.* Châtiment d'une mauvaise action.

récompenser v. t. Accorder une récompense : *récompenser un élève*. Dédommager.

réconciliation n. f. Action de réconcilier ; son effet.

réconcilier v. t. Établir l'accord, l'harmonie entre : *réconcilier des ennemis*. Inspirer des idées plus favorables sur : *cela me réconcilie avec lui*. V. pr. Se remettre d'accord.

reconduction n. f. Renouvellement d'une location, d'un bail à ferme. *Tacite reconduction*, qui se fait d'elle-même.

reconduire v. t. (conj. 64) Accompagner par civilité une personne dont on a reçu la visite. Continuer ce qui a été entrepris : *reconduire la politique actuelle*.

réconfort n. m. Consolation.

réconforter v. t. Fortifier : *vin qui réconforte*. *Fig.* Relever le courage, l'énergie : *réconforter un malade*.

reconnaissable adj. Facile à reconnaître.

reconnaissance n. f. Action de reconnaître. Gratitude d'un bienfait. Aveu : *la reconnaissance d'une erreur*. Acte déclarant l'existence d'une chose : *reconnaissance de dette*. Exploration militaire : *partir en reconnaissance*.

reconnaître v. t. (conj. 58) Se rappeler, identifier : *reconnaître un ami* ; *reconnaître à la voix*. Constater : *reconnaître une erreur*. Avouer : *reconnaître ses torts*. Avoir de la gratitude : *reconnaître un bienfait*. Admettre : *reconnaître un gouvernement*. Explorer : *reconnaître le terrain*. V. pr. S'orienter. S'avouer : *se reconnaître coupable*.

reconquérir v. t. (conj. 13) Conquérir de nouveau. *Fig.* Recouvrer : *reconquérir l'estime*.

reconstituant n. m. *Méd.* Fortifiant.

reconstituer v. t. Constituer de nouveau. Rétablir la chronologie des faits au moyen de renseignements.

reconstitution n. f. Action de reconstituer.

reconstruction n. f. Action de reconstruire.

reconstruire v. t. Construire à la place de ce qui a été démoli.

reconversion n. f. Adaptation d'une industrie, d'une main-d'œuvre à de nouveaux besoins, et, en particul., adaptation de la production de guerre à la production de paix.

reconvertir v. t. Procéder à la reconversion de.

recopier v. t. Copier de nouveau.

record [rəkɔr] n. m. Exploit sportif qui surpasse ce qui a déjà été fait dans le même genre : *battre un record*.

recordman [rəkɔrdman] n. m. Détenteur d'un record. (Pl. *recordmen*.)

recoudre v. t. (conj. 52) Coudre ce qui est décousu.

recoupement n. m. Vérification d'un fait au moyen de renseignements provenant de sources diverses.

recouper v. t. Couper de nouveau. Faire un recoupement.

recourber v. t. Courber par les deux bouts. Ployer par le bout : *recourber une branche*.

recourir v. i. [à] (conj. 21) S'adresser, avoir recours à : *recourir au médecin*. Se servir de : *recourir à la force*.

recours n. m. Recherche d'assistance, de secours : *avoir recours à quelqu'un*. Ressource, refuge : *la fuite est le recours des faibles*. *Dr.* Action en garantie contre quelqu'un. *Pourvoi* : *recours en grâce*.

recouvrable adj. Qui peut être recouvré.

recouvrage n. m. Action de recouvrir.

recouvrement n. m. Action de recouvrer. Ce qui recouvre. Perception de sommes dues : *recouvrement des impôts*.

recouvrer v. t. Retrouver, rentrer en possession de : *recouvrer la vue*. Percevoir une somme due.

recouvrir v. t. (conj. 10) Couvrir de nouveau. Couvrir complètement. *Fig.* Cacher, masquer.

recracher v. t. Rejeter de la bouche.

récréatif, ive adj. Qui récrée.

récréation n. f. Passe-temps, délassement. Temps accordé pour se divertir, se reposer.

recréer v. t. Créer de nouveau.

récréer (se) v. pr. Se délasser par le jeu, le repos, etc.

récrier (se) v. pr. Pousser une exclamation de surprise, de mécontentement, de protestation, etc.

récrimination n. f. Action de récriminer ; reproche, critique amère.

récriminer v. i. Trouver à redire ; critiquer amèrement.

récrire (conj. 65) v. t. Rédiger de nouveau. V. i. Répondre par lettre.

recroqueviller (se) v. pr. Se dessécher, se replier sous l'action de la chaleur.

recru, e adj. Harassé de (fatigue).

recrudescence n. f. Réapparition et augmentation d'intensité : *recrudescence des combats* (syn. REPRISE) ; *recrudescence de la grippe*.

recrue n. f. Jeune homme qui vient d'être appelé au service militaire. Nouveau membre admis dans un groupe.

recrutement n. m. Action de recruter.

recruter v. t. Faire des recrues. Engager du personnel. Attirer dans une société, dans un parti.

recruteur n. et adj. m. Qui recrute.

recta adv. *Fam.* Ponctuellement.

rectal, e, aux adj. Du rectum.

rectangle adj. Dont les angles sont droits. *Triangle rectangle*, qui a un angle droit. N. m. Quadrilatère dont les angles sont droits. Objet de cette forme.

rectangulaire adj. À angles droits.

recteur n. m. Fonctionnaire de l'Education nationale placé à la tête d'une académie. Chef d'un établissement libre d'enseignement supérieur.

rectificatif, ive adj. Qui rectifie.

rectification n. f. Action de rectifier. Modification apportée ultérieurement à un article de journal, de revue.

rectifier v. t. Rendre droit. *Fig.* Redresser, corriger. Rendre exact, correct : *rectifier un calcul.* Purifier par une nouvelle distillation. Parachever une pièce usinée.

rectiligne adj. En ligne droite.

rectitude n. f. Qualité de ce qui est en ligne droite. *Fig.* Conformité à la raison, à la justice : *rectitude du jugement.*

recto n. m. Première page d'un feuillet, par oppos. au *verso.*

rectoral, e, aux adj. De recteur.

rectorat n. m. Charge de recteur.

rectum [rɛktɔm] n. m. Dernière partie du gros intestin, qui aboutit à l'anus.

reçu n. m. Écrit par lequel on reconnaît avoir reçu quelque chose.

recueil n. m. Réunion de divers actes, de divers écrits, etc.

recueillement n. m. État d'une personne qui se recueille.

recueilli, e adj. *Fig.* Qui se recueille.

recueillir v. t. (conj. 12) Retirer (un avantage) : *recueillir le fruit de son travail.* Recevoir par héritage : *recueillir une succession.* Rassembler : *recueillir des fonds, ses forces.* V. pr. Réfléchir. Se livrer à la méditation.

recuire v. i. (conj. 64) Cuire de nouveau. Améliorer les qualités d'un métal par le recuit. Diminuer la fragilité d'un verre par le recuit.

recuit n. m. Traitement thermique consistant en un chauffage suivi d'un refroidissement lent.

recul n. m. Mouvement de ce qui recule. Eloignement pour mieux voir.

reculade n. f. Action de reculer.

reculé, e adj. Eloigné.

reculer v. t. Tirer, pousser en arrière : *reculer sa chaise.* Etendre, agrandir : *reculer les bornes.* Porter, reporter plus loin : *reculer une échéance.* V. i. Se porter en arrière. Renoncer, céder. Hésiter, différer : *reculer devant le danger.* Rétrograder : *civilisation qui recule.*

reculons (à) loc. adv. En reculant.

récupération n. f. Action de récupérer.

récupérer v. t. (conj. 5) Rentrer en possession de. Recueillir ce qui pourrait être perdu : *récupérer de la ferraille.* Faire revenir insidieusement vers un courant d'opinion conservateur des personnes qui avaient adopté des positions révolutionnaires. V. i. Reprendre ses forces après un effort violent.

récurage n. m. Action de récurer.

récurer v. t. Nettoyer.

récurrence n. f. Retour sur soi-même, répétition.

récurrent, e adj. Qui revient en arrière.

récusation n. f. Action de récuser.

récuser v. t. Refuser de reconnaître la compétence, la valeur de.

recyclage n. m. Formation complémentaire donnée à des cadres, à des techniciens, pour leur permettre de s'adapter au progrès.

rédacteur, trice n. Personne qui rédige.

rédaction n. f. Action de rédiger. La chose rédigée. Ensemble des rédacteurs d'un journal, etc. Bureau où ils travaillent.

redan ou **redent** n. m. Ouvrage de fortification formant un angle saillant. Ressaut d'un mur qui suit une pente.

reddition n. f. Action de se rendre.

rédempteur n. m., **trice** adj. et n. Qui rachète. *Le Rédempteur,* Jésus-Christ.

rédemption n. f. Rachat du genre humain par Jésus-Christ.

redescendre v. i. et t. (conj. 46) Descendre de nouveau. V. t. Porter de nouveau en bas.

redevable adj. Qui n'a pas tout payé. Qui a une obligation envers quelqu'un.

redevance n. f. Dette, charge, que l'on acquitte à termes fixes.

redevenir v. i. (conj. 16) Devenir de nouveau.

rédhibitoire adj. Qui peut motiver l'annulation d'une vente. Qui constitue un obstacle radical : *un prix rédhibitoire.*

rédiger v. t. (conj. 1) Formuler par écrit : *rédiger un contrat.*

redingote n. f. Vêtement d'homme à longues basques. Manteau de femme cintré à la taille.

redire v. t. (conj. 68) Répéter ce qui a déjà été dit. V. i. Blâmer : *trouver à redire.*

redite n. f. Répétition oiseuse.

redondance n. f. Abondance excessive de mots dans un texte.

redondant, e adj. Qui présente des redondances.

redonner v. t. Donner de nouveau la même chose. Rendre : *redonner des forces.*

redorer v. t. Dorer de nouveau.

redoublant, e adj. et n. Se dit d'un élève qui recommence une année de scolarité.

redoublé, e adj. Pas redoublé, pas de vitesse double. *A coups redoublés,* avec violence.

redoublement n. m. Accroissement, augmentation. Répétition d'une syllabe ou même d'un mot pour former un autre mot.

redoubler v. t. Remettre une doublure. Renouveler, augmenter : *redoubler ses efforts.* V. i. Augmenter, s'accroître : *le froid redouble.* Redoubler de, apporter plus de : *redoubler de soins.*

redoutable adj. Qui est à redouter.

redoute n. f. Petit ouvrage fortifié.

redouter v. t. Craindre fort.

redressement n. m. Action de redresser.

redresser v. t. Rendre droit. Replacer debout. *Fig.* Donner de la rectitude : *redresser le jugement.* Réparer, réformer : *redresser des abus. Fam.* Corriger, réprimander. V. pr. Se relever. *Fig.* Prendre une attitude fière.

redresseur n. m. *Iron.* Redresseur de torts, qui répare les injustices (syn. JUSTICIER).

réducteur, trice adj. Qui réduit. Adj. et n. m. Se dit d'un corps qui a la propriété de désoxyder.

réductible adj. Qui peut être réduit.

réduction n. f. Action de réduire. Copie réduite : *réduction d'un dessin. Arith.* Conversion d'une quantité en une autre équivalente : *réduction d'une fraction. Chim.*

Désoxydation. *Chir.* Action de remettre à leur place les os fracturés.

réduire v. t. (conj. 64) Rendre moindre : *réduire ses dépenses.* Transformer : *réduire en farine.* Copier en petit : *réduire une photographie.* Contraindre : *réduire à l'obéissance.* Ruiner : *réduire à la misère.* Concentrer par ébullition : *réduire du bouillon.* Transformer : *réduire une fraction. Chim.* Désoxyder.

réduit n. m. Pièce de très petites dimensions.

rééditer v. t. Faire une nouvelle édition.

réédition n. f. Nouvelle édition d'une œuvre.

rééducation n. f. Action de rééduquer. Méthode permettant à certains convalescents de retrouver l'usage de leurs membres.

rééduquer v. t. Eduquer de nouveau (un blessé, un membre malade, etc.).

réel, elle* adj. Qui existe effectivement : *besoins réels.* N. m. Ce qui est réel.

réélection n. f. Action de réélire.

rééligible adj. Qui peut être réélu.

réélire v. t. (conj. 69) Elire de nouveau : *réélire un député sortant.*

réemploi n. m. V. REMPLOI.

réensemencer v. t. (conj. 1) Ensemencer de nouveau.

réescompter v. t. Escompter de nouveau : *réescompter une traite.*

réexportation n. f. Action de réexporter.

réexporter v. t. Exporter des marchandises importées.

refaire v. t. (conj. 72) Faire de nouveau : *refaire un voyage.* Réparer : *refaire un mur. Fam.* Tromper, duper : *il s'est laissé refaire.* V. i. Recommencer. V. pr. Reprendre des forces.

refait, e adj. *Fam.* Trompé, dupé.

réfection n. f. Action de remettre à neuf.

réfectoire n. m. Salle où les membres d'une communauté prennent leurs repas.

refend [rafã] n. m. *Bois de refend,* bois scié en long. *Mur de refend,* gros mur formant séparation dans un bâtiment.

référé n. m. Procédure d'urgence par laquelle le président du tribunal règle provisoirement un litige. Arrêt rendu selon cette procédure.

référence n. f. Autorité, texte auxquels on se rapporte. Indication placée en tête d'une lettre, à rappeler dans la réponse. Pl. Attestation servant de recommandation.

référendaire adj. *Conseiller référendaire,* magistrat chargé d'examiner les pièces de la comptabilité publique.

référendum [referɛ̃dɔm] n. m. Consultation directe des citoyens sur une question d'intérêt général.

référer (à) v. i. (conj. 5) Faire rapport, en appeler à : *il faut en référer aux autorités supérieures.* V. pr. Se rapporter : *je m'en réfère à votre avis.*

réfléchi, e adj. Fait ou dit avec réflexion. Qui agit avec réflexion. *Gramm. Verbes, pronoms réfléchis,* indiquant qu'une action retombe sur le sujet de la proposition.

réfléchir v. t. Renvoyer dans une autre direction : *les miroirs réfléchissent les rayons lumineux.* V. i. [à]. Penser, méditer : *réfléchir avant d'agir.* V. pr. Etre réfléchi : *se réfléchir dans l'eau.*

réfléchissant, e part. et adj. Qui réfléchit la lumière, le son.

réflecteur n. m. et adj. Appareil qui réfléchit la lumière, la chaleur, les ondes.

reflet n. m. Rayon lumineux réfléchi par un corps : *reflet d'une étoffe. Fig.* Reproduction affaiblie.

refléter v. t. (conj. 5) Renvoyer la lumière, la couleur d'un corps voisin. *Fig.* Reproduire l'image de : *le miroir refléta son visage.*

refleurir v. i. Fleurir de nouveau.

réflexe n. m. Réaction nerveuse, inconsciente. Réaction rapide en présence d'un événement soudain : *avoir de bons réflexes.*

réflexion n. f. Changement de direction des ondes lumineuses ou sonores qui tombent sur une surface réfléchissante. *Fig.* Action de réfléchir, méditation.

refluer v. i. Revenir vers le point de départ : *la foule, effrayée, reflua.*

reflux [rafly] n. m. Mouvement de la mer qui s'éloigne du rivage. *Fig.* Retour en arrière.

refondre v. t. (conj. 46) Fondre de nouveau. *Fig.* Refaire entièrement : *refondre un dictionnaire.*

refonte n. f. Action de refondre.

réformateur, trice n. et adj. Qui réforme. Chef d'une réforme.

réformation n. f. Action de réformer.

réforme n. f. Changement en vue d'une amélioration : *la réforme du calendrier julien.* Retour à la règle dans un ordre religieux : *la réforme de Cîteaux.* Suppression des abus. *Mil.* Position d'un jeune homme jugé inapte au service national ou d'un militaire mis hors de service.

réformé, e adj. *Religion réformée,* le protestantisme. N. m. Protestant. Militaire qui a été mis à la réforme.

reformer v. t. Former de nouveau.

réformer v. t. Changer en mieux. *Réformer un ordre religieux,* le rétablir dans sa forme primitive. Prononcer la réforme d'un jeune homme, d'un militaire. V. pr. Renoncer à de mauvaises habitudes.

réformiste n. m. et adj. Partisan d'une réforme.

refoulé, e n. et adj. Personne qui souffre de refoulement.

refoulement n. m. Action de refouler. Opposition inconsciente à la réalisation de tendances jugées condamnables, qui subsistent ensuite dans l'esprit de façon latente.

refouler v. t. Faire reculer, empêcher de passer. Empêcher de se manifester, de s'extérioriser. Rejeter ses désirs, ses tendances dans l'inconscient.

réfractaire adj. *Chim.* Qui résiste à certaines influences. Qui ne fond qu'à très haute température. Rebelle. N. m. Citoyen qui refuse d'obéir à la loi ou de se soumettre à ses obligations militaires.

réfracter v. t. Produire une réfraction.

réfracteur adj. m. Qui réfracte.

réfraction n. f. Déviation que subit un rayon lumineux en passant d'un milieu transparent dans un autre.

refrain n. m. Phrase mélodique reprise à la fin des couplets d'une chanson. Ce qu'une personne répète sans cesse.

refréner v. t. (conj. 5) Mettre un frein, réprimer.

réfrigérant, e adj. Qui abaisse la température : *mélange réfrigérant.*

réfrigérateur n. m. Appareil ménager de conservation par le froid.

réfrigération n. f. Abaissement artificiel de la température d'un corps.

réfrigérer v. t. (conj. 5) Soumettre à la réfrigération.

réfringence n. f. Propriété de réfracter la lumière.

réfringent, e adj. Qui réfracte.

refroidir v. t. Rendre froid ; abaisser la température de : *refroidir un bouillon. Fig.* Diminuer l'ardeur, l'activité. V. i. Devenir froid. V. pr. Devenir froid. Prendre froid.

refroidissement n. m. Abaissement de la température. Indisposition causée par un froid subit. Diminution d'affection.

refuge n. m. Lieu où l'on se retire pour échapper à un danger, pour se mettre à l'abri. Petit trottoir pour piétons au milieu des rues à forte circulation.

réfugié, e adj. et n. Qui a quitté son pays pour éviter des persécutions, une condamnation, pour fuir une invasion.

réfugier (se) v. pr. Se retirer en un lieu pour se mettre en sûreté, pour être à l'abri.

refus n. m. Action de refuser.

refuser v. t. Ne pas accepter : *refuser un présent.* Ne pas accorder : *refuser une grâce.* Ne pas recevoir à un examen : *refuser un candidat.* Ne pas reconnaître : *refuser toute qualité à un ennemi.* V. pr. Se priver de : *se refuser le nécessaire.* Ne pas consentir : *se refuser à parler.*

réfutable adj. Qui peut être réfuté.

réfutation n. f. Action de réfuter. Raisons alléguées pour réfuter.

réfuter v. t. Démontrer la fausseté d'une affirmation.

regagner v. t. Regagner ce qu'on avait perdu. Acquérir de nouveau. Revenir : *regagner son pays natal. Fig. Regagner du terrain,* reprendre le dessus.

regain n. m. Herbe qui repousse après la fauchaison. *Fig.* Recrudescence, renouvellement.

régal n. m. Mets qui plaît beaucoup. *Fig.* Grand plaisir que l'on trouve à quelque chose : *la musique est mon régal.* (Pl. *régals.*)

régalade n. f. *Boire à la régalade,* en versant la boisson dans sa bouche sans que le récipient touche les lèvres.

régale adj. f. *Eau régale,* mélange d'acide azotique et d'acide chlorhydrique, qui dissout l'or et le platine.

régaler v. t. Offrir un bon repas à quelqu'un. V. pr. Se donner le plaisir d'un bon repas.

régalien, enne adj. Se disait des droits attachés à la royauté.

regard n. m. Action ou manière de regarder : *regards distraits.* Ouverture pour faciliter la visite d'un conduit. *En regard,* vis-à-vis. *Au regard de,* aux termes de, par rapport à.

regardant, e adj. Qui a peur de trop dépenser.

regarder v. t. Porter la vue sur : *regarder les gens qui passent. Fig.* Être tourné vers. V. i. [à]. Donner son attention à ; ne dépenser qu'avec regret. *Y regarder à deux fois,*

n'agir qu'après réflexion. V. pr. Être en face l'un de l'autre.

regarnir v. t. Garnir de nouveau.

régate n. f. Course de bateaux.

régence n. f. Fonction de régent. Durée de cette dignité. Adj. Qui rappelle les mœurs, le style de la régence de Philippe d'Orléans.

régénérateur, trice n. et adj. Qui régénère.

régénération n. f. Rétablissement de ce qui était détruit. *Fig.* Renouvellement.

régénérer v. t. (conj. 5) Rétablir ce qui était détruit. *Fig.* Renouveler moralement : *régénérer une nation.*

régent, e n. et adj. Chef du gouvernement pendant la minorité, l'absence ou la maladie du souverain.

régenter v. t. Diriger de façon autoritaire et arbitraire.

régicide n. Assassin d'un roi. Chacun de ceux qui avaient voté la condamnation de Louis XVI. N. m. Meurtre d'un roi. Adj. Relatif à l'assassinat d'un roi.

régie n. f. Administration chargée de la perception de certaines taxes : *la régie des tabacs.* Entreprise industrielle et commerciale de caractère public : *Régie autonome des transports parisiens.* Administration chargée, dans un théâtre, un studio de cinéma, de télévision, de l'organisation matérielle du spectacle.

regimber v. i. Ruer sur place : *cheval qui regimbe. Fig.* Résister, se révolter.

régime n. m. Forme de gouvernement d'un État. *Ancien Régime,* gouvernement qui existait en France avant 1789. Ensemble des dispositions légales concernant l'administration de certains établissements : *le régime des prisons. Régime matrimonial,* statut réglant les intérêts pécuniaires des époux. Ensemble de prescriptions concernant l'alimentation : *suivre un régime.* Vitesse de rotation d'un moteur. Mode de fonctionnement normal d'une machine. Variation du débit d'un cours d'eau. Sorte de grappe de certains fruits : *régime de bananes.*

régiment n. m. Unité militaire, composée de plusieurs bataillons ou escadrons. *Fig.* Grand nombre.

régimentaire adj. Qui appartient au régiment.

région n. f. Étendue de pays qui doit son unité à des causes physiques (climat, relief, etc.) ou humaines (économie, etc.). Étendue de pays quelconque : *la région bordelaise.* Partie du corps plus ou moins délimitée : *la région du cœur.*

régional, e*, aux adj. D'une région.

régionalisme n. m. Doctrine tendant à accorder une certaine autonomie aux régions.

régionaliste adj. Qui concerne une région.

régir v. t. Déterminer le mouvement, l'action de : *les lois qui régissent la chute des corps. Gramm.* Avoir pour complément, en parlant du verbe.

régisseur n. m. Celui qui gère, qui administre : *régisseur d'une propriété.* Personne chargée d'assister le metteur en scène.

registre n. m. Tout livre public ou particulier où l'on inscrit certains faits dont on veut conserver le souvenir. Étendue de l'échelle musicale ou vocale. Boutons commandant les différents jeux d'un orgue.

réglage n. m. Action de régler.

règle n. f. Instrument droit et plat, pour tracer des lignes. *Fig.* Principe, loi : *les règles de la politesse.* Discipline, ordre : *respecter la règle.* Exemple, modèle : *servir de règle.* Statuts d'un ordre religieux. *Math.* Nom donné à certaines opérations principales : *les quatre règles ; règle de trois.* En bonne règle, suivant l'usage. Se mettre en règle, faire, avoir fait ce qu'il faut. *En règle générale,* dans la plupart des cas. Pl. Syn. de MENSTRUES.

réglé, e adj. Rayé : *papier réglé. Fig.* Discipliné, modéré. Adj. f. Qui a ses règles.

règlement n. m. Arrêt, ordonnance : *règlement de police.* Ensemble des mesures prescrites auxquelles sont soumis les membres d'une société, un groupe. Solde d'un compte. *Règlement de compte,* action de faire justice soi-même.

réglementaire* adj. Qui concerne le règlement. Conforme au règlement.

réglementation n. f. Action de fixer par des règlements.

réglementer v. t. Soumettre à un règlement : *réglementer les loyers.*

régler v. t. Tirer à la règle des lignes sur le papier. Déterminer : *régler un itinéraire.* Terminer : *régler un différend.* Payer : *régler une facture.* Mettre en ordre. Mettre au point le fonctionnement d'une machine. *Fam. Régler son compte à quelqu'un,* le punir avec violence.

réglette n. f. Petite règle.

réglisse n. f. Plante dont la racine est utilisée en pharmacie.

règne n. m. Gouvernement d'un souverain ou sa durée : *règne glorieux. Par ext. : le règne de la mode.* Grande division des corps de la nature : *règne minéral.*

régner v. i. (conj. 5) Exercer le pouvoir souverain dans un Etat. Durer plus ou moins longtemps, exister : *le silence règne dans la salle.*

regonfler v. t. Gonfler de nouveau.

regorgement n. m. État de ce qui regorge.

regorger v. i. (conj. 1) Avoir en très grande abondance : *regorger de richesses.*

régressif, ive adj. Qui va en arrière. Qui revient sur soi-même : *série régressive.*

régression n. f. Retour en arrière.

regret n. m. Peine causée par la perte d'une personne, l'absence d'une chose. *A regret,* à contrecœur.

regrettable adj. Fâcheux : *une erreur regrettable.* Digne de regret.

regretter v. t. Etre affligé de ne pas avoir ou de ne plus avoir, d'avoir fait ou de ne pas avoir fait une chose : *regretter un ami mort ; regretter une erreur.*

regrimper v. i. Grimper de nouveau. V. t. : *regrimper une côte.*

régularisation n. f. Action de régulariser.

régulariser v. t. Rendre conforme aux dispositions légales, aux règlements.

régularité n. f. Qualité de ce qui est régulier : *régularité dans le travail.* Harmonie. Conformité à des règles. Ponctualité réglée : *régularité des repas.*

régulateur, trice adj. Qui sert à régler. N. m. Appareil, mécanisme qui établit la régularité du mouvement, du fonctionnement d'une machine.

régulier, ère* adj. Conforme à la règle. Bien proportionné : *visage régulier.* Symétrique, bien disposé. Exact, ponctuel : *service régulier.* Verbe régulier, qui suit le modèle général de conjugaison. *Clergé régulier,* ordres religieux soumis à une règle monastique.

régurgitation n. f. Retour dans la bouche de matières contenues dans l'estomac ou l'œsophage.

régurgiter v. t. Faire revenir dans la bouche.

réhabilitation n. f. Action de réhabiliter.

réhabiliter v. t. Rétablir dans son premier état, dans ses droits : *réhabiliter un failli. Fig.* Rétablir dans l'estime d'autrui : *réhabiliter quelqu'un dans l'opinion.*

réhabituer v. t. Habituer de nouveau à.

rehaussement n. m. Relèvement.

rehausser v. t. Hausser davantage. *Fig.* Relever : *rehausser son prestige.* Faire paraître davantage, donner plus de valeur : *sa robe rehaussait sa beauté.*

réimpression n. f. Impression nouvelle. Ouvrage réimprimé.

réimprimer v. t. Imprimer de nouveau.

rein [rẽ] n. m. Viscère double, qui excrète l'urine. Pl. Lombes, partie inférieure de l'épine dorsale : *avoir mal aux reins.*

réincarnation n. f. Nouvelle incarnation.

réincarner v. t. Incarner de nouveau, prendre un nouveau corps.

reine n. f. Femme d'un roi. Souveraine d'un royaume. *Fig.* La première, la plus belle : *la rose est la reine des fleurs.* Femelle féconde chez les abeilles, les fourmis, les termites. Pièce du jeu d'échecs.

reine-claude n. f. Prune de couleur verdâtre à l'état mûr.

reine-des-prés n. f. Petite plante ornementale.

reine-marguerite n. f. Belle marguerite à fleurs doubles.

reinette n. f. Sorte de pomme.

réintégration n. f. Action de réintégrer.

réintégrer v. t. (conj. 5) *Dr.* Rétablir dans la possession d'un bien, d'un emploi. Remettre dans le même lieu. S'établir, rentrer de nouveau dans : *réintégrer son domicile.*

réitération n. f. Action de réitérer.

réitérer v. t. (conj. 5) Faire de nouveau, répéter.

reître n. m. Au Moyen Âge, cavalier allemand mercenaire. *Fig.* Soudard.

rejaillir v. i. Jaillir avec force. Se refléter (lumière). Retomber sur : *la honte en rejaillit sur lui.*

rejaillissement n. m. Mouvement de ce qui rejaillit.

rejet n. m. Action de rejeter. *Agr.* Nouvelle pousse. Rejeton. Terre qu'on rejette en creusant un fossé. Dénivellation produite par une faille. Après une greffe d'organe, réaction d'intolérance de l'organisme receveur.

rejeter v. t. (conj. 4) Jeter de nouveau. Jeter hors de soi : *débris rejetés par la mer. Fig.* Faire retomber : *rejeter la faute sur autrui.* Ne pas admettre : *rejeter un avis.* Produire de nouvelles pousses.

rejeton n. m. Nouvelle pousse qui apparaît au pied d'un arbre, d'une plante. *Fig.* Descendant : *un rejeton royal.*

rejoindre v. t. (conj. 81) Réunir : *rejoindre deux objets.* Aller retrouver quelqu'un. *Rejoindre un lieu,* l'atteindre.

rejouer v. t. et i. Jouer de nouveau : *rejouer un air.*

réjoui, e adj. Gai, heureux.

réjouir v. t. Mettre en joie. Plaire, être agréable. Divertir : *réjouir la société.* V. pr. Se divertir. Éprouver du plaisir.

réjouissance n. f. Amusement, divertissement. Pl. Fêtes publiques.

relâche n. m. Interruption dans un travail, un exercice : *étudier sans relâche.* Repos, intermittence. Suspension momentanée des représentations théâtrales. N. f. *Mar.* Action de relâcher. Port où l'on relâche.

relâchement n. m. Diminution de la tension. *Fig.* Ralentissement : *relâchement d'activité.* Diminution d'ardeur, d'effort.

relâcher v. t. Détendre : *relâcher un lien.* Libérer : *relâcher un prisonnier.* Rendre moins rigoureux : *relâcher la discipline.* Mar. Faire escale. V. pr. Se détendre. Perdre de son zèle, de sa rigueur.

relais n. m. Chevaux placés de distance en distance pour remplacer ceux qui étaient fatigués. *Course de relais,* course dans laquelle les coureurs d'une même équipe se remplacent alternativement. *Prendre le relais,* assurer la continuation de quelque chose. Dispositif de télécommunication qui retransmet en l'amplifiant le signal reçu.

relancer v. t. (conj. 1) Lancer de nouveau. *Véner.* Faire repartir : *relancer un cerf.* Harceler quelqu'un.

relaps, e adj. Retombé dans l'hérésie.

relater v. t. Raconter d'une manière précise, en détail.

relatif, ive* adj. Qui se rapporte à. Qui n'a rien d'absolu, variable : *les goûts sont relatifs.* Approximatif, limité : *un silence relatif.* Adj. et n. *Gramm.* Qui unit une proposition épithète au reste de la phrase : *pronom relatif.*

relation n. f. Rapport, correspondance. Personne avec laquelle on est en rapport : *avoir de nombreuses relations.* Récit, narration.

relativisme n. m. Théorie philosophique fondée sur la relativité de la connaissance.

relativité n. f. Caractère de ce qui est relatif. *Phys. Théorie de la relativité,* théorie d'Einstein selon laquelle l'écoulement du temps n'est pas le même pour deux observateurs qui se déplacent l'un par rapport à l'autre.

relaxation n. f. Relâchement, détente. Mise en liberté.

relaxer (se) v. pr. Se détendre. V. t. *Dr. Relaxer un prévenu,* ne pas poursuivre l'action en justice intentée contre lui.

relayer v. t. (conj. 2) Remplacer. Retransmettre par un émetteur de radio ou de télévision.

relégation n. f. Action de reléguer. Pénalité qui consistait dans l'internement perpétuel des récidivistes dans une colonie française.

reléguer v. t. (conj. 5) Confiner. Mettre à l'écart : *reléguer un fonctionnaire.*

relent n. m. Mauvais goût que contracte un aliment. Mauvaise odeur.

relevailles n. f. pl. Cérémonie qui se faisait à l'église, la première fois qu'y allait une femme après ses couches.

relève n. f. Remplacement d'une troupe de soldats par une autre. *Prendre la relève,* relayer, remplacer.

relevé, e adj. Ramené vers le haut : *un chapeau à bord relevé.* Qui a de l'élévation, noble : *un style relevé.* Bien assaisonné, piquant : *sauce relevée.* N. m. Action de prendre par écrit ; liste : *faire le relevé d'un compte ; le relevé d'un compteur.*

relèvement n. m. Action de relever.

relever v. t. (conj. 5) Remettre debout, dans sa position naturelle. Restaurer, reconstruire : *relever un mur.* Retrousser : *relever ses manches.* Rendre plus élevé : *relever un virage.* Redresser : *relever la tête. Fig.* Rétablir la prospérité de : *relever une industrie.* Redonner de l'énergie : *relever le courage.* Remplacer, révoquer : *relever un fonctionnaire.* Faire valoir : *relever la beauté.* Copier, prendre note : *relever une adresse.* Donner plus de goût : *relever une sauce.* Dépendre : *cela relève de sa compétence.* V. pr. Se remettre sur ses pieds. Sortir de nouveau du lit. Se remettre.

releveur adj. et n. m. Qui relève ; qui fait des relevés.

relief n. m. Ce qui fait saillie : *graver en creux et en relief.* Ensemble des inégalités de la surface terrestre, d'un pays : *relief accidenté.* Ouvrage de sculpture : *haut-relief, demi-relief, bas-relief.* Éclat né de l'opposition, du contraste. *Mettre en relief,* mettre en évidence.

relier v. t. Lier de nouveau. Réunir, rattacher. Coudre ensemble les feuillets d'un livre et y mettre une couverture épaisse.

relieur, euse n. Personne dont le métier est de relier les livres.

religieux, euse* adj. De la religion : *chant religieux.* Pieux : *sentiments religieux.* D'un ordre monastique : *l'habit religieux.* N. Personne engagée par des vœux monastiques.

religion n. f. Culte rendu à la divinité. Doctrine religieuse : *la religion catholique.* Foi, piété. *La religion réformée,* le protestantisme.

religiosité n. f. Esprit religieux.

reliquaire n. m. Boîte, coffret où l'on enchâsse des reliques.

reliquat [ralika] n. m. Ce qui reste dû après un arrêté de comptes. Restes d'une maladie : *reliquat de goutte.*

relique n. f. Partie du corps d'un saint, objet ayant été à son usage ou ayant servi à son supplice, que l'on conserve religieusement. *Par ext.* Objet conservé précieusement.

relire v. t. Lire de nouveau.

reliure n. f. Art de relier un livre. Couverture d'un livre relié.

relouer v. t. Louer une seconde fois.

reluire v. i. Briller.

reluisant, e adj. Qui reluit : *armes reluisantes.* Peu reluisant, médiocre : *situation peu reluisante.*

remâcher v. t. Mâcher de nouveau. *Fig.* et *fam.* Repasser dans son esprit : *remâcher les mêmes idées.*

remailler. V. REMMAILLER.

remaniement n. m. Action de remanier. Changement, modification.

remanier v. t. Manier de nouveau. Modifier.

remariage n. m. Nouveau mariage.

remarier v. t. Marier de nouveau.

remarquable* adj. Digne d'être remarqué.

remarque n. f. Action de noter. Observation.

remarquer v. t. Marquer de nouveau. Distinguer, observer. *Se faire remarquer,* attirer l'attention, se singulariser.

rembarquement n. m. Action de rembarquer ; nouvel embarquement.

rembarquer v. t. Embarquer de nouveau. V. i. S'embarquer de nouveau. V. pr. *Fig.* S'engager de nouveau.

rembarrer v. t. *Fig.* et *fam.* Reprendre vivement quelqu'un, le remettre à sa place.

remblai n. m. Masse de terre rapportée pour surélever un terrain ou pour combler un creux : *faire un remblai pour poser une voie ferrée.*

remblayage n. m. Action de remblayer.

remblayer v. t. (conj. 2) Faire un remblai.

remboîter v. t. Remettre en place ce qui a été déboîté : *remboîter un os.*

rembourrage n. m. Action de rembourrer. Matière servant à rembourrer.

rembourrer v. t. Garnir de bourre, de matière plus ou moins compressible. Capitonner.

remboursable adj. Qui doit être remboursé.

remboursement n. m. Action de rembourser. Paiement d'une somme due.

rembourser v. t. Rendre à quelqu'un ce qu'il a dépensé, ce qu'on lui doit.

rembrunir (se) v. pr. Devenir triste.

remède n. m. Substance servant à combattre les maladies. *Fig.* Tout ce qui guérit, qui soulage : *douleur sans remède.*

remédier v. i. Porter remède à.

remembrement n. m. Réunion, regroupement de champs dispersés pour mettre fin au morcellement excessif de la propriété rurale.

remémorer v. t. Remettre en mémoire. V. pr. Se rappeler.

remerciement n. m. Action de remercier. Paroles par lesquelles on remercie.

remercier v. t. Dire merci, rendre grâce. Refuser poliment. Congédier.

remesurer v. t. Mesurer de nouveau.

remettre v. t. (conj. 49) Mettre de nouveau. Replacer : *remettre en place.* Livrer : *remettre une lettre.* Mettre en dépôt : *remettre des fonds à un banquier.* Rétablir la santé : *l'air de la campagne l'a remis.* Confier : *remettre quelque chose à quelqu'un.* Reconnaître : *je ne vous remets pas.* Pardonner : *remettre les péchés.* Différer : *remettre au lendemain.* V. pr. *S'en remettre à quelqu'un,* s'en rapporter à lui.

rémige n. f. Grande plume de l'aile.

réminiscence n. f. Souvenir vague.

remise n. f. Action de remettre. Rabais, commission : *forte remise.* Réduction accordée à un condamné d'une partie de sa peine. Délai, renvoi à plus tard : *la remise d'une audience.* Lieu où l'on garde les voitures à couvert.

remiser v. t. Placer sous une remise : *remiser une voiture.* Faire une nouvelle mise. V. pr. Se poser après avoir couru ou volé (gibier).

remisier n. m. Intermédiaire entre les agents de change et la clientèle.

rémissible adj. Pardonnable.

rémission n. f. Action de remettre, de pardonner. *Méd.* Accalmie dans une maladie. *Sans rémission* loc. adv. D'une manière implacable.

rémittent, e adj. *Méd.* Qui diminue d'intensité par intervalles.

remmailler [rãmaje] ou **remailler** [rəmaje] v. t. Reconstituer les mailles d'un tricot, d'un filet, d'un bas.

remmener v. t. (conj. 5) Emmener de nouveau.

remodeler v. t. Modifier pour adapter aux besoins de la vie actuelle : *remodeler un vieux quartier.*

remontage n. m. Action de tendre de nouveau le ressort d'un mécanisme. Action de replacer les pièces d'une machine démontée.

remontant, e adj. Qui va vers le haut. *Bot.* Qui refleurit à diverses époques. *Fig.* et *fam.* Qui ranime. N. m. Boisson fortifiante.

remonte n. f. Action de remonter. Ensemble des poissons qui remontent un cours d'eau pour frayer.

remontée n. f. Action de remonter. *Remontées mécaniques,* funiculaires, télésièges, téléphériques, etc.

remonte-pente n. m. Dispositif servant à hisser les skieurs au haut d'une pente.

remonter v. i. Monter de nouveau. S'élever. Faire un mouvement de bas en haut. *Fig.* Augmenter de valeur après une baisse. Reprendre de loin : *remonter aux origines.* V. t. Porter de nouveau en haut. Tendre de nouveau un ressort : *remonter une montre.* Exhausser : *remonter un mur.* Relever : *remonter son col. Remonter un fleuve,* aller à contre-courant. *Fig. Remonter le courant,* redresser une situation compromise. Rajuster les différentes pièces d'une machine : *remonter une bicyclette.* Relever : *remonter le moral.* V. pr. Se pourvoir de nouveau. Reprendre des forces.

remontoir n. m. Mécanisme pour remonter une montre sans clef.

remontrance n. f. Avertissement, reproche.

remontrer v. t. Montrer de nouveau. Représenter un tort. V. i. *En remontrer,* faire la leçon à. Être supérieur.

rémora n. m. Poisson à la tête munie d'un disque adhésif et qui s'attache ainsi aux bateaux, aux cétacés.

remords [rəmɔr] n. m. Reproche de la conscience.

remorquage n. m. Action de remorquer.

remorque n. f. Traction exercée sur un véhicule à l'aide d'un autre : *prendre à la remorque.* Câble qui relie les deux véhicules. Voiture remorquée. *Se mettre à la remorque de quelqu'un,* le suivre, l'imiter.

remorquer v. t. Traîner à sa suite une voiture, un bateau, etc.

remorqueur, euse adj. Qui sert à remorquer. N. m. Bateau ou véhicule qui en remorque un autre.

rémoulade n. f. Sorte de mayonnaise additionnée de moutarde.

rémouleur n. et adj. m. Celui qui aiguise les outils, couteaux, etc.

remous n. m. Tournoiement d'eau, à l'arrière d'un navire en marche. Refoulement de l'eau contre un obstacle. Mouvements en sens divers : *être entraîné par le remous de la foule.*

rempailler v. t. Garnir de nouveau de paille : *rempailler des chaises.*

rempailleur, euse n. Qui rempaille.

rempaqueter v. t. (conj. 4) Empaqueter de nouveau.

rempart n. m. Muraille entourant une place de guerre ou un château fort. *Fig.* Ce qui sert de défense.

remplaçable adj. Que l'on peut remplacer.

remplaçant, e n. Personne qui en remplace une autre.

remplacement n. m. Action de remplacer ; substitution.

remplacer v. t. (conj. 1) Mettre à la place de : *remplacer de vieux meubles.* Suppléer par une autre chose : *remplacer le sucre par du miel.* Occuper momentanément la place. Donner un successeur : *remplacer un domestique.* Succéder à. *Fig.* Tenir lieu de.

rempli n. m. Pli fait à une étoffe pour la rétrécir ou la raccourcir.

remplir v. t. Emplir de nouveau. Rendre plein : *remplir un vase.* Mettre en grand nombre : *remplir une cage d'oiseaux.* Compléter, répondre par écrit : *remplir une fiche, un formulaire.* Occuper, exercer : *remplir un poste.* Accomplir : *remplir une promesse.* Employer : *bien remplir son temps.*

remplissage n. m. Action de remplir. Dans un ouvrage littéraire, développement inutile ou étranger au sujet.

remploi ou **réemploi** n. m. Nouvel emploi des fonds d'un bien aliéné.

remplumer (se) v. pr. *Fam.* Reprendre de l'embonpoint. Rétablir ses affaires.

remporter v. t. Emporter d'un lieu ce qu'on avait apporté. Enlever : *on remporta les morts.* Obtenir : *remporter une victoire.*

rempoter v. t. Changer une plante de pot.

remuant, e adj. Sans cesse en mouvement : *un enfant remuant.*

remue-ménage n. m. inv. Déplacement bruyant de meubles, d'objets divers ; agitation confuse.

remuer v. t. Mouvoir, déplacer : *remuer un meuble. Fig.* Émouvoir. V. i. Changer de place : *enfant qui remue beaucoup.* Être ébranlé : *dent qui remue.*

remugle n. m. Odeur de renfermé.

rémunérateur, trice n. et adj. Qui procure un gain, un profit : *un taux rémunérateur.*

rémunération n. f. Récompense. Prix d'un travail, d'un service rendu.

rémunérer v. t. (conj. 5) Récompenser, payer.

renâcler v. i. Faire du bruit en reniflant. *Fig.* Rechigner : *renâcler à la besogne.*

renaissance n. f. Action de renaître. Renouvellement, retour : *la renaissance du printemps. Fig.* Nouvelle vie, nouvelle vigueur. Mouvement littéraire, artistique et scientifique, au XVe et au XVIe s., fondé en grande partie sur l'imitation de l'Antiquité. Adj. Qui appartient à l'époque ou au style de la Renaissance : *buffet Renaissance.*

renaître v. i. (conj. 59) Naître de nouveau. Reparaître. *Fig.* Reprendre des forces, de la vie. Être rendu à : *renaître à l'espérance.*

rénal, e, aux adj. Relatif aux reins.

renard n. m. Mammifère carnassier à queue velue et à museau pointu. Peau de cet animal. *Fig.* Homme rusé.

renarde n. f. Femelle du renard.

renardeau n. m. Petit renard.

renchérir v. t. Rendre plus cher. V. i. Devenir plus cher. *Fig.* Aller plus loin qu'un autre en paroles ou en actes : *renchérir sur ce qu'on a entendu.*

renchérissement n. m. Augmentation de prix : *renchérissement des denrées.*

rencogner v. t. *Fam.* Pousser quelqu'un dans un coin. V. pr. Se blottir dans un coin.

rencontre n. f. Jonction de personnes ou de choses se mouvant en sens contraire. Fait de se trouver par hasard en présence d'une personne ou d'une chose. Choc : *rencontre de troupes.* Duel : *rencontre à l'épée. Aller à la rencontre de,* aller au-devant de.

rencontrer v. t. Trouver par hasard ou non sur son chemin : *rencontrer quelqu'un, un obstacle.* Se trouver opposé en combattant : *l'équipe de France a rencontré l'équipe de Belgique.* V. pr. Se trouver, se rejoindre. Se heurter. Exister : *cela ne se rencontre guère.*

rendement n. m. Production, rapport total : *le rendement d'une terre.* Quantité de travail, d'objets fabriqués, fournie par des travailleurs en un temps déterminé : *augmenter le rendement.*

rendez-vous n. m. Convention que font deux ou plusieurs personnes de se trouver à heure fixe en un même lieu.

rendre v. t. (conj. 46) Restituer : *rendre un dépôt.* Renvoyer : *rendre un cadeau.* Traduire : *mal rendre un passage.* Rejeter, vomir : *rendre son repas.* Restituer : *rendre la vue.* Rapporter, produire : *ce blé rend beaucoup.* Accorder : *rendre hommage.* Exprimer : *cela ne rend pas ma pensée.* Prononcer : *rendre un arrêt.* Faire devenir : *rendre praticable un chemin.* V. pr. Se transporter : *se rendre chez quelqu'un.* Se soumettre : *se rendre à un conseil.*

rendu, e adj. Harassé. Arrivé : *nous sommes rendus.* N. m. Action de rendre, objet rendu. *Un prêté pour un rendu,* revanche d'un mauvais tour dont on a été victime.

rêne n. f. Courroie fixée au mors du cheval pour le guider. Guide. *Fig.* Direction : *prendre les rênes d'une affaire.*

renégat, e n. Qui a renié sa religion. *Fig.* Qui trahit son passé.

renfermé n. m. Mauvaise odeur qu'exhale une pièce qui a été longtemps fermée.

renfermer v. t. Enfermer de nouveau : *renfermer un prisonnier évadé.* Contenir. Tenir caché, dissimuler : *renfermer ses sentiments.* V. pr. Ne pas sortir de : *se renfermer dans le silence, dans son sujet. Se renfermer en soi-même,* se recueillir.

renflement n. m. État de ce qui est renflé. Partie renflée.

renfler v. t. et i. Augmenter de volume.

renflouage ou **renflouement** n. m. Action de renflouer.

renflouer v. t. Remettre à flot.

renfoncement n. m. Endroit d'un mur, d'un ouvrage de construction qui présente un creux : *se cacher dans le renfoncement d'une porte.*

renfoncer v. t. (conj. 1) Enfoncer plus avant.

renforçage ou **renforcement** n. m. Action de renforcer.

renforçateur n. m. *Phot.* Bain qui renforce une image photographique.

renforcer v. t. (conj. 1) Rendre plus solide, plus puissant. Donner plus d'intensité, d'énergie : *cet argument renforce ma position.*

renfort n. m. Augmentation de force. Pièce soudée à une autre pour en augmenter la résistance. *A grand renfort de,* au moyen d'une grande quantité de.

renfrogné, e adj. Bourru, maussade.

renfrogner (se) v. pr. Contracter son visage par mécontentement.

rengagé adj. et n. Militaire qui, son temps achevé, renouvelle son engagement : *sergent rengagé.*

rengagement n. m. Action de rengager, de se rengager.

rengager v. t. (conj. 1) Engager de nouveau. Mettre de nouveau en gage. V. pr. Contracter un nouvel engagement.

rengaine n. f. *Fam.* Paroles répétées à satiété : *c'est toujours la même rengaine.* Refrain banal : *chanter une vieille rengaine.*

rengainer v. t. Remettre dans la gaine, dans le fourreau : *rengainer une épée. Fig. et fam.* Renoncer à ce qu'on allait dire ou faire.

rengorgement n. m. Action de se rengorger.

rengorger (se) v. pr. (conj. 1) Avancer la gorge en retirant la tête en arrière. *Fig.* Faire l'important.

rengraisser v. i. Redevenir gras.

reniement n. m. Action de renier.

renier v. t. Déclarer mensongèrement qu'on ne connaît pas. Désavouer : *renier sa famille.* Abjurer : *renier sa religion.*

reniflement n. m. Action de renifler.

renifler v. i. Aspirer fortement par les narines. V. t. Aspirer par le nez : *renifler du tabac.*

renne n. m. Ruminant des régions froides, de la famille des cerfs.

renom n. m. Réputation. Notoriété.

renommé, e adj. Célèbre, réputé : *une région renommée pour ses vins.*

renommée n. f. Renom, réputation. Célébrité.

renoncement n. m. Action de renoncer. Privation volontaire : *une vie de renoncement.* Abnégation.

renoncer v. i. (conj. 1) Se désister de. Cesser de tenir, de s'attacher à. Au jeu, mettre une carte d'une couleur autre que la couleur demandée.

renonciation n. f. Acte par lequel on renonce. Renoncement.

renoncule n. f. Plante à fleurs, parfois sauvage (bouton d'or).

renouer v. t. Nouer une chose dénouée. *Fig.* Reprendre : *renouer une affaire.* V. i. Renouveler une liaison, une amitié : *renouer avec quelqu'un.*

renouveau n. m. Ce qui donne l'impression d'un renouvellement. Le printemps.

renouvelable adj. Qui peut être renouvelé.

renouveler v. t. (conj. 3) Substituer une chose ou une personne à une autre de même espèce : *renouveler ses habits.* Refaire, recommencer : *renouveler un bail.* Rappeler : *renouveler un souvenir.* Remettre en vigueur. Rendre nouveau par une découverte : *renouveler une question.* V. pr. Revenir de nouveau. Ne pas garder le même aspect. Changer de manière, de style : *un auteur qui ne se renouvelle pas assez.*

renouvellement n. m. Action de renouveler.

rénovateur, trice adj. et n. Qui rénove.

rénovation n. f. Action de rénover. Modernisation.

rénover v. t. Remettre à neuf. Transformer.

renseignement n. m. Indication, information, précision.

renseigner v. t. Donner des renseignements. V. pr. Chercher à s'informer.

rentabilisation n. f. Action de rentabiliser.

rentabiliser v. t. Rendre rentable.

rentabilité n. f. Aptitude à produire un bénéfice.

rentable adj. Qui peut procurer un revenu, un bénéfice.

rente n. f. Revenu fourni par un capital : *vivre de ses rentes.* Somme d'argent versée périodiquement à une personne. *Rente viagère,* pension payée à une personne sa vie durant.

rentier, ère n. Personne qui vit de ses rentes.

rentoiler v. t. Soutenir, conserver la toile usée d'un tableau en la collant sur une toile neuve. Transporter les couleurs sur une nouvelle toile.

rentré, e adj. Obligé de se contraindre : *colère rentrée.* Cave, creux : *avoir les yeux rentrés.*

rentrée n. f. Action de rentrer. Période de retour au travail après les congés annuels. Perception d'un impôt, recouvrement de fonds : *rentrée difficile.* Au jeu, cartes qui remplacent celles que l'on a écartées.

rentrer v. i. Entrer de nouveau. S'emboîter. Être compris dans : *rentrer dans une énumération.* Reprendre ses fonctions : *les tribunaux sont rentrés.* Rentrer en soi-même, réfléchir. V. t. Porter, amener à l'abri : *rentrer les foins, les bêtes.* Refouler : *rentrer ses larmes.*

renversant, e adj. *Fam.* Qui étonne profondément : *nouvelle renversante.*

renverse n. f. *A la renverse,* sur le dos.

renversement n. m. Action de renverser; état d'une chose renversée. *Le renversement d'une situation,* son retournement.

renverser v. t. Faire tomber : *renverser un récipient, du vin, une personne.* Pencher en arrière : *renverser la tête.* Détruire : *renverser l'ordre établi. Fam.* Étonner : *cette nouvelle me renverse.* V. i. Tomber. Changer de sens.

renvoi n. m. Action de renvoyer. Dans un texte, marque renvoyant le lecteur à une note, à une explication.

renvoyer v. t. (conj. 2) Envoyer de nouveau. Faire retourner d'où l'on vient. Retourner : *renvoyer un présent.* Congédier : *renvoyer un domestique.* Destituer : *renvoyer un ministre.* Décharger d'une accusation. Répercuter, relancer, réfléchir : *renvoyer la balle, les sons.* Ajourner : *renvoyer un procès.*

réoccuper v. t. Occuper de nouveau.

réorganisateur, trice adj. et n. Qui réorganise.

réorganisation n. f. Action de réorganiser; son résultat.

réorganiser v. t. Organiser sur un nouveau plan : *réorganiser une affaire.*

réouverture n. f. Action de rouvrir.

repaire n. m. Retraite de bêtes féroces, de brigands, etc.

repaître v. t. (conj. 74) *Repaître ses yeux de,* regarder avec avidité. V. pr. Se nourrir, se rassasier. *Fig. : se repaître de chimères.*

répandre v. t. (conj. 46) Verser, laisser tomber : *répandre du vin, des larmes.* Etendre au loin : *le soleil répand sa lumière. Fig.* Propager : *répandre l'alarme.* Exhaler : *répandre une odeur.* Distribuer : *répandre des bienfaits.* V. pr. S'écouler; se dégager; se propager : *un faux bruit se répand rapidement.* Paraître, se manifester au-dehors. Se répandre en invectives, menaces, compliments, etc., proférer beaucoup de...

répandu, e adj. *Fig.* Propagé au loin. Communément admis : *l'opinion la plus répandue.*

réparable adj. Qui peut se réparer.

reparaître v. i. (conj. 58) Paraître de nouveau.

réparateur, trice adj. et n. Qui répare. Qui redonne des forces.

réparation n. f. Action de réparer. Ouvrage fait pour réparer : *réparation d'un pont.* Restitution des forces. *Fig.* Satisfaction d'une offense : *refuser réparation. Réparation par les armes,* duel.

réparer v. t. Arranger ce qui est dérangé, détérioré. Corriger : *réparer une erreur.* Rétablir : *réparer sa fortune, ses forces. Fig.* Effacer, expier : *réparer ses fautes.* Donner satisfaction : *réparer un affront.*

repartie n. f. Réplique vive, spirituelle.

repartir v. t. (conj. 22) Répliquer promptement.

repartir v. i. (conj. 22) Partir de nouveau.

répartir v. t. (conj. 22) Partager, distribuer.

répartition n. f. Partage. Distribution.

repas n. m. Nourriture prise chaque jour à heure fixe : *l'heure du repas.*

repassage n. m. Action d'aiguiser les couteaux, les ciseaux, etc. Action de repasser du linge.

repasser v. i. Passer de nouveau. V. t. Traverser de nouveau : *repasser les mers.* Evoquer : *repasser dans son esprit.* Aiguiser : *repasser un couteau.* Défriper au moyen d'un fer chaud : *repasser du linge.*

repasseuse n. f. Femme qui repasse le linge.

repêchage n. m. Action de repêcher un candidat.

repêcher v. t. Pêcher de nouveau. Retirer de l'eau ce qui y est tombé. *Fam.* Dégager d'une mauvaise position. *Repêcher un candidat,* le recevoir à un examen malgré des notes insuffisantes.

repenti, e adj. Qui s'est repenti.

repentir n. m. Vif regret d'avoir fait ou de n'avoir pas fait une chose.

repentir (se) v. pr. (conj. 15) Avoir un vif regret de : *se repentir de ses fautes.*

repérage n. m. Action de repérer, de localiser.

répercussion n. f. Action de répercuter. *Fig.* Conséquence : *les répercussions d'un fait.*

répercuter v. t. Réfléchir, renvoyer : *répercuter un son.* Transmettre aux divers échelons d'une hiérarchie.

repère n. m. Marque faite pour indiquer ou retrouver un alignement, un niveau, une hauteur, etc. *Fig.* Marque qui permet de se retrouver ou de s'y retrouver : *un point de repère.*

repérer v. t. (conj. 5) Marquer des repères. Découvrir : *repérer un sous-marin ennemi. Fam. Se faire repérer,* attirer l'attention sur soi, être découvert.

répertoire n. m. Table, recueil où les matières sont rangées en ordre : *répertoire alphabétique.* Cahier, carnet prévu pour un classement alphabétique : *un répertoire d'adresses.* Titre de certains recueils. Pièces qui forment le fonds d'un théâtre : *répertoire de la Comédie-Française. Fig.* Ensemble de connaissances.

répertorier v. t. Inscrire dans un répertoire.

répéter v. t. (conj. 5) Redire ce qu'on a déjà dit ; faire ou dire à plusieurs reprises. Répercuter. Etudier une pièce, un morceau de musique, une danse, en vue de son exécution, de sa représentation en public. V. pr. Tomber dans les redites.

répétiteur, trice n. Personne qui donne des leçons particulières.

répétition n. f. Action de répéter. Réitération d'une même action : *la répétition d'un geste.* Leçon particulière. *Montre à répétition,* qui sonne l'heure quand on fait jouer un ressort. *Arme à répétition,* tirant plusieurs coups sans être rechargée. Séance de travail en vue de l'exécution en public d'une œuvre musicale, dramatique, chorégraphique.

repeuplement n. m. Action de repeupler.

repeupler v. t. Peupler de nouveau un pays d'habitants, un parc de gibier, un étang de poissons, etc.

repiquage ou **repiquement** n. m. Action de repiquer : *le repiquage des betteraves.*

repiquer v. t. Transplanter de jeunes plants provenant de semis : *repiquer des salades.*

répit n. m. Délai, relâche.

replacement n. m. Action de replacer, nouveau placement.

replacer v. t. (conj. 5) Remettre. Placer de nouveau.

replat [rapla] n. m. Terrasse en épaulement au versant d'une vallée.

replâtrage n. m. Réparation superficielle. *Fig.* et *fam.* Réconciliation éphémère.

replâtrer v. t. Recouvrir de plâtre : *replâtrer un mur. Fig.* Réparer.

replet, ète adj. Qui a de l'embonpoint.

repli n. m. Pli ou double pli. Sinuosités, ondulations : *repli de terrain.* Recul d'une force militaire. *Fig.* Ce qu'il y a de plus caché, de plus intime : *les replis de la conscience.*

repliement n. m. Action de replier ou de se replier.

replier v. t. Plier de nouveau. V. pr. Se plier, se courber. Reculer en bon ordre : *l'ar-*

mée se replia sur de nouvelles positions. Se replier sur soi-même, se recueillir, réfléchir.

réplique n. f. Réponse : *réplique prompte.* Ce qu'un acteur doit dire au moment où l'un autre a fini de parler : *il a oublié sa réplique ; donner la réplique.* Repartie. Copie d'un original faite par l'auteur.

répliquer v. t. Répondre. V. i. Faire une réplique impertinente.

reploiement n. m. Repliement.

reployer v. t. Replier.

répondeur n. m. Appareil de téléphone qui répond automatiquement par un message enregistré.

répondre v. t. (conj. 46) Dire ou écrire en réponse. V. i. Faire une réponse. Répéter un son : *l'écho répond.* Objecter : *répondre à une proposition.* Être en proportion de : *le résultat répond à l'effort.* Être en conformité : *cela répond à votre projet.* Payer de retour : *répondre à une politesse.* Garantir : *répondre pour quelqu'un.*

répons [repõ] n. m. Paroles dites alternativement, dans un office religieux, par une ou plusieurs voix d'une part et le chœur de l'autre.

réponse n. f. Ce qu'on dit ou écrit à la suite d'une question. Explication, réfutation.

repopulation n. f. Repeuplement.

report n. m. Action de reporter le total d'une colonne ou d'une page sur une autre : *faire le report d'une somme.* La somme ainsi reportée.

reportage n. m. Ensemble d'informations retransmises par la presse, la radio, la télévision sur un sujet précis.

reporter v. t. Porter de nouveau. Transporter. V. pr. Se transporter en pensée : *se reporter en arrière.* Se rapporter, se référer à.

reporter [rapɔrtɛr] n. m. Journaliste chargé de recueillir des informations de tout genre.

repos n. m. Cessation de mouvement. Cessation de travail. Sommeil. Tranquillité : *esprit au repos.* Césure, pause dans la lecture ou la déclamation. Suspension d'un exercice militaire. *De tout repos,* sans aléa.

reposé, e adj. Calme, tranquille. N. f. Lieu où une bête se repose.

reposer v. t. Poser de nouveau. Mettre dans une position tranquille, délasser : *reposer sa tête sur l'oreiller.* Calmer, soulager : *reposer l'esprit.* V. i. Dormir. Être déposé. Être enterré. Être établi : *sur quoi repose votre opinion.* V. pr. Se poser de nouveau. Cesser de travailler.

reposoir n. m. Autel sur le passage d'une procession.

repoussage n. m. Action de repousser. Modelage au marteau des métaux en feuilles.

repoussant, e adj. Qui inspire du dégoût, de la répulsion.

repoussé adj. et n. m. Se dit d'un objet obtenu par repoussage artistique : *statue en argent repoussé.*

repousser v. t. Pousser de nouveau ou en sens contraire. Faire reculer, ne pas céder, ne pas agréer. Produire de nouveau : *repousser des branches.* V. i. Pousser en sens contraire. Avoir du recul : *fusil qui repousse.* Pousser de nouveau.

repoussoir n. m. Petit ciseau utilisé pour le repoussage des métaux. *Fig.* et *fam.* Chose, personne qui en fait valoir une autre par opposition. Personne très laide.

répréhensible adj. Blâmable.

reprendre v. t. (conj. 50) Prendre de nouveau. Venir chercher de nouveau. Ôter ce qu'on avait donné : *reprendre un cadeau.* Continuer : *reprendre un travail.* Réprimander : *reprendre un enfant.* Recouvrer : *reprendre des forces.* Retrouver : *reprendre ses esprits.* Recommencer : *reprendre de plus loin.* V. i. Prendre de nouveau. Se rétablir : *sa santé reprend.* Recommencer : *les modes reprennent.* V. pr. Redevenir maître de soi, se ressaisir. Se rétracter : *il se reprit à temps.*

représailles n. f. pl. Mesure répressive infligée à un adversaire pour se venger du mal qu'il a causé. *User de représailles,* se venger.

représentant n. m. Celui qui représente. Mandataire, courtier. Député. *Représentant de commerce,* employé d'une ou plusieurs entreprises chargé de visiter les acheteurs éventuels.

représentatif, ive adj. Considéré comme le modèle, le type d'une catégorie de personnes : *un écrivain représentatif de sa génération. Gouvernement, système représentatif,* dans lequel des représentants élus par la nation élaborent les lois.

représentation n. f. Action de représenter. Figuration matérielle par la peinture, la sculpture, etc. État que tient une personne de rang élevé : *frais de représentation.* Action de jouer une pièce de théâtre : *cette pièce en est à sa centième représentation.* Fait de représenter les électeurs dans une assemblée. *Faire de la représentation,* exercer le métier de représentant de commerce.

représenter v. t. Présenter de nouveau. Présenter : *représenter une pièce.* Figurer par la peinture, la sculpture, le discours : *représenter un naufrage.* Jouer : *représenter un drame, un rôle.* Tenir la place de quelqu'un. Remontrer : *représenter les inconvénients d'une opération.* V. i. Avoir un certain maintien. Faire des dépenses correspondant à sa position. V. pr. Se présenter de nouveau. Se figurer.

répressif, ive adj. Qui réprime.

répression n. f. Action de réprimer.

réprimande n. f. Blâme exprimé avec autorité.

réprimander v. t. Faire une réprimande, gronder : *réprimander un enfant.*

réprimer v. t. Contenir, refouler : *réprimer ses désirs.* Faire en sorte qu'une chose jugée dangereuse pour la société ne se développe pas, l'empêcher : *réprimer une révolte.*

repris n. m. *Repris de justice,* celui qui a déjà été condamné.

reprisage n. m. Action de repriser.

reprise n. f. Action de reprendre, de rentrer en possession d'une chose. Continuation d'une chose interrompue : *travail fait à plusieurs reprises.* Réparation : *faire une reprise à un drap.* Chacune des parties d'un assaut d'escrime, d'un combat de boxe. Remise d'une pièce à la scène. Toute partie d'un air, d'une chanson, qui doit être répétée.

repriser v. t. Raccommoder.

réprobateur, trice adj. Qui réprouve.

réprobation n. f. Blâme très sévère.

reproche n. m. Blâme que l'on adresse à quelqu'un pour lui exprimer son mécontentement ou pour lui faire honte.

reprocher v. t. Faire des reproches. V. pr. Se blâmer d'une chose : *se reprocher sa faiblesse.*

reproducteur, trice adj. Qui sert à la reproduction. N. m. Animal employé à la reproduction.

reproduction n. f. Capacité de tous les organismes vivants à perpétuer leur espèce. Action de reproduire un texte, une illustration : *droits de reproduction.* Imitation ou copie d'une œuvre artistique : *acheter une reproduction d'un tableau.*

reproduire v. t. (conj. 64) Produire de nouveau. Imiter fidèlement : *artiste qui reproduit la nature.* Publier de nouveau. V. pr. Se perpétuer par génération : *se reproduire rapidement.*

reprographie n. f. Ensemble des techniques permettant de reproduire un document.

réprouvé, e adj. et n. Qui est tenu en aversion.

réprouver v. t. Désapprouver. Rejeter. *Théol.* Damner.

reps [rɛps] n. m. Étoffe de soie ou de laine très forte, utilisée en tapisserie.

reptation n. f. Action de ramper.

reptiles n. m. pl. Classe de vertébrés rampants, avec ou sans pattes, comme le serpent, le lézard, la tortue, etc. *Fig.* Personne d'un caractère bas.

repu, e adj. Rassasié.

républicain, e adj. Relatif à la république. Qui convient à la république. Adj. et n. Partisan de la république.

républicanisme n. m. Sentiments d'un bon républicain.

republier v. t. Publier de nouveau.

république n. f. État dans lequel le peuple exerce la souveraineté au moyen de délégués élus par lui.

répudiation n. f. Action de répudier.

répudier v. t. *Répudier sa femme,* dans certaines sociétés, la renvoyer selon les formes fixées par la coutume, la loi. *Fig.* Rejeter, repousser : *répudier une croyance. Dr.* Renoncer volontairement à : *répudier une succession.*

répugnance n. f. Dégoût, aversion.

répugnant, e adj. Qui inspire de la répugnance.

répugner v. i. Être opposé à : *je répugne aux intrigues.* Éprouver de l'aversion, du dégoût pour. Inspirer du dégoût.

répulsif, ive adj. Qui repousse. *Fig.* Qui déplaît : *aspect répulsif.*

répulsion n. f. Force en vertu de laquelle les corps se repoussent. *Fig.* Vive répugnance pour.

réputation n. f. Renom, opinion publique. *Absol.* Bon renom : *compromettre sa réputation.*

réputé, e adj. Considéré comme. *Absol.* Qui jouit d'un grand renom.

requérant, e n. Qui requiert.

requérir v. t. (conj. 13) Prier de : *il m'a requis de l'aider.* Demander en justice. Réclamer en vertu de son droit légal. *Fig.* En parlant des choses, demander : *cela requiert un effort.*

requête n. f. Demande par écrit devant les tribunaux, etc. : *présenter une requête.* Demande verbale, supplique. *Maître des requêtes,* magistrat rapporteur au Conseil d'État.

requiem [rekɥiɛm] n. m. inv. Prière de l'Église pour les morts. Musique composée sur cette prière.

requin n. m. Grand poisson de mer carnivore.

requis, e adj. Convenable, nécessaire : *les conditions requises.* N. Civil mobilisé pour un travail obligatoire.

réquisition n. f. Demande faite par l'État ou l'Administration de mettre des personnes, des biens à sa disposition pour un service public.

réquisitionner v. t. Se procurer quelque chose, utiliser les services de quelqu'un par voie de réquisition.

réquisitoire n. m. Discours par lequel le procureur de la République demande au juge d'appliquer la loi à un inculpé. Discours ou écrit contenant une série d'accusations, de reproches contre quelqu'un : *un violent réquisitoire contre le gouvernement.*

rescapé, e adj. et n. Sorti sain et sauf d'un danger : *rescapé d'un naufrage.*

rescousse (à la) loc. adv. À l'aide.

réseau n. m. Ensemble de lignes, de fils entrelacés. Ensemble de personnes en liaison les unes avec les autres pour une action clandestine : *un réseau de contre-espionnage.* Ensemble de lignes de chemin de fer, de téléphone, de distribution électrique, de routes, de fleuves, etc., d'une région, d'un pays : *réseau routier, télégraphique, hydrographique.*

résection [resɛksjɔ̃] n. f. *Chir.* Action de couper, de retrancher une portion d'organe, en rétablissant la continuité de sa fonction.

réséda [rezeda] n. m. Plante à fleurs très odorantes.

réséquer [reseke] v. t. Faire une résection.

réservation n. f. Action de retenir une place dans un train, un avion, etc.

réserve n. f. Chose mise de côté, provisions. Local où l'on entrepose des marchandises. Ensemble des citoyens soumis aux obligations militaires et qui ne sont pas en service actif. Dans certains pays, territoire réservé aux indigènes : *les réserves indiennes du Canada. Réserve de chasse, de pêche,* territoire réservé pour le repeuplement des animaux. Restriction : *amitié sans réserve.* Discrétion : *parler avec réserve.* Pl. *Dr.* Clauses restrictives, protestation. Loc. adv. : *sans réserve,* sans exception ; *sous toute réserve,* en repoussant par avance certaines éventualités ; *en réserve,* à part, de côté. *À la réserve de* loc. prép. À l'exception de.

réservé, e adj. Discret, circonspect.

réserver v. t. Mettre à part, de côté. Conserver pour une autre destination, un autre usage. Destiner à. V. pr. Attendre : *se réserver pour la fin.*

réserviste n. m. Homme faisant partie de la réserve de l'armée.

réservoir n. m. Lieu aménagé pour y tenir certaines choses en réserve. Récipient où l'on amasse de l'eau, de l'essence, etc.

résidence n. f. Demeure habituelle. Séjour obligé dans un lieu donné : *être astreint à résidence.* Groupe d'habitations d'un certain luxe.

résident n. m. Personne qui réside dans un autre endroit que son pays d'origine. Titre de certains fonctionnaires à l'étranger.

résidentiel, elle adj. *Quartier résidentiel,* réservé aux maisons d'habitation.

résider v. i. Demeurer, être établi en quelque endroit. *Fig.* Consister : *ici réside la difficulté.*

résidu n. m. Ce qui reste après usage.

résignation n. f. Soumission à la volonté de quelqu'un, ou au destin : *souffrir avec résignation.*

résigner v. t. Renoncer volontairement à : *résigner une charge.* V. pr. Se soumettre sans protestation : accepter.

résiliation n. f. Annulation.

résilier v. t. Annuler : *résilier un bail.*

résille [rezij] n. f. Filet dont on enveloppe les cheveux.

résine n. f. Matière visqueuse et combustible produite notamment par les conifères.

résineux, euse adj. Qui produit de la résine.

résinier, ère n. Personne employée au traitement de la résine de pin. Adj. Relatif à la résine.

résipiscence [resipisãs] n. f. Reconnaissance de sa faute, avec amendement : *venir, amener à résipiscence.*

résistance n. f. Action de résister. Force par laquelle on supporte la fatigue, la faim. Défense contre l'attaque. Opposition, refus de soumission : *obéir sans résistance.* Opposition patriotique à une puissance occupante. *Phys.* Difficulté plus ou moins grande qu'un conducteur oppose au passage d'un courant. Ce conducteur lui-même. *Plat de résistance,* plat principal d'un repas.

résistant, e adj. Qui oppose de la résistance : *l'acajou est un bois résistant.* N. Membre des organisations de résistance pendant la Seconde Guerre mondiale.

résister v. i. Ne pas céder. Ne pas être détruit sous l'effet d'une chose, d'une pression, d'une force quelconque : *un tissu qui résiste à l'eau.* Se défendre par la force : *résister à la force publique.* Ne pas succomber : *résister à la fatigue.*

résolu*, e adj. Hardi, déterminé.

résoluble adj. Qui peut être résolu.

résolution n. f. Action de se résoudre. Moyen par lequel on tranche une question : *résolution d'une difficulté.* Dessein, intention : *prendre de bonnes résolutions.* Fermeté, courage : *manque de résolution.* Disparition progressive d'une tumeur. Détermination des inconnues d'une équation.

résonance n. f. Propriété d'accroître la durée ou l'intensité d'un son. *Fig.* Effet, écho, produit dans le public par une œuvre d'art : *ce poème éveille en nous des résonances profondes.*

résonateur n. m. Appareil qui fait résonner.

résonnement n. m. Retentissement et renvoi du son.

résonner v. i. Renvoyer le son. Être sonore : *voix qui résonne.*

résorber v. t. Opérer une résorption. *Fig.* Faire disparaître peu à peu : *résorber le chômage.* V. pr. Disparaître par résorption.

résorption n. f. Action d'absorber de nouveau. *Méd.* Absorption d'un liquide pathologique par les tissus voisins. *Fig.* : *la résorption de l'inflation.*

résoudre v. t. (conj. 54) Décomposer un corps en ses éléments constituants. Transformer : *le feu résout le bois en cendres.* Faire disparaître : *résoudre une tumeur.* Annuler : *résoudre un bail.* Trouver la solution. Déterminer, décider : *résoudre une guerre.* V. i. Décider : *résoudre de sortir.* V. pr. Se changer en. Se déterminer à.

respect [rɛspɛ] n. m. Déférence : *respect filial.* Respect humain, crainte du jugement d'autrui. Pl. Hommages, civilités : *présenter ses respects.* Tenir en respect, dominer, mater.

respectabilité n. f. Caractère respectable.

respectable adj. Digne de respect. Important, considérable.

respecter v. t. Honorer : *respecter la vieillesse.* Avoir égard à : *respecter le sommeil de quelqu'un.* V. pr. Avoir le souci de sa dignité : *conduite indigne d'un homme qui se respecte.*

respectif, ive* adj. Qui concerne chaque personne, chaque chose par rapport aux autres : *les droits respectifs des époux.*

respectueux, euse* adj. Qui témoigne, qui marque du respect : *ton respectueux. Distance respectueuse,* distance convenable, commandée par la situation : *s'asseoir à distance respectueuse.*

respirable adj. Qui peut être respiré.

respiration n. f. Fonction à l'aide de laquelle se font les échanges gazeux entre les tissus vivants et le milieu extérieur.

respiratoire adj. Propre à la respiration : *appareil respiratoire.*

respirer v. i. Aspirer et rejeter l'air pour renouveler l'oxygène de l'organisme. Vivre : *il respire encore. Fig.* Avoir l'apparence de la vie. Prendre du repos : *Laissez-moi respirer.* V. t. Humer : *respirer un parfum,* une odeur. Marquer, exprimer : *respirer la santé, la joie.*

resplendir v. i. Briller d'un vif éclat. *Fig.* Rayonner, s'illuminer : *son visage resplendit de joie.*

resplendissant, e adj. Qui resplendit.

responsabilité n. f. Obligation de répondre d'une chose, d'une action.

responsable adj. Qui doit rendre compte de ses actes ou de ceux d'autrui et en accepter les conséquences : *un gouvernement responsable.* N. Personne qui exerce une fonction dont elle doit rendre compte à une autorité supérieure ou à ses mandants : *un responsable syndical.*

resquiller v. t. et i. *Fam.* Se procurer un avantage auquel on n'a pas droit.

ressac [rəsak] n. m. Retour violent des vagues frappant un obstacle.

ressaisir v. t. Saisir de nouveau. Reprendre possession. V. pr. Redevenir maître de soi.

ressasser v. t. Répéter sans cesse et inutilement.

ressaut n. m. Saillie d'une corniche, d'un entablement, etc. Changement de niveau brusque : *un ressaut de terrain*.

ressauter v. i. Sauter de nouveau.

ressemblance n. f. Conformité, analogie de forme, de physionomie, etc.

ressemblant, e adj. Qui ressemble : *portrait bien ressemblant.*

ressembler v. i. [à] Avoir de la ressemblance avec.

ressemelage n. m. Action de ressemeler de vieilles chaussures.

ressemeler v. t. (conj. 3) Mettre de nouvelles semelles.

ressentiment n. m. Souvenir d'une offense, d'un manque d'égards, avec intention de vengeance.

ressentir v. t. Sentir, éprouver : *ressentir une douleur*. Éprouver un sentiment. V. pr. Éprouver les suites de : *se ressentir d'une maladie*.

resserre n. f. Endroit où l'on met quelque chose à l'abri.

resserré, e adj. Étroit, enfermé.

resserrement n. m. Action par laquelle une chose est resserrée; son résultat : *le resserrement d'une alliance*.

resserrer v. t. Serrer davantage. *Fig.* Rendre plus étroit : *resserrer les liens de l'amitié*.

resservir v. t. i. Servir de nouveau : *resservir un plat.*

ressort n. m. Élasticité. Organe élastique qui réagit après avoir été plié ou comprimé. *Fig.* Ce qui meut, qui fait agir : *les ressorts de la machine humaine*. Activité, énergie : *avoir du ressort*.

ressort n. m. Étendue, limite de juridiction. Pouvoir, compétence : *ce n'est pas de son ressort*. *En dernier ressort*, sans appel.

ressortir v. i. (conj. 23) Sortir de nouveau. Apparaître par contraste : *faire ressortir les défauts*. Résulter : *cela ressort de ses déclarations*.

ressortir v. i. [à] (se conj. comme *finir*). Être de la compétence de.

ressortissant, e n. Personne qui réside à l'étranger et qui est protégée par les représentants diplomatiques ou consulaires de son pays.

ressouder v. t. Souder à nouveau.

ressource n. f. Recours : *il n'avait d'autre ressource que la fuite*. N. f. pl. Moyens pécuniaires dont on dispose. Fortune : *il n'a que de faibles ressources*. Réserves d'habileté, d'ingéniosité. Réserves d'hommes, d'énergie dont dispose un pays, une région.

ressouvenir (se) v. pr. Se souvenir de nouveau.

ressusciter v. t. Ramener de la mort à la vie. *Fig.* Renouveler, faire revivre : *ressusciter une mode*. V. i. Revenir d'une grave maladie à la santé.

restant, e adj. Qui reste. N. m. Le reste. *Poste restante*, mention indiquant qu'une lettre doit rester au bureau réceptionnaire jusqu'à ce qu'on vienne la réclamer.

restaurant n. m. Établissement public où l'on sert des repas moyennant paiement.

restaurateur, trice n. Personne qui répare une œuvre d'art : *restaurateur de tableaux*.

restaurateur, trice n. Personne qui tient un restaurant.

restauration n. f. Action de restaurer : *restauration d'un tableau*. Rétablissement d'une dynastie déchue : *la restauration des Bourbons*.

restauration n. f. Métier de celui qui tient un restaurant.

restaurer v. t. Réparer, établir. Réparer : *restaurer un tableau*. Rétablir sur le trône. V. pr. Reprendre des forces en prenant de la nourriture.

reste n. m. Ce qui demeure d'un tout dont on a retranché une partie. Ce qui est encore à faire ou à dire. Trace : *un reste d'espoir*. Différence entre deux quantités. *Être en reste*, rester redevable. *Au reste, du reste* loc. adv. Au surplus, d'ailleurs. N. m. pl. Ce qui subsiste dans les plats après un repas : *l'art d'accommoder les restes*. Le cadavre, les ossements d'une personne : *les restes d'un grand homme*.

rester v. i. Demeurer, durer. Continuer dans un état : *rester jeune*. S'arrêter, stationner : *rester dans un endroit*. Mettre du temps : *rester longtemps à un travail*.

restituer v. t. Rendre. Remettre en son premier état : *restituer un texte*.

restitution n. f. Action de restituer. Chose restituée.

restreindre v. t. (conj. 55) Réduire, limiter. V. pr. Réduire ses dépenses, son train de vie.

restrictif, ive* adj. Qui restreint.

restriction n. f. Action de restreindre. Condition qui restreint. *Restriction mentale*, réserve, omission d'un détail, faite pour tromper ceux à qui l'on parle. Pl. Mesures de rationnement édictées en temps de pénurie économique.

résultant, e adj. Qui résulte. N. f. *Méc.* Force qui, du point de vue de l'effet, équivaut à une ou plusieurs forces appliquées à un point ou à un solide donné.

résultat n. m. Ce qui résulte de. Conclusion, effet. Pl. Solde du compte de profits et pertes.

résulter v. i. S'ensuivre, être la conséquence logique de.

résumé n. m. Abrégé, sommaire.

résumer v. t. Rendre brièvement : *résumer un texte*. V. pr. Reprendre brièvement ce qu'on a dit.

résurgence [rezyrʒɑ̃s] n. f. Réapparition à l'air libre, sous forme de grosse source, d'eaux infiltrées.

resurgir [rəsyrʒir] v. i. Surgir de nouveau.

résurrection [rezyrɛksjɔ̃] n. f. Retour de la mort à la vie. *Fig.* Retour inattendu à la santé. Renaissance.

retable n. m. Ornement d'architecture ou de menuiserie sculptée, placé au-dessus d'un autel.

rétablir v. t. Remettre en son premier ou en meilleur état. Ramener, faire renaître : *rétablir l'ordre*. Redonner de la vigueur. V. pr. Recouvrer la santé : *il s'est bien rétabli*. Revenir : *petit à petit, le calme s'est rétabli*.

rétablissement n. m. Action de rétablir ou de se rétablir. Retour à la santé. Action de se soulever sur les poignets.

retaille n. f. Morceau retranché d'une chose qu'on a façonnée.

retailler v. t. Tailler à nouveau.

rétamage n. m. Action de rétamer.

rétamé, e adj. *Pop.* Se dit d'une personne à bout de forces ou très ivre. Se dit d'une chose hors d'usage.

rétamer v. t. Étamer de nouveau.

rétameur n. Ouvrier qui rétame.

retaper v. t. *Fam.* Remettre à neuf. *Fam.* Arranger sommairement : *retaper un lit.* V. pr. *Fam.* Recouvrer la santé.

retard n. m. Fait d'arriver trop tard : *rattraper son retard.* Ralentissement du mouvement d'une horloge, d'une montre. Fait d'être moins avancé que les autres : *un enfant en retard pour son âge.*

retardataire adj. Qui est en retard.

retardateur, trice adj. Qui ralentit.

retardement n. m. *Engin à retardement,* engin muni d'un dispositif qui en retarde l'explosion jusqu'à un moment déterminé.

retarder v. t. Différer : *retarder un paiement.* Faire arriver plus tard. Rendre plus lent : *retarder la guérison.* V. i. Aller trop lentement ; marquer une heure retardée (horloges). Être en retard par rapport à l'évolution des idées.

retenir v. t. (conj. 16) Faire demeurer. Empêcher : *retenir ses larmes.* Maintenir, contenir : *retenir un cheval.* Modérer : *retenir sa colère.* Garder : *retenir dans sa mémoire.* S'assurer de : *retenir une place.* Prélever : *retenir sur la paie. Dr.* Garder contre quelqu'un un chef d'accusation. Se juger compétent pour un procès. V. pr. *Fig.* Se contenir. Résister aux besoins naturels. Se retenir à quelque chose, s'y accrocher pour ne pas tomber.

rétention n. f. Action de retenir. *Méd.* Fait qu'un liquide destiné à être évacué du corps y est conservé dans une cavité : *rétention d'urine.*

retentir v. i. Résonner.

retentissement n. m. Résonance. Effet qui se propage dans le public, répercussion : *son discours a eu un profond retentissement.*

retenue n. f. Modération, discrétion : *manquer de retenue.* Action de garder : *retenue de marchandises par la douane.* Ce qu'on retient sur un traitement, une pension, etc. Privation de récréation ou de sortie. Cordage servant à retenir. Espace entre deux écluses. Nombre réservé pour être ajouté à la colonne suivante.

réticence n. f. Omission volontaire de ce qu'on devrait dire. Hésitation.

réticent, ente adj. Qui montre de la réticence. Hésitant, indécis.

réticulaire adj. En réseau.

réticule n. m. Petit filet, petit réseau. Petit sac à main.

réticulé, e adj. En forme de réseau.

rétif, ive adj. Qui s'arrête ou recule au lieu d'avancer : *cheval rétif. Fig.* Indocile.

rétine n. f. Membrane mince et transparente, située au fond de l'œil, et sur laquelle se forment les images des objets.

retiré, e adj. Peu fréquenté. *Vivre retiré, mener une vie retirée,* à l'écart de la société. Se dit d'une personne qui a cessé toute activité professionnelle : *un commerçant retiré.*

retirer v. t. Tirer de nouveau. Tirer à soi. Porter en arrière. Extraire : *retirer une balle*

d'une blessure. Faire sortir : *retirer du collège.* Ôter : *retirer sa confiance à quelqu'un.* Rétracter : *retirer une parole blessante.* V. pr. S'en aller, s'éloigner. Retourner chez soi. Quitter. Quitter un genre de vie : *se retirer des affaires.* Aller dans un lieu pour y trouver refuge : *se retirer en province.*

retombée n. f. Naissance d'une voûte ou d'une arcade. Ce qui retombe. Pl. Conséquences : *les retombées de la guerre civile.*

retomber v. i. Tomber de nouveau. Tomber après s'être élevé. Pendre : *guirlande qui retombe.* Souffrir de nouveau : *retomber dans une maladie.* Revenir : *retomber sur un sujet.* Peser, avoir des conséquences : *la honte en retombera sur lui.*

retordre v. t. (conj. 46) Tordre de nouveau. *Donner du fil à retordre,* susciter bien des tracas.

rétorquer v. t. *Rétorquer quelque chose à quelqu'un,* lui répondre en retournant contre lui les arguments dont il s'est servi, objecter.

retors [rətɔr], **e** adj. Malin, rusé : *un avocat retors.*

rétorsion n. f. Action de rétorquer. *Mesure de rétorsion,* acte qui consiste, pour un État, à employer à l'égard d'un autre État les mesures dont ce dernier s'est servi contre lui.

retouche n. f. Action de retoucher.

retoucher v. t. Apporter des modifications partielles, des corrections à une œuvre littéraire, artistique : *retoucher une photo.* Retoucher un vêtement, le rectifier.

retoucheur, euse n. Qui retouche.

retour n. m. Action de revenir : *le retour des hirondelles.* Répétition : *retour d'une phrase musicale. Fig.* Changement : *les retours des affaires.* Échange : *donner en retour.* Réciprocité : *payer en retour. Être sur le retour,* commencer à vieillir. *Sans retour,* pour toujours. *En retour,* en échange.

retournage n. m. Action de retourner un vêtement.

retourne n. f. Carte qu'on retourne pour déterminer l'atout.

retournement n. m. Changement brusque et complet : *retournement de la situation.*

retourner v. i. Aller de nouveau : *retourner chez le médecin.* V. i. [à] Revenir à, être restitué : *maison qui retourne à son premier propriétaire.* V. t. Tourner de nouveau. Tourner dans un autre sens. Renvoyer. Examiner à fond. *Fam.* Faire changer d'opinion, de sentiment. Émouvoir vivement. V. pr. Se tourner dans un autre sens. Regarder derrière soi. *S'en retourner,* s'en aller. V. impers. *Fam. Savoir de quoi il retourne,* savoir ce qui se passe.

retracer v. t. (conj. 1) Tracer de nouveau. Raconter, exposer : *retracer un événement.*

rétractation n. f. Action de se rétracter.

rétracter v. t. Contracter. Démentir. V. pr. Subir une rétraction. Reconnaître formellement la fausseté de ce qu'on a dit.

rétractile adj. *Ongles, griffes rétractiles,* qu'un animal peut rentrer en dedans.

rétraction n. f. Contraction.

retrait n. m. Diminution de volume. État de ce qui est en arrière : *mur en retrait.* Action de retirer : *retrait d'emploi.*

retraite n. f. Action de se retirer. Marche en arrière d'une armée. *Battre en retraite,* reculer devant l'ennemi. État d'une personne qui a cessé son activité professionnelle et reçoit une pension : *prendre sa retraite.* Pension versée à un salarié admis à la retraite. Éloignement momentané de la société pour se recueillir, pour se préparer à un acte religieux.

retraité, e adj. et n. Qui est à la retraite : *fonctionnaire retraité.*

retranchement n. m. Obstacle naturel ou artificiel qui sert à protéger contre les attaques de l'ennemi. *Attaquer quelqu'un dans ses derniers retranchements,* l'attaquer vivement, essayer de triompher de sa résistance.

retrancher v. t. Ôter quelque chose d'un tout. Fortifier par des retranchements. V. pr. Se fortifier. *Fig.* Chercher la défense dans : *se retrancher derrière le secret professionnel.*

retransmettre v. t. (conj. 49) Transmettre de nouveau : *retransmettre un message.* Assurer le relais d'une émission radiophonique ou télévisée. Diffuser directement un concert, un spectacle, etc., par radio ou par télévision.

retransmission n. f. Action de retransmettre.

retravailler v. t. et i. Travailler de nouveau.

rétrécir v. t. Rendre plus étroit. V. i. et pr. Devenir plus étroit : *ce drap a rétréci.*

rétrécissement n. m. Action de rétrécir; état d'une chose rétrécie.

retremper v. t. Tremper de nouveau. Donner une nouvelle trempe. *Fig.* Redonner de la force, de l'énergie : *l'adversité l'a retrempé.*

rétribuer v. t. Donner un salaire à quelqu'un. Payer : *rétribuer un service.*

rétribution n. f. Somme d'argent donnée en échange d'un travail.

rétro n. m. *Fam.* Au billard, effet de recul. Adj. inv. *Fam.* Se dit d'une mode, d'une création artistique s'inspirant des réalisations du passé.

rétroactif, ive adj. Qui vaut pour le passé : *effet rétroactif.*

rétroaction n. f. Effet de ce qui est rétroactif. Syn. de FEED-BACK.

rétroactivité n. f. Caractère de ce qui est rétroactif : *rétroactivité d'une loi.*

rétrocéder v. t. (conj. 5) Céder ce qui nous a été cédé auparavant.

rétrocession n. f. Action de rétrocéder.

rétrogradation n. f. Mouvement rétrograde. Mesure disciplinaire, par suite de laquelle un gradé est remis à un grade inférieur.

rétrograde adj. Qui va en arrière. *Fig.* Opposé au progrès.

rétrograder v. i. Revenir en arrière. V. t. *Mil.* Soumettre à la rétrogradation.

rétrospectif, ive* adj. Qui se rapporte au passé : *exposition rétrospective.* N. f. Exposition de l'œuvre d'un artiste, d'une époque.

retroussement n. m. Action de retrousser.

retrousser v. t. Relever : *retrousser ses manches.* V. pr. Relever son vêtement.

retrouvailles n. f. pl. *Fam.* Action de retrouver des personnes dont on était séparé.

retrouver v. t. Trouver de nouveau. Trouver ce qui a été égaré, oublié. Rejoindre : *j'irai vous retrouver.* V. pr. Se trouver réunis de nouveau. Reconnaître son chemin après s'être égaré.

rétroviseur n. m. Petit miroir qui permet au conducteur d'un véhicule d'apercevoir ce qui se passe derrière lui.

rets [rε] n. m. Filet pour prendre des oiseaux, des poissons. ‖ *Fig.* Ruse, piège, embûche : *tomber dans les rets de l'ennemi.*

réunification n. f. Action de réunifier : *la réunification du Viêt-nam.*

réunifier v. t. Rétablir l'unité.

réunion n. f. Action de réunir. Rapprochement, groupement.

réunir v. t. Unir à nouveau. Joindre ce qui était séparé. Grouper. Réconcilier : *l'intérêt les réunit.* V. pr. S'assembler.

réussir v. i. Avoir un résultat heureux : *il réussit en tout.* Avoir une heureuse issue : *vos projets ont tous réussi.* S'acclimater : *la vigne réussit dans cette région.* V. t. [à] Obtenir un succès à : *réussir à un examen.* Parvenir : *j'ai réussi à lui parler.* V. t. Faire avec succès : *réussir un portrait.*

réussite n. f. Résultat favorable. *Fam.* Œuvre parfaite en son genre : *film qui est une réussite.* Jeu de cartes auquel ne participe qu'une personne (syn. PATIENCE).

revaloir v. t. Rendre la pareille : *je lui revaudrai cela!*

revaloriser v. t. Relever le pouvoir d'achat d'une monnaie, l'autorité d'un emploi : *revaloriser le franc.* *Fig.* Donner de nouveau de la valeur : *revaloriser une idée.*

revanche n. f. Action par laquelle on rend ce que l'on a reçu : *prendre une bonne revanche.* Seconde partie qu'on joue pour donner au perdant la possibilité de regagner ce qu'il a perdu. *A charge de revanche,* à condition qu'on rendra la pareille. *En revanche* loc. adv. Par contre.

rêvasser v. i. Se laisser aller à la rêverie.

rêve n. m. Suite d'images qui se présentent à l'esprit pendant le sommeil : *faire de beaux rêves.* Idée plus ou moins imaginaire, irréalisable : *réaliser un rêve.* Objet d'un désir : *il a trouvé la maison de ses rêves.*

revêche adj. Peu accommodant, rébarbatif : *personne, humeur revêche.*

réveil n. m. Passage de l'état de sommeil à l'état de veille. *Fig.* Retour à l'activité. Sonnerie pour éveiller : *sonner le réveil.* Abrév. pour RÉVEILLE-MATIN.

réveille-matin n. m. inv., ou **réveil** n. m. Petite pendule à sonnerie, pour réveiller à une heure déterminée d'avance.

réveiller v. t. Tirer du sommeil. Faire sortir de la torpeur. *Fig.* Exciter : *réveiller le courage.* V. pr. Sortir du sommeil.

réveillon n. m. Repas qui se fait au cours de la nuit de Noël ou du Jour de l'an.

réveillonner v. i. *Fam.* Faire le réveillon.

révélateur, trice n. et adj. Qui révèle. N. m. *Phot.* Bain qui fait apparaître l'image latente.

révélation n. f. Action de révéler ce qui était caché, secret. Information qui explique des événements obscurs : *il a fait d'étranges révélations.* Action de Dieu faisant connaître aux hommes ses mystères, ses volontés, etc.

révéler v. t. (conj. 5) Découvrir, faire connaître ce qui était inconnu. Être la marque de : *roman qui révèle un grand talent.* V. pr. Se manifester.

revenant n. m. Esprit, âme d'un mort qu'on suppose revenir de l'autre monde.

revendeur, euse n. Qui achète pour revendre.

revendication n. f. Action de revendiquer. Réclamation.

revendicateur, trice n. Personne qui exprime une revendication.

revendicatif, ive adj. Qui exprime une revendication.

revendiquer v. t. Réclamer une chose qui nous appartient. Réclamer l'exercice d'un droit politique ou social, une amélioration des conditions de vie ou de travail. *Revendiquer la responsabilité de ses actes,* en assumer l'entière responsabilité.

revendre v. t. (conj. 46) Vendre ce qu'on a acheté. Vendre de nouveau.

revenez-y [ravnezi] n. m. inv. *Fam. Avoir un goût de revenez-y,* avoir un goût agréable.

revenir v. i. (conj. 16) Venir de nouveau ou une autre fois. Se rendre au lieu d'où l'on était parti : *je reviens de Paris.* Reparaître, se produire de nouveau. Se représenter à la mémoire : *son nom ne me revient pas.* Se livrer de nouveau à : *revenir au travail.* Plaire : *cette figure me revient.* Quitter, abandonner : *revenir d'une erreur.* Coûter : *cela revient cher.* En revenir, réchapper. *En revenir à,* reparler de. *Revenir à soi,* reprendre ses sens. *Revenir sur une question,* en reparler. Changer : *revenir sur son opinion. Je n'en reviens pas,* j'en suis surpris.

revente n. f. Seconde vente.

revenu n. m. Somme annuelle perçue par une personne ou par une collectivité soit au titre de rente, soit à titre de rémunération de son activité. *Impôt sur le revenu,* impôt calculé d'après le revenu des contribuables.

rêver v. i. Faire des rêves. Être distrait, penser d'une manière vague. Dire des choses déraisonnables : *vous rêvez! Rêver à,* songer à, méditer sur. *Rêver de,* voir en rêve. V. t. Voir en rêve. Désirer vivement : *il n'a pas la situation qu'il avait rêvée.*

réverbération n. f. Réflexion de la lumière ou de la chaleur.

réverbère n. m. Appareil destiné à l'éclairage des rues, des places publiques.

réverbérer v. t. (conj. 5) Réfléchir, renvoyer la lumière, la chaleur.

reverdir v. i. Retrouver sa verdure.

révérence n. f. Respect, vénération : *traiter quelqu'un avec révérence.* Mouvement du corps pour saluer : *faire la révérence.*

révérencieux, euse* adj. Qui est trop cérémonieux ; qui fait trop de révérences.

révérend, e adj. et n. Titre d'honneur donné aux religieux et aux religieuses. Titre des pasteurs anglicans.

révérer v. t. (conj. 5) Honorer, respecter : *révérer Dieu.*

rêverie n. f. État de l'esprit qui s'abandonne à des idées, des images vagues.

revers n. m. Côté d'une chose opposé au côté principal. Le côté d'une médaille, d'une pièce, opposé à l'empreinte principale. Partie repliée d'un vêtement. *Fig.* Disgrâce, accident fâcheux. *Revers de la médaille,*

mauvais côté d'une chose. Coup donné avec le revers de la raquette. *Revers de la main,* le dos de la main. *A revers,* par-derrière.

reverser v. t. Verser de nouveau. Transporter, reporter sur : *reverser des bénéfices sur un compte d'investissements.*

réversibilité n. f. Caractère réversible.

réversible adj. Se dit d'un tissu, d'un vêtement qui peut être porté sur l'envers comme sur l'endroit. Qui peut revenir en arrière, en sens inverse : *l'histoire n'est pas réversible.*

revêtement n. m. Partie supérieure d'une chaussée. Ouvrage qui sert à retenir les terres d'un talus. Placage de bois, etc.

revêtir v. t. (conj. 20) Mettre sur soi un vêtement : *revêtir l'uniforme.* Prendre telle ou telle apparence : *revêtir une allure officielle.* Recouvrir, enduire : *revêtir de plâtre.*

rêveur, euse adj. et n. Qui se laisse aller à la rêverie.

revient n. m. *Prix de revient,* coût de fabrication et de vente d'un produit.

revigorer v. t. Redonner de la vigueur.

revirement n. m. Changement brusque et complet : *revirement d'opinion.*

révisable adj. Qui peut être révisé.

réviser v. t. Examiner de nouveau, pour modifier s'il y a lieu. Remettre en bon état de marche : *réviser un moteur.*

réviseur n. m. Qui révise.

révision n. f. Action de réviser.

revivifier v. t. Vivifier de nouveau.

reviviscence n. f. Propriété de certains organismes qui peuvent, après avoir été desséchés, reprendre vie à l'humidité.

revivre v. i. (conj. 57) Revenir à la vie. Se continuer dans une personne : *père qui revit dans son enfant.* Reprendre des forces. Faire *revivre une chose,* la renouveler. V. t. Repasser dans son esprit : *revivre ses jeunes années.*

révocabilité n. f. État de celui ou de ce qui est révocable.

révocable adj. Qu'on peut révoquer.

révocation n. f. Action de révoquer.

revoici, revoilà prép. ou adv. *Fam.* Voici de nouveau, voilà de nouveau.

revoir v. t. (conj. 36) Voir de nouveau : *revoir un ami.* Revenir auprès de : *revoir sa patrie.* Examiner de nouveau : *revoir un manuscrit.* N. m. *Au revoir,* formule de politesse pour prendre congé de quelqu'un.

révoltant, e adj. Qui révolte.

révolte n. f. Rébellion, soulèvement.

révolter v. t. Indigner, choquer fortement. V. pr. Se soulever contre une autorité. Se rebeller.

révolu, e adj. Achevé, complet : *avoir vingt ans révolus.*

révolution n. f. Mouvement circulaire. Renversement d'un régime politique qui amène de profondes transformations dans les institutions d'une nation. Changement important. *Fam.* Agitation passagère.

révolutionnaire adj. Relatif à la révolution : *idées révolutionnaires.* N. Partisan d'une révolution.

révolutionner v. t. Mettre en état de révolution. *Fig.* Troubler, bouleverser : *révolutionner les idées.*

revolver [rɛvɔlvɛr] n. m. Arme à feu portative de petite taille, dont l'approvisionnement est automatique.

révoquer v. t. Destituer : *révoquer un fonctionnaire.* Annuler : *révoquer un ordre.*

revue n. f. Inspection, examen détaillé : *passer en revue.* Parade militaire. Publication périodique où sont traitées des questions variées. Spectacle de music-hall, de chansonniers.

revuiste n. m. Auteur de revues.

révulsé, e adj. Retourné, bouleversé : *avoir les yeux révulsés.*

révulsif, ive adj. et n. m. Qui produit une révulsion.

révulsion n. f. Irritation locale provoquée pour faire cesser un état congestif.

rez-de-chaussée [red ʃose] n. m. inv. Partie d'une habitation située au niveau du sol.

rhabillage n. m. Action de rhabiller.

rhabiller v. t. Habiller de nouveau. Remettre en état : *rhabiller une montre.* V. pr. Remettre ses habits.

rhabilleur, euse n. Qui fait des rhabillages.

rhapsode n. m. Dans la Grèce ancienne, aède qui allait de ville en ville en récitant des poèmes.

rhapsodie n. f. Composition musicale de forme libre et construite sur des thèmes folkloriques.

rhénan, e adj. Relatif au Rhin ; situé aux bords du Rhin.

rhéostat [reɔsta] n. m. *Électr.* Résistance variable qui, placée dans un circuit, permet de modifier l'intensité du courant.

rhéteur n. m. Dans l'Antiquité, celui qui enseignait l'éloquence. Orateur emphatique.

rhétorique n. f. Ensemble de procédés constituant l'art de bien parler. *Figure de rhétorique,* tournure de style qui rend plus vive l'expression de la pensée. *Péjor.* Discours pompeux, mais vide d'idées.

rhinocéros n. m. Grand mammifère des régions chaudes, portant une ou deux cornes sur la face.

rhizome n. m. *Bot.* Tige souterraine, souvent horizontale.

rhodanien, enne adj. Du Rhône.

rhododendron n. m. Arbrisseau de montagne, cultivé pour ses fleurs.

rhomboèdre n. m. Solide dont les faces sont des losanges.

rhubarbe n. f. Plante vivace à racines et à tiges laxatives.

rhum [rɔm] n. m. Eau-de-vie obtenue par la fermentation et la distillation des mélasses de canne à sucre.

rhumatisant, e adj. et n. Affecté de rhumatisme.

rhumatismal, e, aux adj. Qui a pour cause le rhumatisme.

rhumatisme n. m. Maladie caractérisée par des douleurs dans les muscles ou les articulations.

rhume [rym] n. m. Affection caractérisée par une inflammation de la muqueuse du nez, de la gorge et des bronches. *Rhume de cerveau,* coryza. *Rhume des foins,* irritation de la muqueuse des yeux et du nez, d'origine allergique.

rhumerie [rɔmri] n. f. Distillerie de rhum.

riant, e adj. Qui annonce la gaieté : *visage riant.* Agréable à la vue : *aspect riant. Fig.* Agréable à l'esprit.

ribambelle n. f. Longue suite : *ribambelle d'enfants.*

ricanement n. m. Action de ricaner.

ricaner v. i. Rire à demi, sottement ou avec une intention moqueuse.

ricaneur, euse adj. Qui ricane.

richard, e n. *Fam.* Qui est très riche.

riche* adj. Qui possède de grands biens : *riche propriétaire.* Abondamment pourvu : *riche en vertus.* Abondant, fécond : *riche moisson.* Magnifique : *riches broderies. Rimes riches,* qui ont plus de deux sons identiques (ex. *battu/qu'as-tu*). N. m. Personne riche : *nouveau riche.*

richesse n. f. Abondance de biens. Fertilité. Éclat, magnificence. N. f. pl. Grands biens. Objets de valeur.

richissime adj. *Fam.* Très riche.

ricin n. m. Plante donnant une huile purgative.

ricocher v. i. Faire des ricochets.

ricochet n. m. Rebond que fait une pierre jetée obliquement sur la surface de l'eau, ou un projectile rencontrant un obstacle. *Par ricochet,* indirectement, par contrecoup.

rictus [riktys] n. m. Contraction de la bouche qui donne au visage l'expression d'un rire forcé.

ride n. f. Pli de la peau sur le visage, les mains, et qui est ordinairement l'effet de l'âge. Pli sur une surface.

rideau n. m. Pièce d'étoffe, draperie qui sert à couvrir, à cacher. Ligne d'objets formant un obstacle à la vue : *rideau de peupliers.* Grande draperie placée devant la scène d'une salle de spectacle.

ridelle n. f. Balustrade légère formant chacun des côtés d'une charrette ou d'un camion.

rider v. t. Produire des rides. Produire des plis sur.

ridicule* adj. Propre à exciter le rire, la moquerie. Insignifiant, minime : *une somme ridicule.* N. m. Ce qui est ridicule. *Tourner en ridicule,* se moquer.

ridiculiser v. t. Tourner en ridicule : *ridiculiser un discours.*

rien pron. indéf. Quelque chose. Peu de chose. Aucune chose : *ne fais rien ; rien de plus. De rien, de rien du tout,* sans importance. *Rien que,* seulement. *Cela n'est rien,* c'est peu de chose. *Cela ne fait rien,* cela importe peu. *Homme de rien,* méprisable. *Pour rien,* à vil prix. *Comme si de rien n'était,* comme si la chose n'était pas arrivée. N. m. Très peu de chose : *un rien l'effraye.* N. m. pl. Bagatelles : *s'amuser à des riens.*

rieur, euse n. et adj. Qui rit ou aime à rire : *mettre les rieurs de son côté.*

riflard n. m. Ciseau en forme de palette, qui sert aux maçons pour ébarber les ouvrages de plâtre. Grosse lime pour dégrossir les métaux.

riflard n. m. *Pop.* Grand parapluie.

rifle n. m. Carabine à long canon.

rigide* adj. Raide, inflexible.

rigidité n. f. Raideur.

rigodon n. m. Air à deux temps. Danse sur cet air. (Vx.)

rigole n. f. Petite tranchée.

rigoler v. i. *Pop.* Rire, s'amuser beaucoup.

rigolo, ote adj. et n. *Pop.* Plaisant et amusant.

rigorisme n. m. Attachement rigoureux aux règles.

rigoriste n. et adj. Qui montre du rigorisme : *un confesseur rigoriste.*

rigoureux, euse* adj. Sévère : *moraliste rigoureux.* Dur, difficile à supporter : *châtiment rigoureux.* Rude : *froid rigoureux.* Sans réplique, incontestable.

rigueur n. f. Sévérité, dureté. Action dure, rigoureuse : *les rigueurs du destin.* Âpreté : *rigueur du froid.* Exactitude inflexible : *la rigueur des règles.* Forme exacte. *De rigueur* loc. adj. Rigoureusement exigible. *A la rigueur* loc. adv. Faute de mieux.

rillettes n. f. pl. Viande de porc hachée menu et cuite dans la graisse.

rillons n. m. pl. Résidus de porc ou d'oie fondus.

rimailler v. t. et i. Faire de mauvais vers.

rimailleur n. m. Mauvais poète.

rime n. f. Retour des mêmes sons à la fin de deux ou plusieurs vers.

rimer v. i. Se dit des mots qui se terminent par une rime. Se dit aussi de la manière dont le poète fait rimer les mots. *Fig.* S'accorder, se convenir : *cela ne rime à rien.* V. t. Mettre en vers : *rimer un conte.*

rimeur n. m. Qui fait des vers.

rinçage n. m. Action de rincer.

rinceau n. m. Ornement, sculpté ou peint, en forme de branche recourbée.

rince-doigts n. m. inv. Bol d'eau parfumée pour se rincer les doigts à table.

rincer v. t. (conj. 1) Passer dans une eau pure ce qui a déjà été lavé, pour éliminer le savon.

rincette n. f. *Fam.* Petite quantité d'eau-de-vie qu'on verse dans son verre ou dans sa tasse à café vidés.

rinçure n. f. *Fam.* Eau de rinçage.

ring [riŋ] n. m. Estrade pour une épreuve de sports de combat.

ringard n. m. Barre de fer recourbée, pour remuer le feu.

ringard [rẽgar] n. m. *Fam.* Acteur sur le retour, à demi oublié.

ripaille n. f. *Fam.* Grande chère.

ripailleur, euse n. Qui ripaille.

riper v. t. *Mar.* Faire glisser. V. i. Déraper.

Ripolin n. m. (marque déposée). Peinture laquée.

riposte n. f. En escrime, coup porté après avoir paré. *Fig.* Repartie prompte ; réponse vive.

riposter v. i. Faire une riposte.

rire v. i. (conj. 61) Marquer un sentiment de gaieté soudaine par un mouvement des lèvres, de la bouche, accompagné de sons égrenés. Prendre une expression de gaieté : *yeux qui rient. Rire du bout des lèvres,* sans en avoir grande envie.

rire n. m. Action de rire.

ris [ri] n. m. *Mar.* Partie d'une voile destinée à être serrée pour en diminuer la surface : *prendre un ris ; larguer les ris.*

ris [ri] n. m. Thymus du veau et de l'agneau.

risée n. f. Moquerie : *objet de risée. Mar.* Augmentation subite du vent.

risette n. f. Sourire d'un enfant : *faire risette.*

risible* adj. Propre à faire rire.

risotto [rizɔto] n. m. Plat italien, fait de riz coloré au safran, avec du beurre et du parmesan.

risque n. m. Danger, inconvénient possible. *A ses risques et périls,* en assumant la responsabilité. *Au risque de,* en s'exposant à.

risquer v. t. Faire courir un risque : *risquer sa vie.* Tenter : *il risqua la bataille. Risquer de,* courir le risque de.

risque-tout n. m. inv. *Fam.* Audacieux.

rissoler v. t. Dorer une viande au feu.

ristourne n. f. Remise ; bonification.

ristourner v. t. Faire une ristourne.

rite n. m. Ordre prescrit des cérémonies religieuses : *le rite oriental.*

ritournelle n. f. Courte phrase musicale qui précède ou qui suit un chant. *Fam.* Propos répétés sans cesse.

rituel, elle* adj. Relatif aux rites. *Fig.* Habituel, répété. N. m. Livre contenant les rites et les prières d'un culte.

rivage n. m. Rives d'un cours d'eau, d'un lac, etc.; bord de la mer.

rival, e, aux adj. et n. Qui dispute quelque chose à un autre, qui aspire aux mêmes avantages : *frères rivaux.*

rivaliser v. i. Chercher à égaler ou surpasser : *rivaliser d'efforts.*

rivalité n. f. Concurrence de personnes qui prétendent à une même chose.

rive n. f. Bords d'un fleuve, d'un étang, d'un lac.

river v. t. Rabattre et aplatir la pointe d'un clou sur l'autre côté de l'objet qu'il traverse. Assujettir à demeure. *Fig.* Attacher d'une manière indissoluble. *Fam. River son clou à quelqu'un,* lui répondre vertement, le réduire au silence.

riverain, e adj. et n. Qui habite le long d'une rivière, d'une forêt, etc.

rivet n. m. Pointe rivée d'un clou. Clou pour river.

rivetage n. m. Action de river.

riveter v. t. (conj. 4) Fixer au moyen de rivets.

riveur n. et adj. m. Ouvrier qui fait ou pose des rivets.

rivière n. f. Cours d'eau naturel, qui se jette, en principe, dans un fleuve. Collier avec chaînons duquel sont enchâssés des diamants.

rivoir n. m. Marteau pour river.

rivure n. f. Action de river.

rixe n. f. Querelle accompagnée d'injures et de coups.

riz [ri] n. m. Graminée cultivée dans les terrains humides des pays chauds. Le grain de cette plante. *Poudre de riz,* fécule en poudre pour la toilette.

rizerie n. f. Usine où l'on traite le riz.

rizière n. f. Champ de riz.

robe n. f. Vêtement féminin composé d'un corsage et d'une jupe d'un seul tenant. Vêtement long et ample, que portent les juges, les avocats dans l'exercice de leurs fonctions. Profession de la magistrature : *gens de robe.* Couleur d'un vin. Feuille de tabac constituant l'enveloppe d'un cigare. Pelage : *ce cheval a une belle robe.*

robinet n. m. Pièce qui sert à retenir l'eau ou à la laisser couler : *robinet qui fuit.* La clef du robinet : *tourner le robinet.*

robinetterie n. f. Fabrication de robinets.

robinier n. m. Sorte d'acacia.

robot [robo] n. m. Appareil qui agit de façon automatique pour une fonction donnée.

robuste adj. Fort, vigoureux. *Fig.* Inébranlable : *foi robuste.*

robustesse n. f. Force, vigueur.

roc n. m. Masse de pierre très dure, qui tient à la terre. *Fig.* Ferme comme un roc.

rocade n. f. *Mil.* Chemin de fer ou route stratégique parallèle à la ligne de feu. Voie destinée à détourner la circulation d'une ville.

rocaille n. f. Cailloux, coquillages employés comme ornementation sous Louis XV. Meuble orné dans ce genre. Adj. : *le genre rocaille.*

rocailleux, euse adj. Plein de petits cailloux. *Fig.* Dur, heurté.

rocambolesque adj. Extraordinaire.

roche n. f. Grande masse de pierre de même structure, de même origine.

rocher n. m. Roc élevé, escarpé. *Anat.* Partie dure de l'os temporal.

rochet n. m. Cliquet : *roue à rochet.*

rocheux, euse adj. Couvert de roches.

rock ou **rock and roll** [rɔkɛnrɔl] n. m. Danse et style de danse au rythme syncopé.

rocking-chair [rɔkiŋtʃɛr] n. m. Fauteuil que l'on peut faire osciller par un simple mouvement du corps.

rococo n. m. Genre d'ornementation, en vogue sous Louis XV. *Par ext.* Genre ou objet vieux et passé de mode. Adj. inv. : *style rococo.*

rodage n. m. Action de roder : *voiture en rodage.*

rodéo [rɔdeo] n. m. Jeu américain qui consiste, pour le cavalier, à maîtriser un cheval ou un bœuf sauvages.

roder v. t. User par le frottement mutuel deux objets qui s'adaptent l'un à l'autre. Mettre au point le fonctionnement d'un organisme, d'un système d'organisation.

rôder v. i. Errer çà et là. Tourner autour en épiant.

rôdeur, euse n. Individu d'allure suspecte qui cherche un mauvais coup.

rodomontade n. f. Fanfaronnade.

rogatoire adj. Qui concerne une demande. *Commission rogatoire,* commission qu'un tribunal adresse à un autre pour l'inviter à faire quelque acte de procédure ou d'instruction.

rogaton n. m. *Fam.* Débris de mets.

rogne n. f. *Fam.* Colère, mauvaise humeur.

rogner v. t. Retrancher sur les bords. *Fig.* Retrancher sur : *rogner un traitement.*

rognon n. m. Rein de certains animaux considéré surtout du point de vue culinaire.

rognure n. f. Ce qui est détaché d'un objet rogné : *des rognures d'ongles.*

rogomme n. m. *Voix de rogomme,* enrouée par la boisson.

rogue adj. Arrogant, hautain.

rogue n. f. Œufs de poisson salés, employés comme appât dans la pêche à la sardine.

roi n. m. Chef de certains États, investi de la souveraineté. Personne qui jouit d'un pouvoir absolu. Principale pièce aux échecs. Première figure de chaque couleur d'un jeu de cartes.

roitelet n. m. Roi d'un très petit État. Genre de petits passereaux.

rôle n. m. Liste, catalogue : *le rôle de l'équipage.* Liste des causes inscrites dans l'ordre où elles doivent se plaider. *A tour de rôle,* dans l'ordre d'inscription au rôle et, au *fig.,* chacun à son tour. Feuillet écrit, comprenant la page et le verso. Cahiers portant la liste des contribuables, avec l'indication de leur cotisation individuelle. Partie d'une pièce qu'un acteur doit jouer : *créer un rôle. Jouer un rôle,* incarner un personnage au théâtre ou au cinéma. *Fig.* Remplir certaines fonctions : *jouer un vilain rôle.*

rollmops [rɔlmɔps] n. m. Hareng roulé sur une brochette de bois et mariné au vin blanc.

romain, e adj. et n. De Rome : *la république romaine.* Digne des anciens Romains : *vertu romaine. Chiffres romains,* lettres numérales I, V, X, L, C, D, M, qui valent respectivement 1, 5, 10, 50, 100, 500, 1 000 et qui, combinées, servaient aux Romains à former tous les nombres. N. m. Caractère typographique droit.

romaine n. f. Balance formée d'un fléau à bras inégaux et d'un poids que l'on fait glisser sur le long bras du fléau. Variété de laitue.

roman, e adj. Se dit des langues dérivées du latin. Se dit de l'art qui s'est épanoui en Europe aux XIe et XIIe s. N. m. Ensemble des langues romanes. Architecture romane.

roman n. m. Œuvre d'imagination en prose, qui cherche à retenir le lecteur par l'intérêt de l'intrigue, des descriptions, l'analyse des sentiments. Autref., récit en langue romane : *le Roman de la Rose. Par ext.* Récit invraisemblable : *cela a l'air d'un roman.* Chimère, utopie.

romance n. f. Morceau de chant à sujet tendre et touchant.

romancer v. t. (conj. 1) Présenter sous forme de roman : *biographie romancée.*

romanche n. m. Langue romane parlée en Suisse, dans les Grisons.

romancier, ère n. Auteur de romans.

romand, e adj. Se dit de la Suisse de langue française.

romanesque adj. Qui tient du roman. Rêveur : *esprit romanesque.*

roman-feuilleton n. m. Roman publié en feuilleton dans un journal.

romanichel, elle n. Bohémien.

romaniser v. t. Donner un caractère romain.

romaniste n. Spécialiste des langues romanes.

romantique adj. Qui relève du romantisme : *site romantique.* N. Partisan du romantisme ; écrivain romantique.

romantisme n. m. École littéraire et artistique du début du XIXe s., qui rompait avec la tradition classique, faisant prévaloir le sentiment sur la raison, l'imagination sur l'analyse critique.

romarin n. m. Abrisseau aromatique.

rompre v. t. (conj. 46) Briser, casser. Troubler : *rompre le sommeil.* Disperser : *rompre*

les rangs. Interrompre : *rompre le jeûne.*
Fatiguer : *rompre la tête.* Détruire : *rompre l'amitié.* Accoutumer : *rompre aux affaires. Rompre la glace,* surmonter les premières difficultés d'une affaire. V. i. Se briser. Cesser d'être amis. V. pr. *Se rompre le cou,* se tuer ou se blesser grièvement en faisant une chute.

rompu, e adj. Accablé de fatigue. Expérimenté : *rompu aux affaires. A bâtons rompus,* à diverses reprises, sur des sujets divers.

romsteck ou **rumsteck** [rɔmstɛk] n. m. Partie la plus haute de la culotte de bœuf.

ronce n. f. Plante épineuse.

ronceraie n. f. Lieu couvert de ronces.

ronchonnement n. m. *Fam.* Action de ronchonner.

ronchonner v. i. *Fam.* Gronder.

ronchonneur, euse n. Qui ronchonne.

rond, e adj. Dont tous les points de la surface sont à égale distance du centre. *Fam.* Gros et court : *une petite fille toute ronde. Fig.* Franc et décidé : *rond en affaires. Pop.* Ivre. *Nombre,* compte rond, sans fraction. N. m. Cercle, figure circulaire. Anneau : *rond de serviette. En rond,* circulairement.

rond-de-cuir n. m. *Fam.* Bureaucrate.

ronde n. f. Inspection pour s'assurer que tout est en ordre. Chanson accompagnée d'une danse en rond. Écriture en caractères ronds, gras et verticaux. Note de musique qui vaut deux blanches. *A la ronde,* alentour : *être connu à dix lieues à la ronde ;* chacun à son tour : *boire à la ronde.*

rondeau n. m. Petit poème à deux rimes.

ronde-bosse n. f. Ouvrage de sculpture en plein relief.

rondelet, ette adj. Un peu rond. *Bourse rondelette,* bien garnie.

rondelle n. f. Petit disque percé au milieu. Petite tranche ronde.

rondement adv. Promptement, lestement. Franchement. Avec ardeur.

rondeur n. f. État de ce qui est rond : *la rondeur de la Terre.* Chose ronde. *Fig.* Nombre, harmonie. Franchise : *rondeur de caractère.*

rondin n. m. Bois à brûler, qui est rond. Gros bâton.

rond-point n. m. Place où aboutissent plusieurs avenues.

ronflant, e adj. Sonore, bruyant. *Fig.* Sonore, creux : *phrases ronflantes.*

ronflement n. m. Bruit qu'on fait en ronflant. Sonorité sourde.

ronfler v. i. Faire un certain bruit en respirant pendant le sommeil. Produire un bruit sourd et prolongé.

ronfleur, euse n. Qui ronfle.

rongement n. m. Action de ronger.

ronger v. t. (conj. 1) Couper peu à peu avec les dents ou le bec. Corroder : *la rouille ronge le fer.* Miner : *la mer ronge les falaises. Fig.* Consumer, tourmenter : *rongé par le chagrin. Ronger son frein,* supporter avec impatience.

rongeur, euse adj. Qui ronge. N. m. pl. Ordre de mammifères à dents incisives, sans canines (rat, écureuil, lièvre).

ronron n. m. Bruit que le chat tire de sa gorge pour marquer le contentement. Bruit sourd et continu : *ronron d'une marmite.*

ronronnement n. m. Ronron.

ronronner v. i. Faire des ronrons.

roquefort n. m. Fromage fabriqué avec du lait de brebis.

roquer v. i. Terme du jeu d'échecs.

roquet n. m. Sorte de petit chien. *Fig.* Petit individu hargneux.

roquette n. f. Projectile autopropulsé.

rosace n. f. Ornement d'architecture en forme de rose ou d'étoile. Grand vitrail de forme circulaire.

rosacées n. f. pl. Famille de plantes dont le type est le rosier.

rosaire n. m. Grand chapelet de quinze dizaines. Prières récitées en égrenant le rosaire : *dire son rosaire.*

rosbif [rɔsbif] n. m. Aloyau rôti.

rose n. f. Fleur du rosier. *Rose trémière,* plante ornementale dont les fleurs sont disposées le long d'une tige. *Fig.* La couleur vermeille des joues : *teint de rose.* Diamant taillé plat en dessous. *Archit.* Dans les églises gothiques, grande fenêtre circulaire à vitraux en compartiments. *Mar. Rose des vents,* figure circulaire collée sur le cadran du compas et marquée de trente-deux divisions.

rose adj. D'une couleur semblable à celle de la rose. N. m. La couleur rose : *des étoffes rose clair.*

rosé, e adj. D'un rouge faible. N. m. Vin de couleur rosée.

roseau n. m. Nom vulgaire de diverses plantes aquatiques.

rosée n. f. Ensemble de fines gouttelettes produites par la condensation de la vapeur d'eau atmosphérique.

roséole n. f. Maladie éruptive.

roseraie n. f. Terrain planté de rosiers.

rosette n. f. Nœud qu'on peut détacher en tirant les bouts. Nœud de ruban en forme de rose, insigne de certains ordres.

rosier n. m. Arbuste épineux à belles fleurs.

rosière n. f. Jeune fille vertueuse à laquelle on décerne solennellement une récompense. (Vx.)

rosiériste n. Horticulteur spécialisé dans la culture des rosiers.

rosir v. i. Devenir rose.

rosse n. f. Cheval sans force, sans vigueur. *Fam.* Personne méchante. Adj. D'une ironie mordante.

rossée n. f. *Fam.* Correction.

rosser v. t. *Fam.* Battre violemment.

rosserie n. f. *Fam.* Méchanceté.

rossignol n. m. Genre de passereaux au chant très agréable. Crochet pour ouvrir toutes sortes de serrures. *Fam.* Marchandise défraîchie, démodée.

rossinante n. f. Mauvais cheval.

rostre n. m. Éperon d'un navire antique. Pièces buccales allongées et piqueuses de certains insectes.

rot [ro] n. m. *Pop.* Émission par la bouche, et avec un bruit rauque, de gaz stomacaux.

rôt n. m. Syn. de RÔTI.

rotatif, ive adj. et n. f. Qui agit en tournant : *machine rotative.*

rotation n. f. Mouvement d'un corps qui tourne autour d'un axe. Succession des plantes sur un sol cultivé.

rotative n. f. Presse à imprimer.

rotatoire adj. Circulaire, qui tourne.

roter v. i. *Pop.* Faire des rots.

rôti ou **rôt** n. m. Viande rôtie.

rotin n. m. Roseau servant à faire des cannes, des sièges, etc.

rôtir v. t. Faire cuire à la broche ou sur le gril. Dessécher, brûler. V. i. Être, devenir rôti. *Fig.* Être exposé à une très grande chaleur.

rôtissage n. m. Action de rôtir.

rôtisserie n. f. Boutique de rôtisseur.

rôtisseur, euse n. Qui fait rôtir des viandes pour les vendre.

rôtissoire n. f. Ustensile pour rôtir.

rotonde n. f. Bâtiment de forme ronde.

rotondité n. f. Rondeur.

rotor n. m. Partie mobile, dans un moteur électrique, une turbine, etc.

rotule n. f. Os mobile du genou.

roture n. f. Condition d'une personne qui n'est pas noble. Ensemble des roturiers.

roturier, ère adj. et n. Qui n'est pas noble.

rouage n. m. L'ensemble ou chacune des roues d'une machine. *Fig.* Personne, service participant au fonctionnement d'une administration, d'une entreprise.

roublard, e n. et adj. *Pop.* Rusé.

roublardise n. f. *Pop.* Ruse, astuce.

rouble n. m. Unité monétaire de l'U. R. S. S.

roucoulement n. m. Murmure tendre et monotone des pigeons.

roucouler v. i. Faire entendre un roucoulement. Chanter langoureusement. V. t. : *roucouler un air.*

roue n. f. Organe circulaire tournant sur son axe : *roue de voiture ; roue hydraulique.* Supplice qui consistait à rompre les membres d'un condamné et à le placer sur une roue horizontale. *Faire la roue,* déployer les plumes de la queue (paon, dindon), et, au *fig.,* se pavaner.

roué, e adj. Qui a subi le supplice de la roue. *Fig.* Rompu, excédé : *roué de fatigue.* N. m. Débauché élégant, sous la Régence. *Fam.* Personne rusée : *c'est un roué.*

rouelle n. f. Tranche de cuisse de veau coupée en rond.

rouer v. t. Faire périr sur la roue. *Rouer de coups,* battre violemment.

rouerie [ruri] n. f. Ruse, habileté.

rouet n. m. Machine qui servait à filer.

rouf n. m. Petite construction élevée sur le pont d'un navire.

rouflaquette n. f. Patte de cheveux descendant sur la joue.

rouge adj. L'une des sept couleurs du spectre. Se dit des partis politiques très avancés. N. m. Couleur rouge. Matière qui fournit une couleur rouge. Fard de couleur rouge : *se mettre du rouge.* Vin rouge : *un litre de rouge.*

rougeâtre adj. Tirant sur le rouge.

rougeaud, e adj. et n. *Fam.* Qui a le visage rouge.

rouge-gorge n. m. Genre de passereaux à la gorge rouge.

rougeoiement [ruʒwamã] n. m. Lueurs, reflets rouges.

rougeole n. f. Maladie contagieuse caractérisée par une éruption de taches rouges sur la peau.

rougeoyer [ruʒwaje] v. i. (conj. 3) Prendre une teinte rougeâtre.

rouget n. m. Poisson tacheté de rouge.

rougeur n. f. Couleur rouge. Teinte rouge passagère du visage, qui révèle une émotion. Pl. Taches rouges sur la peau.

rougir v. t. Rendre rouge : *fer rougi au feu. Rougir son eau,* y mettre un peu de vin. V. i. Devenir rouge. *Fig. Rougir de,* avoir honte de.

rouille n. f. Oxyde de fer rouge foncé, dont se couvre ce métal à l'humidité. *Fig.* Cause d'altération, de dégradation : *la rouille de l'oisiveté.* Maladie des céréales.

rouiller v. t. Produire de la rouille. *Fig.* Emousser, faute d'exercice : *la paresse rouille l'esprit.*

rouir v. t. Désagréger par macération dans l'eau (des fibres textiles).

rouissage n. m. Action de rouir.

roulade n. f. Vocalise consistant en une série rapide de notes sur une syllabe.

roulage n. m. Action de rouler. Transport de marchandises sur des voitures : *entreprise de roulage.* Passage du rouleau sur un champ pour briser les mottes.

roulant, e adj. Qui roule. *Fam.* Très amusant, comique. *Escalier, tapis roulant,* appareil élévateur ou transporteur pour les personnes, les colis. *Feu roulant,* feu de mousqueterie continu.

rouleau n. m. Objet roulé en cylindre : *rouleau de papier.* Objets empilés en cylindre : *rouleau de monnaies.* Cylindre de bois, de papier, de fonte, etc., pour divers usages. Grande vague déferlante.

roulement n. m. Mouvement de ce qui roule. Mécanisme qui facilite ce mouvement : *roulement à billes.* Batterie de tambour. Bruit d'un objet qui roule. Bruit semblable à celui d'un corps qui roule : *roulement du tonnerre.* Remplacement successif : *le roulement des tribunaux.* Fonds de roulement, destinés aux dépenses courantes.

rouler v. t. Faire avancer une chose en la faisant tourner sur elle-même. Plier en rouleau : *rouler un papier.* Faire tourner : *rouler les yeux. Fig.* Méditer : *rouler un projet dans sa tête. Fam.* Duper : *rouler un client.* V. i. Se mouvoir en tournant. Avoir pour sujet : *son discours roule sur la morale. Mar.* Avoir un mouvement de roulis. *Rouler sur l'or,* être fort riche.

roulette n. f. Petite roue. Jeu de hasard.

roulier n. m. Voiturier qui transportait les marchandises.

roulis [ruli] n. m. Oscillations latérales et alternatives d'un vaisseau sur la mer.

roulotte n. f. Grande voiture des forains, des nomades, etc.

roumain, e adj. et n. De Roumanie.

round [rawnd ou rund] n. m. Chacun des assauts dans un combat de boxe, séparés par un temps de repos.

roupie n. f. Unité monétaire de l'Inde.

roupiller v. i. *Pop.* Sommeiller.

rouquin, e adj. *Pop.* Roux.

rouspétance n. f. *Fam.* Action de rouspéter, de protester.

rouspéter v. i. *Pop.* Protester.

rouspéteur, euse adj. et n. *Pop.* Qui aime à protester ; grincheux.

roussâtre adj. Tirant sur le roux.

rousserolle n. f. Espèce de fauvette.

roussette n. f. Squale de petite taille. Espèce de chauve-souris.

rousseur n. f. Qualité de ce qui est roux. *Taches de rousseur,* taches rousses sur la peau du visage ou des mains.

roussi n. m. Odeur d'une chose brûlée superficiellement. *Sentir le roussi,* être suspect d'hérésie, d'opinions avancées.

roussir v. t. et i. Rendre, devenir roux. Brûler légèrement.

routage n. m. Action de router.

route n. f. Voie carrossable pour aller d'un lieu à un autre. Direction qu'on suit : *changer de route. Se mettre en route,* cheminer, se transporter ailleurs.

router v. t. Préparer une expédition postale pour son acheminement.

routier n. m. Cycliste qui court sur les routes. Conducteur d'un camion.

routier, ère adj. Qui se rapporte aux routes. Qui se fait par la route.

routine n. f. Ce qui est fait par habitude, et comme mécaniquement. Capacité acquise par la pratique.

routinier, ère adj. Qui agit par routine, qui a le caractère de la routine.

rouvre n. m. et adj. Sorte de chêne.

rouvrir v. t. (conj. 10) Ouvrir de nouveau. *Fig. Rouvrir une blessure,* renouveler une douleur.

roux, rousse adj. et n. D'une couleur entre jaune et rouge. Qui a les cheveux roux. N. m. Couleur rousse. Préparation de farine et de beurre pour lier une sauce.

royal [rwajal], **e***, **aux** adj. Du roi : *palais royal ; ordonnance royale.* Digne d'un roi : *geste royal.*

royalisme n. m. Attachement à la monarchie.

royaliste adj. et n. Partisan du roi, de la royauté.

royalty [rwajalti] n. f. Redevance due au propriétaire du sol sur lequel sont exploités des mines ou des puits de pétrole. Pl. des *royalties.*

royaume n. m. État gouverné par un roi. *Royaume des cieux,* paradis.

royauté n. f. Dignité de roi. Gouvernement royal.

ru n. m. Petit ruisseau.

ruade n. f. Action de ruer. *Fig.* Attaque brusque, inattendue.

ruban n. m. Tissu mince et étroit : *un nœud de ruban.* Fragment plat et long comme un ruban : *ruban d'acier.* Bout de ruban qui sert d'insigne ; décoration.

rubéfaction n. f. Rougeur cutanée.

rubéfier v. t. Irriter la peau, la rendre rouge.

rubéole n. f. Maladie éruptive.

rubescent, e adj. Un peu rouge.

rubicond, e adj. Rouge (visage).

rubis [rybi] n. m. Pierre précieuse, variété d'alumine d'un rouge vif. *Payer rubis sur l'ongle,* exactement, scrupuleusement.

rubrique n. f. Titre qui, dans certains livres, était jadis marqué en rouge. Indication de la matière dont il va être traité : *vous trouverez cela sous la rubrique « Histoire ».*

ruche n. f. Petite loge à toit amovible, pour y abriter les abeilles. *Fig.* Agglomération : *ruche humaine.* Ornement plissé, de tulle ou de dentelle.

ruchée n. f. Population d'une ruche.

rucher n. m. Endroit où sont placées les ruches.

rude* adj. Dur au toucher : *peau rude.* Âpre, dur au goût, à l'oreille : *vin, son rude.* Raboteux. Pénible. Difficile à supporter. En parlant des personnes, dur : *maître rude ; rude adversaire.*

rudesse n. f. État de ce qui est rude : *rudesse de la peau. Fig.* État de ce qui est désagréable à voir, à entendre : *rudesse de la voix.* Dureté : *traiter avec rudesse.*

rudiment n. m. Premières notions de : *rudiments de la grammaire.* Premiers linéaments de la structure des organes.

rudimentaire adj. Élémentaire.

rudoiement n. m. Action de rudoyer.

rudoyer [rydwaje] v. t. (conj. 2) Traiter rudement : *rudoyer un subalterne.*

rue n. f. Chemin bordé de maisons, dans les villes, etc. *Fig. Courir les rues,* être connu de tous (nouvelle, etc.).

ruée n. f. Action de se ruer.

ruelle n. f. Petite rue étroite. Espace entre le lit et le mur. Au XVIe et au XVIIe s., partie de la chambre à coucher où les dames recevaient leurs visiteurs.

ruer v. i. Se dit d'un animal qui jette avec force en l'air les pieds de derrière. V. pr. Se lancer impétueusement sur.

ruffian ou **rufian** n. m. Homme débauché.

rugby [rygbi] n. m. Sorte de football qui se joue à la main et au pied avec un ballon ovale.

rugir v. i. Pousser des rugissements : *le lion rugit. Fig.* Pousser des cris de fureur.

rugissement n. m. Cri du lion. Cri ou bruit comparé au cri du lion.

rugosité n. f. État d'une surface rugueuse.

rugueux, euse adj. Qui a des aspérités.

ruine n. f. Chute, écroulement d'un bâtiment : *tomber en ruine.* Destruction : *la ruine d'un empire.* Affaiblissement : *la ruine d'une théorie.* Perte de la fortune, de la prospérité. Pl. Débris, décombres.

ruiner v. t. Détruire, ravager. Causer la perte : *le jeu l'a ruiné.* Mettre en mauvais état : *ruiner sa santé.* Infirmer : *ruiner un raisonnement.* V. pr. Perdre sa fortune.

ruineux, euse adj. Qui provoque la ruine : *entreprise ruineuse.*

ruisseau n. m. Petit cours d'eau. Rigole dans une rue pour l'écoulement des eaux pluviales ou ménagères. *Fig.* Ce qui coule avec abondance : *des ruisseaux de larmes.*

ruisseler v. i. (conj. 3) Couler en ruisseau. *Fig.* Laisser échapper à profusion du corps, des vêtements, un liquide.

ruisselet n. m. Petit ruisseau.

ruissellement n. m. Action de ruisseler. *Fig.* Émission de jets de lumière chatoyante : *ruissellement de pierreries.* Écoulement rapide des eaux.

rumeur n. f. Bruit confus de voix. Bruit sourd, général et menaçant. Bruit confus : *rumeur des flots. Rumeur publique,* opinion générale de la population.

ruminant, e adj. Qui rumine. N. m. pl. Sous-ordre de mammifères, dont l'estomac est divisé en quatre parties, parfois en trois (bœuf, chameau, mouton, etc.).

rumination n. f. Action de ruminer.
ruminer v. t. Remâcher, en parlant des aliments ramenés de l'estomac dans la bouche ; et absol. : *la brebis, le chameau ruminent. Fig.* Retourner une chose dans son esprit : *ruminer un projet.*
rumsteck n. m. V. ROMSTECK.
runes n. f. pl. Caractères de l'ancien alphabet scandinave.
runique adj. Relatif aux runes.
ruolz n. m. Métal doré ou argenté par l'électrolyse.
rupestre adj. Qui se trouve sur les rochers : *plante, inscription rupestre.*
rupture n. f. Action de rompre ou de se rompre. *Fig.* Désunion entre amis ou associés. Annulation, cassation d'un acte public ou particulier.
rural, e, aux adj. Relatif aux champs, à la campagne.
ruse n. f. Artifice pour tromper.
rusé, e adj. et n. Qui a de la ruse. Qui annonce la ruse.
ruser v. i. User d'artifices.

russe adj. et n. De la Russie.
russifier v. t. Rendre russe.
rustaud, e adj. et n. Grossier, lourd dans ses manières.
rusticité n. f. Caractère de ce qui est rustique. Grossièreté de manières.
rustique* adj. De la campagne : *travaux rustiques.* Façonné avec une grande simplicité : *meuble rustique.* Grossier, rude.
rustre adj. et n. Grossier : *avoir l'air d'un rustre.*
rut [ryt] n. m. État physiologique des animaux qui les pousse à rechercher l'accouplement.
rutabaga n. m. Chou-navet à racine comestible.
ruthénium [rytenjɔm] n. m. Métal du groupe du platine.
rutilant, e adj. D'un rouge vif. *Fam.* Très brillant.
rutiler v. i. Briller d'un rouge ardent.
rythme n. m. Cadence, mouvement régulier d'une phrase poétique, musicale.
rythmer v. t. Donner du rythme.
rythmique adj. Relatif au rythme, cadencé.

S

s n. m. Dix-neuvième lettre et quinzième consonne de l'alphabet.
sa adj. f. V. SON.
sabbat n. m. Septième jour de la semaine juive, consacré à Dieu et correspondant au samedi. Assemblée nocturne de sorciers et sorcières. *Fig.* Tapage.
sabbatique adj. Relatif au sabbat.
sabir n. m. Langage formé d'éléments hétérogènes.
sablage n. m. Action de sabler.
sable n. m. Ensemble de grains ou de menus fragments de minéraux ou de roches. *Méd.* Gravier dans les reins.
sable n. m. *Blas.* Couleur noire.
sablé, e n. m. Sorte de gâteau sec très friable.
sabler v. t. Couvrir de sable. *Sabler le champagne,* boire du champagne à l'occasion d'une réjouissance.
sableux, euse adj. Mêlé de sable.
sablier n. m. Appareil mesurant le temps par l'écoulement du sable d'un petit compartiment de verre dans un autre qui est placé au-dessous.
sablière n. f. Carrière de sable.
sablière n. f. Pièce de charpente horizontale.
sablon n. m. Sable très fin.
sablonneux, euse adj. Où il y a beaucoup de sable : *rivage sablonneux.*
sabord n. m. Ouverture quadrangulaire dans la muraille du navire.
sabordage ou sabordement n. m. Action de saborder.
saborder v. t. Percer un navire au-dessous de la flottaison pour le faire couler. V. pr. Couler volontairement son navire. *Fig.*

Mettre volontairement fin à l'activité d'une entreprise financièrement viable.
sabot n. m. Chaussure de bois. Corne du pied de plusieurs animaux. Partie travaillante d'un frein, qui presse sur la circonférence du bandage d'une roue. *Fig.* Objet mauvais, sans valeur.
sabotage n. m. Action de saboter.
saboter v. t. *Fam.* Exécuter vite et mal. Détériorer volontairement un outillage industriel, une machine, etc.
saboterie n. f. Fabrique de sabots.
saboteur, euse n. Celui, celle qui sabote.
sabotier, ère n. Ouvrier qui fait des sabots.
sabre n. m. Sorte d'épée ne tranchant que d'un côté.
sabrer v. t. Frapper à coups de sabre. *Fig. et fam.* Faire vite et mal. Biffer : *sabrer un manuscrit.*
sabretache n. f. Espèce de sac plat qui pendait au ceinturon, dans certains uniformes de cavalerie.
sac n. m. Espèce de poche ouverte par le haut : *un sac de toile ; sac de voyage.* Son contenu : *sac de blé. Anat.* Cavité entourée d'une membrane. *Vider son sac,* dire ce qu'on a sur le cœur. *Prendre la main dans le sac,* sur le fait.
sac n. m. Pillage : *mettre une ville à sac.*
saccade n. f. Secousse, mouvement brusque. *Fig.* Action brusque.
saccadé, e adj. Brusque, irrégulier.
saccage n. m. Action de saccager.
saccager v. t. (conj. 1) Mettre à sac, au pillage : *saccager une ville. Fam.* Bouleverser.
saccageur n. m. Qui saccage.

saccharifier v. t. Transformer en sucre.

saccharine [sakarin] n. f. Substance blanche tirée du goudron et ayant un très grand pouvoir sucrant.

sacerdoce n. m. Fonctions réservées au prêtre. Fonction qui demande beaucoup d'abnégation et de dévouement : *le sacerdoce des infirmières.*

sacerdotal, e, aux adj. Du sacerdoce.

sachet n. m. Petit sac.

sacoche n. f. Sorte de grosse bourse de cuir. Sac des garçons de recette. Sac de toile ou de cuir de formes diverses : *sacoche de bicyclette.*

sacraliser v. t. Attribuer un caractère sacré à une chose profane.

sacramentel, elle adj. Qui appartient à un sacrement.

sacre n. m. Cérémonie par laquelle on consacre un roi, un évêque.

sacré, e adj. Consacré au culte : *les vases sacrés.* Qui doit inspirer un respect religieux. Inviolable : *un dépôt sacré. Livres sacrés,* ceux qui contiennent les textes primordiaux d'une religion. *Le sacré collège,* le collège des cardinaux, à Rome. *Fam.* Maudit, exécré : *un sacré menteur. Feu sacré,* sentiment noble et passionné ; inspiration. N. m. Ce qui est sacré.

sacrement n. m. Acte religieux, ayant pour objet la sanctification (baptême, confirmation, eucharistie, pénitence, sacrement des malades, ordre, mariage). *Le saint sacrement,* l'eucharistie.

sacrer v. t. Conférer un certain caractère par cérémonies religieuses. V. i. Jurer, blasphémer.

sacrificateur n. m. Prêtre qui offrait le sacrifice.

sacrificatoire adj. Du sacrifice.

sacrifice n. m. Offrande faite à la divinité. *Le saint sacrifice,* la messe. Renoncement. Dépense : *s'imposer de lourds sacrifices.*

sacrifier v. t. Offrir en sacrifice. Accepter la perte de : *sacrifier ses intérêts.* V. i. Offrir un sacrifice : *sacrifier aux dieux. Sacrifier à la mode,* s'y conformer. V. pr. Se dévouer : *se sacrifier pour ses enfants.*

sacrilège n. m. Profanation d'une chose sacrée. Attentat contre une personne sacrée ou digne de vénération. Adj. et n. Qui commet un sacrilège : *punir un sacrilège.*

sacripant n. m. Vaurien, fripon.

sacristain, tine n. Personne chargée du soin des objets du culte.

sacristi! ou **sapristi!** interj. Juron familier.

sacristie n. f. Lieu où l'on range les ornements d'église.

sacro-saint, e adj. Très saint.

sacrum [sakrom] n. m. Os placé au bas de la colonne vertébrale.

sadique adj. Qui a le caractère du sadisme. Adj. et n. Qui se plaît à faire souffrir.

sadisme n. m. Plaisir malsain à voir ou à faire souffrir autrui.

safari n. m. En Afrique noire, expédition de chasse.

safran n. m. Plante bulbeuse, à fleur bleu et rouge et stigmates jaunes. La poudre de ces stigmates, qui était employée comme teinture et qui sert comme assaisonnement.

safran n. m. Pièce du gouvernail.

safrané, e adj. Jaune safran.

saga n. f. Récit, légende de l'ancienne Scandinavie.

sagace adj. Fin, perspicace.

sagacité n. f. Perspicacité, finesse.

sagaie n. f. Arme de jet utilisée en Afrique noire.

sage adj. Prudent, circonspect : *agir en homme sage.* Modéré, retenu : *sage dans ses désirs.* Doux, soumis : *enfant sage.* Se dit des actions, des paroles : *réponse sage.* N. m. Homme sage : *c'est un sage.*

sage-femme n. f. Femme qui fait des accouchements.

sagesse n. f. Prudence, bonne conduite : *la sagesse pratique de la vie.* Modération, retenue. Docilité chez les enfants : *remporter le prix de la sagesse.* Caractère de ce qui est sage.

sagittaire n. m. Plante des eaux douces, à feuilles en forme de flèche.

sagouin n. m. Sorte de singe. *Fig.* et *fam.* Homme malpropre. (On dit aussi au fém. *sagouine.*)

saharien, enne adj. Du Sahara. N. f. Veste de toile.

saie n. m. Manteau court en laine, vêtement militaire des Romains et des Gaulois.

saïga [saiga] n. m. Genre d'antilopes des steppes entre la Caspienne et l'Oural, au nez bossu et bombé.

saignant, e adj. Qui dégoutte de sang : *blessure saignante.*

saignée n. f. Ouverture d'une veine pour tirer du sang. Sang ainsi tiré : *abondante saignée.* Pli du bras avec l'avant-bras. *Fig.* Sacrifice d'argent.

saignement n. m. Écoulement de sang.

saigner v. t. Tirer du sang en ouvrant une veine. Tuer par effusion de sang : *saigner un poulet. Fig.* Rançonner, arracher de l'argent. V. i. Perdre du sang : *saigner du nez.* V. pr. *Fig.* S'imposer des sacrifices.

saigneur n. m. Celui qui saigne les animaux.

saillant, e adj. Qui avance, qui sort : *corniche saillante.* Vif, brillant, frappant : *trait saillant.* N. m. Partie en saillie dans une fortification.

saillie n. f. Élan, mouvement brusque. Partie saillante. Accouplement des animaux domestiques. *Archit.* Avance d'un balcon, d'une corniche, etc. *Fig.* Trait d'esprit, boutade.

saillir v. t. (se conj. comme *finir*). Couvrir, s'accoupler à : *étalon qui saillit une jument.*

saillir v. i. (conj. 27) Être en saillie (balcon, etc.).

sain, e adj. Dont l'organisme n'est pas vicié : *homme sain.* Non gâté, non altéré : *ce bois est encore sain.* Salubre, salutaire, bon pour la santé : *air sain.* Dont les facultés intellectuelles, morales, sont en bon état : *sain d'esprit.* Conforme à la raison, etc. : *doctrine saine. Sain et sauf,* sans éprouver aucun mal.

saindoux n. m. Graisse de porc fondue.

sainfoin n. m. Plante fourragère.

saint, e adj. Souverainement pur, parfait. Se dit d'une personne qui, après sa mort, a été canonisée par l'Église catholique. Qui vit selon la loi de Dieu : *un saint homme.* Conforme à la loi divine : *vie sainte.* Qui appartient à la religion. Se dit des jours de la semaine qui précède le dimanche de Pâques. N. Personne canonisée par l'Église. Homme, femme d'une vie exemplaire.

saint-bernard n. m. inv. Chien de montagne.

saint-cyrien n. m. Élève de l'école de Saint-Cyr. (Pl. *saint-cyriens*.)

Saint-Esprit [sētɛspri] n. m. Troisième personne de la Sainte-Trinité.

sainteté n. f. Qualité de ce qui est saint. *Sa Sainteté*, titre du pape.

saint-frusquin n. m. inv. *Fam.* Ensemble d'affaires personnelles sans grande valeur.

saint-glinglin (à la) loc. adv. *Fam.* Dans un temps indéterminé.

saint-honoré n. m. Gâteau à la crème (Pl. *saint-honorés*.)

Saint-Office n. m. Anc. dénomination de la congrégation romaine pour la doctrine de la foi.

saint-père n. m. Nom par lequel on désigne le pape.

saint-pierre n. m. inv. Poisson marin,

Saint-Siège n. m. Siège du chef de l'Eglise catholique. Gouvernement pontifical : *décision du Saint-Siège*.

saint-simonien, enne adj. Qui concerne le saint-simonisme. N. Disciple de Saint-Simon.

saint-simonisme n. m. Doctrine sociale de Saint-Simon.

saisi, e adj. *Fig.* Frappé subitement d'étonnement, d'effroi, etc.

saisie n. f. Acte par lequel on saisit un bien dont on revendique la propriété ou que l'on veut faire vendre en paiement d'une dette.

saisie-arrêt n. f. Saisie effectuée par un créancier.

saisine n. f. Droit à la prise de possession des biens d'un défunt à l'instant même du décès. Formalité au terme de laquelle une juridiction peut être amenée à connaître d'un litige.

saisir v. t. Prendre fortement : *saisir quelqu'un au collet.* Prendre quelque chose pour s'en servir : *saisir son épée.* Se rendre maître : *saisir le pouvoir.* Opérer une saisie. Ne pas laisser échapper : *saisir l'occasion.* Comprendre : *saisir une allusion. Saisir un tribunal*, porter devant sa juridiction. V. pr. S'emparer : *se saisir du pouvoir.*

saisissable adj. Qui peut être saisi.

saisissant, e adj. Qui surprend tout d'un coup : *froid saisissant. Fig.* Qui émeut vivement : *spectacle saisissant.*

saisissement n. m. Impression forte et subite : *mourir de saisissement.*

saison n. f. Chacune des quatre grandes divisions de l'année. Période où dominent certains états de l'atmosphère : *la saison des pluies.* Époque où se fait une culture, une récolte : *la saison des semailles.* Séjour dans une station balnéaire, thermale, etc. *Être de saison*, être à propos. *Hors de saison*, déplacé.

saisonnier, ère adj. Réglé sur la marche des saisons : *produits saisonniers.*

sajou ou **sapajou** n. m. Singe de l'Amérique tropicale, à longue queue prenante.

saké n. m. Boisson japonaise à base de riz fermenté.

salace adj. Lubrique. Obscène.

salade n. f. Mets de légumes crus ou cuits, assaisonnés avec du sel, de l'huile et du vinaigre. Plante dont on fait ce mets.

saladier n. m. Récipient où se fait la salade.

salage n. m. Action de saler.

salaire n. m. Somme donnée pour payer un travail, un service. *Fig.* Récompense, châtiment : *toute peine mérite salaire ; le salaire du crime.*

salaison n. f. Action de saler. Viande salée.

salamalec n. m. *Fam.* Révérence profonde, politesse exagérée : *faire des salamalecs.*

salamandre n. f. Genre de batraciens.

salami n. m. Gros saucisson italien.

salant adj. m. Qui produit du sel : *marais salants.*

salarial, e, aux adj. Relatif au salaire.

salariat n. m. Condition de salarié.

salarié, e adj. et n. Qui perçoit un salaire d'un patron.

salarier v. t. Rétribuer par un salaire.

salaud n. m. *Pop.* Personne déloyale, malhonnête.

sale adj. Malpropre : *du linge sale.* Se dit d'une couleur qui semble ternie : *jaune sale.* Contraire à l'honneur, à la délicatesse. *Fam.* Dont il est difficile de se tirer : *c'est une sale affaire.*

salé n. m. Chair de porc salée.

salé, e adj. Saupoudré de sel. Qui a le goût du sel. *Fig.* Grivois : *conte salé. Fam.* Fort, excessif : *un prix un peu salé.*

saler v. t. Assaisonner avec du sel : *saler un ragoût.* Mettre du sel sur les viandes crues pour les conserver : *saler du porc. Fig.* et *fam.* Demander un prix excessif.

saleron n. m. Partie creuse de la salière. Petite salière.

saleté n. f. État de ce qui est sale. Ordure, chose malpropre : *enlever une saleté. Pop.* Action vile, peu délicate ; grossièreté : *commettre une saleté.*

salicylique adj. Se dit d'un acide antiseptique.

salière n. f. Pièce de vaisselle pour le sel destiné à la table. Boîte pour le sel employé à la cuisine. *Fam.* Creux en arrière des clavicules chez les personnes maigres.

salin, e adj. Qui contient du sel. N. m. Marais salant.

saline n. f. Mine de sel gemme. Établissement où l'on produit du sel en faisant évaporer les eaux saturées.

salinité n. m. Teneur en sel.

salir v. t. Rendre sale. *Fig.* Rendre impur : *salir l'esprit d'un enfant.* Déshonorer : *salir la réputation.*

salissant, e adj. Qui se salit aisément : *le blanc est une couleur salissante.* Qui salit : *travail salissant.*

salissure n. f. Ordure, souillure.

salivaire adj. Qui a rapport à la salive.

salivation n. f. Sécrétion de la salive.

salive n. f. Humeur aqueuse qui humecte la bouche.

saliver v. t. Sécréter de la salive.

salle n. f. Grande pièce d'un appartement, etc. Lieu vaste et couvert destiné à un service public ou à une grande exploitation : *salle de spectacle.* Public qui remplit une salle. Dortoir dans un hôpital. *Salle des pas perdus*, grand hall servant de lieu d'attente.

salmigondis [salmigɔ̃di] n. m. Ragoût de plusieurs sortes de viandes. *Fig.* Mélange disparate.

salmis [salmi] n. m. Ragoût de pièces de gibier déjà rôties.

saloir n. m. Récipient de bois pour mettre le sel ou les viandes salées.

salon n. m. Pièce destinée, dans un appartement, à recevoir les visiteurs. Galerie où se fait une exposition d'œuvres d'art. *Par ext.* L'exposition elle-même. Dénomination de diverses expositions : *Salon de l'automobile.* Pl. Société mondaine : *la langue des salons.*

salopard n. m. *Pop.* Individu sans scrupule et déloyal.

salope n. f. *Pop.* Femme très sale. Femme aux mœurs dépravées.

saloper v. t. *Pop.* Faire très mal un travail quelconque.

saloperie n. f. *Pop.* Saleté, grande malpropreté. Chose malpropre ; discours ordurier. Chose de très mauvaise qualité : *ce rin est une saloperie.* Action basse et vile.

salopette n. f. Vêtement de travail.

salpêtre n. m. Nitrate de potassium.

salsepareille n. f. Plante de la famille des lis, à racine médicinale.

salsifis [salsifi] n. m. Nom de diverses composées dont la racine est comestible.

saltimbanque n. m. Bateleur qui fait des exercices sur les places publiques.

salubre adj. Sain : *air salubre.*

salubrité n. f. Qualité de ce qui est salubre.

saluer v. t. Donner une marque extérieure d'attention, de respect : *saluer un ami ; saluer de l'épée, de coups de canon.*

salure n. f. État de ce qui est salé.

salut n. m. Le fait d'échapper à un danger, à un mal. Personne ou chose qui sauve. Félicité éternelle : *travailler à son salut.* Marque de civilité que l'on donne en saluant. *Armée du Salut,* association charitable protestante.

salutaire* adj. Propre à conserver la santé, la vie, l'honneur, etc.

salutation n. f. Action de saluer.

salutiste n. Membre de l'Armée du Salut.

salvateur, trice adj. et n. Qui sauve : *des mesures salvatrices.* (*Salvatrice* sert aussi de féminin à *sauveur*.)

salve n. f. Décharge simultanée d'armes à feu. *Fig.* : *salve d'applaudissements.*

samaritain, e adj. et n. De la Samarie.

samba n. f. Danse populaire brésilienne.

samedi n. m. Septième jour de la semaine.

samouraï n. m. Guerrier japonais.

samovar n. m. Bouilloire russe.

sampan n. m. Embarcation en usage en Extrême-Orient.

sanatorium [sanatɔrjɔm] n. m. Établissement qui reçoit des malades atteints de tuberculose.

sanctificateur, trice adj. et n. Qui sanctifie.

sanctification n. f. Action de sanctifier ; son résultat.

sanctifier v. t. Rendre saint. Mettre dans la voie du salut. Révérer comme saint. Célébrer suivant la loi de l'Église.

sanction n. f. Acte par lequel le chef d'un État constitutionnel donne à une loi la force exécutoire. *Par ext.* Approbation, confirmation : *la sanction de l'usage.* Peine ou récompense : *sanction pénale.* Mesure répressive : *prendre des sanctions.*

sanctionner v. t. Donner la sanction. Approuver : *sanctionner une décision.*

sanctuaire n. m. Chez les Juifs, la partie la plus secrète du Temple de Jérusalem. Endroit de l'église où est le maître-autel. Édifice consacré aux cérémonies d'une religion. *Fig.* Asile sacré.

sandale n. f. Chaussure formée d'une simple semelle retenue par des courroies ou des lacets.

sandwich [sɑ̃dwitʃ] n. m. Mets composé d'une tranche de jambon, de pâté, etc., entre deux tranches de pain. *Homme-sandwich,* homme qui se promène sur la voie publique, avec une affiche-réclame sur le dos et une sur la poitrine. (Pl. *sandwichs* ou *sandwiches.*)

sang n. m. Liquide rouge, qui circule dans les veines et dans les artères. *Fam. Coup de sang,* hémorragie cérébrale. *Fig.* Vie : donner son sang pour la patrie. Descendance, extraction : *être d'un sang illustre.* Famille. *Liens du sang,* affection entre personnes de même famille.

sang-froid n. m. Possession de soi, calme : *perdre son sang-froid.*

sanglant, e adj. Taché, souillé de sang. Mêlé de sang. Où il y a eu beaucoup de sang répandu. Qui est de la couleur du sang. *Fig.* Très offensant : *affront sanglant.*

sangle n. f. Bande de cuir, large et plate, qui sert à ceindre, à serrer, etc. *Lit de sangle,* composé de deux châssis croisés en X, sur lesquels sont tendues des sangles.

sangler v. t. Serrer avec une sangle : *sangler un cheval.* Frapper avec une sangle.

sanglier n. m. Genre de mammifères pachydermes d'Europe.

sanglot n. m. Contraction spasmodique du diaphragme, produite par la douleur.

sangloter v. i. Pousser des sanglots.

sang-mêlé n. m. inv. Personne issue de parents de races différentes.

sangsue [sɑ̃sy] n. f. Genre de vers qui étaient utilisés pour tirer le sang des vaisseaux. *Fig.* Personne qui tire de l'argent par des exactions ou autrement.

sanguin, e adj. Relatif au sang. Où le sang prédomine. De la couleur du sang.

sanguinaire adj. Qui se plaît à répandre le sang humain : *tyran sanguinaire.* Où se verse beaucoup de sang. Cruel. N. f. Plante de la famille des pavots.

sanguine n. f. Crayon fait avec l'ocre rouge. Croquis exécuté avec ce crayon. Sorte d'orange.

sanguinolent, e adj. Teinté de sang.

sanie n. f. Matière purulente, qui sort des plaies non soignées.

sanieux, euse adj. Qui présente de la sanie.

sanitaire adj. Relatif à la santé : *mesure sanitaire ; cordon sanitaire.* N. m. pl. Ensemble des installations de propreté (lavabos, w.-c., etc.) d'un camping.

sans, prép. qui marque la privation, l'exclusion. *Sans quoi, sans cela,* autrement, sinon. *Sans plus,* et pas plus. *Non sans,* avec. *Sans que* (avec le subj.), et il n'arrive pas que ; et pourtant... ne... pas.

sans-cœur n. inv. *Fam.* Insensible.

sans-culotte n. m. Nom sous lequel on désignait, vers 1792, les révolutionnaires, qui avaient remplacé la culotte par le pantalon.

sans-filiste n. Radio amateur.

sans-gêne n. m. inv. Manière d'agir sans gêne : *un sans-gêne excessif.*

sanskrit, e adj. et n. m. Langue sacrée de l'Inde.

sansonnet n. m. Étourneau.

sans-souci n. et adj. inv. *Fam.* Qui ne s'inquiète de rien.

santal n. m. Arbre d'Asie dont le bois est employé en ébénisterie et en médecine.

santé n. f. État de celui dont les organes fonctionnent bien. Tempérament, complexion : *avoir une santé faible.* Vœu que l'on fait en buvant pour la santé de quelqu'un. *Maison de santé,* où l'on reçoit les malades pour les soigner.

santon n. m. Figurine qu'on met dans les crèches, à Noël, en Provence.

saoul [su], **e** adj., **saouler** [sule] v. t. V. SOÛL, SOÛLER.

sapajou n. m. Petit singe.

sape n. f. Tranchée creusée sous un mur. Travaux de terrassement permettant de s'approcher des positions ennemies. *Fig.* Travail souterrain de destruction.

sapement n. m. Action de saper.

saper v. t. Détruire par la sape. *Fig.* Détruire sournoisement.

sapeur n. m. Soldat du génie, qui travaille aux fortifications. N. m. pl. *Sapeurs-pompiers,* corps institué pour porter secours en cas d'incendie.

saphique [safik] adj. Relatif à Sappho, et à ses amitiés féminines.

saphir [safir] n. m. Pierre précieuse bleue.

saphisme n. m. Homosexualité féminine.

sapide adj. Qui a de la saveur.

sapidité n. f. Qualité de ce qui est sapide.

sapin n. m. Genre de conifères, comprenant de grands arbres toujours verts.

sapinière n. f. Lieu planté de sapins.

saponacé, e adj. Qui a les caractères du savon.

saponaire n. f. Plante dont la tige et la racine font mousser l'eau.

saponification n. f. Transformation des corps gras en savon.

saponifier v. t. Transformer en savon : *saponifier des graisses.*

sapristi ! interj. Juron familier.

sarabande n. f. Danse noble du XVIIe s. Musique de cette danse. Jeux bruyants.

sarbacane n. f. Long tuyau qui sert à lancer, en soufflant, de petits projectiles.

sarcasme n. m. Raillerie acerbe.

sarcastique adj. Qui tient du sarcasme. Qui emploie le sarcasme.

sarcelle n. f. Oiseau de la famille des canards.

sarclage n. m. Action de sarcler.

sarcler v. t. Arracher les mauvaises herbes.

sarcleur, euse n. Qui sarcle.

sarcloir n. m. Outil pour sarcler.

sarcome n. m. Tumeur maligne naissant dans le tissu conjonctif.

sarcophage n. m. Tombeau dans lequel les Anciens mettaient leurs morts.

sarde adj. et n. De la Sardaigne.

sardine n. f. Poisson de mer du genre *alose.* *Fam.* Galon de sous-officier.

sardinerie n. f. Usine où l'on prépare les sardines à conserver.

sardinier, ère n. Personne qui travaille à la fabrication des conserves de sardines. N. m. Pêcheur de sardines.

sardonique* adj. Se dit d'un rire acerbe.

sargasse n. f. Algue brune flottante.

sari n. m. Robe des femmes de l'Inde.

sarigue n. m. ou f. Genre de mammifères marsupiaux.

sarment n. m. Tige ou branche ligneuse grimpante. Bois que la vigne pousse chaque année : *un feu de sarments.*

sarong [saroŋ] n. m. Sorte de jupon porté par les Malais des deux sexes.

sarrasin n. m. Blé noir.

sarrasin, e adj. et n. Se dit des musulmans d'Europe et d'Afrique, au Moyen Âge.

sarrau n. m. Blouse de paysan ou d'écolier. (Pl. *sarraux* ou *sarraus.*)

sarriette n. f. Plante aromatique.

sas [sa] n. m. Tamis de crin, de soie, etc. Claie pour passer les terres dont on veut enlever les pierres. Partie d'un canal entre deux portes d'écluse.

sassement n. m. Action de sasser.

sasser v. t. Passer au sas. *Fig.* Examiner.

satané, e adj. *Fam.* Digne de Satan ; abominable : *un satané farceur.*

satanique adj. Diabolique.

satanisme n. m. Esprit satanique.

satellisation n. f. Action de satelliser.

satelliser v. t. Établir un mobile sur une orbite fermée autour de la Terre ou d'un astre. *Fam.* Faire dépendre de.

satellite n. m. Planète qui tourne autour d'une autre. *Satellite artificiel,* engin placé par une fusée dans l'orbite d'une planète. Adj. et n. m. Qui dépend d'un autre sur le plan politique ou économique : *pays satellite.*

satiété [sasjete] n. f. État d'une personne entièrement rassasiée : *manger jusqu'à satiété.*

satin n. m. Étoffe de soie fine et lustrée. Étoffe lustrée à la manière du satin. *Peau de satin,* douce et unie.

satiner v. t. Donner à une étoffe, à du papier, l'aspect du satin.

satinette n. f. Étoffe offrant l'aspect du satin.

satire n. f. Pièce de poésie critiquant des vices, des ridicules. Discours, écrit piquant ou médisant. Blâme indirect.

satirique* adj. Qui tient de la satire. Enclin à la satire.

satisfaction n. f. Contentement, joie. Réparation d'une offense : *donner satisfaction.*

satisfaire v. t. (conj. 72) Contenter : *satisfaire son maître.* Plaire : *satisfaire l'esprit.* V. i. *Satisfaire à son devoir,* s'en acquitter.

satisfaisant, e adj. Qui contente, satisfait.

satisfait, e adj. Content de ce qui est, ou de ce qui a été fait ou dit : *je suis satisfait de vos progrès.* Assouvi, rempli.

satisfecit [satisfesit] n. m. inv. Attestation donnée par un supérieur en témoignage de satisfaction.

satrape n. m. Gouverneur d'une province de l'anc. Perse. *Fig.* Personnage qui mène une vie fastueuse.

saturant, e adj. Qui sature.

saturation n. f. Action de saturer.

saturer v. t. Amener à la plus grande condensation possible : *saturer une solution. Fig.* Rassasier : *saturé de lecture.*

saturnales n. f. pl. *Antiq. rom.* Fêtes en l'honneur de Saturne. Fête licencieuse.

saturnien, enne adj. De Saturne.

saturnisme n. m. Intoxication par le plomb.

satyre n. m. *Myth.* Demi-dieu, compagnon de Bacchus. *Fig.* Homme lubrique et débauché.

satyrique adj. Des satyres.

sauce n. f. Assaisonnement liquide d'un mets : *sauce à la tomate. Fig.* Accessoire, accompagnement. *Mettre à toutes les sauces,* s'en servir à tout propos. Crayon noir très friable pour l'estompe.

saucer v. t. Tremper dans la sauce : *saucer son pain. Fam.* Etre saucé, être mouillé par une pluie abondante.

saucière n. f. Ustensile pour servir la sauce.

saucisse n. f. Boyau rempli de chair de porc hachée. *Fam.* Sorte de ballon captif.

saucisson n. m. Grosse saucisse fortement assaisonnée.

sauf, sauve adj. Tiré de danger : *avoir la vie sauve.* Qui n'est pas endommagé : *l'honneur est sauf. Sain et sauf,* sans dommage. Prép. Sans porter atteinte : *sauf votre respect.* A la réserve de : *sauf à recommencer.* Excepté : *tout sauf ça. Sauf à,* quitte à. *Sauf que,* sous la réserve que.

sauf-conduit n. m. Permis d'aller en un endroit, d'y séjourner et de s'en retourner librement.

sauge n. f. Plante aromatique, employée comme tonique.

saugrenu, e adj. Bizarre et déplacé.

saule n. m. Arbre qui croît le long des cours d'eau. *Saule pleureur,* dont les branches et le feuillage retombent latéralement.

saumâtre adj. D'un goût approchant celui de l'eau de mer.

saumon n. m. Poisson de mer qui remonte les rivières et dont la chair rosée est délicate. Adj. inv. De couleur rosée, analogue à celle de la chair du saumon : *une robe saumon.*

saumoné, e adj. A chair rosée comme celle du saumon : *truite saumonée.*

saumure n. f. Préparation liquide salée, où l'on conserve des viandes ou des légumes.

sauna n. m. Bain de chaleur sèche et de vapeur selon une pratique finlandaise. Etablissement où l'on prend ces bains.

saunier n. et adj. m. Ouvrier qui extrait le sel. *Faux saunier,* sous l'Ancien Régime, celui qui se livrait à la contrebande du sel.

saupoudrer v. t. Poudrer de sel et, *par ext.,* de farine, de sucre, etc. *Fig.* Parsemer : *saupoudrer un discours de citations.*

saupoudreuse n. f. Instrument pour saupoudrer.

saur adj. m. Salé et séché à la fumée : *hareng saur.*

saurer v. t. Sécher à la fumée.

sauret adj. m. Syn. de SAUR.

sauriens n. m. pl. Ordre des reptiles comprenant les lézards, les orvets, etc.

saurissage n. m. Action de saurer.

saut n. m. Action de sauter : *saut en longueur.* Chute d'eau : *le saut du Doubs.*

Passage brusque : *la température a fait un saut. Fig.* Changement subit : *un saut d'idée. Faire le saut,* se déterminer à faire une chose. *Saut périlleux,* saut acrobatique qui s'exécute en tournant entièrement dans l'air.

saute n. f. Changement brusque : *une saute de vent, d'humeur.*

saute-mouton n. m. inv. Jeu dans lequel les joueurs sautent alternativement les uns pardessus le dos des autres.

sauter v. i. S'élever de terre avec effort, s'élancer d'un lieu vers un autre : *sauter de haut en bas.* Voler en éclats : *la poudrière a sauté.* S'élancer pour saisir : *sauter à la gorge de quelqu'un.* Passer brusquement : *sauter d'un sujet à un autre.* Changer brusquement de direction : *le vent a sauté. Sauter aux yeux,* être évident. V. t. Franchir d'un saut : *sauter un mur.* Faire cuire à feu vif dans du beurre ou de la graisse : *pommes de terre sautées. Fig.* Omettre : *sauter une page.*

sauterelle n. f. Insecte sauteur. Equerre articulée.

sauterie n. f. Petite soirée dansante.

sauternes n. m. Vin blanc du pays de Sauternes (Gironde).

sauteur, euse adj. et n. Qui saute. N. m. *Fig.* Personne qui change facilement d'opinion.

sautillant, e adj. Qui sautille.

sautillement n. m. Petit saut.

sautiller v. i. Avancer par petits sauts.

sautoir n. m. Disposition de deux objets croisés en X. Collier tombant en pointe.

sauvage* adj. Qui vit en liberté dans les bois : *animaux sauvages.* Non civilisé : *peuple sauvage.* Désert, inculte : *lieu sauvage.* Qui se développe sans culture : *plante sauvage.* N. Individu qui n'est pas civilisé. *Fig.* Personne qui fuit la société.

sauvageon n. m. Arbrisseau poussé naturellement et non greffé. Jeune garçon farouche. (En ce sens, le fém. est *sauvageonne.*)

sauvagerie n. f. Férocité, cruauté. Caractère de celui qui n'aime pas la société.

sauvagin, e adj. Se dit du goût et de l'odeur de quelques oiseaux aquatiques.

sauvegarde n. f. Protection accordée par une autorité. Garantie, défense : *votre innocence est votre meilleure sauvegarde.*

sauvegarder v. t. Protéger, mettre à l'abri.

sauve-qui-peut n. m. inv. Désarroi où chacun se sauve comme il peut.

sauver v. t. Tirer du péril : *sauver de la mort.* Rendre la santé : *sauver un malade.* Procurer le salut éternel. Conserver intact : *sauver son honneur* Excuser : *la forme sauve le fond dans ce livre.* V. pr. Fuir. S'échapper. Assurer son salut éternel.

sauvetage n. m. Action de sauver d'un naufrage, d'un incendie. Action de retirer quelqu'un d'une position périlleuse.

sauveteur adj. m. Qui prend part au sauvetage N. m. Celui qui prend part à un sauvetage.

sauvette (à la) loc. adv. En étant sur le qui-vive, pour déguerpir à la moindre alerte.

sauveur n. m. Celui qui sauve. Libérateur. *Le Sauveur,* Jésus-Christ. Adj. Qui sauve.

savamment adv. De façon savante.

savane n. f. Dans la zone tropicale, formation herbacée souvent parsemée d'arbres.

savant, e adj. Qui a des connaissances étendues. Où il y a de la science, de l'érudition. Qui dénote de l'habileté. N. Personne qui a de la science.

savarin n. m. Sorte de gâteau rond imbibé de rhum.

savate n. f. Vieille pantoufle, soulier usé. Combat à coups de pied suivant certaines règles.

savetier n. m. Raccommodeur de vieux souliers.

saveur n. f. Impression qu'un corps exerce sur l'organe du goût. *Fig.* Ce qui flatte le goût : *poésie pleine de saveur.*

savoir v. t. (conj. 32) Connaître : *savoir son chemin.* Etre instruit dans quelque chose : *savoir l'anglais.* Etre exercé à : *savoir commander.* Avoir dans la mémoire : *savoir sa leçon.* Etre informé de : *savoir un secret.* Avoir le moyen de : *je ne saurais le dire. Que je sache,* à ma connaissance. *A savoir, savoir,* sert à spécifier ce qui suit.

savoir n. m. Ensemble de connaissances : *un savoir encyclopédique.*

savoir-faire n. m. inv. Habileté.

savoir-vivre n. m. inv. Connaissance et pratique des usages du monde.

savon n. m. Mélange d'une matière grasse et d'un alcali qui sert à nettoyer, dégraisser, blanchir. *Fig.* et *fam.* Verte réprimande.

savonnage n. m. Nettoyage au savon.

savonner v. t. Nettoyer, blanchir avec du savon. Couvrir de mousse de savon : *savonner avant de raser. Fig.* et *fam.* Réprimander vertement.

savonnerie n. f. Fabrique de savon.

savonnette n. f. Savon parfumé.

savonneux, euse adj. Qui contient du savon. Onctueux comme le savon.

savonnier n. m. Fabricant de savon. Arbre des Antilles, dont l'écorce est dite *bois de Panama.*

savourer v. t. Goûter lentement, avec attention et plaisir. *Fig.* Jouir avec délices de : *savourer des louanges.*

savoureux, euse adj. Qui a une saveur agréable. *Fig.* Dont on jouit avec délices.

savoyard [savwajar], **e** adj. et n. De la Savoie.

saxe n. m. Porcelaine de Saxe.

saxifrage n. f. Plante qui croît au milieu des pierres.

saxon, onne adj. et n. De la Saxe.

saxophone n. m. Instrument de musique à vent, en cuivre.

saynète [sɛnɛt] n. f. Courte comédie à deux ou trois personnages.

sbire n. m. *Péjor.* Policier.

scabieuse n. f. Plante ornementale.

scabreux, euse adj. Dangereux, difficile : *entreprise scabreuse.* Délicat à traiter décemment : *sujets scabreux.*

scaferlati n. m. Tabac ordinaire, coupé demi-fin.

scalène adj. Se dit d'un triangle dont les trois côtés sont inégaux.

scalp n. m. Chevelure détachée du crâne avec la peau, trophée de guerre des Peaux-Rouges : *brandir un scalp.*

scalpel n. m. Instrument pour inciser et disséquer.

scalper v. t. Détacher la peau du crâne avec un instrument tranchant.

scandale n. m. Indignation qu'excite le mauvais exemple. Éclat fâcheux que produit un acte honteux.

scandaleux, euse* adj. Qui cause du scandale : *une conduite scandaleuse.*

scandaliser v. t. Causer du scandale. Soulever l'indignation, choquer.

scander v. t. Marquer la quantité ou la mesure des vers.

scandinave adj. et n. De la Scandinavie.

scansion n. f. Action de scander.

scaphandre n. m. Appareil hermétiquement fermé, que revêt le plongeur pour travailler sous l'eau.

scaphandrier n. m. Plongeur muni d'un scaphandre.

scapulaire adj. Relatif à l'épaule : *muscle scapulaire.*

scarabée n. m. Nom générique de divers insectes coléoptères.

scarificateur n. m. Instrument de chirurgie pour scarifier. Instrument agricole pour ameublir la terre sans la retourner.

scarification n. f. Incision superficielle de la peau.

scarifier v. t. Faire des incisions.

scarlatine n. f. Maladie fébrile, contagieuse, caractérisée par des taches écarlates sur la peau.

scarole n. f. Variété de chicorée.

scatologie n. f. Genre de propos où les excréments tiennent une grande place.

scatologique adj. Relatif à la scatologie.

sceau [so] n. m. Cachet qui rend un acte authentique : *le sceau de l'État. Garde des sceaux,* ministre de la Justice. *Fig.* Caractère distinctif : *cet ouvrage porte le sceau de la vérité.*

scélérat [selera], **e** adj. et n. Coupable ou capable de crime. Perfide : *conduite scélérate.* N. Personne scélérate.

scélératesse n. f. Crime, méchanceté.

scellement n. m. Action de sceller dans la pierre.

sceller v. t. Appliquer un sceau, des scellés. Cacheter : *sceller une lettre.* Fixer dans la pierre avec du plâtre, du plomb, du mortier : *sceller un tube. Fig.* Confirmer solennellement : *sceller une amitié.*

scellés n. m. pl. Ruban ou bande de papier fixés par un cachet de cire revêtu du sceau officiel : *apposition des scellés.*

scénario n. m. Canevas d'une pièce de théâtre ou des scènes d'un film. Suite d'événements dont on envisage le développement possible.

scénariste n. Auteur de scénarios cinématographiques.

scène n. f. Partie du théâtre où jouent les acteurs ; ensemble de décors où l'on joue. Lieu où est supposée l'action : *la scène est à Rome.* Art dramatique. Subdivision d'un acte : *troisième scène du second acte. Fig.* Spectacle : *une scène affligeante.* Lieu où se passe une action : *la scène d'un crime. Fam.* Emportement, violente apostrophe : *faire une scène à quelqu'un.*

scénique adj. De la scène, du théâtre.

scepticisme n. m. Doctrine des sceptiques. Disposition au doute.

sceptique* [sɛptik] adj. et n. Qui doute de tout : *un juge sceptique.*

sceptre [sɛptr] n. m. Bâton de commandement, insigne de la royauté.

schéma [ʃema] n. m. Figure représentant les grandes lignes d'un mécanisme, d'une organisation, d'un projet.

schématique* adj. Fait au moyen d'un schéma : *tracé schématique.*

scherzo [skɛrtso] adv. *Mus.* Vivement et gaiement. N. m. Morceau de musique d'un style léger et brillant.

schismatique adj. et n. Qui fait partie d'un schisme.

schisme [ʃism] n. m. Acte de refus par lequel un groupe quitte une Église. Division d'opinions.

schiste [ʃist] n. m. Roche feuilletée.

schisteux, euse adj. De la nature du schiste.

schizophrène n. Malade atteint de schizophrénie.

schizophrénie [skizofreni] n. f. Maladie mentale caractérisée par la rupture de contact avec le monde extérieur.

schlague n. f. Peine disciplinaire, autrefois en usage en Allemagne.

schlittage n. m. Transport des bois par la schlitte.

schlitte n. f. Traîneau servant à descendre le bois des montagnes.

schlitteur n. m. Ouvrier qui transporte le bois avec la schlitte.

schooner [skunœr] n. m. *Mar.* Petit bâtiment à deux mâts, gréé comme une goélette.

sciage n. m. Action de scier. *Bois de sciage,* bois de troncs sciés.

sciatique adj. Relatif à la hanche. N. m. Nerf sciatique. N. f. Affection du nerf sciatique.

scie n. f. Lame de fer taillée à dents aiguës, servant pour scier. *Fam.* Personne ou chose ennuyeuse. Rengaine, répétition fastidieuse.

sciemment [sjamã] adv. Avec pleine connaissance : *parler sciemment.*

science n. f. Ensemble de connaissances fondées sur l'étude. Ensemble de connaissances relatives à un objet : *sciences naturelles. Sciences humaines,* sciences qui ont pour objet de connaissance les différents aspects de l'homme et de la société, comme l'histoire, la sociologie, etc. *Sciences occultes,* l'alchimie, l'astrologie, la chiromancie, la cabale, etc. *Sciences exactes,* les mathématiques.

science-fiction n. f. Genre romanesque faisant appel au thème du voyage dans le temps et dans l'espace extra-terrestre.

scientifique* adj. Qui concerne les sciences, qui a la rigueur de la science.

scientisme n. m. Doctrine affirmant qu'il n'y a de vérité que dans la science positive.

scier v. t. Couper à la scie : *scier du bois.*

scierie n. f. Usine où l'on débite le bois.

scieur n. et adj. m. Celui dont le métier est de scier. *Scieur de long,* ouvrier qui débitait les troncs d'arbre en planches.

scinder v. t. Diviser, fractionner.

scintillation n. f., **scintillement** n. m. Action de scintiller.

scintiller v. i. Briller en jetant par intervalles des éclats.

scion [sjɔ̃] n. m. Pousse de l'année. Branche destinée à être greffée. Bourgeon qui a commencé à se développer. Dernière partie d'une canne à pêche.

scission n. f. Séparation qui se produit à l'intérieur d'un parti, etc.

scissiparité n. f. Forme de multiplication dans laquelle l'organisme se divise en deux parties.

scissure n. f. Fente naturelle à la surface d'un organe.

sciure [sjyr] n. f. Poudre qui tombe d'une matière sciée.

scléreux, euse adj. Épaissi, fibreux, en parlant d'un tissu vivant.

sclérose n. f. Induration pathologique d'un tissu : *la sclérose du cristallin.* Impossibilité de s'adapter à une situation nouvelle.

scléroser (se) v. pr. Se durcir. *Fig.* Perdre toute souplesse ; se figer : *se scléroser dans ses habitudes.*

sclérotique n. f. Membrane externe du globe oculaire.

scolaire adj. Relatif aux écoles, à l'enseignement : *année scolaire.*

scolarisation n. f. Action de scolariser. Fréquentation des écoles.

scolariser v. t. Pourvoir d'établissements scolaires : *scolariser un pays.*

scolarité n. f. Durée des études : *prolonger la scolarité.* Études scolaires.

scolastique* adj. Relatif aux écoles du Moyen Âge : *philosophie scolastique.* N. f. Enseignement philosophique, propre au Moyen Âge.

scoliose n. f. Déviation latérale de la colonne vertébrale.

scolopendre n. f. Genre de fougères. Genre d'insectes dits vulgairement *mille-pattes.*

sconse n. m. Fourrure d'un mammifère d'Amérique à glandes anales puantes.

scooter [skutœr ou skutɛr] n. m. Motocyclette à cadre ouvert, où l'on est assis et non pas à califourchon.

scorbut [skɔrbyt] n. m. Maladie amenant l'altération des articulations, la chute des dents.

score n. m. Nombre de points acquis par chaque équipe ou par chaque adversaire dans un match. Nombre de points à un test.

scoriacé, e adj. De la nature des scories : *lave scoriacée.*

scorie n. f. Matière vitreuse qui apparaît à la surface des métaux en fusion.

scorpion n. m. Animal articulé dont la queue, armée d'un crochet, sécrète un venin.

scout, e [skut] n. Jeune garçon, jeune fille faisant partie d'une association de scoutisme.

scoutisme n. m. Organisation ayant pour but le développement des qualités physiques et morales des jeunes garçons et des jeunes filles.

Scrabble n. m. (marque déposée). Jeu d'origine américaine consistant à former des mots et à les placer sur une grille.

scribe n. m. Chez les Juifs, docteur qui enseignait la loi. Auj., simple copiste.

scripte n. m. ou f. Secrétaire du réalisateur d'un film ou d'une émission de télévision, qui note tous les détails relatifs à la prise de vues.

script-girl [skriptgœrl] n. f. Syn. de SCRIPTE.

scrofulaire n. f. Genre de plantes médicinales.

scrupule n. m. Inquiétude de conscience : *ne pas se laisser arrêter par des scrupules.*

scrupuleux, euse* adj. Sujet aux scrupules. Minutieux, exact.

scrutateur, trice n. Personne préposée au dépouillement d'un scrutin.

scruter v. t. Examiner à fond.

scrutin n. m. Vote par bulletins.

sculpter [skylte] v. t. Tailler au ciseau dans la pierre, le bois.

sculpteur n. m. Artiste qui sculpte.

sculptural, e, aux adj. Relatif à la sculpture. *Fig.* Digne d'être sculpté.

sculpture n. f. Art du sculpteur. Ouvrage sculpté.

se, pron. de la 3ᵉ pers. des deux genres et des deux nombres. Soi, à soi.

séance n. f. Réunion d'une assemblée pour délibérer. Temps que dure cette réunion. Temps passé à une chose : *faire un portrait en trois séances. Séance tenante,* immédiatement.

séant, e adj. Convenable : *ce n'est pas séant à son âge.* N. m. Derrière de l'homme : *se mettre sur son séant.*

seau [so] n. m. Récipient propre à puiser, à porter de l'eau, etc. Son contenu.

sébacé, e adj. Onctueux comme le suif. *Glande sébacée,* glande cutanée sécrétant le sébum.

sébile n. f. Petit plat de bois rond et creux.

séborrhée n. f. Excès de la sécrétion sébacée de la peau.

sébum [sebɔm] n. m. Sécrétion grasse des glandes sébacées.

sec, sèche* adj. Sans humidité, aride : *sol sec.* Qui n'est plus vert : *feuilles sèches.* Qui n'est pas humecté : *avoir la bouche sèche.* Maigre, décharné : *homme grand et sec.* Qui ne se prolonge pas : *bruit sec. Fig.* Aride, sans agrément : *style sec.* Brusque : *réponse sèche.* Peu sensible : *cœur sec. Fruit sec,* jeune homme qui a échoué à tous ses examens. N. m. Ce qui n'est pas humide : *mettre au sec.* Adv. Sèchement. Sans eau : *boire sec. A sec,* sans eau : *mettre un étang à sec ;* au *fig.,* sans argent.

sécant, e adj. Qui coupe. N. f. Ligne qui en coupe une autre.

sécateur n. m. Outil pour couper des rameaux, des brindilles.

sécession n. f. Séparation.

sécessionniste adj. et n. Qui se sépare : *tendances sécessionnistes.*

séchage n. m. Action de sécher.

sécher v. t. (conj. 5) Débarrasser de son humidité. *Fig. Sécher les larmes,* consoler. V. i. Devenir sec : *la rivière a séché. Fig.* Se consumer par l'effet de : *sécher d'ennui.*

sécheresse n. f. Etat de ce qui est sec. Disposition de l'air et du temps contraire à l'humidité. *Fig.* Caractère de ce qui est sec : *sécheresse de cœur.*

sécherie n. f. Lieu où l'on fait sécher quelque chose : *sécherie de poissons.*

séchoir n. m. Endroit pour faire sécher. Dispositif pour faire sécher le linge.

second [səgɔ̃], e* adj. Qui est immédiatement après le premier : *seconde année.* Autre, nouveau : *c'est un second Alexandre.* N. m. Le deuxième étage d'une maison. N. Qui tient le second rang : *être le second.* Officier venant après le commandant d'un navire. *En second* loc. adv. En sous-ordre : *capitaine en second.*

secondaire* adj. Qui ne vaut qu'en second, accessoire : *motifs secondaires. Enseignement secondaire,* d'un degré intermédiaire entre l'enseignement primaire et l'enseignement supérieur. N. m. et n. *Géol.* Se dit des terrains de formation postérieure aux terrains primaires.

seconde n. f. La classe qui précède la première. Soixantième partie d'une minute. *Par ext.* Temps très court : *attendez une seconde. Mus.* Intervalle entre deux notes conjointes.

seconder v. t. Servir de second, aider. Aider, favoriser : *seconder la chance.*

secouement n. m. Action de secouer.

secouer v. t. Agiter fortement et à plusieurs reprises : *secouer un arbre.* Faire tomber en secouant : *secouer la poussière. Fig.* Réprimander fortement : *secouer un paresseur.* V. pr. *Fig.* Ne pas se laisser aller, résister.

secourable adj. Charitable.

secourir v. t. (conj. 21) Aider, assister : *secourir les pauvres.*

secourisme n. m. Méthode de premiers secours et de sauvetage.

secouriste n. Membre d'une organisation de secours pour les victimes d'un accident.

secours n. m. Aide, assistance. Pl. Troupes envoyées pour secourir.

secousse n. f. Ebranlement, commotion : *une secousse électrique. Fig.* Cause de trouble : *les secousses d'une révolution.*

secret, ète* adj. Caché : *tiroir secret ; négociations secrètes.* Dissimulé : *un ennemi secret.* Discret. N. m. Ce qui est tenu caché. Discrétion : *observer le secret.* Moyen particulier : *trouver le secret de plaire.* Mécanisme caché : *le secret d'une serrure.* Endroit séparé dans une prison : *mettre un prisonnier au secret.*

secrétaire n. Personne dont l'emploi est de tenir la correspondance de quelqu'un. Nom de divers fonctionnaires : *secrétaire d'ambassade.* N. m. Meuble servant généralement pour écrire.

secrétariat n. m. Fonctions de secrétaire. Bureau du ou des secrétaires.

sécréter v. t. (conj. 5) Emettre un liquide organique : *le foie sécrète la bile.*

sécréteur, euse ou **trice** adj. Qui sécrète.

sécrétion n. f. Action de sécréter. Liquide sécrété.

sectaire adj. et n. Qui témoigne d'une étroitesse d'esprit.

sectarisme n. m. Caractère d'une personne sectaire.

secte n. f. Réunion de personnes qui professent la même doctrine.

secteur n. m. Partie d'un cercle comprise entre deux rayons et l'arc qu'ils renferment. Division d'une ville, d'une ligne de fortifications, etc.

section n. f. Action de couper; endroit de la coupure : *section nette*. Catégorie dans un classement. Dessin de la coupe d'un édifice. Rencontre de deux lignes, de deux surfaces, de deux solides, etc.

sectionnement n. m. Division.

sectionner v. t. Diviser, couper.

sectoriel, elle adj. Relatif à un secteur, à une catégorie professionnelle : *une revendication sectorielle.*

séculaire adj. Qui revient tous les siècles. Âgé d'un siècle au moins. Très ancien.

sécularisation n. f. Action de séculariser.

séculariser v. t. Rendre à la vie ou à l'usage laïque, les personnes ou les choses consacrées par l'Église.

séculier, ère adj. Qui n'a pas fait de vœux monastiques : *clergé séculier.*

secundo [sekɔ̃do -ou səgɔ̃do] adv. Secondement.

sécurité n. f. Confiance, absence d'inquiétude, sûreté : *être en sécurité. Sécurité sociale*, ensemble des législations qui ont pour objet de garantir les individus et les familles contre certains risques sociaux.

sédatif, ive adj. Qui calme.

sédation n. f. Apaisement.

sédentaire adj. Qui sort peu de chez soi. Qui se passe dans le même lieu : *vie, emploi sédentaire.*

sédentarisation n. f. Passage de l'état nomade à l'état sédentaire.

sédentarité n. f. Le fait d'être sédentaire.

sédiment n. m. Dépôt dans un liquide. Dépôt laissé par les eaux courantes, le vent, les glaciers.

sédimentaire adj. De la nature du sédiment : *roche sédimentaire.*

sédimentation n. f. Formation d'un sédiment ou dépôt.

séditieux, euse n. et adj. Révolté.

sédition n. f. Révolte contre l'autorité établie.

séducteur, trice adj. et n. Qui séduit.

séduction n. f. Action de séduire. Ce qui séduit : *musique pleine de séduction.*

séduire v. t. (conj. 64) Charmer, fasciner. Faire perdre à une femme sa vertu.

séduisant, e adj. Qui plaît, charme.

segment n. m. *Math.* Portion bien délimitée, détachée d'une figure, d'un ensemble. Anneau assurant l'étanchéité d'un piston à moteur.

segmentaire adj. Formé de segments.

segmenter v. t. Partager en segments.

ségrégation n. f. Action de séparer, de mettre à part. Action de séparer les personnes d'origines, de races ou de religions différentes, à l'intérieur d'un même pays.

ségrégationnisme n. m. Politique de ségrégation raciale.

seiche n. f. Mollusque muni de la tête porte des tentacules et qui projette un liquide noir lorsqu'il est attaqué.

séide n. m. Homme d'un dévouement fanatique.

seigle n. m. Graminacée à grains comestibles : *pain de seigle.*

seigneur n. m. Possesseur d'un fief, d'une terre importante. Personne de la noblesse. Propriétaire, maître absolu. *Le Seigneur*, Dieu. *Notre-Seigneur*, Jésus-Christ.

seigneurial, e, aux adj. Du seigneur.

seigneurie n. f. Autorité du seigneur. Territoire soumis au seigneur.

sein [sɛ̃] n. m. Poitrine : *serrer quelqu'un contre son sein.* Chacune des mamelles de la femme : *donner le sein à un enfant.* L'intérieur : *le sein de la terre.* Milieu : *vivre au sein des richesses.*

seine ou **senne** n. f. Sorte de filet de pêche.

seing [sɛ̃] n. m. Signature. *Acte sous seing privé*, qui n'est pas passé devant un officier public.

séisme n. m. Tremblement de terre.

séismographe ou **sismographe** n. m. Appareil qui enregistre les tremblements de terre.

seize adj. num. Dix et six. Seizième : *Louis seize.* N. m. Seizième jour du mois.

seizième* adj. num. ord. Qui occupe le rang marqué par le nombre seize. N. m. Seizième partie d'un tout.

séjour n. m. Action de séjourner : *faire un long séjour.* Lieu où l'on séjourne.

séjourner v. i. Demeurer quelque temps dans un lieu : *séjourner à Paris.*

sel n. m. Substance incolore, cristallisée, friable, soluble et d'un goût âcre, employée comme assaisonnement. *Sel gemme*, chlorure de sodium cristallisé dans la terre. *Chim.* Composé formé par l'action d'un acide sur une base. N. m. pl. Ce que l'on fait respirer pour ranimer quelqu'un. *Fig.* Ce qu'il y a de piquant, de spirituel dans un écrit, dans une conversation. *Fam. Mettre son grain de sel*, intervenir mal à propos dans une conversation.

sélect adj. *Fam.* Choisi.

sélecteur n. m. Pédale actionnant le changement de vitesse sur une motocyclette.

sélectif, ive adj. Fondé sur une sélection. Se dit d'un appareil de radio qui opère une bonne séparation des ondes de fréquences voisines.

sélection n. f. Choix raisonné.

sélénium n. m. Métalloïde de la famille du soufre.

sélénographie n. f. Description de la Lune.

selle n. f. Siège que l'on place sur un cheval que l'on monte, sur une bicyclette, etc. Petite table mobile sur laquelle travaille le sculpteur. *Cuis.* Partie du mouton, du chevreuil, etc., entre la première côte et le gigot. *Aller à la selle*, aller aux cabinets. N. f. pl. Excréments humains.

seller v. t. Mettre la selle : *seller un cheval.*

sellerie n. f. Commerce, industrie du sellier. Ensemble des selles et harnais.

sellette n. f. Petit siège de bois sur lequel s'asseyait l'accusé. *Être sur la sellette*, être la personne dont on parle.

sellier n. et adj. Qui fait des selles, des harnachements.

selon prép. Suivant, conformément à. Adv. *C'est selon*, cela dépend.

semailles n. f. pl. Action de semer.

semaine n. f. Période de sept jours : *il viendra dans trois semaines. Semaine sainte*, celle qui précède le dimanche de Pâques. *Fig.* Travail, salaire pour une semaine.

sémantique adj. Qui traite du sens des mots. N. f. Étude du sens des mots.

sémaphore n. m. *Ch. de f.* Signal d'arrêt. *Mar.* Mât qui était établi sur la côte ou dans les ports, pour faire des signaux.

semblable* adj. Pareil, qui ressemble. N. Pareil : *il n'a pas son semblable.* N. m. Homme, animal, par rapport aux autres hommes, aux autres animaux de même espèce : *rechercher la société de ses semblables.*

semblant n. m. Apparence : *un semblant d'amitié. Faire semblant,* feindre. *Faux semblant,* ruse.

sembler v. i. Avoir l'apparence, avoir l'air : *cela semble facile.* V. impers. Il paraît : *il semble qu'il va pleuvoir. Ce me semble,* à mon avis. *Que vous en semble ?* qu'en pensez-vous ?

semelle n. f. Dessous d'une chaussure. Pièce taillée en forme de semelle, placée à l'intérieur d'une chaussure : *semelle de liège.* Longueur du pied : *ne pas reculer d'une semelle.*

semence n. f. Graine, fruit ou partie de fruit que l'on sème. Syn. de SPERME.

semer v. t. (conj. 5) Mettre une graine en terre : *semer des haricots.* Ensemencer : *semer un champ.* Orner çà et là : *semer un récit de citations.* Propager : *semer la discorde. Fam. Semer quelqu'un,* lui fausser compagnie.

semestre n. m. Espace de six mois. Rente, traitement payés par semestre : *toucher son semestre.*

semestriel, elle* adj. Qui se fait par semestre. Qui dure six mois.

semeur, euse n. Qui sème.

semi, préf. d'origine lat. signif. à moitié.

sémillant, e adj. Très vif et gai.

séminaire n. m. Établissement religieux où l'on instruit les jeunes gens qui se destinent à l'état ecclésiastique. Groupe d'étude dans l'enseignement supérieur : *séminaire de sociologie.*

séminal, e, aux adj. Relatif à la semence.

séminariste n. m. Étudiant qui se prépare, dans un séminaire, au sacerdoce.

semis [səmi] n. m. Action de semer. Terre ensemencée. Plant de végétaux semés en graines.

Sémite n. Personne appartenant au groupe linguistique et ethnique à qui l'on attribue Sem comme ancêtre.

sémitique adj. Qui appartient aux Sémites.

semi-voyelle ou **semi-consonne** n. f. Son intermédiaire entre les consonnes et les voyelles (ex. le [w] de *oui* [wi]).

semoir n. m. Sac où le semeur met le grain. Machine pour semer.

semonce n. f. Réprimande, reproche.

semoule n. f. Produit alimentaire plus ou moins granuleux, tiré du blé dur, du maïs, du riz.

sempiternel, elle* [sɛpitɛrnɛl] adj. Continuel.

sénat n. m. Nom donné à diverses assemblées politiques.

sénateur n. m. Membre d'un sénat.

sénatorial, e, aux adj. De sénateur.

séné n. m. Plante légumineuse purgative.

sénéchal n. m. Anc. officier de la justice royale.

sénégalais, e adj. et n. Du Sénégal.

sénescence n. f. Vieillissement de l'organisme.

sénevé n. m. Moutarde noire.

sénile adj. Dû à la vieillesse.

sénilité n f. Affaiblissement du corps et de l'esprit, dû à la vieillesse.

senior n. m. Se dit d'un sportif âgé de vingt ans ou plus.

senne n. f. V. SEINE.

sens [sɑ̃s] n. m. Faculté par laquelle l'homme et les animaux reçoivent l'impression des objets extérieurs : *il y a cinq sens :* la vue, l'ouïe, l'odorat, le goût et le toucher. Jugement : *homme de bon sens.* Avis, opinion : *j'abonde dans votre sens.* Signification : *sens propre et sens figuré.* Direction : *dans le sens de la longueur; fuir dans tous les sens. Sens commun,* jugement de la généralité des hommes. *Sens moral,* conscience du bien et du mal. *Sens dessus dessous,* en désordre.

sensation n. f. Impression reçue par les sens : *sensation visuelle. Faire sensation,* produire grande impression.

sensationnel, elle adj. Qui fait sensation.

sensé*, e adj. Qui a du bon sens.

sensibilisateur, trice adj. Qui sensibilise.

sensibilisation n. f. Action de sensibiliser.

sensibiliser v. t. Rendre capable de réactions, de sensibilité.

sensibilité n. f. Faculté de recevoir des impressions. *Fig.* Faculté de sentir vivement. Penchant à l'émotion, à la pitié. Faculté de réagir à une action physique : *balance d'une grande sensibilité.*

sensible* adj. Qui peut être perçu par les sens. Qui ressent aisément les moindres impressions physiques ou morales : *être sensible au froid, aux éloges.* Qu'on remarque aisément : *progrès sensible. Phot.* Se dit de la qualité d'une couche noircissant sous l'action de la lumière. *Phys.* Se dit d'un instrument de mesure qui réagit aux plus légères variations.

sensiblerie n. f. Sensibilité outrée.

sensitif, ive adj. Qui a la faculté de sentir. Relatif aux sens. N. f. Plante légumineuse dont les feuilles se replient si on la touche.

sensoriel, elle adj. Qui se rapporte aux sens : *phénomènes sensoriels.*

sensualisme n. m. Philosophie d'après laquelle toutes les idées proviennent des sensations.

sensualité n. f. Attachement aux plaisirs des sens.

sensuel, elle* adj. Qui flatte les sens : *plaisirs sensuels.* Adj. et n. Attaché aux plaisirs des sens.

sente n. f. Petit sentier.

sentence n. f. Maxime, pensée d'une portée générale; précepte de morale. Jugement : *sentence de mort.*

sentencieux, euse* adj. Qui parle par sentences. Qui a la forme d'une sentence. D'une gravité affectée.

senteur n. f. Odeur, parfum.

senti, e adj. Fortement conçu et exprimé : *paroles bien senties.*

sentier n. m. Chemin étroit.

sentiment n. m. Faculté de sentir. Impression physique ou morale que l'on éprouve : *sentiment de bien-être.* Aptitude à recevoir les impressions. Conscience : *avoir le sentiment de sa force.* Passion, mouvement de l'âme : *sentiment bas; sentiment durable.* Opinion : *changer de sentiment.*

sentimental, e*, aux adj. Qui a du sentiment. D'une sensibilité un peu romanesque.

sentimentalisme n. m. Affectation de sentiment. Genre sentimental.

sentimentalité n. f. Etat d'une personne sentimentale.

sentinelle n. f. Soldat placé en faction devant un poste militaire.

sentir v. t. (conj. 15) Eprouver une impression physique ou morale : *sentir la chaleur, du chagrin.* Comprendre : *sentir la beauté d'un acte.* Flairer : *sentir une fleur.* Exhaler une odeur : *cela sent la violette.* Avoir une saveur particulière : *vin qui sent le terroir.* Toucher : *je le sens du doigt.* Révéler, dénoter : *cela sent l'effort. Ne pouvoir sentir quelqu'un,* le détester. V. i. Exhaler une odeur : *cela sent bon.* V. pr. Se trouver : *je ne me sens pas bien.* Se reconnaître : *se sentir du courage.*

seoir [swar] v. i. (conj. 40) Aller bien, convenir à : *cette coiffure ne vous sied pas.* V. impers. : *il vous sied mal de parler ainsi.*

sep n. m. Pièce où s'emboîte le soc de la charrue.

sépale n. m. *Bot.* Foliole de calice.

séparable adj. Qui peut se séparer.

séparateur, trice adj. Qui sépare.

séparation n. f. Action de séparer : *la séparation de l'Eglise et de l'Etat.* Ce qui sépare. *Séparation de corps,* droit pour les époux de ne plus vivre en commun. *Séparation de biens,* régime matrimonial où chaque époux garde la gestion de ses biens.

séparatisme n. m. Tendance des habitants d'un territoire à séparer celui-ci de l'Etat dont il fait partie.

séparatiste n. m. Partisan d'un séparatisme.

séparé*, e adj. Isolé d'un tout, d'un groupe.

séparer v. t. Disjoindre les parties d'un tout. Etre placé entre : *la Manche sépare la France de l'Angleterre.* Eloigner l'un de l'autre : *séparer des combattants.* V. pr. Se quitter mutuellement.

sépia n. f. Nom scientifique de la *seiche.* Substance liquide noire extraite de la seiche. Dessin tracé avec cette substance.

sept [sct] adj. num. Six plus un. Septième : *Charles sept.* N. m. Le nombre sept. Le septième jour.

septante adj. num. Soixante-dix. (Employé en Suisse et en Belgique.)

septembre n. m. Neuvième (jadis septième) mois de l'année.

septennal, e, aux adj. Qui arrive tous les sept ans; qui dure sept ans.

septennat n. m. Période de sept ans.

septentrion n. m. Syn. vieilli de NORD.

septentrional, e, aux adj. Du côté du nord.

septicémie n. f. Infection généralisée de l'organisme, caractérisée par la présence dans le sang de germes pathogènes.

septième* [setjɛm] adj. num. ord. Qui occupe le rang marqué par le nombre sept. N. m. Septième partie d'un tout. N. f. La septième classe.

septique adj. *Fosse septique,* fosse d'aisances où les matières fécales subissent une fermentation qui les liquéfie.

septuagénaire adj. et n. Agé de soixante-dix ans.

septuple adj. Qui vaut sept fois autant. N. m. Quantité sept fois plus grande.

sépulcral, e, aux adj. Du sépulcre. *Voix sépulcrale,* voix caverneuse.

sépulcre n. m. *Le saint sépulcre,* le tombeau de Jésus-Christ à Jérusalem.

sépulture n. f. Ensevelissement, inhumation. Lieu où l'on enterre.

séquelle n. f. Trouble qui persiste après une maladie. (S'emploie surtout au plur.)

séquence n. f. Suite d'images cinématographiques qui forment un ensemble. *Jeux.* Série de cartes qui se suivent.

séquestration n. f. Action de séquestrer.

séquestre n. m. Dépôt provisoire entre les mains d'un tiers, d'une chose dont la possession est discutée. Gardien de la chose séquestrée.

séquestrer v. t. Mettre sous séquestre. Tenir illégalement une personne enfermée.

sequin n. m. Ancienne monnaie d'or.

séquoia [sekɔja] n. m. Conifère qui atteint 140 m de haut et peut vivre plus de deux mille ans.

sérac n. m. Amas chaotique de glaces aux endroits où la pente du lit glaciaire s'accentue.

sérail n. m. Dans l'anc. empire turc, partie du palais où les femmes étaient enfermées.

séraphin n. m. Esprit céleste de la première hiérarchie angélique.

séraphique adj. Propre aux séraphins. *Fig.* Angélique : *air séraphique.*

serbe adj. et n. De Serbie.

serbo-croate n. m. Langue slave parlée en Yougoslavie.

serein [sarɛ̃], e* adj. Clair, pur et calme : *temps serein.* Tranquille, paisible : *une vie sereine.* Qui marque la tranquillité d'esprit : *un front serein.*

sérénade n. f. Concert donné sous les fenêtres de quelqu'un, et spécialement d'une femme.

sérénité n. f. Calme, tranquillité.

séreux, euse adj. Qui sécrète des sérosités.

serf [scrf], serve adj. Qui est à l'état de servitude. N. Dans la société féodale, personne attachée à la terre et dépendant d'un seigneur.

serge n. f. Tissu léger de laine.

sergent n. m. Premier grade de la hiérarchie des sous-officiers, dans l'armée de terre et de l'air. *Sergent de ville,* syn. anc. de GARDIEN DE LA PAIX.

sériciculture n. f. Elevage des vers à soie.

série n. f. Suite : *une série de questions.* Ensemble d'objets analogues. Groupement : *une série zoologique.*

sérier v. t. Classer par séries : *sérier des questions.*

sérieux, euse* adj. Grave, sans frivolité. Positif, réel : *promesse sérieuse.* Grave, important : *une maladie sérieuse.* N. m. Gravité : *garder son sérieux. Prendre au sérieux,* considérer comme réel, important.

sérigraphie [serigrafi] n. f. Procédé d'impression à l'aide d'un écran de tissu.

serin, e n. Petit oiseau à plumage jaune. *Fig.* et *fam.* Niais.

seriner v. t. *Fam.* Répéter une chose à quelqu'un pour la lui faire apprendre.

seringa ou **seringat** n. m. Arbuste cultivé pour ses fleurs blanches, odorantes.

seringue n. f. Instrument utilisé pour injecter ou prélever des liquides dans les tissus ou dans les cavités naturelles du corps.

serment n. m. Affirmation faite en prenant Dieu à témoin. Promesse solennelle : *serment de fidélité.*

sermon n. m. Discours en chaire sur un sujet religieux. *Fig.* Remontrance longue et ennuyeuse.

sermonner v. t. Faire des remontrances.

sermonneur, euse adj. et n. Qui aime à sermonner, à gronder : *un vieillard sermonneur.*

sérosité n. f. Liquide analogue au sérum sanguin, sécrété par les cavités séreuses.

sérothérapie n. f. Traitement thérapeutique par les sérums.

serpe n. f. Outil tranchant, formé d'un large fer plat, à la pointe recourbée, et à manche court.

serpent n. m. Reptile de forme extrêmement allongée, totalement dépourvu de pattes, qui se déplace en rampant.

serpenter v. i. Suivre une direction sinueuse.

serpentin n. m. Petit ruban de papier coloré, enroulé sur lui-même, et qui se déroule brusquement quand on le lance.

serpentine n. f. *Minér.* Silicate de magnésium hydraté.

serpette n. f. Petite serpe.

serpillière [sɛrpijɛr] n. f. Grosse toile servant à laver par terre.

serpolet n. m. Variété de thym.

serrage n. m. Action de serrer.

serre n. f. Action de serrer, de presser. Local vitré destiné à abriter des plantes. Pl. Griffes des oiseaux de proie.

serré, e adj. Dont les parties constituantes sont très rapprochées : *tissu serré. Fig.* Rigoureux : *un raisonnement serré.* Précis, concis : *style serré.* Adv. Avec prudence : *jouer serré.*

serre-joint ou **serre-joints** n. m. inv. Instrument utilisé pour maintenir solidaires des pièces. (On dit, par corruption, SERGENT.)

serre-livres n. m. inv. Objet qui sert à maintenir serrés des livres les uns contre les autres.

serrement n. m. Action de serrer. *Serrement de cœur,* émotion pénible.

serrer v. t. Presser, étreindre : *serrer la main à quelqu'un.* Rapprocher : *serrer les rangs.* Rendre plus étroit : *serrer un nœud. Serrer les voiles,* les attacher. *Serrer le vent,* aller au plus près du vent. *Avoir le cœur, la gorge serrés,* éprouver du chagrin, de l'anxiété. V. pr. Comprimer sa taille. Se blottir, se rapprocher. *Se serrer les coudes,* s'entraider.

serre-tête n. m. inv. Bandeau qui maintient les cheveux serrés.

serrure n. f. Mécanisme de fermeture, fixé à une porte, un tiroir, etc., et qu'on manœuvre à l'aide d'une clef.

serrurerie n. f. Art du serrurier.

serrurier n. m. Celui qui fait, répare des serrures, des clefs, des ouvrages de fer forgé.

sertir v. t. Enchâsser.

sertissage n. m. Action de sertir.

sertisseur n. et adj. m. Qui sertit.

sertissure n. f. Manière dont une pierre est sertie.

sérum [serɔm] n. m. Liquide se séparant du caillot après coagulation du sang.

servage n. m. État de serf.

servant, e adj. *Cavalier servant,* homme assidu auprès d'une dame. N. m. Militaire affecté au service d'une arme.

servante n. f. Syn. vieilli de BONNE.

serveur, euse n. Celui qui sert.

serviabilité n. f. Caractère d'une personne serviable.

serviable* adj, Qui aime à rendre service.

service n. m. État de domestique : *entrer au service de quelqu'un.* Ouvrage à faire dans une maison : *service pénible.* Exercice des fonctions dont on est chargé : *être de service.* Fonctions dans l'État : *trente ans de service.* Activité militaire : *prendre du service.* Fonctionnement organisé : *le service des hôpitaux.* Personnel qui met en œuvre ce fonctionnement. Assistance, bons offices : *offrir ses services.* Disposition : *je suis à votre service.* Usage, utilité : *objet qui rend de bons services.* Assortiment de vaisselle, de linge : *service de table.* Nombre de plats qu'on sert à la fois : *un repas de trois services.* Cérémonies religieuses pour un défunt : *faire célébrer un service.*

serviette n. f. Linge de table et de toilette. Sorte de grand portefeuille.

serviette-éponge n. f. Serviette de toilette en tissu bouclé.

servile* adj. Qui concerne les esclaves et les serfs. Qui a un caractère de soumission excessive : *une flatterie servile.* Bas, vil. Qui imite de trop près un modèle : *une traduction servile.*

servilité n. f. Basse soumission.

servir v. t. (conj. 14) Être au service de quelqu'un comme domestique : *servir un maître.* Se consacrer au service de : *servir la patrie.* Rendre de bons services à : *servir ses amis.* Vendre, fournir des marchandises. Placer sur la table, dans un repas : *servir le potage.* Favoriser : *servir les passions de quelqu'un. Servir la messe,* assister le prêtre qui la dit. *Servir une rente,* en payer les intérêts. V. i. Être domestique. Être soldat. Être d'un certain usage : *cela ne sert plus.*

serviteur n. m. Qui est au service de quelqu'un. Terme de civilité : *je suis votre serviteur.*

servitude n. f. État d'une personne, d'une nation privée de son indépendance. Contrainte, assujettissement à des obligations : *il n'est pas de métier qui n'ait ses servitudes.*

servofrein n. m. Frein à serrage automatique.

servomoteur n. m. Appareil qui commande et contrôle certains moteurs.

ses, adj. poss., pl. de SON, SA.

sésame n. m. Plante oléagineuse.

sesqui- [sɛskɥi], préfixe signifiant *un et demi : sesquioxyde.*

session n. f. Période pendant laquelle une assemblée, un tribunal exercent leurs fonctions. Période pendant laquelle a lieu un examen.

set [sɛt] n. m. Une manche, au tennis, au Ping-Pong. Ensemble de napperons qui remplace la nappe dans le service de table.

setter [sɛtɛr] n. m. Race de chiens d'arrêt, à poils longs.

seuil n. m. Pierre ou traverse de bois au bas de l'ouverture d'une porte. Couloir de basses terres qui fait communiquer deux régions entre elles et qui sert de voie de passage. *Fig.* Début : *au seuil de la vie.*

seul, e adj. Sans compagnon : *vivre seul.* À l'exclusion de tout autre : *être seul coupable.* Sans aide : *travailler seul.* Simple : *cette seule pensée suffit.*

seulement adv. Uniquement. Cependant : *il consent, seulement il veut des garanties.* Pas plus tôt : *il est arrivé seulement hier.* Au moins : *si seulement il parlait.* Pas seulement, pas même.

sève n. f. Liquide circulant dans les vaisseaux des plantes supérieures terrestres. *Fig.* Vigueur.

sévère adj. Sans indulgence : *magistrat sévère.* Qui a peu d'ornements : *décor sévère.* Grave par son importance, considérable : *des pertes sévères.*

sévérité n. f. Qualité d'une personne ou d'une chose sévère.

sévices n. m. pl. Mauvais traitements : *exercer des sévices.*

sévir v. i. Punir avec rigueur. Exercer des ravages : *la tempête sévit.*

sevrage n. m. Action de sevrer.

sevrer v. t. (conj. 5) Cesser d'allaiter un enfant ou un animal pour lui donner une alimentation plus solide. *Fig.* Priver : *sevrer de caresses.*

sèvres n. m. Porcelaine de Sèvres.

sexagénaire adj. Qui a soixante ans.

sexagésimal, e, aux adj. Qui a pour base le nombre soixante.

sexe n. m. Différence physique et constitutive de l'homme et de la femme, du mâle et de la femelle : *sexe masculin, féminin.* Organe de la génération. Ensemble des individus qui ont le même sexe. *Fam. Le sexe faible, le beau sexe,* les femmes. *Fam. Le sexe fort,* les hommes.

sexisme n. m. *Péjor.* Nom donné par les défenseurs des droits de la femme à un système social dans lequel cette dernière est en position inférieure.

sexologie n. f. Étude scientifique de la sexualité.

sexologue n. Spécialiste de la sexologie.

sextant n. m. Instrument pour mesurer la hauteur d'un astre à bord d'un navire ou d'un aéronef.

sexto adv. Sixièmement.

sextuple adj. Qui vaut six fois autant. N. m. Nombre sextuple.

sextupler v. t. Multiplier par six.

sexualité n. f. Ensemble des phénomènes physiologiques et psychiques relatifs à l'instinct sexuel.

sexuel, elle adj. Qui caractérise le sexe. Relatif au sexe.

seyant, e adj. Qui sied, qui va bien.

shah n. m. V. CHAH.

shaker [ʃekœr] n. m. Gobelet à cocktails.

shakespearien [ʃɛkspirjɛ̃], **enne** adj. Qui rappelle le style de Shakespeare.

shako [ʃako] n. m. Coiffure militaire.

shampooing [ʃɑ̃pwɛ̃] n. m. Lavage de la chevelure. Produit servant à ce lavage.

shérif [ʃerif] n. m. Aux Etats-Unis, officier d'administration, ayant un pouvoir judiciaire limité.

shilling [ʃiliŋ] n. m. Monnaie anglaise.

shintoïsme n. m. Religion nationale du Japon.

short [ʃɔrt] n. m. Culotte de sport très courte.

shunt [ʃœ̃t] n. m. Dérivation d'un courant électrique.

si conj. En cas que, pourvu que. Indique le motif : *si je le dis, c'est que c'est vrai.* Marque l'opposition : *si l'un dit oui, l'autre dit non.* Adv. Indique l'affirmation : *je gage que si.* Marque le désir, l'invitation : *si nous y allions ?* Exprime le doute : *je ne sais s'il viendra.* N. m. : *je n'aime pas les si, les mais.*

si adv. Tellement : *ne parle pas si fort.* Quelque : *si petit soit-il.* Oui, en réponse à une négation, un doute.

si n. m. *Mus.* Septième note de la gamme d'*ut.*

siamois adj. et n. Du Siam. *Frères siamois,* jumeaux soudés l'un à l'autre.

sibérien, enne adj. et n. De Sibérie.

sibylle [sibil] n. f. Chez les Anciens, femme qui prédisait l'avenir.

sibyllin, e adj. Enigmatique, obscur.

sic [sik] adv. Se met entre parenthèses après un mot, une expression, pour indiquer que l'on cite textuellement.

siccatif, ive adj. Qui accélère considérablement la dessiccation : *huile siccative.*

sicilien, enne adj. et n. De la Sicile.

side-car [sɑjdkar ou sidkar] n. m. Véhicule à une seule roue, accouplé latéralement à une motocyclette.

sidéral, e, aux adj. Relatif aux astres.

sidérant, e adj. Qui frappe de stupeur.

sidérer v. t. *Fam. Sidérer quelqu'un,* le frapper de stupeur (syn. ABASOURDIR, STUPÉFIER).

sidérurgie n. f. Métallurgie du fer.

sidérurgique adj. Relatif à la sidérurgie.

siècle n. m. Espace de cent ans, spécialement compté à partir d'une date fixe : *le seizième siècle.* Epoque, temps où l'on vit : *être de son siècle.*

siège n. m. Meuble ou autre objet disposé pour qu'on puisse s'y asseoir. Résidence : *siège du gouvernement; siège épiscopal.* Opérations militaires pour s'emparer d'une place forte. Lever le siège, cesser d'assiéger. *Fig. de siège,* suspension du pouvoir civil remplacé par un régime militaire. *Fig.* Centre : *le siège d'une maladie; le siège de la pensée.*

siéger v. i. (conj. 1) Faire partie d'une assemblée, d'un tribunal. Tenir ses séances. *Fig.* Être, se trouver : *l'endroit où siège le mal.*

sien, enne adj. poss. de la 3e pers. du sing. Qui est à lui, à elle. Pr. poss. Le sien, la sienne, ce qui est à lui, à elle. N. m. *Le sien,* son bien, son travail, sa peine. Y mettre du sien, contribuer à une chose, faire des concessions. N. m. pl. *Les siens*, ses parents, alliés, partisans. *Faire des siennes*, des folies, des fredaines.

sieste n. f. Repos pris après le repas de midi.

sieur n. m. Qualification dont on fait précéder un nom propre d'homme, en langage juridique.

sifflement n. m. Bruit fait en sifflant ou produit par le vent, par un projectile, etc.

siffler v. i. Produire un son aigu soit avec la bouche, soit avec un instrument. Se dit aussi du vent, d'une flèche, d'une balle, etc. V. t. Moduler en sifflant : *siffler un air*. Appeler en sifflant. Manifester de la désapprobation par des sifflements : *siffler un acteur, une pièce*.

sifflet n. m. Instrument avec lequel on siffle.

siffleur, euse adj. et n. Qui siffle.

siffloter v. i. et t. Siffler doucement, négligemment.

sigillé, e [siʒile] adj. Marqué d'un sceau.

sigillographie n. f. Étude des sceaux.

sigle n. m. Groupe de lettres initiales constituant l'abréviation de termes fréquemment employés (ex. : *O.N.U., Benelux*).

signal n. m. Signe convenu pour remplacer le langage à distance. Appareil disposé sur le bord d'une voie de communication pour régler la marche des véhicules.

signalement n. m. Description détaillée d'une personne : *donner un signalement*.

signaler v. t. Annoncer par des signaux : *signaler une flotte*. Appeler l'attention sur : *signaler un fait*. V. pr. Se distinguer.

signalétique adj. Qui donne le signalement : *fiche signalétique*.

signalisation n. f. Installation, utilisation de signaux.

signataire n. Qui a signé un acte, une pièce.

signature n. f. Nom ou marque que l'on met au bas d'un écrit pour attester qu'on en est l'auteur ou qu'on en approuve le contenu. Action de signer.

signe n. m. Indice, marque : *signe de pluie*. Marque distinctive. Ce qui sert à représenter : *les mots sont les signes des idées*. Manifestation extérieure de ce qu'on pense, de ce qu'on veut : *signe de tête*. Math. Symbole indiquant un sens ou une opération algébrique.

signer v. t. Apposer sa signature. V. pr. Faire le signe de la croix.

signet n. m. Petit ruban attaché au haut d'un livre pour retrouver facilement une page.

significatif, ive adj. Qui marque clairement un sens ; expressif, éloquent.

signification n. f. Ce que signifie une chose : *la signification d'un mot*. Notification d'un acte, d'un jugement par voie judiciaire.

signifier v. t. Vouloir dire, avoir le sens. Faire connaître d'une manière expresse : *signifier ses intentions*. Notifier par voie judiciaire : *signifier un congé*.

silence n. m. Le fait de se taire, de ne pas parler. Absence de bruit : *le silence de la nuit. Passer sous silence*, ne pas parler de. *Mus.* Interruption plus ou moins longue du son ; signe qui indique cette interruption.

silencieux, euse* adj. Qui garde le silence. Taciturne. Où l'on n'entend aucun bruit.

silencieux n. m. Dispositif qui, dans un moteur à explosion, amortit le bruit.

silex n. m. Roche siliceuse très dure, de couleur variable.

silhouette n. f. Dessin de profil, exécuté en suivant l'ombre projetée par le visage. Lignes générales du corps : *avoir une silhouette élégante*.

silicate n. m. Sel de l'acide silicique.

silice n. f. Oxyde de silicium.

siliceux, euse adj. De la nature du silex. Qui contient beaucoup de silice.

silicium n. m. Métalloïde voisin du carbone.

silicose [silikoz] n. f. Maladie, en général professionnelle, due à l'inhalation de poussière de silice.

silique n. f. Capsule allongée contenant la graine du chou, du colza, etc.

sillage n. m. Trace d'eau écumante qu'un bateau laisse derrière lui. *Fig. Marcher dans le sillage de*, suivre sa trace, son exemple.

sillon n. m. Longue fente faite dans le sol par le soc de la charrue. Rainure que présente la surface d'un disque.

sillonner v. t. Parcourir dans tous les sens : *avions qui sillonnent le ciel*. Traverser dans toutes les directions : *des routes nombreuses sillonnent la France*.

silo n. m. Réservoir où l'on dépose les grains, les légumes, etc., pour les conserver.

silure n. m. Poisson d'eau douce.

silurien, enne adj. *Géol.* Se dit d'un terrain d'époque primaire.

simagrées n. f. pl. Manières affectées, minauderies.

simarre n. f. Vêtement ample porté par les deux sexes aux XVe et XVIe s.

simiesque adj. Qui rappelle le singe.

similaire adj. Se dit d'une chose qui peut, à certains points de vue, être assimilée à une autre (syn. ANALOGUE, SEMBLABLE).

simili n. m. Toute chose qui imite une matière précieuse : *une chaîne de montre en simili*.

similigravure ou simili n. f. Procédé d'obtention de clichés tramés à partir d'originaux à modelé continu.

similitude n. f. Ressemblance, analogie.

simonie n. f. Trafic des choses saintes ; vente des biens spirituels.

simoun n. m. Vent chaud du désert.

simple* adj. Non composé, ou composé d'éléments homogènes : *corps simple*. Qui n'est pas compliqué : *procédé simple*. Facile, aisé : *méthode simple*. Naturel, qui va de soi : *cela est tout simple*. Sans recherche, sans ornement : *style simple*. Seul, unique, qui est tel ou telle, sans rien de plus. *Gramm. Temps simples*, qui se conjuguent sans auxiliaire. N. m. Ce qui est simple : *passer du simple au composé*. N. Personne simple. N. m. pl. *Bot.* Plantes médicinales.

simplet, ette adj. Un peu simple.

simplicité n. f. Caractère de ce qui est simple. Niaiserie.

simplificateur, trice adj. et n. Qui simplifie.

simplification n. f. Action de simplifier.

simplifier v. t. Rendre simple.

simpliste n. et adj. Qui simplifie d'une façon exagérée, qui ne considère qu'un aspect des choses : *raisonnement simpliste*.

simulacre n. m. Vaine apparence, semblant.
simulateur, trice n. Personne qui simule.
simulation n. f. Action de simuler.
simuler v. t. Faire paraître comme réelle une chose qui ne l'est pas : *simuler la douleur.*
simultané*, e adj. Qui se fait, qui a lieu en même temps.
simultanéité n. f. Caractère de ce qui est simultané.
sinapisme n. m. Cataplasme à base de farine de moutarde.
sincère* adj. Qui s'exprime sans déguiser sa pensée. Qui est senti, éprouvé réellement : *une émotion sincère.*
sincérité n. f. Caractère de qui ou de ce qui est sincère. Paroles, propos sincères.
sinciput [sɛ̃sipyt] n. m. Sommet de la tête.
sinécure n. f. Emploi, fonction où l'on est payé sans avoir rien ou presque rien à faire.
sine qua non [sinekwanɔ̃] loc. lat. Indispensable, nécessaire : *condition « sine qua non ».*
singe n. m. Nom donné aux mammifères primates du sous-ordre des simiens. *Fig.* Qui contrefait, imite les actions des autres. Personne très laide, très adroite, très malicieuse. *Payer en monnaie de singe,* en belles paroles.
singer v. t. (conj. 1) Imiter, contrefaire : *singer les manières du patron.*
singerie n. f. Ménagerie de singes. Grimace, geste comique. Pl. Manières affectées et ridicules.
singulariser (se) v. pr. *Péjor.* Se faire remarquer par quelque chose d'étrange, d'extravagant.
singularité n. f. Ce qui rend une chose singulière : *singularité d'un fait.* Manière extraordinaire, bizarre, de parler, d'agir.
singulier, ère adj. Qui se rapporte à un seul. Qui est bizarre, extraordinaire : *un homme singulier.* Unique, rare : *beauté singulière. Combat singulier,* d'homme à homme. N. m. *Gramm.* Qui marque une seule personne ou une seule chose.
sinistre* adj. Qui présage le malheur : *symptômes sinistres.* Sombre, effrayant, terrifiant : *regards sinistres.* N. m. Fait qui cause des dommages mettant en jeu la garantie d'un assureur.
sinistré, e adj. et n. Qui a subi un sinistre.
sinologue n. Spécialiste de la langue, de l'histoire, de la civilisation de la Chine.
sinon conj. Autrement, sans quoi, faute de quoi : *obéissez, sinon je vous renvoie.* Si ce n'est : *ne rien désirer, sinon la paix.*
sinueux, euse adj. Qui fait des détours, des replis : *un chemin sinueux.*
sinuosité n. f. Détour, méandre.
sinus [sinys] n. m. *Anat.* Cavité dans certains os de la tête : *sinus frontal. Math.* Perpendiculaire menée d'une des extrémités de l'arc au diamètre qui passe par l'autre extrémité.
sinusite n. f. Inflammation d'un sinus.
sionisme n. m. Mouvement politique et religieux visant à l'établissement du plus grand nombre possible de Juifs dans une communauté nationale autonome en Palestine : *la création de l'État d'Israël a été une victoire du sionisme.*
sioniste n. Adepte du sionisme. Adj. Relatif au sionisme.

siphon [sifɔ̃] n. m. Tube recourbé à deux branches inégales pour transvaser les liquides. Tuyau coudé pour faire franchir un obstacle à des eaux d'alimentation ou d'évacuation. Vase en forme de carafe, contenant une boisson gazeuse et muni d'un robinet.
sire n. m. Seigneur. (Vx.) Titre qu'on donne aux empereurs et aux rois. *Triste sire,* individu peu recommandable.
sirène n. f. *Mythol.* Être fabuleux ayant une tête et une poitrine de femme et une queue de poisson. Puissant avertisseur : *les mugissements de la sirène d'un bateau.*
sirocco n. m. Vent brûlant et très sec qui souffle du Sahara vers l'Algérie. —
sirop [siro] n. m. Liquide très sucré, aromatique ou médicamenteux : *sirop de cassis.*
siroter v. t. et i. *Fam.* Boire en dégustant à petits coups.
sirupeux, euse adj. De la nature du sirop.
sis, e adj. Situé.
sisal n. m. Fibre d'un agave du Mexique qu'on utilise pour faire des sacs, des cordes.
sismique adj. Relatif aux tremblements de terre : *mouvements sismiques.*
sismographe. V. SÉISMOGRAPHE.
site n. m. Paysage considéré du point de vue de son aspect pittoresque : *un site grandiose. Géogr.* Configuration propre du lieu occupé par une ville.
sitôt adv. Aussitôt.
situation n. f. Position géographique, orientation d'une localité, d'un édifice, d'un terrain. Attitude, posture : *situation incommode.* État, condition : *situation brillante.*
situer v. t. Placer. Localiser.
six [si *devant une consonne,* siz *devant une voyelle ou un h muet,* sis *en fin de phrase*] adj. num. Nombre qui suit cinq. Sixième : *Charles six.* N. m. : *le six du mois.* Chiffre qui représente ce nombre : *un six bien fait.*
sixième* adj. num. ord. Qui suit le cinquième. N. m. La sixième partie d'un tout. N. f. Classe initiale de l'enseignement secondaire.
six-quatre-deux (à la) loc. adv. *Pop.* Avec précipitation, sans soin.
sixte n. f. *Musiq.* Intervalle compris entre six notes.
sizain ou **sixain** n. m. Stance de six vers.
sketch n. m. Petite scène comique. (Pl. *sketches.*)
ski n. m. Long patin en bois, pour glisser sur la neige.
skier v. i. Pratiquer le ski.
skieur, euse n. Personne qui pratique le ski.
skiff n. m. Canot long, étroit et léger, à un seul rameur.
skunks n. m. V. SCONSE.
slalom [slalɔm] n. m. Descente à skis consistant en une succession de virages.
slave adj. et n. Qui appartient aux peuples d'Europe centrale et orientale dont les langues sont apparentées.
slip n. m. Caleçon très court.
slogan n. m. Formule publicitaire brève et frappante.
smalah ou **smala** n. f. Ensemble des équipages et de la maison d'un chef arabe. *Fam.* Famille nombreuse.
smalt n. m. Verre coloré en bleu par l'oxyde de cobalt.

smoking [smokiŋ] n. m. Costume d'homme habillé à revers de soie.

snack-bar ou **snack** n. m. Restaurant servant rapidement des repas à toute heure.

snob adj. et n. Qui fait preuve de snobisme.

snober v. t. Chercher à s'imposer par une attitude snob.

snobisme n. m. Admiration pour tout ce qui est en vogue, dans les milieux qui passent pour distingués.

sobre* adj. Tempérant dans le manger et le boire. Empreint de sobriété : *vie sobre.* Sans excès, sans luxe : *dessin sobre.* Modéré : *sobre de louanges.*

sobriété n. f. Tempérance dans le boire et le manger : *la sobriété, c'est la santé.* Modération : *user de tout avec sobriété.* Absence de recherche : *sobriété de style.*

sobriquet n. m. Surnom, donné souvent par moquerie.

soc n. m. Fer large et pointu de la charrue, servant à labourer la terre.

sociabilité n. f. Aptitude, penchant à vivre en société.

sociable adj. Capable de vivre en société. De commerce facile : *homme peu sociable.*

social, e*, aux adj. Qui concerne la société : *ordre social.* Relatif à une société de commerce : *siège social.* Qui concerne l'amélioration de la condition des travailleurs : *des avantages sociaux considérables.*

socialisation n. f. Action de socialiser. Mise en commun des moyens de production.

socialiser v. t. Rendre social. Attribuer à. Mettre les moyens de production au service de la collectivité : *socialiser les terres.*

socialisme n. m. Dénomination de diverses doctrines économiques, sociales et politiques, reliées par une commune condamnation de la propriété privée des moyens de production et d'échange.

socialiste adj. et n. Partisan du socialisme.

sociétaire n. et adj. Membre d'une société, d'une association.

sociétariat n. m. Qualité de sociétaire de la Comédie-Française.

société n. f. Groupement d'hommes ou d'animaux sous des lois communes. Chacun des divers stades de l'évolution du genre humain : *société primitive, féodale, capitaliste.* Union de plusieurs personnes soumises à un règlement commun ou associées pour d'une industrie, d'un commerce. Réunion de gens qui s'assemblent pour la conversation, le jeu ou d'autres plaisirs : *société nombreuse.* Commerce, relations habituelles : *rechercher la société de quelqu'un. La haute société, la société, le grand monde.*

sociologie n. f. Science qui étudie les sociétés humaines, les groupes humains ou les phénomènes sociaux.

sociologique* adj. Relatif à la sociologie.

sociologue n. Spécialiste de sociologie.

socle n. m. Soubassement d'une colonne ; support pour bustes ou vases. *Géogr.* Ensemble des terrains anciens, souvent cristallins, aplanis par l'érosion, recouverts ou non par des sédiments plus récents.

socque n. m. Chaussure à semelle de bois.

socratique adj. De Socrate : *philosophie socratique.*

soda n. m. Boisson à base d'eau gazeuse, additionnée de sirop de fruit.

sodé, e adj. Qui contient de la soude.

sodique adj. Qui a rapport au sodium ou qui en contient.

sodium [sɔdjɔm] n. m. Corps simple métallique, très répandu dans la nature à l'état de chlorure (sel marin et sel gemme) et de nitrate.

sœur [sœr] n. f. Fille née du même père et de la même mère qu'une autre personne, ou de l'un des deux seulement. Titre donné aux religieuses. *Fig.* Se dit de personnes ou de choses qui ont beaucoup de traits communs. *Les neuf Sœurs*, les Muses.

sœurette n. f. *Fam.* Petite sœur.

sofa n. m. Lit de repos à trois dossiers, utilisé comme siège.

soi, pron. pers. de la 3ᵉ pers. des deux genres. Lui, elle : *parler de soi.* (En parlant des personnes, se rapporte en général à un sujet indéterminé.) *De soi, en soi,* dans sa nature. *Revenir à soi,* reprendre ses esprits. *Rentrer en soi,* faire des réflexions. *Sur soi,* sur sa personne. *Prendre sur soi,* accepter la responsabilité. *Chez soi,* dans son domicile. *Aller de soi,* n'offrir aucune difficulté. *A part soi,* dans son for intérieur.

soi-disant adj. inv. Qui se prétend : *un soi-disant docteur.* Prétendu : *les arts soi-disant libéraux.* Loc. adv. À ce qu'on prétend.

soie n. f. Fil fin et brillant produit par une chenille dite *ver à soie.* Étoffe qu'on en fait : *robe en soie.* Fil de l'araignée. Poil dur du porc, du sanglier. *Soie artificielle,* anc. nom de la *rayonne.*

soierie n. f. Étoffe de soie. Fabrique d'étoffes de soie.

soif n. f. Désir, besoin de boire. *Fig.* Vif désir : *la soif de l'or.*

soigner v. t. Donner des soins à. S'appliquer à : *soigner son style.* V. pr. Avoir soin de sa personne.

soigneur n. m. Celui qui s'occupe des soins à donner à un sportif.

soigneux, euse* adj. Qui apporte du soin à. Fait avec soin : *recherches soigneuses.* Qui prend souci de : *soigneux de sa santé.*

soin [swɛ̃] n. m. Attention, application, sollicitude. Moyens par lesquels on traite un malade : *donner des soins à un blessé. Petits soins,* attentions délicates.

soir n. m. Dernière partie du jour. Aprèsmidi : *trois heures du soir. Fig.* Déclin : *le soir de la vie.*

soirée n. f. Temps depuis le déclin du jour jusqu'au moment où l'on se couche. Réunion du soir : *soirée dansante.*

soit, conj. marquant une alternative, mise pour *ou* : *soit l'un, soit l'autre.* En supposant : *soit 4 à multiplier par 2.* Ellipse de *que cela soit, je le veux bien. Ainsi soit-il,* terminaison de diverses prières. *Tant soit peu,* très peu.

soixantaine n. f. Soixante ou environ. Âge de soixante ans.

soixante [swasɑ̃t] adj. num. Six fois dix. Soixantième. N. m. Nombre soixante.

soixantième adj. num. ord. de soixante. N. : *être le soixantième.* N. m. Soixantième partie d'un tout.

soja ou **soya** n. m. Plante alimentaire cultivée, en Chine et aux États-Unis, pour ses graines, dont on extrait de l'huile et de la farine.

sol n. m. Terrain : *sol peu solide*. Terre, du point de vue agricole.

sol n. m. Cinquième note de la gamme d'*ut*.

solaire adj. Du soleil.

solanacées n. f. pl. Famille de dicotylédones (pomme de terre, jusquiame, etc.).

solarium [sɔlarjɔm] n. m. Emplacement réservé aux bains de soleil.

soldat n. m. Militaire non gradé : *simple soldat*. Tout homme qui appartient à la profession militaire. *Fig.* Qui prend la défense de : *soldat de la foi*.

soldatesque n. f. Troupe de soldats indisciplinés.

solde n. f. Paye d'un militaire. *Être à la solde*, être payé par, être au service de.

solde n. m. Différence entre le débit et le crédit d'un compte. Reliquat d'une somme à payer. Pl. Marchandises vendues au rabais.

solder v. t. Acquitter une dette, régler un compte. Vendre au rabais. V. pr. *Se solder par*, avoir pour résultat : *se solder par un échec*.

soldeur, euse n. Marchand de soldes.

sole n. f. Chaque partie d'une terre soumise à l'assolement.

sole n. f. Poisson plat, ovale, très recherché pour sa chair. Plaque cornée sous le sabot d'un animal. Charpente horizontale soutenant le bâti d'une machine. Partie horizontale de certains fours.

solécisme n. m. Faute contre la syntaxe.

soleil n. m. Astre lumineux au centre du monde que nous habitons (avec une majusc., en ce sens). Image, représentation du Soleil. Lumière, chaleur du soleil : *il fait un beau soleil*. *Fig.* Ce qui brille d'un grand éclat. Pièce d'artifice tournante. Autre nom du *tournesol*. *Coup de soleil*, insolation : *attraper un coup de soleil*.

solen [sɔlɛn] n. m. Genre de mollusques, dits *couteaux*.

solennel, elle* [sɔlanɛl] adj. Accompagné de cérémonies religieuses : *service solennel*. Qui se fait avec apparat : *entrée solennelle d'un chef d'État*. Grave, majestueux. Emphatique.

solenniser v. t. Célébrer avec solennité.

solennité [sɔlanite] n. f. Fête, cérémonie solennelle. Formalités, actes qui donnent une grande importance à un fait : *solennité d'un serment*. Emphase.

solénoïde n. m. Fil conducteur enroulé en hélice sur un cylindre et qui, parcouru par un courant, crée un champ magnétique analogue à celui d'un aimant droit.

solfatare n. f. Dépôt de soufre engendré par les vapeurs s'échappant d'un volcan en repos.

solfège n. m. Action de solfier. Recueil de morceaux de chant, pour l'étude de la musique.

solfier v. t. Chanter en nommant les notes.

solidaire* adj. Lié à d'autres par une obligation, une responsabilité communes ou des intérêts communs. Se dit des choses qui dépendent l'une de l'autre dans leur fonctionnement.

solidariser v. t. Rendre solidaire. V. pr. S'unir par des actes de solidarité.

solidarité n. f. Dépendance réciproque ; sentiment qui pousse les hommes à s'accorder une aide mutuelle.

solide* adj. Qui a de la consistance : *corps solide*. Robuste : *un solide gaillard*. Vigoureux : *solide coup de poing*. Ferme, résistant : *bâtiment solide*. *Fig.* Important : *de solides raisons*. N. m. Corps solide.

solidification n. f. Passage à l'état solide.

solidifier v. t. Rendre solide.

solidité n. f. Qualité de ce qui est solide.

soliloque n. m. Monologue.

solipède adj. Dont le pied ne présente qu'un seul sabot, comme le cheval.

soliste n. et adj. Artiste qui exécute un solo.

solitaire* adj. Qui est seul, qui vit seul. Placé dans un lieu écarté, désert. *Ver solitaire*, le ténia. N. m. Personne qui vit très retirée. Vieux sanglier. Diamant monté seul.

solitude n. f. État d'une personne seule, retirée du monde. Lieu où l'on est seul. Endroit inhabité.

solive n. f. Pièce de bois destinée à soutenir un plancher.

sollicitation n. f. Action de solliciter ; demande intense.

solliciter v. t. Inciter, pousser à. Demander avec déférence. Attirer : *solliciter l'attention des promeneurs*.

solliciteur, euse n. Celui, celle qui sollicite.

sollicitude n. f. Attention affectueuse, soins attentifs.

solo n. m. Morceau joué ou chanté par un seul artiste. (Pl. *solos* ou *soli*.) Adjectiv. : *violon solo*.

solognot, e adj. et n. De la Sologne.

solstice n. m. Temps où le Soleil est le plus loin de l'équateur (début de l'été et début de l'hiver).

solubilité n. f. Qualité de ce qui est soluble.

soluble adj. Qui peut se dissoudre : *le sucre est soluble*. Qui peut être résolu : *problème soluble*.

solution n. f. État d'un corps dissous. Liquide contenant un corps dissous : *solution sucrée*. Dénouement d'une difficulté ; réponse à un problème : *la solution d'une affaire. Solution de continuité*, interruption dans une série, dans une étendue.

solvabilité n. f. État d'une personne qui est solvable.

solvable adj. Qui peut payer.

solvant n. m. Substance capable de dissoudre d'autres substances.

somatique adj. Qui concerne le corps : *affection somatique*.

sombre* adj. Peu éclairé : *maison sombre*. Qui éclaire mal : *jour sombre*. Foncé : *couleur sombre*. *Fig.* Inquiétant : *un sombre avenir*. Taciturne, morne : *caractère sombre*.

sombrer v. i. *Mar.* Couler, être englouti. *Fig.* Être anéanti.

sommaire* adj. Court, abrégé : *exposé sommaire*. Expéditif : *justice sommaire*. N. m. Abrégé, résumé d'un livre ou d'une de ses parties.

sommation n. f. Action de sommer ; *sommation verbale*. Invitation impérative, et, plus spécialement, appel lancé par une sentinelle ou par un représentant de la force publique à une ou plusieurs personnes de s'arrêter, à une foule de se disperser.

somme n. f. Résultat de l'addition. Certaine quantité d'argent : *grosse somme. Fig.* Ensemble, réunion de choses. Nom de certains traités généraux : *somme théologique. Somme toute, en somme,* enfin, en résumé.

somme n. f. *Bête de somme,* propre à porter des fardeaux.

somme n. m. *Fam.* Court moment de sommeil : *faire un somme.*

sommeil n. m. Assoupissement naturel des sens, repos périodique de la vie animale. Envie de dormir : *avoir sommeil. Fig.* État d'insensibilité ou d'inertie. *Le sommeil éternel,* la mort.

sommeiller v. i. Dormir d'un sommeil léger. *Fig.* Être en repos : *la nuit, quand tout sommeille.*

sommelier n. m. Personne chargée du service des vins et des liqueurs dans un restaurant.

sommer v. t. Mettre en demeure de faire une chose : *sommer de partir.*

sommet n. m. Partie la plus élevée : cime, faîte. *Géom.* Sommet d'un angle, point de rencontre de ses deux côtés. *Fig.* Degré suprême : *le sommet du bonheur.*

sommier n. m. Cadre à ressorts, recouvert de toile, et servant à soutenir le matelas.

sommier n. m. Gros registre de comptabilité. *Sommiers judiciaires,* fichier constitué par les extraits des condamnations prononcées par les juridictions répressives.

sommité n. f. Personne éminente dans une science, dans un art, etc. : *les sommités de la médecine.*

somnambule n. et adj. Qui marche, agit, parle dans l'état de sommeil.

somnambulisme n. m. Automatisme ambulatoire pendant le sommeil.

somnifère adj. et n. Qui provoque, cause le sommeil. *Fig.* Ennuyeux.

somnolence n. f. État de demi-sommeil.

somnolent, e adj. Qui est dans un état de somnolence.

somnoler v. i. Dormir à demi.

somptuaire adj. Relatif à la dépense.

somptueux, euse* adj. Qui fait de grandes dépenses. Magnifique, splendide : *festins somptueux.*

somptuosité n. f. Grande magnificence.

son, sa, ses, adj. poss. de la 3e pers. À lui, à elle.

son n. m. Sensation auditive produite par les vibrations des corps propagées dans l'air. Émission de voix, simple ou articulée : *un son ouvert, fermé.* Bruit.

son n. m. Enveloppe des graines des céréales séparée par le tamis ou la mouture. *Fam. Tache de son,* tache de rousseur.

sonate n. f. Pièce de musique instrumentale écrite pour un ou deux instruments et comprenant trois ou quatre mouvements.

sondage n. m. Action de sonder. *Sondage d'opinion,* procédé d'enquête ayant pour objet de déterminer l'opinion d'une population, en interrogeant un petit nombre de personnes.

sonde n. f. Instrument pour connaître la profondeur de l'eau et la nature du fond. Tout instrument qui permet de sonder, d'ex-

plorer. *Chir.* Instrument à l'aide duquel on explore une plaie, une cavité.

sonder v. t. Reconnaître au moyen d'une sonde la profondeur de l'eau, la nature d'un terrain, l'état d'une plaie, etc. Effectuer un contrôle ou une enquête par sondage. *Fig.* Chercher à pénétrer : *sonder les dispositions de quelqu'un.* Sonder le terrain, chercher à connaître la situation.

sondeur n. m. Celui qui pratique des forages au moyen de machines perforatrices.

songe n. m. Rêve. *En songe,* pendant le sommeil.

songe-creux n. m. inv. Qui nourrit son esprit de chimères.

songer v. i. (conj. 1) Avoir quelque chose dans l'esprit, dans la mémoire, penser : *songer à l'avenir.* Envisager, avoir l'intention de : *songer à se marier. Sans songer à mal,* sans mauvaise intention.

songerie n. f. Rêverie.

songeur, euse adj. Absorbé dans une rêverie mêlée de préoccupations, pensif : *un air songeur.*

sonnant, e adj. Qui sonne. *À huit heures sonnantes,* à huit heures précises. *Espèces sonnantes,* monnaies d'or ou d'argent.

sonné, e adj. Annoncé par le son de la cloche : *le dîner est sonné. Fam.* Révolu, accompli : *avoir cinquante ans bien sonnés. Fam.* Qui a perdu la raison. Qui est étourdi par une forte commotion.

sonner v. i. Rendre un son : *les cloches sonnent.* Tirer des sons : *sonner du cor.* Être annoncé par des sons : *la messe sonne.* Arriver, en parlant d'un moment, d'une époque. Produire une impression : *ce mot sonne mal.* V. t. Tirer un son de quelque chose : *sonner les cloches.* Appeler par le son d'une sonnette : *sonner sa femme de chambre.* Annoncer par une sonnerie : *sonner la charge; sonner le tocsin. Fam.* Assommer, étourdir : *un boxeur qui a été sonné.*

sonnerie n. f. Son de plusieurs cloches ensemble. Mécanisme servant à faire sonner une pendule. Air que sonnent les trompettes ou les clairons, etc. *Sonnerie électrique,* appareil d'appel, actionné par un électro-aimant.

sonnet n. m. Poème à forme fixe composé de deux quatrains et de deux tercets.

sonnette n. f. Clochette dont on se sert pour appeler ou pour avertir. Appareil avertisseur actionné par le courant électrique.

sonneur n. m. Celui qui sonne les cloches d'une église.

sono n. f. *Fam.* Abrév. de SONORISATION.

sonore adj. Qui produit des sons. Qui a un son éclatant. Qui renvoie bien le son.

sonoriser v. t. Ajouter une partie sonore à un film muet. Sonoriser une salle, un édifice, les munir d'une installation destinée à l'amplification du son.

sonorité n. f. Qualité de ce qui est sonore.

sophisme n. m. Raisonnement fallacieux qui a l'apparence de la vérité.

sophiste n. m. Chez les Anciens, philosophe rhéteur. *Par ext.* Personne qui fait des sophismes : *c'est un argument de sophiste.*

sophistication n. f. Manque de naturel.

sophistiqué, e adj. Qui manque de naturel par excès de recherche. Se dit d'une chose élaborée, perfectionnée : *une arme sophistiquée.*

soporifique adj. et n. m. Qui a la vertu d'endormir. Adj. *Fig.* Ennuyeux : *poème soporifique.*

soprano n. m. Catégorie de voix la plus élevée chez les femmes et les jeunes garçons. Le chanteur lui-même. (Pl. *soprani* ou *sopranos.*)

sorbet n. m. Glace sans crème, à base de sucre et de jus de fruit.

sorbetière n. f. Vase de métal dans lequel on prépare les sorbets.

sorbier n. m. Arbre fruitier.

sorcellerie n. f. Magie qui recourt essentiellement à des procédés secrets, illicites ou effrayants (sorts, sortilèges, envoûtements, messes noires, pacte avec Satan, etc.).

sorcier, ère n. Personne qui pratique la sorcellerie. Adj. *Fam.* Difficile à comprendre, à résoudre : *cela n'est pas sorcier.*

sordide* adj. Sale, dégoûtant : *habits sordides. Avarice sordide,* poussée à l'extrême.

sorgho n. m. Graminée alimentaire d'Afrique, de l'Inde et de la Chine.

sornette n. f. Discours frivole, extravagant : *dire des sornettes.*

sort [sɔr] n. m. Destinée : *se plaindre de son sort.* Hasard : *le sort l'a décidé.* Condition, état de fortune : *heureux de son sort.* Maléfice : *jeter un sort. Le sort en est jeté,* le parti est pris.

sortable adj. Convenable : *un garçon qui n'est pas sortable.* (Surtout négativement.)

sortant, e adj. Qui sort : *numéraire sortant.* Adj. et n. m. Personne qui sort : *les entrants et les sortants.* Qui cesse de faire partie d'une assemblée : *députés sortants.*

sorte n. f. Espèce, genre : *toutes sortes de bêtes.* Façon, manière : *de telle sorte que... Faire en sorte de* ou *que,* tâcher de. *Une sorte de,* quelque chose qui ressemble à. *En quelque sorte,* loc. adv. Pour ainsi dire. *De sorte que,* en sorte que, loc. conj. De manière que.

sortie n. f. Action de sortir. Issue, endroit pour sortir. Effort des assiégés pour repousser les assiégeants. *Fig.* Algarade, emportement : *une sortie intempestive.* Réplique inattendue. *Sortie de bain,* peignoir, grande serviette dont on s'enveloppe à la sortie du bain. Mise en vente.

sortilège n. m. Action de jeter un sort. Action qui semble magique.

sortir v. i. (conj. **23,** av. l'auxil. *être*) Aller dehors. Quitter un endroit. Venir de sortir : *Madame sort d'ici.* Arriver à la fin : *sortir de l'hiver.* Être délivré : *sortir de maladie, de prison.* Avoir été élève : *sortir d'une école.* S'écarter : *sortir du sujet.* Être tiré : *sortir de l'obscurité.* Faire saillie : *pierre qui sort du mur.* Pousser : *le blé sort de terre.* Être issu : *sortir d'une bonne famille.* V. t. Mettre en vente : *sortir un livre.* Tirer dehors : *sortir un cheval de l'écurie.* V. impers. S'échapper, s'exhaler. Résulter : *que sortira-t-il de toutes ces recherches ?*

S.O.S. n. m. Signal de détresse par radio.

sosie [sɔsi] n. m. Personne qui ressemble parfaitement à une autre.

sot, sotte* adj. Dénué de jugement. *Par ext.* Embarrassé, confus. Fait sans jugement : *sotte entreprise.* Fâcheux : *sot orgueil.* N. Personne sans jugement ni esprit.

sot-l'y-laisse n. m. inv. Morceau délicat au-dessus du croupion d'une volaille.

sottise n. f. Défaut de jugement. Discours, action sotte : *vous faites une sottise.* Invective, injure : *dire des sottises à quelqu'un.*

sottisier n. m. Recueil de phrases sottes relevées dans les écrits ou les propos de quelqu'un.

sou n. m. Petite monnaie qui équivalait à la vingtième partie du franc. *Fig. N'avoir pas le sou,* être sans argent. *Sou à sou,* loc. adv. Par petites sommes.

soubassement n. m. Partie inférieure d'une construction, qui repose elle-même sur la fondation.

soubresaut n. m. Saut brusque. Mouvement brusque et involontaire du corps.

soubrette n. f. Suivante de comédie. *Par ext.* Femme de chambre.

souche n. f. Partie du tronc de l'arbre qui reste dans la terre après que l'arbre a été coupé. Cette partie, arrachée avec les racines. Personnage dont descend une famille. Source, origine. Partie qui reste des feuilles d'un registre, d'un carnet et qui sert à vérifier l'authenticité de la partie détachée : *un carnet à souches.*

souci n. m. Inquiétude : *vivre sans souci.* Objet de soin, d'affection.

souci n. m. Genre de plantes à fleurs jaunes.

soucier (se) v. pr. S'inquiéter. Se préoccuper.

soucieux, euse adj. Inquiet. Qui s'occupe avec soin : *soucieux de sa liberté.* Qui marque du souci : *air soucieux.*

soucoupe n. f. Petite assiette, que l'on met habituellement sous une tasse.

soudage n. m. Action de souder.

soudain, e* adj. Qui se produit, se fait tout à coup : *bruit soudain.* Adv. Dans le même instant : *il répond soudain.*

soudaineté n. f. Caractère soudain.

soudanais, e et **soudanien, enne** adj. et n. Du Soudan.

soudard [sudar] n. m. *Autref.* Soldat de métier. *Auj.* Individu grossier et brutal.

soude n. f. Carbonate de sodium. Hydroxyde de sodium, dit aussi *soude caustique.*

souder v. t. Joindre par soudure. *Par ext.* Unir, lier étroitement.

soudeur, euse n. Personne qui soude.

soudoyer [sudwaje] v. t. (conj. **2**) S'assurer le concours de quelqu'un à prix d'argent : *soudoyer des faux témoins.*

soudure n. f. Mode d'assemblage permanent de deux pièces métalliques sous l'action de la chaleur, au moyen d'un alliage à faible point de fusion : *faire une soudure. Soudure autogène,* obtenue par fusion des deux surfaces à souder. Travail de celui qui soude. Endroit soudé. *Méd.* Jonction par adhésion : *soudure des os du crâne.*

soufflage n. m. Action de souffler. Procédé de fabrication de la verrerie de luxe.

souffle n. m. Agitation de l'air dans l'atmosphère : *il n'y a pas un souffle de vent.* Air chassé du poumon et passant par la bouche. *Avoir du souffle,* avoir une respiration régulière qui permet de parler, de courir longtemps. Déplacement d'air extrêmement brutal produit par une explosion : *le souffle d'une bombe. Méd.* Bruit anormal produit par un organe malade : *un souffle cardiaque.*

soufflé, e adj. Se dit d'un mets qui se gonfle en cuisant : *pommes de terre soufflées.* N. m. Entremets qui gonfle à la cuisson.

souffler v. i. Envoyer de l'air par la bouche : *souffler sur une bougie pour l'éteindre.* Respirer avec effort. Reprendre haleine : *laisser souffler quelqu'un.* Fournir de l'air : *soufflet qui souffle mal.* Se déplacer, en parlant de l'air : *le vent souffle.* Parler : *ne pas oser souffler.* V. t. Activer au moyen de l'air : *souffler le feu.* Éteindre : *souffler la chandelle.* Remplir d'air en soufflant : *souffler une vessie.* Travailler le verre en soufflant. Aider celui qui récite : *souffler son rôle à un acteur.* Ôter, enlever : *souffler un pion aux échecs.*

soufflerie n. f. Ensemble des soufflets d'un orgue, d'une forge. Machine destinée à produire le vent nécessaire à la marche d'une installation métallurgique, à l'aération d'une mine, etc.

soufflet n. m. Instrument pour souffler : *soufflet de forge.* Couloir flexible de communication entre deux voitures de chemin de fer.

soufflet n. m. Coup du plat ou du revers de la main appliqué sur la joue.

souffleter v. t. (conj. 4) Donner un soufflet, gifler.

souffleur, euse n. Personne chargée de souffler leur rôle aux acteurs pendant la représentation. N. m. Ouvrier qui façonne le verre à chaud en soufflant.

souffrance n. f. Malaise, douleur, peine. *Jour de souffrance,* baie ouverte sur une propriété voisine, mais garnie d'une grille ou d'un châssis dormant. *Colis en souffrance,* colis qui n'a pas été retiré ou réclamé par le destinataire.

souffre-douleur n. m. inv. Personne en butte aux tracasseries habituelles d'une ou plusieurs autres personnes.

souffreteux, euse adj. De faible santé, chétif : *un enfant souffreteux.*

souffrir v. t. (conj. 10) Ressentir, endurer, subir : *souffrir la soif.* Supporter, tolérer, permettre : *souffrez que je vous parle.* Admettre : *cela ne souffre aucun retard.* V. i. Sentir de la douleur : *souffrir comme un damné.* Être tourmenté : *je souffre de le voir ainsi.* Fig. Languir : *le commerce souffre.* V. pr. Se supporter mutuellement : *ils ne peuvent pas se souffrir.*

soufrage n. m. Action d'imprégner de soufre.

soufre n. m. Métalloïde solide, d'une couleur jaune citron.

soufrer v. t. Enduire de soufre. Exposer aux vapeurs sulfureuses.

soufreur, euse n. Personne chargée de soufrer. N. f. Appareil employé pour soufrer les végétaux.

soufrière n. f. Carrière de soufre.

souhait [swɛ] n. m. Désir que quelque chose s'accomplisse. Pl. Vœux de politesse. *A souhait,* loc. adv. Selon ses désirs : *réussir à souhait.*

souhaitable adj. Désirable.

souhaiter v. t. Désirer. Exprimer sous forme de vœu : *souhaiter le bonjour, la bonne année.*

souille n. f. Lieu où se vautre le sanglier.

souiller v. t. Salir, couvrir de boue, d'ordure, de saleté. *Fig.* Déshonorer, flétrir : *souiller sa réputation.*

souillon n. *Fam.* Femme, fille malpropre, sale.

souillure n. f. Tache. *Fig.* Flétrissure morale : *se garder pur de toute souillure.*

souk n. m. Marché, dans les pays arabes.

soûl [su] e adj. Repu, rassasié. *Pop.* Ivre. N. m. *Fam. Tout son soûl,* autant qu'on peut désirer.

soulagement n. m. Diminution, allègement d'une douleur physique ou morale.

soulager v. t. (conj. 1) Alléger d'une partie d'un fardeau. *Fig.* Alléger une souffrance physique ou morale : *soulager un chagrin.* Aider, secourir. Diminuer l'effort : *soulager une poutre.* V. pr. Se procurer du soulagement. *Très fam.* Satisfaire un besoin naturel.

soûlaud, e ou **soûlot, ote** n. et adj. *Pop.* Ivrogne, ivrognesse.

soûler v. t. *Pop.* Gorger de nourriture ou de boisson. Enivrer. *Fig.* Satisfaire jusqu'à satiété : *cette musique me soûle.* V. pr. *Fam.* S'enivrer.

soûlerie n. m. Action de soûler.

soulèvement n. m. Action par laquelle une chose se soulève. *Soulèvement de cœur,* nausée. *Fig.* Mouvement de révolte : *réprimer durement un soulèvement.*

soulever v. t. (conj. 5) Elever à une petite hauteur : *soulever un fardeau.* Provoquer la colère, l'indignation, etc. : *soulever le peuple. Soulever le cœur,* causer du dégoût. Déclencher, provoquer. *Soulever une question, un débat,* les faire naître, les susciter.

soulier n. m. Chaussure à semelle rigide, qui couvre le pied en partie. *Fam.* Être dans *ses petits souliers,* être dans une situation embarrassante.

souligner v. t. Tirer un trait, une ligne sous. *Fig.* Faire ressortir, mettre en valeur, accentuer. Attirer l'attention sur, faire remarquer : *souligner l'importance d'une découverte.*

soulte n. f. En matière de partage ou d'échange, ce que l'une des parties doit payer aux autres pour rétablir l'égalité des lots.

soumettre v. t. (conj. 49) Réduire à l'obéissance : *soumettre des rebelles.* Subordonner : *soumettre la raison à la foi.* Faire subir : *soumettre quelqu'un à une épreuve.* V. pr. Abandonner la lutte : *les insurgés se sont soumis après une courte résistance.* Se conduire conformément à : *se soumettre à un arbitrage.*

soumission n. f. Action de mettre ou de se mettre sous l'autorité de. Action de rentrer dans le devoir, l'obéissance. Déclaration écrite par laquelle on s'engage à se charger d'un ouvrage, d'une fourniture, à certaines conditions.

soumissionnaire n. m. Celui qui fait une soumission pour une fourniture.

soumissionner v. t. Faire une soumission pour les fournitures ou des travaux.

soupape n. f. Obturateur sous tension utilisé pour régler le mouvement d'un fluide. *Soupape de sûreté*, celle qui, dans la chaudière, s'ouvre d'elle-même à une forte pression, pour empêcher l'explosion.

soupçon n. m. Doute désavantageux, inspiré ou conçu. Idée vague, simple conjecture. Petite quantité : *un soupçon de vin*.

soupçonnable adj. Qui peut être soupçonné.

soupçonner v. t. Porter ses soupçons sur. Conjecturer.

soupçonneux, euse adj. Défiant, méfiant.

soupe n. f. Nom familier du potage. *Pop.* Repas : *c'est l'heure de la soupe. Trempé comme une soupe*, très mouillé.

soupente n. f. Réduit aménagé dans la partie haute d'une pièce, sous un escalier.

souper n. m. Repas que l'on prend tard dans la nuit, à la sortie du spectacle, d'une soirée.

souper v. i. Prendre un souper. *Fam. Avoir soupé d'une chose*, en avoir assez, être excédé.

soupeser v. t. (conj. **5**) Soulever avec la main pour juger du poids : *soupeser une volaille*.

soupière n. f. Récipient creux et large, dans lequel on sert la soupe, le potage.

soupir n. m. Respiration forte et prolongée, occasionnée par la douleur, etc. : *pousser des soupirs. Rendre le dernier soupir*, expirer. *Mus.* Figure de silence qui correspond à une noire.

soupirail n. m. Ouverture pour éclairer, aérer cave ou sous-sol. (Pl. *soupiraux*.)

soupirant n. m. Celui qui est amoureux d'une femme, qui lui fait la cour.

soupirer v. i. Pousser des soupirs. V. i. Désirer ardemment : *soupirer après sa liberté*.

souple* adj. Flexible, maniable, leste. *Fig.* Docile, soumis, complaisant : *avoir l'échine souple*.

souplesse n. f. Flexibilité. Docilité. Aisance à se plier aux circonstances : *faire preuve de souplesse*.

source n. f. Eau qui sourd de terre. Endroit d'où elle sort : *une source de pétrole. Fig.* Principe, cause, origine. Documents originaux : *les sources de l'histoire*.

sourcier n. m. Celui qui découvre les sources avec une baguette ou un pendule.

sourcil [sursi] n. m. Saillie arquée, revêtue de poils au-dessus de l'orbite de l'œil. *Froncer le sourcil*, témoigner du mécontentement.

sourcilier, ère adj. Qui concerne les sourcils : *arcade sourcilière*.

sourciller [sursije] v. i. Remuer les sourcils en signe de mécontentement, de surprise. *Ne pas sourciller*, rester impassible.

sourcilleux, euse adj. Pointilleux, sévère : *il se montre à votre égard très sourcilleux*.

sourd [sur], **e*** adj. Privé plus ou moins du sens de l'ouïe. *Fig.* Insensible à, inexorable : *sourd aux prières*. Peu sonore : *voix sourde*. Peu éclatant : *teinte sourde*. Peu aigu et interne : *douleur sourde*. Incertain, non encore public : *rumeur sourde*. Qui se fait secrètement, sans bruit : *guerre sourde. Faire la sourde oreille*, faire semblant de ne pas entendre. N. Qui est privé de l'ouïe. *Frapper comme un sourd*, très fort.

sourdine n. f. Appareil que l'on adapte à certains instruments de musique pour en assourdir le son, *En sourdine*, à petit bruit, sans qu'on s'en aperçoive.

sourd-muet, sourde-muette n. Personne privée de l'ouïe et de la parole. (Pl. *sourds-muets, sourdes-muettes*.)

sourdre v. i. (conj. **75**) Sortir de terre, en parlant des eaux. *Fig.* Se manifester, s'élever, surgir.

souriceau n. m. Petit d'une souris.

souricière n. f. Piège pour prendre les souris. *Fig.* Endroit où la police place secrètement des agents pour s'emparer de malfaiteurs. Piège.

sourire v. i. (conj. **61**) Exprimer le contentement, l'amusement par un léger mouvement de la bouche et des yeux. *Fig.* Présenter un aspect agréable : *la nature sourit*. Plaire : *cette affaire me sourit*. Favoriser : *le sort lui sourit*.

sourire n. m. Action de sourire.

souris n. f. Petit mammifère rongeur, voisin du rat. *Gris souris*, gris argenté. Petit muscle qui tient au manche d'un gigot.

sournois, e* adj. Dissimulé, hypocrite.

sournoiserie n. f. Caractère sournois, dissimulation.

sous, prép. marquant la situation inférieure : *sous la table* ; intérieur : *mettre sous enveloppe* ; l'effet : *sous le coup de la surprise* ; la dépendance : *sous ses ordres* ; le temps : *sous Louis XIV* ; la réserve : *sous condition* ; l'apparence : *sous une forme agréable* ; l'indication : *sous tel numéro*.

sous-bois n. m. inv. Végétation qui pousse sous les arbres d'une forêt.

sous-chef n. m. Qui vient immédiatement après le chef.

souscripteur n. m. Qui souscrit un effet de commerce. Qui prend part à une souscription.

souscription n. f. Engagement pris de fournir une somme pour contribuer à une dépense, à une entreprise. Somme fournie par les souscripteurs.

souscrire v. t. (conj. **65**) Signer au bas d'un acte pour l'approuver. V. i. Prendre l'engagement de payer, de participer pour une part à. *Fig.* Donner son adhésion à.

sous-cutané, e adj. Sous la peau : *tissu sous-cutané* ; *injection sous-cutanée*.

sous-développé, e adj. *Pays sous-développé*, pays dont les habitants ont un faible niveau de vie moyen, en raison de l'insuffisance de la production agricole et du faible développement de l'industrie. (On dit aussi PAYS EN VOIE DE DÉVELOPPEMENT.)

sous-développement n. m. État d'un pays sous-développé.

sous-directeur, trice n. Qui dirige en second.

sous-entendre v. t. (conj. **46**) Laisser entendre quelque chose sans le dire. *Gramm.* Ne pas exprimer certains mots qui peuvent être aisément suppléés.

sous-entendu n. m. Ce qu'on sous-entend : *parler par sous-entendus*.

sous-estimer ou **sous-évaluer** v. t. Apprécier une chose, une personne au-dessous de sa valeur réelle.

sous-fifre n. m. *Fam.* Individu qui occupe un emploi secondaire.

sous-gouverneur n. m. Gouverneur en second.

sous-jacent, e adj. Placé dessous. Qui ne se manifeste pas clairement : *une idée sous-jacente.*

sous-lieutenant n. m. Premier grade dans là hiérarchie des officiers des armées de terre et de l'air.

sous-locataire n. Personne qui sous-loue.

sous-location n. f. Action de sous-louer.

sous-louer v. t. Donner à loyer ce dont on est locataire, ou prendre à loyer ce dont un autre est locataire.

sous-main n. m. inv. Cahier, feuille de papier ou buvard que l'on place sur son bureau pour écrire. *En sous-main*, loc. adv. En cachette, clandestinement, secrètement.

sous-marin, e adj. Qui vit, qui est sous la mer : *des plantes sous-marines.* Qui s'effectue sous la mer : *la chasse sous-marine.* N. m. Bâtiment de guerre conçu pour naviguer et combattre en plongée : *des sous-marins atomiques.*

sous-multiple n. m. et adj. Se dit d'une quantité contenue un nombre exact de fois dans une autre.

sous-œuvre n. m. Fondement d'une construction. *En sous-œuvre*, par-dessous les fondations.

sous-officier n. m. Militaire d'un corps intermédiaire entre celui des officiers et de la troupe.

sous-ordre n. m. inv. Personne soumise aux ordres d'une autre; subalterne. *Hist. nat.* Subdivision d'un ordre. *En sous-ordre*, au second rang.

sous-préfecture n. f. Subdivision d'un préfecture, administrée par un sous-préfet. Ville où réside le sous-préfet. Fonction, demeure, bureau du sous-préfet.

sous-préfet n. m. Fonctionnaire qui administre un arrondissement.

sous-préfète n. f. Femme de sous-préfet.

sous-produit n. m. Corps accessoire au cours de la fabrication d'une autre substance, ou comme résidu d'une extraction.

sous-secrétaire n. *Sous-secrétaire d'État*, membre d'un gouvernement, adjoint à un secrétaire d'État.

sous-seing n. m. V. SEING.

soussigné, e n. et adj. Qui a mis son nom au bas d'un acte : *je soussigné déclare...*

sous-sol n. m. Partie d'une construction située au-dessous du rez-de-chaussée.

sous-titre n. m. Titre placé après le titre principal d'un livre. Texte sous l'image d'un film.

soustraction n. f. Action de soustraire. Opération par laquelle on retranche un nombre d'un autre.

soustraire v. t. (conj. 73) Prendre par adresse ou par fraude. *Fig.* Faire échapper à : *soustraire à un danger. Math.* Effectuer une soustraction. V. pr. Se dérober.

sous-verre n. m. inv. Encadrement formé d'une plaque de verre et d'un carton, entre lesquels on place une gravure, une photographie.

soutache n. f. Passementerie, tresse.

soutane n. f. Sorte de robe, boutonnée par-devant, que portaient les ecclésiastiques. État ecclésiastique.

soute n. f. Partie d'un bateau servant à contenir le matériel, les munitions, les vivres.

soutenable adj. Qui peut être soutenu.

soutenance n. f. Action de soutenir une thèse.

soutènement n. m. Action de soutenir. Appui : *mur de soutènement.*

souteneur n. m. Individu qui vit aux dépens d'une prostituée, qu'il prétend protéger.

soutenir v. t. (conj. 16) Supporter : *soutenir une poutre.* Défendre : *soutenir ses droits.* Résister : *soutenir une attaque.* Affirmer : *je soutiens que.* Faire vivre, subvenir aux besoins : *soutenir sa famille.* Aider, appuyer : *soutenir des troupes.* Empêcher de faiblir : *soutenir la conversation.* Supporter : *soutenir une épreuve.* V. pr. Se tenir debout. S'empêcher réciproquement de tomber. Être porté sans enfoncer : *se soutenir sur l'eau. Fig.* Continuer.

soutenu, e adj. Constamment noble, élevé : *style soutenu.* Qui ne fléchit pas : *intérêt soutenu; des efforts soutenus.*

souterrain, e adj. Sous terre : *chemin souterrain.* N. m. Passage creusé sous terre.

soutien n. m. Support, appui.

soutien-gorge n. m. Sous-vêtement féminin servant à maintenir la poitrine.

soutier n. m. Matelot chargé d'alimenter les chaudières.

soutirage n. m. Action de soutirer.

soutirer v. t. Transvaser du vin ou tout autre liquide. *Fig.* Obtenir par adresse, par ruse : *soutirer de l'argent à quelqu'un.*

souvenir n. m. Retour à l'esprit d'un fait rapporté à un moment déterminé du passé : *des souvenirs d'enfance.* Ce qui rappelle la mémoire d'une personne, d'un événement. Objet vendu aux touristes.

souvenir (se) v. pr. (conj. 16) Se rappeler : *se souvenir de quelque chose.*

souvent adv. Plusieurs fois en peu de temps.

souverain, e* adj. Suprême : *souverain bien.* Qui s'exerce sans contrôle : *pouvoir souverain.* Qui exerce une puissance de ce genre : *prince souverain. Le souverain pontife*, le pape. N. Celui, celle en qui réside l'autorité souveraine. N. m. Anc. monnaie d'or de Grande-Bretagne.

souveraineté n. f. Autorité suprême. Autorité du prince souverain. *Fig.* Pouvoir suprême.

soviet [sovjɛt] n. m. En U. R. S. S., conseil des délégués des ouvriers, des paysans et des soldats. *Soviet suprême*, organe principal de l'État soviétique.

soviétique adj. Qui se rapporte à l'U. R. S. S. N. Citoyen de l'U. R. S. S.

soya n. m. V. SOJA.

soyeux [swajo], **euse** adj. De la nature, de l'aspect de la soie. N. m. *Fam.* Industriel en soierie.

spacieux, euse* adj. Vaste, de grande étendue : *logement spacieux.*

spadassin n. m. Personne qui cherche les duels. Assassin gagé : *engager des spadassins.*

spaghetti [spageti] n. m. pl. Macaroni longs, minces et sans trou.

spahi n. m. En Afrique du Nord, cavalier de l'ancienne armée française qui appartenait à un corps recruté en principe chez les autochtones.

sparadrap [sparadra] n. m. Bande de tissu adhésif destinée à maintenir de petits pansements.

spart ou **sparte** n. m. Alfa, graminacée.

spartakisme n. m. Mouvement socialiste, puis communiste d'Allemagne (1914-1919).

sparterie n. f. Ouvrage tressé en spart ou en crin végétal (natte, tapis-brosse, etc.).

spartiate [sparsjat] adj. et n. De Sparte. *Fig.* Austère comme les habitants de Sparte. N. f. Sandale à lanières.

spasme n. m. Contraction brusque et involontaire.

spasmodique adj. Provoqué par le spasme.

spath [spat] n. m. Nom de divers minerais pierreux à structure lamelleuse.

spatial [spasjal], e adj. Relatif à l'espace.

spatule n. f. Instrument de métal, de bois, etc., en forme de petite pelle aplatie. Genre d'échassiers.

speaker [spikœr], **speakerine** [spikrin] n. Personne qui annonce les programmes, les nouvelles, à la radio et à la télévision.

spécial, e*, aux adj. Particulier : *étude spéciale.* Qui a une aptitude particulière.

spécialisation n. f. Action de spécialiser, de se spécialiser.

spécialisé, e adj. Qui est limité à une spécialité, qui est affecté à un travail déterminé. *Ouvrier spécialisé,* celui qui effectue un travail nécessitant une certaine mise au courant, sans cependant exiger un véritable apprentissage.

spécialiser v. t. Faire acquérir des connaissances spéciales. V. pr. Adopter une spécialité : *se spécialiser dans la physique atomique.*

spécialiste n. et adj. Personne qui a des connaissances dans un domaine précis. Médecin qui ne soigne qu'une catégorie déterminée de maladies.

spécialité n. f. Activité à laquelle on se consacre particulièrement. Ensemble de connaissances approfondies dans un domaine déterminé. Produit qu'on ne trouve que sous telle marque, dans telle maison. Préparation culinaire qui fait le renom d'une région.

spécieux, euse* adj. Qui n'a que l'apparence de la vérité et de la justice : *argument spécieux.*

spécification n. f. Action de spécifier.

spécifier v. t. Déterminer, préciser, indiquer.

spécifique* adj. Se dit de ce qui est propre à une espèce, à une chose, à l'exclusion de toute autre : *le poids spécifique d'un corps ; odeur spécifique* (syn. CARACTÉRISTIQUE).

spécimen [spesimɛn] n. m. Être ou objet qui donne une idée de l'espèce, de la catégorie dont il fait partie. Exemplaire, feuillet publicitaire. Adj. : *numéro spécimen.*

spectacle n. m. Tout ce qui attire le regard, l'attention. Représentation théâtrale, cinématographique, etc. : *aller au spectacle.* *Revue à grand spectacle,* à grande mise en scène. *Se donner, s'offrir en spectacle,* se montrer en public avec ostentation.

spectaculaire* adj. Impressionnant, sensationnel.

spectateur, trice n. Témoin oculaire d'un événement. Personne qui assiste à un spectacle artistique.

spectral, e, aux adj. Qui a le caractère d'un spectre, d'un fantôme : *figure spectrale.* *Phys.* Qui concerne un spectre lumineux.

spectre n. m. Apparition présentant les formes d'une personne morte (syn. FANTÔME, REVENANT). Personne maigre et pâle. Ce qui épouvante. *Phys.* Ensemble des rayons colorés résultant de la décomposition d'une lumière complexe.

spectrographe n. m. Spectroscope à plaque photographique.

spectroscope n. m. Appareil destiné à étudier les différents spectres lumineux.

spéculateur, trice n. Qui fait des spéculations.

spéculatif, ive* adj. Qui s'attache à la théorie sans se préoccuper de la pratique.

spéculation n. f. Recherche n'ayant pour objet que la connaissance désintéressée. Opération financière, commerciale, dont on espère tirer un bénéfice.

spéculer v. i. Effectuer des spéculations financières, commerciales. V. i. Spéculer sur, tabler sur.

spéculum [spekylɔm] n. m. *Chir.* Instrument qui permet d'élargir certaines cavités du corps pour en faciliter l'examen.

speech [spitʃ] n. m. Petit discours. (Pl. *speeches.*)

spéléologie n. f. Exploration et étude des cavités naturelles du sol.

sperme n. m. Liquide émis par les glandes reproductrices mâles.

sphère n. f. *Math.* Ensemble des points de l'espace qui sont à la même distance (appelée *rayon*) d'un point fixe (appelé *centre*). Domaine dans lequel s'exerce l'action de quelqu'un.

sphéricité n. f. État de ce qui est sphérique : *la sphéricité de la Terre.*

sphérique adj. En forme de sphère : *figure sphérique.*

sphéroïde n. m. Solide dont la forme approche de celle de la sphère.

sphincter [sfɛktɛr] n. m. Muscle annulaire fermant ou resserrant un orifice.

sphinx [sfɛks] n. m. Monstre fabuleux à corps de lion et à tête humaine. *Fig.* Personnage impénétrable. Individu habile à poser des questions difficiles. *Zool.* Sorte de papillon.

spiral, e, aux adj. En forme de spirale : *ressort spiral.* N. m. Petit ressort de montre.

spirale n. f. Courbe non fermée, composée d'une suite d'arcs de cercle raccordés. *En spirale,* se dit d'un objet, d'une chose qui fait une suite de circonvolutions.

spire n. f. Tour d'une spirale ou d'une hélice. Partie élémentaire d'un enroulement électrique dont les extrémités sont très rapprochées l'une de l'autre.

spirite n. Personne qui prétend pouvoir se mettre en relation avec les esprits. Personne versée dans le spiritisme. Adj. Qui concerne le spiritisme.

spiritisme n. m. Doctrine des spirites.
spiritualisation n. f. Action de spiritualiser.
spiritualiser v. t. Donner un esprit, une âme à. Donner un caractère spirituel.
spiritualisme n. m. Doctrine philosophique qui admet l'existence de l'esprit comme une réalité indépendante.
spiritualiste adj. et n. Partisan du spiritualisme.
spiritualité n. f. Qualité de ce qui est esprit. *Théol.* Tout ce qui a pour objet la vie spirituelle.
spirituel, elle* adj. Incorporel : *un être spirituel.* Qui a de l'esprit : *homme spirituel.* Qui indique de l'esprit : *réponse spirituelle.* Qui regarde l'âme, la religion : *pouvoir spirituel.* N. m. Pouvoir spirituel.
spiritueux, euse adj. Alcoolisé. N. m. Liqueur à base d'alcool.
spirochète [spirɔkɛt] n. m. Nom de certaines bactéries en forme de filament souvent spiralé.
spleen [splin] n. m. Ennui de toutes choses ; dégoût de la vie.
splendeur* n. f. Grand éclat. Magnificence. Pl. Choses magnifiques.
splendide* adj. D'un grand éclat. Magnifique, somptueux.
spoliateur, trice n. Qui spolie.
spoliation n. f. Action de spolier.
spolier v. t. Déposséder, dépouiller : *spolier un orphelin.*
spongieux, euse adj. Poreux comme l'éponge : *pâte spongieuse.*
spontané, e adj. Que l'on fait de soi-même : *déclaration spontanée.* Naturel, sincère, sans arrière-pensée : *un garçon spontané.*
spontanéité n. f. Qualité de ce qui est spontané : *rire avec spontanéité.*
sporadique* adj. Se dit des maladies n'atteignant que quelques individus isolément. Se dit de ce qui existe çà et là, de temps en temps.
sporange n. m. *Bot.* Sorte de sac qui renferme les spores.
spore n. f. *Bot.* Organe reproducteur des cryptogames.
sport n. m. Pratique méthodique des exercices physiques.
sportif, ive adj. Qui concerne les sports. N. Qui pratique les sports.
spot [spɔt] n. m. Tache lumineuse projetée sur un écran. Le projecteur qui produit cette tache. Film publicitaire de courte durée. Petit projecteur.
sprat [sprat ou spra] n. m. Petit poisson de la famille des harengs.
sprint [sprint] n. m. Accélération d'un coureur près du but.
sprinter [sprintœr], **sprinteuse** [sprintøz] n. Coureur, coureuse de vitesse sur petites distances ou capables de pointes de vitesse en fin d'une longue course.
sprinter [sprinte] v. i. Augmenter sa vitesse en arrivant près du but.
squale [skwal] n. m. Syn. de REQUIN.
squame [skwam] n. f. Lamelle qui se détache de la partie superficielle de l'épiderme.
squameux, euse adj. Écailleux.

square [skwar] n. m. Petit jardin public généralement entouré d'une grille.
squatter [skwatœr ou skwatɛr] n. m. Personne sans abri, qui, de sa propre autorité, s'installe avec les siens dans un logement inoccupé.
squelette n. m. Charpente osseuse du corps. Personne extrêmement maigre et décharnée. Canevas, plan.
squelettique adj. Qui a l'aspect d'un squelette. *Maigreur squelettique,* excessive.
squirre ou **squirrhe** [skir] n. m. Tumeur dure.
stabilisateur adj. Qui stabilise. N. m. Dispositif qui maintient la stabilité d'un véhicule, en corrigeant ses écarts de direction.
stabilisation n. f. Action de stabiliser.
stabiliser v. t. Rendre stable. Donner à une monnaie une valeur fixe.
stabilité n. f. Qualité de ce qui est stable.
stable adj. Qui est dans un état, dans une situation ferme. *Équilibre stable,* état d'un corps qui, dérangé de sa position, y revient de lui-même. *Fig.* Assuré, durable : *situation stable.*
stabulation n. f. Séjour des animaux dans l'étable.
staccato adv. *Mus.* Mot indiquant que, dans une suite de notes rapides, chacune d'elles doit être nettement détachée.
stade n. m. Terrain pourvu des installations nécessaires à la pratique des sports. *Fig.* Degré, phase : *les divers stades d'une évolution.*
staff n. m. Mélange de plâtre et de fibres végétales, employé pour la décoration architecturale.
stage n. m. Temps pendant lequel des candidats, des débutants sont astreints à un travail d'essai. *Fig.* Situation transitoire.
stagiaire n. et adj. Qui fait un stage.
stagnant [stagnã], e adj. Qui ne coule pas : *eaux stagnantes. Fig.* Qui ne fait aucun progrès : *des affaires stagnantes.*
stagnation n. f. État de ce qui est stagnant.
stagner [stagne] v. i. Ne pas s'écouler, rester immobile. Rester inerte, ne marquer aucune activité.
stakhanovisme [stakanɔvism] n. m. Dans les pays d'économie socialiste, méthode fondée sur l'initiative de certains travailleurs pour augmenter le rendement.
stalactite n. f. Concrétion calcaire en forme de colonne qui descend de la voûte des grottes.
stalag [stalag] n. m. Nom donné en Allemagne, pendant la Seconde Guerre mondiale, aux camps de prisonniers réservés aux sous-officiers et aux soldats.
stalagmite n. f. Concrétion calcaire en forme de colonne qui s'élève à partir du sol des grottes.
stalinien, enne adj. et n. Qui soutient les théories et les méthodes de Staline.
stalinisme n. m. Ensemble des théories et des méthodes de Staline.
stalle n. f. Chacun des sièges qui sont autour du chœur d'une église. Dans une écurie, compartiment de chaque cheval.
stance n. f. Groupe de vers offrant un sens complet.

stand [stãd] n. m. Espace réservé aux participants d'une exposition. Endroit clos aménagé pour le tir de précision.

standard [stãdar] n. m. Norme, modèle, étalon. *Standard de vie*, niveau de vie d'un individu. Dispositif permettant la desserte de nombreux postes téléphoniques. Adj. Qui est conforme à une norme de fabrication, à un modèle : *des pneus standards.*

standardisation n. f. Normalisation. Unification des éléments de construction, des outils, etc.

standardiste n. Personne affectée au service d'un standard téléphonique.

standing [standiŋ] n. m. Position sociale : *avoir un haut standing.* Confort, luxe : *standing d'un appartement.*

stannifère adj. Qui contient de l'étain.

staphylocoque n. m. Sorte de microbe.

star n. f. Vedette de cinéma.

starter [starter] n. m. Celui qui, dans les courses, donne le signal du départ. Appareil qui facilite la mise en marche d'un moteur.

stase n. f. Arrêt ou ralentissement de la circulation du sang ou de tout autre liquide organique.

station n. f. Façon de se tenir : *station verticale.* Pause, arrêt de peu de durée. Lieu de séjour temporaire : *station thermale.* Point d'arrêt des trains, des autobus, des taxis. Établissement de recherches scientifiques : *station météorologique.* Chacune des pauses du chemin de croix.

stationnaire adj. Qui ne change pas de place ou de séjour. Qui reste au même point. *Fig.* Qui ne progresse pas : *état stationnaire d'un malade.*

stationnement n. m. Action de stationner.

stationner v. i. S'arrêter momentanément dans un lieu.

station-service n. f. Endroit aménagé au bord des routes pour le ravitaillement en essence et l'entretien des véhicules à moteur.

statique adj. Se dit d'une personne ou d'une chose qui n'évolue pas, ne progresse pas. Relatif à l'équilibre des forces. N. f. Partie de la mécanique qui étudie l'équilibre des forces.

statisticien, enne n. Spécialiste de la statistique.

statistique n. f. Science qui a pour objet le groupement méthodique des faits qui se prêtent à une évaluation numérique. Adj. Relatif à cette science.

stator n. m. Partie fixe d'une dynamo, où tourne le rotor.

statuaire n. m. Sculpteur qui fait des statues. N. f. Art de faire des statues : *la statuaire grecque.* Adj. Propre à faire des statues : *marbre statuaire.*

statue n. f. Ouvrage de sculpture représentant un être humain, un animal, etc.

statuer v. t. et i. Régler avec autorité.

statuette n. f. Petite statue.

statufier v. t. *Fam.* Élever une statue à.

statu quo [statykwo] n. m. inv. (loc. lat.). État actuel des choses : *garder le statu quo.*

stature n. f. Hauteur du corps d'une personne. *Fig.* Importance d'une personne.

statut [staty] n. m. Ensemble des dispositions législatives qui garantissent les droits d'une collectivité : *statut des fonctionnaires.*

Pl. Texte qui pose les règles du fonctionnement d'une association, d'une société.

statutaire adj. Conforme aux statuts.

steak [stɛk] n. m. Syn. de BIFTECK.

steamer [stimœr] n. m. Navire à vapeur.

stéarine n. f. Corps gras, principal constituant des graisses animales.

stéarique adj. Se dit d'un acide contenu dans les graisses animales et servant surtout à fabriquer des bougies.

stéatite n. f. Silicate naturel de magnésie.

steeple ou **steeple-chase** [stipəlt͡rɛz] n. m. Course à pied ou à cheval, comportant des obstacles.

stèle n. f. Pierre, plaque de pierre ou colonne brisée, placée debout et destinée à porter une inscription, le plus souvent funéraire.

stellaire adj. Relatif aux étoiles.

stencil [stɛsil ou stɛnsil] n. m. Support d'écriture permettant la reproduction d'un grand nombre de copies à l'aide d'un duplicateur.

sténodactylo ou **sténo** n. f. Abrév. de STÉNODACTYLOGRAPHE, dactylo capable d'assurer, au moyen de signes écrits, l'enregistrement d'une dictée, d'une conversation, d'un discours.

sténographe n. Qui sait la sténographie.

sténographie n. f. Écriture abrégée et rapide, au moyen de signes conventionnels.

sténographier v. t. Écrire au moyen de la sténographie.

sténographique adj. Qui appartient à la sténographie.

sténotypie n. f. Sténographie mécanique.

sténotypiste n. f. Sténographie à la machine.

stentor [stãtɔr] n. m. *Voix de stentor,* voix forte et retentissante.

steppe [stɛp] n. f. Formation discontinue de végétaux, souvent herbacés, des régions tropicales et des régions de climat continental semi-arides.

stercoraire n. m. Genre d'oiseaux palmipèdes.

stéréographie n. f. Art de représenter les solides sur un plan, par projection.

stéréographique adj. Qui concerne la stéréographie.

stéréométrie n. f. Partie de la géométrie qui étudie les solides.

stéréophonie n. f. Technique de la reproduction des sons enregistrés ou transmis par radio, caractérisée par la reconstitution spatiale des sources sonores.

stéréophonique adj. De la stéréophonie.

stéréoscope n. m. Instrument d'optique, dans lequel deux images, superposées par vision binoculaire, apparaissent en relief.

stéréoscopique adj. Qui concerne le stéréoscope.

stéréotomie n. f. Science de la coupe des pierres employées dans la construction.

stéréotype n. m. Cliché typographique obtenu par coulage de plomb dans un flan ou une empreinte. *Fig.* Formule banale, opinion absolument dépourvue d'originalité, cliché.

stéréotypé, e adj. Banal, convenu. *Phrase stéréotypée,* toute faite. Figé : *sourire stéréotypé.*

stéréotyper v. t. Faire un stéréotype, clicher.

stéréotypie n. f. Clichage.

stérile* adj. Qui ne porte point de fruits. Impropre à la génération. *Fig.* Qui produit peu : *auteur stérile.* Qui est sans résultats : *discussion stérile.* N. m. Roche inutilisable comme minerai.

stérilet [sterilɛ] n. m. Dispositif intra-utérin utilisé pour la contraception.

stérilisateur n. m. Appareil pour stériliser.

stérilisation n. f. Action de stériliser.

stériliser v. t. Rendre stérile. Débarrasser entièrement une substance des ferments qu'elle contient. Aseptiser.

stérilité n. f. État de ce qui est stérile. Inaptitude à se reproduire.

sterling [stɛrliŋ] adj. et n. m. inv. *Livre sterling,* unité monétaire britannique.

sternum [stɛrnɔm] n. m. Os plat situé à la partie antérieure de la cage thoracique chez la plupart des vertébrés.

sternutatoire adj. et n. m. Qui provoque l'éternuement.

stéthoscope n. m. Instrument pour ausculter.

steward [stjuward] n. m. Maître d'hôtel ; garçon à bord des paquebots, des avions, dans les cercles.

stick n. m. Canne flexible. Équipe de parachutistes larguée par le même avion.

stigmate n. m. Marque que laisse une plaie, une maladie. *Fig.* Marque déshonorante, note d'infamie : *les stigmates du vice. Bot.* Partie supérieure du pistil. *Hist. nat.* Orifice respiratoire chez les animaux articulés. Pl. Marques semblables à celles des cinq plaies de Jésus crucifié, constatées sur le corps de certains saints.

stigmatiser v. t. Blâmer publiquement et violemment. Condamner, flétrir : *stigmatiser la conduite de quelqu'un.*

stillation [stilasjɔ̃] n. f. Écoulement goutte à goutte.

stimulant, e adj. Propre à accroître l'activité. N. m. Produit stimulant. *Fig.* Ce qui augmente l'ardeur, le zèle : *sa paresse a besoin d'un stimulant.*

stimulateur n. m. *Stimulateur cardiaque,* appareil électrique destiné à régulariser le rythme cardiaque quand celui-ci ne s'effectue plus normalement.

stimulation n. f. Action de stimuler.

stimuler v. t. Exciter l'activité d'un organe. *Fig.* Exciter, aiguillonner. Encourager, exhorter, animer.

stimulus [stimylys] n. m. Excitation brève d'un organe. (Pl. *stimuli* ou *stimulus.*)

stipe n. m. Tronc non ramifié des palmiers.

stipendier v. t. Avoir à sa solde : *stipendier des assassins.*

stipulation n. f. Clause, convention dans un contrat.

stipuler v. t. Énoncer une condition dans un contrat, dans une convention. Faire savoir expressément.

stock n. m. Quantité de marchandises disponibles sur un marché. Dépôt en général.

stockage n. m. Action de stocker.

stock-car [stɔkkar] n. m. Voiture automobile engagée dans une course où les obstructions et les carambolages sont de règle.

stocker v. t. Mettre en stock, en dépôt. Emmagasiner.

stoïcien, enne n. Adepte du stoïcisme. Personne inébranlable.

stoïcisme n. m. Doctrine philosophique et art de vivre prônés à la fin du IVᵉ s. av. J.-C. en Grèce, et caractérisés par l'austérité de la morale. *Fig.* Austérité, fermeté, constance dans le malheur.

stoïque* adj. Se dit de quelqu'un qui supporte la douleur, le malheur avec courage : *rester stoïque devant l'adversité.* Imperturbable, impassible, courageux.

stolon n. m. *Bot.* Tige aérienne rampante qui se marcotte naturellement.

stomacal, e, aux adj. De l'estomac.

stomate n. m. *Bot.* Pore des feuilles.

stomatite n. f. Inflammation de la muqueuse buccale.

stomatologie n. f. Partie de la médecine consacrée à l'étude et aux soins des maladies de la bouche et des dents.

stop! interj. Ordre impératif d'arrêter, de cesser toute manœuvre. N. m. Terme servant, dans les télégrammes, à séparer nettement les phrases. Panneau de signalisation routière imposant impérativement un arrêt.

stoppage n. m. Action de refaire la trame et la chaîne d'un tissu pour réparer une déchirure.

stopper v. t. Arrêter la marche d'un véhicule, de quelqu'un, d'une chose (en mouvement), les empêcher d'avancer, de continuer. V. i. S'arrêter net : *voiture qui stoppe à un feu rouge.*

stopper v. t. Réparer une déchirure en retissant l'étoffe.

stoppeur, euse n. Personne qui fait le stoppage.

store n. m. Rideau qui se lève et se baisse devant une fenêtre. Grand rideau intérieur d'une fenêtre, qui se tire latéralement.

strabisme n. m. Difformité de celui qui louche.

stradivarius [stradivarjys] n. m. Violon fabriqué par Stradivarius.

strangulation n. f. Action d'étrangler.

strapontin n. m. Siège accessoire, repliable, utilisé dans les cars, les salles publiques, etc.

strass n. m. Composition imitant le diamant et les pierres précieuses.

stratagème n. m. Ruse de guerre. *Par ext.* Feinte, subtilité, agissement astucieux : *plaisant stratagème.*

strate n. f. Chacune des couches géologiques d'un terrain stratifié, formées par des roches sédimentaires.

stratège n. m. Principal magistrat à Athènes. Auj., spécialiste ou praticien de la stratégie.

stratégie n. f. Art de conduire les armées, de diriger de vastes opérations militaires. Art de coordonner des actions et de manœuvrer pour atteindre un but : *la stratégie électorale, syndicale.*

stratégique* adj. Qui intéresse la stratégie : *une position stratégique.*

stratification n. f. Disposition par couches géologiques superposées.

stratifié, e adj. Qui se présente en couches superposées. Se dit de produits fabriqués à partir de supports divers et imprégnés d'un vernis.

stratifier v. t. Disposer par couches superposées.

stratigraphie n. f. Partie de la géologie qui étudie les couches de l'écorce terrestre en vue d'établir l'ordre normal de superposition et l'âge relatif.

stratosphère n. f. Partie de l'atmosphère allant de 10 à 40 km d'altitude.

stratus [stratys] n. m. Nuage en forme de longue bande continue.

streptocoque n. m. Microbe qui abonde particulièrement dans les matières putrescibles.

streptomycine n. f. Antibiotique utilisé pour lutter contre certaines infections microbiennes.

stress [strɛs] n. m. Ensemble de répercussions sur l'organisme et l'esprit d'un choc physique ou psychique.

strict, e* adj. Etroit, rigoureux : *devoir strict* ; *strict en affaires*.

strident, e adj. Qui rend un son aigu.

stridulation n. f. Bruit aigu que font entendre certains insectes.

strie n. f. Cannelure. Sillons parallèles dans une roche.

strié, e adj. Dont la surface présente des stries : *des roches striées*.

strier v. t. Faire des stries, rayer.

strobile n. m. Fruit en cône : *strobiles de houblon*.

strontium [strɔ̃sjɔm] n. m. Métal jaune, utilisé en pyrotechnie.

strophe n. f. Division d'un poème, d'une pièce lyrique, formée d'un nombre déterminé de vers.

structuralisme n. m. Théorie, commune à plusieurs sciences humaines, visant à définir un fait humain en fonction d'un ensemble organisé et à en rendre compte à l'aide de modèles mathématiques.

structure n. f. Construction : *édifice de structure solide*. Constitution : *la structure d'un corps*. Manière dont les parties d'un tout sont arrangées entre elles. *Par ext.* Disposition, agencement.

strychnine [striknin] n. f. Poison violent tiré de la noix vomique.

stuc n. m. Enduit imitant le marbre.

studieux, euse* adj. Qui aime l'étude. Consacré à l'étude.

studio n. m. Petit appartement. Atelier d'artiste, de photographe. Local où l'on tourne les scènes cinématographiques.

stupéfaction n. f. Etonnement proche de la stupeur.

stupéfait, e adj. Interdit, immobilisé par la surprise.

stupéfiant, e adj. Qui stupéfie. N. m. Substance toxique qui produit une sorte d'inertie physique et mentale.

stupéfier v. t. Causer une grande surprise. Produire une inertie physique et morale : *l'opium stupéfie*.

stupeur n. f. Engourdissement : *la stupeur de l'ivresse*. Fig. Immobilité causée par une grande douleur ou une fâcheuse nouvelle : *il resta frappé de stupeur*.

stupide* adj. Hébété, d'un esprit lourd et pesant. Sot, inintelligent : *air stupide*.

stupidité n. f. Caractère stupide. Parole, action stupide.

style n. m. Poinçon dont les Anciens se servaient pour écrire sur des tablettes. Manière d'écrire, d'exprimer la pensée : *style simple*. Manière d'écrire propre à un grand écrivain : *style de Voltaire*. Manière particulière à un artiste, à une époque : *style gothique* ; *style Louis XIII. Bot.* Partie moyenne du pistil d'une fleur, située entre l'ovaire et le stigmate.

styler v. t. Former selon les règles de la bienséance, du savoir-vivre : *un maître d'hôtel stylé*.

stylet n. m. Petit poignard à lame très effilée. Organe fin et pointu chez certains animaux. *Méd.* Instrument de chirurgie.

stylisation n. f. Action de styliser.

styliser v. t. Simplifier une figure pour lui donner un aspect décoratif : *styliser une fleur*.

styliste n. Ecrivain qui brille surtout par le style. Personne dont le métier est de concevoir des formes nouvelles dans le domaine de l'habillement, de l'ameublement, etc.

stylistique n. f. Etude scientifique des procédés de style.

stylo n. m. Abrév. de STYLOGRAPHE.

stylographe ou **stylo** n. m. Porte-plume dont le manche contient un réservoir d'encre.

su n. m. Connaissance d'une chose : *au vu et au su de tous*.

suaire n. m. Linceul.

suave* adj. Doux, agréable : *une voix suave*. Délicieux, exquis : *un parfum suave*.

suavité n. f. Qualité de ce qui est suave.

subaigu, ë adj. Légèrement aigu.

subalpin, e adj. Se dit des régions situées au pied des Alpes.

subalterne adj. et n. Subordonné. Inférieur, secondaire : *un emploi subalterne*.

subconscient, e adj. Dont on n'a qu'une demi-conscience. N. m. Conscience faible. (Vx.) Inconscient.

subdiviser v. t. Diviser un tout déjà divisé.

subdivision n. f. Division d'une chose déjà divisée.

subéreux, euse adj. Qui est de la nature du liège.

subir v. t. Supporter, être soumis à : *subir des tortures*. Se soumettre, se résigner à : *subir sa destinée*. Se présenter à, soutenir l'épreuve de : *subir un examen*. Etre l'objet de : *subir un changement*, être modifié.

subit, e* adj. Soudain : *changement subit*.

subjectif, ive adj. *Philos.* Relatif au sujet pensant par opposition à *objectif*, relatif à l'objet pensé. *Par ext.* Qui varie avec les jugements, les goûts, les habitudes, les désirs de chacun : *un jugement subjectif*.

subjectivité n. f. Caractère de ce qui est subjectif.

subjonctif n. m. Mode du verbe indiquant qu'une action est présentée comme éventuelle ou douteuse.

subjuguer v. t. Exercer un puissant ascendant sur ; dominer ; envoûter : *subjuguer les esprits*.

sublimation n. f. Transformation directe d'un solide en vapeur : *la sublimation de l'iode. Psychanal.* Transformation de certains désirs cachés en tendances avouables ou en valeurs socialement reconnues.

sublime adj. Le plus élevé, le plus haut, en parlant des choses morales, intellectuelles. Grand, noble, élevé : *écrivain sublime.* N. m. *Le sublime,* caractère de ce qui est sublime.

sublimé n. m. *Chim.* Corps volatilisé et recueilli à l'état solide. *Sublimé corrosif,* bichlorure de mercure.

sublimer v. t. *Chim.* Faire passer un corps solide directement à l'état gazeux. Elever jusqu'au sublime : *l'art sublime les passions. Psychanal.* Transformer les pulsions en valeur personnelle ou sociale positive.

submerger v. t. (conj. 1) Inonder, couvrir d'eau. Engloutir, enfoncer dans l'eau. *Fig.* Déborder (surtout au passif) : *je suis submergé de travail.*

submersible adj. Qui peut être submergé. N. m. Sous-marin qui peut naviguer à la surface de l'eau.

submersion n. f. Action de submerger. État de ce qui est submergé.

subodorer v. t. Sentir de loin. *Fig.* Pressentir : *subodorer un mensonge.*

subordination n. f. Dépendance. Assujettissement. Ordre établi entre des personnes et qui les rend dépendantes les unes des autres. *Gramm.* Construction par laquelle une proposition dépend d'une autre.

subordonné, e adj. Qui est sous la dépendance de. *Proposition subordonnée,* qui dépend d'une autre. N. Celui qui est sous la dépendance d'un autre.

subordonner v. t. Établir un ordre de dépendance entre des personnes ou des choses.

subornation n. f. Action de suborner.

suborner v. t. Séduire, porter à agir contre la vérité, le devoir, etc. : *suborner des témoins.*

suborneur, euse n. Celui, celle qui suborne.

subreptice* adj. Furtif, illicite.

subrogé, e adj. *Subrogé tuteur,* se dit d'une personne qui doit au besoin remplacer le tuteur.

subroger v. t. (conj. 1) *Dr.* Mettre en lieu et place.

subséquemment adv. Ensuite, après.

subséquent, e adj. Qui suit.

subside [sypsid] n. m. Somme d'argent versée à titre de secours. Subvention : *vivre des subsides de l'État.*

subsidiaire [sypsidjɛr] adj. Accessoire : *moyen subsidiaire.*

subsistance [sybzistɑ̃s] n. f. Nourriture et entretien.

subsister [sybziste] v. i. Exister encore, continuer d'être. Etre en vigueur : *cette loi subsiste.* Soutenir son existence ; se nourrir : *ne subsister que d'aumônes.*

substance n. f. Toute sorte de matière : *substance dure, molle.* Ce qu'il y a de permanent dans les choses qui changent : *substance spirituelle.* Ce qu'il y a de meilleur, d'essentiel : *la substance d'un livre. En substance,* en abrégé.

substantiel, elle* adj. Relatif à la substance : *idée substantielle. Fig.* Essentiel, capital. Nourrissant : *aliment substantiel.*

substantif n. m. *Gramm.* Tout mot qui désigne un être, un objet.

substantivement adv. Comme substantif.

substituer v. t. Mettre à la place de.

substitut [sypstity] n. m. Qui remplit des fonctions à la place d'un autre. Magistrat chargé de suppléer le procureur général ou le procureur de la République.

substitution n. f. Action, intentionnelle ou non, de substituer.

substrat [sypstra] ou **substratum** [sypstratɔm] n. m. Ce sur quoi reposent les qualités de l'être. Parler subrogatif par un autre. *Géol.* Elément sur lequel repose une couche géologique.

subterfuge n. m. Moyen détourné pour se tirer d'embarras. Echappatoire, ruse, fauxfuyant.

subtil, e* adj. Délié, fin, pénétrant : *un esprit subtil.* Ingénieux, qui exige beaucoup de finesse, de sagacité : *un raisonnement subtil.*

subtiliser v. t. *Fam.* Dérober adroitement : *on lui a subtilisé son portefeuille.* V. i. Penser, raisonner avec une finesse excessive.

subtilité n. f. Caractère de ce qui est subtil. Pensées, paroles d'une finesse excessive : *discuter sur des subtilités.*

subtropical, e, aux adj. Situé près des tropiques, mais à une latitude plus élevée : *les régions subtropicales.*

suburbain, e adj. Voisin de la ville.

subvenir v. i. (conj. 16) Pourvoir : *venir en aide à.*

subvention n. f. Secours d'argent, subside fourni par l'État, etc.

subventionner v. t. Donner une subvention : *subventionner un théâtre.*

subversif, ive* adj. Propre à bouleverser, à détruire l'état de choses établi : *propos subversifs.*

subversion n. f. Action de troubler, de renverser un état de choses, des lois, un régime politique.

suc n. m. Liquide qui s'extrait des viandes, des plantes, etc., et qui est ce qu'elles ont de plus substantiel. Liquide organique : *suc gastrique. Fig.* Le meilleur, la substance de : *le suc de la science.*

succédané, e n. m. Produit qu'on peut substituer à un autre.

succéder v. t. [à] (conj. 5) Venir après. Remplacer dans un emploi, une dignité.

succès [syksɛ] n. m. Issue heureuse, réussite : *le succès d'une entreprise. A succès,* qui rencontre la faveur du public : *une pièce, un film à succès.*

successeur n. m. Personne qui prend la suite d'une autre dans certaines fonctions, dans une profession, dans un art, dans une science, etc.

successif, ive* adj. Qui se succède ; continu.

succession n. i. Suite non interrompue de personnes ou de choses : *succession de rois, d'idées.* Transmission légale à des personnes vivantes des biens et obligations d'une personne décédée : *par droit de succession.* Biens qu'on laisse en mourant.

successoral, e, aux adj. Relatif aux successions : *loi successorale.*

succinct, e* [syksɛ̃, -ɛ̃t] adj. Dit en peu de mots ; bref, concis : *récit succinct.*

succion [syksjɔ̃] n. f. Action de sucer.

succomber v. i. Être accablé sous un fardeau, sous un poids (au *pr.* et au *fig.*). Mourir : *le malade a succombé*. Perdre un combat, un procès, etc. V. Ne pas résister, céder à : *succomber à la tentation*.

succube n. m. Sorte de démon féminin.

succulence n. f. Qualité d'un mets succulent.

succulent, e adj. Qui a beaucoup de suc nourrissant et qui flatte le goût ; savoureux : *viande succulente*.

succursale n. f. Établissement commercial ou financier dépendant d'un autre, bien que jouissant d'une certaine autonomie.

sucement n. m. Action de sucer.

sucer v. t. (conj. 1) Aspirer avec la bouche un liquide, une substance ; pratiquer sur un objet un mouvement d'aspiration : *sucer un bonbon.*

sucette n. f. Sorte de bonbon fixé à l'extrémité d'un bâtonnet.

suceur, euse adj. et n. Qui suce.

suçoir n. m. Organe de la bouche des insectes, qui sert à sucer.

suçon n. m. *Fam.* Marque qu'on fait à la peau en la suçant fortement.

suçoter v. t. Sucer à plusieurs reprises.

sucrage n. m. Action de sucrer.

sucrant, e adj. Qui sucre : *pouvoir sucrant.*

sucre [sykr] n. m. Aliment de saveur douce, cristallisé, que l'on extrait surtout de la canne et de la betterave à sucre.

sucré, e adj. Qui a le goût du sucre : *des poires sucrées*. N. f. Faire *la sucrée*, affecter un air doucereux, jouer la modestie.

sucrer v. t. Adoucir avec du sucre : *sucrer des fruits*. V. pr. *Pop.* S'octroyer la plus large part.

sucrerie n. f. Lieu où l'on fabrique le sucre.

sucreries n. f. pl. Friandises préparées avec du sucre.

sucrier, ère adj. Relatif à la production du sucre : *betterave sucrière*. N. m. Récipient où l'on met du sucre.

sud n. m. Celui des quatre points cardinaux qui est opposé au nord. Pays ou partie d'un pays situés au sud.

sud-africain, e adj. et n. Qui est de la république d'Afrique du Sud.

sud-américain, e adj. et n. Qui est de l'Amérique du Sud.

sudation n. f. Production de sueur. Émission d'eau sous forme liquide par les feuilles.

sud-est adj. Qui est situé entre le sud et l'est. N. m. Contrée située au sud-est.

sudiste n. m. Partisan des États du Sud, dans la guerre de Sécession (1861-1865).

sudoripare adj. Qui produit la sueur : *les glandes sudoripares*.

sud-ouest adj. Qui est situé entre le sud et l'ouest. N. m. Contrée située au sud-ouest.

suédois, e adj. et n. De Suède. *Allumette suédoise*, allumette de sûreté qui ne s'enflamme que sur un frottoir spécial.

suée n. f. *Fam.* Transpiration abondante.

suer v. i. Rendre par les pores de la peau un liquide appelé *sueur*. *Pop. Faire suer quelqu'un*, le fatiguer.

sueur n. f. Liquide incolore, salé, d'une odeur particulière, qui suinte par les pores de la peau (syn. TRANSPIRATION).

suffire v. i. (conj. 67) Pouvoir satisfaire à. Être en assez grande quantité pour. V. pr. Ne pas avoir besoin de l'aide des autres.

suffisamment adv. Assez.

suffisance n. f. Ce qui est suffisant. Présomption insolente.

suffisant, e adj. Qui suffit. Adj. et n. Présomptueux, vaniteux.

suffixe n. m. Terminaison qui, ajoutée à la racine d'un mot, en modifie le sens.

suffocant, e adj. Qui gêne la respiration.

suffocation n. f. Sensation d'oppression produite par la suspension ou la gêne de la respiration.

suffoquer v. t. Étouffer, faire perdre la respiration. *Fig.* Causer une émotion violente. V. i. : *suffoquer de colère*.

suffrage n. m. Vote dans une élection : *suffrage universel*. Approbation : *obtenir les suffrages du public*.

suffragette n. f. Nom donné, en Angleterre, aux militantes qui réclamaient pour les femmes le droit de vote.

suggérer v. t. Faire penser à, inspirer à quelqu'un une opinion, un dessein.

suggestif, ive* adj. Qui suggère des idées, des sentiments, des images (syn. ÉVOCATEUR).

suggestion n. f. Action de suggérer ; son résultat : *faire une suggestion*. *Suggestion hypnotique*, volonté, désir, idée provoqués chez une personne en état d'hypnose.

suicide n. m. Fait de se donner la mort volontairement.

suicidé, e adj. et n. Qui s'est donné la mort.

suicider (se) v. pr. Se donner volontairement la mort.

suie n. f. Matière noire et épaisse, que la fumée dépose à la surface d'un corps mis en contact avec elle?

suif n. m. Nom donné en boucherie à une partie de la graisse des ruminants.

suint [sy̆] n. m. Matière grasse qui imprègne la toison des moutons.

suintement n. m. Action de suinter.

suinter v. i. S'écouler d'une manière presque imperceptible : *l'eau suinte à travers les rochers*. Laisser s'écouler un liquide : *un mur qui suinte*.

suisse, suissesse n. Habitant ou originaire de la Suisse.

suisse adj. Qui appartient à la Suisse. N. m. Employé d'Église en uniforme durant les offices. *Petit suisse*, petit fromage blanc frais, de forme cylindrique. *Boire, manger en suisse*, tout seul, sans inviter ses amis.

suite n. f. Ensemble de ceux qui suivent, cortège : *la suite d'un prince*. Série : *une suite de rois*. Ce qui vient après : *attendons la suite*. Continuation : *la suite d'un feuilleton*. Résultat : *cela aura de graves suites*. Ordre, liaison : *paroles sans suite*. Persévérance : *esprit de suite*. Loc. adv. : *de suite*, sans interruption ; *tout de suite*, sur-le-champ ; *par suite*, par conséquent.

suivant prép. Dans la direction de : *suivant l'axe de la route*. A proportion de : *suivant le mérite*. Selon : *suivant Bossuet*. *Suivant que*, loc. conj. Selon que.

suivant, e adj. Qui suit. N. pl. Ceux qui suivent. N. f. Servante, soubrette.

suiveur n. m. Celui qui accompagne en voiture ou à moto une course cycliste. Celui qui se laisse mener au lieu de diriger.

suivi, e adj. Fréquenté : *chemin suivi*. Où il y a de la liaison : *raisonnement suivi*.

suivre v. t. (conj. 56) Aller, venir après. Accompagner : *suivre quelqu'un en voyage*. Courir après : *suivre une voiture*. Observer, épier. Longer : *suivre le cours du fleuve*. Marcher dans : *suivre un chemin*. Fig. Écouter avec attention : *suivre un discours*. Venir à la suite : *le printemps suit l'hiver*. S'attacher à : *l'envie suit la gloire*. Pratiquer : *suivre une mode, une profession*. V. i. Aller à la suite : *à vous de suivre*. V. impers. Résulter : *il suit de là que*. V. pr. Se succéder. S'enchaîner : *raisonnements qui se suivent*.

sujet, ette adj. Soumis : *être sujet à un devoir, sujet à l'impôt*. Enclin : *sujet à la colère*. N. Celui qui est soumis à une autorité : *les sujets d'un prince*. N. m. Cause, raison, motif : *sujet d'espérance*. Matière d'un ouvrage littéraire, d'une œuvre d'art : *le sujet d'un tableau*. Personne considérée par rapport à sa conduite : *un bon sujet*. Gramm. Mot ou groupe de mots représentant la personne ou la chose dont le verbe exprime l'état ou l'action.

sujétion n. f. Dépendance, contrainte.

sulfamide n. m. Terme collectif désignant des médicaments utilisés contre les maladies infectieuses.

sulfatage n. m. Action de sulfater.

sulfate n. m. Sel de l'acide sulfurique : *sulfate de soude*.

sulfater v. t. Asperger de sulfate de cuivre : *sulfater la vigne*.

sulfure n. m. Composé formé par la combinaison du soufre avec un autre corps.

sulfurer v. t. Combiner avec le soufre.

sulfureux, euse adj. De la nature du soufre.

sulfurique adj. m. *Acide sulfurique*, acide oxygéné dérivé du soufre.

sulfurisé, e adj. Se dit du papier traité par l'acide sulfurique.

sultan n. m. Titre donné à certains princes musulmans.

sultanat n. m. Dignité du sultan.

sultane n. f. Femme du sultan.

summum [sɔmmɔm] n. m. Le plus haut degré : *le summum de la gloire*.

sunlight [sœnlajt] n. m. (mot angl. signif. *lumière du soleil*). Fort projecteur pour prises de vues cinématographiques.

sunnite n. Musulman orthodoxe.

super n. m. Abrév. fam. de SUPERCARBURANT.

superbe adj. Beau, magnifique, de somptueuse apparence : *temps superbe*.

supercarburant ou **super** n. m. Essence de qualité supérieure.

supercherie n. f. Fraude, tromperie.

superfétatoire adj. Inutile.

superficie n. f. Surface. Étendue, dimension : *mesurer la superficie d'un champ*.

superficiel, elle* adj. Ce qui n'existe qu'en surface : *plaie superficielle*. Qui ne va pas au fond des choses : *esprit superficiel*. Incomplet.

superflu, e adj. Qui est de trop, inutile :

regrets *superflus*. N. m. Ce qui est au-delà du nécessaire.

supérieur, e* adj. Situé au-dessus : *étage supérieur*. D'un degré plus élevé : *température supérieure*. Fig. Qui surpasse les autres : *esprit supérieur*. N. Qui a autorité sur d'autres. Directeur d'une communauté religieuse.

supériorité n. f. Qualité de ce qui est supérieur.

superlatif, ive* adj. Qui exprime une qualité au plus haut degré. N. m. Gramm. Le plus haut degré de signification de l'adjectif ou de l'adverbe : *superlatif absolu, relatif*.

supermarché n. m. Magasin de grande surface offrant toutes sortes de produits vendus en libre service.

superphosphate n. m. Phosphate acide de chaux.

superposable adj. Qui peut être superposé.

superposer v. t. Poser l'un sur l'autre : *superposer des briques*.

superposition n. f. Action de superposer.

superproduction n. f. Film produit et lancé à grands frais.

supersonique adj. Dont la vitesse dépasse celle du son.

superstitieux, euse* adj. Qui a, où il y a de la superstition.

superstition n. f. Croyance irrationnelle aux présages bénéfiques ou maléfiques attribués à certains faits ou signes ; le présage lui-même.

superstructure n. f. Parties d'une construction située au-dessus du sol. Système d'idées, ensemble d'institutions politiques dépendant de l'infrastructure économique.

superviser v. t. Contrôler et réviser un travail fait.

supplanter v. t. Évincer, prendre la place de : *supplanter un rival*.

suppléance n. f. Fonction de suppléant.

suppléant, e adj. et n. Qui supplée, remplace : *juge suppléant*.

suppléer v. t. Fournir ce qui manque : *suppléer une différence*. Remplacer : *le génie supplée l'expérience*. Être suppléant de : *suppléer un juge*. V. i. Suppléer à, remédier à : *suppléer à une insuffisance*.

supplément n. m. Ce qu'on ajoute pour suppléer, compléter. Ce qu'on donne en sus. Publication qui complète un journal, un ouvrage.

supplémentaire* adj. Qui vient en supplément : *heures supplémentaires*.

supplication n. f. Humble prière.

supplice n. m. Punition corporelle ordonnée par la justice. Fig. Ce qui cause une forte peine, une souffrance morale. *Être au supplice*, souffrir de quelque mal.

supplicier v. t. Torturer. Faire subir la peine de mort.

supplier v. t. Prier avec instance et humilité. Demander d'une manière pressante.

supplique n. f. Requête.

support n. m. Appui, soutien.

supportable adj. Qu'on peut supporter.

supporter v. t. Porter, soutenir. Avoir la charge : *supporter les frais*. Souffrir avec patience. Permettre, tolérer : *supporter l'insolence d'un enfant*.

supporter [syportɛr] n. m. Partisan d'un athlète ou d'une équipe qu'il encourage exclusivement.

supposé, e adj. Faux : *nom supposé.* Admis : *cela supposé... Supposé que,* loc. conj. Si l'on suppose que.

supposer v. t. Admettre comme vrai, comme vraisemblable, sans en être certain (syn. IMAGINER, PRÉSUMER). Impliquer : *les droits supposent les devoirs.*

supposition n. f. Fait d'admettre provisoirement, sans preuves positives (syn. HYPOTHÈSE).

suppositoire n. m. Médicament solide qu'on introduit dans le rectum.

suppôt n. m. Complice d'une personne nuisible. *Suppôt de Satan,* personne très méchante.

suppression n. f. Action de supprimer.

supprimer v. t. Faire disparaître. Retrancher. V. pr. *Fam.* Se donner la mort.

suppuration n. f. Production de pus.

suppurer v. i. Rendre du pus.

supputation n. f. Évaluation.

supputer v. t. Calculer, évaluer.

suprématie [sypremasi] n. f. Supériorité.

suprême adj. Au-dessus de tout : *dignité suprême.* Le plus important : *l'instant suprême. L'heure suprême,* la mort.

suprême n. m. Filets de poisson ou de volaille, servis avec un velouté à la crème.

sur prép. marquant une position au-dessus : *le ciel est sur nos têtes.* À la surface : *flotter sur l'eau.* Contre : *frapper sur une enclume.* Tout proche : *ville sur la Seine.* En arrière : *revenir sur ses pas.* En prenant comme sujet : *parler sur la géographie.* D'après : *juger sur les apparences.* Au nom de : *jurer sur l'honneur.* Par répétition : *sottise sur sottise.* Parmi : *un sur dix.* Vers : *sur le tard.* En état de : *sur le qui-vive.* Dans une situation dominante : *avoir autorité sur quelqu'un.*

sur, e adj. Aigre : *pomme sure.*

sûr, e adj. Assuré : *chose sûre.* Qui doit arriver, infaillible : *bénéfice sûr.* À qui l'on peut se fier : *ami sûr.* Sans danger : *route sûre.* Qui ne se trompe pas : *goût sûr. À coup sûr,* pour sûr, loc. adv. Infailliblement.

surabondance n. f. Grande abondance.

surabondant, e adj. Très abondant.

surabonder v. i. Être très abondant.

suraigu, ë adj. Très aigu.

surajouter v. t. Ajouter par surcroît.

suralimentation n. f. Action de suralimenter.

suralimenter v. t. Donner une alimentation supérieure à la normale.

suranné, e adj. Qui n'est plus d'usage : *mode surannée.*

surate ou **sourate** n. f. Chacun des chapitres du Coran.

surbaissé, e adj. Qui est notablement abaissé : *carrosserie surbaissée.* Se dit d'un arc ou d'une voûte dont la flèche ou la montée est moindre que la moitié de son ouverture.

surcharge n. f. Charge, poids supplémentaires ou excessifs. Inscription faite pardessus une autre : *en comptabilité les surcharges sont interdites.*

surcharger v. t. (conj. 1) Imposer une charge nouvelle ou excessive. Écrire une surcharge.

surchauffe n. f. Excès de chauffe. État d'une économie nationale en expansion, menacée d'inflation.

surchauffer v. t. Chauffer avec excès.

surchoix n. m. Première qualité.

surclasser v. t. Triompher d'un adversaire par une incontestable supériorité.

surcoupe n. f. Action de surcouper.

surcouper v. t. Couper avec un atout supérieur à celui qui vient d'être joué.

surcroît n. m. Supplément, surplus. *De surcroît, par surcroît,* en outre, en plus.

surdi-mutité n. f. État de sourd-muet.

surdité n. f. Perte ou grande diminution du sens de l'ouïe.

sureau n. m. Arbuste à fleurs blanches et à fruits rouges ou noirs.

surélévation n. f. Action de surélever.

surélever v. t. (conj. 5) Donner un surcroît d'élévation à : *surélever un mur.*

surenchère n. f. Enchère plus élevée que la précédente. *Fig.* Action de rivaliser de promesses.

surenchérir v. i. Faire une surenchère.

surestimation n. f. Estimation exagérée.

surestimer v. t. Estimer au-delà de son prix : *surestimer un mobilier.*

suret, ette adj. Un peu acide.

sûreté n. f. État de ce qui est sûr : *mettre en sûreté.* Certitude : *sûreté de coup d'œil.* Caution, garantie : *prendre des sûretés. Sûreté nationale,* ou *la Sûreté,* direction générale du ministère de l'Intérieur chargée de la police.

surexcitation n. f. Excitation exagérée.

surexciter v. t. Exciter à l'excès.

surexposer v. t. *Phot.* Donner un temps de pose excessif.

surexposition n. f. *Phot.* Exposition trop prolongée d'une surface sensible à la lumière.

surface n. f. Partie extérieure d'un corps : *la surface de la Terre.* Aire : *la surface d'un polygone. Fig.* Apparence : *esprit tout en surface. Fam.* Garantie de solvabilité : *avoir de la surface.*

surfaire v. t. et i. (conj. 72) Demander un prix trop élevé : *valeur surfaite.* Vanter à l'excès : *surfaire un roman.*

surfin, e adj. Très fin : *petits pois surfins.*

surfusion n. f. État d'un corps resté liquide au-dessous de sa température de fusion.

surgelé, e adj. et n. Se dit d'une substance alimentaire conservée par surgélation.

surgeler v. t. Congeler rapidement à très basse température.

surgeon n. m. Pousse qui naît de la souche d'un arbre.

surgir v. i. Se montrer en s'élevant. *Fig.* Apparaître brusquement.

surgissement n. m. Action de surgir.

surhaussé, e adj. Se dit d'un arc ou d'une voûte dont la flèche est plus grande que la moitié de son ouverture (contr. SURBAISSÉ).

surhaussement n. m. Action de surhausser.

surhausser v. t. Syn. moins usité de SURÉLEVER.

surhomme n. m. Dans la philosophie de Nietzsche, l'homme supérieur.

surhumain, e adj. Au-dessus des forces humaines : *efforts surhumains.*

surimposer v. t. Frapper d'un surcroît d'impôt.

surimpression n. f. Impression de plusieurs images sur le même cliché.

surintendance n. f. Charge, fonction de surintendant.

surintendant n. m. *Surintendant des Finances,* administrateur général des finances (XVIᵉ et XVIIᵉ s.).

surir v. i. Devenir sur, aigre.

surjet n. m. Couture faite à deux morceaux d'étoffe appliqués l'un sur l'autre, bord à bord.

sur-le-champ adv. Sans délai.

surlendemain n. m. Jour qui suit le lendemain.

surmenage n. m. État de l'organisme qui résulte d'une fatigue excessive.

surmener v. t. (conj. 5) Imposer un travail excessif.

surmontable adj. Que l'on peut surmonter.

surmonter v. t. Passer par-dessus. Etre placé au-dessus. Vaincre, dominer.

surmulet n. m. Syn. de ROUGET-BARBET.

surmulot n. m. Espèce de rat (syn. RAT D'ÉGOUT).

surnager v. i. (conj. 1) Flotter sur la surface d'un fluide. *Fig.* Subsister, se maintenir.

surnaturel, elle* adj. Se dit de ce qui dépasse les lois, les forces de la nature, qui ne peut être expliqué : *les êtres surnaturels* (démons, fées, esprits, etc.). Extraordinaire. N. m. Ce qui est surnaturel.

surnom n. m. Nom ajouté au nom propre d'une personne ou d'une famille.

surnombre n. m. Excédent : *être en surnombre.*

surnommer v. t. Donner un surnom.

surnuméraire adj. et n. En sus du nombre fixé.

suroît n. m. *Mar.* Vent du sud-ouest. Chapeau de toile imperméable.

surpasser v. t. Faire mieux que d'autres (syn. BATTRE, SURCLASSER). Aller au-delà de (syn. DÉPASSER). V. pr. Faire mieux qu'à l'ordinaire.

surpeuplé, e adj. Trop peuplé.

surpeuplement n. m. Peuplement excessif.

surplomb n. m. État d'un mur, etc., dont la partie supérieure est en saillie par rapport à la base. *En surplomb,* en dehors de l'aplomb.

surplomber v. i. Être hors de l'aplomb. V. t. Faire saillie, avancer au-dessus de : *des rochers surplombent la route.*

surplus n. m. Ce qui est en plus. L'excédent. Pl. Produits, matériel qui restent invendus ou inutilisés : *les surplus américains. Au surplus,* loc. adv. Au reste.

surprenant, e adj. Étonnant.

surprendre v. t. Prendre sur le fait : *surprendre un voleur.* Prendre à l'improviste : *la pluie m'a surpris.* Arriver inopinément chez quelqu'un : *surprendre un ami chez lui. Fig.* Etonner : *cette nouvelle l'a surpris.* Tromper : *surprendre la bonne foi.*

surprise n. f. Action de surprendre. Étonnement. Plaisir inattendu.

surprise-partie n. f. Réunion privée où l'on danse. (Pl. des *surprises-parties.*)

surproduction n. f. Production excessive : *surproduction industrielle.*

surréalisme n. m. Mouvement littéraire et artistique qui prône le renouvellement de toutes les valeurs.

surréaliste adj. Relatif au surréalisme. N. Partisan du surréalisme.

surrection n. f. Action de surgir, de se soulever : *la surrection d'une chaîne de montagnes.*

surrégénérateur n. m. Réacteur produisant plus de matière fissile qu'il n'en consomme.

surrénal, e, aux adj. Qui est au-dessus des reins : *glandes surrénales.*

sursaturer v. t. Obtenir une solution plus concentrée que la solution saturée.

sursaut n. m. Mouvement brusque, occasionné par quelque sensation subite ou violente.

sursauter v. i. Faire un sursaut.

surseoir v. i. (conj. 39) *Surseoir à,* interrompre, différer : *surseoir à des poursuites.*

sursis n. m. Ajournement.

sursitaire n. Personne qui bénéficie d'un sursis d'incorporation pour le service national.

surtaxe n. f. Taxe supplémentaire.

surtaxer v. t. Faire payer une surtaxe.

surtension n. f. Tension électrique anormale ou supérieure à la tension normale.

surtout adv. Principalement, par-dessus tout. *Surtout que* loc. conj. *Fam.* D'autant plus que.

surveillance n. f. Action de surveiller.

surveillant, e n. Personne chargée de surveiller.

surveiller v. t. Veiller avec grande attention, autorité.

survenir v. i. (conj. 16) Arriver inopinément ou accidentellement.

survenue n. f. Venue inopinée.

survêtement n. m. Vêtement chaud que l'on met par-dessus la tenue sportive entre les épreuves.

survie n. f. État de celui qui survit à un autre.

survirer v. i. En parlant d'un véhicule automobile, avoir son train arrière qui, dès le début d'un virage, tend à glisser latéralement vers l'extérieur de la courbe.

survivance n. f. Fait de survivre à quelqu'un.

survivant, e n. et adj. Qui survit à un autre.

survivre v. i. (conj. 57) Demeurer en vie après un autre.

survol n. m. Action de survoler.

survoler v. t. Voler au-dessus de. *Fig.* Examiner rapidement : *survoler une question.*

survoltage n. m. *Electr.* Syn. impropre de SURTENSION.

survolté, e adj. *Electr.* Se dit d'une lampe subissant une tension plus élevée que la normale. *Fig.* Paroxysme de l'excitation : *auditoire survolté.*

sus [sys ou 'sy] adv. Usité surtout dans l'expression *courir sus à quelqu'un,* le poursuivre avec des intentions hostiles. *En sus,* loc. adv. En plus.

susceptibilité n. f. Disposition à se vexer trop aisément.

susceptible [sysɛptibl] adj. Capable de recevoir, de prendre, de faire : *la cire est* *susceptible de plusieurs formes; enfant susceptible de s'améliorer.* Fig. Qui se vexe, s'offense aisément :*homme susceptible.*

susciter [sysite] v. t. Faire naître; être cause de : *susciter une querelle.*

suscription n. f. Adresse écrite sur l'enveloppe d'une lettre.

susdit [sysdi], e adj. et n. Nommé ci-dessus.

susnommé, e n. et adj. Nommé plus haut : *entre les susnommés, il a été convenu...*

suspect [syspɛ], e adj. et n. Qui inspire de la défiance : *témoignage suspect.* Dont la qualité est douteuse : *un vin suspect.*

suspecter v. t. Soupçonner, tenir pour suspect.

suspendre v. t. (conj. 46) Fixer en haut et laisser pendant : *suspendre un lustre.* Fig. Différer. Interrompre momentanément : *suspendre les hostilités.* Interdire pour un temps. Priver pour un temps de ses fonctions : *suspendre un fonctionnaire.*

suspendu, e adj. En suspens. *Être suspendu aux lèvres de,* être très attentif à. *Pont suspendu,* dont le tablier est soutenu par des câbles.

suspens (en) loc. adv. Non terminé, non résolu.

suspenseur adj. m. Qui suspend.

suspensif, ive* adj. Qui suspend l'exécution d'un jugement, d'un contrat.

suspension n. f. État de ce qui est suspendu. Ensemble des organes qui transmettent aux essieux le poids d'un véhicule, tout en amortissant les chocs dus aux inégalités du chemin de roulement. Appareil d'éclairage accroché au plafond. Fait d'interrompre ou d'interdire temporairement : *suspension d'armes* (syn. TRÊVE) ; *suspension de paiements. Points de suspension* (...), signe de ponctuation indiquant que la phrase est incomplète.

suspicion n. f. Fait de tenir pour suspect (syn. MÉFIANCE, DÉFIANCE).

sustentation n. f. *Polygone de sustentation,* polygone convexe contenant tous les points par lesquels un corps solide repose sur un plan. *Plan de sustentation,* aile d'un avion.

sustenter (se) v. pr. *Fam.* Se nourrir.

susurrement n. m. Murmure, bruissement.

susurrer v. t. et i. Murmurer.

suture n. f. Couture faite pour réunir, à l'aide de fil, les lèvres d'une plaie.

suturer v. t. Faire une suture.

suzerain, e n. et adj. Seigneur qui possédait un fief dont dépendaient d'autres fiefs confiés à des vassaux.

suzeraineté n. f. Qualité de suzerain.

svastika n. m. Nom indien d'un symbole sacré en forme de croix gammée. Emblème du parti nazi.

svelte adj. De forme élancée.

sveltesse n. f. Forme svelte.

sybarite n. Personne molle, voluptueuse.

sycomore n. m. Variété d'érable.

syllabe n. f. Voyelle ou groupe de lettres qui se prononcent d'une seule émission de voix.

syllogisme n. m. Raisonnement qui contient trois propositions (la majeure, la mineure et la conclusion) et tel que la conclusion est déduite de la majeure par l'intermédiaire de la mineure. Ex. : *Tous les hommes sont mor-*

tels (majeure) ; *or tu es un homme* (mineure) ; *donc tu es mortel* (conclusion).

sylphide n. f. Femme gracieuse, légère.

sylvestre adj. Qui croît dans les forêts.

sylviculture n. f. Science de la culture et de l'entretien des forêts.

symbiose n. f. Association de deux organismes : *un lichen est la symbiose d'une algue et d'un champignon.* Fig. Union étroite.

symbole n. m. Être ou objet qui représente une chose abstraite : *la balance est le symbole de la justice.* Résumé des vérités essentielles de la religion chrétienne : *le Symbole des apôtres.* Tout signe conventionnel abréviatif. *Chim.* Lettres adoptées pour désigner les éléments.

symbolique* adj. Qui sert de symbole. De peu d'importance, d'une efficacité très limitée. N. f. Ensemble de symboles particuliers à une religion, un peuple, etc.

symboliser v. t. Exprimer par un symbole. Être le symbole de : *l'olivier symbolise la paix.*

symbolisme n. m. Système de symboles destiné à interpréter des faits ou à exprimer des croyances. Mouvement littéraire de la fin du XIXe s., dont les auteurs cherchent à suggérer les nuances de la vie intérieure.

symboliste adj. Relatif au symbolisme.

symétrie n. f. Correspondance exacte de grandeur, de forme et de position entre les éléments d'un ensemble, entre deux ou plusieurs ensembles. Harmonie résultant de certaines combinaisons ou proportions.

symétrique* adj. Qui a de la symétrie.

sympathie n. f. Penchant naturel, instinctif, qui attire deux personnes l'une vers l'autre. Participation à la joie ou à la peine d'autrui : *recevoir des témoignages de sympathie à l'occasion d'un deuil.*

sympathique* adj. Qui inspire de la sympathie. Agréable. *Encre sympathique,* encre invisible qui n'apparaît que sous l'action de la chaleur ou d'un réactif. *Le (grand) sympathique,* l'un des deux systèmes nerveux qui contrôlent le fonctionnement automatique des organes internes.

sympathiser v. i. Avoir de la sympathie.

symphonie n. f. Grande composition musicale pour orchestre en trois ou quatre parties ou mouvements. Ensemble de choses qui produisent un effet harmonieux.

symphonique adj. Relatif à la symphonie.

symposium [ɔm] n. m. Réunion, congrès.

symptomatique adj. Qui est le signe de quelque maladie. Qui est le signe d'un état de choses, d'un état d'esprit.

symptôme n. m. Phénomène qui révèle un trouble fonctionnel ou une lésion. Fig. Indice, présage.

synagogue n. f. Édifice où s'assemblent les juifs pour l'exercice de leur culte.

synchrone adj. Se dit des mouvements qui se font dans un même temps.

synchroniser v. t. Rendre synchrone.

synchronisme n. m. État de ce qui est synchrone. Coïncidence des dates.

synclinal n. m. *Géol.* Partie en creux d'un pli.

syncopal, e, aux adj. Relatif à la syncope.

syncope n. f. *Méd.* Perte de connaissance subite et totale, avec arrêt du cœur et de la respiration. *Mus.* Note émise sur un temps faible et continuée sur un temps fort.

syncoper v. t. Faire une syncope : *rythme syncopé.*

syndic n. m. Celui qui a été désigné pour prendre soin des intérêts communs d'un groupe de personnes.

syndical, e*, aux adj. Relatif à un syndicat.

syndicalisme n. m. Mouvement qui a pour objet de grouper les personnes exerçant une même profession en vue de la défense de leurs intérêts. Activité exercée dans un syndicat.

syndicaliste adj. Relatif au syndicalisme. N. Militant, militante d'un syndicat.

syndicat n. m. Groupement formé pour la défense d'intérêts communs : *syndicat ouvrier.*

syndiqué, e adj. et n. Membre d'un syndicat.

syndiquer v. t. Organiser en syndicat. V. pr. S'organiser en syndicat.

syndrome n. m. Ensemble des symptômes qui caractérisent une maladie.

synérèse n. f. Contraction de deux voyelles en une diphtongue (ex. : *lier* [lje]).

synodal, e, aux adj. Du synode.

synode n. m. Assemblée d'ecclésiastiques convoquée pour les affaires de l'Eglise.

synonyme adj. et n. m. Se dit des mots qui ont à peu près le même sens (*épée* et *glaire*).

synonymie n. f. Qualité des mots synonymes.

synoptique adj. *Tableau synoptique,* tableau qui permet de saisir d'un même coup d'œil les diverses parties d'un ensemble.

synovie n. f. Liquide qui lubrifie les articulations.

syntagme n. m. Dans une phrase, unité syntaxique élémentaire : *syntagme nominal.*

syntaxe n. f. Partie de la grammaire qui étudie les rapports entre les groupes de termes constituant la phrase (syntagmes), les membres de ces groupes (mots) ou les relations entre les phrases.

syntaxique adj. Relatif à la syntaxe.

synthèse n. f. Exposé qui réunit les divers éléments d'un ensemble : *un essai de synthèse historique. Chim.* Formation artificielle d'un composé à partir de ses éléments.

synthétique adj. *Chim.* Qui est produit par synthèse.

synthétiser v. t. Réunir par synthèse.

syphilis [sifilis] n. f. Maladie infectieuse et contagieuse, le plus souvent d'origine vénérienne.

syphilitique adj. Relatif à la syphilis. N. et adj. Qui en est atteint.

syrien, enne adj. et n. De la Syrie.

systématique adj. Relatif à un système. Erigé en système.

système n. m. Réunion, enchaînement de principes, de manière à établir une doctrine : *le système de Descartes.* Combinaison de parties qui concourent à un résultat ou forment un ensemble : *système nerveux, planétaire.* Mode de gouvernement : *système féodal.*

systole n. f. Contraction du muscle cardiaque.

T

t n. m. Vingtième lettre de l'alphabet et la seizième des consonnes.

ta adj. poss. fém. V. TON.

tabac n. m. Plante originaire d'Amérique, dont les feuilles se fument ou, parfois, se prisent ou se mâchent.

tabagie n. f. Endroit plein de fumée et d'odeur de tabac.

tabagisme n. m. Intoxication provoquée par l'abus du tabac.

tabatière n. f. Petite boîte pour mettre le tabac à priser. *Fenêtre à tabatière,* petite fenêtre à charnière sur un toit.

tabellion n. m. *Fam.* Notaire. (Vx.)

tabernacle n. m. Petite armoire dans laquelle le prêtre garde les hosties.

tabès [tabɛs] n. m. Maladie qui détruit la coordination des mouvements.

table n. f. Meuble fait d'un plateau posé sur un ou plusieurs pieds. Mets servis sur la table : *table abondante.* Plaque d'une matière quelconque : *table de marbre.* Tableau présentant méthodiquement divers renseignements : *table de multiplication.* Liste des matières traitées dans un livre.

tableau n. m. Ouvrage de peinture sur bois, toile, etc. : *tableau de genre.* Liste des membres d'une société, d'un corps : *tableau de service.* Disposition méthodique d'un ensemble : *tableau chronologique.* Grande surface noire sur laquelle on écrit à la craie : *aller au tableau.* Division d'une pièce de théâtre, marquée par un changement de décor. Description, représentation imagée, récit vivant.

tableautin n. m. Petit tableau.

tablée n. f. Ensemble de personnes réunies à la même table : *une joyeuse tablée.*

tabler v. i. Fonder des calculs.

tabletier, ère n. Artisan qui fabrique, ou marchand qui vend des jeux nécessitant l'emploi d'un damier ou d'un échiquier.

tablette n. f. Planche disposée horizontalement pour recevoir divers objets. Plaque de marbre, de pierre, de bois, etc., sur le chambranle d'une cheminée, l'appui d'une balustrade, etc. Préparation alimentaire de forme aplatie : *tablette de chocolat.* Pl. Feuilles d'ivoire, de parchemin, de papier préparé qu'on portait sur soi et dont on se servait pour prendre des notes. *Rayez cela de vos tablettes,* n'y comptez pas.

tabletterie n. f. Métier, commerce, ouvrage du tabletier.

tablier n. m. Pièce d'étoffe ou de cuir, que l'on attache devant soi : *un tablier d'écolière*. Rideau de tôle devant une cheminée pour en régler le tirage. Plancher d'un pont.

tabloid [tablɔid] adj. et n. m. Se dit d'une publication dont le format est la moitié du format ordinairement adopté pour les journaux.

tabor n. m. Corps de troupes marocain.

tabou n. m. Institution religieuse de la Polynésie, qui marque une personne ou une chose d'un caractère sacré. *Adjectiv.* Marqué de ce caractère : *un lieu tabou*.

tabouret n. m. Petit siège à quatre pieds, sans bras ni dossier.

tabulaire adj. En forme de table : *relief tabulaire.*

tabulateur n. m. Organe d'une machine à écrire servant à aligner verticalement les textes.

tabulatrice n. f. Machine servant à exploiter les cartes perforées.

tac n. m. Bruit sec. *Répondre du tac au tac*, rendre vivement la pareille.

tacaud n. m. Poisson de l'Atlantique et de la Manche, voisin de la morue.

tache n. f. Marque salissante : *tache de graisse*. Marque naturelle sur la peau de l'homme ou le poil des animaux. Partie obscure sur le disque d'un astre.

tâche n. f. Ouvrage qui doit être fait dans un temps fixé. *Prendre à tâche de*, s'efforcer de. *A la tâche*, à un prix convenu pour un travail réglé d'avance.

tacher v. t. Faire une tache, salir. *Fig.* Ternir, souiller : *tacher sa réputation.*

tâcher v. i. S'efforcer de.

tâcheron n. m. Ouvrier à la tâche.

tacheter v. t. (conj. 4) Marquer de diverses taches.

tachycardie [takikardi] n. f. Vitesse anormalement élevée des battements du cœur.

tachymètre [takimɛtr] n. m. Instrument pour mesurer les vitesses.

tacite* adj. Sous-entendu : *contrat tacite.*

taciturne adj. Qui parle peu.

tacot n. m. *Pop.* Vieux véhicule.

tact [takt] n. m. Sens du toucher. *Fig.* Délicatesse de sentiment.

tacticien n. m. Personne habile dans la tactique.

tactile adj. Qui est ou peut être l'objet du tact. Relatif au tact.

tactique n. f. Art de disposer les troupes sur le terrain où elles doivent combattre et de combiner leurs actions. *Fig.* Moyens qu'on emploie pour réussir. *Adj.* Relatif à la tactique.

taffetas n. m. Étoffe de soie très mince.

tafia n. m. Eau-de-vie de mélasse.

taïaut ! [tajo] interj. Cri du veneur pour animer les chiens.

taie n. f. Enveloppe de linge pour un oreiller. Tache blanche sur la cornée de l'œil.

taïga [taiga] n. f. Forêt de conifères du nord de l'Eurasie et de l'Amérique.

taillable adj. Sujet à l'impôt de la taille.

taillade n. f. Coupure, balafre dans les chairs. Coupure dans une étoffe.

taillader v. t. Faire une taillade sur : *se taillader la joue en se rasant.*

taillanderie n. f. Métier, ouvrage du taillandier.

taillandier n. m. Fabricant d'outils tranchants.

taillant n. m. Tranchant d'une lame.

taille n. f. Action ou manière de tailler. Tranchant d'une épée. Impôt que payaient jadis les roturiers. Mesure, dimension et, par ext., stature du corps : *être d'une haute taille.* Partie du corps située entre les épaules et les hanches : *taille svelte.* Bois coupé qui commence à repousser : *taille de deux ans.* Incision au burin, dans la planche gravée. *Pierre de taille*, propre à être taillée et employée aux constructions.

taillé, e adj. Découpé, bâti. Prêt, préparé. Fait pour, propre à : *il n'est pas taillé pour cela. Homme bien taillé*, d'une taille bien conformée.

taille-crayon n. m. Petit outil pour tailler les crayons.

taille-douce n. f. Procédé de gravure, qui fait plus usage du burin que de l'eau-forte. Estampe obtenue avec une planche ainsi gravée.

tailler v. t. Couper pour donner une certaine forme à : *tailler une pierre.* V. pr. *Pop.* Partir.

taillerie n. f. Art de tailler les cristaux ou les pierres fines. Atelier où se fait ce travail : *taillerie de diamants.*

tailleur n. m. Celui qui taille : *tailleur de pierre.* Celui qui fait des vêtements.

taillis [taji] n. m. Petit bois que l'on coupe à intervalles rapprochés.

tailloir n. m. Plateau sur lequel on découpe la viande.

tain n. m. Amalgame d'étain qu'on applique derrière une glace.

taire v. t. (conj. 71) Ne pas dire, ne pas parler de. V. pr. Garder le silence.

talc [talk] n. m. Silicate hydraté naturel de magnésie, employé en poudre pour les soins de la peau.

talent n. m. Poids usité chez les Grecs anciens. Monnaie de compte chez les Grecs, représentant la valeur d'une somme d'or ou d'argent pesant un talent. *Fig.* Aptitude, capacité naturelle ou acquise. Personne qui excelle en son genre.

talentueux, euse adj. *Fam.* Qui a du talent.

talion n. m. Punition identique à l'offense : *la peine du talion.*

talisman n. m. Objet marqué de signes cabalistiques, qui a la vertu de porter bonheur, de communiquer un pouvoir surnaturel. *Fig.* Ce qui a un pouvoir irrésistible, des effets merveilleux.

talle n. f. Tige secondaire munie de racines adventives, apparaissant à partir du pied principal d'une plante.

taloche n. f. *Pop.* Coup donné sur la tête avec la main. Planche quadrangulaire avec laquelle les maçons étendent le plâtre frais.

talocher v. t. Donner des taloches.

talon n. m. Partie postérieure du pied de l'homme. Partie postérieure d'une chaussure, d'un bas, etc. Partie inférieure et postérieure de certaines choses. Dernier morceau d'un pain entamé. Ce qui reste des cartes, après en avoir donné à chaque joueur. Partie d'une feuille, d'un carnet, ou d'un registre qui reste attachée à la souche lorsque la partie principale de la feuille est détachée. *Archit.* Moulure concave par le bas et convexe par le haut. *Mar.* Extrémité arrière de la quille d'un navire. *Montrer les talons,* s'enfuir.

talonner v. t. Presser du talon ou de l'éperon. Poursuivre de près : *talonner l'ennemi. Fig.* Presser vivement, tourmenter. V. i. *Mar.* Toucher de la quille.

talonnette n. f. Lame taillée en biseau et placée sous le talon dans le soulier.

talquer v. t. Enduire de talc.

talus [taly] n. m. Pente d'un terrassement, du revêtement d'un mur, d'un fossé.

tamanoir n. m. Mammifère édenté de l'Amérique du Sud.

tamarin n. m. Fruit du tamarinier.

tamarinier n. m. Arbre des régions tropicales dont le fruit est comestible.

tamaris [tamaris] n. m. Arbrisseau ornemental à feuilles fines et à petites fleurs en épi.

tambour n. m. Caisse cylindrique, dont chaque fond est une peau tendue, et servant d'instrument de musique. Homme qui bat du tambour. Chacune des assises de pierres cylindriques formant une colonne. Cylindre en bois ou en métal pour divers usages. Petite enceinte de menuiserie, avec une ou plusieurs portes à l'entrée de certains édifices. Tympan de l'oreille. *Mener tambour battant,* rudement. *Sans tambour ni trompette,* sans bruit, en secret.

tambourin n. m. Tambour long et étroit. Jouet en forme de petit tambour.

tambourinage n. m. Action de tambouriner.

tambourinaire n. m. Joueur de tambourin.

tambouriner v. i. Battre le tambour ou le tambourin ; imiter leur bruit. V. t. Annoncer au son du tambour. *Fig.* Publier partout.

tambour-major n. m. Sous-officier des tambours ou de la clique dans une musique militaire.

tamis [tami] n. m. Instrument qui sert à passer des matières pulvérisées.

tamisage n. m. Action de tamiser.

tamiser v. t. Passer par le tamis : *tamiser de la farine.* Laisser passer en adoucissant : *tamiser le jour.*

tamiseur, euse n. Personne qui tamise.

tampon n. m. Gros bouchon de bois, de linge ou de papier. Etoffe ou autre matière roulée, servant à frotter. Petit paquet d'ouate ou de gaze, servant à arrêter une hémorragie ou à drainer une plaie. Plaque de métal ou de caoutchouc gravée, et qui, imprégnée d'encre, permet d'imprimer le timbre d'une administration, d'une société, etc. Cheville de bois ou de métal mou enfoncée dans un mur afin d'y placer une vis ou un clou. *Ch. de f.* Plateau vertical qui, grâce à un ressort, amortit les chocs à l'extrémité d'une voiture ou d'un wagon.

tamponnement n. m. Action de tamponner. Rencontre de deux trains.

tamponner v. t. Boucher ou frotter avec un tampon. Apposer un cachet. Heurter, en parlant d'un wagon, d'un train.

tam-tam n. m. Tambour battu avec la main, en Afrique. Gong. *Fam.* Publicité à grand fracas. (Pl. *tam-tams.*)

tan [tã] n. m. Ecorce du chêne, du châtaignier, etc., réduite en poudre.

tancer v. t. (conj. 1) Réprimander.

tanche n. f. Poisson de rivière à corps trapu et ovale.

tandem n. m. Bicyclette à deux places.

tandis que [tãdika ou tãdiskə] loc. conj. Pendant le temps que. Au lieu que.

tangage n. m. Oscillation d'un bateau d'avant en arrière.

tangent, e adj. Qui touche une surface, une ligne en un point : *plans tangents.* N. f. *Géom. Tangente à un cercle,* ligne droite qui n'a qu'un point commun avec le cercle. *Argot scolaire.* Appariteur. *S'échapper par la tangente,* éluder un argument.

tangentiel, elle adj. Qui est tangent.

tangible adj. Qu'on peut toucher.

tango n. m. Danse populaire d'origine américaine. Adj. inv. D'une couleur jauneorangé.

tanguer v. i. Se dit d'un navire qui éprouve du tangage.

tanière n. f. Repaire de bêtes sauvages. Habitation isolée et misérable.

tanin ou **tannin** n. m. Substance particulière de certains végétaux, et qui est le principe actif du tan.

tank [tãk] n. m. Char de combat blindé. Réservoir.

tanker [tãkœr] n. m. Navire destiné au transport de produits pétroliers. (Syn. PÉTROLIER ou NAVIRE-CITERNE.)

tannage n. m. Action de tanner.

tanner v. t. Préparer les cuirs avec du tan. *Fig.* Hâler, endurcir. *Pop.* Importuner, ennuyer.

tannerie n. f. Lieu où l'on tanne et vend les cuirs.

tanneur n. et adj. m. Celui qui tanne et vend les cuirs.

tant adv. En si grande quantité, en si grand nombre. Telle quantité : *il y a tant pour vous.* A tel point : *il a tant mangé que.* Si longtemps : *j'ai tant marché.* Aussi longtemps, aussi loin : *tant que je pourrai. Faire tant,* faire si bien. *Tant mieux,* exprime que l'on est satisfait. *Tant pis,* exprime que l'on est fâché. *Tant s'en faut que,* bien loin que. *Si tant est que,* supposé que. *En tant que,* dans la mesure où.

tantale n. m. Métal très dur et peu fusible.

tante n. f. Sœur du père, de la mère, ou femme de l'oncle.

tantième n. m. et adj. Chiffre convenu d'un pourcentage.

tantinet n. m. *Fam.* Très petite quantité.

tantôt adv. Peu après dans la journée, par rapport au matin. Peu avant dans la journée, par rapport au soir. *Tantôt..., tantôt...,* une fois, une autre fois. *A tantôt,* au revoir bientôt. N. m. *Pop.* Après-midi.

taoïsme [taɔism] n. m. Religion populaire de la Chine.

taon [tã] n. m. Genre d'insectes qui s'attaquent aux troupeaux.

tapage n. m. Bruit produit en tapant. Bruit tumultueux : *tapage nocturne.*

tapageur, euse* n. et adj. Qui fait du tapage. Adj. *Fig.* Qui aime l'éclat et veut attirer l'attention : *toilette tapageuse.*

tape n. f. Coup de la main. Nom de diverses sortes de bouchons.

tapé, e adj. *Poire, pomme tapée,* aplatie et séchée au four.

tapecul n. m. Troisième voile d'un canot, disposée à l'arrière. Voiture mal suspendue.

tapée n. f. *Pop.* Grande quantité.

taper v. t. Donner des tapes à : *taper un enfant.* Frapper, heurter. Écrire à la machine. *Fam.* Emprunter de l'argent. V. i. Battre, frapper : *taper à la porte.*

tapette n. f. Petite tape. Petite masse pour taper. Tampon de graveur. *Fam.* Langue.

tapeur, euse n. *Fam.* Emprunteur, euse.

tapinois (en) loc. adv. *Fam.* En cachette.

tapioca n. m. Fécule de manioc, servant à faire des potages, des bouillies.

tapir n. m. Mammifère d'Amérique et d'Asie tropicale, au museau allongé en trompe.

tapir (se) v. pr. Se cacher en se tenant courbé, ramassé : *se tapir dans l'ombre.*

tapis n. m. Étoffe épaisse dont on couvre un meuble, un parquet. *Par ext.* Ce qui forme comme un tapis : *tapis de verdure. Tapis roulant,* sorte de tapis servant à transporter, à élever personnes ou marchandises.

tapisser v. t. Revêtir des murs de tapisseries ou de papier de tenture. Couvrir une surface : *mur tapissé de lierre.*

tapisserie n. f. Ouvrage fait sur un canevas ou un métier avec de la laine ou de la soie, etc. Art de tapisser. Tissu, cuir ou papier dont on tapisse les murs. Métier de tapissier.

tapissier, ère n. Qui fait ou vend tout ce qui sert à la décoration des appartements.

tapon n. m. Linge, étoffe chiffonnée et qui forme une sorte de bouchon.

tapoter v. t. Donner de petites tapes à : *tapoter la joue d'un enfant.*

taquet n. m. Petit morceau de bois taillé, qui sert à tenir en place un objet, un meuble, une armoire. *Mar.* Pièce de bois ou de fer servant à amarrer des cordages.

taquin, e adj. et n. Qui aime à taquiner.

taquiner v. t. Agacer, impatienter.

taquinerie n. f. Caractère du taquin. Action, parole d'une personne taquine.

tarabiscoter v. t. Orner à l'excès.

tarabuster v. t. *Fam.* Gronder, tracasser.

tarasque n. f. Mannequin représentant un animal monstrueux que l'on promenait à Tarascon, lors de certaines fêtes.

taraud n. m. Morceau d'acier taillé pour tarauder.

taraudage n. m. Action de tarauder.

tarauder v. t. Creuser en spirale la pièce qui doit recevoir la vis.

taraudeuse n. f. Machine à tarauder.

tarbouch, tarbouche n. m. Bonnet oriental rouge, avec gland de soie.

tard [tar] adv. Après un temps long ou relativement long. Vers la fin de la journée. N. m. *Sur le tard,* à la fin de la journée.

tarder v. i. Différer : *ne tardez pas un moment.* V. impers. *Il me tarde de ...,* c'est avec impatience que j'attends de ...

tardif, ive* adj. Qui vient tard : *regrets tardifs.* Dont le développement se fait avec retard.

tare n. f. Poids des emballages pesés avec la marchandise. *Fig.* Défaut : *une tare héréditaire.*

taré, e adj. et n. Vicié, corrompu.

tarentule n. f. Sorte de grosse araignée.

tarer v. t. Peser l'emballage d'une marchandise.

taret n. m. Genre de mollusques qui font des trous dans les bois des bateaux, des pilotis.

targette n. f. Petit verrou plat.

targuer (se) v. pr. Se vanter : *se targuer d'un avantage, de sa richesse.*

tarière n. f. Grande vrille pour faire des trous dans le bois. Organe qui sert aux insectes à percer les substances dures.

tarif n. m. Tableau des prix, de divers coûts.

tarifer v. t. Établir un tarif.

tarification n. f. Action de tarifer.

tarin n. m. Petit oiseau du genre chardonneret. *Arg.* Nez.

tarir v. t. Mettre à sec. V. i. Être à sec : *la source a tari soudainement.* Cesser, s'arrêter. *Fig. Ne pas tarir sur,* parler sans cesse de.

tarissable adj. Qui peut se tarir.

tarissement n. m. Dessèchement.

tarlatane n. f. Étoffe de coton légère et claire, pour patrons de robes, etc.

taro n. m. Nom donné à des plantes cultivées dans les régions tropicales pour leurs tubercules comestibles.

tarots n. m. pl. Jeu de cartes comprenant, outre les quatre séries ordinaires, une suite de figures (généralement vingt-deux).

tarse n. m. Cou-de-pied. Dernière partie de la patte des insectes.

tarsien, enne adj. Du tarse.

tarsier n. m. Mammifère de Malaisie, nocturne, à grands yeux.

tartan n. m. Étoffe de laine, à larges carreaux de diverses couleurs.

Tartan n. m. (nom déposé). Aggloméré utilisé pour revêtir les pistes d'athlétisme.

tartane n. f. Petit bâtiment de la Méditerranée, portant un grand mât avec voile sur antenne et un beaupré.

tartare adj. *Sauce tartare,* sorte de mayonnaise relevée à la moutarde. *Steak tartare,* viande hachée que l'on mange crue, fortement assaisonnée.

tarte n. f. Pâtisserie plate contenant de la crème, de la confiture, des fruits.

tartelette n. f. Petite tarte.

tartine n. f. Tranche de pain recouverte de beurre ou de confiture. *Fam.* Longue tirade, au théâtre, etc.

tartrage n. m. Addition d'acide tartrique.

tartrate n. m. *Chim.* Sel de l'acide tartrique.

tartre n. m. Dépôt que laisse le vin dans les tonneaux. Sédiment jaunâtre autour des dents. Dépôt à l'intérieur des chaudières.

tartrique adj. *Chim. Acide tartrique,* acide extrait du tartre.

tartufe n. m. Faux dévot, hypocrite.

tartuferie n. f. Hypocrisie.

tas n. m. Monceau d'objets mis ensemble et les uns sur les autres. Grand nombre de. Petite enclume. *Grève sur le tas,* avec occupation des lieux de travail.

tasse n. f. Petit vase à boire avec anse ; son contenu.

tasseau n. m. Petit morceau de bois qui soutient une tablette.

tassement n. m. Action de tasser.

tasser v. t. Mettre en tas, réduire de volume par pression. Resserrer dans un petit espace. V. pr. S'affaisser sur soi-même.

tâter v. t. Explorer, éprouver à l'aide du toucher. *Fig.* Essayer de connaître, de sonder : *tâter quelqu'un. Tâter le terrain,* s'assurer de l'état des choses, des esprits. V. i. *Tâter de* (ou à), goûter à. *Fig.* Essayer : *tâter d'un métier.*

tâte-vin ou **taste-vin** [tatvɛ̃] n. m. inv. Instrument pour tirer le vin lorsqu'on veut le goûter. Petite tasse pour goûter le vin.

tatillon, onne adj. et n. *Fam.* Qui s'occupe des détails avec minutie.

tâtonnement n. m. Action de tâtonner.

tâtonner v. i. Chercher en tâtant. *Fig.* Procéder avec hésitation.

tâtons (à) loc. adv. En tâtonnant. *Fig.* À l'aveuglette.

tatou n. m. Genre de mammifères édentés de l'Amérique tropicale, couverts d'écailles.

tatouage n. m. Action de tatouer; son résultat.

tatouer v. t. Imprimer sur le corps des dessins indélébiles.

taudis [todi] n. m. Logement misérable ou mal tenu : *taudis insalubres.*

taule n. f. *Pop.* Syn. de TÔLE (prison).

taupe n. f. Genre de mammifères insectivores, presque aveugles, qui vivent sous terre. Fourrure de la taupe. *Fig. : myope comme une taupe.*

taupin n. m. *Fam.* Candidat à l'École polytechnique.

taupinière n. f. Amas de terre qu'une taupe élève.

taureau n. m. Mâle reproducteur de l'espèce bovine. *Fig.* Homme très vigoureux.

tauromachie [tɔrɔmaʃi] n. f. Combat, course de taureaux.

tautologie n. f. Répétition inutile.

taux [to] n. m. Prix réglé par une convention ou par l'usage. Intérêt annuel d'une somme placée : *abaisser le taux de l'escompte.* Proportion : *le taux d'urée dans le sang.*

tavelage n. m. Tache sur les fruits.

taveler v. t. (conj. 5) Moucheter, tacheter.

tavelure n. f. Bigarrure d'une peau tavelée. Tache produite sur les fruits par l'humidité.

taverne n. f. Cabaret. (Vx.)

tavernier, ère n. Celui, celle qui tient une taverne.

taxation n. f. Action de taxer.

taxe n. f. Prix officiellement fixé. Impôt : *taxe à la production.*

taxer v. t. Régler le prix d'une denrée ou le total des frais. Mettre un impôt sur. *Fig. Taxer de,* accuser.

taxi n. m. Voiture de louage automobile à taximètre.

taxidermie n. f. Art de préparer, d'empailler les animaux.

taximètre n. m. Compteur qui établit le prix d'une course en voiture, en fonction du temps pendant lequel on l'occupe et de la distance parcourue.

Taxiphone (marque déposée) n. m. Cabine téléphonique automatique.

taxonomie ou **taxinomie** n. f. Science des lois de la classification.

tayaut. V. TAÏAUT.

taylorisation n. f. Système de rationalisation du travail dans les usines.

tchécoslovaque adj. et n. De la Tchécoslovaquie.

tchèque n. et adj. Qui est de Tchécoslovaquie. Qui est de Bohême, de Moravie, ou d'une partie de la Silésie.

te pron. pers. V. TU.

té n. m. Nom de la lettre T. Règle ou équerre en forme de T.

technicien, enne n. Spécialiste de la pratique d'un art, d'une science.

technicité n. f. Caractère de ce qui est technique.

technique* adj. Qui appartient en propre à un art ou à une science : *termes techniques.* N. f. Ensemble des procédés d'un art, d'un métier.

technocrate n. Partisan de la technocratie.

technocratie n. f. Système politique dans lequel les techniciens ont une grande influence.

technologie n. f. Étude des outils, des procédés et des méthodes employés dans les diverses branches de l'industrie.

teck n. m. Arbre dont le bois sert à construire des vaisseaux.

teckel n. m. Chien terrier bas sur pattes.

tectonique n. f. Partie de la géologie qui étudie la déformation des terrains.

te deum [tedeɔm] n. m., inv. Cantique latin d'action de grâces de l'Église catholique.

tee-shirt [tiʃørt] n. m. Maillot de corps à manches courtes.

tégument n. m. *Anat.* et *Bot.* Enveloppe.

tégumentaire adj. De la nature des téguments.

teigne n. f. Petit papillon dont les larves rongent les étoffes (syn. MITE). Affection du cuir chevelu. Gale de l'écorce des arbres. *Fam.* Personne méchante : *c'est une vraie teigne.*

teigneux, euse adj. et n. Qui a la teigne.

teillage n. m. Action de teiller.

teille ou **tille** n. f. Écorce du chanvre.

teiller v. t. Débarrasser de la teille.

teindre v. t. (conj. 55) Imbiber d'une substance colorante. *Fig. : teindre en vert.*

teint [tɛ̃] n. m. Coloris du visage. Couleur donnée à une étoffe par la teinture.

teinte n. f. Nuance. *Demi-teinte,* teinte faible. *Teinte plate,* uniforme. Apparence : *une teinte d'ironie.*

teinter v. t. Couvrir d'une teinte.

teinture n. f. Liquide propre à teindre. Opération, art de teindre. Couleur que prend la chose teinte. Connaissance assez peu profonde : *une vague teinture de science.* Alcool chargé des principes actifs d'une substance : *teinture d'iode.*

teinturerie n. f. Commerce du teinturier.

teinturier, ère n. et adj. Qui exerce l'art de teindre les étoffes.

tel, telle adj. Pareil, semblable : *on ne verra plus de tels hommes.* Comme cela : *tel est mon avis. Tel..., tel..., comme..., ainsi... : tel père, tel fils. Tel que,* qui est exactement comme : *voir les hommes tels qu'ils sont.* Si grand que : *son pouvoir est tel que tout lui obéit. Tel quel* (et non *tel que),* comme il est, sans changement : *prenez-le tel quel.*

télé n. f. Abrév. fam. de TÉLÉVISION.

télécabine n. f. Téléphérique monocâble aménagé pour le transport de personnes dans de petites cabines.

télécommande n. f. Action de réaliser à distance une manœuvre quelconque.

télécommander v. t. Commander à distance.

télécommunication n. f. Ensemble des moyens de communication à distance.

télédistribution n. f. Diffusion de programmes de télévision à des abonnés dont l'appareil est relié par câble à la station émettrice.

téléenseignement n. m. Enseignement utilisant la radio et la télévision.

télégramme n. m. Communication télégraphique, dépêche.

télégraphe n. m. Appareil qui permet de transmettre rapidement et à grande distance des messages écrits.

télégraphie n. f. Principe technique du télégraphe.

télégraphier v. t. et i. Se servir du télégraphe.

télégraphique* adj. Relatif au télégraphe.

télégraphiste n. et adj. Employé au service du télégraphe.

téléguidage n. m. Direction à distance de l'évolution d'un avion, d'un engin.

téléguider v. t. Conduire ou piloter à distance.

télémètre n. m. Instrument pour mesurer la distance qui sépare un observateur d'un point inaccessible.

téléobjectif n. m. Appareil pour la photographie faite à grande distance.

télépathie n. f. Sensation éprouvée par un sujet, se rapportant à un événement réel survenu au même moment, mais à une distance ou dans des circonstances qui font que sa connaissance, par le sujet, est inexplicable.

téléphérique n. m. Véhicule qui se déplace le long d'un câble aérien.

téléphone n. m. Instrument grâce auquel se transmet à distance la parole.

téléphoner v. i. Se servir du téléphone. V. t. Transmettre par téléphone : *téléphoner une commande.*

téléphonie n. f. Système de communication au moyen du son, à grandes distances.

téléphonique adj. Du téléphone.

téléphoniste n. Personne chargée du service du téléphone.

télescopage n. m. Action de télescoper : *télescopage de trains.*

télescope n. m. Instrument servant à observer les astres.

télescoper (se) v. pr. Se dit d'objets qu'un choc violent fait entrer les uns dans les autres V. t. Heurter violemment (trains).

télésiège n. m. Téléphérique le long duquel sont répartis des sièges accrochés par l'intermédiaire de suspentes.

téléski n. m. Remonte-pente.

téléspectateur, trice n. Personne qui assiste à un spectacle télévisé.

télévisé, e adj. Transmis par télévision.

téléviser v. t. Transmettre par télévision.

téléviseur n. et adj. m. Appareil récepteur de télévision.

télévision n. f. Transmission à distance de l'image d'un objet. Émission radiophonique avec une telle transmission. Organisation de telles émissions.

télex n. m. Service de dactylographie à distance.

tellement adv. De telle sorte ; à tel point. *Tellement que,* à tel point que.

tellière n. m. et adj. Format de papier, dit *papier ministre.*

tellurien, enne, tellurique adj. Qui vient de la terre, du sol.

téméraire* adj. et n. D'une hardiesse inconsidérée : *projets téméraires.* Inspiré par une telle hardiesse.

témérité n. f. Hardiesse inconsidérée.

témoignage n. m. Action de témoigner : *témoignage décisif.* Marque : *témoignage d'affection.* Ce qui fait connaître : *le témoignage des sens. Faux témoignage,* témoignage intentionnellement mensonger.

témoigner v. t. Faire paraître par ses paroles ou ses actions : *témoigner de la joie.* Être signe de : *geste qui témoigne la surprise.* V. i. Porter témoignage : *témoigner en justice.*

témoin n. m. Qui témoigne. Personne qui en assiste une autre dans un acte : *témoin à un mariage.* Qui a vu ou entendu : *être témoin d'une scène touchante.* Preuve : *ce monument est un témoin de la civilisation antique. Prendre à témoin,* invoquer le témoignage. Tout ce qui sert de marque, de point de comparaison.

tempe n. f. Partie latérale du crâne.

tempérament n. m. État physiologique caractéristique d'un individu : *tempérament sanguin.* Caractère, ensemble des penchants : *tempérament violent. Vente à tempérament,* payable par petites sommes échelonnées.

tempérance n. f. Modération, sobriété.

tempérant, e adj. Sobre.

température n. f. Degré de chaleur ou de froid. Fièvre.

tempéré, e adj. De température moyenne : *zone tempérée. Fig.* Modéré.

tempérer v. t. (conj. 5) Modérer, atténuer, calmer.

tempête n. f. Perturbation atmosphérique violente, orage, ouragan. *Fig.* Violente agitation, trouble profond.

tempêter v. i. Faire grand bruit, surtout par mécontentement.

tempétueux, euse adj. Qui cause la tempête : *vent tempétueux.*

temple n. m. Monument destiné au culte. Église protestante.

templier n. m. Chevalier de l'ordre du Temple.

temporaire* adj. Qui ne dure qu'un temps : *remplacement temporaire.*

temporal, e, aux adj. De la tempe.

temporel, elle* adj. Qui n'est pas éternel. Qui concerne les choses matérielles : *le pouvoir temporel du pape.* N. m. Revenu ecclésiastique.

temporisateur, trice adj. Qui temporise : *général temporisateur.*

temporisation n. f. Action de temporiser, retard à entreprendre quelque chose.

temporiser v. i. Retarder, différer.

temps n. m. Durée limitée. Époque : *au temps des rois.* Occasion : *chaque chose en son temps.* Moment fixé : *le temps approche.* Délai : *donnez-moi du temps.* Loisir : *je n'ai pas le temps.* État de l'atmosphère : *temps chaud. Gros temps, temps d'orage. Mus.* Division de la mesure : *mesure à trois temps. Gramm.* Formes du verbe qui expriment le passé, le présent, le futur. *A temps,* assez tôt. *Avec le temps,* à mesure que le temps passe.

tenable adj. Où l'on peut tenir, se défendre.

tenace* adj. Qui adhère fortement. *Fig.* Difficile à détruire, à écarter.

ténacité n. f. Caractère tenace.

tenaille n. f. ou **tenailles** n. f. pl. Outil pour tenir ou arracher quelque chose.

tenailler v. t. Faire souffrir : *la faim tenaille. Fig.* Tourmenter.

tenancier, ère n. Gérant : *tenancier d'un bar, d'une maison de jeu.*

tenant, e n. Défenseur d'une idée. *Tenants et aboutissants,* terres contiguës à une propriété. *Connaître les tenants et les aboutissants d'une affaire,* en connaître toutes les circonstances, tous les détails. Adj. *Séance tenante,* sans désemparer.

tendance n. f. Force qui pousse vers. *Fig.* Inclination, penchant.

tendancieux, euse adj. Qui marque une tendance, une intention cachée.

tender [tãdɛr] n. m. Wagon qui suivait la locomotive, et qui portait le charbon et l'eau.

tendeur n. m. Appareil servant à tendre.

tendineux, euse adj. De la nature des tendons.

tendon n. m. Extrémité d'un muscle. *Tendon d'Achille,* celui du talon.

tendre* adj. Qui n'est pas dur : *bois, pain tendre.* Jeune : *tendre enfance.* Affectueux : *cœur tendre.* Délicat : *un rose tendre.* Doux, touchant : *air tendre.*

tendre v. t. (conj. 46) Raidir : *tendre une corde.* Avancer : *tendre la main.* Disposer : *tendre un piège.* Tapisser : *tendre une chambre de papier rose. Fig.* Appliquer fortement : *tendre son esprit.* V. i. Se diriger, avoir pour but.

tendresse n. f. Sentiment tendre. Pl. Caresses, sentiments affectueux.

tendreté n. f. Qualité de ce qui est tendre, en parlant des viandes, etc.

tendron n. m. *Fam.* Jeune fille. Pl. Cartilages d'une viande.

tendu, e adj. Très appliqué : *esprit tendu.* Difficile : *rapports tendus.*

ténèbres n. f. pl. Obscurité profonde. *Fig.* Ignorance, incertitude.

ténébreux, euse adj. Plongé dans les ténèbres. Secret et perfide : *projets ténébreux.*

teneur [tanœr] n. f. Texte littéral d'un acte, d'un écrit : *telle était la teneur de sa lettre.* Ce qu'un corps contient d'une matière : *teneur d'une eau en calcaire.*

teneur n. m. *Teneur de livres,* personne qui tient la comptabilité.

ténia n. m. Long ver plat vivant dans le tube digestif des vertébrés.

tenir v. t. (conj. 16) Avoir à la main : *tenir une épée.* Garder : *tenir en prison.* Entretenir : *tenir en bon état.* Contenir : *cette cruche tient un litre.* Considérer : *je tiens cela pour vrai.* S'emparer : *la colère le tient.* Remplir : *tenir une promesse.* Diriger avec autorité : *tenir une classe.* Exercer certains métiers : *tenir un hôtel.* Avoir reçu : *je le tiens de lui. Tenir compte de,* avoir égard à. *Tenir tête,* résister. *Tenir la main à,* veiller à. *Tenir en haleine,* entretenir des dispositions. *Absol. Tiens! écoute!;* exprime aussi la surprise. V. i. Être attaché : *la branche tient à l'arbre.* Être contigu : *ma maison tient à la sienne.* Être compris dans un certain espace : *on tient huit à cette table.* Ressembler à : *tenir de son père.* Résulter : *cela tient à plusieurs raisons.* Désirer : *il tient à venir.* Résister : *tenir bon. Tenir pour,* être partisan de. V. pr. Demeurer : *tenez-vous là.* Rester dans une position : *se tenir droit.* S'en tenir à, ne pas vouloir changer. V. impers. *Qu'à cela ne tienne,* peu importe. *Il ne tient qu'à moi,* cela dépend de moi seul.

tennis [tɛnis] n. m. Sport qui se joue avec des raquettes sur un emplacement coupé en deux par un filet.

tennisman [tɛnisman] n. m. Joueur de tennis. (Pl. *tennismen.*)

tenon n. m. Bout d'une pièce de bois qui entre dans la mortaise.

ténor n. m. Voix d'homme la plus élevée. Celui qui la possède.

ténorino n. m. Ténor léger.

ténoriser v. i. Chanter dans le registre d'un ténor.

tenseur adj. Qui tend (muscle).

tension n. f. État de ce qui est tendu : *la tension des muscles. Tension d'esprit,* préoccupation soutenue. *Phys.* Force d'expansion de la vapeur. *Tension électrique,* différence de potentiel.

tentaculaire adj. Relatif aux tentacules. *Fig.* Qui s'étend à la manière des tentacules : *ville tentaculaire.*

tentacule n. m. Appendice mobile de divers animaux (mollusques).

tentateur, trice adj. et n. Qui tente, sollicite. *Le Tentateur,* le démon.

tentation n. f. Attrait vers une chose défendue ; tout ce qui nous porte à faire une chose : *il me prend des tentations de...*

tentative n. f. Action de tenter.

tente n. f. Toile plus ou moins vaste, et de formes diverses, tendue sur des supports, pour servir d'abri en plein air.

tenter v. t. Entreprendre : *tenter une expédition.* Essayer : *tenter un effort.* Séduire, attirer. Donner envie : *ce fruit me tente.*

tenture n. f. Tapisserie, papier, etc., qui tapisse les murs d'une habitation.

tenu, e adj. Soigné, en ordre : *maison bien tenue ;* enfant *mal tenu.* Obligé : *être tenu à.*

ténu, e adj. Délié, mince.

tenue n. f. Action d'être tenu. Manière de soigner : *tenue d'une maison.* Manière de se vêtir : *une bonne tenue.* Uniforme : *se mettre en tenue. Mus.* Prolongation d'un son. *Tenue des livres,* comptabilité.

ténuité n. f. État d'une chose ténue : *un fil d'une extrême ténuité.*

ter [tɛr] adv. Trois fois. Pour la troisième fois.

tératologie n. f. Étude des monstres, des êtres de forme exceptionnelle.

tercet n. m. Couplet de trois vers.

térébenthine n. f. Résine qui coule de divers arbres (conifères, etc.). *Essence de térébenthine*, fournie par la distillation des térébenthines.

térébrant, e adj. *Douleur térébrante*, qui donne la sensation d'une perforation.

tergiversation n. f. Détours, hésitation.

tergiverser v. i. User de détours. Hésiter.

terme n. m. Fin, borne, limite : *terme d'une course*. Époque à laquelle on doit effectuer un paiement, et spécialement le prix d'un loyer : *le terme est échu*. *Vente à terme*, qui doit être payée au bout d'un certain temps. Mot, expression : *choisir ses termes*. Chacune des quantités qui composent un rapport, une proportion, une équation. Pl. Relations, rapports : *être en bons, en mauvais termes avec quelqu'un*.

terminaison n. f. Manière dont une chose se termine. Partie variable d'un mot, surtout d'un verbe, par opposition au *radical*.

terminal, e, aux adj. *Bot.* Qui occupe l'extrémité de : *bourgeon terminal*.

terminal n. m. Poste relié à un ordinateur.

terminale n. f. Année qui termine l'enseignement secondaire avant le baccalauréat.

terminer v. t. Achever, finir.

terminologie n. f. Ensemble des termes techniques spéciaux à un art, une science.

terminus [tɛrminys] n. m. Point extrême d'une ligne de transports.

termite n. m. Insecte qui vit en colonies dans les régions chaudes et qui ronge le bois et divers matériaux.

termitière n. f. Nid de termites.

ternaire adj. Composé de trois unités. Distribué par trois.

terne adj. Qui a peu d'éclat : *un coloris terne*; *un œil terne*. *Fig.* Sans couleur, peu éclatant : *style terne*.

ternir v. t. Rendre terne; ôter ou diminuer l'éclat de.

ternissure n. f. État de ce qui est terni.

terrain n. m. Espace de terre. Sol considéré du point de vue de sa nature : *terrain calcaire*. Lieu où l'on dispute un match. *Terrain vague*, ni bâti ni cultivé.

terrasse n. f. Exhaussement du sol maintenu par un ouvrage en maçonnerie. Toiture horizontale d'une maison, en plate-forme. Partie du trottoir longeant un café, un restaurant, etc., et où sont installées des tables. Terrain naturellement exhaussé et uni.

terrassement n. m. Action de creuser des terres. Terres transportées.

terrasser v. t. Soutenir par un amas de terre. Jeter par terre, vaincre.

terrassier n. et adj. Qui travaille aux terrassements.

terre n. f. Planète habitée par l'homme (av. une maj. en ce sens). Sol. Partie solide de la surface terrestre, par opposition à la *mer*. Terrain par rapport à sa nature : *terre glaise*. Terrain cultivé : *une terre facile à travailler*. Domaine rural : *acheter une terre*. Cimetière : *porter en terre*. *Terre ferme*, continent. *Remuer ciel et terre*, se donner un mal infini pour... *Terre à terre*, avec peu d'élévation, de largeur dans les idées.

terreau n. m. Produit de la décomposition de substances animales et végétales mélangé avec la terre ordinaire.

terre-neuvas [tɛrnœva] n. m. inv. Bateau équipé pour aller pêcher la morue sur le banc de Terre-Neuve.

terre-neuve n. m. inv. Gros chien originaire de Terre-Neuve.

terre-plein n. m. Amas de terres rapportées, formant une surface unie.

terrer (se) v. pr. Se loger dans un terrier : *le renard se terre*. *Fig.* Se cacher.

terrestre adj. Qui appartient à notre planète : *globe terrestre*. Qui vit sur la partie solide du globe : *les plantes terrestres*. *Fig.* Temporel.

terreur n. f. Épouvante, frayeur. Ce qui ou celui qui en est la cause.

terreux, euse adj. De la nature ou de la couleur de la terre. Sali de terre.

terrible* adj. Qui inspire la terreur. Violent, très fort : *coup terrible*. *Fig.* Qui importune vivement : *terrible bavard*.

terrien, enne n. et adj. Qui habite la terre. Qui possède plusieurs terres : *propriétaire terrien*.

terrier n. m. Trou dans la terre, où se retirent certains animaux.

terrifiant, e adj. Qui terrifie : *un cri terrifiant*.

terrifier v. t. Frapper de terreur : *terrifier une région*.

terril ou **terri** [tɛri] n. m. Dans une exploitation minière, entassement des stériles au jour.

terrine n. f. Vase de terre vernissée. Contenu d'une terrine. Pâté conservé dans une terrine.

territoire n. m. Étendue de terre dépendant d'une autorité. *Zool.* Zone occupée par un animal et défendue contre l'accès d'autres individus de même espèce.

territorial, e, aux adj. Qui concerne le territoire : *impôt territorial*. *Eaux territoriales*, zone maritime bordant la côte d'un État, qui y exerce ses compétences.

territorialité n. f. Condition de ce qui fait partie du territoire d'un État.

terroir n. m. Terre considérée par rapport aux produits agricoles. *Goût de terroir*, goût de certains vins, dû à la nature du sol. *Accent du terroir*, propre à une région rurale.

terroriser v. t. Frapper de terreur.

terrorisme n. m. Ensemble d'actes de violence commis par des groupements révolutionnaires.

terroriste adj. et n. Qui participe à un acte de terrorisme.

tertiaire adj. Qui occupe le troisième rang. *Secteur tertiaire*, partie de la population active employée dans le commerce, l'administration, les banques, etc. N. m. et adj. *Géol.* Se dit du terrain sédimentaire le plus récent avant l'ère actuelle.

tertio [tɛrsjo] adv. Troisièmement.

tertre n. m. Petite éminence de terrain.

tes adj. poss. V. TON.

tessiture n. f. Ensemble des sons qui conviennent le mieux à une voix. Ensemble des notes qui reviennent le plus souvent dans un morceau.

tesson n. m. Débris d'un vase, d'un pot, d'une bouteille.

test [tɛst] n. m. Enveloppe calcaire de certains animaux.

test [tɛst] n. m. Épreuve permettant de mesurer les aptitudes d'un sujet, d'explorer sa personnalité.

testacé, e adj. Couvert d'un test.

testament n. m. Acte par lequel on déclare ses dernières volontés. Ensemble des livres saints antérieurs (*Ancien Testament*) ou postérieurs (*Nouveau Testament*) à J.-C.

testamentaire adj. Qui concerne le testament : *dispositions testamentaires. Exécuteur testamentaire,* personne chargée de l'exécution d'un testament.

testateur, trice n. Personne qui a fait un testament.

tester v. i. Faire son testament.

testicule n. m. Glande génitale mâle.

testimonial, e, aux adj. Qui résulte d'un témoignage : *preuve testimoniale.*

tétanique adj. De la nature du tétanos.

tétaniser v. t. Provoquer des accidents tétaniques.

tétanos n. m. Maladie infectieuse, caractérisée par la rigidité des muscles.

têtard [tɛtar] n. m. Première forme de la grenouille, du crapaud. Arbre taillé de manière à former au sommet du tronc une touffe de jeunes branches.

tête n. f. Extrémité supérieure ou antérieure du corps de l'homme, de l'animal. Crâne : *fendre la tête. Fig.* Esprit, imagination : *avoir une idée en tête.* Sang-froid : *perdre la tête.* Personne : *payer tant par tête.* Sommet : *la tête d'un arbre.* Direction : *être à la tête d'une affaire.* Commencement : *tête de chapitre.*

tête-à-queue n. m. inv. Accident par lequel une voiture se trouve placée dans le sens contraire à sa direction primitive.

tête-à-tête n. m. inv. Entretien particulier de deux personnes. Service à thé pour deux personnes.

tête-bêche loc. adv. Se dit quand deux objets de même nature sont placés à côté l'un de l'autre dans un sens inverse.

tête-de-nègre adj. inv. Marron foncé.

tétée n. f. Quantité de lait qu'un nouveau-né tète en une fois. Action de téter.

téter v. t. et i. (conj. 5) Sucer le lait à la mamelle.

tétin n. m. Bout de la mamelle.

tétine n. f. Mamelle d'un mammifère. Petite membrane en caoutchouc, percée de trous, mise sur les biberons pour faire téter les enfants.

téton n. m. *Fam.* Sein.

tétraèdre n. m. Solide dont la surface est formée de quatre triangles.

tétralogie n. f. *Mus.* Ensemble de quatre opéras.

tette n. f. Bout de la mamelle des animaux.

têtu, e n. et adj. Obstiné, opiniâtre.

teuton, onne adj. et n. Habitant de l'ancienne Germanie.

texan, e adj. et n. Du Texas.

texte n. m. Propres termes qu'on lit dans un auteur, un acte, par opposition aux commentaires, aux traductions, etc.

textile adj. Qui peut être divisé en fils propres à faire un tissu. Relatif au tissage.

textuel, elle adj. Conforme au texte.

texture n. f. Disposition des parties d'un corps, d'un ouvrage.

thalamus [talamys] n. m. *Anat.* Partie de l'encéphale située à la base du cerveau.

thalassothérapie n. f. Traitement par les bains d'eau de mer.

thalle n. m. *Bot.* Appareil végétatif des cryptogames.

thallophytes n. f. pl. Plantes dont l'appareil végétatif est réduit à un thalle (algues, champignons, lichens, bactéries).

thaumaturge n. m. Personne qui fait ou prétend faire des miracles.

thé n. m. Feuille desséchée d'un arbrisseau oriental. Infusion de ces feuilles. Réunion dans laquelle on sert de cette infusion.

théâtral, e* adj. Relatif au théâtre. Qui vise à l'effet sur les spectateurs. Qui vise à l'effet, emphatique : *attitude théâtrale.*

théâtre n. m. Lieu où l'on représente des ouvrages dramatiques. Profession de comédien : *se destiner au théâtre.* L'art dramatique. Recueil des pièces d'un pays ou d'un auteur. *Coup de théâtre,* changement inattendu. Lieu où se passent des actions remarquables : *le théâtre de la guerre.*

thébaïde n. f. Solitude profonde.

théier n. m. Arbrisseau produisant le thé.

théière n. f. Vase pour faire infuser du thé.

théisme n. m. Doctrine qui admet l'existence d'un Dieu.

théiste n. Partisan du théisme.

thématique adj. Relatif aux thèmes musicaux. N. f. Ensemble des thèmes développés par un écrivain, une école.

thème n. m. Sujet, matière que l'on se propose de développer. Ce qu'un élève doit traduire de la langue qu'il parle dans celle qu'il apprend : *thème latin. Mus.* Motif sur lequel on compose un morceau des variations.

thénar n. m. Saillie externe de la paume de la main.

théocratie n. f. Société où l'autorité est exercée par les ministres de la religion.

théocratique adj. Relatif à la théocratie.

théodolite n. m. Instrument de géodésie pour lever les plans.

théologal, e* adj. *Vertus théologales,* les trois vertus qui ont principalement Dieu pour objet : *les vertus théologales sont la foi, l'espérance, la charité.*

théologie n. f. Science de la religion, des choses divines. Doctrine théologique. Etudes théologiques.

théologien n. m. Qui connaît la théologie.

théologique adj. Qui concerne la théologie.

théorème n. m. Proposition qui peut être démontrée : *théorème de géométrie.*

théoricien, enne n. Qui connaît la théorie d'un art, d'une science.

théorie n. f. Connaissance spéculative, non fondée sur la pratique. Ensemble systématisé d'opinions : *théorie politique.* Explication proposée pour certains faits : *théorie de la chaleur.* Leçon d'instruction militaire.

théorie n. f. Groupe, file, procession de personnes.

théorique* adj. De la théorie.

théoriser v. t. Émettre sur un sujet des jugements énoncés sous une forme théorique.
théosophie n. f. Doctrine qui a pour objet l'union la plus intime avec Dieu.
thérapeute n. m. Celui qui applique les données de la thérapeutique.
thérapeutique adj. Relatif au traitement des maladies. N. f. Partie de la médecine qui enseigne à traiter les maladies.
thermal, e adj. Se dit des eaux minérales chaudes : *établissement thermal.*
thermalisme n. m. Ensemble des questions se rapportant aux sources thermales, à leur exploitation et à leur utilisation.
thermes n. m. pl. *Antiq.* Bains publics. Établissement thermal.
thermidor n. m. Onzième mois du calendrier républicain (20 juillet au 18 août).
thermidorien, enne adj. Relatif aux événements du 9 thermidor an II. N. m. Nom donné aux auteurs des événements du 9-Thermidor.
thermique adj. De la chaleur. *Centrale thermique,* usine de production d'énergie électrique, à partir de l'énergie thermique de combustion.
thermite n. f. Mélange d'oxydes métalliques dégageant par combustion une vive chaleur.
thermocautère n. m. Cautère rendu incandescent par un courant d'air.
thermodynamique n. f. Partie de la physique qui traite des relations entre la mécanique et la chaleur.
thermogène adj. Qui engendre la chaleur : *emplâtre thermogène.*
thermomètre n. m. Instrument pour mesurer les températures.
thermométrie n. f. Mesure des températures.
thermométrique adj. Du thermomètre.
thermonucléaire adj. Se dit des réactions nucléaires entre éléments légers, rendues possibles par l'emploi de températures très élevées.
thermostat [tɛrmosta] n. m. Appareil servant à maintenir la température constante.
thésaurisation n. f. Action de thésauriser.
thésauriser v. i. Amasser de l'argent.
thésauriseur, euse n. et adj. Qui thésaurise.
thèse n. f. Proposition que l'on avance et que l'on soutient. Ouvrage proposé à l'Université en vue du doctorat.
thomisme n. m. Ensemble des doctrines de saint Thomas d'Aquin.
thon n. m. Genre de poissons de très grande taille : *pêcher le thon à la madrague.*
thonier n. m. Bateau affecté à la pêche du thon.
thoracique adj. Du thorax.
thorax n. m. Cavité des vertébrés contenant les organes de la respiration. Seconde partie du corps des insectes.
thorium [tɔrjɔm] n. m. Métal rare servant dans la fabrication des manchons à incandescence.
thrombose [trɔboz] n. f. Formation de caillots dans un vaisseau sanguin pendant la vie.
thuriféraire n. m. Clerc qui porte l'encensoir. *Fig.* Flatteur.
thuya n. m. Genre de conifères toujours verts.

thym [tɛ̃] n. m. Petite plante odoriférante.
thymus [timys] n. m. Glande de la partie inférieure du cou.
thyroïde adj. Glande endocrine située en avant du larynx.
thyrse n. m. *Bot.* Grappe de fleurs en pyramides (lilas).
tiare n. f. Ornement de tête des souverains, chez les Mèdes et les Perses. Mitre à trois couronnes, que portait le pape.
tibia n. m. Gros os de la jambe.
tic n. m. Contraction convulsive de certains muscles. *Fig.* Habitude fâcheuse ou ridicule : *avoir un tic.*
ticket [tikɛ] n. m. Billet de chemin de fer, d'entrée, etc. Coupon d'une feuille de rationnement.
tic-tac n. m. inv. Bruit occasionné par un mouvement réglé : *le tic-tac d'un moulin.*
tiède* adj. Entre le chaud et le froid : *un bain tiède. Fig.* Qui manque d'ardeur, de ferveur : *un ami tiède.* Adv. *Boire tiède,* prendre des boissons tièdes.
tiédeur n. f. État de ce qui est tiède. *Fig.* Manque de ferveur, d'ardeur.
tiédir v. i. Devenir tiède. V. t. Rendre tiède : *tiédir un biberon.*
tien, tienne adj. poss. Qui est à toi. Pron. poss. *Le tien, la tienne,* qui est à toi. N. m. *Le tien,* ce qui t'appartient. N. m. pl. *Les tiens,* tes parents.
tierce n. f. *Mus.* Intervalle de trois degrés. Série de trois cartes de même couleur.
tiercé n. m. Pari dans lequel il faut prévoir les trois premiers chevaux dans une course.
tiers, erce adj. Qui vient en troisième lieu : *tierce personne. Fièvre tierce,* qui revient tous les troisièmes jours. *Tiers monde,* ensemble des pays peu développés économiquement, qui n'appartiennent ni au groupe des États industriels d'économie libérale ni à l'ensemble des États de type socialiste. N. m. Chaque partie d'un tout divisé en trois parties : *le tiers d'une pomme.* Troisième personne : *il survint un tiers.* Être en tiers, être troisième avec deux autres personnes. *Tiers provisionnel,* acompte payé par un contribuable.
tiers-point n. m. Angle d'une ogive. Lime triangulaire.
tige n. f. Partie du végétal qui s'élève de la terre et sert de support aux branches. Partie mince et allongée d'un objet : *la tige d'une plume.* Partie d'une botte qui enveloppe la jambe.
tigelle n. f. Partie de l'embryon qui produit la tige.
tignasse n. f. Chevelure mal peignée.
tigre, esse n. Grand quadrupède carnassier d'Asie. *Fig.* Personne cruelle.
tigré, e adj. Rayé comme la peau du tigre : *pelage tigré.*
tillac n. m. *Mar.* Pont supérieur. (Vx.)
tilleul n. m. Arbre des régions tempérées à fleur médicinale. Infusion de fleurs de tilleul.
timbale n. f. Sorte de tambour semi-sphérique. Moule de cuisine. Préparation culinaire cuite, enveloppée dans une croûte de pâte. Gobelet en métal.
timbalier n. m. Joueur de timbales.
timbrage n. m. Action de timbrer.

timbre n. m. Cloche ou clochette métallique que frappe un marteau. Son que rend une cloche de ce genre. Qualité du son de la voix ou d'un instrument. Cachet officiel sur le papier destiné aux actes publics, judiciaires, etc. Marque d'administration, d'une maison de commerce. Instrument servant à apposer ces marques : *un timbre en caoutchouc.* Syn. de TIMBRE-POSTE.

timbré, e adj. *Mus.* Se dit de la voix qui résonne bien. *Fam.* Un peu fou, toqué.

timbre-poste n. m. Vignette qu'on colle sur les lettres pour les affranchir.

timbre-quittance n. m. Timbre qu'on colle sur les quittances.

timbrer v. t. Affranchir avec un timbre-poste.

timide* adj. Qui manque de hardiesse ou d'assurance : *un enfant timide.*

timidité n. f. Manque de hardiesse, d'assurance.

timon n. m. Pièce du train de devant d'une voiture aux deux côtés de laquelle on attelle des chevaux.

timonerie n. f. Partie close et abritée de la passerelle de navigation d'un navire.

timonier n. m. Matelot chargé, à bord d'un navire de guerre, des signaux et de la veille sur la passerelle.

timoré, e adj. Hésitant, craintif. N. Personne timorée.

tinctorial, e, aux adj. Qui sert à teindre. Relatif à la teinture.

tinette n. f. Récipient de vidange.

tintamarre n. m. Grand bruit discordant, vacarme.

tintement n. m. Bruit d'une cloche qui tinte.

tinter v. t. Faire sonner lentement une cloche par coups espacés.

tintinnabuler v. i. Produire le son d'un grelot.

tintouin n. m. *Fam.* Embarras, souci.

tique n. f. Nom vulgaire d'un insecte qui s'attaque aux chiens, aux bœufs, etc.

tiquer v. i. *Fam.* Manifester sa surprise par un mouvement des yeux ou des lèvres.

tir n. m. Action de lancer, au moyen d'une arme, un projectile vers un but. Endroit où l'on s'exerce à tirer.

tirade n. f. Ce qu'un personnage de théâtre débite d'un trait.

tirage n. m. Action de tirer. Courant d'air ascensionnel dans une cheminée, qui active la combustion. *Fig.* Difficulté : *il y aura du tirage.* Ensemble des exemplaires d'un ouvrage imprimés en une seule fois. *Tirage d'une loterie,* action d'en tirer les numéros gagnants.

tiraillement n. m. Action de tirailler. Contraction douloureuse dans un muscle. *Fig.* Difficulté, désaccord.

tirailler v. t. Tirer à diverses reprises. Solliciter avec insistance, dans des sens différents : *tiraillé entre le devoir et l'intérêt.* V. i. Tirer sans régularité, mais fréquemment.

tirailleur n. m. Soldat détaché en avant d'une colonne. Nom d'anciens corps militaires coloniaux.

tirant n. m. Cordon pour ouvrir ou fermer une bourse. Ganse servant à tirer la tige d'une chaussure, quand on l'enfile. Pièce qui maintient les jambes de force d'un comble. *Mar. Tirant d'eau,* quantité dont une embarcation s'enfonce verticalement dans l'eau.

tire n. f. *Vol à la tire,* commis en tirant adroitement un objet de la poche de la victime.

tiré, e adj. Fatigué, amaigri. *Tiré à quatre épingles,* mis avec recherche. *Tiré par les cheveux,* peu naturel. N. m. *Comm.* Celui sur qui la lettre de change est tirée. Taillis bas permettant la chasse au fusil.

tire-bouchon n. m. Sorte de vis métallique servant à tirer les bouchons des bouteilles. *En tire-bouchon,* en spirale.

tire-d'aile (à) loc. adv. À coups d'aile rapides : *fuir à tire-d'aile.*

tire-fond n. m. inv. Grosse vis pour fixer le rail sur ses traverses. Anneau fixé au plafond pour suspendre un lustre.

tire-larigot (à) loc. adv. Beaucoup.

tire-ligne n. m. Petit instrument d'acier pour tracer des lignes.

tirelire n. f. Petit vase ayant une fente en haut et qui sert à économiser des pièces de monnaie.

tirer v. t. Amener vers soi avec effort : *tirer un fardeau.* Tendre : *tirer son bas.* Faire sortir : *tirer l'épée du fourreau; tirer la langue.* Tracer : *tirer un trait.* Imprimer : *tirer un livre.* Faire partir au moyen d'une arme : *tirer un coup de canon.* Obtenir : *tirer partie d'une chose.* Extraire : *tirer de l'eau d'un puits.* Choisir en s'en remettant au sort : *tirer la loterie.* Délivrer : *tirer d'embarras.* Emprunter : *tirer un mot du latin.* Déduire : *tirer une conclusion.* Tirer son origine, être issu. *Tirer vanité,* se vanter. *Tirer au clair,* rendre évident. V. i. Exercer une traction. Avoir du tirage : *cheminée qui tire mal.* Exécuter un tir : *tirer juste.* Avoir de l'analogie : *tirer sur le brun.* Tirer au sort, s'en remettre au sort. Tirer en longueur, se prolonger. *Tirer à conséquence,* avoir des suites.

tiret n. m. Petit trait horizontal dans l'écriture, plus long que le trait d'union.

tirette n. f. Cordon de rideau de fenêtre. Tablette mobile prolongeant latéralement un bureau, un meuble.

tireur, euse n. Personne qui tire avec une arme à feu. Celui qui émet une traite. *Tireur, tireuse de cartes,* personne qui prétend annoncer l'avenir d'après certaines combinaisons de cartes à jouer.

tiroir n. m. Petite caisse emboîtée dans un meuble et qui se tire à volonté. *Pièce à tiroirs,* œuvre théâtrale composée de scènes sans liaison.

tiroir-caisse n. m. Tiroir contenant la caisse d'un commerçant.

tisane n. f. Liquide aqueux obtenu par infusion ou décoction de plantes médicinales.

tison n. m. Morceau de bois brûlé en partie. *Fig.* Ce qui allume, enflamme : *un tison de discorde.*

tisonner v. i. Remuer les tisons du foyer, pour activer le feu.

tisonnier n. m. Tige de fer pour tisonner.

tissage n. m. Action de tisser. Usine où l'on tisse.

tisser v. t. Entrelacer des fils pour faire une étoffe.

tisserand n. m. Ouvrier, artisan tisseur.

tisseur n. et adj. Qui tisse.

tissu n. m. Ouvrage de fils entrelacés : *un tissu imperméable.* Manière dont sont assemblés les fils d'une étoffe : *un tissu serré.* Combinaison définie d'éléments anatomiques : *tissu osseux. Fig.* Suite, série : *un tissu d'erreurs.*

tissu-éponge n. m. Étoffe spongieuse à surface formée de bouclettes.

fissure n. f. Liaison de ce qui est tissé : *tissure lâche.*

titan n. m. Personne d'une puissance extraordinaire.

titane n. m. Métal blanc et dur.

titanesque adj. Propre aux titans.

titi n. m. *Pop.* Gamin de Paris.

titillation n. f. Légère agitation dans un corps. Chatouillement.

titiller v. t. Chatouiller légèrement. V. i. Éprouver une sensation de titillation.

titrage n. m. Détermination de la quantité des éléments composant un mélange : *le titrage d'un alcool.*

titre n. m. Inscription en tête d'un livre, d'un chapitre. Subdivision d'une loi. Qualification honorifique : *le titre de duc.* Qualification exprimant une relation sociale, une fonction : *le titre de père.* Acte, pièce authentique établissant un droit : *titre de propriété, de rente.* Richesse d'un alliage, d'un minerai, d'un sel, en un métal ou en un corps déterminé. *Titre d'une solution,* quantité d'un corps dissous dans un volume déterminé du dissolvant. *En titre,* comme titulaire. *A juste titre,* avec raison. *A titre de* loc. prép. En qualité de.

titré, e adj. Qui possède un titre nobiliaire ou honorifique : *personnage titré.*

titrer v. t. Donner un titre. Déterminer le titre d'une solution.

tituber v. i. Vaciller, chanceler.

titulaire adj. et n. Qui est revêtu d'un titre ; qui exerce une charge en vertu d'un titre.

titularisation n. f. Action de rendre titulaire.

titulariser v. t. Rendre titulaire.

toast [tost] n. m. Proposition de boire à la santé de quelqu'un, au succès d'une entreprise : *porter un toast.* Tranche de pain grillé.

toboggan n. m. Sorte de traîneau bas. Piste glissante utilisée comme jeu dans les parcs d'attractions. Courte voie routière en viaduc permettant de franchir un carrefour.

toc interj. Onomatopée exprimant un coup, un choc.

toc n. m. *Fam.* Imitation de métal précieux, d'objets anciens : *bijou en toc.*

tocsin n. m. Bruit d'une cloche qui tinte à coups pressés et redoublés, pour donner l'alarme : *sonner le tocsin.*

toge n. f. Manteau ample et long des anciens Romains. Auj., robe de magistrat, d'avocat, de professeur.

tohu-bohu n. m. Confusion, désordre.

toi pr. pers. V. TU.

toile n. f. Tissu de lin, de chanvre ou de coton. Tissu de fils d'une matière quelconque : *toile métallique.* Décor de fond d'un théâtre. Tableau peint sur toile : *une toile de maître.*

toilerie n. f. Fabrique, commerce de toile.

toilettage n. m. Ensemble de soins de propreté donnés à un chien, un chat.

toilette n. f. Meuble garni des objets nécessaires aux soins de la propreté, de la coiffure. Action de se laver, se coiffer, s'habiller : *faire sa toilette.* Costume, parure : *toilette de bal, de mariée.* Plur. W.-c. et lavabos installés dans un endroit public.

toise n. f. Anc. mesure de longueur (1,949 m). Instrument pour mesurer la taille humaine.

toiser v. t. Mesurer. *Fig.* Regarder avec dédain.

toison n. f. Poil, lainage d'un animal : *la toison d'un mouton. Fam.* Chevelure.

toit n. m. Couverture d'un bâtiment : *toit de chaume. Fam.* Maison : *le toit paternel.*

toiture n. f. Ce qui compose le toit.

tôle n. f. Fer ou acier laminé, en feuilles. *Arg.* Prison. (En ce sens, on écrit aussi TAULE.)

tolérable adj. Qu'on peut tolérer.

tolérance n. f. Action de tolérer. Possibilité de supporter sans en souffrir certaines substances. Excédent ou insuffisance de poids dans une monnaie.

tolérant, e adj. Indulgent.

tolérer v. t. (conj. 5) Supporter avec indulgence. Permettre tacitement : *tolérer des abus.*

tôlerie n. f. Travail du tôlier.

tolet n. m. Fiche en bois ou en fer dans le plat-bord d'un bateau.

tôlier n. m. Artisan qui travaille la tôle. *Pop.* Hôtelier.

tollé [tɔlle] n. m. Cri d'indignation.

toluène n. m. Hydrocarbure tiré de la houille.

tomaison n. f. Indication du tome d'un ouvrage.

tomate n. f. Plante solanacée à fruit comestible. *Sauce tomate,* à la tomate.

tombal, e, als adj. Relatif à la tombe.

tombe n. f. Fosse où gît un mort, et dalle de pierre qui la recouvre. *Fig.* La mort.

tombeau n. m. Monument élevé sur une tombe. *Fig.* Lieu sombre, triste. *Fig.* La mort : *rester fidèle jusqu'au tombeau.*

tombée n. f. *A la tombée de la nuit,* au début de la nuit. *A la tombée du jour,* à la fin du jour.

tomber v. i. Être entraîné de haut en bas : *tomber de cheval.* Se jeter : *tomber aux pieds de quelqu'un.* Arriver brusquement : *tomber sur l'ennemi.* Pendre : *ses cheveux lui tombent sur le nez.* Être anéanti : *ses illusions tombent.* Devenir : *tomber malade.* Succomber : *tomber au champ d'honneur.* Perdre de son intensité : *laisser tomber la voix.* Se porter : *la conversation tomba sur lui.* Ne pas réussir : *une pièce de théâtre qui tombe.* Être pris : *tomber dans un piège.* Arriver : *sa fête tombe un jeudi.* Dégénérer : *tomber dans le trivial.* Parvenir par hasard : *ce texte est tombé sous mes yeux.* V. t. *Pop.* Jeter à terre : *tomber un adversaire.* V. impers. : *il tombe de la neige.*

tombereau n. m. Charrette basculante montée sur deux roues. Wagon à bords hauts, pour le transport des marchandises en vrac.

tombeur n. m. *Fam.* Lutteur qui tombe ses adversaires.

tombola n. f. Loterie où chaque gagnant reçoit un lot en nature.

tome n. m. Division d'un livre qui forme en général un volume.

tomme ou **tome** n. f. Fromage de Savoie.

ton, ta, tes adj. poss. de la 2e personne du singulier.

ton n. m. Degré de hauteur de la voix ou du son d'un instrument : *ton grave.* Inflexion de la voix : *un ton humble.* Caractère du style : *ton noble, soutenu.* Façon de s'exprimer, de se présenter. *Mus.* Intervalle de deux demitons. Gamme dans laquelle un air est composé : *le ton de fa. Peint.* Degré de force et d'éclat des teintes. *Donner le ton*, régler la mode, les usages. *Bon ton*, langage, manières des personnes bien élevées.

tonal, e, als adj. *Mus.* Relatif à la tonalité.

tonalité n. f. Qualité d'un morceau écrit dans un ton déterminé.

tondaison n. f. V. TONTE.

tondeur, euse adj. et n. Qui tond. N. f. Nom de divers instruments servant à tondre les cheveux, le poil, à faucher le gazon, etc.

tondre v. t. (conj. 46) Couper de près les cheveux, le poil, le gazon, etc. Tailler ras : *tondre le buis. Fig.* Frapper d'impôts excessifs : *tondre le contribuable.*

tonicité n. f. Élasticité des tissus vivants.

tonifiant, e adj. Qui tonifie.

tonifier v. t. Rendre plus vigoureux : *l'air marin tonifie.*

tonique adj. et n. m. Qui fortifie ou réveille la tonicité des organes. Qui reçoit l'accent : *syllabe tonique. Accent tonique*, intensité plus forte de la voix sur une syllabe.

tonitruant, e adj. Bruyant comme le tonnerre : *voix tonitruante.*

tonnage n. m. Capacité de transport d'un navire.

tonne n. f. Grand tonneau. Son contenu. Unité de poids (1 000 kg).

tonneau n. m. Récipient de bois formé de douves assemblées, serrées par des cercles et fermées par deux fonds plats. Son contenu. Mesure de capacité pour le jaugeage (2,83 m³ pour le tonneau international).

tonnelet n. m. Petit tonneau.

tonnelier n. m. Celui qui fait des tonneaux.

tonnelle n. f. Berceau couvert de verdure. Voûte en plein cintre.

tonnellerie n. f. Profession du tonnelier.

tonner v. impers. Se dit du bruit que fait entendre le tonnerre. V. i. Produire un bruit qui rappelle le tonnerre. *Fig.* Parler d'une voix retentissante ou avec véhémence : *tonner contre les abus.*

tonnerre n. m. Bruit qui accompagne la foudre. La foudre elle-même. Bruit comparable à celui du tonnerre. *Coup de tonnerre*, événement imprévu.

tonte ou **tondaison** n. f. Action de tondre. Laine que l'on tond. Époque de la tonte.

tontine n. f. Association dans laquelle chaque associé verse une somme pour en

constituer un capital qui sera réparti à un moment donné entre les survivants.

tonus [tɔnys] n. m. Contraction partielle et permanente de certains muscles. *Fam.* Energie, dynamisme.

top n. m. Signal bref pour prévenir un auditeur de noter une indication à un moment précis.

topaze n. f. Pierre fine de couleur jaune.

toper v. i. Se taper mutuellement dans la main, en signe d'accord. *Tope!* ou *tope là!*, j'accepte.

topinambour n. m. Plante composée à tubercules comestibles.

topique* adj. Se dit des médicaments qui agissent sur des points déterminés du corps.

topo n. m. *Fam.* Exposé.

topographe n. Spécialiste de topographie.

topographie n. f. Art de représenter sur un plan les formes du terrain.

topographique adj. Relatif à la topographie.

toponymie n. f. Étude de l'origine des noms de lieux.

toquade n. f. *Fam.* Caprice.

toque n. f. Coiffure sans bords.

toqué, e adj. *Fam.* Un peu fou.

toquer (se) [de] v. pr. *Fam.* S'éprendre : *se toquer d'une personne.*

torche n. f. Flambeau grossier de résine, de cire, etc.

torcher v. t. Essuyer avec un torchon. *Fig.* et *fam.* Faire à la hâte : *torcher un ouvrage.*

torchère n. f. Vase dans lequel on met des matières combustibles éclairantes. Candélabre supportant des flambeaux, etc.

torchis [tɔrʃi] n. m. Mortier de terre et de paille.

torchon n. m. Serviette de grosse toile pour essuyer. *Le torchon brûle*, se dit lorsque deux amis ou deux parents se disputent.

torchonner v. tr. *Fam.* Torcher.

tordage n. m. Torsion des fils textiles.

tord-boyaux n. m. inv. *Pop.* Eau-de-vie très forte et de qualité médiocre.

tordoir n. m. Garrot pour tordre une corde.

tordre v. t. Tourner un corps par ses extrémités en sens contraire : *tordre du linge.* Tourner avec effort : *tordre le bras. Tordre le cou*, étrangler. V. pr. Contourner son corps avec effort. *Fam.* Rire convulsivement.

tore n. m. *Archit.* Grosse moulure ronde à la base d'une colonne. *Géom.* Anneau à section circulaire.

torero n. m. Combattant dans les courses de taureaux.

torgnole n. f. *Pop.* Soufflet, coup de poing : *recevoir une torgnole.*

tornade n. f. Coup de vent très violent.

toron n. m. Réunion de plusieurs fils de caret tordus.

torpédo n. f. Voiture automobile découverte. (Vx.)

torpeur n. f. État d'engourdissement, d'assoupissement physique ou mental.

torpillage n. m. Action de torpiller.

torpille n. f. Poisson plat possédant un appareil électrique qui lui permet d'engourdir ses victimes. Engin de guerre pouvant provoquer une explosion sous-marine.

torpiller v. t. Attaquer, atteindre au moyen de torpilles. *Fig.* Faire échouer.

torpilleur n. m. Anc. bateau de guerre rapide, qui tirait des torpilles.

torréfaction n. f. Action de torréfier.

torréfier v. t. Griller : *torréfier la chicorée, le café.*

torrent n. m. En montagne, cours d'eau très rapide.

torrentiel, elle adj. Qui tombe en grande abondance : *pluie torrentielle.*

torrentueux, euse adj. Impétueux.

torride adj. Excessivement chaud : *climat torride.*

tors [tɔr], **e** adj. Tordu en spirale. Difforme : *des jambes torses.*

torsade n. f. Frange tordue en spirale, employée en passementerie.

torse n. m. Partie du corps comprenant les épaules et la poitrine.

torsion n. f. Action de tordre. État de ce qui est tordu.

tort [tɔr] n. m. Ce qui est contre le droit, la justice, la raison. Préjudice, dommage. *Avoir tort,* soutenir une chose fausse, faire ce qu'on ne devrait pas faire. *Faire tort,* nuire. *A tort,* injustement. *A tort et à travers,* sans discernement.

torticolis [tɔrtikɔli] n. m. Contracture, douleur dans les muscles du cou.

tortillage n. m. Action de tortiller.

tortillard n. m. Fam. Petit chemin de fer local.

tortillement n. m. Action de tortiller. État d'une chose tortillée.

tortiller v. t. Tordre à plusieurs tours. V. pr. Se tourner sur soi-même de différentes façons.

tortillon n. m. Bourrelet pour porter un fardeau sur la tête. Petit rouleau de papier pour estomper.

tortionnaire [tɔrsjɔnɛr] n. Bourreau. Personne qui inflige des tourments.

tortu, e adj. Qui se dévie, qui n'est pas droit : *bois tortu.* Fig. Qui n'est pas juste : *raisonnement tortu.*

tortue n. f. Reptile enfermé dans une carapace osseuse.

tortueux, euse* adj. Sinueux. Fig. Qui emploie des moyens détournés.

torturant, e adj. Qui torture.

torture n. f. Supplice. Tourments que l'on fait subir à un accusé pour lui arracher des aveux. Fig. Vive inquiétude : *se mettre l'esprit à la torture.*

torturer v. t. Faire subir la torture. Fig. Tourmenter vivement. Dénaturer violemment le sens de : *torturer un texte.*

torve adj. Regard torve, oblique et dur.

toscan, e adj. et n. De la Toscane.

tôt adv. Au bout de peu de temps. De bonne heure. Promptement.

total, e* adj. Complet, entier. N. m. Assemblage de plusieurs parties formant un tout. Somme obtenue par addition. *Au total,* tout bien considéré, en somme.

totalisateur, trice adj. Qui totalise. N. m. Appareil additionnant automatiquement plusieurs nombres.

totalisation n. f. Action de faire un total.

totaliser v. t. Calculer le total de.

totalitaire adj. Dictatorial.

totalitarisme n. m. Régime de dictature d'une personne ou d'un parti.

totalité n. f. Le tout, le total. *En totalité,* totalement.

totem [tɔtɛm] n. m. Animal considéré comme ayant une affinité particulière avec un individu ou un groupe ethnique. Représentation de cet animal.

totémique adj. Relatif aux totems.

totémisme n. m. Croyance aux totems.

toton n. m. Sorte de petite toupie.

touage n. m. Action de touer.

toubib n. m. Pop. Médecin.

toucan n. m. Genre d'oiseaux grimpeurs à bec énorme.

touchant prép. Au sujet de, relativement à.

touchant, e adj. Qui touche, émeut le cœur : *discours touchant.*

touche n. f. Action de toucher. Chacune des pièces constituant le clavier d'un piano, d'un orgue, etc. *Pierre de touche,* variété de jaspe noir qui sert à éprouver l'or et l'argent. Fig. Moyen d'épreuve. Manière de peindre, d'écrire : *une touche délicate, hardie.* Gaule dont on se sert pour faire avancer les bœufs. Arg. Mine, aspect : *une drôle de touche.*

touche-à-tout n. et adj. inv. Qui touche à tout, qui se mêle de tout.

toucher v. t. Être en contact avec : *toucher du doigt.* Recevoir : *toucher de l'argent.* Atteindre : *toucher un but, un adversaire.* Avoir rapport : *cela ne me touche en rien.* Émouvoir : *ses larmes m'ont touché.* Stimuler les bœufs avec la touche. V. i. Atteindre : *toucher au plafond.* Modifier : *toucher à un règlement.* Être en contact : *maison qui touche à l'église.* Être sur le point d'atteindre : *toucher au port.*

toucher n. m. Sens par lequel on connaît la forme et le caractère extérieur des corps.

toucheur n. m. Conducteur de bestiaux : *un toucheur de bœufs.*

touer v. t. Haler un bateau à l'aide d'un remorqueur.

touffe n. f. Bouquet, assemblage de fils, de brins, de tiges, de plumes, etc.

touffeur n. f. Chaleur humide et malsaine.

touffu, e adj. Épais, serré : *bois touffu.* Fig. Enchevêtré, surchargé : *discours touffu.*

touiller v. t. Fam. Mêler, agiter.

toujours adv. Sans cesse, sans fin. En tout temps. Encore à présent : *je l'aime toujours malgré ses défauts.* Néanmoins, cependant : *toujours est-il que j'ai fait mon devoir.*

toundra n. f. Dans les régions de climat froid, formation végétale qui comprend quelques graminées, des lichens et quelques arbres nains.

toupet n. m. Petite touffe de cheveux, de poils, etc. Fam. Effronterie, audace : *avoir du toupet.*

toupie n. f. Jouet en forme de poire que l'on fait tourner sur la pointe. Tour conique pour tailler les moulures.

tour n. f. Bâtiment élevé, de forme ronde ou carrée. Pièce du jeu d'échecs.

tour n. m. Mouvement circulaire : *tour de roue.* Action de parcourir la périphérie : *faire le tour de la ville.* Circonférence : *tour de poitrine.* Action exige de la force, de l'adresse, etc. : *tour de prestidigitateur.* Ruse malicieuse : *jouer un bon tour.* Manière de présenter une idée, une expression : *un tour gracieux, original.* Rang, ordre : *parler à son* *tour. A tour de bras*, de toute la force de ses bras. *En un tour de main*, en un instant. *Tour de bâton*, profit illicite. *Tour de reins*, foulure de la région lombaire. *Tour à tour*, l'un après l'autre, alternativement.

tour n. m. Machine-outil pour façonner en rond le bois, le métal. Armoire cylindrique enchâssée dans un mur pour faire passer à l'intérieur ce qu'on dépose à l'extérieur.

tourangeau, elle adj. De la Touraine.

tourbe n. f. Charbon formé de végétaux imparfaitement décomposés.

tourbe n. f. Foule, multitude méprisable.

tourbière n. f. Endroit d'où l'on extrait la tourbe.

tourbillon n. m. Vent impétueux qui souffle en tournoyant. Masse d'eau qui tournoie rapidement. Masse quelconque qui tournoie : *tourbillon de poussière. Fig. : le tourbillon des plaisirs.*

tourbillonnant, e adj. Qui tourbillonne.

tourbillonnement n. m. Tourbillon : *le tourbillonnement du vent.*

tourbillonner v. i. Tournoyer.

tourelle n. f. Petite tour. Abri blindé dans un navire de guerre.

touret n. m. Dévidoir sur lequel on enroule des câbles. Petit tour pour divers usages.

tourie n. f. Grande bonbonne de verre ou de grès entourée d'osier.

tourière adj. et n. f. Religieuse non cloîtrée, chargée des relations avec l'extérieur.

tourillon n. m. Axe ou pivot.

tourisme n. m. Action de voyager par agrément : *voyage de tourisme.*

touriste n. Personne qui voyage pour son agrément.

touristique adj. Relatif au tourisme.

tourmaline n. f. Pierre fine rouge, bleue, brune, incolore ou noire.

tourment n. m. Violente douleur. Grand souci.

tourmente n. f. Tempête violente. *Fig.* Troubles violents : *tourmente politique.*

tourmenter v. t. Faire souffrir violemment : *la goutte le tourmente.* Agiter violemment. *Fig.* Inquiéter vivement : *son procès le tourmente.* Harceler : *tourmenter par ses créanciers.* V. pr. S'inquiéter vivement : *pourquoi vous tourmenter ainsi ?*

tourmenteur, euse adj. et n. Qui tourmente.

tournage n. m. Action d'usiner au tour. *Cin.* Action d'enregistrer avec un appareil de prise de vues.

tournailler v. i. *Fam.* Aller et venir sans but.

tournant, e adj. Qui tourne : *pont tournant.* N. m. Coude d'un chemin, d'une rivière, etc. *Fig.* Moment où les événements prennent une tournure différente : *un tournant de l'histoire.*

tourné, e adj. Fait d'une certaine façon : *bien, mal tourné.* Aigri, altéré, fermenté : *lait, vin tourné.*

tournebroche n. m. Mécanisme faisant tourner une broche à rôtir.

tourne-disque n. m. Appareil permettant la lecture de sons enregistrés sur un disque.

tournedos n. m. Filet de bœuf accommodé en tranches.

tournée n. f. Voyage d'inspection, d'affaires, etc. *Fam.* Ensemble des boissons offertes par un consommateur à d'autres.

tournemain (en un) loc. adv. En un instant : *ce sera réglé en un tournemain.* (Vx.)

tourner v. t. Mouvoir en rond : *tourner une roue, une broche.* Changer de direction : *tourner la tête.* Mettre dans un sens opposé : *tourner une feuille.* Usiner au tour : *tourner une quille.* Examiner : *tourner une affaire en tous sens.* Interpréter : *tourner en bien, en mal.* Disposer, arranger : *bien tourner une lettre.* Diriger : *tourner ses pensées vers Dieu.* Faire le tour de : *tourner un obstacle.* Éluder : *tourner une difficulté.* Tourner le dos à, s'éloigner de. Enregistrer avec un appareil de prise de vues : *tourner un film. Tourner en ridicule*, ridiculiser. *Tourner la tête à quelqu'un*, lui faire perdre la raison. V. i. Se mouvoir circulairement. S'agiter en divers sens : *tourner avant de prendre une décision.* S'altérer, s'aigrir : *le lait a tourné.* Finir : *l'affaire a mal tourné.* Changer de conduite : *jeune homme qui a mal tourné.* Avoir une tendance vers : *tourner à la dévotion. Tourner à tout vent*, changer souvent d'idée. *La tête lui tourne*, il a le vertige. *Tourner court*, tourner sur un petit espace; finir brusquement.

tournesol n. m. Nom usuel de l'*hélianthe* ou *soleil.* Matière colorante.

tourneur n. m. Artisan qui travaille au tour. Adj. Qui tourne sur lui-même : *derviche tourneur.*

tournevis n. m. Instrument pour serrer ou desserrer les vis.

tournicoter ou **tourniquer** v. i. *Fam.* Aller de-ci de-là, rôder autour de quelqu'un.

tourniquet n. m. Croix mobile sur un pivot, à l'entrée d'un spectacle payant, pour ne laisser passer qu'une personne à la fois. *Chir.* Instrument pour comprimer les artères coupées.

tournis [turni] n. m. Maladie des moutons et des bœufs qui les fait tourner convulsivement sur eux-mêmes.

tournoi n. m. Fête où l'on combattait à cheval. *Fig.* Assaut, concours : *tournoi de bridge.*

tournoiement n. m. Action de tournoyer : *le tournoiement de l'eau.*

tournois adj. S'est dit, en France, de la monnaie frappée à Tours : *livre tournois.*

tournoyer v. i. (conj. 2) Tourner sur soi-même.

tournure n. f. Manière dont une chose évolue : *prendre bonne tournure.* Caractère, aspect. Manière dont une personne se fait : *avoir une jolie tournure.* Agencement des mots dans une phrase : *tournure incorrecte.*

touron [turɔ̃ ou turɔ̃] n. m. Confiserie faite avec des amandes pilées, des œufs, du sucre, etc.

tourte n. f. Pâtisserie de forme circulaire, contenant un mets. Personne stupide.

tourteau n. m. Résidu de graines, de fruits, dont on a exprimé l'huile, utilisé comme aliment pour les bestiaux, ou comme engrais : *tourteau d'olives.*

tourteau n. m. Sorte de gros crabe.

tourtereau n. m. Jeune tourterelle. Pl. *Fig.* Jeunes amoureux.

tourterelle n. f. Oiseau voisin du pigeon, au roucoulement plaintif.

tourtière n. f. Ustensile pour faire cuire des tourtes ou des tartes.

toussaint [tusɛ̃] n. f. Fête du 1er novembre, en l'honneur de tous les saints.

tousser v. i. Avoir un accès de toux. Imiter le bruit de la toux.

tousseur, euse n. Fam. Qui tousse.

toussotement n. m. Action de toussoter.

toussoter v. i. Tousser souvent.

tout, toute; pl. masc. **tous** adj. Exprime l'ensemble, l'universalité, l'intégralité de : *tous les hommes.* Au sing., chaque, n'importe lequel : *tout homme est mortel. Toutes les semaines,* une fois par semaine. Pron. indéf. Toute chose, ou chaque chose : *il sait tout faire. Après tout,* en définitive. *Comme tout,* extrêmement. *En tout,* au total. *A tout prendre,* en somme. N. m. Ensemble, objet divisible pris en son entier : *cela forme un tout.* L'universalité des choses : *le grand tout.* Fig. Le principal : *le tout est de réussir.* Adv. Entièrement. *Tout... que,* quelque, si.

tout à coup loc. adv. Soudainement.

tout-à-l'égout n. m. Mode de vidange par lequel les eaux usées sont directement envoyées à l'égout.

toutefois adv. Néanmoins.

toute-puissance n. f. Puissance infinie de Dieu. Pouvoir souverain.

toutou n. m. Fam. Chien.

tout-puissant, toute-puissante adj. Qui a un pouvoir sans bornes. N. m. *Le Tout-Puissant,* Dieu.

tout-terrain adj. inv. Se dit d'un véhicule ou d'un engin capable de circuler sur route et en terrain varié.

tout-venant n. m. Houille non triée. Ce qui n'a pas été soigneusement trié.

toux [tu] n. f. Expiration brusque et convulsive de l'air contenu dans les poumons.

toxicité n. f. Caractère toxique.

toxicologie n. f. Étude des poisons.

toxicomane adj. et n. Qui s'adonne à la toxicomanie.

toxicomanie n. f. Habitude morbide d'absorber des substances toxiques ou stupéfiantes (éther, morphine, cocaïne, opium).

toxicose n. f. Affection grave due à l'action des toxines sécrétées par des microbes proliférant dans l'intestin, les voies respiratoires, etc.

toxine n. f. Poison de nature protéique, produit par des bactéries, des parasites, certains champignons.

toxique n. m. Nom générique des poisons. Adj. Qui contient du poison.

trac n. m. Fam. Peur, en particulier celle qu'on éprouve devant le public.

traçage n. m. Action de tracer.

traçant, e adj. *Balle traçante,* balle munie d'une composition lumineuse qui rend visible sa trajectoire. *Racine traçante,* racine qui s'étend horizontalement.

tracas n. m. Agitation, désordre. Embarras, peine, souci : *le tracas des affaires.*

tracasser v. t. Agiter, inquiéter.

tracasserie n. f. Ennui, tourment. Action de tracasser.

tracassier, ère adj. Qui aime à tracasser.

trace n. f. Empreinte, vestige du passage d'un homme ou d'un animal. Cicatrice, marque qui reste d'une chose. Quantité minime. *Fig.* Impression dans l'esprit, la mémoire.

tracé n. m. Représentation des contours d'un dessin, d'un plan. Ligne suivie, parcours : *le tracé d'un chemin de fer.*

tracement n. m. Action de tracer.

tracer v. t. (conj. 1) Tirer les lignes d'un dessin, d'un plan, etc. *Par ext.* Indiquer par l'écriture. Marquer, déterminer la voie à suivre. V. i. Se dit des plantes dont les tiges ou les racines rampent sur le sol.

traceur, euse n. Qui trace.

trachéal, e [trakeal], **aux** adj. De la trachée.

trachée [traʃe] n. f. Abrév. de TRACHÉE-ARTÈRE. Zool. Organe respiratoire des animaux articulés. Bot. Vaisseau du bois entouré de fils en spirales serrées.

trachée-artère n. f. Chez l'homme et l'animal, canal qui porte l'air aux poumons.

trachéen [trakeɛ̃], **enne** adj. Qui appartient à la trachée, aux trachées.

trachéotomie [trakeɔtɔmi] n. f. Ouverture, incision de la trachée-artère.

trachome [trakom] n. m. Conjonctivite endémique dans certains pays tropicaux.

trachyte [trakit] n. m. Roche volcanique, souvent grisâtre.

traçoir n. m. Outil pour tracer.

tract n. m. Petit imprimé sur une question politique, religieuse, etc.

tractation n. f. Manière de traiter une affaire, un marché.

tracteur n. m. Machine produisant une traction. Véhicule automobile muni d'un dispositif de remorquage.

traction n. f. Action d'une force tirant un corps mobile : *traction d'une locomotive. Ch. de f.* Partie de l'exploitation, qui consiste dans les transports de tout genre. *Traction avant,* type d'automobile, où les roues avant sont motrices.

tractoriste n. m. Conducteur d'un tracteur.

tradition n. f. Transmission orale ou écrite des doctrines religieuses, de coutumes, de légendes. Tout ce qu'on sait par une transmission d'âge en âge : *respectueux de la tradition.*

traditionalisme n. m. Système de croyances fondé sur la tradition.

traditionaliste n. et adj. Partisan du traditionalisme.

traditionnel, elle* adj. Fondé sur la tradition. Qui est passé dans les habitudes.

traducteur, trice n. Personne qui traduit des textes.

traduction n. f. Action de transposer un texte dans une autre langue. Ouvrage traduit. *Par ext.* Interprétation.

traduire v. t. (conj. 64) Faire passer, transposer d'une langue dans une autre : *traduire du latin.* Représenter, exprimer : *traduire sa pensée.* Citer, renvoyer pour être jugé : *traduire en justice.*

traduisible adj. Qui peut être traduit.

trafic n. m. Circulation des marchandises. Importance et fréquence de la circulation des trains, des voitures, etc : *trafic ferroviaire; trafic routier.* Commerce illégal et clandestin.

trafiquant, e n. Personne qui fait un trafic clandestin.

trafiquer v. i. Effectuer des opérations commerciales clandestines et illégales.

tragédie n. f. Pièce dramatique, représentant une action propre à exciter la crainte ou la pitié. Le genre tragique. *Fig.* Evénement terrible, funeste.

tragédien, enne n. Acteur, actrice tragique.

tragi-comédie n. f. Tragédie au dénouement heureux. *Fig.* Mélange de choses sérieuses et de choses comiques.

tragi-comique adj. Qui tient du tragique et du comique.

tragique* adj. Qui appartient à la tragédie. *Fig.* Terrible, funeste, sanglant : *fin tragique*. N. m. Le genre tragique. Auteur de tragédies. Caractère de ce qui est terrible : *le tragique d'une situation*.

trahir v. t. Livrer, tromper perfidement : *trahir un ami, trahir sa patrie*. Manquer à : *trahir son serment*. Révéler : *trahir un secret*. Ne pas répondre à : *trahir la confiance*. Ne pas exprimer exactement : *trahir la pensée de quelqu'un*. V. pr. Se faire découvrir.

trahison n. f. Action de trahir.

train n. m. Allure : *aller bon train*. Suite de wagons traînés par une locomotive : *train express*. Mil. Arme des transports automobiles. Partie antérieure ou postérieure du cheval : *train de devant*. Train de vie, manière de vivre. Train de maison, ensemble des services d'une maison. *Être en train*, être bien disposé, en verve; être en voie d'exécution. *Être en train de*, être actuellement occupé à. *Mettre une affaire en train*, la commencer.

traînage n. m. Action de traîner.

traînant, e adj. Qui traîne à terre : *robe traînante*. *Fig.* Languissant, sans vigueur : *une voix traînante*.

traînard n. m. Qui reste en arrière. *Par ext.* Homme lent.

traînasser v. t. *Fam.* Traîner en longueur une chose. V. i. *Fam.* Rester longtemps à faire une chose. Errer à l'aventure.

traîne n. f. Action de traîner. Queue d'une robe. Sorte de filet.

traîneau n. m. Petit chariot bas et sans roues qu'on fait glisser sur la glace et sur la neige. Grand filet pour la pêche ou la capture des oiseaux.

traînée n. f. Choses répandues en longueur : *traînée de poudre*. *Pop.* Prostituée.

traîner v. t. Tirer derrière soi : *traîner un filet*. Mener sans énergie : *traîner son existence*. Se faire suivre : *traîner quelqu'un derrière soi*. Traîner en longueur, différer la conclusion de; tarder à finir. V. i. Pendre jusqu'à terre : *son manteau traîne*. Mener une existence languissante. Ne pas être en ordre : *tout traîne dans cette maison*. V. pr. Ramper à terre. Marcher avec difficulté.

traîneur, euse n. Personne qui traîne. Traîneur de sabre, militaire qui affecte des airs fanfarons. (Vx.)

traintrain n. m. Cours monotone, routine : *le traintrain de la vie*.

traire v. t. (conj. 73) Tirer le lait des mamelles : *traire une vache*.

trait n. m. Action de traîner. Arme de jet : *lancer des traits*. Longe de cuir, corde pour atteler un cheval. Ce que l'on boit sans reprendre haleine : *avaler d'un trait*. Ligne que l'on trace : *dessin au trait*. Lignes du visage : *traits délicats*. Manière d'exprimer : *peindre l'amitié en traits émouvants*. Chose qui blesse moralement : *les traits de la médisance*. Action considérée du point de vue moral : *un trait d'héroïsme*. Pensée vive, ingénieuse : *un trait d'esprit*. Mus. Succession rapide de notes. Avoir trait à, se rapporter à. Trait d'union, petite ligne qui joint les parties d'un mot composé, et, au *fig.*, ce qui sert à réunir.

traitable adj. Qu'on peut traiter. Maniable, doux, accommodant.

traitant, e adj. *Médecin traitant*, médecin qui suit l'évolution d'une maladie et en prescrit le traitement.

traite n. f. Action de tirer, de traire. Chemin fait sans s'arrêter : *faire une longue traite*. Tout d'une traite, sans s'arrêter. Lettre de change : *faire traite sur quelqu'un*. Traite des Noirs ou des Nègres, trafic des esclaves sur les côtes de l'Afrique, pratiqué depuis les grandes découvertes jusqu'au XIXe s.

traité n. m. Ouvrage où l'on traite d'un art, d'une science. Convention entre Etats ou entre sociétés : *un traité de commerce*.

traitement n. m. Manière d'agir, de se comporter : *subir de mauvais traitements*. Appointements d'un fonctionnaire. Manière de combattre une maladie. Opérations que l'on fait subir à une matière.

traiter v. t. Agir bien ou mal envers quelqu'un : *bien traiter un prisonnier*. Recevoir, accueillir, donner à manger : *traiter ses invités*. Exposer : *traiter une question*. Soigner : *traiter un malade*. Exécuter, représenter : *peintre qui traite un sujet*. Faire subir un traitement : *traiter un minerai*. V. i. Faire un traité, une convention : *traiter avec l'adversaire*. Faire un exposé : *traiter de l'alcoolisme*.

traiteur n. m. Restaurateur qui prépare des plats sur commande et les livre à domicile.

traître, esse adj. Qui trahit : *paroles traîtresses*. Sournois, hypocrite. *Ne pas dire un traître mot*, garder un silence absolu.

traîtreusement adv. En traître.

traîtrise n. f. Caractère de traître, trahison.

trajectoire n. f. Ligne que décrit un projectile lancé par une arme.

trajet n. m. Espace à parcourir ou chemin parcouru.

tralala n. m. *Fam.* Ostentation : *faire du tralala*.

tram n. m. *Fam.* Abrév. de TRAMWAY.

trame n. f. Ensemble des fils que les tisserands font passer entre ceux de la chaîne. *Fig.* Complot, intrigue, cours, durée de la vie : *la trame de nos jours*.

tramer v. t. Entrelacer les fils de la trame avec ceux de la chaîne. *Fig.* Machiner, comploter : *tramer une conspiration*.

tramontane n. f. Vent du nord, dans le Languedoc et le Roussillon. *Fig.* Perdre la tramontane, ne plus savoir s'orienter.

tramway [tramwɛ] n. m. Voie ferrée établie dans une rue, à l'aide de rails sans saillie. Voiture qui circule sur ces rails.

tranchage n. m. Action de trancher. Action de couper en tranches minces les bois de placage.

tranchant, e adj. Qui coupe. *Fig.* Qui décide hardiment. Décisif. Qui produit une opposition vive, sans nuances : *couleur tranchante ; ton tranchant.* N. m. Côté affilé d'un instrument coupant.

tranche n. f. Morceau coupé un peu mince : *une tranche de jambon.* Surface unie que présente l'épaisseur d'un livre rogné : *doré sur tranches.* Chacune des parties successives d'une émission financière, d'une loterie. L'un des éléments constituant une série quelconque : *la première tranche des travaux.*

tranchée n. f. Excavation longitudinale. Fossé creusé dans le sol et protégé par un parapet constitué au moyen des terres qu'on retire. Pl. Coliques très aiguës.

trancher v. t. Couper : *trancher la tête. Diviser en tranches minces. Fig.* Résoudre brusquement : *trancher une difficulté.* V. i. Décider hardiment : *trancher sur tout. Fig.* Ressortir : *couleurs qui tranchent vivement.*

tranchoir n. m. Plateau de bois pour découper la viande.

tranquille* [trâkil] adj. Sans agitation : *une mer tranquille.* Sans inquiétude : *avoir l'esprit tranquille.*

tranquillité n. f. État de ce qui est sans mouvement, sans agitation.

transaction [trâzaksjô] n. f. Acte par lequel on transige. Conventions entre commerçants.

transactionnel, elle adj. Qui a le caractère d'une transaction.

transafricain, e adj. Qui traverse l'Afrique : *route transafricaine.*

transalpin, e adj. Qui est au-delà des Alpes.

transat [trâzat] n. m. *Fam.* Chaise longue pliante recouverte de toile.

transatlantique adj. Qui est au-delà de l'océan Atlantique. N. m. Paquebot qui traverse l'Atlantique.

transbordement n. m. Action de transborder.

transborder v. t. Transporter d'un bâtiment dans un autre, d'un train à un autre.

transbordeur n. et adj. Appareil servant à transborder.

transcendance n. f. Qualité de ce qui est transcendant.

transcendant, e adj. Qui s'élève au-dessus, supérieur ; qui excelle en son genre : *génie transcendant.*

transcendantal, e, aux* adj. *Philos.* Purement rationnel, donné *a priori.*

transcender v. t. Dépasser (un domaine de la connaissance). V. i. *Fam.* Être supérieur à tous.

transcontinental, e, aux adj. Qui traverse un continent.

transcription n. f. Action de transcrire ; son résultat. Action d'écrire pour un instrument un air de musique noté pour un autre instrument. *Dr.* Copie, sur un registre, d'un acte constatant un transfert de propriété immobilière.

transcrire v. t. Copier un écrit. *Mus.* Faire une transcription.

transe [trâs] n. f. Vive appréhension d'un mal ou croit prochain. État du médium en proie à des phénomènes occultes.

transept [trâsɛpt] n. m. Galerie transversale qui, dans une église, sépare le chœur de la nef et forme les bras de la croix.

transfèrement n. m. Transfert d'un prisonnier.

transférer v. t. (conj. **5**) Faire passer d'un lieu dans un autre. Transmettre légalement une propriété, etc.

transfert [trâsfɛr] n. m. Transmission d'une propriété : *transfert de titres.* Translation. Transport : *transfert de fonds. Fig* : *transfert d'une somme à votre compte.*

transfiguration n. f. Changement d'une figure en une autre plus belle ou plus noble.

transfigurer v. t. Changer la figure, la forme : *être transfiguré par la joie.*

transformable adj. Qui peut être transformé.

transformateur, trice adj. Qui transforme. N. m. Appareil qui, recevant de l'énergie électrique, en modifie la tension.

transformation n. f. Action de transformer ou de se transformer Au rugby, conversion de l'essai en but.

transformer v. t. Faire changer de forme, de caractère, de nature. Au rugby, réussir la conversion d'un essai en but : *un essai transformé vaut six points.* V. pr. Se métamorphoser : *la chenille se transforme en papillon.* Changer son caractère en bien ou en mal.

transformisme n. f. Doctrine biologique suivant laquelle les espèces animales et végétales se transforment au cours des temps et donnent naissance à de nouvelles espèces.

transformiste n. Partisan du transformisme. Relatif au transformisme.

transfuge n. m. Qui déserte et passe à l'ennemi. N. Personne qui change de parti.

transfuser v. t. Faire passer un liquide d'un récipient dans un autre. Opérer la transfusion du sang.

transfusion n. f. Opération par laquelle on fait passer du sang des veines d'un individu dans celles d'un autre.

transgresser v. t. Enfreindre, violer : *transgresser la loi.*

transgresseur n. m. Celui qui transgresse.

transgression n. f. Action de transgresser. Submersion d'une partie du continent par la mer.

transhumance n. f. Migration saisonnière des troupeaux.

transhumant, e adj. Soumis au régime de la transhumance.

transhumer v. i. Aller paître dans les montagnes.

transiger v. i. Faire des concessions réciproques. *Transiger avec son devoir,* manquer à ce qu'exigerait strictement le devoir.

transir [trâsir ou trâzir] v. t. Pénétrer et engourdir de froid : *le vent du nord nous transit. Fig.* Faire frissonner de crainte ou autrement. V. i. Être pénétré et engourdi de froid.

transistor n. m. Dispositif qui peut amplifier des courants électriques et assumer les fonctions de modulation et de détection. Récepteur radiophonique équipé de transistors.

transit [trăzit] n. m. Faculté de faire passer des marchandises à travers un État, sans payer de droit d'entrée.

transitaire adj. Relatif au transit. N. m. Commissionnaire en marchandises qui s'occupe du transit.

transiter v. t. Passer en transit. V. i. Être passé en transit.

transitif, ive* adj. *Verbe transitif,* marquant une action passant directement du sujet sur un objet.

transition n. f. Passage d'un état à un autre. Passage d'une idée, d'un développement à un autre.

transitoire* adj. Passager, qui ne dure pas : *une mesure transitoire.*

translation n. f. Action de transférer : *translation d'un prisonnier.*

translucide adj. Se dit des corps qui laissent passer la lumière.

transmetteur n. et adj. m. Appareil qui sert à transmettre les signaux télégraphiques.

transmettre v. t. (conj. 49) Faire parvenir. *Dr.* Faire passer par mutation : *transmettre une propriété.* Faire passer par hérédité.

transmissible adj. Qui peut être transmis : *tare transmissible.*

transmission n. f. Action de transmettre : *transmission d'un droit.* Communication d'un mouvement d'un organe mécanique à un autre.

transmuable ou **transmutable** adj. Qui peut être transmué.

transmutabilité n. f. Propriété de ce qui est transmuable.

transmutation n. f. Changement d'une chose en une autre.

transmuter ou **transmuer** v. t. Changer un élément chimique en un autre.

transparaître v. i. (conj. 58) Paraître à travers. Être deviné : *laisser transparaître ses intentions.*

transparence n. f. Qualité de ce qui est transparent.

transparent, e adj. Se dit des corps qui se laissent traverser par la lumière et permettent de distinguer les objets à travers leur épaisseur : *le verre est transparent.* Fig. Qui se laisse pénétrer, apercevoir : *allusion transparente.*

transpercer v. t. (conj. 1) Percer de part en part. Passer au travers.

transpiration n. f. Sortie de la sueur. *Bot.* Émission de vapeur d'eau, réalisée surtout au niveau des feuilles.

transpirer v. i. S'exhaler du corps par les pores. Exhaler de la sueur. *Fig.* Commencer à être divulgué : *secret qui transpire.*

transplantation n. f. Action de transplanter.

transplanter v. t. Planter en un autre endroit. Faire passer dans un autre pays.

transport n. m. Action de transporter. *Dr.* Cession de titres, etc. : *transport d'une rente.* Navire propre à transporter des troupes. *Fig.* Sentiment vif, violent : *transport de joie.* Enthousiasme : *transport poétique.*

transportable adj. Qui peut être transporté : *malade transportable.*

transportation n. f. Autref., peine de déportation.

transporter v. t. Porter d'un lieu dans un autre. Faire passer d'un milieu dans un autre : *transporter sur la scène un sujet historique. Fig.* Mettre hors de soi : *transporter de colère.* V. pr. Se rendre dans un lieu. Se porter par la pensée : *transportez-vous dans le passé.*

transporteur n. m. Celui qui transporte : *sous la responsabilité du transporteur.* Machine qui sert à transporter d'un endroit dans un autre : *transporteur par câble aérien.*

transposer v. t. Mettre une chose ailleurs qu'à la place qu'elle occupe normalement : *transposer un mot. Mus.* Changer le ton sur lequel est noté un air.

transposition n. f. Action de transposer; son résultat. *Mus.* Changement de tonalité.

transsexualisme n. m. Conviction de certains malades mentaux d'appartenir à l'autre sexe.

transsubstantiation n. f. *Théol.* Changement de la substance du pain et du vin en celle du corps et du sang de Jésus-Christ, dans l'Eucharistie.

transsuder v. i. Se dit d'un liquide qui traverse le vase qui le recèle.

transvasement n. m. Action de transvaser.

transvaser v. t. Verser d'un vase dans un autre : *transvaser du vin.*

transversal, e* aux adj. Disposé en travers. N. f. Ligne coupant en travers.

transverse adj. *Anat.* Qui est en travers, oblique.

trapèze n. m. *Géom.* Quadrilatère dont deux côtés sont inégaux et parallèles. Appareil de gymnastique. *Anat.* Muscle de la région dorsale.

trapézoïdal, e adj. En forme de trapèze.

trappe n. f. Porte posée horizontalement sur une ouverture au niveau du plancher. Piège à bascule au-dessus d'une fosse. *Fig.* Piège : *tomber dans une trappe.*

trappeur n. m. Chasseur de l'Amérique du Nord.

trappiste n. m. Religieux d'un couvent de la Trappe.

trapu, e adj. Gros et court : *homme trapu.*

traquenard n. m. Piège pour prendre les animaux nuisibles. *Fig.* Piège tendu à quelqu'un.

traquer v. t. Enfermer le gibier dans un cercle de chasseurs. Poursuivre, serrer de près : *traquer un voleur.*

traqueur, euse n. Personne qui traque.

traumatique adj. Qui concerne les plaies, les blessures.

traumatisme n. m. Trouble occasionné par une blessure. Choc psychologique.

travail n. m. (pl. **travaux**) Peine, fatigue que l'on prend pour faire une chose. Ouvrage : *un travail délicat.* Manière dont un objet est exécuté : *meuble d'un beau travail.* Phénomènes qui se produisent dans une substance qui se transforme : *le travail de la fermentation.* Étude écrite sur une matière : *un travail sur la dépopulation.* Discussions, examen : *les travaux d'une commission. Méc.* Produit de l'intensité d'une force par la projection, sur sa direction, du déplacement de son point d'application. *Travaux forcés,* la plus grave des peines, après celle de mort.

travail n. m. (pl. **travails**) Appareil pour immobiliser de grands animaux pendant qu'on les ferre ou qu'on les soigne.

travailler v. i. Faire un ouvrage ; exercer un métier : *travailler dans l'imprimerie.* Se donner de la peine pour exécuter une chose ; *travailler à perdre quelqu'un. Fig.* Se gauchir : *le bois vert travaille.* Fonctionner activement : *son imagination travaille.* Fermenter : *vin nouveau travaille.* V. t. Façonner : *travailler le fer.* Soigner : *travailler son style. Fig.* Causer de la souffrance : *la fièvre le travaille.* Obséder, troubler : *être travaillé par un désir.* Chercher à gagner ou à soulever : *travailler les esprits.*

travailleur, euse adj. Qui aime le travail. N. Ouvrier.

travaillisme n. m. Mouvement politique qui s'inspire des doctrines des socialistes anglais.

travailliste n. et adj. En Angleterre, membre du parti travailliste, d'inspiration socialiste.

travée n. f. Espace entre deux poutres garni par des solives. Partie d'un édifice entre deux points d'appui principaux. Rangée de bancs.

travelling [travliŋ] n. m. Artifice de mise en scène cinématographique, qui consiste à fixer un plan avec un appareil mobile.

travers n. m. Largeur d'un corps : *travers du doigt. Fig.* Fausse direction de l'esprit, manie, défaut. *A travers,* au milieu de. *Au travers de,* par le milieu de (quand il y a obstacle). *En travers,* d'un côté à l'autre, suivant la largeur.

traverse n. f. Pièce de bois, d'un châssis ou d'un bâti, assemblée à l'extrémité des montants. Chemin plus direct que la route ordinaire. Chacune des pièces de bois sur lesquelles les rails sont établis. Pl. Obstacles, revers.

traversée n. f. Trajet, voyage par mer. Voyage à travers un pays.

traverser v. t. Passer au travers, d'un côté à l'autre : *traverser une forêt.* Pénétrer de part en part. Se présenter à l'esprit d'une façon inopinée et fugitive.

traversier, ère adj. Qui traverse. Qui sert à traverser. *Flûte traversière,* qu'on place horizontalement sur les lèvres.

traversin n. m. Oreiller long.

travertin n. m. Dépôts calcaires des eaux de certaines sources.

travesti, e adj. Qui demande un déguisement : *bal travesti.* N. m. Costume de travestissement. Personne atteinte de travestisme.

travestir v. t. Déguiser sous l'habit d'un autre sexe, d'une autre condition. Fausser, dénaturer : *travestir la vérité.*

travestisme n. m. Perversion qui consiste à adopter les vêtements et les habitudes sociales du sexe opposé.

travestissement n. m. Déguisement.

trayeur, euse n. Personne qui trait les vaches. N. f. Appareil pour traire les vaches.

trayon [trɛjɔ̃] n. m. L'extrémité du pis d'une vache, d'une chèvre, etc.

trébuchant, e adj. Se disait des monnaies qui avaient le poids voulu.

trébucher v. i. Faire un faux pas, perdre l'équilibre.

trébuchet n. m. Piège pour les petits oiseaux. Petite balance très sensible pour peser les monnaies.

tréfilage n. m. Action de tréfiler.

tréfiler v. t. Passer du métal par la filière.

tréfilerie n. f. Art de tréfiler les métaux. Atelier de tréfileur.

tréfileur n. m. Professionnel qui fait du tréfilage.

trèfle n. m. Plante herbacée fourragère. Tout ce qui a la forme du trèfle. Ornement architectural formé par trois cercles qui se coupent. Une des deux couleurs noires du jeu de cartes.

tréfonds n. m. Fonds qui est sous le sol et qu'on possède comme le sol lui-même. *Fig.* Ce qu'il y a de plus secret : *le tréfonds d'une affaire.*

treillage n. m. Assemblage de lattes en treillis.

treille n. f. Vigne élevée contre un mur ou un treillage. Berceau de vigne que soutient un treillage : *dîner sous la treille.*

treillis n. m. Ouvrage de bois, de fer, qui imite les mailles d'un filet. Toile de chanvre très grosse. Vêtement de travail.

treize adj. num. Dix et trois. Treizième : *Grégoire treize.* N. m. Le nombre treize. *Le treize du mois,* treizième jour du mois.

treizième adj. num. ord. Qui vient après le douzième. N. : *être le, la treizième.* N. m. La treizième partie d'un tout.

tréma n. m. Double point qu'on met sur les voyelles, *e, i, u,* pour indiquer qu'on doit prononcer séparément la voyelle qui les précède (*na-ïl, sa-ül*).

tremblant, e adj. Qui tremble : *main, voix tremblante. Fig.* Saisi d'effroi : *il était tout tremblant.*

tremble n. m. Espèce de peuplier dont la feuille tremble au vent.

tremblement n. m. Agitation de ce qui tremble. *Mus.* Cadence précipitée, en chantant ou en jouant d'un instrument. *Géol. Tremblement de terre,* séisme.

trembler v. i. Être agité par de petits mouvements saccadés. Éprouver de petits mouvements convulsifs. *Fig.* Avoir peur : *je tremble qu'on ne m'accuse.*

trembleur, euse n. et adj. Qui tremble. *Fig.* Personne craintive. N. m. Interrupteur électrique automatique et à répétition.

tremblotement n. m. Action de trembloter.

trembloter v. i. Trembler un peu : *trembloter de froid.* Vaciller, chevroter.

trémie n. f. Auge carrée, étroite par le bas, d'où le blé tombe entre les meules d'un moulin. Espace réservé dans un plancher pour porter l'âtre d'une cheminée.

trémière adj. f. *Rose trémière,* plante aux grandes fleurs colorées, appelée aussi *primerose* et *passerose.*

trémolo n. m. *Mus.* Tremblement, roulement sur une note.

trémoussement n. m. Action de se trémousser.

trémousser (se) v. pr. S'agiter d'un mouvement vif et irrégulier.

trempage n. m. Immersion dans un liquide.

trempe n. m. Action de tremper. Dureté et élasticité qu'acquiert l'acier lorsqu'il a été traité par un refroidissement rapide. Constitution du corps. Caractère moral : *esprit d'une bonne trempe. Pop.* Coups que l'on reçoit.

trempé, e adj. Se dit d'un métal qui a subi l'opération de la trempe. *Fam.* Très mouillé par la pluie, les embruns.

tremper v. t. Mouiller dans un liquide. Donner la trempe à : *tremper l'acier. Tremper la soupe*, verser le bouillon sur le pain. *Tremper son vin*, y mettre de l'eau. V. i. Plonger dans un liquide : *faire tremper du linge. Fig.* Être complice : *tremper dans un crime*.

trempette n. f. *Fam.* Bain rapide.

tremplin n. m. Planche élastique sur laquelle un sauteur prend son élan pour sauter, ou un plongeur pour plonger. *Fig.* Moyen qui permet de parvenir à un but.

trench-coat [trɛnʃkot] n. m. Manteau imperméable. (Pl. *trench-coats*.)

trentaine n. f. Nombre de trente ou environ. Âge de trente ans.

trente adj. num. Trois fois dix. N. m. Trentième jour du mois.

trentenaire adj. Qui dure trente ans.

trentième adj. num. ordin. Contenu trente fois dans un tout. N. m. Trentième partie d'un tout.

trépan n. m. Outil de forage utilisé pour percer les roches dures. Instrument de chirurgie avec lequel on perce les os, surtout ceux du crâne.

trépanation n. f. Incision d'un os du crâne avec le trépan.

trépaner v. t. Ouvrir la boîte crânienne à l'aide du trépan.

trépas [trepa] n. m. Mort (littér.). *Passer de vie à trépas*, mourir (style soigné ou iron.).

trépasser v. i. Mourir.

trépidant, e adj. *Mener une vie trépidante*, mener une vie pleine d'agitation.

trépidation n. f. Tremblement.

trépider v. i. Être agité par de petites secousses rapides.

trépied n. m. Meuble ou support à trois pieds.

trépignement n. m. Action de trépigner.

trépigner v. i. Frapper vivement des pieds contre terre.

très adv. S'emploie devant des adj., des adv. ou des loc. adv., parfois devant des loc. prép. ou des noms, pour former des superlatifs absolus.

trésor n. m. Amas d'objets précieux, de grandes richesses : *découvrir un trésor caché.* Personne ou chose pour laquelle on a un très grand attachement. Service du ministère des Finances qui a pour rôle d'assurer à l'État les disponibilités financières. (On dit aussi TRÉSOR PUBLIC: s'écrit avec une majusc.)

trésorerie n. f. Administration du Trésor public. Ensemble des capitaux liquides d'une entreprise.

trésorier, ère n. Personne chargée de détenir, de comptabiliser les finances d'une collectivité. *Trésorier-payeur général*, fonctionnaire supérieur, chargé d'assurer, dans le ressort d'un département, le service public du Trésor.

tressage n. m. Action de tresser.

tressaillement n. m. Brusque secousse du corps due à une émotion vive.

tressaillir v. i. (conj. 11) Éprouver une sorte de secousse musculaire sous l'effet d'une émotion : *tressaillir de joie* (syn. FRÉMIR, TRESSAUTER).

tressauter v. i. Syn. de TRESSAILLIR.

tresse n. f. Entrelacement de brins, de fils, servant de lien ou d'élément décoratif. Cheveux entrelacés en forme de natte : *fillette qui a deux tresses.*

tresser v. t. Faire une tresse de.

tréteau n. m. Pièce de bois longue et étroite, portée sur quatre pieds, et servant à soutenir des tables, une estrade, etc. Pl. Théâtre ambulant. (Vx.)

treuil [trœj] n. m. Cylindre horizontal et mobile autour de son axe, autour duquel s'enroule un câble servant à élever des fardeaux.

trêve n. f. Cessation temporaire des hostilités entre belligérants, entre personnes qui sont en conflit. Relâche. *Trêve de..., assez de... : trêve de plaisanteries.*

tri n. m. Triage. *Bureau de tri*, lieu où se fait le tri du courrier postal.

triage n. m. Action de trier. *Gare de triage*, ensemble des voies où s'effectue le tri des wagons de marchandises suivant leur destination.

triangle n. m. *Géom.* Polygone à trois sommets, donc à trois côtés. Instrument de musique formé d'une tige d'acier en forme de triangle.

triangulaire adj. En forme de triangle : *figure triangulaire.* Qui se fait entre trois groupes, trois personnes : *élection triangulaire.*

triangulation n. f. Partage d'une surface terrestre en un réseau de triangles, pour mesurer une ligne géodésique ou pour dresser une carte.

trias [trijas] n. m. *Géol.* Première période de l'ère secondaire.

tribal, e, aux adj. Relatif à la tribu.

tribord n. m. Côté droit du navire, quand on regarde vers l'avant.

tribu n. f. Groupement de familles sous l'autorité d'un même chef. *Fam.* Famille nombreuse : *il est parti en vacances avec toute sa tribu.*

tribulations n. f. pl. Mésaventures de quelqu'un (iron.).

tribun n. m. *Antiq. rom.* Magistrat chargé de défendre les droits et les intérêts du peuple. En France, membre du Tribunat, sous le Consulat et l'Empire. Orateur populaire.

tribunal n. m. Juridiction composée d'un ou de plusieurs magistrats qui rendent des jugements. Ensemble des magistrats qui composent cette juridiction. Lieu où ils siègent.

tribunat n. m. *Antiq. rom.* Charge de tribun.

tribune n. f. Lieu élevé d'où parlent les orateurs. Galerie réservée au public dans les salles d'assemblées. Espace muni de gradins, d'où l'on regarde les épreuves sportives.

tribut [triby] n. m. Contribution imposée à quelqu'un ; impôt forcé.

tributaire adj. Dépendant de : *être tributaire de l'étranger pour le charbon.* Se dit d'un cours d'eau qui se jette dans un autre ou dans la mer.

tricentenaire n. m. Troisième centenaire.

tricéphale adj. Qui a trois têtes.

tricher v. i. Tromper au jeu. Tromper d'une manière quelconque. V. i. *Tricher sur une chose*, tromper sur sa valeur, sa quantité, etc.

tricherie n. f. Tromperie au jeu.

tricheur, euse n. Qui triche.

trichine [triʃin ou trikin] n. f. Ver parasite, vivant à l'état adulte dans l'intestin de l'homme et du porc, et à l'état larvaire dans leurs muscles.

trichromie [trikrɔmi] n. f. Procédé d'impression ou de photographie en couleurs, par superposition des trois couleurs fondamentales.

tricolore adj. De trois couleurs. *Le drapeau tricolore*, le drapeau français.

tricorne n. m. Chapeau à bords repliés en trois cornes.

tricot n. m. Tissu à mailles tricotées. Vêtement fait en tricot.

tricotage n. m. Action de tricoter.

tricoter v. t. Exécuter un tissu de laine en mailles entrelacées, avec des aiguilles spéciales ou une machine à main : *tricoter un chandail*.

tricoteur, euse n. Qui tricote. N. f. Machine à tricoter.

trictrac n. m. Jeu qui se joue avec des dames et des dés, sur un tableau spécial à deux compartiments.

tricycle n. m. Petit véhicule léger, à trois roues.

trident n. m. Sorte de fourche à trois pointes, ou dents.

trièdre adj. *Géom.* Qui a trois faces. N. m. Figure géométrique formée par trois demi-droites de même origine, mais non situées dans un même plan, et limitée par les trois angles ayant ces demi-droites pour côtés.

triennal, e, aux adj. Qui dure trois ans. Qui revient tous les trois ans.

trier v. t. Choisir parmi plusieurs ; séparer du reste : *trier des graines* (syn. SÉLEC-TIONNER).

trieur, euse n. Qui opère un triage.

trieuse n. f. Machine qui effectue un tri, par ex. en mécanographie.

triforium [trifɔrjɔm] n. m. *Archit.* Ajourage de la galerie au-dessus des bas-côtés d'une église médiévale. La galerie elle-même.

triglyphe [triglif] n. m. *Archit.* Ornement de la frise dorique, composé de trois cannelures.

trigonométrie n. f. Science qui, à l'origine, traitait des relations entre les éléments d'un triangle. Application de ces relations au calcul des éléments à partir de certains d'entre eux en nombre suffisant pour déterminer le triangle. Application de ces relations à des figures plus compliquées, en particulier aux arcs orientés.

trigonométrique adj. Qui appartient à la trigonométrie.

trijumeau n. et adj. m. Nerf crânien qui se divise en trois branches.

trilingue adj. Écrit en trois langues. Adj. et n. Qui parle trois langues.

trille [trij] n. m. Ornement musical qui consiste dans un battement très rapide, plus ou moins prolongé, d'une note avec la note qui lui est immédiatement supérieure.

trilobé, e adj. Qui a trois lobes.

trilobites n. m. pl. Classe d'articulés marins, fossiles de l'ère primaire.

trilogie n. f. Ensemble de trois œuvres sur un même sujet ou sur un même thème.

trimardeur n. m. *Arg.* Vagabond.

trimbaler v. t. *Fam.* Traîner, porter partout avec soi. V. pr. Se déplacer, aller et venir.

trimer v. i. *Fam.* Travailler dur.

trimestre n. m. Espace de trois mois. Somme payée pour trois mois.

trimestriel, elle adj. Qui comprend trois mois ; qui revient tous les trois mois.

trimoteur adj. et n. m. Se dit d'un avion qui a trois moteurs.

tringle n. f. Tige métallique ronde ou plate, destinée à soutenir une draperie, un rideau, etc.

Trinité n. f. Dans la religion chrétienne, union de trois personnes distinctes (Père, Fils et Saint-Esprit) ne formant qu'un seul Dieu (avec une majusc.). Fête en l'honneur de ce mystère.

trinôme n. m. et adj. *Alg.* Quantité algébrique composée de trois termes.

trinquer v. i. Choquer son verre contre celui d'un autre avant de boire à sa santé. *Pop.* Subir un désagrément, un préjudice.

trio n. m. Groupe de trois personnes. Groupe de trois musiciens. Morceau de musique pour trois voix.

triode adj. et n. f. *Phys.* Tube à trois électrodes.

triolet n. m. *Mus.* Groupe de trois notes d'égale valeur surmonté du chiffre 3, à exécuter dans le même temps que deux notes de même figure.

triomphal, e, aux adj. Relatif au triomphe : *char triomphal*. *Fig.* Fait avec éclat : *une entrée triomphale*.

triomphateur, trice adj. et n. Qui a obtenu la victoire, un succès complet.

triomphe n. m. Entrée solennelle d'un général romain après une grande victoire. Grand succès militaire, victoire. Succès : *un triomphe aux examens*. *En triomphe*, triomphalement.

triompher v. i. Manifester sa joie, sa fierté d'avoir obtenu un succès, une satisfaction. V. t. ind. *(de)* Remporter un avantage, l'emporter sur : *triompher d'un adversaire*. Venir à bout de : *triompher de toutes les oppositions*.

tripaille n. f. *Pop.* Amas de tripes, d'intestins.

triparti, e ou **tripartite** adj. Divisé en trois parties : *groupe tripartite*.

tripartition n. f. Division en trois parties égales.

tripatouillage n. m. *Fam.* Action de tripatouiller.

tripatouiller v. t. *Fam.* Manier avec maladresse. Corriger maladroitement un texte ou le retoucher sans scrupule.

tripe n. f. Boyau d'un animal de boucherie. Pl. Mets constitué par l'estomac des ruminants, diversement accommodé. *Pop.* Entrailles de l'homme.

triperie n. f. Lieu où l'on vend des tripes. Commerce du tripier.

triphasé, e adj. Se dit des courants à trois phases.

tripier, ère n. Qui vend des abats.

triple* adj. Qui contient trois fois une chose. Sert à marquer un haut degré : *triple idiot*. N. m. Valeur trois fois aussi grande.

triplement n. m. Action de tripler.

tripler v. t. Multiplier par trois : *tripler un nombre*. V. i. Devenir triple.

tripoli n. m. Substance minérale, jaune ou rouge, qui sert à polir.

triporteur n. m. Tricycle muni d'une caisse pour porter des marchandises.

tripot n. m. *Péjor*. Maison de jeu.

tripotage n. m. *Fam*. Action de manier avec plus ou moins de soin, de propreté. *Fam*. Opération plus ou moins honnête : *des tripotages de Bourse*.

tripotée n. f. *Pop*. Volée de coups : *recevoir une tripotée*. Grande quantité.

tripoter v. t. *Fam*. Manier avec plus ou moins de soin, de précaution ; toucher sans cesse : *ne tripote donc pas la poignée de la portière !* V. i. *Fam*. Se livrer à des opérations financières plus ou moins malhonnêtes.

tripoteur, euse n. et adj. Qui fait des tripotages.

triptyque n. m. Tableau sur trois panneaux, dont les deux extérieurs se rabattent sur celui du milieu. Ensemble composé de trois parties, de trois scènes.

trique n. f. *Fam*. Gros bâton.

trisaïeul, e n. Le père, la mère du bisaïeul, de la bisaïeule.

trisection n. f. *Math*. Division en trois parties égales.

triste adj. En parlant des personnes, qui est affligé, qui éprouve du chagrin : *il est triste de la mort de son ami*. Mélancolique. Méprisable, vil (l'adj. est placé avant le nom) : *c'est un triste personnage*. En parlant des choses, qui marque le chagrin : *un air triste*. Qui afflige : *une triste nouvelle*. Déplorable : *mener une triste existence*. Pénible : *il est triste de se voir accuser*. Obscur, sombre, sans éclat : *couleurs tristes*. Avoir triste mine, triste figure*, avoir mauvaise mine. *Faire triste mine, triste figure*, avoir l'air chagrin, mécontent.

tristesse n. f. État naturel ou accidentel d'une personne qui éprouve du chagrin, de la mélancolie : *sombrer dans la tristesse*.

triton n. m. Petit batracien très commun dans les étangs.

trituration n. f. Action de triturer.

triturer v. t. Broyer, réduire en parties très menues : *les dents triturent les aliments*. Manier en tordant dans tous les sens.

trivial, e* adj. Bas, grossier.

trivialité n. f. Pensée ou expression triviale.

troc n. m. Échange direct d'un objet contre un autre.

trocar? n. m. *Chir*. Instrument en forme de poinçon creux, pour faire des ponctions.

troène n. m. Arbre à fleurs blanches odorantes.

troglodyte n. m. Habitant des cavernes. Passereau vivant dans les buissons.

trogne n. f. *Fam*. Visage.

trognon n. m. Cœur d'un fruit ou d'un légume dépouillé de la partie comestible.

trois adj. num. Deux et un. Troisième. N. m. : *un trois mal fait ; le trois janvier*. *Math*. Règle de trois, calcul d'une grandeur inconnue à partir de trois autres connues, dont deux varient soit en proportion directe, soit en proportion inverse.

troisième* adj. num. ord. Qui suit le deuxième : *le troisième jour*. Qui est contenu trois fois dans le tout : *la troisième partie de 21 est 7*. N. : *être le, la troisième*. N. f. Classe d'un lycée, d'un collège, qui termine le premier cycle de l'enseignement secondaire.

trois-mâts n. m. Navire qui a trois mâts.

trolley [trɔlɛ] n. m. Petit chariot roulant le long d'un câble.

trolleybus [trɔlɛbys] n. m. Véhicule électrique de transport en commun, monté sur pneus, avec prise de courant par trolley et fils aériens.

trombe n. f. Colonne d'eau ou de vapeur, mue en tourbillon par le vent. *Arriver en trombe*, d'une manière rapide et imprévue.

trombidion n. m. Petit animal rouge, dont la larve, appelée *aoûtat*, pique l'homme et les vertébrés à sang chaud.

trombine n. f. *Pop*. Visage.

tromblon n. m. Fusil court, à canon évasé.

trombone n. m. Instrument à vent et à embouchure, de la catégorie des cuivres, dont on obtient les sons en allongeant le corps grâce à la coulisse.

trompe n. f. Sorte de trompette recourbée, pour la chasse. *Zool*. Toute partie buccale ou nasale allongée (éléphant, etc.). *Anat*. Nom donné à divers conduits.

trompe-l'œil n. m. inv. Peinture faite pour produire l'illusion d'être réellement composée des objets ou des figures représentés. Apparence trompeuse.

tromper v. t. Induire en erreur : *tromper un acheteur*. Décevoir : *tromper les calculs de quelqu'un*. Échapper à : *tromper une surveillance*. Distraire, faire oublier : *tromper la faim*. *Tromper le temps*, se distraire. V. pr. Tomber dans l'erreur.

tromperie n. f. Action de tromper.

trompeter v. i. (conj. 4) Crier, en parlant de l'aigle. V. t. *Fam*. Divulguer, répandre à grand bruit : *trompeter une nouvelle*.

trompette n. f. Instrument à vent, de la catégorie des cuivres. *Fam*. Nez en trompette, nez relevé. N. m. Joueur de trompette.

trompettiste n. m. Joueur de trompette (syn. TROMPETTE).

trompeur, euse* adj. et n. Qui trompe.

tronc [trɔ̃] n. m. Partie d'un arbre depuis la naissance des racines jusqu'à celle des branches. Le corps humain ou animal considéré sans la tête ni les membres. Boîte pour les aumônes, dans une église. *Géom*. *Tronc de pyramide, tronc de cône*, partie d'une pyramide, d'un cône, entre la base et un plan parallèle à la base.

tronçon n. m. Partie d'un objet qui a été coupé : *un tronçon de bois*. Partie d'un tout : *un tronçon d'autoroute*.

tronçonner v. t. Couper en tronçons : *tronçonner un arbre*.

trône n. m. Siège de cérémonie des rois, des empereurs. *Le trône et l'autel*, désigne, en histoire de France, le pouvoir du roi et celui de l'Église.

trôner v. i. Être assis à une place d'honneur, avec un air important. Être bien en évidence.

tronqué, e adj. Colonne tronquée, fût de colonne dont on a retiré le chapiteau. *Citations tronquées*, séparées de leur contexte et prises dans un sens différent.

tronquer v. t. Retrancher une partie essentielle de : *tronquer un texte.*

trop [tro] adv. Plus qu'il ne faudrait. Avec la négation : pas beaucoup, guère. *Par trop* (Fam.), réellement trop. *De trop*, excessif. *Trop peu*, pas assez. N. m. L'excès.

trophée [trofe] n. m. Dépouilles d'un ennemi vaincu. Ornement consistant en un groupe d'armes. *Fig.* Souvenir d'un succès, d'une victoire. Objets divers mis en faisceau : *trophée de drapeaux.*

tropical, e, aux adj. Des tropiques.

tropique n. m. Chacun des deux parallèles de la sphère terrestre, de latitude + et − 23°27′, limitant les régions du globe dans lesquelles le Soleil passe deux fois par an au zénith. *Tropique du Cancer*, tropique de l'hémisphère Nord. *Tropique du Capricorne*, tropique de l'hémisphère Sud. Pl. Régions situées entre les tropiques, caractérisées par un climat chaud.

trop-perçu n. m. Somme perçue en trop : *restituer le trop-perçu.*

trop-plein n. m. Ce qui excède la capacité d'un récipient, d'une chose. Dispositif d'évacuation de l'excédent : *l'eau s'écoule par le trop-plein.*

troquer v. t. Échanger pour autre chose.

trot [tro] n. m. Allure du cheval et de certains quadrupèdes, intermédiaire entre le pas et le galop. *Fam. Au trot*, vivement.

trotskiste n. et adj. Partisan des idées de Trotski et de la IVᵉ Internationale.

trotte n. f. *Fam.* Distance à parcourir.

trotte-menu adj. inv. Qui trotte à petits pas.

trotter v. i. Marcher rapidement, à petits pas. Aller le trot (cheval). *Fam. Idées, air, etc., qui trotte dans la tête*, qu'on a sans cesse à l'esprit.

trotteur, euse n. et adj. Cheval dressé pour le trot.

trotteuse n. f. Petite aiguille marquant les secondes, dans une montre.

trottiner v. i. Marcher vite et à petits pas.

trottinette n. f. Jouet d'enfant, consistant en une planchette montée sur deux roues et munie d'une tige de direction articulée.

trottoir n. m. Espace plus élevé que la chaussée, ménagé sur les côtés d'une rue pour la circulation des piétons. *Pop.* Faire le trottoir, se dit d'une prostituée qui attire les clients sur la voie publique.

trou n. m. Ouverture, cavité naturelle ou artificielle dans un corps, dans un objet : *trou d'une aiguille. Fam.* Faire son trou, se faire une situation quelque part. *Avoir des trous de mémoire*, avoir des oublis. *Trou d'air*, courant d'air descendant, qui fait perdre de l'altitude à un avion. *Fam.* et *péjor.* Petite localité.

troubadour n. m. Poète lyrique des XIIᵉ et XIIIᵉ s., qui composait ses œuvres dans une des langues d'oc.

troublant, e adj. Qui trouble.

trouble n. m. Agitation tumultueuse : *parler au milieu du trouble.* Mésintelligence, désunion : *semer le trouble.* Émotion : *le trouble au cœur.* Pl. Soulèvement populaire : *réprimer les troubles.*

trouble adj. Qui n'est pas clair, limpide : *un vin trouble.* Louche : *une affaire trouble.*

trouble-fête n. m. inv. Personne importune, indiscrète, qui empêche de se réjouir par sa présence.

troubler v. t. Rendre trouble. Jeter le désordre, causer du mésintelligence. Interrompre : *troubler un entretien.* Intimider : *troubler quelqu'un par sa présence.* V. pr. Devenir trouble. *Fig.* S'embarrasser.

trouée n. f. Ouverture naturelle ou artificielle : *faire une trouée dans un bois.*

trouer v. t. Percer un trou dans.

troufion n. m. *Pop.* Simple soldat.

trouillard, e adj. et n. *Pop.* Qui a peur, poltron.

trouille n. f. *Pop.* Peur.

troupe n. f. Rassemblement de personnes, d'animaux non domestiques. *En troupe*, se dit de personnes ou d'animaux en groupe, qui se déplacent ensemble. Groupe de comédiens, d'artistes qui se produisent ensemble. Groupement de militaires : *homme de troupe* (= simple soldat).

troupeau n. m. Réunion d'animaux domestiques qu'on élève ensemble : *un troupeau de moutons. Péjor.* Grand nombre de personnes rassemblées sans ordre.

troupier n. m. Syn. vieilli de SOLDAT.

trousse n. f. Pochette à compartiments, dans laquelle on réunit les instruments, les outils dont on se sert. Pl. *Aux trousses de*, à la poursuite de : *avoir les gendarmes à ses trousses.*

troussé, e adj. *Fam.* Fait, exécuté : *compliment bien troussé.*

trousseau n. m. Linge, vêtements donnés à une jeune fille qui se marie ou qui se fait religieuse, à un enfant qui entre en pension, etc. *Trousseau de clefs*, clefs attachées ensemble par un anneau.

trousser v. t. Syn. vieilli de RETROUSSER. *Trousser un article, un compliment, un discours*, les composer rapidement, avec aisance.

trouvable adj. Qui peut se trouver.

trouvaille n. f. Découverte heureuse.

trouver v. t. Découvrir après recherche : *trouver un appartement.* Rencontrer par hasard : *trouver quelqu'un sur son passage.* Découvrir, inventer : *trouver un procédé.* Éprouver, sentir : *trouver du plaisir.* Estimer : *trouver bon.* V. pr. Se rencontrer : *cela se trouve partout.* Être dans un endroit : *trouvez-vous ici demain. Se trouver mal*, s'évanouir. V. impers. *Il se trouve*, le hasard fait que.

trouvère n. m. Poète lyrique des XIIᵉ et XIIIᵉ s., qui composait ses œuvres dans la langue du Nord de la France, dite « langue d'oïl ».

truand n. m. *Pop.* Mauvais garçon.

truander v. t. *Pop.* Voler ; tromper.

trublion n. m. *Péjor.* Individu qui sème le désordre ; agent provocateur.

truc n. m. *Fam.* Moyen habile d'agir, procédé, combinaison qui réussit : *connaître les trucs du métier. Fam.* Objet dont on ignore le nom ou qu'on ne veut pas nommer.

trucage ou **truquage** n. m. Moyen par lequel on falsifie quelque chose. Artifice cinématographique.

truchement n. m. *Par le truchement de*, par l'entremise de.

trucider v. t. *Fam.* Tuer (iron.).

truculence n. f. Caractère de ce qui est truculent.

truculent, e adj. Haut en couleur. Qui recherche les mots réalistes : *langage truculent.*

truelle n. f. Outil de maçon. Spatule pour servir le poisson.

truffe n. f. Champignon souterrain très estimé. Nez d'un chien.

truffer v. t. Garnir de truffes : *truffer une volaille. Fig.* Remplir, bourrer.

truffier, ère adj. Relatif aux truffes. Où il y a des truffes. Dressé à la recherche des truffes : *chien truffier.*

truffière n. f. Terrain dans lequel on trouve des truffes.

truie n. f. Femelle du porc.

truisme n. m. *Péjor.* Vérité d'évidence, banale.

truite n. f. Poisson voisin du saumon, carnassier, à chair fine et estimée.

trumeau n. m. Panneau de glace occupant le dessus d'une cheminée ou l'espace entre deux fenêtres. *Bouch.* Jarret de bœuf.

truquage n. m. V. TRUCAGE.

truquer v. t. Changer, modifier par fraude quelque chose : *truquer une serrure, un dossier.*

truqueur, euse n. Qui use de trucs.

trusquin n. m. Outil du menuisier ou de l'ajusteur, pour tracer des lignes parallèles à la surface d'une pièce de bois ou de métal.

trust [trœst] n. m. Toute forme d'association qui accapare une part importante d'un marché donné.

trypanosome [tripanozom] n. m. Protozoaire flagellé dont certaines espèces sont responsables de maladies parasitaires.

tsar n. m. Titre porté par les souverains de Russie, de Bulgarie.

tsarine n. f. Femme du tsar.

tsarisme n. m. Régime politique de la Russie au temps des tsars.

tsé-tsé n. f. Nom usuel d'une mouche africaine dont certaines espèces propagent la maladie du sommeil.

T.S.F. (abrév. de TÉLÉGRAPHIE ou TÉLÉPHONIE SANS FIL).

tsigane n. V. TZIGANE.

tu, toi, te pron. pers. sing. de la 2ᵉ pers. *Fam. Être à tu et à toi* avec quelqu'un, en intime familiarité.

tuant, e adj. *Fam.* Pénible, fatigant.

tub [tœb] n. m. Large cuvette dans laquelle on peut faire des ablutions à grande eau (vieilli). Bain qu'on prend dans cette cuvette (vieilli).

tuba n. m. Instrument de musique en cuivre.

tubage n. m. Introduction d'un tube dans le larynx, pour empêcher l'asphyxie, dans des cas de croup, ou par l'œsophage dans l'estomac, pour les analyses biologiques. *Trav.*

publ. Dans les sondages, action d'enfoncer des tubes pour prévenir les éboulements de terre.

tube n. m. Tuyau cylindrique. Canal ou conduit naturel : *tube digestif.* Récipient allongé, fait de métal malléable, etc., et contenant une substance molle : *un tube de colle. Fam.* Chanson très en vogue.

tuber v. t. *Trav. publ.* Revêtir, garnir de tubes : *tuber un puits.*

tubercule n. m. *Bot.* Excroissance se développant sur une tige souterraine, comme la pomme de terre. *Pathol.* Petite tumeur caractéristique de la tuberculose.

tuberculeux, euse adj. Qui est de la nature du tubercule. *Pathol.* Qui concerne la tuberculose. Adj. et n. Atteint de la tuberculose.

tuberculose n. f. Maladie infectieuse, contagieuse, qui se localise surtout dans les poumons.

tubéreuse n. f. Plante ornementale à belles fleurs blanches.

tubéreux, euse adj. Qui forme une masse charnue : *racine tubéreuse.*

tubulaire adj. En forme de tube.

tubulé, e adj. En forme de tube. Muni de tubulures.

tubulure n. f. Ouverture de certains récipients destinés à recevoir un tube.

tue-mouches adj. Se dit d'un papier gluant où les mouches se collent et meurent.

tuer v. t. Ôter la vie d'une manière violente. Accabler physiquement ou moralement. Détruire : *la gelée tue les plantes.* Ruiner : *tuer une entreprise.* V. pr. Se donner la mort. Altérer sa santé : *se tuer au travail, à travailler.*

tuerie n. f. Carnage, massacre.

tue-tête (à) loc. adv. *Crier à tue-tête,* de toute la force de sa voix.

tueur, euse n. Personne qui tue.

tuf n. m. Roche poreuse légère.

tuffeau ou **tufeau** n. m. Sorte de craie de Touraine.

tuile n. f. Carreau de terre cuite pour couvrir les toits. *Fam.* Événement fâcheux.

tuilerie n. f. Fabrique de tuiles.

tulipe n. f. Plante bulbeuse à belles fleurs.

tulipier n. m. Arbre de la famille des magnoliacées.

tulle n. m. Tissu de coton ou de soie, très léger et transparent, à mailles rondes ou polygonales.

tullerie n. f. Commerce ou fabrique de tulle.

tullier, ère adj. Qui se rapporte au tulle : *industrie tullière.*

tulliste n. Personne qui vend, qui fabrique du tulle.

tuméfaction n. f. *Méd.* Enflure.

tuméfié, e adj. Qui porte des enflures, des marques de coups reçus : *visage tuméfié.*

tuméfier v. t. Causer une enflure anormale. Enfler, gonfler.

tumescence n. f. Enflure.

tumescent, e adj. Qui s'enfle.

tumeur n. f. Augmentation de volume d'une partie d'un tissu ou d'un organe, due à une multiplication des cellules.

tumulte n. m. Grand bruit, confusion. Grande agitation : *le tumulte des affaires.* Grand trouble.

tumultueux, euse* adj. Plein de tumulte : *séance tumultueuse à la Chambre.*

tumulus [tymylys] n. m. Amas de terre ou construction de pierre, en forme de cône, que les Anciens élevaient au-dessus des sépultures.

tungstène [tœkstɛn] n. m. Métal d'un gris presque noir, qui est utilisé pour fabriquer les filaments des lampes à incandescence. (Syn. WOLFRAM.)

tunique n. f. Vêtement de dessous des Anciens. Longue vareuse d'uniforme. Vêtement droit et court porté sur une jupe ou un pantalon. *Hist. nat.* Membrane enveloppante.

tunnel n. m. Galerie souterraine pratiquée pour donner passage à une voie de communication : *le tunnel du Mont-Blanc.*

turban n. m. Sorte de coiffure orientale, longue pièce d'étoffe enroulée autour de la tête.

turbin n. m. *Pop.* Travail.

turbine n. f. Moteur composé d'une roue à aubes ou à ailettes, sur laquelle on fait agir la pression ou la vitesse d'un fluide (eau, vapeur, gaz).

turbiner v. i. *Pop.* Travailler.

turbo-alternateur n. m. Groupe générateur d'électricité, composé d'une turbine à vapeur associée à un alternateur.

turbo-compresseur n. m. Groupe formé d'une turbine accouplée à un compresseur, et destiné à l'alimentation d'un réseau ou d'une machine.

turboréacteur n. m. Moteur à réaction utilisé en aéronautique, dans lequel les gaz de combustion passent dans une turbine qui sert à aspirer l'air utile à la combustion.

turbot n. m. Grand poisson de mer, plat, à chair délicate.

turbotière n. f. Récipient de forme spéciale pour cuire le turbot.

turbotrain n. m. Véhicule ferroviaire automoteur, servant au transport des passagers et propulsé par une turbine à gaz.

turbulence n. f. Caractère, défaut d'une personne turbulente. Agitation désordonnée d'un fluide.

turbulent, e adj. Qui s'agite bruyamment : *enfant turbulent.* Qui provoque du trouble.

turc, turque adj. et n. De la Turquie.

turf [tœrf ou tyrf] n. m. Terrain sur lequel ont lieu les courses de chevaux. Milieu des courses de chevaux.

turfiste n. m. Amateur de courses de chevaux.

turgescence n. f. Gonflement d'un organe, par rétention du sang veineux.

turgescent, e adj. Gonflé, enflé.

turlupiner v. t. *Fam.* Tracasser, harceler.

turne n. f. *Fam.* Chambre, pièce d'habitation.

turpitude n. f. Infamie, ignominie. Action honteuse : *dissimuler ses turpitudes.*

turquoise n. f. Pierre précieuse opaque, de couleur bleu ciel à bleu-vert.

tussor n. m. Étoffe de soie légère.

tutélaire adj. Qui protège. Favorable : *puissance tutélaire.* *Dr.* Relatif à la tutelle.

tutelle n. f. Mandat donné à quelqu'un pour veiller sur la personne et les biens d'un mineur, d'un interdit. *Fig.* Protection, sau-

vegarde : *la tutelle des lois.* Surveillance gênante.

tuteur, trice n. Personne à qui est confiée la tutelle d'enfants mineurs ou d'interdits. *Fig.* Appui, soutien. N. m. Perche de bois, de métal qui soutient une jeune plante.

tuteurer v. t. Munir une plante d'un tuteur : *tuteurer des dahlias.*

tutoiement n. m. Action de tutoyer.

tutoyer [tytwaje] v. t. (conj. 2) Employer la deuxième personne du singulier en parlant à quelqu'un.

tutu n. m. Jupe de gaze portée par les danseuses.

tuyau [tyijo] n. m. Tube, canal : *tuyau de cheminée.* Tige creuse des céréales. Pli cylindrique dans le linge repassé. *Fam.* Renseignement confidentiel.

tuyautage n. m. Action de tuyauter. Ensemble de tuyaux.

tuyauter [tyijote] v. t. Plisser le linge en tuyaux avec un fer chaud spécial. *Fam.* Renseigner confidentiellement.

tuyauterie n. f. Ensemble des tuyaux d'une installation.

tuyère [tyijɛr] n. f. Ouverture de la soufflerie à la base d'un four métallurgique. Partie postérieure d'un moteur à réaction.

tweed [twid] n. m. Étoffe de laine anglaise : *veston sport en tweed.*

tympan [tɛ̃pɑ̃] n. m. Membrane située au fond du conduit auditif, qui transmet les vibrations de l'air aux osselets de l'oreille moyenne. *Archit.* Espace entre les trois corniches d'un fronton ou entre plusieurs arcs.

tympanique adj. Du tympan.

type n. m. Empreinte servant à obtenir d'autres empreintes semblables. Modèle idéal : *le type de la beauté classique.* Ensemble de traits caractéristiques : *avoir le type anglais.* *Fam.* Personne originale : *un type curieux.* Caractère d'imprimerie. *Biol.* Forme autour de laquelle oscillent les variations individuelles d'une race, d'une espèce.

typhique adj. Relatif au typhus, à la fièvre typhoïde. N. Personne atteinte de ces maladies.

typhoïde adj. Qui a les caractères du typhus. *Fièvre typhoïde,* maladie infectieuse et contagieuse de l'intestin.

typhoïdique adj. Relatif à la fièvre typhoïde.

typhon n. m. Violent ouragan des mers en Extrême-Orient.

typhus [tifys] n. m. Nom de diverses maladies contagieuses épidémiques.

typique adj. Caractéristique.

typographe n. Ouvrier, ouvrière qui compose à l'aide de caractères mobiles les textes à imprimer. Adj. : *ouvrier typographe.*

typographie n. f. Procédé d'impression sur formes en relief.

typologie n. f. Détermination des traits caractéristiques dans un ensemble de données en vue d'y déterminer les types, des systèmes.

tyran n. m. Souverain despotique et cruel. *Par ext.* Celui qui abuse de son pouvoir.

tyrannie n. f. Gouvernement autoritaire qui ne respecte pas les libertés individuelles. Oppression. *Fig.* Pouvoir de certaines choses sur les hommes : *la tyrannie de l'usage, des passions.*

tyrannique* adj. Qui tient à la tyrannie. Qui exerce une influence irrésistible : *charme tyrannique.*

tyranniser v. t. Traiter tyranniquement : *tyranniser ses sujets.* Exercer une autorité oppressive sur : *tyranniser un enfant.*

tyrolien, enne adj. et n. Du Tyrol. N. f.

Air qui s'exécute à l'aide de certaines notes de poitrine et de tête qui se succèdent rapidement.

tzar n. m. V. TSAR.

tzigane ou **tsigane** [tsigan] n. et adj. Nom d'un peuple venu probablement de l'Inde, qui mène une existence nomade. *Musique tzigane,* musique populaire de Bohême et de Hongrie.

U

u n. m. Vingt et unième lettre de l'alphabet et la cinquième des voyelles.

ubac n. m. Côté exposé à l'ombre dans les montagnes.

ubiquité [ybikyite] n. f. Faculté d'être présent en plusieurs lieux à la fois : *avoir le don d'ubiquité.*

uhlan [ylã] n. m. Lancier dans les anciennes armées allemande, autrichienne, polonaise et russe.

ukase [ukaz] ou **oukase** n. m. Édit du tsar. *Fig.* Décision empreinte d'absolutisme.

ulcération n. f. Formation d'ulcère. L'ulcère même.

ulcère n. m. Solution de continuité dans un tissu, avec perte de substance : *ulcère variqueux.*

ulcérer v. t. (conj. 5) Produire un ulcère. *Fig.* Causer un profond et durable ressentiment : *vos critiques l'ont ulcéré.*

ultérieur, e* adj. Qui est au-delà. Qui arrive après.

ultimatum [yltimatɔm] n. m. Conditions définitives imposées à un État par un autre, et dont la non-acceptation entraîne la guerre. Décision irrévocable, qui ne souffre pas de contestation.

ultime adj. Dernier, final.

ultra, mot lat. signif. au-delà. N. m. Qui professe des opinions exagérées en politique.

ultramicroscope n. m. Microscope de grande puissance.

ultramontain, e adj. et n. Qui est au-delà des Alpes, par rapport à la France. Favorable à l'autorité souveraine du pape en matière religieuse.

ultra-royaliste adj. et n. Partisan exalté des doctrines monarchiques.

ultra-son n. m. Vibration à fréquence trop élevée pour être perçue par l'oreille.

ultraviolet, ette adj. Se dit des radiations invisibles placées dans le spectre au-delà du violet.

ululement n. m. Cri poussé par les oiseaux de nuit.

ululer v. i. Crier, en parlant des oiseaux de nuit.

un, une adj. num. Le premier de tous les nombres. Adj. ordin. Premier. Seul, unique : *travail fait en un jour.* Qui n'admet pas de division : *la vérité est une.* Qui n'est point multiple : *l'action du poème doit être une.* Pron. indéf. Une personne. Adj. indéf. Un

certain, un quelconque. N. m. Une unité : *un et un font deux.* Le chiffre qui exprime l'unité. *Un à un,* un succédant à l'autre. *Pas un,* aucun, nul. *Ne faire qu'un,* être tout à fait semblable ou parfaitement uni. *L'un l'autre,* réciproquement.

unanime* adj. Qui marque un accord complet : *avis unanime.* Pl. Qui a même opinion : *nous sommes unanimes là-dessus.*

unanimité n. f. Accord complet des opinions, des suffrages.

underground [œndœrgraund] adj. inv. Se dit de divers spectacles, journaux, œuvres littéraires d'avant-garde, réalisés en dehors des circuits commerciaux ordinaires.

uni, e* adj. Sans inégalités, sans aspérités : *sol uni. Par ext.* Sans ornements. *Fig.* Uniforme, sans variété. N. m. Étoffe unie, d'une seule couleur.

unification n. f. Action d'unifier.

unifier v. i. Amener ou ramener à l'unité.

uniforme adj. Qui a la même forme; pareil. Semblable, conforme. Sans variété : *aspect uniforme.* Toujours le même : *conduite uniforme.* N. m. Vêtement uniforme d'une catégorie d'individus. Habit militaire.

uniformément adv. De manière uniforme : *habiller uniformément.*

uniformiser v. t. Rendre de même forme, de même nature.

uniformité n. f. Caractère uniforme.

unijambiste n. et adj. Qui n'a qu'une jambe.

unilatéral, e*, aux adj. Situé d'un seul côté : *stationnement unilatéral.* Pris par une seule des parties en cause : *une décision unilatérale.*

union n. f. Association de différentes choses ne formant qu'un tout. Conformité d'efforts ou de pensées : *l'union fait la force.* Association : *union commerciale.* Traité d'alliance. Mariage : *union fort bien assortie.*

unioniste adj. et n. Partisan du maintien de l'union dans un État confédéré.

unique* adj. Seul en son genre. Incomparable. Singulier, extravagant.

unir v. t. Joindre : *canal qui unit deux mers.* Lier par l'intérêt, l'amitié : *unis par l'affection.* Marier : *unir des fiancés.* V. pr. S'associer : *s'unir contre un ennemi commun.* Se lier par les liens de l'amour, du mariage.

unisson n. m. Accord de plusieurs voix ou de plusieurs instruments qui font entendre une même note. *Fig.* Accord.

unitaire adj. Qui a rapport à l'unité. Relatif à l'unité politique : *doctrines unitaires.*

unité n. f. Chacune des parties semblables d'un nombre. Quantité prise pour mesure : *unité de longueur.* Action simultanée, accord : *leurs efforts manquent d'unité.* Harmonie d'ensemble d'une œuvre : *ce roman a une remarquable unité.* Formation militaire permanente : *le commandement d'une unité.*

univers n. m. L'ensemble des choses existantes. Le monde. Milieu dans lequel on vit. Champ d'activité, domaine auquel on limite ses préoccupations : *ses études sont son seul univers.*

universalité n. f. Caractère de ce qui est universel. Généralité.

universel, elle adj. Général. Qui s'étend à tous ou à tout. Qui provient de tous : *consentement universel.* Qui a des aptitudes pour tout : *esprit universel.*

universitaire adj. De l'université : *études universitaires.* N. m. Professeur de l'université.

université n. f. Établissement public d'enseignement supérieur.

untel n. m. Mot forgé pour désigner anonymement un individu. (S'écrit souvent avec une majuscule.)

upercut [ypɛrkyt] n. m. À la boxe, coup de bas en haut.

uranisme n. m. Inversion sexuelle chez les hommes.

uranium [yranjɔm] n. m. Métal très dense et radio-actif.

urbain, e adj. et n. De ville, de la ville : *population urbaine.*

urbanisation n. f. Construction de logements dans un quartier, une région, une zone. Concentration de plus en plus intense de la population dans les villes.

urbaniser v. t. Donner le caractère citadin à : *urbaniser une région.*

urbanisme n. m. Ensemble des mesures techniques et économiques qui permettent un développement rationnel et harmonieux des agglomérations.

urbaniste n. m. Architecte spécialiste de l'aménagement des zones urbaines.

urbanité n. f. Politesse que donne l'usage du monde : *manières pleines d'urbanité.*

urée n. f. Déchet organique azoté présent dans le sang en petite quantité et éliminé par le rein.

urémie n. f. Augmentation anormale du taux d'urée dans le sang.

urémique adj. Relatif à l'urémie.

uretère n. m. Chacun des deux canaux qui portent l'urine des reins dans la vessie.

urétral, e, aux adj. De l'urètre.

urètre n. m. Canal qui conduit l'urine hors de la vessie.

urgence n. f. Qualité de ce qui est urgent. *État d'urgence,* régime exceptionnel qui, en cas de troubles, de sinistre grave, renforce les pouvoirs de l'autorité administrative.

urgent, e adj. Qui ne peut se différer.

uricémie n. f. Accumulation de l'acide urique dans le sang.

urinaire adj. Relatif à l'urine.

urinal n. m. Vase à col relevé, où les malades urinent.

urine n. f. Liquide sécrété par les reins et émis par la vessie.

uriner v. t. et i. Évacuer l'urine.

urinoir n. m. Lieu aménagé pour permettre aux hommes d'uriner.

urique adj. *Acide urique,* acide organique rencontré dans l'organisme et excrété par le rein.

urne n. f. Vase antique employé surtout pour recueillir les cendres des morts. Vase qui a la forme d'une urne antique. Boîte qui sert à recueillir les bulletins de vote, les numéros qu'on tire au sort.

urologie n. f. Partie de la médecine qui a trait à l'étude des maladies des voies urinaires.

urticaire n. f. Éruption cutanée semblable à celle que produit le contact de l'ortie.

urticant, e adj. Qui brûle comme l'ortie : *une plante, un animal urticants.*

us [ys] n. m. pl. Usages : *us et coutumes.*

usage n. m. Action de se servir, emploi : *usage des richesses.* Coutume, pratique consacrée : *les usages reçus.* Coutume qui règle l'emploi des mots : *locution hors d'usage.* Droit de se servir d'une chose qui appartient à autrui. Connaissance acquise par la pratique de ce qu'il faut faire ou dire en société : *l'usage du monde.*

usagé, e adj. Qui a déjà servi. Défraîchi, usé.

usager [yzaʒe] n. m. Celui qui a un droit d'usage. Celui qui utilise un service public : *les usagers de la route, du téléphone.*

usé, e adj. Qui a subi une certaine détérioration due à l'usure : *vêtement usé.* Affaibli : *homme usé.* Banal : *c'est un sujet usé.* Pollué : *eaux usées.*

user v. i. [de] Faire usage, se servir de : *user d'un droit.* Avoir recours à : *user de violence.* V. t. Consommer, détériorer par l'usage : *user de l'huile.* Diminuer par le frottement. *Fig.* Détruire progressivement.

usinage n. m. Action d'usiner.

usine n. f. Établissement industriel où l'on transforme, à l'aide de machines, des matières premières en produits finis.

usiner v. t. Soumettre une pièce brute à l'action d'une machine-outil : *pièce mal usinée.* Fabriquer dans une usine.

usité, e adj. En usage dans la langue : *terme peu usité.*

ustensile n. m. Objet servant aux usages de la vie courante, et principalement à la cuisine.

usuel, elle adj. Dont on se sert ordinairement : *mots usuels.*

usufruit [yzyfrɥi] n. m. Jouissance du revenu d'un bien dont la propriété appartient à un autre.

usufruitier, ère n. Qui a l'usufruit.

usuraire adj. Où il y a usure.

usure n. f. Intérêt perçu au-dessus du taux légal : *délit d'usure. Fig.* Profit disproportionné avec l'objet que l'on procure. Avec *usure,* au-delà de ce qu'on a reçu.

usure n. f. Détérioration par l'usage.

usurier, ère n. Qui prête à usure.

usurpateur, trice adj. et n. Qui usurpe.

usurpation n. f. Action d'usurper : *usurpation de titre.* État qui en résulte.

usurper v. t. S'emparer, s'approprier sans droit. Arriver à obtenir une chose sans la mériter : *usurper sa réputation.*

ut [yt] n. m. Première note de la gamme de *do* ; signe qui la représente.

utérin, e adj. Se dit des frères et sœurs nés de la même mère, mais non du même père. Qui se rapporte à l'utérus : *muqueuse utérine.*

utérus n. m. Organe de la gestation chez la femme et chez la femelle des animaux supérieurs.

utile* adj. Qui sert, rend service : *travaux utiles. Temps utile,* temps opportun, au-delà duquel il n'est plus utile d'agir. N. m. Ce qui sert : *joindre l'utile à l'agréable.*

utilisable adj. Qui peut être utilisé.

utilisateur, trice n. Personne qui fait usage de : *les utilisateurs du gaz.*

utilisation n. f. Action d'utiliser.

utiliser v. t. Employer, se servir de. User de. Tirer partie de.

utilitaire adj. Qui se propose surtout pour but l'utilité.

utilitarisme n. m. Système de morale fondé sur l'intérêt particulier ou général.

utilité n. f. Caractère, qualité de ce qui est utile. Objet utile. N. f. pl. Au théâtre, emploi subalterne ; acteur qui le remplit : *ne jouer que les utilités.*

utopie n. f. Conception imaginaire d'un gouvernement, d'une société idéale. Système ou projet qui paraît irréalisable.

utopique* adj. Qui tient de l'utopie.

utopiste n. Auteur de systèmes utopiques. Qui forme des projets irréalisables.

uval, e, aux adj. Relatif au raisin : *cure uvale.*

uvée n. f. Couche pigmentaire de l'iris.

uvulaire adj. Qui a rapport à l'uvule. N. f. Plante liliacée.

uvule n. f. *Anat.* Luette.

V

v n. m. Vingt-deuxième lettre de l'alphabet et la dix-septième des consonnes.

va ! impér. d'*aller.* Interj. qui s'emploie pour confirmer, menacer, etc.

vacance n. f. État d'une place, d'une charge vacante. Pl. Période de fermeture des écoles et des universités. Période de congé pour les travailleurs de toute catégorie.

vacancier, ère n. Qui se trouve en congé et séjourne hors de sa résidence habituelle.

vacant, e adj. Vide, non occupé : *poste vacant ; logement vacant.*

vacarme n. m. Bruit tumultueux.

vacataire n. Personne employée pour un temps déterminé à une fonction précise.

vacation n. f. Temps consacré à l'examen d'une affaire par la personne qui en a été chargée. Rémunération de ce temps. Pl. Vacances judiciaires.

vaccin [vaksɛ̃] n. m. Substance qui, inoculée à un individu, lui confère l'immunité contre une maladie : *le vaccin antidiphtérique.*

vaccinal, e adj. Relatif au vaccin.

vaccination n. f. Action de vacciner.

vaccine n. f. Maladie de la vache qui, transmise à l'homme, le préserve de la variole.

vacciner v. t. Administrer un vaccin à. *Fam.* Mettre à l'abri de.

vache n. f. Femelle de l'espèce bovine. Sa peau. *Pop.* Personne très méchante. Adj. *Pop.* Sévère, méchant.

vachement adv. *Pop.* Très : *un film vachement bien.*

vacher, ère n. Qui s'occupe des vaches.

vacherie n. f. Étable à vaches. *Pop.* Méchanceté.

vacherin n. m. Sorte de gâteau glacé.

vachette n. f. Cuir de petite vache.

vacillation n. f. Mouvement de ce qui vacille. *Fig.* Irrésolution.

vacillement n. m. Action de vaciller.

vaciller [vasije] v. i. Pencher d'un côté et de l'autre, être instable : *table qui vacille.* Trembler : *une lumière qui vacille. Mémoire qui vacille,* qui n'est plus fidèle.

vacuité n. f. État de ce qui est vide.

vade-mecum [vademekɔm] n. m. inv. Objet que l'on porte ordinairement sur soi ou dont on a fréquemment besoin.

vadrouille n. f. *Fam.* Promenade sans but défini.

vadrouiller v. i. *Fam.* Aller en vadrouille.

va-et-vient n. m. inv. Mouvement alternatif d'un point à un autre. Circulation de personnes se faisant dans les deux sens. Dispositif électrique permettant d'allumer ou d'éteindre une lampe de plusieurs endroits à la fois.

vagabond, e adj. Qui erre çà et là. *Fig.* Désordonné : *imagination vagabonde.* N. Personne sans domicile ni moyen de subsistance.

vagabondage n. m. État de vagabond.

vagabonder v. i. Errer sans but, à l'aventure.

vagin n. m. *Anat.* Canal auquel aboutit le col de l'utérus et qui s'ouvre dans la vulve.

vaginal, e, aux adj. Relatif au vagin.

vagir v. i. Pousser des vagissements.

vagissement n. m. Cri du nouveau-né.

vague adj. Qui est sans précision, mal déterminé : *promesse vague.* N. m. Ce qui est imprécis, mal défini : *rester dans le vague. Le vague à l'âme,* la mélancolie. *Terrain vague,* terrain à proximité d'une agglomération, et qui n'est ni cultivé ni construit.

vague n. f. Mouvement ondulatoire de l'eau, généralement dû à l'action du vent. *Par ext.* Ce qui rappelle ce mouvement : *une vague d'assaut, de chars. Fig.* Afflux subit : *vague de protestations ; vague de froid.*

vaguemestre n. m. Sous-officier chargé du service postal d'une unité.

vahiné n. f. Femme de Polynésie.

vaillamment adv. Avec vaillance.

vaillance n. f. Bravoure, courage, hardiesse.

vaillant, e adj. Qui a de la vaillance : *un soldat vaillant. N'avoir pas un sou vaillant*, n'avoir pas d'argent.

vain, e* adj. Sans résultat : *vains efforts.* Illusoire : *vain espoir.* Frivole : *de vains amusements.* Orgueilleux : *un esprit vain. En vain*, loc. adv. Inutilement.

vaincre v. t. (conj. 47) Remporter un avantage à la guerre : *vaincre l'ennemi.* L'emporter sur : *vaincre ses rivaux.* V. pr. Se maîtriser.

vainqueur n. m. et adj. m. Qui remporte ou a remporté un succès dans un combat, dans une compétition. (Avec un nom fém., on emploie la forme VICTORIEUSE : *féliciter l'équipe victorieuse.*)

vair n. m. Nom anc. de la fourrure de petit-gris.

vairon adj. m. *Yeux vairons*, yeux qui sont de couleur différente.

vairon n. m. Genre de petits poissons très communs dans les ruisseaux.

vaisseau n. m. Grand navire. *Vaisseau spatial*, engin interplanétaire. *Archit.* Grand espace couvert d'un édifice. *Anat.* Canal servant à la circulation du sang ou de la lymphe.

vaisselier n. m. Meuble qui sert à ranger la vaisselle.

vaisselle n. f. Tout ce qui sert à l'usage de la table. *Faire la vaisselle*, laver les assiettes, les plats, etc., après les repas.

val n. m. Vallée très large. *Par monts et par vaux*, de tous côtés.

valable* adj. Recevable, acceptable, admissible : *excuse valable.*

valence n. f. *Chim.* Nombre d'atomes d'hydrogène susceptibles de se combiner avec un atome d'un corps.

valériane n. f. Plante médicinale appelée aussi *herbe-aux-chats.*

valet [valɛ] n. m. Serviteur : *valet de chambre, de pied. Fig.* Homme d'une complaisance servile : *âme de valet.* Figure du jeu de cartes. Fer coudé qui maintient une pièce de bois sur l'établi.

valetaille n. f. *Péjor.* Ensemble des domestiques.

valeur n. f. Bravoure : *soldats d'une rare valeur.* Ce que vaut une personne ou une chose. Prix élevé : *objet de valeur.* Titres de bourse ou de banque : *valeurs en portefeuille. Math.* Mesure d'une grandeur, d'un nombre. *Mus.* Durée d'une note. *Fig.* Importance : *la valeur d'un argument. Mettre en valeur*, faire fructifier. Estimation approximative : *boire la valeur d'un litre.*

valeureux, euse* adj. Vaillant.

validation n. f. Action de valider.

valide* adj. Sain, pouvant travailler : *homme valide.* Qui a les conditions requises : *contrat valide.*

valider v. t. Rendre ou déclarer valable : *valider une élection.*

validité n. f. Qualité de ce qui est valide, valable : *validité d'un billet.*

valise n. f. Coffre de voyage, qui se porte d'une seule main.

vallée n. f. Dépression allongée, plus ou moins évasée, creusée par un cours d'eau ou par un glacier.

vallon n. m. Petite vallée.

vallonné, e adj. Qui présente de nombreux vallons.

vallonnement n. m. Relief d'un terrain où il y a de nombreux vallons.

valoir v. i. (conj. 34) Être d'un certain prix : *cela vaut dix francs.* Avoir un certain mérite : *cet homme sait ce qu'il vaut.* Mériter : *cela vaut qu'on s'en occupe. Valoir mieux*, être préférable. *Autant vaudrait*, il serait aussi convenable. *A valoir*, à compte. *Faire valoir*, tirer profit. *Se faire valoir*, faire ressortir ses qualités. V. t. Procurer : *cela lui a valu une récompense.* V. impers. *Il vaut mieux*, il est préférable. *Vaille que vaille*, tant bien que mal.

valorem (ad) [advalɔrɛm] loc. lat. Suivant la valeur.

valorisation n. f. Mise en valeur.

valoriser v. t. Augmenter la valeur de.

valse n. f. Danse à trois temps, où les couples tournent sur eux-mêmes en se déplaçant. Morceau de musique à trois temps.

valser v. i. Danser la valse. *Fam.* Faire *valser quelqu'un*, le renvoyer sans égards. *Faire valser les chiffres*, augmenter les prix inconsidérément.

valseur, euse Personne qui valse.

valve n. f. Moitié de certaines coquilles, de certaines enveloppes de fruits. Soupape de pneumatique.

valvulaire adj. Des valvules.

valvule n. f. Lame élastique fixée sur la paroi interne du cœur ou d'un vaisseau, empêchant le sang ou la lymphe de revenir en arrière.

vamp [vãp] n. f. Femme fatale au cinéma.

vampire n. m. Mort qui, selon certaines superstitions, sort la nuit de sa tombe pour sucer le sang des vivants. Personne qui s'enrichit aux dépens d'autrui. Grande chauve-souris de l'Amérique tropicale.

vampirisme n. m. Méfaits causés par les vampires. Avidité, désir de s'enrichir aux dépens d'autrui.

van n. m. Sorte de panier d'osier à fond plat, large, qui sert à séparer le grain de ses déchets.

van n. m. Voiture fermée, pour le transport des chevaux.

vandale n. m. Personne qui détruit ou détériore des œuvres d'art ou des choses de valeur.

vandalisme n. m. Caractère, acte d'un vandale.

vanesse n. f. Genre de papillons.

vanille [vanij] n. f. Fruit du vanillier.

vanillé, e adj. Parfumé avec la vanille.

vanillier n. m. Orchidée grimpante des régions tropicales, dont le fruit *(vanille)* est très parfumé.

vanité n. f. Orgueil futile ; désir de paraître, de produire de l'effet. *Tirer vanité de*, se glorifier de.

vaniteux, euse* n. et adj. Qui a de la vanité.

vannage n. m. Action de vanner.

vanne n. f. Porte mobile servant à régler l'écoulement d'un fluide. *Pop.* Envoyer une vanne à quelqu'un, dire une méchanceté à son adresse.

vanneau n. m. Oiseau échassier, nichant dans les marécages.

vanner v. t. Secouer en l'air au moyen du van, pour débarrasser les grains de leurs déchets sous l'action du vent.

vannerie n. f. Métier, marchandise du vannier : *ouvrage de vannerie.*

vanneur n. et adj. m. Qui trie les grains.

vannier n. m. Ouvrier qui travaille l'osier et le rotin pour fabriquer divers objets.

vantail n. m. Châssis ouvrant d'une porte ou d'une croisée. (Pl. *vantaux.*)

vantard, e n. et adj. Qui a l'habitude de se vanter.

vantardise n. f. Action, habitude de se vanter.

vanter v. t. Louer beaucoup. V. pr. S'attribuer des qualités, des mérites que l'on n'a pas. *Se vanter de,* tirer vanité de ; se faire fort de.

va-nu-pieds n. m. inv. *Péjor.* Mendiant, misérable.

vapeur n. f. Gaz provenant du changement d'état physique d'un liquide ou d'un solide : *vapeur d'eau.* Énergie obtenue par la machine à vapeur : *l'électricité a souvent remplacé la vapeur.* Corps gazeux qui s'élève des objets humides, par l'effet de la chaleur. *A toute vapeur,* à toute vitesse. *Machine, bateau à vapeur,* machine, bateau actionnés par la vapeur. Pl. Troubles et malaises divers : *avoir des vapeurs* (syn. BOUFFÉES DE CHALEUR). *Les vapeurs du vin,* l'ivresse.

vaporeux, euse adj. Se dit de ce qui est léger et flou : *une robe vaporeuse.* Dont l'éclat est voilé.

vaporisateur n. m. Petit pulvérisateur (syn. ATOMISEUR).

vaporisation n. f. Action de vaporiser.

vaporiser v. t. Convertir en vapeur : *vaporiser de l'alcool.* Pulvériser.

vaquer v. i. Cesser pour un temps ses fonctions : *étude (de notaire) qui vaque.* V. i. [à] S'appliquer à : *vaquer à ses affaires.*

varech [varɛk] n. m. Ensemble des algues marines rejetées sur les plages par les vagues.

vareuse n. f. Veste assez ample. Blouson de grosse toile que revêtent les marins. Veste ajustée d'uniforme.

variabilité n. f. État de ce qui est variable.

variable adj. Sujet à varier. *Gramm.* Se dit des mots dont la terminaison varie. N. f. *Math.* Grandeur susceptible de prendre des valeurs différentes.

variante n. f. Version différente d'un texte, d'un modèle, etc. : *étudier les variantes de « l'Iliade ».*

variation n. f. Changement de degré ou d'aspect d'une chose. Pl. Transformations. *Mus.* Procédé de composition qui consiste à employer un même thème en le transformant, en l'ornant, tout en le laissant reconnaissable.

varice n. f. Dilatation permanente d'une veine : *souffrir de varices.*

varicelle n. f. Maladie contagieuse due à un virus.

varier v. t. Soumettre à des changements : *varier son alimentation.* V. i. Présenter des changements plus ou moins fréquents : *ses réponses varient.* Changer d'opinion. Être d'un avis différent : *les auteurs varient sur ce point.*

variété n. f. Diversité : *une grande variété d'ouvrages. Hist. nat.* Subdivision de l'espèce. Pl. Spectacle composé de divers numéros (chansons, exercices d'adresse, etc.).

variole n. f. Maladie infectieuse et contagieuse. (Syn. anc. PETITE VÉROLE.)

varioleux, euse adj. Relatif à la variole. N. Atteint de variole.

variolique adj. Relatif à la variole.

variqueux, euse adj. Dû aux varices.

varlope n. f. Sorte de grand rabot.

vasculaire ou **vasculeux, euse** adj. Relatif aux vaisseaux : *le système vasculaire sanguin.*

vase n. f. Boue qui se dépose au fond des eaux.

vase n. m. Récipient de forme et de matière variées, souvent utilisé pour mettre des fleurs.

vaseline n. f. Graisse minérale extraite du pétrole, utilisée en parfumerie, en pharmacie.

vaseux, euse adj. Rempli de vase, de boue. *Pop.* Fatigué, sans énergie. *Pop.* Confus : *un article vaseux.*

vasistas [vazistas] n. m. Ouverture, munie d'un petit vantail mobile, dans une porte ou une fenêtre.

vaso-constricteur adj. m. Qui diminue le calibre des vaisseaux sanguins.

vaso-dilatateur adj. m. Qui augmente le calibre des vaisseaux sanguins.

vaso-moteur, trice adj. *Nerfs vaso-moteurs,* qui déterminent la contraction ou le relâchement des vaisseaux.

vasque n. f. Bassin de fontaine.

vassal, e, aux n. et adj. Personne liée à un suzerain par l'obligation de foi et hommage.

vassalité n. f. Condition de vassal.

vaste adj. Qui a une grande étendue. *Fig.* De grande ampleur, de grande envergure : *nourrir de vastes projets.*

vaticinations n. f. pl. Élucubrations.

vaticiner v. i. *Péjor.* S'exprimer par une sorte de délire verbal, déraisonner.

va-tout n. m. inv. *Jouer son va-tout,* jouer le tout pour le tout.

vaudeville n. m. Comédie légère fondée sur un comique d'intrigue et des quiproquos.

vaudevillesque adj. Digne du vaudeville.

vaudevilliste n. Auteur de vaudevilles.

vaudou adj. et n. m. Se dit d'un culte des Noirs antillais, qui emprunte certains éléments au rituel catholique.

vau-l'eau (à) loc. adv. Au gré du courant de l'eau : *barque qui s'en va à vau-l'eau. Aller à vau-l'eau,* ne pas réussir.

vaurien, enne n. Personne dénuée de scrupules et de principes moraux. Enfant mal élevé, qui fait des sottises.

vautour n. m. Grand oiseau rapace diurne.

vautrer (se) v. pr. S'étendre sans retenue, se rouler dans ou sur quelque chose.

veau n. m. Le petit de la vache ; sa chair ; sa peau corroyée.

vecteur adj. m. Segment de droite sur lequel on distingue une origine et une extrémité. *Mil.* Véhicule capable de transporter une charge nucléaire.

vedette n. f. Petite embarcation à moteur. Artiste en vue.

végétal n. m. Arbre, plante.

végétal, e, aux adj. Qui appartient aux végétaux : *règne végétal.* Qui est fait à partir des plantes : *graisse végétale.*

végétarien, enne adj. et n. Qui pratique le végétarisme.

végétarisme n. m. Mode d'alimentation supprimant toute viande.

végétatif, ive adj. Qui assure l'entretien de la vie et de la croissance des animaux et des plantes. Qui se réduit à la satisfaction des besoins essentiels : *vie végétative. Appareil végétatif,* racines, tige et feuilles des plantes supérieures.

végétation n. f. Développement progressif des végétaux. *Par ext.* Les végétaux : *la végétation tropicale.* Pl. Excroissance anormale sur un tissu.

végéter v. i. (conj. 5) Mal pousser, croître difficilement (plante). Vivre médiocrement, se développer difficilement.

véhémence n. f. Impétuosité, violence : *parler avec véhémence.*

véhément, e adj. Ardent, impétueux.

véhiculaire adj. *Langue véhiculaire,* langue qui permet les échanges entre populations de langues maternelles différentes.

véhicule n. m. Moyen de transport terrestre ou aérien. Tout ce qui sert à transporter, à transmettre quelque chose..

véhiculer v. t. Transporter au moyen d'un véhicule. *Fig.* Communiquer.

veille n. f. Privation de sommeil. État de celui qui est éveillé : *l'état de veille.* Jour qui précède : *la veille du départ. Fig. A la veille de,* sur le point de. Pl. Etudes, travaux de nuit.

veillée n. f. Temps qui s'écoule entre le repas du soir et le coucher. Réunion de personnes qui passent ce temps ensemble.

veiller v. i. Rester éveillé pendant la nuit. V. t. *Veiller un malade,* rester à son chevet pendant la nuit. V. i. [à, sur] Faire attention ; prendre soin.

veilleur n. m. *Veilleur de nuit* ou *veilleur,* gardien de nuit.

veilleuse n. f. Petite lumière pour la nuit. Petite flamme d'un chauffe-eau ou d'un réchaud à gaz. *En veilleuse,* au ralenti.

veinard, e adj. *Fam.* Qui a de la chance.

veine n. f. *Anat.* Vaisseau ramenant le sang ou la lymphe vers le cœur. Dessin coloré dans le bois, les pierres dures (syn. NER-VURE). Filon d'un minéral qui peut être exploité. Inspiration d'un artiste. *Fam.* Chance.

veiner v. t. Imiter les veines du marbre ou du bois.

veineux, euse adj. Composé de veines. Se dit du sang qui circule dans les veines, par opposition au sang *artériel.*

veinule n. f. Petite veine.

vêlage ou **vêlement** n. m. Action de vêler.

vêler v. i. Mettre bas (vache).

vélin n. m. Parchemin très fin. Papier de qualité supérieure qui imite le parchemin. Adj. m. *Papier vélin.*

velléitaire adj. et n. Qui n'a que des velléités, des intentions fugitives, non une volonté déterminée.

velléité n. f. Volonté faible, hésitante et inefficace.

vélo n. m. *Fam.* Bicyclette.

vélocipède n. m. Appareil qui est à l'origine de la bicyclette.

vélocité n. f. Grande vitesse.

vélodrome n. m. Piste pour les courses cyclistes.

vélomoteur n. m. Motocyclette légère ou bicyclette équipée d'un moteur auxiliaire.

velours n. m. Etoffe rase d'un côté, et couverte de l'autre de poils serrés. Objet extrêmement doux au toucher : *le velours d'une pêche. Patte de velours,* patte d'un chat quand il rentre ses griffes.

velouté, e adj. Qui est doux au toucher, au regard, au goût. N. m. Qualité de ce qui est velouté. Potage très onctueux.

velu, e adj. Couvert de poils.

vélum [velɔm] n. m. Grand voile qui sert de toiture ou qui simule un plafond.

venaison n. f. Chair de bête fauve.

vénal, e, aux adj. Qui se transmet à prix d'argent : *une charge vénale.* Qui fait tout pour de l'argent : *un homme vénal.*

vénalité n. f. Etat de ce qui est vénal.

venant n. m. *A tout venant,* à n'importe qui, à tout le monde.

vendable adj. Qui peut être vendu.

vendange n. f. Récolte du raisin. Les raisins mêmes. Temps de la récolte du raisin.

vendanger v. t. et i. (conj. 1) Récolter le raisin.

vendangeur, euse n. Personne qui fait la vendange.

vendéen, enne adj. et n. De Vendée. Nom donné pendant la Révolution aux insurgés royalistes de l'ouest de la France.

vendémiaire n. m. Premier mois du calendrier républicain (22 septembre-21 octobre).

vendetta [vãdɛta] n. f. En Corse, poursuite de la vengeance d'une offense ou d'un meurtre, qui se transmet à tous les parents de la victime.

vendeur, euse n. Dont la profession est de vendre. Personne qui fait un acte de vente. (En ce sens, la fém. est *venderesse.*)

vendre v. t. (conj. 46) Céder moyennant un prix convenu. Faire le commerce de. Trahir pour de l'argent.

vendredi n. m. Sixième jour de la semaine.

vendu, e adj. Qui se laisse acheter, qui se livre pour de l'argent : *juge vendu.* N. m. Personne sans honneur, corrompue.

venelle n. f. Petite rue.

vénéneux, euse adj. Qui renferme du poison : *champignon vénéneux.*

vénérable adj. Digne de vénération. N. m. Président de loge maçonnique.

vénération n. f. Respect profond que l'on a pour certaines personnes : *il a beaucoup de vénération pour son père.*

vénérer v. t. (conj. 5) Avoir de la vénération.

vénerie n. f. Art de chasser avec des chiens courants.

vénérien, enne adj. *Maladies vénériennes*, qui se communiquent par les rapports sexuels.

veneur n. m. Celui qui dirige une chasse à courre.

vengeance n. f. Action, désir de se venger : *tirer vengeance.*

venger v. t. (conj. 1) Tirer satisfaction, réparation d'une offense : *venger une injure.*

vengeur, eresse n. et adj. Qui venge.

véniel, elle* adj. Sans gravité : *faute vénielle.*

venimeux, euse adj. Qui a du venin : *serpent venimeux. Fig.* Méchant.

venin n. m. Liquide toxique sécrété par un animal : *le venin de la vipère. Fig.* Méchanceté : *paroles pleines de venin.*

venir v. i. (conj. 16) Se rendre à, dans, auprès : *il lui dit de venir.* Arriver, survenir : *la mort vient sans qu'on s'en doute.* Être originaire : *ce thé vient de Chine.* Avoir lieu : *prendre le temps comme il vient.* Se présenter à l'esprit : *nos idées nous viennent involontairement.* Dériver : *ce mot vient du latin.* En venir à, en arriver à, être réduit à. *En venir aux mains,* finir par se battre. *Venir à bout de,* réussir. *Fam.* Voir venir *quelqu'un,* deviner ses intentions.

vénitien, enne adj. et n. De Venise.

vent n. m. Air atmosphérique qui se déplace : *le vent du nord.* Air agité : *faire du vent avec un éventail.* Gaz contenus dans le corps de l'homme et de l'animal. *Passer en coup de vent,* très rapidement. *Avoir vent d'une nouvelle,* en être plus ou moins informé. *Mus.* Instruments à vent, instruments de musique dont le son est produit par le souffle.

vente n. f. Débit : *vente au détail.* Cession moyennant un prix convenu : *vente à crédit.*

venter v. impers. Faire du vent.

venteux, euse adj. Où il y a du vent.

ventilateur n. m. Appareil servant à brasser ou à renouveler l'air.

ventilation n. f. Action de ventiler.

ventiler v. t. Aérer : *ventiler un tunnel. Ventiler une somme,* en répartir les éléments entre différents comptes ou différentes personnes.

ventôse n. m. Sixième mois du calendrier républicain (19 février au 20 mars).

ventouse n. f. Ampoule de verre que l'on applique sur la peau, et dans laquelle on raréfie l'air pour appeler le sang à la peau. Organes de succion et de fixation de certains animaux (sangsue, etc.). Petite calotte de caoutchouc, qui peut s'appliquer sur une surface plane par la pression de l'air.

ventral, e, aux adj. Du ventre.

ventre n. m. Partie inférieure et antérieure du tronc humain, renfermant principalement les intestins : *se coucher à plat ventre.* Estomac : *avoir le ventre creux.* Partie renflée d'une chose : *ventre d'une amphore.*

ventricule n. m. Nom de diverses cavités du corps humain : *les ventricules du cœur.*

ventrière n. f. Sangle que l'on passe sous le ventre d'un cheval pour le soulever.

ventriloque n. et adj. Personne qui a l'art de parler comme si sa voix venait du ventre.

ventripotent, e adj. *Fam.* Ventru.

ventru, e adj. Qui a un gros ventre.

venu, e adj. *Être bien, mal venu,* se dit de ce qui est réussi ou manqué, de ce qui arrive bien ou mal à propos. N. *Le premier venu,* n'importe qui. *Nouveau venu, nouvelle venue,* personne récemment arrivée.

venue n. f. Arrivée. Croissance : *arbre d'une belle venue. Tout d'une venue,* sans irrégularité dans sa longueur; au *fig.* sans détour. Pl. *Allées et venues,* action d'aller et de venir plusieurs fois.

vêpres n. f. pl. Partie de l'office catholique célébrée dans l'après-midi.

ver n. m. Nom donné à des animaux mous, contractiles, dépourvus de pattes (lombrics, ténias, douves, etc.). *Ver blanc,* larve de hanneton. *Ver luisant,* insecte coléoptère lumineux. *Ver solitaire,* ténia. *Ver à soie,* chenille du bombyx de la soie.

véracité n. f. Conformité des propos avec la réalité.

véranda n. f. Galerie ou balcon couverts ou vitrés, en saillie.

verbal, e*, aux adj. Qui est fait de vive voix et non par écrit : *promesse verbale.* Gramm. Propre au verbe : *forme verbale.*

verbalisation n. f. Action de dresser un procès-verbal.

verbaliser v. i. Dresser un procès-verbal.

verbalisme n. m. Tendance consistant à donner plus d'importance aux mots qu'aux idées.

verbe n. m. Parole, ton de voix, *Avoir le verbe haut,* parler fort. Gramm. Mot qui, dans une proposition, exprime l'action ou l'état du sujet : *conjuguer un verbe.*

verbeux, euse adj. Bavard.

verbiage n. m. Abondance de mots aux dépens du sens.

verbosité n. f. Abus de mots.

verdâtre adj. Qui tire sur le vert.

verdeur n. f. Défaut de maturité des fruits, du vin. Vigueur, jeunesse. Crudité, âpreté de langage.

verdict [verdik ou verdikt] n. m. *Dr.* Réponse faite par le jury aux questions posées par la cour : *verdict d'acquittement.* Jugement quelconque : *le verdict du médecin.*

verdir v. t. Rendre vert. V. i. Devenir vert.

verdissement n. m. État de ce qui verdit.

verdoiement n. m. Action de verdoyer.

verdoyer v. i. (conj. 2) Devenir vert.

verdure n. f. Couleur verte des arbres, des plantes. Arbres, plantes.

véreux, euse adj. Qui contient des vers. Suspect, qui recèle une tare. Malhonnête : *banquier véreux.*

verge n. f. Baguette de bois. *Anat.* Organe sexuel de l'homme (syn. PÉNIS).

vergé, e adj. *Papier vergé,* papier dont le filigrane garde les raies, dues aux procédés de la fabrication à la main.

verger n. m. Lieu planté d'arbres fruitiers.

vergeté, e adj. Parsemé de raies, de taches : *peau, figure vergetée.*

vergetures [verʒətyr] n. f. pl. Raies sur le ventre ou les seins, et provenant d'une distension de la peau.

verglas n. m. Couche de glace mince sur le sol, due à la congélation de l'eau, du brouillard.

verglacé, e adj. Couvert de verglas.

vergne ou **verne** n. m. Syn. D'AULNE.

vergogne n. f. *Sans vergogne*, sans retenue.

vergue n. f. Longue pièce de bois placée en travers d'un mât, et destinée à soutenir la voile.

véridique* adj. Qui dit la vérité. Conforme à la vérité : *témoignage peu véridique.*

vérifiable adj. Qui peut être vérifié.

vérificateur, trice n. et adj. Qui vérifie.

vérification n. f. Action de vérifier.

vérifier v. t. Examiner si une chose est telle qu'elle doit être ou qu'on l'a déclarée : *vérifier une addition.* Justifier, confirmer.

vérin n. m. Machine servant à soulever de gros fardeaux.

véritable* adj. Conforme à la vérité. Qui mérite pleinement le nom qu'on lui donne : *un véritable artiste.*

vérité n. f. Qualité de ce qui est vrai. Conformité de ce qui dit avec ce qui est : *dire la vérité.* Sincérité : *l'accent de la vérité.* *Bx-arts.* Expression fidèle de la nature. Pl. *Dire à quelqu'un ses quatre vérités*, lui dire ouvertement ce qu'on lui reproche. Loc. adv. *En vérité*, certainement ; *à la vérité*, il est vrai.

verjus n. m. Jus du raisin vert.

vermeil, eille adj. Rouge foncé. N. m. Argent doré.

vermicelle n. m. Pâte à potages en forme de fils très fins.

vermiculaire adj. Qui ressemble à un ver.

vermifuge adj. et n. m. Se dit des remèdes qui combattent les vers intestinaux.

vermillon [vɛrmijɔ̃] n. m. Sulfure de mercure pulvérulent, ou cinabre, d'un beau rouge vif. Couleur d'un rouge vif tirant sur l'orangé. Adj. m. inv. *Des rubans vermillon.*

vermine n. f. Insectes parasites de l'homme et des animaux (puces, poux, punaises, etc.). *Péjor.* Individus vils, inutiles ou néfastes.

vermisseau n. m. Petit ver.

vermoulu, e adj. Se dit d'un bois miné par des larves d'insectes.

vermoulure n. f. Poudre de bois qui sort des trous faits par les larves d'insectes.

vermouth [vɛrmut] n. m. Vin blanc dans lequel on a fait infuser des substances aromatiques.

vernaculaire adj. Propre à un pays, à une ethnie : *langue vernaculaire.*

vernalisation n. f. Traitement par le froid de graines ou de jeunes plantes, provoquant une floraison plus précoce.

vernier n. m. Dispositif de mesure dont l'emploi facilite la lecture des fractions de division.

vernir v. t. Enduire de vernis.

vernis n. m. Enduit composé d'une matière résineuse, que l'on applique sur certains objets pour les protéger. Apparence séduisante qui cache une connaissance rudimentaire : *acquérir un vernis de culture.*

vernissage n. m. Action de vernir. Réception qui précède l'ouverture d'une exposition.

vernisser v. t. Vernir la poterie.

vernisseur n. m. et adj. Qui vernit.

vérole n. f. Syn. de SYPHILIS. Petite vérole, syn. de VARIOLE.

véronique n. f. Plante herbacée, commune dans les bois et les prés.

verrat n. m. Porc mâle.

verre n. m. Corps solide, transparent et fragile, produit de la fusion d'un sable mêlé de potasse ou de soude. Objet fait en verre. Récipient en verre pour boire. Contenu de ce récipient : *boire un verre.* Pl. Lentille de verre pour corriger les défauts de la vue.

verrerie n. f. Art de faire le verre. Usine où on le fabrique. Objets en verre.

verrier n. m. Celui qui travaille le verre.

verrière n. f. Grande ouverture ornée de verre ou de vitraux. Toit ou paroi vitrés. Grand vitrail.

verroterie n. f. Petits objets en verre de faible valeur.

verrou n. m. Appareil de fermeture composé d'un pêne que l'on fait glisser pour l'engager dans une gâche. *Sous les verrous*, en prison.

verrouillage n. m. Action de verrouiller.

verrouiller v. t. Fermer au verrou : *verrouiller sa porte.* Enfermer.

verrue n. f. Petite excroissance de la peau.

verruqueux, euse adj. Rempli de verrues : *peau verruqueuse.*

vers [vɛr] n. m. Assemblage de mots rythmés d'après la *quantité* des syllabes, comme en latin et en grec, d'après leur *accentuation*, comme en allemand ou en anglais, ou d'après leur *nombre*, comme en français. Pl. Poésie. *Vers blancs*, vers non rimés. *Vers libres*, vers de différentes mesures.

vers [vɛr] prép. Dans la direction : *regarder vers le ciel.* Aux environs de : *vers midi.*

versant n. m. Chacune des deux pentes qui limitent une vallée.

versatile adj. Qui change facilement d'opinion : *caractère versatile.*

versatilité n. f. Inconstance, mobilité : *versatilité de la foule.*

verse (à) loc. adv. *Pleuvoir à verse*, abondamment.

versé, e adj. Exercé à, expérimenté : *versé dans les sciences.*

versement n. m. Action de verser de l'argent, des valeurs à une caisse : *payer en plusieurs versements.*

verser v. t. Répandre un liquide. Faire passer d'un récipient dans un autre : *verser du blé dans un sac.* Faire tomber, renverser une voiture. Payer. *Fig.* Répandre : *verser des larmes.* V. i. Tomber sur le côté (voitures). Être renversé par le vent (blés).

verset n. m. Phrase ou petit paragraphe numérotés, dans la Bible ou les textes sacrés.

verseur, euse adj. et n. Qui sert à verser. N. f. Cafetière à poignée droite.

versificateur n. m. Personne qui versifie.

versification n. f. Art de faire des vers. Facture des vers.

versifier v. i. Faire des vers. V. t. Mettre en vers : *versifier une fable.*

version n. f. Traduction d'un texte étranger dans la langue du sujet qui traduit. Manière de raconter un fait : *il y a sur cet accident plusieurs versions.* En *version originale*, film étranger où les acteurs ne sont pas doublés et où les dialogues sont sous-titrés.

verso n. m. Revers d'un feuillet.

versoir n. m. Partie de la charrue qui jette la terre de côté.

vert, e adj. D'une couleur que l'on peut produire par la combinaison du jaune et du bleu. Qui a encore de la sève, qui n'est pas encore sec : *du bois vert.* Frais, nouveau : *des pois verts. Fig.* Resté vigoureux malgré l'âge avancé : *vieillard encore vert. Fam.* Leste, grivois : *en raconter des vertes. La langue verte,* l'argot. *Donner le feu vert,* autoriser. N. m. Couleur verte. Fourrage frais. *Se mettre au vert,* aller se reposer à la campagne.

vert-de-gris n. m. Carbonate de cuivre hydraté, de couleur verdâtre, dont ce métal se recouvre au contact de l'air humide.

vert-de-grisé, e adj. Couvert de vert-de-gris.

vertébral, e, aux adj. Relatif aux vertèbres : *colonne vertébrale.*

vertèbre n. f. Chacun des os formant l'épine dorsale.

vertébré, e adj. Se dit des animaux qui ont des vertèbres. N. m. pl. Embranchement du règne animal (poissons, reptiles, batraciens, oiseaux et mammifères).

vertement adj. Avec énergie, vivacité : *répondre vertement.*

vertical, e, aux* adj. Qui a la direction du fil à plomb. N. f. Ligne parallèle à la direction du fil à plomb.

verticalité n. f. État de ce qui est vertical.

vertige n. m. Étourdissement momentané dans lequel il semble que les objets tournent autour de soi. Folie, égarement de l'esprit.

vertigineux, euse* adj. Qui donne le vertige : *hauteur vertigineuse.*

vertu n. f. Disposition à faire le bien. Qualité morale particulière : *l'économie, vertu bourgeoise.* Chasteté d'une femme. Propriétés, efficacité : *vertu des plantes. En vertu de* loc. prép. En conséquence de : *en vertu d'un jugement.*

vertueux, euse* adj. Qui a de la vertu. Inspiré par la vertu. Chaste.

vertugadin n. m. Bourrelet que les femmes portaient sous la jupe pour la faire bouffer.

verve n. f. Qualité d'une personne qui parle avec enthousiasme et brio : *être en verve.*

verveine n. f. Plante odorante dont une espèce est cultivée à des fins médicinales. Infusion obtenue avec cette plante.

vesce [vɛs] n. f. Plante herbacée, grimpante.

vésical, e, aux adj. De la vessie.

vésicant, e adj. et n. m. Qui fait naître des ampoules sur la peau.

vésicule n. f. *Anat.* Sac membraneux : *vésicule biliaire. Pathol.* Boursouflure de l'épiderme, pleine de sérosité.

vespasienne n. f. Urinoir public.

vespéral, e, aux adj. Relatif au soir.

vesse-de-loup n. f. Champignon comestible à l'état jeune.

vessie n. f. Poche musculaire et membraneuse, située en arrière du pubis, et dans laquelle s'accumule l'urine sécrétée par les reins. *Vessie natatoire,* organe d'équilibre chez les poissons.

vestale n. f. À Rome, prêtresse de Vesta, qui entretenait le feu sacré de la déesse et était astreinte à la chasteté.

veste n. f. Vêtement de dessus, couvrant les bras et le buste et ouvert devant. *Fam.* Retourner sa veste, changer d'opinion, de parti. *Fam. Ramasser une veste,* subir un échec.

vestiaire n. m. Lieu où l'on dépose les habits, les cannes, etc., dans certains établissements publics.

vestibule n. m. Pièce d'entrée dans un édifice, une maison, un appartement. Cavité de l'oreille interne.

vestige n. m. Marque, reste de ce qui a péri.

vestimentaire adj. Du vêtement.

veston n. m. Veste d'homme faisant partie d'un complet.

vêtement n. m. Tout ce qui sert à couvrir le corps.

vétéran n. m. Vieux soldat, ancien soldat. *Par ext.* Homme qui a vieilli dans une profession, une pratique.

vétérinaire adj. Relatif à la médecine des animaux domestiques. N. m. Personne diplômée qui pratique cette médecine.

vétille n. f. Chose sans importance, bagatelle, détail : *s'amuser à des vétilles.*

vétilleux, euse adj. Qui attache de l'importance à des vétilles.

vêtir v. t. (conj. 20) Habiller, couvrir de vêtements. Fournir de vêtements. Mettre sur soi : *vêtir une robe.* V. pr. S'habiller.

vétiver [vetivɛr] n. m. Plante cultivée dans l'Inde et aux Antilles pour ses racines, dont on retire un parfum.

veto n. m. Institution par laquelle une autorité peut s'opposer à l'entrée en vigueur d'une loi votée par l'assemblée compétente : *avoir un droit de veto. Par ext.* Opposition, refus : *mettre, opposer son veto à un projet.*

vêture n. f. Prise d'habit par un religieux ou une religieuse.

vétuste adj. Vieux, usé, détérioré par le temps : *maison vétuste.*

vétusté n. f. État de détérioration produit par le temps.

veuf, veuve n. et adj. Dont le conjoint est mort, et qui n'est pas remarié(e).

veule adj. Sans volonté. Faible. Lâche.

veulerie n. f. Caractère d'une personne lâche ou de sa conduite.

veuvage n. m. État d'un veuf, d'une veuve.

vexation n. f. Action de vexer. Fait d'être vexé, humilié.

vexatoire adj. Qui a le caractère de la vexation : *impôt vexatoire.*

vexer v. t. Contrarier, blesser l'amour-propre. V. pr. Se froisser, être blessé : *il se vexe trop facilement.*

via prép. En passant par : *via Rome.*

viabilité n. f. Bon état d'une route. Ensemble des travaux d'intérêt général (voirie, gaz, électricité, etc.) à exécuter avant une construction.

viable adj. Qui peut vivre. *Fig.* Capable de durer : *un projet viable.*

viaduc n. m. Grand pont métallique ou en maçonnerie, au-dessus d'une vallée, pour le passage d'une voie de communication.

viager, ère* adj. Dont on possède la jouissance sa vie durant. N. m. Rente à vie : *avoir un viager. En viager,* en échange d'une rente.

viande n. f. Chair des animaux, dont on se nourrit.

viatique n. m. Argent, provision donnés pour un voyage. Sacrement de l'Eucharistie, reçu par un mourant.

vibrant, e adj. Qui vibre. *Fig.* Pathétique, émouvant : *discours vibrant.* N. f. Consonne que l'on articule en faisant vibrer la langue ou le gosier (l, r).

vibratile adj. Susceptible de vibrer.

vibration n. f. Mouvement oscillatoire rapide. Mouvement périodique d'un système matériel autour de sa position d'équilibre : *vibrations sonores, lumineuses.*

vibratoire adj. Composé de vibrations : *mouvement vibratoire.*

vibrer v. i. Se mouvoir périodiquement autour de sa position d'équilibre : *corde qui vibre.* Résonner avec une sorte de tremblement, de battement sonore. *Fig.* Être touché, ému.

vibrion n. m. Bactérie de forme courbe et munie à son extrémité d'un ou plusieurs cils.

vibromasseur n. m. Appareil électrique qui produit des massages vibratoires.

vicaire n. m. Prêtre adjoint à un curé.

vicarial, e, aux adj. Du vicariat.

vicariat n. m. Fonctions du vicaire.

vice n. m. Défaut, imperfection : *vice de construction.* Disposition habituelle au mal : *flétrir le vice.* Débauche, libertinage : *s'adonner au vice.*

vice-, particule inv. qui entre dans la composition de plusieurs mots pour indiquer des fonctions de suppléant ou d'adjoint.

vice-amiral n. m. Officier de marine, inférieur à l'amiral.

vice-présidence n. f. Fonction, dignité de vice-président.

vice-président , e n. Personne qui supplée le président, la présidente pendant leur absence.

vice-roi n. m. Gouverneur d'un royaume ou d'une grande province qui dépend d'un autre État.

vice versa [visevɛrsa] loc. adv. Réciproquement.

vichy n. m. Toile de coton à carreaux de couleur.

vicier v. t. Gâter, corrompre. *Dr.* Rendre nul, défectueux : *erreur qui vicie un acte.*

vicieux, euse* adj. Qui a une défectuosité : *locution vicieuse.* Relatif au vice : *penchant vicieux.* Adonné au vice : *caractère vicieux.* Rétif : *cheval vicieux.*

vicinal, e, aux adj. Se dit d'un chemin qui met en communication des villages, des hameaux, etc.

vicissitude n. f. Changement, variation. Instabilité des choses humaines : *les vicissitudes de la fortune.* Événements heureux ou malheureux qui affectent l'existence.

vicomte n. m. Titre de noblesse inférieur à celui de comte.

vicomté n. f. Domaine d'un vicomte.

vicomtesse n. f. Femme d'un vicomte.

victime n. f. Animal ou personne que les Anciens sacrifiaient à la divinité. Personne, communauté qui souffre des agissements de quelqu'un, ou par le fait des événements. *Être victime d'un malaise,* être pris de malaise. Personne tuée ou blessée : *cette explosion a fait de nombreuses victimes.*

victoire n. f. Avantage remporté à la guerre. Succès remporté sur autrui : *la victoire d'un joueur de tennis. Chanter, crier victoire,* se glorifier d'un succès.

victorieux, euse* adj. Qui a remporté la victoire. Qui exprime, évoque un succès.

victuailles n. f. pl. Vivres, provisions de bouche : *des monceaux de victuailles.*

vidage n. m. Action de vider.

vidange n. f. Action de vider pour nettoyer ou rendre de nouveau utilisable : *faire la vidange d'un étang, d'un réservoir d'automobile.* Pl. Matières tirées des fosses d'aisances.

vidanger v. t. (conj. 1) Vider pour nettoyer : *vidanger une citerne.*

vidangeur n. m. Celui qui vide les fosses d'aisances.

vide adj. Qui ne contient rien : *bourse vide.* D'où l'on a tout enlevé : *chambre vide. Vide de,* dégarni, privé de. N. m. Espace vide : *faire le vide. A vide* loc. adv. Sans rien contenir ; sans produire d'effet.

vidéo adj. inv. et n. m. ou f. Se dit d'un procédé qui permet d'enregistrer sur une bande magnétique des images filmées par une caméra, ainsi que le son, et de les projeter immédiatement.

vidéocassette n. f. Cassette constituée par une bande vidéo, qui, placée dans un appareil de lecture, permet de voir, ou de revoir un programme.

vidéodisque n. m. Disque restituant les images sur un écran de télévision.

vidéophonie n. f. Technique mettant en œuvre les vidéocassettes et les vidéodisques.

vide-ordures n. m. inv. Conduit permettant, dans les immeubles, d'envoyer les ordures ménagères dans les poubelles.

vide-poches n. m. inv. Corbeille, coupe, objet où l'on dépose les menus objets que l'on porte sur soi.

vide-pomme n. m. inv. Outil pour ôter le cœur des pommes.

vider v. t. Rendre vide. Boire le contenu de : *vider une bouteille.* Terminer, résoudre : *vider une question.* Sortir : *vider les lieux. Pop.* Faire sortir brutalement.

vie n. f. Propriété essentielle des êtres organisés, qui évoluent de la naissance à la mort. Existence humaine envisagée dans sa durée totale, de la naissance à la mort : *vie courte.* Nourriture : *chercher sa vie.* Manière de vivre : *mener joyeuse vie.* Biographie : *la vie des saints.* Profession : *la vie religieuse,* Activité, mouvement : *style plein de vie. A la vie, à la mort,* pour toujours.

vieil adj. V. VIEUX.

vieillard n. m. Homme âgé.

vieillerie n. f. Vieille chose. *Fig.* Idées rebattues, usées.

vieillesse n. f. Âge avancé. Les vieilles gens : *respecter la vieillesse.*

vieillir v. i. Devenir vieux. Perdre sa fraîcheur, sa grâce. Passer la plus grande partie de sa vie : *vieillir dans un métier. Fig.* Se démoder : *cette mode vieillit.* V. t. Rendre vieux. Faire paraître vieux.

vieillissement n. m. État de ce qui vieillit, qui devient suranné.

vieillot, otte adj. Qui a l'air vieux.

vielle n. f. Instrument de musique à cordes et à touches.

vielleur n. m. Joueur de vielle.

vierge n. f. et adj. Qui n'a pas eu de relations sexuelles. Adj. *Fig.* Intact, qui n'a pas servi : *page vierge ; réputation vierge.* Non exploité : *forêt vierge ; terre vierge. Huile vierge,* extraite sans pression.

vieux (ou vieil) [vjɛj], **vieille** adj. Avancé en âge. Ancien : *vieux château*. Usé : *vieux vêtement*. Qui n'est plus en usage : *vieille formule*. N. Personne âgée. N. m. Ce qui est ancien. Ce qui est usagé.

vif, vive adj. Qui est en vie. Prompt, agile : *enfant vif*. Qui s'emporte facilement : *vif comme la poudre*. Qui comprend facilement : *esprit vif*. Brillant, éclatant : *couleur vive*. Rapide : *vive attaque*. Mordant : *propos vifs*. *Haie vive*, formée d'arbustes en végétation. *Chaux vive*, non mouillée. *Arête vive*, angle non émoussé. N. m. Chair vive : *trancher dans le vif*. Dr. Personne vivante. Fig. Le point le plus sensible ou le plus important : *entrer dans le vif du sujet. Trancher, couper dans le vif*, sacrifier résolument. Prendre sur *le vif*, imiter avec vérité. *Piquer au vif*, offenser. *De vive voix*, en parlant. *De vive force*, avec violence.

vif-argent n. m. Le mercure. (Vx.)

vigie n. f. Matelot en sentinelle dans la mâture. Homme chargé, à terre, de surveiller le large.

vigilamment adv. Avec vigilance.

vigilance n. f. Attention, surveillance soutenue.

vigilant, e adj. Qui veille. Qui est fait avec attention : *soins vigilants*.

vigile n. f. Jour qui précède une fête religieuse. N. m. Garde de nuit.

vigne n. f. Plante qui produit le raisin. Terre plantée en ceps de vigne. Bot. *Vigne vierge*, plante grimpante ressemblant à la vigne, mais ne donnant pas de fruits.

vigneron, onne n. Personne qui cultive la vigne. Adj. Adapté à la culture de la vigne : *charrue vigneronne*.

vignette n. f. Petite gravure placée en tête ou à la fin d'un livre, d'un chapitre. Timbre attaché à une spécialité pharmaceutique, que l'assuré social doit coller sur sa feuille de maladie. Étiquette portant l'estampille de l'État, et attestant le paiement de certains droits.

vignoble n. m. Étendue de pays plantée de vignes : *le vignoble de Bourgogne*. Ces vignes elles-mêmes.

vigogne n. f. Lama des Andes, de la taille d'un mouton, au pelage laineux. Tissu fin fait avec le poil de cet animal.

vigoureux, euse adj. Qui a de la vigueur. Fait avec vigueur : *attaque vigoureuse*. Fortement exprimé.

vigueur n. f. Force physique. Énergie physique ou morale : *agir avec vigueur*. *En vigueur*, en application : *règlement en vigueur*.

vil, e adj. De peu de valeur : *acheter à vil prix*. Fig. Bas, abject : *âme vile*.

vilain, e adj. Déplaisant : *vilain jeu*. Désagréable : *vilain temps*. Malhonnête : *vilaine action*. Méchant, infâme : *vilain personnage*. N. m. Autref., paysan.

vilebrequin n. m. Outil pour percer. Arbre coudé d'un moteur à explosion.

vilenie [vilni] n. f. Action vile.

vilipender v. t. Dire du mal, décrier, mépriser.

villa [villa] n. f. Maison individuelle, en banlieue ou dans un lieu de villégiature. Domaine rural dans la Gaule romaine.

village [villaʒ] n. m. Agglomération rurale.

villageois, e n. Habitant d'un village.

ville n. f. Agglomération d'une certaine importance, à l'intérieur de laquelle la plupart des habitants sont occupés par le commerce, l'industrie, les administrations. Quartier d'une agglomération urbaine : *la vieille ville*. Mœurs des villes : *préférer la ville à la campagne. Costume de ville*, costume de tous les jours. Population, habitants d'une ville : *un bruit court en ville. Dîner en ville*, hors de chez soi.

villégiature n. f. Séjour à la campagne, à la mer, etc.

villosité [vilozite] n. f. État d'une surface velue. Anat. Rugosité ou saillie sur certaines surfaces : *villosités intestinales*.

vin n. m. Boisson obtenue par la fermentation du jus de raisin. *Pris de vin*, ivre. *Entre deux vins*, un peu ivre. Fig. *Mettre de l'eau dans son vin*, se radoucir, se modérer. *Vin d'honneur*, réception organisée en l'honneur de quelqu'un.

vinaigre n. m. Produit résultant de la fermentation acétique de vin ou de solutions alcoolisées, et employé comme condiment : *vinaigre de vin, d'alcool*.

vinaigrer v. t. Assaisonner avec du vinaigre : *salade trop vinaigrée*.

vinaigrerie n. f. Fabrique de vinaigre.

vinaigrette n. f. Sauce faite avec du vinaigre, de l'huile, du sel, etc.

vinaigrier n. m. Burette à vinaigre.

vinaire adj. Relatif au vin : *matériel vinaire*.

vinasse n. f. Vin faible et fade. Résidu de la distillation des liqueurs alcooliques.

vindicatif, ive adj. Qui aime à se venger : *esprit vindicatif*.

vindicte n. f. *Vindicte publique*, poursuite et punition d'un crime au nom de la société.

vineux, euse adj. Se dit du vin riche en alcool. Qui a le goût, l'odeur, la couleur du vin.

vingt [vẽ et vẽt devant un autre nombre] adj. num. Deux fois dix. N. m. Vingtième jour du mois.

vingtaine n. f. Vingt ou environ.

vingtième adj. num. ord. Qui occupe le rang marqué par le nombre vingt. N. : *être le, la vingtième*. N. m. Vingtième partie d'un tout.

vinicole adj. Relatif à la culture de la vigne, à la production du vin.

vinification n. f. Ensemble des opérations qui transforment le raisin en vin.

vinylique adj. Se dit d'un type de matières plastiques obtenues à partir de l'acétylène.

viol n. m. Acte de violence par lequel une personne abuse sexuellement d'une autre, contre la volonté de celle-ci. Fig. Action de porter atteinte à ce qu'on doit respecter : *viol de sépulture*.

violacé, e adj. D'une couleur tirant sur le violet : *un visage violacé*.

violateur, trice n. Qui se rend coupable du viol d'un domicile ou d'un règlement.

violation n. f. Action de profaner une chose sacrée, de transgresser une loi : *violation d'un serment*.

viole n. f. Anc. instrument à cordes et à archet. *Viole d'amour*, viole plus grande que la viole ordinaire.

violemment adv. Avec violence.

violence n. f. Caractère violent : *la violence du vent.* Abus de la force : *employer la violence. Faire violence,* contraindre.

violent, e adj. Impétueux : *tempête violente. Mort violente,* causée par un accident, par un meurtre.

violenter v. t. Forcer quelqu'un par la violence. *Violenter une femme,* la violer.

violer v. t. Abuser sexuellement et avec violence : *violer une femme, un enfant.* Enfreindre : *violer la loi.* Pénétrer dans un lieu malgré une interdiction : *violer un temple.*

violet, ette adj. D'un bleu teinté de rouge.

violette n. f. Plante à petites fleurs violettes très odorantes.

violine n. f. D'une couleur violet pourpre.

violon n. m. Instrument de musique à quatre cordes et à archet. Artiste qui en joue. *Fam.* Prison dépendant d'un poste de police : *passer la nuit au violon. Violon d'Ingres,* activité secondaire, souvent artistique, exercée en dehors d'une profession.

violoncelle [vjɔlɔ̃sɛl] n. m. Instrument à quatre cordes plus grand que le violon. Artiste qui en joue.

violoncelliste n. Personne qui joue du violoncelle.

violoneux n. m. Mauvais joueur de violon ; ménétrier de campagne.

violoniste n. Personne qui joue du violon.

viorne n. f. Arbrisseau grimpant, de la famille des chèvrefeuilles.

vipère n. f. Genre de serpents venimeux. *Fig.* Personne très méchante.

vipereau n. m. Petit de la vipère.

vipérin, e adj. Relatif à la vipère. *Fig.* Langue vipérine, perfide. N. f. Couleuvre qui ressemble à la vipère.

virage n. m. Mouvement d'un véhicule qui tourne, change de direction : *faire un virage à droite.* Courbure plus ou moins accentuée d'une route, d'une piste : *un virage relevé. Fig.* Changement d'orientation d'un parti, d'un mouvement de pensée : *un dangereux virage politique. Virage de la cuti-réaction,* expression indiquant que la cuti-réaction, précédemment négative, est devenue positive. *Phot.* Opération qui consiste à modifier le ton des épreuves par le passage dans divers bains.

virago n. f. Fille ou femme qui a l'air ou les manières d'un homme.

viral, e adj. Relatif à un virus.

virée n. f. *Fam.* Promenade.

virelai n. m. Ancien petit poème français sur deux rimes à refrain.

virement n. m. Action de virer. Opération par laquelle on transporte une somme du crédit d'une personne au crédit de autre. Transport à un chapitre du budget des crédits votés pour un autre.

virer v. i. Tourner sur soi-même. Aller en tournant. Changer de nuance, en parlant d'une étoffe teinte. Subir l'opération du virage photographique. *Mar. Virer de bord,* tourner pour recevoir le vent de l'autre côté, et, au *fig.,* changer de parti. V. t. Transporter d'un compte à un autre. Soumettre au virage photographique. *Pop. Virer quelqu'un,* le mettre à la porte, le renvoyer.

virevolte n. f. Tour et retour rapides faits par un cheval.

virevolter v. i. Tourner rapidement sur soi.

virginal, e*, aux adj. Relatif à une personne vierge : *candeur virginale. Fig.* D'une grande blancheur, d'une grande pureté : *un lis virginal.*

virginité n. f. État d'une personne vierge. Pureté, candeur.

virgule n. f. Signe de ponctuation marquant la pause dans une phrase.

viril, e* adj. Qui concerne l'homme, le sexe masculin. *Age viril,* d'un homme fait. *Fig.* Mâle, énergique : *discours viril.*

virilité n. f. Ensemble des attributs et caractères physiques de l'homme adulte. Vigueur de caractère, énergie, fermeté.

virole n. f. Petit anneau de métal.

virtualité n. f. Caractère virtuel.

virtuel, elle* adj. En puissance et non en acte. Qui n'a pas d'effet actuel.

virtuose n. *Mus.* Exécutant capable de résoudre brillamment les plus grandes difficultés techniques. Personne très habile, très douée dans une activité, un art.

virtuosité n. f. Talent du virtuose.

virulence n. f. État de ce qui est virulent. *Fig.* Caractère de violence.

virulent, e adj. *Fig. Microbe virulent,* dont le pouvoir de multiplication est total. Violent, emporté : *satire virulente.*

virus [virys] n. m. Microbe responsable des maladies contagieuses : *le virus de la rage. Fig.* Passion communicative : *virus révolutionnaire.*

vis [vis] n. f. Tige métallique filetée en hélice qu'on enfonce en tournant dans une matière. *Escalier à vis,* en spirale. *Pas de vis,* spire d'une vis.

visa [viza] n. m. Formule, signature qui rend un acte authentique. Validation d'un passeport pour un pays étranger déterminé : *demander un visa pour la Bulgarie.*

visage n. m. Face de l'homme ; partie antérieure de la tête. *Changer de visage,* se troubler. Personnage, personne : *apercevoir un nouveau visage.* Aspect, apparence : *son destin a changé de visage. A visage découvert* loc. adv. Sans masque ; sans vouloir tromper.

visagiste n. (nom déposé). Spécialiste qui, dans un institut de beauté, est chargé de dégager la beauté du visage.

vis-à-vis [vizavi] n m. Personne en face d'une autre, au bal, à table, etc. *Vis-à-vis de* loc. prép. En face de, à l'opposite de. En présence de. A l'égard de.

viscéral, e, aux adj. Des viscères. *Fig.* D'un sentiment indéracinable : *une haine viscérale.*

viscère n. m. Chacun des organes de l'intérieur du corps (cerveau, poumons, intestin, etc.).

viscose n. f. Cellulose transformée, employée pour la fabrication de la rayonne et de la fibranne.

viscosité n. f. Résistance d'un liquide à l'écoulement ; consistance visqueuse.

visée n. f. Direction de la vue vers un but. Pl. Dessein, prétention : *porter ses visées trop haut.*

viser v. t. Diriger son regard, son arme, son tir vers : *viser un but. Fig.* Chercher à atteindre : *viser la gloire.* V. i. Viser à, diriger son coup, son effort vers : *viser au cœur; viser à l'effet.*

viser v. t. Mettre son visa sur un document : *viser un passeport.*

viseur n. m. Dispositif optique servant à régler correctement une arme, un appareil, etc., dans la direction choisie.

visibilité n. f. Ce qui rend une chose visible, qui permet de voir. Possibilité de voir : *tournant sans visibilité.*

visible* adj. Qui peut être vu. Prêt à recevoir des visites : *Madame est-elle visible ?* Fig. Évident.

visière n. f. Partie d'une casquette, d'un képi, etc., qui protège le front et les yeux.

vision n. f. Perception visuelle. Fait de voir quelque chose en général, de se le représenter par l'esprit : *avoir une vision inexacte des choses.* Perception imaginaire d'objets irréels, fantastiques. Perception, par l'homme, d'une communication d'origine surnaturelle : *les visions des prophètes.*

visionnaire n. et adj. Qui a des visions. Fig. Qui a des idées extravagantes. Qui devance son époque par la hardiesse de ses vues, de ses idées : *un architecte visionnaire.*

visionner v. t. Voir à la visionneuse. Voir un film avant sa distribution publique.

visionneuse n. f. Appareil servant à regarder des films pour en faire le montage. Appareil d'optique permettant d'agrandir et d'examiner des clichés photographiques de petit format : *regarder des diapositives avec une visionneuse.*

visite n. f. Action d'aller voir quelqu'un chez lui. Fait d'aller voir quelque chose : *la visite d'un musée.* Personne qui fait une visite. Examen approfondi ou inspection méthodique de quelque chose : *visite des bagages à la douane. Visite médicale, ou visite,* examen d'un patient par un médecin.

visiter v. t. Aller voir par civilité, par devoir, par plaisir, etc. : *visiter un pays, un malade.* Examiner, inspecter en détail.

visiteur, euse n. Qui visite.

vison n. m. Petit mammifère carnassier dont la fourrure est très estimée.

visqueux, euse adj. Gluant : *humeur visqueuse.* Couvert d'un enduit gluant : *l'anguille a une peau visqueuse.*

vissage n. m. Action de visser.

visser v. t. Fixer avec des vis. Tourner une vis pour l'enfoncer.

visserie n. f. Articles tels que vis, écrous, boulons. Établissement où on les fabrique.

visuel, elle* adj. Relatif à la vue.

vital, e, aux adj. Essentiel à la vie. Fig. Fondamental, essentiel.

vitalité n. f. Intensité de la vie. Énergie, dynamisme : *enfant plein de vitalité.*

vitamine n. f. Substance nécessaire à la vie, agissant à très faible dose et qui doit être apportée régulièrement à l'organisme dans l'alimentation ou sous forme médicamenteuse.

vitaminé, e adj. À quoi on a incorporé des vitamines : *médicament vitaminé.*

vite adj. Qui se meut avec rapidité : *cheval très vite.* Adv. Avec vitesse : *parler vite.*

vitellus [vitɛllys] n. m. Ensemble des substances de réserve contenues dans l'ovule des animaux : *le jaune de l'œuf des oiseaux représente le vitellus.*

vitesse n. f. Fait de parcourir un espace en peu de temps : *la vitesse d'un coureur cycliste.* Rapidité à agir. *Gagner quelqu'un de vitesse,* le devancer. Distance parcourue dans l'unité de temps choisie : *vitesse d'une voiture.* Chacune des combinaisons d'engrenages d'une boîte de vitesse : *changer de vitesse.*

viticole adj. Relatif à la culture de la vigne : *région viticole.*

viticulteur n. m. Celui qui cultive la vigne.

viticulture n. f. Culture de la vigne.

vitrage n. m. Ensemble des vitres d'un édifice ou d'une fenêtre. Rideau de lingerie pour fenêtre.

vitrail n. m. Châssis en fer contenant des panneaux de verre de couleur, montés sur plomb. (Pl. *vitraux.*)

vitre n. f. Panneau de verre qui s'adapte à une fenêtre. Glace d'une voiture : *baisser les vitres.*

vitrer v. t. Garnir de vitres.

vitrerie n. f. Fabrication et commerce des vitres.

vitreux, euse adj. Qui a de la ressemblance avec le verre. Dont l'éclat est terni : *yeux vitreux d'un mourant.*

vitrier n. m. Celui qui pose les vitres.

vitrification n. f. Action de vitrifier.

vitrifier v. t. Changer en verre par fusion : *vitrifier du sable.* Revêtir un parquet d'un enduit spécial, dur et transparent, pour le protéger.

vitrine n. f. Devanture vitrée d'un local commercial : *mettre un article en vitrine.* Armoire, table fermée par des châssis vitrés, pour exposer des objets.

vitriol n. m. Nom donné jadis aux sels appelés aujourd'hui *sulfates.* Acide sulfurique concentré. *Écriture, style au vitriol,* extrêmement acerbes.

vitrioler v. t. Lancer du vitriol sur quelqu'un pour le défigurer.

vitupération n. f. Blâme.

vitupérer v. t. (conj. 5) Blâmer, désapprouver. V. i. S'emporter contre.

vivable adj. Fam. Où l'on peut vivre ; avec qui l'on peut vivre. (S'emploie surtout négativement.)

vivace adj. Qui a de la vitalité. Fig. Qui dure, subsiste, persiste : *préjugé vivace. Plantes vivaces,* celles qui repoussent plusieurs années de suite.

vivacité n. f. Promptitude, rapidité. Ardeur, violence : *vivacité des passions.* Promptitude à saisir : *vivacité d'esprit.* Éclat vif : *la vivacité des couleurs.*

vivandier, ère n. Personne qui vendait autrefois aux soldats des vivres, des boissons.

vivant, e adj. Qui vit : *les êtres vivants.* Se dit des langues actuellement parlées. Qui donne l'impression de la vie : *un portrait vivant.* N. m. Celui qui vit : *les vivants et les morts. Bon vivant,* homme d'humeur gaie.

vivarium [vivarjɔm] n. m. Établissement aménagé en vue de la conservation dans leur milieu naturel de petits animaux vivants.

vivat ! [viva] interj. Exprime l'enthousiasme. N. m. pl. Acclamations : *accueillir quelqu'un par des vivats.*

vive n. f. Poisson redouté pour ses épines venimeuses.

vive interj. Sert pour acclamer : *les soldats criaient « Vive l'empereur! »* (Avant un nom pluriel, on écrit vive les vacances! ou vivent les vacances!)

vivement adv. Avec vivacité.

viveur, euse n. et adj. Se dit d'une personne qui aime la vie facile, les plaisirs.

vivier n. m. Petite pièce d'eau qui sert pour garder le poisson vivant.

vivifiant, e adj. Qui vivifie.

vivifier v. t. Donner de la vigueur, animer : *ce climat vivifie les convalescents.*

vivipare adj. et n. Se dit d'un animal dont les petits naissent déjà formés : *les mammifères sont des vivipares.*

vivisection n. f. Opération chirurgicale sur un animal vivant, pour une étude physiologique.

vivoter v. i. *Fam.* Vivre péniblement, petitement, dans la gêne.

vivre v. i. (conj. 57) Être en vie : *vivre longtemps.* Habiter : *vivre à la campagne.* Durer : *sa gloire vivra toujours.* Mener une sorte de vie : *vivre dans la solitude.* Se conduire : *vivre saintement.* Se nourrir : *vivre de légumes. Qui vive?* cri des sentinelles à l'approche de quelqu'un. *Vive!* souhait d'acclamation : *vive la France!* V. t. *Vivre sa vie,* suivre ses aspirations.

vivre n. m. Nourriture : *le vivre et le couvert.* Pl. Tout ce dont l'homme se nourrit : *les vivres sont chers. Couper les vivres à quelqu'un,* lui supprimer les subsides.

vizir n. m. Ministre d'un prince musulman.

vlan! interj. qui représente un bruit, un coup soudain.

vocable n. m. Mot désignant un objet, une notion, etc. : *un nouveau vocable pour exprimer une idée nouvelle.*

vocabulaire n. m. Ensemble des mots d'une langue, d'une science, etc. : *vocabulaire technique.* Petit dictionnaire abrégé.

vocal, e*, aux adj. Relatif à la voix : *organes vocaux.* Destiné au chant : *musique vocale.*

vocalique adj. Qui a rapport aux voyelles.

vocalisation n. f. Émission de voyelles. Changement d'une consonne en voyelle. Action de vocaliser.

vocalise n. f. Ce que l'on chante en vocalisant.

vocaliser v. i. Faire des exercices de chant, sans nommer les notes ni prononcer les paroles, sur une ou plusieurs voyelles.

vocalisme n. m. Système des voyelles d'une langue.

vocatif n. m. Dans les langues à déclinaison, cas marquant l'interpellation.

vocation n. f. Penchant, aptitude spéciale pour un certain genre de vie, pour une profession : *avoir une vocation musicale.* Appel au sacerdoce ou à la vie religieuse : *avoir la vocation.*

vociferation n. f. Action de vociférer. Paroles dites en criant.

vociférer v. i. (conj. 12) Parler en criant et avec colère. V. t. : *vociférer des injures.*

vodka n. f. Eau-de-vie de grain.

vœu [vø] n. m. Promesse faite à Dieu. Désir, volonté : *le vœu de la nation.* Intention : *quels sont vos vœux?* Pl. Engagement pris par celui qui entre dans un institut religieux d'être pauvre, chaste et obéissant. Souhaits : *vœux de bonne année.*

vogue n. f. Faveur, popularité dont jouit une personne ou une chose. *En vogue,* à la mode.

voguer v. i. Naviguer. *Fig.* Errer : *voguer à travers le monde.*

voici, prép. qui indique ce qui est proche, ce qu'on va dire, etc.

voie n. f. Route, chemin. Mode de transport : *par voie de terre. Fig.* Moyen employé : *par la voie légale. Voie publique,* route, rue, chemin. *Les voies de Dieu,* les desseins divins. *Mettre sur la voie,* donner des indications. *Être en voie de,* suivre la voie pour arriver à. *Voies de fait,* actes de violence. *Voies et moyens,* ressources de l'État. *Voie d'eau,* trou dans la coque d'un bateau ; tout cours d'eau navigable. *Anat.* Canal : *voies urinaires.* Route suivie par le gibier. *Ch. de f.* Chemin formé par deux rails parallèles. Distance entre les roues d'un véhicule. Inclinaison des dents d'une scie.

voilà, prép. qui indique ce que l'on vient de dire, ce qui est le plus éloigné.

voilage n. m. Grand rideau de voile. Garniture d'étoffe transparente placée sur un vêtement.

voile n. m. Étoffe qui couvre ou qui protège. Pièce d'étoffe, de tulle, etc., qui couvre le visage des femmes. *Fig.* Ce qui cache : *un voile de nuages.* Apparence : *sous le voile de l'amitié. Voile du palais,* séparation entre les fosses nasales et la bouche. *Phot.* Obscurcissement accidentel d'un cliché par excès de lumière. *Voile du poumon,* diminution homogène de la transparence d'une partie du poumon, visible à la radiographie.

voile n. f. Toile forte qui, attachée aux mâts d'un bateau, reçoit l'effort du vent. Bateau à voiles : *signaler une voile à l'horizon. Mettre à la voile,* s'embarquer. *Faire voile,* naviguer.

voilé, e adj. Couvert d'un voile. Courbé, faussé : *roue voilée.* Assourdi, éteint : *voix voilée ; regard voilé.*

voiler v. t. Couvrir d'un voile. Dérober à la vue : *la lune est voilée ce soir.* Fausser, gauchir : *voiler une roue de bicyclette. Phot.* Obscurcir un cliché. *Fig.* Dissimuler : *voiler ses desseins.*

voilette n. f. Petit morceau de tulle uni ou moucheté, posé en garniture au bord d'un chapeau et qui recouvre le visage.

voilier n. m. Ouvrier qui fait les voiles. Navire à voiles. Oiseau qui peut voler longtemps.

voilure n. f. Ensemble des voiles d'un bateau. Ensemble de la surface portante d'un avion, d'un parachute. Courbure d'une surface gauchie, faussée.

voir v. t. (conj. 36) Percevoir par la vue. Être témoin : *nous ne verrons pas ces événements.* Rendre visite : *aller voir un ami.* Visiter comme médecin. Regarder avec attention. Fréquenter : *voir beaucoup de monde.* Examiner : *voyons si c'est exact.*

voire adv. Et même.

voirie n. f. Administration qui s'occupe des voies publiques. Lieu où l'on jette les immondices.

voisin, e adj. Proche. *Fig.* Peu différent. N. Personne qui demeure près d'une autre.

voisinage n. m. Proximité d'habitation. Rapports entre voisins. Lieux voisins.

voisiner v. i. Être placé à une faible distance de. *Fam.* Avoir des relations de voisinage.

voiturage n. m. Transport en voiture.

voiture n. f. Véhicule de transport. Son chargement.

voiturer v. t. Transporter par voiture. (S'emploie surtout en parlant des marchandises.)

voix [vwa] n. f. Son qui sort de la bouche. Cri de certains animaux. Sons émis en chantant : *voix de ténor.* Partie vocale d'un morceau de musique : *chant à deux voix.* Conseil : *écouter la voix d'un ami.* Impulsion : *la voix de l'honneur.* Suffrage, vote : *aller aux voix.* Mouvement intérieur : *la voix de la conscience. Avoir voix au chapitre,* pouvoir donner son avis. *De vive voix,* en parole. Forme que prend le verbe suivant que l'action est faite (*voix active*) ou subie (*voix passive*) par le sujet.

vol n. m. Mouvement d'ailes des oiseaux, des insectes, qui leur permet de se maintenir dans l'air. Progression d'un avion dans l'air. Espace parcouru en volant. Groupe d'oiseaux volant ensemble : *un vol de cigognes. Au vol,* pendant le vol ; au passage : *saisir au vol. A vol d'oiseau,* en ligne droite.

vol n. m. Action de voler, de dérober. Chose volée. *Vol qualifié,* avec circonstances aggravantes.

volage adj. Changeant, léger.

volaille n. f. Nom collectif des oiseaux de basse-cour. Oiseau de basse-cour : *une volaille grasse.*

volailler n. m. Marchand de volailles. Lieu où l'on élève la volaille.

volant n. m. Morceau de liège garni de plumes, qu'on lance avec des raquettes. Le jeu lui-même. Roue pesante qui uniformise le mouvement d'une machine. Organe de commande d'un mécanisme. Appareil de direction dans une automobile. *Prendre le volant,* conduire. Bande de tissu froncée sur un côté et servant de garniture dans l'habillement et l'ameublement.

volatil, e adj. Qui se transforme facilement en vapeur : *l'éther est volatil.*

volatile n. m. Oiseau domestique.

volatilisation n. f. Action de volatiliser.

volatiliser v. t. Réduire en vapeur. Rendre volatil. V. pr. *Fam.* Disparaître.

vol-au-vent n. m. inv. Moule de pâte feuilletée garni de viande ou de poisson, avec quenelles, champignons, etc.

volcan n. m. Relief édifié par des laves et des projections issues de l'intérieur de la Terre. *Fig.* Personne de nature ardente.

volcanique adj. Qui se rapporte aux volcans.

volcanisme n. m. Ensemble de manifestations volcaniques.

volcanologie ou **vulcanologie** n. f. Étude des volcans et des phénomènes volcaniques.

volcanologue ou **vulcanologue** n. Spécialiste de volcanologie. (On dit aussi VOLCANOLOGISTE ou VULCANOLOGISTE.)

volée n. f. Action de voler. Distance parcourue en volant. Bande d'oiseaux qui volent

ensemble. *Fig.* Condition : *personne de haute volée.* Série de coups : *volée de coups de bâton, de coups de canon.* Son d'une cloche : *sonner à toute volée.* Partie d'escalier entre deux paliers. *Sports.* Reprise d'une balle avant qu'elle ait touché terre. *A la volée,* en l'air. *Fig.* Très rapidement.

voler v. i. Se mouvoir en l'air au moyen des ailes. Se déplacer en avion. Aller très vite. Être projeté en l'air : *papiers qui volent au vent. Voler de ses propres ailes,* agir par soi-même, être indépendant.

voler v. t. Prendre furtivement ou par force le bien d'autrui. *Ne pas l'avoir volé,* bien mériter ce qui vous arrive.

volet n. m. Panneau plein qui ferme une fenêtre. Panneau mobile autour d'un axe.

voleter v. i. Voler çà et là.

voleur, euse n. et adj. Qui a volé ou vole habituellement.

volière n. f. Grande cage à oiseaux.

volition n. f. Détermination de la volonté.

volley-ball [vɔlɛbol] n. m. Sport qui se dispute entre deux équipes de six joueurs se renvoyant, par-dessus un filet, un ballon léger, sans qu'il touche le sol.

volontaire adj. Fait par un acte de libre volonté. Qui manifeste une ferme volonté : *regard volontaire.* Intentionnel, voulu : *omission volontaire.* N. m. Personne qui se propose pour une tâche, généralement périlleuse ou désagréable. Soldat qui sert sans y être obligé.

volontariat [vɔlɔ̃tarja] n. m. Engagement, service des volontaires dans une armée.

volonté n. f. Faculté de se déterminer à faire ou ne pas faire une chose. Exercice de cette faculté. Energie, fermeté : *volonté de fer.* Disposition à l'égard de quelqu'un : *montrer de la mauvaise volonté.* Pl. Fantaisies, caprices : *faire toutes ses volontés. Dernières volontés,* testament. *A volonté* loc. adv. Sans limitation, sans restriction.

volontiers adv. De bon gré, avec plaisir. Facilement, naturellement.

volt n. m. Unité de mesure de force électromotrice et de différence de potentiel, ou tension.

voltage n. m. Terme impropre désignant la différence de potentiel. (Le terme technique est TENSION.)

voltaïque adj. Se dit de l'électricité produite par les piles.

voltairien, enne adj. Qui partage les idées de Voltaire ; incrédule.

voltamètre n. m. Tout appareil où se produit une électrolyse, et spécialement celle de l'eau.

volte n. f. Mouvement en rond exécuté par un cheval.

volte-face n. f. inv. Action de se retourner complètement : *faire volte-face. Fig.* Changement subit d'opinion.

voltige n. f. Corde sur laquelle les bateleurs font leurs tours. Exercice au trapèze volant. Exercice d'équitation qui consiste à sauter sur un cheval en marche ou arrêté. Ensemble des figures d'acrobatie aérienne.

voltiger v. i. (conj. 1) Voler çà et là. Aller rapidement de côté et d'autre : *cavaliers qui voltigent.* Flotter au gré du vent.

voltigeur, euse n. Personne qui exécute des voltiges. N. m. Autref., soldat d'un corps d'élite ; auj., fantassin légèrement armé.

voltmètre n. m. *Électr.* Appareil qui sert à mesurer une différence de potentiel en volts.

volubile adj. Se dit des plantes qui s'enroulent en hélice. *Fig.* Qui parle avec abondance et rapidité.

volubilis [vɔlybilis] n. m. Autre nom du *liseron.*

volubilité n. f. Facilité et rapidité de la parole.

volume n. m. Livre imprimé. Étendue, grosseur d'un objet. Espace occupé par un corps. Masse d'eau que débite un fleuve, une fontaine, etc. Quantité globale : *évaluer le volume des importations.* Force, ampleur des sons. Étendue de la voix.

volumineux, euse adj. De grand volume : *paquet volumineux.*

volupté n. f. Vif plaisir physique ou moral : *nager avec volupté ; les voluptés de la lecture.*

voluptueux, euse* adj. Qui cherche la volupté. Qui inspire la volupté. N. Personne voluptueuse.

volute n. f. Ornement en spirale : *volutes d'un chapiteau ionien.* Ce qui prend la forme d'une spirale : *volutes de fumée.*

volve n. f. Membrane épaisse entourant certains jeunes champignons.

vomi n. m. ou **vomissure** n. f. Vomissement ; chose vomie.

vomique adj. Se dit de la noix ou du fruit du *vomiquier,* arbre de l'Asie tropicale.

vomir v. t. Rejeter avec effort et par la bouche ce qui était dans l'estomac. Cracher, projeter violemment au-dehors : *les volcans vomissent des laves. Fig.* Lancer, proférer violemment : *vomir des injures.*

vomissement n. m. Action de vomir.

vorace adj. Qui dévore, qui mange avec avidité.

voracité n. f. Avidité extrême.

vos adj. poss. Pl. de *votre.*

votant, e n. Personne qui a le droit de participer à un suffrage, une élection. Personne qui participe effectivement au vote.

votation n. f. Action de voter : *mode de votation.*

vote n. m. Suffrage exprimé. Décision prise par la voie des suffrages : *procéder au vote.* Adoption d'un projet mis aux voix : *le vote d'une loi.*

voter v. i. Donner sa voix dans une élection. V. t. Décider ou demander par un vote : *voter une loi.*

votif, ive adj. Relatif à un vœu.

votre adj. poss. sing. Qui est à vous.

vôtre pron. poss. Qui est à vous : *ce livre est le vôtre.* Tout dévoué à vous : *je suis tout vôtre.* N. m. *Les vôtres,* vos parents, vos amis, vos partisans.

vouer v. t. Promettre, jurer de façon irrévocable : *vouer une amitié éternelle à quelqu'un.* Consacrer, donner, offrir : *vouer sa vie à l'étude.* Destiner : *entreprise vouée à l'échec.* V. pr. Se consacrer : *se vouer aux autres.*

vouloir v. t. (conj. **33**) Avoir la désir, la volonté de : *fais ce que tu voudras.* Commander, exiger : *je le veux.* Demander : *la vigne veut de grands soins.* Consentir : *je veux bien le croire.* Essayer : *vouloir faire le malin.*

Vouloir bien, consentir. *Vouloir dire,* avoir l'intention de dire, avoir un certain sens. *Sans le vouloir,* par mégarde. V. i. Accepter, agréer : *il ne veut pas de vos excuses.* V. i. *En vouloir à quelqu'un,* avoir de la rancune, du ressentiment contre lui. *En vouloir à quelque chose,* avoir des visées sur : *il en veut à votre argent.*

vouloir n. m. Acte de volonté. Intention, disposition : *bon vouloir.*

vous, pron. pers. pl. de *tu.*

voussoir ou **vousseau** n. m. *Archit.* Chacune des pièces qui forment le centre d'une voûte ou d'une arcade.

voussure n. f. Courbure d'une voûte.

voûte n. f. Ouvrage de maçonnerie cintré, formé d'un assemblage de pierres. Ce qui a la forme d'une voûte : *la voûte du palais.*

voûter v. t. Couvrir d'une voûte. *Fig.* Courber : *l'âge voûte la taille.* V. pr. Se courber : *ce vieillard commence à se voûter ; un dos voûté.*

vouvoiement ou **voussoiement** n. m. Action de vouvoyer.

vouvoyer [vuvwaje] v. t. (conj. **3**) Désigner par le mot *vous* et non par *tu,* toi.

voyage [vwajaʒ] n. m. Fait de se déplacer hors de sa région, de son pays : *partir en voyage.* Trajet, allée et venue en un lieu dans un autre : *le camion a fait plusieurs voyages.*

voyager v. i. (conj. **1**) Faire un voyage. Se déplacer.

voyageur, euse n. Qui voyage, qui a l'habitude de voyager. Adj. *Commis voyageur,* personne qui voyage pour un commerçant.

voyant, e adj. Qui jouit du sens de la vue. Qui attire l'œil : *couleurs voyantes.* N. f. Personne qui prétend voir les choses passées et futures : *consulter une voyante.* N. m. Appareil, dispositif de formes diverses destiné à attirer l'attention ou à servir de repère : *voyant lumineux.*

voyelle n. f. Son produit par la vibration du larynx avec le concours de la bouche plus ou moins ouverte. Lettre représentant ce son.

voyeur, euse n. Personne qui prend plaisir à regarder une scène érotique sans être vue.

voyeurisme n. m. Comportement du voyeur.

voyou [vwaju] n. m. Enfant mal élevé. Individu sans moralité. Adj. m. Canaille : *arborer un air voyou.*

vrac (en) loc. adv. Pêle-mêle, sans emballage : *marchandise expédiée en vrac.*

vrai*, e adj. Conforme à la vérité. Sincère : *un ami vrai.* Qui a les qualités essentielles à sa nature : *un vrai diamant.* Convenable, juste : *voilà sa vraie place.* N. m. La vérité. *A vrai dire,* pour parler avec vérité. *Fam. Pour de vrai,* pour de bon.

vraisemblable* adj. Qui a l'apparence de la vérité, de la probabilité.

vraisemblance n. f. Apparence de vérité ; grande probabilité. *Selon toute vraisemblance,* certainement, sans doute.

vrille n. f. *Bot.* Filament en spirale : *les vrilles de la vigne.* Outil terminé par une sorte de vis pour percer des trous dans le bois. Figure de voltige aérienne.

vriller v. t. Percer avec une vrille. V. i. S'élever en décrivant une hélice. Se tordre en se rétrécissant : *corde qui vrille.*

vrombir v. i. Produire un vrombissement.

vrombissement n. m. Ronflement vibrant caractéristique de certains organes en rotation rapide : *le vrombissement d'un avion.*

vu, e adj. Considéré, accueilli : *être mal vu pour ses opinions.* Prép. Eu égard à : *vu la difficulté.* N. m. Action de voir : *au vu et au su de tous.* Vu que loc. conj. Attendu que, puisque.

vue n. f. **Faculté** de voir : *perdre la vue.* Organe de la vue, yeux : *tourner la vue vers.* Action de regarder. Aspect : *à la vue de l'ennemi.* Manière dont un objet se présente aux regards : *vue de profil.* Étendue, panorama : *une belle vue sur la campagne.* Représentation d'un paysage, d'un édifice : *vue de Rome.* Idée, manière de voir : *vue ingénieuse.* But, intention : *nous n'avons pas d'autre vue.* Garder à vue, surveiller. *A vue d'œil*, très rapidement. *A perte de vue*, très loin. *Perdre de vue*, négliger, cesser de fréquenter. *Payable à vue*, à présentation. *A première vue*, sans examen. *Seconde vue*, *double vue*, faculté de voir par l'imagination. *Point de vue*, objet sur lequel la vue se dirige, endroit où l'on se place pour voir. *Fig.* Manière d'envisager les choses. *Au point de vue de*, sous le rapport de. *En vue de*, en présence de, en considération de. *Être en vue*, exposé aux regards.

vulcanisation n. f. Opération qui consiste à améliorer les qualités du caoutchouc en le traitant par le soufre.

vulcaniser v. t. Faire subir au caoutchouc la vulcanisation.

vulcanologie n. f. V. VOLCANOLOGIE.

vulcanologue n. V. VOLCANOLOGUE.

vulgaire* adj. Commun, trivial : *façons, manières vulgaires.* Courant, usuel : *le nom vulgaire d'une fleur.* N. m. Le commun des hommes, la foule : *l'opinion du vulgaire.*

vulgarisateur, trice adj. et n. Qui vulgarise : *talent vulgarisateur.*

vulgarisation n. f. Fait de répandre dans le grand public des connaissances scientifiques : *ouvrage de vulgarisation.*

vulgariser v. t. Faire connaître, rendre accessible au grand public : *vulgariser une science, une technique.*

vulgarité n. f. Caractère de ce qui est vulgaire, trivial, ordinaire.

vulnérabilité n. f. Caractère de ce qui est vulnérable.

vulnérable adj. Qui peut être blessé. *Fig.* Faible, qui donne prise : *une position vulnérable.*

vulve n. f. *Anat.* Ensemble des parties génitales externes, chez la femme et chez les femelles des animaux supérieurs.

w n. m. Vingt-troisième lettre de l'alphabet et la dix-huitième des consonnes.

wagon [vagɔ̃] n. m. *Ch. de f.* Véhicule ferroviaire, employé au transport des marchandises et des animaux. (Pour les voyageurs, on emploie le mot VOITURE.)

wagon-citerne n. m. Wagon destiné au transport des liquides.

wagon-lit n. m. Anc. dénomination de la VOITURE-LIT.

wagonnet n. m. Petit wagon basculant, servant au transport du charbon, de la terre, etc.

wagon-restaurant n. m. Anc. dénomination de la VOITURE-RESTAURANT.

walkie-talkie [wɔkitɔki] n. m. Émetteur-récepteur portatif, servant aux liaisons radiophoniques sur de courtes distances. (Pl. *walkies-talkies.*) [On dit aussi TALKIE-WALKIE.]

wallon, onne adj. et n. Qui se rapporte aux Wallons. N. m. Dialecte roman de langue d'oïl, parlé en Belgique et dans le nord de la France. N. Habitant de la Belgique parlant le français.

wapiti [wapiti] n. m. Grand cerf d'Amérique du Nord et d'Asie.

warrant [warɑ̃] n. m. Bulletin de gage qui constate le dépôt de marchandises ou de

matières premières dans les magasins généraux.

water-ballast [waterbalast] n. m. Compartiment d'un sous-marin que l'on remplit d'eau quand on veut plonger.

water-closet [waterklɔzɛt], ou **waters** [watɛr], ou **W.-C.** [vese] n. m. pl. Petite pièce ou appareil sanitaire destinés aux besoins naturels.

water-polo [waterpolo] n. m. Jeu de ballon dans l'eau.

watt [wat] n. m. Unité de mesure de puissance, de flux énergétique et de flux thermique.

wattman [watman] n. m. Conducteur d'un véhicule électrique, d'un tramway.

week-end [wikɛnd] n. m. Congé de fin de semaine, du samedi au lundi matin. (Pl. *week-ends.*)

western [wɛstɛrn] n. m. Film qui raconte les aventures des pionniers dans l'Ouest américain.

wharf [warf] n. m. Quai, appontement se prolongeant en mer.

whisky [wiski] n. m. Eau-de-vie de grain fabriquée surtout en Écosse.

whist [wist] n. m. Jeu de cartes, ancêtre du bridge.

X

x n. m. Vingt-quatrième lettre de l'alphabet et la dix-neuvième des consonnes. Objet en forme d'X. Chiffre romain valant 10. En algèbre, symbole représentant l'inconnue ou l'une des inconnues d'une équation. Sert à désigner une personne ou une chose qu'on ne veut ou ne peut désigner plus clairement : *Monsieur X.*

xénophobe adj. et n. Qui hait les étrangers.

xénophobie n. f. Haine de l'étranger.

xérès [gzerεs] ou **jerez** [rerεs] n. m. Vin blanc sec, riche en alcool, originaire d'Andalousie.

xylographe n. Graveur, graveuse sur bois.

xylographie n. f. Gravure sur bois. Impression au moyen de planches de bois gravées.

xylophage adj. Qui se nourrit de bois : *insectes xylophages.*

xylophone n. m. Instrument de musique à lamelles de bois ou de métal d'inégales longueurs, sur lesquelles on frappe avec deux baguettes.

Y

y n. m. Vingt-cinquième lettre de l'alphabet et la sixième des voyelles.

y adv. Dans cet endroit-là. Pron. pers. À cela ou à cette personne (sing. et pl.) : *ne vous y fiez pas. Il y a,* il est, il existe.

yacht [jak, jakt ou jot] n. m. Navire de plaisance, à voiles ou à moteur.

yachting [jotiŋ] n. m. Navigation de plaisance.

yachtman [jotman] n. m. Celui qui pratique le yachting. (Pl. *yachtmen* [jotmεn].)

yack n. m. Ruminant à long pelage, vivant en altitude au Tibet et utilisé comme animal de bât.

yankee [jãki] n. m. Habitant anglo-saxon des Etats-Unis.

yaourt [jaurt] n. m. V. YOGHOURT.

yard [jard] n. m. Unité de mesure de longueur anglo-saxonne, valant 0,914 m.

yatagan n. m. Sabre incurvé en deux sens opposés, qui était en usage chez les Turcs et les Arabes.

yen [jεn] n. m. inv. Unité monétaire principale du Japon, divisée en 100 sen.

yeuse n. f. Chêne vert.

yeux n. m. pl. de ŒIL.

yiddish [jidiʃ] n. m. Langue mixte composée d'hébreu et d'allemand.

yoga n. m. Méthode d'obtention de la maîtrise de soi par une sévère discipline du corps et de l'esprit, originaire de l'Inde.

yoghourt [jogurt] ou **yaourt** n. m. Lait caillé par le ferment lactique.

yole n. f. Embarcation étroite, légère et rapide.

yougoslave adj. De Yougoslavie.

youyou n. m. Petite embarcation employée pour divers services maritimes.

Yo-yo n. m. (marque déposée) Jouet formé d'une roulette à gorge qui monte et qui descend le long d'une ficelle.

ypérite n. f. Sulfure d'éthyle dichloré, utilisé comme gaz de combat.

yucca [juka] n. m. Liliacée ornementale, à belles fleurs blanches.

Z

z n. m. Vingt-sixième lettre de l'alphabet et la vingtième des consonnes.

zèbre n. m. Genre de mammifères africains du groupe des chevaux, à robe rayée. *Fam. Courir comme un zèbre,* courir très vite. *Pop.* Individu : *quel drôle de zèbre.*

zébrer v. t. Marquer de raies, de rayures semblables à celles de la robe du zèbre.

zébrure n. f. Rayure sur la peau.

zébu n. m. Espèce de bœuf, domestiqué en Asie et à Madagascar, possédant une bosse adipeuse sur le garrot.

zélateur, trice n. et adj. Qui agit avec un zèle ardent.

zèle n. m. Ardeur à entreprendre quelque chose ou mise au service de quelqu'un, inspirée par le dévouement, la foi, etc. *Fam. Faire du zèle,* montrer un empressement intempestif.

zélé, e adj. Qui a du zèle : *serviteur zélé.*

zen [zɛn] n. m. et adj. Secte bouddhique répandue au Japon depuis la fin du XIIe s.

zénith [zenit] n. m. Point du ciel situé au-dessus de la tête de l'observateur : *soleil au zénith. Fig.* Point culminant.

zéphyr [zefir] n. m. Chez les Anciens, vent de l'ouest. Vent doux et agréable.

zeppelin n. m. Ballon dirigeable allemand, de type rigide, à carcasse métallique.

zéro n. m. Signe numérique sans valeur par lui-même, mais qui, placé à la droite d'un chiffre, augmente dix fois sa valeur. Degré de température correspondant à la glace fondante. Point de départ de l'échelle de graduation d'un instrument de mesure. *Fig.* Homme nul.

zeste n. m. Cloison membraneuse intérieure de la noix. Ecorce extérieure de l'orange, du citron.

zézaiement n. m. Défaut de celui qui zézaie.

zézayer [zezɛje] v. i. (conj. 2) Donner le son du *z* aux lettres *j, g,* et prononcer *s* le *ch* (par ex. *zardin* au lieu de *jardin, sien* au lieu de *chien*).

zibeline n. f. Espèce de martre à poil très fin. Sa fourrure : *un manteau de zibeline.*

zigouiller [ziguje] v. t. *Pop.* Tuer, assassiner.

zigzag n. m. Ligne brisée à angles alternativement rentrants et sortants : *les zigzags des éclairs, d'un ivrogne.*

zigzaguer v. i. Marcher, avancer en zigzag.

zinc n. m. Corps simple, métallique, d'un blanc bleuâtre.

zincographie n. f. Procédé analogue à la lithographie, mais employant le zinc au lieu de la pierre.

zinguer v. t. Couvrir de zinc. Galvaniser avec du zinc.

zingueur adj. et n. Ouvrier qui travaille le zinc.

zinnia n. m. Plante ornementale originaire du Mexique.

zinzin adj. et n. Se dit d'un individu bizarre, un peu fou.

zircon n. m. Pierre précieuse de diverses couleurs.

zizanie n. f. Désunion, discorde : *semer la zizanie.*

zloty n. m. Unité monétaire polonaise.

zodiacal, e, aux adj. Du zodiaque.

zodiaque n. m. Zone circulaire qui contient les douze constellations que le Soleil semble traverser dans l'espace d'un an. *Signe du zodiaque,* chacune des douze parties en lesquelles le zodiaque est divisé. (Ce sont le Bélier, le Taureau, les Gémeaux, le Cancer, le Lion, la Vierge, la Balance, le Scorpion, le Sagittaire, le Capricorne, le Verseau et les Poissons.)

zombie n. m. Dans le folklore antillais, mort sorti du tombeau, qu'un sorcier met à son service. *Fig.* Personne sans volonté.

zona n. m. Maladie infectieuse, d'origine virale, caractérisée par des éruptions cutanées localisées sur le trajet des nerfs de la sensibilité.

zonage n. m. ou **zoning** [zoniŋ] n. m. Division d'une ville en zones réservées à certaines activités.

zonal, e, aux adj. Relatif aux différentes zones de la planète.

zone n. f. Espace entre deux cercles parallèles de la sphère. Chacune des cinq divisions du globe terrestre déterminées par les cercles polaires et les tropiques. Etendue formant une division administrative : *zone militaire.* Espace limité d'une surface, d'une étendue plus importante. Ce qui est du ressort de l'activité ou de l'influence de quelqu'un, d'une collectivité : *zone d'action ; zone d'influence. Fam.* Espace, à la limite d'une ville, caractérisé par la misère d'un habitat provisoire.

zonier, ère adj. et n. Qui habite une zone frontière, militaire, etc.

zoning n. m. V. ZONAGE.

zoo [zoo] n. m. Parc où se trouvent rassemblés des animaux sauvages.

zoologie n. f. Branche de l'histoire naturelle qui étudie les animaux.

zoologique adj. Relatif à la zoologie : *études zoologiques.*

zoologiste n. Naturaliste qui s'occupe de zoologie.

zoom [zum] n. m. Objectif de prise de vues dont on peut faire varier de façon continue la distance focale.

zoophytes n. m. pl. Animaux dont les formes rappellent celles des plantes, comme le corail, l'éponge, la méduse.

zootechnie n. f. Science de la production et de l'exploitation des animaux domestiques en vue d'objectifs définis : viande, lait, laine, travail, cuir, etc.

zostère n. f. Sorte d'aigue marine.

zouave n. m. Soldat d'un corps d'infanterie française, créé en Algérie en 1831. *Pop. Faire le zouave,* faire le malin, essayer de se rendre intéressant.

zozoter v. i. *Fam.* Syn. de ZÉZAYER.

zut ! interj. *Fam.* Exclamation de dépit, de mépris, de lassitude.

zygomatique adj. De la pommette : *muscle zygomatique.*

ARTS - LETTRES - SCIENCES

Aa, fl. de France (mer du Nord) ; 80 km.

Aar ou **Aare,** riv. de Suisse, affl. du Rhin ; 280 km.

Aarhus, v. et port du Danemark (Jutland).

Abadan, port de l'Iran ; 273 000 h.

Abbassides, dynastie de califes arabes, qui régna à Bagdad de 750 à 1258.

Abbeville, ch.-l. d'arr. de la Somme, sur la Somme ; 26 600 h.

Abd al-Rahman, gouverneur d'Andalousie, battu par Charles Martel à Poitiers, en 732.

Abd el-Kader, émir arabe (1808-1883), qui combattit les Français en Algérie.

Abd el-Krim, chef rifain (1882-1963) ; il lutta contre la France et l'Espagne.

Abel, fils d'Adam, tué par son frère Caïn.

Abélard ou **Abailard (Pierre),** philosophe scolastique français (1079-1142), célèbre par sa passion pour Héloïse et par ses infortunes.

Abencérages, tribu maure du royaume de Grenade (XVe s.).

Aberdeen, port d'Écosse ; 187 000 h.

Aber-Vrach ou **Aber Wrach,** fl. côtier du Finistère ; 34 km.

Abidjan, capit. de la Côte-d'Ivoire ; 285 000 h.

Aboukir, bourg d'Égypte ; victoires de Nelson sur la flotte française (1798) et de Bonaparte sur les Turcs (1799).

Abou-Simbel, site d'Égypte. Temples élevés sous Ramsès II.

Abraham, patriarche hébreu, père d'Isaac.

Abruzzes (les), partie de l'Apennin.

Absalon, fils de David.

Abyssinie, anc. nom de l'*Éthiopie.*

Académie française, assemblée de 40 membres, fondée en 1635 par Richelieu.

Acadie, anc. prov. française de l'Amérique du Nord (Nouvelle-Écosse et Nouveau-Brunswick).

Acapulco, station touristique du Mexique sur le Pacifique.

Accra, capit. du Ghana, sur le golfe de Guinée ; 848 800 h.

Achéménides, dynastie perse fondée par Cyrus (v. 550-330 av. J.-C.).

Achéron, fl. des Enfers.

Achille, héros grec, il participa à la guerre de Troie.

Achkhabad, capit. du Turkménistan (U. R. S. S.) ; 253 000 h.

Aconcagua, point culminant des Andes (Argentine) ; 6 959 m.

Açores, archipel portugais de l'Atlantique ; 336 000 h.

Acre *(Saint-Jean-d'),* auj. Akko, port d'Israël. Échec de Bonaparte (1799).

Acropole, citadelle de l'anc. Athènes, riche en monuments anciens (Parthénon).

Actes des Apôtres, livre du Nouveau Testament, écrit par saint Luc.

Actium, promontoire de Grèce ; victoire d'Octavien sur Antoine en 31 av. J.-C.

Adam, le premier homme, selon la Bible.

Adam le Bossu ou **de la Halle,** trouvère picard (v. 1240-v. 1285).

Adana, v. de Turquie ; 351 700 h.

Adda, riv. d'Italie, affl. du Pô ; 300 km.

Addis-Abeba, capit. de l'Éthiopie ; 400 000 h.

Adélaïde, port de l'Australie Méridionale ; 825 400 h.

Adélie *(terre),* terre française de l'Antarctique.

Aden, port du Yémen populaire démocratique ; 285 000 h.

Adenauer (Konrad), homme d'État allemand (1876-1967), chancelier de la République fédérale de 1949 à 1963.

Ader (Clément), ingénieur français (1841-1925) ; il construisit, en 1890, le premier avion.

Adige, fl. d'Italie (Adriatique) ; 410 km.

Adonis, divinité phénicienne, jeune homme d'une grande beauté.

Adour, fl. du sud-ouest de la France (Atlantique) ; 335 km.

Adriatique *(mer),* partie de la Méditerranée, entre l'Italie et la péninsule balkanique.

Aétius, général romain, vainqueur d'Attila aux champs Catalauniques (451).

Afghanistan, État d'Asie occidentale, entre l'Iran et le Pakistan ; 650 000 km² · 20 millions d'h. Capit. *Kaboul.*

Afrique, une des cinq parties du monde ; 30 500 000 km² ; 415 millions d'h.

Afrique du Sud *(république d').* État de l'Afrique australe ; 26 millions d'h. Capit. *Pretoria.*

Afrique-Équatoriale française, anc. fédération qui groupa jusqu'en 1958 les territoires français du Gabon, du Moyen-Congo, de l'Oubangui-Chari et du Tchad ; capit. *Brazzaville.*

Afrique-Occidentale française, anc. fédération qui groupa jusqu'en 1958 les territoires français du Sénégal, du Soudan, de la Guinée, de la Côte-d'Ivoire, du Dahomey, de la Haute-Volta, de la Mauritanie et du Niger; capit. Dakar.

Agadir, port du Maroc méridional.

Agamemnon, roi légendaire d'Argos, chef des Grecs qui assiégèrent Troie; père d'Iphigénie.

Agde, v. de l'Hérault; 11 800 h.

Agen, ch.-l. du Lot-et-Garonne; 35 800 h.

Agésilas, roi de Sparte (IVe s. av. J.-C.).

Agnadel, village d'Italie (Lombardie). Louis XII y battit les Vénitiens en 1509.

Agout, riv. du sud de la France, affl. du Tarn; 180 km.

Agra, v. du nord de l'Inde; 610 300 h.

Agrigente, v. de Sicile; temples grecs.

Agrippine, princesse romaine (16-59 apr. J.-C.), mère de Néron, épouse de l'empereur Claude, qu'elle empoisonna.

Ahmedabad, v. du nord-ouest de l'Inde (Gujerat); 1 507 000 h.

Aigoual, massif des Cévennes; 1 567 m.

Aigues-Mortes, v. du Gard; 4 500 h. Anc. port de mer.

Ain, riv. de France, affl. du Rhône; 200 km.

Ain, dép. de l'est de la France; préf. Bourg-en-Bresse; s.-préf. Belley, Gex, Nantua; 376 500 h.

Aisne, riv. du nord de la France, affl. de l'Oise; 280 km.

Aisne, dép. du nord de la France; préf. Laon; s.-préf. Château-Thierry, Saint-Quentin, Soissons, Vervins; 533 900 h.

Aix (île d'), île dépendant de la Charente-Maritime; 200 h.

Aix-en-Provence, ch.-l. d'arr. des Bouches-du-Rhône; 114 000 h.

Aix-la-Chapelle, v. d'Allemagne, sur le Rhin; 177 900 h.

Aix-les-Bains, v. de la Savoie; 22 300 h.

Ajaccio, ch.-l. de la Corse-du-Sud; 51 800 h.

Ajax, héros grec de la guerre de Troie.

Akron, v. des Etats-Unis (Ohio); 306 000 h.

Alabama, un des États unis d'Amérique; 3 517 000 h. Capit. Montgomery.

Alain-Fournier, écrivain français (1886-1914), auteur du Grand Meaulnes.

Alains, peuple barbare qui envahit la Gaule en 406.

Alamans, confédération de tribus germaniques qui fut battue par Clovis en 406.

Alamein (El-), bourg d'Egypte; victoire anglaise sur les Germano-Italiens (1942).

Alaric II, roi des Wisigoths, vaincu et tué par Clovis à Vouillé (507).

Alaska, région du nord-ouest de l'Amérique, un des Etats unis d'Amérique; 325 000 h. Capit. Juneau.

Albanie, Etat de l'Europe balkanique; 29 000 km²; 2 620 000 h. Capit. Tirana.

Albany, capit. de l'Etat de New York.

Albe (duc d'), général de Charles Quint et de Philippe II (1508-1582).

Albe-la-Longue, anc. v. du Latium.

Albeniz (Isaac), compositeur espagnol (1860-1909), auteur d'Iberia.

Albères, chaînes des Pyrénées orientales.

Alberoni (Jules), prélat italien (1664-1752), ministre de Philippe V d'Espagne.

Albert le Grand (saint), théologien dominicain (vers 1200-1280).

Albert Ier (1848-1922), prince de Monaco en 1889. Il se distingua comme océanographe.

Albert Ier (1875-1934), roi des Belges de 1909 à 1934, mort accidentellement.

Alberta, prov. du Canada occidental; 1 838 000 h. Cap. Edmonton.

Albertville, ch.-l. d'arr. de la Savoie; 17 500 h.

Albi, ch.-l. du Tarn, sur le Tarn; 49 500 h.

Albigeois, membres d'une secte religieuse du midi de la France, contre lesquels fut organisée une croisade au XIIIe s.

Albion, nom antique de la Grande-Bretagne.

Albret, anc. pays de Gascogne.

Albuquerque, navigateur portugais (1453-1515).

Alcibiade, général athénien (v. 450-404 av. J.-C.).

Alcuin, savant, né à York (vers 735-804), conseiller de Charlemagne.

Alembert (Jean Le Rond d'), philosophe et mathématicien français (1717-1783), un des fondateurs de l'Encyclopédie.

Alençon, ch.-l. de l'Orne; 34 700 h.

Aléoutiennes (îles), archipel du nord-ouest de l'Amérique du Nord; aux Etats-Unis.

Alep, v. de Syrie; 639 400 h.

Alès, ch.-l. d'arr. du Gard; 45 800 h.

Alésia, place forte gauloise, où César vainquit Vercingétorix (52 av. J.-C.).

Alexandre le Grand (356-323 av. J.-C.); roi de Macédoine en 336, il vainquit les Perses et conquit en Asie un immense empire.

Alexandre Ier (1777-1825), empereur de Russie à partir de 1801, adversaire de Napoléon Ier; — ALEXANDRE II (1818-1881), empereur de Russie en 1855; il abolit le servage; — ALEXANDRE III (1845-1894), empereur de Russie en 1881; il conclut l'alliance franco-russe.

Alexandre Ier (1888-1934), roi de Yougoslavie en 1921, assassiné à Marseille.

Alexandre VI Borgia (1431-1503), pape, d'origine espagnole, de 1492 à 1503.

Alexandrie, port d'Egypte, sur la Méditerranée; 1 801 000 h.

Alexandrie, v. d'Italie (Piémont); 100 700 h.

Alfieri (Vittorio), poète tragique italien (1749-1803).

Alfortville, v. du Val-de-Marne; 38 100 h.

Alfred le Grand (v. 849-899), roi anglo-saxon.

Alger, capit. de l'Algérie; 942 800 h.

Algérie, Etat de l'Afrique du Nord, entre le Maroc et la Tunisie; 2 376 400 km²; 17 910 000 h. Capit. Alger.

Algésiras, port du sud de l'Espagne.

Alhambra, palais des rois maures à Grenade.

Ali, gendre de Mahomet, calife de 656 à 661.

Ali-Baba, héros des Mille et Une Nuits.

Alicante, port du sud-est de l'Espagne.

Aliénor d'Aquitaine (1122-1204), reine de France de 1137 à 1152, puis épouse d'Henri Plantagenêt, qui devint roi d'Angleterre.

Alighieri, nom de famille de Dante.

Allah, dieu unique de l'islâm.

Allahabad, v. du nord-ouest de l'Inde; 521 600 h.

Alleghanys, partie des Appalaches (Etats-Unis).

Allemagne, région de l'Europe centrale, divisée depuis 1949 en deux Etats : à l'ouest, la *République fédérale d'Allemagne* (248 000 km² ; 61 millions d'h. ; capit. *Bonn*) ; à l'est, la *République démocratique allemande* (107 000 km² ; 16 millions d'h. ; capit. *Berlin-Est*).

Allende (Salvador), homme d'État chilien (1908-1973).

Alliance (*Sainte-*), pacte formé en 1815 par la Russie, l'Autriche et la Prusse contre certaines aspirations libérales et nationales.

Allier, riv. du Massif central, affl. de la Loire ; 410 km.

Allier, dép. du centre de la France ; préf. *Moulins* ; s.-préf. *Montluçon, Vichy* ; 378 400 h.

Allobroges, peuple de la Gaule, qui habitait le Dauphiné et la Savoie.

Alma, fl. de Crimée ; victoire franco-anglaise sur les Russes (1854).

Alma-Ata, capit. du Kazakhstan (U.R.S.S.) ; 730 000 h.

Almohades, dynastie berbère, qui régna de 1147 à 1269 sur le nord de l'Afrique et la moitié de l'Espagne.

Almoravides, dynastie berbère (1055-1147).

Along, baie des côtes nord du Viêt-nam.

Alost, v. de Belgique (Flandre-Orientale).

Alpes, chaîne de montagnes de l'Europe occidentale ; 4 807 m au mont Blanc.

Alpes (*Hautes-*), dép. alpestre du sud-est de la France ; préf. *Gap* ; s.-préf. *Briançon* ; 97 400 h.

Alpes-de-Haute-Provence, dép. alpestre du sud-est de la France ; préf. *Digne* ; s.-préf. *Barcelonnette, Casiellane, Forcalquier* ; 112 200 h.

Alpes-Maritimes, dép. alpestre du sud-est de la France, sur le littoral méditerranéen ; préf. *Nice* ; s.-préf. *Grasse* ; 816 700 h.

Alphonse, nom de onze rois de Castille, dont : ALPHONSE VIII *le Noble* ou *le Bon* (1155-1214), roi de 1158 à 1214, vainqueur des Maures ; —ALPHONSE X *le Sage* (1221-1284), roi de 1252 à 1284 et empereur d'Occident de 1267 à 1272, poète remarquable, fondateur de l'université de Salamanque.

Alphonse XIII (1886-1941), roi d'Espagne jusqu'en 1931.

Alpilles, massif du sud de la France.

Alsace, anc. prov. de la France de l'Est ; capit. *Strasbourg*.

Altaï, chaîne de montagnes de l'Asie centrale (U.R.S.S. et Mongolie).

Altamira, station préhistorique, près de Santander (Espagne). Grottes à peintures.

Altkirch, ch.-l. d'arr. du Haut-Rhin ; 6 300 h.

Alyscamps (les), cimetière gallo-romain, situé à Arles.

Amagasaki, port du Japon ; 532 000 h.

Amarna (*Tell el-*), anc. v. d'Égypte.

Amazone, fl. de l'Amérique du Sud (Atlantique) ; 7 025 km (avec l'Apurimac). Premier fleuve du monde par son débit.

Amazones (les), peuplade fabuleuse de guerrières qui habitaient la Cappadoce.

Amazonie, région de l'Amérique du Sud, correspondant au bassin moyen et inférieur de l'Amazone.

Ambert, ch.-l. d'arr. du Puy-de-Dôme ; 8 100 h.

Ambès (*bec d'*), pointe de terre, au confluent de la Garonne et de la Dordogne.

Amboise, v. de l'Indre-et-Loire, sur la Loire ; 11 100 h. Château (XVᵉ ş.).

Ambroise (*saint*), Père de l'Église latine (340-397), archevêque de Milan.

Amélie-les-Bains, station thermale des Pyrénées-Orientales ; 4 100 h.

Améric Vespuce. V. VESPUCCI.

Amérique, une des cinq parties du monde ; 42 millions de km² ; 550 millions d'h.

Amérique centrale, partie la plus étroite de l'Amérique, comprise entre les isthmes de Tehuantepec (Mexique) et de Panamá.

Amérique latine, ensemble des pays de l'Amérique du Sud et de l'Amérique centrale (plus le Mexique) qui ont été des colonies espagnoles ou portugaises (Brésil).

Amérique du Nord, partie septentrionale du continent américain, comprenant le Canada, les États-Unis et la plus grande partie du Mexique.

Amérique du Sud, partie méridionale du continent américain, au sud de l'isthme de Panamá.

Amiens, anc. capit. de la Picardie, ch.-l. de la Somme ; 136 000 h. Cathédrale (XIIIᵉ s.).

Amilcar. V. HAMILCAR.

Amman, capit. de la Jordanie ; 520 000 h.

Amou-Daria, fl. de l'Asie soviétique (mer d'Aral) ; 2 620 km.

Amour, fl. du nord-est de l'Asie soviétique (mer d'Okhotsk) ; 4 354 km.

Amour (*djebel*), massif de l'Atlas présaharien, en Algérie ; 1 977 m.

Ampère (André-Marie), physicien français (1775-1836).

Amphitrite, déesse grecque de la Mer.

Amritsar, v. de l'Inde (Pendjab) ; 424 800 h.

Amsterdam, capit. des Pays-Bas ; 871 000 h.

Amundsen (Roald), explorateur norvégien (1872-1928), qui atteignit le premier le pôle Sud.

Amyot (Jacques), humaniste français (1513-1593), traducteur de Plutarque.

Anacréon, poète grec (VIᵉ s. av. J.-C.).

Anatolie, nom actuel de l'*Asie Mineure.*

Ancenis, ch.-l. d'arr. de la Loire-Atlantique ; 7 300 h.

Ancône, port d'Italie (Adriatique).

Andalousie, région du sud de l'Espagne.

Andelys (*Les*), ch.-l. d'arr. de l'Eure, sur la Seine ; 8 300 h.

Andersen (Hans Christian), écrivain danois (1805-1875), auteur de *Contes.*

Andes (*cordillère des*), chaîne de montagnes de la partie ouest de l'Amérique du Sud ; 6 959 m à l'Aconcagua.

Andhra Pradesh, Etat du sud-est de l'Inde ; capit. *Hyderabad.*

Andorre, pays des Pyrénées placé sous la souveraineté conjointe de la France et de l'évêque espagnol d'Urgel ; 453 km² ; 20 500 h.

André (*saint*), apôtre et martyr.

Andrinople. V. EDIRNE.

Androclès, esclave romain, livré aux bêtes, et sauvé par un lion qu'il avait soigné.

Andromaque, femme d'Hector, modèle d'amour conjugal et maternel.

Andromaque, tragédie de Racine (1667).

Anet, v. de l'Eure-et-Loir; 1 800 h. Château construit par Philibert Delorme.

Aneto (pic d'), point culminant des Pyrénées (Maladetta), en Espagne; 3 404 m.

Angara, riv. de Sibérie, émissaire du lac Baïkal, affl. de l'Iénisséi; 1 826 km.

Angeles (Los). V. LOS ANGELES.

Angelico (Fra), peintre florentin (v. 1400-1455); il décora le couvent de Saint-Marc.

Angers, anc. capit. de l'Anjou, ch.-l. du Maine-et-Loire, sur la Maine; 143 000 h. Château (XIIIe s.).

Angkor, ruines du Cambodge. Anc. capit. des rois khmers.

Angles, anc. peuple de la Germanie, qui envahit la Grande-Bretagne au VIe s.

Angleterre, partie sud de la Grande-Bretagne; capit. Londres.

Anglo-Normandes (îles), groupe d'îles britanniques de la Manche, près de la côte normande : Jersey, Guernesey, Aurigny, Sercq; 115 000 h.

Anglo-Saxons, ensemble des peuples germaniques qui envahirent la Grande-Bretagne à la fin du ve s.

Angola, État de la côte atlantique de l'Afrique australe; 5 360 000 h.; capit. Luanda.

Angoulême, ch.-l. de la Charente; 50 500 h. Cathédrale romane.

Angoumois, anc. comté du sud-ouest de la France; capit. Angoulême.

Angström (Anders), physicien suédois (1814-1874).

Anjou, anc. prov. de l'ouest de la France; capit. Angers.

Ankara, capit. de la Turquie; 1 208 000 h.

Annaba, anc. Bône, port d'Algérie.

Annales, récit historique de Tacite.

Annam, anc. nom de la partie centrale du Viêt-nam.

Annapurna, mont de l'Himalaya (8 078 m).

Anne (sainte), mère de la sainte Vierge.

Anne d'Autriche (1601-1666), femme de Louis XIII, régente pendant la minorité de Louis XIV (1643-1651).

Anne Boleyn (v. 1507-1536), seconde femme d'Henri VIII, roi d'Angleterre; elle fut décapitée.

Anne de Bretagne (1477-1514), femme de Charles VIII (1491), puis de Louis XII (1499); elle apporta la Bretagne en dot.

Anne de Clèves (1515-1557), quatrième femme de Henri VIII, roi d'Angleterre.

Anne de France, dite de Beaujeu (1460-1522), régente de France pendant la minorité de Charles VIII, son frère (1483-1488).

Anne Stuart (1665-1714), reine d'Angleterre et d'Écosse (1701-1714).

Annecy, ch.-l. de la Haute-Savoie, sur le lac d'Annecy; 55 000 h.

Annemasse, v. de la Haute-Savoie; 23 700 h.

Annibal. V. HANNIBAL.

Annonay, v. de l'Ardèche; 21 500 h.

Annunzio (Gabriele d'). V. D'ANNUNZIO.

Anselme (saint), théologien, né à Aoste (1033-1109), archevêque de Cantorbéry.

Antananarivo, anc. **Tananarive,** capit. de Madagascar; 366 000 h.

Antarctique (océan), partie méridionale des océans Atlantique, Pacifique et Indien.

Antarctique ou **Antarctide,** continent compris presque entièrement à l'intérieur du cercle polaire austral, recouvert de glaces; 13 millions de km2 env.

Antibes, port des Alpes-Maritimes; 56 300 h.

Antigone, fille d'Œdipe, qui fut condamnée à mort pour avoir, malgré la défense du roi Créon, enseveli son frère Polynice.

Antilles, archipel de l'Atlantique, comprenant les Grandes Antilles (Cuba, la Jamaïque, Haïti, Porto Rico) et les Petites Antilles, dont font partie la Guadeloupe et la Martinique, départements français.

Antilles (mer des), ou des **Caraïbes,** mer située entre les deux Amériques.

Antioche ou **Antakya,** v. de Turquie.

Antioche (pertuis d'), détroit entre l'île d'Oléron et l'île de Ré.

Antiochos, nom de treize rois séleucides (IVe-Ier s. av. J.-C.).

Antofagasta, port du nord du Chili.

Antoine (saint), anachorète de la Thébaïde (251-356), qui résista aux tentations.

Antoine de Padoue (saint), religieux portugais (v. 1195-1231); il évangélisa les Maures d'Afrique.

Antoine (Marc), général romain (83-30 av. J.-C.). Lieutenant de César, puis allié de Cléopâtre, il fut vaincu par Octavien à Actium (31) et se tua.

Antoine le Pieux (86-161), empereur romain de 138 à 161.

Antonins (les), nom donné aux empereurs romains Nerva, Trajan, Hadrien, Antonin, Marc Aurèle, Verus et Commode (96-192).

Anvers, port de Belgique, sur l'Escaut; 239 000 h.

Anzin, v. du Nord; 14 900 h. Houillères.

A.-O. F., abrév. d'Afrique-Occidentale française.

Aoste, v. d'Italie (Piémont).

Apaches, Indiens du sud-ouest des États-Unis.

Apchéron, péninsule de la mer Caspienne.

Apelle, peintre grec du IVe s. av. J.-C.

Apennins (les), montagnes de l'Italie.

Aphrodite, déesse grecque de l'Amour.

Apis, taureau sacré des anc. Égyptiens.

Apocalypse, livre mystique de saint Jean.

Apollinaire (Guillaume), poète français (1880-1918), précurseur du surréalisme.

Apollon, dieu grec de la Divination, des Arts et du Soleil.

Appalaches, chaîne de montagnes de l'est de l'Amérique du Nord.

Appenzell, canton du nord-est de la Suisse.

Appert (François), industriel français (1750-1840), inventeur d'un procédé pour conserver en boîte les aliments.

Appienne (voie), anc. route qui allait de Rome à Brindisi.

Apt, ch.-l. d'arr. du Vaucluse; 11 600 h.

Aquitaine, contrée du sud-ouest de la France.

arabes unis (Émirats), fédération de la côte du golfe Persique; 83 600 km2; 240 000 h. Capit. Abu Dhabi.

Arabie, péninsule de l'Asie, entre la mer Rouge et le golfe Persique.

Arabie Saoudite, royaume du centre de l'Arabie; 1 750 000 km²; 8 millions d'h. Capit. *Riyad.*

Arago (François), astronome et physicien français (1786-1853).

Aragon (Louis), poète et romancier français, né en 1897.

Aragon, contrée du nord-est de l'Espagne.

Aral *(mer d'),* grand lac salé d'Asie centrale (U. R. S. S.); 67 000 km².

Aran *(val d'),* vallée des Pyrénées espagnoles, où la Garonne prend ses sources.

Ararat, massif volcanique de Turquie.

Arbèles, v. d'Asie Mineure, près de laquelle Alexandre le Grand vainquit Darios (331 av. J.-C.).

Arbois, v. du Jura; 4 200 h. Vins.

Arc *(Jeanne d').* V. JEANNE *(sainte).*

Arc, riv. des Alpes françaises du Nord, affl. de l'Isère; 150 km.

Arcachon, station balnéaire de la Gironde, sur le bassin d'Arcachon; 14 300 h.

Arcadie, région de l'anc. Grèce.

Archimède, savant de Syracuse (287-212 av. J.-C.). Il énonça le principe d'hydrostatique qui porte son nom.

Arcis-sur-Aube, v. de l'Aube; 3 400 h. Victoire de Napoléon sur les Alliés (1814).

Arcole, bourg d'Italie du Nord; victoire de Bonaparte sur les Autrichiens (1796).

Arctique *(océan),* océan situé dans la partie boréale du globe, au nord de l'Asie, de l'Amérique et de l'Europe.

Ardèche, riv. du sud-est de la France, affl. du Rhône; 120 km.

Ardèche, dép. du sud-est de la France; préf. *Privas;* s.-préf. *Largentière, Tournon;* 257 100 h.

Ardennes *(forêt des),* ou **Ardenne** *(l'),* plateau boisé du nord de la France et du sud de la Belgique et du Luxembourg.

Ardennes, dép. du nord-est de la France; préf. *Charleville-Mézières;* s.-préf. *Rethel, Sedan, Vouziers;* 309 300 h.

Arequipa, v. du Pérou méridional.

Arétin (Pierre l'), poète italien satirique et licencieux (1492-1556).

Arezzo, v. d'Italie (Toscane).

Argelès-Gazost, ch.-l. d'arr. des Hautes-Pyrénées; 3 700 h.

Argelès-sur-Mer, station balnéaire des Pyrénées-Orientales; 5 100 h.

Argens, fl. côtier du sud de la France (Méditerranée); 116 km.

Argentan, ch.-l. d'arr. de l'Orne, sur l'Orne; 17 400 h.

Argenteuil, ch.-l. d'arr. du Val-d'Oise; 103 100 h.

Argentière *(col de l').* V. LARCHE *(col de).*

Argentières, station de sports d'hiver de Haute-Savoie, dans la vallée de Chamonix.

Argentine *(république),* république de l'Amérique du Sud, s'étendant des Andes jusqu'à l'Atlantique; 2 794 000 km²; 26 millions d'h. Capit. *Buenos Aires.*

Argolide, anc. région de la Grèce (Péloponnèse); capit. *Argos.*

Argonautes, héros grecs qui, sous la conduite de Jason, allèrent conquérir la Toison d'or en Colchide.

Argonne, pays forestier du nord-est de la France, entre l'Aisne et l'Aire.

Argos, v. de Grèce (Péloponnèse).

Argovie, canton de la Suisse.

Argus, prince argien qui, d'après la légende, avait cent yeux.

Arhus, port du Danemark; 242 000 h.

Ariane, fille de Minos; elle donna à Thésée le fil à l'aide duquel il put sortir du Labyrinthe après avoir tué le Minotaure.

Ariège, riv. du sud-ouest de la France, affl. de la Garonne; 170 km.

Ariège, dép. du sud de la France; préf. *Foix;* s.-préf. *Pamiers, Saint-Girons;* 137 900 h.

Arioste (l'), poète italien de la Renaissance (1474-1533), auteur du *Roland furieux.*

Aristide, général et homme d'Etat athénien (vers 540-vers 468 av. J.-C.); il fut, à l'instigation de Thémistocle, banni par l'ostracisme (484 av. J.-C.).

Aristophane, poète comique athénien (vers 445-vers 386 av. J.-C.).

Aristote, philosophe grec (384-322 av. J.-C.), précepteur d'Alexandre le Grand et fondateur de l'école péripatéticienne.

Arius, hérésiarque alexandrin (vers 256-336), promoteur de l'arianisme.

Arizona, un des Etats unis d'Amérique; 1 945 000 h. Capit. *Phoenix.*

Arkansas, fl. des Etats-Unis; 3 470 km.

Arkansas, un des Etats unis d'Amérique; 1 978 000 h. Capit. *Little Rock.*

Arkhangelsk, port de l'U. R. S. S. (Russie), sur la Dvina (mer Blanche).

Arlberg, col des Alpes autrichiennes. Tunnel routier.

Arlequin, personnage de la comédie italienne.

Arles, ch.-l. d'arr. des Bouches-du-Rhône, sur le Rhône; 50 300 h. Antiquités gallo-romaines.

Armada *(l'Invincible),* flotte envoyée par Philippe II, roi d'Espagne, contre l'Angleterre, en 1588; elle fut en grande partie détruite par une tempête.

Armagnac, anc. comté du sud-ouest de la France (Gascogne).

Armagnacs *(faction des),* parti du duc d'Orléans qui lutta, sous Charles VI et Charles VII, contre les Bourguignons.

Armançon, riv. du centre le la France, affl. de l'Yonne; 174 km.

Arménie, contrée montagneuse de l'Asie occidentale, dont une partie constitue un Etat membre de l'U. R. S. S. (capit. *Erevan),* et dont l'autre est partagée entre l'Iran et la Turquie.

Armentières, v. du Nord; 27 500 h.

Arminius, chef germain, vainqueur des légions de Varus (9 apr. J.-C.).

Armor, nom celte de la Bretagne.

Armoricain *(massif),* massif ancien de l'ouest de la France.

Armorique, région de l'ouest de la Gaule.

Armstrong (Louis), trompettiste et chef d'orchestre noir américain (1900-1971), initiateur du jazz classique.

Armstrong (Neil), cosmonaute américain, né en 1930. Il fut le premier homme à fouler le sol lunaire (1969).

Arnauld, famille janséniste française, dont les membres les plus célèbres sont : ANTOINE, dit *le Grand Arnauld* (1612-1694), et sa sœur ANGÉLIQUE (1591-1661), abbesse de Port-Royal.

Arnhem, v. des Pays-Bas, sur le Rhin.

Arno, fl. d'Italie (Méditerranée), qui arrose Florence et Pise.

Arouet, nom de famille de *Voltaire.*

Arpad, fondateur de la première dynastie hongroise (mort en 907).

Arpajon, v. de l'Essonne, au sud de Paris ; 8 100 h.

Arques-la-Bataille, bourg de la Seine-Maritime ; victoire d'Henri IV sur le duc de Mayenne (1589).

Arras, anc. capit. de l'Artois ; ch.-l. du Pas-de-Calais, sur la Scarpe ; 50 400 h.

Arrée *(monts d'),* hauteurs de Bretagne (Finistère) ; 384 m.

Arrhenius (Svante), physicien suédois (1859-1927), auteur de la théorie des ions.

Arromanches-les-Bains, station balnéaire du Calvados. Port artificiel en 1944.

Arroux, riv. du Charolais, affl. de la Loire ; 120 km.

Arsonval (Arsène *d'),* physicien et médecin français (1851-1940).

Art poétique *(l'),* poème didactique de Boileau (1674).

Artaban, héros d'un roman de La Calprenède, au caractère plein de fierté.

Artagnan (Charles, *seigneur d'),* gentilhomme gascon (vers 1611-1673).

Artaxerxès Ier, roi de Perse de 465 à 424 av. J.-C.; — ARTAXERXÈS II, roi de Perse de 404 à 358 av. J.-C., vainqueur de son frère Cyrus le Jeune, à Counaxa ; — ARTAXERXÈS III, roi de Perse de 358 à 338 av. J.-C., conquérant de l'Égypte.

Artémis, divinité grecque de la Chasse.

Artémise, nom de deux reines d'Halicarnasse. La seconde éleva à son époux, Mausole, un tombeau considéré comme une des sept merveilles du monde (353 av. J.-C.).

Artémision, région de l'Eubée ; victoire des Grecs sur Xerxès (480 av. J.-C.).

Arthur ou **Artus,** roi légendaire du pays de Galles (VIe s.).

Artois, anc. prov. du nord de la France ; capit. *Arras.*

Arve, riv. des Alpes françaises du Nord, affl. du Rhône ; 100 km.

Arvernes, peuple de la Gaule centrale.

Aryens, les plus anciens ancêtres supposés de la famille indo-européenne.

Arzew, port d'Algérie.

Ascagne ou **Iule,** fils d'Énée ; il fonda la ville d'Albe-la-Longue.

Asclépios, dieu grec de la Médecine.

Ascq, anc. comm. du nord de la France ; massacre de civils par les Allemands en 1944.

Asdrubal. V. HASDRUBAL.

Ases, dieux de la mythologie scandinave.

Asie, une des cinq parties du monde ; 44 millions 180 000 km² ; 2 288 000 000 d'h.

Asie Mineure, partie occidentale de l'Asie (Turquie).

Asmara, v. d'Éthiopie, en Érythrée.

Asnam *(El-),* anc. *Orléansville,* v. d'Algérie ; 69 700 h.

Asnières, v. des Hauts-de-Seine ; 75 700 h.

Aspe *(vallée d'),* vallée des Pyrénées.

Assam, État du nord-est de l'Inde.

Assas (Louis, *chevalier d'),* officier français (1733-1760), qui mourut héroïquement.

Assemblée constituante, assemblée révolutionnaire d'abord appelée *Assemblée nationale* (nom pris par les États généraux le 27 juin 1789).

Assemblée législative, assemblée révolutionnaire qui succéda à la Constituante (1791-1792).

Assemblée nationale, assemblée créée par la Constitution de 1946 en remplacement de l'ancienne Chambre des députés.

Assiout, v. d'Égypte, sur le Nil.

Assise, v. d'Italie centrale ; 24 400 h. Basilique San Francesco.

Assouan, v. d'Égypte, sur le Nil. Barrages.

Assur, dieu assyrien.

Assurbanipal, roi d'Assyrie de 668 à 626 av. J.-C.

Assyrie, royaume de l'Asie ancienne, dans le bassin du Tigre.

Asti, v. d'Italie (Piémont) ; 68 400 h. Vins.

Astrakhan, v. d'U.R.S.S. (Russie), sur la Volga ; 410 500 h.

Asturies, région du nord de l'Espagne.

Asuncion, capit. du Paraguay ; 392 800 h.

Atacama, désert du nord du Chili.

Atala, roman de Chateaubriand (1801).

Athalie, reine de Juda (IXe s. av. J.-C.).

Athalie, tragédie de Racine (1691).

Athéna, déesse grecque de la Pensée, des Arts, des Sciences et de l'Industrie.

Athènes, capit. de la Grèce ; 627 600 h. Nombreux monuments antiques (Parthénon).

Athos *(mont),* montagne côtière de la Grèce (Macédoine). Couvent de moines.

Atlanta, v. des États-Unis, capit. de la Géorgie ; 487 000 h.

Atlantic City, station balnéaire des États-Unis (New Jersey).

Atlantide, continent fabuleux.

Atlantique *(océan),* océan situé entre l'Europe, l'Afrique et l'Amérique.

Atlas, roi fabuleux de Mauritanie, qui fut métamorphosé en montagne. Il fut condamné à soutenir le ciel sur ses épaules.

Atlas, montagnes de l'Afrique du Nord, culminant au Maroc ; 4 165 m.

Attila, roi des Huns en 445 ; il saccagea la Gaule, mais fut défait aux champs Catalauniques en 451.

Attique, contrée de l'anc. Grèce, qui avait pour capitale *Athènes.*

Aubagne, v. des Bouches-du-Rhône ; 33 500 h.

Aube, riv. de France, à l'est du Bassin parisien, affl. de la Seine ; 248 km.

Aube, dép. du Bassin parisien ; préf. *Troyes ;* s.-préf. *Bar-sur-Aube, Nogent-sur-Seine ;* 284 800 h.

Aubervilliers, v. de Seine-Saint-Denis ; 73 000 h.

Aubigné (Aggrippa *d'),* poète et écrivain satirique protestant (1552-1630), auteur des *Tragiques.*

Aubisque *(col d'),* passage pyrénéen entre le val d'Ossau et le val d'Azun ; 1 704 m.

Aubrac, plateau du Massif central.

Aubusson, ch.-l. d'arr. de la Creuse, sur la Creuse ; 6 800 h. Tapisserie.

Auch, anc. capit. de la Gascogne, ch.-l. du Gers ; 25 000 h.

Auckland, port de Nouvelle-Zélande ; 649 700 h.

Aude, fl. du sud de la France (Méditerranée) ; 220 km.

Aude, dép. du sud de la France ; préf. *Carcassonne* ; s.-préf. *Limoux et Narbonne* ; 272 400 h.

Audierne, port du Finistère ; 4 000 h.

Audincourt, v. du Doubs ; 18 700 h.

Auer (Karl), chimiste autrichien (1858-1929), inventeur du manchon de la lampe à gaz à incandescence.

Auerstedt, bourg de Saxe ; victoire française sur les Prussiens (1806).

Auge *(pays d'),* région de Normandie.

Augereau (Pierre), maréchal d'Empire (1757-1816).

Augias, roi légendaire d'Élide. Héraclès nettoya ses étables en y faisant passer le fleuve Alphée.

Augsbourg, v. d'Allemagne (Bavière) ; 212 200 h. Les protestants y présentèrent, en 1530, la *Confession d'Augsbourg.* En 1686, la *Ligue d'Augsbourg* y fut signée entre l'Autriche, l'Espagne, la Suède et différents princes allemands contre Louis XIV.

Auguste (63 av. J.-C.- 14 apr. J.-C.), empereur romain, appelé d'abord *Octave,* puis *Octavien.* Il vainquit Antoine à Actium et, sous le nom d'*Auguste,* en 27, commença l'ère des empereurs romains.

Augustin *(saint),* évêque d'Hippone (près de Bône) [354-430], auteur des *Confessions* et de *la Cité de Dieu.*

Aulis, v. et port de Béotie.

Aulnay-sous-Bois, v. de Seine-Saint-Denis ; 78 300 h.

Aulne, fl. côtier de Bretagne ; 140 km.

Aulu-Gelle, écrivain latin du IIᵉ s.

Aumale (Henri, *duc d'),* général français (1822-1897) ; fils de Louis-Philippe, il s'illustra lors de la conquête de l'Algérie.

Aunis, anc. prov. de France ; capit. *La Rochelle.*

Aurangzeb (1618-1707), empereur moghol en 1658.

Auray, port du Morbihan ; 10 400 h.

Aure *(vallée d'),* pays des Hautes-Pyrénées.

Aurélien (vers 214-275), empereur romain de 270 à 275.

Aurès, massif de l'Atlas algérien.

Aurignac, bourg de la Haute-Garonne. Station préhistorique.

Aurillac, ch.-l. du Cantal ; 31 100 h.

Auriol (Vincent), homme politique français (1884-1966) ; président de la République de 1947 à 1954.

Auschwitz, anc. camp allemand de déportation, en Pologne.

Austerlitz, village de Moravie, où Napoléon vainquit les Autrichiens et les Russes, le 2 décembre 1805.

Austin, v. des États-Unis, capit. du Texas ; 186 000 h.

Australasie, ensemble formé par l'Australie, la Nouvelle-Guinée et la Nouvelle-Zélande.

Australie, grande île de l'Océanie, État membre du Commonwealth ; 7 700 000 km² ; 14 millions d'h. Capit. *Canberra.*

Austrasie, royaume mérovingien, dans l'est de la Gaule (511-771).

Autriche, république de l'Europe centrale ; 84 000 km² ; 7 530 000 h. Capit. *Vienne.*

Autun, ch.-l. d'arr. de Saône-et-Loire ; 22 900 h. Cathédrale romane.

Auvergne, anc. prov. du centre de la France ; capit. *Clermont-Ferrand.*

Auxerre, ch.-l. de l'Yonne, sur l'Yonne ; 40 000 h. Cathédrale gothique.

Avallon, ch.-l. d'arr. de l'Yonne ; 9 300 h.

Avare *(l'),* comédie de Molière (1668).

Avars, peuple originaire de l'Asie centrale, qui fut contenu par Charlemagne (fin du VIIIᵉ s.).

Aventin, colline de l'ancienne Rome.

Averroès, médecin et philosophe arabe (1126-1198), commentateur d'Aristote.

Avesnes-sur-Helpe, ch.-l. d'arr. du Nord ; 6 800 h.

Aveyron, riv. du sud de la France, affl. du Tarn ; 250 km.

Aveyron, dép. du sud de la France ; préf. *Rodez* ; s.-préf. *Millau, Villefranche-de-Rouergue* ; 278 300 h.

Avicenne, philosophe et médecin arabe (980-1037).

Avignon, ch.-l. de Vaucluse, sur le Rhône ; 93 000 h. Palais des papes (XIVᵉ s.) ; siège de la papauté au XIVᵉ s.

Avila, v. d'Espagne (Vieille-Castille). Patrie de sainte Thérèse.

Avogadro (Amedeo, *comte),* physicien italien (1776-1856), auteur d'une hypothèse sur les molécules gazeuses.

Avranches, ch.-l. d'arr. de la Manche ; 13 300 h.

Ax-les-Thermes, station thermale de l'Ariège ; 1 600 h.

Azay-le-Rideau, v. de l'Indre-et-Loire, sur l'Indre ; 2 700 h. Château (XVIᵉ s.).

Azerbaïdjan, république de l'U. R. S. S., en bordure de la Caspienne ; capit. *Bakou.*

Azincourt, bourg du Pas-de-Calais. Victoire des Anglais sur les Français en 1415.

Azov *(mer d'),* golfe de la mer Noire.

Aztèques, peuple du Mexique qui domina le pays jusqu'à la venue des Espagnols.

B

Baalbek, v. du Liban. Ruines antiques.
Babel *(tour de)*, grande tour que les fils de Noé voulurent élever pour atteindre le ciel.
Bab-el-Mandeb *(détroit de)*, détroit entre l'Arabie et l'Afrique.
Baber (1483-1530), fondateur de l'empire mongol de l'Inde.
Babeuf (Gracchus), révolutionnaire français (1760-1797), précurseur du communisme; il fut guillotiné.
Babylone, v. de l'Orient ancien, capit. de la Babylonie, sur l'Euphrate.
Baccarat, v. de la Meurthe-et-Moselle, sur la Meurthe; 5 600 h. Cristallerie.
Bacchus ou **Dionysos**, fils de Zeus, dieu du Vin chez les Anciens.
Bach (Jean-Sébastien), compositeur allemand (1685-1750).
Bacon (Roger), savant moine franciscain anglais (vers 1214-1294).
Bacon (Francis), chancelier d'Angleterre et philosophe (1561-1626), précurseur de la méthode expérimentale.
Bactriane, anc. région de l'Asie occidentale au nord de l'Afghanistan.
Bade, région de l'Allemagne rhénane.
Baden-Baden, station thermale d'Allemagne occidentale (pays de Bade).
Baden-Powel (Robert), général anglais (1857-1941), fondateur du scoutisme.
Bade-Wurtemberg, Etat de la République Fédérale d'Allemagne; 9 154 000 h. Capit. Stuttgart.
Baffin *(mer de)*, mer de l'Arctique canadien.
Bagdad, capit. de l'Irak; 1 745 000 h.
Bagnères-de-Bigorre, ch.-l. d'arr. des Hautes-Pyrénées; 10 600 h. Station thermale.
Bagnères-de-Luchon ou **Luchon**, station thermale de la Haute-Garonne; 3 600 h.
Bagneux, v. des Hauts-de-Seine; 40 700 h.
Bagnoles-de-l'Orne, station thermale de l'Orne.
Bagnolet, v. de Seine-Saint-Denis; 35 900 h.
Bahamas *(archipel des)*, anc. **Lucayes**, archipel au nord de Cuba; 220 000 h. Capit. *Nassau.* Etat du Commonwealth.
Bahrein *(îles)*, archipel du golfe Persique; 270 000 h. Capit. *Manáma.* Pétrole.
Baïf (Jean-Antoine de), poète français de la Pléiade (1532-1589).
Baïkal *(lac)*, lac profond de la Sibérie méridionale; 31 500 km².
Baïkonour, v. l'U.R.S.S. (Kazakhstan). Base de lancement d'engins spatiaux.
Baïlén, v. d'Espagne en Andalousie. En 1808, le général français Dupont y capitula.
Baïse, riv. du sud-ouest de la France, affl. de la Garonne; 190 km.
Bajazet, tragédie de Racine (1672).
Bakou, v. de l'U.R.S.S., capit. de l'Azerbaïdjan, sur la Caspienne; 1 164 000 h.
Bakounine (Michel), révolutionnaire russe (1814-1876), un des fondateurs de l'Internationale.
Balaton *(lac)*, lac de Hongrie.

Balboa (Vasco *Nuñez de*), conquistador espagnol (1475-1517); il traversa l'Amérique centrale et découvrit l'océan Pacifique en 1513.
Bâle, v. de Suisse, sur le Rhin; 212 900 h.
Baléares, archipel espagnol de la Méditerranée; capit. *Palma de Majorque.*
Balfour (Arthur James, comte), homme d'Etat britannique (1848-1930). Il préconisa en 1917 la création d'un foyer national juif en Palestine.
Bali, île d'Indonésie.
Balkan, chaîne de montagnes de Bulgarie, culminant à 2 376 m.
Balkans *(péninsule des)*, péninsule de l'Europe méridionale, qui comprend la Yougoslavie, la Bulgarie, l'Albanie, la Turquie et la Grèce.
Balkhach *(lac)*, lac du Kazakhstan (U.R.S.S.).
Baloutchistan, Baluchistan ou **Béloutchistan**, région de l'Asie partagée entre le Pakistan et l'Iran.
Baltard (Victor), architecte français (1805-1874), constructeur des anciennes halles de Paris.
Baltes *(pays)*, l'Estonie, la Lettonie et la Lituanie.
Balthazar, fils du dernier roi de Babylone, tué en 539 av. J.-C. par Cyrus.
Baltimore, port des Etats-Unis (Maryland); 939 000 h.
Baltique *(mer)*, mer de l'Europe septentrionale, dépendance de l'Atlantique.
Balue *(cardinal Jean)* [v. 1421-1491], ministre de Louis XI; il resta onze ans captif.
Balzac (Jean-Louis *Guez de*), écrivain français (1597-1654).
Balzac (Honoré *de*), romancier français (1799-1850), auteur de la *Comédie humaine.*
Bamako, capit. du Mali, sur le Niger; 196 800 h.
Bandung, v. d'Indonésie (Java); 1 020 000 h.
Bangalore, v. de l'Inde, capit. du Karnataka; 1 473 400 h.
Bangkok, capit. de la Thaïlande, sur le Ménam; 2 millions d'h.
Bangladesh, Etat d'Asie, sur le golfe du Bengale; 76 millions d'h. Capit. *Dacca.*
Bangui, capit. de l'Empire centrafricain, sur l'Oubangui; 301 000 h.
Banjermassin, v. d'Indonésie (Bornéo); 268 700 h.
Banquo, gouverneur sous Duncan, roi d'Ecosse (XIe s.), assassiné par Macbeth.
Bantous, ensemble de populations de l'Afrique, au sud de l'équateur, parlant des langues de la même famille.
Banyuls-sur-Mer, port des Pyrénées-Orientales; 4 300 h.
Bara (Joseph), enfant célèbre par son héroïsme (1779-1793).
Barabbas ou **Barrabas**, brigand juif que Pilate gracia à la place de Jésus, sur la demande du peuple.
Barbade (la), une des Antilles; 250 000 h. Etat du Commonwealth.

Barbares, peuples qui, aux yeux des Grecs, restaient en dehors de leur civilisation. — Du IIIe au VIe s., peuples qui envahirent l'empire d'Occident.

Barbarie ou **États barbaresques,** ancien nom de l'Afrique du Nord.

Barberousse, nom de deux pirates du XVIe s. — Surnom donné à l'empereur germanique *Frédéric Ier*.

Barbès (Armand), républicain français (1809-1870).

Barbey d'Aurevilly (Jules), écrivain français (1808-1889), auteur des *Diaboliques*.

Barbier de Séville (le), comédie de Beaumarchais (1775), mise en musique par Rossini (1816).

Barbizon, localité de villégiature dans la forêt de Fontainebleau (Seine-et-Marne).

Barbusse (Henri), écrivain français (1873-1935), auteur du *Feu* (1916).

Barcelone, port d'Espagne, sur la Méditerranée, anc. capit. de la Catalogne ; 1 861 800 h.

Barcelonnette, ch.-l. d'arr. des Alpes-de-Haute-Provence ; 3 200 h.

Bardo (le), loc. de Tunisie, près de Tunis.

Barents (Willem), navigateur hollandais (v. 1555-1597). Il découvrit le Spitzberg ; il a donné son nom à une partie de l'océan Arctique.

Barfleur (pointe de), extrémité du Cotentin.

Bari, port du sud de l'Italie (Adriatique) ; 356 300 h.

Bar-le-Duc, ch.-l. de la Meuse ; 20 100 h.

Barnaoul, v. de l'U.R.S.S. (Russie), sur l'Ob ; 407 000 h.

Barnard (Christian), chirurgien sud-africain (né en 1922). Il réalisa la première transplantation cardiaque en 1967.

Barnum, imprésario américain (1810-1891).

Baroda, v. de l'ouest de l'Inde ; 467 400 h.

Barquisimeto, v. du Venezuela ; 334 300 h.

Barranquilla, port de Colombie (Atlantique) ; 521 100 h.

Barras (Paul, *vicomte de*), conventionnel fr. (1755-1829), membre du Directoire.

Barrault (Jean-Louis), acteur et metteur en scène français (né en 1910).

Barrès (Maurice), écrivain français (1862-1923), auteur de la *Colline inspirée*.

Barrois, anc. pays de l'est de la France.

Barry (Jeanne BÉCU, comtesse *du*), favorite de Louis XV, guillotinée sous la Terreur (1743-1793).

Bar-sur-Aube, ch.-l. d'arr. de l'Aube ; 7 400 h.

Bar-sur-Seine, v. de l'Aube ; 3 400 h.

Bart (Jean), corsaire français (1650-1702).

Barth (Karl), théologien protestant suisse (1886-1968).

Bartholdi (Frédéric Auguste), statuaire français (1834-1904), auteur de *La Liberté éclairant le monde*, à l'entrée du port de New York.

Bartok (Bela), compositeur hongrois (1881-1945).

Barye (Antoine-Louis), sculpteur animalier français (1795-1875).

Bas-Empire, dernière période de l'empire romain (235-476).

Basile II (957-1025), empereur d'Orient de 963 à 1025.

Basilicate, anc. **Lucanie,** région d'Italie méridionale.

basque (*Pays*), région des Pyrénées occidentales, partagée entre la France et l'Espagne.

Bassano, v. d'Italie (Vénétie) ; victoire de Bonaparte sur les Autrichiens (1796).

Basse-Terre (La), ch.-l. de la Guadeloupe ; 18 800 h.

Bassora, port de l'Irak ; 423 000 h.

Bastia, ch.-l. de la Haute-Corse ; 52 000 h.

Bastille (la), forteresse de Paris prise par le peuple le 14 juillet 1789.

Batave (*république*), nom que prirent les Provinces-Unies de 1795 à 1806.

Bataves, peuple germanique qui habitait la région du delta du Rhin.

Batavia. V. DJAKARTA.

Bath, v. d'Angleterre, sur l'Avon ; 82 800 h. Station thermale.

Bathurst, capit. de la Gambie ; 29 000 h.

Batna, v. d'Algérie ; 54 800 h.

Baton Rouge, v. des Etats-Unis, capit. de la Louisiane ; 168 000 h.

Batz (île de), île du Finistère.

Baucis. V. PHILÉMON.

Baudelaire (Charles), poète français (1821-1867), auteur des *Fleurs du mal.*

Baudelocque (Jean-Louis), médecin accoucheur français (1746-1810).

Baudin (Jean-Baptiste-Alphonse), député français (1811-1851), tué sur les barricades le 3 décembre 1851.

Baudouin, nom de plusieurs comtes de Flandre et de deux empereurs latins d'Orient.

Baudouin Ier, roi des Belges depuis 1951, né en 1930.

Baudricourt (Robert, *sire de*), seigneur de Vaucouleurs, qui conduisit Jeanne d'Arc auprès de Charles VII.

Bauges (les), massif des Préalpes, en Savoie.

Baule (La), station balnéaire de la Loire-Atlantique ; 15 200 h.

Baumé (Antoine), chimiste français (1728-1804), créateur d'un aréomètre.

Bautzen, v. d'Allemagne orientale ; 41 900 h. Victoire de Napoléon Ier sur les Prussiens et les Russes (1813).

Baux-de-Provence (Les), ruines d'une ancienne ville, dans les Bouches-du-Rhône.

Bavière, Etat de l'Allemagne occidentale ; 10 779 000 h. Capit. *Munich.*

Bayard (Pierre TERRAIL, *seigneur de*), capitaine français (1476-1524) ; il se couvrit de gloire pendant les guerres d'Italie.

Bayeux, ch.-l. d'arr. du Calvados ; 14 500 h. Tapisserie de la reine Mathilde (XIe s.).

Bayle (Pierre), écrivain français (1647-1706), auteur d'un *Dictionnaire.*

Bayonne, ch.-l. d'arr. des Pyrénées-Atlantiques, sur l'Adour ; 44 700 h.

Bayreuth, v. d'Allemagne (Bavière), sur le Main. Théâtre pour la représentation des œuvres de Wagner.

Bazaine (Achille), maréchal de France (1811-1888) ; il capitula à Metz en 1870.

Béarn, anc. pays du sud-ouest de la France, dans les Pyrénées ; capit. Pau.

Béatrice, Florentine célèbre (v. 1265-1290), immortalisée par Dante.

Beaucaire, v. du Gard, sur le Rhône ; 13 000 h.

Beauce, plaine fertile, située au sud-ouest de Paris.

Beaufort (François DE BOURBON, *duc de*) [1616-1669], un des chefs de la Fronde, surnommé *le Roi des Halles.*

Beaugency, v. du Loiret, sur la Loire ; 6 800 h.

Beauharnais (Alexandre, *vicomte de*), noble français, né à la Martinique (1760-1794) ; il épousa celle qui fut plus tard l'impératrice Joséphine ; — EUGÈNE (1781-1824), son fils, fut vice-roi d'Italie sous l'Empire.

Beaujolais, pays de l'est du Massif central ; vignobles renommés.

Beaumarchais (Pierre-Augustin *Caron de*), écrivain français (1732-1799), auteur du *Barbier de Séville* et du *Mariage de Figaro.*

Beaune, ch.-l. d'arr. de la Côte-d'Or ; 20 000 h. Hôtel-Dieu (XVe s.).

Beauvais, ch.-l. de l'Oise ; 56 700 h. Cathédrale avec chœur du XIIIe s.

Beauvoir (Simone *de*), femme de lettres française, née en 1908.

Becquerel, famille de savants français. — HENRI (1852-1908) découvrit la radio-activité en 1896.

Bédouins, Arabes nomades du désert en Afrique du Nord et au Moyen-Orient.

Beecher-Stowe (Harriet), femme de lettres américaine (1811-1896), auteur de *la Case de l'oncle Tom.*

Beethoven (Ludwig *van*), compositeur de musique allemand (1770-1827).

Béhanzin (1844-1900), dernier roi du Dahomey, vaincu par les Français.

Bejaia ou **Bijaia,** anc. Bougie, port d'Algérie.

Béjart (Armande), comédienne française (v. 1642-1700), épouse de Molière.

Belem, port du Brésil, sur l'Amazone ; 625 000 h.

Belfast, capit. de l'Irlande du Nord ; 397 600 h.

Belfort, ch.-l. du Territoire de Belfort ; 51 300 h.

Belgique, royaume de l'Europe occidentale ; 30 507 km² ; 9 830 000 h. Capit. *Bruxelles.*

Belgrade, capit. de la Yougoslavie, sur le Danube ; 770 000 h.

Bélisaire, général byzantin (v. 494-565).

Belize, anc. **Honduras britannique,** territoire britannique de l'Amérique centrale ; 150 000 h. Capit. *Belmopan.*

Bell (Alexander Graham), physicien américain (1847-1922), un des inventeurs du téléphone (1876).

Bellac, ch.-l. d'arr. de la Haute-Vienne ; 5 800 h.

Bellay (Joachim *du*), poète français de la Pléiade (1522-1560), auteur des *Regrets.*

Belleau (Remy), poète de la Pléiade (1528-1577).

Bellegarde-sur-Valserine, v. de l'Ain ; 12 400 h.

Belle-Ile, île du Morbihan ; 4 300 h.

Belley, ch.-l. d'arr. de l'Ain ; 8 200 h.

Belmopan, capit. du Territoire de Belize ; 41 400 h.

Belo Horizonte, v. du Brésil (Minas Gerais) ; 1 333 000 h.

Belt (*Grand-* et *Petit-*), détroits unissant la mer Baltique et la mer du Nord.

Belzébuth, démon, chef des esprits malins.

Bénarès, v. sainte de l'Inde, sur le Gange ; 619 800 h.

Benelux, union douanière entre la Belgique, les Pays-Bas et le Luxembourg.

Beneš (Edvard), homme d'État tchécoslovaque (1884-1948).

Bengale, région de la péninsule indienne, partagée entre l'Inde et le Bangladesh.

Bengale (*golfe du*), golfe formé par l'océan Indien, entre l'Inde et la Birmanie.

Benghazi, v. de Libye (Cyrénaïque) ; 137 300 h.

Ben Gourion (David), un des fondateurs de l'État d'Israël (1886-1973).

Benguela, v. de l'Angola, sur l'Atlantique. Elle donne son nom à un courant marin froid.

Bénin, anc. royaume d'Afrique, à l'ouest du delta du Niger.

Bénin (*République populaire du*), anc. **Dahomey,** État de l'Afrique occidentale ; 3 290 000 h. Capit. *Porto-Novo.*

Ben Nevis, point culminant de la Grande-Bretagne (Écosse) ; 1 340 m.

Benoît, nom de quinze papes.

Benoît de Nurcie (*saint*), fondateur des bénédictins (v. 480-547).

Bénoué, riv. d'Afrique, affl. du Niger ; 1 400 km.

Béotie, contrée de l'anc. Grèce. Capit. *Thèbes.*

Béranger (Pierre-Jean *de*), chansonnier et poète français (1780-1857).

Berbères, groupe ethnique de l'Afrique du Nord.

Berchtesgaden, station touristique d'Allemagne dans les Alpes bavaroises. Site de l'anc. résidence de Hitler.

Berck, comm. du Pas-de-Calais, sur la mer du Nord ; 16 500 h. Station climatique.

Bercy, quartier de Paris. Entrepôts des vins.

Bérénice, tragédie de Racine (1670).

Berezina, riv. de Biélorussie, affl. du Dniepr, célèbre par le passage de l'armée française en 1812.

Bergame, v. d'Italie (Lombardie) ; 126 500 h.

Bergen, port de Norvège ; 117 300 h.

Bergerac, ch.-l. d'arr. de la Dordogne, sur la Dordogne ; 28 600 h.

Bergman (Ingmar), cinéaste suédois, né en 1918.

Bergson (Henri), philosophe français (1859-1941).

Béring ou **Behring** (*détroit de*), passage entre l'Asie et l'Amérique du Nord.

Berkeley (George), philosophe idéaliste irlandais (1685-1753).

Berlin, v. d'Allemagne, divisée en deux parties, l'une constituant *Berlin-Ouest* et l'autre la capit. de la République démocratique allemande, sur la Sprée ; 3 300 000 h.

Berlioz (Hector), compositeur français (1803-1869), auteur de *la Damnation de Faust,* de la *Symphonie fantastique,* etc.

Bermudes, îles britanniques de l'Atlantique, au nord-est des Antilles ; 51 000 h.

Bernadette Soubirous (*sainte*), jeune Française (1844-1879) dont les visions sont à l'origine du pèlerinage de Lourdes.

Bernadotte (Jean), maréchal d'Empire (1763-1844); roi de Suède en 1818.

Bernanos (Georges), écrivain français d'inspiration catholique (1888-1948).

Bernard *(saint)* [1090-1153], fondateur de l'abbaye de Clairvaux et prédicateur de la 2ᵉ croisade.

Bernard (Claude), physiologiste et logicien français (1813-1878).

Bernardin de Saint-Pierre (Jacques-Henri), écrivain français (1737-1814), auteur de *Paul et Virginie.*

Bernay, ch.-l. d'arr. de l'Eure; 11 300 h.

Berne, cap. de la Suisse, sur l'Aar; 169 000 h.

Bernhardt (Sarah), tragédienne française (1844-1923).

Bernina, massif des Alpes suisses; 4 052 m.

Bernini (Gian Lorenzo), dit *le Cavalier Bernin,* peintre, sculpteur et architecte italien (1598-1680), maître du baroque.

Bernoulli, famille de mathématiciens suisses (XVIIᵉ-XVIIIᵉ s.).

Berre *(étang de),* étang des Bouches-du-Rhône. Raffineries de pétrole; pétrochimie.

Berry ou Berri, anc. prov. du centre de la France; capit. *Bourges.*

Berry *(Jean, duc de)* [1340-1416], régent de France sous Charles VI; — CHARLES (1778-1820), fils de Charles X, assassiné par Louvel.

Berthe, dite *Berthe au grand pied,* femme de Pépin le Bref, mère de Charlemagne (m. en 783).

Berthelot (Marcelin), chimiste français (1827-1907).

Berthier (Louis-Alexandre), maréchal de France (1753-1815).

Berthollet (Claude, *comte*), chimiste français (1748-1822).

Bertin (Jean), ingénieur français (1917-1975).

Bérulle (Pierre *de*), cardinal français (1575-1629), fondateur de l'Oratoire.

Berwick (Jacques STUART, *duc de*), maréchal de France (1670-1734).

Berzelius (Jacob), chimiste suédois (1779-1848), qui institua la notation chimique par symboles.

Besançon, anc. capit. de la Franche-Comté, ch.-l. du Doubs, sur le Doubs; 126 200 h. Horlogerie.

Bessarabie, région de l'Europe orientale (U.R.S.S.) divisée entre l'Ukraine et la Moldavie.

Bessemer (*sir* Henry), ingénieur anglais (1813-1898), inventeur d'un procédé pour la transformation de la fonte en acier.

Bessières (Jean-Baptiste), maréchal d'Empire (1768-1813).

Bessin, pays de la basse Normandie.

Béthanie, bourg de l'ancienne Judée.

Bethléem, v. de Palestine, où naquit Jésus-Christ.

Bethsabée, femme que David épousa après avoir fait périr Urie, son premier mari.

Béthune, ch.-l. d'arr. du Pas-de-Calais; 28 300 h.

Bétique, nom romain de l'Andalousie.

Bétiques *(chaînes),* montagnes du sud-est de l'Espagne; 3 478 m.

Beyrouth, capit. du Liban, sur la Méditerranée; 700 000 h.

Bèze (Théodore *de*), réformateur français (1519-1605), disciple de Calvin.

Béziers, ch.-l. d'arr. de l'Hérault; 85 700 h.

Bhopal, v. de l'Inde; 310 700 h.

Bhoutan, royaume d'Asie, en bordure de l'Himalaya; 50 000 km²; 1 034 000 h. Capit. *Punakha.*

Biarritz, station balnéaire des Pyrénées-Atlantiques; 27 700 h.

Bibliothèque nationale, bibliothèque dont l'origine remonte à Charles V.

Bichat (Xavier), anatomiste français (1771-1802).

Bidassoa, fleuve côtier séparant la France de l'Espagne (Pyrénées occidentales); 12 km.

Bidault (Georges), homme politique français, né en 1899.

Biélorussie ou Russie blanche, république fédérée de l'U.R.S.S.; capit. *Minsk.*

Bienne, v. de Suisse (Berne), sur le lac du même nom; 67 600 h.

Bièvre, affl. de la Seine, à Paris.

Bigorre, anc. pays du sud-ouest de la France (Pyrénées); capit. *Tarbes.*

Bihar, État de l'Inde; capit. *Patna.*

Bijaia. V. BEJAIA.

Bikini, atoll des îles Marshall, théâtre d'expériences atomiques en 1946.

Bilbao, v. d'Espagne (Biscaye); 410 500 h.

Bir-Hakeim, loc. de Libye. Les Français aux ordres de De Gaulle y résistèrent aux forces allemandes de Rommel (juin 1942).

Birmanie, république de l'Asie méridionale; 678 000 km²; 31 510 000 h. Capit. *Rangoon.*

Birmingham, v. de Grande-Bretagne; 1 105 000 h. — V. des Etats-Unis (Alabama); 340 900 h.

Biron (Charles, *duc de*), maréchal de France (1562-1602); il conspira et fut décapité.

Biscarrosse *(étang de),* étang des Landes.

Biscaye, prov. du nord de l'Espagne; capit. *Bilbao.*

Biskra, v. d'Algérie.

Bismarck (Otto, *prince de*), homme d'État prussien (1815-1898), fondateur de l'Empire allemand avec Guillaume Iᵉʳ.

Bizerte, port de guerre de Tunisie.

Bizet (Georges), compositeur français (1838-1875), auteur de *Carmen.*

Blake (William), poète et peintre anglais (1757-1827).

Blanc (mont), point culminant des Alpes (Haute-Savoie); 4 807 m. Tunnel routier.

Blanc (Le), ch.-l. d'arr. de l'Indre; 8 400 h.

Blanc (Louis), historien et homme politique français (1811-1882).

Blanche (mer), mer bordière de l'océan Arctique.

Blanche de Castille (1188-1252), femme de Louis VIII, mère de Saint Louis.

Blanc-Nez (cap), promontoire du Boulonnais, sur le pas de Calais.

Blandine (sainte), martyre à Lyon en 177.

Blanqui (Louis-Auguste), socialiste français (1805-1881).

Blavet, fl. de Bretagne; 140 km.

Blaye, ch.-l. d'arr. de la Gironde, sur la Gironde; 4 300 h.

Blériot (Louis), aviateur et constructeur français (1872-1936); il traversa le premier la Manche en avion (1909).

Blida, v. d'Algérie; 87 000 h.

Blois, ch.-l. du Loir-et-Cher, sur la Loire; 51 950 h. Château (XVIᵉ s.).

Bloy (Léon), écrivain français (1846-1917).

Blücher (Gebhart Leberecht von), général prussien (1742-1819).

Blum (Léon), homme politique français, chef du parti socialiste (1872-1950).

Boabdil, dernier roi maure de Grenade, de 1486 à 1492.

Bobigny, ch.-l. de la Seine-Saint-Denis; 43 200 h.

Bobo-Dioulasso, v. de Haute-Volta; 63 900 h.

Bocage (le), nom de plusieurs régions de l'Ouest de la France où le paysage est formé de champs enclos par des haies épaisses.

Boccace (Giovanni), poète et conteur italien (1313-1375).

Bochum, v. d'Allemagne, dans la Ruhr; 355 500 h.

Boers, colons du Transvaal et de l'Orange.

Bogota, capit. de la Colombie; 2 515 000 h.

Bohême, région de l'ouest de la Tchécoslovaquie; capit. *Prague*.

Bohr (Niels), physicien danois (1885-1962).

Boieldieu (François-Adrien), compositeur français (1775-1834).

Boileau (Nicolas), écrivain français (1636-1711), auteur des *Satires* et de l'*Art poétique*.

Boischaut, région du Berry.

Bois-le-Duc ou 's Hertogenbosch, v. des Pays-Bas; 173 000 h.

Bolbec, v. de la Seine-Maritime; 12 800 h.

Bolivar (Simon), général et homme d'État sud-américain (1783-1830); libérateur d'une partie de l'Amérique du Sud.

Bolivie, république de l'Amérique du Sud; 1 076 000 km²; 6 millions d'h. Capit. *Sucre*; siège du gouvernement, *La Paz*.

Bologne, v. d'Italie (Émilie); 493 000 h.

Bolton, v. d'Angleterre (Lancashire); 158 000 h.

Bombay, port de l'ouest de l'Inde, capit. de l'État de Maharashtra; 5 534 000 h.

Bon (cap), cap au nord-est de la Tunisie.

Bonaparte, famille originaire de Toscane, qui s'établit en Corse et dont firent partie : JOSEPH (1768-1844), roi de Naples (1806), roi d'Espagne de 1808 à 1813; — NAPOLÉON Iᵉʳ (v. ce nom); — LUCIEN (1775-1840), président du conseil des Cinq-Cents; — LOUIS (1778-1846), roi de Hollande (1806-1810) et père de Napoléon III; — PAULINE (1780-1825), épouse du prince Borghèse; — JÉRÔME (1784-1860), roi de Westphalie (1807-1813).

Bonaventure (saint), théologien italien (1221-1274).

Bône. V. ANNABA.

Boniface (WINFRID, saint), apôtre de la Germanie (vers 680-754).

Boniface VIII (v. 1235-1303), pape de 1294 à 1303, qui eut des démêlés avec Philippe le Bel.

Bonifacio, port de la Corse-du-Sud, sur le détroit qui sépare l'île de la Sardaigne; 3 000 h.

Bonn, capit. de la République fédérale d'Allemagne, sur le Rhin; 300 000 h.

Bonnard (Pierre), peintre français (1867-1947), paysagiste et portraitiste.

Bonne-Espérance (cap de), promontoire au sud de l'Afrique.

Bonneville, ch.-l. d'arr. de la Haute-Savoie; 8 100 h.

Boole (George), mathématicien britannique (1815-1864).

Booth (William), réformateur britannique, fondateur de l'Armée du salut (1829-1912).

Booz, époux de Ruth.

Borda (Charles de), physicien et marin français (1733-1799).

Bordeaux, anc. capit. de la Guyenne, ch.-l. de la Gironde, port sur la Garonne; 226 300 h.

Bordelais, région viticole, près de Bordeaux.

Borges (Jorge Luis), écrivain argentin (né en 1899).

Borgia, famille italienne, d'origine espagnole, qui compte parmi ses membres : le pape ALEXANDRE VI (v. ce nom); — CÉSAR *Borgia*, son fils, cardinal, puis duc de Valentinois (v. 1475-1507); — LUCRÈCE (1480-1519), sœur du précédent.

Borinage, bassin houiller de Belgique, à l'ouest de Mons.

Bornéo, île de la Sonde, partagée entre la Malaysia, le sultanat de Brunei et l'Indonésie.

Borodine (Alexandre), compositeur russe (1834-1887), auteur du *Prince Igor*.

Borromées (îles), îles italiennes du lac Majeur.

Bosch (Jérôme), peintre hollandais (m. en 1516), auteur de compositions fantastiques.

Bosnie-Herzégovine, république fédérée de la Yougoslavie; 3 746 000 h. Capit. *Sarajevo*.

Bosphore, détroit entre la mer de Marmara et la mer Noire.

Bossuet (Jacques-Bénigne), prélat français (1627-1704), évêque de Meaux, auteur d'oraisons funèbres.

Boston, port des États-Unis (Massachusetts); 665 000 h.

Botnie (golfe de), golfe de la mer Baltique.

Botswana, anc. Bechuanaland, État de l'Afrique australe, membre du Commonwealth; 710 000 h. Capit. *Gaberones*.

Botticelli (Sandro), peintre florentin (1444-1510), auteur du *Printemps* et de la *Naissance de Vénus*.

Bouchardon (Edme), sculpteur français (1698-1762).

Boucher (François), peintre français (1703-1770).

Bouches-du-Rhône, dép. du sud de la France; préf. *Marseille*; s.-préf. *Aix-en-Provence, Arles*; 1 633 000 h.

Bouddha ou **Çakya-Mouni**, fondateur du bouddhisme (vᵉ s. av. J.-C.).

Boudin (Eugène-Louis), peintre paysagiste français (1824-1898).

Boufflers (Louis-François, duc de), maréchal de France (1644-1711).

Bougainville (Louis-Antoine de), navigateur français (1729-1811).

Bougie. V. BEJAIA.

Boulanger (Georges), général français (1837-1891) qui esquissa un coup d'État (1886).

Boulay-Moselle, ch.-l. d'arr. de la Moselle; 3 900 h.

Boulez (Pierre), compositeur français, né en 1925.

Boulogne-Billancourt, v. des Hauts-de-Seine; 103 500 h. Automobiles.

Boulogne-sur-Mer, ch.-l. d'arr. du Pas-de-Calais, sur la Manche; 49 800 h. Port de pêche.

Boumedienne (Houari), homme d'État algérien, né en 1925, chef de l'État depuis 1965.

Bourbon *(maison de)*, nom de plusieurs familles princières françaises : la dernière, qui remonte à Robert de Clermont, fils de Saint Louis, a formé plusieurs branches, dont l'une est parvenue au trône de France avec Henri IV. De Louis XIII sont issues deux branches : l'aînée, qui a formé les rameaux de France, d'Espagne, des Deux-Siciles et de Parme ; la cadette ou branche d'Orléans, qui accéda au trône avec Louis-Philippe.

Bourbon-Lancy, station thermale de la Saône-et-Loire ; 6 700 h.

Bourbon-l'Archambault, station thermale de l'Allier ; 2 600 h.

Bourbonnais, anc. prov. du centre de la France ; capit. *Moulins*.

Bourbonne-les-Bains, station thermale de la Haute-Marne ; 3 300 h.

Bourboule *(La)*, station thermale du Puy-de-Dôme ; 2 400 h.

Bourdelle (Antoine), sculpteur français (1861-1929).

Bourg-d'Oisans *(Le)*, station touristique de l'Isère ; 2 500 h.

Bourg-en-Bresse, ch.-l. de l'Ain, dans la Bresse ; 45 000 h.

Bourgeois gentilhomme *(le)*, comédie de Molière (1670).

Bourges, anc. capit. du Berry, ch.-l. du Cher ; 80 400 h. Cathédrale (XIIIᵉ-XVIᵉ s.).

Bourget *(Le)*, v. de Seine-Saint-Denis ; 10 500 h. Aérodrome.

Bourget *(lac du)*, lac de Savoie.

Bourgogne, anc. prov. de l'est de la France ; capit. *Dijon*. Vins.

Bourgogne *(maisons de)*, nom de deux maisons capétiennes : l'une issue du roi de France Robert II le Pieux ; l'autre, du roi de France Jean le Bon.

Bourgoin-Jallieu, v. de l'Isère ; 22 300 h.

Bourguiba (Habib), homme d'État tunisien, né en 1903, président de la République depuis 1957.

Bourguignons *(faction des)*, parti du duc de Bourgogne, opposé aux Armagnacs durant la guerre de Cent Ans.

Bouvines, bourg du nord de la France (dép. du Nord), où Philippe Auguste vainquit l'empereur Otton IV (1214).

Boxers, nom donné par les Anglais aux membres d'une société secrète chinoise, qui, en 1900, mirent en danger les légations européennes.

Brabançonne *(la)*, chant national de la Belgique (1830).

Brabant, prov. de Belgique ; 2 148 000 h. Ch.-l. *Bruxelles*.

Bradford, v. d'Angleterre (Yorkshire) ; 298 200 h.

Bragance *(maison de)*, dynastie portugaise (1640-1855).

Brahé (Tycho), astronome danois (1546-1601).

Brahma, dieu suprême chez les Hindous.

Brahmapoutre, fl. du Tibet, du Pakistan et de l'Inde ; 2 900 km.

Brahms (Johannes), compositeur allemand (1833-1897).

Braille (Louis), inventeur de l'alphabet en relief à l'usage des aveugles (1809-1852).

Bramante (Donato), architecte italien (1444-1514).

Brandebourg, région de l'Allemagne orientale.

Branly (Édouard), physicien français (1844-1940).

Brantôme *(seigneur de)*, chroniqueur français (1540-1614).

Braque (Georges), peintre français (1882-1963).

Brasilia, capit. du Brésil ; 544 900 h.

Bratislava, v. de Tchécoslovaquie (Slovaquie), sur le Danube ; 291 000 h.

Braun (Wernher von), ingénieur allemand naturalisé américain (1912-1977). Il a participé à la création des engins spatiaux américains.

Bray *(pays de)*, pays du nord-ouest de la France (Picardie et Normandie).

Brazza (Pierre Savorgnan de), colonisateur français du Congo (1852-1905).

Brazzaville, capit. de la république du Congo ; 135 000 h.

Brecht (Bertolt), dramaturge allemand (1898-1956), auteur de *Mère Courage*.

Bréda, v. des Pays-Bas ; 119 000 h.

Breguet (Abraham-Louis), horloger français (1747-1823).

Breguet (Louis), aviateur et constructeur d'avions français (1880-1955).

Bréhat, île de Bretagne (Côtes-du-Nord).

Brejnev (Leonid), homme d'État soviétique (né en 1906), chef de l'État depuis 1977.

Brême, v. d'Allemagne occidentale, sur le Weser ; 602 500 h.

Brémontier (Nicolas), ingénieur français (1738-1809). Il fixa les dunes de la côte landaise.

Brenne, région du Berry.

Brenner *(col du)*, passage des Alpes centrales dans le Tyrol ; 1 370 m.

Brescia, v. d'Italie (Lombardie) ; 209 700 h.

Brésil, république fédérale de l'Amérique du Sud ; 8 516 000 km² ; 112 240 000 h. Capit. *Brasilia*.

Breslau. V. WROCLAW.

Bresse, anc. pays de l'est de la France.

Bressuire, ch.-l. d'arr. des Deux-Sèvres ; 18 100 h.

Brest, ch.-l. d'arr. du Finistère ; 172 200 h. Port militaire.

Brest, anc. **Brest-Litovsk**, v. de l'U. R. S. S. (Biélorussie) ; 122 000 h. Traité de paix entre l'Allemagne et les Soviets (1918).

Bretagne, anc. prov. de l'ouest de la France ; capit. *Rennes*.

Brétigny, hameau près de Chartres, où Jean le Bon conclut avec les Anglais un traité humiliant (1360).

Breton *(pertuis)*, détroit entre la côte de la Charente-Maritime et l'île de Ré.

Breton (André), écrivain français (1896-1966), l'un des fondateurs du surréalisme.

Breughel. V. BRUEGEL.

Breuil *(abbé* Henri), préhistorien français (1877-1961).

Briançon, ch.-l. d'arr. des Hautes-Alpes, sur la Durance ; 11 500 h.

Briand (Aristide), orateur et homme politique français (1862-1932).

Briansk, v. de l'U.R.S.S. (Russie) ; 318 000 h.

Briare *(canal de),* canal qui unit la Loire au canal du Loing.

Brie, pays de France à l'est de Paris.

Brienz *(lac de),* lac de Suisse.

Brière (la), plaine marécageuse de la Loire-Atlantique.

Briey, ch.-l. d'arr. de Meurthe-et-Moselle ; 5 500 h.

Brighton, station balnéaire d'Angleterre (Sussex), sur la Manche ; 162 700 h.

Brignoles, ch.-l. d'arr. du Var ; 10 500 h.

Brindisi, port de l'Italie méridionale, sur l'Adriatique ; 82 700 h.

Brinvilliers *(marquise de),* empoisonneuse, exécutée à Paris (1630-1676).

Brioude, ch.-l. d'arr. de la Haute-Loire ; 8 400 h.

Brisbane, port de l'Australie ; 853 000 h.

Bristol, port d'Angleterre, sur l'Avon ; 432 100 h.

Bristol *(canal de),* canal formé par l'Atlantique, à l'embouchure de la Severn.

Britannicus, fils de Claude et de Messaline (42-55), empoisonné par Néron.

Britannicus, tragédie de Racine (1669).

Britanniques *(îles),* ensemble formé par la Grande-Bretagne et l'Irlande.

Brive-la-Gaillarde, ch.-l. d'arr. de la Corrèze, sur la Corrèze ; 54 800 h.

Brno, v. de Tchécoslovaquie, en Moravie ; 333 000 h.

Broca (Paul), médecin français (1824-1880).

Brocéliande *(forêt de),* forêt de la Bretagne, aujourd'hui *forêt de Paimpont.*

Broglie, famille française qui a compté parmi ses membres : MAURICE, *duc de Broglie,* physicien (1875-1960), et son frère LOUIS, *prince de Broglie,* né en 1892, créateur de la mécanique ondulatoire.

Bron, v. du Rhône ; 45 000 h. Aéroport.

Brontë (Charlotte), femme de lettres anglaise (1816-1855), auteur de *Jane Eyre ;* — Sa sœur EMILY (1818-1848) a écrit les *Hauts de Hurlevent.*

Brooklyn, quartier de New York.

Brosse (Salomon *de),* architecte français (m. en 1626).

Brouage, village de la Charente-Maritime. Anc. port.

Brousse ou **Bursa,** v. de Turquie ; 275 900 h.

Brown (Robert), botaniste anglais (1773-1858), qui a découvert le *mouvement brownien.*

Browning (Robert), poète anglais (1812-1889).

Bruant (Libéral), architecte français (1635-1697). Il a construit l'hôtel des Invalides.

Bruant (Aristide), chansonnier français (1851-1925).

Bruay-en-Artois, v. du Pas-de-Calais ; 26 000 h.

Bruegel, famille de peintres flamands : PIERRE *Bruegel le Vieux* (v. 1525-1569) ; — Son fils, PIERRE *Bruegel le Jeune* (vers 1564-1637 ou 1638), surnommé *Bruegel d'Enfer ;* — JEAN *Bruegel,* frère du précédent (1568-1625), surnommé *Bruegel de Velours.*

Bruges, v. de Belgique ; 52 400 h. Monuments anciens.

Brune (Guillaume), maréchal de France (1763-1815), assassiné à Avignon.

Brunehaut (vers 534-613), épouse de Sigebert, roi d'Austrasie.

Brunei, sultanat du nord de Bornéo ; 180 000 h. Capit. *Bandar Seri Begawan.*

Brunelleschi (Filippo), architecte florentin (1377-1446).

Bruno *(saint),* fondateur de l'ordre des Chartreux (v. 1035-1101).

Brunswick, v. d'Allemagne (Basse-Saxe) ; 238 500 h.

Brunswick (Charles, *duc de),* général prussien (1735-1806), chef des coalisés contre la France (1792).

Brutus (Lucius Junius) [m. en 508]. Il prépara la révolution qui institua la République à Rome (509 av. J.-C.).

Brutus (Marcus Junius), républicain romain (v. 85-42 av. J.-C.), qui conspira contre César et fut vaincu par Antoine et Octave à Philippes.

Bruxelles, capit. de la Belgique ; 1 079 000 h. (avec les banlieues).

Bucarest, capit. de la Roumanie ; 1 507 300 h.

Bucéphale, cheval d'Alexandre le Grand.

Buchenwald, village de l'Allemagne orientale. Camp de concentration nazi de 1937 à 1945.

Buck (Pearl), romancière américaine (1892-1973).

Bucoliques *(les),* poèmes de Virgile.

Bucovine, région partagée entre l'U. R. S. S. et la Roumanie.

Budapest, capit. de la Hongrie, sur le Danube ; 2 039 000 h.

Budé (Guillaume), humaniste et helléniste français (1467-1540).

Buenos Aires, capit. et port de l'Argentine, sur le rio de la Plata ; 8 352 000 h.

Buffalo, v. des Etats-Unis, sur le lac Érié ; 532 800 h.

Buffalo Bill (William Frederick CODY, dit), aventurier américain (1846-1917).

Buffon (Georges-Louis *Leclerc de*), naturaliste français (1707-1788).

Bug, fl. de l'Ukraine (mer Noire). — Riv. de Pologne, affl. de la Vistule.

Bugeaud (Thomas), maréchal de France (1784-1849), gouverneur de l'Algérie.

Bugey, pays de l'est de la France.

Bujumbura, capit. du Burundi ; 134 900 h.

Bulgarie, république de la péninsule des Balkans ; 111 000 km² ; 8 800 000 h. Capit. *Sofia.*

Bülow (Friedrich Wilhelm), général prussien (1755-1816), adversaire de Napoléon.

Bunsen (Robert), chimiste allemand (1811-1899), inventeur d'un brûleur à gaz.

Buñuel (Luis), cinéaste espagnol, né en 1900.
Burgas, port de Bulgarie ; 106 300 h.
Burgondes, peuple germanique, qui s'établit dans le bassin du Rhône en 534.
Burgos, v. d'Espagne (Vieille-Castille) ; 119 900 h. Cathédrale gothique.
Burundi, anc. **Urundi,** république d'Afrique ; 3 970 000 h. Capit. *Bujumbura.*

Byrd (Richard Evelyn), explorateur américain de l'Antarctique (1888-1957).
Byron (Georges GORDON, *lord*), poète romantique anglais (1788-1824).
Bysance, anc. nom de *Constantinople.*
bysantin (*Empire*), nom donné à la partie orientale de l'Empire romain, de 395 à 1453 (prise de Constantinople par les Turcs).

Cabot (Jean), navigateur d'origine vénitienne (1450-1498), découvreur d'une partie du littoral nord-est de l'Amérique. — Son fils, SÉBASTIEN (1476-1557), reconnut le Rio de la Plata.
Cabourg, station balnéaire du Calvados ; 3 300 h.
Cachan, v. du Val-de-Marne ; 26 200 h.
Cachemire, région d'Asie partagée entre l'Inde et le Pakistan.
Cadix, v. et port d'Espagne (Andalousie), sur l'Atlantique ; 136 300 h.
Caen, ch.-l. du Calvados, sur l'Orne ; 122 800 h.
Cagliari, port de la Sardaigne ; 215 800 h.
Cagliostro (*comte de*), charlatan d'origine italienne (1743-1795).
Cagnes-sur-Mer, station balnéaire des Alpes-Maritimes ; 29 500 h.
Cahors, ch.-l. du Lot, sur le Lot ; 21 900 h.
Caillié (René), voyageur français (1799-1838). Il visita Tombouctou en 1828.
Caïn, fils aîné d'Adam et d'Ève, qui tua son frère Abel.
Caïphe, grand prêtre juif qui fit condamner Jésus-Christ à mort.
Caire (*Le*), capit. de l'Égypte ; 5 126 000 h.
Calabre, pays du sud-ouest de l'Italie.
Calais, ch.-l. d'arr. du Pas-de-Calais ; 79 400 h. Port de voyageurs.
Calais (*pas de*), détroit unissant la Manche et la mer du Nord et séparant la France de l'Angleterre.
Calcutta, v. de l'Inde (Bengale) ; 5 074 000 h.
Calderon (Pedro), poète dramatique espagnol (1600-1681).
Calgary, v. du Canada (Alberta) ; 403 300 h.
Cali, v. de Colombie ; 813 200 h.
Caliban, personnage de *la Tempête* de Shakespeare.
Calicut, port de l'Inde (Kerala) ; 315 800 h.
Californie, un des États unis d'Amérique, sur le Pacifique ; 20 648 000 h. Capit. *Sacramento.*
Californie (*Basse-*), presqu'île du Mexique sur la côte du Pacifique.
Caligula (Caius) [12-41], empereur romain de 37 à 41.
Callao, port du Pérou, sur le Pacifique ; 321 700 h.
Callot (Jacques), graveur et peintre français (1592-1635).

Calmette (Albert), médecin français (1863-1933). Il a découvert, avec Guérin, le vaccin antituberculeux dit *B. C. G.*
Calonne (Charles-Alexandre *de*), homme politique et financier français (1734-1802).
Calvados, dép. du nord-ouest de la France ; préf. *Caen* ; s.-préf. *Bayeux, Lisieux, Vire* ; 561 000 h.
Calvaire ou **Golgotha,** colline près de Jérusalem, où Jésus-Christ fut crucifié.
Calvi, ch.-l. d'arr. de la Haute-Corse ; 3 100 h.
Calvin (Jean) [1509-1564], propagateur de la Réforme en France et en Suisse.
Calypso, nymphe qui accueillit Ulysse.
Camaret-sur-Mer, port de pêche du Finistère ; 3 300 h.
Camargue (la), région du bas Rhône, entre deux bras du fleuve.
Cambacérès (Jean-Jacques *de*), juriste et homme politique français (1753-1824).
Cambodge ou **Kampuchéa,** État de l'Indochine ; 8 610 000 h. Capit. *Phnom Penh.*
Cambo-les-Bains, station thermale des Pyrénées-Atlantiques ; 5 100 h.
Cambrai, ch.-l. d'arr. du Nord, sur l'Escaut ; 41 000 h.
Cambridge, v. universitaire d'Angleterre ; 100 300 h. — V. des États-Unis (Massachusetts) ; 107 700 h. Université Harvard.
Cambronne (Pierre), général français (1770-1842).
Cambyse II, roi de Perse de 529 à 522 av. J.-C., conquérant de l'Égypte.
Cameroun, république d'Afrique, au fond du golfe de Guinée ; 6 670 000 h. Capit. *Yaoundé.*
Camille, jeune fille romaine, sœur des Horaces, tuée par son frère.
Camoëns (Luis de), poète portugais (1524-1580), auteur des *Lusiades.*
Campanie, région de l'Italie du Sud.
Campinas, v. du Brésil (São Paulo) ; 376 500 h.
Campine, plaine de Belgique, à l'est d'Anvers ; bassin houiller.
Campoformio, village d'Italie (Vénétie), où fut conclue, entre la France et l'Autriche, la paix de 1797.
Campos, v. du Brésil (Rio de Janeiro) ; 389 000 h.
Camus (Albert), écrivain français (1913-1960), auteur de *l'Étranger.*

Cana, v. de Galilée, célèbre par les noces où Jésus changea l'eau en vin.

Canaan, anc. nom de la *Palestine*.

Canada, État de l'Amérique du Nord, membre du Commonwealth ; 9 959 000 km^2 ; 23 320 000 h. Capit. *Ottawa*.

Canaques, indigènes de la Nouvelle-Calédonie et d'autres îles du Pacifique.

Canaries (*îles*), archipel espagnol de l'Atlantique ; 1 178 000 h.

Canberra, capit. de l'Australie ; 174 100 h.

Cancale, port de l'Ille-et-Vilaine ; 4 800 h. Ostréiculture.

Canche, fl. côtier de France, en Artois ; 96 km.

Candaule, roi de Lydie (VIIIe s. av. J.-C.).

Candide, roman de Voltaire (1759).

Candie, port de Crète ; 77 800 h.

Canigou, massif des Pyrénées orientales.

Cannes, anc. v. de l'Italie méridionale, où Annibal vainquit les Romains (216 av. J.-C.).

Cannes, station balnéaire des Alpes-Maritimes, sur la Méditerranée ; 71 100 h.

Canossa, bourg d'Italie du Nord ; l'empereur d'Occident Henri IV s'y humilia devant le pape Grégoire VII (1077).

Cantabriques (*monts*), massif du nord de l'Espagne.

Cantal, massif volcanique d'Auvergne, culminant au *plomb du Cantal* (1858 m).

Cantal, dép. du Massif central ; préf. *Aurillac* ; s.-préf. *Mauriac, Saint-Flour* ; 166 500 h.

Cantique des Cantiques (*le*), livre poétique de l'Ancien Testament.

Canton, v. et port de Chine ; 1 840 000 h.

Cantorbéry ou **Canterbury**, v. d'Angleterre (Kent) ; 32 600 h. Cathédrale (XIIe s.).

Cap (*Le*), port de l'Afrique du Sud, ch.-l. de la *prov. du Cap* ; 807 200 h.

Cap-d'Antibes, station balnéaire des Alpes-Maritimes, sur la Méditerranée.

Capétiens, dynastie de rois qui régnèrent sur la France de 987 à 1328. Elle est issue d'*Hugues Capet*. Les Valois succédèrent aux Capétiens directs.

Capharnaüm, anc. v. de Galilée.

Capital (*le*), ouvrage de Karl Marx (1867).

Capitolin, une des sept collines de Rome, sur laquelle était construit le *Capitole*.

Capoue, v. d'Italie (Campanie).

Cappadoce, anc. pays de l'Asie Mineure.

Capri, île du golfe de Naples.

Capricorne (*le*), constellation zodiacale.

Capulets, famille gibeline de Vérone, ennemie des Montaigus.

Cap-Vert (*îles du*), archipel de l'Atlantique, à l'ouest du Sénégal ; 290 000 h. Anc. possession portugaise.

Caracalla (188-217), fils de Septime Sévère, empereur romain de 211 à 217.

Caracas, capit. du Venezuela ; 2 184 000 h.

Caractères (*les*), ouvrage de La Bruyère (1688).

Caraïbes, les Petites Antilles.

Caran d'Ache (Emmanuel POIRÉ, dit), dessinateur humoriste français (1859-1909).

Caravage (*le*), peintre italien (1573-1610).

Carcassonne, ch.-l. de l'Aude, sur l'Aude ; 44 600 h. Remparts.

Cardiff, port de Grande-Bretagne (Galles) ; 289 300 h.

Carélie, république autonome du nord-ouest de l'U.R.S.S. (R.S.F.S. de Russie) ; 707 000 h. Capit. *Petrozavodsk*.

Carinthie, région du sud de l'Autriche.

Carlos (*don*) [1788-1855], prétendant à la couronne d'Espagne, à la place de sa nièce Isabelle II.

Carmaux, v. du Tarn ; 13 400 h. Bassin houiller.

Carmel (*mont*), montagne d'Israël.

Carmel (*le*), ordre mendiant fondé en Palestine au XIIe s.

Carnac, bourg du Morbihan, sur la baie de Quiberon ; alignements mégalithiques.

Carné (Marcel), cinéaste français (né en 1906), auteur des *Enfants du paradis*.

Carnegie (Andrew), industriel et philanthrope américain (1835-1919).

Carniole, anc. prov. d'Autriche, partagée entre l'Italie et la Yougoslavie.

Carnot (Lazare), mathématicien et conventionnel français (1753-1823) ; — Son petit-fils, SADI (1837-1894), président de la République en 1887, fut assassiné.

Caroline, nom de deux États unis d'Amérique : CAROLINE DU NORD (5 millions d'h., capit. *Raleigh*) et CAROLINE DU SUD (2 586 000 h., capit. *Columbia*).

Carolines (*îles*), archipel de l'Océanie, administré par les États-Unis ; 57 000 h.

Carolingiens, famille franque qui succéda aux Mérovingiens et qui régna de 751 à 987.

Carpates, chaîne de montagnes de l'Europe centrale ; 2 663 m.

Carpeaux (Jean-Baptiste), sculpteur français (1827-1875), auteur de *la Danse*.

Carpentras, ch.-l. d'arr. de Vaucluse ; 25 500 h.

Carrache, nom de trois peintres italiens du XVIe s. : Louis, Augustin et Annibal.

Carrare, v. de l'Italie centrale ; marbres.

Carter (Jimmy), homme d'État américain (né en 1924), président des États-Unis depuis 1977.

Carthage, v. de l'Afrique du Nord, fondée au VIIe s. av. J.-C. par les Phéniciens, près de l'actuelle Tunis. Elle fut détruite par les Romains en 146 av. J.-C.

Carthagène, port d'Espagne, sur la Méditerranée ; 147 300 h.

Cartier (Jacques), navigateur français (1491-1557), qui reconnut le Canada.

Cartouche, chef d'une bande de voleurs (1693-1721), roué vif à Paris.

Carvin, centre houiller du Pas-de-Calais ; 15 600 h.

Casablanca, port du Maroc, sur l'Atlantique ; 1 506 000 h.

Casanova (Giovanni Giacomo), gentilhomme vénitien (1725-1798), célèbre par ses aventures galantes.

Caspienne (*mer*), mer intérieure baignant le Caucase, le Kazakhstan, le Turkménistan et l'Iran.

Cassandre, fille de Priam et d'Hécube ; elle reçut d'Apollon le don de prophétie.

Cassel, bourg du nord de la France, où Philippe VI vainquit les Flamands (1328).

Cassin (*mont*), montagne de l'Italie méridionale, où saint Benoît fonda un monastère. Violents combats en 1944.

Cassini, nom de plusieurs astronomes français d'origine italienne, dont CÉSAR-FRANÇOIS (1714-1784), qui entreprit une grande carte de France.

Cassis, station balnéaire des Bouches-du-Rhône ; 5 800 h.

Castel Gandolfo, résidence d'été du pape.

Castellane, ch.-l. d'arr. des Alpes-de-Haute-Provence ; 1 200 h.

Castelnaudary, v. de l'Aude ; 10 800 h.

Castelsarrasin, ch.-l. d'arr. de Tarn-et-Garonne ; 12 200 h.

Castiglione, v. d'Italie (Lombardie). Victoire de Bonaparte sur les Autrichiens.

Castille, région du centre de l'Espagne, partagée entre la *Vieille-Castille,* au nord, et la *Nouvelle-Castille.*

Castres, ch.-l. d'arr. du Tarn ; 47 500 h.

Castro (Fidel), homme d'État cubain, né en 1927. Il a établi un régime de type socialiste.

Catalauniques *(champs),* plaine entre Châlons et Troyes, où fut vaincu Attila (451).

Catalogne, région du nord-est de l'Espagne ; capit. *Barcelone.*

Catane, port de Sicile ; 414 600 h.

Cateau-Cambrésis *(Le),* v. du Nord ; 8 900 h. Une paix y fut signée entre Henri II de France et Philippe IV d'Espagne en 1559.

Catherine de Sienne *(sainte),* religieuse et mystique italienne (1347-1380).

Catherine Labouré *(sainte),* religieuse française (1806-1876).

Catherine Iᵉ (vers 1684-1727), impératrice de Russie, qui succéda à son mari, Pierre le Grand, en 1725.

Catherine II (1729-1796), impératrice de Russie, qui régna, seule, après le meurtre de son mari, Pierre III (1762).

Catherine d'Aragon (1485-1536), première femme d'Henri VIII d'Angleterre.

Catherine Howard (v. 1522-1542), cinquième femme d'Henri VIII, qui la fit décapiter.

Catherine de Médicis (1519-1589), femme d'Henri II, régente de France pendant la minorité de Charles IX.

Catherine Parr (1512-1548), sixième et dernière femme d'Henri VIII d'Angleterre.

Catilina, patricien romain (v. 109-62 av. J.-C.) ; il conspira contre le sénat.

Catinat (Nicolas), maréchal de France (1637-1712), remarquable tacticien.

Caton l'Ancien, homme d'État romain (234-149 av. J.-C.), célèbre par l'austérité de ses principes.

Cattégat, bras de mer entre la Suède et le Danemark.

Catulle, poète lyrique latin (v. 87-v. 54 av. J.-C.).

Caucase, chaîne de montagnes de l'U.R.S.S., entre la mer Noire et la Caspienne, culminant à l'Elbrous (5 633 m).

Cauchon (Pierre), évêque de Beauvais, juge de Jeanne d'Arc (v. 1371-1442).

Cauchy *(baron* Augustin), mathématicien français (1789-1857).

Causses, plateaux calcaires du sud de la France.

Cauterets, station thermale des Hautes-Pyrénées.

Caux *(pays de),* plateau de Normandie, au nord de la Seine.

Cavaillon, v. du Vaucluse ; 21 500 h.

Cavendish (Henry), physicien et chimiste anglais (1731-1810).

Cavour (Camillo BENSO, *comte de),* homme d'État italien (1810-1861), promoteur de l'unité italienne avec Victor-Emmanuel II.

Cayenne, ch.-l. de la Guyane française ; 24 600 h.

Célèbes, île de l'Indonésie.

Céleste Empire, anc. nom de la *Chine.*

Célestin V *(saint)* [v. 1215-1296], pape en 1294. Il fut emprisonné par ordre de Boniface VIII.

Céline (Louis-Ferdinand), écrivain français, auteur de *Voyage au bout de la nuit* (1894-1961).

Cellini (Benvenuto), graveur, statuaire et orfèvre florentin (1500-1571).

Celsius (Anders), astronome suédois (1701-1744), créateur de l'échelle thermométrique centésimale.

Celtes, peuple qui émigra d'Europe centrale en Asie Mineure, en Gaule, en Espagne et dans les îles Britanniques.

Cenis *(mont),* mont des Alpes (3 320 m). Tunnel ferroviaire entre la France et l'Italie (13 668 m).

Cent Ans *(guerre de),* guerre entre la France et l'Angleterre, de 1337 à 1453.

Centaures, montres mythologiques, moitié hommes, moitié chevaux.

Cent-Jours (les), période comprise entre le 20 mars (arrivée à Paris de Napoléon Iᵉʳ revenant de l'île d'Elbe) et le 22 juin 1815 (seconde abdication de Napoléon).

centrafricain *(Empire),* État de l'Afrique équatoriale ; 2 610 000 h. ; capit. *Bangui.*

Centre *(canal du),* canal unissant la Saône à la Loire ; 114 km.

Céphalonie, une des îles Ioniennes.

Cerbère *(cap),* cap à la frontière orientale de la France et de l'Espagne.

Cerbère, chien à trois têtes, gardien des Enfers, dans la mythologie grecque.

Cerdagne, pays sur les deux versants des Pyrénées orientales.

Cère, riv. du centre de la France, affl. de la Dordogne ; 110 km.

Cérès, déesse latine de l'Agriculture.

Céret, ch.-l. d'arr. des Pyrénées-Orientales ; 6 200 h.

Cergy, v. du Val-d'Oise ; 7 700 h. Ville nouvelle.

Cervantes (Miguel *de),* écrivain espagnol (1547-1616), auteur de *Don Quichotte de la Manche.*

Cervin *(mont),* sommet des Alpes suisses, entre le Valais et le Piémont ; 4 478 m.

Césaire (Aimé), écrivain et homme politique français, né à la Martinique en 1913.

César (Jules), homme d'État romain (101-44 av. J.-C.). Il conquit la Gaule, inaugura, à Rome, le gouvernement monarchique et fut assassiné.

Ceuta, port espagnol enclavé dans le Maroc ; 86 700 h.

Cévennes, hauteur du rebord oriental du Massif central.

Ceylan ou **Sri Lanka,** île au sud de l'Inde, république membre du Commonwealth ; 65 607 km² ; 13 970 000 h. Capit. *Colombo.*

Cézanne (Paul), peintre impressionniste français (1839-1906).

Chaab (Al-), capit. du Yémen démocratique et populaire ; 10 000 h.

Chablais, région de la Haute-Savoie.

Chablis, v. de l'Yonne ; 2 400 h. Vins.

Chabrier (Emmanuel), compositeur français (1841-1894).

Chaco, région de steppes de l'Amérique du Sud (Argentine, Paraguay).

Chagall (Marc), peintre français d'origine russe, né en 1887.

Chaise-Dieu (La), bourg de la Haute-Loire. Église abbatiale du XIVe s.

Chalcédoine, anc. v. de l'Asie Mineure, sur le Bosphore.

Chaldée, nom de la Babylonie à partir du VIIe s. av. J.-C.

Châlons-sur-Marne, ch.-l. de la Marne, sur la Marne ; 55 700 h.

Chalon-sur-Saône, ch.-l. d'arr. de la Saône-et-Loire, sur la Saône ; 60 500 h.

Cham, fils de Noé.

Chamberlain (Joseph), homme d'État anglais (1836-1914), un des promoteurs de l'impérialisme.

Chambéry, anc. cap. de la Savoie, ch.-l. de la Savoie ; 56 800 h.

Chambon-Feugerolles (Le), v. de la Loire ; 20 100 h.

Chambord, village de Loir-et-Cher. Château (XVIe s.).

Chamfort (Sébastien Roch NICOLAS, dit de), moraliste français (1741-1794).

Chamonix-Mont-Blanc, station de sports d'hiver de Haute-Savoie, au pied du mont Blanc ; 9 000 h.

Champagne, anc. prov. de l'est de la France ; capit. *Troyes* ; vins.

Champaigne ou **Champagne** (Philippe de), peintre français d'origine flamande (1602-1674).

Champigny-sur-Marne, v. du Val-de-Marne, sur la Marne ; 80 500 h.

Champlain (Samuel de), voyageur français (v. 1567-1635), fondateur de Québec.

Champollion (Jean-François), orientaliste français (1790-1832) ; il parvint à déchiffrer les hiéroglyphes égyptiens.

champs Élysées, chez les Anciens, séjour des bons après leur mort.

Champs-Élysées, grande avenue de Paris.

Chandernagor, v. de l'Inde, anc. établissement français.

Chandigarh, v. de l'Inde, capit. du Pendjab ; 140 000 h.

Chang-hai, port de Chine, près de l'embouchure du Yang-tseu ; 10 millions d'h.

Chang Kaï-chek ou **Tchang Kaï-chek,** généralissime chinois (1887-1975) adversaire des communistes.

Chanson de Roland (la), chanson de geste du XIIe s.

Chantilly, v. de l'Oise ; 10 700 h. Château de la Renaissance.

Chaplin (sir Charles), acteur anglais de cinéma, créateur de *Charlot* (1889-1977).

Chappe (abbé Claude), ingénieur et physicien français (1763-1805), créateur du télégraphe aérien.

Charcot (Jean-Martin), médecin français (1825-1893) ; — Son fils, JEAN-BAPTISTE (1867-1936), explora les régions polaires.

Chardin (Jean-Baptiste), peintre français (1699-1779).

Charente, fl. du sud-ouest de la France (Atlantique) ; 360 km.

Charente, dép. du sud-ouest de la France ; préf. *Angoulême* ; s.-préf. *Cognac, Confolens* ; 337 100 h.

Charente-Maritime, dép. du sud-ouest de la France ; préf. *La Rochelle* ; s.-préf. *Jonzac, Rochefort, Saintes, Saint-Jean-d'Angély* ; 497 900 h.

Charenton-le-Pont, v. du Val-de-Marne ; 20 600 h.

Charette (François de), chef vendéen (1763-1796).

Chari, fl. de l'Afrique, tributaire du Tchad ; 1 200 km.

Charlemagne (742-814), roi des Francs à partir de 768 et empereur d'Occident à partir de 800.

Charleroi, v. de Belgique (Hainaut), sur la Sambre ; 25 100 h.

Charles Martel (vers 685-741), maire du palais d'Austrasie et de Neustrie, vainqueur des Sarrasins à Poitiers (732).

Charles II, le Chauve (823-877), roi de France de 840 à 877, et empereur d'Occident de 875 à 877.

Charles III, le Simple (879-929), roi de France de 893 à 923 ; il fut déposé.

Charles IV, le Bel (1294-1328), roi de France de 1322 à 1328.

Charles V, le Sage (1338-1380), roi de France de 1364 à 1380.

Charles VI, le Bien-Aimé (1368-1422), roi de France de 1380 à 1422.

Charles VII (1403-1461), roi de France de 1422 à 1461 ; grâce à Jeanne d'Arc, il reconquit son royaume sur les Anglais.

Charles VIII (1470-1498), roi de France de 1483 à 1498.

Charles IX (1550-1574), roi de France de 1560 à 1574.

Charles X (1757-1836), roi de France en 1824, renversé par la révolution de 1830.

Charles le Téméraire (1433-1477), duc de Bourgogne de 1467 à 1477, adversaire de Louis XI.

Charles V, dit **Charles Quint** (1500-1558), souverain des Pays-Bas de 1506 à 1555, roi d'Espagne de 1515 à 1556, empereur germanique de 1519 à 1556. Il lutta contre François Ier.

Charles VI (1685-1740), empereur germanique de 1711 à 1740.

Charles Ier (1600-1649), roi d'Angleterre et d'Écosse de 1625 à 1649. Livré au parti de Cromwell, il fut décapité.

Charles II (1630-1685), roi d'Angleterre et d'Écosse de 1660 à 1685.

Charles XII (1682-1718), roi de Suède de 1697 à 1718 ; il fut vaincu par Pierre le Grand.

Charles II (1660-1700), roi d'Espagne de 1665 à 1700.

Charles III (1716-1788), roi d'Espagne de 1759 à 1788.

Charles IV (1748-1819), roi d'Espagne de 1788 à 1808; il abdiqua en faveur de Napoléon Ier.

Charles ou Carol Ier (1839-1914), roi de Roumanie de 1881 à 1914.

Charles ou Carol II (1893-1953), roi de Roumanie en 1930; il abdiqua en 1940.

Charles IV (1887-1922), roi de Hongrie et empereur d'Autriche (sous le nom de *Charles Ier*) de 1916 à 1918; il abdiqua après la défaite de l'Autriche.

Charles-Albert (1798-1849), roi de Sardaigne en 1831; il lutta contre les Autrichiens.

Charleston, port des États-Unis (Caroline du Sud); 71 500 h.

Charleville-Mézières, ch.-l. du dép. des Ardennes, sur la Meuse; 63 400 h.

Charolais ou Charollais, pays de France (Bourgogne); ch.-l. *Charolles*.

Charon, nocher des Enfers.

Charpentier (Marc-Antoine), compositeur de musique français (v. 1636-1704).

Chartres, ch.-l. d'Eure-et-Loir, sur l'Eure; 41 300 h. Cathédrale (XIIe-XIIIe s.).

Chartreuse (*la Grande-*), monastère fondé en 1084 dans le massif de la Grande-Chartreuse (Isère).

Charybde et Scylla, tourbillon et écueil du détroit de Messine; quand on avait évité l'un, on se brisait souvent sur l'autre.

Chassériau (Théodore), peintre portraitiste français (1819-1856).

Chateaubriand (*vicomte* François-René *de*), écrivain français (1768-1848), auteur du *Génie du christianisme*, d'*Atala* et des *Mémoires d'outre-tombe*.

Châteaubriant, ch.-l. d'arr. de la Loire-Atlantique; 13 800 h.

Château-Chinon, ch.-l. d'arr. de la Nièvre; 2 900 h.

Châteaudun, ch.-l. d'arr. d'Eure-et-Loir; 16 100 h. Château (XVe-XVIe s.).

Château-Gaillard, forteresse en ruine dominant la Seine aux Andelys.

Château-Gontier, ch.-l. d'arr. de la Mayenne, sur la Mayenne; 8 600 h.

Châteaulin, ch.-l. d'arr. du Finistère; 5 700 h.

Châteauroux, ch.-l. de l'Indre, sur l'Indre; 55 600 h.

Château-Salins, ch.-l. d'arr. de la Moselle; 2 600 h.

Château-Thierry, ch.-l. d'arr. de l'Aisne, sur la Marne; 13 900 h.

Châtelaillon-Plage, station balnéaire de la Charente-Maritime; 5 400 h.

Châtelguyon, station thermale du Puy-de-Dôme; 3 700 h.

Châtellerault, ch.-l. d'arr. de la Vienne, sur la Vienne; 38 300 h.

Châtenay-Malabry, v. des Hauts-de-Seine; 30 500 h.

Châtillon-sur-Seine, v. de la Côte-d'Or; 7 900 h.

Chatou, v. des Yvelines; 25 600 h.

Châtre (*La*), ch.-l. d'arr. de l'Indre; 5 200 h.

Chatt al-Arab, fl. d'Irak, formé par la réunion du Tigre et de l'Euphrate.

Chaucer (Geoffrey), poète anglais (v. 1340-1400), auteur des *Contes de Canterbury*.

Chaumont, ch.-l. de la Haute-Marne, sur la Marne; 29 300 h.

Chaumont-sur-Loire, village de Loir-et-Cher; château (XVe s.).

Chaux-de-Fonds (*La*), v. de Suisse (cant. de Neuchâtel); 42 900 h.

Chaville, v. des Hauts-de-Seine; 19 100 h.

Chelles, v. de Seine-et-Marne; 36 600 h.

Chelsea, quartier de Londres.

Chemnitz. V. KARL-MARX-STADT.

Chénier (André), poète français (1762-1794), auteur d'élégies et d'idylles.

Chenonceaux, village d'Indre-et-Loire, sur le Cher. Château (XVIe s.).

Chen-Yang, anc. **Moukden**, v. de la Chine du Nord-Est; 2 423 000 h.

Chéops, roi d'Egypte, vers 2600 av. J.-C.; il fit élever la plus grande des pyramides.

Chéphren, roi d'Egypte, successeur de Chéops. Il fit construire la seconde grande pyramide.

Cher, riv. du centre de la France, affl. de la Loire; 320 km.

Cher, dép. du centre de la France; préf. *Bourges*; s.-préf. *Saint-Amand-Mont-Rond*; 316 350 h.

Cherbourg, ch.-l. d'arr. de la Manche, sur la Manche; 34 600 h. Port.

Cherchel, v. d'Algérie. Ruines antiques.

Chéronée, v. de Béotie; victoire de Philippe II sur les Athéniens et les Thébains (338 av. J.-C.), et de Sylla sur Mithridate (86 av. J.-C.).

Chersonèse, nom que les Grecs donnaient à diverses presqu'îles.

Chester, v. d'Angleterre; 60 400 h. Fromages.

Chevalier (Maurice), chanteur de variétés et artiste de cinéma français (1888-1972).

Cheverny, village de Loir-et-Cher. Château (XVIIe s.).

Chevreul (Eugène), chimiste français (1786-1889), qui étudia les corps gras.

Chevreuse (*duchesse de*) [1600-1679]; elle joua un rôle important pendant la Fronde.

Chianti, région de Toscane. Vins.

Chicago, v. des États-Unis, sur le lac Michigan; 3 644 000 h.

Chiers, riv. de Lorraine, affl. de la Meuse; 112 km.

Childebert, nom de trois rois mérovingiens.

Childéric, nom de trois rois mérovingiens.

Chili, république de l'Amérique du Sud, en bordure du Pacifique; 742 000 km2; 10 660 000 h. Capit. *Santiago*.

Chilpéric, nom de deux rois mérovingiens.

Chimborazo, volcan éteint des Andes (Equateur); 6 272 m.

Chimère (la), monstre fabuleux.

Chine, république d'Asie; 9 736 000 km2; 900 millions d'h. env. Capit. *Pékin*. Pays le plus peuplé du monde.

Chine (*mer de*), partie du Pacifique.

Chinon, ch.-l. d'arr. d'Indre-et-Loire, sur la Vienne; 8 300 h. Ruines de trois châteaux (XIIe-XIVe s.).

Chio, île grecque de la mer Égée.

Chiraz, v. d'Iran; 335 700 h.

Chleuh, tribus berbères du Maroc.

Choiseul (*duc de*) [1719-1785], ministre des Affaires étrangères sous Louis XV.

Choisy-le-Roi, v. du Val-de-Marne, sur la Seine ; 38 800 h.

Cholet, ch.-l. d'arr. de Maine-et-Loire ; 54 000 h.

Chopin (Frédéric), compositeur et pianiste polonais (1810-1849).

Chostakovitch (Dimitri), compositeur soviétique (1906-1975).

Chou En-lai, homme politique chinois (1898-1976).

Chrétien de Troyes, poète français, auteur de romans de chevalerie (v. 1135 - v. 1183).

Christ, le Messie.

Christchurch, v. de la Nouvelle-Zélande ; 260 200 h.

Christian, nom de dix rois du Danemark.

Christine (1626-1689), reine de Suède de 1632 à 1654.

Christine de Pisan, femme poète française (v. 1364 - v. 1430).

Churchill (sir Winston), homme d'État anglais (1874-1965), l'un des organisateurs de la victoire de 1945.

Chypre, île de la mer Méditerranée orientale ; 690 000 h.

Ciboure, port de pêche des Pyrénées-Atlantiques ; 6 400 h.

Cicéron (Marcus Tullius), orateur et homme politique romain (106-43 av. J.-C.).

Cid (le), tragédie de Corneille (1636).

Cilicie, anc. pays de l'Asie Mineure.

Cimabue (Giovanni), peintre italien (v. 1240-1302).

Cimbres, peuple germanique, qui envahit la Gaule au IIe s. av. J.-C.

Cincinnati, v. des États-Unis (Ohio) ; 502 000 h.

Cincinnatus, homme d'État romain (Ve s. av. J.-C.).

Cinq-Mars (*marquis de*), gentilhomme français (1620-1642), adversaire de Richelieu, mort décapité.

Ciotat (La), port et station balnéaire des Bouches-du-Rhône ; 32 000 h.

Circé, magicienne qui transforma en porcs les compagnons d'Ulysse.

Cisalpine (Gaule), nom romain de la partie septentrionale de l'Italie.

Cisalpine (République), État formé au nord de l'Italie par Bonaparte (1797-1802).

Cité (île de la), île de la Seine, berceau de Paris.

Cîteaux, hameau de la Côte-d'Or, où fut fondée, en 1098, une communauté bénédictine, dite cistercienne.

Citroën (André), industriel français (1878-1935).

Ciudad Juarez, v. du Mexique ; 483 800 h.

Çiva ou **Siva,** dieu hindou.

Clain, riv. de France, affl. de la Vienne ; 125 km. Il arrose Poitiers.

Clair (René), cinéaste français (né en 1898), auteur d'*A nous la liberté.*

Claire (sainte), fondatrice de l'ordre des clarisses (1194-1253).

Clairvaux, hameau de l'Aube, où saint Bernard fonda une abbaye (1115), auj. maison de détention.

Clamart, v. des Hauts-de-Seine ; 53 400 h.

Clamecy, ch.-l. d'arr. de la Nièvre ; 6 100 h.

Claude Ier (10 av. J.-C. - 54), empereur romain de 41 à 54, époux de Messaline, empoisonné par Agrippine.

Claudel (Paul), écrivain français (1868-1955), auteur du *Soulier de satin.*

Clausewitz (Karl von), général et théoricien militaire prussien (1780-1831).

Clemenceau (Georges), homme politique français (1841-1929), l'un des organisateurs de la victoire de 1918.

Clément V, pape de 1305 à 1314, qui transporta sa résidence à Avignon.

Clément VII (né en 1478), pape de 1523 à 1534, célèbre par ses démêlés avec Charles Quint et Henri VIII d'Angleterre.

Cléopâtre VII (69-30 av. J.-C.), reine d'Egypte de 51 à 30 ; aimée de César, puis d'Antoine, elle se tua après Actium.

Clermont, ch.-l. d'arr. de l'Oise ; 8 700 h.

Clermont-Ferrand, anc. capit. de l'Auvergne, ch.-l. du Puy-de-Dôme ; 161 200 h.

Cleveland, v. des États-Unis sur le lac Erié ; 876 000 h.

Clèves, v. d'Allemagne occidentale, ch.-l. d'un anc. duché.

Clichy, v. des Hauts-de-Seine ; 48 000 h.

Clotaire, nom de quatre rois mérovingiens, dont CLOTAIRE Ier (497-561).

Clotilde (sainte), femme de Clovis Ier (v. 475-545).

Clouet (Johannet ou Janet), peintre français (v. 1475-1541) ; — Son fils, FRANÇOIS (m. en 1572), fut également peintre.

Clovis Ier (465-511), roi franc de 481 à 511 ; il conquit presque toute la Gaule et fut baptisé à Reims (496).

Cluj, v. de Roumanie ; 197 900 h.

Cluny, v. de Saône-et-Loire ; 4 700 h. Anc. abbaye.

Clyde, fl. d'Écosse (mer d'Irlande) ; 170 km.

Clytemnestre, épouse d'Agamemnon.

Cnossos, capit. de la Crète ancienne.

Coblence, v. d'Allemagne occidentale, au confluent du Rhin et de la Moselle ; 122 000 h.

Cochinchine, anc. nom de l'extrémité méridionale du Viêt-nam.

Coëtquidan, camp militaire du Morbihan.

Cœur (Jacques), marchand de Bourges (v. 1395-1456) ; argentier de Charles VII.

Cognac, ch.-l. d'arr. de la Charente, sur la Charente ; 22 660 h. Eaux-de-vie.

Coimbatore, v. de l'Inde, dans le Deccan ; 393 100 h.

Coimbra, v. du Portugal ; 56 000 h. Université.

Coire, v. de Suisse, ch.-l. des Grisons.

Colbert (Jean-Baptiste), homme d'État français (1619-1683), contrôleur général des Finances en 1661.

Coleridge (Samuel Taylor), poète anglais (1772-1834), précurseur du romantisme.

Colette (Sidonie Gabrielle), romancière française (1873-1954).

Coligny (Gaspard de), amiral protestant français (1519-1572), un des chefs protestants, victime de la Saint-Barthélemy.

Colisée, amphithéâtre antique de Rome.

Collioure, port de pêche des Pyrénées-Orientales ; 2 700 h.

Colmar, ch.-l. du Haut-Rhin ; 67 400 h.

Cologne, v. d'Allemagne occidentale, sur le Rhin ; 856 700 h. Cathédrale gothique.

Colomb (Christophe), navigateur génois (v. 1451-1506) ; il atteignit l'Amérique le 12 octobre 1492.

Colomban (saint), moine irlandais (v. 540-615).

Colomb-Béchar, auj. **Béchar,** oasis d'Algérie.

Colombes, v. des Hauts-de-Seine ; 83 500 h.

Colombie, république du nord-ouest de l'Amérique du Sud ; 1 139 000 km² ; 25 millions d'h. Capit. *Bogota.*

Colombie britannique, prov. du Canada, en bordure du Pacifique ; 2 406 000 h. Capit. *Victoria.*

Colombo, capit. de la république de Sri Lanka (Ceylan) ; 562 200 h.

Colonnes d'Hercule, nom antique des hauteurs encadrant le détroit de Gibraltar.

Colorado, fl. des Etats-Unis qui débouche dans le golfe de Californie ; 2 250 km. Profonds cañons. — Fl. des Etats-Unis (Texas), qui rejoint le golfe du Mexique ; 1 400 km.

Colorado, un des Etats unis d'Amérique ; 2 357 000 h. Capit. *Denver.*

Columbia, fl. des Etats-Unis (Pacifique) ; 1 953 km.

Columbia, district fédéral des États-Unis ; 811 000 h. Capit. *Washington.*

Columbus, v. des Etats-Unis, capit. de l'Ohio ; 533 400 h.

Combes (Emile), homme politique français (1885-1921).

Combourg, bourg de l'Ille-et-Vilaine ; château féodal où Chateaubriand vécut jeune.

Côme (lac de), lac de l'Italie du Nord.

Côme (saint), martyr sous Dioclétien.

Comédie humaine (la), ensemble des romans de Balzac.

Commentry, v. de l'Allier ; 10 200 h. Houille.

Commercy, ch.-l. d'arr. de la Meuse ; 8 200 h.

Commode (161-192), empereur romain (180-192), célèbre par ses cruautés.

Commonwealth, ensemble formé par la Grande-Bretagne et divers Etats, anciennes dépendances, qui ont gardé des liens économiques et culturels.

Communauté économique européenne, association conclue en 1957 entre l'Allemagne (République fédérale), le Belgique, la France, l'Italie, le Luxembourg et les Pays-Bas (la Grande-Bretagne, l'Irlande et le Danemark se sont intégrés ensuite à la Communauté).

Commune (la), gouvernement révolutionnaire, installé à Paris en 1871.

Communisme (pic), point culminant de l'U. R. S. S. ; 7 495 m.

Commynes (Philippe de), chroniqueur français (v. 1447-1511).

Comnène, famille byzantine qui a donné plusieurs empereurs d'Orient.

Comores (îles), archipel de l'océan Indien, au nord de Madagascar ; 267 000 h. Anc. territoire français.

Compiègne, ch.-l. d'arr. de l'Oise ; 40 700 h. Château (XVIIIᵉ s.) ; forêt.

Comtat Venaissin, anc. pays du sud-est de la France (Vaucluse). Possession des papes de 1274 à 1791.

Comte (Auguste), philosophe positiviste français (1798-1857).

Conakry, capit. de la Guinée, sur l'Atlantique ; 197 300 h.

Concarneau, port de pêche du Finistère ; 19 000 h.

Concepción, v. du Chili ; 170 000 h.

Concini (Concino), aventurier italien, tué en 1617 ; il exerça une grande influence sur Marie de Médicis.

Condé (Louis II DE BOURBON, prince de), dit le Grand Condé (1621-1686), brillant général.

Condé-sur-l'Escaut, v. du Nord ; 14 000 h.

Condillac (Etienne de), philosophe sensualiste français (1715-1780).

Condom, ch.-l. d'arr. du Gers ; 8 100 h.

Condorcet (Antoine de), philosophe, mathématicien et conventionnel français (1743-1794).

Confédération germanique, union des Etats allemands (1815-1866).

Confessions (les), ouvrage de J.-J. Rousseau.

Conflans-Sainte-Honorine, v. des Yvelines, sur la Seine ; 31 100 h. Batellerie.

Confolens, ch.-l. d'arr. de la Charente, sur la Vienne ; 3 200 h.

Confucius, philosophe et moraliste chinois (551-479 av. J.-C.).

Congo, auj. **Zaïre,** fl. de l'Afrique équatoriale (Atlantique) ; 4 640 km.

Congo (république du), dite Congo-Kinshasa, anc. Congo belge, Etat d'Afrique équatoriale, indépendant depuis 1960. Depuis 1971, c'est le Zaïre.

Congo (république populaire du), dite Congo-Brazzaville, Etat d'Afrique équatoriale ; 342 000 km² ; 1 440 000 h. Capit. *Brazzaville.*

Congo belge, anc. possession belge de l'Afrique équatoriale. C'est auj. le Zaïre.

Connecticut, un des Etats unis d'Amérique ; 3 095 000 h. Capit. *Hartford.*

Conrad, nom de cinq rois et empereurs germaniques.

Conrad (Joseph), romancier anglais (1857-1924), auteur de Lord Jim.

Constable (John), peintre anglais (1776-1837).

Constance (lac de), lac formé par le Rhin, entre la Suisse, l'Autriche et l'Allemagne.

Constant (Benjamin), homme politique libéral et écrivain français (1767-1830), auteur d'un roman, Adolphe.

Constantin Iᵉʳ, le Grand, empereur romain de 306 à 337. Sa victoire contre Maxence (312) décida de l'établissement du christianisme comme religion officielle.

Constantine, v. d'Algérie ; 243 000 h.

Constantinople, nom donné à Byzance, à partir de Constantin, auj. Istanbul.

Constantza ou **Constanta,** port de Roumanie ; 170 000 h.

Consulat, gouvernement de la France (1799-1804).

Conti ou **Conty,** branche cadette de la maison de Bourbon-Condé.

Contre-Réforme, réforme catholique qui suivit, aux XVIe et XVIIe s., la réforme protestante.

Contrexéville, station thermale des Vosges.

Convention nationale, assemblée révolutionnaire (1792-1795).

Cook (James), navigateur anglais (1728-1779). Il explora l'Océanie.

Cooper (Fenimore), romancier américain (1789-1851), auteur de récits d'aventures : *le Dernier des Mohicans.*

Copenhague, capit. du Danemark, dans l'île de Sjaelland ; 1 220 000 h.

Copernic (Nicolas), astronome polonais (1473-1543), qui démontra le double mouvement des planètes sur elles-mêmes et autour du Soleil.

Coppée (François), poète français (1842-1908).

Coran, livre sacré des musulmans.

Corbeil-Essonnes, v. de l'Essone ; 39 200 h.

Corbie, anc. place forte de la Somme ; 5 600 h.

Corbières, contrefort des Pyrénées orientales, culminant à 1 231 m. Vignobles.

Corday (Charlotte), jeune fille qui tua Marat (1768-1793).

Cordoba, v. de l'Argentine ; 781 600 h.

Cordoue, v. d'Espagne (Andalousie), sur le Guadalquivir ; 215 500 h. Anc. mosquée.

Corée, presqu'île montagneuse de l'Extrême-Orient, partagée en deux Etats : la *Corée du Nord* (16 650 000 h. ; capit. *Pyongyang*) et la *Corée du Sud* (36 440 000 h. ; capit. *Séoul*).

Corelli (Arcangelo), violoniste et compositeur italien (1653-1713).

Corfou, une des îles Ioniennes.

Corinthe, port de Grèce, sur l'*isthme de Corinthe,* qui sépare le Péloponnèse de la Grèce continentale.

Coriolan, général romain du ve s. av. J.-C.

Cork, port d'Irlande ; 128 600 h.

Corneille (Pierre), poète dramatique français (1606-1684), auteur de tragédies (*le Cid, Horace, Cinna, Polyeucte, Rodogune, Nicomède*).

Cornouaille, anc. pays de la Bretagne.

Cornwall ou **Cornouailles,** comté du sud-ouest de l'Angleterre ; 403 500 h. Ch.-l. *Truro.*

Corogne (La), port militaire d'Espagne (Galice), sur l'Atlantique ; 230 200 h.

Cornwallis (Charles), général anglais (1738-1805), battu par les insurgés américains à Yorktown (1781).

Coromandel (*côte de*), littoral de l'Inde, sur le golfe du Bengale.

Coronée, v. de Béotie, où les Lacédémoniens vainquirent une coalition grecque (394 av. J.-C.).

Corot (Camille), peintre paysagiste français (1796-1875).

Corrège (le), peintre italien (v. 1489-1534).

Corrèze (la), riv. du centre de la France, affl. de la Vézère ; 85 km.

Corrèze, dép. du centre de la France ; préf. *Tulle ;* s.-préf. *Brive, Ussel ;* 240 400 h.

Corse, île de la Méditerranée, formant 2 départ. français : la *Corse-du-Sud* (préf. *Ajaccio ;* s.-préf. *Sartène ;* 128 600 h.) et la *Haute-Corse* (préf. *Bastia ;* s.-préf. *Calvi, Corte ;* 161 200 h.)

Corse (*cap*), péninsule au nord de la Corse.

Corte, ch.-l. d'arr. de la Haute-Corse.

Cortès (Hernán), capitaine castillan (1485-1547), conquérant du Mexique.

Cortina d'Ampezzo, station de sports d'hiver d'Italie (Vénétie).

Cosne, ch.-l. d'arr. de la Nièvre, sur la Loire ; 12 300 h.

Costa Brava, littoral de la Catalogne.

Costa Rica, république de l'Amérique centrale ; 51 000 km2 ; 2 millions d'h. Capit. *San José.*

Côte-d'Azur, littoral français de la Méditerranée, à l'est de Cassis.

Côte-de-l'Or. V. GHANA.

Côte-d'Ivoire, république d'Afrique occidentale ; 322 500 km2 ; 5 millions d'h. Capit. *Abidjan.*

Côte-d'Or, dép. de l'est de la France (Bourgogne) ; préf. *Dijon ;* s.-préf. *Beaune, Montbard ;* 456 100 h.

Cotentin, presqu'île de basse Normandie.

Côtes-du-Nord, dép. de l'ouest de la France (Bretagne) ; préf. *Saint-Brieuc ;* s.-préf. *Dinan, Guingamp, Lannion ;* 525 600 h.

Cotonou, port du Bénin ; 120 000 h.

Coty (René), homme d'Etat français (1882-1962), président de la République de 1954 à 1959.

Coubertin (Pierre de), éducateur français (1863-1937), rénovateur des jeux Olympiques.

Coulomb (Charles-Augustin de), physicien français (1736-1806).

Coulommiers, v. de la Seine-et-Marne ; 12 000 h. Fromages.

Counaxa ou **Cunaxa,** anc. v. de l'Empire perse. Victoire d'Artaxerxès II sur Cyrus le Jeune (401 av. J.-C.).

Couperin (François), organiste, claveciniste et compositeur français (1668-1733).

Courbet (Gustave), peintre réaliste français (1819-1877).

Courbet (Amédée Anatole), amiral français (1827-1885).

Courbevoie, v. des Hauts-de-Seine ; 54 800 h.

Courier (Paul-Louis), écrivain et pamphlétaire français (1772-1825).

Courmayeur, centre touristique des Alpes italiennes (Val d'Aoste).

Courneuve (La), v. de Seine-Saint-Denis ; 38 000 h.

Courrières, v. du Pas-de-Calais ; 12 500 h. Mines de houille (catastrophe en 1906).

Courteline (Georges), écrivain français (1858-1929), auteur de comédies.

Courtrai, v. de Belgique, sur la Lys ; 45 200 h.

Coutances, ch.-l. d'arr. de la Manche ; 11 900 h.

Coventry, v. d'Angleterre ; 330 300 h.

Coypel, famille de peintres français (XVIIe-XVIIIe s.).

Coysevox (Antoine), sculpteur français (1640-1720).

Cracovie, v. de la Pologne méridionale, sur la Vistule ; 610 000 h.

Craiova, v. de Roumanie ; 610 000 h.

Cranach (Lucas), peintre et graveur allemand (1472-1553).

Crassus, homme d'État romain (115-53 av. J.-C.).

Crau (la), plaine des Bouches-du-Rhône.

Crécy-en-Ponthieu, bourg de la Somme. Victoire d'Édouard III d'Angleterre sur Philippe VI (1346).

Creil, v. de l'Oise, sur l'Oise ; 34 200 h.

Crémone, v. d'Italie (Lombardie) ; 82 400 h.

Crésus, dernier roi de Lydie, célèbre par ses richesses (VIe s. av. J.-C.).

Crète, île grecque de la Méditerranée.

Créteil, ch.-l. du Val-de-Marne, sur la Marne ; 59 300 h.

Creuse, riv. du centre de la France, affl. de la Vienne ; 255 km.

Creuse, dép. du centre de la France ; préf. *Guéret* ; s.-préf. *Aubusson* ; 146 200 h.

Creusot *(Le),* centre houiller et métallurgique de la Saône-et-Loire ; 33 500 h.

Crimée, presqu'île de l'U. R. S. S., sur la mer Noire.

Croatie, république de la Yougoslavie ; 4 340 000 h. Capit. *Zagreb.*

Croisades, nom donné à huit expéditions, entreprises du XIe au XIIIe s. par l'Europe chrétienne contre les Musulmans.

Croisic *(Le),* port de pêche de la Loire-Atlantique ; 4 300 h.

Cro-Magnon, site préhistorique de la Dordogne.

Cromwell (Olivier), homme d'État anglais (1599-1658) ; chef de la Révolution de 1649, il fut lord-protecteur d'Angleterre de 1653 à 1658.

Crozon, presqu'île du Finistère.

Cuba, île des Antilles ; 115 000 km² ; 9 460 000 h. Capit. *La Havane.*

Cugnot (Joseph), ingénieur français (1725-1804), réalisateur de la première automobile à vapeur (1770).

Cujas (Jacques), juriste français (1520-1590).

Cumbria, anc. **Cumberland,** comté d'Angleterre ; 473 800 h. Ch.-l. *Carlisle.*

Cunaxa. V. COUNAXA.

Cupidon, dieu de l'Amour.

Curaçao, île des Antilles néerlandaises.

Curie (Pierre), physicien français (1859-1906) ; avec sa femme, *Marie* SKLODOWSKA (1867-1934), il a découvert le radium.

Curitiba, v. du Brésil ; 707 000 h.

Cuvier (Georges), naturaliste français (1769-1832), créateur de l'anatomie comparée et de la paléontologie.

Cuzco, v. du Pérou, dans les Andes, anc. capit. des Incas ; 105 400 h.

Cyclades, îles grecques de la mer Égée.

Cyclopes, géants de la mythologie qui n'avaient qu'un œil, au milieu du front.

Cyrano de Bergerac (Savinien *de),* écrivain français (1619-1665).

Cyrénaïque, région de la Libye.

Cyrène, anc. v. grecque d'Afrique.

Cyrille *(saint),* Père de l'Église grecque (v. 315-386). — Apôtre des Slaves (827-869).

Cyrus II (m. v. 528 av. J.-C.), roi de Perse ; il conquit l'Asie occidentale.

Cyrus le Jeune, prince perse (424-401 av. J.-C.) ; il fut tué à Counaxa en luttant contre son frère Artaxerxès II.

Cythère, île de la mer Égée.

Czestochowa ou **Czenstochowa,** v. de Pologne ; 187 600 h. Pèlerinage.

D

Dacca, capit. du Bangladesh, sur le delta du Gange ; 972 000 h.

Dachau, anc. camp de concentration allemand, en Bavière.

Dacie, anc. pays de l'Europe (Roumanie).

Dagobert, nom de trois rois francs, dont le plus célèbre fut DAGOBERT Ier, roi de 629 à 639.

Daguerre (Jacques), inventeur français (1787-1851), qui perfectionna la photographie inventée par Niepce.

Dahomey. V BÉNIN.

Dairen. V. TA-LIEN.

Dakar, capit. du Sénégal ; 581 000 h.

Dakota, nom de deux États unis d'Amérique, le DAKOTA DU NORD (652 000 h. ; capit. *Bismarck)* et le DAKOTA DU SUD (707 000 h. ; capit. *Pierre).*

Dalat, v. du Viêt-nam méridional.

Dalécarlie, région de la Suède centrale.

Dali (Salvador), peintre surréaliste espagnol (né en 1904).

Dalila, courtisane qui livra Samson aux Philistins.

Dallas, v. des États-Unis (Texas) ; 836 100 h.

Dalmatie, région de la Yougoslavie, sur l'Adriatique.

Dalton (John), physicien, chimiste et naturaliste anglais (1766-1844).

Damas, capit. de la Syrie ; 813 000 h.

Damiens (Robert-François) [1715-1757] : il frappa Louis XV d'un coup de canif, et fut écartelé.

Damiette, v. d'Égypte, sur le Nil.

Damoclès, courtisan de Denys l'Ancien (IVe s. av. J.-C.).

Danaïdes, nom des cinquante filles de Danaos, qui furent condamnées à remplir d'eau un tonneau sans fond.

Da Nang, anc. **Tourane,** port du Viêt-nam central ; 334 200 h.

Danemark, royaume de l'Europe septentrionale ; 43 000 km² ; 5 millions d'h. Capit. *Copenhague.*

Daniel, prophète hébreu (VIIe s. av. J.-C.).

D'Annunzio (Gabriele), écrivain italien (1863-1938).

Dante Alighieri, poète italien (1265-1321), auteur de *la Divine Comédie.*

Danton (Jacques), conventionnel français (1759-1794), un des personnages les plus marquants de la Révolution française.

Dantzig. V. GDANSK.

Danube, fl. de l'Europe centrale et orientale (mer Noire) ; 2 850 km.

Dardanelles (détroit des), anc. **Hellespont,** détroit unissant la mer Égée à la mer de Marmara.

Dar es-Salaam ou **Dar es-Salam,** capit. de la Tanzanie ; 272 500 h.

Darios ou **Darius Ier,** roi des Perses de 521 à 486 av. J.-C., vaincu par les Grecs à Marathon ; — DARIOS II, roi des Perses de 424 à 404 av. J.-C. ; — DARIOS III, roi des Perses de 335 à 330 av. J.-C., vaincu par Alexandre le Grand.

Darjeeling, station climatique de l'Inde.

Darlan (François), amiral Français (1881-1942). Collaborateur de Pétain.

Darmstadt, v. d'Allemagne (Hesse) ; 138 700 h.

Darwin (Charles), naturaliste anglais (1809-1882), partisan du transformisme.

Daudet (Alphonse), écrivain français (1840-1897), auteur des *Lettres de mon moulin* et de romans.

Daumier (Honoré), peintre et graveur français (1808-1879), célèbre par ses caricatures politiques.

Dauphiné, anc. prov. du sud-est de la France (Isère, Hautes-Alpes et Drôme) ; capit. *Grenoble.*

David, roi d'Israël (v. 1015 - v. 975 av. J.-C.) ; il tua Goliath, vainquit les Philistins et fonda Jérusalem.

David (Louis), peintre et conventionnel français (1748-1825), chef de l'école néo-classique.

David d'Angers (Pierre-Jean), statuaire français (1788-1856).

Davos, station touristique de Suisse.

Davout (Louis-Nicolas), maréchal d'Empire (1770-1823).

Dax, ch.-l. d'arr. des Landes, sur l'Adour ; 20 300 h. Station thermale.

Dayton, v. des États-Unis (Ohio) ; 267 000 h.

Deauville, station balnéaire du Calvados ; 5 700 h.

Debrecen, v. de Hongrie ; 173 400 h.

Deburau, nom de deux mimes français du XIXe s., qui créèrent le type de *Pierrot.*

Debussy (Claude), compositeur français (1862-1918).

Decazes (Elie, *duc*), homme d'État français (1780-1860), ministre de Louis XVIII.

Decazeville, v. de l'Aveyron ; 10 600 h.

Deccan ou **Dekkan,** partie méridionale de l'Inde.

Décembre (*Deux-*), coup d'État exécuté le 2 décembre 1851 par Louis-Napoléon.

Dédale, architecte grec légendaire, constructeur du labyrinthe de Crète.

Defoe (Daniel), écrivain anglais (v. 1660-1731), auteur de *Robinson Crusoé.*

Degas (Edgar), peintre impressionniste français (1834-1917).

Delacroix (Eugène), peintre français (1798-1863), chef de l'école romantique.

Delalande (Michel-Richard), compositeur de musique français (1657-1726).

Delaware, un des États unis d'Amérique ; 565 000 h ; capit. *Dover.*

Delcassé (Théophile), homme politique français (1852-1923).

Delémont, v. de Suisse, ch.-l. de cant. du Jura ; 9 500 h.

Delft, v. des Pays-Bas ; 83 700 h. Faïences.

Delhi, v. de l'Inde ; 3 465 000 h.

Delorme (Philibert), architecte français (v. 1512-1570).

Délos, île des Cyclades.

Delphes, v. de l'anc. Grèce, au pied du Parnasse ; grand centre religieux.

Démocrite, philosophe grec (v. 460 - v. 370 av. J.-C.).

Démosthène, orateur et homme politique athénien (384-322 av. J.-C.), adversaire de Philippe de Macédoine.

Denain, v. du Nord, sur l'Escaut ; 26 300 h.

Denfert-Rochereau (Philippe), colonel français (1823-1878), défenseur de Belfort pendant la guerre de 1870.

Denis (*saint*), premier évêque de Lutèce et martyr (IIIe s.).

Denis (Maurice), peintre français (1870-1943), auteur de compositions religieuses.

Denver, v. des États-Unis, capit. du Colorado ; 520 000 h.

Denys l'Ancien, tyran de Syracuse de 405 à 367 av. J.-C., qui chassa les Carthaginois de Sicile.

Déroulède (Paul), écrivain et homme politique français (1846-1914).

Desaix (Louis), général français (1768-1800), tué à Marengo.

Descartes (René), philosophe, physicien et mathématicien français (1596-1650), auteur du *Discours de la méthode.*

Deschanel (Paul), homme politique français (1855-1922), président de la République en 1920.

De Sica (Vittorio), cinéaste italien (1901-1974).

Désirade (la), une des Antilles françaises.

Desmoulins (Camille), avocat, journaliste et conventionnel français (1760-1794).

Des Prés (Josquin), compositeur de l'école franco-flamande (vers 1440 - v. 1521).

Dessalines (Jean-Jacques), empereur d'Haïti en 1804 (m. en 1806).

Detroit, v. des États-Unis (Michigan) ; 1 850 000 h. Automobiles.

Deux-Roses (*guerre des*), guerre civile qui, en Angleterre, opposa, de 1450 à 1485, les maisons d'York et de Lancastre.

Deux-Siciles, royaume de l'Italie méridionale de 1816 à 1861.

De Valera (Eamon), homme d'État irlandais (1882-1975).

Dévolution (*guerre de*), guerre entreprise, à la mort de Philippe IV d'Espagne, par Louis XIV, qui réclamait les Pays-Bas au nom de Marie-Thérèse (1667-1668).

Devon, comté d'Angleterre ; 869 000 h. Ch.-l. *Exeter.*

Diaghilev (Serge de), directeur de troupe russe (1872-1929), créateur des Ballets russes.

Diane, déesse romaine de la Chasse.

Diane de Poitiers (1499-1566), favorite d'Henri II, duchesse de Valentinois.

Dias (Bartolomeu), navigateur portugais (v. 1450-1500). Le premier, il doubla le cap de Bonne-Espérance (1487).

Diaspora, ensemble des communautés juives établies hors de Palestine, surtout à partir de l'exil (VIe s. av. J.-C.).

Dickens (Charles), romancier anglais (1812-1870), auteur de *David Copperfield*.

Diderot (Denis), écrivain français (1713-1784), un des fondateurs de l'*Encyclopédie*.

Die, ch.-l. d'arr. de la Drôme ; 4 200 h.

Diégo-Suarez, port de Madagascar.

Diên Biên Phu, plaine du Viêtnam septentrional. Défaite française en 1954.

Dieppe, ch.-l. d'arr. de la Seine-Maritime, sur la Manche ; 26 100 h.

Diesel (Rudolf), ingénieur allemand (1858-1913), inventeur d'un type de moteur à combustion interne.

Digne, ch.-l. des Alpes-de-Haute-Provence ; 16 600 h.

Dijon, anc. capit. de la Bourgogne, ch.-l. de la Côte-d'Or ; 157 700 h. Ville d'art.

Dinan, ch.-l. d'arr. des Côtes-du-Nord, sur la Rance ; 16 400 h.

Dinard, station balnéaire d'Ille-et-Vilaine ; 9 600 h.

Dinariques (*Alpes ou Chaînes*), montagnes de Yougoslavie.

Dioclétien (245-313), empereur romain de 284 à 305.

Diogène le Cynique, philosophe grec (413-327 av. J.-C.).

Diois, massif des Préalpes du Sud.

Dionysos, dieu grec du Vin.

Dirac (Paul), physicien anglais, né en 1902.

Directoire, gouvernement français qui succéda à la Convention (1795-1799).

Disney (Walt), cinéaste américain (1901-1966), réalisateur de dessins animés.

Disraeli (Benjamin), homme d'État anglais (1804-1881), chef des conservateurs.

Dives, fl. côtier de Normandie ; 100 km.

Divine Comédie (*la*), poème de Dante.

Dixmude, v. de Belgique, sur l'Yser.

Djakarta, anc. **Batavia**, capit. de l'Indonésie, à Java ; 4 576 000 h.

Djeddah, port de l'Arabie Saoudite, sur la mer Rouge ; 194 000 h.

Djerba, île de Tunisie.

Djibouti (*République de*), État du nord-est de l'Afrique ; 21 700 km^2. Capit. *Djibouti* (61 500 h.). Territoire français jusqu'en 1977.

Djurdjura, montagnes d'Algérie.

Dniepr, fl. d'U.R.S.S. (mer Noire) ; 2 200 km.

Dniepropetrovsk, v. de l'U.R.S.S. (Ukraine), sur le Dniepr ; 863 000 h.

Dniestr, fl. d'Ukraine (mer Noire) ; 1 411 km.

Dobroudja, partie de la Roumanie entre la mer Noire et le Danube.

Dodécanèse, archipel grec de la mer Égée.

Doire, nom de deux rivières de l'Italie.

Dol-de-Bretagne, bourg d'Ille-et-Vilaine ; 5 100 h. Cathédrale (XIIIe s.).

Dole, ch.-l. d'arr. du Jura, sur le Doubs ; 30 500 h.

Dolet (Étienne), humaniste et imprimeur français (1509-1546), brûlé pour athéisme.

Dolomites, montagnes calcaires du nord-est de l'Italie.

Dombasle (Mathieu de), agronome français (1777-1843).

Dombes (la ou les), pays du dép. de l'Ain.

Dôme (*puy de*), point culminant de la chaîne des Puys ; 1 465 m.

Dominicaine (*république*), État de l'île d'Haïti ; 48 442 km^2 ; 5 millions d'h. Capit. *Saint-Domingue*.

Dominique (la), île des Petites Antilles.

Dominique (*saint*), moine espagnol (1170-1221), fondateur des dominicains.

Domitien (51-96), empereur romain de 81 à 96, le dernier des douze Césars.

Domrémy-la-Pucelle, village des Vosges ; patrie de Jeanne d'Arc.

Don, fl. de Russie (mer d'Azov) ; 1 967 km.

Donatello, sculpteur toscan (1386-1466).

Donets, riv. d'Ukraine, affl. du Don.

Donetsk, v. de l'U.R.S.S. (Ukraine) ; 879 000 h. Métallurgie.

Don Juan, type de l'homme de cour, impie et libertin, principal personnage d'une comédie de Molière (1665).

Don Quichotte, roman de Cervantes.

Dordogne, riv. du sud-ouest de la France, affl. de la Garonne ; 490 km.

Dordogne, dép. du sud-ouest de la France ; préf. *Périgueux* ; s.-préf. *Bergerac, Nontron, Sarlat* ; 373 200 h.

Dordrecht, port des Pays-Bas ; 101 400 h.

Doré (Gustave), graveur français (1832-1883).

Dortmund, v. d'Allemagne, dans la Rhur ; 654 600 h.

Dostoïevski (Fiodor), romancier russe (1821-1881), auteur de *Crime et Châtiment, l'Idiot, les Frères Karamazov*.

Douai, ch.-l. d'arr. du Nord, sur la Scarpe ; 47 600 h.

Douala, port du Cameroun ; 200 000 h.

Douarnenez, v. du Finistère ; 19 300 h. Port de pêche.

Douaumont, loc. de la Meuse ; combats acharnés en 1916.

Doubs, riv. de l'est de la France, affl. de la Saône ; 430 km.

Doubs, dép. de l'est de la France ; préf. *Besançon* ; s.-préf. *Montbéliard, Pontarlier* ; 471 100 h.

Douchanbe, capit. du Tadjikistan (U.R.S.S.) ; 374 000 h.

Doumer (Paul), homme politique français (1857-1932) ; président de la République en 1931, il fut assassiné.

Doumergue (Gaston), homme politique français (1863-1937), président de la République (1924-1931).

Douro, fl. d'Espagne et du Portugal (Atlantique) ; 850 km.

Douvres, port d'Angleterre, sur le pas de Calais ; 35 200 h.

Doyle (*sir* Arthur Conan), écrivain britannique (1859-1930), créateur de Sherlock Holmes.

Drac, riv. du nord des Alpes françaises, affl. de l'Isère ; 150 km.

Draguignan, ch.-l. d'arr. du Var ; 22 400 h.

Drake (*sir* Francis), marin anglais (vers 1540-1596), qui fit le tour du monde.

Drakensberg, chaîne montagneuse de l'Afrique méridionale ; 3 280 m.

Drancy, v. de Seine-Saint-Denis ; 64 500 h.

Drave, riv. d'Europe centrale, affl. du Danube; 707 km.

Dresde, v. d'Allemagne orientale, sur l'Elbe; 503 900 h.

Dreux, ch.-l. d'arr. d'Eure-et-Loir; 34 000 h.

Dreyer (Carl), cinéaste danois (1889-1968), auteur de *la Passion de Jeanne d'Arc*.

Dreyfus (Alfred), officier français (1859-1935), dont le procès divisa la France.

Drôme, riv. du sud-est de la France, affl. du Rhône; 102 km.

Drôme, dép. du sud-est de la France; préf. *Valence;* s-préf. *Die, Nyons;* 361 900 h.

Druzes, membres d'une communauté religieuse du sud du Liban.

Du Barry (comtesse). V. BARRY (du).

Du Bellay. V. BELLAY (du).

Dublin, capit. de la République d'Irlande, sur la mer d'Irlande; 568 000 h.

Dubrovnik, v. de Yougoslavie, sur l'Adriatique.

Dufy (Raoul), peintre français (1877-1953).

Duguay-Trouin (René), marin et corsaire français (1673-1736).

Du Guesclin (Bertrand). V. GUESCLIN (du).

Duhamel (Georges), romancier français (1884-1966).

Duisburg, v. d'Allemagne occidentale; 492 100 h.

Dukas (Paul), compositeur français (1865-1935), auteur d'*Ariane et Barbe-Bleue*.

Dulcinée, personnage du *Don Quichotte* de Cervantès.

Dullin (Charles), acteur français (1885-1949).

Duluth, v. des États-Unis, sur le lac Supérieur.

Dumas (Alexandre), écrivain français (1802-1870), auteur de romans *(les Trois Mousquetaires)* et de mélodrames. — Son fils, ALEXANDRE (1824-1895), est l'auteur de la *Dame aux camélias.*

Dumas (Jean-Baptiste), chimiste français (1800-1884).

Dumont d'Urville (Jules), navigateur français (1790-1842).

Dumouriez (Charles François), général français (1739-1823), vainqueur à Valmy et à Jemmapes.

Dunant (Henri), philanthrope suisse (1828-1910), principal fondateur de la Croix-Rouge.

Dundee, port de Grande-Bretagne (Écosse); 182 300 h.

Dunkerque, ch.-l. d'arr. du Nord; 83 800 h. Port.

Duns Scot (Jean), théologien anglais (v. 1266-1308), adversaire de Thomas d'Aquin.

Dupleix (Joseph-François), administrateur français (1696-1763); il acquit les Indes à la France.

Dupuytren (Guillaume), chirurgien français (1777-1835).

Duquesne (Abraham), marin français (1610-1688).

Durance, riv. du sud-est de la France, affl. du Rhône; 324 km. Barrage de Serre-Ponçon.

Durban, v. de l'Afrique du Sud (Natal); 843 300 h. Port.

Dürer (Albert), peintre, graveur et portraitiste allemand (1471-1528).

Durham, v. d'Angleterre. Cathédrale (XIIe s.).

Durkheim (Émile), sociologue français (1858-1917).

Düsseldorf, v. d'Allemagne occidentale, dans la Ruhr; 699 200 h.

Dvina, nom de deux fleuves d'U.R.S.S.

Duvalier (François), homme d'État haïtien (1909-1971).

Dvorak (Anton), compositeur de musique tchèque (1841-1904).

Dyle, riv. de Belgique qui, unie à la Nèthe, forme le Rupel; 86 km.

E

Éaque, un des trois juges des Enfers, avec Minos et Rhadamanthe.

Eastman (George), industriel américain (1854-1932), inventeur du film photographique (1889).

Ebert (Friedrich), homme d'État et socialiste allemand (1871-1925).

Èbre, fl. d'Espagne (Méditerranée); 930 km.

Ecbatane, capit. des Mèdes (VIIe-VIe s. av. J.-C.).

Eckmühl, village de Bavière où Napoléon vainquit les Autrichiens (1809).

Eckmühl (phare d'), phare situé à la pointe de Penmarch (Finistère).

Écluse (L'), v. des Pays-Bas, au large de laquelle les Anglais remportèrent sur les Français une victoire navale (1340).

Écosse, partie nord de la Grande-Bretagne; 5 186 000 h. Capit. *Édimbourg.*

Écouves (forêt d'), massif forestier de Normandie.

Édesse, anc. v. de Mésopotamie.

Edfou, v. d'Égypte, sur le Nil.

Édimbourg, capit. de l'Écosse; 467 000 h.

Edison (Thomas), physicien américain (1847-1931), inventeur du phonographe et de la lampe à incandescence.

Édouard le Confesseur (saint), roi anglo-saxon de 1042 à 1066.

Édouard, nom de plusieurs rois d'Angleterre, dont : ÉDOUARD III (1312-1377), roi de 1327 à 1377, vainqueur des Français à Crécy; — ÉDOUARD VII (1841-1910), roi de 1901 à 1910; — ÉDOUARD VIII (1894-1972), roi en 1936; il abdiqua la même année.

Édouard d'Angleterre (1330-1376), surnommé *le Prince Noir*, fils du roi Édouard III ; vainqueur à Poitiers (1356).

Égée, père de Thésée, il se noya dans la mer qui, depuis, a pris son nom (Méditerranée orientale).

Égérie, nymphe qui inspirait le roi Numa.

Égine, île de la Grèce.

Égypte ou **République arabe d'Égypte**, État de l'Afrique du Nord-Est ; 907 000 km² ; 38 740 000 h. Capit. *Le Caire*.

Ehrenbourg (Ilia Grigorievitch), écrivain soviétique (1891-1967).

Eifel, massif de l'Allemagne rhénane.

Eiffel (Gustave), ingénieur français (1832-1923), constructeur de la tour qui porte son nom, à Paris (1889).

Eindhoven, v. des Pays-Bas (Brabant-Septentrional) ; 181 600 h.

Einstein (Albert), physicien américain d'origine allemande (1879-1955), créateur de la théorie de la relativité.

Eisenhower (David Dwight), général et homme d'État américain (1890-1969), commandant en chef des armées alliées en Europe (1944-1945), président républicain des États-Unis de 1953 à 1961.

Eisenstein (Sergheï Mikhaïlovitch), cinéaste russe (1898-1948), réalisateur du *Cuirassé « Potemkine »*.

Élagabal (204-222), empereur romain de 218 à 222.

Élam, anc. État voisin de la Chaldée ; capit. *Suse*.

Elbe, fl. de Tchécoslovaquie et d'Allemagne (mer du Nord) ; 1 100 km.

Elbe (île d'), île italienne de la Méditerranée, à l'est de la Corse, et où Napoléon fut relégué en 1814 et 1815.

Elbeuf, v. de la Seine-Maritime ; 19 500 h.

Elbourz, massif de l'Iran ; 5 604 m.

Elbrous ou **Elbrouz**, sommet du Caucase ; 5 633 m.

Eldorado, région fabuleuse de l'Amérique, que l'on disait regorger d'or, à l'époque de la conquête espagnole.

Électre, fille d'Agamemnon et de Clytemnestre, qui tua sa mère pour venger la mort de son père.

Éleusis, v. de l'Attique. Temple célèbre.

Élide, anc. pays du Péloponnèse.

Élie, prophète juif (IXᵉ s av. J.-C.).

Eliot (George), romancière anglaise (1819-1880).

Élisabeth Iʳᵉ (1533-1603), reine d'Angleterre de 1558 à 1608.

Élisabeth II, reine de Grande-Bretagne, née en 1926 ; elle a succédé à son père George VI en 1952.

Élisabeth (1709-1762), fille de Pierre le Grand, impératrice de Russie de 1741 à 1762.

Éloi (saint), orfèvre et trésorier de Clotaire II et de Dagobert (v. 588-660).

Elseneur, v. du Danemark. Château où Shakespeare situe l'action d'*Hamlet*.

Éluard (Paul), poète français (1895-1952).

Élysée (palais de l'), résidence construite à Paris en 1718 et affectée au président de la République à partir de 1873.

Elzévir ou **Elzevier**, famille d'imprimeurs hollandais (XVIᵉ et XVIIᵉ s.).

Embrun, v. des Hautes-Alpes ; 5 000 h.

Émille, région du nord de l'Italie.

Eminescu (Mihai), écrivain roumain (1850-1889).

Emmaüs, bourg de Judée, où Jésus-Christ apparut à ses disciples, après sa résurrection.

Emmental ou **Emmenthal**, vallée suisse (canton de Berne). Fromages renommés.

Empédocle, philosophe d'Agrigente (m. v. 490 av. J.-C.).

Empire français, État fondé par Napoléon Iᵉʳ (1804-1814), rétabli par Napoléon III (1852-1870).

empire d'Occident, partie de l'Empire romain qui conserva *Rome* pour capitale (395-476).

empire d'Occident, État fondé par Charlemagne et continué jusqu'à François II (1806) ; appelé depuis le XIVᵉ s. *Saint Empire romain germanique*.

empire d'Orient, partie de l'Empire romain qui eut pour capitale *Constantinople* (395-1453).

Empire romain, État du monde méditerranéen (29 av. J.-C.-395) ; capit. *Rome*.

Ems, fl. d'Allemagne (mer du Nord) ; 320 km.

Encyclopédie, vaste publication dirigée par Diderot (1751-1772).

Énée, prince troyen dont Virgile a fait le héros de son *Énéide*.

Engadine, vallée de la Suisse (Grisons).

Engels (Friedrich), philosophe allemand (1820-1894), ami de Karl Marx.

Enghien (duc d'), prince français (1772-1804), fusillé sur l'ordre de Bonaparte.

Enghien-les-Bains, v. du Val-d'Oise ; 10 700 h. Station thermale.

Ensor (James), peintre et graveur belge (1860-1949).

Entre-Deux-Mers, région viticole du Bordelais, entre la Garonne et la Dordogne.

Éole, dieu grec des Vents.

Éoliennes ou **Lipari** (îles), archipel italien de la mer Tyrrhénienne.

Épaminondas, général et homme d'État thébain (v. 418-362 av. J.-C.).

Épernay, ch.-l. d'arr. de la Marne, sur la Marne ; 31 100 h. Vins de Champagne.

Éphèse, anc. v. d'Ionie ; son temple, dédié à Artémis, fut brûlé par Érostrate.

Épictète, philosophe stoïcien (Iᵉʳ s.).

Épicure, philosophe grec (341-270 av. J.-C.).

Épidaure, v. de l'Argolide, dont il reste de nombreuses ruines (théâtre).

Épinal, ch.-l. des Vosges, sur la Moselle ; 42 800 h. Imageries.

Épire, contrée de l'ancienne Grèce.

Epsom, v. d'Angleterre, où ont lieu d'importantes courses de chevaux ; 71 200 h.

Epte, riv. de France, affl. de la Seine ; 100 km.

Équateur, république du nord-ouest de l'Amérique du Sud ; 300 400 km² ; 7 560 000 h. Capit. *Quito*.

Érasme, humaniste hollandais (v. 1469-1536), auteur de l'*Éloge de la folie*.

Ératosthène, mathématicien et philosophe de l'école d'Alexandrie (v. 284-v. 192 av. J.-C.).

Erckmann-Chatrian, nom de deux écrivains français : Émile ERCKMANN (1822-1899), et Alexandre CHATRIAN (1826-1890). Ils ont écrit ensemble, notamment *l'Ami Fritz.*

Erdre, riv. de l'ouest de la France, affl. de la Loire ; 105 km.

Erebus, volcan de l'Antarctique ; 4 023 m.

Erevan, v. de l'U.R.S.S. ; capit. de l'Arménie ; 767 000 h.

Erfurt, v. d'Allemagne orientale ; 201 800 h.

Érié, lac de l'Amérique du Nord.

Erik le Rouge, navigateur norvégien qui découvrit le Groenland v. 985.

Érinyes, déesses grecques de la Vengeance ; les Romains les appelaient *Furies.*

Éros, dieu grec de l'Amour.

Érostrate, Éphésien qui voulut se rendre immortel en incendiant le temple d'Artémis à Éphèse.

Érythrée, région de l'Afrique orientale auj. rattachée à l'Éthiopie.

Ésaü, fils d'Isaac et de Rébecca, frère aîné de Jacob.

Escaut, fl. de France, de Belgique et de Hollande (mer du Nord) ; 400 km.

Eschine, orateur d'Athènes (v. 390-314 av. J.-C.), rival de Démosthène.

Eschyle, auteur tragique grec (v. 525-456 av. J.-C.), auquel on doit *les Perses, Prométhée enchaîné* et la trilogie de *l'Orestie.*

Esclave *(grand lac de l'),* lac du Canada.

Escorial ou **Escurial,** bourg d'Espagne, près de Madrid ; palais et monastère bâtis par Philippe II.

Esculape, dieu latin de la Médecine.

Ésope, fabuliste grec (VIIe-VIe s. av. J.-C.).

Espagne, royaume du sud-ouest de l'Europe, dans la péninsule Ibérique ; 506 787 km² ; 36 350 000 h. Capit. *Madrid.*

Esquilin, une des sept collines de Rome.

Esquimaux ou **Eskimos,** population des régions arctiques.

Essais, ouvrage de Montaigne (1580-1588).

Essen, v. d'Allemagne occidentale, sur la Ruhr ; 782 000 h. Métallurgie.

Essex, comté du sud-est de l'Angleterre ; 1 410 000 h. Ch.-l. *Chelmsford.*

Essling, village d'Autriche, près de Vienne, où les Français remportèrent une victoire en 1809. Lannes y fut tué.

Essonne, dép. de la région parisienne ; préf. *Évry ;* s.-préf. *Étampes, Palaiseau ;* 923 100 h.

Est *(canal de l'),* canal qui réunit la Meuse et le Rhône, par la Moselle et la Saône.

Este *(maison d'),* famille princière d'Italie.

Esterel, massif montagneux de Provence.

Esther, tragédie de Racine (1689).

Estienne, famille d'imprimeurs et d'humanistes français du XVIe s.

Estonie, république fédérée de l'U.R.S.S. ; 1 356 000 h. Capit. *Tallinn.*

Estrées (Gabrielle d') [1573-1599], favorite d'Henri IV.

Estrémadure, région de la péninsule Ibérique (Espagne et Portugal).

Étampes, ch.-l. d'arr. de l'Essonne, au sud de Paris ; 19 800 h.

Étaples, port du Pas-de-Calais ; 10 600 h.

État français, régime dirigé par Pétain, issu de la défaite de 1940 et de l'effondrement de la IIIe République.

états généraux, assemblée de l'Ancien Régime où siégeaient les représentants des diverses classes de la Nation.

États-Unis d'Amérique, république de l'Amérique du Nord, groupant 50 États, un district fédéral et des territoires extérieurs ; 216 millions d'h. ; capit. *Washington.*

Éthiopie, État de l'Afrique orientale ; 1 237 000 km² ; 29 millions d'h. Capit. *Addis-Abeba.*

Étienne *(saint),* premier martyr du christianisme, lapidé entre 31 et 36.

Étienne Ier *(saint)* [v. 959-1038], roi de Hongrie en 1000. Il propagea le christianisme.

Etna, volcan de la Sicile ; 3 295 m.

Étolie, contrée de l'ancienne Grèce.

Éton, v. universitaire d'Angleterre.

Étretat, bourg de la Seine-Maritime ; 1 500 h. Station balnéaire sur la Manche.

Étrurie, anc. région du centre de l'Italie.

Étrusques, peuple apparu en Toscane à la fin du VIIIe s. av. J.-C. et qui fut soumis par Rome à partir du Ve s. av. J.-C.

Eu, bourg de Seine-Maritime ; 8 900 h.

Eubée, île de la mer Égée.

Euclide, mathématicien grec (IIIe s. av. J.-C.), qui posa les bases de la *géométrie plane.*

Eudes (v. 860-898), fils de Robert le Fort, proclamé roi de France en 888.

Eugène de Savoie, dit *le Prince Eugène,* général des armées impériales (1663-1736).

Eugénie de Montijo (1826-1920), épouse de Napoléon III.

Euménides («les Bienveillantes»), nom donné par antiphrase aux Erinyes.

Euphrate, fl. d'Asie, qui se réunit au Tigre pour former le Chatt al-Arab ; 2 780 km.

Eure, riv. de l'ouest de la France, affl. de la Seine ; 225 km.

Eure, dép. de l'ouest de la France ; préf. *Évreux ;* s.-préf. *Les Andelys, Bernay ;* 423 000 h.

Eure-et-Loir, dép. de la France, au sud-ouest de Paris ; préf. *Chartres ;* s.-préf. *Châteaudun, Dreux, Nogent-le-Rotrou ;* 335 200 h.

Euripide, poète tragique grec (480-406 av. J.-C.), auteur d'*Iphigénie en Tauride.*

Europe, une des cinq parties du monde ; 10 millions de km² ; 666 millions d'h.

Europe, fille d'Agénor, enlevée par Zeus ; mère de Minos.

Europoort, avant-port de Rotterdam.

Eurydice, femme d'Orphée.

Évangiles (les) ou *l'Évangile,* livre sacré composé des quatre récits de saint Matthieu, saint Marc, saint Luc et saint Jean, retraçant la vie de Jésus-Christ.

Ève, la première femme, épouse d'Adam.

Évêchés (les *Trois*), nom donné autrefois aux évêchés de Metz, Toul et Verdun.

Everest, point culminant de l'Himalaya et du globe ; 8 880 m.

Évian-les-Bains, station thermale de Haute-Savoie, sur le lac Léman ; 6 200 h.

Évreux, ch.-l. de l'Eure ; 50 400 h.

Évry, ch.-l. de l'Essonne ; 15 600 h. Port.

Exeter, v. d'Angleterre ; 92 600 h.

Extrême-Orient, ensemble des pays de l'Asie orientale (Chine, Japon, Corée, États de l'Indochine et de l'Insulinde, extrémité de l'U. R. S. S.).

Eylau, v. de l'U. R. S. S., près de Königsberg, où Napoléon remporta une victoire sur les Russes et les Prussiens (1807).

Eyzies-de-Tayac (Les), station préhistorique de la Dordogne.

Ézéchias, roi de Juda.

Ézéchiel, prophète hébreu (VIe s. av. J.-C.).

F

Fables, recueil de La Fontaine, en douze livres (1668-1694).

Fabre (Henri), entomologiste français (1823-1915).

Fachoda, auj. **Kodok**, v. du Soudan, sur le Nil ; occupée en 1898 par l'expédition française de Marchand, elle dut être remise aux Anglais.

Fahrenheit (Gabriel), physicien allemand (1686-1736), inventeur d'une graduation thermométrique.

Faidherbe (Louis), général français (1818-1889), gouverneur du Sénégal.

Falkland (îles), anc. **Malouines**, archipel de l'Atlantique, au sud de l'Argentine, occupé par les Anglais.

Falla (Manuel de), compositeur de musique espagnol (1876-1946).

Fallières (Armand), homme d'État français (1841-1931), président de la République de 1906 à 1913.

Falloux (Frédéric, comte de), homme politique français (1811-1886), promoteur de la loi sur la liberté de l'enseignement.

Famagouste, port de Chypre.

Fantin-Latour (Théodore), peintre français (1836-1904).

Faraday (Michael), physicien anglais (1791-1867), qui découvrit l'induction électromagnétique.

Farman (Henri), aviateur et industriel français (1874-1958).

Farnèse (Alexandre) [1545-1592], gouverneur des Pays-Bas.

Farouk (1920-1965), roi d'Égypte en 1936, détrôné en 1952.

Far West, nom donné par les Américains aux territoires de l'ouest de l'Union.

Fatima, village du Portugal ; la Vierge y serait apparue en 1917.

Fatima, fille de Mahomet.

Fatimides, dynastie musulmane qui régna en Afrique de 909 à 1171.

Faulkner (William), écrivain américain (1897-1962), auteur de Sanctuaire.

Faune, dieu champêtre chez les Latins.

Faure (Félix), homme d'État français (1841-1899), président de la République de 1895 à 1899.

Fauré (Gabriel), compositeur français (1845-1924), auteur d'un Requiem.

Faust, personnage légendaire, qui vendit son âme à Méphistophélès. C'est le héros d'un drame de Goethe.

Fayoum, région d'Égypte, à l'ouest de la vallée du Nil.

Febvre (Lucien), historien français (1878-1956).

Fécamp, v. de la Seine-Maritime ; 22 200 h. Port de pêche sur la Manche.

Fénelon (François de Salignac de La Mothe-), écrivain et prélat français (1651-1715), archevêque de Cambrai, auteur des Aventures de Télémaque.

Ferdinand II, le Catholique (1452-1516), roi d'Aragon et de Sicile de 1479 à 1516, roi de Castille de 1474 à 1504, grâce à son mariage avec Isabelle de Castille.

Ferdinand VII (1784-1833), roi d'Espagne en 1808, détrôné par Napoléon la même année, puis restauré (1814-1833).

Fergana ou **Ferghana**, bassin du Syr-Daria, en Asie centrale soviétique.

Fermat (Pierre de), mathématicien français (1601-1665).

Fermi (Enrico), physicien italien (1901-1954), auteur de la première pile à uranium.

Fernando Poo. V. MACIAS NGUEMA.

Féroé ou **Faeroe** (îles), archipel danois au nord de l'Écosse.

Ferrare, v. d'Italie (Émilie) ; 158 100 h.

Ferrol (Le), port militaire d'Espagne, sur l'Atlantique ; 82 100 h.

Ferry (Jules), homme d'État français (1832-1893), qui réforma l'enseignement primaire et soutint l'expansion coloniale.

Ferryville. V. MENZEL-BOURGUIBA.

Fès ou **Fez**, v. du Maroc ; 217 000 h.

Feu (Terre de). V. TERRE DE FEU.

Feuillants, club groupant les monarchistes constitutionnels en 1792.

Féval (Paul), écrivain français (1817-1887), auteur du Bossu.

Feydeau (Georges), vaudevilliste français (1862-1921).

Fez. V. Fès.

Fezzan, région du Sahara (Libye).

Fichte (Johann Gottlieb), philosophe allemand (1762-1814).

Fidji ou **Fiji** (îles), archipel de la Mélanésie ; 570 000 h. Capit. Suva.

Fielding (Henry), romancier anglais (1707-1754).

Fier, riv. de Haute-Savoie, affl. du Rhône ; 66 km.

Figaro, personnage du Barbier de Séville et du Mariage de Figaro de Beaumarchais.

Figeac, ch.-l. d'arr. du Lot ; 10 900 h.

Figuig, oasis du Sahara marocain.

Fingal *(grotte de),* grotte marine d'Écosse.

Finistère, dép. de l'ouest de la France (Bretagne) ; préf. *Quimper;* s.-préf. *Brest, Châteaulin, Morlaix;* 804 100 h.

Finisterre *(cap),* promontoire au nord-ouest de l'Espagne.

Finlande, république de l'Europe nord-orientale ; 337 000 km² ; 4 740 000 h. Capit. *Helsinki.*

Finlande *(golfe de),* golfe de la Baltique.

Fionie, une des îles du Danemark.

Firdusi, poète persan (v. 930-1020).

Firminy, v. de la Loire ; 25 400 h.

Fiume. V. RIJEKA.

Fizeau (Hippolyte), physicien français (1819-1896).

Flamininus (Quinctius), général romain, mort vers 175 av. J.-C., vainqueur de Philippe V de Macédoine.

Flammarion (Camille), astronome français (1842-1925).

Flandre, région de Belgique et de France comprise entre la mer du Nord, l'Escaut, l'Artois, le Brabant, le Hainaut.

Flaubert (Gustave), écrivain français (1821-1880), auteur de *Madame Bovary.*

Flaviens, dynastie impériale romaine, à laquelle appartinrent Vespasien, Titus et Domitien.

Flèche *(La),* ch.-l. d'arr. de la Sarthe, sur le Loir; 16 400 h. Prytanée militaire.

Fleming *(sir* Alexander), médecin anglais (1881-1955) ; il a découvert la pénicilline.

Flensburg, v. d'Allemagne occidentale (Schleswig-Holstein) ; 92 600 h. Port.

Flers, v. de l'Orne ; 21 200 h.

Flessingue, port militaire des Pays-Bas.

Fleurs du mal *(les),* recueil de poésies de Baudelaire (1857).

Fleurus, v. de Belgique (Hainaut) ; 8 500 h. Le maréchal de Luxembourg y vainquit Guillaume III en 1690, et Jourdan les Autrichiens en 1794.

Fleury *(cardinal de),* prélat français (1653-1743), ministre de Louis XV.

Flint, v. des États-Unis (Michigan) ; 196 900 h.

Florac, ch.-l. d'arr. de la Lozère ; 2 100 h.

Flore, déesse italique des Fleurs et des Jardins, mère du Printemps.

Florence, v. d'Italie, anc. capit. de la Toscane, sur l'Arno ; 460 900 h. Grand centre artistique.

Florian (Jean-Pierre *Claris de),* fabuliste français (1755-1794).

Floride, presqu'île des États-Unis, formant un État ; 7 259 000 h. Capit. *Tallahassee.*

Foch (Ferdinand), maréchal de France (1851-1929), commandant en chef des armées alliées en 1918.

Foggia, v. d'Italie (Pouilles) ; 149 000 h.

Foix *(comté de),* anc. prov. de France (Ariège).

Foix, ch.-l. de l'Ariège ; 10 200 h.

Foix (Gaston de), capitaine français (1489-1512), qui combattit en Italie.

Folkestone, port d'Angleterre, sur la Manche ; 44 100 h.

Fonck (René), aviateur français (1894-1953), as de la Première Guerre mondiale.

Fontainebleau, v. de Seine-et-Marne ; 19 600 h. Château construit par François Iᵉʳ ; forêt.

Fontenay-aux-Roses, v. des Hauts-de-Seine, au sud de Paris ; 25 900 h. École normale supérieure de jeunes filles.

Fontenay-le-Comte, ch.-l. d'arr. de la Vendée, sur la Vendée ; 16 800 h.

Fontenay-sous-Bois, v. du Val-de-Marne ; 46 900 h.

Fontenelle (Bernard *Le Bovier de),* écrivain français (1657-1757).

Fontenoy, village de Belgique, où le maréchal de Saxe battit les Anglais et les Hollandais (1745).

Fontenoy-en-Puisaye, village de l'Yonne, près de Toucy, où Charles II le Chauve et Louis II le Germanique vainquirent leur frère Lothaire (841).

Fontevrault, village de Maine-et-Loire. Anc. abbaye.

Font-Romeu, station d'altitude et de sports d'hiver des Pyrénées-Orientales.

Forbach, ch.-l. d'arr. de la Moselle ; 25 400 h.

Forcalquier, ch.-l. d'arr. des Alpes-de-Haute-Provence ; 3 400 h.

Ford (Henry), industriel américain (1863-1947), constructeur d'automobiles.

Ford (John), cinéaste américain (1895-1973), auteur de *la Chevauchée fantastique.*

Ford (Gerald), homme d'État américain (né en 1913). Républicain, il fut président des États-Unis de 1974 à 1977.

Forêt-Noire, montagnes forestières d'Allemagne occidentale, à l'est du Rhin.

Forez, région du Massif central.

Forges-les-Eaux, station thermale de la Seine-Maritime ; 3 300 h.

Forli, v. d'Italie (Émilie) ; 102 000 h.

Formose ou **Taï-wan,** île située entre le Pacifique et la mer de Chine, refuge des Chinois nationalistes ; 15 222 000 h.

Fornoue, bourg d'Italie du Nord, où Charles VII remporta une victoire en 1495.

Fortaleza, v. du Brésil ; 960 000 h.

Fort-de-France, ch.-l. de la Martinique ; 99 000 h.

Forth, fl. côtier d'Écosse ; 106 km.

Fort-Lamy. V. N'DJAMENA.

Fort Worth, v. des États-Unis (Texas) ; 388 100 h.

Fos *(golfe de),* golfe des Bouches-du-Rhône, au débouché de l'étang de Berre. Port de *Fos-sur-Mer* (6 700 h.)

Foucauld (Charles de), explorateur et missionnaire français (1858-1916).

Foucault (Léon), physicien français (1819-1868). Il démontra la rotation de la Terre et inventa le gyroscope.

Fouché (Joseph), homme politique français (1759-1820), conventionnel, ministre de la Police sous l'Empire.

Fougères, ch.-l. d'arr. de l'Ille-et-Vilaine ; 27 700 h. Remparts et château (XIIᵉ s.). Chaussures.

Foujita, peintre français d'origine japonaise (1886-1968).

Fou-kien, province de la Chine orientale.

Foulbé, peuple d'Afrique occidentale.

Foulques, nom de cinq comtes d'Anjou.

Fouquet ou **Foucquet** (Jean), peintre et miniaturiste français (v. 1420-v. 1470 ou 1480).

Fouquet ou **Foucquet** (Nicolas), financier français (1615-1680), arrêté par Louis XIV.

Fouquier-Tinville (Antoine) [1746-1795], accusateur public du tribunal révolutionnaire, notamment sous la Terreur.

Fouras, v. de la Charente-Maritime; 3 600 h. Station balnéaire sur l'Atlantique.

Fourchambault, v. de la Nièvre; 6 700 h.

Fourches Caudines, défilé voisin de Caudium, où l'armée romaine fut réduite à passer sous le joug (321 av. J.-C.).

Fourcroy (Antoine, *comte de*), chimiste français (1755-1809).

Fourier (Charles), philosophe socialiste français (1772-1837).

Fourmies, v. du Nord; 10 100 h.

Fouta-Djalon, massif de la Guinée.

Fou-tcheou, v. de Chine; 616 000 h. Port.

Fra Diavolo, chef de brigands italiens (1771-1806).

Fragonard (Jean-Baptiste), peintre français (1732-1806).

France, république de l'Europe occidentale; 551 255 km²; 53 millions d'h. Capit. *Paris*.

France (Anatole), écrivain français (1844-1924).

Francesca (Piero *della*), peintre italien (1406-1492), auteur de fresques.

Francfort-sur-le-Main, v. d'Allemagne occidentale; 688 100 h.

Francfort-sur-l'Oder, v. d'Allemagne orientale; 58 300 h.

Franche-Comté, anc. prov. de l'est de la France; capit. *Besançon*.

Franchet d'Esperey (Louis), maréchal de France, né à Mostaganem (1856-1942).

Franck (César), organiste et compositeur, né à Liège (1822-1890).

Franco (Francisco), général et homme d'État espagnol (1892-1975), chef de l'État de 1939 à 1975.

François d'Assise (*saint*) [v. 1182-1226], fondateur de l'ordre des franciscains.

François de Paule (*saint*) [v. 1416-1507], fondateur de l'ordre des minimes.

François de Sales (*saint*) [1567-1622], auteur de l'*Introduction à la vie dévote*.

François Xavier (*saint*), né en Navarre (1506-1552), ami et disciple d'Ignace de Loyola et apôtre de l'Asie orientale.

François Iᵉʳ (1494-1547), roi de France de 1515 à 1547, adversaire de Charles Quint.

François II (1544-1560), roi de France de 1559 à 1560.

François Iᵉʳ (1708-1765), empereur germanique de 1745 à 1765; — FRANÇOIS II (1768-1835), empereur germanique (1792-1806), puis empereur d'Autriche (1804-1835) sous le nom de *François Iᵉʳ*.

François-Ferdinand, archiduc héritier d'Autriche (1863-1914), dont l'assassinat provoqua la Première Guerre mondiale.

François-Joseph Iᵉʳ (1830-1916), empereur d'Autriche de 1848 à 1916.

François-Joseph (*archipel*), archipel soviétique de l'Arctique.

Franconie, région de l'Allemagne occidentale, à l'ouest de la Bavière.

Francs, tribus de la Germanie, qui conquirent la Gaule au Vᵉ s.

Franklin (Benjamin), homme d'État et physicien américain (1706-1790), un des fondateurs de l'indépendance américaine; inventeur du paratonnerre.

Frascati, v. d'Italie, près de Rome. Vins.

Fraser, fl. du Canada, tributaire du Pacifique; 1 200 km.

Frédégonde (v. 545-597), femme de Chilpéric Iᵉʳ, roi de Neustrie.

Frédéric, nom de neuf rois de Danemark.

Frédéric Iᵉʳ, **Barberousse** (1122-1190), empereur romain germanique à partir de 1152; — FRÉDÉRIC II (1194-1250), roi de Sicile à partir de 1197 et empereur germanique à partir de 1220; il lutta contre la papauté.

Frédéric Iᵉʳ (1657-1713), premier roi en Prusse de 1701 à 1713; — FRÉDÉRIC II, *le Grand* (1712-1786), roi de Prusse de 1740 à 1786; il fonda la grandeur de la Prusse; — FRÉDÉRIC III (1831-1888), roi de Prusse et empereur allemand en 1888.

Frédéric-Guillaume (1620-1688), Électeur de Brandebourg de 1640 à 1688, surnommé le *Grand Électeur*.

Frédéric-Guillaume Iᵉʳ, dit le *Roi-Sergent* (1688-1740), roi de Prusse de 1713 à 1740; — FRÉDÉRIC-GUILLAUME II (1744-1797), roi de Prusse de 1786 à 1797; — FRÉDÉRIC-GUILLAUME III (1770-1840), roi de Prusse de 1797 à 1840; — FRÉDÉRIC-GUILLAUME IV (1795-1861), roi de Prusse de 1840 à 1861.

Freetown, capit. de la Sierra Leone, sur l'Atlantique; 170 600 h.

Fréhel (cap), cap du nord de la Bretagne.

Freinet (Célestin), éducateur français (1896-1966).

Fréjus, v. du Var; 30 600 h. Antiquités romaines.

Frescobaldi (Girolamo), compositeur et organiste italien (1583-1643).

Fresnel (Augustin), physicien français (1788-1827), qui fit prévaloir la théorie ondulatoire de la lumière.

Fresnes, v. du Val-de-Marne; 28 500 h. Prison.

Freud (Sigmund), psychiatre autrichien (1856-1939), fondateur de la psychanalyse.

Fribourg, v. de Suisse, ch.-l. de canton; 42 400 h.

Fribourg-en-Brisgau, v. d'Allemagne, anc. capit. du pays de Bade; 166 000 h.

Friedland, auj. **Pravdinsk**, v. de Lituanie, où Napoléon remporta, en 1807, une victoire sur les Russes.

Frioul, région de Vénétie, auj. partagée entre la Yougoslavie et l'Italie.

Frise, région bordant la mer du Nord, partagée entre les Pays-Bas et l'Allemagne.

Froissart (Jean), chroniqueur français (v. 1337-v. 1400).

Froment (Nicolas), peintre primitif français (v. 1435-1484), qui travailla à Avignon.

Fromentin (Eugène), peintre et romancier français (1820-1876), auteur de *Dominique*.

Fronde, révolte des parlementaires, puis des Grands contre Mazarin (1648-1652).

Frontignan, v. de l'Hérault ; 12200 h. Vins muscats.

Front populaire, groupement politique français, composé des partis de gauche, qui a détenu le pouvoir de 1936 à 1938.

Frounze, capit. du Kirghizistan (U.R.S.S.) ; 431000 h.

Fuji-Yama, volcan du Japon ; 3778 m.

Fukuoka, port du Japon (Kyū shū), sur le détroit de Corée ; 853000 h.

Fulton (Robert), ingénieur américain (1765-1815), qui réalisa la propulsion des bateaux par la vapeur.

Funchal, capit. et port de Madère.

Furens, riv. de France, affl. de la Loire.

Furetière (Antoine), écrivain français (1619-1688), auteur d'un *Dictionnaire universel.*

Furies, déesses latines de la Vengeance.

Fuse, v. du Japon (Honshu) ; 443000 h.

Futuna, archipel français de la Mélanésie.

G

Gabès, v. de Tunisie ; 76400 h. Port.

Gabon, État d'Afrique équatoriale ; 530000 h. Capit. *Libreville.*

Gaborone, capit. du Botswana ; 12300 h.

Gabriel, archange qui annonça à la Vierge qu'elle serait la mère du Sauveur.

Gabriel (Jacques-Ange), architecte français (1698-1782), auteur de l'École militaire et du Petit Trianon.

Gaëte, v. d'Italie centrale ; 20600 h. Port.

Gafsa, oasis de la Tunisie méridionale ; 32400 h. Phosphates.

Gagarine (Youri), cosmonaute soviétique (1934-1968). Il est le premier homme ayant effectué un vol spatial (1961).

Gaillac, v. du Tarn, sur le Tarn ; 10900 h.

Gainsborough (Thomas), peintre portraitiste anglais (1727-1788).

Galapagos *(îles),* archipel du Pacifique, à l'ouest de l'Équateur.

Galatie, anc. contrée de l'Asie Mineure.

Galatzi ou **Galati,** v. de Roumanie, port sur le Danube ; 191100 h.

Galba, empereur romain de 68 à 69.

Galère, empereur romain de 305 à 311.

Galibier *(col du),* passage des Hautes-Alpes, entre la Durance et la Maurienne.

Galice, prov. du nord-ouest de l'Espagne.

Galicie, région de Pologne et d'Ukraine.

Galien, médecin grec (IIe s.).

Galilée, anc. prov. de la Palestine.

Galilée, physicien et astronome italien (1564-1642), qui découvrit les lois de la chute des corps et établit le mouvement diurne de la Terre.

Galles *(pays de),* partie de la Grande-Bretagne, à l'ouest de l'Angleterre. Le fils aîné du roi prend, depuis le XIIIe s., le titre de *prince de Galles.*

Gallien (v. 218-268), empereur romain de 253 à 268.

Gallieni (Joseph), maréchal de France et administrateur colonial (1849-1916).

Gallipoli ou **Gelibolu,** v. de Turquie, sur le détroit des Dardanelles.

Gallup (George Horace), statisticien américain (né en 1901), spécialiste des sondages d'opinion.

Galois (Évariste), mathématicien français (1811-1832).

Galvani (Luigi), physicien et médecin italien (1737-1798).

Gama (Vasco *de),* navigateur portugais (v. 1469-1524), qui découvrit la route des Indes par le cap de Bonne-Espérance.

Gambetta (Léon), avocat et homme politique français (1838-1882).

Gambie, fl. de l'Afrique occidentale (Atlantique) ; 1130 km. — État de l'Afrique occidentale, membre du Commonwealth ; 520000 h. Capit. *Bathurst.*

Gambier *(îles),* archipel français de la Polynésie.

Gand, port de Belgique, sur l'Escaut ; 224700 h.

Gandhi, patriote et philosophe de l'Inde (1869-1948), partisan de la non-violence.

Gange, fl. de l'Inde (golfe du Bengale) ; 3000 km.

Gap, ch.-l. des Hautes-Alpes ; 29700 h.

Garabit *(viaduc de),* pont métallique construit par Eiffel, au-dessus de la Truyère.

Garbo (Greta), actrice américaine d'origine suédoise (née en 1905).

Garcia Lorca (Federico), écrivain espagnol (1898-1936).

Gard, riv. du sud de la France, affl. du Rhône ; 133 km.

Gard, dép. du sud de la France ; préf. *Nîmes* ; s.-préf. *Alès, Le Vigan* ; 494600 h.

Garde *(lac de),* lac de l'Italie du Nord.

Gargantua, principal personnage d'un livre de Rabelais, géant aux appétits énormes.

Garibaldi (Giuseppe), patriote italien (1807-1882).

Garmisch-Partenkirchen, station de sports d'hiver d'Allemagne (Bavière).

Garnier (Francis), marin français (1839-1873), un des conquérants du Tonkin.

Garonne, fl. de France qui naît en Espagne, dans le massif de la Maladetta, et rejoint l'Atlantique ; 650 km.

Garonne *(canal latéral à la),* canal longeant la Garonne de Toulouse à Castets.

Garonne *(Haute-),* dép. du sud-ouest de la France ; préf. *Toulouse* ; s.-préf. *Muret, Saint-Gaudens.*

Garrigues (les), plateaux du Midi de la France, au pied des Cévennes.

Garros (Roland), aviateur français (1888-1918), qui traversa le premier la Méditerranée (1913).

Gartempe, riv. du centre de la France, affl. de la Creuse ; 190 km.

Gascogne, anc. prov. du sud-ouest de la France ; capit. *Auch*.

Gascogne *(golfe de)*, golfe formé par l'Atlantique entre la France et l'Espagne.

Gaspésie, péninsule du Canada oriental.

Gassendi *(abbé* Pierre), mathématicien et philosophe français (1592-1655).

Gaston de Foix, dit **Phébus** (1331-1391), comte de Foix. Il légua ses biens au roi de France.

Gâtinais, anc. pays de France, traversé par le Loing.

Gaudi (Antonio), architecte espagnol (1852-1926).

Gauguin (Paul), peintre français (1848-1903), qui travailla en Bretagne et en Océanie.

Gaule, vaste contrée qui était située entre le Rhin, l'Atlantique et les Pyrénées, et s'étendait au-delà des Alpes, en Italie du Nord.

Gaulle (Charles *de*), général et homme d'État français (1890-1970). Initiateur de la résistance française pendant la Seconde Guerre mondiale, président de la République de 1959 à 1969.

Gaumont (Léon), industriel français (1864-1946), l'un des promoteurs de l'industrie cinématographique.

Gauss (Carl Friedrich), mathématicien et physicien allemand (1777-1855).

Gautier (Théophile), poète français (1811-1872).

Gavarni (Paul), dessinateur français (1804-1866).

Gavarnie, loc. des Hautes-Pyrénées, près d'un cirque rocheux.

Gay-Lussac (Louis-Joseph), physicien et chimiste français (1778-1850) ; il découvrit la loi de la dilatation des gaz et celle des combinaisons gazeuses.

Gaza, v. de Palestine, occupée depuis 1967 par Israël.

Gdansk, en allem. **Danzig**, v. de Pologne ; 421 000 h. Port.

Gdynia, v. de Pologne ; 209 400 h. Port.

Géants *(monts des)*, montagne du nord de la Bohême.

Gellée (Claude). V. LORRAIN *(Le)*.

Gelsenkirchen, v. d'Allemagne, dans la Ruhr ; 375 900 h.

Gênes, v. d'Italie ; 848 100 h. Capit. de la Ligurie. Port.

Genèse, le premier livre de la Bible.

Genève, v. de Suisse, ch.-l. de canton, sur le lac Léman ; 174 000 h.

Geneviève *(sainte)* [v. 422-v. 502], patronne de Paris.

Genèvre *(col du Mont-)*, col des Alpes.

Gengis khan, conquérant tatare (v. 1160-1227), fondateur du premier Empire mongol.

Genk, v. de Belgique (Limbourg) ; 55 800 h.

Gennevilliers, v. des Hauts-de-Seine, sur la Seine ; 50 300 h.

Genséric, roi des Vandales au Ve s.

Gentilly, v. du Val-de-Marne ; 17 000 h.

Geoffrin (Marie-Thérèse RODET, Mme), femme célèbre pour son esprit (1699-1777).

Geoffroi V, le Bel, surnommé *Plantagenêt* (1113-1151), comte d'Anjou à partir de 1129, et duc de Normandie à partir de 1135, père de Henri II d'Angleterre.

Geoffroy Saint-Hilaire (Étienne), naturaliste français (1772-1844).

George Ier (1660-1727), roi d'Angleterre de 1714 à 1727 ; — GEORGE II (1683-1760), roi d'Angleterre de 1727 à 1760 ; — GEORGE III (1738-1820), roi d'Angleterre de 1760 à 1820 ; — GEORGE IV (1762-1830), régent de 1811 à 1820 et roi de 1820 à 1830 ; — GEORGE V (1865-1936), roi d'Angleterre de 1910 à 1936 ; — GEORGE VI (1895-1952), roi d'Angleterre de 1936 à 1952.

Georges *(saint)*, martyr sous Dioclétien, patron de l'Angleterre.

Georges Ier (1845-1913), roi de Grèce de 1863 à 1913 ; — GEORGES II (1890-1947), roi de Grèce de 1922 à 1924 et de 1935 à 1947.

Georgetown, capit. de la Guyana ; 168 200 h.

Géorgie, un des États unis d'Amérique, sur l'Atlantique ; 4 720 000 h. Capit. *Atlanta*.

Géorgie, république fédérée de l'U. R. S. S., sur la mer Noire ; 4 686 000 h. Capit. *Tbilissi*.

Géorgiques *(les)*, poème didactique de Virgile (39-29 av. J.-C.).

Gérard *(baron* François), peintre d'histoire français (1770-1837).

Gérardmer, v. des Vosges, près du *lac de Gérardmer* ; 10 000 h.

Gerbier-de-Jonc, mont du Vivarais, au pied duquel naît la Loire ; 1 551 m.

Gergovie, oppidum de la Gaule centrale, que Vercingétorix défendit contre César.

Géricault (Théodore), peintre français (1791-1824), auteur du *Radeau de la Méduse*.

Germains, peuples indo-européens, issus d'une région située autour de la presqu'île du Jylland.

Germanicus (Julius Caesar), général romain (15 av. J.-C.-19), père de Caligula et d'Agrippine.

Germanie, anc. contrée de l'Europe centrale.

Gérome (Jean-Louis), peintre et sculpteur français (1824-1904).

Gerone, v. d'Espagne (Catalogne) ; 35 400 h.

Gers, riv. du sud-ouest de la France, affl. de la Garonne ; 178 km.

Gers, dép. du sud-ouest de la France ; préf. *Auch* ; s.-préf. *Condom, Mirande* ; 175 400 h.

Gershwin (George), compositeur américain (1898-1937), auteur de *Porgy and Bess*.

Gerson (Jean), théologien français (1363-1429), chancelier de l'Université.

Gestapo, police secrète hitlérienne.

Gethsémani, village près de Jérusalem, où était le jardin des Oliviers.

Gévaudan, anc. pays de France (Lozère).

Gevrey-Chambertin, bourg viticole de la Côte-d'Or.

Gex, ch.-l. d'arr. de l'Ain ; 4 400 h.

Ghana, anc. *Côte-de-l'Or*, État de l'Afrique occidentale ; 10 480 000 h. Capit. *Accra*.

Ghardaïa, oasis du Sud algérien.

Ghâtes, contreforts du Deccan, en bordure de la mer d'Oman et du golfe du Bengale.

Ghiberti (Lorenzo), sculpteur et architecte florentin (1378-1455).

Ghirlandaio, peintre de l'école florentine (1449-1494).

Giacometti (Alberto), sculpteur suisse (1901-1966).

Gibraltar, port britannique au sud de l'Espagne, sur le détroit du même nom (entre l'Espagne et le Maroc).

Gide (André), écrivain français (1869-1951), auteur des *Faux-Monnayeurs.*

Gien, v. du Loiret, sur la Loire ; 15 300 h.

Giens (presqu'île de), presqu'île du Var.

Gijon, port d'Espagne, sur l'Atlantique ; 184 700 h.

Gilbert (îles), archipel britannique de Polynésie.

Gimone, riv. du sud-ouest de la France, affl. de la Garonne ; 122 km.

Giorgione (le), peintre vénitien (v. 1477-1510).

Giotto di Bondone, peintre florentin (1266-1337), auteur de fresques à Assise.

Girard (Philippe de), inventeur français d'une machine à filer le lin (1775-1845).

Girardin (Émile de), journaliste français, né à Paris (1806-1881).

Girardon (François), sculpteur français (1628-1715).

Giraud (Henri), général français (1879-1949). Co-président, avec de Gaulle, du Comité français de libération nationale, il s'effaça devant ce dernier (1943).

Giraudoux (Jean), écrivain français (1882-1944), auteur de romans et de pièces de théâtre.

Gironde, nom de la Garonne après sa rencontre avec la Dordogne.

Gironde, dép. du sud-ouest de la France ; préf. *Bordeaux ;* s.-préf. *Blaye, Langon, Lesparre, Libourne ;* 1 061 500 h.

Girondins, groupe politique pendant la Révolution, opposé à la prédominance politique de Paris.

Giscard d'Estaing (Valéry), homme d'État français, né en 1926, président de la République depuis 1974.

Givet, v. des Ardennes ; 8 200 h.

Givors, v. du Rhône ; 22 000 h.

Gizeh. V. GUIZÈH.

Gladstone (William), homme politique anglais (1809-1898), chef des libéraux, adversaire de Disraeli.

Glanum, anc. v. gallo-romaine, près de Saint-Rémy-de-Provence.

Glaris, v. de Suisse, ch.-l. de canton.

Glasgow, v. d'Ecosse ; 1 100 000 h. Port sur la Clyde.

Glénan (îles), archipel du Finistère.

Glières (plateau des), dans les Préalpes françaises. Combats entre Résistants et Allemands (1944).

Gloucester, v. d'Angleterre, port sur la Severn ; 88 000 h.

Gluck (Christoph Willibald), compositeur allemand (1714-1787), auteur d'*Orphée.*

Gneisenau (Neithardt, comte de), maréchal prussien (1760-1831), qui reconstitua l'armée prussienne.

Goa, port de la côte ouest de l'Inde, anciennement portugais.

Gobelins (les), famille de teinturiers de Reims, qui fondèrent, à Paris, une manufacture de tapisseries.

Gobi, désert de Mongolie et de Chine.

Gobineau (comte Joseph de), diplomate et écrivain français (1816-1882).

Godavari, fl. de l'Inde, dans le Deccan.

Godefroi IV de Bouillon (v. 1061-1100), duc de Basse-Lorraine, chef de la première croisade.

Godounov (Boris) [1551-1605], tsar de Moscovie de 1598 à 1605.

Godoy (Manuel de) [1767-1851], ministre et favori de Charles IV d'Espagne.

Goebbels (Joseph), homme politique allemand (1897-1945), ministre de la Propagande de Hitler.

Goethe (Wolfgang), écrivain allemand (1749-1832), auteur de *Faust.*

Gogol (Nicolas), écrivain russe (1809-1852), auteur des *Ames mortes.*

Golconde, anc. v. du Deccan, dans l'Inde. Auj. *Hyderabad.*

Goldoni (Carlo), écrivain italien (1707-1793), auteur de comédies.

Goldsmith (Oliver), écrivain irlandais (1728-1774), auteur du *Vicaire de Wakefield.*

Goléa (El-), oasis du Sahara algérien.

Golfe-Juan, station balnéaire des Alpes-Maritimes. Napoléon y débarqua à son retour de l'île d'Elbe (1815).

Golgotha. V. CALVAIRE.

Goliath, géant philistin, tué par David.

Golo, principal fl. de la Corse ; 75 km.

Gomorrhe, v. de Palestine, détruite, en même temps que Sodome, par le feu du ciel.

Goncourt (Edmond Huot de), écrivain français (1822-1896), auteur, avec son frère JULES (1830-1870), de romans naturalistes ; créateur de l'Académie Goncourt.

Gondwana, région de l'Inde, qui a donné son nom à un continent primitif aujourd'hui disloqué.

Gongora (Luis de), poète espagnol (1561-1627), au style précieux.

Gonzalve de Cordoue, général castillan (1453-1515), surnommé *le Grand Capitaine.*

Gorée, île du Sénégal, en face de Dakar.

Gorgones, monstres mythologiques : Méluse, Euryale et Sthéno.

Göring ou **Goering** (Hermann), maréchal allemand, compagnon de Hitler (1893-1946).

Gorki, anc. Nijni-Novgorod, v. de l'U. R. S. S., sur la Volga ; 1 170 000 h. Anc. foire annuelle.

Gorki (Maxime), écrivain russe (1868-1936), auteur de *Ma vie d'enfant.*

Gorlovka, v. de l'U. R. S. S. (Ukraine) ; 348 000 h.

Göteborg, port de Suède ; 445 400 h.

Gotha, v. d'Allemagne orientale ; 57 800 h.

Goths, peuple de la Germanie, qui occupa le sud-est de l'Europe. Il comprenait les *Ostrogoths* et les *Wisigoths.*

Gotland, île de Suède.

Göttingen, v. d'Allemagne (Basse-Saxe) ; 109 900 h.

Goudjerate. V. GUJERAT.

Goujon (Jean), sculpteur et architecte français (v. 1510-v. 1565).

Goulette (La), v. de Tunisie ; 31 800 h. Port sur le canal de Tunis à la mer.

Gounod (Charles), compositeur français (1818-1893), auteur de *Faust.*

Gourdon, ch.-l. d'arr. du Lot ; 5 100 h.

Goya (Francisco de), peintre et graveur espagnol (1746-1828), auteur des *Désastres de la guerre.*

Gracchus, nom de deux frères tribuns et orateurs romains du IIe s. av. J.-C., TIBERIUS et CAIUS, auteurs d'importantes lois agraires. On les appelle *les Gracques.*

Gramme (Zénobe), électricien belge (1826-1901), inventeur de la dynamo électrique.

Grampians *(monts),* chaîne de montagnes de l'Ecosse, culminant à 1 340 m.

Grand-Combe *(La),* centre houiller du Gard, dans le bassin d'Alès ; 10 500 h.

Grande-Bretagne et Irlande du Nord *(Royaume-uni de),* Etat de l'Europe occidentale ; 244 000 km^2 ; 55 millions d'h. Capit. *Londres.*

Grande del Norte, fl. qui sépare les États-Unis du Mexique (golfe du Mexique) ; 2 900 km.

Grande-Grèce, dans l'Antiquité, partie méridionale de l'Italie.

Grande-Motte *(La),* station balnéaire de l'Hérault.

Grand Lac Salé, marécage salé des États-Unis (Utah).

Grand-Lieu *(lac de),* lac situé au sud-ouest de Nantes.

Grand-Quevilly, v. de la Seine-Maritime, près de Rouen ; 32 300 h.

Grands Lacs, les cinq principaux lacs de l'Amérique du Nord : Supérieur, Michigan, Huron, Erié, Ontario.

Grant (Ulysses), général américain (1822-1885), vainqueur des Sudistes.

Granville, v. de la Manche ; 15 200 h. Port. 35 300 h.

Grasse, ch.-l. d'arr. des Alpes-Maritimes ; 35 300 h.

Graulhet, v. du Tarn ; 14 100 h.

Grave *(pointe de),* cap à l'embouchure de la Gironde.

Gravelines, bourg du Nord ; défaite des Français devant les Espagnols (1558).

Gravelotte, bourg de la Moselle ; combats sanglants en 1870.

Graves (les), vignobles du Bordelais.

Graz, v. d'Autriche, capit. de la Styrie ; 243 000 h.

Grèce, Etat de la partie sud de la péninsule balkanique, baigné au sud par la Méditerranée ; 132 728 km^2 ; 9 millions d'h. Capit. *Athènes.*

Greco *(le),* peintre d'origine grecque (vers 1540-1614), qui réalisa en Espagne des tableaux d'un réalisme mystique.

Greenwich, v. d'Angleterre, près de Londres ; anc. observatoire.

Grégoire de Nazianze *(saint),* docteur de l'Eglise (v. 330-v. 390).

Grégoire de Nysse *(saint),* Père de l'Eglise grecque (v. 335-395).

Grégoire de Tours *(saint),* théologien et historien (v. 538-v. 594), évêque de Tours.

Grégoire, nom de seize papes, dont : GRÉGOIRE Ier, *le Grand (saint)* [v. 540-604], pape de 590 à 604, auquel on doit la liturgie de la messe et le rite *grégorien ;* — GRÉGOIRE VII *(saint)* [v. 1020-1085], pape de 1073 à 1085, adversaire de l'empereur Henri IV dans la querelle des Investitures ; — GRÉGOIRE XIII (1502-1585), pape de 1572 à 1585, qui réforma le calendrier.

Grégoire (Henri), prélat constitutionnel et conventionnel français (1750-1831).

Grenade, île des petites Antilles.

Grenade, v. d'Espagne (Andalousie) ; 190 400 h. Palais de l'Alhambra.

Grenoble, ch.-l. de l'Isère, sur l'Isère et le Drac ; 169 700 h.

Grésivaudan ou Graisivaudan, vallée alpestre de l'Isère, située entre le confluent de l'Arc et Grenoble.

Greuze (Jean-Baptiste), peintre français (1725-1805), auteur de scènes familières.

Grévy (Jules), homme politique français (1807-1891), président de la République de 1879 à 1887.

Gribeauval (Jean-Baptiste *Vaquette de),* général français (1715-1789), qui perfectionna l'artillerie.

Grieg (Edouard), compositeur norvégien (1843-1907), auteur de *Peer Gynt.*

Griffith (David), cinéaste américain (1875-1948), auteur de *Naissance d'une nation.*

Grignon, loc. des Yvelines. Ecole nationale supérieure agronomique.

Grimaldi, site d'Italie, près de Menton, où furent découverts les restes fossiles d'une race d'hommes préhistoriques.

Grimm (Frédéric Melchior, *baron de),* publiciste allemand (1723-1807).

Grimm (Wilhelm), écrivain allemand (1786-1859), auteur de *Contes,* avec son frère JACOB (1785-1863), fondateur de la philologie germanique.

Gringore (Pierre), poète dramatique et satirique français (v. 1475-v. 1538).

Gris (Juan), peintre cubiste espagnol (1887-1927).

Gris-Nez *(cap),* cap de France, sur le pas de Calais ; belles falaises.

Grisons, canton de Suisse ; 167 600 h. Ch.-l. *Coire.*

Groenland, grande île au nord-est de l'Amérique, appartenant au Danemark ; 2 175 600 km^2 ; 45 000 h. Ch.-l. *Godthaab.*

Groix *(île de),* île du Morbihan.

Gromaire (Marcel), peintre français (1892-1971).

Groningue, v. des Pays-Bas ; 168 800 h.

Gropius (Walter), architecte allemand (1883-1969).

Gros *(baron),* peintre français des batailles de l'Empire (1771-1835).

Grouchy (Emmanuel *de),* maréchal de France (1766-1847).

Groznyï, v. de l'U. R. S. S., dans le Caucase ; 331 000 h.

Gruyère (la), pays de Suisse (cant. de Fribourg). Fromages.

Guadalajara, v. du Mexique ; 1 264 500 h.

Guadalcanal, île de l'archipel des Salomon ; lieu de violents combats entre Américains et Japonais (1942-1943).

Guadalquivir, fl. de l'Espagne méridionale (Atlantique) ; 579 km.

Guadarrama *(sierra de),* montagnes du centre de l'Espagne ; 2 405 m.

Guadeloupe *(la),* dép. français des Petites Antilles ; 324 500 h. Ch.-l. *Basse-Terre.*

Guadiana, fl. d'Espagne et du Portugal ; 801 km.

Guam, île principale des Mariannes.

Guatemala, république de l'Amérique centrale ; 6 440 000 h. Capit. *Guatemala.*

Guayaquil, port de l'Equateur ; 835 800 h.

Gudule *(sainte)*, patronne de Bruxelles (m. v. 712).

Guebwiller *(ballon de)*, point culminant des Vosges ; 1 424 m.

Gueldre, prov. des Pays-Bas.

Guépéou, anc. police politique soviétique.

Guéret, ch.-l. de la Creuse ; 16 100 h.

Guernesey, île anglo-normande.

Guernica, v. d'Espagne (Biscaye) ; bombardée en 1937 par l'aviation allemande au service de Franco.

Guerre *(Grande)* ou **Première Guerre mondiale**, guerre qui mit l'Allemagne, l'Autriche-Hongrie, la Turquie, la Bulgarie aux prises avec la France, la Russie, l'Angleterre, la Serbie, la Belgique, l'Italie, la Roumanie, le Japon, les Etats-Unis et leurs alliés, et se termina par la défaite des empires centraux (1914-1918).

Guerre mondiale *(Seconde)*, guerre qui opposa les démocraties (Pologne, Angleterre, France, U. R. S. S., Etats-Unis, Chine et leurs alliés) aux puissances totalitaires de l'axe (Allemagne, Italie, Japon et leurs satellites) et se termina par la victoire des premiers (1939-1945).

Guerre et Paix, roman de Tolstoï.

Guesclin (Bertrand *du*), connétable de France (1315 ou 1320-1380), il réussit à expulser les Anglais de France.

Guesde (Jules), homme politique français (1845-1922), défenseur des thèses marxistes.

Guevara (Che), révolutionnaire argentin (1928-1967), compagnon de F. Castro.

Guignol, personnage principal des marionnettes lyonnaises.

Guillaume Iᵉʳ *(saint)* [v. 755-821], comte de Toulouse, héros, sous le nom de *Guillaume d'Orange*, d'un cycle de chansons de geste.

Guillaume, nom de quatre rois d'Angleterre, dont : GUILLAUME Iᵉʳ, *le Conquérant* (v. 1027-1087), duc de Normandie à partir de 1035, roi d'Angleterre à partir de 1066 ; — GUILLAUME II, *le Roux* (v. 1056-1100), roi d'Angleterre de 1087 à 1100 ; — GUILLAUME III DE NASSAU (1650-1702), prince d'Orange, stathouder de Hollande à partir de 1672, roi d'Angleterre de 1689 à 1702, adversaire de Louis XIV.

Guillaume Iᵉʳ de Hohenzollern (1797-1888), roi de Prusse à partir de 1861 et empereur allemand à partir de 1871. Vainqueur des Autrichiens à Sadowa et des Français à Sedan, il réalisa, avec Bismarck, l'unité allemande ; — GUILLAUME II (1859-1941), roi de Prusse et empereur allemand, à partir de 1888 ; il dut abdiquer en 1918.

Guillaume de Lorris, poète français (XIIIᵉ s.), auteur de la première partie du *Roman de la Rose*.

Guillaume de Machault, poète et musicien français (v. 1300-1377).

Guillaume Tell, héros légendaire de l'indépendance helvétique.

Guinée, Etat d'Afrique occidentale ; 4 650 000 h. Capit. *Conakry*.

Guinée *(golfe de)*, partie du littoral africain, vers l'embouchure du Niger.

Guinée-Bissau, Etat d'Afrique occidentale ; 540 000 h. Capit. *Bissau*.

Guinée-Equatoriale, Etat d'Afrique ; 320 000 h. Capit. *Malabo*.

Guinegatte, auj. **Enguinegatte**, bourg du Pas-de-Calais ; bataille entre les troupes de Louis XI et de Maximilien (1479) ; victoire française sur les Anglais (1513).

Guingamp, ch.-l. d'arr. des Côtes-du-Nord ; 10 800 h.

Guipuzcoa, prov. basque d'Espagne.

Guise, branche cadette de la maison ducale de Lorraine, dont les principaux membres sont : FRANÇOIS (1519-1563), duc de Guise de 1550 à 1563, qui reprit Calais aux Anglais en 1558 ; — HENRI Iᵉʳ, *le Balafré* (1550-1588), qui dirigea le massacre de la Saint-Barthélemy et, chef de la Ligue, fut assassiné par ordre d'Henri III.

Guizeh ou **Gizeh**, v. d'Egypte, sur le Nil, près des Grandes Pyramides ; 571 200 h.

Guizot (François), homme d'Etat et historien français (1787-1874).

Gujerat ou **Goudjerate**, Etat de l'Inde.

Gulf Stream, puissant courant chaud de l'Atlantique Nord.

Gulliver, héros d'un roman de Swift, *les Voyages de Gulliver* (1726).

Gustave, nom de six rois de Suède, dont : GUSTAVE Iᵉʳ VASA (1496-1560), roi de 1523 à 1560 ; il délivra son pays de la domination danoise ; — GUSTAVE II ADOLPHE, *le Grand* (1594-1632), roi de Suède de 1611 à 1632 ; il participa à la guerre de Trente Ans ; — GUSTAVE V (1858-1950), roi de Suède de 1907 à 1950 ; — GUSTAVE VI ADOLPHE (1882-1973), roi de Suède de 1950 à 1973.

Gutenberg, imprimeur allemand (m. en 1468), qui, le premier en Europe, a utilisé les caractères typographiques mobiles.

Guyana, Etat de l'Amérique du Sud, membre du Commonwealth ; 215 000 km² ; 790 000 h. Capit. *Georgetown*.

Guyane française, départ. français ; 91 000 km² ; 55 100 h. Ch.-l. *Cayenne*.

Guyenne, anc. prov. du sud-ouest de la France ; capit. *Bordeaux*.

Guynemer (Georges), héros de l'aviation française, pendant la Première Guerre mondiale (1894-1917).

Gygès, roi de Lydie (v. 687-652 av. J.-C.). Il possédait un anneau d'or qui pouvait le rendre invisible, selon la légende.

H

Haakon, nom de sept rois de Norvège, dont HAAKON VII (1872-1957), roi de 1905 à 1957.

Haarlem, v. des Pays-Bas, ch.-l. de la Hollande-Septentrionale ; 235 300 h.

Habsbourg *(maison de),* dynastie qui régna sur l'Autriche de 1278 à 1918. Elle parvint au trône de Germanie avec Rodolphe Ier. La branche aînée régna sur l'Espagne de 1516 à 1700.

Hachémites, famille d'où est issue la dynastie qui règne sur la Jordanie.

Hachette (Jeanne), héroïne française, qui défendit Beauvais en 1472.

Hadramaout, région du sud de l'Arabie.

Hadrien ou **Adrien** (76-138), empereur romain de 117 à 138.

Hændel. V. HÄNDEL.

Hafiz, poète persan (v. 1320-v. 1389).

Hagondange, v. de la Moselle ; 10 000 h.

Hague (la), cap. du nord-ouest du Cotentin.

Haguenau, ch.-l. d'arr. du Bas-Rhin ; 28 900 h.

Haïfa, port d'Israël, sur la Méditerranée ; 225 800 h.

Haïlé Sélassié (1892-1975), empereur d'Éthiopie (1930-1974).

Haï-nan, île chinoise du golfe du Tonkin.

Hainaut, prov. de la Belgique ; 1 371 700 h. Ch.-l. *Mons.*

Haiphong, port du Viêt-nam septentrional.

Haïti, île des Grandes Antilles, divisée en deux États : la RÉPUBLIQUE D'HAÏTI, à l'ouest (27 750 km^2 ; 4 750 000 h ; capit. *Port-au-Prince*) ; la RÉPUBLIQUE DOMINICAINE (v. ce nom), à l'est.

Hakodate, v. du Japon (Hokkaïdo) ; 253 000 h.

Hal ou **Halle,** v. de Belgique (Brabant) ; 19 900 h.

Halicarnasse, anc. v. d'Asie Mineure.

Halifax, v. d'Angleterre (Yorkshire) ; 96 000 h. — Port du Canada, capit. de la Nouvelle-Écosse ; 92 500 h.

Halle, v. d'Allemagne orientale ; 278 700 h.

Halley (Edmund), astronome anglais (1656-1742), qui étudia les comètes.

Halluin, v. du Nord ; 15 500 h.

Hals (Frans), peintre hollandais (v. 1580-1666).

Hälsingborg, v. de Suède ; 80 700 h. Port.

Hamamatsu, v. du Japon (Honshu) ; 420 000 h.

Hambourg, port d'Allemagne occidentale, sur l'Elbe ; 1 823 000 h.

Hamilcar ou **Amilcar,** surnommé **Barca,** chef carthaginois (v. 290-229 av. J.-C.), père d'Hannibal. Il conquit l'Espagne.

Hamilton, v. du Canada, sur le lac Ontario ; 309 100 h.

Hamlet, drame de Shakespeare (1602).

Hammourabi, roi de Babylone (XIXe s. av. J.-C.), auteur d'un code célèbre.

Hampshire, comté du sud de l'Angleterre.

Hamsun (Knut), écrivain norvégien (1859-1952), auteur de *la Faim.*

Händel (Georg Friedrich), compositeur allemand (1685-1759), auteur du *Messie.*

Hang-tcheou, port de Chine.

Hankeou, centre industriel de Chine.

Hannibal ou **Annibal,** homme d'État carthaginois (247-183 av. J.-C.), vainqueur des Romains à Cannes (116), mais battu par eux à Zama (202).

Hanoï, capit. du Viêt-nam, sur le fleuve Rouge ; 1 073 400 h.

Hanovre, v. d'Allemagne occidentale, capit. de la Basse-Saxe ; 562 900 h.

Han-sur-Lesse, loc. de Belgique ; grottes.

Harbin, anc. nom de *Pin-kiang.*

Hardouin-Mansart. V. MANSART.

Hardt, massif d'Allemagne rhénane.

Hardy (Thomas), romancier anglais (1840-1928), auteur de *Jude l'Obscur.*

Harlem, quartier noir de New York.

Harold II, roi des Anglo-Saxons en 1066, vaincu par Guillaume le Conquérant.

Haroun al-Rachid (766-809), calife abbasside de Bagdad (786-809).

Harpagon, principal personnage de *l'Avare,* de Molière.

Harpies, nom de trois monstres ailés.

Hartford, v. des États-Unis, capit. du Connecticut ; 162 000 h. Port sur le fl. *Hartford.*

Harvey (William), médecin anglais (1578-1657), qui découvrit la circulation du sang.

Harz, massif de l'Allemagne ; 1 142 m.

Hassan II (né en 1929), roi du Maroc en 1961.

Hasselt, v. de Belgique, ch.-l. du Limbourg ; 38 500 h.

Hassi-Messaoud, centre pétrolier du Sahara algérien.

Hastings, v. d'Angleterre (Sussex) ; 66 700 h. Guillaume le Conquérant y vainquit Harold II en 1066.

Haussmann *(baron),* administrateur français (1809-1891), urbaniste de Paris.

Haute-Volta, république d'Afrique occidentale ; 6 320 000 h. ; capit. *Ouagadougou.*

Hautmont, centre métallurgique du Nord.

Hauts-de-Seine, dép. de la région parisienne ; préf. *Nanterre* ; s.-préf. *Boulogne-Billancourt, Antony* ; 1 438 900 h.

Haüy (Valentin), éducateur français (1745-1822), inventeur d'un alphabet en relief pour les aveugles.

Havane *(La),* capit. de Cuba ; 1 640 700 h.

Havre *(Le),* ch.-l. d'arr. de la Seine-Maritime, à l'embouchure de la Seine ; 219 600 h. Port.

Hawaii, anc. **Sandwich** *(îles),* archipel de l'Océanie, État des États-Unis ; 718 000 h. ; capit. *Honolulu.*

Hayange, v. de la Moselle ; 20 600 h.

Haydn (Joseph), compositeur autrichien (1732-1809).

Haye *(La),* v. des Pays-Bas, résidence des pouvoirs publics ; 715 000 h.

Haÿ-les-Roses *(L'),* ch.-l. d'arr. du Val-de-Marne ; 31 400 h.

Hazebrouck, v. du Nord ; 20 500 h.

Hébert (Jacques), révolutionnaire français (1757-1794), montagnard extrémiste.

Hébreux, peuple issu d'Abraham, dont la Bible retrace l'histoire.

Hébrides, îles britanniques, à l'ouest de l'Ecosse (Skye, Lewis).

Hector, chef troyen, fils de Priam; il fut tué par Achille.

Hedjaz, région de l'Arabie Saoudite.

Hegel (Friedrich), philosophe allemand (1770-1831).

Heidegger (Martin), philosophe existentialiste allemand (1889-1976).

Heidelberg, v. d'Allemagne (Bade-Wurtemberg), sur le Neckar; 124 800 h. Université.

Heine (Henri), poète allemand (1797-1856).

Hekla, volcan de l'Islande; 1 447 m.

Hélène, princesse grecque, épouse de Ménélas; son enlèvement par Pâris détermina l'expédition des Grecs contre Troie.

Helgoland, île allemande de la mer du Nord.

Hélicon, mont de la Grèce (Béotie), consacré aux Muses.

Héliopolis, localité d'Égypte, où Kléber vainquit les Mameluks (1800).

Hellade, autre nom de la *Grèce ancienne*.

Hellespont, anc. nom des *Dardanelles*.

Helmholtz (Hermann von), physicien allemand (1821-1894).

Héloïse, nièce du chanoine Fulbert (1101-1164), célèbre par son attachement à Abélard.

Helsinki, capit. de la Finlande, sur le golfe de Finlande; 796 000 h.

Helvétie, autre nom de la *Suisse*.

Helvétius (Claude-Adrien), philosophe matérialiste français (1715-1771).

Hemingway (Ernest), écrivain américain (1899-1961), auteur de *l'Adieu aux armes*.

Hémon (Louis), écrivain français (1880-1913), auteur de *Maria Chapdelaine*.

Hendaye, station balnéaire des Pyrénées-Atlantiques, à la frontière espagnole.

Hénin-Beaumont, v. du Pas-de-Calais; 26 500 h.

Hennebont, v. du Morbihan; 12 500 h.

Henri Ier (v. 1008-1060), roi de France de 1031 à 1060.

Henri II (1519-1559), roi de France de 1547 à 1559; il lutta contre Charles Quint, Philippe II et les Anglais, et mourut dans un tournoi.

Henri III (1551-1589), roi de France de 1574 à 1589; il lutta contre le duc de Guise et mourut assassiné.

Henri IV (1553-1610), roi de Navarre à partir de 1572, et de France à partir de 1589; il lutta contre les ligueurs et abjura le protestantisme pour monter sur le trône; il promulgua l'édit de Nantes et répara les maux de quarante ans de guerre civile. Il fut assassiné par Ravaillac.

Henri, V, nom que prit *Henri, comte de Chambord et duc de Bordeaux* (1820-1883).

Henri Ier, l'Oiseleur (v. 876-936), roi de Germanie de 919 à 936; — HENRI II (*saint*) [973-1024], empereur d'Occident de 1002 à 1024; — HENRI III (1017-1056), empereur germanique de 1039 à 1056; — HENRI IV (v. 1050-1106), empereur de 1056 à 1106, qui lutta contre Grégoire VII; — HENRI V (1081-1125), empereur de 1106 à 1125; — HENRI VI, *le Cruel* (1165-1197), empereur de 1190 à 1197; — HENRI VII (v. 1269-1313), empereur de 1308 à 1313.

Henri Ier Beauclerc (1068-1135), roi d'Angleterre de 1100 à 1135; — HENRI II *Plantagenêt* (1133-1189), comte d'Anjou et duc de Normandie à partir de 1152, duc d'Aquitaine à partir de 1153, roi d'Angleterre de 1154 à 1189; — HENRI III (1207-1272), roi d'Angleterre de 1216 à 1272; — HENRI IV (1367-1413), roi d'Angleterre de 1399 à 1413; — HENRI V (1387-1422), roi d'Angleterre de 1413 à 1422, vainqueur des Français à Azincourt; — HENRI VI (1421-1471), roi d'Angleterre de 1422 à 1461 et de 1470 à 1471; — HENRI VII *Tudor* (1457-1509), roi d'Angleterre de 1485 à 1509; — HENRI VIII (1491-1547), roi d'Angleterre de 1509 à 1547, fondateur de l'anglicanisme.

Henri, nom de quatre rois de Castille, dont: HENRI II, *le Magnifique* (1333-1379), roi de Castille de 1369 à 1379, qui conquit son trône grâce à Charles V et à Du Guesclin; — HENRI IV (1425-1474), roi de Castille de 1454 à 1474.

Henri le Navigateur, infant de Portugal (1394-1460), instigateur de nombreux voyages de découvertes.

Henriette d'Angleterre (1644-1670), fille d'Henriette de France et de Charles Ier d'Anglerre, première femme de Philippe d'Orléans, frère de Louis XIV.

Henriette-Marie de France (1609-1669), fille d'Henri IV, femme de Charles Ier d'Angleterre.

Henry (Joseph), physicien américain (1797-1878), qui découvrit l'auto-induction.

Héra, épouse de Zeus.

Héraclée, anc. v. d'Asie Mineure. — Anc. v. d'Italie (Lucanie).

Héraclès, héros de la mythologie grecque, fils de Zeus et d'Alcmène, identifié avec l'*Hercule* des Latins. Il se distingua par sa force extraordinaire et exécuta douze exploits, les *douze travaux d'Hercule*.

Héraclite, philosophe grec (v. 540-v. 480 av. J.-C.).

Hérault, fl. du sud de la France (Méditerranée); 160 km.

Hérault, dép. du sud de la France; préf. *Montpellier*; s.-préf. *Béziers, Lodève*; 648 200 h.

Herculanum, anc. v. de l'Italie, près de Naples, ensevelie sous les laves du Vésuve en 79 et mise au jour depuis 1719.

Hercule. V. HÉRACLÈS.

Heredia (José Maria de), poète français (1842-1905), auteur des *Trophées*.

Hermès, dieu grec du Commerce.

Hernani, drame de V. Hugo (1830).

Hérode le Grand, roi de Judée de 40 à 4 av. J.-C.; — HÉRODE ANTIPAS, tétrarque de 4 av. J.-C. à 39 apr. J.-C.; il jugea Jésus-Christ et fit mourir saint Jean-Baptiste.

Hérodiade, femme d'Hérode Antipas.

Hérodote, historien et voyageur grec (v. 484-420 av. J.-C.).

Herriot (Edouard), homme politique français (1872-1957).

Herschel (*sir* William), astronome anglais (1738-1822), qui découvrit Uranus.

Hertz (Heinrich), physicien allemand (1857-1894), qui découvrit les ondes radio-électriques.

Herzégovine, région de Yougoslavie.

Herzl (Theodor), écrivain juif hongrois, né à Budapest (1860-1904), promoteur du sionisme.

Hesbaye, région de Belgique.

Hésiode, poète grec du VIIIe s. av. J.-C.

Hespérides, nymphes qui possédaient un jardin aux pommes d'or.

Hesse, région de l'Allemagne occidentale.

Highlands, montagnes d'Écosse.

Hillary (sir Edmund), alpiniste néozélandais (né en 1919). Avec le Sherpa Tensing, il conquit le sommet de l'Everest en 1953.

Hilversum, v. des Pays-Bas ; 103 400 h.

Himalaya, chaîne de montagnes d'Asie, qui sépare l'Inde du Tibet et qui renferme les plus hauts sommets du monde.

Himmler (Heinrich), homme politique allemand (1900-1945), chef de la Gestapo.

Hindenburg (Paul von), feld-maréchal allemand (1847-1934), commandant en chef des armées allemandes (1916-1918).

Hindu-kuch, chaîne de montagnes de l'Asie centrale.

Hippocrate, médecin grec (v. 460-v. 377 av. J.-C.).

Hiro-Hito (né en 1901), empereur du Japon en 1926.

Hiroshima, v. du Japon (Honshu), détruite en 1945 par la première bombe atomique.

Hirson, v. de l'Aisne ; 12 500 h.

Hitchcock (Alfred), cinéaste américain d'origine anglaise, né en 1899.

Hitler (Adolf), dictateur allemand (1889-1945). Au pouvoir en 1933, il pratiqua une politique d'annexion qui aboutit à la Seconde Guerre mondiale.

Hittites, anc. peuple de l'Asie Mineure.

Hobart, capit. de la Tasmanie (Australie) ; 150 900 h.

Hobbes (Thomas), philosophe matérialiste anglais (1588-1679).

Hoche (Lazare), général français (1768-1797) ; il pacifia la Vendée.

Hô Chi Minh, homme d'État vietnamien (1890-1969), fondateur du parti communiste de son pays.

Hô Chi Minh-Ville, anc. Saigon, v. du Viêt-nam méridional ; 1 600 000 h.

Höchstädt, v. de Bavière ; victoires de Villars (1703), du Prince Eugène et de Marlborough (1704), et de Moreau (1800).

Hogarth (William), peintre de mœurs anglais (1697-1764).

Hoggar, massif volcanique du Sahara.

Hohenlinden, village de Bavière, où Moreau vainquit les Autrichiens (1800).

Hohenzollern, famille allemande, qui régna successivement sur le Brandebourg, la Prusse et l'Empire allemand.

Hohneck, montagne des Vosges ; 1 361 m.

Hokkaido, île du Japon septentrional.

Hokusai, graveur japonais (1760-1849).

Holbach (Paul Henri, baron d'), philosophe matérialiste français (1723-1789).

Holbein le Jeune (Hans), peintre allemand (1497-1543).

Hölderlin (Friedrich), poète allemand (1770-1843).

Hollande, région des Pays-Bas.

Hollywood, quartier de Los Angeles ; studios cinématographiques.

Homécourt, v. de la Meurthe-et-Moselle ; 10 100 h.

Homère, poète épique grec qui aurait vécu au IXe s. av. J.-C., considéré comme l'auteur de l'Iliade et de l'Odyssée.

Homs, v. de Syrie ; 215 000 h.

Hondo. V. HONSHU.

Honduras, république de l'Amérique centrale ; 114 670 km^2 ; 2 830 000 h. Capit. Tegucigalpa.

Honduras britannique, anc. nom du territoire de Belize.

Honegger (Arthur), compositeur suisse (1892-1955), auteur de Jeanne au bûcher.

Honfleur, v. du Calvados ; 9 200 h. Port.

Hong-kong, île de la baie de Canton, possession britannique ; 4 510 000 h.

Hongrie, république de l'Europe centrale ; 93 000 km^2 ; 10 650 000 h. Capit. Budapest.

Honolulu, capit. des Hawaii, dans l'île Oahu ; 630 500 h.

Honshu, anc. Hondo, principale île du Japon.

Ho-pei, prov. de Chine.

Horace, poète latin (64-8 av. J.-C.), auteur d'Odes, d'Épîtres, de Satires.

Horace, tragédie de Corneille (1640).

Horn (cap), cap à l'extrémité sud de la Terre de Feu.

Hortense de Beauharnais (1783-1837). Femme de Louis Bonaparte, mère de Napoléon III.

Horus, dieu de l'anc. Égypte.

Hossegor, station balnéaire des Landes.

Hottentots, peuple d'Afrique australe.

Houang-ho ou **Hoang-ho** ou **fleuve Jaune,** fl. de Chine ; 5 200 km.

Houdon (Jean Antoine), statuaire français (1741-1828).

Hougue (la), rade du Cotentin. Tourville y lutta contre les flottes de l'Angleterre et de la Hollande (1692).

Houhehot ou **Huhehot,** v. de Chine, capit. de la Mongolie-Intérieure ; 314 000 h.

Houlgate, station balnéaire du Calvados, sur la Manche.

Houphouët-Boigny (Félix), homme d'État ivoirien (né en 1905), président de la Côte-d'Ivoire depuis 1960.

Houston, v. des États-Unis (Texas) ; 1 640 000 h. Port.

Hua Kuo-feng, homme d'État chinois (né v. 1922), Premier ministre depuis 1976.

Hubert (saint), évêque de Maestricht et de Liège (m. en 727). Patron des chasseurs.

Hudson, fl. des États-Unis (Atlantique) ; 500 km. — Baie formée par l'océan Atlantique, au nord du Canada.

Huê, v. du Viêt-nam central.

Huelva, port d'Espagne (Andalousie) ; 96 790 h.

Hugo (Victor), poète français (1802-1885), chef de l'école romantique, auteur de poésies (la Légende des siècles), de romans (les Misérables) et de drames (Ruy Blas).

Hugues Capet (v. 941-996), roi de France à partir de 987, fondateur de la dynastie capétienne.

Humboldt (Alexandre de), naturaliste et voyageur allemand (1769-1859).

Hume (David), philosophe et historien anglais (1711-1776).

Huns, peuple nomade d'Asie centrale, qui envahit l'Europe au ve s.

Huron, lac de l'Amérique du Nord.

Hurons, Indiens de l'Amérique du Nord.

Huss (Jan), théologien, né en Bohême (1369-1415), précurseur de la Réforme.

Husserl (Edmund), philosophe allemand (1859-1938).

Huygens (Christiaan), physicien, mathématicien et astronome hollandais (1629-1695).

Huysmans (Joris Karl), écrivain français (1848-1907), auteur de *A rebours, Là-bas, En route.*

Hyderabad, anc. État de l'Inde, dans le Deccan ; capit. *Hyderabad* (auj. capit. de l'Andhra Pradesh). — V. du Pakistan ; 786 000 h.

Hyères, v. du Var ; 39 600 h.

Hyères (îles d'), archipel français de la Méditerranée comprenant Porquerolles, Port-Cros et l'île du Levant.

Hyksos, peuples qui dominèrent l'Égypte, pendant cinq siècles, jusqu'en 1580 av. J.-C.

Hymette, montagne de l'Attique, qui était renommée pour son miel et son marbre.

Hyrcanie, anc. contrée de la Perse, au sud de la mer Caspienne.

Iakoutie ou **Yakoutie**, république autonome de l'U. R. S. S. (Sibérie).

Iaroslavl, v. de l'U. R. S. S., sur la Volga ; 517 000 h.

Iasi ou **Iasi**, v. de Roumanie (Moldavie) ; 202 000 h.

Ibadan, v. du Nigeria ; 758 300 h.

Ibérique (péninsule), partie sud-ouest de l'Europe, partagée entre l'Espagne et le Portugal.

Ibiza, île des Baléares.

Ibn Khaldun, historien arabe (1332-1406).

Ibsen (Henrik), auteur dramatique norvégien (1828-1906).

Icare, fils de Dédale ; il tenta de voler avec des ailes dont les attaches de cire fondirent au soleil.

Idaho, un des États unis d'Amérique ; 756 000 h. ; capit. *Boise.*

Iéna, v. d'Allemagne orientale ; 83 500 h. Napoléon y vainquit les Prussiens en 1806.

Ienisseï, fl. de Sibérie (océan Arctique) ; 3 800 km.

If, îlot près de Marseille. Anc. prison.

Ignace de Loyola (saint) [1491-1556], fondateur des Jésuites.

IJselmeer, partie du Zuiderzee qui n'est pas asséchée.

Ile-de-France, région de France, autour de Paris.

Iliade (l'), poème d'Homère, racontant un épisode de la guerre de Troie.

Ill, riv. d'Alsace, affl. du Rhin ; 208 km.

Ille-et-Vilaine, dép. de l'ouest de la France ; préf. *Rennes* ; s.-préf. *Fougères, Redon, Saint-Malo* ; 702 200 h.

Illinois, un des États unis d'Amérique ; 11 251 000 h. ; capit. *Springfield.*

Illyrie, région balkanique le long de l'Adriatique.

Incas, souverains de l'empire quechua du Pérou, au temps de la découverte de l'Amérique.

Inchon, v. de la Corée du Sud ; 525 100 h.

Inde, péninsule de l'Asie méridionale, qui comprend : le *Pakistan, Ceylan*, le *Bangladesh* et la *République indienne* ; cette dernière a 3 160 000 km² et 625 millions d'h. Capit. *New Delhi.*

Indépendance (guerre de l'), guerre que soutinrent les colonies anglaises de l'Amérique contre l'Angleterre (1775-1782).

Indes occidentales, nom donné à l'Amérique par Christophe Colomb, qui croyait avoir atteint l'Asie.

Indiana, un des États unis de l'Amérique ; 5 291 000 h. ; capit. *Indianapolis* (510 000 h.).

Indien (océan), mer située au sud de l'Inde, entre l'Afrique et l'Australie.

Indochine, péninsule située entre l'Inde et la Chine, qui comprend : la *Birmanie*, la *Thaïlande*, la *Malaisie*, le *Viêt-nam*, le *Laos* et le *Cambodge.*

Indonésie, république constituée par les anciennes possessions hollandaises des Indes orientales ; 1 904 000 km² ; 143 millions d'h. Capit. *Djakarta.*

Indore, v. de l'Inde centrale ; 484 000 h.

Indre, riv. du centre de la France, affl. de la Loire ; 265 km.

Indre, dép. du centre de la France ; préf. *Châteauroux* ; s.-préf. *Issoudun, Le Blanc, La Châtre* ; 248 500 h.

Indre-et-Loire, dép. du centre de la France ; préf. *Tours* ; s.-préf. *Chinon, Loches* ; 478 600 h.

Indus, anc. Sind, fl. de l'Inde et du Pakistan (mer d'Oman) ; 2 900 km.

Indy (Vincent d'), compositeur français (1851-1931).

Ingres (Dominique), peintre français (1780-1867), auteur d'admirables dessins.

Inn, riv. de l'Europe centrale, affl. du Danube ; 525 km.

Innocent, nom de treize papes, dont : INNOCENT III (1160-1216), pape de 1198 à 1216 ; il lutta contre Philippe Auguste et Jean sans Terre, et prêcha la quatrième croisade et celle des Albigeois.

Innsbruck, v. d'Autriche, capit. du Tyrol ; 112 800 h.

Inönü (Ismet), homme d'État turc (1884-1973), président de la République de 1938 à 1950.

Inquisition, ensemble des tribunaux qui avaient été chargés par la papauté de lutter contre l'hérésie.

Insulinde, partie de l'Asie comprenant l'Indonésie et les Philippines.

Interlaken, station touristique de Suisse.

Internationale (l'), chant révolutionnaire ; poème de Pottier (1871), musique de Degeyter.

Ionesco (Eugène), auteur dramatique français d'origine roumaine (né en 1912).

Ionie, anc. pays de l'Asie Mineure.

Ionienne (mer), partie de la Méditerranée entre l'Italie et la Grèce.

Ioniennes (îles), îles grecques de la mer Ionienne.

Iowa, un des États unis d'Amérique ; 2 883 000 h. ; capit. Des Moines.

Iphigénie, fille d'Agamemnon et de Clytemnestre, que son père voulut sacrifier. — Titre d'une tragédie de Racine (1674).

Ipsos, bourg de l'anc. Phrygie, où les généraux d'Alexandre se livrèrent combat (301 av. J.-C.).

Iran, anc. **Perse,** royaume de l'Asie occidentale, s'étendant sur une partie du plateau de l'Iran ; 1 648 000 km² ; 34 millions d'h. Capit. Téhéran.

Iraq ou **Irak,** république du Proche-Orient ; 435 000 km² ; 11 910 000 h. Capit. Bagdad.

Irkoutsk, v. de l'U.R.S.S., en Sibérie ; 451 000 h.

Irlande, une des îles Britanniques. L'Irlande du Nord, constituée par une grande partie de l'Ulster, est incluse dans le royaume-uni de Grande-Bretagne. L'autre partie, la plus importante, forme un État indépendant, la République irlandaise ; 70 282 km² ; 3 200 000 h. Capit. Dublin.

Iroquois, Indiens établis, jadis, au sud-est des lacs Erié et Ontario.

Irrawaddy ou **Irraouaddi,** fl. d'Asie, qui draine la Birmanie et rejoint l'océan Indien ; 2 250 km.

Irtych, riv. de Sibérie, affl. de l'Ob ; 2 970 km.

Irun, v. d'Espagne, sur la Bidassoa, à la frontière française.

Isaac, fils d'Abraham et de Sara.

Isabeau de Bavière (1371-1435), reine de France, femme de Charles VI.

Isabelle Iʳᵉ, la Catholique (1451-1504), reine de Castille (1474). Elle conquit avec son mari, Ferdinand II d'Aragon, le royaume maure de Grenade (1492) ; — ISABELLE II (1380-1904), fille de Ferdinand VII, reine d'Espagne en 1833, détrônée en 1868 par la guerre civile.

Isaïe, prophète juif (VIIIᵉ s. av. J.-C.).

Iscariote, surnom donné à Judas.

Ischia, île du golfe de Naples.

Iseran, massif et col des Alpes françaises.

Isère, riv. des Alpes françaises, affl. du Rhône ; 290 km.

Isère, dép. du sud-est de la France ; préf. Grenoble ; s.-préf. La Tour-du-Pin, Vienne ; 860 400 h.

Isis, déesse de l'anc. Égypte.

Islamabad, capit. du Pakistan ; 77 300 h.

Islande, île et république de l'Europe, dans le nord de l'Atlantique ; 103 000 km² ; 220 000 h. Capit. Reykjavik.

Isle, riv. du sud-ouest de la France, affl. de la Dordogne ; 235 km.

Isle-sur-la-Sorgue (L'), v. de Vaucluse ; 11 900 h.

Ismaël, fils d'Abraham et d'Agar.

Isocrate, orateur athénien (436-338 av. J.-C.), adversaire de la Perse.

Ispahan, v. d'Iran ; 424 000 h.

Israël (royaume d'), un des deux royaumes qui se formèrent en Palestine, après la mort de Salomon.

Israël, État du Proche-Orient ; 21 000 km² ; 3 610 000 h. Capit. Jérusalem.

Israélites, descendants de Jacob ou Israël, appelés aussi Juifs ou Hébreux.

Issoire, ch.-l. d'arr. du Puy-de-Dôme ; 15 700 h.

Issos, v. de Cilicie, où Darios fut vaincu par Alexandre le Grand (333 av. J.-C.).

Issoudun, ch.-l. d'arr. de l'Indre ; 16 500 h.

Issy-les-Moulineaux, v. des Hauts-de-Seine ; 48 400 h.

Istanbul, anc. **Byzance** puis **Constantinople,** v. de Turquie, sur le Bosphore ; 2 247 000 h.

Istres, v. des Bouches-du-Rhône ; 14 500 h. École militaire d'aviation.

Istrie, presqu'île yougoslave, baignée par l'Adriatique.

Italie, république de l'Europe méditerranéenne ; 301 000 km² ; 56 450 000 h. Capit. Rome.

Ithaque, une des îles Ioniennes.

Iton, riv. de l'ouest de la France, affl. de l'Eure ; 118 km.

Ivan, nom de six grands princes, puis tsars de Moscovie, dont : IVAN IV, le Terrible, premier tsar de Russie (1530-1584).

Ivanovo, v. de l'U.R.S.S., au nord-est de Moscou ; 419 000 h.

Ivry-la-Bataille, bourg de l'Eure, où Henri IV vainquit les Ligueurs (1590).

Ivry-sur-Seine, v. du Val-de-Marne ; 63 100 h.

Izmir, anc. **Smyrne,** v. de Turquie ; 520 700 h. Port sur la mer Égée.

J

Jabalpur, v. du centre de l'Inde ; 436 700 h.

Jacksonville, v. des Etats-Unis (Floride) ; 528 900 h.

Jacob, patriarche hébreu, fils d'Isaac et de Rébecca, père de douze fils, ancêtres des douze tribus d'Israël.

Jacob (Georges), ébéniste français, né à Cheny (1739-1814).

Jacob (Max), écrivain français (1876-1944).

Jacobins *(club des),* club révolutionnaire, dont Robespierre fut l'un des principaux orateurs.

Jacquard (Joseph-Marie), mécanicien français (1752-1834), inventeur d'un métier à tisser.

Jacques *(saint),* nom de deux apôtres et martyrs.

Jacques Ier, le Conquérant (1208-1276), roi d'Aragon de 1213 à 1276, vainqueur des Maures et conquérant des Baléares.

Jacques Ier, fils de Marie Stuart (1566-1625), roi d'Écosse à partir de 1567, roi d'Angleterre à partir de 1603 ; — JACQUES II (1633-1701), roi d'Angleterre et d'Écosse de 1685 à 1688, détrôné par Guillaume de Nassau.

Jaffa, port d'Israël, réuni à *Tel-Aviv.*

Jagellons, famille qui a fourni des souverains à la Pologne, à la Bohême et à la Hongrie.

Jaipur, v. de l'Inde, capit. du Rajasthan ; 615 300 h.

Jamaïque, une des Antilles, État du Commonwealth ; 2 millions d'h. ; capit. *Kingston.*

James (William), philosophe américain (1842-1910).

Jamna ou **Jumna,** riv. de l'Inde septentrionale, affl. du Gange ; 1 375 km.

Jamshedpur, v. de l'Inde (Bihar) ; 402 500 h.

Janequin (Clément), compositeur français (v. 1480-1558), maître de la chanson polyphonique.

Janicule, une des sept collines de Rome.

Jansénius, théologien hollandais (1585-1638), dont les thèses donnèrent naissance au *jansénisme.*

Janus, dieu romain, à deux visages.

Japon, empire insulaire d'Asie ; 369 000 km² ; 113 860 000 h. Capit. *Tokyo.*

Jason, héros légendaire, qui conduisit les Argonautes à la conquête de la Toison d'or.

Jaurès (Jean), socialiste français (1859-1914), fondateur de *l'Humanité.*

Java, île de l'Indonésie ; 76 millions d'h.

Jean ou **Jean-Baptiste** *(saint),* prophète qui donna le baptême à Jésus-Christ, et fut décapité.

Jean Bosco *(saint),* prêtre italien (1815-1888), fondateur des Salésiens.

Jean Chrysostome *(saint),* docteur de l'Église (v. 340-407), évêque de Constantinople.

Jean de la Croix *(saint),* mystique espagnol (1542-1591), fondateur des Carmes déchaussés.

Jean l'Évangéliste *(saint),* apôtre, auteur d'un des Évangiles et de l'Apocalypse.

Jean, nom de plusieurs papes, dont Jean XXIII (1881-1963), pape en 1958.

Jean, nom de deux rois d'Aragon, dont JEAN II (1397-1479), roi de Navarre à partir de 1425, roi d'Aragon et de Sicile à partir de 1458.

Jean, nom de six rois de Portugal, dont JEAN Ier, *le Grand* (1357-1433), roi de 1385 à 1433 ; sous son règne commencèrent les grandes découvertes.

Jean, nom de trois rois de Pologne, dont : JEAN III SOBIESKI (1624-1696), roi de 1674 à 1696 ; il lutta contre les Turcs.

Jean Ier, roi de France et de Navarre, qui ne vécut que quelques jours en 1316 ; — JEAN II, *le Bon* (1319-1364), roi de France de 1350 à 1364, qui lutta contre les Anglais et mourut en captivité.

Jean sans Peur (1371-1419), duc de Bourgogne de 1404 à 1419, chef de la faction des Bourguignons.

Jean sans Terre (1167-1216), roi d'Angleterre de 1199 à 1216 ; il lutta contre Philippe Auguste, puis contre ses barons, auxquels il accorda la Grande Charte.

Jean de Meung, poète français (v. 1240-v. 1305), auteur de la seconde partie du *Roman de la Rose.*

Jean-Baptiste de La Salle *(saint),* ecclésiastique français (1651-1719), fondateur des Frères des écoles chrétiennes.

Jean-Baptiste Marie Vianney *(saint)* [1786-1859], curé d'Ars.

Jeanne d'Arc *(sainte),* héroïne française, née à Domrémy (1412-1431). Elle obligea les Anglais à lever le siège d'Orléans (1429) et fit sacrer Charles VII à Reims. Tombée aux mains des Bourguignons, alliés des Anglais, elle fut brûlée à Rouen.

Jeanne, nom de trois reines de Navarre, dont : JEANNE III D'ALBRET (1528-1572), reine de Navarre de 1555 à 1572, femme d'Antoine de Bourbon et mère d'Henri IV.

Jeanne de Flandre, épouse de Jean de Bretagne, qui lutta, de 1342 à 1345, contre Jeanne de Penthièvre (guerre des Deux-Jeanne).

Jeanne la Folle (1479-1555), reine de Castille de 1504 à 1555, épouse de Philippe le Beau et mère de Charles Quint.

Jeanne Grey (v. 1537-1554), reine d'Angleterre de 1553 à 1554, morte sur l'échafaud par ordre de Marie Tudor.

Jeanne Seymour (1509-1537), troisième femme d'Henri VIII d'Angleterre.

Jeanne-Françoise Frémyot de Chantal *(sainte)* [1572-1641], fondatrice de l'ordre de la Visitation.

Jean Paul Ier (1912-1978), pape en 1978. — JEAN PAUL II (né en 1920), pape en 1978.

Jefferson (Thomas), homme d'État américain (1743-1826), président des Etats-Unis de 1801 à 1809.

Jemmapes, auj. **Jemappes,** v. de Belgique (Hainaut) ; 12 900 h. Victoire de Dumouriez sur les Autrichiens (1792).

Jenner (Edward), médecin anglais (1749-1823), qui découvrit la vaccine.

Jephté, l'un des juges d'Israël (XIIe s. av. J.-C.).

Jérémie, prophète hébreux (v. 650-v. 580 av. J.-C.).

Jerez ou **Xérès,** v. d'Espagne méridionale (Andalousie) ; 150 100 h. Vins.

Jéricho, v. de Palestine. D'après la Bible, Josué aurait fait tomber ses murailles au son des trompettes.

Jéroboam, nom de deux rois d'Israël.

Jérôme (saint) [v. 347-420], Père de l'Église latine, à qui l'on doit la *Vulgate.*

Jersey, une des îles anglo-normandes.

Jersey City, v. des Etats-Unis, en face de New York ; 276 100 h.

Jérusalem, cap. de l'État d'Israël ; 275 000 h.

Jésus ou **Jésus-Christ,** selon les chrétiens, le fils de Dieu et le Messie, né à Bethléem en l'an 749 de Rome, mort crucifié sur le Calvaire vers 30 de l'ère moderne.

Jeumont, v. du Nord ; 10 200 h.

Joachim (saint), père de la Sainte Vierge.

João Pessoa, v. du nord-est du Brésil ; 203 000 h.

Job, personnage biblique, célèbre par sa piété et sa résignation.

Jocaste, mère d'Œdipe, qu'elle épousa.

Jodhpur, v. de l'Inde (Rajasthan) ; 270 400 h.

Joffre (Joseph), maréchal de France (1852-1931), vainqueur de la Marne (1914).

Jogjakarta, v. d'Indonésie (Java) ; 312 700 h.

Johannesburg, v. de l'Afrique du Sud (Transvaal) ; 1 408 000 h.

Johnson (Lyndon Baines), homme d'État américain, démocrate (1908-1973). Président des États-Unis de 1963 à 1969.

Joigny, v. de l'Yonne, sur l'Yonne ; 11 900 h.

Joinville (Jean de), chroniqueur français (v. 1224-1317), conseiller de Saint Louis.

Joinville-le-Pont, v. du Val-de-Marne ; 18 000 h.

Joliot-Curie (Frédéric), physicien français (1900-1958), qui, avec son épouse, Irène JOLIOT-CURIE (1897-1956), découvrit la radioactivité artificielle.

Jonas, prophète juif, qui passa trois jours dans le ventre d'un gros poisson.

Jongkind (Johann Barthold), peintre et graveur néerlandais (1819-1891).

Jönköping, v. de Suède, sur le lac Vätter ; 107 800 h.

Jonson (Benjamin) ou **Ben Jonson,** poète dramatique anglais (v. 1573-1637).

Jordaens (Jacob), peintre flamand (1593-1678), auteur de scènes populaires.

Jordanie (royaume Hachémite de), État du Proche-Orient s'étendant sur une partie de la Palestine et sur l'ancienne *Transjordanie* ; 95 000 km^2 ; 2 780 000 h. Capit. *Amman.*

Josaphat, vallée située entre Jérusalem et le mont des Oliviers.

Joseph, fils de Jacob ; vendu par ses frères, il devint ministre du pharaon.

Joseph (saint), époux de la Sainte Vierge.

Joseph (le Père), moine français (1577-1638), surnommé l'*Éminence grise,* confident et conseiller de Richelieu.

Joseph II (1741-1790), empereur germanique de 1765 à 1790, qui tenta de dominer l'Église autrichienne.

Joséphine (impératrice), née à la Martinique (1763-1814), veuve du vicomte de Beauharnais, épouse en 1796 de Napoléon Bonaparte, qui la répudia (1809).

Josué, chef des Hébreux, après Moïse.

Jouffroy d'Abbans (Claude François, marquis de), ingénieur français (1751-1832). Il fut le premier à faire fonctionner un bateau à vapeur (1776).

Jouhaux (Léon), syndicaliste français (1879-1954), secrétaire général de la C.G.T. (1909-1940).

Joukov (Gheorghi Konstantinovitch), maréchal soviétique (1896-1974). Vainqueur à Moscou (1941) et à Stalingrad (1943).

Joule (James), physicien anglais (1818-1889), qui détermina l'équivalent mécanique de la calorie.

Jourdain, fl. de la Palestine (mer Morte) ; 360 km.

Jourdan (Jean-Baptiste), maréchal de France (1762-1833), vainqueur à Fleurus.

Jouvet (Louis), acteur et directeur de théâtre français, né à Crozon (1887-1951).

Joyce (James), écrivain irlandais (1882-1941), auteur d'*Ulysse.*

József (Attila), poète hongrois, né à Budapest (1905-1937).

Juan d'Autriche (don), fils naturel de Charles Quint (1545-1578), vainqueur à Lépante et gouverneur des Pays-Bas.

Juan Carlos de Bourbon (don), prince espagnol, né en 1938. En 1969, il fut désigné par Franco pour lui succéder avec le titre de roi. Après la mort de ce dernier (1975), il démocratisa le régime.

Juda, fils de Jacob.

Juda (royaume de), royaume fondé en Palestine par l'union des tribus de Juda et de Benjamin.

Judas Iscariote, apôtre qui trahit Jésus.

Judée, partie de la Palestine entre la mer Morte et la Méditerranée.

Judith, héroïne juive qui coupa la tête à Holopherne, ennemi de son pays.

Jugurtha (v. 160 - apr. 104 av. J.-C.), roi de Numidie en 118, ennemi de Rome.

Juillet (monarchie de), gouvernement de Louis-Philippe (1830-1848), issu des journées de juillet 1830.

Juin (Alphonse), maréchal de France (1888-1967).

Jules II (1443-1513), pape de 1503 à 1513, protecteur des arts.

Juliana (née en 1909), reine des Pays-Bas, depuis 1948.

Julien (331-363), empereur romain de 361 à 363, qui tenta de rétablir le paganisme.

Juliénas, village du Rhône. Vins.

Jullundur, v. de l'Inde (Pendjab) ; 281 600 h.

Jumièges, village de la Seine-Maritime ; ruines romanes d'une abbaye.

Jumna. V. JAMNA.

Jung (Carl Gustav), psychiatre suisse (1875-1961).

Jungfrau, sommet des Alpes bernoises, en Suisse ; 4 166 m.

Junon, épouse de Jupiter.

Junot (Andoche), général français (1771-1813), qui prit Lisbonne en 1807.

Jupiter, le père et le maître des dieux, dans la mythologie latine.

Jupiter, planète du système solaire.

Jura, montagnes et plateaux de France, de Suisse et d'Allemagne occidentale.

Jura, dép. de l'est de la France ; préf. Lons-le-Saunier ; s.-préf. Dole, Saint-Claude ; 238 900 h.

Jura, cant. suisse ; 837 km² ; 67 194 h. Ch.-l. Delémont.

Jurançon, v. des Pyrénées-Atlantiques ; 8 600 h. Vins blancs.

Jussieu (Antoine Laurent), botaniste français (1748-1836).

Justinien Ier (482-565), empereur d'Orient de 527 à 565, qui reconstitua l'Empire romain, en conquérant l'Afrique et l'Italie.

Jutland ou Jylland, presqu'île formant la plus grande partie du Danemark.

Juvénal, poète latin (v. 60-v. 140).

Juvisy-sur-Orge, v. de l'Essonne ; 13 500 h.

K

K2, sommet de l'Himalaya ; 8 620 m.

Kaboul, cap. de l'Afghanistan ; 310 000 h.

Kabylie, région montagneuse de l'Algérie.

Kádár (János), homme d'État hongrois (né en 1912), premier secrétaire du parti communiste depuis 1957.

Kadhafi (Mu'ammar al-), homme d'État libyen (né en 1942), chef de l'État depuis 1969.

Kadiïevka, v. de l'U.R.S.S. (Ukraine), dans le Donbass ; 192 000 h.

Kafka (Franz), écrivain tchèque de langue allemande (1883-1924).

Kagoshima, port du Japon (Kyu-shu) ; 406 000 h.

Kairouan, v. sainte de Tunisie.

Kalahari, désert de l'Afrique méridionale.

Kalinine, v. de l'U.R.S.S., sur la Volga ; 345 000 h.

Kaliningrad, en allem. Königsberg, v. et port de l'U.R.S.S. (Lituanie) ; 297 000 h.

Kalmouiks, peuple mongol du sud de la Russie et de la Sibérie.

Kalouga, v. de l'U.R.S.S., sur l'Oka ; 211 000 h.

Kama, riv. de la Russie, affl. de la Volga ; 2 000 km.

Kamtchatka, péninsule montagneuse et volcanique de la Sibérie (U.R.S.S.).

Kanazawa, v. du Japon (Honshu) ; 322 000 h.

Kandinsky (Vassili), peintre français d'origine russe (1866-1944), l'un des initiateurs de la peinture abstraite.

Kangchenjunga, sommet de l'Himalaya, entre le Sikkim et le Népal ; 8 585 m.

Kano, v. du Nigeria ; 342 600 h.

Kânpur ou Cawnpore, v. de l'Inde (Uttar Pradesh), sur le Gange ; 1 139 300 h.

Kansas, riv. des États-Unis, affl. du Missouri ; 274 km.

Kansas, un des États unis d'Amérique ; capit. Topeka.

Kansas City, v. des États-Unis (Missouri et Kansas), sur le Missouri.

Kan-sou, province de Chine.

Kant (Emmanuel), philosophe allemand (1724-1804), auteur de la Critique de la raison pure et de la Critique de la raison pratique.

Kaolack, v. du Sénégal ; 80 000 h. Port sur le Saloum.

Karachi, v. du Pakistan ; 3 469 000 h. Port sur la mer d'Oman.

Karaganda, v. de l'U.R.S.S. (Kazakhstan) ; 522 000 h.

Karakoram ou Karakorum, chaîne de montagnes à l'ouest du Tibet.

Karikal, v. de l'Inde, autrefois sous administration française.

Karl-Marx-Stadt, anc. Chemnitz, v. d'Allemagne orientale ; 300 000 h.

Karlovy-Vary, en allem. Karlsbad, station thermale de Tchécoslovaquie (Bohême).

Karlsruhe, v. d'Allemagne (Bade-Wurtemberg) ; 252 200 h.

Karnak ou Carnac, village d'Égypte, élevé sur les ruines de Thèbes.

Karpates. V. CARPATES.

Karst, région calcaire de Yougoslavie.

Kasaï ou Kassaï, riv. du Zaïre, affl. du Congo (auj. Zaïre).

Kassel, v. d'Allemagne occidentale (Hesse) ; 213 800 h.

Katanga. V. SHABA.

Katmandou, capit. du Népal ; 333 000 h.

Katowice, v. de Pologne ; 303 300 h.

Kaunas ou Kovno, v. de l'U.R.S.S. (Lituanie) ; 306 000 h.

Kawasaki, v. du Japon (Honshu) ; 973 500 h.

Kazakhstan, République fédérée de l'U.R.S.S., en Asie ; 13 millions d'h. Capit. Alma-Ata.

Kazan, v. de l'U.R.S.S., sur la Volga ; 869 000 h.

Kazbek, montagne du Caucase (5 047 m).

Keats (John), poète anglais (1795-1821).

Keitel (Wilhelm), maréchal allemand (1882-1946). Il signa la capitulation de son pays (1945).

Kellermann (François), maréchal de France (1735-1820), vainqueur à Valmy.

Kénitra, anc. Port-Lyautey, v. du Maroc ; 139 200 h.

Kennedy (John), homme d'État américain, né en 1917. Président démocrate des États-Unis en 1960, assassiné en 1963.

Kent, comté du sud-est de l'Angleterre.

Kentucky, un des États unis d'Amérique ; 3 183 000 h. ; capit. Frankfort.

Kenya, massif volcanique de l'Afrique équatoriale ; 5 194 m. — État du Commonwealth ; 14 340 000 h. ; capit. *Nairobi.*

Kenyatta (Jomo), homme d'État du Kenya (v. 1893-1978), président de la République de 1964 à 1978.

Kepler (Johannes), astronome allemand (1571-1630), auteur de lois qui permirent à Newton de dégager le principe de l'attraction universelle.

Kerala, État du sud-ouest de l'Inde ; capit. *Trivandrum.*

Kerenski (Aleksandr), homme politique russe (1881-1970), renversé par les bolcheviks en 1917.

Kerguélen (*îles*), archipel français de l'océan Indien.

Kertch, v. de l'U. R. S. S. (Crimée), sur le *détroit de Kertch* ; 128 000 h.

Keynes (John Maynard, *lord*), économiste britannique (1883-1946).

Khabarovsk, v. de l'U. R. S. S. (Extrême-Orient) ; 435 000 h.

Kharkov, v. de l'U. R. S. S. (Ukraine) ; 1 223 000 h.

Khartoum, capit. du Soudan ; 312 500 h.

khmer (*empire*), État qui, au Moyen Âge, a dominé l'Indochine.

Khouribga, centre d'extraction des phosphates, au Maroc.

Khrouchtchev (Nikita), homme politique soviétique (1894-1971). Chef du gouvernement de 1958 à 1964.

Kiang-si, province de Chine.

Kiang-sou, province de Chine.

Kichinev, v. de l'U. R. S. S., capit. de la Moldavie ; 357 000 h.

Kiel, v. d'Allemagne occidentale, capit. du Schleswig-Holstein, sur la Baltique ; 270 400 h.

Kierkegaard (Sören), philosophe danois (1813-1855).

Kiev, v. de l'U. R. S. S., capit. de l'Ukraine ; 1 632 000 h.

Kilimandjaro, auj. **pic Uhuru,** point culminant de l'Afrique (Tanzanie) ; 5 963 m.

Kim il Sung, maréchal nord-coréen (né en 1912), chef de l'État depuis 1972.

Kingston, capit. de la Jamaïque ; 456 600 h.

Kinshasa, anc. **Léopoldville,** capit. du Zaïre ; 2 millions d'h.

Kipling (Rudyard), écrivain anglais (1865-1936), auteur du *Livre de la jungle.*

Kirchhoff (Gustav), physicien allemand (1824-1887). Il découvrit l'analyse spectrale.

Kirghizistan, république fédérée de l'U. R. S. S. ; 2 932 000 h. Capit. *Frounze.*

Kirkuk, v. d'Irak ; 176 800 h. Pétrole.

Kirov, v. d'U. R. S. S. ; 332 000 h.

Kiruna, centre minier (fer) de Suède.

Kisangani, anc. **Stanleyville,** v. du Zaïre, sur le Congo ; 297 800 h.

Kita Kyu shu, port du Japon (Kyu shu) ; 1 million d'h. Port.

Kitchener (*lord* Herbert), maréchal britannique (1850-1916).

Kitzbühel, centre touristique d'Autriche.

Klagenfurt, v. d'Autriche (Carinthie) ; 73 200 h.

Klaipeda. V. MEMEL.

Kléber (Jean-Baptiste), général français (1753-1800), assassiné en Égypte.

Kleist (Heinrich *von*), poète et auteur dramatique allemand (1777-1811).

Klopstock (Friedrich), poète allemand (1724-1803).

Knox (John), réformateur écossais (1505-1572), un des fondateurs du presbytérianisme.

Knut, nom de six rois de Danemark.

Kobe, centre industriel du Japon (Honshu) ; 1 216 000 h.

Koch (Robert), médecin allemand (1843-1910), qui étudia la tuberculose.

Kola, péninsule d'Europe septentrionale (U. R. S. S.).

Kolyma, fl. de Sibérie (océan Arctique) ; 2 600 km.

Komintern, nom donné par les communistes russes à la IIIᵉ Internationale, dissoute en 1943.

Komsomolsk, v. d'U. R. S. S., sur l'Amour ; 218 000 h.

Kosciuszko (Tadeusz), général et patriote polonais (1746-1817).

Kossuth (Louis), patriote hongrois (1802-1894), chef de la révolution de 1848.

Kouang-si, région de la Chine méridionale.

Kouang-tong, province de Chine.

Kouban, fl. de l'U. R. S. S. (mer Noire) ; 810 km.

Kouïbychev, v. de l'U. R. S. S., sur la Volga ; 1 047 000 h.

Kouriles, archipel soviétique d'Asie, s'étendant du Kamtchatka à l'île d'Hokkaïdo.

Kourou (le), fl. de la Guyane française. Près de son embouchure, base de lancement de satellites artificiels.

Koursk, v. d'U. R. S. S. ; 284 000 h.

Koutouzov (Mikhaïl), général russe (1745-1813), adversaire de Napoléon.

Kouzbass, anc. **Kouznetsk,** bassin houiller de la Sibérie orientale.

Koweït, État d'Arabie, sur la côte nord-ouest du golfe Persique ; 1 130 000 h. Pétrole.

Krasnodar, v. de l'U. R. S. S. (Caucase) ; 465 000 h.

Krasnoïarsk, v. d'U. R. S. S., en Sibérie ; 648 000 h.

Krefeld, v. d'Allemagne occidentale, sur le Rhin ; 228 700 h.

Kremlin (le), quartier central de Moscou.

Kremlin-Bicêtre (*Le*), v. du Val-de-Marne ; 20 500 h.

Krichna, dieu hindou.

Krivoï-Rog, v. de l'U. R. S. S. (Ukraine) ; 573 000 h.

Kronchtadt, port de l'U. R. S. S. (golfe de Finlande).

Kropotkine (Piotr Alekseïevitch, *prince*), révolutionnaire russe (1842-1921), théoricien de l'anarchie.

Kruger (Paul), homme d'État boer (1825-1904), adversaire des Anglais.

Krupp (Alfred), industriel allemand (1812-1887). Il développa les usines d'Essen.

Kuala-Lumpur, capit. de la Fédération de Malaysia (État de Selangor) ; 477 000 h.

Ku Klux Klan, société secrète nord-américaine, dirigée contre l'intégration des Noirs.

Kumamoto, v. du Japon (Kyu-shu) ; 432 000 h.

Kurdistan, pays d'Asie, partagé entre la Turquie, l'Iran, l'Iraq et la Syrie, et habité par plus de 10 millions de *Kurdes.*
Kuro-shio ou **Kouro-shivo,** courant chaud

de l'océan Pacifique, qui baigne la côte orientale du Japon.
Kyoto, v. du Japon (Honshu) ; 1 410 000 h.
Kyu-shu, île du Japon méridional.

L

La Barre (Jean-François LEFEBVRE, *chevalier* DE), gentilhomme français, né à Abbeville (1747-1766). Accusé d'avoir mutilé un crucifix, il fut décapité.
Labiche (Eugène), auteur dramatique français (1815-1888). On lui doit de nombreuses comédies de mœurs et des vaudevilles.
Labrador, presqu'île du Canada.
La Bruyère (Jean *de*), écrivain français (1645-1696), auteur des *Caractères.*
Lacédémone. V. SPARTE.
Lacépède (Etienne *de*), naturaliste français (1756-1825).
Laclos (Pierre *Choderlos de*), romancier français (1741-1803), auteur des *Liaisons dangereuses.*
Laconie, anc. contrée du Péloponnèse ; ch.-l. *Sparte.*
Lacordaire (*le père*), prédicateur dominicain français (1802-1861).
Lacq, centre d'exploitation de gaz naturel des Pyrénées-Atlantiques.
Ladoga, lac du nord-ouest de la Russie.
Laennec (René), médecin français (1781-1826), initiateur de l'auscultation médiate.
Laërte, roi d'Ithaque, père d'Ulysse.
La Fayette ou **Lafayette** (Mᵐᵉ Marie-Madeleine *de*), femme de lettres française (1634-1693), auteur de *la Princesse de Clèves.*
La Fayette (Marie Joseph, *marquis de*), général français (1757-1834), qui prit part à la guerre de l'Indépendance et aux révolutions de 1789 et de 1830.
La Fontaine (Jean *de*), poète français (1621-1695), auteur de *Fables.*
Laforgue (Jules), poète symboliste français (1860-1887).
Laghouat, oasis du Sahara algérien.
Lagides, dynastie égyptienne qui régna de 306 à 30 av. J.-C.
Lagny, v. de la Seine-et-Marne ; 16 900 h.
Lagos, capit. du Nigeria ; 900 900 h.
Lagrange (Louis *de*), mathématicien français (1736-1813).
La Hire, compagnon de Jeanne d'Arc (v. 1390-1443).
Lahore, v. du Pakistan, capit. du Pendjab ; 2 148 000 h.
Lakanal (Joseph), conventionnel et savant français (1762-1845).
La Lande (Michel Richard *de*). V. DELALANDE.
Lally (Thomas, *baron de Tollendal*) [1702-1766], gouverneur de l'Inde française. Vaincu par les Anglais, il fut accusé d'avoir trahi et fut exécuté.

Lalo (Édouard), compositeur français (1823-1892), auteur du *Roi d'Ys.*
Lamarck (Jean-Baptiste DE MONET, *chevalier de*), naturaliste français (1744-1829).
Lamartine, poète et homme politique français (1790-1869), auteur des *Méditations poétiques,* de *Jocelyn.*
Lamballe, v. des Côtes-du-Nord ; 10 200 h.
Lamballe (*princesse de*) [1749-1792], amie de Marie-Antoinette, victime des massacres de Septembre.
Lambèse, loc. d'Algérie ; ruines romaines.
La Mennais ou **Lamennais** (Félicité *de*), philosophe français (1782-1854), auteur des *Paroles d'un croyant.*
Lancashire, comté d'Angleterre ; 1 369 000 h. Ch.-l. *Preston.*
Lancaster, port d'Angleterre (Lancashire).
Lancastre (*maison de*), branche cadette de la dynastie d'Anjou-Plantagenêt, issue d'Édouard III d'Angleterre.
Lancelot du Lac, un des chevaliers de la Table ronde.
Lancret (Nicolas), peintre français (v. 1690-1743), auteur de scènes galantes.
Landerneau, v. du Finistère ; 15 700 h.
Landes, région sablonneuse du sud-ouest de la France ; plantations de pins.
Landes, dép. du sud-ouest de la France ; préf. *Mont-de-Marsan ;* s.-préf. *Dax ;* 288 300 h.
Lang (Fritz), metteur en scène de cinéma autrichien, naturalisé américain (1890-1976), auteur de *Metropolis.*
Langeais, v. d'Indre-et-Loire, sur la Loire ; 3 900 h. Château (XVᵉ s.).
Langevin (Paul), physicien français, né à Paris (1872-1946).
Langon, ch.-l. d'arr. de la Gironde ; 6 100 h.
Langres, ch.-l. d'arr. de la Haute-Marne, sur le *plateau de Langres ;* 12 500 h.
Languedoc, anc. prov. méridionale de la France ; capit. *Toulouse.*
Lannemezan, v. des Hautes-Pyrénées ; 8 500 h.
Lannes (Jean), maréchal d'Empire (1769-1809), tué à Essling.
Lannion, ch.-l. d'arr. des Côtes-du-Nord ; 17 900 h.
Lan-tcheou, v. de la Chine, capit. du Kansou, sur le Houang-ho ; 700 000 h.
Laodicée, anc. v. de Phrygie. — Anc. ville de Syrie, auj. *Lattaquié.*
Laon, anc. capit. du Laonnais, ch.-l. de l'Aisne ; 30 200 h.
Laos, république de l'Indochine ; 236 400 km² ; 3 300 000 h. Capit. *Vien-tiane.*

Lao-tseu, philosophe chinois du VIe ou du Ve s. av. J.-C.

La Palice (seigneur de), capitaine français (v. 1470-1525).

La Pérouse (Jean-François de), navigateur français (1741-1788).

Laplace (Pierre Simon de), mathématicien et astronome français (1749-1827), auteur d'une hypothèse cosmogonique.

Laponie, région du nord de la Scandinavie.

Largentière, ch.-l. d'arr. de l'Ardèche ; 3 000 h.

Largillière ou **Largillierre** (Nicolas de), peintre portraitiste français (1656-1746).

Larissa, v. de Thessalie ; 72 800 h.

La Rochefoucauld (François, duc de), moraliste français (1613-1680), auteur de *Mémoires* et de *Maximes.*

La Rochejaquelein (Henri de), chef vendéen (1772-1794).

Larousse (Pierre), lexicographe français (1817-1875), auteur du *Grand Dictionnaire universel du XIXe siècle.*

Larrey (Dominique, baron), chirurgien militaire (1766-1842), chirurgien en chef de la Grande Armée.

Lartet (Edouard), savant français (1801-1871), l'un des fondateurs de la préhistoire.

Larzac (causse du), haut plateau calcaire du sud du Massif central. Camp militaire.

La Salle (Robert Cavelier de), voyageur français (1643-1687). Il reconnut le cours du Mississippi.

Las Casas (Bartolomé de), prélat espagnol, (1474-1566). Il défendit les Indiens contre l'oppression des conquérants.

Las Casas (comte de), historien français (1766-1842), auteur du *Mémorial de Sainte-Hélène.*

Lascaux, grotte préhistorique de la Dordogne, remarquable par ses peintures.

Lassus (Roland de), compositeur de l'école franco-belge (1531-1594).

Las Vegas, v. des États-Unis (Nevada) ; 64 400 h. Tourisme (jeux de hasard).

Latium, région de l'Italie centrale.

La Tour (Georges de), peintre français, né à Vic-sur-Seille (v. 1593-1652).

La Tour (Maurice Quentin de), portraitiste français (1704-1788).

La Tour d'Auvergne (Théophile Corret de), officier français (1743-1800).

Latran (palais « église du), palais de Rome qui fut pendant dix siècles la résidence des papes.

La Trémoille (Georges, sire de), gentilhomme français (1382-1446), adversaire de Jeanne d'Arc.

Lattaquié ou **Latakieh,** port de Syrie, sur la Méditerranée ; 82 200 h.

Lattre de Tassigny (Jean de), maréchal de France (1889-1952).

Lauraguais, petit pays du Languedoc.

Laurencin (Marie), femme peintre française (1885-1956).

Laurent (saint), martyr en 258.

Laurion, région de la Grèce centrale.

Lausanne, v. de Suisse, ch.-l. du canton de Vaud, près du lac Léman ; 136 000 h.

Lautaret (col du), passage des Alpes du Dauphiné (Hautes-Alpes) ; 2 058 h.

Lautréamont (Isidore DUCASSE, dit le comte de), écrivain français (1846-1870), auteur des *Chants de Maldoror.*

Laval, ch.-l. de la Mayenne ; 54 500 h.

Laval (Pierre), homme politique français (1883-1945). Chef du gouvernement de Vichy en 1942, il mena une politique de collaboration avec l'Allemagne et fut fusillé.

La Vallière (duchesse de), favorite de Louis XIV (1644-1710).

Lavandou (Le), station balnéaire du Var, sur la Méditerranée.

Lavelanet, centre textile de l'Ariège.

Lavéra, port pétrolier (Bouches-du-Rhône).

Lavigerie (Charles), cardinal français (1825-1892), fondateur des Pères blancs.

Lavisse (Ernest), historien français, né au Nouvion-en-Thiérache (1842-1922).

Lavoisier (Laurent de), chimiste français (1743-1794), un des fondateurs de la chimie moderne.

Law (John), financier écossais (1671-1729), dont le système ne put éviter la banqueroute en France.

Lawrence (Thomas Edward), officier et écrivain anglais (1888-1935).

Lazare (saint), frère de Marthe et de Marie, ressuscité par Jésus-Christ.

Lebel (Nicolas), officier français, né à Saint-Mihiel (1838-1891). Il contribua à faire adopter dans l'armée le fusil qui porte son nom.

Lebon (Philippe), chimiste français (1769-1804), inventeur de l'éclairage au gaz.

Le Brun ou **Lebrun** (Charles), peintre français (1619-1690) ; il décora Versailles.

Lebrun (Elisabeth VIGÉE, dame) ou Mme Vigée-Lebrun, portraitiste française (1755-1842).

Lebrun (Albert), homme politique français (1871-1950), président de la République de 1932 à 1940.

Le Chatelier (Henry), chimiste français (1850-1936).

Leclerc (Philippe DE HAUTECLOCQUE, dit), maréchal de France (1902-1947).

Leconte de Lisle (Charles), poète français (1818-1894), auteur des *Poèmes barbares* et des *Poèmes antiques.*

Le Corbusier (Edouard JEANNERET-GRIS, dit), architecte et urbaniste français d'origine suisse (1887-1965).

Leczinski ou **Leszczynski,** famille polonaise qui a donné un roi à la Pologne et une reine à la France (v. MARIE et STANISLAS).

Léda, femme grecque, aimée de Zeus, qui prit la forme d'un cygne pour lui plaire.

Ledoux (Claude Nicolas), architecte français (1736-1806).

Ledru-Rollin (Alexandre-Auguste), avocat et homme politique français (1807-1874).

Lee (Robert), général américain (1807-1870), commandant des Sudistes.

Leeds, v. de Grande-Bretagne (Yorkshire) ; 509 300 h.

Leeuwarden, v. des Pays-Bas, ch.-l. de la Frise.

Lefebvre (François-Joseph), maréchal d'Empire (1755-1820).

Lefèvre d'Etaples, théologien français (v. 1450-1537), précurseur de Calvin.

Légende des siècles *(la)*, recueil de poèmes épiques par V. Hugo (1859-1883).

Léger (Fernand), peintre français (1881-1955).

Légion d'honneur, ordre national français, institué par Bonaparte en 1802.

Leibniz (Gottfried), philosophe et mathématicien allemand (1646-1716).

Leicester, v. d'Angleterre, ch.-l. de comté *(Leicestershire)* ; 282 800 h.

Leipzig, v. d'Allemagne orientale ; 592 500 h. Bataille entre les Français et les Alliés (1813).

Le Jeune (Claude), compositeur français, né à Valenciennes (v. 1530-1600).

Lemaître (Frédérick), acteur français (1800-1876).

Léman *(lac)*, lac de Suisse et de France ; la rive sud appartient à la France.

Lemercier (Jacques), architecte français (v. 1585-1654).

Léna, fl. de Sibérie ; 4 260 km.

Le Nain, nom de trois frères peintres français : ANTOINE (v. 1588-1648) ; LOUIS (1593-1648) ; MATHIEU (1607-1677).

Lénine (Vjadimir Ilitch OULIANOV, dit), homme d'État russe (1870-1924), qui instaura le régime soviétique.

Leningrad, anc. *Saint-Pétersbourg* et *Petrograd,* v. de l'U. R. S. S., à l'embouchure de la Néva ; 3 949 000 h. Fondée par Pierre le Grand.

Le Nôtre (André), dessinateur français de jardins et de parcs (1613-1700).

Lens, ch.-l. d'arr. du Pas-de-Calais ; 40 300 h. Houille.

Léon, anc. royaume ibérique ; capit. *Léon.*
— V. du Mexique. ; 323 600 h.

Léon, anc. pays de Bretagne.

Léon, nom de treize papes, dont LÉON Ier *le Grand (saint),* pape de 440 à 461, qui contraignit Attila à la retraite ; — LÉON III *(saint)* [750-816], pape de 795 à 816, qui couronna Charlemagne empereur ; — LÉON IX *(saint)* [1002-1054], pape de 1048 à 1054 ; sous son pontificat eut lieu le premier schisme de l'Église byzantine ; — LÉON X (1475-1521), pape de 1513 à 1521, protecteur des arts et des lettres ; son pontificat vit naître le schisme de Luther ; — LÉON XIII (1810-1903), pape de 1878 à 1903.

Léon, nom de six empereurs d'Orient.

Léonard de Vinci, peintre, sculpteur, ingénieur, architecte et savant italien. Auteur de *la Joconde,* il s'intéressa à toutes les branches de l'art et de la science.

Léonidas Ier, roi de Sparte de 490 à 480 av. J.-C., héros des Thermopyles.

Leopardi (Giacomo), poète romantique italien (1798-1837).

Léopold Ier (1640-1705), empereur germanique de 1657 à 1705 ; — LÉOPOLD II (1747-1792), empereur germanique de 1790 à 1792.

Léopold Ier (1790-1865), roi des Belges de 1831 à 1865 ; — LÉOPOLD II (1835-1909), roi des Belges de 1865 à 1909 ; — LÉOPOLD III, né en 1901, roi des Belges en 1934 ; il abdiqua en 1951.

Léopoldville, anc. nom de *Kinshasa.*

Lépante, v. de Grèce ; 5 500 h. Victoire navale de don Juan d'Autriche sur les Turcs (1571).

Lépine (Louis), administrateur français (1846-1933). Il fut préfet de police et a laissé son nom à un concours d'inventeurs.

Lérins, îles de la Méditerranée (Alpes-Maritimes), au large de Cannes.

Lermontov (Mikhaïl Iouriévitch), poète russe (1814-1841).

Lesage (Alain-René), écrivain français (1668-1747), auteur de *Gil Blas* et du *Diable boiteux.*

Lesbos ou **Mytilène,** île grecque.

Lescot (Pierre), architecte français (v. 1515-1578).

Lesotho, anc. *Basutoland,* État du Commonwealth, en Afrique australe ; 1 130 000 h. Capit. *Maseru.*

Lesparre-Médoc, ch.-l. d'arr. de la Gironde ; 3 900 h.

Lesseps (Ferdinand *de*), ingénieur français (1805-1894), qui entreprit la construction des canaux de Suez et de Panama.

Lessing (Gotthold Ephraïm), écrivain allemand (1729-1781).

Le Tellier (Michel), homme d'État français (1603-1685), secrétaire d'État à la Guerre sous Louis XIV.

Léthé, fl. des Enfers.

Lettonie, république fédérée de l'U. R. S. S., sur la Baltique ; 2 364 000 h. Capit. *Riga.*

Leucate *(étang de),* étang littoral de l'Aude et des Pyrénées-Orientales.

Levallois-Perret, ch.-l. de c. des Hauts-de-Seine ; 52 731 h.

Levant, nom donné aux pays de la côte orientale de la Méditerranée.

Levant *(île du),* une des îles d'Hyères.

Le Vau (Louis), architecte français (1612-1670) ; il travailla au Louvre, à Versailles et à Vaux-le-Vicomte.

Le Verrier (Urbain), astronome français (1811-1877), qui découvrit Neptune par le calcul.

Lévi, troisième fils de Jacob.

Léviathan, monstre de la Bible.

Lévi-Strauss (Claude), ethnologue français, né en 1908.

Lévy-Bruhl (Lucien), philosophe français (1857-1939), auteur de la *Mentalité primitive.*

Lewis (Sinclair), écrivain américain (1885-1951), auteur de *Babbitt.*

Leyde, v. des Pays-Bas ; 100 100 h.

Leyre, fl. côtier des Landes (bassin d'Arcachon) ; 80 km.

Leysin, station touristique de Suisse (Vaud).

Lhassa, capit. du Tibet ; 70 000 h.

L'Hospital (Michel *de*), homme d'État français (1505-1573) ; chancelier de France (1560), il tenta d'apaiser les haines pendant les guerres de Religion.

Lhote (André), peintre cubiste français (1885-1962).

Liban, montagne de l'Asie occidentale ; — État côtier du Proche-Orient ; 9 400 km² ; 3 100 000 h. Capit. *Beyrouth.*

Libéria, république de l'Afrique occidentale ; 111 000 km² ; 1 710 000 h. Capit. *Monrovia.*

Libourne, ch.-l. d'arr. de la Gironde ; 23 000 h.

Libreville, capit. du Gabon ; 53 000 h.

Libye, république de l'Afrique (Tripolitaine, Cyrénaïque, Fezzan) ; 1 766 000 km² ; 2 440 000 h. Capit. *Tripoli.*

Lido, île et plage proche de Venise.

Liechtenstein, principauté de l'Europe centrale, entre l'Autriche et la Suisse ; 157 km² ; 19 300 h. Capit. *Vaduz.*

Liège, v. de Belgique, ch.-l. de prov. ; 152 000 h.

Lieuvin (le), région de la Normandie.

Liévin, v. du Pas-de-Calais ; 33 200 h.

Ligue *(Sainte)* ou la Ligue, confédération catholique fondée par le duc de Guise en 1576 pour défendre la religion catholique contre les calvinistes.

Ligures, anc. peuple du sud-est de la Gaule et du nord et l'Italie.

Ligurie, prov. de l'Italie du Nord.

Lille, ch.-l. du Nord ; 194 900 h.

Lilliput, pays imaginaire, où aborde Gulliver et dont les hommes sont tout petits.

Lima, capit. du Pérou ; 2 973 000 h.

Limagne, plaine de l'Auvergne.

Limbourg, prov. de Belgique ; 666 000 h. Ch.-l. *Hasselt.* — Prov. des Pays-Bas ; 1 038 000 h. Ch.-l. *Maastricht.*

Limoges, anc. cap. du Limousin, ch.-l. et centre industriel de la Haute-Vienne, sur la Vienne ; 147 400 h.

Limousin, région du Massif central ; v. pr. *Limoges.*

Limoux, ch.-l. d'arr. de l'Aude ; 11 700 h. Vins mousseux.

Limpopo, fl. de l'Afrique australe (océan Indien) ; 1 600 km.

Lincoln, v. d'Angleterre ; cathédrale.

Lincoln (Abraham), homme d'État américain (1809-1865), président des États-Unis de 1860 à 1865.

Lindbergh (Charles), aviateur américain (1902-1974), qui, le premier, traversa seul l'Atlantique en avion (1927).

Linder (Max), artiste de cinéma français (1883-1927).

Linné (Carl *von*), naturaliste suédois (1707-1778).

Lin-Piao, homme politique chinois (1908-1971).

Linz, v. d'Autriche, sur le Danube ; 200 400 h.

Lion *(golfe du),* golfe de la Méditerranée, sur les côtes sud de la France.

Lipari *(îles).* V. EOLIENNES *(îles).*

Lippi *(Fra* Filippo), peintre florentin (v. 1406-1469).

Lisbonne, capit. du Portugal, à l'embouchure du Tage ; 818 400 h.

Lisieux, ch.-l. d'arr du Calvados ; 26 700 h. Pèlerinage au tombeau de sainte Thérèse.

Liszt (Franz), pianiste et compositeur hongrois (1811-1886).

Little Rock, v. des États-Unis, capit. de l'Arkansas ; 132 000 h.

Littré (Emile), lexicographe français (1801-1881).

Lituanie, république fédérée de l'U.R.S.S., sur la Baltique ; 3 128 000 h. Capit. *Vilnius.*

Livarot, bourg du Calvados ; 2 900 h. Fromages.

Liverpool, v. d'Angleterre (Lancashire) ; 722 000 h. Port sur la Mersey.

Livingstone (David), missionnaire et voyageur écossais, qui parcourut l'Afrique centrale (1813-1873).

Livourne, v. d'Italie (Toscane).

Ljubljana, en allem. *Laibach,* v. de Yougoslavie, capit. de la Slovénie ; 182 000 h.

Lloyd, société d'assurances anglaise, créée en 1727.

Lloyd George (David), homme d'État britannique (1863-1944).

Lobatchevski (Nikolaï Ivanovitch), mathématicien russe (1792-1856).

Lob-nor, lac de Chine, dans le Sin-kiang, où aboutit le Tarim.

Locarno, station touristique de Suisse (Tessin), sur le lac Majeur.

Loches, ch.-l. d'arr. d'Indre-et-Loire ; 6 800 h. Château (XIIᵉ-XVᵉ s.).

Locke (John), philosophe anglais (1632-1704).

Locle (Le), v. de Suisse (Neuchâtel).

Locride, pays de l'anc. Grèce.

Locuste, empoisonneuse romaine qui servit Agrippine et Néron.

Lodève, ch.-l. d'arr. de l'Hérault ; 8 200 h.

Lodi, v. d'Italie, sur l'Adda ; victoire de Bonaparte sur les Autrichiens (1796).

Lodz, v. de Pologne ; 761 800 h.

Lofoten *(îles),* archipel de Norvège.

Loing, affl. de la Seine ; 166 km.

Loir, affl. de la Sarthe ; 311 km.

Loire, fl. de France (océan Atlantique) ; 1 012 km.

Loire, dép. du Massif central ; préf. *Saint-Etienne* ; s.-préf. *Montbrison, Roanne* ; 742 900 h.

Loire (Haute-), dép. du Massif central ; préf. *Le Puy* ; s.-préf. *Brioude, Yssingeaux* ; 205 500 h.

Loire-Atlantique, dép. de l'ouest de la France ; préf. *Nantes* ; s.-préf. *Ancenis, Châteaubriant, Saint-Nazaire* ; 934 500 h.

Loiret, affl. de la Loire ; 12 km.

Loiret, dép. du Bassin parisien ; préf. *Orléans* ; s.-préf. *Montargis, Pithiviers* ; 490 200 h.

Loir-et-Cher, dép. du sud du Bassin parisien ; préf. *Blois* ; s.-préf. *Romorantin-Lanthenay, Vendôme* ; 283 700 h.

Lolland, île du Danemark.

Lombardie, région de l'Italie du Nord.

Lombardo-Vénitien *(royaume),* prov. italiennes de l'empire d'Autriche (1815-1866) ; capit. Milan.

Lombards, peuple germanique qui envahit l'Italie au VIᵉ s. et fut vaincu par Charlemagne (774).

Lomé, capit. du Togo ; 200 000 h.

Loménie de Brienne (Étienne-Charles *de*), homme d'État français (1727-1794), ministre des Finances sous Louis XVI.

London (Jack), écrivain américain (1876-1916).

Londres, capit. de la Grande-Bretagne, sur la Tamise ; 5 millions d'h.

Long Beach, port des États-Unis (Californie) ; 344 000 h.

Longfellow (Henry Wadsworth), poète américain (1807-1882).

Long Island, île des États-Unis sur laquelle est bâti Brooklyn, quartier de New York.

Longwy, v. de Meurthe-et-Moselle; 20 200 h.

Lons-le-Saunier, ch.-l. du Jura; 23 300 h.

Loos, v. du Nord; 22 100 h.

Lope de Vega (Félix), écrivain espagnol (1562-1635).

Lorentz (Hendrik Antoon), physicien hollandais (1853-1928).

Lorenz (Konrad), naturaliste autrichien (né en 1903).

Lorient, ch.-l. d'arr. et port du Morbihan; 71 900 h.

Lorrain (Claude GELÉE, dit *le*), peintre paysagiste français (1600-1682).

Lorraine, anc. prov. de l'est de la France; capit. *Nancy.*

Los Angeles, port des États-Unis (Californie); 2 660 000 h.

Lot, riv. du Massif central et de l'Aquitaine, affl. de la Garonne; 480 km.

Lot, dép. du sud-ouest de la France; préf. *Cahors*; s.-préf. *Figeac, Gourdon*; 157 100 h.

Lot-et-Garonne, dép. du sud-ouest de la France; préf. *Agen*; s.-préf. *Marmande, Nérac, Villeneuve*; 292 600 h.

Loth ou **Lot,** neveu d'Abraham.

Lothaire (941-986), roi de France de 954 à 986.

Lothaire Ier (795-855), empereur d'Occident de 840 à 855.

Loti (Pierre), romancier français (1850-1923), auteur de *Pêcheur d'Islande.*

Louang-prabang ou **Luang Prabang,** v. du Laos, sur le Mékong; 25 000 h.

Loubet (Émile), homme politique français (1838-1929), président de la République de 1899 à 1906.

Louhans, ch.-l. d'arr. de Saône-et-Loire; 11 000 h.

Louis Ier, le Pieux ou **le Débonnaire** (778-840), empereur d'Occident et roi des Francs de 814 à 840.

Louis II, le Bègue (846-879), roi de France de 877 à 879.

Louis III (v. 863-882), roi de France de 879 à 882.

Louis IV, d'Outremer, roi de France de 936 à 954.

Louis V (v. 967-987), dernier roi carolingien de France en 986-987.

Louis VI, le Gros (v. 1081-1137), roi de France de 1108 à 1137, qui lutta contre les grands vassaux et s'opposa à Henri Ier d'Angleterre.

Louis VII, le Jeune (v. 1120-1180), roi de France de 1137 à 1180, qui entreprit la deuxième croisade et divorça d'avec Aliénor d'Aquitaine; celle-ci épousa Henri II Plantagenêt, à qui elle apporta en dot l'Aquitaine.

Louis VIII, le Lion (1187-1226), roi de France de 1223 à 1226.

Louis IX ou **Saint Louis** (1214-1270), roi de France de 1226 à 1270, qui entreprit les deux dernières croisades.

Louis X, le Hutin (1289-1316), roi de France de 1314 à 1316.

Louis XI (1423-1483), roi de France de 1461 à 1483, qui lutta contre les seigneurs révoltés et contre la maison de Bourgogne.

Louis XII, le Père du peuple (1462-1515), roi de France de 1498 à 1515; il épousa Anne de Bretagne et combattit en Italie.

Louis XIII, le Juste (1601-1643), roi de France de 1610 à 1643, qui, avec Richelieu, lutta contre la noblesse et les protestants et prit part à la guerre de Trente Ans.

Louis XIV, le Grand (1638-1715), roi de France de 1643 à 1715, qui commença son règne personnel en 1661, rétablit l'ordre à l'intérieur et mena une active politique extérieure (guerres de Dévolution, de Hollande, de la ligue d'Augsbourg, de la Succession d'Espagne); son règne se signale par une admirable floraison des lettres et des arts en France.

Louis XV, le Bien-Aimé (1710-1774), roi de France de 1715 à 1774, qui régna d'abord sous la régence de Philippe d'Orléans; il participa aux guerres de la Succession de Pologne, de la Succession d'Autriche et de Sept Ans.

Louis XVI (1754-1793), roi de France à partir de 1774, suspendu de ses fonctions après le 10 août 1792, jugé par la Convention, condamné à mort et guillotiné le 21 janvier 1793.

Louis XVII (1785-1795), fils de Louis XVI, enfermé au Temple.

Louis XVIII (1755-1824), frère puîné de Louis XVI, roi de France de 1814 à 1824; un des chefs de l'émigration pendant la Révolution; il rentra à Paris après la chute de l'Empire, se réfugia à Gand pendant les Cent-Jours et ne revint qu'après Waterloo.

Louis, nom de cinq empereurs d'Occident, dont : LOUIS II, *le Jeune* (825-875), empereur de 855 à 875.

Louis, nom de cinq rois de Germanie (IXe-Xe s.).

Louise de Marillac (*sainte*) [1591-1660], fondatrice des filles de la Charité.

Louise de Savoie (1476-1531), épouse de Charles d'Angoulême, mère de François Ier.

Louisiane, un des États unis, sur le golfe de Mexique; 3 603 000 h. Capit. *Baton Rouge.*

Louis-Philippe Ier (1773-1850), roi des Français, de la révolution de 1830 à celle de 1848.

Louisville, v. des États-Unis (Kentucky), sur l'Ohio; 395 000 h.

Louksor ou **Louxor,** village construit sur l'emplacement de l'ancienne Thèbes, en Égypte.

Lourdes, v. des Hautes-Pyrénées; 18 100 h. Pèlerinage.

Lourenço-Marques. V. MAPUTO.

Lou Siun ou **Lou Sin,** romancier chinois (1881-1936).

Louvain, v. de Belgique (Brabant), sur la Dyle; 32 400 h. Université.

Louverture (Toussaint). V. TOUSSAINT LOUVERTURE.

Louviers, v. de l'Eure; 18 900 h.

Louvois (Michel LE TELLIER, *marquis de*), homme d'État français (1641-1691), ministre de la Guerre, sous Louis XIV.

Louvre (*palais du*), anc. résidence royale à Paris, commencée en 1204, auj. convertie en musée.

Louxor. V. LOUKSOR.

Loyauté *(îles)*, archipel dépendant de la Nouvelle-Calédonie.

Lozère *(mont)*, massif des Cévennes ; 1 699 m.

Lozère, dép. du Massif central ; préf. *Mende* ; s.-préf. *Florac* ; 74 800 h.

Luanda, capit. de l'Angola ; 473 500 h.

Luang Prabang. V. LOUANG PRABANG.

Lübeck, port d'Allemagne occidentale (Schleswig-Holstein) ; 238 500 h.

Lublin, v. de Pologne.

Lubumbashi, anc. Elisabethville, v. du Zaïre, dans le Shaba ; 401 600 h.

Luc *(saint)*, un des quatre évangélistes.

Lucain, poète latin (39-65).

Lucanie, contrée de l'Italie ancienne, au sud de la Campanie.

Lucerne, v. de Suisse, ch.-l. de canton, sur le lac des Quatre-Cantons ; 73 000 h.

Lucien, écrivain grec (v. 125-v. 192), auteur des *Dialogues des morts*.

Lucknow, v. de l'Inde, cap. de l'Uttar Pradesh ; 756 300 h.

Luçon, v. de Vendée ; 9 600 h.

Luçon ou **Luzon**, la plus grande des îles Philippines.

Lucques, v. d'Italie (Toscane) ; 91 600 h.

Lucrèce, dame romaine qui se tua après avoir été outragée par un fils de Tarquin le Superbe (m. en 509 av. J.-C.).

Lucrèce, poète latin (v. 98-55 av. J.-C.).

Lucullus, général romain du 1er s. av. J.-C., célèbre par son luxe.

Ludendorff (Erich), général allemand (1895-1937), adjoint de Hindenburg.

Ludwigshafen, v. d'Allemagne occidentale, sur le Rhin ; 174 600 h.

Lugano, station touristique de Suisse (Tessin), sur le lac de Lugano.

Lulle (Raimond), écrivain et alchimiste catalan (v. 1235-1315).

Lully ou **Lulli** (Jean-Baptiste), compositeur et violoniste français d'origine florentine (1632-1687), créateur de l'opéra français.

Lumière (Louis), chimiste et industriel français (1864-1948), inventeur du cinématographe, avec son frère AUGUSTE (1862-1954).

Lumumba, homme politique du Congo (auj. Zaïre) [1925-1961].

Lunéville, ch.-l. d'arr. de Meurthe-et-Moselle ; 24 700 h.

Lurçat (Jean), peintre français (1892-1966). Il a contribué à rénover l'art de la tapisserie.

Lure, ch.-l. d'arr. de la Haute-Saône ; 10 100 h.

Lusace, contrée d'Allemagne et de Tchécoslovaquie, entre l'Elbe et l'Oder.

Lusaka, cap. de la Zambie ; 415 000 h.

Lusitanie, une des divisions de l'Espagne romaine, l'actuel *Portugal*.

Lutèce, nom romain de *Paris*.

Luther (Martin), réformateur religieux allemand (1483-1546) ; excommunié par le pape et mis au ban de l'Empire par Charles Quint, il approuva la Confession d'Augsbourg en 1530.

Lützen, v. de Saxe, théâtre de deux batailles : l'une où fut tué Gustave-Adolphe (1632), l'autre où Napoléon battit les Russes et les Prussiens (1813).

Luxembourg *(grand-duché de)*, État de l'Europe occidentale ; 2 600 km² ; 360 000 h. Capit. *Luxembourg*.

Luxembourg, prov. de Belgique ; 219 500 h. Ch.-l. *Arlon*.

Luxembourg *(duc de)*, maréchal de France (1628-1695), vainqueur à Fleurus, à Steinkerque et à Neerwinden.

Luxeuil-les-Bains, station thermale de la Haute-Saône ; 10 700 h.

Lvov, v. de l'U.R.S.S. (Ukraine) ; 553 000 h.

Lyautey (Louis Hubert), maréchal de France (1854-1934), organisateur du protectorat sur le Maroc.

Lycée, nom d'un quartier d'Athènes, où Aristote donnait ses leçons.

Lycie, anc. région de l'Asie Mineure.

Lycurgue, législateur légendaire de Sparte.

Lydie, anc. pays de l'Asie Mineure, sur la mer Egée.

Lyon, ch.-l. du Rhône, au confluent du Rhône et de la Saône ; 462 800 h.

Lyonnais, anc. prov. de France (dép. de la Loire et du Rhône).

Maastricht, v. des Pays-Bas, ch.-l. du Limbourg, sur la Meuse ; 111 600 h.

Macao, territoire portugais sur la côte sud de la Chine ; 280 000 h.

Macassar, port d'Indonésie (Célèbes).

Macbeth, drame de Shakespeare (1605).

Maccabées, nom de sept frères juifs, martyrs.

Macédoine, contrée de l'Europe méridionale (Grèce, Bulgarie, Yougoslavie).

Machiavel (Nicolas), homme d'État et historien florentin (1469-1527).

Macias Nguema *(île)*, anc. **Fernando Poo**, île de la Guinée-Équatoriale ; 62 600 h.

Mackenzie, fl. du Canada (océan Arctique) ; 4 100 km.

McKinley *(mont)*, point culminant de l'Amérique du Nord (Alaska) ; 6 187 m.

Mac-Mahon (Patrice *de*), maréchal de France (1808-1893), président de la République de 1873 à 1879.

Mâcon, ch.-l. de Saône-et-Loire, sur la Saône ; 40 800 h.

Madagascar, île de l'océan Indien, république indépendante depuis 1960 ; 8 120 000 h. Capit. *Antananarivo* (anc. *Tananarive*).

Madame Bovary, roman de G. Flaubert (1857). L'idéal romantique d'Emma Bovary.

Madeleine (La), centre industriel du Nord, faubourg de Lille.

Madeleine (sainte Marie-), pécheresse convertie par Jésus-Christ.

Madère, île portugaise de l'Atlantique, à l'ouest du Maroc. Vins.

Madhya Pradesh, État du centre de l'Inde ; capit. *Bhopal.*

Madras, v. du sud de l'Inde ; 2 470 000 h.

Madre (sierra), nom des deux rebords montagneux qui limitent le plateau mexicain.

Madrid, capit. de l'Espagne ; 3 030 000 h.

Madurai, v. de l'Inde ; 549 100 h.

Maelström, chenal de la mer de Norvège, où se produisent de rapides courants tourbillonnaires, près des îles Lofoten.

Maeterlinck (Maurice), écrivain belge (1862-1949).

Magdalena, fl. de Colombie ; 1 700 km.

Magdebourg, v. d'Allemagne orientale, sur l'Elbe ; 270 700 h.

Magellan (Fernand de), navigateur portugais (1480-1521), qui entreprit le premier voyage autour du monde.

Magellan (détroit de), bras de mer qui sépare l'Amérique de la Terre de Feu.

Magenta, v. de l'Italie du Nord ; victoire des Français sur les Autrichiens (1859).

Maghreb, nom arabe de l'Afrique du Nord.

Maginot (André), homme politique français (1877-1932). Il a donné son nom à une ligne de fortifications construite sur la frontière de l'Est.

Magnitogorsk, v. de l'U.R.S.S., dans l'Oural ; 364 000 h. Métallurgie.

Magritte (René), peintre surréaliste belge (1898-1967).

Magyars, peuple originaire de l'Asie centrale, qui a fondé l'État hongrois.

Maharashtra, État de l'Inde ; 50 412 000 h. Capit. *Bombay.*

Mahé, v. de l'Inde, autrefois française.

Mahomet, fondateur de l'Islam (v. 570-632) ; il dut s'enfuir de La Mecque en 622 (date qui marque le commencement de l'ère musulmane), puis, après une longue guerre, s'empara de la ville en 630.

Maïakovski (Vladimir Vladimirovitch), poète et auteur dramatique russe (1893-1930).

Maillol (Aristide), sculpteur français (1861-1944).

Main, riv. d'Allemagne occidentale, affl. du Rhin à Mayence ; 524 km.

Maine (la), riv. de France, affl. de la Loire, formée par la Sarthe et la Mayenne ; 10 km.

Maine (le), anc. prov. de l'ouest de la France ; capit. *Le Mans.*

Maine, un des États unis de l'Amérique du Nord ; 983 000 h. Capit. *Augusta.*

Maine-et-Loire, dép. de l'ouest de la France ; préf. *Angers ;* s.-préf. *Cholet, Saumur, Segré ;* 629 800 h.

Maintenon (Françoise D'AUBIGNÉ, marquise de) [1635-1719], unie à Louis XIV par un mariage secret, fondatrice de la maison d'éducation de Saint-Cyr.

Maisons-Alfort, v. du Val-de-Marne ; 54 500 h. École vétérinaire.

Maisons-Laffitte, v. des Yvelines ; 23 800 h. Château bâti par Mansart.

Maistre (Joseph de), écrivain français (1753-1821).

Majeur (lac), lac entre l'Italie et la Suisse.

Majorque, la plus grande des îles Baléares ; 363 200 h.

Makarios III (Mouskos), prélat et homme d'État chypriote (1913-1977). Président de la République de Chypre de 1960 à 1974 et de 1975 à sa mort.

Malabar (côte de), littoral ouest du Deccan.

Malabo, capit. de la Guinée-Equatoriale.

Malacca, v. de la Malaysia (Malaisie), sur le détroit de Malacca.

Maladetta, massif des Pyrénées espagnoles.

Malaga, port du sud de l'Espagne (Andalousie) ; 374 500 h. Vins.

Malaisie, péninsule du sud-est de l'Asie.

Malakoff, v. des Hauts-de-Seine ; 34 200 h.

Malaparte (Curzio), écrivain italien (1898-1957).

Mälar, lac de la Suède centrale.

Malawi, anc. *Nyassaland,* État de l'Afrique orientale, membre du Commonwealth ; 5 530 000 h. Capit. *Zomba.*

Malaysia (Fédération de), État du Commonwealth, constitué par la plus grande partie de la Malaisie, le Sarawak et le Sabah ; 12 600 000 h. Capit. *Kuala Lumpur.*

Maldives, archipel de l'océan Indien, État du Commonwealth ; 120 000 h. Capit. *Male.*

Malebranche (Nicolas de), philosophe français (1638-1715).

Malesherbes (Chrétien Guillaume de Lamoignon de), magistrat français (1721-1794), défenseur de Louis XVI.

Malgaches, habitants de Madagascar.

Malherbe (François de), poète lyrique français (1555-1628), qui joua un grand rôle comme réformateur de la langue.

Mali (république du), État indépendant constitué par l'ancien Soudan français ; 6 millions d'h. Capit. *Bamako.*

Malibran (Maria), cantatrice d'origine espagnole (1808-1836).

Malines, v. de Belgique (Anvers), sur la Dyle ; 65 500 h. Archevêché. Dentelles.

Mallarmé (Stéphane), poète français (1842-1898), initiateur du symbolisme.

Malmaison, anc. résidence de l'impératrice Joséphine, à l'ouest de Paris.

Malmö, v. de la Suède méridionale ; 265 500 h. Port.

Malot (Hector), écrivain français (1830-1907), auteur du roman *Sans famille.*

Malplaquet, hameau du Nord ; victoire de Marlborough et du Prince Eugène sur Villars (1709).

Malraux (André), écrivain français (1901-1976), auteur de *la Condition humaine.*

Malström. V. MAELSTRÖM.

Malte, île de la Méditerranée, État membre du Commonwealth ; 330 000 h. Capit. *La Valette.*

Malthus (Thomas Robert), économiste anglais (1766-1834). Il recommanda la limitation des naissances.

Malvoisie, presqu'île de la Grèce ; vins.

Mamers, ch.-l. d'arr. de la Sarthe ; 6 800 h.

Man, île anglaise de la mer d'Irlande.

Managua, capit. du Nicaragua ; 317 600 h.

Manaus, v. du Brésil, port sur le rio Negro, en Amazonie ; 312 000 h.

Manche, bras de mer formé par l'Atlantique, entre la France et l'Angleterre.

Manche, dép. de l'ouest de la France ; préf. *Saint-Lô* ; s.-préf. *Avranches, Cherbourg, Coutances* ; 451 700 h.

Manche, anc. prov. d'Espagne (Castille).

Manchester, v. d'Angleterre (Lancashire) ; 616 500 h. Centre textile.

Mancini, anc. famille de Rome, surtout connue par les neveux et nièces du cardinal Mazarin, que celui-ci fit venir en France pour assurer leur fortune.

Mandalay, v. de Birmanie ; 401 600 h.

Mandchourie, anc. nom du nord-est de la Chine.

Mandrin (Louis), chef de brigands français (1724-1755), roué vif.

Manet (Edouard), peintre impressionniste français (1832-1883).

Mangin (Charles), général français (1866-1925).

Manhattan, île des États-Unis, sur laquelle est construit le centre de New York.

Manille, v. des Philippines ; 1 356 000 h. Port.

Manitoba, prov. du centre du Canada ; 1 021 000 h. Capit. *Winnipeg.*

Mann (Thomas), romancier allemand (1875-1955), auteur de *la Montagne magique.*

Mannerheim (Gustav Carl, baron), maréchal et homme d'Etat finlandais (1867-1951), président de la République de 1944 à 1946.

Mannheim, v. d'Allemagne occidentale, sur le Rhin ; 323 400 h.

Manon Lescaut, roman de l'abbé Prévost (1731).

Manosque, v. des Alpes-de-Haute-Provence ; 19 600 h.

Mans (Le), ch.-l. de la Sarthe, sur la Sarthe ; 155 300 h. Cathédrale (XIIᵉ s.).

Mansart (François), architecte français (1598-1666), qui construisit une partie du Val-de-Grâce ; — Son petit-neveu par alliance, JULES HARDOUIN-MANSART (1646-1708), construisit le dôme des Invalides et agrandit le palais de Versailles.

Mansourah, v. d'Egypte, où Saint Louis fut fait prisonnier par les Mameluks (1250).

Mantegna (Andrea), peintre italien (1431-1506), initiateur de la Renaissance italienne.

Mantes-la-Jolie, ch.-l. d'arr. des Yvelines, sur la Seine ; 42 600 h.

Mantinée, v. de la Grèce ancienne. Victoire d'Epaminondas sur les Spartiates (362 av. J.-C.).

Mantoue, v. de l'Italie du Nord ; 66 200 h.

Manzoni (Alessandro), écrivain romantique italien (1785-1873).

Maoris, indigènes de la Nouvelle-Zélande.

Mao Tsé-toung, homme d'Etat chinois (1893-1976). Il fut le principal dirigeant du parti communiste chinois.

Maputo, anc. **Lourenço Marques,** capit. du Mozambique ; 183 800 h.

Maracaibo, v. du Venezuela ; 690 300 h. Centre pétrolier.

Marais breton, région de la Loire-Atlantique et de la Vendée.

Marais poitevin, région de la Vendée et de la Charente-Maritime.

Marañón (le), riv. du Pérou, l'une des branches mères de l'Amazone ; 1 800 km.

Marat (Jean-Paul), révolutionnaire français (1743-1793).

Marathon, village de l'Attique, près duquel Miltiade remporta une victoire sur les Perses (490 av. J.-C.).

Marc (saint), un des quatre évangélistes.

Marc Aurèle (121-180), empereur romain (161-180).

Marceau (François-Séverin), général français (1769-1796), tué à Altenkirchen.

Marcel (saint), évêque de Paris de 417 à 430.

Marcel (Etienne), prévôt des marchands de Paris (v. 1316-1358). Adversaire du futur Charles V, il fut assassiné.

Marcel (Gabriel), philosophe français (1889-1973).

Marchand (Jean-Baptiste), général et explorateur français (1863-1934).

Marche, anc. prov. du centre de la France.

Marches (les), région d'Italie.

Marchienne-au-Pont, v. de Belgique (Hainaut) ; 20 700 h. Métallurgie.

Marconi (Guglielmo), physicien italien (1874-1937) qui réalisa les premières liaisons par T. S. F.

Marcoule, centre atomique français (Gard).

Marcq-en-Barœul, v. du Nord ; 36 300 h.

Marcuse (Herbert), philosophe américain d'origine allemande (né à Berlin en 1898).

Mar del Plata, v. d'Argentine, sur l'Atlantique ; 302 000 h.

Mardochée, oncle et tuteur d'Esther.

Maremme, région marécageuse de l'Italie (Toscane).

Marengo, village du Piémont ; victoire de Bonaparte sur les Autrichiens (1800).

Marennes, v. de la Charente-Maritime ; 4 200 h. Huîtres.

Margeride (monts de la), massif de l'Auvergne ; 1 554 m.

Marguerite d'Angoulême (1492-1549), épouse d'Henri II d'Albret, roi de Navarre, auteur de poésies et de nouvelles.

Marguerite d'Autriche (1480-1530), fille de Maximilien Iᵉʳ et de Marie de Bourgogne, gouvernante des Pays-Bas.

Marguerite de Valois (1553-1615), fille d'Henri II et de Catherine de Médicis, première femme du futur Henri IV.

Marguerite Valdemarsdotter, dite *la Sémiramis du Nord* (1353-1412), fille d'un roi de Danemark ; elle réunit les couronnes de Norvège, de Suède et de Danemark.

Mari, site archéologique de la région du moyen Euphrate.

Mariage de Figaro (le), comédie de Beaumarchais (1784).

Mariannes (îles), archipel du Pacifique, administré par les Etats-Unis.

Marie (sainte) ou **la Sainte Vierge,** mère du Christ, épouse de saint Joseph.

Marie d'Angleterre (1496-1533), fille d'Henri VII Tudor, femme de Louis XII.

Marie d'Anjou (1404-1463), fille de Louis II, duc d'Anjou, roi de Sicile, femme de Charles VII.

Marie de Bourgogne (1457-1482), fille de Charles le Téméraire, femme de Maximilien d'Autriche.

Marie Leszczynska (1703-1768), fille de Stanislas Leszczynski, femme de Louis XV.

Marie de Médicis (1573-1642), seconde femme d'Henri IV, régente pendant la minorité de Louis XIII (1610-1614).

Marie Iʳᵉ Stuart (1542-1587), reine d'Écosse de 1542 à 1567 ; veuve de François II, roi de France, décapitée par ordre d'Elisabeth d'Angleterre.

Marie Iʳᵉ Tudor (1516-1558), fille d'Henri VIII et de Catherine d'Aragon, femme de Philippe II d'Espagne ; elle régna en Angleterre de 1553 à 1902.

Marie-Antoinette (1755-1793), fille de l'empereur François Iᵉʳ, femme de Louis XVI ; elle mourut guillotinée.

Marie-Christine de Habsbourg-Lorraine (1858-1929), régente d'Espagne de 1885 à 1902.

Marie-Galante, une des Petites Antilles françaises, près de la Guadeloupe ; 20 000 h.

Marie-Louise (1791-1847), fille de l'empereur François II, seconde femme de Napoléon Iᵉʳ.

Marie-Thérèse (1717-1780), reine de Hongrie (1741) et de Bohême (1743), épouse de l'empereur François Iᵉʳ, adversaire de Frédéric II de Prusse.

Marie-Thérèse d'Autriche (1638-1683), fille de Philippe IV d'Espagne, femme de Louis XIV.

Marignan, v. de l'Italie du Nord ; victoire des Français sur les Suisses (1515).

Marignane, v. des Bouches-du-Rhône ; 26 500 h. Aéroport.

Marini ou **Marino** (Giambattista), dit le *Cavalier Marin,* poète italien (1569-1625), un des maîtres de la préciosité.

Mariotte (abbé Edme), physicien français (v. 1620-1684), qui énonça la loi de compressibilité des gaz.

Maritza ou **Marica,** fl. des Balkans (mer Egée) ; 437 km.

Marius (Caius), général et homme d'État romain (157-86 av. J.-C.), chef du parti populaire, adversaire de Sylla.

Marivaux (Pierre de), écrivain français (1688-1763), auteur de comédies.

Marlborough (John CHURCHILL, duc de), général anglais (1650-1722), chef de l'armée des Pays-Bas.

Marly-le-Roi, v. des Yvelines ; 16 100 h. Château construit sous Louis XIV et détruit pendant la Révolution.

Marmande, ch.-l. d'arr. de Lot-et-Garonne, sur la Garonne ; 17 700 h.

Marmara (mer de), mer intérieure entre la Turquie d'Europe et la Turquie d'Asie.

Marmont (Louis de), maréchal d'Empire (1774-1852).

Marmontel (Jean-François), écrivain français (1723-1799).

Marne, riv. de la France, affl. de la Seine ; 525 km.

Marne (batailles de la), ensemble des combats dirigés par Joffre en 1914, et qui arrêtèrent l'invasion allemande. Foch y remporta une seconde victoire en 1918.

Marne, dép. de l'est du Bassin parisien ; préf. *Châlons* ; s.-préf. *Epernay, Reims, Sainte-Menehould, Vitry-le-François* ; 530 400 h.

Marne (Haute-), dép. de l'est du Bassin parisien ; préf. *Chaumont* ; s.-préf. *Langres, Saint-Dizier* ; 212 300 h.

Marne-la-Vallée, ville nouvelle de la région parisienne.

Maroc, État de l'Afrique du Nord-Ouest ; 447 000 km², 18 240 000 h. Capit. *Rabat.*

Marot (Clément), poète français (1496-1544), auteur d'épîtres.

Marquises (îles), archipel de la Polynésie française ; 4 800 h.

Marrakech, v. du Maroc ; 255 000 h.

Mars, dieu romain de la Guerre.

Mars, planète du système solaire.

Marsaille (La), village d'Italie (Piémont), où Catinat vainquit le duc de Savoie (1693).

Marsala, v. de Sicile ; 83 200 h. Port. Vins.

Marseillaise (la), hymne national français, composé en 1792 par Rouget de Lisle.

Marseille, ch.-l. des Bouches-du-Rhône ; 914 400 h. Port.

Marshall, archipel de l'Océanie, sous tutelle américaine.

Marshall (George), général et homme politique américain (1880-1959).

Martel (Edouard), spéléologue français (1859-1938), créateur de la spéléologie.

Marthe (sainte), sœur de Marie et de Lazare.

Martí (José), écrivain et patriote cubain (1853-1895), héros de l'indépendance hispano-américaine.

Martial, poète latin du Iᵉʳ s.

Martigues, port sur l'étang de Berre (Bouches-du-Rhône) ; 38 900 h.

Martin (saint), évêque de Tours (v. 316-397).

Martin, nom de cinq papes.

Martin (Pierre), ingénieur français (1824-1915), inventeur d'un procédé de fabrication de l'acier.

Martin du Gard (Roger), écrivain français (1881-1958), auteur des *Thibault.*

Martinique (la), dép. français des Petites Antilles ; 1 100 km² ; 324 800 h. Ch.-l. *Fort-de-France.*

Marx (Karl), philosophe socialiste allemand (1818-1883), auteur du *Manifeste du parti communiste* (avec Engels) et du *Capital,* ouvrage de base du *marxisme.*

Maryland, un des États unis de l'Amérique du Nord ; 4 056 000 h. Capit. *Annapolis.*

Masaccio (Tomaso), peintre florentin (1401-1428), auteur de fresques.

Masaryk (Tomas), homme d'État tchèque (1850-1937).

Mascara, v. d'Algérie.

Mascareignes (îles), anc. nom d'un archipel de l'océan Indien (îles de la Réunion, Maurice et Rodrigues).

Mascate, port d'Arabie, capit. du sultanat d'Oman.

Mas-d'Azil (Le), localité de l'Ariège. Station préhistorique.

Masinissa (v. 238-148 av. J.-C.), roi de Numidie, allié des Romains.

Massa, v. d'Italie (Toscane) ; 62 100 h. Marbre.

Massachusetts, un des États unis d'Amérique ; 5 787 000 h. Capit. *Boston.*

Masséna (André), maréchal d'Empire (1756-1817).

Massenet (Jules), compositeur français (1842-1912), auteur de *Manon*.

Massif central, massif ancien qui s'étend entre le Bassin parisien, le Bassin aquitain et le couloir rhodanien.

Massillon (Jean-Baptiste), prédicateur français (1663-1742).

Massy, v. de l'Essonne ; 41 600 h.

Matapan (*cap*), promontoire au sud du Péloponnèse.

Mathias Ier Corvin (1440-1490), roi de Hongrie de 1458 à 1490.

Mathilde ou **Mahaut de Flandre**, femme de Guillaume Ier le Conquérant.

Mathusalem, patriarche qui aurait vécu 969 ans, grand-père de Noé.

Matisse (Henri), peintre français (1869-1954), l'un des représentants du fauvisme.

Mato Grosso, plateau de l'ouest du Brésil.

Matthieu (*saint*), apôtre et évangéliste, martyrisé vers 70.

Maubeuge, v. du Nord ; 35 500 h.

Maupassant (Guy *de*), écrivain français (1850-1893), auteur de romans, de contes et de nouvelles.

Maupeou (René-Nicolas *de*), magistrat français (1714-1792).

Maupertuis (Pierre-Louis *Moreau de*), mathématicien français (1698-1759).

Maures (*montagnes des*), massif côtier du Var.

Maures, habitants de la Mauritanie. Ce nom fut étendu au Moyen Âge aux conquérants arabes du Maghreb et de l'Espagne.

Mauriac (François), écrivain français (1885-1970).

Maurice (*île*), anc. *île de France*, île de l'océan Indien. État du Commonwealth ; 880 000 h. Capit. *Port-Louis*.

Maurice, comte de Saxe, dit **le Maréchal de Saxe**, général français (1696-1750), vainqueur à Fontenoy.

Maurienne, vallée de l'Arc.

Mauritanie (*république islamique de*), État de l'Afrique occidentale ; 1 300 000 h. ; capit. *Nouakchott*.

Maurois (André), écrivain français (1885-1967).

Maurras (Charles), écrivain français (1868-1952), directeur de *l'Action française*.

Mausole, roi de Carie de 377 à 353 av. J.-C., dont le tombeau est le Mausolée.

Maximilien Ier (1459-1519), empereur germanique de 1493 à 1519.

Maximilien (Ferdinand), archiduc d'Autriche (1832-1867), empereur du Mexique en 1864, mort fusillé.

Maxwell (James Clerk), physicien écossais (1831-1879), auteur de la théorie électromagnétique de la lumière.

Mayas, Indiens de l'Amérique centrale.

Mayence, v. d'Allemagne occidentale, sur le Rhin ; 176 700 h.

Mayenne, riv. de France, qui se joint à la Sarthe pour former la Maine ; 200 km.

Mayenne, dép. de l'ouest de la France ; préf. *Laval* ; s.-préf. *Château-Gontier, Mayenne* ; 261 800 h.

Mayenne, ch.-l. d'arr. de la Mayenne, sur la Mayenne ; 13 500 h.

Mayenne (Charles DE LORRAINE, *duc de*) [1554-1611], chef de la Ligue à la mort de son frère Henri de Guise.

Mayotte, île française de l'océan Indien (archipel des Comores) ; 32 500 h.

Mazamet, v. du Tarn ; 14 900 h. Délainage.

Mazarin (Jules), cardinal et homme d'État français (1602-1661) ; il termina la guerre de Trente Ans, triompha de la Fronde et imposa à l'Espagne le traité des Pyrénées.

Mazeppa, hetman des cosaques de l'Ukraine (1644-1709).

Mazzini (Giuseppe), patriote italien (1805-1872).

Méandre, fl. d'Anatolie, qui se jette dans la mer Egée après avoir décrit de nombreuses sinuosités ; 380 km.

Meaux, ch.-l. d'arr. de Seine-et-Marne, sur la Marne ; 43 100 h.

Mécène, chevalier romain (69-8 av. J.-C.), conseiller d'Auguste.

Méched, v. de l'Iran ; 409 600 h.

Mecklembourg, région d'Allemagne.

Mecque (*La*), v. sainte de l'islām ; pèlerinage de l'Arabie Saoudite, capit. du Hedjaz ; 200 000 h.

Medan, v. d'Indonésie (Sumatra) ; 479 100 h. Port.

Médéa, v. d'Algérie.

Médée, magicienne, qui, abandonnée par Jason, son mari, se vengea en égorgeant ses enfants.

Medellin, v. de Colombie ; 913 000 h.

Médicis, famille florentine, dont les principaux membres furent : LAURENT, *le Magnifique* (1449-1492), protecteur des lettres et des arts ; — ALEXANDRE (mort en 1537), premier duc de Florence, assassiné par Lorenzaccio ; — COSME Ier, *le Grand* (1519-1574), premier grand-duc de Toscane. V. également LÉON X, CLÉMENT VII, CATHERINE et MARIE.

Médie, anc. royaume d'Asie.

Médine, v. de l'Arabie Saoudite, v. sainte de l'islām.

Médiques (*guerres*), nom de trois guerres qui eurent lieu au ve s. av. J.-C., entre les Grecs et les Perses.

Méditerranée, mer limitée par l'Europe au nord, l'Asie à l'est, et l'Afrique au sud.

Medjerda, fl. de l'Afrique du Nord (golfe de Tunis) ; 365 km.

Médoc, région viticole du Bordelais.

Méduse, une des Gorgones.

Mégare, v. de Grèce, sur l'isthme de Corinthe.

Mégère, une des trois Furies.

Megève, station de sports d'hiver de la Haute-Savoie ; 5 300 h.

Méhémet Ali (1769-1849), pacha d'Égypte de 1811 à 1849, qui assura l'indépendance de son pays.

Mehmet, nom de six sultans ottomans.

Méhul (Etienne), compositeur français (1763-1817).

Meije (la), massif des Alpes françaises (Dauphiné) ; 3 983 m.

Meiji tenno, dit **Mutsu-Hito**, né à Kyoto (1852-1912), empereur du Japon (1867-1912).

Mein Kampf (*Mon combat*), ouvrage publié en 1925 par Adolf Hitler.

Meknès, v. du Maroc ; 185 000 h.
Mékong, fl. d'Indochine (mer de Chine) ; 4 200 km.
Mélanchthon, théologien allemand (1497-1560), ami de Luther.
Mélanésie, partie de l'Océanie.
Melbourne, v. d'Australie ; 2 583 900 h. Port.
Méliès (Georges), illusionniste et cinéaste français (1861-1938).
Melilla, enclave espagnole sur la côte méditerranéenne du Maroc ; 86 000 h.
Melun, ch.-l. de Seine-et-Marne, sur la Seine ; 39 000 h.
Melville (Herman), écrivain américain (1819-1891), auteur de *Moby Dick*.
Memel, auj. **Klaipeda**, port de l'U. R. S. S. (Lituanie), sur la Baltique.
Memling (Hans), peintre flamand (v. 1433-1494).
Memphis, anc. v. d'Égypte.
Memphis, v. des États-Unis (Tennessee), sur le Mississippi ; 620 900 h.
Ménam, fl. de la Thaïlande (golfe de Siam) ; 1 200 km
Ménandre, poète comique grec (v. 342-v. 292 av. J.-C.).
Mende, ch.-l. de la Lozère ; 12 000 h.
Mendel (Gregor), botaniste autrichien (1822-1884), auteur d'études sur l'hérédité.
Mendeléïev (Dmitri), chimiste russe (1834-1907), qui a établi la classification périodique des éléments.
Mendelssohn-Bartholdy (Félix), compositeur allemand (1809-1847).
Mendès France (Pierre), homme politique français (né en 1907).
Mendoza, v. de l'Argentine ; 470 900 h.
Ménélas, roi de Sparte, frère d'Agamemnon et mari d'Hélène.
Ménélik II (1844-1913), négus d'Éthiopie (1889-1909). Il battit à Adoua (1896) les Italiens.
Meng-Tseu, philosophe chinois du IVe s. av. J.-C.
Ménilmontant, quartier de Paris.
Menton, station balnéaire des Alpes-Maritimes ; 25 300 h.
Mentor, ami d'Ulysse et gouverneur de Télémaque, conseiller sûr et prudent.
Menzel-Bourguiba, anc. **Ferryville**, v. de Tunisie, sur le lac de Bizerte ; 34 700 h. Arsenal maritime.
Méphistophélès, le Diable.
Mercator (Gérard), géographe flamand (1512-1594), inventeur d'un système de projection cartographique.
Mercure, dieu latin du Commerce et de l'Éloquence, messager des dieux.
Mercure, planète du système solaire.
Mérida, v. du Mexique, capit. du Yucatan ; 212 700 h.
Mérignac, aéroport de la Gironde, près de Bordeaux.
Mérimée (Prosper), écrivain français (1803-1870), auteur de *Colomba*, de *Carmen* et de pièces de théâtre.
Mermoz (Jean), aviateur français (1901-1936), qui traversa l'Atlantique Sud.
Mérovée, roi franc de 448 à 457 env., qui combattit Attila aux champs Catalauniques.

Mérovingiens, dynastie franque, issue de *Mérovée* ; elle a régné sur la Gaule jusqu'en 751.
Mers el-Kébir, base navale d'Algérie.
Mersey, fl. d'Angleterre (mer d'Irlande) ; 113 km.
Mésie, contrée de l'Europe danubienne ancienne.
Mésopotamie, région de l'Asie ancienne, entre l'Euphrate et le Tigre.
Messaline (v. 25 apr. J.-C.-48), épouse de l'empereur Claude et mère de Britannicus.
Messénie, contrée du Péloponnèse.
Messiaen (Olivier), compositeur français, né en 1908.
Messine, v. d'Italie, en Sicile, sur le détroit qui sépare l'île du continent ; 264 000 h.
Métaure, fl. de l'Italie centrale. Sur ses bords, Asdrubal fut vaincu par les Romains (207 av. J.-C.).
Metchnikov (Elie), zoologiste et microbiologiste russe (1845-1916).
Méthode (saint), frère de saint Cyrille, apôtre des Slaves (v. 825-885).
Méthode (Discours de la), ouvrage philosophique de Descartes (1637).
Metternich (Clément, prince de), homme d'État autrichien (1773-1859), défenseur de l'absolutisme.
Metz, ch.-l. de la Moselle, sur la Moselle ; anc. place forte ; 117 200 h.
Metzu ou **Metsu** (Gabriel), peintre hollandais (vers 1629-1667).
Meudon, v. des Hauts-de-Seine ; 53 400 h. Observatoire.
Meurthe, riv. de l'est de la France, affl. de la Moselle ; 170 km.
Meurthe-et-Moselle, dép. de l'est de la France ; préf. *Nancy* ; s.-préf. *Briey, Lunéville, Toul* ; 722 600 h.
Meuse, fl. de l'Europe nord-occidentale (mer du Nord) ; 950 km.
Meuse, dép. de l'est de la France ; préf. *Bar-le-Duc* ; s.-préf. *Commercy, Verdun* ; 203 900 h.
Mexico, capit. du Mexique ; 6 874 000 h.
Mexique, république de l'Amérique du Nord ; 1 969 000 km² ; 64 millions d'h. Capit. *Mexico.*
Mexique (golfe du), golfe à l'extrémité occidentale de l'Atlantique, entre les États-Unis, le Mexique et les Antilles.
Meyerbeer (Giacomo), compositeur allemand (1791-1864), auteur d'opéras.
Mézières, v. des Ardennes, sur la Meuse, unie à Charleville.
Miami, station balnéaire des États-Unis (Floride) ; 335 000 h.
Michel (saint), archange, chef de la milice céleste.
Michel, nom de neuf empereurs byzantins, dont : MICHEL VIII PALÉOLOGUE (1224-1282), empereur de 1258 à 1282, qui reprit Constantinople aux Latins.
Michel Ier, roi de Roumanie, né en 1921, il a régné de 1927 à 1930 et de 1940 à 1947.
Michel-Ange, peintre, sculpteur, architecte et poète italien (1475-1564), auteur de la coupole de Saint-Pierre de Rome, du tombeau de Jules II, des statues de David et de Moïse, des fresques de la chapelle Sixtine.

Michelet (Jules), historien français (1798-1874), auteur d'une *Histoire de France*.
Michigan, un des Grands Lacs américains. — Un des États unis d'Amérique (Centre-Nord) ; 9 082 000 h. Capit. *Lansing*.
Mickiewicz (Adam), poète polonais (1798-1855).
Micronésie, partie de l'Océanie.
Midas, roi de Phrygie, qui avait des oreilles d'âne et changeait en or les objets qu'il touchait.
Middlesbrough, v. d'Angleterre (Yorkshire) ; 154 600 h.
Middjewest ou **Midwest**, partie centrale des États-Unis.
Midi *(canal du)*, canal reliant l'océan Atlantique à la mer Méditerranée.
Midi *(pic du)*, nom de deux sommets des Pyrénées : le *pic du Midi de Bigorre* (2 877 m), et le *pic du Midi d'Ossau* (2 887 m).
Midlands, région du centre de l'Angleterre. Bassin houiller.
Midway, archipel américain du Pacifique.
Mies van der Rohe (Ludwig), architecte américain d'origine allemande, né à Aix-la-Chapelle (1886-1969).
Mignard (Pierre), peintre portraitiste français (1612-1695).
Milan, v. de l'Italie du Nord, capit. de la Lombardie ; 1713 500 h.
Milanais, anc. État du nord de l'Italie.
Milet, anc. v. de l'Asie Mineure, port sur la mer Égée.
Millau, ch.-l. d'arr. de l'Aveyron, sur le Tarn ; 22 600 h.
Mille et Une Nuits *(les)*, recueil de contes arabes, d'origine persane.
Miller (Henry), écrivain américain, né en 1891.
Millerand (Alexandre), homme politique français (1859-1943), président de la République de 1920 à 1924.
Millet (François), peintre paysagiste français (1814-1875).
Millevaches, plateau du Limousin.
Milo, une des Cyclades, où fut découverte, en 1820, la *Vénus de Milo*.
Milon, athlète légendaire du VIᵉ s. av. J.-C., né à Crotone.
Miltiade, général athénien, vainqueur des Perses à Marathon, m. v. 489 av. J.-C.
Milton (John), poète anglais (1608-1674), auteur du *Paradis perdu*.
Milwaukee, v. des États-Unis (Wisconsin), sur le lac Michigan ; 760 000 h.
Mimizan, station balnéaire des Landes.
Minas Gerais, État du Brésil. Capit. *Belo Horizonte*.
Mindanao, île des Philippines.
Minerve, déesse latine de la Sagesse et des Arts, fille de Jupiter.
Minervois, anc. pays du Languedoc.
Ming, dynastie chinoise (1368-1644).
Minho, fl. de la péninsule Ibérique (Atlantique) ; 275 km.
Minneapolis, v. des États-Unis (Minnesota), sur le Mississippi ; 482 900 h.
Minnesota, un des États unis d'Amérique ; 3 896 000 h. ; capit. *Saint-Paul*.
Minorque, une des îles Baléares.
Minos, roi de Crète, juge des Enfers.

Minotaure, monstre moitié homme et moitié taureau, fils de Pasiphaé ; il fut tué par Thésée.
Minsk, v. de l'U.R.S.S., capit. de la Biélorussie ; 907 000 h.
Miquelon *(Grande et Petite)*, îles françaises de l'Atlantique, au sud de Terre-Neuve.
Mirabeau (Honoré, *comte de*), orateur et homme politique français (1749-1791).
Mirande, ch.-l. d'arr. du Gers ; 4 150 h.
Misanthrope *(le)*, comédie de Molière (1666).
Misérables *(les)*, roman de Victor Hugo (1862).
Miskolc, v. de la Hongrie du Nord.
Mississippi, fl. des États-Unis (golfe du Mexique) ; 3 780 km.
Mississippi, un des États unis d'Amérique ; 2 263 000 h. ; capit. *Jackson*.
Missolonghi, v. de la Grèce, sur la mer Ionienne, qui opposa une courageuse défense aux Turcs en 1822-1823 et en 1825.
Missouri, riv. des États-Unis, affl. du Mississippi ; 4 370 km.
Missouri, un des États unis d'Amérique ; 4 753 000 h. ; capit. *Jefferson City*.
Mistral (Frédéric), poète provençal (1830-1914), auteur de *Mireille*.
Mitchourine (Ivan Vladimir), biologiste russe (1855-1935).
Mithra, l'esprit de la lumière divine dans la religion mazdéenne.
Mithridate, nom de sept rois de Pont, dont : MITHRIDATE VI EUPATOR, roi de 111 à 63 av. J.-C., adversaire des Romains.
Mithridate, tragédie de Racine (1673).
Mitidja, plaine d'Algérie.
Mizoguchi (Kenji), cinéaste japonais (1898-1956).
Mobutu (Sese Seko), homme d'État zaïrois, né en 1930, président de la République depuis 1965.
Moctezuma (1466-1520), empereur aztèque de 1502 à 1520.
Modane, v. de la Savoie, à l'entrée du tunnel de Fréjus ; 5 800 h.
Modène, v. d'Italie (Émilie), capit. d'un ancien duché ; 170 500 h.
Mogadishu, capit. et port de la Somalie ; 230 000 h.
Mogador, auj. **Essaouira**, port du Maroc.
Mohicans, Indiens des États-Unis.
Moïse, guerrier, homme d'État, historien, poète, moraliste et législateur des Hébreux ; il conduisit son peuple d'Égypte en Palestine et reçut les tables de la Loi.
Moissac, v. de Tarn-et-Garonne, sur le Tarn ; 12 100 h.
Moissan (Henri), chimiste français (1852-1907), inventeur du four électrique.
Moka, port d'Arabie (Yémen). Café renommé.
Molay (Jacques *de*) [vers 1243-1314], dernier grand maître des Templiers.
Moldau, nom allem. de la *Vltava*.
Moldavie, république fédérée de l'U.R.S.S. ; 3 568 000 h. ; capit. *Kichinev*.
Molière (Jean-Baptiste POQUELIN, dit), auteur comique et acteur français (1622-1673), auteur de : *les Précieuses ridicules*, *l'École des femmes*, *Dom Juan*, *le*

Misanthrope, l'Avare, le Tartuffe, le Bourgeois gentilhomme, les Fourberies de Scapin, les Femmes savantes, le Malade imaginaire.

Mollet (Guy), homme politique français, socialiste (1905-1975).

Moloch, divinité sanguinaire des anciens Chananéens.

Molosses, peuple de l'anc. Épire.

Molotov, homme politique soviétique, né en 1890.

Molsheim, ch.-l. d'arr. du Bas-Rhin ; 6 900 h.

Moltke (Helmuth, *comte de*), maréchal prussien (1800-1891), vainqueur de l'Autriche (1866) et de la France (1871) ; — Son neveu, HELMUTH (1848-1916), fut vaincu à la Marne.

Moluques (*îles*), archipel de l'Indonésie.

Mombasa ou **Mombassa,** v. du Kenya ; 247 100 h. Port.

Monaco, petite principauté enclavée dans les Alpes-Maritimes ; 1,5 km² ; 25 000 h. Capit. *Monaco* (1 900 h.).

Mönchengladbach, v. d'Allemagne occidentale, près de Cologne ; 156 000 h.

Monet (Claude), peintre impressionniste français (1840-1926), auteur des *Nymphéas.*

Monge (Gaspard), mathématicien français (1746-1818), créateur de la géométrie descriptive.

Mongolie, plateau de l'Asie centrale, divisé en une république indépendante (1 530 000 h. ; capit. *Oulan-Bator*) et un territoire autonome de la Chine.

Mongols (*empire des*), empire fondé par Gengis khan au XIII° s.

Monnier (Henri), écrivain et caricaturiste français (1805-1877), créateur de *Joseph Prudhomme.*

Monroe (James), homme d'État américain (1758-1831), président des Etats-Unis de 1817 à 1825.

Monrovia, capit. et port du Libéria.

Mons, v. de Belgique, ch.-l. du Hainaut ; 61 900 h.

Mons-en-Barœul, faubourg de Lille.

Montagnards, groupe de conventionnels, qui s'opposèrent aux Girondins.

Montagne Noire, massif de la bordure méridionale du Massif central. — Hauteurs situées à l'ouest de la Bretagne.

Montaigne (Michel *Eyquem de*), écrivain et moraliste français (1533-1592), auteur des *Essais.*

Montalembert (Charles, *comte de*), écrivain et homme politique français (1810-1870), défenseur du catholicisme libéral.

Montana, un des Etats unis d'Amérique ; 702 000 h. Capit. *Helena.*

Montargis, ch.-l. d'arr. du Loiret, sur le Loing ; 19 900 h.

Montauban, ch.-l. du dép. de Tarn-et-Garonne ; 50 300 h.

Montbard, ch.-l. d'arr. de la Côte-d'Or ; 7 700 h.

Montbéliard, ch.-l. d'arr. du Doubs ; 31 600 h.

Montbrison, ch.-l. d'arr. de la Loire ; 13 100 h.

Montcalm (Louis, *marquis de*), général français (1712-1759), tué en défendant Québec contre les Anglais.

Montceau-les-Mines, centre houiller de Saône-et-Loire ; 28 200 h.

Mont-de-Marsan, ch.-l. des Landes, sur la Midouze ; 30 200 h.

Montdidier, ch.-l. d'arr. de la Somme ; 6 300 h.

Mont-Dore (*massif du*) ou **monts Dore** (*les*), monts du Massif central, culminant au puy de Sancy (1 886 m).

Mont-Dore (*Le*), station thermale du Puy-de-Dôme ; 2 300 h.

Montebello, v. d'Italie du Nord ; victoire de Lannes en 1800 et de Forey en 1859.

Monte-Carlo, quartier de la principauté de Monaco.

Monte-Cristo, île de la Méditerranée, entre la Corse et la Toscane.

Montélimar, v. de la Drôme ; 29 100 h.

Monténégro, une des républiques fédérées de la Yougoslavie ; capit. *Titograd.*

Montenotte, v. d'Italie (Gênes) ; victoire de Bonaparte sur les Autrichiens (1796).

Montereau-faut-Yonne, v. de Seine-et-Marne, au confluent de la Seine et de l'Yonne ; 21 800 h.

Monterrey, v. du nord-est du Mexique ; 954 700 h.

Montespan (*marquise de*) [1640-1707], favorite de Louis XIV.

Montesquieu (Charles DE SECONDAT, *baron de*), écrivain et philosophe français (1689-1755), auteur des *Lettres persanes* et de *l'Esprit des lois.*

Monteverdi (Claudio), compositeur italien (1567-1643), un des créateurs de l'opéra.

Montevideo, capit. et port de l'Uruguay ; 1 203 700 h.

Montezuma. V. MOCTEZUMA.

Montfort (Simon *de*) [v. 1150-1218], chef de la croisade contre les albigeois ; — Son fils SIMON (v. 1208-1265) dirigea les barons révoltés contre le roi d'Angleterre Henri III.

Montgolfier (*les frères de*), inventeur des ballons à air chaud, nommés *montgolfières* : JOSEPH (1740-1810) et JACQUES-ETIENNE (1745-1799).

Montgomery (*lord* Bernard), maréchal britannique (1887-1976).

Montherlant (Henry de), écrivain français (1895-1972), auteur des *Bestiaires.*

Montignies-sur-Sambre, v. de Belgique (Hainaut) ; 24 300 h.

Monthléry, v. de l'Essonne ; 4 200 h. Autodrome.

Montluçon, ch.-l. d'arr. de l'Allier, sur le Cher ; 59 900 h.

Montmartre, quartier de Paris, construit sur une butte.

Montmorency, ch.-l. d'arr. du Val-d'Oise ; 20 300 h.

Montmorency, famille française, à laquelle appartiennent : ANNE (1493-1567), conseiller de François I° et d'Henri II. — HENRI II (1595-1632), qui se révolta avec Gaston d'Orléans et fut décapité.

Montmorillon, ch.-l. d'arr. de la Vienne ; 7 400 h.

Montoire-sur-le-Loir, bourg de Loir-et-Cher ; entrevue de Pétain avec Hitler (1940).

Montpellier, ch.-l. d'arr. de l'Hérault, sur le Lez ; 195 600 h.

Montpensier *(duchesse de)*, surnommée *la Grande Mademoiselle* (1627-1693), fille de Gaston d'Orléans ; elle prit part aux troubles de la Fronde.

Montréal, port du Canada, dans la prov. de Québec, sur le Saint-Laurent ; 1 200 000 h.

Montreuil ou **Montreuil-sous-Bois,** v. de Seine-Saint-Denis ; 96 700 h.

Montreuil ou **Montreuil-sur-Mer,** ch.-l. d'arr. du Pas-de-Calais ; 3 200 h.

Montreux, station climatique de Suisse, sur le lac Léman.

Mont-Saint-Michel *(le)*, îlot de la Manche, au fond de la *baie du Mont-Saint-Michel* ; abbaye fondée au VIIIe s.

Moore (Thomas), poète irlandais (1779-1852), auteur de *Mélodies irlandaises*.

Moorea, île de l'archipel de la Société.

Morat, v. de Suisse, sur le *lac de Morat* ; victoire des Suisses sur Charles le Téméraire (1476).

Morava, riv. de Tchécoslovaquie, affl. du Danube ; 319 km.

Moravia (Alberto), écrivain italien, né en 1907.

Moravie, région de Tchécoslovaquie.

Morbihan *(golfe du)*, golfe situé sur la côte du dép. du Morbihan.

Morbihan, dép. de l'ouest de la France ; préf. *Vannes* ; s.-préf. *Lorient, Pontivy* ; 563 600 h.

Moreau le Jeune (Jean Michel), graveur français (1741-1814).

Moreau (Jean Victor), général français (1763-1813), rival de Bonaparte.

Moreau (Gustave), peintre français (1826-1898).

Morée, autre nom du *Péloponnèse*.

Morena *(sierra)*, chaîne de montagnes du sud de l'Espagne.

Morez, v. du dép. du Jura ; 7 200 h. Lunetterie.

Morgan (Thomas *Hunt*), biologiste américain (1866-1945), auteur de travaux sur l'hérédité.

Morgarten, petite chaîne de montagnes de la Suisse ; victoire des Suisses sur Léopold d'Autriche (1315).

Morlaix, ch.-l. d'arr. du Finistère ; 20 500 h.

Morny (Charles, *duc de*), homme politique français (1811-1865), un des organisateurs du coup d'État de 1851.

Moroni, capit. des Comores.

Morphée, dieu des Songes.

Morse (Samuel), physicien américain (1791-1872), inventeur du télégraphe électrique et d'un alphabet.

Morte *(mer)*, lac salé de Palestine.

Mortier (Adolphe), maréchal français (1768-1835), tué par l'attentat de Fieschi.

Morus ou **More** *(saint* Thomas), homme d'État anglais (1480-1535), m. décapité.

Morvan, massif montagneux boisé, au nord du Massif central.

Moscou, capit. de l'U.R.S.S. et de la rép. de Russie, sur la Moskova ; 7 208 000 h. Centre industriel.

Moselle, riv. de France et d'Allemagne, affl. du Rhin ; 550 km.

Moselle, dép. de l'est de la France ; préf. *Metz* ; s.-préf. *Boulay, Château-Salins, For-*

bach, Sarrebourg, Sarreguemines, Thionville ; 1 006 400 h.

Moskova, riv. de Russie, affl. de l'Oka ; 508 km ; victoire de Napoléon sur les Russes (1812).

Mossis, peuple de la Haute-Volta.

Mossoul ou **Mosul,** v. de l'Irak, sur le Tigre ; 388 000 h. Centre pétrolier.

Mostaganem, v. d'Algérie.

Moukden. V. CHEN-YANG.

Moulin (Jean), patriote français, né à Béziers (1899-1943). Fondateur du Conseil national de la Résistance.

Moulins, ch.-l. de l'Allier, sur l'Allier ; 26 900 h.

Moulouya, fl. du Maroc oriental.

Mounier (Emmanuel), philosophe français (1905-1950).

Mourad ou **Murat,** nom de cinq sultans turcs.

Mourmansk, v. de l'U.R.S.S., port sur l'océan Arctique ; 309 000 h.

Mouscron, v. de Belgique (Hainaut) ; 37 600 h.

Moussorgsky (Modeste), compositeur russe (1839-1881), auteur de *Boris Godounov*.

Moyen-Congo. V. CONGO.

Moyen-Orient, ensemble formé par l'Egypte et par les Etats d'Asie occidentale.

Mozambique *(canal de)*, passage entre l'Afrique et Madagascar.

Mozambique, Etat de la côte est de l'Afrique ; 9 680 000 h. Capit. *Maputo*.

Mozart (Wolfgang Amadeus), compositeur autrichien (1756-1791), auteur des *Noces de Figaro,* de *Don Juan,* de la *Flûte enchantée,* d'un *Requiem,* de symphonies et de concertos.

Mulhouse, ch.-l. d'arr. du Haut-Rhin, sur l'Ill ; 119 300 h.

Multan, v. du Pakistan ; 358 200 h.

Mun (Albert *de*), homme politique et orateur français (1841-1914).

Munich, v. d'Allemagne occidentale, capit. de la Bavière ; 1 210 500 h.

Munster, v. d'Allemagne occidentale ; 204 600 h.

Munster, v. du Haut-Rhin ; 5 000 h.

Murano, v. d'Italie (Vénétie). Verrerie.

Murat. V. MOURAD.

Murat (Joachim), maréchal d'Empire (1767-1815), beau-frère de Napoléon, roi de Naples (1808-1815).

Murcie, v. d'Espagne du Sud ; 281 400 h.

Mures, Muresh ou **Maros,** riv. de Roumanie et de Hongrie ; affl. de la Tisza ; 900 km.

Muret, ch.-l. d'arr. de la Haute-Garonne ; 15 400 h.

Murillo (Bartolomé ESTEBAN, dit), peintre espagnol (1618-1682).

Murray, fl. d'Australie (océan Indien) ; 2 574 km.

Muses (les), les neuf filles de Zeus et de Mnémosyne, qui présidaient aux Arts, aux Sciences et aux Lettres : *Clio* (histoire), *Euterpe* (musique), *Thalie* (comédie), *Melpomène* (tragédie), *Terpsichore* (danse), *Erato* (élégie), *Polymnie* (poésie lyrique), *Uranie* (astronomie), *Calliope* (éloquence et poésie héroïque).

Musset (Alfred *de*), poète et romancier français (1810-1857), auteur de poésies (*les*

Nuits), de drames (*Lorenzaccio*), de comédies (*les Caprices de Marianne*) et de la *Confession d'un enfant du siècle.*

Mussolini (Benito), homme d'État italien (1883-1945), chef (*duce*) du parti fasciste, allié de Hitler, exécuté après sa défaite.

Mustafa Kemal paşa, surnommé **Kemal Atatürk**, maréchal et homme d'État turc (1880 ou 1881-1938). Il fit déposer le sultan (1922) et fut élu en 1923 président de la République turque.

Mutsu-Hito. V. MEIJI TENNO.

Mycale, promontoire de l'Asie Mineure (Ionie); victoire navale des Grecs sur les Perses (479 av. J.-C.).

Mycènes, anc. v. de l'Argolide, où se développa une brillante civilisation au IIIe millénaire av. J.-C.

Myrmidons, anc. peuplade grecque de très petite taille.

Mysie, contrée de l'Asie Mineure.

Mysore, v. de l'Inde; 258 000 h.

Mytilène, autre nom de *Lesbos.*

N

Nabuchodonosor, roi de Babylone de 605 à 562 av. J.-C.; il détruisit le royaume de Juda.

Nadar (Félix TOURNACHON, dit), photographe français (1820-1910).

Nadjd, Najd ou Nedjd, émirat de l'Arabie Saoudite; 4 000 000 d'h. Capit. *Riyād.*

Nagasaki, v. du Japon (Kyu-shu); 422 000 h. Port.

Nagoya, v. du Japon (Honshu); 2 036 000 h. Port.

Nagpur, v. de l'Inde (Maharashtra); 876 000 h.

Nairobi, capit. du Kenya; 509 300 h.

Namibie, anc. Sud-Ouest africain, territoire d'Afrique; 822 000 km²; 888 000 h. Capit. *Windhoek.*

Namur, v. de Belgique, ch.-l. de prov., au confluent de la Meuse et de la Sambre; 32 600 h.

Nancy, anc. capit. de la Lorraine, ch.-l. de Meurthe-et-Moselle, sur la Meurthe; 111 500 h.

Nankin, v. de Chine, sur le Yang-tseukiang; 1 455 000 h.

Nansen (Fridtjof), explorateur norvégien de l'Arctique (1861-1930).

Nan-tchang, v. de Chine, capit. du Kiangsi.

Nanterre, chef-lieu des Hauts-de-Seine; 96 000 h.

Nantes, ch.-l. de la Loire-Atlantique, port sur la Loire; 263 700 h.

Nantes (*édit de*), édit de tolérance, promulgué par Henri IV en 1598, et révoqué par Louis XIV en 1685.

Nanteuil (Robert), pastelliste et graveur français (v. 1623-1678).

Nantua, ch.-l. d'arr. de l'Ain, sur le *lac de Nantua*; 3 600 h.

Naples, port d'Italie (Campanie), sur un golfe formé par la mer Tyrrhénienne; 1 263 400 h.

Napoléon Ier (BONAPARTE) [1769-1821], empereur des Français de 1804 à 1815. Il s'illustra, à Toulon, en Italie et en Égypte avant d'accomplir le coup d'État du 18-Brumaire (1799). Empereur en 1804, il rétablit la paix intérieure. Après de brillantes victoires, l'Empire atteignit sa plus grande

extension de 1809 à 1812, mais, au lendemain des campagnes de Russie, d'Allemagne et de France, Napoléon dut abdiquer (1814). De retour en France (les Cent-Jours), Napoléon fut vaincu à Waterloo et dut s'exiler à Sainte-Hélène (1815).

Napoléon II (1811-1832), fils de Napoléon Ier et de Marie-Louise; roi de Rome, il vécut, à partir de 1814, auprès de l'empereur François II, sous le nom de *duc de Reichstadt.*

Napoléon III (Charles Louis) [1808-1873], fils de Louis Bonaparte; empereur des Français de 1852 à 1870. Élu président de la République, après la révolution de 1848, il prit le pouvoir grâce au coup d'État de 1851. Il combattit en Crimée, favorisa l'unité italienne et laissa faire l'unité allemande. Après la défaite de 1870, Napoléon III fut déchu.

Narbonne, ch.-l. d'arr. de l'Aude; 40 500 h.

Narcisse, personnage légendaire qui s'éprit de sa propre image.

Narvik, port de Norvège.

Nashville, v. des États-Unis, capit. du Tennessee; 170 900 h.

Nassau, famille allemande qui s'établit en Rhénanie au XIIe s.

Nasser (Gamal Abdel), homme d'État égyptien (1918-1970), président de la République de 1958 à sa mort.

Natal, prov. de l'Afrique du Sud.

Natal, port du Brésil.

Natchez, anc. tribu indienne des États-Unis.

Nattier (Jean-Marc), peintre portraitiste français (1685-1766).

Naundorff ou **Naundorf** (Karl), aventurier qui se faisait passer pour Louis XVII (1787-1845).

Naurouze (*col de*), passage unissant le Bassin aquitain au Midi méditerranéen.

Navarin, port du Péloponnèse; bataille navale au cours de laquelle la flotte turque fut détruite par les forces de la France, de l'Angleterre et de la Russie (1827).

Navarre, anc. royaume sur les deux versants des Pyrénées.

Navas de Tolosa (*Las*), bourg d'Espagne;

victoire des rois d'Aragon, de Castille, de Léon et de Navarre sur les Musulmans (1212).

Naxos, la plus grande des Cyclades.

Nazareth, v. de Palestine (Galilée), où résida la Sainte Famille.

N'Djamena, anc. **Fort-Lamy,** capit. du Tchad ; 179 000 h.

Neandertal, vallée de la Dussel, affl. du Rhin, où l'on a découvert des restes d'homme préhistorique.

Nebraska, un des États unis d'Amérique ; 1 456 000 h. ; capit. *Lincoln.*

Neckar, riv. d'Allemagne, affl. du Rhin ; 367 km.

Necker (Jacques), financier français (1732-1804), contrôleur général des finances à la veille de la Révolution.

Nedjd. V. NADJD.

Neerwinden, village de Belgique (Brabant) ; victoire du maréchal de Luxembourg sur Guillaume III d'Orange (1693) et du prince de Cobourg sur Dumouriez (1793).

Negro (rio), riv. du Brésil, affl. de l'Amazone ; 2 200 km. — Fl. de l'Argentine (Atlantique) ; 1 000 km.

Neguev, région désertique du sud d'Israël.

Nehru (Cri Jawaharlal), homme d'État de l'Inde (1889-1964).

Neige (crêt de la), sommet du Jura (Ain) ; 1 723 m.

Neisse ou **Nysa,** riv. de Pologne, affl. de l'Oder, qui forme en partie la frontière germano-polonaise ; 256 km.

Nelson (Horatio), amiral anglais (1758-1805) ; il gagna la bataille d'Aboukir et celle de Trafalgar, où il fut tué.

Némésis, déesse grecque de la Vengeance.

Nemours, v. de Seine-et-Marne ; 11 200 h.

Nemrod, roi de la Chaldée, que J'Ecriture appelle *robuste chasseur devant l'Eternel.*

Nenni (Pietro), homme politique italien, socialiste (né en 1891).

Népal, royaume de l'Asie, dans l'Himalaya ; 13 140 000 h. Capit. *Khatmandou.*

Neper ou **Napier** (John), mathématicien écossais (1550-1617), inventeur des logarithmes.

Nepos (Cornelius), érudit latin (Ier s. av. J.-C.), auteur de biographies.

Neptune, dieu latin de la Mer.

Neptune, planète du système solaire.

Nérac, ch.-l. d'arr. de Lot-et-Garonne ; 7 600 h.

Néris-les-Bains, station thermale de l'Allier.

Néron (37-68), empereur romain de 54 à 68, célèbre par ses cruautés.

Neruda (Pablo), poète chilien (1904-1973).

Nerva (26-98), empereur romain de 96 à 98.

Nerval (Gérard de), écrivain français (1808-1855), auteur de *Sylvie.*

Nessus ou **Nessos,** centaure tué par Hercule ; celui-ci, ayant revêtu sa tunique, fut pris d'horribles douleurs et se brûla.

Neuchâtel, v. de Suisse, ch.-l. de canton, sur le *lac de Neuchâtel* ; 38 800 h.

Neufchâteau, ch.-l. d'arr. des Vosges, sur la Meuse ; 9 600 h.

Neuilly-sur-Marne, v. de Seine-Saint-Denis ; 30 200 h.

Neuilly-sur-Seine, v. des Hauts-de-Seine ; 66 100 h.

Neustrie, un des quatre royaumes mérovingiens.

Néva (la), fl. côtier de l'U. R. S. S., qui passe à Leningrad ; 74 km.

Nevada (sierra), montagne du sud de l'Espagne, culminant à 3 478 m. — Chaîne de l'ouest des États-Unis ; 4 418 m.

Nevada, un des États unis d'Amérique ; 727 000 h. ; capit. *Carson City.*

Nevers, anc. capit. du Nivernais, ch.-l. de la Nièvre, sur la Loire ; 47 700 h.

Newark, v. des États-Unis (New Jersey), port sur la *baie de Newark* ; 405 200 h.

Newcastle, port d'Angleterre ; 251 600 h. — Port d'Australie ; 219 200 h.

New Delhi, capit. de l'Inde, quartier de Delhi.

New Hampshire, un des États unis d'Amérique ; 771 000 h. ; capit. *Concord.*

Newhaven, port d'Angleterre, sur la Manche ; 8 300 h.

New Haven, port des États-Unis (Connecticut) ; 152 000 h. Université Yale.

New Jersey, un des États unis d'Amérique ; 7 367 000 h. ; capit. *Trenton.*

Newman (John Henry, *cardinal*), théologien et écrivain anglais (1801-1890).

Newton (sir Isaac), physicien et astronome anglais (1642-1727), qui découvrit les lois de la gravitation et de la décomposition de la lumière.

New York, métropole des États-Unis, port sur l'estuaire de l'Hudson ; 7 781 000 h.

New York, un des États unis de l'Amérique ; 18 258 000 h. ; capit. *Albany.*

Ney (Michel), maréchal d'Empire (1769-1815), fusillé à la seconde Restauration.

Niagara, riv. de l'Amérique du Nord, section du Saint-Laurent séparant les États-Unis du Canada ; chutes de 47 m.

Niamey, capit. du Niger, sur le Niger ; 102 000 h.

Nibelungen, dans la légende germanique, nains possesseurs de richesses souterraines.

Nicaragua, république de l'Amérique centrale ; 2 310 000 h. Capit. *Managua.*

Nice, anc. capit. du comté de Nice ; ch.-l., port et station touristique des Alpes-Maritimes, sur la Méditerranée ; 346 600 h.

Nicée, anc. v. de l'Anatolie, où se réunirent deux conciles (325 et 787).

Nicolas, nom de cinq papes.

Nicolas Ier (1796-1855), empereur de Russie de 1825 à 1855, vaincu lors de la guerre de Crimée (1854-1855) ; — NICOLAS II, (1868-1918), empereur de Russie de 1894 à 1917, qui lutta contre le Japon (1904-1905) et contre l'Allemagne (1914). Il dut abdiquer et fut exécuté par les bolcheviks.

Nicomédie, v. de l'Asie Mineure (auj. *Izmit*).

Nicosie, v. de Chypre ; 103 000 h.

Nicot (Jean), diplomate français (1530-1600), qui importa le tabac en France.

Niémen, fl. de l'U. R. S. S. (Baltique) ; 880 km.

Niemeyer (Oscar), architecte brésilien (né en 1907). Il a édifié les principaux monuments de Brasilia.

Niepce (Nicéphore), inventeur français

(1765-1833), à qui l'on doit la découverte de la photographie.

Nietzsche (Friedrich), philosophe allemand (1844-1900), auteur de *Ainsi parlait Zarathoustra.*

Nièvre, riv. du centre de la France, affl. de la Loire ; 48 km.

Nièvre, dép. du centre de la France ; préf. *Nevers* ; s.-préf. *Château-Chinon, Clamecy, Cosne* ; 245 200 h.

Niger, fl. d'Afrique (Atlantique) ; 4 200 km.

Niger, État de l'Afrique occidentale ; 4 860 000 h. ; capit. *Niamey.*

Nigeria, État de l'Afrique occidentale, le plus peuplé d'Afrique, membre du Commonwealth ; 66 630 000 h. ; capit. *Lagos.*

Niigata, v. du Japon ; 379 000 h. Port.

Nijni-Novgorod. V. GORKI.

Nijni-Taghil, v. de l'U.R.S.S., dans l'Oural ; 370 000 h. Métallurgie.

Nikolaïev, v. de l'U.R.S.S. (Ukraine), port sur la mer Noire ; 331 000 h.

Nil, fl. de l'Afrique (Méditerranée) ; 6 500 km.

Nimègue, v. des Pays-Bas (Gueldre) ; 142 000 h. Des traités y furent conclus en 1678 et en 1679 entre la France et ses ennemis.

Nîmes, ch.-l. du Gard ; 133 900 h. Monuments romains (arènes).

Ninive, capit. de l'Assyrie.

Niort, ch.-l. des Deux-Sèvres, sur la Sèvre Niortaise ; 64 000 h.

Niteroi, v. du Brésil ; 324 300 h.

Nivelle (Jean *de*), fils aîné de Jean II de Montmorency, qui refusa de marcher contre le duc de Bourgogne (v. 1422-1477).

Nivelles, v. de Belgique (Brabant) ; 15 100 h.

Nivernais, anc. prov. de France.

Nixon (Richard), homme d'État américain, né en 1913. Républicain, il fut président des États-Unis de 1969 à 1974.

Nkrumah (Kwame), homme d'État ghanéen (1909-1972), président de la république de 1960 à 1966.

Noailles, famille française, qui a fourni divers prélats, maréchaux, amiraux, et dont fit partie ANNA, *comtesse de Noailles*, femme poète (1876-1933).

Nobel (Alfred), industriel suédois (1833-1896), inventeur de la dynamite et fondateur des prix Nobel.

Nobile (Umberto), général italien (1885-1978). En 1928, il explora le pôle Nord à bord d'un dirigeable.

Nodier (Charles), écrivain romantique français (1780-1844), auteur de contes.

Noé, patriarche biblique, qui construisit l'arche qui devait le préserver du déluge avec sa famille.

Nœrdlingen ou **Nördlingen**, v. de Bavière, où Condé vainquit les Impériaux (1645), et Moreau les Autrichiens (1800).

Nœux-les-Mines, centre houiller du Pas-de-Calais ; 13 600 h.

Nogent-le-Rotrou, ch.-l. d'arr. d'Eure-et-Loir ; 13 600 h.

Nogent-sur-Marne, v. du Val-de-Marne ; 25 800 h.

Nogent-sur-Seine, ch.-l. d'arr. de l'Aube ; 4 700 h.

Noire (*mer*), anc. *Pont-Euxin*, mer intérieure entre l'Europe et l'Asie, communiquant par les Dardanelles avec la Méditerranée.

Noirmoutier, île de l'Atlantique (Vendée).

Noisy-le-Sec, v. de Seine-Saint-Denis ; 37 700 h.

Nontron, ch.-l. d'arr. de la Dordogne ; 4 100 h.

Nord (*mer du*), mer, au nord-est de l'Europe, formée par l'Atlantique.

Nord (*canal du*), détroit entre l'Écosse et l'Irlande.

Nord (*cap*), cap d'une île norvégienne, point le plus septentrional de l'Europe.

Nord, dép. du nord de la France ; préf. *Lille* ; s.-préf. *Avesnes-sur-Helpe, Cambrai, Douai, Dunkerque, Valenciennes* ; 2 510 700 h.

Nordenskjöld (Erik, *baron*), explorateur suédois (1832-1901). Il a découvert le passage du Nord-Est (1878-1879).

Norfolk, v. des États-Unis (Virginie) ; 304 900 h. Port.

Normandie, anc. prov. du nord-ouest de la France ; capit. *Rouen.*

Normands, navigateurs scandinaves, qui, au Moyen Âge, firent en France de nombreuses incursions, s'établirent en Normandie, et de là conquirent l'Angleterre.

Norodom Sihanouk, homme d'État cambodgien, né en 1922.

Norrköping, port de Suède ; 115 800 h.

Norvège, État de l'Europe septentrionale ; 324 000 km² ; 4 millions d'h. ; capit. *Oslo.*

Nostradamus (Michel DE NOSTRE-DAME, dit), astrologue français (1503-1566), auteur de prédictions.

Nottingham, v. d'Angleterre ; 309 700 h.

Nouakchott, capit. de la République islamique de Mauritanie ; 55 000 h.

Nouméa, capit. de la Nouvelle-Calédonie ; 40 900 h.

Nouveau-Brunswick, prov. du Canada, sur l'Atlantique ; 677 000 h. Capit. *Fredericton.*

Nouveau-Mexique, un des États unis d'Amérique ; 1 022 000 h. Capit. *Santa Fe.*

Nouvelle-Angleterre, nom donné aux six États américains qui correspondent aux colonies anglaises fondées au XVIIᵉ s. : Maine, New Hampshire, Vermont, Massachusetts, Rhode Island, Connecticut.

Nouvelle-Calédonie, île française de l'Océanie ; 133 200 h. ; capit. *Nouméa.*

Nouvelle-Écosse, prov. du Canada, sur l'Atlantique ; 828 000 h. Capit. *Halifax.*

Nouvelle-Galles du Sud, État d'Australie, sur le littoral est ; capit. *Sydney.*

Nouvelle-Guinée, île de l'Océanie ; elle comprend : à l'est, l'État de la *Papouasie-Nouvelle-Guinée* (2 910 000 h. ; capit. *Port Moresby*) et, à l'ouest, la *Nouvelle-Guinée occidentale*, administrée par l'Indonésie.

Nouvelle-Orléans (La), v. des États-Unis (Louisiane), sur le Mississippi ; 627 500 h.

Nouvelles-Hébrides, archipel de l'Océanie ; condominium franco-britannique ; 84 000 h. ; capit. *Vila.*

Nouvelle-Zélande, groupe de deux îles de l'Océanie, État membre du Commonwealth ; 267 837 km² ; 3 110 000 h. ; capit. *Wellington.*

Nouvelle-Zemble, archipel soviétique de l'Arctique.

Novalis, poète romantique allemand (1772-1801).

Novare, v. d'Italie (Piémont); 101 800 h. Victoire des Suisses sur les Français (1513) et des Autrichiens sur les Sardes (1849).

Novgorod, v. de l'U. R. S. S. (Russie), au sud de Leningrad; 128 000 h.

Novo-Kouznetsk, anc. *Stalinsk,* v. de l'U. R. S. S., dans le Kouzbass; 499 000 h.

Novossibirsk, v. de l'U. R. S. S., sur l'Ob; 1 161 000 h.

Noyon, v. de l'Oise; 14 000 h.

Nubie, contrée de l'Afrique (sud de l'Égypte et nord du Soudan).

Numance, anc. v. d'Espagne, détruite par Scipion Emilien (133 av. J.-C.).

Numa Pompilius, deuxième roi légendaire de Rome.

Numidie, anc. contrée de l'Afrique du Nord-Ouest.

Nuremberg, v. d'Allemagne occidentale (Bavière); 472 000 h.

Nyassa (*lac*), auj. *lac Malawi,* lac de l'Afrique orientale.

Nyassaland. V. MALAWI.

Nyons, ch.-l. d'arr. de la Drôme; 5 900 h.

O

Oahu, île des Hawaji.

Oakland, v. des États-Unis (Californie); 367 600 h.

Oak Ridge, ceptre de l'industrie de l'énergie atomique des États-Unis (Tennessee).

Ob, fl. de Sibérie (océan Arctique); 4 000 km.

Oberhausen, v. d'Allemagne occidentale, dans la Ruhr; 259 800 h.

Oberkampf (Christophe-Philippe), industriel français (1738-1815), qui fonda la première manufacture de toiles peintes.

Oberland bernois, massif des Alpes suisses.

Obéron, roi des génies aériens dans la mythologie scandinave.

Occident (*Empire d'*), partie de l'Empire romain issue du partage de l'Empire à la mort de Théodose (395 apr. J.-C.). Il s'effondra en 476 sous les coups des Barbares.

Occitanie, nom donné à l'ensemble des pays de langue d'oc.

Océanie, une des cinq parties du monde; 9 millions de km²; 23 millions d'h. L'Océanie est formée de l'Australie, de la Nouvelle-Zélande et de très nombreux archipels.

Ockeghem ou **Okeghem** (Johannes), compositeur flamand (v. 1430 - v. 1496), musicien de Charles VII.

Octave. V. AUGUSTE.

Octavie (v. 42-62), femme de Néron, mise à mort par ordre de son mari.

Octavien. V. AUGUSTE.

Odense, port du Danemark; 164 200 h.

Odéon, monument d'Athènes, où se faisaient les concours de musique et de poésie. — Monument de Paris (théâtre).

Oder ou **Odra,** fl. d'Europe orientale, frontière partielle entre l'Allemagne orientale et la Pologne (Baltique); 848 km.

Odessa, v. de l'U. R. S. S. (Ukraine); 892 000 h. Port sur la mer Noire.

Odet, fl. côtier de Bretagne (Atlantique); 56 km.

Odyssée (*l'*), poème épique d'Homère, retraçant les voyages d'Ulysse.

Œdipe, fils de Laïos, roi de Thèbes, et de Jocaste, qui résolut les énigmes du Sphinx, tua malgré lui son père et épousa sa mère.

Œrsted (Christian), physicien danois (1777-1851), qui découvrit l'électromagnétisme.

Offenbach (Jacques), compositeur français, d'origine allemande (1819-1880), auteur d'opérettes.

Oger ou **Ogier,** héros d'une chanson de geste (XIIᵉ s.).

Ognon, riv. de l'est de la France, affl. de la Saône; 190 km.

Ogooué, fl. de l'Afrique équatoriale (Atlantique); 970 km.

Ohio, riv. des États-Unis, affl. du Mississippi; 1 066 km.

Ohio, un des États unis d'Amérique; 10 305 000 h. Capit. *Colombus.*

Ohm (Georg), physicien allemand (1789-1854), qui découvrit les lois fondamentales des courants électriques.

Oisans, région des Alpes du Nord.

Oise, riv. du Nord de la France, affl. de la Seine; 302 km.

Oise, dép. du nord de la France; préf. *Beauvais;* s.-préf. *Clermont, Compiègne, Senlis;* 606 300 h.

Oka, riv. de Russie, affl. de la Volga; 1 480 km.

Okayama, v. du Japon (Honshu); 375 100 h.

Okhotsk (*mer d'*), mer formée par le Pacifique, au nord-est de l'Asie.

Okinawa, île japonaise des *Ryu-Kyu;* 759 000 h.

Oklahoma, un des États unis d'Amérique; 2 634 000 h. Capit. *Oklahoma City.*

Öland, île de la Suède.

Oldenbourg, pays de l'Allemagne du Nord.

Oléron, île de la Charente-Maritime.

Olier (Jean-Jacques), prêtre français (1608-1657), fondateur de la compagnie des prêtres de Saint-Sulpice.

Olivares (*duc d'*), homme d'État espagnol (1587-1645), adversaire de Richelieu.

Olivier, héros légendaire, ami de Roland.

Oliviers (*mont des*), lieu, près de Jérusalem, où Jésus alla prier la veille de sa mort.

Olmèques, anc. peuple indien de la région du golfe du Mexique.

Oloron (*gave d'*), riv. des Pyrénées-Atlantiques, affl. du gave de Pau; 120 km.

Oloron-Sainte-Marie, ch.-l. d'arr. des Pyrénées-Atlantiques ; 13 100 h.

Olympe, montagne de la Grèce ; 2 917 m ; elle passait pour être la résidence des dieux grecs.

Olympie, v. du Péloponnèse, où se célébraient les *jeux Olympiques.*

Omaha, v. des États-Unis (Nebraska); 342 300 h.

Oman (*sultanat d'*), sultanat de l'extrémité orientale de l'Arabie, baigné par le *golfe* et la *mer d'Oman*; 212 457 km²; 820 000 h. Capit. *Mascate.* Pétrole.

Ombrie, contrée de l'Italie centrale.

Omeyyades ou **Omayyades,** dynastie de califes arabes, qui régna à Damas de 661 à 750, et à Cordoue de 756 à 1031.

Omphale, reine de Lydie, qui épousa Héraclès, après l'avoir forcé à filer de la laine à ses pieds.

Omsk, v. de l'U.R.S.S., en Sibérie; 821 000 h.

Onega, fl. de Russie (mer Blanche) ; 411 km. — Lac du nord de la Russie.

Ontario (*lac*), lac du Canada et des États-Unis.

Ontario, prov. du Canada ; 8 264 000 h. Capit. *Toronto.*

O. N. U. (*Organisation des Nations unies*), organisme créé en 1944, en vue du maintien de la paix et de la sécurité internationales. Son siège est à New York.

Oppenheimer (Robert), physicien américain (1904-1967). Il joua un grand rôle dans les recherches nucléaires.

Oradea, v. de Roumanie ; 148 600 h.

Oradour-sur-Glane, village de la Haute-Vienne, dont les habitants furent massacrés par les Allemands en 1944.

Oran, d'Algérie ; 392 000 h. Port.

Orange, v. de Vaucluse ; 26 500 h. Antiquités romaines (théâtre, arc de triomphe).

Orange, fl. de l'Afrique australe (Atlantique) ; 1 860 km.

Orange (*État libre d'*), l'une des provinces de l'Afrique du Sud.

Orb, fl. du sud de la France (Méditerranée) ; 145 km.

Orcades, îles au nord de l'Écosse.

Orcagna (*L'*), peintre et sculpteur florentin (v. 1308 - v. 1368).

Ordjonikidze, anc. **Dzaoudzikaou,** v. de l'U.R.S.S., dans le Caucase ; 236 000 h.

Oregon, un des États unis d'Amérique ; 2 182 000 h. Capit. *Salem.*

Orel, v. de l'U.R.S.S., sur l'Oka ; 232 000 h.

Orenbourg, anc. **Tchkalov,** v. de l'U.R.S.S., sur l'Oural ; 345 000 h.

Orénoque, fl. de l'Amérique du Sud (Atlantique) ; 2 400 km.

Oreste, fils d'Agamemnon et de Clytemnestre, qui, avec la complicité de sa sœur Electre, tua sa mère pour venger le meurtre de son père.

Orient, ensemble des pays situés à l'est de l'Europe.

Orient (*Empire romain d'*), un des deux empires issus du partage de l'Empire romain (395-1453). Il est également connu sous le nom d'*Empire byzantin.*

Orion, chasseur, qu'Artémis tua et que Zeus changea en constellation.

Orissa, État de l'Inde ; capit. *Bhubaneswar.*

Orizaba, volcan du Mexique (5 700 m).

Orléans, anc. capit. de l'Orléanais, ch.-l. du Loiret, sur la Loire ; 110 000 h.

Orléans, nom de quatre familles princières de France ; 1° La première est représentée par PHILIPPE Ier, cinquième fils de Philippe VI de Valois, qui obtint l'Orléanais en apanage (1344) ; — 2° La deuxième eut pour chef LOUIS Ier (1372-1407), frère de Charles VI, assassiné par les partisans de Jean sans Peur, et pour représentants : CHARLES Ier (1394-1465), poète, chef des Armagnacs, sous Charles VI ; — LOUIS II, roi de France sous le nom de LOUIS XII ; — 3° La troisième commence et finit avec GASTON (1608-1660), frère de Louis XIII ; — 4° La quatrième a pour représentants PHILIPPE II (1640-1701), frère de Louis XIV ; — PHILIPPE III, *le Régent* (1674-1723), qui gouverna pendant la minorité de Louis XV ; — LOUIS-PHILIPPE JOSEPH (1747-1793), connu sous le nom de *Philippe Égalité,* qui adhéra à la Révolution et périt sur l'échafaud ; — LOUIS-PHILIPPE, son fils, qui devint roi des Français sous le nom de *Louis-Philippe.*

Orléansville. V. ASNAM (*El-*).

Orly, l'un des aéroports de Paris.

Ormuz, île iranienne du golfe Persique, dans le *détroit d'Ormuz.*

Orne, fl. de Normandie (Manche) ; 125 km.

Orne, affl. de la Moselle ; 86 km.

Orne, dép. de l'ouest de la France ; préf. *Alençon* ; s.-préf. *Argentan, Mortagne* ; 293 500 h.

Oronte, fl. de Syrie ; 570 km.

Orphée, époux d'Eurydice ; il passait pour avoir créé l'art de la musique.

Orsay, v. de l'Essonne ; 13 600 h.

Orthez, v. des Pyrénées-Atlantiques ; 11 500 h.

Orwell (George), écrivain anglais (1903-1950).

Osaka, port du Japon (Honshu) ; 3 156 200 h.

Osiris, dieu de l'anc. Égypte.

Oslo, capit. de la Norvège ; 515 000 h.

Osnabrück, v. d'Allemagne occidentale (Basse-Saxe) ; 152 000 h.

Ossa, montagne de Thessalie.

Ossau (*vallée d'*), vallée des Pyrénées, parcourue par le *gave d'Ossau.*

Ossian, barde écossais du IIIe s.

Ostende, v. de Belgique ; 71 300 h. Port sur la mer du Nord.

Ostie, port de la Rome antique.

Ostrava, v. de Tchécoslovaquie ; 290 800 h. Métallurgie.

Ostrogoths, peuple germanique, qui fonda un royaume en Italie (Ve-VIe s.).

Othe (*pays ou forêt d'*), massif boisé du Bassin parisien, au sud-ouest de Troyes.

Othello, drame de Shakespeare (1604).

Otrante (*canal d'*), détroit séparant la Grèce et l'Albanie de l'Italie.

Ottawa, capit. du Canada ; 345 000 h.

ottoman (*Empire*), ensemble des possessions sur lesquelles le Sultan exerçait son autorité (XIIe s. - 1922).

Otton, nom de quatre empereurs d'Occident, dont : OTTON Ier, *le Grand* (912-973), roi de Germanie à partir de 936 et empereur d'Occident à partir de 962; — OTTON IV (1175-1218), empereur d'Occident de 1209 à 1218, vaincu à Bouvines.

Ouagadougou, capit. de la Haute-Volta; 131 900 h.

Oubangui, affl. du Congo; 1 160 km.

Ouchy, port de Lausanne.

Oudinot (Nicolas-Charles), maréchal d'Empire (1767-1847).

Oudry (Jean-Baptiste), peintre animalier français (1686-1755).

Ouenza, région minière de l'Algérie.

Ouessant, île du Finistère; 1 450 h.

Oufa, v. de l'U. R. S. S.; ch.-l. de la Bachkirie; 773 000 h.

Ouganda ou **Uganda**, État de l'Afrique orientale; 12 350 000 h. Capit. *Kampala.*

Ougrée, v. de Belgique (Liège); 21 200 h.

Oujda ou **Oudjda**, v. du Maroc; 149 300 h.

Oulan-Bator, capit. de la République populaire de Mongolie; 263 000 h.

Oulan-Oude, v. de l'U.R.S.S., capit. de la République des Bouriates-Mongols; 254 000 h.

Oullins, v. du Rhône; 28 000 h.

Ouolofs, peuple noir du Sénégal.

Our ou **Ur**, v. de l'anc. Mésopotamie.

Oural, fl. de Russie (mer Caspienne); 2 534 km. — Chaîne de montagnes de l'U. R. S. S., entre l'Europe et l'Asie.

Ouranos, dieu grec du Ciel.

Ourcq, riv. de France, affl. de la Marne, communiquant avec la Seine par le *canal de l'Ourcq*; 80 km.

Ours (*Grand Lac de l'*), lac du Canada septentrional.

Ourse (*Grande* et *Petite*), nom de deux constellations, voisines du pôle Nord.

Ourthe, riv. de Belgique, affl. de la Meuse; 165 km.

Ouzbékistan ou **Uzbekistan**, rép. fédérée de l'U. R. S. S., en Asie; 11 799 000 h. Capit. *Tachkent.*

Overijsel, prov. des Pays-Bas; 887 300 h. Ch.-l. *Zwolle.*

Ovide, poète latin (43 av. J.-C. - 17), auteur des *Métamorphoses.*

Oviedo, v. d'Espagne, anc. capit. du royaume des Asturies; 142 300 h.

Oxford, v. universitaire d'Angleterre, sur la Tamise; 109 300 h.

Oyapock ou **Oyapoc**, fl. qui sépare la Guyane française du Brésil; 500 km.

Oyonnax, v. de l'Ain.; 23 300 h.

P

Pacifique (*océan*), vaste océan, entre l'Amérique, l'Asie et l'Australie.

Pactole, petite riv. de Lydie, qui roulait des paillettes d'or.

Padang, v. d'Indonésie (Sumatra); 325 000 h.

Padirac, loc. du Lot; gouffre souterrain.

Padoue, v. d'Italie (Vénétie); 237 000 h.

Paestum, v. de l'anc. Italie, près de Naples; temple de Poséidon.

Paganini (Niccolo), violoniste italien (1782-1840), célèbre par sa virtuosité.

Pahlavi (Muhammad Riza chah), né en 1925, empereur d'Iran depuis 1941.

Paimpol, v. des Côtes-du-Nord; 8 500 h. Port de pêche.

Pakistan, État d'Asie; 803 900 km²; 75 millions d'h. Capit. *Islamabad.*

Palaiseau, ch.-l. d'arr. de l'Essonne, sur l'Yvette; 28 300 h.

Palaos (*îles*), archipel de l'Océanie, sous tutelle américaine.

Palatin, une des sept collines de Rome.

Palatinat, région de l'Allemagne occidentale, sur la rive gauche du Rhin.

Palembang, port de Sumatra; 583 000 h.

Paléologue, famille byzantine qui, de 1261 à 1453, a donné plusieurs souverains à l'empire d'Orient.

Palerme, v. de Sicile; 663 000 h.

Palestine, région du Proche-Orient, divisée, en 1947, en un État juif indépendant (v. ISRAËL) et une zone arabe. Cette dernière a été entièrement occupée par Israël en 1967.

Palestrina, compositeur italien (1525-1594), auteur de messes et de motets.

Palissy (Bernard), savant français (v. 1510-v. 1589), créateur de la céramique en France.

Pallice (*La*), avant-port de La Rochelle.

Palma (*La*), île des Canaries.

Palma de Majorque, capit. des îles Baléares (Majorque); 182 100 h.

Palmas (*Las*), v. des Canaries; 287 000 h.

Palmerston (Henri, *lord*), homme d'État anglais (1784-1869).

Palmyre, v. de la Syrie; ruines du IIIᵉ s.

Pamiers, ch.-l. d'arr. de l'Ariège, sur l'Ariège; 15 200 h.

Pamir, haut plateau de l'Asie centrale.

Pampa (la), plaine d'Argentine.

Pampelune, v. d'Espagne, ch.-l. de la Navarre; 147 200 h.

Pan, dieu grec des Troupeaux, devenu la personnification de la Vie universelle.

Panama, république de l'Amérique centrale; 1 770 000 h. Capit. *Panama.*

Panama (*isthme de*), langue de terre, qui unit les deux Amériques et qui est traversée par un canal.

Pandore, la première femme, selon la mythologie grecque; sa curiosité lui fit ouvrir une boîte contenant tous les maux.

Pannonie, région de l'Europe ancienne, entre le Danube et l'Illyrie.

Pantagruel, fils de Gargantua.

Panthéon, temple de Rome, qui était voué au culte de tous les dieux. — Monument de Paris dédié aux grands hommes.

Pantin, v. de Seine-Saint-Denis; 42 700 h.

Panurge, personnage du *Pantagruel* de Rabelais, rusé et beau parleur.

Paoli (Pascal), patriote corse (1725-1807).

Pao-t'eou, v. de Chine (Mongolie-Intérieure), sur le Houang-ho ; 650 000 h.

Papeete, port de l'île de Tahiti, ch.-l. de la Polynésie française ; 20 300 h.

Paphlagonie, anc. pays de l'Asie Mineure.

Papin (Denis), physicien français (1647-1714). Il utilisa le premier la force de pression fournie par la vapeur d'eau.

Papouasie. V. NOUVELLE-GUINÉE.

Papous, peuple noir d'Océanie.

Pâques *(île de),* île du Pacifique, à l'ouest du Chili ; curieuses statues.

Paracelse, alchimiste et médecin suisse (v. 1493-1541).

Paraguay, riv. de l'Amérique du Sud, affl. du Parana ; 2 206 km.

Paraguay, république de l'Amérique du Sud ; 406 000 km² ; 2 800 000 h. Capit. *Asuncion.*

Paramaribo, capit. du Surinam ; 122 600 h.

Paramé, station balnéaire d'Ille-et-Vilaine, sur la Manche.

Parana, fl. de l'Amérique du Sud, qui, réuni à l'Uruguay, forme le rio de la Plata ; 3 300 km.

Paray-le-Monial, v. de Saône-et-Loire ; 12 100 h. Église romane.

Paré (Ambroise), chirurgien français (v. 1517-1590), qui substitua la ligature des artères à la cautérisation dans l'amputation.

Parentis, bourg des Landes. Pétrole.

Paris, capit. de la France, sur la Seine, métropole économique du pays ; 2 299 800 h.

Pâris, prince troyen, fils de Priam, ravisseur d'Hélène.

parisien *(Bassin),* région sédimentaire s'étendant entre le Massif central, les Vosges, l'Ardenne, l'Artois et le Massif armoricain.

Parme, v. d'Italie, anc. capit. du *duché de Parme* ; 175 900 h.

Parmentier (Antoine Augustin), agronome français (1737-1813). Il développa en France la culture de la pomme de terre.

Parnasse, mont de la Grèce, consacré à Apollon et aux Muses ; 2 457 m.

Paros, île des Cyclades ; marbre.

Parques *(les),* trois divinités des Enfers.

Parry (William Edward), navigateur anglais (1790-1855), explorateur des régions arctiques.

Parthenay, ch.-l. d'arr. des Deux-Sèvres ; 13 000 h.

Parthes, peuple scythe, qui fonda un royaume (v. 250 av. J.-C.-224 apr. J.-C.).

Pascal (Blaise), mathématicien, physicien et philosophe français (1623-1662), auteur de nombreuses découvertes scientifiques, des *Provinciales* et des *Pensées.*

pas de Calais. V. CALAIS *(pas de).*

Pas-de-Calais, dép. du nord de la France ; préf. *Arras* ; s.-préf. *Béthune, Boulogne, Lens, Calais, Montreuil, Saint-Omer* ; 1 403 000 h.

Pasiphaé, femme de Minos, mère d'Ariane, de Phèdre et du Minotaure.

Passy, quartier de Paris.

Pasteur (Louis), chimiste et microbiologiste français (1822-1895), dont les études sur les

fermentations et les microbes ont transformé la médecine.

Patagonie, région de l'Amérique du Sud.

Patay, bourg du Loiret ; victoire de Jeanne d'Arc sur les Anglais (1429).

Pathelin *(Maître),* farce du XVᵉ s.

Patna, v. de l'Inde, sur le Gange ; 473 000 h.

Patras, v. de Grèce (Péloponnèse) ; 111 200 h.

Patrice ou **Patrick** *(saint),* patron de l'Irlande (v. 390-v. 461).

Pau, anc. cap. du Béarn, ch.-l. des Pyrénées-Atlantiques ; 85 900 h.

Pau *(gave de),* riv. des Pyrénées françaises, affl. de l'Adour ; 120 km.

Pauillac, v. de la Gironde, sur la Gironde ; 6 400 h. Vins. Raffinerie de pétrole.

Paul *(saint),* organisateur de la doctrine chrétienne, auteur de nombreuses épîtres, martyrisé en 67.

Paul, nom de six papes, dont PAUL VI [1897-1978], pape de 1963 à 1978.

Paul Iᵉʳ (1754-1801), empereur de Russie de 1796 à 1801, m. assassiné.

Paul Émile, consul romain, tué à la bataille de Cannes ; — Son fils, PAUL ÉMILE, *le Macédonique* (v. 230-160 av. J.-C.), vainquit Persée.

Pavie, v. d'Italie, sur le Tessin ; 84 400 h. François Iᵉʳ y fut capturé par les Espagnols (1525).

Pavlov (Ivan Petrovitch), physiologiste russe (1849-1936).

Pays-Bas, royaume de l'Europe occidentale, sur la mer du Nord ; 34 000 km² ; 13 850 000 h. Capit. *Amsterdam.*

Paz *(La),* v. de Bolivie ; 400 000 h.

Pearl Harbor, rade des îles Hawaii. Une flotte américaine y fut détruite par les Japonais en 1941.

Peary (Robert), explorateur américain (1856-1920), qui atteignit le pôle Nord.

Pecq *(Le),* v. des Yvelines ; 17 600 h.

Peel *(sir* Robert), homme d'État anglais (1788-1850), chef des conservateurs.

Pégase, cheval ailé de la mythologie.

Péguy (Charles), écrivain français (1873-1914), créateur des *Cahiers de la quinzaine.*

Peïpous *(lac),* lac de Russie.

Pékin, capit. de la Chine ; 7 millions d'h.

Pelé *(mont)* ou **montagne Pelée,** volcan de la Martinique ; 1 397 m.

Pellico (Silvio), écrivain italien (1789-1854), auteur de *Mes prisons.*

Péloponnèse, presqu'île, au sud de la Grèce.

Pelvoux, massif des Alpes dauphinoises ; 4 103 m.

Pemba, île de l'océan Indien (Tanzanie).

Pendjab, région partagée entre l'Inde et le Pakistan.

Pénélope, femme d'Ulysse, exemple de fidélité conjugale.

Penmarch, cap du Finistère.

Pennine *(chaîne),* hauteurs de Grande-Bretagne ; 881 m.

Pennsylvanie, un des États unis d'Amérique ; 11 582 000 h. Capit. *Harrisburg.*

Pensées, ouvrage de Pascal (1670).

Pentélique, montagne de l'Attique ; marbre.

Pépin de Herstal (v. 640-714), maire du palais d'Austrasie, en 714 ; — PÉPIN *le Bref* (v. 715-768), petit-fils du précédent, roi des Francs de 751 à 768, le premier souverain carolingien, père de Charlemagne.

Perche, anc. pays de l'ouest de la France.

Percier (Charles), architecte français (1764-1838).

Pergame, anc. capit. d'un royaume hellénistique d'Asie Mineure.

Pergolèse (Jean-Baptiste), compositeur italien (1710-1736).

Périclès, homme d'État athénien (v. 495-429 av. J.-C.), qui établit la puissance d'Athènes.

Perier (Casimir), banquier et homme politique français (1777-1832); — Son petit-fils, Jean-Paul CASIMIR-PERIER (1847-1907), fut président de la République de 1849 à 1895.

Périgord, anc. pays du sud-ouest de la France; capit. *Périgueux.*

Périgueux, ch.-l. de la Dordogne; 37 700 h.

Perm, v. de l'U.R.S.S., sur la Kama; 850 000 h.

Peron (Juan Domingo), homme d'État argentin (1895-1974), président de la République de 1946 à 1955 et de 1973 à sa mort.

Péronne, ch.-l. d'arr. de la Somme, sur la Somme; 9 400 h. Entrevue entre Louis XI et Charles le Téméraire (1468).

Pérou, république de l'Amérique du Sud, sur l'océan Pacifique; 1 249 000 km²; 16 360 000 h. Capit. *Lima.*

Pérouse, v. d'Italie (Ombrie); 132 900 h.

Perpignan, anc. capit. du Roussillon, ch.-l. des Pyrénées-Orientales, sur le Têt; 108 000 h.

Perrault (Claude), architecte français (1613-1688); — Son frère CHARLES (1628-1703) est l'auteur de *Contes de fées.*

Perret (Auguste), architecte français (1874-1954).

Perreux-sur-Marne (Le), v. du Val-de-Marne; 28 300 h.

Perrin (Jean), physicien français (1870-1942).

Perros-Guirec, station balnéaire des Côtes-du-Nord; 7 800 h.

Perse. V. IRAN.

Persée, héros grec, qui coupa la tête de Méduse et fonda Mycènes.

Persée (v. 212-166 av. J.-C.), dernier roi de Macédoine (179-168 av. J.-C.).

Perséphone ou **Coré,** divinité grecque, reine des Enfers.

Persépolis, anc. capit. de la Perse.

Pershing (John Joseph), général américain, (1860-1948). Il commanda les troupes américaines engagées sur le front français en 1918.

Persique *(golfe),* golfe entre l'Iran et l'Arabie, dans l'océan Indien.

Perth, v. d'Australie; 739 200 h.

Pérugin *(le),* peintre italien (1445-1523).

Peshawar, v. du Pakistan; 273 000 h.

Pessac, v. de Gironde; 51 400 h.

Pétain (Philippe), maréchal de France (1856-1951), défenseur de Verdun (1916), chef de l'État français (1940-1944). Condamné à mort après la Libération, gracié, il mourut en prison.

Petchili ou **Po-hai** *(golfe du),* golfe chinois de la mer Jaune.

Petchora, fl. de l'U.R.S.S. (océan Arctique); 1 789 km.

Petit-Quevilly (Le), v. de la Seine-Maritime, près de Rouen; 22 500 h.

Petöfi (Sándor), poète lyrique hongrois (1823-1849), héros de la lutte révolutionnaire et patriotique de 1848-1849.

Pétrarque, poète italien (1304-1374).

Pétrone (Caius), écrivain latin (Iᵉʳ s.).

Pézenas, v. de l'Hérault; 8 100 h.

Phaéton, fils du Soleil.

Pham Van Dong, homme politique vietnamien (né en 1906). Premier ministre du Viêt-nam réunifié depuis 1976.

Pharos, île de l'anc. Egypte, près d'Alexandrie, où fut érigé le premier phare.

Pharsale, anc. v. de Thessalie, où César vainquit Pompée (48 av. J.-C.).

Phébé, surnom d'Artémis, et aussi de la Lune.

Phébus, autre nom d'*Apollon.*

Phèdre, épouse de Thésée, fille de Minos et de Pasiphaé.

Phèdre, tragédie de Racine (1677).

Phèdre, fabuliste latin (15 av. J.-C.-v. 50 apr. J.-C.).

Phénicie, anc. nom du *Liban.*

Phénix, oiseau fabuleux, qui renaissait de ses cendres.

Phidias, sculpteur grec (v. 490-431 av. J.-C.).

Philadelphie, v. des Etats-Unis (Pennsylvanie); 2 040 000 h.

Philémon et Baucis, couple légendaire, modèle de l'amour conjugal.

Philippe *(saint),* apôtre et martyr.

Philippe Neri *(saint),* fondateur de la congrégation de l'Oratoire (1515-1595).

Philippe, nom de cinq rois de Macédoine, dont : PHILIPPE II (v. 382-336 av. J.-C.), roi à partir de 356, qui soumit la Grèce; — PHILIPPE V, roi de 221 à 179 av. J.-C., vaincu par les Romains.

Philippe Iᵉʳ (1052-1108), roi de France de 1068 à 1108.

Philippe II, Auguste (1165-1223), roi de France de 1180 à 1223. Il agrandit considérablement le domaine royal, lutta contre Henri II, Richard Cœur de Lion et Jean sans Terre, entreprit la troisième croisade et triompha à Bouvines de l'empereur Otton IV et du comte de Flandre.

Philippe III, le Hardi (1245-1285), roi de France de 1270 à 1285.

Philippe IV, le Bel (1268-1314), roi de France de 1285 à 1314, qui entra en conflit avec le pape Boniface VIII, lutta contre les Flamands et, aidé par les légistes, favorisa le développement des institutions.

Philippe V, le Long (1293-1322), roi de France de 1316 à 1322.

Philippe VI de Valois (1293-1350), rci de France de 1328 à 1350, dont le règne vit le début de la guerre de Cent Ans.

Philippe, nom de trois ducs de Bourgogne, dont : PHILIPPE II, *le Hardi* (1342-1404), duc de 1363 à 1404; — PHILIPPE III, *le Bon* (1396-1467), duc de 1419 à 1467, qui réunit sous sa domination la totalité des Pays-Bas.

Philippe, nom de cinq rois d'Espagne, dont : PHILIPPE II (1527-1598), roi d'Espagne de 1556 à 1598, qui s'employa à faire triompher le catholicisme en Europe; — PHILIPPE V

(1683-1746), petit-fils de Louis XIV, roi d'Espagne de 1700 à 1746.

Philippes, v. de Macédoine, où Antoine et Octavien vainquirent Brutus et Cassius (42 av. J.-C.).

Philippeville. V. SKIKDA.

Philippines, archipel de l'Océanie, formant une république; 45 millions d'h. Capit. *Quezon City*.

Philistins, peuple de la Palestine, vaincu par Saül et par David.

Phnom Penh, capit. du Cambodge.

Phocée, anc. v. grecque d'Ionie.

Phocide, pays de l'anc. Grèce.

Phoenix, v. des Etats-Unis, capit. de l'Arizona; 580 300 h.

Phrygie, anc. pays de l'Asie Mineure.

Piave, fl. d'Italie du Nord; 215 km.

Pic de la Mirandole (*comte* Jean), savant italien, d'une érudition universelle (1463-1494).

Picabia (Francis), peintre français (1879-1953).

Picardie, anc. prov. de France; capit. *Amiens*.

Picasso (Pablo), peintre espagnol (1881-1973), un des créateurs du cubisme.

Piccard (Auguste), physicien suisse (1884-1962). Il a exploré le premier la stratosphère.

Pichegru (Charles), général français (1761-1804).

Picquigny, bourg de la Somme, où fut signé, en 1475, le traité qui mettait fin à la guerre de Cent Ans.

Pictes, peuple de l'anc. Écosse.

Pie, nom de douze papes, dont : PIE Ier (*saint*), pape de 140 à 155; — PIE II (1405-1464), pape de 1458 à 1464; — PIE V (*saint*) [1504-1572], pape de 1566 à 1572; — PIE VI (1717-1799), pape de 1775 à 1799, arrêté par ordre du Directoire; — PIE VII (1742-1823), pape de 1800 à 1823; il signa le Concordat et fut retenu captif, à Fontainebleau, par Napoléon; — PIE IX (1792-1878), pape de 1846 à 1878, qui promulgua les dogmes de l'Immaculée Conception et de l'infaillibilité pontificale; — PIE X (*saint*) [1835-1914], pape de 1903 à 1914, qui condamna le modernisme; — PIE XI (1857-1939), pape de 1922 à 1939, qui signa les accords de Latran (1929); — PIE XII (1876-1958), pape en 1939, qui a promulgué le dogme de l'Assomption.

Piémont, région de l'Italie du Nord; cap. Turin.

Pierre (*saint*), le premier des apôtres et des papes, né vers 10 av. J.-C., martyrisé à Rome vers 67.

Pierre, nom de quatre rois d'Aragon.

Pierre, nom de cinq rois de Portugal, dont : PIERRE Ier, *le Justicier* (1320-1367), roi de 1357 à 1367, époux d'Inès de Castro; — PIERRE IV (v. PIERRE Ier D'ALCANTARA), roi de 1826 à 1834.

Pierre Ier d'Alcantara (1798-1834), empereur du Brésil de 1821 à 1831 et roi de Portugal sous le nom de Pierre IV.

Pierre le Cruel (1334-1369), roi de Castille de 1350 à 1369, qui lutta contre son frère Henri de Trastamare.

Pierre Ier le Grand (1672-1725), empereur de Russie de 1682 à 1725. Il modernisa son État, fonda Saint-Pétersbourg et lutta contre les Turcs et contre Charles XII de Suède; — PIERRE III (1728-1762), empereur de Russie en 1762, assassiné à l'instigation de sa femme, Catherine II.

Pierre Ier Karageorgevitch (ou Karadjordjevic) [1844-1921], roi de Serbie à partir de 1903 et de Yougoslavie de 1919 à 1921; — PIERRE II (1923-1970), roi de Yougoslavie de 1934 à 1945.

Pierre l'Ermite (v. 1050-1115), prédicateur français de la première croisade.

Pierre le Vénérable, abbé et réformateur de Cluny (v. 1092-1156).

Pierrefonds, village de l'Oise. Château médiéval reconstruit par Viollet-le-Duc.

Pierrelatte, v. de la Drôme; 10 000 h. Centre atomique.

Pigalle (Jean-Baptiste), sculpteur français (1714-1785).

Pignerol, v. d'Italie (Piémont).

Pilate (Ponce), gouverneur romain de la Judée, qui livra Jésus aux Juifs.

Pilâtre de Rozier (François), physicien et aéronaute français, né à Metz (1756-1785).

Pilon (Germain), sculpteur français (1537-1590), auteur des *Trois Grâces*.

Pilsudski (Jozef), maréchal et homme d'État polonais (1867-1935).

Pindare, poète lyrique grec (518-438 av. J.-C.), auteur d'odes.

Pinde, montagne de la Grèce.

Pinturicchio, peintre religieux italien (v. 1454-1513).

Pirandello (Luigi), auteur dramatique italien (1867-1936).

Piranesi (Giambattista), graveur et architecte italien (1720-1778).

Pirée (*Le*), v. de Grèce; 500 000 h. Port d'Athènes.

Pise, v. d'Italie, sur l'Arno; 101 900 h. Cathédrale, baptistère, tour penchée (XIIe s.).

Pisistrate, tyran d'Athènes (v. 600-527 av. J.-C.).

Pissarro (Camille), peintre impressionniste français (1830-1903).

Pithiviers, ch.-l. d'arr. du Loiret; 10 400 h.

Pitt (William), homme d'État anglais (1708-1778); — Son fils, WILLIAM (1759-1806), fut l'adversaire de la France.

Pittsburgh, v. des Etats-Unis (Pennsylvanie); 575 000 h.

Pizarro (François), aventurier espagnol (v. 1475-1541), qui conquit le Pérou.

Plaisance, v. d'Italie (Émilie); 108 200 h.

Planck (Max), physicien allemand (1858-1947), créateur de la théorie des *quanta*.

Plantagenêt, surnom de la maison gâtinaise des comtes d'Anjou, qui occupa le trône d'Angleterre d'Henri II à Richard III.

Plata (*rio de la*), estuaire formé par l'Uruguay et le Parana.

Plata (*La*), v. d'Argentine; 408 300 h.

Platées, anc. v. de Béotie, où les Spartiates et les Athéniens vainquirent les Perses (479 av. J.-C.).

Platon, philosophe grec (428-347 av. J.-C.), disciple de Socrate, auteur de dialogues philosophiques.

Plaute, poète comique latin (v. 254-184 av. J.-C.), auteur d'*Amphitryon*.

Pléiades (les), les sept filles d'Atlas, qui furent transformées en étoiles ; — On a donné le nom de *Pléiades* à un groupe de sept poètes alexandrins. Sous Henri II, il y eut une *Pléiade française*, composée de Ronsard, du Bellay, Remy Belleau, Jodelle, Dorat, Baïf et Pontus de Tyard.

Plessis-Robinson (*Le*), v. des Hauts-de-Seine ; 22 300 h.

Pleumeur-Bodou, localité des Côtes-du-Nord. Centre de télécommunications spatiales.

Pline l'Ancien, naturaliste romain (23-79), qui périt lors de la grande éruption du Vésuve ; — Son neveu, PLINE *le Jeune* (62-v. 114), est l'auteur de *Lettres*.

Ploeshti ou **Ploiesti**, v. de Roumanie ; 160 000 h. Pétrole.

Plombières-les-Bains, station thermale des Vosges.

Plotin, philosophe grec (v. 205-v. 270).

Plougastel-Daoulas, bourg du Finistère ; calvaire (XVIIe s.). Fraises.

Ploumanach, station balnéaire des Côtes-du-Nord.

Plovdiv, v. de Bulgarie ; 227 000 h.

Plutarque, historien et moraliste grec (v. 50-v. 125).

Pluton, dieu grec des Enfers.

Pluton, planète du système solaire.

Plymouth, port militaire d'Angleterre ; 247 400 h.

Plzen, v. de Tchécoslovaquie (Bohême) ; 142 700 h.

Pô, fl. d'Italie (Adriatique) ; 652 km.

Poe (Edgar Allan), écrivain américain (1809-1849), auteur des *Histoires extraordinaires*.

Poincaré (Henri), mathématicien français (1854-1912) ; — Son cousin, RAYMOND (1860-1934), a été président de la République de 1913 à 1920.

Pointe-à-Pitre, v. de la Guadeloupe ; 29 500 h.

Pointe-Noire, v. de la République congolaise ; 76 000 h.

Poissy, v. des Yvelines, sur la Seine ; 37 600 h.

Poitiers, anc. capit. du Poitou, ch.-l. de la Vienne ; 85 500 h. Églises romanes.

Poitou, anc. prov. de France ; capit. *Poitiers*.

Polaire (*étoile*), étoile qui indique le nord dans l'hémisphère Nord.

Polichinelle, personnage traditionnel des théâtres de marionnettes.

Polignac (Jules-Armand, *prince de*), homme politique français (1780-1847).

Pollux. V. CASTOR.

Polo (Marco), voyageur vénitien (1254-1324), qui traversa l'Asie.

Pologne, république de l'Europe orientale ; 311 730 km² ; 34 700 000 h. Capit. *Varsovie*.

Poltava, v. de l'U.R.S.S. (Ukraine) ; 222 000 h. Charles XII, roi de Suède, y fut vaincu par Pierre le Grand (1709).

Polybe, historien grec (IIe s. av. J.-C.).

Polynésie, division de l'Océanie.

Polynésie française, territoire français d'outre-mer ; 119 000 h. Ch.-l. *Papeete* (île de Tahiti).

Poméranie, région de Pologne, sur la Baltique.

Pomone, déesse latine des Fruits et des Jardins, épouse du dieu du Printemps.

Pompadour (*marquise de*), favorite de Louis XV (1721-1764), protectrice des arts.

Pompée (Cneius), général et homme politique romain (106-48 av. J.-C.), vaincu par César à Pharsale.

Pompéi, anc. v. de Campanie, ensevelie sous les cendres du Vésuve (79), et dont les ruines ont été mises au jour.

Pompey, centre métallurgique de la Moselle ; 6 500 h.

Pompidou (Georges), homme d'État français (1911-1974), président de la République de 1969 à sa mort.

Pompon (François), sculpteur animalier français (1855-1933).

Pondichéry, v. de l'Inde, autrefois sous administration française.

Ponson du Terrail (Pierre Alexis, *vicomte*), romancier français (1829-1871), auteur de feuilletons.

Pont, anc. royaume d'Asie Mineure, sur le Pont-Euxin.

Pont-à-Mousson, v. de Meurthe-et-Moselle ; 15 100 h.

Pontarlier, ch.-l. d'arr. du Doubs, sur le Doubs ; 18 800 h.

Pont-Audemer, v. de l'Eure ; 10 000 h.

Pont-Aven, bourg du Finistère.

Pont-Euxin, anc. nom de la *mer Noire*.

Pontins (*marais*), anc. marécages, près de Rome.

Pontivy, ch.-l. d'arr. du Morbihan ; 14 300 h.

Pont-l'Évêque, bourg du Calvados ; 3 800 h. Fromages.

Pontoise, ch.-l. du Val-d'Oise, sur l'Oise ; 28 200 h.

Poona, v. de l'Inde (Maharashtra) ; 856 000 h.

Pope (Alexander), poète et philosophe anglais (1688-1744).

Popocatepetl, volcan du Mexique ; 5 452 m.

Popov (Alexandre), physicien russe (1859-1905), inventeur de l'antenne radio-électrique.

Porbus, nom de deux peintres flamands du XVIe s.

Pornic, port et station balnéaire de la Loire-Atlantique ; 8 200 h.

Pornichet, station balnéaire de la Loire-Atlantique ; 5 500 h.

Porquerolles, une des îles d'Hyères.

Port-Arthur, v. de la Chine du Nord-Est, cédée aux Russes (1896), conquise par les Japonais en 1905.

Port-au-Prince, capit. de la république d'Haïti ; 306 000 h.

Port-Bou, station frontière entre la France et l'Espagne (Catalogne).

Port-de-Bouc, v. des Bouches-du-Rhône, sur l'étang de Berre ; 21 400 h.

Portes de Fer, nom donné à plusieurs défilés de montagnes, dans les Carpates, dans le Caucase, en Algérie.

Port-Jérôme, centre de raffinage du pétrole de la Seine-Maritime.

Portland, v. des États-Unis (Oregon) ; 385 400 h.

Port-Louis, capit. de l'île Maurice ; 136 200 h.

Porto, v. du Portugal ; 311 800 h. Vins. Port.

Porto Alegre, v. du Brésil ; 1 026 000 h. Port.

Porto-Novo, capit. du Bénin ; 77 100 h.

Porto Rico, île des Antilles, territoire extérieur des Etats-Unis ; 3 300 000 h. Capit. *San Juan.*

Port-Royal, abbaye, près de Chevreuse (Yvelines), foyer, du jansénisme.

Port-Saïd, v. d'Egypte, sur la Méditerranée et le canal de Suez.

Portsmouth, v. d'Angleterre (Hampshire) ; 219 100 h. Port militaire.

Portugal, république de l'Europe, à l'ouest de la péninsule Ibérique ; 91 721 km² ; 9 450 000 h. Capit. *Lisbonne.*

Port-Vendres, port de pêche des Pyrénées-Orientales.

Port-Vila. V. VILA.

Poséidon, dieu grec de la Mer.

Posnanie, prov. de Pologne.

Potemkine, cuirassé de la flotte russe dont l'équipage se mutina en juin 1905.

Potsdam, v. d'Allemagne orientale, anc. capit. du Brandebourg ; château royal.

Pouchkine (Alexandre), écrivain russe (1799-1837).

Pouilles *(les),* région de l'Italie du Sud.

Poulbot (Francisque), dessinateur français (1879-1946).

Poulenc (Francis), compositeur français (1899-1963).

Poussin (Nicolas), peintre français (1594-1665), maître de la peinture classique française.

Poznan, v. de Pologne ; 506 200 h.

Prades, ch.-l. d'arr. des Pyrénées-Orientales, sur la Têt ; 6 900 h.

Prague, capit. de la Tchécoslovaquie ; 1 million d'h.

Praxitèle, statuaire grec (v. 390-v. 330 av. J.-C.), auteur de statues d'Aphrodite.

Préalpes, massifs calcaires, situés sur le pourtour des Alpes.

Presbourg. V. BRATISLAVA. — Traité signé par Napoléon en 1805, après Austerlitz.

Pretoria, capit. du Transvaal et siège du gouvernement de l'Afrique du Sud ; 543 950 h.

Prévost d'Exiles *(abbé),* romancier français (1697-1763), auteur de *Manon Lescaut.*

Priam, dernier roi de Troie.

Priape, dieu gréco-latin des Jardins, des Vignes et de la Génération.

Priestley (Joseph), chimiste anglais (1733-1804), qui isola l'oxygène.

Primatice *(le),* peintre, sculpteur et architecte italien (1504 ou 1505-1570), qui travailla en France (Fontainebleau, Chambord).

Prince-Edouard *(île du),* île et prov. du Canada, sur l'Atlantique ; 118 000 h. Capit. *Charlottetown.*

Privas, ch.-l. de l'Ardèche ; 12 200 h.

Proche-Orient. V. ORIENT.

Prokofiev (Serghéï), compositeur et pianiste russe, né à Sontsovka (1891-1953).

Prométhée, dieu du Feu, qui déroba le feu du ciel et fut cloué par Zeus sur le Caucase, où un vautour lui dévorait le foie.

Properce, poète latin (v. 47-v. 15 av. J.-C.), auteur d'*Elégies.*

Proserpine, épouse de Pluton.

Protée, un des dieux grecs de la Mer, qui changeait de forme à volonté.

Proudhon (Pierre-Joseph), socialiste français (1809-1865).

Proust (Louis), chimiste français (1754-1826).

Proust (Marcel), romancier français (1871-1922), auteur de *A la recherche du temps perdu.*

Provence, anc. prov. du sud de la France ; capit. *Aix-en-Provence.*

Providence, v. des Etats-Unis, capit. de l'Etat de Rhode Island ; 187 100 h.

Provinces-Unies, nom donné aux sept provinces septentrionales des Pays-Bas espagnols, noyau de l'actuel royaume des Pays-Bas.

Provins, ch.-l. d'arr. de Seine-et-Marne ; 13 100 h.

Prud'hon (Pierre), peintre et dessinateur français (1758-1823).

Prusse, anc. Etat d'Allemagne.

Prusse-Orientale, anc. prov. de Prusse, auj. partagée entre l'U.R.S.S. et la Pologne.

Prusse-Rhénane ou **Rhénanie,** région d'Allemagne, auj. partagée entre les Etats de Rhénanie-du-Nord-Westphalie et Rhénanie-Palatinat.

Prut ou **Prout,** riv. d'Europe orientale, affl. du Danube ; 811 km.

Psyché, jeune fille d'une grande beauté, aimée par le dieu de l'Amour.

Ptolémée, nom de seize rois d'Egypte (IVe-Ier s. av. J.-C.).

Ptolémée (Claude), astronome grec du IIe s. apr. J.-C.

Puccini (Giacomo), compositeur italien (1858-1920), auteur de la *Bohème.*

Puebla, v. du Mexique ; 401 600 h.

Puget (Pierre), sculpteur français (1620-1694), auteur de *Milon de Crotone.*

Puniques *(guerres),* nom donné aux trois guerres qui opposèrent Romains et Carthaginois aux IIIe et IIe s. av. J.-C.

Purcell (Henry), compositeur anglais (1658 ou 1659-1695), auteur de *Didon et Enée.*

Pusan, v. de la Corée du Sud ; 1 879 000 h. Port.

Puszta (la), partie de la plaine hongroise.

Puteaux, v. des Hauts-de-Seine ; 35 500 h.

Putiphar, officier de la cour d'Egypte, maître de Joseph.

Puvis de Chavannes (Pierre), peintre français (1824-1898).

Puy *(Le),* anc. capit. du Velay, ch.-l. de la Haute-Loire ; 29 000 h. Cathédrale romane.

Puy-de-Dôme, dép. du centre de la France ; préf. *Clermont-Ferrand ;* s.-préf. *Ambert, Issoire, Riom, Thiers ;* 580 000 h.

Puys *(chaîne des),* hauteurs volcaniques du Massif central.

Pygmalion, sculpteur grec, qui s'éprit de la statue de Galatée, qui était son œuvre.

Pygmées, race de Noirs de petite taille, établis en Afrique.

Pyongyang, capit. de la Corée du Nord ; 1 364 000 h.

Pyramides, monuments de l'anc. Egypte, dont les plus célèbres sont, près de Gizèh, celles de Chéops, Chéphren et Mykérinos.

Pyrénées, chaîne de montagnes qui sépare la France et l'Espagne, culminant au pic d'Aneto (3 404 m).

Pyrénées *(traité des),* traité conclu entre la France et l'Espagne (1659).

Pyrénées *(Hautes-),* dép. du sud-ouest de la France; préf. *Tarbes;* s.-préf. *Argelès-Gazost, Bagnères-de-Bigorre;* 227 200 h.

Pyrénées-Atlantiques, dép. du sud-ouest de la France; préf. *Pau;* s.-préf. *Bayonne, Oloron-Sainte-Marie;* 534 700 h.

Pyrénées-Orientales, dép. du sud de la France; préf. *Perpignan;* s.-préf. *Céret, Prades;* 299 500 h.

Pyrrhon, philosophe grec sceptique (v. 365-v. 275 av. J.-C.).

Pyrrhos II ou **Pyrrhus** (v. 318-272 av. J.-C.), roi d'Epire de 295 à 272; adversaire des Romains.

Pythagore, philosophe et mathématicien grec du VIe s. av. J.-C.

Q

Qatar (Al-) ou **Katar,** État de l'Arabie, sur une péninsule du golfe Persique; 22 014 km²; 100 000 h. Capit. *Duha.* Pétrole.

Quasimodo (Salvatore), poète italien (1901-1968).

Quatre-Cantons *(lac des),* lac de Suisse.

Québec *(province de* ou *État du),* prov. du Canada oriental; 1 540 500 km²; 6 234 000 h. Capit. *Québec* (182 400 h.).

Quechuas ou **Quichuas,** peuple du Pérou, dont les Incas constituaient la classe dirigeante.

Queensland, État du nord-est de l'Australie; capit. *Brisbane.*

Quercy, anc. pays du sud-ouest de la France.

Quesnay (François), économiste physiocrate français (1694-1774).

Quetta, v. du Pakistan; 156 000 h.

Quezon City, capit. des Philippines; 896 200 h.

Quiberon, port et station balnéaire du Morbihan, dans la *presqu'île de Quiberon.*

Quichés, race indigène du Guatemala, qui a laissé des monuments témoignant d'une haute civilisation.

Quichuas. V. QUÉCHUAS.

Quimper, anc. capit. du comté de Cornouaille, ch.-l. du Finistère, sur *l'Odet;* 60 500 h. Cathédrale (XIIIe-XVe s.).

Quimperlé, v. du Finistère; 11 700 h.

Quinault (Philippe), poète français (1635-1688), auteur de livrets d'opéras.

Quinet (Edgar), philosophe et historien français (1803-1875).

Quinte-Curce, historien latin (Ier s.).

Quintilien, écrivain latin (Ier s.).

Quirinal, une des sept collines de Rome.

Quito, capit. de l'Equateur; 551 200 h.

R

Rabat, capit. et port du Maroc, sur l'Atlantique; 227 000 h.

Rabelais (François), écrivain et humaniste français (v. 1494-1553), auteur de *Gargantua* et de *Pantagruel.*

Racan *(seigneur de),* poète français (1589-1670), auteur de *Bergeries.*

Rachel, épouse de Jacob.

Racine (Jean), poète dramatique français (1639-1699), auteur de tragédies *(Andromaque, Britannicus, Bérénice, Bajazet, Mithridate, Iphigénie, Phèdre, Esther, Athalie)* et d'une comédie *(les Plaideurs).*

Radiguet (Raymond), écrivain français, né à Saint-Maur-des-Fossés (1903-1923).

Raffet (Denis), peintre et dessinateur français (1804-1860).

Raimond, nom de sept comtes de Toulouse, dont : RAIMOND VI (1156-1222), comte de 1194 à 1222, protecteur des albigeois.

Raincy *(Le),* ch.-l. d'arr. de Seine-Saint-Denis; 14 000 h.

Rainier III, né à Monaco en 1923, prince de Monaco en 1949.

Rais, Rays ou **Retz** (Gilles DE), maréchal de France (v. 1400-1440), auteur de crimes commis sur des enfants. Il fut exécuté.

Rajasthan, État du nord-ouest de l'Inde; 25 765 000 h. Capit. *Jaipur.*

Rambervillers, v. des Vosges; 7 400 h.

Rambouillet, ch.-l. d'arr. des Yvelines; 20 000 h. Ancien château royal.

Rameau (Jean-Philippe), compositeur français (1683-1764), auteur d'opéras-ballets *(les Indes galantes).*

Ramsay *(sir* William), chimiste anglais (1852-1916), qui a découvert les gaz rares.

Ramsès II, roi d'Egypte de 1301 à 1235 env. av. J.-C., qui combattit en Syrie.

Ranavalo (1862-1917), reine de Madagascar de 1883 à 1894, détrônée par les Français.

Rance, fl. côtier de la Bretagne septentrionale ; 100 km. Usine marémotrice.

Rangoon, capit. et port de la Birmanie : 1 854 000 h.

Raphaël, un des archanges.

Raphaël, peintre, sculpteur et architecte de l'école romaine (1483-1520), auteur de nombreux tableaux et de fresques des *Chambres* et des *Loges* du Vatican.

Raspoutine (Grégoire), aventurier russe (1872-1916).

Rastatt ou **Rastadt,** v. d'Allemagne occidentale (Bade-Wurtemberg). Il s'y tint deux congrès : le premier (1713-1714) mit fin à la guerre de la Succession d'Espagne ; le second (1797-1799) devait organiser la paix entre la France et l'Empire.

Ratisbonne, v. d'Allemagne occidentale (Bavière), sur le Danube ; 125 000 h.

Ravaillac (François), assassin d'Henri IV, mort écartelé (1578-1610).

Ravachol (François Claudius KŒNIGSTEIN, dit), anarchiste français (1859-1892). Il fut guillotiné.

Ravel (Maurice), compositeur français (1875-1937).

Ravenne, v. d'Italie (Émilie) ; 128 900 h.

Rawalpindi, v. du Pakistan (Pendjab) ; 615 000 h.

Rayleigh (John, *lord*), physicien anglais (1842-1919).

Raz *(pointe du),* cap du Finistère.

Ré *(île de),* île de la Charente-Maritime ; 10 300 h.

Rê, dieu solaire des Égyptiens.

Réaumur (René-Antoine *de*), physicien français (1683-1757).

Rébecca, femme d'Isaac.

Récamier (Mme), femme célèbre par son esprit et sa beauté (1777-1849).

Recife, anc. Pernambouc, v. et port du Brésil, sur l'Atlantique ; 1 147 000 h.

Redon, ch.-l. d'arr. d'Ille-et-Vilaine, sur la Vilaine ; 10 800 h.

Réforme (la), mouvement religieux qui, au XVIe s., a soustrait à l'obédience du pape une partie de l'Europe et donné naissance aux Églises protestantes.

Reggio de Calabre, v. d'Italie, sur le détroit de Messine ; 171 900 h.

Reggio d'Émilie, v. d'Italie du Nord ; 123 900 h.

Regina, capit. de la Saskatchewan (Canada).

Regnard (Jean François), poète comique français (1655-1709), auteur du *Joueur* et du *Légataire universel.*

Régnier (Mathurin), poète satirique français (1573-1613).

Régulus, consul romain en 256 av. J.-C., célèbre par sa loyauté.

Reichshoffen, village du Bas-Rhin ; combat entre Français et Prussiens, où les cuirassiers se signalèrent par une charge mémorable (1870).

Reichstadt, village de Bohême. Napoléon II porta le titre de *duc de Reichstadt* à partir de 1814.

Reims, ch.-l. d'arr. de la Marne ; 183 600 h. Cathédrale.

Religion *(guerres de),* nom de huit guerres entre catholiques et protestants français, de 1562 à 1598.

Rembrandt, peintre et graveur hollandais (1606-1669), auteur des *Pèlerins d'Emmaüs, de la Ronde de nuit, de la Leçon d'anatomie.*

Remi *(saint)* [437-533], archevêque de Reims, qui baptisa Clovis.

Remiremont, v. des Vosges ; 11 500 h.

Remus, frère de Romulus.

Renaissance, nom donné à la rénovation littéraire, artistique et scientifique qui se produisit en Europe au XVe et au XVIe s., particulièrement sous l'influence de la culture antique.

Renaix, v. de Belgique ; 25 400 h.

Renan (Ernest), écrivain français (1823-1892), auteur de l'*Avenir de la science* et des *Origines du christianisme.*

Renard (Jules), écrivain français (1864-1910), auteur de *Poil de Carotte.*

Renart *(le Roman de),* groupe de poèmes écrits au XIIe et au XIIIe s.

Renaudot (Théophraste), médecin français (1586-1653), fondateur du premier journal, la *Gazette de France* (1631).

René Ier d'Anjou, dit le *Bon Roi René* (1409-1480), duc d'Anjou, de Bar et de Lorraine, comte de Provence, roi de Sicile et d'Aragon.

Rennes, anc. capit. du duché de Bretagne, ch.-l. d'Ille-et-Vilaine ; 205 700 h.

Renoir (Auguste), peintre impressionniste français (1841-1919). — Son fils, JEAN (né en 1894), est cinéaste.

Restif (ou **Rétif**) **de la Bretonne** (Nicolas), écrivain français (1734-1806).

Rethel, ch.-l. d'arr. des Ardennes, sur l'Aisne ; 9 200 h.

Rethondes, loc. de l'Oise ; armistices franco-allemands de 1918 et de 1940.

Retz (Gilles de). V. RAIS.

Retz (Paul DE GONDI, *cardinal de*), homme politique et écrivain français (1613-1679), un des chefs de la Fronde, auteur de *Mémoires.*

Réunion, île de l'océan Indien, dép. français ; 490 000 h. ; ch.-l. *Saint-Denis.*

Revin, v. des Ardennes ; 11 800 h.

Reykjavik, cap. de l'Islande ; 84 300 h.

Reynolds (Josué), peintre portraitiste anglais (1723-1792).

Réza chah Pahlavi. V. PAHLAVI.

Rezé, v. de la Loire-Atlantique ; 36 118 h.

Rhadamante, juge des Enfers.

Rhénanie, région de l'Allemagne occidentale, sur le Rhin.

Rhénanie-du-Nord-Westphalie, État de la République fédérale allemande ; 16 832 200 h. Capit. *Düsseldorf.*

Rhénanie-Palatinat, État de la République fédérale allemande ; 3 620 400 h. Capit. *Mayence.*

Rhin, fl. de l'Europe nord-occidentale, affluent de la mer du Nord ; 1 298 km.

Rhin (Bas-), dép. de l'est de la France ; préf. *Strasbourg* ; s.-préf. *Erstein, Haguenau, Molsheim, Saverne, Sélestat, Wissembourg* ; 882 100 h.

Rhin (Haut-), dép. de l'est de la France ; préf. *Colmar* ; s.-préf. *Altkirch, Guebwiller, Mulhouse, Ribeauvillé, Thann* ; 635 200 h.

Rhode Island, un des États unis ; 968 000 h. Capit. *Providence.*

Rhodes, île grecque de la mer Égée.

Rhodes (Cecil), homme d'affaires et colonisateur anglais (1853-1902).

Rhodésie ou **Zimbabwe**, État de l'Afrique orientale ; 6 530 000 h. Capit. *Salisbury*.

Rhodope, massif montagneux de Bulgarie et de Grèce ; 2 925 m.

Rhône, fl. de Suisse et de France (Méditerranée) ; 812 km.

Rhône, dép. du sud-est de la France ; préf. *Lyon* ; s.-préf. *Villefranche-sur-Saône* ; 1 429 600 h.

Riad. V. RIYAD.

Riazan, v. de l'U.R.S.S. (Russie) ; 350 200 h.

Ribeauvillé, ch.-l. d'arr. du Haut-Rhin ; 4 400 h.

Ribera (José), dit *l'Espagnolet*, peintre espagnol (v. 1588-1652).

Ricamarie (*La*), v. de la Loire ; 10 400 h. Houille. Métallurgie.

Richard Ier, Cœur de Lion (1157-1199), roi d'Angleterre de 1189 à 1199 ; il prit part à la 3e croisade et lutta contre Philippe Auguste ; — RICHARD II (1367-1400), roi d'Angleterre de 1377 à 1399 ; il dut abdiquer ; — RICHARD III (1452-1485), roi d'Angleterre de 1483 à 1485 ; il fut vaincu à Bosworth par Henri VII Tudor.

Richardson (Samuel), romancier anglais (1689-1761), auteur de *Clarisse Harlowe*.

Richelieu (Armand Jean, DU PLESSIS, *duc de*), cardinal et homme d'État français (1585-1642). Premier ministre de Louis XIII, il lutta contre les protestants, les grands et la maison d'Autriche. Il a fondé l'Académie française.

Richelieu (Armand Emmanuel, *duc de*), homme d'État français (1766-1822), ministre de Louis XVIII.

Richier (Ligier), sculpteur français (v. 1500-1567).

Richmond, v. des États-Unis, capit. de la Virginie ; 218 000 h.

Riemann (Bernhard), mathématicien allemand (1826-1866), créateur d'une géométrie non euclidienne.

Rif, massif montagneux de la côte méditerranéenne du Maroc.

Riga, v. de l'U.R.S.S., capit. de la Lettonie ; 731 800 h. Port sur la Baltique.

Rigaud (Hyacinthe), peintre portraitiste français (1659-1743).

Rijeka, en ital. Fiume, port de Yougoslavie, sur l'Adriatique ; 111 000 h.

Rilke (Rainer Maria), écrivain autrichien, né à Prague (1875-1926).

Rille ou **Risle**, affl. de la Seine ; 150 km.

Rimbaud (Arthur), poète français (1854-1891), auteur du *Bateau ivre*, des *Illuminations* et d'*Une saison en enfer*.

Rimini, v. d'Italie (Émilie) ; 111 600 h.

Rimsky-Korsakov (Nicolas), musicien russe (1844-1908).

Rio de Janeiro, anc. capit. du Brésil ; 4 678 000 h.

Riom, ch.-l. d'arr. du Puy-de-Dôme ; 18 000 h.

Rivarol (Antoine de), écrivain et journaliste français (1753-1801).

Rive-de-Gier, centre houiller et métallurgique de la Loire ; 18 000 h.

Riviera (la), littoral italien du golfe de Gênes.

Rivoli, village d'Italie, où Bonaparte vainquit les Autrichiens (1797).

Riyad ou **Riad**, capit. de l'Arabie Saoudite.

Roanne, ch.-l. d'arr. de la Loire, sur la Loire ; 56 500 h.

Robbia (Luca *della*), sculpteur florentin (1400-1482).

Robert Ier (v. 865-923), roi de France de 922 à 923 ; — ROBERT II, *le Pieux*, fils de Hugues Capet (v. 970-1031), roi de France de 996 à 1031.

Robert (Hubert), peintre français (1733-1808).

Roberval (Gilles *de*), physicien français (1602-1675), inventeur d'une balance.

Robespierre (Maximilien de), conventionnel français (1758-1794). Jacobin, il dirigea, en fait, le gouvernement révolutionnaire à partir de décembre 1793 ; renversé le 9-Thermidor, il périt sur l'échafaud.

Robinson Crusoé, roman de Daniel Defoe (1719).

Rocamadour, loc. du Lot. Pèlerinage.

Rochambeau (Jean-Baptiste DE VIMEUR, *comte de*), maréchal de France (1725-1807), commandant les volontaires qui portèrent secours aux colons américains.

Rochechouart, ch.-l. d'arr. de la Haute-Vienne ; 4 200 h.

Rochefort, ch.-l. d'arr. de la Charente-Maritime, sur la Charente ; 32 900 h. Port.

Rochefort (Henri), journaliste français (1831-1913).

Roche-la-Molière, v. de la Loire ; 9 937 h. Industrie chimique.

Rochelle (*La*), anc. capit. de l'Aunis, ch.-l. de la Charente-Maritime, port sur l'Atlantique ; 77 500 h.

Rochester, v. des États-Unis (New York) ; 318 600 h.

Roche-sur-Yon (*La*), ch.-l. de la Vendée ; 48 100 h.

Rocheuses (*montagnes*), système montagneux de l'ouest de l'Amérique du Nord, culminant à 6 187 m.

Rockefeller (John Davison), industriel américain (1839-1937). Il acquit l'une des plus grosses fortunes du monde.

Rocroi, village des Ardennes ; victoire du duc d'Enghien sur les Espagnols (1643).

Rodez, anc. capit. du Rouergue, ch.-l. de l'Aveyron, sur l'Aveyron ; 28 100 h.

Rodin (Auguste), sculpteur français (1840-1917), auteur du *Penseur*.

Rodolphe Ier de Habsbourg (1218-1291), roi de Germanie de 1273 à 1291, fondateur de la Maison d'Autriche.

Rohan (Édouard, *prince de*), cardinal français (1734-1803), évêque de Strasbourg, où il avait une cour fastueuse.

Roissy-en-France, village du Val-d'Oise. Aéroport Charles-de-Gaulle.

Roland, comte de Bretagne, un des officiers de Charlemagne, dont la *Chanson de Roland* a immortalisé les exploits.

Rolland (Romain), écrivain français (1866-1944), auteur de *Jean-Christophe*.

Rollon, chef de pirates normands, m. en 927, premier duc de Normandie, sous le nom de *Robert Ier*.

Romagne, anc. prov. d'Italie.

Romain (Jules), architecte et peintre romain (1492 ou 1499-1546).

Romains (Jules), écrivain français (1885-1972), auteur des *Hommes de bonne volonté.*

Romanche, torrent des Alpes françaises, affl. du Drac ; 78 km.

Romanov, dynastie russe, qui régna de 1613 à 1762 et dont le nom fut repris par la maison de Holstein, renversée en 1917.

Romans-sur-Isère, v. de la Drôme, sur l'Isère ; 34 200 h.

Rome, capit. de l'Italie et résidence du pape, sur le Tibre ; 2 630 500 h. La ville abonde en richesses artistiques.

Roméo et Juliette, drame de Shakespeare.

Romilly-sur-Seine, v. de l'Aube ; 17 600 h.

Rommel (Erwin), maréchal allemand (1891-1944), qui combattit en Afrique.

Romorantin-Lanthenay, ch.-l. d'arr. de Loir-et-Cher, en Sologne ; 17 000 h.

Romulus, fondateur légendaire et premier roi de Rome.

Roncevaux, bourg d'Espagne, dans les Pyrénées. En 778, l'arrière-garde de l'armée de Charlemagne y fut écrasée par les Vascons.

Ronsard (Pierre de), poète français (1524-1585), auteur des *Odes,* des *Amours,* de la *Franciade,* etc.

Röntgen (Konrad von), physicien allemand (1845-1923), qui découvrit les rayons X.

Roosevelt (Théodore), homme d'État américain (1858-1919), président des États-Unis de 1901 à 1909 ; — Son cousin FRANKLIN (1882-1945) fut président des États-Unis de 1933 jusqu'à sa mort.

Roquefort-sur-Soulzon, village de l'Aveyron ; fromages.

Rosa (Salvatore), peintre, poète et musicien italien (1615-1673).

Rosario, v. d'Argentine ; 750 500 h. Port sur le Parana.

Roscoff, port de pêche du Finistère.

Rose (mont), sommet des Alpes suisses (Valais) ; 4 638 m.

Rosette, v. d'Égypte, où fut trouvée la pierre hiéroglyphique qui permit à Champollion de déchiffrer les hiéroglyphes.

Rosny-sous-Bois, v. de Seine-Saint-Denis ; 35 800 h.

Rossbach, village de Saxe, où Frédéric II vainquit Soubise (1757).

Rossini (Gioacchino), compositeur italien (1792-1868), auteur du *Barbier de Séville.*

Rostand (Edmond), auteur dramatique français (1868-1918), auteur de *Cyrano de Bergerac* et de *l'Aiglon.*

Rostock, v. d'Allemagne orientale ; 207 300 h. Port.

Rostov-sur-le-Don, v. de l'U.R.S.S. ; 788 000 h. Port fluvial. Métallurgie.

Rothschild (Meyer Amschel), banquier israélite (1743-1812).

Rotrou (Jean de), poète dramatique français (1609-1650).

Rotterdam, v. des Pays-Bas, port sur le Leck ; 732 200 h.

Rouanda. V. RUANDA.

Rouault (Georges), peintre français (1871-1958).

Roubaix, v. du Nord ; 109 800 h. Industries textiles.

Rouen, anc. capit. de la Normandie, ch.-l. de la Seine-Maritime, port sur la Seine ; 118 300 h.

Rouergue, anc. pays du midi de la France ; capit. *Rodez.*

Rouge (mer), mer située entre l'Arabie et l'Afrique.

Rouget de Lisle, officier français (1760-1836), auteur de la *Marseillaise.*

Roulers, v. de Belgique ; 40 100 h.

Roumanie, république de l'Europe orientale ; 237 000 km² ; 21 660 000 h. Capit. *Bucarest.*

Rousseau (Jean-Jacques), écrivain de langue française, né à Genève (1712-1778), auteur de la *Nouvelle Héloïse,* du *Contrat social,* de *l'Émile* et des *Confessions.*

Rousseau (Henri), dit le *Douanier,* peintre naïf français (1844-1910).

Roussel (Albert), compositeur de musique français (1869-1937).

Roussillon, anc. prov. du sud de la France ; capit. *Perpignan.*

Roux (Émile), médecin français (1853-1933), inventeur de la sérothérapie.

Royan, station balnéaire de la Charente-Maritime ; 18 700 h.

Royat, station thermale du Puy-de-Dôme.

Ruanda, Rwanda ou Rouanda, république de l'Afrique centrale ; 26 338 km² ; 4 120 000 h. Capit. *Kigali.*

Rubens (Petrus Paulus), peintre flamand (1577-1640), auteur de très nombreux tableaux (*Descente de croix, Enlèvement des filles de Leucippe,* etc.).

Rubicon, rivière qui séparait l'Italie de la Gaule cisalpine, et que César franchit malgré la défense du sénat.

Rude (François), sculpteur français (1784-1855), auteur d'un des bas-reliefs de l'arc de l'Étoile.

Rueil-Malmaison, v. des Hauts-de-Seine ; 64 400 h.

Ruhmkorff (Heinrich), savant français d'origine allemande (1803-1877), inventeur de la bobine d'induction.

Ruhr, riv. d'Allemagne, affl. du Rhin, qui traverse un riche bassin houiller et manufacturier ; 232 km.

Rungis, localité du Val-de-Marne. Marché qui remplace les Halles de Paris.

Ruskin (John), écrivain et critique d'art anglais (1819-1900).

Russie, anc. nom de l'Empire des tsars. — Auj., république fédérale la plus importante de l'U.R.S.S. ; 130 millions d'h.

Russie Blanche. V. BIÉLORUSSIE.

Rutebeuf, trouvère du XIIIe s.

Ruth, femme de Booz.

Rutheford (Ernest, lord), physicien anglais (1871-1937).

Ruysdael ou Ruisdael (Jacob VAN), peintre hollandais (1628 ou 1629-1682).

Rwanda. V. RUANDA.

Ryswick, village de Hollande, où fut signé le traité de paix entre Louis XIV et les coalisés d'Augsbourg (1697).

Ryu-kyu, archipel d'Asie orientale, entre le Japon et Formose.

S

Saale, riv. d'Allemagne ; 427 km.

Saba, v. de l'Arabie ancienne.

Sabah, territoire de la Malaysia (Bornéo).

Sabine, anc. pays de l'Italie centrale.

Sables-d'Olonne (Les), ch.-l. d'arr. de la Vendée ; 18 200 h. Port.

Saclay, centre de recherches nucléaires de l'Essonne.

Sacramento, v. des États-Unis, capit. de la Californie ; 227 000 h.

Sacré (mont), colline voisine de Rome.

Sacrée (voie), rue de Rome, qui allait du Palatin au Capitole. — Route qui, pendant la Première Guerre mondiale, assura la liaison entre Verdun et les arrières.

Sadate (Anouar el-), homme d'État égyptien (né en 1918), successeur de Nasser (1970).

Sade (marquis de), écrivain français (1740-1814), auteur de romans pervers.

Sadova, bourg de Bohême ; victoire des Prussiens sur les Autrichiens (1866).

Safi, v. et port du Maroc ; 129 000 h.

Sagonte, v. de l'anc. Espagne.

Sahara, désert de l'Afrique.

Sahara occidental, territoire partagé entre le Maroc et la Mauritanie.

Sahel, région qui borde le Sahara vers le sud.

Saigon, anc. n. de Hô Chi Minh-Ville.

Saint-Affrique, v. de l'Aveyron ; 9 200 h.

Saint-Amand-les-Eaux, v. du Nord, sur la Scarpe ; 16 500 h.

Saint-Amand-Montrond, ch.-l. d'arr. du Cher, sur le Cher ; 12 800 h.

Saint-Amant (Marc Antoine *Girard de*), poète français (1594-1661).

Saint-Avold, v. de la Moselle ; 18 900 h.

Saint-Barthélemy (la), nom donné au massacre des protestants sous Charles IX (1572).

Saint-Benoît-sur-Loire, bourg du Loiret ; église abbatiale (XIᵉ-XIIᵉ s.).

Saint-Bernard (*Grand-*), col des Alpes, entre la Suisse et l'Italie ; 2 473 m. Tunnel routier.

Saint-Bernard (*Petit-*), col des Alpes françaises, au sud-ouest du Grand-Saint-Bernard ; 2 188 m.

Saint-Bertrand-de-Comminges, bourg de la Haute-Garonne ; cathédrale (XIIᵉ s.).

Saint-Brieuc, ch.-l. des Côtes-du-Nord, sur la Manche ; 56 300 h.

Saint-Chamond, v. de la Loire ; 40 500 h.

Saint-Claude, ch.-l. d'arr. du Jura ; 14 100 h.

Saint-Cloud, v. des Hauts-de-Seine ; 28 350 h.

Saint-Cyr-l'École, v. des Yvelines ; 17 800 h.

Saint-Denis, ch.-l. d'arr. de Seine-Saint-Denis ; 96 800 h. Cathédrale (XIᵉ-XIIIᵉ s.).

Saint-Denis, ch.-l. de la Réunion ; 86 000 h.

Saint-Dié, ch.-l. d'arr. des Vosges ; 26 500 h.

Saint-Dizier, ch.-l. d'arr. de la Haute-Marne, sur la Marne ; 39 800 h.

Saint-Domingue, capit. de la république Dominicaine ; 522 500 h.

Sainte-Beuve (Charles Augustin), écrivain et critique français (1804-1869).

Sainte-Claire Deville (Henri), chimiste français (1818-1881).

Sainte-Hélène, île et colonie britannique d'Afrique, où Napoléon Iᵉʳ fut interné.

Sainte-Menehould, ch.-l. d'arr. de la Marne, sur l'Aisne ; 6 100 h.

Saint-Émilion, bourg viticole de la Gironde.

Saint Empire romain germanique, désignation officielle de l'empire fondé par Otton Iᵉʳ le Grand en 962 et dissous en 1806.

Saintes, ch.-l. d'arr. de la Charente-Maritime ; 28 400 h. Monuments romains.

Saintes-Maries-de-la-Mer (Les), bourg des Bouches-du-Rhône, en Camargue.

Saint-Étienne, ch.-l. de la Loire, centre houiller, métallurgique et textile ; 221 800 h.

Saint-Évremond (Charles de), écrivain français (v. 1614-1703).

Saint-Exupéry (Antoine de), aviateur et écrivain français (1900-1944), auteur de *Vol de nuit*, du *Petit Prince*.

Saint-Flour, ch.-l. d'arr. du Cantal ; 8 800 h.

Saint-Gall, v. de Suisse, ch.-l. de canton ; 80 900 h.

Saint-Gaudens, ch.-l. d'arr. de la Haute-Garonne, sur la Garonne ; 12 900 h.

Saint-Germain-en-Laye, ch.-l. d'arr. des Yvelines ; 40 800 h. Forêt ; château (XVIᵉ s.).

Saint-Girons, ch.-l. d'arr. de l'Ariège ; 8 800 h.

Saint-Gobain, localité de l'Aisne ; glaces et produits chimiques.

Saint-Gothard, massif des Alpes suisses, traversé par un tunnel ferroviaire.

Saint-Jacques-de-Compostelle, v. d'Espagne, en Galice. Pèlerinage.

Saint-Jean-d'Angély, ch.-l. d'arr. de la Charente-Maritime ; 10 300 h.

Saint-Jean-de-Luz, station balnéaire et port de pêche des Pyrénées-Atlantiques.

Saint-Jean-de-Maurienne, ch.-l. d'arr. de la Savoie ; 10 400 h.

Saint-Julien-en-Genevois, ch.-l. d'arr. de Haute-Savoie ; 6 400 h.

Saint-Just (Louis de), conventionnel français (1767-1794), ami de Robespierre.

Saint-Laurent, fl. de l'Amérique du Nord (Atlantique) ; 3 800 km.

Saint-Lô, ch.-l. de la Manche ; 25 000 h.

Saint Louis, v. des États-Unis (Missouri), sur le Mississippi ; 720 000 h.

Saint-Louis, v. du Sénégal.

Saint-Maixent-l'École, v. des Deux-Sèvres ; 9 600 h. École militaire.

Saint-Malo, ch.-l. d'arr. d'Ille-et-Vilaine, sur l'estuaire de la Rance ; 46 300 h.

Saint-Mandé, v. du Val-de-Marne ; 21 100 h.

Saint-Marin, république enclavée dans l'Italie ; 61 km² ; 20 000 h. Capit. *Saint-Marin*.

Saint-Maur-des-Fossés, v. du Val-de-Marne ; 81 100 h.

Saint-Moritz, station touristique de Suisse.

Saint-Nazaire, ch.-l. d'arr. de la Loire-Atlantique, sur l'estuaire de la Loire ; 69 800 h. Port.

Saint-Nectaire, station thermale du Puy-de-Dôme ; fromages.

Saint-Omer, ch.-l. d'arr. du Pas-de-Calais ; 17 900 h.

Saintonge, anc. prov. du sud-ouest de la France ; capit. *Saintes.*

Saint-Ouen, v. de Seine-Saint-Denis ; 43 700 h.

Saint Paul, v. des États-Unis, capit. du Minnesota, sur le Mississippi ; 313 400 h.

Saint-Pétersbourg, anc. nom de Leningrad.

Saint-Pierre, v. de la Martinique, qui fut détruite en 1902 par l'éruption de la montagne Pelée.

Saint-Pierre (Eustache *de*), bourgeois de Calais, qui se dévoua lors de la prise de cette ville par Édouard III (1347).

Saint-Pierre-des-Corps, v. d'Indre-et-Loire, près de Tours ; 18 600 h.

Saint-Pierre-et-Miquelon, archipel français, près de Terre-Neuve ; 240 km² ; 6 700 h.

Saint-Pol-de-Léon, v. du Finistère ; 8 750 h.

Saint-Pol-sur-Mer, v. du Nord ; 21 000 h.

Saint-Quentin, ch.-l. d'arr. de l'Aisne, sur la Somme ; 69 100 h.

Saint-Quentin-en-Yvelines, ville nouvelle de la région parisienne.

Saint-Raphaël, station balnéaire du Var ; 21 400 h.

Saint-Rémy-de-Provence, v. des Bouches-du-Rhône ; 7 970 h. Monuments romains.

Saint-Saëns, compositeur français (1835-1921), auteur de *Samson et Dalila.*

Saint-Sébastien, v. d'Espagne, ch.-l. du Guipuzcoa ; 150 400 h.

Saint-Sépulcre, édifice construit à Jérusalem au IVe s. et renfermant le tombeau du Christ.

Saint-Simon (Louis DE ROUVROY, *duc de*), écrivain français (1675-1755), auteur de *Mémoires.*

Saint-Simon (Claude-Henri, *comte de*), économiste français (1760-1825).

Saint-Tropez, station touristique du Var, sur la Méditerranée.

Saint-Vallier, v. de Saône-et-Loire ; 10 300 h.

Sakhaline, île entre les mers d'Okhotsk et du Japon (U. R. S. S.).

Saladin (1138-1193), sultan d'Égypte en 1171, adversaire des croisés.

Salamanque, v. d'Espagne (Léon) ; 125 200 h. Cathédrale (XVIe-XVIIIe s.).

Salamine, île de la côte ouest de l'Attique. Victoire de Thémistocle, sur la flotte des Perses (480 av. J.-C.).

Salazar (Antonio DE OLIVEIRA), homme d'État portugais (1889-1970), chef du gouvernement de 1932 à 1968.

Salé (*Grand Lac*), lac des États-Unis.

Salem, v. de l'Inde (Madras) ; 308 700 h.

Salerne, v. d'Italie (Campanie) ; 145 000 h.

Saliens, tribu franque.

Salies-de-Béarn, station thermale des Pyrénées-Atlantiques.

Salisbury, v. d'Angleterre ; 35 500 h. Cathédrale (XIIe-XIIIe s.).

Salisbury, capit. de la Rhodésie ; 545 000 h.

Salluste, historien latin (86-v. 35 av. J.-C.).

Salomé (m. v. 72), princesse juive, qui fit décapiter saint Jean-Baptiste.

Salomon (*îles*), archipel de la Mélanésie.

Salomon (v. 973-930 av. J.-C.), roi d'Israël de 970 à 931 av. J.-C. Il éleva le temple de Jérusalem et fut l'auteur de trois livres de l'ancien Testament.

Salon-de-Provence, v. des Bouches-du-Rhône ; 35 600 h. École de l'air.

Salonique. V. THESSALONIQUE.

Salouen, fl. d'Asie, entre la Birmanie et la Thaïlande ; 2 500 km.

Salt Lake City, v. des États-Unis, capit. de l'Utah ; 192 000 h. Communauté de mormons.

Salvador (*El*), république de l'Amérique centrale ; 21 393 km² ; 4 260 000 h. Capit. *San Salvador.*

Salvador, v. du Brésil (Bahia).

Salzbourg, v. d'Autriche ; 128 000 h.

Samarie, anc. v. de Palestine, capit. du royaume d'Israël.

Samarkand, v. de l'U. R. S. S. (Ouzbékistan) ; 267 000 h.

Sambre, riv. de France et de Belgique, affl. de la Meuse ; 190 km.

Samnium, contrée de l'anc. Italie, entre la Campanie et l'Apulie.

Samoa, archipel de la Polynésie.

Samos, île grecque de la mer Égée.

Samothrace, île grecque de la mer Égée, où fut découverte une statue célèbre.

Samson, juge des Hébreux (XIIe s. av. J.-C.), célèbre par sa force, qui lutta contre les Philistins.

Samuel, juge d'Israël.

San Antonio, v. des États-Unis (Texas) ; 650 200 h.

Sancho Pança, écuyer de don Quichotte.

Sancy (*puy de*), sommet de l'Auvergne, dans les monts Dore ; 1 886 m.

Sand (George), romancière française (1804-1876).

San Diego, v. des États-Unis (Californie) ; 675 800 h. Port.

Sandwich. V. HAWAII.

San Francisco, v. des États-Unis (Californie) ; 750 000 h. Port.

Sangnier (Marc), journaliste et homme politique français (1873-1950).

Sanguinaires (*îles*), groupe d'îles à l'ouest de la Corse.

San José, capit. de Costa Rica ; 211 200 h.

San Juan, capit. de Porto Rico ; 542 200 h.

San Luis Potosi, v. du Mexique ; 230 000 h.

San Martin (José) de), général et homme politique argentin (1778-1850), libérateur du Chili et du Pérou.

San Remo, station balnéaire d'Italie (Ligurie).

San Salvador, capit. du Salvador ; 378 000 h.

Santa Cruz, port de l'île de Ténériffe (Canaries) ; 145 100 h.

Santa Fe, v. d'Argentine ; 259 600 h.

Santander, v. d'Espagne, port sur l'Atlantique ; 149 700 h.

Santiago, v. d'Espagne. V. SAINT-JACQUES-DE-COMPOSTELLE.

Santiago, capit. du Chili ; 2 270 700 h.

Santorin, île des Cyclades.

Santos, v. du Brésil ; 345 600 h. Port.

Santos-Dumont (Alberto), aéronaute brésilien (1873-1932).

Saône, riv. de l'est de la France, affl. du Rhône, à Lyon ; 480 km.

Saône (Haute-), dép. de l'est de la France ; préf. Vesoul ; s.-préf. Lure ; 222 300 h.

Saône-et-Loire, dép. de l'est de la France ; préf. Mâcon ; s.-préf. Autun, Chalon-sur-Saône, Charolles, Louhans ; 569 800 h.

São Paulo, v. du Brésil ; 6 339 000 h.

São Tomé, île du golfe de Guinée.

Saoud ou **Séoud** (Ibn) [1887-1953], fondateur de l'Arabie Saoudite (1932).

Sapho ou **Sappho,** poétesse grecque du début du VIe s. av. J.-C.

Sapporo, v. du Japon (Hokkaido) ; 794 000 h.

Sara ou **Sarah,** épouse d'Abraham.

Saragosse, v. d'Espagne, anc. capit. du royaume d'Aragon ; 479 800 h.

Sarajevo, v. de Yougoslavie ; capit. de Bosnie-Herzégovine ; 244 000 h. Le meurtre, dans cette ville, de l'archiduc François-Ferdinand et de sa femme fut le prétexte de la Première Guerre mondiale.

Saratoga Springs, v. des Etats-Unis (New York), où capitula le général anglais Burgoyne (1777).

Saratov, v. de l'U.R.S.S., sur la Volga ; 758 000 h.

Sarawak, sultanat du nord-ouest de Bornéo, membre de la Malaysia.

Sarcelles, v. du Val-d'Oise ; 55 200 h.

Sardaigne, île italienne, au sud de la Corse ; 1 516 000 h. V. pr. Cagliari.

Sardanapale, personnage légendaire d'Assyrie, type du débauché.

Sardes, anc. capit. de la Lydie.

Sargasses (mer des), vaste région de l'Atlantique Nord, couverte d'algues.

Sargon II, roi d'Assyrie de 722 à 705 av. J.-C., qui détruisit le royaume d'Israël.

Sarlat, ch.-l. d'arr. de la Dordogne ; 10 900 h.

Sarrasins, nom donné, au Moyen Âge, aux musulmans.

Sarre, riv. d'Europe, affluent de la Moselle ; 240 km. — L'anc. territoire de la Sarre, aujourd'hui Etat de l'Allemagne, a 1 131 000 h. Capit. Sarrebruck.

Sarrebourg, ch.-l. d'arr. de la Moselle ; 15 000 h.

Sarrebruck, capit. de la Sarre ; 133 400 h.

Sarreguemines, ch.-l. d'arr. de Moselle ; 26 300 h.

Sartène, ch.-l. d'arr. de la Corse-du-Sud ; 6 000 h.

Sarthe, riv. de France, qui se joint à la Mayenne pour former la Maine ; 285 km.

Sarthe, dép. de l'ouest de la France ; préf. Le Mans ; s.-préf. La Flèche, Mamers ; 490 400 h.

Sartre (Jean-Paul), philosophe français (né en 1905), théoricien de l'existentialisme, auteur de l'Être et le Néant.

Sasebo, v. du Japon (Kyu-shu) ; 284 000 h. Base navale.

Saskatchewan, prov. du centre du Canada ; 921 000 h. Capit. Regina.

Satan, le chef des démons.

Satledj. V. SUTLEJ.

Saturne, dieu latin, père de Jupiter, de Neptune, de Pluton et de Junon.

Saturne, planète du système solaire.

Saül, premier roi des Hébreux (v. 1035-v. 1015 av. J.-C.), qui fut remplacé par David.

Saumur, ch.-l. d'arr. de Maine-et-Loire, sur la Loire ; 34 200 h. Ecole militaire. Vins.

Saussure (Ferdinand de), linguiste suisse (1857-1913).

Sauternes, bourg viticole de la Gironde.

Save, riv. de Yougoslavie, affl. du Danube ; 712 km.

Save, affl. de la Garonne ; 150 km.

Saverne, ch.-l. d'arr. du Bas-Rhin ; 10 440 h.

Savigny-sur-Orge, v. de l'Essonne ; 34 675 h.

Savoie, anc. prov. rattachée à la France en 1860 ; capit. Chambéry.

Savoie, dép. du sud-est de la France (Alpes) ; préf. Chambéry ; s.-préf. Albertville, Saint-Jean-de-Maurienne ; 305 100 h.

Savoie (Haute-), dép. du sud-est de la France (Alpes) ; préf. Annecy ; s.-préf. Bonneville, Saint-Julien, Thonon ; 447 800 h.

Saxe, région de l'Allemagne orientale ; capit. Dresde.

Saxe (Maurice, comte de), maréchal de France (1696-1750), vainqueur à Fontenoy.

Saxe (Basse-), région d'Allemagne du Nord ; capit. Hanovre.

Saxons, peuples germaniques, qui luttèrent contre Charlemagne.

Say (Jean-Baptiste), économiste français (1767-1832).

Scandinavie, presqu'île de l'Europe septentrionale, qui comprend le Danemark, la Suède et la Norvège. On range également la Finlande dans la Scandinavie.

Scarlatti (Alessandro), compositeur italien (1660-1725), créateur de l'ouverture italienne ; — Son fils, DOMENICO, compositeur également (1685-1757), un des maîtres de la sonate pour clavecin.

Scarpe, riv. du nord de la France, affl. de l'Escaut ; 100 km.

Scarron (Paul), écrivain français (1610-1666), auteur du Roman comique.

Sceaux, ch.-l. d'arr. des Hauts-de-Seine ; 20 000 h.

Scève (Maurice), poète français de l'école lyonnaise (v. 1501 - v. 1560).

Schaffhouse, v. de Suisse, ch.-l. de canton ; 38 000 h.

Schelling (Friedrich Wilhelm Joseph), philosophe idéaliste allemand (1775-1854).

Schiedam, v. des Pays-Bas ; 82 000 h.

Schiller (Friedrich), écrivain allemand (1759-1805), auteur de drames historiques et de poésies lyriques.

Schiltigheim, v. du Bas-Rhin ; 30 300 h.

Schleswig-Holstein, Etat du nord-ouest de l'Allemagne occidentale ; 2 567 000 h. Capit. Kiel.

Schœlcher (Victor), homme politique français (1804-1893). Député, il prépara le décret d'abolition de l'esclavage (1848).

Schopenhauer (Arthur), philosophe allemand (1788-1860).

Schubert (Franz), compositeur allemand (1797-1828), auteur de symphonies, de lieder et de pages pour le piano.

Schumann (Robert), compositeur allemand (1810-1856), un des maîtres de la mélodie et de la musique de piano.

Schwarzenberg (Karl Philipp, *prince von*), général autrichien (1771-1820), adversaire de Napoléon Ier.

Schwyz, v. de Suisse, ch.-l. de canton ; 11 000 h.

Scipion l'Africain (235-183 av. J.-C.), vainqueur d'Annibal à Zama ; — SCIPION *Émilien* (185-129 av. J.-C.), destructeur de Carthage.

Scott (Walter), écrivain écossais (1771-1832), auteur de romans historiques.

Scott (Robert Falcon), explorateur anglais (1868-1912), qui atteignit le pôle Sud.

Scudéry (Madeleine *de*), écrivain français (1607-1701), auteur de romans.

Scyros. V. SKYROS.

Scythes, anc. peuple d'origine iranienne.

Seattle, v. des États-Unis (Washington) ; 565 000 h. Port.

Sébastien (*saint*), martyr en 288.

Sébastopol, port de l'U. R. S. S., en Crimée ; 229 000 h. Siège par les troupes franco-britanniques en 1855.

Sécession (*guerre de*), guerre qui opposa, aux États-Unis, le Nord et le Sud, à propos de la suppression de l'esclavage (1860-1865).

Seclin, v. du Nord ; 9 900 h.

Sedan, ch.-l. d'arr. des Ardennes, sur la Meuse ; 25 400 h. Napoléon III y capitula en 1870.

Seeland ou **Sjaelland**, île du Danemark.

Ségeste, anc. v. de Sicile.

Ségovie, v. d'Espagne (Castille) ; 35 900 h.

Segré, ch.-l. d'arr. de Maine-et-Loire ; 7 200 h.

Séguier (Pierre) [1588-1672], chancelier de France, sous Louis XIII et Louis XIV.

Seguin (Marc), ingénieur français (1786-1875), inventeur de la chaudière tubulaire et des ponts suspendus.

Ségur (Sophie ROSTOPCHINE, *comtesse de*), femme de lettres française (1799-1874), auteur d'ouvrages pour la jeunesse (*les Malheurs de Sophie*).

Seille, riv. de l'est de la France, affl. de la Moselle ; 130 km. — Riv. de l'est de la France, affl. de la Saône ; 110 km.

Sein (*île de*), île du Finistère.

Seine, fl. de France (Manche) ; 776 km.

Seine-et-Marne, dép. du Bassin parisien ; préf. *Melun* ; s.-préf. *Meaux, Provins* ; 755 800 h.

Seine-Maritime, dép. de la Normandie ; préf. *Rouen* ; s.-préf. *Dieppe, Le Havre* ; 1 172 700 h.

Seine-Saint-Denis, dép. de la région parisienne ; préf. *Bobigny* ; s.-préf. *Le Raincy* ; 1 322 100 h.

Seldjoukides, dynastie qui établit un Empire en Asie occidentale (XIe-XIIe s).

Sélestat, ch.-l. d'arr. du Bas-Rhin ; 15 700 h.

Séleucides, dynastie hellénistique qui régna en Asie de 305 env. à 64 av. J.-C.

Sem, fils de Noé.

Semarang, v. d'Indonésie (Java) ; 646 000 h.

Sémiramis, reine légendaire d'Assyrie.

Semois ou **Semoy**, riv. de Belgique et de France, affl. de la Meuse ; 200 km.

Sénat, l'une des deux assemblées constituant le Parlement français.

Sendaï, v. du Japon (Honshu) ; 515 000 h.

Sénégal, fl. de l'Afrique occidentale (Atlantique) ; 1 700 km.

Sénégal, république d'Afrique occidentale ; 5 millions d'h. ; capit. *Dakar*.

Sénèque, philosophe latin (v. 4 - v. 65), précepteur de Néron.

Senghor (Léopold Sédar), homme d'État et écrivain sénégalais (né en 1906), président de la République du Sénégal depuis 1960.

Senlis, ch.-l. d'arr. de l'Oise ; 14 400 h.

Senne, riv. de Belgique, qui arrose Bruxelles et se jette dans la Dyle ; 103 km.

Sens, ch.-l. d'arr. de l'Yonne ; 27 900 h. Cathédrale (XIIe-XVIe s.).

Séoul, capit. de la Corée du Sud ; 5 536 000 h.

Sept Ans (*guerre de*), conflit qui opposa Louis XV et Marie-Thérèse d'Autriche à Frédéric II de Prusse et à l'Angleterre (1756-1763).

Septime Sévère (146-211), empereur romain de 193 à 211.

Seraing, v. de Belgique (Liège) ; 41 200 h.

Serbie, république fédérée de Yougoslavie ; 5 320 000 h. Capit. *Belgrade*.

Serein, riv. de France, affl. de l'Yonne ; 186 km.

Serres (Olivier de), agronome français (1539-1619).

Sète, v. de l'Hérault ; 40 200 h. Port.

Seth, troisième fils d'Adam et d'Ève.

Sétif, ch.-l. de dép. d'Algérie ; 37 600 h.

Severn, fl. d'Angleterre (canal de Bristol) ; 286 km.

Sévigné (Marie DE RABUTIN CHANTAL, *marquise de*), femme de lettres française (1626-1696), auteur de *Lettres*.

Séville, v. d'Espagne, anc. capit. de l'Andalousie ; 548 100 h. Cathédrale hispano-mauresque.

Sèvre Nantaise, riv. de l'ouest de la France, affl. de la Loire ; 126 km.

Sèvre Niortaise, fl. de l'ouest de la France ; 150 km.

Sèvres, v. des Hauts-de-Seine ; 21 200 h. Manufacture de porcelaines.

Sèvres (*Deux-*), dép. de l'ouest de la France ; préf. *Niort* ; s.-préf. *Bressuire, Parthenay* ; 335 800 h.

Seychelles, îles de l'océan Indien.

Seyne-sur-Mer (*La*), v. du Var, sur la rade de Toulon ; 51 700 h.

Sézanne, v. de la Marne ; 6 500 h.

Sfax, v. de Tunisie ; 250 000 h. Port d'exportation des phosphates.

Sforza, famille ducale de Milan, dont fut membre LUDOVIC *le More* (1452-1508).

Shaba, anc. **Katanga**, région minière du Zaïre.

Shakespeare (William), poète dramatique anglais (1564-1616), auteur de drames (*Roméo et Juliette, Hamlet, Othello, Macbeth, le Roi Lear, Antoine et Cléopâtre*), de comédies (*la Mégère apprivoisée*) et de féeries (*le Songe d'une nuit d'été*).

Shaw (George Bernard), écrivain irlandais (1856-1950).

Sheffield, v. d'Angleterre (Yorkshire) ; 534 100 h.

Shelley (Percy Bysshe), poète lyrique anglais (1792-1822).

Sheridan (Richard), auteur dramatique anglais (1751-1816).

Shetland, archipel au nord de l'Écosse.

Shikoku, une des îles du Japon ; 4 244 000 h.

Shimonoseki, v. du Japon (Honshu) ; 276 000 h. Port.

Shizuoka, v. du Japon (Honshu) ; 416 400 h. Port.

Sholapur, v. de l'Inde (Maharashtra) ; 399 000 h.

Siam. V. THAÏLANDE.

Siam *(golfe de)*, golfe de la mer de Chine, au sud de la péninsule d'Indochine.

Sibelius (Jean), compositeur finlandais (1865-1957).

Sibérie, vaste région de l'Asie septentrionale (U. R. S. S.).

Sicié *(cap)*, promontoire du Var.

Sicile, île italienne de la Méditerranée ; 4 884 000 h.

Sidi-bel-Abbès, v. d'Algérie ; 86 600 h.

Sidobre, plateau du Massif central.

Sidoine Apollinaire, poète latin, évêque de Clermont-Ferrand (v. 430 - v. 472).

Sidon, auj. **Sayda**, port de Phénicie, auj. v. du Liban.

Siegfried *(ligne)*, nom donné aux fortifications élevées de 1937 à 1940 par l'Allemagne sur la frontière occidentale.

Siemens *(sir William)*, ingénieur métallurgiste allemand, naturalisé anglais (1823-1883).

Sienkiewicz (Henryk), romancier polonais (1846-1916), auteur de *Quo vadis ?*

Sienne, v. d'Italie (Toscane) ; 65 900 h. Ville d'art.

Sierra Leone, État de l'Afrique occidentale, membre du Commonwealth ; 3 470 000 h. ; capit. *Freetown.*

Sieyès (Emmanuel-Joseph, *abbé*), homme politique français (1748-1836).

Sigebert, nom de trois rois d'Austrasie.

Sigismond, nom de trois rois de Pologne (XVIᵉ-XVIIᵉ s.).

Si-kiang, fl. de Chine (golfe de Canton) ; 2 100 km.

Sikkim, État de l'Inde (Himalaya).

Silène, dieu phrygien des Bois.

Silésie, région industrielle de la Pologne, traversée par l'Oder.

Simenon (Georges), écrivain belge (né en 1903), auteur de nombreux romans policiers.

Siméon Iᵉʳ, tsar de Bulgarie de 893 à 927, fondateur de l'empire bulgare.

Simon *(saint)*, un des douze apôtres.

Simon le Magicien, notable juif, qui voulait acheter de saint Pierre le don de faire des miracles *(simonie).*

Simplon, col des Alpes suisses, entre le Valais et le Piémont ; 2 009 m.

Sinaï, péninsule montagneuse d'Arabie (dép. de l'Égypte).

Sind, région du Pakistan.

Si-ngan, v. de Chine ; 1 368 000 h.

Singapour, île située à l'extrémité de la péninsule malaise ; 2 310 000 h. État membre du Commonwealth.

Sin-kiang, région de Chine occidentale.

Sion, colline de Jérusalem.

Sion, v. de Suisse, ch.-l. du Valais ; 21 300 h.

Sioux, Indiens d'Amérique du Nord.

Sisley (Alfred), peintre impressionniste français (1839-1899).

Sismondi (Léonard *de*), historien et économiste suisse (1773-1842).

Sisyphe, roi de Corinthe, condamné à rouler un rocher au sommet d'une montagne, d'où il retombe sans cesse.

Siva. V. ÇIVA.

Sixte, nom de cinq papes, dont : SIXTE IV *(saint)* [1414-1484], pape de 1471 à 1484, qui fit construire la chapelle Sixtine ; — SIXTE V ou SIXTE QUINT (1520-1590), pape de 1585 à 1590, qui réforma les ordres religieux et intervint dans les guerres de Religion.

Sjaelland ou **Seeland**, la plus grande des îles danoises ; 7 543 km².

Skagerrak, détroit qui unit la mer du Nord et le Cattegat.

Skikda, anc. **Philippeville**, v. de l'Algérie orientale ; 65 500 h. Port.

Skopje, v. de Yougoslavie, capit. de la Macédoine ; 312 100 h.

Skyros, île grecque de la mer Égée.

Slesvig, anc. prov. du Danemark, dont une partie a formé, avec le Holstein, l'État allemand de *Schleswig-Holstein.*

Slovaquie, partie orientale de la Tchécoslovaquie.

Slovénie, république fédérée de la Yougoslavie ; 1 753 000 h. Capit. *Ljubljana.*

Sluter (Claus), sculpteur flamand fixé en Bourgogne (v. 1345-1405).

Smith (Adam), économiste écossais (1723-1790), partisan du libre-échange.

Smolensk, v. de l'U. R. S. S., sur le Dniepr ; 211 000 h.

Smyrne. V. IZMIR.

Sochaux, v. du Doubs ; 6 350 h. Automobiles.

Société *(îles de la)*, principal archipel de la Polynésie française.

Société des Nations *(S. D. N.)*, organisme international créé après le traité de Versailles (1920-1946).

Socrate, philosophe grec (v. 470-399 av. J.-C.), maître de Platon.

Sodome, anc. v. de Palestine, détruite par Dieu, selon la Bible, avec Gomorrhe.

Sofia, capit. de la Bulgarie ; 800 900 h.

Sogdiane, anc. contrée d'Asie.

Soissons, ch.-l. d'arr. de l'Aisne, sur l'Aisne ; 32 100 h. Cathédrale (XIIIᵉ s.).

Solesmes, village de la Sarthe ; abbaye bénédictine.

Soleure, v. de Suisse, ch.-l. de canton.

Solférino, village du nord de l'Italie ; victoire des Français sur les Autrichiens (1859).

Soliman II, le Magnifique (1494-1566), sultan turc de 1520 à 1566, allié de François Iᵉʳ, contre Charles Quint.

Soljenitsyne (Aleksandr), écrivain soviétique (né en 1918). Son œuvre dénonce le régime de Staline.

Sologne, région au sud de la Loire.

Solon, législateur d'Athènes (v. 640 - v. 558 av. J.-C.), qui établit la constitution.

Solvay (Ernest), chimiste et philanthrope belge (1838-1922).

Somalie *(république de)*, État de l'Afrique du Nord-Est ; 637 000 km² ; 3 350 000 h. ; capit. *Mogadishu.*

Somalis *(Côte française des)*, anc. nom de la République de Djibouti.

Somme, fl. du nord-ouest de la France (Manche) ; 245 km.

Somme, dép. du nord-ouest de la France ; préf. *Amiens* ; s.-préf. *Abbeville, Montdidier, Péronne* ; 538 500 h.

Sonde *(archipel de la)*, îles de l'Insulinde, dont font partie Java et Sumatra.

Sophocle, poète tragique grec (v. 495-406 av. J.-C.), auteur d'*Antigone, Electre, Œdipe roi*, etc.

Sorbonne (la), établissement public d'enseignement supérieur, à Paris, aujourd'hui partagé en plusieurs universités.

Sorel (Agnès), dame française (1422-1450), favorite de Charles VII.

Sotteville-lès-Rouen, v. de la Seine-Maritime, près de Rouen ; 32 300 h.

Souabe, région de l'Allemagne.

Souaziland. V. SWAZILAND.

Soubise *(prince de)*, maréchal de France (1715-1787), vaincu à Rossbach.

Soudan, État d'Afrique ; 16 950 000 h. ; capit. *Khartoum.*

Soudan français, nom du Mali avant son indépendance.

Soufflot (Germain), architecte français (1713-1780), constructeur du Panthéon.

Soult (Nicolas), maréchal d'Empire (1769-1851), ministre sous Louis-Philippe.

Soungari, riv. de Mandchourie, affl. de l'Amour ; 1 800 km.

Sour. V. TYR.

Sous-le-Vent *(îles)*, archipel des Antilles, le long de la côte du Venezuela. — Archipel français de l'Océanie, au nord de Tahiti.

Sousse, v. de Tunisie ; 82 700 h. Port.

Sou-tcheou, v. de Chine ; 650 000 h. Port.

Southampton, v. d'Angleterre ; 209 000 h. Port.

Souvorov (Aleksandr), général russe (1729-1800), adversaire des Français en Italie.

Spa, station thermale de Belgique.

Spaak (Paul Henri), homme politique belge, né à Schaerbeek (1899-1972).

Spartacus, chef des esclaves révoltés contre Rome, tué en 71 av. J.-C.

Sparte ou **Lacédémone**, anc. v. de Grèce ; capit. de la Laconie.

Spencer (Herbert), philosophe évolutionniste anglais (1820-1903).

Spezia *(La)*, v. d'Italie (Ligurie) ; 129 100 h. Port.

Sphinx, monstre fabuleux, à corps de lion et à tête humaine, que les Egyptiens représentaient couché.

Spinoza (Baruch), philosophe rationaliste hollandais (1632-1677).

Spire, v. d'Allemagne occidentale, sur le Rhin ; 40 800 h.

Spitzberg. V. SVALBARD.

Split, v. de Yougoslavie ; 151 900 h. Port sur l'Adriatique.

Sporades *(îles)*, îles de la mer Égée.

Spree, riv. d'Allemagne, affl. de la Havel ; 315 km. Elle passe à Berlin.

Sri Lanka, nom actuel de *Ceylan.*

Srinagar, v. de l'Inde, capit. du Cachemire ; 325 300 h.

Sseu-tch'ouan, prov. de Chine.

Staël (Germaine NECKER, *baronne de*), écrivain français (1766-1817).

Staline (Joseph), homme d'État et maréchal soviétique (1879-1953), successeur de Lénine en 1924.

Stalingrad, auj. **Volgograd**, v. de l'U.R.S.S., sur la Volga. Victoire décisive des armées soviétiques sur les Allemands (1942-1943).

Stalino. V. DONETSK.

Stalinsk. V. NOVO-KOUZNETSK.

Stanislas Ier Leszczynski (1677-1766), roi de Pologne en 1704, souverain des duchés de Bar et de Lorraine en 1738.

Stanley (Henry MORTON), explorateur britannique de l'Afrique (1841-1904).

Stavanger, v. de Norvège ; 80 800 h. Port.

Steinbeck (John), écrivain américain (1902-1968).

Steinkerque, auj. **Steenkerque**, village de Belgique (Hainaut), où le maréchal de Luxembourg battit Guillaume III (1692).

Stendhal (Henri BEYLE, dit), romancier français (1783-1842), auteur de : *le Rouge et le Noir, la Chartreuse de Parme.*

Stentor, héros de la guerre de Troie, doué d'une forte voix.

Stephenson (George), ingénieur anglais (1781-1848), inventeur des locomotives.

Stettin. V. SZCZECIN.

Stevenson (Robert Louis BALFOUR), romancier anglais (1850-1894), auteur de *l'Ile au trésor.*

Stockholm, capit. de la Suède, sur le lac Mälar et la Baltique ; 808 000 h.

Stoke-on-Trent, v. d'Angleterre (Staffordshire) ; 276 600 h. Sidérurgie.

Strabon, géographe grec (v. 58 av. J.-C.-v. 25 apr. J.-C.).

Stradivarius (Antoine), luthier de Crémone (v. 1644-1737).

Stralsund, v. d'Allemagne ; 72 200 h. Port sur la Baltique. Charles XII y soutint un siège contre les Russes et leurs alliés (1713-1715).

Strasbourg, capit. de l'Alsace, ch.-l. du Bas-Rhin, près du Rhin ; 257 300 h. Cathédrale (XIIe-XIIIe s.).

Stratford-on-Avon, v. d'Angleterre (Warwick), patrie de Shakespeare.

Strauss (Johann), compositeur autrichien (1825-1899), auteur de valses.

Strauss (Richard), compositeur allemand (1864-1949), auteur de poèmes symphoniques *(Don Juan)* et d'opéras.

Stravinski (Igor), compositeur russe, naturalisé américain (1882-1971), auteur de musique de ballets.

Stresemann (Gustav), homme d'État allemand (1878-1929).

Strindberg (August), écrivain suédois (1849-1912), auteur de romans et de drames *(la Danse de mort).*

Stromboli, île volcanique du groupe des Éoliennes (mer Tyrrhénienne).

Strozzi, famille florentine, adversaire des Médicis (XVe-XVIe s.).

Stuart, famille qui a régné sur l'Écosse, de 1371 à 1714, et sur l'Angleterre, de 1603 à 1688.

Stuttgart, v. d'Allemagne occidentale, capit. du Bade-Wurtemberg; 632 700 h. Cathédrale (XIIIe-XVe s.).

Styrie, région d'Autriche.

Styx, fl. des Enfers.

Succession d'Autriche (*guerre de la*), guerre provoquée par les prétentions des divers princes à l'héritage de Charles VI, empereur germanique, roi de Hongrie et de Bohême, maître des États héréditaires de la maison d'Autriche. La France prit, comme la Prusse, le parti de l'électeur de Bavière contre Marie-Thérèse, alliée de l'Angleterre (1740-1748).

Succession d'Espagne (*guerre de la*), guerre provoquée par la compétition au trône d'Espagne (1701-1713). Louis XIV, qui soutenait son petit-fils Philippe V, s'opposa à une coalition de l'Autriche, de l'Angleterre et des Provinces-Unies.

Succession de Pologne (*guerre de la*), guerre déterminée par la compétition au trône de Pologne de Stanislas Leszczynski, soutenu par son gendre Louis XV, et de l'électeur de Saxe, Auguste III, soutenu par l'Autriche (1733-1738).

Suchet (Louis Gabriel), maréchal d'Empire (1770-1826).

Sucre (Antonio Jose de), général sud-américain (1795-1830), lieutenant de Bolivar, président de la République bolivienne.

Sucre, capit. de la Bolivie; 60 000 h.

sud-africaine (*République*). V. AFRIQUE DU SUD.

Sudètes (*monts*), anc. nom des montagnes bordant en partie la Bohême, qui étaient habitées par des Allemands.

Sud-Ouest africain. V. NAMIBIE.

Sue (Eugène), romancier français (1804-1857), auteur des *Mystères de Paris.*

Suède, royaume de l'Europe septentrionale (Scandinavie); 450 000 km²; 8 260 000 h. Capit. Stockholm.

Suétone, historien latin (v. 69 - v. 125).

Suèves, anc. peuple de Germanie, qui passa en Espagne au ve s.

Suez (*isthme de*), isthme entre la mer Rouge et la Méditerranée, traversé par un canal de Port-Saïd à Suez.

Suffren (Pierre André, *bailli de*), marin français (1729-1788), qui combattit aux Indes contre les Anglais.

Suger, moine et homme d'État français (v. 1081-1151), abbé de Saint-Denis, ministre de Louis VI et de Louis VII.

Suisse ou **Confédération suisse,** république de l'Europe centrale; 41 295 km²; 6 330 000 h. Capit. Berne.

Sukarno (Achmed), homme d'État indonésien (1901-1970).

Sulla. V. SYLLA.

Sully (*duc de*), ministre d'Henri IV (1560-1641). Il développa l'économie française.

Sully Prudhomme (Armand), poète français de l'école parnassienne (1839-1907).

Sully-sur-Loire, bourg du Loiret, sur la Loire; château (XVe s.).

Sumatra, île de l'Indonésie.

Sumériens, peuple qui s'établit dans la basse vallée de l'Euphrate au IVe millénaire av. J.-C. et y créa (à Lagash, Ourouk, Our) une brillante civilisation.

Sund, détroit entre Seeland et la Suède.

Sun Yat-sen, homme d'État chinois (1866-1925), un des chefs de la Révolution de 1911, président de la République en 1921.

Superbagnères, station de sports d'hiver des Pyrénées (Haute-Garonne).

Supérieur (*lac*), un des Grands Lacs américains.

Surabaya, v. d'Indonésie (Java); 1 556 000 h.

Surakarta, v. d'Indonésie (Java); 451 000 h.

Surat, v. de l'Inde (Maharashtra); 471 700 h.

Surcouf (Robert), corsaire français (1773-1827), qui lutta contre les Anglais.

Suresnes, v. des Hauts-de-Seine; 38 300 h.

Surinam, anc. **Guyane hollandaise,** État de l'Amérique du Sud; 142 000 km²; 450 000 h. Capit. Paramaribo.

Suse, capit. de l'Élam, qui fut la résidence de Darios et de ses successeurs.

Susiane. V. ÉLAM.

Sussex, comté d'Angleterre.

Sutlej ou **Satledj,** fl. du Pendjab; 1 600 km.

Svalbard, ensemble formé par le Spitzberg, l'île aux Ours et les terres arctiques appartenant à la Norvège.

Sverdlovsk, v. de l'U.R.S.S., dans l'Oural; 1 026 000 h.

Swansea, v. de Grande-Bretagne (pays de Galles); 171 000 h. Port sur le canal de Bristol.

Swaziland ou **Souaziland,** État du Commonwealth, en Afrique australe; 510 000 h. Capit. Mbabane.

Swedenborg (Emmanuel), philosophe suédois mystique (1688-1772).

Swift (Jonathan), écrivain irlandais (1667-1745), auteur des *Voyages de Gulliver.*

Sybaris, anc. v. d'Italie, célèbre par la mollesse de ses habitants.

Sydney, v. d'Australie, capit. de la Nouvelle-Galles du Sud; 2 874 000 h. Port.

Sylla ou **Sulla** (Lucius Cornelius), dictateur romain (136-78 av. J.-C.), rival de Marius, vainqueur de Mithridate; il proscrivit ses ennemis et abdiqua en 79.

Sylvestre, nom de trois papes.

Syracuse, v. de Sicile; 100 700 h. Théâtre grec.

Syr-Daria, fl. de l'U.R.S.S. (mer d'Aral); 2 860 km.

Syrie, État du Proche-Orient, sur la Méditerranée, en Asie occidentale; 187 000 km²; 7 840 000 h. Capit. Damas.

Syrtes, nom antique de deux golfes, l'un en Tripolitaine, l'autre en Tunisie.

Szczecin, en allem. Stettin, v. de Pologne, sur l'Oder; 337 200 h.

T

Tabago. V. TOBAGO.

Table ronde (romans de la), cycle de romans courtois du Moyen Âge.

Tabriz, v. de l'Iran ; 403 400 h.

Tachkent, v. de l'U.R.S.S., capit. de l'Ouzbékistan ; 1 385 000 h.

Tacite, historien latin (v. 55 - v. 120), auteur des *Annales.*

Tadjikistan, république asiatique de l'U.R.S.S. ; 2 654 000 h. Capit. *Douchanbe.*

Tafilelt ou **Tafilalet,** région du Maroc, au sud de l'Atlas.

Tage, fl. de la péninsule Ibérique (Atlantique) ; 1 006 km.

Tagliamento, fl. d'Italie septentrionale (golfe de Venise) ; 170 km.

Tagore (Rabindranath), écrivain hindou (1861-1941).

Tahiti, principale île de l'archipel de la Société (Polynésie française) ; 45 400 h. Ch.-l. *Papeete.*

Taillebourg, loc. de la Charente-Maritime, où Louis IX vainquit les Anglais (1242).

Taine (Hippolyte), philosophe et historien français (1828-1893).

Tai-pei, capit. de Formose ; 1 663 000 h.

Tai-wan, nom officiel de *Formose.*

Ta-lien ou **Dairen,** v. de la Chine du Nord-Est ; 1 590 000 h.

Tallemant des Réaux (Gédéon), mémorialiste français (1619-1690).

Talleyrand-Périgord (Charles Maurice de), homme d'État français (1754-1838). Il fut ministre des Affaires étrangères sous le Directoire et sous l'Empire. Il rallia la Restauration et la monarchie de Juillet.

Tallien (Jean Lambert), conventionnel français (1767-1820). — Sa femme, Mme TALLIEN (1773-1835), était renommée pour son esprit.

Tallin ou **Tallinn,** anc. *Reval,* v. de l'U.R.S.S., capit. de l'Estonie ; 364 400 h.

Talma (François-Joseph), tragédien français (1763-1826).

Tamanrasset, oasis du Sahara algérien.

Tamatave. V. TOAMASINA.

Tamerlan ou **Timur Lang,** conquérant mongol (1336-1405).

Tamise, fl. d'Angleterre, qui passe à Oxford et à Londres et se jette dans la mer du Nord ; 336 km.

Tampico, port du Mexique ; 179 600 h.

Tanagra, anc. v. de l'Attique.

Tananarive. V. ANTANANARIVO.

Tancarville, localité de la Seine-Maritime. Pont routier sur la Seine.

Tanezrouft, région désertique du Sahara.

Tanganyika, lac de l'Afrique intertropicale.

Tanger, v. du Maroc ; 142 000 h. Port.

Tannenberg, village de l'anc. Prusse-Orientale ; victoire des Polonais et des Lituaniens sur les chevaliers Teutoniques (1410) ; victoire des Allemands sur les Russes (1914).

Tannhäuser, poète allemand (v. 1205-1268). Chanteur errant, il est devenu le héros légendaire de récits populaires.

Tantah, v. d'Égypte (delta du Nil) ; 230 000 h.

Tantale, roi de Lydie, que Zeus condamna à être en proie à la soif et à la faim.

Tanzanie, État de l'Afrique orientale ; 16 millions d'h. Capit. *Dar es-Salam.*

Tapajoz, riv. du Brésil, affl. de l'Amazone ; 1 980 km.

Tarare, centre textile du Rhône ; 12 200 h.

Tarascon, v. des Bouches-du-Rhône, sur le Rhône ; 10 700 h.

Tarbes, ch.-l. des Hautes-Pyrénées, sur l'Adour ; 57 800 h.

Tarentaise, vallée supérieure de l'Isère.

Tarente, v. d'Italie (Pouilles) ; 214 700 h. Port sur le *golfe de Tarente.*

Tarim, fl. du Sin-kiang ; 2 700 km.

Tarn, riv. du sud-ouest de la France, affl. de la Garonne ; 375 km.

Tarn, dép. du sud-ouest de la France ; préf. *Albi* ; s.-préf. *Castres* ; 346 800 h.

Tarn-et-Garonne, dép. du sud-ouest de la France ; préf. *Montauban* ; s.-préf. *Castelsarrasin* ; 183 300 h.

Tarquin l'Ancien, cinquième roi de Rome, de 616 à 579 av. J.-C.

Tarquin le Superbe, dernier roi de Rome, de 534 à 509 av. J.-C.

Tarragone, v. d'Espagne (Catalogne).

Tartare, le fond des Enfers.

Tartarin de Tarascon (les Aventures prodigieuses de), roman d'A. Daudet.

Tartuffe (le) ou **Tartufe,** comédie de Molière (1669).

Tasmanie, île au sud de l'Australie.

Tasse (le), poète italien (1544-1595), auteur de *la Jérusalem délivrée.*

Tatars ou **Tartares,** peuple turco-mongol.

Tatra, massif des Carpates.

Tauride, anc. région de Russie (Crimée).

Taurus, montagnes de Turquie.

Taygète, mont du Péloponnèse.

Taylor (Frédéric Winslow), ingénieur américain (1856-1915), inventeur d'un système d'organisation du travail.

Tazieff (Haroun), volcanologue français, né en 1914.

Tbilisi, anc. *Tiflis,* v. de l'U.R.S.S., capit. de la Géorgie ; 889 000 h.

Tchad, lac de l'Afrique centrale. — République, à l'est du lac ; 4 200 000 h. ; capit. *N'Djamena.*

Tchaïkovski (Pierre), compositeur russe (1840-1893), auteur d'opéras, de symphonies, de ballets et de concertos.

Tchang-cha, v. de la Chine centrale, cap. du Hou-nan ; 703 000 h.

Tchang Kaï-chek, maréchal chinois (1888-1975), vaincu par Mao Tsé-toung.

Tchang-tchoun, v. de la Chine du Nord-Est ; 975 000 h.

Tchécoslovaquie, république fédérale de l'Europe centrale ; 128 000 km² ; 15 millions d'h. Capit. *Prague.*

Tchékhov (Anton), écrivain russe (1860-1904), auteur de nouvelles et de pièces de théâtre (*Oncle Vania*).

Tcheliabinsk, v. de l'U.R.S.S. (Russie); 874 000 h. Métallurgie.

Tcheng-tcheou, v. de Chine, capit. du Honan; 101 400 h.

Tcheng-tou, v. de Chine, capit. du Sseutchouan; 1 135 000 h.

Tchong-king, v. de Chine (Sseu-tchouan), sur le Yang-tseu-kiang; 2 765 000 h.

Tegucigalpa, capit. de la république du Honduras; 205 600 h.

Téhéran, capit. de l'Iran; 3 639 000 h.

Tehuantepec, isthme du Mexique.

Teil (*Le*), centre industriel de l'Ardèche, sur le Rhône.

Teilhard de Chardin (le R. P. Pierre), jésuite et philosophe français (1881-1955).

Teisserenc de Bort (Léon), météorologiste français (1855-1913).

Tel-Aviv, v. d'Israël; 394 400 h.

Telemann (Georg Philipp), compositeur allemand (1681-1767).

Télémaque, fils d'Ulysse, parti à la recherche de son père, guidé par Mentor.

Tell, région montagneuse du Maghreb, en bordure de la Méditerranée.

Tell (Guillaume), héros légendaire, qui contribua à affranchir la Suisse du joug de l'Autriche (XIVe s.).

Tellier (Charles), ingénieur français (1828-1913), inventeur du procédé de conservation des denrées par le froid.

Tempé, vallée de la Grèce (Thessalie).

Tempelhof, aéroport de Berlin.

Templiers, ordre militaire et religieux (1119-1312).

Tène (*La*), site préhistorique à l'extrémité du lac de Neuchâtel (Suisse).

Tende, loc. des Alpes-Maritimes, cédée à la France par l'Italie en 1946.

Ténérife, la plus grande des îles Canaries.

Teniers (David), dit *le Vieux*, peintre flamand (1582-1649); — Son fils DAVID, dit *le Jeune*, peintre (1610-1690).

Tennessee, riv. des États-Unis, affl. de l'Ohio; 1 060 kms. — Un des États unis d'Amérique; 4 031 000 h. Capit. *Nashville*.

Tennyson (Alfred, *lord*), poète anglais (1809-1892).

Térence, poète comique latin (v. 190-159 av. J.-C.).

Terre de Feu, groupe d'îles de l'Amérique méridionale.

Terre-Neuve, île et province du Canada; 557 000 h. Capit. *Saint-Jean*.

Tertullien, écrivain apologétique latin (v. 155-v. 220).

Tessin, riv. de Suisse et d'Italie, affl. du Pô; 260 km. Annibal battit Scipion sur ses bords (218 av. J.-C.).

Tessin, canton de Suisse; 265 500 h. Ch.-l. *Bellinzona*.

Teste (*La*), v. de Gironde, sur le bassin d'Arcachon; 17 000 h.

Têt (la), fl. du sud de la France (Méditerranée); 120 km.

Téthys, déesse grecque de la Mer.

Tétouan, v. du Maroc septentrional; 139 100 h.

Teutatès, principal dieu des Gaulois.

Teutonique (*ordre*), ordre hospitalier militaire germanique, fondé en 1198.

Teutons, anc. peuple de Germanie.

Texas, un des États unis d'Amérique, sur le golfe du Mexique; 10 752 000 h. Capit. *Austin*.

Thackeray (William), romancier anglais (1811-1863).

Thaïlande, anc. **Siam**, royaume de l'Asie méridionale; 514 000 km²; 44 160 000 h. Capit. *Bangkok*.

Thalès de Milet, philosophe et mathématicien grec (fin du VIIe s. av. J.-C.).

Thann, ch.-l. d'arr. du Haut-Rhin; 8 500 h.

Thau (*étang de*), lagune côtière de l'Hérault.

Thébaïde, région de l'Egypte ancienne, refuge des premiers ermites chrétiens.

Thèbes, v. de l'anc. Egypte. — Anc. capit. de la Béotie.

Thémis, déesse grecque de la Justice.

Thémistocle, général et homme d'État athénien (v. 525-v. 460 av. J.-C.), vainqueur à Salamine.

Théodoric, le Grand (v. 454-526), roi des Ostrogoths de 474 à 526; il domina l'Italie.

Théodose Ier, le Grand (v. 347-395), empereur d'Occident de 379 à 395 et empereur de tout l'Empire romain de 394 à 395; — THÉODOSE II, *le Jeune* (401-450), empereur d'Orient de 408 à 450.

Thérèse d'Avila (*sainte*), religieuse espagnole (1515-1582), réformatrice du Carmel et auteur d'écrits mystiques.

Thérèse de l'Enfant Jésus (*sainte*), carmélite de Lisieux (1873-1897).

Thermopyles, défilé de la Thessalie, où Léonidas, avec trois cents Spartiates, tenta d'arrêter l'armée de Xerxès (480 av. J.-C.).

Thésée, fondateur légendaire d'Athènes, qui tua le Minotaure.

Thespis, poète grec, créateur de la tragédie (VIe s. av. J.-C.).

Thessalie, région de la Grèce.

Thessalonique ou **Salonique**, v. de Grèce; 377 999 h. Port.

Thierry, nom de quatre rois mérovingiens.

Thierry (Augustin), historien français (1795-1856).

Thiers, ch.-l. d'arr. du Puy-de-Dôme, sur la Durolle; 17 800 h. Coutellerie.

Thiers (Adolphe), homme d'État et historien français (1797-1877), premier président de la IIIe République (1871-1873). Il réprima l'insurrection de la Commune.

Thionville, ch.-l. d'arr. et centre métallurgique de la Moselle; 44 200 h.

Thomas (*saint*), un des douze apôtres.

Thomas d'Aquin (*saint*), théologien italien (1225-1274), auteur de la *Somme théologique*.

Thomas Becket (*saint*), prélat anglais (1117 ou 1118-1170), archevêque de Canterbury, défenseur du clergé contre le roi.

Thomas (Sidney Gilchrist), métallurgiste anglais (1850-1885).

Thonon-les-Bains, ch.-l. d'arr. de Haute-Savoie, sur le lac Léman; 27 100 h.

Thor, dieu germanique de la Guerre.

Thoreau (Henry), écrivain américain (1817-1862).

Thouars, v. des Deux-Sèvres; 12 600 h.

Thouet, riv. du Poitou, affl. de la Loire; 140 km.

Thoune, v. de la Suisse, près du *lac de Thoune*; 36 500 h.

Thoutmès, nom de quatre pharaons égyptiens.

Thrace, région du nord-est de la Grèce et de la Turquie.

Thucydide, historien grec (v. 465-v. 395 av. J.-C.), auteur de l'*Histoire de la guerre du Péloponnèse.*

Thulé, nom donné par les Romains à une île de l'Europe septentrionale, considérée comme la limite du monde.

Thurgovie, canton suisse ; 185 000 h. Ch.-l. *Fravenfeld.*

Thuringe, région de l'Allemagne centrale.

Tian-chan, chaîne de l'Asie centrale.

Tiaret, v. d'Algérie ; 37 100 h.

Tibère Ier (v. 42 av. J.-C.-37 apr. J.-C.), empereur romain de 14 à 37.

Tibériade (*lac de*) ou de **Génésareth,** lac de Palestine, traversé par le Jourdain.

Tibesti, massif du Sahara.

Tibet, haut plateau de l'Asie centrale, région autonome de la Chine ; capit. *Lhassa.*

Tibre, fl. d'Italie, qui passe à Rome, et rejoint la mer Tyrrhénienne ; 396 km.

Tien-tsin, v. de Chine ; 4 millions d'h. Port.

Tiepolo (Giovanni Battista), peintre italien (1696-1770).

Tigre, fl. de l'Asie occidentale, qui se réunit à l'Euphrate pour former le Chatt al-Arab ; 1 950 km.

Tilburg, v. des Pays-Bas ; 152 500 h.

Tilly (Jean, *comte de*), général germanique (1559-1632), qui prit part à la guerre de Trente Ans.

Tilsit, v. de Lituanie ; traité entre Napoléon Ier et l'empereur de Russie (1807).

Timor, île de la Sonde.

Timur Lang. V. TAMERLAN.

Tintoret (*le*), peintre vénitien (1518-1594), auteur de nombreuses compositions religieuses ou historiques à Venise.

Tirana, capit. de l'Albanie ; 161 300 h.

Tirlemont, v. de Belgique ; 22 600 h.

Tirpitz (Alfred *von*), amiral allemand (1849-1930), qui dirigea la guerre sous-marine.

Tirso de Molina, auteur dramatique espagnol (v. 1583-1648).

Tirynthe, anc. v. de l'Argolide.

Tisza, riv. d'Europe orientale, affl. du Danube ; 980 km.

Titans, fils du Ciel et de la Terre, qui se révoltèrent contre les dieux.

Tite-Live, historien latin (64 ou 59 av. J.-C.-19 apr. J.-C.), auteur d'une *Histoire romaine.*

Titicaca, lac des Andes.

Titien, peintre italien (v. 1490-1576), chef de l'école vénitienne.

Tito (Joseph BROZ, *dit*), maréchal et homme d'État yougoslave, né en 1892, président de la République depuis 1953.

Titus (39-81), empereur romain de 79 à 81.

Tivoli, v. d'Italie ; jardins.

Tizi-Ouzou, ch.-l. de dép. d'Algérie.

Tlemcen, v. d'Algérie.

Toamasina, anc. **Tamatave,** v. de Madagascar ; 54 700 h. Port.

Tobago ou **Tabago,** île des Antilles. (V. TRINITÉ [*île de la*].)

Tobie, personnage biblique devenu aveugle, qui fut, sur les conseils de l'archange Raphaël, guéri par son fils.

Tobrouk, port de Libye.

Tocantins, fl. du Brésil (océan Atlantique) ; 2 700 km.

Tocqueville (Alexis *Clérel de*), historien français (1805-1859).

Togo, État de l'Afrique occidentale ; 56 600 km²; 2 350 000 h. Capit. *Lomé.* Cacao, café, coton.

Togo (Heihachiro), amiral japonais (1847-1934), vainqueur des Russes.

Toison d'or, toison gardée par un dragon, enlevée par Jason et les Argonautes.

Tojo (Hideki), général et homme d'État japonais (1884-1948). Il dirigea la lutte de son pays contre les Alliés.

Tokay ou **Tokaï,** v. de Hongrie ; vins.

Tokyo, capit. du Japon ; 13 350 000 h. Port.

Tolbiac, v. de l'anc. Gaule, où Clovis vainquit les Alamans à la fin du Ve s.

Tolède, v. d'Espagne (Castille), sur le Tage ; 40 700 h.

Toledo, v. des États-Unis (Ohio) ; 383 800 h.

Tolstoï (Léon), romancier russe (1828-1910), auteur de *Guerre et Paix.*

Tombouctou, v. du Mali ; 10 500 h.

Tomsk, v. de l'U. R. S. S., en Sibérie.

Tonga, archipel de Polynésie.

Tongres, v. de Belgique ; 17 100 h.

Tonkin, région du Viêt-nam septentrional. V. pr. *Hanoï.*

Tonlé-sap, lac du Cambodge.

Tonnerre, v. de l'Yonne ; 6 500 h.

Toronto, v. du Canada ; capit. de l'Ontario, sur le lac Ontario ; 664 600 h.

Torquemada (Thomas *de*), dominicain (1420-1498), inquisiteur général en Espagne.

Torricelli (Evangelista), physicien italien (1608-1647), inventeur du baromètre.

Toscane, région de l'Italie centrale.

Touareg, peuples nomades du Sahara.

Toucouleurs, peuple du Sénégal.

Touggourt, oasis d'Algérie.

Toul, ch.-l. d'arr. de Meurthe-et-Moselle, sur la Moselle ; 16 800 h.

Toula, v. de l'U. R. S. S., au sud de Moscou ; 462 000 h.

Toulon, ch.-l. du Var, sur la Méditerranée ; 185 000 h. Port militaire.

Toulouse, anc. capit. du Languedoc, ch.-l. de la Haute-Garonne, sur la Garonne ; 383 200 h.

Toulouse-Lautrec (Henri *de*), peintre français (1864-1901).

Toungouska, nom de trois rivières de la Sibérie occidentale.

Touques (la), fl. de Normandie ; 108 km.

Touraine, anc. prov. de France, sur la Loire ; capit. *Tours.*

Tourane. V. DA NANG.

Tourcoing, v. du dép. du Nord ; 102 500 h.

Tour-du-Pin (*La*), ch.-l. d'arr. de l'Isère ; 6 800 h.

Tourgueniev (Ivan), écrivain russe (1818-1883).

Tourmalet, col des Pyrénées.

Tournai, v. de Belgique (Hainaut) ; 33 300 h.

Tournon, ch.-l. d'arr. de l'Ardèche ; 9 600 h.

Tournus, v. de Saône-et-Loire ; 7 800 h.

Tours, ch.-l. du dép. d'Indre-et-Loire, sur la Loire ; 145 400 h.

Tourville (Anne DE COTENTIN, *comte de*), marin français (1642-1701).

Toussaint-Louverture, homme politique haïtien (1743-1803).

Tout Ankh Amon, pharaon d'Égypte (XIVᵉ s. av. J.-C.).

Trafalgar, cap de l'Espagne méridionale; victoire de Nelson sur les flottes française et espagnole (1805).

Trajan (53-117), empereur romain de 98 à 117, vainqueur des Daces et des Parthes.

Transjordanie. V JORDANIE.

Transvaal, prov. de l'Afrique du Sud; 8 765 000 h. Capit. *Pretoria.*

Transylvanie, région de Roumanie.

Trappe (la), abbaye cistercienne, fondée en 1140.

Trappes, centre ferroviaire des Yvelines; 22 900 h.

Trasimène *(lac),* lac de Toscane; victoire d'Annibal sur Flaminius (217 av. J.-C.).

Trébie, riv. d'Italie, affl. du Pô; victoire d'Annibal sur les Romains (218 av. J.-C.).

Trébizonde ou **Trabzon,** port de Turquie, sur la mer Noire.

Trégorrois, région de Bretagne.

Tréguier, bourg des Côtes-du-Nord; 3 718 h.

Trélazé, v. de Maine-et-Loire; 11 300 h. Ardoises.

Trente, v. d'Italie (Vénétie), dans le *Trentin;* 94 700 h. Concile (1545-1563).

Trente Ans *(guerre de),* guerre qui, de 1618 à 1648, opposa à la maison d'Autriche, appuyée par les catholiques, un grand nombre de protestants de l'Empire, soutenus par des souverains étrangers.

Trépassés *(baie des),* baie du Finistère.

Tréport *(Le),* station balnéaire de la Seine-Maritime, sur la Manche; 6 900 h.

Trèves, v. d'Allemagne occidentale, sur la Moselle; 103 400 h.

Trévoux, anc. capit. de la Dombes, dans l'Ain; 4 700 h.

Trianon (le *Grand* et le *Petit),* châteaux bâtis dans le parc de Versailles, le premier en 1687, le second en 1762.

Trieste, v. d'Italie, sur le *golfe de Trieste* (Adriatique); 280 700 h. Port.

Trinité *(île de la),* ou **Trinidad,** une des Petites Antilles formant, avec Tobago, un État du Commonwealth; 1 100 000 h. Capit. *Port of Spain.*

Tripoli, capit. de la Libye; 247 000 h.

Tripoli, v. du Liban; 145 000 h. Port.

Tripolitaine, région de Libye.

Tristan et Iseut, légende du Moyen Âge.

Triton, dieu grec de la Mer.

Troade, anc. pays de l'Asie Mineure; capit. *Troie.*

Troie ou **Ilion,** capit. de la Troade, qui soutint contre les Grecs un siège de dix ans.

Trois-Évêchés, anc. gouvernement de France, constitué par les trois villes de Metz, Toul et Verdun.

Trois Mousquetaires *(les),* roman d'A. Dumas père.

Trondheim, v. de Norvège; 120 800 h. Port.

Trotski (Lev Davidovitch), révolutionnaire russe (1879-1940), collaborateur de Lénine, adversaire de Staline.

Trouville-sur-Mer, station balnéaire du Calvados, sur la Manche; 6 700 h.

Troyes, anc. capit. de la Champagne, ch.-l. de l'Aube, sur la Seine; 75 500 h. En 1420 y fut signé un traité qui donnait à Henri V d'Angleterre la régence de France et la succession au trône.

Truman (Harry), homme d'État américain (1884-1972), président démocrate des États-Unis de 1945 à 1953.

Truyère, affl. du Lot; 160 km.

Tseu-hi (1834-1908), impératrice de Chine (1881-1908).

Tsi-nan, v. de Chine (Chan-tong); 862 000 h.

Tsing-tao, port de Chine (Chan-tong); 1 144 000 h.

Tsushima, archipel japonais; victoire navale des Japonais sur les Russes (1905).

Tuamotu, îles de la Polynésie française.

Tübingen, v. d'Allemagne occidentale; 52 500 h.

Tucuman, v. du nord de l'Argentine; 287 000 h.

Tudor, dynastie galloise, qui régna sur l'Angleterre de 1485 à 1603.

Tuileries *(palais des),* anc. résidence des rois de France, à Paris.

Tulle, ch.-l. de la Corrèze, sur la Corrèze; 21 600 h. Manufacture d'armes.

Tullus Hostilius, troisième roi de Rome.

Tunis, capit. de la Tunisie; 695 000 h.

Tunisie, État de l'Afrique du Nord indépendant depuis 1956; 156 000 km²; 6 millions d'h. Capit. *Tunis.*

Turckheim, bourg du Haut-Rhin; victoire de Turenne sur les Impériaux (1675).

Turenne (Henri DE LA TOUR D'AUVERGNE, *vicomte de),* maréchal de France (1611-1675). Il s'illustra pendant la guerre de Trente Ans, la Fronde, et par sa conquête de l'Alsace.

Turgot (Anne Robert Jacques), économiste français (1727-1781), contrôleur général des Finances sous Louis XVI.

Turin, v. d'Italie (Piémont), sur le Pô; 1 199 000 h.

Turkestan, région de l'Asie centrale, partagée entre l'U. R. S. S. et la Chine.

Turkménistan, république de l'U. R. S. S., en Asie centrale; capit. *Achkhabad.*

Turku, v. de Finlande; 154 700 h. Port sur la Baltique.

Turner (William), peintre paysagiste anglais (1775-1851).

Turquie, république de la péninsule des Balkans et de l'Asie occidentale; 767 000 km²; 42 130 000 h. Capit. *Ankara.*

Twain (Mark), écrivain humoristique américain (1835-1910).

Tweed, riv. qui sépare l'Angleterre de l'Écosse; 156 km.

Tyard ou **Thiard** *(Pontus de),* poète français de la Pléiade (1521-1605).

Tyr, auj. **Sour,** v. du Liban. Très ancien port phénicien.

Tyrol ou **Tirol,** région des Alpes partagée entre l'Autriche et l'Italie.

Tyrrhénienne *(mer),* partie de la Méditerranée située entre la péninsule italienne, la Corse, la Sardaigne et la Sicile.

U

Ubaye, torrent de la haute Provence ; 80 km.
Uccle, v. de Belgique (Brabant) ; 75 900 h.
Ugine, v. de Savoie ; 8 327 h. Electrométallurgie.
Ugolin, tyran de Pise, qui fut jeté dans une tour avec ses enfants et condamné à y mourir de faim.
Ukraine, république fédérée de l'U. R. S. S. ; 47 126 000 h. Capit. *Kiev.*
Ulbricht (Walter), homme politique de l'Allemagne orientale (1893-1973).
Ulm, v. d'Allemagne occidentale (Wurtemberg) ; 93 400 h. Napoléon s'empara de la ville en 1805.
Ulster, anc. prov. de l'Irlande, dont la partie orientale est unie à la Grande-Bretagne.
Ulysse, roi d'Ithaque, un des principaux héros du siège de Troie.
Union sud-africaine, anc. nom de la *république d'Afrique du Sud.*
Unterwald, canton suisse, divisé en deux demi-cantons.
Uppsala, v. universitaire de Suède.
Ur. V. OUR.
Uranus, planète du système solaire.

Urbain, nom de huit papes.
Urfé (Honoré d'), écrivain français (1567-1625), auteur de l'*Astrée.*
Uri, canton suisse ; 34 700 h. Ch.-l. *Altdorf.*
U. R. S. S. *(Union des républiques socialistes soviétiques),* Etat fédératif composé de quinze républiques ; 22 271 000 km² ; 258 millions d'h. Capit. *Moscou.*
Uruguay, riv. de l'Amérique du Sud, affl. du rio de la Plata.
Uruguay, Etat de l'Amérique du Sud ; 187 000 km² ; 2 810 000 h. Capit. *Montevideo.*
Ussel, ch.-l. d'arr. de la Corrèze ; 11 300 h.
Utah, un des Etats unis d'Amérique ; 1 126 000 h. Capit. *Salt Lake City.*
Utique, anc. v. près de Carthage.
Utrecht, v. des Pays-Bas ; 271 000 h. Traités qui mirent fin à la guerre de Succession d'Espagne (1713).
Utrillo (Maurice), peintre français (1883-1955).
Uttar Pradesh, Etat du nord de l'Inde ; capit. *Lucknow.*
Uzbekistan. V. OUZBÉKISTAN.
Uzès, v. du Gard ; 7 400 h.

V

Vaccarès, étang de Camargue.
Vaduz, capit. du Liechtenstein ; 3 800 h.
Valachie, région de la Roumanie.
Valais, canton suisse ; 206 600 h. Ch.-l. *Sion.*
Val-de-Marne, dép. de la région parisienne ; préf. *Créteil* ; s.-préf. *Nogent-sur-Marne* ; 1 215 700 h.
Val-d'Isère, station de sports d'hiver des Alpes, en Savoie.
Val-d'Oise, dép. de la région parisienne ; préf. *Pontoise* ; s.-préf. *Argenteuil, Montmorency* ; 840 900 h.
Valençay, bourg de l'Indre ; château de la Renaissance.
Valence, v. d'Espagne ; 653 700 h. Port sur la Méditerranée.
Valence, ch.-l. de la Drôme, sur le Rhône ; 70 300 h.
Valenciennes, ch.-l. d'arr. du Nord, sur l'Escaut ; 43 200 h.
Valera (Eamon de). V. DE VALERA.
Valérien, empereur romain de 253 à 259.
Valéry (Paul), écrivain français (1871-1945).
Valette (La), capit. de Malte.
Valladolid, v. d'Espagne ; 236 300 h.
Valmy, village de la Marne, où Dumouriez et Kellerman arrêtèrent les Prussiens (1792).
Valois, anc. pays de France ; ch.-l. *Crépy.*
Valois, branche des Capétiens, qui régna sur la France de 1328 à 1589.
Valparaiso, v. du Chili ; 280 200 h. Port.

Vals-les-Bains, station thermale de l'Ardèche.
Vancouver, île du Pacifique (Canada). — Port en face de l'île Vancouver ; 410 400 h.
Vandales, peuple germanique, qui envahit la Gaule, l'Espagne et l'Afrique (vᵉ-vlᵉ s.).
Van der Meulen (Antoine), peintre flamand (1634-1690).
Van der Weyden (Rogier), peintre flamand (m. en 1464).
Van Dongen (Cornelis Kees), peintre français d'origine néerlandaise (1877-1968).
Van Dyck (Antoine), peintre flamand (1599-1641), peintre de Charles Iᵉʳ.
Van Eyck (Jean), peintre flamand (v. 1390-1441), auteur de l'*Agneau mystique.*
Van Gogh (Vincent), peintre hollandais (1853-1890).
Van Goyen (Jan), peintre paysagiste hollandais (1596-1656).
Vanloo (Jean-Baptiste), peintre portraitiste français (1684-1745), ainsi que son frère CARLE (1705-1765).
Vannes, ch.-l. du Morbihan ; 43 500 h.
Var, fl. de Provence ; 135 km.
Var, dép. du sud de la France ; préf. *Toulon* ; s.-préf. *Brignoles, Draguignan* ; 626 000 h.
Vardar, fl. de Yougoslavie et de Grèce (golfe de Salonique) ; 388 km.
Varennes-en-Argonne, bourg de la Meuse, où Louis XVI fut arrêté (1791).

Varsovie, capit. de la Pologne, sur la Vistule ; 1 410 000 h.

Vatican (cité du), domaine temporel des papes, à Rome ; 44 ha ; 1 000 h.

Vauban, (Sébastien LE PRESTRE, seigneur de), ingénieur militaire et maréchal de France (1633-1707), qui fortifia les frontières françaises.

Vaucanson (Jacques de), mécanicien français (1709-1782), fabricant d'automates.

Vaucluse, dép. du sud de la France ; préf. Avignon ; s.-préf. Apt, Carpentras ; 390 500 h.

Vaud, canton suisse ; 511 900 h. Ch.-l. Lausanne.

Vaugelas (Claude Favre de), grammairien français (1585-1650).

Vauvenargues (Luc DE CLAPIERS, marquis de), moraliste français (1715-1747), auteur de Maximes.

Vaux-devant-Damloup, loc. de la Meuse, dont le fort fut disputé par les Français et les Allemands en 1916.

Vaux-le-Vicomte, château, près de Melun, bâti par Le Vau (1653).

Veda, livres sacrés des hindous.

Véies, anc. v. d'Etrurie.

Vélasquez (Diego), peintre et portraitiste espagnol (1599-1660), auteur des Menines.

Velay, anc. pays du centre de la France ; ch.-l. Le Puy.

Velléda, druidesse et prophétesse de Germanie, sous l'empereur Vespasien.

Velpeau (Alfred), chirurgien français (1795-1867).

Vence, v. des Alpes-Maritimes ; 11 700 h.

Venceslas, nom de deux ducs et de quatre rois de Bohême.

Vendée, riv. de l'ouest de la France ; affl. de la Sèvre Niortaise ; 70 km.

Vendée, dép. de l'ouest de la France ; préf. La Roche-sur-Yon ; s.-préf. Fontenay-le-Comte ; Les Sables-d'Olonne ; 450 600 h.

Vendée (guerres de), insurrections contre-révolutionnaires de l'ouest de la France (1793-1795).

Vendôme, ch.-l. d'arr. de Loir-et-Cher, sur le Loir ; 18 500 h.

Vendôme (César, duc de), fils naturel de Henri IV et de Gabrielle d'Estrées (1594-1665), qui participa à la Fronde ; — Son petit-fils, LOUIS-JOSEPH (1654-1712), vainqueur à Villaviciosa.

Vénétie, région du nord-ouest de l'Italie.

Venezuela, république de l'Amérique du Sud ; 912 000 km² ; 12 740 000 h. Capit. Caracas.

Venise, v. d'Italie, bâtie sur les lagunes de l'Adriatique, riche en monuments et en musées ; 366 800 h.

Vent (îles du), îles des Petites Antilles.

Ventoux (mont), montagne des Alpes de Provence ; 1 912 m.

Vénus, déesse latine de la Beauté.

Vénus, planète du système solaire.

Vêpres siciliennes, massacre des Français en Sicile (1282).

Veracruz, v. du Mexique ; 138 000 h. Port.

Vercingétorix, chef gaulois, né vers 72 av. J.-C., qui lutta contre César (Gergovie, Alésia) et fut exécuté au bout de six ans de captivité (46 av. J.-C.).

Vercors, plateau calcaire des Préalpes françaises du Nord. Résistance héroïque en 1944.

Verdi (Giuseppe), compositeur italien (1813-1901), auteur d'opéras.

Verdon, riv. du sud de la France, affl. de la Durance ; 175 km. Gorges.

Verdun, ch.-l. d'arr. de la Meuse, sur la Meuse ; 26 900 h. Traité réglant le partage de l'empire carolingien (843). En 1916, les Français repoussèrent de violentes attaques allemandes, au nord de la ville.

Vergennes (Charles GRAVIER, comte de), diplomate français (1717-1787), ministre des Affaires étrangères sous Louis XVI.

Verhaeren (Emile), poète symboliste belge (1855-1916).

Verkhoïansk, loc. de l'U. R. S. S. (Sibérie). Lieu le plus froid de la Terre.

Verlaine (Paul), poète français (1844-1896), auteur des Poèmes saturniens, de la Bonne Chanson, de Sagesse, etc.

Vermeer de Delft (Johannes), peintre hollandais (1632-1675), auteur de paysages et d'intérieurs.

Vermont, un des États unis d'Amérique ; 462 000 h. Capit. Montpelier.

Verne (Jules), écrivain français (1828-1905), auteur de romans d'aventures.

Vernet (Joseph), peintre de marines français (1714-1789) ; — Son fils, CARLE (1758-1835), peintre militaire ; — HORACE (1789-1863), fils du précédent, peintre de batailles.

Vernon, v. de l'Eure, sur la Seine ; 23 600 h.

Vérone, v. d'Italie, sur l'Adige ; 269 800 h.

Véronèse, peintre de l'école vénitienne (1528-1588), auteur des Noces de Cana.

Verrès (Caius Licinius), proconsul romain, accusé de concussion par Cicéron.

Verrocchio (del), statuaire, peintre et architecte florentin (1436-1488).

Versailles, ch.-l. des Yvelines ; 97 100 h. Château construit, pour sa plus grande part, à partir de 1661, par Le Vau et Mansart. En 1919 y fut signé l'un des traités qui mirent fin à la Première Guerre mondiale.

Verviers, v. de Belgique (Liège), sur la Vesdre ; 36 100 h.

Vervins, ch.-l. d'arr. de l'Aisne ; 3 300 h. Traité entre Henri IV, roi de France, et Philippe II d'Espagne (1598).

Vésinet (Le), v. des Yvelines, sur la Seine ; 18 200 h.

Vesle, riv. de France, affl. de l'Aisne ; 143 km. Elle passe à Reims.

Vesoul, ch.-l. de la Haute-Saône ; 20 100 h.

Vespasien (7-79), empereur romain de 69 à 79.

Vesta, déesse romaine du Feu.

Vésuve, volcan d'Italie, au sud-est de Naples, célèbre par son éruption de l'an 79 ; 1 200 m.

Veuillot (Louis), écrivain français (1813-1883), polémiste catholique.

Vevey, v. de Suisse, sur le lac Léman ; 18 100 h.

Vexin, anc. pays de France, divisé en Vexin français et en Vexin normand.

Vézelay, bourg de l'Yonne ; église romane.

Vézère, riv. de France, affl. de la Dordogne ; 192 km. Stations préhistoriques.

Viau (Théophile de), poète français (1590-1626), auteur de Pyrame et Thisbé.

Vicence, v. d'Italie (Vénétie) ; 109 500 h.

Vichnou, deuxième personnage divin de la trinité brahmanique.

Vichy, ch.-l. d'arr. et station thermale de l'Allier ; 32 300 h. Siège du gouvernement présidé par Pétain (1940-1944).

Vico (Giambattista), philosophe italien (1668-1744).

Victor-Emmanuel Ier (1759-1824), roi de Sardaigne de 1802 à 1821 ; — VICTOR-EMMANUEL II (1820-1878), créateur, avec Cavour, de l'unité italienne, roi d'Italie en 1861 ; — VICTOR-EMMANUEL III (1869-1947), roi d'Italie de 1900 à 1946.

Victoria, État du sud de l'Australie. — Capit. de la colonie britannique de Hong-kong ; 675 000 h. — Capit. de la Colombie britannique (Canada).

Victoria (Tomas Luis de), compositeur espagnol (v. 1548-v. 1611).

Victoria (1819-1901), reine de Grande-Bretagne de 1837 à 1901. Sous son règne, l'expansion coloniale britannique connut un grand essor.

Victoria (lac), lac de l'Afrique équatoriale, d'où sort le Nil ; 68 800 km².

Vienne, capit. de l'Autriche, sur le Danube ; 2 millions d'h. Plusieurs traités y furent signés : en 1738 (Succession de Pologne), en 1809 (après Wagram) et après le Congrès de 1814-1815.

Vienne (la), riv. du centre de la France, affl. de la Loire ; 372 km.

Vienne, ch.-l. d'arr. de l'Isère, sur le Rhône ; 28 800 h.

Vienne, dép. du centre de la France ; préf. Poitiers ; s.-préf. Châtellerault, Montmorillon ; 357 400 h.

Vienne (Haute-), dép. du centre de la France ; préf. Limoges ; s.-préf. Bellac, Rochechouart ; 352 100 h.

Vien-tiane, capit. du Laos ; 132 300 h.

Vierge (la Sainte), nom de la mère de Jésus-Christ.

Vierges (îles), îles des Antilles.

Vierzon, v. du Cher, sur le Cher ; 36 500 h.

Viète (François), mathématicien français (1540-1603), créateur de l'algèbre.

Viêt-nam, État de l'Indochine orientale ; 334 000 km² ; 46 millions d'h. Capit. Hanoi.

Vigan (Le), ch.-l. d'arr. du Gard ; 4 400 h.

Vigny (Alfred de), écrivain romantique français (1797-1863).

Vigo, v. d'Espagne (Galice) ; 191 800 h. Port sur l'Atlantique.

Viipuri. V. VYBORG.

Vikings, navigateurs scandinaves, qui, aux XIe et XIIe s., ravagèrent l'Europe.

Vila ou **Port-Vila,** capit. des Nouvelles-Hébrides, dans l'île Vaté ; 3 100 h.

Vilaine, fl. de l'ouest de la France (Atlantique) ; 225 km.

Villard-de-Lans, station d'altitude et de sports d'hiver de l'Isère.

Villars (Claude, duc de), maréchal de France (1653-1724), vainqueur à Friedlingen et à Kehl, pacificateur des Cévennes ; il sauva la France à Denain (1712).

Villaviciosa, v. d'Espagne (Castille), où Vendôme vainquit les Impériaux en 1710.

Villefranche, v. des Alpes-Maritimes ; 7 300 h. Port.

Villefranche-de-Rouergue, ch.-l. d'arr. de l'Aveyron, sur l'Aveyron ; 13 700 h.

Villefranche-sur-Saône, anc. capit. du Beaujolais et ch.-l. d'arr. du Rhône ; 30 700 h.

Villehardouin (Geoffroi de), chroniqueur français (v. 1150-v. 1213).

Villejuif, v. du Val-de-Marne ; 55 600 h.

Villèle (Joseph, comte de), homme politique français (1773-1854).

Villeneuve-Saint-Georges, v. du Val-de-Marne ; 32 200 h.

Villeneuve-sur-Lot, ch.-l. d'arr. de Lot-et-Garonne ; 23 000 h.

Villeroi (François de), maréchal de France (1644-1730), vaincu à Ramillies.

Villers-Cotterêts, v. de l'Aisne ; 9 000 h. Ordonnance de François Ier en 1539 qui imposa le français dans les actes officiels.

Villeurbanne, v. du Rhône ; 119 400 h.

Villiers de L'Isle-Adam (Auguste, comte de), écrivain français (1838-1889).

Villon (François), poète français (1431-apr. 1463), auteur du Petit et du Grand Testament et de l'Épitaphe Villon.

Vilnius, capit. de la Lituanie (U. R. S. S.) ; 372 000 h.

Vilvorde, v. de Belgique (Brabant) ; 33 900 h.

Vincennes, v. du Val-de-Marne ; 44 500 h. Château fort.

Vincent de Paul (saint), prêtre français (1581-1660), renommé pour sa charité.

Vinci (Léonard de), artiste de l'école florentine (1452-1519), à la fois peintre (Joconde, Cène), sculpteur, architecte, ingénieur, écrivain, musicien, anatomiste.

Vintimille, v. d'Italie (Ligurie) ; 25 300 h.

Viollet-le-Duc (Eugène Emmanuel), architecte français (1814-1879).

Vire, fl. de Normandie ; 118 km.

Vire, ch.-l. d'arr. du Calvados ; 14 400 h.

Virgile, poète latin (v. 70-19 av. J.-C.), auteur des Bucoliques, des Géorgiques et de l'Énéide.

Virginie, un des États unis d'Amérique, sur l'Atlantique ; 4 764 000 h. Capit. Richmond.

Virginie-Occidentale, un des États unis d'Amérique ; 1 781 000 h. Capit. Charleston.

Visconti, famille d'Italie, qui régna à Milan de 1277 à 1447.

Vistule, fl. de Pologne, qui arrose Varsovie et se jette dans la Baltique ; 1 090 km.

Vitebsk, v. de l'U. R. S. S. (Biélorussie), sur la Dvina ; 231 000 h.

Vitellius (15-69), empereur romain en 69 ; il ne régna que huit mois.

Vitoria, v. d'Espagne (Pays basque) ; 136 900 h.

Vitruve, architecte romain (Ier s. av. J.-C.).

Vitry-le-François, ch.-l. d'arr. de la Marne, sur la Marne ; 20 100 h.

Vitry-sur-Seine, v. du Val-de-Marne ; 88 000 h.

Vittel, station thermale des Vosges ; 6 800 h.

Vivaldi (Antonio), violoniste et compositeur vénitien (1678-1741).

Vivarais, pays de l'ancien du Massif central.

Vizille, v. de l'Isère ; 7 300 h. Château (XVIIe s.).

Vladivostok, port de l'U. R. S. S., en Extrême-Orient ; 442 000 h.

Vltava, en allem. **Moldau,** riv. de Bohême, affl. de l'Elbe; 430 km.

Voiron, v. de l'Isère; 20 400 h.

Voiture (Vincent), écrivain français (1597-1648), auteur de lettres et de poésies.

Volga (la), fl. de l'U.R.S.S., le plus long d'Europe (mer Caspienne); 3 700 km.

Volgograd. V. STALINGRAD.

Volsques, anc. peuple du Latium.

Volta (Alessandro), physicien italien (1745-1827), inventeur de la pile électrique.

Voltaire (François-Marie AROUET, dit), écrivain français (1694-1778), auteur de tragédies (*Zaïre*), d'ouvrages historiques (*le Siècle de Louis XIV*), de contes philosophiques (*Candide*) et d'innombrables écrits en prose et en vers.

Volturno, fl. d'Italie (mer Tyrrhénienne); 167 km.

Vorarlberg, prov. d'Autriche.

Voronei, v. de l'U.R.S.S., sur le Don; 660 000 h.

Vosges, massif montagneux de l'est de la France, culminant à 1 424 m.

Vosges, dép. de l'est de la France; préf. *Epinal*; s.-préf. *Neufchâteau, Saint-Dié*; 398 000 h.

Vouillé, bourg de la Vienne, où Clovis vainquit Alaric (567).

Vouvray, bourg viticole d'Indre-et-Loire, sur la Loire.

Vouziers, ch.-l. d'arr. des Ardennes; 5 500 h.

Vuillard (Édouard), peintre français (1868-1940), du groupe *nabi*.

Vulcain, dieu latin du Feu.

Vulpian (Alfred), médecin et physiologiste français (1826-1887).

Vyborg, en finnois **Viipuri,** v. de l'U.R.S.S.; 51 000 h. Port sur le golfe de Finlande.

Wagner (Richard), compositeur allemand (1813-1883), auteur de *Tannhäuser, Lohengrin, Tristan et Iseut, Parsifal,* etc.

Wagram, village d'Autriche, près de Vienne, où Napoléon Ier vainquit l'archiduc Charles (1809).

Wakayama, v. du Japon; 353 000 h. Port.

Walhalla, séjour des héros morts, dans la mythologie germanique.

Walkyries ou **Valkyries,** déesses de la mythologie germanique.

Wallenstein ou **Waldstein,** homme de guerre tchèque (1583-1634), qui participa à la guerre de Trente Ans.

Wallis, archipel français de Polynésie.

Wallis-et-Futuna, territoire français d'outre-mer; 255 km²; 10 000 h.

Wallonie, partie sud et sud-est de la Belgique où l'on parle le français.

Wallons, population de la Wallonie.

Walpole (Robert), homme d'État anglais (1676-1745), chef des whigs.

Walpurgis *(sainte),* religieuse anglaise (v. 710-779).

Warta, riv. de Pologne, affl. de l'Oder; 794 km.

Warwickshire, comté d'Angleterre; 471 800 h. Ch.-l. *Warwick.*

Washington, capit. des États-Unis, dans le district fédéral de Columbia; 811 000 h.

Washington, un des États unis d'Amérique, sur le Pacifique; 3 409 000 h. Capit. *Olympia.*

Washington (George), homme d'État américain (1732-1799), un des fondateurs de la république des États-Unis, dont il devint le premier président.

Wassy, bourg de la Haute-Marne. Massacre des protestants en 1562.

Waterloo, localité de Belgique, où Napoléon Ier fut vaincu par Wellington et Blücher (1815).

Watt (James), mécanicien et ingénieur écossais (1736-1819), qui perfectionna les machines à vapeur.

Watteau (Antoine), peintre français (1684-1721), auteur de scènes champêtres et galantes (*l'Embarquement pour Cythère*).

Wattignies, v. du Nord; 12 400 h. Victoire de Jourdan sur les Autrichiens (1793).

Weber (Carl Maria von), compositeur allemand (1780-1826), auteur d'*Obéron.*

Weimar, v. d'Allemagne orientale, en Thuringe.

Wellington, capit. de la Nouvelle-Zélande; 167 900 h.

Wellington (Arthur WELLESLEY, *duc de*), général anglais (1769-1852), vainqueur de Napoléon à Waterloo.

Wells (Herbert George), romancier anglais (1866-1946), auteur de romans d'anticipation.

Wen-tcheou, v. de Chine (Tchö-kiang).

Weser, fl. d'Allemagne (mer du Nord); 480 km.

Wesley (John), théologien anglais (1703-1791), fondateur de l'Église méthodiste.

Wessex, royaume anglo-saxon (Ve-XIe s.).

Westminster, abbaye de Londres.

Westphalie, anc. province d'Allemagne.

Westphalie *(traités de),* traités conclus en 1648 entre l'Allemagne, la France et la Suède, après la guerre de Trente Ans.

West Point, site des États-Unis (New York); école militaire.

Weygand (Maxime), général français (1867-1965).

Whistler (James), peintre américain (1834-1903).

Whitman (Walt), poète américain (1819-1892), auteur des *Feuilles d'herbe*.

Wichita, v. des États-Unis (Kansas); 274 500 h.

Wiclef (John), théologien anglais (1324-1384), précurseur de la Réforme.

Wieland (Christoph Martin), écrivain allemand (1733-1813).

Wiesbaden, v. d'Allemagne occidentale, capit. de la Hesse; 261 100 h.

Wight, île anglaise de la Manche.

Wilde (Oscar), écrivain anglais (1854-1900).

Wilhelmine (1880-1962), reine des Pays-Bas de 1890 à 1948.

Wilhelmshaven, v. d'Allemagne occidentale; 100 900 h. Port sur la mer du Nord.

Wilson (Thomas Woodrow), homme d'État américain (1856-1924), président des États-Unis (1913-1921).

Wilson (Harold), homme d'État britannique, né en 1916.

Wimbledon, faubourg de Londres; championnats internationaux de tennis.

Winchester, v. d'Angleterre, ch.-l. du Hampshire; 30 700 h.

Windsor, v. d'Angleterre, sur la Tamise; château royal. — V. du Canada (Ontario); 192 500 h. Automobiles.

Winnipeg, lac du Canada. — V. du Canada, capit. du Manitoba; 553 000 h.

Wintherhalter (François-Xavier), peintre allemand (1805-1873), portraitiste de la cour de Napoléon III.

Winterthur, v. de Suisse (Zurich); 99 400 h.

Wisconsin, un des États unis d'Amérique; 4 161 000 h. Capit. *Madison*.

Wiseman (Étienne), cardinal anglais (1802-1865), auteur de *Fabiola*.

Wisigoths, nom d'une tribu des Goths, qui envahit la Gaule v. 418.

Wissembourg, ch.-l. du Bas-Rhin; 6 900 h.

Witt (Cornelis *de*), homme d'État hollandais (1623-1672).

Witwatersrand, district aurifère d'Afrique du Sud (Transvaal).

Wolverhampton, v. d'Angleterre; 266 900 h.

Worcester, v. d'Angleterre, sur la Severn; 70 200 h. — V. des États-Unis; 186 600 h.

Wordsworth (William), poète anglais (1770-1850), chef de l'école lakiste.

Worms, v. d'Allemagne (Hesse), sur le Rhin; 63 300 h. Un concordat y fut conclu qui mit fin à la querelle des Investitures (1122); il s'y tint une diète qui mit Luther au ban de l'Empire (1521).

Wou-han, v. de la Chine centrale; 2 226 000 h.

Wright (Wilbur), constructeur américain (1867-1912). Il fut, avec son frère ORVILLE (1871-1948), un des pionniers de l'aviation.

Wright (Frank Lloyd), architecte américain (1869-1959).

Wroclaw, en allem. Breslau, v. de Pologne (Silésie); 568 900 h.

Wuppertal, v. d'Allemagne occidentale, dans la Ruhr; 422 900 h. Métallurgie.

Wurtemberg, État d'Allemagne du Sud-Ouest, uni aujourd'hui au pays de Bade; capit. *Stuttgart*.

Wurtzbourg, en allem. **Würzburg**, v. d'Allemagne occidentale (Bavière), sur le Main.

Wyoming, un des États unis d'Amérique; 345 500 h. Capit. *Cheyenne*.

Xénophon, historien, philosophe et général athénien (v. 430-v. 355 av. J.-C.), disciple de Socrate; il dirigea la retraite des Dix-Mille.

Xerxès Ier (v. 519-465 av. J.-C.), roi des Perses de 486 à 465, qui envahit l'Attique et fut vaincu à Salamine. — **Xerxès II**, fils d'Artaxerxès Ier, roi de Perse en 424, assassiné la même année.

Xingu, riv. du Brésil, affl. de l'Amazone; 1 980 km.

Yahvé, nom propre de Dieu dans la Bible.

Yalta, v. de l'U.R.S.S. (Crimée). Port sur la mer Noire. Accords entre Staline, Roosevelt et Churchill (1945).

Yalu, fl. qui sépare la Corée de la Chine; 600 km.

Yanaon, v. de l'Inde, autrefois sous administration française.

Yang-tseu-kiang, anc. **fleuve Bleu**, fl. de Chine (mer de Chine); 5 500 km.

Yaoundé, capit. du Cameroun; 178 000 h.

Yellowstone, riv. des États-Unis, affl. du Missouri; 1 600 km.

Yémen (*République arabe du*), république du sud-ouest de l'Arabie; 6 480 000 h.; capit. *Sana*.

Yémen (*République démocratique et populaire du*), anc. *Yémen du Sud*, république d'Arabie ; 1 750 000 h. Capit. *Al-Chaab.*

Yeu (*île d'*), île de la Vendée ; 4 800 h.

Yokohama, v. du Japon (Honshu) ; 2 238 000 h. Port.

Yonne, riv. de France, affl. de la Seine à Montereau : 293 km.

Yonne, dép. du Bassin parisien ; préf. *Auxerre* ; s.-préf. *Avallon, Sens* ; 299 900 h.

York, v. d'Angleterre ; 105 900 h. Cathédrale de style flamboyant.

York, branche de la maison d'Anjou-Plantagenêt. Elle fournit trois rois à l'Angleterre : Edouard IV, Edouard V et Richard III.

Yorkshire, comté du nord-est de l'Angleterre. Ch.-l. *York.*

Yorktown, village des États-Unis où Washington battit une armée anglaise (1781).

Yougoslavie, république fédérale d'Europe centrale et méridionale ; 257 000 km² ; 21 720 000 h. Capit. *Belgrade.*

Young (Edward), poète anglais (1681-1765), auteur des *Nuits.*

Ypres, v. de Belgique. (Flandre-Occidentale) ; 18 300 h.

Yser, fl. de Belgique (mer du Nord) ; 78 km.

Yssingeaux, ch.-l. d'arr. de la Haute-Loire ; 6 600 h.

Yucatan, presqu'île du Mexique.

Yukon, fl. de l'Amérique du Nord (mer de Bering) ; 3 300 km.

Yun-nan, prov. de Chine.

Yvelines, dép. de la région parisienne ; préf. *Versailles* ; s.-préf. *Mantes-la-Jolie, Rambouillet, Saint-Germain-en-Laye* ; 1 082 300 h.

Yverdon, v. de Suisse, sur le lac de Neuchâtel ; 19 200 h.

Yvetot, v. de la Seine-Maritime ; 10 700 h.

Z

Zabrze, v. de Pologne (Silésie) ; 200 000 h.

Zagreb, v. de Yougoslavie, capit. de la Croatie, sur la Save ; 491 100 h.

Zagros, chaîne de montagnes, au sud-ouest du plateau de l'Iran ; 4 270 m.

Zaïre, anc. **Congo belge**, État de l'Afrique équatoriale, s'étendant sur le bassin du *Zaïre* (anc. *Congo*) ; 2 345 000 km² ; 26 380 000 h. Capit. *Kinshasa.*

Zama, anc. v. d'Afrique, où Scipion l'Africain vainquit Annibal (202 av. J.-C.).

Zambèze, fl. de l'Afrique australe ; 2 660 km ; chutes Victoria.

Zambie, anc. **Rhodésie du Nord**, État de l'Afrique orientale ; 5 350 000 h. Capit. *Lusaka.*

Zanzibar, île de l'océan Indien (Tanzanie).

Zaporojie, v. de l'U.R.S.S. (Ukraine) ; 596 000 h.

Zarathoustra ou **Zoroastre**, réformateur de la religion iranienne (VIIIᵉ ou VIIᵉ s. av. J.-C.).

Zélande, prov. des Pays-Bas.

Zénon d'Élée, philosophe grec du IVᵉ s. av. J.-C., qui niait la réalité du mouvement.

Zeppelin (Ferdinand, *comte von*), industriel allemand (1838-1917). Il construisit de grands dirigeables rigides.

Zermatt, station de sports d'hiver de Suisse, au pied du Cervin.

Zeus, dieu suprême des Grecs.

Zimbabwe, autre nom de la *Rhodésie.*

Zizka (Jan), héros national de la Bohême (v. 1360-1424), chef militaire des hussites.

Zola (Emile), romancier français (1840-1902), auteur des *Rougon-Macquart.*

Zomba, capit. du Malawi ; 19 600 h.

Zoroastre. V. ZARATHOUSTRA.

Zoug, en allem. *Zug*, v. de Suisse, ch.-l. de c., sur le *lac de Zoug* ; 22 000 h.

Zoulous, peuple de l'Afrique australe.

Zugspitze, point culminant de l'Allemagne occidentale (Bavière) ; 2 963 m.

Zuiderzee, anc. golfe de la mer du Nord (Pays-Bas), en partie asséché.

Zurbaran (Francisco *de*), peintre espagnol (1598-v. 1664).

Zurich, v. de Suisse, ch.-l. de canton ; 440 200 h.

Zurich (*lac de*), lac de Suisse.

Zwickau, v. d'Allemagne orientale ; 136 000 h.

Zwingli ou **Zwingle** (Ulric), humaniste et réformateur suisse (1484-1531).

Zwolle, v. des Pays-Bas, sur l'IJsel ; 76 200 h.

PRÉCIS DE GRAMMAIRE

ÉLÉMENTS MINIMAUX DU LANGAGE

Sons et lettres

On peut parler ou écrire une langue ; quand nous parlons, les plus petites unités que nous utilisons sont des *sons* ; quand nous écrivons, nous représentons conventionnellement ces sons par des *lettres*.

Les sons.

Les sons fondamentaux, ou *phonèmes*, du français sont au nombre de 36 ; la phonétique, ou étude des sons, les classe en trois catégories principales suivant leurs caractéristiques articulatoires :
— les *voyelles*, qui supposent la vibration des cordes vocales et le libre passage de l'air venant des voies respiratoires ;
— les *consonnes*, qui ne supposent pas de vibration des cordes vocales (consonnes *sourdes*) ou une légère vibration des cordes vocales (consonnes *sonores*), et un passage de l'air venant des voies respiratoires restreint ou momentanément bloqué ;
— les *semi-voyelles* ou *semi-consonnes*, qui ont un statut intermédiaire entre les voyelles et les consonnes.

Dans l'alphabet phonétique international (ou A. P. I.) les phonèmes du français sont représentés par les signes suivants :

Voyelles :

$[a]$ que l'on trouve dans *pâte, bas*
$[a]$ que l'on trouve dans *patte, là*
$[\varepsilon]$ que l'on trouve dans *mer, tête*
$[e]$ que l'on trouve dans *dé, nez*
$[œ]$ que l'on trouve dans *heure, chœur*
$[ø]$ que l'on trouve dans *heureux, peu*
$[ə]$ que l'on trouve dans *petit, que*
$[ɔ]$ que l'on trouve dans *port, molle*
$[o]$ que l'on trouve dans *pot, maux*
$[i]$ que l'on trouve dans *cri, cyprès*
$[y]$ que l'on trouve dans *cru, mûre*
$[u]$ que l'on trouve dans *clou, route*
$[\tilde{a}]$ que l'on trouve dans *rang, embêté*
$[\tilde{\varepsilon}]$ que l'on trouve dans *hein, matin*

$[\tilde{ɔ}]$ que l'on trouve dans *on, sombre*
$[\tilde{œ}]$ que l'on trouve dans *brun, emprunt*

Consonnes :

$[b]$ que l'on trouve dans *banque, abbaye*
$[p]$ que l'on trouve dans *poule, apporter*
$[d]$ que l'on trouve dans *date, addition*
$[t]$ que l'on trouve dans *truie, attrister*
$[f]$ que l'on trouve dans *fève, effluves*
$[v]$ que l'on trouve dans *rêve, wagon*
$[ʒ]$ que l'on trouve dans *juge, jatte*
$[ʃ]$ que l'on trouve dans *cheval, achever*
$[g]$ que l'on trouve dans *gag, goguenard*
$[k]$ que l'on trouve dans *queue, képi*
$[z]$ que l'on trouve dans *rose, zut*
$[s]$ que l'on trouve dans *sûr, assez*
$[l]$ que l'on trouve dans *larme, allaiter*
$[r]$ que l'on trouve dans *rame, arriver*
$[m]$ que l'on trouve dans *immense, amener*
$[n]$ que l'on trouve dans *nul, annoncer*
$[ɲ]$ que l'on trouve dans *oignon, campagne*

Semi-voyelles (ou semi-consonnes) :

$[j]$ que l'on trouve dans *pied, payé*
$[ɥ]$ que l'on trouve dans *nuit, huile*
$[w]$ que l'on trouve dans *oui, bois*

À l'écrit, les lettres qui servent à représenter les phonèmes du français sont au nombre de 26, elles forment l'*alphabet* de la langue :

Les lettres.

a, b, c, d, e, f, g, h, i, j, k, l, m, n, o, p, q, r, s, t, u, v, w, x, y, z.
Les lettres *a, e, i, o, u, y* sont appelées voyelles car elles transcrivent ordinairement les sons-voyelles, et les autres lettres sont appelées consonnes parce qu'elles représentent les sons-consonnes ; les semi-consonnes ou semi-voyelles sont notées à l'écrit par les voyelles dont elles sont proches (*i, u, ou*).

Dans l'écriture, on distingue les *minuscules* : a, b, c, d, etc., et les *majuscules* ou *capitales* : A, B, C, D, etc.

On met une majuscule	
Au début de tout énoncé	Alors une femme s'avança et parla.
Après le point	La voiture dérapa dans le virage. Aussitôt, une foule de badauds s'attroupa.
Après le point d'interrogation, le point d'exclamation ou les points de suspension lorsqu'ils terminent une phrase ou une expression ayant valeur de phrase	Alors ? comment vas-tu ? Il y a longtemps que je ne t'avais pas vu ! Et tu ne m'as pas écrit... Mon Dieu ! que j'ai pu m'inquiéter.

(suite)	noms de personnes	Jean Dupont. Un Américain. Les Mérovingiens.
	noms de divinités	Dieu, le Messie.
Dans les noms propres	noms géographiques	la planète Mars, la Seine, la France, les Alpes, l'Est (mais : l'est de l'Europe).
	noms de rues, bateaux, avions, etc.	la rue du Bac, le navire *Liberté*, l'avion Concorde, une Renault.
	noms de fêtes	Il reviendra à Pâques ou à la Noël.
	noms d'institutions sociales	l'État, l'Église, l'Université de Paris, l'Académie française.
	titres d'œuvres	*l'Angélus* de Millet, *le Penseur* de Rodin.
	titres honorifiques et appellatifs	Votre Majesté, Monsieur le Préfet.

Il n'y a pas de relation bi-univoque entre la lettre et le son en français : une même lettre peut servir à représenter des sons différents, comme *s* qui renvoie à [s] dans *sauge*, à [z] dans *roseau*, ou n'est pas prononcé dans *enfants*; un même son peut être représenté par les lettres différentes, comme [ε] qui s'écrit *ais* dans *mais*, *et* dans *valet*, ou *é* dans *fête*; une suite de lettres peut transcrire un seul son : *aon* dans *taon* pour [ã], *hein* pour [ε̃]; et à l'inverse, une suite de sons peut se voir représenter par une seule lettre : *x* pour [gz] dans *examen* par exemple. Cela tient à l'histoire de notre *orthographe* :
— le nombre des sons du français est plus grand que celui du latin; il a donc fallu combiner des lettres de l'alphabet latin pour rendre compte de tous les sons du français, et y ajouter des signes tels que la cédille, qui n'existait pas en latin;
— certaines lettres étymologiques ont été ajoutées pour marquer la filiation du latin au français (mais rien n'y correspond oralement) : *temps* à cause de *tempus*;
— certaines lettres (non prononcées) sont là pour marquer la parenté des mots d'une même famille : *doigt* et *digital*, *pied* et *pédestre*;
— d'autres servent à différencier les homonymes : *poids*, *pouah*, *pois*;
— enfin l'orthographe a une fonction syntaxique, en particulier par les marques d'accord en genre et en nombre qui traduisent les relations plus ou moins proches entre les éléments de la phrase.

Signes orthographiques

Les signes orthographiques sont : les *accents*, l'*apostrophe*, le *tréma*, la *cédille* et le *trait d'union*.

Accents.

Il y a trois sortes d'accents : l'*accent aigu*, l'*accent grave* et l'*accent circonflexe*.

L'**accent aigu** (´) se met sur les *e* fermés non suivis de *d*, ou *r*, ou *f*, ou *z* finals : *bonté*, *vérité*, *charité*; mais *pied*, *aimer*, *clef*, *nez*.
L'**accent grave** (`) se met sur les *e* ouverts : *père*, *mère*, *dès*. Il se met aussi sur *u* dans *où* (adverbe ou pronom) et sur l'*a* : *à* (préposition), *là* (adverbe), *çà et là*, *déjà*, *voilà*, *deçà*, *delà*, *holà* ; mais on écrit *cela*. On ne met pas d'accent quand il précède un *z* ou quand il est suivi de deux consonnes ou d'une consonne double : *chez*, *pelle*, *reste*, *examen*.
L'**accent circonflexe** (^) se met généralement sur les voyelles longues : *pâte*, *fête*, *gîte*, *côte*, *flûte*. (Il indique ordinairement la supression d'un *s* ou d'un *e* étymologiques : *tête*, *âge*.) On le trouve encore :
1. Sur l'*u* du participe passé masculin singulier des verbes *devoir*, *croître*, *mouvoir* : *dû*, *crû*, *mû*;
2. Sur l'*u* des adjectifs *mûr*, *mûre*, *sûr*, *sûre*;
3. Sur l'*o* des pronoms possessifs : *le nôtre*, *le vôtre*, pour les distinguer des adjectifs *notre*, *votre*;
4. Sur la voyelle de l'avant-dernière syllabe des deux premières personnes du pluriel du passé simple : *nous aimâmes*, *vous fûtes*;
5. Sur la voyelle de la dernière syllabe de la troisième personne du singulier de l'imparfait du subjonctif : *qu'il aimât*, *qu'il fît*;
6. Sur l'*i* des verbes en *aître* et en *oître*, quand il est suivi d'un *t* : *il paraît*, *il croîtra*.

Apostrophe.

L'apostrophe (') marque la supression d'une des voyelles *a*, *e*, *i*, dans les mots *le*, *la*, *je*, *me*, *te*, *se*, *ne*, *que*, devant un mot commençant par une voyelle ou un *h* muet : *l'amitié*, *l'homme*, etc. ou dans *si* devant *il*(*s*). On emploie encore l'apostrophe :
1. Avec les conjonctions *lorsque*, *puisque*, *quoique*, mais seulement devant *il*, *elle*, *on*, *un*, *une*;
2. Avec *entre*, *presque*, lorsqu'ils font partie

d'un mot composé : *s'entr'aimer, presqu'île* ;
3. Avec *quelque*, devant *un, une* : *quelqu'un, quelqu'une.*

REMARQUE. — L'élision n'a pas lieu devant certains mots commençant par une voyelle : *onze, oui, yole, yacht, yatagan.* Pour le mot *ouate*, il y a hésitation ; cependant, on dit le plus souvent *la ouate.*

Tréma
Le tréma (¨) indique que la voyelle (*i, u, e*), sur laquelle il est porté doit se détacher, dans la prononciation, de la voyelle qui précède : *aiguë, ciguë, haïr, naïveté, Saül.*

Cédille
La cédille (¸) se met sous le *c* pour lui donner le son [s] devant les voyelles *a, o, u* : *façade, leçon, reçu.*

Trait d'union
Le trait d'union (-) sert à unir plusieurs mots : *arc-en-ciel, allez-y, viens-tu ?*
Dans les noms de nombre, on met le trait d'union entre les dizaines et les unités quand celles-ci s'ajoutent aux premières : *dix-huit, vingt-trois, quatre cent quarante-cinq.* Cette règle s'applique aussi au mot *quatre-vingts.* Cependant, on écrit *vingt et un, quarante et un,* etc.

ports qui existent entre les parties constitutives du discours en général et de chaque phrase en particulier.
La ponctuation marque aussi les pauses que l'on doit faire en lisant.
Il y a six principaux signes de ponctuation : la *virgule,* le *point-virgule,* les *deux-points,* le *point,* le *point d'interrogation* et le *point d'exclamation.*

La **virgule** indique une petite pause et s'emploie à l'intérieur d'une phrase, simple ou complexe :
1. Pour séparer les parties semblables d'une même phrase, c'est-à-dire les noms, les adjectifs, les verbes, etc., qui ne sont pas unies par les conjonctions *et, ou, ni* : *La charité est douce, patiente et bienfaisante* ;
2. Avant et après toute réunion de mots que l'on peut retrancher sans changer le sens de la phrase : *Un ami, don du ciel, est un trésor précieux* ;
3. Après les mots mis en apostrophe : *Mes enfants, aimez-vous les uns les autres* ;
4. Pour séparer soit deux propositions de même nature, soit une principale d'une subordonnée jouant le rôle d'un complément circonstanciel : *Qu'il vente, qu'il pleuve, je sors quand même.*

Le **point-virgule** indique une pause

On met le trait d'union

Entre les éléments de certains mots composés	*un arc-en-ciel, à mi-chemin,* *un sans-gêne*
en particulier quand *non* est suivi d'un nom ou d'un infinitif	*un non-lieu, une fin de non-recevoir,* mais : *non seulement, nul et non avenu*
quand *né* est apposé à un nom et indique une qualité qui semble naturelle	*une comédienne-née, un écrivain-né*
ou lorsque, suivant un adjectif, il désigne celui qui est né	*un aveugle-né, un nouveau-né,* *un premier-né, un dernier-né, un mort-né*
Entre le verbe et le pronom sujet mis après lui	*Viens-tu ? Part-on ? Est-ce lui ?*
Entre le verbe à l'impératif et le(s) pronom(s) complément(s) sauf lorsque suit un infinitif dont ces pronoms dépendent	*Crois-moi, chante-nous quelque chose,* *dis-le-moi* (mais : *ose le dire,* *laisse-moi le rencontrer*)
Entre le pronom personnel et *même*	*Je le ferai moi-même*
Entre un démonstratif et *ci* ou *là,* ou un nom précédé d'un démonstratif et suivi de *ci* ou *là*	*celui-ci, celle-là* *ces choses-là, ces jours-ci*
Dans certains adverbes composés avec *ci* ou *là, au* ou *par*	*ci-dessus, là-dessous,* *au-dessus, par-dessous*
De part et d'autre du *t* qui suit le verbe et précède le pronom sujet dans les phrases interrogatives	*Va-t-il faire beau ?*
Dans les mots composés où *grand* précède des mots féminins commençant par une consonne	*une grand-mère, à grand-peine,* *nous avons eu grand-peur*

Signes de ponctuation écrite

La *ponctuation* est destinée à mettre de la clarté en indiquant, par des signes, les rap-

moyenne entre deux phrases, simples ou complexes ; il implique une relation proche entre les informations que les deux phrases véhiculent (relation que l'on pourrait traduire explicitement en coordonnant ou en subordonnant ces phrases) : *Fais bien, tu auras des envieux ; fais mieux, tu les confondras.*

Les **deux-points** s'emploient :
1. Après un membre de phrase qui annonce une citation : *Personne ne peut dire : je suis parfaitement heureux ;*
2. Avant une phrase qui développe celle qui précède : *Laissez dire les sots : le savoir a son prix ;*
3. Avant ou après une énumération, suivant que celle-ci termine ou commence la phrase : *Voici notre histoire en trois mots : naître, souffrir, mourir. Naître, souffrir, mourir : voilà notre histoire en trois mots.*

Le **point** indique une longue pause et s'emploie après une phrase entièrement terminée, autrement dit, lorsqu'une idée est complètement développée : *J'ai prêté un livre à Pierre.*

Le **point d'interrogation** s'emploie à la fin de toute phrase qui exprime une interrogation directe : *Que dites-vous ?*

Le **point d'exclamation** s'emploie après les interjections et à la fin des phrases qui marquent la joie, la surprise, la douleur, etc. : *Qu'un ami véritable est une douce chose ! Bravo ! C'est très bien !*

Outre ces six signes de ponctuation, on en distingue quatre autres, qui s'emploient dans des circonstances particulières. Ce sont : les *points de suspension,* la *parenthèse,* les *guillemets* et le *tiret.*

Les **points de suspension** indiquent une interruption, une réticence, une citation inachevée : *Quant à vous..., mais je vous le dirai demain.* Les points de suspension entre crochets indiquent dans une citation un passage volontairement omis.

La **parenthèse** sert à isoler, au milieu d'une phrase, des mots qui ne sont pas nécessaires pour le sens général et qu'on y a insérés pour rappeler incidemment une pensée tout à fait secondaire : *La peste (puisqu'il faut l'appeler par son nom) [...] Faisait aux animaux la guerre.*

Les **guillemets** se mettent au commencement et à la fin d'une citation, et quelquefois même au commencement de chaque ligne des citations : *A Ivry, Henri IV dit à ses soldats : « Ne perdez point de vue mon panache blanc ; vous le trouverez toujours au chemin de l'honneur. »*

Le **tiret** marque le changement d'interlocuteur dans le dialogue, et remplace les mots dit-il, répondit-il, etc. : *Qu'est-ce là ? lui dit-il. — Rien. — Quoi rien ? — Peu de chose.*
On emploie aussi le tiret pour remplacer la parenthèse.

Les **crochets** encadrent les points de suspension qui signalent une coupure dans une citation : *Waterloo [...]! Morne plaine !*

La ponctuation de l'oral

À l'oral, la relation plus ou moins proche entre les parties constitutives de la phrase se marque par des *pauses* de la voix (plus ou moins importantes) entre les groupes syntaxiques, par l'*intonation,* et par l'*accent tonique* qui atteint normalement la dernière syllabe du groupe syntaxique. Cet accent peut être déplacé dans le cas d'une insistance délibérée sur telle syllabe, pour mieux se faire comprendre par exemple :

[ʒɑ̃ɛpadi ɛksklyzjɔ̃ mɛĉklyzjɔ̃]
(Je n'ai pas dit exclusion mais inclusion)

ou sous l'effet d'une émotion :

[mɛsɛtɛpúvãtabl]
(Mais c'est épouvantable!)

À l'intérieur du groupe syntaxique peut avoir lieu une *liaison,* c'est-à-dire l'actualisation devant voyelle ou *h* muet d'une consonne autrement non prononcée :

[sɛzasasiná sɔ̃tɔribl]
(Ces assassinats sont horribles) mais
[sɛgarsɔ̃ sɔ̃agár]
(Ces garçons sont hagards.)

— La liaison se fait —	
groupe nominal	
Entre l'article et le nom	*les enfants*
Entre l'article et l'adjectif	*les autres mots*
Entre l'adjectif et le nom	*un ancien ami*
groupe nominal + groupe verbal	
Entre les pronoms et le verbe	*nous avons faim* *on est là*
Entre les pronoms et y ou en	*ils y sont* *elle nous y amène* *on en veut*

groupe verbal	
Entre le verbe et le pronom	*oui, dit-il* *courons-y*
Entre *c'est* et une préposition (liaison facultative)	*C'est en or*
Entre le verbe et l'attribut (nom ou adjectif) [liaison facultative]	*il est un bon élève* *nous sommes heureux*
Entre le verbe auxiliaire et le participe passé ou l'infinitif (liaison facultative)	*j'avais oublié* *il veut aller là*

adverbe	
Entre certains adverbes et le mot auquel ils sont liés (liaison facultative)	*ne pas oublier* *trop heureux*

préposition	
Entre les prépositions et le mot qu'elles introduisent, sauf pour *à travers, hormis, selon, vers, envers*	*dans un cas* *chez eux*

conjonction	
Après *quant, quand* (pour ce dernier, liaison facultative)	*quant à moi* *quand on veut*

pronom relatif	
Après *dont* (liaison facultative)	*dont il est*

locutions et mots composés	
Dans la plupart des locutions ou mots composés (sauf s'il s'agit du *s* de pluriel à l'intérieur du mot composé)	*de mieux en mieux* *du mot à mot mais* *des arcs-en-ciel*

LES CATÉGORIES GRAMMATICALES

Les sons et les lettres sont les unités du niveau *non significatif* de la langue : [p] ou *s* n'ont pas de sens en eux-mêmes.

Au niveau *significatif*, les unités définies par la grammaire sont le *morphème* (le plus petit élément doué de sens), le *mot* (unité écrite, qui peut ou non se confondre avec le morphème), le *syntagme* (groupe de mots ayant un comportement syntaxique spécifique) :

transformation = 1 mot, 3 morphèmes (le préfixe *trans*, le radical *form*, le suffixe *ation*) ;

rapide = 1 mot, 1 morphème ;

la transformation a été rapide = 2 syntagmes, le syntagme nominal *la transformation* (dont l'élément essentiel est le nom *transformation*), et le syntagme verbal *a été rapide* (dont l'élément essentiel est le verbe).

Morphologie

L'étude des morphèmes englobe essentiellement la description des préfixes et des suffixes, celle des marques de genre et de nombre sur les mots variables (déterminant, nom, adjectif) et de mode, temps, personne, nombre sur les verbes (voir le tableau des conjugaisons pages XXIX et suivantes).

Suffixes et préfixes
suffixes

Les *suffixes*, placés après le radical, sont utilisés pour passer d'un type de phrase à un autre, sans variation de sens, ou d'un mot à un autre terme de même catégorie, avec changement de sens. Le même suffixe peut servir à plusieurs usages.

1. Transformation d'un verbe en un substantif (nom d'action ou d'état).

arroser le jardin	l'arrosage du jardin	-age
l'avion atterrit	l'atterrissage de l'avion	-issage
remembrer une propriété	le remembrement de la propriété	-ment
ses enfants s'assagissent	l'assagissement de ses enfants	-issement
punir un coupable	la punition du coupable	-(i)tion
les prix augmentent	l'augmentation des prix	-(a)tion
lire un roman	la lecture d'un roman	-ure
reporter un rendez-vous	le report d'un rendez-vous	suffixe zéro
la troupe marche	la marche de la troupe	(déverbal)

2. Transformation d'un adjectif en un substantif (nom de qualité, de système, d'état).

le malade est fatigable	la fatigabilité du malade	-(i)té
la pièce est propre	la propreté de la pièce	-(e)té
les hommes sont fous	la folie des hommes	-ie
le procédé est fourbe	la fourberie du procédé	-erie
son discours est pédant	le pédantisme de son discours	
cette construction est archaïque	l'archaïsme de cette construction	-isme
ses conceptions sont pessimistes	le pessimisme de ses conceptions	
ses joues sont pâles	la pâleur de ses joues	-eur
cette analyse est profonde	la profondeur de cette analyse	(féminin)
sa tenue est élégante	l'élégance de sa tenue	-ance
ses propos sont incohérents	l'incohérence de ses propos	-ence
cet homme est sot	la sottise de cet homme	-ise
sa constitution est robuste	la robustesse de sa constitution	-esse
les parents sont inquiets	l'inquiétude des parents	-(i)tude

3. Transformation d'un verbe (et de son sujet) en un substantif (nom d'agent ou d'instrument ; nom de personne exerçant un métier).

personne qui moissonne	un moissonneur	-eur
appareil qui bat (les mélanges)	un batteur	(masculin)
personne qui décore (les appartements)	un décorateur	(-ateur, -teur)
machine qui perfore (les cartes)	une perforatrice	-trice
machine qui arrose (les rues)	une arroseuse	-euse
personne qui cuisine	un (une) cuisinier (-ère)	-ier (-ière)
avion qui bombarde	un bombardier	
personne qui milite	un militant	-ant
machine qui imprime	une imprimante	-ante
personne qui signe une lettre	le signataire d'une lettre	-aire
appareil qui ferme (un sac)	un fermoir	-oir
ustensile qui passe une substance	une passoire	-oire
personne qui anesthésie	un anesthésiste	-iste

4. Transformation d'un substantif en un adjectif (dans les types de phrases : nom + complément de nom ; avoir + nom ; etc.).

une douleur de (à) l'abdomen	une douleur abdominale	-al, -ale
le voyage du président	le voyage présidentiel	-el, -elle
la politique de l'Autriche	la politique autrichienne	-ien, -ienne
le vin des Charentes	le vin charentais	-ais, -aise
les poètes d'Alexandrie	les poètes alexandrins	-in, -ine
l'industrie de Grenoble	l'industrie grenobloise	-ois, -oise
le commerce de l'Amérique	le commerce américain	-ain, -aine
une manœuvre de la spéculation	une manœuvre spéculative	-if, -ive
le choc de l'opération	le choc opératoire	-oire
le budget a un déficit	le budget est déficitaire	-aire
il a le cafard	il est cafardeux	-eux, euse
elle a du charme	elle est charmante	-ant, -ante
il fait des dépenses	il est dépensier	-ier, -ière
il a de l'ironie	il est ironique	-ique
il a une barbe	il est barbu	-u, -ue
il a son domicile à Paris	il est domicilié à Paris	-é, -ée
petit déjeuner au cacao	petit déjeuner cacaoté	
une œuvre de titan	une œuvre titanesque	-esque

5. Transformation d'un verbe en un adjectif (équivalence entre un groupe verbal avec *pouvoir* et le verbe *être* suivi d'un adjectif).

cette proposition peut être acceptée	*cette proposition est acceptable*	-able
on ne peut croire cette histoire	*cette histoire est incroyable*	in[...]able
l'issue peut en être prévue	*l'issue est prévisible*	-ible
le sucre peut être dissous	*le sucre est soluble*	-uble

6. Transformation d'un adjectif en un verbe (équivalence entre *rendre, faire,* suivis d'un adjectif, et le verbe).

rendre uniformes les tarifs	*uniformiser les tarifs*	-iser
faire plus simple un exposé	*simplifier un exposé*	-ifier
rendre une feuille noire	*noircir une feuille*	} suffixe zéro
rendre épais un mélange	*épaissir un mélange*	

Cette transformation peut se faire au moyen de préfixes

rendre plus grande une pièce	*agrandir une pièce*	a...
faire plus large un trou	*élargir un trou*	é...
rendre laid	*enlaidir*	en...

7. Transformation de l'adjectif en un verbe (équivalence entre *devenir,* suivi d'un adjectif, et le verbe). Cette transformation se fait en général avec le suffixe zéro.

devenir grand	*grandir*	
devenir rouge	*rougir*	} suffixe zéro
devenir bleu	*bleuir*	

8. Transformation d'un substantif en un verbe (*faire,* ou autre, suivi d'un substantif, équivalent du verbe). Elle se fait au moyen du suffixe zéro.

la réforme de l'État	*réformer l'État*	
le supplice d'un condamné	*supplicier un condamné*	
le programme d'un spectacle	*programmer un spectacle*	} suffixe zéro
se servir du téléphone	*téléphoner*	
donner des armes à une troupe	*armer une troupe*	

Transformation d'un adjectif en adverbe.

une expression vulgaire	*s'exprimer vulgairement*	-ment
une voix fausse	*chanter faux*	même forme

9. Transformation d'un substantif en un autre substantif, d'un adjectif en un autre adjectif, avec variation de sens (elle se fait dans les deux sens).

groupe / personne		
il fait partie d'une équipe	*un équipier*	zéro / -ier
personne / métier		
il est professeur	*exercer le professorat*	-eur / -orat
il est interprète	*interprétariat*	zéro / -at
il fait de la chirurgie	*il est chirurgien*	-ie / -ien
il fait de l'électronique	*il est électronicien*	zéro / -ien
il tient une charcuterie	*il est charcutier*	-erie / -ier
objet / commerce		
il vend des disques	*il est disquaire*	zéro / -aire
il fait des affiches	*il est affichiste*	zéro / -iste
il fait des adresses	*il est adressier*	zéro / -ier
fruit / arbre		
arbre qui porte des abricots	*abricotier*	zéro / -ier
arbre / collection d'arbres		
groupe de chênes	*une chênaie*	zéro / -aie
objet / contenu		
le contenu d'une assiette	*une assiettée*	zéro / -ée
nom / disciple		
disciple d'Hébert	*hébertiste*	zéro / -iste
terme neutre / plus petit		
une petite maison	*une maisonnette*	zéro / -ette (-et)
terme neutre / péjoratif		
un mauvais chauffeur	*un chauffard*	-eur / -ard
un homme lourd	*un lourdaud*	zéro / -aud
terme neutre / atténuatif		
une lueur rouge	*rougeâtre*	zéro / -âtre

préfixes

Les préfixes, qui ne modifient pas la classe des mots, établissent un rapport univoque entre le terme simple et le terme préfixé.

● Préfixes des verbes portant sur l'action.

dé- (dés-)	privatif	dépoétiser, enlever le caractère poétique déshabituer, enlever l'habitude
en-	factitif	engraisser, faire devenir gras
entre-	réciproque	s'entr'égorger, s'entretuer
re-,	réitératif	refaire, faire de nouveau, une seconde fois
ré-,		réimprimer, imprimer de nouveau
r-	répétition	rajuster, ajuster de nouveau

● Préfixes privatifs.

in- (il-, im-, ir-)	inaltérable, illisible, immangeable, irréel
a-, an-	apolitique, anonyme

● Préfixes intensifs.

archi-	archifou; archisot
extra-	extra-fin; extra-souple
hyper-	hypersensible; hypertension
super-	supermarché; supercarburant
sur-	surabondant; suralimentation
ultra-	ultracolonialiste; ultra-court

● Préfixes indiquant un rapport de position (espace ou temps).

après-	postériorité	après-demain; après-guerre
post-		postface; postscolaire
avant-	antériorité	avant-hier; avant-guerre
pré-		préétabli; préhistoire
anté-	antériorité (géologie)	antécambrien
co-, con-	simultanéité, réunion	co-auteur; concitoyen
entre-	position	entre-deux; entre-deux-guerres
inter-	au milieu	interocéanique
extra-	hors de	extra-territorialité
intra-	au-dedans de	intramusculaire
ex-	qui a cessé d'être	ex-député; ex-sénateur
trans-	à travers	transsibérien; transocéanique

● Préfixes indiquant l'hostilité, l'opposition ou la sympathie.

anti-	hostilité, opposition protection	antidémocratique antituberculeux
contre-	réaction	contre-attaque
pro-	partisan	procommuniste

éléments grecs

Les éléments d'origine grecque jouant le rôle de suffixes ou de radicaux entrent dans les lexiques spécialisés; certains sont devenus des formes usuelles et sont seuls indiqués ici.

-logie	science	lexicologie; dermatologie; neurologie
-logue, -logiste	celui qui pratique cette science	lexicologue; dermatologue neurologiste
-mètre	appareil ou personne qui mesure	anémomètre; télémètre; géomètre
-métrie	science ou description	géométrie; audiométrie
-graphie	description, enregistrement	géographie; démographie; encéphalographie
-graphe	appareil ou personne qui décrit ou enregistre	sismographe; géographe; typographe
-technie	technique	pyrotechnie; zootechnie
-technicien	savant ou technicien	pyrotechnicien; zootechnicien

Genre

Le français connaît deux catégories de genre : le masculin et le féminin (v. aussi 4., le neutre), qui intéressent les noms, les pronoms et les déterminants (les adjectifs et les participes passés par règle d'accord).

— L'ensemble des noms pouvant être précédés de *le* ou *un* sont des MASCULINS.
— L'ensemble des noms pouvant être précédés de *la* ou *une* sont des FÉMININS.

Le nom peut être VARIABLE EN GENRE (un même nom peut être soit masculin, soit féminin : *un vendeur, une vendeuse*) ou À GENRE FIXE (*une chaise, le soleil, la lune*). On appelle GENRE NATUREL le genre des noms (animés) qui traduit l'opposition mâle/femelle, et GENRE GRAMMATICAL, le genre, fixe ou arbitraire, n'ayant que des propriétés morphologiques et syntaxiques, des noms (non-animés surtout).

1. Les noms à genre variable

Un très grand nombre de noms de la classe des *animés* est à genre variable.

Les noms humains. La plupart des noms humains peuvent avoir les deux genres selon qu'ils désignent des hommes ou des femmes :

Ce marchand est aimable. Cette marchande est aimable.
Un chanteur très applaudi. Une chanteuse très applaudie.

Les noms d'animaux. Un certain nombre de noms d'animaux, essentiellement les noms des animaux domestiques et de quelques animaux sauvages, peuvent avoir les deux genres, selon qu'il désignent des mâles ou des femelles :

Un chien. Une chienne.
Un lion. Une lionne.

2. Les noms à genre fixe

Les noms non animés. Ils forment l'essentiel de cette catégorie et sont les seuls à ne pouvoir être qu'à genre fixe :

Un cahier. Un bijou. Une explosion. Une fenêtre. Un chant. etc.

Dans cette classe, le genre est parfois la seule marque distinctive entre deux mots ayant la même forme mais non le même sens :

Un poêle. Une poêle.

Les noms animés. Certains mots de cette classe peuvent être à genre fixe. Ce sont :
1. *Certains noms d'animaux* pour lesquels la distinction des sexes peut se faire :
— par un nom différent, selon qu'on désigne le mâle ou la femelle : *Un coq. Une poule*;
— par l'addition des mots «mâle» ou «femelle» à un nom à genre fixe : *Un rhinocéros mâle. Un rhinocéros femelle*;
2. *Certains noms humains* dont le genre fixe, masculin ou féminin, peut désigner divers êtres, hommes ou femmes.

GENRE		DÉSIGNE	EXEMPLES
	a)	un homme ou une femme	*Un magistrat Un censeur Un inventeur*, etc.
MASCULIN	*b)*	une femme	*Un mannequin Un bas-bleu*
	c)	un homme	*Le père. L'oncle Un homme*
FÉMININ	*a)*	une femme	*La mère. La tante Une femme*
	b)	un homme	*Une sentinelle*

3. Le masculin générique

Il s'emploie dans la classe des noms animés pour désigner n'importe quel représentant de l'espèce, sans considération de sexe :

L'homme est un être doué de raison (homme ou femme).
Le chien est fidèle (chien ou chienne).

4. Le neutre

Les pronoms qui se substituent à des noms ont le genre de ces noms : masculin/féminin.

Les pronoms qui se substituent à des phrases ou propositions ont la forme du masculin, mais sont en général appelés *neutres*.

Certaines formes de pronoms démonstratifs (*ça, cela*), des pronoms relatifs ou interrogatifs (*quoi*) sont distinctes des formes du masculin et du féminin. Ces formes sont spécifiques des *neutres*.

5. La formation du féminin

Pour les substantifs qui connaissent l'opposition masculin/féminin, pour les adjectifs et pour les participes, les règles de formation sont les suivantes.

Langue parlée

1. Les mots terminés par une voyelle dans la langue parlée et écrite ont un féminin identique au masculin dans la langue parlée, l'e muet écrit ne se prononçant pas.	*un ami / une amie* [ami] / [ami]; *vu / vue* [vy] / [vy]; *aimé / aimée* [eme] / [eme]; *aigu / aiguë* [egy] / [egy]
2. Le féminin peut s'opposer au masculin par la présence d'une consonne finale, avec ou sans variation de la voyelle.	*mort / morte* [mɔr] / [mɔrt]; *épais / épaisse* [epɛ] / [epɛs]; *secret / secrète* [sakrɛ] / [sakrɛt]; *long / longue* [lɔ̃] / [lɔ̃g]; *favori / favorite* [favɔri] / [favɔrit]; *faux / fausse* [fo] / [fos]; *fermier / fermière* [fɛrmje] / [fɛrmjɛr]

3. Le féminin des mots se terminant par une voyelle nasale se fait par voyelle + consonne nasale.	*baron / baronne* [barɔ̃] / [barɔn]; *lion / lionne* [ljɔ̃] / [ljɔn]; *cousin / cousine* [kuzɛ̃] / [kuzin]; *ancien / ancienne* [ãsjɛ̃] / [ãsjɛn]; *paysan / paysanne* [peizã] / [peizan]; *bénin / bénigne* [benɛ̃] / [beniɲ]
4. Les mots en [œr] et [ø] ont le plus souvent un féminin en [øz]. Quelques mots en [tœr] ont un féminin en [tris]; quelques autres en [œr] ont un féminin en [(ə)rɛs].	*menteur / menteuse* [mãtœr] / [mãtøz]; *vendeur / vendeuse* [vãdœr] / [vãdøz]; *peureux / peureuse* [pørø] / [pørøz]; *acteur / actrice* [aktœr] / [aktris]; *vengeur / vengeresse* [vãʒœr] / [vãʒrɛs]
5. Les féminins des mots terminés par [o] et [u], écrits *-eau* et *-ou* (sauf *flou* et *hindou*), sont en [ɛl] et [ɔl].	*nouveau / nouvelle* [nuvo] / [nuvɛl], *jumeau / jumelle* [ʒymo] / [ʒymɛl]; *mou / molle* [mu] / [mɔl]; *fou / folle* [fu] / [fɔl]
6. Les mots terminés en [f] ont un féminin en [v].	*bref / brève* [brɛf] / [brɛv]; *vif / vive* [vif] / [viv]
7. De très rares mots ont un féminin en [ɛs].	*prince / princesse* [prɛ̃s] / [prɛ̃sɛs]

Langue écrite

1. En règle générale, un *e* est ajouté au masculin : ainsi les mots en *-ain*, en *-in* en *-at*, en *-an* (sauf rares exceptions), en *-al*, en *-ais*, en *-ois*, etc., de même que les adjectifs en *-eur* suivants : *antérieur, extérieur, inférieur, majeur, meilleur, mineur, postérieur.*	*un élu / une élue; un candidat / une candidate; grand /grande; hardi / hardie; un cousin / une cousine; un châtelain / une châtelaine; partisan / partisane; français / française; obéissant / obéissante; mis / mise; écrit / écrite; idiot / idiote; direct / directe; meilleur / meilleure; fini / finie*
2. Les mots déjà terminés par un *e* gardent la même forme au féminin.	*large, jaune, rouge, artiste*
3. Les mots terminés par *-er* ont un féminin en *-ère*.	*fermier / fermière; léger / légère; dernier / dernière; boulanger / boulangère*
4. Les mots terminés en *-et*, en *-el*, en *-il*, en *-ul*, en *-on*, en *-ien*, en *-s* doublent la consonne finale et la font suivre d'un *e* muet, ainsi que *paysan, Jean, chat* et les adjectifs en *-ot* : *boulot, maigriot, pâlot, sot, vieillot.* Les adjectifs *inquiet, complet, incomplet, secret, discret, indiscret, replet* ont un féminin en *-ète.*	*muet / muette; Gabriel / Gabrielle; cruel / cruelle; pareil / pareille; nul / nulle; baron / baronne; lion / lionne; bon / bonne; gardien / gardienne; ancien / ancienne; épais / épaisse; gros / grosse; las / lasse; bas / basse; chat / chatte; pâlot / pâlotte; sot / sotte; inquiet / inquiète; secret / secrète*
5. Les mots en *-eau* et *-ou* (sauf *flou* et *hindou*) ont leur féminin en *-elle* et *-olle*.	*jumeau / jumelle; nouveau / nouvelle; beau / belle; mou / molle; fou / folle (mais flou / floue; hindou / hindoue)*
6. Les mots terminés en *-oux*, en *-eur*, en *-eux* ont leur féminin en *-se* (sauf *roux* et *doux*). Quelques mots en *-teur* ont un féminin en *-trice*; quelques mots en *-eur*, un féminin en *-eresse*; quelques mots ont un féminin en *-esse*.	*jaloux / jalouse; trompeur / trompeuse; chanteur / chanteuse (mais roux / rousse; doux / douce); acteur / actrice; évocateur / évocatrice; vengeur / vengeresse; pécheur / pécheresse; prince / princesse; traître / traîtresse*
7. Les mots terminés en *-f* ont leur féminin en *-ve*.	*bref / brève; vif / vive; veuf / veuve*
8. Certains mots présentent un féminin différent, avec des lettres supplémentaires.	*bénin / bénigne; long / longue; favori / favorite; turc / turque; tiers / tierce; coi / coite; frais / fraîche; faux / fausse; aigu / aiguë*
REMARQUE. Certains substantifs ont un féminin qui est en réalité un autre nom.	*père / mère; frère / sœur; oncle / tante; lièvre / hase; bouc / chèvre; jars / oie; etc.*

Nombre

1. Le nom variable en nombre : le singulier et le pluriel

Le nom peut désigner :
1. une seule chose ou un seul être ; la forme que prend le groupe du nom s'appelle alors le SINGULIER ;
2. plusieurs choses ou plusieurs êtres ; la forme que prend le groupe du nom s'appelle alors le PLURIEL.

Toutefois, il existe des noms dont la forme est celle du pluriel et qui désignent une seule chose (obsèques, ténèbres, ciseaux, etc.), et des noms dont la forme est celle du singulier et qui désignent un groupe de choses ou d'objets (marmaille, foule, régiment, etc.). [V. plus loin.]

2. La formation du pluriel

Langue parlée

substantifs et adjectifs	En général sans variation, sauf : — [al] / [o] (à l'exception d'une dizaine de termes [v. pluriel dans la langue écrite]) ; — [aj] / [o] (catégorie restreinte à quelques mots) ; — consonne/zéro (quelques mots).	ami / amis [ami] / [ami] ; signal / signaux [sinal] / [sino] ; travail / travaux [travaj] / [travo] ; œuf / œufs [œf] / [ø] ; bœuf / bœufs [bœf] / [bø]
déterminants (articles, adjectifs possessifs, démonstratifs, indéfinis, interrogatifs)	Les plus fréquents varient selon l'alternance zéro / [ɛ] ou [e]. D'autres sont sans variation, ou ont une variation spécifique.	le / les [lə] / [lɛ] ; mon / mes [mɔ̃] / [mɛ] ; un / des [œ̃] / [dɛ] ; ce / ces [sə] / [sɛ] ; leur / leurs [lœr] / [lœr] ; quelque / quelques [kɛlk] / [kɛlk] ; nôtre / nos [nɔtr] / [nɔ]
pronoms personnels	Invariables comme sujets atones, ils présentent comme compléments une variation.	il / ils [il] / [il] ; le / les [lə] / [lɛ] ; lui / leur [lɥi] / [lœr]
verbes	Les verbes en -er ne présentent pas de variation à l'indicatif et au subjonctif présents (3e pers.). L'ensemble des verbes est invariable à l'imparfait (3e pers.). Dans les autres cas, on connaît les alternances : a) [a] / [ɔ̃] (au futur en particulier) ; b) [ɛ] / [ɔ̃] ; c) nasale/voyelle + nasale ; d) double variation.	il mange / ils mangent [mɑ̃ʒ] / [mɑ̃ʒ] ; il était / ils étaient [etɛ] / [etɛ] il a / ils ont [a] / [ɔ̃] ; il fera / ils feront [fəra] / [fərɔ̃] ; il est / ils sont [ɛ] / [sɔ̃] ; il fait / ils font [fɛ] / [fɔ̃] ; il tient / ils tiennent [tjɛ̃] / [tjɛn] il résout / ils résolvent [rezu] / [rezɔlv]

REMARQUE. Dans la langue parlée, le pluriel peut se marquer :
a) par les liaisons : leur ami [lœrami] / leurs amis [lœrzami] (v. LIAISON) ;
b) par le déterminant ou l'adjectif, si leur forme plurielle porte la marque d'une variation : sa fille [safij] / ses filles [sɛfij] ;
c) par la prononciation de la désinence du verbe : il viendra [ilvjɛ̃dra] / ils viendront [ilvjɛ̃drɔ̃].

Langue écrite

a) mots simples	Les mots simples prennent un s au pluriel, sauf ceux qui sont terminés en -eau, -au et -eu, qui prennent un x, et ceux qui se terminent par -s, -x et -z, qui restent invariables.	ennui / ennuis ; grand / grands ; nouveau / nouveaux ; beau / beaux ; étau / étaux ; pieu / pieux ; hébreu / hébreux ; bois / bois ; voix / voix ; nez / nez

(suite)	Quelques mots en -au et -eu ont un s au pluriel (landau, sarrau, bleu, pneu).	*landau / landaus ; bleu / bleus*
	Les substantifs et les adjectifs en -al ont un pluriel en -AUX, sauf bal, cal, carnaval, cérémonial, chacal, choral, festival, pal, récital, régal, santal, et banal, bancal, final, naval, natal, fatal, glacial, tonal.	*journal / journaux ; rural / ruraux* *festival / festivals ; fatal / fatals*
	Les substantifs bail, corail, émail, soupirail, travail, vantail, vitrail ont un pluriel en -AUX.	*corail / coraux ; travail / travaux*
	Les substantifs bijou, caillou, chou, genou, hibou, joujou et pou prennent un X au pluriel.	*hibou / hiboux*
	Certains substantifs ont un double pluriel à fonction différente, ou un pluriel irrégulier.	*ciel / cieux / ciels ;* *aïeul / aïeux / aïeuls ;* *œil / yeux / œils-de-bœuf*
	Les substantifs employés comme adjectifs de couleur restent invariables (sauf mauve, rose et pourpre).	*chemises marron ; rubans orange* *soies roses*

| b) mots composés ∅ INVARIABLES | *Substantifs composés* a) Verbe et verbe b) Verbe et complément d'objet c) Proposition | *des laissez-passer* *des brise-glace, des abat-jour* *des va-et-vient, des on-dit* |
| | *Adjectifs composés* Adjectifs de couleur | *des costumes bleu foncé* |

| 1 s + ∅ | *Substantifs composés* Nom et nom (dans un rapport de dépendance) | *des chefs-d'œuvre,* *des timbres-poste* |

| 2 ∅ + s | *Substantifs composés* a) Verbe et complément d'objet b) Préposition ou adverbe et nom | *des chauffe-bains* *des avant-postes, des en-têtes* |
| | *Adjectifs composés* Préposition, adverbe ou radical en -i ou -o et adjectif | *des mots sous-entendus,* *des aventures tragi-comiques,* *des accords franco-allemands* |

| 3 s + s | *Substantifs composés* a) Nom et nom (dans un rapport de coordination ou d'apposition) b) Adjectif et nom ou nom et adjectif c) Adjectif et adjectif | *des coffres-forts, des chefs-lieux* *des francs-maçons, des arcs-boutants* *des clairs-obscurs* |
| | *Adjectifs composés* Adjectifs et adjectifs | *des enfants sourds-muets* |

REMARQUE. Les noms composés formés d'un VERBE et d'un NOM complément d'objet se trouvent soit dans la catégorie 2, soit dans la catégorie INVARIABLES.

| c) noms propres | Les noms propres de personnes prennent la marque du pluriel quand ils désignent des familles royales ou illustres, des modèles ou des types, des œuvres artistiques, mais ils restent invariables quand ils désignent les membres d'une famille, ou quand ils sont pris dans un sens emphatique. | *Les Bourbons, les Condés* *Les Hugos* *Des Renoirs* *Les Martin, les Molière* |

| d) déterminants et pronoms | Ils sont caractérisés par la présence d'un s à la forme du pluriel. | *le / les ; un / des ; mon / mes ;* *ce / ces ; quelqu'un / quelques-uns ;* *tout / tous ; il / ils ; le,* *la / les* |

Les pronoms personnels compléments indirects et toniques sont différents au singulier et au pluriel de la 3ᵉ personne. Les pronoms *qui, que, dont, où* restent invariables.	*lui / leur ; lui / eux*
e) **verbes** À la 3ᵉ personne, le pluriel se marque par la désinence -(E)NT.	*il boit / ils boivent il chante / ils chantent il mentait / ils mentaient*
À la 1ʳᵉ et à la 2ᵉ personne du pluriel, les désinences sont -ONS et -EZ, et, au passé simple, -MES et -TES.	*nous chantons, vous chantez ; nous vîmes, vous vîtes*

REMARQUES.

1. Les noms empruntés à des langues étrangères peuvent :

a) rester invariables : *des amen, des extra, des requiem ;*

b) garder le pluriel de la langue d'origine : *un soprano / des soprani ; un maximum / des maxima ; un barman / des barmen ; un lied / des lieder,* etc. ;

c) se soumettre aux règles du français : *des sandwichs, des matchs, des lieds, des maximums.*

2. Tout mot employé comme nom reste invariable : *Les différents* MOI *d'un individu. Avec des* SI *on mettrait Paris en bouteille.*

3. Substantifs ayant un seul nombre

On peut distinguer deux groupes de substantifs n'ayant qu'un seul nombre : ceux qui ne sont employés qu'au singulier ou qu'au pluriel et ceux qui ont un sens différent selon qu'ils sont au singulier ou au pluriel.

Substantifs sans variation de nombre

Noms au singulier sans pluriel correspondant. Ce sont, par exemple :

— certains adjectifs employés comme noms : *le vrai, le faux, l'agréable ;*

— certains infinitifs employés comme noms : *le boire, le savoir-vivre ;*

— les noms des points cardinaux : *l'est, le nord, le sud, l'ouest,* etc.

Noms au pluriel sans singulier correspondant. Un certain nombre de mots ne s'emploient qu'au pluriel, qu'ils comportent ou non une idée de pluralité. Ce sont, par exemple :

des affres, des appas, des archives, des arrhes, des calendes, des décombres, des entrailles, des fiançailles, des funérailles, des mœurs, des

obsèques, des prémices, des prolégomènes, des vêpres, etc.

Substantifs dont le sens varie selon le nombre auquel ils sont employés

Les noms non comptables n'ont qu'un singulier ; lorsqu'ils peuvent être au pluriel, c'est avec un sens différent, et ils désignent alors des objets comptables.

De même, il y a des noms pluriels auxquels correspondent des noms variables en nombre qui ont un sens différent :

les ciseaux de couturière / *un ciseau de* menuisier ;

les assises d'un parti / *l'assise* d'un monument ;

les toilettes (= w.-c.) / *la toilette* (soins corporels) ;

les papiers d'identité / *jeter un papier ;*

porter des lunettes / la lunette de l'astronome.

On peut considérer qu'il s'agit ici de deux groupes de mots distincts.

NOMS NON COMPTABLES AU SINGULIER	NOMS COMPTABLES AU SINGULIER OU AU PLURIEL
La gentillesse de Marc est reconnue (qualité).	*Faire une, des gentillesses* (acte).
Boire du vin, de l'eau, etc. (matière).	*Les vins de Bourgogne sont réputés* (= les crus).
Travailler le bronze (matière).	*Les bronzes de ce sculpteur sont fantastiques* (= objets sculptés en bronze).
Il étudie la géométrie (nom de science).	*Les géométries non euclidiennes* (= systèmes ou théories scientifiques).
Il est en classe de peinture aux Beaux-Arts (nom d'art).	*Les peintures de cet artiste sont très cotées* (= les tableaux).

4. Le singulier générique

Employé à la place d'un pluriel, le substantif au singulier générique désigne l'ensemble des choses ou des êtres qu'il désigne habituellement.
La poire est chère cette année = les poires sont chères cette année. Le Français a l'esprit cartésien = les Français ont l'esprit cartésien. Etc.

Le classement des mots

On appelle traditionnellement parties du discours (c'est-à-dire « éléments constitutifs du langage ») neuf sortes de mots qui ont des emplois et des rôles différents. Ce sont : le nom, l'article, l'adjectif, le pronom, le verbe, l'adverbe, la préposition, la conjonction et l'interjection.

LE NOM

Caractéristiques d'emploi

Le nom est un mot qui est précédé d'un déterminant (comme le, la, les) ou qui peut se voir substituer dans la phrase un nom précédé d'un déterminant :

Le concierge   est malade.
Charles

Il possède un genre intrinsèque qui définit la forme du déterminant et l'accord masculin ou féminin de l'adjectif qui le qualifie éventuellement :

J'ai un stylo noir, j'ai une jupe noire.

Dans la phrase, le nom peut être au singulier ou au pluriel, et il entraîne l'accord en nombre du déterminant et de l'adjectif qui l'accompagne éventuellement :

As-tu un ami fidèle ?
As-tu des amis fidèles ?

Quant à la forme, on distingue les noms simples et les noms composés.

Nom composé. On appelle nom composé un nom formé de plusieurs mots ne désignant qu'un seul être, une seule chose, et réunis ou non par un trait d'union : pomme de terre, passeport, arc-en-ciel.

REMARQUES.

a) le déterminant

Noms propres et noms communs. Les noms communs sont toujours précédés d'un déterminant, mais non les noms propres (Charles, Paris) sauf s'ils sont associés à un modificateur (adjectif, relative par exemple) :

Un certain Charles a téléphoné.
Ce Paris que j'ai tant aimé...

Noms géographiques. Dans les noms propres, certains noms géographiques sont obligatoirement précédés d'un déterminant, qui est toujours défini et ne connaît ni l'opposition de genre, ni l'opposition de nombre :

Les Alpes, la Seine.

Les noms propres prennent toujours la majuscule.

b) le genre

Genre et sexe. Pour les noms désignant des êtres animés, on peut dire en général :
1. Que les noms d'hommes et d'êtres mâles sont du genre masculin : Jean, père, lion ;
2. Que les noms de femmes et d'êtres femelles sont du genre féminin : Jeanne, mère, chatte.
Pour les autres noms, la répartition du genre est arbitraire.

Noms animés à un genre. Certains noms d'êtres animés ne connaissent qu'un genre (un professeur, une grenouille) ; on peut alors spécifier le genre en leur apposant femme/homme ou mâle/femelle, selon que l'on a affaire à des humains ou à des animaux :

Un professeur femme, une grenouille mâle.

Noms à deux genres. Certains noms admettent les deux genres, et changent de sens suivant qu'on les emploie au masculin ou au féminin :

Une manœuvre/un manœuvre ;
un page/une page.

c) le nombre

Pluriel des noms propres. Les noms propres ne prennent pas la marque du pluriel quand ils désignent :
1. des personnes qui ont porté le même nom : les deux Corneille, les Goncourt, ou, par emphase, un seul individu : les Bossuet, les Racine, les La Fontaine ont illustré le règne de Louis XIV ;
2. des ouvrages produits par les personnages nommés : des Titien (mais règle incertaine).
Les noms propres varient quand ils désignent :
1. des personnes semblables à celles dont on cite le nom, des espèces, des types : Les Corneilles, les Racines sont rares ;
2. certaines familles royales ou princières : les Bourbons, les Guises, les Condés, les Stuarts, les Tudors (cependant restent invariables les noms de dynasties étrangères qui ne sont pas francisés : les Habsbourg, les Hohenzollern, les Romanov) ;
3. les noms propres de pays, de peuples : les Amériques, les Guyanes, les Belges, les Italiens.

Pluriel des noms d'origine étrangère. Les noms tirés des langues étrangères prennent en général la marque du pluriel : des opéras, des albums, des référendums, des sanatoriums, des ultimatums, des accessits, des pianos, des agendas, des bravos, des nazis. Mais on écrit sans s :
1. les noms formés de plusieurs mots étrangers : des in-octavo, des ecce homo, des postscriptum, etc. ;
2. les noms latins des prières : des Pater, des Credo, des Ave, etc.

Pluriel des noms composés. Les mots qui peuvent entrer dans la formation d'un nom composé sont : le *nom*, l'*adjectif*, le *verbe*, la *préposition* et l'*adverbe*.

Le nom et l'adjectif peuvent seuls prendre la marque du pluriel : *un chou-fleur, des choux-fleurs ; un coffre-fort, des coffres-forts*.

Si le nom composé est formé de deux noms liés par une préposition, le premier seul prend la marque du pluriel : *des chefs-d'œuvre, des arcs-en-ciel*.

Cependant, on écrit : *des coq-à-l'âne*, discours sans suite où l'on passe *du coq à l'âne*. Les noms composés *hôtel-Dieu* et *fête-Dieu* font au pluriel : *des hôtels-Dieu, des fêtes-Dieu*.

Le verbe, la préposition et l'adverbe restent toujours invariables : *un passe-partout, des passe-partout*.

Noms invariables. Certains noms sont invariables ; certains ne s'emploient qu'au pluriel :

des funérailles, les entrailles ;

d'autres seulement au singulier, comme les noms de sciences (*la botanique*), certains adjectifs ou infinitifs substantivés (*le vrai, le devenir*), les noms des points cardinaux (*l'est, le sud*) ou ceux des sens (*l'odorat, l'ouïe*).

Les adjectifs cardinaux, les locutions, les mots invariables, employés accidentellement comme noms, ne prennent pas la marque du pluriel : *les quatre, les on-dit, les pourquoi, les oui...*

Nombre et sens. Certains noms changent de sens selon qu'ils sont employés au singulier ou au pluriel :

une lunette / des lunettes ;
un ciseau / des ciseaux ;
la bêtise / des bêtises.

Nombre indifférent. D'autres s'emploient indifféremment au singulier ou au pluriel :

un pantalon / des pantalons ;
une moustache / des moustaches.

Pluriel des noms précédés d'une préposition. Il est souvent difficile de savoir à quel nombre on doit employer un nom précédé d'une des prépositions *à, de, en, par, pour, sans*, etc.

Si le nom ne représente qu'un objet ou une matière ordinairement au singulier, il faut employer le singulier : *un sac de BLÉ ; des hommes de TALENT ; des fruits à NOYAU* ; si le nom éveille l'idée de plusieurs objets, on emploie le pluriel : *un sac de BONBONS ; un bonnet à RUBANS ; un fruit à PÉPINS ; maison réduite en CENDRES*.

OBSERVATION. Cette règle du nombre dans les noms placés après une préposition est très vague. Le moyen le plus sûr pour déterminer le nombre, quand il n'est pas indiqué par un déterminant, c'est de consulter le sens, c'est-à-dire de voir s'il y a *unité* ou *pluralité* dans l'idée. Dans le premier cas, on met le *singulier* ; dans le second, on met le *pluriel*. Ainsi, en consultant le sens, on mettra au singulier : *lit de PLUME* (lit fait avec *de la plume*) ; *marchande de POISSON* (marchande qui vend *du poisson*) ; et on mettra au pluriel : *paquet de PLUMES* (paquet qui contient *des plumes*) ;

marchande de HARENGS (marchande qui vend *des harengs*).

Le sens du nom

Le *nom* est un mot qui sert à désigner, d'une façon générale, les êtres et les choses : *père, mère, cheval, pensée, vertu*.

Le nom *commun* s'applique à un être en tant qu'il appartient à une espèce, à une catégorie : *un homme, une maison, un fleuve*.

Le nom *propre* s'applique à un ou plusieurs êtres pour les distinguer des autres êtres de même espèce : *la France, la Seine, Racine, les Anglais*.

Les noms propres se divisent en noms de personnes et en noms de lieux.

Remarque sur les noms

Du point de vue du sens et de la syntaxe, les noms ont des caractéristiques particulières.

Nom concret. Le nom concret représente un être ou un objet réel, qui tombe sous les sens, que l'on peut voir, toucher : *maison, plante, animal*. Le nom concret est un mot de base (= non dérivé) ou un mot qui peut se substituer à un mot de base ; il connaît l'opposition singulier/pluriel.

Nom abstrait. Le nom abstrait représente une création de l'esprit, une idée de l'intelligence : *justice, courage, charité*. Le nom abstrait est un mot dérivé (comme *bêtise*, de *bête*, ou *raffinage*, de *raffiner*) ou un mot qui peut se substituer à un mot dérivé ; il n'est le plus souvent qu'au singulier.

Nom comptable. Le nom comptable désigne des êtres ou des choses que l'on peut compter ; il admet donc d'être précédé d'un déterminant numéral cardinal (*deux oiseaux, trois hommes*) mais refuse le partitif (*j'ai acheté de l'oiseau, *j'ai vu de l'homme*).

Nom non comptable. Le nom non comptable désigne quelque chose que l'on ne peut compter (qualité, matière) ; il admet donc d'être précédé du partitif (*j'ai acheté de l'or*) mais refuse le numéral cardinal (*j'ai acheté quatre ors*).

REMARQUE : Certains noms peuvent changer de sens selon qu'on les emploie en tant que noms comptables (*j'ai tué un lapin, trois lapins*) ou en tant que noms non comptables (*j'ai mangé du lapin*).

Syntaxe du nom

Syntagme nominal. Le nom est le constituant essentiel du syntagme nominal, groupe de mots organisés autour de lui et auquel on peut substituer un nom seul ou un pronom :

La petite fille *de la concierge* *Claire* *Elle*	*apprend à lire.*
Pierre a aperçu	*la petite fille* *de la concierge.* *Claire.*
Pierre l'a aperçue.	

On lui attribue différentes *fonctions* suivant les relations qu'il a avec les autres éléments de la phrase, et que permettent de définir certains critères syntaxiques.

Fonctions

Sujet. Le syntagme nominal est dit avoir la fonction de sujet lorsqu'il donne ses marques de nombre au verbe ; on peut le remplacer par les pronoms *il(s)* ou *elle(s)*.

Le sujet est le plus souvent placé avant le verbe, sauf dans les phrases interrogatives lorsqu'il est un pronom (*Viens-tu ?*), et dans les phrases déclaratives après certains adverbes (*Sans doute est-il reparti*) ou lorsque l'on met un circonstant en tête de phrase (*Ici est mort Napoléon*).

Le sujet se voit substituer les pronoms interrogatifs *qui est-ce qui* ou *qu'est-ce qui* dans une question. On peut le mettre en valeur par *c'est ... qui* dans une phrase emphatique :

Qui est-ce qui apprend à lire ?
C'est la petite fille de la concierge qui apprend à lire

Dans une relative, le sujet est remplacé par le pronom *qui* : *La petite fille qui apprend à lire...*

Objet.

a) Le syntagme nominal est dit avoir la fonction d'*objet direct* lorsqu'il suit le verbe sans être introduit par une préposition. On peut le remplacer par les pronoms *le, la, les* ou en placés avant le verbe :

Il vend du pain, il en vend

L'objet se voit substituer les pronoms interrogatifs *qui est-ce que* ou *qu'est-ce que* dans une question. On peut le mettre en valeur par *c'est ... que* dans une phrase emphatique :

Qui est-ce que Pierre a aperçu ?
C'est la petite fille de la concierge que Pierre a aperçu

Dans la phrase passive, l'objet direct devient le sujet :

La petite fille de la concierge a été aperçue par Pierre

(mais toutes les phrases à objet direct ne peuvent être mises au passif : *Cet artiste a quitté la scène*).

Dans une relative, l'objet direct se voit substituer le pronom *que* :

La petite fille que Pierre a aperçu apprend à lire

b) Le syntagme nominal est dit avoir la fonction d'*objet indirect* lorsqu'il suit le verbe en étant introduit par une préposition (le plus souvent *à* ou *de*) ; on l'appelle alors syntagme (nominal) prépositionnel :

Julie ressemble à cette petite fille

Certains grammairiens appellent complément d'attribution le complément indirect lorsqu'il désigne celui au bénéfice ou au détriment de qui se fait l'action traduite par le verbe :

J'ai donné des bonbons à la petite fille

On peut remplacer l'objet indirect (et le complément d'attribution) par les pronoms *lui, leur* avant le verbe ou *de lui, d'elle, à lui, à elle*, etc., après le verbe lorsqu'il s'agit d'humains, par *y* ou *en* avant le verbe dans les autres cas :

Je parle des vacances, j'en parle ; je pense à la petite fille, je pense à elle

L'objet indirect se voit substituer les pronoms interrogatifs *à qui est-ce que* (ou *à quoi*) ou *de qui est-ce que* (ou *de quoi*) dans une question. On peut le mettre en valeur par *c'est ... que* dans une phrase emphatique :

À qui est-ce que Julie ressemble ?
C'est à cette petite fille que Julie ressemble

Dans une phrase relative, l'objet indirect est remplacé par des pronoms composés : *auquel* (*à laquelle*, etc.) ou *à qui* pour les humains, ou *dont* (plus rarement *duquel, de laquelle*, etc.) :

La petite fille à qui Julie ressemble...

Circonstant. Le syntagme nominal circonstanciel équivaut à un adverbe ; le plus souvent, il est introduit par une préposition, sauf lorsqu'il indique le prix, le poids, la mesure et sauf certains compléments de temps et de lieu :

Ce livre coûte une somme folle ; je viendrai le lundi suivant ; j'habite boulevard Ney.

Le complément circonstanciel traduit des notions diverses, que le critère traditionnel de la question ne permet pas toujours de définir : si *où ?* révèle le plus souvent un circonstant de lieu et *quand ?* un circonstant de temps, *pourquoi ?* peut renvoyer à la cause ou au but, *comment ?* à la manière ou au moyen, *combien ?* au poids, au prix ou à la mesure, etc.

C'est donc le sens que l'on attribue à la phrase et au circonstanciel qui, la plupart du temps, permet de définir sa valeur sémantique.

Sauf le lieu (auquel on peut souvent substituer *y* : *Je vais à la campagne, j'y vais*), les compléments circonstanciels ne peuvent pas être remplacés par un pronom.

En revanche (et contrairement aux autres compléments), certains d'entre eux sont équivalents à une phrase (circonstancielle) introduite par une conjonction qui peut avoir un lien morphologique avec la préposition de sens correspondant :

Je suis parti à cause de ses réflexions désobligeantes (parce qu'il m'avait fait des réflexions désobligeantes).
Je suis parti avant son arrivée (avant qu'il n'arrive).

Dans une phrase emphatique, le circonstant est mis en valeur entre *c'est ... que* (*C'est après son départ que je me suis mise à pleurer*).

Dans une relative, le circonstant de lieu se voit substituer *où*, mais les autres circonstants n'ont pas de pronom relatif correspondant ; on use du pronom *lequel* (*laquelle*, etc.) précédé de la préposition introduisant le circonstant :

Il est parti à cause de tes réflexions ; tes réflexions, à cause desquelles il est parti...

On distingue souvent entre circonstant de syntagme verbal (parfois supprimable, difficilement déplaçable), et circonstant de phrase (toujours supprimable, facilement déplaçable) :

Je vais à Paris, mais **À Paris, je vais,* **je vais.*
Il fait beau à Paris ; À Paris, il fait beau ; Il fait beau

Complément de nom (ou complément déterminatif). Il s'agit d'un syntagme (nominal) prépositionnel inséré dans un syntagme nominal :

Le complément de nom est équivalent à un adjectif et peut souvent être paraphrasé par une relative :

Les livres de la collection rose (= les livres roses, = les livres qui entrent dans, que l'on range dans la collection rose) plaisent aux jeunes filles

Le plus souvent, il précise, en la restreignant, l'extension du nom modifié ; comparez :

des œufs / des œufs d'autruche
le vent / le vent du Nord

Les valeurs sont diverses (ce déterminatif est en quelque sorte le circonstant du nom) : lieu (*la bataille de Waterloo*), temps (*une robe du temps jadis*), manière (*un cheval au repos*), but (*une table à ouvrage*), etc.

Apposition. Sauf dans certains cas rares, tels *la ville de Rouen, le mois de juin,* l'apposition est un syntagme nominal (non prépositionnel).

L'apposition a la même référence que le nom qu'elle complète, c'est-à-dire qu'elle désigne le même être, ou le même objet, ou la même qualité, etc. :

Le roi Louis XVI ; Paul Dupont, ce médecin bien connu, ...

Comme le complément de nom, l'apposition est équivalente à un adjectif et peut souvent être paraphrasée par une relative ; mais contrairement à lui, elle est la plupart du temps isolée par une ou des virgule(s) et peut se déplacer avant le nom qu'elle qualifie :

Cet officier, homme tranquille s'il en fut, alla voir son supérieur. Homme tranquille s'il en fut, cet officier alla voir son supérieur

Si le complément de nom peut avoir une valeur déterminative, l'apposition apporte une information secondaire, non indispensable au sens de la phrase, et peut donc facilement être supprimée, sans altérer le sens de la phrase (valeur descriptive, appositive) :

J'ai acheté des bois est différent de J'ai acheté des bois de cerf. Mais Cet officier alla voir son supérieur a le même sens que Cet officier, homme tranquille s'il en fut, alla voir son supérieur

Attribut.

a) *l'attribut du sujet*
Le syntagme nominal attribut du sujet suit, dans le syntagme verbal, un verbe tel que *être* (*devenir, rester*) ou est équivalent, après le verbe, à une phrase avec *être* :

Jean-Paul est devenu un grand philosophe
Il partit première classe et il revint général (= *alors qu'il était première classe, quand il fut général*)

Le syntagme nominal attribut du sujet est souvent sans déterminant.

Particulièrement dans les phrases passives, l'attribut peut être un syntagme (nominal) prépositionnel :

Il a été choisi comme chef

Avec le verbe *être* et les verbes tels que *être,* l'attribut du sujet peut se voir substituer *le* devant le verbe (*Ils restèrent de bons amis, ils le restèrent*) ou que relatif ou exclamatif, qui suppose que l'article de l'attribut soit défini (*Le grand philosophe que Jean-Paul est devenu...*) ; après les autres verbes, il équivaut à une circonstancielle de temps, de cause, etc. :

Il mourut grand diabétique (parce qu'il était...).

b) *l'attribut de l'objet direct*

Le syntagme nominal attribut de l'objet direct est associé dans le syntagme verbal à un verbe suivi (ou précédé, dans le cas d'un pronom) d'un objet direct ; le plus souvent, il se met après l'objet direct (ou après le verbe quand l'objet direct est un pronom) :

Je sais Paul grand écrivain

Le syntagme nominal attribut de l'objet est souvent sans déterminant.

Si l'on remplace l'objet direct par un pronom, son attribut reste après le nom (*Je le sais grand écrivain*).

Si l'on fait suivre le verbe d'une complétive où l'objet de ce verbe devient le sujet d'un verbe *être,* l'attribut de l'objet devient attribut du sujet (*Je sais que Paul est un grand écrivain*). Les verbes n'admettant pas de complétive (comme *appeler*) peuvent toujours être remplacés par des verbes en admettant une (*Il appelle Paul son oiseau des îles, il dit que Paul est son oiseau des îles*).

Après certains verbes, l'attribut de l'objet direct est précédé d'une préposition (*On a choisi Pierre pour chef*).

Apostrophe. Un nom ou un syntagme nominal est mis en apostrophe quand il sert à nommer la personne ou la chose qu'on interpelle : *PIERRE, savez-vous votre leçon ? Vous m'écoutez, MONSIEUR DURAND ?*

Il est toujours détaché, c'est-à-dire isolé par une pause à l'oral ou des virgules à l'écrit, et mobile dans la phrase.

On notera que certains noms ou syntagmes nominaux ne s'emploient que comme appellatifs ; ainsi :

Madame, Mademoiselle (mais une dame, une demoiselle)

LE DÉTERMINANT

On range dans cette catégorie tous les mots qui peuvent apparaître devant un nom commun ; on distingue traditionnellement les *articles* (définis, indéfinis, partitifs) et les *adjectifs déterminatifs* (démonstratifs, possessifs, interrogatifs, numéraux, indéfinis).

Le déterminant se place devant les noms et en indique le nombre et le genre, du moins au singulier. Il est un constituant du syntagme nominal, dont sa fonction est d'introduire le nom. Son emploi et son sens sont souvent liés à la présence ou à l'absence d'un modificateur (cf. pour l'attribut : *Il paraît bon ingénieur*, mais *Il paraît un bon ingénieur*).

L'article

Il y a trois sortes d'articles : l'article *défini*, l'article *indéfini* et l'article *partitif*.

Formes de l'article défini et de l'article indéfini. Les mots qui jouent le rôle d'articles changent de forme selon le genre et le nombre : *le père, la mère, les enfants ; un frère, une sœur, des jeux.*

	ARTICLE DÉFINI		ARTICLE INDÉFINI	
	Masc.	Fém.	Masc.	Fém.
Singulier	le	la	un	une
Pluriel	les		des	

Élision. L'*élision* consiste dans la suppression des voyelles *e, a, qui*, à la fin d'un mot, sont remplacées par une apostrophe. On élide les articles *le, la* devant tout mot commençant par une voyelle ou un *h* muet ; ainsi, on écrit et on prononce : *l'oiseau, l'histoire, l'amitié*. L'article *l'* est alors dit *élidé*.

Contraction. La *contraction* est la réunion de plusieurs mots, de plusieurs sons en un seul.

Les articles contractés sont formés par la réunion des articles *le, les* avec les prépositions *à, de*. Les articles contractés sont :
au, mis pour *à le* ; | *du*, mis pour *de le* ;
aux, mis pour *à les* | *des*, mis pour *de les*.

On contracte l'article :
1. devant les mots pluriels : AUX *amis*, DES *villes* ;
2. devant un mot masculin singulier commençant par une consonne ou par un *h* aspiré : DU *village*, AU *hameau*.

Emplois de l'article. Sauf dans un certain nombre d'exceptions énumérées plus bas, tout nom se fait précéder de l'*article défini* ou de l'*article indéfini*.

L'ARTICLE DÉFINI se met devant les noms dont le sens est déterminé : LE *chien du berger*, ou générique : *le chien est un mammifère*.

L'ARTICLE INDÉFINI se met devant les noms dont le sens est vague, général : *Prêtez-moi* UN *livre*. Il admet aussi l'emploi générique : *Un livre, ça se prête*.

REMARQUE. Les noms propres de personnes

et de villes, qui ont par eux-mêmes un sens déterminé, complet, ne sont pas précédés de l'article : *Paul, Pierre, Paris, Lyon*.

Les noms géographiques autres que les noms de villes sont, en général, précédés de l'article défini ; ainsi l'on dit : LA *France*, LE *Rhin*, LES *Alpes*, LE *Perche*.

L'emploi de l'article défini devant certains noms de familles, d'écrivains ou d'artistes italiens est traditionnel ; ainsi l'on dit : LE *Tasse*, L'*Arioste* ; mais on évitera de dire : LE *Dante*, car *Dante* est un prénom.

On trouve aussi l'article devant le nom de certaines grandes actrices ou cantatrices : LA *Champmeslé*, LA *Clairon*, LA *Malibran*. Mais dans les exemples suivants : LA *Pompadour*, LA *Du Barry*, l'article indique une intention de dénigrement.

Formes de l'article partitif. L'article *partitif* est formé de la préposition *de*, pure ou combinée avec l'article défini ; il a les formes suivantes :

	MASCULIN	FÉMININ
Singulier	du (de l')	de la (de l')
Pluriel	des (de)	

On l'emploie devant les mots pris dans un sens *partitif*, c'est-à-dire exprimant une partie des choses dont on parle : *J'ai mangé* DU *beurre*, DE LA *crème*, DES *fruits*.

Si le nom est précédé d'un adjectif, on emploie *de* au lieu de *du, de la, des*, spécialement au pluriel : *J'ai mangé* DE *bonnes poires*.

REMARQUES. Cependant, si l'adjectif et le nom sont liés de manière à former une sorte de nom composé, comme *petits pois*, on met *du, de la, des*, et non *de* : *J'ai mangé* DES *petits pois*.

En français moderne, l'article partitif se développe et présente des emplois nouveaux : *jouer* DU *Bach* ; *faire* DE LA *température* ; *une voiture qui fait* DU *cent à l'heure*.

Répétition de l'article. Quand deux adjectifs, unis par la conjonction *et*, qualifient un même nom, l'article ne se répète pas devant le second : *Le simple et le bon La Fontaine est le premier des fabulistes français*.

Si les adjectifs ne peuvent qualifier ensemble le même substantif, la répétition de l'article est nécessaire : *la haute et la basse Bourgogne*. Mais, dans ce cas, il arrive parfois que, pour donner plus de rapidité à la pensée, on ne répète pas l'article : *César parlait les langues grecque, latine, syrienne, hébraïque, arabe*.

Règle générale. L'article se répète devant chaque nom déterminé.

Exceptions. L'article ne se répète pas quand les noms forment pour ainsi dire une expression indivisible ou quand on parle de personnes, de choses analogues : *École des ponts et chaussées ; les officiers et sous-officiers ; les père et mère ; journal paraissant les lundi, jeudi et samedi*. On supprime également l'article après la conjonction *ou*, devant un deuxième nom qui est le synonyme ou l'explication du premier : *le Bosphore, ou détroit de Constantinople.* Souvent, même, on le supprime dans les phrases proverbiales ou dans les énumérations : *Prudence est mère de sûreté. Prières, offres, menaces, rien ne l'a ébranlé.* On n'emploie pas l'article devant certains mots mis en apostrophe : *Soldats, soyez braves!* mais : *Les enfants, soyez sages* On ne l'exprime pas non plus dans un grand nombre de locutions verbales formant image : *rendre gorge, prendre pitié, avoir pied, faire feu,* etc.

Article devant *plus, mieux, moins.*

Avec les adverbes *plus, mieux, moins,* l'article varie pour exprimer une idée de comparaison : *Cette femme est* LA *plus heureuse des mères.* (On compare le bonheur d'une mère avec celui des autres mères.) Mais on emploie l'article *le,* invariable, si l'on veut exprimer une qualité portée au plus haut degré, sans idée de comparaison : *C'est près de ses enfants que cette mère est* LE *plus heureuse* (c'est-à-dire « heureuse au plus haut degré »).

L'adjectif déterminatif

On distingue :
1. les adjectifs *démonstratifs*;
2. les adjectifs *possessifs*;
3. l'adjectif *interrogatif*;
4. les adjectifs *indéfinis*;
5. les adjectifs *numéraux.*

Adjectifs démonstratifs

Les adjectifs *démonstratifs* peuvent (à l'oral) renforcer le geste qui montre *(Tiens! Regarde ce drôle de véhicule!).* Ils permettent de reprendre un mot déjà cité dans le discours : *Il avait un chien nommé Toby. Cet animal était étrange.*

Formes des adjectifs démonstratifs :

	MASCULIN	FÉMININ
Singulier	ce, cet	cette
Pluriel	ces	

REMARQUE. On emploie *cet* au lieu de *ce* devant une voyelle ou un *h* muet : CET *arbre,* CET *homme.*

Adjectifs possessifs

Les adjectifs *possessifs* marquent la possession au sens strict et au sens large du mot : MON *chapeau,* MON *chien,* MA *famille,* MA *patrie.*

Ils équivalent à une phrase avec *avoir : Pierre a un chien, Son chien.* Pour éviter un

hiatus, on emploie *mon, ton, son* au lieu de *ma, ta, sa* devant un nom féminin commençant par une voyelle ou par un *h* muet : MON *amitié,* TON *histoire,* SON *épée.*

Malgré le rapport de possession évident, les noms des parties du corps sont rarement précédés du possessif : *Il a mal à la tête* (et non : *à sa tête), Elle s'est coupé le doigt* (et non : *son doigt).*

Emploi de « son, sa, ses, leur, leurs et de en ». Quand le possesseur et l'objet possédé appartiennent à la même proposition, on emploie toujours devant le second *son, sa, ses, leur, leurs : Le chien aime* SON *maître. Le soldat défend* SA *patrie.*

On se sert encore de l'adjectif possessif quand le possesseur n'étant pas dans la même proposition que l'objet possédé, celui-ci est précédé d'une préposition : *Paris est une ville magnifique; tout le monde admire la beauté de* SES *monuments.*

Il en est de même lorsque le possesseur est un nom de personne ou d'animal : *J'ai visité mes amis; j'ai partagé* LEURS *jeux.*

Quand le possesseur est un nom de chose, on emploie *son, sa, ses,* aussi bien que l'article avec *en,* si la chose peut être considérée comme susceptible de posséder : *J'ai vu la mer, j'aime* SES *aspects grandioses* ou j'EN *aime les aspects grandioses.* Mais on dira plutôt : *La mer était déchaînée; j'ai essayé* D'EN *faire le croquis,* parce que le croquis n'appartient pas à la mer. Toutefois, la construction avec l'adjectif possessif tend à supplanter l'autre.

Notre, votre, leur. On met au singulier *notre, votre, leur* et les noms qu'ils déterminent :
1. Quand il n'y a qu'un objet possédé en commun. Ainsi on dira, en parlant d'enfants qui sont frères : *Ils aiment beaucoup* LEUR *mère;*
2. Lorsque chaque possesseur ne possède qu'un objet différent : *Les soldats donnent* LEUR *vie pour la patrie.*

On emploie le pluriel *nos, vos, leurs* quand chaque possesseur a, ou peut avoir plusieurs de ces objets : *Toutes les mères chérissent* LEURS *enfants.*

Adjectif interrogatif

Le seul adjectif *interrogatif* est *quel,* qui s'emploie dans une interrogation avec un nom ou un pronom, et varie en genre et en nombre *(quelle* au féminin; *quels, quelles,* au pluriel) : QUEL *âge avez-vous?* QUELLE *heure est-il?* QUELS *devoirs faites-vous?* QUELLES *leçons apprenez-vous?* QUEL *est celui d'entre vous qui a fait cela?*

Formes des adjectifs possessifs :

	UN POSSESSEUR		PLUSIEURS POSSESSEURS	
	un objet possédé	*plusieurs objets possédés*	*un objet possédé*	*plusieurs objets possédés*
1re personne	mon, ma	mes	notre	nos
2e personne	ton, ta	tes	votre	vos
3e personne	son, sa	ses	leur	leurs

Employé dans une exclamation, cet adjectif est appelé adjectif *exclamatif* : QUELLE *chance!*

Adjectifs indéfinis

Les adjectifs *indéfinis* déterminent le nom d'une manière vague, générale. Les adjectifs indéfinis sont : *certain, maint, quelque, quelconque, tel*, etc.

Quelque est adjectif ou adverbe. *Quelque* est adjectif et variable quand il est suivi d'un nom ou d'un adjectif accompagné d'un nom : *Choisissons* QUELQUES *amis*, QUELQUES *vrais amis.*

Quelque est adverbe et invariable :
1. Quand il modifie un adjectif, un participe ou un adverbe ; il signifie alors « si » : QUELQUE *habiles*, QUELQUE *bons ouvriers que vous soyez,* QUELQUE *adroitement que vous vous y preniez, vous ne réussirez pas.*
2. Quand il précède un adjectif numéral et qu'il signifie « environ » : *Cet homme a* QUELQUE *cinquante ans.*

Quelque placé devant un verbe s'écrit en deux mots *(quel que)*. *Quel* est alors adjectif indéfini et s'accorde en genre et en nombre avec le sujet du verbe : QUELS *que soient les dangers, affrontez-les bravement.*

Certain, maint s'accordent en genre et en nombre avec le nom auquel ils se rapportent : CERTAINS *individus* ; CERTAINES *personnes. Napoléon livra* MAINTES *batailles.*

Adjectifs numéraux

Les adjectifs *numéraux* déterminent le nom en y ajoutant soit une idée de quantité : TROIS *soldats* ; soit une idée de rang : TROISIÈME *chapitre.*

Il y a deux sortes, donc, d'adjectifs numéraux : les adjectifs numéraux cardinaux et les adjectifs numéraux ordinaux.

Les adjectifs numéraux *cardinaux* marquent le nombre, la quantité : *un, deux, trois, quatre, cinq, six, sept, huit, neuf, dix, vingt, cent, mille*, etc.

Les adjectifs numéraux *ordinaux* marquent l'ordre, le rang : *premier, deuxième, troisième..., dixième, vingtième, centième, millième*, etc.

On peut rattacher aux adjectifs numéraux ceux des adjectifs, dits naguère *indéfinis*, qui apportent au nom une détermination numérique : *aucun, nul, chaque, plusieurs, tout.*

Les adjectifs numéraux cardinaux sont invariables : *les* DOUZE *mois, les* QUARANTE *de l'Académie.*

Il faut excepter *un*, qui fait au féminin *une*, et *vingt* et *cent*, qui prennent quelquefois la marque du pluriel.

Million, billion, milliard, etc., qui sont des noms, varient ; il en est de même des adjectifs numéraux ordinaux, qui sont de véritables adjectifs qualificatifs.

REMARQUES SUR LES AUTRES ADJECTIFS NUMÉRAUX. **Aucun, nul**, signifiant « pas un », excluent toute idée de pluralité : *Cet homme est sans* AUCUNE *ressource*, NULLE *âme ne vient à son secours.*

Cependant, *aucun, nul* prennent la marque du pluriel :
1. lorsqu'ils sont placés devant un nom qui n'a pas de singulier : AUCUNES *funérailles*

n'ont été plus imposantes que celles de Victor Hugo ;
2. lorsqu'ils sont placés devant un nom qui a une signification particulière au pluriel : NULLES *troupes n'ont plus d'élan que les nôtres.*

Chaque, adjectif, doit toujours être suivi du nom auquel il se rapporte : CHAQUE *pays a ses usages.*

On ne dit pas dire : *Mes livres coûtent vingt francs* CHAQUE ; mais bien : *Mes livres coûtent vingt francs* CHACUN.

Tout est adjectif ou adverbe. TOUT est adjectif, et par conséquent variable :
1. quand il détermine un nom ou un pronom : TOUS *les hivers ne sont pas rigoureux* ;
2. quand il désigne l'ensemble, la totalité des parties d'une chose : *La troupe est* TOUTE *sous les armes.*

TOUT est adverbe quand il modifie un adjectif, un participe ou un autre adverbe ; alors il signifie « entièrement », « tout à fait », et il est invariable : *Cette personne est* TOUT *heureuse.*

Tout, quoique adverbe, varie lorsqu'il est placé devant un adjectif féminin commençant par une consonne ou un *h* dit aspiré : *Cette personne est* TOUTE *surprise*, TOUTE *honteuse.*

Tout est invariable dans les locutions : *tout yeux, tout oreilles, tout en larmes, tout ardeur*, etc.

REMARQUES PARTICULIÈRES. Dans une même phrase, *tout* est adjectif ou adverbe suivant qu'il exprime la totalité ou qu'il signifie « tout à fait » : *Ces fleurs sont* TOUTES *aussi fraîches qu'hier* (toutes sans exception). *Ces fleurs sont* TOUT *aussi fraîches qu'hier* (tout à fait aussi fraîches).

Tout, placé immédiatement devant un nom de ville, s'écrit au masculin, ainsi que ses corrélatifs : TOUT *Rome s'est soulevé* (c'est-à-dire : *Tout le peuple de Rome).*

Cependant, on dira : TOUTE *Rome est couverte de monuments*, parce que, ici, ce n'est plus l'idée d'un peuple, mais celle de la ville elle-même, qui est exprimée.

Tout, suivi de *autre*, varie lorsqu'il détermine le nom qui suit l'adjectif *autre* : *Demandez-moi* TOUTE AUTRE *chose* (c'est-à-dire *toute chose autre que celle que vous me demandez).*

Tout est invariable s'il modifie l'adjectif *autre*, et quand il est accompagné de *un, une*, c'est-à-dire lorsqu'il est pris adverbialement ; on peut alors le remplacer par *tout à fait* : *Cela est* TOUT AUTRE *chose. Cela est une* TOUT AUTRE *chose* (c'est-à-dire *une chose tout à fait autre).*

L'ADJECTIF QUALIFICATIF

Caractéristiques d'emploi

L'adjectif dépend d'un nom dont il prend les marques de genre et de nombre :

De petits jardins coquets entourent cette grande maison carrée.

Certains adjectifs peuvent s'employer comme nom, ils sont alors précédés d'un déterminant :

Le noir le va bien (= *la couleur noire).*

Quant à la forme, on distingue entre adjectifs simples et adjectifs composés (une robe bleu marine, des enfants sourds-muets).

Complément de l'adjectif. Tout mot qui complète la signification d'un adjectif est le complément de cet adjectif.

L'adjectif et ce mot sont liés par une des prépositions à, de, etc., ou par l'article contracté : La récréation est nécessaire aux enfants.

Lorsqu'un même complément dépend de deux adjectifs, il est nécessaire que ceux-ci se construisent avec la même préposition. On dira donc : CONTENT et SATISFAIT de son sort, parce que content et satisfait se font tous deux suivre de la préposition de.

Le sens de l'adjectif qualificatif

L'adjectif qualificatif est un mot qui sert à exprimer une manière d'être, une qualité de l'être ou de l'objet désigné par le nom auquel il est joint : un enfant STUDIEUX ; une voiture CONFORTABLE.

N'importe quel adjectif ne peut se combiner avec n'importe quel nom : on distingue entre adjectifs concrets (comme vert) et abstraits (comme génial), humains (comme pensif) et non humains (comme haut), etc. Dans la langue courante, ne sont associés que les noms et adjectifs ayant les mêmes caractéristiques de sens :

Une idée géniale, mais non *une idée verte,
Un garçon pensif, mais non *un garçon haut.

Syntaxe de l'adjectif qualificatif

L'adjectif qualificatif est le constituant essentiel du syntagme adjectival, groupe de mots organisés autour de lui et auquel on peut substituer un adjectif seul ou, dans une phrase avec être, un pronom :

Pierre est très fier de son fils
              fier

Pierre l'est

Comparatifs et superlatifs. Le comparatif est la forme prise par l'adjectif lorsqu'il qualifie un nom comparé à lui-même ou à un autre.

Il y a trois comparatifs :
1. le comparatif d'infériorité, exprimé par l'adverbe moins : Je suis MOINS HEUREUX que toi ;
2. le comparatif d'égalité, exprimé par l'adverbe aussi : Je suis AUSSI HEUREUX que toi ;
3. le comparatif de supériorité, exprimé par l'adverbe plus : Je suis PLUS HEUREUX que toi.

Les trois adjectifs bon, mauvais, petit ont pour comparatifs meilleur, pire, moindre.

On dit aussi plus mauvais, plus petit, mais on ne dit pas plus bon.

Le superlatif est la forme prise par l'adjectif qualificatif lorsqu'il compare un être, un objet comparés à tous les êtres, à tous les objets semblables (superlatif relatif), ou lorsqu'il exprime la qualité portée à un très haut degré (superlatif absolu).

Le superlatif relatif se marque par le comparatif précédé de l'article défini : Paris est LA PLUS BELLE ville du monde ; ou par le comparatif précédé de l'adjectif possessif :

C'est MON MEILLEUR ami. Le superlatif absolu se marque par les adverbes très, fort, bien, extrêmement, etc., les préfixes extra-, super-, sur-, ultra-, archi- : très sage, fort riche, ultra-rapide, archi-faux, etc.

Le superlatif absolu n'est pas suivi d'un complément tandis que le superlatif relatif est associé à un syntagme prépositionnel ou une phrase (Paris est la plus belle ville du monde/que je connaisse) ; ce complément peut être omis, si le contexte le rend évident (À l'époque, Anquetil était le plus grand [= des coureurs cyclistes]).

Les fonctions du syntagme adjectival

Selon sa place dans la phrase et les relations qu'il entretient avec les autres éléments, on distingue plusieurs fonctions du syntagme adjectival.

Épithète. Le syntagme adjectival est dit avoir la fonction épithète lorsqu'il suit un nom sans en être séparé par un signe de ponctuation ou d'autres mots (il n'est pas relié au nom par un verbe) :

Une table basse.

L'épithète peut parfois être placée avant le nom et changer de sens, par rapport à sa position avant le nom :

Un pur hasard, une eau pure,
Un pauvre homme, un homme pauvre ;

ou prendre une valeur emphatique :

C'est une aventure extraordinaire,
Quelle extraordinaire aventure !

REMARQUE : En soi, les adjectifs qualificatifs devraient pouvoir se placer indifféremment avant ou après le nom qu'ils déterminent ; mais il s'est créé, à ce sujet, des usages auxquels on est tenu de se conformer :
1. En général, l'adjectif qualificatif placé après le nom énonce une particularité propre à le définir, à le classer, le caractériser : l'armée NAVALE, le règne ANIMAL, une femme INTRIGANTE.

Placé avant le nom, l'adjectif exprime une valeur, une appréciation : une JOLIE femme, une FAUSSE joie, un BEAU livre. Il s'agit le plus souvent d'adjectifs non dérivés ; ainsi, solaire ou géographique ne peuvent être qu'après le nom.
2. Il y a des adjectifs qualificatifs qui changent de sens selon qu'ils précèdent ou qu'ils suivent le nom. Ainsi : un GRAND homme est un homme célèbre par ses vertus ou son génie ; un homme GRAND est un homme de haute stature.

Offrent cette particularité : bon, brave, certain, maigre, méchant, pauvre, propre, seul, traître, triste, etc.

Apposition. Le syntagme adjectival est dit avoir la fonction d'apposition lorsqu'il suit ou précède le nom dont il est séparé par une virgule (ou deux) :

Sa mère, furieuse, claqua la porte ;
Furieuse, sa mère claqua la porte.

L'apposition apporte une information secondaire et peut être supprimée sans altérer le sens de la phrase ; elle a souvent une valeur circonstancielle (cause, temps par exemple) :

Plus jeune, Paul aimait les voyages (= *lorsqu'il était plus jeune*).

Attribut.

a) *attribut du sujet*

Le syntagme adjectival est dit avoir la fonction d'attribut du sujet lorsqu'il fait partie du syntagme verbal, où un verbe d'état (*être, devenir, paraître, sembler*, etc.) le relie au sujet :

Cet homme est assez gros.

L'attribut du sujet peut suivre d'autres verbes que les verbes d'état, mais suppose alors en général un verbe *être* implicite :

Il mourut apoplectique (= *étant apoplectique*).

b) *attribut de l'objet*

Le syntagme adjectival attribut de l'objet suit dans le syntagme verbal un complément d'objet direct (ou le verbe précédé d'un complément d'objet direct dans le cas d'un pronom) :

Je crois Pierre intelligent,
Je le crois intelligent.

Si l'on fait suivre le verbe d'une complétive où l'objet direct devient sujet, l'attribut de l'objet devient attribut du sujet :

Je crois que Pierre est intelligent.

Remarques
sur l'accord de l'adjectif

Accord de l'adjectif avec le nom. L'adjectif prend toujours le même genre et le même nombre que le nom auquel il se rapporte : *un livre* CHER, *des fleurs* ODORANTES.

Tout adjectif qui qualifie plusieurs noms se met au pluriel. L'adjectif est du masculin si les noms qu'il qualifie sont au masculin : *l'âne et le mulet sont* TÊTUS.

L'adjectif est du féminin si les noms qu'il qualifie sont du féminin : *L'alouette et la poule sont* MATINALES.

Si l'adjectif qualifie des noms de genres différents, il se met au masculin pluriel : *La biche et le cerf sont* LÉGERS.

REMARQUE. — Lorsque l'adjectif qui se rapporte à deux noms de genres différents a une terminaison particulière pour chaque genre, l'euphonie exige qu'on rapproche le nom masculin de l'adjectif. Ainsi, on ne dira pas : *Cet acteur joue avec un art et une noblesse parfaits* ; mais : *Cet acteur joue avec une noblesse et un art parfaits.*

EXCEPTIONS. L'adjectif placé après plusieurs noms s'accorde avec le dernier :

1. Lorsque les noms sont synonymes : *La frégate vole avec une vitesse, une rapidité* PRODIGIEUSE ;

2. Lorsque les noms sont placés par gradation : *Les Gaulois avaient un courage, une intrépidité* SURPRENANTE.

L'adjectif placé après deux noms réunis par la conjonction *ou* s'accorde seulement avec le dernier :

1. S'il ne qualifie que le dernier nom : *Une statue de marbre ou de bronze* DORÉ ;

2. Si le dernier nom n'est que le synonyme ou l'explication du premier : *Tout homme cherche un métier ou une profession* LUCRATIVE.

Mais si le qualificatif convient à deux noms de sens différent, il se met au pluriel : *Les Samoyèdes se nourrissent de chair ou de poisson* CRUS.

L'adjectif précédé de deux noms joints par *comme, de même que, ainsi que, aussi bien que*, etc., ne s'accorde qu'avec le premier nom s'il y a comparaison : *Le lion, comme la panthère, est* CARNASSIER.

Accord de l'adjectif avec *avoir l'air.* Il n'y a pas de règle, mais un usage. Si, pour le sens, l'adjectif se rapporte au mot *air*, il s'accorde avec lui. Ainsi l'on dira : *Cette femme a l'air* DOUX.

Si l'expression verbale *avoir l'air* est prise pour un équivalent de *sembler, paraître*, l'adjectif s'accorde avec le sujet : *Cette femme a l'air* SÉRIEUSE.

Parfois, le contexte n'autorise qu'une interprétation et, donc, qu'une orthographe : *Cette pendule a l'air ancienne.*

Adjectifs composés. Lorsqu'un *adjectif composé* est formé de deux qualificatifs, les deux mots s'accordent avec le nom : *des pommes* AIGRES-DOUCES, *des hommes* IVRES-MORTS.

Cependant, si le premier adjectif est employé comme adverbe, le second seul varie : *des enfants* NOUVEAU-NÉS.

REMARQUES.

1. Lorsque ces expressions sont substantivées au lieu d'être adjectives, les deux mots varient : *les* NOUVEAUX VENUS, *les* NOUVEAUX-NÉS, *des* PREMIERS-NÉS.

2. Dans certains cas, le premier adjectif, bien qu'employé adverbialement, s'accorde, suivant un ancien usage, avec l'adjectif ou le participe qui le suit : *des roses* FRAÎCHES ÉCLOSES, *des fenêtres* GRANDES OUVERTES.

Noms et adjectifs de couleurs. Quelques noms, tels que *amarante, aurore, carmin, cerise, chocolat, garance, jonquille, marron, noisette, orange, olive, ponceau, serin, thé*, employés comme adjectifs pour désigner une couleur, sont invariables : *des rubans* PAILLE, *des jupes* MARRON.

Les mots *écarlate, mauve, pourpre, rose* sont devenus de véritables adjectifs et sont donc variables : *des robes* MAUVES.

Lorsque deux adjectifs sont réunis pour exprimer la couleur, ils sont tous les deux invariables : *des cheveux* CHÂTAIN CLAIR, *des yeux* BLEU FONCÉ.

Adjectifs sujets à hésitation. Les adjectifs ou participes : EXCEPTÉ, PASSÉ, SUPPOSÉ, COMPRIS, Y COMPRIS, NON COMPRIS, ATTENDU, VU, APPROUVÉ, OUÏ, placés devant le nom, sont de vraies prépositions et restent invariables : EXCEPTÉ *les vieillards* ; PASSÉ *huit heures.*

Pour l'accord des adjectifs *inclus, joint* (dans *ci-inclus, ci-joint*), voir ces mots à leur ordre alphabétique.

Accord de l'adjectif après deux noms joints par de. Quand un adjectif est placé après deux noms joints par la préposition *de*, il s'accorde avec celui auquel il se rapporte par le sens. Ainsi on dira : *des BAS de soie FILÉS* (ce sont les *bas* qui sont *filés*) ; *des BAS de coton ÉCRU* (c'est le *coton* qui est *écru*).

Mais on écrira, suivant les cas : *une serviette de CUIR NOIR ou NOIRE*, parce que ici les adjectifs peuvent être placés après l'un ou l'autre nom pris isolément, selon l'idée qu'on veut exprimer.

LE PRONOM

Le *pronom* est un mot qui tient la place non seulement du nom, dont il prend le genre et le nombre, mais encore d'un adjectif et même d'une phrase : *PIERRE, je LE connais. INTELLIGENTE, Marie L'est. IL EST SOBRE, j'EN suis sûr.* Il est alors invariable.

Le pronom remplit toutes les fonctions du nom (c'est pourquoi il est appelé *pronom*) et peut être sujet, complément, apposition, attribut.

Il y a six sortes de pronoms : les pronoms *personnels, possessifs, démonstratifs, relatifs, interrogatifs* et *indéfinis.*

Pronoms personnels et réfléchis. Les pronoms *personnels* sont ceux qui désignent les trois *personnes* et qui indiquent le rôle que ces personnes jouent dans la phrase : la *première* est celle qui parle : *JE chante* ; la *deuxième* est celle à qui l'on parle : *TU chantes* ; la *troisième* est celle dont on parle : *IL ou ELLE chante.*

Les pronoms personnels sont :

	SINGULIER	PLURIEL
1re pers.	je, me, moi	nous
2e pers.	tu, te, toi	vous
3e pers.	il, elle, lui le, la se, soi, en, y	ils, elles, eux se, les, leur

On rattache aussi aux pronoms personnels le pronom indéfini *on.*

On remarquera que *je* et *tu*, s'ils désignent des personnes (celle qui parle et l'interlocuteur), reçoivent improprement l'appellation « pronom », car ils ne se substituent pas à un syntagme nominal. En revanche, *il* ou *elle* sont des substituts, et ils ne désignent pas uniquement des êtres animés (*Regarde cette voiture : elle est mal garée*).

REMARQUES. Les formes *se* (atone) et *soi* (tonique) sont dites *réfléchies* ; elles s'emploient toujours comme compléments et rappellent le sujet de la proposition : *Il SE lave. On a souvent besoin d'un plus petit que SOI.* — Après un sujet pluriel, *se* marque parfois une action réciproque : *Jean et Paul SE battent.*

Je, tu, il, ils, formes atones, s'emploient toujours comme sujets d'un verbe dont ils font partie intégrante.

Elle, nous, vous, elles sont tantôt atones, tantôt toniques, et s'emploient dans le premier cas comme sujets, dans le second comme compléments.

Si l'on compare les phrases : *IL est sérieux ; je LE respecte ; tu LUI es supérieur*, on constate que le pronom de la 3e personne revêt des formes différentes suivant qu'il est sujet ou complément, et même suivant qu'il est tel ou tel complément.

Dans : *IL est beau de se sacrifier ; je LE crois ; j'EN suis sûr ; j'Y compte*, les pronoms *il, le, en, y* représentent quelque chose d'indéterminé, qui ne peut être dit ni masculin ni féminin. Ils sont du genre *neutre* et invariables en nombre.

Pronoms possessifs. Les pronoms *possessifs* tiennent la place du nom en faisant connaître à qui *appartiennent* les êtres ou les choses dont on parle : *Le Tibre a son cours en Italie, la Seine a LE SIEN en France.*

REMARQUES. Il ne faut pas confondre les adjectifs possessifs *notre, votre*, avec les pronoms possessifs *le nôtre, le vôtre, la nôtre, la vôtre.*

Les adjectifs *notre, votre* s'écrivent sans accent et précèdent toujours un nom : *NOTRE maison, VOTRE jardin.* Ce sont des déterminants.

Les pronoms *le nôtre, le vôtre, la nôtre, la vôtre* prennent un accent circonflexe sur l'o et ne se joignent jamais à un nom : *Chacun a ses peines et nous avons LES NÔTRES.*

Les pronoms possessifs sont :

	UN POSSESSEUR		PLUSIEURS POSSESSEURS	
	Un objet possédé	*Plusieurs objets possédés*	*Un objet possédé*	*Plusieurs objets possédés*
1re personne	le mien la mienne	les miens les miennes	le nôtre la nôtre	les nôtres
2e personne	le tien la tienne	les tiens les tiennes	le vôtre la vôtre	les vôtres
3e personne	le sien la sienne	les siens les siennes	le leur la leur	les leurs

Pronoms démonstratifs. Les pronoms *démonstratifs* s'emploient surtout suivis d'une relative, sauf s'ils sont associés aux particules *-ci* ou *-là*; ils impliquent une sélection dans les êtres ou les choses qu'ils représentent : *Les élèves sont entrés mais* CEUX *qui avaient oublié leur livre furent renvoyés.* À l'oral, les pronoms démonstratifs renforcent le geste qui montre : *Quel manteau choisissez-vous ?* CELUI *qui est bordé de vison. Voici deux livres,* CELUI-CI *est le plus beau.*

Les pronoms démonstratifs sont :

SINGULIER			PLURIEL	
Masc.	Fém.	Neutre	Masc.	Fém.
celui	celle	ce	ceux	celles
celui-ci	celle-ci	ceci	ceux-ci	celles-ci
celui-là	celle-là	cela	ceux-là	celles-là

REMARQUE. Les particules *ci* et *là* servent à distinguer le démonstratif « prochain » (celui-ci) du démonstratif « lointain » (celui-là). Dans la phrase : *J'ai un livre de Butor et un livre de Sarraute :* CELUI-CI *est plus intéressant que* CELUI-LÀ, le pronom celui-ci renvoie à *un livre de Sarraute* et celui-là renvoie à *un livre de Butor.*

Pronoms relatifs. Les pronoms *relatifs*, appelés aussi *conjonctifs*, tiennent la place d'un nom qui les précède.

De même que les conjonctions de subordination, ils introduisent une proposition nouvelle et servent d'« articulation », de « charnière », entre cette proposition (*subordonnée*) et la principale qu'la régit logiquement.

Ex. : *L'homme* QUI *a un cœur pur est heureux.*

Les pronoms relatifs *simples* ont une forme unique pour les deux genres et les deux nombres. Ce sont : *qui, que, quoi, dont, où.*

Les pronoms relatifs *composés* sont :

SINGULIER		PLURIEL	
Masc.	Fém.	Masc.	Fém.
lequel	laquelle	lesquels	lesquelles
duquel	de laquelle	desquels	desquelles
auquel	à laquelle	auxquels	auxquelles

REMARQUE. Le mot ou le groupe de mots rappelé par ce pronom relatif est appelé *antécédent*, parce qu'il précède ce pronom dans la phrase. Ainsi, dans l'exemple : L'HOMME *qui a un cœur pur est heureux,* « l'homme » est antécédent de « qui ».

Pronoms interrogatifs. La plupart des pronoms relatifs peuvent être placés au commencement d'une phrase. Ils servent alors à interroger, et on les appelle pronoms *interrogatifs* : QUI *est venu ?* QUE *veux-tu ?* À QUOI *pense-t-il ?* LAQUELLE *de ces pommes désires-tu ?*

Qui, que et *quoi* interrogatifs sont du genre neutre et invariables en nombre.

Qui, le pronom sujet, peut être renforcé par *est-ce-qui* (QUI *prend la parole ?* QUI EST-CE QUI *prend la parole ?*). Le pronom objet ne peut avoir la forme simple *que* seulement lorsque le sujet est après le verbe (QUE *demandez-vous ?* QUE *veut Pierre ?*); dans les autres cas, il est obligatoirement renforcé par *est-ce que* : QU'EST-CE QUE *vous demandez ?* QU'EST-CE QUE *Pierre veut ?*, sauf si le sujet n'est pas un pronom (QUE *veut Pierre ?* QU'EST-CE QUE *veut Pierre ?*). Les pronoms à *qui, à quoi, de qui, de quoi,* etc., ont le même fonctionnement : À QUOI *penses-tu ?* À QUOI EST-CE QUE *tu penses ?* DE QUOI *se mêle Pierre ?* DE QUOI *est-ce que Pierre se mêle ?* DE QUOI *est-ce que se mêle Pierre ?*

Pronoms indéfinis. Les pronoms *indéfinis* sont ceux qui servent à désigner des êtres ou des choses indéterminés ou désignés d'une manière vague et générale.

Parmi les pronoms indéfinis, on trouve des mots de provenance et de valeur diverses :
1. Le pronom personnel indéfini : *on*;
2. Les indéfinis de valeur positive ou négative : *aucun, nul, quelque chose, personne, rien*;
3. Les indéfinis relatifs à la quantité et les distributifs : *quiconque, quelques-uns, tous, plusieurs, plus d'un, d'aucuns, certains, chacun,* etc.;
4. Les indéfinis relatifs à l'identité : *un autre, l'autre, l'un l'autre, quelqu'un, n'importe qui, n'importe quoi, tel, un tel,* etc.

Syntaxe du pronom

Emploi des pronoms en général. Un pronom ne peut varier la place que d'un mot précédé de l'article ou d'un adjectif possessif, démonstratif, etc.

On ne dira pas : *Le condamné a demandé* GRÂCE *et* L'*a obtenue.* Il faut dire : *Le condamné a demandé* SA GRÂCE *et* L'*a obtenue.*

Le rapport d'un pronom à son antécédent ou au nom auquel il se réfère doit être établi de manière à ne donner lieu à aucune équivoque.

Ne dites donc pas : RACINE *a imité* SOPHOCLE *dans tout ce qu'il* A *de beau,* parce que le pronom *il* est équivoque; on ne sait s'il se rapporte à Racine ou à Sophocle.

On doit dire : *Racine a imité tout ce qu'il y a de beau dans Sophocle.*

Quand le pronom *on* se trouve dans une phrase, il doit toujours se rapporter à la même personne : ON *énonce clairement ce que* L'ON *conçoit bien.*

Il ne serait pas correct de dire : ON *n'aime pas qu'*ON *nous critique,* parce qu'ici le premier pronom *on* représente les personnes critiquées, et le second les personnes qui critiquent.

Il faut dire : ON *n'aime pas à être critiqué,* ou : *Nous n'aimons pas qu'*ON *nous critique.*

PRONOMS PERSONNELS

Pronoms sujets. Les pronoms sujets (*je, tu, il, elle, nous, vous, ils, elles*) servent à distinguer les personnes du verbe.

Si l'on veut insister sur le sujet, on place devant la forme atone du pronom sujet la forme tonique correspondante : TOI, *tu fais cela ?*

La forme tonique peut aussi se placer à la fin de la phrase : *Tu fais cela,* TOI!

On emploie encore les formes toniques (*moi, toi, lui, elle*) toutes les fois qu'un verbe ayant deux sujets, l'un de ces sujets est un nom ou un pronom : *Son frère et* LUI *viendront demain.* ELLE *et* LUI *sont heureux.*

Les pronoms *nous, vous,* employés pour *je, me, moi, tu, te, toi,* veulent au singulier tous leurs correspondants, excepté le verbe, qui se met au pluriel : *Mademoiselle, vous êtes charmante.*

RÉPÉTITION DES PRONOMS SUJETS. Lorsque plusieurs verbes se rapportent à un sujet commun et expriment des actions liées entre elles ou dont l'une est la conclusion des précédentes, on ne répète pas, en général, le pronom sujet : IL *se leva, éteignit la lampe et partit se coucher.*

Lorsqu'il s'agit d'actions indépendantes l'une de l'autre ou qu'on veut mettre chacune d'elles en relief, on répète, de préférence, le pronom sujet : IL *s'écoute,* IL *se plaît,* IL *s'admire,* IL *s'aime.*

Pronoms attributs et compléments. Le pronom *le* est variable quand il tient la place d'un nom ou d'un adjectif pris substantivement : « *Madame, êtes-vous la malade ?* — *Je* LA *suis.* » (Le mot *malade* est ici un nom précédé de l'article.)

Le pronom *le* est toujours invariable quand il tient la place d'un adjectif, d'un nom pris adjectivement, d'un infinitif ou d'une proposition : « *Madame, êtes-vous malade ?* — *Je* LE *suis.* »

Il arrive souvent que les pronoms *le, y,* au lieu de représenter un nom, remplacent une proposition, une phrase déjà exprimée et dont on veut éviter la répétition.

Le est mis pour *cela ; en* pour *de cela ; y* pour *à cela :*

Venez, je LE *désire* (je désire *cela,* que vous *veniez) ;*

*C'est vrai ? J'*EN *doute* (je doute de *cela,* que ce *soit vrai) ;*

*Vous partez, je m'*Y *oppose* (je m'oppose à *cela,* à ce que vous *partiez).*

Emploi de « lui, elle, eux, elles, leur, en, y ». Les pronoms *lui, elle, eux, elles,* précédés d'une préposition, et *lui, leur,* employés comme compléments, ne se disent que des personnes et des choses personnifiées : *Aimez vos parents ; demandez-*LEUR *conseil.*

Quand on parle des animaux ou des choses, il faut se servir des pronoms *en, y : Ce cheval est vicieux, défaites-vous-*EN. *Cette affaire est sérieuse, pensez-*Y.

Cependant, on dira : *Pratiquez la vertu, sacrifiez pour* ELLE, parce que ici on ne peut pas faire usage des pronoms *en, y.*

REMARQUE. Exceptionnellement, les pronoms *en* et *y* s'emploient pour représenter des personnes, mais seulement quand on veut éviter une équivoque ou une répétition : « *Que pensez-vous de lui ?* — *Je n'*EN *pense rien de bon.* » « *Vous intéressez-vous à lui ?* — *Je ne m'*Y *intéresse pas.* »

Cet emploi est limité à quelques verbes : *penser, songer, se fier, s'intéresser,* etc.

Place des pronoms compléments. Quand un des pronoms *le, la, les* est le complément d'un verbe avec les pronoms *me,*

nous, te, vous, il se met après ces pronoms : *Je me* LE *suis dit.*

Avec *lui* et *leur,* le pronom complément direct se met avant : *Je* LE *lui ai dit. Il* LE *leur rendra.*

À l'impératif, le pronom complément direct se place le premier : *Tu as mon chapeau, rends-*LE-*moi.*

Lorsque *moi, toi,* après un impératif, sont suivis de *en, y,* il y a élision de la diphtongue *oi,* et les pronoms *en, y* se placent les derniers : *Donnez-m'*EN.

Emploi de « soi ». On emploie *soi* au lieu de *lui, elle :*

1. Après un des pronoms indéfinis *aucun, chacun, nul, on, personne, quiconque :* ON *doit parler franchement de* SOI. NUL *n'est prophète chez* SOI ;

2. Après un infinitif ou un verbe impersonnel : ÊTRE *content de* SOI. *Il* FAUT *prendre garde à* SOI.

Après un nom de chose sujet, au singulier, on emploie indifféremment *soi* ou *lui, elle,* etc. : *Un* BIENFAIT *porte avec* SOI (ou avec LUI) *sa récompense.*

REMARQUE. Pour éviter l'équivoque, on emploie *soi* même avec un sujet déterminé : *Un* FILS *qui travaille pour son père travaille pour* SOI.

Dans cette phrase, *lui* serait équivoque ; *soi* ne l'est pas, car il se rapporte toujours au sujet de la proposition.

PRONOMS POSSESSIFS

Les pronoms *possessifs* s'emploient d'une manière absolue :

1. Au singulier, pour exprimer le talent, l'avoir de chacun : *Mettons-y chacun du* NÔTRE ;

2. Au pluriel, pour désigner les parents, les amis : *Tout homme doit travailler au bonheur des* SIENS.

PRONOMS DÉMONSTRATIFS

« Ce » employé ou répété par pléonasme. La règle du pronom *ce,* employé ou répété par pléonasme devant le verbe *être,* comprend trois cas bien distincts :

1. Quand le verbe *être* est placé entre deux membres de phrase dont chacun peut indifféremment être l'attribut de l'autre, on peut employer ou supprimer *ce : La vraie noblesse est la vertu. La vraie noblesse, c'est la vertu.* (Le pronom *ce* donne à la phrase plus d'emphase, plus de force).

2. Lorsque le verbe *être* est placé entre deux infinitifs, l'emploi de *ce* est de rigueur : *Espérer,* C'est *rirre.*

Cependant, on supprime *ce* s'il s'agit d'une phrase proverbiale où le verbe est accompagné d'une négation : *Abuser n'est pas user.*

3. Quand la phrase commence par le pronom *ce,* accompagné d'un des pronoms *qui, que, quoi, dont,* et d'un verbe, l'emploi de *ce* est obligatoire devant le verbe *être* si celui-ci est suivi d'un nom ou d'un infinitif : *Ce que j'aime, c'est la vérité.*

On ne répète pas *ce* quand le verbe *être* est

suivi d'un adjectif ou d'un nom remplissant la fonction d'adjectif : *Ce que vous soutenez est faux. Ce que vous dites est la vérité* (pour *est vrai*).

« Celui, celle, ceux, celles ». Les pronoms *celui, celle, ceux, celles* ne doivent pas être immédiatement suivis d'un adjectif ou d'un participe.

Ne dites-pas : *Voici votre livre et CELUI destiné à votre sœur.* Dites : *Voici votre livre et CELUI QUI est destiné à votre sœur.*

« Celui-ci, celui-là ». *Celui-ci, celle-ci* servent à désigner l'objet le plus proche; *celui-là, celle-là,* l'objet le plus éloigné.

Quand on a nommé deux personnes ou deux choses et qu'on emploie ensuite les pronoms *celui-ci, celui-là* pour les désigner, CELUI-CI se rapporte au dernier terme, comme étant le plus rapproché, et CELUI-LÀ au premier, comme étant le plus éloigné : *La rose et la tulipe sont deux fleurs charmantes :* CELLE-CI *est sans odeur et* CELLE-LÀ *exhale un parfum délicieux.*

« Ceci, cela ». Quand les pronoms neutres *ceci, cela* sont mis en opposition, la différence de leur signification est la même que pour *celui-ci, celui-là.*

On se sert de CECI pour une chose qui va être expliquée, et de CELA pour une chose qui vient de l'être : *Retenez bien* CECI : *le travail est un trésor.* CELA *dit, il s'en alla.*

PRONOMS RELATIFS

Le rapport du pronom relatif avec son antécédent doit toujours être établi de manière à ne donner lieu à aucune équivoque. Ne dites donc pas : *J'apporte des JOUJOUX pour mes ENFANTS QUI sont dans la poche de mon manteau.*

Toute équivoque disparaîtra si l'on rapproche le pronom *qui* de son antécédent *joujoux : J'apporte pour mes enfants des JOU-JOUX QUI sont dans la poche de mon manteau.*

S'il y a ambiguïté, et que le pronom relatif ne puisse être rapproché de son antécédent, on remplace *qui, que, dont,* par *lequel, duquel, auquel,* etc. : *Tous les voyageurs parlent de la FERTILITÉ de ce pays, LAQUELLE est vraiment extraordinaire.*

Il faut éviter l'emploi des pronoms *que, qui* subordonnés les uns aux autres. Ne dites pas : *C'est un négociant QUE je crois QUI est riche,* mais : *C'est un négociant QUE je crois riche.*

Il en est de même de plusieurs *qui* se succédant dans une suite de propositions qui dépendent les unes des autres.

Ne dites pas : *J'ai reçu une lettre QUI m'a été écrite par mon frère, QUI habite le village QUI a donné son nom à ma famille, QUI l'a fait bâtir il y a quelques siècles.*

Dites : *J'ai reçu une lettre de mon frère, QUI habite le village AUQUEL ma famille doit son nom, et QU'elle a fait bâtir il y a quelques siècles.*

« Qui » employé sans antécédent. *Qui* peut s'employer sans antécédent, comme sujet et comme complément; comme il ne s'applique alors qu'aux personnes, il est toujours

du masculin singulier : *Dis-moi QUI tu hantes et je le dirai QUI tu es.*

« Qui » précédé d'une préposition. *Qui,* précédé d'une préposition, ne se dit que des personnes et des choses personnifiées : *L'enfant À QUI les parents cèdent tout devient vite très capricieux. Rochers, je n'ai que vous À QUI je puisse me plaindre.*

En parlant des choses, au lieu de se servir de *qui* après une préposition, on emploie *lequel, laquelle, auquel,* etc. : *La rose est la fleur À LAQUELLE les poètes donnent la préférence.*

Quelquefois, on fait usage du neutre *quoi,* surtout avec un pronom indéfini comme antécédent : *Il n'y a rien SUR QUOI l'on ait plus écrit.*

« Que » sujet. L'emploi de *que* comme sujet, fréquent dans les proverbes, est un archaïsme : *Advienne QUE pourra.*

La langue moderne remplace *que* par *ce qui.*

Que est aujourd'hui, le plus souvent, complément d'objet : *les hommes QUE j'ai vus,* ou complément de temps ou de manière : *du temps QUE les bêtes parlaient.*

Le pronom relatif ne doit pas exprimer dans la proposition qu'il introduit le même rapport que son antécédent dans la proposition dont dépend la relative. Ne dites pas : *C'est à lui À QUI je parle. C'est dans cette maison OÙ je vais.* Dites : *C'est à lui QUE je parle. C'est dans cette maison QUE je vais.*

PRONOMS INDÉFINIS

« On, l'on ». Le pronom *on* est, en général, du masculin singulier; mais il peut représenter le féminin et, dans la langue familière, le pluriel, ce qui a lieu quand le sens de la phrase indique clairement que l'on parle d'une femme ou de plusieurs personnes : *Mademoiselle, est-ON plus gentille aujourd'hui ? En France, ON est tous égaux devant la loi.*

On emploie *l'on* au lieu de *on* pour éviter un hiatus, une dissonance désagréable, après les mots *et, si, où, que : Parlez ET L'ON vous répondra. SI L'ON pensait à tout ! On travaillera OU L'ON sera puni. Dites OÙ L'ON va. Il faut QUE L'ON concoure,* et non : *Il faut QU'ON concoure.*

« Aucun ». Le pronom *aucun* s'emploie dans les propositions négatives : AUCUN *n'est parfait.*

Au pluriel, dans les propositions affirmatives, il signifie *quelques-uns,* et on l'écrit quelquefois, mais avec quelque archaïsme, *d'aucuns :* AUCUNS *ou D'AUCUNS l'ont approuvé.*

En ce sens, *aucuns* a vieilli et ne s'emploie plus guère que dans le style naïf ou badin.

« Quiconque ». *Quiconque* est du masculin et n'a point de pluriel. Cependant, *quiconque* est quelquefois féminin et peut être suivi d'un adjectif de ce genre, lorsqu'il se rapporte à une femme : *Mesdemoiselles, QUICONQUE de vous sera désobéissante, je la punirai.*

Quiconque équivaut à *celui qui, celle qui,* et

appartient tout à la fois à deux propositions : QUICONQUE est riche doit assister les pauvres.

Cette phrase équivaut à : CELUI QUI est riche doit assister les pauvres. Celui est sujet de doit et qui est sujet de est.

« Personne. Rien ». Ces deux noms, employés comme pronoms indéfinis, sont du masculin et ont par eux-mêmes un sens positif, qui apparaît encore dans les phrases interrogatives, dubitatives, après une principale négative, dans des propositions conditionnelles, après sans, sans que, avant que, etc. : Y a-t-il RIEN de si ridicule ? Il ne veut pas que PERSONNE soit lésé. Je ne veux pas qu'on en dise RIEN. Il est parti sans PERSONNE et sans RIEN.

Le plus souvent, personne et rien sont accompagnés de ne et ont ainsi une valeur négative : L'avenir N'est à PERSONNE. Qui NE risque RIEN N'a RIEN.

« L'un l'autre ». Quand les pronoms l'un l'autre entrent dans une phrase, le premier est sujet, et le second complément : L'égoïsme et l'amitié s'excluent L'UN L'AUTRE. Dans cet exemple, l'un remplit la fonction de sujet, l'autre celle de complément d'objet direct.

L'un l'autre, les uns les autres expriment une idée de réciprocité : Aimons-nous LES UNS LES AUTRES.

L'un et l'autre, les uns et les autres expriment une idée de pluralité : Ils partiront L'UN ET L'AUTRE.

L'un l'autre, placés devant un nom, sont adjectifs : J'ai parcouru L'UN ET L'AUTRE pays.

REMARQUE. Quand l'autre est complément indirect, il est précédé d'une préposition qui découle de la nature de l'action exprimée par le verbe. Ainsi l'on dira : Ils se sont nui L'UN À L'AUTRE. Je les ai connus ennemis L'UN DE L'AUTRE. Ils ont combattu L'UN CONTRE L'AUTRE.

« Chacun ». Le pronom chacun veut après lui tantôt son, sa, ses, tantôt leur, leurs. Pour savoir lequel de ces adjectifs employer, on se demandera si le sens de la phrase implique l'accord avec un ou plusieurs possesseurs.

Ainsi l'on dira : CHACUN doit aider SON prochain. Payer à CHACUN SON travail.

Mais dans la phrase suivante, où chacun pourrait être supprimé sans nuire au sens, on emploiera de préférence leurs : Ils ont offert CHACUN LEURS cadeaux.

D'ailleurs, lorsque chacun est placé après le verbe et se rapporte à un mot pluriel sujet ou complément, on tolère indifféremment, après chacun, le possessif son, sa, ses, ou le possessif leur, leurs : Ils sont sortis CHACUN de SON côté ou de LEUR côté.

REMARQUES. La même règle s'applique aux pronoms singuliers le, lui, et au pronom pluriel leur après chacun : La loi lie tous les hommes, CHACUN en ce qui LE concerne. Ils se rendirent CHACUN au poste qui LEUR était assigné.

Quand le verbe est à la 1re ou à la 2e personne, on se sert des adjectifs notre, nos, votre, vos : Nous devons secourir les malheureux, CHACUN selon NOS moyens.

LE VERBE
Caractéristiques d'emploi

Le verbe est un mot susceptible de recevoir les marques de temps, de mode et de personne ; il s'accorde en nombre avec son sujet mais ne connaît pas l'opposition de genre :

Le garçon entrait, la fille entrait.

Le verbe peut avoir une forme simple ou composée, selon qu'il est à l'aspect accompli ou non accompli ; dans ce dernier cas, il est précédé d'un auxiliaire qui prend les marques de mode, temps, personne, et lui se met au participe passé :

Il mange (aspect non accompli) ;
Il a mangé (aspect accompli).

REMARQUE. Quoique de forme simple, le passé simple est un accompli ; il n'a pas de non accompli correspondant et s'oppose, dans les récits, à l'imparfait.

D'autres auxiliaires (futur proche, passé immédiat) supposent que le verbe se mette à l'infinitif :

Il va manger ; Il vient de manger.

Suivant la construction dans laquelle entre le verbe, on le range dans :
a) les verbes copules ;
b) les verbes transitifs ;
c) les verbes intransitifs.

a) Les verbes copules, du type être, sont obligatoirement suivis d'un constituant qui peut être ou un syntagme nominal, ou un syntagme adjectival, ou un syntagme prépositionnel :

Pierre est | très gentil,
        | à la maison,
        | un ami,
mais *Pierre est.

b) Les verbes transitifs sont obligatoirement suivis d'un syntagme nominal objet :

J'ai rencontré Paul
mais *J'ai rencontré.

On distingue traditionnellement entre verbes transitifs directs (l'objet est un syntagme nominal) et verbes transitifs indirects (l'objet est un syntagme [nominal] prépositionnel) :

Ce paysan aime ses voisins,
Ce paysan nuit à ses voisins.

Certains verbes transitifs peuvent être employés intransitivement, c'est-à-dire sans complément :

Je fume des cigarettes, je fume.

Certains verbes transitifs exigent ou admettent une double construction : objet direct + objet indirect (ou complément d'attribution) :

On a enlevé la garde des enfants à la mère.

c) Les verbes intransitifs ne sont pas suivis d'un complément d'objet :

Elle meurt.

Certains verbes rangés dans les intransitifs doivent cependant obligatoirement être suivis d'un circonstant :

Je vais à Paris, mais *je vais.*

Parfois, les verbes intransitifs sont suivis d'un complément direct ou indirect pléonastique qui a souvent une valeur intensive :

Dormir toute sa nuit,
Mourir de sa belle mort.

Le sens du verbe

Le *verbe* est un mot qui exprime soit l'action accomplie ou subie par le sujet, soit l'état ou l'existence du sujet : *Le père* AIME *ses enfants. La maison* A REÇU *une bombe. Cet élève* PARAÎT *intelligent, mais il ne l'*EST *pas.*

Le verbe et son sujet. On nomme *sujet* d'un verbe l'être ou la chose dont le verbe exprime l'action ou l'état.

Le sujet d'un verbe peut être un syntagme nominal, un *mot* quelconque pris substantivement, un *pronom* ou un *verbe* à l'infinitif : *Le* SOLEIL *brille.* CINQ *et* QUATRE *font neuf.* PERSONNE *n'est infaillible.* MENTIR *est honteux.*

Une *proposition* peut également être sujet d'un verbe : *Que vous ayez répondu cela me paraît incroyable (que vous ayez répondu cela* [proposition] est un sujet de *paraît*).

Le sujet peut suivre le verbe au lieu de le précéder : *Le long d'un clair ruisseau buvait une* COLOMBE.

Le verbe et ses compléments d'objet. L'action faite par le sujet et exprimée par le verbe peut s'appliquer à une personne, à un animal ou à une chose.

Les *compléments du verbe* sont des mots qui complètent la signification de ce verbe. Ceux qui indiquent sur quel *objet* (personne ou chose) s'exerce l'action exprimée par le verbe s'appellent *compléments d'objet.*

Il y a deux sortes de compléments d'objet : le complément d'objet *direct* et le complément d'objet *indirect.*

Complément d'objet direct. Le complément d'objet *direct* est le syntagme nominal qui complète la signification du verbe *directement,* sans l'aide d'une préposition : *l'écureuil mange des* NOISETTES.

Le complément direct peut être encore représenté par un *pronom* ou un *verbe* à l'infinitif : *L'orgueilleux* SE *flatte. Je veux* PARTIR.

Il peut enfin être représenté par une proposition : *Je veux* QU'ON M'OBÉISSE.

Complément d'objet indirect. Le complément d'objet *indirect* est le syntagme nominal qui complète la signification du verbe *indirectement,* c'est-à-dire à l'aide d'une des prépositions *à, de : L'exilé songe à sa* PATRIE. *Les enfants doivent obéir à leurs* PARENTS.

Le complément indirect peut être aussi un *pronom* ou un *verbe* à l'infinitif : *Contez-*MOI *l'histoire. Efforçons-nous de* RÉUSSIR.

REMARQUE. On réserve le nom de *complément d'attribution* au mot ou groupe de mots qui exprime la personne ou la chose dans

l'intérêt ou au détriment de laquelle s'accomplit l'action marquée par le verbe : *Charlemagne légua son empire à* SES DEUX FILS. (Certains grammairiens préfèrent donner à ce complément le nom de *complément d'objet secondaire.*)

Complément circonstanciel. Lorsqu'un mot ou groupe de mots complète la signification du verbe en y ajoutant une *circonstance de temps,* de lieu, de manière, de cause, etc., on l'appelle complément *circonstanciel.*

Le complément circonstanciel indique dans quelle *circonstance de temps,* de lieu, de manière, etc., une action a lieu.

Le complément circonstanciel répond à l'une des questions *où? quand? comment? pourquoi?* etc., faite après le verbe : *Je vais à* PARIS. *Je partirai* LUNDI. *Je travaille avec* ARDEUR.

Le verbe et l'attribut. L'*attribut* est la qualité que l'on donne, que l'on *attribue* soit au sujet, soit à l'objet.

1. Il est ordinairement joint au sujet par le verbe *être : La mer est* VASTE. (*Vaste* est attribut de *mer.*)

Les verbes exprimant une manière d'être (*devenir, sembler, paraître, avoir l'air*) et d'autres tels que *passer pour, avoir nom, rester, demeurer, tomber, mourir,* etc., peuvent être suivis d'un attribut : *Je tombai* MALADE. *Il passe pour* SOT.

2. L'attribut peut aussi être rapporté à l'objet du verbe : *On* le *considère comme* TRÈS SAVANT. (*Savant* est attribut du complément d'objet *le.*)

Les verbes qui introduisent un attribut de l'objet sont, en général : *regarder comme, considérer comme, compter comme, rendre, faire de,* etc.

L'attribut peut être exprimé : 1° par un *adjectif : Le renard est* RUSÉ ; 2° par un *nom : L'or est un* MÉTAL ; 3° par un *pronom : Cette chatte est* CELLE *de ma voisine* ; 4° par un *participe : Cet enfant est toujours* BATTU ; 5° par un *verbe* à l'infinitif : *Souvent, vouloir c'est* POUVOIR ; 6° par un *mot invariable : C'est* BIEN ; 7° par une *expression* qui a le sens d'un adjectif : *Cet enfant est* EN COLÈRE.

REMARQUE : Selon les contextes qu'il admet, le verbe se voit attribuer des caractéristiques de sens ; par exemple, les verbes d'action, comme *marcher, courir, venir,* s'opposent aux verbes d'état comme *mourir, vivre, pâlir,* en ce qu'ils ne peuvent généralement pas être remplacés par *être* + adjectif :

Il meurt / il est mourant, il pâlit / il est pâle, mais **il est marchant, *il est venant*

Les verbes duratifs comme *rester, savoir, manger* s'opposent aux verbes traduisant une action momentanée comme *tomber, arriver, prendre,* en ce qu'ils admettent d'être modifiés par un adverbe comme *longtemps :*

Il est resté longtemps, mais **il est arrivé longtemps,*

et qu'ils excluent des adverbes comme *soudain* ou *brusquement :*

*Il est resté soudain, mais *il est arrivé soudain.*

Par ailleurs, les verbes s'opposent par les types de sujets et de compléments avec lesquels ils se combinent : *penser* est un verbe humain, mais non *germer* :

Le garçon pense, mais *le garçon germe*,
L'ail a germé, mais *l'ail a pensé.*

La conjugaison

Radical. Terminaison. Tout verbe se compose de deux parties bien distinctes : le *radical* et la *terminaison.*

Le *radical* est la partie stable du verbe, qui en exprime le sens fondamental. En principe, il ne change pas.

La *terminaison* est la partie du verbe qui varie pour exprimer les relations de personne, de nombre, de temps, etc.

Ainsi, dans *je chant-e, tu chant-ais, vous chant-eriez*, CHANT- est le radical ; -E, -AIS, -ERIEZ sont les terminaisons.

Certains verbes, irréguliers, présentent des radicaux d'origine différente : *je* vAIS, *nous* ALLons, *j'*IRAI.

Personnes. Nombre. La *personne* est la forme particulière que prend la terminaison du verbe suivant que le sujet joue le premier, le second ou le troisième rôle dans le discours : *je vais, tu vas, il va.*

Le *nombre* est la forme particulière que prend la terminaison du verbe selon que le sujet est du singulier ou du pluriel : *tu aimes, vous aimez.*

Il y a trois personnes dans le verbe :

PERSONNES

La 1re est celle qui parle ;
La 2e est celle à qui l'on parle ;
La 3e est la personne ou ce dont on parle.

SINGULIER	PLURIEL
Je chante	*Nous chantons*
Tu chantes	*Vous chantez*
Il chante	*Ils chantent*

Définition. On appelle *conjugaison* l'ensemble des formes que prend un verbe pour exprimer les différences de personne, de nombre, de mode et de temps.

Groupe des verbes. La conjugaison n'est pas la même pour tous les verbes. On distingue :

1. Les verbes dont la première personne du singulier du présent de l'indicatif actif se termine par e et dont l'infinitif est en er (type *chanter*) ; ils forment le 1er groupe ; *aller*, qui se termine par er à l'infinitif, a cependant une conjugaison irrégulière ;

2. Les verbes dont la première personne du singulier du présent de l'indicatif actif se termine par s (infinitif en ir) et dont le participe présent est en -*issant* (type *finir, finissant*) ; ils forment le 2e groupe ;

3. Tous les autres verbes. Leur radical, souvent variable, crée dans leur conjugaison d'apparentes irrégularités ; les terminaisons d'infinitif se ramènent à trois types, représentés par les désinences -*ir* (*cueillir*), -*oir* (*recevoir*), -*re* (*rendre*).

Verbes auxiliaires

On appelle ainsi des verbes qui servent à former les temps composés d'autres verbes.

On distingue deux espèces de verbes auxiliaires :

1. Les uns : *être, avoir*, combinés avec le participe passé du verbe à conjuguer ;

2. Les autres, joints à l'infinitif du verbe à conjuguer, forment avec lui des *périphrases verbales*. Tels sont *aller, faire, devoir, vouloir, pouvoir, être en train de, venir de*, etc. : *Je* VAIS *partir. Je* SUIS EN TRAIN DE *travailler.*

L'emploi de ces verbes auxiliaires permet de suppléer à l'insuffisance des formes de la conjugaison et d'exprimer des nuances délicates de la pensée.

Modes

Le *mode* est la manière de présenter l'action ou l'état que le verbe exprime.

Il y a six modes : l'*indicatif*, le *conditionnel*, l'*impératif*, le *subjonctif*, l'*infinitif* et le *participe.*

L'INDICATIF présente l'action ou l'état comme certain : *j'*AI PARLÉ, *je* PARLE, *je* PARLERAI.

Le CONDITIONNEL présente l'action ou l'état comme susceptible de se réaliser avec moins de certitude que ne le fait le futur de l'indicatif : *Ainsi, je vous* RETROUVERAIS *bientôt !*

Comme la réalisation de l'état ou de l'action est souvent liée à une condition, on donne à cette forme le nom de *conditionnel* : *Si je le voyais, je lui* DIRAIS *ce que je pense.*

L'IMPÉRATIF présente l'action ou l'état avec commandement, avec exhortation, avec prière : FAISONS *notre devoir.* AYEZ *pitié de nous.*

Le SUBJONCTIF est avant tout le mode de la subordination ; il présente aussi l'action ou l'état comme douteux et incertain : *Je ne crois pas qu'il* VIENNE.

L'INFINITIF présente l'état ou l'action comme vague, sans désignation de personne ou de nombre : VOULOIR, *c'est* POUVOIR.

Le PARTICIPE, qui est un adjectif verbal, exprime à la fois l'état ou l'action et une qualité : *Je l'ai vu* MÉDITANT, ABSORBÉ *par ses pensées.*

Le participe précédé de la préposition *en* prend le nom de *gérondif* et il équivaut à un complément circonstanciel : EN JOUANT, *il s'est cassé le bras.*

Chaque mode a sous sa dépendance un certain nombre de temps.

L'*indicatif*, le *conditionnel*, l'*impératif* et le *subjonctif* sont des modes **personnels**, parce qu'ils ont une forme propre à chacune des personnes du singulier et du pluriel. L'*infinitif*, le *participe*, qui n'ont pas de formes particulières selon les personnes et qui se rapportent indifféremment à chacune des trois personnes, sont dits **impersonnels**.

Syntaxe des modes

1. L'indicatif. L'indicatif est le mode des faits certains, ou auxquels on confère la plus grande certitude : *je marche, j'ai vécu, je mourrai.*

C'est le mode de la réalité ; il nous sert à

marquer ce qui est, a été, sera, sans que notre esprit ait à intervenir entre le fait et sa constatation. Il s'oppose en cela au subjonctif, mode subjectif : *je sais qu'il viendra, je désire qu'il vienne.*

2. Le conditionnel. Le conditionnel, caractérisé par une désinence en *-rais*, parallèle à celle du futur (en *-rai*), joue, on le verra plus loin, le rôle d'un véritable temps.

Considéré en temps que *mode*, il rejette le fait exprimé par le verbe dans le domaine de l'éventualité, c'est-à-dire de l'incertitude. Aussi s'en sert-on souvent pour atténuer ce que l'indicatif aurait de trop catégorique : *Le ministre EFFECTUERAIT bientôt un voyage à l'étranger.*

Précédé des conjonctions *au cas où, quand, quand même,* ou employé en tête d'une phrase, il sert à exprimer une hypothèse : AU CAS OÙ *vous VIENDRIEZ, spécifiez bien que je vous attends. Me DIRAIT-on cela de vous, je ne le croirais pas.*

Employé dans une proposition principale, il marque la conséquence éventuelle d'une condition précédemment exprimée : *Ne mentez pas ainsi; on FINIRAIT par ne plus ajouter foi à vos paroles.*

3. L'impératif. L'impératif, très proche du subjonctif, auquel il emprunte certaines de ses formes, exprime un fait non réalisé, soit sous forme d'ordre : *Allons,* TRAVAILLEZ!, soit sous forme d'hypothèse : CHASSEZ *le naturel, il revient au galop* (= *si vous chassez le naturel*).

4. Le subjonctif. Le subjonctif, employé en proposition principale, exprime à peu de chose près les mêmes nuances que l'impératif. Ordre : *Qu'il VIENNE;* supposition : *Qu'un bruit SE FASSE entendre, cet animal prend la fuite.*

De même que le conditionnel, il peut servir à traduire une protestation ou l'indignation. (Comparer : *Je SERAIS capable de cela, moi! Moi, héron, que je FASSE une si pauvre chère!*)

Mais le subjonctif est, par excellence, le mode qu'on emploie dans les propositions subordonnées quand on veut présenter un fait comme douteux, indéterminé, soumis à une restriction quelconque.

On emploie toujours le subjonctif :
1. Après les verbes *douter que, désirer que, craindre que, il importe que,* etc. : *Je désire qu'il RÉUSSISSE. Je crains qu'il NE VIENNE;*
2. Après les locutions *afin que, bien que, pour que, pour peu que, quoique, soit que,* etc. : *J'irai le voir avant qu'il PARTE.*

Toutefois, on évitera de croire que le subjonctif des propositions subordonnées exprime *toujours* un fait non réalisé et dont la nature soit d'être incertain. Dans une phrase telle que : *Je ne comprends pas que vous AYEZ DIT cela, ayez dit* marque un fait réel.

5. L'infinitif. L'infinitif a une valeur modale lorsqu'il est employé dans les narrations; on doit alors le considérer comme un substitut de l'indicatif : *Grenouilles de* SAUTER.

Par ailleurs, traduisant le fait verbal de la façon la plus simple et la moins déterminée,

il sert à rendre de simples interrogations : *Que* FAIRE? *Que* DIRE *devant cette douleur?;* ou des indications d'un ordre très général : AGITER *avant de s'en servir.*

6. Participe présent. Adjectif verbal et gérondif. La forme verbale terminée par *-ant* est susceptible d'avoir trois emplois, qu'il importe de distinguer soigneusement.

Participe adjectif ou adjectif verbal. La forme en *-ant* doit être considérée comme un véritable adjectif lorsqu'elle marque une qualité. Dans ce cas, elle s'accorde en genre et en nombre avec le terme (nom ou pronom) auquel elle se rapporte : *Ces réflexions sont* EXTRAVAGANTES.

On remarquera que certaines formes en *-ant,* employées comme adjectifs, diffèrent dans leur orthographe des formes de participe correspondants :

Convaincre : part. *convainquant;* adj. *convaincant.*

Extravaguer : part. *extravaguant;* adj. *extravagant* (y joindre *fatiguer, intriguer, naviguer, suffoquer*).

Différer : part. *différant;* adj. *différent* (y joindre *précéder, équivaloir, exceller, violer*).

Négliger : part. *négligeant;* adj. *négligent* (y joindre *diverger*).

Participe présent. Le participe en *-ant* tient du verbe quand il marque une *action* ou un *état* et qu'il est suivi d'un complément. Alors il est invariable, et on peut le remplacer par un autre temps du verbe, précédé de *qui* : *On aime les enfants* OBÉISSANT *à leurs parents,* c'est-à-dire : *qui obéissent à leurs parents.*

Gérondif. On distinguera du participe présent le *gérondif,* toujours invariable lui aussi, et précédé de la préposition *en.* Il équivaut à un complément circonstanciel (cause, moyen, etc.) de sens identique : *Il a acquis sa fortune* EN TRAVAILLANT.

Temps

Les *temps* sont les formes particulières que prend le verbe pour indiquer à quelle époque se rapporte l'état ou l'action.

Aux trois divisions classiques du temps : *passé, présent, futur,* répondent trois séries de formes, représentées, si l'on veut, par *je chantai, je chante, je chanterai* (temps principaux).

En outre, grâce à d'autres séries de formes, dites *secondaires,* le verbe est susceptible de préciser encore la chronologie en marquant avec exactitude des nuances d'antériorité ou de postérité.

Le mode *indicatif* comprend : un *présent,* un *imparfait,* un *passé simple,* un *passé composé,* un *passé antérieur,* un *plus-que-parfait,* un *futur,* un *futur antérieur,* soit en tout *huit* temps.

Le mode *impératif* en comprend deux : un *présent-futur* et un *passé.*

Le mode *conditionnel* comprend deux temps : l'un à valeur *présente* ou *future,* l'autre à valeur *passée.*

Le mode *subjonctif* comprend : un *présent,* un *imparfait,* un *passé,* un *plus-que-parfait.*

Le mode *infinitif* comporte un *présent* et un *passé*, de même que le *participe*.

Temps simples et temps composés. Les temps se divisent en temps *simples* et en temps *composés*.

Les temps *simples* sont ceux qui se conjuguent sans le secours du verbe *avoir* ou du verbe *être* : *je parle, je parlais, je parlerais*, etc.

Les temps simples sont : *le présent, l'imparfait, le passé simple, le futur de l'indicatif, le présent du conditionnel, le présent de l'impératif, le présent et l'imparfait du subjonctif, le présent de l'infinitif et le participe présent.*

Les temps *composés* sont ceux qui se conjuguent avec l'aide des auxiliaires *avoir* et *être* : *j'AI parlé, j'AVAIS parlé, je SUIS venu*, etc.

Les temps composés sont : *le passé composé, le passé antérieur, le plus-que-parfait, le futur antérieur de l'indicatif, le passé de l'impératif, le passé du conditionnel, le passé et le plus-que-parfait du subjonctif, le passé de l'infinitif et le participe passé.*

Syntaxe des temps

Temps présent.
a) Une action ou un état fugitif est exprimé par le *présent de l'indicatif* : *Je VOIS une fumée à l'horizon*. Le présent est alors le temps du moment où l'on parle.
b) Mais on peut élargir les limites du présent en les rejetant un peu dans le passé et en les repoussant un peu dans l'avenir. On obtient alors un *présent général*, où se situent, d'une part, des actions qui ont lieu dans tous les temps, des choses qui sont toujours vraies : *Les Anciens n'ont pas su que la Terre TOURNE*; d'autre part, des actions et des états près d'être réalisés (*futur prochain*) : *Je PARS ce soir*. *Il FAUT (il faudra) que je M'OCCUPE* (prés. subj.) *de cette affaire.*
c) On peut enfin considérer dans le présent les résultats d'une action antérieure accomplie. Le *passé composé* sert à rendre cette nuance : *Enfin, j'ai ÉCRIT cette lettre*. C'est un présent accompli, traduisant l'action achevée au moment où l'on parle (*J'ai écrit, c'est fait, je ne suis plus en train d'écrire...*)

REMARQUE. Pour atténuer ce qu'un présent de l'indicatif aurait de trop vif et de trop brutal, on se sert parfois d'un *imparfait de l'indicatif* : *Je VENAIS vous présenter mes respects.*

On rapprochera cet emploi de celui du *conditionnel* remplaçant le futur dans les formules de politesse : *SERIEZ-vous assez aimable pour... Je vous SERAIS reconnaissante de...*

Temps passé.
a) Pour exprimer simplement qu'une action ou qu'un état s'est réalisé dans le passé, on emploie le *passé simple*, qui est proprement le temps du récit : *Le renard s'en SAISIT et DIT...*

Ce temps n'est guère employé que dans la langue écrite, littéraire. La langue parlée le remplace par le *passé composé* : *J'étais en train de me promener lorsque j'ai RENCONTRÉ mon ami; j'AI PROFITÉ de cette occasion pour lui dire...*

Le passé simple s'emploie pour raconter une histoire dans laquelle le narrateur n'est pas impliqué, des événements coupés du moment présent; le passé composé au contraire s'emploie pour traduire des faits qui ont une importance pour le narrateur et que l'on peut relier au présent.
b) Si l'on veut marquer qu'une action était en cours d'accomplissement ou qu'un état se prolongeait dans le passé, on se sert de l'*imparfait de l'indicatif*, qui est proprement le temps de la description : *Louis XIV VIVAIT encore, que des intrigues se nouèrent autour de son successeur.*

L'imparfait est encore susceptible d'emprunter deux valeurs stylistiques assez différentes l'une de l'autre. Tantôt il indique qu'une action était près d'être réalisée : *« Vous ici ? — Je n'y serai pas longtemps; je m'EN ALLAIS. »* Tantôt il marque qu'une action, qu'un état, possibles dans le passé, ne se sont ni réalisés ni produits : *Si le général avait eu plus de décision, l'ennemi ÉTAIT BATTU*. Cet imparfait donne de la vivacité au style, mais on emploie plutôt dans ce cas le *conditionnel passé* : *l'ennemi AURAIT ÉTÉ BATTU.*

REMARQUE. L'*imparfait* et le *plus-que-parfait* du mode subjonctif, toujours subordonnés à un verbe principal, peuvent marquer un fait, réalisé ou non, dans le passé : *J'ai tant désiré qu'il VÎNT. Je ne savais pas que vous EUSSIEZ ÉTÉ INDISPOSÉ hier*. Mais ces formes sont en voie de disparition; on les remplace souvent par le *présent* et le *passé du subjonctif.*
c) Le *passé antérieur* a deux formes qui servent à marquer l'antériorité d'une action ou d'un état par rapport à une action ou à un état déjà passés : *Sitôt que j'EUS REÇU la lettre, je partis. Sitôt que j'AI EU REÇU la lettre, je suis parti.*
d) Le *plus-que-parfait de l'indicatif* exprime, dans le passé, une action ou un état accomplis. Avec cette nuance, il joue, à peu de chose près, les mêmes rôles que l'imparfait de l'indicatif.
e) Lorsqu'on transpose dans le passé une phrase, une pensée, un sentiment qui, dans le présent, s'exprimaient au moyen d'un futur, ce futur se rend par un *conditionnel*. Dans de tels emplois, le conditionnel doit être considéré comme un véritable temps : *Il a dit qu'il VIENDRAIT demain. Ce candidat pensait qu'il SERAIT ADMIS au concours.*

Viendrait et *serait admis* équivalent respectivement à deux futurs du style direct : *Je VIENDRAI demain. Je SERAI ADMIS au concours.*

Temps futur. L'avenir comprend tous les états, toutes les actions *possibles*, mais ne comporte, de par sa nature même, aucune réalité.
a) Si nous voulons laisser entendre que telle action, tel état ont les plus grandes chances de se réaliser, nous employons le *futur* de l'indicatif : *Je m'en IRAI dans quelques jours.*

On comprend dès lors que le futur serve à exprimer des intentions fermes, des ordres :

Tes père et mère HONORERAS; *des prévisions juridiques :* Tout condamné à mort AURA la tête tranchée.
b) Si, au contraire, nous voulons laisser à l'avenir son caractère incertain, nous employons d'autres formes :
1. *L'imparfait de l'indicatif dans la proposition subordonnée des phrases hypothétiques :*

Si tu VENAIS *me voir, j'en serais heureux;*
2. *Le conditionnel :* Comme j'IRAIS volontiers à la mer, cet été!;
3. *Le présent du subjonctif,* soit dans les propositions principales : *Ah!* REVIENNE *bientôt l'âge d'or!,* soit dans les propositions subordonnées : *Je souhaite qu'il* RÉUSSISSE;
4. *L'infinitif :* J'espère RÉUSSIR.

Tableau des conjugaisons

AVOIR

INDICATIF

Présent	Imparfait	Passé simple	Futur
J' ai.	J' avais.	J' eus.	J' aurai.
Tu as.	Tu avais.	Tu eus.	Tu auras.
Il a.	Il avait.	Il eut.	Il aura.
N. avons.	N. avions.	N. eûmes.	N. aurons.
V. avez	V. aviez.	V. eûtes.	V. aurez.
Ils ont.	Ils avaient.	Ils eurent.	Ils auront.

Passé composé	Plus-que-parfait	Passé antérieur	Futur antérieur
J' ai eu.	J' avais eu.	J' eus eu.	J' aurai eu.
Tu as eu.	Tu avais eu.	Tu eus eu.	Tu auras eu.
Il a eu.	Il avait eu.	Il eut eu.	Il aura eu.
N. avons eu.	N. avions eu.	N. eûmes eu.	N. aurons eu.
V. avez eu.	V. aviez eu.	V. eûtes eu.	V. aurez eu.
Ils ont eu.	Ils avaient eu.	Ils eurent eu.	Ils auront eu.

IMPÉRATIF — **CONDITIONNEL**

Présent	Présent	Passé 1ʳᵉ forme	Passé 2ᵉ forme
Aie.	J' aurais.	J' aurais eu.	J' eusse eu.
Ayons.	Tu aurais.	Tu aurais eu.	Tu eusses eu.
Ayez.	Il aurait.	Il aurait eu.	Il eût eu.
	N. aurions.	N. aurions eu.	N. eussions eu.
	V. auriez.	V. auriez eu.	V. eussiez eu.
	Ils auraient.	Ils auraient eu.	Ils eussent eu.

SUBJONCTIF

Présent	Imparfait	Passé	Plus-que-parfait
Que j' aie.	Que j' eusse.	Que j' aie eu.	Que j' eusse eu.
Que tu aies.	Que tu eusses.	Que tu aies eu.	Que tu eusses eu.
Qu'il ait.	Qu'il eût.	Qu'il ait eu.	Qu'il eût eu.
Que n. ayons.	Que n. eussions.	Que n. ayons eu.	Que n. eussions eu.
Que v. ayez.	Que v. eussiez.	Que v. ayez eu.	que v. eussiez eu.
Qu'ils aient.	Qu'ils eussent.	Qu'ils aient eu.	Qu'ils eussent eu.

INFINITIF — **PARTICIPE**

Présent	Passé	Présent	Passé
Avoir.	Avoir eu.	Ayant.	Eu, eue.
			Ayant eu.

ÊTRE

INDICATIF

Présent	Imparfait	Passé simple	Futur
Je suis.	J' étais.	Je fus.	Je serai.
Tu es.	Tu étais.	Tu fus.	Tu seras.
Il est.	Il était	Il fut.	Il sera.
N. sommes.	N. étions.	N. fûmes.	N. serons.
V. êtes.	V. étiez.	V. fûtes.	V. serez.
Ils sont.	Ils étaient.	Ils furent.	Ils seront.

INDICATIF (suite)

Passé composé	Plus-que-parfait	Passé antérieur	Futur antérieur
J' ai été.	J' avais été.	J' eus été.	J' aurai été.
Tu as été.	Tu avais été.	Tu eus été.	Tu auras été.
Il a été.	Il avait été.	Il eut été.	Il aura été.
N. avons été.	N. avions été.	N. eûmes été.	N. aurons été.
V. avez été.	V. aviez été.	V. eûtes été.	V. aurez été.
Ils ont été.	Ils avaient été.	Ils eurent été.	Ils auront été.

IMPÉRATIF   **CONDITIONNEL**

Présent	Présent	Passé 1re forme	Passé 2e forme
Sois.	Je serais.	J' aurais été.	J' eusse été.
Soyons.	Tu serais.	Tu aurais été.	Tu eusses été.
Soyez.	Il serait.	Il aurait été.	Il eût été.
	N. serions.	N. aurions été.	N. eussions été.
	V. seriez.	V. auriez été.	V. eussiez été.
	Ils seraient.	Ils auraient été.	Ils eussent été.

SUBJONCTIF

Présent	Imparfait	Passé	Plus-que-parfait
Que je sois.	Que je fusse.	Que j' aie été.	Que j' eusse été.
Que tu sois.	Que tu fusses.	Que tu aies été.	Que tu eusses été.
Qu'il soit.	Qu'il fût.	Qu'il ait été.	Qu'il eût été.
Que n. soyons.	Que n. fussions.	Que n. ayons été.	Que n. eussions été.
Que v. soyez.	Que v. fussiez.	Que v. ayez été.	Que v. eussiez été.
Qu'ils soient.	Qu'ils fussent.	Qu'ils aient été.	Qu'ils eussent été.

INFINITIF   **PARTICIPE**

Présent	Passé	Présent	Passé
Être.	Avoir été.	Étant.	Été.
			Ayant été.

AIMER

INDICATIF

Présent	Imparfait	Passé simple	Futur
J' aim e.	J' aim ais.	J' aim ai.	J' aim erai.
Tu aim es.	Tu aim ais.	Tu aim as.	Tu aim eras.
Il aim e.	Il aim ait.	Il aim a.	Il aim era.
N. aim ons.	N. aim ions.	N. aim âmes.	N. aim erons.
V. aim ez.	V. aim iez.	V. aim âtes.	V. aim erez.
Ils aim ent.	Ils aim aient.	Ils aim èrent.	Ils aim eront.

Passé composé	Plus-que-parfait	Passé antérieur	Futur antérieur
J' ai aimé.	J' avais aimé.	J' eus aimé.	J' aurai aimé.
Tu as aimé.	Tu avais aimé.	Tu eus aimé.	Tu auras aimé.
Il a aimé.	Il avait aimé.	Il eut aimé.	Il aura aimé.
N. avons aimé.	N. avions aimé.	N. eûmes aimé.	N. aurons aimé.
V. avez aimé.	V. aviez aimé.	V. eûtes aimé.	V. aurez aimé.
Ils ont aimé.	Ils avaient aimé.	Ils eurent aimé.	Ils auront aimé.

IMPÉRATIF   **CONDITIONNEL**

Présent	Présent	Passé 1re forme	Passé 2e forme
Ai me.	J' aim erais.	J' aurais aimé.	J' eusse aimé.
Ai mons.	Tu aim erais.	Tu aurais aimé.	Tu eusses aimé.
Ai mez.	Il aim erait.	Il aurait aimé.	Il eût aimé.
Passé	N. aim erions.	N. aurions aimé.	N. eussions aimé.
Aie aimé.	V. aim eriez.	V. auriez aimé.	V. eussiez aimé.
Ayons aimé.	Ils aim eraient.	Ils auraient aimé.	Ils eussent aimé.
Ayez aimé.			

SUBJONCTIF

Présent	Imparfait	Passé	Plus-que-parfait
Que j' aim e.	Que j' aim asse.	Que j' aie aimé.	Que j' eusse aimé.
Que tu aim es.	Que tu aim asses.	Que tu aies aimé.	Que tu eusses aimé.
Qu'il aim e.	Qu'il aim ât.	Qu'il ait aimé.	Qu'il eût aimé.
Que n. aim ions.	Que n. aim assions.	Que n. ayons aimé.	Que n. eussions aimé.
Que v. aim iez.	Que v. aim assiez.	Que v. ayez aimé.	Que v. eussiez aimé.
Qu'ils aim ent.	Qu'ils aim assent.	Qu'ils aient aimé.	Qu'ils eussent aimé.

INFINITIF

Présent	Passé
Aimer.	Avoir aimé.

PARTICIPE

Présent	Passé
Aimant.	Aimé.
	Ayant aimé.

REMARQUES.

1. La première et la deuxième conjugaison s'enrichissent sans cesse de nouveaux verbes, formés sur des substantifs ou sur des adjectifs. La troisième conjugaison ne comprend qu'un petit nombre de verbes, souvent très usuels, mais elle ne s'accroît pas.

2. Le subjonctif imparfait, usuel surtout à la 3e personne, se forme à partir du passé simple : ex. je pris, que je prisse, qu'il prît. En conséquence, on n'en a pas indiqué les formes pour chacun des verbes du troisième groupe.

3. Aux temps passés, les verbes transitifs des trois groupes se conjuguent avec l'auxiliaire avoir, les verbes pronominaux avec l'auxiliaire être, les verbes intransitifs avec l'auxiliaire avoir, sauf aller, arriver, décéder, devenir, échoir, éclore, entrer, mourir, naître, partir, rentrer, repartir, rester, retomber, retourner, revenir, sortir, survenir, tomber, venir, etc. Un certain nombre des verbes intransitifs se conjuguent tantôt avec être, tantôt avec avoir, selon que l'on veut exprimer une action passée ou l'état résultant de l'action passée : il a changé et il est changé.

4. Dans les propositions négatives, le verbe simple s'intercale entre les deux parties de la négation : Il ne comprend pas. Dans les formes composées, l'auxiliaire seul s'intercale : Il n'a pas compris. A l'infinitif, la négation précède la forme simple : Ne pas comprendre. Dans les propositions à la fois négatives et interrogatives, leur forme verbale simple ou l'auxiliaire s'intercale entre les deux éléments de la négation : Ne vient-il pas ? Ne l'avez-vous pas vu ?

Dans le dictionnaire, les verbes dont la conjugaison présente une particularité sont suivis d'un numéro qui renvoie à un modèle de la conjugaison des tableaux suivants.

1. verbes en -cer, -ger

	placer (1)	manger (2)
Ind. Présent	Je place, il place.	Je mange, il mange.
Ind. Présent	Nous plaçons, ils placent.	Nous mangeons, ils mangent.
Ind. Imparfait	Je plaçais, nous placions.	Je mangeais, nous mangions.
Ind. Futur	Je placerai, nous placerons.	Je mangerai, nous mangerons.
Participes	Plaçant ; placé	Mangeant ; mangé.

(1) Les verbes en -cer prennent une cédille devant a et o.
(2) Les verbes en -ger prennent un e après le g devant a et o.

2. verbes en -yer

	nettoyer (1)	payer (2)
Ind. Présent	Je nettoie, il nettoie.	Je paye (ou paie), il paye (ou paie).
Ind. Présent	Nous nettoyons, ils nettoient.	Nous payons, ils payent (ou paient).
Ind. Imparfait	Je nettoyais, nous nettoyions.	Je payais, nous payions.
Ind. Futur	Je nettoierai, nous nettoierons.	Je payerai (ou paierai).
Participes	Nettoyant ; nettoyé.	Payant ; payé.

(1) Les verbes en -yer changent l'y en i devant un e muet.
(2) Les verbes en -ayer peuvent conserver l'y devant un e muet.

3. verbes en -eler

	appeler	peler
Ind. Présent	J'appelle, il appelle.	Je pèle, il pèle.
Ind. Présent	Nous appelons, ils appellent.	Nous pelons, ils pèlent.
Ind. Imparfait	J'appelais, nous appelions.	Je pelais, nous pelions.
Ind. Futur	J'appellerai, nous appellerons.	Je pèlerai, nous pèlerons.
Participes	Appelant ; appelé.	Pelant ; pelé.

RÈGLE. Les verbes en -eler redoublent le l devant une syllabe contenant un e muet, sauf : celer, ciseler, congeler, déceler, dégeler, démanteler, écarteler, s'encasteler, geler, marteler, modeler, peler, receler, regeler, qui changent l'e muet de l'avant-dernière syllabe de l'infinitif en è ouvert.

4. verbes en -eter

	jeter	acheter
Ind. Présent	Je jette, tu jettes, il jette.	J'achète, tu achètes, il achète.
Ind. Présent	Nous jetons, ils jettent.	Nous achetons, ils achètent.
Ind. Imparfait	Je jetais, nous jetions.	J'achetais, nous achetions.
Ind. Futur	Je Jetterai, nous jetterons.	J'achèterai, nous achèterons.
Participes	Jetant ; jeté.	Achetant ; acheté.

RÈGLE. Les verbes en -eter redoublent le t devant une syllabe contenant un e muet, sauf : acheter, béagueter, corseter, crocheter, fileter, fureter, haleter, racheter, qui changent l'e muet de l'avant-dernière syllabe de l'infinitif en è ouvert.

verbes en -ER (particularités)

5. verbes dont l'avant-dernière syllabe contient un e muet ou un é fermé

	semer	révéler
Ind. Présent	Je sème, il sème.	Je révèle, il révèle.
Ind. Présent	Nous semons, ils sèment.	Nous révélons, ils révèlent.
Ind. Imparfait	Je semais, nous semions.	Je révélais, nous révélions.
Ind. Futur	Je sèmerai, nous sèmerons.	Je révélerai, nous révélerons.
Participes	Semant ; semé.	Révélant ; révélé.

RÈGLE. Ces verbes changent l'e muet ou l'é en è quand la syllabe suivante contient un e muet. Au futur et au conditionnel, les verbes dont l'avant-dernière syllabe à l'infinitif contient un é fermé conservent cet é fermé.

6. verbes irréguliers du 1er groupe

	aller	envoyer
Ind. Présent	Je vais, tu vas, il va.	J'envoie, tu envoies.
Ind. Présent	Nous allons, vous allez.	Nous envoyons.
Ind. Présent	Ils vont.	Ils envoient.
Ind. Imparfait	J'allais, tu allais.	J'envoyais.
Ind. Imparfait	Nous allions.	Nous envoyions.
Ind. Passé simple	J'allai, tu allas.	J'envoyai.
Ind. Passé simple	Nous allâmes.	Nous envoyâmes.
Ind. Futur	J'irai, tu iras, nous irons.	J'enverrai, nous enverrons.
Subj. présent	Que j'aille, que tu ailles.	Que j'envoie.
Subj. présent	Que nous allions.	Que nous envoyions.
Impératif	Va, allons, allez.	Envoie, envoyons, envoyez.
Part. présent	Allant,	Envoyant.
Part. passé	Allé. Étant allé.	Envoyé. Ayant envoyé.

FINIR

INDICATIF

Présent	Imparfait	Passé simple	Futur
Je finis.	Je fin issais.	Je fin is.	Je fin irai.
Tu fin is.	Tu fin issais.	Tu fin is.	Tu fin iras.
Il fin it.	Il fin issait.	Il fin it.	Il fin ira.
N. fin issons.	N. fin issions.	N. fin îmes.	N. fin irons.
V. fin issez.	V. fin issiez.	V. fin îtes.	V. fin irez.
Ils fin issent.	Ils fin issaient.	Ils fin irent.	Ils fin iront.

Passé composé	Plus-que-parfait	Passé antérieur	Futur antérieur
J' ai fini.	J' avais fini.	J' eus fini.	J' aurai fini.
Tu as fini.	Tu avais fini.	Tu eus fini.	Tu auras fini.
Il a fini.	Il avait fini.	Il eut fini.	Il aura fini.
N. avons fini.	N. avions fini.	N. eûmes fini.	N. aurons fini.
V. avez fini.	V. aviez fini.	V. eûtes fini.	V. aurez fini.
Ils ont fini.	Ils avaient fini.	Ils eurent fini.	Ils auront fini.

IMPÉRATIF —— CONDITIONNEL

Présent	Présent	Passé 1re forme	Passé 2e forme
Fin is.	Je fin irais.	J' aurais fini.	J' eusse fini.
Fin issons.	Tu fin irais.	Tu aurais fini.	Tu eusses fini.
Fin issez.	Il fin irait.	Il aurait fini.	Il eût fini.
Passé	N. fin irions.	N. aurions fini.	N. eussions fini.
Aie fini.	V. fin iriez.	V. auriez fini.	V. eussiez fini.
Ayons fini.	Ils fin iraient.	Ils auraient fini.	Ils eussent fini.
Ayez fini.			

SUBJONCTIF

Présent	Imparfait	Passé	Plus-que-parfait
Que je fin isse.	Que je fin isse.	Que j' aie fini.	Que j' eusse fini.
Que tu fin isses.	Que tu fin isses.	Que tu aies fini.	Que tu eusses fini.
Qu'il fin isse.	Qu'il fin ît.	Qu'il ait fini.	Qu'il eût fini.
Que n. fin issions.	Que n. fin issions.	Que n. ayons fini.	Que n. eussions fini.
Que v. fin issiez.	Que v. fin issiez.	Que v. ayez fini.	Que v. eussiez fini.
Qu'ils fin issent.	Qu'ils fin issent.	Qu'ils aient fini.	Qu'ils eussent fini.

INFINITIF   PARTICIPE

Présent	Passé	Présent	Passé
Finir.	Avoir fini.	Finissant.	Fini.
			Ayant fini.

7. verbes en -IR (particularités)

trois verbes du 2e groupe ont des formes particulières :

	hair (1)	*fleurir* (2) (au sens figuré : « prospérer »)	*bénir*
Ind. Présent	Je hais.	Je fleuris.	Conjugaison
Ind. Présent	Tu hais.	Tu fleuris.	régulière.
Ind. Présent	Il hait.	Il fleurit.	
Ind. Présent	Nous haïssons.	Nous fleurissons.	Au part. passé : **béni.**
Ind. Présent	Vous haïssez.	Vous fleurissez.	Mais on dit : eau **bénite**
Ind. Présent	Ils haïssent.	Ils fleurissent.	et pain **bénit.**
Ind. Imparfait	Je haïssais.	Je **florissais.**	
Ind. Passé simple	Je haïs.	Je fleuris.	
Ind. Futur	Je haïrai.	Je fleurirai.	
Subj. Présent	Que je haïsse.	Que je fleurisse.	
Impératif	Hais.	Fleuris.	
Impératif	Haïssons, haïssez.	Fleurissons, fleurissez.	
Part. Présent	Haïssant.	**Florissant.**	
Part. Passé	Haï.	Fleuri.	

(1) Le verbe haïr garde le tréma à toutes les formes, sauf aux trois personnes du singulier de l'indicatif présent et à la 2e personne du singulier de l'impératif présent.
(2) Fleurir, au sens figuré, forme son imparfait et son participe présent sur le radical flor-.

8. OFFRIR

INDICATIF
Présent	Imparfait	Passé simple	Futur
J' offre.	J' offrais.	J' offris.	J' offrirai.
Tu offres.	Tu offrais.	Tu offris.	Tu offriras.
Il offre.	Il offrait.	Il offrit.	Il offrira.
N. offrons.	N. offrions.	N. offrîmes.	N. offrirons.
V. offrez.	V. offriez.	V. offrîtes.	V. offrirez.
Ils offrent.	Ils offraient.	Ils offrirent.	Ils offriront.

Passé composé	Plus-que-parfait	Passé antérieur	Futur antérieur
J' ai offert.	J' avais offert.	J' eus offert.	J' aurai offert.
Tu as offert.	Tu avais offert.	Tu eus offert.	Tu auras offert.
Il a offert.	Il avait offert.	Il eut offert.	Il aura offert.
N. avons offert.	N. avions offert.	N. eûmes offert.	N. aurons offert.
V. avez offert.	V. aviez offert.	V. eûtes offert.	V. aurez offert.
Ils ont offert.	Ils avaient offert.	Ils eurent offert.	Ils auront offert.

IMPÉRATIF — CONDITIONNEL
Présent	Présent	Passé 1re forme	Passé 2e forme
Offre.	J' offrirais.	J' aurais offert.	J' eusse offert.
Offrons.	Tu offrirais.	Tu aurais offert.	Tu eusses offert.
Offrez.	Il offrirait.	Il aurait offert.	Il eût offert.
Passé	N. offririons.	N. aurions offert.	N. eussions offert.
Aie offert.	V. offririez.	V. auriez offert.	V. eussiez offert.
Ayons offert.	Ils offriraient.	Ils auraient offert.	Ils eussent offert.
Ayez offert.			

SUBJONCTIF
Présent	Imparfait	Passé	Plus-que-parfait
Que j' offre.	Que j' offrisse.	Que j' aie offert.	Que j' eusse offert.
Que tu offres.	Que tu offrisses.	Que tu aies offert.	Que tu eusses offert.
Qu'il offre.	Qu'il offrît.	Qu'il ait offert.	Qu'il eût offert.
Que n. offrions.	Que n. offrissions.	Que n. ayons offert.	Que n. eussions offert.
Que v. offriez.	Que v. offrissiez.	Que v. ayez offert.	Que v. eussiez offert.
Qu'ils offrent.	Qu'ils offrissent.	Qu'ils aient offert.	Qu'ils eussent offert.

INFINITIF — PARTICIPE
Présent	Passé	Présent	Passé
Offrir.	Avoir offert.	Offrant.	Offert.
			Ayant offert.

9. RENDRE

INDICATIF
Présent	Imparfait	Passé simple	Futur
Je rends.	Je rendais.	Je rendis.	Je rendrai.
Tu rends.	Tu rendais.	Tu rendis.	Tu rendras.
Il rend.	Il rendait.	Il rendit.	Il rendra.
N. rendons.	N. rendions.	N. rendîmes.	N. rendrons.
V. rendez.	V. rendiez.	V. rendîtes.	V. rendrez.
Ils rendent.	Ils rendaient.	Ils rendirent.	Ils rendront.

INDICATIF (suite)

Passé composé	Plus-que-parfait	Passé antérieur	Futur antérieur
J' ai rendu.	J' avais rendu.	J' eus rendu.	J' aurai rendu.
Tu as rendu.	Tu avais rendu.	Tu eus rendu.	Tu auras rendu.
Il a rendu.	Il avait rendu.	Il eut rendu.	Il aura rendu.
N. avons rendu.	N. avions rendu.	N. eûmes rendu.	N. aurons rendu.
V. avez rendu.	V. aviez rendu.	V. eûtes rendu.	V. aurez rendu.
Ils ont rendu.	Ils avaient rendu.	Ils eurent rendu.	Ils auront rendu.

IMPÉRATIF — CONDITIONNEL

Présent	Présent	Passé 1re forme	Passé 2e forme
Rends.	Je rendrais.	J' aurais rendu.	J' eusse rendu.
Rendons.	Tu rendrais.	Tu aurais rendu.	Tu eusses rendu.
Rendez.	Il rendrait.	Il aurait rendu.	Il eût rendu.
Passé	N. rendrions.	N. aurions rendu.	N. eussions rendu.
Aie rendu.	V. rendriez.	V. auriez rendu.	V. eussiez rendu.
Ayons rendu.	Ils rendraient.	Ils auraient rendu.	Ils eussent rendu.
Ayez rendu.			

SUBJONCTIF

Présent	Imparfait	Passé	Plus-que-parfait
Que je rende.	Que je rendisse.	Que j' aie rendu.	Que j' eusse rendu.
Que tu rendes.	Que tu rendisses.	Que tu aies rendu.	Que tu eusses rendu.
Qu'il rende.	Qu'il rendît.	Qu'il ait rendu.	Qu'il eût rendu.
Que n. rendions.	Que n. rendissions.	Que n. ayons rendu.	Que n. eussions rendu.
Que v. rendiez.	Que v. rendissiez.	Que v. ayez rendu.	Que v. eussiez rendu.
Qu'ils rendent.	Qu'ils rendissent.	Qu'ils aient rendu.	Qu'ils eussent rendu.

INFINITIF — PARTICIPE

Présent	Passé	Présent	Passé
Rendre.	Avoir rendu.	Rendant.	Rendu.
			Ayant rendu.

verbes du 3e groupe en -IR

	10 *ouvrir* (1)	11 *assaillir* (2)	12 *cueillir* (3)
Ind. Présent	J'ouvre, tu ouvres.	J'assaille, tu assailles.	Je cueille, tu cueilles.
Ind. Présent	Il ouvre.	Il assaille.	Il cueille.
Ind. Présent	Nous ouvrons.	Nous assaillons.	Nous cueillons.
Ind. Présent	Ils ouvrent.	Ils assaillent.	Ils cueillent.
Ind. Imparfait	J'ouvrais.	J'assaillais.	Je cueillais.
Ind. Passé Simple	J'ouvris.	J'assaillis.	Je cueillis.
Ind. Futur	J'ouvrirai.	J'assaillirai.	Je cueillerai.
Cond. Présent	J'ouvrirais.	J'assaillirais.	Je cueillerais.
Subj. Présent	Que j'ouvre.	Que j'assaille.	Que je cueille.
Subj. Présent	Qu'il ouvre.	Qu'il assaille.	Qu'il cueille.
Subj. Présent	Que nous ouvrions.	Que nous assaillions.	Que nous cueillions.
Subj. Présent	Qu'ils ouvrent.	Qu'ils assaillent.	Qu'ils cueillent.
Impératif	Ouvre, ouvrons.	Assaille, assaillons.	Cueille, cueillons.
Participes	Ouvrant, ouvert.	Assaillant, assailli.	Cueillant, cueilli.

	13 *acquérir* (4)	14 *servir* (3)	15 *mentir* (5)
Ind. Présent	J'acquiers, tu acquiers.	Je sers, tu sers.	Je mens, tu mens.
Ind. Présent	Il acquiert.	Il sert.	Il ment.
Ind. Présent	Nous acquérons.	Nous servons.	Nous mentons.
Ind. Présent	Ils acquièrent.	Ils servent.	Ils mentent.
Ind. Imparfait	J'acquérais.	Je servais.	Je mentais.
Ind. Passé Simple	J'acquis.	Je servis.	Je mentis.
Ind. Futur	J'acquerrai.	Je servirai.	Je mentirai.
Cond. Présent	J'acquerrais.	Je servirais.	Je mentirais.

	acquérir (suite)	*servir* (suite)	*mentir* (suite)
Subj. Présent	Que j'acquière.	Que je serve.	Que je mente.
Subj. Présent	Qu'il acquière.	Qu'il serve.	Qu'il mente.
Subj. Présent	Que nous acquérions.	Que nous servions.	Que nous mentions.
Subj. Présent	Qu'ils acquièrent.	Qu'ils servent.	Qu'ils mentent.
Impératif	Acquiers, acquérons.	Sers, servons.	Mens, mentons.
Participes	Acquérant, acquis.	Servant, servi.	Mentant, menti.

(1) De même : *souffrir, couvrir.*
(2) De même : *défaillir, tressaillir.*
(3) Et ses composés.
(4) De même : *conquérir, s'enquérir, requérir.*
(5) Et *sentir, se repentir* et leurs composés.

	16 *tenir* (1)	17 *dormir* (2)	18 *fuir* (3)
Ind. Présent	Je tiens, tu tiens.	Je dors, tu dors.	Je fuis, tu fuis.
Ind. Présent	Il tient.	Il dort.	Il fuit.
Ind. Présent	Nous tenons.	Nous dormons.	Nous fuyons.
Ind. Présent	Ils tiennent.	Ils dorment.	Ils fuient.
Ind. Imparfait	Je tenais.	Je dormais.	Je fuyais.
Ind. Passé Simple	Je tins, nous tînmes.	Je dormis.	Je fuis.
Ind. Futur	Je tiendrai.	Je dormirai.	Je fuirai.
Cond. Présent	Je tiendrais.	Je dormirais.	Je fuirais.
Subj. Présent	Que je tienne.	Que je dorme.	Que je fuie.
Subj. Présent	Qu'il tienne.	Qu'il dorme.	Qu'il fuie.
Subj. Présent	Que nous tenions.	Que nous dormions.	Que nous fuyions.
Subj. Présent	Qu'ils tiennent.	Qu'ils dorment.	Qu'ils fuient.
Impératif	Tiens, tenons.	Dors, dormons.	Fuis, fuyons.
Participes	Tenant, tenu.	Dormant, dormi.	Fuyant, fui.

	19 *mourir*	20 *vêtir*	21 *courir*
Ind. Présent	Je meurs, tu meurs.	Je vêts, tu vêts.	Je cours, tu cours.
Ind. Présent	Il meurt.	Il vêt.	Il court.
Ind. Présent	Nous mourons.	Nous vêtons.	Nous courons.
Ind. Présent	Ils meurent.	Ils vêtent.	Ils courent.
Ind. Imparfait	Je mourais.	Je vêtais.	Je courais.
Ind. Passé Simple	Je mourus.	Je vêtis.	Je courus.
Ind. Futur	Je mourrai.	Je vêtirai.	Je courrai.
Cond. Présent	Je mourrais.	Je vêtirais.	Je courrais.
Subj. Présent	Que je meure.	Que je vête.	Que je coure.
Subj. Présent	Qu'il meure.	Qu'il vête.	Qu'il coure.
Subj. Présent	Que nous mourions.	Que nous vêtions.	Que nous courions.
Subj. Présent	Qu'ils meurent.	Qu'ils vêtent.	Qu'ils courent.
Impératif	Meurs, mourons.	Vêts, vêtons.	Cours, courons.
Participes	Mourant, mort.	Vêtant, vêtu.	Courant, couru.

(1) De même : *tenir* et les composés.
(2) De même : *endormir.*
(3) De même : *s'enfuir.*

	22 *partir* (1)	23 *sortir* (1)	24 *bouillir*
Ind. Présent	Je pars, tu pars.	Je sors, tu sors.	Je bous, tu bous.
Ind. Présent	Il part.	Il sort.	Il bout.
Ind. Présent	Nous partons.	Nous sortons.	Nous bouillons.
Ind. Présent	Ils partent.	Ils sortent.	Ils bouillent.
Ind. Imparfait	Je partais.	Je sortais.	Je bouillais.
Ind. Passé Simple	Je partis.	Je sortis.	Je bouillis.
Ind. Futur	Je partirai.	Je sortirai.	Je bouillirai.
Cond. Présent	Je partirais.	Je sortirais.	Je bouillirais.
Subj. Présent	Que je parte.	Que je sorte.	Que je bouille.
Subj. Présent	Qu'il parte.	Qu'il sorte.	Qu'il bouille.
Subj. Présent	Que nous partions.	Que nous sortions.	Que nous bouillions.
Sub. Présent	Qu'ils partent.	Qu'ils sortent.	Qu'ils bouillent.
Impératif	Pars, partons.	Sors, sortons.	Bous, bouillons.
Participes	Partant, parti.	Sortant, sorti.	Bouillant, bouilli.

verbes du 3e groupe en -IR (suite)

	25 *faillir* (2)	26 *gésir* (2)	27 *saillir* (2)
Ind. Présent	*Inusité.*	Je gis, tu gis.	*Inusité.*
Ind. présent	*Inusité.*	Il gît.	Il saille.
Ind. Présent	*Inusité.*	Nous gisons.	*Inusité.*
Ind. Présent	*Inusité.*	Ils gisent.	*Inusité.*
Ind. Imparfait	*Inusité.*	Je gisais.	Il saillait.
Ind. Passé Simple	Je faillis.	*Inusité.*	*Inusité.*
Ind. Futur	Je faillirai.	*Inusité.*	Il saillera.
Cond. Présent	Je faillirais.	*Inusité.*	Il saillerait.
Subj. Présent	*Inusité.*	*Inusité.*	*Inusité.*
Subj. Présent	*Inusité.*	*Inusité.*	Qu'il saille.
Subj. Présent	*Inusité.*	*Inusité.*	*Inusité.*
Subj. Présent	*Inusité.*	*Inusité.*	*Inusité.*
Impératif	*Inusité.*	*Inusité.*	*Inusité.*
Participes	*Inusité,* failli.	Gisant, *inusité.*	Saillant, sailli.

(1) Et ses composés.
(2) Ces trois verbes sont défectifs.

28. RECEVOIR

INDICATIF

Présent	Imparfait	Passé simple	Futur
Je reçois.	Je recevais.	Je reçus.	Je recevrai.
Tu reçois.	Tu recevais.	Tu reçus.	Tu recevras.
Il reçoit.	Il recevait.	Il reçut.	Il recevra.
N. recevons.	N. recevions.	N. reçûmes.	N. recevrons.
V. recevez.	V. receviez.	V. reçûtes.	V. recevrez.
Ils reçoivent.	Ils recevaient.	Ils reçurent.	Ils recevront.

Passé composé	Plus-que-parfait	Passé antérieur	Futur antérieur
J' ai reçu.	J' avais reçu.	J' eus reçu.	J' aurai reçu.
Tu as reçu.	Tu avais reçu.	Tu eus reçu.	Tu auras reçu.
Il a reçu.	Il avait reçu.	Il eut reçu.	Il aura reçu.
N. avons reçu.	N. avions reçu.	N. eûmes reçu.	N. aurons reçu.
V. avez reçu.	V. aviez reçu.	V. eûtes reçu.	V. aurez reçu.
Ils ont reçu.	Ils avaient reçu.	Ils eurent reçu.	Ils auront reçu.

IMPÉRATIF

Présent
Reçois.
Recevons.
Recevez.
Passé
Aie reçu.
Ayons reçu.
Ayez reçu.

CONDITIONNEL

Présent	Passé 1re forme	Passé 2e forme
Je recevrais.	J' aurais reçu.	J' eusse reçu.
Tu recevrais.	Tu aurais reçu.	Tu eusses reçu.
Il recevrait.	Il aurait reçu.	Il eût reçu.
N. recevrions.	N. aurions reçu.	N. eussions reçu.
V. recevriez.	V. auriez reçu.	V. eussiez reçu.
Ils recevraient.	Ils auraient reçu.	Ils eussent reçu.

SUBJONCTIF

Présent	Imparfait	Passé	Plus-que-parfait
Que je reçoive.	Que je reçusse.	Que j' aie reçu.	Que j' eusse reçu.
Que tu reçoives.	Que tu reçusses.	Que tu aies reçu.	Que tu eusses reçu.
Qu'il reçoive.	Qu'il reçût.	Qu'il ait reçu.	Qu'il eût reçu.
Que n. recevions.	Que n. reçussions.	Que n. ayons reçu.	Que n. eussions reçu.
Que v. receviez.	Que v. reçussiez.	Que v. ayez reçu.	Que v. eussiez reçu.
Qu'ils reçoivent.	Qu'ils reçussent.	Qu'ils aient reçu.	Qu'ils eussent reçu.

INFINITIF

Présent	Passé
Recevoir.	Avoir reçu.

PARTICIPE

Présent	Passé
Recevant.	Reçu.
	Ayant reçu.

verbes du 3e groupe en -OIR

	29 *décevoir* (1)	**30** *devoir*	**31** *mouvoir* (2)
Ind. Présent	Je déçois, tu déçois.	Je dois, tu dois.	Je meus, tu meus.
Ind. Présent	Il déçoit.	Il doit.	Il meut.
Ind. Présent	Nous décevons.	Nous devons.	Nous mouvons.
Ind. Présent	Ils déçoivent.	Ils doivent.	Ils meuvent.
Ind. Imparfait	Je décevais.	Je devais.	Je mouvais.
Ind. Passé Simple	Je déçus.	Je dus.	Je mus.
Ind. Futur	Je décevrai.	Je devrai.	Je mouvrai.
Cond. Présent	Je décevrais.	Je devrais.	Je mouvrais.
Subj. Présent	Que je déçoive.	Que je doive.	Que je meuve.
Subj. Présent	Qu'il déçoive.	Qu'il doive.	Qu'il meuve.
Subj. Présent	Que nous décevions.	Que nous devions.	Que nous mouvions.
Subj. Présent	Qu'ils déçoivent.	Qu'ils doivent.	Qu'ils meuvent.
Impératif	Déçois, décevons.	Dois, devons.	Meus, mouvons.
Participes	Décevant, déçu.	Devant ; dû, due.	Mouvant ; mû, mue.

	32 *savoir*	**33** *vouloir*	**34** *valoir* (3)
Ind. Présent	Je sais, tu sais.	Je veux, tu veux.	Je vaux, tu vaux.
Ind. Présent	Il sait.	Il veut.	Il vaut.
Ind. Présent	Nous savons.	Nous voulons.	Nous valons.
Ind. Présent	Ils savent.	Ils veulent.	Ils valent.
Ind. Imparfait	Je savais.	Je voulais.	Je valais.
Ind. Passé Simple	Je sus.	Je voulus.	Je valus.
Ind. Futur	Je saurai.	Je voudrai.	Je vaudrai.
Cond. Présent	Je saurais.	Je voudrais.	Je vaudrais.
Subj. Présent	Que je sache.	Que je veuille.	Que je vaille.
Subj. Présent	Qu'il sache.	Qu'il veuille.	Qu'il vaille.
Subj. Présent	Que nous sachions.	Que nous voulions.	Que nous valions.
Subj. Présent	Qu'ils sachent.	Qu'ils veuillent.	Qu'ils vaillent.
Impératif	Sache, sachons.	Veuille, veuillons.	*Inusité.*
Participes	Sachant, su.	Voulant, voulu.	Valant, valu.

(1) Et *percevoir, apercevoir, concevoir, recevoir.*
(2) Et ses composés (mais les participes *ému* et *promu* n'ont pas d'accent).
(3) Et ses composés (mais *prévaloir,* au subj. prés., fait *que je prévale*).

	35 *pouvoir*	**36** *voir* (1)	**37** *prévoir* (2)
Ind. Présent	Je peux, ou je puis.	Je vois, tu vois.	Je prévois, tu prévois,
Ind. Présent	Il peut.	Il voit.	Il prévoit.
Ind. Présent	Nous pouvons.	Nous voyons.	Nous prévoyons.
Ind. Présent	Ils peuvent.	Ils voient.	Ils prévoient.
Ind. Imparfait	Je pouvais.	Je voyais.	Je prévoyais.
Ind. Passé Simple	Je pus.	Je vis.	Je prévis.
Ind. Futur	Je pourrai.	Je verrai.	Je prévoirai.
Cond. Présent	Je pourrais.	Je verrais.	Je prévoirais.
Subj. Présent	Que je puisse.	Que je voie.	Que je prévoie.
Subj. Présent	Qu'il puisse.	Qu'il voie.	Qu'il prévoie.
Subj. Présent	Que nous puissions.	Que nous voyions.	Que nous prévoyions.
Subj. Présent	Qu'ils puissent.	Qu'ils voient.	Qu'ils prévoient.
Impératif	*Inusité.*	Vois, voyons.	Prévois, prévoyons.
Participes	Pouvant, pu.	Voyant, vu.	Prévoyant, prévu.

(1) Et *revoir.*
(2) Et *pourvoir* (sauf au passé simple : *je pourvus*).

	38 *asseoir* (1)		**39** *surseoir*
Ind. Présent	J'assieds, tu assieds.	J'assois, tu assois.	Je sursois, tu sursois.
Ind. Présent	Il assied.	Il assoit.	Il sursoit.
Ind. Présent	Nous asseyons.	Nous assoyons.	Nous sursoyons.
Ind. Présent	Ils asseyent.	Ils assoient.	Ils sursoient.
Ind. Imparfait	J'asseyais.	J'assoyais.	Je sursoyais.
Ind. passé Simple	J'assis.	J'assis.	Je sursis.
Ind. Futur	J'assiérai,	J'assoirai.	Je surseoirai.
Ind. Futur	ou asseyerai.		

verbes du 3ᵉ groupe en -OIR (suite)

	asseoir (suite)		surseoir (suite)
Cond. Présent	J'assiérais,	J'assoirais.	Je surseoirais.
Cond. Présent	ou asseyerais.		
Subj. Présent	Que j'asseye.	Que j'assoie.	Que je sursoie.
Subj. Présent	Qu'il asseye.	Qu'il assoie.	Qu'il sursoie.
Subj. Présent	Que nous asseyions.	Que nous assoyions.	Que nous sursoyions.
Subj. Présent	Qu'ils asseyent.	Qu'ils assoient.	Qu'ils sursoient.
Impératif	Assieds, asseyons.	Assois, assoyons.	Sursois, sursoyons.
Participes	Asseyant, assis.	Assoyant, assis.	Sursoyant, sursis.

(1) Verbe le plus souvent employé à la forme pronominale, comme *rasseoir*.

	40 seoir	41 pleuvoir (2)	42 falloir (2)
Ind. Présent	*Inusité.*		
Ind. Présent	Il sied.	Il pleut.	Il faut.
Ind. Présent	*Inusité.*		
Ind. Présent	Ils siéent.		
Ind. Imparfait	Il seyait, ils seyaient.	Il pleuvait.	Il fallait.
Ind. Passé Simple	*Inusité.*	Il plut.	Il fallut.
Ind. Futur	Il siéra, ils siéront.	Il pleuvra.	Il faudra.
Cond. Présent	Il siérait, ils siéraient.	Il pleuvrait.	Il faudrait.
Subj. Présent	*Inusité.*		
Subj. Présent	Qu'il siée.	Qu'il pleuve.	Qu'il faille.
Subj. Présent	*Inusité.*		
Subj. Présent	Qu'ils siéent.		
Impératif	*Inusité.*		
Participes	Séant, sis.	Pleuvant, plu.	*Inusité,* fallu.

(2) Les verbes *pleuvoir, falloir* et *chaloir* sont impersonnels. — *Chaloir* s'emploie seulement à l'Ind. prés. : *il chaut.*

	43 déchoir	44 choir	45 échoir (3)
Ind. Présent	Je déchois, tu déchois.	Je chois, tu chois.	
Ind. Présent	Il déchoit.	Il choit.	Il échoit.
Ind. Présent	Ils déchoient.		
Ind. Imparfait	*Inusité.*	*Inusité.*	*Inusité.*
Ind. Passé Simple	Je déchus.	Je chus.	Il échut.
Ind. Futur	*Inusité.*	Je choirai.	Il échoira, ou écherra.
Cond. Présent	*Inusité.*	Je choirais.	Il échoirait,
Cond. Présent			ou écherrait.
Subj. Présent	Que je déchoie.	*Inusité.*	*Inusité.*
Subj. Présent	Que tu déchoies.		
Subj. Présent	Qu'il déchoie.		
Subj. Présent	Qu'ils déchoient.		
Impératif			
Participes	Déchu.	Chu.	Échéant, échu.

(3) Le verbe *échoir* est impersonnel.

verbes du 3ᵉ groupe en -RE

	46 tendre (1)	47 vaincre (2)	48 battre (2)
Ind. Présent	Je tends, tu tends.	Je vaincs, tu vaincs.	Je bats, tu bats.
Ind. Présent	Il tend.	Il vainc.	Il bat.
Ind. Présent	Nous tendons.	Nous vainquons.	Nous battons.
Ind. Présent	Ils tendent.	Ils vainquent.	Ils battent.
Ind. Imparfait	Je tendais.	Je vainquais.	Je battais.
Ind. Passé Simple	Je tendis.	Je vainquis.	Je battis.
Ind. Futur	Je tendrai.	Je vaincrai.	Je battrai.
Cond. Présent	Je tendrais.	Je vaincrais.	Je battrais.
Subj. Présent	Que je tende.	Que je vainque.	Que je batte.
Subj. Présent	Qu'il tende.	Qu'il vainque.	Qu'il batte.
Subj. Présent	Que nous tendions.	Que nous vainquions.	Que nous battions.
Subj. Présent	Qu'ils tendent.	Qu'ils vainquent.	Qu'ils battent.
Impératif	Tends, tendons.	Vaincs, vainquons.	Bats, battons.
Participes	Tendant, tendu.	Vainquant, vaincu.	Battant, battu.

(1) De même : *épandre, défendre, descendre, fendre, fondre, mordre, pendre, perdre, pondre répandre, répondre, rompre* (sauf *il rompt,* ind. prés.), *tendre.*
(2) Et de ses composés.

	49 *mettre* (2)	50 *prendre* (2)	51 *moudre*
Ind. Présent	Je mets, tu mets.	Je prends, tu prends.	Je mouds, tu mouds.
Ind. Présent	Il met.	Il prend.	Il moud.
Ind. Présent	Nous mettons.	Nous prenons.	Nous moulons.
Ind. Présent	Ils mettent.	Ils prennent.	Ils moulent.
Ind. Imparfait	Je mettais.	Je prenais.	Je moulais.
Ind. Passé simple	Je mis.	Je pris.	Je moulus.
Ind. Futur	Je mettrai.	Je prendrai.	Je moudrai.
Cond. Présent	Je mettrais.	Je prendrais.	Je moudrais.
Subj. présent	Que je mette.	Que je prenne.	Que je moule.
Subj. Présent	Qu'il mette.	Qu'il prenne.	Qu'il moule.
Subj. Présent	Que nous mettions.	Que nous prenions.	Que nous moulions.
Subj. Présent	Qu'ils mettent.	Qu'ils prennent.	Qu'ils meulent.
Impératif	Mets, mettons.	Prends, prenons.	Mouds, moulons.
Participes	Mettant, mis.	Prenant, pris.	Moulant, moulu.

(2) Et ses composés.

	52 *coudre* (1)	53 *absoudre* (2)	54 *résoudre*
Ind. Présent	Je couds, tu couds.	J'absous, tu absous.	Je résous, tu résous.
Ind. Présent	Il coud.	Il absout.	Il résout.
Ind. Présent	Nous cousons.	Nous absolvons.	Nous résolvons.
Ind. Présent	Ils cousent.	Ils absolvent.	Ils résolvent.
Ind. Imparfait	Je cousais.	J'absolvais.	Je résolvais.
Ind. Passé Simple	Je cousis.	*Inusité.*	Je résolus.
Ind. Futur	Je coudrai.	J'absoudrai.	Je résoudrai.
Cond. Présent	Je coudrais.	J'absoudrais.	Je résoudrais.
Subj. Présent	Que je couse.	Que j'absolve.	Que je résolve.
Subj. Présent	Qu'il couse.	Qu'il absolve.	Qu'il résolve.
Subj. Présent	Que nous cousions.	Que nous absolvions.	Que nous résolvions.
Subj. Présent	Qu'ils cousent.	Qu'ils absolvent.	Qu'ils résolvent.
Impératif	Couds, cousons.	Absous, absolvons.	Résous, résolvons.
Participes	Cousant, cousu.	Absolvant ; absous, -te.	Résolvant, résolu.

(1) Et ses composés.
(2) De même : *dissoudre.*

	55 *craindre* (3)	56 *suivre* (4)	57 *vivre* (4)
Ind. Présent	Je crains, tu crains.	Je suis, tu suis.	Je vis, tu vis.
Ind. Présent	Il craint.	Il suit.	Il vit.
Ind. Présent	Nous craignons.	Nous suivons.	Nous vivons.
Ind. Présent	Ils craignent.	Ils suivent.	Ils vivent.
Ind. Imparfait	Je craignais.	Je suivais.	Je vivais.
Ind. Passé Simple	Je craignis.	Je suivis.	Je vécus.
Ind. Futur	Je craindrai.	Je suivrai.	Je vivrai.
Cond. Présent	Je craindrais.	Je suivrais.	Je vivrais.
Subj. Présent	Que je craigne.	Que je suive.	Que je vive.
Subj. Présent	Qu'il craigne.	Qu'il suive.	Qu'il vive.
Subj. Présent	Que nous craignions.	Que nous suivions.	Que nous vivions.
Subj. Présent	Qu'ils craignent.	Qu'ils suivent.	Qu'ils vivent.
Impératif	Crains, craignons.	Suis, suivons.	Vis, vivons.
Participes	Craignant, craint.	Suivant, suivi.	Vivant, vécu.

(3) De même : *astreindre, atteindre, ceindre, contraindre, empreindre, enfeindre, éteindre, feindre, geindre, joindre, peindre, plaindre, teindre* et leurs composés.
(4) Et ses composés.

	58 *paraître* (5)	59 *naître*	60 *croître* (6)
Ind. Présent	Je parais, tu parais.	Je nais, tu nais.	Je croîs, tu croîs.
Ind. Présent	Il paraît.	Il naît.	Il croît.
Ind. Présent	Nous paraissons.	Nous naissons.	Nous croissons.
Ind. Présent	Ils paraissent.	Ils naissent.	Ils croissent.
Ind. Imparfait	Je paraissais.	Je naissais.	Je croissais.
Ind. Passé Simple	Je parus.	Je naquis.	Je crûs.
Ind. Futur	Je paraîtrai.	Je naîtrai.	Je croîtrai.
Cond. Présent	Je paraîtrais.	Je naîtrais.	Je croîtrais.

verbes du 3ᵉ groupe en -RE (suite)

	paraître (suite)	*naître* (suite)	*croître* (suite)
Subj. Présent	Que je paraisse.	Que je naisse.	Que je croisse.
Subj. Présent	Qu'il paraisse.	Qu'il naisse.	Qu'il croisse.
Subj. Présent	Que nous paraissions.	Que nous naissions.	Que nous croissions.
Subj. Présent	Qu'ils paraissent.	Qu'ils naissent.	Qu'ils croissent.
Impératif	Parais, paraissons.	Nais, naissons.	Croîs, croissons.
Participes	Paraissant, paru.	Naissant, né.	Croissant, crû.

(5) De même : *connaître* et ses composés.
(6) Et ses composés, mais *accru, décru* sans accent, de même *j'accrus, je décrus,* etc.

	61 *rire* (1)	62 *conclure* (2)	63 *nuire* (3)
Ind. Présent	Je ris, tu ris.	Je conclus, tu conclus.	Je nuis, tu nuis.
Ind. Présent	Il rit.	Il conclut.	Il nuit.
Ind. Présent	Nous rions.	Nous concluons.	Nous nuisons.
Ind. Présent	Ils rient.	Ils concluent.	Ils nuisent.
Ind. Imparfait	Je riais.	Je concluais.	Je nuisais.
Ind. Passé Simple	Je ris.	Je conclus.	Je nuisis.
Ind. Futur	Je rirai.	Je conclurai.	Je nuirai.
Cond. Présent	Je rirais.	Je conclurais.	Je nuirais.
Subj. Présent	Que je rie.	Que je conclue.	Que je nuise.
Subj. Présent	Qu'il rie.	Qu'il conclue.	Qu'il nuise.
Subj. Présent	Que nous riions.	Que nous concluions.	Que nous nuisions.
Subj. Présent	Qu'ils rient.	Qu'ils concluent.	Qu'ils nuisent.
Impératif	Ris, rions.	Conclus, concluons.	Nuis, nuisons.
Participes	Riant, ri.	Concluant ; conclu, e	Nuisant, nui.

(1) Et *sourire.*
(2) Et *exclure* et *inclure* (part. passé *inclus, incluse*).
(3) De même : *luire* et ses composés.

	64 *conduire* (4)	65 *écrire* (7)	66 *croire*
Ind. Présent	Je conduis, tu conduis.	J'écris, tu écris.	Je crois, tu crois.
Ind. Présent	Il conduit.	Il écrit.	Il croit.
Ind. Présent	Nous conduisons.	Nous écrivons.	Nous croyons.
Ind. Présent	Ils conduisent.	Ils écrivent.	Ils croient.
Ind. Imparfait	Je conduisais.	J'écrivais.	Je croyais.
Ind. Passé Simple	Je conduisis.	J'écrivis.	Je crus.
Ind. Futur	Je conduirai.	J'écrirai.	Je croirai.
Cond. Présent	Je conduirais.	J'écrirais.	Je croirais.
Subj. Présent	Que je conduise.	Que j'écrive.	Que je croie.
Subj. Présent	Qu'il conduise.	Qu'il écrive.	Qu'il croie.
Subj. Présent	Que nous conduisions.	Que nous écrivions.	Que nous croyions.
Subj. Présent	Qu'ils conduisent.	Qu'ils écrivent.	Qu'ils croient.
Impératif	Conduis, conduisons.	Écris, écrivons.	Crois, croyons.
Participes	Conduisant, conduit.	Écrivant, écrit.	Croyant, cru.

(4) De même : *construire, reconstruire, instruire, cuire* et *détruire* et les verbes se terminant par -*duire.*
(7) Et ses composés.

	67 *suffire* (5)	68 *dire* (6)	69 *lire* (7)
Ind. Présent	Je suffis, tu suffis.	Je dis, tu dis.	Je lis, tu lis.
Ind. Présent	Il suffit.	Il dit.	Il lit.
Ind. Présent	Nous suffisons.	Nous disons, vous dites.	Nous lisons.
Ind. Présent	Ils suffisent.	Ils disent.	Ils lisent.
Ind. Imparfait	Je suffisais.	Je disais.	Je lisais.
Ind. Passé Simple	Je suffis.	Je dis.	Je lus.
Ind. Futur	Je suffirai.	Je dirai.	Je lirai.
Cond. Présent	Je suffirais.	Je dirais.	Je lirais.
Subj. Présent	Que je suffise.	Que je dise.	Que je lise.
Subj. Présent	Qu'il suffise.	Qu'il dise.	Qu'il lise.
Subj. Présent	Que nous suffisions.	Que nous disions.	Que nous lisions.
Subj. Présent	Qu'ils suffisent.	Qu'ils disent.	Qu'ils lisent.
Impératif	Suffis, suffisons.	Dis, disons, dites.	Lis, lisons, lisez.
Participes	Suffisant, suffi.	Disant, dit.	Lisant, lu.

(5) De même : *confire* et ses composés (sauf part. passé *confit, e*).

(6) Les composés de *dire*, sauf *maudire* (2e groupe), se conjuguent sur *dire*, sauf à la 2e personne du pluriel de l'indicatif présent : *vous contredisez*, mais *vous redites*.
(7) Et ses composés.

	70 *boire*	71 *taire* (1)	72 *faire* (2)
Ind. Présent	Je bois, tu bois.	Je tais, tu tais.	Je fais, tu fais.
Ind. Présent	Il boit.	Il tait.	Il fait.
Ind. Présent	Nous buvons.	Nous taisons.	Nous faisons.
Ind. Présent			Vous faites.
Ind. Présent	Ils boivent.	Ils taisent.	Ils font.
Ind. Imparfait	Je buvais.	Je taisais.	Je faisais.
Ind. Passé Simple	Je bus.	Je tus.	Je fis.
Ind. Futur	Je boirai.	Je tairai.	Je ferai.
Cond. Présent	Je boirais.	Je tairais.	Je ferais.
Subj. Présent	Que je boive.	Que je taise.	Que je fasse.
Subj. Présent	Qu'il boive.	Qu'il taise.	Qu'il fasse.
Subj. Présent	Que nous buvions.	Que nous taisions.	Que nous fassions.
Subj. Présent	Qu'ils boivent.	Qu'ils taisent.	Qu'ils fassent.
Impératif	Bois, buvons.	Tais, taisons.	Fais, faisons, faites.
Participes	Buvant, bu.	Taisant, tu.	Faisant, fait.

(1) De même : *plaire* et ses composés (sauf *il plaît*, ind. prés.).
(2) Et ses composés.

	73 *extraire* (3)	74 *repaître* (4)	75 *sourdre*
Ind. Présent	J'extrais, tu extrais.	Je repais, tu repais.	*Inusité.*
Ind. Présent	Il extrait.	Il repaît.	Il sourd.
Ind. Présent	Nous extrayons.	Nous repaissons.	*Inusité.*
Ind. Présent	Ils extraient.	Ils repaissent.	Ils sourdent.
Ind. Imparfait	J'extrayais.	Je repaissais.	*Inusité.*
Ind. Passé Simple	*Inusité.*	Je repus.	*Inusité.*
Ind. Futur	J'extrairai.	Je repaîtrai.	*Inusité.*
Cond. Présent	J'extrairais.	Je repaîtrais.	*Inusité.*
Subj. présent	Que j'extraie.	Que je repaisse.	*Inusité.*
Subj. Présent	Qu'il extraie.	Qu'il repaisse.	*Inusité.*
Subj. Présent	Que nous extrayions.	Que nous repaissions.	*Inusité.*
Subj. Présent	Qu'ils extraient.	Qu'ils repaissent.	*Inusité.*
Impératif	Extrais, extrayons.	Repais, repaissons.	*Inusité.*
Participes	Extrayant, extrait.	Repaissant, repu.	*Inusité.*

(3) De même : *traire, abstraire, braire* (usité seulement aux 3e pers. du sing. et du pluriel), *distraire, soustraire*.
(4) De même : *paître*, défectif (pas de passé simple ni de participe passé).

	76 *clore*	77 *éclore*	78 *enclore*
Ind. Présent	Je clos, tu clos.	*Inusité.*	J'enclos, tu enclos.
Ind. Présent	Il clôt.	Il éclôt.	Il enclôt.
Ind. Présent	*Pas de*	*Inusité.*	*Pas de*
Ind. Présent	*pluriel.*	Ils éclosent.	*pluriel.*
Ind. Imparfait	*Inusité.*	*Inusité.*	*Inusité.*
Ind. Passé Simple	*Inusité.*	*Inusité.*	*Inusité.*
Ind. Futur	Je clorai.	Il éclora, ils écloront.	J'enclorai.
Cond. Présent	Je clorais.	Il éclorait.	J'enclorais.
Cond. Présent		Ils écloraient.	
Subj. Présent	Que je close.	*Inusité.*	Que j'enclose.
Subj. Présent	Qu'il close.	Qu'il éclose.	Qu'il enclose.
Subj. Présent	Que nous closions.	*Inusité.*	Que nous enclosions.
Subj. Présent	Qu'ils closent.	Qu'ils éclosent.	Qu'ils enclosent.
Impératif	*Inusité.*	*Inusité.*	*Inusité.*
Participes	*Inusité*, clos.	*Inusité*, éclos.	*Inusité*, enclos.

	79 *frire*	80 *poindre* (5)	81 *oindre*
Ind. Présent	Je fris, tu fris.		J'oins, tu oins.
Ind. Présent	Il frit.	Il point.	Il oint.
Ind. Présent	*Pas de*		Nous oignons.
Ind. Présent	*pluriel.*		Ils oignent.
Ind. Imparfait	*Inusité.*	Il poignait.	J'oignais.
Ind. Passé Simple	*Inusité.*	Il poignit.	J'oignis.
Ind. Futur	Je frirai.	Il poindra.	J'oindrai.

verbes du 3e groupe en -RE (suite)

	frire (suite)	poindre (suite)	oindre (suite)
Cond. Présent	Je frirais.	Il poindrait.	J'oindrais.
Subj. Présent	Inusité.		Que j'oigne.
Subj. Présent	Inusité.	Qu'il poigne.	Qu'il oigne.
Subj. Présent	Inusité.		Que nous oignions.
Subj. Présent	Inusité.		Qu'ils oignent.
Impératif	Fris, inusité.		Oins, oignez.
Participes	Inusité, frit.	Poignant, inusité.	Oignant, oint.

(5) Le verbe *poindre* ne se conjugue qu'à la 3e personne du singulier.

Formes du verbe

Un verbe peut être à la forme *active*, à la forme *passive*, à la forme *pronominale*.

Forme active. Forme passive. Un verbe est à la forme (ou à la voix) *active* lorsque l'action qu'il exprime est faite par le sujet : *Le chat MANGE la souris.*

Un verbe est à la forme (ou à la voix) *passive* quand il exprime une action reçue, subie par le sujet : *La souris EST MANGÉE par le chat.*

La phrase passive se caractérise par un verbe au participe passé précédé de *être*, et suivi d'un complément d'agent (syntagme prépositionnel introduit par de ou par); en passant de la phrase passive à la phrase active correspondante, le complément d'agent devient le sujet, et le sujet du passif devient l'objet direct.

Verbe passif. Le français ne forme pas son passif, comme le font certaines langues, à l'aide de terminaisons spéciales. Le verbe passif n'est autre chose que le verbe *être* suivi du participe passé d'un verbe transitif : *être aimé, être averti, être exposé.*

Le participe passé des verbes passifs est un attribut qui s'accorde toujours en genre et en nombre avec le sujet : *nous sommes aimés, elles sont averties.*

La plupart des verbes *transitifs directs* peuvent s'employer à la forme passive.

Les verbes intransitifs, ne comportant pas de complément direct, ne peuvent évidemment pas avoir la forme passive.

Verbe pronominal. Le verbe *pronominal* est celui qui se conjugue avec deux pronoms de la même personne : *je me, tu te, il se, nous nous, vous vous, ils se* : *IL SE flatte.* Le premier pronom est sujet, le deuxième complément.

Le pronom sujet peut être remplacé par un nom à la troisième personne : *L'ORGUEILLEUX se flatte. Les ENNEMIS s'avancent.*

NOTA. Les verbes pronominaux forment leurs temps composés avec l'auxiliaire *être* : *L'orgueilleux s'ÉTAIT flatté. Les ennemis se SONT avancés.*

Parmi les verbes pronominaux, il faut distinguer :

1. Les verbes pronominaux *réfléchis*, qui expriment que l'action faite par le sujet retombe sur lui : *Il se regarde, il se nuit à lui-même* ;

2. Les verbes pronominaux *réciproques*, qui expriment une action mutuelle : *Ils se sont battus* ;

3. Les pronominaux *faussement réfléchis* : s'enorgueillir, se moquer, se repentir, s'enfuir, s'envoler, etc., dans lesquels le pronom *se* (ou me, te, etc.) n'a aucune fonction grammaticale et ne doit pas être séparé du verbe dans l'analyse.

NOTA. La forme pronominale a parfois le sens d'un passif : *Cela SE DIT et cela SE FAIT.*

Verbe impersonnel. Le verbe *impersonnel* ne s'emploie qu'à la troisième personne du singulier, avec le pronom *il* (sauf à l'infinitif et au participe) : IL *pleut,* IL *a neigé,* IL *faudrait,* etc. On l'appelle aussi *unipersonnel* (une seule personne).

Les verbes impersonnels sont tous intransitifs de leur nature.

Certains verbes personnels peuvent s'employer à la forme impersonnelle : IL *fait beau ;* IL *y a vingt ans ;* IL *nous arrive une bonne nouvelle ;* etc.

NOTA. Dans les verbes impersonnels, le pronom *il,* sujet, est un pronom *neutre,* indéterminé.

Verbes défectifs. On appelle verbes *défectifs* ceux qui ne s'emploient pas à certaines personnes, à certains temps ou à certains modes. Ainsi, *éclore* ne s'emploie pas à la 1re ni à la 2e personne, ni à l'imparfait, ni à l'impératif. C'est un verbe *défectif,* car sa conjugaison est *défectueuse,* incomplète.

Certains verbes défectifs complètent leur conjugaison en empruntant des formes à plusieurs radicaux différents. Par exemple, la conjugaison du verbe *aller* s'obtient à l'aide de trois radicaux : all-, ir-, va- : ALLER, *nous* ALLONS, *j'*ALLAIS, etc. ; *j'*IRAI, *j'*IRAIS, etc. ; *je* VAIS, VA.

Syntaxe du verbe

Le verbe et son sujet

Accord du verbe avec son sujet. Tout verbe s'accorde en nombre et en personne avec son sujet.

Si le sujet est au singulier, le verbe se met au singulier : *Le loup hurlE.*

Si le sujet est au pluriel, le verbe se met au pluriel : *Les loups hurlENT.*

Si le sujet est à la 1re, à la 2e, à la 3e personne, le verbe se met à la 1re, à la 2e, à la 3e personne : *je chantE, nous chantONS, tu chantES, vous chantEZ, il ou elle chantE, ils ou elles chantENT.*

Accord du verbe avec plusieurs sujets.
Quand un verbe a plusieurs sujets, il se met au pluriel : *Le bœuf et le chameau rumin*ENT.

Si les sujets sont de différentes personnes, le verbe se met au pluriel et s'accorde avec la personne qui a la priorité.

La 1re personne a la priorité sur la 2e et la 3e : *Toi, Paul et moi parti*RONS *demain.* (Partirons est à la 1re personne parce qu'un des sujets, *moi*, est à la 1re personne.)

La 2e personne a la priorité sur la 3e : *Toi et Paul parti*REZ *demain.* (Partirez est à la 2e personne parce que le sujet *toi* est à la 2e personne, tandis que l'autre sujet, *Paul*, est à la 3e.)

REMARQUES SUR L'ACCORD DU VERBE
AVEC SES SUJETS

Un verbe qui a plusieurs sujets se met au pluriel : *Sa bonté, sa douceur le* FONT *admirer.*

Cependant, le verbe se met au singulier :
1. Lorsque les sujets sont disposés par gradation : *Un seul mot, un soupir, un coup d'œil nous* TRAHIT;

2. Lorsque le dernier sujet résume tous les autres : *Un souffle, une ombre, un rien,* TOUT *lui* DONNAIT *la fièvre;*

3. Lorsque les sujets sont unis par *comme, ainsi que, aussi bien que,* etc., avec une idée de comparaison : *L'enfant, comme les jeunes plantes,* A *besoin d'un soutien.*

Si les expressions *ainsi que, comme,* etc., ont le sens de la conjonction *et,* le verbe s'accorde avec les deux sujets : *Mon frère ainsi que moi nous* PARTIRONS.

Sujets joints par les conjonctions « ni, ou ». Lorsque deux sujets de la 3e personne joints par les conjonctions *ni, ou,* il se met au pluriel si les deux sujets peuvent faire l'action marquée par le verbe : *Ni l'or ni la grandeur ne nous* RENDENT *heureux. Le temps ou la mort* SONT *plus sûrs remèdes.*

Le verbe se met au singulier si l'action ou l'état exprimé ne peut être attribué qu'à l'un des deux sujets : *Le Soleil ou la Lune nous* ÉCLAIRE *tour à tour. Ni l'une ni l'autre n'*EST *ma mère.*

Si les sujets ne sont pas de la même personne, le verbe se met au pluriel : *Ni vous ni moi ne* PARLERONS. *Toi ou lui* PARTIREZ.

Accord du verbe avec le sujet « qui ».
Le pronom relatif *qui* prend le genre et le nombre de son antécédent (c'est-à-dire du nom qui le précède et dont il tient la place) et il est toujours sujet du verbe qui le suit.

Il s'ensuit que l'accord du verbe avec le sujet *qui* doit se faire comme il se ferait avec l'antécédent lui-même : *c'est* MOI *qui* SUIS; *c'est* TOI *qui* ES; *c'est* PAUL *et moi qui* PARTIRONS; etc.

Accord du verbe précédé d'un collectif. Un verbe qui a pour sujet un mot collectif suivi d'un complément s'accorde tantôt avec le collectif, tantôt avec le complément.

Le verbe s'accorde avec le collectif si le collectif est *général.*

Le collectif général exprime l'idée dominante; il est ordinairement précédé des articles *le, la, les* : *Le* NOMBRE *des malheureux* EST *immense.*

Dans cet exemple, l'idée principale porte sur le collectif *nombre.*

Le verbe s'accorde avec le complément du collectif si le collectif est *partitif.*

Le collectif est partitif quand l'idée dominante est exprimée par son complément; il est ordinairement précédé d'un des articles *un, une* : *Une foule* DE PERSONNES ASSISTAIENT *à ce spectacle.*

Dans cet exemple, c'est sur le nom *personnes* que se porte principalement l'attention.

Avec les adverbes de quantité *beaucoup de, assez de, peu de,* et les mots *la plupart de, une infinité de, force, quantité,* etc., le verbe se met au pluriel : PEU DE *personnes* SE CONTENTENT *de leur sort.*

REMARQUE. L'expression *plus d'un* veut le verbe au singulier : PLUS D'UN *brave y* PÉRIT.

Cependant, s'il y a idée de réciprocité, le verbe se met au pluriel : *Plus d'un fripon* SE DUPENT L'UN L'AUTRE.

Emploi de « c'est, ce sont ». On emploie *c'est* au lieu de *ce est* devant plusieurs noms au singulier et devant un pronom de la première ou de la deuxième personne du pluriel : C'EST *votre paresse et votre étourderie qui vous font punir.* C'EST *nous qui parlerons.*

On se sert de *ce sont* devant une troisième personne du pluriel exprimée par un nom ou un pronom : CE SONT *des amis qui arrivent.* CE SONT *eux.*

Cependant, le verbe *être,* quoique suivi d'une troisième personne du pluriel, se met au singulier :
1. Dans l'expression *si ce n'est* : *Il ne craint personne,* SI CE N'EST *ses parents;*

2. Pour éviter, dans l'interrogation, certaines formes peu usitées, comme *seront-ce, furent-ce,* etc. : SERA-CE *mes amis qui viendront?*

On emploie encore *ce sont* si le pronom se rappelle un pluriel précédemment énoncé : *Il y a trois sortes d'angles;* CE SONT : *l'angle aigu, l'angle droit et l'angle obtus.*

Quand le pluriel qui suit *ce est* un nom précédé d'un adjectif numéral et pouvant se tourner par un singulier, on met *c'est* : C'EST *quatre heures* (c'est-à-dire *c'est la quatrième heure*).

Le verbe et son complément

Remarques sur les compléments du verbe. Il ne faut pas donner à un verbe d'autre complément que celui qui lui convient.

Ne dites pas : *Le livre* QUE *je me sers. Je me rappelle* DE *ce fait.* Dites : *Le livre* DONT *je me sers. Je me rappelle ce fait.*

Quand deux verbes veulent, l'un un complément direct, l'autre un complément indirect, il faut donner à chacun d'eux le complément, qui lui convient.

Ainsi, on dira bien : *Les Français assiégèrent et prirent Sébastopol,* parce que les deux verbes veulent un complément d'objet direct.

Mais on ne devra pas dire : *Les Français assiégèrent et s'emparèrent de Sébastopol,* parce que *assiéger* veut un complément d'objet direct, et *s'emparer* un complément d'objet indirect ; il faudra dire : *Les Français assié-gèrent Sébastopol et s'en emparèrent.*

Lorsqu'un verbe a un complément direct et un complément indirect d'égale longueur, le complément direct se place de préférence le premier : *L'avare sacrifie l'HONNEUR* (compl. dir.) *à l'INTÉRÊT* (compl. ind.).

Si les compléments sont de longueur inégale, le plus court passe de préférence le premier : *L'avare sacrifie à l'INTÉRÊT* (compl. ind.) *son HONNEUR et sa VIE* (compl. dir.).

REMARQUE. Lorsque le complément d'un verbe se compose de plusieurs éléments joints par une des conjonctions *et, ou, ni,* l'usage veut que ces parties soient toutes des noms, des infinitifs ou des propositions de même nature. Ainsi, ne dites pas : *Je désire APPRENDRE À DESSINER et LA MUSIQUE.* Dites : *Je désire apprendre LE DESSIN et LA MUSIQUE.*

L'accord du participe passé

La variabilité du participe passé est soumise à trois cas généraux et à plusieurs cas parti-culiers.

1er cas général.

Participe passé employé sans auxi-liaire. Le *participe passé employé sans auxi-liaire* s'accorde (comme l'adjectif) en genre et en nombre avec le nom ou le pronom auquel il se rapporte : *Des fleurs PARFUMÉES.*

2e cas général.

Participe passé employé avec « être ». Le *participe passé du verbe conjugué avec l'auxiliaire être* s'accorde en genre et en nombre avec le sujet : *L'AMÉRIQUE a été DÉCOUVERTE par Christophe Colomb.*

3e cas général.

Participe passé employé avec « avoir ». Le *participe passé du verbe conjugué avec l'auxiliaire avoir* s'accorde en genre et en nombre avec le complément le précède : *Je me rappelle l'his-toire QUE j'ai LUE.* (Il s'agit alors le plus souvent d'un pronom, personnel [*le, la, les*] relatif [*que*] ou de phrases interrogatives ou exclamatives [*Quelles régions nous avons visi-tées !*].)

Le participe reste invariable :
1. Si le complément direct le suit : *Nous avons LU une HISTOIRE ;*
2. S'il n'a pas de complément direct : *J'ai LU.*

REMARQUE. Les verbes transitifs indirects n'ayant pas de complément direct, le parti-cipe passé de ces verbes conjugués avec avoir est toujours invariable : *Ces histoires nous ont PLU. Les enfants nous ont-ils OBÉI ? Ils nous ont SUCCÉDÉ.*

Dans les phrases : *les nuits qu'ils ont DORMI..., les mois qu'il a VÉCU,* les participes passés *dormi, vécu* sont invariables parce qu'ils appartiennent à des verbes intransitifs. Le *que* représente un complément circons-tanciel : *les nuits PENDANT LESQUELLES ils ont dormi, les mois PENDANT LESQUELS il a vécu.*

Toutefois, des verbes de ce genre, comme *coûter, valoir, peser, courir, vivre,* etc., peuvent devenir transitifs : *Les efforts QUE ce*

travail m'a COÛTÉS. La gloire QUE cette action lui a VALUE. Ces paroles, LES avez-vous PESÉES ? Les dangers QUE j'ai COURUS. Les jours heureux QU'elle a VÉCUS ici.

Cas particuliers.

Participe passé suivi d'un infinitif. Le *participe passé suivi d'un infinitif* est *variable* s'il a pour complément d'objet direct un pronom qui le précède ; ce pronom est alors le sujet de l'action marquée par l'infinitif : *Les fruits QUE j'ai VUS mûrir.*

C'étaient les fruits qui mûrissaient. *Que,* mis pour *fruits,* faisant l'action de mûrir, est complément direct de *vus.*

Le participe passé est *invariable* s'il a pour complément d'objet direct l'infinitif ; alors le pronom ne fait pas l'action exprimée par l'infinitif : *Les fruits que j'ai VU CUEILLIR.*

Ce n'étaient pas les fruits qui cueillaient. *Que,* mis pour *fruits,* ne faisant pas l'action de cueillir, est complément direct de *cueillir* et non de *vu.*

En résumé, le participe passé suivi d'un infinitif s'accorde toujours avec le mot qui fait l'action marquée par l'infinitif, si ce mot le précède.

REMARQUES. Les participes qui ont pour complément d'objet direct un infinitif sous-entendu ou une proposition sous-entendue sont toujours invariables : *Il n'a pas payé toutes les sommes qu'il aurait DÛ* (sous-entendu payer). *Je lui ai rendu tous les services que j'ai PU* (sous-entendu lui rendre). *Je lui ai chanté tous les morceaux qu'il a VOULU* (sous-entendu que je lui chante).

Le participe passé *fait* suivi d'un infini-tif est toujours invariable : *La maison que j'ai FAIT BÂTIR. La voiture que j'ai FAIT DÉMARRER.*

Participe passé des verbes pronomi-naux. Les verbes pronominaux se conjuguent, dans leurs temps composés, avec l'auxiliaire *être ;* mais cet auxiliaire *être* est mis pour l'auxiliaire *avoir : Je me SUIS consolé,* mis pour : *J'AI consolé moi.*

Le participe passé des verbes pronominaux s'accorde avec le sujet :
1. Quand le pronom n'a aucune fonction représentative : *Elle s'est suicidée. Cette pièce s'est jouée à Paris.*
2. Quand le pronom est complément d'objet direct du verbe : *Elle s'est maquillée.*
3. Quand le pronom indique la réciprocité et peut être assorti de « l'un l'autre » : *Les deux voitures se sont télescopées* (l'une l'autre).

REMARQUES. Le participe passé des verbes uniquement employés à la forme pronominale (*s'absenter*) ou qui changent de sens en pas-sant de la forme transitive (*douter de*) à la forme pronominale (*se douter de*) s'accorde toujours avec le sujet, sauf le verbe *s'arroger.*

Le participe passé des verbes pronominaux qui s'emploient avec un complément d'objet direct fait l'accord ce complément quand celui-ci est placé avant : *Les droits qu'elle s'est arrogés* (mais elle s'est arrogé des droits). *Les dettes qu'elle s'est mises sur les bras* (mais elle s'est mis des dettes sur les bras).

Le participe passé des verbes pronominaux dont le pronom, seul complément d'objet, est un complément d'objet indirect ou peut être assorti de « l'un à l'autre » reste invariable : *Ils se sont écrit* (l'un à l'autre) [mais *les injures qu'ils se sont écrites*].

Il en est de même pour les verbes *se rire* (de), *se déplaire*, *se plaire* (à), *se complaire* (à).

Participe passé des verbes impersonnels. Le participe passé des verbes impersonnels est toujours invariable : *Les inondations qu'il y a EU.*

Les verbes *faire*, *avoir* sont transitifs, mais ils deviennent impersonnels quand ils sont précédés du pronom indéterminé neutre *il* : *Les chaleurs qu'il A FAIT.*

Le participe passé et les pronoms « le, en ». Le participe passé précédé de *le* (l') a ce pronom neutre pour complément d'objet direct, et, par conséquent, reste invariable : *La chose est plus sérieuse que nous ne l'avions PENSÉ d'abord.* (C'est-à-dire *que nous n'avions pensé CELA, qu'elle était sérieuse.*)

Le participe passé précédé de *en* reste invariable quand il n'y a pas d'autre complément d'objet direct que ce pronom : *Tout le monde m'a offert des services, mais personne ne m'EN a RENDU.*

Au contraire : *J'ai écrit à Londres ; voici les réponses QUE j'en ai REÇUES.* (Que, représentant *réponses*, est complément d'objet direct.)

Participe passé précédé d'une locution collective. Lorsque le participe passé a pour complément d'objet direct une *locution collective* suivie d'un complément, il s'accorde avec la locution ou avec le mot complément, selon que l'on accorde plus d'importance à l'une ou à l'autre : *Le GRAND NOMBRE de SUCCÈS que vous avez REMPORTÉ* (ou REMPORTÉS). *Le PEU d'ATTENTION que vous avez APPORTÉ* (ou APPORTÉE) *à cette affaire.*

L'ADVERBE

L'adverbe est un mot invariable que l'on joint à un adjectif, à un verbe ou à un autre adverbe pour en modifier le sens : *Cet enfant travaille BIEN.*

L'adverbe peut aussi modifier une proposition tout entière : *Il s'est mis à pleuvoir : HEUREUSEMENT, nous avions nos imperméables.*

Principaux adverbes. Voici les principaux adverbes qui marquent ordinairement :

Le LIEU : *ailleurs, alentour, autour, ci, deçà, delà, dedans, dehors, derrière, dessus, dessous, devant, ici, là, loin, où, partout, près, y*, etc.

Le TEMPS : *alors, aujourd'hui, aussitôt, autrefois, avant, bientôt, déjà, demain, depuis, désormais, enfin, ensuite, hier, jadis, jamais, parfois, quelquefois, souvent, tantôt, toujours*, etc.

La QUANTITÉ : *assez, beaucoup, combien, davantage, encore, guère, même, moins, peu, plus, que, quelque, si, tant, tellement, tout, près, trop*, etc.

La COMPARAISON : *aussi, autant, moins, plus*, etc.

L'AFFIRMATION et la NÉGATION : *assurément, certainement, certes, oui, peut-être,*

sans doute, vraiment, etc.; *ne, non, nullement, pas, point,* etc.

La MANIÈRE : Il est impossible de dénombrer les adverbes de cette catégorie, leur nombre croissant au fur et à mesure que la langue évolue.

On distingue :

1. des *adverbes héréditaires*, tels que *bien, mal, pis, mieux,* etc.;

2. des *adjectifs employés adverbialement* : *bon, beau, fort, grand, cher,* etc.;

3. des adverbes en *-ment*, en nombre considérable, formés, pour la plupart, sur le féminin des adjectifs : *sagement, bellement, cordialement, admirablement*;

4. des *locutions adverbiales*, composées soit d'une préposition et d'un nom ou d'un adjectif : *à l'envi, de nouveau*; soit de deux noms unis par une préposition : *nez à nez*; ou de deux adjectifs : *petit à petit*; soit d'un verbe et d'un nom : *d'arrache-pied*; soit, enfin, d'un membre de phrase : *pour ainsi dire.*

Les adjectifs qualificatifs employés comme adverbes sont invariables : *Ces fleurs sentent BON. Cette étoffe coûte CHER.*

Un certain nombre d'adverbes s'emploient, comme les adjectifs, au comparatif et au superlatif : *plus loin, le plus loin, très loin,* etc. *Mieux, pis, moins, plus, davantage* sont des formes spéciales employées comme comparatifs.

Beaucoup d'adverbes, tels que : *quand, combien, comment, pourquoi,* etc., sont employés dans des phrases interrogatives. On les appelle pour cette raison adverbes *interrogatifs* : QUAND partez-vous ? AUJOURD'HUI ? DEMAIN ? BIENTÔT ?

Complément de l'adverbe. Les adverbes de quantité *assez, autant, beaucoup, bien, combien, guère, infiniment, moins, peu, plus, que, tant, tellement, trop,* et quelques adverbes de manière, tels que : *conformément, contrairement, indépendamment, préférablement, relativement,* peuvent avoir un complément : CONFORMÉMENT *à la loi.*

Adverbes de négation. La négation proprement dite est l'adverbe *ne*, dont la valeur est complétée et précisée par les adverbes *pas* ou *point.*

L'adverbe de négation, sous sa forme tonique *non*, s'emploie dans les réponses négatives : « *Liras-tu ce livre ?* — NON, *je ne le lirai pas.* »

Il sert encore à opposer deux mots très fortement : *Il convient de travailler et NON de se laisser aller.*

Emploi de quelques adverbes

Dedans, dehors, dessus, dessous, autrefois employés comme prépositions et comme adverbes, sont, aujourd'hui, seulement des adverbes et n'ont, sauf l'exception mentionnée plus bas, jamais de complément. Les prépositions qui leur correspondent sont : *dans, hors, sur, sous.* Cependant, ces adverbes s'emploient avec un complément quand ils sont précédés d'une préposition ou qu'ils sont opposés deux à deux : *Otez cela de DESSUS la table.* DEDANS *la ville.*

Davantage s'emploie ordinairement sans complément ; il ne peut modifier un adjectif ni être employé dans la tournure du comparatif qui comporte un second terme (davantage que). Ne dites pas : Il a DAVANTAGE de chance que moi. Dites : Il a PLUS de chance que moi.

Plus tôt, en deux mots, est l'opposé de plus tard : J'arriverai PLUS TÔT que vous.

Plutôt, en un seul mot, marque la préférence : Ils se firent tuer PLUTÔT que de se rendre.

De suite signifie «l'un après l'autre, sans interruption» : Il ne sait dire deux mots DE SUITE. (Il est incorrect de l'employer pour tout de suite.)

Tout de suite signifie «sur-le-champ» : Partez TOUT DE SUITE.

Tout à coup veut dire «subitement» : TOUT À COUP, le canon gronda.

Tout d'un coup signifie «en une seule fois, du premier coup» : Il a perdu sa fortune TOUT D'UN COUP.

Aussitôt ne doit pas avoir pour complément un nom seul. Ne dites pas : J'écrivis AUSSITÔT mon arrivée. Dites : J'écrivis AUSSITÔT mon arrivée.

Mais, quand le nom est suivi d'un participe passé, l'usage permet de placer ce nom après aussitôt : AUSSITÔT votre lettre reçue, je suis parti.

Très ne peut modifier qu'un adjectif ou un adverbe, ou un participe employé comme adjectif épithète ou attribut : livre TRÈS utile ; manger TRÈS peu ; homme TRÈS occupé.

TRÈS s'emploie quelquefois devant une préposition suivie d'un mot avec lequel elle forme une espèce de locution adjective ou adverbiale : TRÈS en colère ; TRÈS à craindre ; TRÈS à propos.

REMARQUE. N'employez pas très devant un participe présent conservant la signification caractéristique du verbe, ni devant un participe passé précédé d'un auxiliaire. Ne dites pas : On s'est TRÈS occupé de l'affaire.

Remplacez très par un adjectif ou par bien, beaucoup, etc., et dites : On s'est FORT occupé de l'affaire.

Aussi, autant marquent la comparaison, l'égalité : Il était AUSSI brave que modeste, et juste AUTANT que bon.

Si, tant marquent l'intensité et signifient tellement : La grenouille s'enfla TANT qu'elle creva.

On peut employer si pour aussi, et tant pour autant, dans une phrase négative : Il n'est pas SI heureux que vous. Il n'a jamais, TANT que vous, connu le bonheur.

LA PRÉPOSITION

La préposition est un mot invariable qui sert à joindre deux termes en marquant le rapport qu'ils ont entre eux : Je vais À Paris.

Les prépositions expriment le plus souvent, entre le complément et le mot complété, un rapport de lieu, de temps, de but, de cause, de moyen, etc.

LIEU : J'écris SUR le cahier.	BUT : Il faut manger POUR vivre.
TEMPS : Il neige EN hiver.	CAUSE : Louis IX mourut DE la peste.

Toutefois, il est des cas où la préposition est complètement vide de sens : Il est honteux DE mentir. Je vous prie DE me faire savoir votre avis.

Dans ces phrases, il est impossible de reconnaître une signification quelconque à de ; cette préposition n'exprime plus qu'un simple rapport grammatical.

Les principales prépositions sont :

à	depuis	hormis	sans
après	derrière	hors	selon
avant	dès	malgré	sous
avec	devant	outre	suivant
chez	durant	par	sur
contre	en	parmi	vers
dans	entre	pendant	voici
de	envers	pour	voilà

Quelques mots tels que attendu, considéré, étant donné, excepté, vu, concernant, joignant, plein, touchant, etc., sont accidentellement employés comme prépositions : Je n'ai rien appris TOUCHANT cette affaire. Avoir de l'encre PLEIN les mains.

Locutions prépositives. On appelle locution prépositive tout assemblage de mots remplissant dans la phrase le rôle de préposition.

Les principales sont :

à cause de	au lieu de	faute de
à côté de	au milieu de	grâce à
afin de	auprès de	hors de
à force de	au prix de	jusqu'à
à la faveur de	autour de	le long de
au-dessous de	de peur de	loin de
au-dessus de	en dépit de	près de
au-devant de	en face de	quand à

Les locutions prépositives ont été créées en vue de suppléer au petit nombre de prépositions pures et d'introduire dans la phrase un élément expressif plus fort : J'ai réussi EN DÉPIT DE tes menaces est un tour plus vif que : J'ai réussi MALGRÉ tes menaces.

De la répétition des prépositions «à, de, en». Les prépositions à, de, en se répètent avant chaque complément : Il est À Paris, À Lyon et À Marseille. Il est comblé D'honneurs et DE gloire. Il a voyagé EN Europe, EN Afrique et EN Amérique.

Quant aux autres prépositions, on les répète lorsque les compléments ont des sens différents : Soyez poli ENVERS vos parents, ENVERS vos maîtres, ENVERS tout le monde. On ne les répète pas lorsque les compléments sont à peu près synonymes : Les Sybarites vivaient DANS la mollesse et l'oisiveté.

La préposition ne se répète jamais avant deux noms formant une seule et même expression : La fable de «l'Hirondelle et les Petits Oiseaux» est très jolie.

Sans. Sans ne se répète pas quand le dernier complément est précédé de ni : Le malheureux a passé deux jours SANS boire ni manger.

Hormis ce cas, on répète généralement sans, surtout devant les mots qui ne sont pas précédés de l'article : Il est SANS biens, SANS métier, SANS génie.

Le même mot peut servir de complément à deux prépositions simples : *Il y a des raisons POUR et CONTRE ce projet.*

Mais, lorsqu'une préposition simple est suivie d'une locution prépositive, chacune d'elles doit avoir son complément spécial.

Ne dites pas : *Il a parlé POUR et EN FAVEUR DE mon ami.*

Dites : *Il a parlé POUR mon ami et EN sa faveur.*

Remarques sur les prépositions « voici, voilà ». *Voici* annonce ce qu'on va dire : VOICI *ce qu'il faut faire : travailler d'abord, jouer ensuite.*

Voilà a rapport à ce que l'on vient de dire : *Sage et studieux,* VOILÀ *ce qu'un enfant doit être.*

Voici, voilà peuvent être aussi considérés comme adverbes dans des expressions telles que : *La Fayette, nous* VOICI. *Me* VOILÀ.

Au travers, à travers. *Au travers* est toujours suivi de la préposition de : *Il s'ouvrit un passage* AU TRAVERS DES *ennemis.*

À TRAVERS est suivi directement de son complément : *Je vais* À TRAVERS *champs.*

LA CONJONCTION

La *conjonction* est un mot invariable qui sert à joindre deux propositions ou deux parties semblables d'une proposition : *On ne croit plus un enfant* QUAND *il a menti.*

Les principales conjonctions sont :

ainsi	*donc*
aussi	*et*
car	*lorsque*
cependant	*mais*
comme	*néanmoins*
ni	*que*
or	*quoique*
ou	*si*
puisque	*soit*
quand	*toutefois,* etc.

On distingue deux catégories de conjonctions : les conjonctions de *coordination* et les conjonctions de *subordination.*

Les conjonctions de coordination (*et, ni, ou, mais, or, car,* etc.) unissent les termes d'une proposition ou des propositions de même nature : *Il est sage* ET *heureux.*

Les conjonctions de subordination (*que, lorsque, parce que,* etc.) servent à introduire une proposition subordonnée : *Je crois* QUE *vous vous trompez.*

Locutions conjonctives. On appelle *locutions conjonctives* des groupes de mots remplissant le rôle de conjonctions. Les principales sont :

à condition que	*attendu que*
afin que	*aussitôt que*
ainsi que	*autant que*
alors que	*avant que*
à mesure que	*bien que*
à moins que	*c'est-à-dire*
après que	*de même que*
depuis que	*parce que*
de sorte que	*quand même*
dès que	*tandis que,* etc.
jusqu'à ce que	

REMARQUES. Les conjonctions et les locutions conjonctives de coordination marquent dans la phrase une progression *logique,* et ont, en conséquence, un rôle essentiel dans l'ordonnance des idées. Les unes expriment une *conséquence* (*ainsi, donc*), d'autres une *opposition* (*mais, néanmoins, toutefois*), d'autres une *disjonction* (*ou, ou bien, sinon*), d'autres encore une *progression* (*ni, et*), etc.

Emploi de quelques conjonctions. Et. La conjonction *et* se répète quelquefois avant chaque terme d'une énumération :
ET *le pauvre* ET *le riche,* ET *le faible* ET *le fort,*

Vont tous également de la vie à la mort.

Mais, le plus souvent, *et* s'emploie seulement avant le dernier terme de l'énumération : *Le lion, la panthère, l'hyène, le buffle, l'éléphant, le rhinocéros* ET *le zèbre habitent l'Afrique.*

On supprime *et* :

1. Quand on veut rendre une énumération plus rapide : *Femmes, moine, vieillards, tout était descendu;*

2. Quand les termes de l'énumération sont synonymes ou placés par gradation : *La fierté, la hauteur, l'arrogance caractérise l'hidalgo;*

3. Entre deux propositions commençant chacune par *plus, mieux, moins, autant : Mieux vous écouterez, mieux vous comprendrez.*

Ni. La conjonction *ni* sert à joindre :

1. Deux propositions principales négatives dont la seconde est elliptique : *Il ne boit* NI *ne mange;*

2. Deux propositions subordonnées dépendant d'une même principale négative : *Je ne crois pas qu'il vienne,* NI *même qu'il pense à venir;*

3. Les parties semblables d'une proposition négative : *Elle n'est pas belle* NI *riche.*

Dans cette phrase et ses analogues, on remplace élégamment *pas par ni : Elle n'est* NI *belle* NI *riche.*

Si, pourtant, les parties semblables pouvaient être regardées comme synonymes ou si elles exprimaient des choses considérées comme allant ensemble, elles devraient être unies par la conjonction *et : Le savoir* ET *l'habileté ne mènent pas toujours à la fortune.*

Souvent, *ni* se répète pour donner plus d'énergie à l'expression : NI *l'or* NI *la grandeur ne nous rendent heureux.*

Remarques sur les conjonctions. *Parce que,* en deux mots, signifie « attendu que, par la raison que » : *Pépin fut surnommé le Bref,* PARCE QU'*il était petit.*

Par ce que, en trois mots, signifie « par la chose que » : PAR CE QUE *vous dites, je vois que vous avez tort.*

Que. La conjonction *que* a un grand nombre d'usages en dehors de son emploi purement grammatical.

Elle s'emploie pour éviter la répétition d'une locution conjonctive composée avec *que* et des conjonctions *comme, quand, lorsque, puisque, si : Quand on est jeune et* QU'*on se porte bien, on doit travailler.*

Elle remplace quelquefois les conjonctions *afin que, sans que, lorsque, depuis que, avant que : Approchez,* QUE *je vous parle.*

Elle sert à unir les termes d'une comparaison déjà indiquée par *aussi, autant, même* : *Il est aussi grand QUE son père.*

Quoique, en un mot, signifie « bien que » : *On ne croit plus un menteur QUOIQU'il dise la vérité.*

Quoi que, en deux mots, signifie « quelle que soit la chose que » : *On ne croit plus un menteur QUOI QU'il dise.*

L'INTERJECTION

L'*interjection* est un mot invariable qui sert à exprimer un sentiment vif : l'admiration, la joie, la douleur, la surprise, etc.

L'interjection est un mot isolé, complet par lui-même, qui n'a aucune espèce de relation avec les autres mots, entre lesquels il est comme *jeté* pour exprimer une réaction instinctive.

Nous classons ici, avec les interjections proprement dite, des bruits imitatifs appelés *onomatopées,* qui servent moins à exprimer un sentiment qu'à traduire d'une façon plaisante le son produit par un objet familier.

Les principales interjections et onomatopées sont :

Ah!	*Eh!*	*Heu!*	*Ouf!*
Aïe!	*Fi!*	*Ho!*	*Parbleu!*
Bah!	*Gare!*	*Holà!*	*Pif!*
Bravo!	*Ha!*	*Hop!*	*Paf!*
Chut!	*Hé!*	*Hum!*	*Pouah!*
Clic!	*Hein!*	*O!*	*Pouf!*
Clac!	*Hélas!*	*Oh!*	*Sus!* etc.

Certains mots peuvent accidentellement devenir interjections; ce sont notamment :

Alerte!	*Ciel!*
Allons!	*Comment!*
Bon!	*Courage!*
Çà!	*Dame!*
Diable!	*Paix!*
Halte!	*Peste!*
Malheur!	*Silence!*
Miséricorde!	*Tiens!* etc.

On donne le nom de *locution interjective* à tout groupe de mots remplissant le rôle d'interjection :

Ah! bah!	*En avant!*
Dieu du ciel!	*Grand Dieu!*
Dieu me pardonne!	*Hé quoi!*
Eh bien!	*Ma foi!*
	Mon Dieu!
	Oui da!
	Qui vive?
	Tout beau! etc.

LA PHRASE

Phrase simple. La phrase simple comporte au minimum un syntagme nominal sujet et un syntagme verbal prédicat ; sur le plan du sens, le prédicat « dit quelque chose du sujet », l'action qu'il accomplit ou qu'il subit, ou l'état dans lequel il se trouve :

Le garçon dort.

La phrase, comme chacun de ses constituants, peut recevoir un ou plusieurs modificateurs :

Dans la chambre silencieuse (syntagme prépositionnel circonstant de phrase), *le petit garçon aux boucles blondes* (*petit* : syntagme adjectival, et *aux boucles blondes,* syntagme prépositionnel, modificateurs de *le garçon*) *dort paisiblement* (*paisiblement,* syntagme adverbial modificateur de *dort*).

Phrase complexe. Lorsque la phrase comporte plusieurs verbes conjugués ou un infinitif ou un participe ayant leur propre sujet, on parle de phrase complexe :

La journée ayant été fatigante, le petit garçon dort paisiblement tandis que sa mère écoute avec appréhension les voisins se disputer.

Proposition. Chaque verbe conjugué ou infinitif ou participe ayant son propre sujet entre dans le syntagme verbal d'une proposition ; ainsi, la phrase complexe donnée ci-dessus en exemple comporte quatre propositions :

— *la journée ayant été fatigante* (proposition participe);
— *le petit garçon dort paisiblement*;
— *tandis que sa mère écoute avec appréhension*;
— *les voisins se disputer* (proposition infinitive).

Phrase simple et phrase complexe. La phrase complexe a la même structure générale que la phrase simple; elle en diffère en ceci que là où la phrase simple comporte un syntagme nominal, ou un syntagme adjectival, ou un syntagme prépositionnel, la phrase complexe comporte une proposition :

J'ai travaillé toute la journée (phrase simple);
J'ai travaillé pendant que tu t'amusais (phrase complexe où *pendant que tu t'amusais* prend la place de *toute la journée* qui apparaît dans la phrase simple).

Proposition principale et proposition subordonnée. Dans la phrase complexe, la proposition qui reçoit une autre proposition à la place d'un constituant simple est dite proposition principale :

J'ai travaillé   pendant que tu t'amusais (= proposition principale);

la proposition qui remplace le constituant simple de la proposition principale est dite proposition subordonnée.

J'ai travaillé   pendant que tu t'amusais (= proposition subordonnée).

Mot subordonnant. Sauf dans le cas de propositions participes ou infinitives, la subordination se marque par un mot subordonnant (ainsi, *pendant que* est une conjonction de subordination).

Classement des subordonnées. Les propositions subordonnées se classent en trois groupes essentiels, selon le constituant dont elles prennent la place dans la proposition principale :

— les subordonnées COMPLÉTIVES, qui se

substituent à un syntagme nominal, et peuvent en avoir toutes les fonctions ; par exemple :

Je crois   que vous vous trompez
                        (= complément d'objet direct) ;
Que tu t'ennuies   m'est indifférent
(= sujet) ;

— les subordonnées RELATIVES, qui se substituent à un syntagme adjectival et peuvent en avoir quelques fonctions ; par exemple :

Je croirai les enfants, qui disent la vérité
                        (= apposition) ;

— les subordonnées CIRCONSTANCIELLES, qui se substituent à un syntagme prépositionnel circonstant et peuvent en avoir quelques fonctions ; par exemple :

Quand tu es là,   tout marche mal
(= circonstant de phrase) ;
J'ai manqué mon train, de sorte que je suis en retard
                (= circonstant de syntagme verbal).

Les propositions participes ont les mêmes valeurs :

Le chat parti (= quand le chat est parti), *les souris dansent* ;
La météo ayant annoncé un orage (= puisque la météo a annoncé un orage), *nous prendrons un imperméable.*

Juxtaposition et coordination. Deux phrases (simples ou complexes) juxtaposées, c'est-à-dire séparées par un signe de ponctuation, peuvent être coordonnées, c'est-à-dire voir renforcer ou expliciter la relation sémantique qu'elles entretiennent par un mot (conjonction de coordination ou adverbe) tel que *et, ou, ni, mais, en effet, puis,* etc. :

Johnny entra : tout le monde applaudit ;
Johnny entra, alors tout le monde applaudit.

REMARQUE : La coordination n'affecte pas que des phrases ou des propositions :

Johnny et Sylvie entrèrent ;
Johnny entra, puis Sylvie.

Les subordonnées complétives

Mots subordonnants. Les subordonnées complétives sont le plus souvent introduites par *que.*

Selon le verbe, la subordonnée complétive objet est introduite par *que, à ce que* ou *de ce que* :

Il croit que nous nous presserons ;
Il s'attend à ce qu'on arrive tôt ;
Il s'étonnera de ce que l'on arrive en retard.

Interrogatives indirectes. On appelle interrogatives indirectes les subordonnées introduites par des mots interrogatifs (pronoms, adjectifs ou adverbes) tels que *qui, si, quel, quand,* etc., bien que ces phrases, du point de vue du sens, n'impliquent pas nécessairement que l'on pose une question à autrui ou à soi-même :

Dis-moi qui il est ;
Je ne sais quel manteau choisir ;
Vous ignorez quand il reviendra.

Infinitif et proposition infinitive. Traditionnellement, ne reçoit le nom de proposition infinitive que l'expression contenant un infinitif dont le sujet est différent de celui du verbe conjugué :

Elle écoute les voisins se disputer ;
Elle s'est laissée mourir.

Lorsque le sujet est le même mot pour l'infinitif et le verbe conjugué, on parle seulement d'infinitif :

J'espère réussir
                (= infinitif objet de *espère*).

Cette distinction peut laisser insatisfait quand on s'aperçoit que cet infinitif est la transformation (qui peut de surcroît être obligatoire) d'une proposition complétive, et qu'il a donc la même fonction :

J'espère réussir
                que je réussirai ;

J'aime réussir
(= *que je réussisse*, mais ici, la transformation infinitive est obligatoire).

Subordination multiple. Bien entendu, dans une phrase complexe, la subordonnée peut elle-même, étant suivie d'une autre proposition qui lui est subordonnée, être la principale de cette subordonnée :

Il est nécessaire que nous pensions que cet enfant est fragile,

que nous pensions, subordonnée complétive sujet réel du verbe de la principale *il est nécessaire,* mais aussi principale de *que cet enfant est fragile,* subordonnée complétive objet du verbe *pensions.*

Mode de la subordonnée complétive. D'une façon générale, les verbes marquant la volonté (l'ordre, la prière, le désir, l'interdiction, etc.) sont suivis du subjonctif :

Je voudrais qu'il vienne.

De même, les verbes de sentiment (joie, douleur, crainte, surprise, indignation, etc.) sont généralement suivis du subjonctif :

Je suis contente que vous soyez venu, et je regrette que vous ne restiez pas plus longtemps.

Les verbes d'opinion, de perception sont généralement suivis de l'indicatif, ou du conditionnel si la complétive exprime une éventualité :

J'ai remarqué qu'elle avait une belle robe, je pense qu'elle me la prêterait volontiers.

Mais, selon le sens, et particulièrement quand le verbe a la forme négative ou interrogative, on peut avoir le subjonctif :

Je ne jurerais pas qu'il vienne ; crois-tu qu'il puisse prendre le temps de nous faire une visite ?

Quand la complétive est en tête de phrase, le verbe est le plus souvent au subjonctif :

Qu'il vienne ou non n'arrangera rien.

La subordonnée peut être à l'infinitif lorsque le sujet est le même que dans la principale, et lorsqu'elle est introduite par un verbe d'interrogation indirecte ou un verbe d'opinion, de perception :

Elle ne sait plus quoi inventer ; je pense avoir raison.

Après les verbes de volonté, la subordonnée dont le sujet est l'objet de la principale peut se mettre à l'infinitif :

Conseille-lui de venir.

Les subordonnées relatives

Mots subordonnants. La subordonnée relative est introduite par un pronom relatif, simple (*qui, que, quoi, dont, où*) ou composé (*lequel, auquel, duquel, lesquels,* etc.).

Ce pronom relatif reprend et représente un syntagme nominal de la principale que l'on appelle son antécédent :

Le chat gris que j'avais perdu a été retrouvé par le boucher (que a pour antécédent *le chat gris*).

Le pronom relatif change de forme suivant la fonction qu'il a dans la proposition relative ; lorsqu'aucune forme spécifique ne correspond à cette fonction, le pronom relatif est précédé d'une préposition :

Le chat gris que j'avais perdu est retrouvé (que, objet de *j'avais perdu*) ;
Le chat gris qui s'était perdu est retrouvé (qui, sujet de *s'était perdu*) ;
L'enfant à qui j'avais prêté mon livre a disparu (à qui, complément d'attribution de *avais prêté*).

Relative déterminative (ou restrictive) et relative appositive (ou explicative). La relative déterminative est indispensable au sens de la phrase : on ne peut la supprimer sans changer complètement ce sens ; ainsi :

J'ai dans ma classe trois élèves qui sont roux (mais *J'ai dans ma classe trois élèves*).

La relative appositive apporte une information secondaire, que l'on peut retrancher sans nuire essentiellement au sens de la phrase ; elle est en général séparée de la principale par une virgule :

La voiture des pompiers, qui actionnait furieusement son avertisseur, se frayait un chemin parmi les badauds attroupés.

Mode de la subordonnée relative. La relative est le plus souvent à l'indicatif, ou au conditionnel si elle traduit une hypothèse. Elle est au subjonctif lorsqu'elle marque une intention ou un but à atteindre :

Nous cherchons une maison qui ait des volets verts (mais : *Nous avons trouvé une maison qui a des volets verts*) ;

ou lorsqu'elle est annoncée dans la principale par des mots comme *seul, unique, premier, dernier, rien, personne* :

Vous êtes le seul qui puisse nous aider ;
Il n'y a rien qui permette de conclure au suicide.

Dans quelques cas rares, le plus souvent lorsqu'elle indique le lieu et traduit une éventualité future, la relative déterminative peut être à l'infinitif (le sujet doit être le même dans la principale et dans la subordonnée) :

Je trouverai bien un coin où ranger mes affaires.

Les subordonnées circonstancielles

Mots subordonnants. Les conjonctions de subordination varient suivant le sens de la subordonnée circonstancielle.

Certaines d'entre elles ont un correspondant prépositionnel de forme voisine : *dès que /dès à, à moins que /à moins de.*

Les subordonnées de temps. Elles traduisent le fait que l'événement exprimé par la principale est antérieur, ou simultané, ou postérieur au fait exprimé par la subordonnée.

Le verbe de la proposition subordonnée se met à l'indicatif, ou au conditionnel s'il marque l'éventualité, sauf si l'événement exprimé par la principale est antérieur à celui qui est exprimé par la subordonnée :

Je serai là avant que tu ne partes (mais : *Je serai là au moment où tu partiras,* ou *J'arriverai dès que tu seras parti*).

La subordonnée peut avoir son verbe à l'infinitif, avec *après* ou *avant de,* à condition que le sujet de la principale et celui de la subordonnée soient identiques :

Je déjeunerai avant de partir.

La subordonnée temporelle peut aussi prendre la forme d'un gérondif, si son sujet est le même que celui de la principale :

En revenant (= quand tu reviendras), *achète du pain.*

Les subordonnées de lieu. Elles s'introduisent essentiellement par *où* (d'où, par où, etc.) et se mettent à l'indicatif (ou au conditionnel si l'on exprime un fait éventuel).

Elles sont les seules parmi les subordonnées circonstancielles à pouvoir être remplacées par un pronom (*y*).

Les subordonnées de cause. Elles sont introduites par des conjonctions telles que *comme* (la subordonnée est alors en tête de phrase), *parce que, dès lors que, du moment que,* etc.

Elles se mettent le plus généralement à l'indicatif, à moins que la cause ne soit présentée comme éventuelle :

Je ne lui ai rien dit, parce qu'elle aurait eu du chagrin.

La subordonnée se met au subjonctif lorsque la cause est niée, et que la conjonction est alors *non que, non pas que, ce n'est pas que* :

Ce n'est pas qu'il soit bête, mais il est tellement étourdi !

La subordonnée de cause peut avoir son verbe à l'infinitif, lorsqu'elle est introduite par *à, de, pour,* etc. :

Je te plains d'avoir à le supporter !

Les subordonnées de but. Ces propositions sont introduites par les conjonctions *pour que, afin que, de crainte que, de peur que.*

Elles sont toujours au subjonctif.

Elles peuvent aussi, introduites par une préposition, être à l'infinitif :

Tu fais cela pour m'ennuyer ?

Les subordonnées de conséquence. Elles sont introduites par les locutions conjonctives de *telle sorte (manière, façon) que, tant que, si bien que, au point que.*

Le verbe de la subordonnée se met généralement à l'indicatif (ou au conditionnel si la conséquence est présentée comme éventuelle).

La subordonnée est au subjonctif si la conséquence traduit une intention, un but à atteindre :

Faites les choses de telle sorte que personne ne dise quoi que ce soit.

La proposition consécutive peut être à l'infinitif, si le sujet est le même que dans la principale :

Je travaille assez pour réclamer à bon droit une augmentation.

Les subordonnées concessives (ou d'opposition). Elles sont introduites par des conjonctions telles que *bien que, quoique, encore que, alors que.*

Elles sont le plus généralement au subjonctif, mais se mettent au conditionnel après *quand (bien) même, alors même que* si la subordonnée exprime un fait éventuel ou irréel :

Quand tu serais affreux, je t'aimerais quand même !

et à l'indicatif après *même si, si même, si :*

Même si on la menaçait, elle continuerait à nier.

Si la subordonnée et la principale ont le même sujet, la subordonnée peut se mettre à l'infinitif, précédée de prépositions comme *au lieu de, (bien) loin de :*

Au lieu de ralentir, il accéléra.

Les subordonnées de condition. Elles expriment l'éventualité, et sont introduites par *au cas où, dans le cas où, pour le cas*

où, supposé que, selon que... ou que, si, etc.

Sauf si elle est introduite par *si,* la subordonnée se met au subjonctif. Avec *si,* trois cas sont à distinguer :

— la principale et la subordonnée sont à l'indicatif (hypothèse pure et simple) :

Si tu viens me voir, je te montrerai mes gravures chinoises ;

— la principale est au conditionnel présent, et la subordonnée à l'imparfait de l'indicatif (elle exprime un fait futur, éventuel ou imaginaire) :

Si tu me quittais, je serais désespéré.
Si les poules avaient des dents, elles mâcheraient leur maïs ;

— la principale est au conditionnel passé ou présent, et la subordonnée respectivement à l'imparfait ou au plus-que-parfait de l'indicatif (la proposition subordonnée exprime un fait présent ou passé que l'on considère comme contraire à la réalité) :

Si tu avais un peu réfléchi (ce que tu n'as pas fait), tu te serais aperçu qu'il te manquait une clé.

La subordonnée de condition peut aussi être à l'infinitif et introduite par *à, de, à condition de, à moins de :*

À moins d'obtenir une augmentation, il partira.

On peut exprimer la même notion par un gérondif :

En prenant cette décision (= si tu prenais cette décision), tu te déconsidérerais.

Dans les deux cas, le sujet de la subordonnée doit être le même que celui de la principale.

Les subordonnées comparatives. Elles sont introduites par *comme,* ou des locutions conjonctives telles que *ainsi que, de même que, autant que, moins que, plus que, meilleur que, pire que,* etc.

Elles se mettent généralement à l'indicatif, à moins que la subordonnée n'indique un fait éventuel, hypothétique :

Vous êtes ici plus heureux que vous ne le seriez ailleurs.